U0941427

（下册）

普学旺　主编

云南出版集团
云南美术出版社

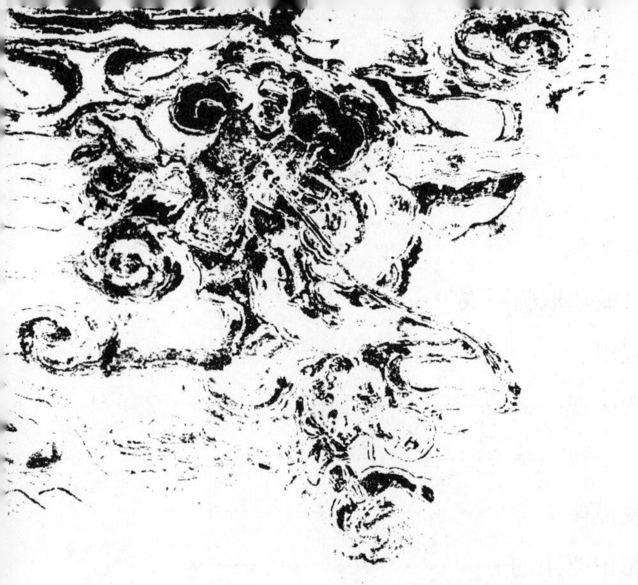

目 录

彝族民间故事

彝族长诗

彝族歌谣

彝族曲艺戏剧

三 机智人物故事

捞鱼

彝族机智人物故事。流传于云南省宁蒗彝族自治县彝族地区。讲述的是：大、小凉山的彝族人人都知道松谷克忍睿智、主意多，可有个黑彝就偏不信松谷克忍的本事。这天，黑彝凑巧碰上了松谷克忍，于是他逼着松谷克忍骗他一次。松谷克忍答道："哪个有时间哄你，人家在闹鱼，一河都漂得白花花的，我要去捞鱼。"边说边急匆匆往前走。黑彝一听有鱼吃，就一边拼命地咽着口水，一边追问："克忍，克忍，在哪里闹鱼？"松谷克忍不理睬他，径自赶路。黑彝便紧跟在他后面，生怕被甩脱。就这样跑了三四里地，还不见河，黑彝忍不住问道："克忍，在哪条河闹鱼啊？"松谷克忍幽默地一笑："主人，你不是让我哄你吗？"黑彝气得直翻白眼。

余双都、阿树才腊讲述，陶学良采录。收入《中国民间故事集成·云南卷》，16开，1页，800余字，中国ISBN中心2003年版。（梁红）

哭

彝族机智人物故事。流传于云南省宁蒗彝族自治县彝族地区。讲述的是：张黑彝死了娘子，抬出去火化时，按老规矩，黑彝、娃子人人都得哭。松谷克忍想，黑彝哭是应该的，可娃子为什么哭呢？于是，克忍把自己的脚故意夹在栎花柴缝里，拖声噎气地哭诉道："娘子啊，你平常待我太好了，我想再去服侍你，可惜我克忍的脚被栎花柴夹住，不能跟娘子走了。"娃子们全被逗得大笑起来。

沙马古哈讲述，杞家望、陶学良采录。收入《中国民间故事集成·云南卷》，16开，1页，300余字，中国ISBN中心2003年版。（梁红）

犁地

彝族机智人物故事。流传于云南省宁蒗彝族自治县彝族地区。讲述的是：凉山的春天经常浓雾密布，视线不清。一个寒冷的雾天，松谷克忍懒得犁地，又怕挨主子余黑彝的棍子，于是打起了主意。他把牛赶到地里拴在树上，自己却披着披毡一边休息，一边高声吼着："阿热！阿热！"（彝语：走）"阿打打！阿架干！"（彝语：歪下去，死牛）余黑彝整天听着松谷克忍在吆牛犁地，满心欢喜，还为他多备了些饭菜。第二天，太阳驱散了浓雾，余黑彝爬上山到地里查看，气得他差点昏死，原来松谷克忍一块地都没有犁。

阿树才腊讲述，云南民族民间文学调查队搜集，陶学良整理。收入《彝族民间故事选》，32开，2页，700余字，上海文艺出版社1981年版。（梁红）

打麦子

彝族机智人物故事。流传于云南省宁蒗彝族自治县彝族地区。讲述的是：余黑彝决定要狠狠收拾不好使唤又卖不出去的娃子松谷克忍，于是就差松谷克忍去打燕麦。松谷克忍一看主子的脸色，计上心来，便说："色坡（彝语：主人），我力气大着哩！明天你多给我准备些连枷，我克忍不打就不打，一高兴就要打一山坡，不打一石，也打八斗。"余黑彝一听，气消了一半。第二天，松谷克忍抱着十多架连枷到打麦场，用连枷在燕麦上随便打了几下，便把连枷全部拿在石头上砸坏，然后返回家对主子说："色坡，连枷都打坏了，怪不得我啦！"说完就走了。余黑彝到了麦场，才知道自己又被愚弄了。想想松谷克忍如此力大如牛，又气又恨的余黑彝只得让松谷克忍搬出去住。从此，松谷克忍成了分居奴（有少量财产的奴隶）。

阿树才腊讲述，云南民族民间文学调查队搜集，陶学良整理。收入《彝族民间故事选》，32开，2页，700余字，上海文艺出版社1981年版。（梁红）

敬祖的供品

彝族机智人物故事。流传于云南省宁蒗彝族自治县彝族地区。讲述的是：在大、小凉山有条规矩，逢年过节杀的猪，其腰子、肚子和肠子都得先烧熟后拿去祭祀祖先，再让主人食用。有一年过年，余黑彝差遣松谷克忍去烧猪腰子，松谷克忍想如此美味的东西，每年都让主子吃，今年不如先尝为快。于是抢先把烧熟的猪腰子吃了。当余黑彝追问猪腰子的下落时，松谷克忍答道："啊巴巴！你的祖先饿极了，我刚把猪腰子供上去，不等我磕完头，猪腰子就被吃完啦！"余黑彝惊道："啊巴巴！真灵！真灵！"

佚名讲述，杞家望、陶学良搜集、整理。收入《彝族民间故事选》，32开，2页，700余字，上海文艺出版社1981年版。（梁红）

松谷克忍"死"了

彝族机智人物故事。流传于云南省宁蒗彝族自治县彝族地区。讲述的是：余黑彝收松谷克忍做干儿子，他心里打着歪主意，他想有松谷克忍这个伶俐的干儿子，让他带人下山抢人、捆人（凉山奴隶主经常组织队伍下山抢人贩卖作娃子），可以发大财。一天，余黑彝吩咐松谷克忍带人下山捆人。松谷克忍一行到了半山腰便坐着抽起烟来。之后，他的朋友们打了点酒去找余黑彝的妻子说："老妈妈，克忍死了。我们去捆娃子，那些家伙人多，我们打不赢人家。"余黑彝的妻子想，才认了两天的干儿子就死了，划不来，但又不得不装出一点样子给人看，便喊道："杀猪，招待克忍的朋友。"正在杀猪时，松谷克忍跳了进来，对惊诧的余黑彝妻子说道："还要再杀一头猪冲冲才行。"（凉山彝族风俗，不死说成死，非得再杀一头猪来冲灾避难）余黑彝的妻子只得再杀一头猪来消灾免难。松谷克忍和他的伙伴们饱餐了一顿坨坨肉。

阿树才腊讲述，陶学良采录。收入《中国民间故事集成·云南卷》，16开，2页，700余字，中国ISBN中心2003年版。（梁红）

放羊

彝族机智人物故事。流传于四川省凉山彝族自治州。讲述的是：色坡家每次杀猪、宰羊吃，从来不拿一坨肉给像索各克惹他们那样投靠色坡家的奴隶娃子们的娃娃吃，即使是小娃娃们看到了，色坡也会用教训的口气说："你们人还小，长大了再吃也不晚。"索各克惹听到后虽没有开腔，心里却在想对付色坡的办法。一天早晨，索各克惹被喊去放羊。放羊时他把色坡家的小羊羔全都留在厩里关好，只把大羊子吆去放。到了中午，那些小羊羔饿得"咩——咩——"直叫唤，色坡走去看时，傻眼了，那些小羊羔全都关在里面，由于没有奶吃，个个饿得恹恹欲倒，色坡见了比猫抓心还难受。晚上，色坡看到索各克惹把羊群赶回来，他很不满地对克惹问道："贱骨头小子，你为啥不把小羊放出去吃草？""色坡大人，你不是常对我们说'小的长大了再吃也不晚'吗？今天我是按照你说的办的！"克惹对色坡说。自以为聪明的色坡，反而被索各克惹说得无言回答。

俄木铁哈讲述，骆阿瑛搜集、整理。收入《凉山彝族机智人物故事选》，32开，1页，400余字，四川民族出版社2002年版。（刘艳芳）

银子被抢光了

彝族机智人物故事。流传于四川省冕宁县彝族地区。讲述的是：色坡一次又一次地搜刮来投靠他家的百姓们的银子，家里的白银拿木柜装都装不完，可色坡仍不满足，那些遭受色坡剥削的百姓们，生活十分艰难，索各克惹看到后，决心想办法整治一下色坡，帮大家渡过难关。一天，索各克惹从石棉方向回来，假装十分惊慌的样子跑去找色坡说："色坡大人，今天我在马尿河的河口上被邓秀廷捉去打了一顿，他要我转告你，色坡过河就拆桥，现在发了财就忘了他，他正要带兵来打你，抢你的东西。"色坡听后脸被吓得如同一张白纸，赶忙求助索各克惹，叫他想个对策。索各克惹看着色坡苍白的脸说："事到如今，急也没用。像我这样的人被杀了也没有什么，像色坡这样高贵的人被杀了就麻烦了，你们暂时跑到小相岭山洞里去躲一躲，让我来帮你们守着房子。"色坡十分感激在危难之际为他分忧解愁的索各克惹。几天后，索各克惹火急火燎地跑到山上去接色坡。色坡急切地问："邓秀廷来没有？杀人了吗？房子有没有被烧掉？""天打雷劈的邓秀廷派了好大一帮人，把你家的银子全抢走了，人倒没有杀着，房子也没遭烧。"索各克惹一本正经地回答。"谢天谢地！只要人在，银子是人找的嘛。"色坡很庆幸地说。其实，色坡连做梦都没想到自家的银子是被索各克惹拿来分给贫穷的人们了。

阿支尔且唱述，利布搜集、整理。收入《凉山彝族机智人物故事选》，32开，1页，800余字，四川民族出版社2002年版。（刘艳芳）

砍木料

彝族机智人物故事。流传于四川省凉山彝族自治州。讲述的是：色坡实在管不住索各克惹了，就罚他一个人到高山顶上去砍木料，砍好后叫他一根一根地扛回来。那时，高山上正下着雪，树上结着冰。但索各克惹很有把握地去了。他来到山上砍够了修房用的木料，然后跑来跟色坡说："色坡大人，我在山上砍树时，发现了几个熊洞，熊正在冬眠，还有好多獐子、麂子晚上来舔我的嘴巴。"色坡是个打猎迷，做梦都在打猎吃猎肉呢。第二天，他爬起来就叫上几个信得过的人一起上山打猎去了。色坡带上亲信们在山上跑了半天，连根野兽毛也都没有看到。色坡疑惑地问索各克惹："你跟我说的熊洞在哪里？""色坡大人，这山里昨晚又下了大雪，把熊洞都封了，弄得连我都找不到方位了。"克惹回答说。"你说的成群的獐子和麂子在哪里呢？"色坡继续追问。克惹回答："它们是在我的木料棚里舔我的。"色坡急切地说："走！"索各克惹把他们引到木料棚，还是什么也没有，天将要黑了，色坡一伙一无所获，很不甘心。这时，索各克惹走近色坡，在他的耳边说："色坡大人，与其空手回家，不如叫大家把木头扛回去，人到家木头也到家了。"色坡听后，觉得有理，便下令每人扛根木料回家。聪明的索各克惹想办法完成了把木料扛回来的任务。

何家治讲述，利布搜集、整理。收入《凉山彝族机智人物故事选》，32开，2页，1000余字，四川民族出版社2002年版。（刘艳芳）

哭色坡

彝族机智人物故事。流传于四川省冕宁县彝族地区。讲述的是：索各克惹的色坡暴病死了，消息一传开，其他的那些娃子都显得十分悲伤，跑去围着死尸大哭。索各克惹却一点都不悲痛，没把它当一回事，仍像平常那样嘻嘻哈哈，进出就给人开玩笑。他的举动被色坡的妻子色嫫看到了，她十分气愤地骂道："索各克惹，你的色坡死了，你为啥不哭呢？"索各克惹听后，佯装成十分悲痛的样子哭道："色坡大人呀，你活着的时候，常把我当成黄狗一般对待，今天呀，你如同一个死猪死狗。"色嫫听到他的哭声后，气得鼻孔冒烟，从地上捡了块柴疙瘩朝克惹头上打去，并怒骂道："你这个贱骨头，人都死了，为啥还这样哭？""尊敬的色嫫啊，我不这样哭还咋个哭，你会哭的话请先哭几声来听一听，我学着哭。"色嫫自讨没趣只好红着脸走开了。

阿申妞妞讲述，骆元璋搜集、整理。收入《凉山彝族机智人物故事选》，32开，2页，500余字，四川民族出版社2002年版。（刘艳芳）

牛钻石缝

彝族机智人物故事。流传于云南省曲靖市彝族地区。讲述的是：自幼失去父母、靠在土司家帮工度日的伙子，由于他年近三十还未成亲，却乐观待人待事，所以人们亲切地称他憨伙子。一天，土司家的牛滚下箐沟摔死了，放牛娃害怕被毒打，哭了起来。憨伙子问明情况后，有了主意。他将摔死的牛的肉剐下来，藏在通风的山洞里，把带着皮肉骨架的牛尾巴从石缝中塞出来让放牛娃拉着不放。然后他跑去找土司说："你家的黄牛被石神老爷牵走了，放牛娃正在跟石神爷抢牛呢！"土司三步并作两步跟着憨伙子跑去，只见放牛娃拉着牛尾巴大声哭道："石神爷，饶了牛吧，你要是牵走了，东家会打死我的！"土司哆嗦着帮放牛娃拉牛尾巴，嘴里还念叨："石神爷哟，我们全家就靠这条牛养活呀，放了它吧！"憨伙子正色道："你家的牛羊满山坡，你欺骗神灵，会受惩罚的。"只听"咔嚓"一声，牛尾巴被拽断了。憨伙子脸色一变说："了不得了，石神爷发怒了！你这么小气，说不定石神爷还会牵走别的牛哩！"土司丢下带血肉的牛尾巴，对着石缝跪地哀求道："石神爷哟，这条牛我送给你老人家了，求你保佑我六畜兴旺哟！"

普云学讲述，刘植采录。收入《中国民间故事集成·云南卷》，16开，2页，1300余字，中国ISBN中心2003年版。（梁红）

打东家

彝族机智人物故事。流传于云南省曲靖市彝族地区。讲述的是：憨伙子虽然睿智机敏，但仍然会遭到东家的打骂。一天，心中憋气的憨伙子与邻村的阿细（彝族支系）大哥在田边各摆苦处。当得知阿细大哥也挨了土司的打骂、正憋着一肚子气时，他们商量了个出气的办法。火把节一早，土司吩咐憨伙子给壮马配上红鞍，让憨伙子牵着马驮着他去石林看摔跤、斗牛。当他们翻山越岭来到一条狭窄的石箐中时，遇上了也牵着马驮着东家去看热闹的阿细大哥一伙。两匹马忽然嘶叫起来，憨伙子见势开口大骂阿细大哥，要他们停下来让路。受了惊的土司也跟着憨伙子骂了起来，阿细大哥的东家也发了火。两个土司为了争面子，扯开嗓门嚷道："给我打，揍死他，竟敢造反啦！""给我打，奴才敢骂起老爷啦，还了得！”憨伙子听土司喊打，奔过去把阿细大哥的东家掀翻在地，朝他的背及屁股上又踢又打，把平日对土司的恨也骂了出来；憨伙子的东家也被阿细大哥提了丢在地上，又打又踢，打得两个土司像被杀的猪一样尖叫着。憨伙子和阿细大哥打累了，出了气，解了恨，才各自扶起主人骑马回家去。

普云学讲述，刘植采录。收入《中国民间故事集成·云南卷》，16开，2页，1300余字，中国ISBN中心2003年版。（梁红）

催工不催吃

彝族机智人物故事。流传于云南省曲靖市彝族地区。讲述的是：憨伙子到坝子里一户富裕人家当帮工，主人告诉憨伙子他家的规矩是“催工不催吃！”开始一段时间，主人家煮米饭招待憨伙子，憨伙子也很卖力地干活，两天的活一天就干完，不用主人催。男主人很高兴自家请来了一个好帮手，便放心地到外地做生意去了。女主人见憨伙子老实可欺，便在吃饭方面打起了坏主意。她在憨伙子的饭里掺蚕豆，菜汤里减少了油盐。为让憨伙子多挖田，她又提出送饭到田头吃，憨伙子答应了。男主人回家后，到田里检查，发现憨伙子拖欠了很多活，便去找憨伙子算账。当他看见憨伙子慢吞吞地剥豆吃，就忍不住催他干活。憨伙子却懒洋洋地说：“还没吃饱，每天吃饱饭要半天时间呢。”男主人急了，问：“那你不会少用点时间剥豆吃，多干点活？”憨伙子答道：“催工不催吃可是你说的呀！”男主人一看憨伙子的饭菜，全是煮蚕豆，便无话可说了。

普云学讲述，刘植采录。收入《中国民间故事集成·云南卷》，16开，2页，900余字，中国ISBN中心2003年版。（梁红）

背鸡告状

彝族机智人物故事。流传于云南省武定县彝族地区。讲述的是：有一年冬天，衙门里派了两个官差下来收租金，刹则将两人请到家里，把领着十只小鸡的老母鸡宰了招待二人。天气冷，两个官差在火塘边上烤火。鸡肉在土锅里煮着，鸡汤要沸腾的时候刹则就使劲去吹，口里的唾沫星子不停地落在锅里，两个官差看着很恶心，到吃饭时嫌鸡肉脏不肯吃。刹则说：“老母鸡皮厚煮不熟，把皮剥了就煮得烂了。”边说边把皮剥了。两公差办完公事回衙门，刹则殷勤相送，一路上过了好几条河，上了好几个坎，才同二人分手回家。过了一天，刹则背着十只小鸡和剥下来的老母鸡皮到衙门告状。州官问他告谁，刹则说告州官派下来的官差，说他们不仅逼着他把带儿的母鸡杀了招待他们，过河上坎还把刹则当马骑。州官大怒，将两个官差狠揍了一顿。刹则乘机求老爷减免一些租金，州官同意了，减免了全村三分的租金。

姜炳华讲述，高思勇记译。收入《云南省武定县民族民间文学集成》，16开，2页，2000余字，武定县文化局、民委、文化馆集成办1989年编印。（钱丽云　朱琚元）

智吃猪肉

彝族机智人物故事。流传于云南省武定县彝族地区。讲述的是：有一次，刹则看见土司家有六大坛腌肉。刹则从来还没见过这样多的肉，心想村里的人穷得连饭都摸不着吃，我得想个主意，把腌肉弄到手。过了几天，土司家来了客人，土司要刹则拿腌肉来煮了招待客人。刹则看到机会来了，赶紧跑出去把那窝早已准备好的马蜂的幼蜂倒进肉坛里，然后将坛子里的幼蜂挑出来骗土司说肉生蛆了，土司让他赶紧把“臭肉”抬到大河里倒掉。就这样，土司家的几坛腌肉就落在了法块村人的嘴里，大家美美地吃了一顿。

佚名讲述，李光荣搜集。收入《楚雄民族民间文学资料》第三辑，32开，1页，600余字，

云南省社会科学院楚雄彝族文化研究室1982年编印。（施选　朱琚元）

打憨官

彝族机智人物故事。流传于云南省武定县彝族地区。讲述的是：那土司长得很胖，架子也很大，一副憨蠢相。当面大家都叫他大老爷，背后都叫他老憨官。有一次，大家在一起斗嘴，说哪个有本事打老憨官一嘴巴，就给他十斤酒。刹则认为这没有什么难的。正巧老憨官一摇一摆地来了，刹则顺手打了个苍蝇，夹在手指缝里，然后上去就打了那土司一嘴巴。那土司问刹则为什么打他，刹则讨好地笑着伸开手巴掌说："哪里敢打大老爷，我是打苍蝇。"那土司一看，刹则手巴掌里有个死苍蝇，就夸奖刹则有忠心。

杨春文讲述，唐楚臣记录。收入《楚雄民族民间文学资料》第三辑，32开，1页，300余字，云南省社会科学院楚雄彝族文化研究室1982年编印。（施选　朱琚元）

换长衫

彝族机智人物故事。流传于云南省武定县彝族地区。讲述的是：一次，那土司要到汤朗老岳父家吃酒，叫刹则跟着去。那土司穿了件漂亮的黑长衫，刹则则用棉纸粘了件长衫，用墨把它染黑了，穿着它跟那土司出了门。风吹来，刹则的长衫飘飘舞舞，十分好看。那土司很羡慕，要和刹则换长衫，刹则不干。后来左说右说，那土司贴了点钱，才算换成了。到了汤朗，那土司进门就给老岳父磕头，这一下，纸长衫破了，那土司的屁股露了出来。老岳父认为这是姑爷在羞辱他，就把那土司赶了出来。

杨春文讲述，唐楚臣记录。收入《楚雄民族民间文学资料》第三辑，32开，1页，300余字，云南省社会科学院楚雄彝族文化研究室1982年编印。（施选　朱琚元）

和那土司分家当

彝族机智人物故事。流传于云南省武定县彝族地区。讲述的是：一天，刹则看见那土司的肚脐突起足有一个小盅子大，再看看自己的肚脐是瘪瘪的，他便有了个主意。接着刹则到处造舆论，说那土司与他是一母所生，当年奴隶暴乱的时候，母亲顾不了小的，就把刹则藏在外村，后来便流落在外村。现在，如果那土司不分一半家当给他，他就要到县衙门去告状。这些话很快传到那土司的耳朵里，气得他暴跳如雷。两人去衙门里打官司。那土司说话俗气，刹则说起话来文雅，有情有理。县官让刹则拿出证据来，刹则让县官看他俩的肚脐。那土司的肚脐有盅子大小，刹则的比那土司的还要大，又红又亮。县官见了相信地点了点头。殊不知，刹则的肚脐是用马蜂叮出来的。就这样，刹则打赢了官司，分得十三个村的佃户，人们就把这十三个村叫作"上十三村"；那土司留得另外十三个村的佃户，人们把那十三个村叫作"下十三村"。

佚名讲述，李光荣搜集。收入《楚雄民族民间文学资料》第三辑，32开，4页，2100余字，云南省社会科学院楚雄彝族文化研究室1982年编印。（施选　朱琚元）

买田卖田

彝族机智人物故事。流传于云南省武定县彝族地区。讲述的是：刹则从那土司那里把上十三村分出来后，人们的日子有点好过了，可是，有一家人因为受病灾，打算把刹则给的九丘田卖掉。刹则知道后，就说这九丘田他来买。这时恰好外村有个头人正在大买田产，刹则就把这九丘田卖给这个头人。刹则叫管家写了一张契约，上面写道：张刹则卖田，九是九丘田，到底一丘不卖。当事的是石头，中间人是大树，做证的是过路人。头人收起了契书，把田金给了刹则。刹则到家后把那笔钱给了田的主人，并告诉他："田我买了，但仍由你家种。”这家人得了卖田的钱又得田种，十分感激。春耕时节，头人家来种田了，起了纠纷，头人和刹则便到县官那里去评理。县官审理了此案。头人拿出契书说了理由。县官看了契书，原来管家把“九是九丘田”的“是”字写成了“十”字，并且当事的是石头、中间人是大树，做证的又是个过路人，这个契书简直让人哭笑不得，便说：“刹则不曾卖田。头人冒名骗田，理当定罪。但看在初犯，可以饶恕。”就这样，九丘田还是归刹则村里的那家人种。

佚名讲述，李光荣搜集。收入《楚雄民族民间文学资料》第三辑，32开，2页，1300余字，云南省社会科学院楚雄彝族文化研究室1982年编印。（施选　朱琚元）

戏耍衙役

彝族机智人物故事。流传于云南省武定县彝族地区。讲述的是：那土司的家产被刹则骗了一半，那土司越想越气，就向县衙门递了一份状子告刹则。刹则早就预料到会有这一天，就准备一窝小鸡，把小鸡用一个笼子装起来，专等衙门里的人来传他。一天，衙门里果真派了两个衙役来传刹则，他就杀了一只母鸡招待他们，然后背着装好的那笼小鸡准备上路。衙役很奇怪，问他为什么要这样做，他说，母鸡被他杀了给衙役吃，小鸡没有了妈妈，他要带它们到衙门里与县官要妈妈。衙役怕他在县官面前告他们，就把刹则放了。就这样，刹则戏耍了衙役，衙门里的人都知道惹不得刹则。

佚名讲述，李光荣搜集。收入《楚雄民族民间文学资料》第三辑，32开，1页，600余字，云南省社会科学院楚雄彝族文化研究室1982年编印。（施选　朱琚元）

计撵县官

彝族机智人物故事。流传于云南省武定县彝族地区。讲述的是：又一任县官上任了，状告刹则的状子如雪片般飞来，刹则早就做好了准备。县官派衙役带四个轿夫去，说是请刹则共议大事。轿子抬到刹则家，刹则满口答应一起去。夜深了，刹则借来一套村里姑娘出嫁时穿的衣裳，让他媳妇穿上，然后设计让衙役第二天把他媳妇抬到县衙门。他则连夜骑马上省城告县官强占他的妻子。省城派人同刹则一起来县衙门调查。他们来到县衙门，果真见一个彝族女人在伤心地哭泣。那女人一见刹则就跑来抱住他，一边哭一边说：“你不成器，让我受别人欺负！”见此情景，省城来的人认为刹则是真的冤枉了。不几天，县官就滚蛋了。

佚名讲述，李光荣搜集。收入《楚雄民族民间文学资料》第三辑，32开，2页，1300余字，云南省社会科学院楚雄彝族文化研究室1982年编印。（施选　朱琚元）

一文买来两文卖

彝族机智人物故事。流传于云南省武定县彝族地区。讲述的是：一天，刹则来到省城，看到街上有一大户人家在门前拷打一个娃子。他一打听才知原来是娃子把东西卖贱了遭到毒打。老板娘边打边骂娃子一文买来两文卖都不会。刹则听罢顿时心生一计，就向老板娘借她家的大粪瓢用，说是自己的两锭银子掉到她家的厕所里了。老板娘则要与刹则先平分掉下去的两锭银子，明天她再慢慢的打捞。刹则接受了她的建议，老板娘拿出一锭银子给了刹则。刹则边走边说：“这怕是你说的一文买来两文卖的生意了吧！”第二天，老板娘便去厕所里打捞刹则所说的银子，结果一无所获，只捞到了两块鹅卵石，气得她大哭了一场。

佚名讲述，李兴茂搜集。收入《楚雄民族民间文学资料》第三辑，32开，1页，600余字，云南省社会科学院楚雄彝族文化研究室1982年编印。（施选　朱琚元）

骗长衫

彝族机智人物故事。流传于云南省武定县彝族地区。讲述的是：一天刹则提着一袋马牙石在街上转，他已经有了裤子，还差件衣服，因为穿来的长衫是那土司借给他的。在街上他碰到了一个同乡财主，这个财主在昆明混得不错，穿着件很漂亮的长衫，刹则便约他一起去喝酒。当着财主的面，刹则解开装着马牙石的口袋，随便拿出一锭银子递给了酒店伙计，让他端好酒好菜来。三杯酒下肚，刹则热了，就把抱着的一袋马牙石顺手挂到了身后的柱子上。财主一看，动了心，就左一杯右一杯劝刹则喝酒。不多久，刹则醉得趴在桌上睡着了。财主想悄悄离开，可衣衫下摆却被刹则坐着。“聪明”的财主轻手轻脚脱下了长衫，提上那袋“银子”跑了。财主一走，刹则穿上长衫慢慢地离开了酒店。

普加泽讲述，潘广发、李国庆、马绍仙、韩天云、张翠华搜集。收入《楚雄民族民间文学资料》第三辑，32开，1页，600余字，云南省社会科学院楚雄彝族文化研究室1982年编印。（施选　朱琚元）

飞跑戏

彝族机智人物故事。流传于云南省武定县彝族地区。讲述的是：刹则在昆明顺城街走着，一连见到很多不顺眼的怪事，当看见一个卖凉粉的老板娘在欺负一个农村人时，刹则决定给农村人出口气。他在老板娘的摊子上坐下叫了三碗凉粉，还没有吃完又要了三碗，边吃边与老板娘闲谈起来。他说他从猴子那里学来了一种飞跑戏，要表演给老板娘看。说着就忽左忽右、越跑越快地“演”起来，最后竟向远处跑去。老板娘发觉上当后便派人去追，派去的人边追边喊：“站住！把他挡住！”刹则也学他们喊：“站住！”这一来把街上的人都给闹糊涂了。等人们弄清楚是怎么一回事时，刹则早跑远了。

佚名讲述，李光荣搜集。收入《楚雄民族民间文学资料》第三辑，32开，1页，600余字，云南省社会科学院楚雄文化研究室1982年编印。（施选　朱琚元）

坐牢

彝族机智人物故事。流传于云南省武定县彝族地区。讲述的是：几回打官司，都是刹则打赢。这倒不是县太爷喜欢刹则，而是抓不到他的把柄，治不了他的罪。一天，刹则又来告状，县太爷接过状子，只见上面写着“云南无青天”几个字，把县太爷气得吹胡子，心想你专和富人作对，专门整富人，几回要治你的罪都没有治成，这下你竟欺到我头上来了。县太爷叫人把刹则关进水牢。关进去时，县太爷叫人称了称刹则的体重。饿了一天后，再称刹则的体重，一点没减，饿了两天，刹则的体重倒增加了些，饿了三四天，刹则更重了，饿了十天，刹则简直红光满面。县太爷慌了，亲自把刹则接了出来，好言抚慰，并给了他一些银子，把他送出了县衙门。刹则则把银子都送给了管牢房的衙役，感谢他的帮助。原来十天来，衙役没有让刹则受苦，并悄悄地用好酒好肉招待刹则。

李兴茂讲述，唐楚臣记录。收入《楚雄民族民间文学资料》第三辑，32开，1页，600余字，云南省社会科学院楚雄彝族文化研究室1982年编印。（施选　朱琚元）

智撵州官

彝族机智人物故事。流传于云南省武定县彝族地区。讲述的是：刹则想除掉州官，就告别乡亲们，化装成一个叫花子，每天坐在昆明制台大院外面的一堵墙脚下拿着一捆麻皮搓绳子。这引起了守门士兵的怀疑，便把他抓进牢房严刑拷打，但他就是不说为什么要这样做。后来判官说如果刹则真的不说就要定他死罪，说了就放他回家。刹则说即使判官放了他，州官也会砍他的头。判官说他做保，州官不敢杀刹则。刹则便装作不得不说的样子说：武定州官欲占领省府的地盘，便让他准备许多细麻绳，装作叫花子把省府的地盘量出来。判官听后放了他，还发路费让他回家。一个月后，恶毒的州官被罢免，而且还被定罪充军流放到远方。

佚名讲述，李光荣、张玲、张东丽、段锦山搜集。收入《楚雄民族民间文学资料》第三辑，32开，2页，1000余字，云南省社会科学院楚雄彝族文化研究室1982年编印。（施选　朱琚元）

整治骗子

彝族机智人物故事。流传于云南省武定县彝族地区。讲述的是：从前，有一家人特别信神，有一天，刹则借宿在这家人家里，同住的还有这家人请来的瞎子算命先生。临睡时，瞎子问刹则叫什么名字，刹则说自己从小死了父母，没有名字，小时候瞎闹，屙了泡屎在供桌前边，所以人人叫他“屙屎献菩萨”。半夜，刹则起床，屙了泡屎在供桌前，又把算命先生的被子藏起来后走了。天快亮时，算命先生被冷醒了，却找不到被子，也摸不到刹则，就叫：“屙屎献菩萨”，房主人被吵醒了，来到堂屋里，只见供桌前有一泡屎，就放声大骂算命先生：“你这个死不要脸的骗子，请你来算命，你倒屙屎献菩萨，给我滚出去！”瞎子被撵走后，再也不敢去骗人了，那家人也不再信神了。

佚名讲述，武定县发窝乡文化站搜集。收入《楚雄民族民间文学资料》第三辑，32开，1页，600余字，云南省社会科学院楚雄彝族文化研究室1982年编印。（施选　朱琚元）

收拾店老板

彝族机智人物故事。流传于云南省武定县彝族地区。讲述的是：有一天，刹则来到一个前后几里都没有村子的店里歇脚，他见店后园的瓜棚上结满了瓜，店里还在榨油，就求主人给他一个瓜、一点油、一根葱做菜。主人很吝啬，没有给他。刹则想，这家人就靠前后没店，专门克扣过往客人，便决定收拾一下这家人。天黑了，刹则出去找了一个书生写了个字帖——主人眼目好，做事不得了，母鸡抱空窝，油锅煮着石碓嘴，自家砸烂自家锅，后园瓜儿会拔藤，想来眼目全是空。刹则回到店里，把鸡窝里的鸡蛋拿来炒了吃，把蛋壳放回鸡窝里，又拿了舂碓的石碓嘴去油锅里煮着，再跑到后园里把那些瓜连根拔起来，然后把写好的字帖贴在店门上。第二天，天不亮刹则就走了。店主人起来见石碓嘴煮在大油锅里，就把它抱起来，哪知这石碓嘴本来就很滑，经香油一浸更滑了，他一抱起来便又滑掉回锅里，把油锅打破了；再看看鸡窝，窝里的蛋也空了；来到后园一看，园里的瓜都被拔了起来。这个吝啬鬼气得话都说不出来了。店主看见了字帖，才知道这些都是刹则干的。

佚名讲述，李光荣搜集。收入《楚雄民族民间文学资料》第三辑，32开，1页，600余字，云南省社会科学院楚雄彝族文化研究室1982年编印。（施选　朱琚元）

卖嗡嗡药

彝族机智人物故事。流传于云南省武定县彝族地区。讲述的是：一天，刹则生病了，他到一家药铺买了一剂药，可拿回家打开一看，全都是些上了颜色的锯木屑。他生气地把它丢掉，决定治一治药店老板。刹则一连几天都在这家药铺周围转来转去，他发觉这家药铺只要价钱便宜，什么药都买进。几天后，刹则在这家药铺前大声喊：“卖嗡嗡药！卖嗡嗡药！”药铺老板听见喊声，出来一看，只见刹则叫卖的那些药都用纸包成小包小包的，不知有多少。就问这药治什么病，刹则说是治气鼓食胀病的。老板想打开看看药是什么样的，不料他刚把纸包打开，“嗡”的一声，药飞走了。刹则说这是山里的一种小虫，不能打开，也不能打死，打死了就不成药了，到用药时，把它连包带药用水煮烂就行了，一文钱一包。老板相信了，把刹则的药全都买了下来。后来，药铺老板才发觉，买来的药全都是些绿头苍蝇。

杨春文讲述，唐楚臣记录。收入《楚雄民族民间文学资料》第三辑，32开，1页，600余字，云南省社会科学院楚雄彝族文化研究室1982年编印。（施选　朱琚元）

洗不清

彝族机智人物故事。流传于云南省武定县彝族地区。讲述的是：有一次，土司霸占了本村百姓的十五只羊，眼看大家今年冬天又没有羊皮可披了，刹则气愤极了，决心要为大家出口气，便带头到州府去告土司。刹则走进衙门，把状纸递给州官。州官不问青红皂白就断此案土司赢，刹则输。第二天，刹则把青布裤子沾上灰尘后，高高地挂在竹竿上，大模大样地在大街上游逛。众人见了问刹则："这么脏的裤子，怎么不拿去洗呢？"刹则很认真地说："大哥啊，不是我不洗，这里有天没太阳，再也洗不清了！"

佚名讲述，云南民族民间文学楚雄调查队搜集，陶学良整理。收入《彝族民间故事选》，32开，1页，200余字，上海文艺出版社1981年版。（施选　朱琚元）

刹则弹琴

彝族机智人物故事。流传于云南省武定县彝族地区。讲述的是：有一天，刹则来到城里，看到很多人都围在一家卖月琴的铺子里。刹则挤进去，顺手拿起一把月琴来看。做生意的看看刹则穿着一身破破烂烂的麻布衣裳，便冷笑道："你也会弹月琴？如果真会弹，不要你的钱，任你挑把好啦！"刹则忍住心中的怒火，一口气弹了二十四首伤心调，一首比一首悲哀，一首比一首动人。听的人越来越多，个个都随着琴声在落泪。卖月琴的老板羞得满面通红。刹则弹完后果真拿着一把月琴走了。

张正荣、张寿云讲述，云南民族民间文学楚雄调查队搜集，陶学良整理。收入《彝族民间故事选》，32开，1页，400余字，上海文艺出版社1981年版。（施选　朱琚元）

迎土司

彝族机智人物故事。流传于云南省武定县彝族地区。讲述的是：土司要下乡了，要求村子里的村民家家都要杀鸡，户户都要备酒来招待他。村子里的人听了捶胸顿足，满肚子的愤怒。刹则让大家不用杀鸡备酒。第二天，土司来了，刹则把裤脚、衣袖高高地卷了起来，手上、脚上都糊满了烂泥，然后约上几个伙伴急急忙忙跑到村前迎接土司。刹则兴冲冲地走在前面，伸手就要去拉土司。土司见刹则脏成那样，吓得连忙退让。刹则说他们正忙着种庄稼，是为了能多交租，因此没有杀猪煮酒的空闲，听见老爷来了，手脚都来不及洗，就赶来迎接老爷了。为了表示敬意，刹则又伸出大泥手去拉土司的绸缎衣裳。土司怕弄脏了自己，忙说："免了！免了！"刹则乘机对大伙说："听清了吧？老爷说啦，今年我们一切都免了，连租子也不用交了！"弄得土司无言对答。

张先富讲述，云南民族民间文学楚雄调查队搜集，陶学良整理。收入《彝族民间故事选》，32开，2页，600余字，上海文艺出版社1981年版。（施选　朱琚元）

背衙门

彝族机智人物故事。流传于云南省武定县彝族地区。讲述的是：天下老鸦一般黑，县官、土司一样狠毒，他们怕刹则，更恨刹则。有一天，他们费尽心机终于把刹则捉进县府，关进了牢房。刹则在监牢里，托人买了一大捆火麻，不分白天黑夜地搓麻绳。牢头问他搓那么多的麻绳干什么。刹则笑嘻嘻地说："我们彝家住在山尖尖上，山高水冷，土瘦人穷，住的尽是茅草房、木板房，我看县老爷住的院子扎实好看，又是粉刷又是雕龙画凤，我想把它背回去，让我们村里的老小都看看。"牢头听了，急忙报告县官。县官听了大吃一惊，害怕刹则闹出怪事，惹出更多的麻烦，便吩咐牢头把他放了。

佚名讲述，云南民族民间文学楚雄调查队搜集，陶学良整理。收入《彝族民间故事选》，16开，1页，300余字，上海文艺出版社1981年版。（施选　朱琚元）

陪土司进馆子

彝族机智人物故事。流传于云南省武定县彝族地区。讲述的是：李土司作恶太多，随时都担心别人暗算他，便让刹则给他当保镖。李土司待人刻薄，在家里总是将吃剩的饭菜给刹则吃，还说刹则生来就是吃残汤剩饭的命。有一次，李土司带刹则下馆子，刚要了一桌丰盛的酒菜，刹则拿起筷子就抢先吃起来。李土司大怒，刹则解释说自己先尝尝菜里有没有毒。李土司一听，不但不骂他，还赞扬他想得周到。刹则每样菜吃一筷，很快就吃饱了。他擦擦嘴对李土司说：“对不起，李老爷，这次让你吃残汤剩饭了。”李土司一听傻了眼。

李刚讲述，罗金宝搜集、整理。收入《彝族民间故事》，32开，1页，300余字，云南人民出版社1988年版。（钱丽云　朱琚元）

吹吹打打

彝族机智人物故事。流传于云南省武定县彝族地区。讲述的是：刹则家对门的地主张万财家每天都要大摆酒宴，还请来些吹鼓手吹吹打打，寻欢作乐。刹则见了，也制了一套锣鼓，每天吃饭时也吹打起来。张万财知道后就跑到县府告状，说刹则吃饭也吹吹打打，想和他平起平坐。县太爷传询刹则，刹则烧了几个洋芋和荞面粑粑，连灰也没有抖就装进口袋里上县府去了。过堂时，县太爷问刹则一个穷光蛋吃饭为何也要吹吹打打。刹则不慌不忙地从口袋里掏出荞粑粑和洋芋，对着县太爷就“扑哧、扑哧”吹了几下，吹得那县太爷一脸都是灰，然后他大声问县太爷：“大老爷，你说我们穷人烧洋芋、荞粑粑吃，不吹吹打打咋个吃？”弄得县太爷喷嚏一个接一个，只得连忙宣布退堂。

佚名讲述，李光荣搜集、整理。收入《彝族民间故事》，32开，1页，300余字，云南人民出版社1988年版。（钱丽云　朱琚元）

狗也厌烦你

彝族机智人物故事。流传于云南省武定县彝族民间。讲述的是：财主付如山常到刹则家催租逼债，门槛几乎都被他踏平了。刹则养着两条黄狗，一见生人便凶得让人进不了门，要是见了熟人，它们就摇摇尾巴跑开了。一天中午，付如山又一摇一摆地走进刹则家，两条黄狗见了，连尾巴也不摇就跑开了。付如山见了得意扬扬地对刹则说：“刹则，你的两条黄狗也怕起我来了，不敢咬我了，一见我就躲都躲不赢。”刹则一本正经地说：“俗话说，狗怕恶人嘛。不过，它们倒并不是不敢咬你，是你时常来我家，连狗也厌烦你了。”

佚名讲述，罗金宝搜集、整理。收入《彝族民间故事》，32开，1页，200余字，云南人民出版社1988年版。（钱丽云　朱琚元）

用智斗色坡

彝族机智人物故事。流传于四川省越西县彝族地区。讲述的是：有一年，因遇到旱灾，粮食歉收，加潘瓦先家因交不起地租，色坡就对瓦先的父母百般刁难，还提出一些稀奇古怪的事让他家做，弄得瓦先的阿爸整天愁眉苦脸，忧心忡忡。伶俐的瓦先好奇地问阿爸有啥难事，他阿爸说：“色坡说交不起地租，就搓根灰绳子去抵地租。这灰绳子咋个搓呢？”机灵的瓦先对阿爸说：“阿爸你不必担心，这事由我负责去完成好了。”第二天，瓦先把牛放到山上。然后割了很多茅草，把草搓成绳子带回来，再把它装在木盆里，用火烧成灰给色坡送去。当色坡用手去拿时，灰绳子就散开了。色坡见了生气地大骂。瓦先反问道：“色坡大人，你想想看，我们搓得起，你只是用手拿都拿不起来，这怎么能怪我们呢！”这一问反而把色坡难住了。几天后，色坡又吩咐下来，叫瓦先阿爸做一个十二人围着打的羊皮鼓。瓦先摸着脑壳想了想，然后，他一口气跑到色坡家对色坡说：“色坡大人，奇怪呀真奇怪，我跟阿爸去放羊，看到一只羊把一头牯牛顶翻在水里淹死了。”色坡说：“你这个挨刀杀的，竟敢在我面前撒谎说大话，世上哪有那么大的羊？”瓦先毫不示弱地说：“你说没有那么大的羊，哪儿又有那么大的羊皮来绷十二个人围着打的羊皮鼓，不是你先吹的牛吗？”

阿说木呷讲述，利布搜集、整理。收入《凉山彝族机智人物故事选》，32开，1页，600余字，四川民族出版社2002年版。（刘艳芳）

色坡请瓦先放羊

彝族机智人物故事。流传于四川省越西县彝族地区。讲述的是：色坡的诡计再次被瓦先识破了。色坡心想：用明的办法收拾不了机灵的瓦先，只有另想计策对付。于是，色坡便虚情假意地来到瓦先家说：“家里正需要一个牧羊人，让加潘瓦先到我家放羊去。”瓦先的父母只好同意了。瓦先估计到这一去凶多吉少。临走时对他阿爸说：“假如有一天，我被色坡毒死了，你们不要着急把我抬去烧掉，而是把我抬回家，上次我在搓草绳时曾看到一种草药能解毒，我在上面做了记号，你们把它找来熬给我喝，我是死不了的。”他阿爸阿妈流着泪水把瓦先送到色坡家。果然，瓦先到色坡家不久，就被比虎狼还凶恶的色坡用毒药毒倒了，他阿爸阿妈赶忙把瓦先抬回来，照瓦先说的办法，真的把瓦先救活了。瓦先起死回生，又到山上放牛羊去了。色坡听说瓦先没有死，心想：我的毒药难道失效了吗？色坡感到吃惊。于是他回到家里，将一小滴药沾在苞谷上拿给一只大公鸡吃。那只鸡把苞谷吃下肚去后就蹿到墙角不动了。碰巧，这时又起了一阵风，鸡尾巴上的毛被风吹得摇来摆去，色坡以为鸡没有被毒死，便说：“怪了，我这祖传的药，怎么失效了呢？”稍后，色坡就点了一杆烟坐在旁边抽，顺手从地上捡起一小截木棍来通烟嘴，谁知道这小木棍被色坡的毒药染过，色坡一含到烟嘴，舌尖一麻，药性发作，这一贯算计他人的色坡，反被自己的毒药毒成呆头呆脑的人了。

阿说木呷讲述，利布搜集、整理。收入《凉山彝族机智人物故事选》，32开，1页，700余字，四川民族出版社2002年版。（刘艳芳）

不准你开腔

彝族机智人物故事。流传于四川省甘洛、越西等县彝族地区。讲述的是：加潘瓦先虽然在人多的场合下爱讲彭伙土司的笑话，可土司办事又少不得他。一天，彭伙土司要去雷波会杨土司，把能说会道、办事麻利的加潘瓦先也带去了。土司担心加潘瓦先在别人家里又出他的洋相。半路上，彭伙土司特别对瓦先说：“这次你跟我去，不许你乱说乱动，也不准你多嘴，看见什么事都要假装没有看到，要装哑巴。”到了杨土司家，杨土司便请彭伙土司到屋里坐，并按传统习俗请彭伙土司坐火塘上方，连吃饭也让他在原地坐着吃，让加潘瓦先坐在彭伙土司下方服侍主人。两个土司喝酒正酣畅时，一颗火星飞到彭伙土司的大喇叭裤上，把彭伙土司特别缝制好的蓝色大喇叭裤背面一侧烧着了。彭伙土司埋头喝酒吃肉没发现，加潘瓦先看到了，他假装没有看见不吭声。彭伙土司的大喇叭裤背面一侧越烧越大，等到满屋子都闻到一股煳臭味，加潘瓦先才惊叫道：“土司老爷，你的裤子着火了！”等到彭伙土司站起来看时，崭新的裤子后裆早就被烧穿了。彭伙土司气得破口大骂加潘瓦先：“贱骨头，裤子着火，你为啥不开腔？”加潘瓦先做出十分委屈的样子回话道：“土司老爷，在路上你不是交代我看见什么事都不许说吗？”弄得彭伙土司有口难言。

沙光荣讲述，骆元璋、利布搜集、整理。收入

《凉山彝族机智人物故事选》，32开，2页，1000余字，四川民族出版社2002年版。（刘艳芳）

放牛

彝族机智人物故事。流传于四川省甘洛、越西等县彝族地区。讲述的是：有一年，色坡天天都在家里喝酒吃肉，让加潘瓦先去放牛却不给他午饭吃。瓦先在山上饿得发慌，心想："色坡的心太狠了，得想个办法！"后来，他暗地里偷了一坨盐巴藏在路边，等去放牛时，把那坨盐巴化成水泼洒在牛群前边的悬崖边上。牛群见了盐水一起来舔吃，你挤我推，结果，有一头牛被挤下崖，摔死了。瓦先就跑到悬崖下割牛肉烧来吃解决了午饭。当晚，色坡看到牛少了一头，便问瓦先："贱骨头，你放的牛怎么少了一头，到哪里去了？"瓦先一本正经地说："色坡大人啊，今天牛群不肯吃草，却跑到悬崖边上去吃石头泥巴，我咋个赶都赶不开，可能有一头被挤下悬崖摔死了。"色坡听了大声骂道："你胡说，哪有牛吃石头泥巴的事？"瓦先又对色坡说："色坡如果不信，明天你可以跟我去看看就知道了。"色坡半信半疑，怒气冲冲地睡觉去了。等色坡睡着后，加潘瓦先又悄悄地拿了一坨盐巴，把它化成水，跑到那座悬崖边的石头上泼洒，一切布置妥当后，才悄悄地溜回家来睡到天亮。第二天，色坡跟着瓦先赶着牛群往那座悬崖边上走去。牛群来到山崖边时，争先恐后地朝那座悬崖边上跑去，一眨眼的工夫，那些牛便在悬崖边上用犄角互相抵打起了，有的被挤下崖跌死了。碰巧，从山崖脚下惊飞起一群正在啄食牛肉的乌鸦"哇——哇——"地在半空盘旋叫着。色坡看到这情景后惊呆了。瓦先暗自发笑。

曲足木沙讲述，利布搜集、整理。收入《凉山彝族机智人物故事选》，32开，2页，900余字，四川民族出版社2002年版。（刘艳芳）

色坡想换色嫫

彝族机智人物故事。流传于四川省越西县彝族地区。讲述的是：加潘瓦先的色坡经常打骂娃子，娃子们都恨死了他。一天，加潘瓦先特意备了点礼物，假装有事的样子，去找色坡的妻子色嫫，说有一件秘事非亲自告诉色嫫不可。色嫫单独接见了加潘瓦先。加潘瓦先痛苦地说："色嫫呀，这是一件多么不幸的事情，我一直不相信这样的事，可这事是真的。色坡说你不会生男孩，他想再娶一个新色嫫，正悄悄地派人帮他做媒。"色嫫是个心胸狭窄的人，一听说她不会生儿子的话后，气得七窍生烟。她把加潘瓦先一送出门，就咬牙切齿地坐在火塘边想整治色坡的办法。正巧，色坡从外面回来，色嫫一见，气不打一处来，顺手拿起火钳就打，把色坡打得头破血流。色坡不知道这是怎么回事，一气之下便拾起柴块向色嫫打去。加潘瓦先和伙伴们看见色嫫两口子对打起来，便躲在角落里喝酒，庆祝用计收拾了色坡，替朋友们出了气。

沙马木呷讲述，利布搜集、整理。收入《凉山彝族机智人物故事选》，32开，1页，600余字，四川民族出版社2002年版。（刘艳芳）

老朋友有啥骗头

彝族机智人物故事。流传于四川省越西县彝族地区。讲述的是：有一天，加潘瓦先在去天皇庙的路上遇到了冷土司家的管家。管家牵着一只母羊和小羊，准备带回去祭祀用。管家说："加潘瓦先，听说你最会哄人，你有本事就把我这两只羊哄去！"加潘瓦先听说后，赶紧恭敬地说："大管家，我们都是老朋友，哪好意思互相哄骗呢！"管家听后用讥笑的表情看他一眼，牵着羊走了。管家一走，加潘瓦先赶快抄近路走到管家的前头，扯了些绿油油的羊儿爱吃的树叶放在路边上，然后钻入林里藏起来。没等多久，管家悠闲地牵着羊来了。他边走边吹着口哨，只管前头，不顾后面，小羊贪吃树叶便掉在后头没有跟上来，他却不知道。走了很长一段路后，管家才发现小羊不见了，他着急地把母羊拴在树上，顺着老路咩咩地唤着去找小羊。哪料到，他前脚一走，加潘瓦先就高高兴兴地牵起母羊和小羊回家了。

加潘克古讲述，利布搜集、整理。收入《凉山彝族机智人物故事选》，32开，1页，500余字，四川民族出版社2002年版。（刘艳芳）

表妹上当

彝族机智人物故事。流传于四川省凉山彝族自治州彝族地区。讲述的是：一天，在回家的路上，加潘瓦先正好遇上表妹从山脚下背水上来。这个表妹早就听说过，瓦先表哥很会哄人骗人，许多土司、色拔都上过他的当。表妹不相信瓦先这么厉害，想跟他开个玩笑验证一下。便开玩笑地问："瓦先表哥，听说你很会捉弄人，今天你能不能当着我的面，骗一次给我看看？"瓦先听后，暗想：你也想来凑热闹，我让你多嘴自讨没趣。于是，他仰望天空，十分认真地说："表妹呀，我哪有时间和你开玩笑，你看看天上的太阳表妹和月亮表弟，为了珍惜相逢的好时光，一见面就亲热起来，你瞧那场面多有意思，不看它一下就太遗憾了。"说着就继续仰头望天。表妹以为是真的，一时搞忘了自己背上的水桶，仰头一望，背着的水桶就掉了下去，弄得她一身湿。表妹这才弄明白，她上了瓦先的当。她生气地骂道："该死的瓦先，你为啥子这样哄人，害得我的水都倒完了！"瓦先却嘿嘿地笑着对她说："表妹呀，我加潘瓦先历来就是用脑袋哄人的，这下你该相信了吧！"说完他就哼着优美的情歌，继续朝前走了。

阿库史格讲述，骆元璋、利布搜集、整理，收入《凉山彝族机智人物故事选》，32开，1页，500余字，四川民族出版社2002年版。（刘艳芳）

巧吃羊

彝族机智人物故事。流传于云南省南涧彝族自治县彝族地区。讲述的是：一天，财主跟谎张三打赌说："你能不能偷到我的羊？偷着就杀了吃，偷不着就当贼打。"谎张三说："可以。"于是，财主日夜守着自家的羊厩寸步不离，谎张三却日日夜夜敲锣打鼓，吵得人们难以睡觉。几天过去了，财主不见有人来偷羊，有天夜里就打了盹，这正中了谎张三的圈套，他偷了羊，就跟长工们一起杀了吃，还对财主做了一系列的恶作剧，财主接二连三地倒霉，只得认输。

杨朝魁、李知旺讲述，邓承礼搜集、整理。收入《南涧民间文学集成》，32开，2页，1200余字，云南民族出版社1987年版。（段葵）

黄煎豆腐当腊肉　大头蚂蚁当马鹿

彝族机智人物故事。流传于云南省南涧彝族自治县彝族地区。讲述的是：过年了财主不给长工吃肉，只给他们煎豆腐吃，并说："黄煎豆腐当腊肉。"为此谎张三想整财主一下。一天，他告诉财主说："我看见后山有一头四平头的大马鹿。"财主财迷心窍，急着要去打。谎张三让他到山箐里打，自己爬在一棵树上指挥财主。他一会儿说往上跑了，一会儿说往下跑了。财主吆喝着狗跑上跑下，忽然听见谎张三喊"抓住了"，便赶紧跑过来问："在哪里？"谎张三说："这里。"财主一看是只大头蚂蚁，很生气。谎张三说："黄煎豆腐可以当腊肉，大头蚂蚁也可当马鹿嘛。"财主无言以对，自认倒霉。

杨朝魁、李知明讲述，邓承礼搜集、整理。收入《南涧民间文学集成》，32开，2页，700余字，云南民族出版社1987年版。（段葵）

泡肉回坛秧回根

彝族机智人物故事。流传于云南省南涧彝族自治县彝族地区。讲述的是：一天，谎张三到财主家，正赶上财主家吃晚饭，财主赶忙把席面上的泡肉倒回坛子里藏起来，假心假意请谎张三就席。财主叫谎张三他们晚上去拔秧，谎张三让大家不要把秧苗拔起，就地捆成把就行了。天亮时财主领着人来挑秧，但秧苗捆成把却拿不起来。财主责怪谎张三，谎张三说："这跟泡肉回坛一样，秧苗拔起又放下，也回根了。"财主自知理亏。

杨朝魁、李知明讲述，邓承礼搜集、整理。收入《南涧民间文学集成》，32开，1页，700余字，云南民族出版社1987年版。（段葵）

会做不会吃的长工

彝族机智人物故事。流传于云南省南涧彝族自治县彝族地区。讲述的是：一天，财主问谎张三："有没有会做不会吃的长工？"谎张三说："有。"财主又问："你能不能帮忙请几个？""可以。"谎张三回答。财主就拿定金给谎张三，让他去请会做不会吃的长工。谎张三来到庙里，在每个菩萨面前放上几文钱，回来告诉财主说请到了。财主要去看，谎张三就把他领到庙里的菩萨面前说："你看，就这些，他们是会做（坐）不会吃的人。"财主哭笑不得。

杨朝魁、李知明讲述，邓承礼搜集、整理。收入《南涧民间文学集成》，32开，2页，300余字，云南民族出版社1987年版。（段葵）

智盗玉花瓶

彝族机智人物故事。流传于云南省永平县彝族地区。讲述的是：一天，财主跟谎张三打赌，如果谎张三能偷着他家楼上案桌上的玉花瓶，就给谎张三一千两银子；如果谎张三被抓着，他就必须给财主白做三年长工。谎张三答应了。财主就在案桌下埋伏了几个打手，日夜守护。但第二天一早，谎张三就把玉花瓶拿到财主的面前，财主只得认输。谎张三把赢得的银子分给穷人。原来谎张三在一根又细又长的竹竿上拴了一个猪尿泡，从房顶上悄悄地把竹竿插进花瓶里，然后吹胀猪尿泡，就把花瓶吊了上来。

佚名讲述，李天梁搜集、整理。收入《中国民族民间文学集成·永平县卷》，32开，2页，600余字，德宏民族出版社1989年版。（张秀娟）

比赛

彝族机智人物故事。流传于云南省永平县彝族地区。讲述的是：一天，谎张三骑着绵羊走着，遇上骑着大马的县太爷。县太爷问："这绵羊能骑吗？"谎张三说："这是只神羊，不信就与你的马比试比试，看谁跑得快。"县太爷想羊怎能赶上骏马，便答应了。二人约定看谁先到八里外的山头上。县太爷看着谎张三走后，自己才慢慢地跨上马，但他到山头时，谎张三早就在那里了。县太爷便相信这只羊是神羊了，就要跟谎张三以马换羊。谎张三骑上骏马，快马加鞭地跑了。原来，谎张三到树林后扛着羊跑，抢先到达了山头。

佚名讲述，孙绍文搜集、整理。收入《中国民族民间文学集成·永平县卷》，32开，1页，700余字，德宏民族出版社1989年版。（张秀娟）

大爷再请一点

彝族机智人物故事。流传于云南省漾濞彝族自治县彝族地区。讲述的是：罗巴知道县官想吃蜂蜜。一天夜里就把县官骗到富人家偷吃蜂蜜，罗巴却故意大声说："大爷，再请一点！"富人听见有声音，赶来捉拿小偷，就把跑得慢的县官捉住，装进口袋，吊在梁上。罗巴乘机点火烧猪圈。富人见猪圈起火了，忙去救火。罗巴乘机又转来看县官，见富人的老父亲来看小偷，就把他装进口袋，让县官逃跑。富人灭了火后，回来棒打口袋里的"小偷"。等到知道是错打了自己的父亲时，富人冤屈难耐，天一亮就赶到衙门向县官告状。县官心里很明白事情的真相，借口富人没有管好自己的家务，反而罚了他五十大板。

杨林讲述，杨涧搜集、整理。收入《大理白族自治州民间文学集成资料·漾濞民间文学选》第一

集，32开，2页，600余字，漾濞彝族自治县文化局1986年编印。（张秀娟）

屙金马

彝族机智人物故事。流传于云南省漾濞彝族自治县彝族地区。讲述的是：罗巴为做了几十年活的老长工最后只得到一匹老瘦马而打抱不平，就在马的屁股和尿道里塞了点金和银后去跟富人说："你怎么把屙金尿银的老马给了人家呀！"富人半信半疑，就去看马，果然看见马屙金尿银，便给老长工重新换了一匹好马。后来富人知道上当了，后悔莫及。

杨林讲述，杨洞搜集、整理。收入《大理白族自治州民间文学集成资料·漾濞民间文学选》第一集，32开，1页，500余字，漾濞彝族自治县文化局1986年编印。（张秀娟）

火炉衣

彝族机智人物故事。流传于云南省漾濞彝族自治县彝族地区。讲述的是：一天晚上，富人见罗巴睡在磨坊里，就把门锁上，想把罗巴冻死在里面。可是第二天早上，非但没有见罗巴被冻死，反而见他全身冒汗。富人感到奇怪，问其缘由，罗巴说："我有火炉衣。"贪财的富人就与罗巴换了衣裳，也到磨坊过夜，但差点被冻死。富人责问罗巴，罗巴说："还要念咒语火炉衣才会灵验。"富人只得自认倒霉。

杨林、杨学才讲述，杨洞搜集、整理。收入《大理白族自治州民间文学集成资料·漾濞民间文学选》第一集，32开，1页，600余字，漾濞彝族自治县文化局1986年编印。（张秀娟）

斩县官

彝族机智人物故事。流传于云南省漾濞彝族自治县彝族地区。讲述的是：一天，县官要抓罗巴问罪，先后派烂眼皮和癞痢头二人去捉拿。罗巴投其所好，先后以为他俩舂眼药和煨搽头药引诱他们上当，治跑了二人。当县官骑马亲自来捉拿他时，他又以万里羊诱骗，换得县官的千里马和官服，并抢先登上衙门大堂，用县官的口气命烂眼皮和癞痢头将朝后进来的"罗巴"拿下斩首，这二人早对罗巴有恨，就不问黑白砍下了县官的头。

杨林、杨学才讲述，杨洞搜集、整理。收入《大理白族自治州民间文学集成资料·漾濞民间文学选》第一集，32开，2页，1400余字。漾濞彝族自治县文化局1986年编印。（张秀娟）

尼衣破与作毒破

彝族机智人物故事。流传于云南省弥勒市彝族阿细人地区。讲述的是：机颠来寨的作毒破想让尼衣破出丑，便与他打赌，尼衣破若不用大麻布口袋就能将晒在打谷场上的旱谷搬走，就把谷子送给他；若拿不走，就让尼衣破叫自己"阿扑"（彝语：老爹）。尼衣破把晒谷场旁的金竹砍来编了两个背箩，把旱谷装进箩里，用金竹挑着走了。据说，阿细人会织篾编箩便是尼衣破传下的手艺，好看实用的阿细背箩如今仍是阿细妇女的主要劳动工具。

佚名讲述，曾德奎搜集、整理。收入《弥勒民族民间故事》，32开，2页，1100余字，民族出版社2003年版。（梁红）

舂粑粑

彝族机智人物故事。流传于云南省弥勒市彝族阿细人地区。讲述的是：每至老年，阿细村寨家家户户都要相互帮助舂粑粑，每当此时，粑粑的主人总会把舂出的第一窝粑粑分给踩碓帮忙的人吃，并且还送每人一筒粑粑。角节圈寨的羊渴年年舂粑粑，却从不分粑粑给别人吃。当老年再度来临时，尼衣破到羊渴家帮忙，人们汗淋淋地帮羊渴家舂着最后一窝粑粑，却还不见羊渴请大家吃粑粑，尼衣破就利用自己的聪明才智使帮忙的人每人得到了两筒粑粑。

佚名讲述，曾德奎搜集、整理。收入《弥勒民族民间故事》，32开，2页，700余字，民族出版社2003年版。（梁红）

今年的早炮是我们罗牧阿智放的

彝族机智人物故事。流传于云南省禄劝彝族苗族自治县彝族地区。讲述的是：有一年春节，常培春土司宣布在撒营盘坝子，大年初一的早炮要等土司家放过后才准百姓放，否则将严惩。大年初一，罗牧阿智抢先点响了早炮。常土司气得跺脚，派人抓来阿智问道："你是什么东西，敢和我争先？"阿智不慌不忙地说："老爷，我是帮你放炮嘛！炮响了，别人只会说土司家早炮响了，哪个也不会说罗牧阿智的早炮响了。"土司听了眉开眼笑，要阿智以后为他放早炮。可是每年村子里老百姓却说："今年的早炮是罗牧阿智放的。"

张本仁、王罗开、张正贤讲述。收入《昆明民间故事》第一辑，32开，1页，700余字，昆明市民间文学集成办公室1987年编印。（梁红）

案子断颠倒了

彝族机智人物故事。流传于云南省禄劝彝族苗族自治县彝族地区。讲述的是：常土司霸占了树太科（地名）的庄稼地，阿智见自己的土地上长着土司的荞，鬼火便起，就吆羊吃了荞子。土司要他赔，他便把土司家晒在山场上的荞子背来赔。土司气得拉阿智到禄劝府对簿公堂。县官判土司赢，阿智听了，一面说多谢，一面把屁股对着县官磕头。县官气得大叫："什么东西，敢把屁股对着我磕头！"阿智大声说："县官断案颠倒了，磕头也要颠倒才合你的理呀！"

张本仁、王罗开、张正贤讲述，佚名整理。收入《昆明民间故事》第一辑，32开，1页，600余字，昆明市民间文学集成办公室1987年编印。（梁红）

世代的规矩

彝族机智人物故事。流传于云南省禄劝彝族苗族自治县彝族地区。讲述的是：一次，常土司买勺不想付钱，便对卖勺人说："买的东西能装多少米，就给多少米！"并强调"这是世代的规矩"。卖勺的农民含泪找阿智出主意。过了几天，土司见门前有人卖箩，他拿了一个，并讲起了价钱。"老爷家买东西不讲价，买的东西能装多少米，就给多少米，这是世代的规矩了，我晓得的。"卖箩的人说。常土司一看是卖勺人，便哑口无言，只得硬着头皮量米。

张本仁、王罗开、张正贤讲述，佚名整理。收入《昆明民间故事》第一辑，32开，1页，600余字，昆明市民间文学集成办公室1987年编印。（梁红）

支扣子

彝族机智人物故事。流传于云南省禄劝彝族苗族自治县彝族地区。讲述的是：从前，撒永山是片原始森林，可全被常土司霸占着，要是有人进林子猎兽捕鸟，定会招致剁脚砍手的酷刑。

阿智的爷爷是当地有名的草药医生，且会测风水、看相，人们都非常尊敬他。一次，阿智的朋友进林子掏了两个麻雀蛋，就被常土司宰掉了两个手指头。阿智很气愤，决定惩罚土司，便把打算告诉了爷爷，爷爷积极响应。一天，常土司巡山，发现自己下的扣子里套着条鱼，大惊，便提着鱼去找阿智的爷爷占卜吉凶，阿智的爷爷故作惊慌地告诉土司："土司老爷，大事不好了，由于你一人独占山林，龙王邀山神合伙要烧你的房，冲你的田，杀你的全家。"常土司面如土色，颤抖着求阿智的爷爷化解此事。阿智的爷爷要他杀掉家中的猪羊请全寨人吃饭，并把山林、粮食、财产分给大家。第二天，常土司怀着侥幸心理带着猎狗去巡山，忽然从林深处飞出两支箭，分别射中猎狗的喉咙和常土司的脚，这可吓坏了的常土司，赶忙回家令人杀猪宰羊，开仓分粮。从此，常土司再也不敢欺负穷人了。

张本仁讲述，沙林搜集、整理。收入《云南省昆明市民间文学集成·禄劝民间故事》，32开，3页，1700余字，禄劝彝族苗族自治县文化局民间文学集成办公室1991年编印。（梁红）

打土蜂

彝族机智人物故事。流传于云南省武定县、禄劝彝族苗族自治县彝族地区。讲述的是：有一年农历六月二十四火把节，常土司家宾客盈门，罗牧阿智决定戏耍常土司一番。阿智事先抓了一只老土蜂夹在手缝里，然后不慌不忙地走进客厅到土司旁边，不说三不说四，“啪”地打了土司一个耳光，土司的半边脸都被打红了。常土司定神一看，是阿智打他，心中火冒三丈。阿智却神情坦然地解释说，因为一只老土蜂快飞到老爷的脸上来了，老土蜂会叮死人，所以才把它打死了。土司听了原委，反觉得阿智待他好，也跟着骂“该死的土蜂”。阿智也跟着说：“害人的土蜂，老子打死你！打死你！”这时，客厅里响起洪水般的笑声。

李德中讲述，陶学良整理。收入《彝族民间故事选》，32开，2页，400余字，上海文艺出版社1981年版。（施选　朱琚元）

只吃米饭的牧羊狗

彝族机智人物故事。流传于云南省禄劝彝族苗族自治县彝族地区。讲述的是：常土司对长工非常刻薄，常年只给他们苞谷饭和荞饭吃。常土司家有一条狗交给阿智驯养，阿智喂狗时，抬着苞谷饭用彝话说“苞谷饭”，若狗过来他就打，说“大米饭”，若狗过来就好好的让它吃苞谷饭。天长日久，狗听到“苞谷饭”就跑开，听到“大米饭”就跑过来吃。一天，阿智告诉土司，狗只吃大米饭，不吃苞谷饭，土司跟着阿智去看，果然是如此，只好顿顿让阿智拿大米饭去喂狗，阿智则把大米饭分给长工吃，拿苞谷饭喂狗。

杨金禄讲述，周云搜集、整理。收入《云南省昆明市民间文学集成·禄劝民间故事》，32开，1页，300余字，禄劝彝族苗族自治县文化局民间文学集成办公室1991年编印。（梁红）

有眼无珠

彝族机智人物故事。流传于云南省禄劝彝族苗族自治县彝族地区。讲述的是：有一年，天旱无雨，粮食无收，民不聊生，常土司却不管民众死活，赋税照收。端午节的时候，他要百姓像往年一样用细白面捏出牛、马之类的礼品送给他，还要求捏出眼睛。阿智很气愤，便让大家用面捏出没有眼睛的马拿去送。常土司看见阿智送来的礼品没有眼睛，就骂他们不懂规矩。阿智不慌不忙地说：“规矩我们懂，可老爷有眼无珠啊！”“你太无礼了！”常土司气红了脸。阿智笑着说：“老爷是有眼无珠嘛，看不到百姓的饥寒，想不到民众的疾苦，这不是没有眼珠吗？请老爷细想！”说完便走了。从此，常土司再不敢随意向百姓征收礼品了。

杨思银讲述，杨思杰搜集、记录。收入《云南省昆明市民间文学集成·禄劝民间故事》，32开，1页，700余字，禄劝彝族苗族自治县文化局民间文学集成办公室1991年编印。（梁红）

阿智开玩笑

彝族机智人物故事。流传于云南省武定县彝族地区。讲述的是：常土司经常吃阿智的亏，心里很不服气。一天，常土司家来了一个四川那土司家的先生，听说他的文化很高，常土司想借这位先生的才学整治阿智。常土司叫厨房里的厨师精心做了一顿午饭，还特别做了一碗膀子肉，然后让阿智来陪客。客人到齐后，常土司便规定拈这盘膀子肉时要吟诗。只听常土司念：“九九八十一，拈块边边皮。”就拈了肉吃起来。接着四川先生吟道：“二九一十八，两块一齐夹。”便拈走了两块肉。

土司笑眯眯地让阿智拈吃。阿智笑笑，也摇头晃脑地吟道：“七九六十三，连盘一起端。”说完便把盘子端到自己面前吃起来了。土司哭笑不得，只好皮笑肉不笑地解释说阿智是在开玩笑。

佚名讲述，王昌雄搜集。收入《楚雄民族民间文学资料》第三辑，32开，1页，600余字，云南省社会科学院楚雄彝族文化研究室1982年编印。（施选　朱琚元）

初冒说

彝族机智人物故事。流传于云南省禄劝彝族苗族自治县彝族地区。讲述的是：有一年粮食大丰收，要碓舂米，可全寨子里只有常土司家有碓，于是大家便来找阿智帮忙。一天早上，常土司家正在舂米，阿智慌慌张张跑到常土司面前说：“老爷，不好了，怕是要出事了，连你家的碓都在说‘初冒说！初冒说！’”（彝语：土司穷）正吸着大烟的常土司翻身坐了起来，侧耳一听，果然越听越像阿智说的那样，迷信的常土司便让人把碓扔了。在常土司家门外的穷人们就高高兴兴地把碓抬走了。

安卡阿冒讲述，郑楠搜集、记录。收入《云南省昆明市民间文学集成·禄劝民间故事》，32开，1页，600余字，禄劝彝族苗族自治县文化局民间文学集成办公室1991年编印。（梁红）

小狗头瞧媳妇

彝族机智人物故事。流传于云南省禄劝彝族苗族自治县彝族地区。讲述的是：土司的儿子小狗头在当地是有名的痞子，他听说附近寨子有个姑娘美若天仙，很想看看姑娘的模样，于是找阿智出主意。阿智决定惩治一下这个恶少爷，就点头答应了。晚上，阿智领着小狗头去姑娘家，结果小狗头掉进了臭水沟，只得脱掉衣服裸着身子。阿智和姑娘的爹佯装出门后，小狗头钻进姑娘家，看见貌美如仙的姑娘正在灵巧地织着麻布。当他看得如痴如醉之时，光屁股已被狗舌头舔了，他吓得纵身跳进堂屋躲避，却被主人家当作“鬼”收拾了一通。天亮时满身抹着蜂蜜，粘满鸡毛的小狗头低着头走出了姑娘家，阿智跟在后面叽里咕噜地念着送鬼经，全村人开心地围观这场“驱鬼”活动。

安卡阿冒讲述，郑楠搜集、记录。收入《云南省昆明市民间文学集成·禄劝民间故事》，32开，3页，1700余字，禄劝彝族苗族自治县文化局民间文学集成办公室1991年编印。（梁红）

犁地

彝族机智人物故事。流传于云南省禄劝彝族苗族自治县、武定县彝族地区。讲述的是：常土司雇工干活，总是想方设法克扣工钱。有一天，阿智和伙伴们正在为常土司家犁地，常土司跑到地头这里看看，那里瞧瞧，实在找不出克扣工钱的借口，但想到晚上要发出去许多工钱，好不心疼，眼珠子转了半天终于找到了一个借口——嫌长工们犁地的速度太慢，扣一天工钱。阿智告诉常土司要想犁地快太简单了，于是他提起鞭子挥了几下，把两头大黄牛打得立直尾巴东窜西跑，一块地很快就“犁完了”。常土司一看，气坏了，叫阿智慢一点，阿智偏偏更快了，常土司急得大叫“一个工钱也不扣了”，阿智才给伙伴们使了个眼色，又慢慢地犁起来。

佚名讲述，袁学佑搜集、整理。收入《彝族民间故事》，32开，1页，700余字，云南人民出版社1988年版。（钱丽云　朱琚元）

上等“睡脑”

彝族机智人物故事。流传于云南省禄劝彝族苗族自治县、武定县彝族地区。讲述的是：常土司从大凉山找来了三个人擀毡子。一天，擀毡匠去吃饭时把还未完工的毡子放在地上，几个调皮的孩子把毡子搞乱了后，再放回到擀毡子的架子上，阿智在一旁看着笑。擀毡匠吃完饭回来打开毡子一看，羊毛都成了圆筒筒，急坏了，垂头丧气地去找阿智求救。阿智找到常土司，说他家比凉山土司家差一个上等“睡脑”（彝语：枕头），常土司就派阿智去问擀毡匠会不会擀。阿智回复常土司说擀是会擀，只是价钱要贵一些。常土司让阿智告诉擀毡匠只要会擀，价钱没问题。第二天，阿智让擀毡匠将被小孩弄成圆筒筒的毡子做成“睡脑”送给了常土司，常土司很高兴，还给了三个擀毡匠加倍的工钱。

佚名讲述，陶学良整理。收入《彝族民间故事》，32开，1页，700余字，云南人民出版社1988年版。（钱丽云　朱琚元）

剪羊毛

彝族机智人物故事。流传于云南省禄劝彝族苗族自治县、武定县彝族民间。讲述的是：常土司的管家为人阴险，常常在土司面前使坏，害苦了穷娃子们，阿智想好好收拾他一顿。一天，常土司想起该剪羊毛擀毡子了，就派管家去通知阿智剪羊毛。阿智听了管家的话气得大骂：“烂土司，剪狗毛还是剪猪毛也不说。”管家跑回家去把阿智的话报告常土司，土司听了大发雷霆，传阿智问话。阿智一听便装出委屈的样子说管家冤枉他，他本来说的是不知该在属狗日还是属猪日剪羊毛。常土司一听，心想属狗日和属猪日都是剪羊毛的大吉日子，这话没错嘛，于是把管家喊来大骂了一顿。

佚名讲述，张英搜集、整理。收入《彝族民间故事》，32开，1页，400余字，云南人民出版社1988年版。（钱丽云　朱琚元）

召能与土司打赌

彝族机智人物故事。流传于云南省武定县彝族地区。讲述的是：土司听说召能很有本事就想整治他一下。一天，土司派人将召能叫来与他打赌，当晚召能若能把土司身上穿的绸缎衣服偷走便算赢，免一年劳役；若偷不走便算输，得为土司白干三年活。当天晚上，土司便派仆人把灯点上，自己静静地坐着等。可是等到鸡叫还不见动静，土司觉得又困又乏，心想天都快亮了，看样子召能不会来了，但转念一想，觉得还是不能大意，便穿着衣服躺在床上睡着了。就在这时，召能来了。他从衣兜里拿出两个熟透了的柿子放到土司身边，然后去抓土司的脚心。土司脚痒，一缩腿翻了个身，召能赶快藏到床下。土司翻身时把柿子压坏了，感到异样，用手去摸，满手稀糊糊的。心想难道是吃坏肚子拉稀了。就把脏衣服脱掉顺手丢在床下，又睡着了。召能乘机捡起衣服溜出去了。天亮后，土司才知道上了召能的当，只好认输。

莫秀芬、章国跃讲述，王维记译。收入《云南省武定县民族民间文学集成》，16开，1页，1400余字，武定县文化局、民委、文化馆集成办1989年编印。（钱丽云　朱琚元）

召能与财主打赌

彝族机智人物故事。流传于云南省武定县彝族地区。讲述的是：有一户财主家办喜事，召能也去做客，财主很讨厌他。大家说召能本事大，财主心中有些不信，便当着众人的面与召能打赌，三天内召能若能将他家厩里的好马和柜中的金银偷走，就全归召能所有；若偷不走，召能要给财主白当三年的马夫。召能答应了，并说将光明正大、吹吹打打地来偷财主的东西。当晚财主家灯火通明，一家老小、长工、宾客云集在一起，把整个院子守得紧紧的。可左等右等，都不见召能的影子，到了夜深人静时，忽然对面山上有人吹起唢呐，敲起锣鼓，财主一家警觉起来，认为召能要来了，加紧了守护。对面山上的吹吹打打声一直到鸡叫才停了。第二夜，对面山上又吹吹停停、停停吹吹地折腾到天亮，召能还是没有来。第三夜，召能起先如法炮制把财主家折腾了一番。财主家的远客不堪第一晚上的折腾，第二天就走了，长工们白天要做活，加上两晚熬夜，个个又困又乏，财主的家人也精疲力竭了，守着守着，都在原地睡着了。召能一看时机已到，就大摇大摆地进去将金银和马带走了。

莫秀芬、章国跃讲述，王维记译。收入《云南省武定县民族民间文学集成》，16开，3页，3000余字，武定县文化局、民委、文化馆集成办1989年编印。（钱丽云　朱琚元）

财神爷

彝族机智人物故事。流传于云南省武定县彝族地区。讲述的是：有一天，召能到了一个寨子，肚子饿得难受，举目一看，见一户人家的门虚掩着，溜进去看见房里只有一罐蜂蜜和一箩白生生的棉花，便心生一计，蘸了些蜂蜜往身上的破衣服上一抹，再抓些棉花往身上乱揉，扮成了一个浑身长满白毛的怪物，然后往一户财主家跑去，一脚踢开大门，嘴里不住高喊："快让路！财神爷来了！"一溜烟跑进堂屋，跳上供桌，蹲在上面一动不动。家里突然来了这样一个白色怪物，又自称为"财神"，财主家真以为是天上财神爷降临，慌得又烧香，又上供，一家人跪下连连叩头，生怕得罪"财神爷"。召能乘机抓起供品大吃大喝。吃完后一跃而起，高喊："快让路！我保你家发财，财神爷我要去了！"跳下供桌，夺路而去。召能跑远了，财主一家还以为是真财神降临送财来了呢。

莫秀芬、章国跃讲述，王维记译。收入《云南省武定县民族民间文学集成》，16开，1页，900余字，武定县文化局、民委、文化馆集成办1989年编印。（钱丽云　朱琚元）

烧蜂

彝族机智人物故事。流传于云南省峨山彝族自治县、新平彝族傣族自治县、石屏县彝族地区。讲述的是：有一天普丕在山林里看见碗口大的一窝葫芦蜂，便想戏弄色坡（彝语：主人）李士天一番，就跟李士天说："色坡，我找着了一窝葫芦蜂。"李士天问："有多大？"普丕用两臂围了个很大的圈说："有这么大。"李士天看普丕臂围的圈很大就来了兴趣，兴冲冲地同普丕商量烧蜂的办法。他怕被葫芦蜂叮，就叫老婆跟普丕去烧蜂，自己则留在家里烧火等炒蜂儿吃。普丕领着李士天的老婆来到一棵核桃树下，把碗口大的蜂烧了下来。满头大汗烧火等炒蜂儿吃的李士天，看到烧回来的蜂只有碗口大，就斥训普丕说谎。普丕用手掌围了个小圈说："色坡，我就说这么大，怎么敢哄你呢？"李士天只好沮丧地捅熄了灶洞里的火。

李成富讲述，峨山岔河文学社搜集。收入《峨山民间文学集成》，32开，3页，1100余字，云南民族出版社1989年版。（聂鲁）

拉鱼

彝族机智人物故事。流传于云南省峨山彝族自治县、新平彝族傣族自治县、石屏县彝族地区。讲述的是：李士天从不干活，吃的却是大鱼大肉，对长工们诈诈唬唬，普丕很愤懑，一直想出出这口气。一天，普丕把用青苔包好的活鱼装在口袋里，吃早饭时跟李士天说："色坡，早上我去犁田，有一丘大田水浑浑的，鱼多极了，如果拿些来做你的下酒菜就太好了。"李士天就跟着普丕去拿鱼。普丕下田用拉笆拉一笆，把原来用青苔包着的鱼放进拉笆里，就跟李士天说："色坡，你看，多大的鱼。"又用同样的方法连续拉了十多回，每回都有一条活蹦乱跳的鱼。这种情景把李士天给迷住了，他禁不住卷起裤脚下水拉鱼，累得上气不接下气，一身都是泥巴，却一条鱼也没有拿到。

李林强讲述，峨山岔河文学社搜集。收入《峨山民间文学集成》，32开，3页，1100余字，云南民族出版社1989年版。（聂鲁）

爬青树

彝族机智人物故事。流传于云南省峨山彝族自治县、新平彝族傣族自治县、石屏县彝族地区。讲述的是：李士天想戏弄普丕，有一天，他对普丕说："人们都说你人小机灵善哄，能哄着我一回吗？"普丕说："色坡，我不敢哄你，否则土掌房上的色坡阿奶会骂我的。”李士天爬上万年青树一看，老婆并不在土掌房上。普丕笑着说：“色坡，这不是哄着你了吗？”

普加明讲述，峨山岔河文学社搜集。收入《峨山民间文学集成》，32开，1页，200余字，云南民族出版社1989年版。（聂鲁）

剥棕皮

彝族机智人物故事。流传于云南省峨山彝族自治县、新平彝族傣族自治县、石屏县彝族地区。讲述的是：一次李士天听说街上棕皮好卖，就叫普丕去爬树剥棕皮。普丕爬上一棵最高的棕皮树，看有一窝会叮人的大黑蚂蚁在树上，刚要退下来，李士天却摇头晃脑过来监工了。普丕心里顿生恶气，贴在树干上一动不动。李士天过来就呵斥说：“普丕，你愣着偷懒干什么？”普丕说：“色坡，我看见了国窝海（彝语：滇池），海里面有渔夫、渔船，可好看了。”李士天也想看看国窝海，叫普丕快下来让他上去看。普丕下来时顺手捅了一下蚂蚁窝，李士天急不可待地爬上树时被黑蚂蚁叮得摔了下来。

龙体和讲述，峨山岔河文学社搜集。收入《峨山民间文学集成》，32开，3页，1500余字，云南民族出版社1989年版。（聂鲁）

吻姑娘

彝族机智人物故事。流传于云南省峨山彝族自治县、新平彝族傣族自治县、石屏县彝族地区。讲述的是：有一天李士天到安居乐他大哥李士龙家吃杀猪饭，叫普丕扛一大捆甘蔗跟他一起去。路上普丕被甘蔗压得直不起腰，李士天还催他快走。到了李士龙家，另一个兄弟李士稀也来到了，兄弟三人大啃甘蔗评论甜淡，把又渴又饿的普丕晾在一边。这时，普丕见村脚李士龙家的黄果园里有一伙姑娘在割猪草，普丕就对李士天三兄弟说他能在那些割猪草的姑娘每个人的脸上亲一下。李氏三兄弟奚落普丕一番，并打赌若能那样就将甘蔗输给他，若做不到就要普丕舔三个兄弟的脚趾丫。普丕来到黄果园里对姑娘们说：“你们偷吃了色坡家的黄果。”姑娘们反驳。普丕说：“偷没偷吃嗅嗅你们的嘴有没有黄果味就知道了。”姑娘们只好让他嗅了。李氏三兄弟远看着普丕真的像在亲那些姑娘的脸，只得把甘蔗输给了他。普丕就拿着甘蔗和李士龙家的长工们一起吃了。

李进帮讲述，峨山岔河文学社搜集。收入《峨山民间文学集成》，32开，2页，1000余字，云南民族出版社1989年版。（聂鲁）

打靶

彝族机智人物故事。流传于云南省峨山彝族自治县、新平彝族傣族自治县、石屏县彝族地区。讲述的是：李士天在六丫寨脚有一片田，普丕和长工们苦死累活在那里挖田，而李士天则扛一杆铜炮枪在田边打雀，实则是在监工。有一天，普丕偷偷在六丫寨脚的大青树上钉了一个弹头，然后回到田头叫长工们休息。李士天一看火了，说道：“你们敢在我眼皮底下怠工，看我怎么收拾你们。”普丕平静地说：“色坡，你莫生气，我们是想和你打赌比枪法，若我一枪能射中大青树丫，今天你就莫让我们干活，若射不中，我们就不要三年的工钱。”李士天眼珠一转决定打这个赌，于是就把枪递给普丕。普丕抬枪轰地一枪，叫嚷着：“打中了”。李士天不信，到大青树丫一看，果然有弹迹和铅弹头，只得免了长工们这一天的活计。

方必旺讲述，峨山岔河文学社搜集。收入《峨山民间文学集成》，32开，2页，1000余字，云南民族出版社1989年版。（聂鲁）

卖梨

彝族机智人物故事。流传于云南省峨山彝族自治县、新平彝族傣族自治县、石屏县彝族地区。讲述的是：李士天有一大片梨园，梨上市的时候，普丕就成了跑腿。一天，普丕挑着一挑梨去卖，路陡坡大，干渴难挡也不敢吃一个梨，因为李士天的梨是数了数的。普丕越想越气，抓起梨便吃起来，吃饱后把剩下的梨每个咬上一口，并在寨边菜地拽了一块拦牲畜的篾笆席睡了一觉后挑着梨回家去。李士天责骂普丕。普丕辩解说街上遇到一伙强人，他们拿起梨吃一个咬上一口不说，还打了他一顿，并撸起衣裳给李士天看。李士天见普丕身上青一道红一道的条印，气愤一阵后心软下来说："算了，咬过卖不掉的梨就给猪吃。"普丕就把咬过的梨偷偷分给长工们吃了。

龙体和讲述，峨山岔河文学社搜集。收入《峨山民间文学集成》，32开，2页，1100余字，云南民族出版社1989版。（聂鲁）

长工吃白酒

彝族机智人物故事。流传于云南省峨山彝族自治县、新平彝族傣族自治县、石屏县彝族地区。讲述的是：一天，普丕和长工们挖干田，烈日当空，干渴难忍。普丕问长工们想不想吃甜白酒。长工们苦笑着说，能喝上一碗水就不错了。普丕叫大伙从田埂上挖一只老鼠给他，就拽着死老鼠回家跟李士天说天气热，回来拿点水给大伙喝。一进屋就把死老鼠放进李士天家舀甜白酒的碗里，然后慌张地端到李士天面前说："色坡，我顺手给马槽加料时，发现装甜白酒的盆里淹死了一只老鼠，我把它捞出来了。"李士天心疼得直跺脚，说："唉，不能吃了，把它倒掉吧。"普丕说："倒掉可惜，不如给挖田的长工们吃了。"李士天点了点头，于是长工们美美地吃上了一顿甜白酒。

李成富讲述，峨山岔河文学社搜集。收入《峨山民间文学集成》，32开，2页，900余字，云南民族出版社1989年版。（聂鲁）

卖盐

彝族机智人物故事。流传于云南省峨山彝族自治县、新平彝族傣族自治县、石屏县彝族地区。讲述的是：一天，李士天叫普丕担盐到甸中街上去卖。一路上，普丕想起李士天不管你挑得动多少，只顾大瓢大瓢往担里装盐的情景，气不打一处来。当他在半路一个叫牛打滚的水塘边休息时，便把盐大捧大捧地撒进水塘里，然后钻进树丛里睡上一觉之后，挑着空谷箩回家了。李士天一见便问盐巴是否好卖，普丕说："卖倒好卖，可甸中人太狡猾，叫我下一个街子天去拿钱。"第二个街天李士天催促普丕去拿钱。普丕来到牛打滚水塘，看见塘子里一只只青蛙被盐渍死后翻着白白的肚皮，普丕灵机一动掀开衣服，露出肚皮，还在肚皮上吐上很多唾沫，然后又在林子里睡上一觉后回去了。李士天问起拿得多少钱时，他哭丧着脸翻开衣裳说："甸中人太狡猾，不但不给钱，还吐了我一身唾沫。"李士天一看普丕那委屈的可怜相，就没有再追究了。

矣开武讲述，峨山岔河文学社搜集。收入《峨山民间文学集成》，32开，2页，1000余字，云南民族出版社1989年版。（聂鲁）

扛木头

彝族机智人物故事。流传于云南省峨山彝族自治县、新平彝族傣族自治县、石屏县彝族地区。讲述的是：有一年快要入冬时，李士天怕猪挨冻，就让长工们扛木头盖猪厩。天不亮普丕就穿着草鞋出发了，想着李士天怕猪挨冻却不怕长工们挨冻的行为，普丕决定收拾他一顿。普丕爬到后山扛了一根烂木头回来，天刚亮就"咚"的一声摔在猪厩门口。过一会儿又来抬起那根烂木头"咚"地放下，如此反复多次。李士天认为普丕干活卖力，就炒火腿备酒犒劳他。饭菜做好出来一瞧，看见普丕只扛回了一根烂木头，便骂咧开了。普丕说："我到山上一看都是些烂木头，我把它们都扛回来堆在一起了，想想又不对，像色坡这样有脸面的人家拿烂木头盖猪厩，怕人见了笑话，又把它扛了丢进山箐里了。"李士天想想也是，便说："普丕，你这样做是对的，为色坡争了一口气。”于是，普丕吃了一顿好饭菜。

李开文讲述，峨山岔河文学社搜集。收入《峨山民间文学集成》，32开，2页，1400余字，云南民族出版社1989年版。（聂鲁）

打蛇巧取腌豆腐

彝族机智人物故事。流传于云南省峨山彝族自治县、新平彝族傣族自治县、石屏县彝族地区。讲述的是：夏末普丕去割长得很旺的埂草时，蹿出一条青花蛇，普丕把蛇打死后，正要拿死蛇出气，突然想起这些天李士天送晌午饭尽是些辣子，辣得饭也吃不下，便把青花蛇别在腰上。晚饭时普丕说辣子辣得吃不下饭，李士天允许普丕掏碗豆腐吃。普丕把死蛇放在腌豆腐碗上惊叫道：“啊呀，色坡阿奶掏豆腐时忘了盖罐口，蛇钻进罐里了。”李士天认为这是不祥之兆，又怕外人笑话，便叫普丕悄悄把豆腐倒了。普丕就把一大罐腌豆腐拿给长工们吃了。

李开增讲述，峨山岔河文学社搜集。收入《峨山民间文学集成》，32开，1页，700余字，云南民族出版社1989年版。（聂鲁）

耙田

彝族机智人物故事。流传于云南省峨山彝族自治县、新平彝族傣族自治县、石屏县彝族地区。讲述的是：有一年农历二三月间，正是栽插秧大忙的季节，李士天叫普丕拉着他家的那头大公牛去耙田。田里的垡子又大又硬，很难耙，李士天还在埂外催工，叫普丕快点耙。普丕说：“色坡，你家的牛耙不快，要耙完这丘田得用我家的母牛才行。”说着把大公牛换成了母牛，牛跑得飞快，一下似乎把一丘田耙完了。李士天看了很羡慕，要拿大公牛换小瘦母牛。于是，普丕就换得了李士天家的壮公牛。

李开增讲述，峨山岔河文学社搜集。收入《峨山民间文学集成》，32开，2页，700余字，云南民族出版社1989年版。（聂鲁）

砍床架

彝族机智人物故事。流传于云南省峨山彝族自治县、新平彝族傣族自治县、石屏县彝族地区。讲述的是：有一天，李士天把普丕叫到跟前，用两个指头向下张开比了个形说：“普丕，你今天到山上砍几棵这种树丫，我要搭床架。”普丕带着砍刀进山后便睡起觉来，傍晚装出很累的样子回家。李士天见普丕没有砍回床架，便训斥起来。普丕说：“色坡，你别发火，我今天把整个山都跑遍了，只见朝上的树丫，没有见你说的那种朝下的树丫。”李士天被气得说不出话来。

柏长文讲述，峨山岔河文学社搜集。收入《峨山民间文学集成》，32开，1页，500余字，云南民族出版社1989年版。（聂鲁）

辣子树

彝族机智人物故事。流传于云南省峨山彝族自治县、新平彝族傣族自治县、石屏县彝族地区。讲述的是：六丫寨有棵很大的万年青树，有一次普丕路过时，看见树丫上的枯洞里长着一棵辣子树。有一天，普丕汗流浃背地挖田，口干舌燥，便钻到那棵万年青树下脱衣裳乘凉。在暗中监工的李士天过来呵斥。普丕说：“色坡，你别发火，我正在看一棵从来没有见过的辣子树，可能有几围粗。”李士天说：“你这个饭桶，我活了大半辈子，没听说过有什么几围粗的辣子树。”于是两人争论起来。普丕领李士天来到大青树旁指着树丫枯洞说：“这就是辣子树。”李士天说：“那是树上长出来的辣子苗。”两人争论到太阳落山，普丕这天的苦活计就这样混过了。

李开文讲述，峨山岔河文学社搜集。收入《峨山民间文学集成》，32开，1页，700余字，云南民族出版社1989年版。（聂鲁）

说谎

彝族机智人物故事。流传于云南省峨山彝族自治县、新平彝族傣族自治县、石屏县彝族地区。讲述的是：有一天，李士天强拉住普丕说："普丕，人家说你随时在哄我，我今天非要瞧瞧你咋个能哄着我。"普丕装出很忙的样子说："色坡，你真的要瞧就等两天吧，我看见你家养鱼田的田埂倒了，我现在要去堵埂子呢。"说完匆匆跑了。李士天一听急了，也忙跑到田边看，哪见普丕的踪影，他这才知道又上普丕的当了。

龙现身讲述，峨山岔河文学社搜集。收入《峨山民间文学集成》，32开，1页，300余字，云南民族出版社1989年版。（聂鲁）

犁田要用油

彝族机智人物故事。流传于云南省峨山彝族自治县、新平彝族傣族自治县、石屏县彝族地区。讲述的是：普丕家里的油吃完了，这天普丕犁田时把犁板退下来，田犁得很不成样子。李士天见了大怒。普丕说："色坡，这不能怪我，土垡不翻是因为犁头不滑，要滑就得在犁头上抹些猪油，要抹又怕你舍不得。"李士天确实有点舍不得，可土垡不翻又种不好粮食，即叫普丕回去抱一罐猪油来抹犁头。普丕抱了一罐猪油后重新安上犁板犁田，土垡子翻成一行行，李士天见了说："翻得好，再多抹一些油。"普丕听了，心里暗暗高兴自家有油吃了。

吴开伍讲述，峨山岔河文学社搜集。收入《峨山民间文学集成》，32开，2页，500余字，云南民族出版社1989年版。（聂鲁）

蚂蚁嫁女

彝族机智人物故事。流传于云南省峨山彝族自治县、新平彝族傣族自治县、石屏县彝族地区。讲述的是：有一天，住在六丫寨头的普丕挖着一只耗子，弄死后把它挂在寨尾的大青树上。普丕站在寨头的井边望了一阵，回头告诉李士天说："色坡，我看见寨尾的大青树上有家蚂蚁嫁姑娘。"李士天不信普丕能看见那么远的树上的蚂蚁，信口说："要真是有那么一回事，今日的活计不用你做了。"普丕领着李士天来到寨尾大青树前，指着上上下下的蚂蚁说："这不是蚂蚁嫁姑娘吗？"原来，普丕把死耗子挂在树上后，蚂蚁闻腥而来。李士天顿时哑口无言。

方必旺讲述，峨山岔河文学社搜集。收入《峨山民间文学集成》，32开，1页，700余字，云南民族出版社1989年版。（聂鲁）

平分秋实

彝族机智人物故事。流传于云南省峨山彝族自治县、新平彝族傣族自治县、石屏县彝族地区。讲述的是：有一天，李士天转动着眼珠左盘右算，跟普丕说："今年做工不给工钱了，用一丘田收下的粮食的一半抵工钱。"普丕说："色坡，给一半的粮食也可以，但得定个规矩，今年的庄稼你是要上面的还是要下面的。"李士天想，田当然是栽稻谷的，便说："要上面的。"这年普丕将田栽了藕，收获时，他把枯莲叶割给了李士天，莲藕自己挖了卖钱。李士天上了当。第二年，李士天跟普丕说："今年的庄稼我要下面的。"这年普丕在田里栽了稻谷，收获之后便把稻草根割给了李士天，稻谷自己收了。第三年，李士天也想整整普丕，说："这年我上面和下面的都要。"这年普丕在田里栽了苞谷，把结在中间的苞谷收了，将苞谷秆交给了李士天。李士天差点气昏了，从此再也不敢提上面下面的事了。

龙应祥讲述，峨山岔河文学社搜集。收入《峨山民间文学集成》，32开，2页，1100余字，云南民族出版社1989年版。（聂鲁）

巧骗茶壶

彝族机智人物故事。流传于云南省峨山彝族

自治县、新平彝族傣族自治县、石屏县彝族地区。讲述的是：有一天，李士天家来了贵客，设宴热情款待。普丕忙着做饭、做菜、泡茶、上酒，累得两眼昏花。普丕只想酒席散后静静地歇一下，可酒席一直不散。这时一只跳蚤跳到他的脚背上，他抓住跳蚤后用一根长发拴起来放进裤裆里。李士天粗声大气地唤普丕来续水。普丕装模作样把手伸进裤裆里说："色坡，你别忙，有只跳蚤咬我的屁股，太欺我了，我要把它拴起来，让它活活饿死。"李士天说："我活这么大还没有听见过有这种人，如果你能在裤裆里拴住跳蚤，我当着客人的面把这把茶壶砸烂，不消你服侍了。"普丕不慌不忙从裤裆里拿出拴着的跳蚤放在餐桌上。李士天拿着茶壶就要砸。普丕说："色坡，茶壶砸了太可惜，还是拿给我用好了。"

李文邦讲述，峨山岔河文学社搜集。收入《峨山民间文学集成》，32开，2页，700余字，云南民族出版社1989年版。（聂鲁）

算命惹祸

彝族机智人物故事。流传于云南省峨山彝族自治县、新平彝族傣族自治县、石屏县彝族地区。讲述的是：普丕的机智出了名，对此李士天很不服气。有一天，他对普丕说："普丕，你给色坡算算命，瞧瞧色坡以后会不会穷？"普丕拉过他的手说："色坡，可不得了，现在是火字当头，三头人命两头火，你会败掉一半家产的。"李士天听了有些害怕，骂普丕说："你真不成器，对色坡都敢这样说。"普丕说："算命不留情嘛。"过了半年，普丕用烧红的火棍捅进猪屁股里，几头猪号叫一阵后喘着粗气躺倒了。普丕告诉李士天猪病了。李士天叫他快杀了到塔甸街子上卖，还再三吩咐不要说是瘟猪肉。普丕和长工们挑着猪肉来到半路上就把猪肉分了，然后挑着空谷箩回去。李士天忙问猪肉卖掉了没有？普丕垂头丧气地说："色坡，猪肉挑到街子上，被几个地痞抢走了。"李士天很气愤，叫普丕下一个街天领他去教训那些家伙。到了下一个街天，李士天穿着长袍，拿着烟枪来到街子上问普丕是哪几个人抢的肉，普丕缩在他身后指着前面一个阔少爷说好像是他。李士天抡起烟枪向那个人砸过去，结果打破了一个阔少爷的脸。事情告到县衙门，李士天赔了一半的家当。普丕在一旁说："色坡，信了吧，三头人命两头火。"

李文邦讲述，峨山岔河文学社搜集。收入《峨山民间文学集成》，32开，3页，1500余字，云南民族出版社1989年版。（聂鲁）

做客

彝族机智人物故事。流传于云南省峨山彝族自治县、新平彝族傣族自治县、石屏县彝族地区。讲述的是：一天，李士天要普丕陪他去做客，李士天骑的是大红马，普丕骑的是一只山羊。普丕说："色坡，你的马和我的山羊比比谁跑得快。"李士天哈哈大笑说："普丕，你输定了。"普丕说："如果羊跑得快，给我哪样？"李士天说："如我落后了，马归你骑。"普丕拍拍羊屁股，蹦蹦跳跳跑开了，李士天则不慌不忙地骑着马。普丕跑到李士天看不见时，赶直路早早地到了前面大路上等候着。后来又比了一回，普丕用同样的方法超过了李士天。李士天认为普丕骑的是一只神羊，就把马换给普丕骑。普丕又说："色坡，羊是认主人的，你穿我的衣裳骑才跑得快。"于是李士天的长褂也换给了普丕穿，李士天则穿上了普丕的衣裳。当李士天骑着羊赶到宴席上时，普丕已酒足饭饱了，李士天则被当作随从。

龙庆讲述，峨山岔河文学社搜集。收入《峨山民间文学集成》，32开，2页，700余字，云南民族出版社1989年版。（聂鲁）

干巴见火熟

彝族机智人物故事。流传于云南省峨山彝族自治县、新平彝族傣族自治县、石屏县彝族地区。讲述的是：李士天家里的柴要烧光了，叫普丕到山上砍柴，还假慈悲地让普丕拿着两块干巴到山上吃。普丕上山后，李士天怕普丕偷懒，摸上山来监工，看到普丕干得很卖力，他很高兴，就叫普丕烧干巴吃晌午饭。普丕说："色坡，我念一句经，我的干巴不烧也会熟。"李士天说："你会念什么经？如念经能让干巴熟，今天我不叫你干活了。"普丕面对篝火，拿出预先在家里烧熟的干巴，说了一句干巴见火熟，然后拿给李士天说："色坡，你吃吃看。"李士天吃了一点，干巴确实是熟的，弄得他瞠目结舌。

冯加荣讲述，峨山岔河文学社搜集。收入《峨山民间文学集成》，32开，2页，900余字，云南民族出版社1989年版。（聂鲁）

祖传宝物

彝族机智人物故事。流传于云南省峨山彝族自治县、新平彝族傣族自治县、石屏县彝族地区。讲述的是：有一年的大年初三，普丕请李士天来家里吃饭。但想到辛苦一年的工钱都花在这顿饭上，心里有些气愤。后来普丕想了一个策略：他把饭菜做好后埋在后院的荒地里。李士天摆着阔老爷的架势等着吃饭，不见普丕来喊，便主动来到普丕家，但普丕家冷冷清清，他感到很扫兴，呵斥普丕说："普丕，你就这样对待色坡吗？"普丕说："色坡，你莫多心，抹把脸就开饭。"普丕拿出一把锈锄头说："这顿饭就全靠这把宝锄了。"普丕领李士天来到荒地，喊了声要一瓶酒，抡锄一挖即挖出一瓶酒来，喊了声要一碗红烧肉，又挖出一碗红烧肉来……如此再三，挖出了丰盛的饭菜。吃饭时，李士天要普丕把宝锄卖给他。普丕说："我家祖上留了两件宝物给我，一件也不能卖。"李士天问："另一件宝是哪样？"普丕进厨房把原来已经烧红的一块铁放进一把壶里后说："就是这把宝壶，水一倒进去就会烧开。"接着倒一瓢冷水进去，果真水冒热气烧开了。贪心的李士天两件宝物都要买，普丕推说不卖，可李士天不管三七二十一，留下三两银子把宝物拿走了。

龙身讲述，峨山岔河文学社搜集。收入《峨山民间文学集成》，32开，4页，2100余字，云南民族出版社1989年版。（聂鲁）

挖眼珠子

彝族机智人物故事。流传于云南省峨山彝族自治县、新平彝族傣族自治县、石屏县彝族地区。讲述的是：一次，李士天领普丕去甸中赶街，骑在马上的李士天对后面赶马的普丕说："甸中的人很坏，连眼珠子都会给你换掉，一切你都要听我的话。"到了街上，李士天和普丕已饿得饥肠辘辘，李士天一人钻进街里吃喝去了。普丕把李士天的坐骑卖掉后将钱装在腰包里，然后紧紧握住马缰绳闭眼等候。等李士天打着饱嗝转回来，一看马不在了，便问："普丕，我的马呢？"普丕抖抖缰绳说："我拉着呢。"李士天咆哮起来："你拉个屁，睁眼看看，马到哪里去了？"普丕睁眼说："色坡，你说甸中人会换眼珠子，我闭眼拉着缰绳，谁知马被人偷了。"

方清章讲述，峨山岔河文学社搜集。收入《峨山民间文学集成》，32开，2页，700余字，云南民族出版社1989年版。（聂鲁）

只喝了两碗稀饭

彝族机智人物故事。流传于云南省峨山彝族自治县、新平彝族傣族自治县、石屏县彝族地区。讲述的是：有一次李士天领普丕到国窝（彝语：昆明）办事，在一家旅店住宿。一天，李士天外出办事，吩咐普丕买最便宜的吃，账等他回来付。普丕要了两碗最贵的燕窝稀饭来吃，这是连李士天也舍不得花钱吃的。李士天回来问普丕吃饭了没有，普丕回答说只吃了两碗稀饭。李士天过去付账，吓了一跳，花去了好几两银子，便呵斥普丕说："叫你吃最便宜的，怎么吃了这么贵的？"普丕说：

“色坡，我照你的吩咐只喝了两碗稀饭，怕是算错了。”李士天说：“那是燕窝稀饭，你可要了我的命。”普丕说：“色坡，你走时怎么不告诉我稀饭比米饭贵呢？”

矣开武讲述，峨山岔河文学社搜集。收入《峨山民间文学集成》，32开，2页，800余字，云南民族出版社1989年版。（聂鲁）

起火了

彝族机智人物故事。流传于云南省峨山彝族自治县、新平彝族傣族自治县、石屏县彝族地区。讲述的是：有一天晚上，李士天吩咐身边的丫鬟把普丕叫来。普丕不知李士天要耍什么花招，心咚咚直跳。到了李士天那儿，李士天哈哈大笑着说：“普丕，人们说你聪明会哄人，我倒要当着全家人的面和你打个赌，从今晚到明晚这段时间里你能叫我舔舔屎，我包给你的那三丘田就输给你了，若你做不到，那么色坡我也不客气了。”普丕劝李士天莫这样赌，李士天说就是要赌。第二天晚上寨子里来了一个猴戏班要耍李士天最爱看的猴戏，李士天穿着长袍，戴着羊皮帽看戏去了。普丕从牛圈里抱了大捆干草到李士天家大院的香炉上点燃，然后在他家的象鼻锁洞里塞满屎并锁上，便惊慌失措地跑到耍猴戏处说：“色坡，你家房子起火了。”李士天抬头一看，自家房顶浓烟滚滚，急忙跑回家来掏钥匙开锁，可是锁总打不开，以为锁生锈了，就用舌头舔舔钥匙蘸些口水把锁打开了。看到是香炉里的一堆干草在冒浓烟，才松了一口气，这时发觉嘴里有屎味，顿时明白了过来。普丕说：“色坡，这回三丘田归我了。”

龙现光讲述，峨山岔河文学社搜集。收入《峨山民间文学集成》，32开，3页，1400余字，云南民族出版社1989年版。（聂鲁）

我怎么做，你就怎么做

彝族机智人物故事。流传于云南省峨山彝族自治县、新平彝族傣族自治县、石屏县彝族地区。讲述的是：有一天，李士天不慎摔了一跤，像掉了魂一样，于是准备献饭，让普丕挑着饭到摔跤的山上叫魂，还吩咐普丕说：“叫魂的时候要虔诚不能说话，我怎么做，你就怎么做。”献饭时李士天点上香烛抖了抖衣襟，撑起长袍跪下去，普丕也学着他跪下。这时一阵风吹来，香灰飞进李士天的眼睛里，他揉了揉眼睛，哪知越揉越痛。他掰开眼皮示意普丕吹吹，普丕也掰开眼皮给他看，李士天摇了摇头，普丕也摇了摇头。李士天急了，起来踢了普丕一脚，普丕也起来踢了李士天一脚。李士天气得打普丕一耳光，普丕也打了李士天一耳光。还愿完后，李士天斥责普丕：“你怎么敢打色坡耳光？”普丕说：“你不是说你怎么做，我也要怎么做吗？”

赵秀英讲述，峨山岔河文学社搜集。收入《峨山民间文学集成》，32开，2页，700余字，云南民族出版社1989年版。（聂鲁）

害人终害己

彝族机智人物故事。流传于云南省峨山彝族自治县、新平彝族傣族自治县、石屏县彝族地区。讲述的是：李士天总斗不过普丕，便恼羞成怒，准备对普丕下毒手，但觉得自己亲手杀死普丕还不如让家里人处死好。一天，李士天带普丕出门，夜里他写了一封内容为趁他外出之机处死普丕的信叫普丕带回家里。普丕觉得蹊跷，便找六丫寨识字的朋友看信。信上写着：“普丕返，及时处死。”两人大吃一惊，于是商量把丧事办成喜事，把“处死”二字改为“拜堂”。李士天的老婆看完信后，便张灯结彩，给普丕穿上新衣和五女儿拜堂成亲。几天后李士天回家，看到此景，一阵目瞪口呆后，瘫坐在地上。

赵秀英讲述，峨山岔河文学社搜集。收入《峨山民间文学集成》，32开，2页，900余字，云南民族出版社1989年版。（聂鲁）

打猎

彝族机智人物故事。流传于云南省峨山彝族自治县、新平彝族傣族自治县、石屏县彝族地区。讲述的是：李士天千方百计设圈套要害死普丕，普丕也更加警惕。一天，李士天约普丕到寨子后山的林子里打猎，夜宿噜吐山，睡在山崖边的青石上。李士天想在普丕睡熟后把他一脚蹬下山崖。睡下不久，李士天便打起呼噜。普丕用衣服做了个替身，又在李士天的枪管里撒了一泡尿，然后拎着枪躲在大树背后看动静。李士天睡了一会儿醒来，把普丕的替身踢下崖，并说："普丕，这回老子算把你收拾了！"普丕从大树后钻出来说："色坡，我在这里呢，你刚才说哪样？"李士天语无伦次地说："我是说麂子跑啦。"李士天还不甘心，又叫普丕到小树林里围兔子，准备用枪打死普丕。普丕围过来时，李士天用枪指着普丕。普丕说："色坡，是我，不要开枪。"李士天觉得良机已到，扣动扳机，哪知没有打响。

赵秀英讲述，峨山岔河文学社搜集。收入《峨山民间文学集成》，32开，3页，1300余字，云南民族出版社1989年版。（聂鲁）

撵麂子

彝族机智人物故事。流传于云南省峨山彝族自治县、新平彝族傣族自治县、石屏县彝族地区。讲述的是：一天，李士天叫普丕与他一起上山撵麂子，并不厌其烦地交代撵麂子的规矩，什么脚步要轻，树林里有什么声响你就得把它看成是麂子等，并说好两人各守一个山头，看见麂子上山或下山都要相互通告。才上山一会儿，普丕便大声喊："色坡，上去了，上去了。"李士天很高兴，扛起枪便往山上跑。才到山头普丕又说："色坡，下去了，下去了。"李士天又不顾一切地跑到山下。如此折腾，什么麂子也没有见到，只是把李士天累得满头大汗。李士天过来质问普丕："麂子在哪里？"普丕指着树干上上下下走动沙沙作响的蚂蚁说："色坡，就在这上面呀。"李士天发怒说："那是蚂蚁！"普丕说："色坡，你不是交代有响动的都要看成是麂子吗？"李士天气得说不上话来。

张有成讲述，峨山岔河文学社搜集。收入《峨山民间文学集成》，32开，2页，1100余字，云南民族出版社1989年版。（聂鲁）

报复

彝族机智人物故事。流传于云南省双柏县彝族地区。讲述的是：过去大麦地有个叫龙溶的彝族小孩，他出生在一个贫苦农民家庭里，九岁时就给财主放牛羊，做家务。狠心的财主没有给龙溶吃过一顿饱饭，每逢过年过节财主要杀很多只鸡，可龙溶却没有尝过一块鸡肉。龙溶心里恨透了财主，决定实施报复行动。一天，他起了个大早，悄悄用一锅炒熟的豌豆去喂鸡，结果财主家的鸡被胀死大半。龙溶赶忙叫醒财主告诉他鸡害鸡瘟了。不知情的财主见了死鸡，真以为闹鸡瘟了，就叫龙溶把死鸡背到野外全部埋掉。龙溶把死鸡装在一个大背箩里，大摇大摆地背回自己家中，给自己的父母和兄弟姐妹好好地饱餐了几顿。

佚名讲述，法增和、苏锡纬记录。收入《双柏民间文学集成》，32开，1页，700余字，云南民族出版社1992年版。（施选　朱琚元）

长工吃白酒

彝族机智人物故事。流传于云南省双柏县彝族地区。讲述的是：龙溶长年在财主家当长工，狠心的财主把龙溶当牛当马，多年来也没让他吃过一顿好饭。怀恨在心的龙溶决定治一治财主。一天，财主家请客，快到吃饭时，财主叫龙溶去舀白酒招待客人。龙溶把一只自己捏死的老鼠放在盆里，舀上几勺白酒，然后跑去对财主说白酒罐里有只死老鼠。财主过来一看，在白酒里确实有一只死老鼠，就吐着唾沫叫龙溶把整罐白酒倒掉。龙溶说倒掉太可惜了，倒不如送给下人们吃。于是龙溶就把一大罐白酒抬给长工们，让他们大饱口福。

佚名讲述，法增和、苏锡纬记录。收入《双柏民间文学集成》，32开，1页，300余字，云南民族出版社1992年版。（施选　朱琚元）

长工吃肉

彝族机智人物故事。流传于云南省双柏县彝族地区。讲述的是：龙溶长年在财主家做苦工，狠心的财主把猪狗都不吃的饭菜拿给长工们吃，龙溶去找主人论理，主人非但不想改善伙食，而且还恶骂了龙溶一顿。龙溶决定骗财主的猪肉吃。当时正是六七月的炎热天气，龙溶骗财主说，明天大女婿要带三十多人来吃饭。财主连夜叫长工们舂米磨面，第二天一早杀了一头大肥猪，还派人到街上打酒。一切准备就绪，只等大女婿一行到来，可一直等到天黑也不见人影，直到第三天也不见女婿来到。愤怒的财主去质问龙溶，可龙溶一口咬定确有人对他说过此事。无奈的财主知道猪肉无法保存，只好让长工们吃了。

佚名讲述，法增和、苏锡纬记录。收入《双柏民间文学集成》，32开，1页，600余字，云南民族出版社1992年版。（施选　朱琚元）

捉鱼

彝族机智人物故事。流传于云南省双柏县彝族地区。讲述的是：贪心的财主经常上龙溶的当。一天，财主很不服气地对龙溶说，如果龙溶再骗着他一次，就算龙溶有本事。龙溶说今天他要到江边去捉鱼，其他人已经提前走了，自己负责煮饭，所以稍迟了一点。财主信以为真，就叫龙溶拿着一块肥肉、一升米走最直的小路，自己骑着马走大路去捉鱼。当财主骑马绕了半天到龙溶所说的捉鱼地点时，却不见半个人影，财主以为他们在附近的棚子里煮饭吃，可来到棚子边还是不见一个人，财主这时才恍然大悟，于是只好骑着马返回去了。其实，龙溶是背着种子和财主送来的米肉，上山种玉米去了。

佚名讲述，法增和、苏锡纬记录。收入《双柏民间文学集成》，32开，2页，1200余字，云南民族出版社1992年版。（施选　朱琚元）

扁担压人

彝族机智人物故事。流传于云南省双柏县彝族地区。讲述的是：一天，龙溶和财主一起去赶集，财主骑马走在前面，龙溶挑着担子跟在后面。当主仆二人走完最艰难的上坡路和下坡路后，财主早已人困马乏，而在坡上已偷偷填饱肚子的龙溶却走得飞快。这使财主觉得很奇怪，就问龙溶为什么有这么大的劲，龙溶说："上坡我挑担，平路担挑我，所以在平路上挑担比骑马还舒服。"财主信以为真，就叫龙溶来骑马，自己挑担。龙溶狠狠地抽了马一鞭子，马长啸一声，飞快地跑起来，财主挑起担子才知道根本不是扁担挑人，而是扁担压人，自知上当，但为时已晚了。

佚名讲述，法增和、苏锡纬记录。收入《双柏民间文学集成》，32开，2页，900余字，云南民族出版社1992年版。（施选　朱琚元）

卖梨

彝族机智人物故事。流传于云南省双柏县彝族地区。讲述的是：在一个梨果成熟的季节里，财主的老婆叫龙溶背一箩梨到街上去卖。由于下雨路滑，龙溶在路上跌了一跤，多数梨被砸烂了。当他艰难地来到街上时，集市快要散了，买梨的人见一箩梨几乎都有斑点，就问他梨的产地是不是有麻风病人。龙溶脑子一转，故意夸大事实，结果没有一个人敢买他的梨。集市散了，龙溶只好把梨背回财主家。财主的老婆见龙溶没有卖掉一个梨，就骂他无能。龙溶巧妙应对，无奈的财主婆端了一碗残汤剩饭给龙溶吃，然后叫他把那箩烂梨背回自己家去。

佚名讲述，法增和、苏锡纬记录。收入《双柏

民间文学集成》，32开，1页，800余字，云南民族出版社1992年版。（施选 朱琚元）

说羊话

彝族机智人物故事。流传于云南省永仁县、元谋县彝族地区。讲述的是：在日诺地方，有一个大黑彝叫万乍阿牛，他总是生着法子盘剥百姓，规定一到年节，每户人家都要送两只羊给他做年礼。刷果克惹决心教训一下这个贪得无厌的家伙。他用盐巴专门训练了一只大骟羊，这羊只要一听到他的声音就会跑过去，然后，刷果克惹把羊送给了万乍阿牛做年礼。刷果克惹让人们四处传播自己会说羊话的消息。此话传到了万乍阿牛耳里，他一点也不信，并与刷果克惹打赌，如果刷果克惹能把羊群喊过去，那羊群就算他的；如果喊不过去，刷果克惹一家六口就得给万乍阿牛家做一辈子苦力。结果刷果克惹对着羊群一喊，那只大骟羊听见主人的声音很快就朝他跑来，一只羊跑来，羊群也都跟着很快跑到了刷果克惹身边。万乍阿牛不服气，约他再赌一次，这次由他来喊羊群。刷果克惹答应了，条件是若万乍阿牛喊不动羊群，得把要百姓向他送年礼的规矩免了。万乍阿牛站在另一座山头上学着刷果克惹的样子对着羊群猛喊，羊群一点反应都没有，他只好咬着牙认输了。

陆德林讲述，基默热阔搜集、整理。收入《彝族民间故事》，32开，2页，1000余字，云南人民出版社1988年版。（钱丽云 朱琚元）

飞人

彝族机智人物故事。流传于云南省永仁县、元谋县彝族地区。讲述的是：有一天，刷果克惹在山上放羊时被一伙从外地来抢娃子的人抓住了，他一看情形不对就想着脱身的办法。刷果克惹对领头的奴隶主说："知道我是谁吗？"奴隶主一愣，他接着又说："我就是大名鼎鼎的飞人刷果克惹，能从这个山头飞到那个山头。"奴隶主想了半天，也没想起大名鼎鼎的刷果克惹是谁，更不相信他能从一个山头飞到另一个山头。刷果克惹见他不信，便激他，说他没见过世面，更不敢看刷果克惹飞。奴隶主被激怒了，说自己杀人放火都敢，怎么不敢看人飞，便命令刷果克惹飞给他看。刷果克惹让他们等着，自己到山顶去起飞。刷果克惹爬到山顶后，便一闪身钻进密林跑了。

陆德林讲述，基默热阔搜集、整理。收入《彝族民间故事》，32开，1页，400余字，云南人民出版社1988年版。（钱丽云 朱琚元）

帮都土司收租

彝族机智人物故事。流传于云南省永仁县、元谋县彝族地区。讲述的是：有一天，都土司发现一个叫阿许拉达的地方已经三年没交租了，于是派刷果克惹带十几个娃子赶着骡子前去收租。刷果克惹他们到达阿许拉达后，发现那里的百姓穷得叮当响，连肚子也填不饱，他便绝口不提收租的事，而是带着当地百姓在村里指指画画，为治理穷山恶水出谋献策。然后，他留下带去的骡马和愿在当地安家的娃子，只带着两三个知心的娃子回到土司家。他禀告土司说收来的租与骡马都被土匪抢走了，带去的娃子也被杀了好多个，差点连报信的人都没剩下，并说阿许拉达的人每年都来交租的，只是在半路上被土匪抢走了租粮。建议都土司与其让土匪抢走租粮，不如免了阿许拉达的租子，还能落下个好名声。都土司听了觉得有道理，于是免了阿许拉达的租子。

陆德林讲述，基默热阔搜集、整理。收入《彝族民间故事》，32开，1页，500余字，云南人民出版社1988年版。（钱丽云 朱琚元）

当替身

彝族机智人物故事。流传于云南省永仁县、元谋县彝族地区。讲述的是：有一年夏天，刷果克惹陪都土司去大凉山斯贡罗罗宣慰司进贡。一路上，天气酷热，道路艰险，刷果克惹身背沉重的贡品走得辛苦极了，都土司却骑在马上悠闲自在。路过金沙江时，江风刮得呜呜直响，都土司疑神疑鬼，几次问刷果克惹此地有没有鬼。刷果克惹想了一个整治都土司的办法，他故意把马尾夹在鞍下，让马疼得不停地惊叫蹦跳。都土司深信马能看见鬼怪，如此一来，都土司更是吓得胆战心惊。刷果克惹乘机与都土司说，肯定是当年江边娃子造反时被他下令杀掉的几千冤死鬼来拦路了，并建议都土司把官袍换给他穿，由他骑着马给都土司当替身，让寻仇的冤死鬼来找他。都土司同意了刷果克惹的提议。刷果克惹把沉重的贡品丢给都土司，换上官袍骑上马朝前走，都土司却背着贡品气喘吁吁地跟在后面。

陆德林讲述，基默热阔搜集、整理。收入《彝族民间故事》，32开，2页，600余字，云南人民出版社1988年版。（钱丽云　朱琚元）

牛有角马有鬃

彝族机智人物故事。流传于云南省石林彝族自治县彝族撒尼人地区。讲述的是：有个叫撮羌阿布的撒尼小伙子，机敏睿智，经常惩治撒尼地方的头人恶霸米斯尼得，为受害的乡亲们解恨出气，深得人们的喜爱。有一年夏天，撮羌阿布与伙伴放的牛把米斯尼得的苞谷苗吃了个精光，米斯尼得看见后，暴跳如雷，怒骂一通，要他们秋收后加倍偿还，他们装着很老实地答应了米斯尼得头人的要求。当米斯尼得问他们是哪里的人、叫什么名时，他俩回答："茅坑村人，叫牛有角和马有鬃。"秋收后，米斯尼得头人不见撮羌阿布他们来还苞谷，就去兴师问罪，半路向一位老人打听撮羌阿布他们所说的村子和人时，被老人奚落了一通，才知道上当了。

张李祥讲述，昂自明采录。收入《云南省民间文学集成·路南民间故事》，32开，5页，2900余字，云南民族出版社1996年版。（梁红）

换衣服

彝族机智人物故事。流传于云南省石林彝族自治县圭山一带彝族撒尼人地区。讲述的是：米斯尼得被撮羌阿布耍弄后，想抓阿布来毒打，又怕穷人造反，便决定当众奚落他，以解心头之恨。一天，米斯尼得穿着缎子衣裳在街上找到阿布说："啊呀呀！大名鼎鼎的阿布，穿得筋筋吊吊，也不怕丢聪明人的面子。""老爷，你是金子堆上杂个蠢笨的脑袋，缎子衣里裹着不勤的身体，搬开金堆，你的脑袋一文不值；扒开衣服，谁还叫你老爷。我虽身无半文，脑袋是金山换不来的，穿得虽破烂，走到哪里人们都认识我撮羌阿布。若我俩换了衣服，人们不会叫你老爷，而会叫你花子。"尴尬的头人为挽回面子说："你人穷不认穷，还自夸聪明，有本事从我身上脱下这身缎子衣裳。"半夜，阿布用计调换了头人的缎子衣裳。阿布穿着缎子衣裳大摇大摆走出头人家，睡得迷糊的米斯尼得穿着阿布的衣服跑去追赶时，被家丁打了一顿，米斯尼得这时才知道又上了撮羌阿布的当。

张李祥讲述，昂自明采录。收入《云南省民间文学集成·路南民间故事》，32开，2页，1200余字，云南民族出版社1996年版。（梁红）

取金盅

彝族机智人物故事。流传于云南省石林彝族自治县彝族撒尼人地区。讲述的是：一天，一直对撮羌阿布耿耿于怀的米斯尼得心生一计，拿个金盅找到阿布说："这个金盅很贵重，你要取得走，说明你聪明，金盅就归你；若取不走，就甘拜下风，到我家白帮工三年。"说完便把金盅放在上了大锁的房内，并派家丁把守。在一个雨雪天，撮羌阿布悄悄把一葫芦酒滚向墙角，家丁抢酒御寒，喝得烂醉后，他从屋顶把扎着猪尿泡的麻秆放进金盅，然后吹气撑大猪尿泡，便把金盅吊了上来。

张李祥讲述，昂自明采录。收入《云南省民间文学集成·路南民间故事》，32开，2页，1000余

字，云南民族出版社1996年版。（梁红）

赴宴

彝族机智人物故事。流传于云南省石林彝族自治县彝族撒尼人地区。讲述的是：撮羌阿布的聪明机敏，让米斯尼得心里佩服，外表却强撑着脸面。他做寿的那天，差人请阿布来赴宴，这样做一来聪明智慧的阿布可以为他争光，二则想在客人面前杀杀阿布的威风。米斯尼得在酒宴上不给阿布倒酒、拿筷，却被阿布用精彩睿智的语言戏弄得尴尬不已，睡觉时把阿布安排在臭气熏天的马厩楼上，又被阿布搞得狼狈不堪。

张李祥讲述，昂自明采录。收入《云南省民间文学集成·路南民间故事》，32开，3页，1300余字，云南民族出版社1996年版。（梁红）

卖宝

彝族机智人物故事。流传于云南省石林彝族自治县彝族撒尼人地区。讲述的是：米斯尼得狡诈、贪婪，记性却特别差，撮羌阿布利用他这一弱点，在他经常出入的地方，先后展示了几样“宝”：可以烧汤、炒菜的石臼；在雪天穿着不会被冻的“火羊皮褂”；会把人打死、又能救活人的“起死回生棒”。于是，米斯尼得缠着阿布要买这些宝物，可又记不住阿布教他的“咒语”，白白的费了许多钱。阿布把卖“宝物”的钱分给了穷兄弟们。

张李祥讲述，昂自明采录。收入《云南省民间文学集成·路南民间故事》，32开，8页，5600余字，云南民族出版社1996年版。（梁红）

苦荞粑粑

彝族机智人物故事。流传于云南省安宁县（今安宁市，后同）彝族地区。讲述的是：有一年，争箐村因旱无收，想求州府免交皇粮，孤儿阿图夫自告奋勇为乡亲上诉。一天，他揣着黄连水泡过的苦荞粑粑闯进州府大堂，拿苦荞粑粑请官吏尝苦，并以善辩的口才使得州官心软，免除了该村的皇粮。

赵春华、李再美讲述，李林德记录，马学才整理。收入《云南省昆明市民间文学集成·安宁民间故事》，32开，2页，1000余字，安宁县民间文学集成办公室1993年编印。（张秀娟）

水在高处

彝族机智人物故事。流传于云南省安宁县彝族地区。讲述的是：有一年，因旱无收，棕树村的村民请阿图夫代他们向州官请求免交皇粮。阿图夫再次闯进州府大堂，州官大怒说：“已免了你们村的皇粮，那个棕树村与你何干？”阿图夫说：“他们的水在高处，田在低处。”官吏一听，笑他说漏了嘴，阿图夫争辩说他们村的田是靠天下雨的雷响田。州官无言以对，又不想失面子，打了他二十大板后，免去了棕树村的皇粮。

赵春华、李再美讲述，李林德记录，马学才整理。收入《云南省昆明市民间文学集成·安宁民间故事》，32开，3页，1500余字，安宁县民间文学集成办公室1993年编印。（张秀娟）

捉拿失算

彝族机智人物故事。流传于云南省安宁县彝族地区。讲述的是：州官因免除几个地方的皇粮，粮仓亏空，上司追究，只得拿阿图夫问罪，便派了八个骑兵去捉拿他。官兵到了村里，见阿图夫拿犁架去够梨树上的梨子，觉得此人非凡人，就挥刀围拢过来。阿图夫一连甩出八个梨子，将八个骑兵打倒在地。待骑兵上马后，阿图夫已不知去向。后来有的说他已成佛，有的说他已成神。

赵春华、李再美讲述，李林德记录，马学才整理。收入《云南省昆明市民间文学集成·安宁民间故事》，32开，2页，600余字，安宁县民间文学集成办公室1993年编印。（张秀娟）

倮波答题

彝族机智人物故事。流传于云南省鹤庆县彝族地区。讲述的是：鹤庆城里章葆老夫子听说七八岁的倮波很聪明，就用实心竹削了根竹签，问倮波哪是根，哪是梢。倮波将竹签放到水里，只见一头往下沉，就回答说："这头是根部。"章老先生又把倮波领到草海，问哪里浅，哪里深。倮波往水里丢石头后说："深水不响，响水不深。"再把倮波领到桥上问哪是桥尾，哪是桥头。倮波从桥上走了一个来回，说："人走来的那边就是桥头。"章老夫子夸奖说："真是聪明的孩子！"

李剑飞讲述，李忍汉、章虹宇记录。收入《中国民间故事全书·云南·鹤庆卷》，32开，1页，800余字，知识产权出版社2005年版。（段伶）

智解难题

彝族机智人物故事。流传于云南省鹤庆县彝族地区。讲述的是：倮波五岁时，他爸把他领到学馆读书。章先生给他出了三道难题：怎样才能把太阳拿起？怎样用一文钱买到能装满一个屋子的东西？怎样使水往上流？白天，倮波让太阳映在水盆里，回答了第一个问题；晚上，倮波点燃油灯照亮房子，又解了第二题；倮波在学馆门前水中的停船上钻了一个小孔，水冒上来后请先生来看稀奇。从此倮波的聪明传开了。

李剑飞讲述，李忍汉、章虹宇记录。收入《中国民间故事全书·云南·鹤庆卷》，32开，1页，500余字，知识产权出版社2005年版。（段伶）

收租

彝族机智人物故事。流传于云南省鹤庆县彝族地区。讲述的是：有一天，财主王渣精叫倮波去收租子。他走东家，走西家，每家只收一文钱，最后买了头猪仔回去禀报。王渣精以为收回的会是一队牛驮回来的租子，却只见一头猪仔，就骂起来："我叫你收租粮，你怎么弄回来一头猪仔！"倮波说："你没说是收租粮，而叫我收猪仔！"一音之差，财主自责失言。

李剑飞讲述，李忍汉、章虹宇记录。收入《中国民间故事全书·云南·鹤庆卷》，32开，2页，1000余字，知识产权出版社2005年版。（段伶）

巧揍师爷

彝族机智人物故事。流传于云南省鹤庆县彝族地区。讲述的是：县师爷胡二依仗草包县官的权势，干尽了坏事，倮波就写了这样一副讽刺他的对联："老鼠老鼠皆称老；公蛙母蛙都呼蛙。"胡二见后就把倮波告到县官那儿。县官叫胡二传倮波听审。路上，倮波故意跌脏裤子，然后向胡二借裤子。胡二担心倮波推脱不去，宁愿脱裤子以长衫遮羞也要借给倮波裤子。二人就这样到了公堂。倮波假装老实，借胡二之口披露县官的丑行，又揭露胡二侮辱良民女子的事实，并请县官查验。县官去查验，胡二果然不穿裤子。胡二有口难辩，在衙役的一阵棍棒之后被赶出了衙门。

李剑飞讲述，李忍汉、章虹宇记录。收入《中国民间故事全书·云南·鹤庆卷》，32开，3页，2500余字，知识产权出版社2005年版。（段伶）

治马夫

彝族机智人物故事。流传于云南省禄劝彝族苗族自治县彝族地区。讲述的是：有年夏天，有个四川马夫赶着马帮准备上昆明做生意，一个开马店的彝族大爹上前请他住店，他不屑地走了，嘴里还不干不净的骂人。见此情景扁大生很生气，决定给他点颜色看看。扁大生装作生意人跟着马帮走，并观察每匹马的特点，发现有匹枣红大马的舌头底下有几条黑纹，便硬说这是自己丢失的马，两人拉拉扯扯去衙门见县官。县官根据扁大生指认的标记，把马判给扁大生，并打了四川马夫二十大板。几天后，扁大生把马还给了四川人说："我并非想占这匹马，只是你太霸道，太欺负我们彝家人了，往后见我们彝家人放客气点！”从此，赶马人路过汤郎一带再也不敢无礼了。

付自光讲述，唐国亮搜集、整理。收入《云南省昆明市民间文学集成·禄劝民间故事》，32开，2页，1500余字，禄劝彝族苗族自治县文化局民间文学集成办公室1991年编印。（梁红）

三八二吊三

彝族机智人物故事。流传于云南省禄劝彝族苗族自治县彝族地区。讲述的是：省城有个黑心的炭老板，经常克扣从山里来送炭的彝人的炭钱，扁大生决定惩治他一顿。一天，炭老板称完扁大生的炭，拨起算盘，念着口诀：“一百零三斤……三八二吊四……”看着他克扣了十斤炭，扁大生却不露声色地说：“老板，你算错了，我们彝家的算法是三八二吊三！”炭老板以为碰到个扎实憨的彝人，心里直乐，拿了钱后，扁大生对炭老板说：“我背来黑黑的炭，你付我白白的钱，我妈要我请你吃饭。”以为还有便宜可占的炭老板领着孙子跟扁大生去蹭饭吃。到了饭馆，扁大生点了满桌酒菜，趁炭老板喝得七分醉时，谎称领小孩去买糖果，就转身进布店要了五匹布。他把炭老板的孙子放在布店，谎称拿布给炭老板看看再付钱，便抱着布一溜烟走了。炭老板付了饭钱才脱身，又付了布钱才赎出了孙子，气得他七窍生烟，抱着孙子狼狈回家去了。

卡补阿冒讲述，沙林搜集、整理。收入《云南省昆明市民间文学集成·禄劝民间故事》，32开，3页，2000余字，禄劝彝族苗族自治县文化局民间文学集成办公室1991年编印。（梁红）

阿拜骑虎

彝族机智人物故事。流传于云南省新平彝族傣族自治县彝族地区。讲述的是：有一天，阿拜来约阿索夜里到财主家牛圈放走财主为祝寿吆来的农家耕牛。财主家牛圈门外有家丁看守，要从厩内挖个洞才能让牛逃出来。阿索扛起锄头让阿拜进去后，放下锄头独自跑了。阿拜在黑暗的牛圈里，发现墙上原来通着一个大洞，便骑上一头大牛拍打它的屁股吆着牛群从洞里闯了出去。家丁们发现牛跑了便狂喊着追来，牛群则冲破夜幕跑散了。原来阿拜骑的是一只斑斓大虎，这只饥肠辘辘的老虎夜里趁飒飒大风刨开了一个墙洞钻进牛圈里，正要按住牛脖子充饥时，忽然从梁头上跳下一个黑影骑到它的背上拍打它的屁股，它惊恐地随着牛群跑出，一直跑到天蒙蒙亮才敢回头看黑影，才发觉是被阿拜骑了。

拉加朵讲述，聂鲁搜集。收入《聂鲁彝族神话故事选》，32开，3页，2000余字，陕西旅游出版社1998年版。（聂鲁）

阿拜的肉不好吃

彝族机智人物故事。流传于云南省新平彝族傣族自治县彝族地区。讲述的是：老虎要吃掉阿拜，阿拜说这山和那山是他父母、爷奶和祖爷奶所葬地，有他们的神灵护佑他，所以老虎不能在这里吃他。老虎又驮着阿拜跑了一个山梁后停住要吃阿拜。阿拜说：“猫捉住老鼠还要戏弄一番才吃掉它，何况你是一只大老虎。要么你到箐底砂石上磨利牙齿，我从山头蜷成团滚下来，你再一嘴叼住吃了。”老虎觉得自己不能连猫都不如，就下箐底磨牙去了。阿拜用外衣包住一块青石滚下去。老虎只顾一口叼住，咬得牙冒火星，却说：“阿拜的肉硬，不好吃。”老虎发觉咬的是块青石后，便叫阿拜快滚下来。阿拜用裤筒塞了一节芭蕉茎滚下去。老虎又一嘴叼住，牙缝里塞满了芭蕉茎的皮筋，忙用爪掏，还说：“阿拜的肉真不好吃，尽是些筋筋。”阿拜忍不住笑出了声。

拉加朵讲述，聂鲁搜集。收入《聂鲁彝族神话故事选》，32开，3页，1700余字，陕西旅游出版社1998年版。（聂鲁）

老虎祖宗之毛

彝族机智人物故事。流传于云南省新平彝族傣族自治县彝族地区。讲述的是：有一次，老虎扑过来要吃阿拜，阿拜对老虎说："且慢，我有本事让你驮着我跑十架山梁，你想吃我也得显显你的本事。我们比赛跳箐沟，看谁跳得远，再来定谁吃谁。"跳箐沟对于老虎来说是看家本事，它"嗖"地就跳过了一个箐沟，并回头叫阿拜快跳，未料阿拜已在比它跳得更远的地方了。老虎不服连跳三次，阿拜都比它跳得远。老虎耍赖硬要扑过来吃阿拜。阿拜说："要吃也得等我们各自把肚子里的东西吐干净才能吃。"老虎迫不及待地先吐，由于几天没吃东西，只吐出了几条芭蕉茎皮和三根干草。接着阿拜来吐，第一次吐出了一根虎毛，他说："这是你曾祖父、曾祖母的毛，我前年吃进去的。"第二次又吐出一根虎毛，他又说："这是你爷爷、奶奶的毛，我去年吃进去的。"第三次又吐出一根虎毛，他则说："这是你父亲、母亲的毛，我今年吃进去的。"在一旁看呆了的老虎辨认出他吐出的虎毛不假，而且今年父母早不见了踪影，它越听越犯怵。这时阿拜睁圆怒眼张开大嘴吼着说："现在轮到吃你了。"吓得老虎魂不守舍，撒腿就跑。原来，跳箐沟时阿拜抓住老虎尾巴，这样甩得比老虎跳的远，同时乘机拔下几根虎毛含在嘴里。

拉加朵讲述，聂鲁搜集。收入《聂鲁彝族神话故事选》，32开，3页，1600余字，陕西旅游出版社1998年版。（聂鲁）

狐狸你莫笑

彝族机智人物故事。流传于云南省新平彝族傣族自治县彝族地区。讲述的是：被阿拜的话吓得灵魂出窍的老虎只顾拼命逃跑，一只兔子看见老虎跑来便躲到了巨石下，老虎气喘吁吁地说："兔子快跑，一个叫阿拜的人把我曾祖父、爷爷、爹都吃光了，现在追过来要吃我们了。"兔子说："是呀，你快跑，连这块石头都说要滚下来敲你，现在是我用耳朵顶着。"老虎又没命地跑，遇着一只狐狸又与之诉说阿拜吃光了它家族的事，叫狐狸快跑。狐狸想不出脱身之计只好说："你是山中大王谁敢吃你的家族，我不信，我们返回去瞧瞧吧。"老虎怕狐狸半路跑掉，便用绳拴住狐狸的一只脚。它们来到巨石下，兔子说："我已经告诉你石头要滚下来敲你，还返回来呀？"老虎又惊吓得没命地跑，把拴在脚上的狐狸拖着跑。跑了很远后老虎回头看见龇牙咧嘴的狐狸便说："狐狸你莫笑，阿拜真的是把我祖宗吃光了。"

拉加朵讲述，聂鲁搜集。收入《聂鲁彝族神话故事选》，32开，3页，1600余字，陕西旅游出版社1998年版。（聂鲁）

阿索打虎

彝族机智人物故事。流传于云南省新平彝族傣族自治县彝族地区。讲述的是：落荒而逃的老虎跑到地头遇见举锄开荒的阿索，它知道阿索是阿拜的朋友，所以来抢阿索的晌午饭吃，而且要阿索每天带晌午饭给它吃，还不准告诉阿拜。阿索回到家还是把这事告诉了阿拜，阿拜对阿索嘱咐了一番。一天，老虎来抢阿索的晌午饭时，阿拜在山头上喊："阿索兄弟，你旁边蹲着的是老虎吗？"瑟瑟发抖的老虎叫阿索回答说是树桩头。阿拜又说："你敲敲看是否敲得动？"老虎叫阿索轻轻比试一下回答说敲不动。这时阿索乘机运足平生力气一锄向着老虎脑袋敲去，把老虎打死了，为当地民众除了一害。

拉加朵讲述，聂鲁搜集。收入《聂鲁彝族神话故事选》，32开，3页，1800余字，陕西旅游出版社1998年版。（聂鲁）

巧取棉衣

彝族机智人物故事。流传于云南省新平彝族傣族自治县彝族地区。讲述的是：阿拜靠给色坡（彝语：主人）家做帮工来养活阿妈。入冬后天寒地冻，阿拜计划领了工钱后买件棉衣给阿妈穿，谁料工钱被色坡克扣完了，莫说买衣，就是吃饭都成了问题。阿拜决定要治一治这个黑心的色坡。一天，阿拜上山放牛时抓了许多牛虱子，把它们装进竹筒里拿回家。阿拜趁色坡不注意，把牛虱子装进色坡的棉衣里。这天色坡一个劲地抓身子，并喊阿拜过来给他挠痒痒。阿拜故作惊讶地说："啊呀，老爷，咋一件衣裳上尽是牛虱子？你去牛圈没有？"色坡回答没有，阿拜又说："穷生虱子富生疮，老爷你这是闯着穷气了。"色坡最怕沾穷气，便脱下棉衣叫阿拜烧掉。阿拜说："好好一件衣裳烧掉真可惜。"色坡巴不得转移穷气，让穷人越穷越好，便说："莫烧了，你拿去穿吧。"阿拜便拿着厚厚的棉衣回家给阿妈穿着过冬。

佚名讲述，戴培勤搜集。收入《乡泉集》第二辑，32开，2页，800余字，云南民族出版社1985年版。（聂鲁）

闹鬼

彝族机智人物故事。流传于云南省新平彝族傣族自治县彝族地区。讲述的是：五黄六月间阿拜家没有一粒粮食了，这时色坡叫阿拜给他家舂米磨面。阿拜又累又饿，又气又恨，便打主意要收拾一下财主。一天夜里，阿拜在米和面里按了些印子，并拿些蛆放在腊肉上面，然后躲起来把家什弄得乒乓作响，色坡和他老婆吓得缩在被窝里不敢喘大气。第二天一早，阿拜对色坡说："老爷，你家夜里会闹鬼，米上、面上尽是些鬼脚迹，你还是让我回家算了。"色坡进磨坊一看，见米上、面上尽是"鬼脚迹"，便吩咐阿拜将那些米、面倒掉。阿拜挑着米和面回家分给了揭不开锅的人们。色坡叫他拿腊肉来煮，阿拜进灶房后惊叫起来："啊呀，老爷，咋个肉上尽是些蛆？莫非又是鬼弄的？"色坡不信，过来看果真有许多蛆，又叫阿拜拿去丢掉。阿拜又把肉拿回家分给了体弱多病的人们。

佚名讲述，戴培勤搜集。收入《乡泉集》第二辑，32开，2页，500余字，云南民族出版社1985年版。（聂鲁）

色坡吃马屎

彝族机智人物故事。流传于云南省新平彝族傣族自治县彝族地区。讲述的是：一天，色坡要到山背后兄弟家做客，阿拜为他赶马做陪。他吩咐阿拜为他准备可口的晌午饭，而让阿拜包野菜粑粑在路上吃。阿拜悄悄找块红糖装着，打算在路上整整色坡这个小气鬼。阿拜赶着马在山路上绕来绕去，老走不到色坡兄弟家，色坡的晌午饭吃完了，肚子饿得咕咕响。这时阿拜缩手拿出红糖悄悄啃着，色坡见阿拜的嘴在动，便问他吃什么，阿拜回答说吃马屎，色坡不屑一顾。走了一阵，色坡实在饿不住了，问阿拜马屎真的能吃吗？阿拜说："老爷，肚子饿起来当然好吃。"色坡叫阿拜给他吃一点马屎。才吃了一口，忙吐个不停，便斥责阿拜整他的名堂。阿拜说："肚子饿了就好吃，老爷你可能肚子不饿，再说，你是贵人，不会饿到吃马屎的地步，我跟你当然不同。"

佚名讲述，戴培勤搜集。收入《乡泉集》第二辑，32开，2页，500余字，云南民族出版社1985年版。（聂鲁）

我是松达

彝族机智人物故事。流传于云南省新平彝族傣族自治县彝族地区。讲述的是：一天，阿拜在夜里躲进色坡家，看见一缸蜂蜜和一堆棉花，便脱光衣裤跳进蜜缸里，出来后在棉花堆里打了个滚后跳在家堂供台上蹲着等待天亮。色坡的小老婆早上起来做饭点亮家堂祭灯时，看见蹲着一个白花花、毛茸茸还一动一动的怪物，吓得惨叫一声昏倒在地。色坡和家人闻声赶来，看见这个毛茸茸的怪物，都吓得目瞪口呆，全家人下跪磕头。色坡壮着胆子问："请问哪方神仙降临寒舍？"阿拜阴阳怪气地说："是哪方神仙不要紧，要紧的是送神。"色坡问：

"是吉罗（彝语：吉祥神）还是松达（彝语：灾星）？"阿拜说："我是松达！"色坡又问："怎么才能把你送出门去？"阿拜说："请神容易送神难，要设坛杀牛宰羊作祭，贡献三十六两白银，三十六石白米，门口铺设三十六丈彩缎，还要请阿索当毕摩禳灾，黄昏时送过山去。"色坡一家诚惶诚恐地备办祭品，黄昏时将"神"送过了山。

狄巴讲述，聂鲁搜集。载《山泉报》第二期，8开，1页，1800余字，新平彝族傣族自治县文化馆1980年编印。（聂鲁）

阿索禳松达

彝族机智人物故事。流传于云南省新平彝族傣族自治县彝族地区。讲述的是：色坡家差人请阿索禳松达，阿索不识彝文不懂禳祭，但又不敢推托，只好找本彝文经典硬着头皮去。来到色坡家，看到白银大米摆设坛前，长缎铺设门口，牛羊肉飘香，一伙人忙碌不绝。阿索来到森严的祭坛前，小腿发颤。阿拜看他呆头愣脑的样子，差点笑出声来。怕阿索误事，阿拜趁人不注意时，小声对阿索说："阿索，我是阿拜，你就看着窗外墙洞里的蜜蜂窝念祷。"阿索听说松达就是阿拜，便壮起胆来，装模作样念祷："松达进家，灭顶之灾，阿索禳灾，不能偷看，蜂子蜇人，好辣好痛，出去一个，进去两个。"他一直数着出进的蜂儿念祷下去。到黄昏时，"松达"朝前，阿索朝后拽裹着铺地的缎头走了出去。到了后山，阿索又念祷着"阿索禳灾，不能偷看"把挑祭献品的人撵了回去。

狄巴讲述，聂鲁搜集。载《山泉报》第二期，8开，1页，1800余字，新平彝族傣族自治县文化馆1980年编印。（聂鲁）

千里马和万里羊

彝族机智人物故事。流传于云南省红河县彝族地区。讲述的是：艾拜的聪明机智惊动了天神，便派仙女下凡去出艾拜的丑。艾拜提出骑自己的"万里羊"和仙女的千里马赛跑。仙女翻身上马飞驰而去，艾拜把山羊扛在肩上，抄近道很快就到了约定地点，仙女骑着气喘吁吁的千里马到达时，看到艾拜正悠闲地抽着烟，山羊则在一旁吃草。仙女就与艾拜交换坐骑，半路上仙女嫌山羊慢就把它扔下了山，惊动了林里的麂子，麂子奔逃而去，仙女为自己放跑了"万里羊"而惋惜。

佚名讲述，白瑞义搜集、整理。收入《红河县民族民间故事》，32开，2页，1100余字，云南民族出版社1990年版。（梁红）

猴窝探险

彝族机智人物故事。流传于云南省红河县彝族地区。讲述的是：一天，艾拜在森林里休息，听猴子说要找死人办丧事，便带块臭豆饼装死。猴子把艾拜抬进了悬崖上的岩洞，猴王让众猴子搬来金桌凳和金器珠宝，众猴子围跪在艾拜旁边，猴王唠唠叨叨念着经，艾拜忍不住笑了起来，众猴子被活过来的"死人"吓跑了。艾拜抱着金银珠宝走了。

佚名讲述，白瑞义搜集、整理。收入《红河县民族民间故事》，32开，3页，1400余字，云南民族出版社1990年版。（梁红）

聪明的阿索

彝族机智人物故事。流传于云南省元江哈尼族彝族傣族自治县彝族地区。讲述的是：从前，有个叫阿索的彝族农民，他为人正直、聪明，计谋多，很有本领，并喜欢为穷人打抱不平。县官不服阿索，有一次，叫他三天内偷到县官穿的裤子，不然就要处死他。阿索笑着点头答应了。第一、二天过去了，没有什么动静。第三天阿索拿了几个熟透的柿花，趁县官熟睡之机放在他的床上，自己躲在床下，县官翻身压烂了柿花，一摸，以为自己把屎拉到裤子上了，马上脱下来丢到床下。等县官睡着了，阿索拿着裤子高兴地走了。翌日，阿索拿着裤子来见县官，县官一时目瞪口呆。

杨福亮讲述，白玉龙记录、整理。收入《元江民族民间文学资料》第二集，32开，3页，1400余字，元江哈尼族彝族傣族自治县文化馆1982年编印。（宋自华）

捉麂子

彝族机智人物故事。流传于云南省新平彝族傣族自治县彝族地区。讲述的是：一天，幺刀爸在山上发现了一只被山火烧死的麂子，便把它架在柴背上背回家。田主阿波看见后，想占为己有，便说："幺刀爸，这么早就给我找来野味啦，还这么大！"看着田主贪婪的眼睛，幺刀爸答道："这算不了什么，还有比这大的。"从未撵过麂子的田主一听，便要幺刀爸带他去多捉几只麂子回来。幺刀爸领他到了山上，对他说："箐沟里的麂子很多，我一喊，便会跑出来，你到对面山上堵，我在这个山梁上堵，我喊'上去了'，你就顺山梁去捉，我喊'下去了'，你就往下堵。"就这样，田主跑上跑下被折腾得半死。最后幺刀爸还说："阿波，你跑得不得力，麂子全都从你那边跑出去了。"

罗长匡、者家旺、周敬章、史开富、普元讲述，云南民族学院汉语文系峨山、新平彝族文学调查组搜集，浪智侃整理。收入《彝族民间故事选》，32开，2页，1000余字，上海文艺出版社1981年版。（梁红）

卖马

彝族机智人物故事。流传于云南省新平彝族傣族自治县彝族地区。讲述的是：一天，田主让幺刀爸给他牵马进城赶街，到了城里两人已是饥肠辘辘。田主不想让幺刀爸吃东西，便叫他停在旮旯里，并吩咐道："里边拥挤，马不好走，你守着。但要小心，城里人很狡猾，连人的眼珠都会换走的。"还用手做了个蒙眼动作。幺刀爸从指缝中看到田主朝吃喝摊子走去，明白了他的用意。幺刀爸把马卖了，买了些食物揣在怀里，将马笼头和马铃铛拴在墙边木杆上等待田主。看见田主从远处走来，幺刀爸一手蒙着眼睛，一手把马缰绳上的铃铛扯得"叮当"响，田主发现马不见了，大喊大叫要幺刀爸赔马。幺刀爸蒙着眼睛答道："阿波，我咋个赔得起，你不是说城里人会换人的眼睛，叫我蒙着眼睛吗？"田主傻了眼。

罗长匡、者家旺、周敬章、史开富、普元讲述，云南民族学院汉语文系峨山、新平彝族文学调查组搜集，浪智侃整理。收入《彝族民间故事选》，32开，3页，900余字，上海文艺出版社1981年版。（梁红）

偷羊（一）

彝族机智人物故事。流传于云南省新平彝族傣族自治县彝族地区。讲述的是：一天，田主与幺刀爸打赌：幺刀爸三天内若能把田主家的大骟羊偷走，羊就归幺刀爸，要是偷羊时被发现，幺刀爸就得倒赔三只。幺刀爸爽快地答应了。此后两晚，幺刀爸只要一觉睡醒，便会敲着破锣到田主家附近闹腾一番，田主一家刚躺下，又得起来到处查看，被折腾得筋疲力尽。第三晚，等倒腾了两夜的田主全家沉沉睡去，幺刀爸潜入田主家，先把掺有花椒面的荞粑粑扔给田主家的大黑狗吃，麻得大黑狗叫不出声，然后快速杀掉骟羊，把羊皮铺在楼梯上，羊肠放在楼梯脚，羊肚子放在田主两个女儿的床铺中间，羊头用小棍撑开嘴放在灶洞里，准备就绪后，幺刀爸将羊肉背回家，提着破锣敲打起来。慌乱的田主下楼时踩在羊皮上滑到楼梯脚，摸到羊肠便大叫："我的肠子出来了！"田主老婆摸到灶前想点火照明，手被羊嘴咬住吓得怪叫；两个女儿摸到羊肚子，就互相说："你生娃娃啦！"田主全家就这样乱成一团。

罗长匡、者家旺、周敬章、史开富、普元讲述，云南民族学院汉语文系峨山、新平彝族文学调查组搜集，浪智侃整理。收入《彝族民间故事选》，32开，3页，1200余字，上海文艺出版社

1981年版。（梁红）

偷羊（二）

彝族机智人物故事。流传于云南省弥勒市彝族阿细人地区。讲述的是：来米登地方有个富人叫诗多生，他有两个漂亮女儿，却因无儿子继承家产而苦恼。他听说尼衣破很有本事，便决定招其为婿。为证实尼衣破的本事，一天，诗多生对尼衣破说，他若有能耐从诗多生家羊厩里拉走一只羊，就可以从两个美丽的女儿中挑一个做妻子。夜里，尼衣破利用聪明才智请来朋友，趁诗多生睡觉之机，从厩里拖出羊杀了，然后敲锣打鼓地走了。后来，尼衣破选了诗多生的小女儿做妻子，恩恩爱爱地过上了幸福日子。

佚名讲述，曾德奎搜集、整理。收入《弥勒民族民间故事》，32开，2页，1300余字，民族出版社2003年版。（梁红）

事从猪起

彝族机智人物故事。流传于云南省峨山彝族自治县、新平彝族傣族自治县、石屏县彝族地区。讲述的是：从前，桃花村有一个叫小桃的贫苦农民，孤苦伶仃地长大成人后，娶妻过着贫穷的日子。有一年老丈人过生日庆大寿，大姑爷、二姑爷都带着丰厚的贺礼来庆寿，三姑爷小桃的寿礼则很微薄。嫌贫爱富的丈人把大姑爷、二姑爷安排在上好的房间歇宿，而把三姑爷安排在猪厩楼上歇宿。小桃夫妇被臭气熏得一夜合不上眼。小桃决定整治一下老丈人，发泄一下自己的不满。夜里，小桃把老母猪连同十二头小猪吆上山拴在一棵松树上。第二天老丈人家发觉猪不在了，便发动家人分头去找猪。大姑爷、二姑爷一身懒肉不耐烦去找。老丈人动员小桃去找。小桃说："昨晚我梦见猪被人吆走，拴在山后弯腰松树下，你们自己去找吧。"两个姐夫不信，就跟着老丈人到后山弯腰松树下找猪，猪果然在那里。从此老丈人常夸赞三姑爷是个了不起的人，称他为"做梦先生"。

刘桂珍讲述，黄桂玉搜集。收入《峨山民间文学集成》，32开，2页，800余字，云南民族出版社1989年版。（聂鲁）

找玉玺

彝族机智人物故事。流传于云南省峨山彝族自治县、新平彝族傣族自治县、石屏县彝族地区。讲述的是：小桃帮丈人找到猪后声名鹊起，从县城传到省城，从省城传到京城。恰在这时，皇帝的一方印鉴丢失了，召集文武百官、宫女彩娥限期找回玉玺。一大臣推举"做梦先生"来京找玉玺，皇帝即派这位大臣做钦差来召小桃进京。大轿抬着小桃路过坝子时，小桃非常惶恐，看见一只白鹭正在吞食一条黄鳝，一半吞在口里，一半露在嘴外，小桃在轿里自言自语道："白的不死黄的死，黄的不死白的死。"谁知两个抬轿人停下轿子跪地求饶。原来他俩一个姓白，一个姓黄，皇帝的玉玺正是被他俩偷了藏在金銮殿的天花板上的，小桃心里有了底。到京城皇帝向小桃问玉玺之事，小桃说这玉玺不在东，不在西，就在金銮殿的天花板上。皇帝问他怎么知道的，小桃说是在路途中做梦梦到的。皇帝果然在天花板上找到了玉玺。即封小桃为上卿，并厚礼相待。

刘桂珍讲述，黄桂玉搜集。收入《峨山民间文学集成》，32开，3页，900余字，云南民族出版社1989年版。（聂鲁）

小桃装在御盒里

彝族机智人物故事。流传于云南省峨山彝族自治县、新平彝族傣族自治县、石屏县彝族地区。讲述的是："做梦先生"小桃在宫里住不惯，要求回家与家人团聚。日久见人心，宫里的太监们都和皇帝说"做梦先生"的本事是假的，他不是一个神机妙算的人。皇帝准备出题考考小桃。一天，皇帝领着太监、宫女彩娥们游览御花园，皇帝从树上摘了一个小桃子拿回来装在御盒里。第二日早朝，皇帝叫“做梦先生”猜御盒里装的是何物。小桃想今日猜不中即是死，便唱调诉自己命苦：“夫妻拜寿被人欺，设计找猪名声起。白的不死黄的死，道破真情得玉玺。今日惹得杀身祸，小桃死在御盒里。”这时皇妃宫娥们惊叫起来：“啊呀，猜中了。”小桃心中有了数说：“小桃装在御盒里。”皇帝见他猜中了，即赐白银千两，锦缎百匹，并送他衣锦还乡。

刘桂珍讲述，黄桂玉搜集。收入《峨山民间文学集成》，32开，5页，2200余字，云南民族出版社1989年版。（聂鲁）

阿罗审土锅

彝族机智人物故事。流传于云南省石屏县彝族地区。讲述的是：聪明英俊的阿罗与心地善良的富家女阿花结婚时，岳父母觉得丢脸，连阿花的嫁衣也不给做。阿罗早想整治一下看不起穷人的岳父母。一天，机会终于来了，当阿罗得知岳父家的怀孕母猪丢失后，便上山找到了已下九只小猪的老母猪，然后让阿花回去告诉岳父，阿罗是审家传土锅审出了猪的去处的。找到猪的岳父喜不自禁。后来，县太爷找上门来，要阿罗从土锅那里审出县太太丢失的镶珠宝发簪的去向。后悔把事情弄大的阿罗只得硬着头皮，坐着县太爷的轿子去找簪子。沮丧的阿罗坐在轿子上看着路边的情景自言自语说“白不死，黄必死”时，白、黄二姓轿夫吓得向阿罗招供了偷簪之事。阿罗成功破案，县太爷要留他在县衙门当差，阿罗以土锅已摔坏为借口，回家种田去了。

金楠讲述，施岚翻译、整理。收入《云南民间文学集成·石屏故事卷》，32开，6页，3100余字，石屏县文联1996年编印。（梁红）

火龙衣

彝族机智人物故事。流传于云南省石林彝族自治县彝族撒尼人地区。讲述的是：少年周成因家贫如洗，被父亲送到寨里的土司家放牛以给家中换取口粮和极少的工钱。年底，当周成找土司结算工钱时，土司借故把周成关进磨坊，想把他冻死，以赖掉工钱。寒冬腊月，天上飘着鹅毛大雪，周成急中生智，穿着件破烂衣裳在磨坊里跑。天亮后，财主见他满脸通红、大汗淋淋，非常吃惊，就问周成为什么会热成这样，周成谎称自己穿的是祖上传下来的“火龙衣”，天越冷穿着就越热。土司就用皮大衣换了“火龙衣”，并穿着去收租，结果冻死在雪地里。

佚名讲述，詹文采录。收入《云南省民间文学集成·路南民间故事》，32开，3页，2000余字，云南民族出版社1996年版。（梁红）

火绒衣

彝族机智人物故事。流传于云南省南华县彝族地区。讲述的是：从前，有个财主请了一个小帮工，小帮工拼命干活，但吃的却是残渣剩饭。一次，小帮工放的猪丢了一头，狠心的财主把他毒打一顿后，关进了一间潮湿的屋子里，想冻死他。适逢寒冬腊月，寒风刺骨，屋中有一个石磨，为了取暖，小帮工不停地推磨，到了半夜已经汗流浃背，而且大口大口地喘气。财主见了很奇怪，便问小帮工为什么他这么热，小帮工说他穿的衣服是“火绒衣”，天气越冷穿上就越热。财主信以为真，用八件衣服换了小帮工的“火绒衣”。一个大雪天，财主要去做客，决定穿着“火绒衣”去摆谱，于是在去做客的半路上换上了“火绒衣”。结果他越来越冷，看见有一个树洞，就钻到洞里坐下来，最后活活冻死在洞里。

彭文斗、普绍顺讲述，段志伟记录。收入《民族民间文学资料》，32开，2页，800余字，南华县文化馆、民委1986年编印。（施选　朱琚元）

聪明的二福

彝族机智人物故事。流传于云南省峨山彝族自治县彝族地区。讲述的是：二福是五神爷家的长工，一天，五神爷像往常一样，酒足饭饱后到大树下乘凉，就对二福说："常听人说你哄人厉害，你哄我看看。"二福说："不敢哄您老，不过俗话说四月天气好摸鱼，你去不去摸鱼？"五神爷先说去，又怕上当就改口道："不去。"二福说那条河是他家的地皮，他不去鱼会被别人拿完的。五神爷一听就火来了，要二福陪他去看看。二福就请老爷骑着马朝前走，自己则半路溜进树林偷偷跑回了家。五神爷回来后骂道："以后我再也不上你的当了！"一天夜里突降大雨，二福对五神爷说："不得了啦，大雨把你家的碾砣冲走了！"五神爷顾不了什么，冒雨往外冲，浑身是水地到了碾坊，但碾砣好好的还在原地。

佚名讲述，方成贵搜集。收入《嶍峨风情》，32开，3页，1500余字，峨山彝族自治县民委1985年编印。（普开福）

寻根问底

彝族机智人物故事。流传于云南省昭通市彝族地区。讲述的是：柯四先生想了一个办法要惩治昭通的贪官，他每天早上提着钉耙去敲衙门外的大树，差丁问他是什么人，为什么要敲树，他说自己排行第四，因为树大，要寻根。差丁把这一件事通报了贪官。贪官一听便知道所说的人是名人柯四先生，就让差丁去请柯四先生。柯四先生要求用轿子来家里接，贪官只好照办。等轿子到了柯四先生家门口请他上轿时，柯四先生又说身体不舒服，要轿子搭到门上。等轿子与门搭严实了，柯四先生便把自己的妻子推进轿子让他们抬走了。然后，柯四先生提着鞭炮抄小路赶到衙门外，边放鞭炮边喊叫："官霸民妻了！"闹得满城风雨，朝廷只好派人来察访，查出了贪官的种种劣迹。

龙云芳讲述，杨世武记录，潘忠福整理。收入《昭通民族民间文学资料选编》第一集，32开，2页，1000余字，昭通县民委、文化局1983年编印。（吴平）

宝峨惩罚店老板

彝族机智人物故事。流传于云南省峨山彝族自治县彝族地区。讲述的是：从前，有个客栈的老板经常敲诈住店的旅客。一天，一个叫宝峨的青年故意去住店欲惩罚店老板。老板问："有伙钱吗？"宝峨回答说伙钱有的是，等住完店，分文不少。宝峨在这家店里又住又吃了几日后，一天早上趁老板吹大烟之机，宝峨把一把火钳放在灶头上，并抱起一只大鹅溜走了。老板的儿子发现后，报告其父，老板说："人走了，找一找伙钱留下没有？"儿子找到了灶头上的火钳，拿给其父，其父又骂又打。儿子说："是你叫我找火钳耽误了追人的时间，是你的错。"

刘桂珍讲述，庄乙志搜集。收入《嶍峨风情》，32开，2页，700余字，峨山彝族自治县民委1985年编印。（普开福）

毕摩的故事

彝族机智人物故事。流传于云南省武定县彝族地区。讲述的是：过去，在伍岔店一带有一个毕摩，他法术高强，能呼风唤雨。他的能力被昆明城里的官老爷知道后，认为把他留在世上会出乱子，便想把他杀掉，就假传皇帝的命令把毕摩召到昆明城。到昆明以后，四十八个官员请毕摩抽烟、喝茶，但他不喝茶也不抽烟，那些官员拿他无法，最后设了一个计。有一天，把他请到客厅里和他说话，坐在毕摩旁的一个官员把抽了还剩半截的烟递给毕摩抽。盛情难却，毕摩抽了一下那半支毒烟，立刻意识到中了计，但他知此毒四五天后才会死去。回到家过了三天，他对家人说他死后要把他装成还活着的样子。他死后，家人按他说的去做了。昆明的官老爷差人调查以后回昆明报告说毕摩没死，四十八个人相信了，个个都跟着每人尝了一口有毒的烟，结果全被毒死了。

普开云讲述，李国庆、韩天云、潘广发记录。收入《楚雄民族民间文学资料》第三辑，32开，3页，1600余字，云南省社会科学院楚雄彝族文化研究室1982年编印。（施选　朱琚元）

张喜的故事

彝族机智人物故事。流传于云南省武定县彝族地区。讲述的是：张喜家住在万德小河边纳作沟村，家里虽然穷，但方圆几十里数他有本事。他精明能干，胆子大，不但不奉承土司，还时常戏弄土司。有一年，张喜到四川会理的一个寨子里做客，突然想去沙土司家看看。张喜人长得英俊，便冒充茂连那土司家的大少爷来到了沙土司家。沙土司从没见过那家大少爷，但看他这副模样就信以为真，便吩咐下人杀猪宰羊，盛情招待了几日。临走时，沙土司为了讨好那土司，吹吹打打用滑竿送“大少爷”回去。当队伍来到离万德一里左右的西滩河边时，“大少爷”叫队伍停下并指着前面白花花的大房子对众人说，那就是我家，然后说要方便，便钻进林子里溜走了。护送他的人等到天黑都不见他回来，只好找到那家去问。那土司家当时没有儿子，但怕沙土司知道了丢面子，也就没把事情说破，大酒大肉地招待了来人，第二天还按土司礼节吹吹打打地送走他们。

杨顺贵讲述，杨成记译。收入《云南省武定县民族民间文学集成》，16开，4页，5000余字，武定县文化局、民委、文化馆集成办1989年编印。（钱丽云　朱琚元）

屎壳郎拉车

彝族机智人物故事。流传于云南省昆明市彝族撒梅人地区。讲述的是：聪明睿智的粗糠宝，常常让知府难堪。一天，知府想要给粗糠宝个下马威，要粗糠宝上缴一百车粮食。粗糠宝请乡亲们用麦秆编了火柴盒大的车一百辆，捉一百个屎壳郎各拉着只装了一粒荞麦的麦秆车去见知府。看着一百车特殊的贡粮，知府气得说不出话来。

飞崇义讲述，灌玉记录、整理。收入《昆明民间故事》第一辑，32开，1页，400余字，昆明市民间文学集成办公室1987年编印。（梁红）

猫瓢两抵清

彝族机智人物故事。流传于云南省新平彝族傣族自治县彝族地区。讲述的是：阿噜的公公夜里爱喝一两盅酒。一天，阿噜的公公喝着酒坐下时，把隔壁普二嫂的一只猫坐死了。普二嫂是村里的泼妇，讲她的猫是个宝，每天捉十只老鼠，货郎给三吊钱没有卖，又添绸二尺五也不卖，催阿噜的公公还钱。阿噜看公公垂头丧气的样子就说：“爹莫气，明天我出门一趟，回来后就有办法了。”阿噜回来后，知道普二嫂是个急性人，肯定会跑过来催钱，便在半掩的门下放了一只瓢。结果普二嫂进阿噜家的门催账时把瓢踩烂了。阿噜就说这个瓢是个宝，货郎给六吊六的钱，她妈不卖，又添八斤老腊肉，她妈还是不卖。现在他们要算算谁欠谁多少钱。普二嫂知道上当了，便赔着笑脸说：“那就猫瓢两抵清啦！”说完急匆匆走了。阿噜替公公解了围。

佚名讲述，陈振中搜集。收入《新平县民间故事集成》，32开，2页，900余字，云南人民出版社1999年版。（聂鲁）

戏弄奸商

彝族机智人物故事。流传于云南省新平彝族傣族自治县彝族地区。讲述的是：一天，阿噜赶街到一个杂货店买三斤盐巴，老板欺她是山里女人把账算成三七二十三，还说山里个个憨，半斤称七两，八尺抵一丈，并把算盘推过来叫阿噜自己算账。阿噜二话没说按老板说的付钱走了。第二个街天，阿噜领了一个老人和一个孩子来杂货店买了布，之后又买了饼子吃，并把一个钱包拿给老人说她去找个人，回来就走。老板见阿噜不回来就叫老人付钱，可老人和小孩都说不认识阿噜，老板便抢过老人手中的钱包掏钱，只掏出一个字条，上面写着："三七二十三，彝女戏奸商，爷爷换饼吃，娃娃换布穿，老小交给你，看你咋个办？"老板只得摆摆手放老小两人回去。第三个街天，阿噜到杂货店一清二楚地把布钱和饼钱付给了老板，老板也只得把第一个街天多收的盐巴钱退还阿噜。

佚名讲述，陈振中搜集。收入《新平县民间故事集成》，32开，2页，1400余字，云南人民出版社1999年版。（聂鲁）

妙语答问

彝族机智人物故事。流传于云南省新平彝族傣族自治县彝族地区。讲述的是：阿噜十分孝敬公婆，她公公叫方老九，阿噜为了尊敬公公就忌讳说"九"字。寨中的三个老人不相信此事，就和方老九打赌，如果阿噜一直不说"九"字，他们输三两银子给方老九，如果阿噜说到"九"字，则方老九要输三两银子给三个老人。一天，三个老人拿一捆韭菜和一葫芦酒交给阿噜，叫阿噜告知公公客人拿韭菜和酒来，过会儿一起喝酒。阿噜恭敬地向客人打招呼后，转身对公公说："有客人来家递给我一把扁叶菜和一个小葫芦，说是要来与爹喝两盅。"听到此话，三个老人只得认输。

佚名讲述，陈振中搜集。收入《新平县民间故事集成》，32开，2页，1200余字，云南人民出版社1999年版。（聂鲁）

赔还话根

彝族机智人物故事。流传于云南省新平彝族傣族自治县彝族地区。讲述的是：阿噜的公公在半路上遇到两个嗑子客（很能调侃的人）正不着边际地吹牛，于是就插话说他们的话没有说对，未料话还没有说完，两个无赖硬说阿噜的公公打断了他们的话根，要老人赔还话根，赔不了话根就要赔钱。阿噜的公公急了，把这事告诉了阿噜，阿噜从容地说："阿爹莫急，明天你睡在床上听着，让我来对付他们。"第二日，两个嗑子客上门来找老倌要钱。阿噜说："我爹不在，天不亮就进山挖雾根去了。"嗑子客说："小媳妇，你莫瞎吹，雾东飘西荡，哪来的根？"阿噜说："雾没有根，那话根又到哪里去找呢？"嗑子客回答不上来，灰溜溜地走了。

佚名讲述，陈振中搜集。收入《新平县民间故事集成》，32开，2页，800余字，云南人民出版社1999年版。（聂鲁）

痛打老土司

彝族机智人物故事。流传于云南省禄劝彝族苗族自治县彝族地区。讲述的是：阿杰宝是土司家的一个帮工，他为人正直，机敏过人。老土司经常盘剥长工，于是，阿杰宝与同伴商量要收拾一回老土司。一天晚上，阿杰宝的同伴在脸上抹上烟灰装成小偷，故意让土司家的人发现之后，被土司的儿子装进麻袋里吊起来正准备拷打时，突然猪厩起火，土司的儿子忙着去救火。阿杰宝乘机放走了同伴，并把睡得迷迷糊糊的老土司装进麻袋吊了起来。火被扑灭后，土司的儿子又领人回来狠打"小偷"。老土司在口袋里惨叫道："别打，我是你爹！"土司的儿子一听气炸了肺说："敢冒充我爹，给我狠狠打！"直到口袋里没了声，才叫人放下，解开一看傻了眼。

阿冒讲述，晨旭搜集、整理。收入《云南省昆明市民间文学集成·禄劝民间故事》，32开，2页，500余字，禄劝彝族苗族自治县文化局民间文学集成办公室1991年编印。（梁红）

比试才智

彝族机智人物故事。流传于云南省元江哈尼族彝族傣族自治县彝族地区。讲述的是：普大王在彝家山寨的威望越来越高，人们有事不再去找财主、头人，而去找普大王。为此财主和头人都怀恨在心，便一起向他挑衅，扬言要同他比试才智，若他们输了，就把他们的田地送给普大王，若普大王输了，要从他胸前割下一块肉。一天，他们走出家门，只见东边天空电闪雷鸣，西边天空也电闪雷鸣。一个自称上知天文、下识地理的头人笑道："东扯闪，西扯闪，即刻大雨下地上。"说罢，得意地看着普大王冷笑。普大王却开口道："东扯闪，西扯闪，狗都晒得喘。"财主、头人们听了，轻蔑地望着普大王狞笑。时至中午，云开雾散，烈日高挂天空，早上村外欢蹦嬉戏的狗被晒得跑到树下，伸着舌头不停地喘着粗气。财主和头人们输了，普大王就把得到的田地分给了彝家乡亲们。

白佑三讲述，宋自华记录、整理。16开，4页，1000余字，稿存元江哈尼族彝族傣族自治县史志办。（宋自华）

头人吃仙草

彝族机智人物故事。流传于云南省元江哈尼族彝族傣族自治县彝族地区。讲述的是：从前，龙马山有个残暴的头人，一心想得到巫婆所说的仙草，便派村民四处寻找。四方的村民到高山上、深箐中寻找，但是谁都不知道哪种草是仙草。为了给头人上贡，他们把不同的草采来了。头人一样品一点，各种草都品遍了仍不见自己成仙，口中酸、甜、苦、辣、涩五味皆全，头人"呸！呸！呸！"地吐掉口中的怪味。一天，正当头人痛骂村民时，普大王笑着走来向头人献仙草。为了使头人相信，他嚼了一片叶子，用法术使自己腾空飘荡。头人相信了，吃了普大王献的仙草后捧腹大叫，口吐白沫，挣扎、哀号了半个时辰就死了。管家和家丁们责问普大王，普大王却一本正经地答道："俗话说，神为阴，人为阳，头人成仙，必然要离凡尘而去。"管家是个信奉神鬼者，听普大王这一解说，频频点头。普大王见此状，乘机道："你们快回去摆案焚香送主子升天吧。"管家领着家丁们走了，普大王和众乡亲望着他们远去的背影，全都开怀大笑。

白玉生讲述，宋自华记录、整理。16开，3页，900余字，稿存元江哈尼族彝族傣族自治县史志办。（宋自华）

背田

彝族机智人物故事。流传于云南省楚雄市彝族地区。讲述的是：有个名叫刘二爷的财主置有很多田产，有一年大旱，他为父辈留给的"雷响田"不能栽种而苦恼。有一天，他在村口遇到一个背着一大捆柴的汉子，暗暗佩服他的力气。汉子自称是个能把旱田背到有水处去的手艺人。刘二爷惊喜万分，忙把汉子领回家好好招待后，便催他去背田，那汉子说闲上三天力气才会大。第四天清晨，那汉子既不要招待，也不讲价钱，只要了蓑衣、皮条、背板等背田用具，之后来到岭岗上的一丘田里，那汉子披好蓑衣，把皮条沿着田边绕了一圈，然后往田埂下一蹲，叫刘二爷把田端到他背上。刘二爷自知上当，气昏了过去，等他醒来，那汉子已不知去向。

佚名讲述，潘广发搜集、整理。收入《楚雄市民间文学集成资料》，32开，3页，1300余字，楚雄市民委、文化局1988年编印。（李福云　朱琚元）

一匹神马

彝族机智人物故事。流传于云南省楚雄市彝族地区。讲述的是：从前，有个佃户几年都交不清租子，被逼到财主家当帮工，受尽黑心财主的虐待和折磨，于是，他想出了一个好办法来整治财主。他恳求全村每家赞助他一个螺旋银子，买了一匹马和一套新衣服。一天早上，他不给马吃料喂草，而是拿两个螺旋银子塞进马屁股里，然后牵着马去找财主，对财主说那匹马是财神老爷赐给他的神马，它不屙屎，每天都屙几个螺旋银子。财主半信半疑，到了下午，这匹马果真屙出两个亮闪闪的银子来，财主惊呆了，就叫佃户把神马卖给他。佃户故意装作舍不得的样子说："既然你很想要，只好让给你，不要给银子，就给我粮食好了。"财主高兴极了，愿意出到十石谷子，并免去佃户欠的债来换马。财主换得神马后，立即喂它精饲料，并把马牵到堂屋里。神马翘起尾巴来时，财主忙弓下腰盯着马屁股，一泡稀屎喷到他脸上，他才知道是受骗了，立即叫帮工去找卖马的佃户，但找不到他了。

王开福讲述，者厚培记录。收入《楚雄市民间文学集成资料》，32开，3页，1600余字，楚雄市民委、文化局1988年编印。（李福云　朱琚元）

巧向财主借米

彝族机智人物故事。流传于云南省元江哈尼族彝族傣族自治县彝族地区。讲述的是：从前，龙马山彝家山寨有个外号叫小气鬼的财主，有一年的五黄六月间，村民们来向他借粮，他不借，而是把谷子拿到碓房里舂成米，准备高价出售。财主婆更是忙里忙外地什么也不顾，连自己刚满两岁的小儿子也放在碓房里交给舂米的人看管。寨子里有几个胆大的年轻人，为了救断炊的乡亲们，想了个借米的妙计。他们借口到碓房里帮忙，却把舂好的大米用口袋装起来，然后把财主家的小儿子放进碓窝里，舂碓的人不敢放下碓头，眼睁睁望着三个小伙子把舂好的三袋米扛走，只留下了一张写着"秋收时还米"的借条。财主及财主婆来到碓房，抱起小儿子，气得坐在地上干瞪眼。

杨福亮讲述，白玉龙记录、整理。16开，2页，500余字，稿存元江哈尼族彝族傣族自治县史志办。（宋自华）

巧惩恶差役

彝族机智人物故事。流传于云南省元江哈尼族彝族傣族自治县彝族地区。讲述的是：相传从前有个虎年，那年世道混乱，贪赃枉法的县官乱立名目，催粮纳税，还养着一批像大黑蜂一样的差役四处残害民众。有一次，两个差役到彝家山寨催粮催款。为了巧惩恶差役，有个彝家小伙子想出了一个办法，他对乡亲们说，河中有人闹鱼，河面上有很多死鱼，叫乡亲们快去捞鱼。乡亲们都跟着跑到了河边，差役也只好跟着到了河边。只见小伙子在河对岸的沙滩上东跑跑，西跑跑，好像在捡死鱼。两个差役一时眼红，也想到河对岸捡鱼，便叫小伙子把他俩背过河去。小伙子将他们背到河水最深的地方，旋涡将两个差役卷进了河水里。小伙子哈哈大笑："差役，你们就到河神那里去收粮税吧！"河岸上的彝民们个个笑弯了腰。

白佑三讲述，宋自华记录、整理。16开，3页，700余字，稿存元江哈尼族彝族傣族自治县史志办。（宋自华）

吃肉

彝族机智人物故事。流传于云南省新平彝族傣族自治县彝族地区。讲述的是：幺刀爸家里贫穷，别说吃肉，连炒菜抹锅底的油渣都没有。这天，幺刀爸干活回到家，从门缝里飘进一股浓浓的肉香味，他知道隔壁财主阿波家又煮肉了。于是，他站起来走进里间，在前几年装黄豆种子的竹筒里抓了一把，走出家门，大步走进财主家，堂屋里没有人，火塘上煨着一大罐肉。幺刀爸把手里的东西放进罐里，然后大声说："奶奶，你家又煮肉了，啧啧啧，我先尝一块。"财主婆闻声赶忙从里屋走出来，幺刀爸已经舀出一勺子肉汤来，肉汤里漂着像蛆一样的白白的小长虫，这是幺刀爸放进去的黄豆虫。幺刀爸故意惊讶地说："啊哟哟，咋个煮蛆吃！""莫喊叫，让你阿波听见就不好了，你快帮我端出去倒掉。"幺刀爸二话没说，赶忙端起回家，全家老小饱吃了一顿肉。

罗长匡、者家旺等讲述，云南民族学院汉语系峨山新平彝族民间文学调查小组搜集，浪智侃整理。收入《云南少数民族机智人物故事选》，32开，1页，400余字，中国民间文艺出版社1981年版。（阿南）

喝米酒

彝族机智人物故事。流传于云南新平彝族傣族自治县彝族地区。讲述的是：幺刀爸和一群给财主阿波家干活的穷苦人，来到幺刀爸家里歇凉喝水。大家七嘴八舌地议论哪天才会喝上一碗米酒。正巧，财主婆阿尼来喊幺刀爸，叫他去开一坛米酒，要招待财主阿波的朋友。幺刀爸让她先走，然后叫伙伴们帮忙，在屋里捉了一只耗子，用开水烫掉了毛。临出门时，对伙伴们说："你们要吃米酒，等着。"幺刀爸来到财主阿波家，开米酒坛时，将藏在袖子里的死耗子放进酒坛中，然后佯装慌张地说："奶奶，这坛酒坏了！"财主婆见死耗子，叫幺刀爸重新开一坛，将有死耗子的一坛酒端出去倒掉。于是，幺刀爸端着一坛米酒回到家里，笑着对大伙说："今天阿波开恩，大伙快吃米酒解渴吧！"大家都感到稀奇，财主阿波一向吝啬，今天怎么这样大方了？幺刀爸把事情的经过说了，大家乐呵呵地一边称赞幺刀爸有计谋，一边开怀畅饮米酒。

罗长匡、者家旺等讲述，云南民族学院汉语系峨山新平彝族民间文学调查小组搜集，浪智侃整理。收入《云南少数民族机智人物故事选》，32开，1页，400余字，中国民间文艺出版社1981年版。（阿南）

偷裤子

彝族机智人物故事。流传于云南省新平彝族傣族自治县彝族地区。讲述的是：财主阿波知道幺刀爸哄骗、捉弄自己的事后，又气又狼狈。一天早上，他怒气冲冲地来到幺刀爸家，一进门就破口大骂："幺刀爸，你胆敢哄骗你阿波！你不服我吃得好，穿得好，我屙泡屎在裤裆里头，你有真本事，把阿波的裤子偷了去！"说完，拍拍大摆裆裤走了。幺刀爸差点笑出声来，他还以为这是财主阿波的气话呢。财主阿波走到门口又转过身来，刚好看见幺刀爸的高兴模样，便气急败坏地大声说："你还笑，笑是哭的根根。我穿着的裤子你若拿得去，我反过来叫你阿波。要是拿不去，你就做我的长年帮工。"一天夜里，幺刀爸拿了一个红得要烂的柿子，悄悄地翻墙进入财主家，走进财主睡的房间里。不出幺刀爸所料，财主穿着裤子睡觉。当财主翻身时，幺刀爸就把柿子放在财主屁股底下。财主压烂柿子，迷迷糊糊的只觉得屁股上凉阴阴的，以为自己在睡梦中屙了屎。他睡意正浓，就脱下裤子朝铺底下一扔，又呼呼睡起来。幺刀爸提起财主的裤子出了门。第二天，这件事在人们中间一下子风传开来，伙伴们见了幺刀爸，都哈哈大笑，喊他"阿波"。

罗长匡、者家旺等讲述，云南民族学院汉语系峨山新平彝族民间文学调查小组搜集，浪智侃整理。收入《云南少数民族机智人物故事选》，32开，1页，500余字，中国民间文艺出版社1981年版。（阿南）

对付主子

彝族机智人物故事。流传于四川省凉山彝族自治州彝族地区。讲述的是：娃子错尔木呷聪明能干，奴隶主每次出门办差事，都要带他一路去。因为外出又苦又累，错尔木呷很不愿意去，便想方设法逃避这个差事。一次他陪奴隶主去一家黑彝家做客，主人杀猪杀羊款待，但给奴隶吃的肉非常少，错尔木呷心里非常气愤。当主人给奴隶主送来一大碗好肉时，错尔木呷接过来就吃了。主人指责他，他反说主人没提早告诉他，要主人另端一碗肉给奴隶主吃。从此，奴隶主认为错尔木呷有意使他难堪，再也不让他跟随出门当差了。又一次，奴隶主出门时，叫错尔木呷备马，他故意把马臀套套在马颈上。奴隶主骂他，他说他自来是使牛的，不懂得套马的方法。从此，奴隶主再也不叫他备马了。

佚名讲述，萧崇素搜集、整理。收入《彝族民间故事选》，32开，2页，1300余字，上海文艺出版社1981年版。（阿南）

出征

彝族机智人物故事。流传于四川省凉山彝族自治州彝族地区。一次，奴隶主带着奴隶们去远处打冤家。错尔木呷不愿替奴隶主打仗，就故意把奴隶主拿给他的一支长矛弄断了。奴隶主只好叫他背干粮糌粑。他把羊皮口袋里的干粮倒了，说是羊皮口袋漏了，只好再回去背干粮。走到奴隶主管辖的地界，他放火烧了一间房子，然后转回去告诉奴隶主，对方已打到本地界了，奴隶主立即下令撤兵回去，从而使奴隶们免受了一场战争的灾难。

佚名讲述，萧崇素搜集、整理。收入《彝族民间故事选》，32开，1页，600余字，上海文艺出版社1981年版。（阿南）

向奴隶主讨债

彝族机智人物故事。流传于四川省凉山彝族自治州彝族地区。讲述的是：错尔木呷做了安家的娃子以后，成天苦吃苦做，存了一点钱，被奴隶主知道后，强行向他借了去。但借了很久，一直赖着不还。奴隶主仗着他有钱有势，常常向他管辖的曲诺（百姓）和安家娃子强行借钱，名义上叫作借，实际上不还，大家都把它叫作“奇怪的债务”。木呷辛苦积蓄的钱被奴隶主夺去了，心中气愤不平。不久，坝子里流行热病，错尔木呷心想：收债的好机会到了。他拄着一根拐棍，装作病重的样子，弯着腰走到奴隶主门前喊道：“主家，请你们把借我的铜钱还我，让我拿去办丧事吧！我害了热病，不得活了。你今天不还我，我只好走进你的家，死在你家里了。反正我死了有人料理就行了，就让你们来料理我吧！”奴隶主全家都害怕了，急忙叫人挡着他，并立刻拿钱出来还他。木呷收到了债，离开奴隶主家就丢掉拐棍，伸直腰，走到别的安家娃子和曲诺家中，告诉他们向奴隶主收债的办法。奴隶主害怕热病，生怕大家进门讨债，也顾不得心疼钱，只好把众人的钱都还了。

佚名讲述，萧崇素搜集、整理。收入《彝族民间故事选》，32开，1页，600余字，上海文艺出版社1981年版。（阿南）

水换酒

彝族机智人物故事。流传于四川省凉山彝族自治州彝族地区。讲述的是：有一次，奴隶主家里死了人做丧。错尔木呷用大桶装了一桶水，又用小罐装了一罐酒，然后背着到奴隶主家奔丧去。他说：“死去的主子活着时是最爱喝酒的，我给他背了一桶酒来，都请他喝了吧！”说着，就把水背到火葬地去，要把它倒在那里。众人听说是酒，觉得可惜，都来劝他不要倒。他说：“主子爱喝酒，我怎能不倒呢？不倒，我心里多难受啊！”众人劝不住，他终于倒了。众人十分惋惜，他说：“没啥！我这里还有。”说完，就用罐里的酒来请大家喝。奴隶主家见他这样慷慨，怕客人们笑自己家吝啬，只好捧出好些酒菜来请大家吃喝。他和众人都吃饱喝醉了才回去。但只有他心里明白，这一顿酒菜，都是他那一桶白水换来的。要不然，奴隶主家里的酒菜，穷曲诺和娃子们是很难吃到的。

佚名讲述，萧崇素搜集、整理。收入《彝族民间故事选》，32开，1页，600余字，上海文艺出版社1981年版。（阿南）

鸡油擦枪不摊银

彝族机智人物故事。流传于四川省喜德县彝族地区。讲述的是：有一年，色坡罗洪则惹买了一支枪，他逢人便说：“我买这支枪是为了抵御仇家的侵犯，对大家都有好处。所以，买枪所花费的银子要由大家来分摊。”同时，他还经常拿着枪在奴隶们面前炫耀。查尔木呷早已明白罗洪则惹买这支枪的目的是为了镇压奴隶。为了不让罗洪则惹把买枪的钱分摊在奴隶们身上，他想好了一个对付的办法。一天，他兴致勃勃地走到罗洪则惹家，装出非常关心的样子说：“色坡，听说枪不擦油就会生锈，一旦生了锈，枪栓就拉不开，枪也就没有用处了。”罗洪则惹急着问：“要到哪里去弄擦枪的油呢？”“鸡油就行。”查尔木呷紧接着说。罗洪则惹一听此话，立即叫人捉来一只鸡，准备杀鸡取油。查尔木呷连忙说：“这事岂用你亲自动手，还是让我来宰鸡吧！”谁知，查尔木呷捉鸡在手，举起手中的刀说道：“谁如果让我们分摊买枪的银子，就得像这只鸡一样死。”说完用刀背猛击鸡头。用刀背击鸡头，叫作打鸡，是一种非常严重的诅咒。罗洪则惹惧怕神罚，不再提分摊买枪的银子了。

佚名讲述，吉吾作曲收集、整理，白芝翻译。收入《中国民间故事三套集成四川喜德卷·凉山彝族民间故事选》，32开，1页，600余字，四川民族出版社1990年版。（阿南）

利息酒

彝族机智人物故事。流传于四川省喜德县彝族地区。讲述的是：有一年，罗洪则惹派查尔木呷去收缴高利贷和地租。谁知查尔木呷却只叫那些欠债、欠租的人各出很少一点粮食，并把它煮成酒背到罗洪家。罗洪则惹以为这是查尔木呷对他的尊敬，就吩咐人宰了头猪款待查尔木呷。后来，有一天，罗洪则惹问查尔木呷：“叫你催收的租子和利息银子为什么还不缴来？”查尔木呷假装诧异地说：“色坡啊，我不是已经把收缴到的粮食都给你煮成酒背来了吗？你不是已经亲口喝下肚子里去了么？”罗洪则惹一听，直气得无话可说。

佚名讲述，吉吾作曲收集、整理，白芝翻译。收入《中国民间故事三套集成四川喜德卷·凉山彝族民间故事选》，32开，1页，600余字，四川民族出版社1990年版。（阿南）

母羊变公羊

彝族机智人物故事。流传于四川省喜德县彝族地区。讲述的是：有一年，奴隶主罗洪则惹嫁女。按照习俗惯例，罗洪则惹所辖区域的奴隶，每户都要出一只母羊以示庆贺。他把这件差事派给能说会道的查尔木呷去催办。查尔木呷想教训罗洪则惹，于是想出了一个绝妙的办法。他每到一个寨子，就通知大家说：“色坡说了，每家送礼都要出一只小公羊。”奴隶们都拉了一只小公羊交给查尔木呷。按照彝族的习俗，区别公羊、母羊是在剪羊毛时把母羊的羊毛全部剪光，公羊则要在尾部留下一块羊毛。为了愚弄罗洪则惹，查尔木呷把大家交来的公羊身上留下的那一块羊毛全都剪了，才把羊群赶回罗洪家。罗洪则惹看到查尔木呷为他赶回来这么多的母羊，高兴极了。他对大家说道：“孩子们，我今天添财进喜，心里高兴，快把那只羊角长得和羊耳朵一样齐的小母羊宰来吃。”几个奴隶立即按照他的吩咐，去捉住了那只羊。谁知一看才知道不对头，立即报告说：“色坡啊，这是只公羊。”罗洪则惹一听，不高兴了，马上又说：“那就另外捉一只小母羊来宰。”奴隶们七手八脚地在羊群中挑来选去，都没有罗洪则惹所要的母羊，急忙说：“色坡啊，我们把赶回来的羊都选完了，全是公羊，没有一只是母羊。”

佚名讲述，吉吾作曲收集、整理，白芝翻译。收入《中国民间故事三套集成四川喜德卷·凉山彝族民间故事选》，32开，1页，600余字，四川民族出版社1990年版。（阿南）

随机应变

彝族机智人物故事。流传于四川省喜德县彝族地区。讲述的是：有一次，奴隶主罗洪则惹的一个叔伯兄弟杀死了另一家奴隶主洛木所尔家的一个奴隶，洛木所尔决心要狠狠地报复罗洪家。有一天，查尔木呷赶场回家经过洛木所尔所管辖的地盘时，被洛木所尔的人截住了。洛木所尔一见到查尔木呷，高兴地说：“野鸡飞进家鸡的窝，这是飞来的财喜。”接着又说：“你色坡的人杀死了我家一个奴隶，你知道吗？”查尔木呷明白了洛木所尔的用意，知道自己如果被当作人质扣留下来，后果将不堪设想。他面带笑容地对洛木所尔说："这件事我怎么会不知道呢，今天是色坡专门叫我来传话的，他说他和他叔伯兄弟各是一家，很少往来，不仅不会去帮兄弟的忙，明天他还要赶着牛羊来祭奠死者，向你赔礼道歉呢。"洛木所尔一听，信以为真，心想：既然他罗洪家有此诚意，还是友好地招待他派来的使者吧！于是，他叫人杀了一只羊招待查尔木呷。查尔木呷心里暗暗高兴。他吃过羊肉立即起身告辞。当他走到对面山岗上时，这才回转头来对洛木所尔家的人大声地说道："你们应当明白，我查尔木呷从来都是随机应变的人。"洛木所尔家才知道自己受骗了。

佚名讲述，吉吾作曲收集、整理，白芝翻译，收入《中国民间故事三套集成四川喜德卷·凉山彝族民间故事选》，32开，1页，600余字，四川民族出版社1990年版。（阿南）

借马

彝族机智人物故事。流传于四川省喜德县彝族地区。讲述的是：查尔木呷的名气一天一天地大起来了，有人说他很机智，有人说他很会骗人。这件事被独霸一方的土皇帝邓家阿呷知道了，他决心要试一试查尔木呷到底有多大本事。有一天，查尔木呷去赶场，邓家阿呷在街上看见了他，就叫住他说："查尔木呷，我听说你很会骗人，今天你就骗我一次吧！"查尔木呷面对这个土皇帝并不畏惧，说道："阿波，你又不早点说，我今天没有带骗人的道具。这样吧，过两天等我带上骗人的道具再来你家骗你吧！"说完之后立即就要走。邓家阿呷见他想走，马上一把拉住他说："不行，我倒要看看你有多大的能耐，今天你非得骗我一次，你说骗人的道具没有带来，我可以借匹马给你骑着去取。"查尔木呷便骑着"借来"的马回家去了。邓家阿呷等了几天都不见查尔木呷来骗他，心里非常生气。有一天他又在街上碰到了查尔木呷，就一把抓住查尔木呷不放，并大声质问说："你为什么不来骗我？"查尔木呷哈哈大笑，说："我已经骗过你了，现在还你马吧。"邓家阿呷这才恍然大悟。

佚名讲述，吉吾作曲收集、整理，白芝翻译。收入《中国民间故事三套集成四川喜德卷·凉山彝族民间故事选》，32开，1页，600余字，四川民族出版社1990年版。（阿南）

捉鱼

彝族机智人物故事。流传于四川省喜德县彝族地区。讲述的是：有一次，查尔木呷去赶场，当走到一个山路口时，忽然被一个正在耕地的人叫住："木呷，听说你很会骗人，今天你就在这里骗我一次吧！"查尔木呷随机应变地说："骗你，你没有看见我正在急急忙忙地赶路吗？今天河里涨洪水，大鱼、小鱼都被洪水冲到岸边来了，我正忙着去捉鱼呢，哪有工夫来骗你呀。"查尔木呷一边说，一边就小跑起来，并且还边跑边挽裤脚，犹如真的去捉鱼一样。那人相信了，慌忙卸去耕牛也跟着查尔木呷朝河边跑去。当他快到河边时，才看清没有涨洪水，这才恍然大悟，知道自己受骗了。

佚名讲述，吉吾作曲收集、整理，白芝翻译，收入《中国民间故事三套集成四川喜德卷·凉山彝族民间故事选》，32开，1页，600余字，四川民族出版社1990年版。（阿南）

痢疾换银子

彝族机智人物故事。流传于四川省喜德县彝族地区。讲述的是：一场玩笑使色坡（奴隶主）赌输了一锭银子，心里很不是滋味，他想赖着不给。查尔木呷看出了色坡的企图，于是他想出了对付的办法，决心要让色坡乖乖地把银子送来。几天以后，查尔木呷走到色坡家对面的小山包上，大声地说道："色坡呀，你还欠我一锭银子，我等着急用。但我身患痢疾，不方便到你家来，你给我送过来吧！"说完之后，便假装提着裤了东蹲一下，西蹲一下，很像在拉痢疾。起初，色坡还有些不相信他害痢疾，又舍不得还银子，就采取不理睬的态度。查尔木呷等着不耐烦了，就大声说道："如果再不送银子来，我就到你家里来了。"边说边提着裤子往前走，这一下色坡慌了。他心想，这查尔木呷是什么事都干得出来的，要是他真患痢疾，到我家来，全家人都要遭传染，还是忍一忍，把银子给他吧。于是，他连忙派人把一锭银子给查尔木呷送去了。

佚名讲述，吉吾作曲收集、整理，白芝翻译。收入《中国民间故事三套集成四川喜德卷·凉山彝族民间故事选》，32开，1页，600余字，四川民族出版社1990年版。（阿南）

打赌

彝族机智人物故事。流传于四川省喜德县彝族地区。讲述的是：有一天，查尔木呷跟随色坡外出，当路过一块地边时，他们看到一对夫妇正在耕地。色坡对查尔木呷说："如果你能让他们立即动手打架，又立即住手，我愿意送一锭银子给你。"色坡和查尔木呷打赌。"真的吗？"查尔木呷不相信地问。色坡说："当然是真的，我说话从来都算数。"于是，查尔木呷走到地边一株树下，对着那位妇女说："喂，那位妹妹，请你到我这里来一下。"那个妇女看了丈夫一眼，丈夫点头同意后，她就向查尔木呷走去。查尔木呷立即对着妇女叽里咕噜地说了一通，那妇女一句话也没有听清楚，只得弯下腰来靠近查尔木呷想听个明白。但查尔木呷仍然只是重复着"叽里咕噜"这么一句，其余什么也不说。妇女知道自己上当了，气得满脸通红地走回地里去。她丈夫看见她红着脸回来，非常怀疑，立即问道："他对你说了些什么？"妻子答道："什么也没说。"丈夫不相信。妻子说："那是个疯子，说来说去就只是'叽里咕噜'这么一句。"丈夫哪里肯信，正要进一步盘问，只听得查尔木呷吹了一声尖利的口哨，背对着他们说："属猴那天，不要失约啊！"查尔木呷这一连串的举动，使那个丈夫气得举起拳头就向妻子打去，边打边骂道："你这个贱骨头，还说他没有说什么，属猴那天不要失约，又是什么意思？"妻子蒙受不白之冤反而招打，哪里肯服气，也就和丈夫抓扯起来。查尔木呷看到他们夫妻真的打起来了，连忙对他二人大声地说道："喂，你们夫妻听清楚，我查尔木呷从来就是喜欢开玩笑的。"那丈夫一听，原来是查尔木呷，才知道自己上当了。

佚名讲述，吉吾作曲收集、整理，白芝翻译。收入《中国民间故事三套集成四川喜德卷·凉山彝族民间故事选》，32开，2页，1300余字，四川民族出版社1990年版。（阿南）

同甘共苦

彝族机智人物故事。流传于四川省凉山彝族自治州彝族地区。讲述的是：色坡家虽然有成群的牛羊，可他是个吝啬鬼。一年四季，每天都是天黑以后他才叫娃子们收工。吃饭时，他连松明火把也舍不得点，让娃子们摸黑吃。色坡不点火把吃饭还有另一个主意，为了表示自己和娃子们"同甘共苦"。色坡是不是和娃子们"同甘共苦"，娃子们心里都清楚。每晚吃饭的时候，娃子们面前摆的是掺有野蒿的苦荞粑和肥猪菜，色坡面前摆的是清香的米饭和肉。一天晚上，吃饭的时候天特别黑。查尔木呷和伙伴克惹俩偷偷把勺子伸到色坡面前去把他的猪肉捞来吃。色坡发觉了，正要问谁捞了他的猪肉，刚张开嘴，突然一把肥猪菜凑过来，苦得他眼泪直流，骂道："谁把我的猪肉捞吃了，还把一口肥猪菜塞进我的嘴里？"查尔木呷回答说："色坡大人莫生气，因为天太黑了，我捞错了。"克惹也接着说："色坡大人，天太黑看不见，我舀口肥猪菜吃，谁知把你的嘴巴当我的嘴巴了。"查尔木呷趁机"啪"地给色坡一耳光，色坡被打得脸上青一块紫一块，他连忙用手捂着头喊道："怎么乱打到我头上来了？"查尔木呷停住手说："色坡大人，是打了你吗？真对不起，这个鬼天也太黑了，我是在打克惹。”从那以后，晚上吃饭时色坡才给娃子们点松明火把照明。

邓明华讲述，利布搜集、整理。收入《凉山彝族机智人物故事选》，32开，2页，800余字，四川民族出版社2002年版。（刘艳芳）

宝碓窝

彝族机智人物故事。流传于四川省凉山彝族自治州彝族地区。讲述的是：吝啬的色坡被查尔木呷用旧毛毡骗走了他的银子后，决心找查尔木呷把银子和荞面要回来。所以，查尔木呷才回家就吩咐妻子特意找个碓窝来，把它烧得红红的，然后放在没有生火的地方。一切安排好后，自己便坐在门口捉虱子。一会儿，色坡果真骑着马跑来了。他一看到木呷，就气势汹汹地说：“你这天打雷劈的，我上了你的当，我不要你的破毛毡，快把我的银子和荞子还来！”木呷满不在乎地说：“色坡大人别生气，你不愿换，我还你就是。你走了这么远的路，先吃点东西填填肚子再说吧！”说完，丢了块猪油在原先烧红的那个碓窝里，然后再打几个鸡蛋在里面，一会儿，鸡蛋便煮熟了。色坡看见这口碓窝没有烧火就能把鸡蛋煮熟，疑惑地问：“你这是什么碓窝？”木呷说：“这是我家的传家宝，不用烧火就可以把饭和肉煮熟。”色坡贪婪地说：“我用毛毡换你的这口碓窝行不行？”“那咋个行，祖传的东西是不能随便给人的。”色坡威胁说：“如果不换，我就把你捆起来丢进安宁河里！”吃过香喷喷的鸡蛋后，色坡就把那口碓窝放在马背上驮走了。到家后，色坡忙叫妻子去通知亲家来，他要用这个神碓窝做顿美味给他们吃。亲家们被喊来了，色坡叫妻子把猪肉放入里面煮起来。可是，等了大半天，碓窝里一点水泡都没冒。色坡气得把碓窝摔在地上。

阿支尔且讲述，利布搜集、整理。收入《凉山彝族机智人物故事选》，32开，2页，800余字，四川民族出版社2002年版。（刘艳芳）

各吃各的

彝族机智人物故事。流传于四川省冕宁县彝族地区。讲述的是：查尔木呷所在的那家色坡的老婆，平时对娃子们很苛刻。她自己手不沾农活却有好吃的好穿的，拿给娃子们吃的却全是荞壳掺洋芋或野菜粑粑，根本没把娃子们当人看。有一次，色坡家宰羊吃。吃饭时，有个被喊来帮忙的娃子盯了几眼色嫫吃饭，就招来了色嫫的一顿臭骂：“看啥子嘛！主子吃主子的，娃子吃娃子的！”查尔木呷在侧边吃了后，没有开腔。第二天，查尔木呷特意跑到山上打了只麂子，扛回来与朋友们一起吃。色嫫听说查尔木呷打了只麂子回来，也想来吃一坨新鲜的野味，便嬉皮笑脸地过来问查尔木呷：“你们吃的啥子？”查尔木呷想起那天色嫫骂人的话，便说：“尊敬的色嫫，你不是常跟我们说‘主子吃主子的，娃子吃娃子的’，你看我们吃岂不是乱了规矩？”色嫫听后红着脸走了。

勒机杂莫讲述，利布搜集、整理。收入《凉山彝族机智人物故事选》，32开，1页，500余字，四川民族出版社2002年版。（刘艳芳）

薅荞子

彝族机智人物故事。流传于四川省凉山彝族自治州彝族地区。讲述的是：有一次，色坡安排查尔木呷去薅荞子地里的草。木呷没有说啥条件就走了，他到了荞地后，动手把荞秆扯来甩了，有意把那些野草和蒿枝留着。他把整块地的荞子扯完后，就早早地收工回来了。色坡疑惑地问：“那么大的荞子地，你薅完了吗？”木呷啥也没说只是点头。色坡坐不住了，赶紧骑着马去看，一看就傻眼了，整块地上的荞子全被扯光了，只剩下些野草和蒿枝。色坡回来后，十分气愤地骂道：“天打雷轰的查尔木呷，你为啥把我的荞秆全部扯掉，只留下野草和蒿枝？”查尔木呷故作惊讶地回答道：“尊敬的色坡，你怎么就生气了呢，我这完全是为你着想的，现在不留点野草和蒿枝，以后你到哪里去找野草和蒿枝来掺粑粑给我们吃呢？”木呷把色坡问得哑口无言。经过这件事以后，色坡再也不敢用野草来掺粑粑给娃子们吃了。

拉马所布讲述，利布搜集、整理。收入《凉山彝族机智人物故事选》，32开，1页，500余字，四川民族出版社2002年版。（刘艳芳）

想吃鸡骨髓

彝族机智人物故事。流传于四川省凉山彝族自治州彝族地区。讲述的是：查尔木呷的色坡经常假惺惺地对娃子们说：“只要你们干完我指定的活路，有空就挖点地，种点东西，喂点猪、鸡、鸭，所得的收入，都归你们自己所有。”实际上，色坡是想通过这种欺骗的手段来让奴隶们多劳动，然后想方设法把奴隶们创造的财富占为己有。一天，查尔木呷的一个表兄和木呷一起聊天，表兄说：“这辈子，哪个能让我吃上个有簸箕那么大的一块糌粑，我宁愿把家里所有的东西都送给他！”恰好这话被贪心的色坡听到了。色坡心想：天助我也，我硬要做个有簸箕那么大的一块糌粑给他，他如吃不完，我就借此机会拿下他的一切财产。色坡便从家里做了个有簸箕大的一块糌粑来给木呷的表兄吃。木呷的表兄哪里吃得下，色坡就轻而易举地拿走了木呷表兄的所有财产。后来，查尔木呷想了个办法，对色坡说：“色坡大人，我活了这么久，猪肉羊肉牛肉都吃腻了，就是鸡骨髓从来没有吃腻过！”色坡认为又有个送财的来了，立即吩咐家里的人宰了几十只鸡，专门打鸡骨髓来给木呷吃。结果，那几十只鸡的骨髓打下来，连只勺子都装不满。查尔木呷一口就把它吃了。从此，这个贪心的色坡再也不敢出坏主意来强占奴隶们的东西了。

勒机杂莫讲述，利布搜集、整理。收入《凉山彝族机智人物故事选》，32开，2页，800余字，四川民族出版社2002年版。（刘艳芳）

给老板打工

彝族机智人物故事。流传于四川省冕宁县彝族地区。讲述的是：查尔木呷被色坡撵走以后，就去跟一个烟商老板打工。这个烟商是专做叶子烟生意的，他在烟叶里掺了许多树叶子，还吹嘘自己的烟叶抽起来爽口、不辣，如此赚了不少钱。查尔木呷很讨厌烟商的这种奸诈行为，所以每当烟商夸他的烟叶如何好时，查尔木呷就在旁边说：“这东西我只用五分钱就能买到，它根本值不了这么多钱。”这样一来，烟商的东西就没人买了。烟商很生气，对他说：“如果你再多嘴，我就把你赶走。”查尔木呷不去理他，照样在烟商吹嘘自己的东西时，在旁边给他揭短。烟商气得直跺脚，决定把他辞退了。查尔木呷说：“给我一次机会，保证不再说话。”烟商就对他说：“从现在起，不许你再多嘴，即使看到我的牛羊被狼吃了，也不允许多嘴，如果你多嘴多舌的话，我就用针把你的嘴唇给缝起来！”三天后，他俩结伴外出做生意，烟商很得意地骑着马走在前头，查尔木呷光着脚紧跟其后负责看管一匹驮着洋布的马。在半路上，他趁烟商不注意就悄悄地把洋布送给了路边的那些穷人，然后把马放了。他俩在过安宁河时，烟商发现驮洋布的马不见了，气得他捶着胸脯怒吼道：“查尔木呷，马到哪里去了？”查尔木呷说：“刚才过河时，被水冲走了。”烟商气坏了，怒骂道：“那你为什么不给我说？”“你不是再三给我打过招呼，无论遇到什么事都不准我再开腔吗？”烟商无言以对。

沙马尔坡讲述，利布搜集、整理，收入《凉山彝族机智人物故事选》，32开，2页，800余字，四川民族出版社2002年版。（刘艳芳）

“葡萄病”使毕摩经典失灵

彝族机智人物故事。流传于四川省喜德县彝族地区。讲述的是：查尔木呷的父母和其他彝族人一样，都非常相信鬼神，一旦生疮害病，都要请苏尼、毕摩来请神送鬼，念经消灾。查尔木呷经过长期地观察，发现苏尼、毕摩的巫术和神法都是骗人的，就规劝父母不要相信那些邪术。但母亲不听劝告，查尔木呷想好了一个绝妙的办法，决心要让苏尼、毕摩当场出丑。于是，他到山上吃了许多山葡萄。傍晚回到家里后，他假装肚子痛，双手按着肚子在地上打滚，一边滚一边呕吐。他妈妈走来一看，只见儿子疼得在地上来回打滚，遍地都是鲜红的呕吐物。她大惊失色，以为儿子鬼魂缠身口吐鲜血，连忙跑去请毕摩来念经送鬼。毕摩装模作样地坐在火塘边，手捧经书，口中念念有词地吟诵一遍之后，说道："你儿子得罪了山中鬼怪。祈禳的时候得用一头猪来祭祀，才能逢凶化吉。"妈妈马上牵出一头猪来杀了驱鬼。当锅里的猪肉和荞粑煮熟时，毕摩仍然在吟诵经书。这时，妈妈蹲在儿子身边问道："木呷，你好过些了吗？"查尔木呷听妈妈这样一问，禁不住睡在地上咯咯地笑了起来，说道："我根本就没有病嘛，只不过多吃了些山葡萄。"父母一听，都发怒了，大声骂道："你为什么要骗我们？"木呷回答说："我早就说过毕摩、苏尼是骗人的。你们今天总该相信了吧？"父母被问得无言对答。面对这个不信鬼的查尔木呷，毕摩只得拿起经书灰溜溜地走了。

佚名讲述，吉吾作曲收集、整理，白芝翻译。收入《中国民间故事三套集成四川喜德卷·凉山彝族民间故事选》，32开，2页，1300余字，四川民族出版社1990年版。（阿南）

阿果斗智

彝族机智人物故事。流传于四川省凉山彝族自治州彝族地区。讲述的是：一个黑彝家的娃子，名叫切别阿果，不但能巧妙对付主人的欺负，还能想出办法整治主人。一次，主人要将他带到昭觉去卖掉。走到半路，阿果悄悄松开了马缰的结子，把马放跑了，主人不得不停下来和阿果一同去寻找马，从而延误了去昭觉卖奴隶的日期。晚上，他和主人到亲戚家去住宿，亲戚杀鸡来招待阿果主仆俩。吃饭的时候，阿果给自己盛了一碗鸡肉，却给主人盛鸡爪和鸡翅。主人忍不住生气，阿果又说主人不喜欢吃鸡肉，就拿过鸡翅、鸡爪自己独吃了。主人设计害他，便在一匹烈马的鞍子上涂上毒药，再让阿果去驯马。阿果没有提防，果然中毒了。他临死前对阿妈说："我死后，你们要假装我没有死，并把我尸体放在火塘边，像活人一样坐着。"他母亲照办了。结果主人派管家来看阿果是否被毒死，却见他没有死，还"活生生"地坐在火塘边，主人便以为马鞍垫子上涂的毒药失灵了，随手拿垫子闻闻有没有毒气，一闻，也中毒死了。

佚名讲述，冯元蔚、方赫整理。收入《彝族民间故事选》，32开，9页，6000余字，上海文艺出版社1981年。（阿南）

阿果牵马

彝族机智人物故事。流传于四川省喜德县彝族地区。讲述的是：从前，一个名叫克惹阿果的人，在一个奴隶主家当娃子。有一次，他跟随主人到别人家里做客。这家人宰了一只绵羊招待他主人。按照规矩，他不能和主人坐在一起吃饭。因此，那家主人就给他俩各添了一份饭菜。当饭菜端来时，阿果发现他主人的那一份要丰盛得多，他自己的那一份少得可怜，心里很不高兴。于是顺手把自己的一份递给主人，把主人的那一份留给了自己。主人虽然也发现了，但为了顾全体面，怕别人说他贪馋好吃，只得不声不响地接了过来。又一次，主人叫阿果备马。阿果有意把马鞍前后颠倒地备到马背上。主人发现后，大发脾气地骂他。他却说："我只会给牛驾犁，不会备马。"从此以后，主人只得自己动手，不要阿果备马了。又有一次，主人叫阿果把放牧在外面的马牵回来，阿果把马牵到路上，那马挣脱笼头跑了。阿果不去追马，只是拉着马笼头回到家里，还煞有介事地把缰绳拴到木桩上，这才回过头来故作吃惊地说："噫！马呢？"从此以后，主人不再差遣阿果牵马了。

佚名讲述，吉吾作曲收集、整理，白芝翻译。收入《中国民间故事三套集成四川喜德卷·凉山彝族民间故事选》，32开，1页，500余字，四川民族出版社1990年版。（阿南）

捡鱼

彝族机智人物故事。流传于四川省凉山彝族自治州彝族地区。讲述的是：母尔俄吾惹经常帮色坡收租税，常常往返于布拖、普格两地。一天，他来到另一色坡管辖的地盘上。那个色坡早就听说母尔俄吾惹很会捉弄人的传闻。色坡看到母尔俄吾惹后，就对他说："听说你的骗术越来越高明了，你的色坡都被你捉弄过，今天你有本事把我骗一下，我就送一只羊给你。"母尔俄吾惹却一本正经地说："我今天没有时间骗你了，你看我不是正忙着到拉且河边去捡鱼吗？"色坡瞪大眼睛问："河水这么大，哪儿能捡得到鱼？"母尔俄吾惹说："你没有听说吗？拉且河昨天遇到垮山断流了，我们村上的人都跑去捡鱼了，我有事被耽误了这才赶来！"色坡越听越动心，听说有鱼捡后，叫母尔俄吾惹等一等，便风风火火地跟着母尔俄吾惹走了。到了拉且河边一看，拉且河跟往日一样奔流不息，根本没有断流，也没有人在捡鱼。色坡看到这些后，十分气愤地骂道："你个遭鹰叼的，尽说些谎话，害得我白跑一趟。"这时，母尔俄吾惹却不慌不忙地对色坡说："色坡大人，刚才你不是纠缠着我，让我非骗你一回不可吗，假如我不这样说，你能上当认输吗？"

保日讲述，利布搜集、整理。收入《凉山彝族机智人物故事选》，32开，1页，500余字，四川民族出版社2002年版。（刘艳芳）

租地种庄稼

彝族机智人物故事。流传于四川省布拖县彝族地区。讲述的是：母尔俄吾惹利用农闲时间，在一个荒坡上开了块地，与色坡家的土地接壤。母尔俄吾惹勤于耕种，这块地的收成相当好，色坡看到了就想霸占这块地。有一天，色坡骑着跑马来对母尔俄吾惹说，这儿的地是属于他的，不许母尔俄吾惹种他的地。母尔俄吾惹已猜出了色坡的心思，说："这块荒地已搁置久了，我以为色坡不要了。这样吧，我从你手里租种这块地三年，收成我俩对半分，你看行吗？"色坡听后说："行！"这样，母尔俄吾惹就成了租种色坡土地的佃农。在还没有播种之前，母尔俄吾惹跑去问色坡："色坡大人，你要粮食收成的头还是尾？"色坡毫不客气地说："当然是头。"这一年，母尔俄吾惹故意撒了些圆根，到了收割季节时，母尔俄吾惹把圆根的叶子割来送给色坡，圆根留着自己吃了。第二年春天，母尔俄吾惹又去问色坡："今年的粮食收成你准备要头还是要尾？"色坡心想去年上了他的当，便说要尾。母尔俄吾惹就撒了燕麦，收割时把燕麦穗都割了，把燕麦秆送给了色坡。第三年，母尔俄吾惹又跑去问色坡："今年的粮食收成你想要啥子？"色坡暗想，这次坚决不能再上当吃亏，便说："今年我头尾都要，就是不要中间！"母尔俄吾惹想了一下，这一年他改种了苞谷。到秋收后，母尔俄吾惹把中间的苞谷掰了，把苞谷秆秆的头尾都留给色坡。结果，让贪心的色坡什么便宜也没有占到。

阿尔蒙知讲述，利布搜集、整理。收入《凉山彝族机智人物故事选》，32开，2页，800余字，四川民族出版社2002年版。（刘艳芳）

聪明的哪哩

彝族机智人物故事。流传于贵州省威宁彝族回族苗族自治县和赫章县彝族地区。讲述的是：老虎躲在圈里找机会吃人，正巧哪哩去偷这家人的马，便把虎认为是马而骑上，老虎则认为自己被主人发现而拼命往外跑，跑了很远才回头看见是哪哩骑在自己的背上，于是气极了，要吃哪哩，哪哩施小计打死了老虎，又用野猫换得一贪财老头的大马。

罗春妹讲述，罗清玺记录、翻译。收入《中

国民间文学三套集成·贵州省毕节地区·赫章县卷·彝族》，32开，3页，2000余字，赫章县民间文学集成编委会1988年编印。（罗德显）

哪哩智取老虎

彝族机智人物故事。流传于贵州省大方、毕节、金沙等县彝族地区。讲述的是：哪哩和老虎一直是一对冤家对头，可遇事老虎只有去问聪明的哪哩。因此老虎处处被捉弄，哪哩用巧计收拾了吃人的老虎全家。

陈世方讲述，陈大进记录、翻译。收入《中国民间文学三套集成·贵州省毕节地区地直卷》，32开，5页，3000余字，毕节地区民间文学集成编委会1988年编印。（罗德显）

胡二百长智斗土目

彝族机智人物故事。流传于贵州省纳雍县彝族地区。讲述的是：沙土目在百姓受灾、颗粒无收的荒年，仍逼着佃户交租，聪明的胡二百长带着佃户教训沙老爷而惹来了官司，被罚在沙老爷家替佃户做苦活。之后胡二百长便处处捉弄沙老爷，才做上两个月，沙老爷自知不是他的对手而叫其走人。胡二百长才用两个月就为佃户门免去一年的租子，得到了百姓的称赞。

王吉顺讲述，王瑞尧记录、翻译。收入《中国民间文学三套集成·贵州省毕节地区·纳雍民间故事》，32开，5页，2000余字，纳雍县民间文学集成编委会1988年编印。（罗德显）

张三与财迷岳父

彝族机智人物故事。流传于贵州省赫章县彝族地区。故事由《骗裤子》《敬神仙》《宝马屙银子》《巧偷岳父家》等组成。讲述的是：财迷岳父看不起穷姑爷张三，张三又憎恨岳父，故处处捉弄岳父，先是用一条纸糊的裤子骗得岳父的一条新布裤，然后趁敬神仙的机会，用瘦马充当宝马去捉弄岳父，使财迷岳父聪明反被聪明误。因此岳父很是气愤，要张三在三天之内把他家的东西全偷走，若偷不走就要杀了张三。岳父和家丁两天两夜没合眼，而张三却没有来偷，只是在对面山上敲锣打鼓。第三晚上，岳父认为张三不敢来而吩咐大家休息，到半夜听到锣鼓声，起来看时东西已被偷光。

赵英荣讲述，李龙友记录、翻译。收入《中国民间文学三套集成·贵州省毕节地区·赫章县卷·彝族》，32开，8页，3800余字，赫章县民间文学集成编委会1988年编印。（罗德显）

那尼巧夺神鸡

彝族机智人物故事。流传于贵州省威宁彝族回族苗族自治县、赫章县等彝族地区。讲述的是：有一年干旱，人们有的出外逃荒，有的被饿死。有个孤寡老阿妈眼看就要被饿死了，这时有个白胡须老人送了一只神鸡给她，每天都下很多蛋，老阿妈把它视为自己的生命。老阿妈得神鸡的消息传到土目儿子的耳朵里，于是就带兵把神鸡抢走。那尼知道后设法进入土目家把神鸡夺回来还给老阿妈。从此，老阿妈的生活又有了保障，土目一家自知没有福气享受而气瞎了眼。

高义明讲述、翻译，张人弘、胡孟雄、龚宗文记录。载《南风》1980年第12期，16开，1页，1000余字，贵州省文联1980年编印。（罗德显）

智斗色坡

彝族机智人物故事。流传于四川省会理县彝族地区。讲述的是：盐边山坡上有个色坡，见到啥子就抢啥子，弄得人人都怕他。阿里阿红养了一匹建昌跑马，经常拴在路边上吃草。色坡看见了，很想弄到手。于是，色坡想了个坏主意，从家里面牵了条黄狗故意拴在离那马仅有一米远的地方。阿里阿红已猜出色坡的心思，说："尊敬的色坡，有话就直说，你把狗拴在那里，届时被马踢死了，不要怪我没有提醒啊！"色坡置之不理，吃过中午饭后，马真的把那狗踢死了，色坡就到阿土司府恶人先告状，说：“阿里阿红的马把我的撵山狗踢死了，这撵山狗一年要帮我捉回无数只獐麂，我要他用那马和十坨银子来赔我的狗。”阿土司以为是真的，马上叫手下人去喊阿里阿红来对质。阿里阿红想到斗不过色坡，便佯装着耳朵聋，一路上光是嘴里“阿来玛格嘟”地胡乱说。到了阿土司府，阿土司问阿里阿红，阿里阿红又是摇头说那句“阿来玛格嘟”。阿土司瞪了色坡一眼，说：“他是个哑巴。”“土司老爷，他不是聋哑人，我去拴狗时，他亲口对我说过话！他说，‘色坡大人，你把狗拴在那儿，届时被马踢死了，不要说我事先没有给你打过招呼啊！’”阿土司把惊堂木一拍，站起来指着色坡说：“嘀嘀！你的点子还不少嘛，想让马把狗踢死，你就借此把马占为己有。”色坡不但没得到马，还被关了三天。

田稼讲述，利布搜集、整理。收入《凉山彝族机智人物故事选》，32开，2页，1400余字，四川民族出版社2002年版。（刘艳芳）

打麂子

彝族机智人物故事。流传于四川省凉山彝族自治州彝族地区。讲述的是：一天，阿里阿红在砍柴的地方捡到一只坠崖而死的麂子。路上被色坡看见了。色坡说：“背到我家去！”色坡叫人端出酒来倒给阿里阿红喝。色坡说：“阿红，我好久没有吃过野味了。正好你今天弄来一只麂子给我解馋。”说得好听，没有那么好吃的！阿里阿红立刻想出捉弄色坡的办法来。他说砍柴的地方麂子成群，经常在山路边上找水喝，很容易捕捉，说得色坡动了心。第二天，色坡叫人给他准备了午饭，背上猎枪，一大早就在大门外等候阿里阿红。他俩翻过一座山，来到了一条沟边，又朝前钻了一片树林。色坡再也受不住了。阿里阿红见他走不动了，就说：“色坡大人，那我俩就在这山打猎吧，你就在这路上堵着打，我进山去撵。”阿里阿红走到对面山顶上，拉伸躺在那儿休息，碰巧看到在一棵树干上有只松鼠一会儿朝上跳，一会儿朝下梭，便有了主意，喊道：“色坡大人，麂子朝上跑去了！”接着又见那只松鼠跳下来，他又喊：“色坡大人，麂子又朝下跑去了！”色坡听说麂子朝上跑来了，就端着猎枪朝上跑；听说麂子朝下跑来了，就端着猎枪朝下跑。如此来来回回跑了半天，折腾得他腿肚子酸痛，累得他喘不过气来，忽然被一根树藤绊倒了，色坡从坡上滚了下来，幸好被一棵分叉的树给他挡住，可猎枪走了火。阿里阿红听见枪响后，从山顶上跑下来，见了色坡假装十分关心的样子问：“色坡，打着了没有？”色坡气得大骂：“打着个鬼，差点把我摔死了！”

海木呷讲述，骆元璋、利布搜集、整理。收入《凉山彝族机智人物故事选》，32开，3页，1800余字，四川民族出版社2002年版。（刘艳芳）

四 民间笑话

不是真正的朋友

彝族民间笑话。流传于四川省喜德县一带。讲述的是：从前，有一对朋友，从森林走过。森林里阴森恐怖，一个说："如果遇上了吃人的猛兽，我一定和你同生共死，全力拼搏。"另一个也说："如果真的遇上了吃人的猛兽，我也一定全力以赴地拼搏。"他俩走了不多远一段路，果然遇到了一只猛虎。最先说"同生共死的"那个朋友，吓得连忙爬到树上。另一个朋友太胖了爬不上树，只得倒在树下装死。他心想，老虎见我死了，可能不会再吃我了吧。老虎来到这人眼前，闻了闻，就离开了。后来，爬到树上的那个朋友问他道："老虎对着你的耳朵说了些什么话？"他说："老虎对我说，在危难的时候抛弃了你的人，不是真正的朋友。"

佚名讲述，吉吾作曲收集、整理，白芝翻译。收入《中国民间故事三套集成四川喜德卷·凉山彝族民间故事选》，32开，1页，300余字，四川民族出版社1990年版。（阿南）

听话

彝族民间笑话。流传于四川省喜德县一带。讲述的是：从前，有这样一个人，每当他的孩子有什么错时，他就使劲地打孩子们的耳刮子。有一天，他又这么打了。妻子对他说："你不要这样乱打，把孩子的耳朵打聋了怎么办呢？"他说："那么，我怎么才能把他们教好呢？"妻子说："你最好多讲点道理，再不然，你打他的屁股也行嘛！"他一听，诧异说："打屁股，屁股会听话吗？"

佚名讲述，吉国富收集、整理，白芝翻译。收入《中国民间故事三套集成四川喜德卷·凉山彝族民间故事选》，32开，1页，100余字，四川民族出版社1990年版。（阿南）

馋嘴人

彝族民间笑话。流传于四川省喜德县一带。讲述的是：从前，有一个馋嘴的人，直到临死之时，人们已给他穿上了寿服，他还不愿闭上眼睛，嘴里小声地说着："那块羊肉没有吃到口。"因为声音小，大儿子连忙把头挨近他，问道："父亲，你还有什么遗嘱吗？""孩子，没有什么遗嘱了，我总觉得我死不瞑目。""那是为什么呢？"儿子问。"前次我到你姑妈家去，她杀只阉羊招待我，最后那块羊肉我没有吃到口，至今都想不通。""那你当时为什么不赶快拿来吃呢？""我手里已经拿着一块。""那你为什么不把手里那块赶快喂嘴里呢？""我嘴里正嚼着一块。""那你赶快吞下肚去不就行了么？""当时喉咙里还有一块。"说到这里，他很是遗憾地咽了气。

佚名讲述，吉吾作曲收集、整理。收入《中国民间故事三套集成四川喜德卷·凉山彝族民间故事选》，32开，1页，300余字，四川民族出版社1990年版。（阿南）

我睡不着

彝族民间笑话。流传于四川省喜德县一带。讲述的是：从前有个男子汉，每到羊子上山踩粪的季节，他就住在蓬床里看守着羊群。为了防止小偷偷羊，他每天夜晚睡醒一觉以后，总是打着呵欠说："啊！啊！我睡不着。"几个小青年发现，他不是睡不着，而是睡着时雷都打不醒。于是商量好一个办法，在一个月明如昼的夜晚，把他连同蓬床一起，抬到了一个山沟里，然后就守在蓬床边看他怎样动作。果然在他睡醒以后，又伸开四只手脚，很响地打着呵欠说："啊！啊！我睡不着。"几个小青年忍不住哈哈大笑起来。他吓了一跳，连忙坐起身来一看，知道了是怎么回事。从此，他再也不打那种自欺欺人的呵欠了。

尔姑呷呷讲述，白芝收集、整理。收入《中国民间故事三套集成四川喜德卷·凉山彝族民间故事选》，32开，1页，300余字，四川民族出版社1990年版。（阿南）

糊涂虫与小偷

彝族民间笑话。流传于四川省喜德县一带。讲述的是：从前，有一对夫妇生有一个儿子。他们单家独户的居住在一个地方。丈夫很聪明，是个生意人，经常外出做买卖。妻子在家带小孩、做家务，但她不爱动脑筋，缺少心计，办事总是大大咧咧的。有一天，丈夫到外地做买卖去了，家中只剩下妻子和儿子。到了半夜，一个小偷悄悄地钻进了她的屋里准备偷东西。由于屋里漆黑一团，小偷感到无从下手，东摸西碰的响动把那女人从梦中惊醒。她以为是外出的丈夫回来了，也不问个青红皂白，就说："你回来了吗？饭就在小木柜上面，给你缝的新裤子就挂在你身后的墙上。你吃过饭就去和儿子一起睡吧！"小偷按照她的指点，不慌不忙地把新裤子取下来穿上。吃过饭就在小孩的身边躺下。待床上的女人响起鼾声后，就把孩子偷偷地抱去卖了。第二天，丈夫回到家里，看见妻子坐在门槛上捶胸顿足地号啕大哭，当他问明白了事情的原因后，气愤地大骂妻子是个糊涂虫。

佚名讲述，吉勒瓦莫收集、整理，白芝翻译。收入《中国民间故事三套集成四川喜德卷·凉山彝族民间故事选》，32开，1页，400余字，四川民族出版社1990年版。（阿南）

砍耳朵

彝族民间笑话。流传于四川省喜德县一带。讲述的是：从前有一个人站在路边砍柴，一个过路人看见他每砍一刀，那刀都从耳边擦过。过路的人觉得他这砍法不妥，但因为不相识，不便直言，便惊叹了一声说："哎呀！那汉子的柴刀老擦着耳朵砍出。"这一声惊叹本应引起这人的警觉。但这人一听，误认为过路人对他砍柴的刀法深表佩服。他把刀更靠近耳朵一些砍出去。谁知，他一刀砍去，把自己的耳朵砍去了半边。

佚名讲述，沙马尔铁收集、整理，白芝翻译。收入《中国民间故事三套集成四川喜德卷·凉山彝

族民间故事选》，32开，1页，200余字，四川民族出版社1990年版。（阿南）

不听话的豹子

彝族民间笑话。流传于四川省喜德县一带。讲述的是：从前有一个人，家中很穷，只喂养着一头母猪。当地的野兽很多，他既没有胆量像别人那样去猎捕野兽，也不动脑筋想个办法把母猪保护好，每天就守着那头母猪。有一天夜晚，一只豹子来到他家的门口，想扑食他养的这头母猪。他看见豹子后，对豹子说："你朝上走吧，上面人家有不少的牛马。"豹子站在那里，动也不动。他又对豹子说："你朝下走吧，下面那家有一大群绵羊。"豹子哪里也不去，等到半夜，乘他睡着时把他的母猪扑食了。他醒来，抱怨豹子道："真是一只不听话的豹子。"

佚名讲述，吉吾作曲收集、整理，白芝翻译。收入《中国民间故事三套集成四川喜德卷·凉山彝族民间故事选》，32开，1页，200余字，四川民族出版社1990年版。（阿南）

妈妈没有亲戚，母猪才有亲戚

彝族民间笑话。流传于四川省喜德县一带。讲述的是：从前，有一户非常贫穷的人家，家里只有母子二人。由于家境太穷，亲戚们都不愿跨进他家的门槛。后来母亲得病死了，儿子四处求告，也没有一个人前来帮忙。儿子没有办法了，但又不能不为母亲送葬。他家里只有一头母猪，这头母猪便是他家的唯一财产。儿子只得把母猪杀了为母亲送葬。当儿子把母猪捉来杀的时候，母猪大声地嘶叫。母猪一叫，证明有肉吃了，这才惊动了四邻，大伙跑来帮着杀猪送葬。当妈妈火葬后，儿子守在火葬场边哭道："妈妈呀妈妈，你是没有亲戚的，母猪才有亲戚啊！"儿子这么一哭，亲友们才惭愧地流下了泪。

佚名讲述，阿育史坡收集、整理，白芝翻译。收入《中国民间故事三套集成四川喜德卷·凉山彝族民间故事选》，32开，1页，200余字，四川民族出版社1990年版。（阿南）

勤俭

彝族民间笑话。流传于四川省喜德县一带。讲述的是：从前，有一对夫妇，他们商量着一定要勤俭持家，约定要互相监督。有一次，丈夫出门回来，妻子告诉他说："自从你出门以后，我是多么节约啊！"丈夫问："你是怎么节约的呢？"妻子说："我每天只煮三顿饭吃（当地只吃两顿）。吃剩的饭菜我都舍不得倒掉，第二顿又热来吃。"丈夫听了说："我在外面比你还要节约一些。"妻子问："你是怎么节约的呢？"丈夫说："我走路时，生怕把鞋子磨穿了造成浪费，花了几锭银子买了一匹马来骑。"

罗洪木姐讲述，吉吾作曲收集、整理，白芝翻译。收入《中国民间故事三套集成四川喜德卷·凉山彝族民间故事选》，32开，1页，200余字，四川民族出版社1990年版。（阿南）

积习难改

彝族民间笑话。流传于四川省喜德县一带。讲述的是：从前，有这样两个人，一个名叫布勿惹，他说的假话比羊毛还多；一个名叫作古惹，他像铁匠鼓风用的羊皮口袋，专门会吹。人们都不再相信他俩说的话了。他俩便互相商量说："今后谁都不要再瞎编乱吹了。"有一天，他俩又碰到一起，布勿惹说："我家有只羊皮鼓，只要用鼓槌一敲，即使相隔五六天的路程都能听到。"作古惹说："我家有条牛，站在山梁上伸出头去，能喝到邛海里的水。"布勿惹一听不高兴地说："我们已经说好不再瞎吹，你忘了吗？"作古惹说："没有忘，不过你家的鼓，怎么能相隔五六天路程都能听到呢？"

佚名讲述，吉吾五姐莫收集、整理，白芝翻译。收入《中国民间故事三套集成四川喜德卷·凉

山彝族民间故事选》，32开，1页，200余字，四川民族出版社1990年版。（阿南）

宴和盐

彝族民间笑话。流传于四川省喜德县一带。讲述的是：从前有这么一个人，他对什么事都不用心，成年了，连一般规矩习惯都不懂，懵懵懂懂地混日子。一天，他的一位长辈开导他说："今后，你到别人家里去，主人如果宴请你，你应该客气一番。"他没有弄懂宴请是什么意思，稀里糊涂地把"宴"当成了"盐"。次日，他到一户人家做客。主人杀了一只羊准备宴请他。他虽然眼见主人家在杀羊，要宴请他，仍然无动于衷地坐在那里和别人谈天，也没说什么客气话。等到羊肉煮熟了，主人家拿出盐来拌羊肉，他这才记起长辈说的遇到"盐"应该客气一番的话，立即起身抓住主人那只拿盐的手说："不必用盐请我了，我们相识以后还会常常往来，何必这么客气呢？"他这一举动，使所有在场的人感到惊奇。后来，人们才明白过来，他把"宴"和"盐"混为一谈了。于是有人开导他说："如果你真要客气，那么，当主人准备杀羊宴请你时，你就应该劝阻。至于盐这个东西，这是煮肉不可缺少的佐料，你就不必客气了。"当他弄清楚"宴"和"盐"不是一码事后，知道自己闹了笑话，越想越不是滋味，在夜深人静的时候不辞而别了。

佚名讲述，吉吾作曲收集、整理，白芝翻译。收入《中国民间故事三套集成四川喜德卷·凉山彝族民间故事选》，32开，1页，600余字，四川民族出版社1990年版。（阿南）

五 民间寓言

母鸡与老鹰

彝族民间寓言。流传于云南省楚雄彝族自治州彝族地区。讲述的是：很早以前，母鸡和老鹰结拜为姊妹。老鹰飞到很远的地方，捕回小虫给小鸡们吃。小鸡们称老鹰为阿姨。那时，老鹰有一串珍贵的珍珠，它像爱护眼珠一样珍惜。秋天，老鹰和大雁相约远行，老鹰把那串珍珠交给母鸡保管。一天，母鸡和小鸡们互相争着赞赏珍珠，不小心把珍珠的金丝连线扯断了，一串珍珠散落了，母鸡着急地找呀，抓呀，刨呀，总找不到一粒珍珠。冬去春来，老鹰回来向母鸡要它的那串珍珠，母鸡说珍珠散落地上找不到了。老鹰认为母鸡欺骗它，一下子翻了脸，叼起一只小鸡飞走了。从此，老鹰每次来要那串珍珠，都要叼去一只小鸡。母鸡一见到天上的老鹰，就“咯咯咯”地叫唤，小鸡们吓得四处躲藏。直到现在，母鸡还在找呀，抓呀，刨呀，寻找散落的珍珠。

佚名讲述，尹丕昌搜集、整理。收入《大风天和他的阿弟们》，32开，2页，1200余字，云南少年儿童出版社1988年版。（阿南）

虎王的愤怒

彝族民间寓言。流传于滇西一带彝族地区。讲述的是：一只老虎走到海子边，准备喝水。这时，它见海子里也有一只老虎。老虎认为这地盘是它称王的地方，便抖抖身子，龇牙咧嘴朝海子里的老虎怒吼起来。海子里的老虎也张牙舞爪地向它耍威风。虎王更火了，朝海子里的老虎猛扑下去。它没有扑到那只老虎，想挣扎上岸，谁知一挣扎就沉下海去了。它喃喃骂道：“该死的家伙，我都快沉到海底了，你一定还在我身子底下。”

佚名讲述，阿南搜集、整理。收入《大风天和他的阿弟们》，32开，2页，1200余字，云南少年儿童出版社1988年版。（阿南）

蛐蛐

彝族民间寓言。流传于云南省巍山彝族回族自治县彝族地区。讲述的是：一到黑夜，蛐蛐就不停地叫着："唧唧唧，唧唧唧，唧唧唧，盖房子，盖房子，盖房子……"可是，一到白天，当太阳暖和和地照着万物的时候，它便忘了晚上挨冻的滋味，躲在草丛里呼呼地睡起觉来。当黑夜又到来的时候，冻得它直打哆嗦，它又不住地叫着："唧唧唧，唧唧唧，唧唧唧，盖房子，盖房子，盖房子……"日复一日，每当夜晚，蛐蛐就不停地叫"唧唧唧，盖房子……"但它只是空口叫嚷，总不肯动手，所以直到现在蛐蛐始终没有盖起房子，夜里，它仍然不住地叫着："唧唧唧，唧唧唧，唧唧唧，盖房子，盖房子，盖房子……"

左星科讲述，左玉堂搜集、整理。收入《中国民间寓言选》，32开，1页，600余字，辽宁少年儿童出版社1985年版。（阿南）

骗子与牧童

彝族民间寓言。流传于滇南彝族地区。讲述的是：一天，有个老头带着他的独生儿子在东山脚下挖田，突然山上滚下一块大石头，把他的儿子砸死了。老头要找滚石头的报仇，想出一条妙计，便高声喊道："是谁滚石头，砸死了一只大麂子，快来抬走呀！"牧童听见喊声跑下山来，过路的骗子听到喊声，也急忙跑来，他不让牧童说话，说石头是他滚的，麂子应该是他的。老头用根粗藤子绊倒骗子，将他捆起来绑在一棵树上，边打边说："你乱滚石头，把我的儿子砸死了，今天我非打死你不可！"骗子哀求饶命，说石头不是他滚的。牧童证实是花牯子牛踩塌了石头。老头对骗子说："你要吸取教训——吃亏在于不老实。"

佚名讲述，黄世荣搜集、整理。收入《中国民间寓言选》，32开，2页，1200余字，辽宁少年儿童出版社1985年版。（阿南）

小姑娘和小蜜蜂

彝族民间寓言。流传于滇中、滇西彝族地区。讲述的是：一个小姑娘从蜜蜂的家门前走过，小蜜蜂笑嘻嘻地欢迎她。她对蜜蜂说："亲爱的小蜜蜂啊！我……"小姑娘不好意思把心里话说出来。小蜜蜂看出她有点为难，就对她说："小姑娘，你有什么事要我帮忙，只管说出来。"小姑娘见小蜜蜂很诚心，这才说道："我来浇油菜花水，妈妈还没有送饭来，我饿得一点力气也没有了。"于是，小蜜蜂拿出蜜来叫小姑娘吃，小姑娘有些不好意思。小蜜蜂对她说："这是你自己的，为什么不吃？"小姑娘听了很奇怪。小蜜蜂说："是呀，是你自己的。我是从你种的油菜花上采来酿成的，没有你种的油菜花，我哪能酿出蜜来！"小姑娘吃了蜜后，又高高兴兴地浇油菜花水去了。

佚名讲述，华卿整理。收入《大风天和他的阿弟们》，32开，1页，600余字，云南少年儿童出版社1988年版。（阿南）

丑乌鸦莫说母猪丑

彝族民间寓言。流传于滇西彝族地区。讲述的是：乌鸦见一头母猪在小河边泥塘里滚泥巴，就对母猪说："你肥头大耳，长嘴翘鼻，一身黑不溜秋的，说多丑有多丑啊！"母猪听了，回骂道："你贼头贼脑，钩嘴尖舌，涂一身锅烟子，世间还找得着像你这么丑的吗？"乌鸦和母猪，你一句，我一句，互相挖苦对方，谁也不相让。这时候，飞来一只美丽的花喜鹊，把乌鸦带到清水塘边，说："你往水里照照自己吧！"乌鸦往水里一看，见了自己一身黑影子，一言不发，没趣地飞走了。从此，丑乌鸦再也不好意思说母猪黑了。因为有这个故事，民间有了一句俗语：乌鸦莫说母猪黑。

佚名讲述，阿南搜集、整理。收入《大风天和他的阿弟们》，32开，2页，1200余字，云南少年儿童出版社1988年版。（阿南）

说大话的青蛙

彝族民间寓言。流传于滇西彝族地区。讲述的是：一只青蛙趴在水塘边，不住地“呱呱呱”地叫着。这时，一条水牛走来，想到水塘里打泥滚，见了青蛙，就轻蔑地说：“我以为是什么大怪物在吼叫，原来是这么个小丑八怪在大叫哩。”青蛙自以为能叫出大声音，别的动物会尊敬它，不想水牛如此小看它，就气愤地骂水牛：“别看你长着那么大个肚皮，里面装的是一包草，只会叫出‘哞哞哞’的声音，怎比得上我这洪亮的歌声呀！”水牛一听青蛙大口大气的话，心想教训它一下，就抬起脚，一脚朝青蛙踩了下去，把青蛙的身子踩扁了，眼睛也被挤得鼓了出来。青蛙说大话，险些送掉了老命。从此以后，它再也不敢说大话了。

左星凤讲述，左玉堂搜集、整理。收入《大风天和他的阿弟们》，32开，1页，600余字，云南少年儿童出版社1988年版。（阿南）

蚂蚁的教训

彝族民间寓言。流传于滇西彝族地区。讲述的是：原来蚂蚁的腰杆长得又粗壮又结实，做起活计来很能干，也很会节俭过日子。后来，它就做一天吃一天，做多少吃多少，不积攒多余的食粮。寒冬到了，蚂蚁做活困难了，吃的也少了。三天两头，它吃不上一顿饱饭。到后来，蚂蚁什么食物都吃不上了。没有办法，它只好饿着肚子过日。这一来，天长日久，它的肚子饿扁了，腰杆也饿细了，变成细细的腰身子。冬去春来，蚂蚁苏醒过来忙碌开了。每当它回想起严冬挨饿的滋味，看着自已细腰身子，心里很难过。从此，它一改过去的那种做一天吃一天，做多少吃多少的习惯，变得又勤快又俭省，每天总是从早到晚，辛勤地劳作着。

茶阿鲁讲述，阿南搜集、整理。收入《大风天和他的阿弟们》，32开，2页，600余字，云南少年儿童出版社1988年版。（阿南）

名与实

彝族民间寓言。流传于四川省喜德县彝族地区。讲述的是：从前，有一家人生了三个儿子。老大取名叫让和（聪明），老二取名叫热柯（英雄），小儿子取名叫觉都（不成才）。三个孩子都渐渐地长大成人了。有一天，父亲想测试三个儿子的本领，把他们叫来后，吩咐他们每人上山去砍一背柴。到了傍晚，让和空着手疲乏地回到家里，热柯也空着双手一拐一拐地跟着回来了。又过了一会儿，觉都背着一大背柴挤进了院门。父亲感叹地说：“取名聪明的不聪明，取名英雄的没本事，取名不成才的倒还有用。”

佚名讲述，吉国符收集、整理，白芝翻译。收入《中国民间故事三套集成四川喜德卷·凉山彝族民间故事选》，32开，1页，200余字，四川民族出版社1990年版。（阿南）

两只小雀

彝族民间寓言。流传于四川省喜德县彝族地区。讲述的是：从前，有两只小山雀，它们的父母死后，兄弟俩仍然住在父母留给它们的窝里。两年后，这个窝开始朽坏。这两只小雀都很懒，哥哥盼着弟弟去修补，弟弟盼着哥哥去修补。它们互相推诿着，谁也不肯动手。就这样，日夜更替，很快又过了两年，这个窝烂得实在不能住了。哥哥想：雨季已经到来，等到弟弟被雨淋得不能安睡的时候，它总要想办法来修补的。弟弟的想法也恰好同哥哥的一样。秋天了，天气一天比一天冷，弟弟想：到了冷得哥哥无法入睡的时候，它自然会来修补这个窝的。所以，它们仍旧互相观望着，谁也不肯动手修补这个窝。冬天到来了，北风呼呼地吹，雪花大片大片地飘落，两只小雀的窝早已破烂不堪。在一个风雪交加的夜晚，这个窝连同栖息在里面的两只小雀终于被风吹落在地下，两只小雀被冻死了。

佚名讲述，阿史木姐、吉吾作曲收集、整理，白芝翻译。收入《中国民间故事三套集成四川喜德卷·凉山彝族民间故事选》，32开，1页，300余字，四川民族出版社1990年版。（阿南）

醒悟

彝族民间寓言。流传于四川省喜德县彝族地区。讲述的是：很早以前，有一个名叫吉尔尔达的人，请他的朋友帮买一条牛。朋友问："你要买一条什么样的牛呢？"吉尔尔达说："我想买一条个子大、会耕地、价格非常便宜的牛。"朋友一听这些条件，摇摇头，走了。后来，吉尔尔达果然买了这么一条耕牛，他像爱护亲生儿子那样地饲养这条牛，每天半夜要起来抚摸一遍牛身。一天晚上，他起来给牛喂草，突然发现自己的裤子不见了。他仔细一找，看见一只裤脚套在牛角上，其他部分已被牛吃了。吉尔尔达非常气愤，就将牛打死了。那位朋友知道以后，问道："你为何把牛打死呢？"吉尔尔达说："你不知道啊，我没日没夜的像爱护自己的儿子一样地喂养它，它却没有人性，吃了我的裤子，简直是一只畜生。"朋友道："它本来就是喂养的牲畜嘛！"吉尔尔达这才猛然醒悟，后悔莫及。

佚名讲述，吉吾作曲收集、整理，白芝翻译。收入《中国民间故事三套集成四川喜德卷·凉山彝族民间故事选》，32开，1页，400余字，四川民族出版社1990年版。（阿南）

离不开

彝族民间寓言。流传于四川省喜德县彝族地区。讲述的是：从前，有户五口之家，突然全部得了痢疾，妻子和三个儿子先后死去，只剩下他孤身一人。他想：妻儿已死，我重病在身也快要死了，养牛羊还有什么用呢？于是把牛羊都杀了，隆重地为妻儿送葬。最终他没有死，但已没有牛耕地，没有羊剪羊毛织衣穿了。这时他才后悔地说："人哪！离得开死亡造成的悲痛，离不开羊群和耕牛啊！"

拉衣阿尔讲述，依火吉坡收集、整理，白芝翻译。收入《中国民间故事三套集成四川喜德卷·凉山彝族民间故事选》，32开，1页，200余字，四川民族出版社1990年版。（阿南）

苦果

彝族民间寓言。流传于四川省喜德县彝族地区。讲述的是：从前，所有的飞禽中，只有燕子会做窝。百鸟都求燕子说："请你教我们做窝吧！"燕子高兴地说："很好。"然后逐个地教它们做窝。当它教斑鸠做窝时，斑鸠很高兴地和燕子找寻枯枝，当它俩把枯枝找来架到树丫上时，斑鸠就高兴地对燕子说："我已经学会了，你不必再教了。"于是燕子就飞走了。燕子飞走以后，斑鸠不知道该怎么办了。它想去问燕子，又不好意思。于是只好在几根枯枝架起的窝里蹲着。直到现在，斑鸠只会用枯枝架一个简单的窝。所以，斑鸠总是在谴责自己："李比兹兹，居居习即。"（斑鸠啊，活该落到这步田地）表示它的悔恨。

吉吾作曲收集、整理，白芝翻译。收入《中国民间故事三套集成四川喜德卷·凉山彝族民间故事选》，32开，1页，600余字，四川民族出版社1990年版。（阿南）

可以没有木槌，不能没有竹笆

彝族民间寓言。流传于四川省喜德县彝族地区。讲述的是：从前有个大而化之的人，对什么事都满不在乎。有一天，他家来了客人，他的全部家财就只有一只绵羊，便把这只绵羊打死了待客。剥去羊皮，切好羊肉，放到锅里以后，这才发现家里已没有柴烧了，就把打羊用的木槌和剥皮切肉用的竹笆当柴烧，煮羊肉待客。过年时，他到别人家买了一只羊来过年。这才发现没有打羊的木槌了，忙到村边树林里砍了棵树来做了个木槌。羊打死后，又发觉没有剥羊皮、切羊肉用的竹笆了。这时，他才感叹道："即使可以没有木槌，也不能没有竹笆啊！"

拉衣阿尔讲述，依火吉坡收集、整理，白芝翻译。收入《中国民间故事三套集成四川喜德卷·凉山彝族民间故事选》，32开，1页，300余字，四川民族出版社1990年版。（阿南）

骄傲害死自己

彝族民间寓言，流传于川滇大、小凉山彝族地区。讲述的是：从前，有一只自以为是的蚊子，跑到老虎面前，说自己比老虎强。被激怒的老虎不管用手爪脚爪去抓，还是用嘴去咬都抓不到它，这只蚊子更是得意忘形。就在这时，不知不觉中它已被蜘蛛网套住了，最后成了蜘蛛的晚餐。

佚名讲述，罗布合机、王权等收集、整理。收入《喜德彝族民间故事》（彝文版），32开，1页，300余字，四川民族出版社1993年版。（土比呷呷）

农夫和蛇

彝族民间寓言。流传于川滇大、小凉山彝族地区。讲述的是：从前有一个农夫在路上看见一条被冻僵的毒蛇，看它可怜，就把它抱在怀里。等蛇醒来时，反咬他一口，临死时这位农夫发出"自作自受"的感慨。

佚名讲述，刘赋元收集、整理。收入《聪童秘典》（彝文版），16开，1页，100余字，凉山州卫生学校1980年编印。（土比呷呷）

亡羊补牢

彝族民间寓言。流传于川滇大、小凉山彝族地区。讲述的是：从前有一户人家，邻居劝告他家，把已有漏洞的羊圈修补好，可他们没有听，等盗贼把羊偷走后，他们才意识到修补羊圈的必要性，于是才按邻居说的方法去把羊圈修补好。

佚名讲述，罗布合机、王权等收集、整理。收入《喜德彝族民间故事》（彝文版），32开，1页，300余字，四川民族出版社1993年版。（土比呷呷）

熊饱不顾儿

彝族民间寓言。流传于川滇大、小凉山彝族地区。讲述的是：一只母熊带着两个儿找蜂糖吃，因只顾自己而忘记了两个儿，等它吃饱才回过头来照顾两个儿，可这时两个儿已被人偷走了，母熊疯狂地到处寻找儿子。好奇的动物都来询问，母熊把事情经过告诉了它们。这事也就传开了，以后就有了"熊饱不顾儿"的说法。

佚名讲述，罗布合机、王权等收集、整理。收入《喜德彝族民间故事》（彝文版），32开，1页，300余字，四川民族出版社1993年版。（土比呷呷）

借粮

彝族民间寓言。流传于贵州省纳雍县彝族地区。讲述的是：从前，老鼠代代专偷他人，一到冬天，动物们都饿着肚子去找它借粮，这下它可神气了。一天，老鸹去借粮，叫它"毛参参"，老鼠不高兴，大骂老鸹是又黑又丑的东西。一会儿，鹞子老远就大呼："鼠员外"，老鼠一看是着装整齐的鹞子，便慷慨地借了一斗粮食给它。老鹰看见鹞子借到粮，也去借，见了老鼠便叫"老耗娘"，老鼠听了不顺耳，一看老鹰穿一身破衣，即使再改叫"鼠员外"，它也嫌老鹰穷而不借，这下惹怒了老鹰，一口啄死了老鼠。这个偷吃又羞人的家伙得到了应有的下场。

刘泽芳讲述，张滔、王瑞尧记录，王瑞尧翻译。收入《中国民间文学三套集成·贵州省毕节地区·纳雍民间故事》，32开，2页，1000余字，纳雍县民间文学集成编委会1988年编印。（罗德显）

一棵骄傲的松

彝族民间寓言。流传于贵州省赫章县彝族地区。讲述的是：梨树林中有棵松，看到被寄生茶侵害而枯萎的梨树，松庆幸自己找到一块很适宜的土壤，长得很自在，很骄傲。梨树好心劝告它，不要骄傲，小心寄生茶的侵害。可它自认为有清醒的头脑，皮脂厚，根基稳固，仍洋洋自得。当寄居在梨树上的寄生茶羡慕它、讨好它时，松更是自认为了不起。谁知寄生茶就乘春风把种子暗暗地带到了松的嫩尖上，开始松不在乎，三五年后，寄生茶长满松的树梢，箍住其主干，使其不能自拔，结果像梨树一样枯萎而死。

罗正荣、高益民讲述，袁立功记录，罗正荣、高益民翻译。收入《中国民间文学三套集成·贵州省毕节地区·赫章县卷·彝族》，32开，1页，400余字，赫章县民间文学集成编委会1988年编印。（罗德显）

六 动植物故事

还是人最聪明

彝族动物故事。流传于云南省禄劝彝族苗族自治县彝族地区。讲述的是：从前，人们耕地是用狗拉犁，耕地时要准备许多饭团扔到狗的前面，狗吃了才肯拉犁。一天，这情景被一群洗澡的野牛看见了，它们相互议论起来说："都说人聪明，整天只会哄着狗犁巴掌大一块地，就不会想着用绳子穿着我们的鼻子拉去犁地。"这话让在石缝里睡觉的石蚌听见了，便把这秘密告诉了人。人们按照这办法去做，果然使牛服服帖帖地为人犁地了。一天，牛犁了一大块地，一只老虎看见了，为牛被小小的人牵着犁地打抱不平。牛叹了口气说："人很聪明，我不得不服！"老虎不信，便对牛的主人说："听说人聪明、办法多，你有什么本事拿来看看！"人告诉老虎"本事"在家里，得回家去拿。人还说不相信老虎会等着看"本事"，老虎便让人用绳子把自己捆起来等人拿"本事"来看，结果老虎被人捆起来打得满身鞭痕，牛在一旁笑掉了上牙，笑哑了脖子。因石蚌对人有功，成了保护对象。

张世权讲述，张瑛搜集。收入《云南省昆明市民间文学集成·禄劝民间故事》，32开，2页，1100余字，禄劝彝族苗族自治县文化局民间文学集成办公室1991年编。（梁红）

聪明的人

彝族动物故事。流传于云南省金平苗族瑶族傣族自治县彝族地区。讲述的是：人和老虎相约去偷猪，猪到手后要抬到河边清洗，人便砍根刺木来做抬杠，人把自己要抬的这头的刺全削了，而老虎抬的那头的刺则保留着。老虎抬起抬杠，刺便刺进了它的肉皮里，一路上疼得怪叫。人对老虎说："不要叫，你乱叫，等会儿猪肉煮出来会苦的。"到了河边，人让老虎去找火，自己则把猪肉藏好，准备了一锅苦地黄（一种很苦的植物）和找火回来的老虎一起煮了吃。老虎问人："肉怎么是苦的？"人说："刚才不是跟你说，抬肉的时候不能叫，叫了肉就会苦！”老虎肉也不吃就离开了，人便背着猪肉回家了。

杨志诚讲述，黄德富记录。收入《云南民间文学集成·金平故事卷》，32开，2页，600余字，金平苗族瑶族傣族自治县文联1988年编印。（梁红）

人和蛇的故事

彝族动物故事。流传于云南省永胜县彝族地区。讲述的是：古时候人和蛇和谐相处，感情融洽。有一次，蛇看见有个人穷困潦倒，到处漂泊，就决心帮助他。蛇让这个人割自己的肝做成药粉给附近村里得瘟疫的人吃。村民们吃了那个穷人给他们的药后，治好了病，纷纷拿钱感谢他，并让他在村里安家。从此，那个穷人有了田地和妻儿，并富了起来。但他过于贪心，又装扮成穷人骗蛇要肝。好心的蛇答应了他。人钻进蛇腹后，割走了全部蛇肝。蛇没有肝就死了。从那以后，蛇和人不再友好，蛇也没有了肝，只有胆了。

佚名讲述，简良开搜集、整理。收入《神秘的他留人》，32开，2页，600余字，云南人民出版社2005年版。（梁红）

人的本事最大

彝族动物故事。流传于云南省禄丰县彝族地区。讲述的是：在大森林里生活着许多大型猛兽，它们都认为自己的本领最大，谁也不服谁。最终，还是善良的大象四方游说，让大家约定一个日子，请猎人来做裁判，一同比个高低。到了约定的时间，野兽们都来到了约定的地点开始比试。首先是狮子与老虎比摔跤，狮子、老虎各有所长，比赛进行得非常激烈，最后形成了僵局，猎人一箭射去，将两兽分开，比赛成了平局。接着豹子摔翻了猎狗；野猪咬断了碗口粗的松树；野牛顶翻了磨盘大的石头；狗熊眨眼工夫爬上了树梢；大象用鼻子一卷，把一棵一抱粗的松树抛出了几丈远……比试完了，众兽请猎人评判。猎人说：“你们都有本事，但你们都有短处，还是人最有本事，最有力量，看我的。”说完，他拿出火镰一打就烧着了松毛，一阵风吹来，火焰熊熊燃烧，霎时形成了燎原之势，烧红了半边天，野兽们一个个被吓得趴在地上求饶。

张绍林讲述，杨汉生记录。收入《禄丰县民间故事普查资料汇编》，16开，3页，1300余字，禄丰县委宣传部、文化局、民委1988年编印。（钱丽云　朱琚元）

老虎为什么很少

彝族动物故事。流传于云南省昭通市彝族地区。讲述的是：一户人家用轿子去接新媳妇，路上抬轿人放下轿子找地方烧粑粑吃，一只老虎跑来把轿子中的新媳妇吃了，自己变成新媳妇的样子嫁进了这户人家。一天，老虎媳妇和小姑子上山割草，小姑子看见一头小牛在老牛跟前撒欢，就对嫂嫂称赞小牛跑得快。老虎媳妇不服气，就地一滚变成老虎，奔跑起来给小姑子看。小姑子回家把这件事告诉了哥哥。一次，哥哥要出门九天，怕妹妹被害，就编了九层篱笆把妹妹围在里面。哥哥一走，老虎媳妇几下把篱笆扯开，吃了妹妹。第九天哥哥回来，母鸡和狗把妹妹被吃的事情悄悄告诉了他。哥哥约了几个人，剥了核桃树皮熬水，然后杀羊，并让老虎媳妇请家人来吃饭。老虎全来了，它们吃了羊肉，喝了核桃树皮熬的水，倒地睡了。趁此机会，人们用铁钉把老虎的尾巴钉在地上，用火烧老虎。老虎全被烧死，只有一只秃尾巴的逃脱了。从此老虎就很少了。

佚名讲述，陇稼宽搜集、整理。收入《昭通地区民族民间文学资料选》第二集，32开，2页，1700余字，昭通地区文化局、民委1985年编印。（吴平）

老虎不容猫长大

彝族动物故事。流传于云南省峨山彝族自治

县彝族地区。讲述的是：玉皇大帝派观音下凡创世时，造了一只大老虎后又造了一只小老虎。小老虎怕大老虎把它吃掉，便央求观音教它爬树和上屋顶的本领。观音回到天上后，大老虎果真追杀小老虎，小老虎爬上树等观音来调解。观音规定大老虎住山林，小老虎和人住在一起并帮人捉耗子，让人来保护它。但小老虎怕喊它的名字时会把大老虎也喊来，就求观音给它重新取一个名字，观音就给它取名为“猫”。小老虎怕人们忘记叫它的新名字，便总是“喵喵”地叫着，时时提醒人们叫它“猫”。

黄刘氏讲述，胡岩搜集。收入《峨山民间文学集成》，32开，3页，900余字，云南民族出版社1989年版。（聂鲁）

老虎和石鹅

彝族动物故事。流传于云南省楚雄市彝族地区。讲述的是：一天，有一只老虎在河边麻地里薅麻，河边石头底下的石鹅发出“咕”的叫声，老虎被吓得接连好多次把麻也拔了起来，它气冲冲地跑过去搬开石头一看，是一只石鹅。老虎说：“你怪声怪气地来吓我，我要把你吃了。”无论石鹅如何辩解，老虎都非吃它不可。最后石鹅提出比赛爬山，规定先到山顶的，就吃掉后面上来的。老虎抬脚就往山上跑去，石鹅慢慢地爬，一路还找些白果子和黑果子吃，肚子吃得鼓鼓的。老虎跑到山头，左等右等不见石鹅来，就顺着来路返回，当老虎准备吃掉慢悠悠走来的石鹅时，石鹅说：“我早就把你吃了，不信你瞧瞧你的脑花和眼睛。”说完就把肚子里的白果子和黑果子吐了出来，老虎害怕得吼叫一声就逃跑了。

李春兴讲述，潘广发记录、整理。收入《楚雄市民族民间文学集》，16开，2页，700余字，楚雄市文化馆1991年编印。（李福云　朱琚元）

蛤蟆和老虎

彝族动物故事。流传于云南省金平苗族瑶族傣族自治县彝族地区。讲述的是：一次，有只饿虎正巧碰上一只肥硕的蛤蟆，便流着口水对蛤蟆说：“蛤蟆，我今天很饿，你就乖乖让我吃了吧！”“不！我们赛跑，若你赢了，我就心甘情愿让你吃。”蛤蟆答道。老虎心想小小一只蛤蟆，量它也跑不了多快。便说：“那我们就开始吧。”蛤蟆跳起来咬住了老虎的尾巴，到了目的地，老虎停下来往后看，却听见前面传来了蛤蟆的笑声：“老虎啊老虎，我虽然体小腿短，但我有相当大的一套本领吃掉你，若你不信，我吐出你的毛给你看看。”老虎上前一看，果真是自己的毛，老虎吓得跑进了树林。老虎回到家，对家人说：“蛤蟆的本领真是大，我今天差点被它吃了，以后你们要小心。”从此，老虎虽然是动物之王，却不敢轻易对小小的蛤蟆下手。

黄永和讲述，黄永旺记录。收入《云南民间文学集成·金平故事卷》，32开，1页，700余字，金平苗族瑶族傣族自治县文联1988年8月编印。（梁红）

老虎怕“漏”

彝族动物故事。流传于云南省永平县彝族地区。讲述的是：有一天，两兄弟去砍柴，在破庙里躲雨。弟弟说：“这里常有老虎来，我怕。”哥哥说：“怕什么老虎？就怕漏。”这话被来这里躲雨的一只老虎听见了，把房头漏水的“漏”，当成是比自己还厉害的动物，就赶忙往回跑。路上先后遇着獐子、马鹿，老虎就说“漏”来了，它俩就跟着跑。跑着跑着，马鹿提议看看究竟“漏”是什么样子，它们回来看见房头上有两个身上长着长毛的怪物，以为就是“漏”，掉头又跑。其实，那是两兄弟披着蓑衣在补房子。此后人们相传，进山穿蓑衣，野兽就会害怕。

佚名讲述，孙绍云搜集、整理。收入《中国民

族民间文学集成·永平县卷》，32开，2页，700余字，德宏民族出版社1989年版。（张秀娟）

怕漏

彝族动物故事。流传于贵州省威宁彝族回族苗族自治县彝族地区。讲述的是：从前，膝下无子女的两老喂得一匹肥壮的大马，逗得小偷想偷、老虎想吃。一个雷雨交加的夜晚，老奶奶因担心小偷来偷马、老虎蹿进圈里吃马，不停地念叨，老头却说什么都不怕，就怕漏。这时不约而同摸到老人家圈边的小偷和老虎听说“怕漏”，都大惑不解，心里感到震慑。老虎退缩时小偷以为老虎是肥马，刚好跨在它身上，发慌的老虎以为自己撞上了“漏”，驮着小偷没命地满山奔跑；小偷也以为自己骑在“漏”的身上了，用小锥子猛锥老虎，企图让它放开自己。小偷和老虎在惊吓中折腾了一个夜晚。天刚蒙蒙亮时，小偷发现自己骑在虎背上，到一个山垭时，顺势跳到一棵树上。老虎带着余悸跑到天亮，遇着一只猴子诉说了一夜的遭遇，猴子献媚说动老虎，要帮它去抓“漏”来吃了解恨。老虎说遇到危险要猴子给它使眼神。来到山垭的那棵树下，老虎和猴子把尾巴拴在一起。见猴子上树，小偷吓得尿裤裆，眼睛被浇辣的猴子挤眉眨眼，老虎见猴子使眼色，拖着猴子又满山奔跑，被拖死的猴子露出腮帮，老虎说它还讥笑自己，于是解开尾巴来把它做了一顿美餐。

罗义洪讲述，杨光勋记录。收入《中国民间文学集成·贵州彝族回族白族故事选》，32开，3页，1500余字，贵州民间文学集成办公室1993年编印。（阿洛）

惹簸骑虎

彝族动物故事。流传于云南省元阳县彝族地区。讲述的是：从前，果沙森林里住着夫妇俩，靠丈夫赶马驮柴卖度日。一天晚上，两人闲聊，互相问起“最怕什么”，丈夫说：“怕老虎！”妻子说：“老虎有什么可怕的，我最怕无米！”他们的对话，正好被想偷马吃的老虎听到。老虎心想：“无米”一定是很厉害的动物。这时，村里好逸恶劳的惹簸也趁夜来偷马。他摸到毛光水滑的老虎，以为是马，便用套绳套住老虎的嘴，纵身上“马”扬鞭而去。老虎突然被套住，以为是“无米”，害怕极了，便狂奔起来。随着天空渐亮，惹簸低头发现自己骑在老虎背上，吓得汗毛倒立。这时，恰见前方有棵大树，便抱住树干翻身上树。老虎发觉“无米”放开自己上了树，又惊又喜。一只狐狸看见老虎，问其缘故，老虎告知其经过。狐狸一看老虎身上的绳子，知道是人所为，便要老虎带它去看“无米”。老虎不肯，狐狸说：“你要是害怕，就用绳子拴住我的手，到了那里，若‘无米’比我们厉害，我就眨眼睛，你就快跑！”老虎驮着狐狸来到那树下，狐狸见树上的惹簸，便对老虎说：“那不是‘无米’，是人，我拖下来给你吃。”说着便爬上了树。惹簸见狐狸来抓自己，吓得尿往下滴，正好滴进了狐狸的眼里，结果狐狸眨起眼来。老虎见状，掉头就跑。越过无数山头后，老虎回头一看，见绳子一头只拴着狐狸的一只手，不禁伸舌道：“天哪，‘无米’把狐狸吃得只剩一只手了！”

佚名讲述，马理文搜集、整理。收入《绮丽的山花》，32开，4页，2300余字，元阳县民族事务委员会1984年编印。（梁红）

老虎学技

彝族动物故事。流传于云南省石屏县彝族地区。讲述的是：古时候，老虎是个五大三粗的笨家伙，常常被其他动物欺负，是狐狸让它拜猫为师，老虎才学会了扑食、剥皮的技巧。一天，猫教虎爬树，教累了就趴在树枝上打盹。虎以为只要吃掉猫，它将是独一无二的强者，就摸去抓猫。猫惊醒后顺树干溜下地，怒骂道：“忘恩负义的东西！要知道我只教会你上树，还没教会你下树呢。”

所以，直到如今，老虎都不敢上树，因为它不会下树。

佚名讲述，李朝旺搜集、整理。收入《彝族民间故事选》，32开，2页，600余字，上海文艺出版社1981年版。（李朝旺）

老虎和石蛙

彝族动物故事。流传于云南省祥云县彝族地区。讲述的是：一次，瘌痢山的老虎逞狂，要与石蛙比赛跳河。石蛙悄悄地咬着老虎的尾巴，老虎一跳就把石蛙甩到前面。老虎不知其中原因，以为自己没有石蛙跳得远，只得认输。从此，老虎再也不敢在瘌痢山显威风了。

奎应全讲述，奎汝义搜集、整理。收入《云南省民间文学集成·祥云县民间故事卷》，32开，3页，1400余字，云南人民出版社1989年版。（巴子）

老虎和牯牛

彝族动物故事。流传于云南省姚安县彝族地区。讲述的是：某地山上，住着一只凶恶的母老虎，自称兽中之王，谁也惹不起它。一天，一头身体肥大、角很锋利的牯牛站在路中间，挡住了母老虎的去路。母老虎认为牯牛胆大包天，便约定三天后比试各自的本领。牯牛一边走一边想怎样对付老虎。路上遇到了一群小蜜蜂，牯牛把三天后要和老虎比试的事告诉了蜜蜂，蜜蜂答应到时帮助它。牯牛走了几步又遇到了刺猬，刺猬也说到时来帮助它。牯牛回到家里磨了三天角，又到泥塘里打了三天的滚，滚一次让太阳晒干一次，三天后身上的泥糊了几寸厚。老虎回到家里，也磨了三天的牙齿。三天过去了，牯牛和老虎都来到约定的地点比试。除了豺、狼、豹子被老虎派去把守路口，防止牯牛战败逃跑外，其他的飞禽走兽都来观战。老虎的绝招是一扑、二掀、三扫尾。牯牛由于有蜜蜂、刺猬等的帮助，老虎三计不成，威风大减。牯牛避过老虎的攻击，用尽全部力气，一角把老虎的肚子刺穿了，不一会儿老虎就一命呜呼了。老虎的三员大将豺、狼、豹子也悄悄地逃命去了。

杨家才讲述，罗桂森记录。收入《楚雄民间文学资料》第二辑，32开，3页，1500余字，楚雄彝族自治州文教局、民委会1979年编印。（李惠兰　朱琚元）

老虎的故事

彝族动物故事。流传于云南省峨山彝族自治县彝族地区。讲述的是：古时候，有个彝族妇女赶集回家，在路上看见一只老虎躺在树下，气喘吁吁的。老虎只是看着她，没有要吃人的意思。彝妇诚惶诚恐地绕过大树往家跑，回头一看，只见那只老虎有一条腿翘着，用三只脚一颠一跛地跟在后面，人停虎停，人走虎走。她仔细一看，虎脚掌上戳进了一根很大的刺。妇人明白了老虎的意思，大着胆子慢慢过去，帮老虎把脚上的刺拔掉了。之后，老虎还是跟着她，一直跟到家门口才转回去。第二天，妇人家大门口摆着一只血淋淋的大鹇鸡，那是老虎对她的酬谢。从此，那一带的老虎不再吃彝族人。

佚名讲述，李绍林搜集、整理。收入《嵋峨风情》，32开，2页，1000余字，峨山彝族自治县民委1985年编印。（普开福）

老虎与马鹿

彝族动物故事。流传于云南省景东彝族自治县彝族地区。讲述的是：一天，一只老虎饿了很多天，就向土主老爷要吃的，土主老爷叫它去吃马鹿。老虎到山里的草地上等马鹿，想着可以饱吃一顿。一只马鹿来到老虎面前，问老虎在干什么，老虎说自己在等马鹿，但不认识谁是马鹿。马鹿问老虎等马鹿干什么，老虎就说土主老爷让它吃马鹿的肉。马鹿说自己叫马五，是马鹿的哥哥。老虎问马鹿头上的角是干什么用的，马鹿说一只角用来穿老虎干巴，另一只角用来穿豹子干巴。马鹿一边说，一边吓得发抖。老虎问马鹿为什么发抖，马鹿说："我身子一抖，就要动口。"老虎飞快地逃跑了。

鲁承忠讲述，董仕贵、陶明贵记录。收入《景东县民间文学集成》，32开，2页，700余字，景东彝族自治县民委、文化局、文化馆1989年编印。（谢国先）

老虎、狐狸和火星星

彝族动物故事。流传于云南省昭通市彝族地区。讲述的是：小老虎接替了父亲的王位，狐狸对它说："大王，你的头比月亮大。"小老虎不信，狐狸就带它到水塘边看。水塘边的火灰里有一颗火星星跳出来要跟小老虎比武。小老虎看不起火星星，想把它吹开，谁知越吹越大，火星星变成两个火球。小老虎去踩，火球更多，还烧到了小老虎头上。狐狸乘机让小老虎看倒影，在火球的映衬下，小老虎看到自己的头果真比月亮大，就信了狐狸的话。狐狸又叫小老虎发令，让山中禽兽都来比武，不来的就把它们吃掉。火星星向小老虎不断进攻，狐狸乘机逃跑了。小老虎支撑不住，只好向火星星求饶。火星星教训小老虎说："狐狸是利用你年幼无知的弱点，若你把山上的禽兽咬死了，谁让你当王？"小老虎如梦初醒，后悔上了狐狸的当。

曾亮华讲述，谢中顺搜集、整理。收入《昭通民族民间文学资料选编》第一集，32开，3页，1600余字，昭通县民委、文化局1983年编印。（吴平）

蛤蟆与老虎

彝族动物故事。流传于云南省武定县彝族地区。讲述的是：从前，在一座山上住着一只老虎、一只豺狗，老虎和豺狗常常结伙下山伤害人畜。有一天，老虎下山来到河滩旁，小动物们一见老虎都逃走了。老虎决定在河滩上种麻，心想麻秆长高以后，既可遮阴，又可藏身。老虎用爪子开了地，撒上麻种，没过多久，嫩绿的麻长出来了。这一天，老虎正为麻薅草，忽然听见"呱"地响了一声，老虎吃了一惊，一连几声"呱呱呱"，吓得它转身就跑。跑了好一阵，不见动静，老虎定下心来，心想："我乃兽中之王，有谁敢伤害我？"就折回去看那"呱呱"怪叫的是什么东西。它在河滩上仔细找，翻一块石头时，用力过猛，栽倒在水塘里。水塘边一只蛤蟆发出一串哈哈哈的笑声。老虎要试试蛤蟆的本领。蛤蟆吐出一堆白沫子说那是老虎祖宗三十年前的脑浆，吐完后又说饿极了要吃老虎的脑浆，吓得老虎转身就逃。老虎失魂落魄地跑呀跑，碰见了豺狗。豺狗和老虎将尾巴结在一起去看蛤蟆。未等走近，蛤蟆大笑说福气好，一个不够吃，又添一个。老虎闻声转身又跑，结果把豺狗给拖死了，它自己也活活累死了。

张世武讲述，陈超廷、朱有凯记录。收入《楚雄民族民间文学资料》第三辑，32开，3页，1600余字，云南省社科院楚雄彝族文化研究室1982年编印。（李惠兰　朱琚元）

老虎为什么恨猫

彝族动物故事。流传于云南富宁县彝族地区。讲述的是：老虎和猫原是两兄弟，它俩一起住在山上。下大雪的时候，猫弟弟到农家去借火，见到人的家里很温暖，就要求留下。人问猫会帮人做什么，猫说会逮老鼠和守护粮食。晚上，猫抓了十几只老鼠给人看，人就留下了它。猫不再回山上，把老虎哥哥也忘记了。老虎非常生气，所以一直到现在，老虎抓到猫不咬也不吃，而是将猫垫在屁股下活活坐死解恨。

苏玉凡讲述，农廷相、熊光辉搜集，农廷相整理。收入《云南民间故事集成·富宁县卷本》第一卷，16开，2页，1800余字，富宁县民委、文化广播电视局1988年编印。（吴平）

老虎为何十二年才生一两个

彝族动物故事。流传于云南省禄劝彝族苗族自治县彝族地区。讲述的是：从前，有一头牛在山坡上为人耕地，过路的老虎看见问道："你这么大的个子，还被人使唤？"牛告诉它，人很厉害。老虎不信，说："若人拿犁来给我驾，看他能不能使我犁地！"农夫对老虎说："你要替牛犁地可不要后悔！""决不后悔！"老虎答道。农夫解下了牛身上的犁具套在老虎身上，然后一手扶犁，一手用鞭子狠抽老虎，老虎被打得遍体鳞伤，连连告饶，老牛见状笑掉了上牙。老虎逃进森林，气愤地把"老子要一年生十二个，把人全部吃光"念成了"老子要十二年生一两个……"从此，老虎身上留下了鞭痕，并且十二年才生一两个虎崽。

杨思银讲述，杨思杰、钱春林搜集、整理。收入《云南省昆明市民间文学集成·禄劝民间故事》，32开，2页，800余字，禄劝彝族苗族自治县文化局民间文学集成办公室1991年编印。（梁红）

猫的来历

彝族动物故事。流传于云南省峨山彝族自治县彝族地区。讲述的是：猫原来是太阳神的武士，那时地球上有五只鼠称霸，残害庄稼、人畜，太阳神特派猫下来征伐，并叮嘱猫在没有消灭五鼠前不能张口。猫飞身下地，迅速用爪抓住四只鼠，又用口咬住一只。它想到主子就要大大奖赏它，得意得张口笑起来，不料口中的老鼠跑掉了。它气急了，用力踩死四只鼠，又奋力去追那一只，可是怎么也追不到了。太阳神非常愤怒，但念猫平时有功，就免其一死，把它降到地上，要求它消灭老鼠后再回天上。可是老鼠发展得很快，猫无论怎样奋战也捉不完老鼠。从此，猫就永远留在了人间。

矣开伍讲述，黄立光搜集、整理。收入《嶍峨风情》，32开，2页，900余字，峨山彝族自治县民委1985年编印。（普开福）

猫为什么会吃耗子

彝族动物故事。流传于云南省峨山彝族自治县、新平彝族傣族自治县、石屏县彝族地区。讲述的是：从前，猫和耗子是好朋友。有一次，它俩偷到一罐油，商量留着这罐油过冬，便把它藏在寺庙的供桌下。有一次猫去做满月客，路过寺庙很想吃那罐油，便将封皮撕去嗅了一阵解馋，回来告诉耗子说："今天我给满月的孩子取名为'去掉皮'。"过几日，猫又嘴馋想吃那罐油，又借故去做满月客，把那罐油吃了一半，回来告诉耗子说："今天我给满月的孩子取名为'去一半'。"又过几日，猫用同样的方法把那罐油吃完了，回来告诉耗子说："今天我给满月的孩子取名为'全完蛋'。"冬天快完了，耗子约猫去吃那罐油，猫从地上去，耗子从洞里走去。耗子走的是直路，先来到油罐前，只见油罐空空的，油被吃光了。耗子问后到的猫这是怎么回事，猫反咬耗子先到把油吃光了，还要撕咬耗子。耗子见猫真要吃它，便钻洞跑了，从此猫和耗子成了仇家。

普加文讲述，普加英搜集。收入《峨山民间文学集成》，32开，3页，1400余字，云南民族出版社1989年版。（聂鲁）

豹子和猫

彝族动物故事。流传于云南省红河县彝族地区。讲述的是：豹子经常进村叼走人和牲畜。一天，弱小的猫看见豹子来打马的主意，便警告豹子，它若敢碰马就饶不了它。豹子见个子矮小的猫敢威胁自己，便决定与猫比赛上树和下树的本领，结果豹子败给了猫。从此，豹子逮到猫后，便要用屁股压死它，以出心中的怒气。

佚名讲述，白瑞义搜集、整理。收入《红河县民族民间故事》，32开，1页，600余字，云南民族出版社1990年版。（梁红）

猫、狗和啄鹤莫鸟

彝族动物故事。流传于云南省红河县彝族地区。讲述的是：很久以前，猫、狗、啄鹤莫鸟（彝语音译，一种用嘴接水喝的鸟）都是大口地用嘴喝水，它们很懒惰，所有动物挖沟引水时，它们不愿参加这项公益活动，并傲慢地说："我们不喝沟里淌来的水。"当水引来后，猫、狗和啄鹤莫鸟不好意思去喝水，只有天天跑到深山去喝泉水。不久，猫和狗不愿再跑了，只有等着渴死，幸得天神从中协调，动物们才答应它们用舌头舔水喝。啄鹤莫鸟则信守诺言，或喝山泉水，或下雨时接树叶上的雨水解渴。

佚名讲述，白瑞义搜集、整理。收入《红河县民族民间故事》，32开，2页，1000余字，云南民族出版社1990年版。（梁红）

借猫

彝族动物故事。流传于云南省武定县彝族地区。讲述的是：古时候，云南没有猫这种动物，老鼠成群结队地危害庄稼，损坏用具，人们无法对付，就派了两个人到湖南借猫。两人在湖南借到了四只猫，并答应湖南人一捉完老鼠就还猫。借猫人用口袋背着猫回家乡，走到一座大山上，想看看猫长得什么样，刚打开袋子一只猫就跑了，逃到深山老林，变成了今天的虎。两人接着往前走，来到一个深箐里，心想两边都是山崖，猫即便跑出来，也逃不了，便又打开袋子，刚一打开，又一只猫逃进了深箐里，后来它成了今天的豹子。两人又继续赶路，过一条大河，来到河心时，他们以为在河中猫逃不了，可一打开袋子，又有一只猫跳出来钻进水里去了，后来它变成了水獭。最后只剩一只猫了，两人再也不敢打开袋子，一直把它带到家里。日复一日，年复一年，老鼠捉完了，本来该把猫送还湖南了，可云南人今天推明天，明天推后天，一直没送去。所以，现在的猫在火塘边睡觉时，边打呼噜边哼："今天送我去，不去；明天送我去，不去。"

杨绍明讲述，杨自德、杨春林翻译，杨成记录。收入《云南省武定县民族民间文学集成》，16开，1页，700余字，武定县文化局、民委、文化馆集成办1989年编印。（钱丽云　朱琚元）

猫盖屎的由来

彝族动物故事。流传于云南省建水县彝族地区。讲述的是：很早以前，猫就是动物王国里的攀爬能手。那时候，豹子登门向猫学习攀爬技巧，豹子很快学会了爬树，可下树还没学会，就从树上摔了下来，生性贪婪、残暴的豹子翻了脸，说："我抓到你，要用屁股把你坐死。"猫笑着说："看你的笨样怎么抓得着我，你连我的屎都见不着！"从此，猫屙屎后都会扒灰盖屎，为的就是不让豹子看到。

佚名讲述，李春光搜集，张绍碧整理。收入《云南民间文学集成·建水故事卷》，32开，2页，500余字，建水县文化局、民委1989年编印。（梁红）

野猫和豹子

彝族动物故事。流传于云南省峨山彝族自治县彝族地区。讲述的是：相传，以前野猫和豹子是一对亲密朋友，野猫会上树，豹子捕食能力强。一天，野猫要豹子教它捕食，它教豹子上树。豹子高兴地答应了，并把扑、抓、掀等本领都教给了野猫。野猫过了好长时间后才懒洋洋地教豹子上树，可是当豹子爬到树上，野猫就跑掉了，豹子还没学过下树，只好待在树上，饿了就乱叫。豹子的叫声被村子里的狗听见了，全村的狗"汪汪"地叫个不停，豹子以为猎人来了，就一头栽了下来，摔断了肋骨。打那以后猫与豹就成了冤家。

佚名讲述，矣家福搜集、整理。收入《嵋峨风情》，32开，2页，600余字，峨山彝族自治县民委1985年编印。（普开福）

猫和狗

彝族动物故事。流传于云南省禄丰县彝族地区。讲述的是：很久以前，猫和狗是一对好朋友，一起生活在一个农民家里。有一年，农民在地里种下了大麦和小麦，那一年风调雨顺，收成很好，农民担心小偷和老鼠来偷粮食，就让猫和狗共同守护粮仓。一连几天都平安无事，猫就建议轮流值班，并商定由狗先休息。狗刚去休息，一群小偷就来了，偷走了许多麦子。这一切猫都看见了，但它觉得驱赶小偷不是它分内事就继续睡觉。狗来接班时，猫什么也没说。猫刚离开，一只大老鼠带着许多小老鼠来了，它们贪心地偷吃了许多麦子，狗看见了，觉得捉老鼠是猫的事，翻个身又接着睡觉。日子就这样一天天过去了。有一天，农民来看粮仓，才发现麻袋都被咬破了，麦子撒得遍地都是。农民大怒，责骂猫与狗。猫和狗为了推卸责任，互相指责。农民更怒，干脆把猫与狗一起赶出了家门。从此，猫与狗便成了冤家对头，一直到现在也是这样。

徐永甲讲述，徐震来记录。收入《禄丰县民间故事普查资料汇编》，16开，2页，700余字，禄丰县委宣传部、文化局、民委1988年编印。（钱丽云　朱琚元）

猫狗之仇

彝族动物故事。流传于云南省元江哈尼族彝族傣族自治县彝族地区。讲述的是：从前，有个叫老三的青年，大哥和二哥分给他二两银子后就叫他外出流浪。他在流浪生涯中，用一两银子救了一只快被人宰杀的狗，又用一两银子救了一只被人痛打的猫。从此，狗和猫经常跟老三上山打猎，它们之间非常友好。后来，老三得到了一个要什么就会有什么的金葫芦，不巧被人偷了。狗和猫想尽办法为主人找到了金葫芦，但在过河时，狗为了答猫的问话，让含在口里的金葫芦掉进河里去了。猫请水獭到河里找回了金葫芦，但在主人面前却告了狗的状。主人信以为真，从此厚待猫，亏待狗。狗和猫从此结了冤仇，狗一见猫就咬，借此来发泄心里的怨气。

佚名讲述，许斌强记录、整理。收入《元江民族民间文学资料》第四辑，32开，4页，1900余字，元江哈尼族彝族傣族自治县文化馆1984年编印。（宋自华）

狗为何来到人间

彝族动物故事。流传于云南省峨山彝族自治县彝族地区。讲述的是：从前，狗和狼是同胞兄弟，但这两兄弟一大一小，母亲偏爱大的，给它吃鲜肉，小的则只能吃骨头，每到这时小的便淌着口水“句句”地叫，母亲就在它的叫声“句”旁加个“犭”便叫它狗，把大的在“犭”旁加个“良”叫狼。母亲去世后兄弟俩感情很好，但狗一听见动静总爱叫，狼怕引来豹子劝狗不要声张，但狗改不了，为此兄弟俩只好分开各奔前程。狗学得一套摇尾讨好和拍马屁的本领，它找到了豹子，并用这套本领取得了豹子的信任，和它生活在一起。可狗仍改不了夜里爱吠叫的毛病，豹子劝它不要声张，以免引来百兽之王老虎，可它仍不听，相互争执一番后又只得分开了。狗又用拍马屁的手段讨好了老虎，得到它的信任并和它住在一起，可夜里听到动静时还是要吠叫，老虎劝它不要声张以免引来猎人，可狗不听，老虎怒气冲冲把它撵开了。既然老虎怕人，狗就去找人，人收留了它，狗也帮人们撵猎物。可它遇上狼、豹子和老虎时，总是夹着尾巴来到人跟前，这是因为它们以前有过一段交往的缘故。

邱礼德讲述，申林帮搜集。收入《峨山民间文学集成》，32开，3页，1700余字，云南民族出版社1989年版。（聂鲁）

狗和人密切的故事

彝族动物故事。流传于云南省金平苗族瑶族

傣族自治县彝族地区。讲述的是：古时候，狗四处寻找有胆量的伙伴，它首先找猫做朋友，猫答应了它，但交代狗不准狂吠，否则会惹来老虎。狗又找老虎交友，老虎也应承了它，但也招呼狗不准乱叫，否则会引来猎人。狗便跑去找人做伙伴，人收留了它。半夜雷声隆隆响，狗狂吠起来，人对狗说："叫什么？不过是打雷嘛！"狗找到了胆大的人，从此，狗就与人亲密地生活在了一起。

牛德明讲述，黄德富记录。收入《云南民间文学集成·金平故事卷》，32开，1页，500余字，金平苗族瑶族傣族自治县文联1988年编印。（梁红）

猎狗的故事

彝族动物故事。流传于云南省峨山彝族自治县、新平彝族傣族自治县、石屏县彝族地区。讲述的是：从前，狗、麂子和兔子偷来羊肉，凑齐薄荷、芫荽、葱、辣子等作料在树林里打野餐。麂子和兔子给狗打招呼不能出声，狗承诺不叫，谁知树林里吹来一阵风，狗又禁不住"汪汪"叫起来。麂子和兔子以为是人们提棍子追来，就吓跑了，并把作料碗踢翻在地。狗大声喊叫着："等等我。"并闻着作料的气味继续追去。从此人们就知道狗善于辨认各种气味，便把它训练成了猎狗。

佚名讲述，普飞搜集。收入《哀牢山彝族神话传说》，32开，1页，500余字，云南民族出版社1990年版。（聂鲁）

狗的角哪里去了

彝族动物故事。流传于云南省武定县彝族地区。讲述的是：古时候，狗的头上长着一对短而犀利的角，麂子看到这对漂亮的角十分羡慕，日思夜想，千方百计想弄到这对角。一天，麂子遇见了狗，便十分恭敬地对狗说："狗大哥，你头上这对角实在漂亮，就凭它可以当头人了。我想请你把你的角借我戴两天，进山去给我的同伴们见识见识，宣扬宣扬你狗大哥的威风，等你当了头人或土司时，大家都来当你的佃户娃子。"狗听了很高兴，便答应把角借给麂子三天。三天过去了，麂子没来还角，三十天过去了，麂子也不来还，狗才知道上当了。从此，狗失去了角，一遇见麂子就拼命地追；麂子见了狗，不敢会面，只是拼命逃跑。

刘正讲述，李学能记录、翻译。收入《云南省武定县民族民间文学集成》，16开，2页，1000余字，武定县文化局、民委、文化馆集成办1989年编印。（钱丽云　朱琚元）

狗、猫、老鼠

彝族动物故事。流传于云南省石屏县彝族地区。讲述的是：过去，狗、猫、老鼠生活在一起，相处很和睦。他们的主人有一个祖传宝贝——铜钱，只要用左手轻拍三下，要啥有啥。一天，一个陌生人来主人家寄宿，把宝贝偷走了。狗、猫、老鼠协同找到了偷宝贼的家，并把宝贝悄悄取回。回家的路上，先由猫叼宝贝，但猫到小河边捉鱼时，宝贝滚入小河里，老鼠、狗摸了半天才摸到。后来由老鼠叼宝贝，老鼠到大河边吃辣椒，宝贝再次滚入大河，猫、狗摸到天黑才摸到。回到家后，主人知道宝贝最后是由猫和狗拿到的。就说他只养得起猫和狗，叫老鼠自谋生路。从此，狗、猫、老鼠互相埋怨，狗要咬猫、猫要食老鼠。

佚名讲述，李朝旺搜集、整理。收入《彝族民间故事选》，32开，3页，1600余字，上海文艺出版社1981年版。（李朝旺）

狗为什么吃粮，猪为什么吃糠

彝族动物故事。流传于云南省鹤庆县彝族地区。讲述的是：主人叫狗和猪开荒，狗偷懒，猪老实干活。猪拱完地后见狗还在睡觉，就独自回去了。狗醒来见地已经开好，就在地上跑了几圈才回去。主人见狗喘着气回来得晚，以为狗老实开荒。猪不服气，主人就到地里看，见到处都是狗的脚印，认定狗有功，就给它吃粮，给猪吃糠。

罗其群讲述，罗四保、王四代搜集、整理。收入《鹤庆民间故事集成》，32开，2页，800余字，云南人民出版社1989年版。（张秀娟）

狗和青蛙

彝族动物故事。流传于云南省元江哈尼族彝族傣族自治县彝族地区。讲述的是：有一天，青蛙和狗相遇，青蛙向狗夸口道："告诉你，世上每天生多少人，要吃多少饭，天上哪天打雷、下雨，地上哪天发生地震，天文地理我无所不知。"说罢，跳进了井里。狗有意想试一下青蛙有多大本领，便向青蛙住的三尺井里放了几个大屁。青蛙从井里跳出来，对狗说："刚才天上打雷，很快就要下大雨了，你快回去吧！"狗望着青蛙笑了起来，青蛙问狗笑什么，狗嘲讽道："你连狗屁都不懂，还大吹大擂懂什么天文地理。不懂就不要装懂，虚心向别人学习吧！"狗说完就回去了。青蛙抬头看看天上的烈日，羞愧地低下了头。

佚名讲述，杨正祥记录、整理。收入《元江民族民间文学资料》第六辑，32开，2页，700余字，元江哈尼族彝族傣族自治县文化馆1986年编印。（宋自华）

狗、猫、羊为什么合不来

彝族动物故事。流传于云南省峨山彝族自治县彝族地区。讲述的是：很久以前，狗、猫是一对亲密兄弟，狗有两只角，晚上睡觉要脱下角。山羊无角，很想要狗的角，因而唆使猫去偷。猫为了钱就趁狗大哥睡着时将狗角偷出来卖给了羊。狗醒来后发现角不见了，追查到是猫所为，而猫把卖角的钱都花光了，无法再把角换回来，狗就永远失去了角。从此猫、狗、羊相互结仇合不来，猫、羊很怕狗，一见狗就跑；狗一见猫、羊就要咬。

佚名讲述，龙家义搜集。收入《嶍峨风情》（续一），32开，2页，1400余字，峨山彝族自治县民委1986年编印。（普开福）

狗为什么恨猫

彝族动物故事。流传于云南省禄丰县彝族地区。讲述的是：从前，一个富人家有一颗宝石被贼偷走了，主人就派猫和狗去把宝石找回来。猫和狗走到半路，一条河挡住了去路，狗会游泳，猫不会，狗就驮着猫过了河来到小偷家，狗守在外面，让猫进去找宝石。猫进入小偷家后到处找，发现宝石藏在箱子里拿不出来，就捉了几只老鼠，叫它们将箱子咬开。拿到宝石后，猫和狗往回走，到了河边，狗又将猫驮过了河，狗太累了，想休息一下，让猫等它一下再走。结果狗睡着了，猫独自把宝石拿回家。主人问它狗在哪里，猫回答说狗到半路就没去了。主人听了后用热油煎蛋、炒饭给猫吃，狗回来则只给了它一勺米汤，狗很生气。从此以后，狗一见猫就要撵。

张兰英讲述，李光云记录。收入《禄丰县民间故事普查资料汇编》，16开，1页，600余字，禄丰县委宣传部、文化局、民委1988年编印。（钱丽云　朱琚元）

狗与人

彝族动物故事。流传于云南省禄丰县彝族地区。讲述的是：从前，有个乞丐以讨饭度日。有一天，这个乞丐到太阳偏西时也没要到一口饭，只好回到自己栖身的洞穴里。他又困又饿，倒在洞穴的草窝里刚想睡，觉得身下压着一团毛乎乎的东西。他点起火一看是一只受伤的花狗，已经奄奄一息了，脖子和腿部都受了重伤。他找来了止血消炎的草药给狗包扎伤口，又把前几天讨来的苞谷面调成面糊喂狗。经过他的抢救，狗捡回了一条命。从那以后，狗就和人交上朋友，对主人很忠诚，不管主人打它还是骂它，它都照样忠实地为主人看守家园。

李应章讲述，赵有洪记录。收入《禄丰县民间故事普查资料汇编》，16开，1页，600余字，禄丰县委宣传部、文化局、民委1988年编印。

（钱丽云　朱琚元）

狗找同伴

彝族动物故事。流传于云南省姚安县彝族地区。讲述的是：古时候，狗是由称为小土狗的一种昆虫演变而来的。狗长大后没有朋友，于是它找小白兔做了朋友。到了夜间，狗听到风声就乱叫起来，胆小的小白兔让它不要乱叫，否则狼听见了会来吃它俩的。狗认为小白兔的胆子太小了，于是去找狼做朋友。到了夜里，狗听见风声又乱叫起来，狼让它不要乱叫，以免熊听见了来吃它俩。狗认为狼的胆子小，于是去找熊做朋友。到了半夜，听见声响的狗又乱叫起来，熊叫它别吵了，以免人听见了来打死它俩。于是狗跑出森林来和人做朋友。后来，人们按毛色给狗分工：黄狗撵山，黑狗守庵，花狗守家。

魁文秀讲述，张绍文记录。收入《云南省民间文学集成·姚安县综合卷》，32开，2页，900余字，姚安县文化局、文联1989年编印。（施选　朱琚元）

狗找朋友

彝族动物故事。流传于云南省武定县彝族地区。讲述的是：从前，狗住在树林里，它很爱交朋友，但它崇拜艺高胆大的朋友，讨厌胆小如鼠的伙伴。有一次，狗到山上访友，与狼做朋友，后来知道狼怕熊，又去找熊做朋友。一次，狗和熊去猎食，碰到老虎，熊转身逃走了。狗认为老虎的胆子和本领大，就与老虎交朋友。狗每次和老虎一起出去猎食，满山的野兽看见老虎，都吓得四散奔逃。老虎正在得意之时，却落入了猎人的陷阱。狗认为猎人的胆量和本领大，要人收留它，猎人答应了。以后，猎人教会狗看门、放牧，还带着它上山打猎，狗就再也不离开猎人了。

张世武讲述，陈超廷、朱有凯记录。收入《楚雄民族民间文学资料》第三辑，32开，1页，600余字，云南省社会科学院楚雄彝族文化研究室1982年编印。（李惠兰　朱琚元）

从天上下来的牛

彝族动物故事。流传于云南省石林彝族自治县彝族地区。讲述的是：传说黄牛是天上的一个传令官，那时，天神怕地上的人日子好过了，不服管制，就把人间的种子都收到天宫，并派黄牛到人间监督人类，每天报告靠打猎、采野果充饥的人们的行为。为了不让黄牛告黑状，人们把好吃好喝好用的东西都送给它，黄牛很感动，觉得人很善良，不应如此对待，便从天宫偷了一袋粮种带到人间。天神知道黄牛偷了粮种后，把它罚下人间。善良的黄牛为能让天下人都种上粮食，不再受天神控制，就辛勤地帮助人们拉犁耕种。

李宝兴、杨学诗搜集、整理。收入《昆明民间故事》第一辑，32开，2页，1000余字，昆明市民间文学集成办公室1987年编印。（梁红）

天上下来的牛

彝族动物故事。流传于云南省弥勒市彝族地区。讲述的是：天神使者黄牛与世间人们相处时发现世人的善良与其生活的艰辛，便从天宫偷来了谷种让人们栽种。天神发现后，罚黄牛到人间收回种子。黄牛为了使人们摆脱天神的使唤，没有再回天宫，而是帮人们拉犁种地。

李宝兴讲述，杨学诗记译。收入《弥勒民族民间故事选》，32开，2页，1000余字，弥勒市民委、文化馆1986年编印。（张辉）

牛替换羊犁地的故事

彝族动物故事。流传于云南省武定县彝族地区。讲述的是：古时候，人用羊来犁地，每天只能犁一小块，种出的粮食也很少。羊犁的地旁有个水塘，塘里有几只蛤蟆，经常有几条水牛到塘里打滚，搅得蛤蟆无法安身。有一天，牛听见羊犁地时挣得咩咩直叫，公牛就对母牛说：“羊多可怜，人也憨得很，如果我们来犁，一天可以犁一大片，种出的庄稼也吃不完。”母牛说：“人的力气没有我们大，怎么敢来拉我们去犁地。”公牛说：“他们找不着窍门，如果把我们的鼻子通了穿起来，那我们只有乖乖被拉去犁地了。”塘里的蛤蟆听见后，把这话悄悄告诉了人。人们按照蛤蟆听到的办法驯服了牛，用牛代替羊来犁地，粮食的收成就比过去好多了。牛呢，恨透了蛤蟆，所以过水时，一定要在水中屙屎撒尿，想把蛤蟆呛死。

钱澎泽讲述，杨世成记录、翻译。收入《云南省武定县民族民间文学集成》，16开，2页，1100余字，武定县文化局、民委、文化馆集成办1989年编印。（钱丽云　朱琚元）

牛是怎样被人用来犁地的

彝族动物故事。流传于云南省富宁县彝族地区。讲述的是：牛与人交朋友，一起种庄稼。人对牛很好，除了给牛吃好、睡好外，每年除夕之夜还要将煮熟的粽子先给牛尝一截。后来牛受了老虎的挑拨，跟人讨价还价，不干活还要吃好的。结果人在牛喝水的时候以蚂蟥钻进牛鼻子的话骗牛，用一条青藤拴住了牛鼻子，牛只好认错跟人去犁地。牛很后悔听了老虎的话，直到今天还把老虎当仇敌，老虎见了牛都要赶快逃跑。

黄有福讲述，王名良整理。收入《云南民间故事集成·富宁县卷本》第一卷，16开，2页，1500余字，富宁县民委、文化广播电视局1988年编印。（吴平）

豹子为什么不敢吃水牛

彝族动物故事。流传于云南省元江哈尼族彝族傣族自治县彝族地区。讲述的是：从前，豹子和水牛经常生活在一起，是很要好的朋友，但豹子性凶，水牛对它有所警惕。有一次，豹子饿了，它看着又肥又壮的水牛直流口水。水牛看出了它的心思，就提出同它比赛看谁拉的屎能堵住小溪，如果水牛输了就让豹子吃，否则豹子要认水牛为舅舅。结果豹子输了。又比试力气，豹子又被水牛用角挑出一丈多远。豹子只好认水牛作舅舅，再也不敢有吃水牛的念头了。

佚名讲述，黄文宝、李和三记录、整理。收入《元江民族民间文学资料》第五辑，32开，1页，500余字，元江哈尼族彝族傣族自治县文化馆1985年编印。（宋自华）

水牛和老虎

彝族动物故事。流传于云南省禄丰县彝族地区。讲述的是：在很早以前的一天，老水牛在山上吃草，一只饿虎想要吃掉它，就和它说山上的动物都被吃光了，它已经没有东西可充饥。老水牛答应老虎可以吃它，但有个条件，三天后到这里来，老虎先咬水牛三口，如没有把水牛咬死，水牛就挑老虎一角。老虎同意了。回家后，老虎磨了三天三夜的牙，老水牛在泥塘里滚了一层泥后，又在大松树上揩了一层松香油，就这样一层稀泥，一层松油糊了足有三寸厚。三天后，牛和虎都按时来到约定地点，老虎冲上去连咬了水牛三口，每次都只咬下来一些松香和泥巴。老虎咬了三口没能把水牛咬死，只好让水牛挑它一角。水牛对准老虎肚子猛挑了一角，就把老虎的肠子挑了出来。水牛胜了，为了显示自己的胜利，把老虎的肠子套在脖子上。从那以后，每条水牛的脖子上都有白生生的一圈毛，那是老虎的肠子变成的。

李应章讲述，赵有洪记录。收入《禄丰县民间故事普查资料汇编》，16开，1页，600余字，禄丰县委宣传部、文化局、民委1988年编印。（钱丽云　朱琚元）

水牛的故事

彝族动物故事。流传于云南省新平彝族傣族自治县彝族地区。讲述的是：古时候，地上只长树不长草和粮食，人们靠野果充饥常常发生饥荒。玉皇大帝便派水牛把粮食种子撒向人间，可水牛不小心把粮食种子和草种混杂了。玉帝生气地对水牛说：“你传我的旨意，说粮食遍地长，野草要人栽。”可水牛踩着云端撒种时又错传为：“野草遍地长，粮食要人栽。”玉帝大怒，便罚水牛下到人间帮人栽粮食，而且只准吃草，永远不得回天界。就这样，直到现在水牛还在帮人栽种粮食。

佚名讲述，石原搜集。收入《乡泉集》第二辑，32开，1页，700余字，云南民族出版社1985年版。（聂鲁）

牛无上牙传说五则

彝族动物故事。流传于云南省景东彝族自治县彝族地区。讲述的是：五种关于牛为什么没有上牙的说法。一、老牛和穿山甲赛跑，老牛跑到悬崖边先停住了，后来却与穿山甲同时赶到终点，未分输赢。原来是穿山甲滚下悬崖，老牛不服输，也跳了下去，就把上牙砸掉了。二、老虎嘲笑牛不该替人耕地，牛说人很有办法，老虎不信。人提出先把老虎绑在树上，回家拿“办法”来给老虎看，老虎同意了。人拿来木棒打老虎。老牛在旁边大笑，不小心跌倒，砸掉了上牙。三、牛魔王变成一座庙，要害唐僧师徒。庙门就是牛魔王的嘴巴。唐僧等人进庙后，孙悟空赶紧用金箍棒撑住庙门。第二天离开时，孙悟空取下金箍棒，随手就打掉了牛魔王的上牙。牛是牛魔王的后代，所以没有上牙。四、天神派牛到人间传话，叫人三天吃一顿饭。牛记错了，说是一天吃三顿饭。天神罚牛下凡给人耕地，并把牛从天上推下来，牛砸到芭蕉树上，掉了上牙。牛恨芭蕉树，常用角去挑它。五、豹子不理解牛为什么要替人耕田，牛说人的本事大。豹子不服气，要与人比赛。人把火枪递给豹子，说先吃烟、后比赛。豹子把枪口含在嘴里，请人帮它点火。人点火后豹子被打翻在地，牛笑掉了上牙。

佚名讲述，前四则陶明贵记录，第五则周德翰记录。收入《景东县民间文学集成》，32开，4页，1900余字，景东彝族自治县民委、文化局、文化馆1989年编印。（谢国先）

水牛为什么没有上牙

彝族动物故事。流传于云南省新平彝族傣族自治县彝族地区。讲述的是：狼见水牛被一个叫李智的农夫架着犁地，大为不平，问水牛：“你那么大的身子和力气，怎么被一个人使得团团转？”水牛说：“我空有大力气，斗不过人芝麻大的主意。”狼不信，要跟李智较量。李智问狼能否从一个吊着的藤圈里钻过去。狼想：比这小的山洞我都钻过，何况偌大个藤圈，便二话不说钻了过去，却被活扣勒住脖子吊在树上，奄奄一息地向水牛求援。水牛看着狼哈哈大笑，就把上门牙笑掉了。

佚名讲述，普能搜集。收入《乡泉集》第一辑，32开，2页，800余字，新平彝族傣族自治县民委、文化馆1983年编印。（聂鲁）

牛为何给人耕地与狗为何吃屎

彝族动物故事。流传于云南省景东彝族自治县彝族地区。讲述的是：牛和狗原来是天上的神仙，玉帝派它们到人间传话，叫人每隔三天吃一顿饭，但牛和狗记性不好，把话传错了，说成是一天吃三顿饭。玉帝知道后很生气，说由于牛的错误，人间会有饥荒，因此，罚牛到人间给人耕地；玉帝说狗也传错了话，既然人间一天吃三顿饭，屙的屎一定很多，没有放处，狗就必须把人的屎吃掉。牛和狗于是来到人间生活。

佚名讲述，周德翰记录。收入《景东县民间文学集成》，32开，1页，300余字，景东彝族自治县民委、文化局、文化馆1989年编印。（谢国先）

老水牛撒尿的故事

彝族动物故事。流传于云南省禄丰县彝族地区。讲述的是：老水牛和黄鳝打亲家，黄鳝请老水牛到家里做客，并热情招待了老水牛。一天，老水牛也邀请黄鳝到家里做客，黄鳝跟老水牛一起走出了水面就不能再走了，老水牛想了个办法，自己在前面边走边撒尿，黄鳝在后面顺着老水牛的尿走。所以，现在老水牛仍有边走边撒尿的习惯，那是为了给它的亲家黄鳝到家做客开路。

魏福贵讲述，欧阳映森记录。收入《禄丰县民间故事普查资料汇编》，16开，1页，200余字，禄丰县委宣传部、文化局、民委1988年编印。（钱丽云　朱琚元）

水牛过河为什么要拉屎

彝族动物故事。流传于云南省姚安县彝族地区。讲述的是：很久以前，有位老人捉了一对青蛙拿到田里去拉犁耕田，不管青蛙使多大力气，还是拉不动又重又大的犁，急得两只青蛙四处张望，希望得到大动物的帮助。这时，两只青蛙同时看见一条在山坡上吃草的水牛，于是就求老人高抬贵手，把它们放了，让身强体壮的水牛来犁田。老人觉得青蛙说得有理，就把水牛拉来犁田耙地。果然水牛力气很大，转眼耕完了很多田地。可老水牛一肚子不高兴，恨不得把所有的青蛙都踩死在田里。但青蛙灵巧，蹦来跳去，老水牛始终没有办法踩着，只好在过河时拉屎在河里，想把青蛙的眼睛弄瞎后一脚踩死。

李学英讲述，周家平记录。收入《云南省民间文学集成·姚安县综合卷》，32开，1页，400余字，姚安县文化局、文联1989年编印。（施选　朱琚元）

老牛找龙泉

彝族动物故事。流传于云南省楚雄市彝族地区。讲述的是：牛和狗住在山里，有一年大旱，树枯死了，龙潭、河坝也干了，耗子、蚂蚁都在里面做起了窝。牛和狗渴得到处找水，来到干龙潭里刨起土来。耗子和蚂蚁看它们顶着烈日刨得那么起劲，就议论说："两个憨包，没听说龙泉还能刨得出来。"接着又是阴阳怪气地嘲笑起来。狗受不了啦，瞧瞧火一样的太阳，望望大汗淋淋的牛，狗就歇凉去了。牛气得呼呼喘气，还是不停地刨。当蚂蚁和耗子躲回洞里时，一股龙泉水冲出来，很快便淌满了龙潭，牛高兴地请其他动物来喝水。狗觉得亏心，只敢用舌头舔点水，牛喝着自己挖出来的水觉得特别甜，一口气就喝了半桶。

佚名讲述，唐楚臣搜集、整理。收入《楚雄市民间文学集成资料》，32开，2页，1000余字，楚雄市民委、文化局1988年编印。（李福云　朱琚元）

牛、山羊、绵羊、鸡和狗的故事

彝族动物故事。流传于云南省石林彝族自治县彝族地区。讲述的是：古时候有一年，天下干旱，人畜无水喝，牛、山羊、绵羊、鸡、狗五兄弟决定去山上寻找水源。它们四处找，到处挖，几天过去，还是没有找到水。山羊、绵羊、鸡和狗全泄了气，只有牛埋头挖呀挖。四个懒汉开始嘲笑牛，狗说："如果憨牛能挖出水，我只用舌头舔，若大口喝就让老天惩罚。"鸡和山羊、绵羊听了也纷纷赌咒发誓，若牛挖出水来，它们将要如何如何做。牛听了一点也不泄气。后来牛终于挖出了泉水。牛看到水被自己挖出来了，高兴得哈哈大笑，就笑掉了上牙。从此，鸡每次喝水都要仰望天空，怕雷神劈它；狗只敢用舌头舔水喝；山羊死后不瞑目；绵羊挨杀也不敢叫出声来。

毕凤林讲述，许华、宁艳波采录。收入《云南省民间文学集成·路南民间故事》，32开，2页，1200余字，云南民族出版社1996年版。（梁红）

穿山甲为什么没有牙齿

彝族动物故事。流传于云南省峨山彝族自治县、新平彝族傣族自治县、石屏县彝族地区。讲述的是：从前，一只穿山甲和一条大黑蛇来到一个大山包上，看见山包下有一群人在开垦山地，于是它们打赌看看谁有本事顺利通过人群。穿山甲便缩成一个硬团往下滚，大黑蛇在山上大喊大叫说大石头滚下来了，开垦山地的人们急忙避开。结果穿山甲顺利通过了人群。穿山甲又绕回山包看大黑蛇怎样通过人群，只见大黑蛇大摇大摆地叫喊着："大黑蛇来了！"就向人群蹿去，可人们不但没有闪开，反而举锄把它敲死了。穿山甲见此景，大笑起来，把牙齿全笑掉了，至今也没有长出来。

李开增讲述，李学祯搜集。收入《峨山民间文学集成》，32开，1页，300余字，云南民族出版社1989年版。（聂鲁）

穿山甲和麂子

彝族动物故事。流传于云南省禄丰县彝族地区。讲述的是：很久以前，穿山甲和麂子是一对好朋友，常在一起玩耍。有一日，麂子与穿山甲打赌：请朋友在它俩居住的山上放一把野火，看野火会把谁烧死。约定之后，四面山上的动物都放起了野火，麂子看见火烧过来了，几大步跳离火苗，然后回过头想看看穿山甲被烧死了没有，却发现穿山甲不见了。麂子在野火里东躲西藏，四只脚都被火烧得伤痕累累，脸也被抹成了大花脸。穿山甲呢，早在火烧到之前就很快地打了个洞钻了进去，火烧不到它。从此以后，麂子的后代几乎都留着被野火烧过的印迹，四脚是灰黑色的。穿山甲的后代则怕见阳光，因为当年那场大火灼伤了穿山甲的眼睛，它只敢在夜里出来活动和觅食。

李绍洲讲述，山鸿才记录。收入《禄丰县民间故事普查资料汇编》，16开，1页，500余字，禄丰县委宣传部、文化局、民委1988年编印。（钱丽云　朱琚元）

穿山甲没有牙齿的故事

彝族动物故事。流传于云南省南涧彝族自治县彝族地区。讲述的是：老虎和穿山甲比赛在山崖上滚，由穿山甲先滚，结果它像一块石头滚下来一样，下面挖地的人们一见便闪开了，因而它没有事。到老虎滚时，挖地的人们看见是凶狠的老虎滚下来，大家便拿起锄头来打。穿山甲在一旁看着好笑，等老虎被打死时，穿山甲的牙齿也笑掉了。从此，穿山甲就没有了牙齿。

瞿增才讲述，邓承礼搜集、整理。收入《南涧民间文学选》第一集，32开，1页，700余字，南涧彝族自治县民间文学集成办公室1985年编印。（段葵）

穿山甲、杜鹃、背背笼和铁翎甲

彝族动物故事。流传于云南省楚雄市彝族地区。讲述的是：很久以前，铜穿山甲、铁穿山甲、杜鹃、背背笼和铁翎甲是兄弟，它们住在岩洞里，全靠帮工度日。有一年雨季，岩洞倒塌压死了大哥铜穿山甲，压伤了二哥铁穿山甲。大哥死后变成青松，让兄弟们住松林、吃松果；二哥受伤后胆子变小了，一听到响声就钻进土洞里；老三杜鹃，年年都按时飞回松林里呼唤着死去的大哥；老四背背笼跟在三哥杜鹃后面乱叫；老五铁翎甲"吱喳吱喳"地给四个哥哥站岗放哨，报时打更。

普加元讲述，潘广发记录。收入《楚雄市民间文学集成资料》，32开，2页，700余字，楚雄市民委、文化局1988年编印。（李福云　朱琚元）

螃蟹和驮骡

彝族动物故事。流传于云南省金平苗族瑶族傣族自治县彝族地区。讲述的是：一天螃蟹和蚯蚓两个好朋友在路边玩耍、交谈，傲慢的驮骡跑来站在它们中间说："你俩怎么敢在路中间说话，不要命了！"螃蟹答道："驮骡姐，你真不讲理，路那么宽，你不会从一旁走吗？"驮骡恼羞成怒，尾巴一甩，把蚯蚓甩出老远，又一脚把螃蟹的方形背踩成了驮骡的蹄形。螃蟹和驮骡打起了官司，皇帝派人来调查，认定是驮骡的错。判驮骡交五百元给朝廷，另交五百元给螃蟹做医药费，并令其五天内交清。可五天过去了，驮骡仍未交款。朝廷便判驮骡永远不能生育。从此，驮骡再也没有生育过，而螃蟹的驮骡蹄形伤疤也没有再复原。

佚名讲述，黄永旺搜集。收入《云南民间文学集成·金平故事卷》，32开，1页，700余字，金平苗族瑶族傣族自治县文联1988年8月编印。（梁红）

聪明的小白兔

彝族动物故事。流传于云南省宁蒗彝族自治县彝族地区。讲述的是：从前，有只老虎领着老熊、猴、小白兔三个伙伴玩。有一天，老虎想吃掉这三个伙伴，就先问老熊说自己的嘴巴是否臭，老熊如实回答说："臭。"老虎就以自己这几天没有吃肉，所以嘴就臭为由把老熊吃掉了。问猴子同样的问题时，它回答："香。"老虎又以刚才吃了肉，嘴就香为由，也照样把猴子吃掉了。最后轮到小白兔时，聪明的小白兔就说，自己这几天生病，闻不出味道。就这样，老虎找不到借口便把小白兔放走了。

阿批天哈讲述，肖国华整理。收入《小凉山民族民间文学作品选》，32开，1页，400余字，宁蒗彝族自治县县庆筹备委员会1986年编印。（沙马阿青）

十二地支为何鼠为第一

彝族动物故事。流传于云南省楚雄市彝族地区。讲述的是：天神派太白神星下凡编排十二地支，动物们都来争排第一。牛给人犁田耙地，鼠咬开葫芦救过人类祖先，它俩都对人有功劳，神星就让它们进行比赛，以输赢来决定谁排第一。牛和鼠比赛过河，牛到河中心时，老鼠一跳跳到牛背上，又一跳到了河对岸；牛不服气，又比谁大，牛和鼠同时睡在大路上，过路人一见老鼠就说："这只老鼠真大呀！"两次比赛，鼠都赢了，从此十二地支以鼠为第一。

佚名讲述，者厚培搜集、整理。收入《三女找太阳——楚雄市民族民间文学集》，32开，2页，800余字，云南人民出版社2001年版。（李福云　朱琚元）

鹿角的故事

彝族动物故事。流传于云南省禄丰县彝族地区。讲述的是：很久以前，在大森林里小动物们无忧无虑地生活着。有一天，小公鸡过生日，邀请小伙伴们到它家做客。鸡妈妈将小公鸡打扮得漂漂亮亮，尤其是它头上的那对角，在晨光的照耀下光彩夺目。小动物们从远处采来了一束束鲜花编织成一个美丽的花环，由小鹿代表大家戴在了小公鸡脖子上，小伙伴们围着小公鸡又唱又跳。傍晚，小伙伴们依依不舍地向小公鸡告别。小鹿第二天要去朋友家参加宴会，临走时向小公鸡借它头上的角戴一戴，小公鸡毫不犹豫地答应了。第二天，小鹿戴着小公鸡的角去参加宴会，光彩夺目的角戴在头上，小鹿成了宴会上最英俊的小伙，小鹿便再也不想将角还给小公鸡，就躲进了大森林深处。从此，做了不光彩的事的小鹿怕见到小公鸡，再也不敢走出大森林了。

罗树红讲述，韦正芬记录，李春宾整理。收入《禄丰县民间故事普查资料汇编》，16开，3页，1600余字，禄丰县委宣传部、文化局、民委1988年编印。（钱丽云　朱琚元）

狐狸和兔子

彝族动物故事。流传于云南省禄丰县彝族地区。讲述的是：很久以前，在一座大山里有一只狡猾的狐狸和一群兔子，它们虽然比邻而居，但狐狸却常常偷吃兔子，兔子们非常恨狐狸却又无法对付它。一只聪明的兔子想出了一个让狐狸受苦的绝妙办法。一天，一只兔子来到狐狸洞前，假装觅食，狐狸蹿出来抓住了它，兔子装出一副可怜相，哀求狐狸别吃它，并说地上的肉数驴肉最好吃。狐狸一听口水都淌了，兔子教它能吃到驴肉的办法。晚上趁驴子不备的时候，狐狸用一根草绳一头拴在自己身上，一头拴住驴尾巴。天黑后，狐狸照兔子的话准备了一切，然后张开大嘴向驴子大腿咬去，驴子正在睡觉，冷不防大腿被咬，疼得起身拼命地跑。狐狸被驴子拖着跑，头也撞晕了，脚也撞破了，身上没有一处不受伤的地方。那一群兔子看见狐狸的狼狈样乐得哈哈大笑，兔子生来嘴小，一笑就把嘴崩裂成了三瓣。从此以后，驴子再也不敢卧在地上睡觉，兔子也成了三瓣嘴。

山培珍讲述，山鸿才记录。收入《禄丰县民间故事普查资料汇编》，16开，2页，900余字，禄丰县委宣传部、文化局、民委1988年编印。（钱丽云　朱琚元）

小狐狸巧治马大王

彝族动物故事。流传于云南省弥勒市彝族地区。讲述的是：青面獠牙的马在林中仗势欺弱，想让百兽都臣服于它。小狐狸利用马的蛮横霸气，激它向所谓的百兽王怪石冲撞，结果马上当受骗，撞掉了牙和角。

施绍安讲述，杨学诗、佟金钰记录、整理。收入《弥勒民族民间故事选》，32开，3页，2100余字，弥勒市民委、文化馆1986年编。（张辉）

金麂子和短尾巴老鼠

彝族动物故事。流传于云南省武定县彝族地区。讲述的是：很早以前，短尾巴灰老鼠从江边搬来跟金麂子夫妇做邻居。金麂子夫妇和睦幸福，金麂子的媳妇美丽动人。单身汉灰老鼠醋意大发，便设计离间金麂子夫妇，金麂子的媳妇发现后大骂了灰老鼠一顿。老鼠心想，只有害死了金麂子才能把它媳妇弄到手。于是一次次花言巧语把金麂子骗到民居旁、狼窝旁、虎穴旁、熊窝边，金麂子都脱险回来了。老鼠不甘心失败，再次把金麂子骗到人们将要烧荒的生地中间，指着地中心告诉它，只要挖开那里就会有一大堆好吃的东西。麂子正使劲刨地，突然发觉四周浓烟滚滚、烈火冲天，金麂子抬头一看，原来是人们来烧地了，欲赶快逃命，但已经来不及了，最后，被烧得张着大嘴倒在一个树疙瘩上起不来了。老鼠一看，心中大喜，跑回金麂子家报丧。金麂子的媳妇听到噩耗一下就晕了，醒过来后便提着一罐稀饭去看丈夫。老鼠先跑到地里钻进金麂子嘴里躲起来。待金麂子的媳妇来到后，老鼠装成它丈夫的声音告诉它其死后让它嫁给老鼠。老鼠换好新衣准备当新郎时，金麂子的表哥狸花猫扶着金麂子回来了，大家一起来逮逃进洞里的老鼠，没逮住，让它逃了，只扯断了老鼠的一截尾巴。从此，金麂子夫妇搬进了深山老林，狸花猫就周旋在有老鼠的地方，专门吃老鼠，替老实的金麂子报仇。

佚名讲述，袁佑学记录、翻译。收入《彝族民间故事》，32开，7页，4500余字，云南人民出版社1988年版。（钱丽云　朱琚元）

狡猾的狐狸

彝族动物故事。流传于云南省禄丰县彝族地区。讲述的是：狼和狐狸结伴同行，在路上捡到了一块肉，双方心里都想独吃但谁都没有理由，于是各自在心里打起了主意。狼建议躲到山顶上去吃肉。它俩走到山顶密林里坐定后，假惺惺地互相礼让了一番，狼实在忍不住馋便建议双方比比年龄，谁年岁大就让谁吃了肉。狐狸同意了狼的建议并让狼先说它的年纪，狼说：“我来这大山上住的时候，周围那些小山头还没有长出来呢！平坦坦的一大片，看也看不到边。”狼的话刚说完，狐狸突然哭了起来，狼忙问缘由，狐狸很伤心地说：“你提起那些小山头，我便想起了我的大儿子，它恰好和你同年，它刚生下来时，这些小山头还没有长出来呢！可是现在它长大了，不知到何方谋生了。”狼听了狐狸的哭诉，惭愧地对狐狸说：“是我冒昧了，您老人家的儿子和我同年，我该喊你叔叔才对！”说完把那块肉献给了狐狸。

普正才讲述，李成生记录、翻译。收入《彝族

民间故事》，32开，2页，600余字，云南人民出版社1988年版。（钱丽云　朱琚元）

狐狸和乌龟

彝族动物故事。流传于云南省武定县彝族地区。讲述的是：一天，乌龟在沙滩上晒太阳，不知不觉睡着了。狐狸走过河边，看见乌龟就一把抓住了它。乌龟从梦中醒来，见逃跑已来不及了，连忙把头、脚、尾巴一起缩进硬壳里去，打算看看狐狸到底把它怎么办。狐狸饿极了，便使劲一口向乌龟咬去，哪知坚硬的龟壳差点把它的牙碰掉了，痛得它直抽冷气。狐狸气得捡起一块石头就要朝乌龟壳上砸去，乌龟故作镇静，告诉狐狸自己不怕石头砸。狐狸听了又说要用火烧死乌龟。乌龟也说不怕。这时波浪朝岸边涌来，乌龟故意挪了挪身子。狐狸发现乌龟动了，以为它想跑，赶上去一脚踩住。乌龟大叫："水涨了，快跑！"狐狸可得意了，以为找到了整治乌龟的办法，便一把提起乌龟丢进河里。乌龟从河里冒出头向着狐狸大笑，狐狸知道上了当，只好垂头丧气地走了。

张秀华讲述，潘广发记录、翻译。收入《彝族民间故事》，32开，2页，1100余字，云南人民出版社1988年版。（钱丽云　朱琚元）

智胜老狼

彝族动物故事。流传于云南省禄丰县彝族地区。讲述的是：一天，一只小山羊去海边喝水，半路上遇上了一只饿狼把它抓住了。小山羊急中生智，挣扎着对老狼说自己刚生下来，没多少肉，不如放它去多吃些草，多喝些水，等长出肉来再吃。老狼听听有道理，便放了小羊，约好自己在大柳树下等它。小山羊边走边想脱身的办法，来到芦苇丛中遇到了小兔子，便一起想了一个对付老狼的办法。两个伙伴找来一大卷苇皮让小兔夹在腋下，小兔骑在小山羊身上向老狼等候的大柳树走去。到了柳树跟前，狼还睡在那里淌口水，兔子马上举起手中的苇皮朝四周画一个圈说："奉土王之令，备办虎皮一百张，已备齐；豹皮一百张，也已备齐；狼皮一百张，尚不足一张，前面有一只狼，快快捉住！"狼正睡得迷迷糊糊的，听说要剥它的皮，吓得跳起来拼命逃。跑了一阵，撞上狐狸，狐狸弄清缘由后，知道其中有鬼，便约狼一起回去看看，弄个明白。狼被吓坏了不敢去，狐狸便用藤子将它俩的尾巴拴在一起去看。兔子老远看见狼和狐狸一起走来就高声叫了起来："好哇！狐狸老弟，你献狼来了，狼皮正差一张哩。"狼以为上了狐狸的当，撒腿就跑，把狐狸活活拖死了。

普正才讲述，李成生记录、翻译。收入《彝族民间故事》，32开，2页，1100余字，云南人民出版社1988年版。（钱丽云　朱琚元）

阿尾喜让（杀猪）

彝族动物故事。流传于云南省南涧彝族自治县彝族地区。讲述的是：从前，有母子俩，快过年了，母亲说今年要过个好年，儿子说那就杀一条牛吧，便要去杀牛。牛说："杀了我，谁给你耕地？"儿子想想也是，就去杀公鸡。公鸡说："杀了我，天不亮谁叫你去读书？"他想也是，就去杀狗。狗说："杀了我，贼来了谁给你看家？"他想也是，就去杀猪。猪说："我吃了睡，睡了吃，不为你们做活，那就杀我吧。"从此，人们过年只能杀猪。

张鹏讲述，常顺荣搜集、整理。收入《南涧民间文学集成》，32开，2页，700余字，云南民族出版社1987年版。（段葵）

驴子与狮子

彝族动物故事。流传于云南省元江哈尼族彝族傣族自治县彝族地区。讲述的是：从前，有一头驴子和一只小狮子同住在一个岩洞中，小狮子求驴带它出去见见世面，学些本领，但驴子认为自己的本领已很了不起，所以不愿带它去。小狮子无奈，只好独自出去闯荡了。过了几年，驴子被猎人捕去当坐骑或驮柴驮物。一天，主人把驴子拉到山上，驴子看到一只雄狮，认真一看，原来是长大了的小狮子。驴子向狮子诉说了受人奴役之苦。狮子坦诚地告诉驴，它之所以能成为山中之王，是因为它苦学了多年的本领。

佚名讲述，刘远书记录、整理。收入《元江民族民间文学资料》第四辑，32开，2页，700余字，元江哈尼族彝族傣族自治县文化馆1984年编印。（宋自华）

老鼠为什么怕猫

彝族动物故事。流传于云南省楚雄市、建水县等地彝族地区。讲述的是：原先，猫和老鼠是好朋友，有一年，天帝发出文告要在动物中选十二生肖。选拔那天，猫想睡觉，就和老鼠说，这次选拔很重要，走时别忘记了叫醒它。老鼠答应了。见猫睡下，老鼠心里打起了主意，这次选拔关系到今后的地位，世间那么多飞禽走兽，只选十二名，少一个竞争者，就多一份成功的可能。于是，老鼠扔下猫跑去参加选拔。到了赛场，狡猾的老鼠爬到了高大的牛的角上，不仅入选了，还使自己排在了牛的前面。当猫赶到赛场时选拔已经结束，老鼠看见猫，吓得爬到树上再也不敢和猫见面了。

周成章讲述，李春光搜集，张绍碧整理。收入《云南民间文学集成·建水故事卷》，32开，2页，800余字，建水县文化局、民委1989年编印。（梁红）

大象怕老鼠的故事

彝族动物故事。流传于云南省建水县彝族地区。讲述的是：一天，大象在睡觉，两只老鼠在旁边玩耍，大象非常恼怒它们吵了自己的瞌睡，想踩死它们。不料两只老鼠钻进了大象的鼻子里，又抓又挠，大象被它们弄得无可奈何，只得向它们求饶。

欧云辉讲述，易荣辉搜集。收入《云南民间文学集成·建水故事卷》，32开，1页，300余字，建水县文化局、民委1989年编印。（梁红）

狼背狐狸的故事

彝族动物故事。流传于云南省峨山彝族自治县彝族地区。讲述的是：相传狼和狐狸是结拜弟兄，两个都靠偷盗维持生活。一天，它俩饿极了，到一农家去偷东西吃。狼说它先进去，让狐狸看门。狐狸更狡猾，它说先进去会中埋伏挨打，自己愿意先进去探视为哥效劳。狐狸进去好半天不出来，狼也把头伸进去。这时主人突然回来了，看见狼露着的半个身子，就拎起棍棒把狼打了个半死。狐狸在屋里猛吃东西，发现门外有动静，便打破酱缸裹了一身酱伪装溜跑了。狐狸在小山包上找到了受伤的狼，狐狸说自己伤的更重，被打得浑身是紫红色。狼一看就心疼了，背着根本没受伤的狐狸回了家。

佚名讲述，余小生搜集、整理。收入《嶍峨风情（续一）》，32开，2页，1300余字，峨山彝族自治县民委1986年编印。（普开福）

杀年猪

彝族动物故事。流传于云南省峨山彝族自治县彝族地区。讲述的是：传说三千多年前，人间地少，苍天大王占有大量土地，鸡和猪是一对好朋友。一次苍天大王通知地上所有动物上天开会选举最勤劳的两名动物给大王工作。最终选出了猪为第一勤劳、鸡为第二勤劳。次日清早它俩就去地里做活，猪勤劳肯干，鸡很贪玩，它去捉蝴蝶、撵蚂蚱，玩到天黑时，活计全被猪做完了。鸡害怕大王责怪，就想出高招，它先围着田走了一圈，踩上脚印，然后抢先跑去天堂报告大王，说活计都是它做的。天王去地里看，果真到处是鸡脚印，就认定功劳全是鸡的。当即宣布：今后猪只准吃糠，年底还要供人宰杀过年。

佚名讲述，邱礼兴搜集、整理。收入《嶍峨风

情》，32开，2页，800余字，峨山彝族自治县民委1985年编印。（普开福）

猴子与蒙脸虫的故事

彝族动物故事。流传于云南省宁洱哈尼族彝族自治县彝族地区。讲述的是：从前，一个寡妇领着一个儿子和一个女儿生活，很贫苦。母亲把两个孩子带到山里，孩子在山里饿了吃野果，渴了喝山泉。晚上天气很冷，两个孩子哭了。山神爷来到孩子们面前说：在山里只有身上长毛、能在树上生活才行。两个孩子为了能在山里生存下去，不连累母亲，就变成了猴子。母亲回家后种了庄稼，收了粮食之后，做了饭团到山里找她的孩子。母亲找不到孩子，只见到两只长得像自家孩子的小猴子，可是他们不认识自己的母亲了。母亲很伤心，哭着往回走。她在田埂上用围腰布揩眼泪时，不慎掉进田里，变成了一只虫。那虫的脸上还蒙着一块“围腰布”，所以叫蒙脸虫。

罗成秀讲述，苏贤益搜集、整理。收入《普洱民间文学集成（二）》，32开，2页，1200余字，普洱哈尼族彝族自治县文化广播电视局、民委1989年编印。（施文志）

小兔和大黑熊

彝族动物故事。流传于云南省景东彝族自治县彝族地区。讲述的是：有两口子在山上砍柴，突然跑出一只大黑熊，说要吃他们两个。女人求大黑熊不要吃他们，她回家杀肥母鸡给它吃。大黑熊抓住汉子，叫女人赶快回去杀鸡。女人到家杀鸡煮好后送上山来，路遇一只小兔要吃鸡肉，女人说那是救命的鸡肉，并把事情与小兔说了一遍。小兔说它有办法。女人只好把鸡肉给小兔吃了，然后端着鸡骨头去给大黑熊。大黑熊见了大怒，女人说鸡肉被小兔吃了。大黑熊一愣，就听对面山上小兔大声对这两口子喊：要蒙一个天鼓，已经拿得九十九张老熊皮，还差一张。问两口子身边是不是有一只老熊。老黑熊赶忙叫两口子说身边是一个树桩。小兔又要两口子用斧头砸“树桩”给它看，老黑熊叫汉子轻轻砸。过了一会儿小兔又叫汉子用斧头使劲砍“树桩”，老黑熊就被砍死了。

鲁承忠讲述，陶明贵记录。收入《景东县民间文学集成》，32开，2页，1400余字，景东彝族自治县民委、文化局、文化馆1989年编印。（谢国先）

小花兔和大灰狼

彝族动物故事。流传于云南省巍山彝族回族自治县彝族地区。讲述的是：一天，有只正在吃青草的小花兔，被一只突然蹿出的大灰狼堵住。聪明的小花兔捂着肚子急促地说：“狼大哥，我刚才只顾吃草，不小心吃进一条会让肠子一截截烂掉的‘断肠虫’，我知道你有解药，赶紧给我一副！”垂涎三尺的狼正打算吃小花兔，听它这么说，又恨又恼道：“什么？你吃了断肠虫？”小花兔故意提高声音：“哎哟，肠子疼啊！大哥呀，救我一命吧。”“呸！谁叫你瞎了眼，老子只知道杀生，什么时候知道救命！”大灰狼破口骂着转头跑了。看着大灰狼跑远后，小花兔向大灰狼叫道：“愚蠢的大灰狼，再见啦！”看见小花兔钻进茂密的草丛中，大灰狼才知道自己受了骗。

茶阿五讲述，阿南采录。收入《中国民间故事集成·云南卷》，16开，2页，1000余字，中国ISBN中心2003年版。（梁红）

熊和兔

彝族动物故事。流传于云南省鹤庆县彝族地区。讲述的是：从前，熊和兔子关系很好，谁家的活计忙不过来另一家都会帮忙。一天，熊妈妈背着吃奶的孩子去帮兔子家纺纱。到兔子家后，熊妈妈把孩子交给兔子照看，自己则上楼去纺纱。兔子在楼下做了很长时间的饭，才叫熊妈妈下来吃饭。熊妈妈从丰盛的菜肴中吃到一种味道很鲜美的肉，便对兔子说：“你做了这么多可口的菜，我得让孩子吃点。”“我刚把它喂饱，它正在睡觉，别打扰它。”兔子说。饭后，熊妈妈起身告辞，兔子把孩子给熊背上。熊妈妈一颠一颤往家走，孩子在背上发出“咯咯”的叫声，突然一只大母鸡从她背上飞走了。原来，熊宝宝被兔子杀了做成菜让熊妈妈吃了。悲愤的熊妈妈折回去找兔子报仇，可兔子早已逃得无影无踪。从此，熊和兔子结下了仇，兔子见老熊总是躲得远远的。

绞秀路讲述，绞雄才采录。收入《中国民间故事集成·云南卷》，16开，2页，800余字，中国ISBN中心2003年版。（梁红）

螃蟹和乌龟

彝族动物故事。流传于云南省楚雄市彝族地区。讲述的是：螃蟹和乌龟原来住在荒野里。乌龟无头，生得丑陋，螃蟹的头像蛇头，嘴和眼都生在头上，生得非常好看。有一天，乌龟要去给龙王祝寿，但拜寿要磕头，它就向螃蟹借头。在乌龟的一再哀求下，螃蟹将眼睛和嘴暂时移植到身上，把头借给了乌龟。乌龟来到龙宫向龙王进行了四礼八拜，坐上了上八位。乌龟从龙宫回来就不回荒野了，也不把头还给螃蟹，它怕螃蟹把头要回去，就老把头缩在壳子里。螃蟹没有了头，不好意思见其他动物，只好躲在土洞里。

鲁有发讲述，者厚培记录。收入《楚雄市民间文学集成资料》，32开，2页，700余字，楚雄市民委、文化局1988年编印。（李福云　朱琚元）

爱说假话的羊

彝族动物故事。流传于云南省武定县彝族地区。讲述的是：从前，有一家人，父子四个在一起过日子。一天，老头子买来了一只羊，让三个儿子一人一天地轮流放牧。老大把羊牵到水清草嫩的地方放牧。太阳偏西时，羊肚子吃得圆鼓鼓的，就把羊牵回家关好。晚上羊在厩里用角顶门，大叫肚子饿，老头很生气，责备老大没把羊喂饱。老二、老三去放牧，羊同样如此。老头就以为是他们偷懒，没好好放羊。老头亲自去放牧，结果是一样的，老头才知是羊说假话，就拿把刮刀把羊头上的毛剃光后，把羊赶了出去。羊跑到山上，以为它自由自在了，正在得意时，狼、狐狸来了，可它们被羊吓得没命地跑。大马蜂在羊的亮光头上狠狠地叮了一下，羊“咩、咩、咩”地叫，狼才意识到那是羊，便扑上前去咬断了羊的喉咙，和狐狸一起美美地吃了一顿。

普光炎讲述，潘广发、李国庆、韩天云搜集。收入《楚雄民族民间文学资料》第三辑，32开，3页，1600余字，云南省社会科学院楚雄彝族文化研究室1982年编印。（李惠兰　朱琚元）

豹子身上煳臭味和花纹的由来

彝族动物故事。流传于云南省宁洱哈尼族彝族自治县彝族地区。讲述的是：从前豹子生活在森林里，为躲避树上掉下的雀屎，就搬到草丛中。豹子怕火烧，便向癞蛤蟆请教如何在火烧时逃脱。癞蛤蟆说可以躲到草丛深处的洞穴里，但豹子没有听见洞穴二字。火烧时豹子身上着了火，痛得它到处跑。豹子见到黄牛，黄牛叫豹子在地上打滚。豹子在地上打滚后，身上的火熄灭了，但被草根上的火烫出了许多斑点，很痛。水牛叫豹子跳进池塘里泡一下，豹子跳到水塘后，身上不痛了，但身上的斑点和煳臭味永远除不掉。所以豹子恨癞蛤蟆，见了就用脚踩；也恨黄牛，见了就咬；但豹子却不恨水牛。

徐文彬讲述，黄天麟搜集、整理。收入《普洱民间文学集成（二）》，32开，2页，1200余字，普洱哈尼族彝族自治县文化广播电视局、民委1989年编印。（施文志）

金麂子、短尾巴灰老鼠和狸花猫

彝族动物故事。流传于云南省禄劝彝族苗族自治县彝族地区。讲述的是：原来金麂子和短尾巴灰老鼠是邻居，金麂子老实而勤劳，与漂亮妻子恩爱和睦。那时候老鼠的尾巴是短的，它懒惰又狡猾，经常偷吃金麂子家的东西，谁也不肯嫁给它。一天黄昏，睡醒的老鼠肚子饿得咕噜叫，便往金麂子家钻，看到金麂子刚回来，它美丽的妻子亲亲热热地用舌头舔它身上的灰尘，嘘寒问暖；又看到吃饭时金麂子夫妻相互劝菜，这动人的场景看得老鼠心里又酸又涩，便对金麂子美丽的妻子打起了坏主意。老鼠想用花言巧语骗取金麂子妻子的爱情，没有得逞，又三番五次地想置金麂子于死地，也失算了。老实的金麂子虽然知道老鼠在陷害自己，但是不忍心收拾它。这事让金麂子的表兄狸花猫知道了，很生气，决定吃掉这只害表弟的老鼠。一天，在老鼠故技重演时，狸花猫跳出来逮老鼠，却只抓住了它的尾巴，老鼠急着挣脱，狸花猫紧紧抓住，老鼠尾巴越拉越长，结果老鼠还是逃走了，狸花猫气得叫道："躲得过初一，逃不过十五！"并对金麂子夫妇说："快搬走，不然还要吃亏！"从此，金麂子夫妇搬到大森林居住，狸花猫见老鼠就抓，老鼠则拖着细长尾巴东躲西藏。

张本翠讲述，王昌福、袁佑学搜集、整理。收入《云南省昆明市民间文学集成·禄劝民间故事》，32开，8页，6900余字，禄劝彝族苗族自治县文化局民间文学集成办公室1991年编印。（梁红）

猴子的屁股为哪样是红的

彝族动物故事。流传于云南省石林彝族自治县彝族撒尼人地区。讲述的是：很久以前，有个姑娘与哥嫂过着和睦安详的日子。一天夜里，姑娘被猴子掳到险峻的山洞，无法逃身。一年后，妹妹生下一只小猴子。后来，一直寻找妹妹的哥哥救回了崖洞中的妹妹，但到夜里老猴子就领着小猴，坐在姑娘家门口的石头上哭叫："小儿的妈妈快跟我们回家！"夜夜如此。一天，村民们就把妹妹家门口的石头烧得滚烫，猴子再来坐时，就被烫掉了猴毛，烫红了屁股。

佚名讲述，罗开莉采录。收入《云南省民间文学集成·路南民间故事》，32开，3页，1500余字，云南民族出版社1996年版。（梁红）

鸡的传说

彝族动物故事。流传于云南省昆明市彝族地区。讲述的是：传说高桥村头的竹林边有兄妹俩，他们靠哥哥阿唯编竹器卖来维持生活。娶妻生子后阿唯对妹妹的态度日渐变坏，而嫂子则对妹妹非常疼爱。一日，妹妹偷吃了阿唯买给儿子的麻花，被阿唯打得死去活来。哥哥的狠毒使妹妹失去了活下去的信心，妹妹就对哥哥说："吃了你的东西，我死了变家禽还你。"便绝食而亡。妹妹死后，嫂嫂从妹妹坟上抱回一只小禽，想到妹妹是饥饿而死的，于是称小禽为饥（鸡）。至今，鸡生蛋时还会叫"哥哥——打"。

李春富讲述，张文祥搜集、整理。收入《昆明民间故事》第一辑，32开，2页，1200余字，昆明市民间文学集成办公室1987年编印。（梁红）

家鸡与箐鸡

彝族动物故事。流传于云南省红河县彝族地区。讲述的是：寨子里漂亮的鸡姑娘与英俊的鸭小伙，由父母包办定了亲。可鸭小伙偏偏喜欢箐鸡姑娘，任鸭子夫妇打骂压制，都没能动摇鸭儿子的爱情。鸭子夫妇没办法只得默认它们成亲。家鸡知道后，召集家族成员到箐鸡家声讨："咯呆，还我女婿来。"从此，家鸡和箐鸡成了仇敌，只要相遇便会拼得你死我活。

佚名讲述，白瑞义搜集、整理。收入《红河县民族民间故事》，32开，1页，700余字，云南民族出版社1990年版。（梁红）

老鹰和母鸡

彝族动物故事。流传于云南省金平苗族瑶族

傣族自治县彝族地区。讲述的是：传说母鸡和公鹰原本是一对恩爱夫妇，生活在雪花飘扬的北方。冬天，公鹰决定到温暖的南方觅食。临别前，公鹰把自己最珍贵的夜明珠交给爱妻母鸡保管。不久，母鸡生了一窝蛋，它把蛋当作夜明珠一样守护，当一只只雏鸡钻出蛋壳围着它叫妈妈时，母鸡高兴极了。母鸡整天忙着看护孩子，而忘记了守护夜明珠。夏天，公鹰带着食物回到母鸡身边，向母鸡寻要夜明珠。这下母鸡急了，它慌忙领着小鸡到处扒土寻找夜明珠。公鹰见找不到自己的宝贝，气得直哆嗦，把所有怨恨撒在小鸡身上，便扑食小鸡，喝干它们的血，吃尽它们的肉。就这样，公鹰见到小鸡，便会想起夜明珠，就非把它们吃掉不可。从此，老鹰和鸡成了冤家。

高美芬讲述，徐阳、乡溪记录。收入《云南民间文学集成·金平故事卷》，32开，2页，1500余字，金平苗族瑶族傣族自治县文联1988年8月编印。（梁红）

孵鸭的母鸡

彝族动物故事。流传于云南省红河县彝族地区。讲述的是：从前，鸡和鸭在一片四面环水的草地上生活，鸭子除可以在这片有限的草地上找食吃外，还可下水觅食。不久，草地上的食物日渐稀少，为能到河对岸广阔的丛林寻找食物，鸡请求鸭子载自己过河。鸭子答应了鸡的请求，但要求回报。母鸡只好答应从此为鸭子孵蛋。

佚名讲述，白瑞义搜集、整理。收入《红河县民族民间故事》，32开，2页，1000余字，云南民族出版社1990年版。（梁红）

骄傲的大公鸡

彝族动物故事。流传于云南省武定县彝族地区。讲述的是：有只大公鸡，以为自己有一顶大红冠子和漂亮的羽毛外衣，就高人一等，便目空一切，瞧不起其他动物。有一天，大公鸡到河边啄食吃时看见一只小青蛙在路边晒肚皮，便对小青蛙冷嘲热讽。小青蛙过了好半天才慢条斯理地回击大公鸡说：“外表漂亮说明不了什么，真正有本事才能让人佩服。”公鸡不服气，想找小青蛙比比高低。最后两个决定比比谁先到达河对岸。公鸡冷笑一声，拍拍翅膀，奋力向河对岸飞去，可是飞到河中间便扑通一声掉进水里去了。青蛙却不费吹灰之力，轻松自如地游到了对岸，看着公鸡在水中挣扎，拍翅大喊“救命”。小青蛙等公鸡筋疲力尽、狼狈不堪、可怜巴巴的时候才下水把它救上了岸。公鸡十分羞愧，谢了小青蛙后灰溜溜地走了。

刘正清讲述，李学能记译。收入《云南省武定县民族民间文学集成》，16开，1页，600余字，武定县文化局、民委、文化馆集成办1989年编印。（钱丽云　朱琚元）

公鸡、鸭子和蜈蚣

彝族动物故事。流传于云南省石屏、红河等县彝族地区。讲述的是：从前，动物和人一样，会说话。蜈蚣脚多，谁也不愿跟它玩。善良的公鸡可怜蜈蚣，劝鸭子跟蜈蚣做兄弟。一天，公鸡和鸭子在晒太阳，蜈蚣来请鸭子一起去给它的祖宗拜寿，并求鸭子把长在头上金光闪闪的触角借给它戴。鸭子在蜈蚣的再三请求下，最终把头上的触角借给蜈蚣，可蜈蚣却不想再把触角还给鸭子。公鸡再三劝说，蜈蚣就是不还。公鸡非常愤怒，此后一见蜈蚣就啄食。

佚名讲述，李朝旺搜集、整理。收入《彝族民间故事选》，32开，2页，900余字，上海文艺出版社1981年版。（龙保贵）

蜈蚣和公鸡

彝族动物故事。流传于云南省楚雄市彝族地区。讲述的是：蜈蚣和公鸡原来是一对好朋友，公鸡有一对美丽的角，蜈蚣却没有。一天，蜈蚣要去做客，向公鸡借美丽的角，想将自己打扮得漂亮一点。公鸡毫不犹豫地把角借给了蜈蚣。蜈蚣戴上美丽的公鸡角去做客，客人们都说它的角非常漂亮，个个都恭维它，蜈蚣非常骄傲。蜈蚣回来以后，不肯把角还给公鸡。公鸡很生气，追着蜈蚣要那对角。蜈蚣看见公鸡追来了，连忙往石缝里钻。石缝小，蜈蚣身子大，越钻越紧，结果把身子挤扁了。公鸡在石缝外面啄来啄去，让蜈蚣还角。直到如今，那失信的蜈蚣还是非常害怕公鸡，一见公鸡就逃跑，公鸡见到蜈蚣就要去啄它。

佚名讲述，云南民族民间文学楚雄调查队搜集、整理。收入《彝族民间故事选》，32开，1页，300余字，上海文艺出版社1981年版。（李惠兰　朱琚元）

鸡和鹰

彝族动物故事。流传于云南省弥渡县彝族地区。讲述的是：鸡和鹰是好朋友，一起在天上飞。一天，鸡见晒场上有谷子，便约鹰去吃。鹰吃了一点后就飞走了，鸡却吃得饱饱的，飞也飞不动。鹰觉得鸡太贪心，很生气，就叼小鸡来惩罚鸡。鸡因此很难过，每天早上拍翅膀想飞也飞不起来，嘴里喊着“我——好后悔”。

雨萍讲述，邵世远搜集、整理。收入《大理白族自治州民间文学集成资料·弥渡民族民间故事传说集》第一集，32开，2页，700余字，弥渡县民间文学集成办公室1986年编印。（张秀娟）

公鸡啼鸣的由来

彝族动物故事。流传于云南省南涧彝族自治县彝族地区。讲述的是：古时候，公鸡长着一对漂亮的角，龙王为自己没有角发愁。一天，龙王请蜈蚣帮忙向公鸡借角，公鸡就把自己的角借给它。龙王得到角后，一头钻到海底不出来了。蜈蚣还不了公鸡的角，很害怕，就常常躲在石头下面。公鸡不见蜈蚣还角，每天天不亮就大声呼叫：“蜈蚣——还我角！”

刘世芳讲述，罗成武搜集、整理。收入《南涧民间文学选》第一集，32开，1页，700余字，南涧彝族自治县民间文学集成办公室1985年编印。（段葵）

公鸡、蜈蚣和马鹿

彝族动物故事。流传于云南省楚雄市彝族地区。讲述的是：很久以前，公鸡有一对三支两叉的角，蜈蚣身子是圆的，马鹿身上无斑点。有一天，马鹿想好好打扮一下去做客，就向公鸡借角。开始公鸡不肯借，马鹿就请蜈蚣来担保后借到了角，打扮得漂漂亮亮地去做客，客人们个个称赞它美丽。马鹿做完客就舍不得把角还给公鸡了，跑到树林里躲起来。蜈蚣领着公鸡在树林里找到了马鹿，马鹿不愿还角，蜈蚣咬住马鹿的身子，马鹿疼得受不了，在地上滚了几下就溜了，身上却被蜈蚣咬成斑斑点点，蜈蚣也被马鹿压扁了。因没有要回角，蜈蚣钻进土里躲起来，公鸡就一边扒土一边叫着：“还我角。”

者发贤讲述，者厚培记录。收入《楚雄市民间文学集成资料》，32开，2页，1000余字，楚雄市民委、文化局1988年编印。（李福云　朱琚元）

大公鸡为什么没有生殖器

彝族动物故事。流传于云南省禄丰县彝族地区。讲述的是：相传很久以前，世界上的动物都没有生殖器，为了传宗接代，才上天去向玉皇大帝讨来的。一天，大公鸡到天上讨来了生殖器，被鸭子看见了，鸭子因为自己走得慢，不想上天去讨，就请公鸡把讨来的生殖器让给它，叫公鸡再上天去讨一个。老实的公鸡把生殖器给了鸭子，自己又去天宫找玉帝。玉帝大怒，大骂公鸡道：“放屁，已经给过你一次，不能再给了。”公鸡垂头丧气地回来找鸭子欲要回生殖器，鸭子不给。大公鸡无法，若要传宗接代，就只能用玉帝赐给它的那句话“放屁”。

周兴才讲述，欧阳映森记录。收入《禄丰县民间故事普查资料汇编》，16开，1页，400余字，禄丰县委宣传部、文化局、民委1988年编印。（钱丽云　朱琚元）

背背笼

彝族动物故事。流传于云南省巍山彝族回族自治县彝族地区。讲述的是：穷石村后有一道连接两山悬崖的渡槽，又通水又当桥。村民蒙大妈有个心灵手巧的姑娘白妞，跟蒙五十的独儿子蒙虎两小无猜，长大后成了夫妻。刚完婚，新来的村主看见白妞，便生歹意，以蒙虎猎到老熊不上贡为借口，把他打进监牢，蒙虎父母由此含恨而死。白妞心生一计，向村主提出若厚葬蒙虎的父母，放出蒙虎，就以身相许。村主只好放出蒙虎，但要他背走穷石村所有石头，想把他折磨致死。白妞又生一计，提着酒去见村主说："请允许我替蒙虎背一天石头。"她想用毒酒毒死村主，让蒙虎逃走。不料，白妞刚背上石头、蒙虎刚走时，毒酒被发现，村主的人追捕蒙虎。蒙虎到渡槽上时，向白妞喊："背背笼！背背笼！"想告诉白妞背背笼逃走，自己准备跳悬崖。白妞不逃，反而向他跑来，也跳下了悬崖。这时山箐里腾起两股雾，雾又变成两只鸟，嘴里叫着"背背笼，背背笼"向天空飞去。蒙舍诏王得知此事后，修建寺观，昭示百姓禁捕背背笼鸟。

佚名讲述，张文献搜集、整理。收入《巍山彝族回族自治县民间文学集成资料·南诏故地的传说》，32开，11页，7000余字，巍山县民间文学集成办公室1987年编印。（段葵）

背背笼与布谷鸟

彝族动物故事。流传于云南省双柏县彝族地区。讲述的是：过去，有两个同父异母的兄弟感情笃深，而狠心的后娘蓄意要将老大害死，拆散兄弟俩。一天，后娘把一袋炒熟的芝麻给大儿子，一袋生芝麻给自己的亲生儿子，叫兄弟俩一路点种芝麻远走他乡，并嘱咐返回时顺芝麻生长的路线才不会迷失方向。兄弟俩来到半路上歇息，弟弟觉得哥哥的芝麻很香，就提出和哥哥交换，好心的哥哥答应了弟弟的要求，结果弟弟迷失在荒郊野外，哥哥反而顺利返回家。后母见自己的阴谋没有得逞，又叫大儿子背着一袋炒熟的芝麻去找弟弟。可怜的哥哥在深山老林里大声喊弟弟的名字，找了数日却不见弟弟的影子，又冷又饿就死在深山里了。后来老大变成了一只背背笼雀，老二变成了一只布谷鸟，每到清明节前后，背背笼鸟和布谷鸟一呼一应。

周兴发讲述，毕开华、苏锡纬等记录。收入《双柏民间文学集成》，32开，2页，900余字，云南民族出版社1992年版。（施选　朱琚元）

金雀与银雀

彝族动物故事。流传于云南省红河县、元阳县彝族地区。讲述的是：传说远古时，在遥远的天地相接的南边和北边分别栖息着金雀和银雀。有年春天它们相对而飞，不期而遇，一见钟情，难舍难分，互相表达爱慕，畅谈未来。不料后来黑鸟插足，害死了金雀，抢走了银雀，并啄瞎营救金雀的采药老人的双目。后来，采药老人和银雀相遇，诉说各自的遭遇，银雀用泪水治好了采药老人的双目，并在采药老人的指点下，找到金雀，使金雀死而复生，两雀结为终身伴侣，寸步不离，自由翱翔。

李正兴讲述，李荣光整理。收入《火童——巴赛民间文学集》，32开，3页，2500余字，中国文联出版社1999年版。（龙倮贵）

懊悔雀

彝族动物故事。流传于云南省禄丰县彝族地区。讲述的是：从前，有一对穷夫妻，靠打鱼为生。有一天，他们刚把打来的鱼装在鱼箩里，一只老鹰就叼着一尾小红鱼飞过他们的头顶，那尾小红鱼掉了下来，正好掉在鱼箩里。夫妻俩非常高兴，就把小红鱼捉在手中玩。只听见小红鱼像人一样说话了，告诉他们自己是南天门守门的童子，因犯了天条，被贬下人间受苦。如果他们放了它，它将报答他们。夫妻俩听了小红鱼的话，就把它放在地上，小红鱼打了一个滚就变成了一个小伙子。小伙子拿出一根弯弯的高粱秆给夫妇俩，告诉他们走到一个大青石岩前边敲边说“青石岩，快开门来，穷人要进来”就可以过上荣华富贵的日子。夫妇俩照小伙的话去做了，果然过上了好日子。后来，夫妇俩觉得无聊了，决定重新回到人间。回来一看，才发现人间已过了三百年，他们带回来的金银珠宝也全部变成了石头。他们又回到青石岩前，可青石岩再也不开了。夫妻俩走投无路，双双碰死在大青石岩上，死后变成一对懊悔雀，天天在青石岩边“懊悔、懊悔”地叫个不停。

陈国祥讲述，欧阳映森记录。收入《禄丰县民间故事普查资料汇编》，16开，2页，500余字，禄丰县委宣传部、文化局、民委1988年编印。（钱丽云　朱琚元）

星花雀

彝族动物故事。流传于云南省新平彝族傣族自治县彝族地区。讲述的是：从前，有一对相濡以沫的兄弟福生和二宝。自哥哥福生娶了媳妇后，弟弟二宝的不幸就开始了。心肠狠毒的嫂嫂总是虐待二宝，二宝起早贪黑干活还吃不饱，可哥哥护着妻子不为弟弟说半句话。一天，哥嫂出门，留二宝在家领娃娃、做家务。到晚上，娃娃大哭不止。哥嫂回来后，娃娃仍哭闹不歇。嫂子认为二宝偷吃了娃娃的饭才使娃娃如此哭闹，便劈头盖脸打二宝。二宝边哭边争辩：“我没有偷吃，不信你们剖开我的肚子瞧。”这对丧尽天良的夫妇果然剖开二宝的肚子，一看除了几颗囫囵苞谷外，什么也没有。从此山上多了一种满身星花的雀，总是站在寨外大青树上鸣叫：“毒心哥哥，狠心嫂嫂。”据说它就是二宝变的，那身上的星花是嫂嫂打他时留下的痕迹。

佚名讲述，杨玉珍搜集。收入《新平县民间故事集成》，32开，2页，1400余字，云南人民出版社1999年版。（聂鲁）

永远不栽秧鸟

彝族动物故事。流传于云南省峨山彝族自治县彝族地区。讲述的是：从前，有一户有哥嫂和妹子的人家，嫂子虽长得眉清目秀，可是个懒女，还时常虐待勤快的妹子，让妹子没日没夜地干活。这年栽秧季节，狠心的嫂子要妹子每天栽完五分田的秧才能回家里吃饭，妹子披星戴月累上几天便累死在田里了。之后妹子的魂变成了一只不起眼的小鸟，每到栽插时节便悲戚地叫着，乡亲们把它叫作永远不栽秧鸟，只要一听到它的叫声，就知道栽插时节到了。

张凤华等讲述，李学祯搜集。收入《峨山民间文学集成》，32开，2页，800余字，云南民族出版社1989年版。（聂鲁）

苦果鸟

彝族动物故事。流传于云南省楚雄市彝族地区。讲述的是：很早以前，有姐妹二人，爹妈早逝，家里吃的穿的都由姐姐掌管，妹妹缺衣少食。长大后，姐姐嫁给了蔡少爷做夫人，妹妹嫁给了清贫的盐商阿牛哥。阿牛在一次外出卖盐途中遇害，妹妹艰难地抚养着两个未成年的孩子。有一年，家乡遭水灾，连山毛野菜和草根树皮都全部吃光了。妹妹跑到县城跟姐姐借粮食，未借到，妹妹只好含着辛酸的眼泪回家。路上，一条斑色蟒蛇拦住了妹妹的去路，她把蛇带回家里放入锅中，加水烧。第二天一早，揭开锅盖一看，蟒蛇竟成了一锅银子。后来妹妹的大儿子考中进士，做了官，他刚正廉洁，日子也很清贫。在他妈妈五十岁生日这天，他买了一条绸带交给妈妈，妈妈认出这是三十年前阿牛哥送给自己的订婚绸带，一打听才知道卖绸带的人是自己的姐姐。原来蔡少爷经常赌博，输光了家产，姐姐出主意抢一个商人来做垫本，意想不到的是，竟然成了出谋杀害妹夫的元凶。姐姐无脸活在世间，上吊自杀了，变成了偷吃苦梨、自食苦果的苦果鸟。

鲁发智讲述，张正学、王运高记录。收入《楚雄市民间文学集成资料》，32开，4页，2200余字，楚雄市民委、文化局1988年编印。（李福云　朱琚元）

狗哇鸟的故事

彝族动物故事。流传于云南省楚雄市彝族地区。讲述的是：有一年，一对青年男女在跳舞、唱"阿苏找"中相识后，相亲相爱，结成了夫妻。时过不久，温顺的媳妇时常受到恶婆婆的无端刁难和责骂，丈夫出门时婆婆只给她吃剩菜剩饭。有一天，婆媳两个去薅秧，带去的晌午饭被狗吃掉了，婆婆诬陷说是媳妇偷吃了，就把媳妇一顿毒打。委屈的媳妇活活气死在田头。死后她变作一只小鸟，凄惨地叫道："狗哇！狗哇！"那意思是说，偷吃晌午的是狗哇！

佚名讲述，李万才搜集、整理。收入《楚雄市民族民间文学集》，16开，1页，500余字，楚雄市文化馆1991年编印。（李福云　朱琚元）

绿斑鸠

彝族动物故事。流传于云南省楚雄市彝族地区。讲述的是：过去有一户人家，只有婆媳二人过日子。婆婆心狠手辣，时刻想方设法虐待媳妇；媳妇贤惠善良，勤劳能干，孝顺婆婆，却总得不到婆婆的欢心。一年七月，山上种的一大片荞子熟了，婆婆为了省工，叫媳妇一人将荞子全部收回。媳妇来到地里，起早摸黑，一个人割啊割，转眼半月过去了，山坡上的荞子还没收掉一半。眼看荞子要烂在地里了，她又急又气，想偷偷以五升荞子作为工钱请工帮忙。她来村里请工，乡邻们都怕惹事，她从村头说到村尾，可谁也不敢帮她的忙。她只好独自一人回到山上继续割荞子。太阳落山了，林中的雀鸟都飞回巢去，只有苦命的媳妇还在忙碌劳累，她越想越气，最后气死在地头，变成一只绿斑鸠飞走了。因为她死时头裹红包头，身穿绿衣裳，所以后来绿斑鸠全身翠绿，脑门上却长着一团金红色的羽毛。

杞应章讲述，祁树森记录、翻译。收入《彝族民间故事》，32开，3页，1800余字，云南人民出版社1988年版。（钱丽云　朱琚元）

猫头鹰的来历

彝族动物故事。流传于云南省永仁县彝族地区。讲述的是：很久以前，有兄妹俩，父母早亡，相依为命，以砍柴为生。一天，兄妹俩一同上山砍柴，妹妹砍好柴后，就喊哥哥一起回家，可是，从山前喊到山后，始终听不到哥哥的回音。妹妹着急了，满山遍野到处找哥哥，所有的树缝找遍了，只找到一把斧子。妹妹哭成了个泪人，气死在山上，变成了一只猫头鹰。每当夜深人静时，她就喊着"找哥哥，找哥哥"地飞遍高山密林找哥哥。听见猫头鹰的叫声，人们寄予无限同情。所以直到现在，彝家寨子不准任何人伤害它。

尹国朱、尹凤真讲述，殷钟、李承顺记录。收入《楚雄民间文学资料》第二辑，32开，1页，400余字，云南省社会科学院楚雄彝族文化研究室1982年编印。（施选　朱琚元）

猫头鹰

彝族动物故事。流传于云南省昆明市彝族撒梅人地区。讲述的是：传说比塔和阿菜是一对相互关爱而又勤劳的兄妹，哥哥比塔能耕田种地，又能狩猎采果；妹妹阿菜会种麻，还会纺线织麻布缝衣服。他们的日子在辛勤劳作中日渐富足。不久，耗子精变成美女嫁给比塔，从此比塔变得好吃懒做，没了良心，时常打骂妹妹，逼着吃不饱的阿菜干所有的活计。野牛非常同情阿菜，驮着她逃跑了。比塔用箭射穿了牛鼻子，阿菜从野牛背上滑落跌下了狮子岩，比塔就用藤条套住牛鼻子让它代替妹妹干活。阿菜变成了猫头鹰，把耗子精追得现出了原形。比塔看到这一切，悔恨不已。从此，人们学会用牛来犁地，并有了猫头鹰帮助捉拿耗子、看护庄稼。

飞崇义讲述，灌玉搜集、整理。收入《昆明民间故事》第一辑，32开，2页，1400余字，昆明市民间文学集成办公室1987年编印。（梁红）

恨虎

彝族动物故事。流传于云南省姚安县彝族地区。讲述的是：很久以前，姚安大黑山上住着一对彝家姐妹，她俩常年早出晚归，在大黑山上以种荞子、山地麦子为生。一天清早，姐姐到山中砍柴，妹妹在家中煮饭，到了中午也不见姐姐回来，妹妹十分焦急，便进入深山老林去找，可喊破了嗓子，踏遍了整个山林，都没有姐姐的踪影。最后在一棵马缨花下发现了姐姐的砍刀和绳子，旁边还有一摊殷红的血。妹妹断定姐姐是被老虎吃掉了，她伤心地在林中走来走去，不断大声呼唤姐姐。经过七天七夜后，妹妹也活活哭死在山中，变成了一只猫头鹰。每到夜里，猫头鹰就发出“我恨虎”的悲鸣声，所以人们又把猫头鹰称作“恨虎”。

董菊英讲述，黄人昌、董家成记录。收入《云南省民间文学集成·姚安县综合卷》，32开，1页，400余字，姚安县文化局、文联1989年编印。（施选　朱琚元）

山公鸡

彝族动物故事。流传于云南省大姚县彝族地区。讲述的是：从前，在大山脚下有一家人，爹妈早已去世，留下兄弟二人相依为命。一天，哥哥在山上开地，看见一个大土洞，便捡起一块石头扔了进去，只听一声惊叫，一股阴气把哥哥推倒在地。弟弟正挑着饭食走来，看见哥哥倒下，急忙放下食担向哥哥跑去。原来洞里住着一个狠毒的独角魔王，它常常坑害附近的农民，刚才哥哥扔的石头激怒了它，是它吹出的毒气把哥哥给毒死了。这时它仍怒气未消，看见弟弟向这边跑来，冷冷一笑，把手一甩，一条大河从天而降将弟弟拦住了。弟弟没法渡河，见哥哥倒在对面地上再没起来，就整天整夜地在河边一边哭一边大声喊哥哥。弟弟哭干了眼泪，变成了一只美丽的山公鸡，到处寻找哥哥。现在，我们还常听到它“哥哥、哥哥”的叫声。

佚名讲述，周山红记录、整理。收入《大姚县民族民间文学集成》，32开，1页，300余字，云南民族出版社1991年版。（施选　朱琚元）

赶马雀

彝族动物故事。流传于云南省玉溪市彝族地区。讲述的是：传说有一户人家，父母早亡，只有憨厚老实的哥哥、弟弟和嫂嫂三人靠打鱼为生。好吃懒做的嫂嫂内心里爱慕小叔弟，常来勾引，弟弟坚决反对。嫂嫂便想出更坏的主意来挑拨兄弟俩的关系，她先联合丈夫对弟弟进行刁难辱骂，将他赶进猪圈里住；后来她又安排三人划船捕鱼，故意使两个男人打起来，有意保护弟弟而淹死了哥哥。弟弟知道了嫂嫂的全部阴谋后，跑出家门到河边找哥哥，自己也跳下了河。过了一阵，水中飞出一只小鸟，凄惨地叫着：“哥，哥，哥哥呀！”边喊边飞向了高空。此后在玉溪山上经常能听到这种鸟的叫声，人们称它为赶马雀。

张薛氏讲述，张士禄、陈丽芬记录、整理。收入《玉溪市民间文学集成》，32开，3页，2100余字，玉溪市文化局、民委、文联、群艺馆1989年编印。（普开福）

鸡不在

彝族动物故事。流传于云南省江川县（今玉溪市江川区，后同）彝族地区。讲述的是：从前，有一个小女孩受晚娘的折磨，喂猪、扫地、背娃娃样样苦活都要做。一天，晚娘去上街，家里的鸡被隔壁的王婆偷了一只，晚娘回来后就大发威风打骂姑娘，并让她找回鸡来。姑娘到处找鸡也找不到，晚娘用棍子接二连三地打她。晚娘问："鸡在不在？"姑娘回答："鸡不在。"问一声，打一棒，挨一棒，退一步，姑娘最后退到箐边没站稳，摔死了。后来从摔死姑娘的箐里飞出了一只鸟，晚娘到哪里，就追到哪里，并凄惨地不停叫喊："鸡不在！鸡不在！"

安朝义讲述，杨忠友、李志忠、戴琼凤搜集，杨忠友记录。收入《江川县民间文学集成》，32开，2页，1200余字，云南人民出版社1997年版。（普开福）

布谷鸟

彝族动物故事。流传于云南省通海县彝族地区。讲述的是：从前，通海秀山之麓有一个打荞村，住着能干的种田人卜古，他以热情、好客、慷慨而出名。杞麓湖畔黄家嘴有个打鱼人叫占云，他有"雁过拔毛"的坏名声。一天，他遇见卜古后主动要与之结拜兄弟。卜古只好勉强同意并先请他到家做客，以杀鸡、烹鱼、酒肉款待。风和日丽的一天，卜古带着儿子回访占云，却遭冷遇，吃的只是稀饭和三条小猫鱼。甲子年大旱，山地颗粒无收，而占云栽的海田却丰产。卜古就到占云家借食物，占云装穷叫苦，只借给卜古半小捆海菜花，气得卜古扔了海菜花就走。丙寅年大水淹没海田，山地丰收，占云去卜古家借粮，卜古无偿地给了他两驮米，占云不但不感恩反而眼红生了坏心，诬告陷害卜古。三天后卜古被抓到县衙门，罪名是卜古家里人来人往，意在聚众谋反。卜古被关押十年后才放出来，此时已是妻离子散，才五十多岁卜古便死了，其灵魂化作了布谷鸟。春雷夏令，人们总能听到"布谷、布谷"的叫声，它在告诉人们，勤劳耕作，好心做人。

佚名讲述，周水晶搜集。收入《云南民间文学集成·通海县集成卷》，32开，4页，3100余字，通海县文化旅游局、文化馆1999年编印。（普开福）

罗搬金

彝族动物故事。流传于云南省石屏县彝族地区。讲述的是：罗搬金出生在彝寨一户穷人家，由于贫穷，父母把十来岁的他送到财主家当帮工。在一个暴雨之夜，财主逼着年幼的罗搬金三番五次到山上寻找丢失的羊，饥寒交迫的罗搬金支持不住倒在了树下，变成了一只鸟，并不停地叫："夺夺威，威威峨，哈车阿阿拉！"（彝语，意为伙伴们，喂！见我的羊了吗），人们称这种鸟为"罗搬金"，也有人称绿斑鸠。

佚名讲述，张士林搜集、整理。收入《云南民间文学集成·石屏故事卷》，32开，4页，2000余字，石屏县文联1996年编印。（梁红）

梨花雀

彝族动物故事。流传于云南省新平彝族傣族自治县彝族地区。讲述的是：有一对叫黄珠和黑珠的孤苦伶仃的姐妹俩，相濡以沫过日子。她们养了一只羽毛洁白的雀，雀一鸣叫，黄珠就到各村寨报信雀叫了，种庄稼的季节到了。大家便按黄珠姑娘的口信下种，年年丰收，人们很是感激她俩。但懒人尼豪对黄珠怀恨在心，一天，他挑拨黑珠说："你们姐妹生活过得苦就坏在那只白羽雀上，它一叫你姐就要到各村寨报信，等人家栽种完了，你家才开始种，收成就不好。"经不住挑唆的黑珠把白羽雀打死了。当时黄珠正在崖头上采野菜，她只感到眼前一黑便栽下崖头摔死了。死后黄珠变成了一只羽毛洁白的雀，每到栽种季节就"背背箩、背背箩"地叫，提醒人们应下种栽种了，人们就把它叫作梨花雀。

熊国周讲述，冯德胜、白永先搜集。收入《乡泉集》第二辑，32开，2页，1100余字，云南民族

出版社1985年版。（聂鲁）

丁丁雀与鹞鹰

彝族动物故事。流传于云南省江川县彝族地区。讲述的是：从前，住在悬崖上的鹞鹰下蛋孵不出雏，就去找丁丁雀帮忙。双方商定丁丁雀的幼鸟由鹞鹰带回去帮助看养，鹞鹰的蛋交由丁丁雀孵育。鹞鹰把蛋留下，就带上一窝健壮的小丁丁雀回去了。隔了一段时间，鹞鹰来到丁丁雀家，见到自己的小宝宝个个毛光水滑，万分感谢后带着自己的小宝宝回去了，并答应马上送回那窝健壮的小丁丁雀。可是，过了几天小丁丁雀还未送回来，丁丁雀夫妇急了，就去找鹞鹰，并大喊："还我儿来，还我儿来！"鹞鹰躲在石崖洞中不出来，并说："你们的儿女掉下悬崖粉身碎骨了。"其实小丁丁雀被鹞鹰吃了。老丁丁雀无奈只好哭丧着脸回家去。从此，只要发现鹞鹰，丁丁雀们就群起而追逐围攻，并不停地喊："还我儿来，还我儿来！"

普鸿高讲述，蒋文森、李志中搜集、整理。收入《江川县民间文学集成》，32开，2页，1200余字，云南人民出版社1997年版。（普开福）

炸鸪的故事

彝族动物故事。流传于云南省景东彝族自治县彝族地区。讲述的是：很古的时候，有一个男人讨了两个老婆，两个老婆各生得一个姑娘，大老婆的姑娘是姐姐，小老婆的姑娘是妹妹。没过几年，大老婆死了，小老婆狠心地虐待大老婆留下的姑娘。小老婆在深山里开了一片地，叫姐妹两人去各种一块麻子，种不出来就不准回家。小老婆给姐妹两人种子，姐姐得到的是炒熟的种子。姐妹两人带着小黑狗进山，妹妹撒种三天后就发芽了，姐姐撒种后一直不发芽。姐姐叫妹妹先回家，妹妹把小黑狗留给姐姐。姐姐在山里饿死后变成一只绿鸟，小黑狗饿死后变成一只黑鸟跟在绿鸟后边。人们把这两只鸟叫作炸鸪。

罗宗旺讲述，陶明贵记录。收入《景东县民间文学集成》，32开，2页，1000余字，景东彝族自治县民委、文化局、文化馆1989年编印。（谢国先）

雨水雀

彝族动物故事。流传于云南省景东彝族自治县彝族地区。讲述的是：从前，有家人讨得个媳妇，名叫丁桂林，她很能干，但婆婆总是折磨她。媳妇受不了，便逃进无量山。小姑到山里去找嫂嫂，不停地叫着嫂嫂的名字"丁桂林，丁桂林"。后来，小姑死在山上，化成一只小鸟，还在呼喊嫂嫂。因为小鸟叫后不久，雨水就会下来了，所以人们把小姑死后变成的小鸟叫雨水雀。直到现在，人们一听到"丁桂林，丁桂林"的叫声，就会说："雨水雀叫了，雨水快来啦。"

罗宗良讲述，陶明贵记录。收入《景东县民间文学集成》，32开，1页，400余字，景东彝族自治县民委、文化局、文化馆1989年编印。（谢国先）

老憨斑

彝族动物故事。流传于云南省景东彝族自治县彝族地区。讲述的是：老憨斑是一种像鸽子一样的鸟。以前，老憨斑的羽毛很漂亮，尾巴很长。另一种叫作竟叉叉的鸟总是跟在老憨斑旁边，奉承它，讨好它。老憨斑就把竟叉叉当兄弟。一天，竟叉叉说想借老憨斑的衣裳穿穿，老憨斑就借给它了。竟叉叉穿上了老憨斑的衣裳飞走了，边飞还边得意地叫道："细细长长，好好看看。"老憨斑知道上当了，只好把竟叉叉脱下的衣裳穿起，结果是又丑又短。老憨斑气愤不过，就到处咒骂竟叉叉："割你的肉煮，割你的肉煮。"

佚名讲述，陶明贵记录。收入《景东县民间文学集成》，32开，2页，500余字，景东彝族自治县民委、文化局、文化馆1989年编印。（谢国先）

雇姑的来历

彝族动物故事。流传于云南省景东彝族自治县彝族地区。讲述的是：从前，有个老妈妈领着一儿一女，儿子长大了，妈妈给儿子讨了个媳妇，但婆媳之间合不来，婆婆经常打骂媳妇，姑嫂却相处很好。春天家里养蚕，老妈妈叫媳妇和女儿上山采桑叶，桑叶被别人采光了，媳妇和女儿都不敢回家。女儿怕嫂嫂回家挨母亲打骂，就求山神让山上长出桑叶，自己愿意嫁给他。果然山上的树都变成了长满桑叶的桑树。第二天，姑嫂再上山时，风把小姑卷走了。嫂嫂在山里呼唤小姑，力尽而亡。嫂嫂的灵魂变成小鸟，每到春天就在山上呼唤“找姑找姑”，所以人们又把这种鸟叫找姑鸟，也叫雇姑。

罗京良讲述，陶明贵记录。收入《景东县民间文学集成》，32开，2页，1000余字，景东彝族自治县民委、文化局、文化馆1989年编印。（谢国先）

云雀

彝族动物故事。流传于云南省昆明市彝族撒梅人地区。讲述的是：古时候，撒梅人居住在昆明坝子里，因兵乱和洪灾，英雄阿朵带着大伙向山上迁移。而山里的粮食被天公收上天庭让耕娘仙子耕耘。耕娘仙子非常同情人类、爱慕英雄阿朵，便悄悄把粮食带到人间。人们有了粮种，却没有水栽种粮食，耕娘仙子和阿朵便请求老爷岭上的白龙公主开山放水，白龙公主却要阿朵与之成亲，耕娘仙子只得牺牲爱情。不久，天公得知耕娘仙子带粮食到人间的事后，就恼怒地把她变成了小鸟。从此，每到开春人们便会看到有只鸟鸣叫着直冲云霄，它就是不屈的云雀。

飞崇义讲述，灌玉搜集、整理。收入《昆明民间故事》第一辑，32开，2页，1100余字，昆明市民间文学集成办公室1987年编印。（梁红）

天鹅

彝族动物故事。流传于云南省昆明市彝族撒梅人地区。讲述的是：相传撒梅寨里有个人见人夸的美丽姑娘丝撒洛，她与青年猎人阿朵成亲后过着美满而甜蜜的日子。赞美的话听多了她便想用白云纺线，彩霞裁衣，到天上与白云比美，为此她整日愁眉不展。深爱丝撒洛的阿朵为使妻子高兴，便登上高山去摘白云，却从高空坠入了滇池，再也没回来。失去了幸福的丝撒洛整日望着滇池呼喊“阿朵，阿朵”，伤心绝望的她化成了白天鹅飞上高空、落到湖边草地，到处寻找阿朵。

飞崇义讲述，灌玉搜集、整理。收入《昆明民间故事》第一辑，32开，2页，1100余字，昆明市民间文学集成办公室1987年编印。（梁红）

“等等哥哥”鸟

彝族动物故事。流传于云南省昆明市彝族撒梅人地区。讲述的是：从前，阿拉村有个农民为出生不久就失去母亲的儿子找了个后妈。不久，后妈也生了儿子。两个儿子逐渐长大，后妈便盘算起让亲生儿子独占家产的事。一日，她把两袋准备好的松子拿给两个儿子，要他们分别到两座山上栽树，树木成活才可以回家。半路上弟弟发现哥哥的松子很香，便换了哥哥的松子。一日又一日，哥哥的松子发芽长成了小树，可弟弟的一点动静也没有。哥哥要回家了，弟弟急得叫“等等，哥哥！”后来，弟弟变成一只小鸟，在阿拉、板桥一带常叫着“等等，哥哥”。

毕桂兰讲述，田志宏搜集、整理。收入《昆明民间故事》第一辑，32开，3页，1400余字，昆明市民间文学集成办公室1987年编印。（梁红）

“叫工”鸟

彝族动物故事。流传于云南省昆明市彝族撒梅人地区。讲述的是：从前，有一新媳妇，勤快直爽，就是贪吃。栽秧时节，公公买了肉，想叫工来帮忙，新媳妇却劝公公省下工钱，把肉给自己吃，由她一人来包揽活计。公公怕她贪吃误工，将肉分成了数包，吩咐她栽完一块田，吃一包肉。开始她还能按公公的吩咐做，后来忍不住贪吃起来，不知不觉太阳落下了山，望着一大块没栽完的秧田，新媳妇觉得无脸面对公婆，便寻了短见。新媳妇死后变成一只鸟，每逢栽秧时节，都会在秧田边飞来飞去，嘴里喊着“叫工”，提醒人们赶快栽秧。

毕贵兰讲述，周俊禄搜集、整理。收入《昆明民间故事》第一辑，32开，1页，700余字，昆明市民间文学集成办公室1987年编印。（梁红）

找哥鸟

彝族动物故事。流传于云南省宣威市彝族地区。讲述的是：在宣威的山林里有一种鸟，人们叫它找哥鸟。相传拖克坝子一个山村里有个叫拉玛落基的小伙子，从金钱豹口中救出了姑娘阿茨，两人郎才女貌，一见钟情。可阿茨妈贪图钱财，答应了土司的求婚。阿茨坚决不从，与拉玛落基草草结婚，乡亲们赶来贺喜，一心要拆散有情人的土司也来了。贺完喜，土司马上派拉玛落基送信到遥远的部落，不得耽误片刻。阿茨和拉玛落基深知此次可能将是生死离别，拉玛落基临走留下话，三年之内若不能回转，阿妹就不要再等阿哥。阿茨每天到村头眺望，苦苦等候。五年了，拉玛落基仍无消息，阿茨不顾劝阻，出门寻找心上人。五年后，忽然飞来一只小鸟，逢人就问：“你望见我哥哥了吗？”这鸟就是阿茨变的，人们称它为找哥鸟。

安本春讲述，张庆荣搜集、整理。收入《宣威民间故事——蓝靛花》，32开，6页，3300余字，贵州民族出版社1992年版。（谭玉婷）

栽秧雀的由来

彝族动物故事。流传于云南省新平彝族傣族自治县哀牢山一带。讲述的是：一个像大黑蜂一样毒、像蚂蚁放屁一样小气的婆婆，时常虐待勤劳的儿媳妇。栽种时节舍不得请工人，硬逼媳妇一个人栽，活活地把媳妇累死在田里。后来媳妇就变成了栽秧雀，每到栽秧季节，它就绕着寨子不停地叫唤：“我想喊两个工栽秧，婆婆不让我喊。”人们就把这种鸟叫作栽秧雀。

佚名讲述，陈顺搜集。收入《乡泉集》第二辑，32开，1页，700余字，云南民族出版社1985年版。（聂鲁）

咕呱雀

彝族动物故事。流传于云南省新平彝族傣族自治县彝族地区。讲述的是：一个俚寨子里有兄弟俩，哥哥疼爱弟弟，每次到水边拿鱼回来后，哥哥总是把鱼头搛进自己碗里，把鱼身搛给弟弟。弟弟却认为哥哥把最好吃的鱼头独占了。有一天，哥哥在水边拿得很多鱼，弟弟即起了歹心，把哥哥推入水中，独自回家煮鱼头吃。煮熟后一吃，才知鱼头是鱼身上最难吃的，他顿悟哥哥的一片好心，便顺河箐到处喊叫：“咕呱、咕呱（哥哥）。”从此，这个地方的水边就出现了一种名叫咕呱雀的鸟。

王瑞芬讲述，何永祥、楚学搜集。收入《乡泉集》第一辑，32开，2页，1000余字，新平彝族傣族自治县民委、文化馆1983年编印。（聂鲁）

敲梆雀与赶马哥

彝族动物故事。流传于云南省通海县彝族地区。讲述的是：从前，一个山寨的财主陈万福因心狠手毒被称为陈万毒。他死后其憨笨的儿子陈贵靠管家张宏出主意掌管家财，人们称陈贵为臭猪头。孤儿冬生为抵旧债来陈家当长工，吃苦耐劳，每天天不亮就起来赶马去山上放，太阳落山才回来，半夜才睡觉。陈万福的女儿珠莲则是一个心灵手巧的美人，她对冬生爱在心上，疼在心里，常把好吃的东西留给他。一天，他俩夜里在柳荫下相会时被管家张宏看见后就报告了财主陈贵。张、陈二人商量后，把冬生打死在了马厩里，珠莲悲愤地跳水自尽了。寨里的人同情他们，将他们合葬在茶花开得最红的高山上。过了不久，陈贵和黑心管家张宏在月光下又看见一对很像冬生和珠莲的情人，吓得掉进水里淹死了。从此以后在月明的夜晚，人们经常能听到“冬生哥哥！冬生哥哥！”和“窝！窝！”的雀叫声，人们都说这两只雀是珠莲和冬生变的，就叫敲梆雀和赶马哥。

佚名讲述，魏祖铨搜集。收入《云南民间文学集成·通海县集成卷》，32开，3页，2400余字，通海县文化旅游局、文化馆1999年编印。（普开福）

金哥鸟

彝族动物故事。流传于云南省元江哈尼族彝族傣族自治县彝族地区。讲述的是：金哥是个英勇无畏、乐于助人的英俊小伙子。为了除蛟，龙王的公主借给他一把宝剑，并嘱咐他：“太阳落山前要把宝剑送回，不然，你也会被剑斩死。”金哥见洪水滔滔，田野、庄稼全被淹没在洪水中。他急得怒吼，让蛟出来同他决斗。两条蛟腾起向他吐出血舌，金哥挥舞利剑，将二蛟斩死。为庆祝金哥除蛟胜利，人们一直欢庆到太阳落下山去。金哥突然发现太阳已落山，便惊叫起来，随着他的叫声，剑飞人亡。人们悲痛恸哭，哭声传到河边，龙王的公主赶到金哥身旁，扑在尸体上哭诉满腹痛苦和悲伤。忽然，一团白云从人们跟前飘过，金哥和公主都不见了，只见一只红雀和绿雀相依在一起啼叫，绿雀凄声叫着“金哥哥”，红雀叫着“乡亲，筑堤”。乡亲们听了，沿河筑起了堤坝。彝家人把红雀叫作金哥哥，把绿雀称作公主鸟，它们双双同飞，相依同歇。

白新发讲述，宋自华记录、整理。收入《哀牢山彝族神话传说》，32开，2页，1000余字，云南民族出版社1990年版。（宋自华）

老鸹为什么叫剐

彝族动物故事。流传于云南省峨山彝族自治县、新平彝族傣族自治县、石屏县彝族地区。讲述的是：百鸟们要去给王母拜寿，都想把自己打扮得漂漂亮亮的，便到森林中捡羽毛。凤凰个头大，但它捡的羽毛都是黑色的，大家在打扮自己的同时都捐献一根羽毛去打扮它，把它打扮得五光十色。去拜寿的时辰要到了，可乌鸦还没有打扮，它请凤凰为自己打扮，但这时彩色羽毛都用光了，凤凰就用剩下的黑羽毛打扮乌鸦。拜寿时，王母见凤凰五光十色就封它为百鸟之王，看到乌鸦一身黑，就封它为报丧鸟，并把它赶出瑶池。乌鸦恨凤凰把自己打扮得那样难看，骂凤凰应该千刀万剐，从此便总发出“剐、剐、剐”的叫声。

姜再元讲述，郭本有、吴德珍搜集。收入《哀牢山彝族神话传说》，32开，2页，900余字，云南民族出版社1990年版。（聂鲁）

黑老鸹和花箐鸡

彝族动物故事。流传于云南省禄丰县彝族地区。讲述的是：从前，黑老鸹（乌鸦）和花箐鸡都是白色的，它们相处很好，还结成了亲家。有一天，它俩商量找些颜色来互相打扮一下。它们一同找来了花花绿绿的颜色，老鸹认真真诚地先给箐鸡画，画了七天七夜，把箐鸡画得十分美丽。轮到箐鸡给老鸹画了，箐鸡想独自一人美丽，便趁老鸹不注意，拿起黑颜色泼在老鸹身上，使老鸹变得十分难看。从此，白老鸹变成了黑老鸹，白箐鸡变成了美丽的花箐鸡，它们由亲家变成了冤家，再也不来往了。

普尚能讲述，欧阳映森记录。收入《禄丰县民间故事普查资料汇编》，16开，1页，300余字，禄丰县委宣传部、文化局、民委1988年编印。（钱丽云　朱琚元）

黑乌鸦和花乌鸦

彝族动物故事。流传于云南省禄丰县彝族地区。讲述的是：从前，在鸟类中有一对乌鸦，彼此相处得很好，常常结伴同行，在山林中愉快地生活。有一天，两只乌鸦看见森林里的伙伴们穿着五颜六色的花衣裳漂亮极了，只有它们俩一身白十分难看，便决定找来颜色互相打扮。找来颜色后，好心的白乌鸦先给另一只白乌鸦打扮，不一会儿就画成了一只漂亮的花乌鸦。轮到花乌鸦替白乌鸦打扮了，花乌鸦刚拿起笔画了几笔，心里便不想再画了，觉得将它画得跟自己一样，自己就不是最漂亮的了，于是花乌鸦干脆端起墨碗向白乌鸦身上泼去，然后转身就跑。白乌鸦一看自己变成了黑乌鸦，后悔不已。所以，直到今天，黑乌鸦一见到花乌鸦总要追上去打架。

张熙洲讲述，欧阳映森记录。收入《禄丰县民间故事普查资料汇编》，16开，1页，500余字，禄丰县委宣传部、文化局、民委1988年编印。（钱丽云　朱琚元）

锦鸡和乌鸦

彝族动物故事。流传于云南省牟定县彝族地区。讲述的是：锦鸡穿得漂漂亮亮，十分讨人喜爱。乌鸦望望锦鸡，又看看自己，感到自己满身又脏又黑，不免暗自伤心流泪。一天，乌鸦上门恳求锦鸡：“姐姐啊，你这一身漂亮的衣服，令人羡慕死了。你看我穿的是一身漆黑，人人恨我，请姐姐帮帮小妹的忙吧！”锦鸡看到乌鸦说得恳切，便使出全部本领，用各种颜色画乌鸦的羽毛，把它打扮得比自己更漂亮。乌鸦乐不可支，自以为比锦鸡美丽多了，便不再理锦鸡，独自飞到一棵枯树上，张开大嘴“美呀！美呀！”地夸自己。

黑正富讲述，王玉寿搜集。收入《云南省民间文学集成·牟定县综合卷》，32开，2页，300余字，牟定县民间文学办公室1989年编印。（施选　朱琚元）

乌鸦和喜鹊

彝族动物故事。流传于云南省永平县彝族地区。讲述的是：乌鸦和喜鹊是好朋友，它们相约互相把羽毛画得好看一些。乌鸦舍不得用墨，只给喜鹊画了几笔，从此，喜鹊的羽毛只有几片黑的。喜鹊给乌鸦画时，乌鸦生怕画不好，就不断唠叨：“好好画。”喜鹊听烦了，就把墨全都倒在乌鸦身上。从此，乌鸦一身黑。

佚名讲述，田家荣搜集、整理。收入《中国民族民间文学集成·永平县卷》，32开，1页，500余字，德宏民族出版社1989年版。（张秀莲）

箐鸡和老鸹

彝族动物故事。流传于云南省景东彝族自治县彝族地区。讲述的是：老鸹和箐鸡很早以前曾是朋友。那时它们的毛色不是现在这个样子。一天，它们遇到孔雀，见孔雀的羽毛很美丽。它们想把自己打扮得跟孔雀一样美。它们便找来画笔和墨汁，老鸹先给箐鸡画，老鸹画得很认真，箐鸡被打扮得很漂亮。轮到箐鸡给老鸹画时，箐鸡只画了几笔，就不耐烦了。它想如果把老鸹也画得很美，就显不出自己的美丽来了。于是箐鸡把剩下的墨汁全部泼到老鸹身上，把老鸹的羽毛染黑了。箐鸡干了对不起老鸹的事，怕老鸹报复，就跑到山箐里生活去了。老鸹一身黑漆漆的，在山梁上呼喊：“黑啊啦，黑啊啦。”

杨平讲述，陶明贵记录。收入《景东县民间文学集成》，32开，2页，700余字，景东彝族自治县民委、文化局、文化馆1989年编印。（谢国先）

箐鸡、野鸡、屎咕咕和乌鸦

彝族动物故事。流传于云南省楚雄市彝族地区。讲述的是：很久以前，世上所有鸟儿的羽毛都是白色的，只是样子和大小不同而已。一天，箐鸡、野鸡、屎咕咕和乌鸦在一起玩，乌鸦提议找点颜色来把各自的衣服都画一下。大家一听都很高兴地赞成了，便分头找来了各种颜色开始打扮。先是野鸡给箐鸡画了一身五彩服装，接着箐鸡给屎咕咕画了一套彩衣，这时轮到给乌鸦画彩衣了，野鸡拿笔的手一抖，碰倒了墨盘，墨全泼到乌鸦身上。从此乌鸦看见自己墨黑墨黑的身色，就“哇——哇——”叫个不停，野鸡一听很过意不去，就一头钻进草垛里躲起来了。

普光彩讲述，潘广发搜集、整理。收入《楚雄市民族民间文学集》，16开，2页，600余字，楚雄市文化馆1991年编印。（李福云　朱琚元）

老鸹、斑鸠和野鸡

彝族动物故事。流传于云南省楚雄市彝族地区。讲述的是：从前，老鸹、斑鸠和野鸡是好朋友。有一天，它们要去做客，准备打扮一下。老鸹要斑鸠给它打扮，可斑鸠说野鸡妹妹小，先给它打扮，就用笔给野鸡画冠、画眉、画衣服，打扮得五彩缤纷，漂亮极了，老鸹看着又嫉妒又难过。轮到给老鸹打扮时，老鸹很不高兴，打掉了斑鸠手中的墨笔，又将洗笔的水泼向斑鸠，因用力过猛，打翻了斑鸠手中的墨葫芦，墨汁劈头盖脸地泼到老鸹身上。客没做成，三个朋友却闹翻了。从此，它们各唱各的调，不再互相往来。

佚名讲述，唐楚臣、刘纯龙、齐国然搜集、记录。收入《楚雄市民间文学集成资料》，32开，1页，500余字，楚雄市民委、文化局1988年编印。（李福云　朱琚元）

乌鸦与青蛙

彝族动物故事。流传于云南省禄劝彝族苗族自治县彝族地区。讲述的是：从前，乌鸦的嘴又尖又硬，很爱吃青蛙。有一次，一只青蛙被乌鸦抓住了，在危急时刻它计上心来，便对乌鸦说：“请把我放在石头上，然后你高高抬起头，猛往下啄，我就可以没有痛苦地死去了！”乌鸦答应了它的请求。在乌鸦抬起头分神的片刻，青蛙跳进了水里，乌鸦的嘴重重地啄在石头上变成了秃嘴。从此，乌鸦再也无法欺负弱小的青蛙了。

杨思银讲述，杨思杰、钱春林搜集、整理。收入《云南省昆明市民间文学集成·禄劝民间故事》，32开，1页，500余字，禄劝彝族苗族自治县文化局民间文学集成办公室1991年编印。（梁红）

乌鸦为什么又黑又哑

彝族动物故事。流传于云南省峨山彝族自治县、新平彝族傣族自治县、石屏县彝族地区。讲述的是：从前，乌鸦穿的是花衣裳，还长着孔雀一样的长尾巴，长得很漂亮，歌唱得也很好听。它恃才自傲，小燕子们约它去捉虫子，它不去；啄木鸟约它去给生病的松树爷爷医病，它不去；森林里失火，百鸟们都忙着去救火，它怕弄脏自己的花衣裳，也不去，却躲进一个树洞里睡大觉。火随着山风烧到了大树洞口，把它美丽的花衣裳和长尾巴烧掉了，浓烟飘进洞里把它越熏越黑。它大喊救命，浓烟像卡住脖子的小米辣一样使它干咳不止，声音也变哑了。

佚名讲述，陈振中搜集。收入《哀牢山彝族神话传说》，32开，2页，1000余字，云南民族出版社1990年版。（聂鲁）

白头翁的来历

彝族动物故事。流传于云南省峨山彝族自治县、新平彝族傣族自治县、石屏县彝族地区。讲述的是：白头翁以前有一头黑亮的头发，而且聪颖好学，什么都想学。它向燕子学习跳舞，燕子准备把全部优美的舞蹈动作传授给它，可学到一半时，白头翁听到寒号鸟动听地唱着得过且过的歌，就放下舞蹈去和寒号鸟学唱歌去了。不久它又听见啄木鸟像敲击寺庙里的木鱼一样给大树当医生，便又放下唱歌跟啄木鸟学当医生了……到头来，白头翁学一样忘一样，跳舞、唱歌、行医什么也没学会，它一急就把头发急白了。

姜再元讲述，郭本有、吴德珍搜集。收入《哀牢山彝族神话传说》，32开，2页，1100余字，云南民族出版社1990年版。（聂鲁）

布谷鸟借衣

彝族动物故事。流传于云南省陆良县彝族地区。讲述的是：传说有一次，布谷鸟穿着美丽的衣裳与百鸟相聚，好嫉妒的箐鸡打起了坏主意，以做客为由向布谷鸟借衣裳，好心肠的布谷鸟把衣裳借给了它。衣裳一上身，箐鸡就美得不行，把衣裳占为己有，并钻进箐沟躲起来了。布谷鸟就在树林里、田埂上追着箐鸡讨要衣裳，而箐鸡就是躲着不出来。到了六月，伤心的布谷鸟得飞越九十九座山、九十九条河回家。布谷鸟去求喜鹊、鹌鹑送自己回家乡，但它们都拒绝了它。无奈布谷鸟只好去找老鸹，嘴臭心软的老鸹答应了它。老鸹把树枝搭在自己的翅膀上，让布谷鸟蹲在上面，布谷鸟害怕掉下去，就用嘴咬着老鸹头顶上的羽毛。所以，每年的六月间，当老鸹千辛万苦把布谷鸟送回家后返回来的时候，头上的毛总是掉得精光。其他鸟说它憨，它却回答："若大家有事都不帮忙，这个世道就不成样子了。"

张存秀讲述，杨辅采录。收入《云南民间文学集成·陆良县卷》，32开，3页，1800余字，云南民族出版社1993年版。（梁红）

圈圈鸟

彝族动物故事。流传于云南省峨山彝族自治县、新平彝族傣族自治县、石屏县彝族地区。讲述的是：田里的稻禾吐穗时，麻雀向画眉借了一袋谷子，说到谷子成熟时赔还。谷子上场了麻雀还不赔还，画眉到麻雀家讨还，两只鸟便追打起来。画眉追打麻雀，斑鸠打抱不平来追打画眉；斑鸠追打画眉，乌鸦打抱不平又来追打斑鸠。一个追打一个，在田野上空转成一圈又一圈。一对燕尾雀看见大鸟乌鸦欺负小鸟，便来追打乌鸦。从此，燕尾雀只要见到乌鸦，总是要追打一番。

普学义讲述，普飞搜集。收入《哀牢山彝族神话传说》，32开，2页，700余字，云南民族出版社1990年版。（聂鲁）

谷雀的胃在脖子上的故事

彝族动物故事。流传于云南省金平苗族瑶族傣族自治县彝族地区。讲述的是：小谷雀身体不好，大谷雀便在路上搭桥找人打亲家，结果长脚蟥成了谷雀的亲家。有一年，谷雀杀年猪，请长脚蟥做客，当夜，长脚蟥留宿谷雀家与谷雀同床共眠，半夜天空响起雷声，受惊吓的长脚蟥一脚踢向谷雀的胃部，谷雀的胃立刻被踢到脖子上，从此，谷雀的胃长到了脖子上。

牛德明讲述，黄德富记录。收入《云南民间文学集成·金平故事卷》，32开，1页，300余字，金平苗族瑶族傣族自治县文联1988年8月编印。（梁红）

燕子为什么在人家里

彝族动物故事。流传于云南省建水县彝族地区。讲述的是：阎王召集众生灵在地府开会，讨论"天下谁最坏最恶"这个问题。会上，黄鳝抢着说："人是天下最恶最凶的，只要捉到我们就把我们打死，子孙都快被灭绝了，不惩治他们不行了！"耗子、山麻雀马上附和大骂人类。阎王听了觉得有理，决定把人推出来问斩。这时，燕子站出来说："黄鳝、耗子、山麻雀才是天下最坏的。黄鳝打通田埂，使秧苗枯死；耗子偷吃庄稼，使人颗粒无收；山麻雀专吃人收获的果实，让人挨饿，人能不恨它们吗？"阎王听了，判黄鳝永远待在烂泥里，把耗子打入地牢，把山麻雀打断腿。所以山麻雀至今只能跳着走路。燕子帮助了人，所以，人们把它请到家里居住。

卢长源讲述，杨洪云搜集，李广田整理。收入《云南民间文学集成·建水故事卷》，32开，2页，800余字，建水县文化局、民委1989年编印。（梁红）

公锦鸡借衣裳

彝族动物故事。流传于云南省峨山彝族自治

县、新平彝族傣族自治县、石屏县彝族地区。讲述的是：从前，公锦鸡全身灰白，不是一只漂亮的鸡，而鸽子则羽毛红艳艳，翅膀金灿灿，长尾巴五彩缤纷。一天，公锦鸡出来喝水，看到鸽子的漂亮衣裳，羡慕不已，便和鸽子拜弟兄。有一天，公锦鸡要做客，便向鸽子借衣裳穿，并承诺借用一下就还。心地善良的鸽子禁不住纠缠把漂亮的衣裳借给了公锦鸡，它自己则拿公锦鸡脱下的灰白衣裳暂做遮拦。可不守信誉的公锦鸡穿上鸽子的漂亮衣裳就不归还了，还穿着它到处炫耀。至今，公锦鸡总是到处叫唤着“趁趁”（漂亮吗）炫耀。鸽子也到处鸣不平：“白白波罗别”（白换了）！

张凤华讲述，李学祯搜集。收入《峨山民间文学集成》，32开，2页，1000余字，云南民族出版社1989年版。（聂鲁）

水点点请客

彝族动物故事。流传于云南省峨山彝族自治县、新平彝族傣族自治县、石屏县彝族地区。讲述的是：水点点鸟办喜事请客，上请到天鹅，下请到穿山甲，唯独没有请獾猪。獾猪气急败坏地在树上跺脚，蹬下了个松球打在马鹿身上，马鹿受惊吓奔跑又踩着蛇尾巴，蛇逃跑钻洞又惊跑老鼠，老鼠顺瓜藤往上爬，弄断瓜藤，大瓜掉下来敲着老熊。老熊逐个找老鼠、蛇、马鹿、獾猪、水点点鸟一问到底。水点点鸟说獾猪好吃懒做，不请就不请。至今，水点点鸟仍然开口叫“不请，就不请”。

普顺发讲述，顺才搜集。收入《峨山民间文学集成》，32开，2页，600余字，云南民族出版社1989年版。（聂鲁）

螃蟹斗天鹅

彝族动物故事。流传于云南省峨山彝族自治县、新平彝族傣族自治县、石屏县彝族地区。讲述的是：林中有一个水草丰美、鱼虾成群的池塘。有一年天公不降雨，池塘要干了，鱼虾们万般焦急。这时一只从远方飞来的天鹅想把鱼虾吃完，又怕鱼虾们躲到水底吃不着，便骗鱼虾们说它可以帮助它们逃离这里，到更大的塘子里享清福。鱼虾们信以为真，万般感激天鹅大姐。从此，天鹅一天两次把鱼衔走，飞到半路就把它们吃了，吐出的骨头挂在一棵棠梨树上。一只路过的野鸭把这一切告诉了池塘里的鱼虾们。螃蟹决心为大家报仇。一天，天鹅来衔鱼时，螃蟹说昨晚刮了一阵邪风大家都生病了，它要求天鹅带它离开这个地方。腹中空空的天鹅衔着螃蟹离开了池塘，来到棠梨树，螃蟹看到挂满枝头的鱼骨，怒气冲天地用大夹子紧紧夹住天鹅的脖子令它飞回池塘。天鹅飞回池塘喘不过气来一头栽进池塘里，鱼虾们拥上来把天鹅撕吃了。没过几天下起了雨，池塘又满了，鱼虾们又过上了和往常一样的生活。

李延安讲述，李长明搜集。收入《峨山民间文学集成》，32开，3页，1200余字，云南民族出版社1989年版。（聂鲁）

斑鸠告状

彝族动物故事。流传于云南省禄丰县彝族地区。讲述的是：从前，斑鸠什么活也不想做，专门靠偷吃彝族农夫种出来的豌豆、麦子等粮食过日子。农夫发现了，首先警告它不要再偷了，否则将用火枪打死它。斑鸠不管，照样来偷，农夫就真的开枪打死了几只斑鸠。剩下的斑鸠便到官府去告状，官老爷骂了斑鸠一顿后将它们赶了出来。斑鸠状告不通，只好垂头丧气地回来了，嘴里还叫着“告不通，告不通”。但它们恶习不改，每当地里的庄稼一成熟，它们仍来偷吃。

普尚能讲述，欧阳映森记录。收入《禄丰县民间故事普查资料汇编》，16开，1页，400余字，禄丰县委宣传部、文化局、民委1988年编印。（钱丽云　朱琚元）

绿鹦哥报恩

彝族动物故事。流传于云南省红河县彝族地区。讲述的是：一天，母鹦哥生了重病，非常想吃荔枝。小鹦哥为母亲去摘荔枝时，被人下笼子扣住拿到集市卖。县太爷看到能歌善舞又会讲话的漂亮小鹦哥便重金买下。鹦哥请求县太爷放它回家照看生病的母亲，可狠心的县太爷为升官发财，把小鹦哥进贡给了皇帝。鹦哥到了宫里一言不发，皇帝大怒，斩了县太爷。这时，鹦哥开口唱起了歌，听得皇帝、后妃如痴如醉。鹦哥把自己的遭遇告诉了皇帝，皇帝放了它。可鹦哥口衔荔枝到家时，母亲已死。它哭着为母亲准备送葬，请黑头鸪办丧事。黑头鸪派啄木鸟准备棺材，乌鸦负责通知客人，盘山雀负责乐器、舞蹈，红头鸪负责烧火做饭，并请来了鸟皇帝猫头鹰，鸟官老鹰及众鸟，却漏请了鹌鹑和鹧鸪。鹌鹑就"唔唔"地哭，鹧鸪至今都在说"磨逗斗"（彝语：只剩我一个）。葬礼结束后，小鹦哥回到皇帝身边，从此，鹦哥就住在了宫里。

佚名讲述，白瑞义搜集、整理。收入《红河县民族民间故事》，32开，3页，1500余字，云南民族出版社1990年版。（梁红）

告状

彝族动物故事。流传于云南省武定县彝族地区。讲述的是：从前，箐鸡欠了布谷鸟七斗七升的账，拖着不还，布谷鸟就跟箐鸡吵了起来。布谷鸟说："西的，西的。"（彝语：七斗、七升）箐鸡说："圈刀，圈刀。"（彝语：记得，记得）它们吵个不停的时候，鹧鸪就说："呸！尼达达。"（彝语：不值得，不值得）老斑鸠听见又说："叽低，古里麻，叽低，古里麻。"（彝语：去昆明嘛）松鼠听见了又叫"几额，几额"（彝语：数钱），意思是说打官司要数钱的。可箐鸡和布谷鸟都没钱，只好就此罢休。

杨文芳讲述，杨自德记录、翻译。收入《云南省武定县民族民间文学集成》，16开，1页，400余字，武定县文化局、民委、文化馆集成办1989年编印。（钱丽云　朱琚元）

蝙蝠见不得太阳

彝族动物故事。流传于云南省武定县彝族地区。讲述的是：天神为建造天宫，需要很多的钱，便把所需的钱分摊给凡间各种动物承担，限期征集上交，否则就收起太阳，让地上没有阳光，使万物无法生存。动物们为了生存，只好遵照天神命令。首先是兽王狮子到兽群中摊派征收，收到最后，只剩蝙蝠了，狮王向它收钱时，它扇扇翅膀说自己非兽类，是有翅膀的鸟类，狮子只好走了。鸟中之王凤凰来收钱，蝙蝠又说自己有四只脚，不是鸟类是兽类。这样，谁也没有收到蝙蝠的钱。兽王狮子和鸟王凤凰把收到的钱上缴天神时，都说唯有蝙蝠没交钱。天神大怒，从此便让各种动物都享受到阳光的温暖，唯独不让蝙蝠见太阳，并将墨涂在蝙蝠身上，把它全身涂黑，只要它一见着太阳，全身像被火烧一样疼痛。因此，蝙蝠白天就不敢出来见阳光，躲在黑暗潮湿的洞里挨饿受罪，只能晚上出来觅食。

张仁安讲述，毛正荣记译。收入《云南省武定县民族民间文学集成》，16开，1页，500余字，武定县文化局、民委、文化馆集成办1989年编印。（钱丽云　朱琚元）

蝙蝠为什么白天不出窝

彝族动物故事。流传于云南省建水县彝族地区。讲述的是：一次，圆毛动物与扁毛动物比赛，比飞时扁毛动物获胜，赛跑时圆毛动物赢了。因此，各胜负一次。可蝙蝠比飞时站在扁毛动物一边，赛跑时又站在圆毛动物那边，所以它两次都赢了，动物们非常讨厌它，商量着要围攻它。蝙蝠听到这个消息后吓得躲进山洞。从此，蝙蝠晚上才敢出来活动。

欧云辉讲述，易荣辉搜集。收入《云南民间文

学集成·建水故事卷》，32开，1页，300余字，建水县文化局、民委1989年编印。（梁红）

青蛙的嘴角为什么是黄的

彝族动物故事。流传于云南省牟定县彝族地区。讲述的是：从前，有一农夫很穷，年近三十还没有讨媳妇。自从一个白胡子老人给他介绍了一个良心好可有只眼睛看不见的媳妇后，他便成了远近闻名的大富人。后来，农夫听信别人的挑拨，要休掉媳妇另娶，媳妇伤心极了，便跳进一个水塘里。农夫走村串寨说媳妇，最后变为走村串寨讨饭吃的乞丐。农夫尝到了讨饭的苦头，想起了那被逼跳塘的媳妇，便到媳妇跳水的池塘边哭。哭到第四十九天，有只青蛙浮出水面，告诉农夫他媳妇没有死，住在一座四合大院里。青蛙说它可以把水吸干，让农夫看一眼他的媳妇，但有一个条件，他不能笑。青蛙张开大口吸起水来，不一会儿就吸干了水，塘底露出了一座四合院。农夫看见自己的媳妇正在院子里梳头，便忘记了青蛙的话，高兴得笑出声来。这一笑就让整塘的水又从青蛙的嘴里喷了出来，农夫再也看不见媳妇了，青蛙的嘴也被胀开了，还流着血。农夫忽然想起身上还装着一块荞粑粑，就把荞粑粑放在嘴里咬碎糊在青蛙的嘴角上，才止住了血。从那以后青蛙的嘴角就成了黄色的。

佚名讲述，普增旗搜集。收入《云南省民间文学集成·牟定县综合卷》，32开，4页，2000余字，牟定县民间文学办公室1989年编印。（施选　朱琚元）

冤枉的画眉

彝族动物故事。流传于云南省禄丰县彝族地区。讲述的是：很久以前，杜鹃和画眉是一对好朋友，它们同在一棵大树上，春天筑巢，夏天养儿育女，一起出去觅食。待小杜鹃与小画眉出世时，两个母亲又一起教孩子鸣叫和飞翔，它们和睦相处了一年又一年。有一天，杜鹃回到巢时，发现巢中快要孵好的蛋掉到了地上，全被砸破了，未出壳的小杜鹃血淋淋地躺在地上。母杜鹃哭得死去活来，怀疑这件事是画眉干的，于是到鸟王凤凰那儿告状并说了自己的怀疑。凤凰看见杜鹃的嘴都哭出了血，非常同情它，就令黑鹰将画眉捉来百般拷问。画眉有口难辩，自己什么也没干过，明明是杜鹃筑巢不牢被风吹掉了蛋，自己却冤冤枉枉地被拷打。从此以后，每到夏季，杜鹃凄凄凉凉地叫着，人们都说是杜鹃在啼血。而画眉呢，总是“冤枉！冤枉”地叫个不停。

李绍洲讲述，山鸿才记录。收入《禄丰县民间故事普查资料汇编》，16开，1页，400余字，禄丰县委宣传部、文化局、民委1988年编印。（钱丽云　朱琚元）

喜鹊告状

彝族动物故事。流传于云南省永仁县彝族地区。讲述的是：喜鹊一家六口居住在一条奔腾咆哮的河边的大树上。有一天傍晚，一只过路的蝗虫飞落在喜鹊窝边，打算在那里过夜。喜鹊夫妇担心蝗虫给小喜鹊带来危害，要求它飞去别处栖息。蝗虫已经累得一步也挪不动了，恳求喜鹊让它在窝边过一夜，喜鹊夫妇见它态度诚恳就答应了，但嘱咐它晚上不许吵闹。谁知到了半夜，一只在树边吃草的麂子突然大叫一声，吓着了蝗虫，蝗虫双脚不由得一蹬，蹬翻了喜鹊窝，四只小喜鹊不幸掉进了大河里，最后被冲到一个安全的平地上才保住了性命。第二天，喜鹊夫妇抓着蝗虫到天神面前告状。天神听了喜鹊告状的理由，判蝗虫斩首。蝗虫大叫冤枉，认为是麂子的错。天神听了之后觉得有理，又判麂子斩首。麂子也大呼冤枉，因为那晚它大叫的原因是身旁的一棵大树倒下砸断了它的一只角，责任全在大树，天神又判树神斩首。树神申诉大树倒下是因为黄蚂蚁吃空了树心，责任在黄蚂蚁。天神又下令斩黄蚂蚁。黄蚂蚁责问天神制造它时为何要让它以吃树度日，天神也觉得在理，改判重打黄蚂蚁一百大棍。天兵捆住黄蚂蚁把它扔进山沟里，黄蚂蚁虽没死，但腰却被勒细了。

陆洪英讲述，罗有芬记录、翻译，罗有能整理。收入《彝族民间故事》，32开，3页，2100余字，云南人民出版社1988年版。（钱丽云 朱琚元）

瓦雀和燕子

彝族动物故事。流传于云南省南涧彝族自治县彝族地区。讲述的是：过去瓦雀和燕子都在人的房子里做窝，后来人们见雀就打，见雀窝就毁。瓦雀很伤心，就去问燕子，到底为什么人们对它们的态度不一样。燕子说："我吃害虫，对人有好处；你吃人种的粮食，害人。"瓦雀听了，很惭愧，就不再在人的房子里做窝，一见人就飞走了。

李凤泰讲述，李强、李浩基搜集、整理。收入《南涧民间文学集成》，32开，1页，300余字，云南民族出版社1987年版。（段葵）

当归鸟

彝族动物故事。流传于云南省鹤庆县彝族地区。讲述的是：从前，有个花姑娘，她嫌母亲给她许配的放羊人没本事，心想嫁给一条自由自在的鱼才好呢。就去问鱼，鱼说它的本事不如太阳；她又去问太阳，太阳说它的本事不如云。她如此追问下去，云说它不如风，风说它不如树，树说它不如草，草说它不如放羊人。最后她只好嫁给放羊人。夫妻俩百岁后变成鸟，母的叫声为"莫学我"，公的叫声为"归来"。每当这种鸟一叫，人们就开始种当归，所以又叫它当归鸟。

卢七斤讲述，章虹宇搜集、整理。收入《鹤庆民间故事集成》，32开，3页，1100余字，云南人民出版社1989年版。（张秀娟）

斑鸠和喜鹊

彝族动物故事。流传于云南省元江哈尼族彝族傣族自治县彝族地区。讲述的是：从前，斑鸠穿的是漂亮的花衣裳，而喜鹊穿的是粗麻布衣，但斑鸠不嫌喜鹊丑，经常和它在一起，两个成了好朋友。有一天，八哥请喜鹊去做客，喜鹊向斑鸠借了那身漂亮的衣服穿着去。喜鹊穿上花衣裳变得很漂亮，树林里的鸟都夸赞它，喜鹊十分高兴，就再也不还斑鸠的花衣裳了。斑鸠只好穿粗麻布衣生活在树林、草丛中。后来，喜鹊知道自己做了亏心事，便决心痛改前非，为人们做点好事。因此，凡有喜事的人家，它都要提前去报喜。

佚名讲述，曾春记录、整理。收入《元江民族民间文学资料》第五辑，32开，3页，1100余字，元江哈尼族彝族傣族自治县文化馆1985年编印。（宋自华）

芝麻官与白金老鸹

彝族动物故事。流传于云南省建水县彝族地区。讲述的是：有对夫妇生得个黑如火炭的儿子，夫妇俩嫌他丑陋，便弃之深山，被一对穷夫妇抱去抚养。小孩长到五岁时，他们送他去读书，这聪明的孩子小学读完就向皇帝要官，皇帝看他小不点就要官，便倒了三斗芝麻在地上，说若他能一粒不漏地拾起，就封他做官。他请来白金老鸹帮忙，又怕老鸹偷吃，就打道铁圈套在老鸹的脖子上。结果芝麻全部被拾起来，皇帝便封他做芝麻官。从此老鸹的脖子上多了道白印。

欧云辉讲述，易荣辉搜集。收入《云南民间文学集成·建水故事卷》，32开，1页，600余字，建水县文化局、民委1989年编印。（梁红）

借角

彝族动物故事。流传于云南省石屏县彝族地区。讲述的是：从前，马鹿头上没有角。一天，马鹿要去做客，便去找漂亮的公鸡借角用，公鸡爽快地借给了它。做客后，马鹿决定不再还公鸡角。从此，公鸡每天都要高声叫："还还我！还还我！"母鸡帮腔道："告它！告它！告告告告它！"马鹿只好逃到深山老林里躲起来。

佚名讲述，普丽芬搜集、整理。收入《云南民间文学集成·石屏故事卷》，32开，1页，500余字，石屏县文联1996年编印。（梁红）

鸭子和大鹅为什么乱叫

彝族动物故事。流传于云南省景东彝族自治县彝族地区。讲述的是：远古时，地上的水塘都是鸭子和大鹅的。后来，人多起来，就到水塘栽席草。一天早上，鸭子和大鹅下塘游玩，因为水里栽了席草，所以它们游不动。母鹅叫："拔拔拔！"要把席草全拔掉；公鹅叫："告告告！"要向天控告，要人类赔还水塘；母鸭说："夹夹夹！"要把席草夹掉；公鸭看到瞎乱叫没有用，就劝公鹅："算啦算啦，舅舅，算啦算啦，舅舅。"传说公鹅是公鸭的舅舅。但母鹅、公鹅、母鸭一直不服气，一直在叫；公鸭也一直在劝公鹅，直到今天。

杨品讲述，陶明贵记录。收入《景东县民间文学集成》，32开，1页，400余字，景东彝族自治县民委、文化局、文化馆1989年编印。（谢国先）

老鹰为什么会叼小鸡

彝族动物故事。流传于云南省禄丰县彝族地区。讲述的是：古时候，有兄弟俩，弟弟聪明能干，许多姑娘喜欢他，他在哥哥之前娶了媳妇。哥哥心肠歹毒，没有姑娘喜欢他。看见弟弟小两口相亲相爱，哥哥心生歹念，设计把弟弟骗去悬崖上赶蚂蚱，并让弟弟跌进了洞里。哥哥回来后掉着眼泪把噩耗告诉了弟媳，并告诉弟媳他将代弟弟好好照顾她。三天后，弟媳嫁给了哥哥。弟弟跌进洞里后，一直往下坠，最后到了矮人国。他跌落下来的洞口在高高的天上，他没有翅膀回不了家，只好在矮人国居住下来。他每天把猎到的食物抛给空中的飞鸟吃，希望它们能带他回家。飞鸟都不敢自不量力地答应他。最后飞来了一只老鹰，老鹰决定驮弟弟离开小人国。小人国离洞口太远了，老鹰飞到半空便筋疲力尽了，弟弟只好将小腿上、腋窝里的肉一次次割给老鹰吃，老鹰才将弟弟带到了村口。弟弟在村口遇到了一位乡亲，知道媳妇已经嫁给了哥哥，好心的弟弟决定不去打扰他们，自己到别处生活。不久后，他又娶了一个贤惠的妻子，过上了幸福的生活。弟弟为了答谢老鹰的相救之恩，答应老鹰找不到东西吃时可以来叼自己的小鸡吃。从此，老鹰常叼小鸡吃。

张绍林讲述，杨汉生记录。收入《禄丰县民间故事普查资料汇编》，16开，3页，1900余字，禄丰县委宣传部、文化局、民委1988年编印。（钱丽云　朱琚元）

鸽子、母鸡和箐鸡

彝族动物故事。流传于云南省禄劝彝族苗族自治县彝族地区。讲述的是：传说原先母鸡脖子上挂着一串美丽的珠宝项链，鸽子穿一身五颜六色的华丽服装，而箐鸡只有一件灰暗的衣服。它们一同住在乌蒙山上。鸽子在一棵大树上筑了个讲究的巢，母鸡在树根处造了个温暖的窝，懒惰的箐鸡整日东游西荡。一个寒冷的早晨，箐鸡敲开了鸽子和母鸡的门，哭丧着脸要求寄宿。好心的鸽子和母鸡让它进了家门，并找来食物给它吃。不想，箐鸡看到鸽子的衣服和母鸡的项链便打起了歪主意，花言巧语地骗鸽子把衣服换给它穿，并伸手抢母鸡的项链。结果项链被扯断，珠子落到了石缝里。鸽子发现受骗了，要箐鸡还衣服，箐鸡却拍着翅膀飞走了。鸽子气得整日"咕得咕底"（彝语：到昆明告状去）地叫，母鸡则不停地念叨"哦哈！宝宝宝"（彝语：可惜呀！可惜。人们知道鸽子和母鸡受了委屈便把它们领到家里养着。

张本翠讲述，王昌福搜集、整理。收入《云南省昆明市民间文学集成·禄劝民间故事》，32开，

3页，1700余字，禄劝彝族苗族自治县文化局民间文学集成办公室1991年编印。（梁红）

七里蜂的来历

彝族动物故事。流传于云南省新平彝族傣族自治县彝族地区。讲述的是：从前，山寨里有哥哥、妹妹和后娘一家三口人。兄妹虽勤劳、老实、善良，但总受后娘的打骂，妹妹受不了虐待，便离家出走了。她得了老仙人的怜悯和帮助，住上了崭新的大房子，穿上了漂亮的衣裳，过上了幸福的日子。有一年，遭灾的哥哥来找妹妹，兄妹相逢，又惊又喜。哥哥在妹妹那里住些日子要走了，妹妹用篾饭盒包了一盒晌午饭给哥哥。哥哥吃晌午饭时打开篾饭盒，里面竟是一些五光十色的宝石。爱财如命的后娘知道此事后，缝了一只大口袋来找女儿，跟她要了许多财宝，还嫌不够，又要了一盒晌午饭。她耐着性子来到半路打开饭盒，饭盒里的饭变成一窝蜂向她袭来，她掉头跑了七里，蜂也追了七里，把她叮得皮泡眼肿后死了。后来，人们就把这种蜂叫七里蜂。

佚名讲述，方维、李志刚搜集。收入《乡泉集》第二辑，32开，2页，1400余字，云南民族出版社1985年版。（聂鲁）

牛身上的苍蝇

彝族动物故事。流传于云南省双柏县彝族地区。讲述的是：古时候，有一户七口人的贫苦家庭，为了减轻负担，老两口决定把最小的女儿抛弃。一天，两口子带着小女孩到深山里砍柴，用一个通洞的葫芦叫女儿去打水，小女孩不知父母用意，无法把水送到山上。天黑了，父母早已回到家中，可怜的小女孩独自一人在山中徘徊。后来，她绝处逢生，来到了一个村庄，一家心地善良的农户收养了她。女孩长大后和养母之子成亲，过上了好日子。不久，她的亲哥哥前来探望妹妹，小女孩重礼相送。亲生父母也来探望，临别时，女儿送给父母一条耕牛。奇怪的是这条耕牛在女儿家很温顺，牵到父母家就发起狂来，活活把老两口拖死了。女儿看见跑回家的耕牛绳上带着母亲的一只手和父亲的一只脚时，含着泪说："阿爹的脚变蚊子，阿妈的手变苍蝇。"话音刚落，脚和手分别变成蚊子和苍蝇叮住耕牛不放。从此，苍蝇和蚊子时常爬在牛身上。

李秀芝讲述，毕开华、苏锡纬记录。收入《双柏民间文学集成》，32开，2页，1000余字，云南民族出版社1992年版。（施选　朱琚元）

蚂蚁的腰为什么是细的

彝族动物故事。流传于云南省峨山彝族自治县、新平彝族傣族自治县、石屏县彝族地区。讲述的是：古时蚂蚁和萤火虫是弟兄，有一天它们约着去赶街，到傍晚，蚂蚁催萤火虫该回家了，可萤火虫总是说还早。它们回来时天黑了，萤火虫忽闪着夜灯朝前走了。蚂蚁则迷了路，看见树杈上的一窝黑头翁雀，便前去求宿。黑头翁说它拖儿带女的，家窄得连个伸脚处也没有。蚂蚁说让它蜷起脚来歇一夜就行了，黑头翁只好让它歇了。半夜里蚂蚁把蜷起的脚一蹬，将黑头翁的儿女们蹬出了窝外。气愤的黑头翁找值夜官猫头鹰告状。猫头鹰升堂审蚂蚁，蚂蚁说睡梦里听见狐狸叫，惊得它一跳才将黑头翁大哥的儿女蹬出窝外的。猫头鹰又审狐狸为什么怪叫，扰乱夜的安谧。狐狸说昨晚借宿树桩头家，半夜里树桩头敲它一棒疼得叫出了声。猫头鹰即断案：把蚂蚁的大肚子用绳索勒起来。从此，蚂蚁就成了细腰杆。

方得乐讲述，聂鲁搜集。收入《哀牢山彝族神话传说》，32开，2页，1100余字，云南民族出版社1990年版。（聂鲁）

虾和蚯蚓

彝族动物故事。流传于云南省峨山彝族自治县、新平彝族傣族自治县、石屏县彝族地区。讲述的是：从前虾和蚯蚓是一对好朋友，蚯蚓有一双明亮的眼睛，虾则没有，只会爬到岸上乱蹦乱跳，比手画脚。一天，虾和螃蟹姑娘要结婚，为了能看清螃蟹姑娘的身影，虾来跟蚯蚓借眼睛用一下，答应用一天即还。善良的蚯蚓禁不住把眼睛借给了虾。可虾安上一双明亮的眼睛和螃蟹姑娘成亲后，背信弃义，再也不还眼睛了。蚯蚓没了眼睛，只能老实本分地松土干活，再也不能活蹦乱跳地玩耍了。

刘桂珍讲述，庄乙志搜集。收入《峨山民间文学集成》，32开，2页，1100余字，云南民族出版社1989年版。（聂鲁）

虾巴虫的故事

彝族动物故事。流传于云南省峨山彝族自治县、新平彝族傣族自治县、石屏县彝族地区。讲述的是：从前有个叫莫依的女人丈夫死得早，领着三个儿女日子过不下去了，只得把儿女们抛弃山野，让他们采野果充饥保住性命，欲等到谷收季节再把他们接回来。谷子上场了，她急忙煮一大锅饭，捏了三个饭团上山去叫儿女们回家。可三个儿女和一群猴混在一起，她大声呼唤无人答应，也认不出谁是自己的儿女了。她把饭团拿给猴子们吃，它们你争我抢地吞咽着，可吃完又拍屁股戏弄她。她悔恨交加，双手捂着眼睛哭着回家，路上不慎掉进水塘淹死了。她死后变成了一只虾巴虫，至今虾巴虫总是用前爪蒙着眼睛，每年六七月蜕化一次，据说这是纪念莫依的寿诞。

龙四芳讲述，李学祯搜集。收入《峨山民间文学集成》，32开，2页，500余字，云南民族出版社1989年版。（聂鲁）

蜣螂与蜘蛛

彝族动物故事。流传于云南省红河县彝族地区。讲述的是：有了人类，畜牧也兴旺起来。人畜的粪便污染了空气，龙潭、清泉也变得浑浊。为使天空晴朗，龙潭泉水清澈，天神派蜣螂负责每天埋掉人类的粪便，蜘蛛负责用丝网住龙潭、水井、沟泉。刚开始蜣螂和蜘蛛还能尽心尽职清理粪便、维护水源，不久，它们便厌倦起这份既脏又累的活计来了，就停下了工作。当天神督查过问时，它们撒谎说地上的人、畜全死光了，结果蜣螂被天神用火钳夹扁了头，蜘蛛被天神撬开嘴往肚里灌水，所以肚子变得又大又圆。

佚名讲述，白瑞义搜集、整理。收入《红河县民族民间故事》，32开，2页，1000余字，云南民族出版社1990年版。（梁红）

蚱蜢和猴子

彝族动物故事。流传于云南省红河县彝族地区。讲述的是：一天，水獭强拉好友猴子去水里捉鱼吃，猴子不幸溺水死亡。惊慌的水獭把猴子的尸体背到蚱蜢的村里后就逃走了。蚱蜢们正打算分猴子肉吃时却被寻找而来的猴子伙伴看见，于是，蚱蜢和猴子发生了战争。弱小的蚱蜢被打得无处藏身，在答应今后将作为鹌鹑的贡品之后，才躲在鹌鹑的翅膀下得以逃生。被猴子逮到的唯一的一只蚱蜢则睿智地战胜了猴子。

佚名讲述，白瑞义搜集、整理。收入《红河县民族民间故事》，32开，3页，1700余字，云南民族出版社1990年版。（梁红）

拱屎虫和布虫

彝族动物故事。流传于云南省武定县彝族地区。讲述的是：有一个拱屎虫，看见布虫没脚，走起路来只能一拱一拱向前移动，可笑极了，便想寻个机会和它比赛行走，显示显示自己的本事。一天，拱屎虫约布虫比赛逛一趟“机丁谷”（昆明），看谁先到，布虫就答应了。它俩约好第二天出发。第二天一早，布虫就爬上了路边的一棵树，等待去“机丁谷”的马帮的到来。不一会儿，果然等来了一队驮盐巴的马帮，它趁马从树下经过时，跳下来落在马驮子上，就这样“骑马”到了“机丁谷”。拱屎虫呢，以为自己有坚硬的脚和翅膀，能走会飞，肯定是要赢的，并料定布虫十天半月也走不到“机丁谷”。于是一路上见屎就拱，结果等布虫游遍了整个“机丁谷”城，拱屎虫才到达“机丁谷”。输给了布虫，拱屎虫感到害羞，无脸见人。从此，拱屎虫整天钻在阴暗处，天黑后才出来活动。

佚名讲述，付朝文记录、翻译。收入《云南省武定县民族民间文学集成》，16开，1页，500余字，武定县文化局、民委、文化馆集成办1989年编印。（钱丽云　朱琚元）

蝗虫与猴子的一场交战

彝族动物故事。流传于云南省元江哈尼族彝族傣族自治县彝族地区。讲述的是：从前，在龙马山上住着一只大蝗虫，山脚下住着一群猴子，猴子想去山上称霸王，便提出要和蝗虫交战，谁败谁离开这座山。交战前，猴王叫小猴们每个都准备一根木棍去打蝗虫。猴群在猴王的带领下浩浩荡荡地上山了，蝗虫不慌不忙地站在猴群面前。猴王宣布开战后，蝗虫就飞到了猴王鼻子上。为了打死蝗虫，小猴们狠命往猴王鼻子上打，转眼间，猴王被打死了。蝗虫又飞到其他猴子的鼻子上，其他猴子照样被乱棍打死了。蝗虫不停地在猴群中飞来飞去，猴群不停地互相乱打，死的死，伤的伤。从此，猴群就再也不敢到龙马山上称霸了。从那以后，龙马山就没有猴子了。

佚名讲述，方成华记录、整理。收入《元江民族民间文学资料》第六辑，32开，2页，1000余字，元江哈尼族彝族傣族自治县文化馆1986年编印。（宋自华）

蚂蚱斗猴子

彝族动物故事。流传于云南省双柏县彝族地区。讲述的是：古时候，猴子自认为本领很大，根本不把小小的蚂蚱放在眼里，而蚂蚱则以为自己有翅膀能飞也不甘示弱。庄稼成熟了，猴子和蚂蚱协议通过比武来决定谁独占大片的粮食。一早，猴子队伍手持石块木棒浩浩荡荡来到比赛场。可是蚂蚱因一夜的寒冷冻得翅膀又软又僵，难以起飞，料想此战必败。于是蚂蚱首领要猴王请太阳来做证，猴王同意了。太阳刚出山，猴王叫吼着开战，蚂蚱首领以太阳离战场太远难以看清胜败为由拒绝开战。两个时辰后，蚂蚱的翅膀晒硬了，于是同意开战。只见所有蚂蚱向猴子的眼睛和其他致命部位撞去，猴子睁不开眼睛，分不清敌我，就自相残杀，结果猴子招架不住，抱头逃往深山里。从此蚂蚱在庄稼地里飞来飞去，再也不怕猴子了。

者学贵讲述，苏锡纬等记录。收入《双柏民间文学集成》，32开，2页，700余字，云南民族出版社1992年版。（施选　朱琚元）

曲蟮身上十八道印的由来

彝族动物故事。流传于云南省建水县彝族地区。讲述的是：一天，萤火虫约张姑哩虫晚上到河里捉鱼。它们刚下河天就下起了大雨，萤火虫自己打着灯飞走了，张姑哩虫只好到打屁股雀家借宿。夜里，张姑哩虫被麂子的叫声吓得掉进打屁股雀的窝里，踩死了打屁股雀的儿子。打屁股雀便到皇帝那里告状。皇帝追查责任，得知是曲蟮咬断了树根，树倒下砸到麂子的头，才惊吓到张姑哩虫的。皇帝叫大臣把曲蟮捆了十八道，关了十八年。所以，曲蟮身上有十八道印。

欧云辉讲述，易荣辉搜集。收入《云南民间文学集成·建水故事卷》，32开，2页，800余字，建水县文化局、民委1989年编印。（梁红）

骄傲的徒弟

彝族动物故事。流传于云南景东彝族自治县彝族地区。讲述的是：从前，岩蜂不会采花、酿蜜、做蜂巢，它成天好吃懒做，东游西逛。蜜蜂曾经劝它好好安一个家，省得过冬辛苦，但岩蜂不听。到了冬天，岩蜂冻得受不了，就去找蜜蜂，要求在蜜蜂家过冬，并要向蜜蜂学手艺。蜜蜂让岩蜂住下，还教它采花、酿蜜、做蜂巢。蜜蜂教会岩蜂做第一个蜂巢，正准备教它怎么做第二个时，岩蜂不耐烦了，说它已经会了。岩蜂回到岩洞里，只会做第一个蜂巢，不会做第二个，就只好在第一个上面加做，所以岩蜂做成的蜂巢又扁又长。如果猎人割烂岩蜂的蜂巢，岩蜂就只能搬家。

佚名讲述，李寿昌记录。收入《景东县民间文学集成》，32开，2页，1000余字，景东彝族自治县民委、文化局、文化馆1989年编印。（谢国先）

苍蝇的福禄

彝族动物故事。流传于云南省景东彝族自治县彝族地区。讲述的是：远古时，一只老鹰跟天一样大。它在天上晒太阳，一晒就是好几年，大地被它遮得没有一丝阳光。苍蝇为了让大地得到太阳光，就飞到老鹰翅膀上下了很多蛋。这些蛋变成蛆蛀断了老鹰的翅膀。老鹰掉到地上，人间才有了阳光。苍蝇到天上向玉皇大帝请功。玉皇大帝说，你的福禄在人间，人们摆出饭菜，你就可以先吃。所以现在苍蝇总是先享受摆出来的饭菜。

佚名讲述，张俊、陶明贵记录。收入《景东县民间文学集成》，32开，1页，300余字，景东彝族自治县民委、文化局、文化馆1989年编印。（谢国先）

小蟋蟀与大黄狗赛跑

彝族动物故事。流传于云南省弥勒市彝族地区。讲述的是：一天大黄狗奉主人之令到城里买东西。半路上，它无故想踩死觅食的蟋蟀，蟋蟀大声地谴责它欺凌弱小，它强词夺理地说蟋蟀挡了它的去路，并说仅凭自己能一天内往返府城的本事，就有资格欺负蟋蟀。蟋蟀决定压压大黄狗的嚣张气焰，提出要和它比赛谁先到城门口。黄狗不屑地对天地发誓，若小小的蟋蟀先到城门口，自己就吊死在树上让蟋蟀一点点吃掉。结果当大黄狗气喘吁吁地到达城门时，城墙上传来蟋蟀的声音，黄狗吓得瘫坐在地上。占了上风的蟋蟀要兑现诺言，威风的大黄狗只得跪下来求饶。原来，小蟋蟀在黄狗起跑时，跳到了它背上，快到城门时，蟋蟀抢先跳到了城墙上，从而赢了大黄狗。

佚名讲述，杨学诗、时间搜集、整理。收入《弥勒民族民间故事》，32开，2页，1300余字，民族出版社2003年版。（梁红）

蛐蛐和猴子

彝族动物故事。流传于云南省禄劝彝族苗族自治县彝族地区。讲述的是：古时候，蛐蛐和猴子都生活在森林里，它们经常为争夺地盘发生冲突。蛐蛐虽然小，但常使大个子的猴子吃亏。一天，蛐蛐王带着兵将向猴子王国挑战，猴子拿着棍棒应战，蛐蛐赤手空拳往猴子脸上跳，猴子举棒打蛐蛐，反而打伤了自己的伙伴。看到这情形，猴子王急忙召集大家商讨对策。有只猴子出主意，蛐蛐往身上跳时就用手抓了吃掉。结果猴子大获全胜，把蛐蛐追得无路可逃，见土就钻。从此蛐蛐就生活在土里，猴子则快乐地生活在大森林里。

张有明讲述，张有洪、钱春林搜集、整理。收入《云南省昆明市民间文学集成·禄劝民间故事》，32开，2页，800余字，禄劝彝族苗族自治县文化局民间文学集成办公室1991年编印。（梁红）

聪明的竹鸡

彝族动物故事。流传于云南省武定县彝族地区。讲述的是：一只狐狸在林子里觅食，突然，它听到一阵“咯咯咯”的叫声，抬头一看，见树枝上站着一只竹鸡。狐狸打起坏主意，便对竹鸡说：“叫声这么清脆迷人，原来是竹鸡大姐呀！我从前只听到过你的名声，没有见过你端庄的容貌，你跳下来让我好好看看行吗？”竹鸡知道狐狸的坏心肠，没有上它的当，说：“我虽然站在树上，可这树并不高，你有话就讲吧，我听得见的。”狐狸见竹鸡不肯下树来，转了个念头，又说：“狮子大王下了命令，叫我来和大家商量，从今以后，凡是林子里的动物，不管飞禽走兽，大家都要相亲相爱，不许互相残杀。如果你同意这样做，就请下来一起商量商量。”竹鸡故意伸长脖子看看远处，说：“狐狸大哥，这样吧，前面来了一条猎狗，你先征求它的意见吧！”狐狸一听，慌忙逃走了。

张式武讲述，陈超廷、朱有凯记录。收入《彝族民间故事》，32开，1页，300余字，云南人民出版社1988年版。（阿南）

鸟叫声的由来

彝族动物故事。流传于云南省禄丰县彝族地区。讲述的是：远古时候，飞禽走兽都生活在一起，总是围在密林里的火堆边用铁锅煮饭吃。有一天煮晚饭时，小兔子围着火堆跳舞，不小心把一锅快煮熟的饭撞翻了，饭泼了，锅也砸烂了。野鸡见状急得失声大叫：“闯祸！闯祸！”猴子、狐狸和许多会飞的鸟都害怕承担责任就纷纷逃离了。鸭子来迟了一步，见饭倒锅破，气得大骂：“杀！杀！杀！”大鹅随后到来，见状也很伤心，但还是劝鸭子：“杀不得，还是见官！见官！”小斑鸠在外捡豆粒吃饱了肚子，回来后幸灾乐祸地说：“咪舒舒！咪舒舒！”接着小秧雀回来，因为还饿着肚子，便悲哀地说：“锅烂了！锅烂了！”大斑鸠安慰它们说：“高高低低补起！高高低低补起！”大家眼看无法挽救，只得各自走散了。自此以后，野兽和飞鸟便分开居住。但许多禽类一直忘不了锅烂饭撒的事，至今，野鸡还在“闯祸！闯祸！”地叫，鸭子喊着：“杀！杀！杀！”大鹅总喊：“见官！见官！”小斑鸠不停地取笑：“咪舒舒！咪舒舒！”小秧雀还在伤心地喊：“锅烂了！锅烂了！”忠厚老实的大斑鸠则一直到处游说：“高高低低补起！高高低低补起！”

普正才讲述，李成生记录。收入《彝族民间故事》，32开，1页，300余字，云南人民出版社1988年版。（阿南）

嗞哩雀

彝族动物故事。流传于滇西彝族地区。讲述的是：有一种比麻雀大一点的短尾巴小雀，喜欢在天刚亮和傍晚时，飞来歇在村寨旁的地坎小树枝上，嗞哩嗞哩地叫个不停。人们就根据它的叫声，叫它“嗞哩雀”。据说，每当嗞哩雀下蛋抱窝时，也是布谷鸟下蛋的时候。布谷不做窝，它寻找嗞哩雀的窝，把嗞哩雀的蛋啄吃后下蛋在窝里。嗞哩雀发现后，每当布谷鸟飞来“布谷、布谷”地叫的时候，嗞哩雀就嗞哩嗞哩地叫着，成群地飞来啄布谷鸟，布谷鸟招架不住，只好远远地飞走。因为这个小故事，民间有句俗语说：“嗞哩雀的儿子死了，布谷鸟的儿子活着。”

茶阿五讲述，左玉堂记录、整理。16开，2页，400余字，未刊稿。（阿南）

兹都鸟

彝族动物故事。流传于云南省宁蒗彝族自治县彝族地区。讲述的是：一种灰色的小鸟，很像云雀，叫兹都。它飞到半空中，“兹都！兹都”叫个不停，一会儿停在空中，低低地啁啾着；突然，唰地一下飞到地上，急促地哀鸣着，声音有些凄凉悲惨。为什么它叫得如此伤心呢？据说，兹都欠债主的账太多了，无法偿还。债主时时来家中逼债，兹都只好外逃躲账。兹都飞到蓝天，请求债主不要逼得太紧，希望再延长一些日子后偿还。它不住地叫着：“塔答！塔答！”（意即别忙！别忙！）可是，债主不同意，仍逼着它马上还债。兹都在半空中扇着双翅，恳求债主延期：“处处达，尼尼达。”（意即夏天还，冬天还。）债主还是不同意，追着讨债。兹都无奈从天上唰地飞下地来躲债，诉说着：“兹脚，兹脚，兹兹脚！”（意即债主，债主，还不起！）

阿苦古哈讲述，陶学良搜集、整理。收入《彝族民间故事选》，32开，1页，400余字，上海文艺出版社1981年版。（阿南）

呕喔噜鸟

彝族动物故事。流传于滇西彝族地区。讲述的是：有两姐妹，姐姐为前娘生，妹妹为后娘生。后娘非常恶毒，不仅时时虐待前娘生的姑娘，而且还想用毒计把她害死。一天，她叫两姐妹上山种麻，拿生麻籽给她生的姑娘做种子，拿被她炒熟的麻籽给前娘生的姑娘做种子。吩咐姐妹俩，谁种的麻出齐苗谁就可以回家来，麻苗不出齐不准回家来。姐妹俩背着干粮、带着麻种，各自领着一只小狗做伴上山种麻去了。姐妹俩来到种麻地，各自撒籽种下。不几天，妹妹种的麻苗出齐了，按照妈妈的吩咐，妹妹领着她的小狗回家去了。前娘生的姑娘种的麻却不出苗。可怜的姑娘等啊，等啊，一直不见长出麻苗。干粮吃完了，可她不敢回家。后来，她和她的小狗活活被饿死了，他们就变成一对呕喔噜鸟，每当种麻和收麻时节，一只悲怆地叫着：“呕喔噜，呕喔噜”，一只则哀怨地“咕，咕，咕”呼应着。

茶阿五讲述，左玉堂记录、整理。16开，2页，500余字，未刊稿。（阿南）

黑头翁

彝族动物故事。流传于云南省普洱市彝族地区。讲述的是：从前有一户人，有三个儿子，儿子尚小，父亲砍柴从岩上滚下去摔死了，母亲痛哭导致双目失明，母子四人只好乞讨度日。一天，哥哥看哨，弟弟偷土司的苞谷充饥，这时正巧碰上了土司，哥哥喊“避好！避好！”弟弟说：“避罗！避罗！”这话被土司听到，将三兄弟抓去打死。第二天，土司再来看，不见三兄弟尸体，也不见苞谷，仅有三只头上有一撮黑尖毛的小鸟在叫“避好！避好！”“避罗！避罗！”人们同情惨死的三兄弟，说这小鸟是三兄弟惨死后变成的，称“黑头翁”。

普发昌讲述，白学书搜集、整理。载民族文学《山茶》1985年第2期，16开，1页，1100余字，山茶编辑部1985年编印。（阿南）

夺令朵啊

彝族动物故事。流传于云南省石屏县彝族地区。讲述的是：安弟出生不久，父亲便病故了，母亲视其为希望，对他非常溺爱。安弟长大后懒惰成性，整日赖在床上，衣来伸手，饭来张口。一天，母亲因急事远出，临走前，煎了个大荞饼挂在安弟脖子上，让他张口就能吃到。八天后，母亲返回家时发现安弟已经饿死在床上，荞饼只吃了脖子下面的一小块。到了冥界的安弟后悔自己太懒惰不珍惜人世生活，就变成一只鸟，每当黎明到来之时，就站在树上高声鸣叫“夺令朵啊”（彝语：该起床了），提醒人们早起出工。所以，彝家人在它的催促下，养成了早起的习惯。

佚名讲述，蒲非搜集、整理。收入《云南民间文学集成·石屏故事卷》，32开，2页，900余字，石屏县文联1996年编印。（梁红）

叫命雀

彝族动物故事。流传于贵州省黔西县彝族地区。讲述的是：艾妹生于名门，少佳是艾家的帮工，他俩相爱便以身相许，因此双双被艾老爷活活打死。死后变成一对小鸟相依相伴，无论春夏秋冬都在河边不停地“哎哟爹！哎哟爹”地叫着，人们给其命名为“叫命雀”。

高述权讲述、翻译，李万荣记录。收入《中国民间故事集成·贵州省毕节地区·黔西县卷》，32开，3页，1000余字，黔西县民间文学集成编委会1988年编印。（罗德显）

诚实的蚂蚁

彝族动物故事。流传于滇南一带彝族地区。讲述的是：大蚂蚱赶街回来天黑了，到画眉窝边要求住宿一夜。善良的画眉答应了，但又担心它腿长会蹬着孩子。蚂蚱表示可以缩着脚过夜。夜里蚂蚱忘了诺言，一伸腿就把小画眉蹬下树摔死了。画眉向山神告状。蚂蚱辩解是由于麂子的叫声吓着它了。山神问麂子，麂子辩解说是由于蚂蚁把树蛀空，树倒在它身上才发出“响”声。山神问蚂蚁，蚂蚁理直气壮地申诉：“老虎可以吃羊，山神可以吃供品，我只吃点烂木头，还有什么不行？”山神喝令左右把蚂蚁捆了七七四十九天，腰就被勒细了。所以蚂蚁至今还在喊“冤”。

佚名讲述，施友万收集、整理。收入《大风天和他的阿弟们》，32开，3页，1800余字，云南少年儿童出版社1988年版。（阿南）

机智的山羊

彝族动物故事。流传于云南省巍山彝族回族自治县。讲述的是：从前，一只离群山羊被一条饿狼拦住去路，张牙舞爪地要吃山羊。山羊见逃不脱，就佯装怕疼，要狼不要一口一口咬吃，叫它张大口把自己一口吞下肚，狼同意了。山羊把狼引到山箐边，叫狼张大嘴巴，它自己钻进狼肚里去。山羊往后退了几步，扬起坚硬的尖角，对准狼的脑门猛冲顶过去，冲顶得狼头破血流，滚进山箐里昏死过去了。山羊乘机逃走了。过了一会儿，狼苏醒过来了，发现山羊不见了，只见地上有一摊血，就自言自语道：“哦呀！山羊已被我一口吞吃了！”

茶阿五讲述，阿南搜集、整理。收入《大风天和他的阿弟们》，32开，2页，1200余字，云南少年儿童出版社1988年版。（阿南）

山羊的悔恨

彝族动物故事。流传于云南省巍山彝族回族自治县。讲述的是：一座山脚下，住着一只黑山羊和一只白绵羊，它们是多年的好邻居了。天长日久，它们为草坡、饮水经常发生争吵。到后来，它们时常打架。有一天，黑山羊和白绵羊又为饮水打起架来。黑山羊用它锋利的双角挑顶白绵羊，而白绵羊则用它坚硬的脑壳撞击黑山羊。就这样，一个挑顶，一个撞击，难解难分，不分胜负。这时候，一只黑乌鸦歇在树枝上，喝彩道：“好哇！好哇！”听到黑乌鸦的喝彩声，白绵羊劝黑山羊不要再打了。黑山羊以为白绵羊斗不过它，就猛挑顶白绵羊，白绵羊狠狠地撞击黑山羊，把它撞得头破血流。黑山羊忍痛猛然挑顶白绵羊。黑乌鸦不住地叫道：“好哇！好哇！”当黑山羊和白绵羊斗得筋疲力尽，都倒在地上时，歇在树上的黑乌鸦“哇”的一声飞下来，用它的长尖嘴把白绵羊的一双眼珠啄吃了。接着，黑乌鸦一蹦一跳转向黑山羊。黑山羊见这情景，后悔不已。

茶阿五讲述，阿南搜集、整理。收入《大风天和他的阿弟们》，32开，3页，1800余字，云南少年儿童出版社1988年版。（阿南）

狐狸的晚餐

彝族动物故事。流传于滇西彝族地区。讲述的是：一只公鸡飞到一棵树上准备过夜。一只饿狐狸走到树下，见树上的公鸡，便自言自语：“晚餐有了。”狐狸佯装亲热友善的样子对公鸡说：“从今天起，天底下动物都要交朋友，和睦相处。”公鸡表示赞同。狐狸自以为得计，邀约公鸡飞下树来，一同去进晚餐。公鸡说：“我站得高，看得远。看见远处一群猎狗正朝我们走来。等它们到来，我们一同去进晚餐吧！”狐狸一听，吓得夹着尾巴逃跑了。公鸡大声地说：“狐狸先生，难道你不跟猎狗交朋友吗？”狐狸听了，跑得更快了。

赵得清讲述，王开华搜集、整理。收入《大风天和他的阿弟们》，32开，2页，1200余字，云南少年儿童出版社1988年版。（阿南）

冤家变朋友

彝族动物故事。流传于滇西彝族地区。讲述的是：黄鳝和麻蛇原来是一对互不相让的冤家对头。黄鳝老是夸自己的头长得漂亮，麻蛇也总是说自己身强力壮。它们一见面就要争吵打闹。一日，两个冤家准备大打一场时，飞来一只老鹰。麻蛇见了心想老鹰不安好心，就打消了与黄鳝打架的念头，心平气和地说服黄鳝不再打架。黄鳝抬头看看老鹰，觉得麻蛇说的在理，就与麻蛇和解。老鹰在天空盘旋了好半天，总不见麻蛇和黄鳝厮打，觉得没有空子可钻，只好没趣地飞远了。黄鳝和麻蛇看着远去的老鹰，高兴地说："我们和解不打斗，别人就钻不了空子了！"

罗清讲述，董菊仙整理。收入《大风天和他的阿弟们》，32开，2页，1200余字，云南少年儿童出版社1988年版。（阿南）

黄鼠狼和黑熊

彝族动物故事。流传于滇西彝族地区。讲述的是：一只狡猾的黄鼠狼和一只愚蠢的黑熊做了朋友。黄鼠狼对黑熊说，掏蜂蜜是它的拿手好戏，要黑熊和它进寨去偷蜂蜜。贪吃的黑熊同意了。天黑的时候，它们来到一户养蜂人家屋前，黄鼠狼吩咐黑熊跑到房背后大声吼两声，把主人家的狗引出去，它好偷蜜。当狗被黑熊引走的时候，黄鼠狼跑到蜂蜜窝旁被主人安放的吊弓套扣套住了，吊在半空中。主人把黄鼠狼装进一条大麻袋里，扎住袋口，转身进房去拿刀子准备剥黄鼠狼的皮。黑熊走来要吃蜜时，发现黄鼠狼在麻袋里，问黄鼠狼在干什么，黄鼠狼说在麻袋里吃蜜。黑熊把黄鼠狼放出来，自己一头钻进麻袋里。黄鼠狼把袋口扎紧后溜走了，愚蠢的黑熊就被蜂主剥了皮。

茶阿五讲述，阿南搜集、整理。收入《大风天和他的阿弟们》，32开，2页，1200余字，云南少年儿童出版社1988年版。（阿南）

贪心的狼的下场

彝族动物故事。流传于滇西彝族地区。讲述的是：一个摆羊汤锅的人背着卖剩的羊肉往家走着，突然被一只饿狼追上来，要他拿羊肉给它吃。摆羊汤锅的人见气势汹汹的狼，便从背篮里抓出一小块羊肉丢给狼，继续往前赶路。狼一口吞下羊肉后，又追上摆羊汤锅的人要羊肉吃。摆羊汤锅的人想摆脱狼的纠缠，又抓了一块羊肉丢给了狼。狼吃了羊肉后又追上去，再要羊肉吃。这时，摆羊汤锅的人伸手往背篮一摸，发现背篮里只剩下一小块羊肉了。他想，要是这块羊肉丢给狼吃了，狼还是纠缠他那怎么办呢？于是他试探着对狼说没有羊肉了。狼骂道："笨货，你自己不就是一大块肉吗？"摆羊汤锅的人想好一个主意，他把剩下的一小块肉钩在秤钩上，又把秤钩拴在狼跳起来才能咬得着的一棵树上。狼纵身跳起来咬羊肉，秤钩钩住了狼的上嘴壳。狼四脚悬空，吊在树上。狼要求摆汤锅的人把它放下来。摆羊汤锅的人从背篮拿出剥羊皮的尖刀，走过去一刀把狼捅死了。

茶阿五讲述，左玉堂搜集、整理。收入《大风天和他的阿弟们》，32开，2页，1200余字，云南少年儿童出版社1988年版。（阿南）

小猫捉老鼠

彝族动物故事。流传于滇西彝族地区。讲述的是：一只刚学会捉老鼠的小猫，走进仓房里捉老鼠。这时，一只小老鼠正在咬吃苞谷。小猫见了一步纵身扑过去，一把抓住了小老鼠。就在这时候，一只大老鼠从墙洞里钻出来，小猫放下抓住的小老鼠去抓大老鼠。大老鼠被吓呆了，小猫毫不费力地就把它逮住了，小猫高兴极了。正想回头去抓刚才捉住的那只小老鼠时，又有两只打闹的半大老鼠从房梁上掉下来。小猫见了，放下抓到的那只大老鼠去抓那两只老鼠。两只老鼠见小猫，吓得各跑一边，小猫一时不知道该捉哪一只，正犹豫时，两只老鼠乘机钻进墙洞里去了。小猫懊悔地走到刚刚放走老鼠地方一看，原先捉住的一大一小两只老鼠也不见了。小猫捉了半天老鼠，到底捉到几只老鼠，它自己也说不清。

茶阿五讲述，阿南搜集、整理。收入《大风天和他的阿弟们》，32开，1页，600余字，云南少年儿童出版社1988年版。（阿南）

猫师傅和虎徒弟

彝族动物故事。流传于滇西彝族地区。讲述的是：猫和虎是师徒，猫是师父，虎是徒弟。虎长得像猫，但它没有猫那么灵巧，不会纵跳，也不会抓扑。猫十八般武艺样样精通。虎就拜猫为师，跟猫学武艺。猫就把自己猛扑、抓捕、纵跳、奔跑的武艺传授给老虎。老虎以为猫的所有武艺它都学到了，便起了歹心。一日，猫正要给虎传授武艺的时候，虎突然大吼一声，张开血盆大口，向猫扑了过来，恶狠狠地说："现在不需要你了，我要把你吃掉！"猫吓了一大跳，转向逃躲。虎紧紧地追赶在后面。猫逃到一棵树下，便纵身一跳，抓住枝干，"唰唰唰"地爬到树上。虎追到树下，但猫没有传授给它爬树的绝招，虎只好在树下干瞪眼。

茶阿五讲述，阿南搜集、整理。收入《大风天和他的阿弟们》，32开，2页，1000余字，云南少年儿童出版社1988年版。（阿南）

"李贵荣"鸟的故事

彝族动物故事。流传于云南省楚雄市彝族地区。讲述的是：从前，山寨里住着一对穷苦的夫妇，男的名叫李贵荣，专门给寨里的巴财主打柴烧炭，女的名叫山妹，在家中给财主绩麻织布。山妹长得很漂亮。巴财主想霸占山妹为妻，就把李贵荣推进炭窑里烧死，然后把山妹抢到手。就在抢着山妹去巴财主家的路上，经过一座悬崖，山妹尖叫一声"李贵荣"，就跳下了深涧。后来这山涧里有了一只灰色的鸟，头上长一圈黑黑的毛，就像山妹的包头布，它不断地啼叫着"李贵荣，李贵荣"，飞向了天空。人们就称这种鸟为李贵荣鸟。

佚名讲述、记录，收入《楚雄彝族文学简史》，32开，1页，200余字，中国民间文艺出版社1986年版。（阿南）

狗和人

彝族动物故事。流传于四川省喜德县彝族地区。讲述的是：很早以前，狗是住在森林里的。为了要找到一个永远可靠的朋友，它在森林里四处寻找。有一天，遇见了兔子，就对兔子说："我和你住在一起行吗？"兔子说："行。"可是到了晚上，狗汪汪地叫个不停。兔子说："你不要叫了，被狐狸听到了，会跑来把我们吃掉的。"第二天，狗找到狐狸，说："我和你住在一起行吗？"狐狸说："行。"但是到了晚上，狗又汪汪地叫了。狐狸说："你不要叫了，如果被狼听到了，会跑来把我们吃掉的。"狗找到了狼，说："我和你住在一起行吗？"狼说："你不要叫，万一被豹子听到了，会来把我们吃掉的。"狗找到了豹子，说："我和你住在一起行吗？"豹子说："行。"但是到了晚上，狗又汪汪地叫了。豹子说："你不要叫了，如果被人听到了，会来把我们打死的。"狗找到了人，说："我和你住在一起行吗？"人说："行。"到了晚上狗又汪汪地叫了。人问道："你冷吗？""不冷。""你饿吗？""不饿。""那么你叫什么呢？""我有些害怕。"狗说。人笑了，说："只要有人在，你什么也不用怕。"狗听了以后，知道人无所畏惧，于是就和人住在一起了。

瓦渣查果讲述，白芝收集、整理。收入《中国民间故事三套集成四川喜德卷·凉山彝族民间故事选》，32开，1页，600余字，四川民族出版社1990年版。（阿南）

狗与猫为何有矛盾

彝族动物故事。流传于川滇大、小凉山彝族地区。讲述的是：从前，有个人过河时不小心把他的手镯掉进了河里，回到家后，叫他家的看家狗和猫去寻找。狗和猫走到半路上时，看见有一人在清猪肠，贪吃的狗见到后垂涎欲滴，偷懒不走了。等猫找回手镯时，它却抢功劳，从猫手中骗回手镯，先跑到家中，对主人说是它找回了手镯，而猫偷懒没去找。主人信以为真，奖赏了狗而责备猫。等猫把经过详细叙述后，主人一气之下，让猫坐在堂屋中央吃燕麦，而把狗赶出门叫它到外面守门。这就是狗与猫之间矛盾的由来。

佚名讲述，罗布合机、王权等收集、整理。收入《喜德彝族民间故事》（彝文版），32开，3页，1200余字，四川民族出版社1993年版。（土比呷呷）

狗为什么撵獐子

彝族动物故事。流传于四川省喜德县彝族地区。讲述的是：很早以前，有一天，野兽们聚集在一起，议论谁该坐最上面的首席位。议论了很久，最后一致同意谁的獠牙最长，谁坐最上的首席位。比量结果，獐子的獠牙最长，獐子当仁不让地坐上了首席位，它非常得意。不知谁出了个主意，要叫长着一双长獠牙的獐子和长着一对锋利犬牙的狗互相撕咬，让大家取乐一会儿。狗见獐子的獠牙很长，心里没底，因此，它退缩不前。而獐子却凭借长獠牙，耀武扬威。谁知，獐子的獠牙只能摆摆威风，用它战斗，毫无用处。而被激怒的狗，用锋利的犬牙进攻獐子，獐子节节败退，最后没命地逃跑，跑进一片种着大蒜的地里，脚上沾染了特殊气味。狗闻着气味，紧追不舍。从此，狗和獐子成了冤家对头。狗一见獐子就追上去，用锋利的犬牙进攻獐子，而獐子一见狗，就狼狈地逃走了。

阿丁木吉讲述，白芝收集、整理。收入《中国民间故事三套集成四川喜德卷·凉山彝族民间故事选》，32开，3页，1600余字，四川民族出版社1990年版。（阿南）

猫为什么怕狗

彝族动物故事。流传于四川省喜德县彝族地区。讲述的是：从前有一家人只有母子二人，母亲眼瞎没法劳动，只有靠儿子砍柴卖钱供养她。一天，儿子砍回一根长藤回来供在神位上，结果长藤每天都给这个儿子下一点金。有一天，这根藤被一富人家偷走，主子就叫家里的狗和猫去找，找回长藤后，主子为报恩，专门杀只鸡给狗和猫吃，但鸡被猫偷偷吃完了。从此狗对猫就恨之入骨，所以猫怕狗。

阿克达也等讲述，伍呷记录。收入《彝族民间故事选（2）》（彝文版），32开，5页，2200余字，四川民族出版社1986年版。（贾斯拉核）

猫和狐狸（一）

彝族动物故事。流传于川滇大、小凉山彝族地区。讲述的是：从前，一只猫在一片森林里遇上一只狐狸，狐狸在猫面前自吹自捧，说自己如何聪明，如何厉害，而把猫贬得一文不值，说猫除了会吃老鼠、会爬树外毫无用处。恰巧这时一个猎人带着四只猎狗路过，机智的猫快速爬到树上，幸免于难，而无计可施的狐狸却成了猫的笑柄，最后成为猎人的晚餐。

佚名讲述，罗布合机、王权等收集、整理。收入《喜德彝族民间故事》（彝文版），32开，2页，900余字，四川民族出版社1993年版。（土比呷呷）

猫和狐狸（二）

彝族动物故事。流传于喜德县彝族地区。讲述的是：从前有只猫凶恶得很，主人拿它没办法。一天，主人把猫放进了山里，在一个偶然的机会中，猫和狐狸相识，并结为夫妻。一次，狐狸下山抓了只鸭子，在回家途中，碰上狼和熊，狐狸就和它们说："从今以后，管理这片区的是一只叫'阿尼木支'的猫大王，今后谁都得听它的。"狼和熊各自表态各抓一只羊子和一头牛去见猫大王。后来叫兔子将猫约出来见面时，猫看上去一副凶神恶煞的样子，狼和熊看见这一切都认为是真的，从此不敢惹猫，让猫当上了大王。

吉伍木牛等讲述，李民记录。收入《彝族民间故事选（一）》（彝文版），32开，5页，2000余字，四川民族出版社1982年版。（贾斯拉核）

牛为什么没有上牙

彝族动物故事。流传于四川省喜德县彝族地区。讲述的是：从前，一只虎来给牛说："你那么大，为什么叫人把你弄去犁地？"牛说："人虽小，但有办法。"虎说要和人斗一场，结果输给了人，牛高兴地笑了，不小心把上牙碰在石头上。从此牛就没有了上牙。

吉伍拉史等讲述，伍呷记录。收入《彝族民间故事选（2）》（彝文版），32开，3页，1600余字，四川民族出版社1986年版。（贾斯拉核）

牛为什么耕地

彝族动物故事。流传于四川省喜德县彝族地区。讲述的是：很久以前，人们用狗耕地，每年收获的粮食少得可怜。人们向天神请求帮助。天神对水牛说："你去告诉人们，叫他们每天睡三次觉，吃一顿饭，粮食就会够吃了。"水牛来到人间时却把天神的话说反了。它告诉人们说："天神说了，你们每天吃三顿饭，睡一次觉，粮食就会够吃了。"人们就照着去做，结果粮食愈发不够吃。天神知道这事后发怒了，对水牛说："你要人一天吃三顿饭，你到人间去给人耕地好了。"水牛不敢不依，只得来到人间。但它却不肯为人耕地，后来人们在青蛙和老鸹的指点下，抓住水牛的鼻子，给它穿上一个铁环。从这以后，水牛只得为人们耕地了。但它很不情愿，就把自己的遭遇对黑熊诉说。黑熊听了后，问水牛道："你这么大的个头，难道还斗不过人么？"水牛说："凭力气我斗得赢人，但人有办法呀！"黑熊说："你不必难过，我会来帮助你的。"有一天，人正在赶着水牛耕地，黑熊一下子就跳到人跟前，对人说："你赶快把'办法'交出来，如果不交出来，我就要吃掉你。"人说："我把'办法'留在家里了，你在这里等着，我去给你拿来。"人回到家里，取来弓箭就把黑熊射死了。水牛看到黑熊也斗不过人，只得乖乖地为人耕地了。

尔姑阿呷讲述，白芝收集、整理。收入《中国民间故事三套集成四川喜德卷·凉山彝族民间故事选》，32开，2页，1300余字，四川民族出版社1990年版。（阿南）

虎与獐子

彝族动物故事。流传于四川省西昌市彝族地区。讲述的是：从前，虎与獐子相处很久，但虎从不敢轻易地动獐子，因为獐子嘴外挂有一只看起来似乎很锋利的牙齿。相处到后来，虎从獐子嘴里得知其牙不中用的事，就大胆吃掉了獐子。

贾司日拉讲述，贾斯拉核记录。收入《所地民间故事》（彝文版），32开，3页，1200余字，四川民族出版社1991年版。（贾斯拉核）

兔子害死熊和狼

彝族动物故事。流传于川滇大、小凉山彝族地区。讲述的是：从前，有一只兔和一只熊去挖土豆来烧吃时，因兔骗了熊把土豆吃完了，熊就把兔绑在树上，自己跑去砍竹子准备用竹子来狠狠地打兔子。这时，恰巧一只带有冻肉的狐狸路过此地，贪婪的狐狸被兔子骗走了冻肉。熊追来时，兔躲藏在山洞里，撒谎把冻肉说成是自己的眼珠，拿给熊吃，贪吃的熊吃了一口后觉得很好吃，就叫兔子帮个忙，把它自己的眼珠也挖来吃了。熊瞎眼后被兔骗进山岩摔死。后来，兔为了保命又带着一匹准备吃它的狼去吃熊肉时，把熊尿泡吹胀后装满石子，悄悄地绑在狼的尾巴上，就说有人来追杀它们，叫狼快逃命。狼被吓跑后跑了很长的路，刚坐在一个山崖边正准备歇一歇时，它被压爆的尿泡声吓着就一不小心掉下了山崖。

佚名讲述，罗布合机、王权等收集、整理。收入《喜德彝族民间故事》（彝文版），32开，6页，2800余字，四川民族出版社1993年版。（土比呷呷）

青蛙和兔子赛跑

彝族动物故事。流传于川滇大、小凉山彝族地区。讲述的是：从前，一只青蛙与一只兔子同时在路上捡得一个酒瓶，可谁也不想让给谁，兔子仗势欺人，提出以赛跑输赢来决定酒瓶归谁。第二天赛跑时，聪明的青蛙用一个站在起跑点、一个躲藏在路途中、一个埋伏在终点上的战术，巧妙战胜了兔子。

佚名讲述，罗布合机、王权竺收集、整理。收入《喜德彝族民间故事》（彝文版），32开，2页，400余字，四川民族出版社1993年版。（土比呷呷）

老虎比不过青蛙

彝族动物故事。流传于川滇大、小凉山彝族地区。讲述的是：从前，青蛙与老虎赛跑时，青蛙巧用计谋取胜，第二次它俩又比谁吐出的食物多，谁知老虎吐出了一大堆肉，而青蛙只吐出了从老虎身上扒下来的几根毛，并称这是它吃掉老虎的祖辈后留在肚里的虎毛。老虎信以为真，就被吓跑了。老虎跑过几座山后遇上了一只猴，把此事如实告诉了猴，猴不信，叫老虎带它去看。可是老虎害怕被青蛙吃掉而不敢去，于是猴子就叫老虎放心，并用一根麻绳把自己与老虎拴在一起后来见青蛙。来到青蛙处时青蛙还责怪猴子，为何不多带几只老虎来给他吃，老虎认为猴和青蛙是同伙，就不顾一切拼命地往回跑，猴子被老虎拉着吃尽了苦头，差点断送了性命。

佚名讲述，刘赋元收集、整理。收入《聪童秘典》（彝文版），16开，3页，1200余字，凉山州卫生学校1980年编印。（土比呷呷）

豺狼和大象

彝族动物故事。流传于川滇大、小凉山彝族地区。讲述的是：一只阴险、狡猾的豺狼想在一片森林里统治所有的动物，却害怕很有正义感的大象，于是怂恿猴子、狐狸、鹿等动物去攻击憨厚、老实的大象。大象用它仁慈、善良的心赢得了所有动物的信任和支持，并除掉了在森林里横行霸道的豺狼。从此，森林里所有的动物都过上了太平的日子。

佚名讲述，刘赋元收集、整理。收入《聪童秘典》（彝文版），16开，3页，1200余字，凉山州卫生学校1980年编印。（土比呷呷）

猴子的来源

彝族动物故事。流传于四川省雷波县彝族地区。讲述的是：从前，有一家人生了七子，老大至老六都长得十分英俊，娶回了六个十分美丽的媳妇。老七长得丑，个子又矮小，只好给他找个相般配的媳妇。父母只喜欢六个儿子和儿媳，长得丑的这对他们不管。一天，老七媳妇在山上砍柴时巧遇居木老祖，居木老祖给她一块毛巾，她和老七洗脸后变美变英俊，六位哥嫂知道后也去抢这块毛巾来洗脸，谁知都变成了很丑的怪物，无脸见人，只好躲进山里成了猴子。

阿鲁伍沙等讲述，伍且记录。收入《彝族民间故事选（2）》（彝文版），32开，6页，1900余字，四川民族出版社1986年版。（贾斯拉核）

猴子和蟋蟀

彝族动物故事。流传于四川省凉山彝族自治州彝族地区。讲述的是：猴子跟水獭下水去玩，不幸猴子被淹死。水獭把猴子救上岸来，请蟋蟀照料着，自己去请医生。这时猴子的兄弟们来见到猴子的尸体，不问缘由，硬说是蟋蟀咬死的。于是两家打起仗来，猴子以大欺小，打死打伤许多蟋蟀。青蛙抱不平，给蟋蟀出了一个主意。猴子们拿着棒子来打蟋蟀时，蟋蟀们都跳到猴头上去蹦跶，棒子都打在了猴子们自己的头上，个个被打得头破血流，蟋蟀却伤亡很少。

塞惹之提讲述，张润泉、方赫整理。收入《彝族民间故事选》，32开，4页，2700余字，上海文艺出版社1981年版。（阿南）

猴子和蚱蜢之战

彝族动物故事。流传于川滇大、小凉山彝族地区。讲述的是：远古时候，猴子和蚱蜢开战。出战那天，蚱蜢的军队只有九牛蹄印那么多，而猴子的军队却站满了九座山、九条沟。为了以弱胜强，蚱蜢虚心求教智者青蛙，青蛙恨猴子势大欺人，为弱小的蚱蜢献了一良计，让猴子用棒打脸上的蚱蜢时自己打伤了自己，弱小的蚱蜢获得了战争的胜利。

安嘎日讲述并记录。载《凉山文学》（彝文版）1981年第3期，16开，2页，1200余字，凉山彝族自治州文联1981年编印。（贾瓦盘加）

两只猴子一个样

彝族动物故事。流传于四川省喜德县一带。讲述的是：从前在崇山峻岭间有一条湍急的河流。河岸住着一只公猴和一只母猴。有一年冬天，一连下了好几天大雪。天气放晴，太阳照到了河的对岸。这时，母猴又冷又饿，就对公猴说："我们到河对岸去烤烤太阳，找点吃的吧！"公猴说："很好啊！我们现在就去。"当它俩来到河边时，母猴却又有点犹豫了，说："现在我们倒可以从冰上过去，万一冰被晒化了，我们怎么回得来呢？"公猴说，"我们一边烤太阳，一边看着河面，只要河面上的冰一有被晒化的迹象，我们就飞快地跑回来。"母猴跟随公猴过了河。一到河对岸，阳光照得身上暖，还找到许多可口的食物。公猴对母猴说："如果不是我坚持要来，你现在还在那边受冻。"忽然，公猴说："该回去了吧！万一冰晒化了，那才不是好玩的呢。"母猴说："慌什么呢，再烤会儿太阳吧！"它们身上暖和了，便都昏昏沉沉地睡着了。它俩一觉睡醒来，河面上的冰全被晒化了。母猴骂道："我说不要过河来你偏不听！"公猴骂道："都怪你，我说要早点回去，你偏不听。"它们两个都忘记了自己曾经有过什么样的主张，吵得不可开交。

巴久大且讲述，白芝收集、整理。收入《中国民间故事三套集成四川喜德卷·凉山彝族民间故事选》，32开，2页，1300余字，四川民族出版社1990年版。（阿南）

水獭和猴子

彝族动物故事。流传于川滇大、小凉山彝族地区。讲述的是：一只水獭和一只猴子相约好要到水獭家去做客，但到了去水獭家的水路上时，因猴子不识水性而被淹死，水獭怕猴家族来找自己麻烦，就悄悄地把猴子尸体藏在草丛里。猴家族等了许多天都未见这只猴子回来，就出去找猴子，却在草丛中找到这只猴子的尸体，就认为是生活在草丛中的蚱蜢害死了它们的同伴，就与蚱蜢发生了战争。打仗时两家都请了聪明的青蛙做军师，结果两败俱伤、伤亡惨重。

佚名讲述，刘赋元收集、整理。收入《聪童秘典》（彝文版），16开，2页，500余字，凉山州卫生学校1980年编印。（土比呷呷）

兔子和老虎

彝族动物故事。流传于川滇大、小凉山彝族地区。讲述的是：从前，一只老虎和一只兔子相安无事地生活在一座森林里，但老虎始终想把兔子吃掉。一天，兔子正在喝水，老虎张开血盆大口就咬向兔子，兔子看见水中的倒影后，灵机一动，跳到山岩下大喊："岩垮啦！"老虎一听，转身就逃，兔子捡回了小命。

毛勇讲述并记录。载《凉山文学》（彝文版）1981年第3期，16开，1页，600余字，凉山彝族自

治州文联1981年编印。（贾瓦盘加）

青蛙老大

彝族动物故事。流传于四川省普格县彝族地区。讲述的是：从前，所有动物里青蛙最聪明，因此，青蛙被称为老大。有一天，乌鸦想吃掉青蛙，聪明的青蛙以把它带到河里洗干净后肉才好吃为由把乌鸦骗到河边，结果，到了河边它就逃进水里让乌鸦空手而归。后来有一次在争“聪明神水”的过程中，跑不快的青蛙把真正的“聪明神水”告知了人类，并叫这个人找回“聪明神水”后分一半给它，结果，这个人用污水骗了青蛙，而自己却真正得到了“聪明神水”，从此，人类成了高级动物。

吉木木史讲述，贾斯拉核记录。收入《所地民间故事》（彝文版），32开，4页，2000余字，四川民族出版社1991年版。（贾斯拉核）

老鼠为啥要钻洞

彝族动物故事。流传于川滇大、小凉山彝族地区。讲述的是：远古时候，猫就是老鼠的天敌，不管时间、不管场合，猫见了老鼠就咬、就追，老鼠的生存成了问题。老鼠们无奈之际，召开全体会议讨论对策，讨论来讨论去，只有一种办法可行，那就是钻洞躲避。

阿都瓦颇讲述并记录。载《凉山文学》（彝文版）1981年第3期，16开，2页，1100余字，凉山彝族自治州文联1981年编印。（贾瓦盘加）

老鼠和猫打官司

彝族动物故事。流传于四川省甘洛县彝族地区。讲述的是：一群老鼠抬着一只被猫咬死的老鼠到衙门告状，说猫天天杀害他们，害得它们无法生存了。衙门里的官命令手下的人去捉猫。那些人正好捉了一只嘴里含着老鼠的猫到衙堂。衙官大怒，判猫死刑，并要立即执行。这时，这只猫不停地喊冤，请求衙官大人先看看自己箱子里的衣服后再杀它。衙官派人打开箱子看看里面的衣服，发现所有的衣服被老鼠咬得稀烂。衙官马上命令所有的人赶快捕杀老鼠。从那以后，人们大量养猫，见老鼠就杀。

木乃牛哈讲述，沙光荣、呷呷尔日记录、翻译。收入《中国民间文学凉山彝族自治州·甘洛县彝族民间故事》，32开，1页，400余字，甘洛县民间文学集成办公室、语委1988年编印。（阿布达切李新渝）

马和青蛙

彝族动物故事。流传于川滇大、小凉山彝族地区。讲述的是：从前，有一只青蛙对马说：“我一天到晚很卖力地呱呱叫个不停，但没有人称赞我，你少言少语，人们却看重你，这是为什么？”马回答说：“你出力在嘴，我出力在腿，这是看法不一的结果。”后来人们得到启示：话说得再漂亮，不实干是得不到人们的尊重的。

毛勇讲述并记录。载《凉山文学》（彝文版）1981年第2期，16开，1页，800余字，凉山彝族自治州文联1981年编印。（贾瓦盘加）

兔子感冒

彝族动物故事。流传于川滇大、小凉山彝族地区。讲述的是：从前，老虎想把它的跟班熊、猴子、兔子都吃了，就想了一个办法封它们的口。它问熊：“我的嘴有味不？”熊回答：“很臭！”老虎就以自己很久没有吃肉才口臭为由吃掉了熊。猴子回答“香”，老虎仍以吃肉才香为由把猴子吃了，只有兔子推说自己感冒闻不到才逃脱了被吃的危险。

毛勇讲述并记录。载《凉山文学》（彝文版）1981年第2期，16开，2页，1200余字，凉山彝族自治州文联1981年编印。（贾瓦盘加）

兔子和老熊同挖山芋

彝族动物故事。流传于川滇大、小凉山彝族地区。讲述的是：古时候的一个冬天，一只兔子和一只老熊相约挖山芋填肚。挖山芋时，老熊老老实实在挖，兔子却在旁边晒太阳。煮山芋时，兔子施诡计骗走老熊独吞了山芋。老熊发怒时，兔子又巧施诡计骗老熊坠崖而亡。

阿鲁木且讲述并记录，载《凉山文学》（彝文版）1981年第3期，16开，15页，1300余字，凉山彝族自治州文联1981年编印。（贾瓦盘加）

蛤蟆和水獭

彝族动物故事。流传于四川省凉山彝族自治州彝族地区。讲述的是：蛤蟆和水獭原来是很美丽的动物。它们洋洋得意，看不起其他动物。一天蛤蟆说它比水獭美，水獭说它比蛤蟆美，争了七天七夜，谁也不让谁。最后水獭去找麻雀评理，麻雀平时也讨厌水獭，便没好气地说了一句反话："你美丽！你聪明！"哪知这话使水獭更骄傲自满了，认为自己是最美的动物，高兴得发了疯，笑了九天九夜，就变成嘴巴又长又尖、脖子又短又粗的丑动物。蛤蟆听了麻雀的话，认为自己真不如水獭美，怄了一肚子气，就变成肚子大、眼睛突、浑身是泡的丑动物。

佚名讲述，沈伍己翻译、整理。收入《彝族民间故事选》，32开，3页，2000余字，上海文艺出版社1981年版。（阿南）

狐狸为什么是花脸

彝族动物故事。流传于四川省喜德县一带。讲述的是：从前，狐狸、猴子和狼很要好。它们吃在一起，住在一起，狼和猴子都很勤快。它俩常常到森林里去寻食，和狐狸共同分享。可狐狸每天都躲在屋里睡懒觉，从来没想到过寻找点什么吃食回来。它还趁狼和猴子不在家时，偷吃它们找回来的东西。天长日久，猴子和狼心里有些不高兴了，渐渐地讨厌这好吃懒做的狐狸。秋天，猴子和狼又寻来了许多食物，准备储存起来过冬。哪知，冬天还没过去一半，东西就被狐狸偷吃得差不多了。狼发觉狐狸的行为后非常气愤，对猴子说："这家伙真不够朋友，我们应该好好教训教训它。"猴子同意了。于是，它们约狐狸一道出门去游玩。路上，狼问狐狸道："你说什么肉最好吃？"狐狸答道："我也不大清楚。"猴子马上接过话头："所有的肉类中数马肉最好吃。可惜我的尾巴不长，不然，我早就吃到一顿马肉了。"狐狸一听，动心了，抢着说："我的尾巴倒是够长的了。"猴子说："把你的尾巴和马尾巴拴在一起，马就逃不脱了，我们就可以吃到马肉了。"狐狸听后很高兴，偷偷地摸到马的身旁，把自己的尾巴和马尾巴拴在一起，然后狠狠地对着马屁股咬了一口。马立刻一阵乱踢，踢得狐狸满脸流血。待狐狸养好伤后，它脸上被马踢破了的地方长出了白毛。从那以后，狐狸的脸就成了黑一块白一块的花脸了。

吉吾作曲收集、整理，白芝翻译。收入《中国民间故事三套集成四川喜德卷·凉山彝族民间故事选》，32开，2页，1300余字，四川民族出版社1990年版。（阿南）

蚂蚁与水牛比力气

彝族动物故事。流传于川滇大、小凉山彝族地区。讲述的是：从前，水牛以力气大而自高自大，从不把其他小动物放在眼里。有一天，两头水牛看见一群小蚂蚁一起抬一条虫时，挖苦它们无能。这群蚂蚁听见后很愤怒，其中一只老蚂蚁对水牛说："你敢同我们比一比力气吗？"水牛听后更是哈哈大笑，并爽快答应了。等要比赛时，蚂蚁提出了双方都各背一个自己的同伴来赛跑，水牛只好同意。一只蚂蚁很轻松地背起另一只蚂蚁就跑，而水牛却毫无方法，寸步难行，最后只好认输。

佚名讲述，罗布合机、王权等收集、整理。收入《喜德彝族民间故事》（彝文版），32开，2页，

700余字，四川民族出版社1993年版。（土比呷呷）

莫欺小

彝族动物故事。流传于川滇大、小凉山彝族地区。讲述的是：古时候，在茂密的森林里，一只非常饥饿的老虎碰到了一只弱小的青蛙。老虎想，这一下有充饥的了，就凶猛地扑向了青蛙，可弱小的青蛙不仅用自己的机智逃脱了老虎的追捕，还把老虎骗引到悬崖使其坠崖而亡。故事告诉人们："不能以大欺小，有智者胜。"

木嘎友强讲述，阿鲁牡柳记录。载《凉山文学》（彝文版）1980年第1期，16开，4页，2600余字，凉山彝族自治州文联1980年编印。（贾瓦盘加）

青蛙和老虎

彝族动物故事。流传于川滇大、小凉山彝族地区。讲述的是：从前，青蛙与老虎赛跑时，青蛙巧用计谋取胜，并吓跑了老虎，老虎把此事如实告诉猴子后，猴不信，并把老虎叫到青蛙处来核实，结果，青蛙又使一计，对猴说："猴大哥，你怎么只带一只老虎来给我吃，应多带几只来嘛！"老虎听到后，认为猴子要伙同青蛙来害自己，吓得强行拉着猴拼命跑，结果都送了命。后来，猴群来找这只猴时，发现它已死在草丛中，就认为是被生活在草丛中的蚱蜢陷害的，就攻打蚱蜢。蚱蜢无奈向聪明的青蛙寻求计谋，于是蚱蜢巧用方法，致使猴子用木棒打爬在自己脸上的蚱蜢时变成了自己打自己，损失不小。猴子也同样从青蛙处讨得方法，用火烧草丛，结果烧死了无数的蚱蜢。

佚名讲述，罗布合机、王权等收集、整理。收入《喜德彝族民间故事》（彝文版），32开，5页，2000余字，四川民族出版社1993年版。（土比呷呷）

小鸡救母亲

彝族动物故事。流传于川滇大、小凉山彝族地区。讲述的是：从前，一只小鸡出门找食物回来后，得知母亲被野山猫抓走。这只勇敢的小鸡跑去救母亲，一路上得到了蜜蜂、雁蛋、针、蛇等朋友的同情和帮助。等野山猫正在火塘上烧火准备美餐一顿时，藏在火塘边的雁蛋被火烫爆溅起了火炭，野山猫被惊吓后连忙后移，又被后面的针狠狠地扎了一下，被扎跳起来时又被蜷缩在火塘边的毒蛇咬了一口，后又被蜜蜂刺伤。这样它们各自使出了自己的绝招，制服了可恶的野山猫，救回了小鸡的母亲。

佚名讲述，罗布合机、王权等收集、整理。收入《喜德彝族民间故事》（彝文版），32开，2页，500余字，四川民族出版社1993年版。（土比呷呷）

鸡为什么不长角

彝族动物故事。流传于四川省喜德县彝族地区。讲述的是：从前公鸡长着一对非常美丽的角。龙在水族中身材最高大，却没有角。它想当水族之王，于是请豹子当保，向公鸡借角。公鸡怕借了角后冠子会被冻坏，就对太阳说："太阳啊，你如果能在我冷的时间，让我的冠子暖和，我就把角借给龙。"太阳回答说："如果你冷了，你就连叫三声，我会来帮助你的。"就这样，公鸡把角借给了龙。龙有了一对美丽的角，皇帝封它为水族之王。龙被封为水族之王后，一头潜入水底，既不和豹子打招呼，也不再和公鸡见面。公鸡失去了角，每当冠子发冷时，它就伸长脖子，高声叫道："龙啊，还我的角。"它连叫三声，太阳就出来帮鸡暖和冠子，直到现在还是这样。

吉木拉力收集、整理，白芝翻译。收入《中国民间故事三套集成四川喜德卷·凉山彝族民间故事选》，32开，2页，1400余字，四川民族出版社1990年版。（阿南）

母鸡为啥不长奶

彝族动物故事。流传于川滇大、小凉山彝族

地区。讲述的是：母鸡从前有九个儿子，儿子们长大后，因为房子小不够住，儿子为了让母亲安享晚年，决定进山砍竹为母亲修座大房子。母亲在家里熬粥等着儿子们回来。没想到来了个野人婆把粥喝光后又把母鸡的乳房吃了。这时儿子们正好回家，它们动员蜂、鱼、蛇、针、磨刀石、牛屎、竹子齐参战把野人婆消灭后，请来青蛙医母鸡的伤，伤倒是医好了，但母鸡从此失去了乳房。

波说尼坡搜集、整理。载《凉山文学》（彝文版）1982年第3期，16开，3页，2200余字，凉山彝族自治州文联1982年编印。（杨阿洛）

鸡为什么喝一口水要望一次天

彝族动物故事。流传于四川省喜德县彝族地区。讲述的是：从前鸡和斑鸠奉皇帝之命去挖一条水沟。一天，赤日当空，懒惰的鸡躲到树荫下去歇凉。斑鸠独自顶着烈日不停地挖着。当太阳落山的时候，斑鸠挖出的渠道已经从山腰通到山顶的源泉，一股清凉的泉水顺着渠道流到了鸡歇凉的地方。这时，鸡一看见清凉的泉水就喝了起来。斑鸠心想：挖沟时睡大觉，喝水时要占先。于是对鸡说道："鸡老表，土地的界线是地坎；人间的界线是规矩，应该先干活后享用，你不挖沟却抢先喝水，你不怕被雷打吗？"鸡听斑鸠这么一说，胆怯了。它怕被雷打，因此，每低下头去喝一口水，就战战兢兢地抬起头来瞧一瞧天，看雷神是否在发脾气。

石忠祥收集、整理。收入《中国民间故事三套集成四川喜德卷·凉山彝族民间故事选》，32开，1页，600余字，四川民族出版社1990年版。（阿南）

鸡吃水时为什么要瞧瞧天

彝族动物故事。流传于云南省新平彝族傣族自治县彝族地区。讲述的是：半山坡上住着小白兔和大公鸡两家，它们必须到很远的地方挑水吃。一天，小白兔找公鸡商量挖水沟引水的事，公鸡认为挖沟要使苦力，水沟挖通了要路过自己的家门前，反正小白兔有水喝它便也可以偷偷地喝，便不去挖沟。白兔气愤地说："如果我挖沟引水来你偷着去喝，让雷公劈死你。"白兔早出晚归，一天接着一天地挖，终于把沟挖通了，把清泉引进了家。公鸡禁不住来偷水喝，恰在这时天上打个炸雷把公鸡吓瘫了。从此，公鸡喝水时总是要瞧瞧天。

佚名讲述，田世学搜集。收入《乡泉集》第一辑，32开，2页，700余字，新平彝族傣族自治县民委、文化馆1983年编印。（聂鲁）

母鸡为啥孵小鸭

彝族动物故事。流传于川滇大、小凉山彝族地区。讲述的是：古时候，母鸡想渡河，可是由于不识水性无法过河，母鸭就背上母鸡过了河。后来，母鸭孵蛋时，由于经常在水中游动，其腹部沾水而体温低无法孵化小鸭，母鸡就为报恩主动承担了孵化小鸭的任务。

阿都瓦颇讲述并记录。载《凉山文学》（彝文版）1981年第3期，16开，1页，500余字，凉山彝族自治州文联1981年编印。（贾瓦盘加）

母鸡孵鸭蛋

彝族动物故事。流传于川滇大、小凉山彝族地区。讲述的是：从前，一只母鸡和母鸭到河对面去观看狗修房子，可是到了河边，因母鸡不会游泳而无法过河，这时母鸭帮母鸡，背它过河，恰巧是一只要下蛋的鸭，于是母鸡就说："既然你已帮我过了河，我也要报答你，从此你只要下了蛋，孵蛋的差事就由我来帮你完成。"从此母鸡就帮鸭子孵鸭蛋。

佚名讲述，罗布合机、王权等收集、整理。收入《喜德彝族民间故事》（彝文版），32开，1页，100余字，四川民族出版社1993年版。（土比呷呷）

鸟冠是如何来的

彝族动物故事。流传于川滇大、小凉山彝族地区。讲述的是：懒惰的鸽子平时没有修自己的巢，等下蛋时因找不到巢而把蛋下在鹊雀巢内。这样，鹊雀和鸽子的蛋就混在一起，这事被鹊雀得知后，因分不清是谁的蛋而起了纠纷。请了许许多多的鸟头目来都未把事情解决好，最后请来了一只叫木扎的鸟，它以把蛋孵出后小鸟像谁就归谁的办法圆满调解了这场纠纷。因此木扎鸟赢得了所有动物的尊重，并以奖赏的形式给予了它红冠。

佚名讲述，罗布合机、王权等收集、整理。收入《喜德彝族民间故事》（彝文版），32开，1页，200余字，四川民族出版社1993年版。（土比呷呷）

喜鹊与蛇结拜兄妹

彝族动物故事。流传于川滇大、小凉山彝族地区。讲述的是：从前，毒蛇与喜鹊结拜为兄妹。有一天，毒蛇被人砍伤，喜鹊知道后，替毒蛇包扎好伤口，救活了毒蛇。第二天，喜鹊把三个儿子交给毒蛇看管，自己出去找食物。等喜鹊回来时，发现自己的儿子不见了，毒蛇却安慰它，以后再生小孩时，它一定帮忙看管好。伤心的喜鹊看见毒蛇嘴边还挂有几根喜鹊毛，这时它才明白自己的儿子被毒蛇吃了。于是它以给蛇换药为由，乘蛇不备，划破了蛇肚，救活了三只被毒蛇吞进肚里的小喜鹊。

佚名讲述，罗布合机、王权等收集、整理。收入《喜德彝族民间故事》（彝文版），32开，2页，500余字，四川民族出版社1993年版。（土比呷呷）

喜鹊与鹌鹑

彝族动物故事。流传于四川省凉山彝族自治州。讲述的是：喜鹊夫妇养了七只小喜鹊，一连两日，狐狸都来威胁它们，要它们每天丢下两个孩子给它吃。喜鹊夫妇无法，只好在窝里哭泣。鹌鹑很同情它们，便告诉它们狐狸不会爬树的秘密。喜鹊知道后，从此不理睬狐狸，但无意中说出是鹌鹑指点的。狐狸生气，抓住鹌鹑要吃掉它。鹌鹑无法，推说自己太小，不够它吃，愿意帮助它找“便宜”和“大亏”吃。第一天鹌鹑装死，引开一个送饭的姑娘，让狐狸吃到一次“便宜”的饭。狐狸更相信鹌鹑的话，照它的指点，到一户猎人门前去大吼大叫。结果遭到猎狗的围攻，咬得它皮开肉绽，在家里睡了三天才起来。狐狸心恨鹌鹑，又要吃掉它。鹌鹑仍告诉它“大亏”最好吃，狐狸又跟它去找“大亏”。一夜，它引狐狸歇在深草中，半夜用火点燃草场，然后飞了出来。狐狸被烧成一堆灰，但鹌鹑的尾巴也被烧掉了。喜鹊夫妇很为它的尾巴惋惜。但鹌鹑说：“除掉一个坏蛋，烧去点尾巴算什么？”从此，鹌鹑都没尾巴了。

佚名讲述、记录。收入《中国少数民族文学》，32开，1页，500余字，湖南人民出版社1983年版。（阿南）

蚊子、老虎和蜘蛛

彝族动物故事。流传于四川省凉山彝族自治州彝族地区。讲述的是：一只蚊子遇见老虎，老虎没扑着它，反被它东叮一口，西叮一口叮跑了。蚊子因为它能叮跑兽王，自以为了不起。忽见前面有一个蜘蛛结网挡路，它非常生气，几次表明自己叮跑过兽王，又几次下令叫蜘蛛把路让开。但蜘蛛动也不动。蚊子生气了，一头向蛛网撞去，结果当然不是它吓走蜘蛛，而是蜘蛛吃掉了它。

佚名讲述、记录。收入《中国少数民族文学》，32开，1页，300余字，湖南人民出版社1983年版。（阿南）

紫紫瓦沙鸟脸颊为啥是黑的

彝族动物故事。流传于川滇大、小凉山彝族地区。讲述的是：紫紫瓦沙鸟在与自然界的动物们相处中，经常不假思索地胡言乱语，因而无意识中挑拨了动物们和睦的关系，挑起了一系列不该发生的争斗，结果它自己因受醒悟的动物们处罚而变成了黑颊。故事告诉人们："嘴是自己最大的敌人。"

沙玛作哈讲述，沙玛伍哈记录。载《凉山文学》（彝文版）1980年第1期，16开，3页，2000余字，凉山彝族自治州文联1980年编印。（贵瓦盘加）

乌鸦为什么是黑的（一）

彝族动物故事。流传于川滇大、小凉山彝族地区。讲述的是：古时候，乌鸦和锦鸡都是白的，它俩都想把自己的羽毛染成和孔雀一样的颜色。乌鸦先给锦鸡画，锦鸡觉得很满意。轮到锦鸡给乌鸦画时，怎么画乌鸦都觉得不如意。锦鸡兑上一碗锅烟墨准备重新画时，不慎将墨泼洒在乌鸦身上，乌鸦成了一身黑，怕乌鸦报复的锦鸡从此逃进树林子，乌鸦只好站在树桩上哀鸣。

石忠全搜集、整理。载《凉山文学》（彝文版）1983年第2期，16开，1页，500余字，凉山彝族自治州文联1983年编印。（杨阿洛）

乌鸦为什么是黑的（二）

彝族动物故事。流传于四川省凉山彝族自治州。讲述的是：从前，乌鸦有一身五颜六色的羽毛。一天，孔雀、画眉、鹦鹉和喜鹊对乌鸦说："朋友，你的羽毛太漂亮了。"乌鸦昂着头说："为什么你们的羽毛这样难看呀！让开，让开，我要飞了，你们不要把我的羽毛弄脏了。"说完就飞走了。它边飞边唱："美丽的鸟儿呀，美丽的鸟儿呀，森林里要算我最漂亮啦！"一天，森林里燃起了一堆熊熊的篝火，太阳照在火上，现出了红黄蓝靛紫五种颜色。乌鸦看见了，又昂着头对火说："你是什么鸟，敢与我比美吗？"火没有理它。乌鸦生气了，就用力向火扑去，一下就掉进火里，烧得它"乌哇，乌哇"直叫，痛得它在地上直打滚，美丽的羽毛全烧光了。从此以后，乌鸦的羽毛变成了黑色。

佚名讲述，王启愚、胡云、邹志诚整理。收入《彝族民间故事选》，32开，1页，600余字，上海文艺出版社1981年版。（阿南）

子子瓦沙鸟为何是花脸

彝族动物故事。流传于川滇大、小凉山彝族地区。讲述的是：从前，有个男人在挖地时，一只叫"子子瓦沙"的小鸟说他的挖锄要断。果然，被小鸟说中了。男人一气之下打飞小鸟，小鸟飞走时嘴里叼的食物掉下来堵住了老鼠洞，老鼠出不去就在洞口咬烂了南瓜，南瓜伤心地在地上打滚时吓跑了水牛，水牛在跑的过程中不小心踩着泥鳅，泥鳅找到神灵评理，神灵知道这一切后觉得都是子子瓦沙鸟引起的，就狠狠向它的脸上打了一巴掌。从此子子瓦沙鸟的脸就成了花脸。

佚名讲述。收入《彝族尔比克哲和故事》（彝文版），32开，2页，400余字，喜德县文教局、喜德县语委1980年编印。（土比呷呷）

白老鸹变成了黑老鸹

彝族动物故事。流传于四川省喜德县一带。讲述的是：很久以前，老鸹和锦鸡都长着雪白的羽毛。有一天，老鸹和锦鸡在一起商量着，要把各自的羽毛描绘得五彩斑斓、绚丽多姿，使众多的朋友都比不上自己。于是，它们调好色彩由老鸹先为锦鸡画羽毛。老鸹一笔一画非常仔细地将锦鸡的羽毛描绘得五彩缤纷，十分美丽。轮到给老鸹画时，锦鸡先调好了一碗锅烟，想先给老鸹的局部加深色彩。谁知，老鸹太性急了，正当锦鸡倾注精力，用黑色为它点缀局部的羽毛时，它显得很不耐烦，不停地扭动着脖颈，挪动着身躯，并指责锦鸡说："这里没有画对，那里没有描好。"锦鸡看老鸹躁动不安，就把一碗锅烟墨泼在它身上。从此，老鸹白色的羽毛就变得全身乌黑了。

石忠祥收集、整理。收入《中国民间故事三套集成四川喜德卷·凉山彝族民间故事选》，32开，1页，600余字，四川民族出版社1990年版。（阿南）

乌鸦张口无食物

彝族动物故事。流传于川滇大、小凉山彝族地区。讲述的是：古时候，一个炎热的下午，一只青蛙在石堆上晒太阳时，碰上了一只饥饿的乌鸦。乌鸦张口就要吃青蛙，青蛙却对它说："现在这样吃我，不好吃，我身上的包太多，你要把我叼到水里去吃，那样我的包就消失，肉也好吃多了。"到了水边，青蛙钻进水里了无踪影，乌鸦目瞪口呆。

海来木嘎讲述并记录。载《凉山文学》（彝文版）1981年第3期，16开，3页，2000余字，凉山彝族自治州文联1981年编印。（贾瓦盘加）

乌鸦争食，猴子得利

彝族动物故事。流传于川滇大、小凉山彝族地区。讲述的是：从前，两只乌鸦为争一块食物而互不相让，便请了猴子来给它们评判，狡猾的猴子用一杆自制的秤来称肉，在称的过程中，哪边多了它就吃掉一块，最后只剩下一小块时，它叫两只乌鸦把剩下的这小块当作自己的辛苦费，说着一把抓进了自己的嘴里，跑进了山洞。

佚名讲述，罗布合机、王权等收集、整理。收入《喜德彝族民间故事》（彝文版），32开，2页，700余字，四川民族出版社1993年版。（土比呷呷）

小鸟迁徙的故事

彝族动物故事。流传于四川省喜德县一带。讲述的是：很久以前，则俄山上有两只小鸟。每年夏天，它们受不了炎热气候，终日汗流浃背。两只小鸟就商量，把全身的羽毛拔得一干二净，赤身裸体地尽情享受凉爽的欢乐。不想，夏、秋一过，冬天来到了。呼呼吼叫的北风夹着雪花，寒冷的天气冻得两只小鸟浑身发抖，白天无法出窝，夜晚不得安眠。正当两只小鸟哀鸣时，飞来一只凤凰，对它俩说："你俩是自作自受。当热天到来的时候，你们就迁到风大凉快的高山上去住；气候寒冷时，就搬迁到暖和的沟坝去住。为什么四季不分地死守一个地方呢？"从此，鸟就会南来北往地迁徙了。

阿苦史坡收集、整理，白芝翻译。收入《中国民间故事三套集成四川喜德卷·凉山彝族民间故事选》，32开，1页，700余字，四川民族出版社1990年版。（阿南）

一个蛋的纠纷

彝族动物故事。流传于四川省喜德县一带。讲述的是：从前，有一片树林遭受了一次风灾。树上鸟窝里的鸟蛋都被大风吹落到地上打碎了，只有一个蛋落在草丛里没有打碎。蚂蚁说这个蛋是它的，布谷鸟说是它的，鹞鹰说是它的，争执不休。于是，它们请智慧的青蛙来调解。青蛙约请沙瓦阿博鸟一同调解。沙瓦阿博鸟叫蚂蚁、布谷鸟、鹞鹰各孵七天蛋。待到三七二十一天后，蛋内孵出的是一只小布谷鸟。于是，沙瓦阿博鸟和青蛙宣布：蛋是布谷鸟的。这场纠纷调解得公平合理。

瓦渣咯咱讲述，白搭这收集、整理，收入《中国民间故事三套集成四川喜德卷·凉山彝族民间故事选》，23开，2页，1300余字，四川民族出版社1990年版。（阿南）

斑鸠为何是花脸

彝族动物故事。流传于川滇大、小凉山彝族地区。讲述的是：从前，一位调解纠纷的男人经过一山坡时，突然被一滚石砸烂了裤脚，当他询问滚石为何砸烂自己裤脚时，滚石说是因母猪推它，它才滚下来后造成此后果，担责任的应是母猪，于是他又找到了母猪，母猪又把责任推到了吓它的毒蛇身上……以此类推，最后找到了斑鸠，斑鸠却很不以为然地说，不关它的事。这位男人一气之下拿起随身携带的长刀砍花了斑鸠，从此斑鸠的脸就变花了。

佚名讲述，罗布合机、王权等收集、整理。收入《喜德彝族民间故事》（彝文版），32开，2页，700余字，四川民族出版社1993年版。（土比呷呷）

熊和沙布安鸟

彝族动物故事。流传于四川省凉山彝族自治州彝族地区。讲述的是：熊碰见了沙布安鸟，便想吃它。聪明的沙布安鸟忙向熊献好，带它去一位送饭姑娘那里吃了一餐燕麦粥，熊就不好意思吃沙布安鸟了。但熊还是在打鬼主意，准备夜里沙布安鸟睡着后再去吃它。哪知又受了沙布安鸟的骗，误以为沙布安鸟睡在石头上，猛地向石头咬了一口，把门牙都碰掉了。第二天晚上，熊再次去吃沙布安鸟，又受了沙布安鸟的骗，一口咬了马蜂窝，惹得马蜂发怒，把熊的嘴和脸都蜇肿了。熊几次上沙布安鸟的当后，再也不敢去吃它了。

吉木吉哈讲述，沈伍已口译，萧崇素记录、整理。收入《彝族民间故事选》，32开，2页，1300余字，上海文艺出版社1981年版。（阿南）

斑鸠和布谷鸟

彝族动物故事。流传于四川省凉山彝族自治州。讲述的是：布谷鸟被选为鸟中之王，斑鸠不服。喜鹊想了个办法，让它俩第二天早晨比赛，看谁叫得早，谁就当鸟王。斑鸠夜里睡觉时，美滋滋地做起鸟王梦来，天亮了还没有醒。布谷鸟只想着第二天早起的事，用一颗圆石头做枕头，刚要睡着，圆石头一滚，就醒了，因此没有误时间，第二天天边刚露出鱼肚白就起床了。这样，布谷鸟比赛赢了，当了鸟王。它不辜负大家的信任，更加勤奋地为大家报告春天的信息。斑鸠输了很害羞，一个劲地“咕咕咕”地哭起来。

佚名讲述，王万全搜集、整理。收入《彝族民间故事选》，32开，1页，600余字，上海文艺出版社1981年版。（阿南）

兔子顶山岩

彝族动物故事。流传于川滇大、小凉山彝族地区。讲述的是：从前，有一匹狼和一只兔常在一起玩，狼想在适当机会吃掉兔，就问兔晚上睡在哪里。兔告诉狼自己晚上睡觉的地方后，晚上用一块石头假扮成自己，等狼来时，误把石头当成了兔子，一口咬下去，使自己咬脱了三颗牙齿。又一次，兔在河里喝水时，狼想乘机吃兔，从兔背后偷袭，兔从水中看见狼向它偷袭的影子后，突然跳到山岩脚下，用耳朵顶着山岩，向狼大叫“快跑！山岩要塌下来了，是我用耳朵顶着的。”狼信以为真，就被吓跑了。

佚名讲述，罗布合机、王权等收集、整理。收入《喜德彝族民间故事》（彝文版），32开，2页，700余字，四川民族出版社1993年版。（土比呷呷）

兔子送礼

彝族动物故事。流传于四川省凉山彝族自治州彝族地区。讲述的是：老熊碰上了一只兔子，由于饿极了，要吃兔子。兔子对老熊说，它自己干筋瘦骨的，没有多少肉吃，愿意带老熊去找别的好吃的东西。老熊贪吃，同意了兔子的请求，并跟随兔子去了。这时，兔子的丈母娘家正在摆酒宴请客，兔子便把老熊带到丈母娘家。众客人见老熊来到面前，像一头大牯牛一样又大又壮实，便七手八脚地拿起棍棒把老熊打死了。

吉勒木古讲述，吉勒木古、邹志诚整理。收入《彝族民间故事选》，32开，2页，1300余字，上海文艺出版社1981年版。（阿南）

鸽子和兔子

彝族动物故事。流传于川滇大、小凉山彝族地区。讲述的是：从前，一只鸽子住在一棵树上，而一只兔子也住在这棵树脚下，它们的作息时间不统一，且鸽子经常拉屎在兔子头上，而兔子也经常是深更半夜才寻找食物回家后还吵闹到鸽子。它俩因相互干扰对方而产生了矛盾，最后双方共同请鹞鹰来调解。鹞鹰提出了自己的调解方法：让兔子晚上不能出门，让鸽子不能在树上拉屎。鸽子、兔子都不同意采纳鹞鹰的这个意见。结果，鹞鹰干脆把它们都一并抓进自己的巢内，当成了自己的晚餐。

佚名讲述，罗布合机、王权等收集、整理。收入《喜德彝族民间故事》（彝文版），32开，2页，600余字，四川民族出版社1993年版。（土比呷呷）

穿山甲和鹿

彝族动物故事。流传于四川省普格县彝族地区。讲述的是：穿山甲和鹿平时里都自以为是、自高自大，后来有一天两个进行比美，结果，鹿比输后逃进山里，而穿山甲赢后高兴得笑掉了牙，也只好躲进洞里不敢出来了。

吉巴子达讲述，贾斯拉核记录。收入《所地民间故事》（彝文版），32开，4页，2000余字，四川民族出版社1991年版。（贾斯拉核）

熊与鸟

彝族动物故事。流传于四川省西昌市彝族地区。讲述的是：从前，一只熊与一只鸟在斗智，熊斗不过鸟，便一心想吃掉鸟，鸟急中生智，让熊去掏马蜂窝的蜂蜜吃，熊被蜂蜇痛了。从此以后，熊不敢再去吃鸟了，鸟过上了幸福平安的生活。

木怕古体等讲述，支支记录。收入《彝族民间故事选（2）》（彝文版），32开，3页，1000余字，四川民族出版社1986年版。（贾斯拉核）

智胜恶虎

彝族动物故事。流传于四川省凉山彝族自治州彝族地区。讲述的是：大森林里住着一只老虎，它奴役着山中所有的野兽，让狗熊给它扫地，让白兔给它跳舞，让野马驮着它到处游玩。它还规定山下的人按时给它送鸡送羊，不然它就要下山吃他们。它看到山下有个姑娘长得漂亮，就变成人来把姑娘骗到洞里去。姑娘的大哥二哥去救，老虎要大哥二哥和它比赛碰头，碰赢了就放姑娘。结果大哥二哥都碰输了，让老虎吃掉了。三哥聪明，和老虎比赛碰头时，身子一闪就躲到一棵大树背后，老虎头碰到大树上，头破血流，昏倒在地上，他乘机杀了老虎，救出妹妹。

沙马尔尤讲述，新克搜集，新克、江村整理。收入《彝族民间故事选》，32开，5页，3300余字，上海文艺出版社1981年版。（阿南）

蜗牛和蚂蚁

彝族动物故事。流传于四川省凉山彝族自治州彝族地区。讲述的是：在一棵干枯的松树上，住着一只蜗牛，这只蜗牛从来没有离开过这棵树。一天，天气晴朗，风和日丽，蜗牛把一截身子从硬壳里伸到外面懒洋洋地晒太阳。这时，蚂蚁正在紧张地劳动，一队接着一队急速地从蜗牛面前走过。蜗牛不觉有些羡慕起来。于是，放大嗓门对蚂蚁说："喂，朋友！看见你们这样，我多高兴啊，我真羡慕死了！"一只蚂蚁听见了，仰着头对蜗牛说："来，朋友，咱们一起干吶！"蜗牛听了，有点惊慌地说："不，你们要到很远的地方去，我不能跟你们一起走。"蚂蚁奇怪地问："怎么？走不动吗？"蜗牛说："离家远了，要是天热了怎么办呢？要是下雨了怎么办呢？"蚂蚁听了，没好气地对蜗牛说："要是这样，那你就躲到你那个硬壳里去睡一辈子觉吧！"经过一番考虑之后，蜗牛终于大着胆子把剩下的身子也从硬壳里伸了出来。正在这时，一阵微风吹过，几根松针飘落到地上，发出轻微的响声。蜗牛吓得一下子就把整个身子缩回硬壳里去了。过了很久，蜗牛才把头伸到外面来看，外面仍然像先前一样的晴朗和宁静，只是蚂蚁已经走到很远的地方去了，蜗牛叹了一口气说："唉！我真羡慕你们啊！可惜我赶不上你们了。"说完依旧过它的日子去了。

佚名讲述，中央民族学院民语系搜集，李德君翻译、整理。收入《彝族民间故事选》，32开，2页，1200余字，上海文艺出版社1981年版。（阿南）

山羊、绵羊去喝水

彝族动物故事。流传于四川省喜德县彝族地区。讲述的是：从前，一只小山羊和一只小绵羊，一同去泉边喝泉水，不幸，被一只恶狼挡住去路，要吃掉它们。两只小羊要求狼让它们喝了泉水再吃。狼想到口的肉反正跑不掉，也就同意了。两只小羊来到泉边遇上一只兔子。它们一同商量对付狼。于是，兔子骑在小绵羊身上，大声叫喊道："我要取一百张，现在已猎取了九十九张狼皮，还缺一张狼皮。前面有一只狼，我非要剥下它的皮不可。"狼一听，转头就跑，结果碰在岩壁上跌下悬崖摔死了。从此，小山羊、小绵羊、小兔成了好朋友。

尔姑阿呷讲述，白芝收集、整理。收入《中国民间故事三套集成四川喜德卷·凉山彝族民间故事选》，32开，3页，2000余字，四川民族出版社1990年版。（阿南）

蚂蚁、水獭和狐狸

彝族动物故事。流传于四川省喜德县彝族地区。讲述的是：狐狸骑着公鸡，吃着一碗冻肉，吹着竹笛，得意扬扬。这时，一只鹰飞来抓走了狐狸的竹笛，歇在树上吹。狐狸请蚂蚁帮忙夺回竹笛。蚂蚁爬到树上，狠狠地咬了鹰一口，竹笛掉落在狐狸身旁。狐狸拿到竹笛后，忘恩负义，掏一块松油，把蚂蚁粘住后，又骑上公鸡，吹着竹笛，来到一条河边。它叫水獭帮它渡过河。水獭曾吃过狐狸的亏，不但不愿帮它渡过河，还抢走了它的竹笛。狐狸找到水牛，请水牛堵住河水。水牛走到河中堵住水，狐狸乘机走到河中，死死地咬住水獭的咽喉。水牛看在眼里，知道上了当，立刻从河中站起来，河水卷着浪花，冲向狐狸。狐狸松口放开水獭，并向它求救，水獭不上它的当，不大一会儿狐狸就淹死在河中了。

尔姑阿呷讲述，白芝翻译。收入《中国民间故事三套集成四川喜德卷·凉山彝族民间故事选》，32开，3页，2000余字，四川民族出版社1990年版。（阿南）

偷猫者罚黄金九两

彝族动物故事。流传于四川省喜德县彝族地区。讲述的是：从前，头人坡坡家有两个女儿，嫁给头人迭古家。两个女儿出嫁后，把父亲收租用的一杆金秤偷走了。因此，头人坡坡无法收租，一年年穷了下来。他家的一只狗和一只猫商量，要把金秤偷回来。它俩来到一条河边，狗帮猫渡过了河。猫来到头人迭古家后，捉住一只老鼠，叫老鼠咬开了上锁的背篼，偷出金秤给它。老鼠怕猫吃了它，偷出金称给猫。猫得到金秤来到河边，等在河边的狗抢过金秤往河里游去。它不上心，金秤掉进了河里。狗空手跑回去向主人讲述了事情的经过。主人奖赏它。猫被丢在河边后，抓住了一只水獭，水獭帮忙从河里捞出金秤，又帮它渡过河。猫拿着金秤回到主人身边，并一五一十地讲述事情的经过。头人坡坡听了后骂狗道："从今后，你只能啃骨头。"从此，头人坡坡很器重猫，并规定：谁偷了猫要罚九两黄金。彝谚"偷一只猫赔九两黄金"就是从这个小故事中来的。

吉符克惹收集、整理，白芝翻译。收入《中国民间故事三套集成四川喜德卷·凉山彝族民间故事选》，32开，3页，2000余字，四川民族出版社1990年版。（阿南）

聪明的汉子

彝族动物故事。流传于四川省凉山彝族自治州彝族地区。讲述的是：有个单身汉子，一次，他在燕麦地里干了一整天活，实在累极了，随手扯下几穗燕麦，揉了揉放进嘴里，嚼着嚼着就睡着了。这时，一只猴子来偷粮食，看见汉子躺在地里，以为是具死尸，便把同伴叫来把汉子抬走了。抬到一座崖上，汉子醒了，看见身下的悬崖，心里害怕，便说："小猴儿，好好抬！小心摔下去！"猴子听见说话，知道是活人，放下就跑了。这座崖上住着一只老虎，老虎跑来要吃汉子。汉子说：“你要吃我也可以，你把你的朋友喊来，我把我的朋友喊来。”老虎同意了。汉子在树上大喊：“快来人呀！快来人呀！”山高林密，谁也听不到汉子的喊声，一个人也没有喊来。老虎“嗷嗷”地大吼几声，满山的野兽都跑来了，两只小鸟也飞来了。小鸟问老虎：“我是跟树上的做朋友呢，还是跟树下的做朋友呢？”老虎说：“你的翅膀没有力气，做朋友没有多大用处，做敌人也没多大害处。”汉子听了连忙说：“欢迎你做我的朋友。”小鸟便做了汉子的朋友。最后，飞来两只黄蜂，黄蜂边飞边说：“我是跟树上的做朋友呢，还是跟树下的做朋友呢？”老虎说：“你做朋友也行，不做朋友也行。你的腰都要断了，做朋友没多大用处，做敌人也没多大害处。”汉子听了又连忙说：“欢迎你做我的朋友。”黄蜂也做了汉子的朋友。老虎跟野兽们商量捉汉子的办法，熊说：“我的屁股大，我坐在下面，你们踩着我，一个站在一个肩上爬上去。”等野兽们一个接一个地站得很高的时候，黄蜂飞去蜇熊的屁股，小鸟飞去搔熊的耳朵。熊受不了，倒在地上，上面的野兽全都跌了下来。野猪说：“这个办法不好，我来把树咬断。”说着便大口大口咬起来。树快要咬断的时候，汉子对老虎说：“你们到那边下面接住，我就要掉下去了。”老虎、熊、野猪一齐到树下去接，树倒下来，它们全都被压死了。

佚名讲述，中央民族学院民语系搜集。李德君翻译、整理。收入《彝族民间故事选》，32开，2页，1200余字，上海文艺出版社1981年版。（阿南）

打死小牛虻，赶走干蚂蟥

彝族动物故事。流传于四川省喜德县一带。讲述的是：小牛虻和干蚂蟥相遇在一起，互相吹嘘自己吸人血水平如何高明。正在这时，它俩见一个人在路边树荫下歇凉。于是，它俩比赛去吸人血。小牛虻飞落在人的脸上，干蚂蟥爬进人的裤脚。小牛虻一吸血，人举起手“啪”的一巴掌把它打死了。干蚂蟥一吸血，人觉得发痒，抖抖裤脚把它抖进草丛里。干蚂蟥捡得一条命。过了几天，小牛虻的妈妈找到干蚂蟥，问其儿子的下落。干蚂蟥讲述了事情的经过。从此，干蚂蟥便不敢走出深山密林，而牛虻也不敢侵犯人了。

阿丁木吉讲述，白芝收集、整理。收入《中国民间故事三套集成四川喜德卷·凉山彝族民间故事选》，32开，2页，1300余字，四川民族出版社1990年版。（阿南）

挑拨离间

彝族动物故事。流传于川滇大、小凉山彝族地区。讲述的是：从前，一条河的两边住着蛇和鱼两家，中间住有泥鳅家。蛇和鱼两家关系紧张，并商定好日子要大斗一战，狡猾的泥鳅说自己有一件宝，谁拥有这件宝，谁就会战胜对方，并在蛇面前说自己与蛇同属一个祖宗的后代，要把宝送给蛇家，而在鱼面前又说自己与鱼是亲戚，要把宝送给鱼。蛇、鱼两家都满怀希望地等着泥鳅送这件宝来战胜对方。结果，打斗时，两家才知道都上了当，于是共同把泥鳅赶跑后两家和好了。

佚名讲述，罗布合机、王权等收集、整理。收入《喜德彝族民间故事》（彝文版），32开，2页，800余字，四川民族出版社1993年版。（土比呷呷）

自以为是

彝族动物故事。流传于川滇大、小凉山彝族地区。讲述的是：从前，青蛙与跳蚤都自认为很高大，就互相比高。跳蚤被一个过路人吹捧后更是得意。跳蚤认为自己跳得最高就高兴得笑尖了嘴。青蛙却被过路人戏弄了，伤心得哭肿了眼，所以现在青蛙眼睛是鼓的，跳蚤嘴巴是尖的。

佚名讲述，罗布合机、王权等收集、整理。收

入《喜德彝族民间故事》（彝文版），32开，2页，600余字，四川民族出版社1993年版。（土比呷呷）

活成这样

彝族动物故事。流传于川滇大、小凉山彝族地区。讲述的是：古时候，所有的鸟类中只有燕子会筑巢，因此，鸟类都来请教燕子，燕子心好答应教他们。有一种鸟叫利比鸟，它学到一半时，自以为已学会，就不再好好学习，结果，它的巢怎样都筑不好，一直无巢可归，它又不好意思再去请教，所以它至今仍还在叫着“活成这样”。

土比尔子讲述并记录。载《凉山文学》（彝文版）1981年第3期，16开，2页，1100余字，凉山彝族自治州文联1981年编印。（贾瓦盘加）

三只鸟儿成一家

彝族动物故事。流传于川滇大、小凉山彝族地区。讲述的是：从前，喜鹊、乌鸦、鸽子三只鸟成一家后，为如何处理它们共同下出的蛋而争执不休。贪吃的乌鸦想吃蛋，而另两只却想孵出小鸟，最后请来了聪明的青蛙来调解，青蛙提出了孵出小鸟后，小鸟长得像谁就归谁的解决方法。这就得罪了贪吃的乌鸦，乌鸦想吃掉青蛙，青蛙发觉后，以到河里洗干净才好吃为由，把乌鸦骗到河边，一头钻进河里让乌鸦空手而归。

佚名讲述，罗布合机、王权等收集、整理。收入《喜德彝族民间故事》（彝文版），32开，2页，700余字，四川民族出版社1993年版。（土比呷呷）

先得小利，后遇大祸

彝族动物故事。流传于川滇大、小凉山彝族地区。讲述的是：从前，一只狐狸想吃掉一只鸟，聪明的小鸟使用计谋，让狡猾的狐狸上当，使狐狸不仅掉了牙，还弄得鼻青脸肿。后来，它俩商量共同去骗一个姑娘的冻肉吃，得手后，贪婪的狐狸却一点不剩地把冻肉吃完了。愤怒的小鸟又使出一计，说干草堆里有比冻肉更好吃的食物，让狐狸钻进干草里寻找，狐狸果然上了当。等狐狸钻进去后，小鸟在外面用火点燃了干草，狐狸在里面喊救命，而小鸟却以火势太大，进不去为由站在外面看热闹，结果等狐狸艰难爬出干草堆时已被大火烧花了脸。

佚名讲述，罗布合机、王权等收集、整理。收入《喜德彝族民间故事》（彝文版），32开，3页，1200余字，四川民族出版社1993年版。（土比呷呷）

若是毛驴不死就好了

彝族动物故事。流传于川滇大、小凉山彝族地区。讲述的是：从前，毛驴和猫、狗在一起生活，任劳任怨的毛驴一天到晚累死累活地拉磨让它们吃饱肚子，却被游手好闲的猫、狗视为蠢驴。毛驴死后猫、狗谁也不愿拉磨，都饿得头昏眼花，才知毛驴的好处，但已经太晚了。后来无可奈何的猫、狗只好各奔前程，猫去捉老鼠，狗去寻人屎吃。

吉子曲珍搜集、整理。载《凉山文学》（彝文版）1983年第1期，16开，1页，600余字，凉山彝族自治州文联1983年编印。（杨阿洛）

力大不如聪明

彝族动物故事。流传于川滇大、小凉山彝族地区。讲述的是：从前，龙头山住有老虎、老熊、狸猫和兔子，老虎、老熊和狸猫不光恃强凌弱欺负兔子，还想把兔子当美餐。为此兔子不得不夜夜挪窝，并使计叫力气大的老虎戴上铃铛去村子里偷猪，叫爪大的老熊穿上鞋去捋荞粒，叫狡猾的狸猫穿上蓑衣去偷鸡，结果都被人撵得狼狈逃命，最后逃进森林中不敢出来了。

吉子曲珍、克其曲珍搜集、整理。载《凉山文学》（彝文版）1982年第4期，16开，3页，2200余字，凉山彝族自治州文联1982年编印。（杨阿洛）

不听父母话，流浪在他乡

彝族动物故事。流传于川滇大、小凉山彝族

地区。讲述的是：从前，有一只羽毛未满的小鸟，不听父母忠告，想独自去寻找食物而险些被吃掉。等安全返回家后，它执意要父母带着它到很远的地方再去寻找食物，父母无奈只好带着它，翻过十座山，飞过九块地，到很远地方去寻找食物，结果，父母被鹞鹰所吃，只剩下孤独的小鸟不知如何返回家乡。

佚名讲述，罗布合机、王权等收集、整理。收入《喜德彝族民间故事》（彝文版），32开，2页，900余字，四川民族出版社1993年版。（土比呷呷）

学不学一个样

彝族动物故事。流传于川滇大、小凉山彝族地区。讲述的是：从前，飞禽类只有燕子会制巢，大家便向聪明的燕子学习手艺，唯有鸽子自鸣得意、孤芳自赏，从不向燕子学习。有一天，鸽子独自制巢时，自己始终制不好自己的窝，才知学艺的重要性，无奈下，它只好敷衍了事，所以它制的巢很粗糙，鸽蛋经常漏掉，小鸽子也经常掉落。因鸽巢修得简陋不好睡觉，鸽子经常还未睡到天亮就起来大叫。因为不学习，直到如今，鸽巢还是修得那么简陋。

佚名讲述，罗布合机、王权等收集、整理。收入《喜德彝族民间故事》（彝文版），32开，2页，400余字，四川民族出版社1993年版。（土比呷呷）

猫

彝族动物故事。流传于贵州省黔西县彝族地区。讲述的是：从前，好吃懒做的猫第一次得到人的同情而轻易得到麂肉吃，却把“麂肉”听成“鸡肉”，于是它和同伴策划进寨子偷鸡。当他们第二次进寨子去偷时，被人捉住，人们准备把它处死，耗子们站成排看热闹，猫哀求人类将它留下，它为人类逮耗子将功补过。耗子们认为人们都拿它们无法，猫又有何本事？谁知猫一自由，就将耗子们追得无处可逃。从此，猫就和人生活在一起，不再吃鸡而专逮耗子了。

黄世新、张仁荣讲述，邹静记录，黄世新、张仁荣翻译。收入《中国民间文学集成·贵州彝族回族白族故事选》，32开，4页，2000余字，贵州民间文学集成办公室1993年编印。（罗德显）

猫的来源

彝族动物故事。流传于贵州省威宁彝族回族苗族自治县彝族地区。讲述的是：从前人间没有猫。人类的粮食受尽了老鼠的糟蹋，便到策举祖（玉帝）处告状，策举祖派猫下凡当差，时间为五年。可五年时间一晃而过，老鼠们仍然成群结队，猫只好继续留在人间。此时，天地间相通的桥梁断了，猫已无法上天，它无时不在思念家乡，有时茶饭不思，一走动就往高处爬，晚上忙捉老鼠，白天一睡着就埋怨人，喉咙里总是“该送不送，该送不送”地叫着。

王贵洁讲述，鸿蒙几朵记录、翻译。收入《中国民间文学集成·贵州彝族回族白族故事选》，32开，1页，500余字，贵州民间文学集成办公室1993年编印。（罗德显）

猫的故事

彝族动物故事。流传于贵州省赫章县彝族地区。讲述的是：从前人世间没有猫也没有老鼠，百姓安居乐业。可有一年，人间突然出现了糟蹋粮食和庄稼的老鼠，百姓苦不堪言，只好去求策举祖想办法。策举祖将他喂养的猫借给人类，可第一只猫经过森林时蹿进森林变成野猫，第二只猫又跳进潭里变成獭猫，第三只才为民除了鼠。从此，人们总是好菜好饭地款待猫。

李德贵讲述，李琼记录、翻译。收入《中国民间文学三套集成·贵州省毕节地区·赫章县卷·彝族》，32开，2页，800余字，赫章县民间文学集成编委会1988年编印。（罗德显）

猫和鼠

彝族动物故事。流传于贵州省赫章县彝族地区。讲述的是：从前，人间有五个耗子王扰得民不聊生，人们经历了三次艰难的向天借猫历程才如愿以偿，猫一下捉住了这五只耗王，但不幸跑脱了一只。猫也就因没完成任务而不能回到天上，从此，猫与耗子都不断繁衍生息，世世代代为敌。

李明才讲述，杨光勋记录、整理。收入《中国民间文学三套集成·贵州省毕节地区·赫章县卷·彝族》，32开，2页，800余字，赫章县民间文学集成编委会1988年编印。（罗德显）

狗和猫

彝族动物故事。流传于贵州省赫章县彝族地区。讲述的是：从前，狗和猫曾是拜把兄弟，因一串宝贵的首饰失而复得后又被粗心的狗不慎掉进大海，猫怨恨狗，便与狗分了家，至今猫一见狗就吹鼻子瞪眼睛。

苏万祥讲述，苏万龙记录、翻译。收入《中国民间文学三套集成·贵州省毕节地区·赫章县卷·彝族》，32开，2页，1000余字，赫章县民间文学集成编委会1988年编印。（罗德显）

猪和狗

彝族动物故事。流传于贵州省黔西、修文等县彝族地区。讲述的是：从前，猪和狗同给一个主人干活，一天，主人叫它们去挖地，并告诉它们谁挖得多完成得早就多分些食物给它。到地里，猪老老实实地拱了一大片地，而狗却睡在大树下打着它的“小算盘”。累了一天的猪伸伸腰准备回家吃东西，狗才气喘吁吁地跑回家并与主人说自己挖到现在，猪说狗没有挖地只是在睡觉，两个争得不可开交，主人和它们到地里看，猪拱的地里全是狗留下的脚印，主人不分好歹地训了猪一顿，然后把食物都给了狗。不会讨好主人的猪垂头丧气地回到圈里，狗却摇头摆尾地跟着主人转出转进，领赏去了。

李之乾讲述，安文新记录、翻译。收入《中国民间文学集成·贵州彝族回族白族故事选》，32开，2页，800余字，贵州民间文学集成办公室1993年编印。（罗德显）

狗吃屎的由来

彝族动物故事。流传于贵州省威宁彝族回族苗族自治县彝族地区。讲述的是：实勺时代，人类只会生却不会死，便用一老死的猴子办丧事，吼声震天。策举祖先后派狐狸、老鸹和绿头苍蝇下凡查访，知道是人们羡慕猴子会死并为其办丧后，策举祖便派狗下凡传其御旨：“老年死，青年和小孩不死。”可被狗误传，策举祖为惩罚其过错而让狗一辈子吃屎。

陈兴朝讲述，王继超记录、翻译。收入《中国民间文学三套集成·贵州省毕节地区地直卷》，32开，2页，600余字，毕节地区民间文学集成编委会1988年编印。（罗德显）

狗恨猫的故事

彝族动物故事。流传于广西壮族自治区隆林县彝族地区。讲述的是：古时候，狗、猫和羊原是好朋友。狗有一对很漂亮的犄角，猫和羊都很羡慕。一日，三位好朋友在树荫下乘凉，猫骗狗让狗脱下犄角。狗睡着了，猫和羊戴上狗的犄角玩耍，猫让羊戴上犄角后向犄角上撒了尿，犄角竟脱不下来了。狗睡醒后找猫和羊拿角，猫装傻耍赖，羊更是硬着性子不肯还，狗生气地扭弯了粘在羊头上的犄角，又找猫算账，从此，猫和狗的矛盾一直延续到现在。

黄公听讲述，王文魁记录、翻译。收入《广西民间文学作品精选·隆林卷》，32开，2页，800余字，广西民族出版社1992年版。（王光荣　王文魁　蓝斯）

聪明的瓦厄猫

彝族动物故事。流传于贵州省赫章县彝族地区。讲述的是：从前，乌鸦因生了三个可爱的宝贝而高兴地歌唱，毛狗听到乌鸦有宝贝就跑到树下威胁道："乌鸦，快丢你的一个儿子给我吃，否则，我把你们全吃光。"乌鸦因怕毛狗而忍痛丢下一个儿子给毛狗吃，毛狗就用这种方法把乌鸦的三个儿子全吃了，乌鸦整天伤心落泪，再也没有歌声。瓦厄猫和小鸟知道这事后，便施小计让毛狗遭人们一顿毒打，最后落水而死，乌鸦、瓦厄猫和小鸟拖出毛狗吃了它的肉，终于报了仇。

龙启明讲述、翻译，哈兴华记录。收入《中国民间文学三套集成·贵州省毕节地区·赫章县卷·彝族》，32开，4页，1800余字，赫章县民间文学集成编委会1988年编印。（罗德显）

鸡的传说

彝族动物故事。流传于贵州省金沙县彝族地区。讲述的是：从前，有个人出门时发现一些铁蛋，他就带了十二个回来放在家里，不久，从蛋里孵出十二只小东西，他精心喂养。一天，忽然飞来一只老鹰，把这些小东西吓得到处乱飞，一对飞到田中成秧鸡，一对飞到箐中成箐鸡，一对变成金鸡，一对变成竹鸡，一对变成野鸡，只有一对留在家中成了家鸡。

龙正朝讲述、翻译，梁合明、罗维加记录。收入《中国民间文学三套集成·贵州省毕节地区·金沙县卷》，32开，2页，1000余字，金沙县民间文学三套集成办公室1998年编印。（罗德显）

母鸡报恩

彝族动物故事。流传于贵州省赫章县彝族地区。讲述的是：一官差奉皇上旨意到民间访问，朋友要杀独母鸡接待却被他拒绝，母鸡活了下来。一天，官差坐在墙脚看书，母鸡却去啄他后往前跑，反复几次，官差边骂母鸡恩将仇报边去追打它，刚离开，身后的墙就倒塌了，此时他才明白了母鸡的苦心。

王志高讲述，雷轻文记录、翻译。收入《中国民间文学三套集成·贵州省毕节地区·赫章县卷·彝族》，32开，2页，600余字，赫章县民间文学集成办公室1988年编印。（罗德显）

鸡冠的来历

彝族动物故事，流传于贵州省威宁彝族回族苗族自治县彝族地区。讲述的是：从前，天上出了六个太阳和七个月亮，输友搭透射落多余的太阳和月亮后，剩下的太阳和月亮被吓得不敢出来。百姓无法正常生活，策举祖许下诺言，谁能唤回日月，就把自己的王冠龙袍给谁。水牛、麂子先后试过都不行，还是聪明的公鸡一声啼叫唤回了日月，从此公鸡就头戴王冠，身穿龙袍。

高登才讲述，王继超记录、翻译。收入《中国民间文学三套集成·贵州省毕节地区地直卷》，32开，2页，700余字，毕节地区民间文学集成编委会1988年编印。（罗德显）

鸡和狗为什么不和气

彝族动物故事。流传于贵州省赫章县彝族地区。讲述的是：从前，鸡和狗都是天神派来为人类服务的神鸡神狗，狗一夜都在东奔西跑地看家，半夜才得睡下，不料公鸡报晓了，吵醒了狗，粗暴的狗就咬死了公鸡。小公鸡长大后要为老公鸡报仇，啄了小狗两口，小狗眼睛没被啄瞎，却留下两个仇恨的伤疤。

张连俊讲述，杨绍武记录、翻译。收入《中国民间文学三套集成·贵州省毕节地区·赫章县卷·彝族》，32开，2页，600余字，赫章县民间文学集成办公室1988年编印。（罗德显）

狗饿哦

彝族动物故事。流传于贵州省威宁彝族回族

苗族自治县、赫章县彝族地区。讲述的是：从前有个死了父母的小姑娘跟哥嫂一起过，经常被冷落、没饭吃。一天，她一人在家时，就偷了点冷饭吃，哥嫂回家后见饭少了一些，就劈头盖脸将小女孩朝死里打，小姑娘分辩说不是她偷了饭，是“狗饿哦，狗饿哦！”小姑娘被打死后化作一种春天到南方来、夏天就飞走的候鸟，直到今天还在叫“狗饿哦，狗饿哦”。

李秀禄讲述，王继超记录、翻译。32开，2页，700余字，未刊稿。（阿洛）

哥哥久久

彝族动物故事。流传于贵州省威宁彝族回族苗族自治县、赫章县彝族地区。讲述的是：有个爹娘早死的小姑娘和大哥、嫂嫂一块过日子，大哥虽然对她好，却长期出门在外，小姑娘倍受嫂嫂的打骂虐待，没饭吃。她被饿得奄奄一息，死后变成竹林边的一种斑鸠，叫着“哥哥久久”（想念哥哥），期盼她的哥哥回家看她，如今还在这样叫。

陈兴慧讲述，王继超记录、翻译。32开，2页，600余字，未刊稿。（阿洛）

山喳和斑鸠

彝族动物故事。流传于贵州省威宁彝族回族苗族自治县彝族地区。讲述的是：从前，鸟中最美的是斑鸠，山喳既羡慕又忌妒，便借口说要出远门而借斑鸠的衣服穿两天，憨厚的斑鸠二话不说就借给了它，但从此再也要不回来了，于是斑鸠整天大骂山喳“包尸裹骨”来解恨。

王伯仕讲述，王继超记录、翻译。收入《中国民间文学三套集成·贵州省毕节地区地直卷》，32开，2页，500余字，毕节地区民间文学集成编委会1988年编印。（罗德显）

大老虎三食小山羊

彝族动物故事。流传于贵州省毕节市彝族地区。讲述的是：从前老虎和山羊同在山坡上吃草，日子长了，老虎想吃又肥又嫩的小山羊，便问小山羊晚上在哪里睡。山羊早知老虎的心思，骗老虎说它睡在刺笼里，半夜，老虎扑了个空。第二天又问，山羊说睡在河中心，结果害得老虎差点被淹死。第三天晚上，山羊提出要和老虎同睡，老虎高兴极了，它俩拾了许多柴来，烧起大火就睡觉。老虎想等山羊睡着后好吃它，可山羊久久不睡，老虎因两晚上没合眼，还是先睡着了，山羊乘机把柴火堆在老虎身上烧。老虎醒来才发现自己上当了，身上就留下了许多被火烧过的痕迹。

陈世方讲述，陈大进记录、翻译。收入《彝族民间故事》，32开，3页，1000余字，贵州省毕节地区文化局、民委1986年编印。（罗德显）

松鼠吃核桃

彝族动物故事。流传于贵州省织金县彝族地区。讲述的是：从前松鼠在猴子家尝到香喷喷的核桃，自己就去找核桃吃，第一次，它吃到又苦又涩的核桃皮。第二次，又一口咬到硬邦邦的外壳而顶断了两颗门牙。它正要找猴子算账，猴子用石头砸破核桃，把核桃仁递给松鼠吃，松鼠明白了活在世上没有智慧、没有付出劳动是吃不到好东西的道理。

邹家落讲述，安坤记录、翻译。收入《中国民间文学集成·贵州彝族回族白族故事选》，32开，3页，1500余字，贵州民间文学集成办公室1993年编印。（罗德显）

羊斗蟒、虎

彝族动物故事。流传于贵州省黔西县彝族地区。讲述的是：从前，山羊三兄弟在山上玩，累了要去喝水时碰到蟒和虎，并都争着要吃它们，大山羊施计叫蟒和虎比武，谁赢了谁就吃它们，结果老虎咬死了蟒，老虎也累得半死，山羊们乘机用角撬死了老虎而免遭一难。

马素明讲述、翻译，杨义华记录。收入《中国民间故事集成·贵州省毕节地区·黔西县卷》，32开，2页，800余字，黔西县民间文学集成编委会1988年编印。（罗德显）

巧还粮食

彝族动物故事。流传于贵州省赫章县彝族地区。讲述的是：从前，老鹰和耗子是一对要好的朋友，谁找到食物都共享。有一天外出时，耗子对老鹰说：“咱们必须在粮食成熟时多找一些藏起来过冬，到冬天谁有吃的都要拿出来分着吃。”于是，耗子往自已洞里堆满了粮食，老鹰却哪里得到粮食就藏在哪里，到冬天找不到自已藏的粮食，它去找耗子，耗子却说自已的也不多了而不分给老鹰吃，老鹰说：“你先借我一升，以后我还你更多的苞谷。”耗子便借给了老鹰。来年，老鹰带着野猫、雉鸡、斑鸠去找耗子还粮食，耗子一看见猫吓得不敢要粮食了。

文向东讲述，文向琼记录、翻译。收入《中国民间文学三套集成·贵州省毕节地区·赫章县卷·彝族》，32开，3页，1000余字，赫章县民间文学集成编委会1988年编印。（罗德显）

猫头鹰替喜鹊报仇

彝族动物故事。流传于贵州省威宁彝族回族苗族自治县、赫章县等彝族地区。讲述的是：从前，狡猾的狐狸唆使山耗子推下喜鹊的孩子给它吃，喜鹊伤心极了，便啄死了山耗子，又请猫头鹰为自已报仇。于是猫头鹰去骗狐狸说，昨晚为狐狸捉了许多耗子关在洞里，叫狐狸快过河去品尝，结果不会游泳的狐狸葬身河中。猫头鹰叫喜鹊来看这个害人终害己的家伙的下场。

高义明讲述，张人弘、胡孟雄、龚宗文记录，高义明翻译。收入《中国民间文学集成·贵州彝族回族白族故事选》，32开，4页，2000余字，贵州民间文学集成办公室1993年编印。（罗德显）

蛇为什么蜕皮

彝族动物故事。流传于贵州省威宁彝族回族苗族自治县彝族地区。讲述的是：古时候人类只会生却不会死，老后大病一场就蜕皮，然后又返老还童，蛇见到人痛苦的样子哈哈大笑，人们便诅咒蛇，把蜕皮的苦差让给了它，而且一年蜕一次。从此，蛇就会蜕皮了。

王武光讲述，陈长友记录，王继超翻译。收入《中国民间文学三套集成·贵州省毕节地区地直卷》，32开，1页，200余字，毕节地区民间文学集成编委会1988年编印。（罗德显）

蝙蝠不交租

彝族动物故事。流传于贵州省毕节市彝族地区。讲述的是：从前，蝙蝠昼伏夜出，勤劳耕耘，衣食无忧。天神策耿兹令他交租纳税，蝙蝠不予理睬。鼠署派差催租，蝙蝠便说自已虽头躯像鼠，但有翼能飞行，所以不是鼠类，故属鸟衙所辖，税租与鼠署无关。鸟衙也派差上门催蝙蝠交租，蝙蝠则对鸟差说自已头躯都是鼠，不是鸟类，税租与鸟衙无关。鼠差和鸟差都回去报禀天神说蝙蝠不属管辖之列。从此，蝙蝠之租就不了了之了。

陈荣昌等讲述，赫吐伟由记录、翻译。16开，10页，2500余字，未刊稿。（陈大进）

黄鼠狼与老虎比武

彝族动物故事。流传于贵州省赫章县彝族地区。讲述的是：从前，乌撒地方的一座山上住着一只猛虎，雀鸟飞过山顶不敢叫，其他野兽过路连大气都不敢出，可有一只黄鼠狼胆敢提出要和老虎比武。先比跑步，黄鼠狼悄悄趴在老虎尾巴上，等老虎跑到终点回头看他时，它早就跳在前面站着，老虎输了。二是比跳岩，老虎没跳上对面的岩，而是碰在石头上昏了过去，黄鼠狼乘机顺岩边一棵树爬上去，老虎又输了。最后是比摔跤，黄鼠狼紧紧抓住老虎的颈项，老虎怎么摔也摔不下来，老虎累得瘫软下来，黄鼠狼猛一口咬断老虎的喉管，喝干了老虎的血。

高义明讲述，张仁弘、胡孟雄、龚宗文记录，高义明翻译。载《南风》1980年第12期，16开，2页，1000余字，贵州省文联1980年编印。（罗德显）

树木的故事

彝族植物故事。流传于云南省鹤庆县彝族地区。讲述的是：大黑山的山神有松树、杉树、竹子等十个儿子和杨梅、山牡丹、红果等十个姑娘。有一年蛟龙造反，毁坏村庄，兄弟姐妹都去为百姓救灾。它们抓住蛟龙后叫棕树看守，兄弟们自解肢体做人们盖房的材料和用具，杨梅、红果用汗水给人们解渴，山牡丹、山花红却只顾打扮，不肯做活，后来人们说它们中看不中用。棕树得到蛟龙贿赂的花伞后把蛟龙放走，人们不饶它，就年年剥它的皮。

罗七斤讲述，章天柱搜集、整理。收入《鹤庆民间故事集成》，32开，3页，1200余字，云南人民出版社1989年版。（张秀莲）

松烂根棕剥皮

彝族植物故事。流传于云南省南涧彝族自治县彝族地区。讲述的是：从前，有个不孝的儿子，对母亲不是骂就是打。这天他在山上犁田，看见一窝小雀找食喂老雀，看到此情景，他后悔自己对母亲不孝。中午母亲去送饭，知道自己送迟了，担心又挨打。当儿子老远看见母亲来送饭时，连赶牛棍也忘了放下，就赶忙迎上去，但母亲以为是儿子要来打她了，转身就跑，一头撞在树桩上死了。儿子很痛心，就连同树桩和母亲的尸体一起挑回去。路上松树挡路，他就骂："我叫你砍头烂根。"又有棕树挡路，他就骂："我要每年剥你几层皮。"从此，松根不发芽，棕树要剥皮。

李凤泰讲述，李强、王浩基搜集、整理。收入《南涧民间文学集成》，32开，2页，700余字，云南民族出版社1987年版。（段葵）

棕树被剥皮

彝族植物故事。流传于云南省建水县彝族地区。讲述的是：相传，棕树和万年青树原本是两兄弟，父母去世后哥哥万年青含辛茹苦把弟弟棕树拉扯大，日子过得很清苦。一天，弟弟对哥哥说它要去找个好地方，等找到后再接哥哥离开这穷窝；若自己不回来，就让天千刀万剐。棕树找到土地肥沃、山清水秀的地方，怕哥哥分家就再也没回去。天神知道后，就以剥皮的方式惩罚它。

佚名讲述，白琼仙搜集，张绍碧整理。收入《云南民间文学集成·建水故事卷》，32开，2页，300余字，建水县文化局、民委1989年编印。（梁红）

兄妹花

彝族植物故事。流传于云南省元江哈尼族彝族傣族自治县彝族地区。讲述的是：古时候，哀牢山下住着一户人家，父母去世后，留下了七个儿子和一个女儿。有一天，大哥和二哥上山打猎，在回来的路上碰见一条大蛇，他俩被大蛇吞进肚里。后来，五个弟弟去找两个哥哥，也被大蛇吞进了肚里。八妹在家里哭哑了嗓子，哭干了眼泪。她痛苦的哭声感动了路过家门的神仙，神仙送她一根拄棍，叫她在大蛇张口时，将拄棍刺进它的嘴里。八妹照着做了，结果自己和拄棍都被大蛇吞进了肚里。一时间，大蛇疼痛得乱翻乱滚，最后化为一摊血水死去。后来就从蛇死处长出一棵花树，七片叶子托着一朵花。人们说那七片叶子是七个哥哥，那朵花是小八妹。人们便称这种花树为兄妹花。

杨菊琴讲述，宋自华记录、整理。收入《哀牢山彝族神话传说》，32开，2页，1000余字，云南民族出版社1990年版。（宋自华）

稗子和秧的故事

彝族植物故事。流传于云南省峨山彝族自治县彝族地区。讲述的是：相传从前人们不会种庄稼，全靠打猎和采野果为生。一天，几个猎人上山采果时，听见有黑、黄两棵野草在争吵："你说你漂亮，我说我秋收可为人类做贡献。"一天，猎人们又做了个梦，一位白胡子老头对他们说："一棵秧苗八月之后可收千粒谷子，这样下去，人们不愁吃。"说着用手中的拐棍朝一个低洼的山沟一指，层层梯田出现了，紧接着田中长出了肥壮的秧苗，秧苗又结出了金灿灿的谷子。猎人们醒来后觉得梦中的谷子肯定是昨天见到的那棵黄草，他们就拿回来种在田里，后来年年丰收。黑草一看农民不要它，很难过，但它悄悄跟来了，并躲在稻棵里生长不敢露面，那棵黑草就是稗子。

佚名讲述，张树英搜集、整理。收入《嶍峨风情》，32开，2页，800余字，峨山彝族自治县民委1985年编印。（普开福）

马缨花的故事

彝族植物故事。流传于云南省大姚县彝族地区。讲述的是：古时候，马缨花和所有名花一起生长在皇帝的百花园里，各有各的美，难分高下。一年，无知而高傲的皇帝举行赛花会，他偏爱牡丹，把它评为花王。马缨花不服气，认为它比牡丹花美丽，而且不畏严寒，腊月就开放。一气之下，马缨花便悄悄地逃出百花园，千里迢迢跑到昙华山，以彝族人民为知音，永远和彝族人民在一起。不想，这事给皇帝知道了，忙派人马来找，最后把昙华山包围了，要把马缨花逮捕回去禁闭在百花园里。马缨花死也不愿意回去，彝族人民也舍不得它离开，便用泥巴糊在它的树干上，将它藏起来。皇帝的兵马搜查不到马缨花，只好失望而归。从此，马缨花便落户在彝山，因为它的身上糊过泥巴，至今它的树干上还有泥巴的痕迹呢。

杨森讲述，李乔记录。收入《大姚县民族民间文学集成》，32开，1页，300余字，云南民族出版社1991年版。（李惠兰　朱琚元）

鸭跐草的来历

彝族植物故事。流传于云南省新平彝族傣族自治县彝族地区。讲述的是：有一家人讨了个儿媳妇，虽然儿媳妇勤快，但婆婆总是怕她偷懒，就吩咐媳妇每天干活后要找一背箩猪食回来。一天，媳妇未吃饱饭就挎着背箩来到田边，但田里到处是绿茵茵、水汪汪的秧苗，无猪食可找，她坐在田埂上哭了。这时，一个白胡子老人路过问明缘由，便顺手从田边的柳树上扯下一把叶子，撒进秧田里说："小媳妇你莫哭，这边拔起那边出。"随即老人不见了。他虽解了小媳妇的急，但田里从此就长满了鸭跐草，可害苦了千千万万的妇女。

佚名讲述，彭安民搜集。收入《乡泉集》第二辑，32开，1页，500余字，云南民族出版社1985年版。（聂鲁）

爱之树

彝族植物故事。流传于云南省峨山彝族自治县彝族地区。讲述的是：石榴花和石榴果原先是白色的，因为一场爱情悲剧，才变成红色，石榴树也因此叫爱之树。在一个小山村里，猎神伙子和叶方姑娘，常在开白花的石榴树下约会，倾诉衷肠。这天猎神伙子来到石榴树下约会时，发觉叶方姑娘被山里的猛虎叼去了。猎神伙子找到叶方姑娘的尸体抬回来葬于石榴树下，然后上山猎杀猛虎为叶方姑娘报了仇，接着便在石榴树下殉情。从此，石榴树的花和果都变成了红色，人们吃石榴时，味道也变酸了，传说那是因为里面渗透着爱情之血。

佚名讲述，孙道品搜集。收入《峨山民间文学集成》，32开，4页，2000余字，云南民族出版社1989年版。（聂鲁）

白鹤香

彝族植物故事。流传于云南省峨山彝族自治县彝族地区。讲述的是：从前，山寨里疾病流行，缺医少药的人们家破人亡。有一个叫白鹤的小姑娘和爷爷相依为命，可爷爷在这场瘟疫中死去了。白鹤为了拯救在瘟疫中挣扎的乡亲们，千辛万苦寻药，历尽磨难，在蓬莲峰药仙老人和他的金麂童子帮助下，寻得一粒解救药丸，这粒药丸放在手中取之不尽，白鹤用药医好了乡亲们。但她有灵丹妙药的事也在山里传开了，无恶不作的沙麻山官的独儿子生重病，便将白鹤抓来。爪牙们从白鹤手中抢药给山官儿子吃，有的还偷偷地自己也吃下些药，可他们吃了药后个个变僵硬了。沙麻山官吩咐爪牙们把白鹤烧死。熊熊烈火烧过后，在烧死白鹤的地上长出了一棵散发浓郁香味的大树，乡亲们把它取名为白鹤香，并用它的枝叶入药治病。沙麻山官对白鹤香恨之入骨，纠集爪牙要砍死白鹤香树，砍了九九八十一天，终于把大树砍倒了。只见从树根冒出一缕青烟，变成一只白鹤飞去。白鹤在天空抖抖翅膀，落下许多羽毛，羽毛落地变成了白鹤香树，无处不长，沙麻山官想砍也砍不完。

佚名讲述，福泉搜集。收入《峨山民间文学集成》，32开，6页，3500余字，云南民族出版社1989年版。（聂鲁）

铜草花

彝族植物故事。流传于云南省大姚县彝族地区。讲述的是：传说很久以前，铜王有个儿子叫王子铜，与银王的公主银相爱。一年春天，王子铜骑着一头高大的铜牛去银王国娶美丽的公主银回宫。当他们来到昙华山时，山上的孔雀纷纷飞来，为美丽的公主翩翩起舞，他们被这种美景所吸引。正当王子铜劝说公主银起程时，忽然狂风大作，乌云翻滚，从天空中飞下两条一红一白的巨龙，向铜牛扑去。眼看铜牛就要被二龙抢去，他俩奋不顾身，英勇搏击，在孔雀们的助战下，两条恶龙被打死了。但当他们准备上路回宫时，发现铜牛已经失踪。王子铜拉着公主银跑遍了九岭十八坡，找呀找，竟不知铜牛的去向。两人分头去寻找，结果两人也失踪了。最后，人们在东偏南的山巅上找到了王子铜，在西北方的山岭上找到了公主银。他们因为太累而睡着了。王子铜身上的汗水变成了一道道壮观的瀑布，公主银的泪水形成了涓涓溪流。从此，山上长出一种奇异的花，花朵像滴滴鲜血，比马缨花还要红艳。细看生长花树的地上，斑斑血迹，彝民们认为这血就是王子铜和公主银找铜牛时留下的，就叫它铜草花。

毕继有讲述，张仲勤记录。收入《大姚县民族民间文学集成》，32开，3页，1700余字，云南民族出版社1991年版。（李惠兰　朱琚元）

六谷米的来历

彝族植物故事。流传于云南省景谷傣族彝族自治县彝族地区。讲述的是：很久以前，景谷益香地区流行怪病，女人不能生育，男人无力劳动。一天，官员出门搜刮财物，一孤寡老人害怕自己的小白兔被杀掉，就带它躲到江边。一只白狗被追赶，跑到老人面前，求老人救它。老人放出白兔，藏起白狗，追兵随白兔而去。白狗欲报答老人，老人希望它能找到治怪病的药。三天后，白狗衔着仙米草到老人家里。老人遵嘱种下，秋收后将草籽脱壳熬汤给病人喝，怪病被治好了，仙米草被广泛种植，人们给它取名为白香米。白香米也叫六谷米，即药用的薏苡仁。

罗基默讲述，黄东尔记录，徐昱整理。收入《云南民间文学集成·景谷民间故事（一）》，32开，3页，1500余字，景谷傣族彝族自治县民间文学集成领导小组编辑室1989年编印。（施文志）

黄豆的来历

彝族植物故事。流传于云南省元江哈尼族彝族傣族自治县彝族地区。讲述的是：传说彝族山寨有个小伙子，为财主家放了十多年的牛，仍一无所有。一天，一位好心的老大爷送给他三颗要什么就能变什么的宝石。小伙子用第一颗宝石变了一把锋利的砍刀，又用第二颗宝石变了一幢漂亮的大房子。从此，他每天靠砍柴度日，不再为财主家放牛了。财主听到消息，跑来一看，那房子果真是世上的工匠们盖不了的好房子。为了抢夺房子，财主说这是小伙子偷了他的钱盖的房子。小伙子为说清问题，便把得到宝石的事告诉了财主，并掏出最后的一颗宝石让他看。财主抢夺这颗宝石回到家里，叫宝石变一院子的金子，一转眼，金子像雨点一样落下来，堆成了一座金山，财主被压在金山下，并慢慢地陷进土里，财主就这样被埋到很深的地下。后来，那院子里长出一棵豆树，豆子是黄色的，人们说那是金子变的，豆粒上有个小黑点，就是财主的黑心。

杨菊琴讲述，宋自华记录、整理。收入《哀牢山彝族神话传说》，32开，3页，1300余字，云南民族出版社1990年版。（宋自华）

罗汉树和棕树

彝族植物故事。流传于贵州省赫章县彝族地区。讲述的是：罗汉树和棕树本是孪生兄弟，罗汉树是哥哥，棕树是弟弟，它们居住在一个悬崖上。棕树找到好地方居住后不告诉哥哥，哥哥却在家里担心兄弟的安全。数年后，罗汉树只好出门找兄弟，谁知两兄弟见面后，棕树悠闲自得地住在好地方，不愿认哥哥。罗汉树气愤极了，到树大王那里去告状，树大王便要人们用刀剐棕皮，年年剐，月月剥，直到棕树老死为止。

王秀平讲述，杨春记录、翻译。收入《中国民间文学三套集成·贵州省毕节地区·赫章县卷·彝族》，32开，3页，1300余字，赫章县民间文学集成编委会1988年编印。（罗德显）

豆子的故事

彝族植物故事。流传于贵州省金沙县彝族地区。讲述的是：豆子、麦子和煤是好朋友，一天，有个老大娘的火熄了，就用豆草、麦草点火，添煤时，有一颗豆子和一棵麦草跳了出来，一颗小煤子也滚了出来，它们三个一起逃走了。它们走到一条河边，麦草甘愿作桥渡它俩过去，煤子刚走到一半，麦秆被烧断了，煤掉进了河里，豆子见了哈哈大笑而撑破了肚皮，好在一位大娘用线给它缝好了。从此，豆子的腰杆上有了一条线。

陈宪芬讲述，王琼记录、翻译。收入《中国民间文学三套集成·贵州省毕节地区·金沙县卷》，32开，1页，500余字，金沙县民间文学三套集成办公室1988年编印。（罗德显）

甜荞为什么秆秆红

彝族植物故事。流传于贵州省赫章县彝族地区。讲述的是：从前，乌撒家有个武士力大无比，身高八尺，专食黑铁，名叫祖卡侯那祖。芒布家有个武士叫武弟被娄区，他听到祖卡侯那祖的名声很不服气，就到乌撒地找祖卡侯那祖摔跤。祖卡侯那祖外出未遇，其母招呼武弟被娄区尝尝儿子的食物，武弟被娄区勉强咬出几个牙印便自知不是祖卡侯那祖的对手，于是不辞而别。祖卡侯那祖回家得知此事便追赶过去，武弟被娄区眼看要被追上就连忙躲进路边的空心树中，正想摔跤的祖卡侯那祖找不到人就把路边的空心树当人抱紧摔，不料树被摔断，武弟被娄区被活活勒死，鲜血染红了路边一片甜荞地。从此，甜荞秆变成了红色。

候吐阿鲁讲述，龙正清记录、翻译。收入《中国民间文学三套集成·贵州省毕节地区·赫章县卷·彝族》，32开，2页，1000余字，赫章县民间文学集成编委会1988年编印。（罗德显）

毛稗为什么在谷兜中间

彝族植物故事。流传于贵州省毕节市彝族地

区。讲述的是：乍乍阿尼从布播勒家逃走了。逃出后来到一户人家田边，向看雀子的老人讨饭吃，老人回家给其准备饭时，谷芽全被雀子吃光，虽及时念咒招雀子把谷芽吐回原处，但还是少了一些，于是补了一些毛稗进去。从此，凡是种谷子的地方就有毛稗。

陈亮奎讲述，陈大政记录、翻译。收入《中国民间文学三套集成·贵州省毕节地区·毕节县卷》，32开，4页，2000余字，毕节县民间文学三套集成编委会1988年编印。（罗德显）

玉米为什么只结苞谷

彝族植物故事。流传于广西壮族自治区隆林县彝族地区。传说古时候，玉米除了能结苞谷外，还能长出许多别的作物：玉米穗结谷子，玉米根结红薯，玉米秆成甘蔗，玉米叶子成烟叶……一到收割季节，实在忙坏了庄稼人。一个媳妇因收不完玉米地里的各种农产品而不能回娘家，就在地里哭骂玉米神和谷神，喊叫不应该让一种作物长出这么多东西。玉米神和谷神听到骂声，觉得也合道理，便下了戒令，让玉米只结苞谷。从此，人想收获其他粮食就得另外开地种植了。

黄公听讲述，王文魁记录、翻译。收入《广西民间文学作品精选·隆林卷》，32开，1页，300余字，广西民族出版社1992年版。（王光荣　王文魁　蓝斯）

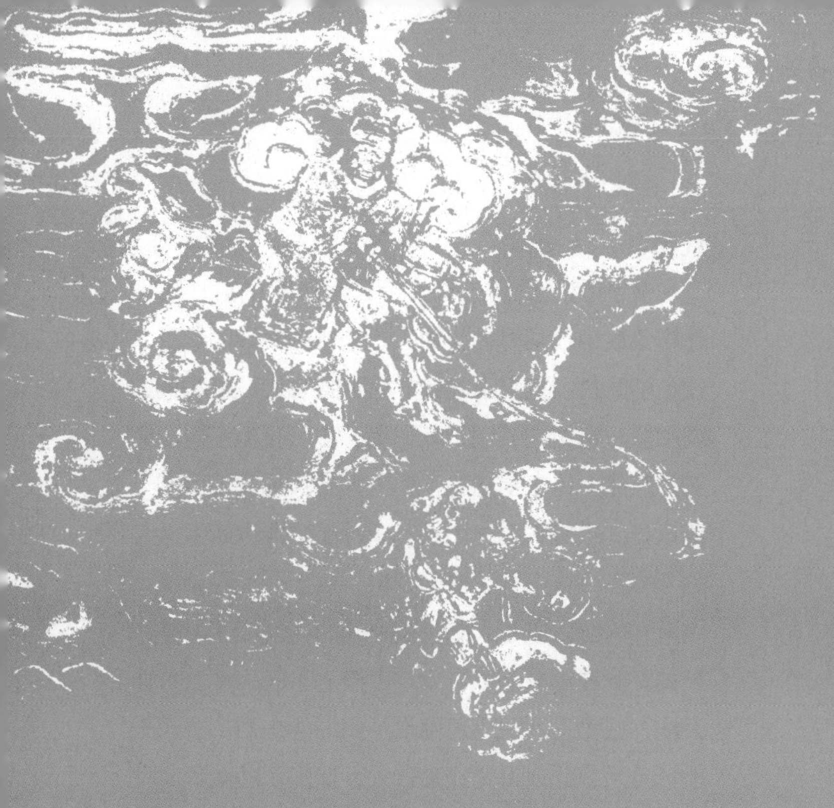

彝族长诗

一 史诗

查姆

彝族创世史诗。流传于云南省双柏县、新平彝族傣族自治县等彝族地区。全诗由天地的起源、独眼睛时代、直眼睛时代、横眼睛时代、麻和棉、绸和缎、金银铜铁锡、纸和笔、书、长生不老药等部分组成。诗中唱述的主要内容是：远古时没有天地日月，只有雾露一团团。天神涅侬倮佐颇派撒赛萨若埃在高空中种了棵娑罗树，树上开出四朵花，白天开的花就成了太阳，夜晚开的花就成了月亮；天神又派涅侬撒萨歇在太空中撒上星辰，派众神造天地，派龙王罗阿玛用雨水冲出沟谷山川。有了天地日月后，儿依得罗娃来造人，造出了独眼的“拉爹”人。但“拉爹”人良心不好，就被天神用太阳晒死了，只留下良心好的一人，并让其与仙女撒赛歇结成夫妻而传下了直眼的“拉拖”人。但“拉拖”人也因道德败坏而被洪水淹死，只留下心地善良的阿朴独姆两兄妹，传下了横眼的“拉文”人，即现在的人类。诗中还唱述了麻和棉、绸和缎，以及金、银、铜、铁、锡等的发现过程。该史诗创造了一群形象生动的神，内容丰富完整，幻想奇丽，具有鲜明的地方特色，对研究彝族远古文化、哲学思想以及彝族社会的发展和形成具有重要的参考价值。

施学生唱述、翻译，李文、李志远记录，云南省民族民间文学楚雄、红河调查队搜集，郭思九、陶学良整理。《查姆（彝族史诗）》单行本，32开，142页，3000余行，云南人民出版社1981年版。收入《云南少数民族古典史诗全集》，云南教育出版社2009年版。（普学旺）

梅葛

彝族创世史诗。流传于云南省姚安、大姚、永仁等县彝族地区。全诗用一种被称为“梅葛”的彝族调子吟唱，由创世、造物、婚事、恋歌、丧葬五部分组成。其中创世部分又分为开天辟地、人类起源两节；造物部分分为盖房子、狩猎、畜牧、家事、造工具、盐、蚕丝七节；婚事和恋歌分为相配、说亲、请客、抢棚、撒种、芦笙、安家七节；丧葬部分分为死亡、怀亲两节。该史诗吟唱了格兹天神派五个儿子造天、四个姑娘造地，造好天地后开始造人，创造人类后，人类又创造工具，从而有了狩猎和畜牧等农事活动，并有了婚恋、丧葬等礼仪的创世过程。其“虎尸解成万物”和“天上撒下三把雪，落地变成三代人”的宇宙观和人类进化观独具特色，反映了彝族先民独特的世界观和对事物的丰富想象，同时也反映了他们的生产、生活、婚丧等习俗，以及与其他兄弟民族在经济、文化上的联系。

郭天元、自发生、李申呼颇、李福玉颇等唱述，王朝显、杨森、李映成、杨文灿等翻译，郭思九、许明学、龚维顺、张宝生、陈志群、胡炳文、郭天元、刘德虚、李树荣、姚文俐等记录、整理。《梅葛（彝族史诗）》单行本，32开，236页，5700余行，云南人民出版社1959年版。收入《云南少数民族古典史诗全集》，云南教育出版社2009年版。（李福云　朱琚元）

阿细的先基

彝族创世史诗。流传于云南省弥勒市彝族阿细支系地区。全诗由引子、最古的时候、男女说合成一家、尾声四部分组成。该史诗唱述的是：古时没有天地，先有两层云彩，苍穹里的阿底神用金、银、铜、铁四根柱子把轻云顶起来变成了天，又把重云铺在三条大鱼的背上，并把鱼拴稳，就变成了地。然后由阿洛安太阳、纳巴安月亮、阿耐安星星、涅姐安云彩、忒别厄小伙子和尼别厄小姑娘从天神那里要回了树种和草种，阿热和阿咪则用八钱白泥造女人，用九钱黄泥造男人，从而有了蚂蚁瞎眼人时代。后来，天空出现了七个太阳，把蚂蚁瞎眼人晒死了，只剩下迟多阿力列和迟多阿力勒，从此人类进入到蚂蚱直眼人时代。又因山羊和水牛顶架而引起山火，把蚂蚱直眼人烧死了，人类只剩下两人，便进入到蟋蟀横眼人时代。又经洪水泛滥后，仅剩的兄妹二人从燕子那里得到瓜子，经过栽种，从瓜里繁衍出了各种动物和筷子横眼人（即现在的人类）。史诗反映了原始社会时期人们的生活状况以及对自然的想象和解释。后半部分还以男女谈情说爱为发展线索，反映了阿细人纯真的爱情和对现实社会的各种认识。

潘正兴等唱述，云南省民族民间文学红河调查队搜集翻译、整理。《阿细的先基》单行本，32开，231页，5500余行，云南人民出版社1959年版。收入《云南少数民族古典史诗全集》（上卷），云南教育出版社2009年版。（普学旺）

阿黑西尼摩

彝族创世史诗。流传于云南省元阳县彝族地区。全诗由序歌、阿黑西尼摩生万物、人类的起源、天地开始分、叽依定历法、旱灾、洪水泛滥、天地的生日、长寿和死亡、婚嫁的起源和演变、祭祀的兴起等部分组成。诗中唱述远古天地尚未出现时，茫茫苍穹里最先产生了一位头似狮子、身子像一座山、背上长有龙鳞，有十四只耳朵、六双眼睛，长有二十八只奶的万物之母阿黑西尼摩，她睡在宇宙中一个名叫奢彻海的金海里，她的胃有九千零八十二层，天地日月及万物均孕育其中。怀孕期满，阿黑西尼摩就生下了天、地、日、月、星、辰、云、风等，并接着生下了彻埂兹、黑得坊等所有的天神、地神，接着又生下了大象、老虎、豹子、老鹰、牛、羊、马等一系列兽类、牲畜、鸟类和虫类，阿黑西尼摩用二十八只奶精心喂养它们，终把万物养成。诗中还唱述了人类从水生动物演变为猿猴，猿猴学会走路后演变为直立人的进化过程，唱述了从竖眼人到横眼人的演变历史，以及婚嫁和祭祀的兴起等。该史诗中的“神谱”自成系统，内容丰富，幻想奇特，在阐释天地万物的起源方面独树一帜，对研究彝族原始文化，特别是母体崇拜以及人类母系文化的研究，均具有重要价值。

施文科、李亮文唱述，罗希吾戈、普学旺翻译。《阿黑西尼摩》单行本，32开，116页，5000余行，云南民族出版社1990年版。收入《云南少数民族古典史诗全集》（上卷），云南教育出版社2009年版。入选中华大国学经典文库，中国国际广播出版社2016年版。（普学旺）

尼迷诗

彝族创世史诗。流传于云南省石林彝族自治县彝族撒尼人聚居区。唱述的主要内容是：远古时，冰雪下个不停，人类被冻死，只剩下阿果和阿尼。阿果把阿尼挑绣的花布系在箭上，并向天空射去，请求天神救命。天神目斯帕和目斯玛及时放出七个太阳把冰雪晒化，未料天气又热得受不了。阿果就用箭射下了五个太阳，留下一个仍作太阳，另一个作月亮，这样，万物才得以重生。后来，人世间燃起了大火，整整烧了三年，世间万物均被烧死，人类只剩下阿资和阿若。又不知过了多少年，传到阿拉和阿乃夫妇的时代，他们生下三个儿子和一个女儿。兄妹四人去开荒，奇怪的是开过的荒地第二天又复原。兄妹四人后来才知道，这原是一老者所为。老大和老二说要打老者，老三和妹妹则说不能打。老者把洪水即将来临的事告知兄妹，并变出金柜、银柜、木柜给四兄妹逃生。老大、老二不愿带妹妹，并抢占金、银柜，老三带着妹妹躲进木柜里。忽然洪水来临，万物被淹没，只有木柜漂在水上。洪水退后，天神把物种给了兄妹二人，并通过滚磨盘、滚簸箕等方式设法让兄妹成婚，繁衍人类。该史诗对于研究彝族哲学、伦理及社会发展史等均有参考价值。

佚名唱述，昂智灵、李红昌、张海英翻译。《尼迷诗·彝族创世史诗》单行本，32开，194页，800余行，云南民族出版社1989年版。收入《云南少数民族古典史诗全集》（上卷），云南教育出版社2009年版。（普学旺）

勒俄特依（一）

彝族创世史诗。流传于川滇大、小凉山和楚雄彝族自治州元谋、永仁等彝族地区。特别是在大、小凉山的彝族人民中，流布最为广泛，影响最深，被誉为“著名古典史诗”。《勒俄特依》有多种不同的彝文手抄本，每种详略、重点都不尽相同，各有优点和长处。一般分为天地演变史、开天辟地、阿俄署布、雪子十二支、呼日唤月、支格阿龙、射日射月、喊独日独月出、石尔俄特、洪水漫天地、兹的住地、合侯赛变、古侯主系、曲涅主系十四章。史诗前五章，主要是叙述开天辟地、创造万物、繁衍人类的情况，歌颂了恩体谷慈、儒惹古达、署惹尔达、司惹低尼、阿俄署布五大天神开天辟地的英雄业绩。接着，史诗用两章的篇幅描写英雄支格阿龙一生的英雄业绩。史诗开始部分叙述英雄特异的诞生和神速的成长：一只鹰飞来，在其母身上滴了三滴鹰血，其母便怀孕，生下支格阿龙。支格阿龙诞生后，生长神速，他一岁去放猪，两岁去放羊，三岁跟着游人旅行，四五岁后去寻找天涯地角。他一岁会制箭，两岁会挽竹弓，三岁会挽木弓，四五岁已经是神箭手。那时，“白天六个太阳一起出，晚上七个月亮一起出”，树木被晒枯，江水被晒干，人和动物难以生存。支格阿龙射落了多余的五个太阳和六个月亮，世上又充满了生机和活力。后来，人类又受到毒蛇害虫的威胁，支格阿龙惩治了巨蛇、巨蛤蟆等，为民除了害。史诗歌颂了人类征服自然、战胜自然的伟大力量，歌颂了支格阿龙的英雄主义气概和征服大自然的神奇功绩，想象奇特。史诗石尔俄特一章，描述母系氏族社会“只知其母，不知其父”的社会生活；兹的住地一章，则主要记述古代彝族先民两次大迁徙的情况；合侯赛变一章，反映彝族黑彝中合侯两个家支间矛盾的产生，以及两个家支长期打冤家的情况；古侯主系和曲涅主系两章，叙述了古侯和曲涅两大支系的族谱。

冯元蔚译。《勒俄特依》单行本，32开，120

页，2000余行，四川民族出版社1986年版，2016年再版。（阿南）

勒俄特依（二）

彝族创世史诗。流传于云南省宁蒗彝族自治县彝族地区。由天地聚变史、阿纽举日谱、呼唤日月、开天辟地、阿俄署布、武遮十二子、支格阿鲁、射日射月、唤独日独月、什姆泛洪水、石尔俄特世、再次与上界联姻、寻找君主住地、昊侯赛变、侯谱、昊谱等部分组成，讲述了天地的产生和演变，万物的起源，人类社会的形成、发展及演变过程，人类的战争，古侯谱系、曲涅谱系等内容。史诗前半部分塑造了恩体更兹等众多创世人物和支格阿鲁等众多英雄人物的艺术形象，描绘了他们在创造天地和万物中的神奇功绩。后半部分幻想成分较少，更接近于现实生活，记述了彝族先民进入凉山的迁徙路线和家支间的争讼及联姻情况。对研究彝族史前文化和凉山彝族史具有重要价值。

沙永才释读，王文优、沙永前、沙永才翻译。《宁蒗彝族文化·勒俄特依译注》，32开，129页，3000余行，云南民族出版社2018年版。（刘琳）

史纳俄特与紫妮史色

彝族创世史诗。流传于川滇大、小凉山彝族地区。史纳俄特、紫妮史色是史诗的男女主人公，均系彝语音译。史纳俄特，也有音译为石尔俄特、史拉俄特的；紫妮史色，也有音译为兹尼施色、子尼史色的，均系记音用字上的差异。该史诗不仅以韵文体记载于彝文古籍中，有彝文手抄本在民间流传，而且还有散文体民间故事在口头广为流布。史诗描述史纳俄特十九岁时因“没父去寻父”，约了九个伙伴，驮了九驮银和九驮金，踏上了寻找父亲的征途。史纳俄特和伙伴们，越过九重大山，跨过九条大河，穿过平坦的坝区，走了七天七夜，来到了平坦的草原约木介乃，遇见了漂亮的紫妮史色姑娘。史色姑娘挽留他道：“异乡的表哥，要到何方去？夜幕快降临，晚也我家宿，不晚也要我家宿。”史纳俄特道：“异地的表妹，我要去遥远的地方，没父去买父，没父去找父，晚也不歇了，不晚也不歇了。”史色便出谜语考问史纳俄特，说答对了就告诉他该到哪儿去寻父。史纳俄特回答不出来，流了三日泪，回到瓦革克机（也译为瓦格克及）去，讲给姐姐（也有说妹妹的）俄洛听，姐姐告诉他谜底。史纳俄特转回去讲给史色姑娘听。史色告诉史纳俄特：“娶妻配成偶，生子可见父。”于是，史纳俄特几经曲折，娶紫妮史色姑娘为妻，“人类社会啊，婚嫁从此始”，“一家一户居，养儿应叫父，养女应叫母，叫父有父亲，叫母有母亲”。史诗生动、形象地描绘了“生子不见父”“只知其母，不知其父”的母系氏族社会向父系氏族社会过渡、转变的社会历程。透过作品奇特的想象，我们可以发现彝族社会从母系氏族社会向父系氏族社会过渡、转变的痕迹。

胡金鳌译。《史纳俄特与紫妮史色》单行本，32开，166页，2400余行，云南民族出版社2006年版。（阿南）

天地祖先歌

彝族创世史诗。流传于贵州省毕节市彝族地区。根据贵州彝族阿侯家家藏资料翻译整理而成。分为天地形成、风的产生、雾的产生、万物生长、野人根源、种粮、季节、女权、医药、农耕、权制、笃慕支系、君制、冶炼、养蚕、结亲、管天地、繁衍、传知识、收妖、人的生死、战争和庆功、祭祀、祭祀后等二十七章，先是叙述天地的形成，万物的兴起以及人类的起源，然后叙述种粮等。史诗叙述，是管天门的勾阿德把树、荞、麻的种子撒到地上，地神乌阿庇管种庄稼，在神的帮助下，人们学会了种粮食。后来，人们在长期的生活、生产中不断观察，逐渐懂得了季节和气候的变化。“一年分四季，四季四变化，春天绿油油，夏天热腾腾，秋到刮大风，冬天有凌棒。冬去春又来，变化又从头。”那时，“男女聚成群”，“孩子不知父，孩子只知母，一切是母大，母是一切根”，“女人当君长”，“一切听从她，她说了就行”。女人带领大家去烧坡、撒种，“才有苦荞吃”。后来又学会冶炼、养蚕。随着知识的增长，人们懂得了用知识记史、记事、祭天、祭祖、管理宇宙。后来妖怪危害人类，人们就“拿起刀和枪，背起弓和箭”，制服了妖怪，妖怪“从此不害人”，“听从人吩咐”。那时候，“部落与部落经常来交战”，“战争打赢后，就要把天祭，杀牛又杀羊”，载歌载舞庆贺。歌场上，青年男女谈情说爱，情投意合，便结为夫妻，繁衍人类。又因为“老天死了父，老天死了母，太阳不放光”，“一片昏沉沉”，人们只好在牛角上挂上灯笼劳动，请来告阿喽祭祀，他用公鸡叫出太阳，百鸟叫出月亮，从此，“天空明亮亮”，“大家种荞子，荞子得丰收”，“为了下一代，部落不打仗，互相来通婚，通婚结成亲”。《天地祖先歌》生动具体地记述了彝族先民从蒙昧时代到野蛮时代，再由野蛮时代进入古代文明社会的过程。

王子尧口译，张坦、刘援朝、韩川江记录，张坦、刘援朝整理，黄昌寿校审。载《贵州民族研究》1983年第3期，16开，14页，1200余行，贵州民族研究编辑部1983年编印。（阿南）

洪水与笃米

彝族创世史诗。流传于西南彝族地区。讲述的是：人世间人满为患，山上、水里都种满庄稼，严重破坏了生态环境，造成资源枯竭，气候恶劣，因而洪水泛滥，淹没世间一切。只有好心的笃米得天神相救得以存活，在天神策举祖的指示下与三天女共赴歌场，对歌后与三天女结为夫妻，生有六子，后成为彝族的六支系祖先，并建立了君、臣、师三位一体的政权体系。

王子尧记录，王子尧、王世举、王运权翻译。收入《洪水与笃米·布吐赫斋（毕节地区民间文学资料第三集）》，32开，28页，1500余行，贵州省毕节地区文化局1985年编印。（罗德显）

洪水泛滥与笃米传说

彝族创世史诗。流传于贵州省赫章县、威宁彝族回族苗族自治县。讲述的是：洪水泛滥后，唯笃米幸存，在天神策耿兹的撮合下与三天女在背谷凯嘎对歌成婚，繁衍后代，尼也咪补生有武乍支系的米雅苦、米雅克，居楚吐以南。能也咪多生有懦侯支系的米雅卧、米雅热，居罗博山以北，吞也武吐生有毕默支系的米克克、米慈慈，在中部繁衍。

王秀平讲述，杨春记录、翻译。收入《中国民间文学三套集成·贵州省毕节地区·赫章县卷·彝族》，32开，4页，500行，赫章县民间文学集成编委会1988年编印。（罗德显）

洪水淹天

彝族创世史诗。流传于楚雄市彝族地区。彝族毕摩口传经典之一，五言诗体。史诗的内容是：天地形成后，凡间有了人烟，但独眼人和直眼人既不善良又不遵循礼仪和规矩。盘古老天爷发怒，就派兔传话给日、月，让它们出九个太阳、七个月亮；又令雷公和龙王，三年不许打雷下雨。从此人间草木不长，湖海干涸，死了不少人。盘古想用洪水淹天来灭绝直眼人和独眼人，就派神仙下凡到人间，装成一个乞丐，讨饭试人心。乞丐到东、南、西、北四方都被人家撵了出来，来到中央，好心的两兄妹，不仅给他饭吃还送他粮食。神仙又变成穿山甲以试兄妹心。兄妹捉到这只穿山甲，穿山甲请求他们放了它，兄妹俩忍着饥饿放了穿山甲。此时，穿山甲表明了身份，并告诉他们洪水要淹天了，叫他俩种葫芦来躲避洪水之灾。兄妹俩按照神仙的指点，从五指山顶取回葫芦种，种出了一个大葫芦，洪水到来时藏在葫芦里，避过了洪灾。后来，因为哥哥在河的上游洗澡，妹妹在下游洗澡而怀了孕。

怀孕满一年后，生下一个肉团，划开肉团，里面有九十九个肉瘤，把肉瘤分别挂到九十九种不同的树上，太白神仙用仙丹一点，肉瘤都变成了人，成了九十九姓人。异姓相婚配，同姓不成亲，人类就又繁衍起来了。

佚名唱述，者厚培搜集、整理。收入《三女找太阳——楚雄市民族民间文学集》，32开，15页，800行，云南人民出版社2001年版。（李福云 朱琚元）

克博君长的起源

彝族创世史诗。流传于贵州省威宁彝族回族苗族自治县和赫章县彝族地区。史诗叙述道：鲁歹继承君位后对弟弟克博百般刁难，克博被逼无奈逃到了乌撒境内，买下洛武谷君长的土地。有了栖身之处后，势力不断扩展，击败了洛武谷君长，并贬他做了百姓，占领其家业。封阿维、阿底、阿景、洛嘎为四大诸侯，管理四疆界，克博如虎添翼，如其母所祝福的“与日月同辉，似星星闪亮，像青松四季常青”。

根据文献选译，王秀平记录、翻译。收入《中国民间文学三套集成·贵州省毕节地区·赫章县卷·彝族》，32开，10页，400行，赫章县民间文学集成编委会1988年编印。（罗德显）

嫫紫荣阿依与迷紫荣阿玛

彝族创世史诗。流传于云南省石屏县彝族地区。全诗用“阿哩”的彝族调子吟唱，分歌头、阿依阿玛被选留、阿依阿玛避洪荒、阿依阿玛结良缘、阿依阿玛育儿女、尾声六部分。史诗唱述了彝族始祖阿依与阿玛在洪水到来前怎样不嫌脏臭、背长疥疮流脓的白发仙翁，洪水到来时怎样在白发仙翁的指点下躲进木柜幸免于难，洪水过后怎样在白发仙翁的授意下兄妹成婚生育子孙后代的故事。

邱桂珍、罗美凤唱述，李朝旺记译、整理。收入《彝族阿哩选》，32开，22页，600行，中国文联出版社1999年版。（李朝旺）

支格阿鲁

彝族英雄史诗。流传于四川省彝族地区。由人类难生存、支格阿鲁诞生、母子分离、阿鲁成长、阿鲁射日月、阿鲁唤日月、阿鲁寻找雨水、阿鲁寻找母亲、阿鲁捉雷神、阿鲁制服魔蟒、阿鲁得宝剑、遇红裙姑娘、治魔救母亲、痛打欧惹乌基、阿鲁姻缘、阿鲁悼母亲、阿鲁遇智妇、阿鲁驯服食人马、阿鲁制服害人牛、阿鲁制服孔雀魔、支格阿鲁去世、人们送阿鲁22个部分组成。史诗从支格阿鲁的诞生开始，唱叙支格阿鲁射日月、唤日月、捉雷神、制魔蟒、制服食人马、制服孔雀魔等的一系列英雄业绩。成功塑造了一位英俊威武、善良智慧、神力无比、勇往直前、决胜一切的伟大神话英雄形象，并塑造了一群典型的人和神的形象，包括以支格阿鲁母亲蒲嫫妮依为代表的远古时代的彝族女性形象。史诗歌颂英勇顽强、决心战胜自然灾害、打击邪恶的英雄力量，高扬和平友爱、团结和谐的人文精神。

洛边木果、曲木伍各主编。《支格阿鲁》单行本，彝汉文对照，16开，365页，9000余行，云南民族出版社2015年版。（李坤）

支嘎阿鲁王

彝族英雄史诗。流传于贵州省彝族地区。由天地初开、神王降生、天群求贤、支嘎阿鲁、继承父志、驱散迷雾、移山填水、射日射月、定夺乾坤、智取雕王、鹰王中计、灭撮阻艾、古笃阿伍、迁都南国、大业一统15个部分组成。唱述的是：在远古天地万物产生后，支嘎阿鲁的父亲天郎恒扎祝首先治天，支嘎阿鲁的母亲地女啻阿媚首先治地。天地快要治完时，在北方遇到魔雾而失败。他俩生下阿鲁后，父亲化为雄鹰，母亲化为马桑树。阿鲁长大后继承父母志向，一举破除了迷雾，完成了测天量地大业。后来洪水淹没南方的土地，阿鲁用真诚和爱情征服了山神鲁依岩的女儿鲁斯阿颖，又赶来北方的一群山填平了南方的洪水。当天庭要换人种时，阿鲁用智慧留下了人种。天上出现七个太阳和七个月亮，阿鲁射下六日六月，拯救了人类和万物。阿鲁按天上的星座和物候定天地方位，划分四季。雕国国王大亥娜疯狂地侵占阿鲁的土地，掳去阿鲁的子民，他不听阿鲁的好言相劝，带着九万九千将士，兵分三路，使出各种凶狠的战术进攻阿鲁的鹰国。阿鲁带领自己的勇士，用高超的战术反击入侵者，经过多次反复的激烈战斗，最后智胜雕王，保卫了国家和人民。阿鲁经历了被敌人欺骗和折磨后，消灭了阴险狡猾的虎国国王阻几纳。阿鲁在一次出征时，把守卫鹰国首都奎部城的任务交给他的名将阿奇。隆王农苦诺用美女和美酒迷惑阿奇，然后突然大举进攻奎部城。空前绝后的决战，争战双方全遭毁灭。为了忘却悲痛，医治创伤，阿鲁带领鹰国人民大举南迁，开创新的家园，四方拥戴阿鲁为王。

阿洛兴德整理。《支嘎阿鲁王》单行本，32开，140页，3600余行，贵州民族出版社1994年版。（李坤）

阿鲁举热

彝族英雄史诗。流传于金沙江南岸的元谋县、永仁县彝族地区。“阿鲁举热”是史诗主人公的彝语音译名。史诗开头描写主人公名字的来历及英雄特异的诞生：天上飞来一只鹰，在卜莫乃日妮姑娘头上绕三转，滴下三滴鹰血在她身上，于是，姑娘怀孕，生下一个儿子，取名叫作“翅骨阿鲁”。译成汉语，“翅骨”意为好人，“鲁”是龙，“翅骨阿鲁”意为好人阿龙。“儿子有了妈，可是没有爹”，姑娘把儿子抱去给老鹰养。老鹰把他养大后，人们就叫他“阿鲁举热”。译为汉语，“举”是鹰，“热”是儿子，“阿鲁举热”就是“鹰的儿子阿龙”。阿鲁举热长大成人后，告别了老鹰，去寻找自己的母亲。母亲没有找到，却沦为“日姆”（部落头人）的娃子，受尽了苦难。阿鲁举热在被他搭救的三只鹅的帮助下，得到了法力无边的鹅毛、神箭和神线。他用神箭和神线战胜了日姆。日姆虽然死了，可是世上还不太平。那时，“白天七个太阳一起出，晚上六个月亮一起出”，晒得万物枯焦，埂子粗的蟒蛇在吞食人畜，簸箕大的石蚌在糟蹋庄稼。阿鲁举热决心为人民铲除四害，射下了多余的六个太阳、五个月亮，只留下一个太阳、一个月亮；又制服了蟒蛇、大石蚌，为世间除掉了灾祸，让大家过上太平安乐的日子。从此，“阿鲁举热的名字，被人们永远记在心里”。

肖开亮唱述，黑朝亮翻译，祁树森、李世忠记录。收入《太阳金姑娘与月亮银儿子——楚雄彝族民间中长诗选》，32开，13页，600余行，云南美术出版社1993年版。（阿南）

支格阿龙喊日月

彝族英雄史诗。流传于川滇大、小凉山彝族地区。讲述的是：天上的鹰滴下血浸穿九层裙使正架线织布的蒲嫫妮日受孕，于龙年龙月龙日诞生了神人支格阿龙。吃着龙奶长大的支格阿龙力大无比，而且很善良。当时白天有六个太阳，夜晚有七个月亮，晒得人们无法生存。阿龙历尽千辛射掉五个太阳，六个月亮，剩下的独日独月怕被支格阿龙射，躲着不肯出来，从此天地一片黑暗，各种动物威胁着人类的生存。支格阿龙为了表示诚意，先用白公鸡请日月，后用白骟羊祭日月，日月为支格阿龙的诚心感动，约定太阳白天出来给万物温暖，月亮晚上出来给万物照明。从此天下太平。

拉哈惹搜集、整理。载《凉山文学》（彝文版）1983年第2、3期，16开，23页，1200余行，凉山彝族自治州文联1983年编印。（杨阿洛）

支格阿龙射日月

彝族英雄史诗。流传于川滇大、小凉山彝族地区。讲述的是：古时候白天出六个太阳，夜晚出七个月亮，太阳晒得大地开裂，万物就要灭绝，支格阿龙为了拯救人类，弯弓搭箭射日月，先站在草上射，射不着；后站在马桑树上射，射不着……支格阿龙毫不气馁，最后站在杉树上射，把多余的太阳、月亮射下来了，只留下独日独月，从此天下万物得以太平。

拉哈惹搜集、整理。载《凉山文学》（彝文版）1983年第1期，16开，6页，300行，凉山彝族自治州文联1983年编印。（杨阿洛）

哈依迭古

彝族英雄史诗。流传于川滇大、小凉山及楚雄彝族自治州永仁县、元谋县彝族地区。哈依迭古“生年是虎年，生日也是虎日”。在他幼年的时候，他的猎人父亲被恶霸头人阿吒普卜杀害，从而在年幼的哈依迭古心里埋下了复仇的种子。他自小“玩弓习弩箭，射天上的黑雕”，练就了一身好武艺。长大以后，他发誓要报杀父之仇。他离乡寻得一柄宝剑后，就天天练剑，直到能将飞着的苍蝇在空中一剑砍成两段，能把风吹过来的草砍成两段，他才带着剑来到甘洛只孜阿吒普卜部落之地，准备报仇雪恨。哈依迭古等了七天七夜，终于等到恶霸头人阿吒普卜骑着高头大马来了，哈依迭古拦住去路，“边走边通名，我是日哈洛莫人，名叫哈依迭古，专来报杀父之仇”，通报之后，他挥剑把阿吒普卜，一刀劈倒在地。报了父仇后，哈依迭古回家向妈妈报告。他妈妈叫他离开家乡，到远方投靠舅舅阿吉。哈依迭古来到舅舅兹米阿吉家。他为阿吉出谋划策，并帮助他打败了老冤家仇敌阿格家，收复了被阿格家占领的祖先领地。后来，哈依迭古离开舅舅家，来到兹兹地（古地名），做了兹米阿支（一大部落首领）的一名将领。从此，哈依迭古“和兹米阿支，常去纠纷场，有时去打猎，有时骑马玩”。就在这时候，兹兹地各部落之间发生部落战争。哈依迭古带兵打败了阿支家的强敌阿格楚尔家，哈依迭古名声四扬。过了几年，哈依迭古思念妈妈，便回了日哈洛莫看望妈妈。阿格楚尔家得知带兵打仗的英雄哈依迭古走了，就乘兹米阿支带兵出征转战之机，突袭兹米阿支部落。兹米阿支的两员将领，奋力抗击，兹米阿支闻讯赶回助战。连战数天，最后兹米阿支部落战败，兹米阿支被阿格楚尔部落抓去杀死。哈依迭古得知这消息，立即赶回兹米阿支部落，他召集兹米阿支部落人马，浩浩荡荡杀向阿格楚尔部落，一场更大的部落战争开仗了。两个大部落血战，“人尸堆成山，人血流成河”。哈依迭古发动的这场复仇之战，最后是取胜了，但部落首领兹米阿支已成“蕨根下的鬼”，几员战将也战死。他自己也因对战争惨状过于哀伤，拔剑“刺进自己的心窝”。战争的结果 是“战败者倒下了，战胜者也倒下了”。哈依迭古死后，人们怀念这个“带兵打胜仗”的英雄，把他的尸体砍成三截，放在三个地方火化，立了三块石头做标记。据说，人们祭锅庄、祭火，就是祭英雄哈依迭古。

佚名唱述，吉霍旺甲、张家兴记录，曲木约质、基默热阔翻译，左玉堂、诺海阿苏整理。收入《云南少数民族古典史诗全集》（中卷），16开，26页，1300余行，云南教育出版社2009年版。（阿南）

铜鼓王

彝族英雄史诗。流传于云南省文山壮族苗族自治州富宁县和广西壮族自治区那坡县彝族地区。由攀鼓、铸鼓、争鼓、迁鼓、赞鼓、传鼓、跳鼓、祭鼓、卜鼓、诈鼓、祈鼓、卫鼓、赠鼓、借鼓、追鼓、分鼓、哭鼓、盗鼓、换鼓、承鼓二十章组成。描写南诏国时期彝族先民昆明人与蒙舍诏、滇人及外族官府因争夺铜鼓发生战争而被逼迫大迁徙的故事。首领波罗和妻子罗里芬，铸造了一公一母铜鼓，人们称他们夫妻为“铜鼓王”。那时候，雪山地有大小六诏，“大诏欺小诏，强诏压弱诏”，“因为争铜鼓，年年起战火”。波罗是越析诏人，他死后他的十代孙波亨成为昆明人首领，蒙舍诏攻打越析诏，争夺铜鼓。越析诏战败，首领波亨被杀。波涛当首领，率领昆明人携铜鼓迁入滇人地区蒙胡诏（指滇池一带），那时，滇人正受“黑面人”的侵扰。波涛统领昆明人帮助滇人击败“黑面人”。滇王受感动，“接纳昆明人”，并将其女儿结配给波涛，“划地三百里，作为姻粉地”，让昆明人开垦。从此，“昆明和滇人，成了一家人”。昆明人“效法滇族人，修沟又打井”，开发滇池地区。而滇族人向昆明人学铸造铜鼓的技艺。从此，滇人也会铸造铜鼓、使用铜鼓。后来，滇王和波涛相继死去。滇人由滇王孙当滇王，昆明人由都罗当首领。小滇王要都罗用公母鼓各两百面换取老滇王划给昆明人的三百里姻粉地，遭到都罗的拒绝。于是，小滇王发动滇人向昆明人开战。战争打了一年又一年，终因昆明人力弱，被滇人击败。昆明人又一次被迫往南大迁徙到都蒙，开辟田园。不久，官府强迫昆明人上贡锅，逼交铜鼓。首领都罗率众卫护铜鼓，抵抗官兵，英勇牺牲。新首领都来，率领昆明人，再次大迁徙来到普厅河安家立业，与当地的布越人（富宁县境内壮族）和睦相处，一同开拓普厅河。后因昆明人参与布越人首领依智高起事“建立南天国”而遭官兵追剿，被逼迫迁徙到普梅村、普梅河、南利河（地名、河名，位于中越边境）。官兵追至普梅一带，昆明人举族抵抗，击败官兵。之后，认为“分散不惹眼，隐蔽好扎根”，昆明人就在普梅举行分支，一共分为八支，四支散居普梅，四支东迁居滇桂边境。昆明人分支后，化整为零，躲开了当时官兵的追剿，终得以定居下来。史诗气势宏伟，结构严密，从“序歌”到“尾声”，一环扣着一环，生动地描绘了彝族先民昆明人的五次大战争、五次大迁徙，从头至尾都充满了火一样的战斗热情。

黄汉国、黄正祥、尚廷芳、黎元洪唱述、翻译，李贵恩、刘德荣搜集，刘德荣、李世忠、张鸿鑫、李贵恩整理。《铜鼓王——彝族英雄史诗》单行本，32开，171页，8500余行，云南人民出版社1991年版。（阿南）

夜郎在可乐

彝族英雄史诗。流传于贵州省彝族地区。史诗描写武夜郎、武堵土两兄弟和漏卧家的阿苦、阿古两兄妹连年争战以及最后罢战和亲联姻的故事。武夜郎君长，以可乐城为中心，威慑四方。他与崛起于南方的漏卧家打了三年仗，未能取胜。他怀着“攘外必先安内”的思想，欲谋害其胞弟武堵土，兼并武堵土的领地古诺，然后再夺取漏卧疆域。其阴谋诡计被武堵土识破，反被武堵土起兵打败。从此，武堵土掌握夜郎国的大权，治理夜郎国。这时候，称雄南方的漏卧君长阿苦，认为武堵土“立足尚未定，正好战仇敌，雪恨夺江山”，便兴兵攻打可乐。夜郎君长武堵土统兵抵抗。两军交战多年，仍不分胜负。阿苦君长原想速战速决夺取可乐，但战争未能取得预期效果，遭到其妹阿古的数落、斥责，便强打硬攻，欲打下可乐。武堵土则采取诱敌深入而后围攻的战术，大败漏兵，主帅漏卧君长阿苦被俘。夜郎君长武堵土以礼相待阿苦君长，倡导武漏两家和好，阿苦深受感动，表示“以后我两家，永远是一家”。当漏卧君长阿苦带着残兵败将回到漏卧国时，大受其妹阿古的严厉责备，奚落他打败仗归来丢了漏家祖宗的脸面，并要他交出兵权让她来统兵，再攻打武家。阿古掌了兵权后，整顿漏家兵马，又出兵攻打可乐。这次两军交战，夜郎君长武堵土，见漏家统兵是个女将，轻敌麻痹，防守不严，阿古攻下了可乐城池，武堵土被俘。武堵土很不服气，扬言要杀便杀，绝不讨饶，并表示也决不认输。阿古说：“你放过我兄，我饶你一回。这样一来呀，两家不相欠。”并与武堵相约，振军再战，以决胜负。阿古放了武堵土和他的兵将，班师回漏卧，而后秣马厉兵，再次攻打可乐，要与武堵土决个胜负。这一次，武堵土吸取教训，做了充分准备。两军接触，打杀声震天。武堵土施“诱敌深入而围歼”之计，佯装败退，而阿古却骄傲轻敌，武堵土一举攻入可乐城。突然，武军从四面包围了城池，漏军女将阿古被俘。阿古不服输，提出与武堵土比武决胜。比武结果，武堵土取胜了。阿古心悦诚服，表示拥护武堵土的倡导和主张。武堵土和阿古一同见了武夜郎，恢复他为君长，治理夜郎国。武堵土和阿古则带着他们的军队，离开可乐，来到古诺大革定居，“永享太平日，再不谈战争”。

王子尧、山口八郎、王富慧、王春艳、李天元、杨伟翻译。收入《夜郎史传》，32开，173页，2700余行，四川民族出版社1998年版。（阿南）

益那悲歌

彝族英雄史诗。流传于贵州省彝族地区。描写益那部族与鄂靡部族“为争夺地盘，展开了大战”部族争夺的故事。鄂君长鄂阿那统率鄂靡军，兵分左、中、右三路军进攻益那辖地禹甸比毕、禹甸洛略、禹甸谷姆。益那君长局阿邪在禹甸叟施召集谋臣“杀百牛议事，定御敌大计”。益那军诱敌深入，采用石战、水战、火战痛击来犯之敌，鄂靡三路军大败。鄂君长鄂阿那不甘于失败，次年，在多妥米谷又与益那君长局阿邪“大战了一场”。益那君长的谋臣苦苦诺布下鹰阵御敌，鄂靡军又吃了大败仗，鄂君长鄂阿那重整旗鼓，结果又被益那军虎阵击败。鄂君长鄂阿那采用军师鄂直愚的计策，用美酒美女收买了益那君长的谋臣苦苦诺。苦苦诺叛变，打乱了益那三军的部署，两军再度交战时，益那军不敌强敌，益那的大本营被攻陷，益那君长局阿邪遇害。益那君长局阿邪的妻子玛依鲁带着年幼的子女邪苴隆和迷喜露兄妹，逃出家园，躲过鄂靡军的缉拿，避难于洛甸地方。从此，复仇、光复益那国度成为玛依鲁母子的精神支柱。益那邪苴隆练就了复仇本领。在复仇之前，他走遍东西南北，向四方的贤人求问复仇大计，历尽千难万险，终于在斯铺和斯嫫两位圣贤的帮助和指导下，求得复仇的大计，并获得了能调遣、指挥天兵的兵书。益那天兵骁勇善战，一举打败了鄂靡军，获得复仇战的胜利。益那邪苴隆班师回卧甸，大摆酒席，庆贺胜利。鄂君长鄂阿那惨败后心不甘，趁益那邪苴隆沉醉于胜利之际，派出奸细三人，潜伏到益那地，混入卧甸，探得益那的军情，鄂君长鄂阿那就趁益那邪苴隆家庆贺胜利之际，发兵大举进攻益那军。益那邪苴隆带领家人及少数残兵败将，向西边逃亡，益那灭亡。谱写了一曲悲壮、雄浑的战歌。

由阿洛兴德、阿候布谷翻译。《贵州彝族咪谷丛书·益那悲歌》单行本，32开，214页，3400余行，贵州民族出版社1997年版。（阿南）

戈阿楼

彝族英雄史诗。流传于贵州省盘州市一带彝族地区。史诗分为古老古代、老相宗、开荒得宝、赛马、皇帝夺宝（此章又分为第一次出兵、第二次出兵、第三次出兵三节）、戈阿楼之死、哭戈阿楼七章，前面有“开头”，后面有“尾声”，构成一个严密的故事结构，且全诗贯穿着侵略与反侵略、掠夺与反掠夺这一主题思想。戈阿楼是个“能人”头领，百姓们“说他是月亮，说他是太阳，说他心肠好，说他武艺强，配当诺苏头，配当诺苏王”，因此，公推他为诺苏头领。他身边有两个猛将，一个叫妮比额阿玛，一个叫哥摩倒阿西。他们领导的诺苏人，“亲热像蜜蜂，不爱‘打冤家’，只爱勤做工”。但是，一旦“外敌来欺侮，大家都出动，好言来劝说，愿吉不愿凶，如果不听劝，杀敌快如风”。戈阿楼和他的两个将领，率领百姓，“平时练武功，忙时种庄稼”。为了“多开田和土”，他们在“泽泥不戛糯”开荒，“开荒获得宝”，“宝石抬回寨”，“人人心里乐，又逢‘火把节’，大家多快活”。于是“打猪又打羊”，欢度节日。当皇帝得知诺苏开荒获得宝的消息后，要“夺宝占宝地”。为了诺苏人的利益，戈阿楼和他的两个将领，率领诺苏人将来犯之敌埋葬于山坳里。“诺苏打胜仗，功成志气高”，戈阿楼教大家：“打赢莫骄傲，蜂死箭还毒，贼兵还会来，加紧练武功。”果然不出他所料，皇帝又派出另一将领富略统兵来夺宝占地。戈阿楼施计，将敌兵引入寨后，乘机劫了敌寨营，将其“兵丁全打垮”。皇帝不甘心失败，又再次派兵侵犯，又被戈阿楼击败。皇帝武力征服不了戈阿楼，便派人化装为叫花子，进入诺苏寨，企图暗杀戈阿楼。其罪恶阴谋被识破，皇帝的侵略野心彻底破产。史诗《戈阿楼》神话和现实交织，理想与事实融合。它寄托了人民的理想、愿望，也表现了彝族人民的智慧和才能。

李海明口译，唐春芳搜集，沈耘整理。收入《一双彩虹》，32开，33页，900余行，贵州人民出版社1983年版。（阿南）

二 叙事长诗

阿诗玛

彝族叙事长诗。流传于云南省石林彝族自治县彝族撒尼支系地区。全诗由应该怎样唱呀、在阿着底地方、天空闪出一朵花、成长、说媒、盼望、哥哥阿黑回来了、马铃响来玉鸟叫、比赛、打虎、射箭、回声等部分组成，主要内容是：阿着底地方的格路日明夫妇生下了阿黑和阿诗玛兄妹俩，阿诗玛长到十七八岁时美名传遍了四方。有钱有势的热布巴拉家找媒人来说亲，阿诗玛就是九十九个不嫁。热布巴拉家无法，蛮横地抢走了阿诗玛。在远方放羊的阿黑做怪梦预感不祥，返回家乡方知这一切，便带着弓箭骑马赶去救妹妹。阿黑历经热布巴拉家的重重刁难救出阿诗玛后，兄妹二人一起回家乡。当他们来到十二崖子脚时，热布巴拉家指使崖神发洪水把阿诗玛卷进了大漩涡。此诗修辞独到，比喻优美，集中体现了彝族人民不畏强暴、宁折不弯的民族精神。

佚名唱述，云南省人民文工团圭山工作组搜集、整理，中国作家协会昆明分会重新整理。《阿诗玛（撒尼民间叙事长诗）》单行本，32开，85页，1600余行，云南人民出版社1978年版。收入《云南少数民族叙事长诗全集》（上卷），云南教育出版社2012年版。（普学旺）

则谷阿列与依妮

彝族叙事长诗。流传于云南省新平彝族傣族自治县彝族地区。主要内容是：生活在清水河中的龙女依妮变成一条红鱼到河中游玩，喜欢上了正在河边打鱼的孤儿则谷阿列，便故意游去让阿列捕到。阿列将红鱼带回家在缸中放养，此后，阿列每天劳动回家就有香喷喷的饭菜摆在桌上。阿列问村人，方知是红鱼所为，就趁红鱼脱下鱼皮变成美女煮饭时把鱼皮烧了，于是依妮与阿列成了亲。依妮趁夜回到龙宫从父王那里要来宝物金竹，从而使阿列家的草房变成了金碧辉煌的大瓦房，一夜间就变成了富贵人家。后来，阿列经不起别人挑唆而休了依妮，他一夜间又变成了原来的穷样。阿列到清水河寻找妻子，在蛤蟆的帮助下来到了龙宫。龙王设计，用捉迷藏、开荒、撒种、捡回种子等种种难题来刁难阿列，阿列都在妻子的帮助下顺利过关，最后龙王变成洪水和芭蕉树冲向阿列，阿列拔出刀砍倒芭蕉树，哪知这些都是龙王所变，龙王的鲜血顺河流淌染红了河边的荞子，从此荞秆成了红色。阿列带着龙母和依妮返回到人间过上了幸福生活。

佚名唱述，普学旺翻译。收入《彝族爱情叙事长诗》，32开，37页，1700余行，天津古籍出版社1991年版。收入《云南少数民族叙事长诗全集》（上卷），云南教育出版社2012年版。（普学旺）

力芝与索布

彝族叙事长诗。流传于云南省元阳、红河、绿春等彝族地区。全诗由序歌、寻伴、盟誓、逼婚、诉情、打虎、采药、婚礼、依恋、尾声十部分组成。诗歌以力芝和索布的爱情为主题，叙述勇敢的猎人力芝与织布姑娘索布产生了爱情，两人盟誓订下终身。头人绸古子的儿子阿吾看上了索布，托媒人带着金银财宝去求亲，索布父母收下了彩礼，要把女儿嫁与阿吾。力芝为了赎回索布，只好上山猎虎。绸古子派人抢去力芝的虎，并打伤力芝。索布为给力芝治伤，采回了灵芝，但力芝已死。索布悲痛欲绝，穿上新嫁衣去给力芝送葬。在火葬场，索布用公鸡代表力芝作新郎，自己与公鸡拜天地、结夫妻，然后纵身跃入火葬的烈火中。最后力芝和索布变成了两根羽毛，飞向月亮和太阳，变成了美丽的太阳姑娘和英俊的月亮小伙，他们永不分离。

佚名唱述，涅努巴西搜集、翻译、整理。收入《彝族叙事长诗选》，36开，83页，1500余行，云南民族出版社1984年版。收入《云南少数民族叙事长诗全集》（上卷），云南教育出版社2012年版。（普学旺）

木荷与薇叶

彝族叙事长诗。流传于云南省元阳县、红河县、元江哈尼族彝族傣族自治县等彝族地区。全诗由歌头、春笋、成长、比赛、恋歌、说媒、拆桥、盟誓、遭害、灭妖、驸马、花轿、回春、搭救、歌尾十五部分组成。主要内容是：木荷与薇叶姑娘从小青梅竹马，订了婚约。薇叶姑娘长大后，土司派人来说亲，要把薇叶娶来做儿媳，薇叶不从。薇叶的父母被逼无奈，解除了与木荷的婚约，将薇叶许给了土司家的少爷阿卡。土司以木荷猎获虎不献虎为由刁难木荷，并将他推下无底洞。木荷来到矮人国，因帮助矮人国除了妖魔而得到爱戴，并得到神弓神箭和宝葫芦后回到人间。此时，土司正强娶薇叶，薇叶抗婚而死在花轿中。木荷带神箭来到托洛山射回太阳胆和月亮心救活了薇叶，并用宝葫芦烧死了土司一家，有情人终成眷属。长诗编译自汉文唱书《毛洪记》，亦名《两世姻缘》，是汉彝文化交流互动的作品之一。

佚名唱述，涅努巴西搜集、整理。收入《彝族叙事长诗选》，36开，97页，1800余行，云南民族出版社1984年版。另收入普学旺等译本《汉族题材云南少数民族古籍译注·齐小荣　毛洪记　凤凰记》（四行译注对照），16开，90余页，1400余行，云南教育出版社2018年版。（普学旺）

莫合

彝族叙事长诗。流传于云南省玉溪市元江哈尼族彝族傣族自治县彝族地区。分序歌、得子、变心、相劝、退婚、逼婚、殉情、尾声八章。记述有两个诺苏（彝人）在京城做官，一个叫莫哈立，一个叫张沙书。莫哈立儿子莫合，与张沙书千金尾叶订婚。两家联姻，门当户对。但还没有结亲，莫哈立夫妻就病亡了，莫合成了无依无靠的孤儿。张沙书变心，不听妻子、女儿的劝告，强逼莫合在退婚书上签字，将尾叶许配给有钱有势的小书生。尾叶无奈，向她父亲要了三百两银子。迎亲这天，花轿路过莫家村，尾叶要求下轿，跑进莫家向莫合悲伤哭别，将三百两银子送给他，叫他发奋读书，上京赶考。与莫合生离死别后，尾叶回到花轿里自杀身亡。莫合声言："她活是我妻，死是我的人！"买柏木棺，请来好毕摩，为妻念经，举行葬礼。当棺木送上山时，"飞来一只雁，在棺上空盘旋，凄声在呼叫：莫合快开棺！"打开棺，尾叶化鸟展翅飞向天空。"一时云弥漫，莫合托云间；云飘百里外，落在一山间。"长诗结尾，充满了浪漫色彩。

佚名唱述，白佑三翻译，宋自华、白玉花整理。收入《彝族叙事诗集》，32开，40页，1400余行，德宏民族出版社1987年版。（阿南）

卖花人

彝族叙事长诗。流传于云南省元阳县、红河县、元江哈尼族彝族傣族自治县等彝族地区。主要内容是：山寨里的勒斯基十年寒窗练文笔，名声传遍四方。他娶希妮为妻，夫妻恩爱如蜜。一天，山官搓谷佳要勒斯基护送皇粮到京城。勒斯基率领人马来到谷哈大河边，不料河水暴涨，人马和皇粮有的被水冲走，有的被水淹没。勒斯基带着剩下的人马和皇粮来到京城向国王禀报，国王念其父辈对国有功，免其一死，但要赔偿皇粮。勒斯基卖掉田地和牛马等牲口，并把老母和妻子的陪嫁物品也凑上，才赔清了皇粮。但家里已一贫如洗，夫妻以在街上替人代笔和卖花为生。一天，希妮去卖花，山官垂涎希妮的美貌，就叫官兵把希妮带入衙门，左引右骗不能如愿，就把希妮害死了。勒斯基到街上寻找妻子，问了衙门里的种花人，方知妻子已被害。勒斯基悲痛欲绝，忙写状纸去申冤，未料又遇山官而被打入牢房。幸得种花人为其递了状纸，宫里的大臣簸绸升查访此事来到山官家，进入花园后从花树下挖出了希妮的尸体，澄清了案情，伸张了正义。长诗编译自汉文唱书《卖花记》，是汉彝文化交流互动的作品之一。

李八一奎唱述，白刊宁、涅努巴西翻译，涅努巴西整理。收入《彝族叙事长诗选》，36开，84页，1600余行，云南民族出版社1984年版。另收入普学旺等译本《汉族题材云南少数民族古籍译注·卖花记　张四姐　红鱼姑娘》（四行译注对照），16开，120余页，1800余行，云南教育出版社2019年版。（普学旺）

赛玻嫫

彝族叙事长诗。流传于云南省双柏县等彝族地区。主要内容是：古时候有九十九条大河，最大的河中住着龙。到了年、月、日都属蛇的那一天，龙王领着蛇郎来到人间玩，蛇郎爱上了人间。为阻止蛇郎的爱欲，龙王发大水淹没了大地，只有天边最高的山上还活着一对夫妇、一对蜜蜂、一对蝴蝶和一对猴子。大水退后，夫妇生下了一个儿子和七个女儿，七妹长得像马缨花一样漂亮。蛇郎请蜜蜂帮忙去说亲，只有七妹答应嫁给蛇郎。后来，姐姐们分别嫁给了貂鼠、猴子、兔子、山鸡、豹子和老虎，七妹则嫁给了蛇郎。蛇郎力大无比，夫妻恩爱勤劳，金银满柜，粮食满仓，并生得一双儿女。大姐嫉恨七妹富足，趁蛇郎外出劳动时把七妹推下深井害死，并穿戴上了七妹的衣服首饰来代替妹妹。七妹变成画眉鸟把冤情诉说给蛇郎的邻居后，蛇郎把画眉鸟带回家豢养。大姐又杀死画眉鸟，烧来吃时，却被火炭烧伤，大姐把火炭丢进了粪桶。蛇郎挑着粪桶去菜地浇水时，火炭掉在菜地里长成一棵大白菜。大姐把白菜砍回来煮了吃，半夜肚子胀，摸到水井边，不慎跌进井里淹死了，七妹终于得以复活，并与蛇郎团聚。

施学生唱述、翻译，云南省民族民间文学楚雄调查队搜集，郭思九、尚仲豪整理。《彝族民间叙事长诗·赛玻嫫》单行本，32开，76页，1500余行，云南人民出版社1980年版。收入《云南少数民族叙事长诗全集》（上卷），云南教育出版社2012年版。（普学旺）

嫩娥少薇

彝族叙事长诗。流传于云南省禄劝彝族苗族自治县和武定县等彝族地区。主要内容是：一场洪水后，从茫茫的森林里传来一对婴儿的哭声，一位老太太把婴儿从枯树洞中抱回家抚养，并给哥哥取名龙更依奴，给妹妹取名嫩娥少薇。不久，老太太去世，年满十五岁的兄妹按规定给头人放牧，哥哥在山头放羊，妹妹在山脚放猪。头人博洛家的公子博洛阿纳被嫩娥少薇的美貌吸引，请人去提亲，迫于无奈，嫩娥少薇答应了婚事，并请求兄长去送亲。兄长龙更依奴在送亲路上朝天射出三支箭，却射中博洛阿纳使其残废。嫩娥少薇以新郎是残疾人为由坚决拒绝了婚事，从而在头人家经受了三年三月三天的劳役之苦。熬过苦役后回家的嫩娥少薇又遭到了头人的追杀而跳崖身亡。嫩娥少薇变成黑虎咬死了头人家的万只牛羊、踏平了他家的庄稼、咬死了无数的家丁后，终因寡不敌众而身亡，最后变成了布谷鸟，每年开春把美丽和希望带给人间。长诗反映了古代彝族人民深受封建势力压迫的悲惨生活。

佚名唱述，阳辉普、张运平翻译、整理。《嫩娥少薇》单行本，36开，164页，2600余行，禄劝彝族苗族自治县民委1987年编印。收入《云南少数民族叙事长诗全集》（上卷），云南教育出版社2012年版。（普学旺）

牧羊人史郎若

彝族叙事长诗。流传于云南省石林彝族自治县彝族撒尼人地区。讲述的是：一个叫涝泥依南底的地方，有一个美丽的姑娘叫依南妮，因她是独生女，父母只好招赘。招赘不久，父母即病故。依南妮夫妇按照舅家之意借债为父母举行葬礼后，债主逼债紧，只好趁夜逃往他乡。途中生下一子，取名史郎若。他们刚刚定居阿着底，幸福的家庭又遭遇灾难，史郎若的阿妈病逝了。父亲娶了后妈后，继母把十三只羊交给史郎若，要他把羊养足九十对才能回家。史郎若远走去放羊，出门九年，吃尽苦头，终于养足九十对羊回到阿着底，却又被后妈赶出家门。史郎若含泪赶着藏在山里的羊逃往他乡，路遇逃婚的姑娘舒日玛。舒日玛与史郎若苦命相连，成婚同行。来到昆明坝子，当地土官却不准他们在这里放羊。他们继续往前走，来到了老圭山的大森林，才终于安下了身。夫妻二人种麻织布，并用羊换回种子，学种庄稼，最终苦尽甘来，过上了幸福的生活。

佚名唱述，黄建明、昂自明、普卫华翻译。收入《路南彝族叙事长诗选·普帕米》，32开，62页，1300余行，云南民族出版社1988年版。收入《云南少数民族叙事长诗全集》（上卷），云南教育出版社2012年版。（普学旺）

娥拜姆哈与偌莫戛滕

彝族叙事长诗。流传于云南省砚山县彝族地区。长诗由歌手的忧伤、火海余生、琦串出世、娥拜姆哈的歌声、偌莫戛滕的弓箭、甜蜜的爱情等二十个部分组成。长诗叙述远古时候，彝山出了个万恶的妖怪，它将山河变为一片火海，烧死了许多人。其中有两对年轻夫妇，他们死后留下了一儿一女，男孩名叫偌莫戛滕，女孩名叫娥拜姆哈，由乡亲们抚养长大。他们长到十六岁时，彼此相爱，在乡亲们的祝福中，他们结成了夫妻。万恶的妖怪被天兵天将杀死后仍不甘心，托生为土司的儿子琦串。琦串对美貌的娥拜姆哈垂涎已久，他见娥拜姆哈与偌莫戛滕成了亲，非常嫉妒，就伺机勾引娥拜姆哈，结果被偌莫戛滕制服了。琦串受挫后又带家丁去抓捕偌莫戛滕夫妇，厮杀中，琦串躲在树后，趁偌莫戛滕去追击家丁时，抓走了娥拜姆哈。娥拜姆哈誓死不从，结果被琦串烧死。见爱人被害，愤怒的偌莫戛滕和乡亲们一起杀死了琦串，为妻子报了仇。娥拜姆哈死后，偌莫戛滕将她葬在石洞中。石洞里住着个修炼了九千年的狐狸精，它很同情悲伤的偌莫戛滕，于是牺牲自己，将灵魂依附在娥拜姆哈身上，使她得以重生。而已死的琦串则在毒蛇的帮助下变为了吃人的恶魔。重生后的娥拜姆哈拿着狐狸精的宝剑与琦串变成的恶魔展开了殊死搏斗。天神见恶魔与妖精相斗，就派白云仙姑前去调解。仙姑早知内情，便用九颗铜钉将恶魔钉住，令它永世不得投生，然后在娥拜姆哈身上吹了口仙气，把她变成凡人，好心的狐狸精也重新得到灵魂，随仙姑升入了仙界。娥拜姆哈回到家乡，见到了心爱的偌莫戛滕，乡亲们载歌载舞祝福这对经历磨难的恩爱夫妻。这天正好是六月二十四日，从此，人们把这一天作为盛大的节日来庆贺。

黄平华、张留琼唱述，刘德昌搜集、翻译，刘德昌、张鸿鑫、刘德荣整理。收入《文山州民间长诗集》第一集，32开，72页，1400余行，文山壮族苗族自治州民委、文化局、文联1982年编印。收入《云南少数民族叙事长诗全集》（上卷），云南教育出版社2012年版。（龙江莉）

硬针比狄迷

彝族叙事长诗。流传于云南省砚山县彝族地区。唱述一对彝族青年不畏邪恶、忠贞不渝的爱情故事。全诗由叙歌和十五段吟唱组成。叙歌用比兴的手法引出故事的主人公——孤儿和天神的女儿。第一段唱男主人公出世时父亲被蛇咬死，母亲生下他后也死去了。第二段唱山中鸟兽来抚养孤儿。第三段唱孤儿在鸟兽们的养育下成长为善良正直的小伙子。第四段唱天神用一个麻团把自己的小女儿投在孤儿家。第五段唱孤儿与天神的女儿相爱结成了夫妻。第六段唱孤儿四处寻访能人为妻子取名字，却没有人能取出来，夫妻二人决定不要名字了。第七段唱二人恩爱情深像树与花一样不能分开。第八段唱九个头的妖魔企图吃了孤儿，霸占其妻子，变成一个彝族汉子来到他们家。第九段唱妖魔以金银利诱，要夫妻俩跟他去山洞，他们不上当，妖魔就要他们二人在一夜中犁好九座山上的地，否则就吃了他们。第十段唱夫妻俩在鸟兽们的帮助下一夜间犁好了九座山上的地。妖魔又要他们让门前凋谢的两棵树一夜开花。凤凰率百鸟催开两棵树的花。妖魔恼羞成怒喷出毒气熏昏两人，鸟兽们全力来相救，救下妻子，丈夫却被妖魔掳走了。第十一段唱喜鹊展开花翅膀，载着妻子前往妖魔住的天边救丈夫。第十二段唱妻子继续赶路去救丈夫，途中见一条蛇正要咬一位瞎眼老奶奶，就杀死了蛇。老奶奶送她一团神麻，并指引她去找可救丈夫性命的石骆驼奶。第十三段唱妻子坐着麻团飞到妖魔住的山洞，用麻团打败妖魔，但丈夫已被妖魔吸血而死。第十四段唱姑娘寻到石骆驼，取到石骆驼奶。第十五段唱石骆驼奶救活了丈夫，他俩又用石骆驼奶救活其他被妖魔吸血而死的人。获救的人们弹起月琴目送他俩坐着麻团回家，并送上最吉祥的祝福。

白正钦唱述，刘德昌、万国华搜集、整理。收入《云南省砚山县民间文学集成》第二集，32开，47页，900余行，砚山县民间文学集成办公室1989年编印。（吴平）

朵卜若与颉薇妮

彝族叙事长诗。流传于云南省石屏县彝族地区。唱述朵卜若与颉薇妮的甜蜜爱情及被人暗害后的悲惨结局。全诗共十九节。第一节唱述在合武嵯山城，有个贤明的君王叫子阿玛，王后生了个聪明英俊、才艺武三全的儿子，取名叫朵卜若阿耶。多少美丽的姑娘向他求爱，没一个让他动心。第二节唱述朵卜若带着仆人戛沙到远方去寻找心上人。第三、四节唱述朵卜若去叟堵城花街的路上，救了一位美丽的姑娘颉薇妮，他俩在对唱阿哩中相识相爱。第五节唱述叟堵王有五个儿子和七个姑娘，最小的颉薇妮已经十七岁，求婚的人很多，爹妈不知怎么办才好。第六节至十二节唱述朵卜若与颉薇妮心中萌生了爱情，但父王要摔跤选婿，朵卜若同胜者阿火比赛摔跤、射箭、背经书获胜后，叟堵王决定将颉薇妮嫁给他。第十三节至十六节唱述朵卜若和颉薇妮成婚三天后，朵卜若在返家的路上遭阿火的暗害而生命垂危，颉薇妮决心请好医、用好药救亲人。第十七节至十九节唱述阿火趁朵卜若病危，向叟堵王提亲，叟堵王答应了婚事。娶亲日，颉薇妮誓死不从，并跳进月湖殉情。颉薇妮跳湖后，月湖里飞出一只小鸟，凄声叫着“阿耶！等等我！”人们都说那小鸟是颉薇妮变的。

白刊宁唱译，戈隆阿弘搜集、整理。收入《彝族阿哩》，32开，92页，2000余行，四川民族出版社1998年版。收入《云南少数民族叙事长诗全集》（上卷），云南教育出版社2012年版。（宋自华）

金花与雄鹰

彝族叙事长诗。流传于云南省石屏县彝族地区。全诗分序歌、伸尾妮、遇蟒、对歌、林中遇虎、初恋、信物、归途、抢亲、巧用计、搭救、难中定亲、盟誓、查访、圈套、劫法场、攻黎州、进谷峨、进磕布、计宰黑虎将、攻南门、遣使讲和、回营、成亲二十四节。唱述的主要内容是：伸尾妮（金花）能歌善舞，有一年火把节时姑娘们结伴去赛歌，金花归途中遇虎，一位名叫雄鹰的小伙子射虎相救。送别路上，两人互诉衷情，互送信物，表达了“不是阿哥妹不嫁，不是阿妹哥不娶”的决心。主持赛歌的头人却领一帮人马把金花抢去关押，叫三个恶奴看守。三个家奴均迷上金花，金花见机行事，让两个家奴去杀头人，诱一个家奴随她一起逃走。路上，家奴对金花无礼，金花呼救，巧遇雄鹰，除了恶奴。金花两次得救，感激不尽，两相情愿，盟誓定亲。县官派人查访，说家奴杀头人是造反行为，把金花骗去关押，威胁利诱，要金花做其九妻。金花不被利诱，县官就捏造罪名，判金花死刑。雄鹰率九乡十八寨民众在行刑这天赶到，劫了法场。之后，官逼民反，雄鹰率众攻黎州、进谷峨（昆明）、占迪峨、进磕布，惊动俄木（皇帝）亲征，与之激战三年零三个月。俄木遣使讲和，划金沙江流域、红河流域让雄鹰管理，雄鹰与金花终成眷属。

张士林唱述，阿楠录音、整理。收入《云南民间文学集成·石屏长诗卷》，32开，48页，2500余行，云南省石屏县文联1996年编印。（李朝旺）

何歌与李矣规

彝族叙事长诗。流传于云南省元江哈尼族彝族傣族自治县彝族地区。唱述的主要内容是：李矣规与何歌两人的父亲同在元江府为官，李总兵是万民崇敬的好官，何副总兵却是满腹藏祸的恶人。两家为矣规与何歌合了婚，定了亲。李总兵暴病身亡后，何副总兵就掠夺了李总兵的财产、房屋，并把李家赶到山洞栖身。何歌见情人悲苦，便送了一袋金银给矣规。何副总兵却把矣规当盗贼告到衙门判为死刑犯。后来，何歌送了一袋银子给矣规的嫂嫂做路费，叫她快到边关去找矣规的哥哥矣若将军来救弟弟。矣若问明情况后，向皇帝告了何副总兵，并回家救出了弟弟。皇帝下旨斩了何副总兵及其党羽，矣规与何歌终于结为美满夫妻。

白佑三唱译，宋自华记录、整理。收入《彝族阿哩》，32开，48页，1100余行，四川民族出版社1998年版。收入《云南少数民族叙事长诗全集》（上卷），云南教育出版社2012年版。（宋自华）

奕罗若阿芝

彝族叙事长诗。流传于云南省石屏县彝族地区。全诗分序歌、遇难、雪上加霜、阿嫂说情、思乡、路遇、探监、除害、成亲、出征、受艺、显身、团圆、尾声十四节。唱述的主要内容是：阿芝和阿西妮从小定了亲，后来阿芝的父亲领兵打仗战死了，阿西妮的父亲就赖婚。阿西妮几次托人送金银接济阿芝，让阿芝来娶她，但不幸的是阿芝的金银被抢，人又被关押。阿芝的嫂嫂去找阿西妮的父亲说情，让其放过阿芝，阿西妮的父亲却非处死阿芝不可。阿芝的嫂嫂无奈，只好叫阿西妮陪着她到前方去找丈夫。刚巧她丈夫阿此向皇帝请了假，带兵回来的路上遇见妻子和阿西妮，他知道情况后立即飞马赶到监狱，查清了弟弟的冤案，处置了阿西妮的父亲等祸首，阿芝与阿西妮有情人终成眷属。战乱时，阿芝应征从军，夜梦绿鸟化人传授十八般武艺，在战场上大显身手，建功立业当了武官。战乱平息后，阿芝荣归故里与阿西妮白头偕老。

邱忠贵唱述，阿楠录音、记录、翻译。收入《云南民间文学集成·石屏长诗卷》，32开，36页，1600余行，云南省石屏县文联1999年编印。（李朝旺）

唐昂驰

彝族叙事长诗。流传于云南省石屏县彝族地区。全诗由序歌、唐昂驰、当长工、山间回音、知音、初会、盟誓、定亲、成亲、离别出征、沙薇妮遭难、思乡诱逼、脱逃、复仇、到甜蜜的地方去、尾声共十六节组成。主要唱述唐昂驰与沙薇妮从林间对歌相识到相恋成亲，最后由于山官逼迫逃到甜蜜地方的曲折经历，反映了唐昂驰与沙薇妮对纯真爱情的矢志不渝及不平等的社会给他们带来的不幸。

普玉学唱述，阿楠记录、翻译。收入《云南民间文学集成·石屏长诗卷》，32开，38页，2000余行，云南省石屏县文联1999年编印。（张辉）

甘嫫阿妞

彝族叙事长诗。主要流传于四川省凉山彝族自治州彝族地区。长诗前有“序歌”，后有“尾声”，由家世、生长、美名、说亲、仇敌、救援、入牢七章组成，叙述了一个凄悲的故事：在人杰地灵的比戈三支世代繁衍地基惹拉莫地，毕摩世家比戈惹索家生了一位姑娘，名叫甘嫫阿妞。她长大后成为一位十分美丽的彝家姑娘，云雀在天上为她歌唱，她的美名传扬四方。求亲的人络绎不绝，有钱有势有威望的兹尼兹莫、李尼兹莫、沙马兹莫家都来求亲，“阿达心欢喜，阿妞不答应”，她有自己的打算。额夫兹莫家，要为儿子木呷圆姻缘。他家九世出“德古”，七代出“热可”，名门后代不负名。额夫木呷，“相貌堂正正”，“品学皆优良”。额夫兹莫家来求婚，“阿姆心欢喜，阿达真高兴”。阿妞与木呷结了姻缘。佳斯乌托（越西）的土官，贪财又好色，派兵丁来抢阿妞。阿妞东躲西躲，躲到左邻的白彝家，又躲到右邻的黑彝家，躲到草原上，躲到竹林里，后来躲到俄落嘎曲、鲁俄吉谷，最后躲到远方哥哥莫祖鲁礼家。官兵追来，莫祖鲁礼约来彝兵对抗，因兵力悬殊，阿妞终落官兵手，被抢到佳斯乌托城。阿妞誓死不屈，被打得遍身血淋淋，锁进黑牢里。比戈家三支出兵救援阿妞，额夫木呷也率兵救援阿妞。两家合力，打下了佳斯乌托城，不幸的是，木呷在与官兵的对阵中阵亡。土官脱逃，将阿妞抢到勒格俄卓城，关到黑牢里。在黑牢里，阿妞受尽了残暴的酷刑，最后，她毅然“丝绸腰带系颈项，魂去追随额夫木呷了”。

史志义、甘映平、白明斩编译。《甘嫫阿妞》单行本，32开，76页，2000余行，四川民族出版社1998年版。（阿南）

妮薇与塔培茨

彝族叙事长诗。流传于云南省石屏县彝族地区。唱述妮薇与塔培茨遭受重重灾难，最后杀了万恶的财主与管家，为爹妈和乡亲们报了仇，并逃到遥远的金子河畔过上了美好生活的爱情故事。全诗共分九节。第一节吟唱塔培茨家过着苦难的日子；第二节吟唱塔培茨当长工过着牛马不如的生活；第三节吟唱塔培茨在砍柴时与妮薇相会；第四节吟唱塔培茨与妮薇私下定情，以天地为媒成了亲；第五节吟唱财主老野猫和管家黄鼠狼商量毒计想抢亲；第六节吟唱塔培茨被抓去当壮丁后，经常挨鞭抽、遭脚踢，忍饥挨饿活受气；第七节吟唱财主老野猫用花言巧语骗了妮薇的公婆，让妮薇去到虎狼窝；第八节吟唱塔培茨梦见妮薇遭人害、财主抢妮薇，他横下心，逃出军营，赶回家乡，救了心上人，杀了万恶的财主和管家；第九节吟唱塔培茨与妮薇逃到遥远的金子河畔，过上了幸福甜蜜的生活。

普荣品唱述，木扎格多、张士林搜集，戈隆阿弘、木扎格多整理。收入《彝族阿哩》，32开，98页，2100余行，四川民族出版社1998年版。收入《云南少数民族叙事长诗全集》（上卷），云南教育出版社2012年版。（宋自华）

夺慕与罗依

彝族叙事长诗。流传于云南省石屏县彝族地区。全诗分序歌、结亲家、丧事、被害、县官断案、巧捉恶棍、审案、除害、祭奠丈夫、遭难、报仇雪恨十一部分。诗中唱述彝家小伙子罗夺慕上京赶考，巧逢曾与其父同在家乡为官的张氏之女张罗依，两人结为夫妻。得知对罗夺慕有养育之恩的叔父母死了，夫妻双双赶回去尽孝道。华西县有个老色鬼见张罗依美若天仙，设计害死罗夺慕，想霸占张罗依。张罗依向县官告状，县官见罗依貌美，顿起占有之心，后罗依说父亲在京为官，县官才作罢，并为罗依捉恶除害。张罗依祭奠丈夫后生下一个儿子，罗氏族人怕罗依母子日后争夺家财，就在夜间烧房子想杀害母子二人。张罗依再告官求断，县官处决恶人后打发张罗依领着儿子回京城娘家去了。

李春亮唱述，阿楠录音、记录、翻译。收入《云南民间文学集成·石屏长诗卷》，32开，26页，1400余行，云南省石屏县文联1999年编印。（李朝旺）

黄梨妹与白梨哥

彝族叙事长诗。流传于云南省石屏县部分彝族地区。全诗分引子、喜事、成长、赛歌、比箭、说亲、财迷心窍、盟誓、遇害、逼婚、殉节、尾声十二部分。唱述的是：黄梨妹与白梨哥生在一个村，定了娃娃亲。黄梨妹长大后美若天仙，白梨哥长大后英俊魁梧。有一年火把节赛歌，白梨哥连赢赛歌、射箭，也赢得了黄梨妹的心。头人的儿子明知黄梨妹爱白梨哥，却偏偏倚仗家里有钱有势而前去说亲。黄梨妹的爹妈财迷心窍，答应了这门亲事。黄梨妹与白梨哥暗地里约会，山盟海誓。白梨哥进山打豹子，想挣钱备彩礼，寨主说犯了寨规，伙同头人害死了白梨哥。黄梨妹被逼嫁。她向爹妈要了三百两银子，暗备剪刀以备殉节。出嫁时路过白梨哥家门口，黄梨妹下马送银子给白梨哥的爹妈。行至头人家寨子边，黄梨妹即以剪刀殉情。

邱忠贵唱述，阿楠录音、整理。收入《云南民间文学集成·石屏长诗卷》，32开，20页，1000余行，云南省石屏县文联1999年编印。（李朝旺）

阿木悲托察

彝族叙事长诗。流传于云南省石屏县彝族地区。全诗分序歌、苦难、谋生、寻子、回乡、扣鸟、买鸟、变仙、节日、成婚、尾声十一部分。唱述的主要内容是：阿木悲托察小时家境贫寒，请达偌查（老先生）指点生路。达偌查教他到朋友山官处谋生，得到了守护大门的差事。父母找到阿木悲托察，说守门会跟恶人打架，劝他回家栽田种地。于是，他栽麻撕麻编鸟扣后上山扣鸟养。有一次，他扣得一个会唱歌、会说人话的画眉鸟，省府用银子来买这只鸟，皇宫出金子来买这只鸟，他都不卖。皇宫来的人说画眉鸟是俄木（皇帝）要，强行抢走了。到了皇宫，画眉鸟就是不开嗓，原来，这只画眉鸟是神鸟。画眉鸟说，这个男孩（阿木悲托察）心地善良，不贪财，大臣用金银买它他都不卖，世上哪里去找这么好的人，便决定变成仙女嫁给他为妻。画眉鸟变的仙女找阿木悲托察对歌后成婚。从此，他们男耕女织，孝敬父母，幸福生活。

李凤英唱述，阿楠录音，张进发、阿楠整理。收入《云南民间文学集成·石屏长诗卷》，32开，18页，900余行，云南省石屏县文联1999年编印。（李朝旺　龙保贵）

英雄白云汉

彝族叙事长诗。流传于云南省玉溪市红塔区彝族地区。唱述远古时候北方村寨的头人白云汉及其部将，通过无数次殊死较量，终于战胜了盗世魔王，以及南方村寨三头人入侵北方村寨时，双方展开多次血战两败俱伤的悲惨故事。全诗分为两部分。第一部分为镇压十二头魔王卷。事情的起因是圣主白云汉的叔叔白脸狼想方设法妄图占有容貌美丽的侄媳即白云汉的原配夫人施秀美，阴谋未得逞，之后又勾结神巫将施秀美驱赶到十二头魔王居住的地方，施秀美被掳入魔窟。白云汉在三位神仙的帮助下，骑着神马、使用神箭，突破重重险阻，在夫人的配合下里应外合，终于杀死了凶恶强悍的长着十二颗恶头的魔王。第二部分为北方村寨保卫战卷。讲的是南方村寨头人三兄弟白艾、金欲、黑占想抢夺北方十方圣主白云汉的夫人施秀美，他们乘白云汉出外远征之机，多次侵略北方村寨。圣主部将艾香巴、李志斌、成明等五十员大将及其全体将士均战死在家园。

李学科讲唱，吴德珍、郭本有搜集、整理。收入《民间文学资料选》第三集，32开，74页，2000余行，玉溪市高仓区文化站1990年编印。（普开福）

吉逻升杯妮

彝族叙事长诗。流传于云南省石屏县彝族地区。全诗分为引子、春梦、钟情、游山、暮归、遇害、化鸟、尾声八部分。唱述的是：有个名叫吉逻升杯妮的姑娘，家庭富裕，她以对情歌的方式结识了邑巴左，两人山盟海誓，“天塌不分离，地陷不分离”。他们相约到山里开荒种地，邑巴左想回家，升杯妮回家取来金银绸缎相送，约定早日相见。邑巴左到山脚岔路口，被浪荡公子习俄阿弥色射死。升杯妮前去找邑巴左，在山脚岔路口找到已死的邑巴左。升杯妮为邑巴左举行了葬礼后由于思念情切也死了。升杯妮的灵魂找到邑巴左，两人的灵魂相遇，情意绵绵，男的化为“兹作鸟”，女的化为“慕迷鸟”，形影不离。

邱忠贵唱述，阿楠录音、记录、翻译。收入《云南民间文学集成·石屏长诗卷》，32开，12页，600余行，云南省石屏县文联1999年编印。（李朝旺）

五兵哥

彝族叙事长诗。流传于云南省楚雄市彝族地区。《五兵哥》又叫《招兵调》。唱述旧社会一个被迫入伍的青年人与家人悲欢离合的故事，由招兵、赶兵、送行、征战、回家等部分组成，反映了封建统治下彝族人民的痛苦生活。

杨高发、者从科、董益寿唱述，唐楚臣、刘纯龙、齐国然、潘广发等搜集、整理。收入《楚雄市民间文学集成资料》，32开，19页，800余行，楚雄市民委、文化局1988年编印。（李福云　朱琚元）

阿驰奕芝勒

彝族叙事长诗。流传于云南省石屏县彝族地区。唱述的是：阿驰奕芝勒生逢荒年，爹妈饿死，留下他与爷爷相依为命，讨饭为生。十八岁时，爷爷让他上山去找伙伴。他见山上有男女约会对情歌，就躲着学唱，会唱后找到心上人锁妮。他上山打猎换得银两，为锁妮买了耳环、银镯、新衣。婚期来临，他上山采六色花朵编花环，被天神用雾围困回不来，变成了红豆雀。锁妮找到山上，她唤一声阿哥，红豆雀应一声，她不断地呼唤，直到晕倒昏死，“变成绿斑鸠，陪着红豆郎”。诗中歌颂了阿驰奕芝勒和锁妮忠贞不渝的爱情。

邱忠贵唱述，阿楠录音、记录、翻译。收入《云南民间文学集成·石屏长诗卷》，32开，12页，500余行，云南省石屏县文联1999年编印。（李朝旺）

毛熬念

彝族叙事长诗。流传于云南省石屏县彝族地区。全诗用被称为“阿哩”的彝族调子吟唱，分序歌、毛熬念成长、毛熬念逃难、毛熬念发迹、毛熬念报恩等部分。诗歌唱述的内容是：毛熬念生得丑，三十出头嫁不出，爹妈想害死她，哥嫂让其逃命，毛熬念急难中遇到烧炭人，与其结为夫妻。毛熬念富裕后哥嫂去找她借粮，她大报前恩；爹妈去认女儿，却遭到了冷遇。

张唤英、罗美凤唱述，李朝旺记译、整理。收入《彝族阿哩选》，32开，26页，700余行，中国文联出版社1999年版。（李朝旺）

丫娌与嘎力戈

彝族叙事长诗。流传于云南省楚雄市彝族地区。唱述的是：有一对夫妇到五十岁才生得一女，起名丫娌，长得如花似玉，到了十七八岁，前来提亲的人络绎不绝，山官的贼眼也盯上了她。丫娌在跳歌会上与猎人嘎力戈相逢、相爱，并定了亲。山官知道后赶来硬抢，他们双双逃到深山老林里居住，但仍然没能逃脱山官的魔爪，丫娌还是被抢走了。嘎力戈得到秃尾巴长虫的指点，穿上百种兽皮拼成的衣服，吹着葫芦笙来到山官家门前。丫娌自从被抢来后一直愁眉苦脸，一听到熟悉的笙音就眉开眼笑。山官为讨好丫娌，马上学吹笙，并抢过兽皮衣穿在身上，聪明的丫娌乘机大喊“打鬼”，不明真相的家丁一阵乱棒，打死了山官，丫娌和嘎力戈趁机逃走了。官府派兵进山捉拿嘎力戈，彝家众人聚集在白竹山上，弹着三弦、扛着棍棒绕着山头转圈圈，官兵远远看到彝家兵多得数不清，走了两天两夜都不分头尾，只好收兵回府。自此，彝家常在山头上围圈跳歌。

高启贞唱述，余立梁记录、整理。收入《包头王传奇——楚雄市民族民间文学集》，32开，27页，500余行，香港天马图书有限公司2000年版。（李福云　朱琚元）

阿狄遇者清底迷

彝族叙事长诗。流传于云南省砚山县彝族地区。男女对唱。分七个部分，依次唱出青年男女从恋爱到结婚的过程。第一部分唱男女相识有好感。第二部分唱相思之情。第三部分唱相爱交往。第四部分唱爱情成熟，互相表示永不变心。第五部分唱谈婚论嫁。第六部分唱新婚感觉。第七部分唱婚后夫妻的恩爱生活。

罗路岩唱述，万国华搜集、整理。收入《云南省砚山县民间文学集成》第二集，32开，28页，600余行，砚山县民间文学集成办公室1989年编印。（吴平）

鲁巴林与都荻莺

彝族叙事长诗。流传于云南省玉溪市彝族地区。分歌头、心事、相遇、萌芽、怀念、重逢、心愿、定情、婚礼、回家、歌尾十一章。以男女酬唱对答的艺术形式，记述一对未婚的青年男女在歌场相遇认识，彼此酬唱对答，互相产生了爱恋之情。两人依依惜别后，双方都十分怀念对方。两人再次重逢时，双方以歌表心愿，男青年向姑娘提出“请做我终身的侣伴”的心愿。姑娘却委婉地唱道：“有着真心实意的心肠，我们明天再来谈。”他们分别后，又一次相会在对歌场上，美丽的姑娘都荻莺和英俊的小伙鲁巴林，经过又一次你来我往的对答酬唱，两人终于定情。于是，一对爱侣双双来到一座岩洞中。在岩洞中举行了他俩称心如意而又特别的婚礼，同声发誓：“从今以后呀，我俩相亲相爱，夫妻双双，白头到老。”夫妻俩走出岩洞口，彩霞满天，山寨炊烟缕缕上升。一对新人走回家拜见父母和弟妹，一家人围坐在火塘边，欢喜又欢欣。

杨龙廷、李正才唱述、翻译，崎松、万山搜集、整理。收入《云南少数民族叙事长诗全集》，16开，15页，1100余行，云南教育出版社2012年版。（阿南）

南诏国的宫灯

彝族叙事长诗。流传于云南省红河哈尼族彝族自治州元阳、金平、红河、绿春、石屏、建水等县。记述南诏老国王临终时，将年轻的王子逻盛炎托付与他的忠良大臣大军将。王子逻盛炎即位后，遵照父王和民意办事，十分尊重大军将，把国家治理得很好。在一次抗击邻国的侵犯中，君臣一心，一举“把敌人赶回他乡”，使得“南诏像猛醒的雄狮”。邻国战败后，采取攻心战术，以求婚联姻为名，施用美人计，将美貌出众的公主嫁给了南诏国王逻盛炎，并派一位使臣来辅佐。使臣用“蜜糖灌满了国王的心瓶”后，便极力离间国王与大军将的关系，他怂恿国王大兴土木建造宫殿，命令大军将率领所有兵马，前去伐木采石，使得南诏国“十万步卒弃戈矛”，“五万马军下马背”，战马“套上了驮运的鞍架”，战士“脱下了威武的盔甲”。接着，又乘机进谗，诬陷大军将“三个月运不回一块大理石”，“六个月运不回九围粗的柱木”，挑起国王对大军将不满，将大军将逐出宫廷，流放到遥远偏僻的山寨。邻国离间成功，破坏了南诏国君臣关系，瓦解了南诏的军事防务，便立刻兴兵犯境，使得南诏国“逃难的百姓像蚂蚁搬家，美好的田园上奔跳着饿狼”，国王惊慌，心里凄凉，陷入了困境。在这国破家亡的紧急关头，放逐边寨的大军将，“亲自擂响了出征的战鼓”，“拔出了闪射寒光的战刀”，即刻带领乡兵，前来抗击入侵之敌，一举将敌人击溃，挽救了国家。国王这才如梦初醒，终于悔悟，严惩邻国的使臣，盛迎大军将回宫，并称赞他是“世间少有的贤勇”，是“南诏国的宝珍”，是“照亮南诏国的宫灯”。

涅努巴西翻译、整理。收入《云南少数民族叙事长诗全集》，16开，36页，2600余行，云南教育出版社2012年版。（阿南）

凤凰记（一）

彝族叙事长诗。流传于贵州省毕节市彝族地区。根据陈泽均提供的彝文文献翻译。唱述的是：前娘所生的张孝，舍身救后母，因到青龙山打凤，被官兵抓回问斩。刑场上张孝和张礼两兄弟相互保护对方，都争着去受刑，因此而感动官家，不仅免死，反赐功名，流芳百世。

王仕举记录、翻译。收入《民间文学资料》第六十八集，32开，24页，1100余行，中国民间文艺研究会贵州分会1988年编印。（罗德显）

凤凰记（二）

彝族叙事长诗。流传于云南省新平彝族傣族自治县彝族地区。记述张孝、张礼同父异母两兄弟孝敬父母、尊敬师长的故事。家住桂阳县城的张百万，行善生有一子，取名张德恩。张德恩长大娶李桂英为妻，生有一子，取名张孝。张孝三岁时，其母去世。其父再娶陈氏为妻。陈氏生有一子，取名张礼。陈氏贤惠，心地善良，对张孝、张礼两兄弟一视同仁。张孝、张礼长大后离家去私塾上学。兄弟两人得知母生疾病，回家探望。张礼割下自己的肉熬成汤药给母亲喝。母亲喝了肉汤药，病不但不好，而且加重。张孝割下自己的肉，熬成汤药让母亲喝，母亲病愈。张孝、张礼兄弟返校读书，母亲病又复发。观音菩萨托梦给母亲和张孝，要张孝到青龙山，射取栖息在梧桐树上的凤凰做药方能治愈母亲。张孝梦醒，来到青龙山，看见梧桐树上的凤凰，正要射箭时，他被包丞相带领的人抓住。原来，仁宗皇帝要用二十四个人头祭祀天地。已有二十三个人头，尚缺一个人头。问明缘由，包丞相被张孝救母的孝心感动，允许张孝射捕凤凰回家救母后再回来青龙山受斩首。张孝带凤凰治母病，母病即愈。张孝随差人回青龙山，途中，他写了三封血书交给弟弟张礼叫他十天之后再打开信看。张礼将张孝给先生的血书交给先生，先生看信后知张孝赴斩首去了。张礼带信回家，母亲知情后责骂张礼，要他立刻赶去青龙山代替张孝受斩首。张礼来到半路上，天神沙生神给他吃了一粒药，其长相与兄张孝变成一模一样，来到了青龙山，分别不出谁是张孝兄，谁是张礼弟。兄弟二人争相受斩首，包丞相深受感动，不忍斩首。他将这事禀报仁宗皇帝，皇帝叫包丞相扎一稻草人，穿上张孝衣服，代替张孝。事后，仁宗皇帝被张孝、张礼的孝心感动，要宣扬两兄弟的孝行，并封官职。张孝、张礼兄弟俩衣锦还乡，拜见先生、父母和乡亲。此书编译自汉文唱书《凤凰记》，是彝汉文化交流互动的作品之一。

普学旺等翻译。收入《汉族题材云南少数民族古籍译注·齐小荣　毛洪记　凤凰记》（四行译注对照），16开，160余页，2000余行，云南教育出版社2018年版。另见周德才翻译整理本，收入《云南少数民族叙事长诗全集》，16开，19页，1600余行，云南教育出版社2012年版。（阿南）

贾斯则与朱武斯

彝族叙事长诗。流传于云南省红河哈尼族彝族自治州红河、元阳等彝族地区。全诗分引子、下凡成亲、回乡定居、宴请诺依诺、中圈套、擒拿贾斯则、迎战官兵、初稀查访、返回天宫等十章。唱述的是：天宫仙女贾斯则下凡与以打柴为生养活母亲的柴夫朱武斯结为夫妻，过上了富裕生活。土官诺依诺看中了仙女贾斯则，设圈套使朱武斯中计被擒，然后诬陷他是偷金盗银的贼。贾斯则使法术，击败来抓她的官兵，并烧死土官诺依诺，迎战官兵取胜。后来，天王策更兹派天兵天将捉拿女儿贾斯则回天宫，却被贾斯则打败。天王妻子下凡到人间劝说女儿回天宫，答应女儿的要求，允许她带着丈夫朱武斯一同回到天宫。这是一首富有浓厚幻想色彩的浪漫主义诗篇。

普学旺翻译，吴肃民审订。收入《彝族爱情叙事长诗》，32开，46页，2400余行，天津古籍出版社1991年版。（阿南）

母五奕友叟

彝族叙事长诗。流传于云南省玉溪市元江哈尼族彝族自治县彝族地区。由序歌、取名、寻觅、求爱、归家、遇险、探郎、殉情、高飞九章组成。记述的是：一对年轻的恩爱夫妻，男的被邪恶的宋若射死，女的殉情，男女死后灵魂不灭，化为两棵连理树，“飞到太阳里，飞到月亮里，变成柏枝树，变成娑罗树”，“四季都常青”，使爱情悲剧带上了壮丽的色彩。

白乔德、白佑三唱述，孙正明翻译，白玉龙整理。收入《彝族叙事诗集》，32开，30页，1300余行，德宏民族出版社1987年版。（阿南）

彝吉喜花妮

彝族叙事长诗。流传于云南省玉溪市彝族地区。长诗分为七章。讲述的是：谷米满仓、牛羊满圈、金银满罐，不愁吃、不愁穿的大富人家的独生女儿彝吉喜花妮，长大后十分漂亮。多少门当户对的富家来说亲，都被喜花妮拒绝。她告别父母要自己去寻找称心如意的情郎。她走了很多地方，一日，与年轻英俊的小伙子娄斗色萍水相逢。她主动与小伙交谈起来，得知小伙还未有情人，便大胆地提出愿与他相爱。经过一番对歌答唱，两人相好，在一株大青松树底下，双双发誓：“活时一条命，死了一个坟；一世在一起，一辈做一家。”经过一段时间的相处，一对相恋甚深的情侣依依惜别。娄斗色在转回家的路途中，不巧碰上专门射杀美女情人的歹人西俄索俄色，被他射杀身亡。喜花妮请来四方亲友，隆重悲悼情郎。丧礼刚结束，喜花妮因悲伤忧郁而死。他俩灵魂不灭，喜花妮变成绿斑鸠，娄斗色变成中中乌（一种夜间鸣叫的鸟），双双并排飞，展翅向光明。

黄学智唱述、翻译，勒黑、崎松整理。收入《云南少数民族叙事长诗全集》，16开，12页，900余行，云南教育出版社2012年版。（阿南）

诗郎若与舒日玛

彝族叙事长诗。流传于云南省昆明市石林彝族自治县彝族支系撒尼人地区。讲述一个被后妈虐待的牧羊小伙诗郎若与一个被继父虐待逼嫁的牧羊姑娘舒日玛的爱情故事。两个苦命人，相亲相爱，赶着羊群，远走他乡。最后，来到“没有土司管”的老圭山住下，他们砍树盖房、盖羊圈，并撒麻学织布学种庄稼。从此，他们俩“伤心没有了，夫妻两个人，吆羊在地头，耕地又牧羊”，过着舒心的日子。

高应丰、普震邦唱述，昂自明翻译，吴承柏、高树鹏、汤君纯整理。收入《牵心的歌绳》，32开，30页，1000余行，云南民族出版社1984年版。（阿南）

阿非叟

彝族叙事长诗。流传于云南省玉溪市元江哈尼族彝族自治县彝族地区。讲述的是：孤儿阿非叟在一位好心孤寡老人的收养下长大成人。他外出选亲，走过鲁圭山、磨盘山、龙马山（均古地名），始终未找到合心合意的姑娘。后来走到一条大河边，与逃婚躲在一位老渔翁船上的星女则尾相遇、相亲、相爱，结为夫妻，过着“整天笑开颜，下河捞鱼忙”的渔家生活。不料，雷神受天神玉帝的指派，要捉回星女。他先射杀了阿非叟和阿非叟的爷爷。阿非叟死后灵魂不灭，幻化为一只红雀。则尾悲愤至极，拼死与雷神击斗。她最后叫声“郎”就倒在地上，幻化成一只绿鹦哥，时刻陪伴着红雀，自由飞翔。

白佑三翻译，宋自华整理。收入《彝族叙事诗集》，32开，26页，900余行，德宏民族出版社1987年版。（阿南）

放鹅娄纪

彝族叙事长诗。流传于贵州省威宁彝族回族苗族自治县、赫章县等彝族地区。讲述的是：一户姓母沟的人家，生了一个小姑娘，取名叫阿洛角。妈妈很疼爱她，把她看得比金子还重、比银子还贵。小姑娘长到七八岁时，“白天同阿爹去放羊，夜晚随阿妈来绩麻，自家绩自家穿”。可她还没有长到十二岁，灾难就降临在她头上了。“阿爹把女儿换酒吃了！阿妈听信阿爹话了！炒面烧酒一起送来了，阿洛角的身价定好了。”阿洛角恳求爹妈不要把她嫁，爹妈却按老规矩办，“姑娘许配了人家，就是别家的人”。阿洛角姑娘被婆家接走了。在远离家乡的婆家，她像牛马一样做着苦役，还要遭受公婆的百般虐待。她的名字也被改为娄纪。婆家“成群的牛马，公公不叫放；成群的猪羊，婆婆不叫看，叫娄纪去放鹅”。娘家的嫁妆，公婆不让穿，让她穿一身烂衣裙，放鹅到哪里，带着烂衣裙到哪里。一天，娄纪避风补衣裳，丢失了两只灰鹅，遭到公婆和小姑子凶狠的斥责，非要她找回鹅不可。她要求用娘家的嫁妆来赔偿丢失的一对鹅，更遭到公婆的痛骂，嫁妆是他家的彩礼买的、是他家的粮食换的。娄纪悲伤极了，第二天东方才发白，她就起身找鹅。找来找去，最后在大波拍（一种老鹰）舅舅的指点下，找到了丢失的鹅。娄纪请老鹰送封信给她娘家，让娘家的人知道她的不幸处境。娄纪的兄弟母沟达兔汝看了老鹰舅舅送来的信，难过万分。他立即牵马并请来伙伴们，“三天路程两天赶”，来到必拜来家，要把他苦难的姐姐赎回去，但遭到拒绝。母沟达兔汝叫姐姐八月十五中秋节晚上来竹林，他来接她逃回家。娄纪天天指望赶快到中秋节。中秋节晚上，母沟达兔汝早早来到竹林，娄纪也来到竹林与弟会合，一同逃回家。娄纪的公公发现娄纪逃跑，出门追赶没有追上，活活气死在追赶的路上，娄纪终于回到了她日思夜想的家。

佚名唱述，代俄勾兔汝整理。载《山花》1959年2月号，收入《一双彩虹》，32开，39页，900余行，贵州人民出版社1983年版。（阿南）

太阳金姑娘与月亮银儿子

彝族叙事长诗。流传于云南省楚雄彝族自治州双柏县彝族地区。有的译为《金姑娘和银儿子》，有的则叫《太阳姑娘与月亮伙子》。长诗除“歌头”外，共有十一章：月亮伙子、串山、太阳姑娘、相会、离别、遭难、生病、看夫、买药、奔丧、化日月。唱述的是：在巨谷金地方的月亮寨，出了个名叫月亮伙子的彝族青年，人们都叫他银儿。银儿“勇猛似鹞鹰，胆大如豹子”。他牵着一匹白马，背上背着弩箭，出外撵山。来到太阳寨山顶，得知太阳寨里有个美丽的太阳姑娘，名字叫金妹。银儿决心要到寨子里去“寻访知心人”。途中却被“三颗星星变成三个美女”的三星姑娘拦阻，要试探他对爱情的忠贞。经过试探，三星姑娘对银儿“不饮路边酒，不吃路边饭，不贪路边菜”的行为表示满意，便告诉他去太阳寨找金妹的路。银儿来到寨里，看见一户人家的土掌房上有一个姑娘正在纺线绩麻。她就是银儿所寻找的“知心人”金姑娘。她“白布衣裳红领褂，包头圆圆似簸箕，脖子银链闪闪亮，耳上金环亮铮铮，脸上桃花色，嘴巴像樱桃，下巴像鸡蛋，笑时露白牙……”银儿一见就喜欢。两人就在对歌中相交相爱。并相约在九天之后，银儿就来提亲娶金妹。金妹的爹妈死得早，从小靠哥嫂抚养。黑心的嫂嫂见到门口有马屎，就疑心家里来过了陌生人，便审问金妹这陌生人是谁，金妹咬定是进山驮柴的马帮留下的马屎。她发现屋里飘散着草烟和酒的味道，就拿起柴块毒打金妹。银儿在返回途中淋了一阵大雨，回家后就“三天又三夜，昏迷不苏醒”。银儿昏迷中，声声唤金妹，告诉家人九天九夜后，带上彩礼去娶金妹。银儿托鹞鹰去给金妹送信。金妹得知银儿生病后，求哥哥放他去看心上人，可银儿仍然不会说话，太医和毕摩告诉金妹，只有“不病草”和“不死药”才能够治好银儿的病。就在金妹离家找药的时候，银儿死了。金妹闻讯赶至焚烧银儿的月亮山，喊着“银哥等等我”，纵身跳进大火坑殉情。银儿金妹死后幻化成两棵青藤缠在一起。哥嫂赶往月亮寨去找金妹。当他俩得知金妹已殉情，已经化成了青藤后，狠毒的阿嫂便拿起扁斧要“砍倒青藤当柴烧”，哪知“两片木渣飞上山，变成一对花蝴蝶”。阿嫂又拾起一枝树枝意欲打死蝴蝶，蝴蝶双双“飞上太空中”。“雄蝶化作天上月，雌蝶化作天上日。”

施学生、李世忠翻译，郭思九、诺海阿苏整理。收入《云南少数民族叙事长诗全集》，16开，21页，1500余字，云南教育出版社2012年版。（阿南）

呗勒娶亲记

彝族叙事长诗。流传于贵州省毕节市七星关区彝族地区。分为那俄迷呗勒、嫌妻满一百、物叔阿喽丽、迤喽欧喽、当我百姓去五章，描写的是：那俄迷呗勒君长要给呗勒周汝珠娶亲。按照呗勒的国法，结亲那天，男女双方都要请歌师赛歌，如女方歌师获胜，即可与王子结婚，否则即将姑娘据为家奴，并侵吞其嫁妆。因赛歌失败，已有九十九个美女沦为呗勒家的奴隶。王子呗勒周汝珠因反对父王的此种恶行，激怒了国王而被逐出宫廷。一日，呗勒周汝珠流浪到物叔君长家地界，被公主物叔阿喽丽悄悄留在宫中。日久，王子周汝珠和公主阿喽丽相互产生了爱情，并互许终身。王子呗勒周汝珠赶回国中，向父王说明与物叔公主相爱，请父王去提亲。父王不但不允，反而对王子呗勒周汝珠严加惩处，呗勒周汝珠以对爱情的忠贞对抗父王。在母亲的帮助下，呗勒君长只好答应派人去提亲，但同时提出三个苛刻条件，若做不到这三条，不但不准成婚，而且要把新娘当奴隶。呗勒君长请了媒人去物叔君长家说亲，说成了这门亲事。物叔公主阿喽丽说服了父王，请叔叔迤喽欧喽送亲。聪明智慧的迤喽欧喽对歌对赢了呗勒君长家请来的歌师，王子呗勒周汝珠和公主物叔阿喽丽终成眷属。

长诗反映出彝族青年对婚姻自由、幸福生活的强烈渴望和积极斗争精神。

收入《民间文学资料第五十集（彝族古歌、叙事诗）》，32开，242页，6000余行，贵州省民族事务委员会、中国民间文艺研究会贵州分会1982年编。（阿南）

红白杜鹃花

彝族叙事长诗。流传于贵州省彝族地区。长诗叙述了一个悲惨动人的爱情故事：芒布君长和糯恒君长是两个有姻亲关系的君长。芒布君长的独生女儿芒布奇珠娄和糯恒君长的二女儿糯恒阿菊，同时爱上芒布平民毕摩布吐赫斋。芒布多少美丽姑娘主动追求毕摩布吐赫斋，可他一个也不中意，只看中奇珠娄姑娘和她的表姐阿菊。阿菊的父亲糯恒君长去世，按“舅舅为大”习俗，阿菊请舅舅芒布君长为她做主，允许她与她相爱的平民毕摩布吐赫斋成亲。芒布君长以君是君、民是民，君与民不能开亲为由不允，并把她许配给了乌撒君长家。阿菊不愿与自己不相爱的人结为夫妻，以绝食抗争。她婚后不吃不喝，绝食而死。后来芒布君长得知她的掌上明珠奇珠娄与平民毕摩布吐赫斋相恋，气得暴跳，不顾女儿的心愿，以“老亲对老亲”，“外甥家不走，怎能给别人”为由，应诺了糯恒君长儿子渚舍克的求婚。迎亲路上，奇珠娄跳进大河，幸被住在下游的一位老人救起收养。不久，她与沿河寻找她的布吐赫斋相遇成婚。后因武力反抗逼婚，夫妻双双被杀抛于山野。死后，芒布奇珠娄的血肉化为红杜鹃花，布吐赫斋的血肉化为白杜鹃花，红、白杜鹃花开遍山野。

王子尧、儒觅弘博翻译、整理。收入《贵州省彝族古籍（之一）·红白杜鹃花》，32开，131页，3400余行，贵州民族出版社1993年出版。（阿南）

一双彩虹

彝族叙事长诗。流传于贵州省威宁彝族回族苗族自治县、赫章县等彝族地区。讲述的是：一个“能开千斤弓，能纵千里马”的勇敢能干的彝族小伙子斗哥儒达与一位“能绣水里的龙，能绣天上的凤”的聪明美丽的彝族姑娘娄黛露奏，在牧羊的劳动中，在吹口弦、弹月琴、传唱情歌的歌场上相识相爱了。姑娘终于嫁给了心爱的斗哥儒达。当地有个“金银堆齐屋顶，牛羊放满山岗”的土司祖摩，强迫寨里的每户人家轮流到他家里服劳役。这天，轮到斗哥儒达去侍候祖摩。临行时，妻子娄黛露奏将绣好的一个漂亮香包作为定情物挂在了丈夫的脖子上，作为永远厮守的象征。谁料到斗哥儒达服役时不注意将香包掉在地上，被祖摩看见了，祖摩顿生邪念。先要斗哥儒达去把绣香包的人送进土司家来替他做香包，随后又借口边界上有贼匪侵犯，诱骗斗哥儒达“带上你的箭，骑上你的马”，到边境去“打冤家”，并乘机害死了斗哥儒达。机智勇敢的斗哥儒达临死时，“撕下血衣裳，藏在马鞍下”，把被害之事告知妻子娄黛露奏。当妻子见到黑马不见丈夫，疑惑中见黑马抖动藤鞍子，落下血衣裳，方知自己的丈夫已死。祖摩派管事前来逼婚，娄黛露奏佯装允婚，提出种种条件，待目的达到后，趁人不备，纵身跳进火化丈夫的烈火之中殉情。顿时，只见“火焰火柱中，长出两棵树。两棵树生出青枝，两棵树长出绿叶，一枝盖着一枝，一叶盖着一叶”。祖摩令人砍倒两棵树，结果大树突然不见了，只见“一对白鹤翩翩，翅膀挨着翅膀，披着白云上天”。祖摩又取出弓箭射杀白鹤。猛然间天昏地暗，电闪雷鸣，狂风暴雨袭来，雷电劈死了祖摩。待风雨过后，黑云四处散开，天上一片翠蓝，树上挂着两根飘带，飘带飘到天空，变成一双美丽的彩虹。

佚名唱述，沈耘整理。载《红岩》1957年12月号，收入《一双彩虹》，32开，15页，900余行，贵州人民出版社1983年版。（阿南）

布珠笃汝

彝族叙事长诗。流传于黔西北彝族地区。唱述的是布珠笃汝与舍杜阿几的爱情悲剧。舍杜阿几的丈夫布珠笃汝被君长陷害致死，为替丈夫报仇雪恨，她佯装允婚，并提出各种要求，待目的达到，便投身焚烧丈夫的火坑殉情而死。死后双双灵魂不灭，先变成连理树，再变成一对鸭，最后化为满天星，将恶君长活活“气死在地上”。

阿侯布代口述，王治新、何积全、王子尧、王政贤整理。收入《漏卧鲁沟的婚礼》，32开，90页，2100余行，贵州人民出版社1986年版。（阿南）

阿诺楚

彝族叙事长诗。流传于贵州省威宁彝族回族苗族自治县彝族地区。长诗分蚂蚱风波、雨腊再娶、诺楚寻母、母女情深、霎俄尼麦汝、后娘失算、山雀诉、梨树阿妈、剪刀淑女、相思有药、失而复得、是非曲直、恩怨了却十三章。讲述的是：穆仇雨腊错打妻子阿努吉诺。妻子怨恨，狠心留下年幼的女儿阿诺楚出走不回。雨腊再娶。后娘漏哲生一女儿，取名阿诺苟。长得与前娘生的阿偌楚姑娘一模一样。后娘百般虐待阿诺楚。阿诺楚长到十二岁时，离家四处寻找母亲，终于在一岩洞里找到了母亲，向她哭诉了自己的苦楚。母亲在岩神的指点下，学会了变化。她变成一头母牛，与女儿阿诺楚一同回家，并常常变化成人，与女儿生活在一起，还为女儿绩麻。后娘叫她女儿阿诺苟去放牛，阿诺苟就让母牛为她绩麻，母牛吃掉麻，却拉屎给阿诺苟。后娘知道母牛的秘密后，要杀母牛吃。母牛吩咐女儿不要吃它的肉，不要喝它的汤。母牛被杀后，变成一只乌鸦飞走了。后来，阿诺楚长成了一个美丽的姑娘。有名望的霎俄尼麦汝选妻。媒婆传讯让美丽的阿诺楚和阿诺苟去竞选。后娘漏哲为让亲生女阿诺苟选上，出难事让阿诺楚去做，她却自己带着女儿去参加竞选去了。在乌鸦的指点下，阿诺楚做完了后娘吩咐做的事后，便穿上衣服，骑着马去参加竞选。又在乌鸦的指点下，霎俄尼麦汝选阿诺楚为妻。后娘和阿诺苟扫兴而归，十分嫉恨阿诺楚。婚后，阿诺楚生了个小男孩，取名倮吐。阿诺苟在她母亲的指使下，在送阿诺楚母子的路上，将阿诺楚推下无底的枯洞害死了。她的一只乳房挂在洞边树枝上，变成一只山雀飞走了。阿诺苟冒充阿诺楚，骗取了霎俄尼麦汝的信任。霎俄尼麦汝叫褚摩上山犁地，飞来一只山雀不住地鸣叫：“霎俄尼麦汝，是别人的妻，还是你的妻，你却辨不清。”一连几天都如此。霎俄尼麦汝觉得古怪，便与褚摩一同来到地里，果然一只山雀鸣叫着飞进他的衣兜里。他把山雀带回家养起来。阿诺苟的儿子倮偻因看小雀跌折了腿骨，阿诺苟就把小雀杀了煮给儿子吃，把小雀骨挖埋在地下。后来那里长出一棵梨树，结了果。阿诺苟摘梨给儿子吃，甜梨变成酸梨，她把梨树砍了烧成一堆灰。后来从灰里发现有把剪子，剪子变化为阿诺楚。一次治病的机会，霎俄尼麦汝与阿诺楚见了面，夫妻俩团圆。

佚名唱述，王光亮翻译，李幺宁整理。《彝族叙事长诗·阿诺楚》单行本，32开，604页，9600余行，贵州民族出版社2000年版。（阿南）

喜作叟

彝族叙事长诗。流传于云南省玉溪市元江哈尼族彝族自治县彝族地区。由序歌、寻郎、救箐鸡姑娘、救三公主、救村民、救村姑、救星姑娘、遭难、毒夫、尾声组成。讲述“战乱二十年，男儿参战死”，“小哥喜作叟，幸存活世上”。星姑娘、箐鸡姑娘、三公主、村姑、白树姑娘同时爱上乐于助人的英俊小伙喜作叟。于是，姑娘们成了情敌，纠缠不清。小伙喜作叟最终选择了星姑娘，与星姑娘结为美满夫妻。玉帝知道后，指派管理大地的天神各罗衣，下凡惩罚星姑娘。各罗衣一个霹雳，把星姑娘打进山肚里。星姑娘幻化为水晶石，晶亮又美丽。这是一首充满幻想色彩的长诗。

白佑三翻译，宋自华整理。收入《彝族叙事诗集》，32开，34页，1200余行，德宏民族出版社1987年版。（阿南）

白蚩尼和白拍蒙

彝族叙事长诗。流传于云南省红河哈尼族彝族自治州石屏县彝族地区。讲述的是：白蚩尼七八岁时，跟妈妈上山砍柴，不幸遇上一伙土匪。土匪将他妈妈抢走了。他的父亲提着砍刀去救他妈妈，一去不回。从此，可怜的白蚩尼孤独地流落在山上，“找吃喝的地方，找暖和的地方”，在山里艰难度日。苦难的白拍蒙姑娘则被县官看中，强逼婚。白拍蒙姑娘走投无路，逃进深山岩洞中生活，她的父母被县官杀害。一天，白蚩尼寻找暖和的地方来到岩洞，与白拍蒙相遇，两个同病相怜的年轻人，同声相应，同气相求，在苦难中结为夫妻。不料，县官知道后带兵上山捉拿他们。白蚩尼寻机跑脱，逃进大森林，而白拍蒙被捉住带进县衙门。在县衙门里，县官一再逼婚，白拍蒙佯装允婚，施计将县官带入岩洞里。白蚩尼和白拍蒙杀死县官，为民除掉一害。一对年轻夫妻走到更远的深山里，开荒种地，过上了自由自在的生活。

佚名讲述，云南民族民间文学红河调查队搜集，金银焕记录，张德鸿、傅光宇整理。载《山茶》1981年第4期，16开，6页，600余行，山茶编辑部1981年编印。（阿南）

竹叶常青

彝族叙事长诗。流传于云南省石林彝族自治县彝族地区。分序歌、诗娘、刀娃、相会、等待、定情、送别、逼婚、活埋、团圆、突变、逃离、尾声十三章，五言体句式。讲述了诗娘和刀娃的爱情故事。诗娘和刀娃一对青年男女，相亲相爱，但遭到残暴的土司皂劳的迫害。为躲避皂劳，诗娘和刀娃双双躲进深山，最后“诗娘含玉果，狠狠咬一口；夫妻变知了，展翅进竹林”，过上了自由的生活。

张李科、金国库唱述，昂自明翻译，昂自明、汤君纯整理。收入《云南少数民族叙事长诗全集》，16开，17页，1200余行，云南教育出版社2012年版。（阿南）

喋忠义

彝族叙事长诗。流传于云南省金平苗族瑶族傣族自治县彝族地区。讲述忠义和他的亲友阿庚带肖汉去赶街，不幸肖汉被妖魔抓走了。忠义为找回肖汉，救出牢里的阿庚，四处奔走，历访各方，终于打探到了肖汉的下落。经与妖魔殊死搏斗，救出了肖汉，救出了入牢的阿庚。忠义能武，又乐于助人，感动了人间的美女和妖女，先后嫁给他为妻。

喻志明唱述、记录。收入《云南民间文学集成·金平长诗卷》，32开，61页，1400余行，金平苗族瑶族傣族自治县文联1989年编印。（阿南）

齐小荣

彝族叙事长诗。流传于云南省绿春县牛孔四大寨彝村。讲述的是：谢小姐为了忠贞的爱情，不顾员外父亲的竭力反对，不怕父亲的逼嫁，不求荣华富贵，离家出走。最后与相爱的长工齐小荣过上了幸福生活。长诗颂扬坚贞爱情的同时，谴责了嫌贫爱富的思想。长诗编译自汉族题材故事，是汉彝文化交流互动的作品之一。

普学旺等翻译。收入《汉族题材云南少数民族古籍译注·齐小荣　毛洪记　凤凰记》，16开，45页，3600余行，云南教育出版社2018年版。（阿南）

赛特阿育

彝族叙事长诗。流传于贵州省毕节市彝族地区。由序歌、举祖赐子、三岁丧父、举学维艰、神童失母、卖身葬母、绿树为媒、伦霓神通、生离死别、阿育得志、悲劝离合、思母情切、鬼谷失算、时来运转等部分组成。故事大意是：从前，勤劳善良的赛特董哲安和釜史妮妮夫妇住在七里坑地方，哲安已过而立之年却无子嗣。夫妻祈求神灵后生下一子，取名赛特阿育。不幸的是，赛特阿育才三岁，父亲便病逝。母亲将赛特阿育送入学堂读书，阿育天资聪颖，一目十行，读书三年下来，学业惊人。先生资助他去应试，阿育高中榜首。官府差人去给阿育母亲报喜，母亲高兴，跨门槛出去看报喜队时失足跌倒身亡。阿育家贫，无奈卖身当地财主家才得以葬母。待守孝期满三年，阿育前往财主家服役还债。此时，天君举祖派他的第七个女儿——七仙女下凡来与赛特阿育成亲，以帮助他还债。夫妻二人到财主家住了三年，还清债务后七仙女告别赛特阿育返回天庭。阿育放下夫妻离别之苦，遵从师命到京城应试，考得头名，皇帝命他回家乡任职。不久，七仙女回到天庭后生下一子，取名董伏，并送来凡间让阿育养育。赛特阿育又娶财主家的女儿嫩念为妻，不久亦生下一子。董伏和弟弟一同去学堂念书，一日，同学羞辱董伏说其母是为奴之辈，董伏问母亲嫩念，方知自己的生母是仙女。董伏找到鬼谷子询问寻母路线，终于在南方天际找到了生身母亲七仙女。七仙女让儿子董伏交一封信给鬼谷先生。董伏告别母亲将信交给鬼谷后，忽然燃起天火把鬼谷先生的卦书烧毁。董伏又按生母七仙女的指点，医治了京城皇家的怪病，被封为高官。父子二人终于在京城同享荣华。长诗编译自汉文唱书《大孝记》，在彝汉文化交流史方面具有研究价值。

按彝文记录、整理，王继超、张和平翻译。收入《彝文文献选读·赛特阿育》，32开，94页，2400余行，贵州民族出版社1995年版。（刘琳）

董永记

彝族叙事长诗。流传于云南省新平彝族傣族自治县和红河县彝族地区。讲述的是：董金安和冯氏夫妇住在黄州府麒麟县，年过三十六未有子嗣。经烧香行善求神，终得一子，取名董永。董永五岁时，父亲病逝。董永母亲送儿子进学堂读书，三年后，董永在应试中考获秀才。县衙组织贺喜队去董永家报喜，董永的母亲出门来迎接，不慎跌倒在石坎上身亡。董永以三十两白银卖身傅员外家安葬母亲。三年守孝期满，董永赶往傅员外家服工还债，路遇七仙女，以树为媒结成夫妻。夫妻双双来到员外家，七仙女一夜工夫织出两双非凡寿鞋，傅员外全家高兴不已，并让董永夫妻认员外夫妇为恩父恩母，从此主仆亲如一家。七仙女下凡期满后返回天庭。董永找到恩师，恩师让他去参加京城科考，高中状元，并被京城赵阁老招为女婿。不久，皇帝让董永回家乡黄州府任职。此时，七仙女在天庭产下一子，她让玉帝为其取名董仲书后送来人间，七仙女要求董永娶傅员外的女儿赛金为妻，以便将仲书托付于她。不久，傅赛金亦生下一子，取名董仲遗。仲书和仲遗去学堂读书，同学笑仲书乃“无娘儿”，仲书去问母亲赛金，方知自己的生母是仙女。仲书找到卦师问明寻母之路，终于找到了自己的生身母亲。母亲送他一银瓜，以酬谢卦师指路之情。仲书告别生母回到学堂，将银瓜赠予卦师，未料从瓜中喷出天火将卦书烧尽，从此人间的卦书失灵。不久，京城闹瘟疫，仲书又按生母指点医治了京城的怪病而被封为护土状元。不久，皇帝招董永回京城任阁老，以褒奖其功德。回到京城，董永来到文昌宫烧香拜谢天恩，其孝心感动了玉帝，玉帝派神明下凡接董永全家归天界并授封神位。长诗编译自汉文唱书《大孝记》，在彝汉文化交流史方面具有研究价值。

彝文唱本，普学旺、赵宇、普泽南翻译。收入《汉族题材云南少数民族古籍译注丛书·董永记》（四行译注对照），16开，787页，11600余行，云南教育出版社2016年版。（刘琳）

唐王记

彝族叙事长诗。流传于云南省峨山、新平、双柏、元江、红河、元阳、绿春等彝族地区。此书又名《唐王书》《唐王游地府》等，由翠莲蒙冤、龙王告状、唐王游地府、刘全进瓜等部分组成。其内容以盛唐为背景，假借当朝诸多历史人物形象，纵横于阴阳两界，将扬善挞恶的理念巧用一个生动的神话故事淋漓尽致地演绎出来，让人荡涤心灵，从中感悟人间真、善、美的可贵，折射出人们追求道德与法制、友善与和谐的美好愿望和对假、丑、恶的唾弃。长诗《唐王记》源自汉文唱书《唐王游地府》，文本源清楚，但它不是对汉文祖本的逐句直译，而是进行了再加工和再创作，是汉彝文化交流和翻译史上较为成功的翻译作品之一。

普学旺搜集，普学旺、艾芳、普梅笑、李海燕翻译，收入《汉族题材云南少数民族古籍译注丛书·唐王记》（四行译注对照），16开，439页，6000余行，云南教育出版社2016年版。（刘琳）

米谷姐娄舍

彝族叙事长诗。流行于贵州省威宁彝族回族苗族自治县、赫章县等彝族地区，讲述一对情侣不畏艰险执着追求生死不渝的爱情的故事。朵谷烘孺郎和液彼吐嫩妮海誓山盟，私订终身。二人历经种种磨难终于幸福相会。没过上几天好日子，又遭君长嫉妒，孺郎被害，嫩妮在焚烧丈夫尸体时纵身跳入火海殉情，夫妻生死与共。死后化成天上最亮的一颗星星。

高登才、田绍荣、文天云、禄一方、龙宪良、王兴友等讲述，王继超、王子国记录、翻译。收入《中国民间文学歌谣集成·贵州省毕节地区地直卷·叙事诗》，32开，35页，2300余行，毕节地区民间文学集成编委会1988年编印。（罗德显）

布吐赫斋

彝族叙事长诗。流传于贵州省毕节市彝族地区。讲述在糯侯家祭场上，优秀的毕摩布吐赫斋表现得能文能武，无人能及，博得了身为君长之女的芒布其珠和糯侯阿菊两位姑娘的欢心，他也同时爱上了两位聪慧美丽的姑娘。但由于等级制度的迫害，两个姑娘不能选择赫斋，都被逼嫁给家庭条件相当的人家，因而选择自杀，阿菊不幸身亡，其珠跳河后被救。其珠经过几番周折后和赫斋有情人终成眷属。不久，其珠又被狠心的托当君长发现而被抢去，营救中赫斋终因寡不敌众而亡。其珠不从托当君长，砍伤了托当和家丁，最终被托当活活砍死。后来在赫斋和其珠遇害的地方长出两棵红白杜鹃，年年花开不败。反映了封建等级制度给彝族青年男女造成的不幸以及劳动人民不畏强暴、敢于斗争的精神。

王子尧讲述，王子尧、巴莫木呷记录，王子尧翻译。收入《洪水与笃米·布吐赫斋（毕节地区民间文学资料第三集）》，32开，84页，3500余行，贵州省毕节地区文化局1985年编印。（罗德显）

阿哲嫁女

彝族叙事长诗。流传于贵州省赫章县、威宁彝族回族苗族自治县等彝族地区。全书由爹娘劝嫁、送亲、对歌三部分组成。讲述的是：阿哲人苏超十二岁被强迫远嫁播勒，播勒已娶妻九十九，加上苏超就是一百人，苏超不畏强暴，一心要二叔举喽鄂能送亲，举喽鄂能不负侄女重托，面对播勒的恶势力不屈不挠，最终为阿哲人争回荣誉，为侄女争得地位，也为自己争得金银和地位。反映了在封建领主制度下的婚姻状况，塑造了机智人物的形象。

王兴和讲述，1987年王秀平记录，王秀平翻译。收入《中国民间文学三套集成·贵州省毕节地区·赫章县卷·彝族》，32开，20页，1000余行，赫章县民间文学集成编委会1988年编印。（罗德显）

麻舍都诸

彝族叙事长诗。流传于贵州省赫章县彝族地区。讲述的是：麻舍都诸和侯漏、米略两位姑娘发生三角恋爱关系，三人发誓终生相伴。在将要举行婚礼时，侯漏被于苦君长抢走，麻舍和米略带兵相救，战争中米略受伤身亡，麻舍和侯漏痛不欲生，为了纪念，便请毕摩纪念米略，唱出了一曲人间的真情之歌。

阿侯布代讲述，王子尧、王冶新、王正贤、何积全记录，王子尧翻译。收入《民间文学资料》第六十八集，32开，26页，1500余行，中国民间文艺研究会贵州分会1988年编印。（罗德显）

漏卧鲁沟的婚礼

彝族叙事长诗。流传于贵州省威宁彝族回族苗族自治县、赫章县等彝族地区。讲述的是：漏卧鲁沟勇敢善良，打动了美丽贤淑的阿迪侯巳，二人私订终身，却遭到海神的破坏。几经周折，两个有情人终成眷属。

阿侯布代讲述，王子尧、王冶新、王正贤、何积全记录，王子尧翻译。收入《民间文学资料》第六十八集，32开，20页，1000余行，中国民间文艺研究会贵州分会1988年编印。（罗德显）

山海恋

彝族叙事长诗。流传于贵州省威宁彝族回族苗族自治县和赫章县彝族地区。讲述的是：乌撒麻苦地的百姓无地可种，苦不堪言，阿若侯五久和阿何勿苦带领他们到山上、海边开垦荒地，并在劳动中产生了爱情，不料在结婚的日子双双被山神、海神抓去见天神策举祖。天君明断，让他们回家成亲，结成了美满姻缘，相伴一生。

阿侯布代讲述，王子尧、王冶新、王正贤、何积全记录，王子尧翻译。收入《民间文学资料》第六十八集，32开，30页，1800余行，中国民间文艺研究会贵州分会1988年编印。（罗德显）

阿伊

彝族叙事长诗。流传于贵州省赫章县彝族地区。全诗由十一个部分内容组成。讲述的是：苦麻的头人兹摩逼阿伊做儿媳，阿伊不从，只好远离家乡，幸遇好心人史汝并相爱成婚，不料狩猎时被兹摩发现，将史汝打伤，抢走阿伊逼婚，三年后史汝练就武艺回来杀了兹摩，救出阿伊，并把兹摩财产分给穷人。反映彝族青年勇于追求自由幸福和对爱情忠贞不渝的精神。

阿侯布代、陈长友、王子尧记录，阿侯布代、陈长友、王子尧翻译。收入《中国民间文学歌谣集成·贵州省毕节地区地直卷·叙事诗》，32开，27页，2100余行，毕节地区民间文学集成编委会1988年编印。（罗德显）

竹仙

彝族叙事长诗。流传于贵州省毕节市彝族地区。讲述的是：那鲁一家三弟兄父母早逝，大哥那周为君，继承家业，享受金银。二哥那谷为臣，分得牛羊。三弟那乳为民，分得一把锄头，被大哥赶出家门。年三十夜，无家可归的那乳凄楚的哭声惊动天神，天神帮助那乳在抽物地建家立业，迎娶仙女为妻。不久，二哥那谷的钱财被那周掠夺，也被赶出家门。无意中遇到那乳并获得帮助，大哥知道那乳还活着，且比自己还富有，于是又去抢那乳家产和美妻，终被仙女惩罚，得到了其应有的下场。那乳把金银、牛羊分给百姓，被人们推举为那鲁地的君长。从此，那鲁地的百姓重见光明，安居乐业。

李光平、王子尧讲述、记录，王子尧翻译。收入《洪水与笃米·布吐赫斋（毕节地区民间文学资料第三集）》，32开，20页，1000余行，贵州省毕节地区文化局1985年编印。（罗德显）

嫩妮和阿珠

彝族叙事长诗。流传于贵州省威宁彝族回族苗族自治县彝族地区。讲述的是：米咪奏嫩妮十四岁时就被嫁到洛启佐家当童养媳，在洛启佐家遭遇种种虐待受尽磨难。退婚后遇到好心郎扎扎阿珠，两人一见如故，在家人的精心安排下喜结良缘，过上幸福美满的生活。

侯达八二、阿景撮举、阿底海妥讲述，王运权、王继超记录、翻译。收入《中国民间文学歌谣集成·贵州省毕节地区地直卷·叙事诗》，32开，16页，1200余行，毕节地区民间文学集成编委会1988年编印。（罗德显）

娄克布汝和丕娄能妮

彝族叙事长诗。流传于贵州省威宁彝族回族苗族自治县彝族地区。唱述的是：在丕娄山脚下，住着一家巨富，称作丕娄家。丕娄家有一女，名叫丕娄能妮，到三十岁都嫁不出去，这可愁坏了丕娄能妮的父母。丕娄能妮的父亲冥思苦想得到一个主意，举行祭祖大典请来各门亲戚，让丕娄能妮在众多的姑表或舅表中挑选一人，贴些资财勉强嫁出去算了。虽然没有祭祀过的祖先只有八代，按规矩是不能举行祭祖大典的，但为自己的女儿着想，就破例做了一回。在隆重的祭祖大典里，丕娄能妮选中的不是姑表弟或舅表兄，而是主持祭祀、才貌双全的穷毕摩娄克布汝。丕娄能妮死皮赖脸地缠着娄克布汝，丕娄家以权势强行把丕娄能妮嫁给他。丕娄能妮嫁到娄克布汝家不久，就几乎耗尽了娄克家的家产，还把娄克布汝的母亲和弟弟当奴隶使用。一次，在德纪录地方，普脱尼家嫁女办酒，喜欢热闹的丕娄能妮结识了恶棍阿史罗苴，两人勾搭成奸并要做长久夫妻，密谋害死娄克布汝一家。阿史罗苴装作请娄克布汝去祭祖叙谱，中途将他推下无底洞，同时放一把火烧死了娄克布汝的母亲和弟弟。善良的洞神笃鲁救活娄克布汝，告诉他自己所知道的丕娄能妮和阿史罗苴的恶行，还给了他一本《斯布苏》，并把他托出无底洞。丕娄能妮又一次出嫁，阿史罗苴欢天喜地迎新娘，一行人到拜勒岩脚时，等候在那里的娄克布汝念动《斯布苏》，丕娄能妮和阿史罗苴被岩神摄到拜勒悬岩上，他们的家人抱来花鸭黑鸡给岩神献祭也无济于事了，两人最终受到了神灵的惩罚。

高登才、文天云、何玉亭、龙宪良等唱述，王继超记录、整理、翻译。收入《贵州彝族咪谷丛书·曲谷走谷选》，32开，59页，900余行，贵州民族出版社1994年版。（阿洛）

益卧布珠和洛蒂舍芝

彝族叙事长诗。流传于贵州省威宁彝族回族苗族自治县和水城县彝族地区。唱述了益卧布珠和洛蒂舍芝是一对分割不开的情侣。有个晚上，益卧布珠在他读书的布吐地方做了一连串的怪梦，翻开书本测算，得知情人洛蒂舍芝有难，益卧布珠恨不得长着翅膀飞去解救情人，一条无情的拜勒大河涨水挡住了他的去路，狠心的船匠老大、老二、老三纷纷与他为难。万般无奈时，益卧布珠向河神献了三角美酒，大河突然断流，为他让开了道。一对情人相见时，益卧布珠得知洛蒂舍芝的父母因图人家的聘礼，把他的心上人许配给了娄博巴洛家。益卧布珠带着厚礼恳求洛蒂舍芝的父母退掉舍芝与娄博巴洛家的婚约，却被严词拒绝。益卧布珠让牛马六畜与粮食都开口说话为他求情，洛蒂家一怒之下杀尽牛马六畜又毁了粮食，娄博巴洛家为此逼着洛蒂家解除婚约。益卧布珠出资替洛蒂家偿还了牛马财物等聘礼，恢复了家业，一对有情人终于成婚。益卧布珠被家中父母逼出去读书，洛蒂舍芝在家中尽管恪守妇道，却仍遭受了公婆一家的折磨与虐待，还诬陷她与人私通。没有活路的她投水自尽，被龙王鲁阿卫收为养女。没了心上人的益卧布珠痛不欲生，失去了活下去的信心而去投水。龙王鲁阿卫家又收留了第二个投水者，并为益卧布珠和洛蒂舍芝在龙宫再次举行婚礼。

吴学科、李宪举、杨正举等唱述，王继超记录、整理、翻译。收入《贵州彝族咪谷丛书·曲谷走谷选》，32开，58页，900余行，贵州民族出版社1994年版。（阿洛）

美丽的彩虹

彝族叙事长诗。流传于云南省石林彝族自治县。讲述一对撒尼青年男女沙那和若资相爱的故事。若资是一个“蝴蝶绕花飞，伙子围她转”的美丽的撒尼姑娘。她在与沙那一起放羊的过程中，爱上了这个“放羊郎”沙那。他俩“像燕子成对，像筷子成双”一样相亲相爱。哪知道一个有“好房九十九”，有“羊群三里长”，“穿的绫罗衫，吃的香糯米”的有钱人木格看上了若资，便请媒人来说亲。然而，任凭“媒人嘴说干”，若资姑娘就是不答应嫁给木格。木格便施毒计诬陷若资的阿妈是会害人的“都斯玛”（害人的神）。并妖言惑众，谎说天要降大祸，牛羊要瘟死，人也要遭灾，这一切灾祸都因为都斯玛在作祟。于是便借机将若资姑娘一家人“撵出村子外”。她们一家人无路可走，只好住进了一个岩洞。沙那牵挂若资，每夜都摸黑路到岩洞去看望。木格得知后，便偷偷派人将沙那用来驱赶虎豹的砂葫芦偷走，让他失去抵御野兽的武器，结果他被野猪咬伤后死去。木格一面将沙那的尸体抬去火焚，另一面又派媒人向若资逼婚。焚烧沙那尸体那天，若资将耳环、手镯送给了看守她的人，自己偷偷地跑到了烧尸场上，呼唤着沙那的名字，纵身跳进了熊熊燃烧的烈火之中，“紧抱沙那郎，火中做新娘”。木格就命令将他俩分开来火焚，但只见“两股青烟起，升上蓝天去”，结果“青烟化彩云，彩云手拉手，像是依偎着，像是在低语”。木格看见气不过，又“架起九堆火”来烧，企图用黑烟来“冲散彩云”。此时，突然天昏地暗，电闪雷鸣，暴雨倾盆，浇灭了火堆。只见山洪滚滚，直吓得木格慌忙爬到树上躲避洪水，结果树被洪水连根拔起，木格被洪水冲走而死。

昂智灵翻译。收入《云南少数民族叙事长诗全集》，16开，9页，600余行，云南教育出版社2012年版。（阿南）

阿左分家

彝族叙事长诗。流传于云南省双柏县彝族地区。长诗内容是：古代有两兄弟，父母双亡后，哥哥娶了妻子，哥哥的妻子好吃懒做且心肠狠毒，挑唆丈夫与弟弟分家。哥哥生性懦弱且贪婪，他听信妻子的话，就开始与弟弟分家，把好的财产都留给自己。弟弟走投无路，便上山当了猎人。弟弟出走后，哥哥受到良心的谴责，就到山上寻找弟弟。弟弟认为只要有不贤惠的嫂嫂在家里，哥弟和睦无望，便拒绝回家，最后不幸死于山野。长诗通过故事讲述做人之道，歌颂善良和真善美。

普天文记录，李友华翻译。《中国彝族查姆文化丛书·阿左分家》，32开，128页，1100余行，云南民族出版社2010年版。（刘琳）

玛牧特依

彝族叙事长诗。又名《道德经》。流传于川滇大、小凉山彝族地区。长诗以一个彝族男性主人公从呱呱坠地、牙牙学语到血气方刚、风华正茂，直至老态龙钟、寿终正寝的人生历程为主线，将善与恶、美与丑、真与假的道德行为理念贯穿其间，告诉人们适应社会和为人处世的道理。长诗被称为彝族的教育经典，是古代彝族先民在所处社会时代的行为准则和规定性道德法则。

彝文抄本，肖建华译注。收入《彝族道德经通释》，32开，289页，2200余行，云南民族出版社2006年版。又见吉格阿加翻译，且萨乌牛审订《彝族传统道德经典·玛穆特依（彝汉文对照）》单行本，云南民族出版社2005年版。又见罗蓉芝、罗家修译，《玛牧特依》单行本，32开，257页，2300余行，四川民族出版社2016年版。（刘琳）

洛贝

彝族叙事长诗。流传于滇中和滇南彝族支系朴拉人地区。这是专门以布谷鸟（阿鸡谷）作为长诗主人公加以歌颂的长诗。诗中之所以歌颂布谷鸟，是因为“我们栽种的节令，是阿鸡谷给的。我们的粮食呀，是阿鸡谷给的，我们的身子呀，是阿鸡谷给的。美丽的阿鸡谷哟，像金子一样发亮。我心上的阿鸡谷哟，一辈子也唱不完。阿鸡谷的恩情哟，彝家子子孙孙万代传”。长诗表面上是强调布谷鸟给人类报告节令，从而使人类发展农业、发展自己，强调布谷鸟的“恩情”，实则是反映了进入农业社会的彝族人民用诗歌去歌颂有功于人类的事物，从而发挥诗歌的社会功能。因此，长诗满怀激情地唱道：“唱老鹰的歌，唱过我就忘记了。唱马鹿的歌，唱过我就忘记了。唱阿鸡谷的歌，我永远不忘记。我心中的阿鸡谷哟，伴我度过多少岁月。”“唱阿鸡谷的歌哟，我九十九天也唱不完。”

力赛唱述，洛蒌翻译，万山搜集，崎松整理。收入《云南少数民族叙事长诗全集》，16开，17页，1200余行，云南教育出版社2012年版。（阿南）

阿谷鸟

彝族叙事长诗。流传于云南省楚雄彝族自治州彝族地区。唱述的是：有一独户人家，夫妇俩已五十几岁了，只有一个独生女儿，名叫阿谷。阿谷是他俩的心肝宝贝。彝山马缨花开了十六次，女儿长到十六岁，长成一个美丽姑娘。正月十五到了，阿谷姑娘穿上新衣裳，去到村子里的打跳场。打跳场人山人海，爹妈一时没有找着阿谷姑娘，可把他们急坏了。从此，夫妻俩不让姑娘外出串门，也不要她上山放羊，叫她守在家里。一天，爹妈上山做活去了，阿谷姑娘在家里很烦闷，便到房后山坡上散心。突然一阵马蹄声，走来一群男子汉，不作声，用披毯把阿谷姑娘裹住，驮在马上远去。爹妈做活回来，不见了姑娘，急得四处寻找，又请亲友寻找，都不见阿谷姑娘，爹妈伤心得死去活来。阿谷姑娘被驮到且莫村山官家，强逼她与山官儿子成婚。阿谷姑娘抗婚不屈服，被山官的妻子锁进板房里。三年过去了，生米已煮成熟饭。山官婆叫阿谷姑娘到山上薅荞，阿谷姑娘看见林中的绿斑鸠自由自在地飞翔、歌唱，心想如果自己能变成一只自由的鸟儿，就可以飞回家乡看望可怜的爹妈。想着想着，她的心突然跳出来，变成一只小鸟。它飞啊飞，飞到自己的家乡，飞落在阿妈的围腰布上，又飞落在阿爹的刀壳上，向他们诉说女儿的不幸。爹妈见到他们的女儿变成的阿谷鸟，心里得到了安慰。

佚名唱述，李世忠搜集、整理。收入《云南少数民族叙事长诗全集》，16开，6页，400余行，云南教育出版社2012年版。（阿南）

买稿姑娘

彝族叙事长诗。流传于云南省楚雄彝族自治州彝族地区。讲述的是：一大户人家，生了个身长肉疱的女儿，取名“买稿”（生得不好的姑娘）。狠毒的富人嫌姑娘生得丑，羞了他富人家，欲把她掐死，富婆劝住说关在家里再说。从此，买稿姑娘被父母关在板房里，受尽了虐待。苦难的买稿长到十六岁，大富人对她说：“给你两条路，一条是你远离家，不准回来；二是勒死你。”买稿姑娘来到世上已十六载，还不知道外面世界是个什么样，就答应远走他乡。大富人给她一匹马，可怜的买稿上了马离开了家。有一天，太阳落山了，马儿走到深山草地一间炭窑房旁，不肯往前走了。炭窑房里住着一个打猎为生的青年，名叫阿发。他再三挽留买稿姑娘，可买稿姑娘因自己生得丑，不肯进窑房。晚上，买稿睡在炭窑旁的鸟毛堆里。天亮后，拍掉身上的鸟毛，买稿变成一个像马缨花一样美丽的姑娘，与阿发结为美满夫妻。一日，国王的猎队进深山打猎。国王见了买稿姑娘，便起歹心，下令绑起买稿姑娘带回王宫去。阿发得知这不幸消息，手持弓箭赶回来，要与国王一伙拼杀。买稿劝住，要他打百兽，满百日时，穿百兽衣到王宫来相见。阿发照妻子的嘱咐，每天都上山打鸟射兽，到百日时，他身着百兽衣，弹着月琴来到王宫。买稿听见弦声，知道阿发来了，约国王来看。见阿发身穿百兽衣，弹琴跳左脚舞，买稿笑了。国王见从来不说不笑的买稿笑了，心里很高兴，问她为什么笑，买稿说那件百兽衣好看，叫国王换来穿。国王与阿发换穿了衣裳。买稿高喊道："怪兽进宫来了！"武官们冲上去，把国王砍死了。买稿和阿发管理国事，人民安居乐业。有一天，天黑来了个讨饭的老妈妈，买稿认出是她的阿妈，把她领进去问长问短。老妈妈讲起她落难的经过，并认出眼前的姑娘是她丈夫赶出家门的亲生姑娘，一下子羞死在地上。

李万春唱述，普启旺翻译、记录。收入《云南少数民族叙事长诗全集》，16开，10页，800余行，云南教育出版社2012年版。（阿南）

金雀和银雀

彝族叙事长诗。流传于云南省金平苗族瑶族傣族自治县彝族地区。长诗分矮山寻、高山寻、湖边寻、山上寻、冲子寻、林中寻、路上寻、洞中寻八章。记述一对金银雀相好，"白日不分身，晚上不离宿"，相亲相爱。后来，银雀被老鹰叼去，可怜的金雀，哭干眼泪，历尽艰辛，到处寻找被老鹰叼去的银雀，"不见银雀心不落，不见银雀心不死"。它寻找银雀到湖边，见青鸭成双配对，自己无伴倍感孤单。它寻找到山上，向牧主买了只羊做伴，说好待找到银雀还羊给牧主。金雀由羊做伴，继续寻找银雀。路上，羊走失了。金雀在山冲里遇见割草的姐姐，在山上遇见砍柴的哥哥，在路上遇见赶路的货郎客，向他们打听羊和银雀的下落。后来找到了羊，但羊已被盗贼杀死了。金雀拔羊尾毛搓成细绳，纺织成扣子，支在大坡头，扣住了老鹰。金雀从老鹰口中得知，银雀誓死不与老鹰婚配，不吃不喝，气死在老鹰峰洞里。金雀找到了死去的银雀，将它火化了，把骨灰撒于林里，之后，林里长出棵大青树，树大枝叶密，金雀飞上大青树，与大青树为伴。

俞志明唱述、翻译，赵云搜集、整理。收入《云南少数民族叙事长诗全集》，16开，6页，400余行，云南教育出版社2012年版。（阿南）

门拜歌

彝族叙事长诗。流传于云南省玉溪市彝族地区。分序歌、孤儿、抚养、成长、降女、姻缘、取名、深情、恶魔、威胁、遭难、求救、降宝、寻药、复生、返家、尾歌十七章。这是一首充满幻想色彩的长诗。记述的是：一个未出世之时其父已亡、其母刚生下他后就去世而哇哇啼哭的婴儿，被老虎背进深山，在飞禽走兽的哺养下，很快成长为一个英俊的小伙子。老虎又把他引回他的出生地独牛洼。天神也发慈悲，降下一个像朵山茶花美丽的少女与小伙子结为恩爱夫妻。小伙子邀请飞禽走兽到家里做客，感谢它们救命哺养之恩，并请它们为他们夫妻俩取名。老虎说："这样美丽的姑娘，这样英俊的小伙，好名我们取不出，今后有事又来帮。"么卡深山中有个大黑洞，洞中住着一个妖术高强的妖魔，洞口由麻蛇精、蜈蚣精把守。妖魔企图霸占小伙子的妻子，给小伙子出了一道道难题。在飞禽走兽的帮助下，小伙取得了胜利，但他最终还是被妖魔抓进妖洞。姑娘请求天神相救，得到一老妈妈赐给的一个法宝麻团，用麻团的法力战胜了把守洞口的麻蛇精、蜈蚣精，进入洞口后又战胜了妖魔，背出被妖魔吸光血的丈夫的尸体，历尽艰辛，吸来一口骆驼奶水，喂进丈夫嘴里，丈夫复生，夫妻团圆又回到家里。

白贵唱述、翻译，万山崎松、刘车搜集、整理。收入《云南少数民族叙事长诗全集》，16开，14页，1000余行，云南教育出版社2012年版。（阿南）

娄啥籍兜波

彝族叙事长诗。流传于贵州省威宁彝族回族苗族自治县、赫章县等彝族地区。讲述的是：德勒阿赫佐和阿依娜朵相爱，被阿依苏保摩发现后，认为乱了苏保家规，便将女儿和为自己立下汗马功劳的阿赫佐无情地烧死。反映了封建领主制度下等级婚姻对男女青年造成的迫害以及男女主人公对理想爱情的向往和追求。

王继超、禄一方记录、翻译。收入《中国民间文学歌谣集成·贵州省毕节地区地直卷·叙事诗》，32开，7页，500余行，毕节地区民间文学集成编委会1988年编印。（罗德显）

乌鲁诺纪

彝族叙事长诗。流传于贵州省威宁彝族回族苗族自治县彝族地区。长诗分欢乐童年、媒妁入室、毕播勒家、出嫁伤心、乌鲁诺纪、失鸭风波、孤女受苦、天鹅传信、阿固探妹、替妹复仇十部分。慕勾祖摩家生了个叫鲁余黑娥的女儿，听信媒妁的花言巧语，黑娥姑娘十二岁时就按当时的习俗嫁给了毕播勒家，毕播勒家给她换名乌鲁诺纪，毕播勒家让黑娥姑娘去放十群鸭，因失落一对鸭，黑娥受到毕播勒家的羞辱，继而受到非人的残酷虐待，几番传信后家里人都不过问，无奈的孤女最后让天鹅传信，要她的阿哥阿固前来探视，阿固到毕播勒家差一点儿被谋害。走投无路的黑娥姑娘投水自尽，阿固出动大军为妹妹报了深仇大恨、雪洗了耻辱。

唐文康、高登才、王光荣、禄顺姐等唱述，王继超记录，王继超、张和平翻译。收入《贵州彝族咪谷丛书·乌鲁诺纪》，32开，74页，1100余行，贵州民族出版社1997年版。（阿洛）

五色马

彝族叙事长诗。流传于云南省新平彝族傣族自治县彝族地区。讲述的是：得惹、阿尼兄妹俩，幼年丧父母，由好心的邻居阿奶、阿婶、阿波（爷爷）把他们抚养大。得惹还在小的时候，就曾听阿波讲，在遥远的古莫林有五匹不同毛色的马，如能把五色马赶来哀牢山的彝家寨，彝家人就能过上好日子。如今，得惹长成小伙，他决心去寻找五色马。爬山越岭，他走了好多天。这天，天已黑，见不远处有亮光，他寻亮光走进一个山洞。洞里有一个披头散发的女人，这女人见得惹一个人走来，非常吃惊，问他来干什么，得惹将来意告诉了她。原来这女人也是个彝家的良家妇女，被妖魔抓来让她放牧五色马。她把镶有两颗宝珠的魔鞭交给得惹，教他如何使用，并告诉他，一旦妖魔追来抢魔鞭，就取下两颗宝珠吞下肚。得惹匆匆走出妖洞，沿着那女人指点的方向走去，终于走到托洛山下的清泉边。他将魔鞭一挥，果然五色马跑到了他面前。得惹心花怒放，赶着五色马回到了彝家山寨。黄马屙黄金，白马屙白银，红马屙红铜，黑马屙铁球，灰马屙铅锭。有了金、银、铜、铁、铅，彝家人过上了好日子。一天，得惹和妹妹阿尼放牧五色马，妖魔追来了。妖魔抢夺魔鞭，兄妹俩将两颗宝珠一人吞了一颗，魔鞭失去魔力，妖魔赶不走五色马。五色马却变成金、银、铜、铁、铅深藏地下。得惹两兄妹，则变成大帽耳山和小帽耳山两座山，耸立于群山中。

普哈文唱述、李永祥翻译，陈振中、石原整理。收入《云南少数民族叙事长诗全集》，16开，7页，500余行，云南教育出版社2012年版。（阿南）

马兰花

彝族叙事长诗。流传于川滇大、小凉山彝族地区。讲述的是：从前马兰花山脚下有一户人家有两个女儿，她们父亲在山上采药时掉下山崖被一青年救活，这青年想娶他的女儿为妻，可贪财的大女儿银花嫌他穷，小女儿金花却愿意嫁给他。他们得到神奇之花马兰花的帮助，过上富裕的幸福生活。等金花带着马兰花回娘家探亲时，银花在野猫的怂恿下陷害了妹妹，并欲替妹妹嫁给妹夫，马兰花也被黑心的野猫抢走。最后青年在善良人们的帮助下，救活了金花，又抢回了马兰花，马兰花又给善良的人们带来了富裕的生活。

佚名讲述，刘赋元收集、整理。收入《聪童秘典》（彝文版），16开，15页，800余行，凉山州卫生学校1988年编印。（土比呷呷）

阿憨遇花鱼姑娘

彝族叙事长诗。流传于云南省石屏县彝族地区。讲述的是：阿憨应邀到河里拿鱼，拿到一尾小花鱼。此后，小花鱼变成美女给他做家务，让他的生活发生了意想不到的变化。阿憨假装出门干活，偷偷回家抱住小花鱼求亲，他们结成了恩爱夫妻。阿憨从此由穷变富，名声远扬。在当地一个巫婆的挑拨下，阿憨几次三番提出要休妻。小花鱼多次劝说无效，只好领上家畜家禽回河潭去了。阿憨后悔万分，跑到河潭边去哭，在一只好心青蛙的帮助下进入河潭与妻子会面。河潭龙王不肯原谅阿憨的过错，想方设法要害死他。阿憨在妻子的帮助下多次化险为夷。阿憨怕迟早会被害死，于是和妻子一起返回家乡，过上了幸福美满的生活。

罗美凤唱述，李朝旺搜集、整理。收入《彝族阿哩爱情长诗》，32开，35页，600余行，云南民族出版社2016年版。（刘琳）

绿青蛙与三姑娘

彝族叙事长诗。流传于云南省石屏县彝族地区。讲述的是：一对无儿无女的老夫妇，无意中得到从南瓜里蹦出来的绿青蛙做他俩的儿子。这绿青蛙是仙蛙，本领非凡，不但盖起了大房子，而且制服了寨主。绿青蛙还历尽艰辛娶了俄木的三姑娘为妻。三姑娘嫁绿青蛙感到百般委屈，几经谋害不成。绿青蛙最终赢得了三姑娘的爱，并变成英俊的男子，与三姑娘过上了幸福的生活。

张唤英唱述，李朝旺搜集、整理。收入《彝族阿哩爱情长诗》，32开，36页，700余行，云南民族出版社2016年版。（刘琳）

柴夫遇仙蛙

彝族叙事长诗。流传于云南省石屏县彝族地区。讲述的是：柴夫砍柴路上有块圆形大石，石上总坐着一个大石蛙，此石蛙不是一般的蛙，是只仙蛙。柴夫每天鬼使神差般分一份午饭给仙蛙，仙蛙便指点他砍沉香去卖，并与他成亲。沉香被县令、太守、巡抚送到京城君王那里去了。君王抢仙蛙上京城要与其成婚，仙蛙看到君王贪财好色，便设法除掉君王，让柴夫坐上了王位。

罗美凤唱述，李朝旺搜集、整理。收入《彝族阿哩爱情长诗》，32开，26页，500余行，云南民族出版社2016年版。（刘琳）

猎人遇天女

彝族叙事诗。流传于云南省石屏县彝族地区。讲述的是：有个伙子被寨主赶出寨门，在山上搭个草棚住，以打猎为生。中秋夜，天女来找他谈心，从此夜夜合欢。后来天女说缘分已尽，嘱伙子三个月后到村口路上领儿子，此儿取名没母娃，长大读书时同学笑他没母，先生则说他有仙母。在没母娃的再三请求下，先生费尽心机助其三会其母，其母怕泄露天机招来杀身之祸，送儿子红、绿、白三个葫芦，让天火烧毁了先生的神书。

张唤英唱述，李朝旺搜集、整理。收入《彝族阿哩爱情长诗》，32开，15页，300余行，云南民族出版社2016年版。（刘琳）

奔西主与有财女

彝族叙事诗。流传于云南省石屏县彝族地区。讲述的是：奔西主编唱阿哩成了彝山百里有名的呗玛，月宫有财女大动爱慕之心设法与他对唱，并答应哪天对唱分输赢哪天跟奔西主做一家。奔西主提出要见有财女，有财女满足了奔西主的要求，让他在云里雾里窥见。奔西主追有财女时不慎滚下了山，将装阿哩的葫芦忘记在鸡蒜树下。第二天去拿葫芦时，黑头翁把装阿哩的葫芦啄通了，阿哩飘落满山遍野，奔西主一气而死。奔西主灵魂不散，变成一只花尾喜鹊去找有财女，有财女念其情深义重，也变成一只花尾喜鹊与他婚配，并下凡履行报喜不报忧的职责。

张文汝唱述，李朝旺搜集、整理。收入《彝族阿哩爱情长诗》，32开，19页，380余行，云南民族出版社2016年版。（刘琳）

熟烧泼遇龙王女

彝族叙事诗。流传于云南省石屏县彝族地区。讲述的是：有个草医养有两个儿子，他让大儿子学做生意，让二儿子读书。草医死后，哥嫂不愿供弟弟熟烧泼读书，借故分了家。家乡遭虫灾，熟烧泼为解救百姓，到圆湖去取宝葫芦，巧遇龙王，龙王为报治病恩情，要许配女儿给熟烧泼，熟烧泼则要借宝葫芦去解救百姓，并答应亲自送还。熟烧泼用宝葫芦解救了百姓疾苦。哥嫂借去一用，因太贪心引起火灾。宝葫芦丢失后，熟烧泼无法送还宝葫芦，去找龙王认错，龙王女变成民女来找他，路上巧遇，结成了恩爱夫妻。

李中华唱述，李朝旺搜集、整理。收入《彝族阿哩爱情长诗》，32开，18页，380余行，云南民族出版社2016年版。（刘琳）

青松枝与柏枝花

彝族叙事诗。流传于云南省石屏县彝族地区。讲述的是：青松枝精于起房盖屋，柏枝花家要盖一幢世间最漂亮的房子，柏枝花爹妈以许配柏枝花为前提与青松枝盟誓盖房。房子盖了三年，青松枝和柏枝花相爱了，爱得很深，但房子盖好后柏枝花爹妈违约了，青松枝无意中得到杨梅神果，借助杨梅神果的力量有情人终成眷属。

张文汝唱述，李朝旺搜集、整理。收入《彝族阿哩爱情长诗》，32开，18页，300余行，云南民族出版社2016年版。（刘琳）

三姐妹与三兄弟

彝族叙事诗。流传于云南省石屏县彝族地区。讲述的是：地师的儿媳妇一胎生下三个与众不同的姐妹后，京城的文人来提亲，京城的武官来提亲，彝山的呗玛来提亲，三姐妹都不点头。彝山有家同胞三兄弟历尽艰辛来说亲，三姐妹说立志传艺不嫁人，三姐妹与三兄弟立志不嫁娶。最终，大哥传四弦，二哥传三弦，三弟传二胡；大姐传裁缝，二姐传挑绣，三妹教打扮。

张唤英唱述，李朝旺搜集、整理。收入《彝族阿哩爱情长诗》，32开，23页，400余行，云南民族出版社2016年版。（刘琳）

放牛娃与富家女

彝族叙事诗。流传于云南省石屏县彝族地区。讲述的是：放牛娃天天老早赶牛回家，雇主嫌他回家太早，他反问雇主谁家的牛比他放的肥壮，雇主无言以对。一天，放牛娃天黑才回家，雇主问原因，放牛娃说海里有一条水牛出海与他放的公牛斗架无法早回。雇主家有个姑娘见放牛娃聪明伶俐，喜欢上了他，他俩私订终身。放牛娃家去提亲，雇主家不但不答应，还把放牛娃打得遍体鳞伤。雇主家姑娘心意不改，毅然与放牛娃逃到遥远的东方谋生去了。

罗美凤唱述，李朝旺搜集、整理。收入《彝族阿哩爱情长诗》，32开，15页，300余行，云南民族出版社2016年版。（刘琳）

放羊娃与牧马女

彝族叙事诗。流传于云南省石屏县彝族地区。讲述的是：村东有个放羊娃，村西有个牧马女，他们两小无猜，自小一起上山放羊牧马。长大后，他们俩互相爱上了对方，爱得情真意切，征得父母同意后，准备结婚了。南庄独眼恶棍想抢牧马女做小老婆，并设法害死了放羊娃。牧马女痛定思痛，凭借信物认出尸骨，并设法治死了独眼恶棍，把放羊娃尸骨埋在独眼恶棍的尸骨上。

张唤英唱述，李朝旺搜集、整理。收入《彝族阿哩爱情长诗》，32开，17页，360余行，云南民族出版社2016年版。（刘琳）

长工与仙女

彝族叙事诗。流传于云南省石屏县彝族地区。讲述的是：一位仙女羡慕人间男耕女织的生活，借故下凡与一长工成婚，并请求财主也收她做长工。财主见其貌美，便答应了她的要求，并说要多少工钱都可以。七年后，财主的半个家道成了长工家的，财主睡不着觉，提出要跟长工换妻。长工在仙女的授意下说要换妻可以，但要妻子和家财全换。换妻日期来到，仙女借故荡秋千上了天，长工思念过度病倒了，仙女托梦叫其三月三到村东杉树上的喜鹊窝里抱儿子。长工抱得儿子后，失妻之殇才渐渐得以平复。

罗美凤唱述，李朝旺搜集、整理。收入《彝族阿哩爱情长诗》，32开，23页，400余行，云南民族出版社2016年版。（刘琳）

太阳和月亮

彝族叙事诗。流传于云南省石屏、红河等县彝族地区。唱述的主要内容是：远古时，金宝妹和呗萨郎门当户对，心心相印，情投意合。呗萨郎返家途中被恶人花子疯疾所害。金宝妹在焚尸场上哀哭，愿情人死后变乌鸦、蝙蝠来陪伴自己。后来，金宝妹精神萎靡，不思饮食，跑到郎哥遇难处殉情，死后与郎哥同葬一坟，坟头长出柏树。恶人花子疯疾嫉妒，持斧砍柏树，柏树倒地，化作一对花蝶，恶人取棕叶帚乱打乱扫，花蝶越飞越高，化作日月共生辉。

普玉发唱述，普璋开翻译、整理。载《红河民族语文古籍研究》第6期，32开，5页，200余行，红河哈尼族彝族自治州民族语文古籍研究所1986年编印。（龙保贵）

叶落花

彝族叙事诗。流传于云南省金平苗族瑶族傣族自治县彝族地区。全诗五言体句式。记述的是：女主人公叶落花聪明伶俐，勤劳贤惠，因不愿嫁人而离乡出走，寻找不嫁之地。后经仙女的开导劝说，在返乡的途中与花子伙子结为夫妻，过上美满幸福的生活。

喻志明唱述、记录，徐阳校正。收入《云南民间文学集成·金平长诗卷》，32开，17页，400余行，金平苗族瑶族傣族自治县文联1989年编印。（阿南）

男人出嫁的故事

彝族叙事诗。流传于云南省红河流域彝族地区。唱述的是：远古时，在略纳姆地方，索吾和仙沿家是亲家，索吾家嫁儿时，父母取金银打制金银首饰，买绸衣缎服作为陪嫁。阿卡出嫁三年整，回家探望父母双亲，哭诉在婆家的辛酸与煎熬。阿妹同情阿哥，代替阿哥回婆家服侍公婆，此后即有男婚女嫁之俗。

李世祥、李八一昆唱述，蛮夫整理。载《红河彝族文化》第1期，32开，15页，400余行，红河哈尼族彝族自治州民族语文古籍研究所1985年编印。（龙保贵）

虹

彝族叙事诗。流传于云南省红河县部分彝族地区。传说阿尼姐心灵手巧，绣鸟鸟会飞，绣鸡鸡会鸣，绣虎虎会啸。后被皇帝抢去做妃子，但阿尼姐死活不从，以死抗争，绣了一条风火龙，烧毁了皇宫，烧死了皇族。阿尼姐则骑风火龙上天，变成了美丽的彩虹。

龙保贵唱述、翻译，杨六金整理。载《红河民族语文古籍研究》第6期，32开，7页，200余行，红河哈尼族彝族自治州民族语文古籍研究所1986年编印。（龙保贵）

猎人寨的来历

彝族叙事诗。流传于云南省峨山彝族自治县彝族地区。分为五个部分：第一部分唱述在牛羊铺满山冈的遥远的寨子里住着十七岁的木刚，猎手的英名传四方，他获得了村里最美的姑娘叶芳的芳心。第二部分唱述土司的独儿子木秧百般纠缠叶芳，要娶她为妻，叶芳的母亲知道女儿的爱情，告诉木秧打不死山上的猛虎，就得不到叶芳。第三部分唱述木秧强迫木刚上山为他打虎，丛林中窜出猛虎要伤人，木秧和他的家奴们逃躲得不知去向，木刚射死了老虎，躲在丛林中的木秧却被灰狼吃了。第四部分唱述叶芳盼望木刚哥哥归来，愁断柔肠，可木刚哥哥长久不回来，她便上山找寻木刚。第五部分唱述叶芳历尽千辛万苦，唱着悲戚的歌寻找木刚，唱得孔雀竖耳静听，猛虎失去了嚣张。一天晚上，叶芳听到了熟悉的笛声，她跟着群星围绕的圣洁的月亮寻去，终于找到了木刚。但他们不敢回村，在山林里安家，繁衍成了猎人寨。

佚名唱述，孙道品记译。收入《峨山民间文学集成》，32开，5页，300余行，云南民族出版社1989年版。（聂鲁）

争郎调

彝族叙事诗。流传于云南省元江哈尼族彝族傣族自治县彝族地区。唱述星姑娘、龙王三公主、箐鸡姑娘及柏树姑娘这四位仙女与彝族善心哥的爱情波折。四位仙女在天地混乱中偷偷到凡间寻欢作乐，她们都爱上了彝家的善心哥。她们争风吃醋，都想用自己的美貌和柔情来感动善心哥。然而，善心哥不恋姿色，不生花心，他专一地爱上了美貌心善的星姑娘，并劝说其他三位仙女另找好儿郎。但心肠狠毒的柏树姑娘不肯，她死死缠住善心哥，善心哥不理她，她就害死了善心哥及星姑娘，最后自己也被鹰啄死在大山下。

白佑三唱译，宋自华记录、整理。收入《彝族阿哩》，32开，13页，200余行，四川民族出版社1998年版。（宋自华）

苦情调

彝族叙事诗。流传于云南省元江哈尼族彝族傣族自治县彝族地区。唱述仙女玉花和凡人松哥的悲苦爱情。仙女玉花和彝家猎人松哥因相爱而触犯了天规，天神就下凡来惩罚松哥和玉花。趁松哥上山打猎的时候，天神射倒石岩、射倒大树想砸死松哥，但没有得逞，就又射下天上的云彩弥漫山上，使松哥什么也看不见。后来，玉花求天神饶恕他们，但天神不依，与玉花战得天昏地暗。玉花终于赶走了天神，但那是假天神，真天神把松哥的魂拴走了。玉花和爷爷抱着松哥痛哭，忽然一个炸雷打来，将三人打死，他们变成三只鸟，快乐地生活在一起。

白佑三唱译，宋自华记录、整理。收入《彝族阿哩》，32开，13页，200余行，四川民族出版社1998年版。（宋自华）

逃婚的姑娘

彝族抒情长诗。流传于云南省元阳、石屏、金平、红河等县彝族地区。全诗分为序歌、相识、深爱、送别、吃火炒豆、逼嫁、在婆家、回娘家、相会、哭诉、教训、寻妹、逃走十三章。唱述的是：一对贫苦的青年男女由相遇到深爱，姑娘被迫卖到婆家，最后寻机会逃跑出去，寻找到自己心爱的阿哥倾诉苦情，两人相约结伴逃到一个“生长五谷的地方”，盖起新茅屋，过上了人们所向往的幸福安乐的日子。表现了封建婚姻制度的不合理及彝族青年男女的反抗精神。

佚名唱述，徐嘉瑞、钟鸣整理。收入《云南少数民族叙事长诗全集》，16开，19页，1400余行，云南教育出版社2012年版。（阿南）

逃到甜蜜的地方

彝族抒情长诗。流传于云南省石林彝族自治

县。全诗由序曲、活是一条心死是一堆土、不管你走到哪里妹妹都跟着去、水塘边上是甜蜜的地方、走到了水塘边、别人喜欢啊我们也喜欢、生了男孩女孩、回家看望爸爸妈妈、尾声九章组成。唱述一对相爱的青年男女为争取爱情、终成眷属，相约双双逃婚的故事。姑娘被父母逼迫嫁给一个“处处惹人厌”的男子。姑娘从丈夫家逃回到故乡与相爱的情人相会后，倾诉她被嫁后的痛苦思念，并向情人提出给她赎身的要求。但男方家境贫寒，拿不出赎身钱。无奈，两个年轻人商定：“活是一条心，死是一堆土，我们逃到甜蜜的地方去！”于是，一对恋人偕同逃婚，要逃到一个“甜蜜的地方”。可他们还未到达目的地，就被姑娘的丈夫带着人找到了他们，“棕索拴住了哥的手，棕索拴住了妹的手”，将他们强行拖回去关进了黑房。一对情人饱受折磨，设法先后逃出了黑房，再次商量相伴逃走。他们走了半月十五天，终于“走到水塘边——好吃好穿好在的、甜蜜的地方”。在这理想的地方，他们起房盖屋，盘田种地，生儿育女，过上了自由幸福的生活。

佚名唱述，袁勃整理。收入《云南少数民族叙事长诗全集》，16开，15页，1100余行，云南教育出版社2012年版。（阿南）

阿依阿芝

彝族抒情长诗。流传于川滇大、小凉山彝族地区。唱述的是：一个一年前播种时节远嫁到异乡的姑娘阿依阿芝，在婆家像牛马一样做着苦役，过着悲苦凄凉的生活。她日夜思念家乡，思念亲人，渴望回一次娘家，见一面亲人。又到收获季节了，主人公唱道：“去年撒种燕麦时来到这里的，现在又到秋收时候，燕麦已割完，可我还没有回去；去年播种荞子时节来到这里的，现在又到了秋收时候，荞子已收完，可我还没有回去。”阿依阿芝为了能回娘家一次，她在收割完的荞麦地里捡燕麦穗，酿成酒，一杯酒献给婆婆，请求让她回娘家一次，婆婆不答应。二杯酒献公公，请求让她回娘家一次，公公不答应。三杯酒献给小姑，请小姑在爹妈面前为她说几句好话，遭到拒绝。她非常悲伤，自言自语道：“阿芝呀，现在该自己决定了。”于是，阿依阿芝毅然逃回到了娘家。长诗突破了一般抒情诗哀伤、消极的结局，而采取积极抗争的态度，以寄托希望和前途。

佚名唱述。收入《中国少数民族歌谣》（补充资料本），16开，20页，800余行，中国少数民族歌谣编选组1960年编印。（阿南）

哭嫁歌

彝族抒情长诗。流传于滇中、滇西一带彝族地区。其内容有出嫁者的主哭，又有女伴们的伴唱，有分有合，共同来哭诉封建买卖婚姻制度的残酷无情；哭唱新娘对乡土、对父母、兄妹和女伴们难以割舍的眷恋；哭唱将要远离所熟悉和热爱的故土和亲人，去一个陌生的地方和家庭，与公婆、丈夫去生活的畏惧和对前程的难以揣测；有的哭唱出嫁后对自己命运的忧虑与担心，以及对社会、对公婆、对媒人的质问与倾诉。婚期愈接近，哭唱就愈悲怆、凄凉。通常都要哭到夜深人静，雄鸡报晓，尽情地将心中的忧伤、哀怨倾诉出来。因此，彝族人民把姑娘们出嫁时哭唱的这种婚俗诗歌，统称为“哭嫁歌”。它所涵盖的社会思想内容，大体上可以概括为几个方面：一是表现了快出嫁的新娘对姑娘时代的生活和养育自己的家乡的无限眷恋；二是反映了以男子为中心的社会里男女不平等的现象，诉说了妇女的苦；三是控诉家长制家庭；四是揭露和控诉封建买卖婚姻制度。

佚名唱述，李兴茂、芮增瑞、阿鲁斯基等整理。收入《云南少数民族叙事长诗全集》，16开，18页，1300余行，云南教育出版社2012年版。（阿南）

我的幺表妹

彝族抒情长诗。广泛流传于川滇大、小凉山彝族地区。全诗分为相爱、盟誓、卖婚、离别、忠贞、活埋等十二章，用第一人称“表哥”之口吻，抒写了一对青梅竹马的恋人的爱情悲剧。一对自幼相好的恋人被舅父舅母活活拆散，幺表妹被逼另嫁给有钱人，幺表妹拼死反抗，宁死也不嫁给有钱人，结果被有钱人活埋了。长诗开始部分是对诗中的女主人公幺表妹的外貌描写，赞美她聪明美丽、勤劳能干，接着叙述表哥和幺表妹初恋时的喜悦和对爱情的忠贞不渝：“表哥像一只岩蜂，只绕着表妹飞”“表妹像一株菜花，只开给表哥看”。他俩相爱很深：“人是两个人，但只有一颗心。”他们对天赌咒，对地发誓，表达对爱情的忠贞。然而，在奴隶社会的买卖婚姻制度下，一切的道德准绳，以及所有的海誓山盟都惨遭践踏，一场“卖婚”的惨剧终于上演了，留给表哥的只有深情的思念。长诗通过青年男女爱情上的不幸遭遇，揭露了彝族奴隶社会带给青年男女的痛苦，表达了广大彝族青年对自由婚姻和幸福生活的渴望。

四川省民间文艺研究会编。收入《大凉山彝族民间长诗选》，32开，39页，700余行，四川人民出版社1960年版。（阿南）

阿嫫妮惹

彝族抒情长诗。又名《彝族叙事长诗经典·妈妈的女儿（彝汉文对照）》。流传于云南省宁蒗彝族自治县彝族地区。由序歌、成长、议婚、原来如此、出嫁、埋怨、乡情、送别、送亲、出嫁之后、思念父母、诉苦、劝慰、尾声等部分组成。长诗以阿嫫妮惹（妈妈的女儿）远嫁他乡后思念自己的家乡和父老乡亲，追忆童年生活和成长过程，哭诉包办婚姻给她带来的婚姻灾难为主线，叙述了旧时代一个彝族女子的人生。展示一位美丽、勤劳、能干和善良的彝家妇女在黑暗的旧社会里的悲剧命运。

阿鸿拉嘎记录，王文优、马文芳翻译，《宁蒗彝族文化丛书·阿嫫妮惹译注》，32开，73页，1600余行，云南民族出版社2018年版。（刘琳）

妈妈的女儿

彝族抒情长诗。流传于川滇大、小凉山彝族地区。长诗以“苦”为基线，按时间顺序展开抒写一个嫁到远方的彝族姑娘的悲苦人生。叙事与抒情结合，用第一人称的口吻，以自叙、回忆、抒情的方式来抒写诗中人物不幸的生活和悲惨的命运，是一首凄楚动人和倾诉苦情的哀歌。长诗反映旧时代彝族妇女的痛苦与悲哀，控诉奴隶社会父权制下买卖婚姻及不合理的风俗习惯给妇女带来的沉重灾难和无尽的痛苦，表现妇女对买卖婚姻制度的强烈控诉和对自由的憧憬。彝族姑娘出嫁时，常常要唱这种“苦歌”，因此，又叫“哭嫁歌”。在云南流传的该诗结尾抒写道：“愿天下的禽类中，不要再有无家的大雁；愿天下的妈妈，不要再有苦命的女儿！”

曲木嫫唱述，罗德荣补校，罗有芬、基默热阔记录，基默热阔、吉火王加整理。载民族文学《山茶》1985年第6期，16开，4页，500余行。又见吉格阿加翻译、且萨乌牛审订《彝族叙事长诗经典·妈妈的女儿（彝汉文对照）》单行本，32开，53页，1000余行，贵州民族出版社2009年版。又见姚昌道收集，收入《凉山民间文学集成》（上，歌谣卷），32开，65页，1600余行，西南交通大学出版社1993年版。（阿南）

阿热妞

彝族抒情长诗。流传于川滇大、小凉山彝族地区。抒写一对情人（表兄妹）被拆散后的思念情感。歌颂了高尚、纯洁、坚贞的爱情。不合理的买卖婚姻制度，无情地拆散了一对对有情人，所以主人公愤怒控诉说：“山上的花树快被人砍光了，村里的姑娘快被人卖完了。”他心爱的表妹也被“她妈把她嫁出了九重山”，他是那样地思念着她：

“花花太阳把人晒软了，阿妞表妹把人想憨了。”他多么渴望见一眼表妹，可是连表妹的身影都见不到一眼，他只有每天在那里悲伤地怅望：“阿妞呀，叫我怎么不想你，沙树开花的时候，就记起我们在沙树下发誓，沙树万年不枯老，我们一辈子不分离。阿妞呀，叫我怎么不想你，山沟流水的声音，常使我想起你弹的口弦，我们的心像水波一样的激动，水流不完，我们的相爱也没有个休止。阿妞呀，叫我怎么不想你，荞子开花的时候，就想起我们在荞子地边谈的事，荞子为啥要开花？荞子无花不结籽。如今荞又开了花，荞子地边却缺了你。”这是初恋时的甜蜜回忆！主人公如痴如醉地天天唱、夜夜歌，希望他的歌声把心爱的表妹引到他身边来。长诗使用反复和排比的手法，尽情地表达了表哥对表妹的无限思念之情。

恩扎维基唱述，佚名记录。收入《中国各地歌谣集·云南歌谣》，32开，13页，200余行，人民文学出版社1960年版。（阿南）

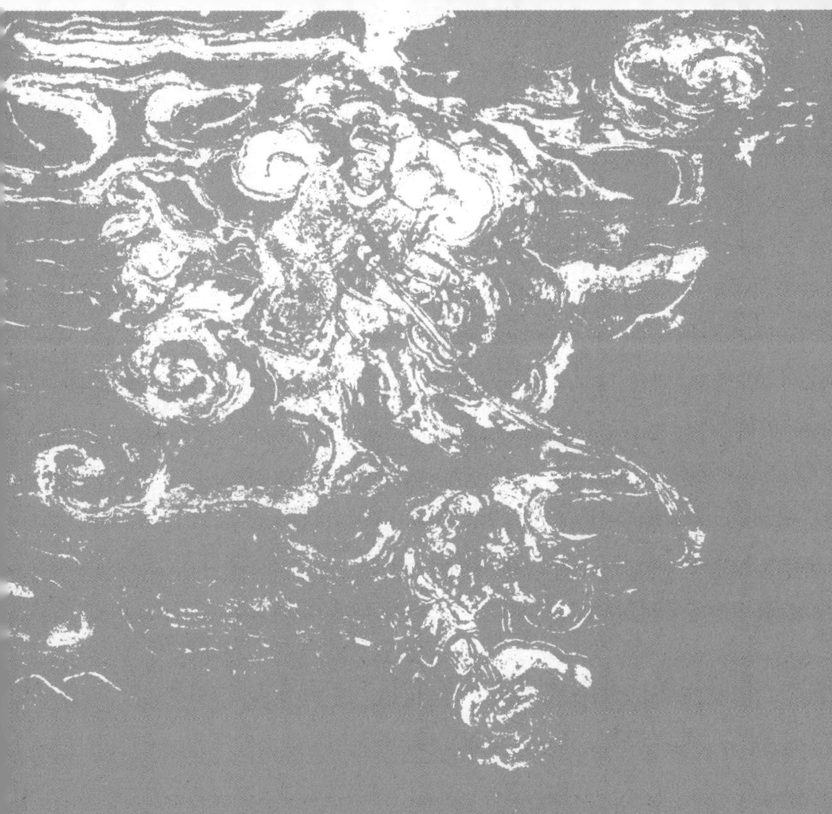

彝族歌谣

一 创世歌

天地是怎么分开的

彝族创世歌。流传于云南省镇雄县彝族地区。唱述的是：远古的时候，天裹着大地，大地连着天。后来，从一个洞中出来一对人，他俩大吼一声，把天震得往上飘，把地震得往下沉，就把天和地分开了。他俩不知道天的名字，也不知道地的名字，只知道他们是站在一个宽阔无边的地方把天地分开的。

赵福清、陈世清唱述，陇家宽翻译，武孔杰采录。收入《中国歌谣集成·云南卷》，16开，1页，12行，中国ISBN中心2003年版。（普学旺）

造天造地

彝族创世歌。流传于云南省姚安县彝族地区。唱述的主要内容是：过去没有天，没有地，蜘蛛织的网就是天，巴根草就是地。后来，一阵大风吹来，把蜘蛛网和巴根草都吹烂了，观音来了才补好了天地。罗列和勒黑来撒天种和地种。撒天撒九里，天上就有了九个太阳；撒地撒七里，就撒出了七个月亮。后来，盘古拿着锤和钻子来钻太阳和月亮，才把九个太阳钻落在西山，把七个月亮钻落在阿佤山。

佚名唱述，李世忠采录。收入《中国歌谣集成·云南卷》，16开，1页，44行，中国ISBN中心2003年版。（普学旺）

牛变万物

彝族创世歌。流传于云南省姚安县彝族地区。唱述的主要内容是：古时没有天地，观音杀牛来造天地，用牛皮做天，牛血做地，左膀做太阳，右膀做月亮，用牛眼做星星，牛肚做大海，用大肠做江河，用小肠做水沟，用牛毛做草木，用牛身上的虱子做籽种，并让蚂蚁来种地，让石蚌和人类来盘田。从此世间风调雨顺，粮食丰收。

佚名唱述，李世忠采录。收入《中国歌谣集成·云南卷》，16开，1页，33行，中国ISBN中心

2003年版。（普学旺）

兄妹造天地

彝族创世歌。流传于云南省南华县彝族地区。唱述的主要内容是：古时没有天地，天神格兹丢下一个球，球在空中炸开，就炸出了两兄妹。格兹天神叫兄妹造天地。哥哥看见蜘蛛，就学蜘蛛结网的方法造天；妹妹看见藤子，就学着藤树造地。因哥哥贪玩，时常睡大觉，就把天造小了；而妹妹从来不贪玩，就把地造大了，结果天和地合不拢。哥哥就去找勾藤刺做针，妹妹又找来芦苇草做线把天地缝拢，但地边起了皱褶就变成了山和河。后来，人类把哥哥当天神，把妹妹当地母来崇敬祭祀。

周从信唱述，者厚培、余立梁记录、翻译。收入《云南民间文学集成·云南彝族歌谣集成》，32开，4页，76行，云南民族出版社1986年版。（普学旺）

开天辟地（一）

彝族创世歌。流传于云南省双柏县彝族地区。主要内容是：远古时候云彩被用来造天，雾露被用来造地；天像大篾帽，地像大簸箕。天上有棵很大的娑罗树，它的花朵和果实就是日、月、星、云、雾。地上有树林，有飞禽走兽，有江河湖海，有各类水生动物，唯独没有人类。后来，林中的猴子变成人类，他们用树叶做衣裳，以果子当粮食，把岩洞当住房，并发明了火种。在长期与大自然的搏斗中，他们发明了结绳记事，学会了驯养牲畜，能分清春夏秋冬、月大月小、日长日短。从此，种粮食按季节耕种，生活有了规律。

佚名唱述，苏锡纬记录。收入《双柏民间文学集成》，32开，3页，55行，云南民族出版社1992年版。（施选　朱琚元）

开天辟地（二）

彝族创世歌。流传于云南省南涧彝族自治县彝族腊罗支系地区。唱述天地万物的起源。主要内容是：七个父子造天，四个母女造地。天地造好后，洪水泛滥淹没了人。观音老母见洪水中有葫芦，叫老鹰叼出葫芦，又叫老鼠咬开，里面出来兄妹二人。兄妹俩按照观音老母的主意，以滚磨是否重合来决定是否成亲，滚磨的结果是重合，于是他俩成亲繁衍后代。他们生了九个儿子，后来老大成了彝族，老二到老六依次成了苗族、佤族、傣族、壮族、白族，老七到老九成了汉族。

熊朝廷、自成清、自直清等唱述，熊朝学搜集、整理。收入《南涧民间文学集锦》，32开，4页，150行，南涧彝族自治县彝学会、文体局2004年编印。（巴子）

天地史

彝族创世歌。流传于川滇大、小凉山彝族地区。描写天地的产生及其演变过程，反映了彝族古代先民朴素的宇宙观。

由马海木呷、岭光电、罗家修依据云南省永善县彝文手抄翻译。收入彝汉对照本《古侯》（公史篇），32开，2页，30行，四川省民委彝文工作组1980年编印。（时长日黑）

开天辟地调

彝族创世歌。流传于云南省武定县彝族地区。唱述的内容是：远古的时候，到了鼠年这一年地还很不平，过了半年地平了，箐也形成了。再到了虎年虎月，三座最高最大的山长成了。在第二高山毫栗山梁上，雪花落下来变成了一个男孩，从此开始有了人类。人类生成的第二天，格租天神放了一只鸡到世间来与人类做伴。人早生一天，鸡迟生一天，所以人在房里住，鸡歇屋檐边。

李正彦唱述、翻译，雷朴记录。收入《云南省民间文学集成·武定县民间歌谣集成》，16开，2页，58行，武定县文化局、民委、文化馆集成办1989年编印。（钱丽云　朱琚元）

天地演变歌

彝族创世歌。流传于云南省石屏县彝族地区。唱述了天地演变形成的过程。远古时天地未分明，四方昏沉沉。后经数代演变，最终形成了天地。但到天地的第十代，万物又遭毁灭，后来形成的天地，模样变得异常。

邱忠贵唱述，阿楠记译。收入《云南民间文学集成·石屏歌谣卷》，32开，2页，39行，石屏县文联1996年编印。（谭玉婷）

虎咬日月

彝族创世歌。流传于云南省武定县彝族地区。唱述远古时天上有七个太阳，每个太阳的光线分成三束，头束照在山箐里，晒枯了树木，鸟儿没处栖；第二束照在大海里，晒干了海水，鱼儿没处游；第三束照在山坡上，晒枯了草木，牲畜没处放。老虎和黑狗相约去咬日月，老虎咬太阳，黑狗咬月亮。之后，山头上起了云雾，下了三场暴雨，分别下在山箐、大海、山坡上，花草树木全活了，大地一片生机。

李茂生唱述，孟之仁翻译，杨自荣记录。收入《云南民间文学集成·云南彝族歌谣集成》，32开，3页，40行，云南民族出版社1986年版。（钱丽云　朱琚元）

唤日唤月

彝族创世歌。流传于云南省石屏县彝族地区。唱述的是：姆咪阿梅若到红叶山用金锤银锤打造金房银房，杀牛祭献后在房子四角喊日月，喊了九天九夜，才喊出了九个太阳、九个月亮；姆咪阿梅若到山顶用铜锤铁锤打造铜房铁房，杀羊祭献后在房子四角喊，喊了七天七夜，喊出了北斗七星；姆咪阿梅若到山脚用木锤竹锤打造木房竹房，杀公鸡祭献后在房子四角喊，喊了三天三夜，喊出了数不清的星斗。

邱忠贵、邱保云唱述，阿楠录音，阿楠、张进发记译、整理。收入《云南民间文学集成·石屏长诗卷》，32开，2页，56行，云南省石屏县文联1999年编印。（李朝旺）

白多摆奇分昼夜

彝族创世歌。流传于云南省武定县彝族地区。唱述的主要内容是：远古的时候，天地间昼夜不分，天黑了就不亮，亮了又不会黑；人没有房子住，鸡没有栖息处，天空没有白云飘，地上蚂蚁没有洞。自从白多摆奇来了以后，天地间才分昼夜。他教大家到山顶去放羊，到深箐去放猪。从此地上蚂蚁开始做窝，鸡有了栖息处，人开始学会起房建屋。人类开始有了婚嫁，女人要出嫁，男人要娶亲。

李培成、杨炳荣唱述，闫开明、普连明、普连芳记录，李正彦翻译。收入《云南省民间文学集成·武定县民间歌谣集成》，16开，1页，25行，武定县文化局、民委、文化馆集成办1989年编印。（钱丽云　朱琚元）

诺谷造人种

彝族创世歌。流传于云南省红河县彝族地区。唱述的主要内容是：远古的时候，龙王罗塔纪生了一个独儿子，名叫诺谷。诺谷带着法宝筛竹达和铁扫帚劈开水路来到大地上，看见大地像一个鸡蛋，天与地之间混沌茫茫，没有日月，没有人类。诺谷用铁扫帚把天扫得干干净净，并拿筛竹达打开天门放出日月和星辰；又到地上把大地扫平，"竖的画一条，变成大江河，横的画一条，变成小溪河"。诺谷扬起扫帚上的尘土，就变成了野草树木，又用红泥土造出飞禽走兽和独眼人，那些泥人分赴各地就变成了汉族、拉祜族、哈尼族、佤族、彝族、傣族等民族。诺谷又做泥人，并在泥人头上安羊角，推到地底下就成了阴间人。诺谷又造五帝神，推到天上去，就变成了统管东、南、西、北的四大神和天神的总管绸古子天神。从此天地生机盎然。

李八一奎唱述，白刊宁、白祖文、涅努巴西翻译，涅努巴西记录。收入《云南民间文学集成·云南彝族歌谣集成》，32开，7页，150余行，云南民族出版社1986年版。（普学旺）

恳洪

彝族创世歌。流传于贵州省威宁彝族回族苗族自治县、赫章县。讲述的是：天地产生时，人类处于蒙昧的原始时期。人的脸面像猴子，牙是耗子牙，吃野果，喝露水，树叶当衣穿，过着原始群居生活，知母不知父。反映了原始初民的群居生活。

高登才讲述，代俄勾兔汝记录、翻译。收入《民间文学资料》第六十八集，32开，1页，43行，中国民间文艺研究会贵州分会1985年编印。（罗德显）

传说歌

彝族创世歌。流传于贵州省威宁彝族回族苗族自治县和赫章县彝族地区。唱述的内容是：彝族先祖笃慕在天帝耿兹的撮合下，和贝谷恳嘎和姑舍尼姑娘、能奢尼姑娘、布色吞姑娘建起歌场，兴起了对歌，从此青年男女有了到歌场对歌的依据，也有了比舞对歌的仪式。

王子尧唱述，胡家勋记录，王子尧翻译。收入《中国民间文学三套集成·贵州省毕节地区地直卷》，32开，2页，60行，毕节地区民间文学集成编委会1988年编印。（罗德显）

洪水滔天歌

彝族创世歌。流传于云南省弥勒市彝族地区。唱述的主要内容是：在远古的洪荒时代，天上的十二条龙和地上的十二条龙想法不一致，天龙要求下雨，地龙则说要干旱，谁也不服谁，便相互争打起来。第一个回合是地龙胜天龙，三年未下一场雨，地上处处闹旱灾；第二个回合是天龙胜地龙，就下了九年的雨，大地被洪水淹没。人们受天神指点后做瓦桶、铜桶和木桶来避难，后来只有木桶中的兄妹得以幸存。按照天神的旨意，兄妹只好成婚，并生下一个怪葫芦。天神用宝刀将葫芦劈开，只见人种、五谷种和动植物种样样在其中，兄妹撒下百种就有了万物。撒在山腰的长出的人，就成了彝族；撒在平坝的长出的人，就成了汉族；撒在河谷的也长出的人，就成了壮族。

普义兴、普全福唱述，王兴德记译，白章富文字校正。收入《云南民间文学集成·云南彝族歌谣集成》，32开，7页，128行，云南民族出版社1986年版。（普学旺）

笃慕与洪水连天

彝族创世歌。流传于云南省宣威市彝族地区。记录了实叟时代，武洛撮王天朝昌盛，长子撮珠笃建立君主基业，逞强天下。撮珠笃生神子笃慕，神明聪慧，继承国业后实叟日益强大。天君很忌惮，派天兵攻打，天兵大败。天君邀来妖龙两条，用洪水淹没天下，七天又七夜。笃慕举族南迁到达洛尼白，部落渐渐强大。笃慕娶三个妻子，生下六祖，即武、乍二长房，尼、侯二次房，布、默二幺房。六祖修谱系，从一世希慕遮到二十九世武洛撮，武氏十二子，各有崇拜，繁衍发展。长房居昭通以南（滇西、滇南方向），次房居洛博以北（四川凉山），幺房居金沙江两岸。

张四清唱述，张尤发搜集、整理。收入《云南省民间文学集成·宣威民间文学集成·综合卷》，32开，6页，139行，云南民族出版社2001年版。（谭玉婷）

满锦十二发

彝族创世歌。流传于云南省石屏县部分彝族地区。唱述的内容是：远古时地上没有人类，天仙为创造人类费尽了心思。先派火神下界创人类，火神创出的不是烟就是焰。再派一对金童玉女下界创人类，也没有成功。后来，神仙们用冰做骨、雪做肉、风做气、雨做血、星做眼，才创出了草、青松、杉树、筋草、铁草六种无血物和蛙、蛤蟆、蛇、鹰、熊、猴六种有血物。最后让猴一变再变，十代后才成了人类。

邱忠贵唱述，阿楠录音，阿楠、张进发记译、整理。收入《云南民间文学集成·石屏长诗卷》，32开，4页，238行，云南省石屏县文联1999年编印。（李朝旺）

创世歌

彝族创世歌。流传于云南省巍山彝族回族自治县彝族腊罗支系地区。唱述的主要内容是：造天之父用铁柱撑着天，用眼当日。造地之母用鱼拉成了地，用眼当月。造了天地和日月后，蜜蜂到苍山上的竹子里找到了婴儿。婴儿长大后，依从天意，与天女相配繁衍出帕巴木必、支哈那巴、阿佧阿倮、腊布（白族）、汉人、蒙氏等十家；又有密士神之女生鸡、天女生马、地女生牛、白云生绵羊、黑云生山羊、龙女生猪、底差神之女生狗，世上才有了家禽家畜。

佚名唱述，杨茂虞、杨世昌搜集、记译。收入《彝族打歌调》，32开，36页，200余行，云南民族出版社2002年版。（巴子）

人类进化歌

彝族创世歌。流传于云南省石屏县彝族地区。讲述了原始人类（独眼人）的生存状况。独眼人时代，人猴分不清，猴子生儿女，变成独眼人。独眼人住岩洞，以草和树叶做衣裳，忍饥挨饿，不知冷热生熟，后石头击出火星，引起森林大火，人类方开始用火。

邱忠贵唱述，阿楠记译。收入《云南民间文学集成·石屏歌谣卷》，32开，2页，32行，石屏县文联1996年编印。（谭玉婷）

阿文苟兹图

彝族创世歌。流传于云南省武定县彝族地区。唱述了古时候有三兄弟上山去犁荞地，次日地又还原了，三兄弟觉得奇怪，就在地里下了扣子，扣住了天神变的豪猪。豪猪请老大解扣子，老大不肯，豪猪告诉他洪水就要泛滥了，赶快打只铁船躲在里面；豪猪请老二解扣子，老二也不肯，豪猪告诉他洪水就要泛滥了，赶快打只铜船躲在里面；豪猪请老三解扣子，老三心肠好，把扣子解开了，豪猪告诉他赶快去种葫芦，洪水来了躲在葫芦里。洪水泛滥时，铁船、铜船沉了底，只有葫芦漂在水面上。洪水过后，比氏罗氏两兄妹从葫芦里出来，豪猪让兄妹二人成了亲，数月后生下九子，老大是苗族，老二是黑彝，老三是汉族，老四是回族，老五是撒梅（彝族支系），老六是傣族，老七是罗敏（彝族支系），老八是傈僳族，老九是密岔（彝族支系）。从此，人烟渐渐稠密起来。

孙朝林唱述，祁树森、李世忠记译。收入《云南民间文学集成·云南彝族歌谣集成》，32开，7页，150余行，云南民族出版社1986年版。（钱丽云　朱琚元）

仙女传凡宗

彝族创世歌。流传于云南省武定县部分彝族地区。唱述的是：从前，有一个名叫租发的小伙子，父母不幸病重去世，租发一个人孤苦伶仃，无力埋葬父母，只好卖身葬父母。天上的女神仙白姑秋觉得世上的人就数租发最可怜，就求大姐下凡嫁给租发，大姐不愿意，再求二姐，二姐也不愿意，好心的七妹白姑秋只好自己下凡来嫁给租发。七妹嫁给租发三年后生了一个男孩，她把儿子留在人间就匆匆返回了天庭。从此，人间有了仙裔。

李正彦唱述、翻译，杨远超录音，雷朴记录。收入《云南省民间文学集成·武定县民间歌谣集成》，16开，2页，46行，武定县文化局、民委、文化馆集成办1989年编印。（钱丽云　朱琚元）

两兄妹

彝族创世歌。流传于云南省牟定县彝族地区。唱述的是：很古的时候，有一家人有五个儿子和一个姑娘，他们在山中以种地为生。有一天，天上的神仙下凡，变成一个老人，把自己扣在人们支好的扣子里面，欲试人心好坏。老人分别向麂子、狗、大哥、二哥、三哥、四哥求救，但无一人帮他解扣子，老人告诉大哥、二哥、三哥、四哥分别打造金、银、铜、铁箱子，躲在里面避水灾。老五和小妹看到老人被扣在扣子里就把老人解救出来。老人送给两兄妹一颗葫芦籽，并让他们栽种，一天浇三次水，没多久就结了个大葫芦，兄妹俩躲进葫芦中避过了洪水。神仙为传人种，就让兄在河头洗澡，妹在河尾洗澡，妹妹怀胎后，一胎生下九个儿子。三个儿子吃马奶，三个儿子吃猪奶，三个儿子吃狗奶。儿子们长大以后各立门户，人种才传了下来。

李正顺、普兴科唱述，普启旺翻译、记录。收入《云南省民间文学集成·牟定县综合卷》，32开，8页，300余行，牟定县民间文学办公室1989年编印。（李惠兰　朱琚元）

若虎与摆则

彝族创世歌。流传于云南省牟定县部分彝族地区。唱述的是：远古的时候，有一个小伙子叫若虎，是他来造天；有一个姑娘叫摆则，是她来开地。若虎因为贪玩，把天造小了；摆则非常勤快，把地造大了。摆则只好缩小地盘，缩回的地盘就成了今天的高山。天地造好后，万物开始繁衍，只有人类还没有开始繁育子孙。若虎喜欢摆则姑娘，摆则也喜欢若虎，可是他俩被大山和大河隔开了，一个在东方，一个在西方。若虎向东走去找摆则，摆则向西走来找若虎。翻过了九十九座山，若虎来到一座山上，摆则可以看见他，但是一条大断岩隔断了他们。摆则让若虎去找金、银、铜、铁矿来搭金桥、银桥、铜桥、铁桥，接通断石岩。若虎要过桥去会面，摆则又让他去驯服野牛耕地。若虎打了条铁链来驯服野牛，架起牛犁犁了九道梁子，摆则撒了九座山的种子，他们终于在一起了。一年以后，摆则生下了一对双胞胎，从此人种一代接一代地传了下来。

李学书唱述，李国林搜集、记录。收入《云南省民间文学集成·牟定县综合卷》，32开，6页，200余行，牟定县民间文学办公室1989年编印。（李惠兰　朱琚元）

笃米世系

彝族创世歌。流传于贵州省威宁彝族回族苗族自治县和赫章县彝族地区。史诗唱述的是：人类从恒汝发展到笃米俄，共三十一代，谱系为父子连名。到笃米时期，人类遭受千年不遇的洪灾，只有笃米幸存，便娶姑色尼、娄色能、布色吞三神之女为妻，生有六子，向宇宙四方迅速发展，在乌撒一支传有七十代。

杨春翻译。收入《中国民间文学三套集成·贵州省毕节地区·赫章县卷·彝族》，32开，2页，100余行，赫章县民间文学集成编委会1988年编印。（罗德显）

宇宙人类

彝族创世歌。流传于贵州省威宁彝族回族苗族自治县和赫章县彝族地区。唱述的是：武洛撮为彝族再生始祖，有了人类，就有宇宙万物的分类，青女青男，红女红男，黑女黑男，白女白男，黄女黄男也先后产生。天干地支由人来定，把一年分为四季，由岩色吐咪塔、诺色能弥府、布色那米沟、沽色尼米祖四贵人分管春夏秋冬，实勺的四贵子守宇宙四方。

龙正清记录。收入《中国民间文学三套集成·贵州省毕节地区·赫章县卷·彝族》，32开，4页，300余行，赫章县民间文学集成编委会1988年编印。（罗德显）

古老古代

彝族创世歌。流传于贵州省兴义、兴仁市一带。唱述的是：天、地、人形成后，人们过着原始群居的生活，原始初民和睦相处，没有歧视，没有阶级，子孙繁衍。吃饭穿衣，见者有份，人人平均又平等，那是一个理想的社会。

李海明讲述，唐春芳记录，李海明翻译。收入贵州省《民间文学资料》第二集，32开，2页，100余行，贵州省文联1957年编印。（罗德显）

四季的传说

彝族创世歌。流传于贵州省威宁彝族回族苗族自治县和赫章县彝族地区。传说古时候四季不清，时间不明，人类难以生存，后由天父米咕鲁和娄师耶用红绿线量出四方，定下四时。把一年分为四季，三月变一次，从此有了春夏秋冬。

阿侯布斗讲述，杨春记录、翻译。收入《中国民间文学三套集成·贵州省毕节地区·赫章县卷·彝族》，32开，1页，38行，赫章县民间文学集成编委会1988年编印。（罗德显）

米弥撮斗儿

彝族创世歌。流传于贵州省威宁彝族回族苗族自治县和赫章县彝族地区。史诗由开天经、辟地经、人生经三部分组成。叙述天、地、人的形成过程，轻清气上升为天，产生了年、月、日、时，重浊气下降为地，形成了金、木、水、火、土五行；人类由气兴，全靠气来变，变成了五脏六腑。

龙正清记录、翻译。收入《中国民间文学三套集成·贵州省毕节地区·赫章县卷·彝族》，32开，3页，200余行，赫章县民间文学集成编委会1988年编印。（罗德显）

君臣师的传说

彝族创世歌。流传于贵州省威宁彝族回族苗族自治县和赫章县彝族地区。唱述的内容是：天地由清浊二气形成后产生了哎和哺，哎为天君，哺为地臣。到了列哲舍时代，众人推选列哲舍为君，皮武吐为臣，举腮则为毕摩，建立了君、臣、师三位一体的政权体制。

杨春讲述、翻译。收入《中国民间文学三套集成·贵州省毕节地区·赫章县卷·彝族》，32开，2页，120余行，赫章县民间文学集成编委会1988年编印。（罗德显）

争世主

彝族创世歌。流传于云南省红河县彝族地区。唱述的是：盘古开天地，世间生灵众多，为了生存，互相争斗不息。后来它们派代表去找天神，请天神择选世主。天神让兽、禽、鱼及人比赛本领，胜者为世主，败者听主管。经过多次角逐，人类因老鹰相救，用两石摩擦起火星，点燃干柴草，熏得兽类、鱼类、禽类逃走，它们不禁哀啼，愿服人类管。人类当了世主，分封各物王，“象为陆地王，狮子兽中王，龙为水中王，鹰为飞禽王，鸱为夜禽王”。但老鹰救过人祖的命，人类允许其随便叼吃鸡、鸭、鼠。

白万才唱述，白瑞义、冉裕科记录、翻译，蛮夫整理。载《红河民族语文古籍研究》第6期，32开，3页，100余行，红河哈尼族彝族自治州民族语文古籍研究所1986年编印。（龙倮贵）

金竹生彝王

彝族创世歌。流传于广西壮族自治区那坡县彝族地区。唱述的是：远古时，有一女子在河边洗身，一节金竹从上游流下，紧贴她的双腿。女子捡起金竹，破开，一个婴儿从竹节落地，哇哇啼哭，她抱回抚养。婴儿八岁就学武，十八岁当夜郎王，成了彝族祖先。彝民认为金竹养育了彝王，所以赞颂金竹。

黎克明吟诵，王光荣、农秀英笔录并译成汉文。收入《中国歌谣集成·广西卷》，16开，2页，

24行，中国社会科学出版社1992年版。（王光荣 覃萍）

酒药和酒的传说

彝族创世歌。流传于贵州省威宁彝族回族苗族自治县和赫章县彝族地区。传说两位青年上山牧羊时采回香草，让莫阿外配制成药曲，交给聪明的娄那野、撒那野夫妇酿造出香甜的美酒，从此酿酒技术慢慢传开，人间处处有美酒，无论是叙谱、祭祀、婚礼等都少不了酒。

王秀平讲述，杨春记录、翻译。收入《中国民间文学三套集成·贵州省毕节地区·赫章县卷·彝族》，32开，3页，160余行，赫章县民间文学集成编委会1988年编印。（罗德显）

盐的传说

彝族创世歌。流传于贵州省威宁彝族回族苗族自治县和赫章县彝族地区。唱述的是：很早以前，人类无盐食用，百肴无味，自人们发现堵吐觉等三口盐井后，生活有滋有味，君臣师少不了它，亲戚朋友相聚离不得它。

根据彝文文献选译，杨春翻译。收入《中国民间文学三套集成·贵州省毕节地区·赫章县卷·彝族》，32开，2页，55行，赫章县民间文学集成编委会1988年编印。（罗德显）

二 仪式歌

送魂经

彝族祭词。流传于广西壮族自治区那坡县彝族地区。为长老举行葬礼仪式和农历四月跳弓节祭祖时吟诵。叙唱广西那坡彝族送魂路线。由那坡县达腊彝寨出发，途经达平、那满、项堂、沙坳、银井、石尖、马拔、良坡、那响等地，又经下野寨、上野村、那年、者卜、石屏、那恒、结都后，到达相传为彝族亡魂聚集地的花土地温场、黑土地那祥。其中唱及的众多地名，均为彝族迁徙驻扎过的地方，也是送魂的必经之地。

“腊摩”（祭司）梁绍安吟诵，王光荣、农秀英笔录，译成汉文。收入王光荣、农秀英译注《那坡彝族开路经》，32开，8页，100余行，广西壮族自治区民族古籍办公室1998年编印。（王光荣　邱萍）

山势经

彝族祭词。流传于广西壮族自治区那坡县彝族地区。为长老举行葬礼仪式和农历四月跳弓节祭祖时吟诵。经词以拟人手法，叙唱广西那坡彝族居住地区的山势特征。所有的山及树木，就像人和动物一样，有雌雄之分。高大的山是雄山，矮小的山是雌山；不开花的树是雄树，开花的树是雌树；有泉水的山谷是雄谷，无泉水的山谷是雌谷，这是天地所定，自古沿袭至今。寓意人生死有别，界限分明，生生死死，符合自然发展规律。

“腊摩”（祭司）梁绍安吟诵，王光荣、农秀英笔录，译成汉文。收入王光荣、农秀英译注《那坡彝族开路经》，32开，2页，22行，广西壮族自治区民族古籍办公室1998年编印。（王光荣　邱萍）

造田经

彝族祭词。流传于广西壮族自治区那坡县彝族地区。为长老举行葬礼仪式和农历四月跳弓节祭祖时吟诵。唱叙广西那坡彝族先民造田耕种故事。

造田时分别杀牛、马，以及猪、狗、鸡、鸭、鹅等家畜、家禽。所造出的良田，根据造田时宰杀牲畜类别的不同，分别命名为“牛田”“马田”“狗田”“猪田”“鸡田”“鸭田”和“鹅田”。经词的后半段叙唱造田的艰难，在彝族、壮族、汉族同胞的共同努力下，最终开出大田，种成稻谷，造福后代。

“腊摩”（祭司）梁绍安吟诵，王光荣、农秀英笔录，译成汉文。收入王光荣、农秀英译注《那坡彝族开路经》，32开，3页，24行，广西壮族自治区民族古籍办公室1998年编印。（王光荣 邱萍）

铺子经

彝族祭词。流传于广西壮族自治区那坡县彝族地区。为长老举行葬礼仪式和农历四月跳弓节祭祖时吟诵。叙唱广西那坡彝族跟外族广南贩金人、桑当人、亚隆汉族人、亚隆壮族人、德隆平地人、安南老匠人、百都者赖人等的贸易方式，经词最后叙唱铺子大，凭火力；火力大，凭炭火；炭火旺，凭风力；风大，凭大路；路大，凭岩洞，将各种事物强大的力量源泉全部归功于岩洞，体现彝族对岩洞的崇拜。

“腊摩”（祭司）梁绍安吟诵，王光荣、农秀英笔录，译成汉文。收入王光荣、农秀英译注《那坡彝族开路经》，32开，4页，38行，广西壮族自治区民族古籍办公室1998年编印。（王光荣 邱萍）

祖灵经

彝族祭词。流传于广西壮族自治区那坡县彝族地区。为长老举行葬礼仪式和农历四月跳弓节祭祖时吟诵。叙唱彝族古老的禁忌习俗，如酥木不能用来做晒台柱，猴子不能倒挂着摇荡，马匹不能披上蓑衣，这些现象都是对祖宗不敬的行为。违反这些戒律，就会遭受祖灵的责怪，后代就要遭殃。经词强调这是对每位死者都要说的一番话，让他归仙后能更好的与列祖列宗安然相处，也是让每个生活在世的人都知道的话题，让大家领会到祖宗的尊严。反映彝族先民祖先崇拜观念。

“腊摩”（祭司）梁绍安吟诵，王光荣、农秀英笔录，译成汉文。收入王光荣、农秀英译注《那坡彝族开路经》，32开，2页，24行，广西壮族自治区民族古籍办公室1998年编印。（王光荣 邱萍）

会魂经

彝族祭词。流传于广西壮族自治区那坡县彝族地区。为长老举行葬礼仪式和农历四月跳弓节祭祖时吟诵。叙唱广西那坡彝族信仰中“老死”与“殇死”两种灵魂相会的情景。“老死”指正常死亡者，“殇死”指各种非正常死亡者。对他们寻找栖身地进行了描述。殇死者的灵魂需送到边远地带的崖洞，安置停当，不再去理会；老死魂则几经周折，先是迁到火灶旁，后又迁到寨子里、路上、地里、森林里，因位置都已被占，最终迁到河边，并用一种称“毛龙”的竹围之，用粽子、油团、米花糖和橙子等祭品祭之。

“萨喃”（第二祭司）王光实吟诵，王光荣、农秀英笔录，译成汉文。收入王光荣、农秀英译注《那坡彝族开路经》，32开，9页，66行，广西壮族自治区民族古籍办公室1998年编印。（王光荣 邱萍）

父母经

彝族祭词。流传于广西壮族自治区那坡县彝族地区。为长老举行葬礼仪式和农历四月跳弓节祭祖时吟诵。共四小节。第一节叙唱父母比强弱的故事。他们比试炖东西，父炖猪头，母炖羊头。结果父亲的猪头没煮熟，母亲的羊头却早已炖熟。后三小节，叙述父母在送葬仪式上对行人、送葬牲和各种送葬物进行检查。送葬牲包括牛、马、猪、鸡等，送葬物包括雨伞、长剑、芭蕉叶等。

“萨喃”（第二祭司）王光实吟诵，王光荣、农秀英笔录，译成汉文。收入王光荣、农秀英译注《那坡彝族开路经》，32开，16页，118行，广西壮族自治区民族古籍办公室1998年编印。（王光荣　邱萍）

迁徙经

彝族祭词。流传于广西壮族自治区那坡县彝族地区。为长老举行葬礼仪式和农历四月跳弓节祭祖时吟诵。共七个小节，第一小节叙唱彝族先民自解旦迁居康同，后因康同民众不和睦，风土不如意，迁居被视为彝族始祖发祥地的里旦。第二节叙唱阿插公报仇的经过，反映彝族的古老习俗和里旦的物产风俗。后五节叙唱彝族迁居里旦后的生活情形，以及从里旦朝南迁到那仰，又迁到那而、长坡、郎恒山等地，最后定居达腊寨的迁徙路线。

“腊摩”（祭司）黎克明吟诵，王光荣、农秀英笔录，译成汉文。收入王光荣、农秀英译注《那坡彝族开路经》，32开，34页，500余行，广西壮族自治区民族古籍办公室1998年编印。（王光荣　邱萍）

生辰经

彝族祭词。流传于广西壮族自治区那坡县彝族地区。为长老举行葬礼仪式和农历四月跳弓节祭祖时吟诵。叙唱死者阿贵公（代指）一生历经坎坷。他出生野外，遇野鬼，交厄运。父母缺乏维持基本生活的能力，连吃喝和生活用品都无法保障。没有好叶子包午饭，没有竹筒装凉水，这就注定他生活穷苦，也是他多病早逝的原因。阿贵公死后，无棺无衣，也没有家禽、牲畜用于祭祀。嘱咐亡灵安心离去。

“腊摩”（祭司）黎克明吟诵，王光荣、农秀英笔录，译成汉文。收入王光荣、农秀英译注《那坡彝族开路经》，32开，8页，52行，广西壮族自治区民族古籍办公室1998年编印。（王光荣　王毅）

太阳经

彝族祭词。流传于广西壮族自治区那坡县彝族地区。为长老举行葬礼仪式和农历四月跳弓节祭祖时吟诵。用拟人手法叙唱彝族关于太阳的传说：太阳日夜发光，照得大地万物死亡，人们用酸醋和甜酒把太阳灌醉。太阳一醉难醒，天地一片黑暗，只能用火把照明，人们生活秩序混乱。于是派出公老、婆老、后生和姑娘去请太阳。公老和婆老年老体弱，还是姑娘才把太阳请出来，太阳重新成为万物赖以生存的源泉。祈求太阳指点祭祀仪式。

“腊摩”（祭司）黎克明吟诵，王光荣、农秀英笔录，译成汉文。收入王光荣、农秀英译注《那坡彝族开路经》，32开，13页，97行，广西壮族自治区民族古籍办公室1998年编印。（王光荣　王毅）

寿辰经

彝族祭词。流传于广西壮族自治区那坡县彝族地区。为长老举行葬礼仪式和农历四月跳弓节祭祖时吟诵。叙唱死者亲友和晚辈为死者阿贵公求寿。请求死者保佑自己的配偶、孝子、孝孙、兄弟、舅父母、姑父母和女儿、女婿们安康，不受疾病困扰。叮嘱死者：各人寿命在各人身上；自己寿命与他人不相干。

“腊摩”（祭司）黎克明吟诵，王光荣、农秀英笔录，译成汉文。收入王光荣、农秀英译注《那坡彝族开路经》，32开，11页，80行，广西壮族自治区民族古籍办公室1998年编印。（王光荣　王毅）

播种经

彝族祭词。流传于广西壮族自治区那坡县彝族地区。为长老举行葬礼仪式和农历四月跳弓节祭祖时吟诵。叙唱事物都要靠播种才能生存繁衍。从树木的种植，各种牲畜、家禽的繁衍到人类的生育，都需要经过雌雄的交媾、艰难的生产和细致的养育过程。彝族先民对“种子”的理解相当广泛：树木的种子，播下长成大树之后就是很好的木材，可以拿来造屋、做背板、斧柄、刀把等；“种子”播到马、牛、猪、狗、鸡等家畜、家禽身上，就能生育，播到人类身上就能生儿育女，天上人间概莫例外。

“腊摩”（祭司）黎克明吟诵，王光荣、农秀英笔录，译成汉文。收入王光荣、农秀英译注《那坡彝族开路经》，32开，5页，34行，广西壮族自治区民族古籍办公室1998年编印。（王光荣　王毅）

呗氏经

彝族祭词。流传于广西壮族自治区那坡县彝族地区。为长老举行葬礼仪式和农历四月跳弓节祭祖时吟诵。“呗”，彝语音译，意为无后代的单身死者。无嗣死者死后，人们将其灵魂送往特定的岩洞。叙唱男性单身死者上山砍下九棵树，剩下一棵枧木砍不动，反把斧头搞崩了，他伤心地哭泣。地祇阿龙听到后，问他何故哭泣。他如实告诉阿龙。阿龙给他出主意，帮他修好斧头，最后砍倒了那棵枧木。另有女性单身死者上山开荒，放火烧山，九样草都烧着了，只有一兜牛麻藤烧不着，开荒开不成，伤心地哭泣。地祇阿龙问明原因。阿龙告诉她牛麻藤是龙王的灵魂，需要送上祭品。从那以后，彝族男女常求经师搭台念经、寻祭牲、祭龙王，龙王受祭而施恩，呗氏得以安宁。

“腊摩”（祭司）黎克明吟诵，王光荣、农秀英笔录，译成汉文。收入王光荣、农秀英译注《那坡彝族开路经》，32开，4页，28行，广西壮族自治区民族古籍办公室1998年编印。（王光荣　王毅）

仲人经

彝族祭词。流传于广西壮族自治区那坡县彝族地区。为长老举行葬礼仪式和农历四月跳弓节祭祖时吟诵。叙唱一位名叫“阿仲”的男子的生平轶事。阿仲娶了美貌的“罩姑娘”为妻，多年未生育，阿仲本人诸事不顺，白衣、黑衣挨火烧，夫妇伤心地哭起来。地祇阿龙问他们是何原因，他们道出原委。阿龙指明他们循的规矩不符合族规，正常的族规应该是“姑妈后面跟媳妇”（姑表婚）。阿仲顺从阿龙之言，另娶一位本族表妹为妻，果然得一子，过上正常生活。

“腊摩”（祭司）黎克明吟诵，王光荣、农秀英笔录，译成汉文。收入王光荣、农秀英译注《那坡彝族开路经》，32开，22页，169行，广西壮族自治区民族古籍办公室1998年编印。（王光荣　王毅）

娄氏经

彝族祭词。流传于广西壮族自治区那坡县彝族地区。为长老举行葬礼仪式和农历四月跳弓节祭祖时吟诵。叙唱阿娄生有六儿六女，儿女长大了，儿子要娶妻，女儿要嫁人，阿娄想尽各种办法，让女儿嫁给各类动物，女儿均不依。最后有一女嫁老鹰，养育了后代。

“腊摩”（祭司）黎克明吟诵，王光荣、农秀英笔录，译成汉文。收入王光荣、农秀英译注《那坡彝族开路经》，32开，17页，123行，广西壮族自治区民族古籍办公室1998年编印。（王光荣　王毅）

赏脸经

彝族祭词。流传于广西壮族自治区那坡县彝族地区。为长老举行葬礼仪式和农历四月跳弓节祭祖时吟诵。经词告诫人们，一个人生活在世上要注意“赏脸”（讲究文明礼貌）。生养的儿女不要居住在鸟兽熊豹常来常往的地方，要定居于老祖宗开创之地。山道上行路，要守规矩。鳏夫娶寡妇，寡妇嫁鳏夫，若两边各自带有前夫、前妻的子女，衣食住行，要一视同仁。

“腊摩”（祭司）黎克明吟诵，王光荣、农秀英笔录，译成汉文。收入王光荣、农秀英译注《那坡彝族开路经》，32开，15页，114行，广西壮族自治区民族古籍办公室1998年编印。（王光荣　王毅）

父子经

彝族祭词。流传于广西壮族自治区那坡县彝族地区。为长老举行丧葬礼仪和农历四月跳弓节祭祖时吟诵。叙唱洪水泛滥，兄妹再造人类。一对父子因纠纷而闹分离，儿子在天上准备放水淹大地，父亲准备堵海水淹天，人类面临巨大的灾难。天婆闻讯，带三颗葫芦种到人间告诫人类洪水即将到来，海水即将淹天，但众人不听。天婆将葫芦种给了善良的兄妹。兄妹俩依照天婆叮嘱，在高坡、老林和地里种下葫芦种。洪水来临，兄妹俩躲在葫芦中逃过洪灾。洪水过后，人间只剩兄妹俩，在竹骝、契竹、萍竹等暗示下，兄妹俩最终成亲，再造人类。

“萨喃”（第二祭司）王光实吟诵，王光荣、农秀英笔录，译成汉文。收入王光荣、农秀英译注《那坡彝族开路经》，广西壮族自治区民族古籍办公室1998年编印。（王光荣　邱萍）

返故经

彝族祭词。流传于广西壮族自治区那坡县彝族地区。为长老举行丧葬礼仪和农历四月跳弓节祭祖时吟诵。分四个小节，前三节叙述广西那坡彝族的迁徙路线及在迁居地的生活，描绘了花彝和纳撒两支系的生活情景。最后一节描述彝族古时生下双胞胎，只留弟或只留姐的古俗，以及彝族用猴子、飞鱼、猪腿、猪肝等祭拜死者的祭俗。

“萨喃”（第二祭司）王光实吟诵，王光荣、农秀英笔录，译成汉文。收入王光荣、农秀英译注《那坡彝族开路经》，32开，28页，200余行，广西壮族自治区民族古籍办公室1998年编印。（王光荣　邱萍）

嫁女经

彝族祭词。流传于广西壮族自治区那坡县彝族地区。为长老举行丧葬礼仪和农历四月跳弓节祭祖时吟诵。叙唱彝族始祖阿谷嫁女儿的情形。描述女儿嫁到不同地方掌管不同事物的情况：到念远掌管黄牛、水牛，管家做主；到广南管铜类、铁类；到桑当、门茶掌管绿纸、红纸；到德隆、平孟管商人、小贩；到安南管绸缎、棉布；到果甘、坡报管绿席、红席；到百都、者赖管大喇叭、唢呐；到念毕、达腊管年节、团聚节等等，反映各地不同的物产，展现女性在古代社会的重要地位。

“腊摩”（祭司）梁绍安吟诵，王光荣、农秀英笔录，译成汉文。收入王光荣、农秀英译注《那坡彝族开路经》，32开，21页，165行，广西壮族自治区民族古籍办公室1998年编印。（王光荣　邱萍）

岩洞经

彝族祭词。流传于广西壮族自治区那坡县彝族地区。为长老举行丧葬礼仪和农历四月跳弓节祭祖时吟诵。全经分六节：第一节描绘岩洞概貌和岩洞人打猎情景。第二节叙述岩洞人走亲访友情形。第三节描述岩洞人与异族人赛马、比铁矛和竹木杠、摘五味子，显示那坡彝人的聪明机智，反映彝族与当地民族间的商贸往来。第四节叙述异族人包氏与岩洞人的矛盾和冲突。第五节叙述岩洞人与异族人兄弟相称、毗邻而居的情景。第六节叙述岩洞人夜公思念孙子，寻找孙子的艰难过程。喻指亡魂对故土家园生活的思念之情。

“腊摩”（祭司）黎克明吟诵，王光荣、农秀英笔录，译成汉文。收入王光荣、农秀英译注《那坡彝族开路经》，32开，53页，409行，广西

壮族自治区民族古籍办公室1998年编印。（王光荣 邱萍）

遇逢经

彝族祭词。流传于广西壮族自治区那坡县彝族地区。为长老举行葬礼仪式和农历四月跳弓节祭祖时吟诵。叙唱死者生前与他人相会的情景。通过描绘死者在坡兵、归糯、规关等地与人相逢情形及相遇地点的变化，反映死者一生的经历。经词还记载了相传为那坡达腊彝族祖先扎寨后最先开田种地之处坡兵、规糯，彝族人常下河捞鱼的规关，每年彝族情人节赶圩之地香街，以及做生意、做买卖的那桑街等，重现了彝族的劳动生活情景。对彝族婚娶习俗做全狗、泡酒石、打糯米饭包等礼仪亦有所描述。

“腊摩”（祭司）黎克明吟诵，王光荣、农秀英笔录，译成汉文。收入王光荣、农秀英译注《那坡彝族开路经》，32开，9页，67行，广西壮族自治区民族古籍办公室1998年编印。（王光荣 邱萍）

祭品经

彝族祭词。流传于广西壮族自治区那坡县彝族地区。为长老举行丧葬礼仪和农历七月祭祖时吟诵。叙唱广西那坡彝族选用祭品的习惯，不能用羊角、羊耳、黄牛角和瘟猪肉等祭祀先人，应用鲢鱼、鲤鱼、大虾、大螃蟹等“迎祖菜”。

“萨喃”（第二祭司）王光实吟诵，王光荣、农秀英笔录，译成汉文。收入王光荣、农秀英译注《那坡彝族开路经》，32开，9页，63行，广西壮族自治区民族古籍办公室1998年编印。（王光荣 邱萍）

康氏经

彝族祭词。流传于广西壮族自治区那坡县彝族地区。为长老举行丧葬礼仪和农历七月祭祖时吟诵。叙唱彝人阿康事事以己为先，不顾他人。泉水他先喝，柴火他先烧，招致村里人怨恨，几次欲惩治他，却没有成功。阿康最终自己吐血而死，其头成了天人舂米的碓臼，手、脚分别成为火夹、火钳，脚趾、手指成为鱼娘和鱼娃；指甲、趾甲成为甲虫和扁虫；肝、肺成为青苔、黑苔等，反映彝族的物种起源观。

“萨喃”（第二祭司）王光实吟诵，王光荣、农秀英笔录，译成汉文。收入王光荣、农秀英译注《那坡彝族开路经》，32开，11页，75行，广西壮族自治区民族古籍办公室1998年编印。（王光荣 邱萍）

天人经

彝族祭词。流传于广西壮族自治区那坡县彝族地区。为长老举行丧葬礼仪和农历七月祭祖时吟诵。叙唱广西那坡彝族“天人耙田”“天女造林”“天人造屋”“天女嫁蝴蝶”传说。“天人耙田”描绘彝族开地垦荒的情景以及用枧木做耙杠，用茶油木做耙齿，用野麻做耙绳的生活习俗；“天女造林”描述彝族居住地的自然景观，以及树木、竹子等植物起源；“天人造屋”叙述彝族砍树、凿木造屋定居的经过和入新居习俗；“天女嫁蝴蝶”讲述天女不肯嫁给猴子与青蛙，嫁给蝴蝶的故事，表现彝族的人生观及对万物有新陈代谢、人有生老病死等自然规律的认识。

“萨喃”（第二祭司）王光实吟诵，王光荣、农秀英笔录，译成汉文。收入王光荣、农秀英译注《那坡彝族开路经》，32开，35页，270行，广西壮族自治区民族古籍办公室1998年编印。（王光荣 邱萍）

金竹情

彝族祭祀歌。流传于广西壮族自治区那坡县彝族地区。农历四月祭金竹时吟诵。叙唱彝族人遭兵祸，敌强我弱，伤亡太多，藏到金竹坡。金竹把敌箭挡住，彝民砍竹制弓反击敌军取得胜利。彝民凯旋，挖回金竹栽种。从此有了栽金竹、祭金竹习俗。反映彝族的竹图腾崇拜。

整克演唱，王光荣、农秀英记录。收入《中国歌谣集成·广西卷》，16开，2页，8行，中国社会科学出版社1992年版。（王光荣　覃萍）

彝家造铜鼓

彝族祭祀歌。流传于广西壮族自治区那坡县彝族地区。农历五月埋铜鼓和十月启用铜鼓时吟唱。叙唱彝族人民劳作后，同歌同舞，根据需要打造铜鼓的经过。彝族先民辛勤劳作，获得丰收，众人欢乐起舞同贺，却因没有音乐导致舞步混乱。有一小伙子砍泡桐树，挖空心，封口当鼓，但木声不动人；后用铜锅当鼓敲，声响人欢乐。后来彝族人上山采铜、炼铜水、做泥模，将鼓身铸出后，在上面刻了花纹，从此彝家有了铜鼓。

黎克明演唱，王光荣、农秀英记录。收入《中国歌谣集成·广西卷》，16开，2页，79行，中国社会科学出版社1992年版。（王光荣　覃萍）

叫人魂歌

彝族祭祀歌。流传于云南省永仁县彝族地区。彝族认为人生了病或精神萎靡不振是失魂所致，故要请毕摩来举行招魂仪式，并吟唱此歌。歌词大意是：山上野兽多，拉虎当马、拉狼做狗、抬着猎物回家来；我的喊声山风传给你，听得见听不见都要回来，家里多少事情等你做；有山就有路，有路就有村，魂儿快回来；顺着我的叫声回来，朝着门向堂屋来，回到热乎乎的房里来；魂在人健康，魂在人长寿。

曲木阿石唱述，基默热阔、吉霍旺甲、张家兴记译。收入《云南民间文学集成·云南彝族歌谣集成》，32开，8页，161行，云南民族出版社1986年版。（李福云　朱琚元）

招魂歌

彝族祭祀歌。流传于云南省石屏县彝族地区。这是为人召回被吓跑的魂魄所唱的歌谣。歌中先询问是什么吓跑了魂，列举了树影、山影、雷鸣、跌跤、水鬼等。再问魂落在何处，无论落在哪里都要回来。歌中每一段都用三个“回来”开头呼唤，情真意切。如：“回来！回来！回来！你落在箐里，从箐里回来；你落在山中，从山中回来。”

普秀英唱述，阿楠记译。收入《云南民间文学集成·石屏歌谣卷》，32开，3页，49行，石屏县文联1996年编印。（谭玉婷）

叫魂词

彝族祭祀歌。流传于云南省景东彝族自治县。彝族认为人的魂会因受惊吓而离开人体，所以，要为受到惊吓的人举行叫魂仪式，把离开的魂喊回来。这首民歌就是在叫魂时吟唱的。歌词以四字句居多，音节简短，传达出命令的语气和祈求的愿望：“正月招棺，二月爽灵，三月幽精，招棺魂，爽灵魂，幽精魂，三魂七魄，二十二征关，可以追齐，不许阻止，依人呼叫，本人回，进家来。”

罗宗良唱述，陶明贵记录。收入《景东民间歌谣》，32开，1页，12行，景东彝族自治县民委、文化局、文化馆1988年编印。（施文志）

洒净水祝词

彝族祭祀歌。流传于云南省景东彝族自治县。在景东彝族的叫魂仪式中，念完叫魂词之后，叫魂的人还要给被叫魂的人洒净水。这首民歌就是在洒净水时吟唱的。唱完祝词还要给被叫魂的人拴叫魂线，男拴左手，女拴右手。这首仪式歌五字一句，共六句，音节简短，显示出吟唱者强大的精神力量和充分的自信：“净水洒在头，永世魂不走；净水洒在中，永世魂不空；净水洒在脚，永世魂不落。”

罗宗良唱述，陶明贵记录。收入《景东民间歌

谣》，32开，1页，6行，景东彝族自治县民委、文化局、文化馆1988年编印。（施文志）

咒鬼词

彝族祭祀歌。流传于云南省江川县、新平彝族傣族自治县等彝族地区。这些地区的彝族小孩生病时，人们怀疑是外人操纵，导致鬼神附体所致。故孩子的父母在天黑以后，需抱一个石盐臼、带一条裤子，爬上屋顶，裤子担在左臂，盐臼抱在怀中，一边舂盐臼一边吟唱此词，连唱三遍。唱词为："害人鬼，最肮脏的东西，我把你的眼睛舂瞎，我把你的心舂出来，我把你的头舂碎，你快给我的小娃娃好掉，不然我用裤子把你的眼睛蒙起来！"

周发金、周兴富唱述，杨忠友、李志忠、蒋文森、王川搜集。收入《江川县民间文学集成》，32开，2页，14行，云南人民出版社1997年版。（普开福）

"阿多纳"祭词

彝族祭祀歌。流传于云南省楚雄市彝族地区。彝语"阿多纳"意为祭火神。歌中唱述：发生火灾是因为人们无意间得罪了火神，火神出来降灾，现在用鸡、米等祭献，请火神享祭后，把人间的灾星统统带走，以保地方平安。

郭富开唱述，唐楚臣、余立梁记录，郭富开、唐楚臣、余立梁、李文武翻译。收入《楚雄市民族民间文学集》下集，16开，11页，440余行，楚雄市文化馆1991年编印。（李福云　朱琚元）

祭锅庄石

彝族祭祀歌。流传于云南省永仁县永兴乡一带。唱述的主要内容是：火神阿依迭古是一个英雄，他是第一个驯狗狩猎、带兵打仗的人，是一个专为好人办事的人。死后尸首分三段，变成三块白石。吉尔尼惹搬三块白石做一堆，穷人去煮饭变富人，猎手去煮饭成好汉，打仗的去煮饭成英雄，自此堂屋火塘上，三块白石做锅庄，保佑家里有吃有穿。

曲木阿石唱述，基默热阔、吉霍旺甲、张家兴记译。收入《云南民间文学集成·云南彝族歌谣集成》，32开，3页，48行，云南民族出版社1986年版。（李福云　朱琚元）

祭火歌

彝族祭祀歌。流传于云南省石屏县彝族地区。歌颂了火对人类的贡献，还唱述了火的来历：阿西母笃热（雷神）生时扶弱济贫，死后灵魂变成万年不熄的火，为人们春天烧荒，夏天烧虫，秋天点燃祭火。火神和百母热（山神）天上地下、四面八方都管顾，保佑五谷丰登、六畜兴旺、无病无痛、出门顺利。

邱忠贵唱述，阿楠记译。收入《云南民间文学集成·石屏歌谣卷》，32开，4页，58行，石屏县文联1996年编印。（谭玉婷）

开磨歌

彝族祭祀歌。流传于云南省永仁县彝族地区。过年后开磨时祭祀磨神的祭祀歌。主要内容是：远古的时候吃粮吃颗粒，支格阿龙把石打成磨，粮粒磨细后才好吃，磨对人有恩；早上磨荞面，中午磨苞谷，下午磨炒面，实在很辛苦，今天过年来祭磨，磨神要回家来，回到磨上来。

曲木阿石唱述，基默热阔、吉霍旺甲、张家兴记译。收入《云南民间文学集成·云南彝族歌谣集成》，32开，3页，38行，云南民族出版社1986年版。（李福云　朱琚元）

献饭词

彝族祭祀歌。流传于云南省楚雄市、禄丰县等彝族地区。葬仪中儿女向死者献饭时毕摩吟唱的祭词。主要内容是：小狗找回天上撒下的粮种，人们学种粮，儿女们按照四时节令适时耕种，才有白米饭献你，儿女们找遍飞禽走兽，选出最好吃的鸡羊献你，采回普洱茶献你，酿制高粱稗子酒献你。阴间牲粮茶酒贵，亲属献你的，吃不完的带走，喝不完的带去。反映了彝族灵魂不灭的观念。

周从信唱述，者厚培、余立梁记译。收入《云南民间文学集成·云南彝族歌谣集成》，32开，7页，160行，云南民族出版社1986年版。（李福云　朱琚元）

砍年柴

彝族祭祀歌。流传于云南省永仁县彝族地区。歌中唱道："上天造人时，同时造万物，雪子十二支，你是无血那支；无血的支系又分化……五代分十属；砍你做年柴，也不是怕你恨你，不是不敢砍别的树，是祖上有定数，只能来砍你。"

曲木阿石唱述，基默热阔、吉霍旺甲、张家兴记译。收入《云南民间文学集成·云南彝族歌谣集成》，32开，2页，28行，云南民族出版社1986年版。（李福云　朱琚元）

请龙歌

彝族祭祀歌。流传于云南省元江哈尼族彝族傣族自治县彝族地区。每年农历二月的第一个丑日，彝族腊鲁支系都要举行盛大的祭祀龙神典礼和歌舞盛会，祭龙时要唱此歌。歌中唱道："农历二月好节气，第一丑日是大吉，爱龙敬龙腊鲁颇，欢欢喜喜聚一起，声声高唱请龙歌，拜求老龙赐吉祥。"

周光明唱译，宋自华记录、整理。载《玉溪文博》第5期，16开，1页，24行，玉溪市文博学会、文博管理所2001年编印。（宋自华）

祭龙辞

彝族祭祀歌。流传于云南省楚雄市、南华县等彝族地区。楚雄山区彝族每年正月初二祭龙，此歌即在祭龙时以一问一答的形式吟唱。歌中唱述一年十二个月每月两个节令和每月有一龙的具体内容。如"（问）正月有两节，不知什么节？正月有条龙，不知什么龙？（答）正月这个月，立春雨水节。正月这一龙，嘴巴十分大，胡子长又长，它为兽中王，它为老虎龙"。

周从信唱述，者厚培、余立梁搜集、记录。收入《云南民间文学集成·云南彝族歌谣集成》，32开，7页，132行，云南民族出版社1986年版。（李福云　朱琚元）

祭龙歌

彝族祭祀歌。流传于云南省峨山彝族自治县彝族地区。歌谣唱述峨山一带彝族祭龙时在龙树前禳灾祈雨的四段诵词。歌中唱道："不打天，不打地，不打子，不打孙，不打金，不打银。打拉肚，打痢疾，打伤风，打感冒。打掉一切不利之风，欢欢乐乐过一年。"

佚名唱述，石普存记译。收入《峨山民间文学集成》，32开，2页，29行，云南民族出版社1989年版。（聂鲁）

祭歌

彝族祭祀歌。流传于云南省石屏县彝族地区。唱述彝族村寨祭祀的由来。玉皇规定，牛虎同厩、羊狼同窝、鸡鹰共巢。不料世道变化，恶魔猖獗，祖先阿龙戴铁帽、穿铁衣、拿铁锤、扬铁鞭，把恶魔驱除。阿龙吃铁饼、喝铁水，大败绿魔鬼五兄弟。最后红鬼联合阎王杀害了先祖，并把他的心切成四块置于四方，从此有了龙石；把他的双脚双手砍下置于四方，从此有了龙树。后人怀念先祖，年年来祭奠，祈求保佑村寨平安、六畜兴旺、五谷丰登。

普玉发唱述，阿楠、普江记译。收入《云南民间文学集成·石屏歌谣卷》，32开，10页，201行，石屏县文联1996年编印。（谭玉婷）

求爱祈祷词

彝族祭祀歌。流传于云南省元江哈尼族彝族傣族自治县彝族地区。歌中唱道："心求爱神赐爱来，赐个英俊伙子来，姑娘本是花容貌，美女专配俊郎才。心求爱神赐爱来，赐个真情伙子来，姑娘本是真情女，真情才配真爱来。心求爱神赐爱来，赐个痴情伙子来，伙子痴情妹相恋，伙子花心妹不来。心求爱神赐爱来，赐个阿哩伙子来，伙子能唱阿哩调，才能与妹乐开怀。妹求爱神赐爱来，但求赐个好郎才，夜晚焚香把神祭，感谢爱神慈善怀。"

黄文宝唱译，宋自华记录、整理。20行，稿存元江哈尼族彝族傣族自治县史志办公室。（宋自华）

求子祈祷词

彝族祭祀歌。流传于云南省元江哈尼族彝族傣族自治县彝族地区。每年农历二月的第一个属牛日，是腊鲁人祭龙神及举行歌舞盛会的日子。早饭过后，求子者在祭坛上摆上祭品，吟诵求子词："一求龙神给儿子，让他英俊如金鸡，让他标直如青松，让他能干如才子。二求龙神给财子，一生能过好日子，在家种田五谷丰，出门经商财源旺。三求龙神给孝子，敬爷敬奶敬父母，有食先让父母吃，有衣先让父母穿。四求龙神给学子，让儿一生多才智，进城能把好官做，在家能为人谋利。五求龙神给艺子，能盖房子唱调子，盖房能像宫殿样，唱歌能唱腊鲁史。"

周光明唱译，宋自华记录、整理。20行，稿存元江哈尼族彝族傣族自治县史志办公室。（宋自华）

叫寨魂词

彝族祭祀歌。流传于云南省元江哈尼族彝族傣族自治县彝族地区。彝族认为：寨子不安宁，或野兽进村，或遭火灾、瘟疫，是寨魂离开寨子所致，故人们要举行叫寨魂仪式，由毕摩主持，在寨门杀牲祭献，唱诵此词。"彝家山寨人，人与寨共存，寨魂你乱跑，苦了寨里人。你不在寨子，寨无力无能，狼豹跑进寨，鬼怪胡乱行，害得寨里人，十分不安宁。寨魂快回来，回到寨子来，毕摩叫你归，寨人叫你回，跟着风回来，跟着雾回来。"

黄文宝唱译，宋自华记录、整理。32行，稿存元江哈尼族彝族傣族自治县史志办公室。（宋自华）

叫田魂词

彝族祭祀歌。流传于云南省元江哈尼族彝族傣族自治县彝族地区。彝族认为，田魂贪玩、贪乐，栽秧前必须把田魂叫回。叫田魂时要杀一只公鸡到田头祭献，由家中长者主持叫田魂："田魂莫贪玩，田魂莫贪乐，布谷鸟已叫，栽秧时节到。田魂快回来，快回到田中，保住田中水，保住田中肥，保住田中秧，让秧绿油油。今天杀了鸡，摆在大田头，快来吃鸡肉，快来享美味。田魂回来！回到田中！"唱毕，撕下鸡头丢进田中，以示田魂回到了田中。

黄文宝唱译，宋自华记录、整理。24行，稿存元江哈尼族彝族傣族自治县史志办公室。（宋自华）

指路经（一）

彝族祭祀歌。流传于云南省宣威市彝族地区。是为死者的亡灵指引寻找祖先聚居地之路，使其能与祖先团聚的送魂歌。歌中回顾了彝族从笃木始祖避洪水、率部族南迁到六祖分支的历史，以及人从母腹中孕育到死亡的成长历程和阴间路上魂灵必须经历的过程和磨难。

张四清唱述，张尤发搜集、整理。收入《云南省民间文学集成·宣威民间文学集成·综合卷》，32开，17页，800余行，云南民族出版社2001年版。（谭玉婷）

指路经（二）

彝族祭祀歌。流传于云南省楚雄市彝族地区。彝族老人死后，为了把死者的灵魂送往故土与祖先团聚，要请毕摩唱诵《指路经》。此经指引亡魂出大门后，翻过房后山垭口，顺着小箐河、格子跌、折乃之、阿杜子、苦娥、着苴之、着苴之峨眉、广通坝、禄丰城、着么密、昆明城、大海边、尼角子、黑水江、滑油山、奈何桥、城隍庙、丰都城的路线走去，到了阎王殿之后，又教亡灵如何应答阎王殿各种把门动物和阎王的问话，进入阴间后如何寻找祖宗、安家落户等。

周从信唱诵，者厚培、余立梁记录。收入《楚雄市民间文学集成资料》，32开，11页，400行，楚雄市民委、文化局1988年编印。（李福云　朱琚元）

丧葬献药歌

彝族祭祀歌。流传于云南省宣威市彝族地区。丧葬仪式中由毕摩为死者唱诵。歌谣告诉死者：他去世前，毕摩和他的家人曾为挽救他的性命想尽了一切办法。毕摩祭献了天地，并为他举行了招魂仪式，家人则到大山里找回各种中草药给他服用，但各种办法都无济于事，他“如像春鸟病，难度夏伏天”，终于离开人世而去。歌谣劝慰死者，死亡不可避免，希望他安心地归祖去。歌中还唱述了许多草药的名称及其用法。

张四清唱述，张尤发搜集、整理。收入《云南省民间文学集成·宣威民间文学集成·综合卷》，32开，5页，200余行，云南民族出版社2001年版。（谭玉婷）

白事调

彝族祭祀歌。流传于云南省景东彝族自治县。为死者举行解过赎罪仪式时所唱的仪式歌。歌谣劝死者安心离去，不要挂念家人，更不要把家人的魂带走。歌词七字一句，四句一节（有一节为六句），共十一节。歌中唱道：“八十公公串花园，手扶花树泪淋淋，花开花谢年年有，人老不会转少年。大限来时无奈何，一双空手见阎罗。”“人到七十花树老，人生人死谁得知，人生好似天边月，正要团圆又降西。长江难见回头浪，人老何曾再少年，花开花谢年年有，水在长江日夜流。”

周世贤唱述，杨海寿记录。收入《景东民间歌谣》，32开，2页，46行，景东彝族自治县民委、文化局、文化馆1988年编印。（施文志）

领生经

彝族祭祀歌。流传于云南省巍山彝族回族自治县彝族地区。祭祀时由“阿闭”（祭司）诵唱。祭祀词先诵唱人们备办各种食物，请红鼻子猪将死者灵魂带到阴间；接着唱述死者的出生、成长、为人、害病、阴差抓人，以及孝男孝女给死者净身、相送、祝愿等过程。

佚名唱述，薛琳搜集、整理。收入《云南民间文学集成·巍山彝族回族自治县民间歌谣集成》，32开，7页，200行，巍山彝族回族自治县民间文学集成办公室1989年编印。（段葵）

献熟经

彝族祭祀歌。流传于云南省巍山彝族回族自治县彝族地区。祭祀时由“阿闭”（祭司）诵唱。歌谣嘱咐死者领受食物、牲畜、种子，把它们带到祖先所在的地方。

佚名唱述，薛琳搜集、整理。收入《云南民间文学集成·巍山彝族回族自治县民间歌谣集成》，32开，2页，28行，巍山彝族回族自治县民间文学集成办公室1989年编印。（段葵）

开吊经

彝族祭祀歌。流传于云南省巍山彝族回族自治县彝族地区。由“阿闭”（祭司）诵唱。祭词嘱咐死者带去所有备办的食物、用品；敬请天王、太阳、月亮以及各路神灵在阴间路上好好照料死者的灵魂。

佚名唱述，薛琳搜集、整理。收入《云南民间文学集成·巍山彝族回族自治县民间歌谣集成》，

32开，3页，101行，巍山彝族回族自治县民间文学集成办公室1989年编印。（段葵）

出棺经

彝族祭祀歌。流传于云南省巍山彝族回族自治县彝族地区。由“阿闭”（祭司）诵唱。祭词唱述死者要走了，孝子、亲友、乡邻留下来；嘱咐死者要走好，自己关照好自己，放心地带一半家产去，到祖先居住的地方安家。

佚名唱述，薛琳搜集、整理。收入《云南民间文学集成·巍山彝族回族自治县民间歌谣集成》，32开，2页，33行，巍山彝族回族自治县民间文学集成办公室1989年编印。（段葵）

出魂经

彝族祭祀歌。流传于云南省巍山彝族回族自治县彝族地区。由“阿闭”（祭司）诵唱。歌中唱述活人的灵魂过不了山的垭口、阴间的岔路，叫亲友、孝子、管库、厨师的灵魂都驾着云彩、闻着烟味，跟着“阿闭”转回家。

佚名唱述，薛琳搜集、整理。收入《云南民间文学集成·巍山彝族回族自治县民间歌谣集成》，32开，2页，26行，巍山彝族回族自治县民间文学集成办公室1989年编印。（段葵）

接祖经

彝族祭祀歌。流传于云南省巍山彝族回族自治县彝族地区。由“阿闭”（祭司）诵唱。歌中唱述的内容是：今年日子好，我们给你敬献丰盛的祭品，把你从远方接回来享福，把你做成“丁郎刻木”偶像供奉，千人万人来保护你，报答你的养育之恩。

佚名唱述，薛琳搜集、整理。收入《云南民间文学集成·巍山彝族回族自治县民间歌谣集成》，32开，4页，119行，巍山彝族回族自治县民间文学集成办公室1989年编印。（段葵）

供祖经

彝族祭祀歌。流传于云南省巍山彝族回族自治县彝族地区。由“阿闭”（祭司）诵唱。歌中唱述的内容是：把你刻成偶像供奉在祖先神龛里，你可以不舂碓、不磨面、不缝衣，有现成的吃穿；请你跟着儿子、媳妇开门进屋，永享人间幸福。

佚名唱述，薛琳搜集、整理。收入《云南民间文学集成·巍山彝族回族自治县民间歌谣集成》，32开，1页，21行，巍山彝族回族自治县民间文学集成办公室1989年编印。（段葵）

叫魂调

彝族祭祀歌。流传于云南省巍山彝族回族自治县彝族地区。腊罗人认为，小孩子生病是因为孩子的魂魄丢失所致，因此母亲就到野外，喊着孩子的名字招呼魂魄回来。歌中唱道：“鸡叫狗咬你莫怕，招魂王子引着来；路边路头别玩下，河边沟边莫留下，村前村后你莫在，阿妈叫你快回来。周公（神灵）领你快回来，阿妈叫你三千里，听见娘声快回来。”

字友慧唱诵，杨国琮搜集、整理。收入《云南民间文学集成·巍山彝族回族自治县民间歌谣集成》，32开，1页，16行，巍山彝族回族自治县民间文学集成办公室1989年编印。（段葵）

叫魂歌

彝族祭祀歌。流传于云南省牟定县。歌谣的主要内容是：某某的魂失落了，叫魂快快回家中，不要在山头、箐底、田头、地头、路边、山梁、荒山、荒地停留；高高兴兴地回家中来，房子是自己的，田地是自己的，牛马牲口是自己的；左门神、右门神莫挡路，让魂顺顺利利地回家来。

李学书等唱述，非如山搜集。收入《云南省民间文学集成·牟定县综合卷》，32开，2页，48行，牟定县民间文学办公室1989年编印。（李惠兰　朱珺元）

祭酒先敬天

彝族祭祀歌。流传于云南省大姚县彝族地区。歌中唱道："祭酒先敬天，靠天来下雨。祭酒先敬地，靠地来长粮。祭酒先敬山神，山神保林茂。祭酒先敬龙神，龙神保水丰。祭酒先敬祖宗，祖宗保平安。"

佚名唱述，李世忠记录。收入《大姚县民族民间文学集成》，32开，1页，10行，云南民族出版社1991年版。（李惠兰　朱琚元）

唱身世

彝族祭祀歌。流传于云南省楚雄市彝族地区。在祭奠死者时，由毕摩唱诵此歌。歌中唱述死者从出生、成家立业、生儿育女、挣下家业，到年老患病、医治无效而去世的人生经历，以及儿女愿变牛马驮粮驮物给亡魂的孝心。

李万有唱诵，杞登彩、杞万荣、李万才、潘广发翻译，唐楚臣记录、整理。收入《楚雄市民族民间文学集》下集，16开，5页，150余行，楚雄市文化馆1991年编印。（李福云　朱琚元）

请粮种

彝族祭祀歌。流传于广西壮族自治区那坡县彝族地区。唱述的是：先民尝试毛稗，又苦又涩，决定到天上找粮种。男子带着女子捐出银首饰换回粮种。先民带着心爱的铜鼓，到祖先居住过的地方找谷种，在那里育种后，经过麻郎山、麻邦水，躲开鸟雀的威胁，回到腊俩、腊面（达腊寨），从此有了稻谷。而后每年四月，彝族父老年年在山前寨后种苞谷、稻谷、高粱等农作物，谷物岁岁满仓。

黎克明演唱，王光荣笔录，译成汉文。收入《中国歌谣集成·广西卷》，16开，3页，106行，中国社会科学出版社1992年版。（王光荣　赵立田）

百解经

彝族祭祀歌。流传于云南省楚雄市、南华县彝族聚居区。彝族毕摩口承祭词之一，五言诗体，在葬礼上为亡灵举行解罪仪式时唱诵。歌词大意是：亡者生前有罪，罪恶一百条，孝儿请毕摩来给你解罪，你才能轻松赴阴间。歌中列举了自"你娘身怀孕，一个月之中，给娘发呕吐给你解一罪"直到"今日丧葬你，还占一方土，给解一百罪"，即按死者一生的历程，依序给亡灵解除罪恶。

佚名唱述，者厚培搜集、整理。收入《三女找太阳——楚雄市民族民间文学集》，32开，7页，386行，云南人民出版社2001年版。（李福云　朱琚元）

压材鸡的来历

彝族祭祀歌。流传于云南省楚雄市彝族地区。彝族毕摩口承丧葬祭词之一，用开叫的公鸡在挖好的墓坑里扫邪气时，由毕摩唱诵此歌。歌中唱诵的主要内容是：老人寿终了，无人叫儿女起床，也无人催儿女出工了，儿女们多么悲戚。毕摩帮他们找代替人，从山中的飞禽走兽找到家中的牛马牲口，最后找到红冠老公鸡，公鸡答应叫起床、催出工。

佚名唱述，者厚培搜集、整理。收入《三女找太阳——楚雄市民族民间文学集》，32开，6页，304行，云南人民出版社2001年版。（李福云　朱琚元）

洗尸

彝族祭祀歌。流传于云南省牟定县彝族地区。此歌在人死洗尸时吟唱。主要内容是：人死了以后，要请七十岁的老毕摩来洗尸。首先要去找洗尸藤，找遍山顶、半山腰、山里、山外，最后在箐底找到了它。再去找洗尸水，正月水是碗中水，二月水是撒秧水，三月水是牛洗澡水，四月水是牛洗脚水，五月水是栽秧水，六月水是田中水，七月水是秋中水，八月水是收谷子水，九月水是黄土水，十月水是备冬水，冬月水是舂粑粑水，腊月水是烫年猪水。从正月找到腊月，不见洗尸水。"山头有雨下，扒开箐中叶，流出清凉水，这才是洗尸水。"最后去找洗尸盆，"山中有大树，越挖越空心，这才是洗尸盆。”

普兴科唱述，普启旺记录、整理。收入《云南省民间文学集成·牟定县综合卷》，32开，4页，167行，牟定县民间文学办公室1989年编印。（李惠兰　朱琚元）

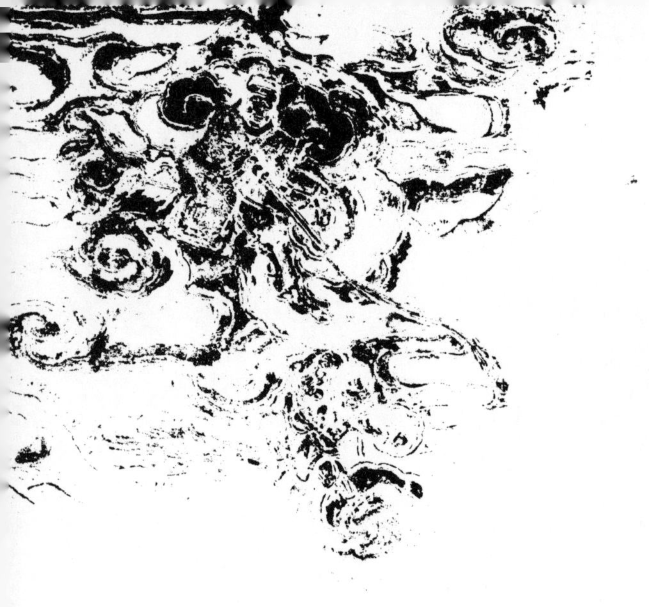

三 习俗歌

求婚调

彝族婚礼歌。流传于云南省景东彝族自治县。以一个男子的口吻，唱述从求婚到成亲过程中的喜悦心情。歌词以十个月为序，七字一句，四句一节（仅一节有六句），共十节。歌中唱道："正月求婚去访亲，前街访到后街心，后街有个好女子，请进茶铺去求婚。二月里来去求婚，双膝跪在神面前，手抱签筒求落地，是我婚姻上上签。三月访亲回到家，爹妈问我可愿她，签上说得书上对，好朵鲜花落我家。四月访亲杨柳青，三方四友请媒人，请到媒人来遇我，杀猪宰羊待媒人。五月访亲去求婚，十样礼物也分明，一送丝罗锦贡缎，二送果品玉簪花……"

李发林唱述，陶明贵记录。收入《景东民间歌谣》，32开，2页，42行，景东彝族自治县民委、文化局、文化馆1988年编印。（施文志）

做媒调

彝族婚礼歌。流传于云南省武定县彝族地区，为彝族纳苏支系婚嫁歌之一。歌中唱述寻酒药酿酒娶亲的过程以及媒人到女方家送定亲酒的礼仪。歌词通俗生动，生活气息浓郁。如："打来龙潭水，酿酒甜蜜蜜，烤出酒来最好吃！"

杨润兰唱述，杨世勇翻译，陶喜记录。收入《云南省民间文学集成·武定县民间歌谣集成》，16开，1页，39行，武定县文化局、民委、文化馆集成办1989年编印。（钱丽云　朱琚元）

相亲调（一）

彝族婚礼歌。流传于云南省武定县彝族地区，为彝族纳苏支系婚嫁歌之一。歌中唱道："银子出山头，金子在江边，银本不如金，金却来遇银；媒人来搭桥，这边走过来，那边走过去，银也知道金，金也见到银。"以金、银比喻未婚的青年男女在媒人的安排撮合下相识相知的过程。

李茂芬唱述，张福义录音，王维翻译，雷朴记录。收入《云南省民间文学集成·武定县民间歌谣集成》，16开，1页，9行，武定县文化局、民委、文化馆集成办1989年编印。（钱丽云　朱琚元）

相亲调（二）

彝族婚礼歌。流传于云南省南涧彝族自治县彝族地区。十二月调。男女对唱。歌谣唱述相亲、敬媒、过礼、讨亲、上轿、拜堂、进房、返家等婚礼过程和生活习俗。歌中唱道：“正月里，去相亲，前街相到后街心。算命先生来得早，请到茶铺合婚姻。”“腊月里，满一年，公公婆婆叫两声。迟迟睡来早早起，夫妻勤苦望后程。”

罗德元、李余书、张绍兴唱述，苏联昌搜集、整理。收入《南涧民间文学集成》，32开，4页，48行，云南民族出版社1987年版。（段葵）

开亲调

彝族婚礼歌。流传于云南省武定县彝族地区，彝族纳罗支系传统婚嫁歌之一。此调由媒人吟唱，主要内容是：开天辟地前，天地不相识，云雨来做媒，天地就开亲；开天辟地前，日月不相识，星宿来做媒，日月始开亲；开天辟地前，男女不相识，媒人来做媒，相识相亲爱，情人做夫妻。

杨美英唱述，李永顺记译。收入《云南省民间文学集成·武定县民间歌谣集成》，16开，1页，30行，武定县文化局、民委、文化馆集成办1989年编印。（钱丽云　朱琚元）

有了蜜蜂要有花

彝族婚礼歌。流传于云南省武定县彝族地区。男方向女方求亲时吟唱。全歌共七段，大量采用隐喻的手法来表达希望能够娶到一个好媳妇。第一段歌词大意：我们地方有蜜蜂没有花，想向你们找来花种撒满山。第二段歌词大意：我家盖房少大梁，想向你家找来大梁盖房子。第三段歌词大意：我家要栽秧却没有谷种，想向你家找来谷种撒出秧苗栽绿田。第四段歌词大意：我家有匹好马却缺一副好鞍，想向你家找来好鞍配好马。第五段歌词大意：我们地方的一条箐不长藤子，想向你们找来藤根栽箐里。第六段歌词大意：我家有块好地却没有牛犁，想向你家借来好牛犁地种庄稼。第七段歌词大意：我家有个好儿子却没有媳妇，想向你家说个好姑娘做媳妇。

鲁宗顺、李学先唱述，李光荣翻译，芮增瑞、曹正明、赵星耀记录。收入《云南民间文学集成·云南彝族歌谣集成》，32开，3页，48行，云南民族出版社1986年版。（钱丽云　朱琚元）

配偶经

彝族婚礼歌。流传于云南省楚雄市和南华县彝族地区。在办婚事时，新娘进村且鸣炮之后，由毕摩唱诵。歌词均为五字一句，每句后面都要加诵“赛峨唆”。歌谣唱述的主要内容是：日月星辰、天地万物都分雌雄，雌雄相交相配繁衍后代，新郎新娘成家后，要相亲相爱传子孙。

佚名唱述，者厚培搜集、整理。收入《三女找太阳——楚雄市民族民间文学集》，32开，3页，59行，云南人民出版社2001年版。（李福云　朱琚元）

结婚调

彝族婚礼歌。流传于云南省华宁县彝族地区。歌词多为七字一句，四句一段，以一月至十月为序，讲述男方家从寻找中意的女子直到成婚过程中的一系列复杂礼节。歌中唱道：“五月里来去下茶，样样礼物不少拿。先拿绫罗锦缎子，后拿果品一枝花。六月里来去讨亲，前街讨到后街心。乐器吹来上前走，哈哈笑笑随后跟。”

李凤珍唱述，李红、赵振纪搜集、整理。收入《云南民间文学集成·华宁县集成卷》，32开，2页，38行，华宁县民委、文化局、文化馆1989年编印。（普开福）

送亲调（一）

彝族婚礼歌。流传于云南省楚雄市彝族地区。彝族举行婚礼时，第二天早饭后，女方以及送亲的亲朋好友回门前，男女双方亲戚要团团围坐在青棚里，边喝酒边唱此歌。歌词包括三方面的内容：一是女方父母或长辈表示，姑娘初离父母，待人接物、料理家务、放牧耕织等方面如有不足之处，还请多多包涵和教导；二是男方父母或长辈表示，会耐心教导、善待媳妇；三是双方长辈表示常来常往的愿望。

佚名唱述，者厚培搜集。收入《楚雄市民族民间文学集》下集，16开，4页，157行，楚雄市文化馆1991年编印。（李福云　朱琚元）

送亲调（二）

彝族婚礼歌。流传于云南省元谋县彝族地区。新娘出门拆青棚送亲时唱的歌。歌中唱道："男大要成婚，女大要出嫁，聪明姑娘哟，今天轮到你。执事开财门，亲朋跳脚来，送你到男家，一路要欢乐。来到山神树，洒盆吉祥水，圣洁如意水，清除祸害根。离别老家门，跨进新堂屋，明天早早起，挑水敬公婆。""男家来接亲，姑娘出家门，扯枝如意叶，保佑你新娘。"反映了彝族办喜事跳脚、送亲途中祭山神、洒吉祥水、出嫁后的第二天挑水敬公婆等传统婚俗。

杨增福唱述，杨亮松翻译，刘国林、马光志记录。收入《云南民间文学集成·云南彝族歌谣集成》，32开，2页，24行，云南民族出版社1986年版。（李福云　朱琚元）

送亲调（三）

彝族婚礼歌。流传于云南省武定县彝族地区。由护送新娘至新郎家的送亲人吟唱。歌谣告诉新郎家的人，新娘在娘家时是父母的宝贝，从未干过粗活，希望嫁过去后也能得到亲人般的呵护。歌中唱道："囡嫩像豆芽。我这个姑娘，没有捡过柴；我这个姑娘，没有爬过山；我这个姑娘，没有背过水；我这个姑娘，没有下过箐；我这个姑娘，没有找过柴；我这个姑娘，篱笆没跨过。"

李正彦唱译，杨远超、张福义录音，雷朴记录。收入《云南省民间文学集成·武定县民间歌谣集成》，16开，1页，16行，武定县文化局、民委、文化馆集成办1989年编印。（钱丽云　朱琚元）

出嫁歌

彝族婚礼歌。流传于云南省昭通市彝族地区。唱述一个出嫁的彝家姑娘说媒、定亲、出嫁、回门时的情景。全歌分三段。第一段"定亲"唱爹妈舍不得已长大的姑娘轻易嫁出去，经多方挑选，才定下了东村的好人家。第二段"出嫁"唱女儿出嫁轿子来抬时，父母、兄弟对轿夫反复叮嘱，要他们照顾好新娘，而嫂嫂却要轿夫"上坡下坎扎实抖，抖死这个搅家精"。第三段"回门"唱女儿回门那天，娘家父母、兄弟热情相迎，嫂嫂却黑脸相对，端冷饭给小姑吃，对小姑鼓眼睛。面对嫂嫂的狠心，姑娘伤心落泪，暗自发誓与嫂嫂断交。

卢森能唱述，潘忠福搜集、整理。收入《昭通民族民间文学资料选编》第一集，32开，2页，77行，昭通县民委、文化局1983年编印。（吴平）

彝族讨亲调

彝族婚礼歌。流传于云南省澄江县彝族地区。唱述彝族青年从相亲、说亲、定亲，到迎娶、拜堂结婚全过程的各种传统风俗和礼节，以十二个月为序，从正月至腊月分十二段唱述。歌中唱道："正月里，去开亲，算命先生过街心，前街有个好姑娘，请个先生来合婚。""四月里，竹叶青，杀鸡打酒请媒人，媒人媒人多吃酒，这门亲事要上心。"

佚名唱述，李安明搜集、整理。收入《云南省澄江县民间文学集成卷》，32开，3页，48行，澄

江县文化局、民委1989年编印。（普开福）

出嫁调

彝族婚礼歌。流传于云南省元江哈尼族彝族傣族自治县彝族地区。唱述姑娘出嫁是彝家的一桩吉祥事，也是新娘得到幸福的大好事，劝新娘高高兴兴地到夫家去。歌中唱道："今天出嫁的姑娘，她是寨里的好花，她是寨里的秀草，她是寨里的小鸟。喜鹊送来了吉祥，春风送来了缘分，要把寨里的好花，吹到幸福的地方。喜鹊送来了吉祥，春风送来了缘分，要把寨里的小草，吹到美好的地方。喜鹊送来了吉祥，春风送来了缘分，要把寨里的小鸟，吹到快乐的地方。"

白顺保唱译，宋自华记录、整理。收入《彝族阿哩》，32开，4页，76行，四川民族出版社1998年版。（宋自华）

婆家哪会把媳妇当作人

彝族婚礼歌。流传于云南省昭通市彝族地区。唱述的主要内容是：女儿出嫁前，母亲用自己的切身体会告诉女儿要有思想准备，婆家不会像自己待女儿一样待媳妇，告诉她只有经常想想家里的好处了。

佚名唱述，熊奎龙搜集、整理。收入《昭通地区民族民间文学资料选》第二集，32开，1页，16行，昭通地区文化局、民委1985年编印。（吴平）

看见留下的东西想亲人

彝族婚礼歌。流传于云南省昭通市彝族地区。唱述女儿出嫁前与亲人和伙伴的不舍深情。女儿把自己坐过的凳子留给父亲，要父亲坐着板凳就想起远方做家务的女儿；把用过的木碗留给母亲，要母亲看见木碗就看见女儿十八年的手指印；把干活走过的脚印留给伙伴，要她们一走过就像看见她在远方劳作的身影。

佚名唱述，熊奎龙搜集、整理。收入《昭通地区民族民间文学资料选》第二集，32开，1页，25行，昭通地区文化局、民委1985年编印。（吴平）

打押礼先生

彝族婚礼歌。流传于云南省昭通市彝族地区。以众人与歌手对唱的形式，唱出了婚礼上押礼先生与参加婚礼的众人嬉笑打骂的热闹场景。唱词轻松幽默、诙谐机智。

佚名唱述，熊奎龙搜集、整理。收入《昭通地区民族民间文学资料选》第二集，32开，1页，36行，昭通地区文化局、民委1985年编印。（吴平）

咒媒人

彝族婚礼歌。流传于云南省昭通市彝族地区。哭婚歌之一。骂媒人图财坑人，不管年轻人的死活，给钱就乱牵线，害了许多好男女。是对媒人制度的强烈控诉。

佚名唱述，熊奎龙搜集、整理。收入《昭通地区民族民间文学资料选》第二集，32开，1页，18行，昭通地区文化局、民委1985年编印。（吴平）

捎鸡卦

彝族婚礼歌。流传于云南省昭通市彝族地区。捎鸡卦是滇东北彝族封建婚姻中的一种礼俗。男女经媒人牵线定亲后，女方家要宰一只鸡看卦，在一只鸡大腿上拴各种颜色的布条捎给男方家，男方家要按照标准送聘礼。歌谣唱述小伙子觉得鸡卦要的财物像张着血盆的老虎口，吃尽了小伙子的血和汗，也绑住了姑娘的自由，表现了青年人对买卖婚姻的强烈不满。

佚名唱述，熊奎龙搜集、整理。收入《昭通地区民族民间文学资料选》第二集，32开，1页，18行，昭通地区文化局、民委1985年编印。（吴平）

女儿的苦还没有完

彝族婚礼歌。流传于云南省昭通市彝族地区。

女儿苦求家人，求父亲不要收婆家的银子、母亲不要收婆家的绸缎、哥哥不要收婆家的马，否则银子花完、绸缎穿烂、马骑死，女儿的苦还没有受完。控诉买卖婚姻给妇女带来的痛苦。

佚名唱述，熊奎龙搜集、整理。收入《昭通地区民族民间文学资料选》第二集，32开，2页，30行，昭通地区文化局、民委1985年编印。（吴平）

树大分丫女大当嫁

彝族婚礼歌。流传于云南省昭通市彝族地区。唱述的主要内容是：姑娘出嫁前，父母和哥哥知道她到了婆家要受苦，但要她不要怨恨家人，因为他们也是不得已才把她嫁出去的。反映了人们对不合理的婚姻制度的无奈。

佚名唱述，熊奎龙搜集、整理。收入《昭通地区民族民间文学资料选》第二集，32开，1页，24行，昭通地区文化局、民委1985年编印。（吴平）

迎亲歌诀

彝族婚礼歌。流传于云南省宁洱哈尼族彝族自治县。这首民歌是迎亲者在新人到达时为震慑、驱逐凶神而念诵的。歌词五字一句，共四句。歌词为："东来且停住，马到卸金鞍。新人来到此，凶神避他方。"

李应昌唱述，鲁凤祥搜集。收入《普洱民族民间歌谣集》，32开，1页，4行，普洱哈尼族彝族自治县民委、文化馆1987年编印。（施文志）

撒谷米

彝族婚礼歌。流传于云南省宁洱哈尼族彝族自治县彝族地区。这首民歌是洞房中攘除凶邪、祈求幸福的歌谣。宁洱彝族习俗，新婚时要将谷米撒于洞房内东南西北中五方，以及纱帐的东南西北方及帐中，以祛祸求福。歌中唱道："一撒东方甲乙木，五方凶神尽消除。""五撒中央戊己土，五方神灵降吉祥。""撒帐东，迎接五方十二风，今朝做了登科郎，早生贵子在家中。""撒帐中，一簇花开在房中，新郎揭开红罗帕，人面桃花笑芙蓉。"

李应昌唱述，鲁凤祥搜集。收入《普洱民族民间歌谣集》，32开，1页，30行，普洱哈尼族彝族自治县民委、文化馆1987年编印。（施文志）

装箱词（一）

彝族婚礼歌。流传于云南省景东彝族自治县彝族地区。景东彝族在婚礼前夜要在女家堂屋举行装箱仪式。仪式所需的一对箱子由男家送来。男家由本姓亲属装箱，女家由阿舅装箱。装箱的过程中要念诵装箱词。装箱词可请人念诵。歌词如下："日吉时良，天地开昌，金银五谷撒箱底，鸳鸯配合，到老成双，左装鞋子右装衣。一装箱，地久天长；二装箱，富贵荣华；三装箱，三元及第；四装箱，四季发财；五装箱，五子登科；六装箱，禄位高升；七装箱，福如东海；八装箱，寿比南山。一装嗑松子，多子多孙；二装花生米，花着生；左边装的绣花衣，右边装的蜂蜜糖。自从今晚装箱后，荣华富贵从此起。"

杨品唱述，陶明贵记录。收入《景东民间歌谣》，32开，2页，19行，景东彝族自治县民委、文化局、文化馆1988年编印。（施文志）

装箱词（二）

彝族婚礼歌。流传于云南省景东彝族自治县彝族地区。景东彝族婚礼前女方家装箱时，要在箱子的四角及中央放入五碗米，然后又舀出六盅，意思是不把娘家的财富全部带走。这首民歌是配合装箱仪式念诵的。歌中唱道："日吉时良，天地开张，黄道吉日，舅舅装箱。一装东方甲乙木：多子多孙多福禄。二装南方丙丁火：朱雀玄武两边躲。三装西方庚辛金：找得银钱上秤称。四装北方壬癸水：桂子飘香中高举。五装中央戊己土：荣华富贵做财主。装五碗，退六盅，一退一团银，二退富川粮，三退三学士，四退四季发财，五退五子登科，六退禄位高升。”

李再荣唱述，陶明贵记录。收入《景东民间歌谣》，32开，2页，27行，景东彝族自治县民委、文化局、文化馆1988年编印。（施文志）

送喜神

彝族婚礼歌。流传于云南省景东彝族自治县。送喜神也称为退喜神。当地彝族相信喜神会冲撞新郎新娘，所以要请先生送喜神。送喜神时先生在新郎家大门口唱诵这首歌，然后杀一只红公鸡，提着它绕新郎新娘转一圈。这首民歌以十二个月为序，从请先生开始，到喜神送走之后先生回家为止。歌词七字一句，四句一节。歌中唱道：“正月主人要办亲，请个先生送喜神，不请先生不想事，要请先生送喜神。”“六月喜神送出门，先生转后又转前，手拿五色朝前递，杀气连连退喜神。七月喜神送完了，将饭撒在大路边，先生转回哈哈笑，主人心中多快活。”

陈怀安唱述，杨海寿、刘汉祥记录。收入《景东民间歌谣》，32开，2页，48行，景东彝族自治县民委、文化局、文化馆1988年编印。（施文志）

拜喜堂

彝族婚礼歌。流传于云南省景东彝族自治县。彝族支系蒙化人结婚时有拜喜堂的仪式。新娘进入夫家堂屋后，男方舅舅主持拜喜堂仪式。舅舅把两个杯子里的酒互相混合，给二人喝下以示两位一体、互敬互爱；新郎新娘喝酒之后即逐一敬长辈酒，被敬者要给喜酒钱。这首民歌在拜喜堂的时候吟唱。歌词七字一句。歌词如下：“新郎新娘拜喜堂，夫妻双双站两行，哥妹举行拜堂礼，好像金鸡配凤凰，自从今日交拜后，荣华富贵从此起。”

杨品唱述，陶明贵记录。收入《景东民间歌谣》，32开，1页，6行，景东彝族自治县民委、文化局、文化馆1988年编印。（施文志）

拜堂调

彝族婚礼歌。流传于云南省景东彝族自治县。新郎新娘拜堂时，请人吟唱此调，希望通过拜堂求得神灵保佑，今后过上幸福生活。歌词七字一句，共十句。歌词如下：“一拜天地二拜堂，三拜子孙闹嚷嚷，四拜五谷堆满仓，五拜六畜多兴旺，六拜牛来牛成群，七拜马来马满山，八拜金子用斗过，九拜银子用斗量，十拜四季发大财，子孙发富万万年。”

罗兴中唱述，杨海寿记录。收入《景东民间歌谣》，32开，1页，10行，景东彝族自治县民委、文化局、文化馆1988年编印。（施文志）

闹新房调

彝族婚礼歌。流传于云南省景东彝族自治县彝族地区。当地人闹房时要唱此调，既是为了替新人求得吉利，也是为了烘托喜庆气氛。歌词是：“菜子开花黄丝黄，菜子结果一般长，菜子打油金丝亮，提起灯笼闹新房。一闹新房亮堂堂，照进门帘对门枋，左边支着金箱笼，右边支着金银箱。金箱笼里装芦子，金银箱里装槟榔，槟榔还要芦子配，芦子还要石灰浆。槟榔出在银江地，芦子出在阿黑山，嚼湿槟榔吐红水，一跤跌在象牙床，我亲老太多欢喜，不吃槟榔要吃糖。”

李发林唱述，陶明贵记录。收入《景东民间歌谣》，32开，1页，18行，景东彝族自治县民委、文化局、文化馆1988年编印。（施文志）

关龙调

彝族婚礼歌。流传于云南省景东彝族自治县。这是在结婚之夜跳歌时吟唱的仪式性民歌，歌词以问答方式讲述房屋各部分的名称等，最后点题，祝贺主人。歌词以七言为主，杂以六言，基本是四句一节。歌中唱道：“多少土基多少瓦？多少钉子多少工？七千土基八千瓦，千数钉子万数工。什么叫作仰着在？什么叫作盖下来？板瓦就叫仰着在，筒瓦就叫盖下来。”“一关少爷千百岁，二关少爷纳帛财，三关三星当空照，四关四季发大财，五关五子登科早，六关状元来你家，七关七星朝北斗，八关神仙吕洞宾，九关老龙天上去，十关老龙过海来，十一要关摇钱树，十二要关金宝瓶，摇钱树上有钱使，万年桩上有衣穿。”

钟世德唱述，陶明贵记录。收入《景东民间歌谣》，32开，6页，202行，景东彝族自治县民委、文化局、文化馆1988年编印。（施文志）

送亲歌

彝族婚礼歌。流传于云南省元江哈尼族彝族傣族自治县彝族地区。由新娘村子里的姐妹们吟唱，唱述与新娘的姐妹情，并祝新娘一路平安。歌中唱道：“男大要成婚，女大要出嫁，聪明的新娘，轮到你嫁了。你像花蝴蝶，要飞夫村里；你像七彩云，要飘夫家里。千言难表心，万语难说尽。离家离姐妹，婆家一样亲。”

黄学智唱译，宋自华记录、整理。载《玉溪文博》第5期，16开，1页，28行，玉溪市文博学会、文博管理所2001年编印。（宋自华）

说亲歌

彝族婚礼歌。流传于云南省元江哈尼族彝族傣族自治县彝族地区。唱述彝族说亲的传统习俗“合八字”的内容。彝家认为，若男女双方属相“八字”不合，婚姻就会不吉利，故需“合八字”。歌中唱道：“能否做夫妻，不是看家财，不是看田地，八字要相宜。属龙配属鸡，才是好夫妻。属龙配属羊，姻缘百年长。属猴配属鼠，美满又幸福。属鸡配属狗，争吵永不休。属兔配属牛，悲泪灾中流。属蛇配属虎，夫妻难同屋。”

黄学智唱译，宋自华记录、整理。载《玉溪文博》第5期，16开，1页，36行，玉溪市文博学会、文博管理所2001年编印。（宋自华）

过门调

彝族婚礼歌。流传于云南省元江哈尼族彝族傣族自治县彝族地区。用领唱与合唱的形式吟唱，表达了希望哥妹成亲后会有好生活的美好愿望。歌中唱道：“露水成滴鸟成双，世上有情成对双，自从今日成双了，斗满金银仓满谷。”“一进大门亮堂堂，三年老谷压弯梁，三年腊肉煮不完，一口白米三块肉。”

佚名唱译，许斌强记录、整理。收入《元江民族民间文学资料》第四辑，32开，2页，36行，元江哈尼族彝族傣族自治县文化馆1984年编印。（宋自华）

迎亲歌

彝族婚礼歌。流传于云南省元江哈尼族彝族傣族自治县彝族地区。唱述的主要内容是：新郎新娘过了毕摩设下的三道门即可除去身上的病魔、邪气，获得吉祥幸福。歌中唱道：“人以头为高，妖魔不准上。身以命为贵，病魔不准缠。尖刀亮闪闪，魔邪一起斩。魔邪斩门外，永保夫妻安；魔邪斩门外，人和家美满。家门大大开，好事迎进来，金银请进来，财宝请进来，五谷请进来，六畜请进来，儿子请进来，姑娘请进来，样样好的来，坏的快滚开！”

黄学智唱译，宋自华记录、整理。载《玉溪文博》第5期，16开，1页，30行，玉溪市文博学会、文博管理所2001年编印。（宋自华）

洗脸内调

彝族婚礼歌。流传于云南省武定县彝族地区。彝族传统婚嫁歌之一。彝族纳苏人婚嫁时，迎亲的小伙到达新娘家的第二天清晨，要亲自端洗脸水侍候伴娘梳洗，此调即在此时吟唱。歌词大意是：发源于天北绿林中的阿纳水是水质最好的水，今天把六个太阳暴晒七天后都未晒干的水打来给姑娘洗脸，姑娘梳洗后，脸会像花一样美。

杨贵先唱述，凤清成记译。收入《云南省民间文学集成·武定县民间歌谣集成》，16开，1页，41行，武定县文化局、民委、文化馆集成办1989年编印。（钱丽云　朱琚元）

洗脸外调

彝族婚礼歌。流传于云南省武定县彝族地区。彝族传统婚嫁歌之一。彝族纳苏人婚嫁时，男家前来迎亲的队伍中有一丑角称为“毫毛醋”，迎亲队伍到达新娘家的第二天清晨，要由此人端洗脸水等候新娘的舅舅，此调即在此时吟唱。歌词大意是：马缨花树下永不干涸的水是最好的水，是财源水也是福禄水，今天舀来给舅舅洗脸，洗净之后好喝酒，洗净以后一切将平安顺利。

杨贵先唱述，凤清成记译。收入《云南省民间文学集成·武定县民间歌谣集成》，16开，1页，25行，武定县文化局、民委、文化馆集成办1989年编印。（钱丽云　朱琚元）

接鸡骨

彝族婚礼歌。流传于云南省武定县彝族地区。彝族传统婚嫁歌之一。彝族纳苏人娶亲时，新娘进屋后，男家要用托盘端着两只鸡翅膀到大门口祭神，祭神时男方歌手吟唱此歌。歌谣主要唱述鸡翅膀卦象呈现的吉凶祸福。“鸡膀分一岔，它兆九处顺；鸡膀分两岔，它兆八处顺；鸡膀分三岔，它兆七处顺；鸡膀分四岔，它兆四角顺；鸡膀分五岔，五岔是种鸡；鸡膀分六岔，六岔是炒鸡；鸡膀分七岔，七岔最不吉，毕摩不要它，神也不睬它。”

杨贵选唱述，凤清成记译。收入《云南省民间文学集成·武定县民间歌谣集成》，16开，1页，24行，武定县文化局、民委、文化馆集成办1989年编印。（钱丽云　朱琚元）

路口迎接调

彝族婚礼歌。流传于云南省武定县彝族地区。彝族传统婚嫁歌之一。彝族纳苏人迎亲，新娘将要到家时，男方家要在三岔路口垫上松毛，点着火把，提着酒壶，唱着此调前来迎接。歌词表达了男方众人等待新娘进门的焦急期盼心情以及迎到新娘的喜悦心情。“前天一上午，今天一上午，听说客要到，总是等不来。家里众老人，走到房后瞧，房后不见客；走到房前瞧，房前不见客。正是好时辰，客人已到来。路上踏松毛，不撒路西边，垫在三岔路，提上一壶酒，斟酒敬亲人。”

杨贵先唱述，凤清成记译。收入《云南省民间文学集成·武定县民间歌谣集成》，16开，1页，16行，武定县文化局、民委、文化馆集成办1989年编印。（钱丽云　朱琚元）

把门调

彝族婚礼歌。流传于云南省武定县彝族地区。彝族传统婚嫁歌之一。彝族纳苏人将新娘接到男方家门口时，新郎家请来的歌手要在大门前把住门，唱此《把门调》。歌词的内容主要是说新郎家一切都准备好了，就等新娘进门了。歌中唱道：“三棵马缨树，一幢新房子，新郎与新娘，新娘请进门。青棚早搭成，棚子青又宽，院里拴满羊，新娘要进门。”

杨贵先唱述，凤清成记译。收入《云南省民间文学集成·武定县民间歌谣集成》，16开，1页，38行，武定县文化局、民委、文化馆集成办1989年编印。（钱丽云　朱琚元）

进门调

彝族婚礼歌。流传于云南省武定县彝族地区。彝族传统婚嫁歌之一。彝族纳苏人将新娘接到男方家门前，新郎请来的歌手在大门前唱过《把门调》后，送新娘来的舅、叔要唱上一曲《进门调》，代新娘表达来到一个新环境后胆怯和忐忑不安的心情。歌中唱道："一对红鲤鱼，游到河心玩，不熟悉河心，有点不敢进。新婚一对人，想进堂屋门，房里不熟悉，房中坐老人，不熟悉老人，胆怯不敢进，敢也要进去，不敢也得进。"

杨贵先唱述，凤清成记译。收入《云南省民间文学集成·武定县民间歌谣集成》，16开，1页，26行，武定县文化局、民委、文化馆集成办1989年编印。（钱丽云　朱琚元）

献酒

彝族婚礼歌。流传于云南省武定县彝族地区。彝族纳苏人婚礼上宾客相互敬酒时吟唱。歌谣夸赞主人家富裕美满的幸福生活。"主人大门前，其他都不长，只长金银树；金银树下面，其他都不摆，只摆金银碗；金碗银碗里，装着金银水；其他都不献，把酒献祖父，祖父笑眯眯；把酒献祖母，祖母乐哈哈。"

李正彦唱译，张福义、杨远超录音，雷朴记录。收入《云南省民间文学集成·武定县民间歌谣集成》，16开，1页，13行，武定县文化局、民委、文化馆集成办1989年编印。（钱丽云　朱琚元）

她在等什么

彝族婚礼歌。流传于云南省武定县彝族地区。彝族纳苏人传统婚嫁歌之一。歌谣唱述男婚女嫁是天经地义之事。全歌共三段，每段十一句，五字一句。歌词运用比兴手法，以第一段乌蒙山顶第九层雪等太阳照射就要融化和第二段乌蒙山腰的第九棵马缨花树等春风一来就要开花引出主题：乌蒙山脚的第九个姑娘等媒人来提亲就要出嫁。

李正彦唱译，杨远超、张福义录音，雷朴记录。收入《云南省民间文学集成·武定县民间歌谣集成》，16开，1页，33行，武定县文化局、民委、文化馆集成办1989年编印。（钱丽云　朱琚元）

发亲调

彝族婚礼歌。流传于云南省武定县彝族地区。彝族纳罗人传统婚嫁歌之一，在新娘出嫁时由新娘家的长辈吟唱。歌谣唱述的是：新娘父亲母亲不能亲自送女儿到男方家，只有让其弟弟代亲人送新娘去夫家。此曲曲调忧伤，表达了父母依依不舍的心情和对女儿未来命运的担忧之情。

李文清唱述，李永顺记译。收入《云南省民间文学集成·武定县民间歌谣集成》，16开，1页，18行，武定县文化局、民委、文化馆集成办1989年编印。（钱丽云　朱琚元）

叫魂调

彝族婚礼歌。流传于云南省武定县彝族地区。彝族纳罗人传统婚嫁歌之一。此曲在新娘起程出门后由新娘家的长辈吟唱。新娘家唯恐新娘嫁往男方家时将娘家的粮魂、畜魂、酒魂带走而导致娘家败落，故要及时把家中各种灵魂呼唤回来。歌中的主要内容就是召唤家中粮魂、畜魂、酒魂等迅速回来，千万不要随女儿而去。

李自成唱述，李永顺记译。收入《云南省民间文学集成·武定县民间歌谣集成》，16开，1页，15行，武定县文化局、民委、文化馆集成办1989年编印。（钱丽云　朱琚元）

辞行调

彝族婚礼歌。流传于云南省武定县彝族地区。彝族传统婚嫁歌之一，在前来祝贺喜事的舅舅等亲戚告别辞行时吟唱。全歌分两部分，两部分歌词大致相同，仅有几句有改动。歌谣唱述的主要内容是：感谢主人的盛情款待，美酒佳肴再丰富也有喝光吃尽的时候，客人该告辞了。歌中唱道："猪膀像门扇大，也会吃完的；绿酒像泉水涌，也会喝完的。你家你为主，我家我为主，这次我是客，下次你作客。"

李正彦唱译，杨远超、张福义录音，雷朴记

录。收入《云南省民间文学集成·武定县民间歌谣集成》，16开，1页，44行，武定县文化局、民委、文化馆集成办1989年编印。（钱丽云　朱琚元）

夫土礼记敏

彝族婚礼歌。流传于云南省牟定县彝族地区。彝族人家办喜事时，男方家迎亲的人来到女方家时要对唱，唱述两家人是如何结成亲家的。例如：如何提亲，如何吃定亲酒，如何嫁女儿，如何办喜事，如何来接亲等。当新娘被接至男方家，进门时新郎新娘要共同解开系在门楣上的一个青松毛做的螃蟹，这个仪式彝语称为“夫土礼记敏”。这时，男方主持人唱：“山顶松毛结，蝉儿来解开；山坡草打结，蚂蚱来解开……我家青松结，新娘来解开。”伴娘唱：“山顶扣野鸡，扣它没扣着；阱底支白鹇，支它没支着；你们办喜事，为啥支扣子？是来扣新郎？还是扣新娘？”

李正顺唱述，普启旺记译。收入《云南省民间文学集成·牟定县综合卷》，32开，7页，200余行，牟定县民间文学办公室1989年编印。（李惠兰　朱琚元）

忆梦调

彝族婚礼歌。流传于云南省武定县彝族地区。彝族纳罗人传统婚嫁歌之一，在男方娶回新娘后的次日清晨，由女方家送亲的人吟唱。歌谣唱述的主要内容是：客人昨夜做梦做的全是好梦，梦见无数的钱财，梦见瓷瓶金碗端在手，梦见黄蛇黑蛇缠一起，梦见坐银船划银桨。意在祝福新娘来到男方家后，男方将发家富裕。

李丛明唱述，李永顺记译。收入《云南省民间文学集成·武定县民间歌谣集成》，16开，1页，52行，武定县文化局、民委、文化馆集成办1989年编印。（钱丽云　朱琚元）

晒太阳调

彝族婚礼歌。流传于云南省武定县彝族地区。彝族纳罗人传统婚嫁歌之一，在迎亲队伍将新娘迎进新郎家后搬运嫁妆时吟唱。歌谣唱述的主要内容是：今日是吉日，日出天气好，天晴好晒物，绸缎、毡毯、披毡全都搬出去晒太阳。

李自成唱述，李永顺记译。收入《云南省民间文学集成·武定县民间歌谣集成》，16开，1页，33行，武定县文化局、民委、文化馆集成办1989年编印。（钱丽云　朱琚元）

洗脸调

彝族婚礼歌。流传于云南省武定县彝族地区。彝族纳罗人传统婚嫁歌之一，在新婚次日早晨新娘端水给新郎洗脸时吟唱。歌词大意是：新娘用吉桶背回吉水，烧热后倒进吉盆里给丈夫洗脸，丈夫洗后满脸笑盈盈。表达了新娘希望婚后与丈夫和和美美过日子的心愿。

李丛明唱述，李永顺记译。收入《云南省民间文学集成·武定县民间歌谣集成》，16开，1页，32行，武定县文化局、民委、文化馆集成办1989年编印。（钱丽云　朱琚元）

青棚调

彝族婚礼歌。流传于云南省楚雄市彝族地区。彝族人家在婚嫁娶讨、入宅进新房等喜庆场合，大多用松枝搭建青棚，在青棚下举行歌会，故名青棚调。歌谣通过男女歌手一问一答的形式，唱出了彝族的婚礼习俗和对主家的美好祝愿。全歌由选地脉、建房、说亲、接亲、收仓五个部分组成。

者厚培唱述，刘纯龙、余立梁、严速、段德明记录。收入《楚雄市民间文学集成资料》，32开，12页，560余行，楚雄市民委、文化局1988年编印。（李福云　朱琚元）

劝女歌

彝族婚礼歌。流传于云南省元江哈尼族彝族傣族自治县彝族地区。主要内容是女方长辈们为了维护封建礼教，劝说出嫁的姑娘顺从父母、顺从丈夫。歌中唱道："阿妈爱的好姑娘，阿妈爱的眼睛珠，不是拿你换肉吃，不是拿你换酒喝。水牛三岁要犁田，骡马三岁要配鞍，姑娘长到十七八，花鲜花艳正当嫁。阿妈爱的好女儿，阿妈爱的好宝贝，果再好得让人吃，花再好得让人采。好花要让好人采，好女要嫁好人家，这门亲事若不愿，将来后悔莫怨妈。"

黄学智唱译，宋自华记录、整理。载《玉溪文博》第5期，16开，1页，24行，玉溪文博学会、文博管理所2001年编印。（宋自华）

送郎调

彝族婚礼歌。流传于云南省玉溪市红塔区彝族地区。新郎要到女方家上门结婚时由新郎或新郎的亲戚朋友吟唱，也称跳灯调。歌谣通过常见的松毛引出家乡的花红、橄榄、多依、玉米等物产，将人与物巧妙比拟，生动地表达了新郎对家乡、对父母亲人的难舍之情。歌中唱道："松毛蓝，松毛针，南门外，南门外首有棵好橄榄。要吃橄榄扯两个，要扯兄我万不能。"

龙家清唱述，赵金祥采录。收入《玉溪民歌》，32开，2页，24行，云南民族出版社2001年版。（普开福）

迎亲颂

彝族婚礼歌。流传于云南省峨山彝族自治县彝族地区。是娶亲中新娘下轿时的祝祷词。歌谣表现了当地新娘下轿的风俗，并祈求吉祥。歌中唱道："良辰吉日降贞祥，花红柳绿好风光，今将五谷迎轿撒，撒得新人下轿忙。"

佚名唱述，彭鹏记译。收入《峨山民间文学集成》，32开，1页，14行，云南民族出版社1989年版。（聂鲁）

退车马

彝族婚礼歌。流传于云南省华宁县彝族地区。这一地区的彝族青年男女结婚时，送亲、迎亲途中交换车马时要请人吟唱此歌。歌谣描述娘家、婆家迎亲的生动场景，祝愿新人生活幸福。歌中唱道："十七十八天地开，新娘到此车马来。娘家车马请转去，婆家车马请来迎。""新人才走娘家来，快整衣冠下马来。宝瓶不是凡间造，不装金来不装银，中间装的雄黄酒，今日拿来敬喜神。"

李汇昌、尹广仁唱述，尹广全、赵振纪搜集、整理。收入《云南民间文学集成·华宁县集成卷》，32开，3页，67行，华宁县民委、文化局、文化馆1989年编印。（普开福）

小小星星十二行

彝族婚礼歌。流传于云南省华宁县彝族地区。唱述姑娘出嫁前所做的一系列准备工作，包括置办陪嫁家具、制作银饰品、梳妆、哥嫂教导等。歌中唱道："大哥陪嫁金板凳，二哥陪嫁金粉田……大嫂教我盘龙髻，二嫂教我梳滑头，三嫂教我孝公婆……南京城里请银匠，北京城里请匠爷，二位匠爷一起到，这对银圈打得成。一打蛟龙来戏水，二打鲤鱼跳龙门。"

姚凤珍、施桂珍唱述，赵振纪搜集、整理。收入《云南民间文学集成·华宁县集成卷》，32开，2页，26行，华宁县民委、文化局、文化馆1989年编印。（普开福）

认亲歌

彝族婚礼歌。流传于云南省新平彝族傣族自治县彝族地区。歌谣通过恋爱男女在婚前相互认对方爹、妈、兄弟、姊妹的形式，表达对婚姻的认可。歌中唱道："月亮出来亮晶晶，不要媒婆谈婚姻，要吃桃子先栽树，要结夫妻先认亲。"

佚名唱述，陈振中记译。收入《哀牢山情歌》，32开，2页，24行，新平彝族傣族自治县民

委1989年编印。（聂鲁）

哭嫁歌（一）

彝族婚礼歌。流传于云南省巍山彝族回族自治县彝族地区。歌中姑娘唱述包办婚姻的苦情。歌词是：“爹呀，我的娘，你们都是狠心肠。女儿生下地，没有穿件好衣裳，哥哥弟弟进学堂，我独自一人割猪草。同是爹娘一块肉，为何有香又有臭？媒人是只狗，这边吃了那边咬。阿妈和阿爹，专听媒人这只狗。女儿才十五，就用肉体去换酒。”

字友慧唱述，杨国琮搜集、整理。收入《云南民间文学集成·巍山彝族回族自治县民间歌谣集成》，32开，2页，14行，巍山彝族回族自治县民间文学集成办公室1989年编印。（段葵）

哭嫁歌（二）

彝族婚礼歌。流传于云南省元谋县小凉山彝族地区。彝族妇女出嫁时有哭嫁的习俗，哭诉的内容多为男女不平等、包办买卖婚姻以及对娘家依依不舍的心情。此曲包括了妈妈、哥哥、姑娘三组哭歌，哭诉了妈妈对出嫁女的依依不舍，哥哥送妹出嫁的情景，以及姑娘出嫁后不得回娘家的痛苦心情。

黑朝亮唱述，李世忠记录。收入《三女找太阳——楚雄市民族民间文学集》，32开，5页，240行，云南人民出版社2001年版。（李福云　朱琚元）

哭嫁歌（三）

彝族婚礼歌。流传于云南省元江哈尼族彝族傣族自治县彝族地区。唱述姑娘出嫁时的满腹苦楚，痛诉爹妈包办的恶果，鞭挞包办婚姻。歌中唱道：“不愿进水的小鸡，被人赶进了水里，我不喜欢的人家，爹妈逼着要我去。女儿一身重百斤，一斤能卖多少钱？换钱不够三月用，换酒不够半年喝。女儿在家孝爹妈，为何爹妈不疼儿？女儿已有真情人，为何爹妈不成全？早知爹妈不疼儿，不如莫来世上颠，女儿心痛苦难言，今生白到人世间。”

黄学智唱译，宋自华记录、整理。载《玉溪文博》第5期，16开，1页，30行，玉溪市文博学会、文博管理所2001年编印。（宋自华）

哭嫁歌（四）

彝族婚礼歌。流传于广西壮族自治区隆林县彝族地区。记录彝族婚嫁习俗。女儿将自己与家中的牛相比，“哭”问父亲为什么要逼她出嫁：“不卖牛而卖女儿”，“难道女儿还比不上一头牛珍贵”？父亲动之以情，晓之以理：“天下女儿都是要出嫁”，“姑娘有人娶，当家才值钱，才是正理”。

乌玛卓莫、曲木卑目演唱，王文魁笔录，译成汉文。收入《中国歌谣集成·广西卷》，16开，3页，22行，中国社会科学出版社1992年版。（王光荣　赵立田）

哭嫁歌（五）

彝族婚礼歌。流传于广西壮族自治区隆林县彝族地区。女儿与母亲对唱，感叹女儿不愿出嫁的心情。母亲规劝女儿：“女子非得嫁，女子非得走，嫁了才值钱，嫁了才有面。”女儿以长了牙的公鸡、戴了耳环的母猪作为条件，提出有这两件物品做陪嫁才肯出嫁。

独切铁姆演唱，王文魁笔录，译成汉文。收入《中国歌谣集成·广西卷》，16开，1页，15行，中国社会科学出版社1992年版。（王光荣　赵立田）

哭婚歌

彝族婚礼歌。流传于云南省石屏县彝族地区。分为四节，第一节以女儿的口吻回顾父母对自己的养育之情，在春夏秋冬四季里，父母挡烈日、淋大雨、忍饥饿、受寒霜，以保证女儿吃饱穿暖，健康成长。第二节用谷子和稗子做比喻，表达难舍亲友的心情。第三节表达了兄妹在同一所房子长大，哥弟留下继承财产，自己却远嫁他乡的不平心态。第四节用一升白豆中杂一颗黑豆，形象地形容自己将远嫁异乡，举目无亲的孤单心情。

普秀英、普玉花唱述，阿楠记译。收入《云南民间文学集成·石屏歌谣卷》，32开，3页，68行，石屏县文联1996年编印。（谭玉婷）

婚礼歌

彝族婚礼歌。流传于云南省楚雄市、南华县等彝族地区。这是一首在结婚仪式上歌手领唱的婚礼歌，每句歌词后面都要加唱“唆唆”的衬词。主要内容是：自从开天辟地后，天地相配出万物，山中的禽兽、水中的鱼虫，各有各的配偶；洪水淹天后幸存的两兄妹婚配传人烟，有了百家姓，同族同姓不联姻；今日本姓之子与外姓之女配成双，成双成对过到老。

佚名唱述，者厚培搜集、记录。收入《云南民间文学集成·云南彝族歌谣集成》，32开，4页，80余行，云南民族出版社1986年版。（李福云　朱琚元）

嫁囡歌

彝族婚礼歌。流传于云南省元谋县小凉山彝族地区。歌中唱道：“山包生在我家门前，阴凉却遮在别方；树木生在我家门前，树叶却落在别方；竹子生在我家门前，竹尖却弯在别的地方；姑娘生在我们家里，父母却把她嫁到他乡。”“石头打出去，是不是落稳了？弩箭射在山背后，是不是插稳了？姑娘给了人家，是不是安居乐业了？”用排比和疑问的句式，唱出了父母对姑娘出嫁后生活和命运的极大关心。

黑朝亮唱述，祁树森、李世忠、仲任、毛中祥记译。收入《云南民间文学集成·云南彝族歌谣集成》，32开，2页，17行，云南民族出版社1986年版。（李福云　朱琚元）

教嫁歌（一）

彝族婚礼歌。流传于云南省石屏县彝族地区。歌谣安慰新娘不要思念家人，安心出嫁。歌中唱道：“婚期如花事，花事知时机，时机不等闲，等闲懊悔迟。”劝告姑娘当嫁就嫁，出嫁的不仅是自己，帝王将相之女也要出嫁。歌中安慰出嫁女不要思念家人时唱道：“想爹女莫忧，女忧红颜褪；想妈女莫愁，女愁白发生。”又劝告姑娘不要难舍家中的金银财物和田地。

邱忠贵唱述，阿楠记译。收入《云南民间文学集成·石屏歌谣卷》，32开，3页，69行，石屏县文联1996年编印。（谭玉婷）

教嫁歌（二）

彝族婚礼歌。流传于云南省石屏县彝族地区。歌谣叮嘱出嫁的女儿在迎娶的路途中要注意的事项，劝女儿一路莫回头，回头会伤感误良辰；路途中无论遇到皇帝、州官都不要让路误时辰；途中遇事不要乱插嘴，有事多问送亲人。

邱忠贵唱述，阿楠记译。收入《云南民间文学集成·石屏歌谣卷》，32开，3页，57行，石屏县文联1996年编印。（谭玉婷）

教嫁歌（三）

彝族婚礼歌。流传于云南省石屏县彝族地区。歌谣教导女儿进入夫家村寨和进夫家门时要注意的事：跟着媒人，不要乱走、嚷叫、乱动东西。进门先迈左脚，闹房先踩能除邪的绿松毛等。

邱忠贵唱述，阿楠记译。收入《云南民间文学集成·石屏歌谣卷》，32开，3页，40行，石屏县文联1996年编印。（谭玉婷）

教嫁歌（四）

彝族婚礼歌。流传于云南省石屏县彝族地区。教导女儿守闹房时的陪伴别乱出去，少说话，说话做事要三思。客散转回家时，要细心收拾行装，路途中莫走散等。

邱忠贵唱述，阿楠记译。收入《云南民间文学集成·石屏歌谣卷》，32开，2页，24行，石屏县文联1996年编印。（谭玉婷）

教嫁歌（五）

彝族婚礼歌。流传于云南省石屏县彝族地区。告诉出嫁女嫁到婆家后为人处世的礼数。歌中唱道："待老要尊敬，待少要和蔼。言语要和气，手脚要勤快。"

邱忠贵唱述，阿楠记译。收入《云南民间文学集成·石屏歌谣卷》，32开，2页，14行，石屏县文联1996年编印。（谭玉婷）

教嫁歌（六）

彝族婚礼歌。流传于云南省石屏县彝族地区。是姑娘出嫁上路前其父母请歌手吟唱的歌。歌词均为五字句，内容分为四方面：一是讲述姑娘出嫁的原因，劝姑娘出嫁莫伤心，说"帝王女要嫁，将相女也要嫁"；二是教导姑娘在出嫁路上遇人"要抢走上方"，遇河"切莫过河心"，遇森林"切莫乱叫嚷"等；三是教导姑娘进夫家门时要注意的事项；四是教导姑娘新婚之夜"紧闭是非口，不要乱说话"。

罗美凤唱述，李朝旺记录、整理。载民族文学《山茶》1989年第1期，16开，2页，250行，山茶编辑部1989年编印。（李朝旺）

回门调

彝族婚礼歌。流传于云南省宁洱哈尼族彝族自治县。唱述新郎新娘新婚回门时娘家迎接的场面，渲染婚姻的喜庆气氛。歌词七字一句，四句一节，共两节。歌中唱道："新郎新娘插金花，双双回门到娘家，娘家摆出八仙桌，八把交椅个个夸。哪个姐嫂剪窗花，把我请到来看花，我是东海灵芝草，你是南海水仙花。"

李应昌唱述，鲁凤祥搜集。收入《普洱民族民间歌谣集》，32开，1页，8行，普洱哈尼族彝族自治县民委、文化馆1987年编印。（施文志）

洛外

彝族婚礼歌。流传于贵州省威宁彝族回族苗族自治县和赫章、水城等彝族地区。由12部分汇辑而成。歌中唱述的是：彝姓根源，父亲的根源、男方和舅家的根源；讲述婚姻的起源，肯定舅舅在婚姻中高高在上的地位，强调联姻双方的婚姻义务和伦理义务，进行家庭伦理教育等。

王子品、王秀成唱述，王秀平记录、翻译。收入《中国民间文学三套集成·贵州省毕节地区·赫章县卷·彝族》，32开，10页，400行，赫章县民间文学集成编委会1988年编印。（罗德显）

格梅约呷哟

彝族婚礼歌。流传于川滇大、小凉山彝族地区。彝族婚嫁歌，用对唱、跟唱的形式，讲述彝族青年男女相亲相爱的纯真爱情。

铁衣乌吉演唱，李明珍记录，阿余铁日翻译。收入《雷波县民歌集成》（第一册），16开，2页，24行，四川省雷波县文化馆1984年编印。（时长日黑）

美丽的金鸡

彝族婚礼歌。流传于川滇大、小凉山彝族地区。以美丽的金鸡做比喻，描写了美丽的彝族姑娘远嫁他乡时的情感，抒发了姑娘对父母的不舍之情。

阿卢夫哈演唱，阿卢夫妹记录、翻译。收入《雷波县民歌集成》（第三册），16开，3页，54行，四川省雷波县文化馆1987年编印。（时长日黑）

我的父亲到处欠有债

彝族婚礼歌。流传于川滇大、小凉山彝族地

区。唱述的是：因为父亲到处欠债，只好强迫女儿嫁人，反映了彝族包办婚姻的危害性及旧社会普通彝族百姓生活的艰辛。

阿卢夫哈演唱，阿卢夫妹记录、翻译。收入《雷波县民歌集成》（第三册），16开，2页，12行，四川省雷波县文化馆1987年编印。（时长日黑）

阿芝姑娘

彝族婚礼歌。流传于川滇大、小凉山彝族地区。亦可在婚庆时对唱，描写了彝族姑娘出嫁后，由于生活的改变而产生的复杂心情。

阿卢夫哈演唱，阿卢夫妹记录、翻译。收入《雷波县民歌集成》（第三册），16开，1页，4行，四川省雷波县文化馆1987年编印。（时长日黑）

劝嫁歌

彝族婚礼歌。流传于川滇大、小凉山彝族地区。由接亲歌和女儿歌两部分组成，叙述了彝族婚姻风俗及其特色，反映了对美满婚姻生活的追求。

铁衣乌吉演唱，李明珍记录，阿余铁日翻译。收入《雷波县民歌集成》（第一册），16开，3页，54行，四川省雷波县文化馆1984年编印。（时长日黑）

姑娘莫悲伤

彝族婚礼歌。流传于广西壮族自治区那坡县彝族地区。又名《劝嫁歌》。歌词唱述彝族婚嫁礼仪，叙唱彝族女子出嫁前，对亲人、朋友的眷恋、牵挂。母亲劝说，马儿大了要奔赴疆场，燕子大了要自己飞向远方，鸡崽大了要离娘觅食。父亲劝说，树大了要做梁，庄稼熟了要入仓，花落花谢要结果，荔枝红了要赶场。

岑卜道演唱，黎克明、黄峰笔录，译成汉文。收入《中国歌谣集成·广西卷》，16开，2页，54行，中国社会科学出版社1992年版。（王光荣 赵立田）

迎亲歌

彝族婚礼歌。流传于广西壮族自治区那坡县彝族地区。婚礼中作为礼仪当众叙唱。师公向男方报告娶亲的事，从糯米饭、肉丝等祭品唱起，陈述彝族男青年与女青年从相识、交往到可以“顶着衣服”迎亲了。接着给岳丈敬酒茶，表达新郎迎娶姑娘的诚意，多亏岳丈、岳母仁慈，将女儿嫁给自己，今后要与妻子朝夕相伴，共同持家。最后女方父母接纳男方送来的糯米饭、肉串等彩礼，向迎亲队伍和新娘话别，盛赞新郎知书达理，向祖先祭告嫁女，祈求祖先护佑新人，并赠言祝福新人百年好合，生活幸福。

黎克明演唱，王光荣笔录，译成汉文。收入《中国歌谣集成·广西卷》，16开，3页，113行，中国社会科学出版社1992年版。（王光荣 赵立田）

婚礼歌

彝族婚礼歌。流传于广西壮族自治区那坡县彝族地区。分别在男方长辈向新娘赐酒赐物、长辈接受新郎跪拜、舅父舅母嘱咐新郎新娘、新郎新娘向长辈敬酒谢客时，由歌师代为吟唱。叙唱长辈寻找发酒药、蒸酒作坊、酿酒工酿美酒传说，借酿酒喻新郎新娘两情相悦、婚事水到渠成，创造美好生活；祝福新郎新娘结成终身伴侣，似鸳鸯相亲相爱；嘱咐新人遵守彝规，劳动创业，孝敬父母，夫妻相爱，早育儿女；感谢父母和席上众长老亲朋养育教育恩情。

黎克明演唱，王光荣笔录，译成汉文。收入《中国歌谣集成·广西卷》，16开，2页，110行，中国社会科学出版社1992年版。（赵立田）

阿呷孜孜

彝族婚礼歌。流传于四川省雷波县彝族地区。歌中唱道：“阿呷孜孜哟，不想受苦也得受，想在婆家死，不愿背黑锅，想在娘家死，害怕人财两皆空，是也在婆家死，不是也在婆家死。”反映了旧社会包办婚姻给彝族妇女带来的危害。

佚名演唱，杨羽健、阿鲁斯基记录。收入《彝族民间歌曲选》（彝文版），18开，4页，23行，四川民族出版社1989年版。（贾巴甲哈）

订婚肉已吃

彝族婚礼歌。流传于四川省甘洛县彝族地区。歌唱有许多的小伙子在追求着美丽的阿妹，阿妹心想嫁给其中最俊俏的一个。可是父兄们把阿妹嫁到远在波波乃托吉日维儿家，订婚肉已吃，阿妹已成笼中的鸟。反映了旧社会包办婚姻制度给彝族妇女带来的痛苦。

木呷莫合演唱，江新记译。收入《甘洛县民间歌谣集（上）》，32开，1页，13行，甘洛县民间文学集成办公室1988年编印。（阿布达切　李新渝）

阿色山下阿呷诺嫫

彝族婚礼歌。流传于四川省甘洛县彝族地区。歌唱阿呷诺嫫从小乖巧，人见人爱，长大后成了美女，名扬四方，追求她的小伙子络绎不绝，自己心中也有了意中人。可是，舅舅的一句话定终身，愿也嫁到舅舅家，不愿也要嫁到舅舅家。反映了旧社会包办婚姻给彝族妇女带来的痛苦。

阿依演唱，江新、何志国、王世才记译。收入《甘洛县民间歌谣集（上）》，32开，4页，60行，甘洛县民间文学集成办公室1988年编印。（阿布达切　李新渝）

媒介人

彝族婚礼歌。流传于四川省越西县彝族地区。歌中唱道："当婚姻媒介的人又来了。媒人骑马过崖地，但愿媒人被马摔下崖，媒人骑马过河桥，只愿媒人被马摔下河。"唱述彝族青年男女对包办婚姻的憎恨和渴望得到婚姻自由的愿望。

佚名演唱，杨羽健、阿鲁斯基记录。收入《彝族民间歌曲选》（彝文版），18开，1页，5行，四川民族出版社1989年版。（贾巴甲哈）

陆外

彝族婚礼歌。流传于贵州省威宁彝族回族苗族自治县和赫章县彝族地区。歌中用排排青松、整齐大麦，比喻满堂的亲戚和家族；用月亮和星宿、场坝和粮食，比喻老年人和青年人缺一不可。唱述没有老一代的教诲，就没有传统婚俗的传承。

陈正科、禄长生、黄世顺、李定荣、龙文全唱述，胡家勋、王继超记录，王继超、禄一方、王子尧翻译。收入《中国民间文学三套集成·贵州省毕节地区地直卷》，32开，6页，220行，毕节地区民间文学集成编委会1988年编印。（罗德显）

交亲歌

彝族婚礼歌。流传于贵州省威宁彝族回族苗族自治县和赫章县彝族地区。五言体歌词。以送亲的叔叔和哥哥的口吻，向新娘的公婆交代："姑娘人长心不长，为人不成熟，该打就用骂，该骂就用说，好生对待她。"

禄长生唱述，胡家勋记录，禄一方、王子尧翻译。收入《中国民间文学三套集成·贵州省毕节地区地直卷》，32开，2页，40行，毕节地区民间文学集成编委会1988年编印。（罗德显）

合亲歌

彝族婚礼歌。流传于广西壮族自治区隆林县彝族地区。媒人登门说亲，主家答应了便设宴，媒人即席唱合亲歌。叙唱彝族青年男女婚嫁过程和媒人说媒的情景。媒人从女方家三坛酒唱起，唱到尝酒，转而唱到女方家里有女已到婚嫁年龄，劝说女方家女大当嫁，男方家有好儿郎待娶。并夸奖女方家养了勤劳贤惠的好女儿。

乌玛卓莫演唱，王文魁笔录，译成汉文。收入

《中国歌谣集成·广西卷》，36开，1页，12行，中国社会科学出版社1992年版。（王光荣　王文魁　赵立田）

姑娘出嫁

彝族婚礼歌。流传于云南省江川县彝族地区。唱述女儿出嫁时梳妆打扮的过程，反映了嫁女时喜庆热烈欢快的景象。歌中唱道：“一更金鸡叫啾啾，高点明灯奴梳头；左梳左挽盘龙簪，右梳右挽彩花楼。二更金鸡叫稀稀，高点明灯奴穿衣；上面穿的红罗袄，下面穿的衣披云。三更金鸡叫排排，高点明灯奴穿鞋；绣花鞋子穿上脚，悠悠慢慢走出来。”歌词对仗工整，构思精当，描写细腻。

高德珍唱述，杨忠友、李志忠、戴琼凤搜集。收入《江川县民间文学集成》，32开，2页，30行，云南人民出版社1997年版。（普开福）

娶亲调

彝族婚礼歌。流传于云南省峨山彝族自治县彝族地区。歌词以十二个月为序，唱述从说亲、娶亲到给新生儿送祝米的全过程。歌中唱道：“正月里来去说亲，前街说到后街心，前街遇到花仙女，后街遇到七仙姬。二月里来转回家，先喊爹来后喊妈，详把亲事来言讲，要讨鲜花到我家。”

杨草珍、杨张氏唱述，李云珍记译。收入《峨山民间文学集成》，32开，3页，48行，云南民族出版社1989年版。（聂鲁）

做客调

彝族婚礼歌。流传于云南省武定县彝族地区。在人们前往亲戚家参加婚礼时吟唱。歌词大意是：大家都是一家人，是一丛秧的谷种，一个碓窝的米，莫说有无吃喝，相逢就是好事，一个甑子蒸的饭，大家一起吃；一个酒壶里的酒，大家一起喝；一个火塘里的火，大家一起烤。

钱李氏唱述，杨自荣、孟之仁记译。收入《云南民间文学集成·云南彝族歌谣集成》，32开，2页，23行，云南民族出版社1986年版。（钱丽云　朱琚元）

喜歌唱了四段

彝族婚礼歌。流传于四川省凉山彝族自治州。全歌由五首组成，第一首唱述今天是吉日，天配姻缘；第二首赞美新郎新娘，佳偶天成；第三首劝诫新婚夫妇婚后互相尊重，不离不弃；第四首唱述主人准备了佳肴美酒给到来的贵客，希望大家吃饱喝醉；最后一首总结：希望双方亲家以后要和睦相处。

施正祥唱述，利布采录，收入《凉山民间文学集成》（上，歌谣卷），32开，2页，32行，西南交通大学出版社1993年版。（李坤）

婚配中的三种火

彝族婚礼歌。流传于川滇大、小凉山彝族地区。以优美的语言分别叙述了天地间婚配中三种不同的火的来源，说明人世间烟火的旺盛，反映了彝族人民对美满婚姻的追求。

收入彝文版《勒俄阿莫》（母史篇），16开，2页，52行，盐源县语委1986年编印。（时长日黑）

生育魂

彝族婚礼歌。流传于川滇大、小凉山彝族地区。以优美的语言叙述了新娘母亲赋予新娘生育魂及生育能力，赠予其生育象征的过程。

收入彝文版《勒俄阿莫》（母史篇），16开，1页，28行，盐源县语委1986年编印。（时长日黑）

阿买恳（一）

彝族出嫁歌。流传于贵州省毕节市大屯与大方、金沙一带彝族居住区。五言体歌词。唱述姑娘出嫁时与亲人难舍难分的心情。歌中唱道：“尤其想念父母兄嫂的心情似沸腾的水，像腰上系的长腰带久长久远。”反映姑娘出嫁时的离别愁绪。

陈光友唱述，陈大政记录、翻译。收入《中国民间文学三套集成·贵州省毕节地区·毕节县卷》，32开，1页，100余字，50行，毕节县民间文学集成编委会1988年编印。（罗德显）

阿买恳（二）

彝族出嫁歌。流传于贵州省威宁彝族回族苗族自治县和赫章、水城等彝族地区。五言体歌词。采用三段式五言的形式及比兴手法。整篇歌词内容按仪式的先后排序。歌中唱述的是：女性的心声、女性在婚姻家庭中的地位、遭遇，以及对女性在人生常识和伦理道德等方面的教育。

龙宪良、文科英、王秀知唱述，龙宪良、王秀平记录、翻译。收入《中国民间文学三套集成·贵州省毕节地区·赫章县卷·彝族》，32开，25页，1400行，赫章县民间文学集成编委会1988年编印。（罗德显）

阿买凯

彝族出嫁歌。流传于贵州省威宁彝族回族苗族自治县和赫章县彝族地区。由十余首汇辑而成。唱述了彝族九代进行祭祖分支开亲，叙舅甥根源，记录阿哲和乌撒、阿底和鸿姆、芒布和扯勒等家支的姻亲关系。介绍养蚕织绸来做嫁衣的过程，定亲与出嫁、送亲的一些仪式。

高登才唱述，代俄勾兔汝记录、翻译。收入《民间文学资料》第六十八集，32开，16页，870行，中国民间文艺研究会贵州分会1988年编印。（罗德显）

酒礼歌

彝族出嫁歌。流传于贵州省毕节市彝族地区。五言体歌词。歌中唱述：姑娘出嫁时家里为她准备嫁妆，金、银、绸缎，富贵幸福都陪伴姑娘，抒发了亲人对姑娘的美好祝愿。

罗洪武唱述，陈大政记录、翻译。收入《中国民间文学三套集成·贵州省毕节地区·毕节县卷》，32开，5页，120行，毕节县民间文学集成编委会1988年编印。（罗德显）

银乡的女儿

彝族出嫁歌。流传于贵州省威宁彝族回族苗族自治县和赫章县彝族地区。歌中唱述的内容是：银乡的女儿一早梳洗装扮后登上银乡的高山，见家乡风光明媚，见婆家地方云雾沉沉，她伤心了；金乡的女儿一早梳洗装扮后登上金乡的高山，见家乡风光明媚，见婆家地方烟雨蒙蒙，她伤心了；铜乡的女儿一早梳洗装扮后登上铜乡的高山，见家乡风光明媚，见婆家地方灰尘蒙蒙，她伤心了。表达了女儿对家乡的思念之情。

文腊富、莫布唱述，王继超记录，兴德、熊梅、陈卫军翻译。收入《贵州彝族咪谷丛书·阿买恳》，32开，4页，56行，贵州民族出版社2002年版。（阿洛）

哪里是女儿藏身地

彝族出嫁歌。流传于贵州省威宁彝族回族苗族自治县和赫章县彝族地区。歌中唱述的内容是：女儿就像踢出门的石子、离开弦的箭、坠落的尘埃无法回到原来的地方。山中的雀鸟和黄麂都有自己的家，姑娘却孤零零地嫁到别人的家，哪里才是姑娘的藏身地呢？反映了姑娘对包办婚姻制度的控诉。

阿俄乌里唱述、翻译，杨鸿泽记录。载《南风》，16开，1页，100余字，贵州省文联编印。（罗德显）

杜鹃花开山伤心

彝族出嫁歌。流传于贵州省威宁彝族回族苗族自治县和赫章县彝族地区。唱述对出嫁的无奈。歌中唱述：杜鹃花开山伤心，山再伤心杜鹃花仍要开放；养花开放坝子伤心，坝子再伤心养花仍要开放；女儿出嫁阿妈伤心，阿妈再伤心女儿不能不出嫁。

安禄氏唱述，王继超记录，兴德、熊梅、陈卫军翻译。收入《贵州彝族咪谷丛书·阿买恳》，32开，1页，9行，贵州民族出版社2002年版。（阿洛）

好心的阿哥哟

彝族出嫁歌。流传于威宁彝族回族苗族自治县。歌中唱述的主要内容是姑娘嫁到婆家后感到孤零零的，度日如年。哥哥来探望妹妹，妹妹请求哥哥回去给阿爹、阿妈和阿嫂说，退还人家的彩礼，妹妹实在过不下去。可哥哥说妹妹像大雁一样来回还可以，回家长住却不行，教育妹妹要像葛藤顺着大树长，顺着过日子；像猪拱地向前拱，不能像母鸡扒灰堆往后退。反映彝族古代买卖包办婚姻对妇女的迫害。

代俄勾兔汝记录、翻译。载《南风》，16开，1页，30行，贵州省文联编印。（罗德显）

苦洪外

彝族出嫁歌。流传于贵州省威宁彝族回族苗族自治县和赫章县彝族地区。唱述的主要内容是：圆圆的天空，召集星星的月亮有威望；圆圆的打麦场，聚拢粮食的场坝有威望；团圆的人们，教导年轻人的老人有威望。我们奉献美酒给老人，是为迎亲打开凤冠头饰、霞帔坎肩、镯子戒指、披风长裙、鞋和袜子、歌声舞姿等礼物。唱述婚礼情景。

陈卫军等唱述，王继超记录，兴德、熊梅、陈卫军翻译。收入《贵州彝族咪谷丛书·阿买恳》，32开，4页，46行，贵州民族出版社2002年版。（阿洛）

阿硕

彝族出嫁歌。流传于贵州省威宁彝族回族苗族自治县和赫章县彝族地区。五言体歌词。歌中以长辈的口吻安慰出嫁的姑娘，不开亲时是两家人，开了亲便是一家人，新娘将公婆当父母对待，用自己的言行去取得他们的关爱，与丈夫相敬如宾，勤俭持家，善待叔子、姑子。

佚名唱述，胡家勋记录、翻译。收入《中国民间文学三套集成·贵州省毕节地区地直卷》，32开，2页，150行，毕节地区民间文学集成编委会1988年编印。（罗德显）

味必古必

彝族出嫁歌。流传于贵州省威宁彝族回族苗族自治县和赫章县彝族地区。唱述的内容是：追溯彝族礼俗歌的来历。用一波三折，三章叠章五言的形式，赞颂联姻，认为联姻作为一种纽带，把开亲的两家紧密联系到一起，强调姻亲双方的约定义务。

高登才唱述，代俄勾兔汝记录、翻译。收入《民间文学资料》第六十八集，32开，1页，25行，中国民间文艺研究会贵州分会1988年编印。（罗德显）

一个个难题

彝族出嫁歌。流传于贵州省毕节市彝族地区。五言体歌词。唱述姑娘到布播勒家后承受的种种磨难。由于一个个难题，她度日如年，岁月艰难；思念慈母却难以相见，充满了痛苦而无处诉说。反映了封建领主制度下的婚姻给妇女造成的伤害。

陈光友唱述，陈大政记录、翻译。收入《中国民间文学三套集成·贵州省毕节地区·毕节县卷》，32开，5页，100行，毕节县民间文学集成编委会1988年编印。（罗德显）

顶账出嫁

彝族出嫁歌。流传于贵州省威宁彝族回族苗族自治县和赫章县彝族地区。歌中唱述的主要内容是：姑娘认为自己嫁到婆家是为爹娘、哥嫂还账。阿爸为了要婆家的金银，阿妈要婆家的布匹，阿哥要婆家的牛羊，他们自己不去还账，却把姑娘嫁到婆家来抵账。反映了彝族古代买卖包办婚姻的现象。

代俄勾兔汝记录、翻译。载《南风》，16开，1页，30余行，贵州省文联编印。（罗德显）

俊俏姑娘嫁远方

彝族出嫁歌。流传于贵州省威宁彝族回族苗族自治县和赫章等县彝族地区。歌中唱述俊俏的姑娘个个远嫁异乡为异客。用爹娘和兄长吃狗肉、喝狗汤、穿狗皮却忘记了狗为他们狩猎、追虎狼、守家门的种种好处来比喻家人忘了女儿给他们做新衣的好处，反而把女儿像斗笠、马鞍一样轻易地许配别人远嫁他乡。歌中姑娘哭诉狠心的阿爸把女儿送去换白米、白银和白酒；责问阿爸为啥把女儿当酒饭，别人送来的酒饭不能饱你一辈子，女儿却要去受一辈子的苦。反映了在封建领主制度下买卖包办婚姻给妇女造成的痛苦和不幸。

阿俄乌里唱述、翻译，杨鸿泽记录。载《南风》，16开，1页，30行，贵州省文联编印。（罗德显）

欠婆家的债

彝族出嫁歌。流传于贵州省威宁彝族回族苗族自治县和赫章、大方等县。唱述的主要内容是：美丽的姑娘长大了要出嫁，用索玛花开时山挡不住、云遮不住来比喻姑娘长大了墙隔不住、门关不住被媒人发现。就像林木欠火的债，雏鸡欠鹰的债，姑娘也像欠了婆家的债，藏也藏不住，躲也躲不了，只好伤心地离开父母到了他乡重建自己的家园。

阿俄乌里唱述、翻译，杨鸿泽记录。载《南风》，16开，1页，20余行，贵州省文联编印。（罗德显）

什么树最美

彝族哭嫁歌。流传于云南省武定县彝族地区。唱述的主要内容是：最美的是红果树，红果成熟时雀鸟来游玩，红果落地后，雀鸟四飞散，飞散还能忍受，离情痛断肠。歌中以各种离别的痛楚来比喻新娘离开亲人的痛苦。

佚名唱述，李兴茂翻译，李兴茂、芮增瑞、余在扬记录。收入《云南民间文学集成·云南彝族歌谣集成》，32开，1页，19行，云南民族出版社1986年版。（钱丽云　朱琚元）

一盆白豆里

彝族哭嫁歌。流传于云南省武定县彝族地区。以一粒掺在白豆里的黑豆和一粒掺在白米里的谷子来比喻坐在一群姑娘中的新娘的孤独，形象地反映了新娘对未来命运的担忧。

佚名唱述，李兴茂翻译，李兴茂、芮增瑞、余在扬记录。收入《云南民间文学集成·云南彝族歌谣集成》，32开，1页，18行，云南民族出版社1986年版。（钱丽云　朱琚元）

妈妈变心了

彝族哭嫁歌。流传于云南省武定县彝族地区。歌中新娘埋怨父母疼爱女儿的心变了。锅庄石好像催着女儿离开温暖的火塘；门槛睡在门口好像在说快跨出门去；厩里的黑青马奋蹄长嘶，好像在说备上马鞍该送女儿走了；院里的花公鸡歪着脖子啼，好像在说女儿走的时候到了。

佚名唱述，李兴茂翻译，李兴茂、芮增瑞、余在扬记录。收入《云南民间文学集成·云南彝族歌谣集成》，32开，1页，18行，云南民族出版社1986年版。（钱丽云　朱琚元）

阿爹金门槛

彝族哭嫁歌。流传于云南省武定县彝族地区。歌谣唱述的主要内容是：平日里爹娘的金门槛、银门槛、金石坎、银石坎，从来不敢跨，今日里女儿敢跨也得跨，不敢跨也得跨，不得不跨出家门去了。反映了新娘被迫出嫁的不甘与无奈。

佚名唱述，李兴茂翻译，李兴茂、芮增瑞、余在扬记录。收入《云南民间文学集成·云南彝族歌谣集成》，32开，1页，26行，云南民族出版社1986年版。（钱丽云　朱琚元）

爹爹和妈妈

彝族哭嫁歌。流传于云南省武定县彝族地区。新娘哭诉爹妈在房前屋后商量来商量去，以为是要变卖家中的房产田地，直到今天才明白，原来是要卖（嫁）掉自己的女儿。反映了在夫权社会里姑娘对包办买卖婚姻的愤懑。

佚名唱述，李兴茂翻译，李兴茂、芮增瑞、余在扬记录。收入《云南民间文学集成·云南彝族歌谣集成》，32开，2页，33行，云南民族出版社1986年版。（钱丽云　朱琚元）

乌蒙山顶上

彝族哭嫁歌。流传于云南省武定县彝族地区。唱述的主要内容是：乌蒙山顶上，万竹一起生长，苦竹长大时，筷竹已被砍光；乌蒙半山腰，荞豆一起生长，豆子长大时，荞子已被割光；乌蒙山脚下，谷稗一起生长，谷子长大时，稗子已被割光；祖传的房子里，兄妹一起生长，兄长长大时，妹妹要出嫁了。

佚名唱述，李兴茂翻译，李兴茂、芮增瑞、余在扬记录。收入《云南民间文学集成·云南彝族歌谣集成》，32开，2页，46行，云南民族出版社1986年版。（钱丽云　朱琚元）

半夜雄鸡叫

彝族哭嫁歌。流传于云南省武定县彝族地区。唱述的主要内容是：新娘害怕天明后就要嫁往夫家，恳求雄鸡半夜莫叫，雄鸡若肯不叫，宁用银子套鸡嘴，黄金镶鸡冠；恳请天莫亮，天若可不亮，金圈银圈镶天边；恳请接亲人莫走，接亲人若可不走，腊肉白酒待他们。反映了在夫权社会里姑娘对出嫁后自身命运的担忧。

佚名唱述，李兴茂翻译，李兴茂、芮增瑞、余在扬记录。收入《云南民间文学集成·云南彝族歌谣集成》，32开，2页，39行，云南民族出版社1986年版。（钱丽云　朱琚元）

还债

彝族哭嫁歌。流传于云南省武定县部分彝族地区。全歌共三段。第一段唱公鸡欠老鹰债，故要小鸡来还债；第二段唱老羊欠豹子债，故要小羊来还债；第三段唱父母欠官家债，故要姑娘来还债。歌词采用比兴手法，用小鸡、小羊来衬托被逼出嫁新娘的无助与无奈。

佚名唱述，李兴茂唱译，闻从善校正。收入《云南省民间文学集成·武定县民间歌谣集成》，32开，1页，65行，武定县文化局、民委、文化馆集成办1989年编印。（钱丽云　朱琚元）

阿妈呀阿妈

彝族哭嫁歌。流传于云南省武定县部分彝族地区。歌中新娘埋怨父母狠心将亲生骨肉换财物。“我被换金银，钱财得多少？金银满柜？把我换牛羊，牛羊得多少？牛羊满厩？我被换五谷，粮食得多少？粮食满楼？”

李兰英唱述，王维记译。收入《云南省民间文学集成·武定县民间歌谣集成》，16开，1页，21行，武定县文化局、民委、文化馆集成办1989年编印。（钱丽云　朱琚元）

出殡邀路调

彝族丧礼歌。流传于云南省巍山彝族回族自治县彝族地区。歌谣的主要内容是告慰死者：我们已经请母舅吃过午饭，亲友也已吃过肉，这回请你带上米花糖树、饵粑粑、米花糖元宝，路上有长号开道、祭师祝福、儿女搭桥，你放心地走。

佚名唱述，杨茂虞、杨世昌搜集、记译。收入《彝族打歌调》，32开，7页，43行，云南民族出版社2002年版。（巴子）

出门跳鼓调

彝族丧礼歌。流传于云南省玉溪市红塔区彝族地区。在为死者送葬时由祭师或死者亲戚中的长者配合花鼓队吟唱。全曲共有十八段，七字一句，四句一段。歌谣主要唱述老人在世时全家人如何欢乐享洪福，老人死后家人如何凄凉，愿老人尽快转世托生。歌中还唱述了祭祀发丧过程中给死者送哪些物品带走等，表现了很多当地送葬祭祀中的独特习俗。歌中唱道："老人抬在无声地，满堂孝子送后来，挖把红土该财生。""西方路上起童身，把你二世转童身，转世童身富贵人。"

施亮唱述，赵金祥采录。收入《玉溪民歌》，32开，3页，72行，云南民族出版社2001年版。（普开福）

出门跳鼓散花调

彝族丧礼歌。流传于云南省玉溪市红塔区彝族地区。此曲在送死者出门时由死者儿女散花时吟唱。歌词以十二个月为序，共有十二段，根据各个月份的不同景物来唱述，深刻表达了子女对逝去亲人的思念之情。歌中唱道："四月散花早栽秧，农家老少种田庄，老人有田不栽秧，咋叫儿女不心伤。""十月散花冷稀稀，人人身上穿棉衣，老人有衣不能穿，咋叫儿女不心伤。"

施亮、施文福唱述，赵金祥采录。收入《玉溪民歌》，32开，3页，48行，云南民族出版社2001年版。（普开福）

灯调

彝族丧礼歌。流传于云南省玉溪市红塔区彝族地区。此曲在死者发丧前一天夜里由死者生前好友围棺跳唱。歌谣共有十四段，内容涉及祭祀场景的描述、生产生活物品和生活环境的描述、对死者的赞扬等多个方面，形式比较活泼、自由，很多词句与丧事无关，只是增添丧场的热闹气氛和表现唱者的口才。歌中唱道："小小天井四角方，楚石栏杆摆两边。前面摆对金狮子，后面摆对银花盆。花盆里面栽牡丹，牡丹开花遍地白。""金童玉女站两边，金山银山供两边。红漆棺材黑漆桌，黑漆桌上摆香炉。"

拔汝州、拔开义、白春亮唱述，赵金祥、赖建华采录。收入《玉溪民歌》，32开，3页，51行，云南民族出版社2001年版。（普开福）

送魂歌

彝族丧礼歌。流传于云南省石屏县彝族地区。这是为亡人送魂时唱的歌谣。歌中劝告亡人带走属于自己的东西，家中的东西留下。走时顺着先祖的来路去，路上看到扣住的鸟要先分清是白鸟还是黑鸟，白鹇不要带给祖先。到了阿尾里（阴阳街），那里鬼穿着人衣，那里的东西莫要。到了母底百（地名），那里的蝙蝠翅膀宽，能为你遮风挡雨。到了则泊赫（地名），则上筏划到对岸去。

普秀英唱述，阿楠记译。收入《云南民间文学集成·石屏歌谣卷》，32开，3页，45行，石屏县文联1996年编印。（谭玉婷）

请汉族兄妹用餐调

彝族丧礼歌。流传于云南省巍山彝族回族自治县彝族地区。"汉族兄妹"，指接阴童子，歌词中称为"汉族哥哥""汉族姐姐"。歌谣的主要内容是嘱咐接阴童子认真护送死者亡灵到阴间。歌中所唱如同现实生活中的情景：今天，在这里遇到了"街头笑嘻嘻，街尾活蹦蹦"的你们俩，请你们俩不要客气，吃好饭菜；路上请依照先人的生活习惯细心照料；到了阴间，该使钱财的地方要酬谢；要护送到五族十族祖先的地方，好好地交代给那里的官家。

佚名唱述，杨茂虞、杨世昌搜集、记译。收入《彝族打歌调》，32开，13页，83行，云南民族出版社2002年版。（巴子）

神灵不灵了

彝族丧礼歌。流传于云南省楚雄市彝族地区。歌谣唱述的主要内容是：阎王派兵来阳间招兵，灾难偏偏落在死者头上，不幸被抓走了。死者生前虔诚敬奉诸神灵，诸神都显灵保安康，因今年年成不好，来不及供奉诸神，神灵不灵了，要死无奈何。

李万有唱诵，杞登彩、杞万荣、李万才、潘广发翻译，唐楚臣记录、整理。收入《楚雄市民族民间文学集》下集，16开，3页，60余行，楚雄市文化馆1991年编印。（李福云　朱琚元）

人为什么会死

彝族丧礼歌。流传于云南省楚雄市彝族地区。唱述的主要内容是：世间万物都会死，有生就有死，人也不例外。很早以前人类不会死，人们为死鸟办丧事的事被老天知道后，老天以为人喜欢死，就派大鸟下凡传话，让人活到头发白、皮皱时死亡。可是大鸟还来不及传话就被人追打，一生气就传了反话，从此以后，白头发和黑头发的人都会死，皮皱皮嫩的人都会死。

李万有唱诵，杞登彩、杞万荣、李万才、潘广发翻译，唐楚臣记录、整理。收入《楚雄市民族民间文学集》下集，16开，6页，190余行，楚雄市文化馆1991年编印。（李福云　朱琚元）

母舅入场迎接调

彝族丧礼歌。流传于云南省巍山彝族回族自治县彝族地区。由奔丧的母舅方与主丧方对唱，表现丧葬中母舅进门的习俗。当地彝族习俗，母舅方参加葬礼进门时，主丧方要百般刁难，母舅方想方设法破解主丧方的刁难后，方可进门参加葬礼。此歌即为母舅方进门时，与主丧方的对唱。母舅方述说奔丧的理由时唱道："土锅不是铁铸成，铁锅才是铁铸成；不是父系亲族，而是母系亲族，来行父系丧礼，来行母系丧礼。"主丧方故意刁难说："没有父系亲族、母系亲族，报丧只给村绅乡老。"母舅方以乌鸦报了信为由，执意要进门。主丧方又以房檐下的土蜂厉害，"密士神"严厉，走廊上有恶狗，厩里有凶马，已故的爷爷凶悍等为借口阻拦。母舅方则回答："我们备有火、香、肉、米、草、冷饭等，你们说的一切都可以对付。"最后，主丧方只好唱道："母舅重如苍山，请到火塘上方坐。"

佚名唱述，杨茂虞、杨世昌搜集、记译。收入《彝族打歌调》，32开，23页，129行，云南民族出版社2002年版。（巴子）

打歌和哭挽调

彝族丧礼歌。流传于云南省巍山彝族回族自治县彝族地区。歌谣分两节。开头一节为序，齐唱，内容是告知死者母舅方来了，有什么苦楚请告诉他们。下节是主体部分，对唱，唱述的主要内容是：已经有精心做成的祭品供奉，可以告慰死者；劝慰孝子不要过于悲伤，要好好过日子，要常常缅怀死去的亲人。

佚名唱述，杨茂虞、杨世昌搜集、记译。收入《彝族打歌调》，32开，7页，47行，云南民族出版社2002年版。（巴子）

吊祭调

彝族丧礼歌。流传于云南省巍山彝族回族自治县彝族地区。丧家唱述失去亲人的悲伤苦情，宾客唱述来意并劝慰丧家节哀。歌词用比喻的手法表现悲伤的心情，既有悲欢离合的伤感，又有打歌程式化的意趣。歌中唱道："若是天上的候鸟儿，一年一度来回转，永逝的父母亲呀，无法一年遇一次。""过了年后布谷鸟啼，长眠地下的亲人，未闻布谷鸟啼声吧。"

佚名唱述，杨茂虞、杨世昌搜集、记译。收入《彝族打歌调》，32开，37页，256行，云南民族出版社2002年版。（巴子）

接后人

彝族丧礼歌。流传于云南省楚雄市部分彝族地区。彝族老人去世，儿女为其举行葬礼，当死者的后家（舅舅）到来时，毕摩引领孝子、孝媳、孝女等前往大门外跪迎，到灵堂前时吟唱此歌。歌谣以孝子的口吻，唱述了“家中阿妈大，后家舅舅大”，遇事离不了舅舅，以及儿女给死者放“含口银”等习俗。

李万有唱诵，杞登彩、杞万荣、李万才、潘广发翻译，唐楚臣记录、整理。收入《楚雄市民族民间文学集》下集，16开，3页，80余行，楚雄市文化馆1991年编印。（李福云　朱琚元）

开场歌

彝族丧礼歌。流传于贵州省威宁彝族回族苗族自治县和赫章县彝族地区。五言体歌词，彝族丧歌舞的开场。歌中用核桃核有四瓣来比喻四位歌手，为去世的老人献丧歌丧舞。

禄长生唱述，胡家勋记录，王继超翻译。收入《中国民间文学三套集成·贵州省毕节地区地直卷》，32开，1页，40余行，毕节地区民间文学集成编委会1988年编印。（罗德显）

啃叶漏

彝族丧礼歌。流传于贵州省威宁彝族回族苗族自治县和赫章县彝族地区。五言体歌词，彝族丧歌舞的结束仪式。歌中唱道：獐子、麂子、雁和鸿都相互劝休息，歌舞的伙伴也相互劝休息，请歌舞神退下，回归各自的神位。

禄德生唱述，胡家勋记录，王继超翻译。收入《中国民间文学三套集成·贵州省毕节地区地直卷》，32开，2页，40行，毕节地区民间文学集成编委会1988年编印。（罗德显）

啃洪

彝族丧礼歌。流传于贵州省毕节市彝族地区。五言体歌词。叙述老人死后，其子孙组织人吹唢呐、唱丧礼歌、跳丧礼舞祭奠亡灵，缅怀老人在世时的音容笑貌，歌颂他一生的美德，以此来表达对亡灵的怀念。

陈大政唱述，陈大政记录、翻译。收入《中国民间文学三套集成·贵州省毕节地区·毕节县卷》，32开，3页，50行，毕节县民间文学集成编委会1988年编印。（罗德显）

思念父母

彝族丧礼歌。流传于贵州省威宁彝族回族苗族自治县和赫章等县。唱述的主要内容是：阿保鲁邓病重时老大老二不孝，老三夫妇细心孝敬老人，为老人寻医问药。临终前阿保鲁邓要把所有家产留给老三，可老三夫妇执意不要，家产自己挣，只要父亲的旧披毡和母亲旧布鞋做纪念。寒冬腊月漫漫长夜，披上阿爹的披毡如同阿爹常伴身旁，穿着阿妈的鞋路过沙石时感觉阿妈在身边。披毡和鞋都会破，但思念父母之情永不断。

高登才唱述，代俄勾兔汝记录、翻译。收入《民间文学资料》第六十八集，32开，2页，110行，中国民间文艺研究会贵州分会1988年编印。（罗德显）

裉洪

彝族丧礼歌。流传于贵州省威宁彝族回族苗族自治县和赫章等县。五言体歌词。歌中用老鹰捉母鸡丢下了小鸡、野狗捉母猪丢下了小猪，借喻老人被司署鬼拿去了，丢下了孤苦伶仃的子女。宁可丢失最宝贵的东西，也不可失去父母，以此表达对父母的思念。

禄德华唱述，王继超、胡家勋记录，王继超、禄一方、王子尧翻译。收入《中国民间文学三套集成·贵州省毕节地区地直卷》，32开，8页，120行，毕节地区民间文学集成编委会1988年编印。（罗德显）

孝歌

彝族丧礼歌。流传于川滇大、小凉山彝族地区。以悲伤的曲调和感人的语气，叙述了死者生前的生活景象及其对家族、家庭的贡献，并为死者超度灵魂。

佚名演唱，阿余铁日翻译。收入《雷波县民歌集成》（第一册），16开，5页，111行，四川省雷波县文化馆1984年油印。（时长日黑）

死和病

彝族丧礼歌。流传于四川省甘洛县彝族地区。全歌分八段。第一段唱述悲痛难忍。第二段唱不同年龄、性别的死者给亲属带来不同程度的悲伤。歌中唱道："老人去世，犹如剥掉菜黄叶。年轻去世，犹如肝脏断裂。家人们去世，犹如围墙倒塌。"第三段唱世上万物的最终归宿都是死亡。第四段唱死者生前给世人留下难以忘却的记忆。第五段唱假若能如愿，希望死者能复活，但世上没有起死回生的药。第六段唱如果世上的人只生不死，那么，世界就没有人的站立之地了。第七段唱前代不逝世，后代不繁衍。第八段唱人各有命，生死由天，安慰死者家属不要悲伤，不要难过。表达了彝族人民对死亡和疾病的坦然。

木基尔堵演唱，沙光荣记译。收入《甘洛县民间歌谣集（下）》，32开，9页，172行，甘洛县民间文学集成办公室1988年编印。（尔古阿木　李新渝）

送魂歌

彝族丧礼歌。流传于四川省甘洛县彝族地区。歌词分三段讲述，第一段歌词唱述滚石不可阻挡，死路不可堵塞，生老病死是人生的自然规律；第二段唱述死者短暂而平凡的一生给活者留下的记忆；第三段唱述死者灵魂不要留恋人间尘世，放心离去。毕摩头戴法冠，身背神箭、手拿经书、神扇，不停地摇着铜铃，指引死者的灵魂走向去天堂的路，奉劝死者不要走黑路，不要走黄路，一定走白路，白路是纯洁灵魂所走之路。

木基罗卡演唱，沙光荣记译。收入《甘洛县民间歌谣集（下）》，32开，19页，760行，甘洛县民间文学集成办公室1988年编印。（尔古阿木　李新渝）

道经歌

彝族丧礼歌。流传于四川省甘洛县彝族地区。内容唱述死亡从天而降，是上天的旨意，人类无法躲避和抗拒，奉劝死者亲属不要太悲伤。分五段进行唱述：第一段唱死神不可当敌对抗，若可当敌对抗，亲友一定站在前方抵抗；滚石不可阻挡，死路不可堵塞。第二段唱述死者之魂在黄泉路上要走好。第三段安慰死者之魂，先逝的亲属们将会迎接他。第四段唱死者之魂不要留恋人间尘世，到了天堂一定很幸福。第五段唱述活着的灵魂不要跟随死者之灵去天堂。

阿木达达演唱，沙光荣、呷呷尔日记译。收入《甘洛县民间歌谣集（下）》，32开，9页，158行，甘洛县民间文学集成办公室1988年编印。（尔古阿木　李新渝）

死神病魔的降临

彝族丧礼歌。流传于四川省美姑县彝族地区。歌中唱述的主要内容是：天界魔树断枝落人间，变成病魔夺去老者的生命，老人逝世乃是无可奈何的事，"犹似笋壳脱离了竹身，菜叶脱离了茎秆"。教导逝者的子孙不要沉浸在悲痛之中而一蹶不振，要像"杉根长嫩苗，定将茁壮成长，犹似春笋破土密又壮，恰似幼苗出土绿油油"。

克其五加、克其作且演唱，克其拉洛、

吉尔体日等记译。收入《美姑彝族挽歌》，32开，6页，123行，中国美姑彝族毕摩文化研究中心、美姑县地方志办公室2002年编印。（吉郎伍野　吉尔拉格）

死亡的来由

彝族丧礼歌。流传于四川省美姑县彝族地区。歌中唱述的主要内容是：远古之时，天界君王吴体古兹与世间居木弟兄立下生死约，人类寿数定为一千年，每户只养一儿和一女，不到时间不死人。后来世间居木家为一只驯养的独臂黑母猴大办葬礼，触怒了天界君王。天君立下毒咒，从此人类一日生千数，一夜死百人。“襁褓婴儿也可死，幼稚儿童也可死，白发苍苍者也死，青春少壮也可死，人到中年也可死”。从此有了死亡。劝慰逝者死亡是无可奈何的。

克其五加、克其作且演唱，克其拉洛、吉尔体日记译。收入《美姑彝族挽歌》，32开，9页，212行，中国美姑彝族毕摩文化研究中心、美姑县地方志办公室2002年编印。（吉郎伍野　吉尔拉格）

留老歌

彝族挽歌。流传于云南省峨山彝族自治县彝族地区。挽歌分留老歌和送葬歌两部分，表达对已故亡人的尽孝和留恋。留老歌部分在出殡前唱，送葬歌部分在出殡时唱。歌中唱道：“一留老人在堂中，堂屋中间香烛旺。今日本是黄道日，酒肉果品满桌供。”“一送亲娘奈何桥，奈何桥下恩难忘。母亲永去不回来，儿孙泪珠如水滴。”有的地方也把留老歌当作撒花调用哭腔吟唱。

小甲左花鼓队唱述，何家成记译。收入《峨山民间文学集成》，32开，1页，16行，云南民族出版社1989年版。（聂鲁）

哭儿调

彝族挽歌。流传于云南省元江哈尼族彝族傣族自治县彝族地区。唱述阿妈失去儿子的悲伤、苦愁。歌中唱道：“阿妈生儿心中喜，省吃省穿抚养儿，儿站人前比人高，儿站人中比人美。你是妈的大柏树，今日柏树断了头。阿妈失儿心空空，美愿就像一阵风。阿妈哭着问天地，好人为啥命运丑？问天云彩匆匆飘，问地河水哗哗流。”

方克尼唱译，宋自华记录整理。载《礼社江》文艺报“哭歌专版”，56行，元江哈尼族彝族傣族自治县文化馆1986年4月30日编印。（宋自华）

哭阿妈

彝族挽歌。流传于云南省元江哈尼族彝族傣族自治县彝族地区。属彝族歌谣中的哭丧调，由死者的女儿吟唱。歌谣唱述阿妈养育儿女的恩德以及女儿对阿妈的眵念之情。歌中唱道：“天上最暖和的，是金灿灿的太阳；四季最暖和的，是百花盛开的春天；家中给女儿温暖的，是慈善的阿妈。阿妈虽闭了望世眼，你的音容和笑貌，全都留在人世间，留在女儿的心上。”

方克尼唱译，宋自华记录、整理。载《礼社江》文艺报“哭歌专版”，58行，元江哈尼族彝族傣族自治县文化馆1986年4月30日编印。（宋自华）

哭姐调

彝族挽歌。流传于云南省元江哈尼族彝族傣族自治县彝族地区。唱述妹妹对姐姐的缅怀以及姐妹相亲相爱的亲情。歌中唱道：“村中姑娘把你夸，村中伙子怀念你，大爹为你愁眉皱，大妈为你悲泪流。一双好花谢一朵，一对好果掉一个，独花独果孤零零，妹妹孤凄咋个过？这个世上无姐伴，就像花枝无叶生。”

方克尼唱译，宋自华记录、整理。载《礼社江》文艺报“哭歌专版”，64行，元江哈尼族彝族傣族自治县文化馆1986年编印。（宋自华）

哭郎调

彝族挽歌。流传于云南省元江哈尼族彝族傣族自治县彝族地区。表达了妻子怀念郎君的深情。歌中唱道："妻子哭郎泪滚滚，叫声郎君真情人，你到世间来一场，留上美名下黄泉。心想与你同恩爱，做对彝家美夫妻，哪料郎的性命薄，如今花叶两凄凄。你想妻时托个梦，妻想郎时祭献郎，心中时时有郎影，才能安慰苦心肠。你我虽是阴阳隔，心肝却是一个样，今日哭夫表心意，来生又把恩爱享。"

方克尼唱译，宋自华记录、整理。载《礼社江》文艺报"哭歌专版"，56行，元江哈尼族彝族傣族自治县文化馆1986年编印。（宋自华）

哭情人

彝族挽歌。流传于云南省元江哈尼族彝族傣族自治县彝族地区。歌谣唱述情妹对不幸死去的情哥的深切怀念。歌中唱道："多情人啊多情人，你是清白短命人。回想你在世上时，哥妹相亲互心疼。兄弟姐妹都称赞，你我是对真情人。春夏秋冬做农活，互相关照去完成。多情人啊多情人，你是清白短命人。今日祭你表心意，阿妹永不把你忘。但愿来生再有缘，我做妻来你做郎，亲亲热热相恩爱，来世重把幸福享。"

白玉生唱译，宋自华记录、整理。收入《彝族阿哩》，32开，4页，70行，四川民族出版社1998年版。（宋自华）

买花场

彝族习俗歌。流传于云南省江川县、华宁县、通海县、玉溪市红塔区等地彝族地区。在娱乐场上，外地客人或路过的陌生人初来乍到，主办者邀请他们来加入，受邀之人必须先"买花场"，唱入场词。唱词为："大河涨水小河清，小河头上栽紫椿。头椿打来街头卖，二椿打来街尾卖。头椿卖得三两三，二椿卖得二文二。两文拿来买花路，三文拿来买花场。买得花路兄得走，买得花场兄得站。"

毕粉团唱述，杨忠友、李志忠、戴凤琼搜集，杨忠友记录。收入《江川县民间文学集成》，32开，2页，10行，云南人民出版社1997年版。（普开福）

板凳龙

彝族习俗歌。流传于云南省玉溪市红塔区彝族地区，是民间表演板凳龙舞蹈时的唱词。板凳龙舞一般在为老人办丧事或节庆时与秧鼓舞同时表演。唱词主要是对一些生产生活器具的生动描述。歌中唱道："板凳有脚，有脚不会走，扁担无脚四处走。""蓑衣有毛，有毛不会飞，风筝无毛飞上天。"

龙家清、龙家林、龙家德唱述，曾庆延采录。收入《玉溪民歌》，32开，2页，84行，云南民族出版社2001年版。（普开福）

拜年调

彝族习俗歌。流传于云南省景东彝族自治县彝族地区。过年时亲朋好友互相看望，唱此调述说一年生活的艰难、忧愁和希望。歌词基本以十个月为序，四句一节，每节第一句六字，其余三句各七字，共十二节。歌中唱道："正月里是新年，三朋四友来拜年，先拜神仙后拜老，拜了神老拜村邻。二月里过完年，三朋四友来串玩，三朋四友来得好，一无酒吃二无钱。""九月里九月九，穷人种田要过斗，过了大斗过小斗，过了小斗我没有。十月里十月招，人走运气马走膘，人走运气一年转，马走膘的骨头摇。"

李发林唱述，陶明贵记录。收入《景东民间歌谣》，32开，2页，48行，景东彝族自治县民委、文化局、文化馆1988年编印。（施文志）

掌火歌

彝族习俗歌。流传于云南省元谋县小凉山彝族地区。掌火，指火把节的主持者，也称火头。此歌为彝族火把节“打跳”开始时唱的仪式歌。歌谣以男女问答的形式吟唱了十二年一轮的火把节，火把节一年过一回，从乌鸦开始，依次由喜鹊、野鸡、箐鸡、画眉、鹞鹰、豪猪、麂子、狐狸、小牛、毛羊、小猫掌火。反映了彝族先民的原始动物崇拜观和社会发展的历史。

黑朝亮唱述，祁树森、毛中祥、李世忠记译。收入《云南民间文学集成·云南彝族歌谣集成》，32开，7页，126行，云南民族出版社1986年版。（李福云　朱琚元）

火歌

彝族习俗歌。流传于云南省武定县彝族地区。歌中唱道：“火就是神，神就是火。豺狼不敢来，老虎不敢挨；野猪、豹子闻着烟、看见火，向山箐狂逃。火就是神，神就是火。追麂子来烧，追马鹿来烧，捉野鸡来烧，黄生生，扑鼻香。你撕一块，我撕一块，笑着吃，吃着跳。”反映了彝族先民的火崇拜和原始生活形态。

李显直唱述，罗金宝记录。收入《云南民间文学集成·云南彝族歌谣集成》，32开，2页，25行，云南民族出版社1986年版。（李福云　朱琚元）

起房调

彝族习俗歌。流传于云南省景东彝族自治县，是祝贺新房建成时吟唱的仪式歌。歌谣以十二个月为序，唱述修建新房的全过程，表达对房主人的祝贺和对生活的热爱之情。歌词七字一句，四句一节。歌中唱道：“正月妹盖新式房，一无刷子二无墙，哥是木匠开山去，砍下木头放山上。二月里来梅花开，木头在山无人抬，三亲六戚来帮忙，棵棵木头抬回来。”“冬月里来冬月冬，四方玻璃安窗风，玻璃上面洒金水，金花窗子起人像。腊月里来一年忙，新盖房子多安然，三亲六戚来祝贺，千年不朽万年长。”

陈怀安唱述，杨定寿、张定明记录。收入《景东民间歌谣》，32开，2页，48行，景东彝族自治县民委、文化局、文化馆1988年编印。（施文志）

上梁词

彝族习俗歌。流传于云南省景东彝族自治县，景东彝族建房有多种仪式，在立柱、上中梁时，都要请木匠或其他懂得上梁规矩的人吟唱这首仪式歌，以求吉利。这首民歌形式上比较自由，每句字数不一定相同，押韵也较随意。歌中唱道：“紫金梁，紫金梁，你在山中做树王，今天遇着黄道日，鲁班请你做中梁，张班请你做中梁，鲁张二班来请你，请到山中你来做中梁。”“中梁去到厦柱口：荣华富贵。中梁去到银柱口：富贵荣华。”

杨品唱述，陶明贵记录。收入《景东民间歌谣》，32开，2页，20行，景东彝族自治县民委、文化局、文化馆1988年编印。（施文志）

点梁歌

彝族习俗歌。流传于云南省峨山彝族自治县，是造新房上梁时由木匠师傅取鸡血点梁祈求吉祥的吟祷词。歌中唱道：“竖柱喜逢黄道日，上梁正遇紫微星。造盖新房喜洋洋，吉人修座好华堂。”“左撒青龙来戏水，右撒白虎上山冈，前撒朱雀高飞起，后撒紫燕住栋梁。”

佚名唱述，普家海记译。收入《峨山民间文学集成》，32开，2页，44行，云南民族出版社1989年版。（聂鲁）

进新房调

彝族习俗歌。流传于云南省景东彝族自治县。彝族盖好新房后择日搬进新房，进新房的前夜或当晚，主人请人来跳舞唱歌，这首民歌就是祝贺搬进新房的仪式歌，借地师之口赞颂新房地基好。歌中唱道："今天来瞧新房子，今天来瞧座地基。龙盘稳在盘头上，向口打在凤凰山；新盖房子四柱拉，四柱底下垫银子。"

施学英唱述，陶明贵记录。收入《景东民间歌谣》，32开，1页，22行，景东彝族自治县民委、文化局、文化馆1988年编印。（施文志）

入宅歌

彝族习俗歌。流传于云南省景东彝族自治县。按当地彝族习俗，搬东西进新房时，最先进入的必须是一个童男，然后请一位有名望的老人进入。老人坐在屋中，关上门，等其他搬东西的人前来叫门。老人与门外的人隔门对唱这首仪式歌，赞颂主人生活幸福吉利。歌中唱道："日吉时良，天地开张。某氏门中黄道吉日入新房。""（门内一人问）门外香烟飘飘、瑞气腾腾、挑挑拿拿、热热闹闹、红红火火，是谁人？（门外答）招财童子到凡尘，进宝郎君一路随，今日吉星高照紫微星，贵人来开门。"

从陈绍贤老人收藏的手抄本抄录。收入《景东民间歌谣》，32开，2页，37行，景东彝族自治县民委、文化局、文化馆1988年编印。（施文志）

贺神明

彝族习俗歌。流传于云南省峨山彝族自治县彝族地区，是当地彝族人民举行庙会时对诸神的颂词。整首歌谣包括贺白牛土主、贺圣母娘娘、贺弥勒古佛、贺牛王马王、贺财神老爷五节，每节六句。如贺牛王马王歌中唱道："两角弯弯像明月，两眼炯炯放金光，全得耕牛像狮子，所幸骡马赛麒麟，五谷丰登人畜旺，万民幸福乐无疆。"

佚名唱述，普家海记译。收入《峨山民间文学集成》，32开，2页，30行，云南民族出版社1989年版。（聂鲁）

十二月关龙鲁班小调

彝族习俗歌。流传于云南省景东彝族自治县。"关"即容纳，龙是吉祥的象征。这是祝贺新房建成的仪式性民歌。歌谣以十二个月为序，唱新房的修建过程，表达对主人的祝贺。歌词多为七字一句，四句一节，共十二节。歌中唱道："正月里是新年，张鲁二班下凡天，七岁会造金銮殿，九岁十岁砌龙亭。二月里龙抬头，大插一对小插头，青砖白瓦高举起，登科日子合龙口。""冬月里来冬月冬，张鲁二班要完工，该姓祠堂多精致，栽下牡丹脸朝东。腊月里来满一年，张鲁二班算工钱，银钱算得三百吊，只说仁义不说钱。"

万成安唱述，杨海寿记录。收入《景东民间歌谣》，32开，2页，48行，景东彝族自治县民委、文化局、文化馆1988年编印。（施文志）

送财神

彝族习俗歌。流传于云南省景东彝族自治县。歌名虽然叫《送财神》，实际上却是一首迎接财神到来的仪式歌。歌中唱道："早上开门双扇开，四五天官送财来。一送金银千百两，二送东西南北财。""十一要送摇钱树，十二要送聚宝瓶。摇钱树来聚宝瓶，早落黄金晚落银。早落黄金三十两，晚落银子上秤磅。穿不愁来吃不愁，打个银包做枕头。子孙后代用不尽，年年平安无忧愁。"

陈怀安唱述，杨海寿、刘汉祥记录。收入《景东民间歌谣》，32开，1页，22行，景东彝族自治县民委、文化局、文化馆1988年编印。（施文志）

张灶君

彝族习俗歌。流传于云南省宁洱哈尼族彝族自治县彝族地区。唱述民间年末祭祀灶君的由来：富家子弟张某娶妻后坐吃山空，难以维持生计，只好出卖妻子给员外家。妻子在员外家仍旧挂念丈夫，妻子便劝说员外施舍稀饭救饥荒，但张某没得到稀饭，饿死了。妻子画张某像祭祀，骗员外说那是灶君，并说祭祀灶君可使灶君在玉帝面前为自己讲好话，从而得到玉帝保佑。

李赞科唱述，林凡搜集。收入《普洱民族民间歌谣集》，32开，2页，40行，普洱哈尼族彝族自治县民委、文化馆1987年编印。（施文志）

送祝米调

彝族习俗歌。流传于云南省景东彝族自治县。当地彝族妇女生小孩满月后，直系亲属要带上东西前去看望祝贺，这种走访称为送祝米。送祝米时要吟唱此调，从年轻母亲怀孕唱起，一直唱到亲属们得知生小孩的喜讯后备办各种祝贺的礼物并请挑夫送去为止。歌中唱道："妹家得个小公孙，打发丫鬟来报喜，听得妹家这句话，手提银钱进街心，一买鸡蛋百五十，二买砂糖净十斤，三买锦鸡几十个，四买糯米斗五升……"

罗三囡唱述，杨海寿、陶明贵、刘汉祥记录。收入《景东民间歌谣》，32开，1页，28行，景东彝族自治县民委、文化局、文化馆1988年编印。（施文志）

二月八打歌调

彝族习俗歌。流传于云南省巍山彝族回族自治县彝族地区。"二月八"是当地彝族的盛大节日，此调是在这一节日中吟唱的调子。全歌分为三个部分。第一部分"接地龙神"，召唤所有想念龙神的人都到这里。第二部分"祭献牲猪、认祖源父族"，主要内容是卜卦、认祖。第三部分"晚上打歌"，为男女对唱，唱述的主要内容是：女方慕名而来打歌，男方谦和迎接；进而彼此考验，互相夸赞；最后是彼此想念，相互安慰。每部分都用山水树木、花草鸟兽做比喻。歌中唱道："没种荞不要怄气，没种麦不要忧愁，一架牛赶在前，可到西河种麦。没朋友莫要怄气，没结婚不要着急，到姐姐住的村子里来，那里可以缔结自由婚。""松枝反复被风吹，松梢反复经风打，宁让松枝随风刮，不让松梢受摧残。婆婆催着回去，亲自后边追赶，让她随心所欲吧，不要伤心流泪。"

佚名唱述，杨茂虞、杨世昌搜集、记译。收入《彝族打歌调》，32开，44页，161行，云南民族出版社2002年版。（巴子）

跳十二属神

彝族习俗歌。流传于云南省楚雄市、南华县等彝族地区。这是香通（端公）在祭祀活动中的诵词。祭祀时，由人们化装成十二属相动物跳神，跳到哪一种动物便学哪一种动物的动作和叫声，并唱诵有关那种动物的祭词。歌词以十二个月为序，从正月属虎虎来跳，依序唱到腊月属牛牛来跳，表现了十二属相动物的动作行为和生活习性。

佚名唱述，者厚培搜集，杨继中校正文字。收入《云南民间文学集成·云南彝族歌谣集成》，32开，3页，41行，云南民族出版社1986年版。（李福云　朱琚元）

转舞歌

彝族习俗歌。流传于四川省甘洛县彝族地区。歌唱开帝恩赐人们的庄稼获得了丰收，谷物装满了粮仓，并祈祷来年获得更大的丰收。歌中唱道："如果来年更丰收，杀最肥的猪来祭您，宰最壮的羊来供您，酿最醇香的美酒敬您。"以歌舞表达自己的喜悦心情，体现了彝族人民勤劳善良和能歌善舞的民族特征。

呷日约打演唱，沙光荣、呷呷尔日记译。收入《甘洛县民间歌谣集（下）》，32开，5页，82行，甘洛县民间文学集成办公室1988年编印。（尔古阿木　李新渝）

还没来

彝族习俗歌。流传于四川省昭觉县彝族地区。这是常用于各种喜庆场合的说唱词，主要内容是演唱者以婉转、深沉的唱词，与对手嬉戏，力求把对方的精彩唱词引出来，既有贬斥的唱词，又有搞笑的内容，使对方听后暗自佩服。

佚名演唱，吉子以者、吉韦克迪记录。收入《克哲》，32开，2页，48行，昭觉县文教局扫盲办1986年编印。（利布）

迎客歌

彝族习俗歌。流传于川滇大、小凉山彝族地区。运用比喻的手法，叙述了主人对客人的热情欢迎，表明了彝族人民待客热情，待人豪爽、耿直的性格。

俄底日仍演唱，王子拉记录、翻译。收入《普格县彝族民间歌谣集成》，32开，2页，30行，普格县"三套集成"小组1987年编印。（时长日黑）

过年歌

彝族习俗歌。流行于川滇大、小凉山彝族地区。彝族过年时诵唱歌词。首先描述欢喜快乐的场面，烘托出过年的喜庆气氛，列举过年的各种乐事；然后为主人家招请五谷六畜之魂，祈安纳福；再招请祖妣前来与子孙一同过年，赐福给子孙。

俄木位坡演唱，吉木曲体笔录。8开，14页，282行，未刊稿。（摩瑟磁火　阿余铁）

舅舅的来源

彝族习俗歌。流传于川滇大、小凉山彝族地区。叙述了舅舅在彝族生活中，特别是在婚姻生活中的重要地位和作用，反映彝族"以舅为大"的习俗。

收入彝文版《勒俄阿莫》（母史篇），16开，3页，77行，盐源县语委1986年编印。（时长日黑）

让舅骑马

彝族习俗歌。流传于川滇大、小凉山彝族地区。彝族婚礼中主客双方均可使用的说唱词。反映彝族以舅为大的寓意，并以比兴的手法，阐述了马的来源和作用。

收入彝文版《勒俄阿莫》（母史篇），16开，2页，65行，盐源县语委1986年编印。（时长日黑）

媒人的来源

彝族习俗歌。流传于川滇大、小凉山彝族地区。以比兴手法，叙述了天地、山水、太阳、月亮等媒介物，说明媒人在彝族婚姻中的重要作用。

收入彝文版《勒俄阿莫》（母史篇），16开，2页，57行，盐源县语委1986年编印。（时长日黑）

四 克智

日月催着姑娘长大

彝语北部方言克智。主要流传于四川省凉山彝族自治州彝族地区。“克智”系彝语音译，也译为“刻智”“克哲”“克则”等，有“辩嘴”“夸口”“赛说”“盘词”等意。“克智”是一种别具一格、意趣盎然、具有固定格式的诗体口传文学形式，主要在娶妻嫁女的喜庆场域演唱。参加婚礼的来宾，双方遴选出思维敏捷，知识渊博，能说会道者为己方代表，与新郎或新娘方的代表展开克智舌战，以彰显己方的热情、幽默、博学和智慧。在喜庆欢乐中，既交流了知识，又增进了彼此的情感，并更好地赓续了彝族优秀传统文化。2008年6月，彝族克智被列入第二批国家级非物质文化遗产保护名录。《日月催着姑娘长大》由主方寒暄开场，追溯了人类、万物的起源和社会历史的嬗变，并谈及婚嫁的重要性和必要性。“养儿要娶妻，养女要嫁人，养马要修路。”客方则回应道：“说起人世间的婚事，该定亲的就要定亲，该开亲的就要开亲，日月催着姑娘长大，岁月催着姑娘长大”；“祖先生息过的地方，儿孙应举火慰先灵；祖先耕种过的土地，儿孙应继续耕耘播种”。在一问一答中，共同追忆祖先，告诫大家顺应大自然和生命的规律，恪守祖先的规矩，秉承祖先的遗训，更加积极努力地生活。

贾司拉核、沙马木果说唱，阿牛木支、吉则利布等记录整理。收入《彝族克智译注》，16开，2页，84行，四川大学出版社2012年版。（龙珊）

千年习俗代代传承

彝语北部方言克智。主要流传于四川省冕宁县彝族地区。男女双方的宾客聚集在暖意融融的炉火旁，主方在回环铺陈中，倡导彝人在姻亲间应建立密不可分、牢不可破的互帮互助关系：“你我两亲家，锄头挖不断，像茂密的森林盘根错节，像坚硬的铠甲紧密相连。羊腿连着羊身，羊头连着脖颈，转盘连着转轴，猪油裹着猪肉。千年的习俗这样传承，我们也这样代代传承。”客方则回应道：“两亲家若不和谐，门当户对就和谐。骨和肉若不和谐，面对敌人就和谐。夫妻若不和谐，生儿育女就和谐。儿孙若不和谐，命运相同就和谐，阴阳若不和谐，做祈祷就和谐。”通过对一系列人、事的对举，不仅强化了大家的认同感和归属感，还辩证地阐释了“和谐”多姿多彩的表现形态和深邃的哲理意蕴。

贾司拉核、沙马木果说唱，阿牛木支、吉则利布等记录整理。收入《彝族克智译注》，16开，5页，182行，四川大学出版社2012年版。（龙珊）

同吃一甑热饭

彝语北部方言克智。主要流传于四川省冕宁县彝族地区。主方充分运用排比的手法，表达对亲家美好的祝福和绵绵不绝的情怀，“亲家是在赞许声中结亲，骏马是在赞扬声中奔跑。你我这两亲家，共撑一把圆伞，同吃一甑热饭，同饮一股泉水。如像铁匠锻打金，金丝银丝紧相连，即使银丝会折断，金丝线线紧相连。”客方也赞美了主方的胆识、气度和灿如星辰的智慧之光，表达了团结一心，和睦相助的愿景，“你我这两亲家，说钱是否能顶用？说钱不顶用。说粮顶事么？说粮不顶事。和睦的姻亲，胜似岩和树。相融的亲家，似丝绸和绸缎。”在洋溢着生活气息的演述中，既融洽了双方的情感，也传递、传承着生活的智慧。

贾司拉核、沙马木果说唱，阿牛木支、吉则利布等记录整理。收入《彝族克智译注》，16开，2页，86行，四川大学出版社2012年版。（龙珊）

靓丽已随大雁去

彝语北部方言克智。主要流传于四川省冕宁县彝族地区。主方豪迈地追溯祖先的荣光，并向客方表达真诚谦和之情，“说起辉煌的历史，你们没有碰上，祖父最英俊的时候；你们没有碰上，祖母最靓丽的时候。我们祖辈靓丽的，已随大雁逝去了；我们祖辈英俊的，已随猛虎逝去了。”接着向客方发出赛说“克智”的邀请，在一系列妙趣横生的比喻中，阐释赛说“克智”的规则与旨趣，“今天晚上我们赛说婚礼‘克智’，就像高山顶上的滚石那样朝下滚，谁都无法预测将落到何处；今天晚上我们赛说婚礼‘克智’，就像山间的竹笋朝上长，谁都无法预测谁长多高；今天晚上我们赛说婚礼‘克智’，就像陡坡上的野火朝上烧，谁都无法预测烧到何时止。”客方也表达了赛说“克智”的坚定决心与谦和之态，“贤能的对说家，今晚我们赛说婚礼‘克智’，能否坚持到天明，就看你肚里有没有‘克智’。”主客双方在亲切、融洽和幽默的氛围中，徐徐拉开智辩的精彩帷幕。

贾司拉核、沙马木果说唱，阿牛木支、吉则利布等记录整理。收入《彝族克智译注》，16开，3页，121行，四川大学出版社2012年版。（龙珊）

公鸡是否坠下崖

彝语北部方言克智。主要流传于四川省冕宁县彝族地区。欢乐美好祥和的夜晚，邀请耄耋老者和慈祥的阿妈、威武的阿爸、俊朗的小伙、靓丽的姑娘共同欢唱喜庆之歌，诉说幸福话语。主方举证现实生活中几乎不可能发生的事，以此反诘客方，“石磨是否被风吹走，獐子是否变成绵羊，一年是否剪三次羊毛，猎物是否变家狗，大雁是否成鸡群，蚂蚁是否追猎物，姑娘是否去御敌，小伙是否去嫁人？”客方回应道：“两扇石磨也被风吹走，一条大牯牛被恶鹰叼，一只公鸡坠下深山谷，姑娘手持长矛去御敌，英俊小伙着装去嫁人。因为今天是吉祥欢乐的日子，是主客相聚的日子，所以牛没被鹰叼去，公鸡没有坠下崖，石磨没被风吹走，獐麂当羊养，一年剪三次毛，猎狗在追猎，猫儿在捕鼠，人人均平安。”客方不仅机智巧妙地回应了主方的诘问，也表达了祈求众人平安康健、万事和顺的美好愿景。

贾司拉核、沙马木果说唱，阿牛木支、吉则利

布等记录整理。收入《彝族克智译注》，16开，3页，146行，四川大学出版社2012年版。（龙珊）

席前端酒敬客人

彝语北部方言克智。主要流传于四川省冕宁县彝族地区。彝族婚礼有“迎亲”的习俗，当女方送亲的队伍抵达男方家的领地时，大多在距新郎家附近新搭建的青棚或风景优美的地方休憩等候；男方家即派出礼貌热情、能说会道之人前去迎接。主方用彝族地区惯见的“云雀”“雉鸡”“锦鸡”“熊”等飞禽走兽做比喻，意趣生动地表达对新娘和送亲宾客的盛情，“你们走进屋里时，我们派出两姑娘，前来迎接你们，不知迎客热情不热情？你们来到客席上，我们派出两小伙，席前端酒敬客人，不知待客周到不周到？”女方家则回应道：“我们来到院坝上，院坝堆满酒坛坛，酒香飘满坝；我们走进屋，小伙敬酒忙，酒杯好似蝴蝶飞。迎客坐上方，香味扑鼻来，好客的主人，所有亲戚中，你家最好客。”既集中地呈现了彝族的礼俗，又彰显了宾主俱欢的祥和情景。

贾司拉核、沙马木果说唱，阿牛木支、吉则利布等记录整理。收入《彝族克智译注》，16开，3页，78行，四川大学出版社2012年版。（龙珊）

最美观

彝语北部方言克智。主要流传于四川省冕宁县彝族地区。主家娓娓道来，引出“彝区什么最美观的话题？”从“斗笠”“腰刀”到“钢枪”无所不包，既彰显了讲唱人的博闻强识，又夸赞了彝区繁丰多样的物产，“红色百褶裙，布拖缝的最鲜艳，姐妹谁穿谁漂亮；白色褶裙舒又展，普格制的最舒展，姑娘谁穿谁迷人；短袖毡褂哟，拖觉弹的最整齐，表姐表妹谁披谁雅致；无须的擦尔瓦，雷波织的最合体，兄弟谁穿谁神气；红黄镶嵌的褶裙，峨边马边缝的最艳丽，彝家姑娘谁穿谁出众，诚心献给贵客更称心。”客方巧妙地描摹了物与物、人与物、人与人相生相谐的审美形态，启发人们体验并思考什么是“美”？“奔驰的骏马，套上红鞍美；黑色大牦牛，套上鞍鞯美；什么相配美？铁竹相配美，捻线坠子美，母女争着用；竹木搭配美，纺锤织线美，姑娘争先用；木石相配美，石磨磨面美，姐妹抢着用；竹与竹配美，筛子筛面美，母女也争抢；花鸡啄食美，母猪抢食美，狗争骨头美，安宁河坝上，雁鹅相配美，雌雄两相望。”既表达了“美”的万千气象和美的神韵，也模塑了最朴素、最本真的“美”的理念。在春风化雨中，启迪人们创造美，追求美。

贾司拉核、沙马木果说唱，阿牛木支、吉则利布等记录整理。收入《彝族克智译注》，16开，3页，67行，四川大学出版社2012年版。（龙珊）

彝家舅最大

彝语北部方言克智。主要流传于四川省冕宁县彝族地区。在彝族的文化传统中，尊崇“舅舅为大”的观念，以舅舅最为尊贵。本段主要是面对着舅舅唱诵，褒赞、感怀舅舅的勤劳朴实、无私无畏，以及对族人、家人的护佑辅助；运用夸饰的手法，表达对舅舅的敬意和爱戴，“走啊走，来到村寨边，白狗摇尾迎大舅，问舅到谁家？舅说送新娘。送亲到婆家，白狗兴冲冲，止声把路引。走啊走，来到院坝里，母猪离槽迎大舅，连声道稀客，问舅到谁家？舅说来送亲，母猪喜相迎。走啊走，走到堂屋里，公鸡打鸣迎大舅，恭敬把话问，问舅坐何处？尊敬的舅舅，彝家舅舅最大，赶快迎进门，恭请坐上方。谷物苦荞名气大，彝家舅舅名气大。”客方唱答，“彝家的舅舅，好似领头雁。天上的大雁，春后三月留山顶，秋后三月游四方，冬后三月住江边，走到哪里都是路，飞到敢里都是线，头雁飞在前，群雁紧随后，团结数第一。”在形象贴切的比喻中，表达了舅舅敢于为先的精神气概和人们对舅舅的眷眷深情。

贾司拉核、沙马木果说唱，阿牛木支、吉则利

布等记录整理。收入《彝族克智译注》，16开，5页，259行，四川大学出版社2012年版。（龙珊）

姻缘媒人牵

彝语北部方言克智。主要流传于四川省冕宁县彝族地区。彝族传统的认知观念和阐释方式，常常以雌雄对举的形态呈现万事万物，以表达阴阳和谐、万物相生相伴的朴素哲学观念。主方追述天地万事万物的因缘聚合以及相生相谐，宏阔的天地日月，细微的草木尘埃，恩爱缠绵的新婚夫妻，无不呈现和谐欢好。“人间居住地，亲家相处亲，婆家赞娘家，娘家笑嘻嘻，娘家夸婆家，婆家笑吟吟，表哥佩宝剑，表妹戴领花，媒人来撮合，从此结夫妻，安居又乐业。”客方铺陈世间万物如何匹配与相谐，抒发赛辩“克智”的愉悦，以及在“对词”时，怎样将万事万物黏合与融通，“人间婚礼上，识词人相聚，比赛说婚词，心中无婚词，词贫谁敢说？说词有渊源，对词讲口才。尊敬的婆家，人间婚嫁时，嫁女的母亲，心儿半边空，娶媳的母亲，心中乐滋滋。” 淋漓尽致又婉转微妙地表达了娶妻嫁女时父母的别样情感，意趣盎然、丰沛多姿。

贾司拉核、沙马木果说唱，阿牛木支、吉则利布等记录整理。收入《彝族克智译注》，16开，6页，313行，四川大学出版社2012年版。（龙珊）

摔跤不辩左右向

彝语北部方言克智。主要流传于四川省冕宁县彝族地区。通过对怯懦、狭隘、自私的男性形象的刻画，更加强烈地衬托出女性的坚韧与善良，“有的男子与敌较量裤带断，有的男子在菜板底下偷肉块，有的男子见敌人四肢颤抖，有的男子见妻子儿女眉毛倒立。说是女人难道就像女人吗？有的女人打仗当英雄，有的女人聪慧待客人，有的女人贪馋绕锅桩，有的女人簸箕底下偷荞粑。”再通过一系列的比喻和正反对比手法，援引出对手辩论时的各色形态，“有的对手说话条理清楚，有的对手炫耀夸口，有的对手说话精炼巧妙，有的对手强词夺理。”客方追溯自己家族辉煌的历史，尤为突出武功文治，“我们这家人啊，负重不怕上陡坡，跑步不怕下斜坡，摔跤不辩左右向，若说摔跤会显鸡翅纹，涉水不怕险滩，说话不怕说尔比，不怕解释尔比，出力不怕挖锄头，不怕驾犁牯牛，不怕使用镰刀，不怕刀耕和开荒，不怕劈斧头。我说我家不平凡，不怕与对手对话，不怕起话头，也不怕压话尾。”鲜明地张扬了自己的自信与坚卓。

贾司拉核、沙马木果说唱，阿牛木支、吉则利布等记录整理。收入《彝族克智译注》，16开，2页，56行，四川大学出版社2012年版。（龙珊）

我们给你丰富的知识

彝语北部方言克智。主要流传于四川省冕宁县彝族地区。主方运用一系列排比表达了自己乐于助人、团结友好的品质，“幼小的人请来投靠我们，我们会扶持他长大；愚昧的人请来投靠我们，我们会传授知识给他；不美的请递到我们手，我们的手使它变美丽；没有手艺的请来投靠我们，我们会使他手艺更巧。”展现并传承了帮扶弱者、授人以渔的优良家风。客方以生动有趣的比喻和繁复变幻的意象回应，展现自己在族群中备受欢迎，乐于为家族争荣誉、抗顽敌，不输主方的风采，“为了给家族争荣光，打得钢枪卷起烟尘；为了给亲戚争面子，像暴风那样袭击山顶；为了给姑娘争荣誉，像云雾笼罩平原上空。我们是不平凡的人家，如同硬树长在山顶上，南风吹来挡南风，北风吹来挡北风；如同江边的磐石，波涛冲来挡波涛。”气贯长虹，层层递进，虽意在胜过主方，最后却以“也许我们说了句夸张话，其实我们不是在说大话，只因我们就是这样的人”结尾，令人莞尔，使聚会重归温馨祥和，欢乐继续，美好继续。

贾司拉核、沙马木果说唱，阿牛木支、吉则利布等记录整理。收入《彝族克智译注》，16开，2页，55行，四川大学出版社2012年版。（龙珊）

硬嘴对硬舌

彝语北部方言克智。主要流传于四川省冕宁县彝族地区。通过比喻、对比、铺陈、夸张等手法，赞誉自己的睿智、家族的荣光是主客双方在克智中常用的艺术表现形式和主要内容。如主方以日常生活中"下坡腿不软，上坡不喘气，向左脚不酸，向右不疲劳"引出"贤能的我们这家人，'克智'如雨淋，山峰梁子长，山梁有尽头，'克智'无止境"，在标榜自身强健和智慧的同时，也增强了对家族的认同感和自豪感。而客方则毫不退让，"坚硬对坚硬，兽骨对虎牙，虎牙尖溜溜，兽骨硬邦邦，不是虎牙脱，就是兽骨缺；壮实对壮实，摔跤强人对强人，胳膊使劲就凸起，脚肚很粗壮，人儿被摔倒，我儿得取胜"表现了自己的灵动机智和雄厚实力，彰显了自家迎难而上、勇于竞争的优良传统。"名声显赫的主人家，你我俩对手，硬嘴对硬舌，不是硬嘴胜，就是硬舌胜，要么我获胜，要么对手败"，比喻诙谐生动，既表达了对对手的尊重，也展现了赢得"克智"胜利的坚定信心。

贾司拉核、沙马木果说唱，阿牛木支、吉则利布等记录整理。收入《彝族克智译注》，16开，2页，60行，四川大学出版社2012年版。（龙珊）

一个指给一个看

彝语北部方言克智。主要流传于四川省冕宁县彝族地区。主方以"像那白牦牛，站在高山上显得最白；那天空的雄鹰，展着翅膀飞"起兴，呈现了克智诗意盎然的开头。"一天不杀敌，戈矛随时备；一天不醉酒，半边空荡荡；一天不待克，牯牛摔下崖；一天不喝酒，美酒变冰块"。从杀敌备战到开怀畅饮，酣畅淋漓地展现了彝家生活的豪迈多姿。客方"山上呼山神，家里唤家神，呼唤声声急，随便指使和召唤""像山上猎狗撵山，随便调遣和召唤，像深山追捕锦鸡，一个指给一个看，犟兽打断角来捕，乖畜抓胡须来捉"。通过对寻常狩猎活动栩栩如生的描摹，不仅展示了彝人高超娴熟的狩猎本领，还彰显了昂扬自信的豪迈情怀。

贾司拉核、沙马木果说唱，阿牛木支、吉则利布等记录整理。收入《彝族克智译注》，16开，2页，54行，四川大学出版社2012年版。（龙珊）

看见泉水就想喝

彝语北部方言克智。主要流传于四川省冕宁县彝族地区。婚礼上的克智大多篇幅较长，充满喜庆欢悦的色彩。主方以"山坡上的小羊羔，看见泉水就想喝；高山上的小山羊，看见山路就想跑，"引入"我们这些年轻人，见了亲家就想赛说"的不可抑制的激情。"我们都见过，曾数过千万颗星，曾喝过千万条河"，选取天上的星、地上的河作为意象，既表现了自己渊博的知识和过人的智慧，也增强了克智的艺术表现空间，在万千气象变化中，涵养人们高远的情怀。客方夸饰自己"就像天上的雄鹰，双翅一拍就起风，脚杆一跺就地震，拍拍翅膀就打雷，展展双翅能使九座悬崖垮"，运用旋风、地震、打雷等景象，生动地表达自己的勇武。"像高悬蓝天的太阳，照耀着所有的地方，像奔腾不息的金河，越流越深越遥远"，表现了对于家族的认同和自豪，展现了语言的丰富多彩和灵动飞扬，为"今晚我们说婚礼'克智'，愈到后头愈精彩"奏响了动人的乐章。

贾司拉核、沙马木果说唱，阿牛木支、吉则利布等记录整理。收入《彝族克智译注》，16开，2页，63行，四川大学出版社2012年版。（龙珊）

教得公鸡来下蛋

彝语北部方言克智。主要流传于四川省冕宁县彝族地区。彝族人民在与大自然共生共荣、和谐相处的过程中形成了坚毅勇敢、不畏困难的坚韧性格。如主方用"曾把蒿草当青菜吃，曾把毒蛇当鲜鱼吃，曾把猛虎当跑马骑。软的荨麻不怕蜇手，硬的坚石不怕砸脚，曾把树叶当衣穿，曾把沙粒当饭吃，曾把青杠当美食，曾把泉水当酒饮，曾把腊肉当柴烧，曾把荞壳当房住，曾把酸菜当烟抽”等唱词对日常生活中衣食住行进行夸张描绘，凸显出自身藐视并战胜困难的勇气与能力，在劳动中创造更为美好的生活，感受生活的快乐。客方以“曾经到过新则拉达那一方，那里大米腊肉吃不完，亲戚来了也请吃，朋友来了也请尝。尔觉嘎拖那地方，那是玉米黄豆一起种，玉米做成饭，黄豆磨豆腐，亲戚来了也请吃，朋友来了也请尝”等唱词，表达了勤劳好客的优良家风和期盼富足美好生活的愿望。克智中屡屡提到的“新则拉达”“尔觉嘎拖”等地名，是历史上真实的地域空间，寄寓着彝族人民的美好理想，是虚实相生、美善相依的审美文化空间。

贾司拉核、沙马木果说唱，阿牛木支、吉则利布等记录整理。收入《彝族克智译注》，16开，3页，77行，四川大学出版社2012年版。（龙珊）

威力无穷的“克智”

彝语北部方言克智。主要流传于四川省冕宁县彝族地区。主家：“我们说节‘克智’到陡坡上，会使陡坡上有石头滚动；我们说节‘克智’到斜坡上，会使斜坡翻起回旋风；我们说节‘克智’到杉梢上，会使杉梢上乌鸦哇哇叫。”通过妙趣横生的夸张，凸显克智在彝族社会生活中的威名与威力。“我们说节‘克智’给亲家听，会使亲家把美女嫁过来；我们说节‘克智’给戚家听，会使戚家小伙来娶媳。”在和美的氛围中，融洽了主客双方的情感距离。客方同样表达了克智的“威力无穷”，并试图运用克智化解生活中的难题，“我们说节‘克智’给城区官员听，城区官员听了甘愿去拾猪粪；我们说节‘克智’给部落首领听，部落首领听了甘愿去烧火”。诚然，“克智”并不能切实解决现实世界中的问题，但“克智”却可以调节情绪、传情达意、涵养心灵。故此，“一旦把话匣子打开的话，像山顶云雾罩那样罩着来说，像神扇有污垢去污那样来说，像工匠解脱那样解脱着说，像阿勒阿叠解脱那样解脱着说”。彝人赛说克智的热情宛如滔滔江水绵绵不绝，也印证了克智不可或缺的价值与功能。

贾司拉核、沙马木果说唱，阿牛木支、吉则利布等记录整理。收入《彝族克智译注》，16开，2页，75行，四川大学出版社2012年版。（龙珊）

我们的亲友

彝语北部方言克智。主要流传于四川省冕宁县彝族地区。克智不但可以在婚丧嫁娶、节日庆典中以特定仪式呈现，更能在日常生活中生发融洽情感、加强亲族亲密联系的作用。主方以大雁为喻，“我们这家人啊，像大雁一样的生活”“天上的大雁啊，一只轻轻扇动翅膀，十只紧跟其后扇动，同朝一个方向，同时扇动翅膀，一只向东转，十只紧相随，最为团结的是雁群”。通过对大雁“抱团”习性的描绘，真切自然地导引出“团结和睦”的主题，同时也增强了克智的妙趣和诗意。客方热情真挚地表达了自己的美好愿望。“我爱我的妻舅，愿赠他九匹骏马；我爱我的表兄弟，愿赐他九两赤金；我爱我的亲家，愿送他九群羊；我爱我的家族，愿赠他九块沃土；我爱我的朋友，愿宰九条牛来款待”。从更加具体的不同层面抒发自身热爱亲族的情愫，层层递进，将热爱的对象延展到家族以外的人、事、物，“还有一种爱，见食想庄稼，出门想朋友，赛场想骏马，打仗想勇士，调解想德谷”。同时，还理性冷峻地指出世人存在着偏爱、溺爱现象，“世人爱子女，爱儿不爱女；牧人爱羊群，爱母不爱公”。通过反向对比，强化了自身“爱天上的太阳，爱地上的五谷”之博爱胸怀，饱含着彝族对“爱”的切实实践、多元阐释和哲理思考。

贾司拉核、沙马木果说唱，阿牛木支、吉则利布等记录整理。收入《彝族克智译注》，16开，3页，71行，四川大学出版社2012年版。（龙珊）

一天在九处炫耀

彝语北部方言克智。主要流传于四川省冕宁县彝族地区。主方与客方在赛说克智中往往表达出对自己家族业绩的自豪和夸饰。如主方以“我们这家人啊，犹如俄尔山上的冰雹，会使则沃山下涨洪水；犹如冕宁泸沽决河堤，会使矮山人户冒白烟”之自然景象为喻，使用夸饰的手法表达对自家的认同和骄傲。而其家族“威势”的结果是使“沿岸的彝人和汉人，吓得脚杆直抖”“吓得汉人伸舌头”，质朴直白并诙谐幽默。“在阿兹依觉那地方，猪鸡成群养；在米市坝子，聚集着杰出的巧匠；在乌切呷托，汇集着有名的骏马”“在布洪山坡上，牦牛披蓑衣。在莫支山垭上，斑鸠鸟儿骑大马。在阿兹依觉那地方，一只母鸡一天生三个蛋”。一连串的排比展示出自己不凡的见识和对山川风物的谙熟，适度的夸张，增添了克智内容的丰富与多彩。客方选取“老虎嘴边莫拔胡须，毒蛇口中莫拔毒牙。不配备着长矛，莫去杀狗熊；不备足干粮，莫去娶媳妇”“天上的雄鹰，会看清大山坡；家中的猫咪儿，只看到九尺远；河中的水獭王，只能看清三丈长的地方”等进行丰富的铺垫，从正反两方面进行暗示，最终鲜明地表达了“一片云彩遮阴能遮九座山，我们像天上的云彩能遮阴”的主题，虽未点破，但其意自明，体现了克智丰富多变的艺术技巧和深邃内涵。

贾司拉核、沙马木果说唱，阿牛木支、吉则利布等记录整理。收入《彝族克智译注》，16开，3页，110行，四川大学出版社2012年版。（龙珊）

我们心中自有数

彝语北部方言克智。主要流传于四川省冕宁县彝族地区。主方夸赞自身阅历丰富、博闻强识，“曾经游历过祖国的大江南北，什么稀奇古怪的东西都见过；曾经品尝过世上的所有美味，连龙头山顶的毒草都品尝过”，运用夸张手法彰显家族丰厚多样的人生体验和认知。“山顶铺满白雪，深浅没人知道，我们派两只黑狐去探路，积雪遮不住脚印，我们心中自有数。河道有奔腾河流，河流深浅没人知道，我们派去两只小水獭，涉水不必挽裤脚，我们心中自有数”。对“黑狐探路”“水獭涉流”等情节的描摹，极大地渲染了克智的神奇、灵动与美妙。客方“说院坝里没有猪和鸡，山岩上的鹰不会相信；说山坡上没有羊群，山野的豺狼不会相信”，以自然界的动物天敌对举，有力地反驳了主方“与我们赛说的人，有无学识我们很清楚”的夸口，诘问“贡嘎山是座神秘的山，山顶白雪皑皑，山腰藏着什么你可知道？滇池是个神秘湖，湖面上碧波荡漾，湖底藏着什么你可知道？”用难以窥探全貌的雄阔景观将主方的立论依据驳回，结尾回转自身，“我这个善说的好男儿，说出的话像布谷啼鸣那样动听，内心里藏着什么你可知道？”机智幽默地达到了辩说的目的，又凸显了自己开阔大气的格局；整个叙事呈现为圆形结构，彰显“圆满”之美。

贾司拉核、沙马木果说唱，阿牛木支、吉则利布等记录整理。收入《彝族克智译注》，16开，2页，56行，四川大学出版社2012年版。（龙珊）

莫要夸海口

彝语北部方言克智。主要流传于四川省冕宁县彝族地区。克智是语言精妙运用的艺术，即使在“不夸海口”之时也能彰显出其赛说的艺术特征和艺术魅力。主方以“言过其实不成文，夸大其词不成话”开门见山，抛出主题。而后以“邻里为一个猪崽，吵得越来越不和，轮到属猪那一日，寻觅到猪脚印时，羞愧对它的跟踪”“由于一匹马的错，弄得朋友间反目成仇，待到属马那一天，羞愧对他的过错”，从反向论说“莫要说大话，莫要夸海口”。又分别以“树上的蝉儿”“檐下的麻雀”和“汉区的官员”“彝族的‘德谷’”为例，生动形象地说明“话多不会使自己变大”“少言寡语不会使自己变小”的深刻主题，使得阐释更加鞭辟入里。客方以“在那斯匹山坡上，荞麦如草苗，结籽粒不满”“阿黎冯洪方，贫地强种菜，菜如黄刺藜”“高寒山区的沼泽地，不要种元根”“陡峭的山坡上，不要种庄稼”等生活、劳动经验为例，指出赛说也应该因地制宜，契合场景。克智并非只是针锋相对、一较高下，在“今天是喜气洋洋的夜晚，我们一起说‘克智’”的时候，则是“赛说的场合，不说也欣慰，说了也欣慰”。赛说结果的输赢已经不重要，重要的是主客双方真挚的情谊，表现了彝族人坦荡的胸襟与博大的情怀。

贾司拉核、沙马木果说唱，阿牛木支、吉则利布等记录整理。收入《彝族克智译注》，16开，2页，83行，四川大学出版社2012年版。（龙珊）

收获粮食堆成山

彝语北部方言克智。主要流传于四川省冕宁县彝族地区。粮食丰收的季节，克智赛说也分外欢乐祥和。主方以追溯家族的辉煌为开端，“九家住在九个村庄，九天里战胜过九股敌人”，以凸显家支的枝繁叶茂、坚毅勇敢。“曾在石板播下种，收获粮食堆成山”“我们曾经平山坡，播种粮食遍地黄”，以自豪的口吻抒发耕耘、收获的愉悦。“我们不会说，亲家来接上”相较于一般带有自夸和挑战意味的话语，此结尾更为谦和温润，友好地将话题抛给对方。客方则以“我们的说词像狂风，如果你们不注意，谨防被它吹上天，谨防被它掀下崖。我们的说词像野火，火光映红九片坡，若是你们不注意，谨防会被它烧伤”，把抽象的说词具象化为有形有态的狂风、野火，虚实相生，韵味无穷。“我们彼此赛说的‘克智’好像母女在织布，织了一匹又一匹；好像父子在编筐，编了一摞接一摞。赛场骑手赛骏马，越赛越是紧相随；英雄战场报姓名，越是通报越勇敢。”运用多种物象做比喻，体现“喜庆之日说‘克智’”，越说越精彩、越说越果敢的场景，凸显了克智赛说的主旨。

贾司拉核、沙马木果说唱，阿牛木支、吉则利布等记录整理。收入《彝族克智译注》，16开，2页，64行，四川大学出版社2012年版。（龙珊）

过年的三天最欢乐

彝语北部方言克智。主要流传于四川省冕宁县彝族地区。彝族太阳历将每年分为十个月，每月三十六天，全年三百六十天，另外有五至六天是过年日。过年期间，主客欢聚一堂，尽情赛说克智、互敬美酒、享用美食，辞旧迎新。主方“美酒像彩虹在客人间传递，客人多快乐；黑色酒杯似老鸹展翅那样飞，客人多快乐；白漆的酒碗像猪牙那样在交错，客人多快乐”。比喻奇巧，想象曼妙，挥洒共饮美酒的快乐。“秋季丰收以后过年的三天最欢乐，夏日炎炎时火把节的三天最欢乐，青黄不接时尝新节的三天最欢乐，彝家山寨娶亲嫁女的三天最欢乐。”选取新年、火把节、尝新节等节日和婚姻仪式，既表达了上述节庆在彝族社会生活中的重要地位影响，又渲染呈现了当时的愉快场景。“我们好比是肥料，你们好比是土壤，肥料与土壤紧相连”“是真正姻亲，就像两块地，地坎中间连”“原是我家的人，灵牌供在你家。原是你家的人，灵牌供在我家”，比喻真切而贴近生活，朴实的话语揭示了姻亲之间紧密相连的友好关系。“身着彩裙的姑娘，牙齿雪白的后生，相亲相爱成一家”，寄托着将情谊代代延续的美好期冀。客方“在瓦格克机那一方，腊肉吃不完当柴烧。咪易乃街那地方，美酒喝不完洗手用。在格自街上，甘蔗吃不完作手杖使。施波俄机那一方，鸡蛋吃不完堆成石堆堆”。新年期间的“克智”不仅具有活跃欢乐气氛、渲染喜悦情感色彩的作用，也更加强烈地表达了彝族人民对未来的美好期待和不懈努力。

贾司拉核、沙马木果说唱，阿牛木支、吉则利布等记录整理。收入《彝族克智译注》，16开，3页，110行，四川大学出版社2012年版。（龙珊）

坐在山顶静观默想

彝语北部方言克智。主要流传于四川省冕宁县彝族地区。彝族克智内容丰富多彩，辩说方式灵活多样。主方：“美丽的姑娘想的是英俊男儿，英俊的男儿想的是贤淑的娇妻，骏马想的是箩筐般大的荞粒，母鸡想的是大路般长的虫虫。”从人类社会和自然万物的生存、繁衍说起，同时使用夸张的手法增强克智的趣味性和生动性。“鲜花所想念的是金灿灿的阳光，鱼儿日夜想念的是奔腾不息的浪花，雄鹰日夜想念的是蔚蓝色的天空，蜜蜂日夜想念的是陡峭的悬崖，云雀日夜想念的是宽敞的草原。”通过举证“鲜花与阳光”“鱼儿与浪花”“雄鹰与天空”“蜜蜂与悬崖”和“云雀与草原”等相依相恋的亲密关系，展现自身敏捷的思路、渊博的知识和善辩的口才。客方避其锋芒，并未正面回应，而是在迂回中反问“虽说是骏马，能不能慢慢地跑？虽说是犍牛，能不能慢慢地耕？虽说是赛说，能不能和风细雨地说？”婉转回旋、柔中带刚，体现了辩说的灵活策略和随机应变的慧黠，充实丰富了克智的辩说方式。

贾司拉核、沙马木果说唱，阿牛木支、吉则利布等记录整理。收入《彝族克智译注》，16开，1页，34行，四川大学出版社2012年版。（龙珊）

玩它个痛痛快快

彝语北部方言克智。主要流传于四川省冕宁县彝族地区。彝族克智的内容和辩说方式常常展示了彝族的文化心理和民族性格。主方“要说就说个满意，要说就像野李子那样挂满枝；要玩就玩个尽兴，要玩就玩个痛痛快快；要跳就跳个痛快，要跳就跳个心满意足”，体现了彝民族粗犷、豪迈的性格特征。客方“斯木布约那地方，两只小雁想到竹核坝上找谷吃，成片稻田收割后空荡荡，小雁扑了空；谷曲洛沃那地方，两只小熊想到阿尼勒威去吃荞麦，收获后的荞麦地空荡荡，小熊扑了空；拉哈依嘎那一方，两只小狼想到鸠拉特科去吃羊，羊群牧归回了圈，小狼扑了空”。以远方的小雁、小熊、小狼捕食食物希望的落空，暗喻主方的追求似受到客观条件的掣肘；同时，选用幼年弱小动物而非成年动物辩说，以反衬自身经验、见识长于主方。末尾点明“贤能的小伙想找对手说‘克智’，没有对手来赛说，小伙子的愿望落了空”，对对手有力地进行了反驳。主客双方的辩说体现了相异的辩说方式和辩说艺术，主方直陈其事，热烈奔放；客方委婉含蓄、绵里藏针、余韵无穷。

贾司拉核、沙马木果说唱，阿牛木支、吉则利布等记录整理。收入《彝族克智译注》，16开，2页，37行，四川大学出版社2012年版。（龙珊）

高山积雪厚

彝语北部方言克智。主要流传于四川省冕宁县彝族地区。彝族人民把长期生产生活中所获得的经验总结归纳为枝叶繁披的谚语，并通过克智这一不拘一格、灵活多样的艺术形式传播、传承。本则克智凸显了彝族在悠远的历史长河中所积淀的生活经验和生命智慧。主方“小数羊羔小，羊羔毛最细；小数公鸡崽，鸡崽叫声佳；小数菜子小，菜子长菜大”；“牲畜宜牧则放，羊群不遭蛭虫害；五谷适时播种，丰收粮满囤；恋情成熟就开亲，不会错结亲”。揭示并提醒人们勿轻视弱小，顺势而为的生活准则和生活智慧。“高山积雪厚，积雪能消融，高山不会融；雨雾降云天，云雾能返还，雨落不再返”。用积雪的消融，衬托高山的亘古不变，用雨水的流逝，反衬云雾的永恒，充满“变与不变”的思辨色彩。客方“灵敏的猎狗，图的是晒坝般大的糌粑；机灵的猫儿，图的是簸箕般大的板油；耄耋的婆婆，图的是碓窝般大的鸡蛋；耄耋的爷爷，图的是手臂般粗的骨髓”，运用排比、夸张和对比的手法，阐释人类生存发展的规律，将彝族的智慧之光代代传承延续。

贾司拉核、沙马木果说唱，阿牛木支、吉则利布等记录整理。收入《彝族克智译注》，16开，2

页，69行，四川大学出版社2012年版。（龙珊）

三年不敢说的莫怪我

彝语北部方言克智。主要流传于四川省冕宁县彝族地区。克智辩说的双方往往希望在赛说中胜过对方。本则主方“初春时刮南风，杉树枝被折断的莫怪我；狂风摧毁了山村，大雁蛋打碎了的莫怪我”“鹞鹰展展翅膀，房前屋后休憩的母鸡，吓得三年不敢叫的莫怪我；母鸡拍拍翅膀，地下躲藏的虫子，吓得三年不敢露面的莫怪我；豹子磕磕利齿，守卫村寨周边的白狗，吓得三年不敢追猎的莫怪我”。以南风摧折树枝、狂风砸碎雁蛋、鹞鹰惊吓母鸡、母鸡惊吓虫子、豹子惊吓白狗等生活景象为例，暗指自己在克智方面是对手的“天敌”，只要“伸伸腿”“招招手”就能使对手噤若寒蝉，“三年不敢说”。手法固然夸张，却在丰富辩说内容的同时强调了必胜的决心。客方以诘问“你为何如此自诩？你为何这样自夸？你真有这样能耐？”为开端，随后“说段‘克智’向前扔去，‘克智’变成强劲的北风，‘克智’吹到帕都瓦依山，‘克智’吹得猪群乱窜的莫怪我”化虚为实，把克智的伟力化为具体可感的现实事物，又以“花猫沉睡三年又三月”“九山九岭的草木不发芽”，在数字上层层加码，力求压过主方。末尾“喊爹喊妈不应的莫怪我，在亲友面前开不起腔的莫怪我”似乎更胜一筹。双方你来我往，既避免了剑拔弩张，又保障了克智艺术的顺利延续，张弛有道，引人入胜。

贾司拉核、沙马木果说唱，阿牛木支、吉则利布等记录整理。收入《彝族克智译注》，16开，2页，66行，四川大学出版社2012年版。（龙珊）

摔跤不会输给表兄弟

彝语北部方言克智。主要流传于四川省冕宁县彝族地区。在赛说克智时，客方往往针对主方的辩说内容进行反驳回击，针锋相对，毫不退让。主方“像我们这样的好汉，说起完美的事，就像西昌泸山庙里的塑像那样美”“说起智慧的事，会像淑女阿斯木呷，说起贤达的事，就得像名人阿依聪平”，以菩萨塑像、淑女、名人做比喻，增强话语表现力的同时，也起到传承文化典故的作用。“说起凶狠的事，就像山林中的猛虎”“说起手脚灵活就像狸猫爪，说起口齿伶俐就像黄鹂鸟，说起临空飞翔就像那鹞鹰”，抓取典型喻体的艺术特征，使得比喻形象贴切而富有意趣。客方“你们自诩比西昌泸山庙里的菩萨像美，依我们看来，菩萨像并不算美。菩萨像不会说话，菩萨像不会呼吸，照这样看来，菩萨像空有一副外表的美”“你们说手脚灵活如狐狸，狐狸不如土猪会爬陡坡；你们说凶狠胜过猛虎，再凶的猛虎怕豺狗；你们说智慧胜似阿斯木呷，占卜吉凶阿斯木呷得问我；你说贤达胜似阿依聪平，阿依聪平在父母跟前是个懒人”。察觉到主方言语中的不完善之处，有理有据地逐条进行反驳。敏锐的思维、灵活的口才，不但呈现在娴熟的辩说技巧中，更体现了彝族善于赛说、思辨的优长。

贾司拉核、沙马木果说唱，阿牛木支、吉则利布等记录整理。收入《彝族克智译注》，16开，2页，50行，四川大学出版社2012年版。（龙珊）

布谷不来不播种

彝语北部方言克智。主要流传于四川省冕宁县彝族地区。如同汉族有二十四节气，彝族人民在长期生产生活中发现、总结出一系列标志性时令物象，用以指导农耕生活。如主方称布谷“头年是猴月来的，来年也是猴月来的。布谷不来春不到，布谷不来不播种，布谷不来不撒荞，布谷不来不放牧”。用鸟儿迁徙的规律作为农业活动的指示。“富人等待布谷到，布谷来了就播种；穷人等待布谷鸟，布谷来了就施肥”“它唱一曲给牧人，牧放的羊群要增长；它唱一曲给农夫，丰收的粮食堆满仓”“唱一曲给草木听，唱得青草叶茂盛，唱得树木花满枝。它在溪边河畔唱一曲，飞禽走兽齐欢腾”。大自然无论贫富贵贱，对所有物种一视同仁，万事万物都要服从时令的安排。说词不但传达了生活经验，更融入了“万物只有顺应自然才能发展”的人生智慧。客方“毕摩不学无术，‘喃喃连着喃喃’；苏尼无才又无能，‘啦啦连着啦啦’；官员无才又无德，讲话‘这个又那个’；青年孤陋寡闻，光是‘木呷啊木呷’”。一连串对于人物的评述暗指主方重复陈词滥调，实则孤陋寡闻。又举出“重煮的汤味不鲜，重复的话不中听，重缝的衣服不美观”“荞茬之后复种荞，荞株仅有纺锤高；元根地复种元根，元根就像山梨叶”等生活现象进行正面说明。客方同样以常识和经验进行辩驳，虽然回应了主方，却不免落入自己提出的“重复的话不中听”的评价了。

贾司拉核、沙马木果说唱，阿牛木支、吉则利布等记录整理。收入《彝族克智译注》，16开，2页，58行，四川大学出版社2012年版。（龙珊）

那是从小就苦练的功夫

彝语北部方言克智。主要流传于四川省冕宁县彝族地区。主方开篇即气势昂扬、灵动洒脱，“骏马汇集在勒木竹核赛场上，清早时刻你追我赶急速奔驰，赛场边上的美酒多如云海，赛道上的骏马飞奔似疾风，到了午时仅一匹夺了魁，那是平时训练起了作用……”“毕摩的经书多得像梯田，毕摩的法器虽生辉夺目，到下午最出众的仅一人，那是平时苦练的结果……”列举奔驰的骏马、默默耕耘的耕牛、声音清脆的双舌羊、智慧超拔的德谷、有勇有谋的英雄、贤能爱民的兹莫、满腹经纶的毕摩等，循循善诱“功夫在平时”，只有天长日久的刻苦的训练和勤勤恳恳的付出，才能临危不惧，战胜各种困厄。呈现了主方开阔的视野、渊博的学识和精湛的辩说才能。客方“十匹骏马在十处，总有两匹步伐同；十个勇士十股劲，总有两个最勇猛；十位‘德谷’居十处，总有两位语相仿”。针对主方的举证，巧妙表示对人和事的价值判断，扩大到一定范围之后，同类中最优秀的也不仅仅限于一个。客方思路清晰，逻辑严密，回应巧妙迂回，启发人们多维度的思考。

贾司拉核、沙马木果说唱，阿牛木支、吉则利布等记录整理。收入《彝族克智译注》，16开，2页，73行，四川大学出版社2012年版。（龙珊）

云雾缭绕的山腰

彝语北部方言克智。主要流传于四川省冕宁县彝族地区。克智赛说的场域，既是民族民俗文化呈现的空间，也是主客双方才智学识精彩纷呈的窗口。主方“在广阔的苍穹上，是太阳月亮相聚的地方；在遥远的海洋里，是江河相聚的地方；肥沃的安宁河畔，是黑脸斑鸠相聚的地方；云雾缭绕的山腰，是禽类相聚的地方”“巴乌乃拖是强盗相聚的地方，吉觉山头是雨滴相聚的地方，巴韦乃托是盗贼相聚的地方，甘洛冷品是白彝相聚的地方”。从浩渺的天空、辽阔的海洋说起，通过一连串的排比，凸显不同地域的自然风光和风情，并顺畅引出“结婚嫁女是表演‘克智’的地方”。客方“门前平坝若是撒了谎，不会有赛马道；赛道若撒了谎，骏马不会来赛；骏马若是撒了谎，不会再喂它荞粒；荞粒若是撒了谎，主妇不会把它当主食；主妇若是撒了谎，不会让她管九间房的九把锁”。通过诸多的假设，环环相扣，阐明撒谎的危害性，同时也集中体现彝族人民恪守诚信、厌弃欺诈的优秀道德风尚。结语“说不定今天这夜晚，屋前有狗钻进来，屋后有猪拱出来，亲家们不会安宁相聚”耐人咀嚼，余韵绵长。

贾司拉核、沙马木果说唱，阿牛木支、吉则利布等记录整理。收入《彝族克智译注》，16开，2页，50行，四川大学出版社2012年版。（龙珊）

懂礼不一样

彝语北部方言克智。主要流传于四川省冕宁县彝族地区。彝族人民尤为重视修炼品德和爱惜声誉。主方“世上的人啊，同样都是人，名声不一样。头型相像，脚型不一样。才智一样，品行不一样。外貌一样，品德不一样”“安家一样，贫富不一样。学习相同，懂礼不一样，老虎想谋皮，人想好名声”。强调评判一个人不能以貌取人，更应注重内在的才智、品性。客方“面貌虽然不好看的人，或许带着爽口的兰花烟；脸庞虽然像瘦猴，或许藏有猛虎心；目光似受惊的牛，或许有铁钻般的心。麻柳树外表光滑，或许树心已腐朽；松树表皮粗糙，或许树心有松油”。在强烈的正反对比中，举证一系列生活中的实例，生动形象地说明“不能只看外表，不能不看品德”这一主旨。主客双方在辩说时，彼此在观念上碰撞呼应，形成了鲜明完整统一的主旨，揭示了彝族重视品德、爱惜声誉的社会风尚，也在“寓教于乐”中，践履道德准则。

贾司拉核、沙马木果说唱，阿牛木支、吉则利布等记录整理。收入《彝族克智译注》，16开，2页，83行，四川大学出版社2012年版。（龙珊）

莫轻视小的

彝语北部方言克智。主要流传于四川省冕宁县彝族地区。克智蕴藉着丰厚的哲学意蕴和饱满的文化内涵，涵养着彝族人民的精神世界和精神生活。主方“世上什么小？手中的锄头小。世上什么大？脚下的土地大。能把土地挖动的是锄头。世上什么小？家中的斧头小。世上什么大？高山的杉树大。能把杉树砍倒的是斧头”。先声夺人，启发人们思考怎样把握、认知“大与小”的外在表现形态以及功用、威力。揭示了一个深刻的哲学道理：“大与小”在一定的环境中是相对的，但若能正确发挥其功用，也能“以小克大”。同时一连串的自问和自答，激发听众浓厚的兴趣，增强了克智的趣味性和哲理性。客方“不要只看重宫殿，宫殿也是木筑成；不要轻视猪圈，猪圈也是木材盖成”“愚者和智者都是娘所生，庶民和君子吃的都是粮，懒惰的和勤奋的同样有颗心，屋里和屋外只隔着一道门”。巧妙地契合了主方的核心观点，揭示了人或物外在表现形态的大小、贵贱、智愚虽有差异，本质上却存在共性，“不要只看重大的，大的也会变老；不要轻视小的，小的也会长大”，深刻揭示了事物运动变化的规律，体现了朴素的辩证唯物主义思想，从哲学的高度阐明“不要轻视小的”这一主旨。结尾“世上男女一样多，莫要重男轻女”这一观念极具前瞻性与现代性，尤为可贵。

贾司拉核、沙马木果说唱，阿牛木支、吉则利布等记录整理。收入《彝族克智译注》，16开，2页，55行，四川大学出版社2012年版。（龙珊）

礼貌待人就风采

彝语北部方言克智。主要流传于四川省冕宁县彝族地区。彝族关于“美”的表达和阐释千姿百态、繁复深厚，但都包孕着优美、阳刚、和谐的审美观念和美学原则。主方盛赞“姑娘那乌黑的发丝，发丝多轻柔，美丽真美丽”“姑娘的身上，首饰叮叮当当响，穿一身整洁的衣衫，罩一件彩绣的坎肩，披一件合身的披毡，显得那么地婀娜多姿”。黝黑的发丝，五彩的罩衫，叮当作响的配饰，无不表现了彝族女性动静相宜的美，也潜在地表达了彝族对女性的审美标准。“假如手指不够美，戒指闪光耀人眼；假如手腕不够美，只见手镯不见腕”，教导人们佩戴饰物要注意相辅相成，相得益彰，体现了“美是和谐”的美学观念。客方“田地有庄稼就壮观，房屋有雕梁就美观，村边有白杨就壮观，路边有露水就美观”“江河有游鱼就壮观，院坝里有猪就美观，庭院有鸡群就美观”。客方通过“天地与庄稼”“房屋与雕梁”“江河与游鱼”等，深入地表达了“和谐为美”的观念，也表达了对六畜兴旺、生活富足的美好愿景。最终，重点强调“人有品德就神奇，礼貌待人就风采”的主旨，蕴含着“美包孕着善，善凸显着美”的理念和审美理想。

贾司拉核、沙马木果说唱，阿牛木支、吉则利

布等记录整理。收入《彝族克智译注》，16开，2页，51行，四川大学出版社2012年版。（龙珊）

不和小孩争食吃

彝语北部方言克智。主要流传于四川省冕宁县彝族地区。彝族人民在长期的生产生活实践中，遵循天地万物的运行规律，与大自然和谐共处，切合自身的生存、发展需要，总结、归纳、制定出一系列的规则，从而指导、规约人们的生活生产实践。主方“世间有牲畜，不在猫身上剪毛；家中有五谷杂粮，不用麻籽来酿酒。穿有穿的规矩，蛙有规矩不穿衣；吃有吃的规矩，虎有规矩不吃荞；行有行的规矩，蛇有规矩不长脚”。基于自然万象自身所具有的规律，训导人们应该遵循事物运行的规矩，以约束自身的行为与内心。“大人懂规矩，不和小孩争食吃；小孩懂规矩，不与大人顶嘴”。更是上升到长幼有序、尊老爱幼、爱护妇孺的社会伦理层面。客方“石磨需要旋转，不转不成磨；碓窝需要舂打，不舂不成面”“鹰需要飞翔，不飞翔不成鹰；豹子需要撕扯，不撕扯不痛快；牛犊需要学犁，不犁地不痛快”。从生活实际出发，明确指出万事万物都应遵循自身的规矩，才能“痛快”。结尾“结婚嫁女之日，需要唱唱跳跳，不唱不跳不痛快”彰显了彝族人守规、守礼的行为准则，也彰显了彝族人热情奔放、热爱生活的生命精神。主客双方相辅相成地阐明了“社会的正常运行需要遵守规矩”这一主旨，论述深刻，举证贴近生活，具有较强的说服力和感染力，凸显了“克智”的丰厚价值。

贾司拉核、沙马木果说唱，阿牛木支、吉则利布等记录整理。收入《彝族克智译注》，16开，2页，77行，四川大学出版社2012年版。（龙珊）

傍晚倦牧山减色

彝语北部方言克智。主要流传于四川省冕宁县彝族地区。时光流逝、生命无常、人世沧桑，这些都是横亘在人类面前永恒的困境。虽然无力阻止，但将感叹与思索寄寓于“克智”中，或许是对生命“存在”最好的艺术探索。主方“过去年轻现已衰老，往日美貌已褪颜色，倾慕的男儿已婚配在先，美丽的姑娘你迟迟到来。千错万错错在婚事过早，千悔万悔结交在后”，百转千回地表达了昔盛今衰、英雄坐老、美人迟暮、良缘错付等复杂意绪。“淫雨使妈妈的心焦虑，厚厚的云雾笼罩平坝；夏日炎炎爸爸心烦躁，愁肠百结转不出山门小道”，运用淫雨、层云、酷夏、小道等意象，表达出面对时光流逝的无能为力、找不到出路的困厄苦闷之情。结尾“陈粮遭遇虫子蛀噬，老屋檐檩负重倾坠”，情感越转越悲，深沉悲郁。客方“树木俊秀凭借山峦衬，山清水秀全赖树装点，只忧暴雨成灾时，水冲山垮毁了树”“妻贤是否靠丈夫？贤妻有难全靠丈夫护，只恐生儿育女那一刻，丈夫贤妻两离别”，列举山树、崖林、夫妻、父子、母女、姻亲、朋友之间，因祸事苦难袭来，造成生离死别、阴阳永隔的悲剧，慨叹世事难料、聚散无常。语言精练、基调忧伤，蕴含了彝族人民对时间、生命和“存在”等命题，广远、深邃的哲学思辨与探赜。

贾司拉核、沙马木果说唱，阿牛木支、吉则利布等记录整理。收入《彝族克智译注》，16开，2页，63行，四川大学出版社2012年版。（龙珊）

美味佳肴做给亲戚吃

彝语北部方言克智。主要流传于四川省冕宁县彝族地区。主客双方在赛说克智时，不仅在传播、传承彝族的优秀文化传统，也在调适人与人、人与群体、人与社会的关系。主方“鸡虽幸运回到鸡圈，莫忘天空的鹰；羊虽幸运回到草坪，莫忘山谷里的狼；腊肉配米饭好吃，莫忘吃过苦蒿草；脚穿上鞋袜虽然漂亮，莫忘赤脚冻裂过”。通过饮水思源、安不忘虞观念的形象表达，凸显己方优良家风、优良品德。并教化族人“贤能的我们这家人，对外抵抗强敌，对内善待朋友。像彩虹般美，像闪电样快，像日月般亮”，运用彩虹的璀璨、闪电的神速、日月的光芒盛赞自己家族的美好与荣光。客方“我们像山顶的杉树，长在山上直挺挺，生长在箐里绿油油，长在平原茂盛翠绿。我们的品德，像帝王般的风度；我们的姿势，像少女般的风姿；我们的气魄，像大渡河般气势磅礴”。以“杉树”自喻，取其挺拔、苍翠、茂盛之丰姿，再与品德、姿态、气魄、胆略等方面做比喻，既是对自家进行夸饰，也是在教化人们为人行事的风范、原则。“知心话儿说给家族听，美味佳肴做给亲戚吃。联姻的亲戚，听到哭声会走开；有仇的家族，听到哭声会走来”，通过亲疏对比，强调家族内部应团结一心、加强协作。结尾直抒胸臆“亲戚反复开亲，越开亲越亲近。贤能的对手啊，你我两个人，越说越亲吧！”强烈表达了和睦团结的美好愿景，也体现了“克智”沟通感情、调适关系的价值与功能。

贾司拉核、沙马木果说唱，阿牛木支、吉则利布等记录整理。收入《彝族克智译注》，16开，2页，61行，四川大学出版社2012年版。（龙珊）

尼维土目四十八

彝语北部方言克智。主要流传于四川省冕宁县彝族地区。彝族的家族沿革、家支谱系常常会运用“克智”传承、传播，因此，“克智”承载着深厚的民族情怀和历史记忆。主方气势磅礴，“尼维土日四十八，都兹赫惹居首位；大江大河四十八，大渡河最长；大山四十八，龙头山最高”，开门见山，张扬自信地列举一系列的类中之“最”，引出对于彝族首领尼维的阐释。“阿其比尔两尼维，上管九龙区，下管德昌界，左抵布拖坝，右邻雅砻江”“屋基他的平，肥猪他的膘”“姿子恒里两尼维，相邻在东方，佳丽出他家，容貌盖他人；‘德谷’出他家，一日断三案；英雄出他家，作战常获胜；嫁女讲排场，陪嫁丫头一大群；老人送终时，祭牛杀百头”。描述尼维首领的统辖范围、地域地势、物产风俗、人物状貌，叙事细腻翔实，生动有趣，富有地域色彩和民族色彩。“黑彝来上贡，肥猪百十头；百姓来上贡，弓箭四十支”，尼维具有收取税供的权力，过着富足优渥的生活。“尼维本是亲，官印生权威，谁能并肩齐？”官印代表的权力使原本的亲族高人一等，却未形成如中原王朝一样的尊卑之别。“海来莫色两尼维，住雅砻江畔，你家称大姐，我家认小妹，争得姻亲关系，大姐最美丽，小妹识礼仪”，尚能与之结亲。客方陈述“黑彝开亲史，三家黑彝相开亲”，即通过描述达依阿比、勒比屯兹、普祖尔车等显赫的家支相互开亲通婚，“兵丁他家强，围墙他家牢，碉楼他家美，屋基他家平。碉楼堆金银，屋内漆味飘香，柜装绫罗绸缎，圈内牛羊多，院内猪狗多，管事者像乌鸦拥巢”的富贵生活，说明其“没有黑彝能赶超，没有黑彝比过他”的显赫社会地位。而“我们与他无姻缘，他也不配做我友”“富人与穷人，各走各的路”相比主方表达的融洽关系显得泾渭分明。虽然物质条件悬殊，穷人却“腊肉当柴烧，头戴大红帕，一片绣花像野花，像似身系花腰带”，穷且不坠青云之志，不断追求创造快乐。主客方不同的态度真实地反映了彝族历史上的等级差异与阶级剥削，也展现出劳动人民自强不息、积极乐观的生活态度和生命精神。

贾司拉核、沙马木果说唱，阿牛木支、吉则利布等记录整理。收入《彝族克智译注》，16开，8页，319行，四川大学出版社2012年版。（龙珊）

从石尔俄特开始

彝语北部方言克智。主要流传于四川省冕宁县彝族地区。“克智”不仅传播、传承社会历史文化的嬗变，彝族的神话传说、故事、史诗等文学体裁，也常常以“克智”的形式赓续并实现艺术的重构与再创造。主方“娶媳安家是从石尔俄特开始；射落五个太阳六个月亮的是支格阿龙，逢年过节是由哦布库萨开始，缝制衣服是由姬吉乌芝开始”，字字珠玑，一句一事，从始祖开天辟地、造物造人，到制定历法、送别祖灵、驱撵恶鬼，再到驯化马羊、缝制衣服，用精练的语言将古远的传说娓娓道来。“伤风感冒从阿海色果开始，各种病魔从达布洛莫开始，猎狗撵山从吉尼朵兹开始，偷盗抢劫从阿车阿略开始，驯养马匹从勒则比尼开始”，内容丰沛、意趣盎然。客方“德昌产知了，谷厝嵯洪产大雁，底史瓦衣产巨蟒，衣洛吉接产孔雀，杰易所诺产黑狐”，通过对各地物产的列举，展现出对该地及其区域内丰富物产的谙熟，字里行间洋溢着自豪之情。“花牛花羊出产在阿火约曲，各种颜色的披毡汇集到我们这地方，各种布料做的衣服汇集到我们这地方”则表示自己居住的地方汇集了各地产品，充溢着对家乡的热爱。远古神话是族群悠远的集体记忆，也是一个民族集体意识的集中体现。通过“克智”加以传承和保护，虽然难免与初始形态有别，但却在彝族文化、彝族文学源头活水的滋养下，保持着生生不息的活力，绽放出更加璀璨的光彩。

贾司拉核、沙马木果说唱，阿牛木支、吉则利布等记录整理。收入《彝族克智译注》，16开，3页，66行，四川大学出版社2012年版。（龙珊）

兄妹同成长

彝语北部方言克智。主要流传于四川省冕宁县彝族地区。在送女儿出嫁之际，克智多慨叹新嫁娘难以抗拒的悲苦命运。“獐麂同生长，山被獐独占，獐子笑吟吟，世代居林中，麂子逼离乡，离山泪汪汪，可悲又可泣”。以獐麂命运的异同，引出“兄妹同成长，家产归兄弟，兄弟笑盈盈，世代住家中，姐妹嫁远方，离家泪汪汪，可叹亦可怜”，表达对于姐妹远嫁、骨肉分离的哀怜。“生儿背在背，养女放地上。儿似白菜心，爱护又疼惜；女如枯菜叶，剥去无人惜”，通过比喻和对比，形象地表现出女儿的孤独无依和孱弱卑微，只有“为贪金和银，才把女儿嫁”“想着酒和肉，才把女儿嫁”；但“金银像石块，饿时不能吃，冷时不能穿”“美酒不解渴，肉香不当饭”，冰冷的物质固然无法与“愿伴娘一生”的女儿相比，但是在“大地育人类，有人必婚嫁”的现实面前，嫁女离别也只是“姐妹虽可怜，无法扭乾坤”，语词回环往复，情感哀婉动人。一面感喟女儿命运的不公，一面又流露出太多的同情和无奈。此类“克智”与彝族最负盛名的叙事诗《彝族叙事长诗经典·妈妈的女儿（彝汉文对照）》可谓异曲同工，感人至深。

贾司拉核、沙马木果说唱，阿牛木支、吉则利布等记录整理。收入《彝族克智译注》，16开，3页，133行，四川大学出版社2012年版。（龙珊）

人间的妈妈最伟大

彝语北部方言克智。主要流传于四川省冕宁县彝族地区。彝族以对称、均衡、和谐为美。主方“走大路适宜穿鞋着袜，走田坎适宜穿草鞋，泸山幽径里适宜骑白马，上高山适宜穿麻布短裤。身背糌粑口袋，适宜在彝区赶路。身着彩裙，适宜在汉区街上漫步”阐明人与物、人与事、人与景、物与物的相宜相谐。“木嘎勒伙适宜戴绸帕，尔呷和泽戴着护肘最相宜，普洛火木披着蓑草蓑衣好看，曲拉斯祝戴着金竹篾帽更潇洒”，句中四位男性皆为彝族历史上有名的美男子，在追溯历史的同时，也传递出丰富的文化信息。客方则以不同情形下的重要事项和代表人物作为回应，“土司辖区官印大，汉区的集镇大，人间的妈妈最伟大。种田粪堆作用大，结婚那天要数新娘大，缝衣时顶针作用大，”“过年最盛大，老人的丧事最盛大，娱乐数火把节的场面最盛大。彝区最看重的是亲缘关系，汉区最看重的是朋友关系”。引譬连类，切近生活，充实丰富了克智的内涵，既体现了传统彝族社会的民风民俗、文化事项，也体现了彝族的传统伦理道德和价值取向。在克智中，常常将“彝区汉区”“彝族汉族”做差异性比较，侧面显现了各民族交往交流交融的历史轨迹和现状。

贾司拉核、沙马木果说唱，阿牛木支、吉则利

布等记录整理。收入《彝族克智译注》，16开，2页，59行，四川大学出版社2012年版。（龙珊）

人间有无限美景

彝语北部方言克智。主要流传于四川省冕宁县彝族地区。主方开篇即豪情万丈、自信满满，“贤能的我们这家人啊，三百个勇士出在我方，出征打仗不求别人”“三百个巧匠出在我方，精雕细刻不求别人”“三百个强人在我方，劳动干活不求别人”。举证出征、雕刻、劳动、教育、缝衣、建房、放猪、摔跤、调解纠纷、耕地等事项，既充实丰富了克智内容，也彰显了强烈的自豪感，又映现出彝族的日常生活，成为极具价值的史料。客方“我们这家人啊，头顶是无垠的天，和云雾一起遨游；脚下是广阔的地，和江河一起遨游；眼前是滔滔的江河，和鱼儿一起遨游；山上是茫茫的林海，和香獐一起遨游”。将自身融入自然万物的节奏中，畅想和大自然一起律动、遨游，想象奇幻、妙趣横生，并构成一幅风景优美、和谐融洽的彝家生活画卷。“人间有无限美景，和亲家一起遨游”直抒胸臆，表达了对万千变幻的大自然和美好生活的无限热爱。

贾司拉核、沙马木果说唱，阿牛木支、吉则利布等记录整理。收入《彝族克智译注》，16开，2页，65行，四川大学出版社2012年版。（龙珊）

夜晚乖乖钻泥洞

彝语北部方言克智。主要流传于四川省冕宁县彝族地区。在人类丰沛多元的感情世界中，对母亲的热爱依恋是跨越时间、跨越民族的永恒主题。主方“马驹恋妈妈，犹如道路恋扬尘；牛犊恋妈妈，酷似滚石恋山坡”，运用类比的手法，从小马驹、幼牛犊娓娓道来，并延伸至羊羔、小狗、猪崽、雏鸡、小虫，将动物幼崽赋予人的情感，“白天地上横竖爬，夜晚乖乖钻泥洞”语句俏皮可爱，彰显“恋妈妈”这一天然素朴的情感主线。客方“见了街上的凉粉摊，想起妈妈的容颜；看见烧酒的作坊，忆记父亲的面容；看见枪支和子弹，忆记族兄和族弟”，睹物思人、睹物感怀，“妈妈”“父亲”“兄弟”都成为生命中最重要的记忆和最浓烈的情怀。接着又抒发了更为细致丰富的情感，“见了女人想起了自己媳妇，见了幼儿想起了自家儿孙，见了少年想起了自己子女，见了年轻人想起了兄弟，见了情侣就想起自己恋人”，夫妻之恩、舐犊之情、手足之谊、情侣之爱，情感的表达不仅酣畅淋漓，而且具有了审美情感的因素，张扬了感人至深的艺术魅力和艺术价值。

贾司拉核、沙马木果说唱，阿牛木支、吉则利布等记录整理。收入《彝族克智译注》，16开，2页，53行，四川大学出版社2012年版。（龙珊）

世代都留天菩萨

彝语北部方言克智。主要流传于四川省冕宁县彝族地区。主方“世代都说伤心话的，是猫头鹰；世代都说丧气话的，是黑老鸹；世代都显花纹的，是山中的豹子；世代都戴红顶子的，是衣司俄赫鸟；世代都做‘德古’的，是山中的布谷鸟；世代都留天菩萨的，是戴胜乐”。通过对生活的深入考察，明确指出事物不变的典型特征，并根据民风民俗和人们的好恶对其赋予了强烈的感情色彩。客方回应道：“虎的遗传，是威猛的外形；豹子的遗传，是身上的花纹。”从动物的体态特征说起，并推演到人类，“英雄的遗传，是杀敌的勇猛。人的遗传是品德，高尚的品德像金子一样闪光。儿子的不肖是父亲的遗传，女儿的不肖是妈妈的遗传”，将后代的表现归因于前代的遗传，出身虽然无法决定一切，但美好的家风应当代代相传。“英雄的行为影响深远，三代都是英雄，敌人面前不会退缩”表现出彝族崇拜英雄，期冀优良美德能够代代相传的美好愿景。

贾司拉核、沙马木果说唱，阿牛木支、吉则利布等记录整理。收入《彝族克智译注》，16开，2

页，63行，四川大学出版社2012年版。（龙珊）

雄鹰展翅九天九夜飞不过

彝语北部方言克智。主要流传于四川省冕宁县彝族地区。对故土故园的夸赞是克智的常见内容。主方“我们这个地方啊，一对蝴蝶翅，可以做成九把扇；一棵松柏树，可以建成几间房；一节竹子，可以编九张篾席”，运用夸张的手法，凸显所居之地的富饶和神奇。“九”在彝族文化中有众多、无限大之意，“一棵元根菜，可以做成九背酸菜；一棵谷穗上的稻谷，可以做九团米饭”，主方在说词中频繁地运用，以表现其住地的无限美好。客方“巍峨的阿都尔迪山，滚石九天九夜滚不到底”“宁妮瓦两那一方，雄鹰展翅九天九夜飞不过”“杩祖勒嘎长有神竹仙竹，砍了七天七夜没有砍开林，七天七夜没有出平原”，以“九天九夜”“七天七夜”回应，数值上的夸张更胜一筹，同时选用高山、竹林等开阔景观，力图压倒主方选取的“蝴蝶翅”“竹子”等小图景。主客方的针锋相对既有语言的升级，又有内容的加强。双方你来我往，将克智的赛说层层推向高潮。

贾司拉核、沙马木果说唱，阿牛木支、吉则利布等记录整理。收入《彝族克智译注》，16开，2页，65行，四川大学出版社2012年版。（龙珊）

不思不想不会有忧愁

彝语北部方言克智。主要流传于四川省冕宁县彝族地区。彝族人民认为，万事万物都有相应“做主”的主体，而此外的其他事物无法加以干涉。主方“天晴和天阴，青蛙做不了主，青蛙在水里，只会张嘴叫，是云层来做主。天亮和天黑，跳蚤做不了主，跳蚤弯弯脚，它只会弹跳，是公鸡来做主，公鸡叫一声，天下就明亮”，环环相扣，层层推进，引出“说‘克智’和典籍，对手做不了主，对手只识酒，对手嘴尖尖，只有我做主”，语句诙谐幽默，又充满自信。客方“自己的声音自我陶醉，自己的身影自我欣赏；自己的妈妈如何丑，自己的妈妈自感美；自己的儿子如何淘气，自己的儿子自感乖”，暗讽对方自我陶醉，不能客观如实地表达，“自己的话自认为好听”，又从客观的角度“汉家没把汉家话说完”“彝家没有说完彝家话”进行辩驳反诘。结尾“你我两个对说家，一个的知识有头发多，一个的知识只有胡须多。你说是不是？”辩说内容切中肯綮，双方做善意的打趣、戏谑，使“克智”更具趣味性与艺术性。

贾司拉核、沙马木果说唱，阿牛木支、吉则利布等记录整理。收入《彝族克智译注》，16开，2页，62行，四川大学出版社2012年版。（龙珊）

真诚传授知识

彝语北部方言克智。主要流传于四川省冕宁县彝族地区。主方“曾和太阳和谐相处，曾呼唤太阳为我普照阳光；曾和火神和谐相处，使仇敌的房屋起火；曾和杀人蜂和谐相处，吸食过蜜蜂酿的蜜糖；曾和孔雀和谐相处，品尝过山顶的毒药”，将现实生活中不可能发生的事，通过大胆、奇异的夸张，突显自身的神奇与威力。“曾和豺狼和谐相处，曾饱餐过各种兽肉；曾和毕摩和谐相处，挽救过众人的生命；曾和苏尼和谐相处，驱赶过洞穴的魔鬼”。夸赞自身的同时，也指出不同事物的特征和不同群体的职能。“曾虔诚地请教渊博的人，他会真诚地传授知识”，既表达自己谦虚有礼、勤学好问，又暗指客方应虚心地向自己学习。客方领会了主方的弦外之音，开头即以“我曾跟随蓝天的雄鹰，见多识广比友高三层”亮明主旨，“我曾跟随水底的水獭，为你多多捕鲜鱼；我曾随波逐江河，山冈峡谷觅足迹；我曾跟随绿翠鸟，畅游秀美的螺髻山顶”，引入飞禽走兽，花鸟虫鱼，想象奇崛、唯美动人。“我曾陪同汉族父母官，坐一坐衙门审大堂；我曾跟随彝人大土司，巡视彝区把‘德谷’当”“我曾跟随家支头人，姻亲那里露俊扬威，我曾邀约众姐妹，聚会场上露聪明”。从社会生活的层面，论说自己经历丰富、生活多彩、知识广博。“我曾做客到汉族家乐二天，手拿红筷细瓷吃美味；我曾在彝寨款待汉族朋友，黑色勺子把盛情传送”。通过细节刻画，显示自身具有超越民族隔阂，建立友好关系的品质，最终自然引出“我曾想化作缠身晨雾，一步一随伴亲朋”，把主客间亲密的情感推向亲厚。既彰显了克智的竞技性，又起到了深化情感的作用。

贾司拉核、沙马木果说唱，阿牛木支、吉则利布等记录整理。收入《彝族克智译注》，16开，2页，93行，四川大学出版社2012年版。（龙珊）

看最美丽的姑娘

彝语北部方言克智。主要流传于四川省冕宁县彝族地区。主方“你们可知道，莫红拉达出产金银，大相岭是运输金银的要道，西昌城是金银的集散地？你们可知道，打造金银首饰的要数尔姑阿仁，佩戴金银首饰的要数木特谢明”。以设问开头，内容涉及金银的出产地、运输路线、集散地、加工地和佩戴等，寥寥数语暗指自家生活的富足。客方“想不想到彭伙拉达，看绸缎缝成的棚屋？想不想到阿嘎迪托，看猴子摇头晃脑的发感叹？想不想到阿伙呷多，看累死兔子的陡坡？想不想到普诗呷多，看猫儿喝西北风？”同样以设问发端，内容丰富有趣。“想不想到尔觉呷拖，看毒蛇头上绾英雄结？想不想到衣芝觉果，看穿着裤子的青蛙？想不想到各尼街乌，看猫儿捻线？想不想到所土乃杰，看老虎拾粪？”内容奇异，滔滔不绝，通过对动物从事人类活动的比拟，在赛说的同时夸饰自身见识的博富。“钻到九重天上，看太阳月亮住的地方，看它们用星星当饭吃，把白云当衣穿，把乌云当马骑，把彩虹当弯弓，把毒蛇当作箭来射？”奇幻的想象、大胆的夸张、流畅的语句，在征服对手的同时，也传达出探索和征服大自然的非凡气度。

贾司拉核、沙马木果说唱，阿牛木支、吉则利布等记录整理。收入《彝族克智译注》，16开，3页，162行，四川大学出版社2012年版。（龙珊）

负重不怕上陡坡

彝语北部方言克智。主要流传于四川省冕宁县彝族地区。主方“脸面不怕冷风，喉咙不怕开水，树壮不怕风来摇，岩坚不怕水来冲”举出现实生活中和自然界中一连串的“不怕”，表现自己坚强的生活信念。“生时不怕苦和累，战时不怕死和伤，负重不怕上陡坡，涉水不怕大江，善走不怕路长，善攀不怕山岩”。通过阐述自己不惧怕生活、征战、负重、涉水中可能遇到的一系列困难，彰显出意志坚定、百折不挠的优良品质。客方以退为进，以“怕”回击，阐明事物万象的相生相克“山顶怕雷击，山岩怕滑坡。陡坡怕滚石，道路怕塌方，泥沙怕水冲，钢铁怕烈火”，例证丰富、论述有力。“不守庄稼怕主子，去守庄稼怕老熊”“穷人怕待客，富人怕强盗。放松了怕逃，捏紧了怕死。走前面怕羞，走后面怕狗”。指明社会生活中不同条件下可能产生的“怕”，语句精练、寓意深刻。而后话锋一转“天旱总会遇云雨，天涝总会遇久晴”“劲草总会遇冰雪，硬树总会遇斧头，硬竹总会遇刀砍，硬石总会遇铁钎”，改“怕”为“遇”，指出事物的相克无须回避，克智的赛说也是一样，“不说怕对不起主人家，说又怕说不赢亲家”妙语连珠，既彰显了赛说的技巧，又呼应、升华了主题。

贾司拉核、沙马木果说唱，阿牛木支、吉则利布等记录整理。收入《彝族克智译注》，16开，3页，93行，四川大学出版社2012年版。（龙珊）

家庭也有保护神

彝语北部方言克智。主要流传于四川省冕宁县彝族地区。彝族信奉“万物有灵”观念，崇奉多神，从而为特定事物赋予了“保护神”的特殊意义，并寄寓了诸多的愿望和期冀。主方“清早出门去，恨死那成串的露珠。中午的时候，恨死那火辣辣的太阳。傍晚时，恨死那拳头大的冰雹。深夜里，恨死那瓢泼大雨”。从清早、中午、傍晚再到深夜，表征着人们一天天一年年生活中所遭遇的挫折、苦难和不幸。客方则以“蕨芨草不结果，结果的蕨芨是种保护神。地洞里做窝的老鸹，是种保护神。在岩洞里做窝的喜鹊，是种保护神。肩上有一撮杂毛的绵羊，是种保护神”，将罕见或特殊的物象视为神灵，认为其具有显灵祛灾的神奇功能，“百姓有了保护神，皇帝也会受驱使”“笨人有了保护神，说出的话都能应验。聪明人有了保护神，处处都能发挥他的聪明”。阶级社会无法消除等级的差异以及社会的不公，而保护神不论人们生活的贫富、身份的贵贱，都一视同仁，其承载着彝族人民对顺遂、平等生活的渴望。保护神多种多样，“各家有不同的保护神，德布、德史的保护神，是帽子上的白色流苏。古侯家族的保护神，是金弓和金箭。曲涅家族的保护神，是一柄红色的剑”。展现了彝族多元神灵崇拜的同时，也蕴含着家族谱系的文化元素和对祖先荣耀的感怀，家庭保护神也还蕴含着无数独特、迷人的家族传说，摇曳着动人的艺术魅力。

贾司拉核、沙马木果说唱，阿牛木支、吉则利布等记录整理。收入《彝族克智译注》，16开，3页，99行，四川大学出版社2012年版。（龙珊）

祖辈一代是有名的行家

彝语北部方言克智。主要流传于四川省冕宁县彝族地区。彝族人民注重家族传承却不墨守遗训。主方“这古籍经典，储藏在大箱里，祖辈一代精通，父辈二代精通，从这以后开始，祖传给孙儿……祖辈儿孙代代传。那‘克智’典籍，祖教给孙儿，父教给儿子，祖辈一代是有名的行家，父辈二代是有名的‘德谷’，从远古到现在，子孙仍是说‘克智’的高手”，彰显出对自己家支光荣历史的自豪。先辈如此光辉，后代也自认为“我是很不凡的人。我的脚轻轻一跺，大地会裂九条缝；我曾去寻找赛词，足迹曾到过成都府”“为去寻求道理，想到对门去寻理，那天空去辄来的乌云，云游到黑泽波乌，在绕云山上，布满天空的云端，想去那寻理，不知能否寻得真理？”虽然坐拥前代的宝贵“财富”，却不满足于自守家世余绪，而是勇于开拓进取，到外探寻真理，并认识到真理的惊人威力“若是能得理，春季三个月里，必定升起九股白云，白云伴有九拨冰雹，高山地带洪水泛滥，河坝地带河水爬上岩”，真理能令风云变色，必将踏破铁鞋上下求索。客方“想到迎雁山去寻理”“想到停云山去寻理”“想到汉区去寻理”，同样走上了寻求真理之路，“惊动汉区官兵全出城，会使九道衙门全关闭， 众人见了心头惊”。真理的威力如此强大，促使一代又一代彝族人民踏上继往开来的追寻之路，激励后代子孙不怕困难、勇于探索。

贾司拉核、沙马木果说唱，阿牛木支、吉则利布等记录整理。收入《彝族克智译注》，16开，3页，101行，四川大学出版社2012年版。（龙珊）

自己的声音自我陶醉

彝语北部方言克智。主要流传于四川省冕宁县彝族地区。主客方在克智中亦庄亦谐的针锋较量，增加了赛说的趣味性、娱乐性和知识性。主方以“强人上有强人，世上的人们莫说自己强，未必别人就不强”开门见山，直指主旨。“说强还是泥土强，土里小草强，泥土遇草就不强；说强还是白霜强，白霜冻断草，小草遇到白霜就不强；说强还是太阳强，太阳出来霜消失，白霜遇到太阳就不强；说强还是乌云强，乌云遮太阳，太阳遇到乌云就不强”。援引“泥土”“小草”“白霜”等物象，逐层推进，阐释世间万物相生相克的哲理。语句环环相扣，衔接紧密，用丰富的事例自然引出“自己的嘴舌自认为伶俐，强中还有强中手啊！”的鲜明主旨，向客方递下了赛说的战书。客方“顽强的是禾苗，禾苗被雪压；顽强的是雪，雪遇太阳化；顽强的是太阳，乌云遮太阳；顽强的是乌云，风吹乌云散”，运用同样的论辩技巧反制，举例更为丰富多元。“顽强的是狼，枪能射死狼；顽强的是枪，人把枪来使；顽强的是人，顽强的有这些”，从变化的物象再到坚强的猎手，说明“一物降一物”的道理。“顽强的是对手，对手遇我就投降”相比主方更进一步表明立场，有力地回应了赛说的挑战。主客双方立场坚定，在你来我往中，更加彰显了彼此的豪气和智慧。

贾司拉核、沙马木果说唱，阿牛木支、吉则利布等记录整理。收入《彝族克智译注》，16开，2页，70行，四川大学出版社2012年版。（龙珊）

人硬命不长

彝语北部方言克智。主要流传于四川省冕宁县彝族地区。主方先声夺人，开篇就揭示了“流水不腐户枢不蠹”的深刻哲理，“江河代代流，不流水发臭；烧火代代传，不烧冷冰冰；雄鹰代代飞，不飞翅发痒；虎狼代代食，不食牙齿痒；骏马代代跑，不跑脚杆痒”，自然流畅地引出，自家“‘克智’代代说，不说嘴发痒”，显示家族赛说克智的娴熟和不俗实力。主方势如破竹，客方则从容大气，别开端绪“任你怎么说，我说完了强，还要说说软。你说强中强，我说软的寿命长。硬的是牙齿，牙齿先脱落；软的是舌头，舌头还留存。硬的是角角，角角先脱落；软的是耳朵，耳朵还留着”，柔中带刚地阐明了“刚则易折、软能久存”的理念。在克智的较量时，“应像骆驼那样，腿细也能驮重量，连走几天路程也不觉得累”，一时的上风不代表最终的胜利，赛说要以持久有理取胜。“硬者”固然坚强，而“软者”更能持久，教导人们辩证地看待和把握事物的相对性，显现了彝族传统文化中以柔克刚、以弱胜强的辩证思想观念。

贾司拉核、沙马木果说唱，阿牛木支、吉则利布等记录整理。收入《彝族克智译注》，16开，2页，53行，四川大学出版社2012年版。（龙珊）

毒蛇当鲜鱼吃过

彝语北部方言克智。主要流传于四川省冕宁县彝族地区。赛说克智中取胜，不仅要充实丰富内容，还应注重辩说技巧。主方“一若没有把握，不去吃毒药；二若没有把握，不去岩上取蜂蜜；三若没有把握，不下水抓鱼；四若没有把握，不去潜水底；五若没有把握，不与亲戚攀谈”。将吃毒药、取蜂蜜、抓鱼、潜水等一一列举，在彰显自身能力的同时，也显现出对克智必胜的自信。“什么东西都吃过，毒蛇当鲜鱼吃过”“我用兔耳朵，做过九把扇子；我曾抱熊来做过枕头，我曾剥过熊皮当坐垫”。从正面进行夸饰，兔耳做扇、抱熊做枕等，极尽夸张而富有趣味。客方则迂回含蓄，从容应答，“赤可山脚下，姑娘弹口弦，那弹法相似，奏法不相同；瓦岗所史地，一根竖竹笛，吹法虽相似，指法不相同”，显示了自身非凡的见识，用看似表面一致而内在有别的行为暗示自己有不同于主方的辩论技巧和能力。“没有一定把握，哪敢轻易去抽蛇舌头？没有两种把握，哪敢轻易去扯老虎须？没有三种把握，哪敢轻易去动蜂蜇？没有四种把握，哪敢轻易来和友谈？”列举抽蛇舌头、扯老虎须、搬动蜂蜇等更加危险的行为进行辩说，不仅呼应了主方，还进行了更强有力的回击，使克智赛说更为精湛巧妙。

贾司拉核、沙马木果说唱，阿牛木支、吉则利布等记录整理。收入《彝族克智译注》，16开，2页，64行，四川大学出版社2012年版。（龙珊）

瘦羊无力站路旁

彝语北部方言克智。主要流传于四川省冕宁县彝族地区。主方“那轰隆隆声响，是天空的雷公。那天空的雷公，住在梭勒街扎，从瓦史麻恩起身，一起跟随的，是三朵黄雾。那轰隆隆声响，伴随一对雷公闪电，那尖翘的嘴唇，跟随一对红公雷”。以雷电起兴，对雷公住处、出行、外貌的述说，按照行动顺序由简到繁，详略兼顾，寥寥数语、栩栩如生地描述出雷公闪电的传说，表达出彝族人民对于神灵的崇拜之情。“在赛说婚礼‘克智’的地方，青年或许被婚礼‘克智’击中，也许腿发软脚打战，或许手软无力往下垂”，这里回归主题，将克智比作与雷电具有同样威力的事物，说法夸张新奇。客方“山上虽然森林茂密，成片森林被我们砍光，不剩一根赶牛棍；山下海水被我们喝干，不剩一口滚猪塘”，列举难以做到的极致行为彰显自家的非凡实力。“掀开天空的乌云，阳光平等照天地；铲掉地面大山让风过，吹来暴风驱乌石；打尽山上虎狼养牛羊，牛羊养得肥又壮”，以阳光破云、风吹石走，驱虎养羊等种种假设，说明“贤能的我们这家人，硬臂出手使人痛”，而对手“掏出红肠当腰带拴也莫法”。想象奇妙无比，比喻、拟人、夸张等手法的应用，使得克智更加生动精彩，趣味横生，引人入胜。

贾司拉核、沙马木果说唱，阿牛木支、吉则利布等记录整理。收入《彝族克智译注》，16开，2页，54行，四川大学出版社2012年版。（龙珊）

纺锤转的是小圆圈

彝语北部方言克智。主要流传于四川省冕宁县彝族地区。主方开篇以“今天晚上我们来说圆”点明了克智的主题，“上有天空圆圆盖上方，下有大地圆圆铺下方。在宽敞的内屋里，我看铁锅圆圆在锅桩上”“我看姑娘们圆圆的裙脚，我看马蹄印迹圆圆的，我看水井井口圆圆的”，从“天空”“大地”到“铁锅”“裙脚”“马蹄”“水井”举证了常见的圆形事物，洋溢着浓郁的生活气息。“我看圆圆的篾圈，我看蔑圈套你颈。我看松鼠不懂事，自投到羊毛堆。对手不知事理，钻进圆圈圈，在圆圈内打转转，总是转不出来”。赛说至此，主家定题的意图方显露出来，将对手钻进圆圈出不来比作松鼠投到羊毛堆，有趣可爱的比喻在竞技的同时体现出趣味性。客方“有见过大圆圈的，天空太阳月亮大圆圈，它把世界分成千千块；有见过圆圈的，见过石磨转圆圈，荞面麦面好似白雾飞扬；有见过小圆圈的，纺锤转的是小圆圈”，按照从大到小的顺序进行列举，条理清晰，论证有力。“跑道上转圆圈，老骏马见过跑道，一见跑道四蹄扬；老猎狗见过野兽，一见野兽毛发竖；老英雄见过敌阵，一见敌人手发痒”，自然将话题过渡到赛说克智上。“开口没有不赢的时候”，表达自信的同时巧妙跳出了主方圈定的“圆圈”，机敏灵动，回击有力。

贾司拉核、沙马木果说唱，阿牛木支、吉则利布等记录整理。收入《彝族克智译注》，16开，1页，45行，四川大学出版社2012年版。（龙珊）

我有一张巧嘴

彝语北部方言克智。主要流传于四川省冕宁县彝族地区。赛说的双方在自诩中长于运用多种比喻，使得内容充实生动。主方“贤能的我们这家人，像地上的青草，长来盖满山，大地有衣穿。像天空的鹰，我把飞禽全吃光，蹄类都被我抓完，我使羊群伤亡，我把猪鸡抓光”，以草、鹰自喻，彰显自家威力无边。“天地间我最强”，耿直的话语表达出对自身极大的自信。“我像地老鼠，胡须当箭发，尾巴当矛使，牙齿像尖刀”，比喻诙谐，细节的描述富有形象性和感染力。客方“像那头犍牛勒索夫一，想吃遍天下所有嫩草，想啃光山上的白花叶”，运用相似的比喻和夸张，而草、叶的数量远大于飞禽、蹄类的数量，话语中处处思虑，意在压倒主方。主方称“我在地下打洞洞，墙脚被我打穿，房子被我掘倒”，客方便回应“勒索夫一的脚印像箩筐大，所踩的脚印能积满窖水，活像一个个黑洞深不见底，一头大象摔下去，听不到一点响声；一块大石滚进去，听不到一点响声；一棵大树滚进坑，听不到落地声”。以大衬大，以极说极，更加显示出自身的神奇不凡。主客方说词层层升级，既显示出渊博的学识，又显现了不俗的辩论才能。

贾司拉核、沙马木果说唱，阿牛木支、吉则利

布等记录整理。收入《彝族克智译注》，16开，2页，70行，四川大学出版社2012年版。（龙珊）

吓倒九个打铁人

彝语北部方言克智。主要流传于四川省冕宁县彝族地区。主方“金是金库里储藏的金，从来没有锻铸过的金，有人想来锻铸金的话，也许损伤九个金匠主，或者打破九间金匠房”“龙是盘踞在岩洞的龙，从来没有挨过打的龙，有人想去触摸它的话，也许吓跑九十九个人，或者打断九十九把斧”，以金、龙、鱼、兽自喻，用夸张的手法说明若企图侵犯、控制自身，会引发难以预料的严重后果，并指出“人是火塘旁边的名人，从来没有遇到过对手，如果遇到了强硬对手，或许九个青年被吓哭，或许九个对手被对换”，自己的神威同样不可藐视，彰显了自身赛说克智的本领多么强大。客方“我们是不寻常的人家，是甲谷甘洛的年轻人，是没有听过急话的人，若是听到急话的话，坐着听到坐着就起程，站着听到站着就动身，会把敌人追赶到山外，会把仇敌撵到河对面”。开口即辩，有力回击主方的“急话”。“好比是石火阿里的铁，不是随便敲打淬炼的铁，假如想敲打淬炼的话，也许九把铁锤被打断，或者九个铁砧被砸裂，或者九个铁匠被吓倒；好比斯木布约的树，不是随便砍烧的树，如果硬要去砍烧，会激怒山神起风暴，会使山弯里进旋风”。用不凡的铁、特别的树、不一般的雁做比喻，以侵犯它的严重后果彰显自身的伟力。主客方辩论技巧相似但内容有别，展现了“克智”内容、意蕴的丰富性。

贾司拉核、沙马木果说唱，阿牛木支、吉则利布等记录整理。收入《彝族克智译注》，16开，3页，69行，四川大学出版社2012年版。（龙珊）

不图一天的欢乐

彝语北部方言克智。主要流传于四川省冕宁县彝族地区。彝族传统哲学观念中强调遵循事物发展变化的规律，凡事讲究顺其自然，合乎规律。主方“你我不为一餐饭而赛说，不只房中坐一坐，不图一天的欢乐”“没有无尽的婚礼，没有不散的赛说”。美好的时光总是短暂，美好的相聚总会结束，主客双方在喜庆之日尽情赛说克智之后，总会把欢乐美好的日子留给未来。“春回春旺三月间，大雁南飞返故里”“阳春催耕二月间，布谷远游已回返，亮翅振羽情切切，高山密林欢歌起”。客方“世上没有赛不完的‘克智’，索玛花儿竞放争七日，屋里小伙逞能强一时，姑娘得意美几春？”“树上布谷鸟，能歌一百天；林中树蝉子，哼唱两月半；路边枸杞刺篱笆，开花仅七天”。举例丰富，说明事物有盈必有亏、有始必有终的道理。“应归的已归来了，找水觅食阿布洛哈山，恋窝鸟儿已归巢；应归的已归来了，拉玛阿觉那边，只只野狼已回还”，以动物归巢阐释“今晚赛说就此了”，表示克智同样具有“回归”之期，用生动平实的语言述说克智结束的必然性，娓娓道出万物兴衰终始的规律。结尾“远嫁的姑娘走出婆家院，一路欢歌笑语回到娘身边”，呼应主题的同时，冲淡了结束的悲伤气氛，情趣盎然，意味隽永。

贾司拉核、沙马木果说唱，阿牛木支、吉则利布等记录整理。收入《彝族克智译注》，16开，2页，99行，四川大学出版社2012年版。（龙珊）

情谊饭相酬

彝语北部方言克智。主要流传于四川省冕宁县彝族地区。分离之时总是难免伤心感怀。主方“父母分开时，赠给思念服；兄弟分手时，情谊饭相酬；情人分离时，割爱忍痛楚；主客两分手，互吐肺腑言”。列举人世间种种的离愁别绪，抒发别离之情的同时展现出相应的礼俗。“从今远别离，相思心中囿，闭目影憧憧，耳边语绵绵”，别后即使天各一方，其人的音容笑貌依然萦绕不散，令彼此时时牵念。“父死不算悲，抛弃孤儿更可悲；母亡不算悲，丢下孤女则可悲；情人分手尚不哀，重睹旧路心悲酸”。亲人离世、情人陌路已是悲伤，遗下的孤儿旧物，睹之更令人心生凄凉。以别时赠物、别后相思、睹物添悲为序，层层深入，一唱三叹，平实的语言传达出千古不变的凄凄别情。客方“与父母分手那一天，儿孙心悲痛；与家支分离那一天，弟兄心苦楚；与贤表兄分别日，表哥心发酸”，描述与父母、家支、兄弟的分离哀情。“伐尽树木来寻你，处处不见你的影；夜夜梦中把你寻，梦中难觅表兄影”，别后寻人却难觅踪影，“分手之后机缘尽”的无奈或许只能归结于“怕是生年不交运”。别时容易见时难，犹如彩云聚散般的无常令人辛酸苦楚。主客双方在感情基调上顺应一致，情感越转越悲，让人不胜唏嘘。

贾司拉核、沙马木果说唱，阿牛木支、吉则利布等记录整理。收入《彝族克智译注》，16开，2页，69行，四川大学出版社2012年版。（龙珊）

嫩笋茁壮拔不尽

彝语北部方言克智。主要流传于四川省冕宁县彝族地区。克智结束之际，既可追忆民族、家支过往的历史，赓续民族的文化传统、民风民俗，也可激发人们畅想未来、开创更为美好的明天。主方“山顶狂风该停了，飞沙走石该停了，旋风击杉该停了，半空雷声该停了”。以狂风、雷声、暴雨、云雾等一系列物象暗喻克智的气象万千，变幻无穷，在依依惜别中意指今日的克智也该结束啦。喜庆的良宵已经度过，祖传的习俗代代相传“小孩喜爱猪前脚，猪脚已砍给小孩；老人想吃猪脑花，脑花已捧给老人；老牛想吃燕麦秆，燕麦秆已给老牛；槽边骏马思荞粒，主人忍嘴把食喂”。深切表达了尊老爱幼，爱惜牛马粮食的美德良俗。“嫩笋茁壮拔不尽，长条嫩笋长在后；隆重婚礼还会有，喜庆日子还会有，斗嘴场面还会有”。今日聚散无需遗憾，喜庆欢聚的日子马上到来。客方“我家屋上方，山茂无空处，云雀叫声欢，牧羊叫声美，雉鸡未鸣时，荞花已飘香；我家屋下方，坝敞无空闲，不是赛马忙，就是斗牛忙，坝里不种稻，自成放猪坝；我家屋前方，山谷不空荡，即使谷不美，林中鸟也欢，阴山不长笋，熊猫爬树忙；我家屋后方，沟水不空流，即使鱼不游，水边也有獭”。在空间的不断切换中，展现“养女最聪明，手巧做红女，好似蜂穿梭绣出五彩衣”“今天喜庆日，明日更美好”的和悦欢快的劳动生活图景，表达了彝族人民对未来美好生活的憧憬，洋溢着乐观豪迈的理想主义情怀。

贾司拉核、沙马木果说唱，阿牛木支、吉则利布等记录整理。收入《彝族克智译注》，16开，2页，83行，四川大学出版社2012年版。（龙珊）

五 劳动歌

放羊调（一）

彝族劳动歌。流传于云南省景东彝族自治县。这首民歌以十二月为序，唱帮工的放羊人在十二个月中的所见所感。歌词七字一句（仅第二节有例外），四句一节，共十二节。歌中唱道："正月放羊正月正，辞别爹娘要起身，左手拿着赶羊棍，右手开开羊圈门。二月放羊二月八，春风吹动百草发，大羊爱吃山百草，小羊爱吃河边杨柳脆生生。三月放羊是清明，人家有钱去上坟，别人家家上坟去，放羊小哥去不成。"

罗志刚唱述，杨海寿记录。收入《景东民间歌谣》，32开，2页，48行，景东彝族自治县民委、文化局、文化馆1988年编印。（施文志）

放羊调（二）

彝族劳动歌。流传于云南省景东彝族自治县。这首民歌以十二月为序，唱述帮工的放羊人在十二个月中的生活经历和遭受的委屈。歌词以七字句为主，四句或六句一节，共十二节。歌中唱道："十月放羊下大霜，头顶雾露脚踩霜，我娘认得小儿苦，做下鞋儿一小双，三寸鞋子四寸脚，害得娃娃不得穿。冬月放羊冬月冬，山上有个看羊老冷公，头戴一顶笋壳帽，身披一件破蓑衣。腊月放羊一年完，双脚跪在圈门前，打失大羊还不说，打失小羊赔一场，看羊棍子交给你，永世不做看羊人。"

张开邦唱述，陶明贵记录。收入《景东民间歌谣》，32开，2页，58行，景东彝族自治县民委、文化局、文化馆1988年编印。（施文志）

放羊调（三）

彝族劳动歌。流传于云南省双柏县彝族地区。唱述旧社会一个放羊娃的辛酸经历。这个放羊娃父母早逝，欠下很多债，可怜他小小年纪就要为主子放羊，主人饮酒吃羊肉，他却在山中饿肚肠。到了寒冬腊月，他头顶雾露脚踩霜，冷得直发抖。放了一年的羊，患上各种疾病，主人还说他装佯，不给半文工钱。可怜的放羊娃无处诉苦，只有独自一人淌眼泪。

李学富、孙元康唱述，毕开华、苏锡纬记录。收入《双柏民间文学集成》，32开，4页，78行，云南民族出版社1992年版。（施选　朱琚元）

放羊调（四）

彝族劳动歌。流传于云南省南涧彝族自治县。以十二月为序，每月一段，外加结尾一段。歌谣以第一人称的形式唱述牧羊人终年的苦情。从“正月放羊正月正，辞别爹娘要起身”的痛别开始，按每月物候、节气与牧羊人的处境对比抒情，最后直抒胸臆：“腊月放羊满一年，请个朋友算工钱，人家算得三五吊，小羊算得三两文。辛辛苦苦说不尽，放羊苦处说不完。”结尾一段是：“初一过后初二到，可怜不过放羊人。三十六行是生计，就是莫做放羊人。”

佚名唱述，袁登学收集、整理。收入《南涧民间音乐》，32开，4页，128行，云南民族出版社1992年版。（段葵）

放羊调（五）

彝族劳动歌。流传于云南省永仁县彝族地区，歌中唱道：“哥哥是个放羊人，妹妹是个放猪人；早上放羊三百个，下晚数羊少两双；舅爷拿着秤杆打，舅母拿着秤砣砸；秤杆打来我不怕，秤砣砸下血崩心。”反映了放羊娃受到的虐待。

罗绍荣唱述，范兆云记录。收入《永仁县民歌选》，16开，2页，8行，永仁县文化馆1987年编印。（李惠兰　朱琚元）

放羊调（六）

彝族劳动歌。流传于云南省楚雄市彝族地区。全歌共十二节，每节四句，每句七字。歌谣吟唱了一个孤苦伶仃、常年在外帮人放羊的人一年十二个月冷暖无常、饥寒交迫的凄苦生活。

杞发丛唱述，余立梁记录、整理。收入《包头王传奇——楚雄市民族民间文学集成》，32开，3页，48行，香港天马图书有限公司2000年版。（李福云　朱琚元）

放羊调（七）

彝族劳动歌。流传于云南省巍山彝族回族自治县彝族地区。十二月调，以十二月为序。唱述帮人放羊的苦情。歌中唱道：“九月放羊是重阳，重阳早起要点羊。晚上点羊差两双，箐底找到箐头上，只见老虎豹子哼。”“冬月放羊是冬冷，头顶云雾脚踩霜。头顶云雾也算了，脚踩清霜脚开裂。”

茶金华唱述，郑富国、罗家仁搜集、整理。收入《云南民间文学集成·巍山彝族回族自治县民间歌谣集成》，32开，2页，69行，巍山彝族回族自治县民间文学集成办公室1989年编印。（段葵）

寡妇放羊

彝族劳动歌。流传于云南省宁洱哈尼族彝族自治县彝族地区。每节以一年十二个月放羊时所见景物起头，唱述寡妇对亡夫的思念和寡居生活的艰难。歌词七字一句，四句一节。歌中唱道：“五月放羊是端阳，菖蒲美酒泡雄黄，人家泡酒有人吃，我家泡酒无人尝。”“十月放羊下清霜，两个娃娃争衣穿，大的穿起小的抢，小的穿起大的慌。冬月放羊冬月冬，家家户户忙过冬，人家有夫吃汤圆，我家无夫两头空。”

李开芝、李正昌唱述，刘福汉、鲁凤祥搜集。收入《普洱民族民间歌谣集》，32开，3页，48行，普洱哈尼族彝族自治县民委、文化馆1987年编印。（施文志）

大采茶调

彝族劳动歌。流传于云南省华宁县彝族地区。这是采茶劳动中娱乐的唱调。歌谣以朴实通俗的语言唱述古代人物和历史事件，进而反映茶农的心情，以及对社会、人生的看法。歌中唱道：“七月采茶秋风凉，韩信吹箫撵霸王，霸王撵在乌江死，一世功劳一世亡。”“腊月系茶满一年，皇帝娘娘进花园，唐王百官入地府，借尺还魂李翠莲。”

李凤珍唱述，赵振纪搜集、整理。收入《华宁县民间文学集成——苗王阿三》，32开，3页，50行，华宁县民委、文化局、文化馆1987年编印。（普开福）

小采茶调

彝族劳动歌。流传于云南省华宁县彝族地区，是人们在采茶劳动中娱乐的唱调。基本为七言一句，四句一段，共十二节。歌词反映采茶女子的寂寞心情以及男女青年的友谊与爱情。歌中唱道：“五月采茶茶叶团，妹在家中绣龙船。龙船绣得水上行，山神土地保茶园。”“七月采茶秋风凉，秋风刮来满身寒。”“九月采茶过大江，手扒船头望四方。四四方方望回来，不知茶山在哪方。”

李凤珍唱述，赵振纪搜集、整理。收入《华宁县民间文学集成——苗王阿三》，32开，3页，54行，华宁县民委、文化局、文化馆1987年编印。（普开福）

走厂调

彝族劳动歌。流传于云南省元江哈尼族彝族傣族自治县彝族地区。“走厂”即到云南的锡都个旧去打工。歌谣唱述矿工的苦难生活及他们的思乡之情。歌中唱道：“秋天到了秋风凉，背脊发炎痛心房，一心想要歇个气，工头老板不让闲。工头好比催命鬼，老板就像活阎王，老板用脚踢身上，工头拿着皮鞭赶。同难兄弟心肠好，借床蓑衣度半年，头冷忙把蓑衣盖，脚冷只好灶灰埋。”

白乔德唱译，孙正明记录、整理。32开，3页，60行，稿存元江哈尼族彝族傣族自治县史志办。（宋自华）

帮工调

彝族劳动歌。流传于云南省元江哈尼族彝族傣族自治县彝族地区。唱述长工在财主家帮工的悲苦生活。财主进村把长工骗到他家后，不把长工当人待。栽秧时，财主下田栽三路，剩下全留给长工；除草时，财主田边扇扇子，长工流汗在田中；秋收时，财主吃的白米饭，花花碎米待长工；过节时，财主吃的鸡鸭肉，长工桌上酒菜空；平日生活里，财主吃的新鲜菜，臭屁酸菜待长工；财主烤的栗炭火，长工不得烘一烘；苦累一年到年终，长工累得面枯黄，去向财主算工钱，七扣八扣两手空。

许乔凤唱译，宋自华记录、整理。32开，3页，48行，稿存元江哈尼族彝族傣族自治县史志办。（宋自华）

砍柴调

彝族劳动歌。流传于云南省巍山彝族回族自治县彝族地区。这是砍柴人唱诉砍柴苦情的歌谣。歌中唱道：“砍柴人，要上山，天阴下雨，砍得大柴，挑不动。草鞋烂，肚子饿，回不来，卖柴去，卖不掉，撞着人，衣裳烂。”每行后加衬词“呢哎哟”。

宇六妹唱述，杨艳萍搜集、整理。收入《云南民间文学集成·巍山彝族回族自治县民间歌谣集成》，32开，1页，12行，巍山彝族回族自治县民间文学集成办公室1989年编印。（段葵）

绣花调

彝族劳动歌。流传于云南省牟定县彝族地区。歌中唱道：“一绣金鸡摆龙尾，二绣鲤鱼跳龙门，三绣白鹤照江水，四绣燕子过花梁，五绣五子陪郎坐，六绣鹿鹤一同春，七绣七星拱北斗，八绣神仙吕洞宾，九绣天边小月亮，十绣日落西山拱太阳。”歌谣唱述了彝族妇女的刺绣图案。

赵琼仙、起正才唱述，普启旺记录。收入《彝族文学资料》，32开，2页，12行，云南省牟定县

文化馆1984年编印。（李惠兰　朱琚元）

走夷方调

彝族劳动歌。流传于云南省楚雄市、南华县等彝族地区。歌谣用朴实的语言以及七字一句、夫妻对唱的形式，唱出了走夷方的艰难险阻和夫妻间诚挚的情感。

佚名唱述，者厚培搜集、整理。收入《三女找太阳——楚雄市民族民间文学集》，32开，2页，94行，云南人民出版社2001年版。（李福云　朱琚元）

打铁歌（一）

彝族劳动歌。流传于云南省玉溪市红塔区彝族地区。以打铁为名唱述民间较重要的节令、农事、习俗。以正月至腊月为顺序，唱述每月最突出的节庆日、文化活动和生产项目。如："打铁打到正月正，村村迎神耍龙灯。打铁打到二月二，家家户户摘蚕豆。打铁打到三月三，朝拔麦子暮打粮。打铁打到四月四，处处栽秧忙夏至。"

佚名唱述，申来寿采录。收入《玉溪市民间文学集成》，32开，2页，26行，玉溪市文化局、民委、文联、群艺馆1989年编印。（普开福）

打铁歌（二）

彝族劳动歌。流传于云南省巍山彝族回族自治县彝族地区。歌词是："画匠画人人画人，铁匠打铁铁打铁。打铁还要本身硬，趁热使气不停歇。"

李永英唱述，罗扬奇搜集、整理。收入《云南民间文学集成·巍山彝族回族自治县民间歌谣集成》，32开，1页，4行，巍山彝族回族自治县民间文学集成办公室1989年编印。（段葵）

撵山歌

彝族劳动歌。流传于云南省武定县彝族地区。歌中唱道："追麂子，扑麂子。敲石子，烧麂子。围拢来，作作作（吃吃吃）。"此歌以古朴的三言形式表现了彝族先民狩猎的场景以及生活情况：上山打猎追麂子，捕到麂子后，击石取火烧麂子肉，大家团团围坐在一起吃麂子肉。吃完之后围着篝火踏歌起舞，娱乐庆贺。

凤清明唱述，罗金宝记录。收入《云南民间文学集成·云南彝族歌谣集成》，32开，1页，6行，云南民族出版社1986年版。（钱丽云　朱琚元）

做弩歌

彝族劳动歌。流传于云南省武定县彝族地区。歌词五字一句，生动地再现了彝家男子砍树做弩的劳动场景。"砍棵麻栗树，要做一张弩。树筒断多长？不短也不长。块子破多宽？不窄也不宽。弓弦结多紧？不松莫太紧。背弩打野兽，只听弩声响。"

李如良唱述，潘广发记录。收入《云南民间文学集成·云南彝族歌谣集成》，32开，1页，10行，云南民族出版社1986年版。（钱丽云　朱琚元）

牧歌

彝族劳动歌。流传于四川省金阳县。歌谣倾诉了在旧社会受到的磨难，并歌颂今天当家做主的幸福生活。歌中唱道："过去为黑彝家放牧，荒山就像热油锅；脚被锁链锁着，眼被泪水蒙着，哪里有心情唱歌？如今为自己放牧，太阳温暖着小窝，春风吹来稻香，赶着满山牛羊，赶着一片山歌。"

阿库史格唱述。收入《凉山民间文学集成》（上，歌谣卷），32开，1页，10行，西南交通大学出版社1993年版。（李坤）

放羊歌

彝族劳动歌。流传于云南省石屏县彝族地区。歌谣唱述了旧社会放羊人十二个月外出放羊，经历严寒酷暑，遭受风吹雨淋，忍饥挨饿，一年到头反而“算盘一响倒差账”的悲惨生活。歌中唱道：“三月放羊到清明，赤日炎炎上头顶，有钱人家打洋伞，放羊人儿汗淋淋。四月放羊雨水到，身背锣锅顺山绕，财主只给棕一床，雨水淌到屁股窝。”

佚名唱述，阿楠记译、整理。收入《云南民间文学集成·石屏歌谣卷》，32开，3页，48行，石屏县文联1996年编印。（谭玉婷）

犁牛歌

彝族劳动歌。流传于云南省永平县彝族地区。歌词不分段，每行长短自由，多有衬词衬句。犁地人以唱歌的方式吆喝犁牛，以此表现对犁牛的同情及自己犁地的心情。歌中唱道：“喔——嘎！噶！也！小红母牛踩沟去，大红骟牛紧跟着。”“我知道你俩的辛苦哟，你俩知道我也不轻松！哦！正月犁地要犁细，种子长出苗才正。二月犁田不用巧也，翻犁土块一边倒。三月火山地头犁也，要蹬脚来要弯腰。”

佚名唱述，周显堂、郭李熊搜集、整理。收入《中国民族民间文学集成·永平县卷》，32开，2页，25行，德宏民族出版社1989年版。（段葵）

神奇的牛

彝族劳动歌。流传于四川省凉山彝族自治州。歌谣表达了对帮助人劳作的牛的喜爱之情。歌谣唱述的是：“神奇的牛，一天去喝水，站在坎上喝着坎下水，一气喝干几塘水。一天去吃草，站在坎下吃着坎上的草，一气吃完九遍草。一天去犁地，不择陡坡或平地，一气犁完九遍地。”

阿鲁斯基采录，收入《凉山民间文学集成》（上，歌谣卷），32开，1页，11行，西南交通大学出版社1993年版。（李坤）

狩猎歌

彝族劳动歌。流传于云南省元江哈尼族彝族傣族自治县彝族地区。歌谣唱述了山苏人的狩猎生活。歌中唱道：“山苏自古有规矩，夏冬农闲去狩猎，出猎前要祭猎神，求神保佑狩猎人，围撵猎物有好运，早获猎物早回村。猎肉人人有一份，猎狗也同人样分，同出力来同享受，祖先传统牢记心。”

白财宝唱译，宋自华记录、整理。载《玉溪文博》第5期，16开，1页，32行，玉溪市文博学会、文博管理所2001年编印。（宋自华）

吆牛歌

彝族劳动歌。流传于云南省南涧彝族自治县。除衬词外，实词是：“我不打你这可爱的牛，你使力辛苦了。小红牛（爱称）你犁往边一点，不要慌，小红牛慢慢走。小红牛你转过来，走着，再走，要放你了，小心走着。”

佚名唱述，袁登学搜集、整理。收入《南涧民间音乐》，32开，2页，9行，歌词有彝语国际音标注音，汉语直译、意译，并有配曲，云南民族出版社1992年版。（段葵）

推磨歌

彝族劳动歌。流传于云南省巍山彝族回族自治县彝族地区。歌谣唱述生意人推磨做豆腐的情趣。歌词是：“小磨小磨嗡嗡转，小小黄豆往里添。小小黄豆圆又圆，做成豆腐卖成钱。生意小，钱不小，小小生意赚大钱。”

宗应泽唱述，宗师纪搜集、整理。收入《云南民间文学集成·巍山彝族回族自治县民间歌谣集成》，32开，1页，6行，巍山彝族回族自治县民间文学集成办公室1989年编印。（段葵）

犁田歌

彝族劳动歌。流传于云南省巍山彝族回族自治县彝族地区。歌谣唱述农民犁田种地的情景。歌词是：“鞭子不响牛不走，脚步不快土不翻。犁田耙地一口气，累死田头腰不弯。”

李永英唱述，罗扬奇搜集、整理。收入《云南民间文学集成·巍山彝族回族自治县民间歌谣集成》，32开，1页，4行，巍山彝族回族自治县民间文学集成办公室1989年编印。（段葵）

栽秧歌

彝族劳动歌。流传于云南省巍山彝族回族自治县彝族地区。歌谣唱述农民栽秧时的心情。歌词是："冬至节令忙栽秧，太阳落了有月亮。早上栽的晚不同，累死腰杆也心甘。"

李永英唱述，罗扬奇搜集、整理。收入《云南民间文学集成·巍山彝族回族自治县民间歌谣集成》，32开，1页，4行，巍山彝族回族自治县民间文学集成办公室1989年编印。（段葵）

打谷歌

彝族劳动歌。流传于云南省巍山彝族回族自治县彝族地区。歌谣唱述农民收获时的心情。歌词是："田中谷黄心火急，一抖起来劲无比。手忙脚乱不泼洒，熟到嘴边要爱惜。"

李永英唱述，罗扬奇搜集、整理。收入《云南民间文学集成·巍山彝族回族自治县民间歌谣集成》，32开，1页，4行，巍山彝族回族自治县民间文学集成办公室1989年编印。（段葵）

开石山歌

彝族劳动歌。流传于云南省元江哈尼族彝族傣族自治县彝族地区。歌谣歌颂彝家祖祖辈辈改造自然，让石山变绿洲，让五谷获丰收的顽强精神。歌中唱道："彝家住在石山上，石山全是乱石头，雀鸟见了不敢歇，猴子见了掉眼泪。为了同石斗，不知斗了几千秋，祖辈斗了父辈斗，斗得石山变绿洲。"

黄光文唱译，宋自华记录、整理。载《礼社江》文艺报，32行，元江哈尼族彝族傣族自治县文化馆1985年编印。（宋自华）

生产歌

彝族劳动歌。流传于云南省元江哈尼族彝族傣族自治县彝族地区。歌中逐季唱述了天象节气、岁时风俗及鱼虫草木、雀鸟作物在不同节令中的种种不同变化，同时歌唱了劳动的艰辛和丰收的喜悦，系统地总结了一年四季的生产经验。

黄文宝唱译，宋自华记录、整理。载《玉溪文博》第5期，16开，1页，32行，玉溪市文博学会、文博管理所2001年编印。（宋自华）

帮工歌

彝族劳动歌。流传于云南省石屏县彝族地区。歌谣以十二个月为序，唱述了旧社会帮工忙不完的活计，以及遭到的非人待遇和困苦生活，更痛斥了主人对帮工的百般挑剔和虐待。歌中唱道："一月里来一月中，兜里无钱手中空，算计春天难过活，无可奈何做帮工。""四月里来四月中，脚踏露水身披蓑，当家主人田边过，水大水小骂帮工。"

普秀英唱述，阿楠记译。收入《云南民间文学集成·石屏歌谣卷》，32开，3页，48行，石屏县文联1996年编印。（谭玉婷）

报春歌

彝族劳动歌。流传于云南省石屏县彝族地区。歌谣借布谷鸟之口，唱出了春天来到，催种田人早起春耕、农家大姐早早做饭的喜悦心情。歌中唱道："前山叫到后山转，叫得花红万木青。""等到谷子扬花时，欢欢喜喜转回程。"

普丽芬唱述，阿楠记译。收入《云南民间文学集成·石屏歌谣卷》，32开，1页，12行，石屏县文联1996年编印。（谭玉婷）

大路不平石板镶

彝族劳动歌。流传于云南省新平彝族傣族自治县彝族地区。属赶马调，可单人自吟自唱，亦可男女对唱，抒情性极强。歌中唱道："大路不平石板镶，赶起骡子进茶山；大乖骡子赶一对，粉嘴骡子赶一双；铜铃黄镲一起响，好似蜜蜂过山心；等等着来站站着，妹有实话悄悄说；你有实话悄悄说，头骡二骡翻过山；大乖骡子会听话，走到岔路它站着。”

李家平、刘鲜艳唱述，聂鲁记译。收入《五彩的歌谣》光碟，40行，2002年阿八摄制。（聂鲁）

亮笆谣

彝族劳动歌。流传于云南省巍山彝族回族自治县彝族地区。亮笆，打鱼工具。歌谣唱述渔人打鱼的苦情。歌词是：“冬季里，北风狂，西河五里刺骨寒。此时鱼儿正上笆，拿鱼的人忙断肠。新鲜鱼儿街上卖，剩得烂鱼自己尝。”

赵鸿兴唱，杨凤洲搜集、整理。收入《云南民间文学集成·巍山彝族回族自治县民间歌谣集成》，32开，1页，6行，巍山彝族回族自治县民间文学集成办公室1989年编印。（段葵）

滑竿谣

彝族劳动歌。流传于云南省巍山彝族回族自治县彝族地区。这是一首轿夫唱述为官家抬滑竿的苦情的歌谣。歌词是：“滑竿上，打凉伞，滑竿下，大汗淌。爬了九个坡，转了八道弯。滑竿上，辛苦了，滑竿下，谁奔忙？”

赵鸿兴唱，杨凤洲搜集、整理。收入《云南民间文学集成·巍山彝族回族自治县民间歌谣集成》，32开，1页，6行，巍山彝族回族自治县民间文学集成办公室1989年编印。（段葵）

搅油粉

彝族劳动歌。流传于云南省巍山彝族回族自治县彝族地区。油粉，一种特色凉粉。歌谣唱述做凉粉买卖的苦情。歌词是：“半夜起来无星星，难测明日晴和阴。边搅油粉边自问，搅冷搅热难断阴。一心搅成热油粉，又怕明日大天晴。倘若搅成冷油粉，又怕明日雨淋淋。淌滚滚，又放浆，急出汗一身。人人夸奖冷油粉，谁知昨夜受折腾。”

杨永和唱，杨凤洲搜集、整理。收入《云南民间文学集成·巍山彝族回族自治县民间歌谣集成》，32开，1页，12行，巍山彝族回族自治县民间文学集成办公室1989年编印。（段葵）

太阳落山了

彝族劳动歌。流传于云南省石屏县彝族地区。歌谣描绘了太阳落山、鸟儿归巢、牛羊回圈、劳动的人们回家的生活画卷。歌谣以太阳落山、月亮升起、炊烟袅袅触手可及开始，整首歌温馨浪漫，富于想象。

陈美英唱述，阿楠记录整理。收入《云南民间文学集成·石屏歌谣卷》，32开，1页，26行，石屏县文联1996年编印。（谭玉婷）

植树歌

彝族劳动歌。流传于云南省石屏县彝族地区。歌谣反映了彝族朴素的生态观。歌中唱道：“春到人间，植树要先。”歌中还唱述了树木对环境的好处，以及对生产、生活的影响。如：“树木成林，风调雨顺”“四面绿茵茵，旱涝保丰收”“光山变成林，得了聚宝盆”。

普玉学唱述，阿楠记译。收入《云南民间文学集成·石屏歌谣卷》，32开，1页，18行，石屏县文联1996年编印。（谭玉婷）

织布娘子

彝族劳动歌。流传于云南省巍山彝族回族自治县彝族地区。是织布娘子唱述织布苦情的歌谣。歌中唱道：“白天织完一丈二，累得脚麻手又酸，仓仓促促做晚饭。点灯再织八尺三，眉涩眼倒下织机，天亮又赶布市场。北风起，透彻寒，织布娘子缺衣裳。”

赵鸿兴唱述，杨凤洲搜集、整理。收入《云

南民间文学集成·巍山彝族回族自治县民间歌谣集成》，32开，1页，12行，巍山彝族回族自治县民间文学集成办公室1989年编印。（段葵）

采桑娘子

彝族劳动歌。流传于云南省巍山彝族回族自治县彝族地区，是采桑娘子唱述采桑苦情的歌谣。歌词是："为养蚕，去采桑，天天盼望好时光。天晴采桑忙着采，大雨采桑愁断肠。一条蚕，一个宝，一缕丝，一缕欢。堂上老爷穿绸缎，采桑娘子粗衣裳。"

赵鸿兴唱述，杨凤洲搜集、整理。收入《云南民间文学集成·巍山彝族回族自治县民间歌谣集成》，32开，1页，8行，巍山彝族回族自治县民间文学集成办公室1989年编印。（段葵）

卖工人

彝族劳动歌。流传于云南省巍山彝族回族自治县彝族地区。是卖工的人唱述卖工苦情的歌谣。歌词是："卖工人，过不成，天晴累断骨，下雨不饱肚。年轻受煎熬，老来无搁处。"

李永英唱述，罗扬奇搜集、整理。收入《云南民间文学集成·巍山彝族回族自治县民间歌谣集成》，32开，1页，5行，巍山彝族回族自治县民间文学集成办公室1989年编印。（段葵）

放羊姑娘苦

彝族劳动歌。流传于云南省元江哈尼族彝族傣族自治县彝族地区。歌谣唱述了放羊姑娘为财主家放羊的悲苦生活。歌中唱道："五月放羊雨水多，身背锣锅绕山坡，绕了多少弯弯路，打了多少泥浆喝。""腊月放羊满一年，期限放满去团圆，面向财主讨工钱，一文不给还骂人。"

倪严松唱译，杨萱堂记录、整理。收入《元江民族民间文学资料》第二集，32开，2页，50行，元江哈尼族彝族傣族自治县文化馆1982年编印。（宋自华）

伐木词

彝族劳动歌。流传于云南省武定县彝族地区。此歌谣在砍伐盖房所用的木料时吟唱。歌中唱道："这棵大树直又长，长在山中做树王，鲁班弟子选中你，把你采来做中梁；采青童子来招你，要你保佑主家添吉祥，清洁平安无灾难，富贵荣华永兴旺。"

李海青唱述，肖会平采录。收入《云南省民间文学集成·武定县民间歌谣集成》，16开，1页，12行，武定县文化局、民委、文化馆集成办1989年编印。（钱丽云　朱琚元）

种荞

彝族劳动歌。流传于云南省武定县彝族地区。歌谣唱述的内容是：第一个种荞的人泽泽夺把荞种从狗尾巴上取下来，并把荞种埋在地里，荞种发芽、开花，结出了果实。人们学着泽泽夺种荞子，一年又一年，荞子成了人们的主食。

杨灿唱述，罗金宝记录。收入《云南民间文学集成·云南彝族歌谣集成》，32开，2页，20行，云南民族出版社1986年版。（钱丽云　朱琚元）

撒荞打荞歌

彝族劳动歌。流传于四川省凉山彝族自治州。歌谣唱述的是：远古时候，世上没有荞，丁古兹洛跋山涉水，走到兹阿尔山上，终于在山巅找到荞种，然后用牛耕地，众乡亲帮忙，从播种、生长、开花、成熟到收割。荞成了人们最爱吃、营养最丰富的食物。歌谣在唱述丁古兹洛辗转多地寻找种子的时候，遇到很多植物，对植物的描写十分形象，在讲述从播种到最后成为食物的过程中，相关劳动描写生动细致。最后唱出对荞的喜爱，也表达了感恩大自然的情感。

罗家忠唱述，利布、李柱采录。收入《凉山民间文学集成》（上，歌谣卷），32开，6页，100余行，西南交通大学出版社1993年版。（李坤）

踩新房

彝族劳动歌。流传于云南省玉溪市彝族地区。此歌多在民间盖新房时吟唱。歌谣所唱内容包括对房屋建筑的描述、对今后生活的憧憬等。歌中唱道："天上娑罗钉银钉，地下娑罗钉金钉；上边刹起琉璃瓦，下边踩起八宝砖。""前生人身后升官，前仓谷子后仓米；三日不扫堂前地，金银财宝堆上楼。"

龙家清唱述，赵金祥采录。收入《玉溪民歌》，32开，2页，36行，云南民族出版社2001年版。（普开福）

绣罗裙

彝族劳动歌。流传于云南省华宁县彝族地区。歌谣以女子绣制花布裙送小郎开始，唱述买绣针、绣线及精心刺绣各种动植物图案的过程和生动情态，表达女子对情郎的深厚情感。歌中唱道："一绣金鸡来吃水，二绣鲤鱼跳龙门，三绣乌云层层起，四绣童子拜观音，五绣孔雀来开屏，六绣山伯访英台。"

龙尹正唱述，赵振纪、普国盛搜集、整理。收入《云南民间文学集成·华宁县集成卷》，32开，2页，22行，华宁县民委、文化局、文化馆1989年编印。（普开福）

蓝靛歌

彝族劳动歌。流传于广西壮族自治区那坡县彝族地区。妇女制作蓝靛时吟唱。叙唱彝族先民采集蓝靛，直至抽叶留浆，加酒搅拌成染料等一系列加工蓝靛的工序及用蓝靛染布的全过程。

梁绍安演唱，王光荣笔录并译成汉文。收入《中国歌谣集成·广西卷》，16开，2页，40行，中国社会科学出版社1992年版。（王光荣　赵立田）

拣棉歌

彝族劳动歌。流传于广西壮族自治区隆林县彝族地区。歌词叙唱彝族先民拣棉、绞棉、弹棉、纺棉、染色、裁剪以及缝制衣服的全过程。

乌玛卓莫演唱，韦革新、王文魁笔录并译成汉文。收入《中国歌谣集成·广西卷》，16开，2页，29行，中国社会科学出版社1992年版。（王光荣　赵立田）

开荒歌

彝族劳动歌。流传于广西壮族自治区那坡县彝族地区。歌词唱述彝族先民带着大弯刀、挖山锄到深山荆坡劳作，在坡地上开荒，栽树种稻谷，设置陷阱、树立竹竿防鸟兽害，农作物茁壮成长的劳动情景。

广西那坡达腊彝寨祭司黎克光演唱，王光荣笔录并译成汉文。收入《中国歌谣集成·广西卷》，16开，1页，16行，中国社会科学出版社1992年版。（王光荣　赵立田）

 生活歌

渔鼓调

彝族生活歌。流传于云南省华宁县彝族地区。农闲季节或逢年过节时，彝族老艺人多在民众聚集的场所或公房里吟唱。歌词基本为七字句，内容以宣传勤劳致富、朴实善良的思想为主，教育人们如何做人、做事。分开篇语、渔鼓响、劝行善、劝父子、劝孝顺、劝妇女、劝敬灶、劝戒嫖、劝朋友、劝妯娌、劝幼妇、戒杀生、劝无子者、劝训子、劝忍气、善恶论等章节。

豆祖成唱述，赵振纪搜集、整理。收入《云南省民间文学集成·华宁县资料卷》，32开，48页，1100余行，华宁县民委、文化局、文化馆1988年编印。（普开福）

十二属（一）

彝族生活歌。流传于云南省景东彝族自治县。主要唱述十二属相动物的一些习性。歌词七字一句，共二十四句。歌中唱道："有人要唱十二属，子鼠寅虎讲下来。寅虎要吃生人肉，快刀割下虎皮来。丑牛不备双鞍子，灶君驮过红娘子。卯兔不在窝边睡，鹞鹰不打脚下鸡。""巳蛇要钻石岩洞，过了立夏要出来。好马不备双鞍子，好女不嫁二婚人。"

罗三囡唱述，杨海寿、刘汉祥、张俊、陶明贵记录。收入《景东民间歌谣》，32开，1页，24行，景东彝族自治县民委、文化局、文化馆1988年编印。（施文志）

十二属（二）

彝族生活歌。流传于云南省景东彝族自治县彝族地区。歌词以十二月为序，用问答形式叙述十二属相的名称和排序。内容虽无特殊意义，但吟唱过程对唱者和听众来说都是有趣的娱乐。歌词七字一句，六句一节，共十二节。歌中唱道："正月好唱什秀文，多多拜上什么人？十二花名盘问你，寅时生的什么人？十二花名盘问我，寅时生的属虎人。

二月好唱什秀文，多多拜上什么人？十二花名盘问你，卯时生的什么人？十二花名盘问我，卯时生的属兔人。”“腊月好唱什秀文，多多拜上什么人？十二花名盘问你，丑时生的什么人？十二花名盘问我，丑时生的属牛人。”

李发林唱述，陶明贵记录。收入《景东民间歌谣》，32开，3页，72行，景东彝族自治县民委、文化局、文化馆1988年编印。（施文志）

十二属（三）

彝族生活歌。流传于云南省景东彝族自治县。从子鼠到亥猪，列数十二属相的名称，并唱述十二种动物的基本生活习性。歌词七字一句。开头两句是引子，之后每两句唱一种属相。歌中唱道：“人人爱唱十二属，要往子鼠讲下来。老鼠钻进牛角洞，要打转身万不能。丑牛拽断皮耕索，不到田边转回来。寅虎爱吃生人肉，口口吐出鲜血来。卯兔不吃窝边草，不到窝边就吃饱。你是辰龙上天去，细雨霏霏洒下来。”

李昌海唱述，杨海寿记录。收入《景东民间歌谣》，32开，1页，26行，景东彝族自治县民委、文化局、文化馆1988年编印。（施文志）

十二属（四）

彝族生活歌。流传于云南省华宁县彝族地区。歌词七字一句，四句一节，依次描述十二属相动物的特性，并展开想象，宣扬十二属相动物的优良品格，引出做正人君子的道理。比如歌中唱道：“正月好唱十二属，多多拜上属虎人。老虎吃了仙人胆，坐在山中陡石崖。二月好唱十二属，多多拜上属兔人。兔儿不吃窝边草，鹞鹰不打可怜鸡。”

田运福唱述，陶明贵搜集、整理。收入《云南民间文学集成·华宁县集成卷》，32开，3页，48行，华宁县民委、文化局、文化馆1989年编印。（普开福）

十二属（五）

彝族生活歌。流传于云南省景东彝族自治县。以十二月为序，介绍代表十二属相的十二种动物的基本生活习性。以虎开头，以牛结尾。歌词七字一句，四句一节，共十二节。歌中唱道：“正月花香香出门，多多拜上属虎人，老虎路旁打瞌睡，有心算就无心人。二月花香香出门，多多拜上属兔人，小兔不吃窝边草，鹞鹰不打脚下鸡。三月花香香出门，多多拜上属龙人，老龙降下三点雨，撒下五谷好收成。”“五月花香香出门，多多拜上属马人，好马不配双鞍子，好女不嫁二婚人。六月花香香出门，多多拜上属羊人，小羊吃奶双膝跪，乌鸦抬食报母恩。”

张明兴唱述，杨海寿记录。收入《景东民间歌谣》，32开，2页，48行，景东彝族自治县民委、文化局、文化馆1988年编印。（施文志）

十二属小调

彝族生活歌。流传于云南省元江哈尼族彝族傣族自治县彝族地区。唱述十二属相的人各在什么月份不能出门。属虎的人正月不能出门，属兔的人二月不能出门，属龙的人三月不能出门，属蛇的人四月不能出门，属马的人五月不能出门，属羊的人六月不能出门，属猴的人七月不能出门，属鸡的人八月不能出门，属狗的人九月不能出门，属猪的人十月不能出门，属鼠的人冬月不能出门，属牛的人腊月不能出门。

沈家珍唱译，佘正寿、杨粉英记录、整理。收入《云南省民间文学集成·元江县歌谣卷》，32开，2页，48行，元江哈尼族彝族傣族自治县文化馆1988年编印。（宋自华）

说唱十二属

彝族生活歌。流传于云南省峨山彝族自治县彝族地区。按十二月属相的顺序，唱述各种属相动物的生活习性和基本特征。歌中唱道：“七月花香要出门，出门遇着属马人，好马不配双鞍子，好女不嫁两个人。八月花香要出门，出门遇着属羊人，小羊吃奶双跪脚，不报母恩心不忍。”

富良棚花鼓队唱，顺才记译。收入《峨山民间文学集成》，32开，3页，48行，云南民族出版社1989年版。（普开福）

彝歌十二属

彝族生活歌。流传于云南省南涧彝族自治县彝族地区。十二属调，每段四行。唱述十二属相动物的习性，寄以情趣和理想。每段首句相同，第二句中仅属相动物不同。歌中唱道：“八月花香手中闻，多多拜唱属鸡人。有娘小鸡跟娘走，没娘小鸡蹲墙脚。”“腊月花香手中闻，多多拜唱属牛人。春牛四季犁沟走，破开黑土见黄金。”

何美英唱述，李乾瑜搜集、整理。收入《南涧民间文学集成》，32开，3页，48行，云南民族出版社1987年版。（段葵）

十二属调（一）

彝族生活歌。流传于云南省楚雄市彝族地区。通过男女歌手一问一答的形式，从正月属虎月唱到腊月属牛月，唱出了十二属相动物的生活习性和人们对它们的看法。

者厚培唱述，刘纯龙、余立梁、段德明、严速记录。收入《楚雄市民间文学集成资料》，32开，2页，63行，楚雄市民委、文化局1988年编印。（李福云　朱琚元）

十二属调（二）

彝族生活歌。流传于云南省双柏县部分彝族地区。歌词七字一句，曲调为当地称为“阿色”的彝族唱调。唱述子鼠、丑牛、寅虎、卯兔、辰龙、巳蛇、午马、未羊、申猴、酉鸡、戌狗、亥猪十二属相动物的特性。歌中唱道：“辰龙成双上天去，阴雨弥漫水下来。巳蛇睡在大白路，头顶雄黄起不来。”

佚名唱述，杨树荣、李生福记译。收入《民族民间文学资料集》，32开，2页，28行，双柏县文化教育局1979年编印。（施选　朱琚元）

彝族歌谣十二属

彝族生活歌。流传于云南省澄江县彝族地区。歌谣简洁生动地描述了十二属相动物的特性，并将各种节令与人们的美好理想巧妙地结合在一起，委婉深沉地表达了女子对传统婚姻家庭的无奈。第一段唱道：“正月花香好出门，多多拜上属鼠人，子鼠啃烂红箱子，露出奴家红绣鞋。”接着二月属牛段唱“老牛吃的枯稻草，丘丘大田犁过来”；四月属龙段唱“老龙困在乌江坝，拨开乌云见晴天”；六月唱“小蛇困在蛇洞里，不发春雷不出来”；等等。

佚名唱述，李安明搜集、整理。收入《云南省澄江县民间文学集成卷》，32开，3页，44行，澄江县文化局、民委1989年编印。（普开福）

跳十二月

彝族生活歌。流传于云南省易门县彝族地区。歌词七字一句，四句一节，每节以一个月的名称和当月的一个重大节日开头，分别唱述一年十二个月的节日和习俗，具有很强的知识性和艺术性。歌中唱道：“六月里，六月会，六月有个叫魂节，头声叫起大门开，二声叫起兄妹回。七月里，七月半，七月有个叫魂节，一祭天地来开恩，二祭老祖报母恩。”

方云亮等唱述，泮潮采录。收入《云南民间文学集成·易门县集成卷》，32开，2页，24行，云南民族出版社1994年版。（普开福）

赶马调（一）

彝族生活歌。流传于云南省楚雄市彝族地区。歌词七字一句，每两句为一节。歌中通过男女对唱的形式，唱出了赶马人为生计所迫，出门走夷方，长年累月跋山涉水、长途贩运、风餐露宿的艰苦生活。

佚名唱述，者厚培搜集、整理。收入《三女找太阳——楚雄市民族民间文学集》，32开，4页，188行，云南人民出版社2001年版。（李福云　朱琚元）

赶马调（二）

彝族生活歌。流传于云南省巍山彝族回族自治县彝族地区。夫妻对唱，唱述赶马人离乡别妻的苦情。妻子由“砍柴莫砍葡萄藤，嫁囡莫嫁赶马人”的怨恨，唱到“割心割肝你割去，腌心腌肝我留着”的痛别，深情叮嘱丈夫一路小心；丈夫由“讨你欠下连根债，不走夷方还不清”的无奈，唱到“熬了日头熬月亮，熬了月亮熬星星”的苦痛，决心战胜一路艰辛。

佚名唱述，杨凤洲搜集、整理。收入《云南民间文学集成·巍山彝族回族自治县民间歌谣集成》，32开，3页，110行，巍山彝族回族自治县民间文学集成办公室1989年编印。（段葵）

赶马调（三）

彝族生活歌。流传于云南省南涧彝族自治县彝族地区。男女对唱，共六十八段。歌词唱述的主要内容是：为还欠账，借钱、卖田去买马、赶马，赶马远行途中饱受风餐露宿的艰辛和夫妻远别的痛苦。丈夫从“劝世不嫁赶马人”唱到“阴魂落在九龙江”，妻子从怨恨“你要出门莫讨妹”唱到“每天在家中算日子”的煎熬，两人互相劝慰，互相体贴，互相叮嘱，层层递进，倾诉悲欢离合之情。

张家[illegible]敬、茶连芳唱述，邓承礼、杨万忠搜集、整理。收入《南涧民间文学集成》，32开，9页，130余行，云南民族出版社1987年版。（段葵）

赶马调（四）

彝族生活歌。流传于云南省新平等彝族地区。歌谣唱述新婚的男人将要出远门，夫妻二人难分难舍的情景。歌中男方先唱道：“三十晚上才讨妹，么哦喂，三喂罗呀，初一初二要出门，我呢小心肝。”女子接着唱：“你要出门莫讨妹，么哦喂，三妹罗呀哎，你要讨妹莫出门，么呢，我呢小心肝。”

施贵生唱述，周鼎、黄富、李丽辉采录。收入《玉溪民歌》，32开，2页，16行，云南民族出版社2001年版。（普开福）

赶马调（五）

彝族生活歌。流传于云南省景东彝族自治县。唱述的主要内容是：男子为还债而出门赶马，但不幸客死他乡，妻子在家苦苦等候却得到噩耗。歌词七字一句，不分节。歌中既有第三人称唱述又有对唱。歌中唱道：“谁知夷方病流大，折把扇子扫露水，不得勒勒不得勒，我家小三得病勒，不得勒勒不得勒，我家小三死掉勒。头骡二骡带白孝，三骡四骡驮尸骨，大哥盖给一把叶，二哥盖给一把土……”

陈怀安唱述，杨海寿记录。收入《景东民间歌谣》，32开，1页，30行，景东彝族自治县民委、文化局、文化馆1988年编印。（施文志）

十月歌

彝族生活歌。流传于云南省石屏县彝族地区。唱述了十月里的生活场景：菜园的草扯净了，耕种完毕了，辛苦一年的牛儿要过年了；水冻了，山冻了，一冬不耕休息了。歌谣语言朴实，比喻形象。

普丽芬唱述，阿楠记译。收入《云南民间文学集成·石屏歌谣卷》，32开，2页，21行，石屏县文联1996年编印。（谭玉婷）

一年四季玩到头

彝族生活歌。流传于云南省新平彝族傣族自治县部分彝族地区。属撒花调中的节气调。歌中唱道："正月里来正月正，正月初一是大年，欢欢乐乐过年节，正月十五去赏花。二月里来二月二，二月吉日祭龙节，龙不翻身不下雨，雨不洒花花不红。"一直唱完十二个月。如对唱者有兴趣，可用花事季节之类的歌谣与之相和。

普惠玉唱述，聂鲁记译。收入《彝山彝蹁跹》光碟，48行，2002年摄制。（聂鲁）

润绣花

彝族生活歌。流传于云南省景东彝族自治县。以唱十二个月花名的形式，表现身份低微的男子希望改变命运的愿望。歌词七字一句（仅有一句是八个字），四句或六句一节，共十二节。歌中唱道："正月逢春润绣花，绣花园中是你家，蜜蜂采花来路远，天天歇在冷地下，哪个大姐情意好，捡进花园捂热它。二月白花小骨朵，蜜蜂采花要等得，黑蜂过路像抽线，蜜蜂过路多热闹。三月樱桃红又红，蜜蜂采花细蓉蓉，有朝一日时运转，河中小鱼变成龙。""十月见妹水生生，小妹见郎不作声，不作声来哥认得，何必嫌弃小哥们。冬月樱桃叶子红，要做弟兄莫嫌穷，做得穷的他会有，做得有的他会穷。腊月里来腊月莲，梭罗树上挂三弦，春风摆动三弦响，弟兄二人泪涟涟。"

李发林唱述，陶明贵记录。收入《景东民间歌谣》，32开，2页，52行，景东彝族自治县民委、文化局、文化馆1988年编印。（施文志）

日食歌

彝族生活歌。流传于云南省元江哈尼族彝族傣族自治县彝族地区。唱述的主要内容是：彝族先民认为日食会给人们带来凶险，在这不吉利的日子里，莫出家门去惹事，以免带来更大的灾难。歌中唱道："太阳被云遮，天上出魔怪。日遮这一天，不能生小孩。若把小孩生，厄运上儿身，一生不顺利，不慎要丧生。日遮这一天，不能去娶亲，若把新娘娶，白心变黑心。日遮这一天，不能盖新房，若把新房盖，房子阴森森。日遮这一天，夫妻莫同房，若是同床睡，百病染上身。"

黄文宝唱译，宋自华记录、整理。载《元江史志通讯》第3期，16开，1页，52行，元江哈尼族彝族傣族自治县地方志办公室1988年编印。（宋自华）

月食歌

彝族生活歌。流传于云南省元江哈尼族彝族傣族自治县彝族地区。唱述的主要内容是：月食是天狗在吃月亮，不能怪天狗，因为大地上的不死药被月亮偷吃完了；也不能怪月亮，因为它要永照大地，就只得把药吞完。歌中唱道："月出不见月，天狗吃月亮，月亮疼难忍，遮面去躲藏。大地上的人，莫把天狗怪，大地不死药，被月偷吃完。大地上的人，莫把月亮怪，为永照大地，才把药吞完。天狗吃月亮，万事不吉祥，敲响铁铜器，快把天狗赶。"

黄文宝唱译，宋自华记录、整理。载《元江史志通讯》第3期，16开，1页，52行，元江哈尼族彝族傣族自治县地方志办公室1988年编印。（宋自华）

天恩歌

彝族生活歌。流传于云南省元江哈尼族彝族傣族自治县彝族地区。唱述的主要内容是：天地万物都是天神所造，都是天神所赐，天恩浩大。歌中唱道："大地有人类，是天神所造，红泥人做官，绿泥人做民。大地有万物，是天神所赐，高山有森林，林中有禽兽，平地有河流，河中有鱼虾。天上有日月，是天神造的，万物日月照，能生又能长。日月最公正，日月最慈善，日照万物暖，月照万物亮。天恩真浩大，万物敬仰它。"

黄文宝唱译，宋自华记录、整理。载《元江史志通讯》第3期，16开，1页，52行，元江哈尼族彝族傣族自治县地方志办公室1988年编印。（宋自华）

不能嫁

彝族生活歌。流传于云南省元江哈尼族彝族傣族自治县彝族地区。唱述的主要内容是：女方不能在相冲的属相年出嫁，不然就会万事不顺利。歌中唱道："属鼠的姑娘，兔年不能嫁；属虎的姑娘，牛年不能嫁；属龙的姑娘，猪年不能嫁；属马的姑娘，鸡年不能嫁；属猴的姑娘，羊年不能嫁；属狗的姑娘，蛇年不能嫁；属牛的姑娘，虎年不能嫁；属兔的姑娘，鼠年不能嫁；属蛇的姑娘，狗年不能嫁；属羊的姑娘，猴年不能嫁；属鸡的姑娘，马年不能嫁；属猪的姑娘，蛇年不能嫁。冲着属相嫁，万事不顺利，家中乱如麻，亲人成冤家。"

白佑三唱译，宋自华记录、整理。载《元江史志通讯》第1期，16开，1页，36行，元江哈尼族彝族傣族自治县地方志办公室1989年编印。（宋自华）

丑梦歌

彝族生活歌。流传于云南省元江哈尼族彝族傣族自治县彝族地区。彝族先民认为梦见雄鸡、野鸡、大鹰、山羊、牙掉都是凶兆，会带来禽瘟、畜瘟和人亡。歌中唱道："梦喜就有悲，梦悲就有喜。梦见雄鸡啼，家中鸡瘟到。梦见山羊叫，厩中有凶兆。梦见大鹰飞，出门出不了，百事纠缠人，想走走不掉。梦见牙齿掉，家中有凶兆，若掉老板牙，老人会死掉。"

白佑三唱译，宋自华记录、整理。载《元江史志通讯》第1期，16开，1页，36行，元江哈尼族彝族傣族自治县地方志办公室1989年编印。（宋自华）

关龙歌

彝族生活歌。流传于云南省元江哈尼族彝族傣族自治县彝族地区。"关"就是"留"的意思。唱述人们要将龙留下来让其保护村寨，让家家发财、康泰，让人人过上幸福生活的美好愿望。歌中唱道："早上开门金鸡叫，晚上关门凤凰鸣，挖地挖得碎金子，扫地扫得碎银子，尊贵老龙进家来，×氏（某姓氏，下同）门中发大财。早上起来烧香炉，晚上点起红蜡烛，生得儿子人俊俏，生得姑娘赛红桃。尊贵老龙进家来，×氏门中家康泰。老龙在家金满堂，金包柱子银包梁，害人魔鬼唱出去，猪瘟牛瘟唱出去，鸡猪鹅鸭唱进来，金银财宝唱进来。尊贵老龙进家来，×氏门中家光彩。"

周光明唱译，宋自华记录、整理。载《玉溪文博》第5期，16开，1页，24行，玉溪市文博学会、文博管理所2001年编印。（宋自华）

美梦调

彝族生活歌。流传于云南省元江哈尼族彝族傣族自治县彝族地区。彝族先民认为梦见流血、喝水、坐轿、房屋破料、携手上桥都是吉兆，或得钱财，或有酒喝，或将升官，或家平安，或喜怀孕。歌中唱道："梦中见流血，家中有财气。梦中喝清水，男人有酒喝。梦见人坐轿，家中有大喜。梦房屋破料，家中有大吉。梦携手上桥，妻子身有喜。"

白佑三唱译，宋自华记录、整理。载《元江史志通讯》第2期，16开，1页，32行，元江哈尼族彝族傣族自治县地方志办公室1989年编印。（宋自华）

雷劈歌

彝族生活歌。流传于云南省元江哈尼族彝族傣族自治县彝族地区。劝世人莫作恶，为人多行善，若作恶不悔改，必遭天雷劈。如："天上的雷神，时时看大地，谁敢把天欺，就用天雷劈。天上的雷神，两眼盯恶人，恶人不悔改，就用天雷劈。天上的雷神，眼盯不孝人，恶意欺老的，就用天雷劈。地上的动物，不能怪作为，朝天放屁的，就用天雷劈。不做亏心事，打雷心不惊，劝人多行善，莫做雷打人。"

黄文宝唱译，宋自华记录、整理。载《元江史志通讯》第2期，16开，1页，52行，元江哈尼族彝族傣族自治县地方志办公室1988年编印。（宋自华）

属相歌

彝族生活歌。流传于云南省元江哈尼族彝族傣族自治县彝族地区。唱述的主要内容是：男方不能在相冲的属相年娶妻，不然就会使家庭四分五裂。歌中唱道："属鼠的男人，羊年不娶妻，羊年把妻娶，夫妻泪如雨；属龙的男人，猪年不娶妻，猪年把妻娶，家贫无煮米；属马的男人，牛年不娶妻，牛年把妻娶，夫妻无儿女；属猴的男人，兔年不娶妻，兔年把妻娶，病魔缠人体；属牛的男人，马年不娶妻，马年把妻娶，家难养猪鸡。"

黄文宝唱译，宋自华记录、整理。载《元江史志通讯》第3期，16开，1页，36行，元江哈尼族彝族傣族自治县地方志办公室1988年编印。（宋自华）

娶嫁不吉歌

彝族生活歌。流传于云南省元江哈尼族彝族傣族自治县彝族地区。歌谣告诉人们一至十二月中娶嫁不吉利的日子。歌中唱道："彝家娶嫁俗，先是看日子。正月属鼠日，日子不吉利；二月属鸡日，日子不吉利；三月属马日，日子不吉利；四月属兔日，日子不吉利……十月属鸡日，日子不吉利；冬月属马日，日子不吉利；腊月属兔日，日子不吉利。不吉日娶嫁，一生不吉利。喜鹊不报喜，喜事不进家。乌鸦常来叫，天灾人祸到。"

白佑三唱译，宋自华记录、整理。载《元江史志通讯》第1期，16开，1页，32行，元江哈尼族彝族傣族自治县地方志办公室1989年编印。（宋自华）

邀请调

彝族生活歌。流传于云南省武定县部分彝族地区。此调在喜庆日子宴请宾客时吟唱，夸耀主人家的美满富裕，表达主人待客的诚心和热情。歌中唱道："官家大门前，不长草和木，只长金银树，金银树枝上，金鸟银鸟栖。主家门前面，不长草和木，只长松柏树，松柏树枝上，栖着金银鸟。""此次邀相会，确实光门面，迎接四方客，主客俱欢庆，满屋笑盈盈，唱调慰亲人。"

杨春达唱述，李茂生翻译，松绍先采录。收入《云南省民间文学集成·武定县民间歌谣集成》，16开，1页，23行，武定县文化局、民委、文化馆集成办1989年编印。（钱丽云　朱琚元）

请来聚一堂

彝族生活歌。流传于云南省武定县彝族地区。这是喜庆日子宴请宾客时吟唱的民歌，表达了宾主间平日隔山隔水、亲朋难相见的相互眷恋之情。歌中唱道："很久时间了，家门家族们，亲戚朋友们，难以相聚会，一个在天南，一个在地北，互相难相会；年成今年好，日子今日好，请来家门们，请来众族人，欢聚在一堂。高山布谷鸟，叫声听得见，鸟影见不着；深箐萤火虫，照亮自已身，互相看不见；到了今晚上，请来聚一堂，一起唱'依依'。"

李正彦唱译，杨远超、张福义录音，雷朴记录。收入《云南省民间文学集成·武定县民间歌谣集成》，16开，1页，41行，武定县文化局、民委、文化馆集成办1989年编印。（钱丽云　朱琚元）

营盘山峰高

彝族生活歌。流传于云南省武定县彝族地区。这是喜庆日子宴请宾客时吟唱的民歌，表现了彝族热情好客、豪爽真诚的天然禀性。歌中唱道："营盘山峰高，满山撒燕麦，三亲六戚来，撒麦遍山野；九岭长一丛，十洼生一把，割拢勒成把，捡来集成捆；辛苦众亲朋，难得聚一堂，今日团圆了，美酒敬一杯。"

李学亮唱述，李茂生翻译，松绍先采录。收入《云南省民间文学集成·武定县民间歌谣集成》，16开，1页，12行，武定县文化局、民委、文化馆集成办1989年编印。（钱丽云　朱琚元）

过年调

彝族生活歌。流传于云南省武定县彝族地区。这是彝族过年辞旧迎新时吟唱的欢快民歌，表现了彝族人民在艰苦的生活条件下顽强、乐观的精神，用彝族称为“依依”的传统曲调吟唱。歌中唱道：“乌蒙雪山顶，松与柏同生，柏树比松高，松树虽然矮，过年垫松毛；乌蒙雪山腰，牛与猪同行，牛体身高大，猪身架矮小，过年杀年猪；乌蒙雪山脚，稗与谷同生，稗比谷子高，谷比稗子矮，过年吃大米。”

李庆发唱述，李兴茂翻译，雷朴记录。收入《云南省民间文学集成·武定县民间歌谣集成》，16开，1页，15行，武定县文化局、民委、文化馆集成办1989年编印。（钱丽云　朱琚元）

十丑歌

彝族生活歌。流传于云南省元江哈尼族彝族傣族自治县彝族地区。歌谣唱述了“十丑”的具体内容，并告诫世人莫把丑事行。歌中唱道：“世上有十丑……儿不敬父母，此为最丑行；成人不抚幼，心肝五脏黑；欺凌辱妇女，一生无出息；见亲友不理，众叛又亲离；与家人不睦，鸡肠小肚皮；行凶强杀人，世事为大逆；投药下毒手，魔鬼也难比；偷盗和抢劫，羞尽祖脸皮；出口无好话，下流已至极；背后传流言，丧德又丧理。”

杨福保唱译，宋自华记录、整理。载《礼社江》文艺报“歌谣专版”，24行，元江哈尼族彝族傣族自治县文化馆1986年编印。（宋自华）

十好歌

彝族生活歌。流传于云南省元江哈尼族彝族傣族自治县彝族地区。歌谣唱述“十好”的具体内容，并告诉世人，“十好”是人生最大的福分，最大的快乐。歌中唱道：“无病人长寿，这是第一好；父母都健在，这是第二好；福禄财喜全，这是第三好；不愁吃和穿，这是第四好；有儿又有女，这是第五好；四代同堂在，这是第六好；邻居和睦处，这是第七好；有田有地种，这是第八好；畜禽多兴旺，这是第九好；五谷庄稼好，这是第十好。人生有十好，就像活神仙。”

杨福保唱译，宋自华记录、整理。载《礼社江》文艺报“歌谣专版”，32行，元江哈尼族彝族傣族自治县文化馆1986年编印。（宋自华）

十灵歌

彝族生活歌。流传于云南省元江哈尼族彝族傣族自治县彝族地区。歌谣唱述了“十灵”的具体内容，并称赞具有“十灵”的人是天下最能干的人。歌中唱道：“世上有十灵，人人都钦敬。不甘落后一，能进能退二，能说会道三，排解纠纷四，能记会传五，巧手干活六，赶豺驱豹七，开弓射雕八，会谋生计九，博学识广十。人若有十灵，就能成大器。”

杨福保唱译，宋自华记录、整理。载《礼社江》文艺报“歌谣专版”，24行，元江哈尼族彝族傣族自治县文化馆1986年编印。（宋自华）

十苦歌

彝族生活歌。流传于云南省元江哈尼族彝族傣族自治县彝族地区。歌谣唱述了“十苦”的具体内容及苦命人求天赐恩的愿望。歌中唱道：“一苦无父母，孤凄无人护；二苦无房屋，没有落脚处；三苦无田地，无米来下锅；四苦无衣裳，天寒活受罪；五苦无被盖，肚皮无盖物；六苦当长工，猪狗都不如；七苦当花子，到处去讨食；八苦去流浪，地坪当作床；九苦去卖身，犹如跳火坑；十苦无亲朋，死无人挖坑。人间千般苦，都是穷苦人，老天若慈善，救救苦命人。”

杨福保唱译，宋自华记录、整理。载《礼社江》文艺报“歌谣专版”，24行，元江哈尼族彝族傣族自治县文化馆1986年编印。（宋自华）

十美歌

彝族生活歌。流传于云南省元江哈尼族彝族傣族自治县彝族地区。歌谣唱述了“十美”的具体内容。歌中唱道：“世上十样美，美在心中留。孔雀开屏一，好看又美丽；狮子麒麟二，古怪又稀奇；身穿绫罗三，打扮人俏丽；宝石满冠四，闪光耀眼奇；红红绿绿五，就像花蝴蝶；骏马配鞍六，好看又好骑；金银首饰七，显宝扬富裕；能歌善舞八，优美把人迷；讲究卫生九，清洁多秀丽；慈眉善目十，让人心中喜。”

杨福保唱译，宋自华记录、整理。载《礼社江》文艺报“歌谣专版”，24行，元江哈尼族彝族傣族自治县文化馆1986年编印。（宋自华）

十骂歌

彝族生活歌。流传于云南省元江哈尼族彝族傣族自治县彝族地区。歌谣表达了彝族人民对财主的痛恨。歌中唱道：“一骂财主像豹子，禽畜都被他咬死；二骂财主像马蜂，穷人都被他叮伤；三骂财主像疯狗，到处乱咬乱下口；四骂财主像毒蛇，一口咬得人命丢；五骂财主像狐狸，专骗彝民钱和米；六骂财主黑心肠，占田占地占住房；七骂财主像色狼，专把良家美女抢；八骂财主像魔鬼，占山占地又占水；九骂财主放高利，借米一升还斗米；十骂财主像阎王，逼得佃户吊悬梁。”

杨正清唱译，宋自华记录、整理。载《礼社江》文艺报“歌谣专版”，36行，元江哈尼族彝族傣族自治县文化馆1986年编印。（宋自华）

十智歌

彝族生活歌。流传于云南省元江哈尼族彝族傣族自治县彝族地区。歌谣唱述了“十智”的具体内容。歌中唱道：“世上有十智，十智出真知。一讲就能懂，这是第一智；一教就会做，这是第二智；会修路建桥，这是第三智；肯为人谋利，这是第四智；能待人和气，这是第五智；能不坑他人，这是第六智；会知人恶善，这是第七智；能行善积德，这是第八智；敢扶危济困，这是第九智；能自强立身，这是第十智。”

杨福保唱译，宋自华记录、整理。载《礼社江》文艺报“歌谣专版”，24行，元江哈尼族彝族傣族自治县文化馆1986年编印。（宋自华）

十福歌

彝族生活歌。流传于云南省元江哈尼族彝族傣族自治县彝族地区。歌谣唱述了“十福”的内容及不要刻意去追求的道理。歌中唱道：“世上有十福，不要苛刻求，若是你的福，自然能享受。一生育适当，利家利儿女；二有儿有女，是父母福气；三储金有粮，能防贫防饥；四牛羊成群，能兴旺家业；五有吃有喝，享人生乐趣；六长命百岁，修心得长寿；七有儿侍候，舒心无忧愁；八祸中得生，好人有好报；九身穿绸缎，享人间幸福；十官运亨通，视民为子民。”

杨福保唱译，宋自华记录、整理。载《礼社江》文艺报“歌谣专版”，24行，元江哈尼族彝族傣族自治县文化馆1986年编印。（宋自华）

十德歌

彝族生活歌。流传于云南省元江哈尼族彝族傣族自治县彝族地区。唱述了“十德”的具体内容，并劝世人应该用“十德”来要求自己。歌中唱道：“世上有十德，世人要牢记。一尊君敬臣，这是古规矩；二能写会算，为人谋利益；三孝敬父母，是天经地义；四团结民众，同民相亲密；五扶弱抑强，能主持公理；六先人后己，能不顾私利；七礼待宾客，能和气亲热；八讲情重义，能真心实意；九扬善除恶，敢顶天立地；十讲究礼仪，能率先为例。”

杨福保唱译，宋自华记录、整理。载《礼社江》文艺报“歌谣专版”，24行，元江哈尼族彝族傣族自治县文化馆1986年编印。（宋自华）

银匠调

彝族生活歌。流传于云南省景东彝族自治县。以对唱的形式介绍了银匠的工艺产品，表现了人们对银匠的信赖和对生活的热爱。歌词七字一句，四句一节，共八节。歌中唱道："小小葫芦抽金藤，南京抽到北京城，哪里来的小银匠？哪里来的老匠银？大理来的小银匠，贵州来的老匠银。二位银匠一起到，十样礼物打得成。一打什么头上戴？二打什么坠耳根？一打簪子头上戴，二打耳环坠耳根。""九打什么会说话？十打什么会翻身？九打鹦哥会说话，十打银人会翻身。十样礼物打齐了，哪样不齐只消说，哪样不齐才消说，二位银匠还在着。"

李发林唱述，陶明贵记录。收入《景东民间歌谣》，32开，2页，32行，景东彝族自治县民委、文化局、文化馆1988年编印。（施文志）

当兵调

彝族生活歌。流传于云南省景东彝族自治县。以十二个月为序，始于正月，终于腊月，诉说当兵的艰苦和当兵者对家乡的思念。歌词七字一句，四句一节，共十二节。歌中唱道："九月当兵是重阳，除了舞操进讲堂，哪个木兵来操错，当场要挨军官拷。十月当兵下大雪，官长下令来操练，哪个木兵做错操，当场要挨指挥刀。冬月当兵冷冰冰，下雪下令站卫兵，白天卫兵容易站，晚上卫兵受苦辛。腊月当兵一年完，当兵这人好安然，家中父母长长挂，不见小儿回家乡。"

李发林唱述，陶明贵记录。收入《景东民间歌谣》，32开，2页，48行，景东彝族自治县民委、文化局、文化馆1988年编印。（施文志）

十打鼓

彝族生活歌。流传于云南省景东彝族自治县。表现多种社会角色的期望。七字一句，四句一节，共十节。歌中唱道："一打鼓来一见锣，皇帝老爷听唱歌，皇帝老爷听我唱，万里江山他管着。二打鼓来二见锣，皇后娘娘听唱歌，皇后娘娘听我唱，绫罗绸缎让她多。三打鼓来三见锣，庄稼老汉听唱歌，庄稼老汉听我唱，收成更比去年多。""八打鼓来八见锣，八十老母听唱歌，八十老母听我唱，满堂子孙让她多。九打鼓来九见锣，九十公公听唱歌，九十公公听我唱，这个寿诞让他多。十打鼓来十见锣，十个朋友听唱歌，十个朋友听我唱，朋友更比弟兄多。"

周发荣唱述，张俊记录。收入《景东民间歌谣》，32开，2页，40行，景东彝族自治县民委、文化局、文化馆1988年编印。（施文志）

十绣

彝族生活歌。流传于云南省景东彝族自治县彝族地区。通过唱述"十绣"的内容，表达对爱情的憧憬和对生活的热爱。歌词七字一句，共十六句："一绣盘龙一股根，转进绣房燃着灯，手拿花针穿红线，穿起红线绒绣针。你是花针朝前走，我是丝线随后跟，一绣一个盘龙转，二绣花花坠上生，三绣三万珍珠宝，四绣四万玛瑙灵，五绣乌云层层起，六绣六马背朝天，七绣七星朝北斗，八绣神仙吕洞宾，九绣夫妻双双对，十绣荷花满园香。"

李发林唱述，陶明贵记录。收入《景东民间歌谣》，32开，1页，16行，景东彝族自治县民委、文化局、文化馆1988年编印。（施文志）

八字调

彝族生活歌。流传于云南省景东彝族自治县。这是一首游戏性质的民歌，用从一到八共八个数字引出八段唱词，提及多种社会现象或历史典故。歌词七字一句，四句一节，共八节。歌中唱道："一字下来一条龙，新龙老龙好英雄，新龙老龙英雄好，万丈山高把兵逢。二字下来二条江，张飞落在苦城山，张飞落在苦城里，内哭三声要回乡。""七字下来照七星，七个美女去当兵，带着三万马和兵，杀得敌人命归阴。八字下来八大才，八个大才上天台，天才站在天台上，要文要武随你来。”

鲁丛旺唱述，张俊记录。收入《景东民间歌谣》，32开，2页，32行，景东彝族自治县民委、文化局、文化馆1988年编印。（施文志）

祝英台

彝族生活歌。流传于云南省景东彝族自治县。这首民歌以十二个月为序，始于正月，终于腊月，以梁山伯和祝英台的故事为基本线索，唱述一年十二个月中的见闻和感受。歌词以七字句为主，多数是四句一节，另有六句一节（两节）和八句一节（一节）的，共十二节。歌中唱道：“正月好唱祝英台，鸟为食亡人为财，蜜蜂才为采花死，梁山伯为祝英台。”“七月好唱祝英台，一年一个七月半，阎王放鬼鬼回来，三天不吃凉浆饭，七天送到望乡台，乡台头上望一望，望见全家老和小，披麻戴孝哭哀哀。”“十月好唱祝英台，弟兄双双读书来，白日同笔共砚瓦，晚上同灯共灯台，同张桌子共砚瓦，同刀白纸共刀裁。”“腊月好唱祝英台，英台死了路边埋，男人过路烧张纸，女人过路烧双鞋。”

李发林唱述，陶明贵记录。收入《景东民间歌谣》，32开，2页，56行，景东彝族自治县民委、文化局、文化馆1988年编印。（施文志）

爹妈没教唱“命熬”

彝族生活歌。流传于云南省武定县彝族地区。“命熬”是彝族一种传统曲调的名称。这首歌是唱歌开始时歌手表示自己才疏学浅、自谦的唱段。歌词共三段，以比兴的手法表达了歌手不会唱“命熬”的原因。第一段：鸡是鹰的老师，鸡把全部本领都教给了鹰，唯有刨地这一本领没有教给鹰，所以鹰不会刨地；第二段：猫是虎的老师，猫把全部本领都教给了虎，唯有爬树这一本领没有教，所以虎不会爬树；第三段：父母是歌手的老师，样样本领都教了，唯独没教唱“命熬”，所以歌手不会唱“命熬”。

佚名唱述，雷朴记录，闻从善校订。收入《云南省民间文学集成·武定县民间歌谣集成》，16开，1页，20行，武定县文化局、民委、文化馆集成办1989年编印。（钱丽云　朱琚元）

骗人的端公

彝族生活歌。流传于云南省易门县彝族地区。歌中对一些“端公”（男巫师）在原始宗教活动中的不良表现进行了讽刺。歌谣唱词是：“端公耍戏法，天天把鸡杀。三天没有插香米，饿得地上爬。”

王文跃唱述，许健民采录。收入《云南民间文学集成·易门县集成卷》，32开，1页，4行，云南民族出版社1994年版。（普开福）

赌钱调

彝族生活歌。流传于云南省华宁县彝族地区。以七字句为主，四句为一段，对唱或独唱。歌词以十二个月为序，逐月讲述过去人们赌博活动的场景和复杂心情以及人财两空的悲惨状况。内容简洁直观，语言生动，耐人寻味。歌中唱道：“八月赌钱八月糟，赌钱之人好别刀；早上赢钱是老表，晚上输钱刀动刀。九月赌钱菊花黄，菊花泡酒把味尝；酒盅摆在桌子上，梭到桌下赌两钱。”

李凤珍唱述，赵振纪搜集、整理。收入《云南民间文学集成·华宁县集成卷》，32开，3页，48行，华宁县民委、文化局、文化馆1989年编印。（普开福）

十劝君

彝族生活歌。流传于云南省宁洱哈尼族彝族自治县彝族地区。教育世人要孝敬父母、遵守王法、勤劳节俭、公平买卖、举止稳重、珍惜光阴，不可嫌贫爱富、结交小人。歌词七字一句，十二句一节，共十节。歌中第八节唱道："八唱诏特十劝君，劝君休笑贫困人。哪个长富几百代？哪个贫困几千秋？为人少说过头话，损阴折福不如人。韩信曾受胯下辱，后来封官三齐王；石崇富有千万贯，死后草席卷出门。乐善好施行阴功，老天永佑积善人。"

孔文杰唱述，刘峰搜集、记录。收入《普洱民族民间歌谣集》，32开，4页，120行，普洱哈尼族彝族自治县民委、文化馆1987年编印。（施文志）

学唱歌

彝族生活歌。流传于云南省双柏县彝族地区。歌词五字一句，用当地称为"阿色"的彝族调子吟唱。歌词的主要内容是：十五的夜晚，男女都来唱调子。唱调子像驮茶叶一样，要量力而行，不能滥竽充数、不懂装懂，不会唱的调子就不要勉强，不然会遭人耻笑。要虚心向别人学习，不懂的曲调向能人请教，这样才能提高自己，传授后人。

佚名唱述，杨树荣、李生福记译。收入《民族民间文学资料集》，32开，2页，24行，双柏县文化教育局1979年编印。（施选　朱琚元）

求学歌

彝族生活歌。流传于云南省元江哈尼族彝族傣族自治县彝族地区。唱述读书的重要性和应有的学习态度以及做人的道理。歌中唱道："读书求学人，要听师长言，晚睡早起身，惜时如金钱。不要爱面子，勤学勤请问，潜心刻苦学，功到自然成。学者名望高，文人名声美，博学多才华，心像海样宽。懂得世上理，知道怎为人，爱小尊敬老，做个慈善人。要是做了官，为民尽辛苦，清官人人敬，芳名千秋传。要是做毕摩，认真把经念，为人叫好魂，为人除病患。"

黄文宝唱译，宋自华记录、整理。载《礼社江》文艺报第4版，36行，元江哈尼族彝族傣族自治县文化馆1985年编印。（宋自华）

莫恋色

彝族生活歌。流传于云南省元江哈尼族彝族傣族自治县彝族地区。告诉世人贪色、贪乐的坏处。歌中唱道："君臣恋美女，国事无人理，国家会灭亡，战灾四方起。将相恋美女，疆场战无力，再好河山土，轻易让给敌。""毕摩贪恋色，念经无头绪。农人莫贪乐，贪乐误农活。商人莫贪乐，贪乐本利落。妇人莫贪乐，贪乐是非多。"

杨正清唱译，宋自华记录、整理。载《礼社江》文艺报"歌谣专版"，36行，元江哈尼族彝族傣族自治县文化馆1986年编印。（宋自华）

阿基和儿子

彝族生活歌。流传于云南省武定县彝族地区。教育世人如何为人父母，如何为人子女。全歌唱词分四段，讲述母亲与儿子相互依恋之情。第一段：古时有母子两人，母亲叫阿基，儿子被征去服兵役，母亲思念儿子，儿子思念母亲。第二段：过了好几年后，儿子役满回家找不到母亲。第三段：有人告诉儿子，看见一个老妈妈想儿子想得哭瞎了眼，哭碎了心和肝。第四段：儿子进家门找不着母亲，气得肺干了一丫，愁得肝枯了一叶。

李培家唱述，王维记译。收入《云南省民间文学集成·武定县民间歌谣集成》，16开，1页，36行，武定县文化局、民委、文化馆集成办1989年编印。（钱丽云　朱琚元）

戒赌十劝歌

彝族生活歌。流传于云南省玉溪市彝族地区。唱述赌博的多种危害，教育人们远离赌博。七字一句，四句一段，共十段。歌中第八段唱道："八劝诸君莫赌博，赌博逼人生邪恶；偷摸扒骗走败路，打架斗殴起灾祸。"

李学科唱述，玉金搜集、整理。收入《民间文

学资料选》第三集，32开，1页，40行，玉溪市高仓区文化站1990年编印。（普开福）

戒赌诗

彝族生活歌。流传于云南省玉溪市彝族地区。歌谣通过拆偏旁合字猜谜的巧妙形式，以字词的深层含义劝导人们认识赌博贪财的危害。歌词分为原词和注释词。如原词开头是："贝者是人不是人，只为今贝起祸根，有朝一日分贝了，倒头成为贝戎人。"注释词为："贝者合起来为赌，今贝合起来为贪，分贝合起来为贫，贝戎合起来为贼。"

李学科唱述，笔锋搜集、整理。收入《民间文学资料选》第三集，32开，1页，8行，玉溪市高仓区文化站1990年编印。（普开福）

分家歌

彝族生活歌。流传于云南省武定县彝族地区。彝族人家的儿子长大成家后，兄弟便要举行分家仪式。歌谣即以兄弟分家为主要内容。歌中唱道："一木劈两瓣，两瓣各分开，哥哥在一方，弟弟在一方，江中长流水，一去不回头。砍一棵竹子，一劈成两瓣，一瓣来做弓，一瓣去做箭，弓箭做成后，配合好打猎。树大要分杈，人大要分家。"

王凤清唱述，松绍先记录。收入《云南省民间文学集成·武定县民间歌谣集成》，16开，1页，11行，武定县文化局、民委、文化馆集成办1989年编印。（钱丽云　朱琚元）

酒茶谣

彝族生活歌。流传于云南省牟定县彝族地区。歌中唱道："茶是山中树木叶，高高个子长成林；酒药出在高山箐，祖先酿出纯良酒；茶回高山翻白叶，酒回壶中翻细花；齐心贺年莫争吵，酒茶肉饭不能少。"反映了彝族不离酒茶的生活习俗。

赵正才唱述，李世忠记录。收入《云南民间文学集成·云南彝族歌谣集成》，32开，1页，8行，云南民族出版社1986年版。（李惠兰　朱琚元）

齐喝酒

彝族生活歌。流传于云南省武定县彝族地区。彝族传统的酒歌之一，主要在喜庆节日大宴宾客时吟唱。歌中将彝族好客善饮的豪放性格表现得淋漓尽致："去年很不好，前年没喜事，年成今年好，月份这月好。堂屋正中央，摆上金银桌，金银桌面上，金碗银碗放，配金筷银筷。金碗银碗里，装的是哪样？装的金银水。吃的摆满桌，喝的多多有，哪样比这美？远近的亲戚，聚拢在一堂，喜事今晚上，请来齐喝酒。"

凤张氏唱述，凤清成记录。收入《云南省民间文学集成·武定县民间歌谣集成》，16开，1页，19行，武定县文化局、民委、文化馆集成办1989年编印。（钱丽云　朱琚元）

酒功

彝族生活歌。流传于云南省武定县彝族地区。彝族民间广为流传的酒歌之一。歌谣唱述酒从何处来，酒药是谁发现的，不同的人喝酒各有什么意义等。如歌中唱道："酒药十二种，六种在热带，六种在寒带。"

凤亮唱述，杨自荣、孟之仁记录。收入《云南民间文学集成·云南彝族歌谣集成》，32开，2页，35行，云南民族出版社1986年版。（钱丽云　朱琚元）

找谷种

彝族生活歌。流传于云南省牟定县部分彝族地区。歌谣唱述的主要内容是：古时候，地上没有谷，人们到处找谷种，但是没有找到。天上的神仙为了解除人们的苦难，有一夜从天上撒下谷种，各种各样的飞鸟和野兽都看见了，唯有人们不知道。因为是在晚上，人们没有捡到谷种，狗急得大声叫唤，向天叫三声，向地叫三声。神仙在天上听见了，知道人类还没捡到谷种，又丢了三穗谷种，让狗交给人们去种植。从此谷种就传了下来。

普兴科唱述，普启旺记译。收入《云南省民间文学集成·牟定县综合卷》，32开，3页，132行，牟定县民间文学集成办公室1989年编印。（李惠兰　朱琚元）

一山住两起

彝族生活歌。流传于云南省巍山彝族回族自治县彝族地区。歌中唱述同住一座山上的彝族和汉族的文化差异。歌词是："白车白无底，一山住两起。彝家不入学，汉人去中举。""白车"，指彝族寨子。"汉人"，指官绅。

佚名唱述，罗扬奇搜集、整理。收入《云南民间文学集成·巍山彝族回族自治县民间歌谣集成》，32开，1页，4行，巍山彝族回族自治县民间文学集成办公室1989年编印。（段葵）

点兵调（一）

彝族生活歌。流传于云南省楚雄市部分彝族地区。全歌共十二段，每段四句，七字一句。歌谣以十二个月为序，依次唱述了一个青年被强征入伍时，与父母、哥嫂、弟妹及妻子的离别之情。

佚名唱述，李翠华搜集。收入《楚雄市民族民间文学集》下集，16开，2页，48行，楚雄市文化馆1991年编印。（李福云　朱琚元）

点兵调（二）

彝族生活歌。流传于云南省牟定县彝族地区。共十二段，每段四句，每句七字。歌中唱道："正月点兵百花开，大理文书连夜来；打开书信望一望，连夜做下出兵鞋。""十月点兵练兵忙，先练棍棒后练枪；十八武艺学在手，披铠戴甲上战场。""腊月点兵一年完，喊声大人算路钱；两步并作一步走，凯旋回家去过年。"反映了旧社会战乱的情景。

佚名唱述，普启旺、非如山搜集、整理。收入《彝族文学资料》，32开，4页，48行，云南省牟定县文化馆1984年编印。（李惠兰　朱琚元）

焦气调

彝族生活歌。流传于云南省牟定县彝族地区。运用比兴手法，形象地唱出了小伙子因父母双亡，无依无靠、备受欺凌的情景。歌中最后唱道："笑脸带着朝前走，苦脸藏在门后头；气黄肉皮人晓得，焦烂心肝哪个知？"

佚名唱述，普启旺、非如山搜集、整理。收入《彝族文学资料》，32开，2页，24行，云南省牟定县文化馆1984年编印。（李惠兰　朱琚元）

芦笙调

彝族生活歌。流传于云南省易门县彝族地区。一般与芦笙舞配套表演，歌词主要表现跳芦笙的热烈场面。歌中唱道："春季里来是新年，家家户户点红灯，新岁祝福心许愿，男女老少跳芦笙。""冬季里来霜雪落，芦笙越跳越暖和，人寿年丰芦笙响，从早跳到月儿落。"

刘信氏、付桂英唱述，杨崇禧采录。收入《云南民间文学集成·易门县集成卷》，32开，1页，24行，云南民族出版社1994年版。（普开福）

歌书调

彝族生活歌。流传于云南省双柏县部分彝族地区。歌中唱道："一把芝麻撒下河，郎的调子拿马驮。前头驮去十几驮，后头还有几十箩；正在上坡肚带断，调子滚落遍山坡，耗子咬破箩箩底，调子慢慢滚出箩。"比喻彝家小伙虽然有唱不完的调子，但他沉着冷静，不轻易表露自己的才华。

李开富唱述，苏锡纬记录。收入《双柏民间文学集成》，32开，1页，8行，云南民族出版社1992年版。（施选　朱琚元）

四季唱花

彝族生活歌。流传于云南省宁洱哈尼族彝族自治县彝族地区。这首民歌以一年四季十二个月中不同的生产生活内容为歌唱对象，表达了彝族人民对生活的热爱之情。歌中“花”的功能仅是起兴和押韵，而不一定是真正的花名。歌词七字一句，四句一节。歌中唱道：“正月逢春好唱花，新盖明楼又撒花；两边盖起三滴水，中间插朵牡丹花。”“四月逢夏好唱花，买把犁铧顺水划；新犁新耙不好使，旧犁旧耙水仙花。”“九月逢冬好唱花，九十老翁卖棉花；街头卖通街脚去，卖得头昏眼睛花。”

毕应和唱述，林凡搜集。收入《普洱民族民间歌谣集》，32开，2页，48行，普洱哈尼族彝族自治县民委、文化馆1987年编印。（施文志）

赞花歌

彝族生活歌。流传于云南省永仁县部分彝族地区。此歌为火把节期间男女老少皆可对唱的调子。名为赞花，实际是赞火。歌词大意是：火花似日月光，开在天地间，大地四时如春，粮丰人旺，吓跑凶兽恶鸟，闹死水怪沟鬼；开在门前保平安，堂神家鬼难作怪；开在人心上，人身善恶全照亮；这花年年开在六月二十四，火把节里过火门，火神为人驱恶赐福。

佚名唱述，基默热阔记译。收入《云南民间文学集成·云南彝族歌谣集成》，32开，5页，84行，云南民族出版社1986年版。（李福云 朱琚元）

采花调（一）

彝族生活歌。流传于云南省景东彝族自治县。唱一年十个月中所特有的花，不仅可以教人认识季节转换，还表现了歌者对生活的热爱。歌词七字一句，不分节。歌中唱道：“正月采花无花采，二月采花花正开，三月樱桃红似火，四月紫竹早上开，五月石榴木为桐，六月枫桐顺墙开，七月莲荷枝枝艳，八月风摆桂花香，九月菊花家家要，十月山茶山牡丹。”

李朝洪唱述，杨海寿、陈春刚记录。收入《景东民间歌谣》，32开，1页，10行，景东彝族自治县民委、文化局、文化馆1988年编印。（施文志）

采花调（二）

彝族生活歌。流传于云南省楚雄市彝族地区。歌唱一年十二个月每月所开的花。歌中唱道：“正月菜花黄灿灿，二月粉团簇簇开，三月桃花红似火，四月蔷薇架上开，五月石榴赛玛瑙，六月金凤顺墙栽，七月荷花停水面，八月桂花迎风摆，九月菊花十样锦，十月山茶映山崖，冬月蜡梅冒雪开，腊月马缨赛牡丹。”

周兆丫唱述，余立梁记录、整理。收入《包头王传奇——楚雄市民族民间文学集》，32开，1页，12行，香港天马图书有限公司2000年版。（李福云 朱琚元）

采花调（三）

彝族生活歌。流传于云南省牟定县彝族地区。唱述各种花卉在不同季节开放的常识。歌中唱道：“正月采花无花采，二月采花花正开，三月樱桃红似火，四月蔷薇架上开，五月石榴赛玛瑙，六月红花遍地开，七月莲花浮水面，八月风摆桂花开，九月菊花家家有，十月山茶满山开，十冬腊月无花采，天宫降下蜡梅来。”

李美凤唱述，普启旺、非如山记录。收入《彝族文学资料》，32开，1页，12行，云南省牟定县文化馆1984年编印。（李惠兰 朱琚元）

十二月采花调

彝族生活歌。流传于云南省楚雄市彝族地区。以男女歌手一问一答的形式，唱述了一年十二个月，每月都有不同的花卉开放，隐含着人们的相互祝愿和对生活的赞美。

者厚培唱述，刘纯龙、余立梁、段德明、严速记录。收入《楚雄市民间文学集成资料》，32开，2页，57行，楚雄市民委、文化局1988年编印。（李福云　朱琚元）

我是一朵山茶花

彝族生活歌。流传于云南省元江哈尼族彝族傣族自治县彝族地区。唱述山茶花对哺育它长大的大山妈妈的感激之情。歌中唱道："我是一朵山茶花，清风一吹就开花，开放在那山腰上，大山就是我的家。我是一朵山茶花，清风一吹就开花，山像慈母哺育我，吮吸山乳已长大。我是一朵山茶花，清风一吹就开花，山里开来山里红，百花相伴乐哈哈。我是一朵山茶花，清风一吹就开花，要报山恩无嘴言，山茶绽开谢山妈。"

杨新妹唱译，余正寿记录、整理。收入《云南省民间文学集成·元江县歌谣卷》，32开，1页，16行，元江哈尼族彝族傣族自治县文化馆1988年编印。（宋自华）

砍火地

彝族生活歌。流传于云南省昭通市彝族地区。歌中描述了小伙子砍火地、烧火地的劳动情景，并告诉人们，勤劳的小伙子能得到聪明、会绣花的姑娘的爱，而只会弹弹月琴、吹吹口弦的人是不会得到好姑娘的喜欢的。

佚名唱述，王开华、熊奎龙搜集、整理。收入《昭通地区民族民间文学资料选》第二集，32开，1页，20行，昭通地区文化局、民委1985年编印。（吴平）

谁能把最美的心音弹出

彝族生活歌。流传于云南省昭通市彝族地区。歌谣歌颂美好的爱情，说能够找来最好的泡桐树做出月琴，能够找到最好的金丝竹做出金笛，能够吹奏出最美的心音的小伙子，才能找到纯洁美丽的阿云姑娘。

佚名唱述，熊奎龙搜集、整理。收入《昭通地区民族民间文学资料选》第二集，32开，1页，18行，昭通地区文化局、民委1985年编印。（吴平）

种黏苕

彝族生活歌。流传于云南省昭通市彝族地区。歌中唱述的主要内容是：要出嫁的女儿种下黏苕，要用它磨成粉来粘图样绣花，希望自己的婚姻像绣出的春花一样美好。歌谣表现了彝家姑娘对幸福婚姻的憧憬。

佚名唱述，熊奎龙搜集、整理。收入《昭通地区民族民间文学资料选》第二集，32开，1页，22行，昭通地区文化局、民委1985年编印。（吴平）

散花乐

彝族生活歌。流传于云南省华宁县彝族地区。通过描绘山上野蕨菜所遭到的低贱待遇，反映普通百姓和具有一技之长的人在社会中发挥的积极作用以及所遭受的不公正待遇。歌中唱道："蕨蕨菜，头勾勾，一头扎在山沟沟。放牛娃娃遇着我，挨我困在小背篼。红白喜事不要我，请工做活挤不开。"

王秀珍唱述，李红、赵振纪搜集、整理。收入《云南民间文学集成·华宁县集成卷》，32开，1页，6行，华宁县民委、文化局、文化馆1989年编印。（普开福）

普八吉达

彝族生活歌。流传于云南省元江哈尼族彝族傣族自治县彝族地区。表现彝家好客、爱客、尊敬宾客的美德，并表达主人的美好祝愿。歌中唱道："来做客的彝家父老，来做客的彝家乡亲，向你敬上三杯美酒，祝福你健康长寿；来做客的彝家兄弟，来做客的彝家姐妹，向你敬上三杯美酒，祝福你姻缘甜又美；来做客的傣家老表，来做客的哈尼朋友，向你敬上三杯美酒，祝福你种田种地多丰收。”

杨正清唱译，宋自华记录、整理。载《热土地》第1期，16开，1页，16行，元江哈尼族彝族傣族自治县文联2000年编印。（宋自华）

逃婚调

彝族生活歌。流传于云南省元江哈尼族彝族傣族自治县彝族地区。唱述封建时代的彝族男女青年，因受封建礼教的残害和逼迫，真情人不能结成伴侣，只好逃婚或殉情，对封建包办婚姻制度进行了血泪控诉。歌中唱道：“事到如今没奈何，再在村里是非多，如今生米成熟饭，苦劝爹妈也枉然。背着爹妈出门槛，眼泪汪汪脚打战，逃出家门何处去？远走高飞到何方？心中苦水淌不尽，眼里泪水淌不完，世人要骂让他骂，去找阿哥共逃婚。”

普保林唱译，宋自华记录、整理。收入《彝族阿哩》，32开，3页，60行，四川民族出版社1998年版。（宋自华）

隔娘调（一）

彝族生活歌。流传于云南省景东彝族自治县彝族地区。诉说女子在婆家受到的虐待。歌词七字一句，四句一节，共六节。歌中唱道：“早起挑水三五挑，晚上抱柴三五担。拿起米斗问公婆，人多米少咋下锅？煮多要拿灌桶灌，煮少要拿棍子敲。人家吃饭我挨饿，人家吃好我收碗。碗筷收到灶头上，饭勺拿起添一碗，还被婆婆倒丢了。转进房间换衣裳，衣裳换起回娘家。一走走到歇气场，姐姐叫我要歇气，我说姐姐不歇了。一追追到大门外，急急忙忙向前跑。一追追到大门外，红漆桌子接四方。饭勺拿起我就咬，抬起头来郎来了。我说妈妈你莫气，丈夫死了就回来。”

罗兴兰唱述，张俊记录。收入《景东民间歌谣》，32开，1页，24行，景东彝族自治县民委、文化局、文化馆1988年编印。（施文志）

隔娘调（二）

彝族生活歌。流传于云南省景东彝族自治县。以十二个月为序，始于正月，终于腊月，诉说一年十二个月中出嫁女子在婆家的痛苦生活。歌词七字一句，四句或六句一节，共十二节。歌中唱道：“九月里来九重阳，菊花泡酒对雄黄，去年泡酒吃完了，今年泡酒泡烂缸。十月里来十月召，手拿白纸坟上烧，当牛做马苦不尽，挣扎挣扎过两天。冬月里来冬至节，苦儿还在穿单衣，一年到头打光脚，一天帮来二天底。腊月里来一年完，一年四季罪受满，敲枷脱锁见娘面，儿见娘面泪不干，心怪娘来娘心疼，都怪媒人烂心肝。”

施凤英唱述，杨海寿记录。收入《景东民间歌谣》，32开，2页，52行，景东彝族自治县民委、文化局、文化馆1988年编印。（施文志）

哭出嫁

彝族生活歌。流传于云南省昭通市彝族地区。唱述一个彝族少女从小在母亲的严格管教下长大，担负沉重的家务劳动，后又依媒妁之言，由父母做主嫁给一个比自己小十岁的男人。不久小丈夫死了，少女独守空房，受尽婆婆打骂，遍体鳞伤，终日以泪洗面。歌谣控诉了旧社会对妇女的不公平待遇和包办婚姻给妇女带来的痛苦。全歌以十二个月为序，歌词凄婉感人。

文洋华唱述，王开华、熊奎龙搜集、整理。收入《昭通地区民族民间文学资料选》第二集，32开，2页，48行，昭通地区文化局、民委1985年编印。（吴平）

没有嫁着一户好人家

彝族生活歌。流传于云南省昭通市彝族地区。通过一个媳妇之口，唱一个独生女嫁了一户坏婆家，公公、婆婆、大伯、小姑都对媳妇刻薄吝啬，每天要她做很多家务活，还时常被骂。控诉了不幸福的婚姻给妇女带来的摧残。

佚名唱述，王开华、熊奎龙搜集、整理。收入《昭通地区民族民间文学资料选》第二集，32开，2页，35行，昭通地区文化局、民委1985年编印。（吴平）

栽瓜

彝族生活歌。流传于云南省昭通市彝族地区。唱述种瓜的过程和方法，比喻养育儿女就像种瓜一样，要了解其生长的特点和规律，才能庇护好幼嫩的秧苗，最后把他们培养成材。

佚名唱述，王开华、熊奎龙搜集、整理。收入《昭通地区民族民间文学资料选》第二集，32开，1页，14行，昭通地区文化局、民委1985年编印。（吴平）

四季盘歌

彝族生活歌。流传于云南省南涧彝族自治县彝族地区。男女对唱，共十二段。歌中唱道："一要天上三分白，二要天上一点红，三要天上颠倒挂，四要天上金包龙。"答道："月亮出来三分白，太阳出来一点红，七星北斗颠倒挂，乌云遮日金包龙。"歌中出题奇巧，回答出其不意。

罗德元、李余书、张绍兴唱述，苏联昌搜集、整理。收入《南涧民间文学集成》，32开，3页，48行，云南民族出版社1987年版。（段葵）

谢主调

彝族生活歌。流传于云南省景东彝族自治县。是一首客人向主人道谢的民歌，客人希望主人家儿女成材、富贵吉祥。歌词以十谢的形式连缀而成。歌中唱道："一谢主人院场心，荣华富贵子孙兴，生得男儿上学去，生得女儿把书读。二谢主人拦央台，荣华富贵发早财，发得子孙读书去，生得状元你家来。""九谢主人一座城，荣华富贵谢主人，多谢主人发富贵，发得贵人上京城。十谢主人全家乐，百年长寿千年活，代代子孙步步高，年年四季运常好。"

周世贤唱述，杨海寿记录。收入《景东民间歌谣》，32开，2页，40行，景东彝族自治县民委、文化局、文化馆1988年编印。（施文志）

日出红霞天

彝族生活歌。流传于云南省新平彝族傣族自治县彝族地区。用"阿色"调子吟唱。唱述一场春雨使万物复苏、庄稼丰收。全歌共五段，依次递进。第一段唱早上阴晚上晴的天象，预示雨水即将来临；第二段唱雨丝飘飘来，磨盘雨滂沱，小箐起洪水，大箐起洪流；第三段唱雨水归到平甸河，滔滔向远方流去；第四段唱平甸河下游的则涅田坝里，人们驾牛犁耙，人人忙栽秧；第五段唱谷黄连成片，人们忙收割，黄谷堆满仓，高唱丰收乐。

普有妹唱述，聂鲁记译。载《山泉报》第二期，90行，新平彝族傣族自治县文化馆1985年编印。（聂鲁）

梳头歌

彝族生活歌。流传于云南省峨山彝族自治县彝族地区。属月琴舞调中的赞妹调。以幽默风趣的唱词，唱述高山顶上一家的姊妹几个，为赶歌会忙梳头的情景。一个梳成龙摆尾，一个梳成凤翻身，一个梳成狮子滚绣球。

龙家发唱述、记录。收入《峨山民间文学集成》，32开，1页，8行，云南民族出版社1989年版。（聂鲁）

宁里阿牛

彝族生活歌。流传于云南省兰坪白族普米族自治县彝族地区。歌唱漂亮、能干的姑娘宁里阿牛。分两段。前一段运用穿戴衣饰的效果对比，如：双披、裙子、领褂、花鞋、草帽、戒指、耳环、手镯等，“你戴也不好看”“她戴也不好看”，衬托出只有宁里阿牛穿戴“最好看”。后一段进一步表现宁里阿牛的本领，唱道：“当第一次买回来一群黑绵羊的时候，你放也不好，她放也不好，宁里阿牛放得最好。”

沙秀丽唱述，侯文全翻译，和法堡搜集、整理。收入《兰坪民间故事集成》，32开，2页，33行，云南民族出版社1994年版。（张杏莲）

古怪歌

彝族生活歌。流传于云南省南华县彝族地区。歌中一口气说出了多种自然界中不可能出现的现象，旨在调节生活气氛，娱乐枯燥的劳作生活。歌中唱道：“古怪古怪真古怪，唱个古歌把心开；石头开花山走路，棒头发芽碓生根；隔山听见兔喘气，隔河望见鱼撒尿；风吹石头滚上坡，耗子咬着猫耳朵；狗背豹子到处走，耗子抬猫到九州；高山石头滚下河，哪日找着旧窝窝。”反映了彝族人民积极乐观的生活态度。

鲁少才唱述，车明记录。收入《云南楚雄民族民间音乐》，32开，1页，12行，云南人民出版社1982年版。（钱丽云　朱琚元）

农事歌

彝族生活歌。流传于云南省武定县、禄劝彝族自治县彝族地区。歌词七字一句，运用大量形象生动的比喻，详细描绘了从撒秧到谷子成熟的过程：“撒秧好像蜂朝王，出芽好似猪牙齿，拔秧就像剪羊毛，甩秧好比燕子飞，栽秧好像豪猪刺，栽完好比小松林，薅秧就像水蛇跑，发蓬好似起黑云，出穗好像凤凰毛，低头好比阉鸡尾。”

佚名唱述，郭思九记录。收入《云南民间文学集成·云南彝族歌谣集成》，32开，1页，12行，云南民族出版社1986年版。（钱丽云　朱琚元）

大理弦

彝族生活歌。流传于云南省双柏县彝族地区。用当地称为“四弦”的彝族唱调吟唱，可以独唱、对唱或合唱，通常用月琴（俗称“四弦”）伴奏，也可以击掌伴歌。歌中唱道：“大理的弦大理的索，大理弦索买不着；三两五两买不起，白费口舌跑酸脚；前脚走后脚就跟，转回峨山买弦索。”语句朴实，朗朗上口，反映了彝族人民对民族乐器的热爱。

佚名唱述，杨树荣、李生福记译。收入《民族民间文学资料集》，32开，1页，6行，双柏县文化教育局1979年编印。（施选　朱琚元）

跳脚歌

彝族生活歌。流传于云南省姚安县彝族地区。歌中唱道：“月亮出，大火着，围着火，来跳脚。尘土飞，鞋子脱；大家唱，多快活；手拉手，使劲跺；月亮落，管不着。”语句朴实，情感真切，反映了彝族人民对本民族歌舞的热爱。

佚名唱述，赵楠、罗车忠记译。收入《云南省民间文学集成·姚安县综合卷》，32开，1页，12行，姚安县文化局、文联1989年编印。（施选　朱琚元）

月亮出来了

彝族生活歌。流传于云南省牟定县彝族地区。歌中唱道：“月亮出来了，弦子调好了；我们大家一起跳，歌唱丰收年。”反映了彝族人民获得丰收后的喜悦心情。

赵琼仙、起兆仙、普廷凤、刁会芝等唱述，普启旺、非如山、周志、夏玉福、张之鹏、杨廷彦等搜集、整理。32开，1页，4行，稿存楚雄彝族自治州彝族文化研究所。（李惠兰　朱琚元）

一棵高粱高又高

彝族生活歌。流传于云南省玉溪市彝族地区。

歌词七字一句，讽刺了旧社会黑白颠倒，怪事横生的状况，反映了当时人民的怨世悲观情绪。歌中唱道：“一棵高粱高又高，高粱树上结花椒；猛虎上了天王道，耗子咬着大花猫。”

雄文唱述，毕亚波、黄金邦采录。收入《玉溪市民间文学集成》，32开，1页，8行，玉溪市文化局、民委、文联、群艺馆1989年编印。（普开福）

出门调（一）

彝族生活歌。流传于云南省景东彝族自治县。唱述男子出门赶马死于异乡，妻子决定守孝三年之后重新嫁人的故事，描述了出门人的艰苦生活和妻子对丈夫焦急盼望的心情。歌词以七字句为主，按故事发展过程分为三节。歌中兼有第三人称唱述和对唱。歌中唱道：“风吹竹叶响铃铃，弟兄三人要出门。拜上妈妈不给去，拜下爹爹要起身。”“你要出门莫讨妹，你要讨妹莫出门。初一讨妹初二去，初三初四得出门。叫你出门不要去，绩麻扭线我来还。”“绩麻不够我吃菜，扭线不够我烧烟。不出门呀咋个得，银子差得百打百。”“铜铃响到大门外，手扶照壁看我郎。头骡二骡戴白孝，一跤跌进绣房门。几个媒人一起到，三年祭满才嫁人。”

李发林唱述，陶明贵记录。收入《景东民间歌谣》，32开，2页，82行，景东彝族自治县民委、文化局、文化馆1988年编印。（施文志）

出门调（二）

彝族生活歌。流传于云南省双柏县彝族地区。用当地称为“阿色”的彝族调子吟唱。歌词七字一句，通过一对年轻夫妇的对唱，唱出夫妻由于受传统婚姻观念的束缚，结婚时债务累累，新郎只好忍痛丢下新娘远走他乡当长工挣钱，可怜的新娘只好独守空房，孤苦度日。虽然新郎每次出门时都说许多宽慰、体贴的话，但新娘总是在门口偷偷流泪，默默祈祷。反映了旧社会大操大办婚事给家庭带来的危害。

佚名唱述，苏锡纬记录。收入《双柏民间文学集成》，32开，2页，32行，云南民族出版社1992年版。（施选　朱琚元）

哭妻调

彝族生活歌。流传于云南省江川县彝族地区。歌词以七言为主，兼有长短句，以一年十二个月为序，共十二段。歌中唱述了老汉失去妻子后经历的种种磨难和凄凉境况。歌中唱道：“四月里来四月八，骂声阎王鬼眼瞎；我妻不有七八十，半途而废就来拿。五月里来是端阳，菖蒲药酒配雄黄；人家有妻吃三杯，老汉无妻睡冷床。”

普开红唱述，杨忠友、李志忠、戴琼凤搜集，杨忠友记录。收入《江川县民间文学集成》，32开，2页，48行，云南人民出版社1997年版。（普开福）

媳妇调

彝族生活歌。流传于云南省景东彝族自治县。以一年十二个月为序，始于正月，终于腊月，诉说姑娘成为别人家媳妇后的痛苦生活。歌词七字一句，四句一节，共十二节。歌中唱道：“正月菜子遍地黄，爹妈嫁我不商量，活人丢在死人坑，还说小儿命不长。二月枝子把把长，嫁夫不看怪爹娘，一怪爹娘二怪嫂，三怪媒人坏心肠。三月里来天气热，嫁女讨媳由爹娘，不问女儿愿不愿，只管银钱进钱箱。”“十月里来十月间，妹在婆家受熬煎，当牛做马苦不尽，吃饭不得挨桌边。冬月里来冬月冬，衣裳破得像窗风，人家媳妇花花布，我无寒衣难过冬。腊月里来一年忙，妹受苦难诉不完，明年进得阎王殿，如同一步登上天。”

周世寿唱述，杨海寿记录。收入《景东民间歌谣》，32开，2页，48行，景东彝族自治县民委、文化局、文化馆1988年编印。（施文志）

妇女调

彝族生活歌。流传于云南省景东彝族自治县。是妇女的苦歌，诉说妇女婚姻不自由的痛苦。歌词七字一句，四句一节，共四节。“凉风吹吹好做鞋，望着婆家地面来。手拿汗巾擦眼泪，离娘日子渐渐来。锣锅打水锣锅锣，小妹心中不快乐。没到十五云遮月，年才十六就打发。在家时候父母管，打发出去亲夫管。一年三百六十日，何当度过这一天。梅子青青已变黄，只怪爹来只怪娘。姊妹恩情深似海，不能成双哭断肠。”

施学英唱述，陶明贵记录。收入《景东民间歌谣》，32开，1页，16行，景东彝族自治县民委、文化局、文化馆1988年编印。（施文志）

新姑娘

彝族生活歌。流传于云南省景东彝族自治县。新姑娘即新媳妇。以十二个月为序，始于正月，终于腊月。唱述新媳妇在婆家的生活，表现出她对娘家的牵挂。歌词七字一句，四句一节，共十二节。歌中唱道：“正月好唱新姑娘，手端花碗泪汪汪，花碗歇在灶头上，公婆吃饭我打汤。二月好唱新姑娘，姑娘说话如花香，哪家不说好媳妇，哪家不说好姑娘，公婆说是好媳妇，娘家说是好姑娘。”“十月好唱新姑娘，做双好鞋给爹娘，做得鞋帮又无底，做得鞋底又无帮。冬月好唱新姑娘，做双好鞋请父穿，做双好鞋请母穿，穿起新鞋挡青霜。腊月好唱新姑娘，姑娘说是要回乡，问问婆婆不给去，问问公公自回乡。”

李发林唱述，陶明贵记录。收入《景东民间歌谣》，32开，2页，50行，景东彝族自治县民委、文化局、文化馆1988年编印。（施文志）

怀胎调（一）

彝族生活歌。流传于云南省景东彝族自治县。唱述妇女从受孕到分娩的全过程，表现当地人对生育原理和怀孕现象的认识。歌词七字一句，不分节。歌中唱道：“一月怀胎说生根，说起这些来源深，爹情娘意恩德重，恍恍惚惚精血凝，精血凝在娘身上，形如立天一般论，神仙若有思凡意，本身投入在娘身，我娘不知其中意，还说为甚昏沉沉。”“十月满后胎气足，腹中孩儿要临盆，一阵紧来一阵痛，我娘痛得好伤心，暗求神灵和家祖，催生娘娘快降生，腹中孩儿翻筋斗，娘奔死处儿奔生，哇啼一声下了地，生死只隔纸一张，是男是女忙抱起，娘身方得见太平。”

佚名唱述，李成燕记录。收入《景东民间歌谣》，32开，2页，64行，景东彝族自治县民委、文化局、文化馆1988年编印。（施文志）

怀胎调（二）

彝族生活歌。流传于云南省景东彝族自治县。唱述妇女从受孕到分娩的全过程，始于正月，终于十月，描绘了孕妇在怀孕期间不同阶段的表现。歌词七字一句，六句一节，共十一节。歌中唱道：“正月怀胎在娘身，无影无踪又无形，三朝一日如露水，不觉孩儿上了身，古人言对水天地，自古七容从此生。二月怀胎在娘身，头昏眼花路难行，口中不言心闷想，儿在肚中娘知因，人人父母都如此，有了香烟后代人。”“十月怀胎在娘身，儿在肚中要降生，儿奔生来娘奔死，只隔门槛底一层，疼得上天天无路，疼得入地地无门。儿在地上喳喳叫，娘在阴间才迈魂，公婆丈夫心不落，忙去烧香求神灵，盼得孩子快长大，莫忘爹妈养育恩。”

陈再钦唱述，杨海寿、刘汉祥记录。收入《景东民间歌谣》，32开，2页，66行，景东彝族自治县民委、文化局、文化馆1988年编印。（施文志）

菜花黄

彝族生活歌。流传于云南省景东彝族自治县。以一年十二个月为序吟唱，始于正月，终于腊月，唱述新娘在婆家的艰难，表现新娘对父母的思念。歌词以七字句为主，四句一节，共十二节。歌中唱道："正月里菜花黄，新做媳妇想爹娘，爹娘想我独一个，我想爹娘一小双。二月里竹叶青，咒骂爹娘没良心，椿树底下合八字，椰树底下合婚姻。三月里树叶青，咒骂爹娘没心肠，隔山路远难见面，强似钢刀割断肠。""九月里是重阳，哥哥来接妹孤单，天上孤单小月亮，地上孤单妹一人。十月里十月召，人走运气马走膘，人走运气有钱使，马有夜草就有膘。冬月里脚又僵，妹妹要做鞋一双，做得帮来又无底，做得底来又无帮。腊月里一年忙，妹回娘家最艰难，哪时得进阎王殿，打开铁锁看爹娘。"

陈怀安唱述，杨海寿、刘汉祥记录。收入《景东民间歌谣》，32开，2页，48行，景东彝族自治县民委、文化局、文化馆1988年编印。（施文志）

苦心调

彝族生活歌。流传于云南省景东彝族自治县。唱述妇女辛苦的日常劳作。歌谣短小，最后两句意境生动形象。歌词七字一句，共六句："磨米磨到半夜多，碓舂舂到鸡叫多，打个瞌睡睡着了，拿起钩担挑水去，去到井边望小星，月亮还在正中间。"

李十妹唱述，杨海寿记录。收入《景东民间歌谣》，32开，1页，6行，景东彝族自治县民委、文化局、文化馆1988年编印。（施文志）

去看娘

彝族生活歌。流传于云南省永仁县彝族地区。全歌十二节，每月一节，每节四句，每句七字。歌词以一个思念娘家的年轻媳妇的口吻，诉说她在一年十二个月里十二次提出想回家探亲，但都被婆婆以农事繁忙等为理由拒绝了，媳妇只能无奈地听从婆婆之言，日复一日地从事繁重的劳动。歌谣向人们展现了一个勤劳善良的彝族妇女在婆家终日劳作，没有丝毫自由的惨淡生活。反映了传统的婚姻制度对彝族女性的压迫与摧残。

倪高芝、尹高珍唱述，冬路记录。收入《云南楚雄民族民间音乐》，32开，2页，48行，云南人民出版社1982年版。（钱丽云　朱琚元）

亲娘和晚娘

彝族生活歌。流传于云南省永平县彝族地区。男女对唱。每句歌词字数自由，衬词较多，唱述亲娘、后娘对儿女的不同态度和做法。歌中唱道："晚娘打来依哟依哟，哎！是什么木棒也？晚娘打来是弯来转，转转又弯，哎！是竹棒，你是阿妹的心肝。""亲娘打来依哟依哟，哎！是什么棒也？亲娘打来是弯来转，转转又弯，哎！抖抖灰，你是阿妹的心肝。"

熊珍秀唱述，郭李熊翻译，余莲花搜集、整理。收入《中国民族民间文学集成·永平县卷》，32开，2页，42行，德宏民族出版社1989年版。（张秀娟）

遇着晚娘自害羞

彝族生活歌。流传于云南省石屏县彝族地区。用夸张的手法描绘了有晚娘的人衣不蔽体、生活落魄的可怜形象。歌中唱道："七月里来七月秋，遇着晚娘自害羞。衣裳穿成油炸脆，裤子穿成马笼头。鞋子穿成狮子口，帽子戴成马料兜。"

卢锦修唱述，王保德、普荣记录、整理。收入《云南民间文学集成·石屏歌谣卷》，32开，1页，6行，石屏县文联1996年编印。（谭玉婷）

叫花子调

彝族生活歌。流传于云南省景东彝族自治县彝族地区。以十二个月为序吟唱，始于正月，终于腊月，唱述一年十二个月中叫花子讨饭的情形。歌词以七字句为主，四句一节，共十二节。歌中唱道："正月里是新年，叫花未生不种田，不养双猪养独狗，不种大田串地方。二月里百花开，叫花出门要串街，串了东街串西街，讨得冷饭送回来。""冬月里来冬月冬，叫花出门要串村，讨得米饭你想吃，讨得谷子你不种。腊月里来要过年，忙得叫花不得闲，讨了这家讨那家，讨得饵铗春粑粑。”

李发林唱述，陶明贵记录。收入《景东民间歌谣》，32开，2页，48行，景东彝族自治县民委、文化局、文化馆1988年编印。（施文志）

放羊宝

彝族生活歌。流传于云南省南涧彝族自治县彝族地区。共十段，以第一人称的形式，唱述一个在继母的逼迫下“日日跟着小羊跑”的放羊娃想娘的苦情。歌中唱道：“小羊跟娘有奶吃，羊宝无娘借瞧瞧。小羊跟着大羊去，羊宝跟着小羊跑。”“放羊放到冬月冬，又寒又冷又刮风。晚上睡着娘托梦，双手抱在怀抱中。”

佚名唱述，王武搜集、整理。收入《南涧民间文学集成》，32开，3页，40行，云南民族出版社1987年版。（段葵）

穷苦人的日子

彝族生活歌。流传于云南省江川县彝族地区。通过对黄连、糙米、蓑衣、席子及破烂衣裤等事物的描述，形象地展现了旧社会彝族人民衣食无着的凄凉境况。歌中唱道：“穷人生来黄连命，日子过得像牛马。吃的跳截米，盖的拄嘴被，帽子带着露头发，衣裳穿着露肋巴。裤子穿成四股筋，鞋子穿着露趾甲。”

普开红唱述，杨忠友、李志忠、戴琼凤搜集、整理，杨忠友记录。收入《江川县民间文学集成》，32开，1页，8行，云南人民出版社1997年版。（普开福）

单身汉子吃大亏

彝族生活歌。流传于云南省石屏县彝族地区。歌谣生动地描绘了单身汉失去爹娘，受狠心哥哥和话多嫂嫂的虐待，无人疼爱、无人照顾的凄凉生活。歌中唱道：“火镰打火细细飞，单身汉子吃大亏。家中吃的夹生饭，出门又遇冷风吹。半夜打瓢冷水喝，少娘失爷自奔波。有个哥哥心又狠，有个嫂嫂话又多。又踢又打又是骂，自忍自受哭阿嬷。”

李玉英唱述，王保德、普荣记录、整理。收入《云南民间文学集成·石屏歌谣卷》，32开，1页，10行，石屏县文联1996年编印。（谭玉婷）

天要下雨天要晴

彝族生活歌。流传于云南省牟定县彝族地区。歌中唱道：“天要下雨天要晴，鹊雀衔柴进树林，鹊雀衔柴为天冷，小郎出门为家贫。”反映了旧社会彝族男青年为生活所迫，背井离乡在外帮工的情景。

佚名唱述，普启旺、非如山搜集、整理。32开，1页，4行，稿存楚雄彝族自治州彝族文化研究所。（李惠兰 朱琚元）

怨恨歌

彝族生活歌。流传于云南省永仁县彝族地区。唱述一个七岁的姑娘被迫嫁到婆家，在婆家日夜思念爹妈及兄弟姐妹，好不容易回娘家探亲，却遭到嫂嫂“砸锅掼碗、打鸡骂狗”的对待和仇视。为此，姑娘发出了“天下女人皆同命，相同为何不相怜”的质问和“只要爹妈双亲在，你打你骂我还来”的誓言。

佚名唱述，基默热阔记译。收入《云南民间文学集成·云南彝族歌谣集成》，32开，5页，96行，云南民族出版社1986年版。（李福云 朱琚元）

想娘调

彝族生活歌。流传于云南省元谋县彝族地区。这是一首在过年过节时唱的歌，歌中唱述了蝉儿不论在何时何地都想娘，直到死了为止；世上动物都会把娘想，如果有不想娘的儿女，过岩应该把他丢下岩，过塘应该把他丢进水。反映了彝族“家中母亲大”的传统观念和敬老爱老的良好风尚。

黑朝亮、李守芳唱述，仲任记录。收入《云南民间文学集成·云南彝族歌谣集成》，32开，2页，23行，云南民族出版社1986年版。（李福云 朱琚元）

瞧郎调

彝族生活歌。流传于云南省江川县彝族地区。唱述女子探望生病情郎的过程，歌中唱道：“初三老早去瞧郎，打马三鞭进药房；哪个先生医得好，手上戒指抹两双。初四老早去瞧郎，打马三鞭进药房；哪个太医医得好，头上金簪一扫光。初五老早去瞧郎，两手掀开黄罗帐；问郎想尝点哪样，想个鲤鱼氽点汤。初六老早去瞧郎，鲤鱼送给哥来尝；罐子提来人望见，手巾包来又无汤；还是奴家主意好，扯个荷叶包点汤。”歌词描写细腻，情感真挚。

高德珍唱述，花连云、杨忠友、李志忠、戴琼凤搜集，杨忠友记录。收入《江川县民间文学集成》，32开，2页，52行，云南人民出版社1997年版。（普开福）

嫁夫不着命中遭

彝族生活歌。流传于云南省江川县彝族地区。唱述了苦命的女子嫁给不称心的丈夫后的痛苦心情，反映了包办婚姻的危害。歌中唱道：“三月茅草快如刀，嫁夫不着命中遭；嫁夫不着我无法，当作毛驴驮柴烧。三月茅草快如针，嫁夫不着怪媒人；一怪爹来二怪娘，三怪媒人屁股（嘴）长。”

安正义唱述，杨忠友、李志忠、戴琼凤搜集，杨忠友记录。收入《江川县民间文学集成》，32开，1页，8行，云南人民出版社1997年版。（普开福）

五更起

彝族生活歌。流传于云南省景东彝族自治县。歌中介绍了作为女儿应该学会的基本技能和应当具有的基本修养。歌词七字一句，共十六句。歌中唱道：“五更起来闹嚷嚷，娘在房中叫一声，叫声大儿田边转，叫声小女进绣房。一学交会会朋友，二学剪裁缝衣裳，三学人才知理事，四学煮饭饭又香，五学绫罗会织绣，六学走路不放快，七学孝敬二爹娘，八学说话莫要强，九学重阳会酿酒，十学美女会梳妆。十样本事学会了，生儿育女多享福。”

李发林唱述，陶明贵记录。收入《景东民间歌谣》，32开，1页，16行，景东彝族自治县民委、文化局、文化馆1988年编印。（施文志）

小老鸹告状

彝族生活歌。流传于云南省宁洱哈尼族彝族自治县彝族地区。借长相丑陋的小老鸹出门被人误解和歧视、回家向妈妈倾诉委屈，嘲讽人们为表象所迷惑、忠奸不分的行为。歌词七字一句，四句一节。歌中唱道：“清早起来肚中饥，飞来飞去忙寻食，一飞飞到寨子边，见户人家盖新屋。喜鹊翘尾高声咒，‘要着火烧’骂得毒，主人听见眯眼笑，大把撒粮喂喜鹊。若是我把赞歌唱，主人定会给肉尝，‘好啦！好啦！’才开唱，骇得主人脸变色。横眉瞪眼鬼火冒，手抬鸟枪要作恶，幸亏女儿逃得快，否则一命见阎罗。”

鲁文秀唱述，林凡搜集记录。收入《普洱民族民间歌谣集》，32开，2页，28行，普洱哈尼族彝族自治县民委、文化馆1987年编印。（施文志）

哭夫调

彝族生活歌。流传于云南省南涧彝族自治县彝族地区。十二月调，每月一段。以第一人称的形式吟唱，是年轻寡妇唱述丈夫死后自己的苦情的歌谣。歌中唱道：“二月里，二月八，小小寡妇二十八。正好耕田耕索断，正要当家死了郎。”“九月里，是重阳，找来钥匙打开箱，只见鞋在人不在，只是鞋双人不双。”

刘文汉唱述，罗成武、李伸、张增宏搜集、整理。收入《南涧民间文学集成》，32开，3页，48行，云南民族出版社1987年版。（段辰）

磨苦歌

彝族生活歌。流传于云南省南涧彝族自治县彝族地区。全歌分九段，以第一人称的形式吟唱，是媳妇诉说受婆婆欺凌的苦情的民歌。歌词是：“人家婆婆是婆婆，我家婆婆是啰唆。做活做到太阳落，舂碓磨面脚蹬脚。舂碓舂到正半夜，磨面磨到鸡开口。老娘床上睡下去，啰唆婆婆就叫起。鹞子翻身爬起来，啰唆婆婆又叫起。拿起扁担去挑水，缩头乌龟还睡着。红不说来黑不说，拿起扁担就打起。上身打得像酒梨，下身打成豆叶青。隔壁大妈想劝架，恐怕火上加油节节高。”

毕洪太唱述，吴加斌、常国旺搜集、整理。收入《南涧民间文学集成》，32开，2页，18行，云南民族出版社1987年版。（段辰）

逼婚歌

彝族生活歌。流传于云南省姚安县彝族地区。全歌共六段，每段四句，每句七字。歌谣唱述的主要内容是：一位有心上人的彝族姑娘，在父母的威逼下，流着眼泪嫁给了一个自己不认识的男人。歌词通过阳雀的不同叫声，描述了一更到六更时分姑娘被逼婚的场面，反映了旧社会包办婚姻给妇女带来的痛苦。

刘光映唱述，春鸣记译。收入《楚雄民族民间文学资料》第五辑，32开，1页，24行，云南省社会科学院楚雄文彝族化研究室1982年编印。（施选　朱琚元）

苦媳妇

彝族生活歌。流传于云南省巍山彝族回族自治县彝族地区。唱述儿媳忍受婆婆虐待的苦情。歌中唱道：“舂碓舂到三更鼓，磨面磨到五更多，刚刚打个鸡眨眼，婆婆床上叫呵呵。前门开开望月亮，后门开开小星多。”“人家吃饭我添菜，人家吃饱我饿着。刚刚扒下半小碗，婆婆猪嘴就骂我。”“早知今天这地步，不如出家做尼姑。”

佚名唱述，杨绍兴搜集、整理。收入《云南民间文学集成·巍山彝族回族自治县民间歌谣集成》，32开，2页，36行，巍山彝族回族自治县民间文学集成办公室1989年编印。（段葵）

阿姐拾螺蛳

彝族生活歌。流传于云南省双柏县彝族地区。歌词五字一句，用当地称为“四弦”的彝族唱调吟唱。歌谣唱述的是：有位彝族阿姐受父母之命去拾螺蛳，看见山上酸甜可口的橄榄时，肚子饿得发慌，本想摘一个解渴充饥，又怕拾不满三小箩螺蛳而遭父母打骂，大姐只好忍饥继续拾螺蛳，尽早回家。

佚名唱述，杨树荣、李生福记译。收入《民族民间文学资料集》，32开，1页，8行，双柏县文化教育局1979年编印。（施选　朱琚元）

丫头歌

彝族生活歌。流传于云南省元谋县彝族地区。用对比的手法，唱述了丫头深受马头（土司的基层统治者）欺压、凌辱，失去自由的苦难生活。歌中唱道：“鸡没有叫、日头还没有出山，我就睡不成；马头吼破嗓子追我去做活，不是挑水就是推磨……马头穿的是绸、戴的是金、用的是银，吹着大烟不下地，凶恶得像只饿老鹰，可以随便抓小鸡。”反映了在奴隶主或封建领主统治下，彝族人民痛苦不堪的生活。

肖开亮唱述，祁树森、李世忠记录。收入

《云南民间文学集成·云南彝族歌谣集成》，32开，2页，29行，云南民族出版社1986年版。（李福云　朱琚元）

孤女想爹妈

彝族生活歌。流传于云南省元谋县彝族地区。唱述一个孤女被卖到马头（土司的基层统治者）家做苦活，穿的破烂衣，吃的荞面拌糠饭，实在受不了被欺压、凌辱的悲苦生活，发出了“谁人能帮我跳出苦海去”的呼声。歌中唱道：“我清早起来想爹妈，露水冷阴阴；要吃早饭时候想爹妈，饿得心发慌……晚饭时候想爹妈，端起碗来心像刀子割；半夜三更想爹妈，走出门来看，屋檐底下一片雪，看见雪来眼泪落。”反映了一个失去父母的孤女的悲苦和忧愁。

李守芳、黑朝亮唱述，祁树森、李世忠记录。收入《云南民间文学集成·云南彝族歌谣集成》，32开，3页，54行，云南民族出版社1986年版。（李福云　朱琚元）

有了父母

彝族生活歌。流传于云南省元谋县彝族地区。歌中唱道：“有了梳子，头发就能梳成辫子；如果少了梳子，头发全是散的；有了母鸡带儿，小鸡愉快地成长，母鸡溜走后，小鸡遍地跑；有了母猪，猪崽蹦蹦跳跳，母猪不在了，小猪四下奔找；有了耕牛，沉睡的土地苏醒了，如果失去耕牛，土地就荒废了；有了我们的父母，家庭才能团结，当父母去世后，儿女四分五裂。”全歌用排比的手法，道出了子女失去父母后的哀伤忧愁。反映了彝族人民尊老敬老的良好风尚。

何桂珍唱述，祁树森、李世忠、毛中祥记录。收入《云南民间文学集成·云南彝族歌谣集成》，32开，2页，20行，云南民族出版社1986年版。（李福云　朱琚元）

小小葫芦开白花

彝族生活歌。流传于云南省楚雄市彝族地区。唱述旧社会一个妇女被逼嫁给小丈夫，在婆家受尽折磨，过着做牛做马的痛苦生活。歌中唱道：“自从嫁过婆家门，饱吃黄连泪不干。吃的就像猪狗食，还说只准吃半饱。做活做的牛马活，破衣烂衫给我穿。舂碓舂到三声鼓，推磨推到半夜多。稍稍打个鸡眨眼，嗦婆婆叫起身。小叫三声不答应，大叫三声就骂起。饭碗放在灶头上，拿起砍刀去砍柴。”充满了悲伤、哀怨和愤恨，唱出了旧社会的妇女对不幸婚姻的抗议。

罗四丫唱述，瞿海昌搜集，余立梁文字校正。收入《包头王传奇——楚雄市民族民间文学集》，32开，3页，60行，香港天马图书有限公司2000年版。（李福云　朱琚元）

十七姑娘八岁郎

彝族生活歌。流传于云南省姚安县彝族地区。歌中唱道：“十七姑娘八岁郎，同盆洗脸同上床；睡到半夜找奶吃，我是你妻不是娘。”语言简洁明了，反映了旧社会包办婚姻给妇女带来的痛苦。

周学贤唱述，札荣春记译。收入《云南民间文学集成·姚安县综合卷》，32开，1页，4行，姚安县文教局、文联1989年编印。（施选　朱琚元）

小寡妇

彝族生活歌。流传于云南省姚安县彝族地区。全歌以月份为顺序，唱述一位彝族妇女死了丈夫之后的悲惨生活。歌词朴实，对比强烈，与彝族的生活情境联系密切。歌中唱道：“四月里来四月三，家家户户栽早秧。去年有我丈夫在，犁耙郎的肩上担……今年老妹丈夫死，要抬犁来要抬耙，犁耙抬到水又干。”

董万生唱述，董家成记译。收入《云南省民间文学集成·姚安县综合卷》，32开，3页，74行，姚安县文化局、文联1989年编印。（施选　朱琚元）

无爹无娘帮人家

彝族生活歌。流传于云南省武定县彝族地区。歌中唱道："路边野草开黄花，无爹无娘帮人家；一天一顿稀饭汤，两头不亮盘庄稼。"反映了一个无父无母的孤儿无依无靠，只有帮人做工度日，受尽盘剥的悲惨生活。

孙富唱述，车明记录。收入《云南楚雄民族民间音乐》，32开，1页，4行，云南人民出版社1982年版。（钱丽云　朱琚元）

童媳苦

彝族生活歌。流传于云南省楚雄市彝族地区。以哀婉的词句，唱出了童养媳的苦楚和悲哀的心情。歌中唱道："人人说是黄连苦，我比黄连苦十分。叫我早起去挑水，出门望见满天星。人还没有钩担长，跌跌绊绊难走行。做活做到太阳落，头顶星星回家门。人家吃饭照太阳，我们吃饭望星星。馊菜冷饭留给我，苍蝇爬过蚊子叮。磨面没有磨盘高，舂米舂到四五更。稍稍打个鸡眨眼，婆婆又来催出工。罗锅煮饭闷着气，不知几时气得通。"

周兆丫唱述，余立梁记录。收入《包头王传奇——楚雄市民族民间文学集》，32开，1页，20行，香港天马图书有限公司2000年版。（李福云　朱琚元）

做媳妇难

彝族生活歌。流传于云南省南华县彝族地区。歌中唱道："姑娘嫁到别人家，做了媳妇实在难；去背柴又不晓得路，山雀叫的地方，就是你找柴的地方；去挑水又无人做伴，扁担就是你的伴；不知道挑水处，青蛙叫的地方，就是你挑水的地方；找菜不知菜地在哪里，蝴蝶飞舞的地方，就是你找菜的地方。"反映了旧社会媳妇在婆家的艰难处境。

李庭富唱述，李国林翻译，陈烈记录。收入《云南民间文学集成·云南彝族歌谣集成》，32开，1页，13行，云南民族出版社1986年版。（李惠兰　朱琚元）

白做女人在世间

彝族生活歌。流传于云南省元江哈尼族彝族傣族自治县彝族地区。属彝族情歌中的愁怨曲。歌谣发出丈夫死后的女人为何要守寡不能改嫁的疑问，是向封建礼教的挑战。歌中唱道："心不宁来意不安，得一天来过一天，年纪轻轻就守寡，白做女人在世间。人孤单来心孤单，泪水时时湿衣裳，白天抬的半边碗，夜晚睡的床半边。人孤单来心孤单，见美夫妻心不安，人家恩爱团圆过，泪水伴我无笑脸。人孤单来心孤单，下问地来上问天，女人守寡过日子，究竟要守到哪天？"

李秀英唱译，宋自华记录、整理。载《礼社江》文艺报第3版，24行，元江哈尼族彝族傣族自治县文化馆1985年8月30日编印。（宋自华）

苦骂调

彝族生活歌。流传于云南省武定县彝族地区。此为童养媳哭诉在婆家受尽虐待的歌谣。歌中唱述的主要内容是：可怜的童养媳不满七岁就到了婆家，公公打、婆婆骂、丈夫欺负，每天天不亮就起身，扫地、挑水、做饭，白天上山放牛羊，夜里要磨面、舂碓到五更，这样的苦日子不知何时是尽头。

李泽顺唱述，肖会平记录。收入《云南省民间文学集成·武定县民间歌谣集成》，16开，1页，26行，武定县文化局、民委、文化馆集成办1989年编印。（钱丽云　朱琚元）

不把男家回

彝族生活歌。流传于云南省武定县彝族地区。唱述的主要内容是：女儿嫁到婆家，婆婆不喜欢，公公不喜欢，丈夫不疼爱，打打骂骂过日子，回到家中只有抱着母亲哭，死也不想再把男家回。

阎开明唱述，普连芳录音，李正彦翻译，雷朴记录。收入《云南省民间文学集成·武定县民间歌谣集成》，16开，1页，32行，武定县文化局、民委、文化馆集成办1989年编印。（钱丽云　朱琚元）

一个老倌七十七

彝族生活歌。流传于云南省华宁县彝族地区。歌中唱述旧时一位老者老来娶妻生子后找亲家的风俗，反映了当时的社会生活状况，尤其反映了普通百姓的经济状况。歌谣在结尾时唱道："大红丝线水红心，打只镯头送人亲；哥嫌礼重妹嫌轻，买只丝线送人亲。"

佚名唱述，李红搜集、整理。收入《云南民间文学集成·华宁县集成卷》，32开，1页，14行，华宁县民委、文化局、文化馆1989年编印。（普开福）

阿优阿支

彝族生活歌。流传于云南省兰坪白族普米族自治县彝族地区。唱述阿优阿支姑娘远嫁后回娘家途中的遭遇。歌词共分四节。第一节唱想念阿优阿支，她为什么不回来；第二节唱阿优阿支为了回家，捡麦穗熬酒给公婆、丈夫喝，但他们口是心非；第三节唱阿优阿支淋大雨、摸夜路，遇虎罹难；第四节唱阿优阿支回不来的原因是"公婆太无情""丈夫太狠心"。歌词运用了对比、烘托、排比等修辞手法，语言深情感人。

侯春花唱述，侯文全翻译，和法堡整理。收入《中国民间歌谣集成·云南卷·兰坪歌谣集成》，32开，5页，100余行，云南美术出版社1994年版。（张杏莲）

美丽的山花

彝族生活歌。流传于云南省巍山彝族回族自治县彝族地区。全歌共二十二段，每段四行。唱述后娘折磨儿媳的苦情。主要内容是：后娘百般刁难儿媳，让她用霉烂发芽的种子播种；叫养子当兵，让儿媳改嫁；想毒死养子，让儿媳惨受军官折磨。

佚名唱述，罗扬奇搜集、整理。收入《云南民间文学集成·巍山彝族回族自治县民间歌谣集成》，32开，3页，80余行，巍山彝族回族自治县民间文学集成办公室1989年编印。（段葵）

世间媳妇最可怜

彝族生活歌。流传于云南省元江哈尼族彝族傣族自治县彝族地区。唱述旧时媳妇的悲苦生活。歌中唱道："世间媳妇最可怜，苦苦累累手不闲，人苦成个弯弓虾，小腿由后转到前。苦死苦活无人见，婆婆良心真是黑，杀鸡留下鸡肋骨，杀猪留下光骨头。"

普生妹唱译，宋自华记录、整理。32开，2页，28行，稿存元江哈尼族彝族傣族自治县史志办。（宋自华）

月亮调

彝族生活歌。流传于云南省景东彝族自治县。唱述不同家庭成员的活动特点。歌词七字一句，共十二句："月亮出来白茫茫，教会儿子教姑娘，一教大儿学手艺，二教小儿进书房，三教媳妇煮茶饭，四教姑娘进绣房，五教婆婆为娘叫，六教异母梳扮装，七学走路莫慌忙，八学说话莫占强，九学重阳造美酒，十学美女会梳妆。"

李发林唱述，陶明贵记录。收入《景东民间歌谣》，32开，1页，12行，景东彝族自治县民委、文化局、文化馆1988年编印。（施文志）

十个郎

彝族生活歌。流传于云南省景东彝族自治县。共二十句。歌词是："高山头上一批方，看书小哥本姓张，一讨讨着攀氏女，一胎生得十个郎。大哥学得南京文学院，二哥学得北京府正堂，三哥四哥学得拳棍手，五哥六哥学得医药生。七哥学得街头卖烧酒，八哥学得街尾卖砂糖。九弟十弟年轻轻，赶起骡马进彝方。哪个莫逗十个郎，提起笔来告他娘，一告告到大哥南京文学院，二告告到北京府正堂，要打还要拳棍手，打伤还要医药生，打到街头吃烧酒，打到街尾吃砂糖。”

李发林唱述，陶明贵记录。收入《景东民间歌谣》，32开，1页，20行，景东彝族自治县民委、文化局、文化馆1988年编印。（施文志）

猜调

彝族生活歌。流传于云南省元江哈尼族彝族傣族自治县彝族地区。唱述农作物的生长常识及撒秧、栽种、除草、收割、加工的生产知识。如："芭蕉结果台叠台""蚕豆结果排对排""正二月间撒下秧，三四月间把秧栽，五六月间来除草，七八月间黄起来"。

周光明唱译，余正寿记录、整理。收入《云南省民间文学集成·元江县歌谣卷》，32开，2页，64行，元江哈尼族彝族傣族自治县文化馆1988年编印。（宋自华）

猜歌

彝族生活歌。流传于云南省新平彝族傣族自治县彝族地区。这首歌谣把犁头、犁板、犁弯、犁尾、镰刀、板锄、小兔、石头、骡马、麻蛇、老鼠、尼姑、乌鸦、鹭鸶、白鹇、夜鸹、蜗牛、黄鳝、灯笼、石磨、浮萍、苦瓜、丝瓜、茄子、辣子等事物编成猜调猜唱娱乐，考歌手的聪明才智和应对能力。歌中唱道："（男）什么吃草不吃根？什么吃草连根吞？什么睡觉不闭眼？什么睡觉不翻身？（女）镰刀吃草不吃根，板锄吃草连根吞，小兔睡觉不闭眼，石头睡觉不翻身。"

佚名唱述，陈振中记译。收入《哀牢山情歌》，32开，4页，56行，新平彝族傣族自治县民委1985年编印。（聂鲁）

猜曲

彝族生活歌。流传于云南省峨山彝族自治县彝族地区。通过男女歌手一方设问一方回答的对唱形式，考验歌手的应变能力。本歌涉及家什、农具、动物、植物、天文、伦常等四十九种事物。歌中唱道："（女）说个猜来唱个猜，妹唱猜曲给哥猜。什么农具嘴尖尖？哪样做活头偏偏？什么不走挨三鞭？（男）说个猜来唱个猜，妹唱猜曲哥来猜。犁头犁田嘴尖尖，老倌使牛头偏偏，耕牛不走挨三鞭。"

佚名唱述，顺才记译。收入《峨山民间文学集成》，32开，7页，154行，云南民族出版社1989年版。（聂鲁）

十二月猜词

彝族生活歌。流传于云南省新平彝族傣族自治县彝族地区。以问答的形式，设问和回答一年二十四个节气分别应该栽什么收什么，考农事知识和应对能力。歌中唱道："（问）说个猜来问个猜，我们说给你们猜。芒种节令整哪样？夏至节令忙什么？（答）说个猜来答个猜，你们说给我们猜。芒种栽插忙又忙，夏至非得点火栽。"

易勇唱述、记译。32开，4页，104行，稿存新平彝族傣族自治县平甸乡他拉村委会他拉社民间歌手易勇家中。（聂鲁）

猜猜乐

彝族生活歌。流传于云南省新平彝族傣族自治县彝族地区。以一方设问一方回答的形式，把月亮、太阳、芭蕉、板凳、扁担、茶壶、四弦、螺蛳等编成猜调娱乐，考聪明才智和应对能力。歌中唱道："（问）说个猜来问个猜，我们问给你们猜。什么有嘴不讲话？什么无嘴唱山歌？（答）说个猜来答个猜，我们答给你们猜。茶壶有嘴不讲话，四弦无嘴唱山歌。"

易勇唱述、记译。32开，2页，56行，稿存新

平彝族傣族自治县平甸乡他拉村委会他拉社民间歌手易勇家中。（聂鲁）

猜谜调（一）

彝族生活歌。流传于云南省南涧彝族自治县彝族地区。分十二段，男女对唱，女问男答，猜花名。每段由问两句和答两句组成。歌中唱道："十二花名盘问你，腊月问你什么开？十二花名破给你，腊月有你蜡梅开。蜡梅还说开得早，蜡梅开有腊尾巴。"

杜朝亮唱述，周绍忠、袁登跃搜集、整理。收入《南涧民间文学集成》，32开，4页，64行，云南民族出版社1987年版。（段葵）

猜谜调（二）

彝族生活歌。流传于云南省武定县彝族地区。以问答的形式说出谜面和答出谜底，形式活泼诙谐，内容贴近生活。如："高高山顶上，不吃两蓬菜，它是什么物？你猜给我听。高高山顶上，不吃两蓬菜，这个好猜嘛，它就是耳朵！"

李正荣、付美芳、李中华、李秀文、李光宗唱述，李永顺记译，张永祥整理。收入《云南省民间文学集成·武定县民间歌谣集成》，16开，1页，24行，武定县文化局、民委、文化馆集成办1989年编印。（钱丽云　朱琚元）

猜花调（一）

彝族生活歌。流传于云南省江川县、华宁县、通海县等彝族地区。在娱乐休闲场所，无论婚否，男女双方常以花木种子为话题展开猜谜语对唱活动，相互考问农业知识。如一开始男子唱："在此心灵姐，心笨抱棵花，报给心灵猜。东方有棵花，移到西边栽，花开人朝世，花谢人归家，是棵什么花？请姐来猜花。"女方答："会心灵哥，心灵报棵花，心笨来猜花。东方有棵花，移到西边栽，花开人朝世，花谢人归家，是棵太阳花。"

施正泰唱述，杨忠友、李志忠、戴凤琼搜集，杨忠友记录。收入《江川县民间文学集成》，32开，3页，72行，云南人民出版社1997年版。（普开福）

猜花调（二）

彝族生活歌。流传于云南省南涧彝族自治县彝族地区。问答体，全歌共十三段，每段前两句为问句，后两句为答句，猜十二种花名，多为农作物花名。歌中唱道："两个蝴蝶对面舞，你看猜猜什么花？两个蝴蝶对面舞，那朵就叫豌豆花。"谜面想象独特。猜芍药花的谜面为"两个医生对面坐"，猜架豆花的谜面为"两个赶马来咬架"，猜莲根花的谜面为"木头踩在秧田里"，猜慈姑花的谜面为"小小姑娘裁裤子"，猜朝阳花的谜面为"半天举手打雨伞"。

常思义唱述，左加禄搜集、整理。收入《南涧民间文学集成》，32开，3页，52行，云南民族出版社1987年版。（段葵）

讽谏告诫儿童打歌调

彝族生活歌。流传于云南省彝族地区。唱述的内容是：不肖男女，小时没有教养，大了还跟"三岁娃娃鬼混"；读书"半路逃学"，打歌"痴呆呆望着别人"；住的是"篱笆柴门用丫杈撑持"的房子，吃的是"苦荞肠胃黄"的饭菜。女的还将叔叔"暗地里做情夫"，男的"一谈情就结结巴巴"。这都是"诱捕野鸡的儿子，改不了诱野鸡的嗜好"；"嗜好烤火的儿子，改不了烤火的习惯"。该调以此讽喻世俗，告诫世人。

佚名唱述，杨茂虞、杨世昌搜集、记译。收入《彝族打歌调》，32开，17页，115行，云南民族出版社2002年版。（巴子）

星宿调

彝族生活歌。流传于云南省南涧彝族自治县

彝族地区。全歌分十段，问答体，每段前两句为问句，后两句为答句，唱述天上星宿及其相关的典故知识。歌中唱道："什么星出独自个？什么星出姊妹多？过天星出独自个，七星出来姊妹多。什么星宿娘家去？什么星宿紧跟着？织女星宿娘家去，牛郎星宿紧跟着。"

李春文唱述，左嘉禄搜集、整理。收入《南涧民间文学选》第一集，32开，3页，40行，南涧彝族自治县民间文学集成办公室1985年编印。（段葵）

五谷花鸟调

彝族生活歌。流传于云南省泸水市彝族地区。男女对唱，一方出题，一方回答。歌中唱道："什么开花留黑心？蚕豆开花留黑心。什么开花连着开？橄榄开花连着开。什么开花倒着开？芭蕉开花倒着开。什么开花开四片？黄泡开花开四片。"

潘国柱搜集、整理。载《怒江文艺》2002年第3期，32开，1页，66行，怒江傈僳族自治州文联2002年编印。（段伶）

七姊妹调

彝族生活歌。流传于云南省双柏县彝族地区。歌中唱的是：过去有个财主养了十个女儿，个个臭名远扬。大小姐的脸像茄子一样，豪猪见了都往林子里钻；二小姐的鼻子凹凸不匀，人凶气盛；三小姐的脸像冬瓜一样，天生又傻又憨；四小姐又矮又胖，经常出洋相；五小姐又黑又麻，过路人都不敢正眼看她；六小姐是个独眼人，黑白不分；七小姐懒惰成性，吃饭还要别人喂；八小姐是个有洁癖之人，洗个脸都要十盆水；九小姐是个馋嘴之人，比母猪还要多吃五餐；十小姐是个爱撒娇的人，出门都要坐轿子。最后，财主的十个小姐一个也嫁不掉。反映了民众对财主的不满情绪。

佚名唱述，杨树荣、李生福记译。收入《民族民间文学资料集》，32开，3页，44行，双柏县文教局1979年编印。（施选　朱琚元）

开田插秧

彝族生活歌。流传于广西壮族自治区那坡县彝族地区。每年祭铜鼓和插秧时演唱。叙唱彝族人民开荒耕种的情景及欢乐的劳动场面。彝族人民在都梦住了三年，迁到代讨（即今云南省广南县城），不忘带上驱赶虎狼、鼓舞人心的铜鼓。代讨是一块大平坝，荒地宽又广，彝族祖先带领众人开荒种粟禾，再种上高粱，又开田床，种粮食。田地有了好收成。有了足够的粮食，人们在新开的寨子上敲着铜鼓、欢歌跳舞，庆祝丰收。唱述了彝族艰苦创业的过程和丰收喜悦之情。

黎克明演唱，王光荣、农秀英笔录并译成汉文。以"开田歌"为题，收入《中国歌谣集成·广西卷》，16开，2页，44行，中国社会科学出版社1992年版。（覃萍）

点兵歌

彝族生活歌。流传于广西壮族自治区隆林县彝族地区。叙唱古代彝族地区征兵现象。歌词以第一人称叙唱古代兵役给彝族民众带来诸多不幸。歌中唱道："正月点兵别我公，阿公养儿为防老，但是一场空；二月点兵别婆婆，阿婆送我到树下，两眼泪成河；三月别爹，阿爹卖地为我给路钱；四月别娘，娘和我生离死别；五月别哥，阿哥为我做活路；六月别嫂，嫂子代我尽孝道；七月别妻，妻子身怀六甲泪索索；八月别妹，阿妹问我几时回。"

曲目贝巫演唱。收入《隆林彝族》，32开，2页，32行，《隆林彝族》编写组2003年编印。（王光荣　王文魁　赵立田）

孤儿姆嘎

彝族生活歌。流传于川滇大、小凉山彝族地区。叙唱的是：可怜的孤儿姆嘎，看人家有爹有妈的孩子缠着父母撒娇多幸福，自己却白天想爹想妈泪汪汪，夜晚眼泪浸枕头。姆嘎希望蒿秆结荞粒，茅草长谷穗，石头变金银，树叶变衣裳，泉水变美酒，蚂蚁变羊群，蚂蚱变成牛，但心想事难成。后来经过自己的艰苦努力，终于苦尽甜来过上幸福的日子。教育人们身处逆境时不要心存幻想，要靠自己勤劳的双手创造幸福。

迪惹乌合搜集、整理。载《凉山文学》（彝文版）1983年第2期，16开，3页，138行，凉山彝族自治州文联1983年编印。（杨阿洛）

母子

彝族生活歌。流行于四川省喜德县彝族地区。用朴素浅显的道理教导人们要守本分，不要忘本。歌中唱道："乌鸦是杉树的儿子，喜鹊是山泉的儿子，青蛙是沼泽的儿子，老鼠是石堆的儿子，鱼儿是河水的儿子，蚂蚁是土坷垃的儿子，公鸡多支是黄母鸡的儿子，达勒阿宗是弯腿母马的儿子，支格阿鲁是高天老雕的儿子。"

俄姆乌芝演唱，喜德县文教局、语委记录、整理。收入《彝族尔比克哲和故事》，32开，11页，101行，喜德县文教局、语委1980年编印。（杨阿洛）

陇邓和克博

彝族生活歌。流传于贵州省威宁彝族回族苗族自治县和赫章县彝族地区。叙唱的是：德布家的陇邓和克博因宝铃而起纠纷，迫使克博远离家园到异地他乡开辟新天地。克博带着队伍迁到妥仆欧博定居，势力不断扩大，从一无所有到过上了幸福日子。

姬卓布讲述，王继超、禄一方记录，王子国、王继超翻译。收入《中国民间文学歌谣集成·贵州省毕节地区地直卷》，32开，5页，290行，毕节地区民间文学集成编委会1988年编印。（罗德显）

会孟获

彝族生活歌。流传于广西壮族自治区那坡县彝族地区。叙唱彝族先民迁徙过程：最早定居于大雪山下，经过三五代后，由于部落间争夺地盘，向南迁徙到达邛水边（四川西昌地区），会见本民族首领孟获，在那里生活若干年。又因战争再次迁徙，分成两路，一支到滇池（云南昆明），一支到元江，分手前，相约以鼓笙为相认标记。其中一支到了都梦寨（广西、云南交界地段），就在此繁衍发展。

黎克明演唱，王光荣、农秀英笔录并译成汉文。收入《中国歌谣集成·广西卷》16开，3页，112行，中国社会科学出版社1992年版。（王光荣 赵立田）

彝家祖先

彝族生活歌。流传于贵州省兴义、兴仁等彝族地区。叙唱戈阿娄的后世子孙多如星星，有如花似玉的管理女能手妮比额阿玛，聪明的比赫阿机西创造了彝文。能干的女领袖甫玛阿额西，英勇善战的戈阿娄继承人哥摩倒阿西等带领着彝族人民创造了幸福的家园。

李海明讲述，唐春芳记录，李海明翻译。收入贵州省《民间文学资料》第二集，32开，2页，100行，贵州省文联1957年编印。（罗德显）

嫁娶的传说

彝族生活歌。流传于贵州省赫章县、威宁彝族回族苗族自治县等地。叙唱天地形成后，人类仍处于蒙昧状态。经历原始群婚阶段后，策举祖和恒度堵府商议后制定了嫁娶制度，由哎哺、尼能氏族实行起婚配制度，人类进入母系氏族社会。随着社会的不断向前发展，父系氏族逐渐取代了母系氏族。婚姻开始以姑表亲为主，并依父母之命媒妁之言为婚。

龙正清讲述，杨春记录、翻译。收入《中国民间文学三套集成·贵州省毕节地区·赫章县卷·彝族》，32开，3页，234行，赫章县民间文学集成编委会1988年编印。（罗德显）

百花公主

彝族生活歌。流传于云南省宁洱哈尼族彝族自治县彝族地区。唱述的主要内容是：百花公主只看外表，爱上了元朝派来的间谍海俊。由于海俊的离间计，百花公主杀害了忠臣蔡英。百花公主对自己的行为很后悔。歌词七字一句，四句一节。歌中唱道："百花公主玉海棠，错认奸雄当才郎，海俊有意牵红线，不念蔡英是忠良。""有眼不识奸雄心，只重外表托终身，三年败退损失主，愧对黎民一片心。"

李正雄唱述，杨益林、陈珂搜集、记录。收入《普洱民族民间歌谣集》，32开，3页，60余行，普洱哈尼族彝族自治县民委、文化馆1987年编印。（施文志）

花鹿姑娘

彝族生活歌。流传于云南省峨山彝族自治县彝族地区。唱述的是：在遥远的娜木若，一只花鹿被恶狼追赶，打猎青年阿野用箭射杀恶狼救出花鹿，自己却受了伤。花鹿口含泉水救醒了恩人。阿野将花鹿带回家中后，花鹿变成美丽的姑娘为阿野做饭。阿野将花鹿皮收起来，使姑娘不能再变回花鹿，从此二人结成亲密夫妻。

佚名唱述，黄金搜集、整理。收入《嶍峨风情》，32开，5页，80余行，峨山彝族自治县民委1985年编印。（普开福）

除魔

彝族生活歌。流传于云南省巍山彝族回族自治县彝族地区。全歌共十九段。唱述的主要内容是：狗魔让王子变成小狗，并叫它去追猎，却追着躲避在深山的宫女。宫女用法术使小狗还原真身，使王子回宫，斩杀恶人，继承王位，治理国家，百姓安宁。

罗正周唱述，罗扬奇搜集、整理。收入《云南民间文学集成·巍山彝族回族自治县民间歌谣集成》，32开，3页，70余行，巍山彝族回族自治县民间文学集成办公室1989年编印。（段葵）

殉嫁歌

彝族生活歌。流传于云南省昭通市彝族地区。唱述的主要内容是：一位美丽的彝族姑娘，要被迫嫁给土司那个像癞蛤蟆一样的儿子，姑娘不从。但姑娘的心上人很穷，请不起媒人"捎鸡卦"，更送不起厚重的聘礼，当然得不到姑娘父母的认可。就在要与"癞蛤蟆"举行婚礼的头一天，姑娘全身素白，骑着白马跳下悬崖殉情，融入蓝天白云中。歌谣反映彝族姑娘对罪恶婚姻的反抗。

佚名唱述，熊奎龙搜集、整理。收入《昭通地区民族民间文学资料选》第二集，32开，2页，80余行，昭通地区文化局、民委1985年编印。（吴平）

几朵乌和安资舍

彝族生活歌。流传于贵州省威宁彝族回族苗族自治县、赫章县等地。记录一对热恋中的情侣突然被迫劳燕分飞，两人因此发誓生死相爱。歌中以动物喻人，用鸟儿日夜相伴象征热恋情人，唱述道：姑娘奉父母之命远嫁，小伙思念成疾，从此两地相思泪，此情绵绵无绝期，希望来生化为鲜花和蜜蜂，永远相依相伴。反映彝族青年男女对自由幸福生活的执着追求。

阿侯布谷、阿景撮举记录、翻译。收入《中国民间文学三套集成·贵州省毕节地区地直卷》，32开，4页，324行，毕节地区民间文学集成编委会1988年编印。（罗德显）

聪明妹妹助兄长

彝族生活歌。流传于贵州省威宁彝族回族苗族自治县、赫章县彝族地区。唱述一户人家有两兄妹，兄长认为自己长大了，该当家了，可父母觉得他还年幼不能担此重任。兄长却赌气带着随从，带着家产去杀米俄迪安家立业。不料在半路上遇着一家三父子，并把家产输给了这家三父子，他只好垂头丧气地回家。妹妹得知哥哥在路上的遭遇后，用自己的真才实学赢回了哥哥输掉的家产，并教训哥哥若不听父母的话，不勤学彝书就会吃亏。表现了彝族女性的聪明才智与勇敢斗争的精神。

高登才唱述，代俄勾兔汝记录、翻译。收入《民间文学资料》第六十八集，32开，5页，270行，中国民间文艺研究会贵州分会1988年编印。（罗德显）

青春只一回

彝族生活歌。流传于四川省凉山彝族自治州彝族地区。歌中以树叶飘落及鲜花凋谢为铺垫，感叹男儿青春易逝，表达了对青春易逝的深深惋惜。

佚名演唱，杨德清记录，沈伍己整理，收入《所地民歌三百首》（彝文版），32开，1页，9行，四川民族出版社1991年版。（阿牛木支）

家支情结

彝族生活歌。流传于四川省凉山彝族自治州彝族地区。唱述对亲家的爱是一时的，对家支的爱是一生的，反映彝族先民浓厚的家支观念。

佚名演唱，杨德清记录，沈伍己整理。收入《所地民歌三百首》（彝文版），32开，1页，9行，四川民族出版社1991年版。（阿牛木支）

没有不爱自己母亲的

彝族生活歌。流传于四川省凉山彝族自治州彝族地区。唱述各种飞禽走兽及人都深爱自己的母亲，阐明爱母之情超越一切。

佚名演唱，杨德清记录，沈伍己整理。收入《所地民歌三百首》（彝文版），32开，1页，22行，四川民族出版社1991年版。（阿牛木支）

见世面

彝族生活歌。流传于四川省凉山彝族自治州彝族地区。唱述男儿经历各种风雨，方显男儿本色。阐明了多实践、多见世面才能真正走向成熟。

佚名演唱，杨德清记录，沈伍己整理。收入《所地民歌三百首》（彝文版），32开，1页，9行，四川民族出版社1991年版。（阿牛木支）

品行好

彝族生活歌。流传于四川省凉山彝族自治州彝族地区。唱述外表丑陋的人因品行好，同样也能被异性看中欣赏。

佚名演唱，杨德清记录，沈伍己整理。收入《所地民歌三百首》（彝文版），32开，1页，9行，四川民族出版社1991年版。（阿牛木支）

愿已故母亲显灵

彝族生活歌。流传于四川省凉山彝族自治州彝族地区。唱述愿已故母亲能变成布谷鸟、白云等来同子女相会。表达了对已故母亲的深深怀念及无尽哀思。

佚名演唱，杨德清记录，沈伍己整理。收入《所地民歌三百首》（彝文版），32开，1页，14行。四川民族出版社1991年版。（阿牛木支）

不情愿

彝族生活歌。流传于四川省凉山彝族自治州彝族地区。唱述锦鸡不情愿出森林，獐子不情愿走夜间，美女不情愿做母亲，俊男不情愿做父亲。反映了青年男女想永远留住青春、留住美丽的愿望。

佚名演唱，杨德清记录，沈伍己整理。收入《所地民歌三百首》（彝文版），32开，1页，6

行，四川民族出版社1991年版。（阿牛木支）

没有永世美丽的人

彝族生活歌。流传于四川省凉山彝族自治州彝族地区。唱述索玛花有凋谢的时候，美丽姑娘也有衰老的时候，阐明了没有永恒不变的东西，告诫人们不要过于追求美丽的外表。

佚名演唱，杨德清记录，沈伍己整理。收入《所地民歌三百首》（彝文版），32开，1页，8行，四川民族出版社1991年版。（阿牛木支）

多想拥有财富

彝族生活歌。流传于四川省凉山彝族自治州彝族地区。歌曲以抒情方式唱述小伙想拥有大量钱粮及牛羊，并用这些财产去娶回心爱姑娘的愿望，表达了对美好爱情的向往。

佚名演唱，杨德清记录，沈伍己整理。收入《所地民歌三百首》（彝文版），32开，1页，13行，四川民族出版社1991年版。（阿牛木支）

难舍难分

彝族生活歌。流传于四川省凉山彝族自治州彝族地区。歌唱友谊比金子还珍贵，同朋友分手如同将自身分成两半，表达了最真挚的友谊。

佚名演唱，杨德清记录，沈伍己整理。收入《所地民歌三百首》（彝文版），32开，1页，10行，四川民族出版社1991年版。（阿牛木支）

四处漂泊

彝族生活歌。流传于四川省凉山彝族自治州彝族地区。以天空中的飞雁到处漂泊，妈妈的儿子居无定所，四处游荡为主要内容，反映一个生活漫无目标者的处境，表现流浪者对生活和前途的迷惘。

佚名演唱，杨德清记录。收入《所地民歌三百首》（彝文版），32开，1页，21行，四川民族出版社1991年版。（洪志强）

莫怨恨

彝族生活歌。流传于四川省美姑县彝族地区。全歌分七段，每段七句。歌中以一女子的口吻劝慰世间的动物和人不要因小利而结怨，因为谁也不可能预知未来的事。歌中唱道："莫怨恨，人间的姐妹，请莫怨恨！四副残针废线要共分享，日后的婆家，又知谁的在何方。莫怨恨，人间的夫妻，请莫怨恨，四粒残粮也要共分享，日后死神不知先降于谁的头。"

佚名演唱，吉克曲体、沙古曲日记译。收入《中国民族民间文学集成·美姑歌谣卷》，32开，2页，42行，美姑县民族民间文学集成办公室1987年编印。（吉郎伍野　吉尔拉格）

兹惹阿乌

彝族生活歌。流传于四川省美姑县彝族地区。歌唱一个"三月失娘，三岁失爹"的土司后代阿乌，由其唯一的亲姐姐抚养长大。其叔父害怕阿乌与其争夺土司之位，以派阿乌出征为由把他骗到家中杀害。反映奴隶社会里彝族统治者间争权夺利的残酷。

阿牛莫几几演唱，沙古曲日记译。收入《中国民族民间文学集成·美姑歌谣卷》，32开，3页，94行，美姑县民族民间文学集成办公室1987年编印。（吉郎伍野　吉尔拉格）

瓦布俄觉

彝族生活歌。流传于四川省雷波县彝族地区。歌中唱道："有个名叫'瓦布俄觉'的人，在地上撒下七粒萝卜籽，不怕风吹雨打，结下大大的萝卜，姑娘不美丽，吃了它则变美丽，小伙子不勇敢，吃了它则变勇敢。"阐明了一个人在生活面前只要不怕风吹雨打，执着追求，就能实现自己设定的目标。

佚名演唱，杨羽健、阿鲁斯基记录。收入《彝族民间歌曲选》（彝文版），18开，2页，15行，

四川民族出版社1989年出版。（贾巴甲哈）

呷呷的爱

彝族生活歌。流传于四川省雷波县彝族地区。歌中唱道："呷呷出嫁成家后，忘不了父母和亲人对她的恩情，走到树林边就想念父母和亲人，走到草原就想起了父母和亲人，爱父母和亲人就像羊羔和蜜蜂爱父母一样。"反映了彝家女孩出嫁成家后对父母的想念。

佚名演唱，杨羽健、阿鲁斯基记录。收入《彝族民间歌曲选》（彝文版），18开，3页，20行，四川民族出版社1989年版。（贾巴甲哈）

妮拉莫几几

彝族生活歌，流传于四川省甘洛县彝族地区。歌唱一个旧社会彝族姑娘的理想和愿望，希望能走遍名山，走出国门去看一看精彩的世界。但现实的生活始终是暗淡无光。歌词用黑人骑黑马之地来结束，体现了姑娘从梦想当中又回到了黑暗的现实。反映了旧社会彝族姑娘只能拥有绚丽灿烂的青春美梦但永远也不能够实现的残酷现实。

马阿衣演唱，江新记译。收入《甘洛县民间歌谣集（上）》，32开，5页，67行，甘洛县民间文学集成办公室1988年编印。（尔古阿木　李新渝）

小妹

彝族生活歌。流传于四川省甘洛县彝族地区。唱述相亲相爱的表哥和表妹婚姻受到挫折后，表哥对表妹的思念之情以及教表妹如何摆脱困境与他相聚。语句朴实，比喻巧妙，恰当运用排比的手法把表哥对小妹的爱慕之情和两人的爱情淋漓尽致地表现了出来。歌中唱道："相亲相爱的结合，三年不得一件也暖和，剥了树皮做垫褥也舒服，岩洞做房宿也美满，砂粒当饭吃也会饱。"

阿靠莫演唱，何志国、王世才、江新等记译。收入《甘洛县民间歌谣集（上）》，32开，7页，117行，甘洛县民间文学集成办公室1988年编印。（尔古阿木　李新渝）

亮

彝族生活歌。流传于四川省昭觉县彝族地区。这是常用于各种喜庆场合上表演的说唱词，演唱者以精练的唱词、形象的比喻，歌颂地方风物、特产，暗示自己所唱的这些词也像地方特产一样有特色，有亮度。

佚名演唱，吉子以者、吉韦克迪记录。收入《克哲》，32开，1页，17行，昭觉县文教局扫盲办1986年编印。（利布）

随心所欲

彝族生活歌。流传于四川省昭觉县彝族地区。这是常用于各种喜庆场合上表演的说唱词，演唱者以幽默、风趣的唱词，自我标榜，劝训辩手正遇到演唱能手，莫在能手面前自夸，谨防现丑。

佚名演唱，吉子以者、吉韦克迪记录。收入《克哲》，32开，3页，36行，昭觉县文教局扫盲办1986年编印。（利布）

灿烂的阳光

彝族生活歌。流传于四川省昭觉县彝族地区。这是常用于彝族喜庆场所表演的说唱词，演唱者以诙谐、生动、比喻的唱词，自我标榜，自诩自己的见识广，美名传扬四方，所唱的词十分精彩感人，犹如早晨阳光般的灿烂。

佚名演唱，吉子以者、吉韦克迪记录。收入《克哲》，32开，2页，16行，昭觉县文教局扫盲办1986年编印。（利布）

北风南风想逞强

彝族生活歌。流传于四川省昭觉县彝族地区。这是常用于各种喜庆场合上演唱的说唱词，主要内容是歌颂北风的凛凛、南风的和煦，两者的威力都无与伦比，谁也不服谁，都想逞强，比喻演唱出来的词犹如狂风般猛烈，能把辩手扳翻。

佚名演唱，吉子以者、吉韦克迪记录。收入《克哲》，32开，3页，41行，昭觉县文教局扫盲办1986年编印。（利布）

小伙伸舌头

彝族生活歌。流传于四川省昭觉县彝族地区。这是常用于婚丧嫁娶场合上表演的嬉戏唱词，本段唱词用幽默、诙谐、夸张而风趣的语言，既贬斥了辩手，又使辩手发笑，表演者都发誓要战胜辩手，让辩手甘拜下风伸舌头，服输。

佚名演唱，吉子以者、吉韦克迪记录。收入《克哲》，32开，2页，12行，昭觉县文教局扫盲办1986年编印。（利布）

不成才

彝族生活歌。流传于四川省昭觉县彝族地区。这是常用于各种喜庆场合上表演的说唱词，本段唱词以传统的哲理诗来训示辩方，告诫辩手对待任何事物都要耐心仔细，不能马马虎虎，只有这样才能成器，否则一事无成。

佚名演唱，吉子以者、吉韦克迪记录。收入《克哲》，32开，2页，102行，昭觉县文教局扫盲办1986年编印。（利布）

觅朋友

彝族生活歌。流传于四川省昭觉县彝族地区。这是常用于各种热闹场合上表演的说唱词，演唱者以自夸的语言，自诩自己有博大精深的学识，想寻找与自己同样有才华的辩手，很想跟辩手切磋技艺，并与对方交朋友。

佚名演唱，吉子以者、吉韦克迪记录。收入《克哲》，32开，2页，28行，昭觉县文教局扫盲办1986年编印。（利布）

和谐成朋友

彝族生活歌。流传于四川省昭觉县彝族地区。这是常用于各种喜庆场合上表演的说唱词，用抒情与叙事相结合的手法，咏唱人与人、动物与动物之间要和谐相处，劝诫人们要团结友爱，真诚相待。彼此关爱、彼此尊重。

佚名演唱，吉子以者、吉韦克迪记录。收入《克哲》，32开，3页，76行，昭觉县文教局扫盲办1986年编印。（利布）

看着人说话

彝族生活歌。流传于四川省昭觉县彝族地区。这是常用于彝族喜庆场合上表演的一种说唱词，用传统的哲理来劝训人们在处理各种事物时，要根据不同的情况，制订计策和谋略，避免闹笑话。

佚名演唱，吉子以者、吉韦克迪记录。收入《克哲》，32开，2页，28行，昭觉县文教局扫盲办1986年编印。（利布）

活着苦

彝族生活歌。流传于四川省昭觉县彝族地区。这是常用于各种热闹场合上表演的说唱词，本段唱词主要以夸张的语言，形象的比喻，告诫辩方在强者面前弱者难以施展自己的才华，活着苦。如“恶鹰出没的地方，仔猪鸡崽难成活，黑熊出没的地方，山坡上的荞捆遭了殃。”

佚名演唱，吉子以者、吉韦克迪记录。收入《克哲》，32开，2页，23行，昭觉县文教局扫盲办1986年编印。（利布）

莫逞能

彝族生活歌。流传于四川省昭觉县彝族地区。这是常用于喜庆场合上演唱的说唱词，借用前人名言、名物来劝训辩手，告诫对手在我这个能人面前莫逞能，谨防遇到克星而出丑。如“公鸡在处鸡崽打鸣，打鸣谨防翅膀被折断”“牯牛面前，仔牛莫抵角，谨防牛角被抵断。”

佚名演唱，吉子以者、吉韦克迪记录。收入《克哲》，32开，2页，29行，昭觉县文教局扫盲办1986年编印。（利布）

没话说

彝族生活歌。流传于四川省昭觉县彝族地区。这是常用于各种喜庆场合上表演的唱词，主要以哲理的唱词、形象的比喻，劝训对手不要重复已唱过的唱词，重复意味着无本事，没有新颖的内容，打动不了人，如有能耐有本事，就要唱新词。

佚名演唱，吉子以者、吉韦克迪记录。收入《克哲》，32开，1页，27行，昭觉县文教局扫盲办1986年编印。（利布）

没有一个是空闲的

彝族生活歌。流传于四川省昭觉县彝族地区。这是常用于喜庆场合上表演的唱词，赞美秀丽的高山、辽阔的草原，称赞它们各自的功能，都有与众不同的生命力。如："屋后的山坡没有一处是空闲的，山顶要么有云雀鸣，山腰要么放牛羊，山脚要么撒荞。"

佚名演唱，吉子以者、吉韦克迪记录。收入《克哲》，32开，2页，33行，昭觉县文教局扫盲办1986年编印。（利布）

不雅观

彝族生活歌。流传于四川省昭觉县彝族地区。这是常用于婚礼场合上表演的说唱词，主要内容是以诙谐风趣的语言，贬斥有损于传统习俗的种种陋俗。如"老人身穿白裤的不雅观，小伙手执拐杖的不雅观""姑娘说说笑笑的不雅观，小伙强词夺理的不雅观"。

佚名演唱，吉子以者、吉韦克迪记录。收入《克哲》，32开，1页，16行，昭觉县文教局扫盲办1986年编印。（利布）

依靠我

彝族生活歌。流传于四川省昭觉县彝族地区。这是常用于彝族婚丧嫁娶场合上表演的说唱词，用珠联、夸张的修辞手法，自诩自己是万能的人，什么都要依靠着我，向我学习，向我讨教。依靠我的人好处多，依靠我的人学识超群。

佚名演唱，吉子以者、吉韦克迪记录。收入《克哲》，32开，1页，16行，昭觉县文教局扫盲办1986年编印。（利布）

贤能的我们

彝族生活歌。流传于四川省昭觉县彝族地区。唱词用幽默、风趣的词，自我吹嘘给对方听。如"贤能的我们，见识的东西胜过名人阿斯木呷；贤能的我们，文雅懂礼超过阿伊错品；贤能的我们，勇敢凶狠胜过林中虎狼；贤能的我们，翩翩起舞比过上下翻飞的鹞鹰。"

佚名演唱，吉子以者、吉韦克迪记录。收入《克哲》，32开，2页，25行，昭觉县文教局扫盲办1986年编印。（利布）

枉自有名气

彝族生活歌。流传于四川省昭觉县彝族地区。唱词用赞美、颂扬的词句，夸奖辩方。语句比喻巧妙，所唱的内容与彝族的生活习俗融为一体，使人赞叹。如"听说拥有三百牛群在坡上，听说牧有三百肥猪在河边，听说养有三百羊群在林中，听说放有三百鸡群在坝上"。

佚名演唱，吉子以者、吉韦克迪记录。收入《克哲》，32开，2页，36行，昭觉县文教局扫盲办1986年编印。（利布）

不用夸

彝族生活歌。流传于四川省昭觉县彝族地区。歌词通过训词哲理来阐明各种道理，告诉辩方不要自夸，好孬自有人评说。语句朴实，很有哲理性。

如唱词："莫夸奖自家族，捐物纳礼就知道；莫夸奖自家亲，骑上马儿就知道；莫夸奖自家妻，接物待客就知道；莫夸奖自家儿，陪伴朋友就知道。"

佚名演唱，吉子以者、吉韦克迪记录。收入《克哲》，32开，2页，30行，昭觉县文教局扫盲办1986年编印。（利布）

大伯大姊

彝族生活歌。流传于川滇大、小凉山彝族地区。用对唱的形式，唱述了彝族民歌独特的内容和形式，阐明了生活是文艺的基础这样一个深刻道理。

铁依妞罗等演唱，李明珍记录，阿余铁日翻译。收入《雷波县民歌集成》（第一册），16开，2页，22行，四川省雷波县文化馆1984年编印。（时长日黑）

舅舅家的财产多

彝族生活歌。流传于川滇大、小凉山彝族地区。唱述了舅舅家家产殷实的情况，反映了彝族以舅为大的传统，抒发了对父母的怜爱之情，说明人间的不平等。

刘阿牛演唱，陈锦屏等记录，杨光平翻译。收入《雷波县民歌集成》（第二册），16开，2页，24行，四川省雷波县文化馆1984年编印。（时长日黑）

悲情小鸟

彝族生活歌。流传于川滇大、小凉山彝族地区。唱述路边筑巢的小鸟孤独可怜的悲切生活，以此比喻女儿婚姻的不幸，反映了旧婚姻制度的黑暗。

铁衣木克演唱，李明珍记录，阿余铁日翻译。收入《雷波县民歌集成》（第一册），16开，3页，19行，四川省雷波县文化馆1984年编印。（时长日黑）

做嫁妆

彝族生活歌。流传于川滇大、小凉山彝族地区。通过唱述做嫁妆的过程和彝族美丽的服饰，表达了少女对美好生活的向往。

妞达进等演唱，李明珍记录，阿卢夫妹翻译。收入《雷波县民歌集成》（第三册），16开，1页，15行，四川省雷波县文化馆1987年编印。（时长日黑）

树叶飞到远方去

彝族生活歌。流传于川滇大、小凉山彝族地区。唱述姑娘的美丽和远嫁他乡后的忧伤之情。

妞达进等演唱，李明珍记录，阿卢夫妹翻译。收入《雷波县民歌集成》（第三册），16开，2页，8行，四川省雷波县文化馆1987年编印。（时长日黑）

思念阿角哟

彝族生活歌。流传于川滇大、小凉山彝族地区。唱述远嫁他乡的姑娘对亲人的思念之情及婚后的不幸生活，反映了旧婚姻制度给彝族妇女带来的危害。

阿卢夫哈演唱，阿卢夫妹记录、翻译。收入《雷波县民歌集成》（第三册），16开，2页，29行，四川省雷波县文化馆1987年编印。（时长日黑）

拉格家三女儿的婚姻

彝族生活歌。流传于川滇大、小凉山彝族地区。通过唱述拉格家三个女儿的不同婚姻，表达彝族的幸福观和向往美好生活的愿望。

收入彝文版《勒俄阿莫》（母史篇），16开，2页，45行，盐源县语委1986年编印。（时长日黑）

哭嫁女

彝族生活歌。流传于川滇大、小凉山彝族地区。歌谣通过回忆女儿童年时在母亲身边的欢乐场面，表达了母亲对女儿的不舍之情。

佚名演唱，马志强记录。收入《彝族妇女歌谣》（彝文版），32开，12页，140余行，四川民族出版社1988年版。（时长日黑）

英雄木呷

彝族生活歌。流传于川滇大、小凉山彝族地区。这首歌以盾、矛、弓等武器用途作为描写对象，塑造了英雄木呷英勇奋战的形象。

佚名演唱，马志强记录。收入《彝族妇女歌谣》（彝文版），32开，5页，60行，四川民族出版社1988年版。（时长日黑）

跟着倒霉

彝族生活歌。流传于川滇大、小凉山彝族地区。唱述相互联系的事物之间因主客观因素的制约而相互影响的道理。认为奴隶社会制度是彝族妇女悲惨生活的真正祸手。

佚名演唱，马志强记录。收入《彝族妇女歌谣》（彝文版），32开，4页，50行，四川民族出版社1988年版。（时长日黑）

阿呷芝芝

彝族生活歌。流传于川滇大、小凉山彝族地区。由欢歌和悲歌两部分组成。唱述了阿呷芝芝在父母膝下生活的幸福及出嫁后生活的艰辛，控诉了旧婚姻制度给彝族妇女带来的不幸和痛苦，塑造了一个不喜欢夫家又被迫出嫁的彝族妇女形象，表达了彝族妇女对婚姻自主的强烈愿望。

佚名唱述，马志强记录。收入《彝族妇女歌谣》（彝文版），32开，6页，90行，四川民族出版社1988年版。（时长日黑）

妈妈的儿子

彝族生活歌。流传于川滇大、小凉山彝族地区。以叙述式的语言，追忆了“妈妈的儿子”年富力强时的勤劳和勇敢，以及对如今年迈体弱的叹息。

冷中日力唱述，王子拉记录、翻译。收入《普格县彝族民间歌谣集成》，16开，1页，13行，普格县“三套集成”小组1987年编印。（时长日黑）

秋岭叶变黄

彝族生活歌。流传于川滇大、小凉山彝族地区。唱述四季交替给自然界带来的变化及对人的精神的影响，表达人和事物之间的密切关系及其发展规律。

阿凉莫依力演唱，王子拉记录、翻译。收入《普格县彝族民间歌谣集成》，16开，1页，7行，普格县“三套集成”小组1987年编印。（时长日黑）

交往的朋友

彝族生活歌。流传于川滇大、小凉山彝族地区。唱述朋友之间应以诚相待，互敬互爱，勉励人们多交朋友，少树敌人。

吉比呷力唱述，王子拉记录、翻译。收入《普格县彝族民间歌谣集成》，16开，1页，13行，普格县“三套集成”小组1987年编印。（时长日黑）

火把节歌

彝族生活歌。流传于川滇大、小凉山彝族地区。唱述了火把节期间开展的斗牛、赛马、摔跤等传统娱乐文体活动的场面。表达了人们希望五谷丰登、六畜兴旺的强烈愿望。

吉欧莫色作唱述，王子拉记录、翻译。收入《普格县彝族民间歌谣集成》，16开，2页，26行，普格县“三套集成”小组1987年编印。（时长日黑）

欢欢乐乐唱年歌

彝族生活歌。流传于川滇大、小凉山彝族地区。彝族年歌。唱述彝族年的欢乐场景，祈愿子孙后代吉祥如意，五谷丰登。

郑日力唱述，王子拉记录、翻译。收入《普格县彝族民间歌谣集成》，普格县“三套集成”小组1987年编印。（时长日黑）

幸福种种

彝族生活歌。流传于川滇大、小凉山彝族地区。唱述人间各种幸福的情景，表达彝族人民追求幸福的强烈愿望，体现彝族对幸福含义的理解。

威莫阿洛唱述，王子拉记录、翻译。收入《普格县彝族民间歌谣集成》，32开，3页，30行，普格县“三套集成”小组1987年编印。（时长日黑）

孤儿友呷

彝族生活歌。流传于川滇大、小凉山彝族地区。唱述奴隶孤儿友呷把别人对自己的蔑视作为奋斗的动力，勇于开拓，终于过上有饭吃、有衣穿的“富人生活”的历程，反映了奴隶社会时期奴隶的悲惨生活及其勇于斗争的精神。

沈伍己搜集、整理。收入《凉山彝族传统民歌》（彝文版），32开，16页，260行，四川民族出版社1990年版。（时长日黑）

团结

彝族生活歌。流传于四川省喜德县彝族地区。聚会场所唱词。歌中唱道：“天上的大雁最团结，头雁向哪众雁紧相随；地上的绵羊最团结，头羊向哪众羊紧跟随；路边的蚂蚁最团结，千只万只一线牵。人不在多而在团结，团结御敌敌溃逃，团结待客客感动。”表达团结的重要性。

海乃姆嘎唱述，喜德县文教局、语委记录整理。收入《彝族尔比克哲和故事》（彝文版），32开，2页，41行，喜德县文教局、语委1980年编印。（杨阿洛）

不学者不懂

彝族生活歌。流传于四川省喜德县彝族地区。歌词喝道：“铁匠不学艺，铁砧伤膝盖；祭司不学艺，神枝戳眼睛；苏尼不学艺，鼓槌砸额头；姑娘不学艺，纺线如筷粗。”用朴素浅显的语言强调学习知识的重要性。

吉尼姆且唱述，喜德县文教局、语委记录整理。收入《彝族尔比克哲和故事》（彝文版），32开，2页，41行，喜德县文教局、语委1980年编印。（杨阿洛）

因为

彝族生活歌。流传于四川省喜德县彝族地区。聚会场所唱词。歌中唱道：“因为山高林密，百兽才欢聚在这里；因为水草丰美，羊儿撒欢在惹夫火机；因为坝子肥沃，大雁才在兹兹普乌落脚；因为河水清澈，鱼儿水獭才在拉哈河中同生存。”以此说明事物的发生总是有原因的。

乌尼唱述，喜德县文教局、语委记录整理。收入《彝族尔比克哲和故事》（彝文版），32开，2页，13行，喜德县文教局、语委1980年编印。（杨阿洛）

没有十全十美

彝族生活歌。流传于四川省喜德县彝族地区。聚会场所唱词。歌中唱道：“再聪明的辩手也没长九根舌，再快的骏马也没长九条腿，再机敏的猎狗也没长九孔鼻，再勇敢的人也没长九颗心。”用浅显直白的语言说明任何事物都有局限性的哲理。

海乃姆嘎唱述，喜德县文教局、语委记录整理。收入《彝族尔比克哲和故事》（彝文版），32开，1页，15行，喜德县文教局、语委1980年编印。（杨阿洛）

曾到过

彝族生活歌。流传于四川省喜德县彝族地区。喜事场所唱词。歌中唱道：“我们曾到过猜属地方取来野人婆的指甲作护身符，从此打仗不怕死；我们曾到过藏区取来铜盔头上戴，从此风雨雷电全不怕；我们曾到过史尔克哈见过大世面，从此婚丧嫁娶赛说无敌手。”以夸张诙谐的手法说明开阔眼界的重要性。

佚名唱述，喜德县文教局、语委记录整理。收入《彝族尔比克哲和故事》（彝文版），32开，1页，14行，喜德县文教局、语委1980年编印。（杨阿洛）

没奈何

彝族生活歌。流传于四川省喜德县彝族地区。以俏皮的语言列举人生旅途中的种种无奈聊以自慰。歌中唱道：“天寒地冻珍珠被冻裂，你说能怨谁？七月流火绸缎遭虫蛀，你说能怨谁？高山风暴折杉腰，你说能怨谁？山洼旋风倾雁巢，你说能怨谁？”

瓦果唱述，喜德县文教局、语委记录整理。收入《彝族尔比克哲和故事》（彝文版），32开，1页，16行，喜德县文教局、语委1980年编印。（杨阿洛）

不相识

彝族生活歌。流传于四川省喜德县彝族地区。婚礼说唱词。强调互相交往、沟通的重要性。歌中唱道：“鸿鹄同生在谷绰绰火，但鸿也不认识鹄，鹄也不认识鸿，喜鹊来当介绍人，从此鸿鹄相见情殷殷；人类姻亲媒人来说合，亲也笑盈盈，姻也乐哈哈。”

吉尼姆且唱述，喜德县文教局、语委记录整理。收入《彝族尔比克哲和故事》（彝文版），32开，2页，32行，喜德县文教局、语委1980年编印。（杨阿洛）

赛说

彝族生活歌。流传于四川省喜德县彝族地区。聚会场所唱词，夸赞说唱人的聪慧。歌中唱道：“说得夜空出了满天星，说得原野一片绿，说得水中鱼儿跃，说得崖上蜜蜂唱欢歌，说得平地石头滚，说得姑娘乐开花，说得太婆笑哈哈。”形象而生动地描绘出出色的赛说者击败一个个对手的情景。

巴久达且唱述，喜德县文教局、语委记录整理。收入《彝族尔比克哲和故事》（彝文版），32开，2页，46行，喜德县文教局、语委1980年编印。（杨阿洛）

悲苦事

彝族生活歌。流传于四川省喜德县彝族地区。聚会场所说唱词。唱述人生一些悲苦事件。歌中唱道：“混在山羊中的绵羊最悲苦，天寒地冻火烧房子最悲苦，饥荒时节母亲去世最悲苦，出嫁遭遇恶公婆的姑娘最悲苦。”

西朵阿依唱述，喜德县文教局、语委记录整理。收入《彝族尔比克哲和故事》（彝文版），32开，2页，22行，喜德县文教局、语委1980年编印。（杨阿洛）

来自

彝族生活歌。流传于四川省喜德县彝族地区。聚会场所唱词。歌中唱道：“大雁阿芝来自谷绰绰火，孔雀出自依诺谷介，黑色的狐狸来自介叶硕诺，花脖的水獭来自依古所罗，花翅喜鹊来自斯果曲涅，斑斓花豹出自日布介乌，巨型黄蜂出自瓦皮勒久，山林布谷出自阿布洛罕，骏马丹理阿作出自机曲拉达。”以此介绍彝区风物，既有知识性又有趣味性。

俄姆乌芝、吉乌瓦都唱述，喜德县文教局、语委记录整理。收入《彝族尔比克哲和故事》（彝文版），32开，7页，124行，喜德县文教局、语委1980年编印。（杨阿洛）

在一起

彝族生活歌。流传于四川省喜德县彝族地区。婚嫁场所唱词。歌中唱道："油嘴滑舌的云雀寒鸦在一起，贪婪嘴馋的豺狼乌鸦在一起，灵巧狡猾的狐狸兔子在一起。"以此说明物以类聚，人以群分。

海乃果果唱述，喜德县文教局、语委记录整理。收入《彝族尔比克哲和故事》（彝文版），32开，1页，13行，喜德县文教局、语委1980年编印。（杨阿洛）

一物降一物

彝族生活歌。流传于四川省喜德县彝族地区。丧事场所群众唱词。歌中唱道："太阳被云遮，云被劲风吹，风被高山挡，山被野鸡踩，野鸡被鹰叼，鹰脚被绳套，绳被老鼠咬，老鼠被猫吃，猫吃羊油死，羊油日晒化。"以此说明大自然中没有绝对的强者，都是相生相克，一物降一物。

乌萨惹唱述，喜德县文教局、语委记录整理。收入《彝族尔比克哲和故事》（彝文版），32开，2页，26行，喜德县文教局、语委1980年编印。（杨阿洛）

最可爱

彝族生活歌。流传于四川省喜德县彝族地区。聚会场所唱词。歌中唱道："为主人守粮仓的猫最可爱，为主人护院的狗最可爱，为主人扬名的骏马最可爱，催主人早起的公鸡最可爱，为主人添威荣的钢枪最可爱。"以表达人与事物之间的联系。

海乃姆嘎唱述，喜德县文教局、语委记录整理。收入《彝族尔比克哲和故事》（彝文版），32开，2页，20行，喜德县文教局、语委1980年编印。（杨阿洛）

人有几样品，花有几样红

彝族生活歌。流传于四川省喜德县彝族地区。聚会场所唱词。歌中唱道："养儿不一样，贤达的儿子能使仇敌变朋友，愚蠢的儿子却使亲友变仇敌；贤能的女子四方英名传，愚蠢的女子嫁不出。老虎不一样，有占山为王，虎啸震天的，也有躲在谷底吃竹叶的。"以此说明事物的多样性。

西朵阿依唱述，喜德县文教局、语委记录整理。收入《彝族尔比克哲和故事》（彝文版），32开，1页，18行，喜德县文教局、语委1980年编印。（杨阿洛）

相聚

彝族生活歌。流传于四川省喜德县彝族地区。聚会场所唱词，歌中唱道："众多的德诂聚在一起，只有一个辩才最出众；众多的勇士聚一起，只有一个谋略最出众；众多的骏马聚一起，只有一匹步伐最出众。"以此说明只有比较才能鉴别。

俄倮乌哈唱述，喜德县文教局、语委记录整理。收入《彝族尔比克哲和故事》（彝文版），32开，2页，16行，喜德县文教局、语委1980年编印。（杨阿洛）

最可恨

彝族生活歌。流传于四川省喜德县彝族地区。聚会场所唱词。歌中唱道："龙头山上的毒草最可恨，草丛里的毒蛇最可恨，吸血的虼蚤最可恨，挖洞偷粮的老鼠最可恨，不讲信用的无赖最可恨，挑拨离间的小人最可恨。"以此表达彝民的爱憎之情。

俄姆乌芝唱述，喜德县文教局、语委记录整理。收入《彝族尔比克哲和故事》（彝文版），32开，1页，11行，喜德县文教局、语委1980年编印。（杨阿洛）

神奇的农作物

彝族生活歌。流传于四川省喜德县彝族地区。用于聚会场合中的说唱。列举诸如苞谷、燕麦、土豆等农作物的生长习性及其对人类的贡献，寓教于乐。歌中唱道："苞谷出苗像口弦，花开在头顶，结籽在腰如背仔，秸秆喂牛犊，牛犊成牯牛；麦麸喂乳猪，乳猪成肥猪；细面喂小孩，小孩成大人。"

海乃姆嘎唱述，喜德县文教局、语委记录整理。收入《彝族尔比克哲和故事》（彝文版），32开，2页，26行，喜德县文教局、语委1980年编印。（杨阿洛）

夸口

彝族生活歌。流传于四川省喜德县彝族地区。聚会场所唱词。用夸张的比喻、诙谐的语言夸自己坚不可摧。歌中唱道："我们是勒俄鲁乃的磐石，谁也搬不动，谁要搬动我们，必定要折九根撬杠；我们是玛施举乃的金竹，谁也砍不动，谁想砍下我们，必定要折九把镰刀；我们是斯租果乃树，谁也砍不倒，要想砍倒我们，必定累死九个樵夫。"

海乃姆嘎唱述，喜德县文教局、语委记录整理。收入《彝族尔比克哲和故事》（彝文版），32开，2页，35行，喜德县文教局、语委1980年编印。（杨阿洛）

夸张谚语

彝族生活歌。流传于四川省喜德县彝族地区。聚会场所唱词。用巧妙的比喻、夸张的语言表现彝人在困难面前的乐观精神。歌中唱道："我们曾随吃人老虎穿行在拉哈河边，从没伤过身；我们曾随蛇蛙潜水底，从不觉得冷；我们曾随大雁空中飞，翅膀不沾露；我们曾随鼹鼠钻地道，脚爪不沾泥；我们曾随水獭下瀑布，颈毛不沾水；我们曾随五谷钻磨眼，石磨磨不碎。"

海乃姆嘎唱述，喜德县文教局、语委记录整理。收入《彝族尔比克哲和故事》（彝文版），32开，13页，246行，喜德县文教局、语委1980年编印。（杨阿洛）

大话

彝族生活歌。流传于四川省喜德县彝族地区。聚会场所唱词。用诙谐的语言、夸张的比喻逗乐促笑，以营造喜乐氛围。歌中唱道："我啊，能言善辩巧舌如簧胜过阿丝姆嘎，文明贤达胜过阿依绰丕，手脚灵敏胜过树梢嬉戏的猴子。我是虎豹生来就勇猛，我是金曲拉达的骏马达勒阿作……天下没人可与我匹敌。"

海乃姆嘎唱述，喜德县文教局、语委记录整理。收入《彝族尔比克哲和故事》（彝文版），32开，5页，92行，喜德县文教局、语委1980年编印。（杨阿洛）

难聚首

彝族生活歌。流传于四川省喜德县彝族地区。聚会场所唱词。歌中唱道："若不是秋风上山，树叶难聚首；若不是夏日的暴雨，树木石头难聚首；若不是汉区的集镇，彝人汉人难聚首；若不是惹夫火机的草坡，九群羊儿难聚首。"表达相聚的不易。

海乃姆嘎唱述，喜德县文教局、语委记录整理。收入《彝族尔比克哲和故事》（彝文版），32开，2页，28行，喜德县文教局、语委1980年编印。（杨阿洛）

山歌出在淤泥河

彝族生活歌。流行于贵州省盘县彝族地区。唱述自然景观、民俗人文、历史传统、民间奇趣等内容，表达了当地彝族群众热爱家、热爱本民族文化的情怀。其中唱道："山歌出在淤泥河，人去背来马去驮。前头去了三匹马，后头还有九囤箩。"

段胜高、兰爱菊唱述，柳光华、李家耀录音整理。收入《山歌出在淤泥河》，32开，3页，84行，人民日报出版社2005年版。（柳远胜　张雪梅　杜良高）

读书写字歌

彝族生活歌。流行于贵州省盘州市彝族地区。唱述男女青年相互激励、求学上进，相互告诫珍惜年少勤读书，知识远比黄金贵等内容。其中唱道："万两黄金会用尽，笔墨随身胜宝珠。"

康少先、兰爱菊唱述，李家耀录音整理。收入《山歌出在淤泥河》，32开，1页，40行，人民日报出版社2005年版。（柳远胜　张雪梅　杜良高）

老人歌

彝族生活歌。流行于贵州省盘州市彝族地区。唱述老人留恋青年时代的怀旧情绪。歌中唱道："老老人来老老人，老了葫芦干了藤，老了葫芦瘪了籽，花园留给后代人。"

段胜高、王桂芝唱述，李家耀录音整理。收入《山歌出在淤泥河》，32开，1页，12行，人民日报出版社2005年版。（柳远胜　张雪梅　杜良高）

罩子歌

彝族生活歌。流行于贵州省盘州市彝族地区。唱述夫妻不怕困难险阻相爱到老的决心。歌中唱道："罩子雾雾地不明，一只阳雀树间行，夫妻恩爱情义重，不爱不如打单身。"

段胜高、兰爱菊唱述，李家耀录音整理。收入《山歌出在淤泥河》，32开，3页，80行，人民日报出版社2005年版。（柳远胜　张雪梅　杜良高）

赌钱歌

彝族生活歌。流行于贵州省盘州市彝族地区。唱述赌徒从正月开始到腊月十二个月专注赌博，不务正业，不仅延误农事，而且最后两手空空、一无所有后咬破中指发誓"二世投胎不赌钱"的感叹过程，意在告诫人们赌博有害，远离赌博，踏实做事才是正道的道理。歌中唱道："腊月赌钱了一年，灶上没得四两盐，咬破中指发个誓，二世投胎不赌钱。"

康少先、王桂芝唱述，李家耀录音整理。收入《山歌出在淤泥河》，32开，2页，48行，人民日报出版社2005年版。（柳远胜　张雪梅　杜良高）

劝妹歌

彝族生活歌。流行于贵州省盘州市彝族地区。唱述一个嫁给赌博男人的妇女所受的痛苦。说明赌博的六大害处，劝诫妇女择偶不能选择赌徒。歌中唱道："嫁夫莫嫁赌钱郎，犹如寡妇守空房，白天不见搞生产，晚上不见在身旁。"可供研究彝族择偶观做参考。

段胜高、兰爱菊唱述，李家耀录音整理。收入《山歌出淤泥河》，32开，1页，19行，人民日报出版社2005年版。（柳远胜　张雪梅　杜良高）

拐妹歌

彝族生活歌。流行于贵州省盘州市彝族地区。唱述一个男人从正月到腊月精心体贴自己的恋人，感动恋人与其结成美满姻缘的过程。歌中唱道："腊月拐妹同家乡，姊妹二人好安然，姊妹团聚同欢笑，鸳鸯相配得长久。"

段胜高、王桂芝唱述，李家耀录音整理。收入《山歌山在淤泥河》，32开，1页，22行，人民日报出版社2005年版。（柳远胜　张雪梅　杜良高）

放羊歌

彝族生活歌。流行于贵州省盘州市彝族地区。唱述牧羊人从正月牧羊到腊月十二个月间的艰辛过程。歌中唱道："腊月放羊满一年，放羊之人好可怜，三十晚上算一账，身上不得半文钱。"

段胜高、兰爱菊唱述。收入《山歌出在淤泥河》，32开，2页，48行，人民日报出版社2005年版。（柳远胜　张雪梅　杜良高）

尼尼波古歌

彝族生活歌。流传于四川省凉山彝族自治州。

全歌共五首，每首句数和字数不等，歌中以妈妈教育女儿的口吻，唱出了妈妈对女儿的期望：女儿长大了，妈妈把女儿打扮得如花似玉，教育女儿要稳重端庄，不要轻易被异性的外表所迷惑，一旦许错了终身，将后悔一辈子。如遇上了中意的人就应忠诚，要有同甘共苦的品德。

朱叶记录、翻译。载《南风》1982年第6期，16开，2页，120行，贵州省文联1982年编印。（罗德显）

七 时政歌

逼得彝家进深山

彝族时政歌。流传于云南省巍山彝族回族自治县彝族地区。唱述旧社会彝人受官家压迫的苦情。歌词是："好田好地彝家开，好梨好桃彝家栽，土官无理全霸占，逼得彝家躲深山。"

佚名唱述，罗扬奇搜集、整理。收入《云南民间文学集成·巍山彝族回族自治县民间歌谣集成》，32开，1页，4行，巍山彝族回族自治县民间文学集成办公室1989年编印。（段葵）

庄稼熟了不敢收

彝族时政歌。流传于云南省巍山彝族回族自治县彝族地区。唱述旧社会农民受地主剥削的苦情。歌词是："庄稼熟了不敢收，要等庄主来分摊。田里谷子金波黄，家里饿死老亲娘。"

佚名唱述，罗扬奇搜集、整理。收入《云南民间文学集成·巍山彝族回族自治县民间歌谣集成》，32开，1页，4行，巍山彝族回族自治县民间文学集成办公室1989年编印。（段葵）

一齐打打不够交皇粮

彝族时政歌。流传于云南省巍山彝族回族自治县彝族地区。唱述旧社会农民受压迫剥削的苦情。歌词是："小麦青大麦黄，一齐打打不够交皇粮。今年望着明年好，讨饭还在外后年。"

佚名唱述，罗扬奇搜集、整理。收入《云南民间文学集成·巍山彝族回族自治县民间歌谣集成》，32开，1页，4行，巍山彝族回族自治县民间文学集成办公室1989年编印。（段葵）

孕妇上皇粮

彝族时政歌。流传于云南省巍山彝族回族自治县彝族地区。歌谣唱述旧社会农民受压迫剥削的苦情。歌词是："丈夫去当兵，婆婆病在床，两个娃娃肚子饿，孕妇急得团团转，小产死在三台坡。"

李桂九唱述，杨凤洲搜集、整理。收入《云

南民间文学集成·巍山彝族回族自治县民间歌谣集成》，32开，1页，5行，巍山彝族回族自治县民间文学集成办公室1989年编印。（段葵）

李文学结婚山歌

彝族时政歌。流传于云南省南涧彝族自治县彝族地区。李文学是清末农民起义领袖，彝族，祖籍在南涧彝族自治县。此歌借李文学结婚的场景，歌颂其起义的功绩。共四段，每段第一、二句均为："大白骡子金铃锵，荷叶草帽银鼓弹。"各段后两句依次为："人马刀枪多威武，好像天宫降下凡。""帮工不是命生成，小姐不是凤凰卵。""从前叫你阿娘不答应，今日讨你做新娘。""山山洼洼归我管，不消交租不纳粮。"

吴怀联唱述，潘吉宇搜集、整理。收入《南涧民间文学集成》，32开，2页，16行，云南民族出版社1987年版。（段葵）

骂县官

彝族时政歌。流传于云南省元江哈尼族彝族傣族自治县彝族地区。歌谣唱述民国时期县官贪赃枉法，使元江县城变得又乱又脏的惨景。歌中唱道："县官贪赃，百姓遭殃，苛捐杂税，装进私囊。不搞城建，不治臭脏，只管享乐，不管城荒。县城四野，又臭又脏，杂草丛生，垃圾如山。污水四流，腥气冲天，苍蝇蚊子，满城叫唤。赃官不理，贪官不看，城建无绩，破败不堪。苦居热城，悲伴荒凉，元江百姓，惆怅满腔，都骂县官，去见阎王。"

杨正清唱译，宋自华记录、整理。载《礼社江》文艺报"歌谣专版"，26行，元江哈尼族彝族傣族自治县文化馆1986年10月30日编印。（宋自华）

管你百姓苦不苦

彝族时政歌。流传于云南省江川县彝族地区。歌谣对旧社会地方官吏的丑恶形象予以揭露、斥责，语句精练，含义深刻。歌词为："乡长保长凶如虎，小小甲长更恶毒；每月摊派数十回，管你百姓苦不苦。"

普开红唱述，杨忠友、李志忠、戴琼凤搜集、整理。收入《江川县民间文学集成》，32开，1页，4行，云南人民出版社1997年版。（普开福）

奴隶的锁链

彝族时政歌。流传于四川省越西县彝族地区。歌谣控诉奴隶社会的苦难和对自由的向往。歌中唱道："老鹰在蓝天飞翔，它的影子落在鸡身上；老熊在远方的山林里，它的脚印落在荞麦花上；奴隶主住在高大的房子里，它的锁链扣在奴隶们的脖子上。"

木洛克其唱述，王学仁采录。收入《凉山民间文学集成》（上，歌谣卷），32开，1页，6行，西南交通大学出版社1993年版。（李坤）

细雨，松下

彝族时政歌。流传于云南省江川县彝族地区。歌谣反映旧社会官府和地主对百姓剥削严重，种粮者无粮吃的境况。歌词为："细雨，松下，谷熟米涨价；小娃要吃饭，两口子打架。"选择的事物巧妙精当，表现角度独到，让人一目了然，给人深刻印象。

江川县安化乡新庄村群众唱述，杨忠友、李志忠、戴琼凤搜集、整理。收入《江川县民间文学集成》，32开，1页，4行，云南人民出版社1997年版。（普开福）

山里人，苦难挨

彝族时政歌。流传于云南省江川县彝族地区。这是一首诉苦愤世的歌谣，唱述旧社会人们靠打柴、背柴去卖换米度日的苦难生活情景。语句虽然简短，但形象生动，朗朗上口。歌词为："山里人，苦难挨，男女老少找烧柴；柴不去，米不来，脊背背起鞍花来。”

普日光唱述，杨忠友、李志忠、戴琼凤搜集、整理。收入《江川县民间文学集成》，32开，1页，6行，云南人民出版社1997年版。（普开福）

阿依妞牛

彝族时政歌。流传于四川省美姑县彝族地区。歌谣唱述旧社会包办婚姻给妇女带来的危害，并表达对自主婚姻的向往。歌谣唱道：“人家女子婚姻能自主，觅得丈夫称心又如意，娇妻也爱贤夫，贤夫也恩爱娇妻，有脚同步走，情同又合意，夫妻携手建家立业。我父愚蠢仍施旧婚俗，我母愚昧遵循旧礼俗，我虽有理想却难实现自主，我这个可怜的妞牛哟，旧婚俗似铁锁链，仍在我妞牛颈上束，我妞牛的身子虽解放，却难解除妇女旧婚习。”

王文英唱述，吉利乌合采录，利布、沐涛翻译，收入《凉山民间文学集成》（上，歌谣卷），32开，2页，38行，西南交通大学出版社1993年版。（李坤）

衙门面前一把刀

彝族时政歌。流传于云南省巍山彝族回族自治县彝族地区。唱述旧社会官府的苛刻剥削。歌词是：“衙门面前一把刀，燕子过路要掉毛。大堂无田米堆满，二堂无地粮成山。”

佚名唱述，罗扬奇搜集、整理。收入《云南民间文学集成·巍山彝族回族自治县民间歌谣集成》，32开，1页，4行，巍山彝族回族自治县民间文学集成办公室1989年编印。（段葵）

农夫肚里响饥肠

彝族时政歌。流传于云南省巍山彝族回族自治县彝族地区。歌词共四段，每段四行。歌谣以四季的物候和农事开头，将农夫与财主的生活进行对比，唱述农夫的苦情和怨愤。歌中唱道：“桃树开花柳吐翠，细雨纷纷微风吹。农夫耕田粗气喘，财主优游发虎威。地皮发烫知了叫，太阳热辣像火烤。农夫汗流锄禾急，财主摇扇闲无聊。”

李九妹唱述，李永英搜集、整理。收入《云南民间文学集成·巍山彝族回族自治县民间歌谣集成》，32开，2页，16行，巍山彝族回族自治县民间文学集成办公室1989年编印。（段葵）

哈巴坐轿

彝族时政歌。流传于云南省巍山彝族回族自治县彝族地区。“哈巴”指汉人官吏。唱述轿夫忍受不了轿上官吏的打骂而将官吏摔死的情景。歌词是：“哈巴闲得发疯狂，腊罗抬你到处玩。哈巴轿上笑哈哈，腊罗累得大汗淌。哈巴不住叫嚷嚷‘快跑快跑真好玩。’走得慢了他就骂，还用皮鞭把人伤。腊罗再也难忍受，胸中冒起火三丈。‘这个老贼心肠坏，何不将他来惩办。’腊罗前后一商量，把他丢下采石场。轿子砸成粉样碎，脑袋摔成十八瓣。”

罗正周唱述，罗扬奇搜集、整理。收入《云南民间文学集成·巍山彝族回族自治县民间歌谣集成》，32开，2页，16行，巍山彝族回族自治县民间文学集成办公室1989年编印。（段葵）

顶兵调

彝族时政歌。流传于云南省南涧彝族自治县彝族地区。十二月调，每月一段。用第一人称唱述顶兵的苦情和反叛。十二段按事件发展的顺序铺陈：顶兵、发枪、上路、别爹、别妈、别哥、别嫂、别妹、别妻、到省、反叛、返乡。顶兵者经过妻离子散的悲痛和挨打受骂的军营遭遇，最后不得已而反叛。歌中唱道：“冬月顶兵受苦寒，调转枪口打老蒋，打倒老蒋好走路，天下穷人要翻身。”

罗宗仁唱述，邓承礼、杨万忠搜集、整理。收入《南涧民间文学集成》，32开，3页，50行，云南民族出版社1987年版。（段辰）

一只手

彝族时政歌。流传于云南省大姚县彝族地区。此歌以一个彝族妇女的口吻，唱出了国民党抓丁给人民带来的深重灾难。一个女人上要侍奉公婆，下要抚养幼儿，柴米油盐的价钱一天天上涨，苛捐杂税一天比一天多，丈夫被抓丁命丧战场，只剩她孤身一人在风里雨里独撑一个苦难的家庭。

永功唱述，赵楠记录。收入《云南楚雄民族民间音乐》，32开，1页，15行，云南人民出版社1982年版。（钱丽云　朱琚元）

野猪最讨嫌

彝族时政歌。流传于云南省大姚县彝族地区。歌中唱道："野猪最讨嫌，出来害庄稼；豺狼最凶狠，出来吃羊群；土官出来要害人，彝族人民不安宁。"以凶狠的野猪、豺狼比喻土官，反映了旧社会彝族人民受尽土官剥削和压迫的困苦生活。

杨森唱述，周志列记录。收入《云南楚雄民族民间音乐》，32开，1页，6行，云南人民出版社1982年版。（钱丽云　朱琚元）

吹洋烟

彝族时政歌。流传于云南省华宁县彝族地区。歌谣唱述旧社会穷人家被大烟坑害的状况，表达了无可奈何的内心苦衷。歌中唱道："穷苦人家吹大烟，三个土基搭烟铺。两个死狗弯一处，吹来吹去找死路。"

白会仙、普桂芬唱述，赵钢搜集、整理。收入《云南民间文学集成·华宁县集成卷》，32开，2页，24行，华宁县民委、文化局、文化馆1989年编印。（普开福）

吹洋烟调

彝族时政歌。流传于云南省华宁县彝族地区。多为七字一句，四句一节。每节以农历正月至腊月这十二个月份开头，唱述旧社会穷人家被大烟坑害的惨状，表达无可奈何的内心苦衷。歌中唱道："七月里，秋风凉，不吹洋烟脚杆酸。三口洋烟吹下肚，加杆硬成小本桩。""九月里，是重阳，没有烟吹卖婆娘。婆娘价值三十两，好好买杆大平检。"

李兴友唱述，赵振纪、普国盛搜集、整理。收入《云南民间文学集成·华宁县集成卷》，32开，2页，24行，华宁县民委、文化局、文化馆1989年编印。（普开福）

洋烟开花矮夺夺

彝族时政歌。流传于云南省通海县彝族地区。歌谣借歌舞活动宣传吸鸦片烟的危害，表达青年吸食鸦片上瘾之后的无奈。歌中唱道："洋烟开花矮夺夺，吹上洋烟不奈何，不是爹妈坑害我，自搬石头自打脚。"

普建芬唱述，崎松、李安明采录。收入《玉溪民歌》，32开，1页，8行，云南民族出版社2001年版。（普开福）

莫嫁吹烟郎

彝族时政歌。流传于云南省元江哈尼族彝族傣族自治县彝族地区。歌谣唱述了抽大烟带来的危害。歌中唱道："洋烟开花白茫茫，有女莫嫁吹烟郎，一旦嫁了吹烟郎，苦海无边痛断肠。洋烟开花白茫茫，有女莫嫁吹烟郎，吹死多少英雄汉，抱着烟枪把命丧。洋烟开花白茫茫，有女莫嫁吹烟郎，毁了多少好家园，田地房产被吹光。洋烟开花白茫茫，有女莫嫁吹烟郎，气病多少老父母，气死多少好姑娘。"

普生妹唱译，宋自华记录、整理。载《礼社江》文艺报第3版，20行，元江哈尼族彝族傣族自治县文化馆1985年编印。（宋自华）

八 情歌

念君

彝族情歌。流传于云南省宁洱哈尼族彝族自治县。表现了女子痛苦的相思情：女子极力美化情郎，并对他深切思念，以至于病魔缠身，希望自己死后能跟情郎永不分离。歌词七字一句，四句一节。歌中唱道："一更念君受孤凄，二更念君冷阴阴。三更入迷做长梦，四更流泪到鸡鸣。""念君身穿一身青，手摆扇子脚步轻，走过深潭龙摆尾，走过长街人动心。""为了念君病在身，九分死去一分生，临死得见君一面，妾身死后闭眼睛。情书未尽笔落台，忧忧走上望乡台，凤凰山上共坟墓，红漆桌子共灵牌。"

李正雄唱述，杨益林、陈珂搜集。收入《普洱民族民间歌谣集》，32开，2页，40行，普洱哈尼族彝族自治县民委、文化馆1987年编印。（施文志）

十看郎

彝族情歌。流传于云南省宁洱哈尼族彝族自治县彝族地区。以初一到初十共十次到情郎家探望为叙事和抒情的线索，交代情郎从生病到死亡、安葬的过程，抒发女主人公对情人的挚爱和思念。歌词七字一句，四句一节。歌中唱道："初一早晨去上街，望见小郎病歪歪，问声小郎咋个耶？茶山路上惹病灾。初二早上去看郎，我郎病倒在木床，上身摸摸滚滚烫，下身摸摸不退凉。""初六早上看我郎，郎归阴府妹凄凉，从此难见郎的面，只见一副柏木棺。""初十早上去上坟，天阴下雨黑沉沉，叫声小郎你放心，守孝三年才嫁人。"

张晋唱述，陈发达搜集。收入《普洱民族民间歌谣集》，32开，2页，40行，普洱哈尼族彝族自治县民委、文化馆1987年编印。（施文志）

十二姊妹

彝族情歌。流传于云南省景东彝族自治县彝族地区。以蜜蜂比喻男子，以花比喻女子，借唱十二个月花名，表达青年男女的爱慕之情。歌词以七字句为主，四句一节（仅第一节为六句），共十一节。歌中唱道："正月逢春迎春花，花园丛中是妹家，蜜蜂采花来路远，天天歇在冷地下，哪个大姐情意好，捡进花园捂热他。二月里百花开，不是哥栽是妹栽，一红二白簇花园，簇花园中牡丹开。""十月里雪花开，雪花开放等人来，只盼雪花快开放，春天一到蜜蜂来。冬月腊月无花采，天公送子下凡来，一送男子一小对，二送女子一小双。"

李发林唱述，陶明贵记录。收入《景东民间歌谣》，32开，2页，44行，景东彝族自治县民委、文化局、文化馆1988年编印。（施文志）

十二杯酒（一）

彝族情歌。流传于云南省昭通市彝族地区。唱述一对自由恋爱的男女青年相识、相爱、幽会、离别的过程。他们通过喝十二杯酒抒发情感，每喝一杯酒主人公抒发的情感更进一步，直至爱情成熟，两人双双进入红罗帐，又趁天黑无人时挥泪匆匆分手。歌谣反映男女青年渴望恋爱自由、冲破束缚的愿望。

石天富、卢森能唱述，潘忠福搜集、整理。收入《昭通民族民间文学资料选编》第一集，32开，2页，48行，昭通县民委、文化局1983年编印。（吴平）

十二杯酒（二）

彝族情歌。流传于云南省华宁县彝族地区。全歌共十二段，七字一句，四句一节。从"一杯酒"到"十二杯"为每段开头，讲述旧时一对姐妹冲破家庭的束缚，大胆与意中情郎相会成双的动人故事。其中有女方通过饮酒试探男人心意的过程、男女双方饮酒盟誓的细节等，突出表现了姐妹俩对有情郎忠贞不渝的爱情。歌中唱道："四杯酒，共一双，上无老子下无娘。上前忘了多和少，一人做事一人担。五杯酒，五端阳，菖蒲药酒摆中堂，郎吃三杯嘻哈醉，妹吃三杯下牙床。"

李凤珍唱述，李红、赵振纪搜集、整理。收入《云南民间文学集成·华宁县集成卷》，32开，3页，48行，华宁县民委、文化局、文化馆1989年编印。（普开福）

十大姐

彝族情歌。流传于云南省景东彝族自治县彝族地区。赞扬十位不同相貌和性格的美丽姑娘，表达青年男子对女子的爱慕之情。歌词七字一句，四句或六句一节，共八节。歌中唱道："大姐生得柳柿样，柳柿两棚共一双。二姐生得二开红，蜜蜂采花细茸茸，东天采花来约我，西天采花细茸茸。三姐生得乖又乖，天天约我去赶街。去到茶铺等茶吃，去到酒铺等乖乖。等得乖乖一路来，陪过笑脸两让开。""九姐生得九枝花，九岁为郎来说她。不有吃过定亲酒，这朵鲜花落哪家？十姐生得十枝花，十人路过九人夸。不是小哥夸奖你，本是生得那顶香。"

王国理唱述，陶明贵记录。收入《景东民间歌谣》，32开，2页，36行，景东彝族自治县民委、文化局、文化馆1988年编印。（施文志）

送妹调（一）

彝族情歌。流传于云南省景东彝族自治县彝族地区。歌唱十二个月中青年男子送别女子的情形和感受，始于正月，终于腊月。歌词七字一句，四句一节，共十二节。歌中唱道："正月送妹闹元宵，不为爱人不结交，做姊做妹相爱起，没断走往路一条。二月送妹粉团开，妹不注意出花台，实心妹子做一个，早晚四时耍起来。""八月送妹谷子黄，收了谷子收高粱，讲是讲非百家有，打伙做事打伙担。九月送妹是重阳，重阳造酒桂花香，打伙吃了重阳酒，情意深来情意长。十月送妹到冷天，人老不能又年轻，人老一年加一岁，人老哪有转少年？冬月送妹一场空，哥妹拆离难相逢，这时拆离哪时会，没想少年粉团红。腊月送妹一年完，鸡润谷子妹润郎，鸡润谷子吃一饱，妹润小郎哭一场。”

李发林唱述，陶明贵记录。收入《景东民间歌谣》，32开，2页，48行，景东彝族自治县民委、文化局、文化馆1988年编印。（施文志）

送妹调（二）

彝族情歌。流传于云南省景东彝族自治县彝族地区。以“十送”的形式唱情人送别的情形和感受，表达青年男女相互爱慕之情。歌词七字一句，四句一节，共十节。歌中唱道：“一送小妹走出门，手扶栏杆泪淋淋，哪个阿哥情意好，手巾搭桥妹过来。二送小妹莲花堂，想起家乡路梢长，丢了莲花想美好，丢了莲花莫丢郎。”“八送小妹桂花台，二人双双上台来，桂花只得贵人戴，贵妹只跟贵哥来。九送小妹九重阳，做双鞋子送小郎，鞋子做得多合适，小哥穿着多安然。十送小妹到家中，多栽石榴少栽松，多栽石榴多结籽，免得栽松一场空。”

陈怀安唱述，杨海寿记录。收入《景东民间歌谣》，32开，2页，40行，景东彝族自治县民委、文化局、文化馆1988年编印。（施文志）

送妹调（三）

彝族情歌。流传于云南省大姚县彝族地区。此歌为左脚调之一。歌中唱道：“送妹送到大桥头，手扶栏杆望水流，小哥想跟水流去，又怕小妹心忧愁。送妹送到五里坡，再送五里不嫌多，心想再送五里去，又怕表哥话啰唆。”

张连聪、刘建英、闪红梅唱述，黄自权记录。收入《大姚县民族民间文学集成》，32开，1页，8行，云南民族出版社1991年版。（李惠兰 朱琚元）

送郎调（一）

彝族情歌。流传于云南省景东彝族自治县彝族地区。唱述女子送别男子的情形和感受，表达女子对男子的爱慕之情，也反映了男子对女子的期待。歌词七字一句，四句或六句一节，共四节。歌中唱道：“一送小郎枕头间，枕头底下两吊钱，一吊给你买马骑，一吊给你做本钱。二送小郎箱子边，打开箱子两包烟，左手一包郎拿去，右手一包看客人。”“四送小郎大门前，一朵白云遮天地，但愿老天快下雨，多留小郎玩两天。五送小郎五里坡，多送五里不算多，有人问我送哪个，我送我的小情哥。”

罗兴中唱述，杨海寿记录。收入《景东民间歌谣》，32开，1页，18行，景东彝族自治县民委、文化局、文化馆1988年编印。（施文志）

送郎调（二）

彝族情歌。流传于云南省景东彝族自治县彝族地区。以“十送”的形式唱女子送别男子的情形和感受，表达女子对男子的爱慕之情。歌词七字一句，四句一节，共十节。歌中唱道：“一送小郎出闺房，手扶门枋哭一场，花红好吃树难栽，小妹有话口难开。二送小郎堂屋中，郎提酒壶妹端盅，郎提酒壶有酒吃，妹端酒盅一场空，三送小郎墙拐角，留郎不住跺跺脚，小郎跺断绸缎鞋，小妹跺断白裹脚。”“九送小郎要翻山，摘匹绿叶吹过山，有心吹个成双调，无心吹个怪孤单。十送小郎柏树林，真抱柏树诉细情，千年柏树不落叶，万年妹妹不溜心。”

李福林唱述，李寿昌记录。收入《景东民间歌谣》，32开，2页，40行，景东彝族自治县民委、文化局、文化馆1988年编印。（施文志）

送郎调（三）

彝族情歌。流传于云南省景东彝族自治县彝族地区。以“十送”的形式唱女子送别男子的情形和感受，表达女子对爱情的渴望和对男子的期待。歌词七字一句，四句一节，共十节。歌中唱道：“一送小哥水石岩，水中采花路难来，感谢小哥情意好，手巾搭桥接过来。二送小哥金竹林，金竹开花诉苦情，苦情诉到伤心处，姊妹（指情哥情妹）二人泪淋淋。三送小哥柏枝林，柏枝结果爱死人，柏枝结果一小对，姊妹二人一小双。”“九送小哥九样花，小哥出门回到家，抬把椅子当堂坐，银钱摆得九盘花。十送小哥十间房，一对燕子歇中梁，燕子抬泥嘴巴稳，姊妹成对情意长。”

魏学仕唱述，杨海寿记录。收入《景东民间歌谣》，32开，2页，40行，景东彝族自治县民委、文化局、文化馆1988年编印。（施文志）

送郎调（四）

彝族情歌。流传于云南省昭通市彝族地区。唱述远方的情郎来相会，分手时多情的姑娘送郎送出很远，一路上依依不舍，抒发了姑娘对情郎爱慕不已的情感。歌中通过对姑娘送郎到“绣花楼”“灶门前”“庭院口”“沙石基”“沙石岩”“甘蔗林”“李子沟”“五里坡”“十里坡”“三善塘”“大树脚”等地的描述，反映了姑娘对偷偷相爱的情郎留恋又担心的复杂心情。

李万朝唱述，潘忠福搜集、整理。收入《昭通民族民间文学资料选编》第一集，32开，2页，70行，昭通县民委、文化局1983年编印。（吴平）

送郎调（五）

彝族情歌。流传于云南省南涧彝族自治县彝族地区。以一至十为序，有十送，每“送”为一段。情妹歌唱送郎过程中的情景，抒发依依不舍的情感。从“灶房里”开始，经过“院心里”“大门外”“大路边”“慈姑塘”“小河边”等地，到“橄榄坡”，一路情意绵绵。歌中唱道：“送郎送到大路边，一堵黑云遮半天。难为老天下大雨，留下小郎闲两天。”“送郎送到草帽岩，编顶草帽给哥戴，刮风下雨能遮挡，妹似草帽跟哥在。”

熊运兰唱述、供稿。32开，3页，42行，文稿由大理学院段伶保存。（段葵）

送郎调（六）

彝族情歌。流传于云南省华宁县彝族地区。由若干七言四句唱段构成。歌谣从女子从家中送小郎出门开始，引出送郎过程中的不同地理方位和景观，触景抒情，表达男女之间的深厚情感。歌中唱道：“二送小郎堂屋中，堂屋中间摆酒盅，郎背酒壶有酒吃，妹背酒盅一场空。”

施桂珍唱述，赵振纪搜集、整理。收入《云南民间文学集成·华宁县集成卷》，32开，2页，48行，华宁县民委、文化局、文化馆1989年编印。（普开福）

送郎调（七）

彝族情歌。流传于云南省双柏县彝族地区。全歌从“一送”到“五送”，共五段，每段四句，七字一句。一送情郎到大河边，两人紧拉双手，依依不舍；二送情郎到五里坡，为真诚的情感再送五里；三送情郎到半山坡，小妹故意跌一跤，情郎赶忙扶一把；四送情郎到孔雀山，心想多送一程，又怕别人说闲话；五送情郎到大路边，无人之时两人手牵手把心中的话告诉对方。此歌只在年轻人聚会时吟唱。

毕桂兰唱述，袁忠富记录。收入《双柏民间文学集成》，32开，1页，20行，云南民族出版社1992年版。（施选　朱琚元）

想郎调

彝族情歌。流传于云南省景东彝族自治县彝族地区。抒发妻子对当兵远行的丈夫刻骨铭心的思念。歌词七字一句，四句一节，以十二个月为序，每月一节，共十二节。歌中唱道：“正月里来妹想郎，天还不亮就起床，公婆问我因何事，我到江边找我郎。二月里来妹想郎，一出大门哭一场，公婆问我哭什么，我的小郎还不回。三月里来妹想郎，妹的心肠诉不完，公婆问我因何事，三月清明挂我郎。”“冬月里来妹想郎，如同金鸡想凤凰，郎在千里我知道，妹想小郎想断肠。腊月里来妹想郎，想起小郎泪汪汪，哪年才见我郎面，哪年盼得郎回转？”

周世贤唱述，杨海寿记录。收入《景东民间歌谣》，32开，2页，48行，景东彝族自治县民委、文化局、文化馆1988年编印。（施文志）

爱妹调

彝族情歌。流传于云南省景东彝族自治县彝族地区。用比喻等手法描写姑娘的美丽、能干以及男子对姑娘的爱慕。歌词七字一句，四句一节，共十节。歌中唱道：“一爱小妹好人才，强似高山百花开，百花正开哥爱采，小妹好玩郎爱来。二爱小妹真好看，眉毛弯弯像月亮，眉毛弯弯月牙样，脸嘴生得团又圆。”“八爱小妹会当家，有酒有肉又有茶，准备酒菜做什么，哪天阿郎到我家。九爱小妹心宽宽，心宽小妹待得郎，大河水深鱼爱在，小妹心宽哥爱来。十爱小妹瓜子脸，眼水汪汪来面前，十人见了十人爱，十个爱妹好人才。”

罗兴中唱述，杨海寿记录。收入《景东民间歌谣》，32开，2页，40行，景东彝族自治县民委、文化局、文化馆1988年编印。（施文志）

蓉莠花

彝族情歌。流传于云南省景东彝族自治县彝族地区。以唱十二个月花名的形式，在对唱中表现男子和女子的相互爱慕之情。歌词七字一句，四句或六句一节，共十二节。歌中唱道：“正月好唱蓉莠花，海洋河中是妹家，蜜蜂不是常来采，不采新花不回家。二月里来百花开，不是哥栽是妹栽，哥也栽来妹也栽，花是花小还不开。”“十月里来龙花开，妹子约哥去赶街，有钱无钱搭哥去，槟榔茶钱妹来开。冬月开朵如愿花，深房瓦屋是妹家，头上顶着千片瓦，脚下踏着五谷花。腊月里来杨花开，采花蜜蜂不见来，哥要新花来采去，不知明年花开否。”

李发林唱述，陶明贵记录。收入《景东民间歌谣》，32开，2页，52行，景东彝族自治县民委、文化局、文化馆1988年编印。（施文志）

绣香袋（一）

彝族情歌。流传于云南省南涧彝族自治县彝族地区。十二月调，每月一段外加结尾一段。情妹一边唱述绣香袋的花样，一边想象两人相依相爱的情景。歌中唱道：“正月香袋绣通头，绣得狮子滚绣球。绣球滚到郎身上，郎解气来妹解愁。”“江这边来江那边，姊妹坐在江中间。房子盖在江中间，情谊要比江水长。”（“姊妹”是情哥情妹的昵称。）

佚名唱述，左嘉禄搜集、整理。收入《南涧民间文学选》第一集，32开，4页，52行，南涧彝族自治县民间文学集成办公室1985年编印。（段葵）

绣香袋（二）

彝族情歌。流传于云南省宁洱哈尼族彝族自治县彝族地区。这首民歌唱十二个月中香袋上所绣的不同图案，表现恋爱中的女子对情郎的深情厚谊。歌词七字一句，四句一节。歌中唱道：“正月香袋绣上头，绣个狮子滚绣球，绣球滚到郎身上，郎解焦来妹解愁。”“十月香袋绣白须，绣得银鬃马一匹，有人给银三百两，好马不卖留郎骑。冬月香袋绣得通，妹绣香袋在房中，绣个遇难唐天子，仁贵救驾泥河中。”

张庭义、张之益唱述，张之相搜集。收入《普洱民族民间歌谣集》，32开，2页，48行，普洱哈尼族彝族自治县民委、文化馆1987年编印。（施文志）

一杯酒

彝族情歌。流传于云南省景东彝族自治县彝

族地区。唱述男子和女子互相爱慕、共同玩乐的情形。歌词以七字句为主，四句一节，共十二节。歌中唱道："四杯酒共二双，上瞒爹爹下瞒娘，堂前辞了哥和嫂，一人做事一人当。五杯酒是端阳，菖蒲药酒配雄黄，小郎吃了雄黄酒，一跤跌在象牙床。六杯酒汗淋淋，叫声小妹递手巾，左边递来揩把汗，右边递来散散心。七杯酒七秋凉，姊妹二人进绣房，双手掀开红绿被，一晚玩到二天黄。""十一杯酒吃不完，留给小妹情意长，流水清清向东去，鲜花烂漫春天来。十二杯酒郎要回，房前屋后有人围，探花路上不怕死，不死还要一双行。"

李发林唱述，陶明贵记录。收入《景东民间歌谣》，32开，2页，48行，景东彝族自治县民委、文化局、文化馆1988年编印。（施文志）

婚嫁雅颂

彝族情歌。流传于云南省巍山彝族回族自治县彝族地区。歌谣以对唱的形式唱述婚嫁习俗，打歌逗趣。歌中唱道："今晚不要睡觉了，来数天上的星星，谈心到天亮。""媒人戴斗笠，你为的是什么？红布搭在肩头，你为的是什么？""女儿嫁给我们，要她养猪，要她养鸡，要她赡养父母，平时不让她伤心流泪。"歌词中古地名和具有民族特色的比喻词语较多。

佚名唱述，杨茂虞、杨世昌搜集、记译。收入《彝族打歌调》，32开，36页，227行，云南民族出版社2002年版。（巴子）

古典式打歌调

彝族情歌。流传于云南省巍山彝族回族自治县彝族地区。歌谣以对唱的形式，大量运用比喻的手法，表现情人相互爱慕、相互想念的情感，以及他们约会的情景。歌中唱道："太阳和月亮就要见面，却被天空的乌云遮住了；小姐姐的身影就要出现，却被高山挡住了。""初投巢的蜂，别嫌产蜜不多；初相会的朋友，莫怪拘谨羞怯。""朋友相思日子长，朋友相会时光短，两个心事还未吐尽，日影又移向那边。"

佚名唱述，杨茂虞、杨世昌搜集、记译。收入《彝族打歌调》，32开，99页，331行，云南民族出版社2002年版。（巴子）

善事打歌调（一）

彝族情歌。流传于云南省巍山彝族回族自治县彝族地区。男女双方通过对唱表达相互爱慕、相互思念之情并唱述误会、释疑、婚配等经过。多用日常生活中的动植物做比喻。歌中唱道："青蛙五声十声叫，蝌蚪一声也不吭，恨不得把蝌蚪的水舀干，舀干总不该吧；阿哥五声十声唱，阿姐一声也不响，恨不得扳开她的嘴，扳嘴总不该吧！""睡觉睡到三更半夜，两眼淌下三滴泪，如果阿姐不来帮我擦干，我也不想擦。"

佚名唱述，杨茂虞、杨世昌搜集、记译。收入《彝族打歌调》，32开，32页，298行，云南民族出版社2002年版。（巴子）

善事打歌调（二）

彝族情歌。流传于云南省巍山彝族回族自治县彝族地区。男女对唱。歌谣唱述两人在打歌场上相会、相思、相爱的过程以及盼望成亲、生子的心情。歌中唱道："去年这里捕野鸡，今年仍在这里捕，地方不改；去年这里遇情妹，今年仍在这里相会，相会处不改。""不吃吧，毕竟是鱼肉，吃了鱼肉，鱼骨又卡喉；不想吧，毕竟是相好，一心想着你，你心里又有别的相好。"

佚名唱述，杨茂虞、杨世昌搜集、记译。收入《彝族打歌调》，32开，40页，272行，云南民族出版社2002年版。（巴子）

庙会打歌调（一）

彝族情歌。流传于云南省巍山彝族回族自治

县彝族地区。歌谣由一方自问自答开始。自问用竹做什么等；自答做箜琴、竹笛、芦笙等。之后以优美的琴声引入男女对唱。歌谣先唱述选送姑娘饰物并赞美姑娘的音容笑貌等，然后表达彼此爱慕的依依不舍之情，最后唱道："野鸡歇在花园里，停一阵飞一阵；把手放在胸口上，一面想念一面流泪；睡觉躺在卧床上，把手放在枕头上，声声泣诉苦情话，你也许会把我忘记。"

佚名唱述，杨茂虞、杨世昌搜集、记译。收入《彝族打歌调》，32开，25页，177行，云南民族出版社2002年版。（巴子）

庙会打歌调（二）

彝族情歌。流传于云南省巍山彝族回族自治县彝族地区。打歌双方从天地起源唱起，之后又以杜鹃哀鸣、栽种迟缓、蝌蚪缺水、相思难耐、相见难得为题对唱，直到如梦如痴，以"醒来不觉身怀孕"结束。

佚名唱述，杨茂虞、杨世昌搜集、记译。收入《彝族打歌调》，32开，27页，180行，云南民族出版社2002年版。（巴子）

火把节打歌调

彝族情歌。流传于云南省巍山彝族回族自治县彝族地区。打歌调，男女对唱，在火把节打歌时唱。双方对唱的内容是：儿时一心相许，长大后相互想念，如今相见，互道衷情，感叹青春易老，不忍相别。通篇用毛竹、箭竹、梨子、樱桃、苦荞、甜荞、小麦、燕麦、高山、河流、山羊、绵羊、麂子、獐子、蜥蜴、蛤蚧、小黄莺、雨水雀、蜜蜂、蛐蛐、太阳、月亮、箜琴、长刀、钢刀乃至衣、裤、腰带等事物做比喻，寄以深情。歌中唱道："路边的雨水雀，忽而飞忽而歇，小时候的恋情，一会儿想一会儿笑。""不曾开花又凋谢，以为还会再开花，不料叶已黄；未曾年轻就老去，以为青春还会再来，谁知年纪不饶人。"

佚名唱述，杨茂虞、杨世昌搜集、记译。收入《彝族打歌调》，32开，40页，278行，云南民族出版社2002年版。（巴子）

出门打歌调

彝族情歌。流传于云南省巍山彝族回族自治县彝族地区。全歌分三段，均为对唱。第一段唱述出门汉子途中与姑娘相识、相爱，相信"没有家财也罢"，只要"有才华"，就能"一辈子有饭吃"。第二段唱述出门汉子在打歌场上得到主人盛情款待。第三段唱述他五年走乡串寨卖饭锅的艰辛，以及两情离别，彼此思念的苦情。

佚名唱述，杨茂虞、杨世昌搜集、记译。收入《彝族打歌调》，32开，19页，131行，云南民族出版社2002年版。（巴子）

为什么要打歌

彝族情歌。流传于云南省南涧彝族自治县彝族地区。全歌分六段，均为对唱，每段后均加有一个衬词句"阿倮者哩咋咋"。歌谣唱述打歌的缘由，以及打歌时的情景。歌中唱道："睡是睡不着，坐是打瞌睡，坐也不是，睡也不是，心里想你，约来打歌。""月亮不白也罢，还有小星星呢，走路打歌也望得见。""是媳妇吗是姑娘？姑娘媳妇分不清，星光下都一样呢。"

周光富唱译，邓承礼搜集、整理。收入《南涧民间文学选》第一集，32开，2页，24行，南涧彝族自治县民间文学集成办公室1985年编印。（段葵）

庄稼调

彝族情歌。流传于云南省南涧彝族自治县彝族地区。全歌分七段，是姑娘唱述赶做活路也不误爱情的歌谣。歌中唱道："三天活路两天做，空着一天搭你玩。""不做活路使不得，玩笑回来还要吃。"

杨秀英唱述，鲁凤秀搜集、整理。收入《南涧

民间文学选》第一集，32开，2页，24行，南涧彝族自治县民间文学集成办公室1985年编印。（段葵）

蜜蜂采花调（一）

彝族情歌。流传于云南省南涧彝族自治县彝族地区。全歌分六段，男女对唱。歌谣借对蜜蜂采花情景的描述，抒发互相爱慕之情。歌中唱道："蜜蜂见花闪翅膀，花见蜜蜂笑着开。""蜜蜂采花手脚勤，上下采着花心心。"

查双妹唱述，李花搜集、整理。收入《南涧民间文学选》第一集，32开，3页，24行，南涧彝族自治县民间文学集成办公室1985年编印。（段葵）

蜜蜂采花调（二）

彝族情歌。流传于云南省南涧彝族自治县彝族地区。全歌分六段。小伙子以蜂、蝶、花做比喻，唱述求爱、相爱的过程。歌中唱道："蜜蜂采花为酿蜜，蝴蝶采花为谁忙？蝴蝶采花为选伴。""金钱难买情和意，留得青山有柴烧。姊妹好比出笼鸟，比翼双飞筑新巢，双双飞舞情意长。"

李忠芝、李忠惠唱述，罗正明、邓承礼搜集、整理。收入《南涧民间文学集成》，32开，2页，24行，云南民族出版社1987年版。（段葵）

少年妲

彝族情歌。流传于云南省永仁县彝族地区。歌中唱道："（男）初三十三二十三，弟兄约我进茶山，九月约起十月走，天寒地冻脚又僵。（女）小郎放心把路上，妹做鞋子一两双，穿上鞋子走得快，早到茶山早回乡。"表现彝族青年男女对恋人的牵挂之情。

倪高芝、尹高珍唱述，冬路记录。收入《云南楚雄民族民间音乐》，32开，1页，8行，云南人民出版社1982年版。（钱丽云　朱琚元）

十看妹

彝族情歌。流传于云南省南涧彝族自治县彝族地区。以一至十为序，每"看"为一段。小伙子在歌中唱述姑娘的外貌和穿戴，表达爱慕之心。歌中唱道："一看小妹不多高，头发辫子打齐腰。头发辫子我不要，小脸快给哥瞧瞧。""十看小妹生得美，好像那股火龙水。唯愿老天下大雨，哥妹合拢在一起。"

李春文唱述、供稿。收入《南涧民间文学集成》，32开，3页，40行，云南民族出版社1987年版。（段葵）

引歌

彝族情歌。流传于云南省南涧彝族自治县彝族地区。全歌分四段，男女对唱。该歌为男女初会时以歌引歌的开头曲，即景生情，互相试探。歌中唱道："菜籽不打不出油，小曲不唱心忧愁。菜籽出油油匠打，知心小曲妹起头。""粉蓝衣裳鸭蛋绿，郎来这边对小曲。麻布洗脸初相会，一回生来二回熟。"

李秀英唱述，李光焰搜集、整理。收入《南涧民间文学集成》，32开，1页，16行，云南民族出版社1987年版。（段葵）

表情意

彝族情歌。流传于云南省南涧彝族自治县彝族地区。全歌共分十六段，男女对唱，是青年男女互相抒发爱慕、想念之情的歌谣。歌中唱道："隔下阿哥隔不惯，梦里喊郎几十声。""气死气活郎气过，树死只为水糟根。""气死气活妹气过，坑坑洼洼路不平。""不怕坑洼路不平，郎挑土来妹填坑。""填平大路人好走，郎朝前走妹后跟。"

李秀英唱述，李光焰搜集、整理。收入《南涧民间文学集成》，32开，2页，32行，云南民族出版社1987年版。（段葵）

砌花台

彝族情歌。流传于云南省南涧彝族自治县彝族地区。全歌共分十七段，男女对唱。歌谣分别从砌花台、撒花籽、浇花水、花开放唱起，引出终身相许的爱恋，最后男女对唱道：“（男）我和你玩不饱来笑不够，（女）等你玩饱笑够要等哪一日？（男）玩饱只等黄鳝骨头解大板，（女）笑够只等同嘴同脸见阎王。”

李秀英唱述，李光焰搜集、整理。收入《南涧民间文学集成》，32开，2页，34行，云南民族出版社1987年版。（段葵）

做姊妹

彝族情歌。流传于云南省南涧彝族自治县彝族地区。“姊妹”是情哥情妹的昵称。全歌共五段，男女对唱。在歌中青年男女表达互相爱慕之心，并表达了“手牵手见阎王”的决心。歌中唱道：“左脚迈进阎王殿，右脚不进等着你。阎王问我‘等哪个？’我答‘要等我的小知心。’”

李秀英唱述，李光焰搜集、整理。收入《南涧民间文学集成》，32开，1页，14行，云南民族出版社1987年版。（段葵）

相遇调（一）

彝族情歌。流传于云南省南涧彝族自治县彝族地区。男女对唱。歌中唱述两人从白天相遇到夜晚相恋的过程和心情。昼遇歌中唱道：“双手拉住围腰带，你不答应不放你。”“你要围腰你解去，实话包在围腰中。”夜访歌中唱道：“前门锁上双簧锁，后门插着九道销。”最后二人在佛前许愿：“（女）人家烧香求儿女，（男）我俩烧香求一双。”

杨枝春唱述，李乾瑜搜集、整理。收入《南涧民间文学集成》，32开，3页，64行，云南民族出版社1987年版。（段葵）

相遇调（二）

彝族情歌。流传于云南省元江哈尼族彝族傣族自治县彝族地区。男女对唱。歌谣唱述哥妹相遇而萌生恋情。歌中唱道：“（男）眼看乖妹从路来，身段如柳随风摆，心想上前说句话，望妹笑笑转回来。”“（女）东边桃果西边花，哥见鲜花莫眼花，爱妹就来摘甜果，心莫去想路边花。”“（女）送哥送到柳树村，绿柳边边河水深，大河涨水鱼分路，哥妹分路莫分心。”

赵小琼唱译，王其一记录、整理。32开，3页，56行，稿存元江哈尼族彝族傣族自治县史志办。（宋自华）

相遇调（三）

彝族情歌。流传于云南省武定县彝族地区。纳罗支系青年男女谈情说爱时所唱的传统歌谣之一，是青年男女初相遇时吟唱的歌谣。歌中唱道：“布在昆明城，线在四川省，不缝不绣时，布在布地方，线在线方位。银在大湖边，金在大江里，不配不铸时，银在银地点，金在金地方。男住大村里，女住在邻村，不唱不玩时，男在男屋里，女在女家中，来唱来玩时，场坝来相遇。”

李正荣、付美芳、李中华、李秀文、李光宗唱述，李永顺记译，张永祥整理。收入《云南省民间文学集成·武定县民间歌谣集成》，16开，1页，21行，武定县文化局、民委、文化馆集成办1989年编印。（钱丽云　朱琚元）

双关鞋调

彝族情歌。流传于云南省南涧彝族自治县彝族地区。歌中情妹唱述为情郎悄悄做鞋的过程，既唱“表白妹的一片心”“莫做杨柳一时春”的一往情深，又唱悄悄上街买丝线、在家细心绣花，还要时时提防家人发现的隐情。歌中唱道：“猫捉老鼠灯碰倒，煤油泼了妹一身，爹妈看见要挨骂，哥嫂看见要抽筋。”

吴中发唱述，左嘉禄搜集、整理。收入《南涧民间文学选》第一集，32开，2页，22行，南涧彝族自治县民间文学集成办公室1985年编印。（段葵）

过江调

彝族情歌。流传于云南省南涧彝族自治县彝族地区。十二月调，男女对唱。歌谣以月份的物候和节气开头，唱述互相爱慕、相互思念的情感和成家的理想。歌中唱道："二月过江二月八，江水漫草草早发。草不发芽春知道，郎招小妹随江划。""五月过江是端阳，郎想妹来妹想郎。小郎想妹成双对，妹想小郎气断肠。"

左嘉禄唱述，邓承礼搜集、整理。32开，3页，48行，文稿由大理学院段伶保存。（段葵）

二龙抢宝调

彝族情歌。流传于云南省南涧彝族自治县彝族地区。全歌分上、下两段，男女对唱。上段中男方唱道："二龙抢宝还不算，还要狮子滚绣球。狮子滚球还不算，要给金鸡抱凤凰。"女方唱道："郎的里肉割四两，妹的心肝割半斤，四两打在半斤上，哪点不合郎的心！"下段则从"二龙抢宝两姊妹，妹的情意不断根"开始，到最后"小头靠在凤凰地，小脚搭在大江边"结束。

蔡本兰唱述，蔡文卫翻译，周绍忠、袁登跃搜集、整理。收入《南涧民间文学集成》，32开，3页，34行，云南民族出版社1987年版。（段葵）

想你调

彝族情歌。流传于云南省南涧彝族自治县彝族地区。歌谣表达情妹想念情郎的心情。每段两句，上句中都有"想你"或"想"等字眼，下句则描写想念的状态。歌中唱道："吃饭想你掉眼泪，眼泪泡饭吃一碗"，"想你阿郎躲着哭来藏着哭，眼泪脸上不断流"，"想你阿郎找了千山万水十八洼，不见一个脚印窝"。

蔡本兰唱述，周绍忠、袁登跃搜集、整理。收入《南涧民间文学集成》，32开，2页，32行，云南民族出版社1987年版。（段葵）

红花调

彝族情歌。流传于云南省南涧彝族自治县彝族地区。十二月调。以每月的物候起头，小伙子以蜜蜂采花做比喻，表达一心一意求爱的心情。歌中唱道："六月里来金花开，蜜蜂采花顺着来。蜜蜂只为采花死，不死一天就要采。""腊月里来花落台，找了三年采不来，找着花树花落叶，请问花树几时开？"

常思义唱述，左嘉禄搜集、整理。收入《南涧民间文学集成》，32开，3页，48行，云南民族出版社1987年版。（段葵）

竹子调

彝族情歌。流传于云南省南涧彝族自治县彝族地区。全歌共六段，男女对唱，歌唱爱情和生活。每段第一句均以"一棵竹子"起头。歌中唱道："一棵竹子一棵须，砍棵竹子编簸箕。编得簸箕簸出去，编得筛子围拢来。""一棵竹子一道结，编得蝴蝶成双对，编得蜜蜂采花来。"

常思义唱述，左嘉禄搜集、整理。收入《南涧民间文学集成》，32开，2页，24行，云南民族出版社1987年版。（段葵）

十杯酒

彝族情歌。流传于云南省南涧彝族自治县彝族地区。全歌共十段。从"一杯酒"到"十杯酒"，抒发与情郎终身相爱的情感。歌中唱道："一杯酒，妹来斟，手提酒壶亮铿铿。金杯摆在银桌上，小郎吃酒妹欢心。""八杯酒，八仙桥，八仙过海有人瞧。郎是观音桥上坐，妹是小尼自来朝。"

黄承相唱述，邓承礼搜集、整理。收入《南涧民间文学集成》，32开，3页，40行，云南民族出版社

版社1987年版。（段葵）

朝山调

彝族情歌。流传于云南省南涧彝族自治县彝族地区。全歌共十段，男女对唱。歌谣通过朝山过程中备办、朝山、许愿等活动，表现恋人相互体贴的情感和终身相许的心愿。歌中唱道："若要朝山要清净，小郎叫你洗衣裳。青的要作青的洗，白的要作白的浆。""担子两人一起担，哪个忍心累坏郎。一朝大理三塔寺，二朝蒙化巍宝山。"

杨其刚唱述，潘吉宇搜集、整理。收入《南涧民间文学集成》，32开，3页，40行，云南民族出版社1987年版。（段葵）

看郎调

彝族情歌。流传于云南省巍山彝族回族自治县彝族地区。歌谣从帮情郎求医求神开始，回忆相亲相爱的时光，直到情郎死后安葬，为其戴孝，最后表达同生共死的心愿。歌中唱道："郎埋高山妹埋洼，山梭地梭梭拢你。"

罗腊妹唱述，谢辛基搜集、整理。收入《云南民间文学集成·巍山彝族回族自治县民间歌谣集成》，32开，2页，40行，巍山彝族回族自治县民间文学集成办公室1989年编印。（段葵）

小小荷包

彝族情歌。流传于云南省巍山彝族回族自治县彝族地区。姑娘借丢失荷包，抒发自己失意的情感。歌词是："小小荷包绿茵茵，绣得荷包带下裙。妹妹绣的荷包打失了，白费劳力一片心。"

罗正明唱述，陈杉搜集、整理。收入《云南民间文学集成·巍山彝族回族自治县民间歌谣集成》，32开，1页，4行，巍山彝族回族自治县民间文学集成办公室1989年编印。（段葵）

花柳曲

彝族情歌。流传于云南省永平县彝族地区。男女对唱，双方所唱段数、行数不一。全歌以爱花、育花、护花、采花做比喻，倾诉彼此爱慕、相互追求的情感。歌中唱道："你要戴花勤浇水，你不浇水花不开。你的鲜花不浇水，风吹摆动自然开。""你要采花搭我去，领进花园随你采。一把花籽撒下去，红花白花随你开。小小葫芦装花神，百样名花在里头。"

杨春荣唱述，宇云礼翻译，余莲花搜集、整理。收入《中国民族民间文学集成·永平县卷》，32开，3页，54行，德宏民族出版社1989年版。（张秀娟）

甜蜜在一起

彝族情歌。流传于云南省兰坪白族普米族自治县彝族地区。歌词是："我俩的手臂合成一只啊，衣袖穿不下；我俩的腿脚合成一条啊，裤脚装不下；我俩的心儿合成一颗啊，胸膛放不下。像雄鹰一样高飞，我俩的影子在一起；像山茶一样盛开，我俩的情谊在一起；像蜜蜂一样勤劳，我俩的甜蜜在一起。"

佚名唱述，年树发搜集、整理。收入《中国民间歌谣集成·云南卷·兰坪歌谣集成》，32开，1页，12行，云南美术出版社1994年版。（张秀娟）

想曲

彝族情歌。流传于云南省峨山彝族自治县彝族地区。以阿妹的口吻抒发对情郎的爱恋与思念之情，表达对幸福美满婚姻的追求和憧憬。歌中唱道："五想五爱五棵花，一对喜鹊叫喳喳。喜鹊喳喳来报喜，小妹跟哥做一家。"

佚名唱述，王金德记译。收入《峨山民间文学集成》，32开，1页，20行，云南民族出版社1989年版。（聂鲁）

爱曲

彝族情歌。流传于云南省峨山彝族自治县彝族地区。以一至十为序，以阿哥的口吻唱述对自由婚姻的追求和憧憬。歌中唱道："一爱小曲花山前，花多叶少爱死人，小弟想从花中过，又无穿针引线人。"

佚名唱述，王金德记译。收入《峨山民间文学集成》，32开，1页，28行，云南民族出版社1989年版。（聂鲁）

挂曲（一）

彝族情歌。流传于云南省峨山彝族自治县彝族地区。挂曲是恋人离别后相互思念、彼此牵挂的曲调。以情哥的口吻抒发对情妹的思念之情。歌中唱道："四挂小曲橄榄坡，哥摘橄榄妹唱歌。山歌唱得隔山应，阿哥甜透心窝窝。"

柏正发唱述，施复清记译。收入《峨山民间文学集成》，32开，2页，32行，云南民族出版社1989年版。（聂鲁）

挂曲（二）

彝族情歌。流传于云南省石屏县彝族地区。此歌共二十八段。歌谣用夸张生动的语言，表达对恋人的思念，如："想妹想得死去来，死在妹家要妹埋。要妹堂屋来打井，要妹亲手招灵牌。""眼泪哭湿鸳鸯枕，毛巾揩烂几十根。"

佚名唱述，许象坤、王保德记录、整理。收入《云南民间文学集成·石屏歌谣卷》，32开，4页，114行，石屏县文联1996年编印。（谭玉婷）

问曲

彝族情歌。流传于云南省峨山彝族自治县彝族地区。男女歌手一方发问一方作答，比歌手的应变能力，并相互吐露倾慕之情。歌中唱道："这股花路通哪点？不通别处通高山。高山顶上有哪样？不有别样有标杆。标杆头上有哪样？不站别样站狮子。狮子抬头望哪样？不望别样望大海。"

佚名唱述，紫晶鹏记译。收入《峨山民间文学集成》，32开，3页，61行，云南民族出版社1989年版。（聂鲁）

送曲

彝族情歌。流传于云南省峨山彝族自治县彝族地区。以姑娘的口吻抒发情人离别时的心绪。歌中唱道："二送小曲二七街，红衣花线摆正街，不是花线姐不买，不是鲜花兄不爱。三送小曲三月三，身背月琴耍花山，不见鲜花心不乐，见了鲜花把心担。"

方仁唱述，方自兴记译。收入《峨山民间文学集成》，32开，2页，40行，云南民族出版社1989年版。（聂鲁）

找郎调

彝族情歌。流传于云南省新平彝族傣族自治县彝族地区。唱述妻子不辞千辛万苦出远门寻找失去音讯的夫君的情景。歌中唱道："下坡容易上坡难，平路好走梢头长，喝口凉水当晌午，千里路上去找郎。高山凉水当早饭，半坡橄榄做晌午。相思走了千里路，找郎吃尽世间苦。"

周家旺唱述，陈振中记译。收入《哀牢山情歌》，32开，2页，12行，新平彝族傣族自治县民委1985年编印。（聂鲁）

赞调

彝族情歌。流传于云南省新平彝族傣族自治县彝族地区。男女对唱。歌中双方互相赞美对方的人才、口才，吐露爱慕之情。歌中唱道："（男）粉蓝衣裳袖口花，小花围巾板铮铮，不高不低好人才，赛过山中马缨花。（女）漂白衣裳粉蓝裤，坎肩纽扣排对排，铮铮身材不怕苦，有缘相会好学曲。"

易勇唱述、记译。32开，5页，126行，稿存新

平彝族傣族自治县平甸乡他拉村委会他拉社民间歌手易勇家中。（聂鲁）

诉情小调

彝族情歌。流传于云南省新平彝族傣族自治县彝族地区。苦情曲。小伙子自叹可怜与孤单，期盼时运好转，迎来苦树开花。歌中唱道："可怜可怜真可怜，可怜就是郎一人；衣裳穿烂无人补，裤子穿烂无人连。孤单孤单真孤单，摘片荷叶吹牡丹；人人吹得成双对，阿郎越吹越孤单。"

易勇唱述、记译。32开，2页，28行，稿存新平彝族傣族自治县平甸乡他拉村委会他拉社民间歌手易勇家中。（聂鲁）

互爱歌

彝族情歌。流传于云南省峨山彝族自治县彝族地区。唱述夫妇间要互敬互爱，共同承担生活的责任与义务，表达对幸福生活的憧憬。歌中唱道："小小扁担三尺三，你也担来我也担，我妻担水进灶房，我夫担柴下山冈。"

佚名唱述，李祖恩记译。收入《峨山民间文学集成》，32开，1页，12行，云南民族出版社1989年版。（聂鲁）

娱乐山歌

彝族情歌。流传于云南省峨山彝族自治县彝族地区。属月琴舞调中的赞妹调，表达娱乐聚会的欢娱情绪及对能跳会唱的阿姐的倾慕之情。歌中唱道："今晚小弟是欢乐，只会欢乐不会说，哪位姐姐教会我，教会小弟同欢乐。"

佚名唱述，普家铭记译。收入《峨山民间文学集成》，32开，1页，12行，云南民族出版社1989年版。（聂鲁）

茶山妹

彝族情歌。流传于云南省新平彝族傣族自治县彝族地区。这是茶山妹和赶马哥对唱的调子。歌中唱道："茶山小妹调子多，一片茶叶一支歌，我走茶山八百里，驮回山歌九千箩。"

周家旺唱述，陈振中记译。收入《哀牢山情歌》，32开，1页，4行，新平彝族傣族自治县民委1985年编印。（聂鲁）

采茶调

彝族情歌。流传于云南省南涧彝族自治县彝族地区。十二月调。以十二个月为序，每月一段。情妹借对茶树习性、节气变化以及采茶、绣花、栽花、栽桑等劳动的描述，抒发爱慕情哥的心情。歌中唱道："六月采茶热央央，郎栽柳树妹栽桑。妹栽桑树蚕吃得，郎栽柳树妹乘凉。七月采茶七月七，郎栽茶树妹来采。郎栽茶树多爱发，小妹采得桂花香。""九月采茶是重阳，采过重阳茶叶黄。金黄茶叶留一担，留起茶叶见小郎。"

李春文唱述，左嘉禄搜集、整理。收入《南涧民间文学选》第一集，32开，4页，46行，南涧彝族自治县民间文学集成办公室1985年编印。（段葵）

伙子挤破门

彝族情歌。流传于云南省元江哈尼族彝族傣族自治县彝族地区。歌中唱道："天上云彩层叠层，美丽姑娘天生成，咋个只生你一个，急得伙子挤破门。你是牡丹头一朵，你是桂花十里香，你是莲花多美艳，你是彩霞光彩现。孔雀开屏无人瞧，凤凰美羽无人看，一心只恋美姑娘，看呆看痴口水淌。千人时时把你想，万人为你来回忙，一天想你想百回，一夜梦你梦百遍。"

杨玉福唱译，宋自华记录、整理。载《礼社江》文艺报第3版，24行，元江哈尼族彝族傣族自治县文化馆1986年编印。（宋自华）

亨底哩调

彝族情歌。流传于云南省元江哈尼族彝族傣

族自治县彝族地区。“亨底哩调”，即鸟叫声，也是聂苏小伙子对姑娘的甜美称呼。他们把姑娘的歌声、语言比作婉转动听的鸟鸣。歌谣赞美姑娘像“亨底哩”，说话动听，听了能让人乐在心里。歌中唱道：“亨底哩亨底哩，叫声动听又甜蜜，阿妹就像亨底哩，话似糖来歌似蜜。说话能使人欢笑，唱调能使人入迷，好似鹦哥巧嘴巴，又像画眉歌甜蜜，千人听了会动心，万人见了想娶你。”

方珍玉唱译，宋自华记录、整理。载《热土地》第1期，16开，1页，20行，元江哈尼族彝族傣族自治县文联2000年编印。（宋自华）

阿猜布

彝族情歌。流传于云南省元江哈尼族彝族傣族自治县彝族地区。歌谣唱述彝族小伙子对美丽姑娘的执着追求。歌中唱道：“美丽姑娘阿猜布，伙子取的美称呼，脸似花儿白嫩肤，越看越像美仙姑。百个伙子追着瞧，千个伙子追着恋，为了娶到阿猜布，你蜜语来他甜言。”

杨正清唱译，宋自华记录、整理。载《热土地》第1期，16开，1页，20行，元江哈尼族彝族傣族自治县文联2000年编印。（宋自华）

真情在歌中

彝族情歌。流传于云南省元江哈尼族彝族傣族自治县彝族地区。男女对唱。歌中唱道：“（女）哥是山中稀奇药，小妹找你找不着，今日好运找着你，妹的死心已医活。（男）阿妹人品赛嫦娥，哥找几年找不着，今日好运找着你，拉住妹手不放脱。（女）哥是山上一劲松，标标直直在林中，妹爱劲松甜甜笑，双手紧抱不放松。（男）小妹歌声荡山中，画眉鹦鹉哑喉咙，听来听去听出味，妹的真情在歌中。”

杨玉福唱译，宋自华记录、整理。载《礼社江》文艺报第3版，16行，元江哈尼族彝族傣族自治县文化馆1986年编印。（宋自华）

赞妹调

彝族情歌。流传于云南省元江哈尼族彝族傣族自治县彝族地区。歌谣赞美小妹的风姿和美丽。歌中唱道：“六月桃子半边红，风流小妹大不同，走路就像风摆柳，眼睛就像亮火虫。哥见阿妹身穿红，眉毛弯弯像条龙，小脸赛过天上月，小嘴赛过桃花红。姜辣又放辣子中，糖甜又放蜂蜜中，小妹脸白又擦粉，就像白云飘山中。抬头望妹行匆匆，长尾衣裳飘风中，清风有情面前过，恰似马缨开山中。”

方玉珍唱译，宋自华记录、整理。载《礼社江》文艺报第3版，20行，元江哈尼族彝族傣族自治县文化馆1986年编印。（宋自华）

阿色华调

彝族情歌。流传于云南省元江哈尼族彝族傣族自治县彝族地区。又名《乐作调》。歌中唱道：“草不发芽白生根，人不唱跳白出生，男女若是两相爱，唱唱跳跳情才真。敢爱敢亲是大胆，敢唱敢跳是情真，哥真心能动妹心，妹真意能动哥情。真心真意两相爱，才能白头两相依；真心真意两相爱，才算彝家美夫妻。”

杨正清唱译，宋自华记录、整理。载《热土地》第1期，16开，1页，20行，元江哈尼族彝族傣族自治县文联2000年编印。（宋自华）

定情调

彝族情歌。流传于云南省元江哈尼族彝族傣族自治县彝族地区。男女对唱。歌中唱道：“三日活计两日做，留出一日来会妹，小哥一心盼成双，海枯石烂心不变。”“你有心来我有意，有心找着有意人，千年不变海中水，万年不变哥妹心。”

周光明唱译，许斌强整理。收入《元江民族民间文学资料》第四辑，32开，3页，50行，元江哈尼族彝族傣族自治县文化馆1984年编印。（宋自华）

郎妹不分离

彝族情歌。流传于云南省元江哈尼族彝族傣族自治县彝族地区。歌谣唱述了阿哥阿妹永不分离的真情。歌中唱道："叫声阿妹哟，砍根青竹笛，哥吹妹来唱，情歌醉人迷，越吹情越深，越唱爱如蜜。该离不该离，请去翻皇历，先生翻皇历，郎妹不可离；学生翻皇历，郎妹不可离；朋友翻皇历，郎妹不可离；父母翻皇历，郎妹不可离；哥嫂翻皇历，郎妹不可离。祖母家里头，父母堂屋内，松木桌子上，郎妹行婚礼。妹手扶笔杆，郎手把字写，字迹多清秀，郎妹不分离。"

白正才唱译，孙正明整理。收入《元江民族民间文学资料》第一辑，32开，2页，36行，元江哈尼族彝族傣族自治县文化馆1981年编印。（宋自华）

怎维拉木垤

彝族情歌。流传于云南省元江哈尼族彝族傣族自治县彝族地区。"怎维拉木垤"，意为大家玩乐在一起。歌中唱道："哥妹一起同玩耍，彝家玩耍就唱跳，唱要唱得人心醉，跳要跳得乐逍遥。玩要玩得有味道，哥弹四弦妹唱跳，哥真心来妹真意，哥妹乐得开颜笑。妹弹烟盒哥弹弦，烟盒四弦是一调，哥合心来妹合意，哥妹永远不变调。"

普生妹唱译，宋自华记录、整理。载《热土地》第1期，16开，1页，16行，元江哈尼族彝族傣族自治县文联2000年编印。（宋自华）

采花调（一）

彝族情歌。流传于云南省元江哈尼族彝族傣族自治县彝族地区。全歌分三段，男女对唱。第一段唱小哥想采好花，但又怕好花不理睬："对面山上一堵岩，一朵好花岩上开，有心想把好花采，只因岩高上不来。"小妹一针见血，怨哥无心把花采："不是岩高上不来，因为小哥无心采，要是真心想采花，岩高千丈也敢来。"第二段唱小哥怕好花不让采："对面山上草坪街，草坪上面好花开，有心想把好花采，怕草踩枯不敢来。"小妹怨哥无心采："不是青草怕脚踩，因为小哥无心采，要是真心想采花，草长尖刀也敢来。"第三段唱小哥自愧无缘分："两试阿妹把口开，一片诚心倒出来，只因你我无缘分，请妹另找好人才。"小妹不恋无心人："不做众人采的花，不做众人摘的果，既然与哥无缘分，从今以后各走各。"

普生妹唱译，宋自华记录、整理。载《礼社江》文艺报第3版，24行，元江哈尼族彝族傣族自治县文化馆1986年8月30日编印。（宋自华）

采花调（二）

彝族情歌。流传于云南省双柏县彝族地区。全歌共八句，七字一句。歌中唱道："对门望见一条街，花树对着杏树栽；哥是杏树好开口，妹是花树怕害羞。采得鲜花头上戴，采得甜杏怀中揣；哥要采花上一台，妹要送杏跟上来。"歌谣委婉动听，唱出了双方相互爱慕之情。

者荣兰唱述，王如祖、苏锡纬记录。收入《双柏民间文学集成》，32开，1页，8行，云南民族出版社1992年版。（施选　朱琚元）

等情哥

彝族情歌。流传于云南省元江哈尼族彝族傣族自治县彝族地区。唱述妹等情哥的伤感及怕情哥另寻新欢的心酸。歌中唱道："一心一意等情哥，憨憨等在松树脚，人家等郎得见郎，我等小哥空喜欢。有心相恋你快来，无心相恋见个面，莫叫小妹苦思念，莫让小妹痛心肝。无情之时盼有情，有情又遇秋雨多，绵绵秋雨下不断，淋透小妹苦心窝。"

李秀英唱译，宋自华记录、整理。载《礼社江》文艺报第4版，24行，元江哈尼族彝族傣族自治县文化馆1986年编印。（宋自华）

小妹玩不够

彝族情歌。流传于云南省元江哈尼族彝族傣族自治县彝族地区。表达青年男女追求自由、追求快乐的决心。歌中唱道："林中雀鸟喜叽喳，你追我来我追他，小妹年轻玩不够，不怨天地怨自家。要说就让人家说，要骂就让人家骂，十七八岁不玩饱，来日后悔白啦啦。"

普生妹唱译，宋自华记录、整理。载《礼社江》文艺报第3版，20行，元江哈尼族彝族傣族自治县文化馆1985年编印。（宋自华）

四恋小阿妹

彝族情歌。流传于云南省元江哈尼族彝族傣族自治县彝族地区。唱述小哥四次恋爱失败的痛苦经历。歌中唱道："头年恋的小阿妹，过了一年人变生，心想相见多欢喜，哪料妹已嫁别人。二年恋的小阿妹，花心花肝多情人，不是小哥不爱妹，只因小妹跟别人。三年恋的小阿妹，肤色长得白生生，又爱唱来又爱跳，只因隔着贫富门。四年恋的小阿妹，桃花脸色细腰人，本想与妹成双对，妹站高枝小瞧人。"

杨正清唱译，宋自华记录、整理。载《礼社江》文艺报第4版，16行，元江哈尼族彝族傣族自治县文化馆1985年编印。（宋自华）

多心调

彝族情歌。流传于云南省元江哈尼族彝族傣族自治县彝族地区。男女对唱。歌中唱道："（女）石榴多子郎多心，身上处处长眼睛，见着姑娘生得好，丢弃旧人去迎新。""（男）石榴多子妹多心，摇摇摆摆逛街心，个个伙子你要看，个个小郎你动心。""（女）大风刮来冷阴阴，小郎上山去偷情，你去偷情妹不管，妹亲他人莫多心。""（男）大风刮来冷阴阴，妹弹口弦有外心，妹有外心郎不管，姑娘进家莫伤心。"

杨玉福唱译，宋自华记录、整理。载《礼社江》文艺报第3版，24行，元江哈尼族彝族傣族自治县文化馆1985年编印。（宋自华）

哥等妹不来

彝族情歌。流传于云南省元江哈尼族彝族傣族自治县彝族地区。表现小哥等妹却不见妹来的焦急心情。歌中唱道："哥等小妹妹不来，一夜烧了几背柴，抬坨疙瘩添火旺，疙瘩化灰不见来。哥等小妹妹不来，哥吹笛子等妹来，笛子吹得满山响，吹破笛膜不见来。哥等小妹妹不来，哥弹四弦等妹来，调子弹了几十调，四弦弹断不见来。哥等小妹妹不来，哥弹烟盒跳起来，心想与妹来同跳，脚杆跳酸不见来。"

杨玉福唱译，宋自华记录、整理。载《礼社江》文艺报第3版，16行，元江哈尼族彝族傣族自治县文化馆1985年编印。（宋自华）

恨赌郎

彝族情歌。流传于云南省元江哈尼族彝族傣族自治县彝族地区。表达妻子对赌郎的深恶痛绝。歌中唱道："恨你恨你真恨你，赌场时时都有你，大田大地被输光，又输房屋和地坪。恨你恨你真恨你，当初瞎眼嫁给你，早知你是大赌鬼，宁嫁花子不嫁你。"

普生妹唱译，宋自华记录、整理。载《礼社江》文艺报第3版，24行，元江哈尼族彝族傣族自治县文化馆1985年编印。（宋自华）

唾沫送天鹅

彝族情歌。流传于云南省元江哈尼族彝族傣族自治县彝族地区。歌谣唱述小哥真心真意想与天鹅般的小妹结成姻缘，但小妹展翅远飞去，小哥气得一口唾沫送天鹅。歌中唱道："一只天鹅村边落，哥舀金水喂天鹅，天鹅不喝哥金水，急得小哥无奈何。一只天鹅村边落，小哥天天伴天鹅，甜言甜语表爱心，天鹅还是头昂着。一只天鹅村边落，小哥真心对妹说，小哥有情又有意，想与妹把姻缘合。一只天鹅村边落，小哥与妹情难合，天鹅无情远飞去，一口唾沫送天鹅。”

杨正清唱译，宋自华记录、整理。载《礼社江》文艺报第2版，16行，元江哈尼族彝族傣族自治县文化馆1985年编印。（宋自华）

痛骂花心人

彝族情歌。流传于云南省元江哈尼族彝族傣族自治县彝族地区。歌谣是小妹对花心哥哥的怒斥。歌中唱道：“大田栽秧田水浑，田中站满栽秧人，叽叽咕咕悄悄话，议论小哥跟别人。大田栽秧田水浑，小妹花谢不如人，家花凋谢野花艳，哥恋新人忘旧人。大田栽秧田水浑，听得小哥跟别人，小妹听到这句话，前心扯着后心疼。早知哥是花心人，小妹不该当情人，横心斩断情和意，一世痛骂花心人。”

方克尼唱译，宋自华记录、整理。载《礼社江》文艺报第2版，20行，元江哈尼族彝族傣族自治县文化馆1985年编印。（宋自华）

小妹活受苦

彝族情歌。流传于云南省元江哈尼族彝族傣族自治县彝族地区。唱述小妹思念小哥的痛苦心情。歌中唱道：“站在窗前看月出，想哥想得迷糊糊，一天不见小哥面，心空空来人迷糊。深更半夜月亮出，妹在床上滚轱辘，两天不见小哥面，心中挂成零碎肉。”

李秀英唱译，宋自华记录、整理。载《礼社江》文艺报第2版，24行，元江哈尼族彝族傣族自治县文化馆1986年编印。（宋自华）

光棍想老婆

彝族情歌。流传于云南省元江哈尼族彝族傣族自治县彝族地区。表现光棍想找老婆的心情。歌中唱道：“不爱唱歌哥唱歌，唱起山歌笑话多，声音就像公鸭叫，别人听了刺耳朵。不爱唱歌哥唱歌，想找小妹来唱歌，别人问我唱哪样，唱个光棍想老婆。别人谈情歌声甜，别人求爱舞步多，小哥只有一个调，真心求妹做老婆。”

杨正清唱译，宋自华记录、整理。载《礼社江》文艺报第2版，16行，元江哈尼族彝族傣族自治县文化馆1986年编印。（宋自华）

妹听笛子响

彝族情歌。流传于云南省元江哈尼族彝族傣族自治县彝族地区。唱述笛声给小妹带来的伤感。歌中唱道：“听到山上笛子响，妹在房中梳妆忙，问妹梳妆整哪样，小脸红透不开腔。听到村外笛子响，小妹心如猫抓痒，别样滋味妹能受，不能会哥痛断肠。听到门外笛子响，出门两眼把哥望，左也望呵右也望，白白空欢喜一场。听到林中笛子响，包着冷饭上山冈，走进树林喊小哥，不见小哥心悲伤。”

方珍玉唱译，宋自华记录、整理。载《礼社江》文艺报第2版，16行，元江哈尼族彝族傣族自治县文化馆1986年编印。（宋自华）

挂郎调

彝族情歌。流传于云南省元江哈尼族彝族傣族自治县彝族地区。唱述小妹对情郎的思念和对美好爱情的向往。歌中唱道：“春季挂郎妹心真，下到河中试水深，金银礼物妹不要，只愿与哥度平生。夏季挂郎天气热，怕哥晒黑好肤色，晒着小妹不要紧，晒坏小哥舍不得。秋季挂郎天气凉，郎挂妹来妹挂郎，妹盼早日定终生，与郎一生恩爱长。冬季挂郎天气冷，腹中却是热肚肠，郎快请人来说亲，妹做妻来哥做郎。”

李丛芬唱译，王其一记录、整理。收入《云南省民间文学集成·元江县歌谣卷》，32开，2页，32行，元江哈尼族彝族傣族自治县文化馆1988年编印。（宋自华）

挂妹曲

彝族情歌。流传于云南省弥勒市彝族地区。歌谣唱述情哥对情妹的思念之情。歌中唱道："二挂小妹十字街，挂妹挂得发了呆。路人说我长得傻，只要见妹有花开。""四挂小妹天又热，挂得阿哥发高热。打针吃药不见效，见妹一面病好得。五挂小妹天气寒，送件棉衣表心肠。穿在身上知道暖，盼你早早到身旁。""九挂小妹嫌夜长，梦中见妹找郎玩。梦中与妹结成对，醒来不见在身旁。"

佚名唱述，普佳勇搜集、整理。收入《南盘江彝族情歌》，32开，2页，48行，远方出版社2003年版。（普学旺）

思妹调

彝族情歌。流传于云南省元江哈尼族彝族傣族自治县彝族地区。歌谣唱述了一年十二个月小哥想小妹的痛苦心情。歌中唱道："正月想妹想得心翻滚，二月想妹想得泪淋淋，三月想妹想得满腹愁，四月想妹想得街上寻，五月想妹想得心悲伤，六月想妹想得两眼花，七月想妹想得睡不着，八月想妹想得心中像刀戳，九月想妹想得病在床，十月想妹想得煨药罐，冬月想妹想得自哀叹，腊月想妹想得心冰冷。想得阿哥痛五脏，何日能与妹成双？"

陶有祥唱译，佘正寿、杨粉英记录、整理。32开，3页，56行，稿存元江哈尼族彝族傣族自治县史志办。（宋自华）

数星调

彝族情歌。流传于云南省元江哈尼族彝族傣族自治县彝族地区。唱述小妹数星度日的孤单。歌中唱道："一数星星妹想郎，数了几颗无心肠，想起小郎心里乱，就像乱麻裹一团。二数星星妹想郎，数来数去心胆寒，别家出门有口信，只有小郎无信传。"

普生妹唱译，宋自华记录、整理。载《礼社江》文艺报第2版，32行，元江哈尼族彝族傣族自治县文化馆1986年编印。（宋自华）

哥妹在一堆

彝族情歌。流传于云南省元江哈尼族彝族傣族自治县彝族地区。男女对唱。歌中唱道："送哥送到高山头，糯米粑粑咬一口，粑粑本是小妹做，妹的心意在里头。""阿哥来到山坡头，大石小石满山堆，千年石头不会烂，万年哥妹不反悔。""大石头来小石头，石头肥土在一堆，石头插在肥土里，哥妹永远在一堆。"

李秀英唱译，宋自华记录、整理。载《礼社江》文艺报第3版，24行，元江哈尼族彝族傣族自治县文化馆1986年编印。（宋自华）

相盼调

彝族情歌。流传于云南省元江哈尼族彝族傣族自治县彝族地区。男女对唱。歌谣表达了哥妹苦相盼的急切心情。歌中唱道："（男）月亮弯弯在天边，夜夜梦在妹身边，千思万想都梦尽，醒来才知隔重天。""（女）等哥等到五更头，一无灯草二无油，扯根眉毛做灯草，滴点眼泪做灯油。"

赵小琼唱译，王其一记录、整理。32开，2页，32行，稿存元江哈尼族彝族傣族自治县史志办。（宋自华）

蒙妈调

彝族情歌。流传于云南省元江哈尼族彝族傣族自治县彝族地区。男女对唱。歌谣表现了哥妹盼望相会，又怕被阿妈知道，只好笑语骗阿妈的复杂心理。歌中唱道："（女）妹家门前有棵桃，手扶桃枝把哥瞧，妈问女儿瞧哪样？数数结了几个桃。""（男）自家门前一棵槐，手攀槐枝盼妹来，妈问我儿看什么？我望槐花几时开。"

李丛芬唱译，王其一记录、整理。收入《云南省民间文学集成·元江县歌谣卷》，32开，2页，24行，元江哈尼族彝族傣族自治县文化馆1988年编

印。（宋自华）

嘲讽调

彝族情歌。流传于云南省元江哈尼族彝族傣族自治县彝族地区。男女对唱。男女互相嘲讽的歌谣。歌中唱道：“（男）你要丢哥早早丢，莫等水落第三丘，水落三丘捧不起，害得年头灰溜溜。”“（女）五六月间多阴晴，一阵日头一阵云，易涨易落山溪水，易青易黄茅草林。”“（男）天上星多月不明，塘里鱼多水不清，地里草多苗不长，小妹哥多花了心。”“（女）蚂蟥下水两头咬，无义之人不可交，见了平坝黄橘子，忘了山中红蜜桃。”

赵小琼唱译，王其一记录、整理。32开，2页，32行，稿存元江哈尼族彝族傣族自治县史志办。（宋自华）

分离调

彝族情歌。流传于云南省元江哈尼族彝族傣族自治县彝族地区。男女对唱。唱述哥妹两人相爱，但爹妈不成全，逼着情妹嫁给他人为妻的悲惨故事。歌中唱道：“龙池清泉边，哥妹来谈心，阿哥和阿妹，同心又同肝，同唱一个调，结为好情伴，相恋又相伴，永远不分离。”“不料有一日，爹妈怪无理，婚姻不自主，哥妹受人欺，爹妈把小妹，逼做他人妻，哥妹伤心哭，泪水湿透衣，不得不分离。”

白乔德唱译，孙正明、宋自华记录、整理。收入《彝族阿哩》，32开，6页，124行，四川民族出版社1998年版。（宋自华）

心醉调

彝族情歌。流传于云南省元江哈尼族彝族傣族自治县彝族地区。歌谣唱述阿哥沉醉于阿妹的美姿和笑容，阿妹沉醉于阿哥的英俊和智慧。歌中唱道：“哥望阿妹笑，笑声暖心头；妹望阿哥笑，笑得心甜透。阿哥唱阿哩，把妹心唱醉；阿妹弹响篾，阿哥直夸口。阿哥望着妹，美姿把心醉；爱也爱着，大胆亲一口。妹羞低下头，紧牵阿哥手；开口唱阿哩，美妙又清脆。今日开始唱，唱它几千秋；千秋情不断，情人永心醉。”

杨玉保唱译，宋自华记录、整理。收入《彝族阿哩》，32开，3页，48行，四川民族出版社1998年版。（宋自华）

归来调

彝族情歌。流传于云南省元江哈尼族彝族傣族自治县彝族地区。男女对唱。唱述阿哥归来后与阿妹苦诉出门的艰辛和凶险，阿妹则倾诉自己的思念和担忧。歌中唱道：“（女）太阳一日出一回，想哥从早想到黑，掰着指头数日子，想得小妹心儿碎。一天祈祷几十次，一天念哥念几回，盼哥平安早日归，今日如愿心儿醉。”“（男）到了异乡为异客，就像风卷落叶飞，春去就想夏天回，直到金秋才得归。阿哥想归不得归，老板逼做马哥头，阿哥天涯海角走，吃尽苦头把家归。”

白玉发唱译，宋自华记录、整理。收入《彝族阿哩》，32开，2页，40行，四川民族出版社1998年版。（宋自华）

失恋调

彝族情歌。流传于云南省元江哈尼族彝族傣族自治县彝族地区。表达失恋的痛苦。歌中唱道：“人说黄连苦，怎有失恋苦；人说箭伤痛，怎有失恋痛。孤鸟很可怜，怎有我可怜；孤雁很孤单，怎有我孤单。人间失恋人，犹如落深渊；人生失恋苦，如刀搅心肝。”

白成福唱译，宋自华记录、整理。收入《彝族阿哩》，32开，2页，36行，四川民族出版社1998年版。（宋自华）

成亲调

彝族情歌。流传于云南省元江哈尼族彝族傣族自治县彝族地区。表达阿哥阿妹情意合，真心相伴到白头的情怀。歌中唱道："东山喜鹊寨，妹是好姑娘，开口试阿妹，阿妹愿不愿？开腔唱个调，试妹喜欢不？""春夏至秋冬，各有各时间，哥和妹谈情，没有分时间，时时可以谈，日日可以恋。""既然情意合，哥请媒来说，阿妹真心女，要等痴情哥。""媒说不媒说，哥妹心已合，哥妻永是妹，妹郎永是哥。"

杨玉保唱译，宋自华记录、整理。收入《彝族阿哩》，32开，4页，78行，四川民族出版社1998年版。（宋自华）

竹笛调

彝族情歌。流传于云南省元江哈尼族彝族傣族自治县彝族地区。唱述的主要内容是：竹笛声像甜蜜的呼唤，招来了痴情男女，使多少恋人结成了美夫妻。歌中唱道："竹笛吹开姑娘心，竹笛吹醉小哥意，它像甜甜的呼唤，招来了痴情男女。只有吹响了竹笛，才能使情妹欢喜；只有吹响了竹笛，才能使情哥神气。吹得姑娘忙梳妆，吹得小哥忙打扮，它是相爱的情线，把情人的心相连。竹笛吹动妹的爱，竹笛吹动哥的情，它是相爱的媒介，使恋人结成夫妻。"

白阿四唱译，宋自华记录、整理。收入《彝族阿哩》，32开，2页，36行，四川民族出版社1998年版。（宋自华）

远方哥

彝族情歌。流传于云南省元江哈尼族彝族傣族自治县彝族地区。男女对唱。表达阿妹对远方来的货郎哥的深厚情意。歌中唱道："（女）远方哥啊远方哥，采花你莫心意多，小妹爱你无假话，句句出自心窝窝。""（男）阿妹待哥情意重，待茶待饭待歇脚，世上哪有这真情，小哥心把妹装着。""（女）情意多啊情意多，妹做鞋子送情哥。""（男）千针万线妹做鞋，阿妹深情哥记着。"

白保福唱译，宋自华记录、整理。收入《彝族阿哩》，32开，4页，76行，四川民族出版社1998年版。（宋自华）

木叶调

彝族情歌。流传于云南省元江哈尼族彝族傣族自治县彝族地区。男女对唱。歌中唱道："（女）草不发芽白生根，人不唱歌白出生，叶声就像盘山龙，缠住小郎难脱身。""（男）小小绿叶山上生，哥摘绿叶吹出声，叶声就像缠树藤，缠住小妹难脱身。""（女）小小绿叶情中生，妹摘绿叶吹出声，叶声像被情蜜染，让它甜透小郎身。""（男）叶声传情情意深，郎爱小妹爱得真，但愿叶声永相缠，郎妹恩爱永不分。"

普生妹唱译，宋自华记录、整理。收入《彝族阿哩》，32开，2页，32行，四川民族出版社1998年版。（宋自华）

寻郎调

彝族情歌。流传于云南省元江哈尼族彝族傣族自治县彝族地区。唱述仙女到凡间觅郎，来到彝族聚居的龙马山，终于找到了情人，并教会彝家人结婚要穿新衣、戴鲜花、戴花环、唱情调。歌中唱道："仙女要成亲，喜讯传四方，四方的彝民，乐得笑脸张。成亲那一天，仙女把头梳，身上穿新衣，手上戴花镯。头上戴鲜花，颈上戴花环，人站草坪上，像群花姑娘。美丽的仙女，两眼笑望郎，亲亲热热地，向郎吐衷肠。一时龙马山，学着结夫妇，对对美夫妻，感谢美仙姑。"

杨玉保唱译，宋自华记录、整理。收入《彝族阿哩》，32开，10页，184行，四川民族出版社1998年版。（宋自华）

发誓调

彝族情歌。流传于云南省元江哈尼族彝族傣族自治县彝族地区。唱述阿哥阿妹为了纯情真爱而对天盟誓，要永远做对好夫妻。歌中唱道："眨眼的星星，永远闪亮光，高山的松柏，永远耐雪霜。老箐的白花，永远都开放，阿哥和阿妹，永远配成双。阿哥若变心，五雷从天降，阿妹若变心，死后喂豺狼。山盟海誓后，哥妹心欢喜，同饮发誓酒，酒香情意长。"

方克尼唱译，宋自华记录、整理。收入《彝族阿哩》，32开，3页，48行，四川民族出版社1998年版。（宋自华）

表情调

彝族情歌。流传于云南省元江哈尼族彝族傣族自治县彝族地区。男女对唱。唱述的主要内容是：哥妹通过对歌，对得合心合意，妹愿等哥三年五载，哥愿战胜一切困难来娶妹。调中唱道："（女）八月的谷穗，长得金灿灿，阿妹爱阿哥，想做哥的伴，不知阿哥你，情愿不情愿？""（男）旱禾盼雨水，绿枝盼花伴，阿哥二十三，早盼有个伴，只因家贫穷，一时难娶妹。""（女）等收三秋谷，阿妹心不焦，再过五个年，妹不把哥怨，只要阿哥你，把妹放心上。""（男）阿妹好心意，阿哥心里乐，阿哥把阿妹，当心肝宝贝，永远与妹亲，永远与妹乐。"

方珍玉唱译，宋自华记录、整理。收入《彝族阿哩》，32开，4页，82行，四川民族出版社1998年版。（宋自华）

拒情调

彝族情歌。流传于云南省元江哈尼族彝族傣族自治县彝族地区。男女对唱。婉拒对方爱情的歌谣。歌中唱道："（女）妹是一杯酒，苦荞子酿成，闻着味不香，喝着味不甜，阿哥好人才，另找好姑娘。不是妹无情，恋新把旧甩，只因爹妈病，阿妹难离开，妹调不好听，阿哥莫记怀。""（男）哥是杂木树，长得不成材，做梁无用处，只能当烧柴，阿妹生得俏，另找好人才。不是哥贪色，轻易把妹甩，因我阿嫂怪，不敢让妹来，哥调不好听，阿妹莫记怀。"

白成福唱译，宋自华记录、整理。收入《彝族阿哩》，32开，2页，36行，四川民族出版社1998年版。（宋自华）

思乡调

彝族情歌。流传于云南省元江哈尼族彝族傣族自治县彝族地区。歌谣唱述阿哥出门到个旧城帮工后对家乡和情妹的思念。歌中唱道："帮工出远门，到了个旧城，出门帮工人，人生遭白眼。有眼无心看，有情闷心间，时时想回家，又无路费钱。想起在家乡，山上多好玩，笛子四弦响，哥妹跳得欢。个旧和家乡，就像两个天。我约阿妹玩，阿妹赔笑脸；我约阿妹跳，阿妹舞翩翩。苦苦思家乡，何时能返还？"

杨正清唱译，宋自华记录、整理。收入《彝族阿哩》，32开，4页，68行，四川民族出版社1998年版。（宋自华）

相好调

彝族情歌。流传于云南省元江哈尼族彝族傣族自治县彝族地区。男女对唱。歌谣表达了热恋中的情人对美好生活的向往。歌中唱道："（男）山中的好花，俏生生开着，俏得像彩虹，俏得像孔雀，俏得像仙女，世上难见着。阿哥对阿妹，爱是爱着，望着会发呆，人被花迷着。""（女）多情的阿哥，英俊没话说，俊得像金鸡，俊得像壮骡，跟你一起玩，心里暖和和。哥妹两个好，好得难比说，像粑粑蘸蜜，甜到心窝窝，永远不分开，万代夫妻乐。"

方珍玉唱译，宋自华记录、整理。收入《彝族阿哩》，32开，3页，60行，四川民族出版社1998

年版。（宋自华）

浇花

彝族情歌。流传于云南省元阳、石屏、红河等彝族地区。唱述的是：崖下有一股清凉甘美的泉水，它的美名传到了四方。美名传到“纳特罗”（京城），俄姆（皇帝）驮着金银到崖下买泉水，崖老祖、崖龙王、崖姑娘不卖，皇帝只好伤心地回京城；美名传到“谷俄罗”（昆明城），大官们挑着绸缎来买泉水，三个护水者也不卖，大官们只有伤心转回城；美名传到彝族大寨子，毕摩背着十卷经书来换泉水，他们绕着甘泉唱跳，崖老祖笑开颜，崖龙王翻腾起舞，崖姑娘献出了泉水。情哥情妹带着泉水去浇歌场上的金树银树，歌场从此花开千年不凋谢，年轻人也就有了千年相会的场所。

佚名唱述，李朝旺搜集，戈隆阿弘整理。收入《彝族阿哩》，32开，6页，112行，四川民族出版社1998年版。（宋自华）

思情调

彝族情歌。流传于云南省元江哈尼族彝族傣族自治县彝族地区。表现一个爱唱而又腼腆不愿上场的姑娘，希望得到阿哥们的夸奖，期盼有小哥爱上她的心情。歌中唱道：“我这爱唱的姑娘，有谁来把我夸奖？我这腼腆的人儿，有谁来把我爱上？不像月中的娑罗，千人万人看得见；不像地上的孔雀，千人万人都夸奖。若问我愿做什么？愿做万年青一棵，一年四季绿叶发，大树底下好歇凉，虽无人夸这树美，也有人夸这树凉；愿做一股清泉水，一年四季水常清，虽无人夸清泉美，也有人夸清泉凉。”

方克尼唱译，宋自华记录、整理。收入《彝族阿哩》，32开，2页，42行，四川民族出版社1998年版。（宋自华）

移花

彝族情歌。流传于云南省元阳、石屏、红河等彝族地区。全歌分三段。第一段唱阿妹把最好的银树移到玩场上栽；第二段唱阿哥把最好的金树移到玩场上栽；第三段唱金树银树长大了，阿哥阿妹们一双双、一对对相会在金树银树下，唱歌跳舞、谈情说爱。

佚名唱述，李朝旺搜集，戈隆阿弘整理。收入《彝族阿哩》，32开，5页，96行，四川民族出版社1998年版。（宋自华）

梦妹调

彝族情歌。流传于云南省元江哈尼族彝族傣族自治县彝族地区。唱述憨厚的小哥在梦中遇见仙女的情景。歌中唱道：“小哥进梦乡，好梦做起来，只见俏姑娘，花枝招展来。又见俏姑娘，翩翩舞起来，细腰苗条身，轻盈如云彩。阿哩小情哥，乐得笑起来，只见俏姑娘，倒进他胸怀。醒来看一看，衣裳抱在怀，一时甜滋味，吹到云霄外。”

白佑三唱译，宋自华记录、整理。收入《彝族阿哩》，32开，7页，112行，四川民族出版社1998年版。（宋自华）

敬酒敬菜

彝族情歌。流传于云南省元阳、石屏、红河等彝族地区。男女对唱。歌中阿哥阿妹通过互相敬酒敬菜来夸赞对方。全歌共四段。第一段唱阿妹客气地接下了阿哥敬的酒菜；第二段阿妹夸赞阿哥做的菜比桂花还香，比蜂蜜还甜；第三段唱阿妹摙菜敬哥，苦菜也变甜，哥吃妹摙的菜，欢喜如过年；第四段唱阿哥摙鸡头敬阿妹，阿妹受宠若惊，自喜是个深得阿哥尊敬和爱慕的有福人。

佚名唱述，李朝旺搜集，戈隆阿弘整理。收入《彝族阿哩》，32开，5页，96行，四川民族出版社1998年版。（宋自华）

想看郎

彝族情歌。流传于云南省元江哈尼族彝族傣族自治县彝族地区。歌谣唱述的主要内容是：阿妹想看郎，但阿妈不让看，便找出种种借口阻止阿妹去会郎。歌中唱道："正月想看郎，阿妈说，正月请客实在忙；二月想看郎，阿妈说，二月撒秧正在忙；三月想看郎，阿妈说，三月清明上坟忙；四月想看郎，阿妈说，四月栽秧忙上忙；五月想看郎，阿妈说，五月中耕薅锄忙；六月想看郎，阿妈说，六月叫魂家中忙；七月想看郎，阿妈说，七月接祖祭祖忙；八月想看郎，阿妈说，磨面做糕献月忙；九月想看郎，阿妈说，九月菊花泡酒忙；十月想看郎，阿妈说，十冬腊月过年忙。一心想把小郎看，时时想着我的郎。"

白佑三唱译，宋自华记录、整理。收入《彝族阿哩》，32开，3页，60行，四川民族出版社1998年版。（宋自华）

劈石

彝族情歌。流传于云南省元阳、石屏、红河等彝族地区。歌谣唱述的主要内容是：爱情山上有一块白生生的巨石，谁能够劈开这块巨石，他就可以获得福禄。京城皇帝知道后，为了得到福，带着百两金、千两银来劈石，金银放在巨石上，砸了三下砸不开，凿了三凿凿不开，皇帝转身走了。昆明城里的大官知道后，为了得到福，带着十四绸、十四缎来劈石，仍然劈不开。大寨子里的毕摩知道后，为了得到福，带着十部经书来劈石，仍然劈不开。玩场上的阿哥阿妹知道后，为了得到福，带着爱情去劈石，不劈石自开。表达了有爱才会得到福的道理。

佚名唱述，李朝旺搜集，戈隆阿弘整理。收入《彝族阿哩》，32开，4页，82行，四川民族出版社1998年版。（宋自华）

离别调

彝族情歌。流传于云南省江川、华宁等彝族地区。青年男女在娱乐场所欢聚结束分手时男女集体对唱的告别歌。男子唱述"分路莫分心，两头挂在心"的期望，表达离别后长期不能相见的苦衷；女方则用各种比喻诉说"风吹石榴花，四海又无家"的孤苦境况，表明愿与意中男子结为夫妻的一片真心。

施正泰唱述，杨忠友、李志忠、戴凤琼搜集，杨忠友记录。收入《江川县民间文学集成》，32开，5页，190行，云南人民出版社1997年版。（普开福）

松元彝族山歌

彝族情歌。流传于云南省澄江县彝族地区。常在爬山、劳作或娱乐休闲时吟唱，男女对唱或独自哼唱，自由活泼。歌词七字一句，四句一段，是男女结交相识后彼此倾诉爱慕之情的歌谣。歌中唱道："十七十八唱山歌，二七二八事头多。三七三八娃娃闹，不有心思唱山歌。"

佚名唱述，张玉祥搜集、整理。收入《云南省澄江县民间文学集成卷》，32开，5页，90行，澄江县文化局、民族事务办公室1989年编印。（普开福）

大田栽秧

彝族情歌。流传于云南省澄江县彝族地区。青年男女借生产劳动中所见到的景物，婉转生动地表达男女结交的意愿。歌中唱道："大田栽秧稗子多，拔掉稗子长苗棵。苗棵长大会结子，小妹长大会找哥。"

佚名唱述，张玉祥搜集、整理。收入《云南省澄江县民间文学集成卷》，32开，2页，24行，澄江县文化局、民族事务办公室1989年编印。（普开福）

送夫调

彝族情歌。流传于云南省华宁县彝族地区。女子对出门做工做生意的男人进行告诫，并诉说苦衷。歌中唱道："我送我夫柿子园，手掰柿树诉苦情，任学柿花红似火，莫学乌梨黑透心。"

李凤珍唱述，赵振纪搜集、整理。收入《云南民间文学集成·华宁县集成卷》，32开，3页，68行，华宁县民委、文化局、文化馆1989年编印。（普开福）

对白调

彝族情歌。流传于云南省华宁县彝族地区。每段两句，押韵上口，每句字数、形式灵活多变。内容或叙旧或夸赞或表达感情，涉及生产生活、恋爱婚姻各个方面。如男方唱："小郎在梦中，睡醒一场空。"女方答："小妹想郎在梦中，从春想到冬。"

普桂芬唱述，陈红元、赵振纪搜集、整理。收入《云南民间文学集成·华宁县集成卷》，32开，4页，84行，华宁县民委、文化局、文化馆1989年编印。（普开福）

挂想姊妹

彝族情歌。流传于云南省华宁县彝族地区。由若干七言四句唱段组成。从男方挂念有情女子开始，触景生情，展开想象，表达男女之间不求成双对，但求时常能相见的真挚情感。歌中唱道："七挂姊妹乱纷纷，挂想姊妹在哪村，哪日挂得姊妹见，丢掉焦愁转年轻。八挂姊妹心不遇，挂想姊妹过团圆，哪日过得团圆过，吃点粑粑比蜜甜。"

施桂珍唱述，赵振纪搜集、整理。收入《云南民间文学集成·华宁县集成卷》，32开，3页，48行，华宁县民委、文化局、文化馆1989年编印。（普开福）

十二挂小郎

彝族情歌。流传于云南省华宁县彝族地区。由若干七言四句唱段组成。歌谣从女子挂念有情男子开始，引出"挂想"的各种情景，抒发情感，表达爱恋之情和渴望相见的迫切愿望。如开始段的唱词是："一挂小郎线挂针，挂想小郎在哪边，书信带给小郎去，叫他亲自来玩玩。"

李凤珍唱述，赵振纪搜集、整理。收入《云南民间文学集成·华宁县集成卷》，32开，3页，54行，华宁县民委、文化局、文化馆1989年编印。（普开福）

小蜜蜂调

彝族情歌。流传于云南省华宁县彝族地区。通过描绘蜜蜂采蜜的生动情节，衬托出人们寻找理想配偶的良苦用心。歌中唱道："小脚弯弯踩花瓣，小嘴尖尖搭花心，粗花细花我不采，要采芍药配牡丹。"

施桂珍唱述，赵振纪搜集、整理。收入《云南民间文学集成·华宁县集成卷》，32开，1页，8行，华宁县民委、文化局、文化馆1989年编印。（普开福）

想情挂情苦情

彝族情歌。流传于云南省通海县彝族地区。以十二个月为序，通过将不同月份的景致与人们的处境、心情结合起来描述，深刻表达了恋人或夫妻双方苦苦思念的情意。歌中唱道："四月挂妻放马坪，想起妻子眼泪滴。一心想要转回家，赶马坡头马不停。""七月挂郎松连坡，松连坡头石头多。石坎凉水要少吃，伤风头痛我挂着。"

佚名唱述，王林生采录。收入《云南民间文学集成·通海县集成卷》，32开，5页，96行，通海县文化旅游局、文化馆1999年编印。（普开福）

合旗

彝族情歌。流传于云南省通海县彝族地区。七言四句段式，每段首句以“合旗”起头定出韵词，第二句引出一个动植物或景物，三四两句表达主题。内容主要是恋爱者相互表达深切爱意。歌中唱道：“一合小旗一合山，一合山上有牡丹。姐是牡丹正发芽，兄是太阳正冒山。”“姐是阳雀叫一声，兄是夜龙来相会。”

许家旺唱述，牟从满采录。收入《云南民间文学集成·通海县集成卷》，32开，2页，20行，通海县文化旅游局、文化馆1999年编印。（普开福）

十街歌谣

彝族情歌。流传于云南省易门县彝族地区。男女自由变词对唱或独唱，共十节，每节相对独立。结合当地的风土人情，利用多种手法，巧妙唱述男女青年的爱恋之情。歌中唱道：“跟人要跟十街郎，一送狮子二送糖，狮子红糖妹不爱，爱在阿哥怀中藏。”

佚名唱述，矣连茂采录。收入《云南民间文学集成·易门县集成卷》，32开，2页，40行，云南民族出版社1994年版。（普开福）

十街情歌

彝族情歌。流传于云南省易门县彝族地区。每段均以“白菜白白青菜青”为首句，是男女双方巧妙试探对方心意的歌谣。歌中唱道：“十调八调随哥唱，月落还有满天星。”“世间男子千千万，只爱阿哥做郎君。”

佚名唱述，尹克富采录。收入《云南民间文学集成·易门县集成卷》，32开，1页，40行，云南民族出版社1994年版。（普开福）

想妹歌

彝族情歌。流传于云南省峨山彝族自治县彝族地区。一般在节日活动或休闲时由青年男子吟唱。歌词七字一句，主要是男子对意中女子的赞美和夸奖，表达对女子依依不舍的爱慕之情。歌中唱道：“哥和阿妹同长大，阿妹生来似桃花，不打胭脂不上粉，压盖西南三四省。阿妹唱歌好声音，山前山后有人听，阿哥骑上金鞍马，勒马回头听妹音。”

佚名唱述，李宏光搜集、整理。收入《峄峨风情》，32开，1页，8行，峨山彝族自治县民委1985年编印。（普开福）

赞扇

彝族情歌。流传于云南省易门县彝族地区。歌谣以扇子为媒介把物与事巧妙地结合起来，唱出了男女深情。歌中唱道：“小小扇子两面花，扇着扇子栽麦瓜，麦瓜栽成西瓜样，小妹栽成芙蓉花。”“爱你扇子来扇凉，爱你小妹来成双。”

佚名唱述，玉山采录。收入《云南民间文学集成·易门县集成卷》，32开，1页，8行，云南民族出版社1994年版。（普开福）

十大格子

彝族情歌。流传于云南省华宁县彝族地区。通过唱述绣花织衣艺术，表达男女之间的情爱。歌中唱道：“十大格子有十格，大船载着梁山伯；郎和小妹在一起，不变心来不变色。”

普秀凤唱述，张亚林采录。收入《玉溪民歌》，32开，4页，50行，云南民族出版社2001年版。（普开福）

十合小曲

彝族情歌。流传于云南省华宁县彝族地区。全歌共十段，七字一句，四句一段，男女隔句交替领唱或集体合唱。歌谣以山间植物或水中动物做比喻，表达男女情爱。歌中唱道：“四合小茄四合海，四合海中有螃蟹；螃蟹起身带杂草，小郎起身带妹子。”

普秀凤唱述，张亚林采录。收入《玉溪民

歌》，32开，4页，40行，云南民族出版社2001年版。（普开福）

十道格子

彝族情歌。流传于云南省华宁县彝族地区。内容为青年男女相遇时互相表白对彼此的思念。歌谣以刺绣格子花纹引出话题，唱出男女相恋牵挂的心情。歌中唱道："二道格子黄又黄，郎挂姊妹妹挂郎。郎挂姊妹三五天，妹挂小郎日子长。"

李桂芬唱述，陈红元、赵振纪搜集、整理。收入《云南民间文学集成·华宁县集成卷》，32开，3页，40行，华宁县民委、文化局、文化馆1989年编印。（普开福）

十绣小曲子

彝族情歌。流传于云南省华宁县彝族地区。全歌共十段，七字一句，四句一段，由男子或女子一人领唱，众人合唱。歌谣通过唱述绣花艺术表达男女之间的爱情。每段开头一句是格式化铺垫句，一般是问句，第二句引出某一事物（以动物为主），第三、四句具体描述和表达深层含义。如第三段的唱词为："三绣小茄绣哪样？别样不绣绣凤凰，金鸡凤凰都绣齐，郎和小妹长长玩。"

普秀凤唱述，张亚林采录。收入《玉溪民歌》，32开，4页，40行，云南民族出版社2001年版。（普开福）

十把扇子（一）

彝族情歌。流传于云南省华宁县彝族地区。全歌共十段，七字一句，四句一段，由女子一人领唱，众人合唱，表达姑娘对情郎的思念，故又称为"女子想郎调"。歌中唱道："三把扇子六样色，跟哥要跟好角色，骑马要骑四脚白，我哥文也得来武也得"。"五把扇子五把桨，日日夜夜把哥想，有人问我想哪样？怕哥丢妹变成单。"

施会珍、普美英、施桂芬唱述，张亚林采录。收入《玉溪民歌》，32开，4页，40行，云南民族出版社2001年版。（普开福）

十把扇子（二）

彝族情歌。流传于云南省华宁县彝族地区。全歌共十段，七字一句，四句一段，独唱或男女对唱。歌谣用"扇子"引出一些传奇人物的爱情故事，说明男女恋爱道路的艰辛。歌中点唱到的人物有董永七仙女、山伯英台、宝玉黛玉、龙女书生、庄哥巧姐、牛郎织女等。歌谣第六、七段的唱词为："六把扇子六对金，扇得郎哥和妹心。山中难找标直树，世上难找称心人。七把扇子七对金，扇得七女下凡间。七妹下凡要玩耍，玩够耍够上西天。"

孙琼珍唱述，赵振纪搜集、整理。收入《云南民间文学集成·华宁县集成卷》，32开，3页，40行，华宁县民委、文化局、文化馆1989年编印。（普开福）

十进花园

彝族情歌。流传于云南省华宁县彝族地区。男女对唱，两段为一个回合。各段依次以"一进花园栽哪样？"到"十进花园栽哪样？"为首句，进而讲述内心美好的愿望，互相夸赞，表达彼此相爱之情。如男方唱道："三进花园栽哪样？三进花园栽樱桃，樱桃小嘴糯米牙，甜蜜小嘴赛砂糖。"女方答词的后两句为："四月糊梅坟上开，郎和姊妹莫离开。"

方辉文、李陆仙唱述，杨学明伴奏，张亚林、胡会有、李永安采录。收入《玉溪民歌》，32开，3页，42行，云南民族出版社2001年版。（普开福）

十玩鲜花姐

彝族情歌。流传于云南省江川、华宁、通海等彝族地区。在娱乐场上，男女均可吟唱。"玩"是结交嬉戏的意思。歌中青年男女以花草植物为媒，以物喻人、相互赞扬，以歌传情、明示爱意。如："七玩鲜花太阳落，不怕山上刺挂脚；山上野花香喷喷，这场小哥俏朵朵。""十玩鲜花十个坡，山坡头上栽薄荷；薄荷一年香到头，小妹生死不离哥。"

毕粉团唱述，杨忠友、李志忠、戴琼凤搜集，杨忠友记录。收入《江川县民间文学集成》，32开，2页，44行，云南人民出版社1997年版。（普开福）

十送妹

彝族情歌。流传于云南省江川、华宁等彝族地区。唱述男子将意中人送出门时的不舍之情，表达了男方的深切爱意。歌中唱道："四送妹到白牛塘，慈姑开花闹嚷嚷；慈姑长大来做菜，小妹长大配小郎。五送妹到龙潭坡，龙潭坡上凉水多；扒开青苔吃凉水，小妹捧水喂小哥。"

毕粉团唱述，杨忠友、李志忠、戴琼凤搜集，杨忠友记录。收入《江川县民间文学集成》，32开，2页，40行，云南人民出版社1997年版。（普开福）

端花盆

彝族情歌。流传于云南省江川县彝族地区。一个小伙子先后与两个姑娘结交，先结交的姑娘发觉后感到委屈和嫉妒，于是在玩场上用歌谣传达内心的伤感和愤愤不平，矛头指向情敌。小伙子们则竭力相劝，以歌还歌。歌中先结交的女子唱道："人家不跟你不跟，人家跟上你要争；人家吃了头道水，你还挑水浇花根。"后结交的女子答："獭猫遇着水老鸦，大家都是拿鱼人，何必这样说。"

施正泰唱述，杨忠友、李志忠、戴琼凤搜集，杨忠友记录。收入《江川县民间文学集成》，32开，2页，154行，云南人民出版社1997年版。（普开福）

想词两篇

彝族情歌。流传于云南省江川县彝族地区。共两篇，都是"十想"，但各有特点。第一篇由若干四句段组成，以花、鸟为引子，夸奖女子有文采和漂亮。如："三想鲜花兄得跟，我姐唱调好声音；唱得星宿会眨眼，唱得瓦渣会翻身。"第二篇由若干三句段组成，主要以农事、果品、蔬菜等做比喻，表达与姑娘的深厚情感。如："五想亲人有五桃，五月早桃早早吃，你我亲人早早跟。""九想亲人有韭菜，刀割韭菜不断根，你我亲人不能断。"

普红云唱述，杨忠友、李志忠、蒋文森搜集，杨忠友记录。收入《江川县民间文学集成》，32开，3页，71行，云南人民出版社1997年版。（普开福）

挂词

彝族情歌。流传于云南省江川县彝族地区。全歌共五段，每段四句，各段以"一挂"至"五挂"为序，夸奖女子，传达爱情。歌中唱道："三挂小词三挂山，三挂山中有木董棕；千年木董棕万年根，你我亲人莫断根。"

普金柱唱述，李忠兴、杨忠友、李志忠、蒋文森搜集，杨忠友记录。收入《江川县民间文学集成》，32开，2页，20行，云南人民出版社1997年版。（普开福）

心肝妹

彝族情歌。流传于云南省通海县彝族地区。歌谣通过对一些日常事物的描述来表达情感。歌中唱道："心肝个妹，心肝个郎，大红丝线五寸长，上无个心，下无个郎，贪花有心转过来。"

普建芬唱述，崎松、李安明采录。收入《玉溪民歌》，32开，2页，12行，云南民族出版社2001年版。（普开福）

拉火草烟

彝族情歌。流传于云南省澄江县彝族地区。此歌在女方递烟筒给男方时引唱，然后男女对唱。歌词以七言四句段为主，兼有长短句式。歌谣借烟传情，表现了彝族的烟草文化。歌中女方唱道："黄烟不是小毒药，小哥吃了闻不着。黄烟不是小毒草，小哥吃了不会老。"男方唱道："小哥从小不吸烟，难得小妹一片心，有心拿来尝几口，又怕肚子发恶心。"

佚名唱述，张玉祥搜集，杨应康整理。收入《云南省澄江县民间文学集成卷》，32开，6页，98行，澄江县文化局、民族事务办公室1989年编印。（普开福）

烟锅

彝族情歌。流传于云南省峨山彝族自治县彝族地区。歌中男女双方以递烟锅为话头，通过彼此的赞美和自谦，表达相互间的爱慕之情。歌中唱道："（男）说玩这烟锅，姐姐实生成，二人一条心，响锡会变银，黄铜变成金。（女）说玩这烟锅，绿叶恋花心，妹是黄铜变，哥才是真金。"

普家海唱述，王金德记译。收入《峨山民间文学集成》，32开，3页，112行，云南民族出版社1989年版。（聂鲁）

初相会

彝族情歌。流传于云南省华宁县彝族地区。男女对唱。此歌一般在男青年初次到女方家串玩或相亲时，女方给男方敬烟，由此引发对答时吟唱。歌词形式灵活自由，以五字句和七字句为主，兼有长短句式，每段两句、三句、四句或多句不等。内容则是以烟为媒介相互夸奖及自谦，唱述双方结交恋爱的愿望和决心。歌谣最后一段道出了女子的真心："手提半升米，我死活跟着你。手提半升荞，我死活要跟你逃。你捡石头我打狗，讨饭无瓢跟你走。"

普秀珍唱述，赵振纪、陈红元搜集、整理。收入《云南民间文学集成·华宁县集成卷》，32开，5页，108行，华宁县民委、文化局、文化馆1989年编印。（普开福）

快快来帮腔

彝族情歌。流传于云南省峨山彝族自治县彝族地区。男女双方通过赞美对方能说会唱并自谦口才笨拙，来表达相互倾慕之情。歌中唱道："（男）我姐你这个……脚穿花鞋子……说话有板眼，唱调甜蜜蜜，张口笑眯眯，就像唱戏人。（女）哥哥你这个，咋些那个说，妹吃疙瘩饭，说话结疙瘩，三句不抬头，四句不落尾。"

方仁唱述，方自兴记译。收入《峨山民间文学集成》，32开，3页，132行，云南民族出版社1989年版。（聂鲁）

勾曲

彝族情歌。流传于云南省石屏县彝族地区。勾曲是彝族男女青年千方百计吸引和招引自己的心上人时唱的情歌。共五十五首，每首四句。歌谣用生活中的事物形象地做比喻，传情达意。如："一副烟盒两半边，里头装的桂花烟。心想装锅给妹吃，又怕别人来喊冤。"

佚名唱述，许象坤、王保德记录、整理。收入《云南民间文学集成·石屏歌谣卷》，32开，8页，220行，石屏县文联1996年编印。（谭玉婷）

热曲

彝族情歌。流传于云南省石屏县彝族地区。热曲是热恋中的青年男女山盟海誓的歌曲。歌中有这样的生动比喻："要学长江长流水，莫学风暴一时辰。""冷饭放在石头上，冷饭发芽哥才丢。""哥是火炭妹是灰，吹死吹活在一堆。"

佚名唱述，许象坤、王保德记录、整理。收入《云南民间文学集成·石屏歌谣卷》，32开，7

页，244行，石屏县文联1996年编印。（谭玉婷）

扫曲

彝族情歌。流传于云南省石屏县彝族地区。扫曲是拒绝对方求爱的歌曲。共十五首，四句一首。歌谣语气委婉含蓄，拒绝对方但给对方留有面子。如："牛不吃水不压头，妹不跟哥哥不愁。三月茅草处处有，四月河水处处流。"

佚名唱述，许象坤、王保德记录、整理。收入《云南民间文学集成·石屏歌谣卷》，32开，2页，60行，石屏县文联1996年编印。（谭玉婷）

啁曲

彝族情歌。流传于云南省石屏县彝族地区。啁曲是恋人互相欣赏赞美的歌曲，共十三首，每首四句。歌谣用生活中的事物形象地比喻情人的美丽和聪明。如："小小苞谷三尺高，苞谷结在半中腰，苞谷树小包子大，小妹人小肚才高。"

佚名唱述，许象坤、王保德记录、整理。收入《云南民间文学集成·石屏歌谣卷》，32开，2页，52行，石屏县文联1996年编印。（谭玉婷）

怨曲

彝族情歌。流传于云南省石屏县彝族地区。怨曲是爱情婚姻不如意时，发泄心中不满和哀怨的歌。共四十四首。歌谣怨天尤人，尤其对变心的对方充满怨恨。歌中唱道："太阳落坡影过河，金盆打水喂家鹅。家鹅不吃金盆水，郎打单身无奈何。"

佚名唱述，许象坤、王保德记录、整理。收入《云南民间文学集成·石屏歌谣卷》，32开，5页，178行，石屏县文联1996年编印。（谭玉婷）

离曲

彝族情歌。流传于云南省石屏县彝族地区。离曲是离别或分手的恋人表达思念和别后的惆怅心情的曲调。共十六首，每首四句。歌中有的唱出了难舍难分的离愁别绪："哪日得了阿哥见，好比天阴见太阳。""交妹好比烟上瘾，离妹好比死爹娘。"也有的叮嘱恋人忠于爱情，别后莫相忘："莫学灯笼四方亮，要学蜡烛一条心。"

佚名唱述，许象坤、王保德记录、整理。收入《云南民间文学集成·石屏歌谣卷》，32开，3页，64行，石屏县文联1996年编印。（谭玉婷）

等郎来

彝族情歌。流传于云南省石屏县彝族地区。唱述阿妹愿与阿哥成双对、耐心等待情哥的心情。歌中唱道："泡子开花白花台，开在园中等郎来。妹是鲜花等着你，哥是蜜蜂飞过来。"

孙广培唱述，普荣搜集、整理。收入《云南民间文学集成·石屏歌谣卷》，32开，5页，144行，石屏县文联1996年编印。（谭玉婷）

难逢又难遇

彝族情歌。流传于云南省石屏县彝族地区。唱述一对青年在酒桌上借给对方夹菜，相互试探、倾吐衷情、情定终身的过程。歌谣以对唱的形式，你来我往地吐露心声。开始男子夹各种菜肴给女子，并询问女子是否喜欢，暗含深意。女子不但回答爱吃每种菜，而且直接表白心意。得到满意的答复后，男子又担心自己家贫，阿妹的爹妈嫌弃。经阿妹劝慰，阿哥没有了顾虑，二人海誓山盟："明年谷子黄，双双来拜堂。""只要哥开口，同喝交杯酒。""与妹来成亲，配着织女星。""嫁着你小郎，抵得嫁牛郎。"

后宝元、李兰珍唱述，普荣记录、整理。收入《云南民间文学集成·石屏歌谣卷》，32开，5页，204行，石屏县文联1996年编印。（谭玉婷）

挨着，挨不着

彝族情歌。流传于云南省曲靖市彝族地区。

以阿哥的口吻，唱出了与阿妹“郎隔沟来妹隔河”“想挨挨不着”的无奈心情。全歌语气诙谐，比喻朴实贴切，富有民族民间语言艺术特色。

李寿唱述，孙育鼎采录、翻译。收入《曲靖市民间文学集成》，32开，1页，29行，云南民族出版社1990年版。（谭玉婷）

等待

彝族情歌。流传于云南省武定县彝族地区。歌中唱道：“小妹等阿哥，响篾在弹着，望哥快快来，好把情话说；小妹等阿哥，心里一团火，望哥快快来，见了多快活；小妹等阿哥，等到月亮落，不见阿哥影，心像猫抓着。”反映彝族青年女子久候心上人不至而焦虑不安的心情。

胡吉秀唱述，雷朴记录。收入《云南楚雄民族民间音乐》，32开，1页，12行，云南人民出版社1982年版。（钱丽云　朱琚元）

恋歌（一）

彝族情歌。流传于云南省武定县彝族地区。男女青年相互交往或谈情说爱时吟唱的民歌。男女对唱。双方相互倾诉孤身一人的形单影只和孤独寂寞。全歌共四段。第一段：男方唱述家中仓里有粮，柜中有布，田里有庄稼，厩里有牛羊，吃穿都不愁，只愁一件事，就是没成家。第二段：女方回唱，家里有饭吃，身上有衣穿，衣上有银饰，身旁有爹娘，吃穿都不愁，只愁一件事，就是没婆家。第三段：男方唱述他一个人干活没有伴，吃饭也不香，走路没有伴，美景无心看，孤零零一人，像林中孤鸟，如水中独鱼，白日没人怜，夜晚没人伴。第四段：女方回唱，一人干活没有伴，吃饭也不香，走路没有伴，美景无心看，孤零零一人，如荒山独木，像河边孤柳，日里对孤影，夜里没人伴。

张义夫妇唱述，杨继渊记录。收入《云南省民间文学集成·武定县民间歌谣集成》，16开，1页，38行，武定县文化局、民委、文化馆集成办1989年编印。（钱丽云　朱琚元）

恋歌（二）

彝族情歌。流传于云南省大姚县彝族地区。歌中唱道：“切肉切两块，一块小哥吃，一块小妹吃；留饭留两碗，一碗小哥吃，一碗小妹吃。煮饭会煮烂，哥妹的爱情不会烂。”反映了青年男女对爱情的忠贞。

郭天元、自发生唱述，王朝里翻译，郭开云记录。收入《云南民间文学集成·云南彝族歌谣集成》，32开，3页，35行，云南民族出版社1986年版。（李惠兰　朱琚元）

支板凳调

彝族情歌。流传于云南省武定县彝族地区。这是彝族纳罗支系青年男女谈情说爱时吟唱的传统歌谣之一，此调由女方吟唱。全歌共三段，每段十句，每句五字。歌中以皇帝坐金凳，大臣坐玉凳为引子，引出姑娘支的相思凳专让小伙坐的主题。“金银小板凳，等着皇帝来，皇帝回来坐；玉贝小板凳，等着大臣来，大臣回来坐；古传相思凳，等着小伙来，伙子来坐上。”

李正荣、付美芳、李中华、李秀文、李光宗唱述，李永顺记译，张永祥整理。收入《云南省民间文学集成·武定县民间歌谣集成》，16开，1页，30行，武定县文化局、民委、文化馆集成办1989年编印。（钱丽云　朱琚元）

不敢唱调

彝族情歌。流传于云南省武定县彝族地区。纳罗支系青年男女谈情说爱时吟唱的传统歌谣之一。全歌共三段，每段八句，每句五字。歌谣唱述的内容是：两个小姑娘想到歌场去玩，却因从未开过口，不知该如何起调，唱高唱低都觉得不符合“命熬”（彝族传统曲牌名称）的曲调，只得暂时停下。歌谣将少女初赴歌场时忐忑不安的胆怯心情表现得淋漓尽致。

李正荣、付美芳、李中华、李秀文、李光宗唱述，李永顺记译，张永祥整理。收入《云南省民间文学集成·武定县民间歌谣集成》，16开，1页，24行，武定县文化局、民委、文化馆集成办1989年编印。（钱丽云　朱琚元）

说媳妇调

彝族情歌。流传于云南省武定县彝族地区。全歌共三段，每段七句，每句五字。歌谣婉转地表达了小伙子对姑娘的爱慕之情以及对姑娘心意的试探。歌中唱道：“我方有水塘，塘里鱼苗满，你方这水塘，可供鱼游玩？”

李正荣、付美芳、李中华、李秀文、李光宗唱述，李永顺记译，张永祥整理。收入《云南省民间文学集成·武定县民间歌谣集成》，16开，1页，21行，武定县文化局、民委、文化馆集成办1989年编印。（钱丽云　朱琚元）

拒绝调

彝族情歌。流传于云南省武定县彝族地区。全歌共两段，每段六句，五字一句，是姑娘委婉拒绝小伙的歌谣。歌中唱道：“我方有水塘，大塘水漫边，中塘水半塘，小塘正关水，不能供鱼玩。”

李正荣、付美芳、李中华、李秀文、李光宗唱述，李永顺记译，张永祥整理。收入《云南省民间文学集成·武定县民间歌谣集成》，16开，1页，12行，武定县文化局、民委、文化馆集成办1989年编印。（钱丽云　朱琚元）

锁心调

彝族情歌。流传于云南省武定县彝族地区。主要内容是：在万德坝塘边，坝埂上翠竹长着九丛，年轻的姑娘把它砍来晒，晒干后用来编织篾柜，篾柜的四只角安上四把锁，暗喻少女紧锁心扉等待心爱的小伙前来开启。

李正荣、付美芳、李中华、李秀文、李光宗唱述，李永顺记译，张永祥整理。收入《云南省民间文学集成·武定县民间歌谣集成》，16开，1页，16行，武定县文化局、民委、文化馆集成办1989年编印。（钱丽云　朱琚元）

开锁调

彝族情歌。流传于云南省武定县彝族地区。全歌共三段，每段八句，五字一句。歌谣唱述杨氏三子各自打着火把拿钥匙的过程，暗喻青年小伙各自施展本领开启心爱姑娘的心锁。

李正荣、付美芳、李中华、李秀文、李光宗唱述，李永顺记译，张永祥整理。收入《云南省民间文学集成·武定县民间歌谣集成》，16开，1页，24行，武定县文化局、民委、文化馆集成办1989年编印。（钱丽云　朱琚元）

抓石子

彝族情歌。流传于云南省牟定县彝族地区。这是一首古老的情歌，情人要分别了，要约定下一次见面的时间，唯恐对方记不住，所以“抓一把石子”，嘱咐他一天丢一个，丢完就来相会。歌中唱道：“石子抓一把，石子你拿着，一天丢一个，丢完你就来。”

普七五唱述，普启旺记译。收入《云南省民间文学集成·牟定县综合卷》，32开，1页，4行，牟定县民间文学办公室1989年编印。（李惠兰　朱琚元）

三月麦子青

彝族情歌。流传于云南省牟定县彝族地区。此歌用左脚调吟唱。歌中唱道：“三月麦子青，四月麦子黄；小郎参军要走了，妹莫焦来妹莫气，隔上三年回来了。”表达了阿哥对阿妹的承诺。

赵琼仙、起兆仙、普廷凤、刁会芝等唱述，普启旺、非如山、周志、夏玉福、张之鹏、杨廷彦等

搜集记录。32开，1页，5行，稿存楚雄彝族自治州彝族文化研究所。（李惠兰　朱琚元）

小郎又合心

彝族情歌。流传于云南省牟定县彝族地区。此歌用左脚调吟唱。歌中唱道："小郎又合心，小妹又合意；郎合心，妹合意，合心合意做一家。"反映了彝族青年男女找到情投意合的心上人时的高兴心情。

赵琼仙、起兆仙、普廷凤、刁会芝等唱述，普启旺、非如山、周志、夏玉福、张之鹏、杨廷彦等搜集记录。32开，1页，4行，稿存楚雄彝族自治州彝族文化研究所。（李惠兰　朱琚元）

么若调

彝族情歌。流传于云南省大姚县彝族地区。"么若"为彝语，即女青年。歌中唱道："山上长着火麻，无杈枝的难找着；墙上挂着刀壳，香樟直木难找着；放羊要有伙伴，合心伙伴难找着。"反映了彝族女青年对交友的理性思考。

李茂荣唱述，黄自权记录。收入《云南民间文学集成·云南彝族歌谣集成》，32开，1页，6行，云南民族出版社1986年版。（李惠兰　朱琚元）

花弦子花衣裳

彝族情歌。流传于云南省大姚县彝族地区。此歌用左脚调吟唱。歌中唱道："小哥爱你花头巾，小妹爱我花弦子，头巾顶着白天遮太阳，弦子弹着晚上跳脚玩。花弦子花衣裳，欢欢喜喜打跳玩。"

张连聪、刘建英、闪红梅唱述，黄自权记录。收入《大姚县民族民间文学集成》，32开，1页，6行，云南民族出版社1991年版。（李惠兰　朱琚元）

月亮照山箐

彝族情歌。流传于云南省武定县彝族地区。歌中唱道："月亮照山箐，相会在密林。箐水日夜淌，我俩永不分。芭蕉心一条，竹筒焖饭心合心。"反映了彝族青年男女对爱情的忠贞不渝。

胡吉英唱述，雷朴记录。32开，1页，6行，稿存楚雄彝族自治州彝族文化研究所。（钱丽云　朱琚元）

探情

彝族情歌。流传于云南省楚雄市彝族地区。全歌共五段，每段四句，七字一句。歌谣用朴实委婉的词句唱出了初次见面的青年男女通过对歌试探对方心意的羞怯心情。歌中唱道："三年酿装高粱酒，两年才到酒坛边。今日打开坛罐口，是香是甜先尝尝。""花椒树上翠绿鸟，百十百样你会说。从小吃惯蜂蜜饭，说出话来蜂蜜音。"

张学忠、李万宝等唱述，余立梁搜集。收入《包头王传奇——楚雄市民族民间文学集》，32开，2页，20行，香港天马图书有限公司2000年版。（李福云　朱琚元）

衷情

彝族情歌。流传于云南省楚雄市彝族地区。全歌共八段，每段四句，七字一句。歌中唱道："郎是高山打猎匠，妹是麂子顺山来，星星跟着月亮走，千年万年离不开。""栽田栽在老高山，八月谷子黄半山，栽下苗棵望收成，做下姊妹望成双。""苗棵发丛根连根，你我姊妹心连心，坛中捂的豆芽菜，牵牵挂挂过一生。"反映了青年男女纯朴的思想感情和对爱情的坚贞不渝。

张学忠、李万宝等唱述，余立梁搜集。收入《包头王传奇——楚雄市民族民间文学集》，32开，2页，32行，香港天马图书有限公司2000年版。（李福云　朱琚元）

跳墟调

彝族情歌。流传于云南省楚雄市彝族地区。用当地称为"阿乖佬"的彝族调子吟唱，男女对唱。

歌谣用朴实的语句、巧妙的比喻，表达恋爱双方互相爱慕、情意相投、永不变心的情感。歌中唱道："抓把叶子丢下河，捡个石头丢下江；若是小哥心有变，叶子落底石头漂。藤连树来树连藤，铜扣连锁锁连门；铜扣只连双簧锁，小妹爱的郎一人。"

佚名唱述，尹久臣、余立梁搜集、整理。收入《包头王传奇——楚雄市民族民间文学集》，32开，6页，128行，香港天马图书有限公司2000年版。（李福云　朱琚元）

兄妹相见

彝族情歌。流传于云南省元谋县彝族地区。此歌以大量彝族聚居区常见的相似的动物或植物做比喻，通过一系列的排比，表达了"哥哥声音好，妹妹长相好"的相互爱慕之情。歌中唱道："麂子和小牛是两兄妹，小牛声音好，麂子容貌好。""野姜和家姜是两兄妹，家姜香味好，野姜容貌好。""公鸡和阉鸡是两兄妹，公鸡声音好，阉鸡容貌好。"展现了彝族青年丰富的想象力。

肖开亮唱述，祁树森、李世忠记录。收入《云南民间文学集成·云南彝族歌谣集成》，32开，2页，25行，云南民族出版社1986年版。（李福云　朱琚元）

阿乖佬

彝族情歌。流传于云南省楚雄市、双柏县彝族地区。以"阿乖佬"为尾词而得名。歌中唱道："送郎送到火塘边，火塘四方四块砖；没心小郎拿一块，害得火塘不团圆。送郎送到院场心，抬头望望天阴没；难为老天下大雨，留得小郎坐几天。送郎送到墙拐角，心中有话不好说；眼泪汪汪难隔下，留郎不住跺跺脚。送郎送到大门前，眼睛哭红好几圈，爹妈问我哭什么？沙子刮进眼睛圈。"反映了情妹与情哥难分难舍的心情。

尹文臣唱述，余立梁、尹久臣记录。收入《云南民间文学集成·云南彝族歌谣集成》，32开，1页，16行，云南民族出版社1986年版。（李福云　朱琚元）

有口不得唱歌

彝族情歌。流传于云南省楚雄市彝族地区。歌中唱道："有口不得唱歌，心头有话没处说；有情人的心啊，白天当作黑夜过。有口不得唱歌，如同隔山河；有情的人啊，不能相见眼泪流。"反映了恋人不能相见的相思之苦。

佚名唱述，郭思九记录。收入《云南民间文学集成·云南彝族歌谣集成》，32开，1页，8行，云南民族出版社1986年版。（李福云　朱琚元）

小妹舍不得

彝族情歌。流传于云南省姚安县彝族地区。主要内容是：一个彝家小伙来说亲，姑娘为了看看小伙子是否有良心，就推说舍不得家中的父母、兄弟姐妹和亲戚朋友，舍不得家中的猪鸡牛羊，舍不得常住的房子和各种家私，聪明的小伙子一一给出巧妙的答复。最后姑娘看到小伙子无可挑剔，便跟着情哥在河边盖房种地，共同生活。

郭天元、自发生唱述，王朝里、郭开云记译。收入《云南省民间文学集成·姚安县综合卷》，32开，2页，50行，姚安县文化局、文联1989年编印。（施选　朱琚元）

诚心姊妹

彝族情歌。流传于云南省姚安县彝族地区。歌中唱道："六月里来六月六，六月青草绿又绿。绿绿青草土皮厚，诚心姊妹做得熟。"

刘光映唱述，春鸣记译。收入《楚雄民族民间文学资料》第五辑，32开，1页，4行，云南省社会科学院楚雄彝族文化研究室1982年编印。（施选　朱琚元）

送姊妹调

彝族情歌。流传于云南省姚安县彝族地区。全歌共四段，每段四句，七字一句。歌谣通过情哥往东南西北四个方向送情妹，唱出了双方相互爱慕、难舍难分、渴望自由婚姻的情感。歌中唱道：“送姊妹送朝西，西边田中撵秧鸡；追着秧鸡得肉吃，追着小妹做夫妻。”

刘光映唱述，春鸣记译。收入《楚雄民族民间文学资料》第五辑，32开，1页，16行，云南省社会科学院楚雄彝族文化研究室1982年编印。（施选　朱琚元）

约会

彝族情歌。流传于云南省双柏县彝族地区。用当地称为“阿苏扎”的彝族调子吟唱，这种唱调多用“阿苏扎”作衬句。歌词均为五字句。吟唱地点限于歌场或山野间，有独唱、对唱以及领唱加和腔等形式，一般用三弦伴奏。歌谣通过一对青年男女间的对唱，唱出了双方不辞辛劳百里来相会的过程。语句淳朴，情感动人，比喻巧妙，内容与当地彝族的生活环境融为一体。歌中唱道：“阿哥阿老表，荒地独树苗，辛苦到这方。阿哥阿表妹，百里来相会，苦累到这方。”

杞秀英、李文英唱述，杨树荣、袁忠富记译。收入《民族音乐资料集（二）》，32开，4页，24行，双柏县文教局1980年编印。（施选　朱琚元）

栽桃小调

彝族情歌。流传于云南省双柏县彝族地区。用当地称为“阿力则”的彝族调子吟唱。歌词七字一句，语句朴实，寓意鲜明。歌谣以栽桃和摘桃为引子，借景抒情，唱出了双方的情投意合。歌中唱道：“人人都把红桃爱，可惜不知是谁栽。”“原来桃树情哥栽，红桃专给阿妹尝。”

佚名唱述，杨树荣、李生福记译。收入《民族民间文学资料集》，32开，1页，12行，双柏县文教局1979年编印。（施选　朱琚元）

挂情妹

彝族情歌。流传于云南省双柏县彝族地区。用当地称为“阿力则”的彝族调子吟唱。歌词七字一句。歌中唱道：“三件衣裳湿两件，一分病儿加九分；有朝一日见到妹，十分病儿好九分。”语句朴实、真切、感人，反映了彝族青年男女对爱情的执着。

佚名唱述，杨树荣、李生福记译。收入《民族民间文学资料集》，32开，1页，12行，双柏县文教局1979年编印。（施选　朱琚元）

鲜花调

彝族情歌。流传于云南省双柏县彝族地区。用当地称为“阿力则”的彝族调子吟唱。歌词七字一句。歌中唱道：“朵朵鲜花鲜又鲜，可惜开在庙门前；有心要采鲜花戴，又怕庙主心肠坏。”反映了彝族男青年渴望获得甜蜜爱情的美好心愿。

佚名唱述，杨树荣、李生福记译。收入《民族民间文学资料集》，32开，1页，12行，双柏县文教局1979年编印。（施选　朱琚元）

十二月花调

彝族情歌。流传于云南省双柏县彝族地区。全歌共十二段，每段四句，七字一句，用当地称为“阿乖佬”的彝族调子吟唱。歌谣以一年十二个月中不同的花为引子，生动地唱出了男青年对意中人的执着追求。歌中唱道：“五月石榴叶子稀，莫嫌小郎穿破衣；衣裳虽破心意坚，专盼阿妹来缝衣。”

佚名唱述，杨树荣、李生福记译。收入《民族民间文学资料集》，32开，4页，48行，双柏县文教局1979年编印。（施选　朱琚元）

过山调

彝族情歌。流传于云南省双柏县彝族地区。全歌共三段，每段四句，七字一句，用当地称为“阿乖佬”的彝族调子吟唱，男女对唱。歌谣唱出了男女双方的情投意合，语句朴素，比喻生动。歌中唱道：“（男）郎是远方一只鹅，飞到妹方不敢落；（女）郎是远方一只鹅，飞到妹方只管落。”

佚名唱述，杨树荣、李生福记译。收入《民族民间文学资料集》，32开，1页，12行，双柏县文教局1979年编印。（施选　朱琚元）

三弦调

彝族情歌。流传于云南省双柏县彝族地区。全歌共六段，每段四句，七字一句，用当地称为“阿乖佬”的彝族调子吟唱。歌中唱道：“三弦还要三音合，小郎还要小妹合；三根弦线三样音，音音都合妹的心。”反映了彝族青年男女对美好生活的向往。

佚名唱述，杨树荣、李生福记译。收入《民族民间文学资料集》，32开，2页，24行，双柏县文教局1979年编印。（施选　朱琚元）

心肝调

彝族情歌。流传于云南省双柏县彝族地区。全歌共六段，每段四句，七字一句，用当地称为“阿乖佬”的彝族调子吟唱。歌谣唱出了小伙子对心上人的思念之情。歌中唱道：“小小三弦音又音，这山弹着那山音；三弦就是说话人，乖乖就是心上人。”

佚名唱述，杨树荣、李生福记译。收入《民族民间文学资料集》，32开，2页，24行，双柏县文教局1979年编印。（施选　朱琚元）

忠情调

彝族情歌。流传于云南省双柏县彝族地区。全歌分两段，每段四句，每句七字。第一段唱述两人的爱情应像千年松一样，不管遇到什么困难，都要忠贞不渝，不应像桃花一样一时鲜艳，却经不住时间的考验。第二段唱述两人只要真心相爱，不管前面的路怎样坎坷，等待的时间有多长，幸福的日子一定会到来。

佚名唱述，苏锡纬记录。32开，1页，8行，稿存楚雄彝族自治州彝族文化研究所。（施选　朱琚元）

相思调（一）

彝族情歌。流传于云南省双柏县彝族地区。全歌共四段，每段四句，七字一句。第一段以唱山歌、弹琴、劝酒、开花为引子，唱述没有无缘无故的相思。第二段通过梦中相会、诉情，唱出了相思之苦。第三段用鲜花和大河相隔做比喻，试探姑娘的心思。第四段用慢慢红透的石榴花、慢慢融化的冰块做比喻，表示只要阿哥不变心，总会有团圆的一天。

矣学发唱述，矣学冰、苏锡纬记录。收入《双柏民间文学集成》，32开，1页，16行，云南民族出版社1992年版。（施选　朱琚元）

相思调（二）

彝族情歌。流传于云南省双柏县彝族地区。全歌共五段，每段四句，七字一句，用当地称为“阿色”的彝族调子吟唱。歌谣通过青年男女的对唱，唱出了双方相互爱慕、情投意合的情感和期望早日生活在一起的心愿。歌中唱道：“冬瓜越老粉越多，阿哥想你如饥渴；不要嫌弃哥家贫，只看心意诚不诚。”

佚名唱述，苏锡纬记录。收入《双柏民间文学集成》，32开，2页，24行，云南民族出版社1992年版。（施选　朱琚元）

合心调（一）

彝族情歌。流传于云南省双柏县彝族地区。

歌词均为七字句，用“阿乖佬”的彝族调子吟唱。歌谣通过一对青年男女的对唱，唱出了他们的相互爱慕之情，并希望成家后夫妻恩爱、尊老爱幼、勤俭持家。歌中唱道：“（男）红花没有白花香，喜事大办不应当；有时当作无时过，铺张办事一时光。”“（女）恩爱夫妻情意长，来年再来进歌场；背起娃娃来跳脚，一跳跳到太阳落。”此歌一般在农历七月十五赶秋街时吟唱，歌词可即兴发挥。

李明山、王庆刚、郑玲唱述，袁忠富记录。收入《双柏民间文学集成》，32开，2页，72行，云南民族出版社1992年版。（施选　朱琚元）

合心调（二）

彝族情歌。流传于云南省双柏县彝族地区。通过一对青年男女间的对唱，唱出了双方互相爱慕、情投意合的情感。歌中唱道：“天上小星对小星，地下罗汉对观音；观音好看泥巴做，小郎好看出生成；小脸生成瓜子脸，小眼生成过天星；小嘴生成豆米嘴，两耳生成月牙形；走路就像龙摆尾，说话就像蜂蜜甜；亲你一下热透心，心心相印情意深。”

余兴宝、李桂秀唱述，袁忠富记录。收入《双柏民间文学集成》，32开，2页，52行，云南民族出版社1992年版。（施选　朱琚元）

合心调（三）

彝族情歌。流传于云南省双柏县彝族地区。用当地称为“阿苏扎”的彝族调子吟唱。歌词七字一句，通过情哥与情妹的对唱，表达双方相互爱慕和情投意合之意。歌谣语句朴实，比喻巧妙，内容与当地彝族的生活情景融为一体，使人听了心情愉悦。歌中唱道：“大河涨水沙漾沙，一对鲤鱼一对虾，鲤鱼翻身背合背，我俩合心做一家。”

余兴宝、李桂秀唱述，杨树荣、袁忠富记译。收入《民族音乐资料集》（二），32开，3页，48行，双柏县文教局1980年编印。（施选　朱琚元）

栽秧

彝族情歌。流传于云南省双柏县彝族地区。全歌共四段，每段四句，七字一句。歌谣以耕田、耙田、栽秧、薅秧为引子，唱出了男女双方互相爱慕之情。歌中唱道：“大田栽秧四四方，小郎犁耙妹栽秧；早上栽个花成对，晚上栽个对成双。”

李明山、郑玲唱述，袁忠富记录。收入《双柏民间文学集成》，32开，1页，16行，云南民族出版社1992年版。（施选　朱琚元）

扬花

彝族情歌。流传于云南省双柏县彝族地区。歌中唱道：“谷子扬花一把香，还不低头水就干；扬花谷穗正要水，妹子年轻正要郎。”唱出了彝族女青年对爱情的渴望。

李明山、郑玲唱述，袁忠富记录。收入《双柏民间文学集成》，32开，1页，4行，云南民族出版社1992年版。（施选　朱琚元）

栽秧调

彝族情歌。流传于云南省双柏县彝族地区。全歌共五段，每段四句，七字一句。歌谣以犁田、耙田、栽秧、秧鸡、做针线为引子，唱出了男女双方互相爱慕、情投意合的情感，以及他们对美好生活的向往。歌中唱道：“大田栽秧排对排，一对秧鸡闷水来；秧鸡要找乘凉处，小妹要找有情人。”

吴家全唱述，袁忠富记录。收入《双柏民间文学集成》，32开，1页，20行，云南民族出版社1992年版。（施选　朱琚元）

仁义调

彝族情歌。流传于云南省双柏县彝族地区。歌词均为七字句，用当地称为“阿色”的彝族调子吟唱。歌谣通过一对彝族青年男女的对唱，唱出了双方互相爱恋、难舍难分的情感。歌中男方唱道：“天要下雨先吹风，马要吃水先立鬃，公鸡要叫先拍翅，小妹招郎先开腔。”女方答唱道：“对门对户对石岩，一对秧鸡闷水来；公不抬头母不叫，哥不招手妹不来。”

毕文富、高美英唱述，袁忠富记录。收入《双柏民间文学集成》，32开，2页，76行，云南民族出版社1992年版。（施选　朱琚元）

心合心

彝族情歌。流传于云南省双柏县彝族地区。歌词均为七字句，用当地称为“阿色”的彝族调子吟唱。歌谣通过情郎与情妹的对唱，唱出了双方不为金钱而相爱，不为财富而相恋的纯真情感。歌中唱道：“要做郎妹是我说，手中无钱又歇着；未曾相交就说过，小妹不是爱财婆。”“真心实意不会单，虚情假意不成双；小郎真心妹实意，真心实意要成双。”

佚名唱述，苏锡纬记译。收入《双柏民间文学集成》，32开，3页，76行，云南民族出版社1992年版。（施选　朱琚元）

赶街调

彝族情歌。流传于云南省双柏县彝族地区。歌词均为七字句，用当地称为“阿色”的彝族调子吟唱。歌谣唱述的主要内容是：妥甸街两边栽有辣子树，街头街尾摆满红红的辣子，还有一条街专门卖鲜花；沙甸街上摆满了上好的黄丝箩筛，筛出的面最细，蒸出的粑粑撕也撕不开；法街上摆满了花苗，今天栽花明天开；鄂嘉街上摆满了桂花茶叶，只要双方情投意合，就像冷水泡茶一样可以耐心等待；六合街上摆满了香菌木耳，只要双方真心诚意，就像发木耳一样肯定有结果；新街街上摆满了狗肉汤锅，只要哥哥心里有妹，今天妹妹来请客。歌谣通过对各地街子中特色商品的描述，表达了情哥情妹情意相投的真挚情感。

姚学兰唱述，袁忠富记录。收入《双柏民间文学集成》，32开，1页，24行，云南民族出版社1992年版。（施选　朱琚元）

赶新街

彝族情歌。流传于云南省双柏县彝族地区。用当地称为“阿色”的彝族调子吟唱。歌中唱道：“赶街要赶新街街，香菌木耳摆断街；有心留哥歇一晚，又怕香菌木耳发不开。”反映了彝族女青年对情哥的爱恋之情。

佚名唱述，杨树荣、李生福记译。收入《民族民间文学资料集》，32开，1页，4行，双柏县文教局1979年编印。（施选　朱琚元）

挂七妹

彝族情歌。流传于云南省双柏县彝族地区。全歌共十四段，每段四句，七字一句，用当地称为“阿色”的彝族调子吟唱。歌谣通过“十二挂”七妹，唱出了情哥一年十二个月月月挂念七妹的情思，语句生动感人。歌中唱道：“六挂七妹六台坡，六台坡上有橄榄；橄榄好吃回味甜，哥想七妹夜失眠。”

佚名唱述，杨树荣、李生福记译。收入《民族民间文学资料集》，32开，4页，56行，双柏县文教局1979年编印。（施选　朱琚元）

纳苏采花调

彝族情歌。流传于云南省双柏县彝族地区。歌词均为七字句，用当地称为“阿力则”的彝族调子吟唱。歌中唱道：“上树采花花不开，下树采花花落台；采得新花头上戴，采得败花怀中揣。”

佚名唱述，杨树荣、李生福记译。收入《民族民间文学资料集》，32开，1页，4行，双柏县文教局1979年编印。（施选　朱琚元）

采花桥

彝族情歌。流传于云南省双柏县彝族地区。歌词均为七字句，用当地称为“阿力则”的彝族调子吟唱。歌中唱道：“对门望见花一苗，有心采花水满桥；高山砍下九筒树，搭起一座采花桥。千军万马不给过，专给阿郎踩新桥。”反映了彝族女青年对爱情的执着。

佚名唱述，杨树荣、李生福记译。收入《民族民间文学资料集》，32开，1页，6行，双柏县文教局1979年编印。（施选　朱琚元）

为何不把妹打发

彝族情歌。流传于云南省景东彝族自治县彝族地区。以夸张的语言唱述姑娘盼望尽快出嫁的急切心情以及男女双方从请媒人到结婚的全过程。歌词七字一句，四句一节，共十二节。歌中唱道：“正月采茶是新年，黄花小女泪涟涟，人家妹妹穿红衣，我们妹妹不双全。二月采茶二月二，爹妈生我十七八，十六七岁婚姻龄，为何不把妹打发。三月采茶杨柳青，小妹绣花不在心，比我小的做媳妇，比我大的做母亲。”“十月采茶杨柳落，今晚实话对郎说，自从那回来说我，两眼睁睁睡不着。冬月采茶杨柳雪，吹吹打打来迎接，接得妹妹轿上坐，今晚还要打伙歇。腊月采茶要过节，忙得夫妻不得歇，要做茶食要做果，忙拜父母忙过节。”

李发林唱述，陶明贵记录。收入《景东民间歌谣》，32开，2页，48行，景东彝族自治县民委、文化局、文化馆1988年编印。（施文志）

唱着唱着挨拢来

彝族情歌。流传于云南省景东彝族自治县彝族地区。男女对唱。这首情歌表现了青年男女相识恋爱的情形。歌词七字一句，四句一节，共十一节。歌中唱道：“好玩日子搭你过，焦气日子不见你。小妹焦气郎接掉，小郎焦气妹来接。水有源头树有根，咋会接得郎交心。小郎散心心不散，妹妹散心心散心。小郎有心唱两个，妹妹有心接上来。有心无心你莫说，打伙都是探花人。立起只是我两个，一去一来一家子。搭你成双命不带，搭你玩笑越想你。火烧芭蕉心不死，心甘情愿我二人。”“有心不怕十里路，无心就怕两对门。东方唱起西高音，唱着唱着挨拢来。”

施学英唱述，杨海寿、刘汉祥记录。收入《景东民间歌谣》，32开，2页，44行，景东彝族自治县民委、文化局、文化馆1988年编印。（施文志）

孤孤单单变成双

彝族情歌。流传于云南省景东彝族自治县彝族地区。男女对唱。这首情歌表现了青年男女渴望成为伴侣的心情。歌词七字一句，四句一节，共四节。歌中唱道：“（男）对门望见花一朵，又想采来又无桥；三股弦线搭道桥，搭起桥来试试瞧。（女）三股弦线搭成桥，弦线如同铁索牢；千军万马不让过，要给小郎踩新桥。（男）三个老鸹叫着飞，两个成双一个单；两个成双高飞起，一个孤单口难张。（女）天上孤单小月亮，地下孤单妹一人；郎孤单来妹孤单，孤孤单单变成双。”

佚名唱述，李寿昌记录。收入《景东民间歌谣》，32开，1页，16行，景东彝族自治县民委、文化局、文化馆1988年编印。（施文志）

我俩都是山中果

彝族情歌。流传于云南省景东彝族自治县彝族地区。男女对唱。这是一首青年男女互相表达爱慕之情、彼此赞美的情歌。歌词七字一句，四句一节，共二十七节。歌中唱道：“（男）核桃不打不出油，山歌不唱心发愁；核桃出油是哥打，知情山歌妹起头。（女）黄绿衣裳白包头，郎在对方唱小曲；半路出家才相逢，一回陌生二回熟。”“（男）月亮悬空亮晶晶，郎弹三弦表真情，阿妹月下注弦音，那边跑到这边听。（女）郎弹三弦妹爱听，弦音紧扣妹的心；琴声悠扬知真情，终于找到意中人。”“（男）小哥爱吃烟茶酒，烟酒好吃钱没有；从此以后要禁口，陶醉阿妹胜喝酒。（女）阿哥无钱妹不愁，不爱钱物好房楼；我俩都是山中果，钱物好似辣蒜头。（合）高山梯田水汪汪，阿哥犁田妹栽秧；一年秋收十担粮，郎和妹来盖新房。”

佚名唱述，杨运禄记录。收入《景东民间歌谣》，32开，4页，108行，景东彝族自治县民委、文化局、文化馆1988年编印。（施文志）

我们姊妹不能丢

彝族情歌。流传于云南省景东彝族自治县彝族地区。以女子的口吻唱述青年男女互相爱慕、永不分离的真挚情感。歌词七字一句，四句一节（仅一节为六句），共二十五节。歌中唱道：“小时爱走探花路，老来爱蹲火塘边。哪个小时不玩笑，哪个老时不当家。小时探花老人骂，老时探花要当家。天亮了来天亮了，天亮冷风刮到了。天亮还想睡一觉，天亮去了还想来。天亮还说天不亮，你把小妹抱捂着。天亮不亮妹认得，东方发白小星稀。”“妹子把你装在心，你把妹子丢半边。你要丢妹你早丢，半中年纪咋丢我。你要丢妹你丢去，不歇三天有对头。你要丢妹你丢去，恰如丢个小石头。九不丢来十不丢，要等西山出日头，西山日头不能出，我们姊妹不能丢。”

罗三囡唱述，陶明贵记录。收入《景东民间歌谣》，32开，2页，102行，景东彝族自治县民委、文化局、文化馆1988年编印。（施文志）

隔山姊妹你莫做

彝族情歌。流传于云南省景东彝族自治县彝族地区。劝人不要与离得很远的人做情人，表现出传统社会中人们恋爱时所注重的实用原则。歌词七字一句，共四句。“隔山叫人山答应，隔河叫人水压音，隔山姊妹你莫做，一时想起叫不应。”

杨仕学唱述，陶明贵记录。收入《景东民间歌谣》，32开，1页，4行，景东彝族自治县民委、文化局、文化馆1988年编印。（施文志）

小妹只望有情人

彝族情歌。流传于云南省景东彝族自治县彝族地区。表达女子对男子专一而真挚的爱情。歌词七字一句，共四句。“送郎送到大理城，大理照壁画麒麟。麒麟只望芭蕉树，小妹只望有情人。”短短四句，既有前两句铺陈兼起兴，又有第三句比喻，自然而然地引出第四句，点明主题。

施学英唱述，陶明贵记录。收入《景东民间歌谣》，32开，1页，4行，景东彝族自治县民委、文化局、文化馆1988年编印。（施文志）

出了衙门手牵手

彝族情歌。流传于云南省景东彝族自治县。这首情歌唱出了恋爱中的男女不顾一切阻拦相爱到底的决心，豪迈洒脱，惊世骇俗。歌词七字一句，共四句。“铁打链子九十九，郎拴脖子妹拴手，哪怕官家王法大，出了衙门手牵手。”这首情歌所唱的内容流传很广。

施学英唱述，陶明贵记录。收入《景东民间歌谣》，32开，1页，4行，景东彝族自治县民委、文化局、文化馆1988年编印。（施文志）

暮夜游玩打歌调

彝族情歌。流传于云南省巍山彝族回族自治县彝族地区。歌谣通过男女对唱的形式表现情人相互思念，背着家人、村人约会的情景。语言朴实，多用形象的比喻。歌中唱道：“‘喔——’的喊怕别人听见，比手势怕别人看见，借助篾琴的声响，你就出来。”“松枝找风吹，是因为山高；松毛往下垂，是因为谷深；相思难相见，是因为路远。”

佚名唱述，杨茂虞、杨世昌搜集、记译。收入《彝族打歌调》，32开，13页，88行，云南民族出版社2002年版。（巴子）

婚姻家庭打歌调

彝族情歌。流传于云南省巍山彝族回族自治县彝族地区。歌中女方唱述因父母包办婚姻而嫁给年幼的丈夫，受尽婆家虐待的苦情，男方唱述执意赎回情妹的决心。情节简单，语言生动。歌中唱道：“黄鹦鹉的肚里，吃下五样十样食物，却没有吃进西瓜子；阿妹的心里，想着五样十样的法子，没有再婚的念头。”“吃是吃在斑鸠的嘴里，疼是疼在鹦鹉的心头；打是打在阿妹的身上，疼是疼在我的心头。”

佚名唱述，杨茂虞、杨世昌搜集、记译。收入《彝族打歌调》，32开，15页，96行，云南民族出版社2002年版。（巴子）

恋爱官司打歌调

彝族情歌。流传于云南省巍山彝族回族自治县彝族地区。男女对唱。歌谣唱述一对恋人不怕告状、不怕加刑，从蒙化告到白崖，再告到大理、省城，最后官府承认他们不是另寻新欢，认定自由恋爱成亲合法。表现了他们坚持自由恋爱成婚的坚定决心。歌中唱道：“茅草地里犁地，只需犁头锋利，不需犁板锋利；官府里打官司，只需口才善辩，不必花钱行贿。”“山羊关进羊栏，绵羊在外团团转；你关进监牢，姐姐在牢房外焦急探望。”

佚名唱述，杨茂虞、杨世昌搜集、记译。收入《彝族打歌调》，32开，18页，122行，云南民族出版社2002年版。（巴子）

彝家本是百灵鸟

彝族情歌。流传于云南省巍山彝族回族自治县彝族地区。全歌共三段，以男女对唱的形式，在学习打歌的过程中逗趣娱乐。歌中唱道：“对门小妹莫偷望，不会打歌拢哥来，手把手地教给你，嘴对嘴地教给你。”“彝家本是百灵鸟，哪个姑娘不会跳？打歌不需人教人，难道不见河边蚂蚱背蚂蚱？”

字有六翻译，罗显奇搜集、整理。收入《云南民间文学集成·巍山彝族回族自治县民间歌谣集成》，32开，2页，71行，巍山彝族回族自治县民间文学集成办公室1989年编印。（段葵）

云南山茶要哪朵

彝族情歌。流传于云南省南涧彝族自治县彝族地区。男女对唱。歌中男女双方以选花、卖花、买花等为话题，一问一答，相互表达爱慕之情。歌中唱道：“太上老君要哪尊？云南茶花要哪朵？三两棉花四两线，哪天纺（访）到你跟前？”“背起棉花来弹（谈）心，谈心不成不灰心。风吹花树连根发，气着多个戴花人。”最后以名树名花结尾：“小郎有名娑罗树，小妹就是娑罗花。”

常尧瑞唱述，罗成武、张增宏、李伸搜集、整理。收入《南涧民间文学集成》，32开，5页，96行，云南民族出版社1987年版。（段葵）

正月风摆龙献花

彝族情歌。流传于云南省南涧彝族自治县彝族地区。十二月调。歌谣按月份的物候起兴起韵，小伙子以花寓情咏事，表达求爱的坚定决心。歌中唱道：“十月山茶满山开，开在山中陡石岩。郎要采花上不去，妹要采花下不来。”“腊月风摆腊梅来，玩笑小妹哭哀哀。小郎问你哭什么？谈花不够下年来。”“三月罂粟花白如霜，摘花一朵出白浆。吹破多少英雄汉，气坏多少小姑娘。”

罗德祥唱述，张增宏等搜集、整理。收入《南涧民间文学集成》，32开，3页，48行，云南民族出版社1987年版。（段葵）

二世还做一家子

彝族情歌。流传于云南省巍山彝族回族自治县彝族地区。男女对唱，彼此倾诉相亲相爱的坚贞爱情。歌中女方唱道：“昨天梦见日朝东，梦见小郎在怀中。伸手摸郎郎不见，醒来眼泪几茶蛊。”“生要跟来死要跟，生死要跟这回子。官司打到阎王殿，死要过掉这辈子。”

佚名唱述，陈本思搜集、整理。收入《云南民间文学集成·巍山彝族回族自治县民间歌谣集成》，32开，1页，33行，巍山彝族回族自治县民间文学集成办公室1989年编印。（段葵）

赶散野蜂盼哥来

彝族情歌。流传于云南省巍山彝族回族自治县彝族地区。全歌共八段，男女对唱，彼此倾诉相互爱慕、终身相许的恋情。歌中女方唱道：“灰迷眼睛我不怕，瞎了我叫哥哥背。哥哥身上好睡觉，假装疼痛哼几声。”“太阳落了有月亮，哥妹黄昏好粘连。妹是一只无窝鸟，阿哥怀里先歇歇。”

李永英唱述，罗扬奇搜集、整理。收入《云南民间文学集成·巍山彝族回族自治县民间歌谣集成》，32开，2页，40行，巍山彝族回族自治县民间文学集成办公室1989年编印。（段葵）

千变万化要挨身

彝族情歌。流传于云南省巍山彝族回族自治县彝族地区。男女对唱。女方先后以变花石板、变万年青树、变鼠洞、变石榴、变葱等来考问男方，男方则先后以变青苔、变木匠、变花猫、变松鼠、变菜刀也要“挨身”给予破除。歌中唱道：“要变大理海中花石板，看你小哥咋挨身？”“你变大理海中花石板，郎变青苔要挨身。”

字应兰唱述，左桂云搜集、整理。收入《云南民间文学集成·巍山彝族回族自治县民间歌谣集成》，32开，2页，46行，巍山彝族回族自治县民间文学集成办公室1989年编印。（段葵）

花见蜜蜂笑着开

彝族情歌。流传于云南省巍山彝族回族自治县彝族地区。男女对唱，句式比较自由，随着情感的变化，依照乐曲旋律，可在歌词中插入感情性的衬词和提示语，有的在对方唱段中接唱几句，与对方的唱段构成段落。如歌中唱道：“（女）小哥呀！这回桂花树下抖铺睡，（男）你说小妹妹心肝，铺又好睡花又香。妹是桂花香十里，男是蜜蜂笑着来。（女）小哥呀！这回男睡桂花香十里，（男）笑迷唠呢阿妹，这回妹是桂花香半街。”

陈家珍、陈家沛唱述，危树珍、字正伟搜集、整理。收入《云南民间文学集成·巍山彝族回族自治县民间歌谣集成》，32开，4页，84行，巍山彝族回族自治县民间文学集成办公室1989年编印。（段葵）

做个姊妹散散心

彝族情歌。流传于云南省巍山彝族回族自治县彝族地区。“姊妹”指哥妹。男女对唱，彼此逗趣，从中表达相互爱慕的心意。歌中女方唱道：“妹不想唱你叫唱，阿妹唱了你要还。有心搭你吃口饭，你呆口不叫妹一声。”男方唱道：“有心叫你吃早饭，豆子掺饭又害羞。阿妹有情过箐来，蚕豆还有一两升。”女方唱道：“吃个炒豆香香嘴，做个姊妹散散心，玩笑不给肚子饿，赏花莫要累断筋。”

白玉英唱述，罗扬奇搜集、整理。收入《云南民间文学集成·巍山彝族回族自治县民间歌谣集成》，32开，2页，28行，巍山彝族回族自治县民间文学集成办公室1989年编印。（段葵）

帮你找棵发汗药

彝族情歌。流传于云南省巍山彝族回族自治县彝族地区。男女对唱，双方在逗趣中抒发相亲相爱的情感。歌中男方唱道：“牵着阿妹过河东，回到家里睡不着。”女方唱道：“是过河冷病掉，帮你找棵发汗药？”男方唱道：“爱想阿妹想病掉，阿妹要找什么药？”女方唱道：“这棵药是无名草，恐怕二年才找着。”

佚名唱述，杨凤洲搜集、整理。收入《云南

民间文学集成·巍山彝族回族自治县民间歌谣集成》，32开，2页，12行，巍山彝族回族自治县民间文学集成办公室1989年编印。（段葵）

哥是小鸟天上飞

彝族情歌。流传于云南省巍山彝族回族自治县彝族地区。情妹借助小鸟和谷堆的关系，歌唱忠贞的爱情。歌词是："哥是小鸟天上飞，妹是田中谷一堆。小鸟落到谷堆上，不吃饱来不愿飞。"

罗正周唱述，罗扬奇搜集、整理。收入《云南民间文学集成·巍山彝族回族自治县民间歌谣集成》，32开，1页，4行，巍山彝族回族自治县民间文学集成办公室1989年编印。（段葵）

抓把杨梅顺河栽

彝族情歌。流传于云南省巍山彝族回族自治县彝族地区。情妹借开花的不易、摘花的欢心，表达自己永远忠于爱情的决心。歌词是："送郎送到弥渡街，抓把杨梅顺河栽。三十年前开一朵，四十年后开一双。左手摘了头上戴，右手摘了怀中揣。头上戴的戴旧掉，怀中揣的揣到家。"

茶开宏、祝兴礼唱述，王典搜集、整理。收入《云南民间文学集成·巍山彝族回族自治县民间歌谣集成》，32开，1页，8行，巍山彝族回族自治县民间文学集成办公室1989年编印。（段葵）

疑是小妹带信来

彝族情歌。流传于云南省巍山彝族回族自治县彝族地区。歌中情哥借早上的凉风，抒发自己对情妹的日夜想念之情。歌词是："今早起来大门开，一阵凉风刮进来。今早凉风刮得怪，疑是小妹带信来。"

官家旺、祝兴周唱述，王典搜集、整理。收入《云南民间文学集成·巍山彝族回族自治县民间歌谣集成》，32开，1页，4行，巍山彝族回族自治县民间文学集成办公室1989年编印。（段葵）

十姐生来一个样

彝族情歌。流传于云南省永平县彝族地区。全歌共十段，以大姐、二姐、三姐直到十姐为序，依次赞美十姐俊俏的模样，抒发对她们的爱慕之情。歌中唱道："二姐生得多整齐，水边萝卜褪层皮。水边萝卜白又嫩，要搭二姐做夫妻。""八姐生得羞答答，缝块围腰绣山茶。山茶九蕊十八瓣，十人见你十人夸。"

谢国洪唱述，郭李熊搜集、整理。收入《中国民族民间文学集成·永平县卷》，32开，2页，43行，德宏民族出版社1989年版。（张秀娟）

手扳栏杆望情人

彝族情歌。流传于云南省峨山彝族自治县彝族地区。以一到十为序递进，表达阿妹对阿哥的爱恋和思念，以及希望尽快与阿哥结为夫妻的心愿。歌中唱道："四想小曲山茶开，不见情哥赶花街；白纸写信带不到，夜晚想哥睁开眼。"

佚名唱述，肖福顺记译。收入《峨山民间文学集成》，32开，2页，40行，云南民族出版社1989年版。（聂鲁）

十二月思妹小调

彝族情歌。流传于云南省新平彝族傣族自治县彝族地区。以一月至十二月为序递进，抒发阿哥思妹想妹的一片真情。歌中唱道："冬月思妹冬月冬，冬月萝卜挂空心，空心萝卜实心子，真心实意挂着你。"

易勇唱述、记译。32开，2页，48行。未刊稿。稿存新平彝族傣族自治县平甸乡他拉村委会他拉社民间歌手易勇家中。（聂鲁）

眼泪汩汩能泡田

彝族情歌。流传于云南省新平彝族傣族自治县彝族地区。歌谣唱述阿妹牵挂出门久而未归的阿哥的伤心情景。歌中唱道："哥到磨黑去挑盐，一去去了大半年；妹在家中孤单单，眼泪汩汩能泡田。”

周家旺唱述，陈振中记译。收入《哀牢山情歌》，32开，1页，4行，新平彝族傣族自治县民委1985年编印。（聂鲁）

十二月挂郎小调

彝族情歌。流传于云南省新平彝族傣族自治县彝族地区。歌谣以一月至十二月为序递进，抒发阿妹月月都在挂念郎哥的思念之情。歌中唱道：“二月挂郎二月八，青枝绿叶正发芽，绿叶挂在青枝上，妹心挂在郎跟前。”

易勇唱述、记译。32开，2页，60行，稿存新平彝族傣族自治县平甸乡他拉村委会他拉社民间歌手易勇家中。（聂鲁）

有情有义共百年

彝族情歌。流传于云南省峨山彝族自治县彝族地区。唱述阿妹会阿哥时的心情。歌中唱道：“一会小曲会花园，手拿花巾进花园。手扳花树等情人，跟哥赏花莫嫌弃。”

佚名唱述，肖顺福记译。收入《峨山民间文学集成》，32开，1页，20行，云南民族出版社1989年版。（聂鲁）

阿妹唱歌多好听

彝族情歌。流传于云南省峨山彝族自治县彝族地区。阿哥赞美阿妹，并表达爱慕之情。歌谣唱道：“阿妹唱歌多好听，小嘴一歪唱出来，唱得画眉也来和，唱得绿翠迷了心。”

佚名唱述，张静记译。收入《峨山民间文学集成》，32开，1页，18行，云南民族出版社1989年版。（聂鲁）

只爱阿妹心肠好

彝族情歌。流传于云南省峨山彝族自治县彝族地区。阿哥赞美阿妹心胸开阔、勤劳能干，并表达爱慕之情。歌谣唱道：“一唱东山放牛羊，牛背弹弦对歌忙；人人都说山宽大，妹的心胸更宽敞。”

王世英唱述，王利祥记译。收入《峨山民间文学集成》，32开，1页，16行，云南民族出版社1989年版。（聂鲁）

送哥送到村后坡

彝族情歌。流传于云南省峨山彝族自治县彝族地区。属“曲子”调民歌。男女对唱。全歌共十九段。歌谣唱述情妹送郎参军时，两人依依惜别的情景。歌中唱道：“妹是明月天上走，哥是清泉山间流；泉水爱意皎月影，碧波涌向天尽头。鹰飞千里恋山林，哥走万寨恋情人；恋妹恋得梦中会，醒来空想天边星。”

佚名唱述，尹建明记译。收入《峨山民间文学集成》，32开，4页，76行，云南民族出版社1989年版。（聂鲁）

磨盘山情歌对唱

彝族情歌。流传于云南省新平彝族傣族自治县彝族地区。此系民间歌手保存的唱本，有约曲、想曲、盼曲、会曲、爱曲、赞曲、送曲等。歌谣以磨盘山的树木、花草、景观等做比喻，抒发男女间相恋相爱的情感，表达对幸福生活的追求。歌中唱道：“（男）月亮湖水清又清，湖畔一片绿茵茵，千年不干湖心水，万年不变情人心。（女）小小手巾一尺长，结个疙瘩丢进塘，千年不给疙瘩散，万年不离妹和郎。（男）磨盘山顶高又高，放个风筝天上飘，郎说风筝放得远，妹说风筝放得高。（女）郎有约来妹有心，磨盘山上来谈心，妹是真星（心）十六两，郎是真星（心）有一斤。”

易勇唱述、记译。32开，14页，432行，未刊稿。（聂鲁）

一棵鲜花鲜又鲜

彝族情歌。流传于云南省新平彝族傣族自治县彝族地区。歌谣唱述痴心阿哥要采花，可鲜花开在悬崖间、刺丛里、湖中间、河那边、石缝里、海中间、雪峰上、大树尖、大山心等，难以采到，于是阿妹给阿哥出主意，替阿哥找采花的办法。歌中唱道："（男）一棵鲜花鲜又鲜，鲜花开在悬崖间；小哥心想把花赏，可是崖高路又险。（女）一棵鲜花鲜又鲜，鲜花开在悬崖间；只要阿哥心肠好，打开石缝把路修。"

易勇唱述、记译。32开，3页，96行，未刊稿。（聂鲁）

太阳出来正晌午

彝族情歌。流传于云南省新平彝族傣族自治县彝族地区。男女对唱。歌谣通过阿妹包晌午饭给阿哥这件小事，体现哥有心来妹有意。歌中唱道："（男）太阳出来正晌午，妹包午饭留给哥，这个小妹良心好，冷饭底下捂干巴。（女）太阳出来正晌午，妹包午饭留给哥，请你小哥莫嫌弃，有菜无菜吃两颗。"

易勇唱述、记译。32开，2页，64行，未刊稿。（聂鲁）

清水出在石崖脚

彝族情歌。流传于云南省新平彝族傣族自治县彝族地区。男女对唱。歌中阿哥变成蜜蜂、黄莺等到石崖脚找水喝，阿妹则变成鲤鱼、金鱼等与阿哥相会。歌谣唱道："（男）清水出在石崖脚，正当太阳照得着；哥变黄莺来吃水，妹变鲤鱼来会合。（女）清水出在石崖脚，想吃凉水吃得着；哥是蜜蜂来吃水，妹变金鱼来会合。"

易勇唱述、记译。32开，1页，32行，未刊稿。（聂鲁）

月亮出来白又白

彝族情歌。流传于云南省新平彝族傣族自治县彝族地区。男女对唱。对唱双方互赞对方的肤色、长相、人品等，表达倾慕之情。歌中唱道："（男）月亮出来白又白，照见小妹好肤色；不点胭脂桃花色，不抹粉也自然白。（女）月亮出来白又白，照见阿哥小漂白，不是小妹夸奖你，身材苗直气不凡。"

易勇唱述、记译。32开，2页，40行，未刊稿。（聂鲁）

红铜锣锅煮白米

彝族情歌。流传于云南省新平彝族傣族自治县彝族地区。男女对唱。对唱双方通过互相赞美表达倾慕之情。歌中唱道："（男）红铜锣锅煮白米，千金小姐不如你，千金小姐受娇宠，提起性格不如你。（女）红铜锣锅煮白米，官家少爷不如你，官家少爷牌子大，提起本事不如你。"

易勇唱述、记译。32开，1页，32行，未刊稿。（聂鲁）

太阳要落四山阴

彝族情歌。流传于云南省新平彝族傣族自治县彝族地区。男女对唱。歌谣表现了哥妹送别时依依不舍的心情。歌中唱道："（男）太阳要落四山阴，四山百鸟归林晚；百鸟归林看天色，小哥归家看明天。（女）太阳要落四山阴，四山阳雀归山心；阳雀归林多热闹，小妹归家冷清清。"

易勇唱述、记译。32开，2页，64行，未刊稿。（聂鲁）

大海涨潮漫浸浸

彝族情歌。流传于云南省峨山彝族自治县彝族地区。以大海、大河、花树、花桥、月亮、筷子、勾担、水缸、柿花树、大鹅、菱角等做比喻，表现阿哥阿妹相亲相爱的深情和对坚贞爱情的追求。歌中唱道："（女）大海涨潮漫浸浸，好花开在海中心；小哥心想讨花戴，不知海水有多深。（男）大河涨水浪滔滔，砍倒花树搭花桥；千军万马不能过，郎和小妹桥上摇。"

佚名唱述，王金德记译。收入《峨山民间文学集成》，32开，1页，40行，云南民族出版社1989年版。（聂鲁）

不结百年心不甘

彝族情歌。流传于云南省峨山彝族自治县彝族地区。男女对唱。歌谣以茶花、芍药、牡丹、泰山等做比喻，表现两人相亲相爱的深情和百年相守的决心。歌中唱道："（男）茶花种进绿盆里，红绿相对两相逢，世人皆说牡丹好，难比我俩情意浓。（女）园中芍药对牡丹，我俩情意重泰山，哥哥你说是不是？不结百年心不甘。"

佚名唱述，李祖恩记译。收入《峨山民间文学集成》，32开，1页，16行，云南民族出版社1989年版。（聂鲁）

隔河望见花一枝

彝族情歌。流传于云南省峨山彝族自治县彝族地区。歌谣表现年轻人心中的青春萌动。歌中唱道："今早起来把门开，一阵清风刮进来；不是清风吹得轻，本是小哥带进来。"

佚名唱述，王延年记译。收入《峨山民间文学集成》，32开，3页，64行，云南民族出版社1989年版。（聂鲁）

大河涨水漫白沙

彝族情歌。流传于云南省峨山彝族自治县彝族地区。全歌包括内容不相互衔接的两段。歌中唱道："大河涨水漫白沙，一对鲤鱼一对虾，只见鲤鱼来吃水，不见小妹来当家。"

马为龙唱述，张玉琪记录。收入《峨山民间文学集成》，32开，1页，8行，云南民族出版社1989年版。（聂鲁）

阿哥身材好健壮

彝族情歌。流传于云南省峨山彝族自治县彝族地区，属月琴舞调中的赞郎调。阿妹通过对阿哥的赞美，向阿哥吐露倾慕之情。歌中唱道："阿哥身材好健壮，做得柱子做得梁，脸如月儿一样明，眼似太阳一样亮。""蜜蜂见花笑着来，花见蜜蜂笑着开，哥像蜜蜂绕山林，小妹是花为哥开。"

佚名唱述，赵成华记译。收入《峨山民间文学集成》，32开，2页，30行，云南民族出版社1989年版。（聂鲁）

任苦任累也欢欣

彝族情歌。流传于云南省峨山彝族自治县彝族地区，是歌场中男女相互表达倾慕之情的歌谣。歌词大意是：妹愿跟郎玩，能否成亲人？郎妹做一家，永吃一锅饭。妹在前面走，郎在后面跟，郎妹做一家，苦累也心甘。

佚名唱述，石普存记译。收入《峨山民间文学集成》，32开，1页，40行，云南民族出版社1989年版。（聂鲁）

真金不怕火来烧

彝族情歌。流传于云南省峨山彝族自治县彝族地区。属赶马调山歌。表达男女间的倾慕及对纯真爱情的追求。歌中唱道："清早起来去放牛，妹在窗前来梳头……郎有意来妹有心，脱下帽子换手巾。只要双双合心意，帽子手巾换成亲。"

陶士兰唱述，胡文忠记译。收入《峨山民间文学集成》，32开，3页，46行，云南民族出版社1989年版。（聂鲁）

脸上就像火烧山

彝族情歌。流传于云南省新平彝族傣族自治县彝族地区。男女对唱。歌谣表现了初恋的少男少女慌张羞怯的心情。歌中唱道："（男）初五月亮弯又弯，初交小妹难开腔，心口就像揣小兔，脸上就像火烧山。（女）石榴开花红彤彤，郎妹结交莫漏风，燕子抬泥嘴要稳，春蚕有丝（事）在心中。"

周家旺唱述，陈振中记译。收入《哀牢山情歌》，32开，1页，8行，新平彝族傣族自治县民委1985年编印。（聂鲁）

粗切萝卜细切姜

彝族情歌。流传于云南省新平彝族傣族自治县彝族地区。男女对唱。歌谣表现男女最初交往时的情景和心情。歌中唱道："（男）粗切萝卜细切姜，问声小妹在何方？姓杨姓方告诉我，日后遇着好商量。（女）粗切萝卜细切葱，哥妹初交莫漏风；要学灯笼心中亮，莫学瓦雀乱哄哄。"

周家旺唱述，陈振中记译。收入《哀牢山情歌》，32开，1页，8行，新平彝族傣族自治县民委1985年编印。（聂鲁）

妹有好花不会栽

彝族情歌。流传于云南省新平彝族傣族自治县彝族地区。男女对唱。歌中唱道："（男）妹有好花不会栽，偏偏拿去石上埋，请妹捅来哥园里，汗水浇开常年花。（女）小江河水长又长，弯弯曲曲下海洋；手拿尺杆顺水走，哥心难测水难量。"

周家旺唱述，陈振中记译。收入《哀牢山情歌》，32开，1页，8行，新平彝族傣族自治县民委1985年编印。（聂鲁）

哀牢画眉叫乖乖

彝族情歌。流传于云南省新平彝族傣族自治县彝族地区。男女对唱。歌谣歌唱对待爱情忠贞不渝的态度。歌中唱道："（男）哀牢阳雀叫哀哀，哀牢画眉叫乖乖；阳雀画眉回声叫，叫着叫着挨拢来。（女）大风吹来树头歪，吹拢吹拢又吹开；吹拢两棵成双对，吹开那棵无人挨。"

周家旺唱述，陈振中记译。收入《哀牢山情歌》，32开，1页，8行，新平彝族傣族自治县民委1985年编印。（聂鲁）

哥会唱歌妹会还

彝族情歌。流传于云南省新平彝族傣族自治县彝族地区。男女对唱。唱述哥妹相识相恋、互赠定情信物的情景。歌中唱道："（男）新打茶壶面朝南，哥会唱歌妹会还；哥唱七星朝北斗，妹唱金鸡配凤凰。（女）两棵花针一样长，绣股腰带送情郎，小哥莫嫌腰带短，短短腰带情意长。"

周家旺唱述，陈振中记译。收入《哀牢山情歌》，32开，1页，8行，新平彝族傣族自治县民委1985年编印。（聂鲁）

妹是荞面白又白

彝族情歌。流传于云南省新平彝族傣族自治县彝族地区。男女对唱。歌中阿哥阿妹以歌试探对方心意。歌中唱道："（男）妹是荞面白又白，哥是荞壳黑又黑；荞面装在荞壳里，妹说要得要不得？（女）妹是米酒要装壶，哥是装酒空葫芦；妹要葫芦装米酒，哥要米酒装葫芦。"

周家旺唱述，陈振中记译。收入《哀牢山情歌》，32开，1页，8行，新平彝族傣族自治县民委1985年编印。（聂鲁）

真话一句值千金

彝族情歌。流传于云南省新平彝族傣族自治县彝族地区。男女对唱。歌中唱道："（男）铁匠无铁难打钉，火塘无火冷阴阴；假话千句风吹走，真话一句值千金。（女）他拉河边妹放牛，牛角弯弯挂绣球；哥要绣球你拿去，哥要实话赶二回。"

周家旺唱述，陈振中记译。收入《哀牢山情歌》，32开，1页，8行，新平彝族傣族自治县民委1985年编印。（聂鲁）

喜鹊要跟白鹤飞

彝族情歌。流传于云南省新平彝族傣族自治县彝族地区。男女对唱。歌中男方急于求成，女方则不慌不忙还要观察考验。歌中唱道：“（男）高山青松歇白鹤，河边柳树歇喜鹊；喜鹊要跟白鹤飞，就怕白鹤不点头。（女）李子上粉慢慢红，蜂蜜泡糖慢慢溶；心急难吃烫稀饭，爱情最怕一头哄。”

周家旺唱述，陈振中记译。收入《哀牢山情歌》，32开，1页，8行，新平彝族傣族自治县民委1985年编印。（聂鲁）

等到花开就成双

彝族情歌。流传于云南省新平彝族傣族自治县彝族地区。男女对唱。歌中男方主动追求，女方的回答给男方以希望。歌中唱道：“（男）高粱红了穗穗红，茄子开花像灯笼；心想与妹做一家，就怕小妹嫌哥穷。（女）小哥莫慌又莫忙，月亮落了有太阳；妹家有棵樱桃树，等到花开就成双。”

周家旺唱述，陈振中记译。收入《哀牢山情歌》，32开，1页，8行，新平彝族傣族自治县民委1985年编印。（聂鲁）

等哥何时会到来

彝族情歌。流传于云南省弥勒市彝族地区。从一月唱起，直到腊月，唱述情妹一年十二个月中等待情哥、盼望与意中人相见的各种思绪情态。歌中唱道：“一月等哥一月三，等哥等到河水干。河干有人顺河过，不见哥哥来这方。”“五月等哥五月八，五月天气热哈哈。妹想做帽送哥戴，又怕别人笑掉牙。”“七月等哥七月三，小妹拜佛去烧香。别人烧香求保佑，小妹烧香为求双。”“腊月等哥等得哭，眼泪汪汪往下流。爹娘不死哭哪样？等哥不来泪水流。”

佚名唱述，普佳勇搜集、整理。收入《南盘江彝族情歌》，32开，2页，48行，远方出版社2003年版。（普学旺）

鹦哥动嘴不动心

彝族情歌。流传于云南省新平彝族傣族自治县彝族地区。男女对唱。歌谣规劝人们对待爱情要有真诚的态度。歌中唱道：“（男）河头开花河尾香，河中放下钓鱼竿；红鱼白鱼哥不钓，要钓粉嘴小心肝。（女）鹦哥动嘴不动心，芭蕉常年绿茵茵；莫学鹦哥会款嘴，要学芭蕉一条心。”

周家旺唱述，陈振中记译。收入《哀牢山情歌》，32开，1页，8行，新平彝族傣族自治县民委1985年编印。（聂鲁）

送妹送到公鸡坡

彝族情歌。流传于云南省新平彝族傣族自治县彝族地区。男女对唱，表达了情侣送别时依依不舍的心情。歌中唱道：“（男）送妹送到公鸡坡，再送三里不为多；心想送到大门口，又怕别人笑小哥。（女）送哥送到寨门口，摘个石榴哥带走；哥吃石榴莫忘妹，多少心意在里头。”

周家旺唱述，陈振中记译。收入《哀牢山情歌》，32开，1页，8行，新平彝族傣族自治县民委1985年编印。（聂鲁）

几时得跟妹相交

彝族情歌。流传于云南省新平彝族傣族自治县彝族地区。男女对唱。歌谣告诉人们，获得真挚的爱情需要耐心等待。歌中唱道：“（男）上山采花山又高，三天走到半山腰，几时才得采鲜花？几时得跟妹相交？（女）要采好花上高山，真心相交哥莫慌；有雀不愁无树歇，相亲相爱成一双。”

周家旺唱述，陈振中记译。收入《哀牢山情歌》，32开，1页，8行，新平彝族傣族自治县民委1985年编印。（聂鲁）

山歌做得救命药

彝族情歌。流传于云南省新平彝族傣族自治县彝族地区。男女对唱。双方通过赞美对方唱歌唱得好表达相互爱慕之情。歌中唱道：“（男）阿妹小嘴像条河，要唱山歌跟妹学，小哥学成妹小嘴，山歌做得救命药。（女）郎的山歌赛黄莺，一字一句装进心，请郎再教妹几首，拿回家中当黄金。”

周家旺唱述，陈振中记译。收入《哀牢山情歌》，32开，1页，8行，新平彝族傣族自治县民委1985年编印。（聂鲁）

水上浮萍轻又轻

彝族情歌。流传于云南省新平彝族傣族自治县彝族地区。男女对唱。双方互相告诫，对待爱情要真诚。歌中唱道：“（男）水上浮萍轻又轻，小小秤砣压千斤，相交莫学水浮萍，要学秤砣铁石心。（女）送哥送到花椒林，摘把花椒说衷情，莫学花椒心里黑，要学甘蔗甜在心。”

周家旺唱述，陈振中记译。收入《哀牢山情歌》，32开，1页，8行，新平彝族傣族自治县民委1985年编印。（聂鲁）

飞进花蕊去问话

彝族情歌。流传于云南省新平彝族傣族自治县彝族地区。男女对唱。歌谣表现了初恋男女欲相交又怕被别人知道的羞怯心情。歌中唱道：“（男）见着一朵樱桃花，不想饭来不思茶，要想变只小蜜蜂，飞进花蕊去问话。（女）蜜蜂见花小声喊，花见蜜蜂点点头，点头莫给蝴蝶见，喊声莫给风吹走。”

周家旺唱述，陈振中记译。收入《哀牢山情歌》，32开，1页，8行，新平彝族傣族自治县民委1985年编印。（聂鲁）

我愿变颗橄榄果

彝族情歌。流传于云南省新平彝族傣族自治县彝族地区。男女对唱。双方通过互相赞美表达爱慕之心。歌中唱道：“（男）彝家小妹爱唱歌，我愿变颗橄榄果，阿妹嚼嚼润喉咙，唱出九千九百箩。（女）芭蕉树上小灵雀，百十百样你会说，从小吃惯蜂蜜饭，说出话来甜蜜音。”

周家旺唱述，陈振中记译。收入《哀牢山情歌》，32开，1页，8行，新平彝族傣族自治县民委1985年编印。（聂鲁）

真心就来做一家

彝族情歌。流传于云南省新平彝族傣族自治县彝族地区。男女对唱。歌谣表达了恋爱双方对幸福婚姻的憧憬。歌中唱道：“（男）彝山小妹像朵花，小脸红红似山茶，知心山歌唱四句，真心就来做一家。（女）脚踩龙潭有水吃，背靠大树得乘凉，乘凉还望哥栽树，当家还要哥来当。”

周家旺唱述，陈振中记译。收入《哀牢山情歌》，32开，1页，8行，新平彝族傣族自治县民委1985年编印。（聂鲁）

郎爱凤凰妹爱郎

彝族情歌。流传于云南省新平彝族傣族自治县彝族地区。男女对唱。对唱者借月琴和三弦相互倾诉爱慕之情。歌中唱道：“（男）小小月琴七个音，月琴面上画观音；观音画成妹模样，越弹琴来越称心。（女）小小三弦尺半长，三弦耳上歇凤凰；凤凰歇在三弦上，郎爱凤凰妹爱郎。”

周家旺唱述，陈振中记译。收入《哀牢山情歌》，32开，1页，8行，新平彝族傣族自治县民委1985年编印。（聂鲁）

箐边龙竹排对排

彝族情歌。流传于云南省新平彝族傣族自治县彝族地区。男女对唱。对唱者以画眉、喜鹊、金鸡、山雀等鸟儿做比喻，互赞对方歌唱得好，倾诉爱慕之情。歌中唱道：“（男）隔山隔梁妹唱歌，山歌飞进哥耳朵，画眉听了叹冷气，喜鹊听了跟着学。（女）箐边龙竹排对排，金鸡山雀飞上来，山雀想找金鸡唱，又怕山雀无肚才。”

周家旺唱述，陈振中记译。收入《哀牢山情歌》，32开，1页，8行，新平彝族傣族自治县民委1985年编印。（聂鲁）

有情有义等着我

彝族情歌。流传于云南省新平彝族傣族自治县彝族地区。男女对唱。歌中唱道：“（男）隔山看见妹爬坡，乌黑辫子背上拖；有情有义等着我，无情无义翻过山。（女）好刀不用时时磨，真心不用说话多；公鸡一叫天就亮，莫学檐下小瓦雀。”

周家旺唱述，陈振中记译。收入《哀牢山情歌》，32开，1页，8行，新平彝族傣族自治县民委1985年编印。（聂鲁）

小妹就像一坨糖

彝族情歌。流传于云南省新平彝族傣族自治县彝族地区。男女对唱。通过相互赞美表达倾慕之情和两人在一起的甜蜜。歌中唱道：“（男）小妹就像一坨糖，望着望着甜心上；小妹就像一塘火，挨着挨着就不寒。（女）哥是山头香芝麻，妹是坝子甘蔗糖；芝麻放在砂糖里，甜香甜香甜又香。”

周家旺唱述，陈振中记译。收入《哀牢山情歌》，32开，1页，8行，新平彝族傣族自治县民委1985年编印。（聂鲁）

妹喝凉水甜哥心

彝族情歌。流传于云南省新平彝族傣族自治县彝族地区。男女对唱。歌谣以妹送郎、郎送妹沿途的景物寓情，表达双方真挚的情感。歌中唱道：“（男）送妹送到石观音，观音山下水清清，捧口凉水妹来喝，妹喝凉水甜哥心。（女）送郎送到帽耳山，摘片绿叶包槟榔，槟榔嚼完绿叶在，丢了绿叶莫丢郎。”

周家旺唱述，陈振中记译。收入《哀牢山情歌》，32开，1页，8行，新平彝族傣族自治县民委1985年编印。（聂鲁）

哥装哑巴妹装聋

彝族情歌。流传于云南省新平彝族傣族自治县彝族地区。男女对唱，唱述真挚爱情不怕旁人非议与指责。歌中唱道：“（男）哥是松柏不怕风，妹是杨柳不怕冲，不怕是非风波起，哥装哑巴妹装聋。（女）妹也乖来哥也乖，手牵手来过大街，旁人背后指手脚，妹装瞎子哥装呆。”

周家旺唱述，陈振中记译。收入《哀牢山情歌》，32开，1页，8行，新平彝族傣族自治县民委1985年编印。（聂鲁）

南瓜开花遍地金

彝族情歌。流传于云南省新平彝族傣族自治县彝族地区。男女对唱。表达双方对恩爱的幸福生活的憧憬。歌中唱道：“（男）妹是燕子天上飞，哥是地上泥一堆，燕子抬泥做新窝，哥妹成双度春秋。（女）葫芦开花白如银，南瓜开花满地金，葫芦南瓜种一塘，叶也青（亲）来藤也青（亲）。”

周家旺唱述，陈振中记译。收入《哀牢山情歌》，32开，1页，8行，新平彝族傣族自治县民委1985年编印。（聂鲁）

苦甜苦甜苦变甜

彝族情歌。流传于云南省新平彝族傣族自治县彝族地区。男女对唱，唱述只要真心相爱，再苦再累心也甜。歌中唱道：“（男）桂花叶子头尖尖，去年找妹到今年，今日找着会心妹，苦瓜下饭心也甜。（女）苦瓜心苦叶也苦，甘蔗心甜节也甜，哥心长在妹心上，苦甜苦甜苦变甜。”

周家旺唱述，陈振中记译。收入《哀牢山情歌》，32开，1页，8行，新平彝族傣族自治县民委1985年编印。（聂鲁）

小小葫芦藤青青

彝族情歌。流传于云南省新平彝族傣族自治县彝族地区。男女对唱。唱述的主要内容是：要追求相亲相爱的知音，就要不辞千辛万苦地寻觅。歌中唱道：“（男）小小葫芦藤青青，串到墨江转新平，别人出门找钱财，大哥出门找知音。（女）哥在山头妹在箐，要想相会路难行，哥变阳雀妹变莺，双双飞进桃花林。”

周家旺唱述，陈振中记译。收入《哀牢山情歌》，32开，1页，8行，新平彝族傣族自治县民委1985年编印。（聂鲁）

除非火塘没有火

彝族情歌。流传于云南省新平彝族傣族自治县彝族地区。男女对唱，唱述真心相爱不怕打击和挫折。歌中唱道：“（男）砍柴不怕大山高，砍倒黄栗把炭烧；栗炭点起同心火，不怕别人打水浇。（女）生不丢来死不丢，生生死死在一堆；要是哥妹离了心，除非火塘没有火。”

周家旺唱述，陈振中记译。收入《哀牢山情歌》，32开，1页，8行，新平彝族傣族自治县民委1985年编印。（聂鲁）

水井虽小养得龙

彝族情歌。流传于云南省新平彝族傣族自治县彝族地区。男女对唱，唱述只要真心相爱就不怕贫穷，相信幸福生活总会来临。歌中唱道：“（男）真心相爱莫怕穷，只要我俩情意浓，大河涨水一时过，水井虽小养得龙。（女）石崖滴水响叮当，惊动大海老龙王，老龙翻身要下雨，郎妹真心要成双。”

周家旺唱述，陈振中记译。收入《哀牢山情歌》，32开，1页，8行，新平彝族傣族自治县民委1985年编印。（聂鲁）

更爱小妹心一颗

彝族情歌。流传于云南省新平彝族傣族自治县彝族地区。男女对唱，唱述双方通过交往不断增进了解，感情日益深厚。歌中唱道：“（男）为花才走花山过，为鱼才到困龙河；青山绿水哥也爱，更爱小妹心一颗。（女）山歌越唱越动情，哥妹越交情越真；交流好比山泉水，细细长流不断根。”

周家旺唱述，陈振中记译。收入《哀牢山情歌》，32开，1页，8行，新平彝族傣族自治县民委1985年编印。（聂鲁）

送妹送到鹦哥坡

彝族情歌。流传于云南省新平彝族傣族自治县彝族地区。男女对唱，表现歌场散后阿哥阿妹难分难舍的离愁别绪。歌中唱道：“（男）送妹送到鹦哥坡，搬块石头来坐坐，双双坐在青石上，青石成灰再丢哥。（女）送哥送到马鹿坡，再送三里妹离郎，情哥莫嫌路途短，短短长长情意长。”

周家旺唱述，陈振中记译。收入《哀牢山情歌》，32开，1页，8行，新平彝族傣族自治县民委1985年编印。（聂鲁）

爱情不是做买卖

彝族情歌。流传于云南省新平彝族傣族自治县彝族地区。男女对唱，表达对封建包办买卖婚姻的不屈抗争。歌中唱道：“（男）爱情不是做买卖，真心实意汇拢来；宁愿茅草长成树，莫让大路起青苔。（女）哥心妹心一颗心，哪怕爹妈找上山；撕烂嘴丫妹不变，打断骨头意不翻。”

周家旺唱述，陈振中记译。收入《哀牢山情歌》，32开，1页，8行，新平彝族傣族自治县民委1985年编印。（聂鲁）

跟妹变水流一沟

彝族情歌。流传于云南省新平彝族傣族自治县彝族地区。男女对唱。歌中唱道：“（男）跟哥变雀同山飞，跟妹变水流一沟；抬瓢讨饭一路走，苦瓜下酒共一杯。（女）哥有情来妹有意，情意胜过糖拌蜜；拆散要等象山倒，断情要等大河干。”

周家旺唱述，陈振中记译。收入《哀牢山情

歌》，32开，1页，8行，新平彝族傣族自治县民委1985年编印。（聂鲁）

妹在窗前绣围腰

彝族情歌。流传于云南省新平彝族傣族自治县彝族地区。男女对唱。表现郎将到妹家去提亲，妹在窗前等待郎来的急切心情。歌中唱道：“（男）河头来到河尾巴，不为鲤鱼不为虾，别人拿鱼为下酒，郎为求亲到妹家。（女）妹在窗前绣围腰，哥在门外吹竹箫，妈问小囡望哪样？绣花累了伸伸腰。”

周家旺唱述，陈振中记译。收入《哀牢山情歌》，32开，1页，8行，新平彝族傣族自治县民委1985年编印。（聂鲁）

分手如同分心肝

彝族情歌。流传于云南省新平彝族傣族自治县彝族地区。男女对唱，表达歌场散后情侣难分难舍的心情。歌中唱道：“（男）送妹上路脚跟脚，送妹过河手牵手，会也难来离也难，分手人走心不走。（女）送哥送到芝麻山，画眉叫得妹心慌，再送几步要分手，分手如同分心肝。”

周家旺唱述，陈振中记译。收入《哀牢山情歌》，32开，1页，8行，新平彝族傣族自治县民委1985年编印。（聂鲁）

哪个变心天不容

彝族情歌。流传于云南省新平彝族傣族自治县彝族地区。男女对唱。对唱者山盟海誓，许下永不变心的诺言。歌中唱道：“（男）三钱丝线两钱红，拿起丝线扎誓约，两人要说同心话，哪个变心天不容。（女）去年栽下一棵茶，今年开出满树花；同心合意我两个，欢欢乐乐永一家。”

周家旺唱述，陈振中记译。收入《哀牢山情歌》，32开，1页，8行，新平彝族傣族自治县民委1985年编印。（聂鲁）

哥是针来妹是线

彝族情歌。流传于云南省新平彝族傣族自治县彝族地区。男女对唱。歌中唱道：“（男）哪棵花针不穿线？哪股花线不穿针？哥是针来妹是线，穿在一起永不分。（女）阿墨江水清悠悠，绿上加绿青（亲）上青（亲）；千年不干墨江水，万年不变小妹心。”

周家旺唱述，陈振中记译。收入《哀牢山情歌》，32开，1页，8行，新平彝族傣族自治县民委1985年编印。（聂鲁）

单爱小哥好心肠

彝族情歌。流传于云南省新平彝族傣族自治县彝族地区。男女对唱，歌唱自由婚姻夫妻恩爱的幸福生活。歌中唱道：“（男）新盖房子四间平，一对燕子歇檐边，燕子不会独身在，夫妻恩爱肩并肩。（女）新盖房子宽又宽，金包柱子银包梁，金子银子妹不爱，单爱小哥好心肠。”

周家旺唱述，陈振中记译。收入《哀牢山情歌》，32开，1页，8行，新平彝族傣族自治县民委1985年编印。（聂鲁）

百年相爱心不翻

彝族情歌。流传于云南省新平彝族傣族自治县彝族地区。男女对唱，歌唱永不变心的忠贞爱情。歌中唱道：“（男）藤子绕树紧紧缠，郎妹同心又同肝；同心同肝我两个，百年相爱心不翻。（女）一棵青竹直又直，妹真心来哥老实，竹棚叶子千年绿，小妹万年不变心。”

周家旺唱述，陈振中记译。收入《哀牢山情歌》，32开，1页，8行，新平彝族傣族自治县民委1985年编印。（聂鲁）

三月春风满青山

彝族情歌。流传于云南省新平彝族傣族自治县彝族地区。男女对唱。阿哥用山歌试探阿妹是否有意，获得了阿妹肯定的回答。歌中唱道：“（男）三月春风满山青，隔山喊妹听不清，哥把情意编歌唱，句句落在妹的心。（女）三月里来三月三，三月泡田栽早秧；山田不栽单株苗，我挨小哥配成双。”

周家旺唱述，陈振中记译。收入《哀牢山情歌》，32开，1页，8行，新平彝族傣族自治县民委1985年编印。（聂鲁）

小哥出门日子长

彝族情歌。流传于云南省新平彝族傣族自治县彝族地区。男女对唱。歌谣唱述出门在外的阿哥对阿妹的思念，以及阿妹对阿哥表白爱情的忠贞。歌中唱道：“（男）小哥出门日子长，想起家中活计忙；心想回家走一转，离你小妹实在难。（女）响鼓不用时时敲，好笛不用时时吹；真心不怕千里隔，相见一回顶百回。”

周家旺唱述，陈振中记译。收入《哀牢山情歌》，32开，1页，8行，新平彝族傣族自治县民委1985年编印。（聂鲁）

见面为何不叫哥

彝族情歌。流传于云南省新平彝族傣族自治县彝族地区。男女对唱。歌中唱道：“（男）上股坡来下股坡，不见情妹半年多；这久哪方去干活？见面为何不叫哥？（女）三月茶山处处青，春茶发芽绿茵茵，茶树发芽怕霜扎，相交就怕哥变心。”

周家旺唱述，陈振中记译。收入《哀牢山情歌》，32开，1页，8行，新平彝族傣族自治县民委1985年编印。（聂鲁）

不知河水凉不凉

彝族情歌。流传于云南省新平彝族傣族自治县彝族地区。男女对唱。歌中唱道：“（男）今日初到小河旁，不知河水凉不凉？心想低头喝一口，又怕掉进漩涡塘。（女）树不遮阴风不凉，河中无水难撑船，说话就怕弯转大，结交就怕哥荒唐。”

周家旺唱述，陈振中记译。收入《哀牢山情歌》，32开，1页，8行，新平彝族傣族自治县民委1985年编印。（聂鲁）

彩云轻轻过头顶

彝族情歌。流传于云南省新平彝族傣族自治县彝族地区。男女对唱，互相赞美，吐露倾慕之情。歌中唱道：“（男）妹的眼睛像星星，走起路来像朵云；彩云轻轻头顶过，带走小哥一颗心。（女）哪个人才有你好？哪个情意有你真？人才还比花好看，情意还比海水深。”

周家旺唱述，陈振中记译。收入《哀牢山情歌》，32开，1页，8行，新平彝族傣族自治县民委1985年编印。（聂鲁）

唱出歌来当酒喝

彝族情歌。流传于云南省新平彝族傣族自治县彝族地区。男女对唱。歌中双方自谦并赞美对方，借以吐露倾慕之情。歌中唱道：“（男）郎唱一句不成歌，妹唱一声情意多，几时学成妹小嘴，唱出歌来当酒喝。（女）山上青松直苗苗，砍下一棵做门销，门销要用钉子管，唱歌先请哥来教。”

周家旺唱述，陈振中记译。收入《哀牢山情歌》，32开，1页，8行，新平彝族傣族自治县民委1985年编印。（聂鲁）

话到嘴边心又慌

彝族情歌。流传于云南省新平彝族傣族自治县彝族地区。男女对唱。歌谣表现了初恋男女的羞怯心情。歌中唱道：“（男）四月日头黄又黄，哥犁水田妹栽秧，本想款句知心话，话到嘴边心又慌。（女）大田栽秧排对排，一只蜜蜂飞过来，蜜蜂着水飞不动，小妹见郎走不开。”

周家旺唱述，陈振中记译。收入《哀牢山情歌》，32开，1页，8行，新平彝族傣族自治县民委

1985年编印。（聂鲁）

帽耳山上桂花香

彝族情歌。流传于云南省新平彝族傣族自治县彝族地区。男女对唱。歌中唱道：“（男）今日来到帽耳山，帽耳山上桂花香，不是小哥我爱来，妹心牵着哥的心。（女）小哥面前花一朵，妹手摘个花骨朵，哥手戴在妹头上，哥妹莫忘同共永。”

周家旺唱述，陈振中记译。收入《哀牢山情歌》，32开，1页，8行，新平彝族傣族自治县民委1985年编印。（聂鲁）

难比龙花一朵香

彝族情歌。流传于云南省新平彝族傣族自治县彝族地区。男女对唱。歌中唱道：“（男）沟边吃水清又清，沟边看花心不慌，野花开得十八朵，难比龙花一朵香。（女）真龙只出一股水，真心只看一个郎，要吃龙肉嘴要稳，要戴龙花心要真。”

周家旺唱述，陈振中记译。收入《哀牢山情歌》，32开，1页，8行，新平彝族傣族自治县民委1985年编印。（聂鲁）

不说真话哥不依

彝族情歌。流传于云南省新平彝族傣族自治县彝族地区。男女对唱。歌中唱道：“（男）哥从山头到河底，推着拿鱼来找你，鞋子磨烂哥不提，不说真话哥不依。（女）独脚板凳妹难坐，独手巴掌妹难磕，跳乐还要哥陪伴，唱歌还望哥来和。”

周家旺唱述，陈振中记译。收入《哀牢山情歌》，32开，1页，8行，新平彝族傣族自治县民委1985年编印。（聂鲁）

郎在高山吹绿叶

彝族情歌。流传于云南省新平彝族傣族自治县彝族地区。男女对唱。双方以歌传情，试探对方的心意。歌中唱道：“（男）郎在高山吹绿叶，妹在箐边弹响篾，郎吹绿叶在说爱，妹弹响篾是谈情。（女）有米有柴好煮饭，有钱有货好上街，无心相交莫遇拢，有心相交莫离开。”

周家旺唱述，陈振中记译。收入《哀牢山情歌》，32开，1页，8行，新平彝族傣族自治县民委1985年编印。（聂鲁）

妹是织女过桥来

彝族情歌。流传于云南省新平彝族傣族自治县彝族地区。男女对唱。对唱者以牛郎织女做比喻，表达对纯真爱情的追求。歌中唱道：“（男）千颗星来万颗星，摘下一颗挂在心，摘星要摘织女星，因为郎是牛郎星。（女）秋季里来菊花开，采朵菊花等乖乖，哥是牛郎桥边站，妹是织女过桥来。”

周家旺唱述，陈振中记译。收入《哀牢山情歌》，32开，1页，8行，新平彝族傣族自治县民委1985年编印。（聂鲁）

我愿变股清泉水

彝族情歌。流传于云南省新平彝族傣族自治县彝族地区。男女对唱。歌谣唱述恩爱夫妻的幸福生活。歌中唱道：“（男）石头井栏高又高，井中水少妹难挑，我愿变股清泉水，任妹舀来任妹挑。（女）早栽青秧晚栽瓜，小哥爱我我爱他，我爱小哥人勤快，小哥爱我会当家。”

周家旺唱述，陈振中记译。收入《哀牢山情歌》，32开，1页，8行，新平彝族傣族自治县民委1985年编印。（聂鲁）

骡是骡来马是马

彝族情歌。流传于云南省新平彝族傣族自治县彝族地区。男女对唱。双方在听到一些风言风语后，通过对歌弥合感情。歌中唱道：“（男）手拿铁锤打铁钉，铁钉钉住小妹心，愿妹耳朵像铁硬，风言风语妹莫听。（女）骡是骡来马是马，碗底栽花花难发，弄虚作假无人挨，爱情要说真心话。”

周家旺唱述，陈振中记译。收入《哀牢山情歌》，32开，1页，8行，新平彝族傣族自治县民委1985年编印。（聂鲁）

一支山歌领回妹

彝族情歌。流传于云南省新平彝族傣族自治县彝族地区。男女对唱。唱述山歌为媒使有情人终成眷属。歌中唱道："（男）栗炭烧火红又红，真心实意不用媒，不送彩礼不喝酒，一支山歌领回妹。（女）小妹走路快如风，人面桃花一样红，我愿变只绿翠雀，随风飞到郎家中。"

周家旺唱述，陈振中记译。收入《哀牢山情歌》，32开，1页，8行，新平彝族傣族自治县民委1985年编印。（聂鲁）

郎爱情妹这朵花

彝族情歌。流传于云南省新平彝族傣族自治县彝族地区。男女对唱。阿哥向阿妹求爱，阿妹则要阿哥表真情。歌中唱道："（男）好茶不会时时发，好花不用满头插，妹的香茶郎喝下，郎爱情妹这朵花。（女）绣花要绣牡丹心，谈情就要讲真心，阿哥若是爱小妹，实心实意表真情。"

周家旺唱述，陈振中记译。收入《哀牢山情歌》，32开，1页，8行，新平彝族傣族自治县民委1985年编印。（聂鲁）

妹在树下偷看郎

彝族情歌。流传于云南省新平彝族傣族自治县彝族地区。男女对唱。表现情哥情妹以砍柴为借口在山上相会的情景。歌中唱道："（男）日头出山竹竿高，哥约小妹砍烧柴，爹妈骂我挨日子，我说难砍又难挑。（女）哥在山上砍柴忙，妹在半坡放牛羊，哥推擦汗把妹望，妹在树下偷看郎。"

周家旺唱述，陈振中记译。收入《哀牢山情歌》，32开，1页，8行，新平彝族傣族自治县民委1985年编印。（聂鲁）

花爱绿叶叶爱花

彝族情歌。流传于云南省新平彝族傣族自治县彝族地区。男女对唱，双方互试对方心意。歌中唱道："（男）小妹十八未出嫁，小哥二十未成家；红花开在绿叶上，花爱绿叶叶爱花。（女）小哥是把铁钥匙，小妹是把小铁锁，妹的铁锁等哥开，一把钥匙一把锁。"

周家旺唱述，陈振中记译。收入《哀牢山情歌》，32开，1页，8行，新平彝族傣族自治县民委1985年编印。（聂鲁）

妹的心事哥难猜

彝族情歌。流传于云南省新平彝族傣族自治县彝族地区。男女对唱。唱述的是：阿哥对阿妹起了疑心，阿妹送阿哥一个香荷包，才使阿哥释怀。歌中唱道："（男）等妹等到日头歪，拿起钥匙锁难开，左望右望不见妹，妹的心事哥难猜。（女）送哥一个香荷包，金丝绣来银丝织，股股丝线妹心事，不知阿哥知不知？"

周家旺唱述，陈振中记译。收入《哀牢山情歌》，32开，1页，8行，新平彝族傣族自治县民委1985年编印。（聂鲁）

想起情妹在者龙

彝族情歌。流传于云南省新平彝族傣族自治县彝族地区。男女对唱。表现身处异地的情人相思相恋的情景。歌中唱道："（男）太阳黄黄起凉风，想起情妹在者龙，托付轻风带个信，祝妹无病又无痛。（女）太阳慢慢落下坡，牛羊进厩雀归窝，别人回家煮饭吃，妹扳门枋望情哥。"

周家旺唱述，陈振中记译。收入《哀牢山情歌》，32开，1页，8行，新平彝族傣族自治县民委1985年编印。（聂鲁）

想妹想得心慌慌

彝族情歌。流传于云南省新平彝族傣族自治县彝族地区。男女对唱，表达热恋中的情人相互思念和期盼相见的心情。歌中唱道：“（男）想妹想得心慌慌，心中好比河水翻，要是得会小妹面，茅草抖铺睡也香。（女）想哥想得颠倒颠，不知过到哪一天，算算日子是十五，望望月亮才半边。”

周家旺唱述，陈振中记译。收入《哀牢山情歌》，32开，1页，8行，新平彝族傣族自治县民委1985年编印。（聂鲁)

金花银花朵朵开

彝族情歌。流传于云南省新平彝族傣族自治县彝族地区。男女对唱，表达情哥情妹期盼相会的急切心情。歌中唱道：“（男）上坡坡来坡又高，上到坡头跌一跤；跌跤不是郎爱跌，想起小妹脚打飘。（女）园中鲜花排对排，金花银花朵朵开；绿叶红花多好瞧，我望小哥走进来。”

周家旺唱述，陈振中记译。收入《哀牢山情歌》，32开，1页，8行，新平彝族傣族自治县民委1985年编印。（聂鲁）

妹吃韭菜哥吃芹

彝族情歌。流传于云南省新平彝族傣族自治县彝族地区。男女对唱。歌谣以物寓情，表达对恋人的思念。歌中唱道：“（男）想妹难见小妹面，挂妹难到妹跟前，梦中与妹同唱歌，哥心妹心紧相连。（女）一把韭菜一把芹，妹吃韭菜哥吃芹，妹吃韭菜久想哥，哥吃芹菜想妹勤。”

周家旺唱述，陈振中记译。收入《哀牢山情歌》，32开，1页，8行，新平彝族傣族自治县民委1985年编印。（聂鲁）

山隔梁子水隔箐

彝族情歌。流传于云南省新平彝族傣族自治县彝族地区。男女对唱。歌谣以山、箐、水、太阳、太阴等物寓情，表达恋人间的思恋之情。歌中唱道：“（男）隔山隔箐难隔心，我和阿妹亲又亲，隔山想你望太阳，隔箐想你望太阴。（女）山隔梁子水隔箐，哥真心来妹真心，隔山喊哥哥应声，隔箐喊哥哥回音。”

周家旺唱述，陈振中记译。收入《哀牢山情歌》，32开，1页，8行，新平彝族傣族自治县民委1985年编印。（聂鲁）

不知哪天能踩滩

彝族情歌。流传于云南省新平彝族傣族自治县彝族地区。男女对唱，表达爱情遇到阻拦和挫折时，恋人盼望相会的心情。歌中唱道：“（男）对门对户隔条河，箐水漫到寨子脚，有心跟妹会一回，隔条大河无奈何。（女）对门对户隔条江，水漫上来淹半山，心想过去会阿哥，不知哪天能踩滩？”

周家旺唱述，陈振中记译。收入《哀牢山情歌》，32开，1页，8行，新平彝族傣族自治县民委1985年编印。（聂鲁）

两棵金竹一样高

彝族情歌。流传于云南省新平彝族傣族自治县彝族地区。男女对唱，表达恋人间的思念之情。歌中唱道：“（男）两棵金竹一样高，砍倒竹子做成箫，小妹吹得画眉叫，小哥越听越心焦。（女）对门茶花开满山，望见茶花心里慌，梦中跟哥一同采，醒来隔水又隔山。”

周家旺唱述，陈振中记译。收入《哀牢山情歌》，32开，1页，8行，新平彝族傣族自治县民委1985年编印。（聂鲁）

茶山不见哥在岭

彝族情歌。流传于云南省新平彝族傣族自治县彝族地区。男女对唱。歌谣表现恋人盼望相见的心情。歌中唱道：“（男）白日找妹妹做活，晚上找妹妹搓索，跳乐场上妹不来，不知哪日遇得着？（女）彝家山寨坡连坡，不见情哥半年多，采茶不见哥在岭，田中不见哥做活。”

周家旺唱述，陈振中记译。收入《哀牢山情歌》，32开，1页，8行，新平彝族傣族自治县民委1985年编印。（聂鲁）

我跨三步也嫌长

彝族情歌。流传于云南省新平彝族傣族自治县彝族地区。男女对唱。歌谣表现哥妹渴望相会但由于各种约束而难以实现的复杂心情。歌中唱道：“（男）妹家门前路弯弯，别人说短我说长，别人走到太阳落，我跨三步也嫌长。（女）哥在门前学雀叫，妹在窗前把手招，妈问小囡什么事？田中瓦雀啄苞谷。”

周家旺唱述，陈振中记译。收入《哀牢山情歌》，32开，1页，8行，新平彝族傣族自治县民委1985年编印。（聂鲁）

小妹眼泪漫出眶

彝族情歌。流传于云南省新平彝族傣族自治县彝族地区。男女对唱。歌谣表现恋人分离后的相思之苦。歌中唱道：“（男）自从去年妹离哥，算算日子一年多，夜夜做梦见着你，眼泪浇花十八棵。（女）龙竹装水香又香，小郎出门一年半，竹筒装满背不动，小妹眼泪漫出眶。”

周家旺唱述，陈振中记译。收入《哀牢山情歌》，32开，1页，8行，新平彝族傣族自治县民委1985年编印。（聂鲁）

核桃开花吊吊长

彝族情歌。流传于云南省新平彝族傣族自治县彝族地区。男女对唱，表达恋人异地相隔又无法书信相通的沮丧心情。歌中唱道：“（男）七月十五荷花开，不是郎栽是妹栽，荷叶写信无人带，梦中小妹夜夜来。（女）核桃开花吊吊长，隔山隔河隔情郎，写封书信无人带，望着河水哭一场。”

周家旺唱述，陈振中记译。收入《哀牢山情歌》，32开，1页，8行，新平彝族傣族自治县民委1985年编印。（聂鲁）

心中有个好姑娘

彝族情歌。流传于云南省新平彝族傣族自治县彝族地区。男女对唱，表达异地相隔的恋人的相思之情。歌中唱道：“（男）天上有个大月亮，心中有个好姑娘；天上月亮天天见，姑娘隔我千重山。（女）想哥想得肝肠断，望哥望得眼睛酸，爹妈问我望哪样？我望对门火烧山。”

周家旺唱述，陈振中记译。收入《哀牢山情歌》，32开，1页，8行，新平彝族傣族自治县民委1985年编印。（聂鲁）

挂落月亮挂日头

彝族情歌。流传于云南省新平彝族傣族自治县彝族地区。男女对唱，表达恋人间日思夜想的相思之情。歌中唱道：“（男）隔山隔箐挂小妹，挂落月亮挂日头，吃饭挂你留半碗，喝酒挂你留半杯。（女）挂爹挂妈我挂过，不有挂你这伤心，白日挂你望太阳，夜里挂你数星星。”

周家旺唱述，陈振中记译。收入《哀牢山情歌》，32开，1页，8行，新平彝族傣族自治县民委1985年编印。（聂鲁）

挂得眼睛像灯笼

彝族情歌。流传于云南省弥勒市彝族地区。从“一挂”唱起，唱到“二十挂”为止，唱述情妹对情哥的二十种思念情态。歌中唱道：“一挂小郎满山找，露水打湿花围腰。围腰打湿围腰在，挂郎挂得妹心焦。二挂小郎在河中，挂得小妹眼发肿。妹心挂在郎身上，挂得眼睛像灯笼。三挂小郎心事多，挂郎泪水流成河。汇拢能淌几十里，流出能冲几座坡。”“十二挂郎星宿明，郎说今晚不得闲。心想早早把郎见，挂得小妹梦中连。”

佚名唱述，普佳勇搜集、整理。收入《南盘江

彝族情歌》，32开，3页，80行，远方出版社2003年版。（普学旺）

不见情妹在当中

彝族情歌。流传于云南省新平彝族傣族自治县彝族地区。男女对唱。表现恋人在人群中互相寻找、渴望相遇的复杂心情。歌中唱道："（男）高山找妹刮大风，箐边找妹水来冲，阿万街上万人过，不见情妹在当中。（女）左一声来右一声，千声万声哥不吭，拉拉衣裳脚不动，挤挤眼睛不动身。"

周家旺唱述，陈振中记译。收入《哀牢山情歌》，32开，1页，8行，新平彝族傣族自治县民委1985年编印。（聂鲁）

日挂肠子夜挂心

彝族情歌。流传于云南省新平彝族傣族自治县彝族地区。男女对唱，表达恋人间的思念之情。歌中唱道："（男）红铜锣锅煮白米，好些日子不见你，茶山不见妹采茶，沟边不见妹洗衣。（女）去年离哥到如今，日挂肠子夜挂心，一日三顿少半碗，一步三跤为头晕。"

周家旺唱述，陈振中记译。收入《哀牢山情歌》，32开，1页，8行，新平彝族傣族自治县民委1985年编印。（聂鲁）

尿泡个大不值钱

彝族情歌。流传于云南省新平彝族傣族自治县彝族地区。男女对唱。这是与赞郎赞妹调相反的讥讽调，亦称反歌。歌中唱道："（男）芭蕉叶大难遮天，尿泡个大不值钱，小妹生成观音样，一身懒肉哥不连。（女）小郎嘴甜心不甜，心中好比黄连苦，马屎团团外面光，心肝是堆喂猪糠。"

周家旺唱述，陈振中记译。收入《哀牢山情歌》，32开，1页，8行，新平彝族傣族自治县民委1985年编印。（聂鲁）

竹子上斑渐渐老

彝族情歌。流传于云南省新平彝族傣族自治县彝族地区。男女对唱。告诉人们要珍惜光阴和青春，要唱要玩趁年轻。歌中唱道："（男）大风刮断枯树枝，十七十八正当时，竹子上斑渐渐老，人有几个年轻时？（女）大风刮断枯树枝，年轻不唱等哪日？甘蔗开花心不甜，黄金难买年轻时。"

周家旺唱述，陈振中记译。收入《哀牢山情歌》，32开，1页，8行，新平彝族傣族自治县民委1985年编印。（聂鲁）

一棵竹子节节标

彝族情歌。流传于云南省新平彝族傣族自治县彝族地区。男女对唱。这是男女试探对方心意的山歌。歌中唱道："（男）一棵竹子节节标，有只鹭鸶歇半腰，鹭鸶低头想吃水，又怕竹子不弯腰。（女）郎家门前有股坡，妹栽粉团十八棵，风吹粉团棵棵动，不知小哥爱哪棵？"

周家旺唱述，陈振中记译。收入《哀牢山情歌》，32开，1页，8行，新平彝族傣族自治县民委1985年编印。（聂鲁）

果子不熟你莫忙

彝族情歌。流传于云南省新平彝族傣族自治县彝族地区。男女对唱。唱述小哥误以为小妹嫌弃他，小妹则要小哥耐心等待。歌中唱道："（男）日头挨山就要落，木盆打水喂白鹅，白鹅不吃山沟水，本是小妹嫌弃哥。（女）妹属鸡来哥属羊，果子不熟人莫忙，等到果子成熟了，摘下果子就成双。"

周家旺唱述，陈振中记译。收入《哀牢山情歌》，32开，1页，8行，新平彝族傣族自治县民委1985年编印。（聂鲁）

跳起黄灰做得药

彝族情歌。流传于云南省新平彝族傣族自治县彝族地区。男女对唱，唱述赛歌场上应有的气度。歌中唱道："（男）月亮底下好跳乐，跳的更比瞧的多，妹弹响篾哥吹笙，跳起黄灰做得药。（女）对歌莫讲输和赢，唱唱跳跳乐乐心，唱赢不会长四两，唱输不会少半斤。"

周家旺唱述，陈振中记译。收入《哀牢山情歌》，32开，1页，8行，新平彝族傣族自治县民委1985年编印。（聂鲁）

大雨下来像筛筛

彝族情歌。流传于云南省新平彝族傣族自治县彝族地区。男女对唱，唱述对待爱情应有认真的态度。歌中唱道："（男）大雨下来像筛筛，黄龙草帽摆通街，妹要几顶随你捡，十文八文哥来开。（女）十八小郎真糊涂，恋爱不是掰苞谷，掰了一包丢一包，到底哪包才算熟？"

周家旺唱述，陈振中记译。收入《哀牢山情歌》，32开，1页，8行，新平彝族傣族自治县民委1985年编印。（聂鲁）

丢下小哥成泪人

彝族情歌。流传于云南省新平彝族傣族自治县彝族地区。男女对唱。唱述小哥因心上人嫁与他人而伤心至极，小妹极力安慰。歌中唱道："（男）寨边喜鹊叫沉沉，听得小妹要嫁人，大号吹响花轿起，丢下小哥成泪人。（女）小哥莫愁无人爱，快把富苗往家栽，树大自有凤凰落，花香自有彩蝶来。"

周家旺唱述，陈振中记译。收入《哀牢山情歌》，32开，1页，8行，新平彝族傣族自治县民委1985年编印。（聂鲁）

鸡叫头遍就心慌

彝族情歌。流传于云南省新平彝族傣族自治县彝族地区。男女对唱，唱述初为人媳的女子的焦虑心情。歌中唱道："（男）下雨还有天晴日，焦愁还有欢乐时，焦愁当作欢乐过，黄荞粑粑当糖吃。（女）娘家做囡心宽宽，吃穿都由爹妈管，如今婆家做媳妇，鸡叫头遍心就慌。"

周家旺唱述，陈振中记译。收入《哀牢山情歌》，32开，1页，8行，新平彝族傣族自治县民委1985年编印。（聂鲁）

我送阿妹白银泡

彝族情歌。流传于云南省新平彝族傣族自治县彝族地区。男女对唱。表现情窦初开的青年男女最初交往时的羞涩心情。歌中唱道："（男）我送阿妹白银泡，阿妹把手摇一摇，轻风悄悄来过话，叫我田中出好苗。（女）我送阿哥糖一包，阿哥把头摇一摇，轻风悄悄来过话，结交先要把心交。"。

周家旺唱述，陈振中记译。收入《哀牢山情歌》，32开，1页，8行，新平彝族傣族自治县民委1985年编印。（聂鲁）

漠沙江水宽又宽

彝族情歌。流传于云南省新平彝族傣族自治县彝族地区。男女对唱。阿哥以为阿妹遮挡风浪做比喻，表达了对阿妹的深情；阿妹以栏杆、扶手做比喻，表达自己对阿哥依恋的情感。歌中唱道："（男）漠沙江水宽又宽，江水深处好划船，风吹浪打妹莫怕，阿哥来做挡风墙。（女）顺河走来顺河弯，河边打下铁栏杆，打下栏杆做扶手，结下真情做靠山。"

周家旺唱述，陈振中记译。收入《哀牢山情歌》，32开，1页，8行，新平彝族傣族自治县民委1985年编印。（聂鲁）

浪声当作妹笑声

彝族情歌。流传于云南省新平彝族傣族自治县彝族地区。男女对唱，双方表达真情实意，立下山盟海誓。歌中唱道："（男）拿鱼不怕河水深，恋爱就要情意真，为拿大鱼下大河，浪声当作妹笑声。（女）嘴讲真来心也真，真心哥妹订终身，不怕火烧天雷打，雷打火烧妹也跟。”

周家旺唱述，陈振中记译。收入《哀牢山情歌》，32开，1页，8行，新平彝族傣族自治县民委1985年编印。（聂鲁）

山茶开在茶花岭

彝族情歌。流传于云南省新平彝族傣族自治县彝族地区。男女对唱。歌中阿哥试探阿妹的心意，得到阿妹肯定的回答。歌中唱道：“（男）山茶开在茶花岭，茶花岭上花成林，心想采朵头上戴，又怕沟深路不平。（女）小妹出门笑呵呵，杏花林中等哥哥，哥弹三弦妹来唱，好比月亮配娑罗。”

周家旺唱述，陈振中记译。收入《哀牢山情歌》，32开，1页，8行，新平彝族傣族自治县民委1985年编印。（聂鲁）

郎妹是对小鸳鸯

彝族情歌。流传于云南省新平彝族傣族自治县彝族地区。男女对唱，表达对爱情至死不渝的决心。歌中唱道：“（男）郎妹是对小鸳鸯，早不离开晚不分，活着塘里同游水，死了塘边埋一坟。（女）高山头上岔路多，不跟别人只跟哥，活着跟哥做一家，死了跟哥埋一坡。”

周家旺唱述，陈振中记译。收入《哀牢山情歌》，32开，1页，8行，新平彝族傣族自治县民委1985年编印。（聂鲁）

小小蜜蜂六只脚

彝族情歌。流传于云南省新平彝族傣族自治县彝族地区。歌中唱道：“（男）蜜蜂见花笑着来，花见蜜蜂笑着开，蜜蜂不是常来往，一年一度采花来。（女）小小蜜蜂六只脚，飞来飞去忙做活，人人都夸情哥好，小妹听了心里乐。”

周家旺唱述，陈振中记译。收入《哀牢山情歌》，32开，1页，8行，新平彝族傣族自治县民委1985年编印。（聂鲁）

二回相会莫隔长

彝族情歌。流传于云南省新平彝族傣族自治县彝族地区。男女对唱，表达恋人离别的惆怅情绪。歌中唱道：“（男）画眉高飞离了村，小妹翻山离了郎，实心小妹慢慢走，二回相会莫隔长。（女）日头要落四山阴，四山阳雀归山心，阳雀回窝双双飞，小哥回头揪妹心。”

周家旺唱述，陈振中记译。收入《哀牢山情歌》，32开，1页，8行，新平彝族傣族自治县民委1985年编印。（聂鲁）

妹的山歌人人爱

彝族情歌。流传于云南省新平彝族傣族自治县彝族地区。男女对唱。歌谣表现阿哥倾慕阿妹，阿妹则忐忑不安难做决定的复杂心情。歌中唱道：“（男）妹的山歌人人爱，唱得桃花朵朵开，唱得画眉团团转，唱得小哥挨拢来。（女）不去唱歌心又烦，对起山歌心又慌，葫芦拿来包晌午，进也难来出也难。”

周家旺唱述，陈振中记译。收入《哀牢山情歌》，32开，1页，8行，新平彝族傣族自治县民委1985年编印。（聂鲁）

山歌一唱连起来

彝族情歌。流传于云南省新平彝族傣族自治县彝族地区。歌中唱道：“（男）对门山上一棵松，风吹叶子乱哄哄，想到跟前瞧一瞧，又怕山高路不通。（女）妹在箐边掐蕨菜，哥在山头砍栗柴，山高箐深隔开了，山歌一唱连起来。”

周家旺唱述，陈振中记译。收入《哀牢山情歌》，32开，1页，8行，新平彝族傣族自治县民委1985年编印。（聂鲁）

忙着来看桃花开

彝族情歌。流传于云南省新平彝族傣族自治县彝族地区。男女对唱，表达阿哥有心访阿妹，阿妹敞开心扉等候的喜悦心情。歌中唱道：“（男）脚穿草鞋走路快，三步并做两步来，草鞋磨脚心中乐，忙着来看桃花开。（女）想吃鲤鱼就撒网，想吃小兔就串山，心想成双来访寻，心想采花走彝山。”

周家旺唱述，陈振中记译。收入《哀牢山情歌》，32开，1页，8行，新平彝族傣族自治县民委1985年编印。（聂鲁）

人生面熟难开口

彝族情歌。流传于云南省新平彝族傣族自治县彝族地区。男女对唱。阿哥试探阿妹心，阿妹则另有所爱。歌中唱道：“（男）好久不到彝山走，串串葡萄挂枝头，心想伸手摘一个，人生面熟难开口。（女）鲁奎山头高又高，鲁奎山脚栽葡萄，好吃葡萄多摘个，真心小妹只交他。”

周家旺唱述，陈振中记译。收入《哀牢山情歌》，32开，1页，8行，新平彝族傣族自治县民委1985年编印。（聂鲁）

好久不到跳乐场

彝族情歌。流传于云南省新平彝族傣族自治县彝族地区。男女对唱，表达哥妹在歌场初会时羞怯的心情。歌中唱道：“（男）有心唱歌就唱歌，胡思乱想心莫多，哥是师傅大声唱，妹是徒弟小声学。（女）好久不到跳乐场，忘记脚步咋个趱，跳错还望哥指点，唱错还望哥包涵。”

周家旺唱述，陈振中记译。收入《哀牢山情歌》，32开，1页，8行，新平彝族傣族自治县民委1985年编印。（聂鲁）

想打招呼人又多

彝族情歌。流传于云南省新平彝族傣族自治县彝族地区。男女对唱，双方相互试探心意。歌谣唱道：“（男）阿妹采茶在山坡，阿哥挑柴路边过，想唱山歌口难开，想打招呼人又多。（女）半年不到新平城，小花园中花迷人，红黄蓝白样样有，不知小哥爱哪盆？”

周家旺唱述，陈振中记译。收入《哀牢山情歌》，32开，1页，8行，新平彝族傣族自治县民委1985年编印。（聂鲁）

哥心连着妹的心

彝族情歌。流传于云南省新平彝族傣族自治县彝族地区。男女对唱，表达双方对爱情的忠贞。歌中唱道：“（男）采花不怕陡石崖，崖下跌死崖下埋。莫说今世崖上死，二世脱生还要来。（女）哥心连着妹心肝，百年之后见阎王，阎王问我二世事，哥妹还要成一双。”

周家旺唱述，陈振中记译。收入《哀牢山情歌》，32开，1页，8行，新平彝族傣族自治县民委1985年编印。（聂鲁）

烧不着火怪火塘

彝族情歌。流传于云南省新平彝族傣族自治县彝族地区。男女对唱。一对情不投意不合的男女用歌声表达自己的心意。歌谣唱道：“（男）想妹想得颠倒颠，心中好比滚油煎。小妹尽说荒唐话，哄哥庙里去求仙。（女）烧不着火怪火塘，嫁夫不着怪爹娘，自由婚姻像青竹，相亲相爱日子长。”

周家旺唱述，陈振中记译。收入《哀牢山情歌》，32开，1页，8行，新平彝族傣族自治县民委1985年编印。（聂鲁）

酒盅花开黄窝窝

彝族情歌。流传于云南省新平彝族傣族自治县彝族地区。男女对唱，表达身处异地的阿哥阿妹之间的相互牵挂。歌中唱道：“（男）酒盅花开黄窝窝，阿妹在家莫挂哥，挂哥挂多身体弱，咋个操家又做活？（女）自从那天隔了你，眼泪不干到今天，不想要到睡着掉，不挂要到死那天。"

周家旺唱述，陈振中记译。收入《哀牢山情歌》，32开，1页，8行，新平彝族傣族自治县民委1985年编印。（聂鲁）

海枯石烂不变心

彝族情歌。流传于云南省新平彝族傣族自治县彝族地区。歌中唱道："米筛筛米米在心，哥爱小妹是真心；不信你看灯芯草，从头到尾一条心。米筛筛米米在心，我们连情又连心；连情连心才长大，要像芭蕉一条心。甘蔗甜嘴又甜心，我们甜嘴又甜心；哥妹连心连到老，海枯石烂不变心。"

王家保、王珍唱述，聂鲁记译。收入《五彩的歌谣》光碟，82行，2002年阿八摄制。（聂鲁）

上坡莫望坡脚长

彝族情歌。流传于云南省曲靖市彝族地区。歌谣唱述哥对妹的思念之情。歌中唱道："走路莫提妹模样，想起模样路又长。""走在半坡跌一跤……心想小妹脚打漂。"

唐五德唱述，曲新采录。收入《曲靖市民间文学集成》，32开，1页，12行，云南民族出版社1990年版。（谭玉婷）

昨日挑粪过田旁

彝族情歌。流传于云南省峨山彝族自治县彝族地区。属赶马调山歌，表达郎哥对妹的爱慕之情。歌中唱道："昨日挑粪过田旁，小妹吃着糯米团，掰开一半递给我，手敷泥巴吃也香。"

佚名唱述，杜代昌记译。收入《峨山民间文学集成》，32开，1页，12行，云南民族出版社1989年版。（聂鲁）

哥哥无嫂妹无夫

彝族情歌。流传于云南省峨山彝族自治县彝族地区。属赶马调山歌，唱述彝家成媒靠歌谣的道理和青年男女间的倾慕之情。歌中唱道："豆腐开浆靠石膏，纸糊灯笼靠篾条，新打水桶靠木片，彝家成媒靠歌谣。""树上斑鸠咕咕叫，哥哥无嫂妹无夫，我俩都是半壶酒，何不倒拢做一壶？"

佚名唱述，李学祯记译。收入《峨山民间文学集成》，32开，2页，20行，云南民族出版社1989年版。（聂鲁）

一心想采牡丹花

彝族情歌。流传于云南省元江哈尼族彝族傣族自治县彝族地区。歌中唱道："听说山中牡丹开，千人万人去争采，跋山涉水不知累，一心想采牡丹戴。猎人见了勒住马，花痴见了眼不眨，农夫见了丢锄把，货郎见了扁担塌，心中只有一件事，都想摘戴牡丹花。不是牡丹花无情，采花人多花难应，一花怎能千人戴，多谢众人情和爱。"

方玉珍唱译，宋自华记录、整理。载《礼社江》文艺报第3版，14行，元江哈尼族彝族傣族自治县文化馆1985年编印。（宋自华）

痴对痴来情对情

彝族情歌。流传于云南省元江哈尼族彝族傣族自治县彝族地区。男女对唱。歌中唱道："（男）山上松树已发青，哥的山歌最动听，哥对小妹唱几句，句句打动妹的心。（女）大山坡陡小山平，不撒松子自成林，小哥虽是庄稼汉，知情知意人聪明。早知小哥人聪明，才来跟哥学声音，哪天声音学好了，哥吐情来妹吐心。（男）小妹你有好声音，唱起调子哥动心，小哥听了像醉汉，痴对痴来情对情。"

杨玉福唱译，宋自华记录、整理。载《礼社江》文艺报第3版，16行，元江哈尼族彝族傣族自治县文化馆1986年编印。（宋自华）

誓同恶世来抗争

彝族情歌。流传于云南省元江哈尼族彝族傣族自治县彝族地区。男女对唱。表现了哥妹敢于与世俗社会抗争的精神。歌中唱道："（男）一条梁子九道湾，九个衙门九个官，衙门再多哥不怕，金鸡要落凤凰山。（女）衙门深来衙门宽，衙门里面有刀枪，刀枪头上妹不怕，翻身打滚妹不慌。（男）哥跟小妹已跟定，不怕哪个告衙门，割了皮肉自会好，剃了头发自会生。（女）官前砍成十八截，来世托生还要跟，要跟要跟真要跟，誓同恶世来抗争。"

张玉珍唱译，宋自华记录、整理。载《礼社江》文艺报第3版，24行，元江哈尼族彝族傣族自治县文化馆1986年编印。（宋自华）

一颗心亮照山河

彝族情歌。流传于云南省元江哈尼族彝族傣族自治县彝族地区。男女对唱。歌中唱道："（男）锋利柴刀不用磨，真情不用话多说，真心一句当十句，一颗心亮照山河。（女）哥妹有缘相遇着，真心真意两相合，哥真心来妹真意，相亲相爱一世乐。"

杨玉宝唱译，宋自华记录、整理。收入《云南省民间文学集成·元江县歌谣卷》，32开，2页，32行，元江哈尼族彝族傣族自治县文化馆1988年编印。（宋自华）

爱要多深有多深

彝族情歌。流传于云南省元江哈尼族彝族傣族自治县彝族地区。歌中唱道："无情只有一滴水，滴到地上就吹干，有情水像大海深，日晒风吹吹不干。吹干大浪有小浪，吹干小浪照样深，太阳看了没办法，大风看了无计生。"

李秀英唱述，宋自华整理。32开，1页，16行，稿存元江哈尼族彝族傣族自治县史志办。（宋自华）

恩爱要像万年青

彝族情歌。流传于云南省元江哈尼族彝族傣族自治县彝族地区。男女对唱。歌中唱道："（女）万年青树万年青，根深叶茂绿茵茵，小哥若把小妹爱，恩爱要像万年青。万年青树万年青，一年四季绿茵茵，哥像树干妹像叶，千叶相依万年亲。万年青树万年青，根深叶茂绿茵茵，风吹雨打无所惧，风雨过后叶更青。万年青树万年青，一年四季绿茵茵，恩爱相伴同生长，哥妹万年做夫妻。"

杨玉宝唱译，宋自华记录、整理。载《礼社江》文艺报第3版，16行，元江哈尼族彝族傣族自治县文化馆1986年编印。（宋自华）

千万莫做对头人

彝族情歌。流传于云南省元江哈尼族彝族傣族自治县彝族地区。歌中阿哥试探阿妹心意。歌谣唱道："船进水呵水推船，哥为寻妹到这山，有心无心表表意，阿妹莫把阿哥嫌。有情有义你开口，好话丑话你直说，阿哥是个直心人，请妹不要转弯弯。阿哥从小心慈善，慈善心寻慈善人，阿哥真心把妹求，哥问阿妹肯不肯。不管你我成不成，千万莫做对头人，来日相见要礼貌，这样才像彝家人。"

杨正清唱译，宋自华记录、整理。32开，1页，16行，稿存元江哈尼族彝族傣族自治县史志办。（宋自华）

小妹哪天归小哥

彝族情歌。流传于云南省元江哈尼族彝族傣族自治县彝族地区。歌唱小哥情坚贞、意坚定，美丽姑娘他不爱，动听歌声他不听，一心只听小妹唱的专一恋情。歌中唱道："月亮出来照半坡，半坡山上歌声多。美女歌声多动听，小哥一点不动心。一心只听小妹唱，小妹歌声才动听，歌声甜来情绵绵，听得小哥醉人心。小妹是个女歌手，开口一唱歌成河，河流千里归大海，小妹哪天归小哥？"

杨玉宝唱译，宋自华记录、整理。32开，2

页，24行，稿存元江哈尼族彝族傣族自治县史志办。（宋自华）

小哥见花莫贪花

彝族情歌。流传于云南省元江哈尼族彝族傣族自治县彝族地区。歌谣告诉人们，赏花不能只赏花不赏叶，爱人不能只爱容貌，不爱聪明才智。歌中唱道："小哥见花莫贪花，多看叶来少看花，绿叶虽无花儿美，花美全靠叶伴它。她有银钱赛过妹，妹有本领赛过她；她的人才赛过妹，妹的肚才赛过她。阿哥你是明理人，自能分晓好与差，花儿再美会凋谢，有才才会有好家。"

张彩云唱译，宋自华记录、整理。32开，1页，20行，稿存元江哈尼族彝族傣族自治县史志办。（宋自华）

不嫌妹穷哥来玩

彝族情歌。流传于云南省元江哈尼族彝族傣族自治县彝族地区。男女对唱。歌中唱道："（女）一棵果树一个园，缺肥缺水果味酸，不嫌味酸来吃果，不嫌妹穷哥来玩。（男）一棵果树一个园，无肥无水果也甜，妹一开口哥来唱，妹一招手哥来玩。（女）一棵果树一个园，妹愿跟哥哥来玩，哥妹同心勤劳动，来日自有美家园。"

张玉福唱译，宋自华记录、整理。载《礼社江》文艺报第3版，16行，元江哈尼族彝族傣族自治县文化馆1985年编印。（宋自华）

百花园中花蝴蝶

彝族情歌。流传于云南省元江哈尼族彝族傣族自治县彝族地区。又名"蝴蝶采花调"。男女对唱。全歌分为三个唱段。第一唱段采用比喻、拟人的手法，唱述远方飞来的花蝴蝶想找小妹的花园歇，然而小妹不让歇。第二唱段唱述蝴蝶求小妹可怜小哥，让个角落给哥歇，小妹答应了小哥，叫他脚踩树枝稳稳站，心中有话只管提。第三唱段唱述蝴蝶枝头刚站好，扑哧一声往下跌，不是小哥没站好，阿妹俏脸把哥迷；妹劝小哥稳稳站，花丛绿树任哥歇。

张保顺唱译，宋自华记录、整理。载《礼社江》文艺报第4版，36行，元江哈尼族彝族傣族自治县文化馆1986年编印。（宋自华）

花儿点头哥来采

彝族情歌。流传于云南省元江哈尼族彝族傣族自治县彝族地区。男女对唱。歌中唱道："（男）山对山来岩对岩，石岩上面好花开，哪个好花有情意，花儿点头哥来采。（女）山对山来岩对岩，金鸡站在陡石岩，金鸡不嫌凤凰丑，你就飞来站一排。（男）山对山来岩对岩，石岩上面好花开，好花若是有情意，唱个调子丢过来。（女）山对山来岩对岩，金鸡站在陡石岩，有情无情嘴上讲，哥真有情飞过来。"

杨玉宝唱译，宋自华记录、整理。载《礼社江》文艺报第4版，16行，元江哈尼族彝族傣族自治县文化馆1986年编印。（宋自华）

何苦向妹表心意

彝族情歌。流传于云南省元江哈尼族彝族傣族自治县彝族地区。男女对唱。歌谣唱述阿哥倾慕有名气的阿妹，但又怕阿妹的爹妈不同意，扫了自己的脸，所以不敢去阿妹家里求婚。而阿妹诚挚地表达了对阿哥的真情，愿把他带回家让爹妈看看，听听爹妈的意见。阿哥前怕狼后怕虎，使阿妹失望。歌中唱道："（男）十个高山九个平，早期认得妹出名，阿哥实心想阿妹，怕你爹妈不同意，若妹爹妈不同意，阿哥进家扫脸皮。（女）十个高山九个平，看来阿哥不真心，若是阿哥真情意，心里哪会有怕意，前怕狼来后怕虎，何苦向妹表心意。"

普生妹唱译，宋自华记录、整理。载《礼社江》文艺报第4版，24行，元江哈尼族彝族傣族自治县文化馆1986年编印。（宋自华）

要采鲜花快快来

彝族情歌。流传于云南省元江哈尼族彝族傣族自治县彝族地区。歌中唱道："要采鲜花快快来，莫在半路愁满怀，有情花儿自会笑，有意花儿自会开；要采鲜花快快来，莫在肚中打腰台（胡思乱想），小妹不是铁心人，蜜蜂飞来花自开。"

张玉福唱译，宋自华记录、整理。32开，1页，12行，稿存元江哈尼族彝族傣族自治县史志办。（宋自华）

要恋小妹莫怕羞

彝族情歌。流传于云南省元江哈尼族彝族傣族自治县彝族地区。歌中唱道："一池潭水清悠悠，江鳅鲤鱼在里头，哥要吃鱼莫怕水，要恋小妹莫怕羞。胆大能得鱼肉吃，胆小只能啃骨头。敢恋敢跟身影正，不怕别人嚼牙根，怕羞不得好鱼吃，怕爱没有小妹跟。"

李秀英唱译，宋自华记录、整理。载《礼社江》文艺报第3版，16行，元江哈尼族彝族傣族自治县文化馆1986年编印。（宋自华）

要唱山歌才开怀

彝族情歌。流传于云南省元江哈尼族彝族傣族自治县彝族地区。男女对唱。歌中唱道："（男）林中松树排对排，山间石岩对石岩，东边唱调西边应，哥妹唱着走拢来。""（女）要唱山歌才开怀，手拉石磨转起来，哪日与哥唱上劲，日日小妹转回来。""（男）妹在山沟哥在岩，妹唱山歌丢过来，山歌出自妹的心，小哥永远记心怀。""（女）听调听音听出来，哥对小妹真情怀，小哥若是真情意，来同小妹站一排。"

普生妹唱译，宋自华记录、整理。载《礼社江》文艺报第3版，24行，元江哈尼族彝族傣族自治县文化馆1986年编印。（宋自华）

莫让小哥急碎心

彝族情歌。流传于云南省元江哈尼族彝族傣族自治县彝族地区。男女对唱。歌谣表现了阿哥急于知道阿妹爱不爱自己的迫切心情。歌中唱道："（男）石榴开花叶子青，见花见叶不见心，花开让哥来采？叶青让哥遮阴？晒台让金鸡站？妹家让哥提亲？阿妹你快说实话，莫让阿哥急碎心。（女）石榴开花叶子青，哥唱调子妹知心，花开等着哥来采，叶茂盼哥来乘阴，晒台专等哥来站，妹家等哥来提亲，小妹说了老实话，阿哥你要放宽心。"

杨玉宝唱译，宋自华记录、整理。载《礼社江》文艺报第3版，16行，元江哈尼族彝族傣族自治县文化馆1986年编印。（宋自华）

忍气吞声难做人

彝族情歌。流传于云南省元江哈尼族彝族傣族自治县彝族地区。歌谣唱述被爹妈逼迫嫁到婆家后的姑娘所承受的折磨和痛苦。歌中唱道："天上云彩十八层，怪我投胎投错门，爹妈不疼把我卖，夫家把我不当人。下河洗菜心冰冷，丈夫又要娶新人，手拉围腰揩眼角，两妻争夫过不成。东方发白就出门，成了婆家挑水人，望见回娘家的路，大声哭喊唤亲人。丈夫娶了二房人，婆婆对我心又狠，今后日子怎么过，忍气吞声难做人。"

李秀英唱译，宋自华记录、整理。载《礼社江》文艺报第3版，16行，元江哈尼族彝族傣族自治县文化馆1985年编印。（宋自华）

春暖花开哥就来

彝族情歌。流传于云南省元江哈尼族彝族傣族自治县彝族地区。男女对唱。歌中唱道："（男）哥妹唱调不歇台，调子表心表情怀，天亮哥妹要分手，分手莫把心分开。（女）风吹大树叶摇摆，金鸡离伴不久来，小哥离妹莫长久，三天五天盼哥来。（男）燕子分离燕子来，燕子分离会拢来，哥妹分手不分心，春暖花开哥就来。”

方克尼唱译，宋自华记录、整理。载《礼社江》文艺报第1版，24行，元江哈尼族彝族傣族自治县文化馆1986年编印。（宋自华）

不了情缘不离分

彝族情歌。流传于云南省元江哈尼族彝族傣族自治县彝族地区。男女对唱。歌中唱道：“（男）月亮出来白生生，哥妹唱调情意真，哥先唱来妹后跟，一唱一跟到夜深。（女）夜也深来情也深，冷风吹在哥妹身，冷风吹来不要紧，心中烈火暖人身。”“（男）生要跟来死要跟，不怕冷风林阴森，有缘不把情缘了，白白来世过一生。（女）哥妹交情实在深，就像鱼水难离分，捡块石头丢下水，等干海水才离分。”

李秀英唱译，宋自华记录、整理。载《礼社江》文艺报第2版，24行，元江哈尼族彝族傣族自治县文化馆1986年编印。（宋自华）

妹笑一声知情真

彝族情歌。流传于云南省元江哈尼族彝族傣族自治县彝族地区。歌中唱道：“哥情真来妹情真，心像月亮白生生，哥妹无语两相对，已在心中爱意深。哥情真来妹情真，如同叶伴鲜花生，花有叶伴花更美，叶有花伴色更深。”

杨玉福唱译，宋自华记录、整理。载《礼社江》文艺报第3版，24行，元江哈尼族彝族傣族自治县文化馆1986年编印。（宋自华）

郎妹恩爱一世福

彝族情歌。流传于云南省元江哈尼族彝族傣族自治县彝族地区。歌中唱道：“妹听郎调听得熟，郎唱调子约妹出，妹想出村与郎会，人多眼杂怕笑俗。妹听郎调听得熟，郎妹唱调多舒服，妹倒郎怀郎抱住，与妹相亲真幸福。妹听郎调听得熟，调调都是心中出，越听郎调越好听，郎妹恩爱一世福。”

李秀英唱译，宋自华记录、整理。载《礼社江》文艺报第3版，16行，元江哈尼族彝族傣族自治县文化馆1986年编印。（宋自华）

情意山茶已开花

彝族情歌。流传于云南省元江哈尼族彝族傣族自治县彝族地区。男女对唱。唱述热恋中的阿哥阿妹誓同旧恶习抗争的决心。歌中唱道：“（男）情意山茶已开花，哥妹情真难成家，妹虽实心把哥爱，用水点灯灯不明。（女）真情能感神显灵，阿哥莫愁莫多心，哥对小妹千般情，妹对小哥情万分。刀架上面敢打滚，旧恶习前敢抗争，谁也难把真情阻，雷打火烧情不分。”

方珍玉唱译，宋自华记录、整理。32开，2页，32行，未刊稿。（宋自华）

莫去理睬野山花

彝族情歌。流传于云南省元江哈尼族彝族傣族自治县彝族地区。是阿妹对见异思迁的阿哥的忠告。歌中唱道：“芙蓉花来狮子花，金刚钻栏吊兰花，兰花自比菊花美，牡丹赛过粉团花。阿哥你要眼明亮，莫头昏来莫眼花，阿哥你要多珍视，莫去理睬野山花。菊花粉团虽也美，怎比牡丹和兰花，她有哪点强过妹？妹有哪点不如她？”

普发贵唱译，宋自华记录、整理。载《礼社江》文艺报第3版，16行，元江哈尼族彝族傣族自治县文化馆1986年编印。（宋自华）

抬把小伞俏生生

彝族情歌。流传于云南省澄江县彝族地区。通过结婚前男方给女方购赠各种梳妆礼物，形象地表达恋爱真情。歌中唱道：“抬把小伞俏生生，交与哥哥去买针。一买木梳和篦子，二买包头花手巾，三买小粉擦脸上……”接下来唱买簪子、棉袄等，最后落脚“十买一颗贵阳针”。

姜学华唱述，马文芝搜集、整理。收入《云南省澄江县民间文学集成卷》，32开，1页，14行，澄江县文化局、民族事务办公室1989年编印。（普开福）

哥想妹来真不真

彝族情歌。流传于云南省澄江县彝族地区。歌词七字一句，四句一段，主要是借自然景物抒发感情，表达双方希望交往的愿望。男女对唱。男方唱："蜜蜂飞舞为寻花，哥找妹子跑遍山。蜜蜂思花要采蜜，哥想妹子为成双。"女方唱道："哥想妹来真不真？妹想哥来病在身。今日得见哥的面，十分心病退九分。"

卑贵发唱述，杨应康搜集、整理。收入《云南省澄江县民间文学集成卷》，32开，3页，48行，澄江县文化局、民族事务办公室1989年编印。（普开福）

十画小曲

彝族情歌。流传于云南省华宁县彝族地区。歌谣以龙、虎、麒麟、云彩、鲜花等为引子，表达男子对女子的深爱之情。歌中唱道："七画七合七妹妹，八画云彩冻成冰，九画鲜花上前走，十画妹妹随后跟。"

普兰芬唱述，赵振纪搜集、整理。收入《云南民间文学集成·华宁县集成卷》，32开，1页，10行，华宁县民委、文化局、文化馆1989年编印。（普开福）

梨树开花水金绒

彝族情歌。流传于云南省华宁县彝族地区。通过开头句"梨树开花水金绒"引出一系列事物来讲唱青年男女之间的相恋情结。歌中唱道："手掰通海石榴花，众场亲朋是一家。""花盆栽花根连根，花叶接水洇花根。哪日长得叶搭叶，郎和妹妹来成亲。"

普兰芬唱述，赵振纪搜集、整理。收入《云南民间文学集成·华宁县集成卷》，32开，2页，21行，华宁县民委、文化局、文化馆1989年编印。（普开福）

一冷一饿妹心疼

彝族情歌。流传于云南省华宁县彝族地区。歌谣表达妇女对出门在外的丈夫的深切关心。语言朴实，描写直观生动。歌词为："清早爬起雾沉沉，别人在家你出门，五六月间雨水多，一冷一饿妹心疼。"

佚名唱述，赵振纪搜集、整理。收入《云南民间文学集成·华宁县集成卷》，32开，1页，4行，华宁县民委、文化局、文化馆1989年编印。（普开福）

死时挨郎共碑埋

彝族情歌。流传于云南省华宁县彝族地区。歌谣唱述青年男女恋爱时所说的生死与共的誓言。歌词为："同齐生来同齐回，铜打香炉铁打台。活时挨郎同家住，死时挨郎共碑埋。"

佚名唱述，赵振纪搜集、整理。收入《云南民间文学集成·华宁县集成卷》，32开，1页，4行，华宁县民委、文化局、文化馆1989年编印。（普开福）

小妹回头看小郎

彝族情歌。流传于云南省华宁县彝族地区。歌谣短小精悍，构思独特，韵味悠长。歌词为："小小白马上白坡，小马上得眼泪多。小马回头看亲娘，小妹回头看小郎。"

佚名唱述，赵振纪搜集、整理。收入《云南民间文学集成·华宁县集成卷》，32开，1页，4行，华宁县民委、文化局、文化馆1989年编印。（普开福）

一百二十个大河涨水

彝族情歌。流传于云南省华宁县彝族地区。由相对独立的一百二十首七言四句山歌组成，几乎每首都以“大河涨水”起头，生动地表达了男女爱恋之情。歌中第二十三首、四十九首唱道：“大河涨水漫遥遥，三根丝线搭座桥。只叫郎心合妹意，丝线更比铁丝牢。”“大河涨水小河落，小河中间栽菠萝，菠萝好吃皮难削，郎和妹妹离不脱。”

李秀芬、李竹英、李忠英、李会珍、李琼芬、李翠英唱述，赵振纪搜集、整理。收入《云南省民间文学集成华宁县资料卷·龙宫招亲》，32开，30页，484行，华宁县民委、文化局、文化馆1988年编印。（普开福）

月亮出来亮锃锃

彝族情歌。流传于云南省华宁县彝族地区。歌词为：“月亮出来亮锃锃，小郎离妹妹挂亲，得来一晚得团圆。你把扎纸教给我，你把扎纸教会我，口抬珍珠谢你恩。”歌谣反映了彝族青年恋爱交往中的赤诚之心，语言朴实，短小精悍，含义深刻。

白宝珍唱述，赵振纪搜集、整理。收入《华宁县民间文学集成·苗王阿三》，32开，1页，6行，华宁县民委、文化局、文化馆1987年编印。（普开福）

年年有个三月三

彝族情歌。流传于云南省华宁县彝族地区。歌词是：“年年有个三月三，活计要做话要说。单单做活不为凭，要会贪花诉衷情。”歌谣告诉人们，文艺表演技能在爱情婚姻中很重要。

佚名唱述，赵振纪搜集、整理。收入《华宁县民间文学集成·苗王阿三》，32开，1页，4行，华宁县民委、文化局、文化馆1987年编印。（普开福）

月月送妹月月真

彝族情歌。流传于云南省弥勒市彝族地区。以十二个月为序，从正月起，到腊月止，唱述情哥思念情妹的各种复杂心态。歌中唱道：“正月里来正月正，正月里来卖花生。留下一包待客吃，留下一包给妹分。”“六月送妹六月正，郎和小妹打石针。石针好用难得打，郎妹相连永不分。七月里来七月忙，慈姑开花在水塘。慈姑开花正要水，小妹开花等得郎。”“腊月送妹金鸡街，金鸡不叫花不开。花开要等金鸡叫，小妹只等哥来挨。”

佚名唱述，普佳勇搜集、整理。收入《南盘江彝族情歌》，32开，2页，48行，远方出版社2003年版。（普学旺）

日头出来照四方

彝族情歌。流传于云南省华宁县彝族地区。歌词是：“日头出来照四方，想起哥来心又慌。吃饭想起郎模样，一次咬断筷三双。”语言朴实感人，含义深刻。

佚名唱述，赵振纪搜集、整理。收入《华宁县民间文学集成·苗王阿三》，32开，1页，4行，华宁县民委、文化局、文化馆1987年编印。（普开福）

三棵竹子一样高

彝族情歌。流传于云南省澄江、华宁、通海等彝族地区。歌谣以一物引出另一物，环环相扣，巧妙简洁地表达男女相亲相爱的强烈情感。歌中唱道：“三棵（呢）竹子（郎当们）一样高，砍倒一棵（是拉来哟）来锥箫，阿哥呀，你白日吹来满山跑，你夜晚吹来妹心焦。”

代国真唱述，李安明采录。收入《玉溪地区民间音乐资料》第一辑，16开，2页，4行，云南省玉溪地区文教局、群艺馆1981年编印。（普开福）

天上下雨世上黑

彝族情歌。流传于云南省澄江、华宁、通海等彝族地区。男女对唱。歌谣用“黑龙”“蛇”“下雨”等景物引出男女互赞、相爱的中心内容，其间衬词、助语较多。歌中男子先唱："天上呢下雨（郎当嘿）世上呢黑（也郎），世上呢老龙（师啦嘞哟）都像呢蛇（呀嗦姊妹）；龙不吃草（郎当嘿）它会胖（也郎），妹不搽胭（师啦嘞哟）桃花色（呀嗦姊妹）。"女子接唱的主词是："天上下雨莫下沙，真心阿哥未回家；小妹时时在等你，要跟阿哥做一家。"

杨绍德唱述，李安明采录。收入《玉溪地区民间音乐资料》第四辑，16开，2页，8行，云南省玉溪地区文教局、群艺馆1987年编印。（普开福）

小嘴窝窝唱起来

彝族情歌。流传于云南省易门县彝族地区。男女对唱。歌词七字一句，多数四句一段，有的是六句一段。头两句前加上"阿仁义""仁义"的过渡语。歌谣通过描述一些动植物，巧妙唱出男女间的深厚情感。歌中男方唱道："（阿仁义）唱个来来唱个来，（仁义）唱个小曲跟郎来，小曲不消要钱买，小嘴窝窝唱起来。"

马朝义、李素英唱译，许建民搜集、整理。收入《玉溪民歌》，32开，2页，30行，云南民族出版社2001年版。（普开福）

箐头开花箐尾香

彝族情歌。流传于云南省易门县彝族地区。男女对唱。唱述的是：男女青年恋爱婚姻之事，要顺其自然、随缘分，不可急于求成。歌中唱道："箐头开花么箐尾香，婚姻不到你莫慌，有了哪日婚姻到，挤挤眉毛就成双。"

李素英唱述，许建民采录。收入《玉溪民歌》，32开，1页，4行，云南民族出版社2001年版。（普开福）

海中青松难得会

彝族情歌。流传于云南省峨山彝族自治县彝族地区。以山川和一些动植物做比喻，表达男女之间不可多得的友谊和爱情。歌中唱道："一会小七一会海，海中青松难得会；二会小七二会山，山中青苔难得会。"接下来将恋人比作"海中山茶""山中螺蛳"，以其稀有来比喻与意中人相会是多么珍贵。

谢学英、唐翠芬唱述，曾晓伟、周小苇采录。收入《玉溪民歌》，32开，2页，30行，云南民族出版社2001年版。（普开福）

阿哥不会妹来教

彝族情歌。流传于云南省峨山彝族自治县彝族地区。共十段，以瓜果食物和花草树木做比喻，生动形象地表达出恋人之间互帮互学、难舍难分的珍贵情感。歌中唱道："一会小曲一会山，一会山上有桃子；无花桃子难得吃，会唱小妹难得会。"还有"瓜子全靠水来浇，阿哥不会妹来教""牡丹开花团又团，阿哥阿妹难得团""三尺莲花四尺根，阿哥阿妹常常跟"等。

龙泽川、鲁翠兰、李琼仙、鲁士兰、薛翠莲唱述，曾晓伟、周小苇采录。收入《玉溪民歌》，32开，4页，56行，云南民族出版社2001年版。（普开福）

棠梨果与桂花芯

彝族情歌。流传于云南省峨山彝族自治县彝族地区。歌谣形式自由，以一些花果做比喻，唱述爱情之花得来不容易。歌中唱道："珍珠玛瑙是同伙，阿哥阿妹是同心果""风吹桂花芯，桂花香十里，好采桂花瓣，难采桂花芯，蜜蜂才会采得桂花芯"。

佚名唱述，顺才搜集、整理。收入《嶍峨风情》，32开，2页，27行，峨山彝族自治县民委1985年编印。（普开福）

系起围腰想起你

彝族情歌。流传于云南省澄江县彝族地区。歌词七字一句，四句一段，共两段。可男女对唱也可单唱，节奏较为简洁明快。歌谣唱述男女青年触景生情，相互表达爱慕之情。

张文斌、袁兰芬唱述，李金芳记录。收入《玉溪民歌》，32开，2页，8行，云南民族出版社2001年版。（普开福）

山歌还要妹起头

彝族情歌。流传于云南省澄江县彝族地区。歌词七字一句，四句一段。男女对唱。歌中男女相互表达结交的意愿，抒发内心的欢乐和苦闷。歌谣第一段唱道："不唱山歌不好玩，菜籽不打不出油，菜籽还要油匠打，山歌还要妹起头。"

杨树林、何绍芬唱述，李金芳记录。收入《玉溪民歌》，32开，3页，12行，云南民族出版社2001年版。（普开福）

一窝蜜蜂四角尖

彝族情歌。流传于云南省华宁县彝族地区。男女双方互相表白爱情。表现形式是典型的借景物抒情，而且以物引物，层层铺垫，引出话题，最后一句切中正题，表达男女相恋的心愿。如其中一段唱道："日头出来红丢丢，请个石匠打椿钩，椿钩挂在椿树上，小郎挂在妹心中。"

普桂芬唱述，陈红元、赵振纪搜集、整理。收入《云南民间文学集成·华宁县集成卷》，32开，2页，29行，华宁县民委、文化局、文化馆1989年编印。（普开福）

几颗星宿几朵花

彝族情歌。流传于云南省华宁县彝族地区。唱述一位官家哥哥与普通女子相会的情景和相互热爱的心情。其中一段唱道："石榴开花一树红，李树开花水金绒，哥穿缎子妹穿红，哥哥对妹莫嫌穷。"

普桂芬唱述，陈红元、赵振纪搜集、整理。收入《云南民间文学集成·华宁县集成卷》，32开，1页，13行，华宁县民委、文化局、文化馆1989年编印。（普开福）

想起哥哥心发慌

彝族情歌。流传于云南省华宁、通海、石屏等县彝族地区。歌谣以夸张的手法唱述女子对意中情郎的思念和记挂情绪，表白双方生死难离的爱情。歌谣开头唱道："折去转来喊声郎，日头出来照四方，想起哥哥心发慌，吃饭想起郎模样，一嘴咬断筷三双。"

普秀芬唱述，赵振纪、胡会友采录。收入《玉溪地区民间音乐资料》第一辑，16开，2页，26行，云南省玉溪地区文教局、群艺馆1981年编印。（普开福）

好玩不过这小晚

彝族情歌。流传于云南省玉溪市彝族地区。歌谣唱述男女娱乐欢歌在一起的美好情景，同时也流露出对于人生苦短、世道沧桑的感叹。歌中唱道："小小北风实意转，实意不转人意转。好玩好玩真好玩，好玩不过这小晚。新鲜新鲜真新鲜，新鲜不过这小时。前三十年吃枣子找不着，后三十年吃李子离不开。"

普凤仙唱述，崎松、李安明采录。收入《玉溪民歌》，32开，1页，12行，云南民族出版社2001年版。（普开福）

小妹越玩越上心

彝族情歌。流传于云南省玉溪市彝族地区。歌中男方以自然景物和日常生活情景做比喻，向女方表达爱慕之心。歌中唱道："大河涨水小河清，小河头起摆手巾；手巾越摆越干净，小妹越玩越上心。"

李叶、李飞等唱述，崎松、李安明采录。收入《玉溪民歌》，32开，1页，9行，云南民族出版社

2001年版。（普开福）

一个单单守在山

彝族情歌。流传于云南省江川县彝族地区。属男女自由哼唱的跑马山歌调四句腔情歌。歌谣以动物做比喻，巧妙地表达歌者孤独无靠和急于求偶的迫切心情。歌中唱道："三个斑鸠在一山，两个成双一个单；两个成双飞进窝，一个单单守在山。"

张绍信唱述，李文彪、杨忠友、李志忠、吴增润搜集，杨忠友记录。收入《江川县民间文学集成》，32开，1页，4行，云南人民出版社1997年版。（普开福）

白日昼夜想念姐

彝族情歌。流传于云南省江川县彝族地区。唱述男子对意中女子的牵挂思念，表达歌者急于求偶的迫切心情。歌中唱道："找姐抵得水推沙，离姐抵得刀割心。梦中见着鲜花姐，睁眼不见在两边。夜晚想起鲜花姐，眼泪汪汪泡枕头。爹娘问我为什么？爹娘面前不敢说。骂声爹娘不是人，咋不为我找情人。"

收入《江川县民间文学集成》，32开，1页，16行，云南人民出版社1997年版。（普开福）

绕山绕水又来挨

彝族情歌。流传于云南省江川县彝族地区。歌谣唱述有情有义的男女私下相爱，千方百计要相会的情景，表达人们对包办婚姻的怨恨心情。歌中唱道："庙中大鼓惊动神，花场引动少年人；雷打打不开，火烧烧不开；听见老娘钉耙响，各逃性命暂分开；前脚走了后脚来，绕山绕水又来挨。"

普家顺唱述，李文彪、杨忠友、李志忠、吴增润搜集，杨忠友记录。收入《江川县民间文学集成》，32开，2页，10行，云南人民出版社1997年版。（普开福）

真心实意挂妹身

彝族情歌。流传于云南省江川县、玉溪市彝族地区。唱述男子为与女子相会而蹲墙脚的辛酸滋味。歌中唱道："前门蹲蹲狗又咬，后门蹲蹲猪又哼；头上清霜下白了，地下石头蹲成坑。"

安正馨、普家顺唱述，杨忠友、李志忠、戴琼凤搜集，杨忠友记录。收入《江川县民间文学集成》，32开，2页，12行，云南人民出版社1997年版。（普开福）

有心贪花莫怕枪

彝族情歌。流传于云南省江川县、玉溪市彝族地区。唱述相爱的男女冲破险阻、不怕牺牲，私订终身私相会的情景，表现了人们对包办婚姻的怨恨和反抗精神，以及乐观豁达的心态。歌中唱道："藤子开花甩叮当，有心贪花莫怕枪；脚杆打断还有筋，七日找着七颗药；七日吃了做得活，八日吃了跳得乐。"

普开仁唱述，杨忠友、李志忠搜集，杨忠友记录。收入《江川县民间文学集成》，32开，1页，10行，云南人民出版社1997年版。（普开福）

你想穿鞋提样来

彝族情歌。流传于云南省江川县、玉溪市等彝族地区。歌中有情女子向男方婉转表露爱慕之心。歌谣唱道："你想穿鞋提样来，脚大脚小好做鞋；三月清明栽杨柳，五月端阳来穿鞋。"

高德珍唱述，杨忠友、李志忠、戴琼凤搜集，杨忠友记录。收入《江川县民间文学集成》，32开，1页，4行，云南人民出版社1997年版。（普开福）

小小花马白骡子

彝族情歌。流传于云南省通海县彝族地区。歌中唱道："小小花马白骡子，白骡花马上岩子，哥骑花马上前走，妹来贪花随后跟。跟不上来心不死，玩不上来心不落。”“大树枝上一窝雀，一飞飞到叠峨落，哪个哥哥有心拿得着？”表现了姑娘寻找意中人的急切心情。

普建芬唱述，崎松、李安明采录。收入《玉溪民歌》，32开，2页，15行，云南民族出版社2001年版。（普开福）

龙凤相会一起飞

彝族情歌。流传于云南省易门县彝族地区。唱述易门县城花街的繁华景象，并表达男女追求爱情的决心。歌中唱道：“要死死在花树脚，要埋埋在花根边，花根串来当靠脑，花瓣掉下好盖身。”

马龙英唱述，伴潮采录。收入《云南民间文学集成·易门县集成卷》，32开，1页，20行，云南民族出版社1994年版。（普开福）

一丘大田四四方（一）

彝族情歌。流传于云南省易门县彝族地区。以高粱、茴香、辣子、西瓜等事物做比喻，表现男女之间的情爱。歌中唱道：“好吃茴香连根拔，好玩小妹脚跟脚”“辣子辣嘴不辣心，小妹嘴说心不真”。

卓长材唱述，柏橙采录。收入《云南民间文学集成·易门县集成卷》，32开，1页，16行，云南民族出版社1994年版。（普开福）

一丘大田四四方（二）

彝族情歌。流传于云南省牟定县彝族地区。歌中唱道：“一丘大田四四方，小郎犁田妹栽秧；栽秧留出薅秧路，抬头喜闻稻花香。”反映了青年男女通过交往，企求甜蜜爱情有好结果的心情。

佚名唱述，普启旺、非如山搜集、整理。收入《彝族文学资料》，32开，1页，4行，云南省牟定县文化馆1984年编印。（李惠兰　朱琚元）

郎和小妹是一家

彝族情歌。流传于云南省石屏县彝族地区。以莲花做比喻，表现二人情投意合、生死不分离的爱情。歌中唱道：“石屏大海四角揸，四团四转栽莲花，莲花头上结莲米，莲米头上搭青纱。既然有心在一起，郎和小妹做一家。”

陆华英唱述，王保德、普荣记录整理。收入《云南民间文学集成·石屏歌谣卷》，32开，1页，8行，石屏县文联1996年编印。（谭玉婷）

从小相爱不能丢

彝族情歌。流传于云南省石屏县彝族地区。歌谣结合彝族日常生活中捕鱼的场景，生动地表达了郎和小妹“从小相爱不能丢”的含义。歌中唱道：“石屏大海清悠悠，青鱼鲤鱼在里首。见着青鱼要下网，见着鲤鱼要下钩。左手提着青丝网，右手提起钓鱼钩。郎和小妹在一处，从小相爱不能丢。”

孙令唱述，王保德、普荣记录、整理。收入《云南民间文学集成·石屏歌谣卷》，32开，1页，8行，石屏县文联1996年编印。（谭玉婷）

脱去旧衣换新衣

彝族情歌。流传于云南省石屏县彝族地区。歌谣从雨淋湿妹的衣裳唱起，联想到终有一天心肠好的阿哥会帮她脱去旧衣换新衣，以此表达对爱情的期盼。歌中唱道：“天上下雨雨点稀，淋湿妹的白汗衣。哪个阿哥心肠好，脱掉湿的换干的。终归有日时运转，脱去旧衣换新衣。”歌谣富有生活气息，表达感情的方式含蓄形象。

孔凤仙唱述，王保德、普荣记录、整理。收入《云南民间文学集成·石屏歌谣卷》，32开，1页，6行，石屏县文联1996年编印。（谭玉婷）

鱼不进网网不收

彝族情歌。流传于云南省石屏县彝族地区。歌谣表现了彝族青年对爱情的执着，以及不达目的不罢休的决心。歌中唱道："石屏大海清悠悠，青皮杨柳在里头，左穿右穿难穿网，锉子难锉钓鱼钩。鱼不上钩钩不起，鱼不进网网不收。"

陆华英唱述，王保德、普荣记录、整理。收入《云南民间文学集成·石屏歌谣卷》，32开，1页，6行，石屏县文联1996年编印。（谭玉婷）

不说真话不放你

彝族情歌。流传于云南省石屏县彝族地区。用拉住姑娘的围腰，直到得到姑娘的真心话才会放手，来表达歌者对爱情的执着。歌中唱道："叫声百灵听我说，我是山中小阳雀。哪个小妹不嫌我，拜你为师从头学。十七十八下大雨，去去来来遇上你。双手拉住围腰带，不说真话不放你。"

毛连三唱述，王保德、普荣记录、整理。收入《云南民间文学集成·石屏歌谣卷》，32开，1页，8行，石屏县文联1996年编印。（谭玉婷）

钥匙打脱黄金锁

彝族情歌。流传于云南省石屏县彝族地区。歌中唱道："月亮出来清又清，声叫小妹你听明。扫把扫开石灰面，钉耙钩开铜响铃。钥匙打脱黄金锁，砍刀割断九根藤。"此歌借物言志，表明纵然有天大的困难，也要坚持到底，相爱的人永远不分离的决心。

李关芝唱述，王保德、普荣记录、整理。收入《云南民间文学集成·石屏歌谣卷》，32开，1页，6行，石屏县文联1996年编印。（谭玉婷）

不吃洋参会起膘

彝族情歌。流传于云南省石屏县彝族地区。歌谣表达情人们朝思暮想、渴望相见和相聚的心情。歌中形象地用细雨飘形容见不到情哥的忧郁心情，用"不吃洋参会起膘"比喻见到阿哥的愉悦。歌中唱道："日头出来万丈高，不再望见细雨飘。柏树枝上阳雀叫，不见郎哥好心焦。今晚得了郎哥见，不吃洋参会起膘。"

孔凤仙唱述，王保德、普荣记录、整理。收入《云南民间文学集成·石屏歌谣卷》，32开，1页，6行，石屏县文联1996年编印。（谭玉婷）

永世三代不分开

彝族情歌。流传于云南省石屏县彝族地区。表达阿妹对阿哥的深情厚谊，以及对阿哥爱情的忠贞不渝。歌中唱道："一进大门宽又宽，枕头底下两包烟。一包留给郎哥吃，一包留下好过年。郎是远方一只鹅，飞到妹方只管落。脚踏树枝只管踩，心中有话只管说。七道甘蔗七道芽，齐齐栽来齐齐发。阿哥栽栽买烟吃，阿妹栽栽买粉擦。油菜开花黄又黄，哥住高山胜天堂。天上仙女张开手，要拉阿哥做新郎。不该不该真不该，妹走小路起青苔。今日相会诉苦情，永世三代不分开。"

李桂仙唱述，王保德、普荣记录、整理。收入《云南民间文学集成·石屏歌谣卷》，32开，1页，20行，石屏县文联1996年编印。（谭玉婷）

郎和小妹永不丢

彝族情歌。流传于云南省石屏县彝族地区。歌中用"钥匙不离黄金锁""秋绳不断常年打"来表达郎和小妹永不分离的心愿。歌中唱道："日头出来黄又黄，打把金锁锁门房。钥匙不离黄金锁，小妹贪花不离郎。太阳出来红艳艳，平整大地立架秋。秋绳不断常年打，郎和小妹永不丢。"

李凤英唱述，王保德、普荣记录、整理。收入《云南民间文学集成·石屏歌谣卷》，32开，1页，8行，石屏县文联1996年编印。（谭玉婷）

要学长江长流水

彝族情歌。流传于云南省石屏县彝族地区。劝告阿哥对待爱情要忠贞持久。歌中唱道："唱真唱真真唱真，粗作细表给哥听。手拉蛛丝丝不断，脚踩丝线线不弯。要学长江长流水，莫学风暴一时辰。”

孔祥锦唱述，王保德、普荣记录、整理。收入《云南民间文学集成·石屏歌谣卷》，32开，1页，10行，石屏县文联1996年编印。（谭玉婷）

家花不有野花香

彝族情歌。流传于云南省石屏县彝族地区。讽刺感情生活中的不正常现象。歌中唱道：“大河涨水小河汪，小河旁边栽青姜。青姜没有老姜辣，家花不有野花香。家的死了心不动，野的死了共棺装。要死死在金龙殿，要葬葬在紫金山。文官见到来上土，武将见到来上香。”

孔凤仙唱述，王保德、普荣记录、整理。收入《云南民间文学集成·石屏歌谣卷》，32开，1页，10行，石屏县文联1996年编印。（谭玉婷）

同齐生来同齐埋

彝族情歌。流传于云南省石屏县彝族地区。歌中唱道：“金竹台来紫竹台，同齐生来同齐埋。生是一日同路走，死时一日共土埋。一口棺材装不下，两口棺材重起来。”歌谣表现了恋人们对爱情忠贞不渝的态度和与情人生死与共的决心。

陆华英唱述，王保德、普荣记录、整理。收入《云南民间文学集成·石屏歌谣卷》，32开，1页，6行，石屏县文联1996年编印。（谭玉婷）

小妹和我心连心

彝族情歌。流传于云南省石屏县彝族地区。通过情人间嬉闹玩耍的场景，唱出了哥和妹的亲密无间，富有生活气息。歌中唱道：“石屏大海清又清，大海中间洗手巾。洗好手巾给哥用，哥接手巾妹放心。太阳出来照四方，哥唱曲子妹开腔。山鸡领路向前走，阳雀跟随共一双。酒精灯火亮铮铮，今晚同在好喜欢。哥划船来妹扳桨，玩到几更算几更。月亮出来亮铮铮，大海中间闹五更。哥掌后艄妹划桨，任你划到哪一湾。三月下雨青草发，今日见哥泪如麻。若要丢掉我阿哥，除非冷饭发新芽。”

毛连三唱述，王保德、普荣记录、整理。收入《云南民间文学集成·石屏歌谣卷》，32开，1页，24行，石屏县文联1996年编印。（谭玉婷）

小妹永不离小郎

彝族情歌。流传于云南省石屏县彝族地区。用建盖学堂要用椽子、要用瓦遮阳等，借物抒情，表达哥和妹永远相聚不分离的愿望。歌中唱道：“一棵松树黄又黄，砍倒松树盖学堂。学堂要用椽子盖，椽子要用瓦遮阳。今晚难得在一处，小妹永不离小郎。”

普正早唱述，王保德、普荣记录、整理。收入《云南民间文学集成·石屏歌谣卷》，32开，1页，6行，石屏县文联1996年编印。（谭玉婷）

巧遇小妹心肠好

彝族情歌。流传于云南省石屏县彝族地区。歌者用“手捧杨柳顺水栽”和“四弦背上起青苔”形象地表现自己感情生活的失意。巧遇好心肠的小妹，又让歌者重新看到爱情的希望。歌中唱道：“月亮出来白苔苔，手捧杨柳顺水栽。贪花路上出青草，四弦背上起青苔。巧遇小妹心肠好，新打锄头来铲开。”

普正早唱述，王保德、普荣记录、整理。收入《云南民间文学集成·石屏歌谣卷》，32开，1页，6行，石屏县文联1996年编印。（谭玉婷）

小妹天天在盼你

彝族情歌。流传于云南省石屏县彝族地区。唱述小妹盼望阿哥到来的迫切心情，表现了她对阿哥的钟爱。歌中唱道：“天上娑罗独一棵，地下杨柳岔枝多。只见秧鸡来躲藏，不见阳雀来歇窝。小妹天天在盼你，把你当成亲哥哥。”

陆新文唱述，王保德、普荣记录、整理。收

入《云南民间文学集成·石屏歌谣卷》，32开，1页，6行，石屏县文联1996年编印。（谭玉婷）

真心实意永不分

彝族情歌。流传于云南省石屏县彝族地区。用白布比喻阿妹，绣花针比喻阿哥，生动地以布和针的亲密关系，比喻二人真心实意永不分的情意。歌中唱道："石屏大海四角禬，大海中间栽茭瓜。茭瓜不算头碗菜，小妹不好郎莫夸。月亮出来白生生，真心实意永不分。妹是广东漂白布，哥是云南绣花针。针针戳在白布上，戳一针来爱一针。"

王正恩唱述，王保德、普荣记录、整理。收入《云南民间文学集成·石屏歌谣卷》，32开，1页，10行，石屏县文联1996年编印。（谭玉婷）

郎爱妹来妹爱郎

彝族情歌。流传于云南省石屏县彝族地区。表达哥和妹永不分离的真挚情感。歌中唱道："郎爱妹来妹爱郎，打把金锁锁花房。花房要用黄金锁，锁上花房不离郎。若要小妹离开你，要等西边出太阳。"歌谣中还有巧用食物的谐音来表达二人情感的句子："月亮出来粉冬冬，哥妹中间隔条河。先吃茴香来相会，后吃芋菜来遇合。"

普兰英唱述，王保德、普荣记录、整理。收入《云南民间文学集成·石屏歌谣卷》，32开，1页，10行，石屏县文联1996年编印。（谭玉婷）

肚中无曲难开腔

彝族情歌。流传于云南省石屏县彝族地区。歌谣的前半部分唱述不吃眼前亏的心态，后半部分唱出了想要表达感情但"肚中无曲难开腔"的无奈。歌中唱道："高山坡头一筒碑，粗石打来细石推。不是我们胆子小，光杆不吃眼前亏。埂子弯弯一小双，郎蹲田埂妹栽秧。一心想唱三两句，肚中无曲难开腔。"

张莫氏唱述，王保德、普荣记录、整理。收入《云南民间文学集成·石屏歌谣卷》，32开，1页，8行，石屏县文联1996年编印。（谭玉婷）

艄公不渡无情人

彝族情歌。流传于云南省石屏县彝族地区。表达难以猜测对方心思的无奈和气恼。歌中唱道："太阳出来照黄河，抬把椅子看天河。天上星多神仙数，地下心多猜不着。一把四弦团又团，中间拉起四根弦。弦线断了难接起，艄公不渡无情人。千年柏枝万年绿，你我二人才相熟。石屏州城才断酒，临安府里又断屠。"

王正恩唱述，王保德、普荣记录、整理。收入《云南民间文学集成·石屏歌谣卷》，32开，1页，12行，石屏县文联1996年编印。（谭玉婷）

门上锁起黄金锁

彝族情歌。流传于云南省石屏县彝族地区。用四个比喻句劝小郎死心，生动有趣又不乏机敏。歌中唱道："月亮出来明又明，叫声小郎仔细听。天井泼着石灰面，窗子挂着铜响铃。门上锁着黄金锁，路上拦着九股藤。"

李美芝唱述，王保德、普荣记录、整理。收入《云南民间文学集成·石屏歌谣卷》，32开，1页，6行，石屏县文联1996年编印。（谭玉婷）

郎栽辣子妹栽葱

彝族情歌。流传于云南省石屏县彝族地区。表达不能得到爱情的惋惜和无可奈何的心情。歌中用辣子的红火与葱叶的空心来对照比喻，贴切又富有生活气息。歌中唱道："清早起来回娘家，娘家稀饭煮南瓜。心想留哥吃餐饭，可惜不是妹当家。太阳出来红彤彤，郎栽辣子妹栽葱。郎栽辣子一树红，妹栽葱来一场空。"

何朝仙唱述，王保德、普荣记录、整理。收入《云南民间文学集成·石屏歌谣卷》，32开，1页，8行，石屏县文联1996年编印。（谭玉婷）

妹独一人好孤单

彝族情歌。流传于云南省石屏县彝族地区。以妹的口吻唱出了上山采牡丹无人陪、夜里打泼灯油弄脏花枕头的孤独无依的辛酸境况。歌中唱道："日头一出照半山，妹在山上摘牡丹。别人身边有郎伴，妹独一人好孤单。月亮出来漫天游，手提壁灯打泼油。打泼油来事情小，弄脏妹的花枕头。"

刘正兴唱述，王保德、普荣记录、整理。收入《云南民间文学集成·石屏歌谣卷》，32开，1页，8行，石屏县文联1996年编印。（谭玉婷）

难逢难遇在一处

彝族情歌。流传于云南省石屏县彝族地区。以难相逢为由，劝逗小妹一起唱跳玩乐，充分享受人生的快乐。歌中唱道："四弦拨动嘟噜锵，叫声小妹细想想。难逢难遇在一处，不唱不跳像哪样。大树弯弯起勾勾，郎拴绳子妹打秋。妹在空中高飞起，郎在地上干瞅瞅。"

陆华英唱述，王保德、普荣记录、整理。收入《云南民间文学集成·石屏歌谣卷》，32开，1页，8行，石屏县文联1996年编印。（谭玉婷）

名到功成忘妻娘

彝族情歌。流传于云南省石屏县彝族地区。唱述阿妹在家苦撑苦熬供丈夫读书，不料丈夫功成名就之后，却忘记了妻娘。歌中唱道："苦菜花开黄又黄，妹在家供读书郎。深更半夜为你苦，名到功成忘妻娘。"

王正国唱述，王保德、普荣记录、整理。收入《云南民间文学集成·石屏歌谣卷》，32开，1页，8行，石屏县文联1996年编印。（谭玉婷）

哥打光棍好孤凄

彝族情歌。流传于云南省石屏县彝族地区。歌中光棍汉自述"清水塘中莫洗手，大树底下莫脱衣"，只怕生病了无钱医治，更无人问候关怀。歌中唱道："孤凄孤凄真孤凄，哥打光棍好孤凄。清水塘中莫洗手，大树底下莫脱衣。哥得病来无人问，又无银钱去请医。"

孔令唱述，王保德、普荣记录、整理。收入《云南民间文学集成·石屏歌谣卷》，32开，1页，6行，石屏县文联1996年编印。（谭玉婷）

龙出大海困浅滩

彝族情歌。流传于云南省石屏县彝族地区。用三个贴切的比喻：龙困浅滩、牛马在高山、乌鸦无窝，生动地表现了既没有家，又离开了熟悉的生活环境的人的凄凉境遇，暗示对情妹的渴望。歌中唱道："龙出大海困浅滩，好比牛马在高山。东海北海龙还在，乌鸦无窝好凄惨。乌鸦歇在教场坝，雪扎毛衣难晒干。"

陆华英唱述，王保德、普荣记录、整理。收入《云南民间文学集成·石屏歌谣卷》，32开，1页，6行，石屏县文联1996年编印。（谭玉婷）

小妹回家就丢哥

彝族情歌。流传于云南省石屏县彝族地区。阿哥抱怨小妹对自己的真心无动于衷。歌中唱道："太阳出来红彤彤，清水龙潭插竹竿。丢着凤凰来找你，还有哪样心不甘？日头落山又落坡，龙归大海鸟归窝。龙归大海难现爪，小妹回家就丢哥。"

龙秀芬唱述，王保德、普荣记录、整理。收入《云南民间文学集成·石屏歌谣卷》，32开，1页，8行，石屏县文联1996年编印。（谭玉婷）

姐妹二人去烧香

彝族情歌。流传于云南省石屏县彝族地区。歌谣唱的是待嫁的姐妹二人对单身生活无可奈何，甚至怀疑是前世烧了断头香，今生阎王不容许她们成双对。歌中唱道："一对燕子飞过江，姐妹二人去烧香。城隍庙里插一炷，东狱庙里插一双。别人烧香望儿女，我们烧香望成双。阎王不容成双对，前世烧了断头香。”

陆华英唱述，王保德、普荣记录、整理。收入《云南民间文学集成·石屏歌谣卷》，32开，1页，8行，石屏县文联1996年编印。（谭玉婷）

好妻没得好夫配

彝族情歌。流传于云南省石屏县彝族地区。唱述一位妇女因嫁了一个不如意的丈夫而生活艰苦。歌中唱道：“六月里来凉水多，柴多米少难下锅。饭少人多不够吃，小小媳妇受奔波。天上下雨细灰灰，好茶没得好水煨。好妻没得好夫配，好比檀香埋冷灰。”

后宝元唱述，王保德、普荣记录、整理。收入《云南民间文学集成·石屏歌谣卷》，32开，1页，8行，石屏县文联1996年编印。（谭玉婷）

离哥好比刀割肝

彝族情歌。流传于云南省石屏县彝族地区。唱出了阿哥和阿妹的缠绵情意。歌中唱道：“吹声木叶唱声歌，二声木叶上山坡。三声木叶翻垭口，郎丢叶子妹丢歌（哥）。石屏海水光闪闪，山离水来水离山。挨哥好像龙戏水，离哥好比刀割肝。”

陆华英唱述，王保德、普荣记录、整理。收入《云南民间文学集成·石屏歌谣卷》，32开，1页，8行，石屏县文联1996年编印。（谭玉婷）

送妹送到山坡头

彝族情歌。流传于云南省石屏县彝族地区。唱述情人离别的愁绪和哀伤，分别以哥和妹的口吻，抒发心中的惆怅。歌中唱道：“（男）送妹送到山坡头，手提烟筒眼泪流。今日离了阿妹去，眼泪不干不回头。（女）走了一坡又一坡，摘枝树叶来坐坐。回头不得郎哥见，眼泪汪汪爬上坡。”

何吉仙唱述，王保德、普荣记录、整理。收入《云南民间文学集成·石屏歌谣卷》，32开，1页，8行，石屏县文联1996年编印。（谭玉婷）

梳得小郎盼小妻

彝族情歌。流传于云南省石屏县彝族地区。表现女子与情郎分开后的孤单以及渴望与情郎相聚的心情。歌中唱道：“大田割谷谷把稀，割倒谷把梳秋髻。梳得秋髻团团转，梳得小郎盼小妻。睡不着来睡不着，抬起头来望天河。牛郎隔在河东坐，织女隔在西边角。七月七日会一面，只见银河不地合。”

普兰英唱述，王保德、普荣记录、整理。收入《云南民间文学集成·石屏歌谣卷》，32开，1页，10行，石屏县文联1996年编印。（谭玉婷）

不见阿哥妹心焦

彝族情歌。流传于云南省石屏县彝族地区。唱述阿妹对阿哥的思念。歌中唱道：“挂真挂真真挂真，真心实意挂哥们。白日挂你饭食少，夜晚挂你梦五更。到了天亮不见你，头又昏来心又酸。千股龙潭共一江，万朵莲花共池塘。莲花栽在池塘里，七双哥妹共个娘。日头出来黄又黄，手拿秧苗水流长。秧苗抬头望露水，小妹抬头望小郎。太阳出来万丈高，哥是吕布妹是貂。耳听林中小雀叫，不见阿哥妹心焦。”

李凤玲唱述，王保德、普荣记录、整理。收入《云南民间文学集成·石屏歌谣卷》，32开，1页，18行，石屏县文联1996年编印。（谭玉婷）

一日夫妻百日恩

彝族情歌。流传于云南省石屏县彝族地区。表达了夫妻间的似海深情，又用“三日不见肝肠断，一年不见阴森森”形容分别后的相思之苦。歌中唱道：“一日夫妻百日恩，百夜夫妻海样深。三日不见肝肠断，一年不见阴森森。”

陆玉仙唱述，王保德、普荣记录、整理。收入《云南民间文学集成·石屏歌谣卷》，32开，1页，8行，石屏县文联1996年编印。（谭玉婷）

四月里来栽早秧

彝族情歌。流传于云南省石屏县彝族地区。生动地描述了阿妹因思念小郎，下田栽秧都没有心绪，无法安心的样子。歌中唱道："四月里来栽早秧，忙脱绣鞋卷衣裳。丝绸衣裳高卷起，细皮白肉下泥浆。跳进大田栽两把，跳进小田栽两双。一心想要多栽把，想起小郎心就慌。"

李福英唱述，王保德、普荣记录、整理。收入《云南民间文学集成·石屏歌谣卷》，32开，1页，8行，石屏县文联1996年编印。（谭玉婷）

一进玩场花堂堂

彝族情歌。流传于云南省石屏县彝族地区。唱述青年男女在玩场游玩的情景。歌中唱道："一进玩场花堂堂，桃园结义刘关张。哥姐喜迎花烛夜，四弟子龙来望望。串玩串玩真串玩，双脚串进桂花园。人人才有十八岁，单单我们是老人。一进庙门桂花多，桂兄桂妹贵哥哥。桂花本是贵人才，桂妹本是爱桂哥。天上星宿排对排，地下灯盏配灯台。红漆桌子配板凳，官家小姐配秀才。"

陆锦修唱述，王保德、普荣记录、整理。收入《云南民间文学集成·石屏歌谣卷》，32开，1页，36行，石屏县文联1996年编印。（谭玉婷）

远望妹子过山来

彝族情歌。流传于云南省石屏县彝族地区。表达阿哥对名花有主的阿妹的爱慕之情，诙谐地唱出了心中朴素的希望，盼望老天下大雨，冲去鲜花边的牛屎。歌中唱道："远望妹子过山来，青布围腰大花鞋。亲夫死了有我在，守满周年我又来。几朵鲜花鲜又鲜，可惜长在牛屎边。保佑老天下大雨，冲去牛屎花更鲜。"

孙广培唱述，王保德、普荣记录、整理。收入《云南民间文学集成·石屏歌谣卷》，32开，1页，12行，石屏县文联1996年编印。（谭玉婷）

过路小妹生得标

彝族情歌。流传于云南省石屏县彝族地区。歌谣唱的是阿哥对路过的标致小妹心生好感，劝其吃锅黄烟再走，让哥多瞧瞧。表现了彝族青年表达感情的直率方式和率真的性格特点。歌中唱道："过路小妹生得标，头发辫子拖齐腰。吃锅黄烟你再走，好让哥们多瞧瞧。"

张践唱述，王保德、普荣记录、整理。收入《云南民间文学集成·石屏歌谣卷》，32开，1页，8行，石屏县文联1996年编印。（谭玉婷）

提笔难写无意诗

彝族情歌。流传于云南省石屏县彝族地区。共五首，表达真心人遇到无意人的苦闷和气恼，歌中的"有心难吃无意酒，提笔难写无意诗""松子糖果买不起，炒点苞谷嘴馋馋"等句都形象地描述了这种心态。歌中唱道："大树团团树一枝，难逢难遇是今日。有心难吃无意酒，提笔难写无意诗。孤单孤单真孤单，可怜不过砚瓦山。松子糖果买不起，炒点苞谷嘴馋馋。"

李福英唱述，王保德、普荣记录、整理。收入《云南民间文学集成·石屏歌谣卷》，32开，1页，20行，石屏县文联1996年编印。（谭玉婷）

房后有棵黄栗茶树

彝族情歌。流传于云南省武定县彝族地区。通过情哥对情妹的深情细诉，唱出了情哥对情妹的倾慕爱恋，并希望阿妹真诚交心。歌中唱道："路旁小石子，请你对我说实话；小小夹地刀，假话你莫说。河中长流水，我们要常来往；芭蕉一颗心，我俩要交心。"

胡吉英唱述，雷朴记录。32开，1页，14行，稿存楚雄彝族自治州彝族文化研究所。（钱丽云 朱琚元）

隔河望见一蓬藤

彝族情歌。流传于云南省元谋县彝族地区。歌中唱道："隔河望见一蓬藤，藤子开花爱死人，郎想采朵鲜花戴，就怕小妹心不诚。"表现了彝族青年男子想要向心上人倾吐心中的爱慕又恐遭拒绝，欲语不能的忐忑心情。

毕登兰唱述，仲任记录。收入《云南楚雄民族民间音乐》，32开，1页，4行，云南人民出版社1982年版。（钱丽云　朱琚元）

好的找不着

彝族情歌。流传于云南省元谋县彝族地区。歌中唱道："鲜花一样的姑娘不好说，筛盘一样的姑娘一偏坡，好的找不着，撇（差）的甩不脱；茶花好看味不香，土瓜难瞧味道甜，只要良心好，和和气气到百年。"反映了彝族青年重德不重貌的择偶观。

白树莲唱述，仲任记录。收入《云南楚雄民族民间音乐》，32开，1页，8行，云南人民出版社1982年版。（钱丽云　朱琚元）

小小花马上高坡

彝族情歌。流传于云南省武定县彝族地区。歌中唱道："小小花马上高坡，风吹马尾绕绫罗，绫罗好看钱买来，小妹有心来跟哥。"这是彝族青年女子应允心上人的求爱后，与心上人盟定终身的承诺。

胡吉秀唱述，雷朴记录。收入《云南楚雄民族民间音乐》，32开，1页，4行，云南人民出版社1982年版。（钱丽云　朱琚元）

火烧芭蕉心不死

彝族情歌。流传于云南省永仁县彝族地区。歌中唱道："火烧芭蕉心不死，团山木头心不干，在世不得搭哥去，死在黄泉心不安。"反映旧时彝族女子婚姻不能自主，不能与心上人结合的悲惨命运。

倪高芝唱述，冬路记录。收入《云南楚雄民族民间音乐》，32开，1页，4行，云南人民出版社1982年版。（钱丽云　朱琚元）

妹变鲤鱼来会合

彝族情歌。流传于云南省姚安县彝族地区。歌中唱道："一股凉水落岩脚，太阳出来晒不着，表哥变牛来吃水，妹变鲤鱼来会合。"表现了恋人渴望相见的苦苦相思之情。

李家策、刘家定唱述，罗桂森记录。收入《云南楚雄民族民间音乐》，32开，1页，4行，云南人民出版社1982年版。（钱丽云　朱琚元）

越唱心里越快活

彝族情歌。流传于云南省南华县彝族地区。全歌共三段，每段四句，七字一句。歌谣通过男女对唱的形式，唱出了双方相约跳歌场并盟定终身的过程。歌中唱道："（男）太阳不落脚就痒，哪阵才得去歌场？（女）时候不到你莫慌，月亮出山妹等哥。（男）弹起弦子对起歌，弦索弹断换皮索。（女）郎唱调子妹来接，越唱心里越快活。（男）郎是钥匙妹是锁，钥匙连锁心一个。（女）郎是针来妹是线，小妹永远跟情哥。"

阿成富、马朝秀唱述，罗有俊、车明记录。收入《云南楚雄民族民间音乐》，32开，1页，12行，云南人民出版社1982年版。（钱丽云　朱琚元）

东方发白小星稀

彝族情歌。流传于云南省牟定县彝族地区。此歌用左脚调吟唱。歌中唱道："东方发白小星稀，郎走东来妹走西；小郎回头看一眼，小妹低头笑嘻嘻。"歌谣表现了青年男女通过跳脚相识并萌发爱意的喜悦心情。

赵琼仙、起兆仙、普廷凤、刁会芝等唱述，普启旺、非如山、周志、夏玉福、张之鹏、杨廷彦等

搜集、记录。32开，1页，4行，稿存楚雄彝族自治州彝族文化研究所。（李惠兰　朱琚元）

火烧馒头心不热

彝族情歌。流传于云南省牟定县彝族地区。歌中唱道："火烧馒头心不热，剥开皮来另烧心；只能生米煮熟饭，不可煮熟又回生。"反映了彝族青年男女对爱情的执着追求。

佚名唱述，普启旺、非如山搜集、整理。收入《彝族文学资料》，32开，1页，4行，云南省牟定县文化馆1984年编印。（李惠兰　朱琚元）

扁担挑水两头挂

彝族情歌。流传于云南省牟定县彝族地区。歌中唱道："扁担挑水两头挂，实心实意挂哪个？十个八个丢去了，真心只挂你一个。"反映了彝族青年男女对爱情的专一。

佚名唱述，普启旺、非如山搜集、整理。收入《彝族文学资料》，32开，1页，4行，云南省牟定县文化馆1984年编印。（李惠兰　朱琚元）

小小扇子两面花

彝族情歌。流传于云南省牟定县彝族地区。歌中唱道："小小扇子两面花，扇子上面绣金瓜；金瓜好像银瓜样，小妹好像粉团花。"反映了彝族男青年对美好爱情的向往。

佚名唱述，普启旺、非如山搜集、整理。收入《彝族文学资料》，32开，1页，4行，云南省牟定县文化馆1984年编印。（李惠兰　朱琚元）

睡到半夜睡不着

彝族情歌。流传于云南省牟定县彝族地区。歌中唱道："睡到半夜睡不着，抬头望月月不落，一时想起妹模样，心中好像刀来割。"表现了阿哥对阿妹的爱恋和思念之情。

佚名唱述，普启旺、非如山搜集、整理。收入《彝族文学资料》，32开，1页，4行，云南省牟定县文化馆1984年编印。（李惠兰　朱琚元）

太阳落山四山黄

彝族情歌。流传于云南省牟定县彝族地区。歌中唱道："太阳落山四山黄，可怜茅草可怜郎；可怜茅草着露水，可怜小郎睡空床。"歌谣表达了小伙子苦苦追寻美好爱情却迟迟不能如意的痛苦心情。

佚名唱述，普启旺、非如山搜集、整理。收入《彝族文学资料》，32开，1页，4行，云南省牟定县文化馆1984年编印。（李惠兰　朱琚元）

大路弯弯小路弯

彝族情歌。流传于云南省牟定县彝族地区。歌中唱道："大路弯弯小路弯，大路旁边镶石板；小妹就在路边坐，石板底下支染缸；过路哥哥染几件，妹的新缸不染你的旧衣裳。"歌谣表达了姑娘对爱情的美好憧憬，以及对男子见异思迁的痛恨。

佚名唱述，普启旺、非如山搜集、整理。收入《彝族文学资料》，32开，1页，6行，云南省牟定县文化馆1984年编印。（李惠兰　朱琚元）

走也焦来坐也焦

彝族情歌。流传于云南省牟定县彝族地区。歌中唱道："走也焦来坐也焦，买把扇子插在腰；扇子插在腰杆上，哪个认得你心焦。"表现了恋人内心的思念之情。

佚名唱述，普启旺、非如山搜集、整理。收入《彝族文学资料》，32开，1页，4行，云南省牟定县文化馆1984年编印。（李惠兰　朱琚元）

檐前滴水滴成坑

彝族情歌。流传于云南省牟定县彝族地区。歌中唱道："檐前滴水滴成坑，锣锅煮饭气腾腾；不知哪个掺冷水，煮熟煮熟又回生。"歌谣表现了人们对爱情不专一者的厌恶。

佚名唱述，普启旺、非如山搜集、整理。收入《彝族文学资料》，32开，1页，4行，云南省牟定县文化馆1984年编印。（李惠兰　朱琚元）

铁打眼镜都望穿

彝族情歌。流传于云南省牟定县彝族地区。歌中唱道："铁打眼镜都望穿，地上石头都踩烂；脚踏石灰白走路，眉毛擦粉白望郎。"歌谣唱述阿妹痴心等待情郎的心情。

佚名唱述，普启旺、非如山搜集、整理。收入《彝族文学资料》，32开，1页，4行，云南省牟定县文化馆1984年编印。（李惠兰　朱琚元）

三根竹子一刀齐

彝族情歌。流传于云南省牟定县彝族地区。歌中唱道："三根竹子一刀齐，细细划来编斗笠；斗笠好看要钱买，小哥无钱不用提。"反映了旧社会买卖婚姻嫌贫爱富的封建思想。

佚名唱述，普启旺、非如山搜集、整理。收入《彝族文学资料》，32开，1页，4行，云南省牟定县文化馆1984年编印。（李惠兰　朱琚元）

大河涨水细鱼漂

彝族情歌。流传于云南省牟定县彝族地区。歌中唱道："大河涨水细鱼漂，郎赶街子妹心焦；黑了晚了不见回，哪条大路不瞧焦。"反映了情妹对出门在外的心上人的牵挂和思念。

佚名唱述，普启旺、非如山搜集、整理。收入《彝族文学资料》，32开，1页，4行，云南省牟定县文化馆1984年编印。（李惠兰　朱琚元）

不下河来不下河

彝族情歌。流传于云南省牟定县彝族地区。歌谣反映了青年男女约会时的喜悦心情。歌中唱道："不下河来不下河，要约小妹上山坡；高山才有谈情处，树林深处乐趣多。"

佚名唱述，普启旺、非如山搜集、整理。收入《彝族文学资料》，32开，1页，4行，云南省牟定县文化馆1984年编印。（李惠兰　朱琚元）

隔河望见金凤凰

彝族情歌。流传于云南省牟定县彝族地区。歌谣反映了彝族男青年对爱情的渴求，以及自觉家贫配不上对方的自卑心理。歌中唱道："隔河望见金凤凰，凤凰歌声打动郎；有心摸摸凤凰背，家中无钱气断肠。"

佚名唱述，普启旺、非如山搜集、整理。收入《彝族文学资料》，32开，1页，4行，云南省牟定县文化馆1984年编印。（李惠兰　朱琚元）

粉蓝衣裳外脱肩

彝族情歌。流传于云南省牟定县彝族地区。歌谣表现了男女青年单相思的苦情。歌中唱道："粉蓝衣裳外脱肩，去年想你到如今；一年想你十二月，一月想你三十天。"

佚名唱述，普启旺、非如山搜集、整理。收入《彝族文学资料》，32开，1页，4行，云南省牟定县文化馆1984年编印。（李惠兰　朱琚元）

死了也要埋一窝

彝族情歌。流传于云南省牟定县彝族地区。全歌共三段，每段四句，七字一句。歌中唱道："同杯吃酒同杯醉，同树栽花同到老；生前打下双合墓，死了也要埋一窝。"反映了青年男女对爱情的忠贞不渝。

佚名唱述，普启旺、非如山搜集、整理。收入《彝族文学资料》，32开，2页，12行，云南省牟定县文化馆1984年编印。（李惠兰　朱琚元）

郎要走来妹要留

彝族情歌。流传于云南省牟定县彝族地区。

歌中唱道："郎要走来妹要留，留在妹家三层楼；只要郎心合妹意，亲亲热热在那头。郎要走来妹要留，拔根眉毛做念头；郎的眉毛做灯草，妹的眉毛做灯油。"反映了情侣间的热恋之情。

佚名唱述，普启旺、非如山搜集、整理。收入《彝族文学资料》，32开，1页，8行，云南省牟定县文化馆1984年编印。（李惠兰　朱琚元）

穿衣穿到日落西

彝族情歌。流传于云南省牟定县彝族地区。歌中唱道："人人说是孤单好，郎成双来妹孤单；早晨孤单懒烧火，晚上孤单懒脱衣；懒得脱衣连衣睡，懒得烧火吃生粮；脱衣脱到鸡开口，穿衣穿到日落西。"反映了阿妹对负心郎的谴责及爱情受挫后的消沉心情。

佚名唱述，普启旺、非如山搜集、整理。收入《彝族文学资料》，32开，1页，8行，云南省牟定县文化馆1984年编印。（李惠兰　朱琚元）

挨打只为绣花针

彝族情歌。流传于云南省大姚县彝族地区。唱述一个嫁给小丈夫的媳妇在婆家遭受的折磨。由于与丈夫年龄悬殊，没有爱情可言，小妹对一个在草坪上拾得绣花针的小哥产生了好感，决定绣个兜肚给他。偷偷摸摸绣了好长时间，绣好后藏在背箩里却被婆婆发现，将她打得伤痕累累。挑水路上遇见小哥，小哥知情后唱道："打是打着妹的肉，疼是疼着哥的心。"反映了旧社会彝族妇女对包办婚姻的反抗。

小贞谷唱述，郭思九记录。收入《云南民间文学集成·云南彝族歌谣集成》，32开，3页，46行，云南民族出版社1986年版。（李惠兰　朱琚元）

好玩不过妹地方

彝族情歌。流传于云南省大姚县彝族地区。用左脚调吟唱。歌中唱道："一丘大田四角方，半截有水半截干。有水那截栽水稻，无水那截种高粱。好吃不过高粱酒，好玩不过妹地方。"

张连聪、刘建英、闪红梅唱述，黄自权记录。收入《大姚县民族民间文学集成》，32开，1页，6行，云南民族出版社1991年版。（李惠兰　朱琚元）

高高山上小星稀

彝族情歌。流传于云南省大姚县彝族地区。用左脚调吟唱。歌中唱道："高高山上小星稀，正在好玩又分离，今晚好玩来迟了，明晚好玩早些来。高高山上小星稀，正在好玩又分离，郎去东方有去处，妹走西方遇哪个？"

张连聪、刘建英、闪红梅唱述，黄自权记录。收入《大姚县民族民间文学集成》，32开，1页，8行，云南民族出版社1991年版。（李惠兰　朱琚元）

半夜三更老鸦叫

彝族情歌。流传于云南省大姚县彝族地区。用左脚调吟唱。歌中唱道："半夜三更老鸦叫，贪花路上要死人，要死要死死别个，莫要死着爱花人。"

张连聪、刘建英、闪红梅唱述，黄自权记录。收入《大姚县民族民间文学集成》，32开，1页，4行，云南民族出版社1991年版。（李惠兰　朱琚元）

高山叶子化成灰

彝族情歌。流传于云南省大姚县彝族地区。用左脚调吟唱。歌中唱道："高山叶子堆连堆，可惜小哥不会吹，等到小哥吹会了，高山叶子化成灰。"

张连聪、刘建英、闪红梅唱述，黄自权记录。收入《大姚县民族民间文学集成》，32开，1页，8行，云南民族出版社1991年版。（李惠兰　朱琚元）

小妹人小眼光高

彝族情歌。流传于云南省大姚县彝族地区。用左脚调吟唱。歌中唱道："这山望着那山高，那座山上种芭蕉，芭蕉树小叶子大，小妹人小眼光高。"

张连聪、刘建英、闪红梅唱述，黄自权记录。收入《大姚县民族民间文学集成》，32开，1页，4行，云南民族出版社1991年版。（李惠兰　朱琚元）

石头磨脚走不来

彝族情歌。流传于云南省大姚县彝族地区。用左脚调吟唱。歌中唱道："妹许小哥一双鞋，许了三年不送来，不是小哥不挂妹，石头磨脚走不来。"

张连聪、刘建英、闪红梅唱述，黄自权记录。收入《大姚县民族民间文学集成》，32开，1页，4行，云南民族出版社1991年版。（李惠兰　朱琚元）

让哥上楼细细说

彝族情歌。流传于云南省大姚县彝族地区。这是彝族小伙子要求上草楼与姑娘谈恋爱时唱的曲调。歌中唱道："去年花开妹相约，今年花香来找着，哥是蜜蜂绕着来，采得鲜花心才落；小妹或是有情意，让哥上楼细细说。"

杨森唱述，黄自权记录。收入《大姚县民族民间文学集成》，32开，1页，6行，云南民族出版社1991年版。（李惠兰　朱琚元）

这个药方妹来开

彝族情歌。流传于云南省楚雄市彝族地区。歌谣唱述小妹看到小郎情绪低落、萎靡不振，便慌慌忙忙去抓药，灵丹妙药医不好小郎的病，原来这个药方要小妹来开。表现了彝族青年男子对情妹的痴情。

周兆丫唱述，余立梁记录、整理。收入《包头王传奇——楚雄市民族民间文学集》，32开，2页，30行，香港天马图书有限公司2000年版。（李福云　朱琚元）

都说郎的仁义深

彝族情歌。流传于云南省楚雄市彝族地区。歌中唱道："小小葫芦抽金藤，一抽抽到洛阳城，洛阳城里去转来，买得礼物送情人。先送成都金折扇，再送银环坠耳根，三送梳子弯弯篦，四送苏州粉蓝裙，五送花幅十罗汉，六送围腰织壮锦，七送杭州西湖伞，八送长沙绣花巾，九送通州亮油幅，十送玉镯柳叶青，十一送的充呢裤，后送绣鞋脚上蹬，穿出人前妹好看，都说郎的仁义深。"歌谣称颂男青年重情意，反映了青年男女间淳朴、诚挚的感情。

周兆丫唱述，余立梁记录。收入《楚雄市民间文学集成资料》，32开，1页，18行，楚雄市民委、文化局1988年编印。（李福云　朱琚元）

好久不赶姜驿街

彝族情歌。流传于云南省元谋县彝族地区。歌中唱道："好久不赶姜驿街，买把辣秧田埂栽，栽的辣子吃得了，不见小哥赶一街。爬地野草就地生，一道叶子一道根，妹是根子长得稳，哥是叶子紧连根。"反映了彝族青年对爱情的忠贞不渝。

罗绍惠、李学惠唱述，刘国林、马光志记录。收入《云南民间文学集成·云南彝族歌谣集成》，32开，2页，8行，云南民族出版社1986年版。（李福云　朱琚元）

留给我的是悲伤

彝族情歌。流传于云南省楚雄市彝族地区。歌中唱道："我是个孤独的姑娘，因为无依靠才来这个地方；心想见到情郎，会使我感到愉快的欢畅；薄情的阿哥哟，你没有给我任何一点幸福，留给我的是无限的悲伤。"反映了一个孤独而又纯洁的姑娘被忘情负义的阿哥抛弃后苦闷、悲伤的心情。

杨莲英唱述，余立梁记录。收入《云南民间文学集成·云南彝族歌谣集成》，32开，1页，7行，云南民族出版社1986年版。（李福云　朱琚元）

苞谷饭来黄生生

彝族情歌。流传于云南省姚安县彝族地区。歌中唱道："苞谷饭来黄生生，筛子筛来甑子蒸，不嫌饭粗吃两顿，不嫌郎穷玩两春。"语句朴实，比喻生动，反映了彝族青年男女朴实的爱情婚姻观。

刘光映唱述，春鸣记译。收入《楚雄民族民间文学资料》第五辑，32开，1页，4行，云南省社会科学院楚雄彝族文化研究室1982年编印。（施选　朱琚元）

小郎唱曲妹帮腔

彝族情歌。流传于云南省姚安县彝族地区。歌中唱道："一个南瓜黄又黄，摘个南瓜来熬汤，小郎吃肉妹吃瓤，小郎唱曲妹帮腔。"

刘光映唱述，春鸣记译。收入《楚雄民族民间文学资料》第五辑，32开，1页，4行，云南省社会科学院楚雄彝族文化研究室1982年编印。（施选　朱琚元）

唱曲唱到九寨河

彝族情歌。流传于云南省姚安县彝族地区。歌中唱道："唱曲唱到九寨河，妹的曲子用马驮。郎若二次来对曲，妹家还有几囤箩。"

刘光映唱述，春鸣记译。收入《楚雄民族民间文学资料》第五辑，32开，1页，4行，云南省社会科学院楚雄彝族文化研究室1982年编印。（施选　朱琚元）

妹好哪有郎不交

彝族情歌。流传于云南省姚安县彝族地区。歌中唱道："小小蜜蜂细腰腰，飞起飞落三丈高；花开哪有蜂不恋，妹好哪有郎不交。"

刘光映唱述，春鸣记译。收入《楚雄民族民间文学资料》第五辑，32开，1页，4行，云南省社会科学院楚雄彝族文化研究室1982年编印。（施选　朱琚元）

真心姊妹打不散

彝族情歌。流传于云南省姚安县彝族地区。歌中唱道："天上打雷地下落，一打打在花树脚。真心姊妹打不散，炸雷要落任它落。"反映了彝族青年男女对爱情的执着追求。

刘光映唱述，春鸣记译。收入《楚雄民族民间文学资料》第五辑，32开，1页，4行，云南省社会科学院楚雄彝族文化研究室1982年编印。（施选　朱琚元）

太阳落山四方红

彝族情歌。流传于云南省姚安县彝族地区。歌中唱道："太阳落山四方红，妹是耍家大不同；当阳花树花肯谢，背阳桃子心最红。"

刘光映唱述，春鸣记译。收入《楚雄民族民间文学资料》第五辑，32开，1页，4行，云南省社会科学院楚雄彝族文化研究室1982年编印。（施选　朱琚元）

要做姊妹不怕骂

彝族情歌。流传于云南省姚安县彝族地区。歌中唱道："蚂蚁上树不怕高，要做姊妹不怕骂；有人知道你莫怕，千斤担子郎来挑。"反映了彝族青年男女对爱情的执着。

刘光映唱述，春鸣记译。收入《楚雄民族民间文学资料》第五辑，32开，1页，4行，云南省社会科学院楚雄彝族文化研究室1982年编印。（施选　朱琚元）

爹娘狠心真狠心

彝族情歌。流传于云南省姚安县彝族地区。歌中唱道："爹娘狠心真狠心，鞭子落在妹的身；周身打起葡萄果，妹不埋怨哥一声。"反映了情妹对情哥的执着爱恋。

刘光映唱述，春鸣记译。收入《楚雄民族民间文学资料》第五辑，32开，1页，4行，云南

省社会科学院楚雄彝族文化研究室1982年编印。（施选　朱琚元）

可怜妹大卖给人

彝族情歌。流传于云南省姚安县彝族地区。歌中唱道："这山更比那山高，高山顶上栽青竹，竹子长大要卖钱，可怜妹大卖给人。"反映了旧社会彝族妇女对现实的无奈和对自由婚姻的向往。

刘光映唱述，春鸣记译。收入《楚雄民族民间文学资料》第五辑，32开，1页，4行，云南省社会科学院楚雄彝族文化研究室1982年编印。（施选　朱琚元）

要做姊妹不怕刀

彝族情歌。流传于云南省姚安县彝族地区。歌中唱道："蚂蚁上树不怕高，要做姊妹不怕刀，刀砍脖子郎来抵，石板压肩妹来挑。"语言朴实，情感动人，反映了彝族青年男女对爱情的执着。

刘光映唱述，春鸣记译。收入《楚雄民族民间文学资料》第五辑，32开，1页，4行，云南省社会科学院楚雄彝族文化研究室1982年编印。（施选　朱琚元）

爱妹不成当和尚

彝族情歌。流传于云南省姚安县彝族地区。歌中唱道："石榴开花紫嘟嘟，爱妹不着当和尚；前脚跨进和尚庙，后脚想妹泪成河。"反映彝族青年为了追求自由婚姻而敢于和世俗抗争的精神。

刘光映唱述，春鸣记译。收入《楚雄民族民间文学资料》第五辑，32开，1页，4行，云南省社会科学院楚雄彝族文化研究室1982年编印。（施选　朱琚元）

菜油煎菜妹来尝

彝族情歌。流传于云南省姚安县彝族地区。歌中唱道："菜子开花一片黄，结出果来两头长；菜子打油清似水，菜油煎菜妹来尝。"反映了彝族青年希望得到纯洁爱情和美满婚姻的良好愿望。

刘光映唱述，春鸣记译。收入《楚雄民族民间文学资料》第五辑，32开，1页，4行，云南省社会科学院楚雄彝族文化研究室1982年编印。（施选　朱琚元）

郎拿破碗妹打狗

彝族情歌。流传于云南省姚安县彝族地区。歌中唱道："郎属鸡来妹属狗，讨饭化缘一路走；讨饭化缘一路去，郎拿破碗妹打狗。"反映彝族青年男女对爱情的执着。

刘光映唱述，春鸣记译。收入《楚雄民族民间文学资料》第五辑，32开，1页，4行，云南省社会科学院楚雄彝族文化研究室1982年编印。（施选　朱琚元）

郎心只挂妹一人

彝族情歌。流传于云南省姚安县彝族地区。歌中唱道："大田薅秧绿茵茵，桌子四方写书文；一笔难写两个字，郎心只挂妹一人。"反映了彝族青年对待爱情忠贞不渝。

刘光映唱述，春鸣记译。收入《楚雄民族民间文学资料》第五辑，32开，1页，4行，云南省社会科学院楚雄彝族文化研究室1982年编印。（施选　朱琚元）

无盐淡汤也会香

彝族情歌。流传于云南省姚安县彝族地区。歌中唱道："声气不好打老腔，鸡蛋无盐打淡汤，只要郎心合妹意，无盐淡汤也会香。"反映了彝族青年男女对纯洁爱情的追求和对美好生活的向往。

刘光映唱述，春鸣记译。收入《楚雄民族民间文学资料》第五辑，32开，1页，4行，云南省社会科学院楚雄彝族文化研究室1982年编印。（施选　朱琚元）

火镰打火要火草

彝族情歌。流传于云南省姚安县彝族地区。歌中唱道：“火镰打火打不着，石房栽花花不活；火镰打火要火草，石房栽花水要多。”歌谣告诉人们，只有双方互敬互爱、共同努力，才能使爱情甜蜜，婚姻美满。

刘光映唱述，春鸣记译。收入《楚雄民族民间文学资料》第五辑，32开，1页，4行，云南省社会科学院楚雄彝族文化研究室1982年编印。（施选 朱琚元）

一世不给小妹哭

彝族情歌。流传于云南省姚安县彝族地区。歌中唱道：“大田栽秧栽糯谷，一路扬花一路熟；千年不给田水干，一世不给小妹哭。”语言朴实，情感动人，反映了彝族男青年对爱情的执着和珍惜。

刘光映唱述，春鸣记译。收入《楚雄民族民间文学资料》第五辑，32开，1页，4行，云南省社会科学院楚雄彝族文化研究室1982年编印。（施选 朱琚元）

死要和妹一棺埋

彝族情歌。流传于云南省姚安县彝族地区。歌中唱道：“墙拐角上一棵槐，一对白雀飞过来；生要和妹在一起，死要和妹一棺埋。”反映了彝族男青年对爱情的执着。

刘光映唱述，春鸣记译。收入《楚雄民族民间文学资料》第五辑，32开，1页，4行，云南省社会科学院楚雄彝族文化研究室1982年编印。（施选 朱琚元）

假装挑水去望郎

彝族情歌。流传于云南省姚安县彝族地区。歌中唱道：“扁担挑水担钩长，双手拉起担钩梁；家中还有半缸水，假装挑水去望郎。”语言朴实，情感真挚，唱出了阿妹对情哥的无限思念。

刘光映唱述，春鸣记译。收入《楚雄民族民间文学资料》第五辑，32开，1页，4行，云南省社会科学院楚雄彝族文化研究室1982年编印。（施选 朱琚元）

小妹出在绣花房

彝族情歌。流传于云南省姚安县彝族地区。歌中唱道：“一股凉风凉又凉，凉风出在哪一堂？凉风出在青山箐，小妹出在绣花房。”歌谣从一个侧面反映了彝族女性的勤劳能干。

刘光映唱述，春鸣记译。收入《楚雄民族民间文学资料》第五辑，32开，1页，4行，云南省社会科学院楚雄彝族文化研究室1982年编印。（施选 朱琚元）

小哥不会妹来教

彝族情歌。流传于云南省姚安县彝族地区。歌中唱道：“三棵桑树一样高，砍来一棵做门销；门销不稳钉子钉，小哥不会妹来教。”

刘光映唱述，春鸣记译。收入《楚雄民族民间文学资料》第五辑，32开，1页，4行，云南省社会科学院楚雄彝族文化研究室1982年编印。（施选 朱琚元）

郎会唱来妹会还

彝族情歌。流传于云南省姚安县彝族地区。歌中唱道：“唱起山歌不怕难，郎会唱来妹会还；妹唱紫草配灵芝，郎唱山茶配牡丹。”反映了彝族男女青年在歌场上的欢快情景。

刘光映唱述，春鸣记译。收入《楚雄民族民间文学资料》第五辑，32开，1页，4行，云南省社会科学院楚雄彝族文化研究室1982年编印。（施选 朱琚元）

要抢小妹万不能

彝族情歌。流传于云南省姚安县彝族地区。歌中唱道："大路不平石板平，石板底下埋金银；若要金银你挖去，要抢小妹万不能。"反映了彝族青年纯朴而坚定的爱情观。

刘光映唱述，春鸣记译。收入《楚雄民族民间文学资料》第五辑，32开，1页，4行，云南省社会科学院楚雄彝族文化研究室1982年编印。（施选　朱琚元）

小妹挂在哥心间

彝族情歌。流传于云南省姚安县彝族地区。歌中唱道："月初月亮两头尖，两个星宿排两边；银花挂在金钩上，小妹挂在哥心间。"表达了阿哥对心上人的思念。

刘光映唱述，春鸣记译。收入《楚雄民族民间文学资料》第五辑，32开，1页，4行，云南省社会科学院楚雄彝族文化研究室1982年编印。（施选　朱琚元）

郎伤心来妹伤肝

彝族情歌。流传于云南省姚安县彝族地区。歌中唱道："蜜蜂见花翅膀扇，花见蜜蜂朵朵鲜，天上一阵雪果子，郎伤心来妹伤肝。"语句朴实，情感动人，反映了旧社会包办婚姻给有情人带来的不幸。

刘光映唱述，春鸣记译。收入《楚雄民族民间文学资料》第五辑，32开，1页，4行，云南省社会科学院楚雄彝族文化研究室1982年编印。（施选　朱琚元）

要跟小妹做夫妻

彝族情歌。流传于云南省姚安县彝族地区。歌中唱道："小小鹦哥绿翠衣，飞到大理采花桥，花籽落在花桥上，不得采花气成痨。小小鹦哥绿翠衣，飞到东来飞到西，小哥纵走一百里，要跟小妹做夫妻。"反映了男青年对爱情婚姻的执着追求。

刘光映唱述，春鸣记译。收入《楚雄民族民间文学资料》第五辑，32开，1页，8行，云南省社会科学院楚雄彝族文化研究室1982年编印。（施选　朱琚元）

小哥家穷少口才

彝族情歌。流传于云南省姚安县彝族地区。歌中唱道："不唱山歌不好玩，唱个山歌怕妹盘；对面小妹莫盘我，小哥家穷少口才。"语句朴实，情感真挚，表现了小伙子爱慕阿妹却又信心不足的矛盾心理。

刘光映唱述，春鸣记译。收入《楚雄民族民间文学资料》第五辑，32开，1页，4行，云南省社会科学院楚雄彝族文化研究室1982年编印。（施选　朱琚元）

石岩底下砌花台

彝族情歌。流传于云南省双柏县彝族地区。歌词七字一句，四句一段。男女对唱。语句纯朴，比喻巧妙。歌中男方唱道："对门对户对石岩，石岩底下砌花台。好花开在石岩上，手短袖长采不来。"女方对唱道："对门对户对石岩，石岩底下砌花台。花台还要郎来砌，花树还要妹来栽。"此歌的歌词可随当时的环境、两人的情感而即兴发挥。

杨家富、周秀琼唱述，袁忠富记录。收入《双柏民间文学集成》，32开，1页，24行，云南民族出版社1992年版。（施选　朱琚元）

唱个小曲解焦愁

彝族情歌。流传于云南省双柏县彝族地区。歌词七字一句，用当地称为"阿乖佬"的彝族调子吟唱。歌谣唱述的主要内容是：人生会遇到许多焦愁和烦恼，也有快乐和幸福的时光；天下最快乐的事是和小妹在一起弹琴唱曲，两人要心心相通，情投意合，欢乐的日子一起过，焦愁的日子一起顶着，有福同享，有难同当；不要焦愁度日，愁死不如欢乐死；如果阎王来查访，两人一齐赴阴间，谁也不留在世间做孝子。反映了彝族青年男女同甘苦、共命运的婚姻观念。

佚名唱述，罗恒国、苏锡纬记录。收入《双柏民间文学集成》，32开，1页，24行，云南民族出版社1992年版。（施选　朱琚元）

生要恋来死要恋

彝族情歌。流传于云南省姚安县彝族地区。歌中唱道："生要恋来死要恋，等哥回家种水田；等哥回家把田种，买了针线紧相连。"反映了彝族青年男女对爱情的执着和对美好生活的向往。

刘光映唱述，春鸣记译。收入《楚雄民族民间文学资料》第五辑，32开，1页，4行，云南省社会科学院楚雄彝族文化研究室1982年编印。（施选　朱琚元）

郎在对面手招招

彝族情歌。流传于云南省姚安县彝族地区。歌中唱道："隔河听见山羊叫，鱼在河中摆鱼腰；隔河听见妹声气，郎在对面手招招。"

刘光映唱述，春鸣记译。收入《楚雄民族民间文学资料》第五辑，32开，1页，4行，云南省社会科学院楚雄彝族文化研究室1982年编印。（施选　朱琚元）

有钱小妹无良心

彝族情歌。流传于云南省姚安县彝族地区。歌中唱道："豌豆开花绿茵茵，有钱小妹无良心；哪个有钱跟哪个，小郎无钱打光身。"反映了旧社会部分女青年重财轻情，以金钱决定取舍的婚姻观。

刘光映唱述，春鸣记译。收入《楚雄民族民间文学资料》第五辑，32开，1页，4行，云南省社会科学院楚雄彝族文化研究室1982年编印。（施选　朱琚元）

天上下雨细飘飘

彝族情歌。流传于云南省姚安县彝族地区。歌中唱道："天上下雨细飘飘，打湿情妹花围腰；打湿情妹花飘带，千针万线难得挑。"反映了阿哥对阿妹的疼爱。

刘光映唱述，春鸣记译。收入《楚雄民族民间文学资料》第五辑，32开，1页，4行，云南省社会科学院楚雄彝族文化研究室1982年编印。（施选　朱琚元）

只分皮外不分心

彝族情歌。流传于云南省姚安县彝族地区。歌中唱道："一个梨来有半斤，树上摘来树下分；人人说是分合了，只分皮外不分心。"反映了彝族青年男女对爱情的忠贞。

刘光映唱述，春鸣记译。收入《楚雄民族民间文学资料》第五辑，32开，1页，4行，云南省社会科学院楚雄彝族文化研究室1982年编印。（施选　朱琚元）

十里当作五里来

彝族情歌。流传于云南省姚安县彝族地区。男女对唱。歌中唱道："（女）不妨不妨真不妨，不妨小哥到这方，早知小哥来找妹，上脚鞋子做两双。（男）不来不来真不来，不妨小妹今天来，早知小妹来对曲，十里当作五里来。"反映了彝族青年男女的相思情怀。

刘光映唱述，春鸣记译。收入《楚雄民族民间文学资料》第五辑，32开，1页，8行，云南省社会科学院楚雄彝族文化研究室1982年编印。（施选　朱琚元）

一世跟郎合心人

彝族情歌。流传于云南省姚安县彝族地区。歌中唱道："郎骑白马过松林，松树挂着马缰绳，千年不给缰绳断，一世跟郎合心人。"反映了彝族女青年对爱情的执着和憧憬。

刘光映唱述，春鸣记译。收入《楚雄民族民间文学资料》第五辑，32开，1页，4行，云南省社会科学院楚雄彝族文化研究室1982年编印。（施选　朱琚元）

时时挂妹在心怀

彝族情歌。流传于云南省姚安县彝族地区。歌中唱道："去了去了又转来，韭菜留根花留薹；韭菜留根花留把，时时挂妹在心怀。"反映了情哥对情妹的思念。

刘光映唱述，春鸣记译。收入《楚雄民族民间文学资料》第五辑，32开，1页，4行，云南省社会科学院楚雄彝族文化研究室1982年编印。（施选　朱琚元）

望妹两眼心才落

彝族情歌。流传于云南省姚安县彝族地区。歌中唱道："去了去了心不乐，假意回来找烟盒；带找烟盒带望妹，望妹两眼心才落。"反映了情哥与情妹分别时依依不舍的心情。

刘光映唱述，春鸣记译。收入《楚雄民族民间文学资料》第五辑，32开，1页，4行，云南省社会科学院楚雄彝族文化研究室1982年编印。（施选　朱琚元）

实心小妹找一个

彝族情歌。流传于云南省姚安县彝族地区。歌中唱道："明子点火松油落，白柴点火火星多；空心萝卜哥不要，实心小妹找一个。"反映了彝族男青年注重实际的婚姻观念。

刘光映唱述，春鸣记译。收入《楚雄民族民间文学资料》第五辑，32开，1页，4行，云南省社会科学院楚雄彝族文化研究室1982年编印。（施选　朱琚元）

小妹不来饭不香

彝族情歌。流传于云南省姚安县彝族地区。歌中唱道："清早吃饭吃不香，跑进灶房泡米汤；米汤搁盐当年过，小妹不来饭不香。"反映了情哥思念情妹的相思之苦。

刘光映唱述，春鸣记译。收入《楚雄民族民间文学资料》第五辑，32开，1页，4行，云南省社会科学院楚雄彝族文化研究室1982年编印。（施选　朱琚元）

姊妹好玩莫分离

彝族情歌。流传于云南省姚安县彝族地区。歌中唱道："甘蔗好吃莫剥皮，姊妹好玩莫分离；别人分离分田地，分离就像树剥皮。"反映了彝族青年男女希望婚姻美满、永不分离的美好愿望。

刘光映唱述，春鸣记译。收入《楚雄民族民间文学资料》第五辑，32开，1页，4行，云南省社会科学院楚雄彝族文化研究室1982年编印。（施选　朱琚元）

要恋恋到两成双

彝族情歌。流传于云南省姚安县彝族地区。歌中唱道："这山不荒那山荒，那山平地撒高粱，高粱地里种绿豆，绿豆牵藤绊高粱。这山不荒那山荒，绿豆牵藤绊高粱，要绊绊到结红籽，要恋恋到两成双。"反映了彝族青年男女对爱情的憧憬。

刘光映唱述，春鸣记译。收入《楚雄民族民间文学资料》第五辑，32开，1页，8行，云南省社会科学院楚雄彝族文化研究室1982年编印。（施选　朱琚元）

无妹里外无人帮

彝族情歌。流传于云南省姚安县彝族地区。歌中唱道："一格房子一道梁，上无老子下无娘；独门独户找小妹，无妹里外无人帮。"反映了单身小伙的孤独境遇。

刘光映唱述，春鸣记译。收入《楚雄民族民间文学资料》第五辑，32开，1页，4行，云南省社会科学院楚雄彝族文化研究室1982年编印。（施选　朱琚元）

想开想开不得开

彝族情歌。流传于云南省姚安县彝族地区。歌中唱道："十七十八花不开，可惜爹妈不会栽；把我栽在背阴处，想开想开不得开。"反映了旧社会包办婚姻给妇女带来的痛苦。

刘光映唱述，春鸣记译。收入《楚雄民族民间文学资料》第五辑，32开，1页，4行，云南省社会科学院楚雄彝族文化研究室1982年编印。（施选　朱琚元）

不见小妹一年多

彝族情歌。流传于云南省姚安县彝族地区。歌中唱道："吃烟要吃小烟锅，一头扑在妹心窝；不是小郎有烟瘾，不见小妹一年多。"反映了情哥对情妹的思念。

刘光映唱述，春鸣记译。收入《楚雄民族民间文学资料》第五辑，32开，1页，4行，云南省社会科学院楚雄彝族文化研究室1982年编印。（施选　朱琚元）

灯笼好看是纸裱

彝族情歌。流传于云南省姚安县彝族地区。歌中唱道："对门望见一棵松，弯弯扭扭挂灯笼；灯笼好看是纸裱，外面好看里面空。"反映了彝族青年男女轻外表、重实际的婚恋观。

刘光映唱述，春鸣记译。收入《楚雄民族民间文学资料》第五辑，32开，1页，4行，云南省社会科学院楚雄彝族文化研究室1982年编印。（施选　朱琚元）

小妹心挂两个郎

彝族情歌。流传于云南省姚安县彝族地区。歌中唱道："一个鸡蛋两个黄，小妹心挂两个郎；既是妹有两样心，干脆各人走一方。"反映了彝族青年男女对爱情的专一。

刘光映唱述，春鸣记译。收入《楚雄民族民间文学资料》第五辑，32开，1页，4行，云南省社会科学院楚雄彝族文化研究室1982年编印。（施选　朱琚元）

生生想妹病在身

彝族情歌。流传于云南省姚安县彝族地区。歌中唱道："呵欠连连眼不睁，生生想妹病在身；吃口凉水打喷嚏，从头凉到脚后跟。"反映了情哥对情妹的无尽思念。

刘光映唱述，春鸣记译。收入《楚雄民族民间文学资料》第五辑，32开，1页，4行，云南省社会科学院楚雄彝族文化研究室1982年编印。（施选　朱琚元）

生不离来死不丢

彝族情歌。流传于云南省姚安县彝族地区。歌中唱道："生不离来死不丢，要丢要等那时候，要等河干晒沙丘，要等黄鳝变泥鳅。生不离来死不丢，要丢要等那时候，要等麂子变黄牛，要等土块变石头。"反映了彝族青年男女对爱情的忠贞不渝。

刘光映唱述，春鸣记译。收入《楚雄民族民间文学资料》第五辑，32开，1页，8行，云南省社会科学院楚雄彝族文化研究室1982年编印。（施选　朱琚元）

想你妹子闷着哭

彝族情歌。流传于云南省姚安县彝族地区。歌中唱道："锣锅煮饭闷着熟，想你妹子闷着哭；出门只得望山梁，进门只得守空房。"反映情哥对情妹的思念。

刘光映唱述，春鸣记译。收入《楚雄民族民间文学资料》第五辑，32开，1页，4行，云南省社会科学院楚雄彝族文化研究室1982年编印。（施选　朱琚元）

眼泪洒湿被窝边

彝族情歌。流传于云南省姚安县彝族地区。歌中唱道："呵欠连天又连天，活活隔郎好几天；不有见郎好几天，眼泪洒湿被窝边。"反映了情妹对情郎的思念之情。

刘光映唱述，春鸣记译。收入《楚雄民族民间文学资料》第五辑，32开，1页，4行，云南省社会科学院楚雄彝族文化研究室1982年编印。（施选　朱琚元）

要说跟哥就跟哥

彝族情歌。流传于云南省姚安县彝族地区。歌中唱道："要说跟哥就跟哥，就像土锅系锣锅；今生跟妹交姊妹，不怕豆芽生根绊脚多。"反映了彝族青年男子对爱情的执着追求。

刘光映唱述，春鸣记译。收入《楚雄民族民间文学资料》第五辑，32开，1页，4行，云南省社会科学院楚雄彝族文化研究室1982年编印。（施选　朱琚元）

小妹离郎泪汪汪

彝族情歌。流传于云南省姚安县彝族地区。歌中唱道："布谷一叫'李桂阳'，鹦哥离伴妹离郎；鹦哥离伴别方叫，小妹离郎泪汪汪。"反映了旧社会包办婚姻给妇女带来的痛苦。

刘光映唱述，春鸣记译。收入《楚雄民族民间文学资料》第五辑，32开，1页，4行，云南省社会科学院楚雄彝族文化研究室1982年编印。（施选　朱琚元）

免得小妹常挂牵

彝族情歌。流传于云南省姚安县彝族地区。歌中唱道："前脚拉起后脚酸，难别难舍小心肝；请你小郎搭妹去，免得小妹常挂牵。"反映了情妹与情郎分别时难分难舍的心情。

刘光映唱述，春鸣记译。收入《楚雄民族民间文学资料》第五辑，32开，1页，4行，云南省社会科学院楚雄彝族文化研究室1982年编印。（施选　朱琚元）

郎也孤来妹也孤

彝族情歌。流传于云南省姚安县彝族地区。歌中唱道："柏木水桶三道箍，郎也孤来妹也孤；郎想小妹做媳妇，妹想小郎做老倌。"反映了彝族青年男女对幸福婚姻的渴望。

刘光映唱述，春鸣记译。收入《楚雄民族民间文学资料》第五辑，32开，1页，4行，云南省社会科学院楚雄彝族文化研究室1982年编印。（施选　朱琚元）

姊妹就像辫一根

彝族情歌。流传于云南省姚安县彝族地区。歌中唱道："对门望见竹叶青，小妹梳头两边分；两边小辫合拢来，姊妹就像辫一根。"反映了彝族青年对爱情的憧憬。

刘光映唱述，春鸣记译。收入《楚雄民族民间文学资料》第五辑，32开，1页，4行，云南省社会科学院楚雄彝族文化研究室1982年编印。（施选　朱琚元）

小妹仁义值千金

彝族情歌。流传于云南省姚安县彝族地区。歌中唱道："小哥不是摇钱树，小妹不是爱财人；小哥银钱当粪草，小妹仁义值千金。"反映了彝族青年男女纯朴、真诚的爱情观。

刘光映唱述，春鸣记译。收入《楚雄民族

民间文学资料》第五辑，32开，1页，4行，云南省社会科学院楚雄彝族文化研究室1982年编印。（施选　朱琚元）

天干撒荞苗不绿

彝族情歌。流传于云南省姚安县彝族地区。歌中唱道："高山撒荞荞不出，沿路补荞沿路哭；旁人问我哭什么，天干撒荞苗不绿。"反映了彝族青年男女为情所困的痛苦。

刘光映唱述，春鸣记译。收入《楚雄民族民间文学资料》第五辑，32开，1页，4行，云南省社会科学院楚雄彝族文化研究室1982年编印。（施选　朱琚元）

小妹不是爱财人

彝族情歌。流传于云南省姚安县彝族地区。歌中唱道："这山平平那山平，那山头上飘白云，白云绕着青山转，青山挨着白云生。这山平平那山平，那山平平堆金银，小郎不是金银蛋，小妹不是爱财人。"反映了彝族青年男女对纯洁爱情的执着追求。

刘光映唱述，春鸣记译。收入《楚雄民族民间文学资料》第五辑，32开，1页，8行，云南省社会科学院楚雄彝族文化研究室1982年编印。（施选　朱琚元）

打是心疼骂是爱

彝族情歌。流传于云南省双柏县彝族地区。歌词七字一句，用当地称为"阿乖佬"的彝族调子吟唱。歌谣唱述的是：情妹有时说话不分轻重，得罪了情哥，情哥有时说话不分高低，伤了情妹，但只要两人真心相爱，取长补短，生活中遇到一些坎坷算不了什么。"打烂肉皮自会好，打乱头发我会梳；不打不骂不成人，打打骂骂又心疼；打是心疼骂是爱，不教不学不成人。"

罗恒国唱述，罗恒国、苏锡纬记录。收入《双柏民间文学集成》，32开，1页，16行，云南民族出版社1992年版。（施选　朱琚元）

要望郎心合妹心

彝族情歌。流传于云南省姚安县彝族地区。歌中唱道："花好不在叶子青，人好不在衣裳新；碟子吃饭眼莫浅，要望郎心合妹心。"反映了彝族青年男女纯朴的爱情婚姻观念。

刘光映唱述，春鸣记译。收入《楚雄民族民间文学资料》第五辑，32开，1页，4行，云南省社会科学院楚雄彝族文化研究室1982年编印。（施选　朱琚元）

姊妹就怕半路丢

彝族情歌。流传于云南省姚安县彝族地区。歌中唱道："木桶打水漫边流，妹要走来郎要留，草鞋就怕边绳断，姊妹就怕半路丢。木桶打水漫边流，郎要走来妹要留，小妹莫落伤心泪，藤子绕树绕通头。"反映彝族青年男女希望爱情始终如一。

刘光映唱述，春鸣记译。收入《楚雄民族民间文学资料》第五辑，32开，1页，4行，云南省社会科学院楚雄彝族文化研究室1982年编印。（施选　朱琚元）

一挂小曲二挂亲

彝族情歌。流传于云南省姚安县彝族地区。歌中唱道："一挂小曲二挂亲，挂着情妹心贴心，哪天得见小妹面，哪天能听小妹声。一挂小曲二挂亲，挂着小郎到如今，小郎不听别人话，永不丢妹一片心。"反映彝族青年男女对爱情的执着和忠贞。

刘光映唱述，春鸣记译。收入《楚雄民族民间文学资料》第五辑，32开，1页，4行，云南省社会科学院楚雄彝族文化研究室1982年编印。（施选　朱琚元）

姊妹相交多折磨

彝族情歌。流传于云南省姚安县彝族地区。歌中唱道："大田栽秧螺蛳多，手摸螺蛳心想哥；手掰螺蛳弯转大，姊妹相交多折磨。"反映了彝族青年男女在情感路上挫折多。

刘光映唱述，春鸣记译。收入《楚雄民族民间文学资料》第五辑，32开，1页，4行，云南省社会科学院楚雄彝族文化研究室1982年编印。（施选　朱琚元）

一生一世不分手

彝族情歌。流传于云南省姚安县彝族地区。歌中唱道："做姊做妹一架牛，不解担子不回头；滚泥滚埂一丘田，一生一世不分手。"反映了彝族青年男女对爱情的执着和憧憬。

刘光映唱述，春鸣记译。收入《楚雄民族民间文学资料》第五辑，32开，1页，4行，云南省社会科学院楚雄彝族文化研究室1982年编印。（施选　朱琚元）

姊妹一世连着心

彝族情歌。流传于云南省姚安县彝族地区。歌中唱道："郎有心来妹有心，好比丝线配花针；花针连着真丝线，姊妹一世连着心。"反映了彝族青年男女对爱情的忠贞。

刘光映唱述，春鸣记译。收入《楚雄民族民间文学资料》第五辑，32开，1页，4行，云南省社会科学院楚雄彝族文化研究室1982年编印。（施选　朱琚元）

莫说吃亏不吃亏

彝族情歌。流传于云南省姚安县彝族地区。歌中唱道："郎打铁来铁火飞，妹拉风箱热风吹；打铜打铁我两个，莫说吃亏不吃亏。"反映了彝族恋人吃苦耐劳、互敬互助的爱情生活。

刘光映唱述，春鸣记译。收入《楚雄民族民间文学资料》第五辑，32开，1页，4行，云南省社会科学院楚雄彝族文化研究室1982年编印。（施选　朱琚元）

绣郎情意在中央

彝族情歌。流传于云南省姚安县彝族地区。歌中唱道："清早起来坐门窗，手拿丝线绣鸳鸯；左手拿鞋右手绣，绣郎情意在中央。"反映了彝族青年女子对甜蜜爱情的追求和憧憬。

刘光映唱述，春鸣记译。收入《楚雄民族民间文学资料》第五辑，32开，1页，4行，云南省社会科学院楚雄彝族文化研究室1982年编印。（施选　朱琚元）

早早找郎早成双

彝族情歌。流传于云南省姚安县彝族地区。歌中唱道："年年有个三月三，三月三来栽早秧，早早栽秧早早熟，早早找郎早成双。年年有个三月三，三月羊毛好擀毡，羊毛毡子妹不擀，要赶缝郎好衣裳。"反映了情妹对情哥的一片深情。

刘光映唱述，春鸣记译。收入《楚雄民族民间文学资料》第五辑，32开，1页，8行，云南省社会科学院楚雄彝族文化研究室1982年编印。（施选　朱琚元）

妹摘李子郎来吃

彝族情歌。流传于云南省姚安县彝族地区。歌中唱道："隔河望见李子青，摘个李子尝尝新；妹摘李子郎来吃，又开胃口又合心。"比喻贴切，情意绵绵，表现了彝族青年男女的甜蜜爱情。

刘光映唱述，春鸣记译。收入《楚雄民族民间文学资料》第五辑，32开，1页，4行，云南省社会科学院楚雄彝族文化研究室1982年编印。（施选　朱琚元）

小郎不能把妹隔

彝族情歌。流传于云南省姚安县彝族地区。全歌共四段，每段四句，七字一句。歌谣通过哥与妹的对唱，唱出了双方相互爱慕、情投意合以及私订终身的情景。歌中唱道："远望小哥紫檀色，望着望着舍不得；舍不得来搭哥去，小郎不能把妹隔。"

刘光映唱述，春鸣记译。收入《楚雄民族民间文学资料》第五辑，32开，1页，16行，云南省社会科学院楚雄彝族文化研究室1982年编印。（施选　朱琚元）

离开春风的花树

彝族情歌。流传于云南省永仁县彝族地区。歌中唱道："离开春风的花树，叶子随风飘落；离开雨露的青草，叶子被烈日晒着；离开情人的姑娘呀，脸上的皱纹来得太早。就是枝叶腐烂，花树还是等着春风；就是草叶枯成灰尘，草根仍然等待着雨露；就是骨头上起了皱纹，姑娘也仍然等着情人。"反映了彝族女子对爱情的忠贞不渝。

李万仁、俄垫等唱述，罗有能、杨志伟记译。收入《云南民族文学集成·云南彝族歌谣集成》，32开，2页，12行，云南民族出版社1986年版。（李福云　朱琚元）

定亲杨梅果

彝族情歌。流传于云南省宣威市彝族地区。这是一首古情歌。唱述的情况是：天晚人散，一对情人相聚杨梅树下，各选一颗杨梅果，互送入口。按彝族风俗，相许则咽，不许则吐，等到杨梅咽下肚，已是星宿落，天破晓。歌中唱道："定亲杨梅果，兄妹各一颗。杨梅要下肚，等星落……"

佚名唱述、记录。收入《中国歌谣集成·云南卷》（下卷），16开，1页，4行，中国ISBN中心2003年版。（阿南）

送妹阿珠迪

彝族情歌。流传于云南省宣威市彝族地区。"阿珠迪"，也译作"阿作底"，传说是古代彝族的一个繁华地方。这首古情歌唱述的是：哥妹一同到阿珠迪玩耍，情投意合，找了一个"生根石"（汉语的"磐石"）做媒，并从山上找来野鸡蛋，在"生根石"前盟誓婚姻，以示永不变心（彝族爱情，婚姻盟誓，鸡血、鸡蛋都要生吃，情意才真）。歌中唱道："送妹阿珠迪，手把生根石。生吃野鸡蛋，甜蜜蜜……"

佚名唱述、记录。收入《中国歌谣集成·云南卷》（下卷），16开，1页，4行，中国ISBN中心2003年版。（阿南）

勒格乌

彝族情歌。流传于云南省楚雄市彝族地区。"勒格乌"，彝语音译，意为青年人的话。这是一首用彝语唱的古情歌。是相爱的情人相互思念，或在途中相遇时咏唱的歌。歌中的水芹菜、把把棵这两种野生植物，一个在高山，一个在水边，暗喻情人相会不怕山高路远、跋山涉水，表现了诚挚的爱情。歌中唱道："啊也！我去找水芹菜，是为了找你；我到山上找把把棵，也是要找你；我过河来，是因为离不开你。"

者厚培唱述，余水梁采录。收入《中国歌谣集成·云南卷》（下卷），1页，16开，7行，中国ISBN中心2003年版。（阿南）

抓石子

彝族情歌。流传于云南省牟定县彝族地区。这是一首古情歌。唱述古时彝族青年男女恋爱约会的方式。嘱咐对方抓一把石子，一天丢一个，丢完就来相会。歌中唱道："石子一把抓，石子你拿着，一天丢一个，丢完你就来。"

普七五唱述，普启旺记录、翻译。收入《中国歌谣集成·云南卷》（下卷），16开，1页，4行，

中国ISBN中心2003年版。（阿南）

歌路不能断

彝族情歌。流传于云南省楚雄市、大姚县彝族地区。歌中唱道：“下雪的路可以断，下霜的路可以断，刮风的路可以断，打雷的路可以断，我们两个啊，唱山歌的路不能断。”

佚名唱述，杨森、马瑞麟采录。收入《中国歌谣集成·云南卷》（下卷），16开，1页，6行，中国ISBN中心2003年版。（阿南）

麻种发芽了

彝族情歌。流传于云南省楚雄市、大姚县彝族地区。歌唱爱情的甜蜜。歌中唱道：“麻种发芽了，麻芽像银丝丝；荞种发芽了，荞芽像铜纽子；玉麦发芽了，玉麦芽像獐子的牙齿；南瓜子发芽了，南瓜子芽像双兔耳朵；黄瓜子发芽了，黄瓜子芽像阳雀的双翅；我们的爱情发芽了，爱情的芽像金色的蜜。”

佚名唱述，杨森、马瑞麟采录。收入《中国歌谣集成·云南卷》（下卷），16开，1页，12行，中国ISBN中心2003年版。（阿南）

初恋歌

彝族情歌。流传于云南省红河县、绿春县彝族地区。以男女对唱形式唱述初恋心情。歌中唱道：“男：衣乌欠（即‘啊喂’）——像马缨花美丽的姑娘，林中白鹇成双飞，泉边金鹿双双跑，我是远方飘来的一朵孤云，我是远方飞来的一只独鸟，双脚走过九十九座高山，两眼望穿九十九个坝子，遇不着如意的姑娘，找不着合心的伙伴，今日遇着一朵马缨花，就怕花蜜被采过。”“女：衣乌欠——像金竹一样标直的小伙子，白鹇孤独山鸡来做伴，麂子寂寞黄牛来相亲，鲜花开放正当时，专等蜜蜂来采蜜。”

普世光唱述，涅努巴西采录。收入《中国歌谣集成·云南卷》（下卷），16开，2页，40行，中国ISBN中心2003年版。（阿南）

金子银子买不着

彝族情歌。流传于云南省元江哈尼族彝族傣族自治县彝族地区。唱述情意的珍贵。歌中唱道：“没有金子，可以买得着；没有银子，可以借得着；只有情意，金子银子都买不着。”

佚名唱述，丁峻、孙正明采录。收入《中国歌谣集成·云南卷》（下卷），16开，1页，6行，中国ISBN中心2003年版。（阿南）

来了吗

彝族情歌。流传于四川省凉山彝族自治州彝族地区。歌中通过设问的方式，唱出了表哥盼望表妹的心情。所唱景物与彝族生活环境融为一体，悦耳缠绵，感人肺腑。

佚名演唱，杨德清记录，沈伍己整理。收入《所地民歌三百首》（彝文版），32开，1页，15行，四川民族出版社1991年版。（阿牛木支）

情越深

彝族情歌。流传于四川省凉山彝族自治州彝族地区。歌唱情人离得越远，相思越浓，表达了相思之苦。

佚名演唱，杨德清记录，沈伍己整理。收入《所地民歌三百首》（彝文版），32开，1页，10行，四川民族出版社1991年版。（阿牛木支）

结婚结早了

彝族情歌。流传于四川省凉山彝族自治州彝族地区。唱述了一个已婚男人对美丽姑娘的爱恋，表达了对美丽姑娘的爱慕及对自己婚姻的不满。

佚名演唱，杨德清记录，沈伍己整理。收入《所地民歌三百首》（彝文版），32开，1页，7行，四川民族出版社1991年版。（阿牛木支）

愿小伙子有变术

彝族情歌。流传于四川省凉山彝族自治州彝族地区。全歌共三节，每节三句。唱述小伙子想变成飞人去会心上人的迫切心情，反映了青年小伙对姑娘真挚强烈的爱情。

佚名演唱，杨德清记录，沈伍己整理。收入《所地民歌三百首》（彝文版），32开，1页，9行，四川民族出版社1991年版。（阿牛木支）

与表妹难相见

彝族情歌。流传于四川省凉山彝族自治州彝族地区。歌中以抒情方式表达了表哥急于见到远在他乡的表妹的迫切心情，反映了对表妹强烈炽热的爱。

佚名演唱，杨德清记录，沈伍己整理。收入《所地民歌三百首》（彝文版），32开，1页，6行，四川民族出版社1991年版。（阿牛木支）

此时妞妞怎么样

彝族情歌。流传于四川省凉山彝族自治州彝族地区。全歌共三首，每首五句。歌唱亲人对妞妞在夫家生活状况的种种猜想，反映了亲人对远嫁他乡的妞妞的思念之情。

佚名演唱，杨德清记录，沈伍己整理。收入《所地民歌三百首》（彝文版），32开，1页，15行，四川民族出版社1991年版。（阿牛木支）

绝望了

彝族情歌。流传于四川省凉山彝族自治州彝族地区。歌中唱道："牛羊回圈虎狼绝望，院坝无鸡野猫绝望；竹箩无粮老鼠绝望，草原秋雪牛羊绝望；家里断粮妈妈绝望，姑娘远嫁小伙绝望。"表达对姑娘的深深爱意及失去姑娘后的绝望心情。

佚名演唱，杨德清记录，沈伍己整理。收入《所地民歌三百首》（彝文版），32开，1页，9行，四川民族出版社1991年版。（阿牛木支）

别离苦

彝族情歌。流传于四川省凉山彝族自治州彝族地区。歌中叙述彻夜同朋友相会及清晨同朋友告别的欢乐与痛苦，反映了朋友相会与离别时候的复杂心情。

佚名演唱，杨德清记录，沈伍己整理。收入《所地民歌三百首》（彝文版），32开，1页，15行，四川民族出版社1991年版。（阿牛木支）

多想见到最亲爱的人

彝族情歌。流传于四川省凉山彝族自治州彝族地区。全歌共五节，每节四句。唱述自己想变成雄鹰、老虎等施展本领去见心上人，希望远方的人能变成云风前来相会，表达了对所爱之人的无尽思念。

佚名演唱，杨德清记录，沈伍己整理。收入《所地民歌三百首》（彝文版），32开，1页，20行，四川民族出版社1991年版。（阿牛木支）

幺表妹

彝族情歌。流传于四川省雷波县彝族地区。歌中唱道："我的幺表妹哟，四十八条百褶裙，任你挑一条；四十八件白披毡，随你选一件，快来挑选吧！美丽的姑娘哟，穿着披毡好看，穿着百褶裙更漂亮。"表达了青年男女追求婚姻自由和幸福生活的愿望。

佚名演唱，野震、格坡、果各记录。收入《彝族民间歌曲选（二）》（彝文版），18开，8页，5行，四川民族出版社1990年版。（贾巴甲哈）

爱与财

彝族情歌。流传于四川省甘洛县彝族地区。唱述一个青年男子对爱的美好回忆，倾诉与阿妹的爱擦不去、抹不掉。但是，因为贫富悬殊而不能如愿以偿。反映了旧社会婚姻制度给年轻人的恋爱和婚姻带来的痛苦。

木呷莫合演唱，江新记译。收入《甘洛县民间歌谣集（上）》，32开，2页，34行，甘洛县民间文学集成办公室1988年编印。（阿布达切　李新渝）

阿衣姑娘

彝族情歌。流传于四川省凉山州甘洛彝族地区。唱述一个青年男子受到传统包办婚姻的束缚失恋后的痛苦心情，他对情妹日夜思念的语言表达朴实，感人至深。并充满了挽回与小妹爱恋的迫切愿望。反映了传统包办婚姻给青年男女带来的痛苦。

马春安演唱，江新记译。收入《甘洛县民间歌谣集（上）》，32开，2页，12行，甘洛县民间文学集成办公室1988年编印。（阿布达切　李新渝）

让我怎么离开

彝族情歌。流传于川滇大、小凉山彝族地区。唱述恋人离别时依依不舍的情景，反映了彝族旧婚姻制度给广大男女青年带来的危害。

阿余铁日演唱，阿芦夫妹等记录，阿余铁日翻译。收入《雷波县民歌集成》（第二册），16开，3页，16行，四川省雷波县文化馆1984年编印。（时长日黑）

表哥马吉我最爱

彝族情歌。流传于川滇大、小凉山彝族地区。用欢快、婉转、深情的曲调，唱述了表哥马吉勇敢、英俊的形象，表达了表妹追求美好爱情的愿望。

吉格呷玛演唱，户宁等记录、翻译。收入《雷波县民歌集成》（第三册），16开，7页，58行，四川省雷波县文化馆1987年编印。（时长日黑）

我的歌

彝族情歌。流传于川滇大、小凉山彝族地区。用比兴手法，唱述男女青年希望找到情投意合伴侣的愿望，反映旧婚姻制度给人们带来的危害。

阿卢夫哈演唱，阿卢夫妹记录、翻译。收入《雷波县民歌集成》（第三册），16开，1页，8行，四川省雷波县文化馆1987年编印。（时长日黑）

情人分手碎了心

彝族情歌。流传于川滇大、小凉山彝族地区。全诗以比兴的手法，倾诉了彝族妇女对婚姻自由的向往和对心中情人的思念，鞭挞了旧婚姻制度给妇女带来的不幸。

阿力莫阿木演唱，王子拉记录。收入《普格县彝族民间歌谣集成》，16开，3页，54行，普格县“三套集成”小组1987年编印。（时长日黑）

表哥表妹会面

彝族情歌。流传于川滇大、小凉山彝族地区。唱述表哥表妹用语传情，谈情说爱的情形，表达了他们向往美好爱情生活的愿望，词句具有浓郁地区特色。

阿尔莫日力演唱，1986年王子拉记录、翻译。收入《普格县彝族民间歌谣集成》，16开，6页，130行，普格县“三套集成”小组1987年编印。（时长日黑）

深夜相会

彝族情歌。流传于川滇大、小凉山彝族地区。描述表哥表妹深夜相会时的情景，以夸张的语言“夸”表哥是谈情说爱的能手，反衬出自己的纯洁，并以此表达对表哥的真心喜爱。

海莫子洛演唱，王子拉记录、翻译。收入《普格县彝族民间歌谣集成》，16开，3页，60行，普格县“三套集成”小组1987年编印。（时长日黑）

一对白鹤

彝族情歌。流传于贵州省威宁彝族回族苗族自治县和赫章县彝族地区。唱述的主要内容是：君长阿纪家的后面有一片树林，住着一对白鹤。有一天晚上突然惊巢，惊扰了君长的美梦。君长备箭磨刀给他的公子，吩咐说把白鹤射杀了。白鹤得讯后远迁他乡，从属狗到属蛇的八年，庄稼都没有了收获。君长吓慌了，连求雀女去请这对白鹤归来，说百姓盼它盼得苦，情人盼它更是望眼欲穿。白鹤被劝回来后，从此一年一往返。暗示情人间的思念之情。

高登才、何玉廷唱述，王继超记译。收入《贵州彝族咪谷丛书·曲谷精选》，32开，9页，91行，贵州民族出版社1996年版。（阿洛）

三位巧女子

彝族情歌。流传于贵州省威宁彝族回族苗族自治县和赫章县等彝族地区。唱述的主要内容是：君长女吐朵、臣子女舍巴、名门女阿买妮出身富贵门第，三人都要去啥靡卧甸观玉树风姿，览洱海风光。在路上遇到啥家三弟兄，这三弟兄劝阻她们回去，说早霜冻死了玉树，干旱使洱海干涸了。三女仍执意前往，啥家三弟兄又用常人难攀九层岩、难涉九条河、难穿越九大森林来劝阻，她们不为所动。经过艰难跋涉，终于登上洪鲁山顶，不仅饱览了玉树风姿和洱海风光，而且还得与意中的情郎相会。

高登才、王光荣等唱述，王继超记译。收入《贵州彝族咪谷丛书·曲谷精选》，32开，9页，116行，贵州民族出版社1996年版。（阿洛）

凡是开花的树木

彝族情歌。流传于贵州省威宁彝族回族苗族自治县和赫章县等彝族地区。唱述的主要内容是：开得艳的花莫过于旱莲，开早了怕招蜂，开晚了怕霜浇，不开花也委屈；涨得猛的水莫过于布滥河（盘江），涨早了怕人舀，涨晚了怕人搅，不涨水也委屈；貌美的姑娘莫过于歌场阿妹，早恋了怕父母知道，晚恋了又怕婆家知晓，没有恋爱也委屈。

阿景等唱述，王继超记译。收入《贵州彝族咪谷丛书·曲谷精选》，32开，3页，27行，贵州民族出版社1996年版。（阿洛）

大水一年不涨

彝族情歌。流传于贵州省威宁彝族回族苗族自治县和赫章县等彝族地区。唱述的主要内容是：大河一连两年不涨水，到第三年鱼儿问它还涨不涨，不涨就要游他乡，到了他乡念故乡；大树一连两年不开花，到第三年蜜蜂问它还开不开，不开就要飞他乡，到了他乡念故乡；阿哥一连两年不开口，到第三年阿妹要他给答复，不答复就远走他乡，到了他乡还念故乡阿哥。暗示情哥尽早表白真情。

高登才唱述，王继超记译。收入《贵州彝族咪谷丛书·曲谷精选》，32开，3页，37行，贵州民族出版社1996年版。（阿洛）

大君长房后

彝族情歌。流传于贵州省威宁彝族回族苗族自治县和赫章县等彝族地区。唱述的主要内容是：大君长家的房后有一棵大树，它不开花结果是因为春天还没到来；二君长房后有一股清泉没有冒出也是因为春天还没到来；三君长家门前住着一位妙龄女郎，她没有欢乐是因为她的意中阿哥没到来。唱述少女对如意情哥的期待和对美好生活的向往。

阿景等唱述，王继超记译。收入《贵州彝族咪谷丛书·曲谷精选》，32开，4页，44行，贵州民族出版社1996年版。（阿洛）

不愿这样问

彝族情歌。流传于贵州省威宁彝族回族苗族自治县和赫章县等彝族地区。唱述的主要内容是：有位美丽的姑娘，十二三岁就出嫁了，阿爸、阿妈、阿嫂送了一大程，告别时都叫她慢慢去，没人肯问她几时回。阿表哥送她过了六座山，也不愿问她几时回，可怜的姑娘从此远赴他乡。

阿景等唱述，王继超记译。收入《贵州彝族咪

谷丛书·曲谷精选》，32开，4页，42行，贵州民族出版社1996年版。（阿洛）

太阳快要出山时

彝族情歌。流传于贵州省威宁彝族回族苗族自治县和赫章县等彝族地区。唱述的主要内容是：太阳没出山时，小鸟飞到树上召唤太阳，等到太阳出山时，它又飞进树里躲太阳；大河还没涨水时，水獭跳到河中召唤水，等到大河涨水时，它又藏到石板后面躲涨水；阿哥没到歌场时，阿妹声声唤阿哥，等到阿哥进歌场，阿妹藏在歌场躲阿哥。

高登才、何玉廷唱述，王继超记译。收入《贵州彝族咪谷丛书·曲谷精选》，32开，3页，30行，贵州民族出版社1996年版。（阿洛）

太阳雪上照

彝族情歌。流传于贵州省威宁彝族回族苗族自治县和赫章县等彝族地区。唱述的主要内容是：是岩把小鹰调教，人们只见它长大后捕捉雀鸟，展翅飞翔，却把岩给忘了；是山把小虎豹调教，人们只见它长大后捕捉野兽，威风凛凛，却把山给忘了；是阿哥把小阿妹调教，人们只见她成家后贤惠善良，持家有道，却把阿哥给忘了。以此唱述阿哥对情人的思念之情。

阿铺等唱述，王继超记译。收入《贵州彝族咪谷丛书·曲谷精选》，32开，3页，37行，贵州民族出版社1996年版。（阿洛）

无人肯承认

彝族情歌。流传于贵州省威宁彝族回族苗族自治县和赫章县彝族地区。唱述的主要内容是：麂子把猎狗引出三道山林，都说是猎狗辛苦，不说麂子也辛苦；是针把线引出三层布，都说是针辛苦，不说丝线也辛苦；是把鸠（主持人）把歌场阿哥阿妹引导，都说是阿哥阿妹辛苦，不说把鸠（主持人）也辛苦。以此唱述美满的爱情有他人的付出和贡献。

阿景唱述，王继超记译。收入《贵州彝族咪谷丛书·曲谷精选》，32开，4页，33行，贵州民族出版社1996年版。（阿洛）

乍曲谷

彝族情歌。流传于贵州省威宁彝族回族苗族自治县和赫章县等彝族地区。唱述的主要内容是：蜜蜂飞到悬岩上，却不敢降落，原因是它能了解悬岩的表面，无法得知悬岩的深浅。鸭儿游到水塘边，却不敢进塘，原因是它能了解水塘的表面，无法得知水塘的深浅。阿哥来到歌场边，不敢进歌场，原因是歌场的大小他有办法了解，阿妹对歌的本领他无法了解。

何玉廷等唱述，王继超记译。收入《贵州彝族咪谷丛书·曲谷精选》，32开，3页，35行，贵州民族出版社1996年版。（阿洛）

出了名的树

彝族情歌。流传于贵州省威宁彝族回族苗族自治县和赫章县彝族地区。唱述的主要内容是：出了名的梨树，开花结果要当年，来年会有早霜雪。误了开花会委屈；出了名的盘江水，涨水发水要当年，来年会有久晴旱，误了涨水会委屈；出了名的歌场阿妹，要玩要恋在当年，来年会有人提亲，误了爱恋会委屈。

阿侯唱述，王继超记译。收入《贵州彝族咪谷丛书·曲谷精选》，32开，4页，45行，贵州民族出版社1996年版。（阿洛）

石乡的虎豹

彝族情歌。流传于贵州省威宁彝族回族苗族自治县和赫章县等彝族地区。唱述的主要内容是：生在石乡的虎豹被困深山已三年，它的呼叫得到狐狸的应答，狐狸说只要肯回头，可以为它医治伤痛，回家的机会是有的；生在云乡的白鹤被困水塘已三年，它的呼叫得到蝙蝠的应答，蝙蝠说只要肯回头，可以为它医治伤痛，回家的机会是有的；曾在歌场的阿妹被困婆家已三年，她的呼叫得到恋人的应答，恋人说只要肯回头，新衣新裙他来换，心灵伤痛他来治，回家的机会是有的。

阿维等唱述，王继超记译。收入《贵州彝族咪谷丛书·曲谷精选》，32开，5页，72行，贵州民族出版社1996年版。（阿洛）

在松树枝上

彝族情歌。流传于贵州省威宁彝族回族苗族自治县和赫章县等彝族地区。唱述的主要内容是：听惯了蝉声的松树盼着蝉的归来；与鸳鸯嬉戏惯了的水塘盼着鸳鸯的归来；听惯了阿妹歌唱的阿哥盼着阿妹回到歌场来。唱述情哥的相思之情。

杨正举唱述，王继超记译。收入《贵州彝族咪谷丛书·曲谷精选》，32开，2页，21行，贵州民族出版社1996年版。（阿洛）

没有家

彝族情歌。流传于贵州省威宁县回族苗族自治县和赫章县等彝族地区。唱述的主要内容是：没有家的云雀以草丛为家，它为草丛的枯萎而伤心，为草丛的萌发而高兴；没有家的乌鸦以树林为家，它为树林的失去而伤心，为树林的重现而高兴；没有家的阿妹以歌场为家，离开歌场她伤心，回到歌场她高兴。

陀洛阿铺等唱述，王继超记译。收入《贵州彝族咪谷丛书·曲谷精选》，32开，3页，24行，贵州民族出版社1996年版。（阿洛）

宝曲谷

彝族情歌。流传于贵州省威宁彝族回族苗族自治县和赫章县彝族地区。唱述的主要内容是：婆家一遍遍送了期单来，阿妹就要出嫁了，阿哥阿妹来约会商议，如果能把日期推迟，两人也许有机会，可是阿妹难启齿。

何玉廷唱述，王继超记译。收入《贵州彝族咪谷丛书·曲谷精选》，32开，2页，25行，贵州民族出版社1996年版。（阿洛）

或许能做到

彝族情歌。流传于贵州省威宁彝族回族苗族自治县和赫章县彝族地区。唱述的主要内容是：山木姜长在高山，家木姜生在坝上，无缘生长在一起，有缘成为连理枝；雄雉鸡住在高山，雌雉鸡住在坝上，无缘成为比翼鸟，有缘成为同路鸟；阿哥住在高山，阿妹住在坝上，无缘成为夫妻，有缘成为恋人。

高登才唱述，王继超记译。收入《贵州彝族咪谷丛书·曲谷精选》，32开，2页，26行，贵州民族出版社1996年版。（阿洛）

沿着大路走

彝族情歌。流传于贵州省威宁彝族回族苗族自治县和赫章县彝族地区。唱述的主要内容是：绵羊和骏马跟随小伙三年，情侣也相依相伴了三年。形影不离的深情，如今不得不分离，只因姑娘的婆家要来接人了。但愿姑娘嫁到婆家后不要以泪洗面，祝愿她幸福美满。反映青年男女忠贞的爱情和对不能成婚的无奈。

高登才唱述，代俄勾兔汝记录、翻译。收入《民间文学资料》第六十八集，32开，2页，70行，中国民间文艺研究会贵州分会1988年编印。（罗德显）

苦情歌

彝族情歌。流传于贵州省威宁彝族回族苗族自治县和赫章县彝族地区。歌中以比兴手法，表达男女青年的爱慕之情，如：“园中的椿树诉说它痛苦，崖上的韭菜更比它痛苦；花朗的喜鹊诉说它痛苦，秃尾的鹌鹑更比它痛苦；歌场的阿妹诉说她痛苦，阿哥害相思更比她痛苦。”

王兴朝、陈正科、王亭敏、阿洛兴德、苏国珍等唱述，胡家勋、王继超记录，王继超、禄一方、王子尧翻译。收入《中国民间文学三套集成·贵州省毕节地区地直卷》，32开，21页，1200余行，毕节地区民间文学集成编委会1988年编印。（罗德显）

转来同哥配一双

彝族情歌。流传于贵州省威宁彝族回族苗族自治县彝族地区。唱述的主要内容是：小伙子听到姑娘在家做嫁妆而不能相见的消息，如万箭穿心。林中雀鸟的叫声扎着自己的心肝，从此难见阿妹的天仙影。姑娘听到阿哥泪汪汪的消息，如坐针毡，度日如年，如能和婆家商量通，退还彩礼跟阿哥。如被强迫入洞房，阿哥等妹十八载，十八年后来陪哥。

郑君秀记录。载《南风》1993年第6期。16开，1页，40行，贵州省文联1993年编印。（罗德显）

洪鲁山顶上

彝族情歌。流传于贵州省威宁彝族回族苗族自治县和赫章县彝族地区。唱述的主要内容是：在洪鲁山顶上，有一只鸟未开叫是因它的伴还没到来；在洪鲁山中间，有一只麂未开叫是因它的伴还没到来；在洪鲁山脚下，有一位阿妹未开唱是因她的意中人还没到来。

阿景等唱述，王继超记译。收入《贵州彝族咪谷丛书·曲谷精选》，32开，2页，18行，贵州民族出版社1996年版。（阿洛）

洪鲁阿洪鲁

彝族情歌。流传于贵州省威宁彝族回族苗族自治县和赫章县等彝族地区。唱述的主要内容是：洪鲁山顶上，开出九朵奇花，有鸟儿光临，花因鸟儿得欢乐，鸟儿因花有希望；洪鲁山中间，流出六股清泉来，有鸭儿光临，清泉因鸭儿得欢乐，鸭儿因清泉有希望；洪鲁山脚下，坐着三群相貌美丽的阿妹，有三群阿哥光临，阿妹因阿哥得欢乐，阿哥因阿妹有希望。

李宪举等唱述，王继超记译。收入《贵州彝族咪谷丛书·曲谷精选》，32开，3页，39行，贵州民族出版社1996年版。（阿洛）

相思鸟

彝族情歌。流传于贵州省威宁彝族回族苗族自治县和赫章县彝族地区。唱述的主要内容是：小红鸟阿妹和小青鸟阿哥在洪鲁山形影不离，在阿着地大坝恩恩爱爱。一天，凶恶的北方灰老鹰把小红鸟阿妹抓去了，小青鸟阿哥十分着急，连请雀女孜朵乌、山喳鸟少妇、布谷鸟君长去给北方灰老鹰求情。北方灰老鹰说要拔鸟毛烧鸟、剐鸟油炒鸟、鸟血当酒喝、用鸟骨筑巢、以鸟肉当饭。北方灰老鹰日复一日殷勤侍候小红鸟阿妹，都被拒绝。盛怒之下北方灰老鹰把小红鸟阿妹啄死了。小红鸟死后变成了原野上的鲜花。小青鸟从此害了相思病，它的阿爸千辛万苦东西南北去找药，为了劝它喝下去，说治好病去与单身箐鸡、二月阳雀或花背母雉鸡结伴，小青鸟都不为之所动。它蹲在树上三年不吃不喝，终于伤心死去了。小青鸟死后变做了蜜蜂，飞到鲜花上与它的恋人重逢。

高登才、何玉廷、禄一方、杨正举唱述，王继超记译。收入《贵州彝族咪谷丛书·曲谷精选》，32开，22页，319行，贵州民族出版社1996年版。（阿洛）

相遇

彝族情歌。流传于贵州省威宁彝族回族苗族自治县彝族地区。唱述的主要内容是：獐子和麂子在山林相遇，因不能长时间在一起，它俩各拔下一丝毛放在一起，到来年相遇老地方时见彼此放的毛整齐不散乱；雁和鹅在平坝相遇，因不能长时间在一起，它俩各拔下一根羽毛放在一起，到来年相遇老地方时见彼此放的羽毛原样不散乱；阿哥阿妹在歌场相遇，因不能长时间在一起，阿哥脱下金手镯、阿妹脱下银手圈放在一起，到来年相遇老地方时见手镯闪光，手圈发亮。表达哥妹虽难常相见，心却在一起。

文正龙唱述，代俄勾兔汝记录、翻译。收入《中国民间文学集成·贵州彝族回族白族歌谣选》，32开，1页，43行，西南交通大学出版社1993年版。（阿洛）

美丽的银姑娘

彝族情歌。流传于贵州省威宁彝族回族苗族自治县和赫章县等彝族地区。唱述的主要内容是：美丽的银姑娘穿着整洁的服饰，站在银乡的高山眺望婆家雾沉沉的地方，也见阿哥住在晴朗的地方，阿哥要跟阿妹相好，阿妹不答应；美丽的金姑娘穿着整洁的服饰，站在金乡的高山眺望婆家雾沉沉的地方，也见阿哥住在晴朗的地方，阿哥要跟阿妹相好，阿妹不答应；美丽的铜姑娘穿着整洁的服饰，站在铜乡的高山眺望婆家雾沉沉的地方，也见阿哥住在晴朗的地方，阿哥要跟阿妹相好，阿妹爽快地答应了。

高登才、何玉廷、妥洛阿铺唱述，王继超记译。收入《贵州彝族咪谷丛书·曲谷精选》，32开，4页，51行，贵州民族出版社1996年版。（阿洛）

鸦同猪觅食

彝族情歌。流传于贵州省威宁彝族回族苗族自治县和赫章县等彝族地区。唱述的主要内容是：乌鸦同猪在打麦场觅食，猪被主人唤去了，无主的乌鸦它伤心；斑鸠同鸡在草丛场觅食，鸡被主人唤去了，无主的斑鸠它伤心；阿哥和阿妹在歌场唱歌，阿妹被她的婆家娶走了，孤独的阿哥他伤心。

李永才唱述，王继超记译。收入《贵州彝族咪谷丛书·曲谷精选》，32开，3页，24行，贵州民族出版社1996年版。（阿洛）

不离别

彝族情歌。流传于贵州省威宁彝族回族苗族自治县彝族地区。歌中通过情哥与情妹的口吻，用露水留意着嫩草，野鸭留意河水来比喻阿哥留意着阿妹，唱述双方互相爱慕、情投意合，并盟定终身的过程。

苏洪清唱述，代俄勾兔汝记录、翻译。载《南风》，16开，1页，30行。（罗德显）

请你等一等

彝族情歌。流传于贵州省威宁彝族回族苗族自治县和赫章县等彝族地区。唱述的主要内容是：春天还没有到来，桃树请蜜蜂再等一下；大雨还没有到来，大河请鸭儿再等一下；父母还没有想通，阿妹请阿哥再等一下。

阿景唱述，王继超记译。收入《贵州彝族咪谷丛书·曲谷精选》，32开，2页，15行，贵州民族出版社1996年版。（阿洛）

兜曲谷

彝族情歌。流传于贵州省威宁彝族回族苗族自治县彝族地区。唱述的主要内容是：鹤同杜鹃争伴，强势的鹤把伴争去，弱势的杜鹃另去寻伴，寻得蝙蝠做伴令它不如意；麂子同獐子争伴，强势的麂子把伴争去，弱势的獐子另去寻伴，寻得狐狸做伴令它不如意；阿哥同婆家争阿妹，强势的婆家把阿妹争去，弱势的阿哥另去寻情妹，寻得的情妹令他不如意。

阿景等唱述，王继超记译。收入《贵州彝族咪谷丛书·曲谷精选》，32开，3页，30行，贵州民族出版社1996年版。（阿洛）

野兽心肠硬

彝族情歌。流传于贵州省威宁彝族回族苗族自治县和赫章县等彝族地区。唱述的主要内容是：硬心肠的獐和麂春暖花开时恩爱得形影不离，到寒冬降临就天各一方了；硬心肠的白鹤春暖花开时恩爱得形影不离，到寒冬降临就天各一方了；硬心肠的歌场情人昨天还恩爱得形影不离，到今天早晨就天各一方了。

阿维等唱述，王继超记译。收入《贵州彝族咪谷丛书·曲谷精选》，32开，3页，30行，贵州民族出版社1996年版。（阿洛）

在一方

彝族情歌。流传于贵州省威宁彝族回族苗族自治县和赫章县等彝族地区。唱述的主要内容是：太阳、月亮、星星三方今年频繁地相会，到明年今天太阳去北月亮去南，留下孤单的星星；黑云、白云、黄云三方今年频繁地相会，到明年今天黑云去北白云去南，留下孤单的黄云；阿妹、阿哥、把鸠（主持人）三方今年频繁地相会，到明年今天阿妹去北阿哥去南，留下孤单的把鸠，有谁知道把鸠的苦楚。

高登才、何玉廷等唱述，王继超记译。收入《贵州彝族咪谷丛书·曲谷精选》，32开，3页，44行，贵州民族出版社1996年版。（阿洛）

四季歌

彝族情歌。流传于贵州省盘县彝族地区。唱述彝族青年男女四季相互思念。歌中唱道："冬天过后是春天，燕子归来在房檐，总算今天得相会，分别之后是团圆。"

段胜高、兰爱菊演唱，李家耀录音、整理。收入《山歌出在淤泥河》，32开，1页，16行，人民日报出版社2005年版。（柳远胜　张雪梅　杜良高）

天上歌

彝族情歌。流传于贵州省盘州市彝族地区。唱述天上斗转星移，地上四时更替，也无法动摇一对相恋之人矢志不渝的爱情。歌中唱道："妹是七星在仙台，哥是杨柳路边栽，儿时得连小情妹，死到黄泉也心开。"

段胜高、兰爱菊演唱，李家耀录音、整理。收入《山歌出在淤泥河》，32开，5页，172行，人民日报出版社2005年版。（柳远胜　张雪梅　杜良高）

热头歌

彝族情歌。流传于贵州盘州市彝族地区。唱述彝族男青年用尽各种方式追求女青年，却最终被女青年拒绝，其郁郁寡欢、闷闷不乐的凄楚心情。歌中唱道："日头落坡日头黄，钥匙配锁锁配房，妹房要配龙凤锁，情妹要配年轻郎。"

段胜高、柳嫒演唱，李家耀录音、整理。收入《山歌出在淤泥河》，32开，5页，176行，人民日报出版社2005年版。（柳远胜　张雪梅　杜良高）

好久不到这方来

彝族情歌。流传于贵州省盘州市彝族地区。采用赋比兴的手法唱述一对彝族男女青年久未见面的相思之苦。歌中唱道："好久不到这山来，看见情妹好人才，看见情妹人才好，十里拿做五里来。"

沙友全、兰爱菊演唱，李家耀录音、整理。收入《山歌出在淤泥河》，32开，3页，56行，人民日报出版社2005年版。（柳远胜　张雪梅　杜良高）

瞧郎歌

彝族情歌。流传于贵州省盘州市彝族地区。采用赋比兴手法唱述一位彝族未婚女子怀着喜悦心情大年初一探望未婚夫，初二未婚夫发生疾病，初三为未婚夫买药治病，初四求佛护佑未婚夫，初五未婚夫医治无效，初六未婚夫亡故，初七停放尸首，初八买棺，初九送葬至十五坟头哭祭的凄楚情景。

“初二早上去瞧郎，小郎得病在牙床，双手扒开红罗帐，问郎退凉不退凉。”

康少先、兰爱菊演唱，李家耀录音、整理。收入《山歌出在淤泥河》，32开，4页，60行，人民日报出版社2005年版。（柳远胜　张雪梅　杜良高）

玩灯歌

彝族情歌。流传于贵州省盘州市彝族地区。唱述一对彝族青年男女从正月开始恋爱，到腊月共结连理的过程。“正月里来正月正，正月十五去玩灯，你去玩灯来约我，哥妹二人一路行。”

段胜高、柳萍演唱，李家耀录音、整理。收入《山歌出在淤泥河》，32开，2页，48行，人民日报出版社2005年版。（柳远胜　张雪梅　杜良高）

绣花歌

彝族情歌。流传于贵州省盘州市彝族地区。唱述一对彝族青年恋人以绣花为媒，从正月至腊月12个月情感升华结为连理的过程。歌中唱道：“正月绣花绣起头，绣朵杏花给哥留，杏花有情妹有意，有心跟哥到白头。”

段胜高、兰爱菊演唱，李家耀录音、整理。收入《山歌出在淤泥河》，32开，2页，48行，人民日报出版社2005年版。（柳远胜　张雪梅　杜良高）

斑鸠歌

彝族情歌。流传于贵州省盘州市彝族地区。采用赋比兴手法唱述一对已婚男女产生恋情，但因家庭、道德等因素制约未能终成眷属的相思之苦。歌中唱道：“斑鸠吃水叫咕咕，郎有妻子妹有夫，丈夫妻子都是伴，手膀手臂都是肉。”

沙友全、兰爱菊演唱，李家耀录音整理。收入《山歌出在淤泥河》，32开，2页，32行，人民日报出版社2005年版。（柳远胜　张雪梅　杜良高）

秋歌

彝族情歌。流传于贵州省盘州市彝族地区。唱述秋凉时节一对恋人的相思之情。歌中唱道：“秋意多来秋意多，问妹几时来会哥，问妹几时把哥会，狂风扫叶花不多。秋意多来秋意多，想见情哥不奈何，心想前来把哥会，秋天来了花又落。”

康少先、兰爱菊演唱，李家耀录音、整理。收入《山歌出在淤泥河》，32开，40页，116行，人民日报出版社2005年版。（柳远胜　张雪梅　杜良高）

九 儿歌

姑娘乖

彝族儿歌。流传于云南省南涧彝族自治县彝族地区。哄娃娃歌。歌词是："姑娘乖，姑娘乖，妈妈领你去赶街；你莫哭，你莫哭，妈妈领你看红绿。姑娘你莫齜，买给你顶花帽子，扎上一根绿辫子，坠上一颗红坠子。"节奏明快，音乐优美。

潘寿培唱述，潘吉宇搜集、整理。收入《南涧民间文学集成》，32开，1页，7行，云南民族出版社1987年版。（段葵）

蜜蜂求亲调

彝族儿歌。流传于云南省南涧彝族自治县彝族地区。全歌共20段，唱述蜜蜂求亲"嗡嗡嗡"地飞来飞去，先后向十姊妹求亲，九个姊妹先后用"呸呸呸""羞羞羞""的了了""古多多"之类鄙视的言辞拒绝它，只有到最后，"嗡嗡嗡，嗡嗡嗡，飞到十妹房子中，问问十妹肯不肯？衣服花粉送一堆。"十妹回话："小十妹，小十妹，不要衣服不要粉，自耕自种自担水，小十妹，我就肯。"

陈怀美唱述，邓承礼搜集、整理。收入《南涧民间文学集成》，32开，4页，80行，云南民族出版社1987年版。（段葵）

上学调

彝族儿歌。流传于云南省南涧彝族自治县彝族地区。哄娃娃歌。歌词是："月亮堂堂，月亮堂，打发小狗上学堂。学堂满，上笔馆，笔馆臭，下绿豆；绿豆香，下边疆；边疆辣，下宝塔；宝塔高，跌死娘娘一只腰。"

李秉和唱述，邓承礼搜集、整理。收入《南涧民间文学集成》，32开，1页，7行，云南民族出版社1987年版。（段葵）

骑树马

彝族儿歌。流传于云南省石屏县彝族地区。孩子们骑在柔软的树枝上，边上下摇晃边唱此歌娱乐。歌中唱道："攀树枝，当马骑，忽上天，忽落地，衣飘飘，带舞舞。攀树枝，当马骑，大伙儿，都来骑，快上枝，莫落后。"

佚名唱述，李朝旺搜集、整理。收入《中国儿歌金库》，32开，2页，18行，希望出版社1991年版。（李朝旺）

留阳光

彝族儿歌。流传于云南省石屏县彝族地区。冬天，孩子们蹲在野外晒太阳，在阳光还没照到自己蹲的地方，或阳光将离开自己蹲的地方时唱此歌。歌中唱道："太阳光，快过来，我杀鸡，请您吃。太阳光，你莫跑，我杀鸭，请您吃。太阳光，请留下，金子银子随您要。"

佚名唱述，李朝旺搜集、整理。收入《中国儿歌金库》，32开，1页，12行，希望出版社1991年版。（李朝旺）

使唤歌

彝族儿歌。流传于云南省永仁县彝族地区。这是一首寓教于乐的儿歌。歌中唱道："公公使媳妇，媳妇使兄弟，兄弟使妹子，妹子使竹棍，竹棍使老牛，老牛使犁架，犁架使枷担，枷担使绳子，绳子使背篮，背篮使大哥，大哥使嫂子，使来又使去，使得团团转，事情做不成。"

尔古尔火、曲木阿石、阿里有本、吉里马克唱述，楚雄师专雁塔文学社民间文学组记录。收入《云南民间文学集成·云南彝族歌谣集成》，32开，1页，14行，云南民族出版社1986年版。（李福云　朱琚元）

唱鸡

彝族儿歌。流传于云南省楚雄市彝族地区。楚雄市三街等地的彝族庙会上常要献鸡，献鸡前，儿童们抱着鸡边跳边唱，即为唱鸡。此歌就是儿童们在唱鸡仪式中所唱的歌谣。这一习俗大约起源于古代彝族的斗鸡。歌中唱道："一尺金鸡飞到山头，叫野鸡；二尺金鸡飞到河里，叫田鸡；三尺金鸡飞到箐里，叫箐鸡；四尺金鸡飞到碓房头，叫簸箕；五尺金鸡飞到瓦场，叫瓦鸡；六尺金鸡飞到田里，叫秧鸡；七尺金鸡飞到麻地里，叫麻鸡；八尺金鸡飞到灶房里，叫筲箕；九尺金鸡飞到墙头，叫土基。"

者从科唱述，唐楚臣、刘纯龙、齐国然、潘广发记录。收入《楚雄市民间文学集成资料》，32开，3页，106行，楚雄市民委、文化局1988年编印。（李福云　朱琚元）

找野菜

彝族儿歌。流传于云南省武定县彝族地区。此歌风趣活泼、朗朗上口、贴近生活，适合儿童唱诵。歌谣教儿童认识各种野菜。歌中唱道："斑鸠菜，箐里站，斑鸠咕咕抬头看。牛奶菜，树上爬，树丫丫上毛虫大。蕨菜秆，荒坡站，兔子见人四处窜。弓着腰，找啊找，找得一棵波罗夺。"

李明唱述，罗金宝记录。收入《云南民间文学集成·云南彝族歌谣集成》，32开，1页，12行，云南民族出版社1986年版。（李福云　朱琚元）

伸出手指重逗逗

彝族儿歌。流传于云南省永仁县彝族地区。这是一首儿童嬉戏歌谣。歌中唱道："青蚕豆，绿豌豆，伸出手指重逗逗。你一逗，我一逗，掰成两半又来逗。弯弯腰杆地里逗，地里明年长豆豆。金豆豆，黄豆豆，黑豆豆，白豆豆，姊姊妹妹逗豆豆。谁是绿，谁是青？找颗青蚕豆，找颗绿豌豆。"

曲木阿石唱述，基默热阔记录。收入《云南民间文学集成·云南彝族歌谣集成》，32开，1页，17行，云南民族出版社1986年版。（李福云　朱琚元）

螺蛳和兔子

彝族儿歌。流传于云南省永仁县彝族地区。歌中唱道："小螺蛳，慢慢爬；小兔子，蹦蹦跳；两个伙伴一起来赛跑。小螺蛳，汗水淌；小兔子，跑在前，回头望着螺蛳哈哈笑。小螺蛳，爬到头；小兔子，跌断腿，抱着一只断腿呜呜哭。"

尔古尔火、曲木阿石、阿里有本、吉里马克唱述，楚雄师专雁塔文学社民间文学组记录。收入《云南民间文学集成·云南彝族歌谣集成》，32开，1页，15行，云南民族出版社1986年版。（李福云　朱琚元）

松鼠拉老猫

彝族儿歌。流传于云南省楚雄市彝族地区。歌中唱道："小松鼠，在门外；老公猫，在屋里；小松鼠，逗老猫。门缝里，长蒜叶；老公猫，拉蒜叶；小松鼠，拉蒜叶；拉拉拉！两头拉！蒜叶长，蛇一样。"歌谣用轻松活泼、饶有风趣、充满想象的歌词启迪儿童心智、训练说话能力。

者厚培唱述，诺海阿苏记译。收入《云南民间文学集成·云南彝族歌谣集成》，32开，2页，17行，云南民族出版社1986年版。（李福云　朱琚元）

学打猎

彝族儿歌。流传于云南省永仁县彝族地区。歌中唱道："背大弩，进深山，拉只狐狸来做狗，抓只老虎当马骑。狐狸跳，老虎叫，跪在地上磕响头；借我火，借我锅，我给你们熟肉吃。"歌谣通过对狩猎场面夸张、风趣的描述，从小培养儿童热爱劳动的思想和勇敢的精神。

尔古尔火、曲木阿石、阿里有本、吉里马克唱述，楚雄师专雁塔文学社民间文学组记译。收入《云南民间文学集成·云南彝族歌谣集成》，32开，1页，10行，云南民族出版社1986年版。（李福云　朱琚元）

捡荞子

彝族儿歌。流传于云南省永仁县彝族地区。歌中唱道："荞子黄，籽粒大，荞子熟了生娃娃。阿里惹，背箩箩，去到山地捡荞子。一升来煮酒，醉倒爷爷和爹爹；一升来煮饭，胀饱奶奶和妈妈；一升做粑粑，哥吃哥长大，妹吃妹长大，脸儿胖嘟嘟，像个大南瓜。"此歌风趣地唱出了荞子的用途，既传授了知识，又培养儿童从小爱劳动的思想和习惯。

尔古尔火、曲木阿石、阿里有本、吉里马克唱述，楚雄师专雁塔文学社民间文学组记译。收入《云南民间文学集成·云南彝族歌谣集成》，32开，2页，15行，云南民族出版社1986年版。（李福云　朱琚元）

找果子

彝族儿歌。流传于云南省永仁县彝族地区。这是一首教儿童认识各种野果的儿歌。歌中唱道："红果果，在阳山；绿果果，在阴山；花果果，在深山；黄果果，在草丛。摘果子，走四方。"彝族人民利用儿歌从小给儿童传授生产、生活知识。

尔古尔火、曲木阿石、阿里有本、吉里马克唱述，楚雄师专雁塔文学社民间文学组记译。收入《云南民间文学集成·云南彝族歌谣集成》，32开，1页，10行，云南民族出版社1986年版。（李福云　朱琚元）

采果谣

彝族儿歌。流传于云南省永仁县彝族地区。这是一首让儿童了解各种果子成熟季节的儿歌。歌中唱道："地下果，树脚找，正月二月挖最好；地上果，阳坡找，五月六月成熟了；藤上果，山箐找，六月七月成熟了；树上果，林荫找，九月十月吃得了；找果子，要进山，山林就是果的家。"

尔古尔火、曲木阿石、阿里有本、吉里马克唱述，楚雄师专雁塔文学社民间文学组记译。收入《云南民间文学集成·云南彝族歌谣集成》，32开，1页，15行，云南民族出版社1986年版。

（李福云　朱琚元）

天上雨

彝族儿歌。流传于云南省永仁县彝族地区。这是一首大人领着娃娃做活时唱的儿歌。歌中唱道："天上雨，豆子大，放牛娃娃头上挂；跑进林，躲树下，轰隆一声炸雷打。天上雨，豆子大，落在地上跑进洼；养条鱼，养条虾，恶狗口馋围住它。天上雨，豆子大，满山绿苗笑哈哈；叶儿长，开红花，结出果实圆又大。"这首儿歌告诉儿童，下雨给大地带来了生机。

尔古尔火、曲木阿石、阿里有本、吉里马克唱述，楚雄师专雁塔文学社民间文学组记译。收入《云南民间文学集成·云南彝族歌谣集成》，32开，1页，18行，云南民族出版社1986年版。（李福云　朱琚元）

就像布谷鸟的声音

彝族儿歌。流传于云南省永仁县彝族地区。歌谣通过丰富的联想，唱出了太阳出来亮又热，荞场上三弦、笛子奏起来，松沙土上牛羊咩咩叫，青石板上公鸡母鸡来跳舞的彝山风貌。

尔古尔火、曲木阿石、阿里有本、吉里马克唱述，楚雄师专雁塔文学社民间文学组记译。收入《云南民间文学集成·云南彝族歌谣集成》，32开，2页，24行，云南民族出版社1986年版。（李福云　朱琚元）

扑通通

彝族儿歌。流传于云南省姚安县彝族地区。歌中唱道："扑通通，吃饭甑子空；扑通通，吃饭无锅底；扑通通，杀羊吃尾巴；扑通通，杀猪吃嘴巴；扑通通，杀鸡吃翅膀。"此歌虽然没有实质性的内容，但从优美的曲调中反映出彝族人民对美好生活的向往。

郭友珍唱述，杨家俊、郭开云记译。收入《云南省民间文学集成·姚安县综合卷》，32开，1页，10行，姚安县文化局、文联1989年编印。（施选　朱琚元）

小乖乖，快睡觉

彝族儿歌。流传于云南省富民县、武定县彝族地区。这是一首哄孩子睡觉的催眠儿歌。歌中唱道："太阳公公回家去，月亮婆婆出来玩。小老鼠出来跑，猫头鹰出来叫，小乖乖快睡觉。"

杨海婴唱述，陶润珍采录。收入《中国歌谣集成·云南卷》（下卷），16开，1页，5行，中国ISBN中心2003年版。（阿南）

找东西

彝族儿歌。流传于云南省金平苗族瑶族傣族自治县彝族地区。这是一首游戏儿歌。歌中唱道："嘟嘟嘟，卖牛角，牛角响上天。买把刀，割青菜，菜叶落。公鸡母鸡叫，哪个找得哪个要。"

钱段妹唱述，黄德富采录、翻译。收入《中国歌谣集成·云南卷》（下卷），16开，1页，8行，中国ISBN中心2003年版。（阿南）

阿妹你吃哪样菜

彝族儿歌。流传于云南省金平苗族瑶族傣族自治县彝族地区。这是一首语言训练儿歌，以一问一答的形式歌唱。"男孩：阿妹你吃哪样菜？女孩：阿哥我吃豌豆菜。男孩：哪样弯？女孩：扁担弯。男孩：哪样扁？女孩：黄罗扁。男孩：哪样黄？女孩：鸡蛋黄。男孩：哪样鸡？女孩：两脚鸡。"

黄永旺唱述、记录。收入《中国歌谣集成·云南卷》（下卷），16开，1页，10行，中国ISBN中心2003年版。（阿南）

大乌鸦

彝族儿歌。流传于云南省金平苗族瑶族傣族自治县彝族地区。这是一首一问一答的猜谜儿歌。

想象丰富。歌中唱道："大乌鸦，坡上歇。小乌鸦，坡边转。你去哪？我上天。上天做哪样？砍金竹。砍金竹做哪样？编箩箩。编箩箩做哪样？装碎米。装碎米做哪样？喂小鸡。喂小鸡做哪样？让它长大。（合唱）公鸡大，叫我醒；母鸡大，下双蛋。"

喻志明唱述、记录。收入《云南民间文学集成·金平歌谣卷》，32开，1页，20行，金平苗族瑶族傣族自治县文联1988年编印。（阿南）

谜歌

彝族儿歌。流传于云南省个旧市、蒙自市彝族地区。这是一首猜谜儿歌。它不像游戏儿歌，边玩游戏边唱歌，而是单纯地歌唱，一问一答，层层深入，把有关事物的作用，以及它们之间的相互关系告诉给儿童，增长儿童的知识和想象力。全首歌共十一节。歌中唱道："什么快？风最快，雷最快，风雷都不快。心最快，一下想天上，一下想地下。什么亮？太阳亮，月亮亮，太阳月亮都不亮。眼睛亮，没有眼睛什么都不亮。"

普发友唱述，涅努巴西采录。收入《云南民间文学集成·云南彝族歌谣集成》，32开，4页，74行，云南民族出版社1986年版。（阿南）

摇篮曲

彝族儿歌。流传于云南省石屏县彝族地区。哄娃娃时唱。歌中唱道："小宝宝，你莫哭；鸡兔日，蚱蜢领。小乖乖，你莫吵；虎猴日，青蛙领。小娃娃，你莫闹；蛇猪日，泥鳅领。小宝宝，你莫哭；龙狗日，蜻蜓领。小乖乖，你莫吵；牛羊日，鹿子领；小娃娃，你莫闹；鼠马日，麻雀领。"

佚名唱述，李鸿采录。收入《中国歌谣集成·云南卷》（下卷），16开，1页，12行，中国ISBN中心2003年版。（阿南）

赔赔妹的雀

彝族儿歌。流传于云南省通海县彝族地区。这是一首想象丰富的儿歌。歌中唱道："西乡坝子两条河，中间盖起洒水阁。半天一窝雀，飞在石崖脚。飞的飞，落的落，哪个哥拾着，赔赔妹的雀。"

阿正文唱述，陈子云采录。收入《中国歌谣集成·云南卷》（下卷），16开，1页，8行，中国ISBN中心2003年版。（阿南）

催眠歌

彝族儿歌。流传于云南省石林彝族自治县彝族地区。这是一首哄孩子入睡时哼唱的催眠儿歌。歌中唱道："睡哝哝，睡哝哝，小头像葫芦，眼睛像星星，耳朵像木耳，小手像钉耙，小脚像锄头。睡哝哝，睡哝哝。"

佚名唱述、采录。收入《彝族文学史》，32开，1页，9行，云南民族出版社2006年版。（阿南）

小宝宝

彝族儿歌。流传于云南省姚安县彝族地区。这是一首催眠歌。歌中唱道："小宝宝啊小宝宝，月亮出来了，老妈妈舂碓了，娑罗树看见了。小宝宝啊小宝宝，星星出来了，猫头鹰躲起来了，黄鼠狼逃跑了。小宝宝啊小宝宝，月亮出来了，太阳出来了，宝宝梦见了。"

李政唱述，戴国斌采录。收入《中国歌谣集成·云南卷》（下卷），16开，1页，12行，中国ISBN中心2003年版。（阿南）

一条大路九转弯

彝族儿歌。流传于云南省姚安县彝族地区。这是一首语言训练儿歌。歌中唱道："一条大路九转弯，九转弯里九棵树。九棵树上九丫杈，九丫杈上九丫巴。九丫巴上九个窝，九个窝里九个蛋，九个蛋里九个雀。”

董腊玉唱述，董家成采录。收入《中国歌谣集成·云南卷》（下卷），16开，1页，7行，中国ISBN中心2003年版。（阿南）

放牛牛

彝族儿歌。流传于云南省楚雄市彝族地区。这是一首寓教于乐的儿歌。歌中唱道：“青草坪，放牛牛，到处只见牛儿游。小蚱蜢，大牯牛，吃饱了去拉犁头。大母牛，蛤蟆肚，要下儿子叫哞哞。放牛牛，来比牛，牛扬尖角互相斗。”

佚名唱述，楚雄师专雁塔文学社民间文学组采录。收入《中国歌谣集成·云南卷》（下卷），16开，1页，12行，中国ISBN中心2003年版。（阿南）

骑羊

彝族儿歌。流传于云南省楚雄市彝族地区。这是一首富有民族风俗情趣的儿歌。歌中唱道：“骑山羊，骑绵羊，骑到外婆家。外婆家，找舅舅，舅舅吃山羊，舅母吃绵羊。见表姐，花一样，讨来做媳妇。高头马，挂红花，接你来我家。客人来，吃喜酒。盖间木板房，我俩做一家。”

佚名唱述，楚雄师专雁塔文学社民间文学组采录。收入《中国歌谣集成·云南卷》（下卷），16开，1页，17行，中国ISBN中心2003年版。（阿南）

就像布谷鸟儿叫

彝族儿歌。流传于云南省楚雄市彝族地区。全歌分三节。歌中唱述：“太阳出山，山出太阳，太阳照在荞场坝，荞场坝儿亮亮，荞场坝儿热热，笛子三弦奏起来。奏的是什么？就像布谷鸟儿叫。”

佚名唱述，楚雄师专雁塔文学社民间文学组采录。收入《中国歌谣集成·云南卷》（下卷），16开，1页，24行，中国ISBN中心2003年版。（阿南）

舅舅骑马过沟

彝族儿歌。流传于云南省姚安县彝族地区。这是一首富于民族生活情趣的儿歌。歌中唱道：“舅舅骑马过沟，踏着泥鳅，泥鳅告状，告着和尚，和尚念经，念着观音，观音洒水，洒着小鬼，小鬼切菜，切着阿波（爷爷）呢波罗盖，阿波烧香，烧着阿奶呢被单。”

董腊玉唱述，董家成采录。收入《中国歌谣集成·云南卷》（下卷），16开，1页，12行，中国ISBN中心2003年版。（阿南）

躲猫猫

彝族儿歌。流传于云南省姚安县彝族地区。这首儿歌是玩“躲猫猫”游戏时唱的。玩“躲猫猫”游戏时，甲把乙的眼睛蒙上，丙躲藏，甲念完歌谣，由乙去找到丙为止。儿童们对这种边唱边玩游戏是很感兴趣的。歌中唱道：“蒙眼仓仓，葫芦栽秧。老鸦跌倒，放猫老草。耗子耗子躲紧些，猫来了——喵喵喵……”

杨惠琼唱述，唐寿臣采录。收入《中国歌谣集成·云南卷》（下卷），16开，1页，7行，中国ISBN中心2003年版。（阿南）

红冠大骟鸡

彝族儿歌。流传于云南省南华县彝族地区。这是一首猜谜儿歌。唱时一问一答，层层深入，把有关事物告诉给儿童，增长儿童的知识和想象力。歌中唱道：“红冠大骟鸡，小姑娘，来吃饭。什么饭？红米饭。什么红？朱砂红。什么猪？两脚猪。什么两？称一两。什么秤？观音秤。什么官？啄木官（啄木鸟）。什么啄？鸡屎老鸹啄。什么鸡？红冠大骟鸡。”

佚名唱述，李见国、李成良采录。收入《中国歌谣集成·云南卷》（下卷），16开，1页，19行，中国ISBN中心2003年版。（阿南）

喜鹊穿青又穿白

彝族儿歌。流传于云南省楚雄市、大姚县、姚安县一带彝族地区。这是一首事物儿歌，也称教育儿歌，是教儿童认识花鸟特征的儿歌。它把山村常见的喜鹊、鹦哥、箐鸡、老鸹的颜色，比成几种衣服的颜色，就像人们穿不同花色的衣服一样，歌中唱道："喜鹊穿青又穿白，鹦哥穿的绿豆色，箐鸡穿的十样锦，老鸹穿的一身黑。"

佚名唱述，郭思九采录。收入《云南民间文学集成·云南彝族歌谣集成》，32开，1页，4行，云南民族出版社1986年版。（阿南）

今晚月亮团团的

彝族儿歌。流传于云南省姚安县彝族地区。这是一首彝语"娃娃梅葛"，用"梅葛"曲调歌唱。其曲调特别轻松活泼，音乐性很强，内容饶有风趣，形象十分鲜明、具体；语言浅显易懂；表现手法采用连锁、夸张、问答、比喻等，十分灵活，深受儿童们喜爱。歌中唱道："今晚月亮团团的，明晚月亮团团的。团团的像树桩，村桩中间圆圆滑滑的。树桩边上毛毛的，就像松鼠的窝窝。松鼠大腿胖胖的，胖得就像布包的腿，胖得就像过年猪。过年猪喂得好看，头上胖得就像戴帽子的。"

自发生、郭天元唱述，郭思九采录。收入《云南民间文学集成·云南彝族歌谣集成》，32开，1页，11行，云南民族出版社1986年版。（阿南）

独姑娘

彝族儿歌。流传于云南省楚雄市彝族地区。这是一首寓教于乐、生动形象的儿歌。歌中唱道："回来吧，独姑娘！回来吧，独小囡！小姑娘不回头，小囡没有回来，采花去了，采蜜去了。回来吧，独姑娘！回来吧，独小囡！爹等你推磨，推磨咕噜响，爹等你舂碓，舂碓响叮当，那才好玩呢。"

佚名唱述、采录。收入《楚雄彝族文学简史》，32开，1页，17行，中国民间文艺出版社1986年版。（阿南）

这山嗡，那山嗡

彝族儿歌。流传于云南省楚雄市彝族地区。这是一首事物儿歌。歌中唱道："这山嗡，那山嗡！嗡！嗡！嗡！蜜蜂飞花丛，蜜蜂忙采花，蜜蜂手脚巧，蜜蜂酿蜜好。这边嗡！那边嗡！嗡！嗡！嗡！祖父做哪样？祖父斫木桶。斫木桶做啥？木桶收蜜蜂。这山嗡！那山嗡！祖父做哪样？祖父收蜜蜂。收蜜蜂做哪样？收蜜蜂做鲜蜜，鲜蜜给猫舐。猫舐做什么？猫乖捉耗子。"

佚名唱述，云南民族民间文学楚雄调查队采录。收入《楚雄彝族文学简史》，32开，1页，19行，中国民间文艺出版社1986年版。（阿南）

大南瓜

彝族儿歌。流传于楚雄市、大姚县、姚安县彝族地区。这是一首想象丰富，浮想联翩的儿歌。歌中唱道："月露脸，星开花，月亮底下种南瓜。瓜儿长得海簸大，人人看见都爱它。夏天我们去洗澡，切开南瓜当船划，当船划，当船划，划回满屋大南瓜。"

佚名唱述，郭思九采录。收入《云南民间文学集成·云南彝族歌谣集成》，32开，1页，10行，云南民族出版社1986年版。（阿南）

嫁姑娘

彝族儿歌。流传于云南省景东彝族自治县彝族地区。这是一首儿童自娱性儿歌。歌中唱道："新姑娘，咚咚锵，打把伞，嫁姑娘。"

杨海寿唱述，陶明贵采录。收入《中国歌谣集成·云南卷》（下卷），16开，1页，4行，中国ISBN中心2003年版。（阿南）

小娃娃，敲瓦渣

彝族儿歌。流传于云南省景东彝族自治县彝族地区。这是一首儿童自娱性儿歌。歌中唱道："小娃娃，敲瓦渣，敲到阿婆家，阿婆给吃个大粑粑。"

杨海寿唱述，陶明贵采录。收入《中国歌谣集成·云南卷》（下卷），16开，1页，4行，中国ISBN中心2003年版。（阿南）

太阳雨

彝族儿歌。流传于云南省景东彝族自治县彝族地区。这是一首富有想象的儿歌。歌中唱道："太阳雨，下不起，下下来，火烧你，下上去，雷打你。"

杨海寿唱述，陶明贵采录。收入《中国歌谣集成·云南卷》（下卷），16开，1页，6行，中国ISBN中心2003年版。（阿南）

打破锣锅问到底

彝族儿歌。流传于云南省南涧彝族自治县彝族地区。这是一首语言训练儿歌。歌中唱道："羊奶奶，来吃饭。什么饭？红米饭。什么红？朱砂红。什么猪？大公猪。什么大？扁鹅大。什么饼？脆沙饼。什么脆？李子脆。什么李？麦熟李。打破锣锅问到底。"

罗阿双唱述，张家福采录。收入《中国歌谣集成·云南卷》（下卷），16开，1页，17行，中国ISBN中心2003年版。（阿南）

拍手歌

彝族儿歌。流传于云南省永仁县彝族地区。这是一首游戏儿歌。通常是伴随游戏唱的，唱起来朗朗上口，易记易唱，一边玩，一边唱，在自娱自乐的玩唱中，愉悦身心，同时在玩游戏过程中获取知识，认识生活、认识世界，陶冶性格。歌中唱道："你吃粑，我吃粑，我们两个打粑粑。你下雪，我下雪，我们两个推磨玩。你拍手，我拍手，抱个草墩当狗狗。"

尔古尔火、曲木阿石、阿里有本、吉里马克唱述，楚雄师专雁塔文学社民间文学组采录。收入《云南民间文学集成·云南彝族歌谣集成》，32开，1页，9行，云南民族出版社1986年版。（阿南）

捉了太阳捉月亮

彝族儿歌。流传于云南省永仁县彝族地区。这首儿歌，从捉太阳月亮，联想到红红的太阳、白白的月亮，又由红红的太阳、白白的月亮联想到了蛋黄、蛋白，想象丰富，浮想联翩。歌中唱道："捉太阳，捉了太阳捉月亮。太阳是蛋黄，月亮是蛋白，你吃你甜甜，你吃我香香。"

尔古尔火、曲木阿石、阿里有本、吉里马克唱述，楚雄师专雁塔文学社民间文学组采录。收入《云南民间文学集成·云南彝族歌谣集成》，32开，1页，6行，云南民族出版社1986年版。（阿南）

老鹰捉小鸡

彝族儿歌。流传于贵州省威宁彝族回族苗族自治县、云南省昭通市彝族地区。这是一首游戏儿歌。它是小孩玩"老鹰捉小鸡"游戏时唱的儿歌。借磨石的小孩扮老鹰，喂小鸡的小孩扮母鸡，扮小鸡的游戏队伍成纵队，跟在扮母鸡的小孩后面，边唱边做捉小鸡的游戏，一直把母鸡后面的小鸡捉完，游戏才算结束。儿童们对这类游戏非常感兴趣，也非常喜欢唱这类游戏儿歌。歌中唱道："开门，开门，开门做什么？借磨石。借磨石做什么？磨镰刀。磨镰刀做什么？砍竹子。砍竹子做什么？编兜兜。编兜做什么？拾麦穗。拾麦穗做什么？酿甜酒。酿甜酒做什么？喂小鸡。你喂小鸡多少只？送一只给我喂。"

罗林姐唱述、采录。收入《彝族文学史》，32开，1页，17行，云南民族出版社2006年版。（阿南）

绕口令

彝族儿歌。流传于云南省石林彝族自治县彝族地区。这是一首语言训练儿歌。歌中唱道："哪样草？铁线草。哪样铁？锅铁。哪样锅？两口锅。哪样两？称二两。哪样称？观音称。哪样观？啄木官。哪样啄？老鸹啄。哪样老？皮包骨头老。哪样皮？水牛皮。哪样水？清水。哪样清？大河清。哪样大？天大。哪样天？石板天。哪样石？靠山石。哪样靠？狮子靠。哪样狮？萝卜丝。哪样罗？罗平姑娘裹小脚。"

佚名唱述、采录。收入《彝族文学史》，32开，1页，34行，云南民族出版社2006年版。（阿南）

挖木拉

彝族儿歌。流传于云南省姚安县彝族地区。"木拉"系彝语，是一种用挖斧制作的木质菜钵。此歌以当地称为"梅葛"的彝族调子吟唱。歌中唱道："挖木拉整哪样？装包麦。装包麦整哪样？喂母猪。喂母猪整哪样？生小猪。生小猪整哪样？养胖猪。养胖猪整哪样？讨媳妇。"歌谣以一问一答的方式，教育少年儿童热爱生活。

郭友珍唱述，杨家俊、罗桂林记译。收入《云南省民间文学集成·姚安县综合卷》，32开，1页，21行，姚安县文化局、文联1989年编印。（施选　朱琚元）

跳山门

彝族儿歌。流传于云南省元江哈尼族彝族傣族自治县彝族地区。"跳山门"是彝族儿童的一种体育活动。在地上画出从一到十的长方框，单脚从一门跳到十门为过关，参加者过关数多的即为胜者。歌中唱道："跳山门，跳山门，一门跳到第十门。一门跳出天，二门跳出地，三门跳出田，四门跳出水，五门跳出种，六门跳出苗，七门跳出穗，八门跳出谷，九门出高粱，十门出苞谷。年年跳山门，年年有五谷。"

白齐阳唱译，宋自华记录、整理。载《元江史志通讯》第2期，16开，1页，14行，元江哈尼族彝族傣族自治县地方志办公室1988年编印。（宋自华）

打弹弓

彝族儿歌。流传于云南省元江哈尼族彝族傣族自治县彝族地区。唱述儿童用弹弓打猎物的乐趣。歌中唱道："打弹弓，打弹弓，石弹飕飕飞远方。打着花，花摇头；打着果，掉下地；打着松鼠吱吱叫，打着斑鸠吱吱啼，打着野鸡扇翅膀，打着鹌鹑四两肉。野物一齐提回家，用锅煮来用油炸，吃得香来吃得甜，一家人把弹弓夸。"

白齐阳唱译，宋自华记录、整理。载《元江史志通讯》第2期，16开，1页，15行，元江哈尼族彝族傣族自治县地方志办公室1988年编印。（宋自华）

抓石子

彝族儿歌。流传于云南省元江哈尼族彝族傣族自治县彝族地区。通过抓石子游戏来表达娃娃们对未来美好生活的向往。歌中唱道："一抓金子黄生生，二抓银子白生生，三抓钱财有钱用，四抓福气有福享，五抓健康人长寿，六抓吉祥平安留，七抓才学多智慧，八抓算盘会算账，九抓种子会种田，十抓手艺会盖房。样样抓来样样有，长大吃穿不用愁。"

黄学智唱译，宋自华记录、整理。载《元江史志通讯》第2期，16开，1页，12行，元江哈尼族彝族傣族自治县地方志办公室1988年编印。（宋自华）

送粑粑

彝族儿歌。流传于云南省元江哈尼族彝族傣族自治县彝族地区。歌唱儿童敬老的美德。歌中唱道："月亮团团，火烧龙船，龙船开花，四朵莲花，老妈妈，快来煎粑粑。一块送爷爷，二块送奶奶，三块送阿爹，四块送阿妈，五块六块送哥姐，剩下一块留自己。"

杨小妹唱译，宋自华记录、整理。载《元江史志通讯》第2期，16开，1页，12行，元江哈尼族彝族傣族自治县地方志办公室1988年编印。（宋自华）

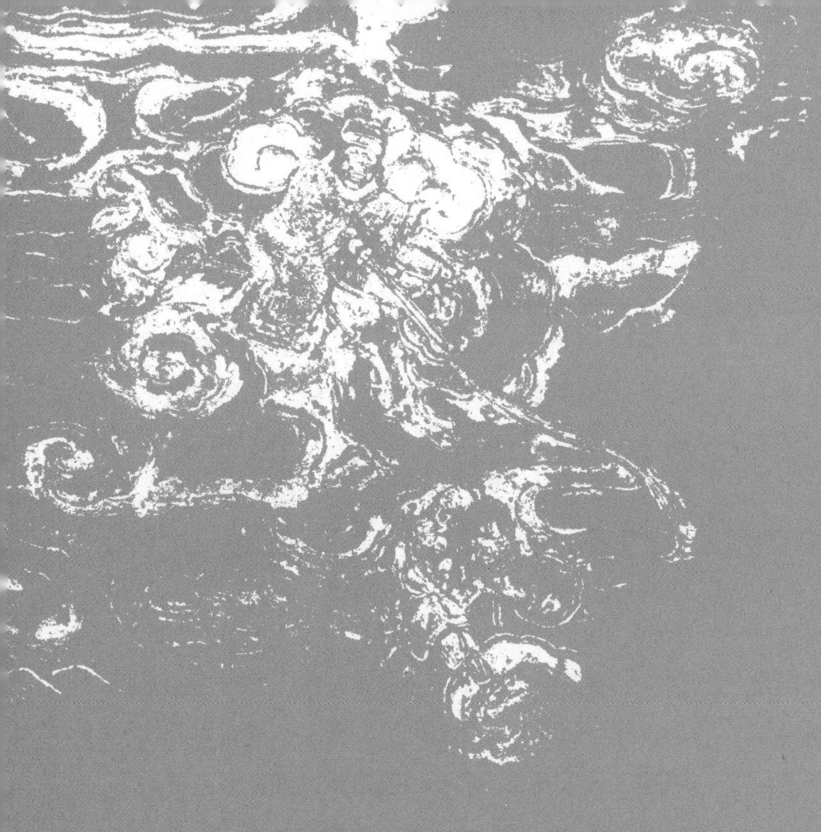

彝族曲艺戏剧

梅葛调

彝族曲种。流传于云南省楚雄彝族自治州大姚、姚安、永仁等县彝族地区。梅葛曲调分为“正调”和“慢调”两种。根据演唱内容不同，又分为赤梅葛、辅梅葛、赤梅拉梅和娃娃梅葛四类。其中赤梅葛和辅梅葛属于比较古老的曲调，又叫“古腔调”。赤梅葛一般是悲调（又叫哀调），忧伤低沉，多用于丧葬、祭祀；辅梅葛一般是喜调，婉转抒情，多用于婚嫁、节庆、起房盖屋等。赤梅拉梅是在上述两种古腔调的基础上发展起来的，又叫杂调。如大姚县昙华乡流行的“过山调”“坞嫫诺调”“马缨花调”等和婚礼时唱的“请客调”“讨亲调”“青棚调”“进门调”“迎客调”和“送客调”等。梅葛演唱有单人、双人和集体三种形式，前二者一般为坐唱和站唱，多人演出为走唱，与舞蹈结合，生动活泼，富有民族特色。伴奏乐器主要有葫芦笙、口弦、笛子、月琴等。用彝汉两种语言演唱，唱词以五字句、七字句为主，其中以五字句居多，讲求彝语声韵，诙谐风趣，深受彝族群众喜爱。过去，演唱梅葛的主要是毕摩，他们既是彝族祭司，又是彝族民间口头文学的保存者、加工者和传播者。创世史诗《梅葛》和《传烟调》是重要传统曲目。近年来涌现出许多青年歌手，创作的曲目超出了传统的史诗范畴，多用于反映彝族人民的新生活，如《民兵队长阿利若》《昙华山上不老松》《彝家山寨新事多》《红军长征过楚雄》《美上加美》等，先后参加了云南省民族民间音乐舞蹈会演、全国少数民族业余文艺汇演等活动并获得各种奖励。创世史诗《梅葛》，2008年收入国家级非物质文化遗产名录。（阿南）

甲苏

彝族曲种。甲苏，彝语音译，意译为“讲书”或“唱书”，系唱中夹白的一种曲艺曲种。流传于云南省红河哈尼族彝族自治州元阳、红河、石屏、建水、弥勒、金平、绿春、个旧、开远、蒙自、泸西等地彝族地区。甲苏演唱在彝族民间已有悠久的历史。最早的演唱者是毕摩，以后逐渐传入民间。在祭祀、婚丧、起房盖屋、逢年过节、男女社交时均有甲苏演唱。甲苏演唱有一人或二人自弹自唱；或一人主唱，听众伴唱；或二人对唱，听众伴唱等形式。伴奏以三弦、四弦为主奏乐器，有时演唱也不一定用乐器。据说曲调有七十二种之多。甲苏传统曲目内容广泛，包括神话传说、民族历史、人生哲理、生产知识、民情风俗、伦理道德、婚恋爱情等。甲苏很多曲本用古彝文记载。20世纪80年代起，红河州文艺工作者与民间艺人一道对甲苏传统唱腔进行了改革，广泛吸收彝族民间音乐素材，逐步固定了《甲赫》《舍赫》《赛赫》《依鸣》等曲牌，并配备彝族乐器三弦、四弦、胡琴、二胡、笛子、巴乌等组成小乐队做伴奏。吸收彝族白话腔注重押韵的手法，丰富了甲苏的表现力，同时，改变“男唱女不唱”，而由女演员主唱，由坐唱发展为走唱，常辅以舞蹈，以助演唱气氛，使其成为适合于舞蹈表演的说唱艺术形式。传统曲目有《张四姐》《跛跛脚》等。（阿南）

白话腔

彝族曲种。白话腔又称“讲白话”“款白话”，即讲带韵的道白，有说有唱。流传于云南省红河哈尼族彝族自治州建水县、开远市、石屏县和玉溪市华宁县、楚雄彝族自治州牟定县及南盘江相邻一带的彝族地区。白话腔有一人唱，也有二人或男女对唱的。一般情况是在说唱时，歌唱场地放有大竹烟筒，男的吸烟筒，女的装烟点火，边吸烟筒边说唱，很有风趣，独具特色。伴奏乐器用四弦或月琴等，并以打击乐器烟盒击节。白话腔是由当地彝族山歌和男女对歌发展形成的，是从彝族民歌“四腔”中分离出来的创新而成的独立曲种。曲调有白话腔、白话四腔，不同地区唱法略有差异，但总的声调高亢、嘹亮，还带有自由拖腔，结构比较复杂，唱腔既有急促的快板念诵唱腔，也有抒情的、节奏较规整的唱腔。唱词有七言、五言四句的，也有不规整白话体的。唱词大都要押韵脚。白话腔说唱结合，抒情叙事交融。曲目有叙事的，也有抒情色彩较浓的，如《闲着坐着来唱玩》《相姊妹》《高山坡头放马牛》《高田按豆豆叶团》等。红河州歌舞团对彝族白话腔曲调和说唱内容进行了改革、整理和提高，新编演出具有完整故事情节的白话腔新曲目，如《小鸡养大“机”》《青山常在幸福多》等，多次参加云南省曲艺会演并获奖。（阿南）

四弦弹唱

彝族曲种。曲种以改良过的乐器四弦而得名。主要流行于红河北岸的彝族聚居区。它是一种轻便灵活的坐唱曲艺艺术，是在彝族民间说唱“白话腔”及民歌基础上发展起来的。在彝族民间，凡年节祭祀、喜庆丰收、婚丧嫁娶、起房盖屋或歌舞场上，都有民间歌手弹唱的习俗。弹唱的内容多为叙述民族历史，颂扬民族英雄，传授生产知识，宣讲传统美德以及爱情故事、民间传说等。表演形式，有歌手自弹自唱，有时听众帮腔，也有三四人弹唱和集体弹唱等。演唱中有齐唱、领唱、伴唱等类型。彝族四弦弹唱比较有影响的曲本有《朱大姨》《友谊的清泉》《只怪娃娃生多了》《星星落进彝家寨》《粮食就是宝中宝》《云岭连北京》《阿莎驾铁牛》《猜花果》等。这些曲本以反映彝族新生活为主。（阿南）

撒尼月琴弹唱

彝族曲种。彝语称“米凡改”，意为“弹着月琴唱”。流传于云南省昆明市石林县圭山、维则、亩竹箐、北大村一带彝族撒尼人聚居区。撒尼月琴弹唱表演形式为一人怀抱月琴（撒尼民间也称“四弦”）弹唱，另有一人拉二胡伴奏；也可一人单独演唱，或弹奏着撒尼小三弦，或每唱完一段吹奏一曲木叶做过门。所唱曲调丰富，有“库吼调”“牧羊调”“悲调”“绣花调”“喜调”“骂调”“犁地调”“出嫁调”“该迷”“经乐”等。其中“该迷调”（情调）低回婉转，唱来如泣如诉；“经乐调”适合叙事。主要伴奏乐器月琴设十一或十二个品位，无伴音；三胡有三根弦。弓上的两股马尾穿入三根弦之间，拉奏时有和声效果。唱词以五字句为主，偶尔也有七字句。语言质朴优美，常用比兴、夸张、复沓、谐音等修辞手法。撒尼月琴弹唱曲目一般篇幅较长，多数唱本都在千行以上。传统曲目中，反映人类和大自然斗争内容的有《洪水滔天史》和《尼米诗》等；反映人们追求自由幸福和爱情内容的有《阿诗玛》《美丽的彩虹》《逃到楠密去》《牧羊人史郎若》《竹叶长青》等。还有一些短小的曲目如《地名歌》等，多为艺人即“歌手”即兴演唱的曲目，内容大抵为某地山水有多美，风光如何迷人等。20世纪50年代后，随着时代的变迁，也创作了一些新的曲目，如反映治山治水的《穷山变富山》，反映农村生产成就的《老圭山开红花》等。（阿南）

阿细说唱

彝族曲种。流传于云南省红河哈尼族彝族自治州弥勒市彝族聚居区。“阿细先基”之“先基”一词，是彝语的汉语谐音。阿细学者对这一名称有多种解释。一为“先人传下来的调子”；二为“先”是神仙“些薇”的简称，“基”是开始，即“神仙开始唱的歌”；三是将“基”做“拉长”解，意为“先人传下来的长歌”；四是将先基做“歌”解，认为“阿细的先基”即“阿细人的歌”。通常，阿细人将这种表演形式的演唱曲调称为“先基调”，唱词称为“先基词”。据传，罗多（今弥勒市西山区）是“阿细先基”的发源地。先基的演出场所不拘，节日庆典、山间田野、男女相会都可进行。传统的表演形式为徒口吟唱。多为二人对唱，一问一答；也有一人演唱，自问自答。最早对传统主体唱本《阿细的先基》挖掘记录并整理出版的，是诗人光未然。他于民国三十三年（1944年）收集出版汉文本，名为《阿细的先鸡》。民国三十四年（1945年）和1958年，又有袁家骅和云南省民族民间文学红河调查队先后两次进行集中收集和记录。但在当时，他们都仅从文学角度，把“先基”视为一种“民间文学长诗”。1964年，刘位循、肖龙图根据彝族阿细支系民间说唱“阿细先基”的形式，创作了新唱本《阿细雄鹰》，张难为唱本设计了音乐，搬上高台演出，并首次使用了“阿细说唱”的名称。这种高台表演，是传统“阿细先基”的一种发展。为适应高台演出，将传统的坐唱演出方式改为走唱形式，还设计了简单的过门舞蹈动作。并在演唱中加入了乐器伴奏：表演者手持响杆（金钱棍）击节演唱，配备有四弦琴、大三弦、笛子等组成的小乐队伴奏。20世纪80年代，红河州的一些专业艺术表演团体对弥勒市进行调查，对阿细说唱进行了重要改革、创新，把它作为重要的艺术节目演出。（阿南）

阿苏嗻

彝族曲种。流传于云南省楚雄彝族自治州楚雄、南华、双柏、禄丰等县市的彝族聚居区。因其表演多在松树枝搭起的“青棚”内举行，故又将其俗称为“青棚调”。阿苏嗻是在彝族倮倮泼支系中流传的一部古典史诗《阿苏嗻》的传唱基础上发展起来的曲艺品种。表演形式为艺人即“歌手”或毕摩领唱，多人应和，或男女二人及数人有问有答地对唱。“阿苏嗻”为彝语音译。“阿苏”意为“我们”“大家”；“嗻”意为“唱”；即“我们唱”或“大家唱”，别名“青棚调”。据明代《楚雄府志》载，隆庆二年（1568年），在今苍岭镇齐甸寺，农历二月初八日的庙会活动中，有“歌声夜转疏林月”的记述。清代嘉庆《楚雄县志》载：“四山夷人，跳月踏歌，吹芦笙、竹笛、弹羊皮小三弦以和其声。一以节歌跳月为乐，婚葬皆然。”以上文献，均记述了明、清时期，楚雄境内的彝民“节歌跳月”的盛况，一般认为，“节歌跳月”就是指阿苏嗻演唱。说明阿苏嗻说唱的历史悠久。史诗《阿苏嗻》作为阿苏嗻的主要传统节目，通常在当地彝族人的婚嫁、丧葬、筑造和乔迁时演出。由序歌、造天地、撒种子、找日月、三皇时代、洪水泛滥、兄妹成婚、唱通书、十二属相、十二月花、唱星宿、采青、选地基、盖房、访亲、迎亲、关龙等部分组成。内容涉及彝族倮倮泼支系对天地、万物及人类起源的认识和本民族在历史、宗教、风俗、天文、历法、生产和生活等各方面的知识，较为系统地反映了彝族的宇宙观、宗教观、历史观、道德观，具有启蒙和教育后代的作用。唱本素来无文字记载，由毕摩或艺人用汉语传唱。史诗唱本的系统收集和记录，始于20世纪70年代末期。退休教师者厚培（彝族阿苏嗻艺人即“歌手”），从毕摩兼“歌手”的李万有、周从信、者从科、杨发高等处采集了流行于楚雄市的三街、树苴、八角等地区的阿苏嗻唱本资料并形成记录稿一份。同时，楚雄县文化馆余立梁、严速等，亦收集了流行于上述地区由者厚培个人演唱的阿苏嗻唱本初稿。1984年春，云南省社会科学院夏光辅在南华县的五街地区，从彝族“歌手”和毕摩李彪发等人那里，采集记录了该地区流行的阿苏嗻唱本资料。并在两种记录稿的基础上综合整理，形成统一的篇章。阿苏嗻的演出，通常在彝族人家婚嫁喜庆及乔迁入宅之际。时间可长可短，一般以一整天通宵达旦为常。如开场早且演唱速度快，天未亮便唱至最后一段“关龙”时，在演唱中可由“歌手”加唱“十二属相”或“十二月花”，亦可即兴演唱“吉利词”或恭贺性的唱词。演出时间长的，可达三天三夜。如系婚嫁喜庆、乔迁入宅，演出时可以客堂或场院中搭一松枝盖顶的“青棚”，在内进行演出。男女老幼，均可观赏。并有“青棚底下无大小，男女老少都可听”的说法。由于阿苏嗻表演以“阿苏嗻”“阿乖佬”“冷气腔”为主要唱调，演出以芦笙、笛子、三弦、月琴自行伴奏。民国以来则主要以羊皮鞔弦鼓面的三弦为其伴奏，三弦分大、中、小三种，由于制作工艺特殊，音响效果较之汉族三弦有着显著的区别。中华人民共和国成立之后，阿苏嘧的流布范围有所扩大。20世纪60年代初期以来，由山区普及至坝区，由彝族传到杂居的汉族群众中。不仅彝族婚丧嫁娶必请“歌手”或毕摩来家演唱，汉族群众遇上喜庆事情，也演唱阿苏嘧。20世纪80年代，阿苏嘧表演已经走出“青棚”，经常出现在楚雄州当地的大型民族传统节日庆典和各种高台文艺汇演中。（阿南）

克智

彝族曲种。流传于川滇大小凉山及云南省东部方言彝族地区。“克”意即“口”“嘴”，可引义为口才之意；“智”意即“搬动”“扳动”，可理解为措词用语之类。克智为民间口头论辩、竞赛活动，是人们运用吟诵、说唱艺术，叙述历史、讲述传统、明辨事理的一种口头交流和信息传播的方式。克智辩论、竞赛内容涉及历史、天文、地理、哲学、法律、风俗、礼仪等。克智辞赋以五言、七言为主，辅以杂言。其表现手法灵活多样，多用比、兴、赋手法。参与克智辩论、竞赛者大多口齿伶俐善辩，反应灵敏。辩论、竞赛时，多用排比、夸张、讽喻辞格，力求显示自己雄辩的口才、渊博的知识，炫耀灵活应付、随机应变的能力。克智一般在婚嫁、丧事、节日庆典、宴会等场合举行。四川省凉山彝族自治州美姑县被誉为“克智之乡”。彝族克智，2008年入选国家级非物质文化遗产保护名录。（阿南）

撮泰吉

彝族傩戏。撮泰吉，又称“搓特基”“撮衬姐”，系同音异译。流传于云南昭通、镇雄、彝良和贵州威宁、赫章等县彝族山寨。每年正月初三至十五日“扫火星”时演出，反映彝族先民由滇入黔的迁徙史，以及从狩猎游牧生活向耕牧结合的定居生活过渡的历史。“撮”意为“人”，“泰”意为“变化”，“吉”意为“完成”，“撮泰吉”即“人类刚刚变成人的那个时代的故事”，是一块以艺术形式保存于民间的、反映彝族先民社会生活的活化石。传说凶神给人类制造种种灾难，放天马到田里啃吃、践踏庄稼，祸害百姓。天神得知后派撮泰到世间救济遭灾的人，送来荞种，从而使粮食获得大丰收。又一说法，天神派狮子到人间帮助人类驱走了凶神，人类得以安居乐业，所以，演唱时既表演“撮泰阿布”（即人类始祖）生活、生产情景，也要耍狮子，以示庆贺。“撮泰吉”活动由四个部分组成，第一部分是祭祀，祭天祭地，祭山神和谷神。几个“撮泰”老人，戴面具，手拄棍棒，踉踉跄跄从原始森林走来，发出猿猴的叫声，然后开始祭拜。第二部分是耕作，有“送种子”“买牛”“耕种”“收获”“孕育”“报祭”六个内容，反映先民创业、生产、繁衍、迁徙的历史，这是“撮泰吉”的主要部分，并有交媾、喂奶等舞蹈动作。第三部分是喜庆，表演狮子舞。第四部分是扫寨，扫除火星，用鸡蛋占卜明年的农事收成。四个部分中，“耕作”记录了由狩猎游牧进入农牧结合定居生活的转变过程，是彝族先民生活的缩影。“撮泰吉”有问有答，有说有唱，有舞蹈有表演，彝族先民认为，人类是猿猴变成的，这个傩舞节目，还表演“九猴耕地”的传说。从“撮泰吉”可以看出彝族戏剧发展的原始脉络。傩戏“撮泰吉”，2006年入选国家级非物质文化遗产保护名录。（阿南）

老虎笙

彝族傩戏。流传于云南省楚雄彝族自治州双柏县法脿镇。彝族先民有崇虎的习俗，认为虎是彝族的祖先，双柏县法脿镇每年正月有“虎节”，从正月初八日晚接虎祖开始，到正月十五日送虎祖结束。这期间，每天晚上，在村寨的场子上表演“老虎笙”。开始时，一位长老装扮为虎头（引路人），抬着竹竿上场，竹竿上挂着一个葫芦。长老跑进场时，高呼“卖药啰”，长老后面跟着两位手摇铜铃的“山神”，两只“猫”，还有四位身着毕摩服饰的羊皮鼓手，最后是八个身着虎装（用灰黑色毯子制作的虎皮），身画虎纹（用布裹身，布上画虎纹。据说古时曾有裸身画上虎纹的习俗），随着羊皮鼓点节奏，“老虎”们变换着各种舞姿跳至深夜方休。虎节的第一天晚上，老虎笙共跳十二套舞蹈动作，祈祷来年十二个月风调雨顺，四季平安；后几个晚上，表演犁田、耙田、耕种、薅锄、收割等山区农事活动，迎接来年五谷丰登，六畜兴旺。此外，还表演虎亲嘴、虎交配等模拟动物的动作。场子上，彝族男女老幼围着老虎踏歌起舞，舞姿古朴粗犷，情绪十分热烈。正月十五日，“老虎笙”全班人马，挨家挨户为彝族乡亲跳笙祝福；所到的人家也向“老虎”敬奉酒肉，祈福消灾。这一活动一直持续到半夜，全寨人在鞭炮声中，把老虎送到寨外的“叫魂山”，至此，虎节活动才算结束。双柏法脿镇这种古老的虎节活动，和威宁的“撮泰吉”都是彝族古代傩祭、傩舞的一种形式，与原始宗教有关。老虎笙，2008年收入国家级非物质文化遗产名录。（阿南）

彝剧

彝族戏剧。主要流传于云南省楚雄彝族自治州境内的彝族聚居区和云南省内部分彝族自治县彝族聚居区。据彝文典籍记载，彝族最早的戏剧演出活动始于18世纪末期。那时有毕摩根据彝族民间故事改编演出的《阿佐分家》，译成汉语是“兄弟分家的故事”。《阿佐分家》这个演唱节目分为三场：第一场是故事的开端，叙述哥哥娶的细皮白嫩的漂亮媳妇，结婚后待不得弟弟，挑唆哥哥分家，把弟弟赶出家门，哥哥生性懦弱、贪婪，一切听媳妇的摆布。第二场叙述分家的过程，好的财物，家里大部分值钱的东西都归了哥嫂，弟弟被逼得走投无路，丢掉自己那一点点可怜的东西，上山当了猎人。第三场，哥哥思念兄弟阿佐，到深山找到他，阿佐邀哥哥同游“地府”。兄弟二人到了阴间，看到地狱里的情景，善恶报应分明，生死轮回历历在目，哥哥受到了教育，痛悔自己不该做坏事。第四场是故事的结局，描写哥哥受到乡邻父老的谴责，良心上受到责备，到山上去寻找弟弟，要接阿佐回家，重归于好。阿佐则认为，只要有不贤惠的嫂嫂在家，弟兄不可能真正和睦相处，因此不愿回去，最后不幸死于山野。据彝文典籍记载，这个节目早在乾隆年间就由双柏县底土寨的彝族毕摩李多二编写，道光以后，双柏县有的毕摩也表演过，中华人民共和国成立以后，著名的老毕摩施学生也表演过这个节目。据当地老人说，演唱《阿佐分家》用的是当地流行的“阿色调”。开始时是一个人坐着唱，一唱到底，后来变作两个人边跳边唱。最初只在祭祀场中演唱，后来也在歌场上表演。演唱时，毕摩还带着刀叉，翻滚跳打，载歌载舞。彝族这种说唱形式加表演的节目，18世纪末期就产生了。那时的《阿佐分家》，已经有了较为完整的故事情节，有了具有一定性格特征的人物，而且根据人物不同的身份，根据内容需要，增加了表演，成为有较丰富社会内容的、歌舞伴表演相结合的演唱节目。它已经具备戏剧的雏形。彝剧是在彝族傩戏、毕摩演唱、彝族歌舞和民间小调演唱的基础上兴起发展起来的。1947年，原楚雄大姚直苴乡（现属永仁县）的小学教师用彝族歌舞编演过节目，但未普及。1957年，大姚县昙华乡麻秆房民办俱乐部教师杨森采用端公“跳神”的某些动作与神态，以“梅葛调”“过山调”“放羊调”为唱腔，结合彝族民间歌舞，模仿汉族花灯形式编演了《谁是医生》《牧羊在林中》《狼来了》《半夜羊叫》等剧目。1958年，大姚县昙华乡业余彝剧团参加文化部在大理召开的西南区民族文化工作会议时演出了《半夜羊叫》，受到赞扬与肯定，并正式定名为彝剧。彝剧音乐由彝族中流行的山歌、小调、舞曲和器乐曲结合形成唱腔，称为“山歌体”，尚未形成固定的板腔或成套的唱腔。主要曲调有“梅葛调”“过山调”“放羊调”“大松平调”“曼嫫若调”“果巫见调”等，乐曲有芦笙曲、唢呐曲、月琴曲等。彝族“跳歌”用的笛子、三弦（或月琴）、芦笙也是彝剧的主要伴奏乐器，俗称“三大件”。目前，彝剧表演还未形成一套完整的程式，也没有严格的行当分工，最初是模拟某些生活动作和动物特征的简单表演，后又从毕摩祭祀和唱《梅葛》的动作、声调、表情中吸收一些表演技巧，再从“打跳”中提取某些身段、步伐，变成节奏性和舞蹈性较强的表演技巧，发展为以歌、舞、乐、剧结合的表现形式，富有浓郁的民族生活气息和鲜明的民族特点。彝剧已创作演出近百个剧目，多属反映现实生活的现代戏。主要代表剧目有《半夜羊叫》《曼嫫与玛若》《歌场两家亲》《篾独尼闹店》等。彝剧，2008年入选国家级非物质文化遗产保护名录。（阿南）

花灯

彝族戏剧。流传于红河哈尼族彝族自治州建水、石屏、蒙自、开远等县市和楚雄彝族自治州部分彝族聚居区及彝汉杂居区，是彝汉文化交流的结晶。据考，彝族花灯始于明代，成熟于清代。它分为歌舞和小戏两类形式，较有代表性的舞蹈有“扇子舞”“花鞭舞”（又称响杆舞）等。彝族花灯的伴奏乐器以四弦、树叶为主，配以三弦、二胡、笛子及打击乐。舞蹈音乐具有浓厚的彝族山歌色彩，伴之以汉语彝音的演唱风格，使其特点更为突出。其舞蹈有汉族花灯的动律，又有彝族“烟盒舞”“跳乐”的韵味。男性舞蹈动作富于跳跃性，刚健有力，跳转自如。女性舞蹈动作则平稳含蓄，微颤微颠。花灯是彝族喜庆节日活动中不可少的表演节目。（阿南）

太平花灯

彝族戏剧。太平花灯，又称跳阳灯、团场灯等。主要流传在云南省澄江县松园村一带。于每年春节期间演出，保留着古老的供奉灯神活动。每年农历冬月初二，村中业余灯班聚集在寺内，年老艺高者亲手将灯神供奉在大殿神位，全体跪拜聚餐后开始排练。正月初二正式演出。锣鼓队在前，后有持短棍、四简秧老鼓、霸王鞭者，以及男扮女装的“灯娘娘”“灯老倌”等，男扮女装的“灯婆婆”压后，共30人先去寺里接“灯神”，然后由“灯婆婆”背着灯神到广场就可以演出。演出从花灯歌舞《正月燕子报早春》《大风阳》开始，接着有对白剧《周大打柴》《闹金鸡》等22个剧目24个曲调。边舞边唱，风格古老独特，舞蹈动作复杂多变。伴奏乐器有京胡和月琴，打击乐器有锣鼓和钹，服饰为彝族特色服装，主要形式是集体表演。太平花灯以父传子、子传孙的方式世代相传，迄今已有200多年历史，主要目的是为了祈祷风调雨顺，五谷丰登，牛马兴旺，平安吉庆，故名。（阿南）

词目汉语拼音音节索引

【说明】本索引按词目的拼音顺序排列，每个词目后的数字为该词目在本书正文中的页码。

A

B

C

D

E

F

G

H

J

K

L

M

N

O

P

Q

R

S

T

W

X

Y

Z

后记

彝族历史悠久，文化灿烂，民间文学遗产积淀深厚。《中国彝族民间文学总目提要》的编写，前后历时二十余年。1997年7月，云南省民委安排我任云南省少数民族古籍整理出版规划办公室主任，是年12月，国家民委确立了编纂出版《中国少数民族古籍总目提要》的民族文化建设大型项目，并下文要求各省区少数民族古籍工作部门认真组织实施。因此，我到民族古籍工作部门后即开始接受这一重要任务。鉴于彝族分布在滇、川、黔、桂等省区市，《中国少数民族古籍总目提要·彝族卷》的编写任务繁重，国家民委全国少数民族古籍整理研究室决定让云南省民族古籍办公室牵头完成“彝族卷”编纂任务。从此，我一方面要对云南省少数民族古籍编目工作做出全面安排部署，另一方面要对“彝族卷”的编写工作进行总协调。往后的十余年里，我全身心地投入到民族古籍编目工作之中。在指导全省少数民族古籍编目工作方面，我先后组织编写出版了《中国少数民族古籍总目提要》之《纳西族卷》《白族卷》《哈尼族卷》等成果，并先后获得云南省哲学社会科学优秀成果一、二、三等奖。期间，鉴于云南许多少数民族没有本民族文字，没有严格意义上的古籍流传，他们的文化遗产主要以口耳相传的民间文学为代表，我决定对云南各民族的这些口头遗产条目进行整合，经过几年的努力，《云南民族口传非物质文化遗产总目提要》6卷本套书于2008年由云南教育出版社出版。此书收录云南26个民族的民间口传遗产19600余种。这既是对多年来云南民族古籍编目工作进行的一次阶段性总结，更是对包括汉族在内的云南各民族民间文学遗产进行的第一次大盘点和大汇总。这是我投身于少数民族古籍编目工作后的又一项重要编目成果。

在“彝族卷”编写工作方面，起初我也是信心百倍，认为人生有机会为本民族做一件文化遗产的清理盘点工作，可遇不可求，意义重大。但随着工作的推进，彝族古籍编目工作的难度开始显现。

彝文古籍中古词古语较多，识读难度较大，用较短时间对数千年积淀下来的彝文典籍进行全面清理和编目，实属不易。2004年春节假期，我开始动手对有关州市专业人员撰写上报的彝文古籍编目条目进行文字修改，修改难度之大出乎我的意料，主要原因是大多数彝文古籍的内容已不易读懂，我们要将其内容进行概括写成条目，难度较大，修改200余条彝文古籍提要条目，我用了近两个月的时间。尽管如此，我对修改后的这些条目质量仍然不满意，这项工作就这样被搁置了下来。2016年3月，我轮岗到云南省少数民族语文指导工作委员会工作，我感觉《中国少数民族古籍总目提要·彝族卷》的编写不能这样不了了之，并有了率先将其中的“讲唱类”（口传传统文化资料）词条组织出版的想法。2017年，我向曾在我门下就读硕士学位的云南美术出版社编辑赵婧提出了编纂出版《中国彝族民间文学总目提要》的选题，选题及时得到云南美术出版社领导的重视，并于2018年入选国家出版基金项目，《中国彝族民间文学总目提要》一书的出版经费得到圆满解决。

为了编好《中国彝族民间文学总目提要》一书，2018年9月我带领几名年轻同志专程到四川凉山彝族自治州进行调查，收集补充四川彝族民间文学词条资料，并组织专家对贵州条目进行了补写。经过近两年的努力，《中国彝族民间文学总目提要》终于编纂完成。这是我国第一部彝族民间文学目录学成果。它的出版与国家民委全国少数民族古籍整理研究室和滇、川、黔、桂四省区民族古籍部门的支持密不可分，是相关省区专家共同努力的成果，是我国彝族文化遗产抢救保护事业取得的又一项重要成就，是集体智慧的结晶。

《中国彝族民间文学总目提要》的统稿、审改和编排工作，普学旺、左玉堂、刘琳等同志付出了较大的劳动，在本书的申报出版过程中，得到云南美术出版社刘大伟社长和张平慧总编辑的大力支持，赵婧、郑涵匀、张湘柱、何花、赵关荣、洪娜等同志付出了辛勤劳动。

感谢国家出版基金对中国民族文化出版项目的推动，没有基金的支持，我们不可能在这么短时间内顺利完成彝族民间文学总目的收集整理工作。

谨致谢意。

普学旺

2020年4月12日于昆明北门街

中国彝族民间文学总目提要

（上册）

普学旺　主编

云南出版集团
云南美术出版社

图书在版编目（CIP）数据

中国彝族民间文学总目提要：全2册 / 普学旺主编. -- 昆明：云南美术出版社，2020.5
ISBN 978-7-5489-3802-6

Ⅰ.①中… Ⅱ.①普… Ⅲ.①彝族—少数民族文学—内容提要—中国 Ⅳ.①Z88：I291.7

中国版本图书馆CIP数据核字（2020）第075055号

出 版 人：李　维　刘大伟

统筹策划：张平慧
责任编辑：赵　婧　何　花　洪　娜　赵关荣
责任校对：庞　宇　梁　媛　郑涵匀
装帧设计：张湘柱

中国彝族民间文学总目提要（全2册）

普学旺　主编

出版发行：云 南 出 版 集 团
云南美术出版社（昆明市环城西路609号）
制版印刷：云南宏乾印刷有限公司
开　　本：889mm × 1194mm 1/16
印　　张：63.75
字　　数：1600千字
版　　次：2020年5月第1版
印　　次：2020年12月第1次印刷
书　　号：ISBN 978-7-5489-3802-6
定　　价：580.00元（全2册）

《中国彝族民间文学总目提要》编纂委员会

主　　编：普学旺

副 主 编：左玉堂　龙　珊　梁　红　起国庆　刘　琳　吉则利布
王继超　朱琚元　韦如柱　师有福　柳远胜

编撰人员：普学旺　梁　红　普开福　聂　鲁　阿　南　段　葵
罗德显　刘　琳　朱琚元　钱丽云　李惠兰　施　选
李福云　宋自华　王光荣　谭玉婷　龙　珊　施文志
龙倮贵　吴　平　杨阿洛　土比呷呷　贾斯拉核　刘艳芳
魏娟娟　巴　子　张秀娟　谢国先　李朝旺　阿　洛
王文魁　蓝　斯　乃古尔聪　李新渝　沙马阿青　柳远胜
张雪梅　杜良高　陈大进　段　伶　段　辰　阿布达切
张　辉　贾瓦盘加　阿牛木支　李　坤　时长日黑　利　布
邱　萍　王　毅　赵立田　贾巴甲哈　期沙俄格　吉郎伍野
吉尔拉格　覃　萍　尔古阿木　摩瑟磁火　阿余铁日

序 言

普学旺

彝族是中国56个民族之一。据2010年第六次全国人口普查统计，彝族人口达871万余人。主要分布在云南、四川、贵州、广西、重庆五省区市。其中，在四川凉山彝族自治州、云南楚雄彝族自治州和红河哈尼族彝族自治州呈大片聚居；在云南的峨山彝族自治县、宁蒗彝族自治县、石林彝族自治县、南涧彝族自治县、漾濞彝族自治县、景东彝族自治县、巍山彝族回族自治县、新平彝族傣族自治县、禄劝彝族苗族自治县、镇沅彝族哈尼族拉祜族自治县、江城哈尼族彝族自治县、寻甸回族彝族自治县、元江哈尼族彝族傣族自治县、宁洱哈尼族彝族自治县、景谷傣族彝族自治县，四川的马边彝族自治县、峨边彝族自治县，贵州的威宁彝族回族苗族自治县等呈小片聚居；在其他地区则与汉族等其他兄弟民族杂居。彝语属汉藏语系藏缅语族彝语支，分为六大方言。彝族先民在久远的时代就创造了本民族的文字，并在漫长的社会发展过程中写下了数以万计的文献典籍。文字记录或口耳传承的彝族民间文学遗产是彝族文化遗产的重要组成部分。

一、悠远的族源和族称

彝族族源，学界有北来、东来、西来、南来、云南土著、融合论诸说，持北来说的学者根据《史记·西南夷列传》的记述，认为彝族源于氐羌。持东来说的学者认为彝族源于楚人。持西来说的学者认为彝族来自西藏或中国西藏自治区与缅甸交界地区。持南来说的学者认为彝族源自古越人或古僚人，属于马来人种。持云南土著说的学者认为云南自古便是彝族的发祥地，今四川、贵州、广西各地彝族皆发源于滇。持融合说的学者认为彝族是我国古代从西北南迁的氐羌人与西南土著居民的融合体，或认为彝族的主体起源于西南土著，同时又融合了来自东、南、西、北不同族体的成分。随着各民族史、语言关系史和彝学研究的不断深入，彝族东来说、南来说、西来说由于证据不足已被学界否定，云南土著说也因无法圆满解释彝族文化所彰显的与华夏民族具有同源异流关系而认同者较少。越来越多的学者逐渐认为，早期彝族先民与华夏先民具有共同的族源关系，并与现当代的藏族、羌族、纳西族、傈僳族、哈尼族、白族、阿昌族、拉祜族、景颇族、基诺族、普米族、怒族、独龙族等民族具有共同的历史文化渊源，彝族中既有古羌人的成分，又有融合土著和来自不同族体的成分。我们可以肯定的是，彝族栖居于中国西南云南、贵州、四川广大地区已达数千年之久，是在这块土地上历经数千年发展壮大起来的一个民族。

彝族支系较多，自称他称繁富。在汉文史籍中，不同时期、不同地域有不同的称谓，春秋战国时期称为“夜郎”“靡莫”“滇”“哀牢”“徙”“邛”“笮都”等，两汉时期称为“嶲”“昆明”，三国时期称为“昆”“叟”，南北朝时期称为“爨”，唐、宋时期称为“乌蛮”，元、明、清时期称为“罗罗”等。另，自春秋战国以来的汉文献，如《华阳国志》等，亦以“夷”统称彝族或彝语支民族先民，有时专称，有时概称。彝族主要的自称有“诺苏颇”“纳苏颇”“聂苏颇”“尼苏颇”“能素颇”“尼素颇”“罗罗颇”“倮倮颇”“迷撒颇”“腊罗颇”“腊鲁颇”“阿鲁”“撒尼颇”“尼颇”“罗婺”“罗武”“山苏”“阿细颇”“阿哲颇”“阿乌颇”“罗缅”“密期”“葛颇”“俐咪”“濮拉颇”“车苏颇”“撒马都”等，他称有“黑彝”“白彝”“红彝”“青彝”“花腰彝”“撒尼”“撒梅”“蒙化子”“他鲁”“阿细”“卜拉”“黑罗罗”“白罗罗”“阿乌”“香堂”“子君”等。

在众多彝族称谓中，有的自称和他称一致，有的则不一致。其中，自称“诺苏颇”“纳苏颇”“聂苏颇”的彝族最多，约占彝族总人口的50%以上。“诺苏颇”主要分布在四川南部大凉山地区和云南北部宁蒗、元谋、华坪、永仁、永善等县；“纳苏颇”主要分布在滇东北的武定、禄劝、禄丰、双柏和滇中峨山等县；“聂苏颇”主要分布在滇南石屏、新平、建水、个旧、元阳、红河、江城、绿春、金平等县市。上述自称中的“颇”“苏”等字，其意为人或族。在“诺苏颇”“纳苏颇”和“聂苏颇”中的“诺”“纳”和“聂”等，是同一语音的方言差异，其意为黑，全意即为崇尚黑色的民族，与彝族先民崇尚黑色有关。此外，自元代以后，汉文献多称彝族先民为“罗罗”，又有“倮倮”“罗落”“落落”“鹿鲁”“鹿鹿”等多种写法，今云南巍山、凤庆、景东、漾濞等地彝族多自称“腊罗颇”，分布在云南大姚、永仁、姚安、景东、云县等地彝族多自称“罗罗颇”“罗罗”“落落”“腊罗”等，亦为同一自称的方言殊异，其意为龙、虎，与彝族先民以龙和虎为图腾有关。崇尚黑色和以龙、虎为图腾，是彝族先民的古老文化传统。从这些彝族称谓可见，彝族虽然存在众多不同支系，不同地区、不同支系彝族的社会发育程度也有一定差异，但他们具有共同的历史文化渊源。研究表明，黑色是古羌部族母系时代崇尚的色彩，在汉族传统哲学中用黑色表示阴性的文化渊薮。龙和虎则是中华先民的两大图腾徽号。虎崇拜源于母虎崇拜，是中华先民古羌部族母系时代崇尚的图腾，其早期的文化象征是女性。龙崇拜则是古羌部族父系时代的产物，是代表男性的图腾符号，其文化含义象征男性。在中华传统文化中，我们往往用“生龙活虎”“龙腾虎跃”等来形容中华儿女积极向上的精神风貌，原因正在于此。因此，彝族崇尚黑色和以龙、虎为图腾的文化传统，源远流长。

现代彝族的民族称谓“彝”，是中华人民共和国成立后由毛泽东主席确定的。1956年，各地彝族上层人士聚集北京共商民族社会经济发展大计，在谈及旧时“夷族”称谓时，大家认为不妥，毛泽东主席提议将“夷”改为“彝”，依据广大彝族人民的共同意愿，决定将“鼎彝”之“彝”作为彝族的通称。“彝”字包含“米”字和“系”字，蕴含这个民族有吃有穿。它象征着彝族具有悠久的历史，拥有灿烂的文化，与祖国大家庭内的各兄弟民族鼎力合作，团结一致，在中国共产党的领导下，必将创造和迎来美好的未来。

二、厚重的民间文学遗产

民间文学是广泛流传于人民大众中趋于模式化的语言作品和表演艺术，是与作家文学相对而言的一种文学类型。按其题材形式，可分为神话、传说、民间故事、史诗、叙事长诗、歌谣、戏剧、谚语、谜语等类别。一般以神话和史诗所反映的内容较为古老，史诗和叙事长诗的篇幅较长，歌谣、谚语、谜语等的篇幅最为短小。史诗、叙事长诗和民歌以诗体的形式呈现，神话、传说和民间故事以散文体的形式叙述。鉴于彝族是一个有古老文字的民族，不少民间文学作品除口传外，尚有彝文传本流传于民间，彝族民间文学主要有文传和口传两种传承形式。

彝族民间文学伴随着彝族社会的产生而产生，随着彝族社会的发展而不断得到丰富和发展。自汉代以来，一些文人贤士对其就有零星记录。19世纪末20世纪初，法国传教士保禄·维亚尔在云南收集《洪水泛滥》《倮倮人的创世纪》等彝族创世神话用法文发表。1928年至1930年，民族学家杨成志来西南民族地区进行民族学调查，收集研究彝文典籍和祭祀经典，1931年至1934年先后发表《罗罗太上清净消灾经对译》《罗罗族的文献发现》《云南罗罗族的巫师及其经典》《罗罗的语言、文字与经典》等著述。《新纂云南通志》称杨成志“衔中山大学使命，曾只身入大凉山，请罗罗祭师所谓毕摩者教以罗罗语言授以罗罗经典，半年间竟能了解其习俗礼制，乃以中西文互译其经咒、歌谣一百三十部”[①]。1931年，地质学家丁文江开始收集彝文经典，并与通晓彝文的罗文笔合作翻译彝文典籍，编成《爨文丛刻》一书，该书收录彝文《宇宙源流》《人类历史》等11种彝文典籍，于1936年由商务印书馆出版，这是国内首部翻译印行的彝文典籍。20世纪40年代，马学良深入云南武定、禄劝、路南（石林）等彝区收集整理彝族民间文学和彝文典籍。1941年他在石林黑尼村记录50余则故事，1942年他在寻甸、禄劝等地记录了一些古歌和民间故事，此间发表《云南倮族（白夷）之神话》《宣威土民的神话》等，并从武定、禄劝一带先后收集彝文典籍2000余册，这批文献现分藏在北京图书馆、清华大学、南开大学等部门。1941年，高华年亦曾在昆明周边彝区记录彝族民间故事30余则。1944年，光未然深入云南弥勒县彝族阿细人地区收集彝族创世史诗《阿细的先基》，并在昆明出版，开创了抢救彝族口传创世史诗的先河。

中华人民共和国成立后，彝族民间文学抢救保护得到党和政府的重视。1950年，杨放收集整理的《圭山撒尼人的叙事诗阿诗玛》在《诗歌与散文》发表，并被《新华月报》转载，彝族叙事长诗《阿诗玛》开始为世人关注。1953年，云南省组织包括文学、音乐、舞蹈和资料等方面人员参加圭山工作组，深入到圭山彝族地区对彝族叙事长诗《阿诗玛》进行专题发掘。1954年，《阿诗玛》汉译本由云南人民出版社出版。《阿诗玛》的翻译出版和所产生的积极影响，推动了彝族民间文学乃至其他民族民间文学的收集整理和发掘。此后，云南、四川、贵州、广西等省区的彝族民间文学搜集整理工作如雨后春笋般得到发展。从中华人民共和国成立至1978年党的十一届三中全会拉开中国改革开放序幕前，其中虽受十年“文革”影响，但彝族民间文学抢救保护仍然取得较大成绩，并为后来继续推动此项文化抢救保护工作奠定了坚实基础。此间，彝族五大著名创世史诗得到抢救保护，如冯元蔚收集翻译的《勒俄特依》，云南省民族民间文学红河调查队收集整理的《阿细的先基》，云南省民族民间文学楚雄调查队收集整理的《梅葛》

① 白兴发《二十世纪前半期的云南民族学》，北京：民族出版社，2011年，第33页。

先后得到出版，郭思九、陶学良完成了《查姆》的整理工作。滇南彝族创世史诗《阿黑西尼摩》开始被民间文学工作者关注。20世纪80年代后，随着民族政策的恢复和落实，彝族民间文学抢救保护工作得到较快恢复和发展。特别是1984年，文化部、国家民委、中国民间文艺研究会联合下发了《关于编辑出版〈中国民间故事集成〉〈中国歌谣集成〉〈中国谚语集成〉的通知》，一项规模宏大的民间文学抢救保护工作在中华大地全面铺开。随着这项"集成"工作的推进，一大批彝族民间文学作品得到发掘和翻译出版，彝族民间文学抢救保护收集从此进入健康发展的新时期。从中华人民共和国成立至今，以下省区或部门为彝族民间文学抢救整理出版做出了较大贡献。

一是贵州省彝文翻译组的民间文学翻译和抢救保护。1955年，贵州省在毕节地区成立彝文翻译组，并聘请彝族民间老知识分子开始了包括彝族民间文学典籍在内的彝文翻译工作，至1966年的十余年间，共翻译彝文古籍25部50卷。其中不少文本或篇目即为民间文学文本，如《西南彝志》卷一至卷五上半册，是有关彝族先民创世的记录，涉及宇宙起源、人类起源、万物起源以及先民对天地方位、疆域和自然界的认识等创世神话。"卷十三到卷二十六中的大量篇幅，其文学价值可与《诗经》《离骚》媲美。如卷十六中《歌舞的起源》《尼能的歌场》《天地的歌场》诸篇，是古代彝族的文学作品，辞藻优美动人"[①]。"文革"期间，彝文翻译组被撤销。1977年恢复彝文翻译组后，先后翻译了《婚姻歌》《丧礼歌》《民歌》《故事诗》《彝族文学集》《指路丛书》等，王继超主译的有《曲谷精选》《曲谷走谷选》《益那悲歌》《阿买垦》《彝族古歌》《支嘎阿鲁王》《赛特阿育》等。彝文翻译组还为贵州大学翻译彝族民歌4000多首，以《西南彝志》《彝族源流》为代表的彝文翻译成果产生了较大影响。

二是云南省楚雄彝族自治州的彝族民间文学抢救保护。党的十一届三中全会后，楚雄彝族自治州先后于1979年、1980年和1982年，组织了较大规模的民族民间文学调查队，三次深入彝族地区调查采风，搜集记录了十多部长诗、数百篇民间故事和上千首民歌。并于1981年成立彝族文化研究所，大力抢救发掘口头文学资料，编印《楚雄民族民间文学资料》5辑。抢救彝文古籍600余册，编印《彝文文献译丛》6辑。2003年至2013年，收录400余部彝族民间文学和彝文古籍的《彝族毕摩经典译注》106卷由云南民族出版社出版，引起学界瞩目。

三是四川省凉山彝族自治州的彝族民间文学抢救保护。可分为两个阶段，第一阶段是20世纪50年代初至党的十一届三中全会召开前。这一时期，先后整理出版了《勒俄特

① 陈英《陈英彝学研究文集》，贵阳：贵州人民出版社，2004年，第112~113页。

依》《玛木特依》《尔比尔吉》《妈妈的女儿》《我的幺表妹》《大凉山彝族长诗选》《大凉山彝族故事选》等，冯元蔚收集翻译的彝族创世史诗《勒俄特依》因具有多学科价值而得到学界关注，后入选“中华大国学经典文库”出版。第二阶段是20世纪80年代以民间文学三套集成为中心的民间文学大调查。这一时期凉山彝族自治州收集民间故事800余篇，歌谣200余首，谚语10000余条，“克智”40000余行。在各县完成的“集成”中，亦有不少作品是彝族民间文学作品。先后有《彝族克智》《越西彝族民歌》《支格阿龙故事选编》《支格阿龙》《凉山彝族故事选》等得到翻译、整理、出版。由吉则利布等收集整理的《彝族克智》《彝族传世民歌》《凉山彝族机智人物故事选》等获得民间文艺界好评，其中《彝族克智译注》获第十一届全国民间文艺“山花奖”。

四是云南省红河哈尼族彝族自治州的彝族民间文学抢救保护。红河哈尼族彝族自治州于20世纪80年代初成立民族研究所，并从民间聘请彝族知识分子毕摩开始了彝族民间文学抢救保护工作，创办内刊《红河民族古籍研究》，发表民间文学收集整理成果。1984年出版了以涅努巴西为主收集整理的《彝族叙事长诗选》，1985年出版彝族创世史诗《尼苏夺节》。2010年，收录93部彝族民间文学和古籍的《红河彝族文化遗产古籍典藏》20卷由云南人民出版社出版，并获中国出版政府奖提名奖，开启了彝文民间文学作品抢救保护的新探索。

五是广西壮族自治区的民间文学抢救保护。自20世纪80年代初开始，广西彝族学者开始收集、记录彝族经词、歌谣和神话，部分作品分别收入《广西少数民族故事选》《广西少数民族民间文学精选》等书。1986年开始，广西民族古籍整理办公室组织彝族学者王光荣收集翻译彝族丧葬礼仪唱词，1999年，收录唱词6800余行的《那坡彝族开路经》由广西古籍办内部印行，这是广西彝族最厚重的一部彝族民间文学收集整理成果。

此外，云南、贵州、四川、广西等省区民族民间文学集成办公室在开展“集成”项目过程中收集整理、出版了大量的彝族民间文学作品。一些民族、文化和出版部门亦做了大量工作。如四川民族出版社组织出版了《彝文典籍集成》160辑和《彝族传世经典》60卷。云南省少数民族古籍整理出版规划办公室组织翻译出版了彝族创世史诗《阿黑西尼摩》和祭祀经典《祭龙经》，云南省少数民族语文指导工作委员会办公室普学旺主译出版了《董永记》《唐王记》《齐小荣》《毛洪记》《凤凰记》《卖花记》《张四姐》等一批汉族题材彝文叙事长诗，左玉堂等整理出版《哈依迭古》，刘德荣、李世忠等整理出版《铜鼓王》，昂自明主译出版《彝族撒尼祭祀词译疏》等，不再一一列述。

彝族民间文学遗产为彝族地区经济文化建设提供了取之不尽、用之不竭的文化源泉，并为彝族历史文化各学科学术研究提供了丰富的资料。

三、远古历史和文化的记忆

彝族民间文学具有门类齐全、语言风格独特（五言体）、内容深邃并具包容开放性等几大特征。

所谓门类齐全，即民间文学应包含的神话、传说、故事、长诗、歌谣、谚语、谜语、戏曲等应有尽有。彝族神话又可分为创世神话、万物起源神话、英雄神话、龙神话、土主神话和其他神话等；彝族传说可分为人物和史事传说、节日和风俗传说、山川风物传说、歌舞和乐器传说、其他传说等；民间故事分为幻想故事、生活故事、机智人物故事、笑话、寓言、动植物故事等；民间长诗分为创世史诗、迁徙史诗、英雄史诗、叙事长诗等；歌谣可分为创世歌、仪式歌、习俗歌、劳动歌、生活歌、时政歌、情歌、儿歌、克智等。

所谓语言风格独特，即彝族民间文学多用五字一句的句式表达，故又称“五言体”。彝族的创世史诗、叙事长诗、宗教经典等几乎都用五言句式诵唱，迄今流传于民间的大量彝文古籍亦是如此。此种“五言体”语言风格，虽未必句句押韵，也未必很讲究韵律，但它有自己的特色，已自成风格。这是彝族民间文学最突出的语言文字表达特征。

彝族民间文学的内容深邃而丰富，尤其是不少史诗唱述的内容可谓彝族乃至中华民族远古历史文化的记忆，是研究史前史不可多得的珍贵资料，可弥补正史记载之不足。如在哀牢山下段彝族地区流传的彝族创世史诗《阿黑西尼摩》，塑造了一个能生育天地日月的万物之母形象，阿黑西尼摩的全身长满了乳房，天地日月和万物均孕育在她的腹中，是她生下了天地万物后用自己的乳汁喂养，宇宙间才有了天地日月和万物。研究表明，这是对母系时代母性所具有的生殖力和在繁衍后代过程中女性所做出贡献的肯定和歌颂，是母体崇拜的表现。史诗在中华母系文化研究方面具有重要价值。又如流传于楚雄大姚一带的创世史诗《梅葛》认为宇宙的起源与虎有关：“虎头作天头，虎尾作地尾。虎鼻作天鼻，虎耳作天耳。左眼作太阳，右眼作月亮。虎须作阳光，虎牙作星星，虎油作云彩，虎气成雾气。虎心做天心地胆，虎肚作大海，虎血作海水。大肠变大江，小肠变成河，排骨作道路。硬毛变树木，软毛变成草。骨髓变金子，小骨变银子，虎肺变成铜，虎肝变成铁，胰腺变成锡，腰子作磨石。”宇宙万物的起源均与虎有关。研究表明，中华先民以母虎为图腾，这是母系时代崇拜母虎的表现。又如在楚雄双柏一带流传的创世史诗《查姆》认为，人类最早的那一代人是独眼人，由于他们太野蛮，不懂伦理，天神决定改朝换代，从而进入竖眼睛时代，人们的头上长有两只竖立的眼睛，这代人虽有进步但仍有蛮性，最后人类才进入到慈眉善目的横眼睛时代，即现代人的时代。人类的进化经历了独眼——竖眼——横眼三个发展阶段和历程。在滇东南弥勒一带彝族阿细人中流传的创世史诗《阿细的先基》亦有这样的记录。无独有偶，在四川三星堆出土的铜器中就有过度夸大眼睛形状的铜器。人类学家路易斯·亨利·摩尔根研究人类的史前史后把人类史前史的发展分为蒙昧时代、野蛮时代和文明时代三个阶段，与彝族创世史诗不谋而合。彝族创世史诗正是以这样的方式呈现着中华先民远古历史的影子。又如在四川、云南大小凉山彝族地区流传的创世史诗《勒俄特依》在唱述彝族父系英雄支格阿龙的出生时这样唱道：“支格阿龙啊，生后第一夜，不肯吃母乳；生后第二夜，不肯同母睡；生后第三夜，不肯穿衣服。以为是个恶魔胚，被母抛到岩下去。山岩本是龙住处，阿龙懂龙话，自称我也是一条龙。”值得注意的是，支格阿龙被母抛下悬崖后，他轻轻地落在悬崖中的一个洞口内，洞里只有石头，此时石头说话了：“今天是个好日子，英雄的支格阿龙来了。”支格阿龙完全听懂了石头的话，他便安静地住在石洞中，“饿了吃石头的饭，渴了喝石缝中的水，乐了就同三个石头说话”，支格阿龙就这样长大成人。这样的记述，乍一看，可谓奇谈怪论，天方夜谭，不知所云。研究表明，支格阿龙是彝族母系社会末父系社会初期男性集团为推翻母系社会的需要而树立起来的一位男性英雄形象，而这一时期正是代表男性生殖崇拜的石崇拜和龙崇拜盛行的时代，所以支格阿龙除了排斥吃母乳、不肯同母睡外，还与石头、龙等具有一种解不开的“因缘”。彝族关于支格阿龙的创世史诗和相关神话，对于研究中华先民从母系时代到父系时代过渡时的人类社会发展历史和相关文化具有重要价值。

上述史诗和神话，除了反映远古时代的记忆，折射出史前时代的历史，亦体现着彝族人民勇往直前，敢于同自然、野蛮和不文明做斗争的高尚情操、民族性格和心理特质。无疑，这是驱动一个民族不断前行的基石和内生动力。

彝族民间文学还具有包容开放性特征。历史学家和语言学家都认为，彝族与汉族不仅在族源关系上存在同源关系，在文化上，彝族和汉族，以及与其他彝语支民族也有渊源关系。因此，从很早的时候起，彝族先民与汉族先民就有文化交往，并不断吸纳对方文化为我所用。在贵州彝族地区流传有一部重要彝文哲学著作《宇宙人文论》，学者们认为其哲学思想可分为两个方面，其基本观点主要来源于战国、秦汉时期的阴阳五行学说，而在论述过程中所引证的图例则大多取材于宋代理学家的著作[①]。书中最后附有《宇宙生化总图》一幅，与宋代周敦颐的《太极图说》极为类似，大概受了《太极图说》的影响。书中包括彝族先民对宇宙起源、人类起源、万物产生和发展变化的认识，阴阳五行、天干地支、八卦、河图、洛书、人体的部位和气血、经络以及天文历算等知识，都是受到了汉族哲学思想的影响。彝族古籍中有些古籍也是运用汉族古籍文本并结合彝族社会实际加以论述。如彝文《劝善经》就是以道家《太上感应篇》的章句为母题，于每章之后用彝文加释义与解说[②]。彝族文化所具有的这种包容开放性特征在彝族民间文学中更是体现得淋漓尽致。如董永传说是汉族著名传说之一，已有近两千年的历史。它随汉族人口移迁西南而传入彝族地区，当作为彝族文化人的彝族毕摩（祭司）接触到了这部汉族民间文学名著后，即刻就将其翻译为彝文在彝族地区传播。在云南新平县发现的清代彝文抄本《董永记》，其篇幅达11000余行60000余字，其文本源自汉文唱书《大孝记》，是彝族民间文学吸收汉族民间文学并为我所用的典型代表。董永传说传播到贵州彝族地区后，当地彝族毕摩亦用彝文编译此传说为《赛特阿育》的彝族唱本。云南南部红河县彝族毕摩则将其翻译为彝文《董永卖身》后在当地彝区传播。类似例子较多，如在云南流传的彝文长诗《唐王记》（又名《唐王游地府》），篇幅达6000余行，其文本源是汉文唱书《唐王游地府》。在云南南部彝族地区流传的彝文长诗《毛洪记》（又名《木荷与薇叶》），有2000余行，其文本源是汉文唱书或黄梅戏《两世姻缘》。在贵州和云南彝族地区流传的彝文长诗《凤凰记》，有2300余行，其文本源是汉文唱书《凤凰记》，汉文《凤凰记》的源头可追溯到《汉书·赵孝传》。在云南流传的彝文长诗《张四姐》（又名《贾斯则》），有2000余行，其文本源来自汉族戏剧《张四姐下凡》或汉文《张四姐大闹东京宝卷》。又如彝文长诗《卖花记》（又名《卖花人》），有1900余行，其文本源来自汉族戏剧《卖花记》或汉文《卖花宝卷》《张氏三娘卖花宝卷》。又如彝文长诗《齐小荣》，有3200余行，其文本源虽尚未查实，但来自汉文故事当可以肯定。又如彝族长诗《红鱼姑娘》，有2000余行，它与汉族“螺女型”故事具有共同的文学渊源，汉族螺女型故事，有文字记载的历史已达1600多年。如此种种，均体现了彝族民间文学所具有的包容开放特征。这些作品，对于研究汉、彝民族之间的文化交往、交流、交融历史具有重要价值。

---

① 龙厚华《宇宙人文哲学思想源流初探》，载《贵州民族研究》1983年第2期，第118～125页。

② 马学良《研究彝文古籍，发扬彝族文化》，载《西南民族研究·彝族专集》，昆明：云南人民出版社，1987年第435～437页。

四、本书的价值和意义

彝族民间文学的抢救保护可谓成绩斐然，蔚为大观。为了展示丰富多彩的彝族民间文学遗产，我们尝试将目录学方法引入彝族民间文学领域，编纂出版《中国彝族民间文学总目提要》一书，旨在对彝族民间文学遗产进行一次全面梳理归纳；并沿着数以千计的彝族民间文学收集整理者所走过的足迹，为近百年的彝族民间文学抢救保护的历史和成就留存一份珍贵文档。本书的编纂出版具有如下意义：

一是有利于促进彝族历史文化研究向纵深发展。此前，彝族尚无一部全面反映民间文学的目录学著作，从而给研究带来诸多不便。本书收录流传于云南、贵州、四川、广西彝族地区具有代表性的民间文学遗产3600余种，这是对浩如烟海的彝族民间文学遗产进行的第一次大盘点、大展示和大汇总。本书还将每一项民间文学遗产的名称、所属类别、流传地区、主要内容、讲述者和搜集整理者、出版情况（包括篇幅、开本、字数、发表刊物、发表时间、收藏单位）等做了科学而全面系统的介绍。我们从书中既可看到不同地区彝族民间文学之间的相互联系，又可看到不同地区彝族民间文学所具有的地域特色，从而为彝族民间文学的追根溯源和比较研究奠定了基础，创造了条件。

二是有利于拓宽目录学的视野，丰富目录学的内容。我国自古就有编纂目录的传统，从西汉时中国历史上第一部汉文图书目录《七略》开始，此后历代均有目录版本存世，其中《四库全书总目提要》可谓中国历史上汉文古籍解题书目的最重要成果。但是，目录及目录学的研究始终以文献及精英文化为对象，还未深入到民间文学之中，更未深入到少数民族的民间文化里。而本书以彝族民间文学为编目对象，它不仅拓宽了目录学的视野，更丰富了目录学的内容。

三是有利于促进彝族民间文学遗产的传承和普及。本书对流传于云南、贵州、四川、广西的彝族民间文学遗产进行了全面的梳理和分类，在广泛收目、精确选目、认真审校的基础上，历时20余年收录编纂150余万字的彝族民间文学总目提要，涉及神话、传说、民间故事、长诗、歌谣、曲艺戏剧六大类3600余条目，为研究和发展优秀民间文学，提供了登堂入室的秘匙。并将每一项文学遗产的主要内容进行了扼要介绍，从而最大限度地满足了现代社会条件下不同读者的需求，不仅为学术研究提供了较为准确的信息和线索，也为其他读者鉴赏多姿多彩的彝族民间文学提供了捷径，有利于促进彝族民间文学遗产的传承和普及。

四是有利于促进民族团结。从某种意义上说，彝族民间文学是彝族历史文化的记忆，表现着这个民族的精神品格和心理特质，反映着彝族世世代代所期望和追求的理想和价值取向，体现着彝族人民的心声，它是彝族历史和社会的百科全书。我们只有聆听这些神话、传说、故事、史诗和歌谣等，才能对彝族的历史、文化等有一个较为深入的了解。但长期以来，我们对这样一份文化遗产的尊重却显露出许多不足，甚至带有偏见。而本书则将彝族民间文学遗产与精英文化中的文献典籍遗产平等看待，并为其编纂目录，从而较大地提高了民间文学遗产的地位。更重要的是，这样的行动体现了对一个民族所创造的精神财富和文化成果的一种尊重，必将受到彝族人民的拥护和欢迎。因此，本书的出版，对于不断增强彝族人民的自尊、自爱、自信意识具有重要意义。

保护人类文化遗产，守护文化根脉，民族部门、文化部门、文化工作者义不容辞，这是抢救保护彝族民间文学遗产的一次新尝试、新探索。本书的编纂，历时20余年。由于参与作者较多，条目难免长短不均，文字质量难免参差不齐。加上彝族分布于云南、贵州、四川、广西、重庆等省区市，分布较广，作品收录难免有遗漏，恳请读者指正。

2020 年 4 月吉日于昆明

凡　例

一、本书收录流传于云南、四川、贵州、广西的彝族民间文学提要条目3600余条。

二、本书由彝族神话、彝族传说、彝族民间故事、彝族长诗、彝族歌谣、彝族曲艺戏剧六个部分组成。彝族神话包括创世和起源神话、文化英雄神话、龙神话、土主神话、其他神话；彝族传说包括人物和史事传说、节日和风俗传说、山川风物传说、歌舞和器乐传说、其他传说；彝族民间故事包括幻想故事、生活故事、机智人物故事、民间笑话、民间寓言、动植物故事；彝族长诗包括史诗、叙事长诗；彝族歌谣包括创世歌、仪式歌、习俗歌、克智、劳动歌、生活歌、时政歌、情歌、儿歌；彝族曲艺戏剧介绍梅葛调、甲苏、白话腔、四弦弹唱、撒尼月琴弹唱等具有代表性的剧种。

三、本书分为上、下两册，依次排列。

四、本书所收录作品的讲述、收集、记录、翻译、整理人员，以及作品所入选的书籍等信息均在每一个条目后进行了标注，词条撰写人署名词条后。

目 录

彝族神话

彝族传说

彝族民间故事

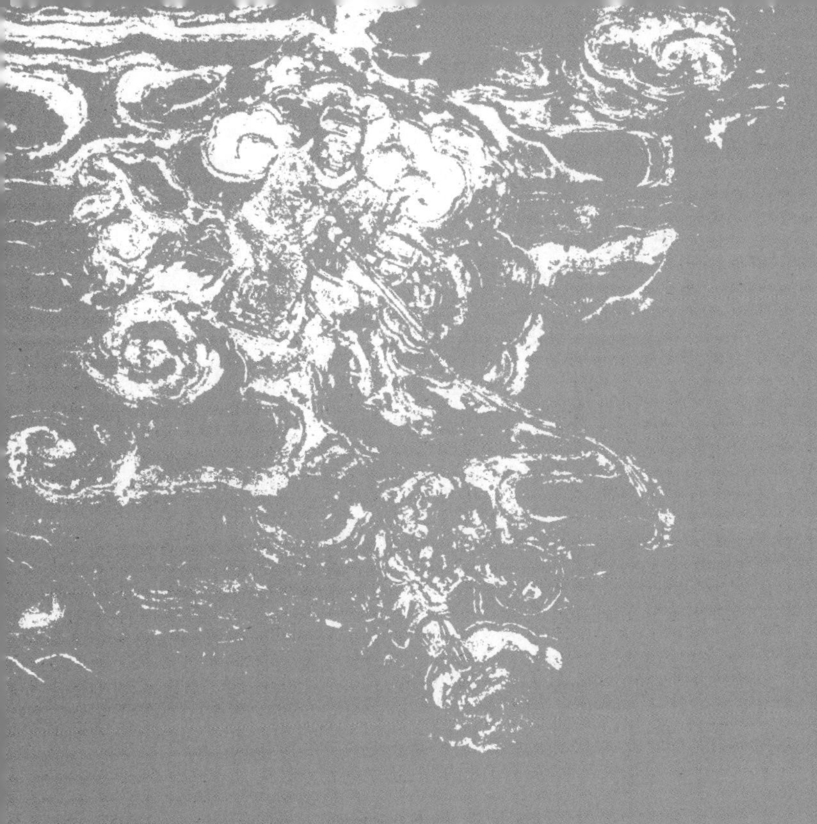

彝族神话

一 创世和起源神话

更资天神

彝族创世神话。流传于云南省永仁县彝族地区。由蒲依生更资、神仙出世、天宫的诞生三部分组成。第一部分叙述了由气体构成的蒲依在名叫玛支玛珂的神树帮助下生下更资的神奇过程。第二部分叙述了用浊气做成的四棵松树分别生出四对儿女，并被更资封为主管宇宙八方的四神四仙。之后，蒲依又用自己的一半肝生出了小男孩“阿尔”。阿尔被更资封为神匠，让他掌管浊气层。第三部分叙述了更资在神匠阿尔的帮助下，在宇宙间建造出了有九千九百九十九个院子的宫殿，又用浊气造出各种各样的动物，并对动物做了分工，明确职责，从而使至高无上的天宫有规有矩，秩序井然，热闹繁荣又庄严神圣，为其主宰万物、缔造万物奠定了根基。

曲木阿石讲述，罗有能记录、整理。收入《中国民间故事集成·云南卷》，16开，7页，8000余字，中国ISBN中心2003年版。（普学旺）

天、地、人、物的来历

彝族创世神话。流传于云南省元江哈尼族彝族傣族自治县彝族地区。讲述的是：远古的时候，没有天地，是格兹天神用九个金果变成了九个小伙子。他们力大无比，用了九九八十一天造好天。格兹又用七个银果变成七个姑娘。她们照样力大无比，用了七七四十九天造好了地。为了造大地上的人，格兹向大地洒了三把雪，变成了三代人，一代是独眼人，一代是竖眼人，一代是横眼人。这三代人不懂伦理道德，只会打打杀杀，大地乱得不安宁。格兹只好发洪水淹死了三代人，并留下好心的阿朴独姆兄妹来传人种。后来，阿朴独姆的孙子西索在山坡上种麻种棉花，并发明了衣裳。黑夺方地方的兄弟二人萨阿勒、西阿德采矿石在炉火中烧，就炼出了金银铜铁。

黄文宝讲述，宋自华记录、整理。载《礼社江》文艺小报，1500余字，元江哈尼族彝族傣族自

治县文化馆1987年编印。（宋自华）

造天造地造人

彝族创世神话。流传于云南省江川县（今玉溪市江川区，后同）彝族地区。讲述的是：远古的时候，哥弟二人造天造地造万物，哥哥的天造小了，弟弟的地造大了，天盖不住地。兄弟俩就用耙把地拉小了一点。地缩小后，天地合一了，但地面上凸起了一座座山。他俩接着造出了水和堵水用的石崖，就形成了河流大海。他们还造出了很多花草树木。有了天地，但到处空荡荡，他俩接着造动物。哥哥挖来泥巴做飞禽走兽，弟弟用泥巴模仿自己的样子做了很多人。泥人放在外面晒干时，眼看要下雨，弟弟急忙把它们收入山洞，慌忙中有的被摔断手脚，有的被撞坏眼睛。第二天，泥人从洞里走出来，大多五官端正，少数带了残疾。

普治高讲述，杨忠友、李志忠、蒋文森、邢定生搜集、整理。收入《江川县民间文学集成》，32开，2页，800余字，云南人民出版社1997年版。（普开福）

造天地日月

彝族创世神话。流传于云南省永胜县彝族他留人地区。讲述的是：远古的时候，没有天地日月，世界是一个无物无声的大洞。后来，七作星（北斗七星）兄妹来分工造天地日月，三个哥哥造天，两个妹妹造地。造地的两姐妹认真细致，不停地忙碌着，而造天的三兄弟随心所欲，边玩边工作。到了交工时间，他们发现两个妹妹造的地宽了，而哥哥们造的天窄了，天盖不住地。没办法，只好把地抓拢。从此，原本平整的地出现了高山峡谷。有了天地，却没有太阳和月亮，世界像一块黑暗寒冷的大石头，七作星中最小的两弟妹就自告奋勇去当太阳和月亮。可妹妹夜里不敢出去，白天又怕羞，哥哥就给她一根针插在头发上。当太阳的妹妹细心踏实，天天出来当值，有人仰望她时，她就拿哥哥给的针刺人的眼睛。而做月亮的哥哥则贪玩爱闹，经常忘记当值，有时还磨磨蹭蹭，所以，人们有时看不见月亮，有时下半夜才能见到它的面。

佚名讲述，简良开搜集、整理。收入《神秘的他留人》，32开，2页，700余字，云南人民出版社2005年版。（梁红）

虎公虎母造万物

彝族创世神话。流传于云南省鹤庆县和剑川县交界地区的彝族村寨。讲述的是：没有天地时，朦朦胧胧的世界大黑洞中住着两只虎头、人面、鱼身、蛇尾、鸟翅的大老虎，后人称它们为虎公虎母。它们各自下了一个蛋，一个蛋里面冒出气，上升成天；一个蛋里面冒出液体，凝结成地。两个蛋壳悬在半空，变成太阳和月亮，它们两个在一起睡觉，孕育出满天星星。有天有地后，虎公虎母商量创造世间万物，虎公将身上的毛、角、鳞、尾变成山水、江河、飞禽走兽；虎母下了花蛋，可是都被飞禽走兽抢走，好在猴子抢到了一个，从里面爬出一个姑娘。虎母叫这姑娘为虎人，叫她跟猴子结亲。猴子和姑娘离开虎公虎母后生下许多蛋，捂出来许多的男女，男女又成亲，就繁衍出不同的人群。据说猴子和姑娘离开虎母是在正月初八，这天就成为一年一度的虎节。

顾耀元、柜老八讲述，瑞穗记录。收入《中国民间故事全书·云南·鹤庆卷》，32开，4页，3000余字，知识产权出版社2005年版。（段伶）

开天辟地（一）

彝族创世神话。流传于云南省南涧彝族自治县彝族地区。讲述的是：彝族祖先俄罗布用纸造地，因纸大天小，合不拢，只好把纸皱折起来，所以大地就出现高低不平。俄罗布死后，人体变成虎，虎皮变成土地，毛变成草木，肠子变成河流，筋变成路，两眼变成日月，牙齿变成星星，气变成风云，睁眼成为白天，闭眼成为黑夜，汗泥变成人和动物。因为人也是虎变的，所以彝族把自己当作虎的后裔。

蒲映财讲述，邓承礼搜集、整理。收入《南涧民间文学集成》，32开，2页，1400余字，云南民族出版社1987年版。（段葵）

开天辟地（二）

彝族创世神话。流传于云南省弥渡县彝族地区。天地混沌时，随着两声巨响蹦出一男一女。女的叫罗拨，她为了缝合天，骑着神马上天，用她搓好的绳子缝补，针脚变成了满天的星星。男的叫阿腊，他用泥巴造地，可是没有铺平时，就见到天上的星星，只好停工，大地就出现了平地和山河。他俩还用汗水糊石造出太阳和月亮，撒荞子造出树木、花草、风雨雷电。

阿尼讲述，毕行川翻译，韦明整理。收入《弥渡民族民间故事传说集》第一集，32开，4页，2800余字，弥渡县民间文学集成办公室1986年编印。（张秀娟）

开天辟地（三）

彝族创世神话。流传于四川省雷波县、喜德县彝族地区。讲述的是：远古的时候，天与地雾蒙蒙地相连着。蛇和蛙互相商量说：“这样下去不是个办法，我们应该请天神把天地分开。”天神恩体谷兹听到了蛇和蛙说的话，他正好也有这个想法，便请来各路神仙献计献策。神仙们捉来两只神鸡，想用鸡爪把天与地刨开，结果只刨出来一对铜弹子，一对铁弹子，一升铜沙子，一升铁沙子。东方的杉树神如惹古达，拿了一根铜叉将它插入天地之间将东方撬开一条缝，一丝风就从缝隙里吹了进来。西方的柏树神苏惹赫达拿来一根铜叉，将它插入天地之间撬开一条缝，一股风从缝隙里吹了进来。南方的云神斯惹底尼拿了一根铁叉，将它插入天地之间撬开了一条缝，水就从缝隙里流出来。北方的熊神阿俄苏补拿了一根铁叉将它插入天地之间，撬开一条缝，水就从缝隙里流出来。神仙们又把天掀上去，把地按下来，天地就分开了，东南西北已划清。云神斯惹底尼又去请工匠的始祖格莫阿赫，格莫阿赫用铜块和铁块打造了九把铜扫帚和铁扫帚。斯惹底尼把铜扫帚交给了九个仙女，仙女们把天往高处扫，把地往低处扫，天愈升愈高，变成蓝悠悠的天空，地越扫越低，变成黑油油的地。斯惹底尼用四根顶天柱把天托住，东边的顶天柱木勿哈达立在天边，西边的顶天柱木克哈尼立在地角，南边的顶天柱尼木和萨立在彝区，北边的顶天柱和木底尼立在汉区，后来这四根顶天柱就变成四座高山。天地分开了，但没有太阳和月亮。斯惹底尼将神鸡刨出来的两个铜弹子，一个丢向东边，东方升就起了太阳；一个丢向西方，西方就出现了月亮。他又将两个铁弹子，一个甩向南方，就成了湖泊；一个甩向北方，就成了江河。他又将一升铜沙子撒上天，天上就有了星星；再将一升铁沙子撒上天，天上就有了云雾。波立阿约神仙负责万物的生长，他打了九把铁斧头来打山，打平一山用来养羊，打平一山用来养牛，打平一山用来种田，打平一山用来撒荞，打平一山用来做战场，打平一山用来流水，打平一山用来住家户。

保木和铁讲述，白芝、柳拉和、赵富香、卡以采录，收入《中国民间故事集成·四川卷》下卷，16开，2页，1500余字，中国ISBN中心1998年版。（魏娟娟）

蜘蛛撒经线

彝族创世神话。流传于云南省曲靖市彝族地区。讲述的是：天地未产生前，到处漆黑混沌一片。经过数百万年的变化，产生了徐徐上升的清气，清气里有数不清的蜘蛛，蜘蛛吐出的气沉沉下降为浊气，清浊阴阳二气结合、斗争产生了风。蜘蛛在疾风中纷纷抛出青、红线织出了九层天和十八层地，织出了白天和黑夜，并织出了青色的东方、白色的西方、赤色的南方、黑色的北方和黄色的中央。蜘蛛又在地上织出了大地的中心大理点苍山和洱海。天君铺赤叩住在点苍山上，他常常从苍山跃到九层天上的美丽宫殿，又从洱海进入地府会见地母蒙皮业。他命令蜘蛛织出名山九千九百九、名洞六千六百六十六、有名的河流三千六百九。有了天和地，世上才有人类。

高发理讲述，吴承柏整理。收入《阿则和他的宝剑》，32开，2页，900余字，云南民族出版社1985年版。（梁红）

独眼人、直眼人和横眼人

彝族创世神话。流传于云南省弥勒市彝族地区。讲述的是：东海龙王的姑娘赛依列造出世上第一代眼睛长在脑门上的独眼人，这代人不会说话，不会种田，像野兽一样过日子。天上的尼依倮佐大神让他们有了鸡蛋大的米粒和鹅蛋大的蚕豆。由于这代人不懂理，不尊老爱幼，还吃人，天神决定用干旱灭掉这代人，让人间三年不刮风下雨，火辣辣的太阳晒死了世间万物。一个好心人躲在葫芦里避过了灾难，仙女撒赛媳用天上的水清洗好心人，使他变成了直眼人。仙女和直眼人结婚生下个大皮袋，龙王拿剪子剪开了皮袋，从中跳出一群蚂蚱。蚂蚱变成了一百二十个长着直眼的男女娃娃。他们长大后进行婚配，分布到山上、平坝里、河边。这代人也不讲礼节，不敬老人，爹死拖到山上喂老鸦，妈死抛进深沟喂老虎。因此，天神便施放洪水灭了这代人，只让良心好的独姆兄妹躲在葫芦里逃过了洪灾。独姆兄妹从葫芦里出来变成了横眼人。为了繁衍人类，他们通过上山头滚簸箕、磨盘和隔河穿针线，根据天意成了亲。他们生下了三十六个不会说话的娃娃，于是独姆砍竹子让娃娃们烤火，竹节烧炸的火星飞溅到娃娃们的身上，烫得娃娃们说出了话。三十六个娃娃配成十八家人，就形成了讲不同话的各民族。

石旺讲述，戈隆阿弘采录。收入《中国民间故事集成·云南卷》，16开，7页，8000余字，中国ISBN中心2003年版。（梁红）

龙女造人

彝族创世神话。流传于云南省昆明市彝族撒梅人地区。讲述的是：远古的时候，地上的人发达兴旺、和睦相处，过着无忧无虑的生活。一天，人间锣鼓喧天，震落了天宫的瓦片，惊动了天神。天神亲临人间，看到人间富足快乐，心生嫉妒。于是派太阳神烘烤大地，遣雷神放洪水淹没人类，人类惨遭灭绝。东海龙王看到天神毁灭人类非常痛心，便派自己的爱女到地上造人。龙女到人间，找来胶泥土捏出两个眼珠会动、却不会说话的泥娃娃。龙女把泥人放进虎窝，让母虎给泥人喂奶，泥人吸了虎奶后变成了人。后来，人在龙女的帮助下结婚生下十二对娃娃。这些娃娃长大后，分别到了十二个地方发展成十二个民族。从此，撒梅人便自称“罗腊帕”，即龙虎人。

李启荣、李鸿讲述，李光荣搜集、整理。收入《昆明民间故事》第一辑，32开，2页，800余字，昆明市民间文学集成办公室1987年编印。（梁红）

阿务录和阿皮则

彝族创世神话。流传于云南省景东彝族自治县一带。讲述的是：远古无天地，玉皇大帝派七个叫阿务录的人造天，又派三个叫阿皮则的人造地。造天者因人多而睡懒觉，造地者因人少而勤劳。造天者醒来，见地已造好，平整宽广，于是非常嫉妒，就跳到大地上乱抓，抓出高山、箐沟。玉皇大帝规定的时限已到，阿务录和阿皮则就走了，但天没造好，仍有缺口。太上老君下凡烧石灰补缺口，所以天是白色的。

孔继宽讲述，陶明贵记录。收入《景东县民间文学集成》，32开，1页，400余字，景东彝族自治县民委、文化局、文化馆1989年编印。（谢国先）

山峰的由来

彝族创世神话。流传于云南省景东彝族自治县彝族蒙化人支系中。讲述的是：世上原本没有天，没有地。姊妹两人造天地，并管理天地。阿妹造地，造得很大；阿姐造天，造得很小。天罩不住大地，太阳光只能照射大地的中央，大地的边缘黑暗、阴冷。阿姐要阿妹把大地缩小。于是阿妹挑水把大地浇湿、浸软，然后像做粑粑一样在平地上捏出一个个山峰。大地因被缩小，原本平整的大地上就有了山峰。

张俊讲述，陶明贵记录。收入《景东县民间文学集成》，32开，1页，300余字，景东彝族自治县民委、文化局、文化馆1989年编印。（谢国先）

哥织天妹织地

彝族创世神话。流传于云南省禄丰县彝族地区。讲述的是：很久以前，世上没有天没有地，天地是两兄妹织出来的。哥哥织天，妹妹织地。兄妹俩互相比赛，看谁先织好。本来天地是要织成一样大的，可是哥哥比不赢妹妹，妹妹织的地越来越大，哥哥织的天盖不住妹妹织的地，哥哥就在天上把地筋提起来，将本来很平坦的地面提起了许许多多的皱褶。所以现在的地面凸凸凹凹，有高山、平原、深谷、河流，天空却平得像一面很大很大的镜子。

李应章讲述，赵有洪记录、翻译。收入《禄丰县民间故事普查资料汇编》，16开，1页，200余字，禄丰县委宣传部、文化局、民委1988年编印。（钱丽云　朱琚元）

尼苏夺节

彝族创世神话。流传于云南省红河县彝族地区。讲述的是：天下万物是天神仇格紫的妻子天王母所生。天王母一胎生下二十四个儿女，长子变成虎上山当了王，次子变成雄鹰翱翔在高空，三子变成龙住进龙宫。其余二十一个儿女全部变成人，分散到各地。汉族住平原，语言从燕子的叫声中学；彝族住山区，语言从着野火时竹木的炸声中学；傣族住河谷，语言从水的流声中学。四子普篾阿窝住在大树上，这棵树有十二根，每根为一月；每根三十枝，每枝为一天，每月三十天；每枝十二叶，每叶为一时，每天十二时。一年就有三百六十天，普篾阿窝发现了历法。后来这棵大树成了祖母树，不论祭寨神或驱鬼，都用它削成刀来驱邪除魔。

佚名讲述，白瑞义、张秀丽搜集、整理。收入《红河县民族民间故事》，32开，1页，700余字，云南民族出版社1990年版。（梁红）

策格兹与黑夺方

彝族创世神话。流传于云南省石屏县彝族地区。讲述的是：天地初分时，诞生了一高一矮两个造物神，高者叫策格兹，矮的叫黑夺方。策格兹从东往西垒山，黑夺方从西往东开田。黑夺方开田开到“依能极”时累倒了，醒来时脚上手上全被葫芦藤缠满了；策格兹垒山垒到“木笃白”时累倒了，一跤滚到了“依能极”。策格兹和黑夺方一个用泥巴捏男人，一个捏女人，但这些人不会走、不会动、不会说话。黑夺方捏人时被尖石划破食指，血滴泥眼后泥眼会动，血滴泥脚后泥脚会走，血滴泥耳后泥耳会听，血滴泥嘴后泥嘴会说。突然有一天，东方“嘭格”一声响，策格兹跑去东方一看，东方那根连接天地的有碗口粗的血丝断了，接着北方、西方两根连接天地的血丝也断了。策格兹跑到南方，南方那根血丝刚断，他抓住血丝往上爬，一直爬上天去了。策格兹上天后，替地上的黑夺方安上日月，使人间分出了白天黑夜，并在天地间布上云雾，使世上有了晴天阴天。

李春福讲述，李朝旺搜集、整理。16开，18页，5000余字，未刊稿。（李朝旺）

六气造化天地

彝族创世神话。流传于云南省弥勒市彝族地

区。讲述的是：气神赛添不停地运动且交配，产生了清浊两气。清气上升变成了天，浊气下沉变为地。雷神和瘴神又不断交合，产生了万物始祖冬德红利诺。冬德红利诺造日月，造星星及人祖、山水树木、江河湖海、花鸟鱼虫，世间得以生机盎然。

杨家福讲述，师有福记录、整理。载《红河群众文化》1989年第4期，16开，1页，1300余字，红河哈尼族彝族自治州文化局1989年编印。（龙保贵）

冬德红利诺

彝族创世神话。流传于云南省弥勒市彝族地区。讲述的是：宇宙间先出世的是雷神西伦，后出世的是风神默查，再出世的是云神。三神不停地运动，产生了清浊二气，清气上升为天，浊气下沉为地。三神又不停地运动，地神达玉嫫腹中阵痛而生下了顶天立地的阴阳万物祖神冬德红利诺。冬德红利诺出来创造世间万事万物。

杨家福讲述，师有福记录、整理。载《红河群众文化》1989年第4期，16开，1页，800余字，红河哈尼族彝族自治州文化局1989年编印。（龙保贵）

天地起源

彝族创世神话。流传于云南省红河县彝族地区。讲述的是：阿倮神竖铜柱把天地抵开，天地显现，又上天讨回草种、松子、蕨草子、竹种撒播大地，持弓弩上山射落多余的八个太阳和八个月亮，造星星，使昼和夜分开。然而天神格兹发洪水淹没大地上的所有生灵，洪水过后格兹又下令其女儿下凡与洪水幸存者成亲生子繁衍人类，后来人类迁居四面八方且逐渐崛起为氏族部落。

白勒沙讲述，龙保贵记录、整理。载《红河文艺》1989年第2期，16开，12页，10000余字，红河哈尼族彝族自治州文化局1989年编印。（龙保贵）

妮比尔立柱顶天

彝族创世神话。流传于云南省弥勒市彝族地区。讲述的是：天地形成后，洪水滔天，淹没地上生灵。天神妮比尔请来风、雷、气、日、月、星及东西南北八方八大主神，商议制止洪水泛滥之事，地神添毕德也请来山、河、水、龙、火、树等诸神灵念咒驱魔，以止洪水。他们在默力阿侯审的三座大山上各立十棵天柱，妮比尔念咒施法，把天顶了起来。从此，洪水得以止住。

杨家福讲述，师有福记录、整理。载《红河群众文化》1989年第2期，16开，1页，1000余字，红河哈尼族彝族自治州文化局1989年编印。（龙保贵）

创世纪

彝族创世神话。流传于云南省昭通市彝族地区。讲述的是：古时候洪水滔天，只剩一个大葫芦漂在水上。洪水退后，葫芦里走出兄妹俩。一位白胡子老头叫兄妹成亲繁衍后代，兄妹不肯。白胡子老头叫兄妹二人各抬一扇磨盘从山上滚下，如果是两扇磨盘合并，兄妹就可以成亲。磨盘合并了，兄妹还是不肯成亲。白胡子老头又叫兄妹隔河穿针，兄妹在河两岸一人抛针一人抛线，针被穿上了。兄妹知道天意不可违，就成了亲。一年后，妹妹生下一个大肉团，他们用刀把肉团砍碎，抛向各处。白胡子老头念咒语后，肉团变成活人向兄妹走来。兄妹为孩子们起了名字，粘在桃树上的姓陶、李树上的姓李、石头上的姓石。兄妹砍竹子烧饭，孩子从竹子的炸裂声中得到了启示，学会了讲话。

陈有才讲述，朱东才整理。收入《昭通地区民族民间文学资料选》第二集，32开，2页，1700余字，昭通地区文化局、民委1985年编印。（吴平）

诺阿素织锦补天

彝族创世神话。流传于贵州省毕节、大方、黔西等县市彝族地区。讲述的是：水西地方连年遭雨灾，百姓苦不堪言。彝寨有位美丽的姑娘叫阿素，一天晚上，睡梦中有位白发苍苍的老爷爷告诉她，是一条恶龙偷了天宫的金针，刺破了天穹导致这里连年遭雨灾。于是阿素找到了勇敢的阿勇，在黄鹂鸟的指点下杀死恶龙，夺回金针，用金针银线补好了天。从此，水西地方风调雨顺，各族人民过上了幸福生活。

王树青讲述、翻译，淡远记录，载《南风》1988年第4期，16开，3页，300余字，贵州省文联1988年编印。（罗德显）

神仙造凡间

彝族创世神话。流传于广西隆林德峨彝族地区。讲述的是古时候，神仙王下凡造物、造山、造水和造人，又带种子给人种粮食。一天，神仙王下凡调查造好的凡间，遇一农家媳妇哭得伤心，问其原因，得知是天下有粮无草，人兽食物没有分别，送饭也跟不上。神仙王听了她的叙说，觉得地上没有草，确实是个缺陷，就再给人造了草类植物，从此，“人食粮，兽食草”。为了使天下人过上安宁的生活，他又听取农家媳妇的建议，造了朝廷，治理天下大事，惩治不法行为。

王早妈讲述，王文魁记译。收入《广西民间文学作品精选·隆林卷》，64开，2页，900余字，广西民族出版社1992年版。（王光荣　王文魁　蓝斯）

天地万物的起源

彝族创世神话。流传于四川省喜德县彝族地区。由开天辟地、造地、造物、天神造的杉树人、人和其他生物一起诞生、猿人阿略居日等部分组成。讲述的是：远古时候，天和地相连在一起，没有分开。天神恩体古兹派东方的杉树神如惹古达、西方的柏树神苏惹赫达、北方的云神斯惹底尼、南方的熊神阿俄苏补和工匠始祖格莫阿赫，一同开天辟地。天地分开后，东方升起了太阳，西方现出了月亮。接着，天上有了星星，有了云雾；地上有了山川、江河、湖泊，有了树木、虫鱼鸟兽，但没有人。于是，天神恩体古兹造人。他取来竹和木，造了一个人，取名叫如波惹格。他长得很高，却不会呼吸，也不会思想、走动，这个如波惹格变不成真正的人。一天，天上掉下来一个灵位，落地变成一团火，熊熊燃烧起来。大火一直燃烧了九天九夜，烧红了天地，将天地间一切不干净的东西都烧光了。大火过后，一连降下三场红雪，堆满山头。一天，一个雪球从山顶滚下来，滚到平坝上碎成十二块，这十二块雪变成十二种生物。其中六种有血，六种无血。有血的六种生物是：蛙、蛇、鹰、熊、猿猴、人。从此，宇宙间人类诞生了。人类诞生后传了九代：格日、格日格扎、格扎哈木、哈木阿苏、阿苏普米、普米扎底、扎底扎吉、扎吉阿略、阿略尼日。他们是人类的始祖。

倮木和铁讲述，白芝收集。收入《中国民间故事三套集成四川喜德卷·凉山彝族民间故事选》，32开，10页，6000余字，四川民族出版社1990年版。（阿南）

伏羲兄妹创人烟

彝族创世神话。流传于云南省禄丰县彝族地区。讲述的是：开天辟地时，天上不分昼夜地下大雨。有一户农家刚生下一对双胞胎兄妹不久，家就被水淹了。在洪水中逃生的农妇看见一个空空的大葫芦漂在水中，就将兄妹俩放在葫芦里推着顺水漂。不知过了多久，农妇丧生在水中，人世间仅有兄妹俩幸存。天上的玉皇大帝派仙童下凡命兄妹二人成亲。兄妹俩提出了两个条件，一是隔山滚磨，二是隔河穿针，认为只有这两件事都办到了，兄妹成亲才是天意，仙童答应了。结果磨盘合在一起，线也从针眼里穿了过去。于是兄妹二人结为夫妻，人类才得以繁衍发展。因为人类的祖先曾是兄妹成婚，所以直到今天，在很多地方夫妻仍以兄妹相称。

李应章讲述，赵有洪记录。收入《禄丰县民间故事普查资料汇编》，16开，2页，1000余字，

禄丰县委宣传部、文化局、民委1988年编印。（钱丽云　朱琚元）

复先（伏羲）兄妹配人烟

彝族创世神话。流传于云南省武定县彝族地区。讲述的是：在远古的时候，世间一切将被洪水淹没，天上的顺风耳、千里眼和千只耳三兄弟想为世间留下生命，便合力打造一艘大船，船舱共造了九十九格。工程进行到第九十九天时，洪水来了，三兄弟把世间的动物各拿一对，共九十九对，装入船舱里。此后，船一直在水上漂着，不知漂了多少日子，也不知水的涨落情况。白金老鸹便出去探看情况。白金老鸹飞离船后，看不到大地和草木，只得飞回船上。接着，喜鹊便出去查看情况。它衔了一根树枝回来，告诉大家洪水退了。洪水退后，人类只剩下复先（伏羲）两兄妹了。天神到凡间看了以后说："世间的人只有你们兄妹二人，兄妹要成亲，人类要繁衍。"复先（伏羲）兄妹遵照神的旨意，配成夫妻，人类才得以发展。

王福先讲述，杨成记录、翻译。收入《云南省武定县民族民间文学集成》，16开，1页，1400余字，武定县文化局、民委、文化馆集成办1989年编印。（钱丽云　朱琚元）

阿霹刹、洪水和人的传说

彝族创世神话。流传于云南省石林彝族自治县彝族撒尼人地区。讲述的是：古时候，有兄妹四人去垦荒。一天，三兄弟发现头天犁过的地，第二天又长出了荒草，甚觉奇怪，便躲在地边偷看，并抓住了用拐杖复原土地的雷神阿霹刹。阿霹刹告诉他们洪水将吞没大地，并送他们三个柜子用来躲避洪水，给每人一个鸡蛋让他们夹在腋下，吩咐听到小鸡叫，才能打开柜子。老大和老二要了金、银柜，结果沉入了水底。老三带着妹妹躲进了木柜，兄妹俩在水面漂了七天七夜，鸡蛋破壳后他们打开木柜发现悬在山崖中间，便抓着野毛竹和梧桐树攀上了山顶，看着空旷的大地兄妹俩伤心不已。阿霹刹帮助他们拥有了粮食、家禽和耕牛。可世间已没有其他人，要靠兄妹俩繁衍人类，妹妹说要看天意，于是，兄妹各站在一个山头上，相对而立，哥哥抛线，妹妹抛针，线穿进了针眼；兄妹又滚磨，磨也合在一起，兄妹只好成婚。三年后，妹妹生下一个肉团，他们把肉团砍碎挂在树上，肉团就变成了男女青年，人类得以繁衍。由于野毛竹和梧桐树救了兄妹俩，人们便视其为祖先加以祭拜。

佚名讲述，王伟采录。收入《云南省民间文学集成·路南民间故事》，32开，3页，1800余字，云南民族出版社1996年版。（梁红）

浑水湮天

彝族创世神话。流传于云南省宣威市彝族地区。讲述的是：兄妹三人上山开荒，每天披星戴月，但头天挖过的土垡子第二天又恢复了原样。第三天，三人从回家的途中又悄悄返回地里看个究竟，见一白胡子老人扬手翻转了土垡子。三人问缘由，老人透露：浑水将湮天，世上将无人烟，并送给主张打他和用树藤捆他的老大一只石桶，给其弟弟妹妹一个葫芦逃生。洪水中石桶沉底，葫芦随水漂浮，弟弟妹妹幸存，并得一蓬竹子相助爬上岸。后来，神仙下凡查看，得知兄妹不愿成婚，就教二人上山顶滚磨盘，结果磨盘合拢；隔山滚簸箕，结果簸箕摞起；隔山烧火，结果火烟连在一起。二人随天意结为夫妻，生下十对儿女，但儿女不会讲话，白胡子神仙又授意烧竹竿，竹竿炸一节就有一个孩子会说话，最后一节未炸，所以小儿子就不会说话。父母去世时，儿女哭诉，因小儿子不会说话，就用草秆插在竹子里吹出声音表达自己的怀念。从此，彝族老人去世要吹唢呐。

浦所留、谢正国讲述，张光照、张金贵搜集、整理。收入《蓝靛花——宣威民间故事》，32开，7页，4700余字，贵州民族出版社1992年版。（谭玉婷）

洪水冲天

彝族创世神话。流传于云南省永胜县彝族他留人地区。讲述的是：七作星（北斗七星）兄妹造好了天地日月后又造出了人和动植物。那时候，人和动物亲如一家，和睦相处。由于人和动物都长生不死，繁衍得地上无法居住。这时天空出现了九个太阳，大地被烤得像一团火，水全被晒干，人们饥渴难耐，向务敌（宇宙主宰神）祈求。务敌派龙王降雨，龙王抬一桶水用木勺一勺勺往下洒，水一到地上就干了，龙王便将整桶水一起倒下，大地变成一片汪洋。人间只有两兄妹躲进一个房子大的葫芦里才活了下来。他们饿了就吃葫芦子，随葫芦日夜漂流。有座洪水没有淹没的高山上有许多动物，可因火山爆发，高山成了一片火海，钻在岩洞里的动物才存活了下来。其中有一只穿山甲为了逃命，拼命地打洞，结果把地给打穿了，洪水从这个洞流走了。地上出现了大海，海龙王用筛子筛水，把不干净的筛出去，干净的水均匀地筛到山林里，山林里的水从穿山甲打通的洞又回流到江河大海。这样循环往复，山林里的水总是绵绵不绝。而葫芦里的两兄妹，在汪洋里不知漂了多少年月，洪水退后，他们从葫芦里出来，就成了今天人类的始祖。

佚名讲述，简良开搜集、整理。收入《神秘的他留人》，32开，2页，700余字，云南人民出版社2005年版。（梁红）

洪水漫天地

彝族创世神话。流传于四川省彝族自治州。古时候，天上住着恩体谷兹家。恩体谷兹统治着天上和地下的一切，人们叫他“玉皇”。天地相连的中间，住着德布阿尔家，地上住着曲布居木家。那时候，地上的人年年都要向恩体谷兹贡粮纳税。有一年，玉皇派了一个差人到地上来收税。曲布居木家有三个儿子，老大居木惹依家的牛把收税差人变的牛戳死了，惹依把收税人藏到空心的大树里。玉皇派白云来找差人，找到尸首后玉皇很生气。他派人去问住中间的德布阿尔家和住在地上的曲布居木家，大家都不承认。玉皇非常气愤地说：“现在我要惩罚地上所有的人，让他们知道我玉皇的厉害。”一天，地上曲布居木家的三个儿子准备去开地，天黑不久，忽然地里来了一个白发老人，赶着一只黄脸大野猪，后面还带着个仙女。野猪在前面用嘴在地上拱，仙女在后面用扫帚扫，犁了的地又还原了。老人说：“玉皇派下来收税的人被地上的人杀死了，玉皇很生气，为了惩罚地上的人，决定放九个湖的水下来，洪水就要来了，你们还耕什么地。”三兄弟慌忙问老人怎么办，老人让老大做铁柜，老二做铜柜，老三做木柜。洪水泛滥，老大老二的铁柜和铜柜都沉下去，只有善良的老三武吾的木柜漂在水面上。武吾飘到了兹合尔尼山，救了许多动物，但他只记了十二种动物的名称，这十二种动物的名称就成了彝族计算年岁的十二属。玉皇派人去武吾家，武吾对他们说：“请你们回去告诉玉皇，地上的人都被淹灭了，人类没有后代，请玉皇嫁一个女儿下来吧！”玉皇听了大发脾气。青蛙和其他动物为了帮助武吾来到玉皇家里，蛇咬伤玉皇妻子的脚，老鼠咬烂天书，玉皇只好请特勒毕摩看到底出了什么事，毕摩说一切只有地上的武吾知道。玉皇只好假装答应嫁一个女儿给他，欲等妻子病好了再反口。聪明的青蛙在敷药时加了一点烂药，等玉皇收回自己说的话时，玉皇妻子的伤口又疼了。玉皇又来找武吾，发誓真心把女儿嫁给他，武吾选了穿着朴素的三女儿订婚。结婚这天，武吾忘记请蚂蚁，也没有给蛇送礼。蚂蚁和蛇很生气，把铜柱和铁柱弄断，从此，天地不再相连。过了三年，武吾生了三个男孩，但都不会说话。小黄雀听到玉皇悄悄对妻子说：“他家后山上有三棵竹子，把中间的一棵砍来，拿三节在火塘里烧，烧的时候，把三个儿子抱来坐在火塘边，他们就会说话了。”竹子爆了，三个儿子分别成了藏族、汉族、彝族的祖先。

沈伍已讲述，邹志诚采录，收入《中国民间故

事集成·四川卷》下卷，16开，8页，10000余字，中国ISBN中心1998年版。（魏娟娟）

三兄弟和洪水淹天

彝族创世神话。流传于云南省曲靖市彝族白彝支系地区。讲述的是：三兄弟辛苦开荒，然而大地一再复原，原来是太白神仙为启示他们洪水将淹天下、天下万物将难逃劫难而为。先后主张将太白神仙杀死和打一顿的老大、老二，分别得到金钵和银钵，后来沉入洪水中淹死，只有好心的老三得到木钵得以幸存。太白神仙变作一只鸟，用嘴尖碰击岩石产生火星助老三取得火种，老三因在檀香树根上生起了火而惊动了天宫。天神得知人间尚有一人幸存，便派仙女下凡与他成婚，生育一儿一女。儿女成人后，无人婚配。父母无奈只好以滚石磨等方式促成兄妹成婚来繁衍人类。

杨得祥讲述，杨荣采录，曲新整理。收入《曲靖市民间文学集成》，32开，3页，1400余字，云南民族出版社1990年版。（谭玉婷）

两兄妹造人烟

彝族创世神话。流传于云南省武定县彝族民间。讲述的是：古时候，有一个老人有一儿一女，靠种地为生。有一天，遇到了一件奇怪的事情，头天刚犁过的地第二天全部还原了，一连三天都如此。老人便让儿子先回家，自己躲在地旁看个究竟。守到天黑，看见一个白胡子老头，老头告诉他，要发洪水了，要想活命只有种一棵葫芦，到成熟时留下开头最早结的两个葫芦，其余的全部摘掉，紧要关头可用它救急。老人回到家里便种下了葫芦，等到结葫芦时，留下开头结的两个。两个葫芦越长越大，老人告诉儿女有灾难时就各躲一个。过了不久，果然发洪水了，兄妹俩把两个葫芦拴在一起，各躲进一个葫芦里。葫芦在水上漂了七天七夜，洪水落后，人间只剩下兄妹二人。白胡子老头又教他们把磨盘从山头上滚下去，如合在一起即要成亲。第二天，兄妹二人从山顶上把磨盘滚下去，到山脚一看，两扇磨盘合在一起，兄妹遂成亲，人类从此得以繁衍。

张才福讲述，李天云记录、翻译。收入《云南省武定县民族文学集成》，16开，2页，2500余字，武定县文化局、民委、文化馆集成办1989年编印。（钱丽云　朱琚元）

兄妹成亲

彝族创世神话。流传于云南省永胜县彝族他留人地区。讲述的是：远古之时，洪水泛滥，只有两兄妹躲在葫芦里避过灾难。洪水退后，荒凉大地上只剩兄妹俩。为繁衍人类，他们向务苏（生殖女神）请求成亲。务苏要他们做三件事：先让他们分别背一扇磨盘到山顶，然后让他们把磨盘滚下山，结果磨盘滚到谷底合在了一起；再让他们各站一个山头，妹妹手拿一根针，哥哥拿线隔着山谷向妹妹丢去，结果线穿过了针眼；又叫他们分别在两个山谷放火，火焰变成两条火龙，升到山顶就合成了一条火龙。兄妹亲事就此定下。兄妹成亲后，妹妹生下一个血饼。兄妹俩拿着它走过平原、河谷、高山，并一路把它抹在石头和树枝上。有一天，兄妹俩到了一个山垭口，突然云雾弥漫，雷雨交加，当云雾散开之后，两兄妹走过的地方，出现了一个个村落，世间的人类就这样繁衍下来了。

佚名讲述，简良开搜集、整理。收入《神秘的他留人》，32开，1页，600余字，云南人民出版社2005年版。（梁红）

始祖的由来

彝族创世神话。流传于云南省石屏县、红河县彝族地区。讲述的是：彝族始祖阿谱笃姆兄妹，在洪水滔天时，得仙人赐仙葫芦乘坐而幸免于难。之后，在天仙托梦下兄妹成婚，拿出仙葫芦里的种子开荒种地。三年后，兄妹生了个有七十二条瓜沟的肉瓜。因为肉瓜长得太快，担心挤破房子，便磨刀将其切开，每切一沟就跳出一对儿女，一共跳出了七十二对儿女。这七十二对儿女繁衍成了今天的各民族。

佚名讲述，李朝旺搜集、整理。收入《彝族民间故事选》，32开，5页，2900余字，上海文艺出版社1981年版。（李朝旺）

观音老母留人种

彝族创世神话。流传于云南省姚安县彝族地区。讲述的是：远古的时候，地上的人太多了，天君只好重新换人种，于是派观音老母下凡来留人种。观音老母变成一个老太婆，带着一颗葫芦子到处去卖，可地上的人都舍不得出五两银子。最后，善良的两兄妹用五两银子买下了这颗葫芦子。兄妹俩按老太婆的吩咐把葫芦子种在地里，等到结出一个大葫芦时，摘下来晒干、掏空，然后磨了许多炒面装在里面。不久，天上下起大雨，洪水漫天，世上只有两兄妹因躲入葫芦中幸存下来。洪水退后，天君赶下一群天猪来拱江河，让积水归入大海。两兄妹爬出葫芦，到处找人。他们问了松树、栎树、葫芦蜂，它们的回答都不能令人满意，于是叫松树今后砍一棵死一棵，叫栎树砍一棵发几棵，让人见了葫芦蜂就用火烧。当问到蜜蜂时，蜜蜂的回答让两兄妹很满意，于是同意今后蜜蜂和人做伴。两兄妹没有找到其他人，只好成亲。九个月后，妹妹生下一个血团子，哥哥把它砍得粉碎，撒向四面八方，血滴变成了人类。

戴田翠、戴承龙讲述，戴国斌、黄守仁记录。收入《云南省民间文学集成·姚安县综合卷》，32开，2页，1300余字，姚安县文化局、文联1989年编印。（施选　朱琚元）

肉球

彝族创世神话。流传于云南省鹤庆县彝族村寨。讲述的是：神通广大的格若山神把金海螺丢了，张榜告示说谁捡到金海螺就把自己的姑娘嫁给他。结果，小花狼叼着金海螺来了，娶到了姑娘。在小花狼驮着姑娘上天的途中，姑娘忘了小花狼的嘱咐，一睁眼看，便跌到了今天的黄坪坝。她在这里见到了一个小伙子，小伙子说他是小花狼，是雪山太子，因为姑娘睁了眼破了他的法，回不到天上，只好在这里安家。他俩生下了一个肉球，这个肉球滚到哪里哪里就长出五谷杂粮。太子剥开肉球看，从里面蹦出七对男女娃娃来。这些娃娃见风长，后来双双成亲，各找地方谋生，繁衍成今天的藏族、白族、苗族、傈僳族、土家族、彝族等民族。

高永珍讲述，章虹宇记录。收入《中国民间故事全书·云南·鹤庆卷》，32开，3页，2500余字，知识产权出版社2005年版。（段伶）

人类的起源

彝族创世神话。流传于云南省弥渡县彝族地区。讲述的是：古代洪荒毁灭人类，天神为了保留人种，把两兄妹装进两个葫芦里，让他们顺水漂走。后来老鹰见水上的葫芦，把它叼到岸上；老鼠见地上的葫芦，把它咬开，叫兄妹俩出来；喜鹊见了兄妹俩，飞到天上报喜。兄妹俩为了繁衍人类，用滚磨盘的方式决定是否成亲。结果，所滚磨盘重合了。他俩认为这是天意，就成亲生了九个儿子。一天，最小的儿子告诉母亲说，他们要像小蜘蛛吃生母一样也要吃她。母亲听了后，就盛了九碗药水给儿子们喝。从此，九个儿子互相听不懂各自的话，繁衍成语言不同的九个民族。

鲁国安讲述，邵世远搜集、整理。收入《弥渡民族民间故事传说集》第一集，32开，2页，1400余字，弥渡县民间文学集成办公室1986年编印。（张秀娟）

葫芦里出来的人

彝族创世神话。流传于云南省祥云县彝族地区。讲述的是：观音老母见人心不好，便发洪水换代，让一个心地善良的人躲在葫芦里。这人先后请梨树、蛇、藤子、竹子救他上岸，又请老鼠咬开葫芦，让他从葫芦里出来。他出来后，见从蛇肚子和竹竿里蹦出来一百个男人和一百个女人，就给他们起姓氏，让他们男女相配，重新繁衍了人类。

鲁文珍讲述，鲁顺祥搜集、整理。收入《云南省民间文学集成·祥云县民间故事卷》，32开，4页，2000余字，云南人民出版社1989年版。（张秀娟）

洪水淹天的故事

彝族创世神话。流传于云南省楚雄市彝族地区。讲述的是：远古的时候，洪水滔天，淹没大地，有两兄妹躲在葫芦里避难。洪水退后，金龟老人要兄妹成亲传人种，兄妹不答应，就让他俩各在一方烧香，香烟升到空中缭绕在一起；又各在一个山头滚磨盘、滚簸箕，结果两扇磨和两扇簸箕都合拢了。兄妹就以松树当父，万年青树做母，梅树做媒人，终于结成了夫妻。十二个月后妹妹生下一个肉团，金龟老人用剑劈开，里面出现五十个童男、五十个童女。胎胞被甩在树上，就变成了火红的马缨花。兄妹二人难以抚养，满山的飞禽走兽都来帮忙，把一个个孩子都领走了，长大后五十童男童女又相互婚配，就形成了今天的彝族、汉族、苗族、回族、藏族、白族、傣族、傈僳族等民族。

李学忠讲述，郑泉记录。收入《楚雄市民间文学集成资料》，32开，4页，2000余字，楚雄市民委、文化局1988年编印。（李福云　朱琚元）

兄妹传人

彝族创世神话。流传于云南省大姚县彝族地区。讲述的是：很久以前，有两兄妹，哥哥叫阿发，妹妹叫阿琴。一天，兄妹俩在路上遇见一只冷得发抖的大青蛙，妹妹把可怜的青蛙抱在怀里。青蛙受到如此照顾就告诉兄妹俩：过几天洪水要涨七天七夜，一直会淹到天上，并给了他们一个葫芦，让他们准备好足够七天七夜吃的东西躲在葫芦里。不久，洪水就来了。整整过了七天七夜，葫芦才停在沙滩上，兄妹俩从葫芦里爬出来，大地上的人都被淹死了，他们就在沙滩上开挖田地，种庄稼。为了传宗接代，他们结婚了，可是婚后只生下了一个肉团。于是哥哥把肉团砍碎成了千万块，洒在了田野山洼。过了几天，那些肉块慢慢地长大，变成了人。丢在桃树下长大的后来就姓桃，丢在田埂上长大的就姓耿（埂），丢在李子树下长大的就姓李。大地上的人类就这样发展起来了。

耿荣春讲述，耿家红记录、翻译。收入《大姚县民族民间文学集成》，32开，2页，600余字，云南民族出版社1991年版。（李惠兰　朱琚元）

人种是怎样传下来的

彝族创世神话。流传于云南省武定县彝族地区。讲述的是：远古的时候，人间有一个最大的海，海水到处泛滥，淹没一切。海里有一只神奇的青蛙，随着洪水到处漂流，它的脚伸向东，洪水就流向东；伸向西，洪水就流向西。洪水退尽，神蛙经过的地方就出现了高低不平的情况，后来人们把高处叫作山，低处叫作箐。过了很多年，又出了三个太阳，晒得人们口渴难耐，死去活来，人间一片荒凉。这场干旱使得人类仅剩母子俩活了下来。儿子背着母亲四处找水，最后在一个石洞里找到了一点水，母子俩便在石洞里住了下来。老母亲不久便去世了，只剩下儿子孤身一人坐在洞前哭泣。到了第七天，一个白胡子老人来了，把他带到了一个山清水秀的地方住下。此后，每天晚上都有许多漂亮的姑娘在水塘里洗澡嬉戏，上岸后和他唱调子、跌脚，但是一到鸡叫她们就走了。后来老人教他把一条裤子淹湿，待姑娘们要走时，看上谁便朝她头上甩一下，果然将走在最后的姑娘留下并结成了夫妻，生育了六子六女。又照老人的话将儿女配成六对夫妻，从而繁衍了后代，人种就这样传了下来。

风学安讲述，王正光记录、翻译。收入《云南省武定县民族民间文学集成》，16开，3页，4000余字，武定县文化局、民委、文化馆集成办1989年编印。（钱丽云　朱琚元）

人祖的由来

彝族创世神话。流传于云南省宣威市一带彝族地区。讲述的是：远古时代，清气上升为天，浊气下沉为地，天边飞来一对名为哎和哺的银雀，相配产生了人类。多年后，人类从只有一只眼睛的独眼人进化到竖眼人，最后竖眼人生下了横眼人。因人间一片混乱，天上一个叫兹阿玛的神仙决定惩治人类，结果独眼人和竖眼人都死光了，人类只剩下横眼人。后来天上派出掌管万物的天神策耿纪来检查人间好坏，发现富人们都没有好心肠，直到遇到愿意割下自己身上血肉来救助策耿纪的笃慕，才发现只有这个贫穷的人良心好。天神策耿纪告诉笃慕，在一年零一百天后他决定用洪水来整治人间。天神给笃慕留下了一颗葫芦种，并让他种好。在一年零一百天后，笃慕藏进长大的葫芦里，用山上采来的蜂蜡封住口。大地变成一片汪洋，滔滔洪水翻滚到云间，金船银船都沉到海底。葫芦顺水一直漂到洛尼山，笃慕戳通蜂蜡，一直爬到洛尼山顶并住了下来。大水退去，策耿纪派下太白神让笃慕学会钻木取火，后又派下三个仙女与笃慕结为夫妻。笃慕的三个妻子各生了两个儿子，他们就是彝族的六位祖先。

阿危热默讲述，阿乍萬芝搜集、整理。收入《彝族民间故事》，32开，4页，2900余字，云南人民出版社1988年版。（李坤）

兄妹创人烟

彝族创世神话。流传于云南省禄丰县彝族民间。讲述的是：从前世上没有人烟，从大海里漂来了一个葫芦，漂到海边，里面出来两个人，是两兄妹。妹妹提出要与哥哥成亲，哥哥不同意，但要试试是否为天意。于是兄妹俩隔河栽杨柳，结果两棵杨柳树隔河长大后缠在了一起。两兄妹又决定隔河丢针，隔山滚磨，结果都显示两兄妹成亲是天意，于是两兄妹成了亲。几年后生下了一个娃娃，没头没脚，他们将其划成若干片，把碎片放到荆棘上、石头上、草坪上，结果全部变成了人。从此，世间才有了人烟。

张兰英讲述，李光云记录。收入《禄丰县民间故事普查资料汇编》，16开，1页，500余字，禄丰县委宣传部、文化局、民委1988年编印。（钱丽云　朱琚元）

兄妹成婚

彝族创世神话。流传于云南省景东彝族自治县。讲述的是：远古时，天神发洪水淹没良心不好的凡人，仅剩一对兄妹用大簸箕避难。天神以葫芦、天鼠（老鼠）、蜜蜂、老鹰等帮助他们存活。天神又派观音菩萨下凡劝兄妹成婚。经过烧香、穿针、用大米和包麦米（玉米）掺和蒸饭等办法证明是天意后兄妹成婚。不久后，妹妹生下血包，分片挂在树上，成为百家姓。妹妹又多次怀孕，繁衍子孙。

祝成芳讲述，陶明贵记录。收入《景东县民间文学集成》，32开，3页，1700余字，景东彝族自治县民委、文化局、文化馆1989年编印。（谢国先）

二次洪水与阿卜笃慕

彝族创世神话。流传于云南省红河流域彝族地区。讲述的是：传说俄玛俄倮归天后，首厄、农塔、赫阿戈等四个皇帝各霸一方，丧失纲纪，道德败坏。天神格兹派沙颉去人间试探人心，但都没有一个良心好的人，最后在咪乃鲁祖年找到了良心极好的阿卜笃慕，沙颉告诉天神格兹要发洪水更换人种。阿卜笃慕经过沙颉的指点打木柜避水灾而幸免于难，并与沙颉的三个妹妹成亲、种庄稼、饲养牛羊，共生六个儿子，即后来彝族的六位祖先。

李八一昆讲述，师有福记录、整理。载《红河群众文化》1989年第4期，16开，2页，1400余字，红河哈尼族彝族自治州文化局1989年编印。（龙倮贵）

格兹嫁女儿

彝族创世神话。流传于云南省红河流域彝族地区。讲述的是：传说，人间洪水后，世上只有笃阿慕一家，长子达方成人后，因世间无女子而无法婚配。天神格兹不得不忍痛割爱把闺女生杜嫁至人间与笃阿慕长子达方成亲。生杜和达方男耕女织，勤俭持家，恩恩爱爱，共生十子。十子成人后，仍与天女成婚，人间有儿有女，格兹才断了天地联姻之事。

佚名讲述，阿锁记录、整理。载《红河文化》1990年第1期，16开，2页，1800余字，红河哈尼族彝族自治州文化局1990年编印。（龙倮贵）

水漫山

彝族创世神话。流传于云南省峨山彝族自治县彝族地区。讲述的是：古时候，洪水漫天，万物遭劫，只剩一对男女乘木舟漂泊。后来出现七个太阳把水晒干，他们回到大地后祷告苍天结为夫妻。数载后女的生下一个牛肚一样的怪物，里面叽里咕噜说话。打开一看，千层肚里各层有八对男女婴儿。他们把这些孩子养大，并分开到各地生活，之后就成了彝族、汉族、蒙古族、回族、藏族等民族。

飞自林讲述，龙登科搜集。收入《峨山民间文学集成》，32开，2页，500余字，云南民族出版社1989年版。（聂鲁）

天蛋

彝族创世神话。流传于云南省新平彝族傣族自治县鲁奎山一带。讲述的是：人神分居后，住在天上的神和住在地上的人互相猜忌，怕用金子做的天柱被对方偷走，便都扒开江河口子来淹对方，结果人类及地上生灵几至灭绝，只剩下一个青年汉子查决。查决请求繁衍神帮助，繁衍神从天上偷来了鸡、狗、飞鸟、百兽和森林，但偷不出天上仙女让查决繁衍人类，只敢偷一枚仙女们下的天蛋给查决。查决将天蛋交给太阳光孵化，由于天上人间时差，六十年后才孵出人间第一位女性查媚来，并请求繁衍神偷来天奶哺喂查媚。十六年后查媚长成了一个大姑娘，但查决成了老翁已无生殖能力。又在繁衍神的帮助下，查决钻入天蛋壳让查媚孵，二十天后孵出了一个男孩查窝，用天奶喂查窝，六天后就长到了十八岁。从此，查媚和查窝结为夫妇生儿育女繁衍人类。

拉加朵讲述，聂鲁记录、翻译。收入《聂鲁彝族神话故事选》，32开，6页，4000余字，陕西旅游出版社1998年版。（聂鲁）

继世阿根

彝族创世神话。流传于云南省武定县彝族民间。讲述的是：远古的时候，有三兄弟遇到了奇怪的事情，头天犁过的地第二天全都还原了，三兄弟商量躲在地旁看个究竟。守到半夜，只见一个老人手拿一根金棍掀垡子，一眨眼的工夫，犁过的地跟没犁过一样。老大老二很愤怒，都说要打死他，只有老三说不能打。于是，老人告诉他们，再过半月洪水会淹没整个大地，要想活命只有每人凿一个木桶躲在里面。老大老二心肠不好，老人没有教他们躲进木桶后该怎么办，只教了老三一人。半月后洪水真的来了，老大老二沉入水底淹死了。老三在水面上漂了三七二十一天，洪水退后，木桶被挂在悬崖上的大树上。被困在悬崖上的老三抓住一蓬山竹得以来到地面。老三独自一人感到非常孤单，老人又教他支起磨秋引天上的七仙女下来玩，并用一条裤子在走在最后的姑娘头上甩一下后把她留下来成婚。婚后，妻子怀孕三年生下了一个像牛胃的大衣胞，这时，老人又来了，教他用剪子剪开衣胞，里面有八男八女十六个孩子。孩子长大后，老人又教他们滚磨盘来配对成婚繁衍人类。

李兴荣、杨榜、王献元讲述，杨世成记录、翻译。收入《云南省武定县民族民间文学集成》，16开，2页，2500余字，武定县文化局、民委、文化馆集成办1989年编印。（钱丽云　朱琚元）

十格子找人种

彝族创世神话。流传于云南省楚雄市彝族地区。讲述的是：两兄妹从小死了父母，捕鸟为生。有一次捕到一只大鸟，就把它养起来，并像对待亲生父母一样地喂养它。洪水来临时，兄妹俩因得到大鸟的指点，躲在大葫芦里逃过洪水灾难。洪灾之后，天帝派神仙十格子（即天神彻更资）下凡寻找人种。十格子到处打听，先后遇到了马蜂、蛇、老虎、豹子等动物，但它们都仇恨人，扬言要伤害人。最后遇见蜜蜂，蜜蜂告知人种的下落，但葫芦漂在江中出不来，十格子请耗子咬开葫芦，请蜘蛛织网搭桥，把兄妹救了出来。兄妹长大成人后，十格子让他们成亲传人种，兄妹俩不答应。十格子叫他俩滚磨盘，请梅子树做媒，天意难违成了亲，生得三男三女。六兄妹长大后，按照神的旨意配成了三对，大儿住高山，二儿住山腰，三儿住坝子，分别成了红彝、白彝和汉族。

普正才讲述，李成生记录、整理。收入《楚雄市民间文学集成资料》，32开，4页，2000余字，楚雄市民委、文化局1988年编印。（李福云　朱琚元）

造人

彝族创世神话。流传于云南省金平苗族瑶族傣族自治县彝族地区。讲述的是：相传，太阳和月亮成亲生了六个小太阳后，七个太阳烤得大地石头成水，草木成灰。人间有一勇者，用龙骨制成七支箭，射掉了六个太阳。这事惹怒了天神，天神向人间施放洪水。有两兄妹因坐在葫芦里避过了洪水，成为人间仅存的人种。万年青树、大青石、乌龟都要求他们兄妹成婚，繁衍人类，但两兄妹不愿意违背伦理。他们想得到神的示意，于是从两座山头滚磨盘，磨盘到山脚合一起；又在两架山头抛针线，线又穿过针眼，他们只得成婚。一年后妹妹生下个肉团，他们把肉团划成条挂在李子、棠梨、石榴、毛桃等树上。这些肉条一年后变成了人，并有了李、唐、石、毛等姓氏。

佚名讲述，喻志明搜集。收入《云南民间文学集成·金平故事卷》，32开，1页，600余字，金平苗族瑶族傣族自治县文联1988年编印。（梁红）

拜谷楷戛

彝族创世神话。流传于云南省曲靖市彝族地区。讲述的是：远古的时候，彝族祖先武洛撮在慕额热戛地方请大毕摩尼布痴额左做大斋供奉祖先灵牌、立根基。整个仪式杀牲千万，烧柏香万棵，香烟缭绕直冲云霄。天帝策耿纪派天神额勺探得人间祭祖，歌舞升平，百鸟万兽齐朝拜。天帝恼怒人间只敬祖，不拜天，决定毁灭人类，消灭鸟兽。就派额勺在大地四方挖山填沟，堵洪水泛滥天下。额勺来到人间，看到笃慕三兄弟在挖地种荞，就告诉他们洪灾将至，要他们搬到洛尼山居住躲避洪水。两个弟弟不肯离开，笃慕只得骑着马，赶着牛羊来到山高万丈穿破青天的洛尼山居住下来。天帝派天神挖开四大海淹没大地，又派神鸟托七个太阳晒烤大地，托五个月亮照干地上的水。此后，人间的水只剩麻苦密山上的三塘露水，人只剩笃慕一个。为繁衍人类，天神额勺告诉笃慕到拜谷楷戛歌场与天君之女痴以古兔、嫩以密冬、宜以密补三位仙女对歌。笃慕与她们一一对歌，在歌场他们情投意合，定下了终身。三位仙女每人生了两个男孩，这六个男孩就是彝族的六祖。后来，天上的作阿且与地上的乃武堵打冤家，断了天地姻亲。但六祖做大斋分支后，后代仍设歌场对歌，寻找意中人。

吴云忠讲述，吴承柏整理。收入《阿则和他的宝剑》，32开，9页，5000余字，云南民族出版社1985年版。（梁红）

天翻地覆

彝族创世神话。流传于云南省昆明市西山区彝族地区。讲述的是：古时候，有两兄弟因开出的土地不断恢复成荒地，便守夜逮住了使荒地恢复的白发老人。他们从老人处得知洪水就要淹没人世，于是按老人的示意，哥哥坐瓦缸，弟弟怀带鸡蛋躲在葫芦里逃生。结果滔天洪水倾覆了哥哥的瓦缸，淹没了世间万物。葫芦载着弟弟在水面漂流，不久小鸡孵出，其叫声吸引了空中翱翔的老鹰，葫芦被老鹰抓到了岸上。当弟弟爬出葫芦，眼前的荒凉景象令他大哭起来。他的哭声使海水退去，沙滩上长出了草木。弟弟饥饿流泪时，白发老人指点他去找牛屎做粮食，牛屎在弟弟眼前变成了糯米粑粑。白发老人又来教弟弟做秋千引诱仙女下来玩耍。荡秋千的仙女被弟弟用牛屎打中回不了天而做了他的媳妇。弟弟和仙女生了十二个哑巴孩子，白发老人让娃娃们烧竹子烤火，竹子爆出的火星烫得娃娃们哭叫着四处逃散。从此，十二个娃娃说着不同的话，变成了十二个民族。

李敏讲述，李永富记录。收入《西山区民间文学·综合卷》第一辑，32开，3页，1300余字，昆明市西山区民间文学集成办公室1991年编印。（梁红）

兄妹结婚

彝族创世神话。流传于云南省昆明市西山区彝族地区。讲述的是：传说，洪灾之时，有两兄妹被父母放在两口合罩着的锅里，随水漂流到玉案山。洪水退后，幼小的兄妹就在林木茂密、虎豹成群的玉案山上挖野菜、吃野果、学着种庄稼慢慢长大。到了婚嫁的年龄，他们决定相互离开九十九天，各自去找人家。九十九天后，他们又出现在玉案山，因为世间已没有其他人。兄妹能否成婚繁衍人类，哥哥决定看神的意愿。于是他们到山神庙各点一炷香，烟升在空中缠在一起；他们又分别站在两座山上点香，两股烟越来越粗，如蟒蛇般绞在一起；哥哥仍不甘心，又和妹妹一人背一扇磨，分别从两座山头往下滚，磨滚下去又合在一块。哥哥流着泪，打来一盆龙潭水，把两人的拇指戳破，让血滴到清水里，谁知两人的血滴到一起，就变成一个个胖娃娃。这些男女娃娃风一吹就长，他们跳出盆，向不同的地方跑去，成了不同的民族。

矣新荣讲述，矣培贵记录。收入《西山区民间文学》第一辑，32开，3页，1300余字，昆明市西山区民间文学集成办公室1991年编印。（梁红）

黄水潮天

彝族创世神话。流传于云南省金平苗族瑶族傣族自治县彝族地区。讲述的是：古时候，天低得竹子都能顶着。地上江河湖海的水都得从地中央唯一的洞——落水洞流走，杂物若堵住落水洞口，水就会涨得顶着天，水涨一次，天就被顶高一节。由于落水洞曾无数次堵塞，天就像竹子一样被一节节顶得老高老高。后来有了金鸡和金鱼守护落水洞，水就再也没有涨到天上过。

喻志明讲述、翻译，赵云记录。收入《云南民间文学集成·金平故事卷》，32开，1页，200余字，金平苗族瑶族傣族自治县文联1988年编印。（梁红）

金龟老人传人类

彝族创世神话。流传于云南省景谷傣族彝族自治县彝族地区。讲述的是：洪荒时代，人类始祖盘古用泥巴捏出人形，又把自己的身体变成日月、草木等。那时人鬼混居，上天为使人鬼分居，就用洪水毁灭人间。洪水之后，人间仅剩一对兄妹。一天，兄妹二人都梦见自称金龟的白发老人要兄妹俩结婚，兄妹不同意。金龟老人两次、三次托梦，要二人滚石磨、穿针线验证上天的旨意。兄妹只好成婚，生下肉团。金龟老人用剑划开肉团，出来五十个童男和五十个童女。金龟老人让他们在马缨花树下结婚，繁衍人类。以后，每逢马缨花开，彝族就聚会纪念金龟老人。

佚名讲述，佚名整理。收入《云南民间文学集成·景谷民间故事（一）》，32开，2页，1000余字，景谷傣族彝族自治县民间文学集成领导小组编辑室1989年编印。（施文志）

拇指人

彝族创世神话。流传于云南省新平彝族傣族自治县。讲述的是：古时候，一头人夫妇由一对同胞兄妹牵着坐骑去拜丈母娘，一路上太阳晒得火辣辣的，看见一条蛇挺着肚皮晒昏在路旁，趁头人夫妇下马在树下乘凉，兄妹俩把小蛇放在潮湿阴凉的地方。蛇渐渐活过来并开口说话，告诉他们，黑龙和青龙打架，三天后地上要发洪水淹到天上，各人快想办法去逃生。头人夫妇听见这话后，怕兄妹俩走漏消息，把他们拴在山箐大树上弃之喂熊。夫妇俩则立即返家，用银子打了一条船，在船上还做了一个金房子，准备洪水到来时逃生。被拴在树上的兄妹俩，哥哥在树干上把绳索磨断，再把妹妹的绳索解开，并急忙砍树做木筏。洪水终于来了，乘银船金屋的头人夫妇沉入水里被淹死了，兄妹的木筏则漂到天门坎。天神泽格恣斩了两条闹事的龙，他和地神黑夺方重新造了天和地，并指派兄妹俩回地上婚配重新繁衍人类。可妹妹害羞不愿意婚配，泽格恣让她生了三年的疮，打了三年的摆子，她才答应成婚。婚后妹妹生下一个肉葫芦，哥哥急得一刀把肉葫芦砍开，里面跳出一对又一对拇指般大小的男女来，见风就长，不多时都长成了大人。兄妹俩就把他们分到不同的地方，成了现在的各兄弟民族。

佚名讲述，陈振中搜集、整理。收入《哀牢山彝族神话传说》，32开，5页，2900余字，云南民族出版社1990年版。（聂鲁）

笃慕的故事

彝族创世神话。流传于云南省宣威市彝族地区。叙述的是：荒古年代直眼人无视天地和祖先，天君大怒欲发洪水灭绝他们，先派三个仙人骑飞龙马到凡间寻找有德之人。仙人遍寻东方、北方、西方，各方的人都良心泯灭。到了南方，见到一个贫穷的老汉在劳作，此人叫笃慕，正是有德之人。仙人不禁泄露了天机，并留下一粒葫芦子，四个月后长出个大如牛的葫芦。洪水泛滥，笃慕胳肢窝下夹鸡蛋，葫芦里把身藏。鸡蛋孵出小鸡时，笃慕钻出葫芦，天地间只剩竹子一蓬、鹰一只。三个仙人从天上带来两姐妹与笃慕婚配，见到笃慕又老又丑，两人不愿嫁。三个仙人让笃慕用仙水洗澡变得年轻英俊，并用两片桃叶贴在头上，直眼变横眼。美丽的星宿女自愿下嫁，两姐妹也欣然做二房和三房。三个妻子各生两个儿子，人类从此得以传下来。后来人们称这六个儿子为“六祖”。

张尤发翻译，柴大欢搜集、整理。收入《宣威民间文学集成·综合卷》，32开，5页，3000余字，云南民族出版社2001年版。（谭玉婷）

人类起源

彝族创世神话。流传于四川省普格县等地区。讲述的是：在洪水泛滥前，有三个哥哥和一个妹妹生活在一起。一天，翻好了的土地被一个神仙复原，三个哥哥就去守地，抓到个白发老人才知洪水要泛滥的事。神仙给他们金、银、木各一只箱子，两个哥哥事先对老人出言不逊，加上贪图金银就躲进金银箱里，只有弟弟妹妹两人进了木箱。洪水后，两个哥哥被淹没，弟弟和妹妹二人被救活，弟弟和妹妹对天求助后，二人成婚生儿育女，繁衍人类。

沙马子且等讲述，木支记录。收入《彝族民间故事选（2）》（彝文版），32开，6页，1900余字，四川民族出版社1986年版。（贾斯拉核）

洪水泛滥（一）

彝族创世神话。流传于四川省凉山彝族地区。

讲述的是：在洪水泛滥的时代，天帝恩梯古兹在人间收税，由于税费年年增多，人间不服收税，一气之下拒交税费，惹怒了天帝，天帝下派神差到人间，制造了洪水泛滥事件，人间只有居木乌乌在一个神的指点下幸存了下来，他历经许多艰辛，与天地斗、与敌斗，最后才站稳了脚跟，成为彝族、汉族、藏族三个民族的祖先。

彝族群众讲述，喜德县语委记录。收入《彝族民间故事选（2）》（彝文版），32开，21页，10000余字，四川民族出版社1986年版。（贾斯拉核）

洪水泛滥（二）

彝族创世神话。流传于大、小凉山彝族地区。叙述的是：远古时代洪水泛滥，万物都被淹死了。笃慕惹牛因听从了野猪的劝告而幸免于难，并救下许多被洪水冲走的动物。这些动物为报答他，到天神处去给笃慕惹牛提亲，想为笃慕惹牛娶回天神女儿为妻，可天神不同意，它们想尽种种办法终使天神同意，派下仙女与笃慕惹牛婚配。笃慕惹牛婚后有三个儿子，可都是聋哑人。翻看经书后得知需去找天神求医治的办法，可天神不告诉药方，却在私下告诉他妻子时被早已藏在屋檐下的小鸟偷听到了，小鸟回来后按照天神所说方法，果真治好了笃慕惹牛三个儿子的聋哑病。他们就是后来汉族、藏族、彝族三个民族的祖先。

佚名讲述，刘赋元收集、整理。收入《聪童秘典》（彝文版），16开，12页，4500余字，凉山州卫生学校1980年编印。（土比呷呷）

举木惹牛

彝族创世神话。又译作“居木惹略”。流传于四川省凉山彝族自治州。讲述的是：从前有兄弟三人上山开荒。头一天犁好了的地，第二天又还原成了荒地，一连几天都这样。他们夜里悄悄去察看，只见一个人牵着一头野猪在地里拱，把白天耕的荒地都复原了。一问得知这儿是天王恩体古兹家的祖坟基地，不让开荒。几天后，天下大雨，大地发了洪水，老大老二淹死了，只有老三举木惹牛未被淹死。洪水过后，他划着一个木柜子，在龙头山顶上停靠下来，并救起了漂泊在水里的乌鸦、蛇、青蛙、老鼠和蜜蜂等动物。这时天王又派神差站在天门口察看，看是不是把天下的人全淹死了。当得知龙头山还有人时，天王便派天兵天将把举木惹牛抓来关进天牢里。被举木惹牛搭救的毒蛇去咬伤了天王的手，逼使天王放了举木惹牛，并把女儿许配给他。举木惹牛和天女结婚后，生了三个儿子。但三个孩子都不会说话，举木惹牛派蜘蛛和阿普约曲鸟上天取来使人会说话的药。三个孩子吃了药，说出三种不同的话来。老大说的话就是今天汉族的话，老二说的话，就是今天藏族的话，老三说的话，就是今天彝族说的话。汉族、藏族、彝族三个民族原本是亲兄弟。

佚名讲述、记录。收入《中国各民族宗教与神话大词典》，16开，1页，500余字，学苑出版社1993年版。（阿南）

石母夷兹比

彝族创世神话。流传于四川省凉山彝族自治州。讲述的是：由雪变成的人类始祖吾哲传至石尔俄特一共八代，都生子不见父，因此俄特就携带随从和金银，到处去寻找父辈。后来得到叫施色的一位姑娘的指教，要他“回到大地上，娶妻配成偶”，“生子即可见父亲”。于是石尔俄特娶了施色姑娘，传四代至却布居木。居木的三个儿子在地上开垦荒地，可是“前日犁好了，后日又复原”。弟兄生疑，前往观察究竟。原来是天神恩体古兹派往人间收税的差使被打死后，天神迁怒于人，派阿格叶库带领神猪将开垦的荒地复原。三兄弟十分生气，大哥主张把阿格叶库杀了，二哥主张把他打一顿，三弟却主张先问清楚，于是他们就去问这个阿格叶库。叶库告诉他们，天神要放九个大海淹大地。三兄弟慌了，忙问怎么办。阿格叶库根据三兄弟对他的不同态度，分别给他们出了主意。他让大哥做张金银床，二哥做张钢铁床，三弟做个木柜。洪水淹来，大哥二哥坐的金属床下沉水底，只有三弟居木武吾坐的木柜漂浮在水面上，漂到兹洪尔碾山。他在这座山上救起了蛙、蛇、鼠、乌鸦、喜鹊、蜜蜂等。在宰杀剩下的黄母猪与黑公羊，招待了天上派来的三个使臣之后，提出娶天神女儿为妻的要求，天神不答应。于是被三弟救起的蛙、蛇等各类动物，各显神通，纷纷帮助他，最后娶了天神的女儿兹俄尼拖做妻子，生了三个哑巴儿子。后来，又得到天神的机密，采用烧炸三节竹子的办法，使三个哑巴儿子说出了三种不同的语言。这三个儿子分别成为藏族、彝族、汉族三个民族的祖先。

佚名讲述、记录。收入《中国各民族宗教与神话大词典》，16开，1页，600余字，学苑出版社1993年版。（阿南）

兄妹结婚

彝族创世神话。流传于四川省凉山彝族自治州。讲述的是：古时候大地上住着曲木惹叶、曲木惹黑、曲木惹牛三兄弟和妹妹曲木乌乌。天神把曲木乌乌抽去做丫头，还随时向曲木兄弟要粮食、牛羊和马匹。他们缴纳不起，常常反抗。天神生了气，放出天湖的水来淹死他们。一场大洪水之后，两个哥哥都被淹死了，只剩下弟弟曲木惹牛独自一人，人世间一片荒凉，许多动物都被淹得奄奄一息。惹牛可怜它们，把向他的火堆旁游来的一些动物都救了起来。动物们苏醒过来，快乐地和他生活在一起。动物中乌鸦吃过“天书”的灰烬，能知道未来的事。青蛙最聪明，常用智谋为人们做有益的事。它们怕弟弟孤单，又怕人类灭绝，就商量着到天上去，用计谋战胜天神，把妹妹从天上接了回来。又请黄蜂、蝴蝶、小黄雀做媒人，要两人结为夫妇。妹妹不肯，兄妹两人约着去问那爱帮助人的阿格页苦老神。老神说：“现在人烟绝灭了，世上已无婚配。若是你们不做夫妇，人类真的要绝种了。你们还是婚配吧！这是好事啊！”动物们也反复劝说，妹妹才答应用占卜来决定。第一次两人站在两边小山上，各自丢一块小圆石下来，两块小圆石一上一下地滚在了一起。但妹妹还是不答应，要求再占卜一回。第二次两人站在两边小山上，一人丢一根线，另一人丢一根针，线又穿过了针。照原先说定两人应该成婚，但妹妹仍不答应，要求再占卜一次。这次，两人各自在两边的小山上烧起一堆树枝，说定要两股火烟合在一起才结婚。说也奇怪，两股火烟不但纠合在一起，而且还纠合得紧紧地慢慢向天空升去。妹妹没有话说，两人就成了婚。他们就是后来人类的祖先。

佚名讲述、记录。收入《中国少数民族文学》，32开，1页，600余字，湖南人民出版社1983年版。（阿南）

威志和米义

彝族神话。流传于广西壮族自治区那坡县彝族地区。讲述的是：远古时，人受天公老爷蒙骗，纷纷上天寻找极乐世界，一到天上就被天公老爷吃掉。有一天，一位老阿婆从天上来到人间，劝人不要再到天上去，人不听她劝说，反倒冷落她，只有彝族兄妹威志和米义对她热情款待。老阿婆向他们透露天机，天公老爷将发大水淹没大地，逼迫人和动物上天成为他的食物。老阿婆给兄妹三粒葫芦种子，告诉他们怎样躲过灾难。大水来时，兄妹俩躲进葫芦。洪水过后，兄妹结为夫妻，重建家园。

梁绍安讲述，王光荣笔录并译成汉文。收入《广西少数民族民间故事》，28开，5页，2300余字，广西民族出版社1985年版，又见《中国民间故事集成·广西卷》，中国ISBN中心2001年版。（王光荣　蓝斯）

悲欢离合

彝族创世神话。流传于广西壮族自治区那坡县彝族地区。讲述的是：远古洪水淹没天下，威志和米义兄妹，蒙天婆指点，藏在葫芦中逃过大难。为了繁衍人类，兄妹历经诸多考验，结为夫妻，生下一子，取名“归伟”。后来归伟被神鸦带到天上。十八年后，威志和米义为了和儿子团聚，寻找上天之道，被青蛇毒死在榕树下。归伟知道身世后，在天婆帮助下，同仙女米咪睐下凡繁衍人类，并视大榕树为庇佑祖先的神树。

梁绍安讲述，王光荣笔录并译成汉文。收入《广西少数民族民间故事》，28开，5页，3700余字，广西民族出版社1985年版。（王光荣　蓝斯）

沙娓姐弟制人烟

彝族创世神话。流传于广西壮族自治区隆林县彝族地区。讲述的是：很久以前，彝族山区有一对姐弟，梦中得到仙人的提示，天下将有洪水大难。他们就躲在泡桐树做的木屋里，躲过了“洪水滔天”的大难。洪水退去后，没有人烟，姐弟打破族规，结成夫妇，他们将生下的肉团剁碎撒向各地，就变成各姓氏族群。

吴玉章讲述，黄国政、农巧玉笔录并译成汉文。收入《回、彝、水、仡佬、毛南、京六族故事选》，32开，3页，1300余字，广西人民出版社1988年版。（王光荣　王文魁　蓝斯）

三只木箱子

彝族创世神话。流传于云南省建水县彝族地区。讲述的是：古时候，有兄妹四人去开荒，仙人告诉他们，洪水将淹没良心不好的这代人，并送他们三只木箱子躲避洪水，还要他们在腋下夹个鸡蛋。当洪水滚滚而来时，两个兄长沉入水底，小兄妹被木箱载着漂流。腋窝里的小鸡出壳唤醒兄妹俩，他们打开箱盖，看到大地一片荒凉，没有人烟，只见一只鼠、一只羊、一只兔、一只鸡、一条狗、一只虎、一只猴、一头牛、一匹马、一头猪、一条蛇、一条龙朝自己走来，于是，兄妹俩根据它们的长相排列出十二生肖属相。蛤蟆为人类找到火种，狗到天上找来了粮种，兄妹又和动物们商量决定人吃粮食，马、兔、鸡和羊吃草，从此，人类和万物得以重生。

李家寿讲述，李春光搜集，熊兴祥整理。收入《云南民间文学集成·建水故事卷》，32开，2页，1300余字，建水县文化局、民委1989年编印。（梁红）

百家姓的起源

彝族创世神话。流传于云南省禄丰县彝族民间。讲述的是：在开天辟地时，天上不分昼夜地接连下了几个月的大雨，洪水淹没了山川田野，天下的生物都死于洪水之中。有一家两兄妹，爹妈为了让他们逃生，就将他们放在一个破水缸里顺水漂，后漂到一个大树丫中被夹住，兄妹俩存活了下来。后来两兄妹结成夫妻，一年后生下了一个肉坨坨，丈夫很生气，把那肉坨坨撕成了一百块，分别丢在各处。第二天，一百块碎肉变成了一百对胖娃娃，一见到兄妹俩就甜甜地喊爹娘。到了第三天，到处都有了人烟。从此，人的姓氏就按当时丢碎肉的地点来叫，丢在杨树下的姓杨，丢在李树下的姓李，丢在高处的姓高，太阳一出就照着的姓赵。百家姓就是这样起源的。

李应章讲述，赵有洪记录。收入《禄丰县民间故事普查资料汇编》，16开，1页，500余字，禄丰县委宣传部、文化局、民委1988年编印。（钱丽云　朱琚元）

百家姓的来历

彝族创世神话。流传于云南省景东彝族自治县一带。讲述的是：弟弟天公和姐姐地母分别创造天和地。天公和玉皇一起画出一个人，玉皇放在胳肢窝里孵成一人，封之姓陈；太阳也画人孵人，封之姓杨。天公、玉皇和太阳同画一人，玉皇孵成人，使之当家，赐姓朱。如此画人孵人，至有三十人，三十姓。人口繁衍，人满为患，遂有洪水。兄妹幸存，验证成婚。兄妹做泥人放于胳肢窝中，泥人成活。取出一人，封赠一姓，封满一百，成百家姓。又取出一人，撂开，姓廖（撂）；还剩一人，姓盛（剩）。这两人为多余，故百家姓中无此二姓。

杨国仙讲述，陶明贵记录。收入《景东县民间文学集成》，32开，2页，900余字，景东彝族自治县民委、文化局、文化馆1989年编印。（谢国先）

人与姓的来历

彝族创世神话。流传于云南省石林彝族自治县。讲述的是：古时候发生洪灾，大地一片汪洋，人类几乎灭绝。有兄妹俩坐在大水缸里在洪水中漂流才幸存下来。为了繁衍人类，兄妹俩以天意决定是否成亲。于是，兄妹俩上山坡滚磨磨相合，对抛针线线穿过针眼，兄妹俩依从天意成夫妻。一年后，妹妹生下个四不像的怪物，他俩很害怕，便把怪物剁碎撒在山坳之中。第二天，他们发现撒过碎肉的地方都有人烟，便为这些后代取了姓氏，撒在石头上的就姓石，凹子里的就姓凹（王），桃树上的便姓陶，李树上的姓李，竹子上的姓朱。

张福讲述，许华采录。收入《云南省民间文学集成·路南民间故事》，32开，2页，900余字，云南民族出版社1996年版。（梁红）

杂姓的来历

彝族创世神话。流传于云南省双柏县彝族地区。讲述的是：古时候，有一位神仙变成一个六七十岁的老头来世间察看民情，他来到一个集市上向一个富人要一点银子欲医治马腿，却被富人赶出家门。天黑了，老人走进一家旅店向店主人求宿，又被拒之店外。天亮后，来到一家饭店里求店主给他一口饭吃，也被撵出门外。当他牵着马来到北方时，正好遇见一个抬着犁，赶着六只羊、一头牛的小伙子，老人向他要一张羊皮，小伙子爽快地说："羊皮太小，我把牛杀了，把皮剥给你。"老人得知小伙独自一人，见他心地善良，于是拿出两粒葫芦子叫他拿去种下，后来结了一个很大的葫芦。过了不久，地上洪水泛滥，小伙子躲入葫芦中幸免于难，其他人则全部被淹死了。洪水退去后，老人找来一位仙女和他成亲，不久生下一个叫小丽的女孩和一个叫小华的男孩。两兄妹按老人的意思，一个取李姓，一个取姚姓，并结为夫妻，他们的后代一个取汤姓，一个取马姓。从此，取名叫姓习俗代代沿袭下来。

周连富讲述，李春平翻译，周前荣、苏锡纬记录。收入《双柏民间文学集成》，32开，2页，1000余字，云南民族出版社1992年版。（施选　朱琚元）

少数民族分支

彝族创世神话。流传于云南省武定县彝族地区。讲述的是：在远古的时候，有三兄弟父母双亡，以开荒种荞为生。后来洪水泛滥，老大老二被淹死了，世间只剩下了老三一人，他十分寂寞。有个白胡子老头来到他身边，教他支起磨秋，自会有姑娘来与他玩，喜欢上谁就拉住她的衣角，她便会成为他的妻子。老三照做了，一切就如老人说的一样，他有了妻子，几年后生下了七男七女。遗憾的是都不会讲话，老人又来指点他用山竹抽打儿女。老三砍来山竹每人狠抽一下，孩子们有的说彝语，有的说汉语，最后人人都会说话了。夫妻二人很高兴，便叫每一个儿子领走一个女儿做媳妇，各自去谋生。这七对夫妻，有的走进深山，有的走到平坝，有的来到河谷，各自繁衍后代，成了现今各民族的祖先。

安贵讲述，王维记录、翻译。收入《云南省武定县民族民间文学集成》，16开，3页，4000余字，武定县文化局、民委、文化馆集成办1989年编印。（钱丽云　朱琚元）

汉族、彝族、藏族起源

彝族创世神话。流传于四川省峨边彝族自治县。远古的时候，天上昏沉沉，地上无人烟。天上有四棵大仙树，发了四颗芽，长了四片叶，开了四朵花，结了四个大仙果。仙果成熟了，落到世上，世上产生了植物、动物，其中动物六种，植物六种。六种动物中，其中一种是人，如雪子阿支，阿支生阿伟，阿伟生平颐，平颐生居木，居木生三子。三兄弟白天挖好的地，第二天又还原了，三兄弟很奇怪，他们在地里发现一位白发苍苍的老人。老人对他们说："天王有一女嫁到人间，看到自己的丈夫是只蛤蟆不随心就用毡衫的领绳吊死了，天王很气愤，准备放海水下来淹掉世上的一切，你们逃命要紧。"三兄弟向老人央求良策，老人说："老大做个铁柜，老二做铜柜，老三做木柜，谷物种子畜类放柜内。"洪水来临时，只有老三坐的木柜漂浮在水面，漂到伟者尔曲山顶上。动物们从木柜出来，人类只剩老三，动物们同天王派来的两个差役帮老三出点子，让他想办法娶天王的小女儿。天王看了天书知道居木的三儿子要娶他的小女儿，非常气愤。动物们纷纷帮助老三，老鼠把经书咬烂，蛇把天王老婆的手咬伤。为了治好伤口，天王只好把小女儿嫁给老三。老三和妻子生了三个哑巴儿子，老三派差役到天宫向天王打听医治的方法，天王不愿意说出治疗方法，最后小女儿派小鸟偷听到天王和王母的对话知道了治疗的方法。老三烧了三桶水，把三桶水分别泼向孩子，老大"哎哟"一声，成了汉人，老二"阿丈格"一声，成了彝人，老三"唉哟！格绒"一声，成了藏人。

鲁国清讲述，耍桂林采录。收入《中国民间故事集成·四川卷》（少数民族），16开，3页，4000余字，中国民间故事集成四川卷编委会1991年编印。（魏娟娟）

小燕喜住新居的故事

彝族创世神话。流传于云南省武定县彝族民间。讲述的是：有兄弟三人去挖地，每次挖了又还原，如此几次之后，三兄弟便在地里支扣子扣到一只熊，老大老二准备把它打死，老三说问清情况再说。老熊说大地将要洪水泛滥，挖地也白挖，并教他们躲避之法。老大是木匠，教他把梨树掏空躲在里面；老二是石匠，教他打个石洞躲在里面；老三什么也不会，教他找个大葫芦躲在里面，拿两个鸡蛋夹在腋下，哪天鸡叫哪天出来。紧接着下了七七四十九天的雨，到处被洪水淹没，世上所有的人都被淹死了，只有老三躲的葫芦挂在高崖上。洪水退去，天王出来察看，遇到蛇，问它有没有看见人，蛇说没看见，还说要是看见会把他咬死。天王觉得蛇心坏，就说以后人在哪里遇见蛇都会把它打死。天王再问土蜂，土蜂说没见着，还说要是看见会把人叮死。天王觉得土蜂心歹毒，就说以后人在哪里遇见土蜂都会放火烧。随后，天王遇见蜜蜂，问它是否见到了凡人，蜜蜂说看见了，但在葫芦里无法救出来，天王觉得蜜蜂心好，就说以后人会把蜜蜂放在蜂桶里嵌在墙上好好喂养，不会被雨淋。天王又遇上了燕子，问燕子见到人没有，燕子说见到了，挂在高崖上，救不了他，天王觉得燕子心善，就说以后人盖好了新房就给它先住。从此，一到春天，燕子便四处找新房子住。

李文福讲述，阎开明记录、翻译。收入《云南省武定县民族民间文学集成》，16开，2页，2000余字，武定县文化局、民委、文化馆集成办1989年编印。（钱丽云　朱琚元）

虎氏族

彝族创世神话。流传于云南省大姚县彝族地区。讲述的是：很古的时候，不知什么事情惹怒了天神，天神一气之下打开了天上的水门，把整个大地都淹没了，唯独剩下一男一女，他俩生下了七个姑娘。姑娘们渐渐长大了，个个都长得非常漂亮，但爹妈心中焦愁，不知如何将人种传下去。一天，来了一只花斑老虎向他家提亲，无论老虎如何央求，爹妈都不肯答应这门亲事。老虎就吓唬他们，不答应就要将他俩吃掉。老两口无法，只好问姑娘们谁愿意嫁给老虎。老虎娶了小七妹，领着她回到自己的家。回到家，老虎变成一个英俊漂亮的小伙子。后来，他俩生育了九个儿子、四个姑娘。又过了几年，九个儿子都成了家，四个姑娘也嫁人了。九个儿子到处走，后来就变成了九个民族。住在山上的是彝族，喜欢打猎，还爱牧养山羊、绵羊，因为彝族最早的祖先是老虎，老虎住在山上，彝族就成了虎的子孙。

李中呼颇讲述，郭思九记录。收入《大姚县民族民间文学集成》，32开，6页，3800余字，云南民族出版社1991年版。后又收入《中国民间故事集成·云南卷》，中国ISBN中心2003年版。（李惠兰　朱琚元）

葫芦种

彝族创世神话。流传于云南省南涧彝族自治县。讲述的是：有天晚上，兄妹俩抓到偷他们地里洋芋的狐狸。狐狸对他们说，人间要发洪水，你们躲在葫芦里逃生吧。洪水过后玉皇大帝看到地上没有人影，就派蜜蜂去查看。蜜蜂见水上有个葫芦漂着，里面有人声，便禀告玉皇大帝。玉皇大帝得知后，派老鹰去把葫芦抓到岸上，再派老鼠把葫芦咬开，让兄妹俩出来。玉皇大帝为了繁衍人类，让兄妹俩成亲，生儿育女。后来，人们根据玉皇大帝先前的许诺，给有功的蜜蜂筑窝住，给老鹰抓小鸡吃，给老鼠吃田里家里的粮食。

施沛然讲述，阿本枝、左嘉禄搜集、整理。收入《南涧民间文学集成》，32开，2页，600余字，云南民族出版社1987年版。（段葵）

彝族青年不准锯葫芦

彝族创世神话。流传于云南省永平县彝族地区。讲述的是：太阳和月亮为谁朝前走打起架来，把大地压得七凸八凹，后来两个都没有力气，缩成了只有碗口大小的小太阳和小月亮。但是他们还不服气，还在不分昼夜地你追我赶。他们打架时引来洪水冲刷天下，几乎毁灭了人类。观音老母见人间还有两兄妹，就叫他们躲在葫芦里顺水漂。洪水退后，观音老母传话，谁能把葫芦里的人救出来就让谁跟人一起居住。燕子来啄，猫、狗来咬，都打不开葫芦，后来老鼠把葫芦咬开了，把人救出来，从此，观音老母就让老鼠跟人住在一起。人们知道是葫芦救了祖先，就定了年轻人不准锯葫芦的规矩。

胡万民讲述，赵有杨、曹建华、周显堂、字云礼等采录，郭李熊翻译，周显堂整理。收入《中国民族民间文学集成·永平县卷》，32开，2页，700余字，德宏民族出版社1989年版。（张秀娟）

黑、普、非三姓的传说

彝族创世神话。流传于云南省牟定县彝族地区。讲述的是：很久以前，一对彝家兄妹在山上支踩扣，不料扣住了一位仙女。这位仙女送给兄妹俩一粒葫芦子，兄妹俩把这粒葫芦子种在地里，上面插一枝马缨花做记号。不到半年，结了一个房子大的葫芦，他俩摘下葫芦，掏空晒干后抬回家中。这一年洪水泛滥，兄妹俩躲在葫芦里才幸免于难。为了繁衍人类，仙女托梦给兄妹叫二人成亲，兄妹俩起初坚决不答应，后来在东西山滚磨合在一起，南北山滚簸箕也合在一起，兄妹只好顺天意成亲。转眼到了夏天，兄妹俩来溪边摘梅子吃，妹妹吃了掉入溪中的三颗梅子怀孕。过了十个月，生下小黑、小普、小非三个儿子，繁衍成了彝族黑、普、非三姓。三姓同宗，所以黑、普、非三姓不通婚。

黑正富讲述，王玉寿搜集、整理。收入《云南省民间文学集成·牟定县综合卷》，32开，5页，3000余字，牟定县民间文学集成办公室1989年编印。（施选　朱琚元）

彝族竹篾笆与山花

彝族创世神话。流传于云南省永平县彝族

地区。讲述的是：祖先住在江边的岩子上，吃的是映山红、猴子包头、大刺梨花。后来，观音老母种的龙竹伸到岩子上，人们才顺着竹子到地上。人类发展后，缺少吃的，互相争斗，搅乱了天地，上天就发大洪水淹没人类。幸好观音老母见还有男女二人，就给女的篾笆，给男的竹筒，叫他们顺水逃命，人类才保住了人种。从此，人们把竹子和那些花当成神物，年轻姑娘不能砍竹子，祭祖用两叉的竹子，用于祭祖的荞粑粑还掺着映山红、猴子包头。

胡万民讲述，郭李熊翻译，周显堂搜集、整理。收入《中国民族民间文学集成·永平县卷》，32开，2页，500余字，德宏民族出版社1989年版。（张秀娟）

降雨神与大黑

彝族创世神话。流传于云南省建水县彝族地区。讲述的是：古时候，天大旱，滴雨未下，河流干涸，庄稼枯死，人们推选大黑上天请神降雨。大黑到降雨神殿禀明情况，降雨神让大黑用扫帚把水缸的水洒下人间，急不可耐的大黑把够天下人用一百年的半缸水全倒了下去，结果造成人间洪灾。人间只剩下两兄妹，大黑让兄妹俩以滚磨、隔河抛线穿针的方式来验证成亲，重新繁衍了人类。

张秀珍讲述，陈静搜集，熊兴祥整理。收入《云南民间文学集成·建水故事卷》，32开，2页，600余字，建水县文化局、民委1989年编印。（梁红）

砌山人

彝族创世神话。流传于云南省建水县普雄乡彝族地区。讲述的是：有一年，老天连续下了八十一天暴雨，洪水淹没了坝子高山，只露着沙冒山顶，有些人随水漂到山顶，靠捞取洪水中漂浮的食物度日。洪水退后，本应回家重建家园的人们，担心洪水再卷土重来灭绝人类，决定把沙冒山砌高筑大。于是，从北山搬来石头，南山抬来红土，筑了无数年月，眼看山就要顶着天府，惊慌的玉帝令雷公想办法阻止人们的砌山行为。雷公扒开云层，往下界滴了两滴甘露瓦解了人心。此后，有的人想下山建家园，有的想留在山上，人们各奔东西，形成了各种民族。

孔庆益、普文福讲述，尼苏艾诺搜集。收入《云南民间文学集成·建水故事卷》，32开，2页，1000余字，建水县文化局、民委1989年编印。（梁红）

罗火与罗泉

彝族创世神话。流传于云南省新平彝族傣族自治县彝族地区。讲述的是：古时候，凡间发生了一场大火，把生灵都烧死了，只剩下两个童男。天神罗塔咪曹将他们接到天上，取名罗火、罗泉，并给罗泉服下一粒阴丹，又把他们送回地上。两个男童成人后，望着成双成对的雌雄动物时触景生情，常常为地上只有两个男人而伤感叹气。一天，天神罗塔咪曹派一位白发老翁来到罗火、罗泉跟前，询问伤心事由。白发老翁叫罗火、罗泉隔河投掷和对射红色卵石，看可否成亲，结果可以成亲。白发老翁让服过阴丹的罗泉变成一个美丽的姑娘，从此罗火、罗泉成亲重传人类。

佚名讲述，冯德胜搜集。收入《哀牢山彝族神话传说》，32开，3页，1700余字，云南民族出版社1990年版。（聂鲁）

天地津梁断

彝族创世神话。流传于云南省新平彝族傣族自治县彝族地区。讲述的是：人神分居后，开初用蛛丝抽经纬做津梁互相往来和通婚。后来天上人为防备地上竖眼人，撤了蛛丝阻断往来。但仙女们羡慕人间男耕女织的生活，贿赂蜘蛛偷偷抽经纬，到人间结成夫妇。仙女什娜来到人间和穷苦孤儿炽阿赤结为夫妇，用天上的神器和炽阿赤一起过上了富裕生活。财主尼迷豆对炽阿赤施加种种压力，发动武力企图诈财霸妻。什娜用神器打败了尼迷豆，平安幸福的日子才开始，星公星母就发现了女儿偷偷下人间男耕女织，便把她抓了回去，贬了蜘蛛。从此，天上人间断了往来。

拉加朵讲述，聂鲁记录、翻译。收入《聂鲁彝族神话故事选》，32开，9页，6000余字，陕西旅游出版社1998年版。（聂鲁）

通天树

彝族创世神话。流传于云南省石屏县彝族地区。讲述的是：阿里呷山寨美丽善良的阿凤姑娘，纺麻织布、挑花刺绣样样精通。十村八寨的求亲者络绎不绝，头人的儿子阿财也对她垂涎。她都一一拒绝，嫁给了青年猎人阿龙。一天，阿龙从恶鹰口下救了只绿斑鸠，斑鸠给了他一颗金色的种子。他把种子种在菜园里，不到半年，竟穿越九重天，长成通天树。这一年，恰逢干旱，河塘干涸，田地龟裂。为拯救乡亲们，阿龙告别阿凤，顺通天树爬了四十九天到天上找到银河爷爷，求他给人间降甘露。当雨水洒向人间，万物欢呼着迎接甘露之时，阿财砍倒了通天树，断了阿龙回人间的路。银河爷爷只好把他留下守银河，并派雷神砍断了阿财的手脚，阿财变成条毒蛇。阿凤在思念中变成了美丽的孔雀，见到毒蛇就撕啄。

佚名讲述，苏伏涛搜集、整理。收入《云南民间文学集成·石屏故事卷》，32开，6页，3000余字，石屏县文学艺术工作者联合会1996年编印。（梁红）

修天补地

彝族创世神话。流传于云南省昭通市彝族地区。叙述的是：洪水泛滥后天地凹凸不平，天神地神派人间的大力士牛牛依和、牛牛慈哈二人去修补，要他们七七四十九天完成。他们二人为谁补天谁补地争执不下，找阿普来断。阿普撒豆用单、双数决定牛牛慈哈补天、牛牛依和修地。补天的牛牛慈哈很勤快，从别处背来蓝色的泥巴把天补得平平整整，见还有两天时间，又找了很多会发光的马牙石镶在天上，成为星星。牛牛依和力气大但好睡觉，他第一天去看看地形，就开始睡觉，一睡四十多天醒来，见时间不够，就赶快用手扒扒、脚蹬蹬，把地修成了高低不平的形状，形成了今天高山河谷、平坝交错的地形。

杨世荣讲述，张林聪搜集、整理。收入《昭通地区民族民间文学资料选》第二集，32开，1页，800余字，昭通地区文化局、民委1985年编印。（吴平）

牛皮补天

彝族创世神话。流传于云南省新平彝族傣族自治县。讲述的是：在一次大干旱中，娃努被住在月宫巡天的柏树神仙缒上天，并叫他拿神器去东海请和黑龙斗嘴怄气的青龙布雨。之后在接连的大洪涝中，娃努又拿神器去东海和南海，拔青龙和黑龙的四颗牙做定桩，杀牛剥皮补青龙和黑龙因不服气而同时布雨打斗蹬通的天窟窿。天补起来了，但之后布雨时不免碰着牛皮，于是就有雷声。在补天过程中，娃努结识了龙女并经过一番周折结为夫妇，过上了平凡幸福的生活。

拉加朵讲述，聂鲁记录、翻译。收入《聂鲁彝族神话故事选》，32开，2页，5000余字，陕西旅游出版社1998年版。（聂鲁）

三女找太阳

彝族日月星辰神话。流传于云南省楚雄市彝族地区。讲述的是：远古的时候，天上有七个太阳，大地十分温暖，庄稼一年七熟，人们过着丰衣足食的生活。后来出了一个夜猫精，它生性喜欢黑暗，便拔下身上的翎毛当箭射太阳，一连射落了六个太阳，第七个太阳害怕就躲起来不敢出来了。于是，人们只好生活在黑暗之中。很多人去找太阳都没有找到。这时有三个彝族姑娘挺身而出，让大家扎起火把点起火，烧死了夜猫精。然后她们历尽千辛万苦，遭受了许多磨难，找到了躲着的太阳。太阳出来后，人们重新获得了光明和温暖。三个姑娘因衰弱不堪而死去，化成了三座陡峭的山峰。

杨发旺讲述，者厚培、刘继龙、唐楚臣记录。收入《楚雄市民间文学集成资料》，32开，4页，2000余字，楚雄市民委、文化局1988年编印。（李福云　朱琚元）

太阳和月亮（一）

彝族日月星辰神话。流传于云南省楚雄市彝族地区。讲述的是：很久以前，太阳和月亮是两姐妹，月亮姐姐做了一套漂亮的衣服穿在身上去见太阳妹妹，太阳见到姐姐穿着漂亮的衣服，羡慕极了，但苦于不会做。月亮也想给妹妹做一件，但时间来不及了，天一亮，太阳就得下地劳动。太阳下地劳动没有衣服穿会害羞，月亮就取出一包绣花针交给妹妹说：“带上绣花针，出门就把针尖朝外，人们看你时，针尖就会刺眼睛。”从此，太阳随身带着绣花针下地劳动，给人间带来温暖；月亮到夜里出来，漂亮的衣服把人间照得一片银白，消除了黑暗。

瞿永清讲述，瞿海昌、齐国然记录。收入《楚雄市民间文学集成资料》，32开，2页，700余字，楚雄市民委、文化局1988年编印。（李福云　朱琚元）

太阳和月亮（二）

彝族日月星辰神话。流传于云南省昆明市西山区彝族地区。讲述的是：远古的时候，天地相连，没有白天，茫茫黑夜笼罩着世界，地上寸草不生，人类面临灭绝。天上的女神看到后，决定派自己的两个女儿用身上的光照亮世界，使人类摆脱黑暗的痛苦。为了不让人们看到女儿光着身子在天空行走的模样，女神让大女儿带着绣花针，发现有人偷看，就刺他的眼睛。于是，天上有了太阳。当大女儿走累回家休息时，就让小女儿身披薄云，手牵猴子做伴，替姐姐巡游。从此，天上有了月亮。世间从此有了白天和黑夜。

汉国英讲述，矣培贵记录。收入《西山区民间文学》第一辑，32开，2页，700余字，昆明市西山区民间文学集成办公室1991年编印。（梁红）

太阳和月亮（三）

彝族日月星辰神话。流传于云南省新平彝族傣族自治县。讲述的是：以打猎为生的三兄弟的兽肉常常丢失，轮流看守时抓住了一个穿着可怜且有眼疾的老太婆，原来她是一个专吃肉的妖怪，审讯中道出她在海边住房内还关着三个民女准备冬天里吃。三兄弟为救三个民女由老太婆带领来到海边，不料被妖婆用妖扇扇入海中孤岛。三兄弟用大锤铁钎敲凿岛上顽石，扬言要敲得海枯石烂，震得龙宫大为不安。龙王派海象以背三兄弟到岸边为名要加害三兄弟，大哥、二哥都被海象在途中吞食了。三弟打了两个铁钩，钩住海象嘴丫才答应让它背过岸，一到岸边他紧勒住铁钩逼海象吐出大哥、二哥，用海象唾沫救活了他们，并得了不死药。回来的路上，他用不死药救活了一只死蜜蜂、一只死老鼠和一只死猫。在老鼠和猫的帮助下，三兄弟用假扇换出妖扇，并把妖婆扇入海中淹死，救出了三个民女。三个姑娘为了报恩分别做了他们的妻子。有一天，妯娌们打开柜子看见一包发霉的东西，便装在簸箕里晒在屋头，未料那是不死药，被太阳和月亮偷到天上去了。三兄弟为了拿回不死药，便搭铁梯派老虎、家狗到天上拿，不见归来，便亲自上去拿，但因铁梯生锈断了，他们从天上掼下来死了。而太阳和月亮因吃了不死药，所以时时放光，永远不灭。

普云新搜集，聂鲁整理。收入《乡泉集》第二辑，32开，4页，2700余字，云南民族出版社1985年版。（聂鲁）

太阳和月亮（四）

彝族日月星辰神话。流传于云南省禄丰县彝族民间。讲述的是：太阳和月亮是共同管理天地的两兄妹。哥哥贪杯，爱睡懒觉，又因为白天时间长，他便要管夜晚，叫妹妹管白天。妹妹说："管白天可以，但我没有裤子穿，人们总是抬头看我，我害羞。"哥哥说："你莫怕，我给你一把绣花针，你可以边看管边绣花，如果有人抬头望你，你就用绣花针刺他的眼睛，人们就不敢看你了。"从此，妹妹看管白天，当人们抬头望太阳时，眼睛便会被刺得睁不开，这是太阳妹妹用绣花针刺的缘故。月亮哥哥管晚上，却经常在桂花树下与嫦娥、玉兔喝酒作乐。

李应章讲述，赵有洪记录、翻译。收入《禄丰县民间故事普查资料汇编》，16开，1页，200余字，禄丰县委宣传部、文化局、民委1988年编印。（钱丽云　朱琚元）

太阳和月亮（五）

彝族日月星辰神话。流传于贵州省威宁彝族回族苗族自治县板底、龙场等乡镇和赫章县妈姑、珠市、雉街等乡镇彝族地区。讲述的是：月亮妹妹美丽、温柔、安静、勤劳，晚上才穿新衣服出来观赏夜色。太阳姐姐更美丽，但性情暴躁，喜欢热闹，没有本领，新衣靠妹妹做，日久年长，太阳衣裙破烂了，发现有人看她，就用花针扎人们的眼睛。

张文华讲述，张华荣记录、翻译。收入《中国民间文学三套集成·贵州省毕节地区·赫章县卷·彝族》，32开，1页，500余字，赫章县民间文学集成编委会1988年编印。（罗德显）

太阳和月亮（六）

彝族日月星辰神话。流传于云南省弥渡县彝族地区。讲述的是：天神叫两兄妹变成太阳和月亮为人间照明。妹妹胆子小，既怕变成月亮夜里出来，又怕变成太阳让人看见。哥哥就叫她变太阳，并教她穿一串绣花针，有人看时就用它刺人的眼睛。哥哥变成了月亮，每月初六就划着小船赶路，十五又回来，十五过后又划着小船回去，二十五六又来陪妹妹一起在天上玩。太阳刺眼、月牙、圆月、日月同天就是这样来的。

朱子祥讲述，邵世远搜集、整理。收入《弥渡民族民间故事传说集》第一集，32开，3页，2000余字，弥渡县民间文学集成办公室1986年编印。（张秀娟）

添旨造太阳

彝族日月星辰神话。流传于云南省弥勒市彝族地区。讲述的是：远古的时候，天上无太阳，天地间一片漆黑。冬德红利诺的长子添旨在天洞里，利用清浊和阴阳四气，不断地研制了三十六次，经过三千六百天，终于研制成功了天灯（太阳）。但不料太阳一安上天，就被拉梅和达梅夺去并镀上红绿二气，嘱神鸟驮驾于天的东西方。从此，天上有了太阳，地上有了光亮。

刘春才讲述，师有福记录、整理。载《红河群众文化》1989年第4期，16开，1页，1400余字，红河哈尼族彝族自治州文化局1989年编印。（龙倮贵）

贤俄姑娘寻太阳

彝族日月星辰神话。流传于云南省红河县彝族地区。讲述的是：远古的时候，天上有七个太阳，但被怨恨太阳的夜猫精射落了六个，第七个太阳也不敢出来，并躲了起来。贤俄三个姑娘看到人间的黑暗，执意去寻找第七个太阳。在仙翁的指点帮助下，终于找到并特设酒宴请出第七个太阳，可三个姑娘却变成了三座山峰。

李博斗讲述，甲载阿热记录、整理。载《阿姆山》1987年第1期，16开，6页，2000余字，红河县民委、文化馆1987年编印。（龙倮贵）

从月亮迁到地球

彝族日月星辰神话。流传于四川省凉山彝族自治州。讲述的是：很久以前，人类居住在月亮上。那时他们不吃大米，不吃白面，只食羊肉，所以家家都养着成百上千的羊。其中一家有兄妹二人，哥哥放羊，妹妹纺毛织线，日子过得美满。哥哥十分仁慈，每当见到他亲手饲养大的羊死在人们的刀下时，就十分伤心。但他又无法改变人们吃羊的习惯。所以，他企望让他的羊在死之前能够吃到所有的青草和植物，哥哥放的羊唯有他家背后小山上的一棵大叶子树没有吃过，于是哥哥提起斧头去砍树。但他不论怎样使力，总是只能砍到这棵树的三分之一，第二天又长回原样。一天晚上，哥哥砍树后干脆不回去，就在砍过的槽子里睡觉，等他醒来，他的身子被大树抱在槽口里，只剩下一个脑袋在外面，原来哥哥的身子和大树融为一体了。妹妹日复一日地守在树旁，总希望大树能掉下一些叶子来让羊儿吃到树叶，了却哥哥的心愿，但树叶总不见掉下一片。后来月亮上的羊竟一只接着一只地死去，人们就要面临饥荒，于是，人们纷纷迁到地球上。不久，月亮上天翻地覆，草木不生，唯独这棵树完好无损。人们来到地球后，带来的羊所剩无几，为了生存，他们学会了种地，改吃大米白面。哥哥就永远留在月亮上，每当花好月圆，只要一抬头，便能见到月亮上那棵大树。妹妹来到地球后，由于想念哥哥，竟哭干眼泪而死，死后变成一只小鸟，为了纪念他们兄妹，便称这种鸟为“等哥哥雀”。

李如珍讲述，罗有金采录。收入《中国民间故事集成·四川卷》（少数民族），16开，1页，1000余字，中国民间故事集成四川卷编委会1991年编印。（魏娟娟）

塞米请太阳

彝族日月星辰神话。流传于广西壮族自治区那坡县彝族地区。讲述的是：古时侯，天上的雷公和雷婆闹矛盾，雷婆把太阳丢到海底，世人生活在黑暗之中。为了请回太阳，人们念经、祭祀、唱歌，还让小伙子到海里去抬，被太阳拒绝了。彝寨的塞米（姑娘）用服饰上的银片赶跑云妖，还为太阳在天上做了一个好位置，终于把太阳请回天上。从此地上亮堂堂，人间才恢复了生气。

梁绍安讲述，王光荣笔录并译成汉文。收入《回、彝、水、仡佬、毛南、京六族故事选》，32开，2页，800余字，广西人民出版社1988年版。（王光荣　蓝斯）

太阳和鸡

彝族日月星辰神话。流传于云南省峨山彝族自治县。讲述的是：从前，天神生了十个儿子和一个姑娘，儿子取名为大太阳、二太阳至十太阳，姑娘取名为金月亮。儿子们长大了，都为娶不着老婆恼怒，一起出去游荡以显示他们的本事。暴烈的阳光使地上的生灵快死光了。有一个小伙子用神箭射下了九个太阳，只留小弟弟十太阳在天上。可哥哥们被射掉后，他害怕，不敢出来了，大地一片漆黑。天下的生灵们慌了起来，商议哪个能把太阳叫出来就封它为王。乌鸦想用动听的歌唱出太阳来，牛想用自己洪亮的叫声喊出太阳来，猪、鹅也都想用各自认为美妙的声音叫出太阳来，但都没能把太阳叫出来。此时寡言少语的鸡要去试试，在鸭的帮助下鸡过了东海，站在高高的桃都山上发出“喔喔”的喊叫，太阳终于被感动了，顾不上害羞红着脸蛋出来了。于是公鸡因叫太阳有功而被众生灵封王戴上了红冠。鸭也因帮公鸡渡东海有功，把它的孩儿交给鸡养。太阳走了一天后因大家都看着它而害羞躲了回去，月亮妹妹就将一把金针交给哥哥，吩咐谁来看就用针刺他的眼睛。这样，每当公鸡“喔喔”一叫，太阳就从容不迫地出来了。

李玉珍讲述，龙家玉搜集。收入《峨山民间文学集成》，32开，4页，2400余字，云南民族出版

社1989年版。（聂鲁）

射日月的故事

彝族日月星辰神话。流传于贵州省威宁彝族回族苗族自治县彝族居住地区。从前，天上白天七个太阳同时出现，夜晚五个月亮同时出现，晒死了万物，百姓苦不堪言，并纷纷到天神策举祖处告状，策举祖（策耿兹）下令射掉多余的太阳和月亮，英雄输友搭透射落六个太阳四个月亮为民除害，天下得以太平。歌颂了输友搭透机智勇敢的斗争精神。

禄晓玉讲述，陈长友记录，王继超翻译。收入《中国民间文学三套集成·贵州省毕节地区地直卷》，32开，2页，500余字，毕节地区民间文学集成编委会1988年编印。（罗德显）

三兄弟

彝族日月星辰神话。流传于云南省元江县彝族地区。讲述的是：在很久以前，滇南龙马山上一个叫龙孔的寨子里，有三个穷兄弟，父母早逝，三兄弟在附近寨子的乡亲们帮助下长大，伶俐聪明。为了生活，三兄弟外出学艺，老大夺艾跟着黑夺支学养鸟，老二夺哩跟着西夺支学采药，老三夺勒跟着亨夺方学搓绳。三年后，三兄弟久别重逢，在学成归来的路上遇到了地震，看着地震后房屋倒塌、村民死伤的惨景，难过之余，老大回去向黑夺支学习跟鸟沟通的语言，以预知地震，老二也向仙翁西夺支求不死药以救人，老三回到仙母亨夺方那里求到能拉近山与山距离的缩地筋，方便拯救遭灾的乡亲。后来三兄弟用学到的技术本领救活了花虎、黑狗和老鹰，用不死药救活吾娌、丢娌、西娌三姐妹刚死去的父母，并与三姐妹成了亲。有一天，三对小夫妻上山做活，老两口在家把不死药放到门前晒，被太阳和月亮偷走了。三兄弟决定做一把长梯搭到天上，把药夺回来。费尽千辛万苦，终于做好了梯子。花虎和黑狗爬了九天九夜，找到了太阳和月亮。天上九天，地下九年，埋在地下的梯子脚被蚂蚁啃断，梯子倒下，花虎和黑狗为报主人恩，分别孤身与太阳和月亮搏斗，每天大口啃咬太阳和月亮，但太阳和月亮吃了不死药，被啃缺又变圆。从此，太阳和月亮永远挂在天上，而地上的不死药却断了根，世间的人，死后再也不会复生了。

白佑山讲述，宋自华搜集、整理。收入《彝族民间故事》，32开，8页，5000余字，云南人民出版社1988年版。（李坤）

日食月食的传说

彝族日月星辰神话。流传于云南省红河县和石屏县彝族地区。讲述的是：董氏三胞胎相依为命，同甘共苦。大哥去天神策格兹家做活，二哥去地神黑夺方家做活，三弟去龙王倮塔机家做活。三年后，策格兹赠老大长生不死药，黑夺方赠老二收缩地盘的法宝，倮塔机赠老三识飞禽走兽语的法宝。三兄弟在归途中先后识鸟音闻讯，大哥取长生不死药先后救活了黄莺、白虎、黑狗及帝王，并与帝王的三闺女成亲，开荒种田，男耕女织，生儿育女，幸福生活。一天妻子不听大哥之劝，打开金锁察看长生不死药，不料被日月看见偷走了，忠于主人的秃尾红虎和白头黑狗，为找回主人的宝物而分别追日月、咬日月，就出现了日食、月食。

普玉发讲述，普璋开整理。载《红河文化》1993年第1期，16开，2页，4000余字，红河哈尼族彝族自治州文化局1993年编印。（龙倮贵）

月亮的故事

彝族日月星辰神话。流传于四川省凉山自治州彝族地区。讲述的是：相传很久以前，有两口子去给财主家干活。没过多久媳妇就得了重病，只好躲到岩洞里去住，她饿得去挖野菜吃。一天，她拿起镰刀去挖野菜，挖着挖着，一条大青蛇被挖了出来，大青蛇的脑袋被镰刀挖伤了。她发现大青蛇爬到一棵草上，使劲地把受伤的头拿到草上擦，奇怪的是过了一会儿，大青蛇的伤居然全好了。等青蛇走后，媳妇也摘了几片叶子放在嘴里嚼了一阵，嚼着嚼着她感到浑身的病都没了，于是她小心地把这棵宝贝草挖回去。一天，他们看见一只身子在一边、肠肠肚肚在一边的蝉就要死了，于是他们掏出神草在蝉身上轻轻擦了一下，蝉活过来了，但他们忘了把肠肠肚肚放进去，所以现在的蝉都是无肠无肚。他们看见一只漂亮的狗因饥饿躺在地上，他们用神草擦了一下，狗好了，他们把狗带走。他们看见一匹要死的马，又把神草给马擦了一下，马好了，他们把马也带走了。后来，他俩把神草晒干后存放起来。一天晚上，突然刮来一阵大风，把神草刮到月亮上去了，这时狗对主人说："让我去把它找回来。"男主人不相信地问："你用什么办法去找？"狗说："只要你们闭上眼睛我就能找回。"于是夫妻俩闭上眼睛让它去了。当狗爬到月亮边上时就被月亮一口吞掉，不管它如何央求，月亮都不肯把它放出来。男主人见狗一去不回，知道没希望了，于是想出了一个办法，他决定用麻来做梯子登到月亮上去把神草取回来。于是对妻子说："你在梯子下，晚上浇热水，白天浇冷水。"谁知媳妇听反了。晚上她浇冷水，白天浇热水，这样一来麻梯子开始腐烂。丈夫沿着快要腐烂的梯子爬上去，还没爬到天上，就摔了下来。所以人们都说："因为月亮抱着狗，所以不发光了。"

阿日布哈讲述，黄伟寿、勒克拉则、沈拉哈、肖继伟、罗蓉芝采录。收入《凉山民间文学集成》（下，故事卷），32开，3页，1000余字，西南交通大学出版社1993年版。（魏娟娟）

彝家姑娘进月宫

彝族日月星辰神话。流传于四川省凉山彝族自治州。相传，山里有个叫兹莫领扎的姑娘，再青的山也没有兹莫领扎姑娘的裙子青，再亮的水也没有兹莫领扎姑娘的眼睛亮，再艳的花也没有兹莫领扎姑娘的脸蛋艳。她坐在松树下织披毡，织上花儿，花儿招来蝴蝶；织上蝴蝶，蝴蝶引来蜜蜂；织上蜜蜂，蜜蜂引来布谷；织上布谷，布谷唤来贝母鸡；织上贝母鸡，贝母鸡请来了公山羊；织上公山羊，公山羊邀来了神龙鹰；织上神龙鹰，神龙鹰驮来了绚丽的春天！月亮姑娘是个心灵手巧的姑娘，可就是不会织披毡，月亮姑娘对太阳妈妈说："阿妈，把山里的兹莫领扎姑娘请来教我织披毡吧！"太阳妈妈高兴地说："我的好女儿，你栽的松树把月宫遮了半边了，你养的白兔数都数不清，我也听说兹莫领扎会织披毡，正打算去请呢！"太阳妈妈扯起雨帘子，搭起彩虹桥，把兹莫领扎姑娘接到月宫里。月亮姑娘学织披毡学了九十九个通宵，还是没学会。月亮姑娘好害羞，自愿让位给兹莫领扎，兹莫领扎哪里肯接受。后来，太阳妈妈做了决定，叫女儿回自己身边，请兹莫领扎姑娘治理月宫。为了感谢太阳妈妈的厚意，兹莫领扎姑娘送给她们母女俩一件红披毡。此后，白天太阳妈妈便披着红披毡教女儿用金针银线刺绣，晚上，又叫女儿去月宫向兹莫领扎姑娘学织披毡。

将道伦讲述，王万金采录。收入《中国民间故事集成·四川卷》下卷，16开，1页，800余字，中国ISBN中心1998年版。（魏娟娟）

北斗七星的故事

彝族日月星辰神话。流传于云南省楚雄市彝族地区。讲述的是：从前，彝家有个勇敢又善良的撵山匠，有一天上山打猎，渴得口干舌燥，找到一个野果准备吃时，正遇一个老奶奶渴得倒在地上，他就把野果给了老奶奶。这个情景被天上的六个仙女看到了，小妹爱上了善良的撵山匠，就偷偷下凡嫁给了他，生下一子，取名拉普。小仙女私逃人间，被玉帝发现后召回天上去了。拉普在学校受人欺侮，都叫他"没娘的"，经常哭着回家向爹要娘。老师查天书后指点拉普去找娘，果然找到了妈妈，妈妈没法带他走，就给了他三个葫芦。拉普遵照妈妈的吩咐，回去时摇着第一个葫芦走，葫芦里不断飞出的东西变成了花草树木，长满了走过的路；第二个葫芦交给老师，拔开塞子后喷出一股火，把老师的天书烧得一干二净；回到家打开第三个葫芦，倒出了一颗瓜子，把它种在地里，长出的瓜秧出奇的壮实，瓜藤渐渐长到了天上，拉普便顺着藤子爬上去找妈妈。每当晴朗的夜晚，我们看见北方的天空中有六颗明亮的星星，那就是六个仙女；距第六颗稍远一点的小星星，就是去找妈妈的拉普，彝家人叫它拉普星。

李光富、李学忠讲述，唐楚臣、甘振林记录。收入《楚雄市民间文学集成资料》，32开，3页，1300余字，楚雄市民委、文化局1988年编印。（李福云　朱琚元）

北斗七星

彝族日月星辰神话。流传于云南省双柏县。讲述的是：古时候，有两个猎人结识了五个朋友，一个是神箭手，一个是走如飞的放羊人，一个是能听天地之声的人，一个是力大无比能搬动大山的人，一个是能吸干海水的人。七个朋友为了施展才华，在国王的倡议下，先后和该国跑得最快的八十岁老太婆比赛跑；和力气最大的人比拔树；和酒量最大的人比喝酒。最后，七个朋友都赢了对方。国王见这七个人如此厉害，就设计想把他们害死在宫内。一天晚上，国王设宴款待七个朋友，待喝得尽兴时，国王和陪客借故溜走了，然后命士卒放火烧死了七个朋友。能吸干海水的朋友见势不妙，吐出肚中的海水，眨眼间整个宫殿变成了汪洋大海，国王和大臣全淹死了。后来，七个朋友来到天上，变成七颗星，用自身的光辉普照人间大地。

张学尚讲述，苏锡纬记录。收入《双柏民间文学集成》，32开，4页，2000余字，云南民族出版社1992年版。（施选　朱琚元）

桃花女巧斗锯门星

彝族日月星辰神话。流传于云南省双柏县。讲述的是：天上的锯门星和桃花女两位神仙下凡体察民情。锯门星为了独霸天下，就想用娶桃花女为妻的办法除掉桃花女，聪明的桃花女不答应。一天，桃花女有事出门，临走时嘱咐父母千万不要开门。桃花女一走，锯门星就请了一位媒人要来吃定亲酒，两位老人不敢开门。后来，串通好了的媒人和锯门星在外大声吵起来，一个说酒酸，一个说肉臭。不知内幕的老人把他们请进屋调解，并品尝了他们的酒和肉，觉得没有异味。锯门星和媒人达到了目的，高兴地走了。桃花女回家得知此事，让父母帮她搓五天的麻线，并准备一把锯子。出嫁那天，桃花女把麻线拴在身上让父母慢慢放线。晚上，锯门星就迫不及待地砍门前那棵桃树，想把桃花女置于死地，桃花女忍着剧痛用力拉动麻线，父母按女儿原先的吩咐赶快拿起锯子锯门槛。结果，桃树还未砍倒时，门槛先锯断了，锯门星死了，桃花女在天上做了织女星。

施家寿讲述，苏锡纬、施文贵记录。收入《双柏民间文学集成》，32开，2页，900余字，云南民族出版社1992年版。（施选　朱琚元）

七姊妹星

彝族日月星辰神话。流传于云南省石屏县彝族地区。讲述的是：异龙湖畔的彝寨里有个老阿普（老爷爷）生有七个善良美丽的女儿，白天，她们和阿普在田地里勤劳耕作，晚上，七姊妹在油灯下纺纱、织布。大姐阿花与邻村的小伙子阿山彼此爱慕，正月初七他们举行婚礼时，寨中财主抢走了阿花，阿山赶去营救阿花时被财主家人毒打至死，悲愤的阿花逃回家中，却被狂怒的财主连夜带人点燃了阿花家的房子，一家八口葬身火海。当乡亲们赶来时，只见烈焰中蹦出七颗星星，飞向天际，闪烁在天幕之中。据说，每年的正月初七这天夜里，阿花七姊妹就会回到人间惩治恶毒的财主，然后到异龙湖里洗澡。

白玉生口述，宋自华搜集、整理。收入《云南民间文学集成·石屏故事卷》，32开，5页，2400

余字，石屏县文联1996年编印。（梁红）

犁底星的由来

彝族日月星辰神话。流传于云南省建水县彝族地区。讲述的是：从前，有两夫妇没有儿女，靠门前三棵梨树过日子。有一年，有一棵梨树只结了一个果实。这个果实长了三年，变成了一只癞蛤蟆。这只蛤蟆出世三天，就叫夫妇俩爹妈，老两口喜出望外。不久蛤蟆儿子把皇帝的女儿娶回了家。一年后公主为蛤蟆生了个女儿，皇后来看望女儿时，发现蛤蟆变成了英俊的小伙子。后来蛤蟆儿子把脱下的皮煮了给全家人喝汤，蛤蟆儿子和他的女儿喝下汤后向天空飘去，公主嫌汤脏，就把汤倒在了犁底上，犁飞到天上变成了犁底星。

普朝龙讲述，尼苏艾诺录音，张绍碧记录。收入《云南民间文学集成·建水故事卷》，32开，3页，1600余字，建水县文化局、民委1989年编印。（梁红）

鸡窝星

彝族日月星辰神话。流传于云南省江川县、易门县彝族民间。讲述的是：从前，一对老夫妻一直无儿无女，七十岁时才生下一只癞蛤蟆。癞蛤蟆长大后变成了英俊的小伙子，娶了媳妇。父母死后，媳妇听说丈夫是一只癞蛤蟆变的，而且发现了癞蛤蟆皮，不知如何是好。丈夫知道秘密已经泄露，就决定离开尘世上天去。他把癞蛤蟆皮剁细煮熟，并分成两半，一半给媳妇吃，一半自己吃。丈夫吃下了，可媳妇怎么也吃不下去，就悄悄倒在门外，被一群小鸡吃光了。第二天，丈夫含着泪飘上天后，发现家里的那群小鸡也跟着他飞上了天，鸡群变成星宿群，这就是人们常说的鸡窝星。

普治高讲述，杨忠友、李志忠、蒋文森、邢定生搜集、整理。收入《江川县民间文学集成》，32开，1页，600余字，云南人民出版社1997年版。（普开福）

星星和月婆婆

彝族日月星辰神话。流传于云南省元江哈尼族彝族傣族自治县彝族聂苏人地区。讲述的是：远古的时候，龙马山下有个彝族寨子，寨中有一户人家只有母女二人，女儿叫姑妹，母女俩相依为命。由于劳累过度，阿妈的眼瞎了，全靠姑妹一人忙里忙外。姑妹攒了点钱想为阿妈治病，又看到更穷苦的人家，就把钱拿去救济他们，阿妈的眼一直没有治。但阿妈很开心，为有一个乐于助人的好女儿感到高兴。有一天，姑妹到山上砍柴，救活了一只夹在树杈里的兔子。这兔子原来是月亮所变，它感激姑妹的搭救之恩，送了一颗珠子给姑妹。姑妹回到家里，用珠子在阿妈眼上捂了一下，阿妈的眼睛就好了。姑妹还用这颗珠子治好了寨子里所有失明的人。此事被头人知道了，要来抢夺珠子。姑妹就将珠子敲成两半，一半让阿妈服下，一半自己服下。待头人和家丁们赶到时，母女俩已飞向天空，阿妈飞进月宫里坐在娑罗树下，世人称她为月婆婆；姑妹则变成一颗北斗星，永远陪伴着月亮和阿妈。

李开正讲述，杨菊珍记录、整理。16开，3页，1000余字，未刊稿，稿件由元江哈尼族彝族傣族自治县史志办宋自华保存。（宋自华）

无娘星

彝族日月星辰神话。流传于四川省凉山彝族自治州。讲述的是：从前有一个心地善良的猎人，一天在山上救助了一个患病的打柴老妇人。这事感动了在天上巡行的六个仙女，小仙女感动得流泪，变成一棵艳丽的灵芝在路旁等他。青年把灵芝采来放在枕边，第二天发现灵芝变成一个美貌的姑娘睡在他的身旁。他们从此相亲相爱，成为夫妇。一年后，他们生了个孩子，取名拉普。天神查出小仙女留恋人间，遣神仙把她拘回天上，拉普从此失去了阿妈。长大进蒙学时，同学都叫他“无娘儿”。拉普去问有学问的老师，老师有天书能占卜，告诉说他是天女的儿子，只需某月某日到山上的天池边去，就会看见六只天鹅在那里沐浴，最小的那只就是他的阿妈。他果然在天池边找到了自己的阿妈，母子二人相抱痛哭，难舍难分，别的仙女也都为他们落泪。分别时，阿妈送他三个葫芦，叮咛他照着她的话做。他下山就摇葫芦，从葫芦里飞出了五色花朵，立刻遍山都长满了花草林木，他就再也找不到去天池的路了。看见老师，他又打开葫芦，从葫芦里冒出一股火，烧掉了老师的天书，从此老师就再也不知道天上的事了。回家后，他又打开葫芦，里面有一颗金瓜子，种下去立刻抽藤发叶，不久藤、叶长上了天，他就顺藤爬上天去找阿妈，从此就再没有来上学了。现在北方夜晚天空的六颗星，就是那六位仙女，远远的那颗小星星，就是上天找着阿妈的拉普。彝族叫它“拉普星”或“无娘星”。这七颗星汉人叫它北斗七星。

佚名讲述、记录。收入《中国少数民族文学》，32开，1页，500余字，湖南人民出版社1983年版。（阿南）

创造生物

彝族文化起源神话。流传于四川省凉山彝族自治州。讲述的是：世间的生物是住在天与地之间（即神与人中间）的德布阿尔请天神阿俄署布创造的，阿俄署布是参加过开天辟地的天上南方大神。他答应了德布阿尔的请求，从天上来到人间创造生物。他来到吕敏山下，只见人世间空空荡荡一片荒凉，便从天上取来三种树栽在地上。从此，荒凉的山上就有了树林。遗憾的是山上虽有了树林，但没有动物，很寂静。阿俄署布神又从天上捉来一只花鹿放在树林中，从此，树林里就有动物。他又从天上取来三种草栽在地上，从此，荒坪便成了绿茵茵的草原。草原一片青绿，但太寂寞，他又从天上捉来子居鸟（云雀）放在草原上，从此，草原就有飞禽。他见子居鸟没吃的，又捉来一对蚂蚱给它作食物，从此，草原更加热闹了。他又从天上取来三条河放在地上，从此大地上就有了河流；他又捉来一只水獭放在河里，从此河里有了动物。他又从天上取来三块石头放在地上，从此大地上到处都有了岩石。他又捉来岩蜂放在石岩上，又捉来一对苍蝇给岩蜂作食物。从此以后，树林、草原、河里、岩石上就更加热闹了。

佚名讲述、记录。收入《中国各民族宗教与神话大词典》，16开，1页，400余字，学苑出版社1993年版。（阿南）

勒眯取火

彝族文化起源神话。流传于四川省凉山彝族自治州。讲述的是：洪水退了后，被居木武吾救活的动物为了报答他，认为居木武吾最需要火，就先派鼠到恩体谷兹家去点火，但被派去点火的动物都没带回火种，因为点火种时，恩体谷兹把动物的眼睛蒙上了。大家认为青蛙很有办法，派它去取火最合适。青蛙却说：“我去不合适，因为我的眼睛是鼓起的，只要他们把我的眼睛一蒙，我就什么都看不见了，派勒眯去最合适，因为它的腋窝还有一对眼睛，阳间的人是不知道的。”勒眯到了恩体谷兹家，恩体谷兹把勒眯头上的眼睛蒙上，它就用腋窝下的眼睛偷看，看见恩体谷兹用一块石头与铁打火，然后用火草绒点燃。勒眯点来的火种燃到半路上也熄灭了，但它把恩体谷兹点火的办法一一告诉了居木武吾。居木武吾叫青蛙拾来石头，叫鹰拾来铁，叫老鼠拾来干草，叫喜鹊拾来干柴，他用石头与铁打火，终于打出火星，取得火种，用火种点燃干草、干柴，最后燃起了一堆熊熊大火。

收入《中国民间故事集成·四川卷》下卷，16开，1页，600余字，中国ISBN中心1998年版。（魏娟娟）

药王呐取日麻

彝族文化起源神话。流传于云南省楚雄市彝族地区。讲述的是：药王呐取日麻从小跟叔叔学医。由于聪明好学，很快掌握了医术，十五岁就出道行医。有一天他来到海子边捧了口水喝，然后咂咂嘴自言自语道："这条龙病了！"巡海的虾兵听到后，就请呐取日麻到龙宫为龙王诊脉看病。他为龙王取掉了叮咬在腰上的蜈蚣，医好了龙王的病。龙王十分感激，便把身边可爱的小白鸽送给了他。呐取日麻接过白鸽，白鸽转眼变成了一个美丽的公主。公主带上一个葫芦，跟呐取日麻一起浮出水面。公主摇摇葫芦，从葫芦里跳出两匹马，他俩并肩骑马来到一座高山上。公主又变成一只金毛狮子，遍尝了各种花草树木，并把它们的用处详细地告诉了呐取日麻。之后公主回龙宫去了。后来，呐取日麻在京城救活了难产而死的二公主。皇帝为了感激他，按他的要求送了一套龙袍给他，呐取日麻反穿龙袍离开了皇宫。从此，呐取日麻穿着白龙袍到处为彝家治病，成了彝家药王。

李学忠讲述，唐楚臣、郑南记录。收入《楚雄市民间文学集成资料》，32开，5页，2800余字，楚雄市民委、文化局1988年编印。（李福云　朱琚元）

找药的故事

彝族文化起源神话。流传于云南省楚雄市彝族地区。讲述的是：有一个勤劳勇敢的小伙子叫崇人抛鼎，与年迈的父母生活在一起。有一次，当他从遥远的亲戚家做客回到家时，发现年老的父母都已经得急病死了。崇人抛鼎悲痛万分，决心想尽办法救活阿爹阿妈。于是，崇人抛鼎骑上骏马，向遥远的灵山奔去，准备取回"回生水"和"延寿草"。途中他射杀了一只白鹿，开膛时从白鹿的心窝里跳出一个小怪物，就把它捧到一棵大树下供起来。第二天继续前行时，得到神仙的指点，历尽千辛万苦，终于来到遥远的昂米巴罗山上。在观察了白鹿啃草和野猪喝水时的变化后，辨明了"回生水"和"延寿草"。他连忙带上"回生水"和"延寿草"骑马拼命往家赶路。这件事很快被魔王勒钦思普发觉了，他骑上黑野猪拼命来追赶。当要追上时，魔王施展魔法，使地上狂风大作，崇人抛鼎躲避及时，避免了灾难。但马失前蹄，"回生水"泼洒到高山、深谷、天空、大地。从此，天空布满了星星，地上长满了花草树木，虽然没能救活爹妈，但给天地间带来了生机。

王发先讲述，者厚培翻译，祁树森记录。收入《楚雄市民间文学集成资料》，32开，6页，3700余字，楚雄市民委、文化局1988年编印。（李福云　朱琚元）

天书和千层肚

彝族文化起源神话。流传于云南省富宁县。讲述的是：彝族白倮人从前有天书，迁徙途中过河的时候从牛背上落到了水里，人们把天书捞起来摊在草地上晾晒，自己就睡着了。等人们醒来，老牛怕天书被风吹走已经把它吃到肚子里保存起来了。后来，人们剖开老牛的肚子看，天书虽然分得出层，但已变成肉皮，成了牛身上的千层肚。从此，白倮人没有了书，但爱吃千层肚，说这样人会变聪明。

汪正德、高廷芳讲述，梁宇搜集、整理。收入《云南民间故事集成·富宁县卷本》第一卷，16开，3页，1800余字，富宁县民委、文化广播电视局1988年编印。（吴平）

倮人没有文字的传说

彝族文化起源神话。流传于云南省富宁县。讲述的是：壮人、倮人、瑶人原是三兄弟，父亲临死时拿出三个箱子给他们一人挑一个，倮人要了最重的，瑶人要了第二重的，壮人要了最轻的。结果，倮人箱子中是板锄，瑶人的是弯刀，壮人得到一箱书。从此，倮人就做苦活重活，瑶人开山砍林种蓝靛，壮人虽然种庄稼，但认得字。所以从老古辈起倮人就没有文字。

苏玉凡讲述，农廷相、熊光辉搜集，农廷相整理。收入《云南民间故事集成·富宁县卷本》第一卷，16开，1页，800余字，富宁县民委、文化广播电视局1988年编印。（吴平）

彝文的传说

彝族文化起源神话。流传于云南省元江哈尼族彝族傣族自治县彝族聂苏人地区。讲述的是：古时候，居住在哀牢山的彝族没有文字，靠刻木结绳来记事。记事的木片堆满屋，记事的草绳堆成山，天神母资莫看见了，也为凡人发愁不安。她叫一个管文字的仙女带着一颗金种和一颗银种下凡去传彝文。仙女在哀牢山最高最陡的悬崖上栽下了金种、银种，金花、银花开了，金花开了三千朵，银花开了三千朵，引来了千万人看稀奇。财主、官家向仙女求婚，仙女不理；英俊的猎人来求婚，仙女答应了。成婚后生下一男儿名叫尼施。尼施很聪明，画什么像什么，不同的六千朵金花和银花都被他画出来了。仙女告诉儿子："这六千朵花就是六千个彝文，你去彝家山寨把这些文字传给彝家人。"尼施记住了妈妈的话，将彝文传遍了彝家山寨。

白玉生讲述，宋自华搜集、整理。收入《哀牢山彝族神话传说》，32开，3页，1500余字，云南民族出版社1990年版。（宋自华）

毕老造字

彝族文化起源神话。流传于云南省昆明市彝族撒梅人地区。讲述的是：古时候，撒梅人靠在门口放置小石头记日子，在麻线上打疙瘩认月份，在家里摆羊头识年头。天长日久，石头、疙瘩、羊头一大堆，数不清，分不明。宝象河上游的野乃出村，有一个姓毕的放牛娃，看到大家因没文字而痛苦，决心为撒梅人造字，便一边放牧，一边造字，他在牧鞭、树叶、羊皮、地上画写，但一次次都告失败。后来，他发现石头较坚硬，不易被毁坏，于是将石头磨平，在上面刻字，历尽千辛万苦，从一个放牛娃变成白胡子老头，终于造出文字。他把文字驮回村教大家认读，人们学会文字后，他便离开了人世。为纪念他，人们把他创造的文字称为毕摩文。

于坤、张福彩讲述，李光荣搜集、整理。收入《昆明民间故事》第一辑，32开，2页，600余字，昆明市民间文学集成办公室1987年编印。（梁红）

彝文传说（一）

彝族文化起源神话。流传于云南省双柏县。讲述的是：古时候，撒苏和阿车是兄弟俩，他们一起去学彝文。撒苏把学到的字刻在木板上；阿车把学到的字刻在石板上。他们学了三年，都学到了一千八百个字。在回来的路上，他们肚子饿了，就一起到路边的松毛棚里烧火烤粑粑吃。谁知不小心，火烧着了松毛棚，等他们把大火扑灭，撒苏学的字连木板带文字都被火烧了，阿车学的字刻在石板上，不易烧化，但抢救出来的也是残缺不全，只有八百个字了。直到现在，只有彝族阿车人有八百个字，彝族撒苏人则没有文字。

杨得发讲述，曹正枝、姜荣文、李建国记录。收入《楚雄民族民间文学资料》第三辑，32开，1页，200余字，云南省社会科学院楚雄彝族文化研究室1982年编印。（李惠兰　朱琚元）

彝文传说（二）

彝族文化起源神话。流传于云南省双柏县。传说，彝族撒苏人的祖先去学文字时，做了个大荞粑粑，他一边学一边把学到的文字写在粑粑上。学满三年，他就背着粑粑回家。谁知在回家的路上迷了路，带着的干粮吃完了还没有找到家，又累又饿，没有办法，就把写着字的粑粑拿来吃，等他找到路回到家，写着文字的大粑粑已被他吃完了，所以现在的彝族撒苏人只会说撒苏话，不会写彝文。

杨得发等讲述，曹正枝、姜荣文、李建国记录。收入《楚雄民族民间文学资料》第三辑，32开，1页，100余字，云南省社会科学院楚雄彝族文化研究室1982年编印。（李惠兰　朱琚元）

彝文的起源（一）

彝族文化起源神话。流传于云南省武定县彝

族地区。讲述的是：在乌蒙山区的崇山峻岭中，有一座云山，彝文就藏在云山的一个石洞里。有许多人都想爬上云山上去找彝文，但是要经过一座异石山。异石山上有许多毒蛇猛兽，当人经过异石山时，毒蛇猛兽就会发出吓人的声响，所以彝文迟迟没有找到。后来出了一对猎人夫妇，男的叫包惹，女的叫芮娜，他们都很勇敢。为了早日找到彝文，他们爬上了异石山。猛兽再凶，毒蛇再恶，他们都毫不惊慌，千难百折不回头，终于登上了云山，找到了藏着彝文的山洞，又带着彝文向石洞仙翁请教，刻苦学习了三年，终于弄懂了全部彝文。然后，他们告别了石洞仙翁，把彝文带回了彝家村寨，教会了彝族人民识字。从此，彝族就有了自己的文字。

佚名讲述，李世忠记录。载《金沙江文艺》1982年第2期，16开，1页，800余字，楚雄州文联1982年编印。（李惠兰　朱琚元）

彝文的起源（二）

彝族文化起源神话。流传于云南省双柏县彝族地区。讲述的是：古时候，哀牢山区的彝族人民都不识字，也不懂道理。后来出了两个人，一个叫谢多麻，一个叫白虎王。他们一起骑着一张鹿皮飞上天，去向天神要文字。天神给了他们一部书共有十二本，每本十二行，每行十二字，道理十二种。他们把这部书带回彝山，从此彝家才有了文字，懂得了道理。

佚名讲述，李世忠记录。载《金沙江文艺》1982年第2期，16开，1页，300余字，楚雄州文联1982年编印。（李惠兰　朱琚元）

彝文的起源（三）

彝族文化起源神话。流传于云南省元谋县彝族地区。讲述的是：古时候，在金沙江畔的凉山地区，有两个老毕摩，一个叫阿苏拉吉，另一个名叫麦尔都惹。这两个毕摩，你不服我，我不服你。一天，他们一见面就互相斗法，阿苏拉吉念咒把对面的山咒垮了，麦尔都惹又念咒语把山复原了。两人的法术不相上下，彼此从妒忌产生了害人之心。麦尔都惹暗地念动咒语说："让阿苏拉吉不得好死，死的时候鞍在一边，人在一边。"阿苏拉吉也念动咒语说："让麦尔都惹不得好死，被披毡蒙着脑壳死在大路旁。"后来两个人的咒语都应验了：阿苏拉吉骑马摔下来跌死了，麦尔都惹从岩子上掉下来跌死了。但是死去的阿苏拉吉不甘心，因为他编出来的彝文还没有传给后人，于是就变成一只叫作"洛龙戈布曲鸟"的神鸟，飞到他的哑巴儿子那里去，从嘴里吐出一丝丝血迹在叶子上，让他的儿子学彝文。他的妻子看见了，叫了一声哑巴儿子，鸟就飞走了。他的儿子从此会说话，还学会了彝文。

佚名讲述，李世忠记录。载《金沙江文艺》1982年第2期，16开，1页，900余字，楚雄州文联1982年编印。（李惠兰　朱琚元）

彝文的起源（四）

彝族文化起源神话。流传于云南省永仁县彝族地区。讲述的是：阿苏拉吉和他妹妹阿格上山放羊，兄妹俩商量要为彝族人民造一种文字。怎么才能造出彝文呢？山上突然来了一个人，告诉他们说到了龙头山上去找到洛龙戈布曲神鸟，就知道怎样造彝文了。兄妹俩一起到了龙头山，分头找神鸟。阿苏拉吉先找到，神鸟在沙滩上往来飞舞，口吐唾液，教阿苏拉吉认识彝文，阿苏拉吉把学到的彝字写在衣裳上。突然从远处传来了妹妹阿格的喊声，神鸟一惊就飞走了。所以后来虽然有了彝文，但是不完全，就是神鸟被惊飞走的缘故。

佚名讲述，李世忠记录。载《金沙江文艺》1982年第2期，16开，1页，500余字，楚雄州文联1982年编印。（李惠兰　朱琚元）

彝文的起源（五）

彝族文化起源神话。流传于云南省双柏县彝族地区。讲述的是：传说，唐僧从西天取经回来，路过通天河，河上没有船，水中漂来一只乌龟，让唐僧骑着过了河。过河以后，唐僧正准备把从西天取来的经书分一部分给乌龟，一只水鸭子跑来也要分一份。唐僧说："没有你的份。"水鸭子就飞走了。这时河中又游来一条大红鱼，鱼对唐僧说："上天入地的书我也要一份。"唐僧说："去！没有你的份。"大红鱼生气了，就把经书一口吞下肚，幸亏猪八戒赶快跳进水里，用嘴把大红鱼拱到河边，红鱼只好张开嘴把经书吐出来。可是经书已经被河水泡烂了，唐僧只好把经书铺到石板上晒，经书却粘在石板上揭不起来了。后来，有个叫苏祖罗的彝族毕摩来到这里，抄下了一部分，就成了后来的彝文。名叫小白虎的汉族老师也来了，也抄下了一部分，就成了后来的汉文。

佚名讲述，李世忠记录。载《金沙江文艺》1982年第2期，16开，1页，700余字，楚雄州文联1982年编印。（李惠兰　朱琚元）

彝文的来历

彝族文化起源神话。流传于四川省凉山彝族自治州彝族地区。相传彝族毕摩是阿苏拉则，他有一个徒弟名叫闷尔都惹，这个人向来很骄傲自满。有一次毕摩阿苏拉则从峨边回来，在路上遇到徒弟闷尔都惹。阿苏拉则就对他说："想来你的本领很强，你如有真本事，就把对面的那山用咒语念垮吧！念垮了，我来把它还原。"闷尔都惹说："阿苏大毕摩啊，你先念吧，你念垮了，我来还原。"于是，阿苏拉则开始念咒了，他一念完那山就垮了。闷尔都惹起了嫉妒心，当阿苏拉则上马要走时，在他身后念咒语说："这该死的阿苏拉则，你死时应该是马在一边，鞍在一边，人在一边。"阿苏拉则也回敬道："狗崽睁开眼就想嚼皮草，你将被披毡裹头死在路边。"后来这两人的咒语都应验了。一个骑在马背上跌下来，死时，果然马在一边，鞍在一边，人在一边；一个是在风雪中蒙着披毡被冻死的。阿苏拉则生前制造了许多文字，他死后，再也没有人认识这些七歪八斜的文字了。阿苏拉则为此变成了一只布谷鸟把他的哑巴儿子拉则格初引到大森林中，然后吐出血丝滴在树叶上，树叶立刻显示出美丽的文字。拉则格初摘下树叶，照样画着，有时几天几夜都不回去。妈妈不知道这个傻儿子每天早出晚归做什么，有一次暗中用一毛线团拴在儿子的身上，顺着毛线找到一丛树林里。她以为儿子贪玩不回家，就大声喊道："傻儿子呀，你怎么贪玩得连家也不回呀？"她这一喊，布谷鸟因受惊飞走了。拉则格初也开始说话了，他抱怨妈妈说："妈妈呀，你为什么这时来？来晚一步该多好——阿爸的书还有三篇没有抄完！"由于还有三篇没抄，所以现在彝文不够用，只有八百多个字。

的迪伍来讲述，达六木佳记录。收入《凉山民间文学集成》（下，故事卷），32开，2页，800余字，西南交通大学出版社1993年版。（魏娟娟）

洛龙歌布曲鸟

彝族文化起源神话。流传于四川省凉山彝族自治州。讲述的是：从前有个人，叫拉吉格楚，生来就不会说话。他上山放猪，常常猪回来了，他却留在山上几天几夜不回来。他妈妈暗中去察看他究竟在干什么，只见他坐在森林草地上，旁边树上站着一只彩色的小鸟。鸟的嘴里吐着一丝丝的血，每一丝血滴在树叶上就变成了笔画美丽的文字，拉吉格楚正照着那些字在树叶上专心画着。这就是早期的彝族文字。这只鸟叫"洛龙歌布曲鸟"，传说是拉吉格楚的父亲阿苏拉吉变的。阿苏拉吉生前创造了彝文，但不幸从马背上跌下来摔死了，未传给他人。他死后一直心不安，就变成一只鸟，把彝文传给了他的儿子。

吉乌呷呷讲述，沈伍已口译，萧崇素记录、整理。收入《彝族民间故事选》，32开，3页，2000

余字，上海文艺出版社1981年版。（阿南）

毕摩阿苏拉吉的故事

彝族文化起源神话。流传于四川省凉山彝族自治州。讲述的是：阿苏拉吉幼时很聪明，一直想用一种符号把人们的思想和智慧记录下来。有天梦见一个神人，叫他到有名的龙头山去，若能找到一只名叫洛龙歌布曲鸟的五色鸾鸟，就可以教他记录的方法。醒来后他果然找到了洛龙歌布曲鸟，那鸾鸟领他到一个沙滩上，口里吐出丝丝的唾液，蘸在沙上教他写字，他学来后记在衣襟上。有天妹妹阿格来找他，见他丢开羊群不管，只是写着画着，很不满意，就大声喊他，鸾鸟一惊，就飞走了，以后再也没来。因此，彝族虽然有了文字，但不完整，同音同义的字太多，通行较难。这都是他妹妹喊他太早，惊走了鸾鸟的缘故。

佚名讲述、记录。收入《中国少数民族文学》，32开，1页，500余字，湖南人民出版社1983年版。（阿南）

毕摩铃

彝族文化起源神话。流传于云南省元江哈尼族彝族傣族自治县彝族聂苏人地区。讲述的是：古时候，元江三马头有个彝族青年到白晶山求学彝文，他的师傅给了他一个铸有十二生肖的毕摩铃。说也奇怪，这个铃会闪闪发光，并能发出各种声音，村民有病，毕摩铃会赶走病魔；天旱无雨，毕摩铃会求天降雨；牲畜遭瘟，毕摩铃会赶走瘟神；寨中有人死了，毕摩铃会为死者开路。所以，彝家有首民谣唱道："毕摩铃一响，魔鬼吓破胆；毕摩铃一响，彝家喜洋洋。"

白佑三讲述，杨玉芝记录、整理。载《元江史志通讯》第1期，16开，1页，1000余字，元江哈尼族彝族傣族自治县地方志办公室1989年编印。（宋自华）

火、碓、磨、锅、甑、布、衣的起源

彝族文化起源神话。流传于云南省景东彝族自治县一带。讲述的是：大地造好之后有凡人，但他们生活很苦，无衣穿，无房住，吃生的东西。天公派雷公送火给凡人。雷公以炸雷打枯树桩起火。凡人投骨于火中，有香味；取出火中骨头啃食，味道好。凡人因此学会用火烧东西吃。雷公又下凡为凡人造磨、锅、甑等，但凡人不会使用。天公派七仙女下凡，教会凡人舂碓、磨面、做饭、做粑粑。七仙女还教凡人织布做衣服。

杨国仙讲述，陶明贵记录。收入《景东县民间文学集成》，32开，2页，500余字，景东彝族自治县民委、文化局、文化馆1989年编印。（谢国先）

二 文化英雄神话

阿鲁举热

彝族文化英雄神话。流传于云南省元谋县彝族地区。由阿鲁举热出世、阿鲁举热找阿妈、阿鲁举热射日月、朴莫乃日想儿子、朴莫乃日试儿子、龙鹰大战六部分组成。第一部分叙述朴莫乃日因从天空飞过的一只神龙鹰的血滴在其身上而怀孕生下了阿鲁举热，并把他交给神龙鹰抚养。第二部分叙述阿鲁举热年满十六岁后在去寻找妈妈的途中受到鹅的帮忙而获得了一支神箭和一根神线，并因此当上了当地的主子。第三部分叙述阿鲁举热射下了多余的六个太阳和五个月亮，使世界得以安宁。第四部分叙述阿鲁举热获得了一匹长有九层翅膀的神马，并救出了被妖婆捉去的母亲。第五部分叙述阿鲁举热背着母亲回到迭朴索洛居住。第六部分叙述小老婆为争夺阿鲁举热而剪掉了神马的三层翅膀，使阿鲁举热在回西方的途中不幸坠入海中，神龙鹰来救阿鲁举热，龙王也来争夺阿鲁举热，都说阿鲁举热是自已的儿子，从而发生了永无休止的龙鹰大战。

苗开亮、黑朝亮、李守芳讲述，李世忠、祁树森记录。收入《中国民间故事集成·云南卷》，16开，6页，8000余字，中国ISBN中心2003年版。另见载《山茶》1981年第3期。（普学旺）

支呷阿鲁

彝族文化英雄神话。流传于四川省彝族地区。由四对八只神龙鹰、蒲莫列伊幺姑娘、神鹰落下三滴血、毕惹呷呷翻经书、支呷阿鲁出生、支呷阿鲁遇救、又逢龙年龙月日、支呷阿鲁射日月、支呷阿鲁请日月、支呷阿鲁求雨水、支呷阿鲁找母亲、支呷阿鲁降雷神、支呷阿鲁治巨蟒、支呷阿鲁得宝针、支呷阿鲁治妖婆、红石板上联姻缘、支呷阿鲁安家、飞马翅膀遭剪断、支呷阿鲁掉海中、神鹰同海打冤家等部分组成，详细记述了支呷阿鲁从出生到长大后射日月和最后掉入海中的传奇悲剧人生。透过神奇、巧妙的艺术构思，使人们看到了彝族“知母不知父”的母系社会时代的情景，具有重要历史文化研究价值。

额尔格培讲述，新克整理。《支呷阿鲁》单行本，32开，118页，70000余字，四川民族出版社1982年版。（刘琳）

阿鲁举热收妖婆

彝族文化英雄神话。流传于云南省元谋县彝族地区。讲述的是：阿鲁举热手下有四个徒弟，一个叫加甲古几布，身上背着一个鼓，一敲鼓森林中的麂子就会出来；一个叫皮得乃日吉，屁股朝江里一坐，江水就会干涸；一个叫利支波那图，用食指一指，可以戳通大山；一个叫利莫波那比，用拇指一指，能够分山开路。阿鲁举热和四个徒弟在一起，没有走不通的路、治不服的妖。有一天，阿鲁举热带着四个徒弟去打猎，傍晚，误入深山中的老妖婆家投宿。天刚黑，老妖婆背着个死姑娘回来了，她把死姑娘的肉煮给阿鲁举热师徒五个吃。他们假意夹着人肉吃，背后却把人肉丢在竹席下面，从羊皮口袋内拿出麂子肉来吃。晚饭后，老妖婆想吃师徒五个，但不知他们的本领有多大，就叫师徒五个来同她比武。阿鲁举热本领高强，战胜了老妖婆，老妖婆比输后，连忙躲进葫芦里。阿鲁举热就把葫芦口塞紧，然后叫四个徒弟把葫芦抬到山肚子里埋起来。从此，老妖婆再也不能出来作祟了。

李守方讲述，祁树森、李世忠记录。收入《楚雄民间文学资料》第二辑，32开，2页，900余字，楚雄彝族自治州民委会、文教局1979年编印。（李惠兰　朱琚元）

阿鲁举热治雷公

彝族文化英雄神话。流传于云南省元谋县彝族地区。讲述的是：一天，阿鲁举热和四个徒弟一起赶路。走到半路上，看见几个放羊的小伙子在挤生羊奶吃。阿鲁举热问了究竟，原来是雷公不让人们煮熟食吃。他就让放羊小伙找来火草，并在地上挖了个土坑，将火草放进土坑内，然后取出火镰把火草引着。忽然一个炸雷劈头盖脸落进土坑。阿鲁举热迅速取下头上戴的铁帽，把雷公罩在土坑里。他指着雷公问：“你为什么不让人们煮熟食吃？”雷公求饶说：“以后再也不敢了。”阿鲁举热又问：“世上什么人会死？”雷公回答说：“年轻人不死，小伙子不死，小娃娃不死，一百二十岁的人才可以死。”阿鲁举热又问世上有多少种药，哪种药治哪种病。雷公也一一回答了。阿鲁举热见雷公不敢再为非作歹，就揭开铁帽把雷公放回天上。雷公回天上时，阿鲁举热突然想起忘记问治癞子的药，就追问雷公，雷公在空中回答：“黑蛇用来治癞子，世上的人老的可以死，小的可以死，年轻的可以死，小娃娃可以死。”阿鲁举热和四个徒弟听了顿时心头火起，但是雷公已回到天上，无法惩治了。从此以后，不仅一百二十岁的人会死，其他的人也会死了。

李守方讲述，祁树森、李世忠记录。收入《楚雄民间文学资料》第二辑，32开，2页，600余字，楚雄彝族自治州民委会、文教局1979年编印。（李惠兰　朱琚元）

支格阿尔活捉雷公

彝族文化英雄神话。流传于四川省凉山彝族自治州彝族地区。叙述的是：古时候，人们不敢生火，谁家生火，冒出烟，雷公马上就来劈死谁，这样，人们只能吃生的。一天，支格阿尔经过一个寨子，寨子里传来哭声，问清楚才知是一个老妈妈，老妈妈天天吃生东西，啃也啃不动，嚼也嚼不烂，生吞活剥，日子一长，身体每况愈下。支格阿尔很同情老妈妈，叫她生火煮饭，支格阿尔在火塘边挖了一个坑，准备了一块木板盖。雷公见人间升起烟火，“轰隆”一声劈下来，支格阿尔用力一顶，把雷顶进了坑里，并用木板盖上。雷公被压在坑里喘不过气来，向支格阿尔求饶，支格阿尔定了许多规矩，才放了雷公公。在雷公公回去的路上，有个多嘴的婆娘问雷公，雷公无处发泄自己的怒气，说：

虽然不劈人，但白发人也要死，黑发人也要死。从此以后，人们生火煮饭虽不被雷公劈，但人人都要死，人们都怪那多嘴多舌的婆娘。

毛志强讲述，张玉梅翻译，乃古尔聪整理。收入《民间文学三套集成》（布拖县卷），16开，2页，1000余字，布拖县文化体育旅游局1987年编印。（乃古尔聪）

齿改阿鲁抓雷问药

彝族文化英雄神话。流传于云南省宁蒗彝族自治县。讲述的是：从前，人们在哪里烧火，雷就往哪里打，害得人们吃不到熟食。齿改阿鲁（支格阿龙）就戴上金帽子，穿上金衣服，拿着金棍子，提着金口袋准备收拾雷。不一会儿，一个响雷向着大地打来，齿改阿鲁眼明手快，一把抓住闪电装进金口袋，然后举起金棍子就打，把雷打得连声求饶。齿改阿鲁说：“你不让人烧火，大家都吃生食，人人都得了病，医也医不好！”雷在金口袋里连声说：“我来医，我有药。”齿改阿鲁打一棍问一句，就把很多药名问清楚了。问完，齿改阿鲁才打开金口袋放雷出来，雷看见齿改阿鲁的金棍子，连忙朝天飞去。这时，齿改阿鲁突然想起治麻风病的药还没有问到，便大声向雷问：“治麻风病的药是什么？”但雷神已走远，所以至今没有治此病的特效药。

佚名讲述，李学祥搜集、整理。收入《小凉山民族民间文学作品选》，32开，3页，1800余字，宁蒗彝族自治县县庆筹备委员会1986年编印。（沙马阿青）

鹰的儿子

彝族文化英雄神话。流传于云南省元谋县。讲述的是：远古的时候，彝家寨子里有一个聪明美丽的姑娘，名叫卢玉秀。一天，她在自家的院子中纺麻线，一只老鹰从远方飞来，在院子上空盘旋几圈后就直冲下来。卢玉秀觉得像喝了迷魂药似的，从那天后就怀孕了。孩子生下来后，不吃也不喝，只是一个劲地哭。老鹰飞来给孩子喂奶，孩子知道老鹰是他的父亲，因此对一切有翅膀的鸟类总是非常爱惜。他长大后给土司家放猪，有一天丢了两头猪，他找遍了山头深谷都没找到，躲在坝子里一家好心的汉人家。汉人要杀鹅招待他，被他阻止了。第二天，三只老鹅站在路边送他，并告诉他到对面山上一块大石头前跪下，然后拿那根九十九丈长的头发，那是一支神箭，以后不管碰到什么困难，它都可以解除。小伙子按照老鹅的指点，带着神箭回到土司家。他把事情的经过告诉土司，土司不信。他用箭指山山塌，指海水干，指狗狗死。土司慌了神，被小伙子用箭一指就死了。小伙子为村里人除了一害。后来，小伙子用箭射落了八个月亮、八个太阳，只留下一个太阳和一个月亮，从此昼夜分明。又用拳头打石蚌，从此天下的石蚌只有拳头大。

肖玉才讲述，任兆平、孟孚记录。收入《楚雄民族民间文学资料》第三辑，32开，4页，2000余字，云南省社会科学院楚雄彝族文化研究室1982年编印。（李惠兰　朱琚元）

阿倮降妖

彝族文化英雄神话。流传于云南省新平彝族傣族自治县。讲述的是：古时候，有一个女妖涅耶姆生有涅耶努、涅耶斜、涅耶寨三个儿子，他们专吃人肉喝人血，周围的人们都被他们吃光了，人们跑来向阿倮诉苦。阿倮是一个以铁蛋为食、铁水为饮的力大无穷的人，他总是为穷苦百姓打抱不平，此时他打定主意降这几个妖。傍晚，他住进涅耶姆家里，涅耶姆暗自高兴白得送上来的食物。但看到阿倮吃铁蛋喝铁水，倒吸了一口冷气不敢贸然下手，便把阿倮罩在妖藤编的大圆囤里储存。夜里她的三个儿子回来叫嚷有生人味，涅耶姆告诉了儿子们真实情况。三兄弟听后便伸出利爪张开血盆大嘴向阿倮扑去，但阿倮的皮肉像一坨铁撕不开咬不动。这时阿倮抽出降妖鞭往每个妖怪身上抽了九鞭，抽得三道红、三道绿、三道黑。三个妖怪疼痛得变成三只小雀飞走了，阿倮变成了一只鹞鹰直追而去。飞到一个湖时三个妖怪又变成三只水鸟降到水面，阿倮又变成一个水獭追去。三妖敌不过阿倮，倏地变成三颗星星贴到天上去了。阿倮顿时变成吃星神鸟真母鸨把三颗星星吃了。阿倮回到地面来找涅耶姆算账时，她已经变成一股阴风跑得无影无踪了。

呗斜若讲述，聂鲁搜集。收入《哀牢山彝族神话传说》，32开，4页，2000余字，云南民族出版社1990年版。（聂鲁）

阿倮之死

彝族文化英雄神话。流传于云南省新平彝族傣族自治县。讲述的是：涅耶努三兄弟的阴魂纠集被阿倮打死的那些妖魔的阴魂们，到地府阎罗王那里哭诉告状，给阿倮列了许多莫须有的罪名，阎罗王动怒查看生死簿，可生死簿上没有阿倮的名字。涅耶努三兄弟又造谣生事，说阿倮要杀进阎王殿，打倒阎王爷。阎王爷拆开生死簿再次仔细查找，原来阿倮的名字在书脊上被装订住了。阎王派一大帮勾魂鬼来缉拿阿倮，阿倮的魂魄就这样被勾走了。勾魂鬼们杀害阿倮后，害怕阿倮复活，于是把阿倮的头、脚、手、心、身躯各丢朝一方。但是它们落地便长，身躯长成了大山，头发长成了森林，脚手长成了溪流，心长成石头，使彝家生息在有山、有石、有森林、有溪水的土地上。彝家为了感谢阿倮的恩德，总是在每年农历二月第一个属牛的日子举行称作咪戛蒿的祭倮节，祭奠这一位英雄。

呗斜若讲述，聂鲁搜集。收入《哀牢山彝族神话传说》，32开，2页，800余字，云南民族出版社1990年版。（聂鲁）

射太阳和月亮（一）

彝族文化英雄神话。流传于川滇大、小凉山彝族地区。讲述的是：古时候天上有七个太阳、九个月亮，把地上的庄稼、草木、飞禽、走兽几乎都晒死了。为解除旱灾，支格阿龙决定把太阳和月亮射下来。他左手提弓，右手拿箭，连发七箭，射落了六个太阳，另一个被射瞎了一只眼就躲了起来。射月亮时，支格阿龙连射九箭，射下来八个月亮，另一个被射跛了腿也躲了起来。这一来，大地一片漆黑。支格阿龙只好叫躲起来的太阳月亮出来，答应不再射它们了。并送给瞎了一只眼的太阳一包针，送给跛脚的月亮一匹马。这样，太阳月亮才又出来，一个白天走，一个晚上走，轮流照耀人间。此后，人们看太阳便觉得眼睛似针戳一样的疼，看月亮时感觉月亮像骑着马一样跑得快。

赤哈子讲述，上元、邹志诚整理。收入《云南少数民族神话选》，32开，2页，900余字，云南人民出版社1990年版。（阿南）

射太阳和月亮（二）

彝族文化英雄神话。流传于四川省米易县。讲述的是：很久以前，天上有六个太阳，七个月亮，他们都是天神的儿女，太阳是妹妹，月亮是哥哥。这十三个兄妹天天在天上游玩打闹，弄得大地上不分黑夜白天，所有树都被晒死了，整个大地一片荒凉。支格阿龙在一个奴隶主家当娃子，主人见支格阿龙憨厚勤快，要把母鹅杀了请支格阿龙吃，支格阿龙是鹰的后代，不吃长翅膀的东西，为母鹅求情，母鹅幸免于刀下。支格阿龙想把太阳和月亮射死，可是没有弓和箭，母鹅抖抖翅膀，飞出羽毛变成弓和箭，支格阿龙把以前在鸟窝里捡到的头发当弓绳，做成一张很大的弓。他站在杉树上射日月，终于射死了五个太阳、六个月亮，剩下一个太阳被射瞎了一只眼睛，剩下的一个月亮被射跛了一只脚，它俩都吓得躲了起来。太阳和月亮躲起来后，天上九天九夜没有光，地上九天九夜不见光亮，一片冰冷混沌、毫无生气的景象。支格阿龙慌了，叫牛、公绵羊、公山羊、公猪去喊太阳和月亮，太阳和月亮不肯出来。最后公鸡叫了三声，太阳和月亮出来了。支格阿龙对太阳说："天上只留一个太阳，公鸡一天叫三次来请你、接待你、送回去，送你一包针，有人看你，就用这包针刺他的眼睛。"对月亮说："我请你来管夜晚，送你一匹仙马，你骑着马走路吧！"太阳和月亮又出来了，给人们带来了光明，给万物送来了温暖。

马黑果果讲述，赵大伦采录。收入《中国民间故事集成·四川卷》下卷，16开，2页，1200余字，中国ISBN中心1998年版。（魏娟娟）

射日射月

彝族文化英雄神话。流传于川滇大、小凉山彝族地区。讲述的是：远古的时候，出了六个太阳七个月亮，把地上的庄稼、草木都晒枯了，人也晒得快活不下去了。支格阿龙决定去射掉多余的太阳和月亮。他骑着仙马，左手提弓，右手拿箭。首先站在蕨萁草上射，射不中；然后站在母猪桃树顶上射，射不中；后来站在马桑树上射也射不中；最后来到土尔山上射。第一次来到土尔山脚下，站在竹子上面射。由于竹子又细又长，载不住他，直摇晃，因而射不着。他不耐烦地用铜弓将竹子一击，说："你这不长心肝的家伙!"从此竹子总是低着头，而且中间是空的，长不了心肝。第二次来到土尔山腰上，站在松树上面射，也没射着。他愤恨地说："你这断子绝孙的家伙!"从此，马尾松的树桩上再也发不出新芽。第三次来到土尔山顶，爬到高高的杉树顶上，他搭上箭，拉满弓，瞄准太阳和月亮，嗖嗖地射出箭去。这样就把五个太阳和六个月亮射下来。只剩下一个病眼日和一个半残月。这时支格阿龙高兴地对着那棵他站在上面射日月的杉树说："你永远是人们的栋梁之材!"从此，杉树就长成了高大挺直的栋梁之材。

佚名讲述、记录。收入《中国各民族宗教与神话大词典》，16开，1页，400余字，学苑出版社1993年版。（阿南）

降雷（一）

彝族文化英雄神话。流传于川滇大、小凉山彝族地区。讲述的是：一天晌午时候，支格阿龙肚子饿了，想找点东西吃。他一看，东家不生火，西家不冒烟，觉得奇怪。于是他走进一家一问，才知是怕雷打。支格阿龙叫主人点燃火煮饭，刚把火点燃，雷果然来了，支格阿龙便和它打起来。雷打不赢他，跑上天去了，支格阿龙换了衣服也追上天去了。雷不认识他了，就把它的打法告诉了支格阿龙。支格阿龙便打定主意想法对付雷，他一一做好一切准备。雷来了，支格阿龙让雷落入他的圈套，最后他用铜网捉住雷，边打边问它还打不打人，雷被打得连声说不敢了，支格阿龙这才放了它。从此，雷再也不敢随意打人了。

墨色夫哈讲述，沈伍已翻译，胡云、邹志诚整理。收入《云南少数民族神话选》，32开，2页，700余字，云南人民出版社1990年版。（阿南）

降雷（二）

彝族文化英雄神话。流传于四川省美姑县彝族地区。讲述的是：在山川河流万物都会说话的时候，因世上一切都在叫嚣，搅得天神昊阿听古君无法管理。所以，他命令神匠打造各式各样的雷电，朝喧哗最大的地方劈打，支格阿龙的母亲也被误劈而死。支格阿龙为了给母亲报仇，特制了一口袋牛筋炒面，他带上一对绿鹞鹰，朝着天地相连的地方走去。在路上遇到了骑白马素装的神人，神人说并不知道有此路，请他再问问别人。后来又遇到赶着一条黑牛的人，那人要支格阿龙调一碗牛筋炒面给他的牛喝，牛喝完后朝四方吼了四声，蹄朝四方刨了四下，顿时天昏地暗日月无光，支格阿龙竟到了天神昊阿听古君的宫殿里，只见一个神匠正在打造各种雷器，神匠说："听说人间英雄支格阿龙要来为其母报仇，此物正是为劈打支格阿龙打造，除了红铜以外什么都不怕。"支格阿龙回到人间，找来红铜打造了一顶铜盔、一根铜棒和一副铜网以对付雷器。不久，无数的雷器向支格阿龙所在地倾注而下，雷神见支格阿龙竟然安然无恙，变作一条铧口雷直朝支格阿龙劈下来，这一下不偏不斜正好劈在支格阿龙的铜盔上滑入铜网里，雷神就被支格阿龙捉住了。

吉拉乌火讲述，阿都乌果、吉尔体日采录。收入《中国民间故事集成·四川卷》下卷，16开，1页，600余字，中国ISBN中心1998年版。（魏娟娟）

平整大地

彝族文化英雄神话。流传于川滇大、小凉山彝族地区。讲述的是：远古的时候，整个大地尽是山，没有平地，人们种地和居住都很困难。支格阿龙父子二人，一个拿着铜锤，一个拿着铁锤，决心在一天中把大地平整好。他们二人商定一人平整大地的一边。走时支格阿龙嘱咐儿子说："平整土地要细心，不要贪玩。"说完，就一人平地去了。支格阿龙平地认真仔细，平的地非常平坦，一望无际。但儿子睡了大觉，当他一觉醒来时，太阳已经偏西。他急了，就拿起锤子东一下西一下，南一下北一下地胡乱打起来，成了高低不平的山地。支格阿龙平完地走来看儿子，见他把地平成这个样子，非常生气，但已来不及了。从此，大地就有大平原，也有高低不平的山地。平原就是支格阿龙认真平整成的，山地就是他儿子胡乱打成的。

佚名讲述，沈伍已整理。收入《云南少数民族神话选》，32开，1页，300余字，云南人民出版社1990年版。（阿南）

寻找天界

彝族文化英雄神话。流传于川滇大、小凉山彝族地区。讲述的是：支格阿龙骑匹马，拿了一根铁拐杖，要替人们寻找天地相连的地方。他走了许多年，铁拐杖都磨短了，他的马已经走得足跖毛都脱光了，但还没有走到能看见天地相连的地方。支格阿龙搭救三只鹅，鹅十分感激他，给了他一撮针。他用针把塔布阿玛妖怪钉在石板上，并用铁杖打它，将它制伏了。支格阿龙继续往前走，遇到一位老人，他告诉老人要到天地相连的地方。老人告诉他，没有天地相连的地方，闭着眼那一刻是天地相连的时候，但一睁开眼，天地就又不相连了。支格阿龙不相信，仍往前走，走到一处，碰见一头大水牛，支格阿龙告诉水牛他要去的地方。水牛要支格阿龙调七盘炒面给它吃，它就告诉他天地相连的地方。支格阿龙调了七盘炒面，水牛吃了后叫第一声时，立刻地动山摇，鸟兽吓得到处乱飞乱跑。叫第二、第三声时，天立刻阴暗，阴云布满天空，黑雾罩着大地，四周看不清，像天地都连在一起一样。这样过了一会儿，牛又叫了第四声，一切都恢复了原样。水牛告诉支格阿龙，刚才那一刻，就是天与地相连了。支格阿龙相信了，便决定不再寻找天界。

吉木吉哈讲述，沈伍已口译，萧崇素整理。收入《云南少数民族神话选》，32开，4页，2800余字，云南人民出版社1990年版。（阿南）

收妖婆

彝族文化英雄神话。流传于川滇大、小凉山彝族地区。讲述的是：支格阿龙有四个徒弟，一个叫甲古几布，身背一个鼓，一敲林中的麂子就会出来；一个叫皮得乃日吉，屁股朝江里一坐，江水就会干涸；一个叫利支波那图，用食指一指，可以戳通大山；一个叫利莫波那比，用拇指一指，能够分山开路。支格阿龙和四个徒弟在一起，没有走不通的路，没有制伏不了的妖。一日，他们借宿，天刚黑，老妖婆背着个死姑娘回来了，它把死姑娘的肉煮给支格阿龙师徒吃。他们佯装夹人肉吃，背后把人肉丢在竹席下面，然后悄悄从羊皮口袋内拿出麂子肉来吃。饭后，老妖婆想吃五个师徒，但不知他们本领有多大，想试探一下，便叫五个师徒与它比武。支格阿龙战胜了老妖婆，老妖婆摇身一变钻进葫芦里躲藏起来。支格阿龙把葫芦口塞紧，叫四个徒弟把葫芦抬到山肚子里深埋起来。从此以后，老妖婆就再不能伤害人了。

佚名讲述、记录。收入《中国各民族宗教与神话大词典》，16开，1页，300余字，学苑出版社1993年版。（阿南）

用金刀杀死吃人的怪物

彝族文化英雄神话。流传于川滇大、小凉山彝族地区。讲述的是：支格阿龙路过一个村庄时，得知有一对怪物在村庄内挨家挨户的每天吃一个人，当支格阿龙来到一户人家时，恰巧碰到这对吃人的怪物来这家吃人，主人向支格阿龙诉苦后，支格阿龙叫主人家别担心，并叫他们找口铧口在火里烧红，再备一只口袋和一些棉花。等怪物来到时，支格阿龙叫怪物张开大嘴在门口接吃送来的人肉，等怪物张开大嘴时，支格阿龙巧用烧红的铧口放进装有棉花的麻袋内，丢进怪物的口中烧死了母怪物，并跳进公怪物肚内用金刀杀死了公怪物，为民除了妖害。

佚名讲述。收入《喜德彝族民间故事》（彝文版），32开，2页，900余字，四川民族出版社1993年版。（土比呷呷）

吞下“独儿”肚难受

彝族文化英雄神话。流传于四川省凉山彝族自治州彝族地区。讲述的是：有一吃人的妖婆，吃了不少人。一次，老妖婆要吃一家人的独儿，这家人很伤心，但想不出对付的办法，恰巧支格阿尔经过这里，问明缘由，支格阿尔想出一条妙计，找条口袋，装满火草，再烧一口通红的铁铧。当老妖婆来吃人时，将通红的铁铧放进口袋，一并投入老妖婆的嘴里，并嘱咐老妖婆，到山垭口上，张开嘴对着风。老妖婆爬上山垭上，张开血盆大口，对着风吹，吞在肚里的火越烧越旺，老妖婆难受地说“独儿难吞”，最后被火烧死了。

曲木约约讲述，张玉梅收集，乃占尔聪、李富根整理。收入《民间文学三套集成》（布拖县卷），16开，1页，500余字，布拖县文化体育旅游局1987年编印。（乃古尔聪）

罗初刚阿鲁消灭妖精婆

彝族文化英雄神话。流传于云南省北部彝族地区。讲述的是：从前，吃人的妖精婆很多且很猖狂。一天，罗初刚阿鲁夜宿在一户人家，原来这是一户妖精婆家，聪明能变的罗初刚阿鲁变成一只鹰站在房梁上观察妖精婆的动静。晚上妖精要吃他时没能找到。后来罗初刚阿鲁又变成一个葫芦悬吊在楼上，妖精婆认为他躲在里面，就变成一只马蜂钻了进去，罗初刚阿鲁乘机就把妖精婆消灭了。

佚名讲述，伍呷记录。收入《彝族民间故事选（2）》（彝文版），32开，3页，1300余字，四川民族出版社1986年版。（贾斯拉核）

老妖婆吃独儿的故事

彝族文化英雄神话。流传于四川省凉山彝族自治州彝族地区。讲述的是：很久以前，有个老妖婆轮着寨子吃男童。这天，老妖婆又来吃人，支格阿尔正好经过这里，他看见这家人父母唉声叹气，落泪不止，问清情况才知妖婆要来吃独儿子。这家人知道支格阿尔的本事，就热情款待，待吃完饭，支格阿尔已想出办法，支格阿尔变成小男童，让老妖婆吞下肚后。老妖婆觉得肚子疼痛，但已没办法，她向支格阿尔求饶，支格阿尔在老妖婆肚里划开一条口子，跳了出来。从此，再没有老妖婆吃娃娃了。

赤黑使呷讲述，张玉梅翻译，乃古尔聪、李富根整理。收入《民间文学三套集成》（布拖县卷），16开，2页，8000余字，布拖县文化体育旅游局1987年编印。（乃古尔聪）

驯动物

彝族文化英雄神话。流传于川滇大、小凉山彝族地区。讲述的是：古时候，世界上的动物都不劳动。支格阿龙把所有的动物都叫来，对它们说："从现在起，大家都要劳动。"那些动物都不听支格阿龙的话，只有人最听话，天天自己上山坡劳动，过着勤劳的生活。支格阿龙见了非常高兴，对人说："你们听话，又劳动，你们是最聪明的。"从此，人们常常劳动，所以人最聪明，最富于智慧。支格阿龙又对其他动物说："你们不爱劳动，就专门吃草，不准吃饭。"从此，那些动物就吃草了。只有狼、豹和老虎不听话，既不劳动，又不吃草。牛、羊、马、猪不服气，就去告诉支格阿龙。支格阿龙说："它们以后要遭绳子套，要遭枪打。"狼、豹子和老虎知道了这件事，决定把牛、羊、马、猪吃掉。支格阿龙就叫牛、羊、马、猪到人居住的地方躲起来。后来，这些动物就住在人的家里，老虎、豹子和狼就不敢来吃它们了。

吉拉马恼讲述，沈伍己翻译，胡云、邹志诚整理。收入《云南少数民族神话选》，32开，1页，400余字，云南人民出版社1990年版。（阿南）

降马

彝族文化英雄神话。流传于川滇大、小凉山彝族地区。讲述的是：从前，马常常吃人，非常凶猛。有一天，支格阿龙出外旅行，在路上遇见一群马。马看见支格阿龙一个人，觉得不够吃，问他："喂，我们肚子饿了，你告诉我们人在哪里？让我们吃去。"支格阿龙说："这附近没有，要很远很远的地方才有，我本来可以带你去吃，但是我正好走不动了。"马说："不要紧，你来骑在我背上，我驮你去。"支格阿龙说："你背上那样滑，我怎样坐得稳呢？"马说："你去找一个坐垫放在我背上，不就可以坐稳了吗？"于是，支格阿龙找了一个可以坐的鞍子放在马背上，又说："虽然这样，我还是走不了。因为坐在你背上，我会滚下来的。"马说："你找一根绳子让我含在口里，那样就上什么坡你都不会滚下来了！"支格阿龙就去找了根绳子，做成笼头套在它的嘴上，然后骑上去，抓紧缰绳，勒住笼头，用鞭子重重地打它，边打边问："你还吃不吃人，你还吃不吃人？"马因为套了笼头，东摆也摆不脱，西摆也摆不脱，被他打得又嘶又叫，只好求饶说："饶了我吧，饶了我吧！我以后再不吃人了，再不吃人了！"从此，马再不吃人了，牧马人也总不轻易取下马嘴上的笼头。

沈伍己讲述，萧崇素记录。收入《云南少数民族神话选》，32开，2页，600余字，云南人民出版社1990年版。（阿南）

打蛇打蛙和打蚂蚁

彝族文化英雄神话。流传于川滇大、小凉山彝族地区。讲述的是：远古的时候，毒蛇如地坎一样粗，蛤蟆如米囤一样大，蚊蝇如斑鸠一样大，蚂蚁如兔子一样大，蚱蜢如黄牛一样大。这些东西到处横行，危害人类，于是支格阿龙就来制伏它们。他骑了四匹仙马，牵了四只仙狗，手持仙箭仙弓，到天上地上，海洋山谷到处去收拾它们。第一天，他去打蛇，把蛇打成手指一样粗，并把它打入地坎下面去生活；一天去打蛤蟆，打成手掌一样大，打在地坎上面去生活；他还把蚊蝇打小，翅膀打成叠，打到旷野去生活；把蚂蚁打小打折腰，打进泥土内去生活；把蚱蜢打小打弯脚，打入草丛中去生活。从此所有这些东西都不敢再来危害人类了。

赤哈子讲述，上元、邹志诚整理。收入《云南少数民族神话选》，32开，1页，400余字，云南人民出版社1990年版。（阿南）

支嘎阿鲁的传说

彝族文化英雄神话。流传于贵州省威宁彝族回族苗族自治县板底、龙场等乡镇和赫章县妈姑、珠市、雉街等乡镇彝族地区。讲述的是：很久以前，人间妖魔横行，专吃活人，支嘎阿鲁巡视天下，经过三番五次的较量，机智勇敢的支嘎阿鲁终于为民除了恶魔，百姓从此得以安宁。

王九妹讲述，和康宁记录、翻译。收入《中国民间文学三套集成·贵州省毕节地区·赫章县卷·彝族》，32开，3页，1500余字，赫章县民间文学集成编委会1988年编印。（罗德显）

彝家少年阿鲁

彝族文化英雄神话。流传于贵州省赫章县雉街乡一带彝族居住地区。讲述的是：很久以前，乌蒙山人烟稀少，妖魔野兽横行，百姓苦不堪言。彝家有个好后生名叫阿鲁，从小立志要为民除害，长大后他练就一身好功夫，尽管妖魔千变万化，最终还是被他降服了。无计可施的妖魔临死前变成了癞火藤，追阿鲁到寨子边，至今癞火藤仍生长在寨子边的阴暗角落处。

陈忠文记录、翻译。载《南风》1995年第3期，16开，2页，1500余字，贵州省文联1995年编印。（罗德显）

斗雕

彝族文化英雄神话。流传于贵州省威宁彝族回族苗族自治县、赫章县等彝族居住区。讲述的是：从前雕专门吃小孩，百姓苦不堪言，支嘎阿鲁要阻止雕的这种行为，雕便要和阿鲁比力气定输赢来定夺是否吃小孩。比赛中支嘎阿鲁施巧计骗了雕，雕输了，发誓再也不吃小孩而改吃猪、羊了。

阿洛阿伟讲述，王继超记录、翻译。收入《中国民间文学三套集成·贵州省毕节地区地直卷》，32开，2页，500余字，毕节地区民间文学集成编委会1988年编印。（罗德显）

支格阿龙（一）

彝族文化英雄神话。流传于川滇大、小凉山彝族地区。讲述的是：支格阿龙是从天上飞翔的雄鹰身上掉下的三滴血滴在一个正在织布的叫普莫尼日的妇女身上后怀孕而生的，是鹰的儿子，是龙的养子。他长大成人后，射掉了天上的七个太阳和六个月亮，才使人们过上正常的生活，又制服了害得人们不敢出门的雷电和吃人的怪物，为人们驯服了马、牛等让其成为家畜。他娶有两个老婆，分别住在滇池的两岸，支格阿龙骑着神马往返于两个老婆之间，由于她俩相互争风吃醋，都想让阿龙的神马飞不走，让阿龙永远留在自己身边，阿龙每来一次，她俩都悄悄地剪断神马的一节翅膀，终有一天阿龙的神马飞到滇池上空时，人马一同坠入滇池中而身亡。

佚名讲述，刘赋元收集、整理。收入《聪童秘典》（彝文版），16开，20页，4000余字，凉山州卫生学校1980年编印。（土比呷呷）

支格阿龙（二）

彝族文化英雄神话。流传于四川省凉山彝族地区。讲述的是：支格阿龙在寻找母亲、找天地黏合处、射日月、惩雷公、移山填坝、教育动物、驯马等过程中经历坎坷的英雄人生。彝族民众世世代代都在歌颂这个能呼风唤雨、敢教日月换新天的神人。

群众讲述，喜德县语委记录。收入《彝族民间故事选（一）》（彝文版），32开，18页，7800余字，四川民族出版社1982年版。（贾斯拉核）

撵山填洪水

彝族文化英雄神话。流传于贵州省威宁彝族回族苗族自治县彝族地区。讲述的是：从前天底下发洪水，支嘎阿鲁用了三年时间为百姓抗灾，然后又用了九年时间去撵山来填有洞的地方，因劳累过度倒地睡了三年，醒来时神鞭被天神策举祖没收，被他撵来的山就停在原地不动了。歌颂了支嘎阿鲁一心为民的高尚品质和大无畏精神。

阿洛阿伟讲述，王继超记录、翻译。收入《中国民间文学三套集成·贵州省毕节地区地直卷》，

32开，2页，500余字，毕节地区民间文学集成编委会1988年编印。（罗德显）

阿什色色和布阿诗嘎娓

彝族文化英雄神话。流传于云南省永仁县彝族地区。讲述的是：阿什色色是阿司色匹地方的人，是当地最顽强、最勇敢的男子汉。阿什色色觉得雌雄箐鸡住在一起，一花一绿配着才好看；英雄男人居住的房屋要有美丽的姑娘相伴才会光彩夺目。他禀告母亲要去把父亲找回来与母亲同出同入，为自己说个媳妇做伙伴。母亲阻止不了他，只好由他去了。阿什色色历尽了千辛万苦找回了父亲，父亲和母亲相互治好了对方的病，住在一起。阿什色色又重新上路去说媳妇，途中遇见了万物之主恩梯古兹，恩梯古兹派他去平定北方日浦觉觉地方。原来，在日浦觉觉地方，出了一个名叫布阿诗嘎娓的惊天绝色美女，九十九个部落的人们为了抢夺她而相互仇杀。阿什色色平定了日浦觉觉的动乱，将布阿诗嘎娓娶为妻带回了家。恩梯古兹传话说，布阿诗嘎娓永远不得回娘家与亲人见面，否则天下的女人从此都要嫁人，谁不嫁人谁就要浑身腐臭，灾难重重。布阿诗嘎娓在阿什色色家住了三年，实在无法忍受思念亲人之苦，求公婆、丈夫、小姑让她回家探亲，大家都拒绝了。布阿诗嘎娓绝望之余，在一个月黑风高之夜逃出了阿司色匹地方。她跨过九条河，翻过九座山，来到蕨草山上时，忽然跳出雌雄三只老虎仔分别吃掉了她的头、腰、肢。布阿诗嘎娓违反了恩梯古兹的话，从此，天下的姑娘都要嫁人，人间的婚嫁就这样开始了。

曲木阿石讲述，罗有芬记录。收入《彝族民间故事》，32开，9页，6000余字，云南人民出版社1988年版。（钱丽云　朱琚元）

搓日阿补征服女儿国

彝族文化英雄神话。流传于云南省永仁县彝族地区。讲述的是：木古搓日因从花山顶上吹来的风吹入嘴而怀孕生下了搓日阿补。搓日阿补为赡养母亲，更为了改变女人娶男人的传统规矩，决定出门去求亲。在猎神的帮助下他一路战胜了各种困难，并救了奄奄一息的海乃嫫姑娘。姑娘为感谢救命之恩，便与搓日阿补成了亲。生了一个儿子后，海乃嫫提出要带搓日阿补去看望自己的妈妈，并要搓日阿补先出去打些猎物在路上等她。他看见她背着两个大包袱，满嘴油腻地过来，觉得有些奇怪。途中，先后有金丝鸟、野猪和一群猴子来提醒搓日阿补，但都被海乃嫫打死了。来到岔路口，遇见两个大姑娘，海乃嫫便从包袱里拿出肉给她们吃。再往前走，便见四五十个姑娘来围住海乃嫫要肉吃，海乃嫫把肉一块一块地分给了她们，然后说：“把你们的药抓住吧，可别让他跑了。”于是几十个姑娘向搓日阿补扑来，夺了刀弩，并用手腕粗的绳索把他捆住，兴高采烈地抬着搓日阿补来到女儿国。原来，海乃嫫是从女儿国出来的女妖，她趁搓日阿补不在家就把他的母亲和儿子杀吃了，包袱里的肉就是他们的肉。女儿国的人们把搓日阿补关在公房里，并轮流去与他同房。因搓日阿补有神奇的野猪牙，最终把她们一一制伏，并当上了女儿国的国王。从此，女儿国的人们那可从肩头甩到背后喂奶的巨乳都变得只有碗口那么大了，女人们受风吹就怀孕的历史也结束了。他让女人们都出去嫁男人，嫁鸡随鸡，嫁狗随狗。

苏绍相、李玉兴、克鲁讲述，基默热阔搜集、整理。收入《楚雄民族民间文学资料》第三辑，32开，22页，15000余字，云南省社会科学院楚雄彝族文化研究室1982年编印。后又收入《中国民间故事集成·云南卷》，中国ISBN中心2003年版。（普学旺）

洛婴死的传说

彝族文化英雄神话。流传于云南省昭通市彝族地区。讲述的是：洛婴有九个夫人，住在东海岸最小的一个得宠。其他夫人吃醋，在洛婴又要到东海岸的前一天偷偷把洛婴飞马的翅膀剪掉六只。她们以为洛婴的飞马飞不起来了，但飞马还是缓缓飞去，不一会儿就连人带马落入了海中。夫人们在岸上干着急。她们求三个打鱼人救洛婴，但打鱼人的船太小，海浪太大无法施救。又来了三个犁地的人，夫人们求他们救洛婴，但犁地的人没有船救不了。一群老鹰答应去救。洛婴落入水中，被水蛇缠住，老鹰去与水蛇交战。水蛇一见老鹰的影子就有准备，老鹰被打败了。第二天天阴，没有影子，蛇看不清楚，把头露出大半截，老鹰冲下去把水蛇叼住，取得了胜利。洛婴死了，但老鹰知道了胜败与天气有关。每到秋天，老鹰就成群结队往东飞去与蛇打仗，总想救出洛婴。

应德讲述，林冲整理。收入《昭通地区民族民间文学资料选》第二集，32开，2页，1300余字，昭通地区文化局、民委1985年编印。（吴平）

三 龙神话

马头村神人

彝族龙神话。流传于云南省易门县彝族地区。讲述的是：从前，易门县马头村小马山后面的龙潭水会忽涨忽落，小孩摸鱼常被吞没。为避免灾害发生，一位姓向的寡妇搬到了龙潭边驻守，感动了龙王，龙潭水不再乱涨。随后龙王装扮成无家老妈向寡妇借宿使寡妇怀了孕，生下一个多病的孩子。她领孩子到龙潭向龙王讨名字，龙潭口发出“耳哈儿母不噜”的叫声，孩子就取了这个名字。孩子长大后用狗换得一匹能横跨十街河直上马头山的枣红大神马。他按照梦中父亲的吩咐冒死到了小马山乌蛇洞里取得一把乌蛇宝剑，斩杀了前来进犯村民的强盗，名声大振。神仙们都非常赏识他，要让他当皇帝。神仙们在马头山仙人洞为他点备各路将帅，配好军旗，叫他四十九天后到洞内取弓箭射向太阳，射死当朝皇帝，他就可以率兵马入京称帝。可他提前就射箭，惊动了皇宫。皇帝用银盆点火一照，发现造反，立即派阴阳钦差来镇压。因时辰未到，仙人洞内的兵马未能变出，耳哈儿母不噜指挥失灵，只好赶快封了洞口骑马跑了。

佚名讲述，马天寿搜集。收入《云南民间文学集成·易门县集成卷》，32开，4页，2600余字，云南民族出版社1994年版。（普开福）

八子成龙

彝族龙神话。流传于云南省巍山彝族回族自治县彝族地区。讲述的是：南诏王皮逻阁的公主长到十七八岁时，与侍女们到大理龙泉池边玩耍。她独自往林荫深处走去，见一庙，进去后门突然关了起来。这时有一小伙子逼她成亲，之后身上有孕。父王知道后，逼她去死。母后见此，让她独自住在龙泉边，后来生得九个儿子。九个儿子长到三岁时，黄龙现身，领九个儿子到洱海边，八子入海成龙，老九不敢入海，留在身边，修文习武，成为管理腾越的大将。

刘益三讲述，宗师纪搜集、整理。收入《巍

山彝族回族自治县民间故事集成》，32开，4页，1500余字，巍山彝族回族自治县民间文学集成办公室1988年编印。（段葵）

小黑龙

彝族龙神话。流传于云南省巍山彝族回族自治县彝族地区。讲述的是：巍山坝子干旱，禾苗不长，百姓受苦。有一天，有个叫阿黑的青年在小泥塘里捡到一条黄鳝。当晚他梦见黄鳝变龙，腾飞上天下大雨。第二天，他到街上卖黄鳝，一个讨饭的老奶奶叫他不要卖，把黄鳝带回去。晚上，他把自己所做的梦告诉母亲，母亲知道儿子的梦正是自己昨晚所做的梦。于是，母子俩就照着老奶奶的话，连夜走到文华山的水潭，儿子喝了口水，儿子就变成龙，母亲随后而去。儿子成龙后飞上天吐水，向四方洒去，天下大雨，禾苗得水，百姓得救。从此人们把这条龙叫小黑龙，阿黑喝水的水潭叫黑龙潭。

赵癸一讲述，孙炳笑搜集、整理。收入《巍山彝族回族自治县民间故事集成》，32开，10页，700余字，巍山彝族回族自治县民间文学集成办公室1988年编印。（段葵）

祭黑龙

彝族龙神话。流传于云南省巍山彝族回族自治县。讲述的是：有年干旱，禾苗干枯，知府老爷到龙潭祭祀求雨。他把铁链子的一头拴在自己的脖子上，一头拴在龙王的脚上，并磕头哭诉："如果不下雨我就死在龙王的脚下。"哭着哭着，迷蒙中见一个黑汉也来求情，龙王一面对黑汉说"你回你的黑龙潭"，一面抬脚向知府老爷踢去，把老爷踢醒。第二天老爷到黑龙潭施礼，黑龙显灵，天降大雨。

佚名讲述，罗扬奇搜集、整理。收入《巍山彝族回族自治县民间故事集成》，32开，2页，1400余字，巍山彝族回族自治县民间文学集成办公室1988年编印。（段葵）

小黑龙上门

彝族龙神话。流传于云南省南涧彝族自治县。讲述的是：一个青年跟两个挑碱卖的汉子同行，他们到了云县的莲花潭，青年说："我到潭里洗个澡，你们见黄水翻上来时用扁担打，见黑水翻上来时不要打。"那青年进水后，一会儿黄水翻上来，一会儿黑水翻上来，两个汉子照着吩咐去做。后来那个青年给他们一人一个盒子，叫他们回到家里才能打开。一个汉子心急，到了澜沧江桥就打开盒子，见里面是糠皮，就把它丢到水里。另一个汉子照办，到家一看，盒子里都是金子。原来那青年是小黑龙，得到两个汉子的帮助，赶跑了黄公龙。小黑龙为酬谢两个汉子，给他们两盒金子，心急的汉子丢掉的糠皮就成了澜沧江里的金沙。

杨位讲述，潘吉字搜集。收入《南涧民间文学集成》，32开，2页，600余字，云南民族出版社1987年版。（段葵）

朵祜小黑龙的传说

彝族龙神话。流传于云南省弥渡县彝族地区。讲述的是：朵祜村干旱，观音老母见后就给朵祜村丢下一条黄鳝，黄鳝变成小黑龙，小黑龙又在天上翻云作雨，滋润禾苗，救了村民。后来村民就在黄鳝落脚处建起小黑龙祠。

李荣讲述，李泽搜集、整理。收入《弥渡民族民间故事传说集》第一集，32开，2页，1000余字，弥渡县民间文学集成办公室1986年编印。（张秀娟）

小黑龙与卖姜人

彝族龙神话。流传于云南省景东彝族自治县彝族地区。讲述的是：景东县县长和巍山县县长赌博时，一条恶龙捣鬼，要把景东县输给巍山县县长。景东的小黑龙就去打那条恶龙。恶龙常常变成红牛去赶街，小黑龙就变成黑牛去打红牛，但打了几次都不分胜负。有个卖姜人在赶街路上遇到一个手拄扁担的男子，两人同路。中途住店，那男人把扁担递给卖姜人，叫他在街上看到黑牛和红牛打架时，用扁担打红牛。卖姜人在街上等着，太阳当顶时果然有黑牛追打红牛。卖姜人用扁担猛打红牛，扁担断成两截，黑牛趁机把红牛顶出了街子。卖姜人的生姜卖了好价钱。回家途中住店时再见到那个男子。男子说："红牛被打败了，还是把两截扁担还给我吧。"原来，男子是小黑龙变成的，黑牛也是小黑龙变成的。小黑龙战胜了恶龙，景东才没有被划给巍山县。

孔继宽讲述，陶明贵记录。收入《景东县民间文学集成》，32开，2页，1000余字，景东彝族自治县民委、文化局、文化馆1989年编印。（施文志）

黑龙潭的传说

彝族龙神话。流传于云南省巍山彝族回族自治县彝族地区。讲述的是：西山有个唯利是图的人叫罗发。他去赶三月街时，见一个老妇人卖干黄鳝。他听妇人说干黄鳝的好处后，经过讨价还价，就把干黄鳝买回去。然后照妇人的嘱咐，把它放进水里，干黄鳝一蹬脚，就在西山里出现了一个黑龙潭。罗发把龙潭锁住，村民用水，要出钱向他买。罗发的亲家李林住在荒草坝，因缺水来向他借龙，经讨价还价后，同意二十两银子借五天。从此荒草坝也出现了个龙潭，村民得水。五天后，罗发要求还龙时，黑龙猛现真身，大眼一瞪，吓跑了罗发。自此西山龙潭无水，荒草坝龙潭有水。

佚名讲述，罗扬奇搜集、整理。收入《巍山彝族回族自治县民间故事集成》，32开，4页，2000余字，巍山彝族回族自治县民间文学集成办公室1988年编印。（段葵）

多依树龙潭

彝族龙神话。流传于云南省石屏县彝族地区。讲述的是：多依树（地名）那里原来并没有龙潭，龙潭内的白龙本来是住在阿希者白龙潭的。一天，一群木匠带了个小孩路过阿希者的白龙潭，小孩到潭边喝水，见水里漂着个红木碗，伸手想捞，却被白龙拉进龙潭吃掉了。于是木匠找来一只狗，将其打死扔进了龙潭。龙潭水被狗血污染，白龙再也住不下去，只好乘着风雨飞到多依树住了下来。从此，多依树才有了龙潭。

佚名讲述，何凌云搜集、整理。收入《石屏古今奇趣》，32开，3页，1400余字，中国广播电视出版社2003年版。（李朝旺）

母猪龙

彝族龙神话。流传于云南省南涧彝族自治县彝族地区。讲述的是：有个老实人叫字老倌。因为天旱无收，他受乡亲们的委托，向财主请求减租。但他见财主时把"水低田高"说成"水高田低"，把"减租"说成"加租"，财主借此变本加厉，天旱加租。字老倌知道自己闯了祸，心里很难过，往回走时，看见一头母猪带着十二头小猪走进山箐。随后，山箐出现了十三股水。这一年，雨水充沛，粮食丰收，财主收进粮仓里饱满的租谷却变成瘪谷。后来人们才知道这是东海龙王知道人们疾苦，叫母猪龙下凡给水，惩治邪恶。

李思义讲述，潘吉宇搜集。收入《南涧民间文学集成》，32开，2页，900余字，云南民族出版社1987年版。（段葵）

双龙潭

彝族龙神话。流传于云南省个旧市彝族地区。讲述的是：远古时的一个夏天，从大梨花山上走来一老渔翁，看到当地无水无树荫，渔翁当即拿出两条黄鳝给牧童放养，并放入石洞中。待渔翁走远后，洞内便有清泉流出，以后又变成了大龙潭。因当初放养两条黄鳝，故名双龙潭。

白正宽讲述，子月记录、整理。载《红河文

化》1993年第2期，16开，1页，800余字，红河哈尼族彝族自治州文化局1993年编印。（龙保贵）

大龙潭

彝族龙神话。流传于云南省个旧市彝族地区。讲述的是：远古时来了一个打扮成长老模样的渔翁，看到此地无水且很干燥，很难喝上一口水，便顿生同情。于是，老人叫当地的牧童躲起来，自己则蹲下，在凹窝处用手刨几下后，从鱼笼中拿出一条黄鳝放进凹窝处，并用草帽盖好。渔翁离去时叮嘱牧童待他走远了才能打开草帽。牧童照其说做之，清泉从凹窝处涌了出来，于是称之为大龙潭。

李少福讲述，子月记录、整理。载《红河文化》1993年第2期，16开，1页，800余字，红河哈尼族彝族自治州文化局1993年编印。（龙保贵）

草鞋龙潭

彝族龙神话。流传于云南省昆明市撒梅人地区。讲述的是：以前，昆明的白沙河一带干旱，庄稼收成不好，人们的生活很苦。人们四处寻找水源，终于在阿拉村找到一潭清甜的水，便开沟将水引到白沙河里，人们的生活好了起来。为答谢龙王赐水，人们在水潭边建了座龙王庙。通往京城的路从龙潭边经过，这一带就热闹了起来。一天，有个老人乘轿经过，轿夫忙着到龙潭边喝水，并泡草鞋以便上路，老人为让轿夫们快活便调侃说："龙王受人香火，出的水还不够轿夫泡草鞋。"小气的龙王听到后病倒了，从此，龙潭出的水一天比一天少，水也没有原先清甜。后来人们便把这一潭水叫草鞋龙潭。

李月凤讲述，吴兴华搜集、整理。收入《昆明民间故事》第一辑，32开，2页，800余字，昆明市民间文学集成办公室1987年编印。（梁红）

大龙潭的传说

彝族龙神话。流传于云南省大姚县赵家店一带。讲述的是：在距赵家店大龙潭五六十里处，有一座山叫裂山。这座山的梁子上有一道长二三里、宽十多米的大裂口。传说古时候在裂山的山腰上，有一个叫打苴箕的村庄，村里住着一户姓左的人家，家中只有夫妻二人。有一年，妻子怀孕了，超过了十个月还没生，后来一连生下了三个孩子，一个红脸，一个绿脸，一个花脸。巫师认为这三个孩子是鬼胎，让夫妇俩杀死他们。丈夫听信巫师的话，拿起砍刀就要去杀三个孩子，看着三个活生生的娃娃，丈夫下不了手，最后只好用绳索把三个孩子的手反捆后丢在村后山梁上。三个孩子张着嘴对着天大哭，一直哭了三天三夜。到第三天晚上，山顶传来一声惊天动地的巨响，接着山摇地动，等响声平静后，孩子的哭声也没有了。原来，这三个孩子是水神下凡投错了胎，红脸是螃蟹精，绿脸是蛤蟆精，花脸是水蜈蚣精。哭声惊动了大龙潭里的龙王，龙王把他们接回大龙潭去了。裂山上这个大裂口就是龙王来接三个孩子时开的通道，裂口一直从裂山山顶通到大龙潭中。

左开亮讲述，黄自权记录。收入《大姚县民族民间文学集成》，32开，3页，1400余字，云南民族出版社1991版。（李惠兰　朱琚元）

陶村黑龙箐的传说

彝族龙神话。流传于云南省石屏县彝族地区。从前，黑龙箐因住着一条黑龙，所以，邻近的村庄，溪水流淌，万物滋润，庄稼丰收，人们安居乐业。但黑龙渐渐感觉不如意，想到坝区黄龙寺去住。黄龙寺的黄龙不同意黑龙到此同住，两龙相约比武，谁赢谁住坝子。比赛那天清早，黑龙变成人的模样，来到比武的地方，跟那里的一个放牛娃讲："白天会有一黑一黄两条牛到教场坝斗架，你把黄牛眼戳瞎一只，就会有好戏看。"放牛娃好奇，在两牛比赛时，趁机把黄牛眼戳瞎了一只。黄龙因为瞎了一只眼，敌不过黑龙，但黄龙不服输，告到天庭。天神拿出一个铁枕头和一个石枕头，说谁先把枕头睡烂，谁就先走，并叫黑龙先认枕头。黑龙认为铁能打烂石头，铁比石硬，就认下石枕头。谁知石枕头泡在水里越来越硬，永远枕不烂。黑龙永远回不了黑龙箐，黑龙箐也从此再没有了龙潭水。

佚名讲述，柏忠林整理。收入《石屏古今奇趣》，32开，2页，900余字，中国广播电视出版社2003年版。（李朝旺）

神奇的黑溶洞

彝族龙神话。流传于云南省石屏县彝族地区。讲述的是：在黑村东南边两公里的地方，有个神奇美丽的溶洞。洞里的怪石，形象各异，姿态万千。有一年，气候异常干旱，没有粮食，住在溶洞附近的一户人家已经没什么吃的了。一天，这家的爷爷带着小孙子去溶洞边放牛，爷爷坐在溶洞前的一块石板上休息，听见洞中隐约传出有人说话的声音："龙王要派一条白龙来驻守这里，会有个龙潭出现。"第二天，爷爷又去溶洞边拾拣柴火，的确看见有一股清泉从洞里流出，他心想一定是白龙已经住下了。过了好多年，有一条黑妖龙想来抢白龙的溶洞，天神派雷公来降服黑妖龙，黑妖龙钻进洞中躲避，雷公照准洞里劈去，劈死了黑龙。从此，人们把溶洞命名为雷公洞。

佚名讲述，普荣搜集、整理。收入《石屏古今奇趣》，32开，4页，2200余字，中国广播电视出版社2003年版。（李朝旺）

半个宝葫芦

彝族龙神话。流传于云南省南涧彝族自治县彝族地区。讲述的是：有个老倌，叫三个儿子出门学手艺。老大和老二学会木匠和石匠的手艺，老三学会弹唱。老倌认为弹唱难讨生活，就把老三赶出去。一天，老三走到水潭边，又饿又累，就弹起曲子来。忽然水面上走来一个姑娘，她说龙王父亲病重，只有美妙的乐曲才能治好，就请老三去弹曲。老三跟随姑娘到龙宫，龙王听了老三的乐曲，病好了。临走，龙王送给他半个葫芦，说有难时可叫它帮忙。老三深夜回到家门口，老倌不给他开门，他就请葫芦帮忙，门前就出现了一所大房子。老倌见老三的房子后，跟两个儿子一起以老三使妖术为名连夜到知府告他。第二天，知府抄了老三的家，把他关进大牢，然后全府设宴庆贺。龙王从留下的半个葫芦上看到恩人有难，就把知府的宴席变成冰席，把赴宴官吏变成了冰条，把老三领回龙宫去了。

李光景讲述，杨泽新搜集、整理。收入《南涧民间文学集成》，32开，7页，4500余字，云南民族出版社1987年版。（段葵）

水冲水坝街

彝族龙神话。流传于云南省巍山彝族回族自治县彝族地区。讲述的是：古时候，白族人进蒙化城，为避蛤蟆瘴，绕道而行。白族地区洱海里的小黄龙知道后，很气愤，正愁如何治罪蒙化孽障之时，蒙化的小黑龙来向小黄龙借水，要惩治水坝街无恶不作的茶铺老板。两条龙情投意合，小黄龙慷慨给水。第二天夜里，小黑龙大发雷霆，猛发洪水，冲垮了茶铺，蛤蟆也现了形，两害即除。

范士达讲述，杨凤洲搜集、整理。收入《巍山彝族回族自治县民间故事集成》，32开，3页，2000余字，巍山彝族回族自治县民间文学集成办公室1988年编印。（段葵）

水冲庙街

彝族龙神话。流传于云南省巍山彝族回族自治县彝族地区。讲述的是：小黑龙被玉帝贬到蒙化后，更加无拘无束。在过年前的街天，他装成彝族小老倌，走进庙街张万元的酒馆，却受到老板的欺辱和打骂。他走后就大发山洪，冲向庙街，冲垮酒馆。出了一阵气之后，他又点石为牛羊，赶着牛羊，想填平冲垮的街道，可是路过娘娘庙时，怕泄密，就丢下牛羊，向南远走。路上他见马锅头心好，就在马帮缺水之际，化作一股清泉，解除了马帮之苦。小黑龙丢下的牛羊石头现在还在庙街上方，他变的那股泉水人们称“蒙化水”。

佚名讲述，刘三益搜集、整理。收入《巍山彝族回族自治县民间故事集成》，32开，6页，4000余字，巍山彝族回族自治县民间文学集成办公室1988年编印。（段葵）

耍龙的由来

彝族龙神话。流传于云南省巍山彝族回族自治县彝族地区。讲述的是：一个秀才求医治眼病，他说自己是蒙化龙王，若能医治得好，若用得着他，可以呼之即来。一个名医治好了龙王的眼病后，见旱涝依然无常，便去龙潭点香说：“你要是真龙，就赶快显灵。”说完，风雨大作，龙现真身。名医即描绘龙样，画到尾巴时，龙王知是中计，霎时就无影无踪。自此每至干旱，百姓便依照名医画的龙样做龙、耍龙，以此激怒龙王，即得雨水。

佚名讲述，罗扬奇搜集、整理。收入《巍山彝族回族自治县民间故事集成》，32开，4页，2500余字，巍山彝族回族自治县民间文学集成办公室1988年编印。（段葵）

董法官捉龙

彝族龙神话。流传于云南省巍山彝族回族自治县彝族地区。讲述的是：董法官到黑龙潭求雨，但黑龙没有接到圣旨，自己不敢轻易行雨，又不敢得罪董法官，便往北飞去。他逃到母猪河岸边时，化作彝族伙子，进村求救；又化作小蛇，钻进柴堆躲起来。董法官随后跟上，照村民指点，捉住小蛇，装进瓮里。可是把瓮抬到半路时，一声巨响，瓮成两半，黑龙赶忙飞到后山，向山猛抓，顿时洪水大发，董法官只得逃命。至今，龙爪印还留在山上，于是人们称此山为龙抓山。

刘益三讲述，宗师纪搜集、整理。收入《巍山彝族回族自治县民间故事集成》，32开，3页，1500余字，巍山彝族回族自治县民间文学集成办公室1988年编印。（段葵）

阿龙

彝族龙神话。流传于云南省景谷傣族彝族自治县彝族地区。讲述的是：阿宝和召娣是一对夫妻，结婚五年未生育。龙王无子，就派白龙到太上老君处讨来甘露水，要让阿宝夫妇代为生子。召娣服用甘露水之后，怀孕十二月，生下儿子，取名阿龙。阿龙生下后异于常人，三月能行走。十八岁时，阿龙爱上阿玉珠。二十岁时，父母为他们成婚。阿龙二十五岁时，白龙化成白马让阿龙骑上，把阿龙带走了。阿龙变成一条黄龙进入龙宫，成了龙王的儿子。后来应龙王请求，太上老君把阿玉珠化为仙鹤，由白龙引渡到龙宫与阿龙团聚。阿玉珠的肉体化为女人石留在人间。

张庭贞讲述，权英记录、整理。收入《云南民间文学集成·景谷民间故事（一）》，32开，25页，16000余字，景谷傣族彝族自治县民间文学集成领导小组编辑室1989年编印。（施文志）

昆岗龙潭

彝族龙神话。流传于云南省景东彝族自治县彝族地区。讲述的是：从前，昆岗有一个大龙潭，龙潭里住着一条龙。这条龙常变成小姑娘在潭里洗澡。人们讨亲嫁女或走亲串戚没有新衣服穿时，就到龙潭边烧香，向龙姑娘借衣服。龙姑娘总是会满足人们的心愿。只要借衣服的人事后把衣服洗干净送还，今后还可以再借。后来，有一个外地人听说龙潭里有宝，就来抢。当地人为了不让外地人抢走宝物，就杀了几条狗拴在磨盘石上投进龙潭。龙姑娘就带着宝物到龙潭下方不远处的一个山洞里去了。

张正光讲述，陶明贵记录。收入《景东县民间文学集成》，32开，2页，600余字，景东彝族自治

县民委、文化局、文化馆1989年编印。（谢国先）

无量山上龙潭的传说

彝族龙神话。流传于云南省景东彝族自治县一带。讲述的是：龙洞乡曾经有一个龙潭，里面住着一条善良的老龙。人们家里缺少什么，都可以向他借用。头天把要借的东西写在纸上，烧化后扔进龙潭，第二天就可以在龙潭边得到想借的东西。用完后只要洗净归还，以后还可以再借。后来人们在龙潭边埋了一个死人，老龙就到无量山山顶去了。他在离开的途中还留下了两股泉水。迁到无量山山顶之后，老龙仍然吐出许多水，给人们带来好处。

张正兴、王国兴讲述，陶明贵、杨仕超采集，陶明贵记录。收入《景东县民间文学集成》，32开，2页，600余字，景东彝族自治县民委、文化局、文化馆1989年编印。（谢国先）

阿牛的奇遇

彝族龙神话。流传于云南省石屏县彝族地区。讲述的是：南冲河岸的彝寨里有个叫阿牛的孤儿，九岁就在寨主罗尼家放羊，长大后，重活累活都得他来干。勤劳善良的阿牛，感动了南冲河龙王之女，龙女托付终身于他。龙女把阿牛的茅草房变成了漂亮的楼房，不久穷苦人都迁居到阿牛夫妇居住的地方，建起了南山寨。寨主罗尼知道后，请来独眼风水先生施展种种毒辣害人的手段，想把龙女、田坝、庄园抢到手。龙女以牙还牙，寨主罗尼和风水先生终死于欲害人的刀下。

金楠讲述，施岗翻译、整理。收入《云南民间文学集成·石屏故事卷》，32开，6页，3000余字，石屏县文学艺术工作者联合会1996年编印。（梁红）

龙马

彝族龙神话。流传于云南省南涧彝族自治县彝族地区。讲述的是：查白龙家养着一匹瞎眼骒马，因家中无人手，饲养不周，只剩一架骨头，就把它放在龙潭边。三个月后，人人都说龙潭每晚都放红光。老两口去看，果真如此，又看见骒马长肥了，就把马牵回来养在圈里，结果圈里也放红光。后来骒马生下一匹龙头马身的马。这马神通广大，一天可以来回蒙化和大理。蒙化府知道后，多次差人前来说情，查白龙只得把马献给蒙化府。蒙化府赏赐给查白龙荣华富贵，但他不要，只要求免去沙拉谷和亦可螳螂两个村的皇粮。后来这两个村就一直不上皇粮。

查云秀讲述，袁登跃、周绍忠搜集、整理。收入《南涧民间文学集成》，32开，3页，1200余字，云南民族出版社1987年版。（段葵）

太白神君卖干龙

彝族龙神话。流传于云南省建水县彝族地区。讲述的是：很久以前，西庄是个干坝子。有一年，整个坝子大旱无雨，土地干裂。人们到处烧香求雨，惊动了太白神。他带着一百条干龙（鳝鱼）到人间叫卖，可有钱人不愿买，穷人买不起。走到马坊村，有条干龙咬伤了他的手，被他砸瞎一只眼丢在此，这里就变成了龙潭。由于这里的龙是独眼龙，所以，潭中的鱼也是独眼鱼。太白神带着剩下的九十九条干龙到了五里冲口时，口渴难忍，便掐了一节干龙丢在地上，这里立刻冒出一股清泉，现称为“干龙井”。走到开远的布早坝，仍没能把干龙卖出去，他气恼地把干龙全倒在地上，所以，布早坝有九十九眼龙潭。

李家文讲述，李春光记录，尼苏艾诺整理。收入《云南民间文学集成·建水故事卷》，32开，2页，1000余字，建水县文化局、民委1989年编印。（梁红）

热水龙

彝族龙神话。流传于云南省建水县。讲述的是：古时候，有一条白龙来到龙岔河，觉得龙岔河地脉好，想占为龙宫，怕龙岔人不答应，便吐出瘟毒来，使龙岔人害上瘟疫，人们浑身生毒疮，没多久就有不少人相继死去。热水龙知道后，杀死了龙王的儿子白龙，热水龙被龙王戳瞎了眼睛，逐出龙宫。龙岔人非常感激热水龙为他们消灭了孽龙，便邀请热水龙和它的女儿在龙岔定居。不久，龙岔和龙岔河下游的菠萝地出现了热水龙潭。从此，有毒疫的人都会到热水龙潭泡澡除疫。

佚名讲述，李云华搜集，李广田整理。收入《云南民间文学集成·建水故事卷》，32开，2页，800余字，建水县文化局、民委1989年编印。（梁红）

大黑龙

彝族龙神话。流传于云南省寻甸彝族回族自治县。讲述的是：寻甸集城一带很早以前是古木参天、杂草丛生、没有人烟的缺水地区。彝族先民迁入后，垒石造房，狩猎谋生，称此为大、小书米丹（出大小麦的地方）。后来，昆明黑龙潭里的龙二弟游到集城，与龙大哥派来寻找自己的龙将军相遇，拒绝回家的龙二弟与龙将军在山上拉扯起来，僵持不下。采草药的彝民阿里山看见一黑一黄两只大羊抵在一起已两天，便想逮回家饲养。不料，两只大羊钻入岩下变成汩汩流淌的泉水。从此，集城的大、小书米丹各村寨有了供人饮用及灌溉农田的水。这两个龙潭被后人称为大黑龙和黄龙潭。后来，集城一带又迁来汉族、回族等民族。阿里山的孙子阿龙、阿虎起坏心，想独占水源，把祖父的骨灰移至龙口处埋葬，致使龙潭干涸。在昆明探亲的大黑龙预感到了情况，便赶回集城把骨灰取出抛进山谷，此后两个龙潭再也没有断过水。

佚名讲述，陈鹤翰搜集，余荣品整理。收入《寻甸民族民间故事集》，32开，4页，2300余字，云南民族出版社1995年版。（梁红）

小白龙

彝族龙神话。流传于云南省石屏县彝族地区。讲述的是：古时候，居住在哨冲落黑山的阿鲁老爹带着七个儿子搬石引水，造福生灵，感动了龙王，于是，龙王派条白龙住到溶洞里管理水源。由于水源充足，落黑山一带林木茂密，生机盎然。拖罗黑海里的黑龙看到溶洞周围风光旖旎，便想霸占溶洞，后被玉帝派雷神惩处。黑龙躲进溶洞深处，雷神把溶洞炸开了天窗，击中了黑龙，所以溶洞至今仍有个天窗。人们的生活好过后，龙王要召回白龙，白龙临走时，变成行乞的老妇试探人的良心，结果龙海寨人把他赶了出来，黄草寨人只给他点残汤剩饭。白龙为惩罚自私的人类，带走了溶洞里的水源，只丢一颗露珠给黄草寨人，从此成了有水不能灌溉田地的黄草坝海，龙海寨则成了缺水寨。

佚名讲述，白珠宝搜集、整理。收入《云南民间文学集成·石屏故事卷》，32开，3页，1400余字，石屏县文学艺术工作者联合会1996年编印。（梁红）

白龙爱干净

彝族龙神话。流传于云南省石林彝族自治县彝族地区。讲述的是：古时候，大诸伍地方干旱少雨，无沟无渠，人们靠天吃饭，十年九不收。每遇干旱，村人只得采干果，挖野菜度日。村民多么想有一眼龙潭水来解除干旱。阳宗海里的白龙知道了人们的疾苦，来到大诸伍居住，使这里成了五谷丰登的米粮仓。方圆百里的人纷纷迁来居住，原来二十多户的小村子成了二三百家的大寨子。后来，人们过上好日子后，却忘记了龙潭的好处，浪费龙潭水不说，还污染龙潭，有个小伙子往龙潭里撒尿，一个村妇甚至将沾满尿屎的尿片拿到龙潭里去洗。白龙就悲愤地停止了吐水，变成一个白发老人走村过寨，到了石林县的马石阶看到撒尼人勤劳善良，爱干净，便在马石阶住了下来，这里就有了大龙潭。

佚名讲述，张永红整理。收入《阿则和他的宝剑》，32开，2页，900余字，云南民族出版社1985年版。（梁红）

神龙降雨

彝族龙神话。流传于云南省昆明市撒梅人地区。讲述的是：古时候，撒梅人居住的地方连年干旱，阳宗海里的老龙王派怀孕的母黄龙去降雨水。受到甘露滋养的老百姓，赶忙到龙潭烧香敬龙，这使黄龙很感动。不久，黄龙产下了黑白两条小龙，便把它们分别留在撒梅人居住的地方深勒白和未腊处，要它们降雨为人造福。然而，白龙天天睡懒觉，黑龙请它为百姓降雨，它却下冰雹，毁坏庄稼，伤了人。黑龙很生气，便与它扭打起来。它们打得天昏地暗，惊动了黄龙。黄龙赶来时，白龙断了尾巴、掉了一只爪，黑龙则被扭断了一只角。白龙看到龙母，自知理亏，躲到山洞吐出一股清泉，灌溉农田，以示悔过。从此，撒梅地方风调雨顺，粮食丰产，老百姓过上了幸福的生活。而白龙断了的爪，落到未腊处山变成了龙爪菜，断尾掉到笔卡山变成了龙尾草；黑龙的角落到了舒摆山的刺丛里，山羊舔尝后，长出了奇形怪状的角。

周喜讲述，李光荣记录、整理。收入《昆明民间故事》第一辑，32开，3页，1500余字，昆明市民间文学集成办公室1987年编印。（梁红）

金扇子的故事

彝族龙神话。流传于云南省石林彝族自治县撒尼人地区。讲述的是：从前，路南老圭山有三兄弟靠打猎度日，他们将猎物背到街上换食品粮食，交易不出去的猎肉则腌制成干巴。连续几天他们晒在院子里的干巴都不翼而飞，兄弟三人轮流值守，终于抓住了吃腻海味偷干巴下酒的龙王。龙王为了脱身，许诺将三个女儿嫁给三兄弟，三兄弟放了龙王，跟着龙王到了龙宫。回到龙宫的龙王反了悔，只字不提嫁女之事。三兄弟在老鼠的帮助下拿到龙王的金扇子，并战胜了守在后殿的凶神鲤鱼精，带走了龙王的三个女儿。

王正才讲述，李树德翻译，尹国春、刘植、张丽珠整理。收入《昆明民间故事》第一辑，32开，4页，1400余字，昆明市民间文学集成办公室1987年编印。（梁红）

阿诺变龙

彝族龙神话。流传于云南省禄劝彝族苗族自治县。讲述的是：从前，有个叫阿诺的小伙子，靠天天给财主放牛割青草养活自己和老母亲。一天，阿诺在一处总割不尽的青草下，发现一个装着一颗珠宝的研臼便抬回了家。阿妈用它来装米，结果米也和草一样，头天撮完，第二天又有了。有一年旱灾闹饥荒，阿诺母子拿出米接济穷人。这事让财主知道后就带着家丁来抢珠宝，阿诺把珠宝吞到了肚子里。吞下珠宝后，阿诺顿觉口干舌燥，就跑到江边喝干了江水。财主带着家丁赶来时，阿诺突然变成一条腾空而起的龙，吐出江水把财主及家丁淹死了。

鲁登云讲述，鲁宗一、钱春林搜集、整理。收入《云南省昆明市民间文学集成·禄劝民间故事》，32开，2页，1000余字，禄劝彝族苗族自治县文化局民间文学集成办公室1991年编印。（梁红）

石阿鼾

彝族龙神话。流传于云南省峨山彝族自治县。讲述的是：扎拉里村一户姓石人家有一个勤劳美丽的姑娘叫玛阿尼，一天她赶集路过大龙潭喝水时，倩影倒映在水里被龙太子看上了。之后，玛阿尼未婚有孕。受舆论的谴责，玛阿尼才道出赶集回来后每天夜里有一个披银甲的小伙子来跟她睡，天要亮时才离去的实情。阿妈搓了一团大麻绳藏在床下，叫女儿用大针把线头缝在那人的衣裳上。这天清晨，母女俩顺线头找去，一直找到红石崖下的一个石洞中，只见线头连在一个在石床上睡着的小伙子身上，鼾声如雷，母女俩又摇又叫也喊不醒，天大亮时那人却突然消失了。为了躲避家族的惩罚，母女俩搬到石洞中安身，玛阿尼生下了一个男孩取名石阿鼾。石阿鼾小时常跟牧童们玩，他外公拿一匹小马给他放。渐渐地，这匹马成了一匹能飞的龙马，石阿鼾常骑这匹马到昆明买米线给妈妈吃。司城村有一个姓朱的财主是个色鬼，早打着风韵犹存的玛阿尼的坏主意，只是碍于石阿鼾不敢冒犯。他用乌鸡和狗血涂在龙马身上使之失去了神性。石阿鼾过昆阳海时连人带马沉入海底。石阿鼾死后，玛阿尼也在郁愤中死去。村人在她的坟前立了个不嫁姑娘碑。从此，坏人乘船过昆阳海石阿鼾遇难的地方时，会起大风大浪把人卷入水中，而家乡人乘船到此地遇大风浪时，只要说声我是老石的乡亲则风浪辄止。

施张氏讲述，施复清搜集。收入《峨山民间文学集成》，32开，5页，3200余字，云南民族出版社1989年版。（聂鲁）

玛贺念

彝族龙神话。流传于云南省峨山彝族自治县彝族地区。讲述的是：在一个干旱缺水的山村里，一个披着蓑衣满身长癞的乞丐到一户农家讨饭求住宿。阿妈、儿子和女儿玛贺念没有嫌弃，让吃让住。晚上睡觉时这个乞丐说身上有癞子脓疮，只要一把簸箕一顶笠帽让他睡即可。阿妈好生奇怪，晚上便偷看乞丐是怎样睡的，却见簸箕里盘着一条披满鳞片的龙。清晨乞丐辞行时阿妈叫儿子送一程，乞丐吩咐小伙子到龙潭看见一头红牛和一头黑牛斗角时就狠狠敲打黑牛。小伙子照吩咐打跑了黑牛，乞丐却不见了，只见原来只出胳膊粗的龙潭水变得有大缸粗了。这个地方的人们有了水灌溉，日子就过得富足起来了。可是玛贺念却不嫁即有身孕。阿妈盘问时玛贺念说夜里有个披蓑衣的小伙子找她睡。阿妈用连线缝衣针吩咐女儿，那人再来时就用针缝住蓑衣，他走时就放线头。这天黎明，阿妈顺线头理去，一直理到龙潭边，阿妈暗忖那人就是那条龙了。玛贺念生下了一个男孩，取名为阿亨罗若（龙的儿子）。这个儿子长大后，有非凡的本事，又购得一匹飞马，常到昆明端米线给玛贺念吃。玛贺念叫阿亨罗若外出找媳妇，他每次归来都说外面的姑娘美是美，但谁都没有阿妈美。看到儿子的邪念，玛贺念在飞马蹄上染了狗血，于是阿亨罗若到昆明端米线时沉入滇池淹死了。玛贺念也孤身过了一辈子。此神话属《石阿鼾》的另一版本，因情节不同，故收列之。

佚名讲述，普飞搜集。收入《哀牢山彝族神话传说》，32开，6页，3500余字，云南民族出版社1990年版。（聂鲁）

小江河的故事

彝族龙神话。流传于云南省新平彝族傣族自治县和双柏县交界的小江河地区。讲述的是：小江河岸的一个崖洞里，跑来了一头母猪龙，它出水是猪，下水是龙，夜晚还会变人，在那里呼风唤雨，兴风作浪，攫食小娃娃，危害乡里。人们每年贡献百头猪、百头牛、百只羊供它享用，它还不满足，或掀浪冲毁良田，或拨开云雾晒死庄稼。有一年干旱，村里人成群结队到河里挑水吃时，李奶奶十一岁的孙子又被母猪龙吃掉了。村里一个姓普的铁匠决心为民除害，为李奶奶的孙子报仇。他发动村人建土炉，烧栗炭，凑废铁，打制了三把亮光闪闪的钢叉架设在洞口，火烧辣子面用羊皮风箱对洞口吹气。睡梦初醒的母猪龙向洞口扑来，一把钢叉戳入了它的眼睛，一把钢叉插入它的嘴中，一把钢叉插入它的喉咙，顿时死去了。从此，逃难搬走的人们又搬了回来。

佚名讲述，潘家旺搜集。收入《乡泉集》第二辑，32开，3页，1500余字，云南民族出版社1985年版。（聂鲁）

龙马与京桐

彝族龙神话。流传于云南省华宁县彝族地区。讲述的是：一个叫资顺云的穷苦男孩，十岁就给财主家放牧，见一匹几近被遗弃的瘦小僵马闪闪发光，便精心照料。几年后他弃牧回家时，不要工钱只要这匹瘦僵马。财主觉得留下这匹瘦僵马也是个累赘，用它抵工钱自然高兴。资顺云拉僵马在溪塘边洗刷时，僵马见风就长，长出一层金灿灿的鳞壳来。原来这是一条因布错雨犯天条被贬为马服苦役的龙，因投胎在一匹即将死去的母马身上，出生时没奶水吃而成僵马。从此，资顺云天天练习骑马。这天骑马溜达时，龙马飞起来，在京城上空转了三圈又返回来，半路上遇到一个因财主逼账抵婚而哭泣的姑娘，他把她接回家中结为夫妻。妻子做饭，他到京城买水豆腐回来，妻子的饭还没有熟，豆腐还是烫乎乎的，于是他常到京城买水豆腐。有一次买水豆腐时，他认为回去还早，就把龙马拴在一棵京桐上和一伙人踢毽子玩。未料毽子踢入紫禁城内公主的洗脸盆里，于是皇帝派兵丁捉拿用毽子吓着公主的人。资顺云见大事不妙，骑上龙马策鞭赶回。但未来得及解开缰绳，龙马就拔起那棵京桐一起飞了回来。从此，彝山上就有了一排排的京桐。

普家祥讲述，赵振纪搜集。收入《哀牢山彝族神话传说》，32开，3页，1500余字，云南民族出版社1990年版。（聂鲁）

鲁奎山缺水的传说

彝族龙神话。流传于云南省新平彝族傣族自治县。讲述的是：东海龙王龙塔资听巡水官禀报鲁奎山不出水，便派儿子小龙王来鲁奎山布施水源。小龙王装扮成一个讨饭的叫花子上鲁奎山，来到一个叫招拉骨的地方干渴难忍，便向一个驮水上山的财主讨水喝，吝啬的财主未给。小龙王忍渴来到村里讨水喝，又碰着路遇驮水的那个财主，他把小龙王赶出门来。干渴难忍的小龙王爬过鲁奎山，来到一个叫鱼则的村子时天黑尽了，便在那里睡了一晚。第二天小龙王赌气就不回鲁奎山了，向山对门的记亩白走去，受到了记亩白人的热情款待。为此，他就道出了他的来由，表示要在记亩白后山布水。现今，记亩白后山出一股老牛身子粗的水，就是当年小龙王布的。鱼则出一股香棍粗的水，那是因为小龙王当年睡掉了一撮毛。招拉骨有一山洞的土总是潮湿的，那是因为小龙王当年歇掉了一根毛。

佚名讲述，杰吾搜集、整理。收入《乡泉集》第二辑，32开，3页，1500余字，云南民族出版社1985年版。（聂鲁）

阿查里卖龙

彝族龙神话。流传于云南省玉溪市红塔区彝族地区。讲述的是：从前，阿查里很同情玉溪坝子干旱缺水，捉到一批龙，将龙变成黄鳝放在鱼笼里拿到玉溪四处出售造龙潭。他先在白龙潭那里卖了一条，叫人用一口大锅将鳝鱼罩在高山上，待卖者走远了后把锅敲开一个洞定会有清清龙潭水淌出。可是盖锅的人回家煮饭忘了打开洞，龙在锅下急了，就左冲右闯把锅撞开流出一股大水。

阿查里又在高龙潭卖龙，盖锅的人性子急，他还未走远就敲开锅底，龙的力量还未复原，只能吐出一点水来，所以高龙潭的水很小。他到黑龙潭卖，人们不信，勉强买了一条，随便丢在山后洼地里，并盖上一些土。龙身复原后自行伸展吐水，此地就变成了池塘。他沿山卖龙，未达到原先设想将龙均匀地投放八方造福人们的计划。最后把剩余的几条龙安放在奇黎山山肚子里，造出了有名的玉溪九龙池，为西边四十二个村屯的农田灌溉提供了便利。

朱茂生讲述，申来寿搜集。收入《玉溪市民间文学集成》，32开，2页，800余字，玉溪市文化局、民委、文联、群艺馆1989年编印。（普开福）

大蟒

彝族龙神话。流传于云南省禄丰县彝族地区。

讲述的是：清朝咸丰年间，禄丰县舍资乡的蚂蟥井有一户姓李的人家三代未曾分家，全家八十余口，牛羊猪鸡成群，其余住户都是李姓佃户。

李某曾中武举，有些武功。一日，放出一群鸡，到晚不见了数只，一连数日都如此，李某召集佃户来查看原因。等李家放鸡时，几个小伙随鸡而行，只见鸡来到崖边飞下去就不见踪迹了。细看崖中有一凹处极为可疑，便一人拉着一人之手爬下查看，一看被吓得半死，原来有一条巨蟒躺在那里，大家回来告知了李某。

李某到永丰井借得一门土炮，抬到崖对面瞄准施放，一炮就把大蟒击毙。不久以后，李某家就衰落了。无奈之下，请端公跳神，才知大蟒原来是条小龙。

高义讲述，段永康记录。收入《禄丰县民间故事普查资料汇编》，16开，2页，900余字，禄丰县委宣传部、文化局、民委1988年编印。（钱丽云　朱琚元）

盐水女龙王脚大

彝族龙神话。流传于云南省禄丰县。讲述的是：黑井一带产盐是七局村彝族妇女阿诏放牧时黑牛引她去发现的。人们为了纪念她，把她封为盐水女龙王，仅黑井一地就建有三座盐水龙王庙。三座庙中都塑有彝族女龙王像，其中大井龙洞的女龙王像塑得极为壮观，一双大脚露在宽大的裤脚下面。为了敬奉女龙王，每年正月与龙王生辰皆要在龙祠唱戏。有一年，前往观看的人中有不少小脚女人，盐水就淡了，煮盐的灶房赔了本，盐税也大大下降。有人说是因为女龙王不喜欢小脚女人，生气了才会这样。从此以后，龙祠唱戏便再也不准小脚女人去看了。

余克昌讲述，史岳灵记录。收入《禄丰县民间故事普查资料汇编》，16开，1页，500余字，禄丰县委宣传部、文化局、民委1988年编印。（钱丽云　朱琚元）

龙女寄书

彝族龙神话。流传于云南省武定县。讲述的是：很久以前，环州长塘子的龙王和万德长坝塘的龙王开亲。儿女结婚半年多后，一个外地小伙背着七升黄豆到元谋卖，路过万德长坝塘时，遇上了一个漂亮的小媳妇，她请他路过环州长塘子时给她娘捎个口信，让她娘六月间来接她回家过火把节。小伙子担心不认识她娘口信捎不到，小媳妇给了他三个石子，让他到达长塘子边上时把石子扔进去，她娘就会来见他。太阳快落山时，小伙子才走到长塘子边，把石子丢下去一会儿，塘中便转起几个大漩涡，从漩涡中冒出一个盛装的老妇人。老妇人让小伙子把黄豆倒在坝埂上后闭上双眼，就把他带到了家里。小伙子将口信告诉了老妇人，老妇人道了谢，斟了一金碗酒给他喝，然后送了一升黄豆给他，仍然叫他闭上眼睛，把他送到坝埂上。他睁开眼睛，老妇人不见了。心想，这回白跑一趟了，七升黄豆换一升，干脆就这一升也不要了，把黄豆倒掉回了家。回到家中，抖口袋时掉出两粒没倒完的黄豆，仔细一看，这哪是黄豆，原来是两粒金豆，小伙子后悔莫及。

杨顺贵讲述，杨成记录、翻译。收入《云南省武定县民族民间文学集成》，16开，2页，1500余字，武定县文化局、民委、文化馆集成办1989年编印。（钱丽云　朱琚元）

癞龙与小姐

彝族龙神话。流传于云南省武定县。讲述的是：环州长塘子有条癞龙，看中了元谋卡莫土司家的小姐，就变成一个英俊的小伙，天一黑就到土司家与小姐同床。日子一长，小姐的肚子一天天大起来。爹妈发现后，追问姑娘，姑娘才一五一十告诉了爹妈。土司便命人到各村各户捐麻，收到后绩成了一个大线团，把线团交给姑娘，叫她把线头穿上针，把针偷偷别在小伙子的披毡上。姑娘照办了，天亮后土司派人顺着线找去，一直找到长塘子边上，看见针插在一条癞龙的鳞甲上。不久后，小姐生下一个蛋，把它丢在一棵柏树下，只见天天有只老鹰来孵这个蛋。孵了七七四十九天后孵出了一个男孩，后来又有一只大黄麂子来喂奶，孩子一天天长大成人，他就是后来的武胜祖。有一天，武胜祖打猎撵山到大黑山，遇见了一个人，他让武胜祖吃他的屎，喝他的尿，武胜祖却死活不肯。据说，此人就是癞龙变的，要是武胜祖吃了它的屎，喝了它的尿，那就会成仙上天了。武胜祖死后，埋在以都村后，他的坟至今还在。

王福先讲述，杨成记录、翻译。收入《云南省武定县民族民间文学集成》，16开，2页，1000余字，武定县文化局、民委、文化馆集成办1989年编印。（钱丽云　朱琚元）

开井节

彝族龙神话。流传于云南省大姚县彝族地区。讲述的是：洞庭湖龙王的小女儿被人间奇景所吸引，悄悄带了个丫鬟到湖岸游玩，恰巧被滇西洱海龙王路过看见，便将龙女摄去洱海，威逼成亲。龙女宁死不从，洱海龙王无计可施，便把龙女赶到深山，让她去放三百只羊。龙女来到彝山，由于洱海龙王作怪，天旱地干，龙女放的羊只剩下一百只了，她决心找来山泉，解除旱情。历经千辛万苦，终于找到了被洱海龙王锁在深山里的泉水，她砸开石锁，甘泉淌到了彝山。彝家人无盐巴吃，她为人们找到了盐井。过了很久，彝山的人们在盐井边找到了龙女，但她已经死了，羊也化成了石羊。从此，彝寨有了盐巴吃，盐井就叫石羊井。人们为了纪念她，就在石羊的旁边盖了一座龙女庙，庙里塑着身穿彝族麻布衣裙的龙女像。为了纪念石羊和龙女，彝族还把每年的正月十八定为开井节，在盐井边进行隆重的祭献活动。

佚名讲述，曹正枝搜集、整理。收入《云南楚雄民族节日概览》，32开，4页，1600余字，德宏民族出版社1991年版。（李惠兰　朱琚元）

牟定三月会的传说

彝族龙神话。流传于云南省牟定县彝族地区。讲述的是：很早以前，牟定城外有一个龙潭，潭里有一条恶龙，每年一到栽插之际总要兴风作浪，人们的生活困苦不堪。有一年牟定新来了一个知县，他刚刚上任就遇到恶龙作怪。人们赶着牲畜，拖儿带女向四处避难，县衙门也只得搬上化佛山顶。知县决定除掉恶龙，通知全县百姓，要在三月二十八日那天每户送几斤栗炭到龙潭边去烧。人们纷纷来到龙潭旁，燃起栗炭火，炭火烧红了天空。知县一声令下，大家把所有烧得红通通的栗炭倒进龙潭里。霎时，龙潭水沸腾起来，恶龙被烫得遍身是伤，动弹不得。后来人们又抬石挖土，把龙潭填了。从此，恶龙再也不能出来作怪，人们得以安居乐业。为了纪念这个胜利，大家把每年三月二十八日定为赶会跳舞的日子。

普启兴讲述，罗桂森、李世忠记录。收入《云南省民间文学集成·牟定县综合卷》，32开，2页，900余字，牟定县民间文学集成办公室1989年编印。（李惠兰　朱琚元）

牟定三月会

彝族龙神话。流传于云南省禄丰县彝族地区。讲述的是：清朝时期，牟定双树这个地方原是一片秧田，每当过了春节后，人们就开始为新一年的春耕做准备，不久，田里便长满了绿油油的秧苗。可是，不幸的事发生了，一天夜里，龙王发怒，把它的龙子龙孙全部撵出龙宫，把农民的秧田全部拱翻，成了一片泥塘。农民们又把田耙平撒上谷种，夜里派人守着，却没有动静。可是在没有守护的夜晚，它们又出来捣乱了。人们只得挑土去填平秧田重新播种。这样一连数日，人们都筋疲力尽了，只好请附近的青年帮忙。他们一边劳动一边跳，嘴里还唱着调子。这样，土填厚了，踏紧了，才镇住了龙子龙孙。这一天，正好是农历的三月二十八日。为了防止龙子龙孙再来拱秧田，每年的三月二十八日人们就在双树这个地方赶会跳脚。

王超生讲述，马剑波、云万权、马俊平记录。收入《禄丰县民间故事普查资料汇编》，16开，1页，200余字，禄丰县委宣传部、文化局、民委1988年编印。（钱丽云　朱琚元）

龙街太子会的传说

彝族龙神话。流传于云南省大姚县。讲述的是：相传，主管龙街乡一带降雨的神是东海龙王的三太子。人们为了求得风调雨顺，就在龙街上盖了一座太子庙供奉三太子。有一年，三太子耍起野性，到栽种季节还滴雨未下，火热的太阳晒得地面开裂，秧苗枯死。人们摆上供品祈雨，但是太子全无恻隐之心，天上仍然无一丝云。有几个年轻小伙忍无可忍，用草绳套上太子的脖颈，把太子从神台上拖下来，一直拖到田里曝晒。经过七天七夜，骄阳把太子身上的鳞片都烤焦了，龙太子这才气息奄奄地向人们求饶。人们见龙太子被降服了，才把它抬回庙去。龙太子回到神台，天上就下起瓢泼大雨，龙街从此也就风调雨顺了。人们降服龙太子这天，正是四月初八，为了纪念这个日子，每逢这天就要耍水龙，边耍边向龙泼水。

张连聪讲述，黄自权记录。收入《大姚县民族民间文学集成》，32开，1页，400余字，云南民族出版社1991年版。（李惠兰　朱琚元）

白龙、黑龙和青龙

彝族龙神话。流传于云南省牟定县。讲述的是：开天辟地后天上有三条龙各霸一方，三条龙形色不同，职司有异：白龙白色，职司下霜、雪、冰雹；黑龙黑色，职司下雨；青龙青色，职司水汽和云。起初，白龙、黑龙和青龙很不和睦，互不服气，各行其是，黎民百姓遭殃。白龙滥施淫威，大作恶孽，冰雹下了一尺厚，庄稼尽毁，人畜死伤；黑龙助纣为虐，忽而干旱连年，忽而暴雨成灾；青龙看到白龙、黑龙作恶，便不升水汽和云，使白龙无法撒冰雹，黑龙无法下淫雨。白龙、黑龙合起攻击青龙，但被青龙双双捆住后带他们去看人间惨状。白龙、黑龙表示要为百姓施雨泽赎罪。从此，白龙不敢滥抛冰雹，黑龙不敢乱下淫雨，青龙也尽心升水汽为云，方便白龙、黑龙为百姓施雨、降瑞雪。彝家人民为了庆贺天下太平，庆贺白龙、黑龙、青龙团结，便制造了“三脚”这一用具来纪念。“三脚”的三只脚各代表白龙、黑龙、青龙，圆圈象征三条龙团结。

李万才讲述，王玉寿搜集、整理。收入《云南省民间文学集成·牟定县综合卷》，32开，2页，700余字，牟定县民间文学集成办公室1989年编印。（李惠兰　朱琚元）

赤石岩的传说

彝族龙神话。流传于云南省大姚县。讲述的是：很久以前，陡坡村有一家彝族，老两口生得一女，聪明伶俐，漂亮迷人。这事传到小青龙那里，小青龙变成个彝族小伙子去试探姑娘的心。小青龙看到这美丽的姑娘真动了心，决定要把她娶来做自己的妻子，就变成一只小蜜蜂，飞去姑娘身边转，嘴里不停地叫着“嗡嗡，小蜜蜂要抬独姑娘”。一连好几天都如此，姑娘就骂道：“小蜜蜂你抬得动就来抬嘛。”话音刚落，小蜜蜂叮着独姑娘的一根头发，就把姑娘从织布机上抬起来，一直飞到青龙箐去了。小青龙把她贴在岩壁上，让她不能上也不能下。爹妈四处寻找，最后看见姑娘贴在悬崖上，上也上不去，下也下不来，无法搭救姑娘，只得每天做糯米团，用几根竹竿接起，把糯米团戳在竹尖上去喂姑娘。喂了七天以后，姑娘告诉父母，不用送饭了，小青龙会给她吃的。第八天，二位老人不放心，还是做了很多糯米团送去，可是姑娘已经变成了红石头，在青龙箐的岩壁上永远陪伴小青龙了。后来，人们称此岩为赤石岩。

杨森讲述，诺海阿苏记录。收入《大姚县民族民间文学集成》，32开，2页，700余字，云南民族

出版社1991年版。（李惠兰　朱琚元）

乌龙口的传说

彝族龙神话。流传于云南省大姚县。讲述的是：很久以前，桂花村有五座山连在一起，左右两边的四座山没有泉水，而中间一座山的山脚下有一棵大树，大树脚流着一股水桶般粗的泉水。传说这出水口里面有座宫殿，住着一个老龙王和四个龙女。每年雨季，四个龙女在龙王的带领下到龙山赶龙会，她们路过哪里，哪里就发生洪灾。这里的百姓生活十分痛苦，都想赶走龙王，但毫无办法。后来，桂花村里出了个姓周的秀才，他聪明能干。他叫全村的人不论男女老幼，每人准备一件棕蓑衣，一个铁三脚，一把斧头。到了深夜，人们把棕蓑衣倒披在身上，把铁三脚也倒顶在头上而且三脚朝天，并拿着斧头去砍泉水口的那棵大树。老龙王听到斧头砍树的声音，就叫他的四个龙女把砍树的人抓来。四个龙女出来一看，都惊呆了，跑回向龙王汇报："砍树的是一些怪龙，身上的鳞片倒竖着，头上长着三只脚，敌不过他们。"龙王听了，吓得软瘫在地上，让四个龙女赶紧逃命去。四个龙女分别逃往周围的四座山里躲了起来。从此以后，这五座山里都流出清清的龙泉水。因为这个村庄坐落在五条龙（指流着泉水的五座山）的门口，所以就叫五龙口村，后来叫成了乌龙口村。

周德新讲述，张发寿记录。收入《大姚县民族民间文学集成》，32开，2页，600余字，云南民族出版社1991年版。（李惠兰　朱琚元）

施阿马

彝族龙神话。流传于云南省双柏县彝族地区。讲述的是：过去有个叫施阿马的姑娘既聪明又漂亮，上门提亲的人络绎不绝，可姑娘就是不肯出嫁。但不知何故，快过三十的施阿马怀孕了，虽然世俗的压力使她抬不起头来，但她还是把孩子生下来了。娃娃长到三岁，施阿马的梦中情人又来找她，母亲为弄个明白，就纺了一个麻线团交给女儿，结果得知孩子的父亲是龙宫里的龙子。从此，人们消除了对施阿马的鄙视。后来，龙宫里跑出一匹马糟蹋庄稼，龙娃把马牵回家中精心饲养，从此龙娃成了一名好骑手。龙娃骑上龙马能在空中飞驰，方圆百里的民众都知道他神通广大。母亲为了防止儿子伤害平民，想施法术将其点化成一个真正的凡人，不料龙娃沉入海底，成为龙宫家族一员。后来，龙宫家族派一老一少化作凡人寻根。他们本准备在雨龙乡定居下来，不料有个农民把一颗铜钉和一颗铁钉丢入龙洞，这一老一少只好去新村（今属峨山）居住。从此，雨龙的龙潭再也没有出过水。

孙树基讲述，苏锡纬记录。收入《双柏民间文学集成》，32开，4页，2000余字，云南民族出版社1992年版。（施选　朱琚元）

弹三弦的老三

彝族龙神话。流传于云南省双柏县。讲述的是：有一户彝族人家有三个儿子，三个儿子长大后要分家了，父母担心，就先后问三个儿子分家后怎样过日子？大儿子和二儿子的回答让父母满意，唯有三儿子回答说要去弹三弦，令父母很失望，就把他撵出家门。可怜的三儿子一路弹一路走，当走到一个岔路口时，只见两个放牛娃正用竹棍打一条小蛇，老三触景生情，上前阻止，并把小蛇放入水中让它游走。走到第九天时，老三准备在一棵大树下过夜，不料一位漂亮的姑娘正坐在他想过夜的那棵树下。姑娘得知老三的遭遇后，就带着他进森林，下大海，来到龙王家中。原来这位姑娘就是他救下的小蛇，是龙王的三姑娘。龙王为了感谢老三对女儿的救命之恩，就把三姑娘许配给他。过了几天，他俩带着一截宝木回家。第二天，按父母的意思，老三要请客吃饭，等客人一到，他俩便拿出宝木把漂亮的房子和各种家具、用具、酒肉、饭菜都喊出来，请了三天三夜的客，唱了三天三夜的戏。哥嫂见宝木有如此神力，也想借来请客风光一次，可连喊三遍，一样也没出来，气得哥嫂把宝木丢出门外，拿起斧子要砍，但斧子刚落下宝木就不见了。龙王姑娘料定宝木已回龙宫去了，就找了一个和她一模一样的女人，教她学唱戏，然后让她做老三的伴侣，待他俩日子好过了，便放心回龙宫去了。

施学生讲述，李世忠、孟之仁记录。收入《双柏民间文学集成》，32开，5页，2400余字，云南民族出版社1992年版。（施选　朱琚元）

捕鹌鹑的人

彝族龙神话。流传于云南省双柏县。讲述的是：过去有个叫阿母戴的彝族小伙子，为一户土司家放牛羊、捕鹌鹑，土司规定每天要捕足三十只鹌鹑才能回家吃饭。一天，阿母戴在湖边救了湖中龙王的三姑娘，姑娘为了答谢阿母戴的救命之恩，带他进入龙宫享受荣华富贵。转眼三年过去了，阿母戴思念地上的生活，龙王挽留不住他，就把三姑娘许配给他。夫妻俩离开龙宫，在一片森林里盖了一间草房隐居下来。后来，土司家有女佣上山砍柴时发现了他俩，阿母戴只好低头来到土司家说明情况。狠毒的土司叫他在一天之内捕回三年欠下的三万六千只鹌鹑，阿母戴在妻子的帮助下，第二天赶着三万六千只鹌鹑到土司家。接着，土司叫他在一天之内背来三十石大米，阿母戴在妻子的点化下照样办到了。不肯罢休的土司向他要一个怪物，阿母戴按妻子的吩咐给土司送了一个只会吃火药的怪物。有个伙夫给怪物吃了一盆火炭，怪物立即爆炸，土司一家被炸死了。

施学义讲述，蒋明辉、施文贵、李达平、苏锡纬记录。收入《双柏民间文学集成》，32开，4页，2800余字，云南民族出版社1992年版。（施选　朱琚元）

麦粑换龙水

彝族龙神话。流传于云南省双柏县。讲述的是：古时候，哀牢山里有两个彝村，两村之间有一座大山，山里没有一滴水。有一个彝家农妇在炎热的夏天到山上割麦子，割了九天九夜未喝一滴水。这时，一位手持藤杖的白发银须的老人向她乞讨一点吃的东西，农妇把仅剩的半块麦粑给老人吃。闲谈间得知这位农妇九天九夜没有喝一滴水，老人听了很同情她，于是把藤杖插在地上，那里立即冒出了一股清泉水。农妇没有去喝水，而是要求老人把这股水送给所有的彝家人。老人答应了她的要求，就把藤杖送给了农妇。农妇将藤杖往山下一丢，立刻化成一股清澈的山泉。

高必荣讲述，曹正枝、姜文荣等记录。收入《双柏民间文学集成》，32开，2页，900余字，云南民族出版社1992年版。（施选　朱琚元）

龙女（一）

彝族龙神话。流传于云南省玉溪市彝族民间。讲述的是：从前，九龙池龙王寿诞，一位叫罗巴白特、衣着褴褛手捧苦荞粑粑的少年来祝寿。龙王问明情况，少年原是吃人的龙，因残杀生灵有罪被贬在马土龙深潭监禁，今罪期已满，不愿安乐享福而要为西边山农民解决干旱困难，并请老龙王助力。龙王被罗巴白特的精神打动，也为自己失职造成大批山寨旱魔肆虐而悔恨，立即答应三天后去山寨巡查。鲁塘基崖默是老龙王一位心地善良的女儿，她坚决提出要代替老父去巡查和帮助那少年造龙潭。她装成乞丐到多个彝家村子走访，哪里对她好，她就给哪里点出大小不同的龙潭水。龙水洞、一碗水、黄草坝龙潭等都是这样来的。人们就在龙潭庙里塑龙女的像供奉敬仰。

普家明讲述，沈福安搜集。收入《玉溪市民间文学集成》，32开，3页，1400余字，玉溪市文化局、民委、文联、群艺馆1989年编印。（普开福）

龙女（二）

彝族龙神话。流传于云南省漾濞彝族自治县

彝族地区。讲述的是：砍柴为生的孤儿梦中得白发老奶奶的指点，在江边铸铜，娶到了龙王的女儿。土司欲霸占龙女，刁难孤儿，先后要孤儿在山坡上撒一升米，又要他一天之内一粒不少地收回来，并要求一天之内交出三千只雀子。龙女使术，一一给予应对。土司并不罢休，又叫孤儿一天之内交出九只活老虎，龙女就使术如数变出老虎，当即把土司吃掉。

施凤鸣讲述，马紫钟搜集、整理。收入《大理白族自治州民间文学集成资料·漾濞民间文学选》第一集，32开，6页，2100余字，漾濞彝族自治县文化局1986年编印。（张秀娟）

孤儿和龙女

彝族龙神话。流传于云南省漾濞彝族自治县。讲述的是：以砍柴卖柴为生的阿荞得龙女帮助，并与其结为夫妻。县官得知后欲霸占龙女，便发难阿荞，先后让他三天内开出七十二架（牛犁一天的面积为一架）荒地，并在地里撒一袋稗子，又要求一粒不少地捡回来。种种发难均被龙女施术一一办到。县官借故不成，便强行抢走龙女。途经九龙河时，山洪大作，县官被山洪卷走，龙女又回到阿荞身边。

阿香讲述，左江搜集、整理。收入《大理白族自治州民间文学集成资料·漾濞民间文学选》第一集，32开，3页，3000余字，漾濞彝族自治县文化局1986年编印。（张秀娟）

小三哥的故事

彝族龙神话。流传于云南省峨山彝族自治县彝族地区。讲述的是：古时候，在峨山高鲁山下深水龙潭附近有个彝族村子，一位名叫小三哥的小伙子每天中午都要到龙潭边弹奏小三弦。优美动听的琴声吸引了周围群众，也吸引了龙王三公子。公子经常出来与小三哥娱乐，二人结拜为兄弟。一天，龙公子说父母亲病了，没人敢去医治。小三哥大胆跟着公子潜入龙宫看望，凭借神眼发现昏迷中的龙王龙母的身体正被几条蜈蚣咬着。他叫龙公子拿来火钳火炉，把蜈蚣取下烧死了。获救的龙王龙母，把祖传的红葫芦送给了小三哥，用它可变出想要的吃穿用品。火把节到了，小三哥与母亲商量，决定邀请四方亲戚和朋友来过个快乐热闹的节日。乡亲们都来了，不见主人家烟囱冒烟，都很疑惑。小三哥拿出红葫芦说：“佳节到佳节到，快快摆筵席！”突然葫芦里冒出一股青烟，一眨眼，各桌松毛席上就摆上了菜肴美酒和碗盏。

佚名讲述，矣安搜集。收入《嵋峨风情》，32开，4页，2200余字，峨山彝族自治县民委1985年编印。（普开福）

三姑娘的手帕

彝族龙神话。流传于云南省通海县彝族地区。讲述的是：从前，高大乡珍珠泉附近的彝家山寨有个光棍汉阿喏。一个热天，阿喏干活累了就靠在树上睡着了。一阵阵悦耳的歌声把他惊醒，一位美丽的姑娘端茶来，阿喏接过茶喝了，全身清凉，二人一起劳动到天黑后回家。原来姑娘是南山脚下龙王的三女儿桃花珠，因后娘心狠逼她嫁一个侄儿，她不从，找上了阿喏，他们最终结了婚。一个大旱年，三姑娘与阿喏为拯救村民来到村前草坪挖了一个小塘，她掏出母亲的遗物青色手帕铺在塘底盖上沙土，霎时小塘涨满了清水，并流向村里田间。此事被龙潭里的后母知道了，于是派侄子发洪水来淹彝家山寨，三姑娘又用魔力手帕挡住了洪水。那个坏侄子趁夜抢走了三姑娘，使出许多伎俩要她回心转意，不屈服的三姑娘被折磨而死。阿喏也忧虑成疾奄奄一息。照阿喏的吩咐，乡亲们把三姑娘留下的手帕埋在一个大塘底，造出了更大的龙水。阿喏死后埋在大塘边，不到三年他的坟头长出了一棵大树守卫在水塘边。人们为纪念阿喏和三姑娘，把水塘称作珍珠泉。

佚名讲述，方家荣搜集。收入《云南民间

文学集成·通海县集成卷》，32开，5页，3800余字，通海县文化旅游局、文化馆1999年编印。（普开福）

水龙爷爷

彝族龙神话。流传于云南省峨山彝族自治县彝族民间。讲述的是：从前，峨山某山区来了一位头发花白、衣裳破烂的老大爷。他东奔西走，寻找一个安身落脚的地方。但他所到的村子都不愿意接待他，他只好到山顶上靠树而眠。一位放牛娃见到他，嘘寒问暖，还拿饭给他吃。忽然老爷爷不见了，大树脚下传来老人说话的声音，说他本是一条龙，看在牛娃好心，决定给牛娃村子一股泉水。说完，树下就汩汩地淌出一条清泉来，顺山成溪，流向村庄田野。

佚名讲述，施贵金搜集。收入《嵋峨风情》，32开，2页，900余字，峨山彝族自治县民委1985年编印。（普开福）

龙马山与溶洞的传说

彝族龙神话。流传于云南省玉溪市红塔区彝族地区。讲述的是：很古的时候，龙马山是一座大雾弥漫的荒山，光秃秃的，全是石头，没有土、水、草木、鸟兽。后来那儿的山神养育了一对龙马，雄的是黄马，雌的是白马。龙马长大后就在山肚子里建造了一座奇妙的龙马宫。龙马经常出没龙宫，奔走大荒山，踏碎的石块变成泥土后长出了果木花草。龙马在山脚下用蹄子又刨出了龙母箐河、小龙口、大龙潭、凉水井等。从此，山上四季水长流。人们便将龙马称为龙马神，大荒山称为龙马山。

佚名讲述，崎松搜集、整理。载《玉溪民间文艺》小报，8开，1页，1600余字，玉溪市红塔区民间文艺家协会2004年编印。（普开福）

上厂村祭龙节

彝族龙神话。流传于云南省玉溪市红塔区。讲述的是：古时候，洛河彝族乡双龙山寨（上厂村）一带十分干旱，滴雨不下，观音殿的龙泉道长就派昆阳海龙王的太子化成黑龙来此降甘霖救平民百姓。自此，双龙五十里外大雾茫茫，细雨纷纷，土润池满，草木苍翠，兽鸟欢歌。龙太子黑龙降甘霖触犯了天条，玉皇大帝派二十四部雷神将它缉拿斩首。事后千里眼、顺风耳查明黑龙做了好事，玉帝只好撤禁令，将黑龙魂魄投向人间让其托生。彝族就将黑龙降雨这天即农历二月初二定为祭龙节，全村老幼集会龙泉寺杀猪宰羊表达对龙的敬意。

普学龙讲述，笔锋记录、整理。载《玉溪民间文艺》小报，8开，1页，1500余字，玉溪市民间文艺家协会1996年编印。（普开福）

凤凰桥的传说

彝族龙神话。流传于云南省玉溪市红塔区彝族地区。讲述的是：自从仙姑金凤划地成河之后，玉溪西南凤凰山坡便有一条长流不息的奴拉河，并有九龙池龙王派来的一条青龙镇守，把这里治理得山清水秀，兽鱼成群，受到九龙王表扬。青龙慢慢自命不凡，顺河进出游玩，搞得河水奔腾，冲毁桥梁庄稼。清朝年间，排山营村聪敏的梁万善修了一座新木桥，但青龙用龙王赐给的宝珠一照，桥就倒了。梁万善又动员几个彝族汉族村子群众经过三年筹资造了一座坚固的石桥来与青龙抗争。梁万善在梦中见到一位白发老头送他一根拐杖，叫他砌在桥顶；一漂亮少女又送他两根鸟王羽毛叫他镶嵌在石桥两侧做石栏，可保桥身无恙。男女老少齐参战，三个月修成“凤凰桥”。青龙又以各种招式毁桥未果，又把宝珠砸向石桥，宝珠被桥顶上的石龙吃进肚里，石桥有了镇桥之宝（珠）就更加坚固了。

张薛氏讲述，张士禄、陈丽芬记录、整理。收入《玉溪市民间文学集成》，32开，6页，3000余字，玉溪市文化局、民委、文联、群艺馆1989年编印。（普开福）

双龙桥的传说

彝族龙神话。流传于云南省玉溪市红塔区彝族民间。讲述的是：很久以前，马土龙河里住着一条青龙。这条青龙是因为残害生灵而被贬遣到此受苦的龙子。老关箐河里住着一条小白龙，是玉溪九龙池龙老爷的小女儿。它们俩冲破重重阻力克服了许多困难以后终于在这里成亲，守护着一方百姓。人们为了纪念它们，就在两河相汇处建造了一座桥，名曰“双龙桥”，并在每年农历二月初二在此举行祭龙活动。传说在新寨村附近有个叫“臭水塘”的塘子，是白龙女杀死的一头黑猪精变成的；老关箐附近的“清水塘”则是小青龙骑马腾越时被马蹄蹬出的一个脚印变成的，塘里的鱼至今没人敢吃。

聂永祥讲述，戴天耀记录、整理。收入《玉溪市民间文学集成》，32开，4页，1700余字，玉溪市文化局、民委、文联、群艺馆1989年编印。（普开福）

独眼龙

彝族龙神话。流传于云南省玉溪市红塔区彝族地区。讲述的是：很久以前，玉溪研和东山村南山脚下一个龙潭底部洞里隐居着一条勤劳善良的青龙，它为民做好事，立夏之时人们都举行祭龙节感激青龙。而相隔不远的峨山白龙箐的一个臭水塘里居住着一条懒惰凶暴的小白龙，常常以雷电冰雹祸害百姓。白龙几次跑到青龙的地盘上发狂撒冰雹都被青龙打了回去，因此对青龙怀恨在心。一天晚上，阴险的白龙趁青龙睡着时偷偷摸进青龙宫，挖下了青龙的一只眼睛。青龙醒来忍痛反抗，在雷雨交加中一阵搏斗，白龙在前爪后爪都被折断后逃回了老窝，不知死活。青龙胜利后，水中鱼虾敬仰青龙，大家就不约而同地毁掉了自己的一只眼，以示永远与青龙相依为命，同生共死。从此，潭中泥鳅、鱼、黄鳝都只有一只眼睛。附近村子的百姓尊重青龙，便忌讳称“独”字，叫那些动物为神眼龙，而不叫独眼龙。

梁士高讲述，王祥家记录、整理。收入《玉溪市民间文学集成》，32开，4页，1300余字，玉溪市文化局、民委、文联、群艺馆1989年编印。（普开福）

阮氏姑娘

彝族龙神话。流传于云南省玉溪市红塔区彝族地区。讲述的是：古时候，龙马山下干旱的上山头村有位阮氏姑娘，生得美丽聪明、灵巧勤快，常常到几公里远的白龙潭挑水、放牛。路上常遇到一位姓白的青年，下雨天还拉她扶她。一天晚上姑娘梦见青年，他说自己是白龙老君，最近一条凶恶的黑龙要来夺占白龙潭，明天它们分别变成黑羊、白羊在白龙潭附近打架，请姑娘到时来帮忙用鞭子打黑羊。在姑娘的帮助下，白龙胜利了。几天后这白龙男子来阮家提亲，姑娘同意了，阮妈提出的条件是女儿出嫁后也要保证家里的用水。迎娶那天白龙骑着马来，马尾巴从白龙潭一路拖到山头，拖出一条沟，随沟就流来了一股清水。

朱茂生讲述，申来寿搜集。收入《玉溪市民间文学集成》，32开，3页，1400余字，玉溪市文化局、民委、文联、群艺馆1989年编印。（普开福）

犀牛井的传说

彝族龙神话。流传于云南省玉溪市红塔区彝族地区。讲述的是：古时候，玉溪小石桥村中仅有的一口井被姓杜的恶霸独占着。有一年，为了让群众有水喝，一位姓朱的人家在村的下方挖了一口井。井里泉水不断，井水清澈见底。人们发现井中有条龙，还跃到井边吃草。此后，原来被杜恶霸所占的那口井慢慢变干了。村民很珍惜这口井，把井称为“犀牛井”。为保护犀牛龙、保护井水，规定杀猪宰牛出血染腥的事不准拿到井边去做。有一天，村中一妇人去挑水，发现井边有犀牛吃草，就用钩担打过去，谁知犀牛一下跳入了水中，钩担上粘留下三根毛。妇人知道冒犯了犀牛龙，很是担心害怕，不久就病故了。然而井水依然如故，至今还可饮用。

朱家才讲述，何庙链记录、整理。收入《玉溪市民间文学集成》，32开，3页，1100余字，玉溪市文化局、民委、文联、群艺馆1989年编印。（普开福）

响水村的传说

彝族龙神话。流传于云南省玉溪市红塔区彝族民间。讲述的是：古时候，玉溪小石桥乡响水村附近是一片海，山清水秀、物产丰茂，彝族祖辈在这里狩猎打鱼种杂粮，生活得很好。有一年，几个下江子人途经这里识得海中有龙，便出主意想引龙出来。一天，他们来到村中长老面前游说，声称把海水放干，坝子里就可以栽粮食。于是村民就在海的下游挖决口放水，下江子人故意在决口支一架蜈蚣桥。当时谁也不知这是下江子人的诡计，海龙害怕蜈蚣，随着出水跑出去了，最后到了晋宁青鱼塘中。此后，龙去海干，坝子中再也找不到一个像样的龙泉水。村民曾组织去接龙回来，当时没有白猪，只好用石灰把猪染白去迎龙。龙跟着白猪来了，谁料到半路突然下大雨，白猪一下洗成了黑猪，海龙扭头又跑回了青鱼塘。不过老龙为了不让这里的百姓绝望，将小女留在原处，终年出着一小股清泉，从来不会大。人们日夜想大龙，想水，盼水，就把村名改为“想水村”，后变为“响水村”。

普左恩讲述，何庙链记录、整理。收入《玉溪市民间文学集成》，32开，3页，1100余字，玉溪市文化局、民委、文联、群艺馆1989年编印。（普开福）

大西山头为什么泉水多

彝族龙神话。流传于云南省峨山彝族自治县大西乡。讲述的是：古时候，彝族山苏人住的大西山上滴水贵如油，只能供煮饭解渴，不能洗衣洗澡。有一天，东海鱼仙变作一个衣着破烂的白发老头四处游走视察，惩恶扬善。当他来到鲁奎山讨饭时，受有钱人歧视；当他来到大西山时，却受到山苏人的热情招待。这鱼仙看到大西山干旱缺水，就决定帮助他们。他拔下身上的鳞片，在大西村、瓦白果村、借代村等十多个地方各放两片。顷刻，放鱼鳞处就流出清泉，鱼仙更觉得这里景色优美，就坐在大西村山路旁休息，不知不觉睡着了，就变成了一块大石头留在了那里。

佚名讲述，秦宗有搜集、整理。收入《嶍峨风情》（续一），32开，2页，1200余字，峨山彝族自治县民委1986年编印。（普开福）

龙女献斋

彝族龙神话。流传于云南省易门县彝族地区。讲述的是：从前，易门县小龙泉边住着一个和尚，他天天起早贪黑，打扫寺院、种花种草、换水烧香。一天，他照常回屋准备生火煮饭，却见屋里整洁漂亮，桌上摆着热乎香喷的斋饭，可屋里没有什么其他人。连续几天都这样，和尚决定看个究竟。结果，他看见从四方塘里跳出的一尾大红鲤鱼变成一位秀丽的姑娘，一阵风似的飘进厨房做起活来，桌上一下就摆上了热气腾腾的斋饭。和尚按捺不住惊喜叫道：“红鱼仙子！”喊声惊动了红鱼姑娘，只见她身子轻轻一抖，收回了鱼鳞，跳下水里就再也不出来了。从此，塘子的水越出越多，和尚把水引出寺外浇灌了更多的土地。

李会珍讲述，王明德搜集。收入《云南民间文学集成·易门县集成卷》，32开，2页，700余字，云南民族出版社1994年版。（普开福）

鸡鸣石的传说

彝族龙神话。流传于云南省玉溪市红塔区彝族民间。讲述的是：很久以前，一条白龙来到玉溪，看到玉溪坝子美丽富饶，心生嫉妒，就到了研和的一座山上找到一块巨石，要把它搬到大营街摆夷村把玉溪坝子的出水口堵起来，使坝子变成大海供白龙自己享用。白龙去请黑龙来帮忙搬石头，搬到大密罗村时，黑龙问明石头的用意后，不同意做坏事，二龙便争吵起来。当时有位仙人正好路过，就想法用半夜提前学鸡叫的办法阻止白龙的计划。一听到鸡叫声，二龙只好决定第二天晚上再来搬。当地的一家父子俩第二天看到这块巨石，石上贴着一张纸条，写着：白龙要搬石头堵海，你们用树枝把石头盖起来。当白龙又来搬运巨石时，怎么找也找不到石头，一气馁就走了。后来人们给这巨石取名“鸡鸣石”。

师毕香讲述，李永澍采录。收入《玉溪市民间文学资料选》第一辑，32开，2页，1300余字，玉溪市群艺馆1986年编印。（普开福）

蜡龙潭

彝族龙神话。流传于云南省易门县彝族地区。讲述的是：从前，北山上的白善寺里住着一位白发老道，他每天都修身炼道。周围村子的几个放牛娃娃与老道很相好，老道教他们玩游戏、采野果，并讲星星、月亮、龙王的精彩故事给他们听。最神奇的是老道在草坪上画一个圈，牛群围在里头就跑不出来，孩子们可以放心地玩乐。但是牛和孩子们却没有水喝，老道便叫七八个放牛娃每人回家拿来一块蜡，他把蜡和在手里反复搓捏，慢慢地，蜡就变成了一条很好看的小龙。老道便叫放牛娃把龙埋在草洼洼里，并告诉他们三天三夜以后小龙就会吐水了。可是孩子们等不得，第二天就跑来草洼洼里用赶牛棍戳草地，那里果真冒出了清水，再撬几个小洞，又都浸出清水来。从此，北山就有了蜡龙潭。

麦增、杨从义讲述，李贵皆搜集。收入《云南民间文学集成·易门县集成卷》，32开，3页，1600余字，云南民族出版社1994年版。（普开福）

彩虹

彝族龙神话。流传于云南省元江哈尼族彝族傣族自治县彝族地区。讲述的是：古时候，有个山清水秀的彝族寨子叫纳咪，全寨近百户人家居住在清澈如镜的龙潭边。龙潭里有条慈善的龙，并有个英俊的儿子同他生活在一起。彝家人年年都杀猪宰羊祭献为他们造福的龙。有一年，一队恶人进寨来抢女人，男人们气得火冒三丈，便与恶人们战得尸体满山、血流成河。强盗被杀尽了，寨子里参战的人也死了不少。有个带伤的姑娘还喘着气，一条花蛇衔来一棵草救活了她。姑娘苏醒过来睁眼一看，住在一间金碧辉煌的大楼里。她感到奇怪，小伙子就把自己是条花蛇，龙王收他为儿子的实情告诉了她，并说龙王要他只能娶一个叫花女的姑娘为妻，刚巧姑娘就是花女。他们成亲那天，请了全寨子的人来做客。突然有个凶恶的妖魔从空中喷下一团火，烧得蛇郎在火中乱翻滚，花女急得向烈火扑去。忽然，大火中腾飞起一条彩虹，直向空中飘去，并从空中飞下一把利剑把妖魔碎尸万段。人们说那彩虹是蛇郎变的，虹上的异彩是花女变的。如今，每当花女和蛇郎思念人间时，总要现身于大地，亲吻大地的青山绿水。

黄文宝讲述，宋自华记录、整理。收入《哀牢山彝族神话传说》，32开，4页，2000余字，云南民族出版社1990年版。（宋自华）

兰瑞和蓑衣龙

彝族龙神话。流传于云南省江川县彝族民间。讲述的是：从前，江川放马沟非常缺水，村民们就把正月初三定为祭龙日，备三牲，祭龙求雨。第一年祭龙时，来了个不修边幅且态度傲慢的老者，好客的彝族热情地款待了他。第二年祭龙，那老者照样来喝酒，然后说“来年再见”而去。第三年祭龙时，那老者依然来了，说：“你们连祭三年还是没有雨水，不是白花银子白费心吗？”村中长老说：“祭龙祭到龙出水，出水更要来祭龙。”村民兰瑞对老者说："老爷爷，无水种不出庄稼，你说哪日才会有水？"老者回答："你们等着吧！"接着扬长而去。入夜，兰瑞梦见老者说，他是蓑衣龙，现送来清泉水。兰瑞一早跑到祭龙地方，果然看到清泉从石缝中流出。村民们就在出水口挖了一个大龙潭，接着广开良田，辛勤耕耘，连年丰收。可到了第九年初，大龙潭水突然干涸，村民们再次备好三牲去献祭，却不见老者不见水。兰瑞又梦见老者说，他因喝醉犯下天条，被禁天牢，求兰瑞按他说的办法去祭祀，就能得到天神宽恕，也就能救龙潭水。兰瑞又召集村民去祭祀，果然一股清泉又从石缝流出。

佚名讲述，施学发搜集，蒋文森、马家禄整理。收入《江川县民间文学集成》，32开，5页，3000余字，云南人民出版社1997年版。（普开福）

避水珠

彝族龙神话。流传于云南省元江哈尼族彝族傣族自治县彝族地区。讲述的是：孤儿艾三从小帮财主家放牛，吃尽了千般苦。一天，他在河边将一个困在沙滩上的大蚌壳推回水里就躺在沙滩上睡着了。大蚌壳原来是龙王公子，它托梦告诉艾三，要送他一颗避水珠。艾三醒来，见一颗闪亮珠子摆在面前。艾三把珠子带回家中，忽然，自己的破茅屋即刻变成了大瓦房，箱子里装满了新衣服和银子。从此，艾三不再去财主家放牛了。后来，财主要来抢艾三的避水珠，艾三将它吞进肚子跳进河里，并向龙王讲了财主要抢避水珠的情况。龙王听了十分愤怒，决心放大水淹死那些狠毒的财主。龙王叫艾三回去告诉乡亲们搬到高山上，艾三照着龙王的话做了。深夜，龙王发大水，那些狠毒的财主全部被大洪水冲走了。乡亲们又搬回自己的寨子里，过上了太平安康的好日子。

白乔保讲述，白玉龙记录、整理。收入《哀牢山彝族神话传说》，32开，3页，1400余字，云南民族出版社1990年版。（宋自华）

龙金塔

彝族龙神话。流传于云南省元江哈尼族彝族傣族自治县彝族地区。讲述的是：从前，有个彝家山寨住着一个无儿无女的老人，他家桃树上长着一个独桃，越长越大，越长越好看。这年，彝家山寨遇到大旱，人们都用美食祭天求雨，老人也只好摘下这个心爱的桃子来祭天。他刚摘下桃，桃子就变成了一个小伙子。小伙子向天呼唤了几声就下了大雨，庄稼得救了，人们也有水喝了。原来那个小伙子叫龙金塔，是龙王的独生子。因为他想找一个如意的姑娘为妻，所以就来到了人间。被他救过性命的阿娜美姑娘听说后，马上答应做他的妻子。自从彝家山寨有了龙金塔后，年年风调雨顺，彝家过上了太平安康的好日子。

佚名讲述，李红三记录、整理。收入《元江民族民间文学资料》第五辑，32开，4页，1200余字，元江哈尼族彝族傣族自治县文化馆1985年编印。（宋自华）

善有善报

彝族龙神话。流传于云南省元江哈尼族彝族傣族自治县彝族地区。讲述的是：远古的时候，彝家山寨里有个商人叫来全，他有一位贤惠、善良、漂亮的妻子。有个灾荒年，有钱有粮的人家主动捐赠钱粮给寨老拿去救济贫困的村民。来全妻把丈夫送自己的金耳环也捐赠给寨老，寨老送了她一朵玉葫芦花。不料，金耳环被小偷偷去卖给一个财主家的儿子。来全在财主家见到了金耳环，误以为妻子有外心。妻子再三解释，来全不理，妻子只好悬梁自尽。寨老知道后，叫来全把玉葫芦花送给龙王，他照着做了，龙王就送给他一株"回生草"，来全就用它救活了妻子。从此，夫妻恩爱，并过上了甜蜜的好日子。

李开正讲述，李红三记录、整理。收入《元江民族民间文学资料》第六辑，32开，3页，1200余字，元江哈尼族彝族傣族自治县文化馆1986年编

印。（宋自华）

秋鱼海

彝族龙神话。流传于云南省弥勒市彝族地区。讲述的是：秋鱼海租种富翁杨刘家的地，龙王三公主故意变金鱼让他捕获。秋鱼海母子下地干活时，金鱼变美人为他们母子做饭、做家务。秋鱼海发现了龙王三公主的行为后，假装下地干活，到了半路突然回家把金鱼皮烧掉。秋鱼海与龙王三公主当日就成亲，不料被杨财主嫉妒，教唆秋鱼海的朋友洪起、椿生挑拨离间，龙王三公主愤慨离世回龙宫。秋鱼海痛不欲生，在一只蛤蟆的帮助下来到龙宫求拜龙王龙母，龙王龙母准许他俩回人间生活。可是杨财主等人以为江底有金银财宝及美女，不听秋鱼海的劝阻，投江寻宝寻美女而身亡。

佚名讲述，石连顺、武文勇记录、整理。载《红河文化》1993年第1期，16开，4页，6000余字，红河哈尼族彝族自治州文化局1993年编印。（龙倮贵）

他达红水塘

彝族龙神话。流传于云南省峨山彝族自治县彝族民间。讲述的是：很久以前，峨山他达村附近有一个清澈的水塘，是人们洗衣喂饮的热闹地方。一夜，电闪雷鸣，一对蛟龙占领了水塘。每逢节日，那对蛟龙还要吃小孩，半年后一位女青年又活活被拉进了水塘。后来，一位小孩看见一把瓢从水面飘过来，他不知是蛟龙所变，伸手去拿，被一只乌黑的大手抓进了水塘。一天，一个赶马哥从此路过，看到两个小白瓷碗从水面漂来，他觉得有鬼，就拿出火药枪打过去，一个碗被打碎，一条蛟龙丧命，红血四溅。第二天，水塘全部变红了。后来，老龙王召集虾兵蟹将呼风唤雨，来到他达村接走了另一条蛟龙，还故意把他达村水塘塘底戳通了一个洞。自此他达村水塘一直浑浊，并慢慢干涸了。但红水塘的故事一直流传至今。

佚名讲述，普绍福搜集。收入《嶍峨风情》，32开，3页，2100余字，峨山彝族自治县民委1985年编印。（普开福）

四 土主神话

白牛土主

彝族土主神话。流传于云南省巍山彝族回族自治县彝族地区。巍山大厂村的土主庙里塑着骑着白牛的大黑天神，人们奉他为白牛土主。讲述的是：邓赕诏主在细奴逻“火烧松明楼”中没有被烧死，带着满身的伤，连滚带爬，挣扎逃跑，遇到莲花塘挡住路。正愁无路可走时，水里冒出了一头小白牛游到他跟前，让他骑着到了大厂村，把他放在土台上。可是这时他已经死了，村民们就把他就地安葬。后来，村民知道他是细奴逻所害的邓赕诏主，身上还戴着慈善夫人赴宴时的五个铁镯，就尊他为本村的保护神。

佚名讲述，胡有亮搜集、整理。收入《巍山彝族回族自治县民间文学集成资料·南诏故地的传说》，32开，3页，1200余字，巍山彝族回族自治县民间文学集成办公室1987年编印。（段葵）

木甸罗土主的传说

彝族土主神话。流传于云南省巍山彝族回族自治县彝族地区。讲述的是：上河甸土主叫木甸罗，他是南诏第五代君主阁罗凤的长子凤伽异。他屡建战功，但死于其父前，没能在金殿上落位，故称“没殿落”，后人演音为“木甸罗”。此人能征善战，有威望，人们在路口处竖“文武百官到此下轿下马”的石碑。宋时新上任的蒙化通判不信，不下轿，结果至此轿杆断，人跌落。通判心有余悸，趁轿夫修轿之际到土主庙叩头朝拜，一抬头仰望，见土主青面獠牙、凶神恶煞、举鞭欲打，头上的巨蟒张口欲吞之，便昏死过去。从此，凡文武百官至此，不敢不下马。

万永和讲述，王典搜集、整理。收入《巍山彝族回族自治县民间文学集成资料·南诏故地的传说》，32开，2页，1000余字，巍山彝族回族自治县民间文学集成办公室1987年编印。（段葵）

紫更色

彝族土主神话。流传于云南省祥云县彝族地区。紫更色是祥云彝族所供奉的土主。讲述的是：紫更色是龙子，他为了铲除欺压百姓的官家，把龙父给他的三支箭射出去，箭落到万里外皇帝的身边。皇帝降旨惩处射箭者，官兵前来围捕紫更色。紫更色在屡战屡胜之后，被奸细出卖，且被剁成肉酱。被他的血浸透的杉板在河里逆流而上，一老人见了，就把杉板藏起。杉板上的血还显现出紫更色的真身模样，百姓就把紫更色奉为血杉土主，又演化为雪山土主。

李文通等讲述，菡芳搜集、整理。收入《云南省民间文学集成·祥云县民间故事卷》，32开，12页，8000余字，云南人民出版社1989年版。（张秀娟）

平坡孟获大王土主

彝族土主神话。流传于云南省漾濞彝族自治县彝族地区。孟获大王是向阳村彝族所供奉的土主。讲述的是：孟获将军与百姓亲如一家，与士卒亲如兄弟，拜服诸葛亮英明。他见大蟒害民，冲进大蟒变的大庙里，砍了蟒胆灯，大蟒即死，就变为铁柱。后称孟获为“铁柱大王”，谥号“十方大圣点苍昭明镇国六圣灵帝”。二月八日是孟获母亲生日，彝族村民办会庆祝。

杨朝清讲述，马紫钟搜集、整理。收入《大理白族自治州民间文学集成资料·漾濞民间文学选》第一集，32开，3页，1400余字，漾濞彝族自治县文化局1986年编印。（张秀娟）

东山土主的传说

彝族土主神话。流传于云南省巍山彝族回族自治县彝族地区。讲述的是：东山土主是南诏十二代君主隆舜，其庙建在县城去大寺的路边。明代秀才雷应龙每天经过庙前到大寺读书，后来他官至都察院。每经此地，因其官比隆舜大，隆舜土主得欠身致意。隆舜烦恼，托梦百姓，百姓便在土主庙前建了一堵大照壁，使其看不到路，免去了欠身致意的烦恼。

万永和讲述，王典搜集、整理。收入《巍山彝族回族自治县民间文学集成资料·南诏故地的传说》，32开，1页，500余字，巍山彝族回族自治县民间文学集成办公室1987年编印。（段葵）

土主与龙神的传说

彝族土主神话。流传于云南省巍山彝族回族自治县彝族地区。讲述的是：古时候，很多汉族到蒙化，怕得瘴气，建盖土主庙，求当地神灵保佑，但不管用。后来改请龙神保佑，但需要乞求东山总土主给予安神地盘。土主降签：“可给一箭之地。”百姓便建造了大院龙神庙。后来大院垮了，又求总土主，总土主再降签：“箭杆。”大家才醒悟，原来本地人说“一箭之地”是一根箭杆长之地的意思。从此，村村的龙神庙都建成了小房子。

万永和讲述，王典搜集、整理。收入《巍山彝族回族自治县民间文学集成资料·南诏故地的传说》，32开，1页，500余字，巍山彝族回族自治县民间文学集成办公室1987年编印。（段葵）

北山寺娘娘殿的传说

彝族土主神话。流传于云南省巍山彝族回族自治县。讲述的是：蒙舍诏主在这里驻军，有一年发洪水，坝子一片汪洋，一个正在坐月子的村妇被围困在洪水之中。她为了保住婴儿的性命，把婴儿放在猪食槽里让其顺水漂去，自己却被洪水淹没了。那时，诏主的公主正在坝子里指挥军民抗洪抢险，见到洪水中漂来的婴儿，便把婴儿抱到军营喂奶照料。过了十八年，孤儿长成身强力壮、武艺高强的男子汉，被封为瓜州刺史，治理这个地方。村民看到公主如此关心黎民百姓，便尊其为黎民百姓之母，造庙宇，塑其像，称她为公主娘娘，作为本地的土主供奉。

佚名讲述，张雄搜集、整理。收入《巍山彝族回族自治县民间文学集成资料·南诏故地的传说》，32开，3页，1600余字，巍山彝族回族自治县民间文学集成办公室1987年编印。（段葵）

土主庙的来历

彝族土主神话。流传于云南省玉溪市红塔区。讲述的是：远古的时候，玉溪太极山一位老倌梦见一个慈眉善目、身披袈裟的光头老者。老者对他说："我是土主神，河边沙滩地下有我的石印，你们在那里建庙祭祀我，可保四境五谷丰登、六畜兴旺。"老倌告诉村民后，大家纷纷捐钱出力，建了土主庙，并用香椿树雕成土主神像供在庙里。

汪天喜讲述，黄金邦搜集。收入《玉溪市民间文学集成》，32开，1页，300余字，玉溪市文化局、民委、文联、群艺馆1989年编印。（普开福）

护境文帝

彝族土主神话。流传于云南省玉溪市红塔区。讲述的是：有一天正值研和过节，迎土主的队伍正好在官道上遇上朝廷命官迤南道台从省城返普洱路经此地。迎神之人来不及回避就顺势跪在街道两旁，把土主神像摆在了路中央。道台下轿围着神像转了一圈，抽出扇子敲了神像头三下，说："你是什么泥巴坨坨？"然后抬开神像扬长而去。当晚道台大人到峨山歇住，突然发烧头痛，针药无效。弄清了在研和得罪土主的事，太太立即请来师娘禳解，向空中对土主许愿："只要道爷能脱此厄病平安赴任，定然回京奏明皇上加封于您！"道台的病果真一下子就好了。他顺利任满回京后，力奏皇帝，说"研和土主德行卓异，泽被生灵"，圣上终于敕封研和土主为"护境文帝"，并赐黄袍马褂。从此，研和土主与别处土主不同，穿上了黄袍马褂。

尹汉国讲述，黄金邦搜集。收入《玉溪市民间文学集成》，32开，2页，500余字，玉溪市文化局、民委、文联、群艺馆1989年编印。（普开福）

研和土主借地盘

彝族土主神话。流传于云南省玉溪市红塔区彝族地区。讲述的是：传说研和土主的地盘不只是研和坝子，连新兴（今玉溪）州南片坝子的一大部分也归他管。那时研和土主庙的香火旺盛，远近求拜者成群结队。各村竞相迎请，从正月初一出巡，到三十夜才归殿。这年他表弟来新兴上任，地盘小，香火不旺，请求研和土主分点给他。表哥君子开口，不加思考就答应了给他"一袈裟之地"。新兴表弟土主拉着表兄站到高处，抖开的袈裟发出红光映红整个新兴坝子。表兄急忙拔出宝剑朝两坝交界一插，才挡住了红光没有把研和坝子给罩掉，不然连研和都没了。从此，研和土主的出巡只限于研和地盘了。

张凯讲述，黄金邦搜集。收入《玉溪市民间文学集成》，32开，1页，300余字，玉溪市文化局、民委、文联、群艺馆1989年编印。（普开福）

白蜡屯和土主神像

彝族土主神话。流传于云南省玉溪市红塔区彝族地区。讲述的是：远古的时候，一年夏天的晚上，倾盆大雨下个不停，龙母箐河发大水。次日，一农夫来到漫水的河边发现一棵冲来的香树干，就用锄头挖住了拉上岸，准备用作家具材料。没想到，这用锄头挖过的树干竟然汩汩地流出鲜血。农夫害怕了就叫大伙来看，众人讨论后认为肯定是神树，不如把它雕成神像供在庙里。于是请木匠把它锯成三截做成三尊管水利的神像，以"土主"命名。大的那个叫大土主，小的那两个叫小土主。同时，人们新盖了庙把"土主"搬进去供奉。从此，每年二月过米线节各村都轮流请土主、送土主，但不知什么原因，农夫所在那个村却不得请土主。后人就把该村称为"白蜡（拉）屯"。

汪天喜讲述，黄金邦搜集。收入《玉溪市民

间文学集成》，32开，1页，400余字，玉溪市文化局、民委、文联、群艺馆1989年编印。（普开福）

正月初六祭土主

彝族土主神话。流传于云南省楚雄市彝族民间。讲述的是：很早以前，鹿城称为峨碌甸，是彝族聚居的地方。彝寨里住着一对老夫妻，男的称为罗黑公公，女的称为塔凹奶奶，她是个民间草医，寨里人和牲畜有病有痛，都来请她医治，人们称她为神医。有一年，南诏王率兵来攻打峨碌甸，罗黑公公和塔凹奶奶是寨中长者，组织大家英勇抵抗，由于寡不敌众，他俩为部族英勇献身，战死在峨碌山上。人们为了纪念他们，在峨碌山上建造了“罗黑祠”，并塑了他俩的像来供奉。由于备受人们的敬奉，塔凹奶奶得道成神，成了峨碌甸彝族的土主。清朝雍正年间，皇后娘娘害眼疾，多方医治无效，后来梦见一个彝族老妇左手持司刀（彝族巫师常用的一种法器），右手拿着羊皮鼓为她治病，眼疾渐愈。皇帝闻奏，下旨敕封塔凹奶奶为“西灵圣母”。圣旨一到，地方立即重修庙宇，改罗黑祠为“西灵宫”。从此，每年正月初六人们便举行祭祀活动，祭祀土主塔凹奶奶。

刘云、方家有讲述，余立梁记录、整理。收入《云南楚雄民族节日概览》，32开，3页，1100余字，德宏民族出版社1991年版。（李惠兰　朱琚元）

兴修水利泽润民生

彝族土主神话。流传于云南省玉溪市红塔区彝族民间。讲述的是：有一年新兴（今玉溪）坝子连下大雨，积水成灾。又有谣言说新兴四面是山，洪水出不去，坝子要变海，所以人们开始搬家的搬家，做船的做船，人心惶惶。姓普的彝族头人不信邪，他先四处查看得出“若要新兴变成海，除非峨山甸尾两边的山倒下来”的结论，并亲自到处游说宣讲，安定民心。同时他向上级官府提出疏浚西河、罗木河、玉溪河、密罗河等水道，加强河堤，修筑塘堰的建议，采取了很多有力措施避免了灾难和混乱。经过几年努力，新兴成了一个不旱不涝的好坝子，而这个姓普的彝族头人却累死了。后人就把他封为土主神，专管水利，并在其土主庙执事牌上写上“兴修水利”“泽润民生”的字样。至今每逢米线节迎土主时，两块执事牌必定作为前导。

张凯讲述，黄金邦搜集。收入《玉溪市民间文学集成》，32开，1页，300余字，玉溪市文化局、民委、文联、群艺馆1989年编印。（普开福）

玉溪米线节的传说

彝族土主神话。流传于云南省玉溪市红塔区彝族民间。讲述的是：古时候，玉溪灾难重重，有时连下大雨，积水成灾。天干时庄稼晒死，见水如命，人们烧香求神也不奏效。后来这里有两位圣人，据说是彝族人，一位姓陈，一位姓土。他们智谋过人，品德高尚，率乡亲们开山造田、植树保土、修渠引水，实现了繁荣安定。但陈、土二人过早地累死了。众乡亲为二人塑了泥像，尊为土主，请进庙里敬供。塑像落成典礼时，大家欢聚夜餐，主食米线，一位秀才提出：“今天做会，还不如说是过节好。”大家问过什么节？秀才抬起一碗米线说：“过米线节！”第二年米线节到来时，有人提出将土主请出殿庙抬到各村巡游，以表报恩之心。消息传出后，各村积极响应，争先恐后来请土主。土主被请到哪村，哪村就过米线节。如此代代相传，所以各村过米线节的时间也不一样。

佚名讲述，袁树清搜集、整理。收入《玉溪市民间文学集成》，32开，2页，900余字，玉溪市文化局、民委、文联、群艺馆1989年编印。（普开福）

黑木越与色络米

彝族土主神话。流传于云南省大姚县。讲述的是：很久以前，杨梅山下的色络米是方圆百里最漂亮的姑娘，上门提亲的人很多。爹妈拿不定主意，最后决定“走马订婚”，让姑娘骑上一匹没笼头的马出去，任马自由行走，马最先吃哪家的草，姑娘就嫁给哪家，马儿最终吃了猎人黑木越的草。黑木越是土主的儿子，他有三件宝，胳肢窝里有六根天鹅毛，只要举手拍三下，就能腾空飞起；腰里那把割头剑，只要一出鞘，见者都要掉头；左手掌上有颗朱砂印，是专门镇鬼除邪的。黑木越与色络米拜过天地后，成了一对幸福的夫妻。后来，鬼怪们想出了借刀杀人的毒计，它们告诉贪婪的土司，色络米家有金子，土司血洗了色络米家。鬼怪们又告诉土司，黑木越住的那条箐沟里有金子，土司派人用鬼怪教的方法破了黑木越割头剑的灵气，想把黑木越杀死。最后，色络米家的瘦马变成一条巨龙，救了黑木越和色络米。据说，色络米和黑木越都变成了天上的星宿。

汪金泽、李灿周讲述，黄自权记录。收入《大姚县民族民间文学集成》，32开，14页，9900余字，云南民族出版社1991年版。（李惠兰　朱琚元）

嘎奈

彝族土主神话。流传于云南省楚雄市彝族地区。讲述的是：很早的时候，居住在嘎奈村的三百六十户彝家人，因为缺少耕牛，不得不向山官家租用耕牛。一个牛工要还五个人工，大家的日子非常难过。有一年，村里姓杞的人家，招了一个新姑爷名叫嘎奈，他上门时带来一头耕牛，每天能犁三十多亩地。每逢春秋两季，嘎奈总是架起牛帮助乡亲们把庄稼种下去，然后才忙自家的活。这样，山官的牛租不出去了，山官非常生气，于是写了一封密信送到土司衙门，欲加害嘎奈。土司派了一百五十名官兵前来捉拿嘎奈。统兵一声令下，乱箭齐发，谁知箭到嘎奈身前便轻飘飘地落在地上，嘎奈随手抓起箭，朝着官兵丢去，箭无虚发，连统兵也中箭身亡了。后来官兵买通了两个擀毡匠，假装进村做活计当内应，探听到嘎奈受房后山上那棵地盘藤树神力护体的秘密。山官连夜派人偷偷地砍断了地盘藤树。嘎奈由于没有了神力护体，被官兵抓住杀害了。当地彝家人为了纪念嘎奈，大村改为嘎奈大村，房后山改为嘎奈山，山顶上盖了一座庙，庙里塑了个穿着一只鞋、骑着牛的嘎奈塑像，并尊他为一方土主。自此以后，每逢正月十五这一天，附近的彝家人都到庙里杀鸡宰羊，顶礼祭奠。

者从科讲述，者厚培、余立梁记录。收入《楚雄市民间文学集成资料》，32开，5页，2500余字，楚雄市民委、文化局1988年编印。（李福云　朱琚元）

吴土主

彝族土主神话。流传于云南省楚雄市。讲述的是：南诏王被红盔红甲兵追赶到一座悬崖峭壁之下，无路可走。在这紧急关头，忽听杀出一队人马，为首的将领白盔白甲，战旗上写着“吴”字。只见他一马当先，与红甲兵厮杀起来，竟将红甲兵杀得大败。此后南诏王每遇危难，白甲将军都自然出现，为其助阵解围。数年后南诏王班师回大理，途经吕合时屯军休整。南诏王登上五楼山闲游时，突然看见白甲将军在田坝之中，便立即带领手下人下山追赶，追着追着，白甲将军进了石人坡的小庙去了。南诏王步入庙内，找遍了整个庙宇也不见白甲将军的影子。接着，南诏王叩拜了神灵。这时他发现神龛上的神像与白甲将军一模一样，所以他当即重新以大礼参拜。回到国都后立即下诏，敕封白甲将军为吕合地区土主。据说，王命到达之日，正是正月初八日，此后该日便定为吴土主大祀之日。

王钦元讲述，余立梁记录。收入《楚雄市民间文学集成资料》，32开，3页，1500余字，楚雄市民委、文化局1988年编印。（李福云　朱琚元）

姑奶奶的传说

彝族土主神话。流传于云南省楚雄市。讲述的是：吕合附近土官村的土官家有一位美丽善良的姑娘与一猎人相爱，并成了亲。一日，猎人在外遇到成群结队、举家远走他乡的村民，一打听才知道松川地方出了一个独角金牛怪，猎人决心杀死金牛怪，为民除害。猎人来到松川杀死了金牛怪，自己也壮烈牺牲了。猎人的妻子满怀悲痛地来到松川，乡亲们为猎人的不幸遭遇万分悲痛。为缅怀猎人的恩德，便建庙塑像，并尊他为“松川雄威土主”。猎人的妻子也在松川住下来，把自己所掌握的农事知识、纺织技术传授给乡亲们，使大家过上了丰衣足食的日子，人们尊称她为“土主阿婆”。后来，松川地方瘟疫横行，不幸的是，她心爱的儿子也被瘟疫夺去了生命，乡亲们把她儿子的遗像塑在雄威土主左侧，并尊称为小土主。土主阿婆在儿子夭折后，决心学好医术，为人间解除病痛之苦。数年后，吕合一带再次流行瘟疫，土主阿婆闻知后立即奔回故里，传授验方，发动群众，采药治病，疫情很快就被扑灭了。她死后，吕合一带的彝族在土主庙里为她塑像，让她接受供奉。

施宗奎、敖全安讲述，徐学森记录。收入《楚雄市民间文学集成资料》，32开，4页，2000余字，楚雄市民委、文化局1988年编印。（李福云　朱琚元）

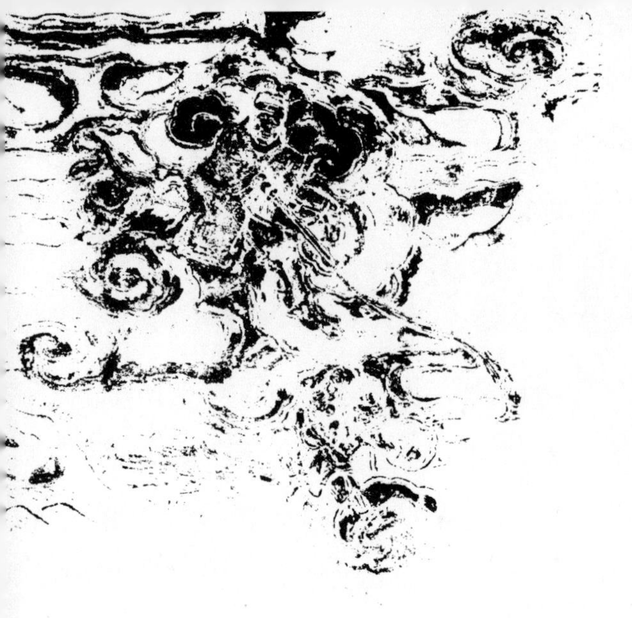

五 其他神话

天神的哑水

彝族神话。流传于四川省凉山彝族自治州。讲述的是：很久以前，人世间所有生物都会说话。天王觉得不好，只想让一种生物会说话。他想出了一个办法，便下令世间所有生物，各自选择一种仙水喝。喝了会说话的水，就能继续说话；喝了不会说话的水，就不能说话，不必争执和责怪天王不公平。约定喝水这天，世间所有生物都匆忙往天王指定的地点赶去，想抢先喝到会说话的水。那时，最聪明的是青蛙，只有它知道哪种水是会说话的水，但它跳得慢，落在了后面，又气又急。正这时候，人赶上来了。人见青蛙走得太慢，便将它抱在手里急忙赶路。青蛙见人如此好，如果人喝不到会说话的水，那该多可惜。于是，它把天王的秘密告诉了人，叫人喝旧木碗里的水。人按青蛙的指点，喝了旧木碗里的水。从此，只有人才能说话。

佚名讲述，萧崇素整理。收入《彝族民间故事选》，32开，2页，1300余字，上海文艺出版社1981年版。（阿南）

磨盘为何是八丫

彝族神话。流传于云南省景东彝族自治县一带。讲述的是：盘古分天地、分十二属时，人的寿命有一千五百岁。人吃树叶，抱着树睡觉。后来，鬼谷子的爹把一年分为四季，一天一夜分为十二个时辰。人学会种庄稼，但生吃粮食。八仙下凡教人用火熟食。八仙为人打石磨，他们一人打一丫（磨的凿纹形成的扇面），所以一扇磨盘有八丫。

鲁承忠讲述，陶明贵记录。收入《景东县民间文学集成》，32开，1页，300余字，景东彝族自治县民委、文化局、文化馆1989年编印。（谢国先）

山坡是怎样形成的

彝族神话。流传于贵州省黔西彝族居住区。讲述的是：原来天和地是两块一样大的圆饼，有一天，天和地发生冲突，双方都损失很大，策举祖

（策耿兹）为了拯救万物，派两龙王去补天地，可天无论如何都比地小，无奈把地拢起来合天，从此，隆起的地方，高处变成高山、山坡，低凹处形成河流、深谷。

潘文会讲述，郭维记录、翻译。收入《中国民间故事集成·贵州省毕节地区·黔西县卷》，32开，1页，400余字，黔西县民间文学集成编委会1988年编印。（罗德显）

喝智水和哑水

彝族神话。流传于四川省凉山彝族自治州彝族地区。讲述的是：远古时候，世界上的一切动物、植物都会说话。这事被天神额贴辜仔知道后，他害怕这些动物、植物将来会危及自己的统治和安全，于是就设一条毒计：用哑水喂这些动物、植物，请天下的动物、植物都来喝“智水”。天下的动物、植物听说天神邀请它们喝智水，都高兴地来了，额贴辜仔乘动植物还在路上的时候，就叫手下人把哑水倒在金碗、银碗、铜碗里，把一点真智水倒在一个鸡蛋壳里，然后把金碗搁在上方，银碗摆在中间，铜碗放在下方，鸡蛋壳里的那一点智水就丢在最后边。天下的动物、植物争先恐后地来到额贴辜仔放“智水”的地方，看见金碗、银碗、铜碗里盛着满满的“智水”就你争我抢地喝个干净，结果这些会说话的动植物都一个个变成了哑巴，原来这不是“智水”，而是“哑水”呀。人和青蛙因走得慢，落在了后头。等到他们走到的时候，金碗、银碗、铜碗里已是空空的了，只有边边上的一个鸡蛋壳里还有一点儿。人后悔自己走得太慢，长吁短叹了一阵后，就心不在焉地捡起那蛋壳，把里面的那点水倒进嘴里。没想到这才是真正的智水，从此，人就更加聪明了。青蛙来到以后，见金碗、银碗、铜碗里的“智水”已被舔得干干净净，只有那个鸡蛋壳里还剩有几滴，就把鸡蛋壳拿起来把它舔干净了。从此，青蛙也比以前聪明多了。

斤木铁打、玉田呷日乡讲述，沙光荣、呷呷尔日搜集、整理。收入《凉山民间文学集成》（下，故事卷），32开，2页，800余字，西南交通大学出版社1993年版。（魏娟娟）

人为什么会聪明

彝族神话。流传于云南省武定县。讲述的是：远古的时候，人比较憨，没有癞蛤蟆聪明。有一次，天神请人和癞蛤蟆喝仙水，一个木碗装憨水，一个麻栗壳里装聪明水，让人和癞蛤蟆一起上路，看谁先喝到仙水。出发不久，癞蛤蟆就追不上人了，便对人说：“你先走，到了放水处，你要喝麻栗壳里的仙水，留一点给我，木碗里的水不能喝，装的是憨水。”人听了以后，一直走到了放水的地方，端起麻栗壳把水一口喝干，然后把木碗里的憨水倒在麻栗壳里。癞蛤蟆来到时，端起来一气喝干。结果，癞蛤蟆不会说话且变憨了，从此人却变得聪明了起来。

杨绍明讲述，杨自德记录、翻译。收入《云南省武定县民族民间文学集成》，16开，1页，200余字，武定县文化局、民委、文化馆集成办1989年编印。（钱丽云　朱琚元）

只有人会说话

彝族神话。流传于云南省永仁县彝族地区。讲述的是：远古的时候，世界上一切动物都会说话，使得地上的太上老君不得安静，天上玉皇大帝不得安宁。有一天，玉皇大帝叫太上老君把三百三十三种仙酒、三百三十二只金杯和一只缺了半边口的杯子拿到世间去，并召集世间的三百三十三种动物来一座山顶上聚会喝仙酒。农历五月十三这天，操若（人名）也去那里赴会，路经一条叫咪噜扎的小河时，遇到一只石鹅也正在满头大汗地赶路去赴会，它一会儿跳，一会儿爬，走得很吃力。石鹅为了能喝到仙酒，便哭着请操若把它抱着去赴会，操若同意了。中午时分，当操若抱着石鹅赶到聚会地点时，其他各种动物都已到席就座了，只有它俩的位子还空着。石鹅眼快，跳下抢先坐在摆有金杯的位子上，急忙端起酒杯一饮而尽。操若只好端起有缺口的酒杯，把酒喝了。动物们喝完仙酒后，不会说话了，只得不欢而散。这时，太上老君对操若说："今天最珍贵的仙酒是被你操若喝了，从此以后，世间唯一能说话的只有人了，要让世间一切动物都归人利用，一切植物都归人去掌握。"从此以后，人们就利用一切动物和植物来过日子了。

李林全讲述，谢应能记录。收入《楚雄民族民间文学资料》第三辑，32开，2页，1000余字，云南省社会科学院楚雄彝族文化研究室1982年编印。（施选　朱琚元）

人为什么会死

彝族神话。流传于云南省武定县。讲述的是：远古的时候，人是不会死的。人从出生到三十岁，会抱个草墩给大人坐算是能干的了。有一天，人看见一只猴子死在箐里，便把猴尸抬回村，又把远近的人召集起来，缝了九套衣服给死猴穿上，还做了口棺材装死猴，然后杀猪宰羊地为死猴做了七天七夜的祭奠。由于人多哭声大，惊动了天神，天神便派了一只鸟和一只鼠到下界查看。天神听了报告后生气地说："人既然想死，就让他们会死。"从此，世间所有的人，不论是胎儿、小孩、年轻的和年老的都会死。

杨绍明、杨文芳讲述，杨自德、杨春林翻译，杨成记录。收入《云南省武定县民族民间文学集成》，16开，1页，700余字，武定县文化局、民委、文化馆集成办1989年编印。（钱丽云　朱琚元）

妖魔纽楚套人命

彝族神话。流传于四川省盐边县。讲述的是：从前，人不会生病，也不会死。后来，天上出了个叫纽楚的妖魔，它不喜欢人，让人生病，还想把人整死。纽楚从天上丢下来一根绳套，想把人套到天上去弄死。它第一回丢下来的绳套套在山包上，纽楚喊："是不是人？"没人答应。第二回套在罗汉松树上，第三回套在青杠树枝上，第四回套在岩石上，第五回套在篱笆上，第六回套在房柱上，第七回套到房梁上，第八回套到锅庄上。他套了八回，都是喊也喊不应，拉也拉不动。第九回套住了一个躺在床上的老人脖子上，纽楚又喊："是不是人？"老人不知道是怎么回事，就回答道："我是人呀。"纽楚听到有人答应，就使劲拉绳套，病人扳不脱，就被纽楚拉到天上弄死了。从此，人就害怕纽楚的绳套，病了就要弄药来吃，就要请毕摩来驱鬼。

热惹布尔讲述，管树华采录，收入《中国民间故事集成·四川卷》（少数民族），16开，1页，300余字，中国民间故事集成四川卷编委会1991年编印。（魏娟娟）

头发没白的人也会死

彝族神话。流传于云南省石林彝族自治县。讲述的是：古时候，人要一百岁头发才白，头发白的人才会死。鲁杨村有个聪明美丽的阿莉姑娘爱恋上了帮她们母女耕田耙地披着绿蓑衣的小伙子，小伙子每天总是干完活就走，让阿莉痴想。母亲决定招其为女婿，便到村后青龙山上的龙潭去烧香求神。龙神告知，阿莉爱上了羡慕人间生活、心地善良的青蛙精，叫阿莉妈把小伙子的绿蓑衣拿去密枝山烧掉，小伙子便会留在人间。并叮嘱："青蛙只有十年寿命，烧绿蓑衣时要念'莫让黑发人亡，白发人才死'。"结果阿莉妈念成"白发人才死，黑发人也亡"。从此，不管白发黑发的人都会死亡。

杨宗女讲述，张兴武采录。收入《云南省民间文学集成·路南民间故事》，32开，3页，1700余字，云南民族出版社1996年版。（梁红）

苍蝇和水牛

彝族神话。流传于云南省新平彝族傣族自治

县。讲述的是：天神格兹派他的三个儿子和女儿开天辟地，创造人间万物。经过一番争论，用石头做骨头、土做肉、地石榴藤做筋造了大地，并撒下金色的种子栽种。可阳光太强，草木被晒枯，人被晒昏。格兹派乌鸦遮住太阳，地上又变得一片漆黑。人们把火把拴在羊角上犁地，把羊角都烧弯了。格兹派苍蝇去把乌鸦挪开一点，苍蝇就变出很多蛆把乌鸦吃了，没吃完的就留下了些黑点点。格兹奖给苍蝇一件绿衣和一个金顶子，并许它凡可吃的东西都可先尝尝。格兹又派水牛到人间传话：各种种子都结果子，结出的果子要给人和一切动物吃，人长到头发白了才能死。水牛在路上遇着老母猴给小猴们分东西吃，暗笑中跌了一跤，结果把格兹的话错传为：世上的种子只有三分之一结果，白发老人会死，黑发人也会死。格兹知道水牛传错话，便罚它来人间犁地做苦役。

普文学、钱云贵讲述，陶学良整理。收入《乡泉集》第一辑，32开，4页，2500余字，新平彝族傣族自治县民委、文化馆1983年编印。（聂鲁）

仙狗的经书

彝族神话。流传于云南省武定县彝族地区。讲述的是：洪水泛滥后，世上只剩姐弟二人，姐姐偷偷地嫁给了天上的仙狗，弟弟到处去找姐姐，找遍了天涯海角，最后到天上才找到姐姐。姐姐知道仙狗见了生人都要咬死，就忙把弟弟藏起来。仙狗回家后，发觉有生人气，姐姐忙叫它到门外找找看。仙狗刚出门，姐姐就告诉弟弟避难的方法，弟弟依言而去。仙狗在门外找不到生人，返回家再闻闻，已没有生人气了，就跑到房后去看，也不见生人。仙狗有一本世间最完善的经书，不论是什么事情，都可以在经书上查找得知。仙狗便翻开经书，因不解经书所说，以为经书不灵了，就把它撕烂丢入大海。彝族祖先得知此事，就派老鹰去打捞，老鹰用爪抓回了漂浮在水面上的经书。现在彝族毕摩法帽上系两只鹰爪，即源于此。

杨自荣讲述，李成生记录。收入《楚雄市民间文学集成资料》，32开，2页，1000余字，楚雄市民委、文化局1988年编印。（李福云　朱琚元）

荞子

彝族神话。流传于云南省昆明市官渡区。讲述的是：有只谷雀偷吃天上的粮食时，啄掉几粒谷子、麦子和荞子到大地上。几年后，种子发芽，长成会开花结果的大树，使靠采摘野果度日的人们，粮食堆如小山。掌管万物的天神乃帕猫日奈视察天际，惊见地上的粮食长成大片的森林，棵棵果实累累，就赶忙把这些树木收到天上，可不久又从树根发芽长成大树。乃帕猫日奈请来了水神、火神，把粮食树全部淹死和烧死。没有粮食，人们只能靠打野兽、摘野果、刨草根度日，不久不少人都饿死了。看到人们的灾难，乃帕猫日奈找来三个心爱的女儿，让大女儿去找谷种，让二女儿寻麦种，让三女儿去找荞种，以解救人类。三个月后，一只小雀衔来一粒荞子，半年后两只小雀又分别衔来一粒谷子和麦子。原来，乃帕猫日奈的三个女儿为找粮种已累死变成了小雀。由于三种粮食找回来的时间不一样，荞点种三个月就可收割，而谷子和麦子要半年才能收割。

张崇美讲述，李光荣采录。收入《昆明山川风物传说》，32开，3页，1400余字，云南民族出版社1994年版。（梁红）

大米为什么变成了小米

彝族神话。流传于云南省石林彝族自治县彝族地区。讲述的是：古时候，暴发山洪，人们跑到山上避洪水，但粮食全被冲走了，人们只得靠打猎度日，并祈求天神赐予谷种。人们的祈祷感动了天神，于是向人间下了一场谷雨。那时，种出的谷粒有鸡蛋大，谷秆有树高，人们不用花费很多力气就可以收获许多粮食。于是，小孩拿粮食当玩具，大人撒谷子打架，有一个懒婆娘甚至拿谷子给屙屎的娃娃揩屁股。天神震怒，招风大王把粮食收回天仓。忽然间人们的茅棚被吹走，谷子吹得满天飞，风大王一吸气，谷子全部进了天仓。粮食没了，人们才知道自己的罪过，再次祈求天神赐粮，看到尸横遍野的人间，天神又发慈悲，降下粮食。但这次的颗粒又细又小，人们必须辛勤耕种才够填肚。

佚名讲述，张永红整理。收入《阿则和他的宝剑》，32开，2页，900余字，云南民族出版社1985年版。（梁红）

铜鼓的神威

彝族神话。流传于广西壮族自治区那坡县彝族地区。讲述的是：古时候，在广西那坡城厢镇口角山脚深潭住着一条恶龙，每年新春到来之际，便出来吃人。彝族人从云南“普梅”买来大铜鼓，抬着铜鼓刚走到山脚，铜鼓突然发热发烫，烧断抬杠和绑绳，滚到深潭中把恶龙杀死，并留驻深潭防止泉水中的小龙出来害人。人们把深潭命名为“梅巡日读”（神鼓巨潭）。

梁胜准讲述，王光荣笔录并译成汉文。收入《回、彝、水、仡佬、毛南、京六族故事选》，32开，3页，1000余字，广西人民出版社1988年版。（王光荣、蓝斯）

差使反被差事害

彝族神话。流传于四川省凉山州甘洛彝族地区。讲述的是：天帝差使牛到人间，告诉人们一天只能吃一顿饭。牛到人间时忘记了，错把一天吃一顿说成了一天吃二顿。牛返回到天上向天帝汇报时，天帝生气地对牛说：“我要你叫他们一天只能吃一顿饭，而你既然叫他们一天吃二顿，那你们就到人间去耕地给他们吃吧。”就这样它们不敢违抗天帝的命令，在那头没有当好差使的牛领路下，黄牛、水牛、牦牛一起来到了人间。开初人们见牛高大而丑陋的样子，不敢靠近，后来人们从牛的对话中偷听到了这些牛最大的弱点是怕穿鼻子。于是人们把牛鼻子穿通，再套上绳子为自己耕地。

木乃克哈讲述，沙光荣、呷呷尔日记录、翻译。收入《甘洛县彝族民间故事》，32开，2页，400余字，1988年编印。（李新渝）

雷为何不打贼头

彝族神话。流传于云南省景东彝族自治县一带。讲述的是：过去有兄弟二人掌管天地。哥哥有治天的天心，弟弟有治地的地丹。一天，兄弟两人外出游玩，突然打雷下雨，两人很不高兴。哥哥用天心把雷打落到地上，弟弟把雷扛回家锁进柜子里。贼头来兄弟两人家里偷东西，见到装雷的柜子，以为里面有金银财宝。贼头一打开柜子，雷就飞回天上去了。为感谢贼头的救命之恩，所以，雷不打贼头。

陈其进讲述，陶明贵记录。收入《景东县民间文学集成》，32开，1页，300余字，景东彝族自治县民委、文化局、文化馆1989年编印。（谢国先）

羊望娑罗树

彝族神话。流传于云南省牟定县彝族地区。讲述的是：山羊原来生长在天上天河里，后来它们在烦了，又没有草吃，就偷偷来到地上玩。这事触犯了天规，山羊被处罚永远到地面上，再也不准返回天上。山羊来到地上后，看到地上处处有青草，天天吃得饱，只只长得又肥又壮，倒觉得因祸得福，心里也很高兴。可有一点遗憾的是再也吃不到月亮里的娑罗树叶了。所以至今山羊时常仰望那棵娑罗树，直到死也不闭眼。

王钰讲述，王玉寿搜集、整理。收入《云南省民间文学集成·牟定县综合卷》，32开，1页，500余字，牟定县民间文学集成办公室1989年编印。（施选　朱琚元）

裘领

彝族神话。流传于云南省新平彝族傣族自治

县。讲述的是：人神分家时，文字只有一份，抽签被神抽走了。人没了文字便显现出诸多不便，决心派子弟上天把文字学回来。人间子弟腊者上天读书时要路过一个峥嵘的山垭口，这里有一个白狐狸精会变成窈窕女子，专门引诱读书子弟，吃他们的心，腊者也未免罹难。在天师母萨的帮助下，腊者求药修复了心。康复后按母萨的吩咐，腊者在袖筒里装两只猎鹰重上天读书。腊者又经不住白狐狸的诱惑伸手拥抱时，猎鹰窜出袖筒啄死白狐狸。猎获白狐狸后腊者剥下其皮做成一方裘领上天读书。不料人神闹起矛盾断了往来，所以天书没读得多少。

拉加朵讲述，聂鲁笔录、翻译。收入《聂鲁彝族神话故事选》，32开，6页，4000余字，陕西旅游出版社1998年版。（聂鲁）

四仙姑下凡

彝族神话。流传于云南省巍山彝族回族自治县彝族地区。讲述的是：西山有个父母双亡、卖柴度日的年轻人黑桑，他有一次砍柴回来，见门边有个大螺蛳，就把螺蛳放在碗筷柜里。从这以后，他每次砍柴回来，锅里就有热乎乎的饭菜。这次他要探个究竟，偷看到是一个女子给他做饭，就一把抓住她。后来他俩成了夫妻，生了孩子。当孩子百日时，妻子说她是天上四姑娘，因羡慕人间，私自下凡，今日是最后限期，叫他照料好孩子，说着就不见了。孩子长大后去读书，因无母常受欺负，父亲就领他到鬼谷子那里看卦。孩子照着鬼谷子的指点，到河边看见洗澡的七个姑娘，便拉住其中的第四个。母子会面后，母亲给孩子两个葫芦，说一个葫芦里有菜籽，一路走一路撒，另一个葫芦交给鬼谷子。当孩子照着撒完菜籽后，回头一看，满地都长满了刺，找不到找母亲的路了。鬼谷子把葫芦一打开，里面喷出火，烧毁了算命的书。从此，鬼谷子看卦也看不准了。

佚名讲述，左桂云搜集、整理。收入《巍山彝族回族自治县民间故事集成》，32开，6页，3500余字，巍山彝族回族自治县民间文学集成办公室1988年编印。（段葵）

宝葫芦

彝族神话。流传于云南省峨山彝族自治县。讲述的是：从前，有个穷困的孤儿，十八岁时在街上讨饭，突遇一位姑娘强烈向他求婚，在全村乡亲帮助下办了婚礼，两年后生一男孩取名乐幸。乐幸未满周岁阿爹便去世了，六岁时阿妈也去世了，他被邻居爷爷收养。乐幸想念母亲，一夜哭个不停，爷爷无奈，告诉他八十一座山背后龙潭边有七个女子在洗澡，最后一个是他妈。乐幸终于找到龙潭，等七个仙女洗完澡要走，乐幸抱住最后一个仙女。母子相认后，阿妈交给他一个装种子的葫芦，叫他走两步撒一颗种子，以后想她就按此路线来找。如果想要什么，就对葫芦喊一声，什么都会有。回家后他请全村人吃饭，对葫芦喊一声，酒肉饭菜就来了。冬天到了，他又喊出一些衣被分给穷人。他赴京赶考考中进士。后来，他去找妈妈，却被森林挡住了去路，找不到妈妈了。

佚名讲述，冰封搜集、整理。收入《嶍峨风情》（续一），32开，3页，1500余字，峨山彝族自治县民委1986年编印。（普开福）

普莫尼蕙

彝族神话。流传于四川省凉山彝族自治州。讲述的是：普莫尼蕙十六岁时到了神鹰聚会的松林里，回来便生下神人支格阿龙。女妖婆搭布阿玛掐算出婴儿是除魔英雄支格阿龙，就把她掳到西方木克哈尼做人质。寄养在洛觉瓦峨龙洞里的支格阿龙长到十六岁，有着神魔无敌的本领。他以非凡的胆量战胜了妖魔，救出被禁锢16年的母亲。母亲为了让儿子继承祖先的基业，叫他继续开辟天地，他第一个遇到的敌人是狡猾的雷神，雷神想趁其不备击死他，却反被他制伏了。一路上，他杀死了魔法无边的巨蟒，战胜并驯服了马妖和牛妖，使部落里有了马负载驮运，有牛拉犁耕种。支格阿龙为了寻找天地边界，骑上有九层翅膀的神马遨游太空，他创造了日月星辰和山川大地。可是，由于造了七个太阳和七个月亮，大地的草木都被晒枯了，他决心射下多余的太阳和月亮。他继续走上征途，彩霞仙子的女儿挽留不了他，两个表妹的温情也挽留不住他。但就在这个时候，表妹们为了自己的私情，半夜起来悄悄剪伤了神马的翅膀。支格阿龙骑着神马飞到高空，同神马一起坠入了叠帕蜀洛大海，龙母把他接进龙宫。其父神鹰获得这一消息，发动鹰族与龙族大战。鹰族想放干海水，挖了一条又深又长的沟直通金沙江，想在江口消灭龙族。突然轰隆一声，山崩地裂，叠帕蜀洛大海好像顺从了鹰族的意愿，向北流去，奔入金沙江。神鹰没有想到，龙宫里有龙泉，龙泉的水永远也喷不完。普莫尼薏呼吁双方姻亲不应继续战争，可谁也没有听她的劝告。龙鹰大战便成为人世间不可解的谜。

佚名讲述、记录。收入《中国传说故事大辞典》，16开，1页，600余字，中国文联出版公司1992年版。（阿南）

谷子的来历

彝族神话。流传于四川省凉山彝族自治州。讲述的是：远古的时候人不会种谷子，也没有谷种。但在人们的对面有谷子，狗游过江去，在谷子地里打了个滚，身上就粘了许多谷种，可是狗游回来时，身上的谷子都被水冲掉了，幸好它的尾巴尖上还有一粒谷子，人们就靠这粒种子开始种谷子。谷子长大以后，谷穗就像狗尾巴一样，原来谷子也记得它是靠狗尾巴托来的。到吃新米那天，为了感谢狗给人们带来的幸福，人们要先盛一碗饭，在米饭底下还放点肉给狗吃。听老人说，如果狗先吃饭，那一年的米就贵些，狗如果先吃肉，说明那一年的肉贵。

熊明碧讲述，管树华采录，收入《中国民间故事集成·四川卷》（少数民族），16开，1页，200余字，中国民间故事集成四川卷编委会1991年编印。（魏娟娟）

马的起源

彝族神话。流传于四川省凉山彝族自治州。远古时候，从天上掉下来一个鸡蛋和两个仙蛋。掉呀掉，滚呀滚，蛋滚进云雾中。一对大雁说：“这是我们下的蛋。”于是，母雁孵九年，公雁孵九月但没有把蛋孵出来。这蛋又掉呀掉，滚呀滚，落到树梢上。天上的一对老鹰说：“这是我们下的蛋。”雄鹰孵九年，母鹰孵九月，还是没有把蛋孵出来。这蛋又掉啊掉，滚呀滚，落进蕨草中，蕨草中的雉鸡说：“这是我们的蛋。”公雉鸡孵九年，母雉鸡孵九月，还是没有孵出来。这蛋又掉呀掉，滚呀滚，掉进水中。水中有一对喜鹊，说这是它们生的蛋。公喜鹊孵九年，母喜鹊孵九月，最先一个孵出来一匹黑马，第二个孵出来一匹白马，最后一个孵出来的是一匹黄马。从此，世上才有了马。

白顺开讲述，李绍友采录，收入《中国民间故事集成·四川卷》（少数民族），16开，1页，300余字，中国民间故事集成四川卷编委会1991年编印。（魏娟娟）

盐的由来

彝族神话。流传于四川省德昌县。从前，人间有四个皇帝，东、南、西、北各住一方。佛陀使惹皇帝住在北方，他最聪明、最能干，能上天入地，东、南、西、北他都走遍了。那时候，是雪族时代的后期，雪族是雪变出来的人。雪族一共有十二个儿子，人是头一个儿子，有血的是六种，无血的是六种。自从盘古开天地以后大地上还没有盐，有一年，佛陀使惹上天宫去做客，发现天宫的菜和人间不同，灶房的师傅告诉他菜里放了盐。半夜，佛陀使惹摸到灶房偷盐，他把四坛盐从天宫甩下地，东、南、西、北四方各甩一坛。佛陀使惹回到大地后，便赶忙去找盐坛子。找了九九八十一天，在盐源地方找到第一坛盐，就是现在的盐井厂，第二个盐坛在成都那一带，第三个盐坛甩在云南地界，第四个盐坛甩到西方国去了。天王发觉盐坛被偷了，非常气愤，便将九九八十一海里的水倒下来，大地洪水朝天，佛陀使惹偷来的盐坛也被淹了。后来，这些盐化成了水，人们把它熬成了今天的花盐。

马日里讲述，彭德发采录，收入《中国民间故事集成·四川卷》下卷，16开，1页，600余字，中国ISBN中心1998年版。（魏娟娟）

荞秆为什么是红的

彝族植物神话。流传于云南省新平彝族傣族自治县。讲述的是：哥咱天神的第九个儿子每次捕扣到雀，只见扣子勒着雀脚却不见雀身，细探其由，原是被一条大蛇把雀身吃了。于是他在蛇必经的路上倒插了尖刀等待，果见来吃雀的母蛇滑过尖刀，被剖成两半。但奇迹发生了，又见一条公蛇含来蛇药把母蛇医治好了。哥咱的儿子由此得了蛇药，用它医好了死蜜蜂、死狗以及不少死人。这天恰遇抬去火化的公主，他又把她医活了。为此，公主就嫁给了他。当哥咱的儿子出门时，公主见蛇药霉了，拿到太阳下晒晒，周围的树林偷吃了点，便发出一片新叶。太阳知道药好就把它拿去和月亮分吃掉了。哥咱的儿子回来后，搭天梯上天要拿回蛇药，未料天梯断开掉下来摔死了，他的血溅在荞秆上。从此，荞秆就变成了红色。

毕庆鑫讲述，陶学良记录。收入《乡泉集》第二辑，32开，3页，1400余字，云南民族出版社1985年版。（聂鲁）

金竹的传说

彝族图腾神话。流传于广西壮族自治区那坡县、云南富宁县和广南县等彝族地区。讲述的是：远古时候皇帝派兵抢占富饶的彝山，彝民被迫躲入大山金竹林，伺机反击。官军火烧金竹林，彝家死伤无数，有一家母子被大风吹到水沟边，得到一丛金竹的庇护，幸存下来。过后，母子培育金竹，想着有一天能依靠金竹为族人报仇。一天，皇帝来买金竹，儿子忘记母亲的嘱咐，过早地把金竹砍下，金竹里出现彝族兵勇。这些兵勇腿还是软的，官兵见了，认定彝族人死而复生，仓皇逃走。从此，彝族人就崇拜金竹了。

黎克明讲述，杨茂春、黎守真笔录并译成汉文。收入《回、彝、水、仡佬、毛南、京六族故事选》，32开，4页，1800余字，广西人民出版社1988年版。（王光荣　蓝斯）

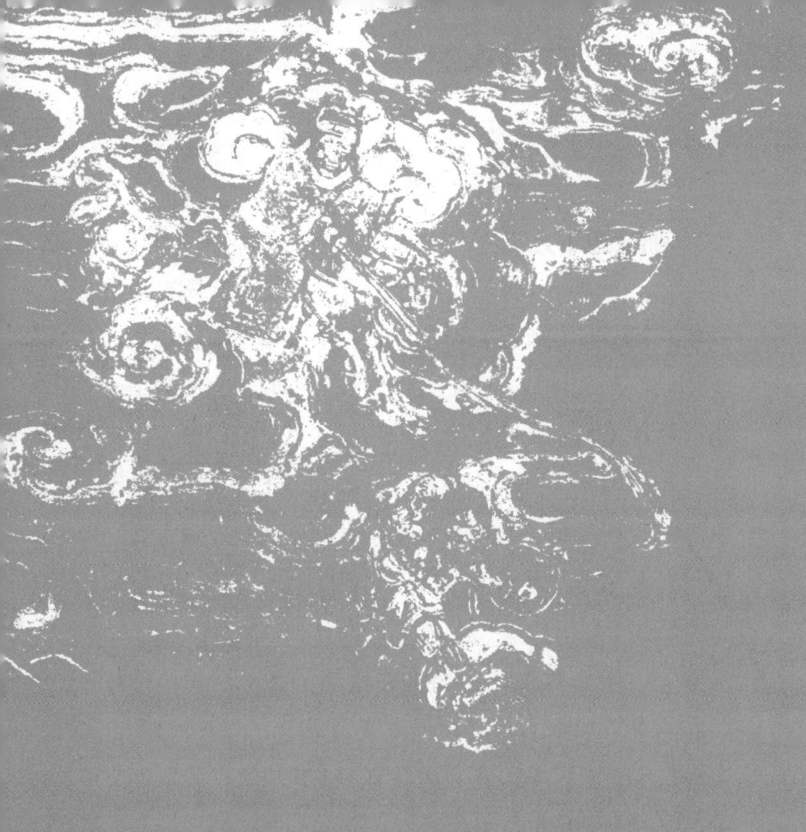

彝族传说

一 人物和史事传说

细奴逻下凡

彝族人物传说。流传于云南省巍山彝族回族自治县彝族地区。讲述的是：王母娘娘恨凤凰和金鸡，派火神的儿子细奴逻讨伐。细奴逻到凤凰山，见凤凰和金鸡唱歌跳舞，不忍加害它们。事后，王母娘娘派火神捉拿细奴逻。细奴逻在与火神的战斗中，得凤凰、金鸡救助逃脱，但还是被贬到人间吃苦。凤凰、金鸡又求老君救助，细奴逻即成蒙舍诏主。

李九妹讲述，李永英搜集、整理。收入《巍山彝族回族自治县民间故事集成》，32开，2页，2100余字，巍山彝族回族自治县民间文学集成办公室1988年编印。（段葵）

南诏始祖细奴逻

彝族人物传说。流传于云南省巍山彝族回族自治县彝族地区。讲述的是：哀牢山上彝家美丽的姑娘摩利羌在龙潭边洗衣服时蹲在一块木板上搓衣，便怀了孕，十个月后生下了九个儿子。生子当晚有条龙变成英俊的小伙子进了摩利羌的屋子，说自己是孩子的父亲，决定领走八个，把叫宠龙的小儿留给她。由于宠龙身上时时闪着一圈红光，被京城皇帝的天师测出为“圣人降临”。皇帝害怕降世的圣人将来争夺自己的王位，便派人查找。在哥哥波洗的帮助下，摩利羌逃出了哀牢山，到了巍宝山定居，并改名“羌壶”，宠龙也改名“细奴逻”。细奴逻长大后为干旱的村子砸石引水，他引水的那眼泉水就被乡亲们称为“白沙井”。他还发现了能治病的温泉，后人称为“蒙诏汤池”。此后，细奴逻帮助蒙舍诏主统一了蒙舍川，并结婚生子逻晟。一天，细奴逻带儿子上山犁地，一个驾五彩云的神人在犁上敲了十三下（据说是南诏王统治的代数）便飞走了。后来，蒙舍诏主张乐进求得知细奴逻是个能人，就把蒙舍诏首领之位让给了他。

赫青龙讲述，王丽珠采录。收入《中国民间故事集成·云南卷》，16开，4页，5400余字，中国

ISBN中心2003年版。（梁红）

细奴逻成家

彝族人物传说。流传于云南省巍山彝族回族自治县彝族地区。讲述的是：细奴逻初到蒙舍坝时，帮人家放羊。主人背信弃义，不但不给他工钱，反而更加克扣，细奴逻便放火烧了主人房舍。他在逃跑途中遇到蒙淡姑娘，蒙淡之父看他正直，叫他帮他家放羊，并把蒙淡许配给他。细奴逻推辞不得，只得遵从。在娶蒙淡途中，天赐金银，夫妻便成就大业。

李九妹讲述，罗扬奇搜集、整理。收入《巍山彝族回族自治县民间故事集成》，32开，3页，1400余字，巍山彝族回族自治县民间文学集成办公室1988年编印。（段葵）

细奴逻与乌龙剑

彝族人物传说。流传于云南省巍山彝族回族自治县。讲述的是：细奴逻追捕射中的猎物时，到了濮人的地界。濮人说他犯了族规，要捉拿他。他在逃跑途中，又与大乌梢蛇进行了一番格斗，观看了一场大青猴与大乌梢蛇格斗战术，还意外得到一把乌龙剑。他回村时，见濮人前来报复烧杀族人的惨景，便用乌梢蛇示范的战术和乌龙剑与濮人决战。胜利后，族中大伙头见他功高，就让位给他。

李九妹讲述，罗扬奇搜集、整理。收入《巍山彝族回族自治县民间故事集成》，32开，8页，5500余字，巍山彝族回族自治县民间文学集成办公室1988年编印。（段葵）

细奴逻的坐骑

彝族人物传说。流传于云南省巍山彝族回族自治县彝族地区。讲述的是：细奴逻年轻时，在打猎途中见到一匹受伤的小黑马，就把它领回家精心喂养。几年后成了腿壮蹄正的乌龙驹。一天，这马被一位白发老人看见，说是他丢失的，细奴逻便还给他。细奴逻当上部落首领后，在一次战斗中，敌人射中他的坐骑，处在生死关头，突然那匹乌龙驹飞来，把他救出了敌阵。

李九妹讲述，罗扬奇搜集、整理。收入《巍山彝族回族自治县民间故事集成》，32开，2页，1500余字，巍山彝族回族自治县民间文学集成办公室1988年编印。（段葵）

异牟寻和小沈

彝族人物传说。流传于云南省巍山彝族回族自治县彝族地区。讲述的是：南诏王异牟寻正在为王母亡灵祭奠时，见自报姓名的僧人小沈前来，又气又恼。可小沈说他有起死回生之术，异牟寻便叫他施法，王母果然活了过来。事隔一年，又有一僧人来说，此非小沈法术高明，而是王母寿长命大。为试真假，异牟寻命将死狗佯装大臣，叫小沈施术，死狗“汪汪”叫起来，众臣大惊，小沈遂告辞而别。后来王母病故，多方寻找小沈，却不见其人。

佚名讲述，王丽珠搜集、整理。收入《巍山彝族回族自治县民间故事集成》，32开，4页，2500余字，巍山彝族回族自治县民间文学集成办公室1988年编印。（段葵）

南诏王世隆的传说

彝族人物传说。流传于云南省巍山彝族回族自治县彝族地区。讲述的是：南诏王劝丰佑信佛不信道，请了印度赞陀崛多当国师，并派他选妃。第一次去选美，国师所到之处只见丑怪的女人，无功而返。第二次又去，选到一个美人，却几年不怀孕。第三次去选美，选得渔家女，生得太子，可这婴儿的左手直到七岁才打开。人们见太子手脉显示的是“好战”二字。他就是世隆。世隆登上王位后，果然穷兵黩武，与中原王朝争战不断。

佚名讲述，王丽珠搜集、整理。收入《巍山彝族回族自治县民间故事集成》，32开，4页，2500余字，巍山彝族回族自治县民间文学集成办公室

1988年编印。（段葵）

南诏第十三代王舜化贞的传说

彝族人物传说。流传于云南省巍山彝族回族自治县。讲述的是：南诏王的两个王妃安化公主和昆仑公主都没有生子，另选的侧妃却生了太子，取名舜化贞。舜化贞十岁登基，他穿白衣，人称白衣太子。他骑着白水牛，驾着白鹰去巍宝山打猎，在路过莲花塘时，白水牛见水就往水里奔去，太子落水而亡。后来人们在他落水处建起小庙，塑其像，称他为“大黑天神孝哀皇帝白牛土主”。

张希文讲述，芮增祥搜集、整理。收入《巍山彝族回族自治县民间故事集成》，32开，4页，2000余字，巍山彝族回族自治县民间文学集成办公室1988年编印。（段葵）

左土司的由来

彝族人物传说。流传于云南省巍山彝族回族自治县彝族地区。讲述的是：缅兵以象队为前阵攻到大黑山，正在放羊的左禾见到从未见过的大象，很害怕，便躲到草丛里。大象偏偏又朝他这里走来，他猝不及防，就抽出勾镰使劲一割，割掉了头象的鼻子。头象疼得往回跑，后面的象也跟着往回跑，士兵以为遭到伏击，败退回去。后来皇帝知道此事，召左禾验证后要嘉奖他，问他要什么时，左禾说：“我要西哈福。”这是彝语“羊皮”的意思，大臣却听成“世福”，皇帝就授予他世袭土司。左禾土司有职无权，他的玉印由差役早上来取，晚上又送回来。他老婆嫌麻烦，便把玉印从楼上丢下给差役，玉印砸掉了一个缺口。从此，传闻说左土司的玉印“以边缺为真”。

左有得讲述，李建周搜集、整理。收入《巍山彝族回族自治县民间文学集成资料·南诏故地的传说》，32开，3页，1400余字，巍山彝族回族自治县民间文学集成办公室1987年编印。（段葵）

左土司斗龙的传说

彝族人物传说。流传于云南省巍山彝族回族自治县。讲述的是：在左土司的故乡祖房箐的水塘里有条大黑龙，与老土司是亲家。自新土司袭任后，黑龙恶性发作，不下雨，百姓苦不堪言。老土司只得宴请黑龙，给它送了些银两，请它给水。但黑龙不守信用，还要千猪万羊。新土司生气了，便叫村民在六月十八这天到水塘边，见洪水冒出，大家就丢石头；见清水冒出，就丢包子。新土司头顶铁三脚，口里念诵老土司教的咒语，跳进水里跟黑龙搏斗。村民们按新土司的话去做，几个回合后，一团黑乎乎的东西钻出水面向西飞去，接着下起大雨，枯苗得水返青。至今，水塘里还有一块大石头，据说就是那次搏斗中丢下的千万个石头合成的。

左才讲述，左桂云搜集、整理。收入《巍山彝族回族自治县民间文学集成资料·南诏故地的传说》，32开，4页，1900余字，巍山彝族回族自治县民间文学集成办公室1987年编印。（段葵）

张氏太太的传说

彝族人物传说。流传于云南省巍山彝族回族自治县彝族地区。讲述的是：左土司游山，看见山下一堆火正烧着一个人。他下山去救时，却见火堆旁站着一个穿着破烂的姑娘，问是谁时，她说姓张。左土司把她领回去，土司老婆叫她放牛。一天，左土司看见一头水牛在吃自家地里的麦子，怎么赶也赶不走，那张姑娘一吆喝，牛就走了。为了找到牛主人索赔麦子，他们走了一村又一村，牛始终没有进村，最后到歪角河的岩壁前，牛不见了。姑娘让主人回去，自己去找。第二天早上，姑娘驮着三驮银子回来。后来左土司跟她成了亲，人们叫她张氏太太。张太太看到左土司年年去岩壁前挖银子，心太狠，就叫儿子给她做了个石棺材，自己睡进去就死了。儿子照母亲先前的吩咐料理后事之后，成了哑巴。后来左土司在张太太生前所用的枕头里见到一张纸，上面写着“歪角河有石螺无石棺，有人碰着石棺有银子万万两”。左土司派人挖了几天，却找不着石棺，问儿子，儿子只是摇头。

姚万灯讲述，薛琳搜集、整理。收入《巍山彝族回族自治县民间文学集成资料·南诏故地的传说》，32开，3页，1700余字，巍山彝族回族自治县民间文学集成办公室1987年编印。（段葵）

阿土司

彝族人物传说。流传于云南省南涧彝族自治县。讲述的是：沐英征云南时，遇到对方用大象打先锋，难以对付。一次，一头大象冲到芦苇丛中，被隐藏在那里的土人砍掉了鼻子，大象痛得反冲向本阵，沐英的官兵抓住战机，转败为胜。查功劳时，见一个穿羊皮、背象鼻箩箩的土人出来，问他叫什么时，只是“啊啊”的回答，沐英以为立功的土人姓阿。当场在他的羊皮衣上按上官印，封他为南涧土司。后来阿土司搬到太平村，皇上查得南涧地脉旺，担心那里出妖人，危及朝廷，就挖断了山脉。

焦经粹讲述，潘吉宇搜集、整理。收入《南涧民间文学集成》，32开，2页，700余字，云南民族出版社1987年版。（张秀娟）

土司百岁变虎

彝族人物传说。流传于云南省漾濞彝族自治县。讲述的是：施土司九十岁时，得知女奴脚底板上有三颗痣，认为跟自己脚底板上的七颗痣加在一起是十足的福气，就收她做小老婆。到百岁那天，土司在不知不觉中变成一只虎窜到山里，晚上又回来看他的两个老婆。两个老婆见是虎，不敢开门，后来她们学着公鸡叫把老虎吓跑了。家人因一直不见家主死后的身影，就给他建了一座空坟。自此，两个老婆的后代因没有血缘关系，一直通婚。

施凤鸣讲述，马紫钟搜集、整理。收入《大理白族自治州民间文学集成资料·漾濞民间文学选》第一集，32开，3页，1500余字，漾濞彝族自治县文化局1986年编印。（张秀娟）

母猪精和土司官

彝族人物传说。流传于云南省祥云县米甸彝族村寨。讲述的是：米甸母猪潭里的母猪精领着四个小猪精，四处危害人畜。它们只怕篾匠的弯刀，就装成母子五人到村里试探篾匠，想骗取篾刀。篾匠却骗它们说，弯刀就怕芭蕉和蛇。五娘母就先后变成芭蕉和蛇要除篾匠，正中篾匠计谋，反害了自己。县官得知篾匠除害，要给他封赏，因语言不通，县官听成他要当土司，即授予金印、铜印。篾匠听不懂，把金印、铜印丢在墙脚而去。

佚名讲述，奎汝义、王跃庚搜集、整理。收入《云南省民间文学集成·祥云县民间故事卷》，32开，5页，2700余字，云南人民出版社1989年版。（张秀娟）

三公主的传说

彝族人物传说。流传于云南省巍山彝族回族自治县彝族地区。讲述的是：三公主对父王细奴逻“火烧松明楼”烧死五个叔叔之事不满，又难以劝阻父王欺压五诏白族诏民，便回到故乡天摩崖寺当尼姑。不久积郁成疾，离开人世。从此，白族群众很感激三公主。每年正月二十三，中老年妇女成群结队，从百里以外来到巍山天摩崖寺接三公主到大理欢聚。

佚名讲述，左和玉搜集、整理。收入《巍山彝族回族自治县民间文学集成资料·南诏故地的传说》，32开，3页，1000余字，巍山彝族回族自治县民间文学集成办公室1987年编印。（段葵）

李文学放马

彝族人物传说。流传于云南省弥渡县彝族地区。讲述的是：李文学小时候帮潘大庄主放马，他放的马膘肥体壮，烈性刚强。一次，潘家八少爷要去打猎，却骑不上马，便鞭打李文学，马见了，就在一旁流泪。追猎时，马不听八少爷的话，李文学又遭一阵毒打。这回，马干脆就甩掉八少爷，到李文学跟前让他骑。后来算命先生传言说，李文学是下凡的蛤蟆星，庄主听说后就把他撵走，潘家的马也跟着死光了。

吴正铃讲述，韦明搜集、整理。收入《弥渡民族民间故事传说集》第一集，32开，3页，1500余字，弥渡县民间文学集成办公室1986年编印。（段葵）

三大碗酒和四十军棍

彝族人物传说。流传于云南省弥渡县彝族地区。讲述的是：李文学的部下安文玉，为感恩私自下山偷马进献李文学。李文学见马，不但不给予嘉奖，反而罚安文玉四十军棍。一次，李文学深夜查哨，哨兵误伤了他，他不但不处罚，反而赏给哨兵三大碗酒。

李继生讲述，盛代昌搜集、整理。收入《弥渡民族民间故事传说集》第一集，32开，3页，2000余字，弥渡县民间文学集成办公室1986年编印。（段葵）

二尼可坝

彝族人物传说。流传于云南省弥渡县彝族地区。讲述的是：李文学的女义军驻扎在铸钱山下，清军头目蔑视女义军，率兵攻打，结果失败，头目被抓。女义军对俘获的敌军头目大声喝问“那你咯怕”，群山响应。此话便辗转相传，走样为“二尼可坝”，后来人们干脆就称铸钱山为“二尼可坝”。

吴良厚讲述，张昭搜集、整理。收入《弥渡民族民间故事传说集》第一集，32开，1页，700余字，弥渡县民间文学集成办公室1986年编印。（张秀娟）

李文学之死

彝族人物传说。流传于云南省弥渡县彝族地区。内容是：李文学为回族起义领袖杜文秀解围，率军打到大理，因寡不敌众，退兵到巍山。这时被一部下出卖，被清军俘获。后来，他机智借机逃脱。清军又骗取放牛娃的信任，俘获李文学后将他杀害。

李文彬讲述，张昭搜集、整理。收入《弥渡民族民间故事传说集》第一集，32开，3页，1500余字，弥渡县民间文学集成办公室1986年编印。（巴子）

彝家兵马大元帅李文学的生与死

彝族人物传说。流传于云南省南涧彝族自治县。讲述的是：李文学出生在一个雨夜里的野地边，瓦午村的王五四收养了他们母子俩。他一出生就不同凡人，肚脐大得出奇。长大后他帮人放马，他割的草，马都要跪着吃。一天，主人见他睡在马厩旁，马不敢吃草，走近一看，见他鼻子里有两条小龙进进出出，觉得此人不可小视。后来李文学领着穷人杀富济贫，成为兵马大元帅。后因叛徒出卖，他被剐死在无量乌龟山。他死的当晚，有个李家老人梦见他被封为六畜之神，从此南涧百姓一直把他当作神进行供奉。

鲁友成讲述，左嘉禄搜集、整理。收入《南涧民间文学集成》，32开，2页，700余字，云南民族出版社1987年版。（段葵）

李官的故事

彝族人物传说。流传于云南省安宁市彝族村寨。讲述的是：李国孟、李国清兄弟靠讨饭为生。哥哥李国孟在讨饭途中被头村的一个老倌收养，后来中金榜，到省城做官，人们叫他李官。李官为民伸张正义而得罪上司，被贬为楚雄县令。在楚雄，他澄清了毕天义的生死冤案。后来，他在核定一个案子中蒙冤，幸得毕天义的救助而死里逃生。他回乡后，报效老倌养育之恩，还为村民做好事。今天头村的李姓和箐口村的毕姓就是他们二人的后代。

毕正荣讲述，姜炳才搜集、整理。收入《安宁民间故事》，32开，3页，2000余字，安宁县民间故事集成办公室1993年编印。（张秀娟）

阿勒荣

彝族人物传说。流传于云南省石屏县、红河县等地的彝族地区。讲述的是：阿勒荣从小聪明过人，过目不忘，后来在一老奶奶的指点下，跋山涉水，历尽艰辛，来到南山拜三千八百岁的仙翁为师。仙翁讲了九个年头，阿勒荣既听又记了九个春秋，终于把天下奇闻轶事全部记了下来。阿勒荣拜别仙翁转回彝山，可在路上遇到了圣人孔夫子，便与孔夫子论天下事。但孔夫子论输了，尊阿勒荣为师。从此，彝人尊孔夫子为“席子”（师祖），尊阿勒荣为“定主”（师祖的师祖）。

佚名讲述，李朝旺搜集、整理。收入《彝族民间故事选》，32开，4页，2000余字，上海文艺出版社1981年版。（龙倮贵）

武士阮元志

彝族人物传说。流传于云南省漾濞彝族自治县。讲述的是清光绪年间彝族武士阮元志年轻时为民打抱不平的三件事：一是他赶马住店时一手提一马驮，制伏放跑他的马帮的地方恶霸；二是他赶街时，拳打欺行霸市、克扣山民的地头蛇老板；三是他力扫一群盗贼，解救出被围困的一个山民。

施凤鸣讲述，马紫钟搜集、整理。收入《大理白族自治州民间文学集成资料·漾濞民间文学选》第一集，32开，4页，1600余字，漾濞彝族自治县文化局1986年编印。（张秀娟）

茶将军的传说

彝族人物传说。流传于云南省巍山彝族回族自治县彝族地区。讲述的是：村里的茶阿六因家贫，从小就帮人放羊，常摔石子招呼羊群，摔来摔去，练出百发百中的好本事。一天，身背大刀的两个衙役迷路，见羊群中的小羊羔很可爱，就抱起玩。茶阿六以为他俩是强盗，便摔出一颗石子，击中一个衙役，衙役疼得直叫；另一个衙役抽出大刀向他扑来，又中了他的一个石子。两个衙役回府禀告，老爷下令都头带衙役捉拿，结果个个被石子打得鼻青脸肿。县老爷见状又惊又喜，便请茶阿六到衙门，县老爷还请人再教他一些武艺。从此，茶阿六屡建战功，成了将军。茶将军死后，村民们建了将军庙，他生前为村民挖的井叫将军井。

佚名讲述，毛家莲搜集、整理。收入《巍山彝族回族自治县民间文学集成资料·南诏故地的传说》，32开，4页，2000余字，巍山彝族回族自治县民间文学集成办公室1987年编印。（段葵）

捉蟒得宝刀

彝族人物传说。流传于云南省鹤庆县彝族地区。讲述的是：蒋宗汉（彝族，清末武将，其死后御封壮勤公）投军后，常到寺里跟智德小和尚玩。一天，他得知小和尚为不见供品而蒙受冤屈的事后，就躲在菩萨背后观察。见大蟒来偷吃，便与蟒格斗，蟒败，变成寒光闪闪的大刀。从此，这把大刀就伴随他南征北战，屡建战功。

李鸿钧讲述，鹤庆县民间文学集成办公室搜集、整理。收入《鹤庆民间故事集成》，32开，3页，1500余字，云南人民出版社1989年版。（张秀娟）

火牛阵大败鬼子兵

彝族人物传说。流传于云南省鹤庆县彝族地区。讲述的是：在清末抗法战争中，法国鬼子兵退到文渊城，清军屡攻不下。蒋宗汉从群众送来慰问他的牛的身上得到启发，就叫部下征集来百余条牛，在牛角上缠上蘸着油的布条。夜间命部队赶着牛到敌阵前，点着牛角上油布条的火，然后枪炮齐鸣，百条火牛冲向敌阵，攻破敌人防线，取得文渊城。

李鸿钧讲述，鹤庆县民间文学集成办公室搜集、整理。收入《鹤庆民间故事集成》，32开，2页，1000余字，云南人民出版社1989年版。（张秀娟）

福地灌福水

彝族人物传说。流传于云南省鹤庆县彝族地区。讲述的是：蒋宗汉回乡省亲，跟乡亲们一起到山上伐木。大家口渴，找不到水喝，他就向红石崖猛劈一斧，流出一股清泉。人们把这股清泉引到村里，称为福地灌福水，村名也改为大福地。旁边禾米村的亲戚见了清泉，也请蒋宗汉来看水。蒋宗汉又在看好的地方劈斧，斧头拔不出来，水流出来后又流回去。至今禾米村那里还有一段干涸的沟，传说就是那曾经流过水的沟。

李鸿钧讲述，鹤庆县民间文学集成办公室搜集、整理。收入《鹤庆民间故事集成》，32开，2页，600余字，云南人民出版社1989年版。（张秀娟）

海夸

彝族人物传说。流传于云南省昭通市彝族地区。讲述的是：芒部地方的大黑彝陇家原来住在叙府，因为南干坝的果木好，就用比南干坝大一倍多的叙府来换地居住。后来，果木够吃了，又迁到比南干坝大的芒部。到了孙子一代，来到有平坝、有湖水的乌通山。夜里头人做梦，跟龙王谈好借这里建一座城，龙王答应了，但说好打五更就还地方。陇家在乌通山建了弥波城（因地形像葫芦，又叫葫芦城），并下令不准在城里打五更。第七代陇土府时，诸葛亮带兵经过此地，陇土府想和诸葛亮比试高低，派大将海夸迎战诸葛亮。海夸力大无比，拔起几抱粗的大白果树横扫过去，把诸葛亮打败了。第二回合海夸拿出白牛仙角号一吹，抓把豆子往天空一撒，变出千军万马，又把诸葛亮打败了。诸葛亮退出了一百里，派人装成货郎混进城，用调包计从陇土府女儿手中搞到白牛仙角号，又带兵来攻。白牛仙角号失灵，海夸被诸葛亮打败。陇土府答应让给诸葛亮一箭之地，箭由海夸来射，海夸力气太大，一箭射过了金沙江，落到了凉山上。从此，陇部落就渡过金沙江进入大凉山，新建一座城，繁衍后代。

曾世华讲述，杨力整理。收入《昭通地区民族民间文学资料选》第二集，32开，4页，3400余字，昭通地区文化局、民委1985年编印。（梁红）

法戛王

彝族人物传说。流传于云南省昆明市东川区彝族地区。讲述的是：东川罗音山下有个叫法戛的彝族青年，为了让受苦的娃子们摆脱官家和土司的压迫，在村中波希（会算命卜卦医病的人）的指点下，找到了有珍珠泉水、攀枝花树、红白石头、热太阳的地方，得到了珍珠泉女赠送的心灯，在这里筑起了石头城，接来了母亲、妹妹及不愿当娃子的穷苦乡亲，过上了自由自在的生活。消息传开，四面八方的受苦彝家兄弟纷纷投奔石城。其中有个骑匹飞龙马、掌心里有千里眼的叫高诺的伙子成了法戛的妹夫。石城的兴旺，使周围的土司很害怕，于是向会泽县官安大人求兵征剿。高诺掌心的千里眼看到了官兵的行动，已有准备的石城里的人们把安大人派出的兵打得丢盔弃甲。于是安大人以和亲来迷惑法戛，高诺极力劝阻，但被迷雾蒙住眼睛的法戛还是把奸细冬鸟娶回了家。冬鸟施展一切手段挑拨法戛和高诺的关系，高诺让自己变成火把来照亮法戛的眼睛。但冬鸟已经探得法戛不死的秘密，吹灭了法戛的心灯，使他失去威力，并告知安大人用尖刀草刺穿法戛的心脏，让他无法复活。法戛的妹妹竹玉死后就变成了山茶花树。人们把法戛中箭的地方叫舍块（射胯），他住过一夜的村子叫摸黑铺，从马鞍上坠落的地方叫鞍落箐，他的尸身被丢弃的地方叫拖尸，死难的地方叫格勒（尖刀草）梁子。

普茶花等讲述，谭伯信采录。收入《中国民间故事集成·云南卷》，16开，16页，20000余字，中国ISBN中心2003年版。（梁红）

阿达尼罗

彝族人物传说。流传于云南省宁洱哈尼族彝族自治县一带。讲述的是：阿达尼罗出生后死了父母，野猪、小兔、熊、马鹿把他养大。阿达尼罗在山里种粮食和棉花，分给山下的彝族和傣族穷人。山下的穷人都搬到山上住。山下的头人用毒酒害阿达尼罗成哑巴，但啄木鸟衔来红叶给他泡水喝后好了。头人又派人去毒害阿达尼罗，也没成功。阿达尼罗就带领山上的人和动物下山，吼声震倒了头人的房子，把头人压死了。傣族召勐王结婚生了女儿依罕，没生儿子。召勐王就把女儿赶走，依罕得到阿达尼罗的帮助，两人结婚。召勐王想害死女儿和女婿。阿达尼罗解决了召勐王交给他的难题：驯烈马、读贝叶经、犁地。召勐王老死之后，阿达尼罗带领彝族、傣族等住进坝子。

佚名讲述，李维群搜集、整理。收入《普洱民间文学集成（二）》，32开，19页，13500余字，普洱哈尼族彝族自治县文化广播电视局、民委1989年编印。（施文志）

飞马的故事

彝族人物传说。流传于云南省弥勒市彝族阿细人地区。讲述的是：出生在阿欲布山下的阿细，幼年时父母先后亡故。富有却吝啬狠毒的舅舅，骗他去为自己放马群。有只小马驹非常依恋阿细，阿细也很疼爱它。阿细十五岁那年，舅舅把阿细赶出家门，小马驹从马厩里跳出来跟着阿细走了。阿细带着小马驹回到阿欲布山，靠打柴过日子。土司为霸占阿欲布山，勾结官府包围了阿欲布山，阿细乘着长出翅膀的小马驹飞上高空查看敌情，并在万红坡找到了仙刀。智勇双全的阿细拿着仙刀带领乡亲们杀退了官兵，并经么宋、给的、李的、木鲁支等地，直捣昆明。昆明的木玉大人买通阿细的舅舅，让阿细和舅舅家漂亮的表妹成亲，蛇蝎心肠的表妹花言巧语骗得飞马的秘密，并剪断了飞马的翅膀，阿细落入敌人手中被杀害了。阿细死后，阿欲布山上的人们拿起武器与官军拼杀。忽然，阿细的仙刀化作雷雨、山洪把官军和狠毒的舅舅淹死了。阿欲布山的人为了纪念阿细，便自称为阿细人。

佚名讲述，武自立搜集、整理。收入《弥勒民族民间故事》，32开，11页，9000余字，民族出版社2003年版。（梁红）

孟获的传说

彝族人物传说。流传于云南省楚雄市一带。讲述的是：传说，孟获是彝族的头人，住在昆明坝子里。孟获带领百姓从黑龙潭引来了水，流进昆明坝子就成了一条河。孟获又带领百姓建造了昆明城。昆明城造好以后，官兵就杀来了，孟获带上彝族百姓和他们打仗。官兵多，但是没有办法对付孟获。因为孟获会变，不会死，即使被杀死了，也能活回来。后来，孟获的小老婆把孟获灌醉，用甜言蜜语套出了他不会死的秘密出卖给官兵，官兵捉住他，把他杀死，取出他的心在火上烤干，孟获就再也不能活回来了。孟获带领百姓造的昆明城，造了四十七年，却只管理了四十七天就被官兵占去了。

佚名讲述，李培芬搜集。收入《楚雄民族民间文学资料》第三辑，32开，2页，1000余字，云南省社会科学院楚雄彝族文化研究室1982年编印。（李惠兰　朱琚元）

七夺阿瓦

彝族人物传说。流传于云南省武定县彝族民间。讲述的是：从前的昆明城是一个彝汉杂居的城市，城中最大的官是彝族，七夺阿瓦是第四任官员。昆明城中的翠湖里住着一条小黑龙，从四川来的一条小白龙想霸占翠湖，小黑龙打不赢小白龙便请七夺阿瓦帮忙，七夺阿瓦帮助小黑龙打死了小白龙。小黑龙为了报答七夺阿瓦，便来帮助七夺阿瓦修城墙，修了整整四十年。城墙修好了，城里的彝族却被汉人赶出了城外。七夺阿瓦为了夺回昆明城，准备去同汉人打仗。他的姐姐是个女神，送给他一匹仙马，一只仙狗，一只仙鸡，再加上神箭和仙刀。七夺阿瓦打仗大获全胜，消灭了敌军，只剩下七个败兵，七夺阿瓦饶了他们。他们便和七夺阿瓦打了“亲家”，相互之间时常走动。这七个“亲家”想暗害七夺阿瓦，常在食物中下毒，但是不论怎样都害不死他。七夺阿瓦的妻子很蠢，七个“亲家”从她嘴里套出了害死七夺阿瓦的方法。这样，七夺阿瓦便被害死了，尸体埋在了昆明东门外的大桥下。

黎开世讲述，松绍先记录、翻译。收入《云南省武定县民族民间文学集成》，16开，4页，4500余字，武定县文化局、民委、文化馆集成办1989年编印。（钱丽云　朱琚元）

鲁大宗的传说

彝族人物传说。流传于云南省禄劝彝族苗族自治县彝族地区。讲述的是：据说彝族诗人鲁大宗出生在幸丘山脚下一个偏僻的小村子，时逢兵荒马乱，便举家迁至岔河村居住。不久，母亲病故。几年后，父亲又去世。善良的后母把他送到自大理来的倪举人处读私塾，在倪举人的熏陶下，他对诗歌产生了浓厚的兴趣，并以优异的成绩考人昆明五华书院。在书院，他的诗学水平及其他科目的成绩均有很大提高。书院学满后鲁大宗又在科举考试中榜上有名。之后，他不畏强权在京城打赢了官司，并机智地逃过了仇家的追杀。

鲁登云讲述，鲁宗一搜集、整理。收入《云南省昆明市民间文学集成·禄劝民间故事》，32开，3页，1400余字，禄劝彝族苗族自治县文化局民间文学集成办公室1991年编印。（梁红）

比迈哩力和他的不死药

彝族人物传说。流传于云南省永仁县。讲述的是：很久以前，永仁直苴村住着一个勤劳的彝族篾匠比迈哩力，只有一个独儿子与他相依为命。有一天，他到高山密林中砍了七十九棵竹子抬到龙潭里泡着，忽见坡上树林里一条大蟒蛇顺着山沟下来要喝水。他急得把尖刀插在山沟里，大蟒蛇被尖刀划成两半。不久，山头上又窜出另一条大蟒蛇，含着三片绿茵茵的树叶子，嚼细喂在划伤的蟒蛇嘴里，蛇的伤口就痊愈了，两条蟒蛇又一同窜回树林里去。比迈哩力找到了蟒蛇含来治伤的那棵药树，栽在一个大坛子里。从此，他用这棵药行医，为乡亲们治病，药到病除，深受人们尊敬。几年后比迈哩力去世了，直苴的彝族人民为了纪念比迈哩力为人民除害治病的功绩，每年农历十月间就做冷斋，代代相传至今。

李必荣讲述，程自馨记录。收入《楚雄民族民间文学资料》第三辑，32开，3页，2000余字，云南省社会科学院楚雄彝族文化研究室1982年编印。（李惠兰　朱琚元）

彝医巴嫫的传说

彝族人物传说。流传于云南省大姚县。讲述的是：巴嫫姑娘去放羊，忽然羊受惊吓，并吹着响鼻跑回来在她身边乱窜。她定了定神，见崖下躺着个血肉模糊的老人，她将老人喊醒。老人说，他是行医的，路过这里遇上了歹人，打断了他的手脚，抢了他的钱财跑了。姑娘解下葫芦和饭盒，给老人喂水、喂荞粑粑。老人让她去山上找一种叫阴阳草的草药，这种草叶绿心空秆四方，花白带红眼一双，晚上开花像月亮，白天开花朝太阳。巴嫫历尽艰辛，终于找到了阴阳草，并给老人包扎。包扎好后，巴嫫留下葫芦和饭盒看羊去了。下午转回崖下一看，只有葫芦和饭盒，老人不见了。后来，村里一户人家的水碓房倒了，砸断了主人的一双腿，骨头也压碎了。巴嫫姑娘用阴阳草给他治伤，七天就能走路了。她的名气从此很快传开了，远远近近的人都来找她治病。她为彝山的父老乡亲解除了很多痛苦，至今人们还传颂着巴媄医生的神奇和好处。

李传俊讲述，金铨记录。收入《大姚县民族民间文学集成》，32开，2页，500余字，云南民族出版社1991年版。（李惠兰　朱琚元）

采药

彝族人物传说。流传于云南省昆明市彝族撒梅人地区。讲述的是：很早以前，撒梅人居住的昆明大板桥附近的村庄疾病流行，随父亲行医的青年猎人阿喇与父亲一起奔忙各村救治病人。不想父亲也染上了恶疾，临终前要阿喇到哦乃奔地方找一种叫绰萝的草药医治百姓。阿喇历尽千辛万苦，九死一生，在彩云姑娘的帮助下，战胜热水河中的火龙，消灭了打鹰山的恶鹰和守着绰萝药的老鸦，采到绰萝药，治好了乡亲们的病。阿喇去世后，人们为了纪念他，把他居住过的村子改名阿喇村（阿拉村）。为了感谢彩云姑娘帮助阿喇战胜恶魔，在打鹰山旁分别建起了热水河、老鸦村、一朵云村，还建了彩云庙，并在阿喇采药归来的六月二十五日这天过小年。每当这天，人们便要盛装到打鹰山看彩云，晚上男女青年还要点火把找彩云姑娘。

王芝、王凤英讲述，李光荣搜集、整理。收入《昆明民间故事》第一辑，32开，5页，2900余字，昆明市民间文学集成办公室1987年编印。（梁红）

巧手郎中

彝族人物传说。流传于云南省双柏县彝族地区。讲述的是：双柏县彝族地区有一位医术精湛的郎中，一生致力于医药事业。患者上门求医，几乎是药到病除。每天来求医问药的人络绎不绝，门庭若市。更可贵的是，他的医德高尚，贫富无欺。由于他以医德为重，医术高深，人们都称他巧手郎中。有个忘恩负义的妇人见他生意好，就利用他开的药方制造了一场人命官司。从此，巧手郎中再也不给人家开药治病了，背着锅碗到山上去解板。据传，他解的板子全部是樟木料子。一天，有个男人肚子痛得要命，一疼起来就满地打滚，他的女人急忙找到山上求郎中医治。巧手郎中想了想，就随手抓了一把锯木屑，配上一块生姜，叫妇人拿回去煨给她丈夫吃。病人喝了药汤之后，不到一个时辰就痊愈了。不久，乡亲们纷纷到山上来求医问药，巧手郎中不得不下山重开药铺。樟木能治肚子痛也从此被人们知道。

李光荣讲述，李朝昌、苏锡纬记录。收入《双柏民间文学集成》，32开，2页，700余字，云南民族出版社1992年版。（施选　朱琚元）

彝医李四甲

彝族人物传说。流传于云南省元江哈尼族彝族傣族自治县彝族聂苏人地区。讲述的是：传说，李四甲小时十分聪明，在行医中，怎样诊病，怎样用药，父亲一教他就掌握。后来，父亲叫他去投师学彝文。他邀了几个青年到新平的磨盘山去学彝文，回来后，开始用彝文记录祖父、父亲的药方、医方，并在自己的行医实践中记录了很多行之有效的药方、医方。后来，李四甲成了一代民间名医。

李荣春讲述，宋自华记录、整理。载《礼社江》文艺小报故事专版，900余字，元江哈尼族彝族傣族自治县文化馆1986年编印。（宋自华）

普安大法师

彝族人物传说。流传于云南省牟定县彝族地区。讲述的是：很久以前，彝家山寨中流行着一种传染病。当时有个叫普安的人得了这种病被族人送进了深山老林，等待死神的来临。一天，他吃了蛇肉，病竟渐渐好转了。他正准备回家，忽见门外来了一个年轻人，询问他前几天是否看见一条蛇从这里路过。普安告诉他蛇被煮吃了。年轻人就将蛇骨从头到尾连接起来，取来一种药医治蛇，不到一个时辰那条蛇就复活了。普安受到启发，到青年人取药的地方找到那棵药回村来给乡亲们治病。普安能治病，又能唱歌的事传到玉皇大帝的耳朵里。玉皇大帝命普安上天去给他唱七天七夜的歌，天上的七天便是地上的七年。等普安回到地上，就找不到药了，原来是妻子把药烧了。从那以后，普安只能给大家治点小病，但仍能唱很多很多的歌。后来他所唱的歌被他的徒弟（也就是毕摩）一代代传承至今。因为普安是最早编唱毕摩经的人，毕摩都称他为“普安大法师”。

普兴科讲述，普启旺记录。收入《云南省民间文学集成·牟定县综合卷》，32开，3页，1600余字，牟定县民间文学集成办公室1989年编印。（李惠兰　朱琚元）

扎扎阿尼

彝族人物传说。流传于云南省昭通市彝族地区。讲述的是：扎扎阿尼是彝族最高首领芒都慈莫家的毕摩。按芒都慈莫家的规矩，每九代要做一次大斋，斋后把毕摩杀了殉斋。到扎扎阿尼时，正好遇到这样的年头。大斋收场的第三天，慈莫家每天给扎扎阿尼送闷头酒，好让他从斋棚走出时跌跌撞撞掉到挖好的陷阱里被尖刀刺死。扎扎阿尼要逃出城，慈莫叫全城妇女站在城头上，毕摩忌讳从女人脚下过，扎扎阿尼就把法帽和令牌从妇女们头上甩出去，自己从城洞出来，从此毕摩的令牌是两截合成的。因为令牌摔成两截，请了神送不了神，他被神变成癞子，于是躲到罗泽河畔的岩洞，吃蛇度日。扎扎阿尼的病好后，到木黑的黑龙潭去玩，见到一只花喜鹊啄一条小蛇，就救了小蛇。小蛇是黑海龙王的三小姐，黑海龙王要扎扎阿尼替他去向乌撒白海龙王的公子求亲，白海龙王同意了这门亲事。黑海龙王的三小姐出嫁时，芒都慈莫家到路上拦捉扎扎阿尼来殉斋，扎扎阿尼骑着黑海龙王送的飞马过来，吓得慈莫家的人昏了过去。从此扎扎阿尼在两个龙王家来往，过着悠闲的生活。

赵福清讲述，陇稼宽搜集、整理。收入《昭通地区民族民间文学资料选》第二集，32开，5页，3500余字，昭通地区文化局、民委1985年编印。（吴平）

周廷文打官司

彝族人物传说。流传于云南省大姚县。讲述的是：清道光二十五年，叭腊么村的周家出了个名人叫周廷文，无儿无女。他看到彝族乡亲们一年辛苦收获的粮食十有八九被姚州高土司家收去了，就请人写状子到姚州府告状。高土司家有钱有势，与官府相互勾结，想压服周廷文，三年官司周廷文被打一千多次屁股，打得屁股像猪皮一般厚，但周廷文打死了也不服。高家佩服这条硬汉子，免收了叭腊么的租子。周廷文打赢了官司，自己也不能动弹了，被叭腊么的彝家供养了三年后去世。为纪念周廷文的功德，人们在村里为他立了块大碑，每年的清明节这天，全村人都来给他扫墓，用祭奠祖宗的礼仪祭奠他。

李能讲述，李永芬记录。收入《大姚县民族民间文学集成》，32开，1页，300余字，云南民族出版社1991年版。（李惠兰　朱琚元）

兆得星反清

彝族人物传说。流传于云南省楚雄市、南华县彝族地区。讲述的是：清光绪三十四年，镇南县令黄运通和手下马应先以禁烟为名，大肆敲诈勒索山区人民。清末哀牢山起义军将领杞万等的儿子兆得星准备起义，并于当年冬月二十日在滥泥箐聚众议事，兆得星被推举为帅。他又任命百长，每个百长带领一百人，回去后百长负责训练。腊月十一日兆得星的队伍浩浩荡荡向镇南进攻，不费吹灰之力就进了城，找不到黄县令，就拿走了他家的白银。各百长误听了郭兆奎派出的人的谣传，撤离了县城。住在衙门大堂里的兆得星，鸡叫时才发现队伍走完了，自己也只好走了。回到滥泥箐，把百长找回来，重新组织整训。阿雄乡的刘炳兰得知省府州府派兵前来围剿就叛变了，暗中与官府勾结，以请兆得星等人去商量攻城之策为名，用计活捉了兆得星及义军头领，并押送到镇南城外杀害。

佚名讲述，者厚培搜集、整理。收入《三女找太阳——楚雄市民族民间文学集》，32开，6页，4600余字，云南人民出版社2001年版。（李福云　朱琚元）

白蜂战

彝族人物传说。流传于云南省姚安县。讲述的是：从前，有个叫李玉真颇的彝族人，力大无比，还练就了一身打石弹、养蜂、唤蜂的好本事。因小时打伤了财主家的孩子，父母只好带他背井离乡，逃到了杳无人烟的大黑山来藏身。十六岁那年，李玉真颇搭救了彝族起义军将领李文学，在李文学的感召下，他毅然辞别父母，带上心爱的白蜂参加了起义军。有一次，李文学的队伍在大理天生桥附近被敌军围困，将士们六神无主，无计可施。在危难之时，李玉真颇请求李文学派给他五十精兵去破敌。将士们以为他开玩笑，冷眼待他。李玉真颇耐心地介绍了破敌的独特方法，于是，经李文学同意后，李玉真颇带上五十名精兵和心爱的白蜂迎战敌军。一声令下，成千上万只白蜂飞向敌军，叮得敌军又叫又嚎，四处逃窜，义军大获全胜。从此，白蜂战的故事在义军中传开了。

李发珍、李家才讲述，罗桂森记录。收入《云南省民间文学集成·姚安县综合卷》，32开，7页，4500余字，姚安县文化局、文联1989年编印。（施选　朱琚元）

张母放龙云

彝族人物传说。流传于云南省禄丰县彝族民间。讲述的是：张汝翼与龙云曾是结拜兄弟，但人心难测，张汝翼为夺取军政大权，精心策划后于中民国十六年二月六日发起政变，设计将龙云抓了起来，妄图长期统治云南。张汝翼的母亲张氏是一位深明大义的人，知道儿子抓了龙云，大骂儿子不仁不义，张汝翼不得不听从母亲之言将龙云放了。龙云被放出后，在亲信的护卫下连夜逃出昆明，并派人向在祥云一带的部属求援。各路驻兵赶回后很快将昆明城围得水泄不通，双方在城内展开激战。数日后，张汝翼败退城外，在碧鸡关又大战一场，双方伤亡惨重。张汝翼见状不忍再战，带兵向南撤退。龙云派军长卢汉率兵追赶，在永白镇围住张汝翼的部队。张汝翼兵败被俘，龙云下令就地处决。至此，龙云稳稳地坐住了云南省主席的宝座。

鲁绍曾讲述，任家兴记录。收入《禄丰县民间故事普查资料汇编》，16开，2页，800余字，禄丰县委宣传部、文化局、民委1988年编印。（钱丽云　朱琚元）

海仙人和他的宝剑

彝族人物传说。流传于云南省曲靖市。讲述的是：传说，红土墙彝寨南边有龙马潭，龙马潭下方居住着年迈的阿妈和花膀子、乌舌头、力可拔山的儿子。儿子在龙山脚下犁地时得天赐宝剑，牵回的瘦白马又变良驹，让他如虎添翼，被人们尊为“海仙人”。他飞马跃上十八张八仙桌，并从寨主儿子手中夺回中意的姑娘那妮，结为夫妻。见陆良坝子的老百姓丧生暴雨、洪水，“海仙人”欲挑山堵陆良口子，他中途赶回家，卸下了两座山，一座是位于三宝温泉的石宝山，另一座是红土墙的扁担山。次年，烽烟四起，天下大乱，国王命差役寻访能人，访到“海仙人”。他含泪离家，为国征战，平息了战乱。国王分封“一箭之地”报答他，他一箭直插昆明西山之巅，划得一半国土。一别几年，思乡心切，但因吃了国王为他举办庆典宰杀的乌牛白马肉，“海仙人”患病身亡。

杨荣讲述、采录，曲新整理。收入《曲靖市民间文学集成》，32开，6页，3100余字，云南民族出版社1990年版。（谭玉婷）

海霞的传说

彝族人物传说。流传于云南省罗平县彝族地区。讲述的是：一对四十岁无子的海姓夫妇，妻子者氏梦见黑龙后产下奇子。仙人前来恭喜赐名“霞”。海霞成人后犁地得利剑，斗虎获宝马，又得神僧赠金鞍、银镫、战袍、弓和三支箭，更添神威。海霞从狼群中救出牧羊姑娘，喜结良缘。后来，邻国兵伐中原，军师梦到海霞，皇上传旨召贵人。钦差千里寻访，海霞忙农活，六月收完荞麦方启程。铁青马显神威，三个月路程顷刻至。宝剑战场立奇功，平定战祸保国救民。皇上喜赠“一箭之地”，海霞一箭射到云南五华山的照壁上，与皇上平分江山。在六月二十四日的宴席上，皇上金口玉言误咒海霞，海霞身亡。海霞阴魂不散，夜里与爱妻团聚。者氏教儿媳用麻绳追踪海霞下落，循绳来到黑龙潭，见海霞跃入水中，化为黑龙。其妻悲伤过度，在潭边产下一子。不久圣旨到，免海氏世代皇粮，免溪流村方圆万亩租税。乡亲为感谢海霞的恩德，修庙立金身，每年农历六月二十四到黑龙潭礼祭。

佚名讲述，曹正刚采集，刘学高整理。收入《云南省民间文学集成·罗平县卷》，32开，8页，5600余字，罗平县文化局、文联、民委1990年编印。（谭玉婷）

叶廷才的传说

彝族人物传说。流传于云南省红河县彝族地区。讲述的是：太周城有个叫叶廷才的读书人，六十岁时仍未中榜，便搬到城外山庙苦读经书。一个明月当空的深夜，叶廷才听到两个女鬼交谈她们生前之事，女鬼生尾妮说：“我生前不听人教诲，生活不检点，婚外情乱，被丈夫暴打而上吊自杀。”尼尾绿讲：“我在世时，嫉妒人和睦，见夫家两个嫂子亲如姐妹，便搬弄是非，搅得两家打官司。事情败露，怕吃官司而上吊。现今弄得阴间去不了，阳世不能留，看人吃饭自己饿，见人睡觉自己冷，还遭人唾骂。”生尾妮还说，她自己已选了一个丈夫做生意未归、被公婆逼着改嫁、欲寻死的李家媳妇东苏做自己的替死鬼，以便早点转世投胎，并怂恿尼尾绿也去找个替身。叶廷才听到此话后卖田换银，以李家儿子的口气写了封信寄给李家，李家就未再逼儿媳改嫁。女鬼生尾妮得知替身被叶廷才所救，想害死叶廷才，却被门神击退。叶廷才后来做了高官。

佚名讲述，白瑞义、张秀丽搜集、整理。收入《红河县民族民间故事》，32开，4页，2500余字，云南民族出版社1990年版。（梁红）

彝家花木兰

彝族人物传说。流传于云南省峨山彝族自治县。讲述的是：1883年，法国从越南入侵云南时，清廷为了抵抗法军，在彝家山寨阿科依招兵。铭都母本布姑娘看弟弟年幼，便女扮男装替弟弟去当兵。在兵营里她作战有勇有谋，多次立下了战功，被提升为副将。一次在灌木林隐蔽准备偷袭敌人时，她蹲着撒尿，兵丁见怪问起来时，她以不暴露目标为由巧妙解了围。为此兵丁们也学着她蹲着撒起尿来。她在兵营里一晃十三年，战事渐平后她回家探亲，母亲又给她梳妆打扮恢复了女儿装。有一天士兵们前来接她回兵营去，看见他们的堂堂副将变成了一个美貌女子，个个呆若木鸡。

普大爹讲述，龙云旺搜集、整理。收入《峨山民间文学集成》，32开，3页，1700余字，云南民族出版社1989年版。（聂鲁）

甘嫫阿妞的传说

彝族人物传说。流传于四川省甘洛县彝族地区。讲述的是：传说，在明朝的时候，有一个皇帝荒淫无道，每年都要派人在全国各地张贴选美告示，广选民间美女供自己玩乐。告示上写道，如有眼见耳闻美女后告知当地衙门者，大斗奖银子，大碗赏金子，并赐以高官厚禄。当时四川越西厅属下的甘洛某寨有个名叫甘嫫阿妞的十七八岁的女子，长得像月亮一般好看。在另一个寨子里，住着一位名叫吉古木几的英俊勇敢的小伙子。阿妞和木几从小就在一起放牛、割草，像亲兄妹一般。十七岁那年，阿妞嫁到吉古木几家，从此，小两口过着幸福美满的日子。一天，有四个见钱眼开的生意人看了选美告示后，就将甘洛某寨有个叫甘嫫阿妞的美女的消息告知越西厅长官。厅官立刻命手下人端出金、银、绸缎、骏马等赐赏给四个生意人。接着，越西厅长官亲自带领三百名士兵到甘洛迎接甘嫫阿妞。长官领着士兵到吉古木几家，动手抢甘嫫阿妞，把甘嫫阿妞强行拽上马背。自从甘嫫阿妞强行被官兵抢到越西厅后，哭得昏死了几次，悲伤不已，不吃不喝。长官将甘嫫阿妞关进地牢里，想压一下她的犟劲。可忠实于爱情的甘嫫阿妞决心以死来抗争，被关进地牢后，她就用带在身上的绣花丝线自尽了。长官不知道甘嫫阿妞已自尽，还火速告知皇帝，皇帝欣喜若狂，火速派了官员直奔越西厅迎接甘嫫阿妞。等这些官员赶到越西厅时，甘嫫阿妞已死了几天。当他们知道甘嫫阿妞是在牢里自尽时，就以没办好皇帝的事为由，将越西厅长官逮来砍了头。甘嫫阿妞的丈夫吉古木几听说自己心爱的妻子已自尽，就杀了那四个见钱眼开的生意人。

木乃牛哈讲述，沙光荣、呷呷尔日记录。收入《凉山民间文学集成》（下，故事卷），32开，3页，2000余字，西南交通大学出版社1993版。（魏娟娟）

牧羊得刀

彝族人物传说。流传于云南省新平彝族傣族自治县彝族民间。普应春是明朝万历十八九年威震朝廷的新平县磨盘山彝族农民抗暴起义的领袖。讲述的是：穷苦的放羊倌普应春从小丧父，阿妈领他含辛茹苦地过日子。但他自小有着要当彝家雄鹰，为彝家人打抱不平的抱负。一天和伙伴们在山中放羊，看见一把插在崖石上的大刀，伙伴们去拔拔不出来，普应春过去一拔，“嗖”的一声连刀带鞘拔出来了。他得刀后来到森林中试刀，拔出鞘的大刀刀刃指向哪里，哪里就会发出“轰隆”声并闪出一道白光，能砍倒十多丈远的一片森林，原来这是一把宝刀。后来，普应春遇白胡子仙人点拨仙法，告诉他有了宝刀，再得一匹神马即可战天下，但宝物要收藏好，穷人不可欺，强人不可惧。普应春得了仙功后，自觉精神抖擞，力大无穷。

佚名讲述，石原搜集。收入《新平县民间故事集成》，32开，3页，2000余字，云南人民出版社1999年版。（聂鲁）

逛昆明城

彝族人物传说。流传于云南省新平彝族傣族自治县、双柏县等地的彝族地区。讲述的是：普应春得了仙法后，和伙伴们在山上放羊时，伙伴们嚷叫肚子饿，他叫伙伴们烧着火堆烧芋头吃，随即捡了些圆石投在火堆里烧，一会儿圆石就变成香喷喷的芋头。伙伴们吃腻了烧芋头要吃煮芋头，他即在火上支起三个石头，顺手摘下一个伙伴的帽子当锅装上水和石头，伙伴们又吃上了煮芋头。伙伴们说能上昆明玩一回多好啊，普应春即在地上画了一道闪着白光的圆圈把羊圈起来，砍一棵树枝叫伙伴闭上眼睛骑上，很快即到昆明。伙伴们在昆明尽情玩耍后肚子饿了，普应春在每人手心里画个圆圈就变铜钱买米线吃。之后又把伙伴们带回了磨盘山。但是因误了寨主家杀羊招待来客之事，普应春被寨主打得遍体鳞伤。

佚名讲述，石原搜集。收入《新平县民间故事集成》，32开，3页，1800余字，云南人民出版社1999年版。（聂鲁）

杀死头人

彝族人物传说。流传于云南省新平彝族傣族自治县、双柏县等地的彝族地区。讲述的是：普应春被寨主打得遍体鳞伤，在阿妈七天七夜的精心照料下才好起来，但在普应春心里深深埋下了仇恨的种子。这天在山上放羊时，他约伙伴们杀羊吃，说着拨出宝刀，伴随着一道白光一群羊的头就纷纷落地。有的伙伴因害怕就跑去向寨主报告，寨主带一帮家丁来抓普应春，扬言要将普应春剥皮、抽筋、挖心肝。当寨主领家丁人多势众拥过来时，普应春高举宝刀向外一劈，寨主和家丁们的头纷纷落地。未劈死的家丁回去向寨主家的少爷禀报，少爷害怕得带上银两骑上马逃跑了。从此，普应春杀死无恶不作的寨主的事在磨盘山传扬开了。

佚名讲述，石原搜集。收入《新平县民间故事集成》，32开，2页，1300余字，云南人民出版社1999年版。（聂鲁）

奇遇神马

彝族人物传说。流传于云南省石屏县、双柏县等地的彝族地区。讲述的是：普应春杀了寨主和他的家丁后，他妈常做噩梦，梦见官兵来抓普应春，便决定领普应春来到远山的娘舅家躲难。普应春舅舅家原本是殷实人家，有不少长工替他家放牛、放马、放羊，普应春就跟这些长工一起放牧。马厩里有一匹出生已三年的瘫子马，怪可怜的。普应春向舅舅要了这匹瘫子马，舅舅爽快地给了他。从此，普应春精心照料这匹瘫子马。躲了些日子等风声平静后，普应春牵着已经能够站起来走路的瘫子马回家。来到半路见一塘水，即歇下将又脏又臭的瘫子马擦洗一番，未料瘫子马竟变成一匹熠熠生辉的雪白骏马。跳出水面时踩翻了一块石板，石板下有个洞穴，洞穴里有一副银鞍和一副拴着三股红、蓝、黄色缰绳的马笼头。普应春将鞍和笼头取出套上马，翻身跃骑拉动黄缰绳，骏马碎步小跑起来；拉动蓝缰绳，骏马风驰电掣疾跑起来；拉动红缰绳，骏马腾飞起来，跨过青山掠过白云转瞬即到了老家丁苴寨。

佚名讲述，石原搜集。收入《新平县民间故事集成》，32开，4页，2600余字，云南人民出版社1999年版。（聂鲁）

攻占平甸

彝族人物传说。流传于云南省新平彝族傣族自治县彝族地区。讲述的是：寨主家的大少爷逃离磨盘山后，拿着银两到州府状告普应春，州官收了银两即下令县官派兵捉拿普应春。县官知道普应春有宝刀神马，又受众人拥戴，故一直没有过问普应春杀头人之事。此时上司下令，只好硬着头皮驱使地方兵丁去捉拿普应春。普应春知道消息即率山寨青年出来察看。战栗畏葸的兵丁们道出了他们被违心驱使的苦衷，并请求普应春恕罪。普应春列举了州县官府催粮逼款和山寨头人欺压百姓之罪，扬言以后谁敢再来催粮逼款，定叫他有来无回。县太爷听后面如土色，只好具文上报州府。州官知道后大发雷霆，吩咐守备统领五百兵马前来征剿。普应春带领彝家青年迎战，发挥宝刀神马的威力，将官兵杀得片甲不留，并趁势攻占了平甸城，占据了磨盘山周围的大片地方。

佚名讲述，石原搜集。收入《新平县民间故事集成》，32开，2页，1200余字，云南人民出版社1999年版。（聂鲁）

朝廷征讨

彝族人物传说。流传于云南省玉溪市彝族地区。讲述的是：朝廷责令云南巡抚派邓子龙率上万官兵前来征剿普应春。邓子龙乃几上几下久经沙场之人，他放话说这只是先头部队，后有十万大兵随即就到，能说服普应春受降者，朝廷有赏。普应春舅舅怕株连九族之苦，前来劝降。普应春列数官府和山寨头人欺压百姓之罪，拒绝劝降，并对舅舅说我有宝刀神马，不怕他十万官兵。舅舅趁普应春睡熟时来偷看宝刀，在拔刀出鞘看时错将刀口对准自己而人头落地死了。普应春母子伤心异常，埋葬了舅舅。邓子龙听说这事也十分畏惧不敢贸然强攻，先派出奸细去毒死神马和偷宝刀。奸细偷偷潜入普应春家中，用狗血浇淋宝刀使宝刀失灵，在草料中放毒药把神马毒死。这时邓子龙率一群大兵向丁苴寨袭来。普应春不慌不忙拔宝刀应战，可宝刀已失去神力。他吩咐大家逃命，自己去马厩牵马，未料神马已被毒死。他只好化装成一个贩鸡鸭的挑夫逃走了。

佚名讲述，石原搜集。收入《新平县民间故事集成》，32开，3页，1800余字，云南人民出版社1999年版。（聂鲁）

应春不死

彝族人物传说。流传于云南省玉溪市彝族地区。讲述的是：普应春脱险后，改名张三，在昆明当屠户。他卖肉不用称，要几斤几两一刀砍下去绝无差错。官府明察暗访中得知，卖肉者即是普应春，便召集屠户们来砍肉。奇怪的是个个砍得像称一样准，原来普应春知道官府要以此为依据捉拿他，便事先教会了屠户们砍肉的本领。后来有奸细暗报，普应春脚底板上有一撮毛，官府紧急在四处城门撒些石灰，叫过往的行人脱鞋走过。普应春不知是用此法捉拿他，脱鞋走过时一路带走了些石灰。官府认出普应春，把他抓起来杀害了。丁苴寨的百姓到昆明把他的尸体抬回，抬到化念老鲁官坡头尸体突然重起来抬不动，即下葬在那里。从此，每到夜晚，他的坟头上会放出一束荧光照射丁苴寨子，人们说这是普应春告诉乡亲们他没有死。

佚名讲述，石原搜集。收入《新平县民间故事集成》，32开，2页，1000余字，云南人民出版社1999年版。（聂鲁）

普大王出世

彝族人物传说。流传于云南省元江哈尼族彝族傣族自治县彝族地区。讲述的是：相传，龙马山上有块方圆九十丈的巨石。这块巨石五光十色，闪闪发光，彝家人把它当神石，逢年过节都要去祭献它。有一年秋天，绵绵秋雨下了七天七夜。雨过天晴，人们到庄稼地里一看，无数的麻雀在啄食谷穗，无数的蛆虫在咬噬庄稼上的叶子。彝家祭献天神地神都不灵，只好去祭献龙马山上的巨石，求它开恩，保佑彝家安康。人们正在祈祷时，只见巨石摇摇晃晃，放出异彩。忽然间，“轰隆”一声巨响，从巨石中走出一个威武雄壮的大汉。他左手持杨柳鞭，右手持金竹棍，看见被妖魔鬼怪毁坏的庄稼，心痛至极，立即用杨柳鞭一扬，只见地里的猴妖全部变为土块，把金竹棍一甩，只见麻雀、蛆虫全部化为灰烬。为了感谢这位拯救万民的英雄，人们把他称为“普大王”。

白玉生、白佑三讲述，宋自华记录、整理。收入《哀牢山彝族神话传说》，32开，2页，1000余字，云南民族出版社1990年版。（普学旺）

神奇的葫芦

彝族人物传说。流传于云南省元江哈尼族彝族傣族自治县彝族地区。讲述的是：普大王的妻子怀孕了，普大王和妻子都十分高兴，盼望着婴儿的降生。一天，一个满头白发的老大爷来祝贺道：“恭喜！恭喜！你妻子就要生宝了。不管是人是物，都要留在彝家山寨，不然，你会后悔的。”说罢，老大爷一阵风似的走了。顷刻，妻子分娩了，一连生下了七个小葫芦。妻子一看，高兴得大笑道：“这是宝葫芦，我为彝家生下宝了！”普大王却气愤至极，把小葫芦一个一个地捡起来扔向远方。两个小葫芦落在安定村的山上，这是装矿的宝葫芦。从此，这里的山中埋下了金矿、镍矿、石棉矿。一个葫芦落在因远村的太平山，这是一个装美的宝葫芦。从此，这一带山美水美、人美物美，小伙子英俊善良，小姑娘美丽贤惠。一个葫芦落在元江里，这是一个能镇妖的宝葫芦。从此，元江里的蛟龙被镇住了。一个落在元江坝中间，这是一个装粮食、水果的宝葫芦，从此，这里粮食年年大丰收，各种水果遍地香。一个落在青龙厂村的山上，这是一个装铜矿、铁矿的宝葫芦。从此，这一带有了丰富的铜、铁矿。当普大王要扔第七个葫芦的时候，妻子一把抓住他，求他留一个给彝家人。这是一个装歌舞和智慧的宝葫芦，从此，彝家山寨成了歌舞之乡，彝族成了一个有聪明才智的民族。

白玉生讲述，宋自华记录、整理。16开，2页，1000余字，未刊稿，文稿由元江哈尼族彝族自治县史志办宋自华保存。（宋自华）

出生得离奇

彝族人物传说。流传于云南省玉溪市彝族地区。讲述的是：黑白租在妈妈肚子里怀了十二个月还没有出世，这天他在妈妈肚子里说："妈妈，我在你肚子里久了，只要有一头大象过路，你就喊我。"妈妈应诺着，但心里却有些害怕，想着不如快点生下来。这天有一条大白水牛过路，他妈即说"大象过路了"。黑白租听了即从妈妈的胳肢窝里钻了出来。黑白租一出来就拎刀去追大象，要割一块象皮来补好妈妈腋下的创伤，可是只见一头白水牛。黑白租即割水牛皮补创伤。从此，妈妈的身上就带有了伤。

龚富发、普文学讲述，陶学良搜集。收入《新平县民间故事集成》，32开，1页，800余字，云南人民出版社1999年版。（聂鲁）

到石屏吃米线

彝族人物传说。流传于云南省玉溪市彝族地区。讲述的是：黑白租小时候和村里的放牛伙伴们一起放牧，和他们相处很好。这天，他问伙伴们想不想到石屏吃米线？伙伴们虽口馋，但又担心没有钱，还怕牛马去糟蹋庄稼。黑白租即在牛马周围画了一个圆圈，牛马就在圈里啃草跑不出去了。然后在伙伴们手心里各画一个通洞钱作为买米线吃的钱，叫大家闭上眼睛，他用臂弯一边夹上几个，"呼"的一声到了石屏县城。伙伴们在馆子里美美地吃上了一顿米线，还逛了一转石屏城，黑白租又使法把他们带回磨盘山来。

龚富发、普文学讲述，陶学良搜集。收入《新平县民间故事集成》，32开，2页，900余字，云南人民出版社1999年版。（聂鲁）

到元江给妈妈买米线

彝族人物传说。流传于云南省玉溪市彝族地区。讲述的是：黑白租妈妈生病想吃米线，黑白租问妈妈是想吃元江米线还是石屏卷粉。妈妈说元江米线好吃就是远了点。过了一会儿，黑白租端着一碗热气腾腾的元江米线来给妈妈吃，还说，不够我再去端一碗。妈妈好生奇怪，元江那么远的路程，怎么一下子就端来了呢？说："够了，妈是病人吃不了多少。"吃了米线，妈妈的病就渐渐好了。

龚富发、普文学讲述，陶学良搜集。收入《新平县民间故事集成》，32开，2页，700余字，云南人民出版社1999年版。（聂鲁）

黑白租脚迹

彝族人物传说。流传于云南省玉溪市彝族民间。讲述的是：黑白租喜欢云游，行侠仗义，广交朋友。一次在元江三马头朋友处游玩，忽有家乡来人报妈妈旧病复发，黑白租心里着急，从三马头一步跨回磨盘山，一脚落在磨盘山小水井旁的一块石板上，于是便踩出了一个深深的硕大的脚印。至今这个黑白租脚迹仍存留在磨盘山的石板上。黑白租返回磨盘山后，抓药草医治妈妈，妈妈的病很快医好了。

拉加朵讲述，聂鲁搜集。载《山泉报》1986年第3期，1100余字，新平彝族傣族自治县文化馆1986年编印。（聂鲁）

黑白租碗窑

彝族人物传说。流传于云南省玉溪市彝族民间。讲述的是：黑白租广交朋友，行侠乡里，于是家里也常有宾客聚会设宴，但家里原来穷，碗不够用。黑白租用土捏了一个通洞的土巴团掷在山腰上。这个土巴团变成了一座碗窑。黑白租派人从土洞里掏碗，要多少只要报个数，总是挑不完。后来，黑白租告诉邻近村寨的人们，谁家办红白宴事，碗不够只要报数到那里挑，用后报损坏数请求收回即可。这可方便村民们了，办宴需多少碗只要到洞口报数去挑，用后只要报声“大王收回你的碗”，碗即消失回洞。

拉加朵讲述，聂鲁搜集。载《山泉报》1985年第2期，1000余字，新平彝族傣族自治县文化馆1985年编印。（聂鲁）

黑白租地板藤

彝族人物传说。流传于云南省玉溪市彝族民间。讲述的是：黑白租出门三年不归，家里知道他喜云游，开初没当回事，可时间长了觉得不对劲，派人去找。找他的人到磨盘山顶大声叫唤，这时黑白租从一片绿茵茵的地板藤下爬起来。原来，黑白租有个嗜睡的毛病，那天他在山上打了个盹睡着了，一觉便睡三年，身上被地板藤爬满且长得有手膀子粗了。这时，找他的人才长长地舒了一口气。至今，在磨盘山落水洞旁的山地里，还长着一片黑白租地板藤，藤条弯弯，里面真的像有人睡过似的。

拉加朵讲述，聂鲁搜集。载《山泉报》1987年第3期，1100余字，新平彝族傣族自治县文化馆1987年编印。（聂鲁）

柱子为什么竖不起来

彝族人物传说。流传于云南省玉溪市彝族民间。讲述的是：黑白租的姐姐家盖新房，妈妈叫黑白租给姐姐送贺礼。盖新房的木匠师傅对黑白租很不礼貌，拿他开心取笑。待房子立柱时，柱子总是竖不起来。姐姐知道弟弟很有本事，就喊睡闷头觉的他来帮忙。黑白租洗把脸把洗脸水浇在柱脚上，用脚蹬一下柱子就竖起来了。木匠师傅知道是黑白租搞鬼，便一斧头砍过来，可斧头到黑白租跟前就掉了。

龚富发、普文学讲述，陶学良搜集。收入《新平县民间故事集成》，32开，2页，800余字，云南人民出版社1999年版。（聂鲁）

捉拿黑白租

彝族人物传说。流传于云南省玉溪市彝族民间。讲述的是：昏庸的县官听了木匠师傅的谗言，派人来捉拿黑白租。三个差役来到黑白租犁田的河边问：“你是否知道黑白租？”黑白租说：“他就是我哥哥，我领你们去。”遂歇犁把牛抱出田来。差役见黑白租的“弟弟”有抱牛的力气，觉得黑白租可能会更厉害，于是就吓得溜回去了。县官又派五个得力的差役来捉拿，五个差役也心虚，正遇扛犁回家的黑白租，问：“你是否知道黑白租？”黑白租同样回答说：“他就是我哥哥。”即握住犁把竖起犁头戳梨果给差役们解渴。看着黑白租超凡的臂力，又把五个差役吓跑了。县官听差役回报后发火了，派武官率上百兵丁来捉拿黑白租。黑白租点起他的十二盏神灯，口念：“火烧官兵。”果真把来捉拿的官兵烧得焦头烂额，只有少数残兵夹着尾巴逃跑了。县官吃不香，睡不着，派大兵把村寨团团围住。黑白租愤怒了，拔出了神剑。这神剑只要出鞘，刀口所向人头纷纷落地，只剩少数官兵逃了回去。

龚富发、普文学讲述，陶学良搜集。收入《新平县民间故事集成》，32开，2页，1400余字，云南人民出版社1999年版。（聂鲁）

神器失灵

彝族人物传说。流传于云南省玉溪市彝族民间。讲述的是：黑白租打退官兵的事传到州府，官府组织州县官兵又打来。这次官兵有石屏的、峨山的、元江的，来的人黑压压一片，像黄豆那样多。官兵们围得很近了，黑白租口中念念有词，点亮了神灯，可神灯失灵了。他又抽出神剑，可神剑也失灵变成钝刀了。黑白租挥刀奋力与官兵厮杀，因寡不敌众，被官兵捉住了。

龚富发、普文学讲述，陶学良搜集。收入《新平县民间故事集成》，32开，1页，800余字，云南人民出版社1999年版。（聂鲁）

烧不死的黑白租

彝族人物传说。流传于云南省玉溪市彝族民间。讲述的是：官府捉住黑白租后，押着他到峨山、通海游街示众。在峨山，刽子手们用开水烫黑白租，黑白租说："好冷啊，再烧开点。"在通海，刽子手们叫黑白租在支着利刃的床上睡觉，黑白租睡得鼾声如雷。押回新平，刽子手们用大火烧黑白租，黑白租在烈火中说："你们永远烧不死我。"熊熊大火从早烧到晚，黑白租不见了。刽子手们面对火灰喊："黑白租你死了没有？""我在这儿呢！"三堆火灰里同时传出黑白租的回答声。刽子手们把火灰装进瓦罐里，瓦罐里同样有黑白租的回答声。

龚富发、普文学讲述，陶学良搜集。收入《新平县民间故事集成》，32开，3页，1300余字，云南人民出版社1999年版。（聂鲁）

红笋

彝族人物传说。流传于云南省玉溪市彝族民间。讲述的是：黑白租的妈妈和乡亲们怀着满腔悲愤把烧黑白租的灰烬铲进背篓里准备拿去埋葬。这时，灰烬里突然传来黑白租的声音："妈妈，在这里会长出一蓬竹子，每年会发一次红笋芽，我永远活在你们身边。"以后，果真在烧黑白租之地长出了一蓬竹子，雨水落地后，就发出了红笋芽。

龚富发、普文学讲述，陶学良搜集。收入《新平县民间故事集成》，32开，1页，800余字，云南人民出版社1999年版。（聂鲁）

黑白租坟

彝族人物传说。流传于云南省玉溪市彝族民间。讲述的是：埋葬黑白租的土包渐渐长大，长成了一个大山包。人们都说这是黑白租的地胎包，黑白租又要复活出世了。官府害怕这山包越长越大，领着兵丁来挖山包，但山包挖了又长，依然如故。官府强迫民众在山包上开荒栽庄稼，但栽下的苞谷突然会变成参天劲松。于是人们就再也不敢动这山包了，把它当作神拜祭。至今，这个山包仍存，上面古木森森。

拉加朵讲述，聂鲁搜集。载《山泉报》1987年第3期，1100余字，新平彝族傣族自治县文化馆1987年编印。（聂鲁）

龙在田的传说

彝族人物传说。流传于云南省石屏县、红河县等地的彝族地区。讲述的是：龙在田是其母与村边龙潭里的龙交欢而生，但其母难产而亡。他与外公外婆相依为命，为外公外婆放牛羊。他喜欢拿锄头当马骑。有一年，发生战乱，皇帝梦见天庭洞开，神龙传话西南龙在田可平定战事。于是皇帝密传旨令让大臣查访西南异人。钦差大臣明察暗访，终于找到了龙在田。龙在田告别外公外婆及父老乡亲，复命圣旨，并在复命途中按照其父龙神的旨意用九万两黄金买了龙马。到了京城，皇帝命他去水溪平息战乱。可皇帝不给一兵一卒，只给他三千两银子，要他自己去招兵买马。他一路打着"龙"字大旗，招收兵马，用火牛战术一举攻破水溪城。战后皇帝嘉奖他，并为他更衣，看见他一身纹龙鳞状，才知他是龙子。晚年他看到朝廷腐败，便告老还乡。

佚名讲述，李朝旺搜集、整理。收入《彝族民间故事选》，32开，5页，4000余字，上海文艺出版社1981年版。（龙倮贵）

鲁贯实的传说

彝族人物传说。流传于云南省楚雄市、南华县的彝族地区。讲述的是：鲁贯实是哀牢山西舍路德波苴大梨树村人，是地主谢干成家的佃户，到了二十六七岁还讨不起老婆。咸丰元年，舅舅家给了一头小猪，准备三十晚上杀了过年，却被狠心的地主拉走抵租了。鲁贯实非常愤怒，三十晚上潜入谢干成家，把他杀了，然后逃到镇南一街避难。期间，结识了段文英、肖士善等人，一起举起义旗，拉起了千余人的队伍，在罗明乡、英武乡一带活动，杀了前来围剿的陈短土司，烧毁了土司府。咸丰五年，楚雄李大人发兵驻扎麻地垭口和三尖山，段文英、肖士善不幸被捕遇害，鲁贯实又在楚雄八哨召集农民扩大队伍，各哨山头扎起营来，抗租抗税。驻扎在祥云大者古的清军，知悉鲁贯实的帅府后，前去大迤能山腊武地围剿，鲁贯实不幸被捕，被押往大者古杀害。

佚名讲述，者厚培搜集、整理。收入《楚雄市民族民间文学集》，16开，4页，1800余字，楚雄市文化馆1991年编印。（李福云　朱琚元）

木马

彝族人物传说。流传于云南省玉溪市彝族地区。相传鲁班离开山东鲁家到肃州两年，妻子在家怀孕了，母亲焦躁不安，认为儿媳伤风败俗。儿媳就把鲁班做木马夜里回家探亲的事对母亲讲了。母亲乘他们相遇时，悄悄骑上木马飞天去了，到了四更木马下落，母亲精疲力竭，从木马上摔下来摔死了。人们就称这个村为“木马村”。

佚名讲述、记录。收入《中国传说故事大辞典》，16开，1页，100余字，中国文联出版公司1992年版。（阿南）

英雄哈依迭古（一）

彝族英雄人物传说。流传于四川省美姑县彝族地区。从前有个英雄名叫哈依迭古，他吃得，跑得，累得，胆子大，经常抓虎当马骑，追赶贼有功。哈依迭古从小就能一顿吃掉一头牛和十担荞子面，家里双老养不起他，叫他出家门找活干，那时，出门找活做无非就是找大土司家当保镖，他找到了土司，当上了保镖。在几次行动中，他因表现不错而受到大土司的重用。

吉伍哈则等讲述，李民记录。收入《彝族民间故事选（一）》（彝文版），32开，4页，1600余字，四川民族出版社1982年版。（贾斯拉核）

英雄哈依迭古（二）

彝族英雄人物传说。流传于四川省美姑县彝族地区。由放牧、离家出走、想家、按照协议办、回家五则故事组成。讲述哈依迭古从小胆大，能抓蛇做腰带，能抓虎当马骑，长大后独自离家到土司阿支家带兵打仗，最后以大胜而归，让当地人民过上安居乐业的生活，取得当地人们的喜爱、崇敬，也得到了大土司的敬重，成为父老乡亲喜欢的人。

阿培等讲述，伍且记录。收入《彝族民间故事选（2）》（彝文版），32开，21页，10000余字，四川民族出版社1986年版。（贾斯拉核）

哈依迭古

彝族英雄人物传说。流传于川滇大、小凉山彝族地区。又名“罕亦跌古”“海乙滇古”“哈乙滇古”，系同意异译。讲述的是：哈依迭古快要出生时，他的猎人父亲被美姑残暴的兹莫（彝族古代最高统治者）兹阿勿泼泼杀害。他出生后，幼小的心灵里就埋下复仇的种子，发誓长大后要报杀父之仇。于是，哈依迭古自小练弓习武，十三四岁时，便成了一个一手执银弓，一手执铜矛的好猎手。长到十七八岁时，他成了一个英雄好汉。他持剑离开日哈洛莫家乡来到美姑地方，寻机一剑把仇人兹阿勿泼泼杀死。报了父仇后，他回到家乡向妈妈报告。妈妈很高兴，但怕兹阿勿泼泼家来报仇，就叫他离开家乡到祖祖朴勿投奔兹米阿吉家。哈依迭古几经周折，终于来到兹米阿吉家。哈依迭古武艺超群，受兹米阿吉器重，做了兹米阿吉家的将领。哈依迭古带兵一举收复了兹米阿吉家的失地。过了几年，哈依迭古思念妈妈，便回家乡看望。就在这时，兹米阿吉家和木火则勿家发生战争。兹米阿吉家战败，兹米阿吉被木火则勿杀死。哈依迭古得知消息后，立即赶回兹米阿吉家，整顿兹米阿吉家的队伍，杀入木火则勿家复仇，木火则勿家战败。哈依迭古刺死木火则勿。他杀红了眼，该杀的杀了，不该杀的也杀了，男人杀了，妇女也杀了。待他冷静下来一想，越想越懊悔，越想越悔罪，再无脸去见妈妈。他脱下了身上的铠甲，拔出宝剑，刺入自己的心窝。一场冤家械斗，战败者倒下了，战胜者也倒下了。谱写了一曲悲歌。

佚名讲述，海来莫、白芝收集、整理。收入《中国民间故事三套集成四川喜德卷·凉山彝族民间故事选》，32开，12页，8000余字，四川民族出版社1990年版。（阿南）

捕虎勇士拉玛洛基

彝族英雄人物传说。流传于四川省大凉山一带。讲述的是：大官要虎作礼品，吩咐头人阿柱洛尼为他捕一只虎。为捕虎阿柱到深山苦了一年，差点丧命。后来他遇上一个人正在烤熊肉吃，此人就是著名的猎手拉玛洛基。阿柱只好请求拉玛洛基帮助他捕虎，拉玛答应了。拉玛终于捕到两只小虎，并且杀了两只害人的大老虎。阿柱十分感激，杀牛宰羊款待拉玛，拉玛说自己是个白彝猎人。官家要把猎人的住地划归阿柱管，阿柱说：“我不能管，有个白彝娃子叫拉玛洛基，他本事大，人品好，他才是真正深山里的王哩！”

勒乌章加讲述，沙玛伍哈口译，萧崇素记录、整理。收入《彝族民间故事选》，32开，4页，2700余字，上海文艺出版社1981年版。（阿南）

阿衣错比与阿丝木呷

彝族英雄人物传说。流传于四川省凉山彝族自治州。讲述的是：昭觉县比尔拉达有个青年，名叫阿衣错比。他从小聪明伶俐，吃苦耐劳。他把自己积攒的金子熔化，装进一根荆竹竿里，要去外乡寻找一个称心如意的姑娘做媳妇。他碰见了一个名叫阿丝木呷的姑娘，彼此情意相合，结成了夫妻。后来阿衣错比家的母绵羊生了一只双舌羊，叫声非常洪亮，周围五十里都能听到，虎豹豺狼都被吓跑了，乡亲们过上了平安日子。这件事很快传到了土司耳里，他派人来抢走了双舌羊，把阿衣错比关进水牢。阿衣错比趁土司上山打猎的时机，说通了看守的两个娃子，并用隐语写了一封信，让看守娃子把信送给妻子阿丝木呷。阿丝木呷和乡亲们拿起武器到土司衙门造反，救出阿衣错比，杀死了土司。从此，彝族地区18家土司再也不敢胡作非为了。人们把阿衣错比和阿丝木呷看成智慧的化身和具有反抗精神的英雄。

麻里索格讲述，沙玛伍哈口译，萧崇素记录、整理。收入《彝族民间故事选》，32开，12页，8100余字，上海文艺出版社1981年版。（阿南）

央惹兹莫和他的后代

彝族人物传说。流传于四川省喜德县一带。由央惹兹莫、萨剎和妞妞、情恩、突变、逃亡、山中遇险、妞妞改姓、母子团圆、婚嫁、在成长、危机四伏、俄吉吉补、神箭结良朋、竹核觉莫地方、智退敌兵、母亲遭难、打开魔窟、正义之战、大闹皇城、四方结盟、再赴皇宫等部分组成。讲述的是：很久以前，有个名叫央惹的兹莫头人，他带领百姓四处迁徙，寻找一个适宜居住的地方。后来定居于克木所洛（在今盐边县境内）。不过几年，部族人丁兴旺发达，央惹兹莫一天比一天骄横。他的百姓遭难，他和他的后代悲欢离合。央惹兹莫的二女儿妞妞给他写了一封信，信上说：“父亲，我狠心的父亲，你的女儿这一生不能来见你了。你养育了儿孙，又残害儿孙。我死里逃生，可我那可怜的萨刹姐姐，被你派来的追兵杀害在索河衣兹地方。父亲啊！你杀害了别家人的多少儿女还嫌不够，又杀害自己的儿女。俗话说，只要能使父母幸福，儿女不怕吃苦。父亲啊，女儿尝尽了人间的艰辛苦难，你幸福吗？……”央惹兹莫读了二女儿的信，失声痛哭。从此，他忧郁成疾，不久就病死了。

阿尔大则讲述，阿尔拉哈收集、整理，白芝翻译。收入《中国民间故事三套集成四川喜德卷·凉山彝族民间故事选》，32开，52页，35000余字，四川民族出版社1990年版。（阿南）

朴惹阿欧

彝族人物传说。流传于四川省喜德县一带。讲述的是：从前有个名叫朴惹阿欧的人，人们都说他又犟又傻。朴惹阿欧家里养了一大群绵羊，在一个雪天的早晨，他把羊群赶到山顶上放牧。有人问他：“这么冷的天气，怎么把羊群赶到山顶上放牧？”他回答道：“正因为天冷，我才赶羊到山顶上放牧哩！”一冬一春，他的羊死了一大半。这样，他慌了，树上的知了还没叫，他又把羊群赶到山脚下放牧，羊群全死光了。第二年，朴惹阿欧卖了家产，买了一群小羊。他把前次放牧的时间顺序颠倒过来，冬天在山脚放牧，夏天在山顶上放牧。这一年，他的羊群比别家的多生了好几只羊羔。他又别出心裁，一年喂羊三次盐巴，剪三次羊毛。他的羊群又肥又壮。朴惹阿欧最爱吃甜荞粑粑，这一年，他异想天开地在苦荞地里改种甜荞，还提早种了下去，结果颗粒无收。但与甜荞同时下种的苦荞却获得丰收。他忽然想起种荞的那天听见布谷鸟叫声。从此，他每年都在布谷鸟叫时种荞，年年丰收。很快，朴惹阿欧种荞的经验和一年剪三次羊毛的事迹和他闹下的笑话传遍彝家山寨。

阿丁木吉讲述，白芝收集。收入《中国民间故事三套集成四川喜德卷·凉山彝族民间故事选》，32开，5页，3300余字，四川民族出版社1990年版。（阿南）

天上的强盗

彝族人物传说。流传于四川省凉山彝族自治州。讲述的是：美姑县阿瓦山甲都阿斯土司非常暴虐。他有四个儿子，一个叫阿斯布布，一个叫阿斯呷呷，一个叫阿斯母勒，一个叫阿斯米约，他们一个更比一个坏，不但平时勒索百姓，并且一到过年或送灵念经，就带着队伍来公开抢劫百姓祭祀祖先的猪羊祭品，弄得百姓生活艰难，怨声载道。有一次发大洪水，把他一家都冲走了，百姓们才喘过一口气来。至今美姑百姓还认为他们虽然死了，但仍然在天上做强盗，当人间送灵念经或过节时，他们仍然要到人间来抢劫。怕老祖宗来享祭时在路上和他们相遇打冤家，因此至今美姑人过年敬祖先，经常提前在初二的晚上，最迟也不超过初三天亮以前。在祭祀的时候，祭司经常要念以下这首咒歌：“砍阿斯布布的头，砍阿斯呷呷的头，砍阿斯母勒的头，砍阿斯米约的头，砍偷人抢人者的头。”认为这样念咒，天上的强盗就不敢来了。

佚名讲述、记录。收入《中国少数民族文学》，32开，1页，400余字，湖南人民出版社1983年版。（阿南）

粗糠宝

彝族人物传说。流传于云南省昆明市彝族撒梅人地区。讲述的是：与母亲相依为命的美丽姑娘阿吉莉，因被恶霸齐保董相中，欲强占为妻。阿吉莉指着一块石头对姐妹们说，情愿嫁它也不嫁强人。从此，她经常感到石头变成一个英俊小伙子来帮助她，并恋上了这个叫阿石克的似人非人的小伙子。不久阿吉莉怀孕生下一男孩，因怕人耻笑，便将婴儿转送他人。抱走婴儿的人贪杯，便将孩子埋在粗糠堆中，几日后，发现婴儿还活着，又抱还阿吉莉，孩子因此得名粗糠宝。粗糠宝长大后，母亲带他去认石父亲，父亲送他一把神剑。他拿着剑，带领村民杀死齐保董及其走狗，使百姓过上安居乐业的日子。为记住粗糠宝这位英雄，每年六月十三日撒梅人都要集会纪念他。

毕崇发讲述，李洪信记录、整理。收入《昆明民间故事》第一辑，32开，16页，10000余字，昆明市民间文学集成办公室1987年编印。（梁红）

粗糠宝的传说

彝族人物传说。流传于云南省昆明市呈贡区。讲述的是：南诏中期，阳宗海边一个小村庄里，一个姓洪的姑娘与玉皇大帝座前御猫转世的一个石人幽会，生下了粗糠宝。粗糠宝十六岁那年，玉帝的五只玉鼠下凡作乱，粗糠宝便跟父亲石将军学艺，平息了鼠患，粗糠宝被封为平冠王。当他回家祭祖时，家乡十八村因他是一位姑娘所生，名声不好，都不肯来迎接他。粗糠宝发下咒怨，气绝而亡。果然，粗糠宝死后不久，咒怨一一应验。人们便在涌金山建一座寺，塑粗糠宝的真身站像在正殿上供奉。自供奉粗糠宝以后，十八村人畜平安，风调雨顺。

佚名讲述，郑凯记录。收入《呈贡民间故事》，32开，4页，2200余字，呈贡县民间文学集成办公室1995年编印。（海涛）

粗糠宝结亲的传说

彝族人物传说。流传于云南省昆明市呈贡区。讲述的是：在阳宗海东边的村子有一个叫明珠的姑娘长到十八岁了，还未找到如意郎君。农历三月初三这天，母亲带明珠叩拜在粗糠宝脚下，祈求神灵给女儿找一个如意郎君。突然，从大殿上空掉下一只翡翠玉镯来，明珠往手上一戴，不大不小刚合适，可是戴上去就脱不下来，此物便成为明珠许配终身的信物。明珠从万福寺回来，就忙着等郎君结亲拜堂。结亲那天，明珠父母只听见锣鼓唢呐声，却不见姑爷。可从这天以后，明珠的肚子却大了起来，他们才知道，粗糠宝是他们的姑爷。后来，明珠十月临盆，产下一子，就是供奉在万福寺内土主殿上的小太子。

佚名讲述，郑凯记录。收入《呈贡民间故事》，32开，2页，900余字，呈贡县民间文学集成办公室1995年编印。（海涛）

石尔俄特寻父买父记

彝族史事传说。流传于四川省凉山彝族自治州。远古时候，人们只知道有母亲，不知道有父亲。石尔俄特八代生子不见父，他从懂事起，到长大成人，都不知道自己的父亲是谁。他思考着：要是有了父亲，他会像母亲一样来照管自己，关心自己，给自己欢乐，但母亲总说他的父亲到很远的地方打猎去了。他下定决心一定要把父亲找回，即使找不回也要买回一个父亲。一天黎明，石尔俄特带上队伍出发了。他们翻山越岭，既不愿意接受款待，又不肯听挽留，历尽艰辛，终于来到有彝人居住的地方。他们又来到东方的约木杰列，这个地方有一户富贵人家，他家有个长得非常漂亮的掌上明珠名叫兹妮施色。聪明的兹妮施色对年轻英俊、勇敢坚强的石尔俄特有了好感。于是，她大胆地对石尔俄特问道："大地上不该放的三只猎犬、不会叫的三只红脸鸡、不能烧的三节木柴、不能织的三股线、不能弹的三团毛、不能吃的三砣盐，这些指的是什么？"石尔俄特不知从何对答，羞得满脸通红。施色继续向他提问："铠甲头上戴，前后额有两片，差一片的是指什么？铠衣身上穿，铠珠六千六百零二个，差一个的是指什么？尊敬的表哥，你若能猜得出，到哪儿去找父买父的事，我会告诉你。"石尔俄特最后都回答了施色的问题，施色告诉他："祈祷的祖灵应插在火塘上方，供奉的祖灵应挂在屋梁上，超度的祖灵应送进岩洞里，这样的话，你们那地方，娶媳妇安家，生子就能见到父亲。"石尔俄特就娶兹妮施色为妻，从此，人世间一妻配一夫，生子能见父，就是石尔俄特和兹妮施色俩开创的。

吉则利布讲述，利布采录。收入《中国民间故事集成·四川卷》（少数民族），16开，3页，2000余字，中国民间故事集成四川卷编委会1991年编印。（魏娟娟）

六诏的传说

彝族史事传说。流传于云南省巍山彝族回族自治县彝族地区。讲述的是：巍宝山下有无儿无女的老两口。一天，老婆子给山上犁地的老伴送午饭，半路上，一个右手持鹅毛扇、左手持白蚊帚的白发老人向她讨饭。老婆子把饭给了他，回去重做，又到这里时，见老人身边多了个人，白发老人说是他的徒弟，也说没吃饭，老婆子又把午饭给了他。第三次重做再来，老人旁边又多了个徒弟，老婆子照样把饭给了他们。等老婆子把重做的饭送到老伴那里时，天色已晚，二人回家，路上的师徒三人向他俩道福，并赐予六颗念珠。老伴认出这是他们常拜的太上老君和李天师、张天师。此后三年里，老婆子接连怀了三次双胞胎，大儿子取名细奴逻。细奴逻到十八岁那年，跟兄弟们一起赶金雀寺庙会，得知君主张乐进求告示：谁能把铁柱上的金雀拜下来，就让位于他，并将独生女许他。细奴逻一拜，金雀飞到他的肩上，于是他得了王位，建立大蒙国，封五个兄弟各主一个诏。

饶唯讲述，薛琳搜集、整理。收入《巍山彝族回族自治县民间文学集成资料·南诏故地的传说》，32开，7页，4500余字，巍山彝族回族自治县民间文学集成办公室1987年编印。（段葵）

龙王和铁柱庙

彝族史事传说。流传于云南省弥渡县彝族地区。讲述的是：一女子在密滴河打鱼，翻船后怀孕，生九子。九子到河边玩耍，八子被黄栗木变的龙吓跑，老九不跑，龙便认老九为儿，给予龙珠。老九得龙珠，呼风唤雨，逼退山妖水怪，百姓安宁，推老九为王。王位传至三国时，老九世系出孟获，诸葛亮念其为龙孙，不敢杀害，封其官职。孟获感恩，建铁柱庙，塑诸葛亮像供奉。孟获又传至二十一世孙独逻，白王张乐进求念及两族手足之情，率其朝拜铁柱庙，见金丝鸟落于孙独逻肩上，即招为驸马，授大权，登王位。后传与逻盛、盛逻皮、皮逻阁，开创了南诏基业。

邓襄武讲述，韦明搜集、整理。收入《弥渡民族民间故事传说集》第一集，32开，6页，4000余字，弥渡县民间文学集成办公室1986年编印。（巴子）

蒙舍战白王

彝族史事传说。流传于云南省弥渡县彝族地区。讲述的是：白王张乐进求建都白崖（今红崖），江山固若金汤。民谣赞道："若要江山倒，除非羊角再开花；若要江山倒，除非日出东来月出西。"蒙舍诏主即采纳部下"羊角开花"的妙计和董法官"月出西"的术法，攻破白崖，逼使白王献出江山，移居宾川。在白王启程处，后人称为"上马台"，每年举行纪念白王的"上马台会"。

李性之、叩佩讲述，盛代昌搜集、整理。收入《弥渡民族民间故事传说集》第一集，32开，4页，2800余字，弥渡县民间文学集成办公室1986年编印。（段葵）

严惩土司官

彝族史事传说。流传于云南省漾濞彝族自治县。讲述的是：乾隆年间，云郡施土司作恶多端，施士奇等三人决心为民除害，占据了平稳寨后，一面操练兵马，一面向朝廷控告。施土司也早有设防，一面设卡堵截，一面张榜悬赏捉拿。施士奇等三人巧施妙计，逃脱了堵截和捉拿，最后里应外合惩处了施土司。

施凤鸣讲述，马紫钟搜集、整理。收入《大理白族自治州民间文学集成资料·漾濞民间文学选》第一集，32开，3页，2000余字，漾濞彝族自治县

文化局1986年编印。（张秀娟）

智斗土司

彝族史事传说。流传于云南省麻栗坡县彝族地区。讲述的是：定居于新寨、陈寨及老马街一带的彝族倮倮人为了对付老马街恶霸杜方的欺负，请了土司官依士杰年幼的第七个儿子依七来当自己的土司官。有了土司官的撑腰，恶霸就不敢来欺负倮倮人了。但是倮倮人怕依七将来变心，反过来霸占倮倮人的寨子，欺负倮倮人，所以就想了对付他的办法。他们把在陈寨为依七建造好的新房推倒，然后告诉依七这个地方不吉利，并为他在距陈寨二十里外的红庄建了房。依七定居后要求倮倮人为他做舂碓、推磨等杂活，每年还要交给他一只活麂子。一段时间后，倮倮人约依七一起去撵麂子，结果依七累得走不动了，只好从此不要倮倮人交活麂子。舂碓和推磨的倮倮人又请依七去看，说碓头舂着舂着就落不下去，磨推着推着就不会转了。晚上，山上又滚下很多石头，吓得依七睡不着，倮倮人建议并帮依七再次搬到更远的马桑岔河去。依七迁居马桑岔河，成了孤家寡人，没几年就被强盗抢劫打死。从此，倮倮人卸下了负担。

李德照讲述，杨献才整理。收入《云南民间文学集成·麻栗坡县民间故事》第二集，16开，4页，2700余字，麻栗坡县民间文学集成办公室1988年编印。（吴平）

火烧松明楼

彝族族史事传说。流传于云南省巍山彝族回族自治县彝族地区。讲述的是：古代大理洱海一带有六个诏，六个诏主是兄弟。蒙舍诏在巍山，诏主细奴逻是大哥，他为了并吞其他诏，盖了用松明子做材料的松明楼。六月二十五这天，邀约五个兄弟前来松明楼祭祖。邓赕诏主的妻子慈善夫人，感到此去凶多吉少，给丈夫戴上铁手镯。果然，晚上细奴逻借故点火，将五个兄弟烧死在松明楼里，唯有慈善夫人凭铁手镯找到丈夫的尸骨。细奴逻还要娶慈善夫人为妻，慈善夫人假借祭夫百日后再嫁，暗中备战。到时，慈善夫人迎战细奴逻，但因弱不敌强，慈善夫人投江。此后，彝族、白族为了纪念慈善夫人的忠贞，把火烧松明楼那天作为火把节。

左峰讲述，薛琳搜集、整理。收入《巍山彝族回族自治县民间文学集成资料·南诏故地的传说》，32开，4页，2200余字，巍山彝族回族自治县民间文学集成办公室1987年编印。（段葵）

陶府木马两家的传说

彝族史事传说。流传于云南省景东彝族自治县彝族地区。讲述的是：陶家是明代以来景东有名的土知府，人们称之为陶府。木马家本来姓王，因为大门口有两只大木马，而且木马能变成会走会跑的兵马，半夜出去替主人做事，所以人们称这家人为木马家。陶府家和木马家隔着一座打鹰山。有年秋天的一天，一只小鸟叼着一穗谷子飞到陶府家院子里。陶府家知道田里的谷子黄了，准备第二天就去收割。但木马家当天夜里就派出兵马把陶府家的谷子割完了。陶府家第二天在田里只见谷茬，便派人到处查找。两三天后陶府家才找到木马家打谷场上的稻草。陶府家放出一群大象，要去踏平木马家。木马家在打鹰山上陶府的必经之地挖好陷阱，陶府家的大象全都掉进去困死了。打鹰山上现在还有一个叫夹象沟的地方。

佚名讲述，李寿昌记录。收入《景东县民间文学集成》，32开，3页，1500余字，景东彝族自治县民委、文化局、文化馆1989年编印。（施文志）

“安”“李”换姓

彝族史事传说。流传于云南省武定县。传说，明朝万历年间，彝族李氏、安氏和唐氏祖先，结拜成生死之交后，从四川建昌迁到云南元谋的卡莫居住。安氏在卡莫当了土司。在第三代土司手中，安氏土司与李氏祖先商量换姓，土司改姓李，李氏改姓安。要是上头有人来问，就说卡莫地方只有李土司，没有安土司。安氏改姓李的条件有两个：一是安氏永做土司家的毕摩；二是拔以都都（地名）以下左边的庄子给安氏收租受用。到了第五代土司李宗唐手上，安氏随同李土司迁到环洲定居。改姓后的安氏先辈中有一对孪生兄弟，名叫安小黑和安小白，聪明过人，精通汉语，土司每逢到省城应酬官府，都要叫他哥俩同去。为此，土司衙门里的管家、师爷都非常嫉妒。有一年，恰逢哥俩到省城办事，一去两个月。管家与师爷认为正是除掉哥俩的好机会，便对土司大进谗言。土司中计，用缎带把哥俩勒死了。又过了几代人，安家的祖先为土司家做斋念经时，不小心香火烧着了经幡，引起了大火。土司说是有意放火的，不顾祖上结拜、换姓之情，勒索了不少钱财，并将原来三世土司拨给安家的官田也要了回去。从此，安家一无所有，全靠当毕摩维持生计。

安贤贵讲述，王维记录、翻译。收入《云南省武定县民族民间文学集成》，16开，2页，900余字，武定县文化局、民委、文化馆集成办1989年编印。（钱丽云　朱琚元）

羊皮圣旨

彝族史事传说。流传于云南省牟定县彝族地区。讲述的是：很久以前，牟定县白沙河头居住着一位善良的养蜂老人。一天，皇帝视察民情经过此地，受到老人的热情接待。皇帝见他心地善良，了解民情，就和他结为知己、拜为兄弟。两人朝夕相处了一段时日后，皇帝就启程回京城料理国事。临行时，叮嘱老人有空进京做客。第二年，老人卖蜂买了一群羊，准备去京城看望皇帝。当他走到半路上时，羊已全部死光，为了向皇帝表达自己的心意，老人只好背着几张羊皮去拜见皇帝。皇帝见到旧友很高兴，要留他在京城做官。老人执意不肯，仍要回去养蜂。皇帝送他珠宝玉器，他婉言谢绝了，最后送他一道写在羊皮上的免征税粮圣旨。老人满心欢喜，带着羊皮圣旨返回家中。从此，在很长的一段时间内，当地的民众不用再交税纳粮了。后来，羊皮逐渐损坏，字迹也看不清了，当地的民众失去了凭证，官府和土司才在这个地方收粮赋税。

佚名讲述，普启旺搜集，祁树森、李世忠校对。收入《云南省民间文学集成·牟定县综合卷》，32开，2页，800余字，牟定县民间文学集成办公室1989年编印。（施选　朱琚元）

阿细祖先上山来

彝族史事传说。流传于云南省弥勒市彝族阿细人地区。从前，在同度来若地方（大理），有个美丽的姑娘细山么，歌声悦耳，心地善良。每当夜幕降临，她家房前屋后便会响起小伙子们传情的笛声，而每每此时，细山么动人的歌声就会伴着笛声到天明。细山么的美名传到土司阿八窝宗那里，土司就以细山么家人的性命相威胁，逼迫细山么父母嫁女儿给他。婚礼之夜，细山么逃出虎口，并与英俊的海出相遇。他俩以山歌探问对答，互生爱慕，并成亲。于是，他们相伴“飞天外”，历经数十日，来到了林木茂密、百鸟争鸣、泉水潺潺的猛来山，在此安居乐业，生儿育女，使阿细人得以繁衍生息。

佚名讲述，武文勇搜集，曾德奎整理。收入《弥勒民族民间故事》，32开，5页，4000余字，民族出版社2003年版。（梁红）

秦扎阿窝的故事

彝族史事传说。流传于云南省禄劝彝族苗族自治县彝族地区。讲述的是：远古的时候，昆明城是彝族部落首领秦扎阿窝率领所有部族人员建造的。一天，有七个心眼的大儿子告诉他，彝人建城，汉人坐城，秦扎阿窝恼怒地把讲不吉利话的大儿子给处死了。昆明城建好不久，果然汉人部落来争夺城池。但汉人部落摸不清会化草为武器，变芝麻、绿豆为士兵的秦扎阿窝的底细，便主动将首领的女儿嫁给了秦扎阿窝的二儿子，以和解迷惑秦扎阿窝。不久，二儿媳从不设防的二儿子处获悉了破解秦扎阿窝神力的方法，并密告其父。汉族部落在秦扎阿窝演化武器和士兵的时候，杀害了秦扎阿窝，攻破了昆明城。秦扎阿窝的二儿子悲愤地砍了老婆，并带着部落的族人迁往昆明附近的禄劝、武定等地定居。由于有了秦扎阿窝之死的前车之鉴，彝族夫妻感情再好，有些事丈夫是绝对不让妻子知道的。

张汝勋讲述，吴翠仙、钱春林搜集、整理。收入《云南省昆明市民间文学集成·禄劝民间故事》，32开，2页，1300余字，禄劝彝族苗族自治县文化局、民间文学集成办公室1991年编印。（梁红）

血战天宝山

彝族史事传说。流传于云南省元江哈尼族彝族傣族自治县彝族地区。讲述的是那嵩在天宝山（又名大明庵山）联合彝族民众与清军血战的壮举。1659年，吴三桂亲督清军从石屏进逼元江，新封云南总督那嵩只好送走在天宝山避居的永历帝，并率军及彝族民众在天宝山摆开阵势，与清军决一死战。吴三桂围山期间，曾射书劝降，许以高官厚禄。那嵩严词拒绝，历数吴三桂卖主求荣、祸国殃民的事实。吴三桂恼羞成怒，指挥清军昼夜攻打。天宝山一时炮声隆隆，硝烟滚滚。那嵩披甲上阵，身先士卒，搬石垒土，左冲右突，杀得清军血肉横飞，血流成河，消灭了大量清军。然后杀开一条血路，退入元江城内据守。持续三个月，最终寡不敌众，弹尽粮绝。那嵩眼看大势已去，仍誓死不降，与他的家人登楼自焚。

佚名讲述，李清升记录、整理，载《元江民族民间文学资料》第四辑，32开，3页，1500余字，元江哈尼族彝族傣族自治县文化馆1984年编印。（宋自华）

智杀山霸王

彝族史事传说。流传于云南省景东彝族自治县。讲述的是：有个山霸王带领一批人马占领了背娃娃山脚的观音寺，为非作歹。他常常诬陷良家妇女是下药婆（放蛊的女人），然后抓去折磨。他还禁止当地的彝族说彝话，违反他命令的人要受惩罚。彝民向官府告状也没有用。山霸王更加猖狂，要把彝民赶走，占领彝民的房屋田地。彝民中有个叫三拷箐的人决心带大家反抗。三拷箐把彝民组织起来，把年轻力壮的人分成两伙，一伙跟他去杀山霸王，一伙照顾妇女老小。三拷箐带人在山脚下埋伏好，然后自己抱着一只大阉鸡去观音寺。把守关口的哨兵听说是给山霸王送鸡，就放他上去。三拷箐趁山霸王接阉鸡时不注意，突然从鸡翅膀下抽出尖刀，把他杀死。山下的彝民见到三拷箐给他们的信号，冲上山，消灭了山霸王的人马。

杨登云讲述，陶明贵记录。收入《景东县民间文学集成》，32开，2页，1500余字，景东彝族自治县民委、文化局、文化馆1989年编印。（施文志）

火牛阵大败洋鬼子

彝族史事传说。流传于云南省鹤庆县。讲述的是：清光绪十一年中国军队到越南抗法救国。蒋宗汉带领的广武军英勇善战，法军被逼退到文渊城，依靠地利负隅顽抗，广武军久攻不下。一天，当地百姓慰问将士的两头牛在土围里斗架。蒋宗汉在一旁看着，计上心来。他叫兄弟们找来百十头牛，每头牛的角上、脚上绑上尖刀和蘸油的布条，尾巴上挂上鞭炮。到半夜时分，蒋宗汉一面指挥将士开炮，一面指挥将士点燃牛身上的油布和鞭炮，一时间炮声隆隆、火光冲天，将士们的杀声和猛牛群的利刀一起冲向敌人阵地。敌人猝不及防，不知所措，一败涂地。

杨五一讲述，奚锡钧记录。收入《中国民间故事全书·云南·鹤庆卷》，32开，2页，1200余字，知识产权出版社2005年版。（段伶）

红军过江山搭桥

彝族史事传说。流传于云南省禄劝彝族苗族自治县、武定县一带。相传红军来到红门厂，找不到船过江。正在这个时候，忽然钟武山“轰通”一声倒下来，把大江拦腰堵住，搭成一座天生桥。红军从桥上走的时候，江水平平静静；红军刚刚过完，江水便“哗啦”一声把桥冲断了。当钟武山倒下来的时候，恰巧山脚下有一家大地主请客，请来了远近的地主豪绅。正当他们吃喝时，山倒下来把他们全都埋掉了。大家说，人民爱红军，山给红军来搭桥；人民和红军恨地主，山把地主压死了，真是山遂人愿。

佚名讲述，云南民族民间文学楚雄调查队搜集。收入《云南民族民间故事选》，32开，1页，200余字，云南人民出版社1960年版。（阿南）

小飞蛾搭桥

彝族史事传说。流传于云南省禄劝彝族苗族自治县、武定县一带。相传红军过金沙江时，小飞蛾像雪片一样地飞来，把天都遮了。平时小飞蛾只有飞蚂蚁那样大，这回有的有蚕豆大，有的有核桃大。这些小飞蛾飞在一起，从江这边到江那边，搭成一座白花花的长桥。红军过了三天三夜，小飞蛾搭桥也搭了三天三夜。大家说小飞蛾都赶来给红军搭桥，红军为穷人打江山一定会胜利。

佚名讲述，云南民族民间文学楚雄调查队搜集。收入《云南民族民间故事选》，32开，1页，200余字，云南人民出版社1960年版。（阿南）

小红军

彝族史事传说。流传于云南省禄劝彝族苗族自治县、武定县一带。相传1936年红军第二方面军路过禄丰时，一位叫杨国珍的妇女正在坐月子。一位红军看到婴儿光着身子，冷得哇哇啼哭，就脱下自己身上的一件衣裳，送给杨国珍包小孩。红军队伍走后，杨国珍深深怀念红军，为了让子孙后代永远记住“红军是好人”，就把孩子取名叫“小红军”。

佚名讲述，云南民族民间文学楚雄调查队搜集。收入《云南民族民间故事选》，32开，1页，200余字，云南人民出版社1960年版。（阿南）

红军八哥

彝族史事传说。流传于云南省禄劝彝族苗族自治县、武定县一带。相传1935年4月的一天，红军来到禄劝翠华坝子。红军离开坝子时，住在黄应宗家的一位红军干部，送了黄家一只八哥。这只八哥很乖巧，会学人说话，常说：“红军来了！红军来了！”“打土豪，分田地！”因此，村里人都非常喜欢这只八哥，都叫它“红军八哥”。那时，黄应宗才十五六岁，非常喜欢这只八哥。每当人们想念红军时，就问八哥：“红军哪里去了？”八哥就回答：“红军来了！红军来了！”一天，地主老财勾结伪乡保长到村里“清乡”，忽然听到“红军来了！红军来了”吓得胆战心惊，以为红军真的要来了。后来，地主老财听出是八哥叫声，便闯进黄应宗家，八哥高叫起来：“红军来了！红军来了！打土豪，分田地！”地主老财气得要对八哥下毒手，黄应宗就把八哥从笼里放走了，让它远走高飞。可是，八哥不愿离开它的主人，放出去又飞回来，地主老财便放出猫去咬八哥，八哥这才飞进山林里去了。以后，每年到了红军路过翠华坝子的日子，八哥就成群地飞翔在翠华坝子上空，人们就想起“红军八哥”来，大家情不自禁地说，“红军八哥”又来了！

佚名讲述，杨春茂搜集、整理。载《山茶》1984年第5期，1100余字，云南人民出版社山茶编辑部1984年编印。（阿南）

红军草

彝族史事传说。流传于云南省武定县一带。相传在皎西坝子上，到处都长着一种草，叶子是绿的，小匹小匹的，开白色的小花。这种草只能喂牲口，但在大荒年间，人们就拿它来填肚子。这种草味道很酸，就像人们过的辛酸日子一样，所以大家给它取名“酸浆草”。1935年，红军路过以后，酸浆草忽然变啦，变成了另外一种草，样子很逗人爱，叶子绿茵茵的，开五瓣五瓣的小黄花，采来吃的时候，味道特别甜。大家感谢红军的恩情，时时想念着红军，就把这种草叫“红军草”，还编了一首歌传唱：“自从红军来过了，遍地长满红军草。红军草，红军草，一年四季长得好，不分土地肥和瘦，处处长得嫩夭夭。红军草，红军草，一年四季长得好，不怕寒霜和冰雪，天气越冷花越好。红军草，红军草，风吹叶儿轻轻摇，黄花好像五角星，叶儿闪闪亮，花儿放金光，远远望着就像红军笑。”

佚名讲述，云南民族民间文学楚雄调查队搜集。收入《云南民族民间故事选》，32开，2页，1000余字，云南人民出版社1960年版。（阿南）

冕山古城被焚的传说

彝族史事传说。流传于四川省喜德县一带。从前，家居阿其比尔的兹莫头人立木安家和家居比赫拉达的吉素巴且家开亲。有一年，巴且家到兹莫家去接亲。巴且家支中有个名叫比克博补的，也跟着接亲队伍前往，返回的路上要路过冕山城。冕山城由一个名叫立比居惹的人统管，他订立了一条规矩，不准任何人骑马从冕山街上走过。比克博补骑着一匹名叫木易唐古的骏马，接亲队伍在过冕山城时，他照样骑在马背上大摇大摆地在街上行走，果然被立比居惹捉去关进了监狱。比克博补写好纸条夹在马耳朵里，那马便竖起尾巴，撒开四蹄，跑回家去了。人们见它的耳朵里有张纸条，上面写着：“我被立比居惹关在监狱里了，希望你们能在蛇月初九来营救我。”大家看了纸条，制定了火烧冕山城的计策。于是全家支的人统一行动，每天都背一背柴到冕山城去卖。卖得了就卖，卖不了就丢弃街头。冕山城的人看到街上可以随意拾到柴火，每家都拾了几大堆柴火堆在房前屋后。到了蛇月初九这天，在冕山城对面的山梁上，巴且家又在每株树上扎了一个火把。入夜，他们兵分两路，一路去点燃火把，把守城的官兵引出来，一路赴冕山城去营救比克博补。冕山城里的人们发现对面山梁上一片火光后，立比居惹命令所有守城的兵勇向山梁出击。巴且家支的另一路人马却乘虚而入，打开监狱救出了比克博补，并在城内四周放起火来，城里早已塞满干柴，熊熊大火把冕山城焚烧殆尽。

巴且依火讲述，沙马布尔收集、整理，白芝翻译。收入《中国民间故事三套集成四川喜德卷·凉山彝族民间故事选》，32开，2页，1300余字，四川民族出版社1990年版。（阿南）

甘家十二支的反叛

彝族史事传说。流传于四川省凉山彝族自治州。过去土司家念经，都是请马边县甘家毕摩来念。有一次阿著土司请甘家毕摩甘比尔沙来念“驱祓经”。烧石头洒水驱祓时，阿著土司当着毕摩的面说：“多找点石头来烧红打锄头，比请甘家毕摩还灵验。”毕摩受到侮辱，心中不平。第二天早上烧火取暖时，毕摩有意当着土司的面说：“多捡点柴来烧吧！土司家这炉火，还赶不上老百姓家暖和。”土司听了勃然大怒，立刻命令架柴烧火，把甘家毕摩拉去烤。烤到他不能忍受时，又叫人把他捆着烤，还边烤边问：“你热不热，暖和了没有？”甘比尔沙颤声地回答说：“内边热了，外边热了，甘家十二支都热了。”土司更怒，下令将甘家毕摩活活在火上烤死。甘家毕摩死后，甘家十二支都沸腾了。秋天一来，他们就在黄茅埂垭口集合，向勒尼瓦呷进军。夜里，他们在几千只羊角上捆着火把，从山上往下赶，大队却从山下悄悄前进。当土司发现时，全力去防御山上的火把，甘家的队伍一下就包围了土司衙门，把土司家的兵丁打败了。依彝族的规矩，要土司家出“赔命价”。土司的亲戚家们出来调停，甘家提出依规矩要土司赔一根用草灰做成的绳子和一根以弯曲闻名的莫树做成的矛杆。土司赔不出，只好认输迁走了。由于这次造反，原住美姑县尼俄觉洛的三个土司都被赶走了。从此土司失势，再也没法恢复他们以前的威风了。

佚名讲述、记录。收入《中国少数民族文学》，32开，1页，700余字，湖南人民出版社1983年版。（阿南）

想念红军

彝族史事传说。流传于川滇大、小凉山彝族地区。讲述的是：1935年红军长征经过彝族地区时，当时国民党和地方军阀恶棍邓秀廷统治下的彝族人民，受到他们所谓的“共产共妻”等反动思想的影响，红军到彝族地区时，许许多多的人因害怕红军而跑到山里去躲藏。等红军的先遣部队经过后才回来时，彝族人民目睹了红军是穷人的军队，军纪严明，不拿群众一针一线，即使在彝族家里烧火煮饭，临走时也不忘在炉灶旁留下柴火钱，并帮助彝族同胞把满屋子打扫得干干净净，爱护群众如父母，亲身感受到红军是人民的军队。等红军的大部队路过时，许多人冒着生命危险去护送红军过彝区，许多彝人参加红军去抗日。红军走后，国民党反动派及以邓秀廷为首的地方军阀，又疯狂地镇压彝族人民，许多护送过红军的进步人士惨遭杀害。

佚名讲述，拉布友姑记录。收入《彝族尔比克哲和故事》（彝文版），32开，8页，3500余字，喜德县文教局、喜德县语委1980年编印。（土比呷呷）

济火庙训子

彝族史事传说。流传于贵州省黔西、大方等县彝族居住地区。讲述的是：奢香夫人在外是个杰出的女政治家，在家是个严慈的母亲。有一年秋天，水西大地遭灾，庄稼颗粒无收，奢香日理万机找各部头目议事，设法救民度荒，却听见了自己的独生子安迪从南京归来后，为自己的18岁生日要百姓献寿礼，违者以叛主论罪，饥荒的百姓成群结队地往水东地方逃避。奢香知道后赶回城里，邀约乡民，手捧蕨粑齐向小安迪献寿礼，安迪认为蕨粑是牛屎，大骂乡民戏弄他，要重打领头人。突然奢香夫人穿一身补丁衣服，从人群中大叫而出，吓得安迪立即双脚跪下。在济火庙里，奢香夫人让儿子跪在祖宗像面前，厉声训斥儿子，使儿子痛改前非。

魏绪文记录。载《南风》1984年第1期，16开，1页，1300余字，贵州省文联1984年编印。（罗德显）

开发鬼方

彝族史事传说。流传于贵州省大方等县彝族居住区。讲述的是：皇帝病危，宫中太医个个束手无策，只好张榜纳贤，并以公主相许。许多人来都治不好皇帝的病，最后有位白面书生揭了榜，并治好了皇帝的病。当晚皇上亲赐美酒并招其入宫做驸马。书生求皇上准许他带娇妻回贵州，去开发那片荒凉之地，皇上只好准许。回来后他白天忙于大事，晚上才回家陪娇妻，妻子看着他憔悴的样子说他真是个“夜郎”。多少年后，他们生儿育女，并创建了一个国家，命名为“夜郎国”，在历史上留下了令人瞩目的一页。

王大爷讲述、翻译，宏拯记录。收入《彝族民间故事》，32开，4页，1800余字，贵州省毕节地区文化局、民委1986年编印。（罗德显）

吴王败水西的传说

彝族史事传说。流传于贵州省纳雍、大方等县彝族居住地区。讲述的是：吴三桂从贵州经过到云南昆明立都，却因宣慰部下的奸臣岔嘎拉左右挑拨而发生战争。岔嘎拉挑起战争后又频频向吴王告密，使安宣慰多次反胜为败，特别是猴儿关一战，是安吴胜败的转折点，也因奸臣岔嘎拉而使安宣慰失败，结果打了七十二仗，水西惨不忍睹，宣慰跳岩自杀，可被网藤所救，其他几十个文臣被押上刑场时，个个都说自己是安宣慰，却都被岔嘎拉揭穿了。最后岔嘎拉亲自带吴兵从半岩中捉住安宣慰。吴王达到目的后，将这个卖主求荣的奸臣推出去杀了，岔嘎拉害人终害己。

王佩芝讲述，王瑞尧记录、翻译。收入《中国民间文学集成资料·贵州省毕节地区·纳雍民间故事》，32开，7页，3000余字，纳雍县民间文学集成编委会1988年编印。（罗德显）

二 节日和风俗传说

火把节的传说（一）

彝族节日传说。流传于云南省华宁县。讲述的是：远古时候，一恶神依天皇指令到人间暴敛百姓。人们愤怒地点燃千万把火把将天梯烧倒，并经过九天九夜战斗，把恶神杀死。于是天皇更恼怒，撒下千千万万天虫来残害人间的庄稼。人间的男女老少又举火把，三天三夜后烧灭了害虫。但一部分天虫钻进了土里，第二年又出来吃庄稼，人们只好年年举火把烧虫。年复一年，就形成了火把节。

鄂正付讲述，李学云、赵振纪搜集、整理。收入《云南民间文学集成·华宁县集成卷》，32开，2页，400余字，华宁县民委、文化局、文化馆1989年编印。（普开福）

火把节的传说（二）

彝族节日传说。流传于云南省禄丰县彝族民间。讲述的是：相传，火把节是从三国时期刘备攻曹营时流传下来的。三名大将桃园结义，决心齐心合力擒获曹操，夺取江山。在一个干旱季节，他们带兵在一个大山顶上砍倒树木摆开战场，然后将曹兵引入其中，一声令下把砍倒的树枝点燃，将路口包围起来，打了一个大胜仗。到了六月二十四日，他们将浸过香油的棉花条绑在会游泳的牲畜头上，并带领三千兵马过江南，连夜占领了曹营，到了六月二十七日战斗胜利结束。后来为了纪念这个胜利的日子，每年的农历六月二十四日至二十七日，人们都要把荒地边的树砍掉一些，并组织人耍火把，将四面八方的人聚拢在一起过火把节。于是火把节就这样一代一代传了下来。

王金灿讲述，刘均仙记录。收入《禄丰县民间故事普查资料汇编》，16开，5页，2500余字，禄丰县委宣传部、文化局、民委1988年编印。（钱丽云　朱琚元）

火把节的传说（三）

彝族节日传说。流传于云南省大姚县。讲述

的是：很久以前，大姚县赵家店红山脚下的彝族姑娘诺娜与打苴基地方英俊勇敢的小伙子阿查倾心相爱。狠毒的山官头人魔哈却想霸占美丽的诺娜姑娘，在农历六月二十四日这一天，逼迫阿查到土猪梁子与他赛马比剑。勇敢的阿查以精湛的技艺战胜了头人。头人恼羞成怒，用巫术炸裂了土猪梁子，阿查不幸坠入深渊。就在阿查遇难的时候，魔哈带领兵丁把诺娜的家团团围住，要抢她成亲。她宁死不从，攀越悬崖绝壁离家逃走，并四处寻找阿查，来到红山悬崖，她终因气力耗尽，累死在悬崖之下。阿查被众乡亲救出来后，便直奔诺娜家，诺娜父母已被魔哈杀害，阿查怀着悲痛埋葬了两位老人，又发现了诺娜留在红崖上的白色身影。阿查痛不欲生，想跳崖与诺娜同归于尽。众乡亲前往劝阻，从悬崖边上拉回了阿查，并一起商量复仇的办法。次日，阿查和乡亲们高举着上千支火把奔到魔哈家，焚烧了魔哈宫殿，烧死了罪恶的魔哈，为诺娜报了仇，为众乡亲解了恨。为了纪念这个难忘的日子，每年农历六月二十五日这天人们都聚集在赵家店过节。这古老的习俗一直沿袭至今。

佚名讲述，李荣、韩子平记录。收入《大姚县民族民间文学集成》，32开，1页，500余字，云南民族出版社1991年版。（李惠兰　朱琚元）

火把节的传说（四）

彝族节日传说。流传于云南省楚雄市彝族地区。讲述的是：很早以前，罗武山寨有一个名叫喜鹊的姑娘，与阿龙相爱。姑娘到了十六岁，犁地人见了忘记扶犁，挑担人见了忘记赶路，美名扬四方。十二个部落头人的儿子，个个都来提亲献彩礼，都说要是不答应，便要血洗山寨。为了爹妈和山寨的安宁，喜鹊姑娘只好答应了，决定六月二十四日在山头上相亲。这天，喜鹊姑娘来到山头，纵身跃入大火堆中，阿龙哥一把抓去，只抓下一条布带。阿龙呼叫着恋人的名字，也跃入火中。从此，罗武山寨为了纪念这一对维护山寨平安，以死殉情的年轻人，便过起了火把节。节日从农历六月二十三日开始，选出十二个小伙子举行推牛比赛，然后杀牛宴饮；二十四日是喜鹊姑娘遇难日，不点火也不歌舞；二十五日点火把，围火歌舞，先唱哀歌、古歌，最后唱情歌；二十六日节日结束。

佚名讲述，唐楚臣搜集、整理。收入《楚雄市民间文学集成资料》，32开，2页，700余字，楚雄市民委、文化局1988年编印。（李福云　朱琚元）

火把节的传说（五）

彝族节日传说。流传于云南省寻甸彝族回族自治县彝族地区。讲述的是：彝族先民在寻甸山区过着点荞种麻、狩猎吃肉的富足生活，这让天上的恩体古兹很嫉妒，便派遣天神十大力到人间践踏庄稼。当十大力踏平几座山头向车湖边的村庄走来时，遭遇了村中壮小伙包聪的强烈抵抗，他们在山冈上摔打翻滚，发出轰轰巨响，战了三天三夜，十大力终因体力不支丧命，其身体变成一座山丘，人们便在上面点荞种麻。十大力的死讯传到了天上，恼怒的恩体古兹向人间撒了一大把葫芦香灰面，香灰面在天空散开即刻变成了蚱蜢、蝗虫遮天蔽日落到山岭河谷，啃光了庄稼禾苗、树叶绿草。有个彝家小伙无意间发现火可烧掉蚱蜢、蝗虫的翅翼使其丧命，便告诉了父老乡亲，人们纷纷用麻秸、干松枝点起火把扑灭害虫。后来，人们为确保粮食丰产，在稻谷含苞、苞谷荞麦开花的六月二十四日前后便进行大规模的点火把灭虫活动。为欢庆胜利，人们还在灭虫之余举行斗蟋蟀、斗屎壳郎、斗鹌鹑活动，年轻人则在暮色下密林中谈情说爱。从此，彝家人把农历六月二十四日的前后几天定为火把节。

佚名讲述，毕正义搜集，余荣品整理。收入《寻甸民族民间故事集》，32开，6页，3600余字，云南民族出版社1995年版。（梁红）

火把节的传说（六）

彝族节日传说。流传于四川省凉山彝族自治州。讲述的是：传说很早以前，天上有个大力士叫斯惹阿比，地上有个大力士叫阿体拉叭，两人都有拔山的力气。有一天，斯惹阿比要同阿体拉叭比武摔跤，可是阿体拉叭有急事要外出，临走时，他请母亲用一盘铁饼款待斯惹阿比。斯惹阿比认为阿体拉叭既然以铁饼为饮食，力气一定很大，便赶紧离开了。这时，阿体拉叭刚好砍柴回来，听母亲说斯惹阿比刚好离去，阿体拉叭追了上去，要和斯惹阿比进行摔跤比赛，结果斯惹阿比被摔死了。天上的恩体古兹知道了此事，大为震怒，派了大批蝗虫、螟蛾来吃地上的庄稼。阿体拉叭便率领人们砍来许多松树枝、野蒿枝扎成火把，并在旧历六月二十四晚上点燃火把，到田野去烧虫。从此，彝族便把旧历六月二十四日定为火把节。

罗永忠讲述，尔一搜集、记录。收入《凉山民间文学集成》（下，故事卷），32开，1页，400余字，西南交通大学出版社1993年版。（魏娟娟）

火把节的由来（一）

彝族节日传说。流传于云南省禄丰县彝族民间。讲述的是：每年农历六月二十四日的跳脚集会起源于明朝时期。当时彝族、汉族等八个民族都分别有一个首领。各民族在首领的带领下，杀富济贫，声势越来越大。官府招架不住，就决定对这些民族首领进行招安。于是官府将这八位首领请来盛宴款待并劝他们归附，劝说无效干脆就把他们杀了。这天正是农历六月二十四日。这些首领被杀后在阴府不服，便时常回村庄里祸害牛羊，闹得四村八寨不得安宁。当时有个师娘婆看香求神后告知大伙，须在八个首领被杀那日为他们祭奠超度，村寨才会安宁。从此，人们就在农历六月二十四日这天举行超度祭奠活动。白天杀鸡宰羊，夜晚围圈跳脚，并在灯笼火把照耀下往山上走，祭送这八位首领的阴魂归地府，活动一直进行到六月二十八日结束。

王超庭讲述，马剑波、马剑平、云万权记录。收入《禄丰县民间故事普查资料汇编》，16开，1页，400余字，禄丰县委宣传部、文化局、民委1988年编印。（钱丽云　朱琚元）

火把节的由来（二）

彝族节日传说。流传于云南省石林彝族自治县彝族撒尼人地区。讲述的是：从前，有个叫“黑煞神”的土司，住在山上的城堡里。他横征暴敛，欺压百姓，许多人死在他的暴行下。有个叫扎卡的牧羊人，睿智勇敢，他联络了十村八寨的穷苦人起来抗暴。六月二十四日的晚上，扎卡带着大家放出饿了七八天的羊，并点燃捆在羊角上的火把，羊群像脱缰的野马冲向城堡，“黑煞神”的家丁纷纷葬身火海，扎卡带领大家占领了城堡，躲在山洞里的“黑煞神”被人们用火把烧死了。为纪念这次胜利，撒尼人把农历六月二十四日定为火把节。

佚名讲述，沙布玛搜集、整理。收入《昆明民间故事》第一辑，32开，3页，1400余字，昆明市民间文学集成办公室1987年编印。（梁红）

火把节的由来（三）

彝族节日传说。流传于川滇大、小凉山彝族地区。讲述的是：从前，天上的使者年年向人间收取各种名目繁多的税，人们实在无法承受就起来抗税，把天上派来的税官打死后藏在山上，可等太阳出来后，因雪融化而露出了尸体，使人间杀人事件暴露了，地上所有的动植物只好以多交税的形式向天神赔偿人命。后来天神又下派大量的蝗虫来吃尽人间的庄稼，对人间进行报复，人间只好打起火把烧死蝗虫，这就是彝族火把节的由来。

佚名讲述，罗布合机、王权等收集、整理。收入《喜德彝族民间故事》（彝文版），32开，3页，900余字，四川民族出版社1993年版。（土比呷呷）

彝族火把节的由来

彝族节日传说。流传于云南省南涧彝族自治县彝族地区。讲述的是：古时候，隶查王统治大理地区，他每天要吃三对人的眼珠子。观音为了解救人们的苦难，跟隶查王打赌，结果她的狗从上关跳到下关，又把衣裳一铺，盖住了洱海，赢了隶查王。最后把隶查王关在山洞里，并规定到了农历六月二十五日才能出来看看。到了这天晚上，百姓照着观音老母的话点火把、打歌，隶查王出来看到天下这般情景就被吓死了。从此，这一天就成了火把节。

李本清讲述，杨奇文搜集、整理。收入《南涧民间文学选》第一集，32开，2页，1000余字，南涧彝族自治县民间文学集成办公室1985年编印。（巴子）

彝族火把节

彝族节日传说。流传于云南省宁蒗彝族自治县彝族地区。讲述的是：从前，天上的大力士斯热阿比找地上的大力士阿提拉八比武。阿提拉八因事外出，其母便抬一盘铁招待斯热阿比，斯热阿比因此知道自己比不过阿提拉八，抽身便走，但赶回来的阿提拉八追上了他，两人摔起了跤，斯热阿比被摔死了。天菩萨知道后非常震怒，派出大批蝗虫、螟蛾吃地上的庄稼。阿提拉八领着人们砍来松树，在六月二十四日的晚上点火把烧死了天菩萨派来的所有害虫，保护了庄稼。从此，彝族便在农历六月二十四日过火把节。

佚名讲述，李乔采录。收入《昆明山川风物传说》，32开，2页，1100余字，云南民族出版社1994年版。（梁红）

六月节的来历

彝族节日传说。流传于云南省元江哈尼族彝族傣族自治县彝族地区。讲述的是：古时候，彝族聂苏人居住的地方山清水秀，田肥地肥，家家户户过着丰衣足食的好日子。有个黑透良心的魔鬼，不愿让聂苏人过好生活，便放出很多的蛆虫来咬噬庄稼。从此，人们的庄稼颗粒无收，哀鸿遍野。后来，人们见一位白发苍苍的老人在火把上不断撒松香来烧蛆虫，人们学着这样做，就把庄稼上的蛆虫都烧死了。这件事发生的时间正是农历六月二十四日至二十五日。为了纪念这件事，每年的这两天，彝家人都要点燃火把过六月节。

白佑三讲述，宋自华记录、整理。载《礼社江》文艺小报《神话传说》专版，1200余字，元江哈尼族彝族傣族自治县文化馆1986年编印。（宋自华）

火把节的来历

彝族节日传说。流传于云南省鹤庆县彝族诺苏支系村寨。讲述的是：从前，世上只有金姑一个人。一天，一只白鹤飞过，丢进她的火塘里一个蛋和一片羽毛。她把羽毛插在自己的头上，把鹤蛋吃了，不久便怀孕了，生了五男五女。儿女长大后，喜欢到水里玩耍，金姑就照白鹤托梦说的话，吹了鹤羽一口气，鹤羽变成大船，给孩子们在水中玩。不料，狂风大作，大浪把鹤羽上的五个儿子掀起来，跌落到宾川、鹤庆、剑川、洱源、大理，他们与当地的女山神婚配，成了今天的白族。金姑想儿的哭声惊动各路山神，大凉山、黑虎山、无量山、金牛山的山神来慰问。金姑就把大的四个姑娘许配给他们，把幺妹留给小凉山山神，各路繁衍成当地今天的彝族。后来白鹤告诉金姑儿女的下落，叫她骑在自己的身上到各地巡游。彝族、白族的儿女们为了让母亲看到自己的好生活，各地都竖起大火把。这一天后来就成为火把节，因金姑回到小凉山晚一天，火把节也推后一天，即农历六月二十五日。

沙力茂讲述，弘志文记录。收入《中国民间故事全书·云南·鹤庆卷》，32开，2页，1800余字，知识产权出版社2005年版。（段伶）

火把节（一）

彝族节日传说。流传于云南省宣威市东山彝族地区。讲述的是：传说，戈哩和苏哩老两口有两个儿子和一个女儿。大哥阿色是个懒汉，结婚分家后仍好吃懒做，活计都由媳妇做。在弟妹的帮助下大哥家总算把秧栽上了，六月二十二日两家相约看秧，发现没出穗。六月二十四日零星出了穗，小妹和二弟在田边又唱又跳，当年大丰收，大哥家却减产。第二年的这一天，弟妹和爹妈打着火把到田头，见稻子出穗多，弟妹高兴得又唱又跳起来。大哥家却没有一株出穗，大嫂气得回家和大哥打起来。为逗大嫂，弟妹边跳边唱，并讥笑大哥。第三年，看到两家稻子的穗都出齐了，他们举着火把又唱又跳，并杀了一只羊祭谷神。从此，农历六月二十四日就成了谷穗的生日，人们要用火把照着它们出穗。火把节由此得名，流传至今。

李兴顺讲述，李江波搜集、整理。收入《蓝靛花——宣威民间故事》，32开，4页，2300余字，贵州民族出版社1992年版。（谭玉婷）

火把节（二）

彝族节日传说。流传于川滇大、小凉山彝族地区。讲述的是：从前，天上大力士斯热阿比与地上大力士阿提拉八摔跤比武。斯热阿比力大无比，抱住阿提拉八就把他摔倒在地上。但在阿提拉八的背脊还没有着地的时候，他一个鹞子翻身，从斯热阿比的头上翻过来，把斯热阿比的脊背压落在地上。斯热阿比不服输，还要再摔一次。这一次，阿提拉八拉住斯热阿比的一只胳膊用力一摔，就把他摔死在了地上。天神大怒，即放下蝗虫来吃地上的庄稼。阿提拉八领着大家在六月二十四日点火烧虫，保护了庄稼。从此，彝族人民便把农历六月二十四日定为火把节。

佚名讲述，李乔搜集、整理。收入《彝族民间故事选》，32开，2页，1300余字，上海文艺出版社1981年版。（阿南）

火把节的故事

彝族节日传说。流传于云南省宁蒗彝族自治县。讲述的是：很久以前，天上的武士更部领火和地上的大力士兰官弟及比武。兰官弟及回家先吃了七碗炒面，又喝了七碗炒面汤，然后拿起扁担与更部领火比试，他俩各拿扁担一头向对方顶去，最后，更部领火被顶死了。天王得知情况后，欲放百虫吃庄稼以惩罚地上的人，地上的人很害怕，就请“兹都”鸟（一种小雀）去向天王求情，并答应在每年的农历六月二十四日（更部领火死的日子）用马驮着东西和食物向天王谢罪。为了让天王看见，人们点上了火把。从此，每年的这天，彝族都要过火把节。

加拉各各讲述，沙星明记录、整理。收入《小凉山民族民间文学作品选》，32开，2页，1200余字，宁蒗彝族自治县县庆筹备委员会1986年编印。（沙马阿青）

阿细人的火把节

彝族节日传说。流传于云南省弥勒市彝族地区。讲述的是：传说，那召（年号）时代，阿细祖先住在古木苍天、鸟语花香的拖登来若，不愁吃穿。住在很远地方的那迢迢首领为和京都的皇帝比高低，决定把自家的奴隶排列到京都，于是派人马到处抓人。五月端阳这天，正在沙衣河边摸鱼、嬉闹、休闲的男女老少统统被那迢迢的兵勇抓走。据说现在阿细人每年的五月端阳这天男人在左手、女人在右手拴黑线或花线就是为了纪念当年被抓了当奴隶的祖先。被抓的人不够排到京城，那迢迢就把他们赶去修塔。不甘心被压迫的阿细祖先在阿真的带领下，在六月二十四日晚上，将火把束在羊角上，攻破了那迢迢的兵阵，那迢迢也被烧死了。阿真和奴隶们就聚集在沙衣河边弹三弦、吹笛子，尽情歌舞。从此，每年农历六月二十四日，各村寨都要杀猪宰牛纪念这个日子。二十五日晚举着火把游行，并把五月端阳那天拴在手上的线剪断丢在火里烧掉。这就是阿细人火把节的来历。

佚名讲述，昭乌初扎采录。收入《中国民间故事集成·云南卷》，16开，4页，4000余字，中国ISBN中心2003年版。（梁红）

撒尼人的火把节

彝族节日传说。流传于云南省石林彝族自治县彝族地区。讲述的是：古时候，地上的人过着穿树叶、吃野果的生活。天上的阿番神非常同情人们，就偷偷把天上的五谷籽种撒到地上，人们过上了丰衣足食的生活。天王害怕人间的生活超过天上，叫来大力神，要他毁掉人间的庄稼。大力神来到地上，手拔脚踏地糟蹋正在扬花的庄稼，人们从四面八方赶来指责大力神，大力神蛮横地抓过一头大水牛，把它扭翻在地，扬言只要有人摔倒他，就不再管人间事。英雄朵阿惹恣迎上前约他到圭山上摔，他们扭摔了三天三夜，朵阿惹恣的膝盖在地上跪出了一个深窝，变成了今天的圆湖；大力神也被甩到十几里外的独石山，倒在地上就压出一条长长的深沟，成了今天的长湖；撒尼小伙拨响大三弦，吹响短笛，姑娘们拍掌跺脚来助威，这就是今天跳三弦的来由。天王得知大力神斗败，恼怒地向人间撒香炉灰。这些灰飞落大地后就变成害虫，嚼食庄稼。人们找来松枝点燃一束束火把，消灭了害虫。此后，每年农历六月，朵阿惹恣斗败大力神的二十四日这天，人们都要穿上节日的盛装，杀牛宰羊庆贺，并举行斗牛、摔跤、点火把活动。

佚名讲述，罗希吾戈采录。收入《中国民间故事集成·云南卷》，16开，2页，1600余字，中国ISBN中心2003年版。（梁红）

撒梅人的火把节

彝族节日传说。流传于云南省昆明市彝族撒梅人地区。讲述的是：远古的时候，勤劳淳朴的撒梅人生活在水草肥美的滇池周围。有一年，有个外族部族首领看中了这块宝地，率领部族入侵滇池地区，撒梅王组织大家抵抗入侵者，因寡不敌众，撒梅王被砍了头。奇怪的是，到了夜晚，等星星出现的时候，撒梅王的头又从脖子上长了出来。他又率领大家和敌人战斗。这样反复几次，敌方吓得人心涣散。于是敌首领派奸细打探撒梅王不死之秘密。由于撒梅王妻子口舌不紧泄露了秘密。撒梅王被砍了头后，敌人用尖刀草在他的脖子上扫了三下，撒梅王的头就再也没有长出来。撒梅人失去了领袖，只有各奔东西，所以撒梅人又被称为“散民”。尖刀草的叶子也因染上了撒梅王的血而变红了。为纪念撒梅王，在撒梅王被害的日子（农历六月二十四日），撒梅人都要点火把四处寻找撒梅王的精灵。这天晚上人们要祭牛王、念牛王经，还要把吃剩的鸡骨头烧了点燃麻秆，祈祷风调雨顺、五谷丰登、人畜平安。

张福德、李灿、李元讲述，浪涛、燕华、思勤采录。收入《中国民间故事集成·云南卷》，16开，3页，1600余字，中国ISBN中心2003年版。（梁红）

山苏人的火把节

彝族节日传说。流传于云南省新平彝族傣族自治县。讲述的是：古时候，磨盘山森林茂密，箐水长流，鹿麂来来往往，白鹇孔雀飞来飞去，香蕈木耳常挂树枝，居住在这里的山苏人过着甜美的生活。可离磨盘山不远处的一个魔鬼，对山苏人夜夜跳舞唱歌的甜美生活忌妒在胸，施展妖法放出数不清的害虫噬咬庄稼，山苏人作物歉收，忍饥挨饿，哑了歌喉。山苏人夜里抬火把捉害虫时看见虫扑火烧死，于是用松香撒喷火把放火花的办法来除灭害虫，魔鬼终被斗败了。这天正是农历六月二十五日，于是每年到这天就烧起火把除害虫。这就成了山苏人的火把节。

祝普氏讲述，楚学搜集。收入《乡泉集》第二辑，32开，3页，1400余字，云南民族出版社1985年版。（聂鲁）

纳苏人的火把节

彝族节日传说。流传于云南省武定县彝族地区。很久以前，在东方的浦乌觉觉地方出了一个名叫支朵阿吾的能人，皇帝派人去考他，结果考官反被他考倒了，皇帝很高兴，封他做了俄吾司木的俄么（君主）。当时，在俄吾司木国的北方有一个刹哈（汉人）国，听说俄吾司木国地方富饶广大，打算前来霸占，派了一个叫诸葛亮的人带兵来征讨。诸葛亮的人马刚到碟帕克米城就被支朵阿吾的兵马围住了，支朵阿吾的坐骑是只猛虎，汉兵一见，大叫："猛虎来了！猛虎来了！"汉兵听走了音，听成是"孟获来了"，所以后来汉人都管支朵阿吾叫"孟获"。双方实力相当而相持不下，诸葛亮派使者跟支朵阿吾说，汉彝本是一家，还是和好算了。支朵阿吾要求与诸葛亮比彝家拿手的对歌、讲故事等。诸葛亮样样都会，支朵阿吾遵守诺言，认诸葛亮做兄弟，与汉兵和解了。汉兵退走后，支朵阿吾的人马欢天喜地，燃起火把，在碟帕克米城狂欢了三天三夜。那三天正是农历六月二十四日到二十六日。以后每到这个日子，支朵阿吾便大宴部属，让人们尽情玩乐。这习俗一代代传下来，就成了火把节。

杨自荣讲述，罗有能记录。收入《彝族民间故事》，32开，4页，1700余字，云南人民出版社1988年版。（钱丽云　朱琚元）

腊罗人的火把节

彝族节日传说。流传于云南省南华县彝族民间。讲述的是：古时候，人间没有火，人们只能吃生饭，吞生肉。东方的尼克木俄木（君主）下令世间万物只要能为人类找来火种，他便将三个公主嫁给他。有一个叫者洛的小伙懂鸟语，会听兽话，从小以打猎为业，练出了一身本领，上山可擒虎，下海能捉龙。他身边跟随着被他降伏的虎、蛇、鸟三只动物。者洛听说俄木的告示后，与三个朋友商量一起去天宫偷火种。四个伙伴来到天宫，扎布里鸟在玉帝夫妇床头偷听到夫妇二人关于怎样才能有火种的谈话，便飞回来把自己听到的话向三个伙伴复述了一遍。四个伙伴试着找齐了东西，果然就有火了。从此人们可以吃到熟食，可以烧地、御寒了。东方的尼克木俄木履行诺言，将大公主嫁给了虎，老虎带着大公主住到山上去，变成了彝族；把二公主嫁给了蛇，蛇带着二公主住到水边，变成了傣族；把三公主嫁给了者洛，者洛住在坝区里，变成了白族。扎布里鸟呢，按它的要求，尼克木俄木封赠它，从皇宫到民宅，只要有房屋，它都可以居住。因为找到火种的那一天是农历六月二十四日，以后每年人们都要高举火把，唱歌跳舞，举行各种纪念活动。这习俗一代代传了下来，就成了今天的火把节。

李开鑫、罗正旺讲述，罗有俊记录，罗有能整理。收入《彝族民间故事》，32开，6页，3800余字，云南人民出版社1988年版。（钱丽云　朱琚元）

子居鸟与火把节

彝族节日传说。流传于四川省凉山彝族自治州。讲述的是：从前天神恩体古兹常在人间征收牲畜，为他收牛、羊、马的租税神叫苏曲约里，收猪、鸡的租税神叫苏洛乌目卓。这年苏洛乌目卓来收猪、收鸡，居木家一时缴不出，和租税神争吵起来。租税神要惩罚居木家的吾吾，吾吾一气，就抽出刀来把租税神杀了。因怕追究，他把尸首藏在一棵空心树里。日子一久，尸体腐烂，被一只花脸雀发现，告诉了多话的子居鸟。天神派云去查，云在天空飘，没查出来；派雾去查，雾在山间转，没查出来；派风去查，风在谷里刮，没查出来；派雨去查，雨遇着躲在草堆里的子居鸟，打听出了那空心树，就回去告诉了天神。天神大怒，派人到居木家问，吾吾不承认。天神查不出来，认为一定是人杀了租税神，就放了许多虫来吃人的庄稼。人们看见庄稼被毁，非常痛心。就互相约着，到了夜里，男女老幼一起出来，在田间点燃一支支火把，使虫无法逃生。它们不是被烧掉翅膀，无法飞起，就是被烧得断腿缺足或化为灰烬。到了天亮，不论沟里地里，都躺满了小虫们的尸体。它们再也不能危害人们的庄稼了。天神看见后，虽然更加生气，但一时也想不出什么好办法来对付人们，只好有时在天上鼓鼓眼、叹叹气。人们很高兴齐心合力取得了烧虫子的胜利，就把这一天定为“火把节”。以后每年到了这一天，人们都欢欣鼓舞地点燃火把，进行摔跤、赛马、斗牛、斗羊等活动。

佚名讲述、记录。收入《中国少数民族文学》，32开，2页，900余字，湖南人民出版社1983年版。（阿南）

中村六月二十五日火把节的传说

彝族节日传说。流传于云南省姚安县。讲述的是：很早以前，弥兴中村和其他地方的彝族一样，每年农历六月二十四日过火把节。有一年节日到来时，弥兴中村跟往年一样在村边的火把广场上竖起了一把长约两三丈，粗如水桶的大火把，人们尽情地载歌载舞。但正当人们玩得开心时，忽然一阵大风把大火把刮倒在秧田里，所有的青壮年跳入秧田，想把大火把重新竖起来，可一直折腾到三更时分，始终没有办法把它重新竖起来。村中的长老见此情景，一致认为这是不吉之兆，于是商量从明年起推后一天过火把节。从此，中村火把节改在农历六月二十五日。

刘自明、刘光武讲述，唐寿臣记录。收入《云南省民间文学集成·姚安县综合卷》，32开，1页，400余字，姚安县文化局、文联1989年编印。（施选　朱琚元）

俐侎人的火把节

彝族节日传说。流传于云南省新平彝族傣族自治县。讲述的是：很早以前俐侎人居住在北方，那里山清水秀，田园满山，牛羊遍地，俐侎人过着静谧的生活。但是一伙强盗经常掠寨劫舍，屋毁家破、弱小的俐侎人像风雨中的蜻蜓摇曳着翅膀抖颤。村中足智多谋的老阿波李万椿带领村人到山箐中割干山竹和陈年黄椎栗朽木，把山竹捆成把，把朽木擂成面，就在农历六月二十四日晚上当强盗来抢村时，点着火把，用朽木面撒在火把上，顿时发出一片耀眼的火光，弄得强盗们惊慌失措，草木皆兵，退缩过程中有的滚下山崖摔死了，有的掉到河里溺死了。但是强盗们捉住了李万椿，他为俐侎人殉难了。后来，俐侎人停停走走大迁徙来到哀牢山后，为了纪念阿波李万椿，每到农历六月二十四日这天就点火炬撒朽木，用腊柳等制成的香面爆放火花，祈求村寨安康。

佚名讲述，李培升搜集，聂鲁整理。收入《乡泉集》第二辑，32开，3页，1400余字，云南民族出版社1985年版。（聂鲁）

白三少爷

彝族节日传说。流传于云南省通海县彝族地区。讲述的是：从前，通海四街乡白兴寨出了个白三少爷。他妈在他出生头晚梦见天神骑白龙拿仙桃来到家门前并把小白龙拴在门墩上。少爷满月玩耍时就能拔起楼板钉。他妈给他买的一匹黑瘦小马很快变成能腾云驾雾的小白龙神马。妈妈要吃新兴州（玉溪）水豆腐，少爷骑马飞快买回了热豆腐。栽稻秧犁田，他能抱扛起耕牛顺田埂进出田里，大家都称他是大力士。名声传到坝区，一个汉王请他比武。两人从早比到黄昏后，少爷的好友尼塞终用箭射死了汉王，可汉王阴魂又变成一条红麻蛇来咬死了白龙马，少爷拔刀砍死了毒蛇。汉王魂又变成江湖郎中，终于用药毒死了生病的少爷，那时正是农历六月二十五日。从此，每年这时，人们就抬着火把到少爷坟前守墓纪念，后来就变成彝族有名的火把节。汉王家兵扬言要杀光姓白的倮倮人，所以姓白的都改为姓李，只有一家搬到水磨石至今保留白姓。

李春志讲述，牟从满搜集。收入《云南民间文学集成·通海县集成卷》，32开，3页，3300余字，通海县文化旅游局、文化馆1999年编印。（普开福）

罗婺火把节

彝族节日传说。流传于云南省双柏县彝族地区。讲述的是：很久以前，彝族罗婺人刚用三块石头支起锅，为找到一块立足之地而庆幸的时候，赤傲部落的头人却要抢走罗婺人美丽善良的阿辙姑娘。阿辙姑娘为了使自己的亲人能长期在这块土地上生存下去，纵身火海自焚，避免了为争夺她而引起的部落仇杀。罗婺人得救了，幸免于难的人们含着悲痛的泪水，在姑娘献身的山头上燃起熊熊的篝火。他们要用火烟送她上天（传说阿辙姑娘变成喜鹊升上蓝天，专为人间报喜）。人们围着篝火挥舞火把，跳起火把舞。为了纪念这位为部落生存而献身的姑娘，罗婺人便在每年的农历六月二十四日祭奠阿辙姑娘的英灵。从此，每年农历六月二十四日，彝家人都要举行一场盛大的火把节。

佚名讲述，李友华搜集、整理。收入《云南楚雄民族节日概览》，32开，3页，1600余字，德宏民族出版社1991年版。（李惠兰　朱琚元）

武主与火把节

彝族节日传说。流传于云南省峨山彝族自治县彝族地区。讲述的是：古时候，有两个彝族寨子，大寨想独霸一世，经常欺负小寨。一天，大寨首领来邀请小寨首领去做客，小寨首领及众贵宾都安排在用金银财宝和松树明子镶嵌的狮子楼进餐。席间大寨首领借故离开，暗地派人烧掉了狮子楼，包括小寨首领在内的一百多位客人葬身火海。机敏善良的小寨首领夫人武主到大寨大吵大闹，并凭丈夫手上的一只手镯找到了丈夫的尸体后抬回去祭奠。大寨首领还想霸占这位神仙似的小寨夫人，就欲借口参加祭丧趁机来攻夺。武主早有防备，全寨成年人备好松枝扎成的火把和松香、干鸡粪等。农历六月二十四日发丧那天，大寨人来进攻了，武主率众右手拿兵器，左手举火把，并用干鸡粪和松香粉从火把上喷撒过去，顿时浓烟滚滚，敌人惨败而逃，小寨最终保住了。从此，彝家为纪念武主，年年举行火把节。

谢有恩讲述，矣安搜集，张相生整理。收入《嵋峨风情》，32开，3页，1300余字，峨山彝族自治县民委1985年编印。（普开福）

阿巴扎与伊里妹

彝族节日传说。流传于云南省弥勒市、泸西县等地的彝族地区。讲述的是：家境富裕的阿巴扎与出身贫寒的伊里妹是一对两小无猜、青梅竹马的情人。伊里妹在一次卖柴过程中，遇到了大长虫变的害人精。她历经千辛万苦，逃出了害人精的魔掌。在出逃途中伊里妹遇上了来寻她的阿巴扎。于是两人返回魔洞，协力斩杀了大长虫。人们为了纪念这对勇敢的情人，每年农历六月二十四日便生篝火跳舞，慢慢就形成了火把节。

佚名讲述，郭德明记录、翻译。收入《弥勒民族民间故事选》，32开，4页，2400余字，弥勒县民委、文化馆1986年编印。（张辉）

马缨花节

彝族节日传说。流传于云南省楚雄市彝族民间。讲述的是：古时候，中国有普陀山、五台山、峨眉山、九华山四大名山。四大名山都有寺庙，寺庙里要培植奇花异草，供游人观赏。一天，百花仙子让世上所有的花都汇聚到一起，她要选其中的一株做花王，要在寺庙里栽培。当时，马缨花是世上最漂亮、最娇艳的花，谁也不能跟它媲美。因此，它去参选时，十分傲慢，得意地向别的花炫耀自己的容颜。牡丹花生来腿脚软，但不歇气，一直朝前赶路，路上遇见芍药花，相约同行。她们虽然走得慢，但最先来到了寺里。百花仙子从众多赶来参选的花中选出牡丹花做花王，并规定芍药花和牡丹花一起做药王。所以现在牡丹花和芍药花要培植在一起。马缨花姗姗来迟，等她来到寺庙时，百花仙子早把花王选定了，只好把她打发到牛、羊厩门旁，给牲口叫魂。直到今天，每年农历二月初八，彝族人民就过插花节。这一天，人们把火红鲜艳的马缨花插在厩栏上，傍晚牲口回来时，要给走在前的牲畜戴上马缨花，晚上还要给牲口招魂。

鲁世凡讲述，刘纯龙记录、整理。收入《云南楚雄民族节日概览》，32开，3页，1100余字，德宏民族出版社1991年版。（李惠兰　朱琚元）

祭马缨花山神

彝族节日传说。流传于云南省禄丰县彝族民间。讲述的是：古时候，住在干海资三月三山梁下洼子里的彝族有九十九户人家，村头有一棵马缨花树。有一年，新上任的族长去请别村毕摩打卦，问问本村总是没有一百户的缘由。毕摩让他砍掉村头的马缨花树，全村的男人一连砍了三天三夜才把它砍倒。树倒时从树根底部飞出来两只白鹤，一只落在草溪井，一只落在猴井。马缨花树被砍倒以后，村中人户不但没有增加，反而减少，只有二三十户人家了。这时族长又去问毕摩，毕摩打卦以后说是因砍了山神树，地脉已破，财去人减，不能在此住下去，否则会绝种。剩下的人家只好分别搬迁到干海资、花箐、龙骨居住。大家约定每年农历三月十三日这天都回到这里相会一次，杀鸡宰羊祭山神。这个约定代代相传，就成了农历三月十三日祭山神的习俗。

钟启贤讲述，史岳灵记录、整理。收入《云南楚雄民族节日概览》，32开，3页，1100余字，德宏民族出版社1991年版。（李惠兰　朱琚元）

马缨花节的来历

彝族节日传说。流传于滇中、滇西彝族地区。相传洪水灾害后人间仅幸存两兄妹，在金龟老人指点下，兄妹结合，生下一肉口袋，劈开肉袋，内有五十童男，五十童女。金龟老人把肉袋皮甩在小树上，小树便开出红彤彤的马缨花。后来妹妹生下百人，得到兔、鹿、獐、麂、豹、虎、熊、牛、马等协助养育后代。人是吃野马奶长大的，故彝胞不吃马肉。孩子们找不见爹妈，去寻父母。问土蜂，它不理睬，它的腰就被人打断了；遇松树，它也不理，人就让它挨砍了不发芽；遇棕树，它不理睬，后来人剥它的皮；遇罗汉松，它还好，就让它发芽；遇小蜜蜂，老实相答，人就给它食物；遇柳树，给人喝水，人就让它生根发芽。找不见爹妈，人们就在马缨花开放的地方居住下来。年年农历二月初八这天，大伙聚拢跳脚、唱歌，摘花插在牛羊圈门上，以示吉祥，形成马缨花节。

佚名讲述、记录。收入《中国传说故事大辞典》，16开，1页，300余字，中国文联出版公司1992年版。（阿南）

服装节的由来

彝族节日传说。流传于云南省楚雄彝族自治州大姚县三台地区。相传年轻猎人阿达西爱上了聪明美丽的牧羊姑娘阿米尼。这时候，三台山龙头大人召九山十八寨未婚青年在白草岭撒马坪比赛骑射，宣布谁得第一名，就封他为将领，可在他管辖的九山十八寨选一个漂亮的姑娘做妻子。猎人阿达西来参加骑射比赛。他在赛场上捡了十个酒碗，用左手托着，飞身上马，马在撒马坪草场飞奔起来。他一俯身，将手中的十个酒碗均匀地摆到草地上。绕场一圈后，他又神速地将十个酒碗一一收回手中，并顺势把十个酒碗抛向空中形成一条弧线，又一连射出十箭，十个酒碗被射得粉碎。阿达西夺得第一。头人要招他为婿，他讲自己爱上了牧羊姑娘阿米尼，要求头人让他娶她做妻子。龙头大人只好允诺，但却又提出个条件，百日之后，召九山十八寨的姑娘比赛服装，谁的服装最漂亮，谁就做阿达西的妻子。头人把阿米尼关进白草岭的木垛房，阿达西每天都给她送去两只锦鸡。一天夜晚，阿米尼梦见自己变成一只锦鸡。比赛日期到了，她穿着自己编织的锦鸡羽衣来了，大家都推举阿米尼的锦鸡羽衣最漂亮。龙头大人假意举杯祝贺，在酒中放上迷药，让阿达西与三女儿结婚。酒醒之后，阿达西急忙去寻找阿米尼。他来到阿米尼爱梳头洗脸的清水潭，远远看见阿米尼穿着锦鸡羽衣，正在潭边梳妆，他呼喊着跑过去，却不见了阿米尼，只见一只美丽的锦鸡飞入丛林中，他紧紧追去。据传，阿米尼和阿达西后来都变成了锦鸡。彝家为了纪念美丽的牧羊姑娘阿米尼，每年于农历三月二十八日都在三台山聚会，姑娘们比赛时装，唱歌打跳。久而久之，就形成了彝族传统的服装节。

佚名讲述、记录。收入《中国传说故事大辞典》，16开，1页，600余字，中国文联出版公司1992年版。（阿南）

爆米花节

彝族节日传说。流传于云南省红河哈尼族彝族自治州红河、绿春县一带。相传彝族祖先原住在龙奔迷坝子，由于受到外族的侵扰，首领阿洛率众御敌，撤出了这鱼米之乡，来到一座大山上。敌兵穷追不舍，首领提议谁能御敌，便推谁为头，并以小女儿相配。此时走来一个英俊的小伙子扎朵，他提出把爆米花泼洒在马背上。敌人误认为他们不缺粮缺水，粮草充足，只好撤退。从此扎朵被推为首领，人们将他的生日农历七月十四日定为爆米花节，以示纪念。

佚名讲述、记录。收入《中国传说故事大辞典》，16开，1页，600余字，中国文联出版公司1992年版。（阿南）

祭火神节

彝族节日传说。流传于云南省双柏县大麦地乡彝族民间。讲述的是：很久以前，大麦地象鼻山有魔法会动，常把炸鱼河、雨平河挡住，使河水泛滥淹没庄稼，弄得彝家人痛苦不堪。后来，这里出了一位名叫阿文的英雄，他决心为民除害，率领众人在象鼻山下安营扎寨开挖象鼻山，但是头一天挖开的缺口过了一夜又复原了。阿文毫不动摇，带领人们挖了几年，缺口仍没有挖开。后来，有个声音在暗处说：“请来火神，撒上香面，就能制伏魔法，把山挖开。”阿文把此话告诉众人，大家依言去做，最终挖断了象鼻山。从此，两条河水乖乖地顺着河床流去，人们再也不怕水灾了。为了欢庆胜利，彝家人在象鼻山上盖起了一座寺庙，每年农历三月十六日（请火神制伏魔法的日子）这一天，方圆几十里的人们汇集到这里杀鸡宰羊，举行祭祀活动。

佚名讲述，袁忠富搜集、整理。收入《云南楚雄民族节日概览》，32开，3页，1100余字，德宏民族出版社1991年版。（李惠兰　朱琚元）

柜子山会

彝族节日传说。流传于云南省牟定县。讲述的是：柜子山像一颗绿宝石镶嵌在逶迤起伏的乌蒙山中，山下的彝族、汉族人家，原来不兴种五谷杂粮，专靠砍柴烧炭为生，日子过得十分贫苦。柜子山顶有一块平展的草地，绿茵茵的草中开着点点鲜花，这是仙家女子每年翻晒衣服的地方。有一年农历六月初六，一位仙女又来晒衣，眼看天色不好，欲收衣返回，却见一个年轻樵夫饿倒在松树下面。仙女叹道：“我只知六月六家家门前晒红绿，却不料有钱人家红绿晒，无钱之人晒白肉。”说完，取出三颗荞子放在樵夫手中，然后驾风回天宫去了。樵夫醒来，看到手中的荞子，想起方才梦中情景，恍然大悟，这是仙家指点，砍柴难以为生，不如种荞度日。从此，山下的人们种起荞麦五谷，生活逐渐好过起来。为了感谢仙女，每年农历六月初六，人们便聚集到柜子山顶，踏歌起舞，尽情欢乐。

普有信讲述，王彬搜集、整理。收入《云南省

民间文学集成·牟定县综合卷》，32开，2页，500余字，牟定县民间文学集成办公室1989年编印。（李惠兰　朱琚元）

耕牛节

彝族节日传说。流传于云南省楚雄市彝族民间。讲述的是：古时候，世间没有牛，人们刀耕火种，粮食收获很少，日子过得很艰难。有一年，天大旱，收成不好，百姓怨气冲天，怨声传进了天庭南天门，玉皇大帝就派麒麟大仙和水牛大仙下凡视察。两个大仙到人间察看以后，回天庭向玉帝禀报。麒麟大仙报告世间的人们在歌颂陛下；水牛大仙则据实相告，因此被玉帝贬到人间受苦役。水牛大仙到了人间以后，虽然含冤受屈，但它辛勤耕种彝家的田地，使人们的日子好过了。为感谢它对彝家的帮助，就把水牛大仙含冤受贬的那一天（农历二月初八）定为耕牛节，也叫牲口节，并一代代流传了下来。

李荣顺讲述，余立梁记录、整理。收入《云南楚雄民族节日概览》，32开，3页，1100余字，德宏民族出版社1991年版。（李惠兰　朱琚元）

二月八的来历（一）

彝族节日传说。流传于云南省禄丰县彝族民间。讲述的是：很古的时候，世上遭受了一场洪灾，唯有两兄妹在葫芦中得以幸存。天神年更兹派蜜蜂到地上察看是否还有人活着，蜜蜂飞落在漂流的葫芦上歇气，听到躲在葫芦里的兄妹俩在说话，就请耗子把葫芦拖到岸边，兄妹俩爬上岸得救。后来兄妹长大了，按天意结为夫妻。第二年的二月初八，妹妹生下了一个肉坨坨，丈夫用刀把肉坨坨砍成碎块，顺手丢出门外。碎肉有的挂在树枝上，有的落在树根。这些碎肉经太阳、月亮照射，不久，挂在树枝上的变成男人，落在树根上的变成了女人，男女又结成夫妻，繁衍成了各族。为了纪念生日，人们每年都赶二月八节，并在此日要折一根树枝拖着回家。

普荣春讲述，史岳灵记录、翻译。收入《禄丰县民间故事普查资料汇编》，16开，2页，500余字，禄丰县委宣传部、民委、文化局1988年编印。（钱丽云　朱琚元）

二月八的来历（二）

彝族节日传说。流传于云南省巍山彝族回族自治县彝族地区。讲述的是：有一个叫咪苦的孤身老人，他唯一的财产是一头牛和一只羊。农历二月初八这天，他在离寨子不远的山坡上放牧，突然看见一只老虎向着寨子里跑去。他想，大人们都在山上种地，村里只有孩子们在玩耍，如果老虎进寨，孩子们就会遭难。情急之中，他一面大声呼喊，叫孩子们躲藏起来，一面把自己的牛和羊赶到老虎的面前。老虎咬死了牛羊后，还要向寨子跑。这时老人从容地向老虎跑去。等到大人们赶来射死老虎时，老人已经断气了。村民们为纪念为救孩子献身的咪苦老人，每逢农历二月初八这天就杀猪宰羊，奠祭咪苦英灵，后来就成了节日。

罗怀奇、宗师纪讲述，段有鉴搜集、整理。收入《巍山彝族回族自治县民间故事集成》，32开，5页，2100余字，巍山彝族回族自治县民间文学集成办公室1988年编印。（段葵）

二月八（一）

彝族节日传说。流传于云南省嵩明县彝族地区。讲述的是：阿窝和则则是青梅竹马的夫妻，阿窝当上滇王后迁居姑底谷（昆明）。阿窝耗巨资建造新城，儿子说："不像我们彝家的城！"他认为出言不吉，便怒杀了八岁的太子苏底。汉军来犯，弟弟阿禄向他如实禀报战事，他视为动摇军心，又斩了阿禄。当汉军兵临城下，阿窝才悔恨杀了弟弟。由于阿窝随意杀死亲人，曾贴心而又英勇善战的将军、士兵心灰意冷，不愿再卖命出力。阿窝溃退回夏加罗（嵩明城），可城池已被汉军占领，城民扯掉包头归顺了汉军，女人把包头撕成裹脚布缠足，成了汉人。有家难回的阿窝和则则只有举刀殉国。他们死后，灵魂不散，经常出现在夏加罗的上空。坐卧不安的太守用檀香木刻了阿窝夫妇和太子的像供奉于宗镜寺，并许愿每年农历二月初八他们的忌日这天举办庙会纪念。从此，嵩明就有了隆重而热闹的二月八庙会。

蔡桂英讲述，杨廷杰采录。收入《昆明山川风物传说》，32开，4页，2400余字，云南民族出版社1994年版。（梁红）

二月八（二）

彝族节日传说。流传于云南省景东彝族自治县。讲述的是：相传，有一个小孩看见画匠画画，很想学。但画匠不教他，还不准他看。小孩回到家，想学画画，晚上梦见有个老人给他一支画笔，画什么就有什么。老人说只能给穷人画，不能给富人画。小孩醒来，手里真有一支笔，只是不见老人。小孩在墙上画一只大公鸡，公鸡从墙上飞下来。小孩给穷人画画，穷人就有了牛、马、猪、鸡、稻谷、苞谷。小孩得到神笔这天是农历二月初八，这以后，穷人过上了好日子。人们就把农历二月初八看作是牲口和粮食的生日，在这天为牲口和粮食招魂。

杨国仙讲述，陶明贵记录。收入《景东县民间文学集成》，32开，2页，600余字，景东彝族自治县民委、文化局、文化馆1989年编印。（谢国先）

彝族节日二月八

彝族节日传说。流传于云南省南涧彝族自治县。讲述的是：彝族祖先父子俩常被人们请去做阿闭咱底（祭祀）。有一年二月，父子俩走到中午时分，父亲说这里有水有柴，在这里做午饭吃，儿子却说再走一段路。父子俩又翻过一座山，父亲说在这里歇息，儿子说不行。这样折腾几回，父亲气了，认为哪有老子服从儿子的道理，就把儿子打死了。父亲回到家里，见家里的母牛下小牛，想看看小牛，母牛始终不给他看。父亲见此情景，想到自己的儿子，悔恨不已。这天正是农历二月八日，后来每到这天，父亲就带着各种食物去祭奠儿子。时间一长，就成了民族节日。

蒲应才讲述，邓承礼搜集、整理。收入《南涧民间文学选》第一集，32开，2页，800余字，南涧彝族自治县民间文学集成办公室1985年编印。（巴子）

彝家蒙化人的叫魂节

彝族节日传说。流传于云南省景东彝族自治县。讲述的是：很早以前，有三个人到外地做生意，亏了本，到瓦窑洞里住。他们一年多没回家，家里人很着急。农历二月八日那天，其中一个人的母亲想儿心切，就在家里为儿子叫魂。住在瓦窑洞里的儿子听见呼唤，就跑出窑洞。这时窑洞倒塌了，另外两个同伴被压死了。这个人回到家，知道是母亲为他叫魂才让他保住性命。这件事情传开了，人们就把这天定为叫魂节。从此，谁的魂丢失了，就在这天为他招魂，并在他手上拴一根招魂线。

罗宗良讲述，陶明贵记录。收入《景东县民间文学集成》，32开，2页，1000余字，景东彝族自治县民委、文化局、文化馆1989年编印。（谢国先）

六月十四节的传说

彝族节日传说。流传于云南省元江哈尼族彝族傣族自治县彝族地区。讲述的是：相传，阴司地府到了五六月也和人间一样缺食少粮。每年到了农历六月十四日，阎王老爷都要打开地狱门放神鬼到人间寻觅食物，神鬼就变成各种各样的虫和鸟在田地里咬食庄稼。所以，在这个季节里该成熟的作物，彝家人都不愿种了。后来，神鬼因找不到食物又变成各种细菌钻进人体吮吸人身上的营养。五六月人们病多，就是神鬼在作祟。为了免除病灾，人们就在每年农历六月十四日杀牛杀鸡祭献神鬼，求神鬼为家人消灾免难，让病者痊愈。

白佑三讲述，宋自华记录、整理。载《礼社江》文艺小报《神话传说》专版，800余字，元江哈尼族彝族傣族自治县文化馆1986年编印。（宋自华）

属虎日祭观音

彝族节日传说。流传于云南省南华县。讲述的是：很古以前，十八罗汉常出没彝家山寨，残害生灵。农历九月属虎日那一天，十八罗汉又洗劫了一个彝家山寨。他们杀了一头大黄牛，正准备把牛肉放入锅中煮时，来了一个漂亮的彝家姑娘，向他们借锅煮红谷米，十八罗汉答应了。姑娘取下肩上的包袱，拿出个小口袋，把米放入锅里，就在瞬间，锅里泛起浪花，浪花变成漩涡，漩涡中冒起一股青烟，青烟变成大雾，姑娘却不见了，原来是观音来收服十八罗汉。在观音的严格管教下，十八罗汉认真修炼，改恶从善，成了僧人。彝家山寨从此年年风调雨顺，五谷丰登，六畜兴旺，过上了太平的日子。为了纪念这个日子，每逢农历九月彝家都要选择一个属虎的日子，到山头上供个菩萨像，杀猪宰羊，摆设香案，男女老少共同祭拜救苦救难大慈大悲的观音老母。

佚名讲述，自文昌搜集。收入《民族民间文学资料》，32开，3页，1100余字，南华县文化馆、民委1986年编印。（李惠兰　朱琚元）

观音会的来历

彝族节日传说。流传于云南省楚雄市。讲述的是：相传，观音生于农历二月十九日，母亲嫌她是个女孩，就把她丢进紫竹林里。天帝发现这个非凡的婴儿被抛野外，就派了一头仙牛下凡喂奶，美丽的观音逐渐长大了。母亲自抛弃女儿后，胸上生了菠萝疮，久病不愈痛苦不堪。观音知道后回家为母治病，用舌头在洗净的伤口上舔了三下，瞬间就痊愈了。观音为报答天帝的搭救之恩，决心永世修行在人间，扬善除恶。后来，人们为她建庙塑像，视为保护神，形成了赶会的习俗。

陈家祥讲述，王运高搜集、整理。收入《楚雄市民族民间文学集》，16开，3页，800余字，楚雄市文化馆1991年编印。（李福云　朱琚元）

催春节

彝族节日传说。流传于云南省鹤庆县、剑川县交界地区的彝族村寨。讲述的是：西山有个叫戈戈的老猎手，他带着三个姑娘到摩天崖打猎，因云雾迷蒙回不去。这时雪地里钻出来一只小白兔，对老猎手说只要把姑娘嫁给它，它就带他们回家。三妹同意嫁给兔子，兔子就给老猎手镜子、唢呐、木鼓三件宝物。大姐举起镜子一照，冰雪融化，看见了回家的路；二姐一吹唢呐，眼前树木葱茏，百鸟歌唱。他们回到家里，老猎手敲起木鼓，白兔和三妹带着花种一路撒到西山，满山开满鲜花。原来小白兔是月宫中的花神，主管开春，它来的这天就是立春。人们就在这天跟着小白兔和姐妹敲木鼓、吹唢呐，一起唱歌跳舞，后来成为催春节。

彭章元讲述，天铭记录。收入《中国民间故事全书·云南·鹤庆卷》，32开，2页，1200余字，知识产权出版社2005年版。（段伶）

赛装节

彝族节日传说。流传于云南省永仁县。讲述的是：很久以前，朝里若、朝拉若兄弟俩打猎来到直苴，看见此地森林密布，土壤肥沃，就决定在这里开垦土地，种上稻谷，在此安居乐业。稻谷在他们的精心栽培下获得了大丰收，人们纷纷来到这里开田种地，田里种水稻，山坡种荞、麦、豆、麻。为了报答他们两兄弟，老年人争着给他俩说亲，姑娘对他俩也充满爱慕之情。老人向他俩询问择婚的条件，他们说谁心灵手巧，能把直苴的山水林木花草绣在衣裳上，就娶谁做媳妇。老人们决定让姑娘们来年正月十五在村旁的山顶上、树林里、青棚下举行服装比赛，让兄弟俩选意中人。正月十五这天，姑娘们都穿上自己亲手刺绣的新装，头戴公鸡帽，身挎花挎包，拥向赛装的地方，最后兄弟俩各自选中了意中人。从此，赛装年年都进行，形成了固定的节日，一直流传至今。

佚名讲述，杨云忠、高定伟、谢应能搜集、整理。收入《云南楚雄民族节日概览》，32开，4页，1600余字，德宏民族出版社1991年版。（李惠兰 朱琚元）

赛衣节的传说

彝族节日传说。流传于云南省大姚县。讲述的是：在美丽的白草岭山上，青年猎人阿达西深深爱着聪明美丽的牧羊姑娘阿米尼，但他无家无业，一直不敢向阿米尼倾吐埋在心底的爱情。他听说头人正召集九山十八寨的未婚青年在白草岭撒马坪进行骑射比赛，夺得第一名的将被封为带兵打仗的将领，而且还可以在九山十八寨中挑选一个漂亮的姑娘做妻子。阿达西高兴极了，凭着娴熟的骑技、精良的箭法而夺得第一名。他拒绝了头人要他做女婿的奖赏，头人便提出一个条件，一百天之后，将召集九山十八寨的姑娘来比赛新衣，如果阿米尼的新衣最漂亮，就能嫁给阿达西，否则谁的新衣最漂亮，谁做阿达西的妻子。阿米尼聪明能干，手巧得出奇，她用美丽的锦鸡羽毛编织出了一套漂亮的衣服。参赛时，锦鸡羽毛在太阳下闪闪发光，所有的人都被征服了。由于头人从中作梗，阿达西和阿米尼终没能成亲。阿米尼变成锦鸡飞走了，阿达西也变成锦鸡随后飞走了。阿米尼虽然变成锦鸡了，但赛衣这一习俗却代代传了下来，慢慢地，就形成彝族传统的赛衣节。

佚名讲述，黄自权记录。收入《大姚县民族民间文学集成》，32开，4页，2700余字，云南民族出版社1991年版。（李惠兰 朱琚元）

插花节的传说（一）

彝族节日传说。流传于云南省大姚县。讲述的是：昙华山上有个聪明美丽的彝族姑娘叫米依鲁，她的歌声优美动听，她的舞姿优美动人，她的刺绣技艺精湛，她放牧的羊群就像天边飘浮的白云，她与勇敢的彝族青年朝列若深深相爱。那时，昙华山上住着一个凶狠残暴的土官，他把饿狼一样的眼光盯向如花似玉的米依鲁，米依鲁却对他不屑一顾。他在荣西拉山的顶峰修建了一座天仙园，请天上仙女下凡，在天仙园内教彝家姑娘绣花，用麻皮织出了锦缎，用麻线绣出了凤凰，可是土官还要强娶米依鲁。二月初八，米依鲁打扮得像要出嫁的新娘，头上戴着毒花，孤身一人向天仙园走去。土官见到米依鲁，眼睛笑成一条缝，亲自倒了三杯酒，要与米依鲁同饮交杯酒。米依鲁从头上摘下花放进交杯盏，微笑着先喝了一口酒，土官欲火中烧，恨不能一口将米依鲁吞下。他抢过米依鲁的酒碗一口喝干，又把其他两碗酒也灌进肚里。土官被毒死了，米依鲁也倒下了。第一个冲上天仙园的是她亲爱的情人朝列若。朝列若抱着米依鲁的尸体，走下山峰，越过深箐。一路上，米依鲁眼里渗出的鲜血洒在马缨花山，将满山岭的马缨花染得火红。为了纪念米依鲁，人们每年都举行插花节。

杨森讲述，黄自权记录。收入《大姚县民族民间文学集成》，32开，4页，2400余字，云南民族出版社1991年版。（李惠兰 朱琚元）

插花节的传说（二）

彝族节日传说。流传于云南省大姚县。讲述的是：昙华山有个凶狠残暴的土官，规定了种种苛捐杂税，造出了种种刑具压榨奴隶和百姓。百姓、奴隶十分恨他，就请昙华山的山神来整治这个土官。山神同情奴隶、百姓的苦难，就显灵把桂花和三台山头搬来压土官。可惜搬来的石头还没有赶到土官家，天就亮了，所以，现在昙华山上还有五六堆大石头。奴隶、百姓又请天上的仙女来治他。农历二月初八，天上的七仙女撒下了七种颜色不同的马缨花，花瓣像雪片一样的飞转在昙华山土官家。最后终于把土官压死了。以后，红马缨、白马缨、黄马缨等不同颜色的马缨花开遍昙华山。每当二月初八马缨花开放时，彝族人民就相聚在昙华山互相祝福，庆祝反抗土官的胜利。

佚名讲述，陈家谷记录。载《金沙江文艺》1983年第1期，16开，1页，900余字，楚雄州文联1983年编印。（李惠兰　朱琚元）

跳宫节

彝族节日传说。流传于云南省富宁县。叙述的是：白彝帕比（头人）黄定和他的妻子统管着一个山寨，每天敲铜鼓指挥全寨人出工、收工、歌舞娱乐，百姓们安居乐业。几个官兵打猎来到这里，觊觎这里富庶，就带兵来攻占山寨。山寨人没有准备，加之穿着又宽又长的筒裤，跑不快还被绊倒，在与官兵的搏斗中死伤很多，被迫退到大山顶上。黄定和妻子将筒裤割了一半，撕成布条裹在腿上，设下埋伏，由黄定挥舞大刀，且战且退去引官兵。官兵将要进入埋伏圈时，黄定跑不动了，见草坪边有蓬小金竹，就躲了进去。官兵进了埋伏圈，只听黄妻大叫一声，铜鼓咚咚，山上石头弩箭齐下，官兵全被消灭。这一天是农历四月初八。为了感谢金竹，每年四月初八人们就杀猪宰牛敬献金竹，围着金竹跳舞，久而久之，形成了跳宫节。

佚名讲述，刘德荣、李贵恩搜集、整理。收入《云南民间故事集成·富宁县卷本》第一卷，16开，4页，2700余字，富宁县民委、文化广播电视局1988年编印。（吴平）

牛王节

彝族节日传说。流传于云南省建水县。讲述的是：远古的时候，人类靠刀耕火种获取食物生活，不能自足。玉帝发现人间的危难后，派三儿子牛王星到凡世拯救百姓。神牛下凡后，勤勤恳恳帮助人类耕田种地，没几年，人间变得丰衣足食。为纪念神牛的功劳，彝族将每年正月十二日神牛下凡这天定为牛王节。每逢这天，彝族各村寨都会举行一系列的祭祀活动。

孔普仙讲述，尼苏艾诺搜集，张绍碧整理。收入《云南民间文学集成·建水故事卷》，32开，2页，900余字，建水县文化局、民委1989年编印。（梁红）

忌虫节

彝族节日传说。流传于云南省建水县。讲述的是：远古的时候，天下连续三年遭受虫灾，观音来到了人间，用自己的经血消灭了虫害。从此，彝族将观音来到人间的农历五月十三日这天定为忌虫节。这天，女人天不亮便要集中于公房，推荐一位未婚女子杀猪，取猪血撒在自家田地中，然后大家围着洗干净的生猪跳烟盒舞。忌虫节历时一周，这期间男人不准到田地里，只能在家做家务。

龙云光讲述，尼苏艾诺搜集，张绍碧整理。收入《云南民间文学集成·建水故事卷》，32开，2页，900余字，建水县文化局、民委1989年编印。（梁红）

戴五色线的来历

彝族节日传说。流传于云南省石屏县彝族地区。讲述的是：彩虹是天上唯一的红龙，深得天神策格兹的宠爱。但因从小娇生惯养，红龙长大后蛮横不讲理，不守天规，到人间作恶。人们将红龙告到天神处，红龙遭到处罚，被遣至深山老林修身养性，可恶性不改，最后被斩杀。红龙被斩后，阴魂不散，飞到天神处哭诉，天神心软，封其阴魂为诸蛇首领，并让世人在红龙受刑的农历五月初五过端阳节，让娃娃戴五色线，以示为其戴孝。从此，戴五色线的习俗就流传了下来。

普兴有讲述，李朝旺记录、翻译。收入《彝族

民间故事选》，32开，2页，1000余字，红河哈尼族彝族自治州文联1997年编印。（张辉）

高鲁山一带的端午节

彝族节日传说。流传于云南省峨山彝族自治县。讲述的是：很久以前，一个道人路过高鲁山，并在山路上种下了一塘瓜，在瓜塘旁边撒下一些细米。后来瓜藤变成四通八达的山脉，瓜儿变成村村寨寨，细米变成杨梅。山民们世代繁衍生息，团结友爱。于是，每年农历五月初五端午节杨梅熟了的时候，四面八方的彝族纷纷汇聚高鲁山，采摘杨梅，尽情欢乐，以此来纪念那位道人。

佚名讲述，龙家文搜集。收入《嵋峨风情》，32开，2页，800余字，峨山彝族自治县民委1985年编印。（普开福）

撒梅人过端午节的传说

彝族节日传说。流传于云南省昆明市彝族撒梅人地区。讲述的是：很久以前，撒梅人与白彝在滇池的固丘山一带过着男耕女织的自由生活。有一年五月初五，奴隶主惹召带着家丁闯入撒梅村寨杀害了撒梅王，抓走很多人。人们被捆着手，关押在黑山洞里，白天被逼着干苦力。黑山洞里毒蛇、蚊虫时时威胁着人们的生命，于是，聪明的撒梅人趁劳动之机，割来菖蒲和艾蒿烧熏驱赶毒虫。奴隶主抓漏的青年阿腊率领余下的村民，在农历六月二十四日夜晚，将火把捆在牛羊角上，并把牛羊赶入土司城堡。牛羊在城堡中狂奔，惹召和家丁纷纷在火海中丧命，阿腊等救出了关在黑山洞里的乡亲们。脱离了苦海的人们愤恨地将捆在手上的绳子扔进火中，欢庆胜利。从此，撒梅人过端午节时，都会在门外挂菖蒲和艾蒿，大人用黑线缠手，孩子缠绕五彩线避邪，直到农历六月二十四日火把节时才将线剪断用火把烧掉。

佚名讲述，高登智搜集、整理。收入《昆明民间故事》第一辑，32开，2页，700余字，昆明市民间文学集成办公室1987年编印。（梁红）

密枝节的传说

彝族节日传说。流传于云南省石林彝族自治县彝族撒尼人地区。讲述的是：很久以前，阿朵底寨子里有个美艳无比的阿妮姑娘，深得小伙子们喜爱。可寨主目格想强占她为妻，遭到抗拒，便恼羞成怒，将阿妮五牛分尸。被目格害死的阿妮变成了白狐狸精钻进了村旁的山林，目格寨主在一次追猎中被白狐狸引上山崖摔死了。此后，白狐狸所在的山林若有牛羊进入就会遭瘟，人若要入林砍柴割草就会流鼻血而亡。后来，山林长得茂密兴旺成了撒尼人心目中的神林密枝林。撒尼人视林中的白狐狸为保护神，每年都举行祭典，祈求人畜兴旺，寨人平安，五谷丰登。

佚名讲述，昂智灵采录。收入《云南省民间文学集成·路南民间故事》，32开，3页，1400余字，云南民族出版社1996年版。（梁红）

朝山会的传说

彝族节日传说。流传于云南省新平彝族傣族自治县。讲述的是：一群俐侎（彝族支系）姑娘到深山采摘野果，她们一边采一边唱，天上的一朵白云老是跟着她们。回家的路上，一只黑熊抢走了一个姑娘，那朵白云就变作一道亮光劈死了黑熊，并化为一位仙姑救出了被黑熊抢走的姑娘。姑娘们挽留仙姑在她们的寨子住下，仙姑教俐侎人放牧、耕作、种粮、纺织，人们过上了甜美的日子。可是天上飘来一团黑云，这时仙姑伤心地哭了，原来她是木戛天神的独生女，背着爸妈跑出来玩耍，被俐侎妹妹们的歌声迷住，又看到大家日子过得很苦，于是才留下来帮助俐侎人。现在爸妈知道了，派神将来喊她回去。俐侎人做百家饭送仙姑上路，仙姑说："以前是你们的动听歌声把我引来，现在你们也用动听歌声送我回天门吧。"于是俐侎山寨里吹响葫芦笙跳起了舞，歌声托着一朵白云冉冉上升，那天正是农历二月十一日。以后每到这一天，俐侎山寨就在草坪上做酒饭敬献仙姑，并吹笙弹弦，唱歌跳舞，通宵达旦，逐渐成为接连三天的朝山会。

佚名讲述，方开云、楚学搜集。收入《乡泉集》第二辑，32开，5页，3300余字，云南民族出版社1985年版。（聂鲁）

三月三

彝族节日传说。流传于云南省禄丰县彝族民间。讲述的是：很久以前，紫云峰下居住着许多勤劳善良的彝族，他们和睦相处，安居乐业。有一年的春天，这里发生了一场大瘟疫，人畜死了无数，大家惊恐万分。此时从紫云峰顶上下来了一位名叫摩根生的老人，他在山脚建起房子，一边修行一边为人畜治病。无奈病魔凶猛，蔓延速度很快，不少彝胞被迫迁往他乡躲避瘟疫。到了农历三月初三这一天，大家都搬走了，摩根生老人也不见了。到了次年的三月三日，灾难过去了，紫云山下又搬回来了一些人。这些彝胞为了缅怀报答摩根生老人，就在这里修了一座庙供奉他。从此，每年农历三月初三，人们从四面八方聚拢来，载歌载舞，畅叙旧情。

沈平婕讲述，谢正芳记录。收入《禄丰县民间故事普查资料汇编》，16开，1页，500余字，禄丰县委宣传部、文化局、民委1988年编印。（钱丽云　朱琚元）

三月三的传说

彝族节日传说。流传于云南省禄丰县彝族民间。讲述的是：传说，唐朝时期，朝廷大将马三宝带着兵马和一个叫“癞娘娘”的女将打战，癞娘娘打不赢马三宝，败退至现今的三月三安营扎寨。刚安顿下，马三宝就带兵马追杀而来，癞娘娘将兵马藏在山腰的一个大山洞里。马三宝知道后就派人封住洞口，将癞娘娘的几千兵马闷死在里面。癞娘娘临死前问马三宝何时让她重见天日，马三宝答应她每年当日也就是农历三月三日让四山八寨的人来此地祭拜她。从此，每年的农历三月三日，四山八寨的彝族、苗族和汉族都要来这里跳唱，祭拜闷死在山洞里的癞娘娘和她的兵马，求癞娘娘保佑平安。

段作能讲述，欧阳映森记录。收入《禄丰县民间故事普查资料汇编》，16开，1页，400余字，禄丰县委宣传部、文化局、民委1988年编印。（钱丽云　朱琚元）

三月三的“祭山”

彝族节日传说。流传于贵州省水城一带彝族居住地区。讲述的是：在很早以前，彝族先民阿山和妻子花妹翻山越岭，走了93天终于找到理想的安身之所，安家时正好是农历三月初三。在后来的生产生活中，飞禽走兽不断地来糟蹋庄稼，在七仙女的帮助下，元宝山、白虎山、猫猫山为他们除了害，并教会阿山扎茅草人吓跑害鸟。为了感谢三座山神的恩典，阿山和花妹每年农历三月初三这天都要祭奠三山和风、雷、电三神，代代相传就成了节日。

杨正蒙讲述，杨顺清记录、翻译。收入《中国民间文学集成·贵州彝族回族白族故事选》，16开，3页，1300余字，贵州民间文学集成办公室1993年编印。（罗德显）

彝族药王

彝族节日传说。流传于云南省禄丰县彝族民间。讲述的是：传说有一年，禄丰县干海资、俄箐一带发生瘟疫，彝人死了很多。这种病的症状是手脚肿，最后等死。当地有一个懂草药的人，彝家称他“草太医”。他见村村寨寨都有人死了，心里非常难过，决心为大伙找到治病的药。他满山遍野尝百草，走了九十九座山，尝了九十九样草，爬了九十九条箐，尝了九十九塘水，结果连他的手脚都肿了起来，他感到自己快不行了，就靠着最后一口气爬到了三月三山箐中，拼命喝了几口泉水便睡着了。过了一锅烟的工夫，他的脚消肿了。他欣喜万分，急忙跑回去教给大伙治病的方法，彝家得救了。为了让后人记住彝家这位“草太医”，人们称他为“药王”。每年农历三月初三，大家都会来有草药的三月三赶会。

普荣春讲述，史岳灵记录、翻译。收入《禄丰县民间故事普查资料汇编》，16开，1页，500余字，禄丰县委宣传部、文化局、民委1988年编印。（钱丽云　朱琚元）

三月十三来子山节

彝族节日传说。流传于云南省武定县彝族民间。讲述的是：古时候，来子山东麓住着一个彝族沙氏部落，山的西南居住着一个彝族麻氏部落。沙氏有一女嫁给麻氏之子昂吐，两人感情很好。婚后第二年，皇上下旨征兵，昂吐被征入伍。临行时让妻子等他三年三月零三天。儿子被征入伍后，婆婆认为是媳妇克的，因此对媳妇百般折磨、刁难、虐待。媳妇生下一女孩后，公婆对她更加讨厌。好不容易熬到了三年三月零三天，婆婆让她去来子山的仙水塘洗澡后回娘家。她带着陪嫁丫鬟和娃娃上路，来到塘边，她们洗了澡，结果都变成了石头。恰在她被撵走的那一天，丈夫风尘仆仆地回到了家，不见媳妇，丈夫便去岳父家找寻，在水塘边看到已经变成石头的丫鬟和孩子，媳妇的身子已不能动弹，但还能说话，她对丈夫诉说了经过。后来她又对一个放羊人诉说了遭遇并请放羊人把他们背到山顶。到了明朝万历年间，环洲村一个姓仲的富户，在来子山盖了一座庙宇，供奉三个石像。一年以后，姓仲的晚年得子，消息传开，四乡八寨无儿女的人家在三月十三日那一天都到来子山庙里烧香、许愿。此习俗就一直延续了下来。

佚名讲述，闻从善搜集、整理。收入《云南楚雄民族节日概览》，32开，4页，2200余字，德宏民族出版社1991年版。（李惠兰　朱琚元）

三尖山歌会

彝族节日传说。流传于云南省楚雄市彝族民间。讲述的是：古时候，天上有七个太阳，阳光哺育地上的万物，庄稼一年收七次，牲畜一年生七胎，人们丰衣足食，过着幸福的生活。后来，出现了一只修炼了百年的“夜猫精”，它喜欢黑暗，怨恨太阳。一天，夜猫精变成一百个“鹰嘴铁人”，伸开巨大的翅膀，飞向七个太阳升起的地方，射落了六个。剩下的第七个太阳不敢出来了，大地一片黑暗，人们过着悲惨的生活。这时，三个美丽的姑娘决定先除去夜猫精再去寻找太阳。三个姑娘用火把烧死了夜猫精。她们告别亲人，朝太阳升起的地方走去，克服了千难万险，战胜了猛虎、巨蟒，最终感动了一位白发白须白眉毛的老人，经老人指点，她们找到了太阳。她们祈求太阳天天升起来，太阳答应了，三个姑娘却死了，她们变成了三座高高的山峰。直到今天，每逢立秋，人们便拥到哀牢山的三尖山下赶会，吹起芦笙，弹起弦子，载歌载舞地纪念找到太阳的三个彝家姑娘。

杨发旺讲述，者厚培、刘纯龙、唐楚臣记录、整理。收入《云南楚雄民族节日概览》，32开，5页，2200余字，德宏民族出版社1991年版。（李惠兰　朱琚元）

团圆节

彝族节日传说。流传于云南省楚雄市彝族民间。讲述的是：塔乌山寨里住着一对年轻夫妇，男的名叫格勒，女的叫丝木，他们靠租种山官的几亩薄地过活。有一年，他家的羊下了只小羊，这只羊长大以后声音洪亮，人称“双舌羊”。它可以吓走豹子，保护牲畜。山官想占为已有，派管家来格勒家抢羊，没有见到羊就把格勒抓走了，关进牢里，说哪天交出“双舌羊”哪天放他。格勒被抓走以后，大家都在想办法营救他。乡亲们趁山官去打猎不在家之时带上弓箭攻破了官庄，救出了格勒。山官打猎返回，半路遇见乡亲们，乡亲们人多势众，山官一伙被打得措手不及，山官也被一阵乱箭射死。除掉了山官，人们弹起大三弦，吹响竹笛，欢庆胜利。这天，正好是农历八月十五日。从此，彝家每年农历八月十五日都要吃荞粑粑，跳舞唱歌，一来祝贺格勒夫妻团聚，二来庆祝反山官的胜利。

鲁世凡讲述，者厚培、余立梁记录、整理。收入《云南楚雄民族节日概览》，32开，6页，3300余字，德宏民族出版社1991年版。（李惠兰　朱琚元）

过年的传说

彝族节日传说。流传于云南省元江哈尼族彝族傣族自治县。从前，元江彝族有个叫方召的土司，管辖着元江所有的彝族山寨。每逢过年时节，各个山寨都要拿鸡鸭、猪肉、野味、高粱酒等向他上贡。上贡食物一时吃不完，他就把过年的时间按地域做了安排：洼垤一带安排在农历冬月二十四；龙潭一带安排在腊月十三；朋程一带安排在腊月二十四；青龙一带安排在正月初一。这样一来，从冬月至次年正月，他都可以享受彝族上贡的佳肴、美酒。从此，元江彝族从冬月至正月都算过年，并有各种祭祀、娱乐活动。

白佑三讲述，宋自华记录、整理。载《礼社江》文艺小报《神话传说》专版，1100余字，元江哈尼族彝族傣族自治县文化馆1986年编印。（宋自华）

跳呗的起源

彝族节日传说。流传于云南省鹤庆县。讲述的是：彝族白依支系（彝语称夸恩斯）祖先迁徙、生活、节日的三个传说。一是传说居住在永胜的两口子种地时，大马蜂咬死了他们的孩子，丈夫捕了一只大马蜂，在它身上拴上白线，然后跟着它飞的路线找到了蜂窝，烧了蜂窝后就定居在那里。二是传说那时女人会飞，能当国王，男人的刀挂在左边，打仗厉害。皇帝怕作乱，给女人围腰、塔帽，让男人把刀挂在右边，此后就不厉害了，男人也只好靠抬轿子、吹唢呐过日子。三是传说罗、字两姓亲家捡到人们祭鬼放出的被火围困的羊群，罗家小妹妹放羊后，羊死人疯，其他姓氏要罗、字两亲家去送鬼，消灾免祸。从此形成了正月初三由罗、字两家做东，其他姓氏参加的民族节日，这个节日就叫跳呗。

绞字锡讲述，何永福、傅光宇搜集、整理。收入《鹤庆民间故事集成》，32开，7页，5000余字，云南人民出版社1989年版。（巴子）

祭竹

彝族风俗传说。流传于云南省会泽县彝族地区。讲述的是：传说，有个母亲刚去世的彝家姑娘到亲戚家做客，心疼她的亲戚们不断地往她碗里夹鸡肉，她却泪水涟涟，怎么也不肯吃。原来，姑娘的母亲曾托梦于她说自己已变成一只鸡，叫她若想妈，就把鸡肉和汤倒在竹根上，其灵魂就会成为一蓬万古长青的翠竹，永远陪着她。于是大家便把鸡肉和汤倒在竹根上。不久，竹根发芽，成长后郁郁葱葱，十分令人喜爱。后来，彝家人就把翠竹砍来做成箩箩挂在竹林里祭祀，并用竹子做成祖灵祭拜。

胡老玉、胡兰英讲述，龚云峰采录。收入《中国民间故事集成·云南卷》，16开，2页，700余字，中国ISBN中心2003年版。（梁红）

神龛上供的山竹根

彝族风俗传说。流传于云南省富民县。讲述的是：什伯乃地方有兄弟俩犁荞地，因土地翻覆而守夜，逮到格子天神。格子天神要他们放弃耕地，躲避洪水。让良心不好的哥哥打石槽躲洪水，告诉善良的弟弟阿里用木筒躲避洪水，并吩咐他们腋下夹个鸡蛋，小鸡出壳再出来。不久洪水滚滚而来，哥哥沉入了水底，乘木筒的阿里在水面上漂流。洪水退落时，木筒悬在了悬崖中间。格子寻找阿里，向马蜂打听，马蜂不耐烦，格子就捏细了它的腰；向蜜蜂打听，蜜蜂礼貌地告诉他，格子就同意它今后住阿里家的墙壁上。阿里从木筒伸头看，见自己悬在半空无从上下，便在木筒里哭喊。抬头看见一蓬山竹在飘荡，阿里求山竹："救救我，以后把你当祖公供。"山竹低下头，让阿里抓着爬上崖顶。从此，彝族老人亡故都要请西波（祭司）拉绵羊到山上选竹做祖公牌位。

杨杨氏讲述，汪祥采录。收入《昆明山川风物传说》，32开，3页，1900余字，云南民族出版社1994年版。（梁红）

彝族供祭"祖竹"习俗的来历

彝族风俗传说。流传于云南省滇东北地区。讲述的是：远古的时代，清气上升、浊气下沉形成天地，但天地昏暗。天上的一条龙变成仙女，名叫鲁阿玛赛烈依，来到大地上。她在东方的大海里洗澡，用沙磨亮金镜和银镜，于是昏暗的大地有了光明，金镜就是太阳，银镜就是月亮。天上的龙王罗塔举姑娘泼下四瓢仙水，生出万物。女始祖洗澡时在一蓬开花的竹子边，一筒大竹子漂入她两腿间，她听到竹筒内传来哭声，抱起竹筒，竹子炸开，里面有个男娃娃。仙女给孩子取名慕热，即"竹王"，他就是彝族的男祖先。孩子长大后建功立业，彝家于是有了供祭"祖竹"的习俗。

孔阿领讲述，张尤发整理。收入《蓝靛花——宣威民间故事》，32开，4页，2000余字，贵州民族出版社1992年版。（谭玉婷）

跳宫节中祭竹的来历

彝族风俗传说。流传于云南省富宁县。讲述的是：彝族倮人一位开明的头人把自己的儿子送到百里外的学府里去学文化。三年后他思子心切，骑上千里马去看望儿子。到了城中，官府中的人叫头人先吃饭。头人端起酒杯，酒杯忽然飞了出去，又见官兵挤眉弄眼，头人预感到儿子已经被害，自己也有生命危险，立即策马回转，被官兵追击。到了彝族领地，头人体力不支，就躲在路边的金竹丛中变成一棵竹子。官兵没追到他，准备撤回时一块头巾被竹枝挂住，抽刀砍断几棵竹子，其中一棵竹子淌出血来，正是头人变的，头人就这样被害死。此后倮人定下规矩，族人不准砍伐金竹，并平整出一片宽敞的草坪，中央种一大蓬金竹，称"宫坪"，每年农历四月择日在"宫坪"过跳宫节，祭竹子。

苏玉凡讲述，农廷相、熊光辉搜集，关则奇、农廷相整理。收入《云南民间故事集成·富宁县卷本》第一卷，16开，5页，2800余字，富宁县民委、文化广播电视局1988年编印。（吴平）

彝家竹子的传说

彝族风俗传说。流传于云南省禄劝彝族苗族自治县。讲述的是：很早以前，九龙山区有两兄弟在耕地时，有个神人告诉他们，天下将遭洪灾，要他们躲在竹筒里，以躲避灾难。他俩刚把竹筒砍好，洪水就像脱缰的野马奔腾而来。他们在竹筒里随波逐流，无数个日夜之后，竹筒落在石岩上，兄弟俩上也上不去，下也下不来。哥俩说："谁能救我们，就永世把它当祖先供奉！"话音未落，一阵风把他们吹落到石岩下的一蓬竹子上。他们落下时这蓬竹子整齐地躺倒，然后把哥俩弹到山上，哥俩就在山上居住生活。从此，彝族便把竹子奉为祖先祭祀。

缪洪萃讲述，周明记录、整理。收入《云南省昆明市民间文学集成·禄劝民间故事》，32开，2页，700余字，禄劝彝族苗族自治县文化局民间文学集成办公室1991年编印。（梁红）

碟阿风与火金石

彝族风俗传说。流传于云南省曲靖市彝族地区。讲述的是：碟阿风因其父亲期六碟败了家产，沦落为世袭首领色更底的家奴，被指派驯养色更底家的百只老虎。色更底势力强盛，经常征战其他部落。碟阿风率将士及百虎参战，常常是大胜而归。

碟阿风的英名让色更底又怕又爱，于是把他隔绝在赫海松石峰，让其训练百虎。被隔绝后，碟阿风悟出，自己不过是色更底家豢养的一条狗，于是宣布让百虎自由。虎王留十只虎保护碟阿风，把其余的虎带走了。色更底数次来喊碟阿风出征，都被十只虎挡在山脚。碟阿风住在松石峰，饿了吃野果及赫海里的鱼虾，吃饱了就唱歌，歌声传进龙宫，感动了龙公主十妹。十妹要他搓出草绳，取到火金石向其父王求婚。碟阿风在百虎的帮助下，取到了火金石，搓出了九万庹长的秧草绳，用草绳包着火金石，把赫海水弄得沸腾起来。龙王受不了这种闹腾，答应了他的求婚。与碟阿风幸福生活的十妹织出的彩锦深得百姓的喜爱，消息传到色更底的耳中，色更底亲率千匹天马、百只大象、十万大军来战碟阿风。碟阿风在龙公主和百虎的助战下，斩了色更底，直驱太阳城，夺取了王位。碟阿风昭告天下："虎为国宝，不得伤害；龙妹助战有功为开国元勋。"彝民从此自称为"罗（虎）倮（龙）"。

佚名讲述，吴承柏整理。收入《阿则和他的宝剑》，32开，9页，5800余字，云南民族出版社1985年版。（梁红）

"倮摩鲁"的来历

彝族风俗传说。流传于云南省楚雄市彝族地区。讲述的是：很早以前，密密村有一个青年猎人叫岑答坡，有一天他在山上救下了一条被灰鹤叼走的小蛇。小蛇原来是龙王太子，为了报答救命之恩，龙王太子请他到龙宫里玩了几天，临别时龙王给了他一颗宝珠，并嘱咐猎人要保密，否则会变成石头。龙王的宝珠的确很灵验，含在嘴里就能听懂飞禽走兽说的话，村里的人天天跟他上山打猎都满载而归。有一天，猎人在山上突然听见飞禽走兽都在喊："山要垮了！"便慌慌忙忙地离开了。猎人立即跑到高处，叫大家"赶快离开，山要垮了！"脖子叫哑了，大家都不信。他急坏了，只好把宝珠的秘密说出来，大家听了才相信，急忙动手搬迁。全村人刚搬走，山垮了下来，猎人也变成了石头人。这个石头人是现在密密村水井上方风水树底下的"倮摩鲁"石头人。从此，人们年年祭献此石。

佚名讲述，者厚培搜集、整理。收入《三女找太阳——楚雄市民族民间文学集》，32开，3页，1700余字，云南人民出版社2001年版。（李福云　朱琚元）

灯笼山上的石老虎

彝族风俗传说。流传于云南省洱源县彝族地区。讲述的是：有个赶马的青年向老人求亲，要娶他的姑娘，老人不同意。姑娘却认出他是打歌场上结识的朋友，一见如故，两人就到灯笼山上大石头面前祈祷，后来老人同意了。婚后有一天，青年赶马回来时，看见妻子病死在床上，青年哭得死去活来。忽然，死去的妻子站起来跑到灯笼山上，变成了石老虎，并对人们说："愿男男女女都像我们一样相亲相爱。"从此，凡是父母不同意自由恋爱的青年到石老虎面前祈祷，父母就会同意。

字修武讲述，杨美清、李荣搜集、整理。收入《中国民间文学全书·大理卷》，32开，2页，1400余字，大理白族自治州白族文化研究所2004年编印。（巴子）

虎神石的来历

彝族风俗传说。流传于云南省楚雄市。相传，有一个仙人在夜里赶着一块石头赶路，因为太累就找水喝。当仙人端着一碗水来到箐边时，一阵狗叫声把他吓了一跳，碗掉在了地上。他以为天亮了就拔腿走了。碗中的水就变成了一股长年四季流淌的清泉。人们认为水是仙人和石头送来的，就把石头视为神灵敬奉，因石头形似虎头而以"虎神石"尊称。大凡孝顺善良之辈，有难请虎神石帮忙都有求必应。有个好吃懒做的浪子装成孝子前去请求帮忙，前两次虎神石都吐出银子给他，第三次无论如何哭诉也见不到银子。三个过路的下江人听浪子说虎神石会吐银子，就想凿开石虎取银子，谁知凿到哪里哪里流血，把他们吓跑了。从此，石虎被凿得不像虎了，也没有吐过银子了。但水还是长流不断，村民对它的敬奉还是一如既往，每年大年初一早上是祭祀石神的日子。

李杨氏讲述，余立梁记录、整理。收入《包头王传奇——楚雄市民族民间文学集成》，32开，3页，1300余字，香港天马图书公司2000年版。（李福云　朱琚元）

守寨虎

彝族风俗传说。流传于云南省石屏县。讲述的是：传说，一个普姓人家生了个虎头虎脑的独儿子，他把年轻的母亲吓死了，其父无奈，用血写了“生死由命”的字条。之后把字条和娃娃一起放在路旁。一只刚死虎崽的母虎把娃娃叼去养育，母虎死后娃娃被放牛老倌领回。从此，尼苏寨崇虎敬虎，视虎为护寨神，为求平安，立石虎护寨。

佚名讲述，李朝旺搜集、整理。收入《彝族民间故事选》，32开，2页，500余字，上海文艺出版社1981年版。（李朝旺）

芭蕉树

彝族风俗传说。流传于云南省峨山彝族自治县。据传，明朝“匪乱”年代时，江西抚州临川的邱姓人家不知为何遭到追杀，一位妇女带着不满月的儿子逃出来。敌军追来无处躲藏，她抱着孩子躲进一蓬芭蕉树里，逃过了追杀，不知不觉来到了今天的峨山亚尼乡枇杷村定居。儿子长大后与一位姓普的彝族姑娘结婚传宗接代。至今亚尼村、海味村一带邱姓人有二三百户千余人口，都把芭蕉树奉为祖神，不吃芭蕉。

佚名讲述，邱士发、目生搜集。收入《嶍峨风情》，32开，1页，400余字，峨山彝族自治县民委1985年编印。（普开福）

石蚌普与四芽菜普

彝族风俗传说。流传于云南省新平彝族傣族自治县彝族民间。很久以前，彝族与其他民族发生战争，彝族失败后被敌人追赶，只好四处逃散。其中一户普氏人家逃到一处山林里躲避，当敌兵来到林前时，林中的石蚌才忽然大声叫起来，敌兵以为林中无人，便停止了追寻。躲过这一劫难后，此普氏人家就商定，以后寻找本家就以保护神“石蚌”为标志，说出“石蚌普”就认准是同一家族了。另一普氏人家则在被追赶途中，经过了一块长满四芽菜的水草地，他们小心翼翼地赤足走过去，未曾想到的是，脚踩过的地方四芽菜马上又合拢如初。当敌兵追到时看不到水草地中有走过的痕迹，也就停止了追击。从此，这家人就以保护神“四芽菜”作为标志。如今新平、峨山各地的彝族“石蚌普”家族不吃石蚌，“四芽菜普”家族不吃四芽菜。

佚名讲述，普开福搜集。收入《走进滇中秘境》，32开，1页，600余字，远方出版社2000年版。（普开福）

撒尼的蜘蛛图腾及传说

彝族风俗传说。流传于云南省石林彝族自治县彝族撒尼人地区。讲述的是：据说撒尼人很早以前从阿着底迁居昆明，在部族首领尼王的带领下过着安居乐业的日子。外族部落垂涎昆明的美丽富饶，无数次入侵昆明，但纷纷毙命于尼王的神刀下，能死而复生的尼王使来犯者闻风丧胆。不久，尼王娶了外族姑娘为妻，她通过美言巧计从尼王口里套得不死的秘密，于是，里应外合用尖刀草杀死了尼王。入侵者到处追杀撒尼人，撒尼人逃到圭山，躲进山洞，蜘蛛很快在洞口结了网，追兵看到洞口有蜘蛛网便走了，撒尼人幸存了下来。从此，撒尼人视蜘蛛为神，人若生病便会找蜘蛛放生，祈盼病人尽快康复。

佚名讲述，毕志峰采录。收入《云南省民间文学集成·路南民间故事》，32开，2页，800余字，

云南民族出版社1996年版。（梁红）

清明节门上挂杨柳条的由来

彝族风俗传说。流传于云南省禄劝彝族苗族自治县彝族地区。讲述的是：很久以前，有两兄弟亲密无间，他们各自有个儿子。哥哥、嫂子和弟媳亡故后，弟弟一个人带着两个孩子生活。那时，部落间经常发生战争。一次，异族部落入侵，弟弟背着哥哥的孩子，牵着儿子随村人逃难。为了不让哥哥的儿子落入敌手，弟弟丢弃了自己的儿子。异族头领看到后叫人拉出丢弃小孩的人问罪，头领得知弟弟丢弃自己儿子的原因后，深受感动，下令放了弟弟及全村人，并悄悄告诉弟弟："以后我们还会来，你在门口挂上杨柳枝，就不会有人杀你们了。"没过多久，异族部落又来入侵，在异族军队进村前，弟弟挨户通知挂上杨柳枝，自己门前则不挂。异族军队进村后，杀了没挂杨柳枝的弟弟。村民为了记住弟弟的恩情，就把弟弟遇难的这天定为清明节，并在门上挂杨柳枝，怀念弟弟。

张严宗讲述，尚慧丽、唐国亮搜集、整理。收入《云南省昆明市民间文学集成·禄劝民间故事》，32开，2页，1000余字，禄劝彝族苗族自治县文化局民间文学集成办公室1991年编印。（梁红）

山苏人为什么不烧村旁的野蜂

彝族风俗传说。流传于云南省峨山彝族自治县彝族民间。讲述的是：古时候，彝族山苏人和其他民族住在一起，后因不愿再忍受其他民族的歧视、凌辱而跑到高山丛林里生活。一个阴雨的夜晚，一伙恶霸来进攻山苏寨，青年祝勇、沐旺奋勇当先，村里老少全体出动抗击。经一夜拼杀，敌人被逼退了，山苏人也死了不少。山苏人很伤心，正准备掩埋死者时，忽见一位黑瘦矮小、头包青布的老人对他们说："不用伤心，死去的人就是你们将来的保护神。"说着手杖一指，所有死尸都变成了一窝窝野蜂，守护在村旁。从此，恶人来犯，蜂群迎战，时时胜利，山苏人就崇拜村旁野蜂，从不烧吃。

佚名讲述，秦中有搜集，目生整理。收入《峨峨风情》，32开，2页，700余字，峨山彝族自治县民委1985年编印。（普开福）

鸡的传说

彝族风俗传说。流传于云南省弥渡县彝族地区。讲述的是：一个靠砍柴为生的孤儿，得老翁托梦，说人类将遭受洪荒灾难。洪水来时，他按梦中老翁指点，躲进竹筒里，两腋各夹一个鸡蛋，顺水漂去，等到他腋中的鸡蛋孵出小鸡，他平安出来，幸免罹难。从此，人们认为鸡能知吉利、卜未来，杀鸡时总要看鸡卦。

李秀仙讲述，李创记录、翻译，李泽整理。收入《弥渡民族民间故事传说集》第一集，32开，4页，2300余字，弥渡县民间文学集成办公室1986年编印。（巴子）

龙家人为什么不吃水牛肉

彝族风俗传说。流传于云南省峨山彝族自治县彝族民间。传说，在一次战争中，龙家人败散，仅剩的兄妹两人也被敌人围困。兄妹拉来数头水牛，把兵器绑在牛角上，尾部拴鞭炮点燃，牛群顿时疯狂往前冲，使敌人一片慌乱，兄妹趁机随牛群冲出包围圈。到了一条江边，敌军追来，水牛又立即下水驮着兄妹俩渡过去，彻底摆脱了追打，躲过劫难，来到云南龙武县（今石屏县）龙坡里安居下来。为不忘水牛的大恩大德，这户龙家人就不吃水牛肉。

龙现光讲述，龙万如搜集、整理。收入《峨峨风情》（续一），32开，1页，600余字，峨山彝族自治县民委1986年编印。（普开福）

聂苏不吃水牛肉

彝族风俗传说。流传于云南省元江哈尼族彝族傣族自治县。讲述的是：古时候，各部族互相争夺地盘，寸土不让，斗争经久不息。彝族聂苏人由于势单力薄，经常受到大部族的欺辱，土地被掠夺，有时甚至会惨遭屠杀。有一次，聂苏人被追杀得无处躲藏，只好躲在牛群里，水牛用肥大的身体遮住了聂苏人，聂苏人才幸免于难。从此，聂苏人就不再吃水牛肉，并在逢年过节时都要厚待水牛，用饭团喂水牛。

白佑三讲述，杨玉芝记录、整理。载《元江史志通讯》第1期，16开，1页，700余字，元江哈尼族彝族傣族自治县地方志办公室1989年编印。（宋自华）

茅草村罗武人不吃羊肉

彝族风俗传说。流传于云南省永平县彝族地区。从前，彝族罗武人和白族人同住在一个村子，罗武的头人茅草和白族家的老三结拜为兄弟。一次敌人来围攻寨子，老三打头阵，出阵前宰羊慰劳将士，不料奸细在羊肉里放了毒药，将士中毒身亡。为替白族将士报仇，茅草杀鸡给将士吃，并打败了敌人。从此，罗武人不吃羊肉。

字如明讲述，周显堂、余莲花、字云礼记录，周显堂、字云礼整理。收入《中国民族民间文学集成·永平县卷》，32开，1页，700余字，德宏民族出版社1989年版。（巴子）

狗找谷种

彝族风俗传说。流传于云南省楚雄市彝族地区。讲述的是：彝族原来不种谷子，因为没有谷种。为了找到谷种，便派了个能干的人带着狗去产谷地方找谷种，好话说尽人家都不愿把谷种卖给他，他只好扫兴地回家。临走时机灵的狗跑到谷堆中打了个滚，全身沾满了谷粒，然后跟着主人跑回家。到家后满身的谷粒都抖掉了，只在尾巴的长毛中还剩三颗，彝族便用这三颗谷种种出了谷子。因为谷种是狗找回来的，因此彝族过年过节吃饭前要先喂狗。

肖玉才讲述，李成生记录。收入《楚雄市民间文学集成资料》，32开，1页，200余字，楚雄市民委、文化局1988年编印。（李福云　朱琚元）

找谷种的传说

彝族习俗传说。流传于云南省楚雄市彝族地区。讲述的是：古时候没有谷种，人们还不会种谷子，只会支扣子去勒麂子、獐子，靠狩猎为生。天神看到人在世间太苦，就连夜撒了些谷种到地上。乌鸦、喜鹊、黄雀、野猪、豪猪都先见到了撒下的谷种，就拿去种了，但还不到成熟，就被它们吃掉了，一颗谷种也没有留下。狗同人住在一起，晚上睡觉，所以没有见到谷种，急得朝天叫了三声。天神知道了，又给了狗三穗谷种。狗把谷种带回交给人来种。从此，人才学会了种谷子，不用再去支扣子打猎。所以每年新谷收成人们尝新的时候，都要用新米饭先喂狗。

佚名讲述、记录，收入《楚雄彝族文学简史》，32开，1页，200余字，中国民间文艺出版社1986年版。（阿南）

狗过河带来谷种

彝族风俗传说。流传于云南省武定县彝族地区。讲述的是：据传，彝族从遥远的北方搬迁到南方的途中要过一条大河，人畜都安全过来了，但身上带的谷种全被河水冲走了，唯有狗尾巴上还剩三颗谷粒。人们靠这三颗谷粒传下了谷物。为感谢狗的功劳，人们过年过节都要先喂狗后才能开饭。

杨自荣讲述，李成生记录。收入《楚雄市民间文学集成资料》，32开，1页，200余字，楚雄市民委、文化局1988年编印。（李福云　朱琚元）

狗偷谷种

彝族风俗传说。流传于云南省禄丰县彝族地区。讲述的是：相传，彝族的祖先没有稻谷，有个人带着狗到西洋对岸去游玩，那边的稻谷长得金黄金黄的十分诱人。人们热情地煮米饭给他吃，他觉得比苞谷、麦子好吃多了，便向他们要些稻种，但一粒谷子也不准他带走。幸好他带去的狗十分聪明，又通人性，回家前在晒场上的谷堆里打了个滚，将谷种沾在毛中带了回来。那人将狗带回来的谷种种在老水牛打滚的烂泥塘里，第二年就收了半升多，他舍不得吃，全部留作稻种。年复一年，稻种便传了下来。从此，人们将低凹的地整平，引水进去栽种稻种，若干年后便成了人们的主粮。为了报答狗，每年收新谷吃新米时，人们都要举行仪式让狗先尝新米饭。

李应章讲述，赵有洪记录。收入《禄丰县民间故事普查资料汇编》，16开，2页，600余字，禄丰县委宣传部、文化局、民委1988年编印。（钱丽云　朱琚元）

五谷的传说

彝族风俗传说。流传于云南省姚安县。远古的时候，地上不长庄稼，人们靠狩猎、采撷野菜树果为生。于是，人们到月亮上要来种子。可是不到下种季节，地上发生了灾害，饿得要命的人们把种子给吃了。月亮上的人知道后再也不给种子了，想让吃种子的人全部饿死。地上的人们把所有动植物都吃光后，就派一条大黄狗到月亮上要种子。月亮上的人对大黄狗说地上的人太懒，不能再给种子。大黄狗听后眼泪汪汪，使劲摇头，最后感动了月亮上的人，答应给一些种子。大黄狗把种子带回来后，地上的人早出晚归，种出五谷，再也不敢以种子为食。彝家人为了感谢狗，每年到尝新节时，第一碗饭就先给狗吃。这一习俗一直延续至今。

张劲讲述，董家成记录。收入《云南省民间文学集成·姚安县综合卷》，32开，2页，900余字，姚安县文化局、文联1989年编印。（施选　朱琚元）

天涯寻谷

彝族风俗传说。流传于云南省南华县。讲述的是：有一个国王为国内无谷种而烦恼。于是召开寻谷大会，国王许诺谁找来谷种，就把公主许配给他。一只白狗经过千难万险到达了谷城，时值收黄谷季节，白狗在谷田里跳啊、滚啊，全身沾满了谷子后往家走，当瘦得快成一副骨架时才回到国王面前，国王在狗尾巴上找到了三颗谷种。可是，许婚的事，国王却翻脸不认账。守信的公主对父王说：“国王如果说话不算话，大臣和百姓就不会听你的话了。”说罢就与白狗到大山洞里居住去了。几年之后，谷子获得大丰收，太子也当了国王，新国王思念白狗和姐姐，终于在大山洞里找到了姐姐。只见姐姐穿的是獐鹿麂兔皮，戴的是百鸟花羽帽，已经生了五个孩子，但说话却叽里呱啦听不懂了。从此，狗受到各族人民的尊重。

郭中玉讲述，陈维礼、周丕福搜集。收入《民族民间文学资料》，32开，4页，1600余字，南华县文化馆、民委1986年编印。（李惠兰　朱琚元）

稻谷的来历

彝族风俗传说。流传于云南省楚雄市彝族地区。很早以前，狗和猪就和人生活在一起，人们靠打猎和采集过日子。有一次狗和猪相约到外地去云游，它们翻山过水，走了九九八十一天，来到了一个有稻谷的地方，吃上了香喷喷的白米饭，觉得稻谷是个宝贝，想带点谷种回去交给人去种。于是，它们在谷堆上打了个滚，带上沾满身的谷种上路了。一路上它们不知吃了多少苦，流了多少汗，当穿过一座大森林时，它们身上的谷粒被树枝和灌木丛刷掉不少。好不容易下了山，它们又被一条波浪滔滔的江水拦住了去路。为了把只剩在尾巴上的几粒谷子带过江去，它们只好使劲地把尾巴高高竖起来露在水面上。等到它们拼命游上对岸时，只有狗尾巴上还有几粒谷种。从此，人们有了香喷喷的白米饭。为了纪念和报答狗不辞辛苦带回谷种，农历八月初一尝新这天，家家户户都把煮熟了的新米饭首先舀一碗喂狗。

佚名讲述，潘广发搜集、整理。收入《楚雄市民族民间文学集》，16开，3页，1900余字，楚雄市文化馆1983年编印。（李福云　朱琚元）

过年时为什么先喂狗

彝族风俗传说。流传于云南省禄丰县彝族地区。讲述的是：很久以前的一个秋收季节，田里的稻谷成熟了，人们正准备收割，天上忽然电闪雷鸣，下起了暴雨，连下了八天八夜，人们拼命地逃往山上避难。雨停了，人们从山上下来回村里一看，房屋被水冲走了，连来年栽种的谷种都没有了，大伙一筹莫展。就在这时，一个小男孩养的一条小黄狗回来了，全身淌着水，冷得直发抖，紧紧地夹着尾巴。小男孩疼爱地抱住它，拉起尾巴一看，原来是一串沉甸甸的稻谷。人们小心地把稻谷一粒粒摘下来收藏好，第二年的春天，小心地种在田里，成熟时又小心地藏好。这样过了一年又一年，才把谷种留到了今天。从那时起，人们便记住了小黄狗的功劳，过年时都要先把好饭好菜给狗吃。

张发芝讲述，张继红记录。收入《禄丰县民间故事普查资料汇编》，16开，2页，500余字，禄丰县委宣传部、文化局、民委1988年编印。（钱丽云　朱琚元）

狗追稻谷的故事

彝族风俗传说。流传于云南省禄劝彝族苗族自治县彝族地区。讲述的是：古时候，人间花果满园，牛羊成群，粮食堆积如山，到处是幸福快乐的景象。一天，有个妇人不小心被稻叶划破了手，她便“烂谷子、烂谷子”地骂了起来。话音未落，一阵电闪雷鸣，发怒的雷公劈倒了多嘴的妇人。眨眼间满山遍野的谷子都不见了。这时，蹲在稻田边的大黄狗发现天兵天将收走了谷子。它狂吠着向天兵天将追去，吓了一跳的天兵天将没注意到有几粒谷子掉到了狗尾巴上，狗就这样为人间保住了粮种。人们为了感谢狗，吃饭以前都会先盛饭给它吃。

杨思银讲述，杨思杰搜集、记录。收入《云南省昆明市民间文学集成·禄劝民间故事》，32开，1页，700余字，禄劝彝族苗族自治县文化局民间文学集成办公室1991年编印。（梁红）

狗与稻米

彝族风俗传说。流传于云南省新平彝族傣族自治县。讲述的是：人类在洪水浩劫中由余生的兄妹俩成婚重新繁衍起来后，从天上传下来的稻米有鸡蛋大。米粮充足，地上的人开始对稻米怠慢亵渎，连厕屎揩屁股都拿稻米粒揩。天神泽格只生气了，就把稻米种收了回去。地上绝了粮米，人们在饥饿中呻吟，泽格只横了心不予理会。这时饿瘪了腰的看家狗对天汪汪直叫，泽格只这才起了同情之心撒下了一撮碎米。人们用碎米繁衍起了稻米，可米粒变小了。由于稻米是狗从天上要来的，因此逢年过节第一碗饭要盛给狗吃。

方迪波讲述，聂鲁记录、翻译。收入《聂鲁彝族神话故事选》，32开，3页，2000余字，陕西旅游出版社1998年版。（聂鲁）

大米的传说

彝族风俗传说。流传于云南省石屏县彝族地区。讲述的是：古时候，稻苗像桃树，米像桃子。收获时，人们不是用镰刀割，而是一粒粒地摘，吃三四粒就饱，十来年才需栽种一次。那时候，米被称为“大米”，劳动轻松愉快，粮食吃不完。渐渐地人们变得好逸恶劳、奢侈浪费，有的人用大米铺路，有的则用米粒揩屁股。主管粮食的天神震怒，把人间的粮食全部收走。人们饿得面黄肌瘦，奄奄一息。家狗用嘶哑哀求的声音，对着蓝天吠叫了七天七夜。天神可怜狗，便撒下些碎米喂狗。人们从狗那里拿了些碎米种出了谷子。为感谢狗救了人类，彝族吃新米时，第一碗饭要先让狗吃。

佚名讲述，蒲非搜集、整理。收入《云南民间文学集成·石屏故事卷》，32开，2页，1000余字，石屏县文联1996年编印。（梁红）

尝新米先喂狗

彝族风俗传说。流传于云南省巍山彝族回族自治县彝族地区。讲述的是：天神看见地上的人们茹毛饮血，便叫牛和狗下凡犁田种地。一天，天神看见有几人用饭团堵水，很生气，就发洪水，毁灭庄稼，人类再无种子来种。这时牛和狗回来，主人见狗尾巴上还沾着几粒谷子，就做种子，年复一年，把稻谷传到现在。因为狗有功，尝新米时就先喂狗；牛无功，给牛喂稻草。

刘一三讲述，宗师纪搜集、整理。收入《巍山彝族回族自治县民间故事集成》，32开，3页，2000余字，巍山彝族回族自治县民间文学集成办公室1988年编印。（段葵）

狗尝新米饭的由来

彝族风俗传说。流传于云南省红河县彝族地区。讲述的是：远古的时候，地上人丁兴旺。为了生存，人们大兴土木，引水垦荒，捕鱼捞虾，狩猎采集，搅得诸神心烦意乱。在劝说无效之下，恼怒的诸神请龙王发洪水淹没大地。汹涌的洪水瞬间吞灭了人类，只有单身汉和狗乘坐的船在水面漂荡。洪水退落后，响彻云霄的狗吠声惊动了天神仇格紫，人间的凄凉使仇格紫心生怜悯，于是送给人类一袋谷种，一只萤火虫，一只蝴蝶。萤火虫在树皮上擦着火，蝴蝶用翅膀把火扇旺，人类才有了火种。为感激狗的功劳，彝家人每年秋收都要让狗先尝新米，并从此忌食狗肉。

佚名讲述，白瑞义搜集、整理。收入《红河县民族民间故事》，32开，2页，1100余字，云南民族出版社1990年版。（梁红）

祭龙节的传说

彝族风俗传说。流传于云南省新平彝族傣族自治县。讲述的是：山寨有一家老两口领着三个儿子过日子，原本勤劳耕作，生活幸福。但遇三年干旱，庄稼无收。老人梦中从龙女那儿得知，龙王将降雨旗放在枕下，到东海做寿去了，十日不回。神界一日，人间一年，十年中将无雨。老人便派大儿子到东海向龙王求雨，大儿子被龙王所杀；又派二儿子闯龙宫去拿降雨旗，又被龙兵所杀。后来，老人得知，龙年龙月龙日生的人可以偷到降雨旗，但他拿到旗后就会变成一棵麻栗树。老人的三儿子正是龙年龙月龙日生，但怎又忍心派他去呢？为了救苍生，老人还是派三儿子去了。那天，三儿子在雨中变成了一棵麻栗树。这天正是农历二月的第一个属牛日。山寨里的人们为了纪念老人和他的三个儿子，便将那棵麻栗树定为龙树，进行祭龙活动。

佚名讲述，杨家庚搜集。收入《新平县民间故事集成》，32开，2页，900余字，云南人民出版社1999年版。（聂鲁）

龙树

彝族风俗传说。流传于云南省元江哈尼族彝族傣族自治县。讲述的是：从前，有个叫阿才的彝族山苏人农民救了一个被人追杀的人。这人是城里的一个大官。这个大官回到城里后，请阿才进城去享福，但阿才过不惯城里的生活，便决定回家。大官给他金银他不要，给他绸缎他不穿，他空着两手回到了山苏寨子。当时正遇到严重的干旱，成片的苞谷一棵棵都干死了，没有收成，凡是能充饥的树叶草根都采挖来吃了，山苏寨子饿死了不少人。在农历三月的第一个属牛日，阿才也靠在一棵古老的大树下饿死了。山苏人民为了纪念这个进过城，享过福的阿才，就把这棵古老的大树称为“龙树”，并在每年农历三月的第一个属牛日杀牲祭献，祈祷丰年及美好的生活。

方有信讲述，白玉龙记录、整理。收入《元

江民族民间文学资料》第二辑，32开，2页，900余字，元江哈尼族彝族傣族自治县文化馆1982年编印。（宋自华）

祭龙

彝族风俗传说。流传于云南省昆明市彝族撒梅人地区。相传，清嘉庆年间，宜良县有个姓姚的官员到昆明办事。农历二月初八这天路过靖安哨，晴天中突然下起冰雹，甚觉蹊跷。举目远眺，看到对面山坡上有一只山羊和一只绵羊在打斗，当它们的角相触时，天空就会出现霹雳闪电，便跟去查看。追到一个无水的龙潭边羊就不见了踪影，于是，对龙潭烧香许愿：若龙潭出水，便迁移人口到靖安哨，用香火供奉神龙。瞬间，龙潭涌出了汩汩清泉。不久，靖安哨果然有了人烟。从那时起，每年的农历二月初八这天，人们都要举行祭龙活动。

鲁灿讲述，周润搜集、整理。收入《昆明民间故事》第一辑，32开，2页，900余字，昆明市民间文学集成办公室1987年编印。（梁红）

彝族支系俐侎人的树

彝族风俗传说。流传于云南省景东彝族自治县一带。讲述的是：几百年前，红旗人与白旗人打仗。白旗人少，打不赢红旗人，最后，白旗人只剩下一个汉子逃进一片树林。这个汉子的儿子到树林里寻找父亲，但找遍了树林都没有父亲的影子。因此，这个儿子就把父亲藏身的那片树林当作父亲灵魂居住的地方，把树林中那棵最大的麻栗树看作是父亲的化身，杀猪来祭祀。据说那天是农历二月第一个属虎日，所以每年农历二月的第一个属虎日，人们都要举行祭树的活动。

佚名讲述，陶明贵记录。收入《景东县民间文学集成》，32开，3页，2000余字，景东彝族自治县民委、文化局、文化馆1989年编印。（谢国先）

彝族支系香堂人祭龙

彝族风俗传说。流传于云南省景东彝族自治县一带。讲述的是：有一年，人间发洪水，淹了很多地方。天神派了几个仙人赶着石头去堵洪水。路上，仙人很累，就坐下歇气。后面走来一个凡人，他见仙人手里拿着鞭子，就问他们是干什么的。仙人说他们是赶猪的。凡人没看到猪，只看到路边的石头，就说他们是赶石头的。这样一说，那些石头就赶不动了。因洪水未堵住，人们就集中在一片树林里祭龙，祈求神灵止住洪水，保佑人畜平安、五谷丰登。祭龙之后，洪水就退了，那天是正月的第一个属龙日。香堂人的祭龙活动就这样一代一代传了下来。

杨国仙讲述，陶明贵记录。收入《景东县民间文学集成》，32开，3页，1700余字，景东彝族自治县民委、文化局、文化馆1989年编印。（谢国先）

立度思

彝族风俗传说。流传于云南省元江哈尼族彝族傣族自治县。讲述的是：古时候，彝族山寨降生了一个婴儿，名叫立度思。一年时间，他就长成了一个英俊可爱的小伙子。他诞生那一天，皇帝做了一个梦，天神告诉他立度思是来接替皇位的。皇帝很快找到立度思，并把自己的衣冠和一面黄旗送给他，告诉他："你把黄旗插到哪里，哪里的地盘就属你管了。"立度思不以为然，把黄旗挂在香面树上睡着了。天神气愤地收回了衣冠和黄旗。立度思醒来不见衣冠和黄旗，便哭死在香面树下。人们来看时，那香面树时而成龙，时而成树，人们都认为立度思变成龙了。彝家人为了纪念他，就挑选村旁的香面树或大树为龙树，每年正月举行祭龙盛典，祈祷龙树保佑彝家平安、五谷丰登、六畜兴旺。

白佑三讲述，宋自华记录、整理。载《礼社江》文艺小报《神话传说》专版，1000余字，元江哈尼族彝族傣族自治县文化馆1986年编印。（宋自华）

祭龙的传说

彝族风俗传说。流传于云南省红河、石屏、建水等县的彝族地区。讲述的是：彝族后生阿龙勤劳勇敢，诚实善良，聪明过人，虎背熊腰，力大无比，无所不能，独闯妖穴魔洞，为民除妖灭精、杀鬼捉怪。后来，阿龙触犯天规天条，天神把他变为一棵大榕树，贬放到彝家村寨的上方生长。为纪念阿龙，人们择一吉日杀猪宰鸡祭献阿龙，祈求阿龙保佑人们安康。

李正彩讲述，白章富记录、整理。载《红河文化》1990年第4期，16开，2页，2000余字，红河哈尼族彝族自治州文化局1990年编印。（龙保贵）

“咪嘎哈”的由来

彝族风俗传说。流传于云南省红河流域彝族地区。讲述的是：远古的时候，人间太平，飞禽走兽、人鬼和睦相处。后来，大魔王阿孽无恶不作，残害生灵。花草树木、飞禽走兽及人不是冻死就是烧死，惨不忍睹。彝族先祖阿倮智谋超群，本领过人，力大如牛，胆大如虎，食铁饼，饮铁水，穿铁衣，用铁器，独闯妖穴魔洞，与大魔王阿孽决斗，杀死了大魔王。大魔王阿孽来到阴府，恶人先告状，阎王听信谎言，率阴兵阴将来到人间捉拿阿倮，并杀死阿倮。阴兵阴将将阿倮开肚掏心，切成四块，抛向四方成四块社石（神石）；砍下四肢，抛向四方成四座社林（咪嘎林）。从此，彝族尼苏人就把阿倮心变成的石头视为社石，把阿倮四肢变成的树视为神树，奉阿倮为彝族村社的保护神，一年杀一头黑毛公猪、宰一对大红公鸡祭献。

佚名讲述，龙保贵记录、整理。载《南滇彝族》，16开，2页，4000余字，建水县彝学学会2003年10月编印。（龙保贵）

赛歌会

彝族风俗传说。流传于云南省元江哈尼族彝族傣族自治县。讲述的是：古时候，彝族腊鲁人的寨子比较分散，而且小寨子较多，人们唱歌无对手，谈情无伴侣。后来，有个小伙子倡议各寨子聚到一起赛歌，老者们商议后决定在每年农历二月祭龙后举行赛歌活动。从此，每年祭龙都要赛歌，并通过赛歌选出第二年祭龙活动的主持人。

周光明讲述，宋自华记录、整理。载《礼社江》文艺小报《神话传说》专版，1000余字，元江哈尼族彝族傣族自治县文化馆1986年编印。（宋自华）

大叶麻栗树

彝族风俗传说。流传于云南省江川县九溪镇彝族地区。很久以前，放马沟村出了两个祸害：一是寨前盘蟹箐有一条吃人的大蟒蛇；二是懒汉张大单靠偷鸡摸狗度日。教书先生为了整治这两个祸害，便传出先生妻子暴病去世的假消息。张大单乘夜去盗棺，被“铁锚”夹住了双手，只好跑到先生夫妇前磕头求饶。先生叫他今后洗手重新做人，并把祖传的宝刀送给他，叫他去除掉大蟒，将功补过，争取乡亲们的谅解。一百天后，张大单伤愈了。他提着大刀去斩杀大蟒。经过搏斗，张大单杀了大蟒蛇，但他自已也死了。乡亲们决定把他安葬在村脚的小沟旁。当棺材下坑时，突然天空乌云密布，大雨倾盆，随着一声巨响，棺材炸开一条缝，一股青烟升起，烟柱变成了一棵大叶麻栗树。从那时起，村民们每年都要在树下举行祭祀活动纪念这位舍身为民的回头浪子英雄。

施绍德讲述，李志忠、蒋文森搜集、整理。收入《江川县民间文学集成》，32开，4页，2100余字，云南人民出版社1997年版。（普开福）

神桩

彝族风俗传说。流传于云南省元江哈尼族彝族傣族自治县彝族山苏人地区。讲述的是：古时候，山苏青年垤克拉干活很卖力，但性情十分暴躁，对阿妈很不好，经常打骂好心为他送饭的阿妈。有一天，他看到大鸟精心喂养小鸟的情景，心里十分难过，便决心改正打骂阿妈的坏脾气。这天下午，他忙去迎接送饭的阿妈，而阿妈误认为又要挨打，便回头就跑，不慎撞在一棵树桩上死了。垤克拉后悔当初不该打骂阿妈，就将树桩挖起来抬回家供在神桌上日日祭献。从此，山苏人就有了祭祖习俗。

方有信讲述，白玉龙记录、整理。收入《元江民族民间文学资料》第二辑，32开，2页，1000余字，元江哈尼族彝族傣族自治县文化馆1982年编印。（宋自华）

灵牌

彝族风俗传说。流传于云南省景东彝族自治县。讲述的是：很古的时候，有娘儿两个一起过日子，儿子天天去犁地，妈妈天天给儿子送饭。但儿子脾气很坏，妈妈送饭早了晚了他都要打要骂，饭菜不合他胃口更要打骂。一天，儿子看到树上的大雀给小雀喂食的情景，心里很感动，后悔自己过去对妈妈不好。这时，他见妈妈送饭来，就迎上去接。他妈妈以为又要挨打，就赶紧往后退，跌倒在坡下，头砸在树桩上死了。儿子很悲伤，埋葬妈妈之后，又把树桩做成灵牌供奉在家里，逢年过节都要献祭灵牌。从此，立灵牌的风俗就传了下来。

祝发章讲述，陶明贵记录。收入《景东县民间文学集成》，32开，2页，700余字，景东彝族自治县民委、文化局、文化馆1989年编印。（谢国先）

灵牌的来历

彝族风俗传说。流传于云南省易门县彝族地区。讲述的是：从前，有一家人只剩下儿子于兰与母亲相依为命地生活。于兰从小在母亲的宠爱中长大，好吃懒做，还打骂母亲。他做事不行，生活压力大，村里人又嘲笑他，使他抬不起头来。他自己不知道为什么，就到处找人询问。一位老太婆告诉他“去问活佛”，一位老头告诉他“活佛就在你家”，样子是“反穿衣裳倒穿鞋”。他赶忙跑回家，并急速敲门，骂叫着重病不起的母亲快来开门。母亲不敢怠慢，挣扎着起来开门，慌忙中衣服反穿，鞋也倒拖着。刚要开门时她被儿子踢倒的门板打得头破血流。一气之下，她一头撞在门前的梧桐树上断了气。这时于兰才明白“活佛”就是母亲，便砍倒了梧桐树做成母亲的灵牌供奉，并天天烧香换水守护。后来于兰成了有名的十四孝子之一。从此，人们纪念长辈就做灵牌供奉。

李季芳讲述，杨崇禧搜集。收入《云南民间文学集成·易门县集成卷》，32开，2页，1300余字，云南民族出版社1994年版。（普开福）

拉码争

彝族风俗传说。流传于云南省姚安县。讲述的是：从前，一个叫峨拢笨的彝族大力士一顿要吃簸箕大的七个粑粑。因他的母亲从小对他过分溺爱，长大后他经常毒打母亲。于是峨拢笨的父亲想了一个办法，带他看小羊羔吃奶，看燕子妈妈喂食，教他怎样做人，如何孝顺老人。峨拢笨深受感动，决心痛改前非。一天，母亲送粑粑过来时，峨拢笨跑过去准备向母亲忏悔，而母亲以多年的经验误认为儿子要来打她，吓得跑入树林里。母亲在跑的过程中不慎被扫帚竹绊倒，撞在拉码争树上死了。峨拢笨抱着母亲的遗体痛哭不止，并让拉码争树凋谢红花开白花，以示戴孝。后悔莫及的峨拢笨把母亲死时压倒的一棵小松树雕成人样，当作母亲供奉起来，并背走了母亲送饭时要翻过的一座座大山，使当地变成了平坦的坝子。峨拢笨供奉母亲的办法就变成了彝家人供奉老人灵牌的习俗。

罗思德、周以顺讲述，周文贵记录。收入《云南省民间文学集成·姚安县综合卷》，32开，4页，2500余字，姚安县文化局、文联1989年编印。（施选　朱琚元）

丁郎刻木

彝族风俗传说。流传于云南省巍山彝族回族自治县彝族地区。讲述的是：独儿子丁木林嫌母亲年老不中用，上山劳动时，母亲送饭或迟或早，都要骂母亲。而母亲却爱子如故，只是不知如何是好。一天，儿子犁地时看到大雀喂小雀、小雀喂大雀的情景，感到自己不如鸟兽，很后悔。中午，他远远地看见母亲送饭过来，就急忙跑去迎接。母亲以为饭送迟了，见儿子手里还有赶牛的鞭子，估计要挨打，急忙转身往后跑，心一横一头撞死在白花树上。儿子悔恨不已，就用白花木雕成母亲的像，吃住不离母亲的雕像。从此，彝族一有人亡故就用白花木雕刻成亡者的像进行供奉。

刘德荣讲述，薛琳搜集、整理。收入《巍山彝族回族自治县民间故事集成》，32开，6页，3500余字，巍山彝族回族自治县民间文学集成办公室1988年编印。（段葵）

神主头的起因

彝族风俗传说。流传于云南省通海县彝族地区。讲述的是：从前，一户人家有母子二人，儿子常常虐待老母。儿子去种地，老母走远路来送饭，但还要挨打。一天，太阳很高了还不见送饭来，儿子就坐在田边歇气，突然看见田头草丛里鸟妈妈忙忙碌碌地捕食喂小鸟。儿子突然醒悟。见母亲送饭来到，儿子就跑去迎接，其母以为儿子要打她，就慌忙往后跑，不料撞在树桩上死了。儿子后悔莫及，就把树桩砍回家，刻成母亲像供在家堂，每逢初一、十五烧香磕头献饭。后来人们就用木头做成神主头，并在上面记写亡人的姓名、生卒年月，适时祭献。

普延跃讲述，张贵霖搜集。收入《云南民间文学集成·通海县集成卷》，32开，1页，300余字，通海县文化旅游局、文化馆1990年编印。（普开福）

祭祖节的来历

彝族风俗传说。流传于云南省红河县、石屏县等地的彝族地区。讲述的是：一个年轻后生拈轻怕重，好吃懒做，时常打骂其母，对母亲百般虐待。有一天，儿子发现母鸟觅食精心喂养雏鸟，羊羔跪着吃母乳，顿有所悟。一日，儿去劳动，其母送饭来，儿去迎接，不料其母误认为儿子要来打骂她而跳崖自尽。儿子忏悔万分，用马缨花木雕琢成母亲的像供奉于神龛上，燃香点蜡磕头以赎不孝之罪。从此，后人都仿效他，用马缨花木雕出死去的亲人的像供奉于供桌上。

张焕英讲述，李朝旺记录、整理。载《红河群众文化》1987年第2期，16开，1页，1400余字，红河哈尼族彝族自治州文化局1987年编印。（龙保贵）

米司老爷

彝族风俗传说。流传于云南省南涧彝族自治县。讲述的是：有一个老姐姐生了个癞蛤蟆，癞蛤蟆执意要娶员外家的梅花小姐，员外不答应。癞蛤蟆就哭一阵笑一阵，哭时发大水，笑时烧大火，员外只好答应。癞蛤蟆上轿后变成英俊的小伙子，博得梅花小姐的欢心。两年后癞蛤蟆给梅花说了真情，叫她把蛤蟆皮剁细，熬进稀饭里，请家人吃掉。不料，凡是吃了的人都上了天。唯有放牛老翁来得晚，他不吃，把蛤蟆皮拣出来丢给鸡，鸡吃了变成天上的鸡窝星，自己却漂浮在墙上，上不去下不来。后来人们就在墙上插上分岔的松枝，逢年过节或牛病、猪下仔都来祭他，称他为“米司老爷”。

付成荣讲述，普文华搜集。收入《南涧民间文学集成》，32开，3页，900余字，云南民族出版社1987年版。（段辰）

“献新节”和石老太

彝族风俗传说。流传于云南省鹤庆县。讲述的是：老石匠在尖尖山上遇到一块透明透亮的石料，他把它雕成姑娘像后回去拿盘缠。老石匠走后，先后来挖药的老倌、巫师、猎人都对石像赞不绝口，并分别给它涂颜色、施法、唱歌，石姑娘竟然说话了。这时他们都来争抢石姑娘。山神听见后，出来解围，叫石匠、挖药人、巫师分别做姑娘的爹、干爹、师傅，叫猎人做姑娘的丈夫，大家做一家子生养后代。这几位仙人死后各自变成了岩神、药神、鬼主、猎神，受人们崇拜。石姑娘则变成那山上的石老太，护佑子孙和庄稼。每当新粮收割后，人们就向石老太唱歌跳舞献新粮，渐渐成了后来的“献新节”。

卢七斤讲述，鹤庆县民间文学集成办公室搜集、整理。收入《鹤庆民间故事集成》，32开，6页，4000余字，云南人民出版社1989年版。（巴子）

杀鸡祭灶的故事

彝族风俗传说。流传于云南省红河县彝族地区。讲述的是：有个叫额博的人，想杀死顶撞他的女儿。在大儿子的劝阻下，额博给女儿五两碎银和一匹瞎马，要她离开家乡。姑娘牵着瞎马跋山涉水，走村过寨，没有人肯接纳她，终于在一个小山村被一家母子俩收留，并嫁给了小伙子，过上了幸福生活。有一天，靠编卖竹器度日的额博来到姑娘家，当他知道这户人家的女主人就是自己的女儿时，羞愧得栽进蒸锅烫死了。从此，彝家每打一口新灶，都要杀公鸡祭灶，以避免家人像额博一样栽进蒸锅。

佚名讲述，白瑞义、张秀丽搜集、整理。收入《红河县民族民间故事》，32开，3页，1800余字，云南民族出版社1990年版。（梁红）

山神树

彝族风俗传说。流传于云南省石屏县彝族地区。讲述的是：从前，彝族先民以狩猎为生，一个老倌在追杀猛虎中，不幸跌崖摔伤，从此再也不能同大伙上山撵猎了。老倌就搓麻绳支扣套野兔、山鸡，请大伙来一起吃，并在一棵椎栗树下祭献。一日，老倌在椎栗树下睡觉，梦见一姑娘说她是神树姑娘，因他献饭，受人间烟火，要拜他为干爹，并告诉他山顶、箐沟、山腰、坡脚的套子套住了麂子、野兔、野鸡等。老倌醒来，先后到山顶、箐沟、山腰、坡脚查看，果真都套住了野物。从那以后，老倌天天满载而归，并用野物心肝祭献神树姑娘。其他村的人也效仿老倌设立神树拜祭。久而久之，彝人都在村边设立神树，当获猎时向神树姑娘祭献其心肝。

佚名讲述，李朝旺搜集、整理。收入《彝族民间故事选》，32开，3页，1400余字，上海文艺出版社1981年版。（龙倮贵）

祭山

彝族风俗传说。流传于云南省昆明市彝族撒梅人地区。讲述的是：古时候，有三兄弟开荒，连续几天挖好的荒地，次日又长满了荒草。他们躲到了山石后观察缘由，发现一白发老倌用拐杖把土地耙平了。他们便出来指责他。老倌说天下将遭洪灾，要他们做棺材躲避洪水。老大、老二分别做了银棺材和铁棺材，老三则造了只木棺材。他们按老倌的吩咐各自在腋下夹了个鸡蛋，躺进自做的棺材。滔滔洪水淹没了大地，老大、老二的棺材沉入水底，老三乘着木棺材在水面上漂荡。鸡蛋破壳时，老三掀开棺盖抓住栗树枝出来踩在了金宝密植山的地上。老三在这座山居住了下来，繁衍子孙。所以，每年的农历十月初十撒梅人都要举行祭山活动，并视祖先停留居住的山为神山，不许随意进入、砍伐。

鲁明讲述，许凤祥搜集、整理。收入《昆明民间故事》第一辑，32开，2页，1100余字，昆明市民间文学集成办公室1987年编印。（梁红）

猎神

彝族风俗传说。流传于云南省景东彝族自治县。讲述的是：在无量山和哀牢山的一些山垭口，有些小房子。这些小房子是山神庙，里面供奉的是猎神。十八岁以下的猎人上山打猎，要给猎神烧香磕头；十八岁以上的猎人上山打猎，只要站着给猎神行礼就可以了。这种习俗的由来已久。很早以前，有个男人讨了两个老婆，两个老婆同时各生得一个儿子。小老婆对自己生的儿子很偏心，但兄弟两个感情很好。兄弟两人快满十八岁时，大老婆死了。小老婆想谋害大老婆的儿子，她假借算命先生的话，要大老婆的儿子在满十八岁那天上山躲避灾难，要在山上待一天一夜。兄弟两人一道上山放牲口，天晚了弟弟也不愿一个人回家。半夜下大雪，兄弟两人都被冻死了，成了猎神。

罗宗旺讲述，陶明贵记录。收入《景东县民间文学集成》，32开，3页，1300余字，景东彝族自治县民委、文化局、文化馆1989年编印。（谢国先）

拜梅维鲁

彝族风俗传说。流传于云南省牟定县。讲述的是：很早以前，彝山有一个聪明美丽的姑娘，名叫梅维鲁（有的译为“咪依鲁”）。她人勤手巧，能歌善舞。在放羊时梅维鲁与另一个放羊的小伙子通过对歌，彼此深深相爱了。可是，当地有个极其残暴的山官，遍选美女供自己蹂躏糟蹋，梅维鲁也被选进了山官府里。梅维鲁宁肯牺牲自己，也要拯救那些受害的姐妹。她摘了一朵含有剧毒的白花戴在头上去见山官。在宴席上，她把白花泡在酒里，与山官一起饮下了毒酒。山官被毒死了，她也献出了自己的生命。小伙子听到消息，冲进山官府中，抱着梅维鲁放声大哭。他哭干了眼泪，流出了鲜血，鲜血染红了遍山的白马缨花。从此，马缨花变成了血红色。为了怀念这位为民除害的姑娘梅维鲁，彝族迎亲的路上，都要到马缨花树前拜祭。这个习俗一直沿袭至今。

李九弟讲述，王玉寿记录。收入《云南省民间文学集成·牟定县综合卷》，32开，2页，800余字，牟定县民间文学集成办公室1989年编印。（李惠兰　朱琚元）

金牛

彝族风俗传说。流传于云南省武定县。讲述的是：某一年，万德那土司家的马帮运货到昆明，返回茂莲时行到普吉村，见路边有两头小牛在打架，等走近后，两头小牛就突然不动了，仔细一看，是两头小金牛站在路边。土司命家人拾起金牛包好运回茂莲，并打了两只小木箱把金牛藏起来。那几年，茂莲和环洲的土司不和，经常发生诉讼和械斗，冤仇越结越深。自从那家有了两头小金牛以后，无论打官司或械斗，十有九赢。那土司家担心金牛被偷走，叫他家的一个娃子老倌，把金牛带到了万德村旁的以豆老村里住下，不让外界知道，生活费用到土司衙门领取。时间一长，土司家丁对老倌越来越怠慢，老倌一气之下把金牛埋藏起来。后来，这两头金牛变成了两条龙，时常坑害那土司家。那土司只好许愿，每年五月间，选一头纯红的壮牛祭献。这一习俗一直沿袭到中华人民共和国成立前。

尹培生讲述，闻从善、杨成记录、翻译。收入《云南省武定县民族民间文学集成》，16开，2页，1300余字，武定县文化局、民委、文化馆集成办1989年编印。（钱丽云　朱琚元）

踩青棚的故事

彝族风俗传说。流传于云南省牟定县。讲述的是：古时候，彝山有一位能歌善舞的美丽姑娘和一位勤劳勇敢的小伙子相爱了，当地民众把他俩比作百花丛中的一对小蝴蝶。可是，姑娘的父亲嫌小伙子是一个放羊的穷孩子，就把姑娘许配给一户有钱人家。可这位富人子弟奇丑无比，姑娘天天哭夜夜泣。出嫁前的晚上，姑娘悄悄来小伙子家住的青棚中，他俩倾诉衷肠，然后双双吊死在青棚里。当地彝族民众为了纪念这对反抗包办婚姻的男女青年，每当举行婚礼时，要在院心中或广场上搭建一个青棚，亲朋好友在青棚里跳左脚舞，唱梅葛调，这就叫踩青棚。

李国森讲述，王玉寿记录。收入《云南省民间文学集成·牟定县综合卷》，32开，2页，900余字，牟定县民间文学集成办公室1989年编印。（李惠兰　朱琚元）

丧葬的由来

彝族风俗传说。流传于云南省石屏县、红河县等地的彝族地区。讲述的是：从前，人既不会老，也不会病，更不会死，天下尽是美男俏女，人间无忧无虑。后有一女生养的三个儿子，常常做不伦不类、稀奇古怪的无聊事，并不时搞恶作剧，令人担忧。一天，他们三兄弟去撵野兔，无意中射死了一只猴子，便把死猴子抬回家，为死猴子办丧事，并请对门妇女来哭丧。天君策格兹派绿头苍蝇去察看，听了绿头苍蝇的禀报后，叫来管家把病毒死菌交给绿头苍蝇，要求绿头苍蝇到人间去撒播一百零八种病毒和三十六种死菌。从那以后，人就会生老病死，而且还要举行丧葬仪式。

佚名讲述，李朝旺搜集、整理。收入《彝族民间故事选》，32开，2页，800余字，上海文艺出版社1981年版。（龙保贵）

彝族火葬的来历

彝族风俗传说。流传于云南省兰坪白族普米族自治县彝族村寨。讲述的是：在蚂蚁大如骏马、蚊子大如鸽子的时代，南方的阿尼氏的儿子选中北方阿宏氏的姑娘。接亲那天，因上有老下有小，没人陪送姑娘，只得一人跟公公走。二人走到一个岩洞里，天色已晚，就想在这里过夜，可是公公刚进岩洞，岩洞门就自动关上了，把媳妇隔在外面。夜间听到媳妇在外面惨叫，公公在里面着急，等天亮后岩门自动打开，看见儿媳被蚊子咬成了一个骨头架。公公很伤心，把儿媳衣服、骨头埋了后要走，听见儿媳的声音说：“公公，我怕。”公公就把儿媳尸骨火化后带回家。从此，彝族开始火葬。

佚名讲述，年树发搜集、整理。收入《兰坪民间故事集成》，32开，3页，2500余字，云南民族出版社1984年版。（巴子）

彝族丧礼献生肉的来历

彝族风俗传说。流传于云南省楚雄市、南华县等地的彝族地区。讲述彝族丧礼上托盘迎客，并敬三块生肉的习俗来源。古时候，有个老大妈上山割草，有一条秃尾巴蛇爬到割好的草捆里，叫她送一个姑娘给它做媳妇，否则性命不保。老大妈回家与几个姑娘商量，老大、老二都不愿意。心地善良的老三说，只要能救爹妈，她愿意嫁蛇。于是母女俩悲伤地哭着来到割草处，秃尾巴蛇突然变成了一个白面书生，称自己是龙王太子，便领着三姑娘回龙宫去了。阿妈去世时，三姑娘牵来一头三只角的“龙羊”祭奠，然后敬每个亲戚三块生羊肉。此习俗就这样传下来了。

佚名讲述，者厚培搜集、整理。收入《三女找太阳——楚雄市民族民间文学集》，32开，2页，1000余字，云南人民出版社2001年版。（李福云　朱琚元）

墓碑

彝族风俗传说。流传于云南省石屏县。讲述的是：从前，人死都火葬，不土葬，没有立墓碑的规矩。一个赌棍先输掉家中的猪和鸡、柜里的肉和米、罐里的银钱，再输村前肥田、寨后良地，赌来赌去把七岁的独儿子以三百六十个铜毫输给了人家。赌棍儿子请求养父母每逢街天、节日恩赐他一个铜毫，暗暗立志赎身回家。赌棍的儿子到十六岁，攒够三百六十个铜毫赎身回家侍奉亲生母亲。后来他去世了，村人为了纪念他，破例将他土葬于村口，垒石刻字，以劝诫好赌之徒。从此，彝族就改火葬为土葬，有了立墓碑的习俗。

佚名讲述，李嘉整理。收入《彝族民间故事选》，32开，2页，1100余字，上海文艺出版社1981年版。（李朝旺）

昂达与母亲

彝族风俗传说。流传于云南省武定县。讲述的是：古时候，昂达要去当兵，母亲依依不舍，请求官府如果儿子可以不去当兵，宁愿用千万匹红绿绸子作身价。但官府回绝了她，儿子只有去当兵。去了一年又一年，音信全无，母亲站在高山顶上望，坐在大路边上等。问远方来的生意人，问远方来的赶马人。过了几年，儿子回来了，但是已看不见亲爱的慈母。邻居告诉他，他母亲去放猪后就未回来过。昂达边走边哭，来到悬崖边，站在岩脚喊三声，回声告诉他，他走以后，母亲日夜思念，悬崖脚下来栖身，只盼有日见儿面，谁知如今化为尘。若想念妈，就拔回崖中的三丛草扎成人，请个毕摩来开路。从此，彝族亲人死在远方，不能收其尸骨，就到悬崖上找些茅草来扎成人，给它穿上衣服入棺，举行一次葬礼。

佚名讲述，张朝玺记录。载《金沙江文艺》1982年第6期，16开，2页，3000余字，楚雄州文联1982年编印。（李惠兰　朱琚元）

坟上放背箩的由来

彝族风俗传说。流传于云南省建水县彝族地区。讲述的是：从前，有个老汉眼睛瞎了，儿子、儿媳把他当成了累赘，就想着法要把他整死。在一个寒冷的雨夜，儿子用背箩把老汉背了扔在山垭口，便溜回家，老汉被活活冻死在山上。儿子回家后，孙子向他要背箩，说要留着以后背爹，儿子听了非常震撼，便跑上山要把爹背回来，可爹已经死了。儿子哭着把老汉的尸体背回来厚葬。从此，老人亡故，人们总要在坟头放个背箩。

佚名讲述，李云搜集，张绍碧整理。收入《云南民间文学集成·建水故事卷》，32开，2页，800余字，建水县文化局、民委1989年编印。（梁红）

私伢子的故事

彝族风俗传说。流传于云南省永胜县彝族他留人地区。讲述的是：相传，私伢子和母亲住在一个大岩洞里。因道不清父亲是谁，在学堂被同学看不起。他每天经过的牛滚潭，每月初一和十五这天，总会出现一头红水牛。每当这时，红水牛便驮着他到处玩乐。一天，有四个外地来择墓地的风水先生，得知私伢子和红水牛的事后，递给他一个包有骨灰的红布包，请他选明月高照之时，骑在牛背上，在牛举头望月之际，把布包塞进红牛嘴中。这期间，私伢子从母亲处得知自己的父亲就是死在岩洞顶上的狐狸口中，便爬上洞顶，收齐其骨，火化后包在红布包里，打算与风水先生给的布包一起塞进牛嘴里。一个十五的日子，私伢子带着两包骨灰找到了红水牛，当牛抬头看明月时，他把风水先生给的布包塞进了牛嘴，正要塞父亲的骨灰时，牛闭上了嘴。这时，空中飞来一只鸟，告诉他说就要山崩地裂了，要他快快逃命，并大声叫喊“朱家天子万万年”。私伢子慌忙把父亲的骨灰挂在红水牛角上，跳下牛背逃命。后来，朱元璋当了皇帝，因私伢子把父亲的骨灰挂在牛角上，所以，他留人和朱皇帝是“挂角亲”。至今，他留人择墓地都以前面有牛滚潭之处为好，意即“牛眠吉地”。他留人的墓碑多刻有“水牛望月”的图案，希望子孙发达富贵。

佚名讲述，简良开搜集、整理。收入《神秘的他留人》，32开，3页，1900余字，云南人民出版社2005年版。（梁红）

赶秋

彝族风俗传说。流传于云南省牟定县。讲述的是：牟定县安乐乡有个一年一度的集会叫作“赶秋”，日子就定在每年立秋的那天。传说立秋这一天，当地年年有一个“秋老虎”出现在大黑山上，人们碰见“秋老虎”就不吉利，不死也要生病，便把“立秋”这一天称为“忌日”。每到这一天，人们不能外出，只能在家里躲“秋”。然而，大力石村有一个不信邪的彝族青年，声称自己不怕“秋老虎”，而且还有本事专找“秋老虎”。立秋这天，别人在家里躲“秋”，他却一人上山去捉“秋老虎”。一连几年，这个青年既没有碰到什么“秋老虎”，也没有病痛。于是逐渐有人在立秋这天跟他上大黑山来玩，大家一起找菌子、摘杨梅、弹月琴、唱调子、跳左脚舞。后来，连老大爹、老大娘也牵着孙子上来参加“赶秋”活动，逐渐形成了今天“赶秋”跳左脚舞、未婚男女则倾吐爱慕之情的集会活动。

王珏讲述，王玉寿搜集、记录。收入《云南省民间文学集成·牟定县综合卷》，32开，2页，400余字，牟定县民间文学集成办公室1989年编印。（李惠兰　朱琚元）

“送白虎”和“鸡接气”

彝族风俗传说。流传于云南省武定县彝族地区。讲述的是：很古的时候，有三兄弟靠种地为生。有一天，太白金星变成一个大胡子老头来对他们说人类要换代了，要发洪水了，并教他们逃生的方法。老大砍梨树做船，老二砍麻栗树做船，老三砍冬瓜树做船，并夹一个鸡蛋在胳肢窝里，等小鸡叫了再出来。过了二十一天，洪水来临，只有老三的船一直在水上漂。洪水退了，只有老三一个人活在世上。太白金星来教他支一架磨担秋，天黑后，把秋转三转，龙王的七个女儿便会来跟他转本命。太白金星又教他拿湿裤子在喜欢的姑娘头上绕三下她便会留下来。他照做了，龙王的小女儿便留下与他结为夫妻。婚后生了九子十女，成人后按大小相互婚配，只剩下小女儿没有婚配，就变成了白虎。因为嫉恨，每逢人家娶亲嫁女，她就去冲人家的喜事。又因为鸡是从人的胳肢窝里孵出来的，所以人快落气时要拿一只鸡来“接气”。这就是彝族“送白虎”和“鸡接气”习俗的由来。

王福先讲述，杨成记录、翻译。收入《云南省武定县民族民间文学集成》，16开，2页，2800余字，武定县文化局、民委、文化馆集成办1989年编印。（钱丽云　朱琚元）

烧草席

彝族风俗传说。流传于云南省峨山彝族自治县。讲述的是：古时候，有个叫田宝的穷苦人七岁失去父母成孤儿，自幼给山官打长工。苦干十多年后山官不但不给报酬，还把累得体弱多病的田宝赶出家门。田宝在伙伴们的帮助下在村旁盖了一间茅草房住下。他生病时乡亲抱来稻草给他垫睡。他想在活着时为乡亲做点事，就仿照竹床的模样编绕草床垫，通过苦练终于编出一床床草席送给了乡亲享受。那个山官听说田宝练出此手艺，就来请他回去，田宝不回，山官将田宝打得半死。田宝强打起精神挣扎着教乡亲们学习编草席技术，大家一面编一面流泪。田宝病死时，伙伴们没有什么东西可以陪葬，就把刚编织好的一床草席烧掉。此后山寨人就形成给死人烧草席送葬的习俗。

佚名讲述，柏文亮搜集、整理。收入《嶍峨风情》（续一），32开，3页，1300余字，峨山彝族自治县民委1986年编印。（普开福）

彝族妇女出嫁前为什么要禁食

彝族习俗传说。流传于四川省越西县彝族地区。传说很久以前，有个姑娘出嫁去远方，走到半路，她要到森林里去解手。送亲的人只好坐在路上等她。姑娘一去就遇上一只老虎，老虎把姑娘吃了，然后变成姑娘的模样跟着送亲人到了男方家。结婚的喜酒吃过以后，按男方的习俗，新娘过门后要做的头一桩家务事是背水。新娘和小姑子走到背水处时，见一只羽毛十分鲜艳的锦鸡从她俩眼前飞过，小姑子很羡慕这只锦鸡的彩色羽毛，一连说几句感叹话。新娘子说："那算什么呀，我可以变个花样给你看，那才叫美呢。"小姑子快活地叫嫂子变个花样给她看，嫂子放下水桶，就在地上打个转身，就变成了一只色彩斑斓的老虎，再转身又变成了人。小姑子看了后被吓得腿肚子发软，嘴唇打战，只是在嫂子面前不敢表露出来。小姑子回家后把看到的一切告诉了哥哥。哥哥为了收拾这只作恶的老虎，把虎妻和她的同类都请来喝喜酒，并把它们都灌醉，然后把虎的尾巴拴在木桩上，点起火来烧，虎妻被烧死了，只有一只秃尾巴的母老虎逃脱，可被火烧得皮癞毛焦的。现在老虎身上的花纹斑，就是那次被火烧伤留下的痕迹。从那以后，彝家姑娘出嫁前就要不吃不喝几天，免得路上出事。

的迪伍来讲述，利布、达久木佳采录。收入《凉山民间文学集成》（下，故事卷），32开，2页，800余字，西南交通大学出版社1993年版。（魏娟娟）

为什么背娃娃看病要打伞

彝族风俗传说。流传于云南省江川县彝族地区。讲述的是：从前，一个小妇人背娃娃进城看病，路上遇到一位浑身长满长毛的怪妇人来纠缠，她想摆脱长毛怪人，假装相互抓虱子，偷偷把怪人的头发拴在刺蓬树枝上，拔腿就跑。回头一看，老怪人张牙舞爪地追来，小妇人为了保护孩子赶忙打开雨伞遮住背上的小孩，与此同时身后发出一声怪叫，一看，怪物不见了，娃娃还是好好的。后来人们带婴幼儿出门看病都要用伞遮住，目的是避邪。

毕粉团讲述，杨忠友、李志忠、戴琼凤搜集，李志中整理。收入《江川县民间文学集成》，32开，2页，700余字，云南人民出版社1997年版。（普开福）

六月六为什么献苞谷

彝族风俗传说。流传于云南省武定县。讲述的是：古时候，有一个白发老人走到一个水潭边，水里有一条小红鱼在慢悠悠地游着。老人喝了几口水，在潭边咂起老草烟休息。小红鱼变成一个漂亮姑娘，请他经过大响水这地方时，带个口信给哥哥，六月初六接她回去。姑娘交给老人三个石头，求他到了大响水时，把石头一个一个地丢进深潭里。姑娘向老人道了谢后又变成小红鱼游回水里去了。老人在太阳要落山的时候终于来到了大响水这个地方。他照着姑娘的话去做，果然开始下大雨，刮大风，紧接着一个小伙子踩着水出现在老人面前，老人将口信带给他。小伙子让老人每年农历六月初六那天用木桩围地。原来这是一条龙，和红鱼姑娘是兄妹。到六月初六那天，老人依言而做，老人家的苞谷完好无损，众人的苞谷却被冰雹打坏了。众人询问老人原因，老人骗说他一清早在地里献了酒饭。从此，每到六月初六这天，家家户户都拿着酒饭到地里去献苞谷，慢慢就形成了一种风俗流传下来。

李兴富讲述，秦宏忠、卢世林搜集。收入《楚雄民族民间文学资料》第三辑，32开，2页，1300余字，云南省社会科学院楚雄彝族文化研究室1982年编印。（李惠兰　朱琚元）

大年初一抢水

彝族风俗传说。流传于云南省峨山彝族自治县。传说一家穷苦哥俩父母早亡，二十多岁未娶妻，腊月三十晚上只煮了一点洋芋吃。大年初一，他们啥吃的都没有，哥俩就商量打点水来烧水喝。初一一早天还未亮，哥哥挑桶，弟弟提壶到村边井里把水打回来。可是奇怪了，烧了半天，陶壶都烧红了水还没有开，揭开盖子一看，壶里面全是银子。再到挑水的桶里看，桶里也都是银子。从此，兄弟俩娶了媳妇，挣了家业，一直到死也没分家，没吵过嘴。后来，彝族人每到大年初一早晨都要抢挑吉祥水，谁抢得头水就放一串鞭炮，点一炷香，表示头水已被人抢走了。

李开增讲述，李学祯整理。收入《峨峨风情》，32开，1页，300余字，峨山彝族自治县民委1985年编印。（普开福）

花粽包落进讨饭瓢

彝族风俗传说。流传于云南省景东彝族自治县。讲述的是：十三岁的徐平贵父母双亡，只有一个葫芦挂在身上，靠帮工过日子。没人要他帮工时只好拿葫芦当讨饭瓢乞讨。陶二爷家有三个姑娘，大姑娘嫁盐商，二姑娘嫁军官。三姑娘看不上富家子，陶二爷大年初二给三姑娘三个花粽包，盖青棚，丢花包选女婿。人山人海的草地上，三姑娘丢出的三个花粽包都落在徐平贵的讨饭瓢里。陶二爷给三姑娘一把砍柴刀、一斗旱谷种之后，就把她赶出门。三姑娘和徐平贵在山梁上盖一间窝棚，种一片旱谷，过得很快活。人们为赞美三姑娘自主婚姻、扶贫助弱，就兴起了大年初二丢包的习俗，青年们也趁此机会寻找意中人。

佚名讲述，张定明搜集、整理。收入《景东县民间文学集成》，32开，3页，1600余字，景东彝族自治县民委、文化局、文化馆1989年编印。（施文志）

荡秋千习俗的来历

彝族风俗传说。流传于云南省石屏县。讲述的是：从前，有条通天路，天上人常到人间观赏春花秋果，地上人常上天欣赏繁星明月。一次，一个仙女下凡与一个孤儿成亲，惹怒了天帝，天帝派差官用剑砍断了通天路。三年后，天上布云降雨神玩忽职守，地上大旱，在地上成亲的仙女想上天求雨，却无通天路，便让人架座秋千，荡上天去求雨。天帝查实后，令布云降雨神降雨，人间又风调雨顺。由此就有了荡秋千的习俗。

佚名讲述，李朝旺搜集、整理。收入《彝族民间故事选》，32开，2页，600余字，上海文艺出版社1981年版。（李朝旺）

竖秋千的传说

彝族风俗传说。流传于云南省巍山彝族回族自治县。讲述的是：西边江里有个黄龙的姑娘，见小伙子在哭，问他原因，知道是他帮财主放羊，丢了只羊，财主给他的限期已到，无力赔偿。姑娘很同情他，给了他一些金银，还爱上小伙子。龙王知道后，悄悄把小伙子处死。自此姑娘一病不起，龙王知道姑娘想念放羊小伙子，就在小山上竖起杆架，叫姑娘去看他的尸首。姑娘心生一计，说她还看不见，就向龙王要赶山鞭。龙王为了解除姑娘的病，也只好把命根子给了姑娘。姑娘拿到赶山鞭，往前一鞭，见到了心上人的尸首；往后一鞭，把龙王和虾兵蟹将赶进万丈深渊，自己也一跳，撞在对面的照壁山上死去。这天是正月初一，后人就在这一天竖秋千，荡秋千，纪念这对忠贞的爱人。

佚名讲述，李建周搜集、整理。收入《巍山彝族回族自治县民间故事集成》，32开，5页，2800余字，巍山彝族回族自治县民间文学集成办公室1988年编印。（段葵）

春节贴对联垫松毛的传说

彝族风俗传说。流传于云南省姚安县、禄丰县彝族地区。讲述的是：在元朝时期，统治者为了便于对人民的奴役和压迫，把十家人划为一个受统治的单位，由一个称为家鞑子的人管理。每十家人合用一把刀，不容许探亲访友，外地来人必须向家鞑子报告，否则要遭受酷刑。某年中秋节，有一个卖月饼的货郎挑着月饼到处去卖，因价钱便宜，各户都买了他的月饼。晚上吃月饼时，人们发现里面有一张小纸条，上面写着三十晚上聚众起义的内容。到了大年三十晚上，各家各户一起行动起来，杀了家鞑子，屋里和门枋上留下了血迹。彝民们当夜采松毛撒在屋里，在门枋上贴上红颜色的纸条来掩盖血迹。从此以后，每逢过年，彝家人都采青松毛撒在屋内，门枋上贴上红纸对联，初一那天互不往来。

戴翠田讲述，戴国斌记录。收入《云南省民间文学集成·姚安县综合卷》，32开，2页，700余字，姚安县文化局、文联1989年编印。（施选 朱琚元）

松毛席的来历

彝族风俗传说。流传于云南省昆明市彝族撒梅人地区。讲述的是：古时候，撒梅人居住的滇池沿岸，水土肥美、牛羊成群，辛勤劳作的撒梅人在这片土地上过着无忧无虑的生活。有个外地头人欲霸占这块富饶的土地，带兵来犯。撒梅人得知消息，组织起来将埋伏在村外的敌人围住，以公鸡啼鸣为号，一齐举刀杀向入侵者，遭到突袭的敌人丢盔弃甲，全部被歼灭。村中妇孺听到前方打了胜仗，抬着酒肉到战地慰问前方勇士。她们找来绿茵茵的松毛铺在血迹斑斑的战场，举行庆功宴。从此，撒梅人举办婚丧宴席都会铺垫松毛。为记住公鸡传递信号使撒梅人获胜的功劳，撒梅姑娘就照鸡冠的样子做帽子戴。

张福彩讲述，李光荣记录、整理。收入《昆明民间故事》第一辑，32开，2页，700余字，昆明市民间文学集成办公室1987年编印。（梁红）

娶亲挂筛子和吹唢呐的传说

彝族风俗传说。流传于云南省景东彝族自治县。讲述的是：从前，一支娶亲队伍走到半路，新娘在一个烂泥塘旁边撒了泡尿。洞房之夜，天快亮时，新娘的头突然不见了。新郎问老道师，老道师说新娘的头被鸭精吃了。老道师指点人们带五颗大铜印到烂泥塘东西南北中各钉一颗后，从塘里挖出一个人头，但已无脑髓，据传是被鸭精吃了。后来，人们在娶亲的轿子上挂一把筛子，表示有千只眼睛看着，吹唢呐据说可以镇住鸭精，新娘在路上就不会受到伤害了。直到今天，人们讨亲嫁女都要吹唢呐，还在轿子上和新房门头上挂一把筛子。

陈其进讲述，陶明贵记录。收入《景东县民间文学集成》，32开，2页，400余字，景东彝族自治县民委、文化局、文化馆1989年编印。（施文志）

摔跤的来历

彝族风俗传说。流传于云南省石林彝族自治县彝族撒尼人地区。讲述的是：很早以前，汉族地方发生战争，有个汉族青年逃到撒尼地方，住在一个牧童家，并与之结为兄弟。他们同吃同睡，同放牧。一天，他们放养的牛突然得病，两人赶忙找来草药，同心协力治好了牛的病。看着牛又恢复了生气，二人高兴地搂抱在草地上翻来滚去。有个老人看到他们，便对他们说："高兴的事值得庆贺，可不能没休止，哪个背先着地算输家，三摔两胜。"他们放牛之余，就在草地上摔跤玩。不久战乱平息，汉族哥哥回家乡时，与撒尼弟弟约定用摔跤作为见面的礼节。几年后，弟弟娶妻养子，日子好过起来，抽空去了汉族大哥的家乡。他们相见的特殊礼节让哥哥的乡亲深受感动。收割蜂蜜的时节，哥哥来到第二故乡撒尼地方，全村人都来参加弟弟欢迎哥哥的荞粑粑蘸蜂蜜宴席，兄弟二人邀大家一起用摔跤来庆贺团聚，抒发喜悦快乐的心情。从此，每逢丰收、喜庆或节日，撒尼人都要进行摔跤活动。

金云讲述，毕有光搜集、整理。收入《昆明民间故事》第一辑，32开，4页，2500余字，昆明市民间文学集成办公室1987年编印。（梁红）

民间用锁的来历

彝族风俗传说。流传于云南省景东彝族自治县。讲述的是：弥勒佛治理天下时，人们生活很好。一棵苞麦（玉米）秆能背十三个苞子，苞麦秆头上结谷子，根上长洋芋。人们种一年可以吃十年。粮食太多，人们就不爱惜。田埂上有漏洞，就用糯米饭团去堵。天神看见，就要把粮食都收回天上。狗看见天神收粮食，就对着天空哭，天神这才在每棵苞麦秆上留下一两个苞子。粮食少了，就有了偷窃。以偷盗起家的石家佛势力越来越大，就要求弥勒佛让位。弥勒佛说，两人各种一棵铁树，谁的铁树先开花，谁就做官。结果弥勒佛的铁树先开花，弥勒佛哈哈大笑。石家佛乘机把铁树调换了。弥勒佛笑够之后，见自己的铁树被换了，就与石家佛争执。最后，弥勒佛还是把官位让给了石家佛，但弥勒佛要求人们从此以后用锁，因为石家佛是偷盗出身，人们会学他偷盗。就这样，用锁锁门的做法就传下来了。

杨品讲述，陶明贵记录。收入《景东县民间文学集成》，32开，2页，700余字，景东彝族自治县民委、文化局、文化馆1989年编印。（施文志）

雨神龙踏恣

彝族风俗传说。流传于云南省新平彝族傣族自治县。讲述的是：从前，哀牢山的一个山寨里有个叫龙踏恣的孤儿，在寨里众人的相助下长大。一天，天神尼多出巡人间，发现半年多忘记给人间降雨，大地旱魃肆虐，并看见龙踏恣从很远的涧底挑水来救助寨中的老人和小孩们。尼多即变成穿着褴褛、满身脓疮的老人等候在路旁，龙踏恣不仅给他水喝，而且把身上的一葫芦水送给他备喝。尼多请他上天做雨神管雨并把司雨葫芦交给他，要求他寨中无水喝倒一滴，苞谷、高粱、荞子地缺水倒二滴，水田秧苗缺水倒三滴，栽插季节倒三滴，水田里倒七滴。龙踏恣勤于理职，怕出差错，就托梦给家乡老人，如雨少了在寨头烧堆火，如雨多了在门头挂枝柳作为提醒。天上恶神非可看到人间风调雨顺便起妒意，假传尼多圣旨，吩咐龙踏恣即刻下雨，城中下七滴，田里下三滴。诚实的龙踏恣照做后造成人间灾难，屋舍被冲而田园干枯。龙踏恣为了弥补罪过就砍下自己的头喷血补雨，于是即成了一道人间彩虹。非可骗了龙踏恣后害怕他复仇，转而变邪气坑害寨子人，使之生病。龙踏恣之魂托梦村中老人，叫村人戴五彩线以避邪，戴到火把节时才能烧掉。于是彝家山寨就有了在火把节前戴五色线的习俗。

佚名讲述，李永祥、陈振中搜集。收入《新平县民间故事集成》，32开，6页，4200余字，云南人民出版社1999年版。（聂鲁）

端公跳神的来历

彝族风俗传说。流传于云南省楚雄市。讲述的是：唐天子有一匹龙马，雇了杨五郎和杨六郎两兄弟专门来饲养，两兄弟把龙马喂饱了挨骂，喂不饱挨打。他俩只好商量出个对策，用丝线把马舌根扎紧，然后禀告唐天子说马生病了。唐天子派人到处寻医，总不见龙马吃料，杨六郎趁机为天子看了个卦，说是五代祖宗怪罪。于是，杨六郎为唐天子家跳神接待祖宗，杨五郎则悄悄解掉了马舌上的丝线。两兄弟跳神医好了龙马有功，天子放他们回家。这件事传开后，哪家有病灾都来请他们跳神，他们为难了，说出实情又怕招来杀身之祸，只好去跳。从此，民间就有了端公跳神。

鲁世凡讲述，者厚培记录。收入《楚雄市民族民间文学集》，16开，2页，1100余字，楚雄市文化馆1991年编印。（李福云　朱琚元）

万年青

彝族风俗传说。流传于云南省玉溪市红塔区彝族地区。讲述的是：很久以前，玉溪发生了一次瘟疫，死人无数，人们纷纷跑到树林里避难。一天，凤凰山上的神农氏送来了"柴胡"药苗给人们服用和栽种，治好了瘟疫。但是回村子的人大多又害病而亡，大家只好躲在山洞里吃草根树皮度日，无法识别哪些地方可以住人和哪些地方有瘟疫。凤凰山神农仙翁就送来了一捆万年青树苗叫人们拿到各处去栽，凡栽活的地方就可住人，永无瘟疫发生。从此，各村各寨都种起了万年青树。人们选择居住地时，先栽树，树栽活了，再建房。

张薛氏讲述，张士禄记录、整理。收入《玉溪市民间文学集成》，32开，2页，1100余字，玉

溪市文化局、民委、文联、群艺馆1989年编印。（普开福）

为什么撒小秧要插秧标

彝族风俗传说。流传于云南省江川县彝族地区。讲述了春天撒播稻秧时在秧田里插树枝条的来历。从前，有一户人家，刚过年丈夫就病故，丢下两个小孩。老妇整日伤心痛哭，忘记了农活，别人家撒在田里的谷种已经长成绿油油的秧苗。她背着谷种到田边，一边挖田一边哭。一位白发老人来安慰她，要她在田里插上一些篾片或者柳条，然后撒下谷种，老人话一说完就不见了，寡妇按此话去做。第二天下冰雹，别家的秧苗都被打死了，唯独寡妇家的秧田没受害。大家只好重新耙田重新播种，并都仿效寡妇的做法在秧田里插上一些篾片或柳枝。后来此风俗就一直流传至今。

普金贵讲述，杨忠友、李志忠搜集，杨忠友整理。收入《江川县民间文学集成》，32开，1页，500余字，云南人民出版社1997年版。（普开福）

嚼槟榔的故事

彝族风俗传说。流传于云南省楚雄市彝族地区。讲述的是：从前，彝山上有一对双胞胎兄弟，长得一模一样，有时连自己的母亲都弄不清谁是兄谁是弟。兄弟俩替换着上山砍柴。一天，哥哥在深山里遇到一位美丽的姑娘，通过对歌试探对方的心意，两人情投意合相爱了。第二天，弟弟上山砍柴，姑娘以为是昨天遇到的意中人，弟弟也被这位纯情美丽的姑娘迷住了。从此，姑娘天天接待意中人，而兄弟俩不知道同时爱上了一个姑娘，都陶醉在爱情的甜蜜之中。有一次，两兄弟约姑娘到山上石灰坑旁的槟榔树下见面，姑娘打扮得漂漂亮亮来到槟榔树下等待情人。兄弟俩双双前来赴约，都愣住了，心里像刀扎一样难受，姑娘更是吃惊，竟然会出现两个一模一样的意中人。面对这意外，姑娘又羞又窘，又恼又怒，一头撞死在槟榔树上。兄弟俩的心也碎了，哥哥在芦子树上吊死了，弟弟跳进石灰坑里烧死了。彝山的青年男女非常同情这三人的遭遇，就摘下槟榔，用芦子叶包上，再裹上石灰放到口里嚼。这样便有了嚼槟榔的习俗。

佚名讲述，者厚培搜集、整理。收入《三女找太阳——楚雄市民族民间文学集》，32开，2页，1000余字，云南人民出版社2001年版。（李福云　朱琚元）

阿依布玛

彝族风俗传说。流传于云南省巍山彝族回族自治县彝族地区。相传，阿依布玛勤劳妩媚，能歌善舞。她与猎手阿丹感情很好，对阿丹的哑巴弟弟阿福亲如手足。阿依布玛教会弟弟制芦笙、弹吹芦笙。有急事一奏笙，大伙就知道了。有一次，阿丹被老虎困在树上，弟弟吹笙相救。后来国王抢走了阿依布玛，阿丹穿着羽毛衣来救布玛，布玛大喜，暗示羽衣人与国王更换衣服。换过衣服，阿丹以国王模样命令差役杀死穿羽衣者，救出阿依布玛。他们活了八十岁。以后，人们怀念阿依布玛，就围着火，吹芦笙打歌。每年农历二月初八，人们都到阿依布玛的坟上，杀鸡宰羊祭奠她，相沿成俗。

褚应泰讲述，杨绍兴搜集、整理。收入《南诏故地的传说》，32开，9页，7000余字，云南民族出版社2002年版。（阿南）

阿巴煞和俄罗布

彝族风俗传说。流传于滇西彝族地区。相传大力士阿巴煞和俄罗布很有智谋。有一天他俩把周身涂满蜂蜜，爬进羊毛袋里一滚，变成了一对白毛人，然后爬到土司的供桌上，吓得土司烧香祷告，认为是财帛星降临。土司又请来端公（巫师）念咒语。阿巴煞问端公：“人说端公舌头有两叉，快伸出来！”端公只好伸出舌头，立即被剪了一刀，疼得一句话也不敢说。有一次，鬼闻听阿巴煞的本事，总想收拾他。鬼问阿巴煞：“田里用什么肥庄稼才好？”阿巴煞答道：“石头雨油田，牛屎马屎臭田头。”鬼就搬些牛屎、马屎到田里，妄想惩罚一下阿巴煞，结果粮食大丰收。有一次鬼捉到阿巴煞，准备把他丢入火中，阿巴煞从火坑里扒了一个洞躲过火烧。阿巴煞对鬼说：“这回轮到你们啦，怕冷可穿一件蓑衣。”鬼真的穿上蓑衣，阿巴煞放火烧死男鬼，剩下三个女鬼赶忙求饶。至今彝家祭鬼时，都要插一棵分三叉的松树枝。

佚名讲述、记录。收入《中国传说故事大辞典》，16开，1页，400余字，中国文联出版公司1992年版。（阿南）

山神庙的传说

彝族风俗传说。流传于滇西、滇中彝族地区。相传青年猎人阿力勤劳勇敢，打得猎物总是平均分给村民。有一次，阿力的牛丢了，他上山找牛，发现牛被豹子吃了。他要为民除害，便下扣猎豹。某夜巡视，遇上四只豹子，他砍死二只，最后自己被豹子咬伤，死于山下。人们怀念他，就在谷堆山下塑造了他身着麂皮领褂、腰系长刀、手提弩弓的像，身旁还有两犬，老虎、豹子跪在阿力面前。村民每年五月都来庙里杀鸡、宰鹅祭祀，以祈六畜平安，兴旺发达。

佚名讲述、记录。收入《中国传说故事大辞典》，16开，1页，200余字，中国文联出版公司1992年版。（阿南）

祭山神的由来

彝族风俗传说。流传于云南省南涧彝族自治县。相传，有一无父母的苦孩子，为财主放牛。天神怜悯他，让他要财主的女儿为媳妇。孤儿说没钱没粮无猪，讨不起媳妇。天神用河沙代粮，用南瓜变成猪，用石头变成银子，终于让苦孩子讨了财主的女儿。孤儿还诉说没人帮忙，天神叫狐狸打旗子，喊豹子吹喇叭，喊豺狼抬轿子……终于把财主的女儿接到家中。孤儿为了感谢天神，每年农历三月十三日就到山上祭献山神，从此，一直相沿成俗，流传至今。

佚名讲述、记录。收入《中国传说故事大辞典》，16开，1页，200余字，中国文联出版公司1992年版。（阿南）

锣锅帽的来历

彝族风俗传说。流传于云南省丽江市彝族地区。讲述的是：相传，远古时期女人聪明，男人笨。圣人捉弄笨丈夫，交给他五只公羊，要求每年让他交回两只小羊羔。时间一到，圣人就来了，男人的妻子叫丈夫抱小狗到被子里坐月子。圣人来索羔羊，妻子说：“他在坐月子哩！”圣人骂道：“胡说！哪有男人坐月子的？”妻子回答：“哪有公羊生羊羔！”圣人理亏骑白马走了。路遇一妇女，圣人问：“聪明的女人，一天挖几锄？”妇女反问：“圣人骑马，一天走几步？”圣人恼怒，下令让彝族妇女戴四个圈，锣锅帽、宽领口、袖口花边、下身裙子绣上花圈，只许女人在四圈之内行动。从此，世代传承下来。

佚名讲述、记录。收入《中国传说故事大辞典》，16开，1页，200余字，中国文联出版公司1992年版。（阿南）

咪依鲁姑娘

彝族风俗传说。流传于云南省大姚县昙华山一带。讲述的是：相传有个长得像马缨花般的姑娘，人们叫她咪依鲁。她绩麻放羊，勤劳聪明。晚上她到公房唱梅葛调，深受小伙喜爱，可她只喜欢善射凶狼的查列若。荒淫的土官妄想霸占她，被查列若打了一顿。咪依鲁与查列若逃出了虎口。为了抓到咪依鲁，土官用诡计建“天仙园”。许多姑娘被土官糟蹋了，咪依鲁逃到排底山，决计找毒花除掉土官。土官一见咪依鲁，要强迫成亲。咪依鲁要他放了“天仙园”里的姊妹，就答应与他成亲。成亲前，她与土官喝下毒酒，毒死了土官。她喊着查列若，并与他躺倒在马缨花丛中。传说马缨花就是他俩的血染红的。从此每到农历二月初八，人们都在门上插马缨花。

佚名讲述、记录。收入《中国传说故事大辞典》，16开，1页，300余字，中国文联出版公司1992年版。（阿南）

打歌的传说

彝族风俗传说。流传于滇西、滇中彝族地区。相传有一次，彝族与异族发生战争。在农历二月初八这一天，彝族队伍被团团围在一座山头上，情况十分紧急。彝族头领急中生智，指挥士兵在山顶、路口烧起几堆大火，火光冲天，叫士兵围着火堆尽情地歌唱，尽情地踏跳。彝族兵围着火堆跳来跳去，有如千军万马，声震四野。异族兵误认为彝族援兵赶到，就急忙撤退了。为了庆祝胜利，彝族人民就把农历二月初八这天定为年节。每年这天晚上，就燃起熊熊篝火，载歌载舞。一代传一代，发展成为一种民族歌舞——“打歌”。另一传说讲有个彝家小伙子叫米那诺，他带领大家拒交官粮，官兵就来攻打彝家。因彝家人少，寡不敌众，退守到一座大山上，被官兵团团包围，情况十分危急。这时，米那诺急中生智，对大家说：“彝家人活要活得有志气，死要死得有骨气。大家唱起歌来吧！跳起舞来吧！”于是，大家吹起竹笛，弹起弦子，“阿哩罗——阿哩，阿哩罗”的呼喊声，声震山野。官兵听了胆战心惊，以为彝家搬来援兵，就急忙退兵。彝家乘机冲杀，大败官兵。这一天，正好是农历二月初八。为了纪念彝家打败官兵的日子，就把农历二月初八定为打歌节。年复一年，一直流行到现在。

佚名讲述、记录。收入《中国传说故事大辞典》，16开，1页，500余字，中国文联出版公司1992年版。（阿南）

喜鹊姑娘

彝族风俗传说。流传于云南省双柏县彝族地区。讲述的是：古时有一个罗婺姑娘，又漂亮又能干，很多人都想娶她为妻。一天，她家同时来了十二起提亲的人，其中有一个为土官老爷说亲的人最凶，说不答应嫁给土官老爷，就要全村遭殃。姑娘对十二起提亲的人说，农历六月二十四在山上相亲，当面确定婚事。到时，十二家的人都来到山头上，正晒着大辣太阳，突然就来了一阵过山雨。雨停后，姑娘还未露面，于是便烧起一堆大火等待。正当火烧得很旺时，姑娘出现了，她穿着一套雪白的衣服和一件黑色的短褂，胸前还系着一块花围腰，漂亮得就像黑白分明的喜鹊，所有的人都惊艳了。就在这时，姑娘突然纵身投入烈火。几个眼明手快的伙子急忙冲上去想拽住她，但只扯下了她的衣裳角，不一会儿火堆里就冒起了缕缕青烟。四山八岭的乡亲闻讯，点起火把连夜赶来，姑娘早已死了。为了纪念她，年年农历六月二十四都要燃火把，并把她称为喜鹊姑娘。传说扯下的衣角后来就成了彝家妇女的围腰带，那火堆上的青烟就成了山寨的晨雾，有时在晨雾中还可以看到她轻盈的身影。

佚名讲述，云南省民族民间文学楚雄调查队搜集，收入《楚雄彝族文学简史》，32开，1页，400余字，中国民间文艺出版社1986年版。（阿南）

彝人死后为什么火葬

彝族风俗传说。流传于川滇大、小凉山彝族地区。讲述的是：从前，人类的祖宗居木吾吾的一个儿子死后，进行了土葬。可他的亲人每天只要看见坟墓就想起伤心事。后来，彝人的祖先居木格祖认为，用火葬更能使人很快忘记痛苦。就这样，彝族的先祖就选用火葬，这就是现在彝人死后要火葬的由来。可供研究彝族民间文学参考。

佚名讲述，罗布合机、王权等收集、整理。收入《喜德彝族民间故事》（彝文版），32开，1页，

200余字，四川民族出版社1993年版。（土比呷呷）

竹祖灵的由来

彝族风俗传说。流传于川滇大、小凉山彝族地区。讲述的是：从前，一位老人精挑细选给自己独儿子娶了一位聪明能干的妻子。后来，儿子去打猎多年未归，尚未见过自己已九岁的女儿。老人死后，变成了一只蜜蜂，一路带着母女俩去寻找儿子，走遍万水千山来到一片竹林地时，这只蜜蜂就落在一根竹叶上怎么也赶不走了。母女俩在此等候，所带干粮已吃尽，女儿去寻找食物时，遇上了父亲，一家三口终于团圆。为表孝心和感激之情，他们用这根竹子编成小箩筐当作老人的灵牌放在家中最神圣的地方予以祭祀。后来，这家人儿女成群，生活美满。

佚名讲述，罗布合机、王权等收集、整理。收入《喜德彝族民间故事》（彝文版），32开，7页，3500余字，四川民族出版社1993年版。（土比呷呷）

为什么彝族过年用草铺堂屋

彝族风俗传说。流传于川滇大、小凉山彝族地区。讲述的是：古时候有一种叫“比来菊”的长有翅膀的妖怪无恶不作，自己不劳动，靠着抢掠凡人生活，人们虽然恨之入骨但无法对付。皇帝听到黎民的诉苦，叫他们统一在蛇月的最后一天过年，趁“比来菊”喝醉时将它一举消灭。为了不使“比来菊”的血玷污祖灵，叫人们用草将“比来菊”的污血掩盖，从此就有了过年铺草的习俗。

熊于皮搜集、整理。载《凉山文学》（彝文版）1987年第3期，16开，1页，1000余字，凉山彝族自治州文联1987年编印。（杨阿洛）

不吃狗肉的传说

彝族风俗传说。流传于广西壮族自治区隆林县彝族地区。讲述的是：古时候彝家姑娘曲木阿汪失去了母亲，后母对她非常狠毒，老花狗跟她一起劳作，感情很深。后来后母将阿汪骗出家门，把她推入大山深洞。老花狗找到了阿汪，还每日捕兽给她充饥。阿汪在洞中想刺绣，花狗给她拿来针线，阿汪在洞中绣出精美的花裙，她还用狗带来的竹子做了动听的口弦。美丽的花裙和动听的口弦把林中鸟儿吸引，它们齐心合力救出了阿汪姑娘。姑娘答谢鸟儿，凤凰得到花裙变得美丽，画眉得到了口弦鸣声悦耳。阿汪和老花狗到平坝安居，老花狗死后，阿汪感恩，不再吃狗肉。不吃狗肉日渐成习。

独切跳姆讲述，王文魁记录、翻译。收入《广西民间文学作品精选·隆林卷》，32开，5页，2700余字，广西民族出版社1992年版。（王光荣 王文魁 蓝斯）

虎妻

彝族风俗传说。流传于贵州省威宁彝族回族苗族自治县彝族地区。讲述的是：有个姑娘出嫁时因在半路下马到林中方便，被老虎吞食。老虎却变成了这位新娘的模样，谁也没有发觉。到了男方家，三天后客人都散了，新娘和小姑子去背水，突然林中一只花鸟飞来，小姑子对花鸟赞不绝口，新娘却说自己变一个要比这好看几十倍，好奇的小姑子缠着嫂子变给她看，新娘在地上一滚，变成了一只老虎，小姑子害怕极了，叫她快变回来，老虎一打滚又变成人样。后来妹妹不顾嫂子的威胁把这事告诉了哥哥，不久，哥哥出远门，妹妹终被害。哥哥回来知道后，假装为妻子请客，召集人们用酒灌醉老虎变的妻子，然后放火烧。虎妻变成一只秃尾老虎逃脱，传下后代。

李永才记录、翻译。收入《彝族民间故事》，32开，4页，1500余字，贵州省毕节地区文化局、民委1986年编印。（罗德显）

呼烟权

彝族风俗传说。流传于贵州省毕节、纳雍等市县彝族地区。讲述的是：一位老人带着儿子们上山狩猎时不慎掉下悬崖，幸被呼烟树杈托起才免遭野兽啃食，为纪念老人和呼烟树而将树砍下，用有杈的部分作祭灵，树皮卷成号筒（一种吹奏乐器），白杆作驱邪棍，一直沿用至今。

陈光文讲述，陈大政记录、翻译。收入《中国民间文学三套集成·贵州省毕节地区·毕节县卷》，32开，3页，1000余字，毕节县民间文学三套集成编委会1988年编印。（罗德显）

花雀子

彝族风俗传说。流传于贵州省黔西、织金等县彝族地区。讲述的是：从前，有一家人的媳妇正在喂孩子奶时，忍不住放了个屁，气得公婆大骂儿子没教育好媳妇，并离家出走，儿媳妇只好跳崖自尽。她死后放心不下儿子便变成了一只花雀子整天在门前的核桃树上叫。她一叫，孩子就不吃不喝地哭，于是公婆设法勒死了花雀子并掩埋于后院。不久，在掩埋花雀子的地方长出一棵枫树，孩子在树下玩，感觉冬暖夏凉，而且不会感到饥饿。公婆也来树下坐，树上就会掉下许多毛毛虫，公婆把树砍来烧了，孩子就用棍子在火塘里刨，刨出好多香豆，公婆闻到香气也要吃，吃后肚子胀并放了一串响屁，才想起冤死的媳妇。从此以后，彝家认为当着长辈和客人放屁虽不文明，但不再受重罚。

邬家落、李之明讲述，安文新记录、翻译。载《南风》1990年第6期，16开，2页，2000余字，贵州省文联1990年编印。（罗德显）

阿买戚托

彝族风俗传说。流传于贵州省黔西县彝族地区。讲述的是：阿珠和阿强相互爱慕，私订终身，却遭土司横刀夺爱。无奈，阿珠只好逃到深山老林。两个月后，土司老爷暴病而死，阿珠得以回家和阿强成亲。这天正好是土司落葬之日，阿珠激动得情不自禁地跳起舞来，彝家人把阿珠即兴自编的舞蹈定为姑娘出嫁舞，彝语叫“阿买戚托”。

黔西县民委、文联供稿，刘兴祥记录、翻译。载《南风》1990年第5期，16开，2页，1000余字，贵州省文联1990年编印。（罗德显）

抢婚的传说

彝族风俗传说。流传于贵州省金沙县彝族地区。讲述的是：轩辕台的岩洞里有个魔鬼专抢民女去折磨侮辱，百姓苦不堪言。姑娘们请蜜蜂把魔鬼每次都在歌声中入睡的事转告给洞外的亲人，让亲人来救她们。彝族小伙子们又请蜜蜂告诉姑娘们在农历六月二十四日那天听到月琴声就是暗号，里应外合。机会到了，小伙子们点火把进洞除掉了魔鬼，救出了姑娘们。由于长期在洞中，她们四肢麻木，无法行走，便由小伙子们背出洞，有的因此而产生爱慕之情，结为了夫妻，过上自由美满的生活。彝族抢婚习俗和背媳妇的习俗由此而来。

沙中兴记录、翻译。载《南风》1990年第2期，16开，2页，1500余字，贵州省文联1990年编印。（罗德显）

抢婚

彝族风俗传说。流传于云南省鹤庆县。讲述的是：蜂息山上的恶魔把村里的姑娘抢去，锁在山洞里，叫她们唱歌，自己在歌声中睡觉。姑娘摆脱不开，就请蜜蜂给村里人捎话，约定在恶魔睡觉时杀死恶魔。这天，小伙子们来到洞口拉胡琴，洞里姑娘们开始歌唱，恶魔开始呼呼睡觉，小伙子们冲进来杀了恶魔，一个背起一个姑娘跑到各个地方安家。这种相约背姑娘奔跑的行为后来就成为抢婚习俗。

皎胜讲述，虹宇记录。收入《中国民间故事全书·云南·鹤庆卷》，32开，2页，1200余字，知识产权出版社2005年版。（段伶）

围腰大印

彝族风俗传说。流传于贵州省威宁彝族回族

苗族自治县、赫章县等彝族地区。讲述的是：猎人和财主的女儿舍妮一见钟情，却遭到财主的反对。一次，财主的大印不翼而飞，便承诺谁找到大印就把女儿许配给谁。猎人历尽千辛万苦找到大印，就和舍妮结为夫妻。婚后猎人不愿过舒适的生活而到深山打猎为生。数年后舍妮的哥哥去看妹妹，由于生活所迫，妹妹已衣不遮体，哥哥割下自己衣襟给妹妹当围腰才得以相见。为了纪念对爱情忠贞不渝的舍妮，彝族妇女和姑娘都用各色布做围腰，渐成装饰习俗。

罗召成讲述，文道贤记录、翻译。收入《中国民间文学三套集成·贵州省毕节地区·赫章县卷·彝族》，32开，3页，1500余字，赫章县民间文学集成编委会1988年编印。（罗德显）

乍乍阿尼

彝族风俗传说。流传于贵州省毕节市、大方县、金沙县等彝族地区。讲述的是：传说，远近闻名的毕摩乍乍阿尼在为财主家祭祖时遭到百般刁难，眼看要遭杀身之祸，乍乍阿尼设法脱身，跑到半路发现后有追兵，便钻到空心的冬青树中才幸免于难。后来，为了纪念乍乍阿尼和冬青树，毕摩搞祭祀活动时都要用冬青树和冬青叶。

陈亮奎、李正富讲述，陈大政记录、翻译。收入《中国民间文学三套集成·贵州省毕节地区·毕节县卷》32开，4页，1600余字，毕节县民间文学三套集成编委会1988年编印。（罗德显）

百草坪赛马的故事

彝族风俗传说。流传于贵州省威宁彝族回族苗族自治县板底、龙场等乡镇和赫章县妈姑、珠市、雉街等乡镇彝族地区。讲述的是：阿哲家支和俄索家支有联姻关系，但因种种原因常发生一些不愉快的事。每当这时，双方常常智取对方。有一次，在百草坪设赛马场，用技巧取胜，俄索大将败给阿哲的毕舍大将，百草坪因此叫“阿哲姆渣迪”。赛马习俗由此而流传至今。

陈正春讲述、翻译，哈兴华记录。收入《中国民间文学三套集成·贵州省毕节地区·赫章县卷·彝族》，32开，3页，1000余字，赫章县民间文学集成编委会1988年编印。（罗德显）

爬油杆

彝族风俗传说。流传于云南省姚安县。讲述的是：很久以前，在新民、腊湾地方，有一个聪颖伶俐的彝族小伙子，名字叫周公。另外有一个活泼可爱的彝族姑娘，名叫桃花女，因为她妩媚婀娜，人们都把她视为仙女。周公与桃花女自小青梅竹马，长大后逐渐产生了爱情，双双暗自约定，相配成婚。可是，天有不测风云，周公的父母坚决反对这门亲事。他俩暗自商定，在阳间不得做一家，到阴曹地府也要成双成对，永不分离。到周公父母为他另娶新娘之夜，他俩一起自缢于棚中，喜事变成丧事，亲朋宾客都认为不吉利。从此，彝族大凡举办婚事，就有送喜神、爬油杆之举。据说，这是为了防止周公与桃花女的阴魂前来捣乱。

佚名讲述，周武书记录。载《金沙江文艺》1990年第6期，16开，1页，800余字，楚雄州文联1990年编印。（李惠兰　朱琚元）

大西花街

彝族风俗传说。流传于云南省峨山彝族自治县。讲述的是：古时候，大西山有一彝族山苏人小伙子以编织竹器而出名，山脚下的一家有钱人家的姑娘看上了他，但姑娘爹妈不同意。农历六月二十三日那天，家家户户忙于准备火把节，姑娘乘机跑到了大西山与情郎相会，哭诉衷肠后二人双双在山顶自尽。后来，每年农历六月二十四日、七月十五日，彝山的青年男女就汇集在大西山上，点火唱歌跳舞，以纪念那对恋人。同时通过相聚，追求自由恋爱。大西花街由此而来。

佚名讲述，李长明搜集。收入《嶍峨风情》，

32开，3页，1600余字，峨山彝族自治县民委1985年编印。（普开福）

榜篙与茂沙

彝族风俗传说。流传于云南省楚雄市。讲述的是：很早以前，在一个彝族寨子里住着一对老夫妻。他们四十多岁才生得个漂亮的女儿，取名叫榜篙。榜篙心灵手巧，聪明能干。年轻美丽的榜篙暗暗爱上了茂沙，茂沙也非常喜欢她，但想到自己父母双亡，又没有个家，便离开寨子，翻山越岭到别的地方打猎去了。榜篙越长越漂亮，很多小伙子争着上门求亲，但都被她谢绝了。半年过去了，榜篙仍然没能跟茂沙见面。一天，寨子里飞来一只白野鸡精，爱上了美丽的榜篙，便施毒计抢走了她，逼着她成亲。任凭白野鸡精怎样威逼，榜篙始终不愿屈服。几天过去，茂沙打猎经过榜篙居住的寨子，知道了这个不幸的消息，他暗自下定决心，一定要救回榜篙，最后他用箭射死了白野鸡精，救出了榜篙送回寨子后，又去打猎了。老夫妻俩认为该给榜篙订婚了，商议把周围寨子里的人邀约起来跳歌，唱调子，把四面八方的人都引来了。人们一直跳了九天九夜，榜篙终于在跳歌的人中找到了头上插着白野鸡精毛的茂沙，并结成了夫妻。从此，彝族把跳歌作为找对象的场合。

者厚培讲述，刘纯龙记录。收入《楚雄民间文学资料》第二辑，32开，4页，2000余字，楚雄彝族自治州文教局、民委会1979年编印。（李惠兰 朱琚元）

娶嫁的传说

彝族风俗传说。流传于云南省元江哈尼族彝族傣族自治县彝族聂苏人地区。讲述的是：远古的时候，男的不会娶妻，女的不会嫁夫。母资莫（天神）和米资莫（地神）造出的人，死一个少一个。天宫管人种的神各罗衣向玉帝禀明情况后，玉帝便派四仙女到人间教人们繁衍后代。四仙女来到南方的磨盘山和龙马山，就看见一群打得猎物的男女在狂欢。仙女们就教她们唱仙歌、跳仙舞，歌舞中，四仙女就分别同四个聂苏伙子亲热在了一起。人们见了心发痒，都仿效四仙女。从此，男人学会了娶妻，女人学会了嫁夫，大地上的人越来越兴旺。

黄文宝讲述，宋自华搜集、整理。收入《哀牢山彝族神话传说》，32开，3页，1600余字，云南民族出版社1990年版。（宋自华）

哭嫁的传说

彝族风俗传说。流传于云南省禄劝彝族苗族自治县。讲述的是：古时候，龙依地方有个叫妮娥硕咪的美丽姑娘帮人占卜找回了儿子，容不得人的占卜师布老讷刺知道后欲设毒计陷害妮娥硕咪，就去找阿基酋长为他和妮娥硕咪做媒。布老讷刺说亲，阿基酋长来做媒，是不能拒绝的，妮娥硕咪伤心地哭，就借口要哥哥送亲，请求找回会用食指听出吉凶的哥哥勾弄也弄。哥哥回来后，迎亲的人也来了，妮娥硕咪不肯走，迎亲的人把她背了一程又一程，妮娥硕咪哭了一山又一洼。到了布老讷刺家，勾弄也弄用他的食指识破了布老讷刺设下的一个个死亡陷阱，并用法术杀死了布老讷刺。妮娥硕咪回家后，哥哥又出远门了，嫁过人的姑娘不许再嫁人，妮娥硕咪在孤寂中变成了一只老虎。变成老虎的妮娥硕咪与哥哥哭别后，死在了山林之中。从那以后，彝族姑娘出嫁都要哭嫁。

鲁登云讲述，鲁宗一搜集、整理。收入《云南省昆明市民间文学集成·禄劝民间故事》，32开，7页，5000余字，禄劝彝族苗族自治县文化局民间文学集成办公室1991年编印。（梁红）

奔西主

彝族风俗传说。流传于云南省石屏县彝族地区。讲述的是：毕摩祖师奔西主，善于给死者唱挽歌，祷告天地。他随身携带的青葫芦里装满了用多依树刺刺在水冬瓜叶上记下的山川河流、鸟兽虫鱼、树木花草、生活事件及对人生的感悟。每过一段时间，他便把葫芦里的叶子倒出来，分类串起来。天长日久，奔西主知道的东西越来越多，便用歌声来表达生活、自然、人生，人们称他的歌为“阿哩”，叫他的青葫芦为“诗葫芦”。奔西主的歌声传到了月宫里，打动了月宫娘娘的女儿紧扎念。她来到三腰山与奔西主对歌，他们越唱越有情，唱到太阳落，相约龙虎二日旧地对歌分出输赢才成家。由于奔西主想念心上人心切，不慎把“诗葫芦”弄丢在了鸡蒜树下，被黑头翁啄通，“诗葫芦”里的“阿哩”随着黑头翁飘到田野、河边、山头、深箐，奔西主悲痛地吐血而亡，变成喜鹊飞上天向紧扎念求爱。被感动的紧扎念也变成了喜鹊随它到人间，双双不知疲倦地为人们唱喜歌。

张文汝讲述，李朝旺翻译、整理。收入《云南民间文学集成·石屏故事卷》，32开，8页，4900余字，石屏县文联1996年编印。（梁红）

烧牛肉与煮鸡蛋

彝族风俗传说。流传于云南省石林彝族自治县彝族撒尼人地区。讲述的是：很久以前，圭山一带是原始森林，人们以刀耕火种、织网捕猎生活。有个叫阿占的山官盘踞在乍龙山头的城堡里，他经常带着爪牙到各村寨烧杀抢掠、奸淫妇女，掳掠村中男女为他做苦力。有一个叫腊将的青年农民，从山上狩猎归来发现自己的村子已遭阿占血洗，决定报仇雪恨，便联络了九村十八寨的劳苦大众，组织了声势浩大的抗暴队伍。农历六月二十四日的晚上，抗暴队伍与城堡中的奴隶里应外合，用火攻下城堡，阿占死在腊将的箭下。欢庆胜利的时刻，腊将请人抬来被火烧死的牛的肉和阿占煮在锅里没来得及吃的鸡蛋一起分享。从此，火把节晚上，撒尼人都会凑在一起烧牛肉、煮鸡蛋吃。

金云讲述，沙布玛整理。收入《昆明民间故事》第一辑，32开，3页，1400余字，昆明市民间文学集成办公室1987年编印。（梁红）

火把节要大刀的来历

彝族风俗传说。流传于云南省禄丰县彝族地区。讲述的是：古时候，滇西有个小国家，格苏人（彝族支系）归其管辖。国王凶狠残暴，骄奢淫逸。那时禄丰县的海联、妥安、黑井、舍资、中村、旧庄等地是一个很大的部落，部落首领年轻英俊，其妻阿南容貌出众，夫妻二人恩爱和睦。有一年，国王通知各部落首领到王府议事，格苏首领就把妻子带着一起去游玩。谁知国王看见了阿南以后，吃睡不香，朝思暮想，下决心要将阿南弄到手。第二天国王又通知格苏首领去议事，并吩咐带上阿南，到达后国王借故杀死了格苏首领，威逼阿南嫁给他。阿南答应了，但是有一个条件，那就是照格苏人的习俗回家为丈夫守孝三年，国王答应了。阿南回来后，带领乡亲兴修水利，发展畜牧，训练战马，整理兵器，操练武艺。两年后的一个夜晚阿南率领队伍杀入王府，杀死国王为丈夫报了仇，为各族人民除了害。据说阿南率兵攻打王府那天正是农历六月二十四日。为了纪念阿南带来的幸福生活，每年到了这一天，大伙都要操练大刀、小刀，互相对打，跌脚对歌，热闹一个通宵。

普茂会讲述，杨叶记录。收入《禄丰县民间故事普查资料汇编》，16开，2页，1200余字，禄丰县委宣传部、文化局、民委1988年编印。（钱丽云　朱琚元）

祭月神的起源

彝族风俗传说。流传于云南省石屏县、红河县等地的彝族地区。讲述的是：从前，有孪生三兄弟，聪明过人。长大后，爹妈嘱老大到天君策格兹家去学栽起死回生药，老二到地王黑夺方家去学缩山筋地脉术，老三到海中龙王家去学鸟语兽言。孪生三兄弟三年后学成归来，途中，用学会的本领先后救活了奄奄一息的老虎、狗、老鹰。回到家先后娶了媳妇，安了家。一日，妯娌三个因好奇趁兄弟三人去狩猎，打开他们三兄弟藏有密药的柜子，不料日月神溜进来把不死药偷走了。三兄弟回来得知便搭天梯，领着老虎和狗去追不死药，但天梯因妯娌三个不浇水而被蚂蚁咬断，压死了妯娌三个，兄弟三个也下不来了。天君策格兹因三兄弟因泄露天机给老婆，罚他们到月亮上当苦工。可老虎和狗恨透了日月神，老虎不时咬太阳，狗不时咬月亮，就出现了日食和月食。人们为了纪念兄弟三人，每到农历八月十五日，杀鸡舂糌粑祭献兄弟三个和日月神。

佚名讲述，李朝旺搜集、整理。收入《彝族民间故事选》，32开，5页，3300余字，上海文艺出版社1981年版。（龙倮贵）

天狗吃月亮

彝族风俗传说。流传于云南省红河县彝族地区。讲述的是：相依为命的兄弟俩，因嫂子的到来而分家，弟弟只好带着分得的一只狗住进了茅草房。有只蝙蝠请求弟弟为它做个小麻袋，弟弟就给蝙蝠做了个麻袋。蝙蝠每天挎着小麻袋到月亮上取回一小袋金子给弟弟，弟弟过上了好日子。哥嫂知道后，从老实的弟弟处借走了蝙蝠，并缝了个大麻袋，让蝙蝠挎着去取金子。可蝙蝠的翅膀被装满金子的麻袋绳子勒住，遮住了阳光和月光，天地就变得漆黑。弟弟为使光明回到人间，让狗爬上当时只有竹子高的天上去拖开蝙蝠，在漆黑的天空，狗没能找到蝙蝠。苍蝇以今后将首先品尝人类的新鲜食物为条件，产卵在蝙蝠的尸体上，蛆啃光了蝙蝠的肉，光明又回到人间。从此，每至五月端午，彝族都会特意包苍蝇粽挂在梁上让苍蝇品尝。农历八月十五月圆之时，在天上的狗思念主人，就拿月亮出气，啃得月亮鲜血淋淋。所在，每当月食，人们便要敲锣打鼓，鸣枪放炮，高声叫喊恐吓天狗不要啃月亮。

佚名讲述，白瑞义、张秀丽搜集、整理。收入《红河县民族民间故事》，32开，3页，1800余字，云南民族出版社1990年版。（梁红）

格勒和他的羊

彝族风俗传说。流传于云南省楚雄市彝族地区。从前，塔乌至里住着一对年轻夫妇，男的名叫格勒，女的名叫丝木。有一年，他们家的母羊下了一只小羊。这只羊长大后叫声特别洪亮，人们叫它“双舌羊”。“双舌羊”一叫，四山的豹子都仓皇逃走。“双舌羊”能克豹子的消息，一下子传遍了方圆几十里的村寨。山官家的羊常被豹子拖，就派管家去牵“双舌羊”。格勒得知消息就把羊转移到了外村。这下惹怒了山官，就让家丁把格勒捆起来关进牢里，并说哪天交出“双舌羊”哪天放人。山官时常领着人出去打鸡，一去就是十多天。众乡亲担心格勒的安危，正在想办法营救的时候，获悉了山官外出打猎的消息，大家立刻拿上弓箭去攻打官庄，救出格勒，又浩浩荡荡地向山官打猎的山上奔去，一举清除了家丁和山官。万恶的山官被清除了，人们弹弦、吹笛跳歌，欢庆胜利，这天正是八月十五日。此后，每年农历八月十五彝族都要吃荞粑、跳歌，祝贺格勒一家团聚。

鲁世凡讲述，者厚培、余立梁记录。收入《楚雄市民间文学集成资料》，32开，5页，2600余字，楚雄市民委、文化局1988年编印。（李福云　朱琚元）

叭喇匠吃独席

彝族风俗传说。流传于云南省南华县。讲述的是：从前，南华龙潭岩子有一家姓起的彝族养了一匹母马，起老倌经常把马牵到龙潭边去放。不知什么时候配上了种，第二年下了一匹小马。两个下江人识宝，他们要买这匹小马，但起老倌不卖。下江人教他杀一只鸡，用烫鸡毛的水给小马洗身。他照做后，小马鼻孔里长出了一小对龙须，这对龙须一天比一天长了起来，身上也长出了一层鳞甲，原来这是一匹龙马。不久，龙马的事让皇帝知道了，皇帝下诏让起老倌进贡龙马。龙马被牵到皇宫，皇帝要重赏起老倌。但他什么也不要，只请求赐给一支大筒，一对叭喇，一支小号。他拿着皇帝的赏赐高兴地回家了，决心要当一个叭喇匠。村里的人鄙视他，出门不愿与他同路，说话不愿与他搭腔，吃饭不愿与他同桌。因此，他无论婚丧嫁娶，只好独酌独饮地吃起独席。

张国安讲述，施恒荣记录。收入《民族民间文学资料》，32开，5页，1800余字，南华县文化馆、民委1986年编印。（李惠兰　朱琚元）

叭喇与喜事

彝族风俗传说。流传于云南省楚雄市彝族地区。讲述的是：很久以前，有一种名叫“红嘴猪雀”的鸟，嘴有一尺五寸长，长满了羽毛的身子像猪一样，凶猛异常，在飞禽走兽中号称“长嘴大王”。这种鸟专吃良缘婚配的新娘子。它躲在高山暗处，当新娘子路过垭口或山梁时，就飞出来抓去。由于来去神速，极难打到它。凡是有这种鸟的地方，有儿不敢娶，有女不敢嫁。有个牧童拿着一只牛角，看到“长嘴大王”飞来，吹响牛角，它就飞走了。人们就此受到启发，用铜和铁打制了一只海螺和两只大号，吹起来声音很大。“红嘴猪雀”一看叭喇有三尺来长，比自己的长嘴长得多，就逃进深山老林，再也不敢出来了。从此，人们每逢讨亲嫁娶，路过垭口或山梁都要吹叭喇，目的是吓跑“红嘴猪雀”，保护新娘。

余贵旺讲述，张正学、王运高记录，朱有凯校订。收入《楚雄市民间文学集成资料》，32开，2页，800余字，楚雄市民委、文化局1988年编印。（李福云　朱琚元）

姓沙的后人不饮用“木瓜井”水的原因

彝族风俗传说。流传于云南省武定县。讲述的是：传说在南宋中期，环州境内有一个沙氏氏族定居法土高，人丁兴旺，十分强悍，每年都要聚众打劫官府进贡朝廷的皇饷，所以十分富有。官家不时调兵进剿，从未打赢过，一直传到明末的沙栋成手中，共做了十七代“沙大王”。为了扫清昆明至会理的进贡要道，官府责令卡莫三世土司李小黑带兵进剿“沙大王”，否则要拿他问罪。李土司调查清楚了过去剿匪不能取胜的原因，做了精心策划，出兵一举获胜，“沙大王”被擒获，被杀于“木瓜井”。沙氏氏族也被杀得鸡犬不留，得胜的土司兵用“木瓜井”的水来洗刷沾满了人血的战刀。在大屠杀中，沙氏有个放羊的孩子因放牧在外得以幸存。他长大成家立业后告诫子孙后代，永远不得饮用“木瓜井”的水。

佚名讲述，王维记录、翻译。收入《云南省武定县民族民间文学集成》，16开，2页，1500余字，武定县文化局、民委、文化馆集成办1989年编印。（钱丽云　朱琚元）

福宴

彝族风俗传说。流传于云南省元江哈尼族彝族傣族自治县彝族山苏人地区。讲述的是：古时候，山苏人部落势单力薄，敌不过外族，就搬到人迹罕至的高山深箐居住，靠刀耕火种为生。不幸的是，一到秋收时节，千千万万的鼠就窜到地里咬噬庄稼，山苏人穷困的生活更是雪上加霜。后来，有个好心的神仙教山苏人捕鼠的技巧。从此，山苏人男女老少都学会了捕鼠。有一年，族长的儿子要结婚，族长带领人上山打猎一无所获。族长正焦急之时，儿子从山上背回来一背篓鼠肉，便只好用鼠肉设宴给儿子完婚。从此，山苏人结婚宴请都摆鼠宴。糟蹋庄稼的鼠慢慢被消灭了，庄稼也好起来了，人们开始过上了幸福的日子。

普六法讲述，宋自华记录、整理。载《红河民族语文古籍研究》第五辑，32开，2页，1000余字，红河哈尼族彝族自治州民族语文古籍研究所1986年编印。（宋自华）

为什么喝蚂蚱酒

彝族风俗传说。流传于云南省昆明市彝族撒

梅人地区。讲述的是：有一年，昆明坝子蚂蚱成灾，但知府说蚂蚱是老天爷派下凡的，布告农民只能祭，不能灭。粗糠宝叫大家先抢收庄稼，然后在田地里撒满乱草，用钱纸烧燃稻草，把蚂蚱统统烧死。喝欢庆酒时，粗糠宝用蚂蚱下酒，感觉很香。从此，每年秋天到来时昆明人都会抓蚂蚱来下酒。

飞崇义讲述，灌玉搜集、整理。收入《昆明民间故事》第一辑，32开，1页，300余字，昆明市民间文学集成办公室1987年编印。（梁红）

男人为什么会吸烟

彝族风俗传说。流传于云南省武定县。讲述的是：远古的时候，男人不会吸烟也不长胡子。后来，有一个男子的妻子死了，孤单一人，常常想念妻子，经常到妻子坟上流泪，哭了整整半年。有一天，坟上长出了一棵叶子又长又宽的小树，过了一段时间后还开花结果了，他捏了一粒籽放进嘴里尝尝，觉得很有味道，丢些叶子在火塘里一烧，味很香。这个人便用石头做了一个烟斗，卷了叶子燃着一吸，感觉很舒服，思念妻子的愁苦有所缓解，觉得这叶子是解愁的东西。摘回的叶子烧吸完后，他又跑到妻子坟上去看，只见又长出了一棵。他想，这种能解愁的东西究竟是从哪儿长出来的？就顺着树干往下挖，挖到棺材盖，见是从棺材缝里长出来的，便觉得不干净，但不吸又不行，所以他吸一口烟，就啐一口唾液。从此，男人遇上伤心的事就吸烟来解愁，吸两口便啐一口唾液。

杨从文讲述，杨世成记录、翻译。收入《云南省武定县民族民间文学集成》，16开，1页，900余字，武定县文化局、民委、文化馆集成办1989年编印。（钱丽云　朱琚元）

吸草烟啐口水的由来

彝族风俗传说。流传于云南省宁洱哈尼族彝族自治县。讲述的是：很久以前，有一对老年夫妻很恩爱，但妻子死了，老头很孤单，很伤心。一天晚上，老头梦见老伴回来，要他不要太悲伤，并说她的坟头有逍遥草，用逍遥草的叶子点燃吸几口，就可以消愁解闷。老头醒来后照老伴在梦中所说的话去做，果然有了些精神。别的老人也向老头要逍遥草。因为抽的时候有烟雾，大家就把它称为草烟。老人又从坟头采回草烟籽种在地里，抽草烟就成了习惯。因为草烟是从坟里长出来的，所以人们吸在口里就觉得龌龊，但不吸又烦躁，于是人们只得吸一口草烟，啐一次口水。

董永汉讲述，苏贤益搜集、整理。收入《普洱民间文学集成（二）》，32开，1页，700余字，普洱哈尼族彝族自治县文化广播电视局、民委1989年编印。（施文志）

抽烟的由来

彝族风俗传说。流传于云南省南涧彝族自治县彝族地区。讲述的是：阿闭的妻子花妹子，生了一双儿女后不幸去世。阿闭很伤心，哭得昏死过去之时，隐约中听见妻子说：“在我的坟头上有棵草，你把叶子卷成条后点火吸，可解忧愁。”他醒来后照着做，真能解除痛苦。这种草就是烟草，吸烟的习俗也就从此开始了。

李本清讲述，杨齐搜集、整理。收入《南涧民间文学选》第一集，32开，2页，1000余字，南涧彝族自治县民间文学集成办公室1985年编印。（巴子）

阔叶草

彝族风俗传说。流传于云南省牟定县。讲述的是：很久以前，彝家有位叫阿罗的漂亮姑娘和一位叫阿里的勇敢小伙子相爱了。按当地习俗，婚礼上要进行爬油杆比赛。当天一早，一对恋人到山上去砍一棵标直的松树做油杆。当他俩返回到黑龙河边时，看见黑龙兴风作浪。小伙子为了保护姑娘，被汹涌的河水冲走了。伤心的阿罗沿河寻找阿里的尸首。当她千里迢迢来到海边时，看见沙滩上长着一株小小的阔叶草，她随手摘下一片叶子咂在嘴里，顿觉精神倍增，心情舒畅。她用双手掏去周围的泥沙，只见自己的心上人阿里躺在里面，那棵阔叶草是从阿里的心上长出来的。于是阿罗把阔叶草带回家乡种植。每当她想念阿里时，便用晒干的阔叶草点火燃吸。吸烟的习俗就此传了下来。

李万才讲述，王玉寿整理。收入《云南省民间文学集成·牟定县综合卷》，32开，3页，1200余字，牟定县民间文学集成办公室1989年编印。（施选　朱琚元）

包头和吸烟的由来

彝族风俗传说。流传于云南省巍山彝族回族自治县。讲述的是：皮逻阁为救助唐朝人马，头中毒箭。唐天子派来太医，用布包药治伤。伤好后，皮逻阁统一了六诏。为了感激太医的救命之恩，皮逻阁想留下太医，可太医执意要走。太医走后，皮逻阁食不知味。他梦见太医对他说话，天亮一看，果然看见梦中太医所指处有棵草，用火点燃吸烟，可慰藉想念太医之苦。从此，彝家就开始打包头、吸烟了。

罗显奇讲述，罗映奇搜集、整理。收入《巍山彝族回族自治县民间故事集成》，32开，2页，1400余字，巍山彝族回族自治县民间文学集成办公室1988年编印。（段葵）

披毡的来历

彝族服饰传说。流传于四川省喜德县。讲述的是：开天辟地以后，彝族地区先后出现了四十八个能人，他们各司一职，各掌一行。其中有个能人，名叫阿育阿些。他想将羊毛制成披毡。阿育阿些用树枝做成弯弓，用竹丝做弓弦，制成一张弹弓。树枝虽然能弯曲，但弹性小。树枝粗了弹不动，细了又没有弹力，他一连试用了许多种树枝，一连试制了三年三月零三天，也没能做成一张能用的弹弓。阿育阿些又改用竹片做弯弓，用羊毛绳做弓弦。但是，羊毛绳不牢实，绷紧了会断，绷松了又不能弹。他一连试用了许多种羊毛绳，仍然制不成一张能用的弹弓。后来，阿育阿些又改用竹片做弯弓，用竹丝做弓弦，再用羊毛绳将竹丝、竹片拴连在一起，这才做成了一张弹弓。但是拴连竹片和竹丝的羊毛绳容易断，要弹制一件披毡非常费事。再后来，阿育阿些想到了苎麻。于是他搓了一根苎麻绳，将竹片制成的弯弓和用竹丝做成的弦拴连在一起，这才做成一张十分合用的弹弓，弹制成一件件披毡。

阿丁木吉讲述，白芝收集、整理。收入《中国民间故事三套集成四川喜德卷·凉山彝族民间故事选》，32开，2页，1300余字，四川民族出版社1990年版。（阿南）

护心帕的来历

彝族服饰传说。流传于四川省美姑县。开天辟地的女神拉则史希，英勇无比，她射出的箭，平常人要走一两天才捡得到；而且她智慧超人，她提出的问题，一般人都很难回答得上来。但是，如果有人把她难住了，她就送那人一件最宝贵的礼物。有一天，她骑马走过沙溪，见一个庄稼汉在地里劳动，便上前问道："挖地的大哥，你从早到晚究竟挖了多少锄啊？"庄稼人被问住了，只好老老实实地说，自己从来没有计算过。第二天，拉则史希走过这里时，又照样问他一遍，他仍然回答不出来。庄稼人回到家里后，向妻子说起这件事。他的妻子是个聪明人，听完他的话后，便教他说："明天这个人再问你，你就反问她你骑的马儿一天走了多少步？"果然，到了第三天，拉则史希又拿同样的问题问他，他就照妻子教的话反问了这位女神。拉则史希感到很奇怪，就问是谁教他这样答复的。庄稼人就老老实实地告诉了她。女神走时要求庄稼人明天带他媳妇一同下地，说要亲自问问她。第二天，夫妇俩刚下地，女神便骑着大花马走来，她问女的："聪明的媳妇，你为什么要找这样一个傻憨的丈夫？"庄稼人的妻子马上回答说："他傻憨，但他老老实实劳动；我聪明，所以我忠于爱情。"女神非常赞赏媳妇的智慧，于是赠给她一个椭圆形的护心帕，护心帕上还有一个银牌牌，意思是保护她聪明、高尚的心灵。彝族妇女们的护心帕和银牌牌就这样传下来了。

佚名讲述，尤加搜集。收入《彝族民间故事选》，32开，2页，600余字，上海文艺出版社1981年版。（阿南）

闪光的胸裙

彝族服饰传说。流传于广西壮族自治区那坡县彝族地区。讲述的是：很久以前，女神摆佐一次又一次给彝家人带来好处，天王说摆佐违反天规，派天兵捉拿。摆佐跑到彝寨避难，彝家妇女赶走天兵，摆佐用天宫的神物给她们做了闪光的胸裙，叮嘱她们，若是天王对她们发难，就穿起胸裙。半个月后，天王派天兵围杀彝家人，妇女们穿上胸裙，打败了天兵，从此天王不敢再惹彝民，闪光的胸裙传了下来。

梁姆好讲述，王光荣记录、翻译。收入《回、彝、水、仡佬、毛南、京六族故事选》，32开，3页，1200余字，广西人民出版社1988年版。（王光荣　蓝斯）

彝族姑娘的喜鹊帽

彝族服饰传说。流传于云南省峨山彝族自治县。讲述的是：古时候，有个美丽的姑娘桑妹与英俊的青年龙达相爱，白天同劳动，夜里共歌舞。深山里的一个妖魔很嫉妒，变成小伙子夜里来勾引，桑妹不理睬，妖魔怀恨在心。一晚，桑妹来到林中等龙达，妖魔借机抢走了桑妹。这事恰好被一只喜鹊发现了，它飞去报告了龙达。龙达及时赶到，射死了老妖，桑妹得救了。这对情人很感激喜鹊，商量决定做一件礼物永远纪念它。桑妹心灵手巧，学着喜鹊的样子绣制了一顶帽子戴在头上，此后代代相传至今。

佚名讲述，李长明搜集、整理。收入《嶍峨风情》（续一），32开，2页，900余字，峨山彝族自治县民委1986年编印。（普开福）

锣锅帽的来历

彝族服饰传说。流传于云南省宁蒗彝族自治县。讲述的是：从前，有户人家穷得连一只羊都没有。圣人耻格阿鲁家就分给他家五只公羊，并要求他家交回两只羊羔。一年后，耻格阿鲁来他家拉羊羔，女主人忙叫丈夫躲藏起来。耻格阿鲁一听女人说丈夫正在坐月子时，就破口骂道："天下哪有男人坐月子的事？"那女人也同样问道："天下哪有公羊带羊羔的事？"耻格阿鲁只得气势汹汹地骑马走了。这时，他看见一个挖地的妇女，就故意问她："今天挖地挖了多少锄？"那女人也同样问他："今天骑马走了多少步？"耻格阿鲁哑口无言。他最后下令，彝族妇女一律戴上四个圈套（即锣锅帽一圈、宽领扣一圈、袖口花边一圈、下身裙子一圈），只许女人在小圈内行动，不许她们管大事。从此，彝族妇女就戴上了锣锅帽。

余中南讲述，杨明武记录、整理。收入《小凉山民族民间文学作品选》，32开，2页，600余字，宁蒗彝族自治县县庆筹备委员会1986年编印。（沙马阿青）

剪长尾衣的故事

彝族服饰传说。流传于云南省元江哈尼族彝族傣族自治县彝族聂苏人地区。讲述的是：中华民国以前，彝族聂苏妇女穿的都是长尾衣。分上下两截，上截用土线布，下截用漂白布或其他布料，有块尾巴，两股飘带，并绣有各种花色图案。配上银排扣、银链子、芝麻铃等，银光闪闪，式样十分美丽。一次，一位在个旧开矿的聂苏人在宴席上遭人嘲讽，说他是长尾巴的儿子，来谈生意的商人都纷纷离开宴席而去。聂苏商人气得面红耳赤，立即回乡，用剪子剪断了妻子、母亲、姐妹、嫂嫂、弟媳的长尾衣，并动员家乡的妇女们改装，将长尾衣改为短衣，并再三叮嘱以后千万不要再缝长尾衣，不然，游居他乡会被人瞧不起，甚至遭人嘲讽。从此，元江龙潭、洼垤一带的聂苏人，就不穿长尾衣了。

杨正清讲述，宋自华记录、整理。16开，3页，900余字。未刊稿，文稿由元江哈尼族彝族傣族自治县史志办宋自华保存。（宋自华）

大宽裤脚的来历

彝族服饰传说。流传于云南省禄丰县彝族民间。讲述的是：三国时期，孔明路过云南的一个小山寨时，看到村民们赤着下身不穿裤子也不知害羞，就把他身上穿着的大宽衣袖剪下来赐给村民做裤子。从此以后，村民们就一直仿照孔明赠予的袖子做成又宽又短的裤子穿在身上。大宽裤脚便一直流传到了现在。

蔡明刚讲述，欧阳映森记录。收入《禄丰县民间故事普查资料汇编》，16开，1页，200余字，禄丰县委宣传部、文化局、民委1988年编印。（钱丽云　朱琚元）

苗族彝族穿裙子的传说

彝族服饰传说。流传于云南省禄丰县彝族地区。讲述的是：很久以前，有个皇帝的玉印丢了，贴出皇榜说谁能找到玉印便将三公主许配给他。七天后，一只大花狗揭了皇榜并把玉印叼给皇帝。君无戏言，皇帝只好把三公主嫁给他。三公主嫁给大花狗后，生了十个儿子，但一个也没有名字。皇帝与皇后非常想念女儿，便一起到大花狗居住的山上看望三公主。找到三公主时她已身无寸缕，皇后只好将随身带来的花雨伞脱了伞骨丢进洞里给三公主围在腰上出来见父母。见女儿与外孙活得很苦，皇帝和皇后就趁大花狗不在将他们带回了皇宫。半路上见到什么就给外孙取什么名字。见到樟树就把老大叫“张”；见到李子树就把老二叫“李”；遇见路边草丛里“噗吐”飞出一只小鸟，就把老三叫“普”；见到小孩在路上玩，就把老四叫“王”……如此这般，到京城时十个外孙都有了名字。三公主与儿子因思念大花狗便回到山洞，可发现大花狗已经死了。三公主为十个儿子分别娶了媳妇，世代住在山上。所生女儿就穿着像伞一样花花绿绿的裙子。十个兄弟分家后各住在一个山头，逐渐演变成现在的彝族与苗族，彝族大多姓普和李，苗族大多姓张和王。

杨俊文讲述，欧阳映森记录。收入《禄丰县民间故事普查资料汇编》，16开，2页，1200余字，禄丰县委宣传部、文化局、民委1988年编印。（钱丽云　朱琚元）

撒尼姑娘花包头的传说

彝族服饰传说。流传于云南省石林彝族自治县彝族撒尼人地区。讲述的是：相传，美丽善良的阿洼若兹和英俊勇敢的布达若舒是一对热恋中的情人。垂涎阿洼若兹美貌的土司，送了许多金银财宝都没能打动阿洼若兹，便杀害了布达若舒，派人强抢若兹。当土司点火焚烧布达若舒时，阿洼若兹挣脱绳索，纵身跳进了火海，气得发狂的土司把两人分开烧，可两股青烟升到空中缠在一起化作了彩云。狂怒的土司命人点九堆火，想用浓烟冲散彩云。顷刻间，电闪雷鸣，暴雨倾盆，咆哮的山洪把土司冲走了。雨过之后，只见一道彩虹挂在天空。为了纪念这对恋人，撒尼姑娘便把彩虹绣在包头上。

佚名讲述，庆福采录。收入《云南省民间文学集成·路南民间故事》，32开，3页，1400余字，云南民族出版社1996年版。（梁红）

彝族为何用羊皮做嫁妆

彝族服饰传说。流传于云南省禄劝彝族苗族自治县。内容是：从前，有个叫阿汁的姑娘，美貌如花。阿汁十六七岁时，说亲的人如赶街，她只选了青年猎人阿达为爱人。就在他们结婚的当天，阿汁被魔鬼纳怒苏摄走了。悲愤的阿达拿着宝剑和弓弩追到大黑山纳怒苏的洞穴，在纳怒苏白骨累累、血迹斑斑的洞口，阿达用涂着毒药的箭射穿了纳怒苏的额头。瞬间，纳怒苏的尸体冒出一股黑烟，变成黑压压的荨麻挡在洞口。阿达在乡亲们的帮助下，用羊皮盖在荨麻上救出了阿汁。阿汁为感激众乡亲和阿达，便把羊皮作为珍贵的嫁妆披在身上。从此，羊皮作为嫁妆成了彝家世代相传的规矩。

阿冒讲述，罗汝钧搜集、整理。收入《云南省昆明市民间文学集成·禄劝民间故事》，32开，2页，1300余字，禄劝彝族苗族自治县文化局民间文学集成办公室1991年编印。（梁红）

花围腰

彝族服饰传说。流传于云南省石屏县彝族地区。讲述的是：相传，彝寨有对夫妇，妻子勤劳聪颖，丈夫老实厚道。有一天，一个过路人出难题刁难正在耕地的农夫。在妻子的帮助下，农夫次日反使过路人哑口无言。过路人得知农夫有个聪明的妻子，就要求农夫的妻子为自己准备一餐摆放九十九样菜，七十七双筷，一百碗饭的宴席，为难农夫的妻子。当过路人赶到农夫家时，一切已准备妥当。过路人虽然佩服彝族妇女聪明机智，可又不愿服输。临走时，送了块蒙心布给农夫的妻子，想使农妇变成愚笨之人，睿智的农妇在蒙心布上绣缀花草鸟虫，做了围腰。从此，彝族妇女便有了既可护衣拦脏，又美观漂亮的花围腰。

龙代保讲述，龙天民整理。收入《云南民间文学集成·石屏故事卷》，32开，2页，1000余字，石屏县文联1996年编印。（梁红）

阿细姑娘的红绿腰带

彝族服饰传说。流传于云南省弥勒市、泸西县等地的彝族地区。讲述的是：相传，阿细姑娘山翩与伙子阿自倾心相恋。由于山翩貌美，引得碾诺土司垂涎三尺。土司一心想占有山翩，结果把阿自和山翩一起逼死了。这对有情人殉情后，化成了红绿两朵彩云汇集在一起。阿细姑娘为纪念他俩，用红绿布系在腰上。

佚名讲述，武自立记录、翻译。收入《弥勒民族民间故事选》，32开，12页，8000余字，弥勒县民委、文化馆1986年编印。（张辉）

花口索塔

彝族服饰传说。流传于云南省石屏县彝族地区。讲述的是：从前，彝族聂苏人妇女除寨王的女儿外，平民之女是不许穿绣花衣裳的。坡龙山巴鲁大寨善良的德洁王子，因帮助金竹寨的好友万有的恋人——白鸡寨的宝妹实现婚礼之日拥有一套花口索塔嫁妆的愿望，被父亲视为“犯上作乱，大逆不道”而处死。宝妹得知德洁王子为自己而死，泪洒大地。为追回尊贵的花口索塔，寨王命人捉拿万有和宝妹。走投无路的宝妹、万有撞崖而亡，变成了太阳和月亮。失去儿子而悔恨不已的寨王，决心不再维护规矩。从此，聂苏姑娘出嫁前，都要花三年的工夫绣制一套花衣裳做嫁妆。出嫁日，须打花伞，据说那是“遮泪伞”。

金楠讲述，巴蒲阿南翻译、整理。收入《云南民间文学集成·石屏故事卷》，32开，4页，2100余字，石屏县文联1996年编印。（梁红）

荷叶帽和百褶裙

彝族服饰传说。流传于云南省洱源县彝族诺苏人地区。讲述的是：因北方没有大米，皇帝就张榜要百姓贡奉。南方的一只猴子因敬献了大米而娶到了公主。猴子和公主成完亲后一同回到南方的山洞中生活。皇帝六十寿诞时很想念公主，便派差寻找，找到山洞，在山洞口喊公主，可是只听见回应不见人。后得知公主无衣，不便相见，京差就把随身的油伞递进去。公主以伞当裙穿出来，又摘了路边的荷叶当帽，与丈夫、儿子一同去见皇上。回来时，皇帝照荷叶帽和伞裙做了许多衣帽送给公主，给外孙选配了能纺会织的妻子。从此，彝族妇女就世代穿百褶裙、戴荷叶帽。

字修武讲述，杨美清、李荣清搜集、整理。收入《中国民间文学全书·大理卷》，32开，3页，2000余字，云南省大理白族文化研究所2004年编印。（巴子）

尼苏妇女帽檐“八星”的来历

彝族服饰传说。流传于云南省石屏县彝族地区。讲述的是：每逢喜庆节日，尼苏姑娘都会穿上五彩缤纷的花衣、戴上光彩的“八星帽”。传说有一年，旱魔让天上同时出现了九个太阳，九个太阳昼夜不断地照耀着大地。一个名叫夺依的姑娘，取鸡鸭毛，编了一顶遮阳帽戴上，去“多偏赫”（太平洋）求龙王解救。龙王让三太子带万顷雨水随夺依回异龙湖解旱，旱魔暗设圈套使太子落入地层。夺依奋力想救出三太子，却被旱魔用火活活烤死。天帝只好让雪龙捉太阳，然后把捉到的太阳含在嘴里，变冷后吐出。这样不断地重复，终于，天上只有一个太阳。雪龙后来变成了坡龙山。龙王三太子也冲出了地层，化为一股清泉，围绕在夺依躺着的地方。天帝为表彰夺依，将雪龙吐下的火太阳拧成八个闪闪放光的星星镶嵌在她的遮阳帽上。后来，姑娘们为了纪念夺依，都精心绣戴“八星帽”。

佚名讲述，普荣搜集、整理。收入《石屏古今奇趣》，32开，3页，2100余字，中国广播电视出版社2003年版。（李朝旺）

公鸡帽

彝族服饰传说。流传于云南省红河县彝族地区。讲述的是：有一对富有的夫妇，生了几个孩子都不幸夭折。有个妖怪想掏两夫妇的心吃，当它把妇人抓进山洞准备下手时，妇人急中生智，模仿公鸡叫，把妖怪吓跑了。从此，彝族女子便做公鸡帽，钉上银泡戴在头上，以驱妖避邪。

白瑞义、张秀丽搜集、整理。收入《红河县民族民间故事》，32开，4页，2400余字，云南民族出版社1990年版。（梁红）

银光鸡冠帽

彝族服饰传说。流传于云南省红河县、元阳县等地的彝族地区。讲述的是：很久很久以前，有一对彝族男女青年常在森林里约会，被魔王发现，男青年被魔王杀死，姑娘逃走。当逃到一山寨时，雄鸡鸣叫，魔王听到鸡鸣声停止了追赶，姑娘幸免落入魔掌。姑娘知道魔王怕雄鸡，就抱一雄鸡到他们约会地，雄鸡高声鸣叫，情人死而复活，并结为夫妻，过上美满幸福的生活。从此，彝族姑娘为了避邪克魔，缝制鸡冠帽戴之。

佚名讲述，禄礼搜集、整理。收入《红河风情》，32开，1页，600余字，红河哈尼族彝族自治州文化局1982年编印。（龙保贵）

喜鹊帽

彝族服饰传说。流传于云南省石屏县彝族地区。讲述的是：远古的时候，彝族村寨瘟疫流行，有个村寨的娃娃得了一种怪病，用尽天下所有的药物也医不好。一天清早，两只喜鹊从遥远的东方飞来，叫着“早、早、早！病早除”，并先后落在扁担树和柏枝树上跳来跳去，啄下一些扁担树叶和柏枝果。爹妈捡起树叶和果子煨给娃娃喝，娃娃的病就好了。为了记住喜鹊送药的事，母亲就做一顶颜色黑白相间、状如喜鹊的帽子给娃娃戴，称“喜鹊帽”，以示对喜鹊感恩戴德，也象征美满、吉祥、幸福。

佚名讲述，李朝旺搜集、整理。收入《彝族民间故事选》，32开，2页，1100余字，上海文艺出

版社1981年版。（龙倮贵　李朝旺）

彝族花布凉鞋的来历

彝族服饰传说。流传于云南省昭通市彝族地区。讲述的是：彝族英雄雄脚喜欢打猎，猎到野兽就分给大家，很受人们喜爱。后来猎物少了，野兽也更精了，要跑很多地方才能打到野兽。他用两块木板砍成脚一样的形状，用树皮绑在脚上，这样既跑得快又保护脚。后来彝族人民为了纪念他，就创造了木凉鞋来穿。后来妇女们又做了进一步的改进，用花布来制作凉鞋，还在布条上装饰了图纹，有的还缝上了绣球。

赵文全讲述，王开华整理。收入《昭通地区民族民间文学资料选》第二集，32开，1页，400余字，昭通地区文化局、民委1985年编印。（吴平）

高裤脚倮的裤子为什么是大裆短裤脚

彝族服饰传说。流传于云南省富宁县。讲述的是：彝族倮人从外地逃难到富宁开荒种地过日子，但常遭强盗抢劫。倮人与强盗拼搏，追赶强盗时因裤子长总被树桩和荆棘挂倒跌跤。一个倮家青年看到强盗穿的是大裆短裤脚裤子，小腿上缠有绑腿，跑得快，当即撕去了自己的一截裤管，跑上前去抓住了强盗头子。后来倮家学着强盗穿起大裆短裤脚裤子，打上绑腿。强盗再来抢劫时，他们很快就能抓到强盗。此后高裤脚倮就改穿大裆短裤脚裤了。

黄贵空讲述，陈朝慧搜集、整理。收入《云南民间故事集成·富宁县卷本》第一卷，16开，1页，400余字，富宁县民委、文化广播电视局1988年编印。（吴平）

花边衣裳的来历

彝族服饰传说。流传于云南省红河县、元阳县等地的彝族地区。讲述的是：很早以前，在今红河县宝华地方，有位善良美丽的姑娘，爱上了一个勤劳勇敢的伙子。可父母却决定要把姑娘嫁给富人家的儿子。聪明的姑娘在嫁衣上缝绣花边，并约几个伙伴也把花边缝绣在衣边上。抢亲日这天，抢亲人看见所有姑娘穿戴都一样，认不出谁是新娘，只好扫兴而去。姑娘终于与心爱的伙子结为眷属。从此，出嫁姑娘都穿绣花边的衣服，象征争取了自由和幸福。

佚名讲述，迹丹搜集、整理。收入《红河风情》，32开，1页，800余字，红河哈尼族彝族自治州文化局1982年编印。（龙倮贵）

钩尖绣花鞋

彝族服饰传说。流传于云南省红河县、元阳县、绿春县等地的彝族地区。讲述的是：很早以前，彝族姑娘基妞和伙子格沙相亲相爱，结为夫妻。婚后基妞穿上漂亮的衣服回娘家，可到归期仍不见回来。格沙焦急地约上几个伙伴，背上长刀，打着长长的火把顺路找去。半路上只见一条巨蟒蛇横在路上，嘴边还露着一双绣花鞋，于是断定基妞被巨蟒吞食。他们拔出长刀，把巨蟒杀死，剖开蟒腹，救出了基妞。人们认为基妞是因为穿着钩尖绣花鞋才得救的，从此，为了祝福新娘一路平安，人们就绣制钩尖绣花鞋赠予新娘。

佚名讲述，黄世荣、郭兆搜集、整理。收入《红河风情》，32开，1页，700余字，红河哈尼族彝族自治州文化局1982年编印。（龙倮贵）

花腰带的来历

彝族服饰传说。流传于云南省红河县、元阳县等地的彝族地区。讲述的是：很早以前，有一对男女青年倾心相爱，但姑娘的父母嫌伙子穷，逼其女嫁一个有钱人家的儿子，姑娘死活不从。到出嫁那天，小伙子悲愤地死在他俩常约会的地方，化为彩蝶飞舞。姑娘闻讯，在出嫁路上断气殉情，化作鲜花。从此，姑娘绣制花腰带赠给心爱的小伙子作爱情信物，以象征男女青年坚贞的爱情。

佚名讲述，迹丹搜集、整理。收入《红河风

情》，32开，2页，1200余字，红河哈尼族彝族自治州文化局1982年编印。（龙倮贵）

系腰

彝族服饰传说。流传于云南省元阳县彝族地区。讲述的是：美丽的姑娘阿沙拒绝了众多求爱的小伙，并与同寨的孤儿力支相爱。官家公子阿吾听说了阿沙的美貌，前去逼婚，并订下了婚期。阿沙父母面对官家的强势紧逼毫无办法，只得劝说女儿答应这门婚事。力支听说后，心碎欲裂，气病而死。力支出殡的日子，阿沙里穿九件香油浸过的衣服，外套新衣，跟着抬棺木的人到了山上。就在焚化力支的柴火熊熊燃起时，阿沙跳进了火海。旁边一位老倌伸手想阻拦，只抓到阿沙的两块三角衣摆。为了记怀阿沙对爱情忠贞不渝的情操，彝家妇女仿照阿沙留下的两块三角形衣摆，精心制作三角形，在上面刺绣精美图案，系于腰间，后人称之为系腰。

佚名讲述，李魏搜集、整理。收入《绮丽的山花》，32开，3页，1300余字，元阳县民委1984年编印。（梁红）

传粮种的葫芦

彝族服饰传说。流传于云南省石屏县。讲述的是：有个伙子被寨主赶出寨门，在山上搭个草棚以打猎为生。中秋夜，一仙女前来与其谈心。从此，他俩夜夜合欢。后来仙女说缘分已尽，并嘱伙子三个月后在路上找儿子，取名没母娃。没母娃上学读书，众娃娃笑他没母，先生则教他说有仙母。在没母娃的再三请求下，先生费尽心机助其三会其母。仙女怕泄露天机招来杀身之祸，最后送儿子红、绿、白三个葫芦，嘱其白葫芦送父亲，内装白米，保一日三餐；红葫芦送先生，内装天火，让其烧了先生的神书；绿葫芦自用，内装五谷，让儿子分发五谷种子给乡邻。彝民得到五谷种子，种麦得麦，撒荞得荞，栽秧得稻，安居乐业。为追念仙女，当地彝族妇女在衣尾正中绣葫芦花装饰。

佚名讲述，李朝旺搜集、整理。收入《彝族民间故事选》，32开，4页，2400余字，上海文艺出版社1981年版。（李朝旺）

彝族妇女腰戴木皮箍的来历

彝族服饰传说。流传于云南省富宁县。讲述的是：从前，彝族倮人的寨主领男人出去打仗，妻子在家犁地，赶牛时不慎把牛腿打断，就用牛皮制成腰箍戴在身上，告诉子孙以后要爱惜牛。后来子孙觉得天气热牛皮会臭，也没有那么多牛皮，就改用树皮做成了木皮箍戴在腰上。

黄汝金、黎秀美讲述，陈朝慧搜集、整理。收入《云南民间故事集成·富宁县卷本》第一卷，16开，1页，300余字，富宁县民委、文化广播电视局1988年编印。（吴平）

妇女为何系腰箍

彝族服饰传说。流传于云南省富宁县。讲述的是：彝族倮人的男人出去打仗时交代妇女管好家里的鸡、鸭、猪、牛，但等男人几个月后回来，妇女把家里所有的东西都吃光了。男人又饿又气，拿起棍子打女人，把女人的腰杆打断了。妇女们只好用牛皮做成五寸宽的腰箍系在腰杆上。时间长了，牛皮不够用，就改用棕树皮做。至今高裤脚倮人结了婚的妇女都腰系棕树皮腰箍。

高万红、汪忠文讲述，曾跃明搜集、整理。收入《云南民间故事集成·富宁县卷本》第一卷，16开，2页，1000余字，富宁县民委、文化广播电视局1988年编印。（吴平）

金蜘蛛毡垫

彝族服饰传说。流传于云南省弥渡县彝族地区。讲述的是：弥渡老君山脚下的阿黑和阿花成亲后，头人的儿子要抢阿花。小两口逃到山里，躲进一个小山洞，有个金蜘蛛织网封住洞口，救了阿花。后人为了纪念金蜘蛛救命之恩，就绣了金蜘蛛图案的毡垫，作为妇女的饰物。

李美香讲述，杨学成搜集、整理。收入《弥渡民族民间故事传说集》第一集，32开，4页，1400余字，弥渡县民间文学集成办公室1986年编印。（巴子）

三 山川风物传说

月牙山和南宁县（陷）的传说

彝族山川传说。流传于云南省南涧彝族自治县彝族地区。讲述的是：古时候，月牙山不像现在东圆西缺。那时，月牙山的西峰上，有一个美丽的姑娘弹琵琶。山坳里叫南宁的小村子里有个无赖，对姑娘心怀鬼胎。他朝她扑过去，姑娘踢了他一脚就不见了。她的这一脚踢塌了一座山岩，使月牙山塌了一边，无赖滚下去死了。塌下去后留下一道悬崖，人们叫它“仙崖”。后来发生地震，南宁村陷下去了，人们就将南宁村称为南宁陷，有的还叫南宁县。

佚名讲述，潘吉宇搜集、整理。收入《南涧民间文学选》第一集，32开，3页，1000余字，南涧彝族自治县民间文学集成办公室1985年编印。（巴子）

磨姑山

彝族山川传说。流传于云南省永平县彝族地区。讲述的是：北斗坝子原来是一条河，王母娘娘知道后，就挑来两座山，想堵住河水给人们居住。她还没有挑到河口时，公鸡就啼鸣，她怕天亮人们看见，就放下挑担，留下了这两座岩子头和磨姑山。因为它们是王母娘娘救苦救难挑来的，所以磨姑山又名磨苦难。

常敦井讲述，杨永琴搜集、整理。收入《中国民族民间文学集成·永平县卷》，32开，2页，800余字，德宏民族出版社1989年版。（巴子）

四座小团山的传说

彝族山川传说。流传于云南省巍山彝族回族自治县彝族地区。讲述的是：古时候，祥云坝子西面没有弥渡、巍山两个坝子。那里都是山，山中住着犀牛妖和白象怪。观音老母得知祥云生灵深受干旱之苦，就派弟子带着圣水葫芦去搭救。两个妖怪见空中有人，心想口福来了，便上天与人相斗。观音的弟子跑了，两个妖怪只得到盛水葫芦，便把它甩掉。葫芦到地摔成两半，就成了葫芦瓢形的弥渡和巍山两个坝子。后来两个妖怪云游寻食，见巍山坝子里人来人往，就变成一老一少，声称他们是开山鼻祖，要人们上交牛羊，不然就吃人。人们害怕，就躲藏起来。两个妖怪找不着人，想堵住葫芦口的水淹死人们，就去挑土。路上，两个妖怪见一个老婆婆，得知她是给躲藏的人送饭的，就跟她去找人。路上闻到老婆婆的饭香，妖怪就想吃。白象怪一口吞下一块粑粑，犀牛妖咬了一嘴，觉得不是滋味，把剩下的一半丢掉。过了一会儿，妖怪撑死了，变成了巍山坝子葫芦口的犀牛山和白象山。老婆婆又把拂尘往两妖怪的两挑土上一挥，四个撮箕的土就变成坝子里的那四座小团山。

刘立廷讲述，罗怀奇搜集、整理。收入《巍山彝族回族自治县民间文学集成资料·南诏故地的传说》，32开，5页，2400余字，巍山彝族回族自治县民间文学集成办公室1987年编印。（段葵）

挑月牙山的传说

彝族山川传说。流传于云南省巍山彝族回族自治县。讲述的是：有个彝族老人为世间不平要杀官家。一天夜里，白发老人托梦说，祖坟旁有箭竹，砍之削箭，可射千里外之物。老人照此做，削成三支箭，射到皇宫。皇帝便下令关闭城门查办。张天师说，此箭从千里之外的蒙化而来，需远征。白发老人又给彝族老人托梦说，要备一万个纸人纸马，老人照着做了一柜子。可是老伴不知其意，掀开盖子一看，纸人纸马便飞到京城，被张天师点化破阵。后来官兵至蒙化，老人被杀。张天师说："此非老人本事，而是月牙山如金牛伏卧，头顶京城所致。"便派人挑断月牙山。从此月牙山成了"丫"字形。

佚名讲述，李国和搜集、整理。收入《巍山彝族回族自治县民间文学集成资料·南诏故地的传说》，32开，4页，2800余字，巍山彝族回族自治县民间文学集成办公室1987年编印。（段葵）

乌龟山的传说

彝族山川传说。流传于云南省禄劝彝族苗族自治县云龙彝族地区。讲述的是：从前，每到收获时节以鲁坝子都会遭受冰雹和霜冻，庄稼难获收成，百姓日子难过。仙人阿米苏为改变这个坝子的气候，使老百姓过上幸福生活，在一个寂静的月夜从金乌山赶来一只乌龟填补坝子东面的缺口。不想一个老妇人簸完谷子拍簸箕，惹得全村的鸡扇翅打鸣。阿米苏以为天亮了，惊慌离去。乌龟见主人没了踪影，就开始逃跑，逃到阿宅村小田坝子时，天破晓了，乌龟就变成山定在了那里。在乌龟山下的石头上还留下了阿米苏走过的脚印和马蹄印。

鲁登云讲述，鲁宗一记录、整理。收入《云南省昆明市民间文学集成·禄劝民间故事》，32开，2页，1100余字，禄劝彝族苗族自治县文化局民间文学集成办公室1991年编印。（梁红）

六姑娘山的传说

彝族山川传说。流传于云南省禄劝彝族苗族自治县云龙彝族地区。讲述的是：很久以前，凤家岩对面有户彝族，生了六个姑娘，个个苗条俊俏。前五个姑娘都先后嫁了权贵人家，只有向六姑娘提亲的人来了一拨又一拨，她就是不肯答应。阿妈生气地骂她："这不嫁，那不嫁，你要嫁石人、木人吗？"一天，六姑娘在院子里织麻布，一只蜜蜂在她身边飞来飞去，不停地叫"答不答应？"六姑娘没有回答，晚上她把此事告诉了母亲，母亲以为蜜蜂问话是好兆头，对六姑娘说："若蜜蜂再来问，你就答应。"第二天，蜜蜂又来了，六姑娘才开口回答，就被一阵旋风卷了粘在岩石上不能动弹。阿妈很悲伤，她哭天喊地地看着六姑娘，可姑娘再也回不了家了。后来，这座山就叫六姑娘山。从此，当地人再也不敢逼自己的姑娘嫁人，也不敢说嫁石嫁木了。

鲁登云讲述，鲁宗一记录、整理。收入《云南省昆明市民间文学集成·禄劝民间故事》，32开，

2页，1400余字，禄劝彝族苗族自治县文化局民间文学集成办公室1991年编印。（梁红）

石姑娘山的传说

彝族山川传说。流传于云南省禄劝彝族苗族自治县彝族地区。讲述的是：从前，石姑娘山上住着阿娟和阿丽姐妹俩。父母亡故后，姐妹相依为命，靠起早贪黑耕田种地生活。对面的凤家岩住着逃难而来的武定凤氏土司的后裔凤大少爷一家。石姑娘山与凤家岩之间隔着水流湍急的洗马河。每天石家姐妹出工时，看见凤大少爷已在耕作，收工时，凤大少爷默默目送她们归去。阿娟和凤大少爷相互被对方吸引着，朝朝暮暮隔河相望。他们的恋情感动了神仙，神仙用彩虹造了一座桥，连通了他们的往来。他们对妹妹疼爱有加，三人和睦相处，过着甜蜜的生活。不久，四川峨嵋的一个武僧嫉恨他们的恋情，就用箭射断了彩虹桥，阿娟和凤大少爷相思成疾，忧郁而死。阿丽思念姐姐、姐夫，每天日起日落时都站在山顶凝望沉思，天长日久，就化成了石头。

刘正光讲述，李勃、蒲莉记录、整理。收入《云南省昆明市民间文学集成·禄劝民间故事》，32开，2页，1000余字，禄劝彝族苗族自治县文化局民间文学集成办公室1991年编印。（梁红）

凤山的传说

彝族山川传说。流传于云南省石屏县。讲述的是：从前，赤瑞湖中有条蛟龙，经常出湖糟蹋庄稼。村民们不知如何是好，只能到庙里求菩萨保佑。一个和尚对村民们说，要除蛟龙，非到昆仑山求道长请凤鸟来不可。一个农夫想替民除害，一个人去了昆仑山，却十多年都不见回来。农夫的女儿为找父亲，再一次踏上了去昆仑山的路，历尽艰辛找回了父亲，还求得了凤鸟。凤鸟替村民们铲除了蛟龙。后人为纪念凤鸟，把凤鸟降落的那座山取名凤山。

佚名讲述，苏沸涛搜集、整理。收入《石屏古今奇趣》，32开，5页，4100余字，中国广播电视出版社2003年版。（李朝旺）

凤梧山的传说

彝族山川传说。流传于云南省寻甸彝族回族自治县彝族地区。讲述的是：相传，巍峨的凤梧山过去称为狐山。很久以前，狐山脚下有个彝寨，寨里有个年轻小伙叫阿戛里。他在狐山上放牧时，不小心从石崖上跌落于地，口鼻流血，腰腿骨折，在空无一人的丛林中，他无数次从昏迷中苏醒，大声呼救。在他绝望之际，突然从林中飘然走出一位衣着亮丽自称彩凤的美貌女子，为他推按接骨，上药疗伤。为感激彩凤姑娘的救命之恩，阿戛里把羊肉烧烤后请她吃。盛情难却之下彩凤姑娘刚吃了一小块烤肉，便双腮绯红，禁不住在草坪上飞舞起来。瞬间，变成一只色彩斑斓的大凤凰飞落到崖顶的梧桐树上，发出数声悠扬悦耳的畅鸣后展翅飞向东方山麓。从此，人们便把狐山改称为“凤梧山”。

马桂华讲述，余荣品整理。收入《寻甸民族民间故事集》，32开，4页，2100余字，云南民族出版社1995年版。（梁红）

乌蒙轿子山的传说

彝族山川传说。流传于云南省禄劝彝族苗族自治县。讲述的是：很久以前，彝族头领井笃阿傲一心想建一座很大的城，到处寻找造城的风水宝地。一天，他坐着八抬大轿到了犀牛山顶，极目远眺方圆几百里一览眼底，觉得犀牛山是建城的极佳地。忽然，一条犀牛出来阻止他，听了犀牛的一番话，井笃阿傲感觉犀牛来头不小，跪着求犀牛指点建城地方。按照犀牛的指点，井笃阿傲建起了昆明城。城建好以后，井笃阿傲把八抬大轿送给了犀牛。犀牛收下轿子后，想请玉帝来享受。玉帝忙于公务，轿子就一直停放在山顶，就成了轿子山。

鲁凤开讲述，李天龙、钱春林搜集、整理。收入《云南省昆明市民间文学集成·禄劝民间

故事》，32开，2页，1100余字，禄劝彝族苗族自治县文化局民间文学集成办公室1991年编印。（梁红）

癞蛤蟆、蜈蚣、长虫三山的来历

彝族山川传说。流传于云南省石屏县。讲述的是：从前，有一只癞蛤蟆、一条蜈蚣和一条长虫，时常到依作黑前面的小溪里喝水。一天，三个天敌不期而遇。癞蛤蟆想吃掉蜈蚣，但见长虫流着口水盯着它自己；长虫想吃掉癞蛤蟆，又担心被蜈蚣咬到；蜈蚣想吃掉长虫，又怕吃了长虫，自己被癞蛤蟆吃掉。它们谁也不敢轻易吃掉其中一方，只好相互对峙着。时间久了，它们化成了三座大山，分别是现在的癞蛤蟆山、蜈蚣山和长虫山。

佚名讲述，何凌云搜集、整理。收入《石屏古今奇趣》，32开，2页，800余字，中国广播电视出版社2003年版。（李朝旺）

仙翁挑山

彝族山川传说。流传于云南省玉溪市红塔区。讲述的是：远古的时候，玉溪西边天上来了一位身挑两座山、脚踩白云的白发仙翁，他想把两座山搬来镇住玉溪坝子。当他来到龙马山上空时扁担断了，人和担子落下来后，形成了如今的“打磨山”“毡帽山”。后来仙翁在龙马山一带做休闲活动，留下了不少奇特的地名。如：“玉苗冲”是仙翁吹口气而形成的“大土坑”，“小土坑”是他的坐处和脚印，“烟锅塘”是他敲烟斗而成，“歪粪箕”是他支挑山粪箕的地方；“龙马桥”“洗马塘”和白银寺岩石上的龙马影子是因仙翁骑白龙马经过而得来；“冷水箐”“白银寺”“牛屎坡”是因仙翁传唱藏宝字谜歌而留下的地名。

朱家才讲述，何庙链搜集、整理。收入《玉溪市民间文学集成》，32开，2页，2000余字，玉溪市文化局、民委、文联、群艺馆1989年编印。（普开福）

昙华山的传说

彝族山川传说。流传于云南省大姚县。讲述的是：很早以前，昙华山有一个姑娘叫阿妹。阿妹天天去放马绩麻，黑龙潭里的小青龙看上了阿妹。后来，小青龙变成一个彝族小伙子，一来二去，阿妹怀孕了。哥嫂让她把龙的儿子生下来好好抚养，并取名叫“阿高”。小青龙送了阿高一把金弩、三支箭，让他好好练习，练足三年三月零三日时，就站在昙华山顶上向东方射三箭，过后会有人来接他进宫当皇帝。阿高天天去练箭，但只练了三年三个月，就把三支箭射了出去。皇帝请卜卦先生卜出了射箭的人，就派兵去捉拿他。龙父让他撒蚂蟥种和荨麻种，才击退了官兵。皇帝又想在猛虎厅陷害他，由于有龙父帮助，皇帝又失败了，最后，只有招他为驸马。殊不知皇帝招他为驸马是假的，是要女儿来监视他，看他有哪些神奇的本领，好寻机暗害他。阿高识破了计谋，逃离皇宫，回到昙华山。皇帝不肯善罢甘休，派兵追来。阿高料事如神，布好了阵势，吓得官兵只好与他讲和，并把三姚地界划给阿高管。从此，阿高家成了三姚地区的世袭土司。阿高不忘昙华山，每年都要上山一次，看看亲友，祭祀黑龙潭的龙神。

杨森记录，李世忠整理。收入《大姚县民族民间文学集成》，32开，5页，3400余字，云南民族出版社1991年版。（李惠兰　朱琚元）

背娃娃山

彝族山川传说。流传于云南省景东彝族自治县。讲述的是：无量山的一座山峰因为旁边附有一座稍低的山峰，看上去就像一个打着包头、背着娃娃的彝族妇女。传说几百年前，陶虎在景东称霸，一天，他见到一个年轻美丽的彝族妇女就想占为己有。为了摆脱陶虎的纠缠，这个彝族妇女和自己的丈夫决定在黑夜带着娃娃逃往他乡。到了无量山上，发现有件要紧的东西忘在家里。丈夫回家去拿，并要妻子背着娃娃等着。丈夫回家被陶虎杀死。妻子背着娃娃等到天亮，化为山峰，所以叫背娃娃山。

解德惠讲述，陶明贵记录。收入《景东县民间文学集成》，32开，2页，500余字，景东彝族自治县民委、文化局、文化馆1989年编印。（谢国先）

金鼎山

彝族山川传说。流传于云南省景东彝族自治县一带。讲述的是：古时候，大理天气不好，很多山都不愿在大理生活，其中有三座山是三姐妹。大姐离开大理来到无量山，被无量山的儿子垭巴山抢去做小老婆，生了一百二十个小孩。二姐想到无量山找大姐，被无量山的另一个儿子包头山抢去。妹妹来到无量山，看到两个姐姐的痛苦，想把两个姐姐救出，但没有成功。妹妹独自返回，途中因天亮而停留，江妖欲娶之为妻，妹妹不从。遇唐僧师徒经过，孙悟空用三根金棒镇住江妖。妹妹叫孙悟空用一根金棒顶在二姐腰间抵御包头山，所以二姐被称为顶山。妹妹靠金棒顶着，所以名叫金鼎山。

周端途、普国华、普国代讲述，普仕宏记录，陶明贵整理。收入《景东县民间文学集成》，32开，3页，1600余字，景东彝族自治县民委、文化局、文化馆1989年编印。（谢国先）

天耳山的来历

彝族山川传说。流传于云南省巍山彝族回族自治县彝族地区。讲述的是：蒙舍诏主细奴逻率兵马来到现在的天耳山，见村民杀猪宰羊，盛情款待，感到奇怪，便问："何以知道我们要来？"一个老人答道："是村后的小山告诉我们的。"一个部下悄悄给细奴逻说，那是昨天夜里我们到这里悄悄说的话。细奴逻看看山，确像人的耳朵，就叫天耳山。细奴逻又到下边的村子，也遇到上村一样的款待和回话，后山也像耳朵，正好与上村的山相对，细奴逻也称它为天耳山，并赏赐村民银两答谢。后人为避免重名，前者叫"上天耳"，后者叫"下天耳"。

范士达讲述，杨凤州搜集、整理。收入《巍山彝族回族自治县民间文学集成资料·南诏故地的传说》，32开，3页，1300余字，巍山彝族回族自治县民间文学集成办公室1987年编印。（段葵）

小团山

彝族山川传说。流传于云南省建水县。讲述的是：相传，唐僧师徒取经进入云南，听说三尖山离天只有三尺三，人过要低头，马过要卸鞍，便派猪八戒去打探。猪八戒到了三尖山一看，果然名不虚传。为让师父能骑着马走过三尖山，猪八戒举耙挖掉了山头。山头滚下时被两个神仙看见，就抬去堵沙冲，想使勒白坝子变成海。途中，听到公鸡啼鸣，神仙便扔下山头走了。所以，李浩寨到勒白途经沙冲的峡谷间，就有了座形似馒头的"小团山"。

普存有讲述，易荣辉搜集，张绍碧整理。收入《云南民间文学集成·建水故事卷》，32开，1页，500余字，建水县文化局、民委1989年编印。（梁红）

"万家庄"与"缺鼻子山"

彝族山川传说。流传于云南省建水县。讲述的是：彝族山寨出了个劫富济贫的好汉叫万士慕，他的军队称雄滇南，所向无敌，官家闻之胆战心惊。临安府官请来风水先生测算，断定万士慕之所以神勇，是因为他的军队驻扎在象鼻子山上，得力于象鼻子山相助，于是挖断了象鼻子山。从此，万士慕的军队日渐衰落，万士慕也战死在象鼻子山。人们为纪念万士慕，就把象鼻子山下的村子叫"万家庄"，象鼻子山因缺了口便叫"缺鼻子山"。

佚名讲述，姚开富搜集，张绍碧整理。收入《云南民间文学集成·建水故事卷》，32开，2

页，900余字，建水县文化局、民委1989年编印。（梁红）

暮阳山与登龙山

彝族山川传说。流传于云南省建水县。讲述的是：天上的太阳公主羡慕人间美景，带着丫鬟私下人间，被玉帝派天将抓回天上时两人的帽子掉在了人间，变成了大小两座大山，后人称为暮阳山和登龙山。

佚名讲述，潘富祥搜集，张绍碧整理。收入《云南民间文学集成·建水故事卷》，32开，1页，600余字，建水县文化局、民委1989年编印。（梁红）

灯笼山

彝族山川传说。流传于云南省建水县。讲述的是：从前，每到夜晚，普雄的灯笼山就会闪闪发光，映照着异龙湖面。每当此时，异龙湖面便会金波滚动，光彩夺目。石屏的富豪视其为风水宝地，寿终便抬到灯笼山安葬。山下一财主视山顶为宝地之宝地，寿终正寝后，其子孙尊其意愿，耗巨资发丧三十六天后葬于山顶。从此灯笼山再也没有发光。

李成讲述，尼苏艾诺搜集，张绍碧整理。收入《云南民间文学集成·建水故事卷》，32开，1页，400余字，建水县文化局、民委1989年编印。（梁红）

青龙山

彝族山川传说。流传于云南省建水县。讲述的是：相传，他腊坝子南端的天生洞里有一妖魔兴风作浪，残害百姓，每年要百姓祭献猪、羊、鸡、鸭和童男、童女于它。阿青、阿龙兄弟的两个姐姐都先后葬身妖腹，父母因此而气绝身亡。阿青、阿龙决定为民除害，他们在神人的帮助下终于斩除了恶魔。兄弟俩变成了巍峨的青龙山，妖魔变成了蚂蟥山。

佚名讲述，尼苏艾诺搜集，野夫整理。收入《云南民间文学集成·建水故事卷》，32开，2页，1000余字，建水县文化局、民委1989年编印。（梁红）

猪头山

彝族山川传说。流传于云南省南华县。讲述的是：远古的时候，有一个凶神在南华坝子上看上了一位美丽的彝族姑娘，要与她成亲，被姑娘拒绝。凶神大发淫威，要赶猪填满观音洞，让南华坝子变成一片汪洋。一个露宿在观音洞附近的乞丐知道凶神的这一阴谋后左思右想，最后有了主意。到了下半夜，凶神果真闹闹嚷嚷地赶着数不清的石猪朝观音洞来了。乞丐学起了鸡叫，这一招果真灵验，凶神赶着的那些石猪都停在现在山上不动了。南华坝子免除了一大灾难。从此，这地方便得名“猪头山”。

佚名讲述，王芝刚搜集。收入《民族民间文学资料》，32开，4页，1900余字，南华县文化馆、民委1986年编印。（李惠兰　朱琚元）

姑娘心孤山

彝族山川传说。流传于云南省武定县。讲述的是：几百年前，常土司家有个儿子，想娶一个漂亮姑娘做媳妇，左寻右找，最后在三江口找到一女。常土司请媒婆去说亲，姑娘的父母答应了，但姑娘死活不肯嫁，爹娘强行把她嫁给了常土司家。来到常土司家，姑娘还是生死不从。满一年，常土司想也许如意了，就放她出去游山玩水一天。姑娘来到此地最高的山，并同使女远眺家乡，瞧着瞧着，姑娘就慢慢地倒下去，永远地睡着了，使女也倒下去死了。常土司派人把她俩就地埋葬。两座坟墓慢慢长起来，长得像两座山。每一座坟堆上又各长出一棵青松，万年长青。人们就把这山叫作“姑娘心孤山”。

佚名讲述，张玲搜集。收入《楚雄民族民间文学资料》第三辑，32开，2页，1000余字，云南省社会科学院楚雄彝族文化研究室1982年编印。（李惠兰　朱琚元）

神链山

彝族山川传说。流传于云南省峨山彝族自治县彝族地区。讲述的是：从前，在峨山鱼塘村背后美丽的神链山下有一户人家，丈夫叫姜汤，妻子叫春花。一天下大暴雨，洪水冲走了许多良田；夫妻俩看见神链山山顶上金光闪闪，出现一个庞然大怪物，嘴如山洞，眼睛似灯笼，披头散发，拉着一条亮闪闪的大链子，发出铿锵巨响。怪物瞪着眼睛说它是魔鬼化娜，令姜汤一家必须从山下搬走，否则活不成。一个寂静的黑夜，化娜变成一条大麻蛇，拿出一根数十丈长的铁索套在山腰就要往下拉。此时正好山神爷路过，一眼看穿魔鬼恶计，赶忙学公鸡叫。化娜以为天快亮，转身就逃。山神爷追上用力夹住了它，怪物就现出了麻蛇的原形。至今神链山腰上还留有麻蛇化成的石链吊在悬崖上。从此，此山就叫“神链山”。

阿达讲述，普家发搜集。收入《嶍峨风情》（续一），32开，2页，1100余字，峨山彝族自治县民委1986年编印。（普开福）

杀牛山的传说

彝族山川传说。流传于云南省玉溪市红塔区彝族地区。讲述的是：有一天，黄草坝新寨村的村民们突然发现村旁那座大山上空飘来一队刀枪彩旗武装的骑兵，并消失在了山中。因此人们忧心忡忡，烧香拜神，每日天不黑就关门闭户不敢出门。一天晚上，这支神兵的首领托梦给村里的长老说：“请百姓不要害怕，我们是远征天兵，路过此地见山清水秀，借此暂住修整一时，定会保护村子安居乐业。”长老向大家说了梦中之事，大家半信半疑，处处小心留意。过了几年，村里比以前风调雨顺，人畜兴旺。为了感谢天神的暗中保佑，新寨的百姓议定：每九年杀一条牛，三年杀一只羊，男女老少到山上祭拜山中天神。久而久之，人们就将此山叫作“杀牛山”。

李家树讲述，何庙链、周家明记录、整理。收入《玉溪市民间文学集成》，32开，3页，1200余字，玉溪市文化局、民委、文联、群艺馆1989编印。（普开福）

棋盘山

彝族山川传说。流传于云南省玉溪市红塔区彝族地区。讲述的是：远古的时候，玉溪九龙池北面山下有一个叫牛实的青年，父亲早逝，他是靠母亲养大的。因长相丑，娶不上媳妇，他一人上山打柴卖钱供养老母，村里人给他改名丑牛。老母临死前把攒下的钱交给儿子，请他用草席把母亲尸体简单埋掉，自己买两件新衣穿，用剩下的钱找个媳妇。丑牛把钱用来买了送葬的新衣和棺材，然后把母亲抬到后山安葬，在坟头哭了三天三夜后才在饥饿和疲惫中下山。半路上他遇到两个老人坐在平时挑柴休息的大树下面下棋，他就围过去仔细耐心观看。牛实与他们说起话来，都说饿了，一位老人捉住一只飞来的屎壳郎，撕吃了一部分，叫牛实吃掉剩余部分。他吃下后浑身火热冒汗，两耳轰鸣就晕倒了。不知过了多长时间他才醒来，回到村庄一切都变得认不出来了，自己也成了英俊的男子。一问才知一觉睡了三百年，自己是托生二世了。他讲了经过后，乡亲们就把此无名大山取名“棋盘山”。

桂云开讲述，乐楠搜集、整理。收入《玉溪市民间文学集成》，32开，2页，2800余字，玉溪市文化局、民委、文联、群艺馆1989编印。（普开福）

砍头山与塌梁山

彝族山川传说。流传于云南省易门县彝族地区。讲述的是：古时候，天上有两个护卫玉帝的宾礼官，因经常喝醉酒闹事，搅得神仙们不得安宁，所以仙人们都恨他俩。一天晚上，正值玉帝上朝时，他俩又喝酒大醉。文武百官都来朝见，偏偏不见两个宾礼官。玉帝派人找，才知他俩在大殿门的廊檐下正酣睡。玉帝非常生气，下令处死。他们两人一个被砍去脑袋，一个被抽了筋骨，并从南天门扔下。第一具尸体两脚直插土里，就变成了砍头山，其头掉落后变成旁边的小石山；第二具尸体肚子落地脊梁下塌就变成塌梁山。

佚名讲述，周金荣搜集。收入《云南民间文学集成·易门县集成卷》，32开，1页，600余字，云南民族出版社1994年版。（普开福）

一锄山

彝族山川传说。流传于云南省易门县彝族地区。讲述的是：古时候，人类生活在美丽富饶的十街河畔，连天上的仙人也羡慕这里。一对神仙夫妇偷偷下凡来，但很快被王母娘娘发现，抓回去后严令他们不准下凡间，否则就处死。神仙夫妇迷恋人间美景，但苦于天规难容。丈夫便想挖一锄泥土堵住十街河的河口，淹没美丽的村庄。妻子劝阻说服不了他，只好暗中注意，准备适时阻止。一个夜晚，丈夫偷偷来到十街河边，挖起很大的一锄泥要堵河口。妻子暗中跟来，捏住鼻子学公鸡叫，一下子当地人间的公鸡都叫起来了。丈夫以为天亮了，一害怕就把一锄泥扔在一旁跑回了天宫。那一锄泥土就是现在的“一锄山”。

佚名讲述，周金荣搜集。收入《云南民间文学集成·易门县集成卷》，32开，1页，600余字，云南民族出版社1994年版。（普开福）

龙马山、卧牛山和太极山的来历

彝族山川传说。流传于云南省玉溪市彝族地区。讲述的是：远古的时候，几个仙人坐在一起闲谈要把玉溪围成海，由其中一位从远处挑来两座山在天亮前堵海。不知谁走漏了风声，当仙人挑两座山来到半路时有人就学鸡叫，仙人以为天要亮了，就挑着跑起来，突然扁担闪断了。这样，一山落在了东边，这山就是“龙马山”；一山落在西边，这山就是“卧牛山”；仙人在坝子中间脱下鞋子磕下一堆土，这就是“太极山”。

杨宝能讲述，杨宝琮搜集、整理。收入《玉溪市民间文学集成》，32开，2页，500余字，玉溪市文化局、民委、文联、群艺馆1989年编印。（普开福）

大石马山的来历

彝族山川传说。流传于云南省峨山彝族自治县彝族地区。讲述的是：古时候，与峨山大石马遥遥相对的鲁奎山上住着彝族，以种荞、玉米为生，土肥庄稼好，人们的生活很幸福。一天早上，人们醒来时，发现地里的荞被吃了一大片，并留有马蹄印。晚上，大家带着弓箭猎器，暗藏地边守候。半夜，一匹乌黑的马来吃荞。人们去抓马，但马尾一甩狂风大作，无法靠近，一连几天都对付不了它。后来，射箭手阿里受一位老阿公指点，并得到了一把宝剑。他半夜在一棵大树下砍掉了马尾巴后，黑马才失去威力，落到大山顶上，变成了一块形似马的大石头。后人称此山为“大石马山”。

佚名讲述，柳青搜集、整理。收入《嶍峨风情》（续一），32开，3页，1700余字，峨山彝族自治县民委1986年编印。（普开福）

龙马山

彝族山川传说。流传于云南省元江哈尼族彝族傣族自治县。讲述的是：古时候，元江东岸有座倮山，是彝族聚居的地方。有一年大旱，田地里的庄稼都快枯死了。人们宰杀猪、牛、羊求天降雨，只见一条龙从远方到倮山上转了几圈后，天空乌云密布，下起了大雨。雨下了一天一夜后，田地里的庄稼得救了。第二天人们去祭献龙神时，见那条龙从高空落到倮山上变成了一匹大白马，并在倮山上四处走，到处看，看到哪里干旱，它嘶叫一声，就下起大雨。为感谢似龙又似马的龙神给彝家山寨带来及时雨，彝家便把“倮山”更名为“龙马山”。

黄文讲述，宋自华记录、整理。载《礼社江》文艺小报《地名故事》专版，1000余字，元江哈尼族彝族傣族自治县文化馆1986年编印。（宋自华）

马龙山的传说

彝族山川传说。流传于云南省弥勒市彝族阿细人地区。讲述的是：很久以前，马龙山一带是遮天蔽日的原始森林，野兽毒蛇盘踞，林中白骨累累，方圆几百里没有人烟。一天，人们发现林涛起伏的远方凭空冒出一座高耸入云的大山（飞来峰），那山上百鸟飞舞，散发阵阵香气，山顶有一五彩光环时隐时现。一些大胆之人带着武器前去探究，皆因猛兽毒蛇袭扰、山体险峻而放弃。一天，受伤的起义英雄秋白龙为逃避土司的追捕，踉踉跄跄闯到飞来峰昏倒了，被一阵香气熏醒的他发现自己被一群奇珍异鸟托上了仙境般的峰顶。峰顶天池里的红鲤鱼原本是一位仙女，因偷仙药给人间消除灾病，被天神贬为红鲤鱼，正等候秋白龙这个有缘人的解救。秋白龙根据指点，剥下了鲤鱼皮，使其恢复原身。秋白龙被群鸟托到山下，睁眼回望时，只见高山群鸟正跟着仙女飞往彩云间。据说秋白龙遇仙的地方，至今还保留有通往飞来峰的石级、幽径、天生桥、石洞等。

佚名讲述，毕华搜集、整理。收入《弥勒民族民间故事》，32开，5页，3200余字，民族出版社2003年版。（梁红）

哀牢山山名的传说

彝族山川传说。流传于云南省新平彝族傣族自治县。传说，有一种叫哦罗表的鸟，每天在枝头鸣叫：“雨是三日三日下，水是河里河里流，谷是三次三次收，饭是三顿三顿吃。”它深受老百姓的喜爱。有个名叫天干恶的凶神忌妒哦罗表因歌声悦耳而深得百姓喜爱，强迫它改唱“雨是不能下，水是不能流，谷是不能收，饭是不能吃”。哦罗表拒绝如此唱，天干恶就把它的嘴撕烂，押到山中看管起来。从此，它只能发出刮刮刮的沙哑声音了。但每到春天，它就叫着刮刮刮，让春风刮来吹绿田野。人们为了纪念它，就把押送看管它的山用哦罗的谐音取名为“哀牢山”。

佚名讲述，杨光谟搜集、整理。收入《乡泉集》第二辑，32开，2页，1200余字，云南民族出版社1985年版。（聂鲁）

百鸟山

彝族山川传说。流传于云南省新平彝族傣族自治县。讲述的是：哀牢山有个勤劳勇敢、心地善良的后生，名叫柯郎。他路过湖畔打猎时，从妖怪箭下救出了在那里和伙伴们唱歌跳舞的凤凰公主，得到了凤凰公主的倾心，便领她回家中。未料妖怪趁柯郎不在家时把凤凰公主抢回妖洞中去了。柯郎在南山神仙的帮助下，用神仙给予的神器宝葫芦和飞马战火海，斗巨蟒，斩群妖，救出了凤凰公主。凤王得知柯郎救了遇险的女儿，对柯郎做了一番考验后，遂将凤凰公主许配给了他。凤凰公主死后，乡亲们把她葬在她生前常唱歌跳舞的湖畔的草坪上。她的坟墓渐渐长高了，变成了一座像美女般的山。每年秋夜，百鸟都云集在这座山上。于是人们就把这座山叫作“百鸟山”。

李友祥讲述，吴成贵搜集。收入《新平县民间故事集成》，32开，4页，2800余字，云南人民出版社1999年版。（聂鲁）

阿六山

彝族山川传说。流传于云南省石屏县彝族地区。讲述的是：仓迷村美丽动人的彝族姑娘六妹，婉拒众多求婚者，嫁给了英俊善良的克亩村青年阿龙。对六妹心怀不轨的阿戛龙村的财主罗丑，不甘心六妹嫁人，带人来抢六妹。阿龙和六妹逃离家园时被绝壁深渊挡住去路，不愿屈从恶势力的夫妻俩携手跳下山崖，变成了两个石人，立在山腰的岩石上。罗丑和狗腿子被狂风卷下了悬崖，变成了岩石下的怪石。为纪念阿龙和六妹，人们称这座山为"阿六山"。

佚名讲述，李家武搜集、整理。收入《云南民间文学集成·石屏故事卷》，32开，2页，900余字，石屏县文联1996年编印。（梁红）

跑马山的由来

彝族山川传说。流传于云南省昆明市滇池一带的彝族地区。讲述的是：明朝初年，明太祖派平西侯沐英到云南捉拿不愿屈服的梁王。梁王骑着神马白兔驹突出重围，到滇池乘船时被围困，跳入滇池自杀而亡。主人死后，神马白兔驹恋恋不舍回到天庭。但思念主人的神马每年农历六月二十四日都要来到滇池东北角的山上狂奔嘶叫，呼唤主人梁王。每当这时，当地的彝族总会看到一匹白色的骏马带着群马奔跑嘶鸣。马的忠诚感动了当地人，每至农历六月二十四日，人们就会到山上来祭祀神马。那以后，这座山便叫"跑马山"。

毕成贵讲述，李晖采录。收入《昆明山川风物传说》，32开，2页，1000余字，云南民族出版社1994年版。（梁红）

祭虫山

彝族山川传说。流传于云南省昆明市彝族撒梅人地区。讲述的是：从前，撒梅人居住的李子村里有一对夫妇生了十个儿子、三个姑娘，一家人过着幸福的日子。随着时间的推移儿女们都相继嫁娶，老夫妇听了媒婆的话把小女儿嫁到了很远的官渡地方。阿妈得病死后，阿爸决定去看小女儿。到了官渡，才知道小女儿早被婆家逼死。他伤心不已，返家途中倒毙在阿拉乡三瓦村的山上。一个月后儿子们找到他时，看他尸身不腐，视其所处之地为风水宝地，便就地埋葬了。此后不久，从他坟里每天飞出成千上万的虫洗劫官渡的庄稼。遭受虫灾的官渡人在道士的指点下，在葬他的那座山上建庙，并在每年农历七月初七，以及冬月十一日举行"祭虫会"，禳解虫灾。后人称此山为"祭虫山"。

毕天志、李月凤讲述，吴兴华记录、整理。收入《昆明民间故事》第一辑，32开，3页，1100余字，昆明市民间文学集成办公室1987年编印。（梁红）

锅底山

彝族山川传说。流传于云南省建水县。讲述的是：万氏母带着人马在岔科长田休整，忽然天上滚下个黑团，压住了万氏母和士兵，万氏母便使金蝉脱壳之计，向大黑团砍了一剑，救出了士兵。然后，在黑团上冲了泡尿，沾了万氏母尿的黑团定在原地，变成了一座山。因山的形状如倒扣的锅底，所以就叫"锅底山"。

施家福、普忠讲述，关朝亮搜集，张绍碧整理。收入《云南民间文学集成·建水故事卷》，32开，2页，300余字，建水县文化局、民委1989年编印。（梁红）

扎营山

彝族山川传说。流传于云南省建水县。讲述的是：万氏母在扭松坡打败了皇家兵之后，走到岔科与东山接壤的一座山上，皇家兵马又包围了整座山。万氏母命士兵就地扎营，并用神力消灭了敌人。后来，人们把万氏母安营扎寨的山叫"扎营山"。

施家福、普忠讲述，关朝亮搜集，张绍碧整理。收入《云南民间文学集成·建水故事卷》，32开，2页，400余字，建水县文化局、民委1989年编印。（梁红）

九头山的传说

彝族山川传说。流传于云南省墨江哈尼族自

治县。墨江境内的孟弄区胜利乡下帮轰村有九座均匀的小团山。相传从前是一片水塘，住着大龙密斯、小龙闻斯。大龙骄横，欺负鱼虾、龟蟹，小龙为此打抱不平。天神尼罗洒赛看见霸王密斯闹事，嘴吐白气，把它赶到竹哆岩的小水塘里，这里就出现大山，还用密密的金竹林围在当中。天神又把乌龟、鱼虾放入河里，把螃蟹放到沟里，让它们各自安居其所。小龙闻斯和鱼虾和睦相处，被天神封为山王。闻斯高兴得扭啊摆啊，全身扭成了九个弯，摆了九十九天，终于变成了九头山。天神有两个使女，一个叫婼依，一个叫梅依。婼依爱着密斯，梅依爱慕闻斯。婼依和梅依偷了天神两颗宝珠，变成一对洁白的天鹅，从天上飞下来，把宝珠丢在各自相爱的恋人身旁。天神发觉此事后，又把她俩分开关在金笼里，不准出来。她们犯了天条，都哭得很伤心。她俩对九头山吹了一口白气，就变成了九头山的大路，一直通向远方。当地汉人、彝人顺路还会捡到金银。从此上帮住着汉人，下帮住着彝家。每逢重大节日，汉彝人民都会骑着白马，带上酒肉来祭献九头山，唱歌跳舞，感谢天神。

佚名讲述、记录。收入《中国传说故事大辞典》，16开，1页，500余字，中国文联出版公司1992年版。（阿南）

龙泉山

彝族风物传说。流传于云南省楚雄彝族自治州。相传龙生对瞎眼妈妈心肠特好，他去挖野菜，听见岩下深洞中有一个被龙王锁了五百年的老奶奶在呻吟，他救了老人。老人使他母亲的双眼复明，又送他一个宝瓶，可用来施雨，但只能喷一次，喷二次会使他变成虾，喷三次会使他变成癞蛤蟆，喷四次便会见不着妈妈。有一年干旱，他为了乡亲，毅然喷了四次，遍地降下甘霖。龙生却化龙而去，见不到母亲了。龙生降雨化龙的那座山，后来就称为龙泉山。

佚名讲述、记录。收入《彝族文学史》，32开，1页，200余字，云南民族出版社2006年版。（阿南）

浦贝和象山

彝族山川传说。流传于云南省易门县彝族地区。讲述的是：传说，今浦贝的南部有一片大森林，贫苦人家的一位名叫浦贝的青年从山洞里救出了一头被狼豹围困的小象精心养护。小象长大后跟随浦贝上山、赶集、驮柴火，还用鼻子帮助孤寡老人和乡亲们担水。村里的恶霸地主想霸占大象，浦贝不从，恶霸就收了他的田地，不准他打柴。一天夜里，村里火光冲天，地主家的房子全部化为灰烬。次日人们发现浦贝一家和大象不见了。原来浦贝一家带着大象翻山越岭逃到另一个地方定居去了，那里慢慢发展成了一个小村庄。大象老死后化成一座山守护那村子。后来人们把这村庄叫浦贝，村头对门的山叫象山。

佚名讲述，杨金泉搜集。收入《云南民间文学集成·易门县集成卷》，32开，2页，1300余字，云南民族出版社1994年版。（普开福）

凤凰山

彝族山川传说。流传于云南省玉溪市红塔区彝族地区。讲述的是：远古的时候，玉溪是一个海子，几经沧桑后变成了良田无数的坝子。不过，北部风调雨顺物产丰富；南部却水源干枯土地荒芜，农民含辛茹苦。有一只凤凰有意拯救玉溪南部灾民，就变成衣衫褴褛、拄着拐杖的叫花子老太婆，从嶍峨（今峨山县）乞讨而来。到宋营讨得一碗野菜饭，她用拐杖用力一拄就造出了如今的大龙潭，到哨坡受款待又造出黑龙潭，到了大密罗同样受欢迎造出密罗河。到了排山屯老太婆病倒了，乡亲给她煨药治病，端汤送饭。病好后，她变成了一个漂亮少女，从此与乡亲们共同劳动，造出许多水塘，使这里花果飘香、物产丰富。她死后就变成一座秀丽的山，即凤凰山。

张薛氏讲述，张士禄记录、整理。收入《玉溪市民间文学集成》，32开，3页，1200余字，玉溪市文化局、民委、文联、群艺馆1989年编印。（普开福）

宝象河（一）

彝族山川传说。流传于云南省昆明市。据说，偷吃供果的懒母猪被贬下凡界赎罪，变成乌龙躲在哦乃奔山脚的洞里，天天喷出泉水灌溉农田。不久，它惰性发作，在石板上一睡就是一年。它醒来看到树枯苗死时，就使海子水泛滥，淹没了田地、房屋。天神派白象下凡惩治母猪龙。白象用金链把母猪龙从哦乃奔拖到大板桥拴在石桩上，母猪龙又挣断了链子，拱倒了石坝，海子水泄入滇池后就变成了干海子。母猪龙逃到水深无底的阳宗海再也没出来。白象回到哦乃奔变成一座石山，用鼻子喷出泉水，长流不息。后人就称石山为象鼻山，把从山上流下来形成的河水称宝象河。

王芝讲述，李光荣采录。收入《昆明山川风物传说》，32开，2页，1300余字，云南民族出版社1994年版。（梁红）

宝象河（二）

彝族山川传说。流传于云南省昆明市彝族撒梅人地区。讲述的是：从前，撒梅山寨非常缺水，靠天下雨种点庄稼。撒梅山寨有个姑娘因在家中屋顶有一朵瑞云相照时降生，被起名叫艾梅奇日古（意为彩云），寨子也因飘来这朵祥瑞之云称为一朵云村。艾梅姑娘聪明灵巧，纺麻绣花样样能。善良的艾梅姑娘为了让缺水的山寨有水，答应把自己嫁给在老爷岭上管水源的大象。大象高兴地驮着艾梅朝山下走去，他们身后就形成了一条河。他们不停地走，走到了滇池，河水也就跟着流进了滇池。故此，这条河就被称为宝象河。

飞崇义讲述，灌玉采录。收入《昆明山川风物传说》，32开，2页，1200余字，云南民族出版社1994年版。（梁红）

漾江来源的传说

彝族山川传说。流传于云南省巍山彝族回族自治县。讲述的是：洱海龙王不忍海水暴涨危害百姓，奏请玉皇大帝派神仙下凡开山泄水。开山神下凡后，东描西画，引水出海。当引到达子山时又累又饿，就向一家婆媳俩讨吃的。他吃饱后想睡，嘱咐主人鸡叫时喊他。半夜，他的鼾声大作，让婆媳俩无法睡觉。婆媳俩想让他赶快起床走，就打簸箕学鸡叫。开山神听见公鸡叫声，就上路引水。可是天黑看不清，他把水错引到泰尖山下打了一个迂回。这就是从洱海出水的漾江弯曲的由来。

佚名讲述，郑国富搜集、整理。收入《巍山彝族回族自治县民间故事集成》，32开，3页，2100余字，巍山彝族回族自治县民间文学集成办公室1988年编印。（段葵）

隔母河的传说

彝族山川传说。流传于贵州省黔西县中坪、纸厂、金坡等地彝族居住地区。讲述的是：隔母河曾是人们随便打鱼、挑水、洗衣的地方，后因激怒了河神，河水常泛滥成灾。有一次，一个背着孩子提着东西的妇女经过这里，她先背孩子过河放下才回去拿东西，可正当她返回拿起东西要过河时，河水将石蹬冲走而无法过河，母子隔河哭喊了三天三夜，最终含恨死在河的两岸。隔母河由此而得名。

甘泽平讲述、翻译，丁广记录。收入《中国民间故事集成·贵州省毕节地区·黔西县卷》，32开，2页，500余字，黔西县民间文学集成编委会1988年编印。（罗德显）

红水河变孙水河

彝族山川传说。流传于四川省喜德县。讲的是：喜德县境内有两条河，一条叫孙水河，一条叫红水河。孙水河两岸的远近峰峦，覆盖着森林，河水一年四季清澈见底，即使山洪暴发也不混浊。而红水河，每当山洪暴发，河水混浊，近似赤红，因此而得名。清乾隆十三年（1748年）以后，人们把红水河也称之为孙水河了。清乾隆九年（1744年），喜德（原属冕宁县）首次派驻了一名姓孙的守备。守备到喜德时，正值红水河泛滥成灾，淹没大片沃土。洪水消退后，孙守备亲自实地考察后，带领一营兵勇，并发动沿河两岸汉、彝百姓的生活开凿了"龙脉"，筑起防洪长堤，开出了三千多亩良田。接着，又搬开象鼻梁山的"象鼻子"，开垦出千亩良田，再接下来，又打开了"象鼻梁"，先后开垦出万亩良田。河沿岸汉、彝百姓，变得殷实富足，安居乐业。人们感慨地说："这是孙守备治下的啊！"后来，一位县令写下"孙源"两个大字，刻在孙水河的石壁上，让人们看见河水，激发起建功立业的热情。久而久之，他们把红水河也称之为孙水河了。

熊帮本讲述，白芝收集、整理。收入《中国民间故事三套集成四川喜德卷·凉山彝族民间故事选》，32开，6页，4000余字，四川民族出版社1990年版。（阿南）

阿觉神女峰的由来

彝族山川传说。流传于四川省美姑县等地区。讲述的是：在山川河流、花草树木都会说话的时代，世上万物按天神吴体古兹的旨意互相婚配繁殖。尼扎果峨神山有一女年方十三岁，姿色出众，容貌胜似日月星辰，被其父母视为掌上明珠。她向父母提出要嫁给沙马玛俄神山的儿子为妻，遭到拒绝。一天夜里，她带领两个丫鬟私奔了。其父母得知大为恼怒，带领家兵追赶，当追到拉马阿觉时雄鸡争鸣起来，因为神只能在前半夜活动，所以她们变成了三座山峰立在了原地。这就是阿觉神女峰的由来。

阿吉曲体收集，吉尔体日整理、翻译。收入《美姑县民间故事资料集》，32开，22页，1000余字，中国民间文学三套集成美姑卷编委会1987年编印。（吉邮伍野　吉尔拉格）

背靠父母的儿子

彝族山川传说。流传于四川省喜德县。讲述的是：则俄山顶共有大小十座山峰，其中有两座大的山峰是父母，其余八座小的是它们的儿女。在八个儿女中有七个面向父母，终日守候在父母身边，有一个儿子却始终把脸转向一边。这是为什么呢？相传，有一天，父峰和母峰将八个子女召集到一起，对它们说："你们现在都已长大，每个都应当担负一项职务，执政管家。"七个儿女都遵从父母的意愿，各司其职。唯有一个儿子不听从父母的吩咐。叫它管理林中的麂鹿，它不答应；叫他管理山间的湖泊，它不点头；叫它管理牛羊、管理牧场，它都一一拒绝，总是想钻进母峰的怀里要奶吃。母峰看着这不成才的儿子，非常生气，一巴掌打去，把它的头从怀里打开。但是，这个好吃懒做的儿子并不改正，并赌气坐到旁边去背靠父母。从此，它就一直保持着那个姿态，离群独处了。

拉依木牛讲述，依火古坡收集、整理，白芝翻译。收入《中国民间故事三套集成四川喜德卷·凉山彝族民间故事选》，32开，1页，600余字，四川民族出版社1990年版。（阿南）

安宁河

彝族山川传说。流传于四川省西昌市彝族地区。讲述的是：从前，一个穷人在一棵永远割不完的神草根下拾得一个宝珠后变成应有尽有的富翁，这事被他的主子知道后来抢这个宝，结果宝被他吞下肚里，后因他口渴跑到小河边喝水时这条小河变成了大河，就是如今的安宁河。

尔古阿沙讲述，贾斯拉核记录。收入《所地民间故事》（彝文版），32开，9页，4100余字，四川民族出版社1991年版。（贾斯拉核）

白鸽江

彝族山川传说。流传于云南省石林彝族自治县彝族地区。讲述的是：从前，石林境内的一条江岸边有一棵枝叶茂盛、四季碧绿的大树，上面居住着一只白鸽。有一年，附近村落发生了瘟疫，不少人相继病故。白鸽衔树叶送给发生瘟疫的村落，人们煨服树叶后，病痛痊愈。当地恶霸得知白鸽栖息的树叶能治病，便带着爪牙来到江边，想打死白鸽，霸占大树。这时暴风骤起，大雨倾盆，恶霸和爪牙被刮入江里淹死了。大树也随水流滑入江中，变成了大叠水瀑布。为纪念善良的白鸽，人们把瀑布上段河流称为白鸽江。

佚名讲述，李若青搜集、整理。收入《昆明民间故事》第一辑，32开，2页，700余字，昆明市民间文学集成办公室1987年编印。（梁红）

石林湖的由来

彝族湖海传说。流传于云南省石林彝族自治县彝族地区。讲述的是：洪水泛滥时，兄妹俩坐的大木盒曾三次被巨浪托起碰着天，他们向天神沙罗婆和拖罗婆求救。天神拿金棍和银棍钻了个土洞和一个石洞，此后，有的地方渐渐露出水面，兄妹俩在露出水面的地方安下家，繁衍人类。年复一年，一望无际的海水从土洞和石洞淌入南盘江流入南海，剩下稀稀落落几个水塘。石林附近的人口越增越多，靠五棵树村前大水塘滋养的人们看着不停回落的水，心急如焚，昼夜不停地搬运石头堵土洞和石洞。龙王的女儿被人们征服自然的行为所感动，便偷了天神沙罗婆和拖罗婆送给父王的金棍和银棍送给撒尼人堵石林湖的洞。龙王发现后要拔出金、银棍，龙女和一位撒尼姑娘为护住金、银棍便变成了石林湖边的姊妹峰。

佚名讲述，龚明华、高登智采录。收入《路南民间故事》，32开，4页，2500余字，云南民族出版社1996年版。（梁红）

异龙湖的传说

彝族湖海传说。流传于云南省石屏县。讲述的是：从前，异龙湖里没有水。一天，石屏坝来了一位仙翁。他提着一笆篓干黄鳝在各村叫卖，五两银子一条。有几位村妇路过，见仙翁穿得很破旧，可怜他，就凑钱买了一条干黄鳝。仙翁觉得此地村民心地善良，于是提着笆篓，从石屏坝北往东走，沿路到了符家营、寺脚底、白马庙、左所、大水、仁寿、白浪等村，每经过一个村，就把笆篓里的干黄鳝扔一条在村边的石窠里，石窠里顿时就会有清泉涌出来。当仙翁走到坝子中央，见这里地貌平整宽广，环境优美，心里甚是喜欢，于是把剩下的大半篓干黄鳝全都倒入了这里的石窠里。顿时，只见眼前湖水碧蓝，波光粼粼。从此，石屏就有了现在的异龙湖。

佚名讲述，冯子望搜集、整理。收入《石屏古今奇趣》，32开，2页，1300余字，中国广播电视出版社2003年版。（李朝旺）

长湖和圆湖的传说

彝族湖海传说。流传于云南省石林彝族自治县。讲述的是：乐于助人的阿金、阿青兄弟力大无比，一拳可以打一眼井。维则地方有条能翻云转雾的巨龙，还有一个会在地上滚出巨坑的体大如山的乌龟，它们为害乡里。为独霸地方，它们想杀掉深得民心的阿金和阿青。结果，兄弟俩反而把巨龙打死了，把乌龟砸灭了。死龙变成了长湖，死乌龟变成了圆湖。

佚名讲述，昂坚华采录。收入《云南省民间文学集成·路南民间故事》，32开，2页，1200余字，云南民族出版社1996年版。（梁红）

月湖的传说

彝族湖海传说。流传于云南省石林彝族自治县。讲述的是：陆良有个走马皇帝，听说戛的玛地方每当日出日落就会闪耀万道彩霞，疑有金子，便倾其财力买下戛的玛这块地盘，并请九十九个贫民挖掘财宝。挖了三年三个月，挖到数十丈深时，从一棵老梨树根冲出一股泉水。被泉水淹没的戛的玛宛如弯月，后人就称其为月湖。为庆贺前人的开湖壮举，月湖边的撒尼人每年都举行一次摔跤盛会，纪念前人的功绩。

佚名讲述，高磊、毕志清采录。收入《云南省民间文学集成·路南民间故事》，32开，3页，700余字，云南民族出版社1996年版。（梁红）

邛海的来历

彝族湖海传说。流传于四川省西昌市彝族地区。讲述的是：很久以前，在样童县（如今的邛海）有一个穷人以卖柴来维持生活，平时这个穷小子经常受到住在城里面的大富人的压榨、欺侮。一天，他不小心划破了手出血后在洗手时，引来了一条蚯蚓，这位善良的穷人把母亲给自己的干粮让给了蚯蚓，结果蚯蚓变成了青龙，青龙为这个穷人打抱不平，放洪水淹没了整个县城，使之变成了一个湖，这个湖就是今天的邛海。

阿好依体等讲述，贾斯拉核记录。收入《所地民间故事》（彝文版），32开，9页，4900余字，四川民族出版社1991年版。（贾斯拉核）

邛海的来源

彝族湖海传说。流传于四川省凉山彝族自治州。讲述的是：一个为土司做饭的奴隶，在水凼中看见一条小白蛇，见它又小又弱，就天天用洗碗水中的剩饭菜喂养它。小白蛇一天天长大了，有一天忽然问他需要什么。他想了半天，只说："阿妈在家里挨饿，能让她吃顿饱饭多好啊！"这夜大雨中，一条金龙飞进了他的家，从鳞甲里抖下数不清的黄谷，把三间破屋都装满了。但附近财主、土司地里已成熟的谷子，却只剩下了光秃秃的谷秆，所有的谷穗都不见了。财主们失了谷穗，又见他家忽然有了那样多的黄谷，就到土司那里去控告他偷窃。土司就把他母子二人抓了来，要处死他们。一夜，母子俩正在地窖里抱着哭泣，金龙飞进来向他们说："审问你们时，你们面前将会长出三根竹笋，你们拔下左、右两根；留下中间那根，就能得救了。"当土司正要叫人来捆他们去处死时，他们面前的地面上果然长出来三根竹笋。儿子立刻照金龙所说的去做。左、右两根竹笋刚一拔下，忽然有两股水像涌泉一样涌了出来。霎时四周都涨了水，转瞬间把土司、官员和财主都冲得东倒西歪，四下奔跑。中间的竹笋则变成了一条青龙，驮着母子二人向空中飞起。青龙又抖下无数鳞甲来变成小船，让城中百姓和呷西（奴隶）们都乘上船往陆地划去。当百姓们刚一上岸，西昌老城就全被淹了。这水就是今天的邛海。据说晴天在邛海上往水底看，还看得见旧西昌城钟鼓楼的屋顶和城墙角哩！

佚名讲述、记录。收入《中国少数民族文学》，32开，1页，500余字，湖南人民出版社1983年版。（阿南）

锁住神马保草海

彝族湖海传说。流传于贵州省威宁彝族回族苗族自治县彝族地区。讲述的是：两个帮土司家放牛的娃子把黑牛弄丢了，于是不敢回家，当找牛找到草海边时已是明月当空，放牛娃又累又饿，倒下便睡着了，他俩同时梦见了黑牛来草海饮水，海水水位马上下降了一尺多，放牛娃扔石头去打，黑牛腾空变成一匹栗色骏马飞腾起来，一直飞到上帝庙。他俩紧紧追赶，终于在庙里看见嘴里含着麦苗，腿上还湿漉漉的泥塑马。后来，在老道的帮助下，村民们用桐油灌它的腿，用铜钉钉它的蹄。从此，海水一天天升高，成了今天的高原明珠——草海。

罗大爷讲述，安天荣记录、翻译。载《南风》1980年第12期，16开，2页，2000余字，贵州省文联1980年编印。（罗德显）

天池的传说

彝族湖海传说。流传于云南省禄劝彝族苗族自治县彝族地区。讲述的是：很久以前，乌蒙轿子山是由玉帝、王母管辖的人间仙境。山上的天池水分绿、黑、白三层。天池深处长着棵罕见的七色仙女花，能治百病。玉帝怕人偷盗，命织女织锦云围护于山腰，又派大青龙王驻守湖中，严守仙女花。有一年，山下村庄发生怪病，善良的龙三公主为帮助上山求仙女花给乡亲们治病的小伙子，就带着丫鬟翠翠盗取仙女花根，小伙子用仙女花治好了村民的病。而违反天规的三公主和翠翠却被天神逼死。公主的坟上长出红色的杜鹃花，翠翠的坟上长出“一枝蒿”草，小伙子看到公主死去，也跳崖而死变成冷杉。玉帝怕仙女花再次被盗，派风雪娘娘封住山头，雾神遮住轿子山。所以，一年四季，轿子山不是白雪皑皑，就是云雾缭绕。若有人到山顶在天池边弄出响声，便会招致冰雹和大雨。据说这是玉帝、王母在警告来人别打仙女花的主意。

张正有、张正发讲述，李天龙、赵剑、钱春林、唐国亮采录。收入《昆明山川风物传说》，32开，5页，3500余字，云南民族出版社1994年版。（梁红）

清水海

彝族湖海传说。流传于云南省昆明市寻甸回族彝族自治县、东川区、嵩明县，曲靖市马龙县等彝族地区。讲述的是：青山环抱、碧水荡漾的清水海古时候称为“车湖”。据说那时的亦布（寻甸的古称）是山清水秀、牛羊满坡的一片坝子，不知啥时来了九十九条作恶多端的孽龙，时常兴风作浪、践踏庄稼，老百姓苦不堪言。神人阿咱哩得知后下扣子擒住了所有恶龙，并把它们弄得只有黄鳝大小，用柳条穿成串带在身上。走到格模山脚时，不小心有条龙挣豁鼻子溜到箐沟里安了家，并吐出一股清泉，后人称之为“塌鼻子龙潭”。阿咱哩带着剩余的九十八条龙投宿糯谷那务的泼稍务土司家，发现糯谷那务干旱缺水，百姓生活困苦，便把余下的龙全放在土司家干涸的井里，瞬间井中盈满了甘甜的清水。有了水，这一带的老百姓日子日渐好过起来。不久，泼稍务土司忙着与其他土司械斗，心不在焉的土司女儿打水时未及时把刻有阿咱哩“符咒”的井盖盖上，九十八条恶龙瞬间窜出水井，推波涌浪，向人们追逼而来。幸得阿咱哩及时出现，众人才得以逃生，但方圆十三个村寨从此淹没在一片汪洋之中。后人把这个静躺于群山之间的大湖称为清水海。

佚名讲述，李忠诚搜集，余荣品整理。收入《寻甸民族民间故事集》，32开，3页，2100余字，云南民族出版社1995年版。（梁红）

清水海的沙滩

彝族湖海传说。流传于云南省寻甸回族彝族自治县、东川区、嵩明县、马龙县等彝族地区。讲述的是：很久以前，寻甸金源五里松后山纳家箐有个龙潭，这个龙潭流出的水供养着下游沿岸的百姓。清水海龙王的三女儿三小姐就嫁给这个龙潭里的年轻龙王为妻。三小姐夫妇十分恩爱，时常扮成商贾游人畅游于湖光山色、集市村寨之间。一天龙王独自变成一条光彩耀眼的红鱼，从龙潭顺流到下游。不想途中有个不检点的妇女在溪流中洗涤肮脏衣裤，龙王化身被污秽亵渎，无法变化。游到五里松时被一个弱智之人捉去煮吃了。得到消息的三小姐悲痛欲绝，决定为龙夫报仇雪恨。于是，请一个过路的货郎给住在清水海里的父王捎去了三封石子信，请来了清水海的虾兵蟹将为龙夫报仇。当晚暴雨倾盆，五里松一带的村庄全被淹没在汪洋之中。若干年后，湖水慢慢退去，留下了今天的沙滩。

佚名讲述，李忠诚搜集，余荣品整理。收入《寻甸民族民间故事集》，32开，4页，2200余字，云南民族出版社1995年版。（梁红）

白草岭的传说

彝族风物传说。流传于云南省大姚县。讲述的是：很久以前，在一座大山脚下住着父子俩。有一天，父子俩坐在石崖下歇脚，突然一只凶猛的老鹰朝他们扑来，儿子拉起长弓射去，恰好射中了老鹰的左眼。老鹰带伤向高空逃去，一直飞到了大海尽头便跌落下来，宽大的翅膀和身子堵住了海水。海水暴涨，不一会儿就淹到了南天门。白草岭上有一个牧羊仙女，她用一包苍蝇卵向东海死鹰撒去，死鹰被蛆虫拱烂了，洪水才慢慢地退了。水退了，可人也全死光了，只有儿子被牧羊仙女救上白草岭，与牧羊仙女成婚过日子。天宫里的王母娘娘知道后，就下令让他们居住的这座山的山顶只能长草，不能长树，只能开花，不能结果。从此，山顶上白草茫茫，人们就叫它白草岭。白草岭只长花不出粮，牧羊仙女为了活下来，就在白草岭上种了洋芋。这洋芋上面开的花和其他花草一样，果实藏在土里，王母娘娘看不见。这样，白草岭上的人们代代都吃洋芋。人们不愿在坝子里过日子，是因为怕被淹了。

李根茂讲述，陈维寿记录。收入《大姚县民族民间文学集成》，32开，2页，1000余字，云南民族出版社1991年版。（李惠兰　朱琚元）

奢香岭

彝族风物传说。流传于贵州省黔西、大方等县彝族地区。讲述的是：彝族姑娘中，美丽又能文能武的奢香在云落山歌场邂逅霭翠，经过一番文武较量后定下终身。婚后一年多，正当奢香夫人坐月子时，霭翠领兵支援滇西头人而不幸身亡。从此，19岁的奢香夫人执掌水西大政，把贫穷的水西治理得富裕起来，各族百姓安居乐业。奢香夫人开辟了连接中原的官道，修筑龙场九驿。为了纪念她，铭记她的功绩，后来人们就把他俩定亲的云落山改叫“奢香岭”。

魏绪文记录。载《南风》1984年第1期，16开，2页，1500余字，贵州省文联1984年编印。（罗德显）

太极顶的传说

彝族风物传说。流传于云南省弥渡县。讲述的是：鸡足山的真人为殿宇选址来到支锅山，一路虽然风光优美，可就是一踩脚不是凹陷就是倒塌，最后只得选在怪石嶙峋的太极顶上。殿宇竣工之日，百姓庆贺，密祉人和瓦哲人为谁先玩灯、谁先打歌争执不下。真人说：“歌神为大，灯神为小。”从此，每当纪念之日的农历正月初七，瓦哲人先打歌，密祉人后玩灯。

李光华讲述，李泽搜集、整理。收入《弥渡民族民间故事传说集》第一集，32开，3页，1600余字，弥渡县民间文学集成办公室1986年编印。（巴子）

若哪莱

彝族风物传说。流传于云南省弥勒市彝族地区。讲述的是：很久以前，西山和圭山交界的地方干旱无水，百姓苦不堪言。一天，烈日当头，有个妇女背着不满周岁的儿子去开荒。随着一阵微风飘来“哗哗”的水流声，她把背被解下铺在地边，将熟睡的孩子放在上面，然后寻水声而去。当她找到水源返回时，孩子已被大黑蜂抬走。妇女悲痛的哭声唤来了山寨里的乡亲们。人们宰杀一条小牛，引诱大黑蜂抬食。跟踪了三天，在五十里外的底吐载呆找到了蜂巢，用火把大黑蜂烧灭。后人把妇女放孩子的那座山叫“若哪莱”，即“丢失儿子的山”。

佚名讲述，石中山搜集、整理。收入《弥勒民族民间故事》，32开，2页，900余字，云南民族出版社2003年版。（梁红）

发打博山的故事

彝族风物传说。流传于贵州省赫章县珠市彝族乡地区。讲述大韭菜坪和小韭菜坪在发打博山的牵线搭桥下结为伉俪。接亲队伍的热闹气氛惊动了天庭，玉帝得知是近亲通婚，就派雷神来惩罚这种违反天律的行为。迎亲马被砍了一个大口后就站着不动了，新娘落在马前，就地伫立，遥望丈夫，媒人被剖开心腹，掏出血淋淋的心脏示众，至今仍在夜郎石林里向游人展示着。

佚名讲述，龙宪良记录、翻译。收入《中国民间文学三套集成·贵州省毕节地区·赫章县卷·彝族》，32开，2页，700余字，赫章县民间文学集成编委会1988年编印。（罗德显）

禾所博与扎扎阿略

彝族风物传说。流传于贵州省赫章县彝族地区。讲述的是：彝族青年扎扎阿略周游四方，有一天，路过一座山下，突然被年轻的山神禾所博拦住去路，年轻气盛的两个小伙就打了起来，一直斗了七天七夜，禾所博体力渐渐不支，扎扎阿略向其猛劈一刀，山神的肚皮被劈去一半，倒地而亡。扎扎阿略认为山神太可恶了，便把拐棍向山神的胸前甩去，直插上那峭壁，至今仍清晰可见。

阿德讲述，洛嘎慕谷记录、翻译。载《南风》1989年第3期，16开，1页，1000余字，贵州省文联1989年编印。（罗德显）

玉龙坡

彝族风物传说。流传于贵州省黔西、大方等县彝族地区。讲述的是：奢香夫人因原来的土城年久失修，不能练兵而将土城重建为石城，守城小将玉龙抗令不干，奢香夫人下令将他关起来，自己主持修城。百姓捐款捐物，积极支持，牢中的玉龙后悔不已，便撕下衣襟给奢香夫人写了一封血书，要求放他出来，一定好好修城，将功补过。奢香夫人为其大摆宴席，给玉龙复职，并将修城重任委托于他。奢香夫人执法如山，又能宽以待人，文武双全令人佩服。石城将修筑好时，玉龙不幸被石头砸死，奢香夫人将其厚葬于此山后，将这个坡命名为“玉龙坡”。

魏绪文记录。载《南风》1984年第1期，16开，1页，1000余字，贵州省文联1984年编印。（罗德显）

铜草花与睡美人

彝族风物传说。流传于云南省大姚县。相传王子铜与公主银相爱，后来王子铜与红白二龙相斗，虽打死了二龙，自己也为龙所害。公主银泪流满面。王子铜之父还有很多铜牛，无法觅到。彝家父老就驮来谷物、大豆等粮食献给铜牛，吹笙、奏笛、弹弦、跳舞呼喊“铜牛苴苴”（请来吃东西）。铜牛未找到，公主寻找王子终于睡着了。她变为两座山，人们称为王子山、公主山，二人至今未醒。铜矿山下的草开红花，人们称同心草，也称铜草花。

佚名讲述、记录。收入《中国传说故事大辞典》，16开，1页，200余字，中国文联出版公司1992年版。（阿南）

两山打架的故事

彝族风物传说。流传于贵州省赫章县彝族地区。讲述的是：赫章县的结构大山有两个儿子，一个是红岩山，一个是狗闻洞山。红岩山的妻子是偏脖山。由于红岩山和偏脖山两夫妻吵嘴打架，红岩山用草鞋棒打偏了妻子的脖子，妻子用织布的麻刀往红岩山头上劈去，头被劈成两半。夫妻俩告状到结构大山面前，经调解讲和，至今对面相望，亲热不减。而狗闻洞山背着小孩要到父亲那里去探听哥嫂打架之事，但走到丫口天就亮了便安家于此。

陇国兴讲述，陇荣兴记录、翻译。收入《中国民间文学三套集成·贵州省毕节地区·赫章县卷·彝族》，32开，2页，600余字，赫章县民间文学集成编委会1988年编印。（罗德显）

山谷回声

彝族风物传说。流传于贵州省毕节、大方、金沙等市县彝族地区。讲述的是：勤劳的龙融三弟兄得到三姐妹的爱慕，可无论如何呼唤，三弟兄都不敢和她们成亲，连续几天，三姐妹都遭到拒绝，从此石门不再开，只能听见她们的呼唤声回响在山谷，却再也看不见人影。

陈亮奎讲述，陈大政记录、翻译。收入《中国民间文学三套集成·贵州省毕节地区·毕节县卷》，32开，3页，1000余字，毕节县民间文学三套集成编委会1988年编印。（罗德显）

地龙的传说

彝族风物传说。流传于贵州省织金县彝族地区。讲述的是：很久以前，乌江两岸的彝家丰衣足食，安居乐业。可后来，管辖乌江水域的小青龙变坏了不理正事，百姓年年遭灾，苦不堪言。住在乌江对岸已修炼成仙的两条曲蟮（蚯蚓），将这一切看在眼里，急在心里。为此同小青龙搏斗起来，黑曲蟮不幸战死，白曲蟮也奄奄一息，幸得仙人所救而变成小金龙，天帝赐封它为地龙，下界管辖乌江水域。白曲蟮为了纪念死去的哥哥曲蛐蟮，就在自己的脖颈上留下一条白色项圈，像戴孝帕一样。

安红讲述，安文新记录、翻译。收入《中国民间文学集成·贵州彝族回族白族故事选》，32开，6页，3000余字，贵州民间文学集成办公室1993年编印。（罗德显）

海望大田

彝族风物传说。流传于云南省石屏县。讲述的是：盘古开天辟地时，海龙王派两条龙来行雨济民。大龙春分时行雨，小龙立夏时降雨。大龙因贪玩，误了行雨的时令，小龙只好替大龙行雨。大龙回来后，不知小龙已替自己行过雨，还猛降大雨，把这里的庄稼和农户全淹没了。观音路过，见此景象，忙飞往东海，责令龙王前来制止。龙王于是将大龙点化成许都克山，将小龙点化成阿扎期山，把大水包围成海。后来，海边来了两家住户，分别住在海的两岸，可隔海相望。海望因此得名。其中普姓人家，全家出动，同心协力，开山运石，炸石填海。他们的行为感动了天帝，此海就一夜之间消失了，变成现在的“海望大田”。

杨文高讲述，陈应官整理。收入《石屏古今奇趣》，32开，2页，1000余字，中国广播电视出版社2003年版。（李朝旺）

仙骡脚迹

彝族风物传说。流传于云南省元江哈尼族彝族傣族自治县彝族地区。讲述的是：从前，在彝家聚居的笼孔这个地方，养着一群马。有一天，养马人把马放到龙马山上，有匹母马吃了一棵仙草，生下了一匹小骡子。三年了，小骡子一点也没长大，天天待在马厩里，全身被马粪裹着。人们都认为主人家养了匹倒霉骡。不料，有个白发老人出重金买了这匹小骡子。老人用水冲洗小骡子后，小骡子突然变得又高又大，骡蹄有三尺长。原来它是一匹仙骡，养马人救过它的命，特来向养马人报恩的。白发老人骑着仙骡飞走了。仙骡第一脚踏到了芭蕉箐边的石头上，就留下了一个“仙骡脚迹”；第二脚踩在大哨坡头上，又留下了一个大蹄坑，如今仍有痕迹。

佚名讲述，文雁搜集、整理。收入《元江民族民间文学资料》第五辑，32开，2页，600余字，元江哈尼族彝族傣族自治县文化馆1985年编印。（宋自华）

马缨杜鹃的传说

彝族风物传说。流传于贵州省大方县彝族地区。讲述的是：鲁欧阿朵和索昭里扎是杜鹃山下有名的一对情侣，统治千里秦山作恶多端的豆区打吉横刀夺爱，活活拆散了有情人。鲁欧阿朵和豆区打吉结婚的这天，勇敢的鲁欧阿朵用陪嫁的毒酒毒死了豆区打吉家的人，便骑马去找索昭里扎，而气愤的索昭里扎不知情便将箭射向了情人鲁欧阿朵，到后来得知事情的真相后返回去找鲁欧阿朵，可鲁欧阿朵已气如游丝无法挽救了，忧伤的索昭里扎悔恨自残倒在姑娘身旁。他们的鲜血流到之处长出了红白相间的马缨杜鹃花。

李云飞讲述，李光平记录、翻译。载《南风》1988年第2期，16开，2页，2000余字，贵州省文联1988年编印。（罗德显）

红杜鹃

彝族风物传说。流传于贵州省毕节、大方、黔西等市县彝族地区。皇帝的御花园中飞走了一枝花，皇帝发现后叫侍卫跟踪追寻，那枝花一直往彝族居住的西南方向飞去，彝家见了很喜爱这种花，这种花也喜欢彝族及其居住的高寒山区。侍卫追来了，杜鹃花一下变为雪白色，侍卫只好空手而归。从此，杜鹃花和彝家再也分不开，它把彝家的生活点缀得五彩缤纷。

张克记录、整理。载《南风》1988年第2期，16开，1页，500余字，贵州省文联1988年编印。（罗德显）

牡丹杜鹃

彝族风物传说。流传于贵州省大方县彝族地区。讲述的是：很久以前，皇帝与众妃到御花园赏花，百花皆跪拜于地，唯有牡丹花傲然而立，皇上斥之“无礼”，牡丹却认为皇上是人王，而自己是花王，虽灵性不同，但地位相等，应该互相叩拜。恼怒的皇上命人将牡丹连根拔起，贬到千里之外的大定普底。在普底，牡丹得到杜鹃姑娘们的拥戴，见杜鹃们互敬互爱，与日月同辉、与朝霞共寝，便在此地扎根。为了避免麻烦，牡丹模仿杜鹃的模样，把自己没入杜鹃之中。从此，杜鹃花丛中又多了一种“牡丹杜鹃”。

金雁记录、整理。载《南风》1989年第2期，16开，1页，300余字，贵州省文联1989年编印。（罗德显）

美女峰的传说

彝族风物传说。流传于四川省昭觉县彝族地区。讲述的是：在昭觉县拉木阿觉的一座高山上，矗立着一群栩栩如生的石像，其中一座如婀娜多姿的美少女，当地的人们称之为美女峰。相传，在很久以前，天上有个女神仙，她十五岁那年，父母给她包办了婚姻。她不满意这门由父母包办的婚事，而想找一个理想的神人做终身伴侣。当时，在龙头山上住着一位神人。于是，她决心抛弃优越的家庭，去寻找自由的爱情。在一个月明星稀的夜晚，她带着自己的仆人，骑着神马，悄悄出走了。当她们来到拉木阿觉这个地方时，看见山脚有两幢并排着的瓦板房。透过微弱的火光，仙女看见一个老阿妈和一个老阿爸围坐在锅庄旁，三脚架上吊着的锅里，飘出一股从未闻过的清香。阿妈和阿爸亲热地交谈着，好像是在等远出未归的儿子。仙女被这幅亲密和谐的生活画面深深吸引了，站在原地呆呆地看着，从心里向往着。不知不觉，天慢慢亮了。当她发觉时，远处的金鸡已唱出了第一声啼鸣。神仙在天亮后，就不能再行走了。因此，仙女和她的随从，就永远立在了拉木阿觉这个地方，化作一座座石像。在另一个名叫洛合甲谷的地方，也有一群石像，原来，是奉命来抓仙女的神仙，他们到了此地，天也亮了，无法退回，就定在那里，变成了石像。日复一日，年复一年，美女峰也就变成了彝族人民争取平等、自由，追求美好爱情的象征。

石一俄摩讲述，丁长河、李红菲采录，贾巴阿洛、雷骏整理。收入《凉山民间文学集成》（下，故事卷），32开，2页，700余字，西南交通大学出版社1993年版。（魏娟娟）

阿觉神女峰

彝族山川传说。流传于四川省美姑县彝族地

区。讲述的是：相传，花草树木都会说话的时代，彝区有四座驰名海外的大山，这四座山是：最俊美的尼扎果昊山；最秀丽的沙马玛昊山；贪得无厌的得布洛莫山和放荡不羁的阿其比尔山。那时候，世上万物都不会婚配繁殖，他们派神到天上向昊阿古君请教。听古君说："现在世上尚无人类居住，你们不会婚配也情有可原。你们就以名山配名山，名川配名川，请云彩做媒，以雨露当彩礼吧。"于是世上的山川峻岭就遵照天君的旨意相互婚配。尼扎果昊山娶了沙马玛昊山的妹妹为妻。尼扎果昊山有一女年方十三岁，其貌出众，父母家属视为掌上明珠。她大胆向父母提出要求，要嫁给沙马玛昊山的儿子表兄为妻，因其年尚幼小，父母没有答应。有一天夜深人静的时候，她带着两个贴身丫鬟，向着沙马玛昊家住地私奔了，家人发觉后立即禀告她的父亲。具有崇高声望的尼扎果昊山听说家里竟出了如此丢人的丑事，恼羞成怒，于是先后派出三队追兵去追赶。追到一处叫尔布体的地方时，有个追兵又累又饿，想站下来歇一歇，不料在路旁一停下来就变成了一座神女峰屹立在路边，再也走不动了。主仆三人见后面的追兵越来越逼近，慌不择路地拼命往前奔跑。在慌乱中，有个丫鬟的脚被刺扎着了，由于取刺耽误了一会儿就落在后面，当她们跑到拉马阿足的时候雄鸡争鸣起来了。因为神只能在前半夜活动，所以她们立即变成三座山峰立在原地不能动弹了。这就是阿觉神女峰的由来。

佚名讲述，阿古曲体搜集，吉尔体日整理。收入《凉山民间文学集成》（下，故事卷），32开，2页，1300余字，西南交通大学出版社1993年版。（魏娟娟）

沙冒河峰

彝族风物传说。流传于云南省建水县。讲述的是：沙冒河是北方一员外之子，因其好逸恶劳、不学无术，被充军到云南。来到普雄一带，两个差役先后被野兽咬死。孤独的沙冒河想到自己庸俗的过去，悔恨不已，便撞死在荒野，变成了一座大山，颐养当地人。

李成讲述，尼苏艾诺搜集，张绍碧整理。收入《云南民间文学集成·建水故事卷》，32开，1页，500余字，建水县文化局、民委1989年编印。（梁红）

石柜子

彝族风物传说。流传于云南省建水县。讲述的是：万氏母带兵驻扎三尖山后，造了个石瓮装锣锅和碗，造了个石柜装毡子。由于万氏母有了这些宝物，使她轻松胜敌。后来，皇家兵将利用计谋使这些宝物失灵了，万氏母的兵马一天天因冻饿而死。最后，万氏母也死在了三尖山，但万氏母装宝物的石瓮、石柜如今还放在三尖山上。

施家福、普忠讲述，关朝亮搜集，张绍碧整理。收入《云南民间文学集成·建水故事卷》，32开，1页，300余字，建水县文化局、民委1989年编印。（梁红）

扭松坡

彝族风物传说。流传于云南省建水县。讲述的是：万氏母带着几千人马走到利民的一座大山坡时，因日晒干渴，士兵们虚弱地躺在坡上，皇家兵又紧逼而来，万氏母把山上的松树扭出了水，士兵喝了松树水，勇气倍增，杀退了皇家兵。至今，扭松坡上的松树都还是扭着的。

施家福、普忠讲述，关朝亮搜集，张绍碧整理。收入《云南民间文学集成·建水故事卷》，32开，1页，200余字，建水县文化局、民委1989年编印。（梁红）

伙嫫姑娘

彝族风物传说。流传于云南省峨山彝族自治县彝族地区。讲述的是：从前，一个叫白杂格的村子里有一个叫伙嫫的美丽姑娘，获得四乡八寨的小伙子们的青睐，可伙嫫自有心爱的人。阿妈图财为女儿订下了一门婚事，要女儿嫁给一大富人家的瘫子，尽管姑娘不愿意嫁，可阿妈说陪着瘫子就是陪着一堆金子。伙嫫姑娘终被花桥抬走了，来到一个叫上厂的地方，她要求骑自己放养大的白马走一段，来到崖边，忽然乌云密布，雷雨大作。待乌云散开，只见伙嫫姑娘和白马贴在悬崖上，只有找来有节无叶草和有叶无节树才能把她救下来。可她阿妈没有找到这两样东西，伙嫫姑娘和小白马就变成了悬崖上的一幅画。原来有节无叶草是指鼻管草，有叶无节树是指芭蕉树。

方秀英讲述，柏叶搜集。收入《峨山民间文学集成》，32开，2页，1200余字，云南民族出版社1989年版。（聂鲁）

苦哥苦妹除妖

彝族风物传说。流传于云南省元江哈尼族彝族傣族自治县彝族地区。讲述的是：远古的时候，哀牢山松寨有个俏姑娘叫苦妹，是寨里有名的“飞石女”；栗寨有个英俊的小伙子叫苦哥，是寨里有名的“神猎手”。森林中有两个凶恶的妖魔，男妖魔专吃人心，女妖魔专吃人的眼珠，很多去打猎的男人和去采撷的女人都被妖魔害死了，苦哥、苦妹的爹妈也是被妖魔害死的。松寨和栗寨的彝家人恨透了妖魔，便组织一批人，在苦哥和苦妹的率领下去除妖。他们在长刀、箭头、石头上都涂上狗血走进森林深处。妖魔出现了，苦哥用箭射瞎了男妖魔的双眼，苦妹用飞石砸瞎了女妖魔的双眼。男妖魔气得拔下它胸前的长毛和头上的头发一吹，就变成了几十只豺狼虎豹；女妖魔扯下它的两只长奶一吹，就变成了很多毒蛇，但都被苦哥、苦妹的箭和飞石射死、砸死了。妖魔狂吼怒叫，张开血盆大口想吞掉苦哥、苦妹，在这千钧一发之时，只见飞箭如雨向两妖魔射去。“轰隆”一声，地动山摇，两妖魔倒下死了，变成了两块大黑石。

白玉生讲述，宋自华搜集、整理。收入《哀牢山彝族神话传说》，32开，3页，1500余字，云南民族出版社1990年版。（宋自华）

仙人赶猪

彝族风物传说。流传于云南省大姚县。讲述的是：很久以前，大姚桂花、湾碧一带的彝族人民每年都要用粮食和山货去石羊换盐巴。由于路途遥远，坡陡箐深，背盐回家的路上，不少人被摔死了。这件事被天神硪基知道后，决定把桂花、湾碧的石头赶到石羊铺平道路。一天，硪基天神变成一个老倌，用神鞭把桂花、湾碧的石头赶拢，又把这些石头变成一群黑猪向石羊赶去。硪基天神把石猪赶到昙华，并用树枝搭了猪厩，由于很累，又喝了许多酒，不慎将神鞭放在猪厩里，神鞭被猪尿糟了。第二天一早，硪基天神从厩里拿出神鞭继续赶“猪”，举手一抽，鞭子就断成两截，只得垂头丧气地回天上去了。而那些“猪”又全都还原为石头，所以昙华山的石头特别多。

李喜兰讲述，李跃记录。收入《大姚县民族民间文学集成》，32开，1页，300余字，云南民族出版社1991年版。（李惠兰　朱琚元）

金太阳和银月亮

彝族风物传说。流传于云南省南华县。讲述的是：很早以前，南华县罗武庄附近有一个金太阳和一个银月亮。金太阳是王母娘娘头上的冠珠，银月亮是王母娘娘的镜子。王母娘娘怕这两件宝物在天宫不保险，便把它藏到了民间，同时派鹰神和蛤蟆神作守护神。于是，这里长年四季当太阳升起的时候祥光四照，当夜幕降临的时候满室生辉。不知过了多少年代，从下江来了两个寻宝的魔术师，一个叫恨天，一个叫恨地。当他俩得知这里有宝物时，便密谋要偷走。恨天朝东，要找九十九个会叫的跳蚤叮瞎鹰神的眼睛；恨地朝西，要找九十九个会发亮的虱子刺瞎蛤蟆神的眼睛。他们分别找到了跳蚤和虱子，把虱子放到了蛤蟆神面前刺瞎了蛤蟆神的眼睛，取出了银月亮；又高兴地把跳蚤放到了鹰神面前，谁知已死掉了一个跳蚤，鹰神的眼睛没有马上被叮瞎。于是鹰神大怒，一扇翅膀，把恨天扇到了东海喂大鱼，又高叫一声，把恨地吓破了胆。鹰神耗尽了力气，最后把金太阳吞到肚里，变成了一座大山；蛤蟆神被刺瞎了双眼，丢掉了银月亮羞愧难当，变成了一块大石头。

代致民讲述，余伟民搜集。收入《民族民间文学资料》，32开，3页，900余字，南华县文化馆、民委1986年编印。（李惠兰　朱琚元）

石老虎的传说

彝族风物传说。流传于云南省禄丰县彝族地区。讲述的是：很久以前，禄丰县的云马村本是一个四周树木葱郁、鸟语花香的好地方。忽然有一天，一道令人心惊胆战的亮光闪过之后，人们萎靡不振，血流不止，头晕眼花，大汗淋漓。人称此病为红汗病。从此全村人数只要一到八十便有一人辞世。村人无奈之下请了一个风水先生来看地脉，一看才知云马村坐落在龙山上，和龙山相对峙的是母虎山，因为龙斗不过母虎，母虎就在龙身上兴风作浪，残害百姓。要彻底制住母虎，消除病魔，必须在平头山上放置一只公老虎。村人依计而行，请龙骨甸上村的石匠洪应春雕了一只石虎送到平头山上。从此母虎就再也不敢出来害人了，云马村的人才重新过上了平安美好的生活。

李正学、李正如讲述，马绍国记录，胡秀兰整理。收入《禄丰县民间故事普查资料汇编》，16开，15页，600余字，禄丰县委宣传部、文化局、民委1988年编印。（钱丽云　朱琚元）

马保的宝剑

彝族风物传说。流传于云南省楚雄市。讲述的是：从前，有一个为皇帝看管银库的人叫马保，他看到皇帝无道，只想敛财，从不赈济，特别是滇西山高皇帝远，从省到各府州县，层层盘剥，人民受饥受饿，于是，他决定用皇帝的金银救济滇西人民。马保雇了许多赶马工，偷偷地将金银一直运往滇西。途中骡马累死了，就把累死的骡马所驮的金银分给当地人民。如遇荒山野岭骡马累死了，就把累死的骡马所驮的金银就地埋藏。皇帝知道后及时差人追赶，到三尖山下追上马保。马保知道再难活命，就拔出宝剑插入石壁，然后跳崖自尽了。差人将马保的头带回到皇宫，忽然其头张嘴扑哧扑哧地吹胡须，吓得皇帝再也不敢追查金银的下落了。人们传言石壁上的“宝剑”是马保当年插下去的，云南到处挖得着的金银也是马保埋下的。

叶连富讲述，者厚培搜集、记录。收入《楚雄市民间文学集成资料》，16开，3页，900余字，楚雄市民委、文化局1988年编印。（李福云　朱琚元）

三尖山的石头人

彝族风物传说。流传于云南省牟定县。讲述的是：牟定县凤屯乡腊弯三尖山背后有一座小山，山上有一个自生的石头人，很像一个放羊的小伙子坐在一块岩石上。传说，这个彝族小伙子家里很贫穷，从小放羊，把羊群饲养得又肥又壮。姑娘们看他勤劳能干，都很喜欢他。后来，他和一个姑娘相爱了，但是女方父母嫌贫爱富，把姑娘嫁到遥远的地方去了。小伙子不知道自己心爱的姑娘结局如何，他天天想，夜夜盼。一天，小伙子放羊来到这座山上，又累又气，便坐在那个岩石上歇息。他又开始思念心上人，便从身边的一株马缨花树上摘下几片叶子，吹起了悲伤的调子，向远方的心上人倾诉自己心中的烦闷。遥远的姑娘听到了阿哥为她吹奏的树叶声，便把头上的包头布拉下来折成九层，当作树叶呜呜地吹起来。阿哥听到阿妹的诉说，知道了她的心，万分高兴，便笑眯眯地坐着睡着了，变成了一个石头人。

李国森讲述，王玉寿记录、整理。收入《云南省民间文学集成·牟定县综合卷》，32开，2页，

700余字，牟定县民间文学集成办公室1989年编印。（李惠兰　朱琚元）

普阿弟兄斗仙马

彝族风物传说。流传于云南省宣威市彝族地区。讲述的是：很早以前，有大力士两弟兄，哥哥叫普阿色夷，弟弟叫普阿色诺，各有一把开山斧，兄弟俩靠开荒种地过日子。有一年，麦子快成熟时，仙马洞飘出的乌云变成了一匹黑花马来糟蹋庄稼。两兄弟种上其他庄稼，黑花马同样来破坏，乡亲的庄稼也多次被糟蹋。第二年，两兄弟决心斗妖魔。两兄弟腰别斧头等了二十一天，黑花马终于出现了。两兄弟追赶黑花马一直追到红岩脚下，最终砍下了马头。马头飞进仙马洞，马身留在半山腰，分别变成了石头。除了妖魔，庄稼从此年年丰收。

佚名讲述，李江波搜集、整理。收入《蓝靛花——宣威民间故事》，32开，3页，2000余字，贵州民族出版社1992年版。（谭玉婷）

小莫朗的宝石

彝族风物传说。流传于云南省元江哈尼族彝族傣族自治县彝族地区。讲述的是：古时候，流过小莫朗寨子的泉水中有一颗绿宝石，晶莹剔透，十分可爱，闪烁着一道道绿色的光辉。自从有了这块神奇的绿宝石，小莫朗的泉水变得又甜又凉，姑娘个个长得如花似玉，伙子个个长得英俊健壮。家家盖起了新楼房，户户酒肉飘香，夜夜歌声嘹亮，就像人间仙境一样。大莫朗寨子的人知道后，也想得到小莫朗的绿宝石泉水，便凿石开沟把泉水引到了大莫朗。从此，大莫朗的人也像小莫朗一样，过上了美好的生活。

杨福亮讲述，仲永记录、整理。收入《元江民族民间文学资料》第二辑，32开，2页，1000余字，元江哈尼族彝族傣族自治县文化馆1982年编印。（宋自华）

宜龙石姑娘

彝族风物传说。流传于云南省双柏县。讲述的是：在石碑山脚下有一个彝族村寨，寨里有一个美丽的姑娘叫依娜。她聪明能干，前来提亲的人络绎不绝。她与另一寨子的小伙罗宝因为经常在一起跳四弦舞而相爱了。但因罗宝家境贫寒，依娜父母将女儿关在家中，不准两人见面，并把她许配给一李姓财主家。出嫁那天，财主家披红挂彩，吹吹打打地娶走了新娘。大队人马行至绿汁江边，又累又饿，就停下来吃午饭。忽然，一大群蜜蜂飞来，遮天盖地，将新娘子卷上天空，最后卷到宜龙悬崖峭壁上。依娜母亲赶到宜龙悬崖设法营救女儿，女儿让母亲寻找九团黄蜡等来救她。但她妈找不到这些东西，只好每天叫人去送饭。罗宝听说依娜被抢走，就身背弓箭，手提大刀赶来，顺着蜜蜂飞的方向寻去。后来，依娜变成了石女站在悬崖上，罗宝变成了一条青龙缠住岩脚，永远守护依娜。

王元、施绍学记录。载《金沙江文艺》1983年第6期，16开，3页，4000余字，楚雄州文联1983年编印。（李惠兰　朱琚元）

小街三匠的由来

彝族风物传说。流传于云南省峨山彝族自治县彝族地区。讲述的是：古时候，新平有个知事，本是个风水先生。一天，他来到嶍峨（峨山）彝乍顶（今万和村）就被山清水秀的环境吸引。他看出那山梁像大象的鼻子，是风水宝地，他很羡慕，便坐在地上托着腮帮想，不知不觉就迷迷糊糊睡着了。梦中他看见一伙全身盔甲的武士对他喝道："这里是郭大奶的坟地，你快滚！"后来知事调查得知，郭大奶是峨山一位彝族土司的丫鬟。知事便用九十九匹马驮上新平的甘蔗、糯米、牛肉等礼物到土司府，执意娶走了她。她生下一对双胞胎儿子后不久就病逝了，知事就把她埋在了彝乍顶象鼻子山上。后来知事要去河西当知事，便用马驮着双胞胎儿子上路。路遇一位和尚，那和尚双手合十，口中念念有词："阿弥陀佛，白马驮双相。"双相就是说两个儿子今后要做宰相。可惜此话传到了皇宫，皇帝非常嫉妒，便派人挖断了大象鼻子山梁。山梁呻吟，血流了七天七夜。风水神被破了后狂笑道："什么宰相，不过是木匠、石匠、泥水匠。"后来峨山小街一带就多此三匠。

佚名讲述，普飞搜集、整理。收入《嶍峨风情》，32开，4页，2100余字，峨山彝族自治县民委1985年编印。（普开福）

石林的由来

彝族风物传说。流传于云南省石林彝族自治县彝族地区。讲述的是：从前，陆良地方，从东山到西边的牛头山，从北山到南面的母鸡山，地面上到处是石峰、石塔。撒尼人的祖先就生活在这片广阔的石林之中。每逢枯水时节，人们都得到遥远的南盘江背饮用水。痛苦的人们烧香祈求东山老神仙用神鞭驱逐这些怪石，可他不肯帮忙。东山神的女儿七姑娘非常同情人类，趁父亲带着众姐妹远出之机，取出驱石神鞭发给大家。人们赶着石头往宜良走，到石林地界，有些顽固的石头便不肯再走，石头越赶越散，队伍越拉越长，东到天生关，南至蓑衣山，西到雨龙坝，北至摩和站，遍山四野到处都是石头。正在这时，天亮了，老神仙回来收走了神鞭。从此，这些石头留在了石林。

佚名讲述，毕志峰搜集，毕志峰、许岷山整理。收入《昆明民间故事》第一辑，32开，2页，1000余字，昆明市民间文学集成办公室1987年编印。（梁红）

石林的传说

彝族风物传说。流传于云南省石林彝族自治县彝族地区。讲述的是：哥自天神巡视到石林，看见彝族穿羊皮褂，吃苞谷、苦荞饭，甚是同情。为让他们吃上大米，使这里的高山变成良田，天神在晚上骑着骡子，赶着一群石头，挑着土，打算堵住长湖水。石头轰隆隆滚动的声音吓坏了半夜起来磨豆腐的老阿妈，她急中生智使鸡打鸣。石头们以为鸡在骂自己，就躺在地上不走了，天神的骡子也变成了狮子，天神挑的一担土则变成了双肩山。所以，石林满山遍野的石头至今还有被神鞭抽打的痕迹。

黄玉石讲述，思清采录。收入《昆明山川风物传说》，32开，2页，1000余字，云南民族出版社1994年版。（梁红）

陆良坝子与石林

彝族风物传说。流传于云南省陆良县彝族地区。讲述的是：古时候，陆良坝子是一片汪洋大海，因米格导尾麻（鳌鱼）翻身，使海底裂开一条缝（现今的南盘江），水从缝隙中流走后，露出了一望无边的石滩。牧羊小伙阿海布在石群里放牧，天天梦想着石头能变沃土。一天，阿海布无意中听到两个神仙的对话，得知只要得到镇山王的赶山神鞭，便可以实现自己的愿望。阿海布机智地从镇山王的宝箱里盗出了赶山神鞭，并选了一个吉日的午夜时分挥动赶山神鞭，只见无边无际的石头如同羊群般从北向南跑动。阿海布赶着石头到了和摩站地方，只闻雄鸡啼鸣，赶山神鞭失去了作用。这些石头从此在和摩站及五棵树一带生了根，成为千姿百态的石林。阿海布虽没有把石头赶太远，但使陆良坝子从此成了一马平川的大坝子和富足之地。

李树德讲述，李昌华采录。收入《云南民间文学集成·陆良县卷》，32开，3页，1800余字，云南民族出版社1993年版。（梁红）

石牛角的来历

彝族风物传说。流传于云南省禄劝彝族苗族自治县。讲述的是：很久以前，芝兰坝子人稀地广，土地肥沃，人们靠刀耕火种获取粮食。有一年，正当谷子抽穗、玉米戴帽之际，干旱笼罩了整个坝子，眼看即将丰收的庄稼，人们心急如焚。一天，从四川来的两个白胡子老人在坝子西面的山上为这个干旱的坝子做了两个石牛角，一个睡在丛林里的牧童听到了他俩关于利用这两个石牛角求雨的办法和咒语，就为芝兰坝子求来了雨水。从此，每遇干旱，人们总要带着食物到石牛角求雨。

张玉珍讲述，张绍鸿、钱春林搜集、整理。收入《云南省昆明市民间文学集成·禄劝民间故事》，32开，2页，1000余字，禄劝彝族苗族自治县文化局民间文学集成办公室1991年编印。（梁红）

方建和恨中的传说

彝族风物传说。流传于云南省禄劝彝族苗族自治县。讲述的是：不知是哪年哪月的一天，有个仙人牵着一匹马路过天气闷热的方建村，便礼貌地向一老妇人要水给马解渴。老妇人态度生硬，仙人生气地说："从今以后，有雨不在方建下！"看着渴得"唧唧"直叫的小鸟，他用马鞭在烫脚的地上戳了几个小洞，只见几股细流从洞中渗了出来。仙人牵着马到了紧邻方建村的恨中村，路遇背水归来的彝族大妈，便又向大妈要水，大妈把水全部给了他。他很感动，于是用钉耙为恨中村挖出了一股清泉，人们称这股水为钉耙水。从此，方建村吃水贵如油，而恨中村则水源充沛，生机勃勃。

包昌相讲述，张兴德搜集，唐国亮整理。收入《云南省昆明市民间文学集成·禄劝民间故事》，32开，2页，1000余字，禄劝彝族苗族自治县文化局民间文学集成办公室1991年编印。（梁红）

仙女变石莲

彝族风物传说。流传于云南省石林彝族自治县彝族地区。讲述的是：相传，白莲仙女偷偷下凡到石林，沉迷于眼前的美景和男耕女织的欢乐生活而不思归。她化名荞妹，一对无儿女的老夫妇收留了她。白天和他们一起劳动，晚上让她睡公房里。在和村里的年轻人跳乐的过程中，荞妹与英武的牧羊小伙普贵华相恋成亲。玉帝得知白莲仙女私下凡界，派护法天神捉拿仙女。白莲仙女拒回天庭，和护法天神展开激战。战斗中，护法天神的剑被白莲仙女用莲瓣扇到水池中化成了剑峰池。仙女为保护丈夫，筋疲力尽，化作莲花峰屹立于剑峰池畔。

佚名讲述，龚明华、高登智采录。收入《云南省民间文学集成·路南民间故事》，32开，4页，2400余字，云南民族出版社1996年版。（梁红）

年年望夫归

彝族风物传说。流传于云南省石林彝族自治县彝族地区。阿山和阿秀是一对恩爱的新婚夫妻，他们盘田种地形影不离，日子过得美满甜蜜。这年，战事骤起，阿山被征募到遥远的北方参战。临走时阿山拉着阿秀的手深情地说："男儿要为国尽忠，这是祖宗传下来的。只要我活着，三年五载就回来。"他们恋恋不舍，依依惜别。转眼三年过去了，阿秀天天站在高高的岩石上向北企望，村里参战的人都归来了，就是不见自己的丈夫归来。不知又过了多少个春秋，她就这样站在岩石上，变成了望夫石峰。

佚名讲述，龚明华、高登智采录。收入《云南省民间文学集成·路南民间故事》，32开，2页，900余字，云南民族出版社1996年版。（梁红）

凤凰梳翅比翼飞

彝族风物传说。流传于云南省石林彝族自治县彝族地区。讲述的是：美丽动人的阿细姑娘介秀与英俊的撒尼小伙毕征在弥勒西山的跳乐中一见倾心。毕征与介秀在对歌中倾诉爱意，在介秀的公房互诉衷肠，在密枝节用三弦和口弦抒发情怀，定下了终身。毕征从山里挑来象征纯洁心灵与忠贞爱情的定亲泉水，按阿细人传统到介秀家求婚，得到介秀家人的认可。毕征和介秀结婚满两个月，在返回毕征家的路途中，被一直纠缠介秀的土司带家丁把他们夫妇害死在李子箐的剑峰池边。介秀死后变成石林里梳翅的凤凰石，毕征则变成了彩云，围绕着凤凰石飞。

佚名讲述，龚明华、高登智采录。收入《云南省民间文学集成·路南民间故事》，32开，5页，3000余字，云南民族出版社1996年版。（梁红）

石猪奔海

彝族风物传说。流传于云南省石屏县异龙湖两岸的彝族地区。讲述的是：很久以前，有一群神猪，从遥远的地方来到异龙湖边，并要在天亮前渡过异龙湖，到北边山上定居。当这群神猪赶到湖附近过细村旁一座小山头时，听到了湖水声响，心想已离异龙湖不远了，可稍做休息，然后再继续赶路。就在这时，忽然金鸡啼鸣，天开始放亮，神猪们一个个变成了石头。至今，它们依然保持着当时奔跑赶路的模样，永远停留在了半山坡上。

佚名讲述，杨朝良搜集、整理。收入《石屏古今奇趣》，32开，2页，400余字，中国广播电视出版社2003年版。（李朝旺）

双鸟渡食

彝族风物传说。流传于云南省石林彝族自治县彝族地区。讲述的是：很久以前，石林附近有户人家，儿媳妇娶回家不久，儿子就得病而死，留下婆婆、小姑子和媳妇三个女人。儿子死后，婆婆视媳妇为克星，经常打骂儿媳，不让她吃饱，还要她做很多活计。善良的小姑子阿香非常关心同情嫂嫂，常将母亲为她准备的荞粑粑等食物分给嫂子。一次，阿香把祭密枝时分得的羊肉煮熟，抬到地里与嫂子分吃。为此嫂子被母亲用扁担打得死去活来后赶出家门。奄奄一息的媳妇爬到大石林，便断气变成了斑鸠。看到嫂嫂惨死的阿香也伤心地撞死在岩石上，变成斑鸠，嘴里抬着饭菜喂嫂子。天长日久她们化成了岩石。

佚名讲述，龚明华、高登智采录。收入《云南省民间文学集成·路南民间故事》，32开，4页，2100余字，云南民族出版社1996年版。（梁红）

象距石台盼光明

彝族风物传说。流传于云南省石林彝族自治县彝族地区。讲述的是：古时候，石林地方酷热多雨，原始森林密布，大象成群结队出没，它们沐浴着阳光，一代又一代繁衍生息于这茂密的森林里。一天，石林上空突然飞来一只硕大无比的巨鹰，张开翅膀遮住了日月，天地瞬间变得黑暗寒冷，不久，森林草木枯萎死亡。为了象群的生存，白象王决定带领象群南迁热带地方，可有只大灰象难舍故土，执意留了下来。象群走后，大灰象天天站在一块高石台上仰望天空，盼着日月重放光明。年复一年，玉帝终于派天神阿佐婆灭了巨鹰，光明重现石林，草木复苏发芽，大地又充满生机。盼来光明的灰象却永远站在了象距台上。

佚名讲述，龚明华、高登智采录。收入《云南省民间文学集成·路南民间故事》，32开，3页，1400余字，云南民族出版社1996年版。（梁红）

母子偕行

彝族风物传说。流传于云南省石林彝族自治县彝族地区。讲述的是：很久以前，石林附近的山寨里，有个叫老公狗的寨主，贪色凶残，见帮工阿喜的妻子秀珍年轻漂亮，便想占为己有，设下毒计害死了阿喜。当他带着家丁追赶秀珍母子之际，被骤起的狂风卷走，秀珍母子则立地变成了石林里的石峰。

佚名讲述，龚明华、高登智采录。收入《云南省民间文学集成·路南民间故事》，32开，4页，2200余字，云南民族出版社1996年版。（梁红）

万年灵芝

彝族风物传说。流传于云南省石林彝族自治县彝族撒尼人地区。讲述的是：从前，石林一带松林茂密，每年雨季，松林里就会长出各种各样的菌子。撒尼姑娘阿林在松林中发现了一朵形似彩云、大如脸盆的灵芝，决定用石头围起来保护，让灵芝多长几年。消息传到了土司耳里，便让伙头传话给阿林，让她把灵芝送到土司家，阿林不从。土司便亲自带人去拔灵芝，不料狂风、雷电、暴雨大作，灵芝越长越高，土司及随从吓得逃之夭夭。从此，这朵灵芝便变成石头耸立在石林之中。

佚名讲述，龚明华、高登智采录。收入《云南省民间文学集成·路南民间故事》，32开，3页，1900余字，云南民族出版社1996年版。（梁红）

一眼之地和一马之地的传说

彝族风物传说。流传于云南省石林彝族自治县与陆良县毗邻一带的彝族撒尼人地区。讲述的是：有个土司的女儿与一个不知来历的伙子相好，等知道小伙子是蟒蛇精时，姑娘已怀孕生下儿子。儿子读书后，缠着阿妈要父亲，母亲只得告诉他阿爸在对面的山洞里。儿子在山洞口与父亲相认，并从父亲处得到一把宝刀。从此，只要有人不顺他的眼或惹了他，他就大开杀戒。为了除掉这个杀人恶魔，一些土司头目商议出榜，谁铲除杀人狂魔，“一马之地，一眼之地”随其选一。陆良资姓氏揭榜后，在农历六月二十四日晚上，赶着角上捆着火把的羊群破了恶魔的法术，恶魔死在了自己的刀下。资姓氏就选“一马之地”管辖代地、雾露顶、寨黑、海邑等十五个村寨。

毕凤林讲述，许华、宁艳波采录、整理。收入《云南省民间文学集成·路南民间故事》，32开，4页，2200余字，云南民族出版社1996年版。（梁红）

剑峰池

彝族风物传说。流传于云南省石林彝族自治县彝族撒尼人地区。讲述的是：古时候，人们从阿鲁突那里获得书本和智慧，有了识别善良和丑恶的眼睛。恶魔阿古刹很生气，于是，用能击物成石的魔鞭，从天边赶来数不清的巨石，想阻断南盘江淹死人类，夺走智慧。巨石滚滚而来，赶马人阿果听到隆隆声，让妻子塞微去叫乡亲们，自己则骑着黄马，带着山鹰去迎战阿古刹。战斗中阿果的剑被恶魔用鞭子打掉在水池里，化成了“剑峰池”，山鹰被魔鞭击中，变成了“山鹰雄姿”石。阿果没了武器，急中生智将妻子给他的一袋石灰撒向恶魔的双眼。恶魔痛得怪叫，挥鞭乱打。阿果和黄马不小心被魔鞭击中，化成了石林里的岩石。塞微带着乡亲们赶来参战，看到阿果化成石头，悲愤交加，拾起恶魔掉在地上的魔鞭，向着逃往堡子（地名）的恶魔抽去，被击中的恶魔变成了狰狞的石岩。

佚名讲述，鲁岚、罗彦记录、整理。收入《昆明民间故事》第一辑，32开，3页，1800余字，昆明市民间文学集成办公室1987年编印。（梁红）

仙石的传说

彝族风物传说。流传于云南省元阳县。讲述的是：古时候，有一伙子叫阿勇，正直善良，且有胆量。一天夜里电闪雷鸣，地动山摇，飞沙走石。阿勇见状，抓起一把三尖叉前往探究竟，眼见两大块巨石顺坡而滚。可滚到半山坡，一石头因出门时忘锁门，折头去锁门。阿勇听见大巨石说的话，急中生智，急忙回村拿出一簸箕，学公鸡拍翅膀鸣叫，大巨石就吓得站在树林里不动了。于是一场巨石堵江的洪灾消除了。原来这两块巨石是观音山上的石头王，是亿万年修炼的仙石，因它们嫉妒人们的生活，想覆灭人们的幸福。但被阿勇识破，解除了灾难。

孔阿扎讲述，普阳记录、整理。载《红河文化》1991年第1期，16开，2页，1100余字，红河哈尼族彝年族自治州文化局1991年编印。（龙保贵）

圆台石与鸡叫峰

彝族风物传说。流传于云南省石屏县。讲述的是：传说，石屏阿勇山土地肥沃，但缺水。后来来了一条大龙，可不按农时需要涌水，或吐大水淹没庄稼，或滴水不涌田园干涸。有一天，一个放羊人用羊铃去打水，大龙大怒，再不让水浇灌田园，百姓饥渴，土地龟裂。土地神找龙王评理，龙王同情当地百姓，嘱咐土地神搬圆台石将大龙洞堵上。土地神就请云神帮忙把圆台石托至大龙洞。不料托到半山腰时，对面山峰传来鸡叫声，云神无力托圆台石至大龙洞口，只好放在半山腰上。

佚名讲述，李荣光搜集、整理。收入《火童——巴赛民间文学集》，32开，3页，2000余字，中国文联出版社1999年版。（龙倮贵）

挂羊石

彝族风物传说。流传于云南省石林彝族自治县彝族撒尼人地区。讲述的是：很久以前，石林里有个景色秀美的小石泉村，村头石峰下有一眼常年出水的清泉，村里有个自幼丧母貌美如花的梭维姑娘。梭维长到十九岁时，提亲的人磨光了门槛，待客的茶喝了一堆，烟叶咂了一捆又一捆。看着各有所长的好小伙们，梭维爹犯了难，终于选出七个小伙让梭维挑。梭维选婿不图外表，只看心地和本事，便把七个小伙子约到村头石峰下抛羊选婿。小伙子们争先恐后往石峰上抛羊，最终只有名叫阿之的小伙子把羊抛挂在石峰上。梭维选到了称心人。后来人们称石峰为挂羊石。

佚名讲述，张永红搜集、整理。收入《昆明民间故事》第一辑，32开，2页，900余字，昆明市民间文学集成办公室1987年编印。（梁红）

云台石

彝族风物传说。流传于云南省石屏县彝族地区。讲述的是：粉嫩如花的思妹是九村十八寨小伙子追求的对象。财主普黑听说思妹美若天仙，便去提亲。遭拒绝后，便带人打伤了思妹父母。迤萨西山顶龙潭里的龙女送思妹一颗明珠治好了思妹父母的伤。不甘心的普黑在巫师的指点下在迤萨西山顶建了座楼阁镇住龙女，并领着打手打死了思妹的父母。思妹走向山顶，把明珠抛向山谷，明珠化成了一潭清泉，思妹纵身跳进了深谷。忽然龙潭里升起一股白雾，托着思妹飘往山顶，化成了一块耸立在红河岸边的云台石。

李继得讲述，巴赛整理。收入《云南民间文学集成·石屏故事卷》，32开，5页，2800余字，石屏县文联1996年编印。（梁红）

石甑子的传说

彝族风物传说。流传于云南省楚雄彝族自治州禄丰县。相传禄依江（即星宿江）中有一个叫绿衣绣彩的妖怪，颇有法术，能呼风唤雨，兴风作浪。这个妖怪经常在禄依江一带调戏彝家妇女，受人唾骂。有一次，它恼羞成怒，便赶来石牛，堵住禄依江，使禄丰坝子变成大海，对人们进行报复。正巧，法力无边的刘真人来到这里，绿衣绣彩害怕就躲在一个岩洞下，刘真人施法术，岩子倒下来把绿衣绣彩压死了。但它赶来的石牛也会施行妖法，把良家妇女拖入江中，弄得妇女不敢出门。刘真人用口大锅，把石牛罩入江中，并搬来石甑压住石牛，永远把它镇压在江中。从此，禄依江又风平浪静，江畔的人民安居乐业，五谷丰登。

佚名讲述，陈恩清记录、整理。载民族文学《山茶》1981年第3期，16开，2页，1400余字，云南人民出版社山茶编辑部1981年编印。（阿南）

石姑娘的传说

彝族风物传说。流传于云南省双柏县。讲述的是：双柏县安龙堡有一座彝语称为“呢罗”的红石岩，岩上有一块酷似少女形象的巨石。相传，古时候有位美丽的彝家姑娘，聪明伶俐，向她求婚的彝家小伙络绎不绝，就连天神和岩神也为她的美貌倾倒。有一天，岩神施法术将姑娘带到悬崖边上，强迫和他成亲，姑娘死活不从，岩神无可奈何，就把她困在百丈高的悬崖半腰，让她插翅难逃。正当姑娘绝望之时，忽然看见对面半山腰有一对骑马的青年路过，姑娘大声呼救，同时将自己的不幸和救她的办法告诉两位年轻人。两个青年急忙调转马头将姑娘的不幸告诉她父母。两位老人按姑娘所说的找了需要物品，唯独找不到九斤苍蝇蚊子油。可怜的姑娘只得活活困死在山岩上，变成了一块坚硬的顽石，她的头发变成一丛碧绿青翠的芳草。

施绍学讲述，李宝祥、苏锡纬采录。收入《双柏民间文学集成》，32开，2页，700余字，云南民族出版社1992年版。（施选　朱琚元）

仙人石的传说

彝族风物传说。流传于云南省楚雄市。讲述的是：很久以前，紫溪山上有两个仙人，他们饱食终日，无所事事，以饮酒下棋、闲游山林度日。一日，他们又在一起喝酒闲聊，一个仙人提议去抬个大石头将小河口堵起来，让楚雄城变成海子。两个仙人在大山上找到了一块大石头，因为石头太大，背不动，他们扯下一根藤子，扳倒一棵大树，口中念念有词，藤子就变成一根铁链子，大树就变成一根抬杠。他们抬着石头来到紫溪山老虎箐时夜已深了，便坐下来歇气，并又议论起淹楚雄城的事。他们的话正好被龙王庙的两个彝族姑娘听见，两个姑娘就找来了一扇簸箕使劲地拍响，同时学鸡叫。两个仙人以为天要亮了，慌了手脚，把抬杆一丢，铁链子一甩，慌慌张张地返回仙宫去了。彝族姑娘的计策，被躲在山坡上的老虎看得一清二楚，老虎越想越好笑，便情不自禁、手舞足蹈地跳起舞来。如今紫溪山老虎箐周围的虎掌菌特别多，那是当年老虎跳舞的脚印变成的；仙人抬来的大石头上有一个凹槽，那是当年抬石头时被铁链子勒的。

佚名讲述，张方玉搜集，余立梁记录。载《金沙江文艺》1993年第6期，16开，1页，1300余字，楚雄州文联1993年编印。（李惠兰　朱琚元）

黑人石的传说

彝族风物传说。流传于云南省昆明市石林彝族自治县。讲述的是：相传普洛村有一姑娘叫阿黑妮，聪明能干。因家乡年年遭洪灾，父母想搬迁。和她在跤场踩花山混熟的呢扎瓦决心和她不离开家园。洪水到半山坡漫至家门，他们上房顶、树梢，才幸免于难。而呢扎瓦家的地势低，就被洪水吞没。姑娘呼唤：“呢扎瓦！”四山响起回声。一日，头人家来订婚，阿黑妮烧了聘礼，死也不从，不久头人来抢亲。知了突然拍她的肩头说：“我天天在你身边，你还是去圭山吧！”原来这只知了是呢扎瓦变的。阿黑妮到了圭山又听见“知了”叫，她跟随呢扎瓦逃到盘江，正值洪水汹涌，她脱下手镯，向对岸掷去，忽然一道亮光，照见亲人，阿黑妮也随之跳入水中，江底忽然塌陷成为叠水，洪水泄溢出去后，村庄平安了。阿黑妮却化为石人，停在路南叠水下游的江中心，望着普洛村。人们称它为“黑人石”。

佚名讲述、记录。收入《中国传说故事大辞典》，16开，1页，400余字，中国文联出版公司1992年版。（阿南）

石鹰

彝族风物传说。流传于云南省石屏县彝族地区。讲述的是：从前，牛街庄罗祖村一带有只恶鹰经常出没附近村寨抓鸡、鸭、猪、羊，危及人的生命。孩子们不敢出门，寨子里没有鸡鸣狗吠，街心长满荒草，屋檐缠着葛藤，门上蜘蛛结网，满目苍凉。有对新婚夫妇为结束乡亲们的苦难，丈夫走进原始密林终于铲除了恶鹰，使残暴的恶鹰变成了石头。石鹰的翅膀如今是赶街人躲凉、避雨的好地方。

佚名讲述，何建民搜集、整理。收入《云南民间文学集成·石屏故事卷》，32开，3页，1400余字，石屏县文联1996年编印。（梁红）

彩凤吴郎石

彝族风物传说。流传于云南省昆明市彝族撒梅人地区。讲述的是：据说昆明宝象河中段耸立着的两块巨石是一对恋人变的。那时候，锁梅寨里有一对情人，男的称吴郎，女的叫彩凤，他们非常相爱，彩凤爹却逼着她嫁县太爷的舅子“丧天良”。一天夜里，吴郎与彩凤相约逃往他乡，丧天良得到消息后，带着兵勇骑马追赶，在杨梅山附近丧天良射杀了吴郎。看到恋人被杀，彩凤捡起一块山石使出全身力气砸死了丧天良，然后转身撞向吴郎身旁的山石。瞬间，吴郎、彩凤化成了两块巨石，永相厮守。吴郎倒下的地方变成了一座小山，就是现在的吴郎山。

李树仁搜集、整理。收入《昆明民间故事》第一辑，32开，2页，700余字，昆明市民间文学集成办公室1987年编印。（梁红）

大尖角石头

彝族风物传说。流传于云南省南涧彝族自治县。讲述的是：观音老母想让阳瓜江在河弯岭岗那里变成山明水秀的坝子，就背尖角巨石去堵水。不料，观音老母把大石背到太极山腰时，公鸡打鸣，怕天亮人家知道，就把巨石放在那里，一直留到现在。

高瑞云讲述，罗成武、张增宏、李伸搜集。收入《南涧民间文学集成》，32开，2页，300余字，云南民族出版社1987年版。（段辰）

夜郎石林

彝族风物传说。流传于贵州省赫章县彝族地区。讲述的是：支嘎阿鲁赶山不成后又来赶石头去填大海，赶到小韭菜坪投宿，不料神鞭被贪财的山神主妇给换了，鸡叫了，支嘎阿鲁赶不走石头，这些被变为动物的石头们伸长脖子听见鸡叫，就再也不动了，形成了今天的“夜郎石林”。阿鲁一气之下用拐棍在石林周围杀出九十九个洞。无意中杀死了山神主妇的儿子，主妇的眼泪就变成九十九道泉。

高义明讲述，张华荣记录、翻译。收入《中国民间文学三套集成·贵州省毕节地区·赫章县卷·彝族》，32开，1页，500余字，赫章县民间文学集成编委会1988年编印。（罗德显）

石羊

彝族风物传说。流传于云南省易门县彝族地区。讲述的是：从前，山沟里有一户穷人家吃了上顿无下顿，日子非常艰难。丈夫为了全家人不被饿死，就到深山里找食物。他千辛万苦来到一块青草坪，看见数不清的野羊在吃草，便决定把羊赶回家。可是这边赶，那边就跑，怎么也赶不回去。他发现带头的是一只公羊，就大胆地抓住了这只公羊往家走，所有野羊都跟在后面。他连夜赶路，忽然公鸡叫了起来，羊群就变成了一块块石头。如今浦贝屯上成群的石头有的躺着，有的横卧着，有的只看见羊屁股，就是那群羊所变。

佚名讲述，张正东搜集。收入《云南民间文学集成·易门县集成卷》，32开，2页，600余字，云南民族出版社1994年版。（普开福）

犀牛石

彝族风物传说。流传于云南省罗平县彝族地区。讲述的是：传说，杂拉原是个美丽富饶的地方，一年秋天，四十九只豹子祸害了村庄。人们走投无路时，东边来了一头白水牛，一个红衣小女孩倒骑牛背，唱歌告知人们西山豹子精为害一方，东海犀牛神要来救黎民。歌毕，女孩消失。水牛用四十九天与四十九只豹子大战四十九回合，取得了胜利。红衣姑娘又来了，骑上水牛到黄泥河边，走入河中消失不见了。从此，杂拉村的百姓恢复了往日的幸福生活。为纪念此事，人们就把石头刻成石牛，叫犀牛石，保留至今。

佚名讲述，杨应祥采录。收入《云南省民间文学集成·罗平县卷》，32开，2页，900余字，罗平县文化局、文联、民委1990年编印。（谭玉婷）

雄鸡石

彝族风物传说。流传于云南省昆明市彝族撒梅人地区。据说，锁梅寨的吴郎山中有一座雄鸡寺，寺内有一块天然的雄鸡石。在一个明净的月夜，正在雄鸡寺内过五谷会的撒梅人忽闻雄鸡石打鸣，挨近一看，发现雄鸡石裂开一个小洞往外淌米。此后，不论到寺里活动的人多还是人少，所淌出的米都够参加祭祀的人吃。有一个叫龙庆的贪心人为了独占雄鸡石，在一个月朗星稀的深夜，抬着斧子砍雄鸡石，结果被弹回来的斧子砸死了。

佚名讲述，李树仁搜集、整理。收入《昆明民间故事》第一辑，32开，2页，900余字，昆明市民间文学集成办公室1987年编印。（梁红）

乌龟石

彝族风物传说。流传于云南省元江哈尼族彝族傣族自治县彝族地区。讲述的是：古时候，元江至洼垤一带是土肥水好的地方，人们种什么都会有好收成。不料有一年，乌龟精到庄稼地里糟蹋庄稼，不让彝族人民过好生活。有个勇敢的小伙子知道后，便带上弓箭射穿了乌龟壳，又用斧在龟壳上用力砍，龟壳上到处是伤痕。小伙子还用狗血泼到乌龟精身上，转眼间，乌龟精就变成了伤疤累累的大石头。如今，彝家人恨透了它，路过乌龟石时，都要用石块砸它。

佚名讲述，杨彩云记录、整理。收入《元江民族民间文学资料》第五辑，32开，2页，1000余字，元江哈尼族彝族傣族自治县文化馆1985年编印。（宋自华）

行善石

彝族风物传说。流传于云南省元江哈尼族彝族傣族自治县彝族聂苏人地区。讲述的是：从前，有两个神仙看到邓耳一带的彝家山寨常常干旱缺水，庄稼长得不好，人们的生活过得很清贫，便想来帮忙。两个神仙就变成两块巨石，它们一路滚一路砸开地下泉水，让泉水流向彝家山寨。遗憾的是，在它们行进中，作松莫寨子的鸡叫了，两块巨石就突然停住，竖立在山路上面了。后来，人们将其称为“行善石”。又因为两块巨石一上一下，有的人又将其称为“夫妻石”。

文雁讲述，张海莲记录、整理。16开，2页，800余字。未刊稿，文稿由元江哈尼族彝族傣族自治县史志办宋自华保存。（宋自华）

天劈石

彝族风物传说。流传于云南省禄劝彝族苗族自治县。讲述的是：老木河江心的巨石底下，原本是个碧绿的深水潭，里面住着个穿绿衣的姑娘。每至春暖花开，绿姑娘就会站在潭边的巨大崖石顶，梳妆打扮，目不转睛地看着对岸过往的路人，挑选意中人。一天，她终于看中了一个为父亲穿孝衣的俊俏小伙子，便对其施魔法。双腿失去控制并朝深潭移去的小伙子，吓得拼命叫“阿妈”。在家中听到儿子呼救的阿妈循声而来，看到儿子正被卷进水潭，泣不成声地磕头求天救子。忽然三声霹雳，儿子被救出，潭边的巨崖被劈下大半盖在深水潭上。从此，人们称此石为天劈石。

杨晓兰讲述，鲁宗一采录。收入《昆明山川风物传说》，32开，2页，1000余字，云南民族出版社1994年版。（梁红）

石佛哨

彝族风物传说。流传于云南省巍山彝族回族自治县。石佛高约丈余，在巍山坝子北端的山上。讲述的是：有个孝子无钱葬母，忽见楼上摆着钱粮。这钱粮数目正与财主丢失的数目相同，财主就把孝子告到知府。知府知道孝子为人，判孝子无罪。财主纳闷，即派人监视。深夜，见自家的钱粮柜边有一个白衣人脱下白衣要装钱粮。家丁要抓白衣人，白衣人隐不了身就飞跑。可是家丁追到小山处就不见白衣人了，只见一尊高大的石佛在山头。传说这就是白衣人变的石佛。

罗怀奇讲述，段有鉴搜集、整理。收入《巍山彝族回族自治县民间故事集成》，32开，6页，3600余字，巍山彝族回族自治县民间文学集成办公室1988年编印。（段葵）

挂姑娘崖

彝族风物传说。流传于云南省宜良县。讲述的是：从前，人烟稀少，阴气重，崖神多。太阳落山后，就不许吹木叶、吹哨等，也不准女人出门。有两姐妹，因太阳落山还在土头村和路岭岗间的石崖下找猪草，姐姐吹木叶，不慎就被崖神抓去倒挂在石崖上。妹妹求崖神放了姐姐，崖神要妹妹三天内找白猪、白羊、白鸡祭献。爹娘忙了两天，只找到白鸡白羊，未找到白猪，就用白石灰刷在黑猪身上当白猪。正祭献时，天下大雨冲走了黑猪身上的石灰，姐姐就永远挂在了石崖上。

海珍兰讲述，刘伟采录。收入《昆明山川风物传说》，32开，2页，600余字，云南民族出版社1994年版。（梁红）

女发崖

彝族风物传说。流传于云南省新平彝族傣族自治县。讲述的是：底戛莫后的一堵红、黄、白相间的崖壁上，有一条醒目的大黑痕，酷似少女飘逸的头发。传说，从前的河头村有一个美丽而又心灵手巧的姑娘和村里的一个穷后生相爱，可贪财的爹妈硬逼她嫁给色坡（田主）家的儿子。娶亲队伍来到崖子脚，绝望的姑娘大叫一声：“山神爷啊，给我留一条路！”顿时天昏地暗，山崖分成两片闪出一道亮光，姑娘朝亮光奔去。当人们去救时，山崖开始合拢，人们只拉住了飘在后面的头发。从此，这堵崖壁就叫女发崖。

佚名讲述，潘家旺搜集。收入《乡泉集》第一辑，32开，2页，800余字，新平彝族傣族自治县民委、文化馆1983年编印。（聂鲁）

美女崖

彝族风物传说。流传于云南省石屏县彝族地区。相传，菁雪窝寨子里有一对聂苏夫妇的三女儿阿伸妮，从小跟阿妈学绣花缝衣，学唱“阿哩”（彝族叙事诗及山歌）。长成少女的阿伸妮貌美如仙，歌声动听，求婚者络绎不绝。而阿伸妮只爱戛龙寨的俊小伙阿逻。为儿子屡次向阿伸妮求婚遭拒绝的戛龙寨主，带着家丁要杀阿逻。阿伸妮和阿逻雨夜出逃时，遭遇山崩，阿逻失踪了。伤心的阿伸妮就变成了高耸入云的石崖，人们称它为美女崖，追来的寨主和家丁则变成了一旁的石峰。

普士福讲述，施岚翻译、整理。收入《云南民间文学集成·石屏故事卷》，32开，4页，1800余字，石屏县文联1996年编印。（梁红）

花岩

彝族风物传说。流传于云南省石屏县彝族地区。据说，红河岸边有一个美丽的彝家姑娘，因父母强迫她嫁给一个她不喜欢的人，她便与心上人双双跳崖殉情。他们脱下的衣服被风吹到岩壁上，就变成了艳丽多姿的花岩。两人进入阴间后，筹钱买了七十二桌瓷碗放在花岩脚，免费借给办婚丧事的人使用。后来，有个心地不纯之人在碗底涂狗血，两个友善的阴灵便迁往阿永山的白马岩居住去了。

佚名讲述，何建民搜集、整理。收入《云南民间文学集成·石屏故事卷》，32开，2页，700余字，石屏县文联1996年编印。（梁红）

母子岩

彝族风物传说。流传于四川省凉山彝族自治州。讲述的是：从前有男女两个奴隶相爱，男的名叫木呷，女的名叫阿妞，他们拒绝奴隶主另为配婚，一起逃跑，被奴隶主抓回。男的被打死抛下螺髻山沟中。女的被抛下蛇窖，毒蛇奔来，她取出口弦吹奏，蛇谛听如醉，不伤害她。木呷打猎时，曾从虎口中救出一只小花鹿。花鹿从口弦声中知道阿妞遭难，约知更鸟帮助，协力把阿妞从蛇窖中救了出来，并告诉她丈夫死去的地方。阿妞找到丈夫的尸体，日夜抚尸痛哭，连自己生了婴儿也不知道。不久，就在她丈夫身旁变成了一座像一个少妇哭泣着的石岩。花鹿悲伤，只好把孩子衔去，用鹿奶喂养。十八年后孩子长大，鹿母把一切都告诉了孩子，又衔来他父亲的弓箭，叫他练武复仇。有一天，奴隶主外出，花鹿指给孩子看，孩子射杀了奴隶主，给父母报了仇恨。孩子又到山中找到父母尸骨，坐在旁边，日夜呼喊着父母。不久也和他母亲一样变成了石头。现在，“母子岩”边还依稀能听得见他喊“阿姆、阿哒”的回声。

佚名讲述、记录。收入《中国少数民族文学》，32开，1页，400余字，湖南人民出版社1983年版。（阿南）

绣花崖

彝族风物传说。流传于贵州省黔西、大方等县彝族地区。讲述的是：奢香夫人不仅是治国安邦的巾帼英雄，还是一个心灵手巧的绣花能手。自到南京拜见朱元璋，看到江南女子绣的花后，回来时便请十名女绣工到水西传授刺绣工艺，并让其名将女英雄阿梨露带领女兵学刺绣，还将刺绣传授给四方各族妇女，妇女们不仅绣来自己穿，还拿到集市上去卖来养家。从此，把西溪河畔断雪桥边她们绣花的山崖叫作“绣花崖”。

魏绪文记录。载《南风》1984年第1期，16开，2页，1200余字，贵州省文联1984年编印。（罗德显）

绝命崖

彝族风物传说。流传于云南省楚雄彝族自治州彝族地区。讲述的是：相传普鲁昂寨子里，有一对年轻夫妇达旺和曼娜。因交不起头人的二两银子，曼娜被关入水牢，且扬言要将她卖给别处的山官。达旺拼命挣钱，也凑不够二两银子。他痛哭昏了过去，得到猴子的怜悯，把他抬进山洞供着过了十多天。他看见洞里很多金银，便请岩石作证，只借了二两银子，回家交给了头人，赎回妻子。头人得知银子来处，财迷心窍，想乘机发财，到父坟上大哭，也被猴子抬入洞内，还装了一大口袋银子要给他，因他吃得很多，放屁很臭，猴王说：“老祖公臭了，快抬去丢了吧！”猴儿们就把头人抬出山洞，丢下悬崖，头人摔死在清水沟中。从此沟中清水变得又苦又涩，这悬崖被人们称为“绝命崖”。

佚名讲述、记录。收入《中国传说故事大辞典》，16开，1页，300余字，中国文联出版公司1992年版。（阿南）

豹子崖的传说

彝族风物传说。流传于贵州省黔西县铁石乡一带彝族地区。讲述的是：那目寨原是一个平等、和睦、百姓丰衣足食的彝寨。可天有不测风云，有一年的秋天，深山野林里出现了一只豹子，百姓苦不堪言，大家商议只有远离故土。这时，有个叫扎索西褚慕的小伙子表示不除掉这害人兽誓不回寨子。他经过了艰难险阻，得到松鼠等小动物的帮助除掉了豹子，并解救了被豹子抢去的人和牲畜。后来，人们就称除豹子处的悬崖为“豹子崖”。

杨和庆讲述、翻译，李之华、闻欣记录。收入《中国民间文学集成·贵州彝族回族白族故事选》，32开，5000余字，贵州民间文学集成办公室1993年编印。（罗德显）

羊子岩的故事

彝族风物传说。流传于贵州省赫章县白果、达依等乡镇彝族地区。讲述的是：有一只岩羊被猎人追得走投无路，就从岩上往下跳，刚跳到悬崖中央时，突然变成一只石头羊，头朝地，尾朝天，四脚扒在悬崖上，至今石头羊仍挂在悬崖上。羊子岩由此而来。

赵学讲述，赵勇记录、翻译。收入《中国民间文学三套集成·贵州省毕节地区·赫章县卷·彝族》，32开，1页，200余字，赫章县民间文学集成编委会1988年编印。（罗德显）

三鹤洞的故事

彝族风物传说。流传于云南省巍山彝族回族自治县。讲述的是：三鹤洞是张氏夫人开金矿的住所，在她离开之前在洞壁上留下一首诗，暗示藏金银的地点。有个财主想发财，见洞壁上“金七里，银七里，金银只在七七里”的暗示，认为金银藏在离这“七里”的地方，就派人挖了一个月，未果；又琢磨，肯定是“七七”四十九里处，又派人去挖了二十天，也未挖到。在财主死的当天，一个砍柴的穷孩子进洞里玩，在泥糊的香炉上敲敲，露出黑黑的一块，打开盖子一看，一炉都是金银。原来这香炉是用漆漆的，那句话“七”是“漆”的同音字，暗示诗的意思是：金银都在漆里，即用漆漆成的容器里。

李德荣讲述，王丽珠搜集、整理。收入《巍山彝族回族自治县民间文学集成资料·南诏故地的传说》，32开，3页，1800余字，巍山彝族回族自治县民间文学集成办公室1987年编印。（段葵）

冒水洞的传说

彝族风物传说。流传于云南省石林彝族自治县。讲述的是：很久以前，冒水洞村干旱缺水，村中少年木诗朵为使乡亲过上幸福的日子，历尽千辛万苦，到处寻找水源。在茶花仙女的帮助下，他用银锄挖开悬崖，找到被银龙截走的水源。在堵住岩洞中的落水时，木诗朵献出了年轻的生命。为纪念木诗朵，乡亲们在龙潭边建寺庙，每年在此举行祭龙仪式。人们把村名改为木诗朵村，后来再改称为冒水洞村。

佚名讲述，杨林采录。收入《云南省民间文学集成·路南民间故事》，32开，5页，2800余字，云南民族出版社1996年版。（梁红）

龙洞

彝族风物传说。流传于云南省金平苗族瑶族傣族自治县。讲述的是：古时候，营盘小寨一带是莽莽原始森林，森林边的山头上住着靠刀耕火种艰苦度日的彝族老乌人及苗族。一天，来了一位姑娘对大家说，若要过上好日子，就得把密林深处的银桌子搬来。二十五位壮汉花了三天三夜的时间把银桌子搬出了森林。见到阳光的银桌子立刻翻滚到如今的平坝河里喷出盆口大的一股清泉。于是，老乌人、苗族纷纷从山头搬到平坝河一带起房盖屋，耕田种地，过上了美满生活。后来有个贪心人带着家丁到泉口要搬走银桌子，不料洞里喷出一股水柱把他们冲死了，银桌子也变成一块巨石，镇守着龙洞。

佚名讲述，曹洪静搜集。收入《云南民间文学集成·金平故事卷》，32开，1页，500余字，金平苗族瑶族傣族自治县文联1988年编印。（梁红）

仙姑洞

彝族风物传说。流传于云南省宣威市。讲述的是：板桥西边阿九山有个仙姑洞，四季流出热腾腾的可治皮肤病的泉水。相传大银山周围曾住着几百户姓阿的彝族人。村里有个小伙子阿供，十二岁死了父母，孤苦伶仃一个人。他勇敢善良，扶贫济困，深受乡亲喜爱。乡亲们帮他与姑娘娜彩定了亲事。婚礼前，三个仙女下凡，解决了他们锅、碗、筷难凑齐的难题。六月初五黄昏时，他们到仙姑洞把银碗、银筷借回家来宴请乡亲用，用完后又洗又烫送回洞。从那以后乡亲们要用碗筷都可以去借。多年后，仙姑洞可借银碗、银筷的事传到土司耳朵里，土司带兵强抢了借出的银碗、银筷。乡亲们到洞里哭诉，洞里传出话说天火将烧土司庄园。乡亲们就趁早搬进了山林。从此，银碗、银筷就借不出来了。仙姑洞变成一条缝，流出热腾腾的泉水，说是给人洗良心的。后来，彝族人家渐渐搬走了，汉人慢慢增多了。

佚名讲述，周锡典搜集、整理。收入《蓝靛花——宣威民间故事》，32开，5页，3000余字，贵州民族出版社1992年版。（谭玉婷）

八仙洞

彝族风物传说。流传于贵州省黔西县一带彝族居住区。讲述的是：滇王欲占鸭池河畔美丽的彝寨，便发动战争，鸭池河边的彝族首领带兵顽强御敌，终因寡不敌众，金管首领和青壮年男子都战死了，金管夫人龙女把老弱妇幼带进鸭池河畔的花岩洞。胜利的滇王要来赶尽杀绝，龙女死不投降，正当滇军要攻入洞内时，天空突然彩云朵朵，八仙出现在洞口，击败了滇军，保护了洞中之人，免去了灭族之灾。龙女为了报答八仙救命之恩，就在花岩洞塑起了八仙神像，并称花岩洞为“八仙洞”。

黔西县民委、文化局供稿，张仁祥记录、翻译。载《南风》1990年第5期，16开，2页，1500余字，贵州省文联1990年编印。（罗德显）

大鱼洞

彝族风物传说。流传于云南省峨山彝族自治县。讲述的是：从前，峨山大河十年九涨，沿岸庄稼常被淹没。有一年，不知从何处游来一条大鱼，它兴风作浪，所到之处洪水滔天高十丈。鱼游到今日大鱼洞处，天上一仙人变成一猎人，一箭将大鱼射死在河边凹凹里。后来大鱼慢慢变成硬石，永远停在那里，并形成了一个鱼洞。从此，无论遇到多大的涨水，下游田地也安然无恙。传说洪水从大鱼洞流到很远的东洋大海去了。

佚名讲述，施贵金搜集。收入《嶍峨风情》，32开，2页，900余字，峨山彝族自治县民委1985年编印。（普开福）

燕子洞

彝族风物传说。流传于云南省建水县彝族地区。讲述的是：美丽的燕姬姑娘在一次彝家的开秧门节上，在龙树上跳舞时被作恶多端的孽龙看上。孽龙变成丑陋公子来抢她，汉族小伙子阿木把孽龙打倒，拯救了她。孽龙便实施报复，兴风作浪，放洪水淹没了西山坝。阿木和燕姬为了消灭孽龙，带着小燕子眼泪变的宝珠去找孽龙。当孽龙把燕姬和宝石一起吞进肚里时就变成了石洞。小燕子看到阿木和燕姬掉进了孽龙的嘴里，于是叫来自己的伙伴，寻找他们。小燕子决心找回阿木和燕姬，所以，至今仍然在洞中不停地叫“山哥哪去”“燕姬姐姐”！

李家有讲述，锦山搜集。收入《云南民间文学集成·建水故事卷》，32开，6页，4800余字，建水县文化局、民委1989年编印。（梁红）

美女望夫洞

彝族风物传说。流传于贵州省清镇市彝族居住地区。讲述的是：美丽姑娘阿妙和阿东相爱，在将走进婚姻殿堂时，遭到财主横刀夺爱，阿东和乡亲们想方设法救出阿妙，两人逃到山洞中避难。可他们的父母和乡亲们受尽财主的折磨，阿东听到消息后悄悄一人下山杀死了财主，救出了受难的父母和乡亲，却献出了年轻的生命。阿妙听到后，如雷轰顶，一下子昏倒在洞口的石壁上，变成了一尊望夫石，人们为了纪念她，叫此洞为“美女望夫洞”。他们生活过的地方叫东妙河。

高正荣记录、翻译。载《南风》1993年第6期，16开，1页，1000余字，贵州省文联1993年编印。（罗德显）

借衣洞

彝族风物传说。流传于云南省巍山彝族回族自治县彝族地区。讲述的是：在五印山北端，有一座大悬崖，悬崖上有几十个大大小小的石洞，其中一个洞就是借衣洞。传说过去彝族很穷，连结婚时也没有新衣服穿。当时有个男子，为了买新衣服结婚，便上山打猎。一天，这个男子射中了一只马鹿，但他却始终追不上带箭的马鹿。后来马鹿跌落下悬崖，挂在一棵小树上。当男子来到小树旁时，马鹿不见了，却见一个山洞。男子走进山洞一看，见那里摆着两套新衣服，又听见崖壁在说话："要结婚的人都可以到这里借衣服。"男子就这样借了衣服，回去完了婚，然后又把衣服还回来。后来借衣服的人多了，就有一个借了不还的人，从此人们也就不知道借衣洞在哪里了。

高脚六讲述，师宗纪搜集、整理。收入《巍山彝族回族自治县民间文学集成资料·南诏故地的传说》，32开，2页，1000余字，巍山彝族回族自治县民间文学集成办公室1987年编印。（段葵）

借衣娘娘

彝族风物传说。流传于云南省祥云县彝族地区。讲述的是：在鹿鸣河上有一座悬崖，崖中有一个洞。相传玉皇大帝得知鹿鸣河一带的百姓生活困难，就派借衣娘娘赶着神马，驮上衣服、碗筷、金银下凡，住进村后的山洞里。此后，凡村里有婚丧嫁娶、缺衣少吃的人家，都可向她借用物品和金银。后来有一个富人借了衣物不归还，借衣娘娘见人心不好，就驮起她的东西回去了。

茶满讲述，李培芳搜集、整理。收入《云南省民间文学集成·祥云县民间故事卷》，32开，3页，1700余字，云南人民出版社1989年版。（张秀娟）

掏粮洞

彝族风物传说。流传于云南省新平彝族傣族自治县。讲述的是：传说，俐山顶上有一块乌黑发亮的大石头，那是天神各罗依看到俐山上土地瘠薄，人们日子过得如黄连苦，于是从宝袋里取出丢下来的。石上有一个碗口大的洞，饥荒年里，人们可以按绿、红、黄、白、黑的日相喊"娘娘我要粮食"，即可掏到白米、小麦、苞谷、荞子等各种颜色的粮食用以济荒。人们把这个洞称作掏粮洞。有一个心像锅底一样黑、手段像草乌一样毒的王财主，为了好放高利贷要掏光洞里的粮食，可他掏出来的只是一些臭气熏天的马粪、雀屎等东西，便起歹心用狗血灌进了神洞，放火灌烟要呛死放粮娘娘，未料从洞里喷出一股火柱把他烧死了。那次之后，一块洁白的石头被熏黑，洞里再也掏不到粮食了。

李正文讲述，李正义搜集。收入《新平县民间故事集成》，32开，3页，1900余字，云南人民出版社1999年版。（聂鲁）

沙马甲谷水洞的故事

彝族风物传说。流传于四川省凉山彝族自治州昭觉县。讲述的是：很久以前，沙马甲谷是个高山湖，湖边住着一个勤劳美丽的姑娘阿呷。她天天下湖背水，对着湖水唱歌、跳舞。有一天，龙头山山神的儿子下山打猎，看到阿呷就想霸占为妻。姑娘不答应，他恼羞成怒，趁姑娘下湖汲水时请来毕摩念咒，让湖水淹没了四周的庄稼，把姑娘困在湖中间的土岗上。这时，有个名叫支呷尔的猎人从这里经过，派猎狗泅水过去驮出姑娘，又用毒箭射死了龙头山山神的儿子。阿呷感激支呷尔救命之恩，就做了他的妻子。几年过去了，有一年彝族年节，土司清点猪头，发现送猪头的人越来越少，才知道很多百姓搬到沙马甲谷去了。土司带着家丁，前来沙马甲谷逮捕阿呷。为了援救阿呷，坝上的妇女们和阿呷穿起一样的衣裙，人人脸上涂满锅烟墨，在一起嬉戏。土司在她们身边转了九天九夜，也分辨不出谁是阿呷。土司只好向龙头山神求计，龙头山神为了报杀子之仇，想出了一条毒计：让土司命令兵丁每人燃一堆火，逼着妇女一人守一堆火烤着。这样一连三天三夜，妇女们汗流满面，洗去了脸上的锅烟墨。阿呷看着隐藏不住了，就和丈夫逃到金河去了。土司赶来时，妇女们骗他说，阿呷和丈夫逃入进水洞去了。土司追进洞去，洞口就被妇女们堵死了，土司再也没有出来。如今，沙马甲谷坝上还有一个排水洞。

佚名讲述，佚名整理，载《凉山报》1962年2月5日。收入《彝族民间故事选》，32开，2页，600余字，上海文艺出版社1981年版。（阿南）

沙马坝子的出水洞

彝族风物传说。流传于四川省昭觉县彝族地区。很久以前，沙马坝子边有个美人叫阿呷，阿呷被龙头山上的仙子看中，想娶她为妻，阿呷不从。仙子施计将这个坝子变成了海，阿呷被困在海中间无法逃身时，被打猎经过这里的支格阿鲁看见，两人为把此海弄干，便在岩脚挖了个洞，让海水从洞里流出去，从此沙马坝子边的岩脚就有了个出水洞。

沙马合作等讲述，伍呷记录。收入《彝族民间故事选（2）》（彝文版），32开，3页，1500余字，四川民族出版社1986年版。（贾斯拉核）

撒梅山为什么能看五个海

彝族风物传说。流传于云南省昆明市彝族撒梅人地区。讲述的是：相传，在昆明撒梅山的最高峰“老爷岭”上有座小石庙供奉着撒梅人开山老祖的石像。一天，几个撒梅姑娘到老爷岭割草，休息时，玩起开山老祖妻子的丢帽游戏，结果，只有美丽姑娘那苏抛出的公鸡帽戴在了石像上。当晚便有个英俊的小伙子与那苏幽会。一年后，那苏生了个男孩。视未婚生子的那苏为耻辱的父亲，将孩子埋在了粗糠堆里。找不见孩子的那苏到石庙哭诉，泪水湿透了四块手帕，她把手帕往山下抛，四块手帕分别化成了阳宗海、抚仙湖、杞麓湖、陆良海；手帕用完，她就用围腰揩眼泪，围腰湿了又往山下丢，围腰立刻变成滇池。所以，现在只要站在老爷岭的石庙旁，就可一览山下的五百里滇池，远眺百里以外的阳宗海、抚仙湖、杞麓湖和陆良海。

飞崇义讲述，灌玉搜集、整理。收入《昆明民间故事》第一辑，32开，2页，1000余字，昆明市民间文学集成办公室1987年编印。（梁红）

塔甸瀑布

彝族风物传说。流传于云南省峨山彝族自治县彝族民间。讲述的是：很久以前，高平梁子上有一个清澈美丽的水塘，太阳照射时，水面上会出现两朵奇异的游动着的水莲花。一天，一个身穿蓑衣的丑妇从此赶牛路过，她看到水中自己的影子很丑，而水面莲花很美，十分恼火，便举鞭把莲花抽打碎了。此后莲花再没出现，水塘也慢慢干涸了。原来水莲是从龙宫来的水仙所变，遭丑妇打击后便向西而走，最后来到塔甸对面林海莽莽的小山坳里安了家。从此，石缝中喷出汩汩清泉，泉水从山石中坠下，就形成雄伟壮观的塔甸瀑布。

佚名讲述，冰封、李长明搜集。收入《嶍峨风情》，32开，2页，1000余字，峨山彝族自治县民委1985年编印。（普开福）

大叠水瀑布

彝族风物传说。流传于云南省陆良县彝族地区。讲述的是：从前，盘江下游有个村子，村子附近有一堵叫索水塘的峭壁陡崖。那时，这一带干旱少雨，还年年遭冰雹袭击。村里有个叫且阿罕的姑娘，她上山砍柴，遇到一位白发老人。老人要她带自己去索水塘。且阿罕把乡亲们的遭遇告诉了老人，老人安慰她，并对且阿罕说：“请转告乡亲们，你今天见到的老公公会使你们年年五谷丰登。还会打鼓告诉你们播种、收割的时间。”老人说罢，纵身跳下索水塘的深谷。瞬间，索水塘变成了几十丈高的飞瀑。从此，到了播种时，瀑布会发出打鼓声，此时播种，庄稼不遭冰雹，人们从此过上了五谷丰登的好日子。为纪念老公公，人们便把村名定为打鼓村，索水塘的瀑布就叫大叠水瀑布。

李树德讲述，李昌华采录。收入《云南民间文学集成·陆良县卷》，32开，2页，1300余字，云南民族出版社1993年版。（普开福）

夫妻泉

彝族风物传说。流传于四川省喜德县。讲述的是：从前孙水河畔屹立着两座大山，一座叫作瓦利山，一座叫作则俄山。两山隔着孙水河南北遥相呼应。瓦利山上有个瓦利寨，寨里有个名叫瓦利斯惹的彝族青年，身披一件黄色的披毡，每天，他都赶着有黄牛、黑牛的牛群，从山上来到孙水河畔放牧。则俄山上有个则俄寨，寨里有个名叫则俄色阿姆的彝族姑娘，长得像山茶花般娇艳。每天清早，她都赶着一群雪白的绵羊，从青山里来到孙水河畔放牧。瓦利斯惹和则俄色阿姆，在牧场上相识、相恋。就在瓦利斯惹家请媒人去说亲时，则俄家支和瓦利家支因争夺孙水河畔这块牧场而发生械斗，两个热恋的青年被迫断绝了来往。当则俄家支举行送祖灵的隆重仪式，并举行赛马时，瓦利斯惹乘机混进赛马队伍，去见心上人则俄色阿姆，不幸被则俄家支发现并追杀，瓦利斯惹中箭而死，则俄色阿姆也上吊殉情。两个家支的头人都认为他们给自己家支丢了脸面，不准火化而行土葬。后来，在两个青年的土葬处分别出现了一个溶洞，涌出清泉，汇合于孙水河里，向天边流去。直到现在，人们仍可看到孙水河南面的幸福村和北面的悄眉窝村的山脚，各有一股清泉喷涌着，人们称之为夫妻泉。

沙马铁哈讲述，白芝收集、整理。收入《中国民间故事三套集成四川喜德卷·凉山彝族民间故事选》，32开，4页，2700余字，四川民族出版社1990年版。（阿南）

马坟泉

彝族风物传说。流传于云南省元江哈尼族彝族傣族自治县彝族聂苏人地区。讲述的是：从前，有个彝族寨子住着几十户人家，其中有一户是狼心狗肺的财主。有一年，这一带发生旱灾，不但田地中无水，就是人们喝的水也没有了，财主家也断了水。穷人们到十里外的箐里去挑泉水喝，财主就叫家丁堵在进寨口抢穷人带回的水。后来，穷人们吃住在箐沟里，财主家抢不到水就挨家挨户搜。搜到马莫克家，财主的家丁发现主人用仅剩的一小碗水喂马，就把马莫克打得半死。马为了替主人报仇，跑进财主家踩伤了财主及财主婆，踩死了他家的独儿子。马被财主的家丁打死后，马莫克和乡亲们厚葬了它。后来，就从马坟口流出了一股泉水，并从坟口流到彝家的田地里。彝家便将这股泉水称“马坟泉”。

佚名讲述，杨翠英记录、整理。收入《元江民族民间文学资料》第五辑，32开，2页，800余字，元江哈尼族彝族傣族自治县文化馆1985年编印。（宋自华）

温泉变冷泉

彝族风物传说。流传于云南省武定县彝族密岔支系聚居区。讲述的是：过去，武定九厂小河口村有一个温泉，来洗澡的人有老百姓、做官的和地方士绅等。那些做官的老爷滑竿来滑竿去，还得由小河口村的村民杀猪宰羊，轮流摆酒接待，真把人害惨了。有一回，县衙门又来了一帮人，这回轮到一户穷人家接待，他家里什么都没有，只好把看家的一条狗带到温泉边宰了，在温泉里洗净后煮了招待那帮人，才算打发过去。可是，这塘温泉因受到玷污，第二天就不出热水了，却在罗茨新出了一股热水。从此，小河口村的热水变成了冷水，温泉移到罗茨去了。

李文才讲述，李天云记录、翻译。收入《云南省武定县民族民间文学集成》，16开，1页，300余字，武定县文化局、民委、文化馆集成办1989年编印。（钱丽云　朱琚元）

竹核温泉的传说

彝族风物传说。流传于四川省昭觉县彝族地区。相传，远古的时候，竹核是一个方圆数平方公里的海子。支格阿鲁射月之后，就住在木佛山上。山高视野开阔，他看见竹核这么个好地方，竟是一片汪洋大海，实在可惜，心疼极了。于是他站在木佛山上，拉弓搭上铜箭，一箭射到竹核的勒木哈洛主，射穿了一个直径数米的洞，海水就顺洞而流去了。海水流走后，剩下的是一方平原大坝，这原来是一个生产粮食的好地方，但长期无人开垦。后来，一个从云南过来的神人勒格使惹，带来了数万名汉人到竹核安家落户，他们经过三年的奋战，终于开垦出水田数百亩，春种秋收，过着一般农家简朴的生活。由于山高水温低，水稻的产量总是提不高。正当他们处于为难之际时，一股大大的温泉水从里者格额向竹核坝流来。从此，水稻的产量一年比一年高。原来在里者格额山洞里有三条温泉水龙，它们亲密无间，常年在洞里游来游去。一天，老三看到竹核坝的稻子长得既矮又小，心想，这一定是水温低的缘故。于是，它同老大和老二说："我们在洞里转悠了数千年，应该出去走走，见见世面才是。"它们觉得老三说得有理，就同意了老三的意见。于是，它们又商量起各自的去向来。老三首先发言："我去竹核。"老大说："我去喜德。"老二说："我去甘洛。"就这样，老三到了竹核，最后定居在呷约山大温泉滋养稻禾。

马海呷哈讲述，贾巴阿洛搜集，罗定金整理。收入《凉山民间文学集成》（下，故事卷），32开，2页，1000余字，西南交通大学出版社1993年版。（魏娟娟）

一碗水

彝族风物传说。流传于云南省建水县。讲述的是：由于不停地转战，万氏母带兵到一座山上时，已是粮尽水绝。在士兵们绝望之际，万氏母在松树林中发现了吃不尽的一锣锅饭，喝不完的一碗水，越拉越大的一块毡子。后人就把这座山称为"一碗水"。

施家福、普忠讲述，关朝亮搜集，张绍碧整理。收入《云南民间文学集成·建水故事卷》，32开，1页，400余字，建水县文化局、民委1989年编印。（梁红）

玉碗水

彝族风物传说。流传于云南省石屏县彝族地区。讲述的是：有个叫阿扎里的庄稼汉从龙潭老龙处弄到了龙名册。从此，龙就听他的话。于是，他决定弄三条小龙到干旱缺水的地方。到了缺水的仙落山，他放了条小龙在那里。走到落里坡头时，正愁无处安身、饥饿难耐的阿扎里得到一个茅草房里赶马人的热情款待，受感动的他，挖个小洞放了条龙进去。从此，赶马人路过这里都能喝到清甜的凉水，并把这水塘叫"玉碗水"。

佚名讲述，苏艳搜集、整理。收入《云南民间文学集成·石屏故事卷》，32开，2页，1000余字，石屏县文联1996年编印。（梁红）

阿衣打和五股水

彝族风物传说。流传于云南省楚雄市彝族地区。讲述的是：古时有个老人骑着毛驴经过一个名叫"五股水"的村子，不小心，毛驴一只脚踩进了秧田。看田的妇人一把抓住毛驴，老人赶快说好话，答应赔银子。可是妇人却硬要砍下那只毛驴脚。老人无奈，只好砍下毛驴脚赔她，又去砍了棵刺桐木接在断腿上，骑着毛驴走到村后，看见有五股大水流淌，就用五口大锅把水口堵住。恰好这时有只雀子看见，就"阿衣打！阿衣打"地叫了起来，意思是留点雀吃水。老人听到后就把锅扳开个缝，让水流出一点来给雀吃。从此，这个村子就改名叫作"阿衣打"。老人到了另一个缺水的村子，找到一个老奶奶要水喝。尽管老奶奶一天才能到金沙江背一葫芦水，但还是让老人喝个够。于是老人就到村外栽了五棵木桩，再把五棵木桩拔起来，地上就冒出五股大水。后来这个村子就改名叫作“五股水”。

载《楚雄民族民间文学资料》第三辑，收入《楚雄彝族文学简史》，32开，1页，300余字，中国民间文艺出版社1986年版。（阿南）

马刨井

彝族风物传说。流传于贵州省金沙县彝族地区。讲述的是：吴三桂缴水西时，安宣慰的兵马驻扎在金沙县禹谟营盘山上的花尖营。这里三面悬崖，只有西边一条独路通向山顶，吴的号兵被俘，便整天吹号给水西兵听，时间一长，号兵看准地形后用号声告诉吴兵从西边来，结果，水西兵中计。情急之中，安宣慰的战马驮着安宣慰一下子飞到对面山上，并用蹄刨出水给宣慰解渴。至今形似马蹄的井依然淌着水，人们称之为“马刨井”。

王氏讲述，高龙江记录、翻译。收入《中国民间文学三套集成·贵州毕节地区·金沙县卷》，32开，2页，1000余字，金沙县民间文学三套集成办公室1988年编印。（罗德显）

吴井水

彝族风物传说。流传于云南省昆明市彝族撒梅人地区。讲述的是：从前，居住在昆明吴井桥一带的撒梅人都姓吴。其中，吴顺家有口又清又甜的水井，夫妇俩便开了一个小茶铺。他们带着儿子吴自高，日子虽不算富裕，但生活很幸福。有一年干旱缺水，城里许多人没水喝，两口子就请穷苦人来家里免费喝水。仙人张三丰很感动，就把他家的井水变成了酒。吴家把茶铺改为酒铺，日渐富裕起来。十年后，张三丰来到吴顺家，一进门，只见院子里乱七八糟，臭气熏天。原来吴顺夫妇已去世，他们的儿子吴自高和儿媳妇好吃懒做，贪得无厌。张三丰见了很生气，就把井里的酒又变回了水。

毕关、施贵讲述，田志宏记录、整理。收入《昆明民间故事》第一辑，32开，3页，1800余字，昆明市民间文学集成办公室1987年编印。（梁红）

峨爽大龙潭传奇

彝族风物传说。流传于云南省石屏县。讲述的是：在很久以前的峨爽，一妇人带着小孩在地里干活，忽然来了个蓬头垢面的老头，向妇人讨饭吃。妇人拿出仅有的一个苦荞粑粑，分一半给了老头，留一半给了小孩。小孩吃完粑粑，嚷着要喝水，老头把小孩带到一旁的树下，把水倒在树下的土坑里，叫小孩喝土坑里的水。小孩刚弯下腰，眼前的土坑就变成了一个水塘。这个水塘里的水从未干涸过，而且水塘越变越大，成了今天的峨爽大龙潭。

李自舜讲述，吕世明整理。收入《石屏古今奇趣》，32开，2页，1300余字，中国广播电视出版社2003年版。（李朝旺）

金盆龙潭

彝族风物传说。流传于云南省昆明市彝族撒梅人地区。讲述的是：从前，宝象河畔的罗达寨里有一个叫阿尼勺的忠厚老农，一个人过着孤苦的日子。有一年，洪水冲毁了他地里的庄稼，他节衣缩食，仍难填饱肚子。一天，他从河里捞回了一个木盆，第二天发现木盆装满了大米，便撮来煮吃。隔日，发现盆里的米如同没有动过一般，欣喜万分的阿尼勺抬米与友邻分享。阿尼勺有宝盆的事让罗保董知道了，罗保董便带着家丁来抢。阿尼勺见甩不脱他们，便把宝盆扔进了路边的石洞。罗保董和家丁看见后都争着进石洞抢宝盆，结果石洞突然涌出大水把他们淹死了。后人称这个出水石洞为金盆龙潭。

保正荣讲述，李洪信搜集、整理。收入《昆明民间故事》第一辑，32开，2页，1000余字，昆明市民间文学集成办公室1987年编印。（梁红）

养蜂王与黑龙潭

彝族风物传说。流传于云南省建水县。讲述的是：从前，苟街南边的李海寨出了个养蜂王。一只蜜蜂在树上看到玉帝的招贤榜，便把其主人推荐给了玉帝。爱才如命的玉帝变成白发老人找到了养蜂王，看到养蜂王统兵百万，玉帝想把天下交给他统治，于是设计考他，可养蜂王就是领会不了玉帝的意思，玉帝大怒，便让他变成了黑水牛。风姑娘为讨好玉帝，刮起特级大风，李海寨被刮得不知去向，黑水牛也被刮到了缺水的苟街坝变成了龙潭，人们就称之为黑龙潭。

佚名讲述，陈静搜集，张绍碧整理。收入《云南民间文学集成·建水故事卷》，32开，1页，500余字，建水县文化局、民委1989年编印。（梁红）

罗高井的传说

彝族风物传说。流传于云南省峨山彝族自治县彝族地区。讲述的是：化念班央的一个山坳是滇南大道的要口，住着以开店为业的罗、高两户人家，有一口井叫罗高井。有一年来了个满身是嘴的席子精入住罗高井，顿时水暴涨起来形成一个阴森的池塘，又从新兴潢水塘娶来龙王三女儿做媳妇，妖精还作怪吃了店主家的孩子。罗、高两户只得搬了家。这对水怪又常到化念河和大开门河里作恶，裹食人和牲口。有两个骑白马的青年猎手，决心为民除害，扬刀拍马进塘口，将席子精拖出水面快刀斩杀了。席子精的媳妇只好带口信回家，让其父接她回了潢水塘。罗高井的水又恢复了原样，罗、高二姓又搬了回来。这里成了人来人往的热闹驿店。

罗俊强口述，高云玉整理。收入《峨山民间文学集成》，32开，3页，1000余字，云南民族出版社1989年版。（聂鲁）

洗马塘的传说

彝族风物传说。流传于云南省石屏县。讲述的是：哨冲镇有个彝家寨叫“摸期迭”，汉语的意思是“洗马塘”。明末天下大乱时，有个叫龙在田的人买来一匹长满疥疮的小马，到“摸期迭”村旁龙潭边洗，洗去洗来洗成了一匹长翅的大龙马。后来，他骑这匹马从军当上了“左军都督、荣禄大夫”。远近村寨听说了，相邀相约前来此龙潭洗马，搅得当地百姓不得安宁。民众趁天黑扛七口大铁锅把龙潭口封住。从此，洗马塘的水小了，洗马人也不来了，但洗马塘的名声却传了下来。

佚名讲述，张进发搜集、整理。收入《石屏古今奇趣》，32开，5页，3000余字，中国广播电视出版社2003年版。（李朝旺）

洗马塘

彝族风物传说。流传于贵州省大方县彝族地区。讲述的是：水西府修建慕俄格城堡后，又修建水塘，用三十个白天和晚上的努力把水塘修筑完工后，刚把水引入塘中，就有人在塘中捞得一匹小陶马。这小陶马原本是蜀汉建兴年间，彝族默部主帅济火佐诸侯南征，功封罗甸君长时，为纪念随征的骏马“史都姆”而供置在庙堂中的。人们将小陶马在新修建好的塘中洗，神奇的是陶马越洗越大，最后变成了一匹骏马，仰头一声长啸，腾空飞到了乌撒草海。从此，乌撒、水西两地年年繁殖良马。水西家便常在此塘中洗马，此塘因此而叫洗马塘。

刘明宣讲述，钟德安记录、翻译。载《中国民间文学集成·贵州彝族回族白族故事选》，32开，2页，600余字，贵州民间文学集成办公室1993年编印。（罗德显）

热水塘

彝族风物传说。流传于云南省禄丰县彝族地区。讲述的是：很久以前，在毕家大村的房屋背后有一塘热水，每年农历二三月间都有人来洗澡。据说洗过之后人们一年四季都无病无疾。叽拉五村的彝族靠这股热水，惊蛰就可以撒秧，立夏就栽秧，日子过得富足美满。热水塘能除病消疾、医疮治疥的消息传到县太爷的耳朵里。县太爷来洗了一次澡后，不仅除去了他一身骚疥癞疾，还官运亨通，升为府官。消息传开后，各路官员纷纷来此洗澡，县官规定村民必须酒肉招待来洗澡的大小官员。这样一来，官员来了不但大吃一通，马匹还糟蹋田中禾苗，百姓苦不堪言。为了躲去这额外的负担，大家商量之后就派一群年轻小伙用十口大锅将热水罩住，不让它流出来。从此，这里就不再出热水了。

李华讲述，史岳灵记录。收入《禄丰县民间故事普查资料汇编》，16开，1页，700余字，禄丰县委宣传部、文化局、民委1988年编印。（钱丽云　朱琚元）

妖精塘

彝族风物传说。流传于云南省昆明市晋宁区。讲述的是：从前，在夕阳地方的一个水塘里突然住进个妖精。它用银盘子托着丝线飘在空中引诱少女，用烟锅引诱男人，使水塘边长出青草引诱牛羊来吃。凡上钩的人或牲畜都会被它吸进水里淹死。青年猎人阿依决心为民除害，得到神仙老阿波的帮助，骑着白龙驹飞到水塘上空，用神箭射杀了妖精，并用神箭射穿岩石，为村里引来了泉水，人们过上了安居乐业的日子。由于塘水曾经出过妖精，人们便称其为“妖精塘”。

佚名讲述，陈加胜采录。收入《昆明山川风物传说》，32开，2页，1300余字，云南民族出版社1994年版。（梁红）

干海子的传说

彝族风物传说。流传于云南省昆明市彝族撒梅人地区。讲述的是：从前，从祭虫山到大板桥的方圆七八公里是一个碧绿的湖泊，湖里鱼虾丰饶，湖水养育着湖岸散落的撒梅人村寨。一日，湖边农户的一头猪吃了从桃树上掉下来的仙桃，变得力大无穷。它挣脱铁链，逃出家门，将祭虫山和丁家山相连的山脉拱出了缺口，湖水泄入了滇池。从此湖水干涸，后人便称其为“干海子”。

李启荣口述，董克宁搜集、整理。收入《昆明民间故事》第一辑，32开，1页，500余字，昆明市民间文学集成办公室1987年编印。（梁红）

十槽银子

彝族风物传说。流传于云南省寻甸彝族回族自治县彝族地区。讲述的是：传说，寻甸塘子村一带古时候叫南谷，那时的南谷水草肥美、牛羊成群，还有清澈碧绿的温泉水供人们沐浴。村中有个叫小本甲的彝族娃在张财主家当羊倌。一天，他在鹰嘴山附近的牧场放羊时看到一只不知来路的大白羊，便好奇地跟踪大白羊到一个大石洞，发现石洞中有十个大石槽堆满了银砖，便取来帮助村中父老。张财主得知十槽银子的事，便逼着小本甲往自己家背银砖，小本甲两年时间背了半槽银，就使财主富甲一方。后来，贪得无厌的张财主把小本甲迫害致死。就在他勾结州官想夺取剩余银子的当夜，整个南谷山摇地动，房倒地陷，河水断流。张财主和官兵全部葬身于洞里，石洞中的十槽银子也沉于地下。从此，南谷温泉成了无水的干塘子，南谷成了名副其实的塘子村。

佚名讲述，余荣品搜集、整理。收入《寻甸民族民间故事集》，32开，8页，5800余字，云南民族出版社1995年版。（梁红）

金月亮

彝族风物传说。流传于云南省巍山彝族回族自治县。讲述的是：西鼠街街场是低洼的四方街，四个入口都用石头镶砌而成。这里原来是绿树环绕的水塘，有个云游四海的仙女见水塘，便俯身喝了口水。仙女喝水时身上的一颗夜明珠掉到了水塘里，变成了碗口大的一轮金月亮。后来，来看金月亮的人陆续搬来这里居住，成了村寨。下江人得知这里有个金月亮，想用九十九驮金银来换，村民不答应。他想去偷，请人从四面挖地洞，被村民发现了，村民就用石头把四面砌成石墙。后来水干了，留下四个入口处镶砌的石头。

危新海讲述，危树珍搜集、整理。收入《巍山彝族回族自治县民间文学集成资料·南诏故地的传说》，32开，2页，1400余字，巍山彝族回族自治县民间文学集成办公室1987年编印。（段葵）

格秋塘的传说

彝族风物传说。流传于贵州省水城县彝族地区。讲述的是：水城甘塘的格秋彝寨遍山是树林，就是缺水。一天，有两只花雀飞来叽叽喳喳叫了几声就飞走了。从此，这里出了一股凉水，人们把它挖成大水塘，彝家用水不再发愁。可是有一天，一个刚从外地搬来的人家，他家主妇在水塘的出水口洗衣服，从那天起，花雀不见了，水塘也慢慢地干涸了。甘塘的格秋彝寨又变得缺水了。

李文学、李建勋讲述、翻译，张人弘记录。收入《中国民间文学集成·贵州彝族回族白族故事选》，32开，2页，800余字，贵州民间文学集成办公室1993年编印。（罗德显）

二十四个望娘潭

彝族风物传说。流传于云南省南涧彝族自治县。讲述的是：有个老母，身上有病，靠年幼的儿子卖草为生。这天儿子总是割不着草，朦胧中听见一白胡子老人说，刺蓬下有丛草。他过去一看，果然在刺蓬下割了一背。这蓬草今天割了明天又长，母子俩就决定把它挖回来栽。儿子去挖，挖到根部时，见有一颗珠子，就把它拿回来放在米缸里。第二天半缸米就变成了满缸米。财主知道后到他家去搜珠子，可是怎么也搜不到。儿子又气又急，把握在手里的珠子吞到肚子里。这一吞，口就渴，缸里的、井里的水喝了还不够，就到河里喝，河水就要喝完时，他突然变成龙飞上了天。母亲见儿子变成了龙，伤心地哭着叫着，每叫一声，龙就往回一看，河里就出现一潭水，母亲哭叫了二十四次，嗓子哑了，变成了山，就是现在的那座“望儿山”；龙回头看了二十四次，就成了现在河上的二十四潭。

何国英讲述，熊绍荣搜集、整理。收入《南涧民间文学集成》，32开，4页，2200余字，云南民族出版社1987年版。（段葵）

望娘十八滩

彝族风物传说。流传于云南省巍山彝族回族自治县。讲述的是：蒙舍诏诏主细奴逻为抵抗外侵征兵，当时有个彝家老妇叫儿子蒙善应征。蒙善想，百孝不如一顺，从母命，在战场上屡建战功，但他谢辞封赏，执意回乡赡养老母。然而，母已故，他照乡邻指点，顺瓜江一路哭着寻找母亲尸首。他的眼泪所落处，江水成滩，即成瓜江的十八滩。

杨平侠讲述，段有鉴搜集、整理。收入《巍山彝族回族自治县民间故事集成》，32开，4页，2500余字，巍山彝族回族自治县民间文学集成办公室1988年编印。（段葵）

三女造塔

彝族风物传说。流传于云南省姚安县、大姚县彝族地区。讲述的是：大姚城外有三座宝塔，一座是城东鲤鱼山的锁水塔，一座是城西宝伐山的白塔，一座是城南挂榜山的文笔塔。相传，天上三仙女驾云路过大姚，被大姚山清水秀的景色迷住了。于是三姐妹商量在大姚的东、南、西三面各造一座宝塔以便藏身。仙人在凡间造塔不能让凡人知道，所以只能在夜间造。三姐妹还决定比一比谁造得快。大姐老实，天刚黑便来到宝伐山上挖土、踩泥、烧砖砌塔；二妹、三妹滑头，造塔竟用篾扎纸裱，不到半夜，塔便造好了，然后故意学鸡叫逗大姐。大姐听见鸡叫，以为天亮了，心中十分着急，连塔顶也来不及收，就造成了上大下小的塔。大姐正纳闷二妹、三妹的造塔速度为何如此快时，就被猎神射箭解开了谜。猎神一箭射到东门外的鲤鱼山上，一箭射到南门外的挂榜山上，二妹、三妹的纸塔一下化成灰烬；再一箭射到西门外的宝伐山上，大姐造的塔却只裂了一小条缝。大姐教育了妹妹们一顿之后，赶快帮着两个妹妹把东边的锁水塔和南边的文笔塔造好。因时间仓促，东南两边的塔都造成了空心塔。

白学泰讲述，杨春茂搜集、整理。收入《彝族民间故事》，32开，3页，1600余字，云南人民出版社1988年版。（钱丽云　朱琚元）

巍宝山和封川塔

彝族风物传说。流传于云南省巍山彝族回族自治县。讲述的是：洱海龙王为了扩张领地，派四公子和三公主到巍山，要把巍山坝子变成泽国。兄妹俩到巍山，正遇城隍庙会，公主见人间这样美好，不忍心毁灭生灵。后来兄妹俩出城赶路，到洗澡塘时，公主一步跨到左岸，瓜江就把兄妹二人分开了。公主回头一看，哥哥的脚已化成山脚，正在往上长高。这时她见风中一个老婆婆说："你哥哥执意要毁灭几万生灵，我就不得不这样做了。"公主听见哥哥咒骂老婆婆的声音，老婆婆又把杨柳枝一挥，石头一个跟着一个往他身上滚，最后停在山头变成一座塔，这就是封川塔。公主向老婆婆求情："我不能离开哥哥呀！请你搭救我的哥哥。"老婆婆又把手一挥，就把三公主变成一座山，这就是巍宝山。

罗怀奇讲述，范建伟搜集、整理。收入《巍山彝族回族自治县民间文学集成资料·南诏故地的传说》，32开，4页，2000余字，巍山彝族回族自治县民间文学集成办公室1987年编印。（段葵）

东山寺与文笔塔

彝族风物传说。流传于云南省建水县。讲述的是：建水城东一岩洞两边有两座大山。古时候，两座山赛着往上长，想堵住岩洞，使临安坝变成海。人们为了阻止山再往上长，在右边的山上盖了座寺压住山脉，在左边的山上造了座塔镇住山脊。从此，便把寺和塔称为"东山寺""文笔塔"。

李万福讲述，易荣耀记录。收入《云南民间文学集成·建水故事卷》，32开，1页，300余字，建水县文化局、民委1989年编印。（梁红）

金马碧鸡

彝族风物传说。流传于云南省大姚县彝族地区。讲述的是：古时候，大姚是一个荒凉的坝子。一天清晨，刚露出紫丘山顶的太阳里随着万丈霞光跑出一匹金马，还挂在老西山顶的月亮里伴着一道彩虹飞出一只碧鸡。它们在宝伐山下的坝子相会之后，金马欢鸣着冲下紫丘山在大姚坝子四处奔跑，金马蹄子踢过的地方立刻长出青青的秧苗；碧鸡高鸣着在大姚山岭到处飞翔，碧鸡飞过的山岭立刻长出了绿绿的树木。当金马、碧鸡第二次相会时，田坝里的秧苗立刻变成了金灿灿的稻谷，山岭上的树苗变成了擎天大树。大姚变成了鱼米之乡，人们从四面八方搬迁而来。在金马、碧鸡相会的地方（现今的金碧镇）建起了大姚县城。

李灿文讲述，晓午采录。收入《中国民间故事集成·云南卷》，16开，1页，900余字，中国ISBN中心2003年版。（梁红）

金马和碧鸡的传说

彝族风物传说。流传于云南省昆明市彝族地区。讲述的是：古时候，官渡一带碧波荡漾，五华山古木苍天，英勇智慧的滇王带领臣民赶走了毒蛇猛兽，在滇池畔迎娶了美丽的哀牢公主。公主带来了金马、碧鸡两件稀世宝物，使臣民们欣喜万分。三年后，公主生下孪生兄弟金马、碧鸡。十多年后，两位王子长成英俊潇洒的小伙子，金马王子喜骑金马狩猎，碧鸡王子爱与碧鸡共歌舞。此时，滇王年岁渐高，选哪个爱子做王位继承人成了滇王的心病。在老臣的建议下，滇王放走了宝物金马、碧鸡，让两个王子去找寻，先找到自己爱物归来者为王位继承者。兄弟互道珍重后，金马王子朝东踏遍崇山峻岭，在一村边的花丛中拾到马笼头，在山坡捡到马兜肚索。他疾步登上山顶，呼唤在对面山头玩耍的金马。金马疾驰而来，金马王子跨上马背，腾空消失在空中。碧鸡王子往西寻遍青山碧水，在一长满鲜花碧草的山垭找到了正在翩翩起舞的碧鸡，碧鸡王子乘着碧鸡凌空而去。两个王子再没回来。为纪念他们，人们把金马王子拾到马笼头的村子叫龙（与“笼”同音）头村，捡到马兜肚索的山坡称落索坡，站着呼唤马的山叫呼马山，金马玩耍的山头称为金马山；把碧鸡起舞的垭口叫碧鸡关。

佚名讲述，磐石搜集、整理。收入《昆明民间故事》第一辑，32开，5页，2800余字，昆明市民间文学集成办公室1987年编印。（梁红）

五凤楼

彝族风物传说。流传于云南省个旧市。讲述的是：古时候，彝族民间医生罗望闻有诊断疑难杂症的高超医术。罗氏云游京城，摘下皇帝招贤医治娘娘怪症的圣旨，进宫医好了娘娘的不治之症。皇帝大喜，划出一半江山赏赐罗氏，并留他于宫中，愿为他娶妻成家立业，但罗氏不敢接受仍想回乡。皇帝就派工匠到云南个旧市黑岔地仿宫中的五凤楼为罗氏建造一座小五凤楼。这就是五凤楼的来历。罗氏回乡后仍四处行医治病，救死扶伤。晚年膝下有三子，家产分成三份，三子分别向开远等地迁居发展。

张世衡讲述，子月记录、整理。载《红河文化》1993年第2期，16开，2页，2000余字，红河哈尼族彝族自治州文化局1993年编印。（龙保贵）

定城址的传说

彝族风物传说。流传于云南省玉溪市红塔区彝族民间。讲述的是：玉溪在元、明、清几个朝代里长期称新兴州。在建新兴州以前，坝子里分布有九个古城。定州城城址时各城的人都想把城址选在自己地方，争夺激烈难以确定。最后想出了“称土”的办法，将梅园白城、普舍北城、东古城、赫井古城、牛场古城、州城古城、西山古城、排山古城、研和古城地下的土挖来称重，谁的土重就把新兴州定在那里。州城古城的人狡猾，偷偷在土里掺了铁砂，称出来是最重的。所以城址就定在那里了，也就是今天的玉溪市中心。

周俊讲述，张守荣记录、整理。收入《玉溪市民间文学集成》，32开，1页，300余字，玉溪市文化局、民委、文联、群艺馆1989年编印。（普开福）

撒沙为城，称土定名

彝族风物传说。流传于云南省石林彝族自治县彝族撒尼人地区。讲述的是：从前，南盘江上游美丽富饶，阿巴、果色、果勃三个部落游牧到这一带，各据一方，在领地上放牧狩猎、繁衍生息。后来，由于贪欲滋生，部落间不断发生侵犯边境、抢夺草场的事。一日，三个部落在边界厮杀，打得尸横遍野，血流成河。忽然只闻一声巨响，山摇地动，江边山崖轰然打开，一个手拎石鼓的巨人走了出来。众人一看，是分管天地万物的木私帕，吓得跪下。三个首领连忙磕头请罪，木私帕怒责他们之后，要他们回去好好过日子。阿巴和果勃部落首领带着自己的人分别回了路南城和宜良城；可果色部落首领却跪着不起。原来果色部落因游牧狩猎没有固定城池，木私帕给他们一把沙，要他们选地撒沙建城池。果色部落选一平坝撒沙，城池立刻出现在人们眼前。因沙刚好有六两，于是人们称这座城“六两”，后人改称陆良。

佚名讲述，张永红搜集、记录，郑祖荣整理。收入《昆明民间故事》第一辑，32开，3页，1700余字，昆明市民间文学集成办公室1987年编印。（梁红）

拓东城

彝族风物传说。流传于云南省昆明市。讲述

的是：南诏在大理崛起，逐渐东扩到滇池一带。南诏王阁罗凤认为滇池一带“山河可以作屏藩，川陆可以养人民”。因此，他就让年轻的王子凤迦异留驻，筑城郭，营宫殿，镇东土。那时候的昆明北至翠湖，东至五里多一带均为滇池水域，盘江水患不断。决定在湖滨筑城宫的阁罗凤，在聪明的凤芝姑娘的帮助下，带领精工巧匠，建成以西边的德胜桥为龙头，拓东路为龙身，五里多为龙尾，尚义街、塘子巷为前龙爪，玉川巷和北塔巷为后龙爪的龙形城宫，以镇住水患，并作为南诏向东方开拓的门户，定名为拓东城。

马静斋讲述，龚婕采录。收入《昆明山川风物传说》，32开，3页，1000余字，云南民族出版社1994年版。（梁红）

迎恩坊

彝族风物传说。流传于云南省巍山彝族回族自治县。讲述的是：左土司为答谢皇恩，用本地特有的大汤圆敬献皇上，皇上和众臣吃后赞不绝口。第二年元宵节，皇上命使臣用左土司之法做大汤圆，并派钦差送一碗给左土司。左土司为迎接皇恩，建了迎恩坊（在巍山城关厢外小河边）。汤圆因从千万里之外而来，已变干变硬，左土司将其研成粉末，和于面中做成汤圆与众绅分享。

赵一癸讲述，唐鑫搜集、整理。收入《巍山彝族回族自治县民间故事集成》，32开，3页，2000余字，巍山彝族回族自治县民间文学集成办公室1988年编印。（段葵）

姑娘坟

彝族风物传说。流传于云南省建水县。讲述的是：传说，南盘江边的老妈黑村有一个叫黑良心的人生了个如花似玉的女儿，叫山花。黑良心从不让山花出门，每天要她陪着自己捞鱼、喝酒。山花长到十八岁，春心萌动。一天晚上，她跑出去对歌跳弦，黑良心找不到女儿，便拿着渔叉到了江边，看见山花双腿夹着小伙子的腰在跳“猴子掰苞谷”，他怒火中烧，打倒小伙子，并用渔叉把山花给扎死了。看到美丽的山花死去，小伙子哭得江水涨潮，并买了口棺材就地葬了山花。从此，那地方就叫“姑娘坟”。

佚名讲述，欧应林搜集，张绍碧整理。收入《云南民间文学集成·建水故事卷》，32开，2页，600余字，建水县文化局、民委1989年编印。（梁红）

仙人坟的来历

彝族风物传说。流传于云南省禄劝彝族苗族自治县。讲述的是：古时候，纳岔寨里美丽的阿艾姑娘在山上放羊时与蛇仙变的小伙子相识相恋，不久怀孕生下一个男孩，取名叫西纵俄恩。那时，普渡河一带有七个怪物在作祟，它们吐出瘴气残害生灵。勇敢的西纵俄恩长到十八岁时已是个力大无比、武艺高强的小伙子。他决定为民除害，辞别母亲，到普渡河与七个魔怪展开了激烈的战斗。在杀死最后一个魔怪时，他身中瘴气，乡亲们把他背回家乡，到处找羊肝来解除他身上的瘴毒，一时没找到，便拿牛肝代替。不久，西纵俄恩病死了。悲痛万分的乡亲们把他厚葬在纳岔东面的山梁上，并把这座坟称为“仙人坟”。

鲁登云讲述，鲁宗一、钱春林搜集、整理。收入《云南省昆明市民间文学集成·禄劝民间故事》，32开，3页，2300余字，禄劝彝族苗族自治县文化局民间文学集成办公室1991年编印。（梁红）

朵泥桥的传说

彝族风物传说。流传于贵州省黔西县彝族地区。讲述的是：洪武年间，奢香夫人派大将努领头到谷里修桥，桥未修好努领头却成了贪官，后派女将朵泥将努就地斩首，抄其赃款来修桥。由于劳累过度，桥完工的当天夜里女将朵泥吐血身亡。奢香夫人知道后十分惋惜，便立碑纪念朵泥的功绩，将桥命名为“朵泥桥”。

朱子成讲述，朱绍吕记录、翻译。收入《中国民间故事集成·贵州省毕节地区·黔西县卷》，32开，1页，600余字，黔西县民间文学集成编委会，1988年编印。（罗德显）

老崔桥

彝族风物传说。流传于云南省昆明市彝族撒梅人地区。讲述的是：从前，撒梅人居住在昆明宝象河两岸，由于两岸之间隔着一条河，人们来往很不方便。有一户姓崔的老两口，膝下无儿无女，靠卖包子度日。天长日久，他们积攒了很多银子。于是老两口商定，拿出银子在宝象河上建一座桥，为两岸的百姓做点好事。他们请了许多工匠，在宝象河上建起了一座双拱桥。宝象河两岸的撒梅人为了记住崔家老两口，便把双拱桥称为“老崔桥”。

保正荣讲述，李洪信搜集、整理。收入《昆明民间故事》第一辑，32开，2页，700余字，昆明市民间文学集成办公室1987年编印。（梁红）

天生桥（一）

彝族风物传说。流传于云南省南涧彝族自治县。讲述的是：观音老母救苦救难到无量山把边河，看见人们踩水过河，于心不忍，就背来三百米长、十五米宽的巨大石条要搭桥。不料背到北岸时，鸡打鸣，只好把巨石放在那里走了。但她的心还挂着那条河，后来就叫老鹰叼来一个鹅卵形的巨石，搭在河上当桥。从此，人们不再踩水或绕路，这就是现在还在的天生桥。河北岸的那条巨石也一直留到现在。

李再发讲述，李乾瑜搜集、整理。收入《南涧民间文学集成》，32开，2页，500余字，云南民族出版社1987年版。（段辰）

天生桥（二）

彝族风物传说。流传于贵州省普安县彝族地区。讲述的是：在普安县地泗乡有一条河叫地泗河，河两岸山峦起伏，因无桥两岸人家难以往来，住在岸边的彝家爱唱爱跳，姑娘小伙的欢歌笑语让仙女羡慕，于是仙女变成彝家姑娘飘然来到彝寨。为了方便南来北往的人，仙女就在两岸搭起一块巨石做桥，人们称此桥为“天生桥”。

杨进记录、翻译。收入《中国民间文学集成·贵州彝族回族白族故事选》，32开，3页，1000余字，贵州民间文学集成办公室1993年编印。（罗德显）

滴泪桥

彝族风物传说。流传于云南省巍山彝族回族自治县。讲述的是：苗寨的阿贵爱上了彝寨的春花，但彝家世守族内婚，不许外嫁。村主对求婚的阿贵说，除非你三天之内在那悬崖的深涧上架上一座桥。憨厚的阿贵便去架桥，不料丢了性命。后来村主逼春花为妾，春花就在迎亲路上跳下阿贵架桥的悬崖。一时雷鸣电闪，悬崖跌落，这道深涧里就出现了一座天生桥，旁边岩石上出现两个并列的小洞，里面长年不断流出细小的泉水，活像一双眼流淌出来的眼泪，人们说那是春花的眼泪。“滴泪桥”因此而得名。

胡阿云讲述，杨国琮搜集、整理。收入《巍山彝族回族自治县民间文学集成资料·南诏故地的传说》，32开，4页，2300余字，巍山彝族回族自治县民间文学集成办公室1987年编印。（段葵）

永济桥

彝族风物传说。流传于云南省巍山彝族回族自治县。讲述的是：巡检河上曾修过几次桥，都因洪水无常而冲垮。有一年来了匠艺班子，领头师傅说愿为修桥尽力，保证冲不垮。主事人就把修桥工程交给他们。他们做活很认真，不到半月就把桥修好了。主事人跟领头师傅议定采桥人、写桥名匾额等事，但第二天要采桥时，领头师傅连同他的班子却不见了。大家焦急时，见一个左脚有袜无鞋、右脚有鞋无袜的人一颠一拐走来，提笔就写了“永济桥”三个字，又写了大家都看不懂的一副对联，落款是“二王夹十父下斤”。写完后剪彩，写联人突然也不见了。在场的人正纳闷时，一位老人悟道：“这落款不就是‘班斧’二字么！”大家听了，都肃然起敬。这桥因为是鲁班师傅所造，历经沧桑，始终完好。

佚名讲述，王镶搜集、整理。收入《巍山彝族回族自治县民间文学集成资料·南诏故地的传说》，32开，3页，1200余字，巍山彝族回族自治县民间文学集成办公室1987年编印。（段葵）

下轿桥

彝族风物传说。流传于云南省牟定县。讲述的是：很久以前，响水河上没有桥，来往行人只得涉水过河。每到秋季，河水暴涨，还得绕二三十里路才能到达对岸。当时，居住在三尖山下的彝族想在河上造一座桥，于是捐款并建议头人带领大家造桥。可是头人却把众人的捐款都装进了腰包。后来，有一个名叫李民的彝族青年，看透了头人的黑心肠，立志要为人民造桥。他先学石匠后造桥，资金由来往行人资助，积少成多。

李民在乡亲和来往行人的帮助下，整整用了三年的时间，终于在河上造起了一座牢固的石桥。为了教训坐轿人，他把桥设计得凸尖凸尖的，坐轿的人到了此桥就必须下来走路过桥。因为抬轿子过桥时在前的人过了桥顶，在后面的还不能上桥顶，轿子就被桥顶支撑住了，甚至还有翻到河里的危险。所以，后来人们把这座桥叫“下轿桥”。

李祖三讲述，普启旺搜集、记录。收入《云南省民间文学集成·牟定县综合卷》，32开，3页，1500余字，牟定县民间文学集成办公室1989年编印。（李惠兰　朱琚元）

灵官桥与灵官庙

彝族寺庙传说。流传于云南省南华县。讲述的是：很早以前，禄丰县有个姓朱的手艺人要到保山去，他走到南华高丰哨，在路边捉了一条小蛇拿着边走边玩。到了灵官桥时，朱师傅给蛇取名为“满大”，然后把蛇放在桥墩上，对蛇说明年回家时再来看它，说完就赶路去了。由于朱师傅手艺高超，找他做活的人多，十二年后才得返家。当他来到了大理时，听说南华灵官桥有条大蟒，会使风，还吃鸡、吃羊、吃人。他想起会不会是满大长大了。后来发现果真是满大，已长成一条大蛇，身有桶口粗大，四五丈长。朱师傅来到灵官桥，让满大以后不要再伤害人畜，它听从了。朱师傅回到家，患了重病，有位医生要他吃活蟒胆才会好。他去找满大要蛇胆，第一次在胆尖上剪了一小点，他怕治不好病，又进去剪，结果剪在胆根上，满大疼痛难忍一下闭了嘴，朱师傅被闷死了，蛇也死了。后来，整个南华牛死马遭瘟，鸡犬不得安宁。人们去求神问卜，原来灾难是灵官桥死蛇带来的，要建庙塑像，否则，灾难将会越来越厉害。人们就在灵官桥建庙，塑了“灵官菩萨”，还在灵官菩萨的背上塑了一条大蛇。

段成才讲述，段志伟记录。收入《民族民间文学资料》，32开，4页，1800余字，南华县文化馆、民委1986年编印。（李惠兰　朱琚元）

蟠龙寺兴建传奇

彝族寺庙传说。流传于云南省南华县。讲述的是：从前，有个名叫道庆的和尚要去姚州三尖山朝山拜佛。途中路过银宝山，那里有许多人正在挖银子，但一直没有挖到，大家正在发愁。有人做梦梦见有一仙人，将扛着旗子路过银宝山。做梦人将梦告诉大家，正在议论纷纷时，果见有一个仙人模样的人扛着旗子朝银宝山走来，大家求他开恩，指点一下究竟哪里有银子。和尚连忙解释他不是仙人，半路被雨淋了，才脱下袈裟用拐杖抬着边走边晒。

和尚费尽口舌，但人们不信，无奈之下不高兴地拿起拐杖在地上胡乱指了几处。人们果真从这几处挖到了银子，发了大财。道庆和尚朝山归来，人们向他谢恩，挽留他当头人。他再三坚持要走，人们就给他许多银子作酬谢。道庆回来后用这笔酬银修建了蟠龙寺，至今仍在。

佚名讲述，杨玉华搜集。收入《民族民间文学资料》，32开，4页，1400余字，南华县文化馆、民委1986年编印。（李惠兰　朱琚元）

观音阁与普雄

彝族寺庙传说。流传于云南省建水县。讲述的是：据说，龙宝镇有个疾恶如仇的青年叫普雄，对头人欺诈百姓的暴行义愤填膺，决心惩恶安民。在神人的指点下，他带领镇中青年，建造观音阁，镇住头人的邪气。头人知道后百般阻挠，普雄顶住头人的破坏，组织大家建好了观音阁。头人气得倒地而亡。

李成讲述，尼苏艾诺搜集，张绍碧整理。收入《云南民间文学集成·建水故事卷》，32开，2页，700余字，建水县文化局、民委1989年编印。（梁红）

三府寺

彝族寺庙传说。流传于云南省巍山彝族回族自治县。讲述的是：白王张乐进求将二公主嫁蒙诏主，三公主嫁蒙舍诏主。每年春节过后，三公主途经二公主的府城小住，再回大理住几天。因二诏各有图谋，蒙舍诏要进攻蒙诏，二公主急忙把金银藏在宫外后，逃进山下的仙人洞。战后，臣民寻觅二公主，无果。便在那里建二公主庙，并与纪念战争中阵亡的大将、二将的北山寺和天子庙合称为三府寺。三公主每年往返这里时都要过夜奠祭，诏主又在这里建三公主行宫。至今，大理白族老年妇女每年来接三公主魂灵时也要在这里过夜。

佚名讲述，忽天倬搜集、整理。收入《巍山彝族回族自治县民间故事集成》，32开，4页，3000余字，巍山彝族回族自治县民间文学集成办公室1988年编印。（段葵）

鲤鱼娘娘庙

彝族寺庙传说。流传于云南省易门县彝族地区。讲述的是：从前，凤山脚下有两个村庄——张家村、王家村，张家村青年张小二是山上支网扣捕野鸡的能手，王家村王小三是捕鱼的高手。一天，王小三捕到了一条红尾大鲤鱼，次日早晨送去给张村的丈母娘，到半路看见路旁一只野鸡因被网扣拴住而挣扎。此时他想起妈妈说自爸爸去世后八年来都没能尝野鸡肉了，王小三就用鲤鱼换野鸡，他把扣子上的野鸡解下来，把鱼拴上去，然后走了。张小二看到扣子拴着一条大活鱼，吓得往后退。张小二开动脑子一想，近来家中老父卧床不起，牛死羊瘟不停，肯定是六汁江的鲤鱼精来显灵。于是他就立即解开大鱼，跪地求拜，并亲自小心翼翼地把活着的鲤鱼送到江里放了。随后张小二父亲的病好了。全家人都认为是鲤鱼娘娘显灵了，就在凤山顶上建盖了一所鲤鱼娘娘庙。

佚名讲述，矣连茂搜集。收入《云南民间文学集成·易门县集成卷》，32开，2页，1000余字，云南民族出版社1994年版。（普开福）

仙山庙

彝族寺庙传说。流传于云南省江川县。讲述的是安化村东北大山顶仙山庙的来历。相传，龙街坝子有一个姓张的翰林，他请了个有名的风水先生选址葬母。找到安化村北面大山一片松林地，风水先生说此地是埋葬人的宝地，但对下边五个寨子不利。张翰林说只要地脉好，顾不了那么多。不慎此话被树林里放牛的老倌听见，老倌回去告诉了绅老，绅老把各村掌事的人找来商量了一个对策，并立即动手在风水先生指定的地方盖起了一间小庙。几天后张翰林家抬棺来葬，见此山已被小庙所占，只好到别处另择地下葬了。自此，该庙被当地群众称为仙山庙。

黄绍成讲述，杨忠友、李志中、戴琼凤搜集，李志中整理。收入《江川县民间文学集成》，32开，3页，1400余字，云南人民出版社1997年版。（普开福）

天子庙

彝族寺庙传说。流传于云南省峨山彝族自治县。讲述的是：明朝年间，大理人段思平携妻子儿女逃到今天的峨山小街镇年景村安家，并改名张志远。一天，他到小街镇上卖柴，见街上的人们愁眉苦脸，问后才知西乡坝子的石洞里有一条巨蟒，巨蟒每年出洞糟蹋人畜庄稼，官府出告示催促附近各家各户出钱出粮，捐献猪、牛、马等供品给蟒蛇吃用，而实际是官府以此为名大捞钱财。这年不同，要献出童男童女一对喂蟒蛇吃。段思平（张志远）即刻跑到县衙去辩理，劝告官府组织人力除掉蟒蛇乃为上策。但县府狗官黄鼠狼反而以"煽动邪说"为名将他重打四十大板。段思平回家与妻子商议对策，决定自己独自去除蟒。农历六月十三日，他身背宝刀弩箭，胸揣妻子做的毒饼去了。他冲进洞里与蟒交锋，最后被吞入蟒腹。大蟒也因肚中毒饼发作，滚死洞外。事后，群众自发出工出钱在年景村后天寿山为段思平建殿塑身，并认为段思平是天上派来的天子，所以殿宇被命名为天子庙。从此，每年农历六月十三日，西乡坝子的乡亲都来朝拜，并杀猪宰羊纪念。

佚名讲述，白家顺搜集、整理。收入《嵋峨风情》，32开，3页，1700余字，峨山彝族自治县民委1985年编印。（普开福）

茶返寺的故事

彝族寺庙传说。流传于云南省巍山彝族回族自治县五印乡。讲述的是：茶都督的后代茶返一心想光复蒙氏政权，可是，时值朱天子即位，他被下江人打败，只得单身去向左土司借兵。在路上夜宿中，他梦见阵亡的妻子对他说：他是蒙乐山的山神转世，她是笔架山的女神，劝他隐居山中，复归本性。自此，不知茶返去向，只见山下出现一个好结英雄的铺子，人们叫它蒙家寨。蒙家又在黑河上造了一座桥，人们叫它蒙家桥。蒙家意想光复，说大理有佛助威，巍山有道法术，他们就做了许多纸人纸马、黄蜡兵器，等待时机。不料有人来投宿，进了密室，纸人纸马飞了出去，被雨水淋湿，不再灵验。后来左土司得知茶返的事，便建寺庙，以他的名字为名，叫茶返寺。

茶廷昌讲述，杨茂虞搜集、整理。收入《巍山彝族回族自治县民间故事集成》，32开，4页，1800余字，巍山彝族回族自治县民间文学集成办公室1988年编印。（段葵）

茶山寺的传说

彝族寺庙传说。流传于云南省巍山彝族回族自治县。讲述的是：有一年大旱，庄稼无收，人们以为是七月八日建成的紫金山寺庙里漏塑了一个山神像所致，于是大家筹备初九要建漏塑山神的寺庙。一切筹备就绪，可是，初九早上一看，所有木料、石脚全跑到对面的茶山上，人们认为这是山神的愿望，大家就在茶山上建起了这座寺庙，名字就叫茶山寺。

褚应太讲述，苏稳家搜集、整理。收入《巍山彝族回族自治县民间故事集成》，32开，2页，1000余字，巍山彝族回族自治县民间文学集成办公室1988年编印。（段葵）

玉峰寺

彝族寺庙传说。流传于云南省巍山彝族回族自治县。讲述的是：玉峰寺所处的地方原来是深壑，壑中有洞，洞中有巨蟒，常出来吃人畜。那时有个穷汉子阿玉，决心为民除害。一天晚上，过世的母亲托梦说，只要一直从东方走，就会有办法。于是他辞别了未婚妻玉花，一直走了三年零三个月零三天，这天晚上梦里得到白发老人的咒语和长剑。他回到家乡，择了日子，与玉花一起站在岩头，口念咒语，乡亲们助威，在巨蟒闻风出来张开大口时，一剑刺去，金光四射，巨蟒断气死去。他自己也化作一座山，填平沟壑。玉花也就此自尽，化作一座山，与阿玉变成的山遥遥相对。后人为纪念这对青年，就把两座山分别称为玉山和玉峰，并建了庙，塑了他们的像，世代供奉，并以他们除蟒的农历三月初一作为庙会日。

罗永福讲述，郑宏鑫搜集、整理。收入《巍山彝族回族自治县民间文学集成资料·南诏故地的传说》，32开，4页，2000余字，巍山彝族回族自治县民间文学集成办公室1987年编印。（段葵）

金甲神

彝族寺庙传说。流传于云南省巍山彝族回族自治县。金甲神的庙在下水坝，只有两张床一般大小。讲述的是：清末有一年，巍山干旱，民不聊生，有个名叫石头的彝家汉子为民请愿，官吏却贪污受贿，杀害了他。于是，百姓在肮脏之地建小庙，塑贪官像，在像上贴满白纸、黄纸，如同金甲，以示其贪财。路人还常向金甲神吐口水，以示愤慨。百姓即以此神告诫官吏。

李洪武讲述，李金华、范建伟搜集、整理。收入《巍山彝族回族自治县民间故事集成》，32开，5页，2800余字，巍山彝族回族自治县民间文学集成办公室1988年编印。（段葵）

铁柱庙的传说

彝族寺庙传说。流传于云南省弥渡县彝族地区。讲述的是：毗雄江边上住着为人做好事的老两口，那年地震时，老婆婆织布用的纺锤震落到地上后不断往上长高，乡亲们说这是镇邪钉的铁柱，就给它盖了屋子。又一年地震，铁柱、房子、老人都不见了，村民找到老尖山下，见铁柱，却不见老人。乡亲们又给铁柱盖了庙，在铁柱旁还塑了两位老人的像。这就是今天见到的铁柱庙。从此，每年正月十五各族群众都来这里集会，纪念两位老人，祈求铁柱的保佑。

佚名讲述，张昭搜集、整理。收入《弥渡民族民间故事传说集》第一集，32开，4页，2500余字，弥渡县民间文学集成办公室1986年编印。（巴子）

伏虎寺

彝族寺庙传说。流传于云南省巍山彝族回族自治县。讲述的是：东山伏虎寺原来是一片荒地，一天晚上电闪雷鸣，风雨大作，第二天人们发现山形变了，左山如长龙，右山如猛虎，中间有座寺，寺里有个老和尚。有伙强盗来观赏这个奇观，发现有间小房子，里面藏着金银，晚上他们带着口袋来，一人看住正在念经的老和尚，其他人去装金银。等到他们装够了金银出门时，前面长满荨麻，找不着路，身上的金银越背越重，眼看就要天亮，害怕被人们发现，只得把金银放回去，逃跑了。原来那天晚上电闪雷鸣，是天意将恶龙恶虎变成山，让他们镇守寺院财产。

李作周讲述，宗师纪搜集、整理。收入《巍山彝族回族自治县民间文学集成资料·南诏故地的传说》，32开，3页，1500余字，巍山彝族回族自治县民间文学集成办公室1987年编印。（段葵）

金光寺的传说

彝族寺庙传说。流传于云南省永平县彝族地区。讲述的是：建文皇帝南下选地时，来到木莲花山。他见木莲花怒放，认为此地是修炼真性之地，便居住于此，晚上又听见金鸡啼鸣，自认为选到好地。第二天，他找到金鸡啼鸣处时，路遇老虎，就对老虎说："要么你吃了我，要么你让路。"老虎不理，他便去洗澡，准备献身。这时，老虎走开了，建文皇帝就在这里建起金光寺。后人称建文皇帝洗澡处为净身处。

吕发芝讲述，周显堂、赵百杨、字云礼、余莲花搜集，周显堂整理。收入《中国民族民间文学集成·永平县卷》，32开，2页，1400余字，德宏民族出版社1989年版。（巴子）

天摩涯寺的传说

彝族寺庙传说。流传于云南省巍山彝族回族自治县彝族地区。讲述的是：古时候有母子俩，儿子上山砍柴，路上看见一头黄牛在吃麦子，他跑过去赶，黄牛却忽隐忽现，把他引到一块石板前，让他见到了一坑金银。从此，母子俩生活富裕了。他们为感激神灵恩惠，想到建寺院。这时有个白发老人自称什么都会，母子俩就请他来建。母子俩要备料，老人说那口枯井里有，就从井里拉木料。当拉到最后一根时，听到井里说话："够了没有？"老人顺口说"够了"，不料中梁卡在了井里。到竖屋架时，老人夜间独自用锯末糊成中梁。寺院建好后，又铸了钟。老人辞行时说："我去三天后才敲钟。"可是有人等不及，老人才到沙塘哨就敲，所以，钟声才传三十里。这寺就是今天的天摩涯寺。

宗师纪讲述，段有鉴搜集、整理。收入《巍山彝族回族自治县民间文学集成资料·南诏故地的传说》，32开，3页，1500余字，巍山彝族回族自治县民间文学集成办公室1987年编印。（段葵）

山神庙的传说

彝族寺庙传说。流传于云南省巍山彝族回族自治县。讲述的是：轿子山下有个彝族猎人，他每次猎到野物都分给每家一份。一次，他得知豹子吃了村民的牛，想为民除害，就下扣子。那天晚上他去看扣子后，没有回来，第二天早上，村民们发现他被豹子咬死了，身边还躺着两只死豹子。再一看，他的扣子上还扣着两只豹子。从此，村民们把猎人奉为山神，给他建了山神庙，塑了他的像，每年一至五月，人们常到此祈求他护佑人畜平安。

佚名讲述，左桂云搜集、整理。收入《巍山彝族回族自治县民间故事集成》，32开，5页，1700余字，巍山彝族回族自治县民间文学集成办公室1988年编印。（段葵）

金马寺的来历

彝族寺庙传说。流传于云南省昆明市撒梅人地区。讲述的是：从前，撒梅人居住在大理、昆明一带。有个叫孟获的年轻人膀阔腰圆，力大无比。一天，孟获在集市上看到一群人围着一匹高大雄壮的白马，生拉活拽，气喘吁吁，那马却纹丝不动。孟获见此景便哈哈大笑起来，众人很生气，激将道："若能拉动白马，就尊其为王。"孟获一提缰绳，白马便甩着尾巴跟他走了。后来，孟获果然在大理登基为王，他骑着白马率军东征西战，战无不胜。攻占昆明后，为了记住白马的功劳，孟获在昆明塑了金马像。金马像所置的地方就是今天的金马寺。

毕光讲述，蓝新明翻译，许丽玲整理。收入《昆明民间故事》第一辑，32开，1页，400余字，昆明市民间文学集成办公室1987年编印。（梁红）

夫妻寺

彝族寺庙传说。流传于云南省景东彝族自治县。讲述的是：很早以前，者干河一带出了坏人，无恶不作，老百姓只得逃难去了。玉皇大帝派一对神仙夫妻堵住者干河，淹死坏人。这对神仙夫妻带着一个娃娃赶路。娃娃不乖，一路耽搁，男神仙怕误事，一个人朝前走了。男神仙走到大街地方公鸡叫了，而女神仙和娃娃这时还在花山。三人都变成了三座山，男神仙是石洞山，女神仙是花山。娃娃本来在母亲怀里吃奶，母亲听到鸡叫，心里一惊，不由得把娃娃扔了出去，成了守在花山旁边的一座小山。者干河一带的人知道这件事后便在花山和石洞山各建一寺，即花山寺和石洞寺。人们称之为夫妻寺。

佚名讲述，陶明贵记录。收入《景东县民间文

学集成》，32开，3页，800余字，景东彝族自治县民委、文化局、文化馆1989年编印。（谢国先）

飞来城

彝族寺庙传说。流传于云南省巍山彝族回族自治县。讲述的是：古时细奴逻到县城北降龙山，在这里“看地”的老人告诉他，山前那金龙、长虫、乌龟三山是玉皇大帝将它们降伏而成的，如果将它们相连，就成“王”字，若有人在此建城，必为王。又得老者指点和帮助，飞土成城，细奴逻即成为蒙舍诏主。为感恩戴德，细奴逻在此建寺，即降龙寺。因寺在飞来的土城上建，又称飞来寺。

佚名讲述，罗扬奇搜集、整理。收入《巍山彝族回族自治县民间故事集成》，32开，3页，1500余字，巍山彝族回族自治县民间文学集成办公室1988年编印。（段葵）

文庙为什么有一边厢房没盖

彝族寺庙传说。流传于云南省建水县。讲述的是：一牛倌在一树根下发现了一窝金子，于是到城里最好的饭馆吃饭。一帮士绅正在饭馆里商量筹集公德建盖文庙之事，看见衣着破烂的牛倌进来大吃大喝，便奸笑着要其捐钱盖文庙，牛倌大口大气地说：“有本事你们盖一边，我盖一边！”其中一人嘲笑道：“若你有本事盖一边，我做你儿子，叫你亲爹。”牛倌真的用那窝金子盖了文庙的一边厢房，那群士绅却因钩心斗角一直没把另一边厢房盖起来。那士绅只得把牛倌认作亲爹赡养。

卢长源讲述，杨洪云搜集，张绍碧整理。收入《云南民间文学集成·建水故事卷》，32开，1页，500余字，建水县文化局、民委1989年编印。（梁红）

昆明的来历

彝族地名传说。流传于云南省石林彝族自治县。讲述的是：古时候，有个公主，由于继母进谗言，被父亲赶出皇宫。马驮着她离开京城，信步走进深山，停在靠卖扁担为生的戈诗格拉的窝棚前不再前行。公主与戈诗格拉成亲后发现他的扁担之所以好卖，是因扁担上沾满了金粉，做扁担卖的地方是座金山。夫妇俩就招来天下匠人，造了座富丽的皇宫城池，取名戈扎，就是现在的昆明。

佚名讲述，公刘采录。收入《云南省民间文学集成·路南民间故事》，32开，2页，700余字，云南民族出版社1996年版。（梁红）

玉泉山

彝族地名传说。流传于云南省华宁县彝族地区。讲述的是：华宁县青龙乡有个村子叫玉泉山。古时候，这村子干旱无水，村民喝水要到很远的河里去挑。有一天，村里一个姓刘的老倌挑粪浇菜时，听到潺潺的流水声，于是请村里见多识广的施老倌一起查看，两人在有声音的地方做了标记，拿来锄头和铲子挖了一天后，挖出一股很小的水。当夜，村里人都做了同样的梦，根据梦里的提示，村人合起来杀了一头猪祭祀山神，并请刘、施两家人吃饭。之后，刘、施二人很轻易就挖出了一股很大的泉水。村人非常珍爱这股清澈甘甜的泉水，每年都要杀猪祭拜。玉泉山也因此而得名。

刘志新讲述，赵振纪、张云采录。收入《中国民间故事集成·云南卷》，16开，2页，800余字，中国ISBN中心2003年版。（梁红）

七棵树寨名的由来

彝族地名传说。流传于云南省建水县。据传，普雄的大、小七棵树寨子过去叫山垭口和五点山。这一带的彝族因不识字，吃够了苦头，便从外地请了个先生教彝家子女识字。彝家送他野兽皮毛、钱物他都不要。他在彝山安家后，也不向彝家提什么要求。临终前，他要求其后代继续留下来教书，并要了东从五点山到野鸡箐的小的七棵树，西从石雾冲到山垭口的大的七棵树。彝家便把两块地划给了他家。先生的家人后来不幸死于战乱。为纪念先生一家的功绩，五点山改称为“小七棵树”，山垭口改称“大七棵树”。

张秀珍讲述，陈静搜集，易荣辉整理。收入《云南民间文学集成·建水故事卷》，32开，1页，500余字，建水县文化局、民委1989年编印。（梁红）

金鸡寨（一）

彝族地名传说。流传于云南省建水县。讲述的是：从前，建水东郊有个寨子叫碎石窝，离寨不远的岩洞里有条危害乡里的搅沙龙，它妄想把整个建水变成茫茫大海，就请八大地脚神来抬巨石，欲堵住岩洞。碎石寨的金大妈半夜听到如风的喘息声，看到青面獠牙的八大地脚神抬着巨石走来，便模仿公鸡叫，害怕天亮的八大地脚神吓得扔下石头溜了。搅沙龙得知金大妈坏了它的事，就把金大妈掐死了。为纪念金大妈，人们把碎石寨改称金鸡寨，并尊她为“金老祖”。

佚名讲述，万永富搜集，张绍碧整理。收入《云南民间文学集成·建水故事卷》，32开，1页，600余字，建水县文化局、民委1989年编印。（梁红）

金鸡寨（二）

彝族地名传说。流传于云南省峨山彝族自治县彝族民间。讲述的是：相传，今峨山彝族自治县乐得旧下边的一个村子里住着一户人家，夫叫阿约，妻叫野兰，靠烧炭为生，十分贫困。一天晚上，一位白发老头来到阿约家，并要求借住一宿，主人答应了他的要求，并给老头煮了一碗稀饭。次日，老头临走时拿出一只金黄色的公鸡送给阿约家，还说每天喂一把米就行。有一天，阿约突然看见公鸡嘴里吐出几颗黄亮黄亮的东西，原来是金子。从此公鸡常吐金子，阿约家便渐渐富了起来，盖了好房，开了良田。后来，阿约带着几个儿子到城里做小买卖，留野兰在家。野兰想让公鸡多吐金子，就多喂了一些粮食，不料鸡被撑死了。从此，该村就被称为金鸡寨。

佚名讲述，龙云旺搜集。收入《嵋峨风情》，32开，2页，1400余字，峨山彝族自治县民委1985年编印。（普开福）

青龙村的传说

彝族地名传说。流传于云南省昆明市彝族撒梅人地区。讲述的是：从前，昆明城东南有个叫阁村的撒梅村寨，坐落于青山绿水之间，离村子不远处有一个龙潭，常年碧绿清澈，深不见底。村子有一个叫李长宝的庄稼汉，一家人靠一条水牛耕地、拉柴糊口。一天，牛突然不见了，李长宝找到龙潭边，晃眼看见水牛正躺在龙潭边吃草，便把绳子套在牛头上往回拉。快到村口时，一个小男孩看到李常宝牵着一条身子延伸到龙潭的青龙，吓得惊叫起来，被惊动的青龙赶忙把身子缩回了龙潭。龙潭里有龙的事，震惊了全村。大家认为阁村的山水这么好是青龙保佑的结果，于是把村名改成“青龙村”。

毕光讲述，董克宁搜集、整理。收入《昆明民间故事》第一辑，32开，2页，1200余字，昆明市民间文学集成办公室1987年编印。（梁红）

亩竹箐的由来

彝族地名传说。流传于云南省石林彝族自治县。讲述的是：圭山西边的黑彝人寨子，遭土匪洗劫。一妇女被土匪追杀，在逃跑途中，将背上的幼婴寄放树洞中，祈求树保护好自己的孩子，日后将杀大白猪敬供。七日后，妇女返回，发现树洞中的孩子还活着。于是，在烧为灰烬的寨子中找到一头母猪，杀了敬献救孩子的那棵树。从此，寨子改名母猪庆，随着寨子周围竹子的增多，又称为“亩竹箐”。

陈世瑛讲述，黄文瑛采录。收入《云南省民

间文学集成·路南民间故事》，32开，1页，400余字，云南民族出版社1996年版。（梁红）

背老子箐

彝族地名传说。流传于云南省景东彝族自治县。讲述的是：景东花山有条山箐叫作背老子箐。传说过去有个老人年纪大，眼睛瞎，身体很弱，成天躺在床上，要人照料才能生存。儿子和媳妇嫌他是累赘，对他很厌烦，巴不得他早点死去，但老人没有显出很快就会死的样子。儿子和媳妇容不得老人继续活下去，就决定把老人背到大山里丢掉。一天凌晨，儿子把老人背到山里，把老人连背篓放在山箐中，转身就要回家。这时，老人的孙子喊道："爸爸，背篓别丢掉，拿回家去，等你老了，我还要用它背你上山呢！"原来，小孙子偷听到父母的谈话，所以悄悄跟父亲上了山。做父亲的知道自己这样对待老人会有什么后果，于是又把老人背回家，让老人幸福善终。为了让后代记住这件事情，人们就把那条山箐叫作"背老子箐"。

佚名讲述，陶明贵记录。收入《景东县民间文学集成》，32开，2页，500余字，景东彝族自治县民委、文化局、文化馆1989年编印。（施文志）

鸳鸯坝

彝族地名传说。流传于云南省昆明市彝族撒梅人地区。讲述的是：很久以前，宝象河畔的村子里有一个美丽善良的阿南姑娘，一天夜里她为引开即将淹没村子的洪水，被冲到下游，下游的一个汉族小伙子奋勇救起了她，一来二往中，阿南和汉族小伙子逐渐产生了感情。但他俩的恋情受到双方村人和家族的阻挠。为了爱情，他们相携逃往外乡，可两个村都各自派人到处围堵他们。逃跑途中，他们被宝象河拦住了去路，走投无路之下双双跳进了宝象河的坝塘。不久，坝塘的水面上出现了一对鸳鸯，它们相依在一起，形影不离。后来人们把这个坝塘称为"鸳鸯坝"。

李满珍讲述，李德先搜集、整理。收入《昆明民间故事》第一辑，32开，2页，1000余字，昆明市民间文学集成办公室1987年编印。（梁红）

阿拉村的传说

彝族地名传说。流传于云南省昆明市彝族撒梅人地区。讲述的是：很久以前，撒梅寨里有户人家姓非，小儿子在几兄弟中不仅庄稼活干得好，打猎、植树、造屋也是行家里手，深得父母、兄长们的喜爱。几个哥哥成家后，父母相继去世，小儿子谢绝了哥嫂们的邀请，离开寨子去创业。到现在的昆明地方，他靠自己的手艺盖房造屋、开荒种地，诱捕山鸡、野兽，驯养猎物，在新土地上生活了下来。寨里李家的小女儿，自非家小儿子离家后，朝思暮想，历尽艰辛找到了他。不久，他们成了家，过上了男耕女织的幸福生活。按撒梅人习惯称呼，他们把小儿子开辟的村子取名"阿拉村"（撒梅人称最小的孩子为"阿拉"）。后来，村寨遭遇洪水，他们把村子从昆明搬迁到大石坝附近的阿拉村。

李启荣讲述，周俊禄搜集、整理。收入《昆明民间故事》第一辑，32开，2页，1200余字，昆明市民间文学集成办公室1987年编印。（梁红）

万丈崖与江外十八土司

彝族地名传说。流传于云南省建水县彝族地区。讲述的是：官厅乡一座石崖旁的彝寨里有个姑娘，每晚进入梦乡后都会有个男子来到身旁，与其逗情交欢。不久，姑娘有了身孕。在母亲的指点下，她把丝线系在男子的扣子上，寻线跟去，发现丝线挂在崖石上，才知道自己是跟崖神在一起。她把从家到悬崖的丝线一丈量，足有万丈，便称该崖为"万丈崖"。儿子普尔托出世三天就会说话，三月就会走路，三岁便长成了壮实的小伙子。普尔托从父亲处得到一把宝剑。他拿着这把宝剑，和其他十七勇士消灭了入侵的敌人。由于他们不愿在京城做官，皇帝便封普尔托一行十八人为地方土司。

孔祥德讲述，尼苏艾诺搜集，张绍碧整理。收入《云南民间文学集成·建水故事卷》，32开，2页，1300余字，建水县文化局、民委1989年编印。（梁红）

仙马脚迹的来历

彝族地名传说。流传于云南省宣威市。讲述的是：海岱冲槽子两边山上松林茂盛，河水清澈，有一个龙潭。一个姓姬的老人路过龙潭救了一只被蛇咬的红青蛙。红青蛙原为龙王的女儿，龙王感激他的救女之恩，赠他一个葫芦。葫芦里有一只会腾云驾雾的小白马。老人骑着它下四川盐井驮盐，附近的穷人从此吃上了盐。一次，驮盐途经田坝区的龙家村，小白马从天上落下来休息。在落肥村背后岩坡上，落脚太重留下一个脚印，至今可见，这个地方就叫作“仙马脚迹”。

朱国喜、王德英讲述，何明环搜集、整理。收入《蓝靛花——宣威民间故事》，32开，3页，2000余字，贵州民族出版社1992年版。（谭玉婷）

矣子母的传说

彝族地名传说。流传于云南省禄丰县彝族地区。讲述的是：很早以前，住在山上的彝族每年栽收两季都要下坝子去帮汉人栽秧、掼谷子。有一年山上的母子二人从坝子栽秧回来在路旁的井边休息，儿子肚子饿了，拿出田主给的一升苞谷烧吃，无意中掉了三粒苞谷在井边。四个月过去了，又到了秋收季节，那母子俩又去坝子中帮人掼谷子，来到上次歇过气的水井边，看见有三棵苞谷长得比人还高。当娘的认为，三颗无意落下的苞谷无人照管长得这么好，此地的土地一定肥沃，于是母子俩便搬到这里定居。后人就把这地方叫作“矣子母”，意思是母子二人开发出来的地方。

罗长讲述，史岳灵记录。收入《禄丰县民间故事普查资料汇编》，16开，1页，400余字，禄丰县委宣传部、文化局、民委1988年编印。（钱丽云　朱琚元）

黑牛盐井

彝族地名传说。流传于云南省禄丰县彝族地区。讲述的是：很久以前，黑井深山河谷中生长着茂密的森林，彝族罗武支系的人住在河谷西边山上的七局村中。村中有一女子名叫阿诏，放牧着一群黄牛。在她放牧的牛群中，有一头黑牛每天到一定的时候都离群不见，不知跑到哪里去了。黑牛长得毛光水滑，比其他牛肥美健壮。阿诏觉得奇怪，为弄清黑牛离群到底去了哪里，阿诏顺着牛蹄印去找，只见黑牛正在痛饮一塘泉水。她捧起水尝尝，发觉水中有咸味。从此，彝族人民就在此处打井，生产盐巴。因是黑牛引着阿诏发现此地产盐，人们就称之为“黑牛盐井”，后又简称为“黑井”。

余克昌讲述，史岳灵记录。收入《禄丰县民间故事普查资料汇编》，16开，1页，300余字，禄丰县委宣传部、文化局、民委1988年编印。（钱丽云　朱琚元）

阿陋井的来源

彝族地名传说。流传于云南省禄丰县彝族地区。讲述的是：几百年前，阿陋井是一个古木参天、风景秀丽的地方。离阿陋井不远的一个小村寨里住着几户彝族猎户，专以打猎、饲养牛羊为生。有一天，一个名叫阿陋的小姑娘赶着牛羊到阿陋井的大山林里放牧，太阳落山时阿陋赶着牛羊回了家。回到家才发现少了两只小羊羔，阿陋担心爹妈知道了会被打骂，第二天天不亮便来到头天放牧的地方，忽然听见远处传来羊叫声，她顺着叫声跑过去一看，小羊正在一潭清得发绿的泉水边吃一种像面粉一样白色的东西。阿陋是个聪明细心的姑娘，看见小羊如此贪吃，就尝了尝白色的粉末和塘里的清水，感觉有咸味，好吃极了。阿陋赶回村里将消息告诉大伙，大伙一起上山背回泉水，倒进锅里把水分熬干就变成了雪白的盐巴。从此，这里的人们就以熬盐为生，生活一天比一天富裕起来。人们为了纪念阿陋姑娘首先发现了盐，就把此地取名“阿陋井”。

载正英讲述，张继红记录。收入《禄丰县民间故事普查资料汇编》，16开，2页，1000余字，禄丰县委宣传部、文化局、民委1988年编印。（钱丽云　朱琚元）

赵家村的来历

彝族地名传说。流传于云南省禄丰县彝族地区。讲述的是：在禄丰县中村乡叽拉村南边，有一个小村叫赵家村，村子虽小却有一段来历。据传，明代初期，叽拉村北面箐中出产铜矿，禄丰城中一户姓赵的汉族有钱人家来开采铜矿，就地在叽拉炼铜，铜炼好后用马驮回城里。有一次，赵家炼好了十多驮铜准备次日运回城里，头天晚上就把铜捆在鞍架子上，但到深夜不知何人把十多驮铜全部偷走了。次日清晨，赵家发现铜不见了，马上告到禄丰知县府中，一口咬定是叽拉村的人干的，县知事听信了赵家一面之词，判定叽拉村划一百亩土地赔偿赵家的损失。叽拉村的彝族就称这片土地为“连嘎憋”，意为赔给人家的土地。从此，赵家就收起了这片土地的租子，汉族就叫此地为“赵家村”。

李金讲述，史岳灵记录。收入《禄丰县民间故事普查资料汇编》，16开，1页，200余字，禄丰县委宣传部、文化局、民委1988年编印。（钱丽云　朱琚元）

爱鹿寨

彝族地名传说。流传于云南省新平彝族傣族自治县。讲述的是：阿鲁山上阿鲁寨的人们虽也狩猎射杀野猪、黄鼠狼等，但从来不射杀花斑鹿。有一年，阿鲁山上的窝铺里住进了一个叫祈德的山外人，专门干偷猎花斑鹿的事，使阿鲁山的花斑鹿骤减。村里一个美丽的姑娘梅朵在放羊时把一只被祈德射伤的花斑鹿抱回来医好。祈德对梅朵垂涎已久，聘媒人来梅朵家提亲。梅朵不但没有应亲，反而揭露了祈德偷猎花斑鹿的龌龊行径，引起了寨人的公愤，祈德便逃之夭夭。有一天，梅朵带医好的小花斑鹿在山上放羊时，发现祈德又用弓弩对准花斑鹿，梅朵跑过去救花斑鹿时被箭射中死了。寨人们把梅朵安葬在山上年年扫祭，把阿鲁山改名为爱鹿山，把阿鲁寨改名为爱鹿寨，以示对梅朵的纪念。

佚名讲述，李承安搜集。收入《新平县民间故事集成》，32开，6页，4000余字，云南人民出版社1999年版。（聂鲁）

阿锁寨

彝族地名传说。流传于云南省个旧市。讲述的是：相传，清嘉庆年间，蒙自李猫猫发福，县太爷命风水先生到李猫猫家乡察看风水。风水先生察看后发现此地以后要出皇帝，就将此事禀报县太爷。县太爷命当地民工挖断李猫猫家乡的风水龙脉筋，但总是没什么进展。风水先生冥思苦想，寻找童男童女和打制铁链，择吉日吉时将童男童女和铁链埋入石哨子坡（即龙脖子处），从此龙脉筋被挖断。于是李氏村的龙气就这样被锁住，故名阿锁寨。又传说民工挖断此龙脉后，欢歌跳舞，可两件衣服却不翼而飞，又把此村更名成落衣寨。

白正宽、杨朝宽讲唱，子月记录、整理。载《红河文化》1993年第2期，16开，1页，800余字，红河哈尼族彝族自治州文化局1993年编印。（龙保贵）

怀珠村

彝族地名传说。流传于云南省峨山彝族自治县地区。讲述的是：相传，峨县太平乡有个村子叫喜家珠。村中一位美丽的姑娘叫扎西，村里的小伙子都来找她唱歌跳舞，追求她。但扎西的父母不愿将自己的女儿嫁在穷苦的本村，就把痴情小伙子们撵走了，并决定把女儿嫁给县城里一个瘸腿的修补匠。扎西姑娘却爱上了英俊勤劳勇敢的青年水竹。为了抗婚，城里接亲的队伍到来前，姑娘就在村旁的万年青树上上吊自尽了。看见此情景，接亲队伍中有位秀才提笔写道："喜家珠，峨之仙境也；扎西者，人间之仙女也，扎氏为婚而亡，吾甚戚。喜家珠，不可谓之；为怀扎氏，此村亦谓之怀珠善哉。"接着一位私塾先生也有同感，就当众宣布把喜家珠改名怀珠村，并沿用 至今。

佚名讲述，李学祯搜集。收入《嶍峨风情》，32开，2页，800余字，峨山彝族自治县民委1985年编印。（普开福）

阿宝村与金蛤蟆

彝族地名传说。流传于云南省宜良县彝族地区。讲述的是：传说，宜良阿宝村过去不叫这个名字。那个时候，南盘江与木龙坝子间的大山上，古木参天，藤葛纵横，成群的野兽搅得山下的村庄不得安宁。坝子里蓬阁村勤劳的阿力和娥苏小两口为躲避父母兄弟们的虐待，逃到了这座人迹罕至的大山上，在一眼泉水边居住下来。阿力狩猎，娥苏开荒，过着幸福的生活。后来，这里迁来了三十多户人家，仅有的一眼泉水已不够人们饮用。不久瘟疫流行，村人死了一半。一天，土地公公扮成要饭的老人来到村里，大家虽然困难，都争着请老人吃饭。土地公公被村人的善良所感动，便把自己最珍贵的金蛤蟆送给了村民。人们根据他的交代把金蛤蟆埋到村中的大树下，树下顿时流出两股泉水。从此，村中消除了瘟疫，年年五谷丰登。为感谢土地公公，村人每年大年初一都要到大树底下祭献土地公公，并把村子叫作阿宝村，意即蛤蟆村。

佚名讲述，张永红整理。收入《阿则和他的宝剑》，32开，3页，1600余字，云南民族出版社1985年版。（梁红）

凤窝村的由来

彝族地名传说。流传于云南省峨山彝族自治县彝族地区。讲述的是：很久以前，今天峨山彝族自治县的槽子河边有个彝族村子叫小江村。学子李崇孔上京赶考中了第四十三名举人，他坐八抬大轿回到县城。但不见欢迎的队伍，冷冷清清，而且城门两旁还贴出了一副讽刺对联：习峨脱壳又脱壳，中个山间小倮罗（对彝族的贬称）。李崇孔冷冷一笑，当下取出笔墨另写一副回敬道：八个汉人抬倮罗，金鸡飞进凤凰窝。此后，一位姓史的老师就把小江村改名为凤窝村，并沿用至今。

佚名讲述，王天福搜集。收入《嶍峨风情》，32开，1页，300余字，峨山彝族自治县民委1985年编印。（普开福）

杀牛场

彝族地名传说。流传于云南省玉溪市。讲述的是：古时候，玉溪凤凰山下彝族村来了一头力大无比、能腾云驾雾的野牛，不吃青草，专吃庄稼，还踢倒河埂，顶伤人畜，人们怎么也斗不过它，斗牛中已经死伤了很多人。四个彝族村商量以后请山下排山屯村的汉族来帮助战野牛。一位汉族老大爷献计，叫大家在牛熟睡之时用银圈去套穿鼻子，拉住银圈不放，才能制伏野牛。可是此牛使出最后一招，就地打了个滚，变成一头刀枪不入的巨大石牛，冲出了包围的人群，还到处糟蹋庄稼，伤害百姓。凤凰山上的仙人神农知道了野牛的行为，就派山神、土地神去斩杀。石野牛来到夏家山神庙山顶时，被两神用宝剑砍成了三截，瞬时牛血飞溅，并顺着山顶往两边的山箐流下，形成今天的红山坡。

张万宝讲述，张士禄记录、整理。收入《玉溪市民间文学集成》，32开，4页，1800余字，玉溪市文化局、民委、文联、群艺馆1989年编印。（普开福）

摸棋黑

彝族地名传说。流传于云南省玉溪市红塔区。讲述的是：很古的时候，有马帮从峨山驮货到新兴州，中途路经现在的洛河彝族乡双龙村。那时这里只有一户人家，小桥流水，马帮在此歇脚住宿。马儿喝了塘里的水很快元气大振，病马也立即康复。洗了澡，马身鬃毛变得光亮耀眼，第二天上路特别轻松，因此这里彝语叫“摸棋黑”，翻译成汉语叫作洗马塘。中华人民共和国成立前夕，峨山甸中一位叫李绍明的先生被请到摸棋黑私塾教书，他根据山脉地形、两条汇拢的小河以及摸棋黑的由来，在水井房门边写了一副对联：摸结巡地住村落，棋黑万代双龙村（摸结即赶马）。从此摸棋黑更名为双龙村。

普国泰、王德宏讲述，王秀芬记录、整理。载《玉溪民间文艺》小报，8开，700余字，玉溪市民间文艺家协会1996年2月10日版。（普开福）

左却街

彝族地名传说。流传于云南省永仁县。讲述的是：数百年前，永仁有个姓倪的彝族土司，叮嘱儿子在他死后，要用三斗三升芝麻、绿豆一起装棺，并在他死后的三年三月零三天时各向太阳射一箭。不久，倪土司死了，弟兄俩按他生前的嘱咐料理后事。当棺材抬到一个牛泥塘时，绳断棺落。顷刻间，成千上万的蚂蚁拱土衔泥，埋下了棺材。弟兄俩耐着性子等了三年三月，却偏偏等不得最后三天。当太阳升起的时候，弟兄俩按父亲生前的嘱咐，拿上弓箭各向太阳射了一箭。这时，住在京城的皇帝正在洗脸。突然，一支箭飞插在洗脸处附近的柱子上，一箭正中洗脸盆内，吓得皇帝目瞪口呆。他凝视双箭，皆有永仁倪土司字样。于是派重兵日夜兼程赶到永仁，毁了倪土司的坟，启开棺盖一看，倪土司的左脚已蹬上马镫，而成千上万的芝麻、绿豆已变成了成千上万的兵。但刚会眨眼，因时间还差三天，所以见风都死亡了。皇帝要把倪土司打入十八层地狱，特地在永仁修了左脚街，欲以阳气压阴气。现在的永仁县城就是当年修建的左脚街，因后人忌讳，才把脚字的偏旁略掉，成了左却街。

李明阳、尹凤真讲述，殷钟、李承顺记录。收入《楚雄民间文学资料》第二辑，32开，2页，800余字，楚雄彝族自治州民委会、文教局1979年编印。（李惠兰　朱琚元）

赌咒田

彝族地名传说。流传于云南省武定县。讲述的是：武定茂连有一个姓沙的老人，为那土司家看守田地，一直守了几十年。土司念其一生勤勤恳恳，就想赐给老人一些东西。老人不要金也不要银，就要了位于扎罐井的一丘田。老人唯恐土司日后变卦，便挑了一个吉日，牵着一头大牯牛来找土司，要土司到田里赌咒为凭。在田埂上，老人拉着牛尾巴，那土司双手抱着牛角赌咒：“从今天起，这份田归沙大爹家种，如果有人来争或反悔，就给他断子绝孙，鸡猪牛羊遭大瘟。”土司刚发完毒咒，老人一刀砍下牛头，把牛血洒在旁边的两棵橄榄树上。从此，这两棵树结的橄榄都是红的。老人死后，其后人每隔三年，就要宰一头壮羊祭这份田。于是这份田便被称作了“赌咒田”。

王福先、沙建春讲述，杨成记译。收入《云南省武定县民族民间文学集成》，16开，1页，700余字，武定县文化局、民委、文化馆集成办1988年编印。（钱丽云　朱琚元）

哭泣村的传说

彝族地名传说。流传于云南省大姚县。讲述的是：很久以前，一个年轻的彝族姑娘来到一个前不挨村、后不挨寨的地方时，天已经黑了。她发现在道路下方，有一棵高大茂密的大麻栗树，树上有一个很大的树洞，于是她在树洞中放心地睡着了。半夜里，她被几声怪叫声惊醒了，伸出头去看，看到树下站满了豹子。幸亏这棵树很大很高，豹子爬不上来，但露出凶牙在啃着树干，她急得大哭起来。凄惨的哭声传遍了大地，惊醒了天上熟睡中的玉皇大帝。玉皇大帝命天将们下凡赶走豹子，并给姑娘盖了一间美丽的房子，她便在这儿定居下来。后来，一位汉族小伙子路过这里，这个彝族姑娘热情地接待了他，并和他结为夫妻，过上了美满的生活。他俩的后代就发展成一个村寨，人们就给这个村庄取名为“哭泣村”。

佚名讲述，凌向荣记录。收入《大姚县民族民间文学集成》，32开，1页，500余字，云南民族出版社1991年版。（李惠兰　朱琚元）

红鼓地的传说

彝族地名传说。流传于云南省大姚县。讲述的是：从前，有两兄弟从罗武地方打猎来到里咪作俄，并在水塘边淘米煮饭吃，把谷子淘在了水塘里。到了中秋节，他兄弟俩又打猎来到这里，看见水塘边谷子长得相当好，就把他们的人领到里咪作俄来开荒安家。后来，桂花地方的彝族也打猎来到这里，看到这里物产丰富，就想占为己有。罗武人在河里搭鱼窝，彝人就把死耗子装在鱼窝里；罗武人在山上下扣子，彝人就把死鱼放在扣子里。罗武人看到这些状况，以为这个地方不能住了。到了农历六月二十四日那天，桂花的彝族又在羊角上捆上火把，到了晚上把羊从阿腊方向赶下来，然后又吹牛角，又放猎枪，又敲锣打鼓。罗武人以为来了很多兵，就丢掉一切财物跑掉了。就这样，桂花的彝族占领了罗武人的地盘。桂花的彝族种的谷子是红谷，所以下到中和、上到大河就叫红谷地。后来罗武人知道了内情，只要他们看见红谷地的人就把他们杀了。不得已“红谷地”改称为“红鼓地”。

佚名讲述，耿嘉兰记录。收入《大姚县民族民间文学集成》，32开，2页，600余字，云南民族出版社1991年版。（李惠兰　朱琚元）

白人岩

彝族地名传说。流传于云南省大姚县。讲述的是：赵家店村里有一美丽出众的荞花姑娘，被紫丘山上的土蜂王看中，但她拒绝了。后来，荞花姑娘嫁给了一个在路边开马店的小伙子赵小二。有一天，土蜂王又来刁难，要荞花夫妇摆“百十百张桌，九十九样菜，七十七个碗，六十六双筷”的酒席。聪明的妻子破解了难题。百十百张桌就是一张白色的石头桌；九十九样菜就是韭菜和石花菜；七十七个碗就是用上过漆的石碗；六十六双筷就是绿色的湿筷，按照要求摆出了酒席。土蜂王一计不成又生一计，它将在地里找猪草的荞花姑娘掳掠到紫丘山上的石洞里，逼她与它成亲。荞花姑娘托梦给赵小二，让赵小二用火烧紫丘山石洞。赵小二依言而行，用大火烧了三天三夜，消灭了土蜂王，而荞花姑娘则变成了一尊石人。从此，人们把这道悬崖绝壁称为白人岩。每年农历六月二十五日，赵家店一带的彝族人民都要手擎火把来白人岩脚下祭奠荞花姑娘，祈求风调雨顺，五谷丰登。

杨森、张公明讲述，黄自权记录。收入《大姚县民族民间文学集成》，32开，5页，2900余字，云南民族出版社1991年版。（李惠兰　朱琚元）

叽卯喜喝睹

彝族地名传说。流传于云南省牟定县。讲述的是：牟定县东部有一座山，名叫“叽卯喜喝睹”，意思是县官屙屎处。传说这座山以前叫“迷哪咪”（黑土山），离迷哪咪不远有一个山官，无恶不作。有一天，山官看见黑勤勤烧出了一篮篮黑黝黝的栗炭，又用栗炭换回了布匹、盐巴等物品，便起了歹心。第二天，山官拿出假山契想霸占黑勤勤的山，让家丁捣毁了炭窑。黑勤勤在大家的帮助下到县城告状。不久，县官老爷坐着八抬大轿来到村中。山官家给了县老爷半盆银子，县老爷把黑勤勤的山断给了山官。次日，县老爷到达迷哪咪梁子时下轿屙屎，蹲在地上放眼便可以看见对面他断案的山，那里果然是分开着的两座山，这个案子明明是断错了，但他已经收了山官的银子，明知错还是回城去了。自此，人们就把县老爷屙屎的迷哪咪粱子贬称为“叽卯喜喝睹”。这山名一直沿用至今。

毕五四讲述，普启旺、毕继爱搜集、记录。收入《云南省民间文学集成·牟定县综合卷》，32开，4页，1900余字，牟定县民间文学集成办公室1989年编印。（李惠兰　朱琚元）

回龙寨的传说

彝族地名传说。流传于云南省马关县。讲述的是：龙虎口地方有双龙作怪，两个年轻的石匠去为民除害。他们与双龙从半夜拼到天亮，打死一条龙后，渐渐支持不住，被另一条龙紧追不舍。玉皇大帝欲帮两个石匠，派雷神打了一个响雷，震得恶龙往回逃。恶龙逃到石龙口就死了。从此，恶龙被迫往回逃的寨子就叫回龙寨。

普真华讲述，董昌荣搜集、整理。收入《云南民间文学集成·马关民间故事》第一集，16开，1页，400余字，马关县民间文学集成办公室1988年编印。（吴平）

者那屯的传说

彝族地名传说。流传于云南省楚雄市。讲述的是：者那王从小与母亲相依为命，家贫如洗，五六岁就给大户人家放牛。他放的牛越放越瘦，主人家想弄明白，就偷偷跟踪到放牛的地方，看见七八条牛都跪在正打瞌睡的者那王面前。看到这情景，主人家很奇怪。有一年闹灾荒，放牛的伙伴个个饿得黄皮寡瘦，者那王在放牛场上杀了一头小花牛给大家吃，吃完后又要领大家去看戏，就叫大家闭上眼睛，一瞬间就来到了京城的戏场上。伙伴们玩得非常开心，戏散后他们又转眼回到了放牛场。其中有个调皮鬼，还在戏场，他找不着回来的路就放声大哭。戏场主管询问得知事情的经过后，忙奏明朝廷。皇帝闻之大惊失色，立即下诏杀掉者那王。大队人马来到者那屯，几个月也没有找到者那王。官兵们无恶不作，残害百姓。者那王看到此情此景，就传音给官兵，用一颗铜钉和一颗木钉钉在山后的山腰上，他就会死了。从此，人们再也没有见过者那王了。后来，村民为了歌颂他舍身为民的事迹，就尊称他为者那王，村子也叫者那屯。

刘学章讲述，刘华记录、整理。收入《楚雄市民间文学集成资料》，16开，4页，2300余字，楚雄市文化馆1991年编印。（李福云　朱琚元）

抱母鸡山

彝族地名传说。流传于云南省江川县。讲述的是：很久以前，江川坝子有一对老夫妻无儿无女，只好喂养一只母鸡和一群小鸡，安乐度日。但好景不长，大批中原人入滇，占领良田沃土，将这老两口赶到今天安化乡一带的大山上居住。他们年老体弱，缺衣少食，度日如年。一天，两口子相互搀扶着找食物充饥，发现门口放着两碗热气腾腾的米饭，此后天天如此。原来是他们养的那窝鸡从原来居住的坝子里收谷子送来给老人吃。后来田主发现后，就把母鸡的一只翅膀砍断了，老人没了粮食也就饿死了。母鸡和小鸡安葬了老人，并一直守护在墓地旁，最后变成了石头。今天安化乡北面一座高山上还有一块形似断翅母鸡的大石，旁边有一群小鸡样的石头。这就是抱母鸡石、抱母鸡山。

佚名讲述，佚名搜集、整理。收入《江川县安化彝族乡志》，32开，2页，1000余字，江川县安化彝族乡志办公室1996年编印。（普开福）

毛驴龙潭的传说

彝族地名传说。流传于云南省玉溪市红塔区彝族地区。讲述的是：古时候，玉溪响水村的一大片饱满的小麦被糟蹋，晚上三个老汉密谋到地边看个究竟。他们看见一只毛驴不知从哪里钻出来，摇头摆尾地走到麦地中啃吃麦秆。他们去赶毛驴，毛驴急忙钻进了龙潭水中。几个男人就找来一口锅罩住了龙潭口，再压上石头。后来，麦地没有再受糟蹋。等到割了麦子要泡田水栽秧时，大家想起去引龙潭水，可是把锅一掀开，只见一个无水的干龙潭。自此，这龙潭就称作毛驴龙潭。

李家福、普左恩讲述，何庙链记录、整理。收入《玉溪市民间文学集成》，32开，2页，1000余字，玉溪市文化局、民委、文联、群艺馆1989年编印。（普开福）

拾狗头与石狗头

彝族地名传说。流传于云南省玉溪市红塔区彝族地区。讲述的是：传说，新兴州有一个州官特别爱搜刮民财和消遣游玩。一天，他借口替新兴定“八景”，来到关索岭，因这里打柴的人多，想定个“樵”景，打柴的人对此很生气。州官还想，要是周围还有打鱼、种田、读书人就恰好凑成“渔、樵、耕、读”四景。在坐轿观山望水的过程中他的纱帽掉进了深箐，硬叫一位打柴人很艰难地把帽捡了上来。州官问这箐沟叫什么名字？打柴人脱口而出“拾狗头”，把州官的头说成“狗头”。州官仔细一想，知道这话是在骂他，但骂他的人已经走远了。这事传开后，百姓都把这个地方叫作“拾狗头”。州官没法，只好在公文里规定把“拾”改为“石”，所以民间和官方称法有所不同。

方宝旺讲述，申来寿记录、整理。收入《玉溪市民间文学集成》，32开，2页，900余字，玉溪市文化局、民委、文联、群艺馆1989年编印。（普开福）

犀牛塘的传说

彝族地名传说。流传于云南省江川县。讲述的是：古时候，在今天江川县安化乡董炳大山半山上居住着一户农家。一天农夫在犁地，突然一头犀牛跑来，把农夫吓回了家。次日又见犀牛来了，农夫把玉米叶子递过去给它吃，犀牛很温顺。农夫就让它驾起犁架来犁地，牛力气很大。从此，犀牛经常来帮人犁地。原来这牛是一位天神的坐骑，因不忍过那种凄凉生活而偷偷来到人间，居住在此山无底石水洞里，沐浴赏景，体验劳动快乐。不料有一天，犀牛正在犁地，被天神发现后前来捉拿。犀牛慌忙带着犁架奔逃，顺崖直下，犁出一道深痕。它立刻跳入水塘再也不露面，跑到东海去了。人们为了怀念犀牛，把犀牛栖息过的石洞叫犀牛洞，把这潭水叫犀牛塘。

佚名讲述、搜集。收入《江川县安化彝族乡志》，32开，2页，1300余字，江川县安化彝族乡志办公室1996年编印。（普开福）

杨石洞的来历

彝族地名传说。流传于云南省易门县彝族地区。讲述的是：数百年前易门县铜厂乡杨石洞村东边的大岩石洞里住着一条蛇精，天阴下雨出洞作怪，最可怕的是每隔二十年要吃一个十岁以下的小孩。人们非常痛恨但无能为力。村里杨老汉之子杨石十五岁就练得一身好武艺，并在一次村子的火灾中发挥了巨大能力。又到蛇精出来吃人的日子了，全村的人都跪在庙里求神保佑，但是不杀蛇精，灾难就免不了。这时杨石勇敢地站出来了，他一人身带祖传的“克仙剑”走向山洞。听到响声，蛇精就飞身出洞，杨石一剑刺中蛇尾，经一阵血战，一股浓烟过后，人们看到杨石伏在蛇背上，宝剑深深地插入蛇精的咽喉。蛇害除掉了，杨石也牺牲了。从此，人们就在村子的小庙里供奉杨石的塑像，并把小庙取名“杨石庙”，把这个村子改为杨石洞村。

马明正讲述，马强福搜集。收入《云南民间文学集成·易门县集成卷》，32开，2页，900余字，云南民族出版社1994年版。（普开福）

妖精塘的真相

彝族地名传说。流传于云南省峨山彝族自治县彝族地区。讲述的是：从前，峨山东冒山脚下有个漂亮的龙女塘，住着美丽善良的龙女，它为一方百姓造福。一天，一个面目狰狞的妖精强占了水塘，并霸占龙女为妻。后来，村里一位精明强壮的青年在睡梦中得到一位白发老人的指点，并赐给了他宝剑、如意飞草鞋、防邪挡刀枪布褂等。青年勇敢地冲入妖穴，激烈拼杀，最后斩杀妖怪并救出了龙女，使龙女塘恢复了往日的生机与安宁。后来，人们为了纪念战胜妖魔，就将此塘改名妖精塘。

佚名讲述，王盛才搜集。收入《嶍峨风情》，32开，4页，2400余字，峨山彝族自治县民委1985年编印。（普开福）

阴兵洞

彝族地名传说。流传于云南省元江哈尼族彝族傣族自治县彝族聂苏人地区。讲述的是：古时候，有两个部族为争夺元江坝子，展开了战斗，失败的部族退到它克扎营峰固守。由于这一带地势险要，又有大山洞，胜利的部族不敢冒险进攻，就摆阵围住山头，想把失败的部族困死在山中。失败的部族粮食吃光了，就宰杀羊、牛、马来吃。多才多艺者则用赤铁矿粉和牲畜血调制成红色的颜料在崖壁上画了很多图像。胜利部族围了四十九天后开始进攻，一路无人阻挡，直到扎营峰的山洞中，才发现失败部族的人全部死于洞中。后人将这个洞称为“阴兵洞”，将洞中崖画称为“阴兵画”。

普顺福讲述，宋自华记录、整理。载《元江史志通讯》第2期，16开，1页，1000余字，元江哈尼族彝族傣族自治县地方志办公室1988年编印。（宋自华）

鹿城的传说

彝族地名传说。流传于云南省楚雄市彝族地区。讲述的是：很早以前，因为瘟疫频繁，现在的鹿城城址搬迁不定，百姓不能安居乐业。后来，有个新上任的县官，想选择一块宝地来建城，便带领随从，身背弓箭，四面奔走查看。当他们来到峨碌山下，正在观察地形时，忽然从林中跑出一只衔灵芝的白鹿，随从立即拉弓射箭，没有射中，白鹿逃跑了。县官和随从就跟着白鹿的脚印去追，从东追到南，从南追到西，从西追到北，从北追到东，追来追去，鹿不见了。人们就按照白鹿的足迹来建城，鹿的足迹印到哪里，城墙就围到哪里。自从发现白鹿后，人们开始安居乐业，便把此城叫作鹿城。

佚名讲述，杨春茂搜集、整理。收入《楚雄民间文学集成资料》，32开，2页，600余字，楚雄市民委、文化局1988年编印。（李福云　朱琚元）

维儿比

彝族地名传说。流传于云南省楚雄市。讲述的是：很早以前，维儿比地方无人居住，但因水草肥美，附近的人们经常把牲畜吆到这里放牧。有一天，山官带着家丁收租经过这里，看到成群的牲畜眼红死了，就故意盘根问底，找岔子。大家识破了山官的鬼把戏，一个都不答话。山官气得一跺脚，竟挣出一个响屁来，大家哑然失笑，山官尴尬得收不了场。跟随的两个家丁见状，连忙喝五吆六地在人群中追查起放屁的人来。有一老者说“是猪放的屁”，大家一听开心地笑了。此后，人们把这个地方取名为维儿比（猪放屁）。后来，人们在这里营造房舍，建立了村子，村名也沿用维儿比。

李发祥讲述，余立梁记录。收入《楚雄民间文学集成资料》，32开，2页，800余字，楚雄市民委、楚雄市文化局1988年编印。（李福云　朱琚元）

包头王村

彝族地名传说。流传于云南省楚雄市。讲述的是：很久以前，包头王村只住着母女二人。姑娘长大后瞒着妈妈悄悄地与一个小伙子相会，小伙子总是深夜来天亮前离去。姑娘的肚子大起来，妈妈着急地追问小伙子是谁，姑娘却一问三不知。这一晚小伙子又来了，妈妈躲在大门后，把穿上长线的大底针插在小伙子的衣裳上。天亮后顺线找去，针线插在紫溪山龙王庙里的乌龙身上。妈妈气愤地骂“乌龙不要脸”，乌龙不好意思再待下去了，驾起一堵云就往外走。妈妈想抓住乌龙说理，可惜只撕下一块衣裳布。不久，姑娘生下一个男娃娃，把他丢到野外。谁知有老虎来喂奶抚育，有孔雀来遮阴保护。姑娘去把娃娃领回来，妈妈就把从乌龙衣裳上撕下来的布给他做包头，人们都把这孩子叫包头。包头从小力大过人，骑马射箭，百发百中。十七八岁时，用箭射对门山上的一只饿老鹰，因用力过大，射穿了鹰肚子，还射到了远处的府衙门的大堂上。府衙追查到是包头射的箭，便派官兵前来捉拿，包头领着伙伴们打退了官兵。后来，包头的去向谁也不知道，但为了纪念他，人们便把他居住过的村庄取名包头王村。

杨万贞讲述，余立梁记录。收入《楚雄民间文学集成资料》，32开，3页，1400余字，楚雄市民委、文化局1988年编印。（李福云　朱琚元）

马龙河

彝族地名传说。流传于云南省楚雄市大过口、中邑舍一带。讲述的是：很久以前，当地彝族称现在的马龙河为“拉么扎”。有一对老夫妻靠饲养马过日子。有一年从外地买回马来饲养，其中有一匹马左养右养不见长膘，折半价也卖不出去。老两口认为这匹孬牲口老实晦气，杀了不忍心，丢弃又怕野物残害。有一天，来了两个专门买马的下江人，老倌牵出膘足体壮的高头大马，下江人选中了一匹，还要一匹，老倌只好牵出孬马，下江人相中了这匹马。夫妻俩卖了马，丢了累赘，很是高兴。客人得了如意马，拜别主人，翻身上马，启程赶路。谁知孬马一上路，仰头长嘶，向前奔跑，越沟过涧如履平地，高头大马无论如何也追不上。乡邻们看到这情景，都夸赞宝马，公认这是一匹马中之龙，并提议把这条河叫作马龙河。马龙河就这样得名，并沿用至今。

李万发讲述，余立梁记录。收入《楚雄市民间文学集成资料》，32开，3页，1300余字，楚雄市民委、文化局1988年编印。（李福云　朱琚元）

底给西峨梅

彝族地名传说。流传于云南省楚雄市彝族地区。讲述的是：相传，清朝时在哀牢山深处的背阴村，有一个名叫阿树丫的姑娘，刚出生就与其他村寨的一个叫矣丕的小男孩订了娃娃亲。阿树丫十来岁时在山上放羊，经常遇到山背后一个名叫阿勒达的放羊娃。他们相识相知，互相关照，后来相爱了。矣丕长到十八岁那年，把阿树丫接过去完婚。阿树丫到了矣丕家，借口说回去看爹妈就与阿勒达一起逃走了。他们逃到一个叫依黑地的村子住了下来。阿勒达帮人做工，阿树丫帮人放羊过日子。秋收以后有人要去走夷方，阿勒达就跟他们出门去了。自从他俩逃走后，阿树丫的丈夫矣丕请人四处打听，知道实情后找到依黑地来。主人老大妈知道后，就把阿树丫送到山上躲起来。阿树丫思念走夷方的亲人，每天都到高山顶上遥望远方，天天以泪洗面。有一天，矣丕突然出现在她面前，威胁说要是不跟他回去，就宰了她。阿树丫猛地转身跳下山崖去了。后来，人们痛惜这个苦命的姑娘，就把这座山叫“底给西峨梅”，意即想念丈夫的女人

李文达讲述，者厚培、余立梁记录。收入《楚雄市民间文学集成资料》，32开，5页，2900余字，楚雄市民委、文化局1988年编印。（李福云　朱琚元）

白马大箐

彝族地名传说。流传于云南省石屏县。讲述的是：从前，蔡营何家寨西南边有一个大箐，这里栽种的谷子总是被牲口吃掉。一天夜里，田地主人躲在田边的树棚下，静候着牲口出现。突然，一匹白马从山坡上走下，来到田里，正准备偷吃，田地主人立刻冲上去，想用绳子把马套住。那马一见有

人，拔腿就跑，跑到山坡上的一棵松树下不见了。田地主人很生气，用锄头在松树下乱挖，奇怪的是，挖出了一个马槽，马槽里装满了银子。从此，这里被称为“白马大箐”。

佚名讲述，何凌云搜集、整理。收入《石屏古今奇趣》，32开，1页，500余字，中国广播电视出版社2003年版。（李朝旺）

小围埂村名和围埂的由来

彝族地名传说。流传于云南省巍山彝族回族自治县。讲述的是：蒙诏主居碗城，他看到居住在南面的蒙舍诏主有吞并自己的恶意，就修筑了第一道防线大围埂和第二道防线小围埂，驻兵把守。而蒙舍诏却出其不意，先攻内后攻外，蒙诏失守，两道围埂失去作用。大围埂和小围埂作为村名和地名遗留至今。

佚名讲述，马育文搜集、整理。收入《南诏故地的传说》，32开，2页，1500余字，云南民族出版社2002年版。（段葵）

“盟石”轶事

彝族地名传说。流传于云南省巍山彝族回族自治县彝族地区。讲述的是：千年前，酋长张乐进求重铸诸葛亮所立的白崖铁柱，在庆典之日，铁柱顶上的金丝鸟忽然起飞，盘旋一周之后，落在细奴逻的肩上。张乐进求认为这是天意，就想让位给细奴逻。细奴逻不肯，二人相持，后细奴逻见路边一石，就挥剑发誓说：“若我能为王，剑入此石！”剑果然入石，细奴逻即为王。后人就把此石称为盟石。盟石所在的村子叫盟石村。

谭正平讲述，王丽珠搜集、整理。收入《南诏故地的传说》，32开，2页，800余字，云南民族出版社2002年版。（段葵）

蒙化县的由来

彝族地名传说。流传于云南省巍山彝族回族自治县彝族地区。讲述的是：洱海恶龙垂涎蒙化坝子，想堵住出水口处，让它成海子，就把苍山上的石头变成山羊赶来堵出水口。路上一个老妇人搭话，山羊顿时变为石头停在原地不动，成了坝子里现在还在的那几座团山。后来人们知道老妇人是观音老母，蒙观音点化，坝子才没被恶龙变成海子，县名就称为“蒙化”（即今巍山）。

佚名讲述，杨锦新搜集、整理。收入《巍山彝族回族自治县民间故事集成》，32开，3页，1000余字，巍山彝族回族自治县民间文学集成办公室1988年编印。（段葵）

双堆村的由来

彝族地名传说。流传于云南省巍山彝族回族自治县双堆村。讲述的是：古时候，现在的双堆村是荒坝，朝廷测得阿房箐左姓大户在月牙山上的坟地地脉过旺，要出真命天子，便派人开挖月牙山。但当天挖的土晚上又回到原地，始终不能挖开。后来无意中得知要用“铜钉铁钉”来钉、要活埋一对童男童女，才能镇住地脉。照此一做，挖一点就少一点。所挖的土堆了两大堆，就是今天的双堆。在童男童女活埋处，长出了合抱的花树，根部结块像人形，人们就把该树当神树敬仰。村子亦称为双堆村。

佚名讲述，张文献搜集、整理。收入《巍山彝族回族自治县民间故事集成》，32开，5页，3500余字，巍山彝族回族自治县民间文学集成办公室1988年编印。（段葵）

宝秀的传说

彝族地名传说。流传于云南省石屏县。讲述的是：从前，宝秀坝子是个大湖泊。北岸罗矣达山脚姓李的渔户有个姑娘叫秀秀，南岸夺扎莫山上姓武的樵夫有个独子叫阿宝。阿宝武艺高强，能听懂鸟语兽言；秀秀能挑能绣，远近出名。一天，阿宝挑柴上街卖，遇山官的儿子在抢秀秀，他出手相救。

后经人撮合，阿宝和秀秀成婚，男耕女织，生活美满。为纪念阿宝和秀秀，把埋阿宝的山叫宝山，埋秀秀的山叫秀山，他俩生活的寨子叫宝秀。

佚名讲述，苏佛涛搜集、整理。收入《石屏古今奇趣》，32开，5页，3200余字，中国广播电视出版社2003年版。（李朝旺）

麻姑冲的来历

彝族地名传说。流传于云南省巍山彝族回族自治县彝族地区。讲述的是：蒙舍诏主细奴逻率兵凯旋途中，到现在的麻姑冲休息。此时，在空中腾云驾雾的麻姑看见他们，心想，诏主贤明，欲献蟠桃，愿他长生不老，便化作村姑，向细奴逻走来献桃。此桃有碗大，无生机，细奴逻不知如何是好。谋士说："陌生人所献，需提防。"细奴逻便把桃随意丢了。回府后夫人得知此事，说："莫非麻姑敬献蟠桃探你。"细奴逻后悔莫及，便率人马回来寻觅，没有找到蟠桃，却见此山像个桃子，心想，一定是麻姑化蟠桃为山，便杀猪宰羊，吹笙奏乐，以示谢意。从此该村即称麻姑冲。

范士达讲述，杨凤州搜集、整理。收入《南诏故地的传说》，32开，4页，1500余字，云南民族出版社2002年版。（段葵）

牛顿山下吊草村

彝族地名传说。流传于云南省大理市。讲述的是：大麦地村里有三兄弟，老大给老三找生路，找到了大破箐。他觉得这里好，但这里的人们说汉话，不唱歌，不跳舞，要人上门，老大感到很为难。老三却认为姑娘漂亮，愿意去上门。从此这个村虽是汉族，行的却是彝族风俗。老二自己去找地，他翻山越岭找到一个好地方，就把草吊在树上做记号，以后就搬到这里。后来，人们就把这里称为吊草村。村民为了纪念他们的祖先，把老二奉为本主神，他的名字是瞿君宝，每年农历二月十五日是他的生日，村民都举行本主会。

瞿文汉讲述，杨美清、李荣搜集、整理。收入《中国民间文学全书·大理卷》送审本，32开，3页，2000余字，大理白族自治州白族文化研究所2004年编印。（巴子）

阿隆坝

彝族地名传说。流传于云南省鹤庆县。讲述的是：财主怕被他糟蹋的姑娘生下孩子后坏了名声，就把姑娘赶到山上，想让大雕把孩子叼走。大雕不但不叼，反而护着孩子成长，母子俩开垦田地，艰难度日。财主又想夺走母子俩的田园，便把他们赶到荒草坝，想让那里的蚊虫咬死他们。不想，又得到凤凰救助，母子俩平安无恙。孩子长大后成亲，这里成了村子。因为这孩子名叫阿隆，村名因此而得。

佚名讲述，何百源搜集、整理。收入《鹤庆民间故事集成》，32开，3页，2000余字，云南人民出版社1989年版。（巴子）

月牙山和金月亮

彝族地名传说。流传于云南省巍山彝族回族自治县。讲述的是：西河岸的小山上有口井，彝家生活离不开它。有个叫张白酒的人就用这口井的水酿酒，酒好喝又好卖。一天傍晚，张白酒卖酒回来，听见井水响，见井里有个金月亮，升起一团金光。此事传到财主的耳里，他派人去挖，可是没有挖到金月亮。后来又听说有秘诀，便找张白酒讨要。张白酒提出两个条件，第一是另挖一口大井。财主挖好井后，问第二个条件。张白酒说，金月亮看惯了穿羊皮、穿草鞋的人，你照这样打扮，然后从百步远处走来。财主照着做时，张白酒拔腿就跑。正当财主追来时，西河里金月亮放光，财主求财心切，跳到河里捞就被淹死了。从此，金月亮在西河边的小山上安家，就是那座月牙山。

左有德讲述，李建周搜集、整理。收入《巍山彝族回族自治县民间故事集成》，32开，5页，

3500余字，巍山彝族回族自治县民间文学集成办公室1988年编印。（段葵）

打金桩的来历

彝族地名传说。流传于云南省祥云县。讲述的是：神仙为解除百姓疾苦，打了个金桩，让穷人在上面砍一点去换钱粮。财主见百姓生活好了，没人给他做活，就叫人们挖掉金桩，可是挖出一节又长一节，挖不掉。有个穷人累得只有一口气了，就埋怨起金桩给他带来苦痛。一埋怨，金桩就不见了。后来有人认为这里风水好，就搬来居住，成了村子，村名就叫打金桩。

罗跃讲述，袁永明搜集、整理。收入《云南省民间文学集成·祥云县民间故事卷》，32开，2页，1000余字，云南人民出版社1989年版。（张秀娟）

铺上村和火头村的故事

彝族地名传说。流传于云南省巍山彝族回族自治县彝族地区。讲述的是：古时候，从山上淌到两村之间的一股热水可祛风治寒，附近村民常来沐浴，村民就建起了花园、寺庙。县城官绅也常来消遣，上村负责他们的床铺，下村负责他们的伙食。由此，人们叫上村为铺上村，叫下村为火头村。长此以往，村民们负担不起，便用狗血堵住热水口，热水不来了，村民们得以安宁。原来的村名则留到了现在。

佚名讲述，王丽珠搜集、整理。收入《巍山彝族回族自治县民间故事集成》，32开，3页，1500余字，巍山彝族回族自治县民间文学集成办公室1988年编印。（段葵）

龙眼田

彝族地名传说。流传于云南省巍山彝族回族自治县。讲述的是：现在的龙眼田原来是荒草地，旁边住着老两口，他们唯一的财产是一匹小白马。有一年，老两口得病，就对马说："要是我们死了谁来养活你？"后来来了一个选调龙马的钦差，看中老两口的小白马，执意要买，老两口说给多少钱都可以。老两口想，死时有块羊皮裹尸就行，就要羊皮。钦差上奏皇上，就赏给他们羊皮和金银。钦差要牵马时，天上飘来一朵白云把马罩着，马就变成龙腾空而去，地上就留下这块如同龙眼的田。

佚名讲述，张家全搜集、整理。收入《巍山彝族回族自治县民间故事集成》，32开，3页，2000余字，巍山彝族回族自治县民间文学集成办公室1988年编印。（段葵）

穿彝装讲白语的落马处村

彝族地名传说。流传于云南省巍山彝族回族自治县。讲述的是：大理国建立时，原南诏彝族先民蒙氏派了三个族人，回祖籍地探求落脚之地。三人赶路到北山土主庙住宿，梦里得到土主的指点。第二天早上，他们看见路边人户家中的马，像庙前塑的那两匹马，便把马买下。然后他们通过抓阄，确定两人骑马继续前行，另一人留下听候消息。后来，留下的那人做了马店老板的女婿，随汉人习俗，该村就叫马甸。骑黑马的人一路顺风，最后进山里居住，其后人就保留蒙氏彝族习俗，村名称摩马陆。骑白马的人到瓜江边，过江时，马落水被水冲走，只得居住在这里，村名叫落马处。人们因怕暴露身份，身穿彝装，口讲白族话。

佚名讲述，忽天倬搜集、整理。收入《巍山彝族回族自治县民间故事集成》，32开，4页，2800余字，巍山彝族回族自治县民间文学集成办公室1988年编印。（段葵）

仙人洞

彝族地名传说。流传于云南省昭通市彝族地区。讲述的是：一户人家有两兄弟，哥嫂对弟弟十分苛刻，每天要弟弟上山干活，但只给他吃一个苞谷皮做的粑粑。一天，弟弟上山时遇到一个快要饿死的白胡子老头，就把仅有的苞谷皮粑粑给老人吃了。老人带弟弟到海龙王家做客，并教弟弟向海龙王讨要了他家门槛外蹲着的一只小白狗。哥嫂办满月酒时，弟弟从锅里捞了一根骨头给小白狗吃，被哥嫂毒打后撵到半山的岩洞里。小白狗滚地变成一位姑娘，原来她是海龙王的女儿。海龙王的女儿用簪子在山洞里画出了山水、田坝和饭菜，跟弟弟成了亲。哥嫂又起歹心，把他们夫妻骗到海边，趁其不备把二人推下海，霸占了他们的岩洞。海龙王的女儿救起弟弟，用簪子画出洪水冲走了哥嫂。龙王怪女儿到期不归，派来虾兵蟹将捉她回家。临行时她对丈夫说自己已经怀孕，要他到时来海边领孩子。第二年，丈夫从海边漂来的一个小木盆中抱回了自己的儿子，父子俩就生活在岩洞里。至今这个岩洞仍然保持原来的样子，人称仙人洞。

曾静讲述，黄玲搜集、整理。收入《昭通民族民间文学资料选编》第一集，32开，3页，1800余字，昭通县民委、文化局1983年编印。（吴平）

仙马脚印的传说

彝族地名传说。流传于云南省昭通市彝族地区。讲述的是：地主的女儿与长工相爱，地主不准，两人相约逃跑。地主派人把他们抓了回去，把女儿关在绣楼，长工关进水牢。女儿从绣楼中逃出，偷到钥匙救出长工，两人再次逃跑。地主带人来抓，眼看就要抓到，天上突降仙马，载两人骑上飞向远方。现在炎山乡“牛角包”山和大箐山上有两个遥遥相对的马蹄印，据说就是那时仙马留下的。

曾静讲述，黄玲搜集、整理。收入《昭通民族民间文学资料选编》第一集，32开，1页，500余字，昭通县民委、文化局1983年编印。（吴平）

仙牛洞

彝族地名传说。流传于云南省晋宁区。讲述的是：从前，滇池南岸的双河营村外，有堵陡峭的岩石，岩上的洞里有条蟒蛇经常危害乡里，使许多人惨死在它吸吐的阴风里。岩下住着一户姓郑的三口之家，有一年，丈夫从地里牵回一条无人认领的小水牛，精心喂养，不久水牛便长得又高又壮。当蛇魔再次要弄阴风时，水牛为保护众乡亲，杀死了蛇魔，自己也拼尽了最后一口气。水牛死后化成了石牛，当地人为记住水牛的恩德，称岩洞为仙牛洞。

訾开良讲述，普家华采录。收入《昆明山川风物传说》，32开，3页，1400余字，云南民族出版社1994年版。（梁红）

夫妻峰

彝族地名传说。流传于云南省元江哈尼族彝族傣族自治县彝族聂苏人地区。讲述的是：很久以前，彝族青年苦生和姑娘云诺在跳舞场上相识后，便常来常往，亲热无比。一个外号叫“大恶狼”的财主，想逼云诺嫁给他的傻瓜儿子。云诺誓死不从，云诺的爹妈也不答应。“大恶狼”一气之下，派一伙打手把云诺抢回家中。他给她金银首饰，她把这些东西砸在地上；让她穿丝绸衣服，她用剪刀把丝绸剪成碎片。“大恶狼”无奈，只好把她关在屋里，每天叫傻瓜儿子去给她送吃的。苦生为救出云诺，带领寨子里的小伙子们同“大恶狼”的打手打了几次，但都失败了。后来苦生孤身一人翻进“大恶狼”家的院墙，救出了云诺，并偷偷逃到大山上，以天地为媒结成了夫妻。“大恶狼”找到苦生和云诺所居住的山上，派打手将他们夫妻团团围住。苦生和云诺走投无路，只好紧紧抱在一起跳下悬崖。乡亲们把他俩的尸体葬在大山上，不久，大山上长出了两个山峰，人们便将其称为“夫妻峰”。

黄文宝讲述，宋自华搜集、整理。收入《哀牢山彝族神话传说》，32开，5页，2500余字，云南民族出版社1990年版。（宋自华）

天星洞

彝族地名传说。流传于云南省元江哈尼族彝族傣族自治县彝族聂苏人地区。讲述的是：古时候，龙马山上，弦胡拍笛之声盈耳，男女踏歌跳舞、谈情说爱。天上的星星看见了，十分羡慕，想到人间一游。有一天晚上，正在人们欢歌跳舞到高潮时，只见有颗星星慢慢地向龙马山飘来，快降到龙马山时，人们被星光照得通亮，又惊又喜。不巧，鸡叫了，星星落到了龙马山上，人们到处去寻找，什么也没找到。第二天，人们又去寻找，只见山上多了一个大洞，宽深莫测。人们认为这是星星砸开的大洞，所以把它称为“天星洞”。

黄文宝讲述，宋自华记录、整理。载《礼社江》文艺小报《地名故事》专版，800余字，元江哈尼族彝族傣族自治县文化馆1986年编印。（宋自华）

打火地

彝族地名传说。流传于云南省元江哈尼族彝族傣族自治县彝族聂苏人地区。讲述的是：很古的时候，彝家人没有生火物。一个牧羊人在洼垤村西的石山上发现石块撞击能起火后，彝家人便纷纷搬到这一带来居住。渐渐地，这一带便成了炊烟缭绕、人烟稠密、房屋林立的大寨子。人们在这里烧制陶器，炼铜制铜器、兵器及生产工具。后来，寨子里出现了瘟疫，这里的大多数人都死了，剩下的人也搬到其他地方去了。不知过了多少代，人们又搬回这个地方居住。由于这一带能击石起火，所以就被称为“打火地”。

黄文宝讲述，熊中流记录、整理。载《礼社江》文艺小报《地名故事》专版，1200余字，元江哈尼族彝族傣族自治县文化馆1986年编印。（宋自华）

石缸坡

彝族地名传说。流传于云南省元江哈尼族彝族傣族自治县彝族聂苏人地区。讲述的是：从前，有一对住在阿乃山上的彝族，一生无儿无女。快到晚年时，他们把积攒下来的钱用来打造石缸，并每天到箐中挑一挑泉水倒入石缸供路人喝，一生为路人做好事。路人十分感谢他们，喝着石缸里清甜的泉水，总要赞美一番，祝好心人长命百岁。两个老人真的活到百岁以后才去世。后人为了纪念他们，便将阿乃坡改叫“石缸坡”。

白尚玉讲述，张海莲搜集、整理。收入《元江民族民间文学资料》第五辑，32开，1页，500余字，元江哈尼族彝族傣族自治县文化馆1985年编印。（宋自华）

洼垤

彝族地名传说。流传于云南省元江哈尼族彝族傣族自治县彝族聂苏人地区。讲述的是：相传，白挖垤是个身强力壮、聪明的彝族青年。他居住的寨子旁有个龙潭，到了雨季，龙潭水上涨，时常淹没庄稼及低洼的房子。为了除水患，白挖垤带领全寨人挖山填龙潭。他们起早贪黑地填了一段时间，但只填平了龙潭的一个小角落。后来，彝家人的这种壮举感动了云游到龙马山的神仙，神仙搬来一座小山把龙潭填平了。人们为感谢白挖垤便把寨名更名为“挖垤”，后人又将其改为“洼垤”。

黄文宝讲述，熊中流记录、整理。载《礼社江》文艺小报《地名故事》专版，1000余字，元江哈尼族彝族傣族自治县文化馆1986年编印。（宋自华）

海马姑地名的由来

彝族地名传说。流传于贵州省赫章县彝族地区。讲述的是：赫章县海马姑乡原名麻园子，这里盛产麻，有一天傍晚，雷电交加，大雨倾盆，雨中蓦地腾飞出一匹饥饿的海马，其目的是去取槽中青草，但由于槽高而够不着，海马最终饿死在槽边。为了纪念海马，人们就把麻园子更名为“海马姑”。

赵明亮讲述，赵勇记录、翻译。收入《中国民间文学三套集成·贵州省毕节地区·赫章县卷·彝族》，32开，1页，400余字，赫章县民间文学集成编委会1988年编印。（罗德显）

阿朵寨

彝族地名传说。流传于贵州省黔西县彝族地区。讲述的是：阿朵为了把别人看不到的白果花早日传到民间，日夜守着白果树，终于在一天夜里等来白果花开满枝头，她将花样剪下后不分昼夜地绣，因此而积劳成疾，不久便离开了人世。从此，为了纪念阿朵，这个寨子便改名为“阿朵寨”。

段云讲述、翻译，史宏振记录。收入《中国民间故事集成·贵州省毕节地区·黔西县卷》，32开，2页，1000余字，黔西县民间文学集成编委会1988年编印。（罗德显）

玛过迪

彝族地名传说。流传于贵州省威宁彝族回族苗族自治县、赫章县等地彝族地区。讲述的是：很久以前，乌撒和阿哲争斗，乌撒大将祖卡候那祖装扮成一个放猪姑娘，阿哲家七个兵才能抬起的大弩，他一个人就能扛着打小鸟，阿哲兵羞愧而退。从此，阿哲退兵地叫“玛过迪”，意为折兵的坝子。

王永祥讲述，鸿蒙几朵记录、翻译。收入《中国民间文学集成·贵州彝族回族白族故事选》，32开，1页，500余字，贵州民间文学集成办公室1993年编印。（罗德显）

姑娘寨

彝族地名传说。流传于贵州省六枝特区彝族地区。讲述的是：慕卧热勿阿伦财主家有一代生了个乖巧讨人喜欢的么姑娘。可么姑娘却得了个怪病，满身癞疮，使她非常痛苦。财主老爷派管家在离府上六里地的地方修一间房子，让么姑娘隔离居住，就把这地方叫作姑娘地。么姑娘在那里和随从生活倒也自娱自乐，忘了痛苦。一天随从打了一条蛇要煮给么姑娘吃，正在这时，么姑娘的哥哥找上来了，么姑娘慌得撩起裙子罩住了煮蛇的锅，么姑娘被蛇肉汤的热气熏出一身大汗，满身癞疮也消失了。后来姑娘地有人居住，就取名为“姑娘寨”。

龙正昌讲述，吴立升记译。收入《中国民间文学集成·贵州彝族回族白族故事选》，32开，2页，800余字，贵州民间文学集成办公室1993年编印。（阿洛）

土锅寨

彝族地名传说。流传于云南省元江哈尼族彝族傣族自治县彝族仆拉人地区。讲述的是：从前，元江坝子有个仆拉人居住的寨子叫仆拉寨，他们使用的土锅都到傣族村寨去购买。后来，一个好心的制陶师傅教会了几个仆拉人制陶，他们回到寨子后便把手艺传给了全寨子的人。从此，生活上需要什么用具，仆拉人就烧制什么用具，尤其土锅深受元江各族人民的欢迎。后来，人们便将仆拉寨更名叫“土锅寨”。

李小二讲述，宋自华记录、整理。载《礼社江》文艺小报第四版，800余字，元江哈尼族彝族傣族自治县文化馆1986年编印。（宋自华）

塔克治石

彝族地名传说。流传于云南省元江哈尼族彝族傣族自治县彝族聂苏人地区。讲述的是：古时候，有个叫龙泉寨的彝族大寨子，龙潭里冒着很粗的泉水，灌溉着人们的良田。寨子里有个孤儿叫塔克，他有个恋人叫阿霞，是磨盘山彝族寨子里最美的姑娘，这对情人都具有超凡的本领。磨盘山有个老石精，管着磨盘山的所有岩石。听说美丽的阿霞要嫁到龙泉寨，十分嫉妒，便决定派五块巨石去堵住龙泉寨的五个垭口。聪明的阿霞知道此事后，立即骑上能干的大白马，白马将她带到了塔克身旁。一对恋人正在商量怎样治石的时刻，老石精派出的五块巨石飞滚而来，它们要在鸡叫前堵住五个垭口。阿霞立即敲响簸箕，塔克学公鸡的叫声一次又一次鸣啼。巨石听到鸡叫声停住了，龙泉寨的彝族人民得救了。人们为感谢塔克和阿霞，便把龙泉寨改名为“塔克寨”（今称为它克村）。至今，被降伏的五块巨石仍沉睡在它克村北面。

张顺福讲述，温升荣记录、整理。收入《元江民族民间文学资料》第一辑，32开，6页，3000余字，元江哈尼族彝族傣族自治县文化馆1981年编印。（宋自华）

女儿脚

彝族地名传说。流传于云南省玉溪市红塔区。讲述的是：古时候，洛河彝族山寨一位善良美丽的姑娘决定嫁给峨山的一位穷青年。新郎腰挂长刀牵着一匹瘦马来娶亲，姑娘身背长刀盖着盖头骑那瘦马上路了。来到百石岩箐，一阵大风吹来，天昏地暗，到处是飞沙走石，一条百尺大蟒喷着火舌向人群扑来，新郎、新娘拔刀斗大蟒。此时又有一条长蛇飞出来缠死了新郎官。新娘更加气愤越战越勇，一天一夜不分胜负。妈妈知道女儿的情况后赶来跪地祷告。大蟒开口对老人说："只要你用苍蝇油做一碗金汤银汤，摆出九十九个菜、七十七双筷和一根粗糠绳，就放新娘生路。"妇人一听是有意刁难，无可奈何只会哭。大蟒张大口把姑娘吸到岩洞口，姑娘脚上的毛就变成一把把尖刀刺蟒蛇的头，大蟒缩了回去，姑娘的身子也变成石头封住了洞口，只露出了一只脚。至今人们还可以看到那只高挂悬崖的石脚，就叫女儿脚。

普汝生讲述，笔锋记录、整理。载《玉溪民间文艺》小报，8开，1页，1000余字，玉溪市民间文艺家协会1996年编印。（普开福）

双松岭

彝族地名传说。流传于云南省弥勒市彝族阿细人地区。讲述的是：从前，西山有个淫恶头人坐裸，看见有姿色的女子他都要占为已有。为满足自己的淫欲，他抓来数百工匠修建摸云楼，许多人死于他的建楼工程。有个叫阿云的小伙子，为使广大工匠摆脱苦难，拜师学艺，带领大家十天建成了金碧辉煌、高耸云天的摸云楼，解救了建楼的工匠。摸云楼建好后，坐裸派爪牙到处抓美女供自己享乐。坡俄寨美丽的沙娜被坐裸抢去关在摸云楼，阿云乘着师傅送的小木马，把沙娜救回坡俄寨。他们相互倾慕并在村边的松树下定下终身。不久，坐裸发现了沙娜，带人来抢。阿云用木马载着沙娜飞到西山顶，与坐裸的兵马展开了恶战，坐裸让爪牙放火围攻他们。由于沙娜分娩在即无法乘坐木马，面对熊熊烈火他们紧紧抱在一起。一年后，人们发现山顶长出两棵缠绕在一起的青松，就把这座山称为双松岭。

佚名讲述，曾德奎搜集、整理。收入《弥勒民族民间故事》，32开，13页，10000余字，民族出版社2003年版。（梁红）

响水坝

彝族地名传说。流传于云南省昆明市彝族撒梅人地区。讲述的是：昆明东郊约四十公里的老爷山前常年挂着一帘瀑布，瀑布落下后形成了延绵数十里的宝象河，河畔有一座锁梅山。相传很早以前，锁梅山脚的锁梅寨里有一对年轻夫妇阿勤和巧珍，靠阿勤打鱼、砍柴过着清贫而幸福的生活。一贯欺压百姓的寨主胡巴木一直对漂亮的巧珍心怀邪念，他借口寨子将祭天神，要阿勤三天内交出七箩鱼，否则要巧珍抵押。阿勤、巧珍在一对金鱼的帮助下，筹足了七箩鱼。胡巴木知道金鱼的事后，逼着村里人在河里筑坝泄水抓鱼。结果筑好的坝发出哗哗巨响，河水暴涨把在河里抓金鱼的胡巴木淹死了。后来人们便将这座坝叫响水坝，也有人称金鱼坝。

李丽英讲述，李光荣搜集、整理。收入《昆明民间故事》第一辑，32开，4页，2500余字，昆明市民间文学集成办公室1987年编印。（梁红）

红土沟

彝族地名传说。流传于云南省建水县。讲述的是：双见峰村有对夫妇，中年无子，每日到观音庙烧香求子，感动了观音，就叫徒弟灵珠子前去投胎。具有千年修炼功底的灵珠子，有做帝王之征兆，玉帝怕他与人间皇帝争斗，就派黄巾力士在他出生地的山上挖了条深沟，断绝他的灵气来源。从此，红坝坎西南就留下了一条宽大的山沟，人们称之为红土沟。

佚名讲述，王维光搜集，易荣辉整理。收入《云南民间文学集成·建水故事卷》，32开，1页，300余字，建水县文化局、民委1989年编印。（梁红）

仙鹅抱蛋

彝族地名传说。流传于云南省建水县。讲述的是：传说，东山坝一富人家发丧时请风水先生占卜看风水。风水先生提出，自己已占得一席仙鹅抱蛋的好地，若富人家要葬这块地上，自己的眼睛便会瞎掉，除非富人家赡养自己的后半生。富人答应了。这席仙鹅抱蛋的好地果真使富人家出了三进士、双翰林。开始富人家对风水先生还不错，后来就置之不管，风水先生只好在街上要饭。不久风水先生的徒弟知道了师傅的遭遇，便设计让富人家杀了坟脉上的仙鹅，接走了师傅。富人家从此衰落不振，但仙鹅抱蛋一直叫到今天。

普朝龙讲述，尼苏艾诺搜集，张绍碧记录。收入《云南民间文学集成·建水故事卷》，32开，2页，1000余字，建水县文化局、民委1989年编印。（梁红）

四 歌舞和器乐传说

跳歌的根古

彝族歌舞传说。流传于云南省楚雄市彝族地区。讲述的是：很早以前，彝家人住在坝子里安居乐业。有一年，有官兵来攻打、追杀，彝家人逃进了深山老林。为了夺回财产、田庄，彝家军多次出击，给官军带来了极大的恐慌，统兵组织大队人马进山清剿。由于敌我力量悬殊，各寨长者商量对策。当官军来到山口扎营时，彝家男女老少齐集到指定的山头，有的拿着棍棒，有的拿着镖叉，一个跟着一个绕着山头转圈圈。各寨长老一边转圈，一边向队伍喊道："阿苏找，哟！"官军远远看见通往坝子的路上彝家军陆续通过，已经一天一夜了还不分头尾。统兵看到这一情景，以为彝家调集了大量人马，便下令退兵，仓皇回城。妙计吓退了官军，人们狂欢起舞，欢庆胜利。事情发生在一个月圆的晚上，因此，直到现在每当月圆的晚上，彝家都有到山梁子上跳歌的习俗。

高启贞讲述，余立梁记录。收入《楚雄市民间文学集成资料》，32开，2页，1200余字，楚雄市民委、文化局1988年编印。（李福云　朱琚元）

飞来石与海菜腔

彝族歌舞传说。流传于云南省石屏县彝族地区。讲述的是：很久以前，龙朋东边的核桃园从天上飞落下许多奇形怪状、大小不一的石头，堆成一座石山。有对金鸡从松林里飞出来，站在石山上每天唱着高亢嘹亮的歌，报时辰，唱节令，促农耕。住在飞来石旁的六个姑娘和六个伙子相互爱慕，跟着金鸡学唱歌，对山歌。一天，一条黑龙想抢走"飞来石"，却被金鸡啄瞎了眼睛。后来，六个伙子砍死了黑龙，并剥下龙皮做琴鼓，抽出龙筋做琴弦，砍下龙骨做琴身，取来龙爪做弹片，龙头安在弦琴杆上，做成了"龙头四弦"。六姐妹和六兄弟就成了彝族的"歌神"，"海菜腔"从他们那里传播远扬。

佚名讲述，施岚搜集、整理。收入《云南民间

文学集成·石屏故事卷》，32开，2页，800余字，石屏县文联1996年编印。（梁红）

人死了为何要跳歌

彝族歌舞传说。流传于云南省楚雄市彝族地区。讲述的是：从前，有两兄弟，哥哥家富些，弟弟家较穷，弟弟靠栽南瓜过日子。可是南瓜还没有熟，猴子就来偷。穷弟弟受一位白胡子老公公的指点，周身上下及脸嘴用糯米饭糊上，晚上睡到瓜地里，半夜里来了一大群猴子，就把他当作一条死牛抬回山洞里去了。有个猴子恰巧得病死了，众猴子忙去办丧事，吹箫打鼓、吹葫芦笙、跳歌，到第九天办完丧事后，猴子们看见穷弟弟身上的糯米饭，以为生蛆了，就要抬出去丢了。穷弟弟一急就一轱辘翻起来，众猴子全吓跑了，穷弟弟就把猴子吹的箫、葫芦笙和弹的弦子背回家来。一到家就听说白胡子老公公死了，他就把老公公抬到山上，烧了一堆火，众人一起围拢来，吹箫弹弦又跳舞，热热闹闹为老公公办丧事。从此，彝家老人去世，就要跳歌。

熊开秀讲述，梁海康记录。收入《楚雄市民间文学集成资料》，32开，2页，700余字，楚雄市民委、文化局1988年编印。（李福云　朱琚元）

彝族“左脚舞”的传说

彝族歌舞传说。流传于云南省牟定县彝族地区。讲述的是：古时候，牟定坝子居住着段、高二姓彝人。有一年初秋，满田坝的庄稼正丰收在望，城北“水井洼”却突然出现了一个大洞，洞里冒出牛腰粗的洪水来，眼看坝子里庄稼和房舍即将被淹没，人们背了成千上万的土石去堵水洞，却无济于事。这时走来了一位白发老人，他告诉大家，这是“地龙”作怪，只有铸造一口很大的铁锅罩住洞口，才能镇住“地龙”。彝人们遵照老人的指点，炼铸了一口九千九百九十九寸方圆的大铁锅，然后把铁锅往洞口盖了下去，洪水被封住了！彝人们高兴得“罗哩！罗哩”地跺起脚来，以庆贺踩住“地龙”。他们吼呀，跺呀，一直跺得太阳落山，一直吼到月亮升起。吼声变成了各种歌声，跺脚跺出了各种花样。从此以后，“跺脚”就成为彝族生活中必不可少的娱乐活动。因为当初跺脚是先起左脚，因此得名“左脚舞”。

佚名讲述，张之鹏搜集、整理。收入《云南省民间文学集成·牟定县综合卷》，32开，2页，800余字，牟定县民间文学集成办公室1989年编印。（李惠兰　朱琚元）

调子的来历

彝族歌舞传说。流传于云南省元江哈尼族彝族傣族自治县彝族聂苏人地区。讲述的是：很久很久以前，哀牢山的聂苏人没有调子，虽然寨子的人不少，但没有一点生气。天上七仙女看到这死气沉沉的村寨，心里很着急，便相约到哀牢山教聂苏人唱仙歌，跳仙舞，一共教了三十六个大调，七十二个小调。人们唱着这些调起舞，快乐极了。从此，猎人唱着调狩猎，撵山不喘气；农夫唱着调做活，浑身是力气；砍柴人唱着调砍柴，苦累全消去。聂苏人喜庆节日也都唱调子，调子越唱越美妙。

杨正清讲述，宋自华记录、整理。载《礼社江》文艺小报，1500余字，元江哈尼族彝族傣族自治县文化馆1985年编印。（宋自华）

埂子调

彝族歌舞传说。流传于云南省巍山彝族回族自治县。讲述的是：聪明伶俐的阿能，从阿爸那里学到吹笛子的好技艺。一年，土司叫阿能来吹笛子，为其父亲送葬。阿能不肯，就被土司打得昏死过去，丢到荒野，并不准家人收尸。半夜，阿能醒来，爬回到家门口，想喊父母开门，又怕父母受惊吓。就在村前田坝里一面走一面吹，天亮时，他走完了最后一道田埂、吹完最后一曲乐曲就死了。人死了，他的笛子曲却一直流传到今天，人们把它叫作埂子调。

佚名讲述，茶万清搜集、整理。收入《巍山彝族回族自治县民间文学集成资料·南诏故地的传说》，32开，3页，1000余字，巍山彝族回族自治县民间文学集成办公室1987年编印。（段葵）

阿细先基的来历

彝族歌舞传说。流传于云南省石林彝族自治县彝族阿细人地区。讲述的是：从前，阿细人不会“先基”（古歌），只会模仿禽兽的叫声和风吹草木的呼声。有一对男女歌仙云游到阿细人地方，就躲进山洞展喉放歌。优美动听的歌声从洞里飞出，吸引了四方过路的阿细人，美妙的曲调和神奇的故事使他们忘了饥渴。歌仙唱了三天三夜，他们听了三天三夜，歌仙停了十二次，换了十二调，他们一字一句牢记在心。听歌的阿细人把“先基”带回各自村寨。从此，阿细人地头唱“先基”，火塘边唱“先基”，谈情说爱唱“先基”，“先基”成了阿细人识别族属的标志。

石肖玉讲述，昂自明采录。收入《云南省民间文学集成·路南民间故事》，32开，3页，1500余字，云南民族出版社1996年版。（梁红）

阿勒格和丽格

彝族歌舞传说。流传于云南省弥勒市彝族阿哲人地区。讲述的是：远古的时候，西出本靠地方人烟稀少，人们过着勤耕苦织、种麻编衣的平常生活。有一天，一阵狂风飞沙之后，人们发现身边的亲人及牛马不见了，一时间，哭声响彻山谷。这时，一位白发老妇告诉大家，只要战胜把守北方落水洞的妖精，得到洞里的赶山神鞭，赶来森林和山峰，挡住风沙，就可以避免灾难。青年恋人阿勒格和丽格为拯救家园，解除乡亲们的苦难，挺身承担了任务。他们历尽千辛万苦，在神人的指点下，找到了落水洞，并机智地取到了神鞭。当阿勒格挥动神鞭把山峰和森林赶往家乡时，妖精追赶而来，丽格为掩护阿勒格被妖精掐死，看到恋人被害死，悲愤的阿勒格挥鞭击向妖精。瞬间，山崩地裂，妖精被巨石砸死，阿勒格和丽格也双双被埋在了山下。据说，他们遇难之日正是农历六月二十四日。从此，每年农历六月二十四日阿哲男女青年都要成群结队到村外对情歌，以此来缅怀阿勒格和丽格。

佚名讲述，李荣昌搜集、整理。收入《弥勒民族民间故事》，32开，2页，1500余字，民族出版社2003年版。（梁红）

彝族为什么会唱山歌

彝族歌舞传说。流传于云南省武定县。讲述的是：古时候，有两个彝族“老庚”（结拜兄弟），一个叫马富吉，一个叫小毛古。马富吉老实本分，说一不二。小毛古精灵古怪，还会法术。有一天，马富吉上山打柴，在山里看见一个像仙女一样娇美的姑娘独自在唱歌，歌声美妙悠扬，把他迷住了，一直听到太阳落山。姑娘对他说：“喂！你看那边！”马富吉一扭头，姑娘便无影无踪，不知去向了。第二天，相同的情形又出现了一遍。马富吉跑去找小毛古，把事情的经过告诉了他，并说要想法留下这位姑娘。小毛古说他有法子留住她。第三天，小毛古陪马富吉到山上，姑娘又在唱歌了，看看日头偏西，小毛古对姑娘默默地念了几句咒语，姑娘想走也走不了，苦苦哀求两位大哥放她走，说她家住在南海边上，太晚就回不了家了。两人要让姑娘教会他们唱山歌才放她走，姑娘无法，只好照办。这两个“老庚”从此天天唱，逢人便唱，没几年便传遍了所有的彝族村寨，一直传到如今。

李玉才讲述，李永顺记录、翻译。收入《云南省武定县民族民间文学集成》，16开，2页，1800余字，武定县文化局、民委、文化馆集成办1989年编印。（钱丽云　朱琚元）

禁不住的阿哩

彝族歌舞传说。流传于云南省元江哈尼族彝族傣族自治县彝族聂苏人地区。讲述的是：相传，阿花、阿翠、阿莲是彝族寨子里最美的三个姑娘，也是最能唱民歌阿哩的三个能人。土司和官府认为，唱阿哩是伤风败俗，严禁大家唱。三个姑娘不从，在小伙子及众姑娘的帮助下，他们在山上流动着唱。官府在这山追，她们就在那山唱。三个姑娘东躲西藏，但还是逃不出土司的手心。土司抓到三个姑娘后，想逼她们做县官及土司的妻子，三个姑娘宁死不屈，在被押赴刑场的途中，上千名埋伏的民众一拥而上，把官兵及土司家丁打得死的死、伤的伤。被活捉的土司被逼对天发誓："永远不再禁阿哩。"从此，阿哩越唱越红火，越唱越美妙。

杨正清讲述，宋自华记录、整理。载《礼社江》文艺小报，2000余字，元江哈尼族彝族傣族自治县1986年编印。（宋自华）

阿苏寨瞧着，西苏里听着

彝族歌舞传说。流传于云南省南华县。讲述的是：很早以前，一个大部落的首领带人去攻打山里一个叫闷悬的部落，经过一天血战，双方死伤都很严重。晚上，闷悬部落的首领眼看自己的人难以再同对方硬拼下去，就趁天黑在山垭口的一块平地上烧了一堆大火，命令一部分人围着大火打转；同时又命一个叫阿苏寨的人负责监视对方的情况；另一个叫西苏里的人负责监听对方的动静，自己则带上另一部分人悄悄占领了有利地形。大部落首领看到山垭口火堆旁不停闪动的人影，误认为是闷悬部落请来了大量援兵，怕打下去吃大亏，第二天一大早就把自己的人撤走了。闷悬部落就这样免除了一场灾难。后来，居住在山里的彝族为了纪念这次胜利，就把那次用来迷惑敌人的战术发展成了今天的跳歌，边跳边反复唱"阿苏寨——瞧着，西苏里——听着"这样两句话。

徐高讲述，徐马山搜集。收入《民族民间文学资料》，32开，2页，700余字，南华县文化馆、民委1986年编印。（李惠兰　朱琚元）

"确比舞"的由来

彝族歌舞传说。流传于云南省曲靖市彝族白彝支系地区。讲述的是：盘古时期，邪恶当道，世道不平，上苍降罪，洪水滔天。一个勇敢的小伙子得到太白神的指点，坐在木盆里逃难。他双脚蜷在盆里又被洪水浸泡，几乎瘫痪。他用火镰取火，点着香檀枝，烟火升到天宫，玉帝知他人品不错，便派下瞎眼仙女来成亲。成亲当日，仙女围着火堆跳舞，小伙子也跛着脚跳起来，双脚渐渐恢复，仙女的双眼也在香檀烟的熏蒸下复明。从此，人类一代代传下来。彝家人为纪念他们的恩德，就跳"确比舞"。

佚名讲述，李为民、唐国赋采录，李芸、曲新整理。收入《曲靖市民间文学集成》，32开，2页，500余字，云南民族出版社1990年版。（谭玉婷）

阿细跳月的由来

彝族歌舞传说，流传于云南省弥勒市彝族阿细人地区。讲述的是：传说，竹山彝寨里的阿者和阿娥是对恩爱夫妻，过着男狩猎女织布的幸福生活。有一年，天空忽然出现十个太阳不断喷出火焰，有只绵羊与老牛为争夺避身之处争斗起来，它们的角撞出火星，溅到枯草上燃起了大火，绵羊发现地上无处立足，便跳向半空中变成了团团白云；老牛跳进水里避火，变成了水牛。阿娥发现大火，奔出家门去寻找丈夫；阿者看到烈火，冲下山找寻妻子。他们在茫茫山林中相互呼喊着，不知过了多少昼夜，终于在一个月夜听到了彼此的声音。他们相拥在一起，久久不愿分开。由于他们的脚被烫伤，只得左右脚交替站在地上。后来，阿细男女青年模仿阿者和阿娥相亲相爱的样子，便创作了阿细跳月这种舞蹈。为让人们摆脱烈日困扰，阿者用弓箭射掉九个太阳，剩下的一个太阳吓得躲了起来。人们又陷入黑暗之中，在公鸡的不停呼唤下，太阳才从东方升起。看到太阳升起，人们兴奋地欢舞起来，阿者背上的弩弦摩擦出铿锵之音，使大伙越跳越有劲。后来，阿细人在阿者弓弦的启发下，发明了阿细跳月的伴奏乐器三弦。

佚名讲述，曾德奎搜集、整理。收入《弥勒民族民间故事》，32开，4页，2900余字，民族出版社2003年版。（梁红）

铜鼓和铜鼓舞

彝族器乐传说。流传于云南省麻栗坡县。讲述的是：彝族寨子遭干旱，一位彝族倮倮人家姑娘在田边遇到一位小伙子，见其从田边走过一圈后，田里就冒出了水。小伙子帮倮倮人解除了旱情，姑娘也爱上了小伙子。两人结婚后，才知道小伙子是龙王的儿子。姑娘到龙宫学会跳铜鼓舞后，龙王送了一对铜鼓给她，她就教会全寨人跳铜鼓舞。从那时起倮倮人就有铜鼓和铜鼓舞。

陆仕发讲述，侬友德搜集、整理。收入《云南省民间文学集成·麻栗坡县民间故事》第二集，16开，2页，500余字，麻栗坡县民间文学集成办公室1988年编印。（吴平）

葫芦笙的来历

彝族器乐传说。流传于云南省巍山彝族回族自治县。讲述的是：古时候，洪水淹没人类，世间只有一对兄妹。兄妹俩躲在葫芦里，顺水漂去。麻雀见了便搭救了兄妹俩，把竹子尖压弯下去，让他们顺着竹子上了岸。后来人们就把葫芦和竹子连在一起，做成葫芦笙。竹子尖尖弯曲着，就是那次形成的；麻雀吃粮食，是人们对麻雀的酬谢。

佚名讲述，左育能搜集、整理。收入《巍山彝族回族自治县民间故事集成》，32开，3页，1400余字，巍山彝族回族自治县民间文学集成办公室1988年编印。（段葵）

铜鼓的由来

彝族器乐传说。流传于云南省麻栗坡县。讲述的是：彝族倮倮人的寨子有姐妹俩种的一丘田年年收成好。有一年很多地方遭干旱，只有倮倮人生活的地方有水喝，其他地方的人来与倮倮人商量要用水，倮倮人认为水只够自己用，不同意。其他地方的人说，既然地面上的水是你们的，我们就用地下的。他们在倮倮人生活的地方挖地找水，最后在姐妹俩的田里挖出一对铜鼓。姐妹俩说，铜鼓在我们田里，是倮倮人的铜鼓。从那时起倮倮人就有了铜鼓。

毕有德讲述，侬友德、刘静云、陈联芝搜集，侬友德整理。收入《云南省民间文学集成·麻栗坡县民间故事》第二集，16开，1页，300余字，麻栗坡县民间文学集成办公室1988年编印。（吴平）

铜鼓的故事

彝族器乐传说。流传于云南省富宁县。讲述的是：从前，有一个老辫婆（像人熊模样的一种精怪）天天到寨子里来扛倮倮人去喂养自己的孩子。有两兄弟家里的一对铜鼓开口说话，教他们用鸡屎狗屎抹在刀口上去杀老辫婆。等兄弟俩杀死老辫婆回到寨子，一对铜鼓已不见了踪影。他们到处去云游，又遇到了这对铜鼓，并从铜鼓中走出两个姑娘，与他们配成夫妻，繁衍出倮倮人的后辈。后来他们知道那是天神从中帮助，十分感激。为了纪念天神和铜鼓，从此倮倮老人死了，都要唱铜鼓歌、跳铜鼓舞。

黄贵福讲述，王名良记录、整理。收入《云南民间故事集成·富宁县卷本》第一卷，16开，3页，1500余字，富宁县民委、文化广播电视局1988年编印。（吴平）

葫芦笙的传说

彝族器乐传说。流传于云南省弥渡县彝族地区。讲述的是：牧羊的阿七被豹子叼走，伙伴被吓成了哑巴，不能说话，难以诉说日夜想念阿七的心情。伙伴的哥哥知道弟弟的心思，就找来葫芦，并在葫芦上通了两个洞，插上五根小竹竿，象征弟弟伙伴的头、眼、手，让他吹奏、倾诉思念之情。后来，人们有情要诉，就学着这样做。这样，彝族便有了吹奏葫芦笙的习俗。

墨金祥讲述，毕行川搜集、整理。收入《弥渡民族民间故事传说集》第一集，32开，3页，2000余字，弥渡县民间文学集成办公室1986年编印。（巴子）

芦笙的由来

彝族器乐传说。流传于滇中、滇西彝族地区。相传阿巴砍竹时，发现一条大蟒。他用力打蟒一棒，马上电闪雷鸣，下起暴雨。他一手持刀，一手拿棒与蟒搏斗，直到晚上大蟒斗不过他逃跑了。第二天他准备再斗巨蟒，却遇上一只大青虎，斗到下午，大青虎又败走了。第三天他遇上一窝葫芦蜂，全身被蜂蜇得像个冬瓜，不久含恨离开人世。他的三个儿子长大后上山砍竹，又遇上蟒、虎、葫芦蜂，便把它们一一打死。他们以虎尾作气管，以蟒皮仿照葫芦蜂窝的形状作葫芦包，又用葫芦包作壳制成芦笙。大哥阿务领头吹起芦笙，给大家讲述阿巴的身世以及他们替父除害的经过。从此一代代地开始打歌，婚丧事前必须吹奏芦笙。

佚名讲述、记录。收入《中国传说故事大辞典》，16开，1页，300余字，中国文联出版公司1992年版。（阿南）

葫芦笙的由来

彝族器乐传说。流传于滇中、滇西彝族地区。相传古时候，金沙江边最大的一座山上有一个老阿妈，她有五个儿子，每天他们都要去打猎、采果子，老阿妈有事要遍山去喊，嗓子都喊哑了，才能把五个孩子叫回来。于是，老阿妈就到山里砍来竹子，制成五根长短不同的管子并安装了簧片，五根管子分别发出不同的声音，用来分别呼唤五个儿子，想叫哪一个儿子，就吹相应的那根竹管。但是，若要把五个儿子都喊回来，就要一根一根地吹，仍然很麻烦。于是，她又到岩子脚摘了一个葫芦来，开洞抠空后，把五根竹管插到葫芦上一吹，五根竹管都响了。这样，五个儿子听到后都能回来了，从此人们就有了葫芦笙。

佚名讲述，龚明华记录。收入《云南乐器王国的传说》，32开，1页，300余字，云南民族出版社1990年版。（阿南）

芦笙是怎样吹起来的

彝族器乐传说。流传于云南省姚安县。讲述的是：在很久以前，有个叫沙巴的彝族青年猎手，帮助一个彝寨射死了可恶的老鹰。寨主为了感谢沙巴，决定把自己的独生女儿许配给他。而沙巴认为自己无依无靠，不能连累别人，于是婉言谢绝了寨主的美意，远走他乡。后来，寨主的女儿被妖鸡捉去了，勇敢的沙巴来到妖洞中，一箭射死了妖鸡，救出姑娘。姑娘为了感谢他，请他到家中做客，而沙巴什么也不说，转身离去。于是寨主想了一个办法，在农历三月二十八日赶会的时候，用葫芦和竹子制造一种新乐器，招揽前来赶会的人。果然，寨主一吹葫芦笙，前来赶会的人把他团团围住，沙巴听到乐器声，也跑来观看。于是寨主把沙巴请到家里，热情招待。沙巴见他家真心诚意，就上门和姑娘结婚。从此，芦笙吹遍了整个彝家山寨。

魁文秀讲述，自顺昌记录。收入《云南省民间文学集成·姚安县综合卷》，32开，4页，2300余字，姚安县文化局、文联1989年编印。（施选　朱琚元）

彝族闷笛的由来

彝族器乐传说。流传于云南省石林彝族自治县彝族撒尼人地区。讲述的是：据说，有个牧羊人的竹鞭被火烧了个洞，当他拿竹鞭赶羊时，竹鞭发出了悦耳的声响，兴奋的牧羊人回到家又精心地烙了六个孔，用手指按在孔上试着变换指头，用嘴吹，结果从竹鞭里跳出了不同的音符。从此，在牧场上便有了彝族撒尼人用闷笛吹出的优美乐曲。

佚名讲述，黄文舒采录。收入《云南省民间文学集成·路南民间故事》，32开，1页，400余字，云南民族出版社1996年版。（梁红）

民间鼓吹的由来

彝族器乐传说。流传于云南省景东彝族自治县。讲述的是：从前，一个老头的老骒马下了一匹小马，但老头和他妻子都不知道这是一匹宝马。老头细心照料小马，天天带小马到山上去放。有两个识宝的人来到老头家，想骗得小马，但他们以为老头夫妻已经知道它是宝马，就对老头的妻子说小马不可以到山上去放，关着养就行了。还说养到七七四十九天时，老头穿着平时的衣服，骑上小马，抓住小马耳朵下面的三根飞毛，小马就能飞起来带老头去好地方。老头照妻子转告的话去养小马，后来骑在小马背上来到了皇宫。皇宫里正在上朝，鼓吹队在奏乐。皇帝见小马飞来，很喜欢它，就向老头要，并说愿意拿皇宫里的任何东西跟老头换小马。老头舍不得小马，但又不好拒绝皇帝的要求，就要了皇宫里的鼓吹乐器。老头把鼓吹乐器带回家，民间就兴起了办事时请鼓吹艺人表演的习俗。

杨品讲述，陶明贵记录。收入《景东县民间文学集成》，32开，4页，1600余字，景东彝族自治县民委、文化局、文化馆1989年编印。（施文志）

卜拉人的另图

彝族器乐传说。流传于云南省元阳县彝族卜拉人地区。讲述的是：很久以前，哀牢山诸札卜拉人大寨有两个很会唱歌的青年男女另哩和图门，他们不仅会唱各种山歌，就是七十二调侯莫苏（传说中的彝族民间七十二部叙事长诗）也能对唱如流。一个皓月当空的静夜，另哩和图门在青竹下倾情对歌，竹鼠被惊醒便咬竹根吃，发出一阵阵有节奏的声音，伴随着另哩和图门的歌声，形成了优美动听的旋律。另哩和图门被这意外的旋律陶醉了，他们扒开土查看，发现声音来自竹鼠咬竹，他们从中受到启发，发明了竹箫。从此，竹箫成了卜拉人必不可少的随身携带的乐器。后人为纪念发明竹箫的另哩和图门，给竹箫取名为另图。

佚名讲述，马理文整理。收入《绮丽的山花》，32开，2页，800余字，元阳县民委1984年编印。（梁红）

大锣笙的传人

彝族器乐传说。流传于云南省双柏县。讲述的是：相传，明朝建文帝继位才四年，他的叔叔燕王起兵叛乱，攻下南京。此时他身边的一位太监提醒他先皇晏驾之前曾留下一只小箱，建文帝急忙打开箱子，只见里面有一把剃头刀和一张纸条，他领悟到了先皇之意，削发为僧。由于当时心急火燎，侍从念字条时把“四山躲避”念成“狮山躲避”，因此千里迢迢来云南到处找狮山。建文帝一行从云南易门进入双柏雨龙发甸，正当又饥又渴走投无路之时，遇见一位五十岁左右的彝族老人。老人得知他们要到狮山修炼时，亲自送建文帝一行进入武定县境内。不知过了多少年，忽然有一天老人收到一封插着三根鸡毛的信，请村里的毕摩一看，原来是建文帝捎来的信。老人想看看当年的旧友，便背一背草鞋和干粮，赶上一群羊、三只鹅独自去见建文帝。走了几个月后，干粮吃光了，羊病了，鹅冻死了，老人只好拔下三根鹅毛揣在怀里，一路讨饭，终于见到了建文帝。建文帝为他接风洗尘，留他长住，但老人坚持要回家乡。建文帝只好请他在宝库中选一件礼物做纪念，老人看中了大锣，建文帝就送他十面大锣。回家后，老人用彝族传统的打跳动作编了一套“大锣笙”舞蹈。从此，“大锣笙”代代相传。

普天文等讲述，罗桂森、苏锡纬采录。收入《双柏民间文学集成》，32开，4页，2400余字，云南民族出版社1992年版。（施选　朱琚元）

月琴的传说

彝族器乐传说。流传于云南省新平彝族傣族自治县彝族地区。讲述的是：相传很久以前，彝族的老祖宗来到新平鲁魁山安家落户。那时，没有娱乐，人们的生活过得单调寂寞。后来，有个人想出了一个办法，他在高粱秆上用刀尖挑起一层皮，再在皮与秆的两端各穿上一根细木棍，这样，被挑起的皮就成了一条张紧的弦，用竹片一拨，发出“铮铮”的声音。他用同样的方法弄好了几根高粱秆，将几根高粱秆并排地拴在一起，再用小竹片一弹，就发出了高低不同的声音。于是，高粱秆就成了一件供人们娱乐的乐器。久而久之，人们嫌这种乐器不结实，声音又小又单调，就把制作高粱秆的方法移植到木头上。在挖空的木头上安上音品，系上弦线，慢慢地发展成了现在的月琴。

佚名讲述，李安明记录。收入《云南乐器王国的传说》，32开，1页，300余字，云南民族出版社1990年版。（阿南）

竹笛的传说

彝族器乐传说。流传于云南省石林彝族自治县彝族地区。讲述的是：相传在古时候，撒尼人居住的地方，山清水秀，牧草丰盛，他们主要从事畜牧和狩猎。有一天，一个放羊的小伙子在山上放牧，太阳西下时，他在大树下生火烧东西吃。忽然火星飞溅到赶羊竹棍上，把竹棍烧通了一个洞，发出“比剥比剥”的响声。他忙拿起竹棍吹火，竹棍却发出了“嘟嘟、嘟嘟”的声音。他觉得这声音太好听了，便继续用柴火烙起洞孔来。多烙一个洞孔，就多吹出一个音。就这样，他一直烙通七个洞孔，又用几个手指来回按，吹出了优美悦耳的曲调，连羊群都竖起耳朵地来听他吹奏。从此，他每天上山放羊，都把这根有孔的赶羊棍带在身边吹奏，这就是撒尼人的第一支竹笛。从此，竹笛就一代代传了下来。

佚名讲述，高映华记录。收入《云南乐器王国的传说》，32开，1页，400余字，云南民族出版社1990年版。（阿南）

口弦的传说

彝族器乐传说。流传于云南省红河县彝族地区。讲述的是：相传从前有个老阿妈，生有两个姑娘，姊妹俩聪明伶俐，勤劳能干。可是因疾病，两个姑娘先后都死了。老阿妈日夜思念自己的女儿，非常伤心难过。她就削了一厚一薄的两块竹片，在竹片上刻出了舌头和脑袋。老阿妈想念女儿时，便把两只竹片含在嘴里，用手指轻轻抽动女儿的脑袋，两姊妹就唱起歌来，讲起话来，安慰老阿妈不要难过和悲伤。从此，老阿妈便把两只竹片好好地保存在一个十分精巧的小竹筒中，时时揣在怀里，思念女儿时，就掏出竹片，悠悠弹响，听女儿唱歌、讲话。后来，这两片奇妙的竹片被彝家人称作“响篾”或“口弦”。大家学着做，学着弹。“口弦”成了彝族人传情的乐器，尤其受青年们喜爱。

佚名讲述，赵迹、郭丹收集。收入《云南乐器王国的传说》，32开，1页，400余字，云南民族出版社1990年版。（阿南）

口弦

彝族器乐传说，流传于川滇大、小凉山彝族地区。讲述的是：两个聪明漂亮的女儿死后，想女儿想得发疯的母亲找来两根篾片，在上面刻上象征女儿相貌的符号，每当思念女儿便将篾片凑在唇边吹，犹如听到女儿们亲切的声音。她还做了一个精致的竹筒装篾片，将篾片随时不离地挂在胸口上，后来篾片成了人们抒发情感的口弦。

海乃乌作搜集、整理。载《凉山文学》（彝文版）1987年第2期，16开，1页，600余字，凉山彝族自治州文联1987年编印。（杨阿洛）

三弦的来历

彝族器乐传说。流传于云南省楚雄市彝族地区。讲述的是：有一个帮土司放羊的小伙子，与母亲相依为命。有一天，在放羊回家的路旁捡到了一匹小马驹。在母子俩的精心喂养下，小马驹渐渐长大，小伙子遛马的本事也练出来了，他骑术很高。土司家有个漂亮的姑娘，要赛马招女婿。在好心人的劝说下，小伙子也去参加赛马会。土司一看得胜者竟是他家放牧的帮工，不但反悔，还把小马也扣押了。土司要骑这匹骏马显显威风，可是，土司刚跨上马鞍，就被小马摔了下来，小马挣断缰绳跑了。土司命令兵丁把马射死，小马身中很多箭，小伙子看了十分心痛，一边哭着去拔箭，一边给马上药，但由于受伤过重，马还是死了。母子俩坐在马身边整整哭了三天三夜。后来，小马托梦给小伙子说："你用我的皮箍个弦筒，脚杆做弦杆，尾巴做弦线，一起咒土司，闲时一起欢乐。"小伙子依此话做了把精致的弦琴，用手可弹出欢乐、哀伤、愤怒的声音，这便是三弦。

者从政讲述，者厚培记录。收入《楚雄市民间文学集成资料》，32开，4页，2100余字，楚雄市民委、文化局1988年编印。（李福云　朱琚元）

叭喇的传说

彝族器乐传说。流传于滇中、滇南彝族地区。讲述的是：相传很古的时候，在潭念龙这个地方，年年五谷丰登、六畜兴旺，家家日子过得称心。唯独有一桩事，全村的人都放心不下。潭念龙村子右边有堵大石岩，人们称它潭念龙岩子，岩下有条通往村子唯一的大路。这岩上有条大裂缝，传说缝里躲着个妖魔，每逢村人讨亲路过岩下大路时，那妖魔就在石缝中张开大口，用气一吸，新媳妇就像升天似的从迎亲人马中被吸进了石缝。新媳妇被吸食了一个又一个，美满姻缘被断送了一起又一起，人们对这岩子伤透了脑筋，总想找个办法来制伏这吃人的妖魔。听老人们说，妖魔最怕铜器的声音。人们利用妖魔的这个弱点，终于想出了个巧妙的办法：请铜匠用铜打了两支长叭喇，两支短叭喇，一支大筒；另外又打了一副铜镲，一副狗咬铛；再请木匠用香木树抠了一个木鱼。分别由八个人吹打着这八样乐器，组成了一帮吹打匠。每逢人们讨亲的时候，就由这八人组成的吹打匠走在迎亲人马的最前面。上路前，先让吹打匠喝足了酒，到了途中，他们趁着酒力，叭喇吹得响，木鱼敲得勤。沿途吹吹打打，响声在山谷里回荡。当迎亲人马路过这潭念龙岩子脚下时，长短叭喇齐鸣，铜镲、狗咬铛和木鱼齐响，再加上大筒的"呜——呜——"声，岩缝里的妖魔吓得全身哆嗦，再不敢张口吸食新媳妇，也不敢出来了。日长月久，妖魔就饿死在岩缝里了。一次又一次，迎亲人马吹吹打打，顺利通过了潭念龙岩子下边的大路，新媳妇平平安安讨到了家。以后，彝族便兴下了迎亲吹叭喇的习俗。

普国炳、刘凤英讲述，王如光等整理。收入《云南乐器王国的传说》，32开，2页，700余字，云南民族出版社1990年版。（阿南）

巴乌的传说

彝族器乐传说。流传于云南省个旧市彝族地区。讲述的是：相传古时候，有一个哑巴死了母亲，他万分悲痛，除了默默地流泪外，不能用语言来表达自己的悲哀和思念之情。一天，他无意中发现一节带有虫眼的竹子，放在嘴里一吹，便能发出一种低沉悲凉的声音。他想：竹筒虫眼能发响，我何不多开它几个洞呢？于是他用尖刀在竹筒上挖了等距离的几个小孔，再一吹，发出了抑扬顿挫的很动听的声音。他听啊、吹啊，终于用会响的竹节吹出了自己思念母亲的心情。从此，这种"会响的竹节"，人们称它为"巴乌"，巴乌就这样流传下来了。

佚名讲述、记录。收入《云南乐器王国的传说》，32开，1页，300余字，云南民族出版社1990年版。（阿南）

阿乌的传说

彝族器乐传说。流传于云南省昆明市彝族地区。相传很早以前，子君人住在龙宝山上，一天，寨中一家公孙俩赶着牛群去乔山放牧。往日，这里草嫩水清，可今日却龙潭干涸，草儿枯黄，一切都变得这么突然，为什么呢？啊！原来是乔山龙潭的小白龙被抬走了，龙去水干天大旱！牛群啃着枯黄的草根，放牛娃抓起塘泥，捏了一个空心饺子形的泥玩具，放于嘴边吹着玩，玩具发出“阿乌，阿乌”的声音，放牛娃很喜欢，对着天空，天天吹。突然，乔山龙潭有水了，小白龙回来了，龙宝山的旱情解除了，牛群有草吃，旱谷能下种，子君人高兴极了，从此后，放牛娃吹的这种“阿乌”就流传下来了。后来，子君人搬到平坝后，为了求得农业丰收，每年栽秧时节都要吹“阿乌”，祈求苍天降雨。

佚名讲述、记录。收入《云南乐器王国的传说》，32开，1页，400余字，云南民族出版社1990年版。（阿南）

五 其他传说

彝族夭姓的来历

彝族姓氏传说。流传于云南省大姚县。讲述的是：从前，六苴镇波西办事处的彝族是姓姚，不是姓夭。有一年，皇帝大点兵，波西一个彝族小伙子被抓去当兵，登记名字时，点兵官问小伙子叫什么名字，小伙子回答说："我叫姚洞天。"点兵官大惊，说道："摇动天，这不是要造反吗？"点兵官把这事报告了皇帝，皇帝就派兵来剿捕波西的彝民，彝民们躲进了山洞里。一天官兵搜到山洞，问洞里的彝族姓什么？洞里的彝民回答说："我们姓夭。"官兵说："姓夭的不杀，只杀姓姚的。"后来彝民们又搬回家乡来住，从此改为姓夭。

夭同华讲述，黄自权记录。收入《大姚县民族民间文学集成》，32开，1页，200余字，云南民族出版社1991年版。（李惠兰　朱琚元）

姓安姓吉的由来

彝族姓氏传说。流传于云南省大姚县。讲述的是：传说，彝族大姓中原没有姓安、姓吉的。有一年，姓普、姓鲁的两个土司第一次上京城向皇帝进贡。这天皇帝早朝之后，两个土司在通司的引荐下上了金殿。金殿的威严吓得普、鲁两个土司不敢抬头。皇帝问通司："拜者何人？"通司又问普土司："你叫何名？"普土司没听明白就"啊"地叫了一声。没等通司再问，皇帝就说："姓安，啊！南蛮安定，天下太平。"接着皇帝又问鲁土司何名，鲁土司急得魂不附体，通司小声安慰鲁土司："你莫急。"不料又被皇帝误听成姓吉，高兴地说："蛮臣姓吉很好，安定和吉祥都很好。"拜见结束，普、鲁两个土司回到各自的山寨。普土司逢人就说："从此我们不再姓普了，皇帝赐我们姓安。"鲁土司也见人就讲："皇帝封赐我们姓吉，今后就叫我吉土司吧。"自此，普、鲁两姓就改姓安、吉。

普家绪讲述，胡兆记录。收入《大姚县民族民间文学集成》，32开，1页，300余字，云南民族出

版社1991年版。（李惠兰　朱琚元）

亏改于

彝族姓氏传说。流传于云南省祥云县。讲述的是：从前，祥云的彝族村民姓亏。张土司见百姓的生活还过得去，就加租，逼着村民吃树皮草根。他们只得到县府州府告状，但始终进不了衙门。后来，一个秀才帮他们出了主意，让他们见到了省官，省官下来查办，村民打赢了官司。秀才见村民已赢，建议改亏姓为于姓，问其原因，秀才说“亏”字弯腰，如今状告赢了，应该直起腰来，便改“亏”为“于”。从此，这里的村民都姓“于”。

于朝旺讲述，刘柱南搜集、整理。收入《云南省民间文学集成·祥云县民间故事卷》，32开，5页，2600余字，云南人民出版社1989年版。（巴子）

黑牯牛的故事

彝族姓氏传说。流传于云南省牟定县。讲述的是：牟定县内姓黑的彝族祖先黑礼仪，原名叫沐登头，因他饲养的一头黑牯牛发现食盐有功，故改姓为黑，名礼仪。相传，黑礼仪的原籍在南京应天府大坝柳树湾，后来随沐西平征战云南时离开部队。逃至禄丰黑井躲在一个木匠家里，追兵问木匠是否见到了沐登头？木匠随口答木墩头烧掉了，于是沐登头躲过了追捕，在黑井七旧村落户。后来他养了一头黑牯牛，奇怪的是这头牛不喝别处的水，天天去一个污水塘里喝，而且牛长得很肥壮。沐登头来污水塘边观察，发现这塘水是盐水，于是他禀告官府来开采，官府为此赐他黑姓。后来，黑礼仪从黑井迁到蟠猫乡陡嘴黑凹子居住，他的后代一支迁往龙脖子，一支迁往茅草冲。

黑庆中等讲述，王玉寿搜集、记录。收入《云南省民间文学集成·牟定县综合卷》，32开，2页，700余字，牟定县民间文学集成办公室1989年编印。（施选　朱琚元）

彝族支系的传说

彝族氏族传说。流传于广西壮族自治区那坡县彝族地区。讲述的是：古时候，一位独居山林的彝族人，从河边拾回青竹。半年后，破开青竹欲编制竹器，却得到五个小娃娃。他把娃娃抚养成人，自己也变老了。一天，老人把孩子叫到跟前，给他们指明今后生活的路子：种竹子、种棉花、打猎、炼铁和当石匠。老人离开人间，五个孩子分别到广西、云南、贵州各地谋生，家族分别发展成为现今青彝、白彝、黑彝、红彝和花彝五大支系，有了不同的生活习尚和喜好，不同的方言土语。

黎亚章讲述，王光荣笔录并译成汉文。收入《回、彝、水、仡佬、毛南、京六族故事选》，32开，3页，1200余字，广西人民出版社1988年版。（王光荣　蓝斯）

路南卤腐的传说

彝族特产传说。流传于云南省石林彝族自治县彝族撒尼人地区。讲述的是：聪明、勤劳的娌妹与牧羊小伙阿鲁相爱后，贪婪的后妈想把娌妹嫁给富贵人家，并收了彩礼。为达到阻止娌妹和阿鲁成婚的目的，后妈要他们做豆腐攒钱成亲。有时没有卖完，豆腐发霉变成了臭豆腐，聪明的娌妹就将臭豆腐划成小块，晾干水分，加上香料辣椒，放进缸里腌制后抬到街上卖，生意兴隆起来，后妈只好同意他们成婚。路南卤腐也逐渐出了名。

佚名讲述，张泉采录。收入《云南省民间文学集成·路南民间故事》，32开，2页，700余字，云南民族出版社1996年版。（梁红）

豆腐姑娘

彝族特产传说。流传于云南省石屏县城一带的彝族地区。讲述的是：很古的时候，石屏是个大村落，村民全是彝族。有个姑娘身着彝族服饰要出嫁了，泪汪汪地舀了一碗豆浆准备喝了上路。迎亲的唢呐吹得紧，姑娘舀了点清水倒入豆浆中，顿时奇迹出现了，豆浆已点制成了豆花。从此，石屏点豆腐不用石膏、卤水，直接舀井水点豆腐。人们为赞颂姑娘的发明，亲切地称其为“豆腐姑娘”。

佚名讲述，冯子望整理。收入《石屏古今奇趣》，32开，2页，1500余字，中国广播电视出版社2003年版。（李朝旺）

木耳的传说

彝族特产传说。流传于云南省新平彝族傣族自治县。讲述的是：一对夫妇晚年才得一女，取名珍珠。珍珠姑娘长大成人后，不仅美丽漂亮，而且勤劳善良，助人为乐，深得人们的喜爱。有一年她阿爸病了，要金鹿崖头的鹿筋草才医得好。珍珠去采鹿筋草时被黑熊吃了，只有跟她去的追山狗衔回鹿筋草治好了老人的病。珍珠给老人托梦说：老熊吃她时她的两只耳朵掉落在老熊箐的栗树上，日后箐里的栗树上就会长很多像耳朵一样的东西，很好吃，可以捡了换些油盐过日子。老人按珍珠在梦里的嘱咐去捡木耳。渐渐地，捡木耳的事传开了。人们为了纪念珍珠给人们带来的好处，把木耳称作珍珠耳。

佚名讲述，卢萍、陈振中搜集、整理。收入《乡泉集》第二辑，32开，4页，2500余字，云南民族出版社1985年版。（聂鲁）

那达辣

彝族特产传说。流传于云南省石屏县。讲述的是：从前，那法、那达两弟兄一起做生意。有一个三伏天，他们路过三马头，又渴又饿。那达从远方密林深处寻水归来，可狠心的哥哥那法扔下一架驮子，骑马溜走了。那达急得昏倒在地，手中的壶掉在地上。他从昏迷中醒来，见被水浇过的土地上长出一片绿茵茵的辣椒。他摘下又红又大的辣椒到牛街集市上卖，并与一炸油饼老人换油饼吃。这时来了一老乞丐，他又把油饼送给老乞丐吃。老乞丐为了答谢那达，把那达手中的辣椒放在油锅中炸成一个小辣椒还给那达。这就是头小既辣又会浸油的那达辣的来历。

阿贵讲述，李荣光整理。收入《火童——巴赛民间文学集》，32开，2页，1200余字，中国文联出版社1999年版。（龙倮贵）

甜白酒的故事

彝族特产传说。流传于云南省牟定县彝族地区。讲述的是：过去一伙放羊娃子为一个头人牧羊群。头人派一个亲信管理这些放羊娃子，于是娃子们便叫他羊工头。羊工头待人十分苛刻，娃子们把饭煮多了，要遭他打骂，饭煮少了，娃子就要挨饿。一天，一个娃子把饭煮多了，他怕羊工头打骂，就盛一钵饭悄悄藏在山上一棵大树上，打算饿时好端来吃。好心的锦鸡不但不啄吃娃子的饭，还邀来喜鹊、老鹰、燕子、鹭鸶等雀鸟，齐心合力去啄来青草、树叶把娃子的饭钵盖得严严实实。过了三天，这个放羊娃子来吃藏在树上冷饭时，觉得饭钵热乎乎的，揭去野草、树叶，一股香味扑鼻而来，原来的冷饭变成了又甜又香的白酒。从此，彝家人学会了酿甜白酒。

李国士讲述，王玉寿记录、整理。收入《云南省民间文学集成·牟定县综合卷》，32开，2页，700余字，牟定县民间文学集成办公室1989年编印。（施选　朱琚元）

烧饵饫的来历

彝族特产传说。流传于云南省昆明市彝族撒梅人地区。讲述的是：聪明的粗糠宝进昆明城卖山货，得知知府失火而昭示城里人三个月内不得在家生火煮饭，人们饿得哭成一片，便教人们在门口支炉子烤米粑粑吃。告示并没有说不得在门口支火炉，知府对大家的举动无可奈何。从此，昆明人喜欢在门口支炉子烧粑粑吃，并称这种粑粑为饵饫。

飞崇义讲述，灌玉搜集、整理。收入《昆明民间故事》第一辑，32开，1页，500余字，昆明市民间文学集成办公室1987年编印。（梁红）

彝族食肝生的来历

彝族特产传说。流传于云南省武定县一带。讲述的是：远古的时候，有一位名叫笃莫阿筛的彝族部落首领，他掌管着成千上万的牛羊和上百个牧童。其妻不幸去世，死后托生成一只母老虎，并向笃莫阿筛要羊肉吃。笃莫阿筛知道母老虎就是他死去的妻子，就做肝生献给母老虎。从此以后，彝家人办喜事设宴待客，第一道菜必定是肝生。

佚名讲述，凤清成、杨桂先记录。载《金沙江文艺》1995年第1期，16开，1页，300余字，楚雄州文联1995年编印。（李惠兰　朱琚元）

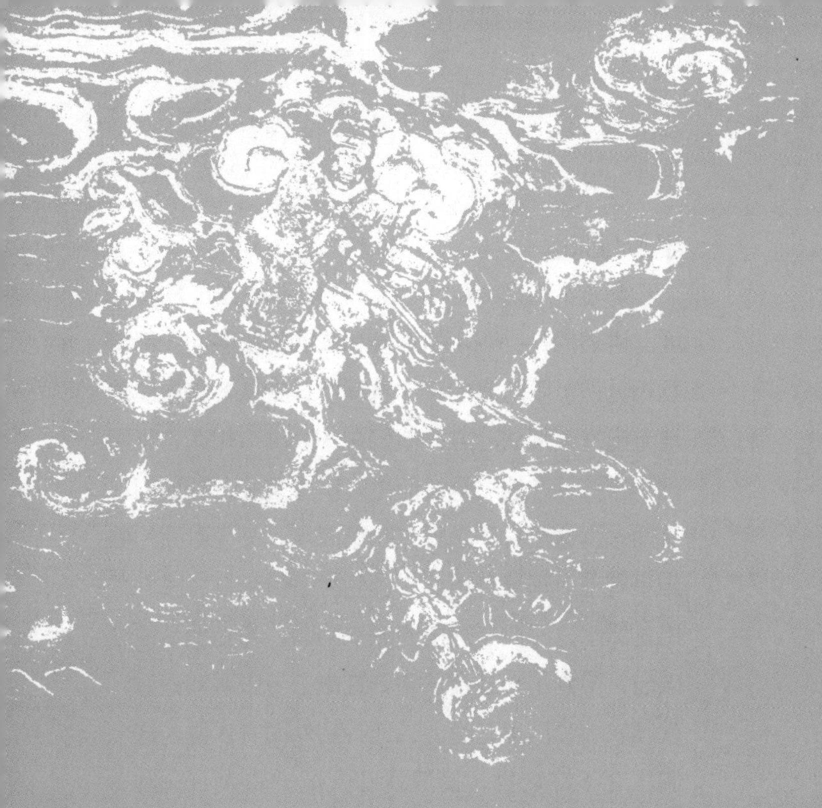

彝族民间故事

一 幻想故事

李善与张恶

彝族幻想故事。流传于云南省昭通市彝族地区。讲述的是：四川的李善和云南的张恶两人都想互相见识一下对方的善、恶程度，就从各自居住的地方出发去拜访对方。他们在一个洞口相遇，张恶把李善打倒在地后扬长而去。李善醒来，听到洞外有两人说这个村子山脚有股龙潭水，又说对面的破庙里有宝。李善爬出洞口，到村子里带领村民们挖出龙潭水，解决了这里的缺水问题。晚上他又住进破庙，得到了一缸金子和一缸银子。张恶知道后，就爬入那个洞里，晚上，他听到外面有人说，这个洞里有不祥之物，接着就有人把一些大石头掀下来，张恶被活活砸死。

龙兴朝讲述，杨世武录音，潘忠福整理。收入《昭通民族民间文学资料选编》第一集，32开，3页，1300余字，昭通县民委、文化局1983年编印。（吴平）

善有善报，恶有恶报

彝族幻想故事。流传于川滇大、小凉山彝族地区。讲述的是：有家人养有一儿一女，儿子饭量大得吓人，总是把一家人的饭吃个精光。父母觉得这样下去其他人只有饿死，于是设计要将儿子弄死，但力气大得吓人的儿子一次次躲过劫难，后来妹妹放走了欲被父母用来做祭祀时替牲的哥哥。长大后妹妹找到逃亡他乡已成富翁的哥哥，哥哥给了妹妹许多金银财宝，母亲知道后也去向儿子要，结果儿子给的香肠变成了毒蛇，冻肉变成了马蜂，被毒蛇咬被马蜂蜇的母亲在返途中被马拖下悬崖后死了。

勒莫尼拉搜集、整理。载《凉山文学》（彝文版）1987年第3期，16开，3页，2100余字，凉山彝族自治州文联1987年编印。（杨阿洛）

独儿硕夫

彝族幻想故事。流传于川滇大、小凉山彝族地区。讲述的是：从前有一对无儿无女的夫妇，摘得两粒李子放在屋里七天后，变成一儿一女，儿子取名叫硕夫，三天后会走路，七天后换牙，二十一天后力大无比。父母因不能忍受他的饭量而想尽种种办法要害死他，最后硕夫得到妹妹相助得以逃脱。他在外面发家致富后，回报了妹妹的救命之恩，妹妹到他家去做客，让妹妹穿金戴银而归。他的父母得知后也去硕夫家，并以养他成人如何辛苦为由，要穿最好的，吃最好的。父母临走时，硕夫把毒蛇当香肠，马蜂当冻肉装进口袋里交给他俩，并嘱托他俩到岩子边时才能打开吃。等他俩打开时，毒蛇与马蜂一拥而出，他俩吓得掉进深渊而丧命。

佚名讲述。收入《喜德彝族民间故事》（彝文版），32开，7页，3500余字，四川民族出版社1993年版。（土比呷呷）

梦先生

彝族幻想故事。流传于云南省宁洱哈尼族彝族自治县彝族地区。讲述的是：一天，有一个打柴的穷汉挑柴到街上卖，但没人买。一个白胡子老人拿一张画来换走了他的柴。画上是一棵大白菜和一只蚂蚱。穷汉把画拿回家贴在墙上。天要下雨时，蚂蚱会爬到菜叶上面；天要晴时，蚂蚱就会躲到菜叶下面。穷汉很高兴，就在大家面前说龙王爷托梦给他，所以他知道天气的变化情况。多次实验之后，大家都相信他，庄稼也因此长得很好，收成也好。大家就称他为梦先生。为了感激他，大家为他盖了房子。但后来穷汉的良心变坏了，开始装神弄鬼，聚敛钱财。一天晚上，他酒醉躺在床上，白胡子老人来到他床前，警告他必须马上悔改。梦先生醒来，白胡子老人和画都不见了。

佚名讲述，苏贤益搜集、整理。收入《普洱民间文学集成（二）》，32开，3页，1500余字，普洱哈尼族彝族自治县文化广播电视局、民委1989年编印。（施文志）

自阿书不认娘

彝族幻想故事。流传于云南省弥勒市彝族地区。讲述的是：自阿书离母赴京赶考，有幸考中，当了官。两年后被选为国王，但他却把母亲忘了。母亲沿路乞讨到京城去认他，被他拒之门外。母亲被庄稼人柳西夫妇收养。自阿书的行为激怒了上天，天意使然下，自阿书下了台，而柳西当上了国王。自阿书没脸见人，远走深山，饿死在林中，变成了孔雀。

姜学英讲述，武文勇记译。收入《弥勒民族民间故事选》，32开，4页，2100余字，弥勒市民委、文化馆1986年编印。（张辉）

稀饭换罗裙

彝族幻想故事。流传于云南省宁洱哈尼族彝族自治县彝族地区。讲述的是：一个寡妇艰难地养大了儿子，儿子娶来的媳妇初时对婆婆很好，婆婆偏瘫后，媳妇就虐待她。一天媳妇买来老鼠药放入稀饭里想毒死婆婆。此时，一个陌生老奶奶刚好来乞讨，要用她包袱里的罗裙换稀饭。媳妇去灶房舀稀饭时，老奶奶给婆婆吃下药丸。媳妇回来时婆婆已无病痛。媳妇坚持要老奶奶拿罗裙换稀饭。媳妇穿上金黄色的罗裙后就变成了一条小母牛跪在婆婆面前。原来，老奶奶是大神的化身。

郭光弟讲述，张明丽搜集，林凡整理。收入《普洱民间文学集成（二）》，32开，4页，2100余字，普洱哈尼族彝族自治县文化广播电视局、民委1989年编印。（施文志）

王玉玲的故事

彝族幻想故事。流传于云南省景东彝族自治县一带。讲述的是：有妯娌三人，各生了一个儿子。大嫂家的叫王玉玲，二嫂家的叫王金玲。王玉玲的爹死得早，从小就受二婶虐待。三个弟兄一起上学，玉玲成绩最好，经常最先做完作业回家。二婶在大门口挖了陷阱，但害死了自己的儿子金玲。二婶又把放了毒药的粑粑给玉玲吃，但燕子啄玉玲的手，狗吃了掉在地上的粑粑死去了。有一年，官府征兵，三丁抽一，二婶让玉玲去当兵。玉玲梦见爹后得到宝剑和能飞的白马。玉玲在山中杀了虎，吃了虎肉，又在山下受太白神指点，吃掉了九条牛的肉，于是有了九牛二虎之力。玉玲在京城解救了受到围攻的皇帝，皇帝让玉玲当上了大官。一天，玉玲化装成叫花子回来向二婶乞讨，二婶待他仍旧很刻薄。玉玲就穿着官服来见二婶，二婶羞愧自杀。

鲁承忠讲述，陶明贵记录。收入《景东县民间文学集成》，32开，4页，2400余字，景东彝族自治县民委、文化局、文化馆1989年编印。（施文志）

雷劈张继宝

彝族幻想故事。流传于云南省景东彝族自治县一带。讲述的是：张继宝是员外小姐的私生子，小姐不便自己养私生子，就抱去丢在桥孔里。有一对叫花子夫妻在桥孔里捡得这个婴儿，就养起来，给他取名叫张继宝。后来，两口子让他读书。再后来，张继宝离开养父母到京城去考试，没有回来。两口子到鬼谷子先生那里卜算，鬼谷子先生说他们的儿子考上了状元，正要准备请客吃饭。鬼谷子先生要两口子也去祝贺。两口子来到京城，找到儿子的住处，门卫不让进。两口子说他们是张继宝的爹妈，张继宝出来见了他们，不但不认他们，还叫门卫把两人赶走。第二天中午，雷声大作，一个闪电把张继宝劈死了。

佚名讲述，陶明贵记录。收入《景东县民间文学集成》，32开，1页，500余字，景东彝族自治县民委、文化局、文化馆1989年编印。（施文志）

孝女

彝族幻想故事。流传于云南省景东彝族自治县一带。讲述的是：有母女两人相依为命，日子过得很苦。一年冬天，娘病倒了，女儿到处寻医找药，娘的病仍不见好转。一天晚上，女儿为娘的病而痛哭，哭着哭着就睡过去了，睡梦中有一个仙人告诉她，她娘吃一棵竹笋病就会好。女儿早上醒来，赶忙去竹林里找竹笋。但是冬天竹林里没有竹笋，女儿禁不住又哭了起来，哭得昏死过去。仙人看到女儿很有孝心，就变出了一棵竹笋。女儿醒来，看到身边的竹笋，就砍回家煮给娘吃。娘一吃下，病就好了。

周世兴讲述，陶明贵、杨仕起采集。收入《景东县民间文学集成》，32开，1页，400余字，景东彝族自治县民委、文化局、文化馆1989年编印。（施文志）

行恶好还是行善好

彝族幻想故事。流传于云南省景东彝族自治县一带。讲述的是：有两个马哥头（赶马人），人称张哥头和李哥头。张哥头行善，李哥头行恶。一天，李哥头说行善没好处，张哥头跟李哥头争论，但没有结果。两人打赌，请一百个人来评判，谁输了，就抠掉谁的眼睛。后来，张哥头输了，眼睛被抠掉。张哥头流浪到庙里，听到老虎、豹子和豺狼的对话，就得到仙水医好了眼睛，并得到金银财宝，过上了幸福生活。李哥头见到张哥头过上了好日子，很眼红，就把自己的眼睛抠掉，也去庙里躲在神像后面。神像对进来的豺狼虎豹说："我屁股后面有一坛腌菜，你们来抓了吃。"李哥头被撕成几块吃掉了。

鲁承忠讲述，陶明贵记录。收入《景东县民间文学集成》，32开，3页，1900余字，景东彝族自治县民委、文化局、文化馆1989年编印。（施文志）

行善好还是作恶好

彝族幻想故事。流传于云南省禄丰县彝族地区。讲述的是：从前，有两兄弟，哥哥认为作恶好，不会被人欺。弟弟认为行善好，善有善报。兄弟二人争持不下，哥哥便建议到大路上找三个人来裁决，赢的一方可将对方眼珠抠掉。结果，弟弟输了，被哥哥抠掉了眼珠。弟弟摸索着进了一座山神庙，山神老爷让他躲在身后。天黑后，山神老爷的兵马全回来了，一只狼讲某员外家小姐病了，是因她吐到池子里的口痰被鲤鱼精尝着了，只要谁把鲤鱼精抓着抠出眼珠安在自己眼窝里，便可看穿地下三尺，把鲤鱼煮给小姐吃，小姐便会病愈。接着一只老虎又讲甘肃某地大旱三年，皇帝下令谁求得雨来，要官给官，要金给金。天亮后，弟弟摸出山神庙，一一照它们说的去做了，结果弟弟当上了大官，眼睛也看得见了，还娶了一个好妻子。有一天，弟弟坐着八抬大轿出行，遇见了赶马的哥哥，跟哥哥讲了一遍进山神庙的经历。哥哥也想试试自己的运气，逼着弟弟抠掉了他的眼睛，然后也摸进山神庙蹲着，天黑后狼和虎回来便把他吃了。

杨和昌讲述，史岳灵记录。收入《禄丰县民间故事普查资料汇编》，16开，4页，2400余字，禄丰县委宣传部、文化局、民委1988年编印。（钱丽云　朱琚元）

赶马人和赶牛人

彝族幻想故事。流传于云南省石屏县彝族地区。讲述的是：从前，一个赶马人和一个赶牛人出门做生意，同住一个马店。赶马人趁赶牛人熟睡之际，把赶牛人的双眼用刀子戳瞎，并把赶牛人的牛和货全部抢走。赶牛人乱摸乱爬地到了一座山神庙里诉说自己的不幸遭遇，向山神求救。在山神的指点下他躲到山神像背后，到午夜偷听到了五条狼说的藏宝之地。翌日天明，赶牛人辞别山神去掘宝，五条狼所说的果真是事实，并且他的眼睛也得以复明，与美女成了亲，过上了幸福生活。后来赶马人把眼睛戳瞎，也学着赶牛人一样去山神庙求救，结果被五条狼吃了。

龙兴才讲述，龙天民记录、整理。载《红河文化》1990年第4期，16开，2页，3500余字，红河哈尼族彝族自治州文化局1990年编印。（龙倮贵）

阿黑和阿白

彝族幻想故事。流传于云南省漾濞彝族自治县彝族地区。讲述的是：阿白与阿黑是赶马的朋友，阿白见阿黑的黑马显出异兆，认为是神马，就跟阿黑换马。换过之后，又见自己的白马在阿黑的手下也显异兆，就想方设法要把白马也占为己有。一天，当他们赶马到桥上，阿白就把阿黑推下河。阿黑没有死，爬到山神庙里，他从虎和豹向山神的禀报中得知金银的藏处及医治公主怪病的秘方，从而发了家。阿白好吃懒做，最终马也死光了，沦为乞丐，当他得知阿黑发家的原因后，也照着行事，却被虎和豹吓死了。

罗绍才讲述，杨占文搜集、整理。收入《大理白族自治州民间文学集成资料·漾濞民间文学选》第一集，32开，8页，5000余字，漾濞彝族自治县文化局1986年编印。（张秀娟）

四妹与蛇郎

彝族幻想故事。流传于云南省禄丰县彝族地区。讲述的是：上古时代，漂亮的姑娘都嫁给蛇、老黄狗、大花猫为妻。有一户人家有四个女儿却一个也未出嫁，有一天，她们的母亲上山割草时被一条蛇缠住了，直到她答应嫁一个女儿给它，蛇才放开了母亲。母亲回到家后，说了事情的经过并问哪个女儿愿意嫁给蛇，三个姐姐都不肯，四妹答应嫁给那条蛇。原来那条蛇是龙王变的，四妹被娶进了龙宫，一年后就生了一个女儿。她带着女儿回家省亲，大姐看见四妹过得好就起了歹心，设法弄来了四妹的衣饰并设计害死了四妹，自己假扮四妹回到龙宫生活。龙王发现了许多破绽，都被大姐用花言巧语搪塞了过去。一年后，她也生了一个女儿。龙王家里养着一匹马，龙王让大姐上山割草喂马，大姐割草时老有一只麻雀在她身边叫，她回家说起这事，龙王就自己亲自上山去看。小麻雀飞到他手上，他将麻雀带回家里给两个女儿玩，不几日麻雀就死了，两个小孩把麻雀拿去火塘里烧了吃，四妹的女儿吃了什么事也没有，大姐的女儿却被骨头卡死了。

李如方讲述，拜如怀记录。收入《禄丰县民间故事普查资料汇编》，16开，15页，1600余字，禄丰县委宣传部、文化局、民委1988年编印。（钱丽云　朱琚元）

三妹和蛇郎

彝族幻想故事。流传于云南省南涧彝族自治县某些地区。讲述的是：一条蛇要娶员外家的姑娘，老大、老二不愿意，只有三妹体谅父亲的难处，愿意嫁蛇。后来蛇变成帅小伙，与三妹生了一个儿子。儿子满三岁时，三妹领他回父母家。大姐嫉妒三妹，起了坏心，骗取了三妹的衣服首饰后，把她推进井里，并装扮成三妹到蛇郎家，用花言巧语打消蛇郎的疑心。一天，帮蛇郎放牛的侄子告诉蛇郎说，有一只小鸟在山上叫："你叔叔好吗？孩子哭吗？"蛇郎跟着侄子去看，对小鸟说："如果你是我妻子，就飞进我的袖子里。"小鸟就飞进蛇郎的袖子里，随蛇郎回家。大姐烦小鸟叽叽喳喳的叫声，把它丢进了火塘里。后来她见火塘里有一把剪子，就把它放进衣柜里，结果自己的衣服全被剪子剪烂了。她又把剪子丢出门外，剪子变成一头牛顶开门，进来把大姐顶死了。这天晚上，龙王给蛇郎托梦说了真情。第二天早上，蛇郎照龙王的指点，到井里捞起妻子的尸体，喂给她灵芝汤，妻子复活，从此夫妻俩又过上恩恩爱爱的日子。

何国英讲述，熊绍荣搜集、整理。收入《南涧民间文学集成》，32开，7页，3500余字，云南民族出版社1987年版。（段葵）

花花蛇与三姑娘

彝族幻想故事。流传于云南省峨山彝族自治县彝族地区。讲述的是：王老汉家有三个女儿，大女儿矮小、脸上有麻子，二女儿爱打扮，三女儿美丽勤劳。有一天，一条花花蛇威胁王老汉，若不嫁一个女儿给它，它就要咬死王老汉。王老汉回家询问三个女儿，大女儿、二女儿都不愿嫁给花花蛇，三女儿为了救阿爸的命便答应嫁给花花蛇。娶亲路过一条河时，花花蛇顿时变成一个英俊小伙子，三女儿和他过上了恩爱生活，并生了一个男孩。三女儿背娃娃回娘家时，大姐听说花花蛇变成英俊小伙子，心里很忌妒，便在和妹妹打秋千时害死了妹妹，自己乔装成妹妹的模样回到家中。妹妹变成一只小鸟来到丫鬟割马草处鸣叫，丫鬟心慌意乱割不到马草，回家告诉缘由，蛇郎便把小鸟捉回家饲养。姐姐把小鸟打死了，小鸟又变成了一蓬竹子，姐姐又把竹子砍了搭床睡，但她睡在床上休息不好，就把竹床塞进灶洞里烧了。这时隔壁大妈来借火，从灶洞里点回家的是一团红彤彤的东西，于是就把它供在桌上。一天，这团由三女儿的精灵变的红东西还原了她的人身，蛇郎得知后便把她领回家中。从此三女儿与蛇郎又过上了幸福生活。

李文得讲述，孙羚记录、整理。收入《峨山民间文学集成》，32开，5页，3500余字，云南民族出版社1989年版。（聂鲁）

蛇大老爷的妻子

彝族幻想故事。流传于云南省楚雄市彝族地区。讲述的是：从前，有两夫妇和三个女儿一起过日子。一天，三姑娘从田边割回一篮草，倒草时发现草中有一条蛇，蛇爬到堂房中威胁姑娘的母亲嫁一个姑娘给它，否则家里将有灾祸。三姑娘为了家里免遭灾祸，嫁给了蛇。她跟蛇来到了一幢四合小院，蛇就变成了一个英俊小伙子。从此，他俩过上了幸福恩爱的日子。过了一些年，三姑娘背着娃娃回家省亲，大姐很嫉妒三妹，就把她骗到井边弄死了，并背上三妹的娃娃回蛇大老爷家去了。三妹被淹死后变成一只鸟，经常到山上与被大姐赶出来割草的儿子谈话。蛇大老爷知道后把小鸟带回家，却被姐姐打死了。小鸟的眼珠被打出来溅到火塘中，变成了一把剪刀。姐姐一气之下把剪刀敲烂了，一块碎片飞进猪食水中。隔壁大妈把猪食水端到家中，发现有一条漂亮的红鱼，就把它放到缸中养起来。鱼经常变成个姑娘帮大妈煮饭做家务，还把自己的不幸遭遇告诉了大妈。大妈很同情姑娘，就请蛇大老爷来吃饭，蛇大老爷把放在灶台上的鱼壳丢入火中烧了，三姑娘再也不会变成鱼了。蛇大老爷把妻子领回家，大姐吓得半死。妹妹安排大姐去房子对面的悬崖上摘花，大姐去攀岩摘花时跌死了。

普正才讲述，李成生记录。收入《楚雄市民间文学集成资料》，32开，7页，4000余字，楚雄市民委、文化局1988年编印。（李福云　朱琚元）

喝蛇汤

彝族幻想故事。流传于四川省金阳县彝族地区。讲述的是：从前有两姊妹，姐姐对人凶残歹毒，妹妹对人心地善良。后来姐姐嫁给一个财主为妻。妹妹却找了一个贫穷多病的人做丈夫，家境虽然贫寒，两口子相亲相爱。有天妹妹上山挖野菜，回家的路上遇到一条小青蛇，它不知被什么咬伤了，痛苦地在草丛中挣扎。妹妹见了，小心地把青蛇放进野菜篮子里，准备带回家给它治伤。妹妹回到家，见丈夫在和一个客人说话。家里穷，妹妹只好煮野菜给丈夫和客人吃。当她把野菜往锅里倒时，小青蛇也往锅里窜去，再不见小青蛇的影子。妹妹以为小青蛇爬到灶下去了，其实小青蛇早已在锅里煮成了汤，三个人喝了野菜汤就睡觉了。半夜里，睡在竹楼上的客人拉肚子，来不及下楼，就拉了一铺，客人感到难为情，溜下楼不辞而别。天亮后，妹妹上楼去看，客人不见了，铺上却堆满了白花花的银子。她以为是客人的银子，她大声喊客人回来，客人误以为妹妹在数落他，高声回答说："对不起，昨晚我脏了你家的铺。"说完头也不回地跑了。妹妹准备把昨天剩下的野菜汤热给丈夫吃。她揭开锅一看，满满一锅银子，她明白了，一切都是小青蛇带给他家的好处。姐姐见妹妹突然间由穷变富，就向妹妹打听来龙去脉。妹妹如实将蛇汤变银子的经过告诉了她。姐姐听了，带着家人上山捉青蛇。一连捉了好几条回来熬蛇汤，指望变出银子。殊不知蛇汤没有变银子，反而把姐姐一家都毒死了。

色特里体讲述，格且、李坤明采录。收入《凉山民间文学集成》（下，故事卷），32开，2页，800余字，西南交通大学出版社1993年版。（刘琳）

小兰光

彝族幻想故事。流传于云南省新平彝族傣族自治县彝族地区。讲述的是：有一个勤劳本分的小伙子，名叫小兰光，人们纷传他是蛇精，他的确能做出各种变幻来。有一家人有两个女儿，都争着要嫁给小兰光。小兰光挑选了二姑娘，并屡次变幻成老翁、老太婆、大蟒蛇考验二姑娘，验证了二姑娘的真情实意后，便娶二姑娘为妻，生了两个儿子。大姑娘心生忌妒，趁二姑娘回家时在井边害死了她和她的一个娃娃，自己乔装成二姑娘回到小兰光身边，和小兰光生了一个儿子。她经常虐待二姑娘所生的儿子。二姑娘死后变成一只喜鹊经常飞来水井边询问家里的情况。大姑娘知道喜鹊为二姑娘所变后，便弄死了喜鹊。喜鹊死后先后变成剪刀、洗衣棒为小兰光打理家务，但都遭到大姑娘的丢弃。二姑娘又变成水缸里的小红鱼，大姑娘喝水缸里的水生病死了。二姑娘变幻成平常女儿身暗中为小兰光做家务，把一切都料理得井井有条。感到奇怪的小兰光假装出门做活暗中返回家偷看，发现是缸里的小红鱼变幻成美丽的二姑娘为他收拾打扫，烧火做饭，照顾娃娃。小兰光急忙过去一把抱住她。从此，他俩又过上了欢欢喜喜的日子。

陈进良讲述，浪智侃、陶学良等搜集。收入《乡泉集》第一辑，32开，5页，3300余字，新平彝族傣族自治县民委、文化馆1983年编印。（聂鲁）

阿此与阿飞

彝族幻想故事。流传于云南省石屏县彝族地区。讲述的是：阿此和阿飞是堂姊妹，她们的父亲先后病逝，阿婶害死了阿此的母亲，霸占了阿此家的财产，逼着阿此干各种活计，并处心积虑地刁难她。阿此在黄牛和乌鸦的帮助下，理顺了乱麻线，分开了拌在一起的七种杂粮，补好了破洞的水缸……勤劳的阿此赢得了英俊的喜色颇的心，他们排除阿婶的阻挠成了家，有了可爱的儿子，过上了幸福生活。心怀嫉妒的阿飞把阿此害死后，穿戴着阿此的衣服和首饰扮成阿此，骗过了喜色颇。阿此死后变成小鸟，被喜色颇带回家，阿飞将小鸟砸死，小鸟变成了金鱼。阿飞回娘家后，金鱼变成美丽的姑娘为喜色颇做饭。阿飞从娘家回来的路上被牛挑死，其母亲被雷劈死。阿此见阿飞母女的血光之后得以复活，与喜色颇团聚，过上幸福安宁的日子。

董国珍、孙必良讲述，张士林、罗永义翻译、整理。收入《云南民间文学集成·石屏故事卷》，32开，14页，8500余字，石屏县文联1996年编印。（梁红）

阿茨与阿芬

彝族幻想故事。流传于云南省红河县彝族地区。讲述的是：生在贫穷家庭的阿茨与生在富有家庭的阿芬是堂姊妹，阿芬的父亲去世后，贪婪狠毒的婶娘害死了阿茨的父母，把阿茨弄到家里干各种活计。王子准备成亲，皇帝下令全国年轻女子到街上接受王子挑选。为把阿茨留在家，婶娘在米里拌沙让阿茨筛簸，自己却带着女儿阿芬赶去竞选王妃。阿茨在已变成乌鸦和水牛的父母亲的帮助下干完活后赶到街上。王子在成千上万的姑娘中选中阿茨为妻，不久生下了小王子。嫉妒眼红的阿芬借口帮姐姐带孩子而害死了阿茨，取代了阿茨的位置。阿茨变成一只美丽的小鸟，王子把它带回宫，却被阿芬打死扔在火里烧成火炭。阿茨又变成鲤鱼，被一个老大妈放养在水缸中，最后终于变成了一个美丽的少女，并与王子相认。当王子明白一切后，杀了阿芬母女俩，把阿茨接回宫，过上了幸福的生活。

佚名讲述，白瑞义、张秀丽搜集、整理。收入《红河县民族民间故事》，32开，8页，5000余字，云南民族出版社1990年版。（梁红）

阿此和阿芬

彝族幻想故事。流传于云南省元江哈尼族彝族傣族自治县彝族地区。讲述的是：从前，彝家山寨有一对妯娌，各有一个姑娘，大媳妇的姑娘叫阿此，母女俩都很善良；弟媳妇的姑娘叫阿芬，母女俩狠心又歹毒，总想陷害大媳妇母女。有一天，弟媳妇把大媳妇推进龙潭里，龙王给了大媳妇一些金银，并把她送到岸上；弟媳妇又把大媳妇推下悬崖，她落在一棵树杈上被采药的老大爷救下。阿芬用木棍把阿此击昏在柴山上，被砍柴的小伙子们救活了。害人终害己，阿芬母女坏事做尽，终被村人赶出村寨，最后流浪四方，饿死在荒野。而阿此母女俩则用龙王给的金银盖了新瓦房，养了很多的猪、牛、羊，日子过得甜蜜幸福。

白正才讲述，孙正明、白玉龙、毛佑全记录、整理。收入《元江民族民间文学资料》第一辑，32开，5页，2500余字，元江哈尼族彝族傣族自治县文化馆1981年编印。（宋自华）

两姐妹（一）

彝族幻想故事。流传于云南省楚雄市彝族地区。讲述的是：山寨里有姐妹俩，都已嫁人，姐姐家富而妹妹家穷。五黄六月，妹妹家无米下锅，娃娃饿得直哭，妹妹只好去姐姐家借米。刻薄的姐姐借了半升碎米给妹妹，但妹妹走到半路碎米又被反悔的姐姐夺了回去。妹妹一路流着泪走着，突然有条秃尾蛇拦住了去路，妹妹把蛇兜回来放进锅里煮，准备给娃娃吃，可是煮蛇的锅盖再也揭不开了，经许愿做斋求神后锅盖才揭开，锅里的蛇变成了金银。妹妹做斋还愿时请姐姐来吃斋，斋事结束后，妹妹把姐姐带来的礼物原封不动地交还她，并把为报答天恩做供斋的事告诉了她，姐姐听后羞愧得无地自容。

翟永珍讲述，者厚培记录。收入《楚雄市民族民间文学资料》，16开，2页，900余字，楚雄市文化馆1991年编印。（李福云　朱琚元）

两姐妹（二）

彝族幻想故事。流传于云南省武定县彝族地区。讲述的是：从前，有两姐妹，姐姐叫阿美，妹妹叫阿香，她们很小就死了母亲，父亲娶了后娘，心毒的后娘逼着丈夫弄死姐妹俩。父亲下不了手，便设计将姐妹俩骗到森林深处丢弃。天黑了，姐妹俩又饿又怕，又不知回家的路，高一脚，低一脚，结果走进了老变婆住的洞里。两个老变婆回来后睡在锅里，姐妹俩乘机烧死了老变婆。天亮后，姐妹俩在洞里找到了许多金子和银子，并请人在山背后坡脚下的河边盖了新房，过上了富裕的生活。过了几年，父亲想念女儿，便到丢弃女儿的地方找寻，找到山背后的河边，遇到了阿美，姐妹俩热情款待父亲，临走时还送他一大包银子，两套新衣。父亲回到家里，后娘一见十分眼红，硬逼着父亲带她到女儿家住了一个月，临回家时又向女儿要了一些金子和银子，姐妹俩还送给父亲和后母每人一匹马、一盒饭。半路上，后娘骑在马上打开饭盒时，一群马蜂飞出来，在她脸上、身上及马身上乱叮乱咬，马奔跑起来，跑到一座桥上，后娘被甩到河里淹死了。

杨桂芳讲述，紫华记译。收入《云南省武定县民族民间文学集成》，16开，4页，3000余字，武定县文化局、民委、文化馆集成办1989年编印。（钱丽云　朱琚元）

两姊妹（一）

彝族幻想故事。流传于云南省弥渡县彝族地区。讲述的是：有两姊妹，一个穷，一个富。一天，穷妹妹到富姐姐家借粮，姐姐要叫妹妹帮自己找虱子，才借给她一升粮。妹妹找了一天，可姐姐百般挑剔，也不借粮。妹妹空着手回去，想到孩子等着吃饭，很伤心。这时遇着一位老翁，老翁叫她路上遇着什么就拣回家。她在门口遇着一条蛇，就把它抓起来，想煮给孩子吃。她烧火煮蛇，揭开锅时却见是一锅银子，从此她过上了好日子。而姐姐后来遇着火灾，一无所有，只得求妹妹救济，可是姐姐贪心不改，又遭不测，结果后悔莫及。

李美香讲述，李泽搜集、整理。收入《弥渡民族民间故事传说集》第一集，32开，3页，2000余字，弥渡县民间文学集成办公室1986年编印。（张秀娟）

两姊妹（二）

彝族幻想故事。流传于云南省禄丰县彝族地区。讲述的是：从前，有两姊妹，姐姐家有吃有穿很富裕，妹妹家孩子幼小又有一个瞎眼老人，生活很贫困，妹妹常到姐姐家做些杂事以维持生活。有一天，妹妹来到姐姐家，姐姐答应她把菜园里的草拔干净后就给她三升米。妹妹干完活拿着米走后，姐姐发现菜园里仍有一些草没除净，于是就骑马追上妹妹把米要了回去。妹妹继续往家走，走着走着，路上有蛇来挡道，她对蛇说："我家里有老有小等着我，你不是我的财就让我过去，你若是我的财就爬进我的衣兜里。"那蛇果真爬进了她的衣兜。回到家后她把蛇放进锅里煮，蛇就变成满满一锅米饭，一家吃饱后还剩了一大半，留着第二天吃。第二天，剩饭变成了银子。从此，妹妹家的日子越过越好。姐姐因为好吃懒做，家道没落了，最终沦为了乞丐。

杨金翠讲述，欧阳俊忠记录。收入《禄丰县民间故事普查资料汇编》，16开，2页，800余

字，禄丰县委宣传部、文化局、民委1988年编印。（钱丽云　朱琚元）

黑蛇报恩

彝族幻想故事。流传于云南省石屏县彝族地区。讲述的是：一天，一个农妇上山干活，突听天上传来呼救声，抬头只见一只老鹰叼着一条小黑蛇。农妇拾块石头打去，老鹰放下小黑蛇飞走了，小黑蛇得救了。小黑蛇向农妇点三下头后开口说："你救我一难，我救你一难。"三年后，当地遭受水灾，庄稼颗粒无收，农妇一家饿得皮包骨头，多次向亲友借贷都未果。一天，在农妇借贷回家的路上有条大黑蛇拦着路，说："我是当年的小黑蛇，把我背回去煮了吃吧。"农妇放倒背篓让黑蛇进篓，背回去煮给全家人吃。半夜一家屙起稀屎来，每人三次五次地到门前屙。天亮时农妇去打扫，发现屙的全是银光闪闪的银子。

佚名讲述，李朝旺搜集、整理。16开，5页，1200余字，未刊稿。（李朝旺）

喜鹊的报答

彝族幻想故事。流传于云南省南涧彝族自治县彝族地区。讲述的是：有两兄弟分家，哥哥什么都想占便宜，弟弟只能依他。一天，弟弟犁地歇气时，见一条蛇在喜鹊窝里正要吃小喜鹊，他就把蛇撵跑，把掉在地上摔伤的小喜鹊包扎好，送回树上的喜鹊窝。他收工时一只喜鹊对他唱歌，又吐给他一颗葫芦子。他照着喜鹊歌里唱的那样把葫芦子种下去，长出一个大葫芦，里面尽是金银珠宝。哥哥见弟弟富起来，就按照弟弟的做法，把小喜鹊挑下来，又包扎后送回窝里，也得到了葫芦子。但长出的大葫芦里装着毒蛇，毒蛇把他咬死了。

佚名讲述，李光景搜集、整理。收入《南涧民间文学选》第一集，32开，4页，2100余字，南涧彝族自治县民间文学集成办公室1985年编印。（张秀娟）

卡莫与卡桑

彝族幻想故事。流传于云南省曲靖市彝族地区。讲述的是：卡莫和卡桑是两兄弟，没良心的哥哥分家时，自己留下一对壮实的耕牛，分给弟弟一只猫和一条狗。犁田时节，哥哥不借耕牛给弟弟，要弟弟用猫和狗犁田。卡桑的猫和狗为主人赢得一个卖骡子的老汉的骡子。卡莫效仿不成，反被猫、狗抓咬，一气之下打死了猫和狗。卡桑把猫、狗埋在地边，不久，坟头上长出竹丛。卡桑用坟上长出的竹子编了两个箩筐挂到竹子上，希望鸟来下蛋，很快两个箩筐果真装满鸟蛋。卡莫问清来由，也去仿效，不料却得到两筐鸟粪，气得他齐根砍倒竹子。坟头的竹子朽了，长出一片秧苗。卡桑精耕细作，秧苗结满金黄谷穗。后来一阵冰雹打落了谷穗，卡桑悲伤的哭声引来了老鹰，老鹰带他到月亮山挖到了金子。卡莫也到了月亮山，见到满地金子，卡莫贪心，不及时下山，就被太阳烤死在山上。

贯宝王讲述，杨荣采录，曲新整理。收入《曲靖市民间文学集成》，32开，3页，1500余字，云南民族出版社1990年版。（谭玉婷）

莱遮和莱茜

彝族幻想故事。流传于云南省弥勒市彝族地区。讲述的是：莱遮、莱茜兄弟自幼失去父母，相依为命。哥哥莱茜结婚后，心肠逐渐变坏，对弟弟莱遮苛刻狠毒，分家时只给了他一间破屋和一只鸡。当听到莱遮的鸡吃一粒玉米就下一个蛋的消息后，莱茜夫妇便把鸡抱走，但没达到目的，就把鸡杀了。听说莱遮从石狮子嘴里取到一个银锭，莱茜夫妇又拿着麻袋去取银子，结果莱茜的手被石狮子咬断。勤劳的莱遮雨夜从地里返家时，不幸摔断了腿，还被树枝戳瞎了眼睛。他摸着爬进了魔王洞躺在魔王宝座的下面，听到从四面八方汇聚而来的野兽们的见闻。莱遮根据听到的消息，找到了明眼泉治好了眼睛，并采到长年不谢的红花，医好了断腿，娶回了一位如花似玉的妻子。夫妻俩男耕女织，过上了幸福生活。莱茜得知莱遮的事后，也故意把自己弄瞎搞残摸到魔王洞，结果让群兽给吃了。

李惠芝讲述，张彦鑫整理。收入《弥勒民族民间故事》，32开，5页，3800余字，民族出版社2003年版。（梁红）

屙金子的贪心汉

彝族幻想故事。流传于云南省易门县彝族地区。讲述的是：从前，有一个张氏男子和一个王氏男子结拜为兄弟，张氏善良老实，王氏爱占便宜。一天弟兄俩结伴去赶街，半路上张氏被路中凸起的石头绊倒摔了一跤，他怕石头再绊着人，就停下要搬掉石头。王氏不愿帮忙就往前走，张氏只好自己想法用力搬开石头。不料石坑里发出光芒，原来是一堆金子。他赶忙叫王氏来看，王氏提出一人一半把金子分了，张氏说可能是别人埋的，不能拿，王氏只好表示同意，又把金子盖了起来。快到街上时，王氏突然说肚子不舒服要回去找草药吃，等张氏走远了，王氏赶忙跑回去挖金子。可是刨开石坑却不见金子，倒有一坑清水，王氏气得说不出话。由于跑得太急，王氏口很渴，就低下头喝干了坑里的水。不久王氏的肚子便鼓了起来，阵阵绞疼，使他躺在地上不停地翻滚。张氏从街市回来，见王氏在路边病成这样，便扶王氏起来。王氏刚站起来大便就从裤管里一坨一坨地掉出来，羞得他提着裤子直往山中跑。大便一下变成一坨坨金子，张氏大声喊他，他只顾向远处跑去。

田桂兰讲述，柳长荣搜集。收入《云南民间文学集成·易门县集成卷》，32开，2页，1000余字，云南民族出版社1994年版。（普开福）

贪心的老大

彝族幻想故事。流传于云南省石林彝族自治县彝族地区。讲述的是：很早以前，有兄弟俩靠挑碗卖度日。在他们往返的路上，有棵树桩时常撞坏挑箩中的碗。一天，勤快的弟弟拿着镐头清除树桩时，挖出了一堆金子，两兄弟商量好卖掉碗再来取金子。中途，老大借口肚子疼就返回去拿金子，当他移开树桩后却发现只有一汪清水，便气恼地把水喝了，不想肚子疼起来，于是挑着碗跌跌撞撞地投宿到一孤寡老人家。夜里他肚痛难忍，就在老人的楼板上到处屙屎，并拿碗罩在屎上后溜走了。弟弟卖完一挑碗，返回时天已黑，却找不到哥哥，金子也不见了。伤心之余，便找到了老人的草房。他把情况告诉了老人，老人带弟弟上楼，揭开碗发现下面全是金子。从此，弟弟和老人过上了幸福生活。

佚名讲述，周承志搜集、整理。收入《昆明民间故事》第一辑，32开，3页，1800余字，昆明市民间文学集成办公室1987年编印。（梁红）

住狼窝的哥弟俩

彝族幻想故事。流传于云南省峨山彝族自治县彝族地区。讲述的是：有哥弟二人养了一群黄牛，靠帮人驮运货物过日子。哥哥怕以后分家有一半牛要分给弟弟，便起歹心想除掉弟弟。一天，哥哥趁弟弟到箐底挑水，便从山上滚石头想把弟弟砸死。满身伤痛的弟弟住进了半路的一座破庙里，并把自己的遭遇告诉了菩萨爷爷。菩萨爷爷让弟弟躲在其身后过夜。不久，庙里闯进一群狼来，它们争先恐后地说起藏金的位置、可医财主三女儿眼病的泉水，以及荒地里的石板下有暗泉等秘密。天亮后弟弟到狼说的藏金的地方掏了些金银财宝回家。贪心的哥哥听弟弟述说获得金银的经过，便用竹签挖瞎了一只眼睛到庙里求菩萨帮助。菩萨只让他躲在门背后过夜。夜里狼回来闻见腥味即从门背后搜出他撕来吃了。弟弟用洗眼泉水医好了财主三女儿的眼病，娶其为妻，他还撬开暗河的石板引水灌田，夫妻俩过上了幸福生活。

佚名讲述，普飞搜集、整理。收入《哀牢山彝族神话传说》，32开，5页，3000余字，云南民族

出版社1990年版。（聂鲁）

小兄弟与牛的故事

彝族幻想故事。流传于云南省昭通市彝族地区。讲述的是：一家人有两兄弟，哥嫂对弟弟不好，每天打发弟弟牵着牛去犁地，而他们则在家里做好的吃。一天，弟弟牵着牛犁地的时候，牛把犁筋挣断了，并开口教弟弟以此为理由回家去，可赶上吃哥嫂做的豆花。又一次，牛又教弟弟找借口提前回家，吃上了哥嫂做的腊肉和好菜。哥嫂十分嫌弃弟弟，逼着他分家。弟弟听牛的话，分家时只要了这条老牛。老牛把弟弟驮到一棵大树上，叫他夜里仔细听动静。夜里一群动物从树下路过，议论说：员外家小姐的瞎眼睛和对面岩洞里漂亮的瘸子姑娘的腿，都可以用这棵树上果子的汁液医好；员外家门口可以打出一股水，能解决缺水的困难。弟弟按照动物说的把员外家小姐的眼和岩洞里姑娘的腿治好了，并打出了水，还同岩洞里的姑娘成了亲。夫妻勤劳，又有牛的帮助，日子过得很好。哥嫂俩却坐吃山空，成了叫花子，到弟弟门前讨饭。当哥嫂俩知道是老牛帮了弟弟时，就要老牛驮他们到那棵大树上。夜里，动物们听到树上有动静，知道有人在偷听，就把哥嫂二人拖下来吃了。

龙云芳讲述，杨世武搜集，潘忠福整理。收入《昭通民族民间文学资料选编》第一集，32开，5页，3000余字，昭通县民委、文化局1983年编印。（吴平）

阿模和阿金

彝族幻想故事。流传于云南省武定县彝族地区。讲述的是：从前，有一户人家，母亲早亡，父亲拉扯着两个儿子艰难度日。长子名叫阿模，幼子叫阿金。父亲临终前留下话，三间房子哥俩每人一间半。可爹死后阿模夫妇俩占了两间，只留下一间给弟弟家。分家后，兄弟俩各干各的，阿金夫妇起早贪黑，辛勤劳作。有一天，夫妻俩挖到了一罐银子，阿金的媳妇觉得白来的东西不能要，便把银子埋回了原处。阿金夫妇谈论此事时被隔壁的阿模听见了，夫妻俩急忙去挖出那罐银子。抱回家一看，却是一罐子的毒虫，以为上了弟弟的当，一气之下他俩抱着罐子爬到阿金家屋顶上扒开一个洞，把毒虫照着阿金的床倒下去。毒虫掉到地上，发出“叮叮当当”的声音，阿金夫妇点火一看，满地银子，大叫“发财了”。哥哥一听赶紧捂住罐子，一看只剩下两锭银子了。阿模夫妇正盘算着如何谋取弟弟家的银子时，阿金夫妇早将银子分给村里的穷人了。

李文学讲述，胡建军、陶喜记译。收入《云南省武定县民族民间文学集成》，16开，2页，800余字，武定县文化局、民委、文化馆集成办1989年编印。（钱丽云　朱琚元）

弟兄分家

彝族幻想故事。流传于云南省宁洱哈尼族彝族自治县彝族地区。讲述的是：过去，有一家弟兄两人，他们的父母已双亡，哥哥娶了妻子后同弟弟分了家，只给弟弟一间破草房和一条狗。弟弟无牛就用狗耕地，种出了庄稼。哥哥家的耕牛病死，就向弟弟借狗耕作。狗不听哥哥的话，就被哥哥打死了。哥哥把死狗埋在弟弟的地里，弟弟在哥哥埋死狗的地方挖出了银子。弟弟怕白得银子遭殃，又用土盖住。哥哥和嫂嫂为一块银子打架，弟弟让他们去挖自己地里的银子。哥嫂却挖出很多斑毛虫，就从房顶打洞把斑毛虫倒进弟弟家里。弟弟见银子从天而降，连忙感谢菩萨。哥哥见斑毛虫变成银子，就头昏眼花，从房顶上栽下掉进水井里。嫂嫂用竹竿拉丈夫，反而被丈夫拉进水里双双见了阎王。弟弟从此过上了好日子。

徐增弟讲述，鲁凤祥搜集、整理。收入《普洱民间文学集成（二）》，32开，4页，2000余字，普洱哈尼族彝族自治县文化广播电视局、民委1989年编印。（施文志）

哥两个

彝族幻想故事。流传于云南省武定县彝族地区。讲述的是：从前，有兄弟俩，老大心坏，老二心善。分家时，老大只给了弟弟一副背板。弟弟天天带着一个饭团上山背柴卖。虽然只有一个饭团，但他天天都把饭团拿来供背柴处的一块大石头。有一天，大石头开口说话了，它让老二第二天带条口袋来，从它口里掏一袋银子。第二天，老二拿来一小个口袋，只从石头的口里掏了一小点银子带回家。哥哥看见眼红了，逼着弟弟告诉他银子的来历。哥哥想，弟弟只供一个饭团就有银子掏，我要是天天供好酒好肉，一定会发大财。从此，哥哥也学弟弟一样天天上山背柴卖，并天天给大石头供好酒好肉。一年后，大石头也开口让他第二天带口袋来掏银子。哥哥太贪心了，第二天带了一个大口袋，一直掏啊掏，老是没完，大石头突然把嘴闭上夹住了他的手，他媳妇只好天天给他送饭。时间长了，家产都耗尽了，当媳妇把家里最后一只老母鸡宰了送给他吃时，告诉他自己第二天就将去当乞丐了。老大求媳妇和他最后亲个嘴。大石头看见他们亲嘴就张口大笑，这一笑老大才得以把手拉出来。

李培成讲述，闫开明记译。收入《云南省武定县民族民间文学集成》，16开，2页，600余字，武定县文化局、民委、文化馆集成办1989年编印。（钱丽云　朱琚元）

贪心的老大

彝族幻想故事。流传于贵州省毕节、大方、金沙等市（县）彝族地区。讲述的是：贪心的老大将善良的弟弟赶出家门，见弟弟得石头帮助而发财，老大也去找石头帮忙，结果因太贪心而被石头卡住了手，最后他说的一句笑话使石头开口笑才得以生还。

陈亮奎讲述，陈大政记录、翻译。收入《中国民间文学三套集成·贵州省毕节地区·毕节县卷》，32开，5页，3000余字，毕节县民间文学三套集成编委会1988年编印。（罗德昱）

弟兄俩与猴群

彝族幻想故事。流传于云南省新平彝族傣族自治县彝族地区。讲述的是：从前，有一家人，父母去世后给兄弟俩留下一份家产。哥哥想独霸家产，提出要和弟弟分家。分家时只给弟弟一把锄头、一个土锅和一块苞谷地。弟弟便在地边搭窝棚住，靠种苞谷过日子。苞谷吐穗缨时一群猴子来掰苞谷吃，弟弟装死睡在地里。有猴子见了就报告猴王说地里有个死人。猴王决定把这个死人抬到崖头学人一样祭祀，同时还准备了金银财宝等许多祭品。猴子们在崖头吹号打鼓敲锣祭祀时，弟弟大吼一声，一骨碌跳起来，猴子们被吓跑了，他便拿着金银财宝回家来买田置地过上了好日子。哥哥追问弟弟哪儿来的钱，弟弟便把经过告诉哥哥。一天，哥哥也躺在弟弟的苞谷地里装死。猴群照样又抬他到崖头祭祀，可还不到崖头，他便急不可待地睁开眼睛。猴群就把他丢进深涧摔死了。

普云新收集，聂鲁整理。收入《乡泉集》第二辑，32开，2页，900余字，云南民族出版社1985年版。（聂鲁）

旦倒喳啪赖

彝族幻想故事。流传于广西壮族自治区那坡县彝族地区。“旦倒喳啪赖”，彝语，意为“恶意跟随者必无好下场”。讲述的是：古时候，穷孤儿朝亚在麦地找食，累得睡着了，被猴子抬到藏有珍宝的洞中，猴子要割他的肉吃，他醒来大吼一声，吓跑了猴子，获得大量金银财宝。一个贪心财主学着在麦地躺了三天，也被猴子抬走，抬上悬崖时，却被猴子当死尸扔到深涧中去了。

梁胜准讲述，王光荣笔录并译成汉文。收入《回、彝、水、仡佬、毛南、京六族故事选》，32开，2页，1000余字，广西人民出版社1988年版。（王光荣　蓝斯）

独臂猴

彝族幻想故事。流传于川滇大、小凉山彝族地区。讲述的是：两兄弟分家后，弟弟遭到哥哥的百般刁难，但是他都不与哥哥计较。这位淳朴的弟弟用他一颗善良的心帮助了神狗、独臂猴、狗熊等许许多多的动物。可是，可恶的哥哥却一步步把他逼上绝路，在关键时刻，被他救助过的这些动物，在独臂猴的带领下都来帮助他对付不仁不义的哥哥，那位哥哥费尽周折才得以脱险。

佚名讲述。收入《喜德彝族民间故事》（彝文版），32开，8页，4500余字，四川民族出版社1993年版。（土比呷呷）

跛脚猴子小心些

彝族幻想故事。流传于云南省禄劝彝族苗族自治县彝族地区。讲述的是：从前，有兄弟俩，父母去世后，哥哥独霸家产，只留一升豆给弟弟，弟弟只得天天上山砍柴赚钱度日，饿时就嚼几颗豆充饥。一日，弟弟躺在一片碧绿的草地上睡着了，一群猴子发现了他，就把他当祖先，热热闹闹为他办起丧事来。麻雀去请客，耗子当厨师，乌鸦念经，画眉吹喇叭，猫头鹰哭丧，小白兔戴孝，喜鹊当死人的媳妇，并借来各种金银玉器，摘来花果山的鲜果和金谷岭的粮食祭献他。吵闹声惊醒了弟弟，听着乌鸦在树丫上唠唠叨叨地念经，弟弟忍不住笑出声来，动物们被吓跑了。弟弟拿了几样金银玉器卖了换回了田地和耕牛，盖起了房子。眼红的哥哥从弟弟那里知道事情的经过后，便模仿着去做。当跛脚猴子抬着哥哥往悬崖上走时，哥哥提醒说："跛脚猴子小心些！"被惊吓的猴子把他扔下山崖摔死了。

石文芳讲述，袁佑学搜集、整理。收入《云南省昆明市民间文学集成·禄劝民间故事》，32开，2页，1600余字，禄劝彝族苗族自治县文化局民间文学集成办公室1991年编印。（梁红）

万丈岩

彝族幻想故事。流传于云南省元江哈尼族彝族傣族自治县彝族地区。讲述的是：从前，有一家兄弟俩要分家，嫂嫂心毒，让丈夫把万丈岩的那块地分给弟弟。弟弟在万丈岩上搭了草房，精心护养庄稼，庄稼长得特别好。快收获苞谷时，弟弟整天守在地边不让猴子来糟蹋。一天，趁弟弟熟睡的时候，猴群把他抬进了山洞里。弟弟醒来时发现山洞中有很多金银，便背了一袋金银偷逃出山洞。此事被哥嫂知道后，哥哥也来地里学着弟弟一样在地边假装睡觉。猴群发现金银被盗后，就拿着棍棒来报复，见躺在地边的哥哥就打，哥哥被打得皮开肉绽。

佚名讲述，李建平搜集、整理。收入《元江民族民间文学资料》第五辑，32开，2页，800余字，元江哈尼族彝族傣族自治县文化馆1985年编印。（宋自华）

红南瓜

彝族幻想故事。流传于云南省峨山彝族自治县彝族地区。讲述的是：从前，有一对自小死了父母的兄弟俩过着穷苦的日子。哥哥长大后一天天变坏，经常虐待弟弟，让他饿着肚子干活。有一年干旱，兄弟俩种的一片南瓜只有一棵活着，其他都死了。弟弟辛勤挑水浇瓜，哥哥则天天睡懒觉。仅存的那棵南瓜长大后结了两个瓜，一个只有拳头大，一个则是红红的比灯笼还大。为了霸占红南瓜，哥哥提出分家并把小南瓜分给弟弟，可红南瓜总是飞到弟弟手里，哥哥气急无奈只好罢了。弟弟肚子很饿，但舍不得吃红南瓜，红南瓜从肚里吐出白米饭来，从此弟弟不愁吃喝。哥哥家里没吃的，就来跟弟弟借红南瓜，并请了一些亲朋好友来吃饭，想拿红南瓜在他们面前露一手。可当他叫唤红南瓜吐酒肉饭菜时，红南瓜炸开，吐了一些瓜瓤沾得他一身，客人全都走了，哥哥也气得病死了。

佚名讲述，普忠华搜集、整理。收入《峨山民

间故事集成》，32开，3页，1100余字，云南民族出版社1999年版。（聂鲁）

兄弟俩（一）

彝族幻想故事。流传于云南省石林彝族自治县圭山一带彝族地区。讲述的是：相依为命的普戈、洛劳兄弟俩，老实的哥哥因娶了个好吃懒做、坏心肠的嫂子后发生了变化。嫂子为了独霸家产，把弟弟洛劳赶出家门。伤心的弟弟在一个山谷的龙潭边睡着后，被猴子当成神抬进山洞供奉，在他四周供上金银珠宝。猴子走后，洛劳拿财物换回了钱，买了房产田地和牛羊，过上了富裕的生活。嫂子看着洛劳突然变富，厚着脸皮死磨硬缠地逼得洛劳告诉了她发财的秘密。于是，嫂子照着洛劳的做法去做，结果被猴子扔进龙潭淹死了。

黄玉峰讲述，昂自明采录。收入《云南省民间文学集成·路南民间故事》，32开，5页，3000余字，云南民族出版社1996年版。（梁红）

兄弟俩（二）

彝族幻想故事。流传于云南省昆明市彝族地区。讲述的是：父母双亡的阿富、阿平兄弟俩，哥哥阿富娶妻后，兄弟情谊有了变化。分家产时，阿富把好田地、好房子、大水牛留给自己，把薄地、茅草房、一只黄狗分给了阿平。黄狗在阿平的精心喂养下长得壮壮实实，阿平用它耕田犁地。好吃懒做的阿富却把水牛养得骨瘦如柴，犁不动地，于是借阿平的狗犁地，狗不听他使唤，他便把狗打死挂在树上。阿平得知狗被打死后，跑到树下摇着树哭，不料树上落下了很多银子，阿平用这些银子过上了好日子。阿富听说后也来摇树，结果被树上掉下来的石头给砸死了。

张崇美讲述，李维贤搜集、整理。收入《昆明民间故事》第一辑，32开，2页，800余字，昆明市民间文学集成办公室1987年编印。（梁红）

兄弟俩（三）

彝族幻想故事。流传于云南省玉溪市彝族地区。讲述的是：传说有一户人家有兄弟俩，父亲临终前告诉大儿子他在某处埋着一罐银子，将来兄弟俩各分一半，但万不得已时才能用。长子满口遵命。等弟弟回来时老父已病亡，兄弟二人给父亲办了丧事。哥哥好吃懒做，游手好闲，家产很快就被吃光了，他想起了父亲说的银子。一天，哥哥一个人偷偷去挖银子，他想独吞，可是他抱着挖到的银子回来打开一看，全变成了癞蛤蟆。他气急了，把整罐的癞蛤蟆倒进了弟弟的屋里。可他刚走，满地的癞蛤蟆变成了一堆白花花的银子。

施桂凤讲述，何庙链记录、整理。收入《玉溪市民间文学集成》，32开，2页，1400余字，玉溪市文化局、民委、文联、群艺馆1989年编印。（普开福）

兄弟俩（四）

彝族幻想故事。流传于云南省石屏县彝族地区。讲述的是：从前，有两兄弟，哥哥叫本实，弟弟叫本华。本华跟着哥哥和嫂嫂从战乱之地逃进荒山野林，靠野果充饥，用山泉解渴。为了生存，哥嫂决定就地开荒种地，可懒惰狡猾的本华借口生病，整日赖在家中，并偷吃粮种。当哥哥责问时，他便提出分家，并要去了哥嫂开出的荒地。分家后，本实夫妇披星戴月分头去开荒点种。一日，劳累的本实睡着后被猴子当成死人抬进山洞，他吓跑了猴子，把洞中的金银珠宝搬回了家换成了钱，日子富足了起来。本华知道哥哥暴富的经过后，便也想发大财，结果被猴子抬去扔下山崖摔死了。

佚名讲述，李高升搜集、整理。收入《云南民间文学集成·石屏故事卷》，32开，5页，3000余字，石屏县文联1996年编印。（梁红）

兄弟俩（五）

彝族幻想故事。流传于川滇大、小凉山彝族

地区。讲述的是：兄弟分家，哥哥独吞父母遗产，弟弟穷得吃了上顿没下顿，求到哥哥门下也求不到一口饭，只好砍树卖钱糊口。有一天，一只鸟对弟弟说："只要别砍树，我带你去取宝，但有个条件——太阳出来之前离开藏宝的地方，而且只能装满一个袋子。"弟弟答应照办了，从此成为富翁。哥哥问明原因，也让鸟带他去捡宝，可他太贪婪，捡了一袋又一袋，太阳出来了还在捡，结果被太阳晒死了。

马志强搜集、整理。载《凉山文学》（彝文版）1983年第2期，16开，3页，1500余字，凉山彝族自治州文联1983年编印。（杨阿洛）

兄弟俩（六）

彝族幻想故事。流传于川滇大、小凉山彝族地区。讲述的是：狠心的哥嫂把弟弟当奴仆使唤，弟弟长大分家时向哥哥要了些玉米种子，因为种子被煮过，只长出一棵，结出的苞谷又被乌鸦叼走。弟弟追乌鸦遇到一口能变宝的锅，从此变成富翁。刁横的嫂嫂到弟弟家见到了那口想吃啥就变啥的宝锅，饱餐了一顿后回去说给丈夫听。贪婪的哥哥逼问出哪来的宝锅后，也学弟弟闯进洞，结果被野兽吃掉了。

俄尼麻玛搜集、整理。载《凉山文学》（彝文版）1983年第2期，16开，3页，2900余字，凉山彝族自治州文联1983年编印。（杨阿洛）

哥弟俩

彝族幻想故事。流传于云南省易门县彝族地区。讲述的是：从前，有一家人有两个儿子，老大得到父母的宠爱，三岁了母亲还背着，长大了又懒又馋，不干活。老二才一岁就下地爬行，七岁就帮大人劳动，长大后更是全家的主劳力。父亲累死后，老大不但不心疼弟弟，反而更加欺负他，与懒媳妇一起在家吃好的，住好的，还以分家的名义把弟弟撵到山地里去生活。山上野人来偷苞谷，弟弟躲进口袋里敲锣驱赶野人。有一天，弟弟在口袋里睡着了，野人见鼓鼓的大口袋就把它扛进了野人洞。弟弟突然醒来敲锣吓跑了野人，钻出口袋才发现自己在野人洞。洞内有很多金银财宝，他就装了一些财物扛回家。老大看见老二盖新房、穿新衣就感到奇怪，问了缘由后就与老二换了田地，并也拿着铜锣钻进口袋守苞谷地。野人来了，扛起口袋就走。可到半路老大高兴地拼命敲锣，野人一下子就把口袋丢下了山谷，把老大活活摔死了。

佚名讲述，冯桂琴搜集。收入《云南民间文学集成·易门县集成卷》，32开，3页，1500余字，云南民族出版社1994年版。（普开福）

弟兄俩

彝族幻想故事。流传于云南省红河县彝族地区。讲述的是：从前，有一家兄弟俩靠耕地度日。哥哥成家后做起生意，把田地里的事丢给了弟弟。生意做多了，哥哥的心肠也黑了。分家时，善良的嫂嫂要他兑现诺言分一半银子给弟弟，他却分文不给。被气走的弟弟到一座庙里歇脚，忽然进来一群野兽，弟弟躲到菩萨后面，听野兽们议论人间事。到天亮野兽们走后，弟弟按照夜里它们谈论中的信息，帮助基雨村的人挖出了泉水，并治好了皇帝女儿的病。皇帝赐赠给弟弟许多金银，他又帮助格毛村的寡妇挖出了埋在院子里的金子，并与其美丽的女儿结婚，过上了美满幸福的生活。荒芜了土地，生意又亏本的哥哥变成穷人后，听到弟弟暴富的经过，决定到庙里走一遭，结果被野兽吃了。

吴启发讲述，白瑞义整理。收入《红河县民族民间故事》，32开，3页，1600余字，云南民族出版社1990年版。（梁红）

贪心的哥哥

彝族幻想故事。流传于云南省武定县彝族地区。讲述的是：古时候，有兄弟俩互敬互爱，相依为命，生活得很愉快。可哥哥娶媳妇以后就变了，在媳妇的挑拨下与弟弟分家，只分半间猪圈给弟弟，弟弟只好每天砍柴去街上卖来维持生计。弟弟每天背柴都要路过一道用石头砌成的石牌坊，他都要坐在牌坊前的大石狮子上歇息。有一天，石狮子开口讲了话，让弟弟从其肚中抓一把银子。弟弟拿了些碎银后跪在石狮子下叩头感谢，然后欢欢喜喜地背柴回家。哥哥知道弟弟银子的来历后，也砍柴背到石狮子处歇气，但因背得太轻，石狮子不说话，后来他又重重地背了一捆柴，石狮子才叫他抓一把银子。由于太贪心，扒痛了石狮子的嘴，石狮子嘴一闭，咬住了哥哥的双手，媳妇只好每天送饭给他吃。哥哥吃光了家里的粮食，最后吃起媳妇的奶，石狮子忍不住哈哈大笑，才放开了他的双手。哥哥回家后，偷了弟弟的银子。弟弟回来见银子不在了，伤心不已。一只老鹰把他带到太阳岛，拣回了一块金子。哥嫂见弟弟拿回金子，问清了来历，哥哥如法炮制，但哥哥太贪心，左拣右拣，老鹰催他快走，但他不听，最后老鹰见太阳要出来就飞走了，结果哥哥被晒死在太阳岛上，尸体遮住了阳光，大地黑了七天七夜。人们派苍蝇飞到太阳岛，才使哥哥的尸体生蛆、腐化。

佚名讲述，王昌雄搜集。收入《楚雄民族民间文学资料》第三辑，32开，4页，2300余字，云南省社会科学院楚雄彝族文化研究室1982年编印。（施选　朱琚元）

两兄弟（一）

彝族幻想故事。流传于云南省宁蒗彝族自治县彝族地区。讲述的是：从前，有两兄弟，哥哥贪心又狡猾，弟弟老实又憨厚。分家时，哥哥只分给弟弟一条狗和一块地，其他都被他霸占了。当哥哥得知狗尽心尽力地为弟弟犁地，使收成很好时，就向弟弟借狗，谁知那条狗不愿帮他犁地，就被他打死了，并挂在一棵栗树上。弟弟知道后，找到被打死的狗，伤心地哭了，这时，从树上掉下两坨银子。哥哥得知后，也像弟弟一样跑到那棵树下痛哭，可树上却掉下一堆狗屎，他气得砍了那棵栗树。弟弟把砍倒的栗树扛回家，挖成一个木槽，在木槽里放了水和盐，引得山上所有的动物都来木槽里喝水，弟弟就把全部动物赶回圈里。哥哥又把木槽借去，可山上的动物一个也不去木槽里饮水，气得他把木槽当柴烧。弟弟向他要木槽的炭灰，哥哥以为又会发财，就悄悄来到扔弃炭灰的岩洞里，忽然岩洞塌了下来把他压死了。

那址火波讲述，王永祥整理。收入《小凉山民族民间文学作品选》，32开，2页，800余字，宁蒗彝族自治县县庆筹备委员会1986年编印。（沙马阿青）

两兄弟（二）

彝族幻想故事。流传于广西壮族自治区隆林县彝族地区。讲述的是：古时候，彝族两兄弟亚勃和署育，父母早逝。兄弟俩相依为命。老大亚勃结婚后，对弟弟的态度越来越差，最后将弟弟赶出家门。开春，弟弟向哥嫂借一升玉米种子，哥嫂将玉米炒后给他。播种后只有一颗没有炒熟的玉米长苗。玉米成熟后被山神的乌鸦叼走。署育寻找玉米，路遇山神，向山神哭诉遭遇，山神让他进石门拿财宝，从此富裕起来。哥哥眼红，也种下炒过的玉米，也见到了山神，却因贪心拿宝错过时间被锁石门中。

吴玉章讲述，高原、巧玉、红波笔录并译成汉文。收入《广西少数民族民间故事》，28开，2页，1900余字，广西民族出版社1985年版。（王光荣　蓝斯）

两兄弟（三）

彝族幻想故事。流传于四川省喜德县彝族地区。讲述的是：从前有两兄弟，哥哥已结婚，弟弟未成家就住在哥哥家，哥嫂嫌弃弟弟，想叫他另起炉灶。弟弟在耕地时，耕牛对他说："如你两弟兄分家产，你就说其他什么都不要，只要耕牛，到时，我会想办法叫你尽快好起来。”后来耕牛变成了个美女做了他的媳妇，并一同历经各种磨难后过上幸福生活。

罗洪阿牛等讲述、记录。收入《彝族民间故事选（2）》（彝文版），32开，8页，4000余字，四川民族出版社1986年版。（贾斯拉核）

两兄弟（四）

彝族幻想故事。流传于云南省元江哈尼族彝族傣族自治县彝族地区。讲述的是：从前，有一家两兄弟分了家，弟弟只分到了三颗做种的蚕豆。一天，弟弟很饿就把蚕豆炒吃了，并在街上放了一个香屁，未想到这个香屁使整条街充满了香气，香气还飘到了皇宫里。皇帝便派人请弟弟进宫里放屁，香屁香遍了整个皇宫。皇帝赏了弟弟一大包银子，他回家盖了房子，买了耕牛，过上了好日子。狠心的哥哥知道此事后，炒了一碗蚕豆吃了，并走进皇宫里去卖“香屁”，卖价是一个屁一两银子。他连续放了一串长屁，要十两银子。皇宫里的人走来一闻，臭气冲天，都捂着鼻子跑了。管家便叫侍卫将他的屁股缝起来，一辈子不准他放屁，他就这样慢慢地被胀死了。

方正富讲述，白玉龙记录、整理。收入《元江民族民间文学资料》第二辑，32开，3页，1000余字，元江哈尼族彝族傣族自治县文化馆1982年编印。（宋自华）

两兄弟分家

彝族幻想故事。流传于云南省元阳县彝族地区。讲述的是：相传古时候，天地之间通行方便，经常往来。那时地上有吴应和阿佐两兄弟感情深厚。一天，哥哥吴应到天上游玩结识了一个叫谷候莫（启明星）的姑娘，两人很快便产生了感情。哥哥回到家就对弟弟讲要娶谷候莫。弟弟预感哥哥要娶的人不善，会使兄弟不和，便阻止哥哥娶谷候莫，但哥哥坚持说谷候莫是个善良漂亮的姑娘。阿佐应哥哥要求到天上了解谷候莫的情况，他看见谷候莫丑陋无比，并从天上人们的口中打听到她是个会七十二变的妖精。阿佐把了解到的情况告诉了哥哥。吴应又赶到天上，可他看到的谷候莫却依然那样漂亮，就执意把谷候莫娶回了家。谷候莫自进家门，就天天吵着要分家，两兄弟只好分家。分家后，阿佐把分给他的家畜放归山野，自己到一户人家当了女婿。阿佐走后，吴应和谷候莫日子越来越难过，天天吵架。最后，谷候莫回到天上变成了启明星，吴应只得去逃荒要饭。

白支博讲述，龙正兴搜集、整理。收入《绮丽的山花》，32开，3页，1300余字，元阳县民委1984年编印。（梁红）

哥哥和弟弟

彝族幻想故事。流传于四川省普格县等彝族地区。讲述的是：从前有两弟兄，哥哥是个不务正业之人，整天看着弟弟家，只要弟弟家有的他就要，弟弟家独有的一头耕牛被他杀来吃了，有一条狗也被打死，用于挖地的竹签也被他拿去当柴烧。最后弟弟为躲哥哥，钻进一个南瓜里，南瓜被猴子抱回猴洞去了，弟弟在猴洞取到了不少金银财宝。哥哥也学弟弟钻进南瓜，却被猴子抬到悬崖上后摔下悬崖而死。

吉布本甲讲述，李民记录。收入《彝族民间故事选（一）》（彝文版），32开，3页，800余字，四川民族出版社1982年版。（贾斯拉核）

兄弟两家

彝族幻想故事。流传于四川省乐山市彝族地区。讲述的是：一富裕人家的两个儿子在父母去世之后，孝顺的弟弟因倾其所有为父母治病而一无所有，已分家的哥哥却因自私照样过着富足的生活。最终弟弟的勤劳和善良感动了石神而为他带来了财富，贪婪、狡诈的哥哥得到了惨痛的教训。反映了彝族人民崇尚勤劳、善良的传统美德。

曲别月波等演唱，曲别月波笔录。16开，3页，1000余字，未刊稿。（欧罗牛牛）

哥哥和弟弟的故事

彝族幻想故事。流传于云南省楚雄市彝族地区。讲述的是：从前，有兄弟俩分了家，哥哥成了亲过着富足的日子，弟弟随同母亲，日子过得很艰难，哥哥从不过问母亲的死活。一天，弟弟照常上山砍柴，差点砍着一棵凤凰栖息的树，凤凰问明他家的情况后，带他到了太阳落山的地方，那里遍地是金豆子。弟弟随手拣了十多粒装进衣袋，骑在凤凰的背上回来了。过了不久弟弟就盖了新房，讨了媳妇，过上了好日子。黑心肠的哥哥摸清事情的经过后，也像弟弟一样做，见到了凤凰，凤凰也把他带到了太阳落山的地方，可贪婪的哥哥恨不得把所有金豆子都带走，迟迟不肯离开，就被太阳落山时喷出的火焰烧死了，凤凰也受连累死了。太白金星知道后使了个法术，把凤凰接到了天庭，把黑心的哥哥变成人人厌恶的苍蝇。

杨李氏讲述，杨国锦搜集，杨国锦、余立梁整理。收入《楚雄市民族民间文学资料》，16开，3页，1900余字，楚雄市文化馆1991年编印。（李福云　朱琚元）

做生意的弟兄俩

彝族幻想故事。流传于四川省甘洛县彝族地区。讲述的是：外出做生意的弟兄俩来到一个叫共耕井耕的地方。这时烈日当头，他俩口干舌燥就来到一口井边，想舀点水喝。可是井深水浅，又无打水的桶，唯一的办法是抓住拴在井边木桩上的麻绳轮流下去喝水。心肠狠毒的弟弟想趁机害死哥哥，然后将哥哥的钱财夺为已有。于是，趁哥哥下井喝水之机把井中的绳子收了上来。善良的哥哥站在水里，盼望着第二天有人来打水。当晚半夜，哥哥在井底听到有几个神仙在井口边说这井的东边白梨树下有两坛银子，北边的红梨树下有一罐金子，南边的枇杷树上有七片红叶可治好皇后的眼病。第二天一大早，哥哥被一个背水的姑娘救出。他按神仙们所说，挖出了金银，并摘下枇杷树上的七片红叶后，火速朝京城赶去。来到京城，他用七片红叶治好了皇后的眼病，皇帝封他为御医，从此荣华富贵享受不尽。狠毒的弟弟将哥哥害至井底，夺其钱财来到一个叫乃甘阿且的地方时，身上的钱财被一个黑面大盗劫去，从此流落他乡，乞讨度日。

木乃牛哈讲述，沙光荣、呷呷尔日记录、翻译。收入《甘洛县彝族民间故事》，32开，4页，2400余字，甘洛县民间文学集成办公室1988年编印。（李新渝）

石门开

彝族幻想故事。流传于云南省弥勒、泸西等市（县）彝族地区。讲述的是：从前，有阿大、阿二兄弟俩。阿大好吃懒做，阿二勤劳忠厚。兄弟俩在石门洞见到了已变成掌管世间神的祖母。在她的帮助下，兄弟俩圆了各自的心愿。但由于阿大挥霍无度，由富豪变成了穷鬼，妻子遭报应也变成了草。阿二夫妇因勤俭持家而生活得越来越红火。

佚名讲述，廖志安记译。收入《弥勒民族民间故事选》，32开，3页，1900余字，弥勒市民委、文化馆1986年编印。（张辉）

金蚌

彝族幻想故事。流传于云南省红河、元阳等县彝族地区。讲述的是：远古时，诗嘎和诗博两兄弟没了爹娘，他俩相依为命，以乞讨为生。有一天，他俩在河边捡得一金蚌，拿到集市上卖，被出游的皇帝买下，并要封他俩一个官职，两人互相推让；皇帝又要给他们一笔财产，两人还是互相推让。皇帝无法，就下令一个做官，一个得到财产。后来，两人为争夺赎回来的金蚌而大打出手，谁也不肯相让，只好把金蚌一分为二，各持一半。不料他俩的双眼被金蚌射出来的金光刺瞎了。最终，做官的诗嘎逐渐没落，守财的诗博坐吃山空，两兄弟又过上了乞讨生活。

李志德讲述，李荣光整理。收入《火童——巴赛民间文学集》，32开，2页，1500余字，中国文联出版社1999年版。（龙倮贵）

绿叶宝珠

彝族幻想故事。流传于云南省双柏县彝族地区。讲述的是：从前，有兄弟两人，老大已成家，老二只有十一二岁。狠心的老大违背父母的遗嘱，把老二撵出了家门。无处栖身的老二在牛圈里住了一夜，第二天一早，独自一人远走他乡。天快黑时他来到一座寺庙里，就向老佛爷跪下求宿，老佛爷说："留宿可以，但夜间不能出声，否则我的兄弟们对你不客气。"到了五更时辰，躲在门后睡觉的老二听见野兽们各自谈论着当晚尝到的美味，有一只老虎透露了一个藏宝的地方。第二天，老佛爷对老二说："一切照听到的去做，就可以得到宝物了。"老二果真得到了宝物。他拿着宝物返回牛圈睡觉，一觉醒来，只见自己住在宽敞的房子里，屋内无所不有。贪心的老大见弟弟过上了好日子，就按老二告诉他的方法去求老佛爷留宿，老佛爷叫他在夜间不管多害怕都不能出声。到了五更时分，躲在老佛爷后面的老大听见老虎的声音，吓得撒出尿来，正好冲在老佛爷身上，老佛爷大怒，就让老虎把老大吃了。

方会英讲述，矣学冰、苏锡纬采录。收入《双柏民间文学集成》，32开，2页，1300余字，云南民族出版社1992年版。（施选　朱琚元）

会吐金子的石头

彝族幻想故事。流传于云南省禄丰县彝族地区。讲述的是：很久以前，有母女二人，女儿取名二丫头。母亲给财主家煮饭、洗衣服，二丫头七八岁便帮财主家放牛。母亲怕二丫头饿着，每天煮饭时偷偷地做个饭团给她放牛时带到山上吃。二丫头天天将牛赶到凉水井，这里有一块很大的石头，二丫头每天将饭团供在石头前。有一天，二丫头将带来的饭团供上后，对着石头哭诉日子的艰辛。大石头突然张嘴说话，它让二丫头第二天带条布口袋罩到它嘴上，它会让二丫头过上好日子。第二天，二丫头按石头的话将口袋罩到石头嘴上，石头吐出了两锭金子。从此大石头嘴里天天吐出两锭金子，二丫头将金子全部交给母亲买田买地，建房盖屋，日子一天天好起来。后来，石嘴吐金子的事被村里的一个财主婆知道了，她也像二丫头一样到大石头上供饭团，哭穷，石头也答应帮她。可她太贪婪了，石头刚吐出一锭金子，她便迫不及待地将手伸进去掏，石头一生气便将嘴合上了。天黑了，还不见老婆回家，财主找到山上，才知道老婆的手被石头咬住了。财主想尽办法也无法让石头张口，最后还是老婆想出了一个与丈夫比肚脐的方法，把石头逗笑才将手拉了出来。

周学翠讲述，赵有洪记录。收入《禄丰县民间故事普查资料汇编》，16开，2页，900余字，禄丰县委宣传部、文化局、民委1988年编印。（钱丽云　朱琚元）

石蛤蟆

彝族幻想故事。流传于云南省建水县彝族地区。讲述的是：两兄弟分家，哥哥占去了大部分家产，弟弟只得了间破茅屋。有一天，勤劳的弟弟挑粪给庄稼施肥时，不小心把粪泼到路边的石蛤蟆上，便挑水擦洗石蛤蟆，这时石蛤蟆开口说话了，它让弟弟从它的嘴里取财宝。弟弟取了颗小宝石，把它换成金子，盖起瓦房，过上了幸福生活。哥哥知道后也去取财宝，结果被石蛤蟆把手给咬断了。

佚名讲述，李文春搜集，张绍碧整理。收入《云南民间文学集成·建水故事卷》，32开，2页，700余字，建水县文化局、民委1989年编印。（梁红）

石头会说话

彝族幻想故事。流传于川滇大、小凉山彝族地区。讲述的是：从前，有两户邻居，一户很贫穷，另一户很富裕，富裕人家常剥削贫困的一家。有一天，贫困户的男主人背起一捆柴火，坐在一块大石上休息时，这块大石被压醒，得知他家很困难，就叫他在自己身上石缝中抓走一把黄金，这样这家人用一把黄金换回了许多的牲畜与田地，成了富裕的人家。这事被那邻居富裕户得知后，他也来讨黄金。可这个贪婪之人，不听劝告，石头叫它只拿一把，它却想抓一筐，结果，被石头夹断了一只手。

佚名讲述，罗布合机、王权等收集、整理。收入《喜德彝族民间故事》（彝文版），32开，2页，900余字，四川民族出版社1993年版。（土比呷呷）

石老虎的故事

彝族幻想故事。流传于云南省禄劝彝族苗族自治县彝族地区。讲述的是：以前，乌蒙山下有两兄弟，哥哥贪财、狡诈，弟弟勤劳、诚实。分家时哥哥霸占了全部财产，把双目失明的母亲推给了弟弟。弟弟为了养活母亲和自己，每天起早贪黑到乌蒙山上砍柴卖。弟弟有一个习惯，就是每次砍柴回来到半山腰的石老虎旁时，都会把柴放在石老虎头上，休息一下。有一天，石老虎开口和他说话，并张开嘴让弟弟到它肚子里取银子，从此以后弟弟和母亲的日子逐渐好过起来。哥哥见了，去问弟弟，弟弟把经过告诉了他。哥哥模仿弟弟的做法去做，结果贪心的哥哥被石老虎咬住手不放，死在了山上。

杨兰芝讲述，杨翠芳搜集、整理。收入《云南省昆明市民间文学集成·禄劝民间故事》，32开，2页，1300余字，禄劝彝族苗族自治县文化局民间文学集成办公室1991年编印。（梁红）

碎金

彝族幻想故事。流传于四川省昭觉县彝族地区。讲述的是：从前有两弟兄，哥已安家，弟还没有安家，哥嫌弟在他家白吃白穿，想赶弟出门，弟无奈就经常上山砍柴来卖。一天，他把柴放在平时经常休息的大石头上。大石头对他说：“你为什么天天背柴来压在我上面。”弟弟把原因全说了出来，大石头张开嘴叫他抓一把金子去，他抓了一把金子回去后，哥也学着干，却被石头夹在那里，妻子只好天天为他送饭。

阿克木呷等讲述，木支记录。收入《彝族民间故事选（2）》（彝文版），32开，3页，1300余字，四川民族出版社1986年版。（贾斯拉核）

石头咬人的故事

彝族幻想故事。流传于云南省峨山彝族自治县彝族地区。讲述的是：从前，有兄弟俩，哥哥娶妻分家后，霸占了家产，哥嫂凭着家业吃喝玩乐，弟弟则被撵进一间关牛的破土房里，每天上山打柴度日。在他砍柴的山里，有一块张着大嘴的石头，弟弟每天吃晌午饭时，总要放点饭在石嘴里。有一天石头讲话了，告诉弟弟伸手进它嘴里掏些金银回去改善生活。弟弟掏得金银后盖房娶妻，日子好过起来。哥哥从弟弟那里了解了事情的经过，也到石嘴里掏金银，可石嘴合拢把他的手咬住了，他媳妇只得每天送饭来给他吃，一直送了五年，媳妇说再没有东西送了，她准备改嫁了。哥哥向媳妇要奶吃，石头禁不住一笑张开了嘴，哥哥的手才得以拉了出来。

柏平兴讲述，柏叶搜集、整理。收入《峨山民间文学集成》，32开，3页，1200余字，云南民族出版社1989年版。（聂鲁）

捡柴

彝族幻想故事。流传于贵州省威宁彝族回族苗族自治县、赫章县等彝族地区。讲述的是：从前，有个叫能租的人在父母死后被哥嫂赶出家门，以捡柴卖为生。捡柴途中常常坐在一块石头上歇息，久而久之石头忍不住问能租为何要压在它的身上？石头得知能租的困难后，便帮助能租富裕起来。贪心的哥哥知道后也想得到石头的帮助，但终因贪心过度而遭到惩罚。

王舍娄讲述，文道贤记录、翻译。收入《中国民间文学三套集成·贵州省毕节地区·赫章县卷·彝族》，32开，4页，2000余字，赫章县民间文学集成编委会1988年编印。（罗德显）

笑狮子

彝族幻想故事。流传于云南省楚雄市彝族地区。讲述的是：很久以前，哀牢山三尖山脚下住着一对老夫妇，他们有一个聪明、美丽的女儿，名叫嘎姆。嘎姆长到了十八岁，老两口要为她举行系裙礼。奴隶主嘎夏宗央想霸占嘎姆，就说老夫妇俩欠了他一大笔钱，要老两口还钱，否则就要他们的女儿。老两口知道奴隶主的鬼主意，就咬咬牙，一口答应还钱。为了不让女儿落入虎口，他们天天上山砍柴卖，辛辛苦苦地凑这笔“伤心钱”。后来，老两口得到每天砍柴过路歇气时靠的一尊石狮子的帮助，从石狮子肚里舀得两勺银子。这事被奴隶主嘎夏宗央知道后，他便叫上老婆，装成卖柴度日的苦命人向石狮子诉苦，获得了石狮子的同情。石狮子说：“别哭了，我肚子里有的是银子，来掏些吧。”贪得无厌的嘎夏宗央两口子，把勺子伸进石狮子肚里，拼命地掏呀掏，石狮子要闭嘴了，他们还在不停地掏着，结果石狮子紧紧咬住了他俩的双手。任他俩如何哀求、怒骂，石狮子再也没有开口。

李良胜讲述，毕贵荣记录。收入《楚雄市民间文学集成资料》，32开，4页，1900余字，楚雄市民委、文化局1988年编印。（李福云　朱琚元）

石头惩罚贪心人

彝族幻想故事。流传于云南省易门县彝族地区。讲述的是：从前，有兄弟两个分家各立门户，老大富，老二穷。一天，老二上山打柴，路途中靠在一块大石头上歇气。石头张开大嘴说话，并从石嘴里吐了一包银子给他。见老二家生活突然好起来，老大就来问个明白，然后像老二一样穿着烂衣服，挑着两小捆柴到那石头处叫苦，石头也同样说话并张大口让他拿东西，谁料老大双手一伸进石嘴去，石头就闭口咬住了他的手，任凭他哭天喊地都不放。到天黑后老大的妻子找来，仍拖不出他的手，只好原地喂他吃饭，几天都如此。他要水喝，妻子说附近打不着水，要奶水倒可以给他喝一点，说着就解开衣扣喂奶。石头见状张口大笑，老大乘机才将手拉了出来。

王文跃讲述，许健民搜集。收入《云南民间文学集成·易门县集成卷》，32开，2页，900余字，云南民族出版社1994年版。（普开福）

石头开口

彝族幻想故事。流传于云南省昭通市彝族地区。讲述的是：从前，有兄弟两个，他们的父亲死得早，靠母亲一手拉扯大。哥哥讨了媳妇后，就和母亲、弟弟分家过。哥哥拿走了全部家当，弟弟只好每天上山砍柴养活自己和母亲。弟弟每天砍柴都要在路边一块大石头上歇脚。一天，石头突然开口说话，让弟弟从它嘴里拿银子，弟弟从石头嘴里拿了小半袋银子，买了地，盖了房，日子好起来了。哥哥知道了，就像弟弟一样天天到那块石头上坐着歇脚。一天，石头终于开口叫他拿银子了，但告诉他看到石头眨眼睛，就要把手缩回来。哥哥拼命往外拿银子，石头眨了几次眼睛他都不管，石头一闭嘴，把哥哥的手卡在里面，银子也不见了。从此哥哥天天靠老婆给他送饭，不久家里的东西全部吃光了，老婆把家里最后一只母鸡杀了送来，说吃完就要离开哥哥。临分手前两口子亲个嘴，石头看见他们亲嘴的样子，就张开嘴笑起来，哥哥乘机把手拉出来。哥哥两口子从此一无所有，变成了讨饭的乞丐。

龙云芳讲述，杨世武记录，潘忠福整理。收入《昭通民族民间文学资料选编》第一集，32开，2页，1000余字，昭通县民委、文化局1983年编印。（吴平）

卖香香屁（一）

彝族幻想故事。流传于云南省武定县彝族地区。讲述的是：从前，有兄弟俩分家，家产多数都被哥嫂占了，只分给弟弟一只狗。哥嫂又贪又懒，分家后不好好喂牛，开春犁地时，不几天牛就拖不动犁了。而弟弟用狗犁地，两天就犁完。哥哥来借狗犁地，虐待狗，最后把狗打死了埋在地头。弟弟来到埋狗处，见长着一蓬竹子，就砍了一些竹子编了个鸟笼挂在屋檐下。各种各样的鸟飞到鸟笼里下蛋，不到一天就把鸟笼下满了。哥哥又厚着脸皮借走鸟笼，但飞来的鸟都拉一泡屎就走了。哥哥非常生气，就把鸟笼摔进火塘烧掉了。弟弟只好在火塘里扒，最后找到半瓣蚕豆。他把这半瓣蚕豆吃了，来到街上忍不住放了几个屁，人们闻到都说好香，纷纷送他东西。哥哥知道实情后吃了半升炒蚕豆，一面大声在街上叫："卖香香屁！卖香香屁！"一面不停地放臭屁，就被人们痛打了一顿，最后屁股还被人们用布缝了起来。哥哥狼狈地回到家，他媳妇用剪子帮忙剪，布一破，一股臭气冲出来，吹瞎了他媳妇的一只眼睛，也把院里的木犁、鸡窝、扫帚、狗都吹得飞上了天。从此，天上出现了木犁星、鸡窝星、扫帚星，而那只狗成了天狗，肚子一饿就要吃月亮。

朱琚元讲述，张纯德整理。收入《楚雄民族民间文学资料》第三辑，32开，3页，1700余字，云南省社会科学院楚雄彝族文化研究室1982年编印。（施选　朱琚元）

卖香香屁（二）

彝族幻想故事。流传于云南省景东彝族自治县彝族地区。讲述的是：从前，有兄弟两人，死了父母后兄弟俩分家，哥哥分得一头老水牛，弟弟分得一条狗。弟弟用狗犁地，每天比哥哥的老水牛还犁得多。哥哥向弟弟借狗犁地，狗不听哥哥的话。哥哥杀了狗，弟弟埋了狗。狗坟上长出了竹子，弟弟一摇竹子，想要的东西就会掉下来。哥哥也像弟弟一样去摇竹子，却掉下了稀屎。弟弟用狗坟上长的竹子编了一个鸡笼，里面养一只老母鸡，鸡笼里就会变出很多鸡。哥哥借回鸡笼来，但放进去的鸡都死了。哥哥烧了鸡笼，弟弟在火灰里扒出一颗蚕豆，吃了此豆，弟弟放屁很香。弟弟在街上卖香香屁，得了很多钱。哥哥也炒了一碗蚕豆吃，并跑到街上叫卖香香屁。哥哥放屁很臭，人们就把他的屁股眼缝起来。哥哥回家，叫他老婆帮他拆线，结果老婆被屁喷瞎了眼睛。

祝发章讲述，陶明贵记录。收入《景东县民间文学集成》，32开，3页，1200余字，景东彝族自治县民委、文化局、文化馆1989年编印。（施文志）

他家妈，快拿剪刀来

彝族幻想故事。流传于贵州省毕节市彝族地区。讲述的是：阿慕辗用和哥哥分家仅得的一只瘦母狗犁地，过路商人与阿慕辗打赌，阿慕辗赢得十二挑苞谷并因此发迹。贪心的哥哥知道后想如法炮制，便借阿慕辗的狗来犁地，却把狗犁死了。阿慕辗去找狗尸，狗尸已变成一棵挂了果的皂角树，皂角会在阿慕辗的手里变成金条，阿慕辗便一天捡一片用来花销。哥哥知道后又借树摇金条，皂角却变成石头砸得他鼻青脸肿，哥哥一怒烧了皂角树。阿慕辗在灰烬里捡得一粒黄豆吃掉，吃黄豆后放的屁治好了君长女儿的牙疼病，弟弟不贪慕许给他的小姐，仅背回几捆布皮。哥哥也想获利便学阿慕辗，吃下半升黄豆后到街上卖屁治牙病，谁知肛门被路人缝合，他忙跑回家喊："他家妈，快拿剪刀来。"

杨启先等讲述，赫吐伟由记录、翻译。16开，14页，3500余字，未刊稿。（陈大进）

替死兄弟

彝族幻想故事。流传于云南省武定县彝族地区。讲述的是：从前，有一对姨表兄弟，表兄名叫张孝，表弟名叫李孝，张孝父母双亡，由李孝的母亲抚养成人。有一年，李孝的母亲病了，吃了许多药都不见好，请毕摩来念经、卜卦，说要吃凤凰肉才好得了。凤凰肉只有皇帝家有，张孝瞒着表弟，独自一人去找皇帝买凤凰肉。李孝知道此事后急忙赶去追表兄，半路上遇到了一个仙人送他六个野果，让他吃三个，给表兄吃三个。张孝来到皇宫后还来不及说话便被皇帝命人捆起来要拿去祭神。李孝赶到皇宫时，见表兄被捆在树上，急忙将三个野果喂给表兄吃。吃完野果后表兄弟俩变得一模一样，分不清谁是谁，皇帝没办法，问毕摩怎么办，毕摩说用善良的人祭神，神也不会喜欢。皇帝听了毕摩的话，放了二人，并将凤凰肉与许多银子送给他们。李孝的母亲吃了凤凰肉，病就好了。表兄弟相亲相敬，共同供养长辈，过着幸福的生活。

苏兰芳讲述，王正光记译。收入《云南省武定县民族民间文学集成》，16开，2页，1000余字，武定县文化局、民委、文化馆集成办1989年编印。（钱丽云　朱琚元）

山神不开口，老虎不得吃

彝族幻想故事。流传于云南省永仁县彝族地区。讲述的是：从前，直苴地方有两个生意人，一个叫李卡，一个叫起寿。李卡为人忠厚老实，加之他脚勤手快，所以生意做得很好，日子也过得很好。起寿则好吃懒做，经常吹烟、赌博，不久便倾家荡产。起寿对李卡十分嫉妒，一天，他乘李卡熟睡之机，用竹筒把李卡的双眼打瞎后抢走了钱财。李卡被过路的山神搭救，夜里在山神手袖里睡觉，听见各种走兽在山神面前议论世间稀奇古怪的事情。黄鼬说离当地七十七步远的地方，有一棵眼明树，用树叶子在眼睛上一擦，瞎眼就可以重见光明；翻过对门的山，山脚下有一个村庄叫松花村，村后有一条大路，路边有一棵刺梨树，树脚藏有一坛银子……李卡听着听着就迷迷糊糊地睡着了。后来，他照着黄鼬的话去做，过上了好日子。起寿则吃光、赌光了钱财，只有挨家挨户去讨饭。一天，起寿遇到李卡，李卡把他的经历如实讲了一番。起寿心中暗喜，他把自己眼睛打瞎后去找山神，山神知道他心黑，半夜让老虎把他吃了。

李喜春等讲述，程自馨、李必荣搜集。收入《楚雄民族民间文学资料》第三辑，32开，3页，2000余字，云南省社会科学院楚雄彝族文化研究室1982年编印。（施选　朱琚元）

两个糖人

彝族幻想故事。流传于云南省武定县彝族地区。讲述的是：从前，有弟兄俩父母双亡，哥嫂良心不好，虐待弟弟，弟弟十二岁就被撵出家门去做帮工。有一天，弟弟帮人背蜂蜜去城里，半路上跌了一跤，把蜂蜜罐摔碎了，身上沾满了蜂蜜。恰巧有一群猴子路过，猴子们七手八脚将这个糖人抬进一个大洞里。弟弟见猴子有一张能变出酒肉的宝桌，吃饭时，用双竹筷子在空桌子上“当当当”敲三下，桌子上就会摆满各种山珍海味，美酒佳肴。他等猴子走远以后，就把宝桌抬回家。这件事不久就被狠心的哥嫂知道了，哥哥也如法炮制。当猴子们发现哥哥这个糖人时，它们正为丢失宝桌而懊恼，就抓住他，把他打得鼻青脸肿，老猴子还把他的鼻子拉成了三尺长。他拖着三尺长的丑鼻子跑回家躲了起来，又羞又愧，无脸见人。嫂子求弟弟去猴洞打听一下治长鼻子的妙法。弟弟冒险去了，偷听到猴子说只要在宝桌上轻轻敲几下，长鼻子自然会缩回去。嫂嫂依言去做，结果鼻子越长越长，最后只听哥哥“哎哟”一声，倒在地上死了。

普光明讲述，潘广发、张翠华、李国庆、马绍仙记录。收入《楚雄民族民间文学资料》第三辑，32开，3页，1600余字，云南省社会科学院楚雄彝族文化研究室1982年编印。（施选　朱琚元）

三把砍柴斧

彝族幻想故事。流传于川滇大、小凉山彝族地区。讲述的是：从前，一个贫民在河边砍柴时，不小心斧头掉进河里，这位可怜的穷人在河里寻找了一天也找不到斧头后，就坐在河边哭。水神实在可怜他，就从水里分别拿出一把金斧头和银斧头给他，可他执意只要他那把旧斧头。水神钦佩他的诚实，就在河里找到他的斧头还给他，并送了金斧头和银斧头给他。这事被同村的一个懒汉得知，这个懒汉跑到河边故意把自己的斧头丢进水里，然后坐在河边哭，水神就拿出一把金斧头来考验他，问他掉进河里的斧头是否是这把，这个懒汉高兴地连声说就是这把！最后连自己丢进河里的斧头也无法找回。

佚名讲述，刘赋元收集、整理。收入《聪童秘典》（彝文版），16开，2页，800余字，凉山州卫生学校1980年编印。（土比呷呷）

沙子变金

彝族幻想故事。流传于云南省禄丰县彝族地区。讲述的是：从前，有两兄弟，哥哥凶狠，弟弟善良。哥哥天天晚上提着口袋到别人家的稻田里撸谷子，半夜拿回家炒干，扬净，舂成白米，家里天天有米饭吃。弟媳见哥哥家天天有米饭吃，自家的孩子却饿得面黄肌瘦，就逼丈夫像哥哥一样去做。弟弟被逼无奈，来到田里，抬头看见满天的星星一闪一闪好像眨着眼睛看着自己一样，始终不敢下田撸谷子。等到天快亮了，弟弟为了向媳妇交差，就在田头沙地里装满一袋沙子，回家后悄悄放在床底下。待妻子向他要谷子时，他指了指床下，妻子拖出袋子打开一看，却是一袋白花花的银子。从此，弟弟一家人过上了富足的生活。哥哥见弟弟日子好过了便来问缘由，弟弟告诉了他事情的经过，哥哥也像弟弟一样把沙子装回家，但到家打开一看，却是一袋毛辣子虫。夫妇俩气极了，提着口袋爬到弟弟家房顶，扒开瓦片把虫子向弟弟床上倒。谁知倒下去的虫子全都变成了白花花的银子，把弟弟夫妇乐坏了。

郭胜发讲述，史岳灵记录。收入《禄丰县民间故事普查资料汇编》，16开，2页，1200余字，禄丰县委宣传部、文化局、民委1988年编印。（钱丽云　朱琚元）

放牛娃和龙小姐

彝族幻想故事。流传于云南省禄丰县彝族地区。讲述的是：从前，有兄弟俩，父母早亡。哥哥娶媳妇时弟弟尚小，嫂嫂对弟弟不好。弟弟用一根很好看的竹子做成一支笛子，每天上山放牛总是坐在龙潭边的石头上吹笛子。龙王小姐听到优美的笛声，就派蛤蟆出来把弟弟请到龙宫中。龙小姐见弟弟一表人才，很想嫁给他。龙王龙母也喜欢弟弟，但怕他没有本事，将来让女儿受苦，便想考考他。在龙小姐的指点下，弟弟顺利过关。婚后，弟弟领着龙小姐钻出龙潭，住到潭边的树林里。他把龙王送的葡萄藤栽在地上，三天后，他们住的林子变成了美丽的庭院，葡萄藤越长越长，从藤上走出了许多家禽家畜，他们过着恩爱幸福的生活。哥哥嫂嫂来到弟弟家，在嫂嫂的一再追问下，诚实的弟弟把一切都告诉了她。半夜里，哥嫂偷偷地砍了半截葡萄藤跑了。第二天早上，弟弟的房子和一切东西都没有了，小两口天天给只剩半截的葡萄藤子浇水，七天后藤子又长出来了，并恢复了原来的样子。哥嫂偷走的葡萄藤却变成了满山遍野的野藤。

普正才讲述，李成生记录。收入《楚雄市民族民间文学资料》，16开，5页，2800余字，楚雄市文化馆1991年编印。（李福云　朱琚元）

哥哥和妹妹

彝族幻想故事。流传于四川省凉山彝族自治州彝族地区。讲述的是：一座老林中住了虎王，能变幻人形，役使百兽，残害百姓。山下有三兄弟和一个妹妹，他们种地、打猎，过着友爱幸福的生活。

有一天，一只狐狸偷鸡被妹妹打了。它不服气，在虎王那里进谗言，说妹妹十分美丽聪明，叫虎王去抢她。虎王果然变成人形，用计把妹妹抢来关在山洞里。好心的小山兔赶去告诉妹妹的大哥。大哥急忙去救，被虎王吃了。小山兔又去给二哥报信，二哥去救又被虎王吃了。小山兔又急忙去给三哥报信，三哥很聪明，他想出了和虎王较量的方法，然后才去救妹妹。当他和虎王比赛摔跤时，他尽量往岩边躲，虎王冲得过猛，几乎冲下岩去了。第二次比赛时，他尽量往刺疙瘩上躲，虎王仍然猛冲，一下冲到刺疙瘩上跌晕了，三哥借这机会杀死了它。这时三哥成了这山洞的主宰，他放出妹妹，又放出所有被虎王关着的百姓和飞禽走兽，还重重地酬谢了好心肠的小山兔，又重重地惩罚了那坏心眼的狡猾的狐狸。

佚名讲述、记录。收入《中国少数民族文学》，32开，1页，500余字，湖南人民出版社1983年版。（阿南）

阿芝与阿菲

彝族幻想故事。流传于云南省新平彝族傣族自治县彝族地区。讲述的是：从前，有一个山官娶妻多年才生了一个女儿阿芝，续二房又生了一个女儿阿菲。二房凭自己的年轻美貌受宠于山官，百般虐待阿芝母女俩，逼死了阿芝妈。山神同情阿芝妈就让她死后变成一头母牛。每逢阿芝受二房的刁难时，都得到母牛指点得以解脱。二房杀死了母牛。山神又让母牛变成了一只乌鸦，阿芝又得到了乌鸦的保护与帮助。对门山官的独生子向阿芝提亲，二房以阿菲顶亲。当对门山官知道受骗了，要找二房算账时，二房却掉进自己准备陷害阿芝的陷阱里死了。

普有玉讲述，聂鲁笔录、翻译。收入《聂鲁彝族神话故事选》，32开，9页，4200余字，陕西旅游出版社1998年版。（聂鲁）

两只老乌鸦

彝族幻想故事。流传于云南省楚雄市彝族地区。讲述的是：有个小伙子骑着马到各地去旅行。一天，他在一棵大树下乘凉，忽然听到乌鸦的哭声，一看，原来是一只掉光了毛的老乌鸦在窝中哭。小伙子问老乌鸦为何哭泣，老乌鸦说："我的儿女像我年轻时那样不管年迈的父母，所以哭泣。"小伙子继续赶路，走累了，又到了棵大树下乘凉，听到树上传来乌鸦的阵阵笑声，一看，原来是一只同样掉光了毛的老乌鸦在窝里笑。小伙子问它为何而笑，老乌鸦说："我的儿女像我们年轻时候一样特别孝敬父母，我不愁吃喝，因此我天天开心快乐。"两只老乌鸦的不同结局启发了小伙子，他放弃了旅行，回家孝顺父母去了。

普正才讲述，李成生记录。收入《楚雄市民间文学集成资料》，32开，2页，700余字，楚雄市民委、文化局1988年编印。（李福云　朱琚元）

燕子衔金

彝族幻想故事。流传于云南省新平彝族傣族自治县彝族地区。讲述的是：从前，有一农家喜爱燕子。一只雏燕不慎从窝里掉出把脚摔断了，农家父子医好了它。来年小燕子衔着一颗南瓜子来，农家父子把南瓜子栽在园里，不久便结出一个大南瓜。过年了，一家人要把南瓜煮了吃，没想到南瓜却变成了黄灿灿的金子。隔壁财主听到此事，就把燕窝里的雏燕掏出摔断腿后又医治好。第二年燕子也衔回了一颗南瓜子，财主也把种子种下，等结出一个大南瓜，剖开时，从瓜里冒出一团火，把财主的家产烧成灰烬。

普有玉讲述，聂鲁笔录、翻译。收入《聂鲁彝族神话故事选》，32开，4页，2000余字，陕西旅游出版社1998年版。（聂鲁）

神燕

彝族幻想故事。流传于云南省罗平县部分彝

族地区。讲述的是：从前，在白腊山下一个彝族村庄里住着燕金、燕银兄弟二人。哥哥心地狠毒遭人恨；弟弟心地善良受人敬。有一天，燕银救了一只燕子，得到一粒瓜种，种子种下后不久结出了一百多斤的大瓜。瓜里有可治百病的良药。燕金前来探听，把事情经过牢记心里。秋天，燕子南飞，狠心的燕金射下一只燕子，假意带回家为其治伤，也如愿以偿得到一粒瓜种。种子种下后长出了瓜，可瓜里没有良药，却冒出冲天大火，把燕金的家财全部烧光。燕金家日益贫穷，而燕银家由良药发家，慢慢富裕起来。

李培云讲述，碧涛记录。收入《云南省民间文学集成·罗平县卷》，32开，4页，2000余字，罗平县文化局、文联、民委1990年编印。（谭玉婷）

普拉未莫

彝族幻想故事。流传于云南省红河县彝族地区。讲述的是：美丽的普拉未莫是寡妇的三女儿，由于她心灵手巧，歌声优美，提亲的人踏破了门。可贪婪的寡妇要她嫁给富人家，遭到女儿拒绝后，认为千年铁树不会发芽、祖宗规矩不能更改的寡妇恨得咬牙切齿，她捆起女儿，决定杀了祭祖。未能劝阻母亲的普拉未莫的哥嫂，乘寡妇上山找松毛准备杀女儿之机把妹妹放走了。普拉未莫逃到了一个大寨子，被善良人收留，并嫁给一个爱她的富有少爷。普拉未莫的哥嫂因放走了妹妹被母亲赶出了家门，两人牵挂孤身流浪的妹妹，打点行装到处寻找，历尽艰辛终于找到了妹妹。哥嫂俩要离开时，普拉未莫给了他们足够的金子买房购田。寡妇看到儿子富裕起来，前去探问，得知情况后也到了普拉未莫的家，结果返回时掉下马，被马拖死了。她的尸骨变成了蚊子、苍蝇到处叮人，永远受人诅咒。

佚名讲述，白瑞义、张秀丽搜集、整理。收入《红河县民族民间故事》，32开，4页，2600余字，云南民族出版社1990年版。（梁红）

普沙姑娘

彝族幻想故事。流传于云南省元江哈尼族彝族傣族自治县彝族地区。讲述的是：从前，在一个彝族寨子里住着一户人家，家里有阿妈、哥、嫂和普沙姑娘。哥哥和嫂嫂待普沙姑娘很好，经常关心她、照顾她，可阿妈很凶狠，爱财如命，重男轻女，她对普沙姑娘一点也不好，经常打她。有一天，阿妈把普沙赶出家门，好心的嫂嫂只好包一包吃的、穿的给普沙姑娘。普沙姑娘在途中得到一个老大爷的指点，住上了大瓦房，过上了富有的好日子。后来，嫂嫂来找她，她给嫂嫂许多金银和美食。狠毒的阿妈来找她，她给她许多砖头、毒蛇和毒蜂。半路上阿妈被毒蜂、毒蛇咬死后变成了蚊子、苍蝇、跳蚤、虱子、臭虫。人们讨厌这些害虫，恨不得把它们统统打死。

白正才讲述，杨正祥记录、整理。收入《元江民族民间文学资料》第一辑，32开，5页，2500余字，元江哈尼族彝族傣族自治县文化馆1981年编印。（宋自华）

杀子吃的父母

彝族幻想故事。流传于云南省景东彝族自治县彝族地区。讲述的是：从前，有两口子生得一个姑娘、一个儿子。儿子白白胖胖，两口子说想把他杀了吃，这话被姑娘听到了。一天，两口子叫姑娘上山采青松毛。姑娘把山上的松毛洒上石灰浆，回家对父母说松毛上有雀屎。父母不信，亲自去看。姑娘乘机把弟弟送到河边，叫他赶快逃走。姑娘杀了几只老鼠，把血滴在门口，然后对采松毛回家的父母说弟弟跑了。两年后，姑娘在河头找到了弟弟家，弟弟招待姐姐，还送金银财宝给姐姐带回家。两口子听说后，也去认儿子。儿子在爹妈回家时给他们一人一个饭盒。路上，两口子打开饭盒，里面窜出两条毒蛇把两口子咬死了。

米良讲述，陶明贵记录。收入《景东县民间文学集成》，32开，2页，1000余字，景东彝族自治

县民委、文化局、文化馆1989年编印。（施文志）

丑囡

彝族幻想故事。流传于云南省石屏县彝族地区。讲述的是：有一丑囡出生于猪年猪月猪日，因相貌丑而遭父母嫌弃。成人后，父母更讨厌她，打骂挨饿天天遇，幸有善良的哥嫂关爱，她才活了下来。视她为眼中钉的父母，找借口要杀丑囡。丑囡在哥嫂的帮助下逃离了令她心寒的家。在外乡，丑囡与善良孤独的烧炭人相遇，并成了亲。这对患难夫妻在山洞里发现了银矿，从此富了起来，他们经常接济穷人。当丑囡夫妇得知哥嫂因放走丑囡而被父母赶出家门的事情后，便送了五驮大米和五驮金银给哥嫂。丑囡父母听说此事后，找上门来打算要些金银财宝，可丑囡只给了他们一袋苦荞和一箱像他们心肠一样狠毒的毒蛇、蜈蚣、蝎子和黑蜂。

佚名讲述，李鸿搜集、整理。收入《云南民间文学集成·石屏故事卷》，32开，10页，6300余字，石屏县文联1996年编印。（梁红）

胖猪囡的故事

彝族幻想故事。流传于云南省玉溪市彝族地区。讲述的是：有一富人家，生有三个女儿。一天，老两口想试试女儿们的心，就分别问：“你享哪个的福？”大女儿、二女儿都说：“享爹妈的福。”只有三女儿认为今后出嫁了要靠自己生活，就说：“享自己的福。”父母就将三女儿痛打一顿后送进猪圈与猪同吃同住，并叫她“胖猪囡”。哥嫂知道后背着父母送吃的给她，并放她出走。三女儿流浪四方终遇好心人，过上富裕生活后请哥嫂来家住了几天，并送了金银财宝给他们。父母知道情况后，也来找三女儿。三女儿给父母住柴棚，吃剩菜冷饭。父母要走时，三女儿备了两匹马和两盒冷饭送他们上路。半路上，老两口打开饭盒，冷饭突然变成葫芦蜂，蜂群叮咬着马，马拼命跑起来。等马回到家时，马背上只挂着四条腿。三女儿就将老人的腿收拢化成灰，一部分撒向空中就变成了蚊子，一部分撒向墙壁就变成了虱子，一部分撒在地下就变成了蛆。

王李氏讲述，黄金邦记录、整理。收入《玉溪市民间文学集成》，32开，7页，4500余字，玉溪市文化局、民委、文联、群艺馆1989年编印。（普开福）

苦妹儿与幸福宫

彝族幻想故事。流传于云南省峨山彝族自治县彝族地区。讲述的是：从前，有一对夫妇收养了一个被唤作苦妹儿的小姑娘，苦妹儿称呼他们为哥嫂。可哥嫂的父母对此心里不悦。快过年时哥嫂的父母偷了山那边人家的羊杀了吃，苦妹儿把这事跟山那边羊的主人说了，哥嫂的父母更加痛恨苦妹儿，要把她当“年猪”杀了吃，并吩咐哥嫂到山上扯松毛铺松毛席来杀苦妹儿。哥嫂用白米嚼碎喷在松毛上，假称松毛有雀屎不吉利而空手回来。父母不信，自己上山去扯松毛。这时哥嫂把苦妹儿放了，并推倒柴垛用鼠血抹在地上，父母回来追问时，即称苦妹儿推倒柴垛逃跑了。苦妹儿一路走一路哭，触发了仙人的同情之心。在仙人的帮助下，苦妹儿成了一座金碧辉煌的幸福宫的主人。后来，哥嫂顺河而上寻找苦妹儿，路遇放牛、放马、放鸡、放鸭人，他们都说是给苦妹儿放的。哥嫂找到了苦妹儿，苦妹儿给他们跨金门槛，坐银椅，使金筷银碗，吃山珍海味，睡锦绣绸缎。哥嫂要回去时，苦妹儿用马驮金银，带着晌午饭送他们回家。贪心的哥嫂的父母也去找苦妹儿，可他们只得跨木门槛，坐草墩和使竹筷土碗。他们吵着要了成驮的金银和晌午饭回家，半路上打开饭盒时，从中飞出许多马蜂，叮得他们只顾逃命，金银也让马驮跑了。

普普氏讲述，普飞搜集、整理。收入《哀牢山彝族神话传说》，32开，6页，4000余字，云南民族出版社1990年版。（聂鲁）

财帛与仁义

彝族幻想故事。流传于云南省建水县彝族地区。讲述的是：财帛与仁义是兄弟俩，父母亡故时给他们留下五匹马，兄弟俩靠参加马帮帮人驮货为生。后来兄弟俩自己赶着马做生意，赚了不少钱。钱多了，哥哥财帛便心生了邪念。一天，他把仁义骗到王员外家的井边，把仁义推进了井里。仁义落在井里的台阶上，想到哥哥无情无义，便伤心落泪。朦胧中他听到神仙讲王员外家的紫金花能治好哑巴、瞎子，以及金银的埋藏地点。仁义被救出来后，找到了金银、药材，娶了王员外的女儿，过上了幸福日子。财帛因心地不善，生意越做越亏，变成了乞丐，讨饭讨到弟弟家，得知仁义致富的经过，便跳进井里想得到同仁义一样的回报，结果井壁塌了，财帛被埋在了井底。

廖发科讲述，易荣辉搜集。收入《云南民间文学集成·建水故事卷》，32开，3页，1300余字，建水县文化局、民委1989年编印。（梁红）

仁义老表

彝族幻想故事。流传于云南省建水县彝族地区。讲述的是：从前，有个有钱人因家中女人不会管家，便请了一个叫仁义的老表帮忙掌管家财。有一次，由于仁义把钱借给了一些急需用钱的人，有钱人非常生气，就将仁义撵出了家门。仁义在似睡非睡的状态下得到紫微星的指点，治好了皇帝女儿的眼睛，并在山洞里挖到三缸金子和三缸银子，他把金银分给了穷人。有钱人也去山洞挖金银，结果死在了洞里。仁义说："财帛如粪土，仁义值千金！"

普朝龙讲述，尼苏艾诺搜集，张绍碧整理。收入《云南民间文学集成·建水故事卷》，32开，2页，900余字，建水县文化局、民委1989年编印。（梁红）

杨仁义和王爱财

彝族幻想故事。流传于云南省石屏县彝族地区。讲述的是：杨仁义被贪财的好友王爱财弄瞎了双眼，在森林中摸索了数日来到了一座山神庙。半夜里，睡在山神庙里的杨仁义听到了坡龙、星冲、鲁奎三位山神的对话。杨仁义按他们所说的做了以下两件事：找到明目泉水，使自己重见光明；帮助干旱缺水的金竹寨人挖出水源，凿石开河，把金竹河水引进金竹寨，使金竹寨变成米粮仓。为答谢杨仁义，寨老们商定，把能产六石谷子的田和六石麦子的地划归他，把寨里美丽善良的伸尾妮嫁给他做妻子，让他安居乐业。王爱财做生意路过金竹寨，看到杨仁义的甜蜜日子，便也装成瞎子摸到山神庙，结果被老虎给吃了。

普兴富讲述，普荣翻译、整理。收入《云南民间文学集成·石屏故事卷》，32开，4页，1900余字，石屏县文联1996年编印。（梁红）

西德和贺德

彝族幻想故事。流传于云南南部彝族地区。讲述的是：从前有两个表兄弟，表哥名叫西德，表弟名叫贺德。两个表兄弟相约一同外出做生意。在路上，他俩叫别人评论他两兄弟哪个长得好。他们问第一个人，第一个人说贺德好；问第二个人，第二个人说西德没有贺德好；又问第三个人，第三个人说贺德比西德好。西德忌妒，起了歹心。晚上，趁贺德睡熟之机，他挖出贺德的一双眼珠，然后，挑起贺德的担子跑了。贺德双目失明，无法活下去，就摸到山神庙准备自尽。山神问明了原因，搭救了贺德，还帮助他双目复明，并指点他帮助一位穷孤老妈妈在她家的灶房和门槛底下挖出了一罐金子和一罐银子，贺德过上了幸福生活。西德发财心切，打听到贺德的经过后，挖了自己的一双眼珠，摸到山神庙。山神看穿了西德的德行，叫他躲在自己的背后。天黑了，虎、豹、狼都回到山神庙，它们向山神报告没有吃到东西，山神就叫它们到他背后找吃的东西。西德被虎、豹、狼吃掉了。

佚名讲述，云南省民族民间文学红河调查队搜集。16开，2页，1000余字，未刊稿。（阿南）

人与驴

彝族幻想故事。流传于云南省景东彝族自治县一带。讲述的是：从前，有一伙强盗抢劫了一个富有的人家。强盗把主人家的一头驴赶出来，把东西放在驴背上驮走。因嫌驴走得慢，就用棍子打驴腿。驴让强盗不要打它，说它自己会走。强盗听见驴说话，就问驴为什么会说人话。驴说它前世也是人，因为当过强盗，死后就变成驴来赎罪。强盗听了赶忙把东西和驴送还主人。主人觉得奇怪，强盗解释说，他们怕死后变驴都赎不清罪过，就决定不偷不抢了。后来他们重新做了好人。

鲁承忠讲述，陶明贵记录。收入《景东县民间文学集成》，32开，1页，400余字，景东彝族自治县民委、文化局、文化馆1989年编印。（谢国先）

白吃不养家

彝族幻想故事。流传于云南省弥勒市彝族地区。讲述的是：从前，一个彝寨里有个叫阿里哈的人懒惰成性，诡计多端。他凭借着自己的几分小聪明，常哄老骗小，使受害者不仅东西被骗走，而且在人前弄得很尴尬。一天，他看到一富裕人家里只有一个孩子在家，便弹动巧舌，使那孩子主动把家中的一袋银圆、一匹毛驴拿给了他。途中，毛驴突然开口劝告阿里哈：“白吃不养家！我原本也是人，之所以变成毛驴，是因为做人时，好吃懒做，白吃白拿，贪便宜。”阿里哈听得汗毛竖直，浑身发抖，赶忙将银圆袋拴在鞍子上，掉转驴头让它原路返回。从此，只要听到毛驴嘶鸣，阿里哈就暗自警告自己：“不能偷懒！”后来阿里哈终于成为一个勤劳的庄稼人。

何凤章讲述，张彦鑫、武文勇整理。收入《弥勒民族民间故事》，32开，3页，1800余字，民族出版社2003年版。（梁红）

红泥沟

彝族幻想故事。流传于云南省昆明市彝族撒梅人地区。讲述的是：传说阿拉乡新村从前有一个叫红泥沟的地方，那里有一座山神庙，当地的人有困难急需用钱时，只要到庙里点三炷香，在符纸上写下要借的银两及归还日期，离开片刻返回庙里，所要借的银钱就会分文不少地放在神龛下。有一次，有一个贪心人借用银钱后用假银钱来庙里还。从此，人们再没从庙里借到银钱。

毕吉华讲述，李德先搜集、整理。收入《昆明民间故事》第一辑，32开，1页，300余字，昆明市民间文学集成办公室1987年编印。（梁红）

岩朗与兽群

彝族幻想故事。流传于云南省石林彝族自治县彝族地区。讲述的是：岩朗的父母都是圭山戛巴头人家的奴隶。岩朗九岁时，父亲病故，母亲因与头人抗争而跳崖身亡。从此，他成了土司家的劳动工具。日复一日，岩朗长成了英俊的小伙子。一天，戛巴的老婆用火钳戳瞎了岩朗的一只眼睛，不堪压迫的岩朗趁夜逃到山上的荒庙里，无意中听到老虎、狮子、豹子的对话。第二天，按照野兽的对话，岩朗在青木峰（地名）下找到宝珠治好了眼睛，在树林中找到一驮银子，从山箐里救出了娥丽姑娘，并与她成亲。从此，岩朗过上了幸福生活。戛巴和他的老婆听说了岩朗的奇遇后，也跑到荒庙等候，结果被一群饿兽给吃了。

张永红搜集、整理。收入《昆明民间故事》第一辑，32开，5页，2800余字，昆明市民间文学集成办公室1987年编印。（梁红）

鱼龙献水

彝族幻想故事。流传于云南省玉溪市彝族地区。讲述的是：从前，有一户穷苦人家，母亲领着两个儿子含辛茹苦地过日子，勒紧裤带凑齐了大儿子的结婚钱。可媳妇讨进家后，夫妇俩嫌母亲年迈多病和弟弟娶媳妇要使钱，便把母亲和弟弟撵出去到大石崖下住。母子俩住进大石崖后，大石崖下开始出水，母子俩不但解决了吃水的困难，日子也逐渐好过起来。大儿子夫妇见自己的日子过得还不如母亲和弟弟好，又把母亲和弟弟从大石崖下撵开自己住了进来，可崖脚再也不出水了。夫妇俩用大锤、铁棍把石缝挖开，只见里面有个鱼头和一节龙骨。夫妇俩挖不到水就搬离了大石崖。母子俩又搬回大石崖，并把鱼头和龙骨供起来，崖脚又涌出清清的泉水，不仅母子俩不愁用水，整个村子都有了足够的用水。

李志讲述，杨崇禧搜集、整理。收入《哀牢山彝族神话传说》，32开，2页，1000余字，云南民族出版社1990年版。（聂鲁）

施黛姑娘

彝族幻想故事。流传于云南省峨山彝族自治县地区。讲述的是：从前，有一个叫施黛的姑娘，她能吹动听的口弦，能唱悦耳的歌曲，不幸的是她生下来就是个瞎子。哥嫂嫌她是瞎子，把她赶出了家门。有一天，一个白发老人送给她一个葫芦，施黛拿着葫芦唱着忧伤的歌到处流浪。后来，住在山坳里的母子俩收留了施黛。有一天，这家人的儿子磨拉从葫芦里倒出一粒南瓜子，他把它栽在园子里，没多久便结了个大南瓜，一家人收回来将它煮了吃。未料吃了南瓜后施黛的眼睛突然发亮，能看得见了。有一天施黛和磨拉上山种芋头时，又从葫芦里倒出一个芋头，他们把它栽在地里，收挖时却从这棵芋头下挖出一堆金子。一个进山打猎的财主被施黛的姿色迷住了，以磨拉砍了他家山上的松树为由，派爪牙抢施黛去做他的小老婆，磨拉和阿妈被爪牙们打得鲜血直流。施黛唱着悲愤的歌祈求宝葫芦来救她。葫芦果真从天而降，喷出大水冲倒了财主家的高楼，淹死了财主和爪牙们。施黛用宝葫芦救活了奄奄一息的磨拉，并掩埋了被爪牙们打死的阿妈。后来，施黛和磨拉成了亲。婚宴上，来了一对讨饭的叫花子，原来是施黛的哥哥和嫂嫂，施黛善待他们。从此，施黛和磨拉过上了幸福的生活。

黄立老讲述，崎松记录。收入《峨山民间文学集成》，32开，7页，4500余字，云南民族出版社1989年版。（聂鲁）

石头

彝族幻想故事。流传于云南省元江哈尼族彝族傣族自治县彝族地区。讲述的是：从前山苏寨有一对夫妻，男的勤劳善良，小名叫石头，女的好吃懒做，外号叫懒麻蛇。秋天，谷子快成熟了，懒麻蛇想吃新米饭，便逼石头去偷别人家田里的新谷子。可石头牢记“人穷三代，良心莫坏”的教诲，想了很多计策来应付懒麻蛇，但懒麻蛇不甘心，还扬言吃不到新谷子就要吃石头。石头将计就计，从河边拣了几块石头给妻子吃，哪料拣来的石头变成了金元宝。懒麻蛇也想得到金元宝，便背着背篓去捡石头，结果被背篓里的石头压死了。后来，一个聪明勤劳的姑娘与石头成了亲，夫妻俩过上了好日子。

王民讲述，李光芹记录、整理。收入《元江民族民间文学资料》第二辑，32开，3页，1300余字，元江哈尼族彝族傣族自治县文化馆1982年编印。（宋自华）

锅演八

彝族幻想故事。流传于云南省元江哈尼族彝族傣族自治县彝族地区。讲述的是：从前，彝家山寨有个叫锅演八的人，好吃懒做，但有点小本领，就是会听几句鸟语。一天，一只乌鸦飞到门前的树上叫：“锅演八，锅演八，东面山上有只羊，你吃肉，我吃肠。”他到山上一看，果真有只死羊，便高兴地背回家，但忘了给乌鸦留下肠子。过了几天，乌鸦又告诉他山上有条牛。他手提砍刀到山上一看，是个死人，刚要转身走，查案的官差到了，看他手里拿着刀，就把他当凶手抓走了。他向县官说了实情，县官不信，叫差役重打四十大板。被打后的锅演八歪歪倒倒地在路上走着，乌鸦追着他叫："贪心人，该打！该打！"

佚名讲述，白生妹搜集、整理。收入《元江民族民间文学资料》第六辑，32开，2页，700余字，元江哈尼族彝族傣族自治县文化馆1986年编印。（宋自华）

蚕豆的故事

彝族幻想故事。流传于云南省易门县彝族地区。讲述的是：从前，有一家母子俩，有一天，儿子听妈的话拉一条牛去卖了换米。半路上，儿子遇见一银发老头，他手捏着一把蚕豆，小伙子用牛换了豆。晚上儿子只拿着几粒蚕豆回来，被母亲把蚕豆打掉在门外。次日，门口长出一棵高大的蚕豆树，树腰上有一个洞。儿子爬进树洞，见昨日那老人在里边。老人说，本来一把豆可种出很多棵蚕豆树，每棵都能收几斗，现在只剩这一棵，但还可以发展。老人还将自己的三件宝物展示给他看。儿子回家后把在树洞中看见老头的三件宝物的事告诉了妈妈。妈妈要他去偷宝，儿子两次进树洞把老头会生钱的钱包和会生蛋的母鸡偷了回来，可贪心的妈妈还逼儿子去偷老头会变出万物的宝琴。当儿子刚要偷宝琴时，那把琴发出响声，老人惊醒后抓住了他。在儿子的呼救声中母亲砍倒了蚕豆树，一阵白烟升起后，蚕豆树、宝物、老头都不见了。从蚕豆树上掉下的豆种长成一片齐腰高的蚕豆树，从此蚕豆树就只能长到人的腰杆那么高了。

王文跃讲述，许建民搜集。收入《云南民间文学集成·易门县集成卷》，32开，3页，1900余字，云南民族出版社1994年版。（普开福）

水漂屋

彝族幻想故事。流传于云南省玉溪市彝族地区。讲述的是：不知什么时候，洛河乡把者岱村附近河边住着法婆一家人，他们会使用魔法做坏事。这家人经常变成牛马去吃别人家的庄稼，并将自家儿女变成牲口赶到峨山、大营街去卖，钱到手后又恢复原身跑回来。次数一多，他们的做法被人识破了，人们就将买来的动物立即杀死，法婆家儿女就都被杀死了。但法婆不悔改，白土村妇女在田里栽秧，法婆就变成鱼去捣乱；把者岱人去犁田，法婆又变成田里的石头。由于法婆一家做的缺德事太多，天怒人怨，有一年的六月二十四日晚上，雷电暴风雨齐来，大河水猛涨，把法婆家的房子和人一起冲走了。

王学云、桂和才讲述，黄金邦记录、整理。收入《玉溪市民间文学集成》，32开，3页，1800余字，玉溪市文化局、民委、文联、群艺馆1989年编印。（普开福）

人存良心天看诚

彝族幻想故事。流传于云南省江川县彝族地区。讲述的是：从前有一户人家，家里有两个儿媳，大媳妇老实，二媳妇嘴巧舌灵。一次婆婆摔伤躺在床上，端屎、端尿、洗衣、煨药等事全落在大媳妇身上。一天，大媳妇在上街回来的路上摔倒了，背箩里的肉掉在牛粪上，她赶忙捡起来洗干净，背回家煮给婆婆吃。正好夜间打雷，大媳妇害怕就把手伸到窗外对天喊："雷公公，我做了欺负婆婆的事，请惩罚我。"话音一落，一声炸雷，她右手上戴上了两只金手镯。二媳妇知道这件事后，就去买了一只鸡丢进尿盆后煮给婆婆吃。夜里雷声又响，她将手伸出屋外学着大媳妇说话，随着一声炸雷，她的右手已不在半截了。

毕粉团讲述，杨忠友、李志忠、戴琼凤搜集、整理。收入《江川县民间文学集成》，32开，3页，1500余字，云南人民出版社1997年版。（普开福）

小马宝的故事

彝族幻想故事。流传于云南省武定县彝族地区。讲述的是：很久以前，大森林深处住着一家人，父亲领着七个女儿靠种地过日子。在他们家田地旁有一棵树，一年三百六十五天，每天都开花。有一年春耕时节，三女儿缠着父亲摘花给她。父亲刚伸手摘花，花树突然变成一条大蛇缠住了父亲，直到父亲答应嫁一个女儿给它，那蛇才放开了父亲。六个姐姐都不肯嫁给蛇，只有七妹答应嫁。蛇变成一只癞蛤蟆带着七妹回家去了。一年后七妹生了一个漂亮的女儿，取名小马宝。孩子两岁时，七妹带着孩子回娘家住了一段时间。三姐设计害死了七妹。一年后，癞蛤蟆丈夫来接妻子时，三姐穿戴上七妹的衣服首饰，冒充七妹去和妹夫生活。两年后三姐与妹夫生了一个女儿，叫小美芝，从此小马宝的日子就难过了。小马宝、小美芝都长大成人后，小马宝长得很美，提亲的人踏破了门槛。一个大户人家看上了小马宝，订下了娶亲日子。到娶亲这天，三姐把小马宝锁在楼上，要让小美芝替代小马宝嫁过去。这时，七妹变成小鸟帮助女儿换上新衣，骑上马先赶到新郎家与新郎拜堂成了亲。待三姐送着女儿来到新郎家时，新郎的父老兄长把她们娘俩撵走了。三姐只好将女儿领回家，过河时，双双落水淹死了。

李忠讲述，杨岁华、陶喜记译。收入《云南省武定县民族民间文学集成》，16开，6页，2800余字，武定县文化局、民委、文化馆集成办1989年编印。（钱丽云　朱琚元）

阿依利里

彝族幻想故事。流传于云南省永仁县彝族地区。讲述的是：从前，在瓦石觉落大森林的东边，住着一户姓阿依的人家，生有两女，姐姐叫利里，妹妹叫利尼，一家人和和美美。可惜在利里九岁那年，母亲难产死了，父亲又娶了一个漂亮但心肠歹毒的后娘。后娘想尽办法虐待姐妹俩，父亲不但不制止，反而帮着后娘收拾她们。后来，在后娘的唆使下，父亲把姐妹俩丢弃在大森林里。幸好遇上了一只好心的老虎，老虎要她们去找猴子巫师算卦。猴子为她们算出了父亲新家的位置，并告诉她们六年后才能去找。姐妹俩在一户好心人家住满了六年后找到了父亲，父亲不但不认她们，反而把她俩捆起来准备杀掉，幸亏后娘生的弟弟、妹妹偷偷放了她们。姐妹俩逃出来后遇上了阿吒土司的两个儿子马马和俄俄，他们把姐妹俩带回家住了一年多，阿吒土司认为姐妹俩人品出众，同意了马马、俄俄娶利里、利尼为妻的请求。婚礼上，已经沦为乞丐的父亲前来乞讨，阿吒土司想轰走他，姐妹俩却恳求土司留下年迈的父亲。

陆洪英讲述，罗有芬记译，罗有能整理。收入《彝族民间故事》，32开，11页，7000余字，云南人民出版社1988年版。（钱丽云　朱琚元）

宝坛

彝族幻想故事。流传于云南省景东彝族自治县彝族地区。讲述的是：从前，有个穷人挖到一个坛子，他把坛子抱回家当水缸。奇怪的是，头天晚上坛里仅剩一点水，第二天早上会变为满满一坛水。有一天晚上，穷人往坛里放了几颗米，第二天早上变为满满一坛米。穷人向地主借来一小块银子，把它放进坛里，第二天又变为满满一坛银子。后来地主把坛子抢去，全家争着围观，不慎地主的爹跌进坛子，坛里接连跳出好几个地主的爹，他们把地主家吃穷了。

佚名讲述，陶明贵记录。收入《景东县民间文学集成》，32开，2页，600余字，景东彝族自治县民委、文化局、文化馆1989年编印。（施文志）

宝磨

彝族幻想故事。流传于云南省红河县彝族地区。讲述的是：从前，有一瞎眼妇女，生有三子，老大能吹巴乌，老二能弹四弦，老三能弹三弦。三兄弟轮流上街吹奏卖艺，先后用卖艺的钱买下被主人虐待的狗、猫、蛇。有一天，三兄弟在一龙潭边吹奏乐器，被小龙王听见后便邀请他们到龙宫为龙王演奏。龙王十分喜欢这三兄弟，想将三个女儿许给三兄弟为妻。可三兄弟因瞎眼老母在家而没有答应婚事。龙王就送给三兄弟一个宝磨，可后来被皇帝抢走了，经狗、猫、蛇帮助，宝磨又搬了回来。从此，三兄弟过上了幸福的生活。

李志德讲述，李荣光整理。收入《火童——巴赛民间文学集》，32开，2页，1500余字，中国文联出版社1999年版。（龙保贵）

神奇的坛子

彝族幻想故事。流传于云南省祥云县彝族地区。讲述的是：有一天，靠讨饭、挖野菜度日的三兄弟挖得一个大坛子，只要里面装点米、钱或一只碗、一双筷，都会生出九十九倍的相同东西来。杨土司得知后，没收了三兄弟的坛子，他把头伸进坛子想看看里面的究竟，可是头一伸进去就出不来了。别人把他拉出来后，奇怪的是里面又有一个杨土司，这样接二连三共拉出了九十九个杨土司。这九十九个土司一起吃喝玩乐，不久土司的家财就吃喝完了。

佚名讲述，罗金莲、罗大智记录。收入《云南省民间文学集成·祥云县民间故事卷》，32开，4页，2500余字，云南人民出版社1989年版。（张秀娟）

小罗楞说亲

彝族幻想故事。流传于云南省楚雄市彝族地区。讲述的是：从前，彝家山寨里有母子俩，儿子叫小罗楞，给寨子里最富有的百万家当花工，他爱上了百万家长得最漂亮的三小姐。百万嫌小罗楞家穷，就故意刁难，说他同意这门婚事，但办喜事时必须做到以下几点：花轿要用龙须做抬杆；要送一个三百六十斤重的猪头、一根红头发、三斗芝麻大的银子和三升金瓜子；要请豺狗、豹子当轿夫。小罗楞决定去找活佛帮忙。于是，他不畏艰险地向西走，途中先后遇到七岁时变成哑巴的小姑娘；长了三百年不开花的桂花树；三岁不开叫的公鸡；九十九岁还没有得道的白发银须老道士等。在道长的帮助下，小罗楞来到西天见到了活佛，向活佛诉说了自己的困难和路上大家托付的事。活佛被小罗楞的诚意和毅力感动了，告诉他：把老道士的胡子割下搓成龙须他就可得道了；挖出桂花树下埋着的三斗银芝麻，树就开花了；挖出鸡圈下埋着的三升金瓜子，公鸡就会叫了；拔下哑巴姑娘头上的红头发，她就会讲话了。小罗楞按照活佛的指点，拿着龙须、金瓜子、银芝麻等礼物到百万家提亲。小罗楞说三百六十斤的猪头抬不进大门，抬轿的豺狗、豹子等得太久会吃人，百万吓得连声答应了这门亲事。小罗楞高高兴兴地背起百万家的三姑娘回家去了。

郭永诗讲述，梁海康记录。收入《楚雄市民间文学集成资料》，32开，4页，2300余字，楚雄市民委、文化局1988年编印。（李福云　朱琚元）

金蚕、金珠和金针

彝族幻想故事。流传于云南省楚雄市彝族地区。讲述的是：从前，有个放牛郎，家里很穷。村中的员外家有个如花似玉的姑娘，爱上了英俊、聪明能干的放牛郎。一天，姑娘想试试放牛郎的心，就提出要金针、金珠、金蚕三件礼物，放牛郎虽然没有这些礼物，但还是高兴地答应了。小伙子当晚就带上行囊，披着月光到东海找仙人。途中先后遇到一些怪事：有对老夫妇养了多年的三条蚕不会吐丝；有母子俩，儿子很聪明，但到十八岁了还不会说话；江里有条五百岁的大鱼还没有成仙。放牛郎都愿意帮他们向仙人问个明白。大鱼帮助他过了江，来到东海，找到了仙人。仙人只帮他解决三件事，放牛郎只好先问老夫妇、老大妈的儿子和大鱼的难题。仙人告诉说蚕不吐丝是因为其中有一条是金蚕；老大妈的儿子不会讲话是因为舌根上有枚金针；大鱼不能成仙是因为肚里的夜明珠太多。放牛郎按照仙人的指点，一路返回，解决了他们的难题。为了感谢放牛郎，大鱼送给他夜明珠，老大妈送他金针，老夫妇送他金蚕。放牛郎带着三件宝物高高兴兴回到了家乡。员外的姑娘后悔不该这样考验心上人，整日盼着放牛郎回到身边，当她看见放牛郎回来时，心疼地流下了眼泪。他们结成了美满的姻缘，过着幸福的日子。

普正才讲述，李成生记录，收入《楚雄市民间文学集成资料》，32开，6页，3000余字，楚雄市民委、文化局1988年编印。（李福云　朱琚元）

阿刀遇仙女

彝族幻想故事。流传于云南省宁洱哈尼族彝族自治县彝族地区。讲述的是：阿刀是个穷孩子，他爸爸是个猎人，但被大老爷赶到山里去了。妈妈死后，阿刀去找爸爸。爸爸成了一个长角的怪物，进家时被狗吓跑了，还在门上撞断了一只角。阿刀按爸爸的话，拖着角在地上走，终于选得好地，种出稻谷。稻谷割了又长出来，七个仙女来帮忙收割。阿刀留下小仙女的翅膀也就留下了她，和她成了家。大老爷要来抢仙女，仙女飞回了天上。阿刀顺着仙女垂下的长线到了天上。岳父要害死阿刀，接连想了两个办法刁难阿刀。先是要阿刀向妖怪夏三婆借锣鼓，然后又要阿刀捉来一只活虎。阿刀杀死了夏三婆和她的两个小妖，并从夏三婆家得到一根有魔力的拐杖。阿刀用拐杖复活了被夏三婆丢弃的众多尸骨的生命，然后带着仙女回到人间，过上了幸福生活。

佚名讲述，周德平搜集、整理。收入《普洱民间文学集成（二）》，32开，7页，5000余字，普洱哈尼族彝族自治县文化广播电视局、民委1989年编印。（施文志）

珍珠泉

彝族幻想故事。流传于云南省红河县彝族地区。讲述的是：仙女派小仙鹤去龙沟取洗澡水，回来时小仙鹤遭老鹰侵袭，被猎人阿诗扎搭救。后来洗澡水变成了一股清泉，仙鹤成了一个姑娘，并与阿诗扎成了亲。可好景不长，有一天，仙鹤姑娘被土司洛哈派人抢走了，阿诗扎紧追不放。在追赶的路上，阿诗扎搭救了老鹰和岩羊。在老鹰和岩羊的帮助下，阿诗扎终于涉过大河，爬上悬崖，到了仙鹤山，得到一件羽衣和一只青蛙。当阿诗扎路过珍珠泉时，青蛙把水喝干，并吐出一颗珍珠送给阿诗扎。而洛哈土司为了讨好仙鹤姑娘，拿出华丽的衣饰给她穿戴，做山珍海味给她吃，可她宁死不从。洛哈土司与仙鹤姑娘成亲时，阿诗扎披着羽衣、吹着巴乌来到土司家门口，仙鹤姑娘顿时眉开眼笑。洛哈土司以为她爱羽衣，就强行脱下阿诗扎的羽衣，且抢下珍珠，可珍珠被碰掉在地上，顿时化成一股水，淹没了洛哈家。阿诗扎和仙鹤姑娘披上羽衣，飞离洛哈家，飞向空中。

李庆禄讲述，李荣光整理。收入《火童——巴赛民间文学集》，32开，6页，5500余字，中国文联出版社1999年版。（龙倮贵）

阿古与阿奇

彝族幻想故事。流传于云南省景东彝族自治县彝族地区。讲述的是：阿古和阿奇是两个好朋友，一起在外做生意。有一年正月初一的黄昏，阿奇要阿古和自己一道去杀人抢东西。阿古不同意，阿奇就刺瞎了阿古的眼睛。阿古在地上躺了很久，醒来后发现一只孔雀趴在自己身上，很暖和。阿古把自己的事情讲给孔雀听。孔雀让阿古拉住它的尾巴，把阿古带到一块大石头旁边。孔雀在那块石头上凿出一道裂缝，从裂缝中滴出三滴亮晶晶的水，孔雀把三滴水滴进阿古的眼里，阿古的眼睛就复明了。孔雀飞走了，阿古也离开了这个地方，在路边却看见了阿奇的无头尸体，阿奇的头已经被野兽吃掉了。

杨维荣讲述，陶明贵记录。收入《景东县民间文学集成》，32开，2页，1900余字，景东彝族自治县民委、文化局、文化馆1989年编印。（施文志）

隐身帽

彝族幻想故事。流传于云南省昭通市彝族地区。讲述的是：从前，有老两口有个儿子叫小云，他们家有一个祖传的玉石烟嘴被张财主逼着拿去抵租，父亲被气死了，从此小云靠上山打柴卖度日。一天，小云在山上救了一只被树卡住脚的小老虎，老虎十分感激他，跟他拜了干兄弟，带他到家里做客，临走时虎爸爸送给小云一顶隐身帽。小云经常戴着隐身帽到财主家拿不义之财分给穷苦人。一天，为了找到自家祖传的玉石烟嘴，小云戴着隐身帽来到张财主家到处翻找，到小姐的绣楼翻东西时发出声响，小姐以为是老鼠，顺手一拍，恰巧把他的隐身帽扯了下来。小云现了身，被张财主绑在大树上毒打。老虎们知道了，虎爸爸就带着用山耗子皮做的口袋，装扮成知府来到张财主家。虎哥哥变成一只老鹰在张财主家上空盘旋。虎爸爸变的知府借口向张财主要隐身帽看，乘机来到绑小云的大树前，张开口袋，让小云变成一只山耗子钻了进去，老鹰飞下来叼走了山耗子，虎爸爸戴上隐身帽不见了。

龙云芳讲述，杨世武搜集，潘忠福整理。收入《昭通民族民间文学资料选编》第一集，32开，4页，2500余字，昭通县民委、文化局1983年编印。（吴平）

耳朵和眼睛

彝族幻想故事。流传于云南省南涧彝族自治县彝族地区。讲述的是：古时候，人的头盖骨和眼珠可随意摘取。如果头上有虱子，可以取下头盖骨找虱子、掐虱蛋；如果想睡觉，就把眼珠子抠出来，放在一旁，就睡着了。仙人下凡巡视，见有的人因眼珠被老鼠偷吃后成了瞎子；有的人抠出眼珠来玩耍；有的人抠出眼珠后成天睡觉不做活等。就给人安上了耳朵，牢牢地锁住头盖骨和眼珠。

张家福讲述，袁登学搜集、整理。收入《南涧民间文学选》第一集，32开，2页，700余字，南涧彝族自治县民间文学集成办公室1985年编印。（段葵）

猩猩

彝族幻想故事。流传于云南省元谋县彝族地区。讲述的是：古时候有一家人，有两个姑娘和一个儿子。儿子患病，阿爹请端公来跳神。端公跳神时在两姐妹面前放了个屁，姐妹俩很生气，端公因此生恨，想报复两个姑娘，就与她俩的阿爹说必须把她们送到远远的野油菜地里，否则她们在家会冲犯儿子。阿爹只好照办。天黑了，有一个母猩猩领着两个小猩猩来到野油菜地里，要和两姐妹比赛谁拔油菜拔得快，并说好拔得慢的要去拔得快的家里住。结果姑娘比输了，只好跟着猩猩到它家去住。大猩猩吩咐两个小猩猩上楼睡，两个姑娘则与它同睡一床。姐妹俩知道猩猩会吃人，等大猩猩睡熟后就悄悄上楼和两个小猩猩调换睡处，并且调换了衣服。半夜，大猩猩掐死了两个小猩猩并吃了它们。第二天，姐妹俩爬起来就往外跑，并把大猩猩头晚上拴在脚上的草绳解下来拴在大白狗身上。当大猩猩发现上当时，就出门追寻。姐妹俩爬上路边一棵软枣树。姐姐骗大猩猩让它回家拿一碗猪油抹在树上，再拿一根烧红的铁条来，最后姐妹俩设计把大猩猩烧死了。猩猩的肉变成许多荨麻长在树下和树枝上，血变成一条大河，挡住了去路。后来，一群撵麂子的人路过软枣树，搭救了姐妹俩。

余美珍讲述，祁树森、李世忠记录。收入《楚雄民族民间文学资料》第二辑，32开，4页，2200余字，云南省社会科学院楚雄彝族文化研究室1982年编印。（施选　朱琚元）

老变婆的故事

彝族幻想故事。流传于云南省昭通市彝族地区。讲述的是：以前，有一家姐弟俩和妈妈住在山坳里。有一天，妈妈在回家的路上被老变婆吃了。老变婆变成妈妈的模样来到家里，聪明的姐姐从老变婆的声音和举动中怀疑它不是妈妈，幼稚的弟弟却没有看出。夜里，老变婆把和它睡一头的弟弟吃了。姐姐发现后，就借故起夜到门外。老变婆为防止她逃跑，就用线的一头拴住她的手，另一头自己捏着。姐姐把拴自己的线拴在母鸡腿上，然后爬到了屋后的桃树上躲藏起来。天亮后，老变婆到屋后池塘里洗弟弟的肠子吃，姐姐在树上落泪，眼泪滴在了老变婆手上。姐姐被发现了，就借口说在看守桃子。老变婆很馋，要姐姐扔桃子给她尝尝。姐姐说够不着摘，要老变婆到家里拿梭镖给她。姐姐在树上对准老变婆张大的嘴巴，一梭镖把老变婆杀死了。老变婆倒地变成一片荨麻围住桃树困住姐姐。三个牧羊人路过此地，姐姐向他们求救，许诺嫁给三人中的一人。三人解下披毡铺在荨麻上让姐姐下了树。三人都想要姐姐做媳妇，姐姐盛了三碗烫稀饭，说谁吃得最快就嫁给谁。她在端给最年轻的那个人的烫稀饭下面放了冷稀饭。最年轻的那个人几下就吃完了稀饭，而其他两个还在吹凉稀饭。姐姐嫁给了自己看上的人，和他白头到老。

佚名讲述，黄玲搜集、整理。收入《昭通民族民间文学资料选编》第一集，32开，4页，2200余字，昭通县民委、文化局1983年编印。（吴平）

一个被遗弃的姑娘

彝族幻想故事。流传于云南省禄劝彝族苗族自治县彝族地区。讲述的是：从前，有个姑娘，亲娘死后，她爹给她找了个后妈。恶毒的后妈拿鸡蛋给自己的亲女儿吃，而找蟒蛇蛋来给姑娘吃。蟒蛇蛋就在姑娘体内变成许多小蛇。爹发现后用鸡把姑娘体内的小蛇引出了整整一盆，爹非常伤心，觉得女儿日子太苦，还不如送上山让狼吃了。一日，爹把姑娘哄上山，把她遗弃在山洞旁。天黑后，看不清路的姑娘走进了老变婆的洞穴，已吃饱肚子的老变婆把姑娘藏在了花生箩里。半夜，姑娘悄悄走出来，把睡在灶上大锅里的老变婆煮死了。当她揭开锅盖时发现锅里全是金块银锭。后来，恶毒的后妈被马蜂蜇死，姑娘把爹和妹妹接来一起过上了幸福安宁的生活。

保德明讲述，周芸、唐国亮搜集、整理。收入《云南省昆明市民间文学集成·禄劝民间故事》，32开，4页，2800余字，禄劝彝族苗族自治县文化局民间文学集成办公室1991年编印。（梁红）

老毛人的故事

彝族幻想故事。流传于云南省石林彝族自治县与陆良县接壤的彝族地区。讲述的是：密林深处住着母女三人。一日，母亲去探望生病的姥姥，留下两个十来岁的女儿看家。会吃人的老毛人乘机装扮成母亲，花言巧语地骗小姑娘开了门。老毛人进家后大姑娘想方设法阻止妹妹跟老毛人睡觉，可每次都被幼稚的妹妹向“妈妈”告状而失败。半夜，老毛人吃了妹妹。大姑娘借故爬上柿子树，用烧红的铁钩戳死了老毛人。老毛人死后变成毛毛虫粘在柿子树的根部。姑娘求几个过路的男人用蓑衣包住柿子树根，下了树，然后机智地选了夫，与其中一个男人结了婚，过上了幸福的生活。

伏培志讲述，许华采录。收入《云南省民间文学集成·路南民间故事》，32开，4页，2500余字，云南民族出版社1996年版。（梁红）

老人熊的故事

彝族幻想故事。流传于云南省禄丰县彝族地区。讲述的是：从前，有一户人家只有两姐妹，大姐叫大郑甸，小妹叫二郑甸。大姐已出嫁，只有小妹一人在家。她们住的村子里常有老人熊变成人来吃人。有一天夜里，老人熊装成两姐妹的外婆骗小妹开了门，小妹发现情况不对后，假装要撒尿，躲到了屋后的柿子树上。老人熊不见小妹，到处找，找到了柿子树下才发现小妹躲在树上。小妹骗老人熊说要摘树上的柿子给它吃，请老人熊将火钳烧红递给她好夹柿子。老人熊中计了，听小妹的话把火钳烧红了递给她。小妹夹着一个柿子用火钳一下将老人熊捅死了。老人熊死后变成荨麻将柿子树团团围住让小妹在树上下不来。直到第二天，一个路过的货郎用布将荨麻盖住，小妹才得以爬下树来。她感激货郎的救命之恩，就嫁与货郎为妻，跟着货郎走了。从此以后就再也没有老人熊出来害人了。

黄有财讲述，胡桂芬记录。收入《禄丰县民间故事普查资料汇编》，16开，25页，1200余字，禄丰县委宣传部、文化局、民委1988年编印。（钱丽云　朱琚元）

智斗老秋夫

彝族幻想故事。流传于云南省易门县彝族地区。讲述的是：从前，易门一个偏远的地方有个独家村。有一天，这家的阿爹不在家，阿妈要到外婆家当天回不来，就再三叮嘱大女儿大门丫、二女儿二门丫和小儿子老疙瘩锁好门待在家里等阿妈回来才能开门，防止老秋夫来吃人。这话正好被躲在马桑树上的老秋夫听到了。天一黑，老秋夫就假装阿婆来敲门，说阿婆来照顾姐弟仨。老秋夫用蜂蜜把毛手涂抹光滑骗过孩子们进了家门。半夜里大门丫发现老秋夫在嚼弟妹的手指头吃，她借口溜出门外爬上马桑树。老秋夫出来找到她，她说她在摘马桑，还叫老秋夫张开嘴闭着眼接她从树上摘下的马桑吃，当老秋夫张开嘴闭着眼时，大门丫把削尖的锋利的长棍插进了老秋夫的喉咙使它断了气。没等大门丫下树，老秋夫的尸体一下子变成无数会咬人的大毛虫子，大门丫求过路的大白狗帮忙，白狗提出了要大门丫嫁给它的条件，大门丫只好答应了。白狗轻轻跃起托着大门丫奔向人烟稠密的地方去了。

李秀英讲述，张廷发搜集。收入《云南民间文学集成·易门县集成卷》，32开，4页，2900余字，云南民族出版社1994年版。（普开福）

石阿采降妖

彝族幻想故事。流传于云南省弥勒市彝族地区。讲述的是：从前，捕蚌附近的倒马箐居住着女妖扎能，她每见聪俊的小伙子路过，就要他回答“小时四脚走，长大两脚走，老了三脚走，是什么”的问题，并承诺若答得上来，她自己就跳崖自尽，否则，就要把人吃掉。年复一年，没人答出这个问题。为此，许多小伙子命丧黄泉，倒马箐白骨成堆。红万村的聪明小伙石阿采决定为民除害。一天，他找到女妖扎能，以人幼年时四肢爬地，成年两脚站立行走，老年时拄着拐棍三脚走路，回答了女妖的问题，女妖便跳下石崖摔死了。

石文安口述，武往、文勇搜集、整理。收入《弥勒民族民间故事》，32开，2页，1100余字，民族出版社2003年版。（梁红）

淑璐、西哩、阿妈

彝族幻想故事。流传于云南省红河县彝族地区。讲述的是：猩猩精得知淑璐和西哩两姐妹的父亲外出做生意，便把她们的阿妈骗到山上吃掉后扮成她们的阿妈来到家里。幼稚的西哩不听姐姐淑璐的话，让猩猩精带着睡，半夜被猩猩精吃了。发现妹妹被吃的淑璐，找借口出门后爬到了多依树上。天亮后猩猩精出门洗妹妹的肠子时发现了爬在树上的淑璐，聪明的淑璐骗猩猩精把父亲的长矛烧红后拿来，说要摘多依果给它吃。趁猩猩精张大嘴时，淑璐用长矛把猩猩精杀死了。猩猩精变成荨麻蔓延在多依树四周，过路的牧羊人用羊皮盖在荨麻上，救下了淑璐。

佚名讲述，白瑞义、张秀丽搜集、整理。收入《红河县民族民间故事》，32开，4页，2300余字，云南民族出版社1990年版。（梁红）

妖精

彝族幻想故事。流传于云南省云龙县彝族地区。讲述的是：从前，有父母双亡的两姊妹，有一天，她们在摘菜叶，妖精变成一个老倌来跟她们比赛，说谁摘得多就跟谁去玩。姊妹俩知道它是妖精，但也没办法，只得跟它走。晚上，妖精让自己的两个姑娘睡床脚，让她们两姊妹跟它睡床头。两姊妹乘妖精出去时跟妖精的两个姑娘调换了位置。半夜妖精错把自己的姑娘杀了，煮在锅里，拿着心肺去走亲戚。姊妹俩乘机逃跑。不料，路上被妖精看见，姊妹俩就爬到树上，巧施妙计，让妖精自己刺死了自己。可是妖精死后却在树下变成一条河，让姊妹俩下不来。后来姊妹俩见麂子跑来，忙喊救命。麂子说："后面有狗在撵我呢。"狗来后救了她俩，她俩就与狗成亲并生儿育女。

马继才讲述，施连山记录。收入《中国民间故事全书·云南云龙卷》，32开，2页，1700余字，知识产权出版社2005年版。（段伶）

金银和粮食搬家

彝族幻想故事。流传于云南省景东彝族自治县彝族地区。讲述的是：从前，有两家大财主，一家金银多，光是金娃娃就有七个，于是这家人用金银铺院场；另一家粮食多，满家满院都是粮食，于是就用粮食垫地走。金银和粮食被这样糟蹋，就想离开各自的主人家。装在柜子里的七个金娃娃商量好，先派出四个金娃娃去找安身的地方。等地方找着以后，七个金娃娃就带着这个财主家的所有金子银子离开财主家。它们飞到另一个财主家的房顶上，约粮食也逃走。粮食听见它们的声音，就飞出来跟金子银子一道离开了。两家财主一夜之间就变成了叫花子。

鲁承忠讲述，陶明贵记录。收入《景东县民间文学集成》，32开，1页，500余字，景东彝族自治县民委、文化局、文化馆1989年编印。（谢国先）

找姑爷

彝族幻想故事。流传于云南省武定县彝族地区。讲述的是：很久以前，有一对老夫妻，男的七十六岁，女的六十二岁，膝下只有一个女儿。老两口特别关心女儿的婚姻大事，想给女儿找一个最大最漂亮的姑爷。老两口经过商量，认为世上最大最漂亮的是太阳和月亮。他们就去找太阳和月亮。太阳和月亮告诉他们，它们再大再漂亮也会被云彩遮住。于是他们去找云彩，云彩告诉他们，一阵风就会把它吹散了。他们去找风，风告诉他们，风用再大的力也吹不倒山，反而被山挡住了。他们去找山，山告诉他们，它再高大也会被花脸獐钻通。他们去找花脸獐，花脸獐告诉他们，它怕狗怕得要死。老两口又去找狗，狗同意了，他们便把女儿嫁给了狗。成亲一年后，女儿生了个娃娃，亲朋好友来贺喜。老头叫大家别笑话狗女婿，一笑，它就会上吊。有一天，狗给大家煮饭时用尾巴刷锅，大家忍不住笑起来，狗看见众人笑它，害羞得跑出去上吊死了。

普学先讲述，松绍先记译。收入《云南省武定县民族民间文学集成》，16开，2页，700余字，武定县文化局、民委、文化馆集成办1989年编印。（钱丽云　朱琚元）

彝族尊师故事

彝族幻想故事。流传于云南省楚雄市彝族地区。讲述的是：从前，有位老师，他教了一辈子书，名声传遍九州十县。一天，来了个少年，要拜他为师。这少年相貌古怪，却很聪明，老师留下了他。这少年跟着老师学了一年多，学业大有长进，师生之间感情也很深。一天，这少年突然对着老师哭起来，哭得泪流满面，很伤心。老师问他为何而哭，他却不开口，只是摇头。原来这少年是阴间掌管生死权的阎王的儿子。他昨晚亲眼看见父亲用朱笔勾掉了老师的名字，过两天就要派判官小鬼来拿老师去阴间销案。他因老师过两天就要死了而悲伤。他把这件事告诉了老师，可老师却不相信。第二天他把生死簿偷出来给老师看，老师吓病了。消息很快在学生中传开，又传到村民和家长耳朵里，大家都说，怕是阎王弄错了，老师这么好的人，希望他活到一百岁。于是大家商量好，按彝族风俗为老师叫魂，并向阎王上表，为老师保命增寿。这件事感动了阎王，让老师一直活到九十多岁。

潘广发搜集、整理。载《金沙江文艺》1996年第6期，16开，1页，1400余字，楚雄州文联1996年编印。（施选　朱琚元）

阿勒喜和查尼诺

彝族幻想故事。流传于云南省楚雄市彝族地区。讲述的是：贫困人家的小伙阿勒喜和有钱人家的姑娘查尼诺相爱，但遭到查尼诺父母的反对。有一天，有只修炼成精、长了九个头的老鹰抓走了查尼诺，恰巧被爬在树上的阿勒喜发现了。阿勒喜砍伤了老鹰的一个头，并顺着血迹找去，到了一个不知深浅、四壁滑溜溜的枯井跟前。阿勒喜正在焦急地想办法下井之时，得到一个白发老人的指点。阿勒喜来到财主家借来了九十九丈长的铁链子，把一头拴在树桩上，另一头拴在自己的腰上去救查尼诺。救出查尼诺后财主家即刻收回了铁链。阿勒喜在井底又救下小白蛇，小白蛇原来是龙王的太子，它带阿勒喜离开井底回到了龙宫。龙王为了报答阿勒喜，把心爱的宝葫芦和猫送给了他。阿勒喜在宝葫芦的帮助下找回了爱人查尼诺，过上了幸福的生活。财主得知阿勒喜得了龙王的宝葫芦，想占为己有，于是让阿勒喜带宝葫芦到他家。阿勒喜把宝葫芦放在桌子上，这时，小猫抬着宝葫芦跑进墙洞里去了。财主眼睁睁地看着宝葫芦消失在眼前，怎肯罢休，叫人来挖墙脚。东挖西挖，左撬右撬，墙倒下来把财主一家老小全埋了。

罗思德、普连才讲述，者厚培、余立梁搜集、整理。收入《楚雄市民间文学集成资料》，32开，7页，3900余字，楚雄市民委、文化局1988年编印。（李福云　朱琚元）

两朋友出门

彝族幻想故事。流传于云南省楚雄市彝族地区。讲述的是：有一年秋收刚结束，王顺生和张来旺两个朋友相约去走夷方。张来旺从未出过远门，一路上就什么都听王顺生的。他们走了三天来到干沙地，当张来旺趴在井边喝水时，被王顺生推下了井，又掀了一块大石板盖在井上，并将他的两匹骡子赶着走夷方去了。第二天，有两个仙人坐在井旁闲聊，有一个说："对门大树脚下埋有银子，左边凹子可挖出一潭水。"另一个说："南诏王正宫娘娘得的奶花病，只需用海白菜就可以医好。"因井水浅张来旺没有被淹死，到第三天，有一对老夫妇撬开大石板提水时他得救了。张来旺来到南诏王府，医好了正宫娘娘的奶花病。南诏王问他要金银还是官职，他却要那块贫瘠的干沙地。他拿着地契回到了干沙地，拜认了从井里把他救起的老夫妇为干爹、干妈，并按神仙说的挖出了银子，打了水井。通过辛勤劳动，张来旺的日子渐渐富裕起来了。

李万云讲述，者厚培搜集、整理。收入《楚雄市民族民间文学资料》，16开，4页，2000余字，楚雄市文化馆1991年编印。（李福云　朱琚元）

聚宝盆和智慧袋

彝族幻想故事。流传于云南省禄丰县彝族地区。讲述的是：从前，有一个头人家和一个穷人家都在同一时辰各生了一个儿子。两家的儿子彼此都不认识，碰巧的是长大后两人同一天外出谋生，并且走的也是同一条路。头人的儿子看不起穷人的儿子，外出的第一天直到傍晚因害怕才跟穷人的儿子结伴。有一天，他俩来到一座大山下，看见一个白发老奶奶正吃力地背着一背柴上坡，穷人的儿子连忙接过柴向山顶老奶奶家走去。临别时老奶奶端出一簸箕银锭，叫他俩拿。头人的儿子抓了十多个还嫌少，穷人的儿子只拿了一个做盘缠。老奶奶送他俩走时，叫他们回去问问父母需要些什么，然后再来告诉她。到家后，他俩各自向父母讲了老奶奶说的话。穷人的父亲说要个智慧袋，头人则让儿子要个聚宝盆。老奶奶满足了他们各自的愿望。当年，官府出榜招贤，第一道考题是“天大旱，如何解决千亩土地的灌溉问题”，第二道题是“用一角钱购买能装满一间房子的东西”。聚宝盆没有派上用场，而穷人的儿子把智慧袋拿在耳边，就听到“引湖水灌溉”，“烛光装满房子”，结果穷人的儿子做了当地的大官，专为人民办好事。

普正才讲述，李成生记录。收入《楚雄市民族民间文学资料》，16开，4页，2300余字，楚雄市文化馆1991年编印。（李福云　朱琚元）

金银果

彝族幻想故事。流传于云南省石屏县彝族地区。讲述的是：从前，有个心灵手巧的石匠，养着瞎眼老娘。有一天，有几个歹徒趁夜来洗劫，烧了房屋，吓死了石匠的老娘。石匠到大河边想跳河寻死，被一个白发老奶奶劝住。石匠陪白发老奶走到山脚树林边，老奶奶说走不动了，就用一根三节竹棍破成四半插于四角，然后烧火取暖。晚上，石匠梦见老奶奶送他一棵三叶小树，说小树长大后会结金银果。天亮醒来，石匠发现自己睡在一间宽敞的大房内，身旁真有一棵三叶小树。石匠栽下那棵三叶小树，继续替人打石条，不久娶了聪明贤惠的媳妇。三叶小树的果子成熟了，果子一半是金，一半是银，石匠夫妻摘了一些送给村里穷苦人。那几个歹徒听说后，趁夜把三叶小树连根挖起，并摘下全部果子，可劈开果子一看，一半是屎，一半是尿。第二天，石匠夫妇捡回歹徒不要的金银果，劈开来瞧，一半是金，一半是银。石匠夫妇就拿去周济贫苦乡邻了。

罗美凤讲述，李朝旺整理。16开，15页，3500余字，未刊稿。（李朝旺）

鹰叼老鼠审不清

彝族幻想故事。流传于云南省楚雄市彝族地区。讲述的是：有一个十多岁的男孩，自幼失去父母，以乞讨为生。有个财主家正要找一个放牛娃，就把他留下了。他每天上山放牧路过山神庙时，都要把做晌午饭的粑粑献给山神。有一天，他在山神庙里躲雨时睡着了，山神托梦给他，说要赐他一张老鼠皮，只要在这张老鼠皮上打三个滚就可以变成老鼠钻进富人家偷银子。放牛娃醒来后发现身旁确实有一张老鼠皮。从此，他不再给财主家放牛了，他白天睡觉，晚上变成老鼠去偷银子。一天晚上，他钻进了员外家闺女的房间，见员外的闺女非常漂亮，就恢复了原形，两人一见钟情，相爱了。几个月后，员外家女儿的肚子大了起来，在其母的追问下，姑娘只好说了实情。员外知道后指使夫人去偷老鼠皮，然后到包青天那里报案。包青天接案后来到员外家，在院心立一根竹竿，把鼠皮丢在地上，然后将小伙子带上来，叫他变鼠爬竹竿。小伙子真的变成了老鼠，老鼠一爬上竹竿就被一只老鹰叼走了。原来老鹰是山神变的，后来山神收了老鼠皮，小伙子恢复了原形。

罗大明讲述，者厚培记录。收入《三女找太阳——楚雄市民族民间文学集》，32开，3页，1900余字，云南人民出版社2001年版。（李福云　朱琚元）

长发妹

彝族幻想故事。流传于云南省楚雄市彝族地区。讲述的是：有个叫半坡村的山寨，因为缺水，人们只有找野菜充饥。村里有个姑娘头发辫很长，因此大家都叫她长发妹。有一天，长发妹到深山里找猪草，看见石崖上长着一个叶子绿莹莹的萝卜。她爬上石崖拔起了萝卜，萝卜坑里就冒出一股水来，长发妹高兴得急忙把嘴对着泉眼喝起来。突然刮来一阵大风，萝卜飞回原处堵住了泉眼，长发妹被刮进一个岩洞里。岩洞里有个黄毛绿眼的山神对她大发雷霆，并警告说：“不准泄漏水源的秘密，否则小命难保。”长发妹回家后，天天望着村民们跑到七里外的地方挑水吃，于心不忍，就把水源的秘密告诉了大家。整村人跟着她来到山谷里，她把萝卜拔了下来，从萝卜坑中流出了一股清水。突然间来了一阵大风，将长发妹刮进岩洞，黄毛绿眼的山神要处死她。长发妹求山神放她回去一趟，安置好瘫痪的母亲再来领罪。长发妹安置好母亲后，边哭边向山谷走去，忽然天上扯了三下闪电，有个白胡须老头出现在她面前说：“我这里有个石人，用你的头发粘在石人头上，它就可以代替你去死。”老头拔下她的头发，粘在石人头上，就叫她回家去了。

佚名讲述，者厚培搜集、整理。收入《三女找太阳——楚雄市民族民间文学集》，32开，4页，2500余字，云南人民出版社2001年版。（李福云　朱琚元）

员外的独生子

彝族幻想故事。流传于云南省双柏县彝族地区。讲述的是：有个员外的独生儿子在十八岁那年，家里按八字给他娶了一个叫花女做媳妇。一天，少爷和几个赌友在一起赌博，一个输红了眼的赌友骂他有本事为何讨个叫花女做老婆。这件事情对员外的儿子触动很大，回家后就骂妻子是花子婆。出身卑贱的妻子认为丈夫嫌弃自己，于是就骑着一匹公公给的白马远走他乡。一天，当她来到一个破瓦窑前准备落脚栖身时，看见里面住着一个讨饭的穷小伙，好心的叫花女给了他一点银子，叫他到街上买点东西吃。穷小伙从来没用过银子，但他对叫花女说他在某个地方见过这种东西，并领着叫花女去看。到了那个地方，叫花女一看是几缸银子，就用白马把银子驮回瓦窑。于是，两个人结为夫妻，日子过得很舒心。员外家自从走了叫花女后，家境衰败，老员外无法管教儿子，一气之下老命归天，少爷从此变成一个叫花子到处乞讨。

施家寿讲述，苏锡纬、施文贵记录。收入《双柏民间文学集成》，32开，2页，1000余字，云南民族出版社1992年版。（施选　朱琚元）

宝扁担失灵

彝族幻想故事。流传于云南省双柏县彝族地区。讲述的是：古时候，一个神童赶着一条牛和彝家的孩子一起放牧，神童称用这条牛身上的一根牛毛可以挑三千斤重的担子。一天，牧童去摘果子吃，牛群到处乱跑。守庄稼的老人见牛来吃麦子，就用扁担打了牛，其中一扁担刚好打在宝牛身上并夹住了三根牛毛。一天，老人用这根扁担去挑柴，即使挑平日的几倍，还是感到轻飘飘的。从此，这位老人天天挑柴到集市上去卖，日子过得红红火火。此事被一个财主知道了，他就用一挑银子换了老人的扁担。自以为聪明的财主看扁担已旧了，就请木匠来把扁担翻新。扁担翻新后，财主的老婆想试试这根扁担的威力，可结果和一般扁担没什么两样，财主认为这是女人不干净才使扁担失灵的，就活活地把老婆打死了。

张学尚讲述，苏锡纬、姚宽才、自伟军记录。收入《双柏民间文学集成》，32开，2页，1400余字，云南民族出版社1992年版。（施选　朱琚元）

沾有神牛毛的扁担

彝族幻想做事。流传于四川省昭觉县彝族地区。讲述的是：从前，彝山有股清泉水，放牛娃们天天去那里放牛，白天数牛100头，回来点牛只有99头，却多了一个美丽的姑娘，并陪他们玩耍，但到下午就不见了。这个姑娘说这群牛中有头神牛。有一次，牛群进了一老头的玉米地里，老头无法赶走，就用扁担打牛才把牛群赶走。没想到扁担上沾有一根神牛的毛，这根扁担给老人带来了荣华富贵。

王渣木果等讲述，伍且记录。收入《彝族民间故事选（2）》（彝文版），32开，3页，1500余字，四川民族出版社1986年版。（贾斯拉核）

三颗玉珠

彝族幻想故事。流传于云南省红河、石屏、建水等县彝族地区。讲述的是：从前，有个名为吉巧的小伙子捡养一只蛤蟆得到了三颗玉珠。他用玉珠使一只老鼠、一只蜜蜂及一个强盗起死回生。强盗不但不谢恩，而且反咬一口，跑到京城告吉巧。皇帝不分青红皂白，就把吉巧打入死牢，后来又命吉巧带兵与异国入侵者激战。在老鼠的帮助下，敌军大败，吉巧凯旋。皇帝让吉巧与公主完婚，并委任他为宰相。可强盗贼心不死，潜入皇宫偷窃玉瓶，结果被擒处死。

佚名讲述，罗廷龄记录、整理。载《红河文化》1992年第1期，16开，4页，9000余字，红河哈尼族彝族自治州文化局1992年编印。（龙倮贵）

轿夫和他的县官儿子

彝族幻想故事。流传于云南省双柏县彝族地区。讲述的是：从前，有一户贫苦彝家有七口人。有一年天旱，家里几天没开锅了，妻子就叫丈夫去偷王老五的瓜菜来充饥。看着可怜的孩子，丈夫背着箩箩来到了菜地，见地里只有又嫩又小的瓜，他不忍心下手，只好背着一箩石头回家。到了家门口，听到妻子儿女的哭声，他没有勇气进家门，只好远走他乡。第二天早晨，妻子发现门口有一箩银子，但却不见丈夫的身影。妻子用银子买粮食，供养五个孩子读书。后来，大儿子金榜题名，当了知县。一天，母子俩坐轿子进城，母亲发现有个轿夫很像自己的丈夫，一打听，果然是自己离别十多年的丈夫。好人有好报，全家人终于团圆。

许再恩讲述，法增和、苏锡纬记录。收入《双柏民间文学集成》，32开，2页，1300余字，云南民族出版社1992年版。（施选　朱琚元）

偏心的父亲

彝族幻想故事。流传于云南省曲靖市彝族地区。讲述的是：从前，有个农民带着一双儿女种田过日子。由于姑娘勤俭持家，所以日子还算富足。但农民把姑娘看成是别家的人，对她横竖不满。一天，姑娘顶撞了他几句，气急败坏的农民立即把她嫁给了上门要饭的叫花子。姑娘硬气地跟叫花子走了。叫花子领着姑娘在一座寺庙里住下。一天夜里，他们听到妖精说若有人给它炒鸡蛋饭吃，就会得到回报。次日，他俩炒了几碗鸡蛋饭摆在那里。一天，他们把讨得的米放在庙里，不料米堆越变越大，他们便用这些米换来了田地，加之两口子勤俭持家，不久就盖起了瓦房。几年后，姑娘的父亲穷得以要饭度日。一天，他来到姑娘门上讨饭。姑娘认出了父亲，她便把包着银子的荞粑粑送给父亲，想让父亲吃出银子后来认自己。结果父亲用荞粑粑向牧童换了饭团。

进国讲述，尹国春等整理。收入《阿则和他的宝剑》，32开，2页，1000余字，云南民族出版社1985年版。（梁红）

白发老人

彝族幻想故事。流传于云南省双柏县彝族地区。讲述的是：从前，有一个心地善良的年轻人在回家的路上遇见一位假装生病的老人。小伙子把老人背回家中，像亲生父亲一样待他。转眼三年过去了，有一天，老人叫年轻人把田里的稻谷收割回来，年轻人不理解老人为什么要把未成熟的谷子收割回来，但为了不让老人生气，只好照办。第二天天亮时，年轻人家的东西全变成了金子。原来这位老人是一个神仙。神仙为了再次考验年轻人是否真的善良，又变成穿着破烂的一个妇人和一个姑娘在路边乞讨。年轻人见状，把妇人和姑娘领回家中，认妇人为母、姑娘为妹，一家三口生活得幸福美满。神仙看到这个年轻人的确心地善良，就把自己的姑娘许配给了他。从此，这个青年人有了勤劳美丽的妻子。

孙元康讲述，毕开华、苏锡纬记录。收入《双柏民间文学集成》，32开，3页，1600余字，云南

民族出版社1992年版。（施选　朱琚元）

九尾狗

彝族幻想故事。流传于云南省双柏县彝族地区。讲述的是：古时候，有一户姓艾的彝家生有两个儿子，家里除了一条九尾狗外，什么也没有。父亲去世后，兄弟俩在一个闪电打雷的夜晚捡得一根打死戳活棒。因家里穷，兄弟俩带着九尾狗，拿着打死戳活棒远走他乡。一天，他们到了一个村庄，得知这个村的人大部分被妖精吃掉了。他们决定为民除妖。兄弟俩进入妖洞，用打死戳活棒把妖精打死，把所有被妖精吃掉的人戳活。全村人为了感谢兄弟俩，就推选他俩做村王，可弟弟执意要走，哥哥就留下当了村王，并与一只母猴成了亲。离开哥哥后的弟弟带着九尾狗，拿着打死戳活棒，在另一个村制伏了吃人的老虎，救下两个姑娘，并使老虎身上从此出现一道道花纹。不久，弟弟回到哥哥当王的那个村，打死了母猴，兄弟俩各自与弟弟救下的两个姑娘成了亲。后来，忘恩负义的哥哥见弟媳很漂亮，就趁弟弟不备时将他推入一个深洞中，把弟媳占为己有。通人性的九尾狗将九根尾巴伸入深洞中救弟弟，被弟弟拉掉了八根，从这以后，狗就只有一根尾巴了。后来，在一群小鸟的帮助下，弟弟终于走出了深洞，回到家中和妻子团聚。羞愧难当的哥哥进入密林和猴子生活去了。

张学尚讲述，苏锡纬记录。收入《双柏民间文学集成》，32开，6页，4200余字，云南民族出版社1992年版。（施选　朱琚元）

百兽皮衣

彝族幻想故事。流传于云南省易门县彝族地区。讲述的是：从前，有一个彝族男人，自从娶了个美貌的妻子后，天天在家守望着妻子。一天，其妻对他说："你不出去劳动，我们吃什么？"丈夫说舍不得离开她。其妻只好画了两张自己的像给丈夫，让他把像挂在田边，这样丈夫就能时时看见她。一天，大风把妻子的画像吹到了皇宫里，皇帝看到了画像，就下令让手下官兵走遍天下也要把画上的人找来。官兵带着画像历尽千辛万苦终于找到了这个彝家美女，并要她进皇宫，不许抗拒。临别时妻子告诉丈夫去打一百种野兽，制成百兽皮衣穿在身上到京城的大街上跳芦笙舞，夫妻即可见面团圆。彝家美女到了皇帝那里就不吃不喝、不说不笑，整天愁眉苦脸。一天，当她得知有个穿百兽皮衣的人在街上跳芦笙舞时，就叫皇帝把他请进宫里来表演。这时她才露出了笑脸，皇帝也格外高兴。美女要求皇帝与跳芦笙舞的人换衣服，皇帝为了求得美人欢心只好照办。到夜晚，官兵们误以为穿龙袍的皇帝正在与美人吹笙跳舞，就把旁边穿五花百兽皮衣的人杀了，这个彝族男子就顺利地做了皇帝。

佚名讲述，罗天成搜集。收入《云南民间文学集成·易门县集成卷》，32开，2页，1000余字，云南民族出版社1994年版。（普开福）

长工小珠珠

彝族幻想故事。流传于云南省石屏县彝族地区。讲述的是：小珠珠早年丧父，母病危无钱治病，他只好去富人家当长工。一天，富人带小珠珠到庙里烧香求福，可出门时忘带筷子，便吩咐他去拿。当小珠珠去拿筷子时，发现富人有一个如花似玉的闺女，他便托母亲去提亲。富人虽答应了这门亲事，但提出了不可能办到的聘礼，六十斤重的公鸡和猪头各一个，三米长的韭菜一箩和一坛好酒。在一位长老的指点下，小珠珠终于按要求送了聘礼，娶了富人家的闺女。然而，小珠珠被新媳妇的美貌迷住，整天盯着媳妇看，不肯去做活，于是妻子画了两张自己的像给小珠珠带到地里。不料画像被风吹到皇宫，皇帝看见，出动人马找画上的人。新媳妇被皇宫的人抢走了。小珠珠照妻子的嘱咐到京城卖唱，皇帝为了讨好抢来的新媳妇，听从她的话与小珠珠对换衣服而被杀。从此小珠珠当上了皇帝，妻子当了皇后，两人共同治理国家。

龙代保讲述，龙天民记录、整理。载《红河文化》1992年第2期，16开，2页，1800余字，红河哈尼族彝族自治州文化局1992年编印。（龙倮贵）

干巴皇帝

彝族幻想故事。流传于云南省宣威市彝族地区。讲述的是：从前，有个会看风水的老人和三个儿子，他们过着穷苦的生活。一天，儿子们让爹爹给他们看看相，爹爹说老大、老二八字小，无福享受金和银，老三只能享受一块铁。不久，爹爹去世了，三兄弟把铁打成链子抬棺材，途中链子断了，此时天已黑，三兄弟没能掩埋棺材。第二天，他们发现蚂蚁抬泥巴已把棺材盖住。第三天坟头上长出一棵桃树，结出三个红桃子。三兄弟吃桃时许下愿。后来，老大、老二都当了丞相，老三却穷得到员外家放猪。员外见老三灵巧又英俊，就送他去读书，并把小姐许配给他。为解相思苦，老三带着小姐的画像上学堂。一天，大风把画像吹到皇宫，皇帝见画像上的小姐十分美貌，便强招其入宫。老三依小姐之言，每日认真读书，闲时打鸟剥皮。终于有一天老三凑够了一百张鸟皮，便缝成百鸟衣，穿着它到朝廷外走逛。小姐入宫后，从来不笑也不讲话，但当她见到穿百鸟衣的老三时便笑了起来。皇帝见状就与老三交换衣裳以此取悦小姐，结果皇帝被小姐骗出宫斩了，老三当上了干巴皇帝。

李树敏讲述，何明环搜集、整理。收入《宣威民间文学集成综合卷》，32开，5页，2000余字，云南民族出版社2001年版。（谭玉婷）

阿买

彝族幻想故事。流传于云南省牟定县彝族地区。阿买意为雀姑娘。讲述的是：传说雀姑娘出生在一个富有的人家，可是她生得丑，父母嫌弃她。长到十六岁时，父母要她离开家，永远不准回来。她骑着马来到一座深山里，遇见了猎手阿发。阿发让她进山洞歇息，因她身上都是脓包，所以她不肯进。后来她在阿发从猎物上揪下来的百鸟毛中睡了一觉，醒来后身上的脓包全消了，变成了一个漂亮的姑娘。不久，她与阿发成了家。一天，国王进山打猎，看见了雀姑娘，便把她抢去做王后。走时雀姑娘对阿发说：“一心去打猎，百日打百兽，穿上百兽衣来找我。”她被抢到宫中后，要求国王百日后再举行结婚仪式。满百日时，阿发来了。雀姑娘用巧计让国王与阿发换衣裳穿，然后高声叫：“怪兽进宫来了。”结果国王被武官打死了，阿发当上了国王，两人一起管理国事。后来，雀姑娘的娘来到宫中讨饭，她认出了娘，便好好招待了娘。当娘知道王后就是以前被她逼出门的女儿后，羞愧而死。

李万春讲述，普启旺记译。收入《彝族文学资料》，32开，21页，13000余字，牟定县文化馆1984年编印。（钱丽云　朱琚元）

阿依布玛

彝族幻想故事。流传于云南省巍山彝族回族自治县彝族地区。讲述的是：心灵手巧的阿依布玛姑娘，穿着丈夫用猎物羽毛做的披风，更加漂亮了。有个不务正业的王子对阿依布玛早有图谋。一天，他趁王爷不在家，就把阿依布玛抢到王府里。阿依布玛丈夫的哑巴弟弟赶忙到山上吹起芦笙把哥哥叫回来。阿依布玛的丈夫知道这件事后很气愤，想去跟王子拼杀，但在乡亲们的劝导下，暂时压住了怒火。阿依布玛在王府里，王子怎么做都得不到她的欢心。一日，她听见芦笙乐曲，笑了。王子出门一看，是个穿羽毛衣的怪人在吹芦笙，就叫家丁把那人抓进来，想穿上他的羽毛衣，让阿依布玛开心。开始那人不肯，后来两人商定暂时换衣服。王子穿着羽毛衣，刚一进门，穿着王子衣服的那人即阿依布玛的丈夫就用王子的口气命令家丁：“宰了那个闯进王府的疯子！”王子被宰了，阿依布玛夫妻俩就手拉手离开了王府。王爷从异邦回来，见此情景，气绝身亡。

褚应泰讲述，杨绍新搜集、整理。收入《南诏故地的传说》，32开，15页，7500余字，云南民族出版社2002年版。（段葵）

柴夫的奇遇

彝族幻想故事。流传于云南省石屏、红河等县彝族地区。讲述的是：从前，有一个樵夫，他每天砍柴路过的溪流中有块圆形大石，大石上面总有个特别大的石蚌，樵夫每天都要分一点冷饭放到石蚌前。有一天，石蚌化成美女指点樵夫砍倒了沉香。樵夫把沉香以三千两银子的价格卖给了县令派来的人，但他被告之要三天后才能得到银子。三天后樵夫去找县令要银子，县令却说沉香送给太守了，叫他找太守要银子；找到太守，太守说沉香送到京城了，叫他找皇帝要银子。樵夫上京找皇帝要银子，皇帝非但不给银子，还借故勒索，先索要了一把拉起来能使过路人忘记走路的二胡，再索要了一对鸩鸟，接着要了“见不着”，最后还逼樵夫把媳妇送去。樵夫媳妇看到皇帝贪财贪色，就让樵夫去娘家避难，约定百日后进京相会。百日期满，樵夫身披百鸟衣，口吹鸡毛笛来到了皇宫前，皇帝正逼樵夫媳妇成亲。樵夫媳妇设计让皇帝与樵夫换穿衣裤，然后指使卫士杀了皇帝，樵夫坐上了皇位。他善察民情，体恤民心，深受黎民百姓的拥戴。

佚名讲述，李朝旺搜集、整理。收入《彝族民间故事选》，32开，7页，4700余字，上海文艺出版社1981年版。（李朝旺）

三个财主

彝族幻想故事。流传于云南省永平县彝族地区。讲述的是：三个财主得知天上的伯乐要来当地济贫，便商量装作穷人砍柴，在山路上等候伯乐的到来。伯乐和使者来了，使者见他们三个很穷，就请伯乐施银。伯乐瞟了他们一眼，放了些银子后走了。三人商量，一人做饭，两人守银子，吃过饭后再分银子。做饭的财主想毒死两个伙伴，独吞银子，就在饭里放了毒药；守银子的两个财主也想占有银子，当做饭的财主来送饭时，两人几棍棒就把他打死了。二人吃了放有毒药的饭，还来不及分银子就一命呜呼了。

罗开才讲述，张忠武搜集、整理。收入《中国民族民间文学集成·永平县卷》，32开，2页，600余字，德宏民族出版社1989年版。（张秀娟）

牧童的故事

彝族幻想故事。流传于云南省玉溪市彝族地区。讲述的是：很久以前，西边山的一个牧童来到东边山小丫口村替人放牛。他放养的牛都很壮实，人人都夸奖，主人也很满意。牧童长成小伙子后主人叫他学着犁地。他养大的黄牛犁地很听话，主人很高兴。有一天，主人要他去犁高山后面的一块别人犁不了的石头很多的地，他去了，在那里很费劲地犁地。犁到一块大岩石旁时，黄牛站住了脚，他几番努力牛却不动。小伙子全面检查牛的四肢和地面情况，都无异常。他想是否地下有什么东西，于是就往下挖，挖出了一瓦罐银子来，他高兴地把罐子拿到荒草丛中埋起来。犁完地后，小伙子向主人家提出要回去照顾老母。清算工钱时他提出只想要那头牛而不要一分钱，主人同意了。小伙子就赶着牛驮着重重的银子回家了。

普红兴讲述，何庙链记录、整理。收入《玉溪市民间文学集成》，32开，3页，1500余字，玉溪市文化局、民委、文联、群艺馆1989年编印。（普开福）

小鬼

彝族幻想故事。流传于云南省金平苗族瑶族傣族自治县彝族地区。讲述的是：从前，有一帮爱捉弄人的小鬼，一天夜晚，这群小鬼把两兄弟白天犁出的田地又翻覆成原样。后来弟弟守夜逮住了鬼头。被抓的鬼头觉得自己与弟弟有缘，便留下和单身的弟弟一起劳动和生活。后来，鬼头让弟弟请媒人到财主家说亲，并动用小鬼们用金子铺路，帮弟弟迎娶了财主的女儿做妻子，还为弟弟盖起了走马转角房（四合院）。弟弟把后妈、哥嫂接来一起住。一天，鬼头对弟弟说，小鬼们帮了很多忙，要弟弟请小鬼们来家里吃饭，饭菜不要弟弟准备，唯一的要求就是家里人不能起来看。半夜，灶房传来砧板、桌椅的响声，伴随着阵阵香味飘来，后妈忍不住大声向小鬼要吃的，受惊吓的小鬼们四处逃散，房子全给撞倒了，后妈和哥嫂也被压死在墙壁下，弟弟和媳妇被鬼头救了出来。看着残垣断壁，鬼头对弟弟说："现在我也没有法了，小鬼们不敢再来了，以后的日子只能靠你们自己了。"说完，鬼头也不见了。

喻志明讲述，李强宁记录。收入《云南民间文学集成·金平故事卷》，32开，3页，1600余字，金平苗族瑶族傣族自治县文联1988年编印。（梁红）

苦命人

彝族幻想故事。流传于云南省红河县彝族地区。讲述的是：从前，有个男孩出生时算命先生预言他将来是个苦命人。从此，他虽得父母兄弟的疼爱，但却处处受别人歧视。在人们冷漠眼光中长大的他，决定到天宫去问天神仇格紫为什么自己的命这么苦。路上他遇到的土地老爷、富人、乌龟、鲤鱼、蛤蟆也托他问一问仇格紫如何解除各自的苦恼。见到天神后，仇格紫要求他所提问题的数量必须是单数。男孩放弃自己的问题而逐一问了其他五个问题。仇格紫告诉他：土地爷只要把他坐的那块银子送人就能上天庭；富人只要把他家灶里的银子给人，他的女儿就会走路；乌龟只要将背上的宝石送人，它就可上岸和下水；鲤鱼只要把嘴里含的夜明珠给人，它就能吃东西；蛤蟆只要将肚里的宝石送人，它就可以跳跃。男孩回到地上，把仇格紫的话一一转告了提问者，结果提问者都把银子、宝石和夜明珠送给了男孩。男孩从此成了好命人。

佚名讲述，白瑞义搜集，张秀丽整理。收入《红河县民族民间故事》，32开，3页，1400余字，云南民族出版社1990年版。（梁红）

"八败命"和"穷三代"

彝族幻想故事。流传于云南省景东彝族自治县彝族地区。讲述的是：从前，有一个大户人家生下一个女儿，八字先生说她命不好，父亲给她取名"八败命"。"八败命"长大后人们都怕她，更没有男人愿意娶她。一天，一个名叫"穷三代"的小伙子经过"八败命"家门口，听见她父亲正在骂她，"穷三代"说愿娶"八败命"为妻，她的父亲同意了，但表示姑娘出嫁后不再相认。"穷三代"把"八败命"领到自己的破茅屋中。"八败命"拿出自己带来的三两六银子叫"穷三代"去买米。"穷三代"这时才知道这种东西叫银子，可以当钱用，于是带着"八败命"到山里，把他原来见过的一大堆银子搬回了家，过上了好日子。

祝发章讲述，陶明贵记录。收入《景东县民间文学集成》，32开，2页，1000余字，景东彝族自治县民委、文化局、文化馆1989年编印。（施文志）

羊尾巴的故事

彝族幻想故事。流传于云南省元谋县彝族地区。讲述的是：从前，有一家老两口很穷，除了一个独姑娘和一只母羊外，什么东西也没有。有一年遇到大旱，日子无法过，老奶与老倌商议分家。第二天，老两口一清早就把姑娘和羊带到山坳里，两人分别站在两边山头上，心里盘算着如何把姑娘和羊分到手。老奶拿一块盐巴叫羊，老倌拿一根树枝叫羊。羊看不清盐巴，只看得见树枝，就朝老倌在的山头跑去，姑娘也跟着羊走。老奶连忙追上去，拉住羊尾巴不放，羊往前挣，她朝后拉，就把羊尾巴扯断了，最终羊和姑娘都到了老倌手里。老奶看着羊尾巴，心里很难过。这时羊尾巴说话了："善良的老大妈，请你不要把我丢掉，你只要把我拿回家里供着，我就会显灵帮助你。”老奶真的把羊尾巴供了起来。夜里，羊尾巴果然显灵，桌上摆满了金银珠宝，从此老奶吃穿不愁，金银满柜，粮食满仓，日子越过越富。寨子里的头人知道羊尾巴的事后不相信，便对老奶说：“你叫羊尾巴来偷我那颗夜明珠，如果九天九夜以内偷出去，我这个头人就让给你当。”羊尾巴与头人斗智斗勇，最终羊尾巴将头人的夜明珠拿到了老奶家。后来，老奶当了头人。

肖玉才讲述，李世忠、祁树森记录。收入《楚雄民间文学资料》第二辑，32开，3页，1600余字，楚雄彝族自治州民委会、文教局1979年编印。（施选　朱琚元）

一穗谷子

彝族幻想故事。流传于云南省石屏县彝族地区。讲述的是：一个仙女羡慕人间男耕女织的生活，便借故下凡后跟一个长工成了婚，并请求财主收她做长工。财主见其貌美，便答应了她的要求，并说要多少工钱都可以。仙女说她不要工钱，只要一块够栽一穗谷子的田就行了，并立下十年做他家长工的契约。头一年仙女撒下一穗谷子，栽了簸箕大的一小块田，收得一小碗谷子；第二年撒下那小碗谷子，栽了小半丘田，打得一大箩谷子；第三年，撒下那大箩谷子，栽了一大畈田，收了几大堆谷子……七年后，财主的半个家产成了长工家的。财主睡不着了，提出要跟长工换媳妇。长工在仙女的授意下说要换媳妇可以，但要媳妇、家财全换。换媳妇的日期到了，仙女借故荡秋千上天了。长工思念过度，病倒了，仙女托梦叫其三月三到村东杉树顶喜鹊窝里抱儿子。长工抱得儿子后，失去仙妻之悲伤才渐渐被抚平。

佚名讲述，李朝旺搜集、整理。收入《彝族民间故事选》，32开，7页，5500余字，上海文艺出版社1981年版。（李朝旺）

豹子精与干妹子

彝族幻想故事。流传于云南省红河县彝族地区。讲述的是：从前有两姐妹生得如花似玉。有一天，有个豹子精变成英俊小伙儒雅地向已被父母许配人家尚未举行婚礼的姐姐求婚。姐姐被豹子精的外表所吸引，应下了这门婚事。出嫁这天她避开父母，在妹妹的陪伴下上了路。半道上，走在后面的妹妹发现了新郎屁股后面露出的尾巴，便不停地找借口想告诉姐姐，可急不可耐的姐姐却打发妹妹自己回家，妹妹眼巴巴看着姐姐跟豹子精走了。姐姐被豹子精带进洞穴，看到遍地的白骨和一个披头散发的老妇人，才后悔不已。一天，趁豹子精外出觅食，姐姐在老妇人的帮助下逃出洞穴，并在七个男人的帮助下打死了豹子精。当她决定兑现原来的婚事时，那个男人却只愿意认她做干妹子。

佚名讲述，白瑞义、张秀丽搜集、整理。收入《红河县民族民间故事》，32开，4页，2500余字，云南民族出版社1990年版。（梁红）

一怒分穷富

彝族幻想故事。流传于云南省建水县彝族地区。讲述的是：古时候，天下不分贫富，人人有钱，家家有吃穿。一天，大佛爷要过河，因他不能下水，便以付给报酬为条件来央求人们背他过河。人们不但不同意，反过来还要大佛爷背他们过河。大佛爷看到人们因为有钱就不肯帮助人，于是就把所有银子收了回去。没有了银子，人们开始心焦起来，又去求大佛爷，大佛爷就是不给。最后，机智的财神爷从大佛爷那里得到两锭银子，他给了土地神半锭，剩下的一锭半给了人，后来，天下有了贫富差别，有钱的人不多，无钱的人不少。

李家文讲述，李春光搜集，尼苏艾诺整理。收入《云南民间文学集成·建水故事卷》，32开，2页，500余字，建水县文化局、民委1989年编印。（梁红）

放牛的孩子

彝族幻想故事。流传于云南省建水县彝族地区。讲述的是：从前，有一个财主赶着马车在街上横冲直撞，撞死了一个小男孩，放牛的孩子看见了，伤心地哭了起来。这时旁边的老牛开口说话了，并给了他一颗葫芦子还告诉了他救小男孩的办法。放牛的孩子把葫芦子栽在岩石下，第二天，他顺着已长到山顶的葫芦藤爬到山顶摘下了葫芦花，然后把花放到被撞死的小男孩嘴里，小男孩马上就复活了。财主知道后，也向老牛要了葫芦子栽到岩石下，半夜葫芦藤长出来时，财主攀着葫芦藤爬上了山顶。当他得到一大包金子顺着葫芦藤返回时，葫芦藤断了，财主摔下来死了。

佚名讲述，李月昌搜集，张绍碧整理。收入《云南民间文学集成·建水故事卷》，32开，1页，700余字，建水县文化局、民委1989年编印。（梁红）

山怪与牧童

彝族幻想故事。流传于云南省石屏县彝族地区。讲述的是：一天，和母亲相依为命的小牛宝在山上放牛时被狂风卷进了石洞，他的呼救声惊动了洞底的山怪，山怪看见长相可爱的小牛宝便救了他。为了让小牛宝留下陪自己生活，消解孤独与寂寞，山怪拿出小牛宝喜爱的各种石玩具，并让他睡碧玉床和金床，可小牛宝一直哭嚷着要妈妈。山怪问："难道这么多黄金碧玉还不如你妈妈珍贵吗？"小牛宝回答："没有母亲就没有我，没有金银我同样生活！"被感动的山怪把小牛宝送回了家，并让他家门前的石头变成了金子，使他家米缸里的米永远吃不完。

佚名讲述，何建搜集、整理。收入《云南民间文学集成·石屏故事卷》，32开，3页，1500余字，石屏县文联1996年编印。（梁红）

王小二砍柴

彝族幻想故事。流传于云南省昆明市彝族撒梅人地区。讲述的是：自幼死了父亲的王小二，靠打柴养活自己和失明的母亲。他养了一条叫黑蜂的小黑蛇，十二年后，黑蜂长成了大蟒蛇，其食量很大。母亲不让王小二再养黑蜂了，王小二只得忍痛将黑蜂放归山林。后来，王小二在黑蜂的帮助下救出了被蛇魔掠走的丞相的女儿，并和丞相的女儿成了婚，与母亲一道过上了幸福生活。

张文友讲述，沈耽记录、整理。收入《昆明民间故事》第一辑，32开，3页，700余字，昆明市民间文学集成办公室1987年编印。（梁红）

高傲的妮嫫

彝族幻想故事。流传于云南省禄劝彝族苗族自治县彝族地区。讲述的是：很久以前，在扯米得村的龙潭对面的山岩下住着一户姓普的彝家，夫妇俩有个独生女，肤白腰细，美丽动人，因她只爱穿绿衣服，人称妮嫫（绿姑娘）。由于从小被父母娇宠，受人赞扬，越长越美的妮嫫，却没有少女的纯美善良，挂在脸上的只是傲慢和清高。妮嫫才十七八岁的时候，说亲的人就如蚂蚁一样多。一次，来说亲的小伙子们争风吃醋，在妮嫫家大打出手，许多人被打得头破血流，遍体鳞伤，可妮嫫却只顾织麻布，对眼前的一切无动于衷。从此，再也没有人上门说亲了。金沙江水神为妮嫫的美丽所打动，也耳闻了妮嫫的孤傲，就先后变成大力小伙子、英俊风流的小伙子、小蜜蜂去求亲，都遭到了妮嫫的拒绝。水神盛怒之下一口气把她吹到山岩上，她再也没下来。

李俊讲述，袁佑学搜集、整理。收入《云南省昆明市民间文学集成·禄劝民间故事》，32开，3页，2000余字，禄劝彝族苗族自治县文化局民间文学集成办公室1991年编印。（梁红）

人不要被兽骗

彝族幻想故事。流传于云南省陆良县彝族地区。讲述的是：很久以前的一天，撒尼寨子里的漂亮姑娘阿微和阿仄相约去赶街。路上，她俩在松树下歇凉时，走来两个长相令她们倾心的小伙子，相互攀谈起来，越谈越投机，以至于忘了赶街。赶街的人返回时，他们才依依不舍地分手，并约定再会日期。当晚，村里的阿味婶告诉她俩，今天她们所遇到的两个小伙子是狼、虎变的，她们将信将疑。到了相约的日子，她俩提早到见面地点，爬到茂密的大树上躲着。月夜下，她们看到两个小伙子往树下走来，便对阿味婶的话产生了怀疑，正要下树，只听树下两人讲："嗨，那天我就说把她俩缠到天黑后饱餐一顿，你偏要多留几天，看嘛，今天连影子都不见，要不然两个嫩姑娘，光大腿就可以美美吃一顿！"阿微和阿仄在树上吓得魂不附体。忽然一声咆哮，两个小伙子在地上一滚变成了狼和虎，这时阿味婶带着村里的猎人赶来了，狼和虎逃窜而去。阿微和阿仄从树上下来，泪流满面，阿味婶对她们说："看人可不能只看外表，只听甜言蜜语！"

毕发有讲述，李树德采录。收入《云南民间文学集成·陆良县卷》，32开，4页，2900余字，云南民族出版社1993年版。（梁红）

永不凋谢的哝嗦花

彝族幻想故事。流传于云南省禄劝彝族苗族自治县彝族地区。讲述的是：从前，以农山寨流行一种恶性传染病，染者必亡。少年小音郎为治好母亲和乡亲们的病，在百岁老公公的指点下，前往兰湖边寻找能治百病的稀有花卉哝嗦花。一路上，小音郎在众人的帮助下战胜了老鹰、蟒蛇，并在兰湖边的绝壁上采到了唯一的一朵哝嗦花，治好了成千上万人的病。但当小音郎赶到家准备救母亲时，哝嗦花已凋谢，母亲永远地闭上了双眼。悲伤的小音郎把已凋谢的哝嗦花插在母亲坟上，哝嗦花又重新活了过来，从此再也没有凋谢过。

杨大军讲述，张建伟、闻林搜集、整理。收入《云南省昆明市民间文学集成·禄劝民间故事》，32开，2页，1500余字，禄劝彝族苗族自治县文化局民间文学集成办公室1991年编印。（梁红）

三辈划船人

彝族幻想故事。流传于云南省石林彝族自治县彝族地区。讲述的是：从前，有户姓王的人家，三代人在渡口为过往行人免费划船，他们的做法感动了天神。一天，天神装成癞子，乘坐第三代划船人三兄弟的船，得到了很好的照顾，于是，天神分别送给他们三兄弟会飞的长披衣、能隐身的毡帽、会变出万物的葫芦三件礼物。他们凭着这三样宝物到天界村请来能说会道的阿张三到官家说媒，把官家的三个姑娘娶回了家，过上了和睦幸福的生活。

金国库讲述，金星耀采录。收入《云南省民间文学集成·路南民间故事》，32开，3页，1600余字，云南民族出版社1996年版。（梁红）

李子箐

彝族幻想故事。流传于云南省石林彝族自治县彝族地区。讲述的是：古时候的石林地区，四处长满了果实累累的李子树，可果子又苦又涩，难以入口。唯独岩石上长着的两棵红李子树，传说果子味道很好，但人们却无法摘到。一日，青年猎人阿若在李子箐中救了玉兔仙女。仙女告诉阿若红李子树是金元宝树，并赠给他上岩石取元宝的石门钥匙。阿若果然摘到了一个金元宝。阿若的哥哥阿木得知情况后，逼着阿若交出钥匙，当贪心的阿木用斧子砍倒红李子树时，连人带树掉进了深渊。

佚名讲述，普飞采录。收入《云南省民间文学集成·路南民间故事》，32开，2页，1000余字，云南民族出版社1996年版。（梁红）

太阳姑娘

彝族幻想故事。流传于云南省峨山彝族自治县彝族地区。讲述的是：从前，有个贫苦农家的女儿在财主家里做丫鬟。有一年皇帝要用抛绣球的方式从未婚少女中选亲。到了选亲那天，财主怕自己满脸麻子的女儿没有丫鬟漂亮而选不中，就故意在地上撒了三升小米叫丫鬟一颗一颗捡起来，从而阻止丫鬟到选亲现场。太阳姑娘很同情丫鬟，喊来一大群绿翠鸟帮丫鬟捡完了小米。当丫鬟来到选亲现场时，绣球不偏不倚正好打中了她，可麻子姑娘抢走了绣球。在太阳姑娘的帮助下，丫鬟又重新获得了绣球，最终做了皇后。

佚名讲述，孙羚搜集。收入《峨山民间文学集成》，32开，3页，900余字，云南民族出版社1989年版。（聂鲁）

龙泉水的传说

彝族幻想故事。流传于云南省元江哈尼族彝族傣族自治县彝族地区。讲述的是：从前，彝家山寨有一户人家，厚道又善良。哥哥叫苦汗，嫂嫂叫酒香，妹妹叫阿秀，还有一位年迈的奶奶。一天，山寨头人巴拉想强抢苦汗的妻子酒香为妻，便把苦汗抓到大黑山做苦活，又把酒香抓到家中，并派家丁到大黑山把苦汗推下了悬崖。正是苦汗摔死这天，酒香也在巴拉家绣楼上自尽了。奶奶听说后气得眼睛都哭瞎了，直叫口渴。阿秀在好心人的指点下找到龙泉水，奶奶喝后眼睛好了。巴拉知道后，就找到那口龙泉，正要舀水喝，却被从大树上掉下的果子砸死了。

佚名讲述，杨国超记录、整理。收入《元江民族民间文学资料》第五辑，32开，8页，4000余字，元江哈尼族彝族傣族自治县文化馆1985年编印。（宋自华）

金镰刀的故事

彝族幻想故事。流传于云南省易门县彝族地区。讲述的是：地主经常刁难、毒打一个在他家做工的男孩，每天男孩不割回鲜嫩的草料就没有饭吃，还要挨马鞭。一个寒冷的冬天，地主逼男孩去割新鲜嫩草，他爬了几座山也不见一棵绿草，最后当他爬上最高的莲峰山顶时镰刀掉下了万丈深渊，他坐在独木桥旁边哭了起来。这时远处传来一个亲切的声音安慰他，并有一把金镰刀落到了他手中，身边马上长满了嫩草。他割了满满一竹篮草背回了地主家。地主看到绿油油的嫩草，特别奇怪，便问男孩是怎么割到的，憨厚的男孩如实地讲了事情的经过。地主也想得到金镰刀。一个寒冷天，贪婪的地主爬上莲峰山，在独木桥旁故意将镰刀扔下山谷，还假装伤心地大哭起来，可半天没有什么声音。他想找金镰刀，就踏上独木桥，不想却掉下了万丈深渊。

佚名讲述，马天寿搜集。收入《云南民间文学集成·易门县集成卷》，32开，2页，900余字，云南民族出版社1994年版。（普开福）

延寿桥

彝族幻想故事。流传于云南省江川县彝族地区。讲述的是：从前，有一个叫吴贵富的人，家财万贯，但他的表弟李本安却吃穿困难。一天，二人出门做生意，吴贵富请人算命，算命先生说他只能活两个月了，一路上他愁眉苦脸。在途中，碰上一处桥梁被洪水冲垮了，吴贵富想到自己只能活五十七天了，留再多的金银也无用，就决定在此修一座桥。桥很快修好了，人们把桥取名为“吴善桥”。两个月过去了，却不见阴司里的小鬼来传吴贵富。又过了一段时间，他梦见阴司里的小鬼跟他说，因为他把大部分家产用来造桥，所以阎王撤销了传令，还延长他三十年的寿期，并送给他一对儿女。第二年吴贵富果然生了一对龙凤胎。后来人们就把“吴善桥”改名为“延寿桥”。

安朝义讲述，杨忠友、李志忠、戴琼凤搜集，杨忠友、李志忠整理。收入《江川县民间文学集

成》，32开，4页，2100余字，云南人民出版社1997年版。（普开福）

神伞与宝葫芦

彝族幻想故事。流传于云南省姚安县彝族地区。讲述的是：从前，有个姓艾的财主有三个儿子。一天，艾财主给三个儿子每人三驮货物，让他们出去做生意，以一个月为限，看哪个赚钱最多。大儿子艾贵一心想当官，卖的货物价钱贵，一个月才把货物卖完，不赚不亏；二儿子艾财能说会道，会做生意，卖了三驮货物后又买回了三驮草药，赚钱最多；三儿子艾民，卖货价钱公道，遇到穷人干脆白送，卖得的钱也送给了穷人，最后只剩下三匹马赶着回家。半路上他救了一个摔下山的小孩，把马也送给了小孩家，他自己却空手回到了家，被父亲赶出了家门。后来，艾民在为民除大蟒时得到了一颗夜明珠。这颗夜明珠是龙母娘娘的宝贝，娘娘要艾民还回夜明珠，并答应满足他提出的一切条件。艾民什么也不要，只图有吃住。娘娘就送了他一把神伞和一个宝葫芦。艾民带着宝物回到家乡，将神伞一撑，即刻变出了八院大瓦房；打开宝葫芦一念口诀，便有一群仙女出来抬酒菜、摆碗筷招待客人，并翩翩起舞，客人赞不绝口。有个兹莫（官名）是个贪财好色之徒，看见仙女便垂涎三尺，他要求用官爵与艾民交换宝物。这个兹莫得到宝物后，立即念口诀让仙女出来给他当夫人，结果九十八个仙女吐了他一脸唾沫，并取走了两件宝物回大海去了。艾民当上兹莫后，清正廉洁，减税减捐，深受百姓爱戴。

李玉才、李光明讲述，罗桂森搜集、整理。收入《彝族民间故事》，32开，8页，5000余字，云南人民出版社1988年版。（钱丽云　朱琚元）

耍龙

彝族幻想故事。流传于云南省南华县彝族地区。讲述的是：英俊小伙张打山自幼双亲病故，他酷爱打猎。一日，在深山密林中，张打山遇见一只小黄狗，就把狗抱回家中。从此，他每日晚归，总有热气腾腾的饭菜和美酒摆在桌上。他不知道这到底是谁做的。为了弄个水落石出，有一天，他背上弓箭装作出去打猎，然后悄悄躲在房背后从墙洞往里偷看，原来小黄狗是一个仙女变的，饭菜和美酒就是她做的。张打山从此不愁吃不愁喝。有个大老爷起了歹意，派出官府差役传张打山去。大老爷要张打山做三件事：第一，让他抓来三百只大老虎；第二，让他捉拿一百五十个脸上长毛、屁股挂红的猴子；第三，要他找笑死的人。在山神和天仙的帮助下这三件事都完成了，但大老爷还不满意，仙女就用篾扎了条龙，把龙绘得五光十色，还在龙肚里装了两包东西，在龙舌上拴了一根线后呈送给大老爷。龙像箭一般地飞进府堂，大老爷急忙叫差役用火去烧。火扔入龙嘴里，只听“轰”的一声巨响，浓烟缭绕，火焰冲天，府门大院一毁而尽，大老爷全家尸骨飞天。

冯荣讲述，陈维礼、周丕福记录、整理。收入《民族民间文学资料》，32开，7页，2800余字，南华县文化馆、民委1986年编印。（施选　朱琚元）

石龙

彝族幻想故事。流传于云南省武定县彝族地区。讲述的是：从前，有个人叫石龙，他从小没了爹娘，靠给叔父家放羊过日子。叔父每天给他一个粑粑拿着上山放羊时吃。一天，他把羊群赶到一座山上，看见一间茅屋里有一个面黄肌瘦的白发老人，就将粑粑给了老人。老人告诉他有个神仙的女儿双眼看不见了，神仙说谁把他家小姐的眼睛医好，小姐就嫁给谁。然后老人给了石龙一块小玉石，让他把这块玉石放在碗中的水里磨三下，并告诉他把玉石磨过的水分三次滴进小姐眼睛里，就能将小姐眼睛治好。石龙依照老人的指点来到神仙居地，医治好了小姐的眼睛。但神仙出尔反尔，只以三盘银子作为答谢，并把石龙赶了出来。神仙小姐就变成蝴蝶、白马把石龙送回了家，并和石龙成了亲。但神仙没有轻易地放过他们，他派妖怪将他俩住的茅屋烧成灰烬。危急关头，那位老人救了他俩。后来，他俩过上了平安的生活，老人却变成一股风飞到天上成了北斗星。

李家成讲述，拜如永、王建华搜集。收入《楚雄民族民间文学资料》第三辑，32开，4页，2300余字，云南省社会科学院楚雄彝族文化研究室1982年编印。（施选　朱琚元）

好心有好报

彝族幻想故事。流传于云南省禄丰县彝族地区。讲述的是：从前，有一家母子二人相依为命，生活在深山老林里。有一天，儿子挑萝卜去卖时，看见一条狗将被买去屠宰，于心不忍，便用卖萝卜的钱把狗买了回来。第二天儿子卖柴时，又遇到一个人要买一只猫回去杀吃，他看着猫可怜，又将卖柴的钱买了猫。家里已没有一点粮食，他只好到山外的老爷家帮工，用挣得的白面来赡养母亲。他尽心尽力地在老爷家帮了三年工，猫与狗也一起在老爷家卖力地捉老鼠、守门，老爷很满意，就要送给他一些财物让他回家娶妻，但他什么也没要，只要了老爷家的一背篮土，说要回家给老爷塑像，以报答老爷对他母子俩的救命之恩。当老爷的塑像只差一条腿就完工时，土没有了，他又回到老爷家去拿。在带着土返回的路上下起了大雨，打了一个雷后，只见前面山岩上掉下一个女人，身上着了火。他把背着的土泼上去压灭了火，救活了女人。这个女人原来是龙王的女儿。龙王为了报答救命之恩就将女儿嫁给他，并送了他们一对阴阳宝戒。有了这对宝戒，想要什么就可以有什么。从此以后，一家人过上了荣华富贵的生活。

肖存英讲述，拜如怀记录。收入《禄丰县民间故事普查资料汇编》，16开，5页，2200余字，禄丰县委宣传部、文化局、民委1988年编印。（钱丽云　朱琚元）

前生注定

彝族幻想故事。流传于云南省禄丰县彝族地区。讲述的是：从前，有一个老员外有三子一女，女儿名叫注定。有一天，注定去赶街时把金戒指弄丢了，恰好被邻居家的儿子拾到了归还给她。老员外觉得邻居家这个名叫前生的男孩人品不错，便不顾妻儿的反对，将前生招为女婿。当时老员外家刚盖了三间新房，老员外就把其中一间房子作为女儿的新房。新婚之夜，前生和注定刚准备睡觉，房间里却出现了一个白胡子老头，老头告诉他俩，这间房里埋有许多银子，是他们前世留下的，他已经帮他们夫妻俩守了几百年了，现在交还他俩。夫妇二人立刻叩首言谢，抬起头时白胡子老头已经不见了。夫妻二人找来锄头挖了一整夜，天快亮时挖到很多银子。他们用这些银子盖了一幢新房，置了一些田地，从此过上了幸福的生活。

佚名讲述，拜如怀记录。收入《禄丰县民间故事普查资料汇编》，16开，3页，1300余字，禄丰县委宣传部、文化局、民委1988年编印。（钱丽云　朱琚元）

阿古与阿赊

彝族幻想故事。流传于云南省楚雄彝族自治州彝族地区。讲述的是：从前有两兄弟，哥哥叫阿赊，弟弟叫阿古。哥哥娶了媳妇就分家，只给弟弟一件破蓑衣和三斤香油。弟弟披着蓑衣提着香油出了家门，路上遇到一个白胡子老爷爷，阿古将蓑衣给他披上，扶着他来到一座破庙里，点上香油，安顿老爷爷睡觉。第二天，阿古醒来时老爷爷已经不见了。他来到南山，又碰上了老爷爷，老爷爷指了一个地方让阿古去开荒种地。阿古开荒时挖出了大堆金银，从此阿古过上了富足的日子。一天，一个癞头跛脚的老人来阿古家要饭，阿古送了他一些金银和绸缎，老人很感动，回送他一颗桃核。阿赊和他媳妇听说弟弟发财了，赶来问了事情的经过，也学弟弟一样提着九斤香油到庙里点灯，结果不慎失火烧了庙，他俩也被烧死了。阿古发财的消息很快传开了，穷人都来向他讨金银，阿古把财物全给了乡亲们，自己只剩下一间草房，一块地和那颗桃核。阿古按照癞头跛脚老人的吩咐种下了桃核，三年后，桃树开出了红艳艳的花，阿古刚摘下一枝桃花就被一种无形的力量带离地面，落到了一个陌生的地方。在那里，阿古看见一群人在搬石条，便上前帮忙。那群人将石条丢在宫殿旁，阿古也跟着丢。阿古丢下的石条一落地就发出一声巨响，把宫殿里公主的耳聋治好了。国王将他招为驸马，从此阿古过上了幸福美满的生活。

普七鲁讲述，黄世荣记译。收入《彝族民间故事》，32开，9页，6300余字，云南人民出版社1988年版。（钱丽云　朱琚元）

色米与阿丹

彝族幻想故事。流传于贵州省彝族地区。讲述的是：土司的千金色米和长工阿丹相爱，不久被老土司发觉了，于是双双遭到迫害，阿丹被丢进枯洞，色米被抽得奄奄一息。老土司只好贴告示求医，宣称谁医好色米的病就送色米给他。来了许多人都没治好色米的病。一天，一只山羊揭了告示，表示能医好，山羊舔好了色米的伤口，可土司又反悔了，色米的伤口再度溃烂，土司无奈只好让山羊医好色米后带走色米。原来，这只山羊是阿丹死后变的，白天是羊，晚上是年轻英俊的阿丹。从此，他们过上了幸福美满的生活。

高树权、陈忠文讲述、翻译，靳雨坤记录。收入《中国民间文学集成·贵州彝族回族白族故事选》，32开，8页，3500余字，贵州民间文学集成办公室1993年编印。（罗德显）

银花和金花

彝族幻想故事。流传于云南省会泽县彝族地区。讲述的是：从前，樟木箐一户姓黄的彝家有两个漂亮的女儿金花和银花。两姐妹长相一样，可你来我往的求亲者却只向银花提亲。虽然黄家两夫妇以“大马不过河，小马咋能过江”为理由搪塞，但来来往往提亲的人仍只向银花提亲，结果黄家把银花嫁给了梳罗寨勤劳的彝族青年杨富春。第二年，银花带着一岁的儿子回娘家探亲。返回时，好心的银花邀金花前去散心，可蛇蝎心肠的金花借故换了银花的衣服、耳环，途中把银花推下了石崖，背着娃娃到梳罗寨骗过了杨富春和他生活在一起。一天，银花变成一只绿翠鸟飞到杨富春做活的地方，被杨富春带回家。结果绿翠鸟被金花烧死。绿翠鸟死后变成一把剪刀，被好心的杨大妈捡回家。后来，剪刀变成一个美丽的姑娘为杨大妈做饭、收拾家务时，被杨大妈发现，于是她们认作母女。一天，银花让杨大妈请杨富春来做客，夫妻二人在杨大妈家重逢，并认杨大妈为妈妈。金花看见银花死而复活，吓得冲出家门跳崖自尽了。

包张氏讲述，包勇采录。收入《中国民间故事集成·云南卷》，16开，4页，4000余字，中国ISBN中心2003年版。（梁红）

皇帝招亲

彝族幻想故事。流传于云南省武定县彝族地区。讲述的是：从前，有一个皇后生了一个女儿，从落地时起便啼哭不止，皇帝无法，便请了一个毕摩来算卦。毕摩卜卦的结果说皇城里有一对乞丐夫妻与皇后同时生了一个男孩，把他招来做姑爷，公主才不会哭，皇帝只好照办。斗转星移，孩子们长大了，皇帝却想反悔，设计要杀死准姑爷。一天，皇帝带着姑爷一起去视察，中途让准姑爷捎信回皇宫。在返回皇宫的途中，准姑爷遇见了仙人，仙人改动了信上的内容。回到皇宫后皇后按照信上的要求让公主和准姑爷成了婚。皇帝回来后，见姑爷还活着，便质问皇后，皇后将信给他看，才知事情被弄巧成拙了。皇帝再次刁难，要求姑爷取回三个太阳姑娘头上的三根金头发，否则不承认他这个女婿。姑爷想办法取回了三根金头发且带回来了七块金银，皇帝想得到更多的金银，便沿着姑爷的行走路线去拿金银，哪知却被留在海边做了一辈子的摆渡人，姑爷则接替了他的王位。

苏兰芳讲述，王正先记译。收入《云南省武定县民族民间文学集成》，16开，2页，800余字，武定县文化局、民委、文化馆集成办1989年编印。（钱丽云　朱琚元）

淌来儿

彝族幻想故事。流传于云南省武定县彝族地区。讲述的是：从前，有一个皇帝打猎时在森林里迷了路，借宿在一户烧炭人家，当时恰逢烧炭人的妻子生子。皇帝听烧炭人说曾有一个白胡子老头预言孩子将来要当驸马、做皇帝。皇帝便将孩子的母亲掐死后，把孩子带回王宫，招来一个铁匠打了一个铁箱子，将孩子放在其中顺水漂走。孩子被一个渔夫发现并收养，取名淌来儿。十八年后，孩子成人了，皇帝打猎经过渔夫家，认出了淌来儿，便叫淌来儿送一封信回王宫。半路上，一个白胡子老头叫住淌来儿，留他住了一宿，改动了信上的内容。淌来儿来到王宫，皇后照信的要求招他当了驸马。皇帝回来后被气得半死，对淌来儿百般刁难，逼着他去取回太阳姑娘头上的三根金头发，想以此来整死他。淌来儿历尽千难万险，终于取回了三根金头发。皇帝见整不死淌来儿，还听淌来儿说取金头发的路上有活命泉和长生果，便想取些来享用，永远当皇帝。谁知他最后却被留在渡船上当了一辈子的划船人，驸马则接替了他的皇位。

周联先讲述，松绍先记译。收入《云南省武定县民族民间文学集成》，16开，6页，3000余字，武定县文化局、民委、文化馆集成办1989年编印。（钱丽云　朱琚元）

七仙女的故事

彝族幻想故事。流传于云南省武定县彝族地区。讲述的是：古时候，有一对夫妻，男的一心想生一个男孩传宗接代，可是妻子一连七胎都生了女孩。一天，狠心的父亲把女儿全部丢弃在荒野。后来这七个被丢弃的女孩被仙人所收养，几年后一个个长得亭亭玉立，美丽非常。有一天晚上，女孩的母亲梦见七个女儿站在她面前，个个如花似玉，她们告诉母亲第二天要回家给父亲拜寿，让母亲不要在家。第二天，母亲借故离开了家，七个女儿变成七条大蟒蛇进了家，父亲被吓得魂不附体，躲在一只沙缸里。七条蛇一拥而上，把沙缸紧紧箍了起来，把狠心的父亲闷死在沙缸里。七条大蟒蛇又还原成了七个美丽的姑娘上了天，永远住在天上，成了七仙女。

李陈氏讲述，王维记译。收入《云南省武定县民族民间文学集成》，16开，1页，400余字，武定县文化局、民委、文化馆集成办1989年编印。（钱丽云　朱琚元）

阿勒

彝族幻想故事。流传于云南省金平苗族瑶族傣族自治县彝族地区。讲述的是：古时候，以牯牛为伴的单身汉阿勒得到七仙女的好感。七仙女想方设法与阿勒搭讪，后来由牯牛撮合，多依树做媒，他们成了亲。然而，他们在一起只生活了七天七夜，七仙女就被阿勒赶走了。媳妇走后，阿勒后悔不已，整天思妻而不做活。牯牛只好把阿勒驮到天上七仙女家，阿勒向七仙女的娘认错求情，但七仙女的娘要阿勒办完三件事才准带走女儿。点豆子、种花生这两件事在七仙女的帮助下阿勒完成了，第三件事是七仙女的娘要阿勒带着一包饭去砍万年青树，并交代他砍倒了树才能吃饭。阿勒举斧拼命砍，眼看万年青树就要被砍倒了，这时天空突然飞来一群乌鸦抢阿勒带的饭吃，阿勒忙着去赶乌鸦，返回一看，砍过的树又恢复成原样。就这样，阿勒砍了一天又一天，一年又一年，每次砍到一半，乌鸦就出现。据说，阿勒砍的这棵树就是月亮上的娑罗树。

喻志明讲述，余发勤记录。收入《云南民间文学集成·金平故事卷》，32开，3页，1600余字，金平苗族瑶族傣族自治县文联1988年8月编印。（梁红）

鼻子上淌汗的是你父亲

彝族幻想故事。流传于云南省双柏县彝族地区。讲述的是：很久以前，有一家夫妇俩，男的叫普小二巴子婆（彝语：木匠），女的叫劳给母（彝语：巧手媳妇）。有一天，财主周万富派两个狗腿子到普小二巴子婆家，要他十天内上山砍好一千根木头，圆的五百根，方的五百根，不准请人帮忙，做不到就杀头！为此，普小二巴子婆急得吃不下饭，睡不着觉。他的妻子安慰他，叫他不必害怕，只管吃饱睡好。第二天，妻子让他到山上砍十个木头人，妻子给每个木头人画好样貌。说来真怪，这些木头人一画好样貌，个个就像真人一样能干活，而且个个像普小二巴子婆。这十个木头人在普小二巴子婆的指挥下，就七手八脚地砍起木头来。到了第七天，狗腿子听到整个山上都是砍木头的声音，连忙跑回去报告主人说普小二巴子婆请人来砍木头。财主周万富欲害死普小二巴子婆，普小二巴子婆的媳妇识破了周万富的阴谋，就连忙叫儿子把父亲叫回来，并告诉他鼻子上淌汗的就是父亲。儿子找到父亲以后叫他赶快躲藏起来。财主周万富亲自带领几十个全副武装的狗腿子到山上抓普小二巴子婆，正准备动手，突然听见一声“打！”只见木头人拿着棍棒向财主周万富打来，狗腿子们招架不住，一个个被打死了，周万富想跑也来不及，也被打死在山上。

佚名讲述，法增和记录。载《哀牢山文艺》1997年第1期，16开，2页，3500余字，双柏县文联1997年编印。（施选　朱琚元）

炳嘎

彝族幻想故事。流传于云南省金平苗族瑶族傣族自治县彝族地区。讲述的是：彝家读书人炳嘎为考上状元，搬到山庙里静心温习，不料被妖怪盯上。一天，妖怪派了一个叫丫头的漂亮女鬼来迷惑炳嘎，炳嘎不为所动，这让女鬼很感动，便把自己的目的告诉了炳嘎。当夜，正值八月十五，皓月当空，山庙来了位提红箱子的白发老人投宿。半夜，狂风呼啸而来，山庙被妖怪摇得打转。妖怪火红的眼睛像利箭一样刺向炳嘎和丫头，叫嚣着要吃掉他们。妖怪从庙门伸进手来，被白发老人的箱子夹断，妖怪逃走了。白发老人告诉他俩，十二年后妖怪还会来，要他俩到时在房梁上点支香。白发老人走后，丫头告诉炳嘎，自己十二年前找猪草时被妖怪害死在树下，尸身至今还在那里，要炳嘎考中状元后，点化自己。后来，炳嘎果真中了状元，并得到了皇帝封赏的疆土和兵马。上任途中炳嘎刺破手指点化了丫头，使其复活，并与之成亲。十二年后的八月十五晚上，炳嘎和丫头按时在房梁上点上香，不久白发老人提着红箱子出现在他们家里。是夜，狂风飞卷而来，只听红箱子“咔嚓”一声响，妖怪被铲除了。白发老人告诉他们自己是猎神，不需报答，只望他们每年八月十五这天在山上烧支香就行。从此，炳嘎和丫头幸福安度一生。

喻志明讲述，黄永祥记录。收入《云南民间文学集成·金平故事卷》，32开，3页，1600余字，金平苗族瑶族傣族自治县文联1988年编印。（梁红）

捉龙卖

彝族幻想故事。流传于云南省楚雄市彝族地区。讲述的是：阿乍利有个姐姐在他年幼时就嫁给了遥远的狗头国里的人，当他长大后去看姐姐时，偶然得到姐夫丢失的道袍和一本天书，学到了降龙伏虎的本领，他就把水多的地方的龙捉去卖给缺水的地方，久而久之，凡是有水患的地方就请他去捉龙，干旱的地方就请他去卖龙。他走遍了天南地北。后来由于龙被阿乍利捉得太多，楚雄坝子由大海变成了陆地，只剩一条青龙河。有一次他捉到很多龙，放在背箩里边走边卖，走到苍山脚下，那里的人不但不买他的龙，还说他是骗子，拿泥鳅当龙卖。阿乍利一气之下，把背箩里的龙全倒了，这些龙爬上了苍山，变成了九十九股水，汇成了洱海。从此以后，阿乍利再也不卖龙了。

王德茂讲述，李世忠记录、整理。收入《楚雄市民族民间文学资料》，16开，4页，2000余字，楚雄市文化馆1991年编印。（李福云　朱琚元）

使鬼

彝族幻想故事。流传于云南省楚雄市彝族地区。讲述的是：从前，有个叫荷花村的地方缺水，村民想挖一个坝塘解决缺水问题，但是他们白天挖出来的土，到了晚上又被鬼填了回去，村民们只好请阿乍利想办法。阿乍利召集鬼群来帮忙，一晚上就把坝塘筑好了。下雨后坝塘积满了水，阿乍利站在坝埂上自言自语地说："有水没有田太可惜了。"那些鬼一听，又用一晚上的时间开出了好多田。第二天阿乍利就去找来黄牛坝的两条小黄牛（龙变的）来犁田耙田。但是那些鬼为阿乍利做了那么多事，却连一顿饭都没有享受到，于是就开始故意捣乱了。当阿乍利去放田水时，看见田里尽是些碎石瓦渣，他若无其事地站在田头自语道："一个石头三两油，一泡狗屎烂田头。"众鬼一听，连夜搬掉石头，放了很多狗屎在田里，想让他种不成谷子。后来，众鬼发觉上当了，但看到耕田的是两条龙，就再也不敢捣乱了。

王德茂讲述，李世忠记录、整理。收入《楚雄市民族民间文学资料》，16开，3页，1400余字，楚雄市文化馆1991年编印。（李福云　朱琚元）

阿乍利之死

彝族幻想故事。流传于云南省楚雄市彝族地区。讲述的是：楚雄的龙被捉得差不多了，阿乍利也改行以盘田为生，可是黄牛坝的两条小黄龙经常变成黄牛出来打架，只有阿乍利穿着道袍去才降得住。天长日久，他那件道袍又脏又烂，一天，阿乍利的老伴好心地把道袍拿去洗，不幸把天书洗烂了。有一次乡亲们喊他去劝架，因天书已烂不灵验，所以他不仅没有劝开架，反而被牛顶死了。

王德茂讲述，李世忠记录、整理。收入《楚雄市民族民间文学资料》，16开，1页，300余字，楚雄市文化馆1991年编印。（李福云　朱琚元）

捉鬼

彝族幻想故事。流传于云南省弥勒市彝族地区。讲述的是：大胆的范士成靠砍柴度日。有一天他回家时天已黑了，见前面有个人影，便喊道："是哪个？等等我！"那人回头时，范士成才发现对方是个青面獠牙的夜游鬼。鬼盯着范士成大声问道："喊我吗？你是鬼还是人？""我是鬼呀！"范士成答道。"你是鬼咋个走路跟人一样吧嗒响？""我是新鬼，不习惯轻轻走！"鬼又问："我们鬼肠子有七十二庹，你有吗？""有啊！"鬼逼问："拿出来瞧瞧！"范士成答道："你先拿出来瞧，我还不相信你是鬼呢！"鬼为证实自己，把肠子拉出来堆在了地上。范士成把挑柴的皮条递给鬼量，量也量不完。鬼心里害怕起来，便问："你的肠子咋个那么长？你是哪样鬼？""我是大肚鬼，专门捉小鬼吃的。"范士成一边说一边装着要抓那小鬼的样子。小鬼一听吓得"吱吱"叫着逃走了。

范庆武、范正奇讲述，范开彬整理。收入《弥勒民族民间故事》，32开，2页，800余字，民族出版社2003年版。（梁红）

鬼女

彝族幻想故事。流传于云南省弥勒市彝族地区。讲述的是：有个叫妮玛的女巫师生前与范士成结了怨，死后逼一个意外死亡的姑娘在一个傍晚来害范士成。鬼女跟着范士成到了范家门前，看到贴在门上的门神，不敢再往前行。范士成乘机抓住鬼女的手往家里拖。鬼女吓得跪下求饶，哭着道出了自己的身份及事情原委。善良的范母及范士成非常同情鬼女的遭遇，将门神撕下，把鬼女让进了家门。深受感动的鬼女体贴入微地伺候范家母子一段时间后，感到自己不能与人同世，就指点范母让范士成把自己的亲妹妹娶来做妻子。范士成结婚之日，鬼女安然地离开了范家。此后，范母寿至九十九岁，范士成夫妇子孙满堂，长寿而归。

范庆武、范正奇讲述，范开彬整理。收入《弥勒民族民间故事》，32开，5页，3200余字，民族出版社2003年版。（梁红）

讨厌的白吃鬼

彝族幻想故事。流传于四川省德昌县彝族地区。从前，有个人爱白吃白喝，还很能吃。他总是在吃饭的时候到人家屋里去，人家都害怕他，见他来了，故意说："哎！你这么早就吃过饭啦？"意思就是不打算请他吃饭。他坐下来，死皮赖脸地说："呀，那我就陪你们再吃一点儿吧。"这一吃，他不吃个锅底朝天是不走的。后来，大家一提到他，都很气愤地说他是"讨厌的白吃鬼！"有人想出个取笑他的办法，悄悄地在屋里挖个地洞，上面铺一张竹席，随后请他来吃饭。到了这天，主人客客气气地把白吃鬼接进堂屋坐下，先请他吃三次面面烟，再请他喝三碗酒。白吃鬼看见摆满桌子的羊肉坨坨、鸡肉坨坨和荞粑，喜欢得眼珠子都鼓出来了，可是主人还在跟他说话，他只得忍着。又过了一阵，主人请他吃饭了，白吃鬼大吃起来。主人趁白吃鬼不注意，暗暗抽开事先做好的销子，想给他摔下地洞去。怪就怪在白吃鬼一直稳稳当当地坐着大吃，什么事都没有！主人想不通，这么薄的一块竹席，怎么撑得起他这个大胖子呢？等白吃鬼吃饱走后，主人到地洞里去察看，只见几个小鬼汗爬流水地顶着那块竹席。小鬼一边喘气一边说："我们不是想救他的命，是害怕他摔死以后到阴间来大吃大喝，白吃我们！"主人听了，只能叹气说："唉！这个白吃鬼，连鬼也怕他！"

蔡伍机讲述，贾华采录。收入《凉山民间文学集成》（下，故事卷），32开，2页，800余字，西南交通大学出版社1993年版。（刘琳）

五个神奇的儿子

彝族幻想故事。流传于云南省禄劝彝族苗族自治县彝族地区。讲述的是：古时候，有老两口，五十岁还没有子女。后来老婆婆吃了五个仙桃后，便一胎生下五个儿子。五个儿子落地便会跑，并向父母禀报自己的名字：铁劲老大、长腿老二、溺水老三、千里眼老四、顺风耳老五。为帮母亲分忧，五兄弟到天上向玉帝、王母借米，并捉来雷公要煮给母亲吃。有一次，玉帝命令雨神淹没大地，结果被千里眼看见，顺风耳听到，于是兄弟五个造了艘很大的船让父母和乡亲们躲在船舱里，由溺水老三驾船。几天后，果然下起瓢泼大雨，滔天洪水淹没了大地，但老三稳稳地撑着船，水涨多高船就漂多高。眼看船就快漂进南天门，吓得天神们大叫："吃雷公肉的来了！"玉帝只得叫雨神停止降雨。雨停后，大船停在山顶。为避免洪水，彝族祖先选山定居下来。

张天才讲述，王艳云、吴翠仙、钱春林搜集、整理。收入《云南省昆明市民间文学集成·禄劝民间故事》，32开，3页，1600余字，禄劝彝族苗族自治县文化局民间文学集成办公室1991年编印。（梁红）

神奇的九兄弟

彝族幻想故事。流传于云南省建水县彝族地区。讲述的是：有老两口六十岁仍无儿女，后来天神给了他们九个鸡蛋，让母鸡孵蛋。三天后，九个鸡蛋变成了九个肉团，又见风长大成九个小伙子，并叫老两口爹妈，老两口惊喜不已。九个儿子长得一模一样，他们各有自己的特长和本领，即千里耳、大力气、大眼睛、长脚手、大嘴巴、轻如毛、铁脖子、大脚板、铁蛋子。有一次，由于大眼睛没争到东西吃，哭出的眼泪变成洪水冲毁了皇宫，被拉去斩首。于是，几兄弟施展自己的本领，相互拯救，最后把皇帝给气死了。

李家富讲述，李春光搜集，张绍碧整理。收入《云南民间文学集成·建水故事卷》，32开，2页，1200余字，建水县文化局、民委1989年编印。（梁红）

大风天和他的兄弟们

彝族幻想故事。流传于云南省元阳县彝族地区。讲述的是：居住在红河南岸倮树山的彝家妇女南诺婚后三年没有生育，受到丈夫扎布的责怪，便跑到倮树山山顶上哭。一个白发老人给了她八颗麻子，叫她一年吃一颗就能生子。盼子心切的扎布劝南诺把麻子全部吃下，三年后南诺生下了八个长相相同的男孩。这八个分别叫大风天、二大力、三肚大、四剥皮、五滚刀、六长脚、七长手、八飞天的男孩三个月就长成了十七八岁的小伙子。他们孝顺勤劳，各有奇能。大风天具有耳听八方的能力，一次，二大力在摔跤场上摔倒了三个土司派出的十八个大力士，土司们便密谋要谋害二大力，结果被大风天听到，于是兄弟们派三肚大去对付三个土司。就这样，八兄弟各显其能，挫败了三个土司的一个个阴谋。后来，当土司用三百匹飞马驮着三百驮石头想砸死他们全家时，八飞天身上突然长出一对翅膀，直冲云霄，只闻空中电闪雷鸣，飞马和土司纷纷坠地毙命。

王秀英讲述，叶肥搜集，王维凡整理。收入《绮丽的山花》，32开，9页，5400余字，元阳县民委1984年编印。（梁红）

土雪十兄弟

彝族幻想故事。流传于云南省峨山彝族自治县彝族地区。讲述的是：从前，峨山土雪村有一户人家，大儿子媳妇三年未育遭人冷眼。有一天，一个老者给了她十颗米粒大小的东西，嘱咐她三年吃一颗，可她一次全吃了，结果她一胎生了十个男孩，家里人不但不高兴，反而数落她。她伤心地跑到后山的一棵树下哭泣，遇见了给她米粒的老者，老者给孩子从大到小依次取名为大力士、二天风、三钉耙、四铁脖子、五粪箕、六才子、七水瓢、八地洞、九缸量、十大肚。孩子们长大后干什么活都很行。有一次，县城的城墙倒掉了，县官请十兄弟来修，从开工到第二十九天他们都嬉戏玩耍不做活，到了第三十日一早，他们一下子就把城墙修好了。又一次，绿汁江淤泥阻塞，县太爷张榜招募能人，说疏通者赏钱三千。十兄弟揭了榜，只是二天风一人轻轻一吹，江中淤泥就全被吹走了。一个雨夜，县城通往京都的路塌方了，三钉耙和五粪箕两三下就把路修好了。从此县衙门里的人害怕他们，欲把十兄弟关进监狱处死，但所实施的砍头、抛江、投无底洞、灌酒等手段都对十兄弟无用，从此谁也不敢刁难十兄弟。

李弱应讲述，李宏光整理。收入《峨峨风情》，32开，6页，3200余字，峨山彝族自治县民委1985年编印。（普开福）

九兄弟

彝族幻想故事。流传于云南省楚雄市彝族地区。讲述的是：有一对老夫妻，一直无儿女，他俩终日伤心忧愁。有一天，一个花白头发的老人给了妻子九颗药，她把药丸一次吃下去之后，结果一胎生了九个儿子。九兄弟个个本领高强，他们的名字分别叫大力士、吃不饱、饿不死、打不死、烧不死、长脚杆、冷不死、砍不死、淹不死。有一天，皇宫里的一根龙柱倒了，这根龙柱又大又重，没有人能抬得动它。大力士来到皇宫，毫不费力地把龙柱安好了。皇帝见了，心里一惊，下令调查大力士的身份。有人告诉皇帝，他是九兄弟当中的一个。皇帝不相信，叫人用好几斗米煮了饭，让安龙柱的人来吃，若是他吃完了，就证明这是真的；若是吃不完，那就是假的，定要治罪。命令传到了九兄弟家里，九兄弟商量，叫吃不饱去。吃不饱来到皇宫，一会儿工夫，米饭全被吃光了，吃不饱还嫌不够，问皇帝还有没有饭，皇帝害怕起来，赶快把吃不饱打发走了。这以后，皇帝想出了一条又一条狠毒的计谋想害九兄弟，九兄弟一次又一次地战胜了皇帝，最后一次淹不死含一口江水向皇帝吐去，皇帝一家连着他的宫殿一起滚进了大江里，被水冲走了。

佚名讲述，云南民族民间文学楚雄调查队搜集、整理。收入《彝族民间故事选》，32开，4页，1900余字，上海文艺出版社1981年版。（施选　朱琚元）

布阿诗嘎尾

彝族幻想故事。流传于云南省宁蒗彝族自治县彝族地区。讲述的是：一天，有一个年轻小伙子遇见一个捕鱼者，小伙子用一篮洋芋换了捕鱼者的一条小鱼，小伙子把小鱼放养在水塘里，结果这条小鱼变成了一个美丽的姑娘。原来小鱼是鱼王的女儿，名叫布阿诗嘎尾，因在水中玩耍而不慎被渔人捕住了。布阿诗嘎尾对小伙子说：“你救了我，我愿意永远和你在一起。”小伙子听了非常高兴，就把布阿诗嘎尾领回家中。鱼王得知此事后，怒不可遏，连派虾兵蟹将催女儿回家。布阿诗嘎尾只好带上小伙子回到水里的家中，恳求父王同意他们的婚事。鱼王就出难题来刁难小伙子，先是要求小伙子一天内开垦完一座荒山，后又要求他一天内在开垦出的荒山上种荞子，最后又要求他一天内把已播下的荞子一粒不少地收回来。在布阿诗嘎尾的帮助下，小伙子一一解决了鱼王出的难题，并带着布阿诗嘎尾顺利回到人间过上了幸福的生活。

佚名讲述，沙永明搜集、整理。收入《小凉山民族民间文学作品选》，32开，4页，2300余字，宁蒗彝族自治县县庆筹备委员会1986年编印。（沙马阿青）

小红鱼

彝族幻想故事。流传于云南省禄丰县彝族地区。讲述的是：从前，有一个伙子靠卖柴过日子。有一天，伙子在挑柴途中去井边喝水时，望见井里有一条小红鱼，就把它捉回家放在水缸里。第二天，伙子回到家时桌上已经摆好了热饭菜，一连几日都如此。这到底是谁做的，伙子想弄个清楚。一天，在挑柴途中伙子返回家一看，原来是小红鱼脱下皮变成一个漂亮姑娘在给他做饭，做好饭后又变成鱼回到缸里。村人教他把鱼皮藏起来，小红鱼就变不回去了。他照办了，后来小红鱼姑娘便做了他的妻子。可惜好景不长，伙子因听信谗言，把妻子赶回井里去了。从此以后，他回家再也吃不上热饭菜。伙子越来越后悔，天天趴在井边哭。一天，一只田鸡答应替他把井水吸干，前提是他不能笑。但伙子在田鸡把井水吸得能看见小红鱼时忍不住笑起来，这一笑就让田鸡的嘴涨破了，井水又满起来了。

张兰英讲述，李光云记录。收入《禄丰县民间故事普查资料汇编》，16开，1页，500余字，禄丰县委宣传部、文化局、民委1988年编印。（钱丽云　朱琚元）

金鱼姑娘

彝族幻想故事。流传于云南省禄劝彝族苗族自治县彝族地区。讲述的是：相传很久以前，普度河边住着一个叫阿莱毛的孤儿，每天靠捕鱼度日。一天，他捕到一条美丽的金鱼，就把它放养在石缸里。后来金鱼变成一个美丽的姑娘给阿莱毛做饭，被阿莱毛发现了，不久阿莱毛娶了金鱼姑娘。阿莱毛有一个美丽能干的妻子的事很快就被国王知道了，国王想着法要把金鱼姑娘弄到手，千方百计找阿莱毛的麻烦。阿莱毛在妻子的帮助下闯过了国王设下的道道关卡。后来，国王被老虎咬死了，阿莱毛和金鱼姑娘过上了幸福生活。

刘绍川讲述，王仁聪、钱春林搜集、整理。收入《云南省昆明市民间文学集成·禄劝民间故事》，32开，3页，1500余字，禄劝彝族苗族自治县文化局民间文学集成办公室1991年编印。（梁红）

老鹰和孤儿

彝族幻想故事。流传于贵州省威宁彝族回族苗族自治县板底、盐仓、龙场等乡镇和赫章县妈姑、珠市、雉街等乡镇彝族地区。讲述的是：有个孤儿捡柴卖钱养活阿妈，捡完了所有干柴后就去拆老鹰的窝。老鹰清楚缘由后，就叫他缝三寸宽三寸长的口袋，驮着他到东方的天边地角拾碎金银。来到东方，太阳刚冒出头时，孤儿的口袋已装满，在老鹰的催促下，孤儿带着口袋上了鹰的背，从此母子的日子逐渐好起来。有个孩子也仿效孤儿的做法，但他却把口袋缝成三尺宽三尺长，不听鹰的吩咐，太阳出山时口袋还没装满，后来因贪心被太阳烤死在天边地角。

罗三妹讲述，李永才记译。收入《中国民间文学集成·贵州彝族回族白族故事选》，32开，2页，900余字，贵州民间文学集成办公室1993年编印。（阿洛）

孤儿当皇帝

彝族幻想故事。流传于广西壮族自治区那坡县彝族地区。讲述的是：寨里一位孤儿来到城里，爬上高高的旗杆，想见到皇帝一眼，被众人当作“坐在最高地方的人就是皇帝”而抬进了皇宫，腐败成性的皇帝被众人气死，孤儿被众人推为皇帝后为人民办了很多好事。

岑绍基讲述，王光荣笔录并译成汉文。收入《回、彝、水、仡佬、毛南、京六族故事选》，32开，2页，1300余字，广西人民出版社1988年版。（王光荣　蓝斯）

白鸡姑娘

彝族幻想故事。流传于云南省弥勒市彝族地区。讲述的是：从前，有个帮人放牛的孤儿。一天，他从狼爪下救了一个老倌。为答谢孤儿，老倌让他在自家满屋的金银珠宝中挑选一样。孤儿只选了一只小银白鸡。回家不久，小白鸡就变成美丽的姑娘为孤儿做饭、洗衣，并做了他的媳妇。不久，孤儿有个漂亮媳妇的消息传到了山官的耳中。为将白鸡姑娘弄到手，山官令她五天内织一块遮天布。第五天，白鸡姑娘找到山官说：“你要的布我已织好，但我不知道用多少布才能遮住天，请你量量天有多大，把尺寸告诉我！”山官哑口无言，灰溜溜地走了。山官一计不成，又施一计，又逼迫白鸡姑娘为自己找一个模样像她一样的女子，另外，还得做出一道人未吃过的菜。第二天，白鸡姑娘正在水塘边洗衣，见山官过来，白鸡姑娘指着水里的倒影说：“你看她像不像我？”山官以为白鸡姑娘同意和自己相好了，高兴地说：“真的和你一样啊！我就是要她！”白鸡姑娘趁山官弯腰看水中倒影时一掌将其推进了水塘，并把早已准备好的粪水泼向山官的脸，说道：“这就是人从未吃过的‘菜’！”山官挣扎着爬上岸，抱着头逃跑了。

范庆武、范正奇讲述，范开彬整理。收入《弥勒民族民间故事》，32开，5页，4000余字，民族出版社2003年版。（梁红）

弹四弦养老人

彝族幻想故事。流传于云南省金平苗族瑶族傣族自治县彝族地区。讲述的是：古时候，有个老倌问三个儿子将来如何供养老人，老大答“种田”，老二说“做生意”，老倌满意地点了头，当问到老三时，老三回答“弹四弦养老人”，老倌很生气，就把老三撵出了家门。老三漫无目的地走到一个水塘边，靠着大树伤心地弹起了四弦。乐曲传入龙宫，迷住了龙王和龙三公主，于是老三被请进龙宫弹奏四弦。老三离开龙宫时，根据龙三公主的提示，带走了龙王心爱的葫芦。葫芦变成龙三公主与老三成了亲，并盖起了走马转角楼房（四合院）。为让老三与家人团聚，龙三公主大摆宴席，请父母兄嫂和乡亲们到家中做客。老三父母羞于见老三，但还是被老三夫妇接来和他们一起生活，过上了幸福生活。

喻志明讲述，李强宁记录。收入《云南民间文学集成·金平故事卷》，32开，4页，2500余字，金平苗族瑶族傣族自治县文联1988年编印。（梁红）

勤劳的尼苏小伙子

彝族幻想故事。流传于云南省新平彝族傣族自治县彝族地区。讲述的是：从前，有一个勤劳的尼苏小伙子因贫穷娶不起媳妇，便每天早出晚归地砍柴攒钱娶媳妇。一天，小伙子路过一条小箐沟时，看见一条小红鱼被水冲在草丛中，嘴一张一合地仿佛在求救，他把它带回家中放在石缸里养起来。从那以后，每当他干活回来，锅里总有热饭热菜。他以为是隔壁大妈帮他做的。他去谢大妈，大妈反而说他把媳妇藏在家里，还跑来谢人。他想查个究竟，一天他出门后便躲在窗外窥探，只见缸里的小红鱼跳出来变成一个穿红衣裤的巧姑娘为他生火做饭，然后又穿上鱼鳞壳轻轻跳进石缸中去了。第二天，小伙子又躲在窗外，待红鱼姑娘做饭时，他跑进灶房拉住她的手向她求婚，姑娘应允并烧了脱下的鱼鳞壳，两人结为夫妻。从此，孤零零的尼苏小伙子有了幸福的家庭。

佚名讲述，杨玉珍搜集、整理。收入《哀牢山彝族神话传说》，32开，2页，900余字，云南民族出版社1990年版。（聂鲁）

竹笛情

彝族幻想故事。流传于云南省元江哈尼族彝族傣族自治县彝族地区。讲述的是：从前，有一个叫阿山的穷青年，为财主家放了十年的羊，但没有得到一文工钱，已经十八岁了还穿着一身放羊的牧装。一天，他听到山箐中传来清脆悦耳的笛声，顺着笛声的方向，他来到一个地方，看到一个貌似仙女的姑娘吹着笛子同孔雀跳舞。阿山非常喜欢姑娘的那支竹笛，便求姑娘把竹笛送给他。姑娘要阿山与她成亲才肯把竹笛送给他，阿山高兴地答应了。姑娘把自己原是一只孔雀、只因仙姐赐她一根羽毛才使她变成女子的实情告诉了阿山。从此，阿山每天到山上放羊，把竹笛一吹响，姑娘就来到他身旁，陪他放羊，陪他游玩。财主知道此事后，就偷了阿山的竹笛到山上吹，美貌的姑娘果真出现在他的身旁，但姑娘一看不是阿山，就摇身变成一个老太婆，财主扫兴地走了。财主为了得到美貌的姑娘，想谋害阿山。有一次他举刀想把阿山砍死，但这时从屋梁上飞下一把宝剑插在财主举刀的手上，姑娘闪现在财主面前怒斥他。从此，财主再也不敢害阿山了。

白佑三讲述，宋自华记录、整理。收入《哀牢山彝族神话传说》，32开，3页，1500余字，云南民族出版社1990年版。（宋自华）

阿达的故事

彝族幻想故事。流传于云南省新平彝族傣族自治县彝族地区。讲述的是：从前，有一户农家生了一个眉间有红痣的孩儿取名阿达，人们都说阿达长有当国王的福相，莫且头人对此忌妒在心，几次加害阿达。第一次，头人骗走幼婴阿达，并把他扔进江里，阿达被下游碾坊老人收养长大成人。第二次，头人路过下游碾坊认出了眉间有红痣的阿达，即派阿达送“人到即杀”的信回家，然而在路上阿达被与头人为敌的强人所掳，强人将信的内容改为“将女儿嫁与来人”以示戏弄，结果阿达成了头人的女婿。第三次，头人装病让阿达到太阳公公那里取三股金发作药，企图让木戛和木呷两个冤家把阿达杀死。阿达不仅没有死，还带着木戛、木呷两个头人到了太阳奶奶那里。太阳奶奶被阿达的诚心所感动，把阿达变成一只蚂蚁藏在袖筒里，从困睡的太阳公公那里偷得三股金发。阿达拿着金发回家，莫且头人听阿达说路上有金山银山，便拿着口袋去搬金银，他顺利地得到了金银，但来到江边时金发就变成绳索把他拴在船上，当了艄公的接班人。阿达受众头人拥戴成了彝家王。

佚名讲述，杨云富搜集，陈振中整理。收入《新平县民间故事集成》，32开，10页，7000余字，云南人民出版社1999年版。（聂鲁）

阿巧与神鸟

彝族幻想故事。流传于云南省新平彝族傣族自治县彝族地区。讲述的是：从前，一个头人娶了一个美丽贤惠的妻子阿巧。阿巧怀孕三年不生，头人出远门前吩咐若孩儿出世便上楼顶敲鼓吹号，他闻声即会赶回。头人出去没几天，阿巧生了两男一女，吩咐女仆上楼敲鼓吹号。女仆不愿上楼敲鼓，并趁阿巧上楼敲鼓时用三个鼠崽换了三个孩儿，并把三个孩儿放进木盆顺河放漂了。头人闻鼓声回来，听信女仆调唆，把阿巧打入地牢，女仆则成了头人的妻子。顺河漂流的三个孩儿被一个渔夫收养，长大成人后，女仆认出了三兄妹，便做了三个毒粑粑欲害死他们，可三兄妹把粑粑拿回家和渔夫阿爸同吃，渔夫先吃了一口便被毒死了，三兄妹悲痛欲绝。他们的孝心感动了山上修行的老者，老者教三兄妹去找神鸟救阿爸。但找神鸟要走九重高山和三道深箐，稍有懈怠，人就会变成土堆和石头。大哥先去，在半路上变成了一块巨石；二哥又去，在半路上又变成了一堆土；小妹再去，路遇一个老奶奶给了她个线团，小妹放着线走，历尽千辛万苦，终于找到了神鸟。神鸟为小妹的诚心所感动，带小妹飞回来，沿途把大哥、二哥还原为人身，并救活了渔夫阿爸。神鸟让头人明白了三兄妹是他的儿女以及阿巧的冤屈，并放阿巧出地牢。头人把黑心的女仆挖了眼流放。阿巧把渔夫接进家，从此过上了和美的生活。

方有才讲述，张绍芬搜集。收入《新平县民间故事集成》，32开，4页，2800余字，云南人民出版社1999年版。（聂鲁）

米谷籍娄啥

彝族幻想故事。流传于云南省曲靖市彝族地区。讲述的是：传说鲁汝和兔斗是他们各自的母亲梦见两颗星星落进寨子后降生的。他们在彝寨中，一个是武艺超群的俊小伙，一个是美丽无比的好姑娘。他们在彝家的歌场上相识、相恋。不久，鲁汝被头人祖莫阿几派去带兵征战。鲁汝走后，兔斗被父亲逼迫嫁给了土目的儿子。在土目家，兔斗不吃喝，不梳洗，丑得土目家受不了，便将她送回了娘家。兔斗回家让父亲极为不快，他认为被婆家撵回的姑娘名声坏，便把她活埋在深洞中。幸好有地君五彩项珠的保佑，兔斗在地下苦熬了三年。鲁汝征战归来，救出了脚跟已和蕨根长在一起的兔斗。然而厄运又缠上了这对情侣，祖莫阿几垂涎于兔斗的美貌，便又派鲁汝去征战，然后把鲁汝谋害于异乡。噩耗传来，兔斗以找回鲁汝尸身，摆祭场火葬为条件，与祖莫阿几周旋。就在大火焚化鲁汝的刹那，兔斗纵身跳进了火海。不久在灰烬处长出两棵盘根错节的青松，祖莫阿几派人砍青松。随着木渣飞溅，飞出两只天鹅直冲云霄，变成了一对美丽的星星，彝家人把这星星叫作米谷籍娄啥。赔了夫人又折兵的祖莫阿几倒地气绝。

高理发讲述，吴承柏翻译、整理。收入《阿则和他的宝剑》，32开，22页，15400余字，云南民族出版社1985年版。（梁红）

罗喏和南夺

彝族幻想故事。流传于云南省禄劝彝族苗族自治县彝族地区。讲述的是：传说古时候，天上和地下会做祭祀、发丧的人只有罗喏一个，会唱“米熬”这种古老民歌的只有南夺一人。一天，北天宫的天王爷请罗喏去做祭祀，南天宫的王母嫁女儿请南夺去唱“米熬”。罗喏和南夺觉得整个世界离不开他们，就打主意为难天王爷和王母。他们向天王爷和王母索要长生不老药，做祭祀和唱“米熬”时磨磨蹭蹭，与天王爷和王母讨价还价，就这样他们在天上待了十天，而地上却过了十年。天王爷和王母叫他们到地上看看，这十年，地上有没有人做祭祀，有没有人娶亲嫁女，若没有，就给他们长生不老药。罗喏和南夺回到地上发现，南夺的女儿正在唱“米熬”，地上已有人会做祭祀、发丧。结果南夺就变成了天王爷羊圈里的羊，罗喏就变成了天王爷看羊圈的天狗。

张本翠讲述，王昌福搜集、整理。收入《云南省昆明市民间文学集成·禄劝民间故事》，32开，4页，2900余字，禄劝彝族苗族自治县文化局民间文学集成办公室1991年编印。（梁红）

花瓷碗

彝族幻想故事。流传于云南省新平彝族傣族自治县彝族地区。讲述的是：从前，山洼湖泊里住着一对水怪夫妇，他们经常变成一对美丽的花瓷碗漂荡在湖面，摄食周围村寨的人，切廷的妻子也罹难其中。切廷决心报杀妻之仇，为民除害，苦练射功三年，终于射死了水怪丈夫乌云精。一天，水怪妻子石花变成一个孱弱女子委托切廷带信给她父亲花石崖神，让父亲接她回去，并送内装大黑蜂的一篾盒饭给切廷。善良的花石崖神化解了危险，接回石花数落一番后，尽力撮合，把她嫁给了切廷。居住在这一带的人们又过上了静谧安宁的生活。

拉加朵讲述，聂鲁笔录、翻译。收入《聂鲁彝族神话故事选》，32开，5页，3500余字，陕西旅游出版社1998年版。（聂鲁）

得灵与妮维

彝族幻想故事。流传于云南省石屏县彝族地区。一天，勤劳善良的青年猎人得灵误伤了一只美丽的斑鸠，便把斑鸠带回家，为它疗伤。斑鸠变成美丽的姑娘妮维为得灵烧饭做菜，后来两人成了亲，过着幸福美满的日子。皇帝垂涎妮维的美丽，想害死得灵，把妮维弄到手，就逼得灵做一些很难做到的事——到阴间了解死去的老皇帝生活状况；寻找传说中的“古鲁妈”树等。但得灵在妻子的帮助下，顺利应对了皇帝的种种刁难，并把皇家官兵打得溃不成军。

普正森讲述，张士林翻译、整理。收入《云南民间文学集成·石屏故事卷》，32开，12页，6600余字，石屏县文联1996年编印。（梁红）

彩虹和星星的来历

彝族幻想故事。流传于云南省石林彝族自治县彝族地区。讲述的是：从前，有一对热恋的男女青年分别住在两个寨子，每天晚饭后，男青年都要去与自己心爱的姑娘幽会。他要走的那段路经常有野猪、豹子出没。母亲为他准备了玉米花，以便撒给野猪吃而逃过它的追赶。一天，家中没了玉米，母亲没能劝住儿子，结果小伙子在途中被野猪掏出了肠子，他挣扎着到了姑娘家便断了气。当人们火化小伙子时，姑娘纵身跳进了火里，两股火烟扭在一起飘到天上变成了彩虹。灰烬中还跳出两只大白鹅，人们不知道那是这对恋人的化身，便抓了杀吃。拔下的鹅毛被风吹上了天，就变成了星星。

张福讲述，许华采录。收入《云南省民间文学集成·路南民间故事》，32开，3页，1700余字，云南民族出版社1996年版。（梁红）

赶马哥与放羊妹

彝族幻想故事。流传于云南省双柏县彝族地区。讲述的是：在一座大山脚下有个小村庄，村里有个专门帮人赶马的小伙子，他不仅是个赶马的好手，而且还有一副好嗓子。有一天，小伙子把马拴在路边喝水歇气，不一会儿就睡着了。不知过了多久，小伙子被一阵笑声惊醒了，他睁眼一看，一个漂亮的放羊妹站在面前。后来他俩相爱了，不久姑娘怀孕了。放羊妹的父亲知道此事后，逼死了放羊妹，赶马哥也跳崖死了。他俩死后，下了七天七夜的大雨，村子边的箐沟变成了一块大草场，草地上长出两根水桶粗的藤子缠在一起。村中的人说他俩的事已激怒了山神，就组织村民用斧子砍、用火烧藤子，可两棵藤子完好无损。后来，村民找了一对童男童女用铜丝绑在藤上，才把藤子砍断。当天夜里，人们听见一声巨响，出门一看，箐沟又出现了，而且一边长出一个小山包，一个山包上长出一块几间房子大的巨石，另一个山包上出现一座奇峰，奇峰与巨石默默地相望着。

曾和才讲述，普运才翻译，苏轼冰、苏锡纬记录。收入《双柏民间文学集成》，32开，2页，1300余字，云南民族出版社1992年版。（施选　朱琚元）

红星星和蓝星星

彝族幻想故事。流传于云南省石林彝族自治县彝族地区。讲述的是：从前，在龙凤一带的深山里有三个彝族寨子，三寨交界处有块草坪，每逢佳节男女青年就相聚在这里唱歌、跳舞、谈情说爱。西村的美丽姑娘腊香与东寨的英俊小伙阿木就是在这块草坪结识相爱的。后来，腊香被嫌贫爱富的父母逼着嫁给了南村好逸恶劳的阿靠，阿木知道此事后伤心欲绝，卧床不起。腊香在婆家听说阿木生病后，心如刀绞。腊香在小鸟、黄牛的帮助下应付了婆婆的种种刁难，跑去看阿木，可阿木已绝世而去。腊香跑到火葬地，看到阿木的遗体被熊熊大火包围，腊香痛彻肺腑，跳入了火海。几天后他们俩的坟上长出一棵松树，阿靠知道后带人去砍树。树倒风起，有两块木渣被风越吹越高，变成了红、蓝两颗星星闪烁在天空。

佚名讲述，李国祥搜集、整理。收入《昆明民间故事》第一辑，32开，4页，2300余字，昆明市民间文学集成办公室1987年编印。（梁红）

贾斯则与楚维晓

彝族幻想故事。流传于云南省红河县彝族地区。讲述的是：传说如花似玉的仙女贾斯则倾慕人间，便画像传情，下凡与樵夫楚维晓结为夫妻。他们相亲相爱，男耕女织，孝敬父母。后来，俄元山官假情假意宴请楚维晓，设圈套让他上当，诬陷他，并买通官府，把他打入黑牢，但被贾斯则搭救。山官与官府狼狈为奸，就把贾斯则与楚维晓的婚事上奏俄木（皇帝）。俄木生怕世间出乱，又把此事禀报天王哈梅。哈梅派出天兵天将把贾斯则收回天宫，可贾斯则誓死不从。最后在天后的劝说下，天王默认了这门天地婚事，让他们相亲相爱地在一起。

佚名讲述，阿锁记录、整理。载《红河文化》1990年第1期，16开，4页，5400余字，红河哈尼族彝族自治州文化局1990年编印。（龙倮贵）

若者娜

彝族幻想故事。流传于云南省石林彝族自治县彝族撒尼人地区。讲述的是：相传六百多年前，圭山的一个酋长恶霸一方，但他却有个美丽善良的女儿若者娜。若者娜十五六岁时，按撒尼人的习俗，可以随意参加男女青年的各种活动，自由选择爱人，但她的父亲却要挑个有权势的女婿，就把她关在了高楼里。一天晚上，有个英俊勇敢的年轻猎人从酋长家围墙外经过，被墙内忧伤的歌声吸引。他便从树上爬上姑娘的窗台，就这样他们悄悄相恋了。不久，酋长逼着女儿嫁给东边王的儿子，若者娜誓死不从，暴怒的酋长将女儿装进木箱欲活埋。猎人在金鸟的带领下救出若者娜，他俩一起逃往他乡。酋长得知消息后，派人射杀了他俩，从他俩倒下的地方升起两朵彩云飘向天际。

佚名讲述，魏惠心搜集、整理。收入《昆明民间故事》第一辑，32开，3页，1800余字，昆明市民间文学集成办公室1987年编印。（梁红）

画眉姑娘

彝族幻想故事。流传于云南省石林彝族自治县彝族撒尼人地区。讲述的是：阿山自幼失去父母，靠打柴为生，他的勤劳善良打动了山神美丽的女儿画眉姑娘的心。每当阿山坐在山神庙旁的石凳上休息时，画眉姑娘便变成画眉鸟唱歌给他听；每当阿山饥饿时，画眉姑娘就悄悄做好饭菜摆在石桌上让阿山吃。一天，不知情的阿山躲起来观察是谁在为他做饭，当发现是画眉姑娘时，就跑去拉住了她。不久，阿山把画眉姑娘娶回了家。沉浸于幸福中的阿山，天天守着妻子不愿离开，画眉姑娘便画了一幅自己的画像让他带在身边。一天，大风把阿山挂在扁担上的妻子的画像吹走了。财主的儿子拣到了画像后，抢走了画眉姑娘。阿山依照妻子临走时的交代，七天后穿着马鹿皮衣，敲着马鹿皮鼓到了财主家，画眉姑娘机智地让财主的儿子与阿山调换了衣服，结果不明真相的家丁把财主的儿子打死了。画眉姑娘就把芭蕉叶做成飞船，夫妻双双乘着飞船飞到一个美丽富饶的地方，过上了幸福的生活。

佚名讲述，张汝明搜集、整理。收入《昆明民间故事》第一辑，32开，7页，14000余字，昆明市民间文学集成办公室1987年编印。（梁红）

漆柏恋

彝族幻想故事。流传于云南省弥勒市彝族地区。讲述的是：祁百勇为了生计到莫卜厂铜矿当矿工，在那儿与小老板之女柏芳相识、相恋，但却遭柏家父母反对，后来祁百勇被柏家诬陷，最终被活活折磨而死。柏芳看到心爱的人死后，义无反顾地为他殉情。他俩死后，变成了相依相偎的漆柏树。

佚名讲述，武文勇记译。收入《弥勒民族民间故事选》，32开，3页，4900余字，弥勒市民委、文化馆1986年编印。（张辉）

叶芝勒与生统妮

彝族幻想故事。流传于云南省红河县彝族地区。讲述的是：住在天上的英俊小伙子叶芝勒与地上的美丽姑娘生统妮一见钟情，私订终身。生统妮的父母及哥哥认为他们这种行为违反家规，伤风败俗。生统妮的家人就把叶芝勒拖出寨外烧死，生统妮也跳入了火海。叶芝勒和生统妮变成了两块粘在一起的石头。生统妮的哥哥用鸡屎抹在锤子上敲石头时，飞出的两颗石子变成两棵相依在一起的树；生统妮的哥哥砍这棵树时，飞出两块木片变成了一对鸳鸯；生统妮的哥哥用火药枪打死了这对鸳鸯，结果飘起两根羽毛变成一对蝴蝶飞向天空。从此，彝族男女青年在社交活动中，若有蝴蝶出现，则认为是不祥征兆，便会马上离散。

佚名讲述，白瑞义、张秀丽搜集，白瑞义整理。收入《红河县民族民间故事》，32开，2页，1000余字，云南民族出版社1990年版。（梁红）

金砖、银砖和夜明珠

彝族幻想故事。流传于云南省新平彝族傣族自治县彝族地区。讲述的是：铁都阁的女儿申娓和他家的长工戈达可产生了恋情。铁都阁欲加害戈达可，便刁难他，要他由托落山上天，从天神泽格只的金山上拿九十九块金砖，银山上拿九十九块银砖以及一颗夜明珠做聘礼。托落山有泽格只的囤蟒看守，夜明珠就含在它的嘴里，路过托落山上天的人都被它吃了。戈达可带着雾寨、病树的请求向山顶进发，遇到了巡山的泽格只。在解除雾寨、病树的困苦中戈达可得到了金砖、银砖和夜明珠。心怀鬼胎的铁都阁在看聘礼时把夜明珠偷含在嘴里，慌乱中被夜明珠卡住嗓子噎死了。从此，戈达可和申娓过上了男耕女织的生活。

拉加朵讲述，聂鲁笔录、翻译。收入《聂鲁彝族神话故事选》，32开，9页，5600余字，陕西旅游出版社1998年版。（聂鲁）

十只金鸡

彝族幻想故事。流传于云南省楚雄市彝族地

区。讲述的是：相传在茫茫的汤朗大海底，有座通明透亮的水晶宫，宫里住着龙王和他的十个女儿。这十个美丽的女儿在风平浪静的时候，就会变成十只金鸡到海面上游玩。海边的高山峻岭上的彝寨里有个叫阿南的英俊小伙，在打柴之余，常到海边喝水纳凉，吹笛子，他优美动听的笛声引来了十只金鸡。一天，阿南救了遭遇猛虎的龙公主，钟情于阿南的龙二公主送了一颗宝珠给他。很快阿南有宝珠的消息传到土司韶木尔的耳里。梦想人财两得的土司，派人抓来阿南，逼他交出宝珠。被打得皮开肉绽的阿南被强行拉到海边引诱十只金鸡。为救出阿南，十姐妹向龙王请求派兵攻打土司府，结果成千上万的海兵杀得韶木尔片甲不留。不久，龙王得了重病，阿南根据神医所说，找来了回心草治好了龙王的病，并娶回了龙二公主，过上了幸福生活。

胡俊讲述，夏扬、罗金宝采录。收入《中国民间故事集成·云南卷》，16开，4页，4000余字，中国ISBN中心2003年版。（梁红）

阿辟果朵尔魔

彝族幻想故事。流传于云南省红河县彝族地区。讲述的是：阿辟果朵尔魔有三个漂亮的女儿和一把金魔扇。他经常偷吃陈家腌制的猎物干巴。一天，他偷干巴时被陈家三兄弟抓住，他为了脱身，便将女儿许配给三兄弟。后来不甘心的阿辟果朵尔魔用金魔扇把三兄弟扇到了孤岛上。三兄弟在老鼠的帮助下，拿到了金魔扇，把阿辟果朵尔魔扇到半空。此后，阿辟果朵尔魔便会出现在半空，恼怒地眨眼发出闪电。三兄弟回到家后，两个哥哥为霸占漂亮的三弟媳，把三弟弄下了无底洞。老三从无底洞掉到最底层的小人国后，帮助小人国做了许多好事。一天，想念妻子的老三用金竹做了只巴乌吹着解闷。巴乌的声音吸引了很多动物。后来竹鼠帮老三打通了通往人间的洞，老三把巴乌送给了竹鼠。后来巴乌被鲤鱼骗走，竹鼠把鲤鱼的尾巴咬成了剪刀形；后来燕子又骗走了巴乌，鲤鱼也把燕子的尾巴咬成了剪刀形。失去了巴乌的竹鼠哭肿了双眼，鲤鱼则哭红了尾巴，死不瞑目。老三从小人国爬到老鹰巢穴，老鹰载着他往人间飞。为支撑老鹰的体力，老三割下腿上的肉给老鹰吃，终于回到人间，并与妻子团聚。

佚名讲述，白瑞义搜集、整理。收入《红河县民族民间故事》，32开，5页，3400余字，云南民族出版社1990年版。（梁红）

小人国

彝族幻想故事。流传于云南省石屏、红河等县彝族地区。讲述的是：从前，有两兄弟，哥哥心肠毒辣，弟弟善良诚实。到了娶媳妇的年纪，他俩一起去说媳妇，来到有姐妹俩的一户人家。两个姑娘的爹妈把既黑又懒的姐姐涂白，把既漂亮又勤快的妹妹涂黑，叫兄弟俩来相亲。老大一看，抢先要了大姐。两兄弟拜天地、拜岳父母成了亲。翌日，哥哥看到自己的媳妇又黑又瘦，而弟媳又白又嫩，后悔极了，想霸占弟媳为妻。一日，哥哥约弟弟去撵山，趁弟弟不注意时把弟弟推进无底洞里。无底洞里有小人国，弟弟来到了小人国里，为他们盖房、开垦田地、挖沟渠等，并当上了国王。后来老鹰报恩把弟弟驮回人间。弟弟游历小人国之事很快传遍了各地，哥哥知道此事后做梦都想去当小人国的国王，于是便偷偷滚进无底洞，但有去无回。弟弟把媳妇接回来，过上了幸福生活。

佚名讲述，李朝旺搜集、整理。收入《彝族民间故事选》，32开，4页，2300余字，上海文艺出版社1981年版。（龙倮贵）

白鸟的传说

彝族幻想故事。流传于云南省楚雄市彝族地区。讲述的是：年轻牧人普阿扎每天都到一个深潭边放牧。一天，他坐在潭边的青石上吹笛，悠扬的笛声引来了成群的鸟儿，有一只特别漂亮的白鸟，和着普阿扎的笛声在水面上跳舞，舞姿非常优美。

忽然从天上俯冲下来一只老鹰，抓起白鸟就飞。普阿扎张弓搭箭，一箭射在老鹰脚上，老鹰丢下白鸟飞走了。普阿扎抱起受伤的白鸟，为它包扎好伤口后，把它放在深潭边。有一天黄昏，普阿扎路过深潭边时，看见水里有个雪白的东西在漂动，走近一看，原来是个漂亮的姑娘在水里游玩，潭边放着一件洁白的羽毛衣服，原来这个姑娘就是白鸟变的。姑娘见了普阿扎，连忙把白羽衣裳披在身上。后来白鸟姑娘跟普阿扎一起回家，并与他成了亲。不久，白鸟姑娘被恶鹰囚禁在一个山洞里，普阿扎找不到白鸟姑娘，焦急地吹起竹笛。姑娘听到熟悉的笛声，就拼命地呼叫。普阿扎闻声赶去，射死了恶鹰，救出了妻子。顿时，死气沉沉的山林豁然开朗，百鸟欢唱，普阿扎和白鸟姑娘骑上骏马，高高兴兴地向家乡奔去。

李开寿讲述，姜仕英记录。收入《楚雄市民间文学集成资料》，32开，5页，3000余字，楚雄市民委、文化局1988年编印。（李福云　朱琚元）

阿候与斗谷

彝族幻想故事。流传于云南省镇雄县彝族地区。讲述的是：阿候与斗谷是夫妻，斗谷给阿候绣了一个花荷包背在身上。阿候经过慈莫（头人）家门口的时候，花荷包被慈莫看见。得知荷包是斗谷所做后，慈莫就想把斗谷占为己有。他给阿候出了几道难题，若阿候完不成就要让他去充军。在斗谷的帮助下，阿候一天开垦出了能收获一石二斗苞谷的地，又一天烧好了能收获一石二斗旱谷的火地，一天种上了一石二斗的荞麦。慈莫又要他把刚种上的荞麦拣回来，斗谷又帮助阿候拣回荞麦，一只乌鸦飞来吃了一把拣回的荞麦，斗谷撕开乌鸦的脖子拿出荞麦，然后用白布包扎好乌鸦的脖子，从此就有了白颈乌鸦。慈莫出的难题阿候一一完成了，慈莫耍赖，仍然让阿候去充军，并命人在半路上杀死了阿候。慈莫要斗谷立即跟他成亲，斗谷要慈莫遵守彝族习俗为丈夫做道场，慈莫只好照办。火化阿候的时候，火怎么也点不着，斗谷身穿浸了油的衣服走进火堆，大火顿时燃烧起来。慈莫把两个人的骨灰分埋在沟两边，不久沟两边长出两棵根相连、枝交叉的大树。慈莫命人把两棵树砍倒，掉下来的两片木渣变成一对形影不离的水鸟。慈莫又把这对水鸟射死，两滴血溅向空中，成了两颗挨在一起的星星。慈莫向天上望去，两颗星星眨眼嘲笑他的无耻。

陇敬媛讲述，陇稼宽整理。收入《昭通地区民族民间文学资料选》第二集，32开，4页，2400余字，昭通地区文化局、民委1985年编印。（吴平）

神叶

彝族幻想故事。流传于云南省元江哈尼族彝族傣族自治县彝族地区。讲述的是：古时候，在哀牢山的彝族寨子里，有个为财主放牛的青年叫贵生，他把牛喂得壮壮的。后来，他到绿草茂盛的南山上放牛，说也奇怪，牛从口里吃进去的青草马上从屁股泻出来，牛肚子总是瘪的，贵生叫苦不迭。一天，有个叫岩女的姑娘站在他面前，把她在草上洒了泄露的实情告诉了贵生。贵生没有责骂岩女，反而同情她在山上生活的孤独、寂寞。岩女被贵生的同情心感动了，对他产生了爱恋之情。岩女把一片叶子送给贵生，并叫他按她的计谋行事。贵生在山上吃了很多甜野果，肚子吃得饱饱的，把牛赶回家后在大树下吹起了叶子。财主见他不回家吃饭，感到奇怪。贵生就骗财主说，他一吹神叶各种美味佳肴就会来到他面前。财主想得到神叶，就答应把刚进门的漂亮丫头岩女许配给他做妻子。后来财主的老婆不慎把神叶吹烂了，财主把妻子推出门，边打边骂。

黄文宝讲述，宋自华记录、整理。收入《哀牢山彝族神话传说》，32开，5页，2000余字，云南民族出版社1990年版。（宋自华）

松得和美冷

彝族幻想故事。流传于云南省石屏县彝族地区。讲述的是：龙坡山下洗马塘附近彝寨里有个美丽姑娘叫美冷，她不仅能织布挑花，而且还会耕田盘地，向她求婚的人络绎不绝。她经过考察，选择了勇敢、善良的青年猎人松得做丈夫。洗马塘深处住着个妖魔，经常用冰雹毁坏庄稼，用黑云风暴把人卷进洗马塘，还常常逼迫附近的聂苏人（彝族支系）送牛、羊、猪及粮食给他。妖魔对美冷的美貌垂涎已久，便把松得关在洗马塘底，将美冷掳到身边，逼着美冷做老婆。美冷机智地得到了妖魔的宝刀，杀死了妖魔，救出了松得。

佚名讲述，普江搜集、整理。收入《云南民间文学集成·石屏故事卷》，32开，6页，3000余字，石屏县文联1996年编印。（梁红）

孤儿买妈

彝族幻想故事。流传于云南省玉溪市彝族地区。讲述的是：从前，有一个从小失去父母没有享受过父恩母爱的孤儿，他盼望着有一天出现一个能让他喊妈的人。他渐渐长大了，千方百计地攒钱决心买个妈来奉养。一天他终于买到了个妈，别人笑他不娶媳妇却买妈，他却不予理会，孝敬妈的初衷不改。有一次，妈吩咐孤儿把自家田里打苞的禾苗全部割回来晒干，他照办了。接着，妈又吩咐他把后园桃树上的幼桃全部摘回来晒干，他为了使妈高兴也照办了。这年，世间的幼儿都得了瘟疫，妈即吩咐他拿出怀胎草和幼桃干来医治瘟疫。他拿出割回的含苞禾苗和干幼桃把幼儿们的瘟疫治好了。他用给人治病得到的报酬娶了妻，立了家业。可妈不见了，原来妈是观音菩萨变的。

矣树春讲述，杨崇禧搜集。收入《哀牢山彝族神话传说》，32开，2页，800余字，云南民族出版社1990年版。（聂鲁）

十八罗汉朝观音

彝族幻想故事。流传于云南省建水县彝族地区。讲述的是：从前，有十八个男子结拜为兄弟，同心协力劫富济贫。一天，他们吃饱喝足后，大哥提议找个妈妈来管他们，于是他们到村口等到了第一个到来的妇人，他们跪倒拜她为妈妈。有了妈妈后，他们停止了打家劫舍的生活，老老实实、勤勤恳恳地开荒种地。不久，皇帝向全国征集含苞草，他们把妈妈早已为他们割好的含苞草送到皇宫。皇帝封他们为神，于是他们成了十八罗汉，这时他们才知道，他们找来的妈妈原来是观音菩萨变的。

李家文讲述，拓夫搜集，张绍碧整理。收入《云南民间文学集成·建水故事卷》，32开，2页，1500余字，建水县文化局、民委1989年编印。（梁红）

十七养十八

彝族幻想故事。流传于云南省玉溪市彝族地区。讲述的是：寡妇陈定金有三个儿子，大的两个儿子外出经商，三儿子张敬孝留家奉养老母。因家境贫困，三儿子娶不起妻。一天，张敬孝按梦中白胡子老人的嘱咐，打死了细腰山上和白羊打架的黑羊。原来白羊是一个名叫木易的姑娘，被乌龟山黑妖精威逼嫁给了它。木易变回窈窕女儿身后便与张敬孝成了亲。木易勤劳、孝顺，常受婆婆夸赞，大儿媳、二儿媳起了妒心。有一天，大儿媳在夜里偷看到木易头上长有角，便将这一发现告诉了二儿媳和婆婆。她们认定木易是妖孽，准备等怀有身孕的木易生了孩子后将她弄死。木易在自己刚生下的孩儿的背上写了“儿若寻母，瑞林府堂”几个字后便投河自尽了。原来木易是王母身旁的玉女，因与金童有私情，被双双打入凡尘结为夫妻，需他们重转二世时才能回天庭。结果金童投生人胎为张敬孝，玉女错投羊胎，变成了白羊。木易投河后，龙女怜悯她又让她投胎在瑞林尚书家。瑞尚书五十才得女，且瑞小姐长得闭月羞花，成为他的掌上明珠。

瑞小姐长到十七岁时提亲的人就络绎不绝。一天，媒婆领着张敬孝之子——十八岁的新科状元张玉书来提亲，相见后瑞小姐道出了张玉书脊背上的字和自己的一番经历。张玉书跪地磕头认母，但瑞小姐乘彩云向南飞去了，她在人间只留得一段十七养十八的故事：十七岁的瑞小姐生了十八岁的状元张玉书。

普再元讲述，吴德珍、郭本有搜集、整理。收入《哀牢山彝族神话传说》，32开，5页，2500余字，云南民族出版社1990年版。（聂鲁）

金果

彝族幻想故事。流传于云南省弥勒市彝族阿细人地区。讲述的是：古时候，阿细人居住在不长树的米年细多山上，靠狩猎过着艰苦的生活。金龙神看到后，向米年细多山撒了金种子，结果金种子被妖魔合莫卷到天与地之间的地界奇古奥河莱山了。金种子在奇古奥河莱山上发芽、开花、结果。阿细汉子莱柱父子四人从小燕子那里得知只要得到奇古奥河莱山上的金果子，荒山就会换新颜，人们就会过上好日子。可要想得到金果子，就必须消灭凶残的魔怪合莫。为了让人们过上幸福生活，莱柱父子先后牺牲了三条生命，最后老三莱倮在金龙神的帮助下杀死了合莫，从奇古奥河莱山摘回了金果子。莱倮划开金果子，顿时青、蓝、红、黄、紫、绿、白七色种子尽现眼前。从此，阿细地方就有了树、草及庄稼，阿细人过上了好日子。

佚名讲述，石中山搜集、整理。收入《弥勒民族民间故事》，32开，4页，2200余字，民族出版社2003年版。（梁红）

满螺

彝族幻想故事。流传于云南省南涧彝族自治县彝族地区。讲述的是：从前，有老两口，老婆做梦后怀孕了，生得一个儿子，儿子的十个指头都有螺纹，就叫他满螺。儿子一岁时闹饥荒，为了不让儿子饿死，老两口就把儿子放在岔路口，巴望有人拣去喂养。夜间飞禽走兽听见孩子的哭声，就把孩子带回去，老虎给他喂奶，凤凰给他暖身，这个孩子才过了一年就长成大人。一天，老两口讨饭回来，到了岔路口，想起儿子就哭了起来。哭声被一个小伙子听见，小伙子与老两口互道真情后，一家人相认，原来，小伙子就是满螺。小伙子要跟父母走，凤凰给了他一把能射三十箭的弓。山里有伙土匪得知满螺的本事，要来抓他，结果他张弓搭箭，四方各一箭，除匪头逃脱外全部死了。匪头一心想得到那把神弓，便装成货郎，骗取满螺媳妇的信任后偷走了神弓。满螺与匪头相遇，匪头张弓射满螺，反而射中自己。原来这把弓是专射坏人的神弓。

唐涣然讲述，李光景、杨泽新搜集、整理。收入《南涧民间文学集成》，32开，6页，3600余字，云南民族出版社1987年版。（段葵）

小白蛇

彝族幻想故事。流传于云南省南涧彝族自治县彝族地区。讲述的是：从前，有个小伙子有一天射中一只叼着小白蛇的老鹰。为了感谢小伙子的救命之恩，小白蛇变成美丽的姑娘，还送给小伙子一颗珠子。小伙子揣着这颗珠子就能听懂飞禽走兽说话。一天，小伙子到荞地里，听见四五只鸟说第二天要再约很多伙伴来吃荞子。他赶忙把这一消息告诉了荞地的主人，第二天，他们果真赶跑了一大群鸟。一天，他正在吃晚饭，听见乌鸦说晚上大山要滑坡。小伙子急忙挨家挨户让人们搬家，晚上果然滑坡了，全村人都脱险了，他却来不及跑，变成了一块石头。

左德昌讲述，左嘉禄搜集、整理。收入《南涧民间文学集成》，32开，1页，700余字，云南民族出版社1987年版。（段葵）

高尚的猎人

彝族幻想故事。流传于云南省宁蒗彝族自治县彝族地区。讲述的是：从前，有个猎人上山打猎，忽然听见“救命”的喊声，只见一只老鹰抓着一条蛇飞在空中。猎人一箭把老鹰射了下来，那条蛇变成了一位非常美丽的姑娘。姑娘的父母对猎人万分感激，就送给他一颗能听懂鸟语的宝珠，并嘱咐他无论听到什么都不能和别人讲，否则他就会化为石头。猎人向他们告别后来到一棵大树下，听到一群鸟儿在议论，说当晚要下大雨，山体垮塌后山下的村子将被淹没。猎人匆忙赶回山下的寨子把情况告诉了大家。村民们得救了，他自己却变成了一块石头。

金古务力讲述，杨志锋整理。收入《小凉山民族民间文学作品选》，32开，2页，1000余字，宁蒗彝族自治县县庆筹备委员会1986年编印。（沙马阿青）

茶花

彝族幻想故事。流传于云南省禄劝彝族苗族自治县彝族地区。讲述的是：从前，彝族寨子里有个美丽善良的姑娘名叫茶花，她织出的麻布又白又细，绣出的动物、花草活灵活现，她的歌声就像百灵一样悦耳动听。她与共农门地方的英俊猎人昂达，由喜鹊做媒而相互倾心，并互相赠送了戒指手镯，相约六月二十四在相思树下相会。可茶花不出门，美名已传四方，土司带着家丁要把茶花抢去做儿媳妇。当喜鹊把消息告诉昂达，昂达骑着快马赶到时，茶花已被抢走。昂达又快马加鞭追去，在白莲龙潭前面的山岩下，昂达看到被劫持的茶花的背影，便大吼着和土司的家丁拼杀起来，终因寡不敌众，倒在了土司的屠刀下。茶花听到昂达的呼喊，挣脱束缚往岩石上爬去，不慎蹬落一块大岩石，在地上砸出一个深不见底的大洞，土司和家丁掉进洞里摔死了。茶花紧紧扒在岩上，再也没有下来。昂达的鲜血和茶花的泪水渗入泥土里化成淙淙的小溪流入白莲龙潭，滋养着这里的土地和百姓。

张本能讲述，晨义搜集、整理。收入《云南省昆明市民间文学集成·禄劝民间故事》，32开，4页，3400余字，禄劝彝族苗族自治县文化局民间文学集成办公室1991年编印。（梁红）

微依诺“招夫”的故事

彝族幻想故事。流传于云南省禄劝彝族苗族自治县彝族地区。讲述的是：远古时候，莫其米地方有个美丽能干的姑娘名叫微依诺，她织出的麻布又细又好，还能用不同颜色的麻织出各种图案，她的歌声动听迷人。到微依诺家提亲的人一茬又一茬，微依诺谁也没答应，因为她心里只有牧羊哥阿吉达。一天，有位白胡子老人领着一个叫阿本奇的英俊青年向在火塘边烤荞粑粑吃的微依诺父母提亲。微依诺父母本想以“招夫”上门等借口回绝他们，但他们都应了下来。结婚这天，阿本奇变成蟒蛇把微依诺卷进了岩洞里，又高又深的岩洞使人们望而却步。后来，阿吉达赶来救出了微依诺，并和微依诺一起过上了幸福生活。

鲁登云讲述，鲁宗一搜集、整理。收入《云南省昆明市民间文学集成·禄劝民间故事》，32开，3页，2000余字，禄劝彝族苗族自治县文化局民间文学集成办公室1991年编印。（梁红）

阿晋日若与杨七妹

彝族幻想故事。流传于云南省武定县彝族地区。讲述的是：相传古时候，阿晋日若和杨七妹是一对美满的恩爱夫妻。有一年，皇帝点兵去打仗，阿晋日若被点上，一去三年，许多当兵的人都分批陆续返回家乡了，阿晋日若却没回来。杨七妹每天到村边守望，盼望丈夫平安归来，但一直不见丈夫的踪影。当听到丈夫已经战死沙场的消息时，七妹哭得死去活来。丈夫的尸体送回村火葬，七妹摘了一袋多依赶到火葬地时，丈夫的尸体刚放在架好的柴堆上，点着了火。抬尸的人们口渴难忍，七妹将多依拿给他们吃，趁大家不备，跳入火堆，很快大火把她吞没了。当时的风俗男女是不能同烧同葬的，人们只好把两具尸体分开相隔半里远来烧，可是火烟升上天空后仍然交缠在一起。人们又把两具尸体分别放在两座山头上烧，但烟在空中仍旧交缠在一起，最后变成一道彩虹挂在天上。

普加元讲述，潘广发、张翠华、马绍仙记录。收入《楚雄民族民间文学资料》第三辑，32开，2页，1000余字，云南省社会科学院楚雄彝族文化研究室1982年编印。（施选　朱琚元）

桥生

彝族幻想故事。流传于云南省峨山彝族自治县彝族地区。讲述的是：从前，有一个叫桥生的后生和一个叫阿秀的姑娘都是对歌好手，他们暗中早有恋情。有一天，他们同一个纨绔子弟李发贵和一个趋炎附势的和尚对歌，李发贵和和尚败了。李发贵恼羞成怒，要把阿秀抓起来治罪，桥生冲上去打退了爪牙们，把阿秀救上了山。李发贵不肯罢休，实行封山缉拿。桥生和阿秀在山里相依为命，结为夫妻，并生了孩子铁山。为庆贺铁山满月，他们在山上烧起篝火唱起了歌，倾诉对世道不平的仇和恨。未料火光和歌声引来了李发贵及其爪牙们，结果铁山被李发贵蹬下了山，桥生和阿秀被抓押。行至清和桥时，桥生一头把李发贵撞下桥淹死，他和阿秀也双双跳河殉难。李发贵变成了一块乌龟样的青石，桥生和阿秀则变成一对孔雀飞回山中。铁山被闻讯赶来的老爹在半坡上接住，长大成人后，他一把火烧了李发贵全家，为爹妈报了仇。

董张氏讲述，董绍华搜集。收入《峨山民间文学集成》，32开，5页，3200余字，云南民族出版社1989年版。（聂鲁）

聪明的孩子和猴子

彝族幻想故事。流传于云南省南涧彝族自治县彝族地区。讲述的是：从前，有个孩子被猴子哄到山里玩，后来他想回家了，就跟猴子说："我口渴，你去给我打一竹筒水来。"并随手把随身带着的竹筒给猴子。猴子把竹筒带到河边，可怎么舀也舀不满，等它知道竹筒没有底后，孩子已经跑回家了。孩子知道猴子还要耍赖，就烧红了石头等着。果然猴子哭闹着又来找孩子玩，孩子招呼它在烧红的石头上坐。猴子一坐下，屁股上的毛被烫掉了，疼得它拔腿就跑。从此猴子的屁股上没有了毛。

张家福讲述，袁登学搜集、整理。收入《南涧民间文学选》第一集，32开，2页，1000余字，南涧彝族自治县民间文学集成办公室1985年编印。（段葵）

鬼吓跑了

彝族幻想故事。流传于云南省武定县一带。讲述的是：从前，有个山村常常闹鬼，夜里很少有人敢出门。有个农民胆子很大，一天夜里，他趁着淡淡的月光，腰上挂着绳子，手里拿着镰刀去割麦子。走到半路上，遇着一个鬼，鬼想害农民，但是看见农民举止沉着，毫不慌张，便不敢轻易下手，想先试试农民的本领。两个先比试谁的牙齿快，农民灵机一动，把手里的镰刀衔在嘴里，喊鬼来摸。鬼刚一摸，手就被割破了。后来他们又比试谁的肠子长，农民将腰上的绳子解下来，一圈一圈地往下放，鬼看见比不过农民，吓得逃跑了。

杨阿莲讲述，陶学良整理。收入《彝族民间故事选》，32开，2页，500余字，上海文艺出版社1981年版。（施选　朱琚元）

他把鬼吓跑了

彝族幻想故事。流传于四川省喜德县彝族地区。讲述的是：从前，有个村子天天闹鬼，每到晚上，没有一个人敢出门。一天晚上，月光时暗时亮，一个农民因缺劳力，便把绳子缠在腰间，手持一把镰刀，独自下地割小麦。在路上碰见了鬼。鬼想试一试此人的胆量，在比试中，鬼把人带的镰刀和绳子分别当成人的牙齿和肠子了，鬼自知比不过人就逃跑了。

阿克书哈等讲述，伍呷记录。收入《彝族民间故事选（2）》（彝文版），32开，2页，600余字，四川民族出版社1986年版。（贾斯拉核）

斗鬼

彝族幻想故事。流传于云南省金平苗族瑶族傣族自治县彝族地区。讲述的是：从前，有两兄弟上山打猎，到山垭口他俩便分两路上山。弟弟走到一棵大树下时忽然听到一声怪笑，四下张望不见人影，抬头看见树上倒挂着一颗头发蓬乱的人头，弟弟抬起铜炮枪便打。那颗头张口说：“再打一枪。”弟弟一枪接一枪地打，那头一直在不停地说：“再打一枪。”哥哥在另一边听到弟弟不停地打枪，忙跑来。哥哥也加入了弟弟的行列，结果子弹打完了，那颗头还在讲话。天黑了，两兄弟计上心来，他俩调头睡在树下，中间用红毡子盖上，只露出两个头。半夜，鬼头从树上下来想吃掉他们，只看见两个头，就是不见脚，鬼头害怕起来，心想这东西咋比我还怪，两边都有头，看来我斗不过他，便逃跑了。

喻志明讲述，李强宁记录。收入《云南民间文学集成·金平故事卷》，32开，2页，1000余字，金平苗族瑶族傣族自治县文联1988年编印。（梁红）

珍惜粮食的故事

彝族幻想故事。流传于云南省牟定县彝族地区。讲述的是：很久以前，在姚安和牟定交界的三尖山脚下住着两户人家，一户住在北边，一户住在南边。有一年，山上下大雪，麦子长得很好，两家都收到了很多麦子。天上的仙人为了查看人间是否珍惜粮食，就变成一个衣着破烂、面黄肌瘦的老头来到人间。仙人来到三尖山脚下住在北边的这一户人家里。这家人说：“感谢老天爷帮忙，过去年年饿肚子，一年到头吃不上几顿，今年由于下了几场大雪，麦子长得好。”并请老人进屋，传烟递水，杀鸡款待。老人认为他们很珍惜粮食，临走时告诉他们，过一会儿就要下大雨了，让他们把晒在场上的麦子赶紧收起来。老人又来到住在南边的这一户人家里。这家人因粮食收得多，就不再珍惜粮食了，猪、鸡、牛、羊随意在麦堆上糟蹋。仙人回到天上后，在天上布黑云闪雷电，下了一场大暴雨。住在北边的这一户人家麦子都收完了，没有损失；住在南边的那一户人家麦子全被洪水冲走了。后来，当两家人都讲到那个老人时，才知道是遇上了仙人。从此他们时时教育后代要珍惜粮食。

李学书讲述，李国林记录。收入《云南省民间文学集成·牟定县综合卷》，32开，3页，1500余字，牟定县民间文学集成办公室1989年编印。（施选　朱琚元）

财主还愿

彝族幻想故事。流传于云南省江川县彝族地区。讲述的是：从前，有一个财主为人奸诈、刻薄，众人都不愿去他家帮工。有一年，财主说谁到他家帮工，就一年给他一条牛。村里的孤儿王二夯去了，连做了三年工后，二夯向财主要三条牛。财主说二夯听错了，他说的是一年给一瓢油。二夯无奈只好拎着油回家。第二天，二夯拎着油到一家寺院敬献，受到和尚的款待。住持带他去后院观月牙井，明镜一样的井底出现了许多骑马坐轿的人。住持告诉二夯说这是他后代人的生活。此事传到剥削二夯的财主耳里，财主让几个长工挑了几挑油去寺里敬献，并观看了月牙井，可看到的都是些跛足残手、弓腰驼背、口鼻歪斜之人。住持说这是财主家后代人的生活。财主问怎样才能不产生这样的后果。住持说：“把你家老大砍成两截，老二劈成四块，老三供众人享用才行。”财主回家后急得六神无主。财主聪明的三姑娘得知此事后便把大秤抬到路上砍成两截丢了，把大斗劈成四块丢在路边，最后打开粮仓把谷子分给了村里的百姓。

安朝义讲述，杨忠友、李志忠、戴琼凤搜集、

整理。收入《江川县民间文学集成》，32开，3页，2000余字，云南人民出版社1997年版。（普开福）

癞蛤蟆讨媳妇（一）

彝族幻想故事。流传于云南省昭通市彝族地区。讲述的是：从前，有老两口没有儿女，一天，老妈妈从膝盖上长出的包包中抠出一个蛋，交给母鸡孵出了一只癞蛤蟆。癞蛤蟆长到草墩高的时候，到舅舅家求亲，欲娶他的女儿做媳妇。舅舅不肯，癞蛤蟆就哭，泪水淹到半截房子深时，舅舅嘴上答应了，但要它把山上五六百斤重的大石碓背回家，想让它被石碓压死。想不到癞蛤蟆背回了石碓。舅舅又让女儿在去婆家的路上寻机用榔头、弯刀杀死它，这个计谋被癞蛤蟆识破了。后来舅舅请来工匠治癞蛤蟆，工匠把癞蛤蟆压在巨石底下，又用大树压癞蛤蟆，都没有成功。舅舅从此再也不敢小看癞蛤蟆了。后来，癞蛤蟆滚地变成一个英俊小伙子，从此夫妻双双赡养父母，孝敬公婆。

龙兴荣讲述，杨世武录音，潘忠福整理。收入《昭通民族民间文学资料选编》第一集，32开，3页，1900余字，昭通县民委、文化局1983年编印。（吴平）

癞蛤蟆讨媳妇（二）

彝族幻想故事。流传于云南省禄丰县彝族地区。讲述的是：从前，有老两口，五十多岁还没有儿女，老头看见别人儿女成群，心里很难过，常对别人说自己的老妻连只癞蛤蟆也不会生。有一年，老婆怀孕了，老头十分高兴。老婆怀胎十月后却生下了一只癞蛤蟆，它虽长相难看却很聪明，会帮父亲赶马做生意。有一次癞蛤蟆在井里捞到了一颗宝珠，有了这颗宝珠癞蛤蟆就能变成一个英俊的小伙。癞蛤蟆长到十二岁时看上了大姨家的表姐，请老父去提亲，可表姐死活不同意，这令它非常生气。不久，癞蛤蟆又看上了邻村员外家的小姐，这次的亲事一说就成。原来小姐早就听说癞蛤蟆聪明过人，又能用宝珠变成英俊小伙。成亲这天，癞蛤蟆变成一个英俊小伙与小姐拜堂，惊得亲朋目瞪口呆，表姐又恨又悔，回家后就上吊死了。成婚后癞蛤蟆夫妇恩爱和睦，日子过得安乐幸福。

刘炳恒讲述，欧阳映林记录。收入《禄丰县民间故事普查资料汇编》，16开，2页，900余字，禄丰县委宣传部、文化局、民委1988年编印。（钱丽云　朱琚元）

癞蛤蟆讨媳妇（三）

彝族幻想故事。流传于云南省姚安县彝族地区。讲述的是：很久以前，有一对彝族夫妇年近半百却未生子，他俩每天劳作回来，总是坐在门前桃树下叹气。到了他俩六十岁那年，桃树上结了一个碗大的桃子，桃子里跳出一只像娃娃一样的癞蛤蟆，老两口疼爱癞蛤蟆如同亲生儿子，癞蛤蟆对老两口孝顺如同亲生父母。过了几年，癞蛤蟆想讨个媳妇来共同孝敬二老，于是它未经父母同意便来到王员外家说亲。员外见它相貌丑陋，就把它撵出门外。癞蛤蟆很生气，施法让员外家的房子抖动起来。员外没有办法，只好把女儿嫁给了它。三年后的一天，癞蛤蟆把皮挂在门后去洗澡，他的妻子偷偷把皮烧了，癞蛤蟆变成了一个标致又善良的伙子，原来癞蛤蟆是天上派下来的桃花仙子。夫妻俩恩恩爱爱，更加孝顺父母。二老活到一百岁去世后，癞蛤蟆夫妇就在人间消失了。

李玉才讲述，罗桂森记录。收入《云南省民间文学集成·姚安县综合卷》，32开，5页，3000余字，姚安县文化局、文联1989年编印。（施选　朱琚元）

癞疙宝讨媳妇

彝族幻想故事。流传于云南省武定县彝族地区。讲述的是：有一户人家有三个女儿，最小的女儿莫名其妙地生了一只癞疙宝（癞蛤蟆）。为此小女儿嫁不出去了，只好与自己的癞疙宝儿子相依为命。过了许多年，儿子长大了，告诉妈妈想娶个媳妇。妈妈不相信会有姑娘愿嫁给它。当时，另一个村里的一户人家生有四个美若天仙的女儿，三个姐姐人虽漂亮，心却歹毒，只有四女儿又美又善良。癞疙宝上门提亲，并用各种方法威胁这家人，考验四个女儿，三个姐姐死活不答应，只有四女儿担心爹娘的性命同意嫁给癞疙宝。癞疙宝娶回媳妇后，脱下皮变成了英俊小伙。一年后他们生下了一个胖小子。三个姐姐知道后十分后悔。后来，小伙被抓去当兵，四女儿趁空回娘家住几天，三个姐姐设计将四女儿囚在后园的一个坑里，大姐则背着娃娃装成四妹回婆家去了。两年后，小伙当兵回来，发现妻子跟原来不一样，起了疑心，便找毕摩卜了一卦，才知道了妻子的下落。小伙救回了妻子，大姐羞愧难当，跳河死了。

王美讲述，王纸、李顺荣记译。收入《云南省武定县民族民间文学集成》，16开，3页，1300余字，武定县文化局、民委、文化馆集成办1989年编印。（钱丽云　朱琚元）

癞浆包讨妻

彝族幻想故事。流传于云南省禄丰县彝族地区。讲述的是：从前，有一户人家生了个娃娃像一只癞浆包（蛤蟆），父母很难过，不想要他，几次三番想把他弄死都没得逞。癞浆包儿子长大后，想娶大姨妈家的小表妹为妻，母亲告诉他不要痴心妄想。癞浆包上门去提亲，大姨妈不允，他说不肯将小表妹许配给他，就要哭倒姨妈家的房子。他哭一下房子就歪了，大姨妈无奈，只好将小表妹嫁给了他。小表妹嫁给他以后，日日在家里不用干活，要啥有啥，吃穿不愁。别人嘲笑小表妹嫁给了一个癞浆包，小表妹却说丈夫脱掉皮后就是一个帅小伙。有人便教她趁丈夫不注意时把皮烧掉，小表妹照办了，但从此以后，丈夫便成了一个普通人，夫妻二人就只能自苦自吃了。

张兰美讲述，李光云记录。收入《禄丰县民间故事普查资料汇编》，16开，1页，500余字，禄丰县委宣传部、文化局、民委1988年编印。（钱丽云　朱琚元）

癞蛤蟆娶妻

彝族幻想故事。流传于贵州省威宁彝族回族苗族自治县、赫章县等彝族地区。讲述的是：有一天，一位无儿无女的孤老婆婆和她的同伴一起外出，她无论走在前面、中间、后面，总有只乌鸦跟随，乌鸦说孤老婆婆的膝盖里有一枚鸡蛋。生气的孤老婆婆回家剥开膝盖，真的就取出一枚鸡蛋，把它放在鸡箩里让母鸡孵化，孵出一只又小又丑的癞蛤蟆，还称孤老婆婆为阿妈。一天，癞蛤蟆牵一匹大马去舅舅家，要挑选一位表姐做妻子。舅舅想用碓舂死它，就让它去碓窝里顶着碓杵，它把碓杵顶着，碓杵就是落不下去；舅舅又让它去背大磨子，它背着在磨坊前屋后转了三大圈，问舅舅放在哪里。舅舅就是不同意，癞蛤蟆就哭，三下两下它的泪水差不多把舅舅家房子连同一家人快淹没了。舅舅赶紧求它别哭了，看上哪个就娶走。癞蛤蟆挑了三表姐，让她骑在马上，自己牵着马绳回家，三表姐骑在马上想用梭子把癞蛤蟆打死，打了多少回都被蛤蟆捡了梭子递还她。回家后癞蛤蟆脱了蛤蟆皮，变成一个俊俏的汉子，但不时又把蛤蟆皮穿上。有一次，他去寨子里给人帮忙，脱了蛤蟆皮放在鸡窝箩上，他阿妈和妻子商量后把蛤蟆皮给烧了，他就再也变不回癞蛤蟆了。

李秀禄等讲述，王继超记录、翻译。32开，12页，2500余字，未刊稿。（阿洛）

癞蛤蟆娶亲

彝族幻想故事。流传于滇西彝族地区。讲述的是：一老妈妈无儿无女，癞蛤蟆主动来当她的孩子，并要求去娶亲。它向有三个女儿的人家提亲，主人不同意这门亲事。它咕咕大叫，让水淹到胸口来，那家大姐只好答应。大姐想用线棰把蛤蟆打死，两次都没打着，新媳妇只好与它过日子。不久，癞蛤蟆变成一个小伙子，参加邻居嫁女婚礼，唱婚礼歌数它全村第一；蛤蟆又变成一只鹰叼去牛扇骨；再变成一个漂亮的小伙子参加本村丧葬跳脚。后来老妈妈偷见癞蛤蟆把皮脱在篱笆下，就把蛤蟆皮拿来丢在火中烧了。从此小伙子就跟老妈妈、新媳妇一块过着幸福的日子。

佚名讲述、记录。收入《楚雄彝族文学简史》，32开，2页，1400余字，中国民间文艺出版社1986年版。（阿南）

三脚蛤蟆

彝族幻想故事。流传于云南省建水县彝族地区。讲述的是：法依坝有个樵夫，有一天，他在石岭岗救了只长有三只脚的蛤蟆。他把蛤蟆带回家不久，蛤蟆就变成一个美丽的姑娘为他做饭，后来成了他的妻子。蛤蟆能点石成金、点沙成珍珠的消息传到了财主的耳中，财主想霸占蛤蟆姑娘，就与樵夫赛马、赛船，结果财主的船撞在暗礁上，沉入了海底。从此樵夫和蛤蟆姑娘过上了无忧无虑的生活。

孔凡成讲述，尼苏艾诺搜集，张绍文整理。收入《云南民间文学集成·建水故事卷》，32开，4页，1900余字，建水县文化局、民委1989年编印。（梁红）

三脚癞蛤蟆

彝族幻想故事。流传于云南省玉溪市彝族地区。讲述的是：从前，有一家夫妇生下的儿子是只三脚蛤蟆，丈夫远走他乡避嫌去了，妻子艰难地抚养着丑儿子。蛤蟆儿子长到了十八岁时向六十里外的李财主家提亲，被一口拒绝。蛤蟆便施法术使李家小姐眼痛不止，财主只好答应婚事，但提出要三样东西：堆满院子的银子、山大的猪和常年不熄的神烛。蛤蟆通过法术使另一个财主变成哑巴，并装成大夫去治病而得到了大堆银子。送礼那天，蛤蟆到李财主家时用斧子砍大门，财主慌忙出来，看见大堆白花花的银子和神烛就说：“不要山大的猪了，快择日迎亲吧！”结婚那天姑娘向父亲要了一根石棒想在半路打死蛤蟆，但未果。后来，蛤蟆脱了皮变成小伙子，姑娘才接受了丈夫的爱。蛤蟆原是天上派下的仙人，有一天，天神叫他回去复位，他向妈妈要皮，妈妈不给，经说服以后蛤蟆把蛤蟆皮煮成稀饭让母亲、妻子一同吃下，三人成仙上天去了。家里的帮工回来看见黑稀饭，生气地把稀饭倒在地上，鸡和狗吃了后都成仙上天去了。他后悔莫及，只好拿着家里的一道铁环作法器，用一把扇子遮着脸装神弄鬼讨生活去了。

拔家发讲述，何庙链搜集。收入《玉溪市民间文学集成》，32开，5页，3100余字，玉溪市文化局、民委、文联、群艺馆1989年编印。（普开福）

青蛙骑手

彝族幻想故事。流传于云南省南涧彝族自治县彝族地区。讲述的是：有老两口，老妻晚年怀孕，生得一只青蛙。一天，青蛙到员外家求亲。员外得知求亲的是青蛙后，就不开门。青蛙大笑，顿时天旋地转，眼看房子要倒了，员外不得不开门，同意了青蛙的求亲。员外问大姑娘是否愿意嫁给青蛙，大姑娘不答应，青蛙就哭，风雨又大作。员外又问二姑娘是否愿意嫁，二姑娘心生一计，答应跟青蛙走。青蛙牵着二姑娘骑的马走到半路，二姑娘用早已藏着的磨盘砸向青蛙后返回了家。二姑娘到家时却看见青蛙已在父亲面前了。青蛙说二姑娘没有良心，它要三姑娘。三姑娘跟青蛙回家，二老很高兴。有一天，老两口领着媳妇去看赛马。媳妇看到一个穿绿色衣裳的骑手很厉害，就说肚子疼，要回家。到家看见门扣着，又看见门前有一张青蛙皮，便知道那穿绿衣裳的骑手是自己的丈夫，她就把青蛙皮烧掉，好让丈夫变不回青蛙。这时丈夫跑回来眼看自己的皮就要烧完，便告诉媳妇赶紧到西山求法，否则它将会死。媳妇照山里人所说的那样，连夜挨家挨户地告诉他们："青蛙得病，快急救！"还差两家没有跑到时，鸡就叫了，青蛙就断了气。

蔡本孝讲述，杨泽新搜集、整理。收入《南涧民间文学集成》，32开，5页，3000余字，云南民族出版社1987年版。（段葵）

神仙巴河

彝族幻想故事。流传于四川省越西县彝族地区。讲述的是：从前，有七个妇女在一起织擦尔瓦（披毡），有一只乌鸦落在树上哇、哇、哇地冲其中一个妇女叫："你今晚要生一只青蛙！"这个妇女晚上果真就生了一只青蛙。有一天，小青蛙对妈妈说："妈，你给我酿一坛酒，我要到舅舅家去娶表妹阿呷。"妈妈说："谁愿意嫁给你哦。"小青蛙恳切地要求道："不管怎么说你给我酿，我自有办法。"母亲只好给他酿了酒。他把酒装进一个蛋壳里，又叫母亲给他推糌粑面，他把糌粑面装到一个圆形的灰包菌里，用一匹马驮到舅舅家去了。走到舅舅家，他站在门前喊："表妹阿呷，快把狗拦住，我到你家来做客。"舅舅跑出来看，是一只青蛙，他把青蛙迎到家里，到家后，青蛙从鸡蛋壳里拿出酒给他们喝，从灰包菌里拿出糌粑面给他们吃，整个村的人都吃饱喝醉了。第二天一早，青蛙说："我是来娶表妹阿呷的，今天就请她与我同路回去吧！"舅舅家看不起青蛙，女儿不想嫁青蛙。青蛙诚恳地说道："你们瞧不起我，没有关系，还我的酒和糌粑面就行了。"舅舅一家人都说："还就还！"舅舅家第一天给他酿酒却装不满蛋壳，接着给他酿了许多天酒，推了许多糌粑面，把人都整累了，但所酿的酒和推的面都装不满青蛙的蛋壳和灰包菌。舅舅只好同意了。阿呷与青蛙一起回家，从此以后，任何地方有出嫁、接亲的事时，青蛙总是不去，只留在家里守屋，让妈妈和妻子去玩耍，妈妈和妻子回来时，青蛙就问："小伙子中谁最漂亮？"妈妈和妻子说："有一个名叫神仙巴河的最漂亮。"一天，婆媳俩装着出门去了，走到半路上又返转回来，藏在屋檐下偷看。青蛙像以往一样，脱掉青蛙皮，就变成一位年轻而漂亮的小伙子。他把脱掉的青蛙皮挂好后，就关门出去了。婆媳把他脱下的青蛙皮拿到火里烧，正在烧时，青蛙跑回来了，他惨叫着说："我变成神仙只差七天啊，现在被你俩害了。"他流着泪凄惨地死去了。

王大成讲述，马占绿采录。收入《凉山民间文学集成》（下，故事卷），32开，3页，1800余字，西南交通大学出版社1993年版。（刘琳）

癞蛤蟆的故事

彝族幻想故事。流传于云南省曲靖市彝族地区。讲述的是：古时候，有老两口，膝下无子，生活贫苦。有一年，他们从自己种的十二塘金瓜藤中收获了唯一的一个金瓜。削开金瓜，从里面跳出一只会说话的癞蛤蟆。癞蛤蟆告诉他们说，它要娶皇帝的女儿回来养二老。次日，这只癞蛤蟆果然到皇宫向皇帝的女儿求婚，皇帝不答应，它便大笑使皇宫四处开裂，大哭使皇宫遭水淹，皇帝只得答应把女儿嫁给它。途中公主多次想拿木棒打死这只癞蛤蟆，但都被它机敏地避开了，最后公主只好一心一意地和它过日子。后来，公主和老夫妇俩发现癞蛤蟆会变成英俊的小伙子并给他们做美味的饭菜。为了不让丈夫变回癞蛤蟆，公主拿了癞蛤蟆皮欲烧毁，小伙子让公主把皮拿到神山圭山上去烧，并要公主烧皮时说："只死白头发，不死黑头发。"结果烧皮的响声震耳，公主吓得胡乱开口说："白头发死，黑头发死。"从此以后，不论是白发人或是黑发人都会死。

王正才讲述，李树德翻译，尹国春、刘植、张丽珠整理。收入《阿则和他的宝剑》，32开，4页，2400余字，云南民族出版社1985年版。（梁红）

癞疙宝

彝族幻想故事。流传于贵州省毕节市彝族地

区。讲述的是：一个结婚数年而没有生育的女人，突然生了个外表丑陋的癞疙宝（癞蛤蟆）儿子。这癞疙宝善良、能干，能变身为人却不被母知，长大后几经周折娶了媳妇。在一次祭祀场中，母亲知道那英俊的歌师是自己的儿子后，跑回家中烧了癞疙宝的皮，谁知儿子就此死了，临终前叫母亲把自己埋在东方大路旁，要七七四十九天之后才能去看，谁知念子心切的母亲还差两天就揭开了坟盖，刚变成的小癞疙宝又再次夭折。人死后，要禁忌七七四十九天的习俗由此而来。

陈郑氏讲述，陈大政记录、翻译。收入《中国民间文学三套集成·贵州省毕节地区·毕节县卷》，32开，6页，3000余字，毕节县民间文学三套集成编委会1988年编印。（罗德显）

绿青蛙

彝族幻想故事。流传于云南省石屏县彝族地区。讲述的是：在很久以前，彝山上有一对无儿无女的老夫妇。一天，老夫妇俩到南瓜地里干活，忽然有一只绿青蛙从南瓜中跳了出来，说愿做他们的儿子。这只绿青蛙很有胆量，跑去寨主家，偷偷拿回了老夫妇俩上贡的牛肉。绿青蛙还说自己要盖房娶媳妇，并真的盖起了新房。新房刚盖好，寨主却说盖房子用的木头、石板、土地都是他的。绿青蛙很生气，它一哭，眼泪变成洪水，冲毁了寨主家的房屋田地；它一笑，笑声变出火海，烧死了寨主一家。寨里人为了感谢绿青蛙，都愿意把女儿嫁给它。绿青蛙却要娶俄木（皇帝）的三女儿为妻。老妈妈替它去俄木家提亲，俄木为难绿青蛙，说是要一枚百孔夜明珠和一根七丈青丝发作聘礼。绿青蛙没有被难倒，按要求送来了聘礼，俄木只好假装答应这门婚事，可他又让绿青蛙拿一半山头大的猪头和一缸海大的瑶池酒来迎娶三女儿，绿青蛙都巧妙应付了。迎娶的路上，俄木的三女儿几次想用盐棒捶死绿青蛙，绿青蛙都轻松躲了过去。后来，绿青蛙变成了英俊的男子，与俄木的三女儿过上了幸福的生活。

佚名讲述，李朝旺搜集、整理。收入《彝族民间故事选》，32开，11页，8800余字，上海文艺出版社1981年版。（李朝旺）

阿布欺漆

彝族幻想故事。流传于云南省宣威市彝族地区。“阿布欺漆”系彝语，即癞蛤蟆娶亲。讲述的是：一只癞蛤蟆到了一个无儿无女的老妇人家和老人做伴。不久癞蛤蟆想娶媳妇，它到了一家只有母女四人的人家说亲。它发大水吓得母女四人只得同意婚事。接亲路上，新娘欲用线锤加害癞蛤蟆，但没有得逞，只好和它过日子。一天，癞蛤蟆安排婆媳俩到嫁姑娘的人家吃酒，自己变成英俊的小伙去唱酒歌。再变成鹰到指路（办丧事）的人家叼了一块牛扇子骨回家之后变成小伙子去跳脚。老人回到家，它请老人看看桌上的骨头，自己又出去跳脚了。老人猜测英俊的小伙子就是它变的，就悄悄跟随它，看到它脱下癞蛤蟆皮后变成了一个小伙子，便把脱下的皮放到火塘烧了。正跳脚的癞蛤蟆变成的小伙子顿感浑身烧灼，回家得知癞蛤蟆皮被烧了，便忙撮起灰倒进柜里，变出了满柜银子，倒进仓里，变成满仓粮食，倒在厩里，变成满厩牲口。从此，一家人过上了好日子。

李树敏讲述，田成帮翻译，何明环搜集、整理。收入《蓝靛花——宣威民间故事》，32开，5页，3300余字，贵州民族出版社1992年版。（谭玉婷）

癞蛤蟆与三姑娘

彝族幻想故事。流传于广西壮族自治区隆林县彝族地区。讲述的是：古时候，伯尾桑姆养育了三个女儿。大女儿姑妮冷淡刻薄，二女儿纳妮骄横傲慢，三女儿依妮美丽淳朴善良。一家的生活靠的是三丘望天田。一年，天大旱，伯尾桑姆的望天田一片干裂，眼看当年就要颗粒无收了。正当老人着急时，一只癞蛤蟆向田里吐水救灾。伯尾桑姆心里一高兴，与癞蛤蟆聊了起来，答应将三个女儿中的一个嫁给它。大女儿和二女儿不愿嫁癞蛤蟆，癞蛤蟆就收回了三丘田的水。为了拯救一家人，三女儿答应嫁给癞蛤蟆，三丘田得救了。新婚之日，癞蛤蟆脱下表皮，变成英俊的公子，把她带到一座宫殿中幸福地生活在一起。

曲木卑目讲述，高原、巧玉笔录并译成汉文。收入《广西少数民族民间故事》，28开，5页，3300余字，广西民族出版社1985年版；《中国民间故事集成·广西卷》，中国ISBN中心2001年版。（王光荣　蓝斯）

青蛙仙子

彝族幻想故事。流传于川滇大、小凉山彝族地区。讲述的是：古时候，有两口子怎么也生育不了儿女，眼看就将无人养老送终了。一天，老妇人的膝盖处破出了一只蛋，这只蛋接着孵化成了一只青蛙。原来，这只青蛙是仙子变的。青蛙仙子几经周折娶得了皇帝的女儿，并使双亲过上了衣食无忧的日子。

阿库史格讲述并记录。载《凉山文学》（彝文版）1981年第3期，16开，20页，18000余字，凉山彝族自治州文联1981年编印。（贯瓦盘加）

蛤蟆仙子

彝族幻想故事。流传于云南省峨山彝族自治县彝族地区。讲述的是：从前，有一对夫妻年过五十都没有生育儿女。有一年老两口栽在院墙脚的一棵南瓜藤爬上屋顶后，在房头放着的一个土罐里结了一个南瓜，但拿不出来。老两口正为此事发愁，来了个道人告诉他们，此物是个宝，只要他们在罐前虔诚烧上三年香，他们家便会儿孙满堂。老两口照道人所要求的去做，终于有一天从南瓜里爬出一个蛤蟆模样的孩儿来，落地就会喊爹妈，见风就长个，才一百天就长成了一个大伙子。有一天蛤蟆伙子提出要娶亲，爹妈担心没有姑娘会看得起他。蛤蟆伙子请蜜蜂公公到有三个女儿的张员外家提亲。大女儿和二女儿都以癞蛤蟆想吃天鹅肉的言语拒绝了提亲，而三女儿却应了亲。娶亲那天，大姐、二姐和客人们都嘲笑蛤蟆伙子和三姑娘。新婚之夜，蛤蟆伙子把皮一脱，就变成了一个英俊男子。原来，三姑娘早就知道蛤蟆伙子是天上下凡的蛤蟆仙子，并爱上了他。从此夫妻双双带着老两口过上了幸福生活，两个姐姐则羡慕悔恨不已。

罗世元讲述，罗俊强搜集。收入《峨山民间文学集成》，32开，3页，1500余字，云南民族出版社1989年版。（聂鲁）

癞蛤蟆

彝族幻想故事。流传于云南省武定县彝族地区。讲述的是：古时候，有一对老夫妻靠种果树为生，无儿无女，孤苦清贫。有一年，老汉摘到一个特别大的桃子，他舍不得卖，便留给老伴吃。老伴刚把桃子掰开，就从里面跳出一只癞蛤蟆，对着二人喊爹娘。转眼过了十八年，一天，癞蛤蟆请二老为它准备一匹马，说它想去娶一个媳妇回来。二老半信半疑地为它备了一匹马，没想到过了一天，它还真带回来了一个非常美丽的媳妇。媳妇娶进家后，灶房里的柴她不用抱，水缸里的水她不用挑，干活回来，热乎乎的饭菜就会摆在桌上。媳妇心里纳闷，就留了一个心眼。有一天去看戏的途中，媳妇返回家，看见灶房里有一个英俊的小伙子在倒水，便知道他是丈夫变的，媳妇就把丈夫脱在旁边的癞蛤蟆皮烧了。从此，老人有了真正的儿子，一家人过上了幸福的生活。

赵荣军讲述，李顺荣记译。收入《云南省武定县民族民间文学集成》，16开，2页，900余字，武定县文化局、民委、文化馆集成办1989年编印。（钱丽云　朱琚元）

金蛋

彝族幻想故事。流传于云南省禄劝彝族苗族自治县彝族地区。讲述的是：从前，有个叫菊妹的姑娘，父母被财主刘彪逼死后，一个人生活。一天，她和村里的同伴上山拾柴，有只喜鹊一直跟着她叫："菊妹膝盖里有金蛋！"吓坏了的菊妹被同伴扶回家，医生果然从她膝盖里取出了个金蛋。半夜，金蛋炸开跳出个癞蛤蟆来，并叫菊妹妈妈。癞蛤蟆儿子凭自己的本事娶回了媳妇，让母亲又惊又喜。后来癞蛤蟆儿子变成鹰，把恶霸刘彪的眼睛啄瞎了。菊妹婆媳俩得知癞蛤蟆会变化，便趁它变鹰时烧了癞蛤蟆皮，正在天上飞翔的儿子感到身上发烫，便落地变成一个英俊小伙子。他让她们把烧剩的皮撕扯后扔到牛圈里，顿时，牛圈里变出了许多猪、牛、羊。从此，一家三口过上了幸福生活。

杨思杰讲述，杨思银搜集，唐国亮整理。收入《云南省昆明市民间文学集成·禄劝民间故事》，32开，5页，3700余字，禄劝彝族苗族自治县文化局民间文学集成办公室1991年编印。（梁红）

蛙衣

彝族幻想故事。流传于云南省新平彝族傣族自治县彝族地区。讲述的是：果拉毕摩成婚十年后妻子才怀孕，等了三年生下来的却是一只小青蛙。果拉羞愤交加，便远行至阿乃咪参加毕摩赛花去了。十六年后蛙儿到阿乃咪把爸爸接回了家，提出要娶阿乃咪山官的三女儿。果拉夫妇硬着头皮去提亲，未料三小姐愿嫁蛙儿。接亲时蛙儿变成了一个英俊小伙子。果拉夫妇到厨房水桶旁捡起蛙儿脱下的蛙衣丢进灶洞里。婚毕蛙儿问起蛙衣，方知蛙衣已毁，他才道出天神派他穿着蛙衣投胎人间修炼的实情，如今修炼未完，蛙衣既无，他就只能做一个凡人了。

拉加朵讲述，聂鲁笔录、翻译。载《民间文学》1993年第3期，32开，6页，4000余字，后收入《聂鲁彝族神话故事选》，陕西旅游出版社1998年版。（聂鲁）

神蛙

彝族幻想故事。流传于川滇大、小凉山彝族地区。讲述的是：从前，一位姑娘的膝盖上生出了一个蛋，从这只怪蛋中又孵出了一只青蛙，这只青蛙凭自己的聪明才智娶回了一位漂亮的媳妇。有一天，太阳的母亲去世，婆媳俩叫青蛙在家守屋，她们就奔丧去了，等她们出门后，青蛙脱掉自己的外衣，变成一个英俊的小伙，在奔丧处赢得了选美和赛马冠军。第二天，月亮的母亲去世，他也同样得了冠军。婆媳得知小伙就是青蛙后，她俩认为这样的英俊少年，一身蛙皮实在与他不相配，就把蛙皮扫进火堆里烧了。就在这时，这位英俊少年从马背上摔下来就要死了，临死前他才告诉母亲和妻子，本来再过三天他就可脱胎换骨完全变成人，这让婆媳俩悔恨不已。

佚名讲述，罗布合机、王权等收集、整理。收入《喜德彝族民间故事》（彝文版），32开，6页，3200余字，四川民族出版社1993年版。（土比呷呷）

蛙女

彝族幻想故事。流传于云南省峨山彝族自治县彝族地区。讲述的是：从前，有一个叫长生的青年。有一天，他在河边用刀斩断毒蛇救了一只青蛙，并把青蛙带回家养起来。不久青蛙变成一个美丽姑娘嫁给了长生。她对长生说，瞎眼阿妈的眼病只需到珍珠泉取回两滴水来就可以治好。长生走了四十九天，终于到了珍珠泉。他把取回的水滴入阿妈的眼睛，阿妈立刻什么都能看到了。地方头人巴黑想霸占蛙女，硬说长生阿爸欠他家三百两银子，要拿蛙女抵债。蛙女到河边拣了一些石头用嘴一吹就变成白花花的银子，她把这些银子都给了巴黑。可是巴黑最后还是把蛙女抢去了，但他一动手就会被浑身长满刺的蛙女扎得血淋淋的。后来，长生请好友百灵鸟和松鼠来帮忙，松鼠跳到巴黑家的油仓口喷火，将巴黑家烧为灰烬。

佚名讲述，杜代昌搜集、整理。收入《峨峨风情》（续一），32开，9页，5200余字，峨山彝族自治县民委1986年编印。（普开福）

一株高粱

彝族幻想故事。流传于云南省红河哈尼族彝族自治州彝族地区。讲述的是：有一老汉带着独生女儿过活，他向地主借高粱种子，借一斗要还五斗。歹毒的地主想要他的女儿为妻，将炒过的高粱借给他。半月后种子不发芽，最后只长出了一棵。老汉细心锄草、浇水，长势良好。一天，老汉病了，高粱已熟，老鹰飞来把那棵高粱连根拔走，老汉紧追到一岩洞下。夜里他听见老鹰在说笑："野猪老弟，把树上的宝贝取出来吧！"野猪对猴子说："大哥你手长，把宝罐取出来吧。"猴子果然取来宝罐，只轻轻一摇，便有饭吃、有酒喝，吃饱喝足又藏好宝罐，各自走了。老汉起来，拿了宝罐揣入怀里匆匆赶回家。老汉摇宝罐还清了地主的债，还有许多高粱，分送给了穷兄弟。地主财迷心窍，向老汉问明后，也去偷宝罐，结果有去无回。

佚名讲述、记录。收入《中国传说故事大辞典》，16开，1页，300余字，中国文联出版公司1992年版。（阿南）

宝石缸

彝族幻想故事。流传于云南省石林彝族自治县彝族地区。讲述的是：从前有两家人耕种一块相连的地。为了省地，中间没有打地埂，一家耕种一半。可是其中一家人贪心，每次犁地都要多犁一点。这样，不过几年，一块地大部分都被这家人占了，另一家的地只剩下一长条。说也奇怪，两家收的粮食却总是一样多。又到犁地的时候了。贪心的那家又多占了地。这家人看到地又少了，闷气地坐在地头。这时，牛走过来要主人到山头上割青草给它吃。牛主人按牛的指点，走到山头上，果然看见乱石丛中长着一窝青草，便割来给牛吃了。第二天，牛又叫主人去割草，牛主人走到山头一看，头天割草的地方，又长出一窝青草，便又割来给牛吃了。第三天，牛叫主人把这窝草连根挖来。牛主人挖草根时挖得一个石缸，搬回家装粮食，粮食总是用不完；装进去钱，钱也是拿不完，这家人便富裕起来了。贪心的那家人知道了，想霸占宝石缸，说宝石缸是从他家的地里挖出来的，应归他家。两家人争执不下，贪心的那家人把另一家告到官府里。官爷知道后，也想霸占宝石缸，便叫人把宝石缸抬到官府后院。贪心的那家人想趁机发一笔财，于是他找了很多人，把家里的钱财衣物、粮食都搬来，直往宝石缸里倒。可是当他到缸里去拿东西时，缸里空空的，什么也没有。这时，官爷的父亲也来看热闹，走到宝石缸旁，他刚把头伸往缸边，便一头掉进缸里去了。官爷赶紧来拉，拉出一个，缸里还有一个，拉出一个，缸里又出来一个，一连拉了五六十个，缸里面还有，不敢再拉了。拉出来的这五六十个人，长相穿着，说笑声音，一模一样。官爷分不清哪个父亲是假，只好都养起来了。

金德林讲述，李德君搜集、整理。收入《彝族民间故事选》，32开，3页，1900余字，上海文艺出版社1981年。（阿南）

扎西

彝族幻想故事。流传于滇中彝族地区。讲述的是：扎西老人已双目失明，因他救起的那条小鲤鱼是龙王的太子，龙王给了他神水洗眼，他又重见光明。龙王告诉他有急难时呼"阿娇"，龙王就会帮助他。人们看见扎西的胡子转青，人也年轻了许多。土司知道此事后，让他帮土司洗眼，结果土司的眼睛瞎了。扎西被挖去两个眼珠。扎西喊"阿娇"来帮忙，阿娇指点他用花椒塞进眼眶，他的眼又复明了。土司也学扎西用花椒塞入眼睛，却一命呜呼。土司手下的人要杀了扎西，把他丢人河中。

龙王救扎西并给他金银绸缎，他只要两粒南瓜子。扎西把南瓜子种地里，南瓜子结出金瓜，剖开全是金子。扎西把金子分给穷人们。土司手下来抢走了金瓜，金瓜起火，烧死了土司一家。扎西被大伙推为部落首领，他带着大家放羊、开荒、种地，让大伙都过上了好日子。

佚名讲述、记录。收入《中国传说故事大辞典》，16开，1页，300余字，中国文联出版公司1992年版。（阿南）

水下鱼女儿

彝族幻想故事。流传于四川省普格县等彝族地区。讲述的是：从前有一个妇女丈夫早逝，给她遗下三个儿子。父亲临死前叫他们三个到面前问他们各有什么打算。老大说：以劳动养活母亲。老二说：背水给母亲喝。老三最后说：他要吹笛给母亲听。后来，老三在喜鹊的指点下，做了一支笛子，他吹出的笛声相当动听，吸引着动物前来聆听。最后，他用笛声赢得了鱼女儿的爱情。

吉泽阿合等讲述，木支记录。收入《彝族民间故事选（2）》（彝文版），32开，15页，7400余字，四川民族出版社1986年版。（贾斯拉核）

长工与龙女

彝族幻想故事。流传于云南省石林彝族自治县彝族地区。讲述的是：长工河西靠帮工养瞎眼的妈妈。冬天他打起一条红鱼，水溅入母亲眼眶，母亲重见光明。母子俩把红鱼放回河里。后来河西被河东财主撵出家门，他便照红鱼吩咐对河喊了三声“龙三姐姐”，河里便出来一个漂亮姑娘，愿与河西成家。龙女和河西到了一块平地，把宝伞撑开就变出四合天井住房，有粮食、家具，过上了幸福日子。河东财主知道后，要与他换财产和妻子，并立下契约。当换了之后，河东财主一觉醒来，却睡在刺丛里，变成了一无所有的穷光蛋。

普学义等讲述，李德君搜集、整理。收入《彝族民间故事选》，32开，3页，1800余字，上海文艺出版社1981年版。（阿南）

孤儿与龙女

彝族幻想故事。流传于云南省漾濞彝族自治县彝族地区。讲述的是：孤儿阿乔命比黄连苦三分，但心地善良。一天，他从窝棚醒来，见香喷喷的饭菜热气腾腾地摆在桌上，一连数天如此。一天，阿乔奇怪，暗中窥见一姑娘为他做饭。阿乔上前一把拉住她，就要跪谢。姑娘说明自己是龙王的七女儿，奉父王之命，前来与他成家立业。他们婚后，县官起了歹心，企图霸占龙女。他把阿乔抓来，出难题给他，要他三日之内开出七十二架牛的耕地来。龙女按时完成，惊呆了丈夫。县官又要阿乔三天把二升稗种均匀撒于地里，三天之后再如数拾起交回衙门，如若少一粒，龙女就要做他老婆。阿乔回家唉声叹气，龙女劝慰他莫急，便动用水族的兄弟姐妹拾起全部稗种交回衙门。县官未能难住阿乔，十分恼怒，就领一群爪牙抓走龙女。突然狂风大作，雷鸣电闪，暴雨如注，九龙河巨浪滚滚，把县官一伙卷入河中淹死了。龙女又回自己的瓦房小院和阿乔过着幸福生活。

佚名讲述、记录。收入《中国传说故事大辞典》，16开，1页，400余字，中国文联出版公司1992年版。（阿南）

水神龙女

彝族幻想故事。流传于川滇大、小凉山彝族地区。讲述的是：从前有一个善良的孤儿常常在河边洗澡，他与河里的一条很漂亮的花鱼成了很好的朋友。有一天，一个渔夫捉住这条花鱼，他准备拿到集市上去卖时，碰到了这个善良的孤儿，孤儿不忍心伤害鱼而花钱买回这条花鱼，放回水里。谁知他救出的是龙王的女儿，他赢得了龙王女儿的爱情，并得到了许许多多的金银财宝，过上了幸福的生活。

佚名讲述，刘赋元收集、整理。收入《聪童秘典》（彝文版），16开，2页，700余字，凉山州卫生学校1980年编印。（土比呷呷）

牧牛姑娘阿依

彝族幻想故事。流传于云南省昭通市彝族地区。讲述的是：阿依姑娘从小就死了母亲，与阿爹相依为命。后来阿爹娶了个后妈，后妈带来一个比阿依小一岁的姑娘。后妈疼爱自己的亲生女儿，却百般虐待阿依。她让阿依每天上山放牛，还要她一边放牛，一边搓很多麻线，完不成任务就毒打她，不让她吃饭。一天，阿依想起自己的苦日子，思念自己的亲生母亲，不禁伤心落泪。这时，忽然走来一条母牛对阿依说："苦命的姑娘，别哭了，我会帮助你。"母牛把乱麻吃了，屙出一团团搓好的麻线。这以后，母牛天天帮助阿依搓麻线。后妈知道这事后，便叫自己的亲生女儿去放牛，也让牛吃麻线，母牛却屙稀屎弄了她女儿一身。后妈生气就把母牛杀吃了。母牛被杀前吩咐阿依不要吃牛肉，捡点骨头藏在箱柜里和马厩里。阿依按照母牛的吩咐做了。不久，附近一家黑彝贵族家请毕摩（祭司）念经并宴请亲友，非常热闹。后妈带着她亲生女儿去参加宴会，却不带阿依去，还叫她把泥土里的荞子捡完，不捡完就不准出门。阿依在一只喜鹊的指点下捡完了荞子。她打开箱柜，发现她藏的牛骨头变成了一套绣花衣裙、披毡和金银首饰，又到马厩里一看，牛骨头变成了一匹高头大白马。她穿上新衣裙，戴上金银首饰，披上披毡，骑上大白马参加宴会去了。英俊的黑彝家儿子一眼看中了仙女一样漂亮的阿依，当众宣布，他要娶阿依做妻子。婚礼举行了三天三夜。一年后，阿依生了个小儿子。她背着孩子，带着厚重的礼物回娘家探亲。后妈母女非常忌妒，便起了歹心，把阿依害死。后妈生的女儿乔装打扮成阿依回到黑彝家。阿依死后灵魂不灭，化为一只小花雀歇在黑彝家地头一块大石头上，不住地叫唤黑彝家儿子的名字。一个犁地的黑彝家娃子，把这事告诉黑彝家的儿子。黑彝家儿子来到地里，小花雀叫着他的名字飞落在他肩膀上，他很奇怪，就把小花雀带回家养着。小花雀用翅膀摸阿依生的小孩，假阿依起了疑心把小花雀丢进火塘烧死了。隔壁一孤老妈妈到黑彝家点火，发现火塘里有一把剪子，就悄悄带回家放在箱子里。不久剪子变成一个漂亮的姑娘。她是复活了的阿依，与孤老妈妈生活在一起。黑彝家儿子到孤老妈妈家认出了自己的妻子。他牵来高头大马把阿依接回家，夫妻俩重新团圆。那个歹毒的假阿依见了惊慌失措，被马踩死了。

傅顺芝讲述，黄玲搜集、整理。收入《云南民族民间文学史》，32开，2页，1700余字，云南民族出版社2013年版。（阿南）

阿茨姑娘

彝族幻想故事。流传于川滇大、小凉山彝族地区。讲述的是：阿茨姑娘的生母不幸病逝，父亲娶了一个后娘。后娘偏心，疼自己的亲生女儿，百般虐待阿茨。让阿茨每天上高山放牛，还要她一边放牛一边搓麻线，如果搓不完，还要毒打她，不许她吃饭。小母牛同情阿茨姑娘，把麻吃了，屙出一团团麻线来。后娘知道这件事后，便叫自己亲生女儿去放牛，也让牛吃麻屙线。哪知牛不吃麻也不屙线，后娘生气，就把牛杀吃了。阿茨按照喜鹊指点的话，把牛骨头藏到马厩角、门角和屋后的空坛子里。有一次，邻近村子里有一家富人请毕摩念经并宴请亲戚朋友，非常热闹。后娘只带着亲生女儿去参加，却不带阿茨去。阿茨姑娘自己偷偷去了，她藏的牛骨头这时变成了金光闪闪的马鞍、各式各样的丝绸衣服以及金项链、玉石、珊瑚、首饰等，阿茨取出马鞍配在马上，将各色丝绸衣服和首饰穿戴在身上，便骑着高头大马参加宴会去了。有个披着金线黑披毡的英俊小伙子，名叫吉木阿基，他见阿茨像天仙一样漂亮，十分爱慕，便派媒人来求婚，把阿茨姑娘娶为妻子。后娘的女儿见吉木阿基家很富有，忌妒阿茨，想出一条毒计，把阿茨推下悬崖摔死，她自己换上阿茨的衣服首饰，冒充阿茨去做吉木阿基的妻子。在水鸟的指点下，吉木阿基认出了假妻子，事情败露，假妻子回娘家去了。吉木阿基在穷娃子家里见到了被救的真妻子阿茨，把她接回家，夫妻重新团圆。

特古阿妞、沙玛伍哈讲述，萧崇素记录、整理。收入《彝族民间故事选》，32开，18页，11000余字，上海文艺出版社1981年版。（阿南）

阿赤与阿考

彝族幻想故事。流传于云南省楚雄市彝族地区。讲述的是：阿赤的妈妈死后，父亲讨了个后母。这后母是个狠毒的女人。她对亲生女儿阿考娇生惯养，对阿赤却百般刁难、折磨。她每天让阿赤放一条黑母牛，放牛时还要把七卷麻皮搓成七卷麻线，搓不成麻线就不准阿赤进屋。幼小而无依无靠的阿赤，得到神鸟的指点，把七卷麻皮喂给黑母牛，黑母牛给她屙出了七卷麻线。后母知道这事后，想让自己的女儿“争口气”，叫阿考也去放牛搓麻线。可是，阿考兜到的不是麻线，而是牛屎。后母发怒，便杀了黑母牛。她把骨头分给阿赤吃，牛肉分给阿考吃。阿赤吃骨头，吃起来“怪软怪好吃”，阿考吃肉，吃起来“怪硬怪不好吃”，“咽住了脖子”。后母又叫两女打水，哪个先回来，就带哪个去做客。她让阿赤用篾箩打水，让阿考用水桶打水。阿赤得到神鸟的帮助，用牛屎糊好篾箩，打回了水，而阿考挑水进门撞泼了。后母变了卦，又打翻碎米，要阿赤留在家里捡，自己带着阿考去做客。阿赤得到母鸡的帮助，很快就捡完了碎米。神鸟又告诉她：“柜子里取衣服”，“马厩里牵马”，“楼上取马鞍”。这样，阿赤穿着新衣服，骑着马，在后母和阿考前到了阿吉家里。阿吉与阿赤两人一见面，便互相爱上了。后母见阿吉长得好，想把自己的亲生女儿阿考嫁给他。做客回来后，后母就叫阿赤、阿考缝衣，“谁缝得快，谁就给阿吉做媳妇”。她不给阿赤好线，也不给好布。可是，聪明的阿赤“用头发做线，比阿考先缝好了绸衣”。接着，后母又一再进行种种刁难，但都没有难住阿赤，最后阿赤嫁给了阿吉。

佚名讲述，云南省民族民间文学楚雄调查队搜集。收入《楚雄彝族文学简史》，32开，1页，600余字，中国民间文艺出版社1986年版。（阿南）

阿喽楚和阿喽苟

彝族幻想故事。流传于贵州省威宁彝族回族苗族自治县、赫章县彝族地区。讲述的是：阿喽楚和阿喽苟是一对同父异母的姐妹，后娘要两姐妹上山放牛、搓麻线。没人时，阿喽楚去世多年的阿妈经常变作水牛帮助女儿，一次次使阿喽楚逃过责难打骂。阿喽苟发觉后告密，阿喽楚的阿妈变的水牛被宰杀。阿喽苟的阿妈一刻也不放过阿喽楚，背水比赛时给阿喽苟坛子，给阿喽楚竹箩，阿喽楚的阿妈再次变成乌鸦要女儿用稀泥敷竹箩背水。没新衣、首饰、马匹、仆人时，变成乌鸦的阿妈提示女儿刨马厩下面可刨得新衣、首饰、马匹、仆人。富人家儿子啥俄涅咩汝看上阿喽楚后同她结了婚。阿喽楚生一子后回娘家谢亲。阿喽苟的阿妈唆使女儿送姐姐到半路时将她推进无底洞，然后背着姐姐的孩子顶替姐姐和啥俄涅咩汝一起生活，啥俄涅咩汝却没看出破绽。阿喽楚变成小山雀天天干扰啥俄涅咩汝家的仆人耕地，说啥俄涅咩汝竟分不清自家妻与他人妇。啥俄涅咩汝把小山雀带回家，小山雀呵护自己的孩子，却把阿喽苟的孩子的脸啄破了。阿喽苟杀了小山雀吃，鸟骨又变成一棵梨树，给自己的孩子甜果吃，给阿喽苟的孩子苦果吃。阿喽苟盛怒，砍了梨树当柴烧。邻居老阿婆要灰煮麻线，铲去一些梨柴灰，没人时，梨柴灰变成人，为老阿婆家收拾家务干活，然后变作剪刀到柜子里。老阿婆发现后求她不要变，同自己一道生活。后来，啥俄涅咩汝探得实情，阿喽苟因睡觉时不能像阿喽楚用九丈九围九圈辫子给丈夫做枕头而实情败露。阿喽苟找到阿喽楚，求教九丈九围九圈辫子的养法，阿喽楚告诉她是用九锅烫水煮成的。阿喽苟要效仿阿喽楚，结果被开水烫死了。

李秀禄、文腊富等讲述，王继超记录、翻译。32开，15页，3500余字，未刊稿。（阿洛）

西哩色勒婼

彝族幻想故事。流传于云南省楚雄彝族自治州彝族地区。讲述的是：老阿妈割草背不起来，翻开篮子看有一青蛇，扬言要三女之一做媳妇。大姐、二姐都不干，三妹为了全家的幸福安全，答应嫁给蛇。原来蛇是龙王之子，是一个很漂亮的小伙。他们婚后生了一个小姑娘。二姐见了起歹心，把三妹推下水中淹死了。二姐冒充三妹骗过龙王之子，也生了一个女孩。三妹变成西哩色勒婼小鸟，二姐继续残害小鸟。最后龙王之子终于识破二姐的丑恶行为，二姐惭愧自尽。龙王之子与三妹又重新团圆。

佚名讲述，祁树森搜集、整理。收入《彝族民间故事》，32开，4页，2800余字，云南人民出版社1988年版。（阿南）

苴斥昂简

彝族幻想故事。流传于云南省楚雄市彝族地区。讲述的是：牧羊人苴斥昂简杀死了妖怪，从妖洞里救出了皇帝的女儿，他们相爱了。临别时，姑娘撕下一块衣襟来送给苴斥昂简，表示对他的忠贞。苴斥昂简又救了龙王的儿子，龙王为了报答他，送给他一只小花狗和一个葫芦。后来，小花狗变成了一个美丽的姑娘。原来，这姑娘是龙王的女儿，她是来帮助苴斥昂简战胜皇帝的。苴斥昂简在龙女的帮助之下，烧死了忘恩负义的残暴皇帝，与皇帝的女儿结为夫妻。这时，苴斥昂简的两个哥哥忌妒苴斥昂简娶了美丽的公主，企图谋杀苴斥昂简。幸亏有葫芦跑去龙宫报信，龙王的儿子用冰雹打死了两个狠毒的哥哥，救活了苴斥昂简，使他与妻子过上了幸福的日子。

佚名讲述，云南省民族民间文学楚雄调查队搜集。收入《楚雄彝族文学简史》，32开，1页，200余字，中国民间文艺出版社1986年版。（阿南）

伶俐夫妻

彝族幻想故事。流传于广西壮族自治区那坡县彝族地区。讲述的是：从前有一天，阿扎在小溪边冲凉，听到猎狗吠声。在猎狗指引下，从半坡挖回一兜金竹，拿到自家门前栽种。不到一年，金竹繁衍成茂密的竹丛，并从竹丛里走出一位美丽的姑娘。中秋之夜他们结为夫妻。族王想霸占美丽的金竹姑娘，出一道道难题，都被阿扎夫妻化解了。族王想把阿扎夫妇骗进王府。阿扎夫妇看出族王诡计，要族王亲自砍倒山脚一棵神树。结果族王没有把树砍倒，自己的头反被夹在树干里夹死了。

科元庆讲述，王光荣笔录并译成汉文。收入《回、彝、水、仡佬、毛南、京六族故事选》，32开，4页，6500余字，广西人民出版社1988年版。（王光荣　蓝斯）

想法杀死妖精婆

彝族幻想故事。流传于四川省昭觉县彝族地区。讲述的是：从前吃人的妖精婆们太猖狂，它们白天进山去，夜间来到村子里四处找人吃，弄得人们不得安宁，但是没法对付。人们四处求救，最后，遇到一个藏民，问他是否有办法，他讲了倒酒在槽里，白天人们要假装喝醉酒，装出互相残杀的样子，让妖精婆们也模仿着自相残杀的办法，人们依据他的办法，果真把这些妖精婆全部消灭了。

阿颂科且等人讲述，伍且记录。收入《彝族民间故事选（2）》（彝文版），32开，2页，800余字，四川民族出版社1986年版。（贾斯拉核）

阿巴刹治鬼

彝族幻想故事。流传于云南省楚雄市彝族地区。讲述的是：洪水淹天以后，天地混沌，人鬼不分，人少鬼多，人辛苦劳动来养鬼，鬼还要吃人害人。这时，彝家出了个英雄阿巴刹。阿巴刹的爹被鬼害死，他就立志杀鬼，出外三年，学了不少本事。回家路上，他结识了一个同乡。分手时，同乡说家在后山大松树。他才知道这个同乡是鬼不是人。回家后，阿巴刹到后山大松树找到了同乡的爹，探得了虚实。就把火塘里的铁三脚架戴在头上，倒披着棕衣，屁股后面拴一把大扫帚，把松树砍倒了。第二天，阿巴刹遇到了同乡的爹这个老鬼，老鬼说家被一个怪物毁坏了，阿巴刹把老鬼一家安排住到一个树洞里。鬼住好后，他放火烧树洞，烧死了不少小鬼。过了几天，阿巴刹又遇到了老鬼。老鬼向他诉苦，他又叫鬼住到河里，河水发，又淹死了一些小鬼。小鬼死得越多，老鬼越是害人。阿巴刹又想了个主意，叫人们约鬼来跳歌，跳一圈，就把鬼推下山箐几个。跳一圈又推下箐几个。鬼伴互相看看，越来越少，就一窝蜂地逃跑了。阿巴刹又带领大家，杀死了许多鬼，从此只剩下几个野鬼还在作祟。

周从信讲述，唐楚臣记录，收入《楚雄市民间文学集成资料》，32开，5页，3000余字，楚雄市民委、文化局1988年编印。（李福云　朱琚元）

妖精婆

彝族幻想故事，流传于四川省越西县彝族地区。讲述的是：从前妖精婆到处兴风作浪，她们把人们的牲畜抢吃光，庄稼收割后被她们背走，使人们生活不得安宁。后来，人们想了办法，在野外烧起了大火，把牲畜盐槽放在野外盛上酒，旁边放有剑，妖精婆们喝醉后围着火，学着人们拿起剑手舞足蹈，谁知她们喝醉后相互残杀起来，人们也就乘机把妖精婆消灭了。

曲木伍达等讲述，李民记录。收入《彝族民间故事选（一）》（彝文版），32开，2页，500余字，四川民族出版社1982年版。（贾斯拉核）

村寨除妖

彝族幻想故事。流传于四川省凉山彝族自治州彝族地区。讲述的是：一个村寨，常有妖婆来抓人吃，闹得人人不安。有人看清了妖婆们的爱好，就出了个主意，叫大家都到村前草场上，披着浸湿了的蓑衣在火堆上跳来跳去；把白水放在大木槽里当酒狂饮并舞着木刀互相格斗。到了晚上，人们却把木刀换成真刀，把湿蓑衣换成干蓑衣；把木槽中的白水换成烈酒。妖婆们在山上看见人们那样狂欢，非常羡慕。一到夜里，就倾巢走下山来，在草场上像人们那样饮酒、格斗，又穿着易燃的干蓑衣在火上跳舞狂欢。不久，这群吃人的妖婆不是互相残杀，就是被烧死了，剩下的也醉得不省人事。村民们乘机把她们收拾得干干净净，以后这村寨就再没有妖婆来抓人吃了。

佚名讲述、记录。收入《中国少数民族文学》，32开，1页，500余字，湖南人民出版社1983年版。（阿南）

老妖婆

彝族幻想故事。流传于川滇大、小凉山彝族地区。讲述的是：从前有一家三口人，母亲和两个女儿，母亲回娘家拜年，在回来的路上被一个老妖婆吃了，老妖婆假冒母亲回到家中，晚上与两个女儿睡觉时，吃掉了小女儿，老妖婆又想吃掉大女儿，这位聪明的大女儿以等她的二舅打猎回来时要拿许多猎肉给老妖婆吃为诱饵拖延时间。等二舅他们回来时，因为老妖婆最怕猎狗，所以她躲在箩筐内叫大女儿拿猎肉来给她吃。聪明的大女儿将计就计，趁把一块肥肉及骨头丢进箩筐内时，让猎狗咬死了老妖婆。

佚名讲述。收入《喜德彝族民间故事》（彝文版），32开，2页，900余字，四川民族出版社1993年版。（土比呷呷）

牧羊人与妖婆

彝族幻想故事。流传于四川省凉山彝族自治州彝族地区。讲述的是：一个种地农夫为妖婆所困。第一天吃掉了他的鸡，第二天吃掉了他的猪，第三天该轮到吃他了。他正忧愁时，一个牧羊人为他出了主意。于是他把一根竹竿插在地里，求妖婆让他挖到插竹竿处再吃他，他暗中却不断移动竹竿，等待牧羊人的到来。不久牧羊人赶来他的羊群，在山上扬起滚滚尘埃，并大声喝问。妖婆吓坏了，变成一个树桩躲起来，还要农夫哄走牧羊人。牧羊人故意不信，叫农夫用锄头敲树桩给他听听是真还是假。农夫假意答应妖婆不敲它致命的地方，却用尽全力向它额上致命的青疤打去，只一下就打死了妖婆。从来软弱的农夫，这才第一次相信他自己是可以制伏妖婆的。

佚名讲述、记录。收入《中国少数民族文学》，32开，1页，500余字，湖南人民出版社1983年版。（阿南）

硕夫除掉吃人妖婆

彝族幻想故事。流传于川滇大、小凉山彝族地区。讲述的是：从前独儿硕夫他们去打猎。有一天，路过一个村寨后得知，吃人妖婆害得许多村寨荒无人烟。独儿硕夫他们以相亲为诱饵，要与吃人妖婆家开亲，在骗得吃人妖婆全家的信任后，妖婆全家认为这是送上门来的菜而暗自高兴。当他们送亲到妖婆家后，按当时的习俗，提出与妖婆家人进行摔跤比赛。在比赛的过程中，独儿硕夫他们用自己的聪明才智与超群的本领，摔死了吃人妖婆的家人。制伏了吃人妖婆后，根据独儿硕夫的建议，老妖婆被他们捉进蒸笼里长时间的蒸，等到第二天，他们中有一个人不听独儿硕夫劝告，好奇地打开蒸笼一看，妖婆变成一只蜜蜂飞跑了，从此妖婆再也不敢出来害人了。

佚名讲述。收入《喜德彝族民间故事》（彝文版），32开，4页，1300余字，四川民族出版社1993年版。（土比呷呷）

硕夫战胜老妖婆

彝族幻想故事。流传于川滇大、小凉山彝族地区。讲述的是：从前独儿硕夫与“独指能穿山”“独腿能填海”等几位身怀绝技的英雄去打猎时，有一个老妖婆常常来偷吃他们的猎肉，可他们的留守人员每次都斗不过老妖婆。有一天，轮到独儿硕夫留守，他在编一根麻绳，等老妖婆来时，问他编麻绳来干啥？他说准备套一头肥牛来与老妖婆共同分享。骗得了老妖婆的信任后，他谎称那头牛的脖子与老妖婆的脖子一样粗，先在老妖婆脖子上试一试是否合适为由，套着了老妖婆，独儿硕夫把她打得只有一只跳蚤一样大。未料第二天起来后发现，老妖婆还原后跑到贡嘎山去了。从此，老妖婆再也不敢下山来害人。独儿硕夫凭借自己的胆略与计谋，制伏了老妖婆。

佚名讲述。收入《喜德彝族民间故事》（彝文版），32开，3页，1200余字，四川民族出版社1993年版。（土比呷呷）

智斗老妖婆

彝族幻想故事。流传于川滇大、小凉山彝族地区。讲述的是：从前有一家人，请来一位毕摩给他家的独儿子治病，因两个女儿暗自里嘲笑毕摩在做法时放屁而被小心眼的毕摩陷害，按毕摩的旨意，两个女儿被无知的父母亲流放到很远很远的地方，有家不能回。后来两姐妹遇上了老妖婆，靠姐姐的聪明机智，才使老妖婆想吃掉两姐妹的阴谋未能得逞，反而误吃了自己的亲生女儿。两姐妹死里逃生，又历经各种艰难险阻，最后才与父母团聚。这时父母已成了白发老人，两个女儿此时才知道毕摩的法术也未能救活弟弟。

佚名讲述。收入《喜德彝族民间故事》（彝文版），32开，9页，4500余字，四川民族出版社1993年版。（土比呷呷）

铁匠降怪

彝族幻想故事。流传于四川省凉山彝族自治州彝族地区。讲述的是：从前大山深谷中住着一个怪物，张开的血盆大嘴有粮囤一般大，有吸气吞食人的本领。苏尼（巫师）、毕摩（祭司）先后去收拾它，它轻轻一吸气，就把他们吸进肚内。后来有个老铁匠去收拾它，当怪物张开血盆大嘴来吸人时，老铁匠把20多个烧得火红的铁球一个一个扔给怪物，全被怪物吞吸进肚里。忽然只听“砰”的一声巨响，怪物的肚子被炸开了。人们降伏了怪物，也就降伏了山中的百兽，一些野兽被猎人赶回家来饲养，从此有了家畜。

罗政洪等讲述，冯元蔚翻译，冯元蔚、方赫整理。收入《彝族民间故事选》，32开，5页，3300余字，上海文艺出版社1981年版。（阿南）

给野人婆点烟

彝族幻想故事。流传于川滇大、小凉山彝族地区。讲述的是：贪心不足的野人婆吃完解杉板男人的荞馍后，还想吃那男人的肉，那男人急中生智说先抽杆烟再吃肉是再美不过的享受，野人婆相信了他的话，就等着抽烟后再吃他。那男人将火药填满枪管后叫野人婆噙住烟嘴（枪管），他在另一头一点就把野人婆的脑袋炸开了。

吉尔乌加搜集、整理。载《凉山文学》（彝文版）1983年第1期。16开，1页，700余字，凉山彝族自治州文联1983年编印。（杨阿洛）

野人婆怕狗

彝族幻想故事。流传于川滇大、小凉山彝族地区。讲述的是：放羊的女孩遭遇野人婆，正当野人婆逼近要吃她时，她想起野人婆怕狗，于是赶忙亮出有毛的皮袋吓野人婆，说这是一条很凶的狗，快拴不住了，叫野人婆快跑。曾经差点被狗咬死的野人婆信以为真急忙逃命，最后累死了。

说体姆嘎搜集、整理。载《凉山文学》（彝文版）1983年第1期，16开，1页，900余字，凉山彝族自治州文联1983年编印。（杨阿洛）

小鸡除掉老妖婆

彝族幻想故事。流传于川滇大、小凉山彝族地区。讲述的是：从前老妖婆吃掉了一窝鸡，只剩下一只弱小的仔鸡。这只可怜的小鸡得到了鸡蛋、蜜蜂、牛粪、磨刀石等的帮助，它们各自施用自己的特长，等老妖婆来吃坐在火塘边的小鸡时，藏在火塘边的鸡蛋被火烫爆，溅起了一身火炭在老妖婆身上，老妖婆被惊吓后，连忙躲在角落里，谁知又被藏在角落里的蜜蜂撵得夺门而逃，妖婆刚跑到门口又被粘在地上的牛粪掀个底朝天，好不容易爬起来时，藏在门头上的磨刀石掉下来正好落在她的头顶上把她砸死了。最终集体的智慧和力量除掉了可恶的老妖婆。

佚名讲述。收入《喜德彝族民间故事》（彝文版），32开，2页，600余字，四川民族出版社1993年版。（土比呷呷）

妖精婆和一个挖地的男人

彝族幻想故事。流传于四川省普格县彝族地区。讲述的是：一个挖地的男人，连续三天带去的干粮都被妖精婆吃掉，但他没法收拾她，于是找邻居小伙子们商量对策，一个小伙子叫他第二天照样去挖地，到时他们过来帮忙。第二天妖精婆又来了，挖地的男人利用小伙子出的计谋一锄就打死了老妖精婆。

吉木阿各等人讲述，伍且记录。收入《彝族民间故事选（2）》（彝文版），32开，3页，1400余字，四川民族出版社1986年版。（贾斯拉核）

妖婆助瞎子

彝族幻想故事。流传于川滇大、小凉山彝族地区。讲述的是：从前一个孤儿受尽兄嫂的虐待，兄嫂以他贪吃为由把他的眼睛挖瞎了。瞎眼后的孤儿无奈到处流浪，遇到一个妖婆。当妖婆得知事情的真相后，帮助可怜的瞎子医好了眼睛，并让他获得了许多财宝，还娶了一个漂亮的姑娘为妻。这一事情被哥哥得知后，贪财的哥哥模仿弟弟，叫妻子挖瞎了自己的眼睛，去向妖婆求助，结果被妖婆吃掉了。

佚名讲述，刘赋元收集、整理。收入《聪童秘典》（彝文版），16开，5页，2000余字，凉山州卫生学校编印。（土比呷呷）

“鬼”反撵毕摩

彝族幻想故事。流传于川滇大、小凉山彝族地区。讲述的是：从前，有个毕摩撵鬼很出名。一天，他来到一家独儿生病的人家撵鬼。这家人应了毕摩的各种要求，可是独儿的病情却越来越严重。最后主人家只好让毕摩走了，并且在毕摩的披毡上插了一片竹叶。出门后，竹叶被风一吹“哗哗”作响，毕摩以为鬼在撵他，差点跑断气。

尔古阿嘎讲述并记录。载《凉山文学》（彝文版）1981年第3期，16开，4页，3100余字，凉山彝族自治州文联1981年编印。（贾瓦盘加）

阿政黑惹活捉造雷神

彝族幻想故事。流传于四川省甘洛县彝族地区。讲述的是：住在马子南乌的彝族小伙子阿政黑惹在劈树桩时，在树根的空心里发现了一只小狗，阿政黑惹把它抱回家中喂养，取名“阿共”。阿共长得很快，几个月后就能捕捉野兽。从此，阿政黑惹天天带着弓箭，牵着阿共进山去打猎。一天阿共把一只獐子撵到了欧洛冷克山上的崖洞里，阿政黑惹爬上去看时，在崖洞里发现一个霜须垂胸的白发老者在守着七件金光闪闪的盔甲，阿政黑惹趁老者不注意偷了一件回家。另一天，阿政黑惹又在欧洛冷克山上的崖洞里发现了造雷神正在造雷，并打听到了他造雷是为了打阿政黑惹、阿色拉者和董比让拉三人，同时还打听到了打雷的时间和对付雷的办法。六月初三早晨，当雷神用雷球来攻击阿政黑惹、阿色拉者和董比让拉三人时，他们用早已打制好的铜帽、铜网、铜棍和铜锅，将雷球和雷神捕住。

木乃牛哈讲述，沙光荣、呷呷尔日记录、翻译。收入《甘洛县彝族民间故事》，32开，4页，2200余字，甘洛县民间文学集成办公室1988年编印。（李新渝）

魔鬼的克星阿苏拉则

彝族幻想故事。流传于川滇大、小凉山彝族地区。讲述的是：女鬼依惹夫妞和男鬼竹布克尼经常乔装打扮出没于金沙江两岸害人。有一天，阿苏拉则父女俩云游做法事将经过这里的事，被两个鬼知道了，因为他们知道阿苏拉则父女武艺高强，不敢贸然下手，想了许多招数。阿苏拉则父女俩与两鬼斗智斗勇，最后阿苏拉则用剑将变成荞馍的女鬼和变成南瓜的男鬼劈成两半，从此金沙江两岸才得以安宁。

阿卢黑格搜集、整理。载《凉山文学》（彝文版）1987年第2期，16开，2页，1400余字，凉山彝族自治州文联1987年编印。（杨阿洛）

毕摩阿苏拉则

彝族幻想故事。流传于川滇大、小凉山彝族地区。讲述的是：毕摩的起源、阿苏拉则的家谱、阿苏拉则的出生与成长等传奇故事。阿苏拉则在毕摩只传男不传女的社会里让女儿史色女扮男装跟随他到处做法事，巧妙地战胜人与妖魔设下的重重困难。即使被汉官放在蒸笼里蒸，阿苏拉则也没被蒸死，反而成了冰，汉官因此赠予他金签筒；用神签引出著名的“玛洛依曲”神泉，成为彝族祖灵回归途中渴也得喝一口，不渴也得喝一口的泉水；用羊皮做筏渡金沙江遇水鬼，把水鬼劈成两半；到头人家做仪式时因被发觉女儿史色是女性，觉得受到了亵渎的头人家发怒要杀拉则父女时，得到放马小孩的帮助而逃脱。

曲比硕莫讲述，阿西久布记录、整理。载《凉山文学》（彝文版）1987年第3期，16开，11页，10000余字，凉山彝族自治州文联1987年编印。（杨阿洛）

请毕摩

彝族幻想故事。流传于四川省甘洛县彝族地区。讲述的是：动物们为了子孙的繁衍，决定派使者到天上去请毕摩额体辜子来念经。乌鸦说它懂“毕”的规矩，于是，它飞到天上请额体辜子，额体辜子鄙视地说：“像你这样丑陋的小虫还敢来请我。”便将手里的墨汁向乌鸦身上泼去，乌鸦身上的毛立刻变得漆黑。随后，喜鹊、山楂鸟、兔子也先后到天上去请额体辜子，额体辜子将手里的墨汁和白色的颜料向喜鹊泼去，将手里的红颜料向山楂鸟的嘴和脚泼去，将手里的“毕”签向兔子掷去。据说乌鸦成黑色，喜鹊成黑白花色，山楂鸟的嘴和脚成红色，兔子成豁豁嘴就是这样来的。最后，蜘蛛去请额体辜子，额体辜子把蜘蛛的头、腰、尾撕扯成三截甩了。可蜘蛛的毒汁溅入他的眼睛，他的眼睛马上变得红肿起来。第二天，额体辜子不得不在别的毕摩的指点下派人找回了蜘蛛的头、腰、尾并用丝粘在一起，然后送入活气，蜘蛛死而复生，额体辜子的眼病才好。无奈，额体辜子只好跟着蜘蛛到人间来念经。

斤木铁打讲述，沙光荣、呷呷尔日记录、翻译。收入《甘洛县彝族民间故事》，32开，2页，800余字，甘洛县民间文学集成办公室1988年编印。（阿布达切　李新渝）

毕摩与姑娘

彝族幻想故事。流传于四川省凉山彝族自治州彝族地区。讲述的是：从前有一对老夫妇，晚年得子。不巧儿子突然患了重病，夫妇俩请一位毕摩（祭司）来给儿子驱鬼治病。毕摩打卦念经后，说是两个女儿占去了儿子的位置，只有把两个女儿赶上山去，一辈子不见面，才能保住儿子的性命。夫妇俩没有办法，只好下狠心舍弃两个女儿。父亲带着两个女儿上山摘油菜，走到很远很远的山谷里就悄悄地丢下她们回家了。两个女儿回头一看不见父亲，回家又不认得路，急得号啕大哭。有一个妖婆听见哭声便变成一个老太婆，把两姑娘骗进妖洞里去。妖婆准备在晚上等两个姑娘睡觉后把她们杀来美餐一顿。刚巧小妖和两个姑娘换了床位，结果两个小妖被杀死了。两姑娘从妖洞里逃出来，被两个猎人搭救，两姑娘分别做了两个猎人的妻子。后来两个姑娘想念父母，便带着干粮下山寻找亲人，全家得以团圆。

特古阿妞、比不五吕、阿呷讲述，萧崇素记录、整理。收入《彝族民间故事选》，32开，14页，9400余字，上海文艺出版社1981年版。（阿南）

一位彝族神仙

彝族幻想故事。流传于川滇大、小凉山彝族地区。讲述的是：从前一个彝族神仙娶了一个汉族小妾，因他是龙子托生，晚上就生活在水中，被人发现时他就会变成青蛙。此事被小妾知道后，不怀好意的小妾用甜言蜜语骗得了彝族神仙的信任。因粗心，他把如何才不能成仙的秘密告诉了她，结果她用书信告诉了彝族神仙的仇敌，并伙同他们害死了彝族神仙。临死前这位粗心的彝族神仙，语重心长地留下“真话不能告诉妾”的遗嘱。

佚名讲述，拉马木加记录。收入《彝族尔比克哲和故事》（彝文版），32开，2页，700余字，喜德县文教局、语委1980年编印。（土比呷呷）

孤儿的故事

彝族幻想故事。流传于川滇大、小凉山彝族地区。讲述的是：有个孤儿给主子放羊，受尽欺凌。有一天，他蜷缩在洞中避风雪时，听见野兽们在说各自知道的藏宝秘密。他照着去一一寻找，结果一夜成了个大富翁。在主子追问下孤儿把神奇的经历和盘托出。贪婪的主子也学孤儿去山洞欲偷听野兽们道出藏宝地方时，却被野兽吃了。

萨古惹洛搜集、整理。载《凉山文学》（彝文版）1982年第3期，16开，2页，1500余字，凉山彝族自治州文联1982年编印。（杨阿洛）

孤儿梭夫

彝族幻想故事。流传于川滇大、小凉山彝族地区。讲述的是：从前有一家人怎么都生不了娃，有一天丈夫从一棵李子树下路过，看见树上有一颗独李子，就摘回家里。这颗李子晶莹透亮，他实在舍不得吃，就把它放进了柜里，想不到夜里这颗李子就变成了一个儿子，老人将他取名为梭夫。梭夫不仅成长快速，而且饭量大得惊人。后来，快速成长、力大无比的梭夫智灭熊家婆、消灭了食人蟒，不久就成了人人称赞的英雄。

利利古各讲述并记录。载《凉山文学》（彝文版）1981年第3期，16开，15页，12800余字，凉山彝族自治州文联1981年编印。（贾瓦盘加）

孤儿成国王

彝族幻想故事，流传于川滇大、小凉山彝族地区。讲述的是：从前，有父母去世早的两兄弟，哥哥成家以后，对弟弟欺压不断，弟弟过着衣食无着的生活。但弟弟有着一颗善良的心，因而得到了各种神灵的帮助，娶到了鱼王的女儿，最后在鱼王女儿的帮助下，取代暴君当了国王。

利利古各讲述并记录。载《凉山文学》（彝文版）1981年第3期，16开，10页，9100余字，凉山彝族自治州文联1981年编印。（贾瓦盘加）

孤儿做皇帝

彝族幻想故事。流传于川滇大、小凉山彝族地区。讲述的是：从前一个孤儿受尽兄嫂的百般折磨，后因得到海底鱼王女儿的赏识和青睐，并征得鱼王同意后与鱼王女儿成亲。皇帝得知这位孤儿的妻子是一位美如天仙的女子后，派人抢占为妻。鱼女巧用计谋，叫与她心心相印的丈夫，身穿一套兽衣兽裤混进皇宫内当她的奴隶。她当着皇帝的面说，如果皇帝同这个奴隶调换衣裤，穿上兽衣兽裤肯定最漂亮。皇帝信以为真，就与奴隶调换衣裤，在出宫显摆时，被自己养的猎狗误认为是野兽而咬死，孤儿因祸得福，代替他当上了皇帝。

佚名讲述，刘赋元收集、整理。收入《聪童秘典》（彝文版），16开，16页，6200余字，凉山州卫生学校1980年编印。（土比呷呷）

羽衣

彝族幻想故事。流传于四川省甘洛县彝族地区。讲述的是：一个捕鸟为生的小伙子，娶了一个美丽如花的妻子。皇帝知道后派一伙人来抢他的妻子，妻子听说皇帝派人来找她，慌忙用锅烟灰把自己的脸涂黑，然后坐在锅庄旁边，但因天气太热，汗水从妻子的额头和脸上滚落下来，最终还是被皇帝派来找她的人发现了。正当皇帝派来的人准备用马把她驮走时，出门去捕鸟的丈夫回来了，丈夫与皇帝派来的人讲道理时，被他们用棍棒打倒在地。于是，妻子强按住怒火对他们说："你们让我去劝我的丈夫，他会听我的。"妻子走到丈夫的身边，悄悄对他说："你现在给他们讲理没有用，等明年春天，你就穿着你那件羽毛编制的羽衣，拿着你的笛子，装成一个吹笛谋生的人到京城来，我俩就会有出头的日子。"第二年春天，丈夫穿着羽衣，拿着笛子来到京城皇帝住的宫殿外吹笛卖艺，皇帝听到优雅动听的笛声后，叫下人请吹笛人进宫吹笛子给他听。皇帝看到吹笛人穿的羽衣后既惊讶又羡慕。妻子趁机对皇帝说："皇上既然喜欢这件羽衣何不把它买下来穿？"皇帝买下羽衣后，第二天穿羽衣去练兵场上看部队操练时，操练的士兵以为是什么妖怪来了，于是拿着武器冲向前杀死了羽衣人。捕鸟人和妻子趁机逃走了。

乃乃哈打讲述，呷呷尔日记录、翻译。收入《甘洛县彝族民间故事》，32开，3页，1600余字，甘洛县民间文学集成办公室1988年编印。（李新渝）

贪心的皇帝和公主

彝族幻想故事。流传于四川省凉山彝族自治州彝族地区。讲述的是：从前有个贪心的皇帝和公主，他们已经有一库金子和一库银子了，还不满意，梦想得到十库金子和银子。这时来了一个神仙，对皇帝和公主说："我给你们一个得到金子和银子的办法，明天早晨起床后，你们用手摸，摸到什么，什么都会变成金子。"皇帝和公主都高兴极了。第二天早晨，皇帝早早起床，照着神仙的话去做。他用手摸被子，被子马上变成了金子；用手摸枕头，枕头马上变成了金子；用手摸屋里的桌子凳子，桌子凳子马上变成金子。他要喝水，一端水碗，水也变成金子；他要吃饭，一端饭碗，饭也变成金子。他拍了拍公主的肩膀，公主也变成了金子；他气得捶了捶自己的胸膛，自己也变成了金子。

佚名讲述，李民搜集，李德君翻译、整理。收入《彝族民间故事选》，32开，2页，1300余字，上海文艺出版社1981年版。（阿南）

贪财的皇帝

彝族幻想故事。流传于四川省布拖县彝族地区。讲述的是：从前，有个皇帝已有数不尽的金银财宝，还嫌不够，连做梦都想把所有的事物变成金银。有一天，一位神仙得知后，圆了他的梦，让一切都变成金银，连皇帝的女儿也变成了金灿灿的金子，最终金子不能当饭吃，也不能当衣穿，皇帝就这样在堆积如山的金国里因饥寒交迫而死去。

黑吉木呷等讲述，李民记录。收入《彝族民间故事选（一）》（彝文版），32开，2页，700余字，四川民族出版社1982年版。（贾斯拉核）

老天爷养孤儿

彝族幻想故事。流传于川滇大、小凉山彝族地区。讲述的是：从前有两个孤儿，哥哥成家后只分了一把锄头给弟弟，就把弟弟赶出了家门。后来，弟弟先后得到了一只小狗、一只乌鸦、一只百灵鸟的帮助而致富。弟弟致富后，全部家产又被贪婪的哥哥夺走了。弟弟凭借自己的勤劳和善良，得到老天爷的同情与帮助，在天地相连的地方，老天爷让弟弟背回了无数的珍宝。弟弟回到家后，哥哥又问弟弟从哪里背来那么多的珍宝，弟弟如实告诉他。贪婪的哥哥也去背珍宝，他的行为却激怒了老天爷，老天爷发怒后，把这个贪婪之人夹死在天地相连的地方。从此弟弟过上安定、富裕的日子。

佚名讲述，刘赋元收集、整理。收入《聪童秘典》（彝文版），16开，6页，2300余字，凉山州卫生学校1980年编印。（土比呷呷）

孤儿和小鸟

彝族幻想故事。流传于四川省甘洛县彝族地区。讲述的是：因父母去世成为孤儿的弟兄俩，哥哥成家后，弟弟在哥哥家放羊，备受哥嫂的虐待。一天，弟弟在山谷里捉到了一只会唱歌的小鸟，他精心喂养。人们听了小鸟悦耳动听的歌声后，高兴地给了弟弟很多钱。有些家里办喜事或朋友聚会也专门请弟弟带小鸟去助兴。这样，弟弟赚了很多的钱，并盖起了自己的房子，还买了土地。哥嫂既羡慕又忌妒，于是借弟弟的小鸟去赚钱，但小鸟一旦在哥哥手里就是不唱歌。哥哥气愤地把小鸟打死后，把小鸟的尸体挂在一棵木瓜树上。弟弟伤心地摇着木瓜树时，却落下了许多金锭和银锭。哥哥知道后也跑去摇木瓜树，但什么也没掉下来，于是哥哥就气愤地把木瓜树砍掉了。弟弟把树干挖成了一根猪槽，弟弟家的猪一天就长三四十斤。哥哥又来借弟弟的猪槽喂猪，结果哥哥家的猪全部病死了，哥哥气愤地把猪槽劈来烧了。弟弟哭着在火塘里捡到了一块未烧完的木头，把它做成一把梳子。弟弟的头发变得又黑又亮。哥哥又厚着脸皮借弟弟的梳子梳头，可他的头发被一把一把地梳落下来成为秃头。他气愤地把梳子丢在火塘里烧掉了。弟弟在火塘里捡到了一根梳齿做成鱼钩，钓得了大鱼，哥哥拿弟弟的鱼竿去钓鱼时，却钓到了一只癞蛤蟆，他把鱼竿扔进了河中。后来，弟弟治好了河中老龙的喉病，老龙把美丽可爱的女儿嫁给了他。

木乃克哈、阿木子哈讲述，沙光荣、呷呷尔日记录、翻译。收入《甘洛县彝族民间故事》，32开，5页，2400余字，甘洛县民间文学集成办公室1988年编印。（李新渝）

会唱歌的狐狸

彝族幻想故事。流传于四川省凉山彝族自治州彝族地区。讲述的是：有一个奴隶上山打柴，碰上一只会唱歌的狐狸。他把狐狸带回家，让它给人们唱歌，从而得到了许多布和粮食。奴隶主知道这件事后，便把狐狸抢去为自己唱歌。不料狐狸不给他唱，他一气之下把狐狸打死了。奴隶十分伤心，他把狐狸尸体领来埋葬了。不久坟上长出一棵小树，从树上落下白亮亮的小银锭，奴隶有钱用了。奴隶主也来树上摘银锭，哪知小树只给他落下一些鸟粪来。奴隶主生气把树砍了。奴隶把树扛回家做了个猪槽，喂的猪又肥又壮。奴隶主把猪槽扛去给自己家喂猪，猪反而全死了。奴隶主生气就把猪槽烧了。奴隶把未烧完的一截木头拿去做了一把木梳，用这木梳梳头，头发变得又黑又亮。奴隶主拿去给自己的女人梳头，一梳头发全脱了。他一气之下，把木梳砸碎了。奴隶捡起一根梳齿带回家做了一只鱼钩，钓了很多的鱼。奴隶主怕再倒霉，不敢再借鱼钩去用了。

吉勒木古讲述，周上元记录，萧崇素整理。收入《彝族民间故事选》，32开，3页，2000余字，上海文艺出版社1981年版。（阿南）

孤女和娇女

彝族幻想故事。流传于四川省喜德县彝族地区。讲述的是：从前有一家人离婚后，留下一个女儿给父亲。这个孤女在后妈的欺负下过着非人的生活，特别是后妈生下一个妹妹后对她就更不好了，妹妹长大后，孤女的日子更苦，但孤女生得美、手巧，心灵更美，所以喜欢她的小伙子多。最终，可恶的后妈得到应有的报应。

吉伍木甲等讲述，伍且记录。收入《彝族民间故事选（2）》（彝文版），32开，13页，6400余字，四川民族出版社1986年版。（贾斯拉核）

猎人和仙女

彝族幻想故事。流传于四川省喜德县彝族地区。讲述的是：从前有个猎人，把山林中的獐子都捕光了，只剩一只白毛公獐。一天，猎人带着猎狗追捕这只公獐，一直追到一个山洞前獐子就不见了，却见三个仙女坐在岩石上梳头。三个仙女斥责猎人追捕獐子，猎人申诉说："我家里穷得吃了上顿无下顿，才被迫到山上打獐子，从今后再也不敢捕猎了。"于是，仙女们给他规定了三不准：不准诱捕野鸡，不准上山狩猎，不准下河捞鱼。叫他老老实实地下地种庄稼，并答应保他年年丰收。从此，猎人弃猎务农，由于得到仙女的帮助，他种的庄稼年年丰收，日子也就越来越好过。仙女们曾交代他说这个秘密不要跟任何人讲。可他与老婆争庄稼丰收之功时，说出天机，话一出口，他就倒在地上死了。

吉勿木果讲述，白芝收集、整理。收入《中国民间故事三套集成四川喜德卷·凉山彝族民间故事选》，32开，3页，2000余字，四川民族出版社1990年版。（阿南）

大雁姑娘

彝族幻想故事。流传于四川省凉山彝族自治州彝族地区。讲述的是：一个锅庄娃子，捡到一根雁毛。他看雁毛很美丽，便带回家保存起来。从此，他每天做工回家，都发现有人帮他煮好了饭菜，只等他吃。他暗中观察，发现是雁毛变成的一个美丽姑娘在给他做饭。小伙子急忙上前去拉住姑娘，要求和姑娘结亲。姑娘和小伙子结成了夫妻，不久生下一个孩子。一次，夫妻之间发生口角，小伙子犯了忌，骂了一声“你这个雁毛变成的女人”，姑娘十分生气，马上变成一只大雁飞走了。后来雁姑娘托喜鹊捎信，叫小伙子砍白杨树来做喂羊的水槽。小伙子照做了，喂的羊儿又肥又壮，从此过上了好日子。黑彝主人知道后，来抢水槽去喂自己的羊，可他的羊儿不但不肥不壮，反而都死了。黑彝主人很生气，把木槽烧了。小伙子把烧剩下的木屑做了把木梳，梳头后头发长得又黑又长。黑彝主人又来抢木梳去给自己的女人梳头，哪知梳头后头发全脱光了。黑彝主人又生气，拿把斧子把木梳劈成碎末。小伙子把梳齿捡回去做成鱼钩，钓了很多的鱼。黑彝主人怕再上当，就不敢来抢鱼钩了。

佚名讲述，萧崇素搜集、整理。收入《彝族民间故事选》，32开，5页，3300余字，上海文艺出版社1981年版。（阿南）

母雁还原

彝族幻想故事。流传于川滇大、小凉山彝族地区。讲述的是：从前一只母雁变成一位漂亮的姑娘嫁给了一位穷光蛋，生了一对女儿。因丈夫不听她的劝告，违背了神的旨意，使她又还原成一只母雁。两位女儿按照母亲离别前的嘱咐行事，结果，当这只母雁同雁群翱翔在天空时，看见了女儿，因思女心切，母雁失去控制而从空中掉下来摔死在女儿面前。两个女儿按彝族习俗给母亲举行了隆重的葬礼，以表女儿对母亲的孝心。

佚名讲述，罗布合机、王权等收集、整理。收入《喜德彝族民间故事》（彝文版），32开，4页，1800余字，四川民族出版社1993年版。（土比呷呷）

美女大雁

彝族幻想故事。流传于四川省西昌市彝族地区。讲述的是：从前有个聪明的奴隶，经常施计对付黑彝，后被黑彝家赶到山上住，让他自己开荒种地吃。这个奴隶会吹树叶，所有动物都被他动听的树叶声所吸引。一天，一群大雁飞过，掉下一片毛，他捡来羽毛插在屋里，雁毛变成一个美女与这个奴隶成亲。从此，他们过上了幸福的日子。

吉木各各等讲述，伍且记录。收入《彝族民间故事选（2）》（彝文版），32开，8页，3700余字，四川民族出版社1986年版。（贾斯拉核）

一个打猎人和大雁

彝族幻想故事。流传于云南省宁蒗县彝族自治县彝族地区。讲述的是：从前，一个打猎的年轻人很会吹笛子，笛声能使动物动情。一天，年轻人进山打猎时，看见一只鹰叼走一只白大雁，他用箭射中了鹰脚，救下了白大雁，大雁为了报恩变成一个美丽的姑娘嫁给了他。后来这个年轻人去前方打仗时，鹰把他的媳妇抢走了。年轻人走过千山万水，经历许多艰难险阻，战胜各种邪恶终于救回了美妻。

吉火扬丰等人讲述，木支记录。收入《彝族民间故事选（2）》（彝文版），32开，6页，3100余字，四川民族出版社1986年版。（贾斯拉核）

猎人的奇遇

彝族幻想故事。流传于四川省凉山彝族自治州彝族地区。讲述的是：一个年轻猎人，一天上山打猎，碰见一条小蛇盘卧在水凼里。猎人怨小蛇把泉水弄脏了，提起弓箭准备射死小蛇。不料眨眼间小蛇不见了，变成了一个美丽的姑娘。猎人正要问姑娘，姑娘却含羞地跑进树林里去了。猎人紧跟在后面追，追到一个山洞里找到姑娘。姑娘告诉猎人说，她父亲是一个蛇怪，见到猎人后会吃掉他的，劝他赶快离开山洞。猎人出洞后，遇见一个老太婆在哭泣。老太婆告诉他说，她的小孩被蛇怪抢去了，蛇怪每天要吃一个小孩。猎人同情老太婆，提刀去杀蛇怪，一刀把蛇怪斩了。老太婆帮助猎人找到小蛇姑娘，后来他们俩成了亲。

洛克蒙讲述，尼布、拉特翻译，谭绍宾、邹志诚整理。收入《彝族民间故事选》，32开，5页，3300余字，上海文艺出版社1981年版。（阿南）

吉哈与蛇女

彝族幻想故事。流传于川滇大、小凉山彝族地区。讲述的是：娃子孤儿吉哈在山上砍柴，见一群白蛇与一群黑蛇打架，小白蛇快要被大黑蛇咬死之时，吉哈砍死了凶恶的大黑蛇。原来小白蛇是蛇王之子，为了感恩，老蛇王给吉哈金银，他不要，他仅要了老蛇王的一把红顶雨伞。到家后，那把雨伞还原成蛇姑娘与吉哈成婚。后来主子把吉哈抓去毒打一顿，企图霸占蛇姑娘。姑娘表示答应主子，但要放出吉哈。吉哈出来后蛇姑娘的泪滴在他的身上，吉哈身上的伤就痊愈了。主子打手向吉哈扑来，蛇姑娘即刻变成一把宝刀，吉哈用它砍向主子和打手，报了仇，雪了恨，但宝刀受了血污，再也变不成人了。

佚名讲述、记录。收入《中国传说故事大辞典》，16开，1页，500余字，中国文联出版公司1992年版。（阿南）

吹笛少年和鱼女

彝族幻想故事。流传于四川凉山彝族自治州彝族地区。讲述的是：从前有个少年，很会吹笛。一次，他给渔人们吹笛，渔人送给他一条鱼。少年很爱小鱼，把小鱼养着。后来小鱼变成了一个美丽的姑娘，她很喜欢听少年吹笛，和少年相亲相爱。少年想跟她成亲，鱼姑娘要少年同她一块儿到水晶宫去求她父亲——鱼王。少年来到水晶宫，鱼王出了一道又一道难题。在鱼姑娘的帮助下，少年都获胜了，鱼王不得不同意了他们的婚姻。

瓦渣底惹、沈伍已讲述，萧崇素、冯元蔚记录，萧崇素整理。收入《彝族民间故事选》，32开，10页，6500余字，上海文艺出版社1981年版。（阿南）

幸存的娘母

彝族幻想故事。流传于四川省喜德县彝族地区。讲述的是：从前，在麻作山下有一个很大的村寨，村里有一位聪明过人的六旬老人，每天都赶着牛群上山放牧。他的牛群里，有一条顶架很凶的黑牛。有一天，黑牛忽然跟一条黄牛顶起角来。顶到后来，黑牛顶赢了，那条黄牛走开了。过了几天，那条黄牛又来同黑牛顶角。这以后一连几天的顶角都是黑牛斗败。这一天，黄牛又来同黑牛顶角。老人想，既然自己的黑牛顶不过它，何不趁早把它们分开，免得自己的黑牛吃亏。谁知他刚走近黄牛身边，那黄牛突然不见了。老人把所见告诉了村里的人。村里人就派了两个人前往窥探，果然又看见那两条牛在顶架，结果仍旧是黑牛输给黄牛。但当人一走近，那黄牛又突然不见了。这两个人回到村里，召集了全村男人一起商议决定把黄牛弄死。于是在黑牛的两只角上分别捆上两把尖刀，待它们顶角时，好乘机杀死黄牛。第二天，两条牛又顶角了，黑牛角上的尖刀把黄牛戳死了。全村人家每人分得一份牛肉，唯独一户孤儿寡母没有分到。因为这家的儿子上山猎锦鸡尚未归来，只有寡母一人在家。这孤儿上山猎锦鸡越走越远。走着走着，突然间电闪雷鸣，暴雨如注，他连忙跑到一杉树下避雨。这时，只听得满山遍野的山精树怪在互相呼叫：“快下山去索赔牛命！”不一会儿雨过天晴，山精树怪纷纷返回，互相说：“报复得真痛快，全村寨里，除了孤儿寡母，全被我们毁灭了。”孤儿一听，一时不明白发生了什么祸事，急忙回到村里，只见妈妈独自一人还好好的活着，其余的人全被山洪卷走了。

吉吾作曲收集、整理，白芝翻译。收入《中

国民间故事三套集成四川喜德卷·凉山彝族民间故事选》，32开，2页，1300余字，四川民族出版社1990年版。（阿南）

扑索吾午人

彝族幻想故事。流传四川省喜德县彝族地区。讲述的是：从前，在一个岩洞里住着一群扑索吾午人。有一天，一个远方来的异乡人，骑着一匹马，路过这岩洞时天色已经很晚了，只好到扑索吾午人的岩洞里要求寄宿。扑索吾午人热情地欢迎这位不速之客，为他准备了丰盛的晚餐，还给他的马喂了草料。吃过晚饭以后，一个年轻人客客气气地说道："客人，我们要睡觉了，你也该赶路了。"这是什么话！半夜三更的要撵客人，客人一听，含含糊糊地说道："唔，快睡吧！我也累了。"客人说完，往地上一躺，不再理会那使他难堪的年轻人。年轻人把这一情况回禀了他们的长者。长者来到客人眼前，说明道："客人啊！我们一睡就要睡半年时间才能醒来。因为睡的时间长，洞口要用巨石堵住。而你可能睡不了那么长的时间，又出不去，耽误了你赶路可不好。"客人一听，觉得非常有趣，于是说："没关系，睡吧！"长者认为这客人一定也和他们一样要睡半年，于是吩咐堵上洞口。半年时间过去了，待到扑索吾午人一觉睡醒时，那客人和他的马，只剩下两具白骨架。扑索吾午人一觉睡醒时，洞外早已是春暖花开的季节。因此，他们首先要做的事便是播种庄稼。但这一年却有人提出一个主意，说："我们播种稻谷，就能收获稻谷，但稻谷有层硬壳又不能吃，需要舂成米才能煮吃，倒不如我们就在田里直接播种大米，将来直接收获大米，岂不省事得多！"其他人一听，也都赞成，于是他们将米播种到田里。播种到田里的米没长出苗来，田里颗粒无收，饥饿折磨得扑索吾午人一个个死去了。

尔姑阿呷讲述，白芝收集、整理。收入《中国民间故事三套集成四川喜德卷·凉山彝族民间故事选》，32开，3页，2000余字，四川民族出版社1990年版。（阿南）

姐妹俩的故事

彝族幻想故事。流传于川滇大、小凉山彝族地区。讲述的是：父母早逝而相依为命的姐妹俩，长大后漂亮的妹妹嫁了个富翁，姐姐却嫁了个穷人。作为富人的妹妹、妹夫嫌弃穷姐姐，两家人渐渐疏远了。有一天，姐姐在去找充饥的野菜时背回一条蛇，这天家里恰巧来了个客人，没啥好东西可招待客人，姐姐只好把蛇杀给客人吃，未料锅里的蛇肉全部变成了金银，姐姐变富了。妹妹问明姐姐家变富的缘由后也去效仿姐姐，于是也背筐去找野菜，也背回一条蛇，但在半路上就被蛇咬死了。

罗甫学搜集、整理。载《凉山文学》（彝文版）1983年第2期，16开，2页，1500余字，凉山彝族自治州文联1983年编印。（杨阿洛）

大雁女

彝族幻想故事。流传于川滇大、小凉山彝族地区。讲述的是：古时候，有一个家徒四壁的孤儿，一天他去挖地时，看见地上有根大雁羽毛，怕挖断它就把它捡到地边放好，哪知第二天这根羽毛又飘回了原地，这个孤儿实在不忍心伤这根漂亮的大雁羽毛，便带回了家。想不到这根大雁羽毛变成一位美女，从此天天为他洗衣做饭，最终和他结婚生子，后来大雁女在其父亲的逼迫下飞回了天空。现在大雁之所以叫个不停，是因为她在思念地上的儿女。

沙古热洛讲述并记录。载《凉山文学》（彝文版）1981年第3期，16开，5页，3900余字，凉山彝族自治州文联1981年编印。（贾瓦盘加）

九个兄弟

彝族幻想故事。流传于四川省喜德县彝族地区。讲述的是：从前有两口子长期没有生育。有一天，妻子想跳水而死，到了水边，遇见一白发老人，白发老人给她九颗药，九个月后就生下九个儿子，她担心生这么多小孩养不活，便把几个孩子送下水，又得到白发老人的指点，最后过上了幸福的生活。

吉古木体等讲述，伍且记录。收入《彝族民间故事选（2）》（彝文版），32开，4页，2000余字，四川民族出版社1986年版。（贾斯拉核）

嘎莫阿牛的丈夫

彝族幻想故事。流传于四川省金阳县、昭觉县彝族地区。讲述的是：有一个叫布冷的孤儿，爸爸妈妈死得早，被两个孤寡老人收养。两个老人去世后，孤儿布冷就把两个老人留下的土地卖了，在深山老林里以打猎为生，渐渐富裕了起来，后来娶了嘎莫阿牛为妻。因为嘎莫阿牛是人间少有的美女，所以孤儿不想出去劳动了，天天待在家里守着老婆。嘎莫阿牛把自己的画像拿给他，他才肯出去劳动。后来嘎莫阿牛的画像被风吹到皇帝那里去了，被皇帝看上后强行把孤儿的老婆抢了过去。聪明的嘎莫阿牛想办法把皇帝收拾了，并让她的丈夫布冷当上了皇帝，有情人终于又在一起了。

毛鲁黑、毛史呷口述，毛只日、期沙俄格收集、整理。2页，1400余字，未刊稿。（期沙俄格）

泸山柏树上的脚印

彝族幻想故事。流传于川滇大、小凉山彝族地区。讲述的是：从前，在西昌泸山脚下住着一家土司，土司家有个美丽善良的女儿阿果。阿果珍爱一切生命，她的善举人人称赞。后来，她家被另一家土司侵占了，她被一匹神骡救到天上去了。骡子起飞时在柏树上踩了一脚，柏树上的骡脚印就是这样留下来的。

周继才讲述并记录。载《凉山文学》（彝文版）1981年第3期，16开，5页，3900余字，凉山彝族自治州文联1981年编印。（贾瓦盘加）

一个去看天和地尽头的人

彝族幻想故事。流传于四川省甘洛县彝族地区。讲述的是：从前，有个人说天和地是有边的，有个人说是无边的。一个年轻人背着盘缠想亲自去看看天和地的尽头。他从小伙子走成了老头子，总是走不到天和地的尽头。在转头回家的路上遇到了一对鹅，这对鹅求他说："今晚，我们家主人准备杀我俩中的一个来招待你，希望你救命，我们会感谢你的。"晚上，他恰好来到鹅的主人家借宿，主人准备杀一只鹅招待他时，他想起了白天那对鹅的话，于是对主人家说："我一看鹅就恶心，从来不吃鹅肉。"于是主人家就杀了一只母鸡招待他。第二天，他在返回家的路上又遇到了那对鹅，鹅用神剑把他送回了几十年前他居住的那间瓦房里，人也变成了几十年前的那个小伙子。

木乃克哈讲述，沙光荣、呷呷尔日记录、翻译。收入《甘洛县彝族民间故事》，32开，3页，900余字，甘洛县民间文学集成办公室1988年编印。（阿布达切　李新渝）

天帝暗施巧计

彝族幻想故事。流传于四川省甘洛县彝族地区。讲述的是：从前，雕和鹰不仅捉食大小动物，连人类也不放过。天帝知道后，就召集所有的雕和鹰前来开会，并对它们的首领说："你们能把我磨刀的金砖击成两截，就允许你们捉人吃，否则就不准再捉食人类了。"雕和鹰的首领按照天帝的要求，先后展开翅膀猛击金砖。当金砖被击成两截时，天帝乘它们还来不及转头之机，速将被劈开的金砖换成另一块新的放好。雕和鹰的首领看见被击的金砖完好如初，就请求天帝让它们再试一次，天帝允诺。当它们再击金砖时，天帝用同样的办法将被劈开的金砖换成了另一块新的。这样，雕和鹰的首领都服输了。从那时起，雕和鹰就不敢捉人吃了。

木乃牛哈讲述，沙光荣、呷呷尔日记录、翻

译。收入《甘洛县彝族民间故事》，32开，2页，800余字，甘洛县民间文学集成办公室1988年编印。（阿布达切　李新渝）

阿布里威家

彝族幻想故事。流传于四川省凉山彝族自治州彝族地区。讲述的是：从前，阿布里威家有一奴隶，奴隶主修房，派这个奴隶到山上找一根九十九庹（两手平举的长度为一庹）长的中梁木料来，不然就要被砍头。可奴隶在山上怎么也找不着，边哭边喊："格牛哦，格牛（传说中的精灵），请来帮个忙。"一个格牛真的来到奴隶身边，问明了缘由后，格牛精灵就像变魔术似的，把一根九十九庹长的中梁木料弄到奴隶主家。格牛精灵念动咒语："森林王，等阿布里威家建起新房之时，天空起乌云，雷公劈中梁，锅庄穿裙子，屋基开菜花。"念完咒语格牛就消失了。阿布里威家搬入新居之时，天上真的起了乌云，电闪雷鸣，雷公劈断中梁柱，房子垮了，压死了奴隶主全家，应验了格牛精灵的咒语。

毛志强讲述，张玉梅翻译，乃古尔聪整理。收入《民间文学三套集成》（布拖县卷），16开，2页，1000余字，布拖县文化体育旅游局1987年编印。（乃古尔聪）

一位长寿老人

彝族幻想故事。流传于川滇大、小凉山彝族地区。讲述的是：从前，有一位二百四十岁的老人，其后人嫌他活得太长拖累人就把他丢下了悬崖。老人掉进一个有蟒蛇的岩洞里后，也恨自己活得太久，就求洞里的蟒蛇吃了自己。蟒蛇却因不满老人的后人对他的不敬，不仅没吃老人，而且把他变成了一个二十岁的年轻人。后来，此事被国王知道后，国王把老人接进皇宫安度晚年，又活了六十年，直到三百岁才去世。老人为国王增长了很多见识。

阿趺木铁讲述并记录。载《凉山文学》（彝文版）1981年第3期，16开，4页，3200余字，凉山彝族自治州文联1981年编印。（贾瓦盘加）

阿尺尺和阿闪闪

彝族幻想故事。流传于四川省甘洛县彝族地区。讲述的是：从前，阿尺尺的母亲和阿闪闪的母亲是亲姐妹。姐妹俩一起在湖边洗涤棉麻时，阿闪闪的母亲为了得到阿尺尺母亲的棉麻，就把阿尺尺母亲推下湖里淹死了。阿尺尺在湖边找母亲，没找到，却在一只乌鸦的指点下，在湖里得到了一头母水牛。一天，阿闪闪借阿尺尺的水牛骑耍时，被牛甩在地上，撞瞎了一只眼，阿闪闪的母亲就把水牛宰杀了。阿尺尺又在那只乌鸦的指点下，收藏了牛蹄、牛耳、牛血和牛骨。第二天，阿尺尺收藏的这些东西变成了绣花鞋、披毡、头帕、衣服、裙子和珍珠、金银、手镯和耳环等饰品。从此，俊俏温柔而衣着华丽的阿尺尺就成了小伙子们追求的对象。在阿尺尺和英俊的觉木格惹结婚时，阿闪闪母女俩想偷梁换柱，想把阿闪闪嫁给觉木格惹，但她们的阴谋被识破，没有得逞。三年后的一天，阿闪闪在送走阿尺尺的路上，把阿尺尺的衣物骗到手中后，把阿尺尺从杜鹃树上摇落到湖里淹死，自己装扮成阿尺尺来到觉木格惹家。后来，阿尺尺历经许多艰难后死而复活，重新回到了觉木格惹的身边，又过上了幸福美满的生活。

马阿衣讲述，江新记录、翻译。收入《甘洛县彝族民间故事》，32开，5页，2900余字，甘洛县民间文学集成办公室1988年编印。（李新渝）

喝愚水和聪明水

彝族幻想故事。流传于四川省冕宁县彝族地区。讲述的是：从前，万物都会说话，但天神恩梯古兹想统治天下，制造了一种愚水给所有动物喝，只留一点聪明水在一片树叶上。人的祖先因事去迟了，他在路上遇见青蛙正在那里爬，便抱着青蛙走了一程，青蛙为了感谢，将真实情况告诉了那人，那人听后跑去喝了聪明水，从此人就变聪明了，其他动物连当时因聪明而被称之为老大的青蛙也没有人聪明了。

吉克拉洛等讲述，伍呷记录。收入《彝族民间故事选（2）》（彝文版），32开，3页，800余字，四川民族出版社1986年版。（贾斯拉核）

回声的由来

彝族幻想故事。流传于川滇大、小凉山彝族地区。讲述的是：从前，在一个美丽富饶的地方，人们繁衍生息、安居乐业。可是有一天突然来了一群吃人不眨眼的熊家婆，打乱了人们安静的生活。后来，村人奋起反抗，熊家婆几乎被消灭，只有一只瘸腿的逃进了山林。此后，这个瘸腿的熊家婆躲在暗处学人声，这样就有了回声。

由加沙翅部讲述并记录。载《凉山文学》（彝文版）1980年第1期，16开，7页，4800余字，凉山彝族自治州文联1980年编印。（贾瓦盘加）

贪财的皇帝两父女

彝族幻想故事。流传于四川省喜德县彝族地区。讲述的是：从前有一个贪财的皇帝，巴不得天底下的万事万物都变成金银财宝，连他的女儿也跟着学坏了。一天，皇帝说："愿天上的白云全变成金银。"女儿说："愿大地上的所有花草变成金银。"最后他俩一起都变成了金子。

罗洪加加等讲述，支以记录。收入《彝族民间故事选（2）》（彝文版），32开，2页，800余字，四川民族出版社1986年版。（贾斯拉核）

红几和龙女

彝族幻想故事。流传于四川省冕宁县彝族地区。讲述的是：从前，一条河两岸住有两户人，对面住的是一家富人，这面住的是一家穷人。穷人名叫红几，富人叫红却。红几家穷而到对面富人家当上了奴仆。一个冷天，红却约红几去打鱼，红几打了一桶鱼，其中有一条是红鱼，它是龙女，最后龙女和红几相爱并成亲过上了幸福生活，而可恶的红却却成了穷光棍。

达久木呷等讲述，支支记录。收入《彝族民间故事选（2）》（彝文版），32开，4页，1800余字，四川民族出版社1986年版。（贾斯拉核）

水上漂来的小孩

彝族幻想故事。流传于四川省雷波县彝族地区。讲述的是：从前，皇帝打猎来到山里，遇一家人生小孩，小孩像仙子一般，皇帝把小孩之母扼死后把小孩带走了。皇帝的家人把小孩丢进河里后，小孩被一打鱼人家打捞救了起来，小孩长大后，又遇上皇帝。皇帝派他去找太阳头发，他历经千辛万苦，最终完成了任务，并坐上了皇位。

吉伍木甲等讲述，伍且记录。收入《彝族民间故事选（2）》（彝文版），32开，9页，4800余字，四川民族出版社1986年版。（贾斯拉核）

打猎的年轻人遇到怪事

彝族幻想故事。流传于四川省喜德县彝族地区。从前，一个打猎的年轻人遇到一件怪事：口渴得四处去找水，终于在一棵大树下找到泉水，但泉水被一条蛇占了。忽然，这条蛇变成了一位美丽的姑娘，他跟她进了一个地洞才知道她是大毒蛇的女儿，大毒蛇把当地小孩几乎都吃光了。打猎人打死了大毒蛇。他为民除害的行为感动了一只鹰，最后在鹰的帮助下猎人与蛇姑娘成了亲。

阿的尔合等讲述，支支记录。收入《彝族民间故事选（2）》（彝文版），32开，9页，4400余字，四川民族出版社1986年版。（贾斯拉核）

勒稿惹

彝族幻想故事。流传于四川省昭觉县彝族地区。讲述的是：从前，一个勤劳勇敢的人名叫勒稿惹，有两姐妹争着要嫁给他。勒稿惹为了考验姐妹是否真心爱他，连续变成老头、老妈妈、一条大蛇去考验她们，最后他娶走了妹妹。由于姐姐嫉妒妹妹，一次，妹妹带娃回娘家时被她暗害了，她自己又装扮成妹妹的模样去勒稿惹家，用花言巧语取得了勒稿惹的信任。妹妹死后先后变成剪刀、洗衣棒、一条鱼等，最后终于恢复原形与丈夫破镜重圆。

吉史沙体等讲述，伍呷记录。收入《彝族民间故事选（2）》（彝文版），32开，6页，2500余字，四川民族出版社1986年版。（贾斯拉核）

阿孜姑娘

彝族幻想故事。流传于四川省喜德县彝族地区。讲述的是一个孤女的出生、成长、议婚、成亲的故事。阿孜姑娘在老天保佑下，逃过了后妈对她的打骂，又在她亲生母亲灵魂的护佑下，变美、变富，找到了如意郎君。后来一度被其妹残害，但最终她还是在鸟儿们的帮助下与丈夫团圆。

吉古阿格等讲述，伍且记录。收入《彝族民间故事选（2）》（彝文版），32开，26页，12800余字，四川民族出版社1986年版。（贾斯拉核）

争抢木美人

彝族幻想故事。流传于川滇大、小凉山彝族地区。讲述的是：从前有一个木工、一个银匠、一个裁缝和一个纠纷调解员。他们各自使用自己的绝招，共同让一根木桩变成一位美女后，都想娶她为妻，互不相让。最后激怒了树王，树王使用法术让美女还原成木桩。结果四人都空手而归。

佚名讲述。收入《喜德彝族民间故事》（彝文版），32开，4页，1500余字，四川民族出版社1993年版。（土比呷呷）

富人与穷人

彝族幻想故事。流传于川滇大、小凉山彝族地区。讲述的是：从前有一个穷人经过一片森林时，无意中听到三只动物在谈论藏宝的秘密，他得知秘密后悄悄地盗走了这批财宝而成了腰缠万贯的人。他的弟弟知道此事后，模仿哥哥到森林里去找三只动物探听藏宝的秘密，却被愤怒的三只动物发现，误认为他盗走财宝而把他活活咬死。

佚名讲述。收入《喜德彝族民间故事》（彝文版），32开，2页，700余字，四川民族出版社1993年版。（土比呷呷）

叫老天爷

彝族幻想故事。流传于川滇大、小凉山彝族地区。讲述的是：从前人间不管遇上什么大事，只要对着天空叫一声“老天爷”，“老天爷”就会下来帮助人类。有一天，一位母亲因孩子尿裤叫一声“老天爷呢？”“老天爷”来到人间知道此事后被激怒了，从此不管怎么叫喊“老天爷”，“老天爷”都不出来帮助人们了。

佚名讲述。收入《喜德彝族民间故事》（彝文版），32开，2页，500余字，四川民族出版社1993年版。（土比呷呷）

天地大力士摔跤

彝族幻想故事。流传于川滇大、小凉山彝族地区。讲述的是：从前，地上有一位力大无比的摔跤手叫恩体拉巴，天上的摔跤手知道后来到地上向他挑战，恰巧恩体拉巴不在家，其母亲用儿子的晚餐招待天上来的摔跤手，天上的大力士才知恩体拉巴吃的不是五谷杂粮，且饭量惊人，天上来的大力士自知不是对手就被吓跑了。等恩体拉巴回来后，追上他就把他摔死了。此事激怒了天神，后经云雀的调解，商定人间每年春天都向天神交税，从此才有了“春天到，云雀叫”的说法。

佚名讲述，罗布合机、王权等收集、整理。收入《喜德彝族民间故事》（彝文版），32开，2页，1000余字，四川民族出版社1993年版。（土比呷呷）

普苏伟伍

彝族幻想故事。流传于川滇大、小凉山彝族地区。讲述的是：从前，普苏伟伍是个连睡七个月才会醒的人。他有一个碓窝是个宝，对着它喊什么就会有什么。一天，他款待完一客人后叫客人走，可贪婪的客人执意要留下来，想趁普苏伟伍睡熟之机盗走碓窝，可门始终打不开，他只好回来。第二天他饿极了，对着碓窝喊却什么也喊不出来。待过了七个月普苏伟伍醒来时，客人早已饿死在家中，变成了一堆白骨。

佚名讲述。收入《喜德彝族民间故事》（彝文版），32开，2页，800余字，四川民族出版社1993年版。（土比呷呷）

不怕老虎只怕“克克”

彝族幻想故事。流传于川滇大、小凉山彝族地区。讲述的是：从前，有一天晚上，一个小孩被烧开的粥烫伤而哭泣，母亲以再哭老虎就来吃人的话吓小孩，小孩说他只怕“克克”（指粥煮开时发出的声音），不怕老虎。恰巧被正好站在门口的一只老虎听到了，它听到后赶忙就跑。这时，一个盗马贼来此，误把老虎当马骑着跑了，老虎认为是“克克”追来骑在自己身上而跑了一夜。等天亮时盗马贼才发觉是老虎，被吓得跳进一个洞内。老虎把这一历险记告诉给猴子后，好奇的猴子执意要老虎带它去看“克克”。结果，躲藏在洞内的人用匕首刺伤了老虎，老虎拉着猴子拼命往山下跑去，猴子同老虎一同丧了命。

佚名讲述，罗布合机、王权等收集、整理。收入《喜德彝族民间故事》（彝文版），32开，3页，1300余字，四川民族出版社1993年版。（土比呷呷）

借银犁

彝族幻想故事。传于川滇大、小凉山彝族地区。讲述的是：从前，在人间经常仗势欺人的四个恶霸，一同上天去借雷公家的传家宝银犁。银犁借到手后，这贪心的四人，个个都自作聪明，想害死其他三人，而将银犁占为己有，并且每个人都认为自己做得天衣无缝，想出了最好的办法欲害死其他三人。结果他们相互残杀，都送了性命，宝物最后还是物归原主。

佚名讲述，罗布合机、王权等收集、整理。收入《喜德彝族民间故事》（彝文版），32开，2页，800余字，四川民族出版社1993年版。（土比呷呷）

木耳约打娶十个妻

彝族幻想故事。流传于川滇大、小凉山彝族地区。讲述的是：从前，一个叫木耳约打的人先后娶了九个妻子，并分别生下九个儿子，但都去世了。伤心过度的他，由于对幸福婚姻的执着追求感动了神灵老爷，得到神灵老爷的指点与帮助后，他医治好了一位聪明能干的聋哑姑娘并娶她为妻，过上了幸福生活。

佚名讲述，罗布合机、王权等收集、整理。收入《喜德彝族民间故事》（彝文版），32开，3页，1900余字，四川民族出版社1993年版。（土比呷呷）

猴子喝圣水

彝族幻想故事。流传于川滇大、小凉山彝族地区。讲述的是：从前有一群猴子喝圣水时，在路上捡得一个睡觉的男人，这群猴子想吃掉这个男人，就把这个男人抬走了。这个男人刚被猴群抬到一个山崖边时放了个屁，猴群被吓一跳，猴群一松手，这人掉下了山崖，恰巧掉进了在山崖下的一只老虎的嘴里。聪明的男人以等他长肥时才好吃为由，逃过虎口，并设下圈套，杀死了来追杀他的许多动物，他用这些动物的皮换得了一个贪财之人的无数财宝，过上了富裕生活。

佚名讲述，刘赋元收集、整理。收入《聪童秘

典》（彝文版），16开，6页，2400余字，凉山州卫生学校1980年编印。（土比呷呷）

阿革和阿依

彝族幻想故事。流传于川滇大、小凉山彝族地区。讲述的是：从前一个母亲回娘家时被一妖婆吃掉，事后妖婆冒名顶替她回到她家中，虽被聪明的女儿阿依认破，但因敌不过而只好无奈地让它进了屋。晚上妖婆吃掉了妹妹阿革，准备要吃阿依时，阿依凭自己的机智与胆略逃脱，并杀死了来追赶她的妖婆。妖婆死后变成乱麻缠着阿依，使她脱不开身，最后被一位英俊、勇敢的小伙所救得以脱身，阿依后来嫁给了这位小伙，过上了幸福的生活。

佚名讲述，刘赋元收集、整理。收入《聪童秘典》（彝文版），16开，6页，2500余字，凉山州卫生学校1980年编印。（土比呷呷）

红石水子

彝族幻想故事。流传于川滇大、小凉山彝族地区。讲述的是：从前有一户人家，只有母子俩相依为命，靠儿子割草养家糊口。儿子在割草时捡得了一块奇特的红石，他把这块红石带回家中后，只要对着红石说要什么就有什么，因此成了很有钱的人。后来此事被邻居得知，邻居把这事告到了官府。当官兵来抢此奇特的红石时，这个捡得红石的人一口把它吞下肚。结果，他口渴得无法忍受，母亲拿水给他喝也不解渴。他只好亲自跑到河里去喝，最后他变成了一块红色的大石，永远矗立在水中央。

佚名讲述，马日记录。收入《彝族尔比克哲和故事》（彝文版），32开，3页，900余字，喜德县文教局、语委1980年编印。（土比呷呷）

喝神水

彝族幻想故事。流传于川滇大、小凉山彝族地区。讲述的是：从前，有对无儿无女的老人，老头七十岁了还得上山打柴下地干活，老太婆八十岁了还得操持家务。有一天，老头无意间跟着一只小红鸟，走过三道梁，越过三片林，一眼清冽甘甜的泉水出现在他的面前，渴极了的老头捧水喝了个够。没想到这是一眼神水，喝了神水后，老头变成了年轻小伙，八十岁的老太婆也想变年轻，也去喝神水，没想到喝得太多就变成了婴儿。

阿库史古搜集、整理。载《凉山文学》（彝文版）1983年第1期，16开，2页，1200余字，凉山彝族自治州文联1983年编印。（杨阿洛）

卖羊老汉和狼

彝族幻想故事。流传于川滇大、小凉山彝族地区。讲述的是：从前，固执的卖羊老汉不听路人的劝阻，坚持赶羊到街上卖，结果真的遇上了狼。狡猾的狼先取得老汉的信任，让它和他一起赶羊，未料羊一只又一只地少了，空手回家的老汉被老婆臭骂。后来，以为人愚蠢可欺的狼再次披上羊皮混进羊圈时被老汉识破，已吸取深刻教训的老汉打死了它。

来乌衣坡搜集、整理。载《凉山文学》（彝文版）1983年第3期，16开，3页，2000余字，凉山彝族自治州文联1983年编印。（杨阿洛）

孤儿寡母的遭遇

彝族幻想故事。流传于川滇大、小凉山彝族地区。讲述的是：从前，一个寡妇与两个幼小的女儿相依为命。寡妇在五黄六月间出门给女儿寻找食物时被狼吃了。妹妹为寻找母亲也被狼吃了。姐姐为了报仇，磨剑斩掉狼，但想念母亲和妹妹，最后也悲伤而死。后来妹妹变成一只小鸟不停呼唤姐姐“依色——依洛”。人们就把这种小鸟称作“依色依洛鸟”

吉狄阿吉搜集、整理。载《凉山文学》（彝文版）1987年第1期，16开，2页，1000余字，凉山彝族自治州文联1987年编印。（杨阿洛）

麂皮肚兜救性命

彝族幻想故事。流传于川滇大、小凉山彝族地区。讲述的是：从前，有个猎人在人迹罕至的深山打猎时，放出的猎狗忽然不见了踪影，他寻找猎狗来到一个山洞前，遭遇野人婆。在紧急关头，猎人想抽杆烟镇定自己，往麂皮肚兜掏烟具时，肚兜上的装饰物被野人婆误认成狗耳朵，野人婆吓得发抖，猎人这才记起野人婆最怕狗，于是将计就计吓走野人婆，保住了生命。

依火古坡搜集、整理。载《凉山文学》（彝文版）1987年第2期，16开，2页，900余字，凉山彝族自治州文联1987年编印。（杨阿洛）

一匹花绸布

彝族幻想故事，流传于川滇大、小凉山彝族地区。讲述的是：古时候阿连山脚有个纺织能手叫阿妞，山川风物等各种图案没有她不会织的。有一天，她到街上赶场，买回一张仙境一般的画。她比照着画，用三年的心血织成一匹精美绝伦的绸布，却被风吹走了。阿妞派大儿子去找，大儿子遇到仙婆的指点并馈赠给他金银，他把金银拿到街上挥霍，一去不复返。整天挂记大儿子的阿妞只好派二儿子去找，二儿子也一去不复返。三儿子历尽千辛万苦终于寻找回绸布，没想到绸布上面的景物都活了，画中的仙女成了三儿子的媳妇，一家人过上了幸福的生活。留念外面世界的大儿子、二儿子却成了乞丐。

吉乌姆嘎搜集、整理。载《凉山文学》（彝文版）1983年第3期，16开，5页，5200余字，凉山彝族自治州文联1983年编印。（杨阿洛）

奇遇结良缘

彝族幻想故事。流传于川滇大、小凉山彝族地区。讲述的是：从前，姆迪山上因为狼太多，人们无法在这里生息，都搬走了。林子里有座修得很漂亮的房子，人们搬走后，有只母狼在这屋里做窝并下了崽。有个远道而来的木匠在这里歇宿时才发现自己进了狼窝，只好从里面把门顶上。这时母狼叼回一个姑娘来喂它的两只狼崽，木匠竭尽全力杀死母狼救了姑娘和自己，后来他们成了夫妻。

李明先搜集、整理。载《凉山文学》（彝文版）1983年第2期，16开，2页，1000余字，凉山彝族自治州文联1983年编印。（杨阿洛）

贪财的父母

彝族幻想故事。流传于川滇大、小凉山彝族地区。讲述的是：从前有一户人家，有两个女儿，大的叫伍支，小的叫伍尾；有两个儿子，大的叫伍尼，小的叫伍且。曾有许多人家因看上两个女儿来提亲，但父母都嫌别人穷而一直未答应，后来因贪财把两个女儿嫁给两个有钱人，却不知道他们是豺狼变成的人。女儿出嫁后，过了八年都未回过一次娘家，父母因想念女儿心切，就叫伍尼去看望女儿，谁知伍尼有去无回。又叫伍且去看望时才知道，他的两个姐夫都是由豺狼变成的人，他的两个姐姐也早已没有了人性，让他更伤心的是哥哥已被他们吃掉。但伍且假装不知道这一切，等他们拿人肉款待他时，他用自己带的牛肉替换人肉吃，以此麻痹他们，让两位姐夫误认为伍且也是同他们一类的人。等晚上睡熟时伍且乘机杀死了他们，替哥哥报了仇。他回来把这一切告诉父母后，父母对因贪财而造成的后果悔恨不已。

佚名讲述，刘赋元收集、整理。收入《聪童秘典》（彝文版），16开，16页，6500余字，凉山州卫生学校1980年编印。（土比呷呷）

幺儿子“干斗罗”

彝族幻想故事。流传于川滇大、小凉山彝族地区。讲述的是：从前，一个叫沙马牛牛的男人拾得一个七八岁的小孩后，认为可换回一笔不小的钱财，就在家杀猪宰羊庆贺，可这个小孩不吃不喝。到了晚上，沙马牛牛发现小孩用一只耳朵当被子盖，另一只耳朵当睡垫用。忽然屋外传来“幺儿子干斗罗”的声音，这个小孩也发出同样的喊叫声。沙马牛牛很害怕，正想把这个小孩放走时，小孩变成了一个有九只耳朵七只眼睛的怪物，把沙马牛牛吓死了。

佚名讲述，罗布合机、王权等收集、整理。收入《喜德彝族民间故事》（彝文版），32开，1页，350字，四川民族出版社1993年版。（土比呷呷）

择日子的由来

彝族幻想故事。流传于川滇大、小凉山彝族地区。讲述的是：从前，英雄支格阿龙去打猎时，他的母亲遇难了，他为给母亲报仇，先找到了吃人的怪物“把哈”，可“把哈”谎称是天主“恩体古子”吃了他的母亲。他去问了“恩体古子”后，才知道是另一个吃人的怪物“塔布”家吃掉了自己的母亲。于是，他团结了“独指能穿山、独腿能填海”的几位英雄豪杰，用他们精湛的武艺，超常的谋略与胆识，共同制伏了吃人的怪物“塔布”，并迫使怪物“塔布”答应：从此母怪物三年住一个地方，公怪物三月换一个住处，小怪物三天换一个住处。并告诉人们用以鼠日为开头，以猪日为结尾的十二生肖来算日子，按此规律择良日，可避开怪物“塔布”的袭击。

佚名讲述，罗布合机、王权等收集、整理。收入《喜德彝族民间故事》（彝文版），32开，11页，4500余字，四川民族出版社1993年版。（土比呷呷）

神灵做善事，终究不被人害

彝族幻想故事。流传于川滇大、小凉山彝族地区。讲述的是：从前，有一户贫穷人家，因穷得可怜而得到神灵相助，使他们家门前的河水变成了酒。他家靠卖酒成了暴发户后，便开始欺压百姓，横行霸道，不听神灵劝告，不行善事。还把神灵关进了大牢，叫神灵家人用钱财来赎命。最后神灵使出了法术使这家人变得一无所有、到处流浪讨饭为生。

佚名讲述，罗布合机、王权等记录。收入《喜德彝族民间故事》（彝文版），32开，2页，1000余字，四川民族出版社1993年版。（土比呷呷）

神什老人做善事

彝族幻想故事。流传于川滇大、小凉山彝族地区。讲述的是：从前，有个地方，住着一个吃人的妖婆，她每天要吃一个人。这里的人们都很担心被她吃掉，于是请了“神什老人”来制伏妖婆。“神什老人”来到村子后，到了晚上，他把寨子里所有的人都安排到山上，只留下自己，等吃人的妖婆到来时，他变成一只小虫子飞进妖婆的肚里，用刀把妖婆的肚皮划成两半，杀死了妖婆，他却安然无恙地从妖婆肚里钻了出来。“神什老人”为民除害，让这里的人们过上了幸福的生活。

佚名讲述，罗布合机、王权等笔录。收入《喜德彝族民间故事》（彝文版），32开，2页，600余字，四川民族出版社1993年版。（土比呷呷）

斗笠女的故事

彝族幻想故事。流传于川滇大、小凉山彝族地区。讲述的是：娃子勒地土拉一年四季在主子家干活，有一天他救了被一条凶恶的大蟒蛇所追杀的小白蛇。第二天，这条小白蛇变成了一位戴斗笠的小仙女，把勒地土拉带回了她家，并施计让自己的父母同意把自己嫁给勒地土拉。勒地土拉把妻子带回家，他的主子见了这位美女后，想占为己有，斗笠女与恶霸主子经过生死斗争，最终杀死了恶霸，得到了美满幸福的爱情。

佚名讲述。收入《喜德彝族民间故事》（彝文版），32开，11页，6500余字，四川民族出版社1993年版。（土比呷呷）

奇怪

彝族幻想故事。流传于川滇大、小凉山彝族地区。讲述的是：从前有一家三兄弟，父母死后，两位贪财的哥哥逼走了弟弟。等弟弟在外学艺归来时，他的两位哥哥想霸占弟弟的家产，就伙同主子欲置弟弟于死地。但是，他们出各种难题都被弟弟化解，最后就叫弟弟找出一件世上最“奇怪”的东西给他们看，否则就要杀死他。聪明、机智的弟弟得到龙王女儿的指点，叫他们第二天集中在主子家等他，到了第二天，弟弟抱起一只小狗，在小狗的尾巴上拴起一串火炮点燃后就送给他们，并说“世上最奇怪的东西我找来了”，忽然火光四射，把他们活活烧死在房屋里。

佚名讲述。收入《喜德彝族民间故事》（彝文版），32开，7页，4000余字，四川民族出版社1993年版。（土比呷呷）

寻理到山岩

彝族幻想故事。流传于川滇大、小凉山彝族地区。讲述的是：从前，一位老人因被滚石压住而向过往的老虎、强盗、行人等求救，却没有一个救他，最后被务实的老农救出后，这位老人逐一寻找滚石为何压人的理由。他问滚石，滚石说它是被马踩着后才滚下来的，应该去找马来负责；找到马后，马说它是因为被从路边飞起的野鸡吓着后才不小心踩着滚石的，应该去找野鸡评理；找到野鸡后，它说它是被天上的雄鹰吓着后才飞起来的；雄鹰则说它是被山岩上的猴子吓着后才从岩子上飞起的；最后找到猴子，猴子理直气壮地说：“山岩是我的家，我在我家玩有什么错？”老人被问得不知该说什么。

佚名讲述。收入《喜德彝族民间故事》（彝文版），32开，4页，1800余字，四川民族出版社1993年版。（土比呷呷）

神仙子米阿支

彝族幻想故事。流传于四川省金阳县、昭觉县彝族地区。讲述的是：从前，子米阿支刚出生时是一条蛇，被父母抛弃至一棵树上，后来被一个叫石也的人说服他的父母，才又把他抱回来抚养，并最终变成了人。他18岁的时候成了一个远近闻名的大英雄。他拥有一匹会飞的战马，骑着它打仗，每一次都能打胜仗。后来有一个叫曲比火支的仙女看上了子米阿支，想嫁给他，但子米阿支出口侮辱了仙女，仙女一生气就把子米阿支是怎样出生的事告诉了敌人，并告诉敌人怎样打败子米阿支。最终子米阿支死在战场。他的养子又为子米阿支报了仇恨。

毛史呷口述，毛只日、期沙俄格收集、整理。16开，3页，2000余字，未刊稿。（期沙俄格）

神奇的长木

彝族幻想故事。流传于川滇大、小凉山彝族地区。讲述的是：从前，奴隶娃子拉巴达达因给主子家修建房屋时有些笨手笨脚，动作不太灵活而受尽主子的百般刁难与折磨，主子叫他必须从深山老林中找来一根千米长的木头来做横梁，否则要将他处死。拉巴达达在走投无路时，用他淳朴、善良的心赢得神鸭的帮助，找到了一根千米长的顶梁，并得到神灵相助，抬到主子家门口。主子因为得到了世上最长的横梁，高兴得手舞足蹈，却不料乐极生悲，主子从长木面前经过时被这神奇的长木活活压死了。

佚名讲述。收入《喜德彝族民间故事》（彝文版），32开，6页，3200余字，四川民族出版社1993年版。（土比呷呷）

木呷问神

彝族幻想故事。流传于四川省凉山彝族自治州彝族地区。讲述的是：从前，孤儿木呷问一个穷苦老爷爷：“为什么黑彝家不下地干活却有吃有穿？为什么奴隶家天天劳累干活却挨冻受饿？”老爷爷要他去问住在东方的阿甫阿萨神仙。临行时，老爷爷托他帮忙问一件事："为什么门前的桃树和李树只开花不结果？"他走到半路上，一个老太婆也托他帮助问一件事："她的女儿为什么十多岁了还不会说话？"他再向前走，经过一条河，碰上一条蟒蛇。蟒蛇用自己的身子在河上搭了一座拱桥让木呷顺利地渡过了河。蟒蛇托他问一件事："为什么它的头老是疼痛？"见到神仙阿甫阿萨，木呷首先问的是别人的三件事，神仙回答说："挖出树下的金银，桃树和李树就会结果了；老太婆的女儿只要见了她的丈夫，就会说话了；取出蟒蛇脑袋里的磨刀石，它的头就不疼了。"木呷在回来路上分别转告了神仙的话，告诉蟒蛇取出脑中的磨刀石，头就不疼了。原来磨刀石是宝物，帮助孤儿回到了家乡。老太婆的女儿见了他突然开口说话，他俩便结为夫妻。老大爷把树下的金银挖出来分给穷人，桃树和李树就结果了，穷人们也过上了好日子。

沈伍已讲述，邹志诚记录、整理。收入《彝族民间故事选》，23开，8页，5000余字，上海文艺出版社1981年版。（阿南）

惹地所夫

彝族幻想故事。流传于四川省凉山彝族自治州彝族地区。讲述的是：从前有一对娃子，生了一个拳头般大的小儿子，取名惹地所夫。惹地所夫在地上打了一个滚，就变成一个英俊少年。他对土司苟儿木呷横行霸道欺压百姓十分气愤，声称要去找土司说理。土司知道后假意请他喝祝生酒，打算暗害他。惹地所夫出发去赴宴时捡了一块大石头托在手上，作为给土司的礼物，石头放在地上，像一座山似的遮住了土司家的半边天。土司在羊肉上撒上毒药，便把他毒死了。惹地所夫临死前吸了一口气，把土司全家人都吸进他的肚子里去了。

达日子、索哈莫讲述，胡月林整理。收入《彝族民间故事选》，32开，3页，1300余字。上海文艺出版社1981年版。（阿南）

小木呷的冒险

彝族幻想故事。流传于四川省凉山彝族自治州彝族地区。讲述的是：小奴隶兄弟二人，哥哥夜里看守燕麦，受猴群戏弄，燕麦地被糟蹋，受到主子的责骂。弟弟小木呷不服气，第二晚把麦粒放鼻子上，躺下装死，引诱猴群。猴群见他鼻上的麦粒，以为是死人生了蛆，就一齐抬他进洞去。他忽然跳起，惊走了猴群。看见洞里有不少金银珠宝，就尽量往羊皮口袋里装，想拿回去为哥哥和别的伙伴们赎身。但因口袋过重，在路上跌到岩下去了。等他醒来时，发现原来跌进了一个老虎窝。老虎们要吃掉他，他推说自己太瘦，不够它们吃，要虎插一根针在他的鼻子上，等他长胖到针看不见时，就够老虎们吃了。老虎们信了他的话，就插针在他的鼻上，还每天找来不少吃食喂他，希望他能早日胖起来。一天，他趁母虎不在，杀死了两只看守他的小虎，然后逃到一棵大树上去躲着。母虎回来看见小虎死了，寻见他躲在树上，就四处咆哮着叫来山中百兽围攻他。但他毫不畏惧，借黄蜂、蝴蝶的帮助，打退了老熊和野猪的进攻；又用智谋让树倒下，压死了所有的野兽。然后他走下树来割下所有野兽的耳朵，拾起掉在深谷的金银珠宝，又捉来两只从昏迷中醒过来的黑尾狐，替他驮着金银回了家。

佚名讲述、记录。收入《中国少数民族文学》，32开，1页，400余字，湖南人民出版社1983年版。（阿南）

阿母尼惹

彝族幻想故事。流传于四川省凉山彝族自治州彝族地区。讲述的是：从前，吉米拉打地方有个百姓家的女儿叫阿母尼惹。有次她上山放羊，突然遇到一只猛虎。正在这危急关头，附近一个牧羊的奴隶木呷前来相救，手拿大木棒把老虎赶走了。从此他俩建立起了深厚友情，经常约到一起放羊。一天，阿母尼惹放羊回家，见土司家的管家和爹妈在一起说话。她料想不会有好事，心中焦虑不安。次日晚上，管家带一群人来了，气势汹汹地逼她给土司当小老婆。她被带到土司家的院坝边，只见木呷被捆绑着吊在大树上，她悲痛得顿时昏倒过去。夜里，她趁看管她的人不注意，悄悄出了房门，拿一根带子搭在树枝上，和木呷一块并排吊死了。两人死后，变成两只鹰，啄掉了土司的眼睛，撕碎了他的肚皮和肝肠。土司死后，躯体变成了老鼠，肠子变成了蛇。所以如今山鹰专门啄吃老鼠和蛇。

达日子讲述，胡月林整理。收入《彝族故事选》，32开，3页，2000余字，上海文艺出版社1981年版。（阿南）

惹依阿母

彝族幻想故事。流传于四川省越西县彝族地区。讲述的是：从前，有一孤老太婆喝了口冷水，晚年怀孕，生下一只青蛙。十三天后青蛙变成一个英俊的小伙子，老太婆给他取名惹依阿母。惹依阿母在“作帛”（祭祀）场中认识了有钱人家的女儿阿娘妞妞。后来妞妞被嫁给一有钱人，她在娶亲途中滚下悬崖。惹依阿母扬言他能把她救活，但条件是一定要把姑娘嫁给他，其父允诺。惹依阿母果然以灵芝草救活了妞妞。妞妞的父亲嫌聘礼太轻，企图悔婚。惹依阿母说只要还得起聘礼，可以悔婚。妞妞之父全家忙了一夜仍装不满一蛋壳酒，忙了几天也装不满一鼠皮口袋面，只好让他俩成亲。婚后他们日子过得非常美满。

佚名讲述、记录。收入《中国传说故事大辞典》，16开，1页，500余字，中国文联出版公司1992年版。（阿南）

墨蛇

彝族幻想故事。流传于四川省喜德县彝族地区。讲述的是：很久以前，有个名叫伍呷莫的姑娘，当她长到十六岁时，她的妈妈突然患了麻风病。按习俗，凡是患了这种病的人，都要进行隔离，不能再住在村寨里。伍呷莫的妈妈只得独自一人躲进深山老林，寻一个人迹罕至的岩洞栖身。每隔十天半月，家里的人把粮食送到一个指定地点，再由她取去食用。有一次，伍呷莫给妈妈粮食时，看到妈妈的腿跌伤了，行动很不方便，便留下来照顾妈妈。有一天，她忽然看到一个山谷里，有一股粗黑的迹印。她曾听老人讲过，山里有一种墨蛇，只要吃了这种蛇肉，就能治愈麻风病。她非常高兴，连忙跑去告诉妈妈。妈妈听了以后，说：“这条墨蛇我见过，足有大腿般粗，谁能制伏得了它呢？”女儿听了妈妈的诉说以后，她日夜苦思冥想，终于想出了个办法。她在墨蛇经常爬过的地方，埋了一把磨得十分锋利的尖刀。有一天，墨蛇又从那里爬过，被尖刀从头到尾剖开了，不一会儿就死了。女儿割下墨蛇肉煮给妈妈吃后，终于治好了妈妈的病。母女俩高高兴兴地回到村寨里和家人团聚。

吉吾木果讲述，白芝收集、整理。收入《中国民间故事三套集成四川喜德卷·凉山彝族民间故事选》，32开，2页，1300余字，四川民族出版社1990年版。（阿南）

勤劳是根本

彝族幻想故事。流传于四川省喜德县彝族地区。讲述的是：从前有个孤儿叫吾达，十分贫穷。一天，他独自坐在山坡上不禁唱起悲歌，他越唱越悲伤。这时，飞来一只金凤凰对他说：“吾达啊，你不要这么悲伤，只要辛勤地劳动，你会富裕起来的。”吾达听了凤凰的话，从此以后，辛勤耕耘。到了秋天收获时节，他收得很多粮食，他卖了粮买了只小羊。不几年，就发展成一大群羊。吾达有粮、有畜，讨了个漂亮的媳妇。夫妻二人辛勤劳动，过上了好日子。彝谚“勤劳是根本”由此而来。

结约吾沙收集、整理，白芝翻译。收入《中国民间故事三套集成四川喜德卷·凉山彝族民间故

事选》，32开，3页，1600余字，四川民族出版社1990年版。（阿南）

蛇娶妻

彝族幻想故事。流传于贵州省赫章县彝族地区。讲述的是：善良的幺姑娘嫁给英俊的蛇精后，勤劳使夫妻俩过上了幸福的日子，他们便把父亲接来住了三年，因父亲回家时让他带许多贵重礼物回去，从而引起两个懒惰姐姐的嫉妒，两个姐姐便来到妹妹家住了三年，并害死了妹妹。蛇精因此伤心而死，家产随流水而去，贪财的两个姐姐也饿死了。

陈朝英讲述，杨贵光记录、翻译。收入《中国民间文学三套集成·贵州省毕节地区·赫章县卷·彝族》，32开，6页，3000余字，赫章县民间文学集成编委会1988年编印。（罗德显）

冬桃与小黑龙

彝族幻想故事。流传于贵州省彝族地区。讲述的是：洪荒年间，幸存的百姓苦不堪言，小黑龙为父老乡亲到天神策举祖（策耿兹）处面奏人间疾苦，却被天兵赶出。后在王母娘娘蟠桃会时偷仙桃救乡亲，并将桃核种地下，因此桃到冬腊月才成熟，所以叫“冬桃”。小黑龙不仅偷仙桃救活饥民，还掘洞为百姓找到取暖之物。

宋老六讲述、翻译，宏拯记录。收入《中国民间故事集成·贵州省毕节地区·黔西县卷》，32开，3页，1500余字，黔西县民间文学集成编委会1988年编印。（罗德显）

骗鬼的人

彝族幻想故事。流传于贵州省赫章县彝族地区。故事讲述的是：一个穷小子在走投无路时被迫与鬼交了朋友，事后他用麦芒降服了鬼，又跑回苏保家救活被害的孩子，苏保用银子酬谢他，穷小子又将鬼的红口袋烧了，为民除了害。

王子国讲述，王继超翻译、记录。收入《中国民间文学三套集成·贵州省毕节地区地直卷》，32开，2页，1000余字，毕节地区民间文学集成编委会1988年编印。（罗德显）

恶毒的后母

彝族幻想故事。流传于贵州省威宁彝族回族苗族自治县板底、龙场等乡镇，赫章县妈姑、珠市、雉街等乡镇彝族地区。讲述的是：阿梅妮幼年丧母，后母想尽一切办法折磨她。父亲无奈，只好把女儿送进深山，幸得老虎一家相助而富裕起来。数年后，父亲来看她，她给父亲许多金银带回去，后母知道后也要来看她，因居心不良，最终被阿梅妮准备好的毒蜂和毒蛇咬死，后母得到了应有的报应。

李贵芝讲述、翻译，韩一之记录。收入《中国民间文学三套集成·贵州省毕节地区·赫章县卷·彝族》，32开，5页，2000余字，赫章县民间文学集成编委会1988年编印。（罗德显）

祸害大哥

彝族幻想故事。流传于贵州省纳雍县彝族地区。讲述的是：聪明的祸害大哥多次用巧计吓跑前来捉拿他的大鬼小鬼们，最后阎王决定亲自去捉拿他。见到阎王，祸害有意把事先准备好的毛羊放跑，却埋怨阎王吓跑了他用来骑到阎王殿的万里羊，说万里羊日行万里，夜行八千里，说得阎王心痒痒的，阎王便用自己的千里马换了祸害的“万里羊”，祸害说马和羊都会认生，要连衣、裤一起换，阎王相信了他，就将一切都和祸害换了。祸害跳上马一溜烟就到了阎王殿，并叫小鬼们准备打“祸害”，结果把真阎王打死了。因毛羊到过阎王殿，所以彝族人死后指路时用毛羊引路。

陈少芝讲述，王瑞尧记录、翻译。收入《中国民间文学集成资料·贵州省毕节地区·纳雍民间故事》，32开，5页，2000余字，纳雍县民间文学集

成编委会1988年编印。（罗德显）

害人又害己

彝族幻想故事。流传于贵州省威宁彝族回族苗族自治县板底、龙场等乡镇，赫章县妈姑、珠市、雉街等乡镇彝族地区。讲述的是：两兄弟从小父母双亡，相依为命。可大哥娶妻后听妻子挑拨而对弟弟百般刁难，并赶弟弟出家门，霸占了家业。无助的弟弟得到仙女相助而富裕起来。哥嫂嫉妒他而想害他，结果受到仙女的惩罚而变成穷光蛋。

赵美荣讲述，李龙友记录、翻译。收入《中国民间文学三套集成·贵州省毕节地区·赫章县卷·彝族》，32开，5页，2500余字，赫章县民间文学集成编委会1988年编印。（罗德显）

金杯杯，银碗碗

彝族幻想故事。流传于贵州省赫章县六曲、白果等乡镇彝族地区。讲述的是：重男轻女的父母带走儿子留下两个女儿让老妖婆来吃掉，姐姐不幸被害，妹妹巧妙脱身去找到父母和兄长，却被他们无情地赶出家门，只有嫂子对她好。后来，小妹在山上捡到猴子的金银餐具，送一些给嫂子，父母和兄长知道后也想去捡一些，结果被猴子们扔下悬崖摔死了。

周远迪讲述，陇震学记录、翻译。收入《中国民间文学三套集成·贵州省毕节地区·赫章县卷·彝族》，32开，5页，2000余字，赫章县民间文学集成编委会1988年编印。（罗德显）

爹十七，儿十八

彝族幻想故事。流传于贵州省赫章县彝族地区。讲述的是：有一长工看上了主子家小姐而被赶出门。长工在山上得一神帽能隐其身，并用此隐身帽在小姐绣楼住下，未料有一天被识破并被打死埋于小姐绣楼下。数月后小姐生下一男孩，十八岁时中了状元，状元返家朝祖才了解到自己的身世，在他的要求下，把父亲的尸骨挖了出来，谁知其父如梦初醒般复活了，而且仍然是当初十七岁的模样。

王怀举讲述、翻译，胡洪礼记录。收入《中国民间文学三套集成·贵州省毕节地区·赫章县卷·彝族》，32开，4页，2000余字，赫章县民间文学集成编委会1988年编印。（罗德显）

札札阿里

彝族幻想故事。流传于贵州省威宁彝族回族苗族自治县、赫章县等彝族地区。讲述的是：札札阿里刚出世父母就突然暴病而死，过路的布宝奢则帮助埋了他的父母，并收养了他，给他取名札札阿里。布宝奢则教他读彝书，学彝礼。长大后札札阿里对恩师很尊敬，也不断收徒弟，并将自己的知识传授给了更多的人。因他常做善事而处处得救，最终在巴底候吐公主和撒米候惹公子的帮助下成仙过好日子去了。

高义明讲述、翻译，张仁弘、胡孟雄、龚宗文记录。载《南风》1981年第5期，16开，5页，6000余字，贵州省文联1981年编印。（罗德显）

龙女与布吐

彝族幻想故事，流传于贵州省大方、黔西、金沙等县彝族地区。讲述的是：一个穷小伙在无年夜饭的情况下救了龙王的女儿而得到回报。龙女化为人身以身相许，被冷麻土司知晓后穷小伙遭到了迫害。最后龙女战胜了冷麻土司，为民除了害。

陈亮明讲述，李光平记录、翻译。收入《中国民间文学三套集成·贵州省毕节地区地直卷》，32开，11页，7000余字，毕节地区民间文学集成编委会1988年编印。（罗德显）

铜圆的故事

彝族幻想故事。流传于贵州省黔西县彝族地区。讲述的是：土司阿苏家的帮工嘎纳挖地时挖到一个铜圆，便和好友逗拉平分，平分中另一半铜圆突然落地不见了，于是剩下的一半相互推让。在嘎纳的一再坚持下，他们挖地三尺，结果挖出了更多的金子。原来这是阿苏土司榨取穷人血汗得的钱，是白胡子老人通过他俩分给穷人的。从此，穷苦人得金子后日子好过起来。

吴应德讲述、翻译，路正长记录。收入《中国民间文学集成·贵州彝族回族白族故事选》，32开，3页，1000余字，贵州民间文学集成办公室1993年编印。（罗德显）

雷和闪电哥

彝族幻想故事。流传于贵州省威宁彝族回族苗族自治县新发、水城县双嘎等乡镇彝族地区。讲述的是：从前有两夫妇膝下无子，听了算命先生的话到庙里烧香拜神求子，观音菩萨受感动，就赐他们两个儿子，并取名为大力气和大脚板。孩子十岁时两夫妇杀猪请寨邻庆贺，两个孩子却把肉连骨头汤都吃喝个精光。一家人气不打一处来，大力气和大脚板生气出走，他俩的妈妈被气病卧床不起。三个月后兄弟俩回家，问母亲的病要用什么药，母亲说要吃雷公肉。他俩就用糟蹋粮食的办法激怒雷公从天上下来并捉住，要放在炕板上炕干给母亲吃。一天，他们的母亲不慎将一滴水溅到雷公身上，雷公趁机打着炸雷逃走了。这以后，闪电在一边闪现，雷声在另一边炸响。

李兴舟讲述，熊延远记译。收入《中国民间文学集成·贵州彝族回族白族故事选》，32开，3页，1100余字，贵州民间文学集成办公室1993年编印。（阿洛）

鸡蛋和黄金

彝族幻想故事。流传于贵州省黔西县彝族地区。讲述的是：阿龙和阿发两家都很穷，但阿龙善良、勤劳，只因年迈的阿妈、患病的妻子、幼小的孩子都需他一人供养照顾才一直摆脱不了贫穷；阿发则因为自己好吃懒做，赌博成性，把家产都赌空而穷，连妻子与孩子也离开了他。有位神仙帮助他俩，给阿龙两只鸡蛋，给阿发一块黄金。阿龙用这两只鸡蛋孵出小鸡，小鸡长大生蛋又孵小鸡。如此反复，鸡逐年增多，妻子的病也好了，家庭逐渐富裕起来。而阿发拿金砖去赌，结果输了个精光，只好去乞讨。

王发友讲述、翻译，淡远记录。载《南风》1990年第5期，16开，2页，1200余字，贵州省文联1990年编印。（罗德显）

阿多和岩鹰

彝族幻想故事。流传于贵州省黔西县彝族地区。讲述的是：孤儿阿多撒下的小米全被太阳晒死，只剩一棵独苗，他日夜守着，眼看就要成熟了。可天有不测风云，在他疲惫打盹时，一只岩鹰突然飞来把小米拔起，他追呀追，追到太阳落山，岩鹰飞进了一个山洞，阿多紧跟着钻进岩洞，却不见岩鹰和小米的影子。不觉天黑了，只好在此过夜，半夜遇两位白胡子老人，老人得知缘由后要帮助他，于是在他的掌心画了两道符。回家的路上阿多用这两道符解救了乡亲，得到乡亲们的爱戴，从此富裕起来。

杨元乾讲述，安文新记录、翻译。载《南风》1984年第3期，16开，5页，4000余字，贵州省文联1984年编印。（罗德显）

仙藤

彝族幻想故事。流传于贵州省大方、黔西等县彝族地区。讲述的是：吴三桂在叛徒岔嘎拉的帮助下，对水西彝区进行烧杀。安宣慰由于叛徒的出卖，无法渡过鸭池河，被迫退到笋子岩，敌人却紧追不放，正欲与他们决一死战时，岩顶上忽然长出数百根藤条伸下来，藤条又粗又长，安宣慰等人立即抓住藤条，一下子全都爬上了岩顶。追兵也纷纷抓住藤条往上爬，可刚到半路藤条就断了，吴兵全军覆没。后来人们说，藤条是仙藤，是天上特意放下救彝兵的。

罗沛贤记录、翻译。载《南风》1993年第6期，16开，1页，700余字，贵州省文联1993年编印。（罗德显）

仙葫芦

彝族幻想故事。流传于贵州省织金等县彝族地区。讲述的是：佳木六岁时父母双亡，和哥哥取尼相依为命，取尼常让年幼的佳木做苦活。佳木好不容易熬到十七八岁，成亲才三天就被取尼赶出家门。身无分文的佳木带着伤心的妻子住进岩洞。有一次，佳木跟取尼借牛犁地，未借到牛反被哥哥打了一顿。佳木在回家的路上不小心掉进无底洞，得到仙龟相助得以回家，并得一仙葫芦而富裕起来。取尼见了又起贪心而遭惩罚。

李立华记录，安文新翻译。载《南风》1982年第5期，16开，4页，6000余字，贵州省文联1982年编印。（罗德显）

宝葫芦

彝族幻想故事。流传于广西壮族自治区隆林县彝族地区。讲述的是：从前有两兄弟，老大娶妻后对待兄弟如奴隶。老二在哥嫂的一再欺负下，搬到另一个山坡居住，开了荒却没有种子下土，向哥嫂借玉米种。哥嫂将玉米炒过才借给他。“种子”下地后，只有一颗没有炒熟的玉米长苗。收获的日子近了，有只乌鸦将玉米连根拔起带走。老二追去，不见乌鸦的踪影，却遇上了一位老翁。老翁指点老二从山洞得了宝葫芦。从此他要啥有啥，过上好日子。哥嫂知道后，也种下炒熟的玉米，但在找乌鸦的过程中，忘了老翁的嘱咐，在洞里受伤后死了。

高原讲述，红波笔录并译成汉文。收入《回、彝、水、仡佬、毛南、京六族故事选》，32开，3页，1600余字，广西人民出版社1988年版。（王光荣　蓝斯）

飞毡

彝族幻想故事。流传于贵州省黔西县彝族地区。讲述的是：嘎木和汝咕夫妻俩受尽土司折磨而逃到深山过隐居生活，多年后，生了个女儿叫阿嘎汝玖，全家靠开荒、狩猎为生。有一天，嘎木从豹子口中救下一只待产的绵羊，绵羊后来生下很多小绵羊。这只绵羊在年老临终前告诉主人剪下它的毛为女儿织裙擀披毡，将它的肉做来给全家人吃。可主人不忍心这样做，只剪下毛给女儿织裙擀披毡，其余的都找地埋了。结果当年冬天，父母和羊群全被冻死，只有女儿因有披毡保暖而未被冻死，但又被山怪抢去。一位勇敢而善良的年轻小伙救出了阿嘎汝玖，披毡变成石头堵住了洞口，饿死了山怪。阿嘎汝玖和年轻人喜结良缘，过上了幸福美满的生活。

黄世兴讲述，安文新记录、翻译。收入《中国民间文学集成·贵州彝族回族白族故事选》，32开，8页，4000余字，贵州民间文学办公室1993年编印。（罗德显）

一对鸳鸯

彝族幻想故事。流传于贵州省威宁彝族回族苗族自治县板底、龙场等乡镇和赫章县姑妈、珠市、雉街等乡镇彝族地区。讲述的是：阿山和美姑相亲相爱，土司非常嫉妒因而杀害了阿山，在火化阿山时美姑跳进火海和阿山一起化为灰烬，他们变成两棵相依偎的青松后又被土司砍掉，砍树时木渣飞到水中又变成一对生死相恋的鸳鸯。反映了封建领主制度给青年男女造成的痛苦和男女青年对永恒爱情与幸福生活的追求、向往。

龙宪良讲述、翻译，张林记录。收入《中国民间文学三套集成·贵州省毕节地区·赫章县卷·彝族》，32开，8页，3000余字，赫章县民间文学集成编委会1988年编印。（罗德显）

一只仙羊角

彝族幻想故事。流传于贵州省威宁彝族回族苗族自治县雪山、大街等乡镇彝族地区。讲述的是：克博被兄长鲁邓赶走后带着一批人马来到巴底恒吐，投靠当时居住于此的彝族而渐渐扩张了势力，建立了宫殿，称为俄索祖摩。俄索祖摩有一只仙羊角，只要一吹响，便飞沙走石，点豆成兵，所向无敌。有一年，官兵侵入彝区，俄索祖摩靠仙羊角击败了他们，官兵知道后设法换走了真仙羊角，然后来攻打俄索祖摩。等敌人来到时，俄索祖摩再吹仙羊角却失灵了，因此，祖摩的三个儿子都战败了，并被砍了头。俄索祖摩就此衰亡。

安天培讲述，安天荣记录、翻译。收入《中国民间文学集成·贵州彝族回族白族故事选》，32开，6页，2800余字，贵州民间文学集成办公室1993年编印。（罗德显）

溏鸡屎拌饭

彝族幻想故事。流传于贵州省毕节市彝族地区。讲述的是：从前有个后母苛刻而歹毒，用溏鸡屎拌饭给继女吃，当父亲的心痛不已，但又不敢反抗，只好叫女儿一路撒上菜籽到深山老林中去住，到了深山的女儿得到天上星星的同情，她的诚心、勤奋与礼貌感动了星星，一夜之间，星星帮她盖起了金砖银瓦大厦，添置了金银家具等生活用品，衣食无忧。后来，菜花开了，父亲沿着菜花找到了女儿，父亲只求与女儿见面，没有其他奢求，父亲得到了很好的款待。后母听说继女发财了，便前去看望，她只得住狗洞、坐草墩、抬木碗、吃狗食、睡狗窝。

熊定英等讲述，赫吐伟由记录、翻译。16开，10页，2500余字，未刊稿。（陈大进）

不听母训过五沟

彝族幻想故事。流传于四川省凉山彝族自治州彝族地区。讲述的是：鹦鹉一家有四口，两个小宝宝很可爱。它们为了觅食发生争执，父母说飞到近地去找食物，而胆大的小宝宝不听父母的话，偏要飞到很远很远的地方觅食，父母生怕小宝宝出事，也随小宝宝一起飞去。一家四口飞到一家的梨树上，有一小宝宝不听母亲的话，飞到梨树边草丛中捉虫子，被一户人家捉住了。小鹦鹉求那户人家放了它，可那户人家坚决不同意。这样，那户人家见小鹦鹉不服从他们，就给它灌了一杯慢性毒药，并告诉它如果在规定的时间内给那户人家找到神树，就给它解药，如不能，那必死无疑。小鹦鹉找啊找，但无法找到神树，飞回来刚落到树上，毒性发作而死。父母知道后伤心欲绝，哭着："不听话的阿依，你不听话，用你的生命去换梨吃。"从此，彝族有了一句教育后代的格言："不听父训飞十壑，不听母训过五沟。"

阿米子沙讲述，张玉梅翻译，乃古尔聪、李富根整理。收入《民间文学三套集成》（布拖县卷），16开，2页，1000余字，布拖县文化体育旅游局1987年编印。（乃古尔聪）

不听父母告诫，走遍十山五岭

彝族幻想故事。流传于四川省喜德县彝族地区。讲述的是：从前，小鸟爸爸和小鸟妈妈生下一个独儿子。这只小鸟，浑身长着金黄色的绒毛，体态匀称。它的父母给它吃最好的食物。在父母的精心照料下，它一天一天地长大了，飞翔的本领也一天比一天高强了。有一天，小鸟的爸爸妈妈到森林里去捉虫子，吩咐小鸟守家。父母走了以后，小鸟心想，我何不趁此机会到处去游玩一下，于是展开翅膀向森林飞去。它正在树林里飞着，突然被一个老人的扣子套住了。小鸟展开翅膀扑腾，老人对小鸟说："你不要白白地扑腾了，我那患了一年眼病的独儿子，正需要雀胆去医。"老人把小鸟捉回家里，正准备杀来取胆，小鸟连忙对老人说："老人啊！你杀了我取胆，但我的胆医不好你儿子的眼睛，相反，还会越医越严重。如果你放了我，你儿子的眼睛该用什么药医，我能告诉你。”老人想这只小鸟不简单，可能是只神鸟，如果杀了它取出胆来，反而医死了儿子，那可怎么得了！倒不如放了它。于是老人放了小鸟，小鸟展翅飞到房顶上，对老人说：“你儿子的眼睛，史吉的草药就能治好。”说完飞走了。老人去找来史吉，果然治好了儿子的眼病。小鸟逃得命来，越过了十山五岭，才回到父母身边。它痛心地说：“没有听父母的话，差点丢了命。”彝族谚语“不听父母告诫，走遍十山五岭”就是从这个故事来的。

佚名讲述，的惹瓦婆收集、整理，白芝翻译。收入《中国民间故事三套集成四川喜德卷·凉山彝族民间故事选》，32开，2页，900余字，四川民族出版社1990年版。（阿南）

铁妹树

彝族幻想故事。流传于贵州省盘州市彝族地区。讲述的是：从前盘州市普古的娘娘山脚下住着一对年迈的彝族老夫妇，他们膝下无儿女。有一年，老妇人上山采药时吃了一颗青杠树种子，生了个水灵灵的女儿，取名为铁妹。铁妹十七岁那年，干旱九十九天，蝗虫来了九十九回。穷人啃光了树皮，就去向财主借粮，财主借一斗粮要还一升银子，铁妹恳求财主借一升还一斗都不允。财主贪慕铁妹的姿色，提出要铁妹做他小老婆或用银子打个铁妹才借粮。为救乡亲们，铁妹化成了一棵摇钱树，她让乡亲们把摇下来的银子打成个“铁妹”送给财主，换走财主的全部粮食渡过难关。银子打的“铁妹”告诉财主摇钱树的秘密，财主连夜准备十几匹马去娘娘山寨，想把树上的银子全都摇落归自己，却被摇落的大坨生铁砸死了。从此穷人去摇落银子，富人去摇招铁打。

张白狗讲述，卢树雄记译。收入《中国民间文学集成·贵州彝族回族白族故事选》，32开，3页，1400余字，贵州民间文学集成办公室1993年编印。（阿洛）

阿诅和阿有

彝族幻想故事。流传于贵州省威宁彝族回族苗族自治县、赫章县彝族地区。讲述的是：从前，阿诅和阿有的妈妈在沟边洗麻线，乌鸦在树上叫要她掀开石板，从石板下出来一个妖婆，经过攀谈，妖婆掌握了阿诅家的底细，吃了妈妈后妖婆赶去阿诅家，骗年幼的阿有开门后进屋冒充妈妈。晚上，妖婆吃了小阿有，阿诅骗过妖婆逃到井边的棠梨树上，机智地让妖婆取来她阿爸的宝剑后杀死妖婆。妖婆变作癞藿麻围住棠梨树。牛贩、马贩、猪贩舅舅都不肯救她，是线贩舅舅用披毡垫着癞藿麻救她下来，披毡上有一个洞，阿诅又掉到洞里，在洞底见到她已去世的亲人，但无论谁都反感她，阿妈打她一梭子，阿哥抽她一鞭子，只有老佣婆给她饭吃，并告诉她出去装死会有好处。阿诅用荞面拌水敷在脸上在路上装死。一伙猴子发现了她，把她抬到崖上去供放。猴子们用金碗银盏供放在她面前。阿诅忍不住笑出声来，猴子们说它们的祖宗复活了就一起跑了。

李秀禄、文腊富等讲述，王继超记录、翻译。32开，14页，3000余字，未刊稿。（阿洛）

小涅龙

彝族幻想故事。流传于贵州省毕节市彝族地区。讲述的是：从前，貌不出众的陇买氏用分家仅得的一把烂镰刀靠割草卖度日，年长日久，他发现有一丛草头一天刚割第二天又长得可以割了，他想将这丛草移栽到家中。挖这丛草时发现草根是一枚雪白如玉的鸡蛋石，他将鸡蛋石带回家中，置于衣柜，柜中衣服逐渐增多。无论将这枚鸡蛋石放在哪里，哪里的东西就变多起来。几年工夫，陇买氏家中囤粮如山，衣食富足，上门赊借者如市。母亲误将鸡蛋石随谷借与他人，陇买氏前去追回不成便发生争抢，情急之下陇买氏将抢回的鸡蛋石吞于腹中，从此他口渴难耐，整日需大量饮水，母亲无奈，只好带他到扯勒雅益河去喝水。到了扯勒雅益河，陇买氏追随小涅龙去了，至今不见返家。

杨启先等讲述，赫吐伟由记录、翻译。16开，13页，3000余字，未刊稿。（陈大进）

香灯照败车大富

彝族幻想故事。流传于贵州省盘州市彝族地区。讲述的是：从前，篝口摔拢住着一个叫车良的彝族小伙。有一天，车良接待了一位无人肯让他留宿的过路老人，并把独母鸡杀了招待老人，老人感动得给他点了一个屋基来修房屋。多年后财神送来金银使他一夜暴富，从此，人们称他为车大富。比原先龙土司还富的车大富招致龙大富的嫉恨。龙大富用金钱收买了一位阴阳先生，阴阳先生指点龙大富在车大富家的正对面修一座观音庙，此后，每年农历二月十九、六月十九、九月十九观音庙里的香灯直射车大富家，没过多久，车大富家就败落下去了。

马清明讲述，钟少益记译。收入《中国民间文学集成·贵州彝族回族白族故事选》，32开，3页，1500余字，贵州民间文学集成办公室1993年编印。（阿洛）

业没舍补卫

彝族幻想故事。流传于贵州省毕节市彝族地区。讲述的是：过去，人不会辞世且男女都有胡须，老了之后，脱一层皮后又是一个年轻人，不仅如此，柴火不需动手也会自己上门。后来笃左梯以家娶了个叫业没舍补卫的媳妇，这个媳妇人头蛇身，好吃懒做，嫌背老人出去蜕皮麻烦，便喋喋不休地念个不停，天神策耿兹愤而命她传令："世间人若想辞世，白头发的可以死，学走路的和黑发人不许来。"业没舍补卫因偷嘴而误听，导致错传，从此，世间老幼都会死。又因柴火自动送上门来惊吓了正在偷喝鸡汤的她，她骂个不停，惹怒了上天。从此，女人再也不会长胡须，柴火也不再自动送上门。

陈荣昌等讲述，赫吐伟由记录、翻译。16开，10页，2500余字，未刊稿。（陈大进）

金子洞的大石门

彝族幻想故事。流传于广西壮族自治区那坡县彝族地区。讲述的是：古时候，有彝族母子二人，儿子名叫月归牙哈。母亲生了一场大病，儿子为母亲找草药时，发现悬崖里有个奇异的山洞。月归牙哈克服困难，到洞里拿到很多金子，过上了好日子。财主桑吴起了坏心，要挟月归牙哈为他找金子，否则要逼死他的母亲。财主找到金子洞，他和家丁进入金子洞开始探金，大石门就被关上了，财主永远被关在了洞里。

梁绍安讲述，王光荣笔录并译成汉文。收入《回、彝、水、仡佬、毛南、京六族故事选》，32开，4页，3900余字，广西人民出版社1988年版；《中国民间故事集成·广西卷》，中国ISBN中心2001年版。（王光荣　蓝斯）

阿扎

彝族幻想故事。流传于广西壮族自治区那坡县彝族地区。讲述的是：古时候，一位小伙子恳请九位下凡洗澡的仙女帮割长了又长的稻谷。仙女幺米娜因翅膀丢失而回不了天宫。小伙子与她结为夫妻，生下阿欧、阿扎两兄弟。一日，幺米娜在谷仓里发现被丈夫藏起来的翅膀，趁丈夫外出，带着两个孩子飞回了天宫。仙姑爷爷不喜欢人间来的外孙，几次设计要吃掉他们。在幺米娜机灵应对下，兄弟俩逃过一次次大难，仙姑爷爷却在谋吃外孙的过程中被河水淹死了。母子三人重返人间。途中，要横渡很多大河，攀爬无数悬崖陡壁。阿欧经不起苦和累，忘记了母亲的嘱咐，攀崖时发出禁忌的哀叹声，母亲坠崖身亡。兄弟俩过了悬崖，因意见不合分手。后来，阿扎带一只猎狗来到一个寨子，机智地消灭了害人的狮子，寨里的人感激阿扎，要他在寨上安家，阿扎却要找兄长阿欧。阿扎在山中杀死一只母猴，母猴原来是阿欧的妻子。阿欧把阿扎推下深洞，自己在和猎狗的争执中落崖而死。猎狗给阿扎带来刀，阿扎在深洞里做竹笛吸引鸟兽将他救出。

黎金丽讲述，王光荣笔录并译成汉文。收入《回、彝、水、仡佬、毛南、京六族故事选》，32开，4页，8600余字，广西人民出版社1988年版；《中国民间故事集成·广西卷》，中国ISBN中心2001年版。（王光荣　蓝斯）

金螺蛳

彝族幻想故事。流传于广西壮族自治区隆林县彝族地区。讲述的是：古时候，波码波奇一家世代行医。他们从四川大凉山来广西隆林，一家人都是“药到病除”的好医师，因为他们家有个宝贝金螺蛳。一个贵州财主派人偷走了金螺蛳，波码波奇非常伤心，家养的猫和狗追查到那个财主家。猫捉住老鼠，让老鼠进屋咬木箱拿到金螺蛳。返回时，狗和猫渡河时开了个玩笑，金螺蛳掉到红水河里就再也寻不着了。波码波奇知道后非常生气，分别给猫和狗下了戒令：猫吃老鼠，狗吃屎。

阿吴瓦玛讲述，陈玉宝笔录并译成汉文。收入《回、彝、水、仡佬、毛南、京六族故事选》，32开，4页，2800余字，广西人民出版社1988年版。（王光荣　蓝斯）

汝色除妖

彝族幻想故事。流传于广西壮族自治区隆林县彝族地区。“汝色”是彝语，意为“三儿子”。讲述的是：古时候，一户彝族人居住深山多年，男人出猎久久不回，母亲和三个孩子相依为命。三个孩子成长为出色的猎手，常把打回的猎物制成干巴肉保存起来。山中一妖怪趁三兄弟出门打猎，常来偷吃干巴肉。兄弟们还以为是母亲在家把干巴偷吃了，就指责她。老母亲为了证明自己的清白，剖腹而死。后来，三兄弟轮流守干巴肉，发现原来是一个妖怪把干巴吃了。老三在房子里扎了稻草人，设置了机关，吓走妖怪，并跟踪找到它的巢穴。在泥鳅、长脚蜂、野猫、老虎和青苔的帮助下，打死了妖怪。

乌玛万媄讲述，曲木累姆笔录，替仆支不译成汉文。收入《广西民间文学作品精选·隆林卷》，32开，4页，2300余字，广西民族出版社1992年版。（王光荣　王文魁　蓝斯）

二 生活故事

三媳妇

彝族生活故事。流传于云南省景东彝族自治县彝族地区。讲述的是：一个老婆婆有三个儿子，他们都娶了媳妇，大媳妇和二媳妇没有孝心。一天，婆婆生病在床，三媳妇问婆婆要吃什么，婆婆说要吃四两人心人肝做的汤。三媳妇到街上买人心人肝，买不到。她就找铁匠打了一把尖刀，夜里，三媳妇把自己的胸膛剖开，割下四两心、肝做汤给婆婆吃，婆婆的病马上就好了。第二天早上，太阳很高了，三媳妇还没有起床。大媳妇和二媳妇就到婆婆面前告状，说三媳妇懒。婆婆抓起拐杖来到三媳妇房间，看见三媳妇还睡在床上，举杖就打。三媳妇求婆婆不要打她的胸膛，婆婆不听，一阵乱打，三媳妇胸膛流出了血，婆婆看到上面的洞口，知道三媳妇做的四两人心人肝汤的由来。婆婆要把家里的钥匙交给三媳妇，三媳妇不要钥匙，只要婆婆给她立牌坊，婆婆照办了。三媳妇因孝心而出了名。

自绍灯讲述，陶明贵记录。收入《景东县民间文学集成》，32开，3页，1500余字，景东彝族自治县民委、文化局、文化馆1989年编印。（施文志）

五十两银子救三条命

彝族生活故事。流传于云南省南华县彝族地区。讲述的是：从前，有一个书生上京赶考，身带五十两银子，途中遇到一个身怀有孕的妇人，手上还牵着一个孩子，边走边哭，非常悲伤。书生上前打听才知，原来她的男人犯了法，要交五十两银子才能赎命，否则午时就要杀头，可是她没有钱，孤儿寡母只有去寻死。书生想去想来，觉得还是救命要紧，就把五十两盘缠给了妇人去赎人，自己却放弃考试回家了。第二年，书生又攒了五十两银子上京赶考，终于如愿以偿，入了仕途。

包和讲述，者厚培搜集、记录。收入《三女找太阳——楚雄市民族民间文学集》，32开，2页，900余字，云南人民出版社2001年版。（李福云　朱琚元）

五个儿子

彝族生活故事。流传于云南省江川县彝族地区。讲述的是：从前，在一座大山脚下住着一户王姓穷人，妻子早亡，两个儿子长大了没钱成家，弟兄俩便经常拿老王出气。一天，老王上山打柴，在通往省城的路旁边捡到一个装满银子的布袋，又见一位骑马上京赶考的秀才在路上低头找东西，老王把银子还给了秀才，秀才很感动，便拜他为义父。家里的两个儿子知道这件事后大骂老王，并把他赶出了家门。老王漫无目的地走了五天，在山坳里遇见了父母双亡的周氏两兄弟，两兄弟听了他的遭遇，便留下老人做义父。一天，老王在山上挖到一罐银子，他把这罐银子交给周氏兄弟俩，让他们娶妻成了家。两个亲生儿子听说后找上门来，遭冷遇后他们把老王告到县衙门。没想到新上任的县太爷就是当年丢失银子的秀才，他认出了义父，把王氏兄弟赶出了衙门，将老人留下来享福。

安朝义讲述，杨忠友、李志忠、戴琼凤搜集、整理。收入《江川县民间文学集成》，32开，5页，3400余字，云南人民出版社1997年版。（普开福）

棉花和青苔的传说

彝族生活故事。流传于云南省昆明市彝族撒梅人地区。讲述的是：从前，有个忠厚的农民死了妻子，他为失去母亲的儿子找了个后妈。后妈也带着一个儿子，农民父子对后妈母子非常好。后妈表面上同等对待两个儿子，暗地里却时时偏着自己的儿子。冬天，两个儿子穿着后妈做的新棉衣跟着农民上山干活，后妈的儿子干了一会儿就汗流满面，农民的儿子却冷得发抖做不了活，只好跑回家烤火。气恼的农夫一进家门便举棍暴打儿子，看见从儿子被打裂线的新棉衣里掉出许多青苔。农民明白了一切，愤怒地把老婆赶出了家门。

毕贵兰讲述，周俊禄搜集、整理。收入《昆明民间故事》第一辑，32开，2页，1200余字，昆明市民间文学集成办公室1987年编印。（梁红）

假善葬虎腹

彝族生活故事。流传于云南省石林彝族自治县彝族地区。讲述的是：传说私迷地方有个叫若维的姑娘，她的美貌迷倒了无数俊小伙。但说也奇怪，和若维相处不久后，许多小伙子就不再爱她了，以至于二十五六岁了，她还没有出嫁。有一年三月，娜依寨举办摔跤比赛，远近的姑娘、小伙子成群而来。相貌出众的若维身边围满了各路小伙子，但若维不把这些衣着寒酸的人放在眼里，她的眼睛只盯着摔跤场中身披红花布的胜利者——英俊的阿柱。她深情地看着阿柱，阿柱也同样被她迷住了。他们在山上对歌，互诉衷情。去阿柱家的路上，她将阿柱肩上的红花布解下装进了自己的麻布包。到了家，阿柱的父母热情地款待了她。第二天，他们在去若维家的路上，看见一蓬树莓，若维解下围腰丢在上面说："这是我的。"又看见一处白叶果，若维又解下腰带丢在白叶果上，不让阿柱摘吃。以为若维在开玩笑的阿柱摘吃了她用围腰认住的那蓬树莓后，遭到她不堪入耳的辱骂。阿柱这时才看清了她的嘴脸和心肠，于是便跨上马背说："你是个貌美嘴巧心黑的姑娘！"说完扔下若维策马而去。若维若无其事，感到自己很有福气。正在此时，林子里蹿出一只猛虎把她吃了。

佚名讲述，张永红整理。收入《阿则和他的宝剑》，32开，4页，2300余字，云南民族出版社1985年版。（梁红）

穷老友和富老友

彝族生活故事。流传于云南省永平县彝族地区。讲述的是：有两个老友，一个富，一个穷。穷朋友忠厚老实，娶了个心灵手巧的媳妇，富朋友很嫉妒他，心存邪念。富朋友趁穷朋友的媳妇回家去探望母亲时，用毒酒毒死了穷朋友。穷朋友的媳妇回来后，得知丈夫被毒死，就状告富朋友。最后，富朋友不但没有得到穷朋友的妻子，反而赔了自己的性命。

马汝宽讲述，素绍云搜集、整理。收入《中国民族民间文学集成·永平县卷》，32开，2页，1000余字，德宏民族出版社1989年版。（张秀娟）

九子不如石

彝族生活故事。流传于云南省寻甸彝族回族自治县彝族地区。讲述的是：很早以前，在一个盛产蘑菇的彝家山寨，有位捡菇能手叫蘑老头，他每天起早摸黑地盘庄稼、捡蘑菇卖，养育了九个儿子，为他们盖房娶媳妇。老伴去世后，年老体衰的蘑老头遭遇了儿子们的冷漠，伤心的蘑老头决定惩治九个不孝的儿子。一天，蘑老头的朋友谷巴告诉蘑老头的九个儿子，蘑老头手头还有不少银子，往后哪个儿子孝顺，银子就会留给他。从此，九个儿子争着照顾蘑老头，鞍前马后地把蘑老头伺候得舒舒服服，一直活到九十九岁。蘑老头去世后，九个儿子在谷巴的指点下挖回装着银子的土罐，可打开土罐才发现里面装的全是石子。

张文祥讲述，杨汝富记录、整理。收入《寻甸民族民间故事集》，32开，2页，1000余字，云南民族出版社1995年版。（梁红）

狠心娘

彝族生活故事。流传于云南省石屏县彝族地区。讲述的是：阿花、阿荣姐妹俩的父亲死后，母亲忍受不了穷苦的生活，狠心地抛下幼小的阿花姐妹俩，嫁给外村的富人做小老婆。没了爹妈的阿花姐妹俩只得到处流浪乞讨，后来被一对没有儿女、以酿酒为生的夫妇收养。几年后，阿花姐妹俩都长得如花似玉，她们的母亲嫁的那家富人的大儿子朝朵看上了阿花并与她相恋。阿花来到朝朵家，认出了母亲，并揭穿了她抛弃亲生儿女的恶行。其母吐血而亡。后来阿花姐妹俩都找到了称心的人，过上了幸福生活。

李婶讲述，杨幸才、邱满昌翻译、整理。收入《云南民间文学集成·石屏故事卷》，32开，5页，2500余字，石屏县文联1996年编印。（梁红）

一根草索

彝族生活故事。流传于云南省石屏县彝族地区。讲述的是：罗孝自小死了母亲，由父亲拉扯长大。可罗孝娶妻后没了孝心，天天虐待古稀之年的父亲。罗孝有了两个儿子后不久，其父便死了。罗孝搓了根索子套在父亲的脖子上，拖着父亲的尸体，并叫大儿子抬着锄头一起到山上草草地埋了父亲。当他们准备回家时，其子赶忙拾起草索，罗孝阻止他，他却说："等你死了，省得我另外搓一根。"

佚名讲述，龙天民搜集、整理。收入《云南民间文学集成·石屏故事卷》，32开，1页，600余字，石屏县文联1996年编印。（梁红）

竹篮不能丢

彝族生活故事。流传于云南省禄劝彝族苗族自治县彝族地区。讲述的是：从前，有个叫阿哲的人，父亲老了，他就嫌父亲只吃不做，盼老人早点死。可老人的牙齿嚼蚕豆的声音还很响，大有再活十多年的样子。阿哲再也等不下去了。有一天，阿哲骗父亲说一起到后山李家吃饭，便用竹篮背着父亲，领着儿子阿狗朝山上走去。到了山顶悬崖边，阿哲突然变脸，抱起竹篮要往下丢。"爹，竹篮不能丢！"阿狗忽然说。"为哪样？""以后你老了，我丢你时，拿哪样装你？"阿哲像被火烫了一样，全身颤动，他放下竹篮抱头痛哭，起身把父亲背回家，小心奉养送终，尽了儿子的孝心。

张阿富讲述，李继舜搜集、整理。收入《云南省昆明市民间文学集成·禄劝民间故事》，32开，1页，800余字，禄劝彝族苗族自治县文化局民间文学集成办公室1991年编印。（梁红）

爱佐与爱莎

彝族生活故事。流传于云南省弥勒市彝族地区。讲述的是：传说爱佐生于一颗星星落在格祖筛力街的瞬间，因此，爱佐自幼本领非凡；而爱莎则生在一只金孔雀飞临沙方维力街的时刻，所以，爱莎自小能歌善绣。爱佐虽长在穷苦人家，却有着坚毅勇敢的品格；爱莎虽长在富人家，却有着勤劳仁爱之心。爱佐父亲去世后，为养活母亲，爱佐到爱莎家做帮工，后来他与爱莎产生了恋情，私订终身。嫌贫爱富的爱莎的父亲诗诺迪杆得知他们的恋情后，撵走了爱佐。互相深爱着的一对恋人趁农历六月二十四（火把节）之机相会。后来，爱莎跟着爱人回家过上了男耕女织的幸福生活。暴跳如雷的诗诺迪杆趁爱佐在山中烧炭时拖走了爱莎，把她关在舅舅家的土牢里。爱佐得知消息后，赶到爱莎舅舅家要人。爱莎舅舅阿咪狼和诗诺迪杆看见爱佐虽火冒三丈，但又惧怕爱佐的本领，便设计故意刁难爱佐，要他按彝家规矩比赛一些项目，赢了才能得到爱莎，否则就要将爱莎嫁给表兄。比力气、比唱歌等，阿咪狼的家奴们都输给了爱佐。于是，他们使出毒计要爱佐到尖顶山抓公鹿，想让爱佐死于虎口。爱佐在沙朗树的帮助下，反使老虎朝诗诺迪杆和家丁扑去。受了惊吓的诗诺迪杆只好将女儿从土牢中放出，让爱佐带走。当爱佐和爱莎骑着大白马往家走时，不死心的阿咪狼父子带着家丁追赶而来。为了永不分离，爱佐与爱莎抱在一起，纵马跳下了石岩。

佚名讲述，曾德奎搜集、整理。收入《弥勒民族民间故事》，32开，9页，7300余字，民族出版社2003年版。（梁红）

梅花与勤郎

彝族生活故事。流传于云南省禄劝彝族苗族自治县彝族地区。讲述的是：从前，彝寨有个叫梅花的姑娘，她才貌出众，聪明伶俐，家务、生产样样会，方圆十里人人夸，说亲的人踏破了门槛，梅花就是不点头，因为她心里恋着一个叫勤郎的英俊小伙，苦苦等他来提亲。勤郎仰慕梅花已久，但因从小失去双亲，故不敢贸然求婚。一日，他终于鼓起勇气去梅花家提亲，可梅花爹为了女儿的幸福，出了许多有关生产、劳动的难题让勤郎做。勤郎在梅花的帮助下，闯过一道道难关，解决了所有难题，得到了梅花父母的认可。他们成亲后，男耕女织，孝敬父母，过上了幸福甜蜜的生活。

李正存讲述，永勤搜集、整理。收入《云南省昆明市民间文学集成·禄劝民间故事》，32开，3页，1600余字，禄劝彝族苗族自治县民间文学集成办公室1991年编印。（梁红）

老田嫁女

彝族生活故事。流传于云南省元江哈尼族彝族傣族自治县彝族地区。讲述的是：老田有一个如花似玉的女儿，引来很多的年轻伙子求婚。老田决定出题招考女婿。老田要招女婿的消息才传出去，就有三个彝家小伙子主动到田里帮老田干活，都想得到他美貌的姑娘。老田是个老实人，他不想让三个小伙子为自己白干活，于是提出一些问题，并说谁回答对了，就招谁为女婿。他的问题是："什么东西红彤彤，什么东西白生生，什么东西两边挂，什么东西重又重？"长得书生气的那个小伙子虽答得好，老田却没有看上，摇摇头；长得粗野的那个小伙子也答得对，老田怕他靠不住，也摇摇头；长得结实健壮、聪明能干的那个小伙子的回答使老田拍手叫好，频频点头。老田终于招到了一个女儿满意、他也满意的好女婿。

白正保讲述，李立顺记录、整理。收入《元江民族民间文学资料》第一辑，32开，3页，1300余字，元江哈尼族彝族傣族自治县文化馆1981年编印。（宋自华）

青苦

彝族生活故事。流传于云南省石屏县彝族地

区。讲述的是：美丽的姑娘青苦被寨主逼着其父母为她定了亲。不满自己婚事的青苦在参加寨中年轻人跳乐、对调子时，主动传情于英俊小伙草松若，并和他私奔到一个遥远的村寨，靠租种土地开始了他们幸福美满的生活。可青苦没能躲过当地的恶人爷公。为了把青苦弄到手，爷公买通寨中恶人陷害草松若，并将其杀害。在累累白骨中，青苦滴血认夫，通过信物找到了草松若的尸骨。青苦爬上寨中鼓楼，敲响牛皮鼓招来寨里人，以以身相许为条件求人帮助埋葬丈夫。爷公自告奋勇跟着青苦到白鸽达山埋葬草松若，青苦趁他挖坑之机，抽刀杀死了他，然后背着丈夫的骨头走了。

佘兴和讲述，普江翻译、整理。收入《云南民间文学集成·石屏故事卷》，32开，7页，4100余字，石屏县文联1996年编印。（梁红）

巧结良缘

彝族生活故事。流传于云南省景东彝族自治县彝族地区。讲述的是：从前，有个帮工的小伙子被财主家的姑娘爱上了。财主贪财，不许姑娘跟穷小伙子结婚。姑娘宁死也不愿嫁给别人。财主要小伙子为他做三件事，作为与他女儿结婚的条件。第一件事是打一只鹭鸶。小伙子见到鹭鸶，正担心瞄不准，姑娘在他身后叫了一声，箭射出去，正中鹭鸶。第二件事是一箭射下十只瓦雀。姑娘和小伙子晚上在墙洞里捉到十只瓦雀，然后把它们穿在一支箭上就过了关。第三件事是取豹子胆。山上有解板匠（把木料锯成木板的人），一只豹子去偷解板匠的东西吃，碰掉了板筒（还没完全锯开的木板和木料）上的楔子，爪子被夹住了，刚好又被小伙子碰上，小伙子把豹子射死，取出它的胆。财主只好让姑娘与小伙子成亲。

佚名讲述，周德瀚、朱永记录。收入《景东县民间文学集成》，32开，2页，1000余字，景东彝族自治县民委、文化局、文化馆1989年编印。（谢国先）

打猎过年

彝族生活故事。流传于云南省景东彝族自治县彝族地区。讲述的是：从前，有两口子，儿女多，家里穷，年三十也没有吃的，婆娘流着泪，汉子到山上打猎，想找点野味来过年。汉子在山上看到一只大老虎和一头老野猪在一起玩耍。他知道自己不一箭射死两只野兽，就会被野兽害死。他听说老野猪是山里最凶猛的野兽，于是就射老野猪。老野猪屁股上中了一箭，以为是老虎咬它，就扑向老虎。两只野兽拼命厮打起来，把汉子吓昏了。等他醒来，大老虎和老野猪都死了。汉子回村邀约穷人把两只野兽抬回家，大家欢欢喜喜地过了年。

祝发章讲述，陶明贵记录。收入《景东县民间文学集成》，32开，2页，1000余字，景东彝族自治县民委、文化局、文化馆1989年编印。（施文志）

阿维与娜依

彝族生活故事。流传于云南省宣威市彝族地区。讲述的是：小伙子阿维为给父母治病，四处借债，无奈到土司家当长工抵债。土司的三女儿娜依美丽善良，爱上了人品好、手艺精的阿维。土司刁难穷小伙，机智姑娘出主意，终赢得头人的房屋，有情人终成眷属，日子美满又幸福。

王升万讲述，张庆荣搜集、整理。收入《宣威民间文学集成综合卷》，32开，5页，3300余字，云南民族出版社2001年版。（谭玉婷）

学礼性

彝族生活故事。流传于云南省峨山彝族自治县彝族地区。讲述的是：从前，有一个富家子弟名叫王大才，他不知书不识礼，长大后娶不着媳妇。有一次，王大才到张家庄张老汉家提亲，送了很多聘礼，可张家就是不答应。后来为了让王大才知书识礼，其父母给他带了够三年用的银两外出学人文礼仪。王大才出门来到一个三岔路口便不知该怎么走，只好跟两个秀才模样的人一起上路。路上见到一堆马屎，高秀才说："马屎上的苍蝇，起的起，落的落。"到了一个箐塘旁，矮秀才说："这塘水清倒清，可惜没漂两片叶子。"来到村口，看见有条白母狗在狂叫，高秀才说："墙头上的老母狗，是你的你咬咬，不是你的你也要咬咬。"进村见一户人家门前几盆花因缺水，土已干裂，矮秀才说："头上花蓬蓬，脚上土干裂。"出村来到一座石桥上，听到两人在说话："走了，走了，我们州里不见府里见。"王大才记住了这些话。到了张家庄张老汉家，就把上面这些话全说了出来。张家的三个姑娘责怪媒婆没报实情，差点把这么个知书识礼的人错过了。因张家大姑娘第二天要出嫁，张老汉便连夜把二姑娘嫁给了王大才。王大才出门学一天的礼性就得了个媳妇，尝到了讲礼性的甜头，之后便发奋读书，考上了状元。

朱世亮讲述，严长会搜集。收入《峨山民间文学集成》，32开，5页，2500余字，云南民族出版社1989年版。（聂鲁）

矣武举卖米

彝族生活故事。流传于云南省峨山彝族自治县、易门县彝族地区。讲述的是：传说大约在清朝中期，易门贾姑姓矣的农户家有个力大无比的男孩，他对读书不感兴趣，只学别人武枪弄刀。长大后他考中武举，但无人请他做官，只好天天在家练武。一天，矣武举用马驮着四斗米到十多里外的峨山甸中街上去卖，走到半路，人困马乏，他为赶路，想出一招，干脆把马驮子卸下来扛在肩上，然后整个人又骑在马上，这下反而把马给压瘫了，人和驮子从马上栽了下来，弄得鼻青脸肿。他破口大骂："真是一匹笨马，刚才怪驮子压在你身上走不动，如今驮子扛在我身上，反而起不来!"同路人见此情景，捧腹大笑。从此人们就叫他"矣包子"。

李朝真讲述，施复清搜集、整理。收入《嶍峨风情》（续一），32开，2页，600余字，峨山彝族自治县民委1986年编印。（普开福）

栽秧的故事

彝族生活故事。流传于云南省元江哈尼族彝族傣族自治县彝族地区。讲述的是：很久以前，人们种稻谷不兴育秧移栽，而是将谷种撒到田里后就等着收获。有一年，彝族寨子里的田都被牛糟蹋了，除田的边角地带还长着密密麻麻的秧苗外，田中央的秧苗被牛踩得只剩稀疏的几棵了。寨子里有个聪明过人的孩子，他告诉乡亲们不要难过，他有办法弥补。他把田边角的密秧拔起来移栽到稀疏的田中央，寨里人都照着他的办法做。到秋收时，家家田里的稻谷都长得穗长粒圆，获得了大丰收。从此，人们就用这种育秧移栽的方法种稻，一代传一代，一直到现在。

李开正讲述，徐彩云记录、整理。收入《元江民族民间文学资料》第六辑，32开，2页，300余字，元江哈尼族彝族傣族自治县文化馆1986年编印。（宋自华）

憨姑爷送礼

彝族生活故事。流传于云南省元江哈尼族彝族傣族自治县彝族地区。讲述的是：从前，山苏寨子里有个憨姑爷，他是寨里闻名的一块笑料。有一次，憨姑爷的小舅子要结婚，其妻先去娘家帮忙，叫他随后带着重礼去。憨姑爷翻箱倒柜，拿出银圆、棉被都觉得轻，不算重礼。为找到重礼，他翻遍了整个家，最后看到石磨，就把它装进麻袋里当重礼背着去了。妻子打开麻袋一看，见是石磨，气得哭笑不得。憨姑爷见妻子不高兴的样子，忙解释说："家里最重的东西就是这石磨了。"

杨八法讲述，宋自华记录、整理。收入《元江民族民间文学资料》第四辑，32开，3页，600余字，元江哈尼族彝族傣族自治县文化馆1984年编印。（宋自华）

老憨斑县长

彝族生活故事。流传于云南省景东彝族自治县彝族地区。讲述的是：从前，有个男人很老实，人们都叫他老憨斑。老憨斑到处流浪，靠帮工过日子。有天中午，老憨斑在山上砍柴，见一群人和一头大象在追一队人马。老憨斑躲在大树后面，砍掉了大象的鼻子，大象就死了。那群人没有大象帮忙，反而被他们追赶的人马打败了。这队人马的军官宣布，杀死大象的人记头功，要什么给什么。争功的人很多，军官就到山上调查这事究竟是谁所为。见老憨斑正在烧大象鼻子吃，军官相信大象是老憨斑杀死的。就问老憨斑要什么奖赏，老憨斑用蒙化话（彝族土语）说要蓑衣和帽子。军官把它错听成是要“蒙化府”，就让老憨斑做了蒙化城（今云南巍山）的县官。以后，人们就叫他老憨斑县长。

孔继宽讲述，陶明贵记录。收入《景东县民间文学集成》，32开，2页，1300余字，景东彝族自治县民委、文化局、文化馆1989年编印。（施文志）

皮匠的故事

彝族生活故事。流传于云南省昭通市彝族地区。讲述的是：员外家的小姐出了一句对子贴在门外，说谁能对上另一句就招谁为婿。一天，一个和尚路过时对出了下句，就把它告诉了一个皮匠。后来皮匠被选上当了女婿。一次酒席上员外的两个哥哥想考考皮匠，大哥拍拍脑袋，皮匠就敲敲鞋子；二哥抚胸，皮匠就拍拍屁股。两个哥哥理解为：我拍脑袋他拍鞋代表我知天文他知地理，我抚胸他拍屁股代表我知前朝他知后帝，因此两人对皮匠的才学赞叹不已。婚后小姐问起这事，皮匠说：“他拍头问我会不会做帽子，我敲鞋告诉他只会做鞋子；他摸肚子问我肚囊皮做鞋好不好，我拍屁股告诉他屁股上的皮做鞋好。”小姐十分失望，给他一点钱让他出去长见识。一年后皮匠回来，正赶上员外做寿，叫他登记客人送的礼物。皮匠不识字，就用长条代表黄鳝，圆圈代表鸡蛋，须须代表芋头，点点代表菜油。员外不知真情，还以为找了一个聪明的女婿，只有小姐一肚子的苦水没处倒。

佚名讲述，黄玲搜集、整理。收入《昭通民族民间文学资料选编》第一集，32开，2页，1500余字，昭通县民委、文化局1983年编印。（吴平）

烧炭

彝族生活故事。流传于云南省玉溪市彝族地区。讲述的是：皇帝骑白马走在乡间，忽然看见一座山上在冒烟，过去一看，只见一男子正趴在地上烧炭，边烧边用火钳把烧红的木炭取出来用水浇熄，炭堆白雾直冒，男子浑身乌黑。皇帝主动跟他打招呼，烧炭人连忙请他坐下休息，并拿出荞粑粑给他吃。皇帝见这人心地善良，就教他把树节堆起来一起烧，烧完后用土盖起来，保证明天全部成炭，不必像这样又脏又呛。烧炭人觉得有道理，就照办了。第二天，烧炭人到山上扒开昨天捂住柴炭的土，果然一堆黑油油的木炭烧成了。

朱家才讲述，何庙链记录、整理。收入《玉溪市民间文学集成》，32开，2页，900余字，玉溪市文化局、民委、文联、群艺馆1989年编印。（普开福）

来顺降蟒的故事

彝族生活故事。流传于云南省巍山彝族回族自治县彝族地区。讲述的是：有年大旱，巫师求雨，要选十二个姑娘到西山仙人洞祭祀。巫师装神弄鬼，一阵风就把姑娘们吹进洞里，第二天果然下雨了，可是十二个姑娘也不见了。村里有个叫来顺的青年进洞探究竟，得知洞里有条巨蟒。第二年天又干又旱，巫师照例要用人祭祀。来顺约了早有治蟒准备的阿圆和阿卫，巫师跳神时，没有风把姑娘吹进洞里，因为三个青年用他们的机智和勇敢制伏了巨蟒。

佚名讲述，左桂云搜集、整理。收入《巍山彝

族回族自治县民间故事集成》，32开，5页，3000余字，巍山彝族回族自治县民间文学集成办公室1988年编印。（段葵）

小鲁智斗土匪

彝族生活故事。流传于云南省南涧彝族自治县彝族地区。讲述的是：十岁的小鲁，父母上山种地，自己留在家里。一天，家里闯进来三个土匪，逼小鲁指出家里埋藏银子的地方。小鲁想了想说："我奶奶的灵魂保佑我们，她知道。"说完他便去祖先灵前祷告，然后俯耳在供桌上听。土匪不耐烦，就把他装进口袋里。小鲁在口袋里忙说："听见了。"土匪把他放出来，在小鲁指的地方果真挖出了些碎银子。这些银子是他爸爸以备不时之需放的。土匪再逼他说出其他埋银子的地方，他说："你们在口袋里可以直接听。"土匪图财心切，让小鲁把他们都装进口袋。三个土匪装进口袋后，小鲁拴住口袋，劈头劈脑就打，后来家里的大人回来，抓住了土匪。

毕世禄讲述，尹清林搜集、整理。收入《南涧民间文学选》第一集，32开，3页，2100余字，南涧彝族自治县民间文学集成办公室1985年编印。（张秀娟）

杞生和杨土司

彝族生活故事。流传于云南省景东彝族自治县彝族地区。讲述的是：从前，有个杨土司，势力很大，为人很霸道。他每年都要杞村的百姓为他家准备上坟用的祭品。杞村的人因此而穷困不堪。后来，杞村出了个名叫杞生的人，他勇敢机智，精通汉语。杞生鼓动杞村的人们凑起钱来，自己代表老百姓跟杨土司打官司。杨土司是个结巴，而且汉语说得不好，只会说彝话。县官是个汉族，只会说汉话。在县衙门，县官问杨土司的话，杨土司听不明白，回答也不流畅。县官等得不耐烦，就问杞生杨土司到底说些什么。杞生就说杨土司在说县官的坏话。县官叫衙役用棍棒狠狠地打杨土司。杨土司辩解不明，被打得死去活来，只好低头认罪。

米良讲述，陶明贵记录。收入《景东县民间文学集成》，32开，2页，900余字，景东彝族自治县民委、文化局、文化馆1989年编印。（施文志）

茂罗的故事

彝族生活故事，流传于云南省峨山彝族自治县彝族地区。讲述的是：从前，有个大力士名叫茂罗，他自小父母双亡，生活清苦，但他对贫苦人却仗义疏财。他召集村里的青年去捡破铜烂铁，然后他把一些破铜铸造的新铜钱盖在烂铁上，挑着它们宣称梦见了钱神仙得了一挑钱要去买东西。财主过来抓起一把看了看，便说愿意把自己的布匹卖给他。茂罗说拿这些钱买一挑布匹就得了。财主暗自盘算一挑钱换一挑布匹划算，可谁料他把仓里的布匹拿空都还不够茂罗挑一挑。茂罗把这些布分给了穷苦人。财主见茂罗给他的钱是些破铜烂铁，便派打手来抓正在犁田的茂罗。茂罗叫打手们稍候，他却举起犁用犁头戳田边梨树上的梨吃，然后把牛从田里抱出来到田边河里清洗。打手们看到他的力气如此之大，就跑开了。财主又生出一计，声称只要归还布匹，就给茂罗盖一所新房子，讨一个漂亮媳妇。茂罗宣称这些他都不要，只要十步田。财主想十步田有多大一点，便答应了。可茂罗步若飘飞，十步刚好跨完财主所有的田。财主损财又失田，气得瘫软在地。茂罗则把这些田分给了无田的山民们。

鲁士锐讲述，施贵金搜集。收入《峨山民间文学集成》，32开，3页，1500余字，云南民族出版社1989年版。（聂鲁）

阿荣三员

彝族生活故事。流传于云南省元江哈尼族彝族傣族自治县彝族地区。讲述的是：相传柏枝村有个财主叫王大头，他心狠手毒，村里的人都恨他。

阿荣三员为了给乡亲们出气，想出了一条妙计。一天，他趁烈日当空，穿着祖传的破棉衣到王大头家门前走来走去。王大头见了问这么热的天怎么会穿件破棉衣，阿荣三员告诉他这是家里祖传的宝衣，夏天穿着凉快，冬天穿着暖和。王大头看阿荣三员认真的样子，便相信了，并出三百块银圆买了这件宝衣。阿荣三员高高兴兴地把三百块银圆分给了村里穷苦的乡亲们。

佚名讲述，李红三记录、整理。收入《元江民族民间文学资料》第四辑，32开，2页，900余字，元江哈尼族彝族傣族自治县文化馆1984年编印。（宋自华）

两亲家打赌

彝族生活故事。流传于云南省双柏县彝族地区。讲述的是：赵王两亲家公遇上不合意的事时各自都喜欢用一句口头禅，赵家公喜欢说：“哪有这回事。”王家公喜欢说：“岂有此理。”两亲家公在一起，总要相互戏弄一番。一天，两亲家公打赌，今后谁再说这两句口头禅，就要输给对方三石三斗米。王家公为了赌赢对方，设圈套让赵家公来钻。果然赵家公中计犯规，同意给王家公三石三斗米。愁眉苦脸的赵家公回家后把事情的经过如实告诉了妻子，妻子说不用着急，她自有对付的办法。第二天一早，来驮米的王家公看见赵家公躺在堂屋内，上面盖着一块大红毯子，其妻子在旁边哭个不止。王家公见状，不慎说出了口头禅，装死的赵家公跳起来说：“你也犯规了。”这样，一场互相打赌的把戏就结束了。

姚立海讲述，姚宽才、苏锡纬采录。收入《双柏民间文学集成》，32开，2页，800余字，云南民族出版社1992年版。（施选　朱琚元）

巧媳妇

彝族生活故事。流传于云南省南涧彝族自治县彝族地区。讲述的是：从前，有户人家有个媳妇，财主对她起了歹意，派人刁难她家的老人，要求三天内交出公鸡下的蛋，山头一样大的猪和路一样长的布来。媳妇见老人发愁，便说不用急，到时她去办理。到了限期那天，财主来向老人要东西，媳妇说：“我爹刚生小孩，躺在床上。”财主说：“男人怎么会生小孩？”媳妇说：“那公鸡又怎么下蛋呢？”媳妇又拿出秤来说：“请你称称山有几斤，我们好给你大猪。”又拿出尺子问：“请你量量路有多长，我们好给你量布。”财主听了，目瞪口呆。

张光会讲述，普文华搜集、整理。收入《南涧民间文学集成》，32开，2页，700余字，云南民族出版社1987年版。（张秀娟）

先生选婿

彝族生活故事。流传于云南省昭通市彝族地区。讲述的是：从前，有个教书先生有三个调皮学生，为了鼓励他们，先生许诺三人中将来谁成才就把自己的独生女嫁给谁。三人开始发奋，最终甲成了将军，乙成了生意人，丙中了举，三人都成了才。三人便来向先生求婚。争执不下，先生为难了，小姐出来解围，出了一道对子给三人对，许诺谁对得最好就嫁给谁。最终丙对得最好，甲和乙就大度地向他祝贺，于是先生选到了满意的女婿，女儿选到了称心的丈夫。

龙兴荣讲述，杨世武录音，潘忠福整理。收入《昭通民族民间文学资料选编》第一集，32开，3页，1500余字，昭通县民委、文化局1983年编印。（吴平）

考媳妇

彝族生活故事。流传于云南省峨山彝族自治县彝族地区。讲述的是：相传古时候，峨山阿落山下住着一户人家，儿子娶了个勤劳贤惠又漂亮的媳妇，虽结婚五年，二老仍不放心媳妇掌家。公公暗中出了几道题想考考媳妇。一个街天，公公只拿一个银圆给媳妇，要她买回一样够全家吃一年的东西。媳妇想啊想，恰好吃早饭时嚼着了一颗花椒，于是她便买回了两碗花椒，公公满意地点了点头。公公又拿一个银圆叫媳妇买一个放牛娃回来。刚好邻居家的小孩摇狗铃，无意中提醒了她，牛铃挂在牛脖子上，牛到哪里都有铃声报告。她便买了个牛铃铛，公公高兴极了。再一天，公公买回一棵甘蔗，要媳妇用甘蔗作炭捂火。媳妇把甘蔗吃了，甘蔗渣全部捂在火塘中。第二天天刚亮，公公起床扒开火塘一看，甘蔗渣像一盆刚发着的火炭一样，他高兴得合不拢嘴。公公就把全家叫来，把大箱小柜的钥匙当众交给了媳妇。

李开增讲述，李学祯整理。收入《峨峨风情》，32开，1页，500余字，峨山彝族自治县民委1985年编印。（普开福）

婆母选贤媳

彝族生活故事。流传于云南省石屏县、红河县彝族地区。讲述的是：从前，有一个妇人生有三个儿子，老大为铁匠，老二为耕种能手，老三为私塾先生，三个儿子都娶上了既般配又能说会道的媳妇。其母年迈体衰，想选其中的一个儿媳管理家事，就决定考考她们。考查的内容是：一考为人好不好，二考是否勤快，三考是否能理财。经过多次考验，最后选定三媳妇来当家。此举儿子赞成，儿媳也心悦诚服。三媳妇当家三十年，把家里家外料理得有条不紊，一家人丰衣足食。

佚名讲述，李朝旺搜集、整理。收入《彝族民间故事选》，32开，3页，2200余字，上海文艺出版社1981年版。（龙保贵）

朝松治家

彝族生活故事。流传于云南省石屏县、红河县彝族地区。讲述的是：朝松六岁丧父，和母亲回外婆家生活，长大后向外婆家租了几丘田地栽种，靠自己劳动来糊口。他在母亲的授意下，还养起蜜蜂维持生计，并把卖蜂蜜得的钱分成四份：一份给母亲置衣物，一份用来买鸡养，一份给外婆享用，一份交母亲保管。后来朝松与村东的一个姑娘成了亲，盖起了房子，牛羊满圈，子孙满堂，吃穿不愁，并常常周济孤儿寡母，成为地方佳话。

佚名讲述，李朝旺搜集、整理。收入《彝族民间故事选》，32开，3页，2300余字，上海文艺出版社1981年版。（龙保贵）

一块绣花帕

彝族生活故事。流传于云南省石屏县彝族地区。讲述的是：细肋和朵木妮是一对恩爱幸福的新婚夫妇，朵木妮不仅貌美无比，还有一手无人媲美的绣织本领，她绣出的花能引来蝴蝶、蜜蜂。后来朵木妮的才貌、技艺从彝山传到了京城，国王听说后，带着武将、卫兵到细肋家强行夺婚。朵木妮在劝说无果的情况下，假意答应，并送国王一块花手帕做礼物。正当国王看着手帕上栩栩如生的红牡丹和野樱桃时，忽然铺天盖地的大黑蜂、黄雄蜂、土坯蜂向国王盖着花手帕的脸上蛰去，国王赶忙扔掉手帕，蜂群又围向地上的手帕。国王想一块手帕都差点要了自己的命，若把人带回去，不就真的要了自己的命吗，于是便扔下细肋夫妇，带着侍卫走了。

晋仕福讲述，邱满昌、杨幸才整理。收入《云南民间文学集成·石屏故事卷》，32开，2页，1100余字，石屏县文联1996年编印。（梁红）

三兄弟分麂肉

彝族生活故事。流传于云南省永仁县彝族地区。讲述的是：从前，有一家三兄弟一起去打猎，打到了一条麂子。按彝族老规矩，捕获猎物时见者有份。大哥却起了坏心，说："我们今天说四言八句，谁说得好，谁就得肉。"于是自己便抢先说："我的胡子生得黑，这个麂子该我得。"二哥接着说："我的胡子长得稀，这个麂子是我的。"三弟手摸摸下巴没有胡子，一时对不上来，便没有分到麂子肉。大哥、二哥抬着麂子回家分吃去了。三弟回到家里，眉头紧锁，心中烦闷。媳妇问："听寨子里的人说你们打得一条麂子，你怎么没有分到呢？"三弟把情况一五一十地说给媳妇听。三弟媳妇是个聪明人，心中不平，便说："怪你老实，四言八句都不会对，我去代你分麂子肉。"说完跨出家门去找到大哥、二哥。三弟媳妇说："三弟跟你们劳累一天，为何不分麂子肉给他？"大哥、二哥当即把分肉的主意讲给她听，三弟媳妇便说："胡子没有头发有，这个麂子我抬走。"大哥、二哥一听对得合，只好乖乖地把麂肉分成三份，三弟终于得了麂子肉。

高菊章讲述，毛中祥记录。收入《楚雄民族民间文学资料》第二辑，32开，1页，400余字，云南省社会科学院楚雄彝族文化研究室1982年编印。（施选　朱琚元）

聪明的媳妇

彝族生活故事。流传于云南省峨山彝族自治县彝族地区。讲述的是：从前，彝族山寨有一户穷人家有四个儿媳，她们个个都有歌艺才能。婆婆善待儿媳们，而公公对媳妇们却常常辱骂。一个雨天的早上，儿媳们刚做活回来，公公出难题粗声喊她们拿出大鱼大肉招待贵客，她们只好想法对付，并念道："门前细雨飘，家中无柴烧，客人堂前坐，四人怎开交？"客人听后就走了。公公大骂，并到衙门告发。县太爷受理此案，他先考几个女人是否真能吟诗作对。四儿媳先吟道："老爷堂前一蓬竹，风吹青绿绿；刻成一支箫，百样吹得出。"县官赞不绝口，听明原委后，判她们无罪。从此一家人和睦相处。

黄桂珍讲述，黄桂玉搜集、整理。收入《嶍峨风情》（续一），32开，4页，2500余字，峨山彝族自治县民委1986年编印。（普开福）

围腰布的传说

彝族生活故事。流传于云南省牟定县彝族地区。讲述的是：古时候，在一个偏僻的山村住着一户农家，农夫勤劳憨厚，妻子美丽聪明，他们过着幸福的生活。一天，农夫正在挖地，有一个骑马的人问他一天能挖地多少锄。农夫一时答不上来，骑马人让他回去想想，第二天再回答。农夫闷闷不乐地回到家，妻子知道了此事，让农夫反问骑马人，他一天骑马走几步路。第二天，农夫把骑马人问得哑口无言。骑马人想知道是谁教农夫的，就说第二天他要到农夫家吃饭，让农夫准备千只眼的桌子，七十七双筷，百十百个碗，九十九道菜，另加烧箕菜，龙须虎掌菜。农夫回家找妻子商量，妻子听了置之一笑。第二天，骑马人来到农夫家，农妇在门前迎接，骑马人问她是下马好还是上马好，农妇反问他是进门好还是出门好。骑马人一时无言可答，便问饭准备好了没有。农妇请他进屋吃饭。只见桌子上摆着一把筛子，筛子中有一双漆筷子，一个白瓷碗，一碗韭菜，一碗瓜头菜，一碗米汤。骑马人心想这个农妇真了不起，让民间农妇这样聪明那还了得，得想办法治治她。饭后骑马人从马鞍上拿下一块花花绿绿的布来送给农妇，农妇见这块布好看，就把它系在腰间，成了后来的妇女围腰布。原来那骑马人就是走马皇帝。

佚名讲述，普增旗、李光宏记录。收入《云南省民间文学集成·牟定县综合卷》，32开，3页，1100余字，牟定县民间文学集成办公室1989年编印。（施选　朱琚元）

对联姻缘

彝族生活故事。流传于云南省通海县、石屏县彝族地区。讲述的是：从前，通海彝家山寨小兴庄的山官家生了个聪明伶俐的姑娘，姑娘长大后如出水芙蓉，才貌双全。山官要给女儿找一个如意郎君，要求是只要能对出姑娘出的对联。一时间山官家门庭若市，但没有一个是姑娘满意的。一天，姑娘到桥下洗衣服，见到一个气度不凡要到临安赶考的青年，姑娘就主动招呼，青年跟美貌小姐切磋。姑娘先出了一道难题：让青年用草木灰织一顶草帽。青年将草帽取下摆在地上用火烧了，草灰帽就做成了。姑娘又出了一句上联，说如能对出下联，愿以身相许。上联为“站桥边流水去人影不回”，青年一时对不上来，姑娘宽容地让他赶考回来再答。青年在考场上倍感疲劳，伏在桌上被发现，考官发慈悲免他写文章，临时出上联“伏桌子做乡游神魂往来”叫他对下联，青年挥笔写出“站桥边流水去人影不回”。结果青年通过了考试载誉而归。他又用“伏桌子做乡游神魂往来”对姑娘出的上联。姑娘高兴地与他成了亲。

佚名讲述，朱绍安搜集。收入《云南民间文学集成·通海县集成卷》，32开，3页，1800余字，通海县文化旅游局、文化馆1999年编印。（普开福）

李老九

彝族生活故事。流传于云南省禄劝彝族苗族自治县彝族地区。讲述的是：很久以前，有个叫李老九的人有三个儿子，老大、老二已娶了媳妇。有一年，两个媳妇要回娘家看爹妈，李老九提出：大儿媳只能在家三五天，回来带顶卷毡帽；二儿媳可以在家七八天，回来带个纸包火，两人要同一天回来。两妯娌猜不出公公的话，一路上哭哭啼啼。有个姑娘问明情况后，为她们出了主意。十五天后，大儿媳带回一顶撮箕毡帽，二儿媳带回一个灯笼，两人同一天返回了家。李老九得知为两个媳妇出主意的是一个姑娘，便觉得这个姑娘很有本事，于是把这个姑娘说给三儿子做了媳妇。三媳妇的聪明使李老九很高兴，到处夸口万事不求人。这话传到土司耳中，土司派人向李老九索要一条会下儿的牯子、一头有山重的猪和一架有天高的梯子。三媳妇看公公闷闷不乐，问明了缘由，便拿着一杆秤，一把尺子到土司家，告诉土司，公公在生娃娃，请土司称出山的重量，量出天的高度，以便配备土司所要的物品，土司哑口无言。

张文讲述，张彦英、唐国亮搜集、整理。收入《云南省昆明市民间文学集成·禄劝民间故事》，32开，2页，1600余字，禄劝彝族苗族自治县文化局民间文学集成办公室1991年编印。（梁红）

三兄弟买礼争亲

彝族生活故事。流传于云南省峨山彝族自治县彝族地区。讲述的是：从前，有三兄弟一同出门去找媳妇，看见一个在沟边洗衣服的姑娘，三兄弟便都向她求婚。姑娘叫他们显显各自的本领。大哥顿时射下了天上飞着的天鹅；二哥用三天的时间织出了八块锦毯；三弟用半年的时间种出了一块丰硕的田地。姑娘又叫三兄弟各去买一份礼物，哪份合心就嫁哪个。大哥在路上看见一个赶骆驼的人，就买了一头骆驼；二哥路遇一个卖镜子的老妈妈，即买了一面镜子；三弟在一棵梨树下遇到一位卖梨的老太，就买了两个梨。三兄弟在路上相遇后各自诉说买到的东西，忽然见二哥的镜里照出姑娘病危的样子，于是三兄弟一同骑上骆驼赶去，姑娘吃了三弟给的梨后病就好了。三兄弟争论开来，大哥说没有骆驼就不能及时赶路救姑娘，二哥说没有镜子就不知道姑娘生病，三弟说没有梨就救不了姑娘。姑娘想了想说：“你们的礼物都救了我的命，可是两位哥哥的礼物还在，只有三弟的礼物被我吃掉了，我只好嫁他了。”

普世友讲述，何家成搜集。收入《峨山民间文学集成》，32开，3页，1300余字，云南民族出版社1989年版。（聂鲁）

美姑娘之死

彝族生活故事。流传于云南省景东彝族自治县彝族地区。讲述的是：从前，有个汉子，一天他在街上见到一个卖粑粑的美姑娘，就被她迷上了。他媳妇让他把她娶来当小老婆，并让丈夫每个街天都去买姑娘的粑粑吃。第四个街天汉子去买姑娘的粑粑时，姑娘放一碗水在桌上，碗上放一双筷子，还拿一个粑粑别在腰上。汉子回家把这事告诉了媳妇，媳妇解释说，姑娘家在山腰，要过一道桥和一条河才能到。汉子找到姑娘，姑娘很高兴，但听说是他媳妇教的，就不说话了。第五个街天，汉子还去找姑娘。姑娘给他一块白布，一些花椒子和一根纳鞋底的麻线。汉子又回家问媳妇是什么意思，媳妇说姑娘要在花椒树上吊死，白布是让他戴孝用的。汉子赶去，看到有人在花椒树下哭。汉子照媳妇教的那样也跟着哭。主人家从他口中知道姑娘是因为他而死的，就把他痛打一顿。回家后，媳妇问他还要不要小老婆，他说不要了。

周世兴讲述，陶明贵记录。收入《景东县民间文学集成》，32开，3页，2000余字，景东彝族自治县民委、文化局、文化馆1989年编印。（谢国先）

泥水匠

彝族生活故事。流传于云南省武定县彝族地区。讲述的是：从前，有一户财主家生了一个男孩，满月时请了一个算命先生给孩子算命。先生推算后说孩子长大后将当泥水匠，想要改变命运须娶一个与他同年同月同日生的姑娘。财主听了先生的话，就命两个仆人带上一百两银子，四处寻访适合的姑娘。两个仆人整整找了三年也没有找着，只好返回来。在回来的路上遇到了乞丐母女俩，一打听，女孩的生辰八字与小主人的一模一样，便将母女俩带回了家。几年后，两个孩子都长大成人，财主为他们办了喜事。成亲后，儿媳妇善于理财又勤劳俭朴，日子过得一年比一年富足。过了几年，父母相继去世，儿子主家。村里平时妒忌他家的人趁机跟他说怪话，说他如何有钱有身份，娶个乞丐为妻实在有损脸面。他禁不住那些人的怂恿，果真把妻子赶出了家门。后来妻子改嫁到一户农户家，一家人辛勤劳作，没过几年就成了当地的富人，盖上了大瓦房。有一年，她家修房子请了几个泥水匠，其中一个很像她的前夫，仔细一看，果然不错。上前相认，前夫又悔又羞，一口痰堵在心口就死了。

苏兰芳讲述，王正光记译。收入《云南省武定县民族民间文学集成》，16开，2页，1000余字，武定县文化局、民委、文化馆集成办1989年编印。（钱丽云　朱琚元）

三个懒汉兄弟

彝族生活故事。流传于云南省武定县彝族地区。讲述的是：从前，有三兄弟养成了好吃懒做的脾性，他们三个游手好闲，天天睡大觉。家里卧病在床的老父对哥仨一点办法也没有，眼看自己的病一天天加重，心里很着急。一天，老父分别把三个儿子叫来，告诉他们自己在家里的某块地里埋了一罐银子，让他们自己悄悄去挖，随后父亲就死了。哥仨都想发财，这件事一个不告诉一个，只是各自分头到父亲告知的田里拼命翻挖，田头地角都翻遍了，却什么都没有找着。到了春耕时节，哥仨就在翻好的地里种上了庄稼。由于他们翻地认真，挖得深，当年就获得了好收成，生活也好了起来。至此，三兄弟才悟出了父亲叫他们挖银子的道理。从此，哥三个不再懒惰，而是勤勤恳恳地劳动，生活一天比一天富裕起来，过上了幸福的日子。

苏兰芳讲述，王正光记录。收入《云南省武定县民族民间文学集成》，16开，2页，700余字，武定县文化局、民委、文化馆集成办1989年编印。（钱丽云　朱琚元）

命运

彝族生活故事。流传于云南省弥勒市彝族地区。讲述的是：从前，有两兄弟，长大后，他们分家了。老二因只分得一把锄头，便到处开荒盘地，风雨无阻，慢慢地有吃有穿有了房。老大霸占了房屋财产，却不愿劳动，坐吃老本，几年后变成了穷人。老大决定找算命先生算命，于是把想法告诉了父亲。父亲说："我给你算好了，你之所以穷，就因为你是懒汉！"

佚名讲述，石中山搜集、整理。收入《弥勒民族民间故事》，32开，1页，700余字，民族出版社2003年版。（梁红）

有儿要读书，有田要养猪

彝族生活故事。流传于云南省武定县彝族地区。讲述的是：从前，有一家两父子，靠抢劫偷盗为生，家中婆媳二人，专做父子俩的帮手。有一天，两父子遇到一个做生意的小伙，得知他身上带有三斤黄金，便设计欲将小伙骗去他们家中，好让婆媳二人来收拾。父亲得知小伙不识字，便请他捎一封家书，信中说："这个带信的小伙身上藏着三斤黄金，你婆媳二人在家里把他收拾掉，把金子藏好。"其实小伙说不识字是谦虚话，走出一段路后，小伙把信打开一看，倒吸一口凉气。小伙盘算了一阵，打算反治他们一下，便提笔将信改了。信送到后，婆媳二人打开一看，上面写着："送信的年轻人是个好人，你们要好好招待。我父子二人出了事，回不来了，儿媳嫁给他为妻，由他立刻领着走，免得牵连。"婆媳看完信后一切照办了。过了半个月，父子俩回来了，一看，财没发成，还倒贴了一个媳妇，只好自认倒霉。至此，他们悟出了个道理：有儿要读书，有田要养猪。做坏事终究不会有好下场。

杨绍明、杨文芳讲述，杨春林、杨自德翻译，杨成记录。收入《云南省武定县民族民间文学集成》，16开，2页，900余字，武定县文化局、民委、文化馆集成办1989年编印。（钱丽云　朱琚元）

馋嘴姑爷

彝族生活故事。流传于云南省武定县彝族地区。讲述的是：从前，有一个人，虽然年纪一大把了，但每到一处做客，因为他嘴太馋，总要闹出些笑话来。他一坐到饭桌前，不管别人，便自顾自狼吞虎咽地吃起来，他的岳父母非常讨厌他的这种德行。有一年的大年初三，恰逢老岳父的生日，他备了一份礼去庆贺。到了岳父家，正值晌午，厨房里煮着一只肥鹅，他岳母忙张罗午饭给他吃，他却等不及，就偷偷从锅里捞了一大块鹅肉吹都没来得及吹就放进嘴里。这时岳父喊他，但因鹅肉在嘴里把他烫得难受，又怕被岳父母看见，他便将头抬得老高，看着屋顶的椽子、大梁。过了大半天，才囫囵把肉咽下去，绕个弯子问岳父房子的上好木料是从哪弄来的。岳父笑着告诉他是从"不吹山"砍来的，从"烫着箐"抬过来的。他羞得脸上红一阵白一阵的，饭都没吃就走了。

李秀珍讲述，李学能记译。收入《云南省武定县民族民间文学集成》，16开，1页，400余字，武定县文化局、民委、文化馆集成办1989年编印。（钱丽云　朱琚元）

千两黄金米上死

彝族生活故事。流传于云南省武定县彝族地区。讲述的是：从前，有三个互不相识的人分别挑着米、挑着豆和挑着黄金在同一条路上向同一个地方走去。他们来到大河边渡船过河，挑米和挑豆的先上船，挑黄金的后上船。挑黄金的上船后看见只有在挑米和挑豆的两人旁边还剩下一个空位，他说自己挑的东西贵重，豆子大的一点黄金，就可以买几十挑米，他这一挑，可以买几十船粮食，便逞强霸道地硬把米挑子拖开。挑米的看他的架势，听他那口气，也就不再吭声。渡河以后，走了好几天，来到一个无人烟的偏僻处，挑黄金的心里非常害怕，一路总是跟着挑米的和挑豆的人走。但那两人只管自己走，饿了煮饭吃，饱了再走。挑黄金的只能看着他们吃那香喷喷的饭。走啊走，挑黄金的一连饿了三天，他恳求挑米的换一点米给他，但挑米的不愿。挑黄金的最后活活饿死在了路上。

杨芳群讲述，罗金宝搜集。收入《楚雄民族民间文学资料》第三辑，32开，2页，1300余字，云南省社会科学院楚雄彝族文化研究室1982年编印。（施选　朱琚元）

破财买棒打

彝族生活故事。流传于云南省姚安县彝族地区。讲述的是：姚安县与祥云县相邻的鱼泡江边有个村子。清朝时期，有一户姓周的人家和一户姓张的人家逃荒到这里。因为都是落难之人，两家人同心协力，合力盖了一栋房子，合用一个院子。老辈们去世后，两家关系恶化起来。后来两家为鸡吃麦子的小事，不听村人劝解，到祥云县杨土司家告状。那杨土司本是横征暴敛、敲诈勒索之人，当他看两家所送的银子仅为六两时，未等两人陈述完案由，就令家丁各打二十大板。两家人都被打得伤痕累累，而案情却未了结，这才后悔当初不听村人的劝阻。于是两家人坐拢来互相赔礼道歉，并告诫子孙一定要和睦相处。村里人听到这事，把村名更名为和家村。后因上报时笔误，写成了何家村。

董万宗讲述，曹家成记录。收入《云南省民间文学集成·姚安县综合卷》，32开，2页，700余字，姚安县文化局、文联1989年编印。（施选　朱琚元）

三次还粮

彝族生活故事。流传于云南省楚雄市彝族地区。讲述的是：从前，有个农民种田马虎粗心，经常耽误节令，年年闹饥荒，只好到岳父家借粮。有一次，岳父借给他一斗谷子，用斗量好后，再用秤称，并告诉他还谷时，不但要量足一斗，还要称够重量。到秋收后，他把打下的谷子满满地量了一斗背到岳父家，但一称重量却不够，岳父拒收。第二年秋收后去还粮，还是被拒收。他回到家里，左思右想，终于悟出原来是自己种田马虎、薅不勤、肥不足造成的。从此他种田不再误节令，而是勤耕苦种，秋收打下的谷子金黄、饱满，还粮时岳父高兴地收下了。从此以后，他勤勤恳恳种庄稼，再也没有闹饥荒了。

者厚培讲述，刘纯龙记录。收入《楚雄市民间文学集成资料》，32开，2页，900余字，楚雄市民委、文化局1988年编印。（李福云　朱琚元）

勤俭

彝族生活故事。流传于云南省石屏县彝族地区。讲述的是：康熙年间，彝寨中有个失去妻子的男人，带着两个幼小的孩子到集镇乞讨。一天，一个刻字艺人送了块刻着“勤俭”二字的字牌给他，要他回家后照着这两个字去做。他把字挂在正堂，勒紧裤带，勤劳耕种，节俭生活，不几年，就成了远近有名的富人。多年后，年过古稀的他临终前告诉两个儿子若要往后的日子不用愁，就要照着正堂上挂的两个字去做。开始几年，兄弟俩照着父亲的吩咐去做，日子过得和睦富裕。后来，兄弟俩一人拿着一个字，分了家产各自过起了日子。老大拿着“勤”字，勤劳耕种，但从不节俭，苦死累活总不够花销；老二照着“俭”字，节俭生活，却不劳动，吃光了家底。后来，他们在寨中长老的指点下把“勤俭”二字粘起来，照着去做，又过上了富足的生活。

杨广元讲述，杨幸才、邱满昌搜集、整理。收入《云南民间文学集成·石屏故事卷》，32开，3页，1500余字，石屏县文联1996年编印。（梁红）

若小老的故事

彝族生活故事。流传于云南省弥勒市彝族地区。讲述的是：从前，阿得波傲地方的若初木家生了十二个儿子，小儿子若小老勤劳聪明，深得父母及友邻的喜爱，却招致大哥和二哥的嫉妒。后来大哥和二哥将若小老卖给了如牙国商人。商人又将若小老卖给了县衙门去伺候县官。因招致县官小老婆诬陷，若小老被打入死牢。若小老有占梦知未来的本领，被国王请去占梦。他根据国王的梦，断定未来七年是丰收年，后七年是饥荒年。国王听后封他为粮食总管。若小老上任后，建粮库，储备粮食，动员全民勤俭节约。果然，过了七年的富足日子后，世间经历了前所未有的旱灾和洪灾，许多地方都饿死了人，如牙国百姓却安然无恙，还发放粮食支援邻国，这些都是若小老的功劳，因此若小老深得国王的信任和百姓的喜爱。后来，若小老把父母和兄弟们都接到如牙国，他没有责怪两个哥哥，反而劝慰父母，要不是他们将自己卖到如牙国就没有今天的幸福生活。

佚名讲述，武文勇搜集、整理。收入《弥勒民族民间故事》，32开，3页，2300余字，民族出版社2003年版。（梁红）

儿子与金子

彝族生活故事。流传于云南省禄劝彝族苗族自治县彝族地区。讲述的是：王旁受与张阿壳是邻里，同住一院，所不同的是王家腰缠万贯，膝下无儿女；张家一贫如洗，但有四个虎头虎脑的儿子。贫富差别使两家关系很紧张。王家经常把金碗银筷弄得叮当响，炫耀自己的富有；张家虽穷但很快乐，随着儿子们的长大，全家人辛勤劳作，日子逐渐好过起来。在一个大年初一的早上，王家夫妇摆了一桌丰盛的饭菜，八仙桌角下垫着金砖银锭。张家也不甘示弱，在院子里摆了一桌饭菜，四个儿子轮番向父母敬酒、添饭、夹菜，一家人谈笑风生，其乐融融。王家夫妇看得心中难过，看着不会说话、不会孝敬自己的金银，越想越伤心，老两口抱头痛哭起来。从此，王家再也不炫耀自己的富有了，两家关系也逐渐友好起来。

张世权讲述，张瑛、唐国亮搜集、整理。收入《云南省昆明市民间文学集成·禄劝民间故事》，32开，2页，1100余字，禄劝彝族苗族自治县文化局民间文学集成办公室1991年编印。（梁红）

一只羊脚杆露出来

彝族生活故事。流传于四川省凉山彝族自治州彝族地区。讲述的是：从前，有一个贪心的女人上山去砍柴，砍柴时偷了一只羊，她把羊弄死后捆在柴里背回家。在路上，有个人和这个贪心的女人打招呼，由于她做贼心虚，就听成“你的柴里露出了一只羊脚”了。“什么！一只羊脚杆露出来了？”女人说着惊慌地把柴一放，果真露出了羊脚，暴露了她偷羊的事。后来人们就用“一只羊脚杆露出来”这句话比喻自己做了见不得人的事而被自己暴露了出来。

苏友期讲述，利布采录。收入《凉山民间文学集成》（下，故事卷），32开，1页，300余字，西南交通大学出版社1993年版。（刘琳）

懒妇人求病

彝族生活故事。流传于云南省元江哈尼族彝族傣族自治县彝族地区。讲述的是：从前，有个懒做活的农家妇女，总希望自己在春耕、秋收时得点小病，以此为由不去劳动。每年到这两个季节时，她就到龙树下跪着祈祷，希望龙树显灵：“龙树龙树给点病，病到秧栽完……”她男人知道这事后，当春耕她再去求龙树时，便躲在龙树后说：“小病让你脱发蜕皮，大病让你进土里。”她吓出一身冷汗跑了。到秋收时，懒妇又懒性发作，又去龙树下祈祷，她男人在龙树后大声说：“你偷懒，让你病，病成皮包骨头样，不死不活在世上！”懒妇人吓得屁滚尿流，狼狈不堪地跑了。从此以后，她再不敢到龙树下求病了，懒毛病也慢慢地改掉了。

佚名讲述，翟东武记录、整理。收入《元江民族民间文学资料》第六辑，32开，2页，800余字，元江哈尼族彝族傣族自治县文化馆1986年编印。（宋自华）

财多累主

彝族生活故事。流传于云南省易门县彝族地

区。讲述的是：从前，有一个财主，家有金银万贯，可天天担心钱财被盗，又天天操心怎样让钱生钱，因此终日闷闷不乐。而他的长工每天劳动回来，拿起二胡边拉边唱十分欢乐。财主对此又奇怪又羡慕。一天财主拿了几块银子悄悄放在长工床上。晚上长工发现后想：是哪个好心人给的钱还是有人陷害？他想了很多。当晚长工住处就没有了歌声。这时财主明白了一个大道理，说道："几个小钱就使人想这想那，难怪我乐不起来，真是财多累主啊。"

王文跃、王绍宏讲述，许健民采录。收入《云南民间文学集成·易门县集成卷》，32开，1页，300余字，云南民族出版社1994年版。（普开福）

小来不扳，大来不直

彝族生活故事。流传于云南省易门县彝族地区。讲述的是：从前，在六汁江畔易门普石一带的一个小村里，有老两口年过半百才得一子，取名长生，他们对这个儿子百依百顺，娇生惯养。一次，老头瞒着九岁的小长生偷偷地出远门了，儿子很气愤。等老头回来时，他躲在门后用镰刀猛砍老头，老头慌忙躲闪，但还是被砍伤了手背，鲜血直流。儿子就此逃跑了，从未回家。十三年过去了，这时六汁江发大水，老两口的田地房屋被淹没，老头拉着哭瞎了眼睛的老伴外出乞讨度日。一天，他们来到一个小镇的一家店铺乞讨，掌柜的青年见两位老人面熟就上前询问情况，然后眼含泪水说："你二老别走了，就留在店里帮我做点事吧。"老人被留下后得到很好的招待，可一连几天都没有安排他们做什么事，就主动探问。年轻人这才叫他们去扳门前那棵桑树，要求把弯树干扳直。过了好些天之后，青年问老人扳得怎样，老人回答说树都这么大了，哪年哪月才能扳直。青年说："你也认得'小来不扳，大来不直'的道理？"这时他公开身份认了爹妈，相互道了歉，认了自己的过错，从此一起和睦生活。

张卫发讲述，李翠仙搜集。收入《云南民间文学集成·易门县集成卷》，32开，2页，1200余字，云南民族出版社1994年版。（普开福）

地师

彝族生活故事。流传于云南省峨山彝族自治县彝族地区。讲述的是：相传以前，峨山塔甸一带有个出名的地师叫李云，一次他为姐夫择坟地时，发现了村后一处极好的坟地，本想隐瞒，但是当他咬断一根草做记号的时候被两个侄子张新、张明发现，只好将此地定为姐夫张正文将来的坟地。不过李云说此处埋尸非同小可，要在"泥鳅击鼓，白马骑人"时安葬。他还提出了将来要两个侄子抚养他的条件。张新、张明满口答应。张正文死后，儿子们办丧事时天空突然风雨雷电交加，一条泥鳅从雨中掉落在祭祀用的鼓上蹦蹦跳响，还见一个人扛着白马从此地经过。不久，张家兄弟富了起来，吃穿不完，而地师舅舅的眼睛却变瞎了，但张家兄弟却不管他的死活。李云非常悲愤，要想法整治侄子。一天，他用狗血染在一些瓦片和红纸上，然后把这些东西放在姐夫坟前用石头压住，随后张家逐渐衰落，张新因成了赌徒而倾家荡产，张明因偷金银死在火药枪口下。

普长明讲述，龚学祯搜集。收入《嶍峨风情》，32开，3页，2100余字，峨山彝族自治县民委1985年编印。（普开福）

财主和风水先生

彝族生活故事。流传于云南省峨山彝族自治县彝族地区。讲述的是：从前，峨山岔河乡岔河村有一个狡猾贪婪的财主，当地有一位有名的风水先生想惩治他一下。正好财主想建新房，来请风水先生选地。风水先生装模作样地烧香拜佛弄了八九七十二天，最后把建新房的地选在了最不好的岔河对面的小山坡上，那里前是河，后是哈龙后山，没有一点平地。建房用了很多木料和石柱，动用了很多人力挖山，并且建房速度很慢。等房屋盖好后，财主家里的钱财已经全部花光。住进新房去，还出现了许多怪象，要专门请一个挑水工去远处挑水；衣服晾晒在山上又常被风吹走；独家独户，野兽经常来袭击等。因此财主家很快由富变穷了。

佚名讲述，李宏光搜集。收入《峨峨风情》，32开，2页，1200余字，峨山彝族自治县民委1985年编印。（普开福）

两只牛耳朵

彝族生活故事。流传于云南省宣威市彝族地区。讲述的是：清朝时期，宣威刘家村有户刘姓人家。一天，刘老二在集市上买了一头小黄牛，因为买得便宜，人们都议论这牛是小偷偷来卖的。这事正好被邻村一个叫朱荣的恶棍知道了，他趁刘家去为邻居家料理丧事的时候，摸黑赶走了刘家的小黄牛。等人们发现小黄牛被人赶走去追时，朱荣拔刀砍下牛的左耳后将牛放了回去。两个月后，朱荣跑到县衙门告刘家偷了他的小黄牛，证据是自家的牛没有左耳，要刘家当场对质。县官被朱荣买通，不分青红皂白要处死刘老二。幸亏刘老二早有准备，提前把割掉了左耳的小黄牛处置掉，另买了一头大小、毛色一样的牛割去右耳。经差役验证，刘家的牛并非朱荣所说的是无左耳的牛。朱荣诡计未成，在众目睽睽之下，县官只得将诬告他人的朱荣捆绑起来再做处罚。

钱尤广讲述，离文搜集、整理。收入《蓝靛花——宣威民间故事》，32开，6页，3700余字，贵州民族出版社1992年版。（龙江莉）

计治色鬼

彝族生活故事。流传于云南省石屏县、红河县彝族地区。讲述的是：从前，彝山小寨的茶八泼仗着有粮有钱，时常调戏村内村外的姑娘和媳妇。村里的人个个厌恶他、咒骂他。村民祝衣决定站出来惩治茶八泼。他与媳妇商议，决定诱其入室。一天，祝衣故意与媳妇吵闹一番，然后假装出远门做生意，却躲在房后的大树上。当看到茶八泼溜进自家门，祝衣立即敲门，茶八泼六神无主，祝衣媳妇暗示茶八泼躲进柜子里。翌日，祝衣夫妻俩把柜子抬到茶八泼家门口叫卖，被茶八泼老婆买下了。茶八泼的老婆打开柜子一看就傻了，茶八泼又急又气，不几天便吐血而死。

佚名讲述，李朝旺搜集、整理。收入《彝族民间故事选》，32开，4页，2800余字，上海文艺出版社1981年版。（龙倮贵）

劝我莫嫁你

彝族生活故事。流传于云南省石屏县彝族地区。讲述的是：一天，一对热恋中的男女青年到山上谈情说爱，当男的正赌咒发誓，说若天崩地裂，自己愿为姑娘去死时，突然从箐底钻出一头老熊，吓得他丢下女友爬上大树逃生。姑娘急中生智，装死躺在树下，老熊围着她转了几圈就走了。老熊走后，小伙子下了树扶起姑娘，问老熊对她说些什么。姑娘皱皱眉头说："劝我莫嫁你！"

佚名讲述，李朝旺搜集、整理。收入《彝族民间故事选》，32开，1页，300余字，上海文艺出版社1981年版。（李朝旺）

自食其果

彝族生活故事。流传于云南省石屏县彝族地区。讲述的是：朝黑经常说谎，为此给村里人添了许多麻烦，全村人谁也不跟他讲实话。一天朝黑去赶集，天黑未归，他老婆就去问其他赶集人朝黑的去向，大家都说他得了急病睡在路上。其妻求人点火把去接他。朝黑半路遇着点火把的人，便问要到哪里去，来人说朝黑的老婆割草不小心跌下岩子了，并递火把给朝黑让他去找。朝黑转了一夜，衣服撕破，手脚划破，嗓子喊哑也没有找着老婆。等天亮回到家，夫妻相见，才知是怎么回事。

佚名讲述，李朝旺搜集、整理。收入《彝族民间故事选》，32开，2页，400余字，上海文艺出版社1981年版。（李朝旺　龙保贵）

书拿倒了

彝族生活故事。流传于云南省石屏县彝族地区。讲述的是：从前，有一位老妈妈独自领着女儿生活，女儿长大后长得光彩照人，阿妈要为她找一个知书识礼的姑爷。可姑娘与邻村憨厚老实、目不识丁的阿五相爱。一天，阿五上门提亲，捧着一本厚厚的书装作在读书。老妈妈见了对姑娘说："书都拿倒了，不行。"姑娘说："能倒背如流的人学问才高。"阿妈听姑娘这么一说，一口答应了这门亲事。

佚名讲述，李朝旺搜集、整理。收入《彝族民间故事选》，32开，1页，500余字，上海文艺出版社1981年版。（李朝旺）

出来怕狗咬

彝族生活故事。流传于云南省石屏县、红河县等彝族地区。讲述的是：从前，有个寨主，非常刻薄吝啬，他雇工专雇娃娃，因为娃娃吃得少，工钱也低。一日，寨主雇娃娃栽蒜，吃饭时把娃娃们关进厢房里，说他家狗恶，担心咬着娃娃们。娃娃们心里明白寨主的意思，到地里栽蒜时，都把蒜倒过来栽下去。蒜栽下好几天后，寨主见蒜没有破土发芽，便去质问娃娃们。娃娃们相互望望，说道："蒜苗可能是怕狗咬不敢出来。"

佚名讲述，李朝旺搜集、整理。收入《彝族民间故事选》，32开，1页，400余字，上海文艺出版社1981年版。（龙保贵）

还礼

彝族生活故事。流传于云南省石屏县彝族地区。讲述的是：阿贝幽默风趣，喜欢说幽默话，常常逗得人们捧腹大笑。他要结婚了，就去请结拜兄弟，说如果不来贺喜，就证明看不起他，如果来贺喜，则说明贪杯好酒。结婚这天，弟兄们来了，笑着递上了厚礼，并风趣地说如果收下，证明贪财；要是不收，说明见外。

佚名讲述，李朝旺搜集、整理。收入《彝族民间故事选》，32开，1页，100余字，上海文艺出版社1981年版。（李朝旺　龙保贵）

三个都一样

彝族生活故事。流传于云南省石屏县、红河县彝族地区。讲述的是：村东有个结巴出门办事，来到一个岔路口，不知走哪一条路。这时，前面来了一个人，结巴就问这人怎么走。来人也是个结巴，只能结结巴巴地告诉他。村东的结巴以为他在学舌，故意拿他的短处取笑，于是两人指着对方的鼻子争吵了起来。此时，来了一个年过花甲的结巴老农，结结巴巴地叫他俩不要吵了，三个都一样。

佚名讲述，李朝旺搜集、整理。收入《彝族民间故事选》，32开，1页，300余字，上海文艺出版社1981年版。（龙保贵）

会看不会做

彝族生活故事。流传于云南省石屏县彝族地区。讲述的是：一个老爹一生耕田种地，较为辛苦，因此叫儿子阿弯去学木匠，并说："天干三年，饿不死手艺人。"阿弯拜师学艺，看了一会儿师傅砍树，就说会砍了；看了一会儿师傅推刨，说会刨了；看了一会儿凿洞，也说会凿了。阿弯辞别了师傅，兴冲冲地回家向阿爹报喜说："原来学木匠只是砍砍、凿凿、刨刨，都是力气活。"阿爹很高兴，说家里的甑子刚好烂了，叫阿弯修一修，阿弯却说他会看不会做。

佚名讲述，李朝旺搜集、整理。收入《彝族民间故事选》，32开，2页，600余字，上海文艺出版社1981年版。（李朝旺　龙保贵）

打雷也等吃饱饭

彝族生活故事。流传于云南省石屏县、红河县彝族地区。讲述的是：从前，有个贪嘴人，每到吃饭时间，就抬着大碗满村转，闻到谁家有香味，就不请自到。天长日久，人人都说他德行差，是饿死鬼投生的。他老婆听了，决心管教一下丈夫。一天，邻居家杀猪，早早把大门关了，但他还是老脸厚皮地喊开了门，吃喝到日落西山也不回来。老婆去叫他，他说："慌哪样慌，打雷也等吃饱饭。"

佚名讲述，李朝旺搜集、整理。收入《彝族民间故事选》，32开，1页，200余字，上海文艺出版社1981年版。（龙倮贵）

彝家的规矩礼训

彝族生活故事。流传于云南省武定县彝族地区。讲述的是：从前，有一户人家有三个儿子，大儿子与二儿子都娶了富家女，三儿媳则家境贫寒。这家人女儿出嫁时，请客只请了大儿媳和二儿媳的后家。三儿媳的后家虽穷，但有三个强壮的兄长，三个兄长知道此事后都非常生气，商量要整治亲家一回。那家人嫁女儿那天晚上，三儿媳的三个哥哥趁热闹悄悄溜进了他家的柜中躲起来。晚上狗一直叫个不停，婆婆喊大媳妇、二媳妇去看看究竟出了什么事，但都没结果，最后喊三媳妇去看，三媳妇回来说她的三个哥哥是虎、豹、狼，今晚住在楼上的柜中，因为公公婆婆嫌他们穷，他们今晚准备吃掉二老。老两口听了很害怕，只好热情地招待了三儿媳的兄长们三天三夜。这样，哥仨出了气，妹妹也在婆家得到了与大嫂、二嫂同样的待遇。

李培成讲述，闫开明记译。收入《云南省武定县民族民间文学集成》，16开，2页，1000余字，武定县文化局、民委、文化馆集成办1989年编印。（钱丽云　朱琚元）

敲牛

彝族生活故事。流传于云南省禄劝彝族苗族自治县彝族地区。讲述的是：撒营盘常土司到四川做祭祀烧纸，按四川土司的要求，参与烧纸的宾客必须有壮士随行，常土司特请阿者一同前往。四川土司为显示排场，牵出一条壮牛，宣称谁能用拳头打倒牛，牛就归谁。其他客人都不敢吭声，阿者挽起袖子，左手抓住牛角，右手抡拳猛击牛的后脑壳一下，牛惨叫一声倒地而亡，人们惊得目瞪口呆，半天没有回过神来。常土司因此而名声大噪。

张世权讲述，张瑛搜集、记录，唐国亮整理。收入《云南省昆明市民间文学集成·禄劝民间故事》，32开，1页，400余字，禄劝彝族苗族自治县文化局民间文学集成办公室1991年编印。（梁红）

比武

彝族生活故事。流传于云南省禄劝彝族苗族自治县彝族地区。讲述的是：阿者的名声很大，有的人不服。一天，阿者在柴阿干犁田、放牛、喂料，来了两个黑大汉，试图用不干净的语言激他比武，但阿者却若无其事地竖起百来斤的木犁打树上的李子吃。两个大汉看得呆若木鸡，气也不敢吭地溜走了。

张世权讲述，张瑛搜集、记录，唐国亮整理。收入《云南省昆明市民间文学集成·禄劝民间故事》，32开，1页，400余字，禄劝彝族苗族自治县文化局民间文学集成办公室1991年编印。（梁红）

赵大力气的故事

彝族生活故事。流传于云南省华宁县彝族地区。讲述的是：很久以前，华宁县华溪坝子谷堆山脚下彝族寨子阿几黑住着无子女的老两口，老倌赵大年，老伴阿留仙。一个大热天他们在山上砍柴时捡到了一个胖男婴，就抱回家精心喂养。男婴三个月会爬，六个月会走，三岁时长得比十岁的孩子还高大，老两口给他取名天虎。赵天虎十岁就帮乡亲种地砍柴。随后发生了三件事令众人难忘。一次，村里舂米的大石碓窝脏得不能用了，乡亲们说要清洗，赵天虎一人就将两三百斤重的大石碓窝扛到河边洗得干干净净，又将碓窝很轻松地扛回来安放在原处，赵大力气的名声就在华溪传开了；又一次，他帮众乡亲刨田栽秧，最后只剩下自家的田还荒着，围在了各家田的中央。赵大力气双手抱起了大牛顺田埂走到了田中央，犁完了又将牛抱了送出来，人们都惊呆了；再一次，华溪村遇到了严重干旱，赵大力气在一天晚上独自扛着钢锄、大锤等工具往谷堆山走去，第二天人们发现他在一棵无花果树下睡着了，脚下新挖的水沟里一股溪水正流向村子。

张恩林、曹庆安讲述，龚培生搜集。收入《云南省民间文学集成·华宁县集成卷》，32开，4页，2600余字，华宁县民委、文化局、文化馆1989年编印。（普开福）

周二蛮牛

彝族生活故事。流传于云南省南华县彝族地区。讲述的是：从前，团山有个姓周的彝族人，力气蛮大，人们称他周二蛮牛。天长日久，他的名声被喜好武功的县太爷知道了，很想跟他较量较量。一天，县太爷派差役去找他。差役来到田坝里见有个大汉在犁田，便向大汉打听周二蛮牛。大汉说等他把牛放了领他们去找。他把牛赶到田头，解了牛担子，一手提起一条牛就到坝塘里去洗，吓得差役目瞪口呆。洗完牛，他对差役说，周二蛮牛是他的哥哥。差役听了大汉的话，哪里还敢跟他去，拔腿就往回跑了。差役回到县衙门，结结巴巴地向县太爷汇报经过。从此，这个喜好武功的县太爷再也不提要跟周二蛮牛较量的事了。原来差役看到的那个大汉就是周二蛮牛。

李怀宝讲述，杨玉华记录。收入《民族民间文学资料》，32开，2页，900余字，南华县文化馆、民委1986年编印。（施选　朱琚元）

各雪大力气

彝族生活故事。流传于云南省峨山彝族自治县彝族地区。讲述的是：从前，峨山各雪村有一个小伙子力大无比，专门惩罚财主，为乡亲做好事，被人们称为各雪大力气。一天，红本村一家财主的牛被各雪大力气牵走了，财主派管家来索要。管家见一个犁田的大汉就问他各雪大力气家在哪里，大汉回答：“大力气是我哥。”边说边把犁田的牛从田里抱了起来放到田埂外吃草。管家一看弟弟都那么厉害，便不敢说要牛的事就悄悄溜了。一次，各雪大力气说他的脚底戳了两根刺，他妈一看，哪里是刺，是两根松枝节巴。他妈无法挑出，只好请木匠用凿刀凿出。还有一次，村里要做石碓舂粑粑，各雪大力气一人就到河里抱了一块大石头回来打制石臼。

佚名讲述，施复清搜集。收入《嶍峨风情》，32开，3页，1600余字，峨山彝族自治县民委1985年编印。（普开福）

玛颇与玛嫫

彝族生活故事。流传于云南省大姚县昙华山一带彝族地区。讲述的是：玛颇和玛嫫，从小一起生活一起牧羊。冬去春来，两人在牧羊过程中产生爱慕之情，并私下约定在农历二月初八“龙相会”这一天成亲。谁知，有钱有势的李财主垂涎玛嫫的美貌，想占玛嫫为妻，便带人送彩礼到玛嫫家，玛嫫妈妈在李财主的威逼利诱下，将女儿许给李财主，玛嫫死活不答应母亲应许的婚事，说“山羊怎能和豺狼在一起”！并称她要嫁给一个合心合意的人。于是，玛嫫和玛颇双双逃婚。不幸的是，他们“逃出家的虎狼口，又被野兽把命伤”。在逃婚的路上，玛嫫被老虎咬死。玛颇肝胆俱裂，射死老虎，从虎口抢出玛嫫尸体，将其火化，自己也投入烈火中殉情。后来从火灰堆中长出两棵合抱的树，青枝绿叶，万古长青。

佚名讲述，云南省民族民间文学楚雄调查队搜

集。收入《楚雄彝族文学简史》，32开，1页，400余字，中国民间文艺出版社1986年版。（阿南）

格勒和他的双舌羊

彝族生活故事。流传于云南省楚雄彝族自治州彝族地区。讲述的是：塔乌山寨的格勒家有一只双舌羊，叫声特别洪亮。双舌羊一叫，豹子、狼都仓皇逃走。有一年，豹子特别猖獗，四乡八寨的羊群都遭侵害。而塔乌山寨因有双舌羊的叫声，豹子不敢来伤羊群。这件事传到山官耳里，山官就派人来抢格勒的双舌羊。格勒闻讯将双舌羊牵到别的山寨，因而惹怒了山官，山官把格勒抓去关进土牢里。山官横行霸道，欺压山民，人们早就恨之入骨。此举激怒了山民，大家吹响出征羊角号，手持弩弓、大刀、长矛，冲杀进山官家，杀死山官，救出格勒，然后放把火将山官家烧了。

佚名讲述，者厚培、余立梁搜集、整理。收入《彝族民间故事》，32开，4页，2700余字，云南人民出版社1988年版。（阿南）

还谷子

彝族生活故事。流传于云南南部彝族地区。讲述的是：从前有一个姓李的农民，盘田种地十分认真。他种出的粮食很饱满，很压称。他的姑爷却是个不爱劳动的懒人，栽田种地一点也不上心。有一年，姑爷跟李老汉借了两百斤谷子。秋后姑爷挑一担谷子来还。李老汉拿出一个竹箩说，这个箩箩可以装一百斤谷子，你称一百斤谷倒进去，不能堆尖，要是堆尖，我就不要，明年再来还。姑爷照着老丈人的要求，称了一百斤谷子倒进竹箩里，结果还剩一大堆谷子装不下，李老汉不收，姑爷只好挑回去了。姑爷回家后，精耕细作，又多施了些肥，这一年谷子丰收了。姑爷挑起一担谷子去还，李老汉又用竹箩来量，一百斤谷子还是装不下竹箩，姑爷又只好把谷子挑回去了。这一年，姑爷更加心细耕作，秋后，他挑一担谷子还给老丈人。李老汉抓起一把谷子，在手掌里掂了掂，又仔细看了看，乐呵呵地对姑爷说："不用称了，不用量了，也不要你还了，你挑回去，往后要像今年这样盘田种地。"

姜连英讲述，张金生搜集、整理。收入《彝族民间故事》，32开，3页，2100余字，云南人民出版社1988年版。（阿南）

傻汉子的故事

彝族生活故事。流传于云南省巍山彝族回族自治县彝族地区。讲述的是：有一位汉子，尽做傻事，人们叫他傻汉子。妻子教他："说话做事，就像赶街子做买卖，不会买，比着买，不会卖，比着卖，你就学着人家说，仿着人家做。"傻汉子记住了这话。一天，他碰见一起吹打送灵的人。他想起妻子的话，学起吹鼓手来。送丧的人见他胡闹，就揪住他打了一顿。傻汉子挨了打，回家告诉了妻子。妻子对他说："以后碰见，该尾随在后陪哭。"傻汉子又记住了。一天，他碰见一起吹吹打打的娶亲人，他追上去就"爹呀妈呀"地哭起来。娶亲人认为不吉利，揪住他打了一顿。妻子又告诉他，遇上娶亲的，应该说："红红绿绿真好看！恭喜啰！"傻汉子碰上一家房子起火，左邻右舍都帮忙救火。傻汉子突然想起妻子的话，便大声喊着："红红绿绿真好看，恭喜啰！"救火的人见他幸灾乐祸，打了他一顿。一日，傻汉子见两条牯牛在斗架，跑去劝架，被牛顶伤了。妻子教他要跑躲开。又一日，傻汉子见两只公鸡在斗架，他连忙跑躲在门背后不出来。他的妻子见此情景，气得只摇头叹气，说不出一句话来。

佚名讲述，左玉堂搜集、整理。收入《彝族民间故事》，32开，4页，2800余字，云南人民出版社1988年版。（阿南）

逼庄

彝族生活故事。流传于云南省楚雄市彝族

地区。讲述的是：相传，“逼庄”原先叫“张家庄”。张家庄的地主把田分为“伙头田”“接待田”“马草田”，除了每年骑马来张家庄收租剥削外，还要庄户人杀猪宰羊设宴招待，对当地百姓进行压榨。这一来，就激起了人民的反抗。人们打了个主意，把所有的租子折成银子，并打一个四十五两重的银粑粑交给地主。地主拿着这个大银粑粑走出村子，人们就在树林里埋伏了六个身穿羊皮褂，脸上抹了锅烟子的小伙子。当地主穿过树林时，六个小伙子跳出来，一把抓住地主，斧子架在他的脖子上，问：“你的脑壳值多少钱？”地主吓呆了，连忙跪在地上，把大银粑粑顶在头上说：“值四十五两。”这样，人们就把自己的血汗钱拿回来了。以后，地主就不敢到这个村子收租子了，农民们就买下了这个庄子。

佚名讲述，云南省民族民间文学楚雄调查队搜集。收入《楚雄彝族文学简史》，32开，1页，300余字，中国民间文艺出版社1986年版。（阿南）

父女三人

彝族生活故事。流传于四川省越西县彝族地区。讲述的是：从前，一个老人有两个女儿，一个嫁给种菜人，另一个嫁给瓦匠。女儿嫁出几年后，老人去看两个女儿生活得如何。种菜的女儿说什么都不缺，就缺雨水。老人又到另一个女儿家，女儿说其他什么都不缺，只缺晴天。两个女儿各有所求，老人痛恨自己无力解决。

吉胡木沙等讲述，李民记录。收入《彝族民间故事选（一）》（彝文版），32开，2页，300余字，四川民族出版社1982年版。（贾斯拉核）

阿汗摔父亲

彝族生活故事。流传于贵州省威宁彝族回族苗族自治县、赫章县等彝族地区。讲述的是：阿汗嫌弃自己的父亲年老不能干活，便用背篼背老父到山上准备摔下山沟，阿汗的小儿子开口叫父亲别摔掉背爷爷的背篼，留着等父亲老时用来背父亲去摔。一句话教育了阿汗，从此阿汗孝敬老人，尊敬老人。

张德恩讲述，张康宁记录、翻译。收入《中国民间文学三套集成·贵州省毕节地区·赫章县卷·彝族》，32开，1页，500余字，赫章县民间文学集成编委会1988年编印。（罗德显）

一个恨父亲的儿子

彝族生活故事。流传于四川省喜德县彝族地区。讲述的是：从前，一家人有一个儿子，父亲年纪大了，什么事情都做不了，只能坐着吃。于是，儿子就恨老子。一天，儿子找来个背篼，把老子背着朝河边走去。到了河边，老子对儿子说：“你把我投下水后，一定记住拿回背篼。”儿子问为什么，老子说：“将来你的儿子背你来河边时没有背篼不行。”儿子这才把父亲又背了回去。

木以记录。收入《彝族民间故事选（2）》（彝文版），32开，1页，400余字，四川民族出版社1986年版。（贾斯拉核）

两个独生子

彝族生活故事。流传于川滇大、小凉山彝族地区。讲述的是：从前，官宦人家和农民人家各育有一个独子。官宦人家将独子当宝呵护，长大后独子无法无天被投进监牢。农民的独子从小受到严格管教，长大后成了能人。

依布惹搜集、整理。载《凉山文学》（彝文版）1987年第1期，16开，2页，1000余字，凉山彝族自治州文联1987年编印。（杨阿洛）

游手好闲三弟兄

彝族生活故事。流传于川滇大、小凉山彝族地区。讲述的是：从前，一家三弟兄都是懒虫，整天漂游浪荡，谁也不愿多做点事。一个风雪交加的夜晚，三弟兄游荡到一座山下，走得又累又饿的他们好想找一个栖身的地方，可找了半天，只找到个破庙。虽然个个都冷得缩成一团，但因为都怕自己多出力，让别人占了便宜，所以谁都不肯出去捡点柴火来取暖，结果三弟兄都被冻死了。

沙玛加加搜集、整理。载《凉山文学》（彝文版）1987年第2期，16开，2页，1000余字，凉山彝族自治州文联1987年编印。（杨阿洛）

卖米的两口子

彝族生活故事。流传于四川省甘洛县彝族地区。讲述的是：从前，有一家卖米的两口子，经常掺些沙子在大米里卖给别人。一天，被一个买米的妇女发现了，于是就问卖米的两口子："你家为啥这样坑害人？"这两口子向天发誓说："谁干这种缺德的事，天打雷劈。"不多久，电光闪闪，雷声隆隆，一个响雷正好在他俩的头顶上炸开，他们以为是上天的报应。女的跑回家后，拼命地往床下钻，口里不停地说："坑害人的不是我，是我的丈夫。"男的跑回家后用被盖蒙着脑袋，口里也不停地说："坑害人的不是我，是我的妻子。"自那以后，夫妻俩不敢再做缺德事了。

沙光全讲述，沙光荣、呷呷尔日记录、翻译。收入《甘洛县彝族民间故事》，32开，2页，600余字，甘洛县民间文学集成办公室1988年编印。（阿布达切　李新渝）

妈妈的女儿

彝族生活故事。流传于四川省普格县彝族地区。讲述的是：从前，吉咪拉达这地方有户人家生了个女儿，取名为妈妈的女儿。女儿聪明，漂亮，从小就什么事都会做，她在放羊时，狼来叼羊，把女儿吓得惊叫起来，就在这时木甲手持木棒把狼赶走，救回了羊。从此，女儿经常与木呷一起放牧，与他相亲相爱，但父母早已答应把她嫁给阿候江惹土司。这对恋人以死抗争，死后化成一对老鹰，报复了土司。该故事揭露了包办婚姻的害处。

阿候拉则等讲述，木支记录。收入《彝族民间故事选（2）》（彝文版），32开，3页，1300余字，四川民族出版社1986年版。（贾斯拉核）

聪明的妇人

彝族生活故事。流传于川滇大、小凉山彝族地区。讲述的是：远古时候，彝族神人智哥阿龙在途中遇上一个聪明的妇人，自小受"女主内、男主外"教育的他，根本不相信女人也是很聪明的。但经多次较量以后，总是输的智哥阿龙不得不承认了这个女人的聪明和才智。

木嘎拉伽讲述，阿的沃嘎记录。载《凉山文学》（彝文版）1980年第1期，16开，2页，1800余字，凉山彝族自治州文联1980年编印。（贾瓦盘加）

傻子阿芝

彝族生活故事。流传于川滇大、小凉山彝族地区。讲述的是：从前，一家人有七个女婿，大女婿阿芝是个大力士，能徒手打死老虎，但老实嘴笨，不好表功，所以六个姨妹夫都不相信他能打死老虎，都叫他"傻子阿芝"，总是取笑说阿芝连老鼠都捉不到。有一次盗牛贼盗走了岳丈家的牛，六个自以为聪明透顶的女婿却都成了缩头乌龟，最后还是傻子阿芝把牛从盗贼手中夺了回来。

何家治搜集、整理。载《凉山文学》（彝文版）1983年第1期，16开，4页，3000余字，凉山彝族自治州文联1983年编印。（杨阿洛）

傻子阿支

彝族生活故事。流传于川滇大、小凉山彝族地区。讲述的是：从前，有个傻头傻脑的阿支饭量惊人，做事时手脚不太灵巧而受妻子娘家人的歧视，都不相信他曾是一位打虎英雄。有个晚上，一伙人盗走了他岳父家的耕牛，在追赶强盗时无人看重正在岳父家收秋粮的他，都说带上他反而是个负担。结果阿支凭自己的本事，追上了盗窃者，并独自制服了强盗，抢回了被盗走的耕牛。

佚名讲述。收入《喜德彝族民间故事》（彝文版），32开，6页，3000余字，四川民族出版社1993年版。（土比呷呷）

主子和娃子

彝族生活故事。流传于四川省凉山彝族自治州彝族地区。讲述的是：从前，有一主子和娃子，到朋友家做客。路上主子生怕娃子行动上不检点，就对娃子说："做客要有礼貌，懂规矩，你不懂，就看我怎样做，你学着怎样做。"到朋友家后，朋友杀了只肥母鸡招待主仆二人。端来一盘饭时，主子为了挪出放菜的位置，不小心把饭碰掉了。当端来一木盆鸡肉，递肉的瞬间，娃子故意把木盆打倒，朋友认为受到轻视，伤面子，就把主仆二人赶出家门。回家路上，主子很生气，责问娃子，娃子回答："你不是说你怎样做，我也学着怎样做吗？"主子哑口无言。

俄底子则讲述，阿尔蒙知翻译，乃古尔聪整理。收入《民间文学三套集成》（布拖县卷），16开，1页，700余字，布拖县文化体育旅游局1987年编印。（乃古尔聪）

阿卓土司和沙意土司

彝族生活故事。流传于四川省甘洛县彝族地区。讲述的是：打了几代冤家的云南永胜沙意土司和四川雷波阿卓土司在永胜县境的黄皮镇相遇，沙意土司想乘机灭掉阿卓土司，于是，就连忙从马背上跳下来，装起笑脸对阿卓土司说："我们两家几代结仇，互相残杀，死伤无数。从今天起，我想和你化干戈为玉帛，解了这冤仇，你同意否？"阿卓土司不知是计，也从马背上跳下来，紧紧拉着沙意土司的手说："你刚才的话真是说到我心坎上去了，我们再也不能这样互相残杀了，我非常赞同你的建议。"就这样两个土司一起走进了一家酒店，打了一坛酒，还买来了一只大公鸡。在准备喝鸡血酒盟誓时，沙意土司趁阿卓土司不注意，将预先带在身上的毒药放入给阿卓土司倒的酒碗里，阿卓土司喝酒中毒后才知道自己中了沙意土司的计。但为时已晚，他忍痛回家后，临死前吩咐家人和手下，他死后一定要封锁他的死讯，并照常每天放三次土炮。沙意土司派去打听消息的人回报说，阿卓土司家每日照放平安炮，没有一点死人的迹象。沙意土司听后大吃一惊，以为自己的毒药失效了，连忙从箱内拿出毒药舔了一下，自己也中毒身亡了。

斤木衣加讲述，沙光荣、呷呷尔日记录、翻译。收入《甘洛县彝族民间故事》，32开，2页，1000余字，甘洛县民间文学集成办公室1988编印。（李新渝）

批坡

彝族生活故事。流传于四川省美姑县彝族地区。讲述的是：奴隶批坡和主子阿娘两个斗智的故事。在一次招魂活动中，主子阿娘因身体不适，在其妻的规劝下，叫奴隶帮助主子招魂，奴隶把猪烫伤后说此猪是瘟猪，就将其杀来吃了。

吉克尔哈等讲述，伍呷记录。收入《彝族民间故事选（2）》（彝文版），32开，4页，1700余字，四川民族出版社1986年版。（贾斯拉核）

宁木尔子和少木东子

彝族生活故事。流传于四川省凉山彝族自治州彝族地区。讲述的是：从前，有个女土司，名叫比尔嫫阿呷，她生有同母异父两个儿子，名叫宁木尔子和少木东子。宁木尔子是她嫁给尔欧土司家所生的。由于尔欧土司日常忙于调解纠纷，因此怀疑其妻与黑彝发生不正当关系，任凭比尔嫫阿呷怎么说，都无济于事，就把她赶出家门。黑彝极迪彩考拉服、尔布都服和尔布都日听说比尔嫫阿呷被赶出家门，垂涎三尺，都想占有她，但都没有得逞。比尔嫫阿呷日行夜宿，历尽艰辛，最后来到云南一个地方，嫁给了社子土司。后来宁木尔子和少木东子都长大成人，并都成为两家土司的顶梁柱。比尔嫫阿呷很想念儿子，在弥留之际，留下遗言，嘱咐少木东子联合宁木尔子，讨伐曾经欺负过她的三个黑彝。之后，两个年轻土司用计杀了这三个黑彝，了却了母亲的心愿。

阿米子沙讲述，张玉梅翻译，乃古尔聪整理。收入《民间文学三套集成》（布拖县卷），16开，2页，1400余字，布拖县文化体育旅游局1987年编印。（乃古尔聪）

初三

彝族生活故事。流传于四川省凉山彝族自治州彝族地区。讲述的是：从前，有一个女子被迫嫁给一个自己不喜欢的男人，在婆家受尽折磨。她左思右想想出了个好主意，每天吃过晚饭，就呆坐在门前，望着天空口中念个不停："今晚初三……"天天如此。婆婆看见这一情景认为儿媳是个傻子，就将儿媳赶出家门，而儿媳心里暗暗高兴，装出一副很委屈的样子回娘家去了。

叶补讲述，张玉梅翻译，李富根整理。收入《民间文学三套集成》（布拖县卷），16开，1页，700余字，布拖县文化体育旅游局1987年编印。（乃古尔聪）

爱财如命

彝族生活故事。流传于四川省凉山彝族自治州彝族地区。讲述的是：从前，有个奴隶主，家里牛羊成群，金银珠宝无数，可是舍不得花一分钱。有一次，他带儿子出门，走到一条大河边，过路的人都乘渡船，奴隶主却舍不得花船钱，宁愿游过去。游到中间，水急浪高，眼看就要被水卷走了。他的儿子赶快请人去救他，救人的人要一坨银子，儿子只给半坨。在争执中，奴隶主被水冲走了。

火莫子也讲述，阿尔蒙知记录，翻译。收入《民间文学三套集成》（布拖县卷），16开，1页，700余字，布拖县文化体育旅游局1987年编印。（乃古尔聪）

打荞麦

彝族生活故事。流传于四川省甘洛县彝族地区。讲述的是：从前，两家的两个男人在一起用连枷打荞麦，其中一个男人的妻子在丢荞棚。她把少的荞棚丢在自己男人的前面，多的荞棚丢在另外一个男人的前面。晚上回家后，她得意地问她的男人："白天我把少的荞棚朝你前面丢，你今天打荞子很轻松吧？"男人生气地说："傻婆娘，我面前的荞棚由别人来打，别人面前的荞棚由我来打，你怎么知道呢！"妻子无言以对。

木乃牛哈讲述，沙光荣、呷呷尔日记录、翻译。收入《甘洛县彝族民间故事》，32开，2页，200余字，甘洛县民间文学集成办公室1988年编印。（阿布达切　李新渝）

小猪儿断官司

彝族生活故事。流传于四川省甘洛县彝族地区。讲述的是：从前，一个彝人和一个汉人在争一只小白猪，都说小猪儿是自己的，两人争执不休。一个小孩知道这件事后，对解决此争端的人说："你们这件事，只有那只小白猪自己才能解决。"调解人问："小猪自己如何解决？"小孩说："两个主人各端一盆猪食放在两个地方，调解人牵着那只小猪站在中间，然后两个主人各自用自己的语言唤叫猪儿。牵小猪的人把绳子放开，小猪听到唤叫声后，跑到谁的猪槽里吃食，小猪就是谁的。"果然事情很快就得到了解决。

牛牛木且讲述，沙光荣、呷呷尔日记录、翻译。收入《甘洛县彝族民间故事》，32开，2页，800余字，甘洛县民间文学集成办公室1988年编印。（阿布达切　李新渝）

山珍和"荞粑印"

彝族生活故事。流传于四川省甘洛县彝族地

区。讲述的是：从前，住在甲谷甘洛的龙井不张（彝名）在越西县城做小官，可家里很穷。一天，一个汉官来他家做客，他拿不出好吃的东西招待客人，只得煮了些荞馍，舂了些折耳根（又名鱼腥草）凉拌给客人吃。汉官吃后对龙井不张说："你做的这道菜很好吃，以后你就每年上贡一点吧。"龙井不张回答说："上缴粮食可以，可这种菜贡不起，今天这点山珍是我跑了九座山梁，翻了九道深沟才找来的。酒肉我家里有的是，但我知道你不稀罕酒肉，所以我专门弄这种菜给你吃，一般人是不会让他吃到这种山珍的。"汉官听后既高兴又羡慕地说："龙井不张你真了不起，能经常吃到这种高级菜，吃的粑粑上还盖有官印（实为指印），官印比我的还大。"于是拜龙井不张为义兄。

木呷补初讲述，沙光荣、呷呷尔日记录、翻译。收入《甘洛县彝族民间故事》，32开，2页，400余字，甘洛县民间文学集成办公室1988年编印。（李新渝）

一人得一碗

彝族生活故事。流传于四川省甘洛县彝族地区。讲述的是：从前，黑彝家的女儿嫁到土司家去，在办婚宴时，土司家仿照汉族的习惯，桌上摆了九个菜，称"九大碗"。送亲的八个人一桌，他们不懂汉族的规矩，所以看着桌上摆了这么多的菜，不知怎样吃好。按照彝族的习惯，伸手夹别人面前的菜是不文明的行为。所以他们都只敢夹放在自己面前的那碗菜吃。散席后，在回家的路上有的说："我今天吃的全是肉。"有的说："我这辈子从来没有吃过像今天这么多的竹笋。"有的说："婚宴上的坨坨肉比我们家做的好吃。"有的说："我运气不好，汤里一丁点肉都没有。"有的说："早上来的时候，我就怕路上挨饿，所以吃了几个洋芋，没想到桌上还是叫我吃洋芋。"

木乃牛哈讲述，沙光荣、呷呷尔日记录、翻译。收入《甘洛县彝族民间故事》，32开，1页，300余字，甘洛县民间文学集成办公室1988年编印。（李新渝）

守地

彝族生活故事。流传于四川省甘洛县彝族地区。讲述的是：从前，一户人家有一个懒惰的儿子，已长大成年后仍依赖父母生活。父亲年迈临终时对儿子说："你再不改掉懒惰的习惯，我死后有人会来争夺我家的土地。"儿子不解其意，从父亲埋葬后的第二天起，就带上武器躲在地边的树林里守地。可守了一天又一天，一月又一月，始终没有人来夺地。到春耕农忙时，他到地头一看，只见地瓜藤和杂草爬满了地面。这时他才忽然明白了父亲临终时对他讲的那句话的意思。他决心改掉好吃懒做的毛病，从家里拿起锄头，连续挖了几天，挖掉了地里的地瓜藤和杂草，并种下了苞谷。

木乃牛哈讲述，沙光荣、呷呷尔日记录、翻译。收入《甘洛县彝族民间故事》，32开，3页，400余字，甘洛县民间文学集成办公室1988年编印。（李新渝）

南解巫沙智败法国大力士

彝族生活故事。流传于四川省甘洛县彝族地区。讲述的是：一个自称为世界上有名的法国大力士来到云南找中国人比武，并在昆明街上贴了许多炫耀没有一个中国人能打赢他的广告。当时在军队里当连长的南解巫沙（彝族人名）看到这些广告后很是气愤。于是，连忙跑到团部请求团长批准他跟这个法国人较量。团长怕他不是法国人的对手，不准他去，后来在他的再三请求下，才准允他跟法国大力士比武。比武时，南解巫沙挽着裤腿，光着双脚，采用彝族式摔跤方法和预先特意装在裤兜里的豌豆米抖落在地上打滑的办法，摔到了法国大力士，受到中国军民的称赞。

沙光荣讲述，呷呷尔日记录、翻译。收入《甘洛县彝族民间故事》，32开，2页，500余字，甘洛

县民间文学集成办公室1988年编印。（李新渝）

羊角火把

彝族生活故事。流传于川滇大、小凉山彝族地区。讲述的是：从前，海来土司家请了一甘姓毕摩做道场，土司对甘毕摩说了许多不敬的话，甘毕摩很不满，就反击了一些过激的话。土司一怒，将甘毕摩用火活活烤死。甘毕摩的亲友得知后，赶来许多山羊，在羊角上拴上火把，造成一种人多势众的假象。夜晚，土司见四周都是火把，吓得连滚带爬逃得无影无踪。

伍鲁木铁讲述并记录。载《凉山文学》（彝文版）1981年第2期，16开，2页，1300余字，凉山彝族自治州文联1981年编印。（贾瓦盘加）

牛钻地走了

彝族生活故事。流传于川滇大、小凉山彝族地区。讲述的是：从前，有个奴隶主对奴隶百般欺压，所有奴隶都对其恨之入骨，总想收拾他。奴隶中有个聪明人想了个办法，他和另一个力气大的人把主子的耕牛杀吃后，将牛尾巴插在土里，并跑去喊主子说："牛钻地走了，快来拉。"等主子和三人合力一拉，只扯出了一条牛尾巴。见此，主子哑口无言。

阿鲁木且讲述并记录。载《凉山文学》（彝文版）1981年第3期，16开，2页，1200余字，凉山彝族自治州文联1981年编印。（贾瓦盘加）

独子双夫

彝族生活故事。流传于四川省昭觉县彝族地区。讲述的是：从前，在吉来拉达这地方，有个恶毒的地主，把百姓欺压得气都喘不过来。下属有家娃子生了个小孩取名独子双夫，父母盼他早日长大成人。没有多久，双夫长大成年了。他对地主家不满，说要去与地主评理，正当这时，地主派人来请他去，实为想毒死他，最后双夫制服了地主。

洛木沙体等讲述，伍且记录。收入《彝族民间故事选（2）》（彝文版），32开，3页，1300余字，四川民族出版社1986年版。（贾斯拉核）

勒赤沟

彝族生活故事。流传于四川省普格县彝族地区。讲述的是：从前，一个名叫沙马加加的人，听人家说有个地方金银很多，随时都可以挖到金银，地名叫勒赤沟。于是，他放弃了种庄稼，带上干粮，肩扛一把锄头去找勒赤沟，他翻过九十九座山，涉过九十九条河，干粮吃完了还是没有找到勒赤沟。他去问一个种玉米的老人，老人说勒赤沟在河对面，到秋收以后带他去，就把他留下来帮他种地。后来他才知道，所谓的金银是靠劳动才能得来的。

吉泽木支等讲述，伍呷记录。收入《彝族民间故事选（2）》（彝文版），32开，3页，1100余字，四川民族出版社1986年版。（贾斯拉核）

岩上有金银

彝族生活故事。流传于四川省越西县彝族地区。讲述的是：从前，有个奴隶主见钱眼开，只要他想要的他就想方设法要把它弄到手。村里有个孤儿，种下的荞、燕麦长得好，奴隶主以欠账为由把它抢走，孤儿辛辛苦苦开出来的地他也收走了。孤儿无法活下去，只有靠上山找药材来卖钱维持生活，奴隶主也眼红。最后，孤儿说岩上有金银，奴隶主信以为真，他来到岩上不慎摔死了。

阿侯加加等讲述，伍且记录。收入《彝族民间故事选（2）》（彝文版），32开，5页，2400余字，四川民族出版社1986年版。（贾斯拉核）

铁匠消灭了大蟒蛇

彝族生活故事。流传于四川省昭觉县彝族地区。讲述的是：从前，大蟒蛇很凶残，人类都怕它，没人敢惹，巫婆苏尼、祭师毕摩也拿它没法。

最后是两个打铁人把生铁烧红后，待大蟒蛇张嘴要吃时，将烧红的铁块丢进它嘴里，才把大蟒蛇活活烧死，为民除了害。

贾司科达等讲述，伍且记录。收入《彝族民间故事选（2）》（彝文版）32开，6页，2900余字，四川民族出版社1986年版。（贾斯拉核）

曲莫纠典

彝族生活故事。流传于云南省易门县彝族地区。讲述的是：易门县有个三层大观楼房，这个楼房是当时以力大出名的曲莫纠典亲手修建的，上山拉大木料，运大石条，挖土打墙全是他一个人的功劳。知县听说有这么一个大力士，想把他招来做他的保镖，结果曲莫纠典不从，知县放不下面子，先后几次派部下去硬抓，但都被曲莫纠典的一举一动、一言一行所吓倒，没有哪个人敢抓，知县只好放弃了这件事。

佚名讲述，伍呷记录。收入《彝族民间故事选（2）》（彝文版），32开，4页，1900余字，四川民族出版社1986年版。（贾斯拉核）

取吉启明

彝族生活故事。流传于云南省永仁县彝族地区。讲述的是：云南永仁县出了个大力士，名叫取吉启明，一顿要吃一斗大米煮的饭。启明恨的是那些不劳而获的财主老爷们，一次，他去偷割了财主家的稻谷。又一次，把一个进馆子吃饭的老财主收拾了。再一次是他把赶马主收拾得规规矩矩。因此激怒了当地的大富人家，这些人对启明恨得要命，怕得要死。他最后还是在上山砍柴时被人暗算了。

永仁县人讲述，伍呷记录。收入《彝族民间故事选（2）》（彝文版），32开，5页，2000余字，四川民族出版社1986年版。（贾斯拉核）

捕狼英雄

彝族生活故事。流传于四川省雷波县彝族地区。讲述的是：一个汉官叫阿卓卢林为他抓捕一只狼，阿卓卢林带人前去林中捕狼，兵丁全被狼咬伤，连阿卓卢林也差点送了命，幸好遇上一个捕狼英雄拉马尔支，拉马尔支用箭射死两只老狼，抓回两只狼仔，并救回了被狼咬伤的人们，从此被当地人称为捕狼英雄。

阿卓呷呷讲述，支支记录。收入《彝族民间故事选（2）》（彝文版），32开，6页，2800余字，四川民族出版社1986年版。（贾斯拉核）

两个患有白内障的人

彝族生活故事。流传于四川省甘洛县彝族地区。讲述的是：从前，有两个患有白内障病的人都说自己眼睛很好，什么都看得见。有一天，两人一同去赶集，走累后在一户人家门前休息，其中一个说："这家人的牛圈里关的不是牛，而是马。"而另一个则说与之相反。结果，两人争吵起来。主人家把牛圈打开给他们一看才知道里面是空的。

吉胡克的等讲述，李民记录。收入《彝族民间故事选（一）》（彝文版），32开，2页，300余字，四川民族出版社1982年版。（贾斯拉核）

侧身过

彝族生活故事。流传于四川省布拖县彝族地区。讲述的是：从前有一个笨男人，妻子叫他背柴到街上卖后买糖回来给孩子吃。过了很久后，因孩子哭，母亲便对孩子说："你爸爸马上买糖来了，不要哭了。"谁知愚蠢的丈夫因不会侧身过而被夹在了门口，听见妻子的话后很生气地大骂："我还没有出门呢。"等妻子教他侧身过，他才恍然大悟，背着柴离开了家，并一路上叫着"侧身过"，一直叫到街上。

吉木俄则等讲述，贾斯拉核记录。收入《所地民间故事》（彝文版），32开，2页，800余字，四川民族出版社1991年版。（贾斯拉核）

用鸡蛋换针的人

彝族生活故事。流传于四川省普格县彝族地区。讲述的是：从前有一个人用鸡蛋去街上换针，可在路上被蛇惊吓后不小心将鸡蛋打烂了，由于受到惊吓而忘记了老婆教他说的汉语，因怕老婆，又不敢回家，只好到镇上，见到卖针的汉族商人时，又因不会汉语而只好比动作说明他的鸡蛋已打烂，汉族商人听不懂他要表达的意思，他还是空手而归。

吉各日古讲述，贾斯拉核记录。收入《所地民间故事》（彝文版），32开，2页，800余字，四川民族出版社1991年版。（贾斯拉核）

则莫阿牛

彝族生活故事。流传于四川省普格县彝族地区。讲述的是则莫阿牛帮助自己的恋人格尔睡克服各种困难读书成才的故事，讴歌了彝族青年男女纯洁的爱情。

麻产日合讲述，贾斯拉核记录。收入《所地民间故事》（彝文版），32开，5页，2500余字，四川民族出版社1991年版。（贾斯拉核）

稀饭烫嘴

彝族生活故事。流传于四川省普格县彝族地区。讲述的是一个女婿去老丈人家，在吃稀饭时被稀饭烫嘴后胡言乱语，被岳母耻笑的故事。

曲莫木即等讲述，贾斯拉核记录。收入《所地民间故事》（彝文版），32开，2页，1600余字，四川民族出版社1991年版。（贾斯拉核）

天天如此

彝族生活故事。流传于四川省布拖县彝族地区。讲述的是：从前，一个媳妇到婆家，她本来不懂彝族历法却装作懂天文，把天文行星说成是固定的，她没把行星移动常识掌握在手就高谈阔论，引得全家人笑话。讽刺不懂装懂的行为。

贾司拉且等讲述，贾斯拉核记录。收入《所地民间故事》（彝文版），32开，4页，1900余字，四川民族出版社1991年版。（贾斯拉核）

阿基日黑把鬼骗

彝族生活故事。流传于四川省普格县彝族地区。讲述的是：机智而富有的阿基日黑为了考验亲朋好友是否对他忠诚，一天，他假装成因得传染病而死，待送葬出殡时，人们才知道真相。阿基日黑通过此法真正了解到哪些人对他是忠诚的，哪些人是口是心非的。

阿力日黑讲述，贾斯拉核记录。收入《所地民间故事》（彝文版），32开，5页，2300余字，四川民族出版社1991年版。（贾斯拉核）

煮干鱼

彝族生活故事。流传于四川省昭觉县彝族地区。讲述的是：从前有一个女婿去老丈人家，在做饭时，他看见岳母在下干鱼时只抓一把下锅，他不知道干鱼下锅后会涨，待岳母出去抱柴火时，他背着岳母又抓一把下了锅，后来舀干鱼肉时，数量太多而吃不完。其岳母从侧面教育他说，干鱼不同于其他菜。故事表达了做人不能不懂装懂，做客要讲究礼节。

贾司你呷等讲述，贾斯拉核记录。收入《所地民间故事》（彝文版），32开，3页，1200余字，四川民族出版社1991年版。（贾斯拉核）

阿合木支

彝族生活故事。流传于四川省布拖县彝族地区。讲述的是：从前，阿合木支在他父母在世时，因家里富裕，应有尽有，加之他是个独生子，娇生惯养，从没有节俭的习惯。自他双亲去世后，没过三年，家里就穷得一贫如洗，最后成了个败家子，四处讨饭。告诫人们要教育子女从小珍惜家财，反对铺张浪费。

也补日的等讲述，贾斯拉核记录。收入《所地民间故事》（彝文版），32开，2页，1100余字，四川民族出版社1991年版。（贾斯拉核）

阿依阿呷俩

彝族生活故事。流传于四川省普格县彝族地区。讲述的是：从前有两姐妹找对象标准不同，要求不一样，姐姐找的对象是一表人才的人，而妹妹找的是心灵美、内在美和事业心强的人。最后，妹妹找了个内在美、外表丑的人。而姐姐找的是一个外表美的人，但他是个穷光蛋，做事不踏实，三天打鱼两天晒网。结果只追求外表美的姐姐最终过着贫困的日子。

吉日尔洛等讲述，贾斯拉核记录。收入《所地民间故事》（彝文版），32开，8页，4500余字，四川民族出版社1991年版。（贾斯拉核）

果洛吉比

彝族生活故事。流传于四川省普格县彝族地区。讲述的是：彝家一个叫果洛吉比的大力士的故事。由果洛吉比做梦成神、到江对面买羊、岳父家大牯牛被盗、与阿都土司为敌、阿都土司求助于他、代表彝族到西昌与武士较量获胜六则故事组成。由于果洛吉比力大无比又乐于助人，为民除害，所以逐步成为当地有名的受人尊敬的人物。

火补阿力等讲述，贾斯拉核记录。收入《所地民间故事》（彝文版），32开，13页，7500余字，四川民族出版社1991年版。（贾斯拉核）

馋子受罚

彝族生活故事。流传于四川省普格县彝族地区。讲述的是：从前有一个由父母和兄妹四人组成的家庭，因儿子是个馋子，父母想将馋子用磨石砸死，却被妹妹搭救，后来馋子移居他乡，变恶为善，创造了一番事业，成了富翁。其妹妹得到哥哥的报答，父母却受到了他的报复。

贾斯阿且等讲述，贾斯拉核记录。收入《所地民间故事》（彝文版），32开，12页，5900余字，四川民族出版社1991年版。（贾斯拉核）

偷羊

彝族生活故事。流传于川滇大、小凉山彝族地区。讲述的是：两个偷羊贼偷了一只羊在一棵树下杀了后，一个在树上放哨，一个在树下烧羊肉，结果两个都因误解双方的暗号，逃跑时跌断脚而被羊主人捉拿。

达尔搜集、整理。载《凉山文学》（彝文版）1987年第3期，16开，1页，200余字，凉山彝族自治州文联1987年编印。（杨阿洛）

有力量不如有办法

彝族生活故事。流传于川滇大、小凉山彝族地区。讲述的是：从前有两个小偷，一人有办法，一人有力气。有办法的人想出点子让有力气的人盗得了一头耕牛，等他回去分牛肉时，有力气的人以牛是他背来的为由，想独自占有。最后，有办法的人又想出对策，以牛主人找上门来了为由，吓跑了有力气的人，得到了所有的牛肉。

佚名讲述。收入《喜德彝族民间故事》（彝文版），32开，2页，600余字，四川民族出版社1993年版。（土比呷呷）

不能忘了母亲

彝族生活故事。流传于川滇大、小凉山彝族地区。讲述的是：从前一个男人在邻居家做法事后带肉回家，误把正在推磨的母亲当成妻子，就对她说："赶快把我拿来的猪肉吃了，等会儿母亲来时就不好意思吃了。"等他看清楚时，母亲已伤心地离去了，这个"孝子"悔恨已晚。

佚名讲述。收入《喜德彝族民间故事》（彝文版），32开，2页，300余字，四川民族出版社1993年版。（土比呷呷）

端公吃狗屎

彝族生活故事。流传于四川省德昌县彝族地区。讲述的是：很早以前，有个彝族人叫都惹，他想做端公骗钱，人家不相信他能撵神撵鬼，没有人来请他。村里有个人叫瓦扎惹的，平时跟都惹很相好，又爱开玩笑。有一天，瓦扎惹跟他说："你是靠撵鬼撵神的手艺来过日子的，要先给人家做出一件实事，让人家服你，你才会有名气。要不然咋个哄得到人家的钱财。"都惹想一阵，觉得这话有道理，就喊瓦扎惹帮他打主意。瓦扎惹把嘴靠拢都惹耳朵说了几句悄悄话："明天，我手里拿块糖，你打你的羊皮鼓。等大家来齐后，我喊你猜我手里的东西，猜到后你就拿起来吃给大家看。这样，人家都相信你，请你的人就会多起来的。"都惹高兴得直点头。第二天，都惹要撵鬼了，来看的人很多。他在院坝里跳上跳下地敲打着羊皮鼓，瓦扎惹看到人来齐了，就把手头用树叶子包着的东西举起来，问都惹："都惹，你有本事能猜出我拿的是啥子东西吗？"都惹边敲羊皮鼓边说："你手头拿的是块糖。你拿来，我吃给大家看。"瓦扎惹说："你真行，给你吃吧。"说着，把用树叶子包起的东西递给都惹。都惹拿着一看，遭了，不是糖，是狗屎。不吃可不行，只得闭起眼睛把狗屎吃了。这时候，瓦扎惹在人群中说："都惹吃的不是糖，是狗屎。"都惹拖起羊皮鼓跑了。

李呷嫫讲述，鼓德发采录。收入《凉山民间文学集成》（下，故事卷），32开，2页，800余字，西南交通大学出版社1993年版。（刘琳）

巫师出丑

彝族生活故事。流传于川滇大、小凉山彝族地区。讲述的是：从前有一位巫师，自称有神灵附身，在进行巫术活动至高潮时，必须用酒敬献神灵，他才会醒来。有一天，一位不信巫术的人请这位"神师"搞巫术到高潮时，谎称火塘内有爆炸物，哪知这位巫师比谁都跑得快，巫师骗术不攻自破。

佚名讲述。收入《喜德彝族民间故事》（彝文版），32开，2页，400余字，四川民族出版社1993年版。（土比呷呷）

站在水中招手

彝族生活故事。流传于川滇大、小凉山彝族地区。讲述的是：从前有一位家境贫寒的男人，用以假乱真、将计就计的方法让主子家找到了被他家的两个下人偷走的金手镯，他得到了主子的嘉奖。他的三个舅子以讨妹妹身价钱为由，多次向他索要钱财，最后被他们三兄弟逼到悬崖边推进大海。等三兄弟走后，恰巧有个人赶着一群羊从他旁边过路，他撒谎说在海边淘金，就把赶羊人骗进大海而骗得了这群羊。三兄弟得知他从海边赶着一群羊回家时，求财心切，问他如何得到的羊，他说是在海里拾来的，他们三兄弟就来到海边，哥哥对两个弟弟说："如我在水中招手，你们俩就下海来赶羊。"谁知不会水性的哥哥在水里拼命挣扎时，两个弟弟误认为是在向他俩招手，相继跳入大海，结果都丧了命。

佚名讲述。收入《喜德彝族民间故事》（彝文版），32开，8页，4200余字，四川民族出版社1993年版。（土比呷呷）

父母遗产

彝族生活故事。流传于川滇大、小凉山彝族地区。讲述的是：从前，一对老人平时省吃俭用，积蓄了一笔财产。两老协商后，决定把家产全部分给两个女儿，让女儿来赡养他们。未料两个女儿得到家产后都不管老人，让两位老人很后悔。后来一位朋友给他们想出了一个计策。这位朋友在一个空盒内装满了铁块，等叫回女儿和女婿后，当着他们的面交给了两位老人说："我替两位老人保管的养老钱现交还你们。"就把盒子交给了两位老人。从此，女儿女婿都抢着照顾老人。等两位老人去世后，他们争着打开盒子一看，才知道里面是一堆废铁块。

佚名讲述，罗布合机、王权等收集、整理。收入《喜德彝族民间故事》（彝文版），32开，2页，600余字，四川民族出版社1993年版。（土比呷呷）

很凉爽

彝族生活故事。流传于川滇大、小凉山彝族地区。讲述的是：从前，有一个男人怀疑妻子对他不忠，他问妻子是否爱他，妻子回答："我对你的爱就像六月的微风一样凉爽。"他听后误会而把妻子赶走了。后来，他去当了别人的雇工。第二年六月的一个大热天，当他汗流浃背地背起一筐很沉的行李坐在地上休息时，忽然吹来了阵阵微风，感到很凉爽，他觉得从未这样舒服过。这时他才恍然大悟妻子的话，他把行李放下后，跑去寻找妻子，可他的妻子这时已经与别人成亲了。

佚名讲述，罗布合机、王权等收集、整理。收入《喜德彝族民间故事》（彝文版），32开，2页，700余字，四川民族出版社1993年版。（土比呷呷）

贼吓贼

彝族生活故事。流传于川滇大、小凉山彝族地区。讲述的是：从前，有三个盗贼去行窃，被人发现后走在最前面的被别人砍掉了头。另两人把他的尸体背回家后又到别处去行窃，一人因不小心被另一个撞翻的木棒击中，便误认为是被人发现拔腿而跑。另一人看见自己的伙伴跑后，又误认为是有人追来而拼命地跟着跑，后来才发现是因为做贼心虚，自己吓了自己。

佚名讲述，罗布合机、王权等收集、整理。收入《喜德彝族民间故事》（彝文版），32开，2页，800余字，四川民族出版社1993年版。（土比呷呷）

木耳玖布

彝族生活故事。流传于川滇大、小凉山彝族地区。讲述的是：从前，木耳玖布家有一块高产地，被一户恶霸抢去种粮后，这户恶霸家却没有得到高产，恶霸就把地归还给木耳玖布家，可这块地木耳玖布家拿来种粮后又成了一块高产地。妒忌心强的恶霸就烧毁了木耳玖布家的房屋，赶走了他们。等他们在异地他乡开垦荒地过上好日子时，恶霸又纠集大批人马来抢夺，结果被木耳玖布打死了。木耳玖布带着相依为命的父母回到了故乡，娶了一个聪明能干的妻子过上了幸福的生活。

佚名讲述，罗布合机、王权等收集、整理。收入《喜德彝族民间故事》（彝文版），32开，2页，900余字，四川民族出版社1993年版。（土比呷呷）

能分辨天上飞的雌雄鸟

彝族生活故事。流传于川滇大、小凉山彝族地区。讲述的是：从前，河两岸的阿支和瓦散两家开亲后，瓦散家为考验新娘智商如何，就给新娘出考题，问她天上飞的两只鸟哪一只是雄鸟。新娘说起飞时直往上飞的就是。瓦散家还出了许多考题，可都被新娘一一答出，大家皆大欢喜。可谁都不知道是因为新娘收买了一位聪明的女仆才对答如流的。

佚名讲述，罗布合机、王权等收集、整理。收入《喜德彝族民间故事》（彝文版），32开，2页，600余字，四川民族出版社1993年版。（土比呷呷）

贪财失掉性命

彝族生活故事。流传于川滇大、小凉山彝族地区。讲述的是：从前一个老人被一只豹子咬住后，他的儿子就拿斧头去救父亲，可父亲却警告儿子说不要损伤了豹子皮，以免豹子皮受损后卖不出好价钱。儿子听到父亲的话后，举起斧头犹豫不决。这时，豹子趁机叼起老人跑进了深山老林，儿子因失掉了父亲而后悔不已。

佚名讲述，罗布合机、王权等收集、整理。收入《喜德彝族民间故事》（彝文版），32开，1页，100余字，四川民族出版社1993年版。（土比呷呷）

奥杜灭还是亚杜亡

彝族生活故事。流传于川滇大、小凉山彝族地区。讲述的是：从前有一懒汉在外劳动时，得知妻子又送鸡肉来给他吃，等妻子送来鸡肉时，他谎称自己早已梦到妻子要送鸡肉来给他吃了，妻子信以为真。此事从此传开，说他做梦很准。有一天，土司家手镯丢失，就派奥杜和亚杜的两个仆人去请懒汉来做梦，看是谁偷走了手镯。懒汉心想这回是大难临头了，于是自言自语地说了一句“不是奥杜灭就是亚杜亡”。恰巧做贼虚心的奥杜和亚杜认为懒汉已知道是他俩偷了手镯，于是不打自招。这样，这位懒汉得到了土司的奖赏。

佚名讲述，刘赋元收集、整理。收入《聪童秘典》（彝文版），16开，3页，1200余字，凉山州卫生学校1980年编印。（土比呷呷）

齐心协力救亲人

彝族生活故事。流传于川滇大、小凉山彝族地区。讲述的是：从前生活在昭觉木佛山下的阿依冲批家有一只长双舌的绵羊，它一叫能使在数百里外的好古土司听得心烦意乱。有一天，好古土司就派手下人把阿依冲批和他的双舌羊一起抓进了大牢。阿依冲批在牢中收买了一个看狱人员，送出一封信给家里人。可家里的男人们都读不懂信的内容，因阿依冲批怕信落入敌人手中，就写了只有他的妻子能解读的信。果然妻子解读出了书信内容，就齐心协力，团结周围的百姓，按照阿依冲批在信中所说的解救方法，共同救出了阿依冲批，杀死了可恶的好古土司。

佚名讲述，海来木呷记录。收入《彝族尔比克哲和故事》（彝文版），32开，2页，600余字，喜德县文教局、语委1980年编印。（土比呷呷）

试孝心

彝族生活故事。流传于川滇大、小凉山彝族地区。讲述的是：从前，阿都拉铁老人有两个女儿，大的叫金史，小的叫金曲。膝下无儿子的老人只有投奔女儿，但不知哪个女儿更能真心体贴他，于是装死试孝心。大女儿金史来到后一直守着父亲伤心地痛哭，小女儿金曲则装模作样地哭了一会儿就开始把父亲的东西收进口袋，并借口家里没人照看就走了。老人试出孝心后将家产给了大女儿金史，由金史给他养老送终。

解拉曲比搜集、整理。载《凉山文学》（彝文版）1983年第3期，16开，2页，1200余字，凉山彝族自治州文联1983年编印。（杨阿洛）

劣伴害人

彝族生活故事。流传于川滇大、小凉山彝族地区。讲述的是：阿胜和吉巴是一对形影不离的好朋友，有一天他俩去崖间取蜂蜜。狡猾的吉巴留在崖上拉绳，老实的阿胜腰拴绳索下崖去取蜜。当蜜蜂拥向他俩时，曾发誓生死在一起的吉巴丢下绳索自顾逃命，危在旦夕的阿胜只好叹息 “劣伴不能当朋友”。

日里拉尼搜集、整理。载《凉山文学》（彝文版）1985年第3期，16开，1页，600余字，凉山彝族自治州文联1985年编印。（杨阿洛）

贪婪的富翁

彝族生活故事。流传于川滇大、小凉山彝族地区。讲述的是：从前，一个富翁临死前将三个儿子叫到跟前，问他死后三个儿子将怎样尽孝心。老实巴交的老大说将杀两只羊给父亲做伴，玩世不恭的老二说将把父亲抛尸野外喂野兽，和父亲一样贪婪的老幺说将把父亲的肉剔下拿到街上当牛肉卖。老富翁很赏识老幺，觉得只有老幺才是理想的财产继承人，就把财产全部给了老幺。

吉克赤且搜集、整理。载《凉山文学》（彝文版）1985年第3期。16开，2页，700余字，凉山彝族自治州文联1985年编印。（杨阿洛）

智退敌兵

彝族生活故事。流传于川滇大、小凉山彝族地区。讲述的是：瓦布勒拖地方有个小村子，住着九户人家，其中只有七个男青年能参战。这个村子里有个很富裕却没有子嗣的毕兹史体，他的冤家一直想吃掉这块肥肉，于是趁村中四个男青年外出时，耀武扬威地前来掳掠。殊不知毕兹史体已动员村里的人将各户之间的地道挖通。掳掠者到哪都碰上荷枪实弹的青年，使冤家误以为这个村里囤了好多兵，吓得不战而退。

柳库阿达搜集、整理。载《凉山文学》（彝文版）1987年第2期，16开，2页，2000余字，凉山彝族自治州文联1987年编印。（杨阿洛）

聪明的阿嘎鲁果嫫

彝族生活故事。流传于川滇大、小凉山彝族地区。讲述的是：有位智者有个女儿叫阿嘎鲁果嫫，她的聪明名扬四方。有个叫嘎嘎的兹莫很不服气，就给智者出难题，三天之内若答不出就要杀智者。智者因不知怎样回答头人兹莫的难题而招集很多老人为他解答，老人们也为不知怎样回答而焦急时，阿嘎鲁果嫫给解了难题，救了父亲的命，使头人兹莫也不得不承认阿嘎鲁果嫫的聪明。

吉祖阿体搜集、整理。载《凉山文学》（彝文版）1987年第2期，16开，2页，1600余字，凉山彝族自治州文联1987年编印。（杨阿洛）

可恨的等级内婚制

彝族生活故事。流传于川滇大、小凉山彝族地区。讲述的是：阿果和乌且分属两个不同的等级，为了爱情私奔的他俩以为有了小孩后属于上等阶级的娘家人会原谅他们，就择了吉日备了厚礼回娘家。未料狠心的娘家人收下厚礼后假惺惺地邀请乌且去赛马，结果把乌且打死在赛马场，阿果从此成了无处诉苦的寡妇。

阿育拉诺搜集、整理。载《凉山文学》（彝文版）1987年第3期，16开，2页，1300余字，凉山彝族自治州文联1987年编印。（杨阿洛）

竹拉和果果

彝族生活故事。流传于川滇大、小凉山彝族地区。讲述的是：父母早逝家境贫寒的小伙竹拉到处流浪靠给人家打短工换口饭吃，后来遇到有着不幸婚姻的果果，果果很喜欢这个英俊勤劳的小伙子，两人相爱后私奔到阿觉拉木。果果的美丽被人到处传扬，很多人慕名前来一饱眼福。当地的奴隶主垂涎果果的美貌，就把果果抢去了。竹拉冒着生命危险抢回果果，两人逃到荒无人烟的地方过上了自由幸福的生活。

罗甫学搜集、整理。载《凉山文学》（彝文版）1983年第3期，16开，5页，4500余字，凉山彝族自治州文联1983年编印。（杨阿洛）

贪财丧命

彝族生活故事。流传于川滇大、小凉山彝族地区。讲述的是：古尔是个善良的小伙，有一天和三个伙伴进山打猎，遇见一个很可怜的老头，古尔把自己的干粮全给了老头，后来老头告知他一个藏宝处。好心的古尔照老人的吩咐把装有银子的坛罐取出来，要和三个伙伴平分，三个贪心的伙伴却为了独吞这罐银子相互害命，只有好心的古尔活了下来，把财宝带回村子分给了穷人们。

马乌嘎搜集、整理。载《凉山文学》（彝文版）1985年第3期，16开，2页，1200余字，凉山彝族自治州文联1985年编印。（杨阿洛）

保管好竹筐

彝族生活故事。流传于川滇大、小凉山彝族地区。讲述的是：从前有一家人，儿媳嫌已年过九十九的老公公成了他们的负担，有一天，她叫有点傻乎乎的丈夫用一个竹筐把老人背到一个山洞里。于是丈夫照做了，等他离开山洞要返回时，老人叫他把竹筐背回去保管好，好让以后他老时，他的儿子用来背他进山洞。这时这位儿子才恍然大悟，又把老人背了回来。

佚名讲述，刘赋元收集、整理。收入《聪童秘典》（彝文版），16开，1页，300余字，凉山州卫生学校1980年编印。（土比呷呷）

不一样

彝族生活故事。流传于川滇大、小凉山彝族地区。讲述的是：从前，两个窃贼偷得了一头牛，换得许多白银后，路上看到一个正在挖地的男人就发出感慨说："这个傻瓜，只会埋头苦干，不会轻轻松松地偷牛换白银来享福。"没过多久，两个窃贼被人抓获后，被打得血流满面，且罚了许多银两才放他俩回家。他俩在返回来的路上恰巧又碰上那个男人在挖地，这时他俩又发出感慨说："要是像他一样凭力气过日子就不必这样受罪了。"

佚名讲述，罗布合机、王权等收集、整理。收入《喜德彝族民间故事》（彝文版），32开，1页，100余字，四川民族出版社1993年版。（土比呷呷）

贪吃的女人

彝族生活故事。流传于川滇大、小凉山彝族地区。讲述的是：从前有一个贪吃的女人，丈夫是个巫师。有一天丈夫在邻居家做法事，她盼着丈夫做完法事后带肉回来给她吃，她等不及，就一丝不挂地站在邻居家门口去偷看，看法事是否快做完了，正巧屁股被一只睡在门口的小牛舔了一下，她以为是吃人的老虎，而被吓一跳就跳进了邻居家。正在做法事的丈夫自知是贪吃的妻子，就将计就计，叫人拿箩筐来把她当成鬼给盖住了。

佚名讲述，罗布合机、王权等收集、整理。收入《喜德彝族民间故事》（彝文版），32开，1页，200余字，四川民族出版社1993年版。（土比呷呷）

石杆救命

彝族生活故事。流传于川滇大、小凉山彝族地区。讲述的是：从前，因债主天天向木乃讨债，于是木乃用猪尿泡装满猪血让妻子夹在腋窝里，等债主来他家讨债时，木乃做出很无奈的样子，就用石杆击中妻子，妻子满身都是血，并倒在地上装死。债主被吓坏了，害怕反要赔偿人命，于是就说："如果你能救活她，我也不再向你要债了。"于是，木乃又抱起石杆，嘴里不停地叫着"石杆救命！石杆救命……"并围绕妻子转了三圈后，他的妻子就活过来了。贪婪的债主看见后，就向木乃要了这个能救命的石杆回家。有一天，一个债主向他讨债时，他也用这石杆打死了妻子，并学着木乃的做法救妻子，可怎么也救活不了他的妻子。

佚名讲述，罗布合机、王权等收集、整理。收入《喜德彝族民间故事》（彝文版），32开，2页，800余字，四川民族出版社1993年版。（土比呷呷）

打妻烧猪

彝族生活故事。流传于川滇大、小凉山彝族地区。讲述的是：一个好吃懒做的母亲，终日游手好闲，串通毕摩欺骗丈夫，以生病为由，宰杀母猪祭祀祈福，白天她以得重病吃不下肉为由只吃了些少量的心、肝之类的烧肉，晚上偷吃猪肉被丈夫发现后，她学猫学狗叫，不料弄巧成拙，误被丈夫认为是偷吃猪肉的猎狗而被打死。

佚名讲述、记录。收入《喜德彝族民间故事》（彝文版），52开，4页，2500余字，四川民族出版社1993年版。（土比呷呷）

大家都聪明

彝族生活故事。流传于川滇大、小凉山彝族地区。讲述的是：一家新婚夫妇杀了一只鸡，在锅内煮好后，自作聪明，以出去放羊为由想等到客人走后，才返回家吃鸡肉。不料这一计谋被客人识破，等他俩以为客人已走远了返回家里，正兴高采烈地吃鸡肉时，客人才睡醒起来，正好赶上了。

佚名讲述。收入《喜德彝族民间故事》（彝文版），32开，2页，500余字，四川民族出版社1993年版。（土比呷呷）

用一个鸡蛋致富的人

彝族生活故事。流传于四川省甘洛县彝族地区。讲述的是：一个靠打工生活的少年，一天，在他的小茅屋边捡到了一个鸡蛋，他把这个鸡蛋拿到一户正孵小鸡的人家，请人帮他孵成小鸡，小鸡孵出后在他的精心喂养下，不到半年就成了一只大母鸡。后来母鸡生蛋又孵出了许多小鸡，周而复始。养鸡成功后，他又买猪来喂，养猪发展后，他又买牛来养，养牛成功后他娶了妻，并购置了土地，就这样慢慢致富，变成了富翁。

木机罗且讲述，沙光荣、呷呷尔日记录、翻译。收入《甘洛县彝族民间故事》，32开，2页，400余字，甘洛县民间文学集成办公室1988年编印。（李新渝）

土司家的羊毛枷担

彝族生活故事。流传于四川省凉山彝族自治州彝族地区。讲述的是：有一毡匠为土司擀披毡，不小心把毡子揉成一团，毡匠知道闯了大祸，他急中生智，想出办法，问土司："主人，不知主人家有无羊毛枷担？"土司说没有，毡匠向土司主人讲到，土司家没有羊毛枷担不行，那是权力和财产的象征。土司想也是如此，决定制作一条。聪明的毡匠将计就计，制出了一条羊毛枷担，但却是一条毫无用处的羊毛枷担。

莫什古日讲述，张玉梅翻译，乃古尔聪整理。收入《民间文学三套集成》（布拖县卷），16开，1页，500余字，布拖县文化体育旅游局1987年编印。（乃古尔聪）

两代人

彝族生活故事。流传于四川省凉山彝族自治州彝族地区。讲述的是：从前，有个名叫拉沙古坡的人，他很富有，为人豪爽，不仅力气大，而且是调解纠纷的能手，但有一毛病，嘴特别馋。他小时候就不同于其他小孩，在院坝里做游戏时，常以调解纠纷来做戏。长大成人，他作战勇敢，冲锋在前，撤退在后，很受人们称赞。他待客大方，常以牛、羊、猪等款待别人，他砍的坨坨肉，能吃的人要吃掉一坨，如客人吃不完，他还不高兴。他常以调解人的身份，随便到人家家里做客。如杀鸡，他总是把鸡杂、鸡爪、鸡汤都要吃干啃净，才会心满意足地回家。他有一儿子，也像父亲一样能说会道，成了调解能手，但他讨厌父亲嘴馋的毛病。别人杀猪宰羊招待他，他吃一小坨，因此，他享有"最客气的人"的称呼。

日力拉黑讲述，阿尔蒙知收集，李富根整理。收入《民间文学三套集成》（布拖县卷），16开，1页，600余字，布拖县文化体育旅游局1987年编印。（乃古尔聪）

则巴家的两条耕牛

彝族生活故事。流传于四川省凉山彝族自治州彝族地区。讲述的是：特觉拉达住着一家人，人称"则巴家"。他家养有两条耕牛，又肥又壮，邻居都很羡慕。则巴家想，自家的牛这么健壮，不需要左邻右舍的帮助了，就抱起一只鸡当众宣布："从今以后，别人不能来借则巴家的牛，谁来借，谁就像这只鸡一样死去。"他当场把鸡打死了。邻居见则巴家很得意，从此都不上他家门。事隔不久，则巴家的一条耕牛摔死了。以后，则巴家"独木不成林，单牛难耕地"。这样，他只好打了十多斤酒，厚着脸皮去求邻居。

杜里依衣讲述，莫什保日收集，阿尔蒙知、令富根、乃古尔聪整理。收入《民间文学三套集成》（布拖县卷），16开，1页，600余字，布拖县文化

体育旅游局1987年编印。（乃古尔聪）

火补阿洛

彝族生活故事。流传于四川省凉山彝族自治州彝族地区。讲述的是：古时，火补寨子里，住着一个力大无穷，武艺高强的人，名叫火补阿洛。有一天，火补阿洛到老丈人家去。老丈人见女婿来，知道他不同凡响，就把自己家牛被贼偷走的事告知女婿。火补阿洛问明方向后去追，当他追到阿子木秀这地方时，看见七个贼和牛，贼见只有一个人，都壮着胆与他较量，经过一番比试后，偷牛贼甘拜下风，只好服服帖帖地让火补阿洛捆起来。回到老丈人家，老丈人犒劳了女婿。从此，火补阿洛美名传遍四方。

阿菲阿黑讲述，莫什保日收集，阿尔蒙知、李富根整理。收入《民间文学三套集成》（布拖县卷），16开，1页，600余字，布拖县文化体育旅游局1987年编印。（乃古尔聪）

两个小偷

彝族生活故事。流传于四川省凉山彝族自治州彝族地区。讲述的是：独眼龙和豁豁嘴去偷别人家的羊，在路上，他俩商量好一个挖墙洞，一个望风。进了村，找到羊圈，挖好了墙洞，但谁都不愿进去。两人只好抓阄，结果独眼龙赢，豁豁嘴只好进去偷羊。同时独眼龙教豁豁嘴："专拣最肥的，腰背平坦的大羊。"豁豁嘴生怕忘记，钻进洞后，边摸羊边不断唠叨独眼龙教他的话，而独眼龙在外面听得很清楚，怕惊醒主人家，就在外面说："豁豁嘴，你不要说话。"人最怕揭短处，一听独眼龙喊"豁豁嘴"，豁豁嘴就大声反击说："独眼龙，你在嚷啥子。"结果两个都被抓住，吃了官司。

吉日打了讲述，阿尔蒙知收集、翻译，李富根整理。收入《民间文学三套集成》（布拖县卷），16开，1页，500余字，布拖县文化体育旅游局1987年编印。（乃古尔聪）

脑袋灵光的人

彝族生活故事。流传于四川省凉山彝族自治州彝族地区。讲述的是：过彝族年时，一个人要回丈母娘家拜年。他走进一条野兽和强盗经常出没的山沟里。这天，他遇见了三个强盗，强盗拦住他，问是否还有同路人？他明知自己是单身一人，但脑袋灵光、反应快的他，把自己随身带在身边的东西全说成是人。他说："不是一个人，跟我同路的有'阿地此子力伍让'两表兄弟（小羊羔皮口袋和袋里装的炒面）；还有'里各加罗力日力'两兄弟（剖开的猪头和陶罐里的酒），还有'力少我力巴'两老爷（拐杖和他自己）一行共六人，他们在后面，让我来探路，看看是否有野兽和强盗。"三个强盗自知要吃亏，赶快逃命去了，这个人平安到达了丈母娘家。

马惹日则讲述，阿尔蒙知收集、翻译，李富根、乃古尔聪整理。收入《民间文学三套集成》（布拖县卷），16开，1页，400余字，布拖县文化体育旅游局1987年编印。（乃古尔聪）

骗子赤普苏

彝族生活故事。流传于四川省金阳县、昭觉县。讲述的是：一个叫赤普苏的人，从小死了爸爸，只留下一个聋子妈妈。在他爸爸、妈妈都还在世的时候就在他的姑姑家说好了一门亲事。可赤普苏的爸爸死后，姑姑家看见赤普苏很贫穷，就不想让女儿嫁给他，总是跑到赤普苏家追女儿的身价钱，赤普苏在被追得无路可走的情况下，使出了各种方法和计谋来对付老丈人家的不停纠缠，最后终于把老丈人家全部收拾完蛋，赢得了老婆及老丈人家的所有财产。

毛史呷口述，年毛只日、期沙俄格收集、整理。3页，2000余字，稿存于金阳县语委。（期沙俄格）

这个粑粑该我得

彝族生活故事。流传于四川省凉山彝族自治

州彝族地区。讲述的是：有夫妇俩，烙了三个荞粑粑，早晨各吃一个，剩一个晚上吃。为了独吞这个荞粑粑，夫妇俩打赌，谁先说话就谁输。晚上，有一小偷摸进家，把值钱的东西都偷走了，夫妇俩打赌在先，谁都不吭声，半晌，妻子越想越心痛，忍不住喊了声“小偷”。丈夫大笑，说：“这个粑粑该我得。”

火莫子也讲述，阿尔蒙知收集、翻译，乃古尔聪整理。收入《民间文学三套集成》（布拖县卷），16开，1页，400余字，布拖县文化体育旅游局1987年编印。（乃古尔聪）

吃新

彝族生活故事。流传于四川省甘洛县彝族地区。讲述的是：一家老两口有个懒惰、好赌的儿子。父母相继去世后，他把田产输得一干二净。一天，几个邻近的寨子都在“吃新”（吃新米节），他盘算着同一天怎样才能吃到两家人的饭。于是，他决定到远近两户人家去“吃新”，结果当他走到路远的那家时，人家饭已吃过了。当他返回到路近的那家时，这家人的饭也吃过了。最终他垂头丧气地回到他那间破草棚里。

木乃牛哈讲述，沙光荣、呷呷尔日记录、翻译。收入《甘洛县彝族民间故事》，32开，1页，400余字，甘洛县民间文学集成办公室1988年编印。（阿布达切　李新渝）

老人该多吃

彝族生活故事。流传于四川省凉山彝族自治州彝族地区。讲述的是：有个名叫什也威石的人，家里很富裕，金银财宝满斗，粮食满仓，牛羊成群，但他又是个最馋的人。每逢吃肉或吃好的东西，总是对儿子们讲：“你们还年轻，不要争着吃，今后吃的日子还长，我老了，如不多吃点，今后再没机会了。”儿子们心里很不高兴，就想法子收拾他。有一天，儿子们放羊时，把所有羊羔都关在圈里，只把大羊子吆去放。等傍晚放羊回来时，什也威石暴跳如雷，问儿子们怎么回事，儿子们回了那句：“小羊羔还小，今后吃草的日子还长着呢。大羊老了，如不多吃点儿，今后再没机会了。”什也威石哑口无言。

陈拉土讲述，阿尔蒙知记录、翻译，李富根、乃古尔聪整理。收入《民间文学三套集成》（布拖县卷），16开，1页，400余字，布拖县文化体育旅游局1987年编印。（乃古尔聪）

聪明的女人

彝族生活故事。流传于川滇大、小凉山彝族地区。讲述的是：一家三兄弟，老大老二聪明不在正道上，而且好吃懒做，老三木讷但勤劳致富。老大老二挥霍完骗到的钱财后，企图用计将老三的粮食据为已有，受骗上当的老三在其老婆的帮助下，以其人之道还治其人之身，使老大老二狼狈而归。

贾巴比真搜集、整理。载《凉山文学》（彝文版）1987年第3期，16开，1页，1000余字，凉山彝族自治州文联1987年编印。（杨阿洛）

一个聪明的女人

彝族生活故事。流传于川滇大、小凉山彝族地区。讲述的是：从前，英雄的支格阿龙骑马遇上一位挖地的男人，问他已挖多少锄地，挖地男人无法回答，等回到家后，他的妻子教他，如果这个男人第二天还路过就反问他的马蹄已踩出多少个足迹。第二天支格阿龙返回的路上又遇上这个男人时，他用妻子教他的办法反问了支格阿龙。最后支格阿龙得知是挖地男人的妻子教他后，便跟随他去结识这位聪明的女人，可到他家后，无论用什么方法都辩不过她，支格阿龙气愤地用法术咒骂女人见识短头发长。

佚名讲述，罗布合机、王权等收集、整理。收入《喜德彝族民间故事》（彝文版），32开，

3页，1000余字，四川民族出版社1993年版。（土比呷呷）

一个“傻”姑娘

彝族生活故事。流传于川滇大、小凉山彝族地区。讲述的是：村头富翁的儿子，村尾穷人的儿子都喜欢一个心灵手巧的姑娘，并同时向姑娘提亲，姑娘选择了勤劳朴实的穷小伙，锦衣玉食的富家儿子为此大惑不解，说姑娘是个“傻子”，姑娘和穷人的儿子结婚后相亲相爱过了一辈子。

赤惹罗西搜集、整理。载《凉山文学》（彝文版）1983年第2期，16开，2页，1200余字，凉山彝族自治州文联1983年编印。（杨阿洛）

一个买布的男人

彝族生活故事。流传于四川省布拖县彝族地区。讲述的是：从前有一个男人，妻子叫他去买最好的布回家准备给他制裤子，他在集镇里千挑万选，最终把纸当成最好的布买回家，在返回途中过河时纸掉进河里，结果空手而归。讽刺了该男人的愚昧无知。

吉木阿史讲述，贾斯拉核记录。收入《所地民间故事》（彝文版），32开，4页，2100余字，四川民族出版社1991年版。（贾斯拉核）

一个孤儿的日子

彝族生活故事。流传于川滇大、小凉山彝族地区。讲述的是：从前，有一个名叫约呷的孤儿，因贫穷而使包括他的亲舅舅在内的许多亲人都嫌弃他，他自已也对生活失去了信心。就在这时，好心的邻居嫂百般地开导他、教育他：人要勤俭，要有克服困难的决心和勇气，要有坚强的信念；不要对生活失去信心，只有靠自已的双手才能创造幸福。约呷从此振作精神，按照邻居嫂的教导，日子一天比一天过得好，又得到神灵相助，在一次偶然的机会里，他在阿吾书布的坟墓上挖出了无数的白银，用白银换得了许多的良田及无数的牛羊，娶了一位聪明、贤惠的姑娘为妻，从此，过上了幸福的生活。

佚名讲述，日伍合记录。收入《彝族尔比克哲和故事》（彝文版），32开，6页，2500余字，喜德县文教局、语委1980年编印。（土比呷呷）

一个耕者的故事

彝族生活故事。流传于川滇大、小凉山彝族地区。讲述的是：一个只知道狠命地使役不知体恤耕牛的人，有一天正在用鞭子狠抽倒在垄沟里的瘦骨嶙峋的老牛，不管老牛怎样哀求都不停手，正在发疯似的一边骂一边抽打老牛时，他的厄运接踵而至，先是火烧房子，孩子被烧死，后是衣食来源之一的耕牛也死了。正当他痛不欲生时，放猪的小孩告诉他，这就是他残暴的报应。

阿育木体搜集、整理。载《凉山文学》（彝文版）1985年第3期，16开，5页，3700余字，凉山彝族自治州文联1985年编印。（杨阿洛）

一个买蜂糖的男人

彝族生活故事。流传于四川省昭觉县彝族地区。讲述的是：在很久以前，彝族男人憨，妇女聪明，男人不出门，不懂汉语，不知汉族风俗。因此，男人与外界联系和接触相当困难。讲了一个男人上街买蜂蜜，却因不懂汉语而造成许多困难的故事。告诉人们在长期的互相往来中，要互相学习语言和风俗习惯，以便相互交流的道理。

阿牛木呷等讲述，贾斯拉核记录。收入《所地民间故事》（彝文版），32开，2页，1400余字，四川民族出版社1991年版。（贾斯拉核）

一个撒谎的男人

彝族生活故事。流传于川滇大、小凉山彝族地区。讲述的是：从前有一个懒惰又爱撒谎的放牧男人，他常常以晚上去追赶来羊圈叼羊的狼感觉很疲倦为由，白天经常赖在家中偷懒，只让牧童去放牧，结果诡计被聪明的牧童们识破。有天晚上牧童们聚集在一起，等这个爱撒谎的放牧男人睡熟后，把这个男人同他的睡床一起抬到水沟边，男人始终未察觉，等第二天醒来后，他才知道自己的谎言被识破。从此，这个爱撒谎的放牧男人再也不好意思撒谎了。

佚名讲述。收入《喜德彝族民间故事》（彝文版），32开，3页，1300余字，四川民族出版社1993年版。（土比呷呷）

一个甲状腺肿的女人

彝族生活故事。流传于四川省普格县彝族地区。讲述的是：一个身患甲状腺肿的女人，因状腺肿太大，头不能往下看，连自己的小孩是否在吃奶都看不见。反映该病对人类的危害性，同时也反映出此患者因病情严重而失去了知觉。

吉木阿各讲述，贾斯拉核记录。收入《所地民间故事》（彝文版），32开，2页，1100余字，四川民族出版社1991年版。（贾斯拉核）

傻儿背麂子皮

彝族生活故事。流传于川滇大、小凉山彝族地区。讲述的是：一个傻子，妻子叫他去种荞子时，他却挖了很深的洞来种荞子，过些日子，妻子叫他去看荞子是否长出来时，却捡到了一只掉进洞内的麂子，他以为这就是长出来的荞子而把它背回了家。等吃肉时妻子叫他给婴儿喂点麂子汤，他却烫死了儿子。伤心之余，妻子叫他去把死去的儿子埋藏时，他却只埋了包裹，婴儿死尸掉在路上他也未发觉。后来妻子叫他去取回挂在树桩上的麂子皮时，他却连树桩一起拔而拔不动……真叫妻子哭笑不得。

佚名讲述。收入《喜德彝族民间故事》（彝文版），32开，2页，900余字，四川民族出版社1993年版。（土比呷呷）

傻子做生意

彝族生活故事。流传于川滇大、小凉山彝族地区。讲述的是：有个傻子要去赶场，老婆指着初三的月亮叫买月亮一样弯弯的梳子。半个月过去傻子才记起买梳子，于是比着圆圆的月亮买了镜子，拿回家妻子一看镜子以为是丈夫带回一个女人而大哭大闹时，婆婆出来看，一看镜中有一老妪，以为儿子另找了个妈大哭大闹。最后见多识广的老头平息了这场风波。

俄尼乌嘎嫫搜集、整理。载《凉山文学》（彝文版）1982年第3期，16开，2页，1100余字，凉山彝族自治州文联1982年编印。（杨阿洛）

憨人做生意

彝族生活故事。流传于四川省普格县彝族地区。讲述的是：一个从没读过书，什么见识也没有的男子经妻子同意出门做生意，但他把生意做亏了，就要返家的时候，他想起妻子给他交代过买把梳子回去，但不知梳子的形状，便比着天上十五月亮的样子买了面镜子回去，妻子虽然是个聪明的人，但她从来没有见到过镜子，她把在镜子里的自己认为是另一个女人，怀疑她的老公在外另寻新欢而大吵大闹，最后老丈人平息了此事。

吉克日古等讲述，李民记录。收入《彝族民间故事选（一）》（彝文版），32开，3页，700余字，四川民族出版社1982年版。（贾斯拉核）

男人吓男人

彝族生活故事。流传于川滇大、小凉山彝族地区。讲述的是：从前有两个盗贼偷了一只羊，其中有一个比较狡猾，叫另一个窃贼爬到树上放哨，自己却在地上烧肉吃，因贪吃被烫伤就大叫一声。放哨的盗贼认为失主找来了就下来拼命地跑，烧肉的盗贼也以为失主已找来就拼命跟着跑，结果虚惊一场，刚到手的羊肉被人捡走了。

佚名讲述。收入《喜德彝族民间故事》（彝

文版），32开，3页，1500余字，四川民族出版社1993年版。（土比呷呷）

鬼撵毕摩

彝族生活故事。流传于川滇大、小凉山彝族地区。讲述的是：一位有名的毕摩认为鬼撵自己而被吓得失魂落魄，第二天他却到处造谣，说他看见鬼了，并说鬼长得如何吓人，但被他的法术制伏之类的谎言，却不知道原来是因未能治好病人的病而被该病人的母亲所戏弄，病人的母亲在半夜里扮成鬼来吓唬他。

佚名讲述。收入《喜德彝族民间故事》（彝文版），32开，2页，800余字，四川民族出版社1993年版。（土比呷呷）

土司为什么不当毕摩

彝族生活故事。流传于四川省金阳县和昭觉县彝族地区。讲述的是：古时候，有位土司名叫子毕古曲，他当毕摩并经常骑着一匹马往来于云、贵、川三省，专门做法医治病人。但走遍了三个省，都没有一个姑娘瞧得起他。后来有一年，他骑着马经过阿呷勒托的时候，有位名叫地史补曲的姑娘坐在路边等着他来求婚，并提出一个条件，叫他不要再当毕摩，让黑彝和白彝去当。子毕古曲为了自己的婚姻和面子，从此就不当毕摩了，所以，现在凉山地区没有土司当毕摩的规矩。

毛史呷口述，年毛只日、期沙俄格收集、整理。1页，500余字，稿存金阳县语委。（期沙俄格）

鸳鸯井

彝族生活故事。流传于贵州省纳雍县昆寨乡一带彝族地区。讲述的是：木柯和阿倩从小青梅竹马，相互爱慕，却遭土司老爷的横刀夺爱。土司一边给木柯出难题，一边强抢阿倩成亲。正在这时，勇敢的木柯用大恶蜂锥死了土司及其狗腿子，背着阿倩逃到山中，并在他俩常相会的鸳鸯井成了亲，从此过上幸福美满的生活。

熊自修讲述，袁化鹏记录。收入《中国民间文学集成资料·贵州省毕节地区·纳雍民间故事》，32开，8页，3600余字，纳雍县民间文学集成编委会1988年编印。（罗德显）

吐鲁布娶亲

彝族生活故事。流传于贵州省大方县百纳、六龙等乡镇一带彝族地区。讲述的是：吐鲁布不畏艰险，执着追求美好爱情、幸福生活的过程。吐则妥彝王的三个儿子先后去阿则勒家娶亲，大哥、二哥都知难而退，三弟吐鲁布却不畏艰险，一路过关，最后和阿则勒结为恩爱夫妻，并继承了王位。

李光如讲述，李光平记录、翻译。收入《中国民间文学三套集成·贵州省毕节地区地直卷》，32开，8页，5000余字，毕节地区民间文学集成编委会1988年编印。（罗德显）

阿笃竹俄娶妻

彝族生活故事。流传于贵州省威宁彝族回族苗族自治县板底乡一带彝族地区。讲述的是：好心的媒人为年过四十的阿笃竹俄提亲，并对姑娘夸小伙如何英俊、勤劳、能干。因此如花似玉的姑娘就在未见过面的情况下嫁给了阿笃竹俄。三天后，送亲的人和客人都散了，唯有一个老头未走，姑娘忙招呼他坐下，并叫他大爷，用麦炒面接待他，她认为自己的丈夫送客人未归。谁知这位“大爷”一边搅炒面，一边自言自语道：“别人搅炒面是往右搅，我阿笃竹俄搅炒面是往左搅。”姑娘知道自己上当受骗后放声大哭，阿笃竹俄也哭诉自己不幸的一生，姑娘深感同情而对他渐渐产生了感情，伴随他度过了幸福的一生。

王贵洁讲述，鸿蒙几朵记录、翻译。16开，2页，1000余字，未刊稿。（罗德显）

择丈夫

彝族生活故事。流传于贵州省赫章县可乐乡、河镇乡一带彝族地区。讲述的是：一个老醉汉把女儿先后许给屠户、裁缝、庄稼汉。一天，三人同时上门提亲，姑娘以咏诗了解他们身份后决定嫁给庄稼汉。

罗正忠讲述、翻译，李文汉记录。收入《中国民间文学三套集成·贵州省毕节地区地直卷》。32开，2页，700余字，毕节地区民间文学集成编委会1988年编印。（罗德显）

苦学的人

彝族生活故事。流传于贵州省赫章县妈姑镇、兴发乡一带彝族地区。讲述的是：年幼的藻芝，父母双亡后，只好一边割草卖一边到学堂偷听老师讲课，常遭学生们的讥讽。他在一位好心先生的帮助下考了秀才，且名列第一。在金钱与美女的面前，他依然选择苦读，使曾经讥讽他的人无颜以对。

罗明妹讲述，张华仙记录、翻译。收入《中国民间文学三套集成·贵州省毕节地区·赫章县卷·彝族》，32开，3页，1000余字，赫章县民间文学集成编委会1988年编印。（罗德显）

三子学艺

彝族生活故事。流传于贵州省赫章县六曲河镇一带彝族地区。讲述的是：三兄弟小时父亲被财主打死，母亲被抢走。年幼的三兄弟学成一身武艺回乡杀死财主，将母亲连同被抢去的妇女们全救了出来。他们为民除了害，使得百姓安居乐业。

陇震仙讲述，陇震学记录、翻译。收入《中国民间文学三套集成·贵州省毕节地区·赫章县卷·彝族》，32开，3页，1000余字，赫章县民间文学集成编委会1988年编印。（罗德显）

姑爷巧答富岳父

彝族生活故事。流传于贵州省黔西县一带彝族地区。讲述的是：三个姑爷一起给岳父祝寿，可岳父很看不起第三个姑爷，便有意让其出丑，于是叫他们三人吟诗作对助兴，大姑爷、二姑爷家境好，读过书便轻而易举地作了诗，三姑爷家穷，不识字，沉默一会儿才突然说：“你扯我出头，我扯你出头，不扯两出头，卷起不出头。”岳父问是什么意思，三姑爷说：“是岳父岳母送我们结婚用的被子短了。”岳父顿时无地自容。

陈启华讲述、翻译，谢国华记录。收入《中国民间故事集成·贵州省毕节地区·黔西县卷》，32开，1页，500余字，黔西县民间文学集成编委会1988年编印。（罗德显）

急性子的人

彝族生活故事。流传于贵州省赫章县妈姑镇一带彝族地区。讲述的是：一个扛着磨担钩去卖的年轻人，不慎碰到自己的头，于是用脚去踢磨担钩，可又把脚趾碰破了，一气之下，把磨担钩扛起砸进洞，更糟糕的是磨担钩的弯钩挂住了他的脖子，连人带钩掉进了洞里，最终自己害自己。教育人们遇事要沉住气，要三思而后行。

文秀林讲述，张华荣记录、翻译。收入《中国民间文学三套集成·贵州省毕节地区·赫章县卷·彝族》，32开，1页，400余字，赫章县民间文学集成编委会1988年编印。（罗德显）

浪子回头是个宝

彝族生活故事。流传于贵州省赫章县毛姑乡一带彝族地区。讲述的是：珠泼从小调皮捣蛋，人们都不喜欢他。他十岁那年，父母双亡，沦为孤儿。从此更是偷盗成性，左邻右舍不得安宁，人们见了他就像见到毒蛇一样害怕。珠泼在家待不下去了，只好到处去流浪。在流浪的日子里他通过反省，渐渐改邪归正，变成一个好人，从此，这里的乡亲视他为亲人，并帮助他娶了个美丽的妻子，从此，过上了平静而幸福的生活。

王国顺讲述，文道贤记录、翻译。收入《中国民间文学三套集成·贵州省毕节地区·赫章县卷·彝族》，32开，4页，2000余字，赫章县民间文学集成编委会1988年编印。（罗德显）

哭朋友

彝族生活故事。流传于贵州省赫章县恒底村一带彝族地区。讲述的是：张某和王某常年在外做小生意，后来亏本无钱吃饭，二人只好分头去寻找食物。张某看见一家办丧事，了解情况后，跑进去哭得死去活来，声称自己是死者生前好友，得到热情款待，走时得到许多食物。王某得知后盼望着这样的机会，果然有一天，他看见一家人办丧事，没了解情况就跑进去大哭，也声称自己是死者生前好友，结果被打得鼻青脸肿，原来这位死者是个女的。

王怀举讲述、翻译，胡洪礼记录。收入《中国民间文学三套集成·贵州省毕节地区·赫章县卷·彝族》，32开，2页，800余字，赫章县民间文学集成编委会1988年编印。（罗德显）

糊涂的祖摩

彝族生活故事。流传于贵州省赫章县妈姑镇一带彝族地区。讲述的是：爱算计的祖摩为了既能剥削百姓，又能给自己留个善良清白的名声，叫管家把一千八百石苞谷和一千二百石小米混合，充当三千石苞谷借给穷人，来年收三千石纯苞谷。表面看是没有利息，实际打的算盘是小米的价没有苞谷贵，谁知全借出后一算只有一千八百石苞谷，小米全跑到苞谷间的空处去了，祖摩后悔莫及。

芏九妹讲述，张华荣记录、翻译。收入《中国民间文学三套集成·贵州省毕节地区·赫章县卷·彝族》，32开，1页，500余字，赫章县民间文学集成编委会1988年编印。（罗德显）

傻子敬土司

彝族生活故事。流传于贵州省威宁彝族回族苗族自治县、赫章县等彝族地区。讲述的是：有个农民花了很长时间剥了一升酸杨梅核仁，耐心晒干后同自己的粮租一起送给土司。他认为土司高兴就会免掉自己的粮租，土司吃了梅仁感觉很香，就命这个农民以后每年都要交一升杨梅核仁，但是粮租仍然每年如数上交。如此一来这个农民还连累了他的后代，真是自讨苦吃，后悔莫及。

李永才记录、翻译。收入《彝族民间故事》，32开，1页，200余字，贵州省毕节地区文化局、民委1986年编印。（罗德显）

智妇巧治憨男人

彝族生活故事。流传于贵州省赫章县达依乡海马姑一带彝族地区。讲述的是：巧妇请男人们薅秧，便有意用反语刺激他们的好奇心，叫他们别把杂草除尽，否则巧妇自己会奇痒难忍，男人们听后想捉弄她而把杂草除得很干净，晚饭时男人们才知被巧妇蒙骗。这年，巧妇因此而获得好收成。

陈长妹讲述、翻译，赵勇记录。收入《中国民间文学三套集成·贵州省毕节地区·赫章县卷·彝族》，32开，2页，500余字，赫章县民间文学集成编委会1988年编印。（罗德显）

懒媳妇

彝族生活故事。流传于贵州省威宁彝族回族苗族自治县、赫章县等彝族地区。讲述的是：有个懒得出奇的人，自嫁到夫家后常装病在家，公婆和丈夫上山干活，她就在家做好东西吃。冬天家里的柴全被她烧光了，她把公婆的床也砍烧了。丈夫一气之下把她赶出家门，最后这个懒媳妇被饿死在岩洞里。

龙翔讲述，张华荣记录、翻译。收入《中国民间文学三套集成·贵州省毕节地区·赫章县卷·彝族》，32开，2页，1000余字，赫章县民间文学集

成编委会1988年编印。（罗德显）

三个懒媳妇

彝族生活故事。流传于贵州省威宁彝族回族苗族自治县板底乡等地彝族地区。讲述的是：三个很懒的媳妇，懒得各有各的特色，第一个懒得去吃，别人把吃的做好，只要离她远点都懒得吃，最后只有饿死。第二个懒得去做，与公公一起割麦子，懒得弯腰，便把公公后面的麦铺子移到自己身后谎称自己割的，天黑了，老人叫把自己割的麦子背回家，懒媳妇懒得背，就又赶紧把麦铺子全移到公公后面。第三个好吃懒做，丈夫出去干活，装病在家的她就起来做好吃的，丈夫回家后她又装病。丈夫知道真相后便把她休回了娘家。反映了勤劳光荣，懒惰可耻。彝家人把这些故事代代相传，教育后人。

李永才记录、翻译。收入《彝族民间故事》，32开，3页，1200余字，贵州省毕节地区文化局、民委1986年编印。（罗德显）

三把豆子

彝族生活故事。流传于贵州省威宁彝族回族苗族自治县、赫章县等彝族地区。讲述的是：有个老人把三把豆子平均分给三个儿媳收着，叫她们三年后拿豆子来看。三年后，大儿媳的豆子年年播种大丰收，二儿媳的豆子放箱子里被虫蛀成一团，三儿媳的豆子早在三年前就被她烤吃了。老人看大儿媳有本事，就让她掌管家业。

罗顺妹讲述，张华仙记录、翻译。收入《中国民间文学三套集成·贵州省毕节地区·赫章县卷·彝族》，32开，2页，500余字，赫章县民间文学集成编委会1988年编印。（罗德显）

巧媒婆

彝族生活故事。流传于贵州省赫章县可乐乡一带彝族地区。讲述的是：一个能说会道的媒婆专为人做媒，有一次，她为一个男跛子介绍了一个女驼背，相亲那天，媒婆安排女的抱个坛子坐路边，男的骑马过路，两个都表示满意。等到择期接亲时，双方都看到了对方的缺点，媒婆说他俩才是天造地设的一双。

王德付讲述、翻译，周云峰记录。收入《中国民间文学三套集成·贵州省毕节地区·赫章县卷·彝族》，16开，3页，1500余字，赫章县民间文学集成编委会1988年编印。（罗德显）

神梦

彝族生活故事。流传于贵州省威宁彝族回族苗族自治县、赫章县等彝族地区。讲述的是：三个女婿一同回岳父家拜年，两个大姨夫得到善待，三女婿却受非人之礼，于是有意捉弄岳父和两个大姨夫。最终以自己能做“神梦”而名扬四方，得到岳父和皇上的赏识而过上富裕的日子。

安国正讲述、记录并翻译。收入《中国民间文学三套集成·贵州省毕节地区·赫章县卷·彝族》，32开，5页，2000余字，赫章县民间文学集成编委会1988年编印。（罗德显）

千里送鹅毛

彝族生活故事。流传于贵州省赫章县可乐乡一带彝族地区。讲述的是：皇帝在寻找十年前被自己丢掉的儿子时，途中因饥饿而向送饭给丈夫的妇女要饭吃，妇女没说什么就把饭给了他，这时在山上干活的丈夫也因饥饿而往回走，正好看见妻子从不认识的男人手中接过空砂罐，于是拉住妻子一顿毒打。皇帝卫兵过去问，妻子却说：“我丈夫是怪我为什么不把你们请进屋而在路边用冷饭接待，所以才打我。”皇帝听到后很受感动，便将金腰带赠给了这对夫妇。临走前，这对夫妇想把家中唯一的一只鹅送给皇帝，可当晚鹅就被偷了，只剩下一片鹅毛，只好把鹅毛送给皇帝，皇帝很高兴地说：“千里送鹅毛，礼轻情意重。”两年后皇帝的儿子找到了并继承了皇位，于是把抚养自己成长的老人和用饭救过父皇的夫妇接进宫内。

雷贤中讲述、翻译，周堂文记录。收入《中国民间文学三套集成·贵州省毕节地区·赫章县卷·彝族》，32开，3页，1000余字，赫章县民间文学集成编委会1988年编印。（罗德显）

剥羊皮

彝族生活故事。流传于贵州省赫章县妈姑镇一带彝族地区。讲述的是：吴三桂攻打水西后，商人大量进入乌蒙彝区收购羊皮，为了牟利，有些羊贩子偷人家绵羊活剥皮。有个羊贩子晚上光着身子去羊圈中偷剥别人家羊皮，不慎一脚踏翻一坛辣酱，脚也被砸断了，满坛辣酱倒在他身上，羊闻到盐味就一拥而上，把盗羊贼啃个半死。害人终害已。

龙翔讲述，张华荣记录、翻译。收入《中国民间文学三套集成·贵州省毕节地区·赫章县卷·彝族》，32开，2页，500余字，赫章县民间文学集成编委会1988年编印。（罗德显）

怕耗子

彝族生活故事。流传于贵州省毕节市、威宁彝族回族苗族自治县、赫章县等彝族地区。讲述的是：傻姑爷一路甩着扁担走，碰巧打死了一只野鸡，不愿割草的他提着野鸡去“孝敬”老岳父，吃饭时他点滴不沾，说自己常吃野味厌了，睡到半夜他想喝床前那半罐野鸡汤，抬鼎罐喝汤时套住了头，岳母问其何故？他说是怕耗子。

熊吉英讲述，陈大进记录、翻译。收入《中国民间文学三套集成·贵州省毕节地区地直卷》，32开，2页，1000余字，毕节地区民间文学集成编委会1988年编印。（罗德显）

肚子痛

彝族生活故事。流传于贵州省赫章县妈姑、珠市、雉街等乡镇彝族地区。讲述的是：一个姑娘在娘家时因不认真学刺绣、织布，被前来迎娶的丈夫知道后，以“肚子痛”为由，赶紧走人而拒绝了她。从此，彝家姑娘为了吸取前人的教训，个个挑花绣朵，贤惠勤劳。

文三姐讲述，张华荣记录、翻译。收入《中国民间文学三套集成·贵州省毕节地区·赫章县卷·彝族》，32开，1页，500余字，赫章县民间文学集成编委会1988年编印。（罗德显）

肚饥

彝族生活故事。流传于贵州省纳雍县阳长镇一带彝族地区。讲述的是：有个皇帝吃厌了山珍海味，便告示谁能送好吃的东西来，就给金镊和官位。叫花子知道后前来送“肚饥”，但要求皇帝与其在一黑屋子里三天不能进食，也不能告知人，否则会变味，三天后一钵稀饭被皇帝吃个精光，且认为是世界上最好吃的东西。

杨正华讲述，陈学明记录、翻译。收入《中国民间文学三套集成·贵州省毕节地区地直卷》，32开，2页，700余字，毕节地区民间文学集成编委会1988年编印。（罗德显）

从三斤到三百

彝族生活故事。流传于贵州省晴隆县碧痕镇彝族地区。讲述的是：一对贫穷的彝族老夫妇，老年时才生了一男孩，男孩生下来只有三斤重，故取名为“三斤狗”。由于家境贫寒，左邻右舍看不起，侄儿侄媳也不尊重他。三斤狗年过三十五才娶一逃荒妇女生了子，儿子渐渐长大，便外出闯荡，父亲在家仍然被人欺负。三五年过去了，儿子带兵扛枪回家探亲，左邻右舍都来看他有出息的儿子，连昔日直呼三斤狗的侄儿侄媳也突然改口称“三伯”。三斤狗感觉到了人世间的温暖，一夜间自己从“三斤”长到了“三百（伯）”。

李安国讲述，靳龙俊记录，李安国翻译。收入《中国民间文学集成·贵州彝族回族白族故事

选》，32开，3页，1000余字，贵州民间文学集成办公室1993年编印。（罗德显）

射俄

彝族生活故事。流传于贵州省威宁彝族回族苗族自治县板底、龙场等乡镇和赫章县姑妈、珠市、雉街等乡镇彝族地区。讲述的是：射俄幼时父亲就被阿思打死，便跟两眼已哭瞎的母亲相依为命。长大后足智多谋的射俄除掉作恶多端的阿思，为父报了仇，为民除了害，从此百姓安居乐业。

阿铺腮热讲述，张华荣记录、翻译。收入《中国民间文学三套集成·贵州省毕节地区·赫章县卷·彝族》，32开，11页，6000余字，赫章县民间文学集成编委会1988年编印。（罗德显）

大土司沙家

彝族生活故事。流传于贵州省纳雍县田坝村一带彝族地区。讲述的是：沙土司遇一精通地理的阴阳先生而得宝地埋祖先，而阴阳先生为其看宝地后双目失明，起初沙土司一家对先生还照顾周到，可日子久了便对其不管不问，甚至叫其干苦活。徒弟得知师父遭人虐待，就有意说沙家祖坟好是好，但还差那么丁点，于是，趁土司请他帮忙时，改变了沙土司家祖坟向，破坏了土司家仙鹅抱蛋宝地，然后背着师父溜走了。沙土司一家从此就衰败了。

王吉顺讲述，王瑞尧记录、翻译。收入《中国民间文学集成资料·贵州省毕节地区·纳雍民间故事》，32开，4页，2000余字，纳雍县民间文学集成编委会1988年编印。（罗德显）

人为什么要吸烟

彝族生活故事。流传于贵州省赫章县兴发、雉街等乡镇彝族地区。讲述的是：一对青年男女相爱至深，形影不离，不料姑娘因病而亡，小伙子茶饭不思跑到姑娘坟上痛哭。日长月久，坟上长出一种草，他把草拔下来，无意间把草放在嘴里嚼，顿觉忧愁消了许多。从此，这种草成了人们解闷消愁的烟草。

李明才讲述，杨光勋记录、整理。收入《中国民间文学三套集成·贵州省毕节地区·赫章县卷·彝族》，32开，1页，500余字，赫章县民间文学集成编委会1988年编印。（罗德显）

不许怀疑

彝族生活故事。流传于四川省凉山彝族自治州彝族地区。讲述的是：从前有弟兄三人，大哥、二哥好吃懒做，生活困难，三弟勤俭劳动，日子富裕。大哥、二哥约起来算计三弟。他们约定打赌，比赛说谎话，谁要是不相信谎话，谁就输了，就拿出粮食来给胜者。结果大哥、二哥都说了谎话，并表示相信这谎话。大哥、二哥就说三弟输了，要他给他俩每人二石五斗粮食。三弟的媳妇特别聪明，当大哥、二哥去他家背粮食时，她说了一句更大的谎话，大哥、二哥没注意，说了“不相信”的话，三弟媳妇马上指出大哥、二哥也输了，不给他们粮食了。

达足木呷讲述，沙马伍哈翻译，谭绍宾、方赫整理。收入《彝族民间故事选》，32开，4页，2700余字，上海文艺出版社1981年版。（阿南）

扔父亲的儿子

彝族生活故事。流传于四川省凉山彝族自治州彝族地区。讲述的是：从前有个老人，年老体衰，不能干活。他儿子认为他是废物，不中用了，便用背篼把他背到山沟里，准备让洪水冲走。这时，老人对儿子说，你扔掉我就是了，可千万别把背篼扔了。儿子问留着背篼有什么用，老人说，等你老了，你的儿子还要用它背你扔到山沟里呢。儿子听后，认识到自己的错误，便把老父亲背回家中。

吉吉打咪讲述，沈伍已口译，萧崇素记录、整理。收入《彝族民间故事选》，32开，1页，600余字，上海文艺出版社1981年版。（阿南）

悬崖下有金银

彝族生活故事。流传于四川省凉山彝族自治州彝族地区。讲述的是：从前有个孤儿，父母遗留给他的财产只有一间破屋和一块土地。但他辛勤劳动，庄稼长得很好。奴隶主见了眼馋，硬说孤儿的父亲曾经向他借了几十两银子，要孤儿用土地抵债。孤儿的土地和庄稼就这样被奴隶主夺去了。孤儿为生活下去，又到远处的山林边开荒。经过一个冬天的辛勤劳动，开了一块荒地。奴隶主又借口说山林边的荒地也是他家的，又把孤儿开的荒地占去了。孤儿没有办法，只好去森林中采药，运到汉族地区换来了很多盐和布匹。奴隶主见了，忙查问孤儿从哪里弄来的盐和布匹。孤儿想了一个办法报复奴隶主，他说盐巴和布匹是从悬崖下一个山洞里取来的，那里面还藏有许多金银财宝。奴隶主便要孤儿带他去取金银财宝。孤儿领奴隶主来到一个悬崖边，指着下面一个深不见底的山洞说："就是那里面有财宝。"奴隶主得宝心切，顾不上细看，便纵身向山洞里跳去，摔死在万丈深渊中。

里来叶古讲述，沈伍已翻译，胡云、江村整理。收入《彝族民间故事选》，32开，5页，3300余字，上海文艺出版社1981年版。（阿南）

驴子蛋

彝族生活故事。流传于四川省凉山彝族自治州彝族地区。讲述的是：从前有个大黑彝头人，看见一个生意人的一头又高又大的驴子，十分羡慕。他听说大驴子是从大山那边买来的，便带着银子去买驴子。他翻了99座大山，过了99条大河，还没有见到驴子的影子。两个奴隶见头人想驴子入迷，便打扮成生意人，将两个大葫芦送到大黑彝头人面前，说这是两个驴蛋，再过66天，就会孵出两头驴子来。大黑彝头人不认识葫芦，信以为真，就用330两银子买了。他把两个"驴蛋"带回家，小心翼翼地收藏起来。哪知快到日期了，并未见孵出驴子来，竟变成了两堆牛粪似的东西。大黑彝头人埋怨是他的女人去看了驴蛋，破了戒，一巴掌把女人打下悬崖摔死了。

哈娜克已讲述，新克记录、整理。收入《彝族民间故事选》，32开，11页，7400余字，上海文艺出版社1981年版。（阿南）

万担坪

彝族生活故事。流传于四川省凉山彝族自治州彝族地区。讲述的是：从前有个叫沙马加加的青年人，不爱劳动，总想碰上好运得到财物。他听说万担坪地下埋有很多金银，便带着锄头和干粮去挖金银。不知翻了多少架大山，跨了多少条大河，还没有找到地下埋有金子和银子的万担坪。他的干粮吃完了，便去找路边一个庄稼老人借粮。老人对青年人说，如果你有耐心的话，请你跟我一起种一季庄稼，秋后打来粮食再借给你。青年人别无办法，只好耐着性子跟老人一块种庄稼，秋后果然收获了好多苞谷。老人指着院中的一大堆苞谷对青年人说："这儿就是万担坪，你看那不是金子和银子吗！"

佚名讲述，李华松搜集、整理。收入《彝族民间故事选》，32开，2页，1300余字，上海文艺出版社1981年版。（阿南）

衣布拉惹的灭亡

彝族生活故事。流传于四川省凉山彝族自治州彝族地区。讲述的是：沙玛土司衣布拉惹生性残暴，常常横征暴敛，虐待百姓，但他又很强壮，能箭穿两人，刀劈二树。百姓都想起来反抗，但因一个老勒谷反对，这事就压下了。有一天，土司为一根熟猪蹄的赏赐侮辱了老勒谷，这老人也愿意跟众人一起造反了，还献策动员看马奴隶和土司的女奴割断土司的弓弦，锯断他的矛杆，取下他的矛头，用木刀换掉了他的宝刀，然后大家集合队伍向官寨杀去。土司上碉楼抵御，哪知他的兵器全不中用了，就被众人砍成了肉泥。土司家的势力从此再也兴盛不起来了。

佚名讲述、记录。收入《中国少数民族文学》，32开，1页，500余字，湖南人民出版社1983年版。（阿南）

奴隶与主子

彝族生活故事。流传于四川省凉山彝族自治州彝族地区。讲述的是：阿猛、阿碧两兄妹的父母去世后，照规定须到奴隶主家顶替父母做奴隶。他们在主子八旦可牛家中过着非人的生活。奴隶主天天要提防他们为含冤死去的父母报仇，再加上阿猛生得体格魁伟，力大无边，常常凭自己的聪明和臂力使奴隶主吃亏，让娃子们得益，所以奴隶主非常恨他，决心暗中设下陷阱把他杀死，但每次都因他的聪明勇敢而失败。最后一次，阿猛为了避开奴隶主的毒计，不得不往深山逃走了。妹妹阿碧十分悲伤，便到深山老林里去寻找哥哥，奴隶主在后面跟踪，结果撞破了马蜂窝，踏进了毒蛇群，跌下悬崖摔死了。

佚名讲述、记录。收入《中国少数民族文学》，32开，1页，300余字，湖南人民出版社1983年版。（阿南）

皇帝女儿饭

彝族生活故事。流传于四川省凉山彝族自治州彝族地区。讲述的是：彝区原来没有玉米，种玉米是由金阳县阿打家开始的。原来阿打常到一个汉族朋友家做客，朋友用玉米烤馍款待他。他觉得好吃，就讨了一大捆玉米穗子回去。但种后不发芽，他就去问他的汉族朋友。汉族朋友送他许多玉米种子，还教他栽种的方法。第二年玉米丰收，家人非常高兴。当剥玉米时，看见它有无数层外衣，他们就认为这是它高贵和好吃的原因。因为彝族风俗认为披毡越多的越富有，越高贵，玉米既然有这么多层外衣，当然也是最富有、最高贵的了。因此，他们常常把玉米叫“皇帝女儿饭”。

佚名讲述、记录。收入《中国少数民族文学》，32开，1页，500余字，湖南人民出版社1983年版。（阿南）

傻子和聪明的朋友

彝族生活故事。流传于四川省喜德县彝族地区。讲述的是：从前有一个傻瓜，在山上找到一块很大的黄金。他将这块黄金敲下一点来拿给他的一位聪明的朋友看。“你知道这是什么东西吗？我在山上得到一大块。”“我知道，这是黄金，你在哪里得到的呢？”“这真是黄金？那山上还有好大一块呢！我们俩是好朋友，我们一起去拿就是了。”聪明的朋友听了很高兴，同意了。一天，他们俩一起到山上找到那块黄金，把它埋在一棵大树下，准备到需要时再使用。那聪明的朋友是一个贪财的人。几天以后，他偷偷地将黄金挖出来，换了一个地方，然后对傻瓜说：“那块黄金被你悄悄地取走了吗？”傻瓜也真傻，他不为丢失黄金而着急，而是为自己申辩道：“我哪会去偷呢？如果我去偷的话，当初就不会约你一起去拿了。”聪明的朋友想独吞那块黄金，他想出一条毒计，先得给傻瓜加上一个偷的罪名，再借官府的手把傻子杀掉，于是他把傻子扭到官府里去。那当官的询问了黄金的来历、丢失的经过以后，说：“你们两个先回去，等我弄明白以后再说。”聪明的朋友说：“老爷，你不信，我们去问那株大树好了。”当官的表示同意，并约定了日期。聪明的朋友回到家里以后，和他的父亲说：“官府要来审问那棵大树，到了那一天，你先藏进树洞里，就说黄金是被傻瓜偷去了。”到了约定的那一天，成百上千的人都陆续来到那棵大树下看当官的对大树怎么个审法。聪明朋友当众把经过叙述了一遍，然后大声地问道：“黄金是谁偷走的？”那棵树果然发出了声音说：“是那个傻瓜偷走的。”傻瓜一听发怒了，说：“这棵树怎么能这般诬害我，让我把这棵树烧死以后，再随你们处罚。”然后，找来几背干柴堆在大树周围点起火来。聪明朋友的父亲在树洞里被烟熏火燎得受不住了，连忙爬出洞来。大家一看，都愣住了，问他道：“你怎么钻进树洞里去了呢？”聪明朋友的父亲说：“聪明人不可能一辈子都聪明，傻子也不一定一辈子都傻。我儿子自以为是聪明人，在我还身体健康的时候，他就差点把我活活地火葬了。”当官的说：“现在我已经知道是谁把黄金偷去了。”说着，吩咐当差的把聪明朋友抓去示众。

佚名讲述，吉吾作曲收集、整理，马童民翻译。收入《中国民间故事三套集成四川喜德卷·凉山彝族民间故事选》，32开，2页，1300余字，四川民族出版社1990年版。（阿南）

穿着花衣站墙头

彝族生活故事。流传于四川省喜德县彝族地区。讲述的是：从前有两个能说会道的人，在一次婚礼上互相辩难。他俩从新媳妇进门起，一直辩到次日中午还没分出胜负来。不过这时，已有一人感到词穷才尽，即使搜肠刮肚也难以应辩了。于是，他慌慌张张站起身来，谎称外出小便。一出门，忽然看见有一只喜鹊站在墙头上喳喳地叫。他灵机一动，立即返身进门，向对手发问道：“什么穿着花衣站墙头，你可猜得出来？”对手被问懵了，说：“从来没听说过有这样的谜语。”话一出口，他便意识到自己输了。

拉衣木牛、翁古莫坡讲述，白芝翻译。收入《中国民间故事三套集成四川喜德卷·凉山彝族民间故事选》，32开，1页，600余字，四川民族出版社1990年版。（阿南）

不同凡响的马皮

彝族生活故事。流传于四川省喜德县彝族地区。讲述的是：很早以前，这边住着阿则人，那边住着瓦沙人，阿则人和瓦沙人开亲，阿则人家的女儿嫁给瓦沙家。瓦沙家在给身价银时，杀了一匹马，剥下皮，在马头皮里装进银锭，在马脚皮里装进金锭，在马肚皮里放进金沙碎银，抬着这张马皮去给身价银。后来人们知道了，原来这马皮不是一张普通的马皮，而是一张不同寻常的马皮，便产生了谚语：“人人都有一个太阳月亮，你看在你头上，我看在我头上。人人都有姊妹，多也是姊妹，少也是姊妹。只有特殊的人家，才有不同凡响的马皮。”

海来各各收集、整理，白芝翻译。收入《中国民间故事三套集成四川喜德卷·凉山彝族民间故事选》，32开，1页，600余字，四川民族出版社1990年版。（阿南）

是别人强加给我的

彝族生活故事。流传于四川省喜德县彝族地区。讲述的是：从前，有个又馋又懒的女人，只要她发现哪一家煮肉吃就会到那家去守嘴，说一些甜言蜜语，骗得主人热情接待。有一天，有户邻居正在煮猪肉，她就到这家人的家里守着，说：“所有的肉食数猪肉最好。山羊肉、绵羊肉有膻味，不那么好吃；牛肉，硬得嚼都嚼不动。”接着，她东拉西扯地说些不着边际的话。主人家为顾全她的面子，不得不热情地请她吃一顿。又一天，另一户邻居宰了一只绵羊，她又到这家去，甜言蜜语地对主人家说：“肉食中就数羊肉最好吃，又鲜又嫩，越吃越有味。”主人家为了不扫她的面子，又热情地招待她吃了一顿。时间一长，邻居都知道了她的套路，就问她道：“你时常说这种肉好吃，那种肉不好吃。那么，牛肉、羊肉、猪肉、鸡肉，究竟哪种肉最好吃？”这时，她显得有点尴尬地说：“不论什么肉，我吃着都一样好吃，至于其他的说法，那是别人强加给我的。”

全国富收集、整理，白芝翻译。收入《中国民间故事三套集成四川喜德卷·凉山彝族民间故事选》，32开，1页，600余字，四川民族出版社1990年版。（阿南）

一代更比一代聪明

彝族生活故事。流传于四川省喜德县彝族地区。讲述的是：从前有一位名叫约特司尼的老人，谁也不知道他到底有多大年纪，人们只知道爷爷的爷爷还是小把戏的时候，就听说他是一位长寿老人。后来，爷爷又这样讲给儿孙听。儿孙又已长大成人了，仍然弄不清他有多大年纪。人们也曾想尽一切办法去盘问他，但他却每次都使盘问的人一无所获。于是，这位老人的岁数就成了一个谜，谁都想知道，但谁也无法知道。有一天，约特司尼老人从路上走过，看见一个年轻人在路边支起一口锅，锅下燃着柴火，锅里却煮着白石头。他感到奇怪，上前问道："你煮石头干什么？""煮来吃。"青年人非常恭敬地回答。"这白石头真能吃吗？"约特司尼愈发感到奇怪，又追问了一句。"能吃。"那青年人一边忙着烧火，一边答复着。约特司尼见他不像在骗自己，但又不愿意相信，说道："我约特司尼活了三百六十岁，什么怪事都见过了，还没有见过煮石头吃的人。"那青年一听，高兴地说："我就等你说这一句话，今天总算知道你的年龄了。"约特司尼一听，知道自己已经输了一筹，就仰面朝天地感叹道："人哪，真是一代更比一代聪明。"

沙马铁哈讲述，白芝收集、整理。收入《中国民间故事三套集成四川喜德卷·凉山彝族民间故事选》，32开，2页，700余字，四川民族出版社1990年版。（阿南）

猪肉、酸李子哪个最好吃

彝族生活故事，流传于四川省喜德县彝族地区。讲述的是：从前，有两个人互相抬杠，一个说："李子、梅子最好吃。"一个说："猪肉、大米饭最好吃。"但是谁也说服不了谁，就去问一个老人。老人说："你们不要争了，你吃梅子、李子，他吃猪肉、大米饭，都当着面吃，看谁在别人吃东西时嘴馋得流口水不就明白了吗？"

佚名讲述，拉衣吾妞、拉衣木妞收集、整理，白芝翻译。收入《中国民间故事三套集成四川喜德卷·凉山彝族民间故事选》，32开，1页，100余字，四川民族出版社1990年版。（阿南）

蠢媳妇天天说"铊啵"

彝族生活故事。流传于四川省喜德县彝族地区。讲述的是：从前有一户人家，娶了一个名叫呷呷莫的姑娘做儿媳妇。婆家发现这个媳妇又蠢又笨，因此，结婚三年了，婆家还没有派人去接她回婆家。一天，婆家派小姑去接嫂嫂。呷呷莫的父亲很高兴。他善观天象，善于预测吉凶，于是，他在小姑面前说："明日是吉祥的日子，正好女儿要动身去婆家。这正应上了彝谚说的'马走光明路'。从星象来看，月亮和铊啵星（七姐妹星）处在同一线上，女儿就像马离不开鞍一样夫妻和谐富贵长久。"小姑听了喜笑颜开。第二天，小姑把嫂嫂接到家。公公想考一考儿媳，就对她说："让莫（儿媳），你丈夫放牧回来了，你数一数羊。"羊群回到院坝，呷呷莫边点边念："一娘一崽就是两，两娘两崽就是四，四娘四崽就是八，另有一只长胡须，一共是九只。"公公听见数得正确。天黑时，公公又叫呷呷莫去看看月亮和星星的方位。呷呷莫忽然想起昨天父亲说过今天是铊啵，于是告诉公公说："今天也是铊啵。"从此，呷呷莫老是说："今天也是铊啵。"公公听了，叹息不止，逢人便道："蠢媳妇天天说铊啵。"

吉吾作曲收集、整理，白芝翻译。收入《中国民间故事三套集成四川喜德卷·凉山彝族民间故事选》，32开，3页，2000余字，四川民族出版社1990年版。（阿南）

量羊肠

彝族生活故事。流传于四川省喜德县彝族地区。讲述的是：从前在今巴久乡尔村，山沟那边住着约匹斯惹家，山沟这边住着阿吉利惹家。约匹斯惹家穷，却人多势大；阿吉利惹家富有，却势孤力弱。所以约匹斯惹常常去偷阿吉利惹家的羊。有一年冬天，下了一场雪。阿吉利惹派两个奴隶偷了约匹斯惹家的一只公羊、一只母羊，把羊弄死后不剥皮放着。约匹斯惹沿着雪地上留下的羊脚印，找到阿吉利惹家。阿吉利惹承认他家奴隶偷了羊，并叫人把两只死羊抬来，让约匹斯惹指认。约匹斯惹说是他家的羊，阿吉利惹一口答应赔偿。于是叫人把羊剖开，取出羊肠丈量，从虎口处到肘弯处绕圈，公羊肠绕了十一圈，母羊肠绕了十二圈。阿吉利惹表态说："公羊赔十一只，母羊赔十二只。"双方当场议定，今后双方共同遵守。约匹斯惹丢了两只羊，得了二十三只羊，心里非常高兴。可他老婆对他说："你上当了。"约匹斯惹百思不解。他老婆说："你偷了人家那么多羊，今后你再去偷，赔得起吗？"这以后，约匹斯惹再不敢去偷阿吉利惹家的羊了。由于这个小故事，民间有"偷一只公羊赔十一只，偷一只母羊赔十二只"的俗话。

阿丁木吉讲述，白芝收集、整理。收入《中国民间故事三套集成四川喜德卷·凉山彝族民间故事选》，32开，2页，1300余字，四川民族出版社1990年版。（阿南）

憨包阿兹

彝族生活故事。流传于四川省喜德县彝族地区。讲述的是：从前有个名叫阿兹的憨包，有一次，他和妻子背着酒肉去老丈母娘家拜年。走到半路上，遇到一只豹子，憨包冲上去三拳两脚打死豹子背到丈母娘家。丈母娘和六个妹婿不相信是他打死的，还奚落他们捡来一只死豹子，憨包和他的妻子也不辩解。丈母娘家闹老鼠，丈母娘叫七个女婿熏鼠洞捉老鼠，憨包不动手。一个妹婿叫他捉鼠，他回答说："捉老鼠是妇女儿童们的事，我一个大汉子怎么好意思去捉呢？"几个妹婿说他胆小怕老鼠。一个妹婿捉住一只熏昏的老鼠，一再炫耀。这时，阿兹的妻子忍不住了，便自言自语道："有的人打死豹子不吹嘘，有的人捉住一只熏昏的老鼠还逞能哩！"事有凑巧，这天夜里，几个小偷将丈母娘家的牛群赶走了。丈母娘发现后，叫女婿们去追寻。六个妹婿追上了小偷，但不敢同小偷较量，只好转回来。憨包一个去了，他追上小偷后，挥拳把几个小偷打跑了，把牛群赶回来了。老丈母娘见了，十分高兴，连声夸奖憨包大女婿。

吉吾木接讲述，白芝收集、整理。收入《中国民间故事三套集成四川喜德卷·凉山彝族民间故事选》，32开，5页，3300余字，四川民族出版社1990年版。（阿南）

奴隶智斗奴隶主

彝族生活故事。又名《聪明的奴隶》。流传于四川省喜德县彝族地区。讲述的是：有个奴隶主，见奴隶们有点积蓄粮，就想方设法占为己有。有一天，几个奴隶闲谈时，一个奴隶说："要是我面前有一块马大的糌粑，让我饱饱地吃上一顿那该多好啊！"这话被奴隶主听见了，他便叫人做了一块一匹马大的糌粑，叫那个奴隶吃，吃不完要他加倍赔还。那个奴隶吃不完，他的一点积蓄粮就被奴隶主夺走了。奴隶们商量要整治奴隶主。一天，一个女奴隶说："我活了大半辈子，什么野菜都吃够了，就是鸡骨髓没有吃够。"奴隶主听见后，杀了无数的鸡，让女奴隶来吃鸡骨髓。女奴隶把鸡骨髓吃净，奴隶们也很难得地吃到了鸡肉。奴隶主自认倒霉。奴隶主每次杀羊，都只给奴隶们喝汤，还说："肉补一天，汤补七日。"这天，奴隶主叫奴隶们煮羊肉，奴隶们把羊肉煮得稀巴烂，汤稠糊糊的，喝着汤，乐呵呵的。又一次，奴隶主叫奴隶们到玉米地锄草，奴隶们把玉米苗锄掉了，留着野草野蒿。奴隶主见了暴跳如雷，奴隶们道："不把野草野蒿留下，你到哪里找那么多野菜给我们吃呢？"奴隶主哑口无言。

沙马铁哈讲述，白芝收集、整理。收入《中国民间故事三套集成四川喜德卷·凉山彝族民间故

事选》，32开，3页，2000余字，四川民族出版社1990年版。（阿南）

三瓣元根

彝族生活故事。流传于四川省喜德县彝族地区。讲述的是：从前有个姑娘，其父兄为了得到更多的身价银子，把她嫁给一富有人家的儿子。富有人家嫌贫欺穷，公婆百般虐待儿媳，每天只允许她吃三瓣元根（形似萝卜的一种蔬菜）。有一天，姑娘的哥哥来看她，公婆杀了一只羊招待姑娘的哥哥。吃饭时，公公分了一份羊肉给她，她不接羊肉，说："我还是吃我平常吃的那一份吧！"她哥哥另选一份羊肉给她，她也不接，说："我还是吃我平常吃的那一份。"婆婆拿三瓣元根给她，她接手吃了。婆婆说："这媳妇脾气古怪。"哥哥见了，也觉得有点奇怪。第二天，哥哥回家，妹妹送他一程。并给他一个荷包，嘱咐他回到家再打开荷包。哥哥生疑，半路打开荷包，荷包里装的是妹妹身上脱下的一层皮。他立刻联想到妹妹拒绝吃羊肉的事，气愤至极，转身冲进富人家，一把拉住妹妹的手，把她带回家。

尔姑阿呷讲述，白芝收集、整理。收入《中国民间故事三套集成四川喜德卷·凉山彝族民间故事选》，32开，2页，1000余字，四川民族出版社1990年版。（阿南）

憨丈夫

彝族生活故事。又名《憨女婿》。流传于四川省喜德县彝族地区。讲述的是：从前有个憨丈夫，妻子叫他去播种燕麦，他把地边一条麂子当成小黄牛，把燕麦种喂给麂子吃了。妻子知道后打死麂子，剥皮晒在一棵树桩上。过了两天，妻子叫憨丈夫去背回麂皮。憨丈夫来到山上找到麂皮后，用绳子把麂皮和树桩捆在一起，他怎么使劲也背不起来。妻子一直等到晌午不见丈夫回来，就上山去找。憨丈夫对妻子说："麂皮不起来。"妻子见了，气也不是，笑也不是。过了一天，妻子叫丈夫背上麂皮去换点盐。她怕丈夫吃亏，就捡起了一块石头，比给丈夫说："要换这么大的一块盐。"憨丈夫来到换盐的地方，将麂皮放在盐主人面前，盐主人知道要换盐，就拿一块盐给他。他摇摇头。盐主人以为他嫌盐小了，又拿一块大一点的盐给他，他还是摇头。盐主人换了几块盐，他都摇头不肯换。盐主人从地下捡起一块石头给他，他觉得与妻子给他看的一样，就连忙接过石头揣在怀里，丢下麂皮回家去了。妻子气得说不出话来，憨丈夫跑到丈母家去要点盐，结果又闹出笑话。

吉吾木接讲述，白芝收集、整理。收入《中国民间故事三套集成四川喜德卷·凉山彝族民间故事选》，32开，4页，2700余字，四川民族出版社1990年版。（阿南）

教不成才的儿子，就像砍出的瓦板

彝族生活故事。流传于四川省喜德县彝族地区。从前，一个叫力木底曲的毕摩带了许多徒弟，徒弟们个个都成才，有的成了打仗的首领，有的当了官。他有个独生子叫力木木吉，怎么教也教不成才，他灰心了。一天，走来一个黑汉子，身背一背铁，力木木吉把他拉进屋里。力木底曲见了，对儿子说："很好，从今以后，你就跟他做一个铁匠吧！"说罢，他摇头叹气，自言自语道："教不成才的儿子，就像砍出的瓦板。"

吉约、张国生收集、整理，白芝翻译。收入《中国民间故事三套集成四川喜德卷·凉山彝族民间故事选》，32开，2页，1300余字，四川民族出版社1990年版。（阿南）

负心汉

彝族生活故事。流传于四川省喜德县彝族地区。讲述的是：一个男子骗得一个姑娘的信任，带着姑娘私奔。几天后，他们带的干粮吃完了，只好采野果充饥。汉子找到一片长杨梅树丛的山地，他慌忙脱下披毡，盖在杨梅树丛上，说："这片杨梅是我的。"接下来，他又脱下衣服往另一片杨梅树丛上一盖，说："这片杨梅也是我的。"长杨梅的树丛都被他占完了。接着，汉子就大把大把地摘杨梅往嘴里塞，不准姑娘摘吃。汉子吃饱后，就躺在树下呼呼地睡着了。待他睡醒时，姑娘已离开他走了。

尔姑阿呷讲述，白芝收集、整理。收入《中国民间故事三套集成四川喜德卷·凉山彝族民间故事选》，32开，2页，1300余字，四川民族出版社1990年版。（阿南）

滚石是我滚的，野鸡也是我的

彝族生活故事。流传于川滇大、小凉山彝族地区。讲述的是：从前有一个出嫁的新娘子骑马路过山坡时被一滚石打死，聪明的哥哥谎称一只野鸡不知被谁滚下来的滚石打中，叫人来拿。果然，一个男人跑来称是他故意滚石头下去打野鸡的，野鸡应该是他的。这个贪婪的男人最终不打自招。

佚名讲述。收入《喜德彝族民间故事》（彝文版），32开，1页，200余字，四川民族出版社1993年版。（土比呷呷）

瞎马背上的姑娘

彝族生活故事。流传于广西隆林县德峨镇彝族地区。当地彝族谚语："金山银山不到老，三饿三饱不到年"，源于隆林德峨彝族人广为传讲的彝族财主与三个女儿的故事。很久以前，一个彝族财主有许多财宝，他家有三个女儿。大女儿和二女儿使计谋，占有父亲的很多财宝。三女儿聪慧勤劳，同父亲说实话，却惹恼父亲，被父亲赶出家门。三女儿出了家门，走了很远的路，累倒在路边，被一个乞丐救起，在乞丐所住的洞中结为夫妻，后来他们夫妻俩勤劳致富。父亲和大姐、二姐坐吃山空，一天讨饭上门，夫妻俩热情接待并帮助了他们。

黄亚川讲述，黄国政、农巧玉笔录，黄国政译成汉文。收入《广西民间文学作品精选·隆林卷》，32开，8页，4300余字，广西民族出版社1992年版。（王光荣　王文魁　蓝斯）

雅丽

彝族生活故事。流传于广西隆林县德峨镇彝族地区。讲述的是：彝王见到美丽的雅丽想占为己有，设计使雅丽的丈夫阿古压死猫，再叫他赔金猫，雅丽将葫芦放在门上，彝王进门碰坏葫芦，雅丽称这是宝葫芦。彝王要雅丽做99样菜，雅丽做了11碟韭菜等，一一化解了彝王出的难题。

王秀丽讲述，罗德健笔录。收入《广西少数民族民间故事》，28开，2页，1200余字，广西民族出版社1985年版。（王光荣　蓝斯）

聪明的阿路

彝族生活故事。流传于广西隆林县德峨镇彝族地区。讲述的是：古时候，彝寨两兄弟阿树和阿路相依为命。彝霸李仁德招阿树做长工，定下了无理条件。一年下来累坏了阿树，财主却故意刁难阿树不给他工钱。阿路第二年也给他当长工，面对彝霸定下的条件，他机智化解并惩治了彝霸，不用出工照样拿到了工钱，出了恶气。

王秀丽讲述，罗德健笔录并译成汉文。收入《回、彝、水、仡佬、毛南、京六族故事选》，32开，3页，1600余字，广西人民出版社1988年版；《中国民间故事集成·广西卷》，中国ISBN中心2001年版。（王光荣　蓝斯）

哈结的"聪明"

彝族生活故事。流传于广西那坡县城厢镇彝族地区。讲述的是：彝山有个自以为是的后生，人们称为"哈结"。他三十大几娶不到老婆，表嫂带他到姑娘家相亲。吃饭时，他拣一块又一块好肉给相亲姑娘，大失礼节，婚事因此告吹。他跟随寨里人去打猎，耍了心思不用抬猎物，他还用葫芦瓢换走了猎物的肉，结果自食其果，吃到苦味的葫芦瓤，被母亲狠狠教训。

方廷鲜讲述，王光荣笔录并译成汉文。收入《回、彝、水、仡佬、毛南、京六族故事选》，32开，4页，2000余字，广西人民出版社1988年版。（王光荣　蓝斯）

抵对山在冒什么烟

彝族生活故事。流传于广西隆林县德峨镇彝族地区。讲述的是：很久以前那地村有对恋人，男的叫曲木阿珂，女的叫吉日吉朵。他们相恋八年，曲木阿珂托媒人八次提亲都没有成功。按照彝族习俗，吉日吉朵必须嫁到舅家，曲木阿珂因此被气死了，火葬时黑烟从抵对山冒上蓝天。吉日吉朵看到了黑烟，知道了真相，给父母尽了最后一份孝心，给相熟的下寨妹说了心里话后便殉情了。

黄子英讲述，王文魁笔录并译成汉文。收入《广西民间文学作品精选·隆林卷》，32开，2页，1300余字，广西民族出版社1992年版。（王光荣　王文魁　蓝斯）

银子飞跑了

彝族生活故事。流传于广西隆林县德峨镇彝族地区。讲述的是：古老时候，有个财主横行霸道，爱财如命，他家中有两位长工胡才智、张红尔长年累月干活，到了年关却拿不到工钱，还被撵出了门。长工越想越气，引开守柜人，用白猫换走柜中银子。财主打开柜子，见白猫不见银子，白猫很快跑了，守柜人大喊一声：银子飞跑了，财主信为真。

黄永光讲述，曲木尔沙笔录并译成汉文。收入《回、彝、水、仡佬、毛南、京六族故事选》，32开，2页，1000余字，广西人民出版社1988年版。（王光荣　蓝斯）

代鹅姑娘

彝族生活故事。流传于广西隆林县德峨镇彝族地区。讲述的是：曲木奔沙和曲木勒依是一对孪生兄弟。一天，他们出门到了目朵地方，遇到了美丽善良的代鹅姑娘。目朵地方一片干旱，是“旱魔”因儿子娶不到代鹅而降下的灾难。兄弟俩在代鹅姑娘指引下，日复一日地搬走压在泉水上的石块，直到泉水重新流出。目朵恢复生机，兄弟俩同时爱上了代鹅。为了成全对方，兄弟俩谦让起来。没想到每天分别给他俩送饭的代鹅姑娘竟也是一对孪生姐妹。两对有情人终成眷属。

曲木卑目讲述，杨光富笔录并译成汉文。收入《广西民间文学作品精选·隆林卷》，32开，4页，1600余字，广西民族出版社1992年版；《中国民间故事集成·广西卷》，中国ISBN中心2001年版。（王光荣　王文魁　蓝斯）

三个穷兄弟

彝族生活故事。流传于广西隆林县德峨镇彝族地区。讲述的是：古时候，羊子山上有三兄弟，种了大片荞子。春夏时节，荞子长势喜人，却被当地老财主的山羊吃个精光。三兄弟报官，财主买通官老爷，给三兄弟各打三十棍，三兄弟发誓要报仇。大哥出门闯荡，几年后当了大官，却不认兄弟了。老二几次去找他，吃了闭门羹。老三设法送礼讲理，用亲情打动大哥。大哥回家请罪，得到了原谅。官老爷害怕三兄弟报仇而迁居。三兄弟一家从此过上了好日子。

黄英光讲述，韦少坚笔录并译成汉文。收入《广西民间文学作品精选·隆林卷》，32开，4页，1600余字，广西民族出版社1992年版。（王光荣　王文魁　蓝斯）

皇帝与猫谁大

彝族生活故事。流传于广西隆林县德峨镇彝族地区。讲述的是：古时候，皇帝为民断了一个案子，百姓杀猪宰羊慰劳他。席间，因为他地位尊贵没有人敢与他同桌共饮。皇帝希望有人坐到他身边一起进宴，可他等了又等，还是没人走过来，倒是有只黄猫跑到他身边大口大口吃了起来。皇帝说了猫儿几句，便同猫一起吃起来。彝族百姓见猫与皇帝共宴，不知究竟是猫大还是皇帝大。

王早妈讲述，王文魁笔录并译成汉文。收入《广西民间文学作品精选·隆林卷》，32开，1页，400余字，广西民族出版社1992年版。（王光荣　王文魁　蓝斯）

米垒告状

彝族生活故事。流传于广西那坡县城厢镇彝族地区。讲述的是：古时候，彝家新媳妇米垒过门不久，财主对她起坏心，让她的丈夫坐了牢。老财主有权有势，米垒几次告状都吃了亏，自己还被打伤。在乡亲的帮助下，她乔装改名，发奋读书考取状元当上州官，惩治了财主、县官，替丈夫申冤成功，夫妻团聚。他们不留恋官场，双双返回彝寨。

科元庆讲述，王光荣笔录并译成汉文。收入《回、彝、水、仡佬、毛南、京六族故事选》，32开，3页，1700余字，广西人民出版社1988年版。（王光荣　蓝斯）

词目汉语拼音音节索引

【说明】本索引按词目的拼音顺序排列，每个词目后的数字为该词目在本书正文中的页码。

A

B

C

D

E

F

G

H

J

K

L

M

N

P

Q

R

S

T

W

X

Y

Z